TEXTIL-WÖRTERBUCH

BAND I

ENGLISCH-DEUTSCH

Zweite, überarbeitete und erweiterte Auflage
1991

von

PAUL HOHENADEL und JONATHAN RELTON

OSCAR BRANDSTETTER VERLAG · WIESBADEN

CIP-Kurztitelaufnahme der Deutschen Bibliothek

Hohenadel, Paul:
Textil-Wörterbuch / von Paul Hohenadel und Jonathan Relton.
– Wiesbaden: Brandstetter.
  Parallelsacht.: A modern textile dictionary
NE: Relton, Jonathan:; HST

Bd. 1. Englisch-deutsch. – 2., überarb. und erw. Aufl. – 1991
  ISBN 3-87097-153-3

In this dictionary, as in reference works in general, no mention is made of patents, trademark rights, or other proprietary rights which may attach to certain words or entries. The absence of such mention, however, in no way implies that the words or entries in question are exempt from such rights.

In diesem Wörterbuch werden, wie in Nachschlagewerken allgemein üblich, etwa bestehende Patente, Gebrauchsmuster oder Warenzeichen nicht erwähnt. Wenn ein solcher Hinweis fehlt, heißt das also nicht, daß eine Ware oder ein Warenname frei ist.

All rights reserved. No part of this book may be translated, reproduced, stored in information retrieval systems, or transmitted, in any form or by any means – electronic, mechanical, photocopying, recording, or otherwise – without the prior written permission of the publishers.

Dieses Werk ist urheberrechtlich geschützt. Die dadurch begründeten Rechte, insbesondere die der Übersetzung, des Nachdruckes, der Funksendung, der Wiedergabe auf photomechanischem oder ähnlichem Wege und der Speicherung in Datenverarbeitungsanlagen bleiben, auch bei nur auszugsweiser Verwertung, vorbehalten.

2. Auflage 1991
Copyright © 1977 by
OSCAR BRANDSTETTER VERLAG GMBH & CO. KG, WIESBADEN
Datentechnische Verarbeitung: Siemens-Programmsystem-TEAM
Satzrechnen und Lichtsatz: RZB Rechenzentrum Buchhandel GmbH, Frankfurt/Main
Druck: Oscar Brandstetter Druckerei GmbH & Co. KG, Wiesbaden
ISBN 3-87097-153-3
Printed in Germany

PREFACE
to the first edition

With the rapid growth in the field of textiles over recent years, the relevant terminology has undergone considerable changes. Keeping abreast of these changes is a must for all involved in some way or another in the textile industry.

We hope that with the first volume of A MODERN TEXTILE DICTIONARY we have been able to fill a long existing gap and made a contribution to international understanding in the important field of textiles.

The making of textiles is probably one of man's oldest occupations. It evolved not only from an important need to obtain protection from the weather but also from the early emerging desire for decorative garmenture.

The result is a combination of basic vocabulary, characterized by both regional and cultural differences and handed down through the centuries, and a wealth of modern terminology that reflects the latest developments in a progressive industry.

Our aim has been to provide the textile technologist, translator, export sales representative and student with a comprehensive survey of the various fields, beginning with natural and manmade fibres as the starting products, through the different processing methods – including the auxiliaries and machines used – down to the endproducts and areas of application.

The result is a comprehensive dictionary that surpasses all previous publications in this field. "Padding-out" words have been deliberately omitted and cross-reference kept to a minimum.

Needless to say, all available sources were consulted to ensure that every sector was covered as fully as possible. Special mention should be made in this connection of the "Wörterbuch der industriellen Technik" by Dr.-Ing. Richard Ernst.

Our thanks are due to Herr R. Langhans (Lambsheim) for the excellent proof-reading and Herr K.-H. Trojanus (Dudweiler) for his work on the appendix. For the latter, reference was made to the two publications: "Die wichtigsten Chemiefasern" from TEXTILVEREDLUNG and "Chemiefasern auf dem Weltmarkt", published by Deutsche Rhodiaceta AG. Lists of terms were also kindly provided by the firms Optilon and Pfaff.

We are particularly grateful to Dr. A. Kučera – Editor, Oscar Brandstetter Verlag KG, Wiesbaden – for his numerous helpful suggestions and to Herr O. Vollnhals of the "Terminology and Linguistic Data Processing Department" of the "Language Services" of Siemens AG, Munich, for his active assistance.

We also received advice and information from many colleagues and specialists and would like to thank them for their help and cooperation. We are nevertheless fully aware that the responsibility for selection and accuracy of the terminology has been entirely ours and we would welcome any criticism and suggestions for improvement from users of this dictionary.

Christmas 1977

PREFACE

to the second edition

The many advances in the fields of textiles and dyestuffs have made it necessary to revise and update the first edition of our dictionary.

We hope that this second edition will meet with as favourable a response as the first, and will be regarded as an indispensable aid for all involved in the language of textiles.

We would again like to thank Dr. *A. Kučera* for his valuable assistance.

January 1991

VORWORT
zur ersten Auflage

Bei dem schnellen Fortschritt auf dem Textilsektor in den letzten Jahren wurde die einschlägige Terminologie tiefgreifenden Veränderungen unterzogen. Für alle auf dem Textilgebiet Tätigen ergibt sich daraus die Notwendigkeit, mit dieser Entwicklung Schritt zu halten.

Mit dem vorliegenden ersten Band des Textil-Wörterbuchs hoffen wir, eine schon längere Zeit bestehende Lücke zu schließen und der internationalen Verständigung auf dem in der Weltwirtschaft so bedeutenden Textilgebiet zu dienen.

Das Anfertigen von Textilien kann wohl mit zu den ältesten Beschäftigungen des Menschen gerechnet werden, zum einen auf Grund des wichtigen Bedürfnisses nach Schutz vor Witterungseinflüssen, und zum anderen durch den schon frühzeitig sich abzeichnenden Wunsch nach schmückender Gewandung.

Als Folge davon ergibt sich ein Kernwortschatz, der historisch gewachsen und über die Jahrhunderte – regional und kulturell geprägt – überliefert ist, und darüber hinaus ein Vokabular, das die modernsten Entwicklungen einer fortschrittlichen Technologie in ihrer ganzen Mannigfaltigkeit bis hin zur Automation widerspiegelt.

Unsere Aufgabe war es nun, sowohl für den Textiltechniker als auch für den Übersetzer und Exportkaufmann die verschiedenen Gebiete so vollständig wie möglich zu erfassen, angefangen bei den Natur- und Chemiefasern als den Ausgangsstoffen über die Verarbeitungsverfahren und die dabei eingesetzten Hilfsmittel sowie die maschinellen Einrichtungen bis hin zu den Endprodukten und Einsatzgebieten.

Das Ergebnis ist eine Zusammenstellung, die in ihrer Reichhaltigkeit und Vollständigkeit alle bisherigen Veröffentlichungen in dieser Richtung weit übertrifft. Dabei wurden Füllwörter grundsätzlich weggelassen und Querverweise auf ein Mindestmaß beschränkt.

Es bedarf keines besondern Hinweises, daß sämtliche uns zugänglichen einschlägigen Werke zu Rate gezogen wurden um zu gewährleisten, daß alle Teilgebiete so lückenlos wie möglich abgedeckt sind. In diesem Zusammenhang ist das „Wörterbuch der industriellen Technik", Band I und Band II, von Dr.-Ing. Richard Ernst hervorzuheben, das uns auch in Konzept und Ausführung Vorbild war.

Unser Dank gilt Herrn R. Langhans (Lambsheim) für das vorbildliche Korrekturlesen und Herrn K.-H. Trojanus (Dudweiler) für die redaktionelle Betreuung des Anhangs, für dessen Zusammenstellung auf die beiden folgenden Veröffentlichungen zurückgegriffen wurde: „Die wichtigsten Chemiefasern" aus TEXTILVEREDLUNG und „Chemiefasern auf dem Weltmarkt", herausgegeben von der Firma Deutsche Rhodiaceta AG. Von den Firmen Optilon und Pfaff wurden uns freundlicherweise Glossare zur Verfügung gestellt.

Besonders verpflichtet sind wir Herrn Dr. A. Kučera – Cheflektor, Oscar Brandstetter Verlag KG, Wiesbaden – für seine zahlreichen wertvollen Hinweise und Herrn O. Vollnhals von der Dienststelle „Terminologie und maschinelle Verfahren" des Sprachendienstes der Siemens AG, München, für seine tatkräftige Unterstützung.

Wir erhielten auch von vielen zuständigen Fachleuten bereitwilligst Rat und Auskunft, wofür wir uns an dieser Stelle nochmals bedanken. Die Verantwortung für Auswahl und Richtigkeit des Wortmaterials liegt jedoch ausschließlich bei uns, und wir würden es begrüßen, von den Benutzern kritische Stellungnahmen und Vorschläge für Verbesserungen zu erhalten.

Weihnachten 1977

VORWORT

zur zweiten Auflage

Um den Erfordernissen des Fortschritts auf dem textiltechnischen Gebiet gerecht zu werden, wurde eine überarbeitete Neuauflage unseres Wörterbuches notwendig.

Wir hoffen, daß die zweite Auflage ebenfalls die positive Resonanz wie die erste Auflage finden und als unentbehrliches Rüstzeug für den Sprachmittler betrachtet wird.

Auch dieses Mal verdanken wir Herrn Dr. *A. Kučera* wertvolle Anregungen.

Januar 1991

ABBREVIATIONS USED IN THIS DICTIONARY
LISTE DER VERWENDETEN ABKÜRZUNGEN

m	masculine noun	Maskulinum
f	feminine noun	Femininum
n	German: neuter noun	Deutsch: Neutrum
	English: noun	Englisch: Substantiv
pl	plural	Plural
v, vt, vi	verb, transitive, intrans	Verb, trans, intrans
adj	adjective	Adjektiv
adv	adverb	Adverb
~	swung dash	Tilde
i.e.S.	in the narrower sense	im engeren Sinne
AU	Austrian	österreichisch

CLASSIFICATION LABELS · SACHGEBIETSSCHLÜSSEL

bleach	bleaching	Bleichen
chem	chemistry	Chemie
chrom	chromatography	Chromatographie
circ knitt	circular knitting	Rundstricken
clothm	cloth manufacture	Tuchherstellung
coat	coating	Beschichtung
col	colorimetry	Kolorimetrik, Farbmetrik
cpt	carpet	Teppich
cryst	crystalline	kristallin[isch]
ctg	coating	Beschichtung
det	detergent	Waschmittel
dye	dyeing	Färben
extr	extrusion	Extrudieren
fabr	fabric	Gewebe
fash	fashion	Mode
fil	filament	Filamentgarn
fin	finish(ing)	Ausrüstung, Ausrüsten
flock	flocking	Beflocken, Flockdruck
Fr	French	Französisch
GB	British English	britisches Englisch
gen	generally	allgemein
hand pr	hand printing	Handdruck
hatm	hat making	Hutmacherei
hist	historical	historisch
hos	hosiery	Strumpfwaren
knitt	knitting	Stricken und Wirken
lam	laminating	Kaschieren
mach	machines	Maschinen und Apparaturen
mat test	material testing	Materialprüfung
med	medical	medizinisch
mil	military	Militär
nwv	nonwovens	Vliesstoffe
opt	optical	optisch
pdr	powder	Pulver
pigm	pigments	Pigmente
plast	plastics	Kunststoffe
print	printing	Druck
proc	processing	Veredlung
sew	sewing	Nähen
scr pr	screen printing	Siebdruck
soap	soap (and detergents)	Seife (und Waschmittel)
soap man	soap manufacture	Seifenherstellung
spinn	spinning	Spinnerei
spray fin	spray finishing	Sprühausrüstung
text	textile	Textil
text pr	textile printing	Textildruck
trans pr	tranfer printing	Transferdruck
warp	warping	Zetteln
wash mach	washing machine	Waschmaschine
weav	weaving	Weberei
zip	zip(per), slide fastener	Reißverschluß
US	US English	amerikanisches Englisch

A

aal n / indische Pflanze, aus deren Wurzeln ein roter Farbstoff, Suranji, gewonnen wird
AATCC (American Association of Textile Chemists and Colorists) / Amerikanische Vereinigung von Textil- und Färbereichemikern
AATT (American Association for Textile Technology) / Amerikanische Vereinigung für Textiltechnologie u. -technik
aba n (coarse often striped fabric woven in the Near East from wool or hair of camels or goats; loose sleeveless outer garment of aba or of fine silk worn chiefly by Arabs) / Aba f, Abaya f
abaca n, abaca fibre / Abakafaser f, Manilafaser f (aus Musa textilis)
abacaxi fibre / Ananasfaser f
abassi cotton (a fine, almost white, silklike cotton from Egypt) / Abassibaumwolle f, Abassi f
abaya n s. aba
abb n (wool) (geringwertige Steiß- und Schwanzwolle ‖ ~ (filling pick) (weav) / Schuß m, Einschuß m, Eintrag m, Einschlag m, Schußeintrag m, Durchschuß m
abba n s. aba
Abbot-Cox method, Abbot-Cox process (dye) / Abbot-Cox-Verfahren n, Abbot-Cox-Färbeverfahren n
abbreviated dyeing method / Kurzfärbeverfahren n ‖ ~ **spinning process** / Kurzspinnverfahren n, abgekürztes Spinnverfahren
abdig n (wool) / mittelfeine marokkanische Wolle
abdominal bandage / Leibbinde f ‖ ~ **belt** / chirurgischer Hüftgürtel
abelmoschus fibre (a tough Indian fibre) / Abelmoschusfaser f
abestrine cloth / aus Asbest hergestelltes Tuch
abietate n / Abietat n
abietene n / Abieten n
abietic acid / Abietinsäure f
ability to change polarity and oscillatory properties (nwv) / Springvermögen n, Springfähigkeit f, Sprungfähigkeit f, Leitfähigkeit f (der Flocken)
ablative plastics (material which absorbs heat) / ablativer Kunststoff
above-the-knee look (fash) / kniefreie Mode ‖ ~**-the-knee panty** / Schlüpfer m mit langem Beinansatz
abradant n / Reibkörper m, Scheuermittel n
abrade v / abreiben v, scheuern v ‖ ~ (texturing) / ankräuseln v, anreiben v, texturieren durch Aufscheuern
abraded area / Scheuerstelle f ‖ ~ **filament yarn** / angerienbenes Endlosgarn (texturiert) ‖ ~ **manmade yarn** / angekräuseltes synthetisches Garn ‖ ~ **yarn** (textured) / Texturgarn n durch Aufscheuern, angekräuseltes Garn, angeriebenes Garn
abrader n / Scheuerapparat m
abrading effect / abreibende Wirkung, Scheuereffekt m
abrasion n / Abrieb m, Scheuern n, Abscheuerung f ‖ ~ **damage** / Scheuerschaden m ‖ ~ **machine** / Scheuerapparat m ‖ ~**-proof** / abriebfest adj, scheuerfest adj, reibecht adj ‖ ~ **resistance** / Reibechtheit f (DIN 54021), Abriebfestigkeit f, Abscheuerungswiderstand m, Scheuerfestigkeit f, Scheuerwiderstand m ‖ ~ **resistance finish** / Scheuerfestappretur f, Scheuerfestveredelung f ‖ ~ **resistance test[ing]** / Scheuerprüfung f ‖ ~**-resistant** / abriebfest adj, scheuerfest adj, reibecht adj ‖ ~ **test[ing]** / Scheuerprüfung f ‖ ~ **tester** / Scheuerfestigkeitsprüfer m, Scheuerprüfgerät n, Abriebprüfgerät n, Abriebgerät n ‖ ~ **waste** / Abrieb m, Scheuerabfall m ‖ ~ **wear** / Scheuerverschleiß m, Abnutzung f durch Abrieb ‖ ~ **wear test machine** / Scheuerverschleißprüfmaschine f

abrasive n / Schleifmittel n, Scheuermittel n ‖ ~ **articles** (for the kitchen etc.) / Schleifmittelvliese n pl (für die Küche usw.) ‖ ~ **cloth** / Schmirgeltuch n, Schleifgewebe n, Schleifleinen n, Schmirgelleinen n ‖ ~ **coated paper** / Schleifpapier n ‖ ~ **disc** / Schleifscheibe f, Schmirgelscheibe f ‖ ~ **effect** / Scheuereffekt m, abreibende Wirkung ‖ ~ **fabric** s. abrasive cloth ‖ ~ **machine** / Schmirgelmaschine f ‖ ~ **paper** / Schleifpapier n ‖ ~ **roll** / Schleifrolle f, Schleifwalze f ‖ ~ **wear** / Abnutzung f durch Abrieb, Scheuerverschleiß m ‖ ~ **wheel** / Schleifscheibe f, Schmirgelscheibe f
abraum salt / Abraumsalz n, Kalisalz n
abridged spinning process / Kurzspinnverfahren n, abgekürztes Spinnverfahren
abroma fibre (a fine silky fibre obtained from the white bark of the Abroma augusta plant in the East Indies), abrome fibre / Abromafaser f
absence, in the ~ **of air** / unter Luftabschluß ‖ **in the** ~ **of light** / unter Lichtausschluß ‖ ~ **of creases** / Faltenfreiheit f, Knitterfreiheit f ‖ ~ **of twist** / Drallfreiheit f ‖ ~ **of weft** / Schußstillstand m
absinth(e) green adj / absinthgrün adj ‖ ~ **yellow** / absinthgelb adj
absorb v / absorbieren v, aufsaugen v, aufnehmen v, aufziehen v
absorbable adj / absorbierbar adj, aufsaugbar adj, aufnehmbar adj
absorbate n / Absorbat n, absorbierter Stoff
absorbency n / Saugfähigkeit f, Absorptionsvermögen n ‖ ~ (col) / Extinktion f
absorbent n / Absorptionsmittel n, Absorbens n ‖ ~ adj / absorbierend adj, aufnahmefähig adj, saugfähig adj ‖ ~ **cotton** / Verbandwatte f, Watte f, Saugwatte f ‖ ~ **gauze** / Verbandmull m ‖ ~ **to dyes** / farbstoffaufnehmend adj, farbstoffaufziehend adj
absorbing agent s. absorbent ‖ ~ **effect** / absorbierende Wirkung ‖ ~ **power** (of fibre), absorbing capacity (of fibre), absorption capacity (of fibre) / Aufziehvermögen n, Farbaufnahmevermögen n, Farbaufnahmefähigkeit f, Aufnahmevermögen n, Ziehvermögen n, Aufnahmefähigkeit f für Farben
absorb moisture / Feuchtigkeit aufnehmen, Feuchtigkeit aufziehen
absorption n (dye) / Farbstoffaufnahme f ‖ ~ (capacity to absorb) / Saugfähigkeit f ‖ ~ (absorbing process) / Absorption f, Aufziehen n, Aufnahme f ‖ ~ **band** / Absorptionsbande f ‖ ~ **by capillarity** / Aufziehen n durch Kapillarität ‖ ~ **coefficient** / Absorptionskoeffizient m ‖ ~ **colouring** / Absorptionsfärbung f ‖ ~ **column** / Absorptionskolonne f ‖ ~ **curve** (dye) / Aufziehkurve f, Ausziehkurve f ‖ ~ **curve** (col) / Extinktionskurve f ‖ ~ **dyeing** / Absorptionsfärbung f ‖ ~ **equilibrium** / Absorptionsgleichgewicht n ‖ ~ **filter** / Saugfilter m n ‖ ~ **layer** (surfactants) / Grenzflächenschicht f ‖ ~ **loss** / Absorptionsverlust m ‖ ~ **maximum** / Absorptionsmaximum n ‖ ~ **of chlorine** / Chloraufnahme f ‖ ~ **of dye** / Farbstoffaufnahme f ‖ ~ **of light** / Lichtabsorption f ‖ ~ **of moisture** / Feuchtigkeitsaufnahme f ‖ ~ **of the bath** / Flottenaufnahme f ‖ ~ **of water** / Wasseraufnahme f ‖ ~ **promoting agent** / Hilfsmittel n zum Saugfähigmachen ‖ ~ **property** / Saugfähigkeit f ‖ ~ **rate** / Aufziehgeschwindigkeit f, Aufnahmegeschwindigkeit f ‖ ~ **spectrum** / Absorptionsspektrum n ‖ ~ **test** / Wasseraufnahmeprüfung f ‖ ~ **tester** / Absorptionsprüfgerät n
absorptive adj / absorbierend adj, aufnahmefähig adj, saugfähig adj ‖ ~ **capacity**, absorptive power, absorbing capacity, absorption capacity / Absorptionsvermögen n, Aufnahmevermögen n,

absorptive

Ziehvermögen n, Aufnahmefähigkeit f, Saugfähigkeit f ‖ ~ **power** (dye) / Farbaufnahmefähigkeit f
absorptivity n (col) / (spezieller) Extinktionskoeffizient ‖ ~ s. absorptive capacity
ABS spinning (acrylonitrile butadiene styrene) / ABS-Spinnverfahren n ‖ ~ **(area bonded staple) technique** / Heißluftschmelzverfahren n für Fadengelege
abstergent n / Reinigungsmittel n
abstraction of heat / Wärmeentziehung f
abudig n (wool) / mittelfeine marokkanische Wolle
abutilon n / indische Malve, Sammetmalve f
acacia n / Akazie f ‖ ~ **gum** / Akaziengummi n m, Gummiarabikum n, Arabingummi n m
acajou resin / Acajougummi n m (aus Anacardium occidentale), Acajouharz n
acala cotton (Mexican cotton) / Akala-Baumwolle f
acaroid gum, acaroid resin / Akaroidharz n (aus Xanthorrhoea sp)
acca n (vestment cloth) / Accastoff m
accelerated batching method / Kurzverweilverfahren n ‖ ~ **dyeing method** / Schnellfärbemethode f ‖ ~ **shower test** (mat test) / Kurzberegnungstest m ‖ ~ **test** / Kurzprüfung f, beschleunigte Prüfung ‖ ~ **weathering** (mat test) / Kurzbewitterung f
accelerating agent / Beschleuniger m, Beschleunigungsmittel n ‖ ~ **effect** / beschleunigende Wirkung
acceleration n / Beschleunigung f
accelerator n / Beschleuniger m, Beschleunigungsmittel n ‖ ~ **for fixation** (fin) / Fixierungsbeschleuniger m
accelerometer n / Beschleunigungsmesser m
accelorotor n / Scheuerfestigkeits-Prüfungsapparat m, Accelerotor m
accentuate the contrast / den Kontrast unterstreichen, den Kontrast hervorheben
acceptor n / Akzeptant m, Akzeptor m
access, with ~ **of air** / unter Luftzutritt ‖ **without** ~ **of air** / unter Luftabschluß
accompanying dyestuff / Begleitfarbstoff m ‖ ~ **fibre** / Begleitfaser f
accordion fabric (gen) / Faltenbalgstoff m ‖ ~ **fabric** (knitt) / Maschenware f mit Längsstreifen ‖ ~ **fabric** / unterlegte Ware mit eingebundenen Henkeln ‖ ~**-pleated skirt** / Plisseerock m ‖ ~ **pleating** / Plissee n ‖ ~ **pleats** / Akkordeonfalten f pl, Plisseefalten f pl
accoutrement n, accouterment n / Montur f
accumulate v (chem) / anlagern v (sich)
accumulation of heat (in clothes) / Hitzestau m
accumulator for immersed dwelling of textiles / Unterflottenspeicher m ‖ ~ **for yarn** / Garnspeicher m ‖ ~ **on conveyor** (fin) / Bandwarenspeicher m (DIN 64990)
accuracy of repeat, accuracy of registration / Rapportgenauigkeit f, Paßgenauigkeit f
acenaphthene n / Acenaphthen n, Azenaphthen n
acenaphthenequinone n / Acenaphthenchinon n
acerb adj / herb adj, bittersauer adj
acetal n / Acetal n, Azetal n
acetaldehyde n / Acetaldehyd m, Äthanal n
acetal resin / Acetalharz n
acetamide n / Acetamid n, Äthanamid n, Essigsäureamid n
acetanilide n / Acetanilid n
acetate n (manmade textile fibres and filaments of cellulose acetate with less than 92 pc, but at least 74 pc acetylated hydroxyl groups) / Acetat n, CA, essigsaures Salz, Acetatfaser f, Acetatfilament n, Acetatfaserstoff m ‖ ~ **and rayon fabric** / Acetat-Viskosefilament-Mischgewebe n, (formerly:) Acetat/Reyon-Mischgewebe n ‖ ~ **and viscose rayon fabric** / Acetat/Viskoseseiden-Mischgewebe n ‖ ~ **and wool fabric** / Acetat-Woll-Mischgewebe n ‖ ~ **cellulose** / Acetylzellulose f, Zelluloseacetat n ‖ ~ **cellulose fibre** / Acetatfaser f, Acetatzellwolle f, Celluloseacetatfaser f ‖

~ **continuous filament** / Acetatseide f, Acetat n endlos, Acetat-Filament n, Acetat-Chemieseide f, Celluloseacetat-Filament n ‖ ~ **crepe** / Acetatkrepp m ‖ ~ **dyestuff** / Acetatfarbstoff m ‖ ~ **fabric** / Acetatstoff m ‖ ~ **fibre** / Acetatfaser f, Acetatzellwolle f, Celluloseacetatfaser f ‖ ~ **filament** / Acetatseide f, Acetat n endlos, Acetat-Filament n, Acetat-Chemieseide f, Celluloseacetat-Filament n ‖ ~ **filament yarn** / Acetatfilamentgarn n, Celluloseacetat-Filamentgarn n, Acetat-Chemieseidengarn n ‖ ~ **film** / Acetat-Folie f ‖ ~ **goods** / Acetatwaren f pl ‖ ~ **horsehair** / Acetatroßhaarimitat n, Acetatroßhaar n ‖ ~ **ion** / Acetat-Ion n ‖ ~ **jersey** / Acetatseidentrikot m ‖ ~ **moiré** / Acetatmoiré m n ‖ ~ **multifilament yarn** / polyfile Acetatseide ‖ ~ **of iron** / Eisenacetat n ‖ ~ **of lime** / Kalziumacetat n, essigsaurer Kalk ‖ ~ **of lime liquor** / essigsaure Kalkbrühe ‖ ~ **rayon** / Acetat-Viskose f, Acetatkunstseide f, Acetatseide f, (formerly:) Acetreyon m n ‖ ~ **rayon-satin** / Acetatkunstseiden-Satin m, Acetatseiden-Satin m ‖ ~ **rayon stockinet** / Acetatseidentrikot m ‖ ~ **sharkskin** (popular sportswear cloth, from plain, taffeta or tabby weave) / Acetathaifischhautgewebe n ‖ ~ **sheeting** / Acetatfolie f ‖ ~ **silk** / Acetatseide f ‖ ~ **spinning machine** / Acetatspinnmaschine f ‖ ~ **spun rayon** / Acetatzellwollgarn n ‖ ~ **spun yarn** / Acetatspinnfasergarn n ‖ ~ **staple fibre** / Acetatspinnfaser f, Acetatstapelfaser f, Acetatzellwolle f ‖ ~ **taffeta** / Acetattaft m ‖ ~ **voile** / Acetatvoile m ‖ ~ **yarn** / Acetatgarn n, Celluloseacetatgarn n
acetic adj / essigsauer adj ‖ ~ **acid** / Essigsäure f, Acetsäure f, Äthansäure f ‖ ~ **acid amine** / Acetamid n, Azetamid n ‖ ~ **acid anhydride** / Essigsäureanhydrid n, Acetanhydrid n, Äthansäureanhydrid n ‖ ~ **acid bath** / essigsaures Bad, essigsaure Flotte ‖ ~ **acid ethyl ester** / Äthylacetat n ‖ ~ **acid fermentation** / Essigsäuregärung f ‖ ~ **acid liquor** / essigsaure Flotte, essigsaures Bad ‖ ~ **acid starch tragacanth thickening** / saure Stärketragantverdickung ‖ ~ **acid steam** / Essigsäuredampf m ‖ ~ **acid tannin solution** / essigsaure Tanninlösung ‖ ~ **acid test** / Essigsäureprobe f ‖ ~ **acid vapour** / Essigsäuredampf m ‖ ~ **aldehyde** / Acetaldehyd m, Äthanal n ‖ ~ **amine** / Acetamid n, Azetamid n ‖ ~ **anhydride** / Essigsäureanhydrid n, Acetanhydrid n, Äthansäureanhydrid n ‖ ~ **bath** / essigsaures Bad, essigsaure Flotte ‖ ~ **ester** / Essigester m, Essigsäureäthylester m ‖ ~ **ether** / Essigäther m, Essigsäureäthyläther m, Essigsäureäther m ‖ ~ **fermentation** / Essigsäuregärung f ‖ ~ **liquor** / essigsaure Flotte, essigsaures Bad ‖ ~ **tartrate** / essigweinsaure Verbindung
acetify v / essigsauer machen
acetin[e] n / Acetin n ‖ ~ **blue** / Acetinblau n ‖ ~ **printing** / Acetindruck m
acetoacetic acid / Acetessigsäure f, Acetylessigsäure f ‖ ~ **ester** / Acetessigester m, Acetessigsäureäthylester m ‖ ~ **ether** / Acetessigäther m
acetol n / Acetol n, Azetol n
acetolysis n / Acetolyse f
acetolytic degradation / acetolytischer Abbau
acetone n / Aceton n, Azeton n, Essiggeist m, Dimethylketon n ‖ ~ **alcohol** / Acetol n, Azetol n, Acetonalkohol m ‖ ~ **collodion** / Acetonkollodium n ‖ ~ **oil** / Acetonöl n ‖ ~ **resin** / Acetonharz n
acetonitrile n / Acetonitril n, Essigsäurenitril n
acetophenone n / Acetophenon n, Azetophenon n, Methylphenylketon n, Acetylbenzol n
acetopurpurin n / Acetopurpurin n
acetoquinone dye / Acetochinonfarbstoff n
acetosol n / Acetosol n
acetotartrate n / Acetotartrat n
acetous adj / essigsauer adj
acetoxylate v / acetoxylieren v
aceturic acid / Acetursäure f

acetyl n / Acetyl n, Äthanoyl n || ~ **acetic acid** / Acetessigsäure f
acetylate v / acetylieren v
acetylated cellulose / Acetylzellulose f, Zelluloseacetat n || ~ **cotton** / acetylierte Baumwolle || ~ **dyestuff** / acetylierter Farbstoff
acetylating agent / Acetylierungsmittel n || ~ **mixture** / Acetylierungsgemisch n
acetylation n (chemical modification for improving resistance to microbes, rot, heat etc.) / Acetylieren n || ~ **process** / Acetylierungsverfahren n
acetyl cellulose / Acetylzellulose f, Zelluloseacetat n || ~ **chloride** / Acetylchlorid n, Äthanoylchlorid n, Essigsäurechlorid n
acetylene n / Acetylen n, Acetylenkohlenwasserstoff m || ~ **black** / Acetylenschwarz n, Acetylenruß m || ~ **dichloride** / Acetylendichlorid n || ~ **linkage** / Acetylenverbindung f || ~ **tetrachloride** / Acetylentetrachlorid n
acetylenyl n / Acetylenyl n, Äthinyl n
acetylglycine acid / Acetursäure f
acetylide n / Acetylenid n, Acetylid n
acetylidene n / Acetyliden n
acetylize v / acetylieren v
acetylizing agent / Acetylierungsmittel n || ~ **medium** / Acetylierungsmittel n
acetyl number / Acetylzahl f || ~ **oxide** / Essigsäureanhydrid n, Acetanhydrid n, Äthansäureanhydrid n
acetylpropionic acid / Lävulinsäure f
acetyltriethyl citrate / Acetyltriäthylcitrat n
acetyl value / Acetylzahl f
A/C felt (asbestos cement felt) / A/Z-Filz m, Asbest-Zement-Filz m
ach n s. aal
achromasia n / Achromasie f
achromatic adj / unbunt adj, farblos adj || ~ **point** / Weißpunkt m
achromatism n / Achromasie f
acicular adj / nadelförmig adj, nadelig adj, azikulär adj
acid n / Säure f || ~ adj / sauer adj || ~**-absorbing** adj / säureabsorbierend adj || ~ **ageing** / Säuredämpfen n, saures Dämpfen, Alterung f im sauren Medium || ~ **ager** / Säuredämpfer m || ~ **alizarin black** / Säurealizarinschwarz n || ~ **amide** / Säureamid n || ~ **anhydride** / Säureanhydrid n || ~ **anthracene black** / Säureanthrazenschwarz n || ~ **anthracene brown** / Säureanthrazenbraun n || ~ **anthracene dyestuff** / Säureanthrazenfarbstoff m, Anthrazensäurefarbstoff m || ~ **azo dyestuff** / Azosäurefarbstoff m || ~ **bath** / Säureflotte f, Säurebad n || ~ **bath development** / Säurebad-Entwicklung f || ~ **bath treatment** / Säurebehandlung f || ~ **binding** / saure Bindung || ~**-binding agent** / säurebindendes Mittel || ~**-binding power** / Säurebindungsvermögen n || ~ **boiling** / saure Abkochung || **boiling, fastness to** / Säurekochechtheit f || ~ **boiling test** / Säurekochtest m || ~**-bonding capacity** / Säurebindungsvermögen n || ~ **bordeaux** / Säurebordeaux n, Bordeaux B n || ~ **brown** / Säurebraun n || ~ **catalyst** / Säurekatalysator m, Säurehärter m || ~ **centrifuge** / Säureschleuder f || ~ **chloride** / Säurechlorid n || ~ **chlorinating** / saures Chloren || ~ **chlorine bleach** / saure Chlorbleiche || ~ **chlorite bleach** / saure Chloritbleiche || ~ **chrome dyestuff** / Säurechromfarbstoff m, Nachchromierungsfarbstoff m || ~ **cleavage** / Säurespaltung f || ~ **content** / Säuregehalt m || ~ **crimping** / Säurekräuselung f || ~ **cross-dyeing fastness** / saure Überfärbeechtheit || ~ **damage** / Säureschaden m || ~ **degradation** / Abbau m durch Säure || ~ **developing bath** / Säureentwicklungsbad n || ~ **development** / Säureentwicklung f || ~**-dissolving process** / Säurelösungsverfahren n || ~ **donor** / Säurespender m, Säureabspalter m || ~ **dope** /

Säurefirnis m || ~**-dyeable** adj / sauer färbbar || ~ **dyeing** / Färben n in saurem Medium || ~**-dyeing dyestuff** / sauerziehender Farbstoff || ~ **dyestuff** / Säurefarbstoff m, saurer Farbstoff || ~ **end group** / saure Endgruppe f || ~ **equivalent** / Säurezahl f, Säureäquivalent n || ~ **ester** / Säureester m || ~ **etching** / Säureätze f, Säureätzung f, Säuremattierung f || ~ **fading** / Verfärbung f durch Säuredämpfe || ~**-fast** adj / säureecht adj, säurebeständig adj, säurefest adj || ~ **fastness** / Säureechtheit f || ~ **fast red** / Echtsauerrot n || ~ **felting** (wool) / saures Walken || ~ **fixing** / Säurebindung f || ~ **for brightening** / Aviviersäure f || ~**-forming** adj / säurebildend adj || ~**-free** adj / säurefrei adj || ~ **fuchsine** / Säurefuchsin n, Fuchsin n || ~ **fulling** (US) / Säurewalke f, saure Walke || ~ **green** / Säuregrün n, Lichtgrün || ~**-hardening** adj / säurehärtend adj, sauerhärtend adj || ~**-holding** adj / säurehaltig adj || ~ **hydroextractor** / Säureschleuder f || ~ **hydrolysis** / Säurehydrolyse f, saure Hydrolyse
acidic dyestuff / saurer Farbstoff, Säurefarbstoff m
acidiferous adj / säurehaltig adj
acidification n / Ansäuern n, Ansäuerung f, Absäuern n, Absäuerung f, Sauerstellung f
acidifier for fabrics in open width / Breitsäuermaschine f (DIN 64990) || ~ **for fabrics in rope form** / Strangsäuermaschine f (DIN 64990)
acidify v / absäuern v, säuern v, ansäuern v
acidifying back (GB), acidifying beck (US) / Säurekufe f || ~ **bath** / Absäuerungsbad n
acid immersion test / Säurelagertest m || ~ **inertness** / Säurebeständigkeit f
acidity n / Azidität f, Acidität f, Säuregehalt m
acid level / Säurespiegel m || ~ **level dyestuff** / gut egalisierender Säurefarbstoff || ~ **liquor** / Säureflotte f, Säurebad n || ~ **milling** (GB) / Säurewalke f, saure Walke || ~ **milling dyestuff** / saurer Walkfarbstoff m, Säurewalkfarbstoff m || ~ **milling fastness** / saure Walkechtheit || ~ **milling machine** / Säurewalkmaschine f || ~ **mordant dyestuff** / saurer Beizenfarbstoff || ~ **number** / Säurezahl (SZ) f || ~ **peroxide bleaching** / saure Peroxidbleiche || ~ **precipitation bath** / Säurefällbad n
acidproof adj / säurefest adj, säurebeständig adj, säureecht adj || ~ **clothing** / Säureschutzkleidung f, Säureanzug m || ~ **fabrics** / säurebeständige Gewebe n pl || ~ **gloves** / Säureschutzhandschuhe m pl || ~ **lining** / säurefeste Auskleidung || ~ **overall** / säurefester Arbeitskittel
acid radical / Säurerest m, Säureradikal n || ~ **residue** / Säurerückstand m || ~ **resistance** / Säureechtheit f, Säurebeständigkeit f || ~**-resistant** adj, acid-resisting adj / säureecht adj, säurebeständig adj || ~**-resistant dyestuff** / säurebeständiger Farbstoff || ~ **scour[ing]** (of wool) / Säureentschweißung f, saure Vorwäsche || ~ **separator** / Säureabscheider m || ~ **shock bath** / Säureschockbad n || ~ **shock dyeing method** / Säureschock-Färbeverfahren n || ~ **shock fixation** / Säureschockfixierung f || ~ **shock padding method** / Säureschock-Foulardverfahren n || ~ **sodium sulphate** / saures Natriumsulfat, Weinsteinersatz m || ~ **sodium tartrate** / Natriumhydrogentartrat n || ~**-solubility** n / Säurelöslichkeit f || ~**-soluble** adj / säurelöslich adj || ~ **sour** / saures Spülmittel || ~ **spinning process** / Säurespinnverfahren n || ~ **stain** / Säurefleck m || ~ **steam ager** / Säuredämpfer m || ~ **steam developing method** / Säuredampf-Entwicklungsverfahren n || ~ **steaming** / saures Dämpfen, Säuredämpfen n || ~ **steam printing method** / Säuredampf-Druckverfahren n, Säuredampf-Verfahren n || ~ **steeping** / saures Einweichen, Säurebehandlung f || ~ **steeping bowl** / Säureeinweichbottich m || ~ **sulphate** / Hydrogensulfat n, Bisulfat n, saures Sulfat

acid-thermofixation process, AT process (dye) / AT-Verfahren n
acid treatment / Säurebehandlung f
acidulate v / säuern v, ansäuern v, absäuern v, einsäuern v, mit Säure aufschließen
acidulated bath / Säurebad n
acidulous adj / säuerlich adj
acid value / Säurezahl (SZ) f ‖ ~ **vaporizing** / Säureverdampfung f ‖ ~ **vat** / Säurebottich m, Säureküpe f ‖ ~ **violet** / Säureviolett n ‖ ~ **washing** / Säurewäsche f ‖ ~ **wet development** / Säure-Naßdampf-Entwicklung f ‖ ~ **wool dyestuff** / saurer Wollfarbstoff ‖ ~ **wool scouring** / saure Wollwäsche
acme cotton / geringwertige Mississippi-Baumwolle
acorn oil / Eichelöl n ‖ ~ **starch** / Eichelstärke f
acoustextile n / schallschluckende textile Wandbespannung
acoustic baffling / Schallrückstauung f ‖ ~ **property** / akustische Eigenschaft
acridine dyestuff / Acridinfarbstoff m (ein basischer Beizenfarbstoff) ‖ ~ **orange** / Acridinorange n ‖ ~ **yellow** / Acridingelb n
acridone dyestuff / Acridonfarbstoff m
acrolein n / Acrolein n, Acrylaldehyd m, Allylaldehyd m
acrylamide n / Acrylamid n, Acrylsäureamid m
acrylate n / Acrylat n
acrylic n / Polyacryl n, Polyacrylnitril n, Acrylfaserstoff m ‖ ~ / Acrylgewebe n, Acrylstoff n ‖ ~ **acid** / Acrylsäure f ‖ ~ **acid butyl ester** / Acrylsäurebutylester m ‖ ~ **dyeing** / Acrylfaserfärben n ‖ ~ **dyestuff** / Acrylfarbstoff m ‖ ~ **ester** / Acrylsäureester m ‖ ~ **ester styrene copolymer** / Acrylsäureester-Styrol-Mischpolymerisat n ‖ ~ **fibre** / Acrylfaser f, Acrylspinnfaser f, Acrylstapelfaser f, Polyacrylnitrilfaser f, Acrylfaserstoff m, Polyacrylnitrilfaserstoff m ‖ ~ **fibre blend** / Mischung f mit Acrylfasern ‖ ~ **fibre HB (high bulk) yarn** / Acrylfaser-HB-Garn n, Acrylfaser-Hochbauschgarn n, Acryl-HB-Garn n, Acryl-Hochbauschgarn n ‖ ~ **fibre loose stock** / Acrylfaserflocke f ‖ ~ **filament** / Acrylfaden m, Acrylfilament n, Polyacrylnitrilfilament n ‖ ~ **filament yarn** / Polyacrylnitrilfilamentgarn n ‖ ~ **HB (high bulk) yarn** / Acrylfaser-HB-Garn n, Acrylfaser-Hochbauschgarn n, Acryl-HB-Garn n, Acryl-Hochbauschgarn n ‖ ~ **pile fabric** / Acryl-Polgewebe n ‖ ~ **resin** / Acrylharz n, Polyacrylat n
acrylics pl / Acrylfaserarten f pl, Acrylgewebe n pl, PAC-Fasern f pl
acrylic salt / Acrylsalz n, Acrylat n ‖ ~ **shag carpet** / Minishag-Teppich m ‖ ~ **size** / Acrylschlichte f ‖ ~ **spun yarn** / Polyacrylnitrilspinnfasergarn n ‖ ~ **staple fibre** / Acrylfaser f, Acrylspinnfaser f, Acrylstapelfaser f, Polyacrylnitrilfaser f, Acrylfaserstoff m, Polyacrylnitrilfaserstoff m ‖ ~ **tow** / Acrylkabel n ‖ ~ **velvet** / Acrylvelours n ‖ ~ **velvet with cotton back** / Acrylvelours m mit Baumwollrücken ‖ ~ **yarn** / Polyacrylnitrilgarn n
acrylonitrile n / Acrylnitril n ‖ ~-**acrylic ester** (auxiliary) / Acrylnitril-Acrylsäureester m
ACSA (American Cotton Shippers Association) / Verband m der amerikanischen Baumwollverschiffer
actinic adj / aktinisch adj, fotochemisch wirksam
activatable tracer / aktivierbarer Tracer
activated carbon / Aktivkohle f ‖ ~ **resin** / katalysiertes Harz, Harz n mit Katalysator ‖ ~-**sludge process** (waste water) / Belebtschlammverfahren n
activating action / aktivierende Wirkung ‖ ~ **bleaching agent** / Bleichaktivierungsmittel n ‖ ~ **energy** / Aktivierungsenergie f
activation energy / Aktivierungsenergie f
activator n / Aktivierungsmittel n ‖ ~ (catalyst) / Reaktionsmittel n
active adj / aktiv adj, wirksam adj ‖ ~ **chlorine** / aktives Chlor, Aktivchlor n ‖ ~ **component** / wirksamer Bestandteil ‖ ~ **content** / Wirkstoffgehalt m ‖ ~ **detergent** / waschaktive Substanz ‖ ~ **ingredient** / aktive Substanz, wirksame Substanz, Wirkstoff m, Aktivsubstanz f, Aktivstoff m, Wirksubstanz f ‖ ~ **in lowering surface tension** / kapillaraktiv adj, oberflächenaktiv adj ‖ ~ **oxygen** / Aktivsauerstoff m ‖ ~ **protective finish** / aktive Schutzausrüstung ‖ ~ **solvent** / aktives Lösungsmittel, echtes Lösungsmittel ‖ ~ **substance** s. active ingredient
actual draft / tatsächlicher Verzug, echter Verzug ‖ ~ **length** / Ist-Länge f (Faser)
acyl n (acid residue) / Acyl n
acylate v / acylieren v
acyl ester sulphonate / Acylestersulfonat n ‖ ~ **group** / Acylgruppe f, Acylrest m
ada canvas (coarse stiff fabric, made chiefly from cotton yarns) / Aidakanevas m
Adam's needle / Yuccafaser f
adansonia fibre / Affenbrotbaumfaser f (aus Adansonia sp)
adapangia n (type of Indian raw silk) / Adapangia-Seide f
adarsa muslin (first-class Indian silk) / Adarsamusselin m
addition n / Zusatz m, Zusatzmittel n, Zugabe f, Beimengung f ‖ ~ **agent** / Zusatzmittel n
additional agent / Zusatzmittel n ‖ ~ **finish** / Nachappretur f ‖ ~ **lubrication** / Nachschmälze f, Nachschmälzen n ‖ ~ **twist** (spinn) / Nachdrehung f ‖ ~ **width adjustment** / Zusatzbreitenverstellung f (DIN 64990)
addition compound / Additionsverbindung f, Anlagerungsverbindung f, additive Verbindung ‖ ~ **copying machine** (scr pr) / Additionskopiermaschine f ‖ ~ **dyeing** / Additionsfärbung f ‖ ~ **polymer** / Additionspolymerisat n, Polyaddukt n ‖ ~ **polymerisation** / Additionspolymerisation f ‖ ~ **product** / Additionsprodukt n, Anlagerungsprodukt n ‖ ~ **reaction** / Additionsreaktion f, Anlagerungsreaktion f
additions pl (dye) / Nachsätze m pl
additive n / Zusatz m, Zusatzmittel n, Hilfsmittel n, Zuschlagstoff m, Additiv n ‖ ~ **colour** / additive Farbe ‖ ~ **colour effect** / additiver Farbeffekt ‖ ~ **colour mixing** / additive Farbmischung ‖ ~ **compound** / additive Verbindung, Additionsverbindung f, Anlagerungsverbindung f ‖ ~ **method** / Additivverfahren n ‖ ~ **multi-colour effect** / additiver Mehrfarbeneffekt ‖ ~ **product** / Additionsprodukt n, Anlagerungsprodukt n
add on v (chem) / anlagern v (sich) ‖ ~-**on** (ctg) / Auflage f, Auftragsmenge f ‖ ~-**on** (dye, fin) / Auflagemenge f ‖ ~-**on chemical material** / chemisches Auftragsmittel ‖ ~ **to the bath** / das Färbebad versetzen mit ‖ ~ **twist** / nachzwirnen v
adduct n / Addukt n
Adelaide wool / Adelaidewolle f
adenos cotton (best cotton of the Levant) / Adenosbaumwolle f ‖ ~ **fabric** / Adenosgewebe n
adhere v / haften v, anhaften v, kleben v, ankleben v
adherence n / Haftvermögen n, Adhäsion f, Haftung f, Haften m, Adhäsionsvermögen n, Klebefähigkeit f, Haftfestigkeit f (DIN 53357)
adherent adj / haftend adj, anhaftend adj, klebend adj, adhäsionsfähig adj
adhering dirt / Klebschmutz m, Haftschmutz m ‖ ~ **pretreatment** / Klebfähigkeitsverbesserung f ‖ ~ **water** / Haftwasser n
adhesion n / Haftung f, Haftvermögen n, Haften n, Haftfestigkeit f (DIN 53357), Adhäsion f ‖ ~ **agent** / Haftvermittler m, Kleber m ‖ ~-**bonded fibre web**, adhesion-bonded scrim / adhäsiv gebundenes Fadengelege ‖ ~ **diffusion dissolving mechanism** / Adhäsions-Diffusions-Lösemechanismus m ‖ ~ **energy** / Adhäsionsenergie f ‖ ~ **friction** / Haftreibung f ‖ ~/**gliding properties** / Haft-Gleit-Verhalten n, Haft-

Gleit-Eigenschaften *f pl* ‖ ~ **promoter** / Haftvermittler *m* ‖ ~/**slipping property** / Haft-Gleit-Verhalten *n*, Haft-Gleit-Eigenschaften *f pl* ‖ ~ **tester** / Haftvermögenprüfgerät *n*
adhesive *n* / Kleber *m*, Klebstoff *m*, Klebemittel *n*, Bindemittel *n* ‖ ~ *adj* / anhaftend *adj*, klebend *adj*, haftend *adj*, adhäsionsfähig *adj* ‖ ~ **backing** (cpt) / Rückenkaschieren *n*, Rückenkaschierung *f* ‖ ~ **bandage** / Heftpflaster *n*, Schnellverband *m*, Schnellverband[s]pflaster *n* ‖ ~-**bonded fabrics** / (verklebter) Vliesstoff, durch Bindemittel verfestigter Vliesstoff ‖ ~ **bonding** / adhäsive Vliesverfestigung ‖ ~ **capacity** / Haftvermögen *n*, Haftfestigkeit *f* (DIN 53357), Adhäsionsfähigkeit *f*, Klebkraft *f* ‖ ~ **coat** (lam) / Klebestrich *m* ‖ ~ **coating machine** / Streichmaschine *f* ‖ ~ **dressing** / Heftpflaster *n*, Schnellverband *m*, Schnellverband[s]pflaster *n* ‖ ~ **failure** (nwv) / Schlupfeffekt *m* ‖ ~ **fat** / Adhäsionsfett *n* ‖ ~ **film** / Klebfolie *f*, Klebefolie *f* ‖ ~ **grease** / Adhäsionsfett *n* ‖ ~ **joint** (nwv) / Klebstelle *f*, Klebverbindung *f* ‖ ~ **label** / Klebeschild *n* ‖ ~ **laminating** / Klebekaschierung *f*, Beschichten *n* mit Klebefolie, Klebebondieren *n*, adhäsive Lamination ‖ ~ **laminating** (nwv) / adhäsive Vliesverfestigung ‖ ~ **layer** (ctg) / Klebeschicht *f*, Haftschicht *f* ‖ ~ **material** / Klebmittel *n*, Kleber *m*, Klebstoff *m*, Bindemittel *n* ‖ ~ **paste** (lam) / Klebepaste *f*, Klebemasse *f* ‖ ~ **plaster** / Heftpflaster *n*, Schnellverband[s]pflaster *n* (DIN 53357) ‖ ~ **power** / Haftfestigkeit *f*, Haftvermögen *n*, Klebkraft *f*, Adhäsionsfähigkeit *f* ‖ ~ **property** / Haftvermögen *n* ‖ ~ **resin** / Klebharz *n* ‖ ~ **size** / Klebschlichtmittel *n* ‖ ~ **solution** / Kleblösung *f* ‖ ~ **strength** / Klebkraft *f*, Adhäsionsfähigkeit *f*, Haftfestigkeit *f* (DIN 53357), Haftvermögen *n* ‖ ~ **tape** / Klebeband *n*, Klebstreifen *m*, Klebestreifen *m* ‖ ~ **varnish** / Kleblack *m*, Klebelack *m* ‖ ~ **wax** / Klebwachs *n*, Klebewachs *n*
ad hoc (band block printing in colours over a Jacquard design) / Überdruck *m*
adiabatic *n* / Adiabate *f* ‖ ~ *adj* / adiabatisch *adj*
adipaldehyde *n* / Adipaldehyd *m*
adipate *n* / Adipat *n*, Salz oder Ester der Adipinsäure
adipic *n* / Fettstoff *m* ‖ ~ **acid** / Adipinsäure *f*, Hexandisäure *f* ‖ ~ **acid ester** / Adipinsäureester *m* ‖ ~ **acid fibre** / Adipinsäurefaser *f*
adjacent cotton fabric / Baumwollbegleitgewebe *n* ‖ ~ **fabric**, adjacent material / Begleitgewebe *n*, Nachbarstoff *m*, Begleitmaterial *n* ‖ ~ **fibre** / Begleitfaser *f* ‖ ~ **polyamide fabric** / Polyamidbegleitgewebe *n* ‖ ~ **repeats** (text pr) / aneinandergereihte Rapporte *m pl* ‖ ~ **thread** / Nachbarfaden *m* ‖ ~ **viscose staple fabric** / Zellwollbegleitgewebe *n*
adjective dyestuff / adjektiver Farbstoff, beizenfärbender Farbstoff, Beizenfarbstoff *m*
adjoining needle (knitt) / Nachbarnadel *f* ‖ ~ **patterns** / Anstoßen *n* von Drucken
adjust *v* / aufmachen *v* (Fertiggewebe), adjustieren *v* (AU)
adjustable comb yarn clearer / verstellbarer Kammreiniger *m* ‖ ~ **grid** (dye) / Wanderrost *m* ‖ ~ **hemmer** / verstellbarer Säumer ‖ ~-**tension dryer** / Trockner *m* mit regelbarer Spannung ‖ ~ **thread guide** (knitt) / Kastenfadenführer *m* ‖ ~ **warping cone** / einstellbarer Schärkonus (DIN 62500)
adjust the bath / das Bad einstellen, die Flotte einstellen
admiralty cloth / Melton *m* ‖ ~ **cloth** / schwere kurze Tuchjacken und Offiziersröcke bei der amerikan. Marine
admissible moisture content / zulässiger Feuchtigkeitsgehalt
admixture *n* / Beimischung *f*
adria *n* / Adria *m* (Wollkleiderstoff mit abgeleiteter Schrägripsbindung) (in Österreich - kräftiger, versetzter Schrägrips aus Baumwolle, meist schwarz oder dunkelblau)
adrianopel red *adj* / türkischrot *adj* ‖ ~ **twill** (right-hand twill weave) / Adrianopelköper *m*
adsorb *v* / adsorbieren *v*
adsorbent *n* / Adsorbens *n*, Adsorptionsmittel *n*, Adsorber *m* ‖ ~ *adj* / adsorbierend *adj*, adsorptionsfähig *adj*, adsorptiv *adj*
adsorbing agent s. adsorbent
adsorption *n* / Adsorption *f* ‖ ~ **equilibrium** (dye) / Adsorptionsgleichgewicht *n*
adsorption/fixation process (AF process) (dye) / Adsorption-Fixier-Verfahren *n*, AF-Prozeß *m*
adsorption level (dye) / Aufziehgrad *m* ‖ ~ **rate** / Adsorptionsgeschwindigkeit *f*
adsorptive association / adsorptive Anlagerung ‖ ~ **treatment** / adsorptive Behandlung
adsorptivity *n* / Adsorptionsvermögen *n*
adulterant *n* / Streckmittel *n*, Stellmittel *n*, Verschnittmittel *n*
adulterate *v* / strecken *v*, verschneiden *v*, mischen *v*
adulterating agent / Verschnittmittel *n*, Streckmittel *n*, Stellmittel *n*
advanced drying stenter / Trockenrahmen *m* mit Voreilung ‖ ~ **plane setting stenter** / Planfixierrahmen *m* mit Voreilung ‖ ~ **pre-boarding stenter** / Fixierrahmen *m* mit Voreilung
advance sample (for the coming season) (fash) / Vorausmuster *n*
advancing wetting angle (surfactants) / fortschreitender Randwinkel ‖ ~ **wetting tension** / Benetzungsspannung *f* bei vorrückender Randlinie, fortschreitende Benetzungsspannung
aegagrus *n* (wild goat of Asia Minor) / Aegagrusziege *f*
aeolian *n* (lightweight dress material of fine cotton warp and silk or rayon filling) / Eolienne *f*
aerate *v* / lüften *v*
aerated *adj* / lufthaltig *adj*, luftdurchsetzt *adj* ‖ ~ **rayon** / Hohlseide *f*, Luftseide *f* ‖ ~ **viscose yarn** / Viskose-Luftseide *f* ‖ ~ **yarn** / lufthaltiges Garn, lufthaltiger Faden, Luftseide *f*, Luftseidengarn *n*, Leichtseide *f*
aerobic *adj* / aerob *adj*
aerodynamic card / aerodynamische Karde, pneumatische Karde ‖ ~ **carding** / aerodynamisches Kardieren, pneumatisches Kardieren ‖ ~ **mingling** (texturing) / aerodynamische Verwirbelung
aerophane *n* (a fine-dyed silk gauze used for millinery) / Aerophan *m*, Aerofan *m*
aeroplane cloth / Flugzeugbespannstoff *m*
aerostat *n* / Luftschiff *n* (Ballon)
aesthetic fabric property / ästhetische Wareneigenschaft, ansprechende Wareneigenschaft
aetz *n* (manufacture of lace on a Schiffli embroidery frame) / Ätzstickerei *f*, Ausbrennmuster *n*
affinity *n* (for or to dyestuffs) / Anfärbbarkeit *f*, Farbstoffaffinität *f*, Farbaufnahmefähigkeit *f*, Farbaufnahmevermögen *n* ‖ ~ (of dyestuffs to fibre) / Ziehvermögen *n*, Ziehgeschwindigkeit *f*, Faseraffinität *f*, Substantivität *f* ‖ **possessing** ~ **to the dyestuff** / farbstoffaffin *adj* ‖ **possessing** ~ **to the fibre** / faseraffin *adj* ‖ ~ **fluctuation** / Affinitätsschwankung *f* ‖ ~ **for cotton** / Baumwollaffinität *f* ‖ ~ **in a neutral medium** (dye) / Neutralziehvermögen *n* ‖ ~ **limit** / Ziehgrenze *f* ‖ ~ **performance**, affinity property / Aufziehverhalten *n*
afgalaine *n* (a ladies' dress fabric, both warp and weft thread of high twist woollen yarn; piece-dyed), afghalaine *n* / Afghalaine *f*
afghan *n* s. Afghan blanket ‖ ~ **blanket** / Afghandecke *f*
Afghan-Dalhi (Turkestan handmade carpet, traded in Kunduz) / Afghan-Dalhi *m*
Afghan-Kerki (Turkestan handmade carpet) / Afghan-Kerki *m*
afiume *n* (a coarse grade of Egyptian flax) / Afiumeflachs *m*

AF process s. adsorption/fixation process
African cotton / afrikanische (nichtägyptische) Baumwolle ‖ ~ **fibre** (often used for mattresses), African hair / Palmettofaser f, Zwergpalmenfaser f (von den Bermudas) ‖ ~ **hemp** / Bogenhanf m ‖ ~ **print** / Afrika-Druck m ‖ ~ **saffron** (an orange dye obtained from the flowers of Lyperia crocea) / afrikanischer Safran ‖ ~ **wool** / südafrikanische Wolle, Afrikawolle f
Africa print / Afrika-Druck m
afridi n (cotton batik cloth made by the wax resist method) / Afridi-Batik m
Afshari-Khila n (Caucasian hand-knotted carpet) / Afshari-Chila m
afterbleach v / nachbleichen v
afterbleaching n / Nachbleiche f
afterboarding (hos) / Nachformen n
afterbrightening bath / Nachavivage f
afterchlorinate v / nachchlorieren
afterchrome v / nachchromieren v
afterchromed dyestuff / Nachchromierungsfarbstoff m, Chromentwicklungsfarbstoff m
afterchrome dyeing / Nachchromierfärbung f ‖ ~ **dyestuff** / Nachchromierfarbstoff m
afterchroming dyestuff / Nachchromierungsfarbstoff m, Chromentwicklungsfarbstoff m ‖ ~ **method** (dye) / Nachchromierungsverfahren n, Nachchromierverfahren n
aftercopper v / nachkupfern v
aftercoppered dyestuff / Nachkupferungsfarbstoff m
aftercoppering dye / Nachkupferungsfarbstoff m
aftercoupling n / Nachkupplung f
aftercover v (dye) / nachdecken v
afterdecatize v / nachdekatieren v
afterdraft n (fabr) / Nachzug m
aftereffect m / Nachwirkung f
afterelongation n (fabr) / Nachdehnung f, Nachstreckung f
afterfinish n / Nachappretur f
afterfinished goods / Appreturware f
afterflaming n (mat test) / Aufflammen n
afterglow n (mat test) / nachglimmen v, nachglühen v
aftermordant v / nachbeizen v
afternitration n / Nachnitrierung f
afterretting n (of flax, hemp, jute) / Nachröste f, Nachrotte f
afterscour v / nachwaschen v
afterscouring n / Nachwäsche f
afterscrooping n / Nachavivage f
afterski wear / Après-Ski-Kleidung f
aftersoap v / nachseifen v
aftersoften v / nachavivieren v
afterstretching n / Nachverstrecken n, Nachverstreckung f
aftertreat v / nachbehandeln v ‖ ~ (i.e.S.) / avivieren v
aftertreated dyestuff / Nachbehandlungsfarbstoff m
aftertreating agent / Nachbehandlungsmittel n ‖ ~ **agent** (i.e.S.) / Avivagemittel n ‖ ~ **bath** / Nachbehandlungsbad n ‖ ~ **printed goods** / Drucknachbehandlung f
aftertreatment n / Nachbehandlung f ‖ ~ (i.e.S.) / Avivage f ‖ ~ **to reduce the blocking effect** / Nachbehandlung zur Verhinderung der Haftreibung
aftertwist n (spinn) / Nachdrehung f
afterwashing n / Nachwaschen n
afterwaxing n / Nachwachsen n, Nachavivieren n ‖ ~ **product** / Nachwachsprodukt n
afterwelt n (heavier knitted portion between the leg and welt of women's stockings) (hos) / Strumpfbandrand m, Randverstärkung f, Doppelrand m, Unterrand m
after-wind n / nacheilende Windung (DIN 61801)
aga n (used for rope and coarse fabric) / Agafaser f (Bastfaser des philippinischen Feigenbaumes)
agabance n / seidenbesticktes Baumwollgewebe aus Aleppo, Syrien
agafibre n / Agafaser f

against the grain / gegen das Haar, gegen den Strich ‖ ~ **the hair** / gegen den Strich, gegen das Haar ‖ ~ **the nap** / gegen das Haar, gegen den Strich
agamid n s. aga
agar n / Agar-Agar m n, Japanleim m
agate adj (col) / achatbraun adj, achat adj ‖ ~ **grey** / achatgrau adj
agave fibre / Agavefaser f, Agavenfaser f ‖ ~ **hemp** / Agavehanf m
age vt / altern v, ablagern v ‖ ~ vi / altern v ‖ ~ vt (dye development by steaming without superpressure) / dämpfen ohne Überdruck ‖ ~ n / Alter n, Reife f
aged black / Hängeschwarz n, Oxydationsschwarz n ‖ ~ **coat**, aged coating / gealterter Beschichtungsfilm
age-development n / Dämpfentwicklung f
aged film, aged coating / gealterter Beschichtungsfilm ‖ ~ **viscose** / reife Viskose
ageing n / Alterung f ‖ ~ (steaming) / Dämpfen n, Dämpfbehandlung f, Dämpfung f ‖ ~ **hopper** / Vorreifekasten m ‖ ~ **process** / Dämpfprozeß m ‖ ~ **room** / Hängeboden m ‖ ~ **stability** / Alterungsbeständigkeit f ‖ ~ **test** / Alterungstest m
ager n / Dämpfer m, Dämpfapparat m, Dämpfkasten m, Hänge f
age resistor / Alterungsschutzmittel n
agfa n (artificial silk) / Agfareyon m n
agglomerate n / Agglomerat n, Granulatkorn n, Anhäufung f
agglomerated material / Konglomerat n
agglomerating auxiliary agent / agglomerierend wirkendes Hilfsmittel
agglomeration n / Anhäufung f, Agglomerierung f, Granulieren n, Granulation f, Granulierung f
agglutinated adj / verklebt adj, agglutiniert adj, zusammengeballt adj
aggoned bunder (raw silk) / in Indien und Japan erzeugte Rohseide
aggregate n / Aggregat n, Zuschlag(stoff) m
aggregated acid dyestuff / neutral ziehender saurer Farbstoff
Agilon n (trade name of a stretch nylon yarn made by Deering Milliken, Inc.) / Agilon n (hauchzartes und voluminöses Kräuselgarn aus Nylon - für Damenstrümpfe und Bekleidung)
aging n (US) s. ageing
agitate in the bath / im Bad herumziehen, im Bad bewegen
agitation n / Rühren n, Schütteln n, Bewegen n
agitator n / Rührer m, Rührwerk n, Mischer m, Mischwerk n ‖ ~-**type washing machine** / Rührwerkwaschmaschine f
aglet n / Achselschnur f, Fangschnur f (an Uniformen) ‖ ~ / Korsettschnur f ‖ ~ / Zierat m (am Ende von Fransen), Metallplättchen n (als Besatz)
agneline n (a coarse, long-napped heavy woollen fabric heavily fulled to shed water) / Agnelin m
agotai fibre / Abakafaser f, Manilafaser f (aus Musa textilis)
Agra n (Indian handmade carpet) / Agra m ‖ ~ **gauze** (from Agra, India) / Agragaze f
agricultural twine / Erntegarn n
ahrami n (plain-woven cotton fabric, block-printed to feature stripes embellished by flowered effects. Originated in Persia) / Ahramigewebe n
aich n s. aal
aida canvas (coarse stiff fabric, made chiefly from cotton yarns) / Aidakanevas m
aiglet n (of corset) s. aglet
aigrette n / Reiherbusch m
aiguillette n / Schnürband n, Goldtresse f
ailanthus silk / Ailanthusseide f, Tussahseide f
air vt / durchlüften v, lüften v, belüften v, an der Luft verhängen, Luftpassage geben ‖ ~ vi / oxydieren v ‖ ~ n / Luft f ‖ ~-**apron drier** / Düsentrockner m ‖ ~-**bed** n

/ Luftmatratze f ‖ ~ **blade coater** (ctg) /
Luftrakelauftragmaschine f ‖ ~**-blast ejector** (sew) /
Ausblasvorrichtung f ‖ ~**-blast gin** / Gebläse-
Egreniermaschine f ‖ ~ **blue** / airblau adj ‖ ~ **blush** (in
lacquer films) (ctg) / Weißanlaufen n ‖ ~ **brush** /
Luftbürste f ‖ ~ **brush coater** /
Lüftbürsten[messer]-Streichmaschine f ‖ ~ **bubble** /
Luftblase f, Luftbläschen n, Lufteinschluß m ‖
~ **bulked** / lufttexturiert adj, düsentexturiert adj ‖
~ **bulking** / Lufttexturierung f, Düsentexturierung f ‖
~**-bulk texturing** / Luftdüsen-Bauschtexturierung f ‖
~ **chamber** / Luftkammer f ‖ ~ **circulation** /
Luftumlauf m, Luftzirkulation f ‖ ~ **conditioning** /
Klimatisierung f
air-conditioning cabinet / Klimaschrank m ‖ ~ **chamber**
/ Klimakammer f ‖ ~ **plant** / Klimaanlage f ‖
~ **treatment** (of fabrics) / Erhöhung f der
Gewebeporosität, Porösmachen n,
Luftdurchlässigmachen n
air content / Luftgehalt m, Porenvolumen n (von
Textilien) ‖ ~ **cooling** / Luftkühlung f ‖ ~ **cording** (sew)
/ ungefüllte Wulstbiese
aircraft cloth / Flugzeugbespannstoff m
air--cushion drying drum / Tragluft-Trommeltrockner m
‖ ~**-cushion stenter frame** / Luftkissen-Spannrahmen
m ‖ ~ **dampness** / Luftfeuchtigkeit f ‖ ~ **doctor blade** /
Luftrakel f ‖ ~ **drawing** (nwv) / Luftverstreckung f ‖
~**-dry** adj, air-dried adj / lufttrocken adj, windtrocken
adj, an der Luft getrocknet ‖ ~ **drying** / Lufttrocknung f
‖ ~ **drying apparatus** / Lufttrocknungsanlage f ‖
~ **exchange** / Luftaustausch m ‖ ~ **filter** / Luftfilter m n
‖ ~**-flow measurement** (to determine the fineness) /
Pfropfenströmungsmessung f
airflow method / Airflow-Methode f (Luftstromtest zur
Messung des mittleren Wollfaser-Durchmessers)
air--force blue adj / fliegerblau adj ‖ ~**-free ager** /
luftfreier Schnelldämpfer ‖ ~ **gun rotary spraying unit**
(ctg) / Spritzpistolenautomat m, Luftdruckpistolen-
Rundläufer m ‖ ~ **hanging** / Verhängen an der Luft n ‖
~ **humidifier** / Luftanfeuchter m, Luftbefeuchter m ‖
~ **humidifying plant** / Luftbefeuchtungsanlage f ‖
~ **humidity** / Luftfeuchtigkeit f ‖ ~ **inclusion** /
Lufteinschluß m
airing n / Luftgang m, Luftpassage f, Lüftung f ‖ **give an**
~ / lüften, an der Luft verhängen ‖ ~ **cabinet** /
Luftschrank m, Luftkammer f ‖ ~ **frame** / Lufthänge f,
Oxydationshänge f ‖ ~ **plant** / Belüftungsanlage f,
Luftstation f ‖ ~ **process**, airing treatment /
Belüftungsprozeß m
air insertion weft delivery system (weav) / Luft-
Schußeintrag-System n ‖ ~ **jacket** / Rettungsweste f ‖
~ **jet** / Blasdüse f ‖ ~ **jet** / Wirbeldüse f ‖ ~**-jet bulked**
/ luftdüsengebauscht adj ‖ ~**-jet bulked yarn** /
luftdüsengebauschtes Garn ‖ ~**-jet coating** /
Luftdüsenstreichverfahren n ‖ ~**-jet crimping** /
Luftdüsentexturieren n, Luftstromtexturieren n ‖ ~**-jet
dyeing** (for open-width dyeing of piecegoods) / Air-Jet-
Färbeverfahren n ‖ ~**-jet loom** / Luftdüsenstuhl m,
Luftdüsenwebmaschine f, pneumatische
Düsenwebmaschine ‖ ~**-jet picking system** (weav) /
Luftdüsenschußeintrag m ‖ ~**-jet textured** /
luftblastexturiert adj ‖ ~**-jet textured yarn** /
Luftdüsentexturgarn n, LB-Garn (luftblastexturiertes
Garn) ‖ ~**-jet texturing** / Luftdüsentexturieren n,
Luftstromtexturieren n, Luftblastexturieren n,
aerodynamisches Texturieren ‖ ~**-jet texturing
machine** / Luftdüsentexturiermaschine f ‖ ~**-jet
weaving** / Luftdüsenweben n, Luftweben n ‖ ~**-jet
weaving machine** / Luftdüsenwebmaschine f,
Luftdüsenstuhl m, pneumatische Düsenwebmaschine ‖
~**-jet yarn** / Blasgarn n ‖ ~ **knife** / Luftbürste f,
Luftrakel f ‖ ~ **knife coater** (ctg) /
Luftmesserstreichmaschine f, Luftrakel f,
Schlitzdüsenauftragsmaschine f ‖ ~ **knife coating** /

Luftbürstenstreichverfahren n,
Luftrakelstreichverfahren n ‖ ~**-lace** n / Luftspitze f,
Ätzspitze f ‖ ~**-laid web** (nwv) / Blasvlies n, lockere
Gewebematte ‖ ~**-lay stenter** (GB) (mercerizing) /
Luftkissen-Spannrahmen m ‖ ~**-lay system** (nwv) /
Blasverfahren n ‖ ~**-lay tenter** (US) (mercerizing) /
Luftkissen-Spannrahmen m ‖ ~ **mattress** / Luftmatratze
f ‖ ~ **moistener** / Luftbefeuchter m, Luftanfeuchter m ‖
~ **moisture** / Luftfeuchtigkeit f ‖ ~ **oxidation** /
Oxydation f durch Luftsauerstoff, Luftoxidation f ‖
~ **passage** / Luftgang m, Luftpassage f ‖
~ **permeability** / Luftdurchlässigkeit f ‖
~ **permeability test** / Luftdurchlässigkeitsprüfung f ‖
~ **permeability tester** / Luftdurchlässigkeitsprüfgerät n
‖ ~**-permeable** adj / luftdurchlässig adj ‖ ~ **permeation**
/ Luftdurchlässigkeit f
airplane cloth / Flugzeugbespannstoff m ‖ ~ **luggage
cloth** (lightweight coated cloth) / Fluggepäckstoff m
air plant / Belüftungsanlage f, Luftstation f ‖ ~ **pocket** (in
fabric or coating) / Luftblase f, Lufteinschluß m,
Luftbläschen n
airproof adj / luftbeständig adj, luftecht adj, luftfest adj,
luftdicht adj
air quench duct, air quench chamber (spinn) / Blasschacht
m ‖ ~ **quenching** (spinn) / Anblasung f ‖ ~ **relief valve** /
Entlüftungsventil n ‖ ~**-resistant** / luftbeständig adj,
luftecht adj, luftfest adj, luftdicht adj ‖ ~ **retting** (flax,
hemp, jute) / Luftröste f ‖ ~ **run** / Luftgang m,
Luftpassage f
airship fabric / Ballonstoff m
air spinning / pneumomechanisches Spinnen ‖ ~ **stability**
/ Luftbeständigkeit f ‖ ~ **stain** / Luftfleck m
airstream n (nwv) / Luftbrücke f
air structure / lufttechnische Konstruktion (als
Anwendungsgebiet) ‖ ~**-supported hall** / Traglufthalle
f ‖ ~ **suspension drying** / Lufthänge f, Lufttrocknung f
‖ ~**-textured yarn** / lufttexturiertes Garn ‖ ~ **texturing**
/ Lufttexturieren n ‖ ~ **texturing jet** / Lufttexturierdüse
f
airtight adj / luftdicht adj, luftundurchlässig adj
airtightness n / Luftdichtigkeit f, Luftundurchlässigkeit f
air tucking / pneumatisches Rüschenlegen ‖ ~ **tuck stitch**
/ Biesenstich m, Kederstich m ‖ ~ **twisting** /
pneumatisches Zwirnen ‖ ~ **vortex spinning** / Vortex-
Spinnen n
ait mohad-berber (coarse, straight-fibred wool from
Moroccan sheep) / marokkanische Schafwolle
ajiji n (fine cotton muslin) / Ajiji-Baumwollmusselin m
à jour attachment (knitt) / Petinet-Einrichtung f,
Ajoureinrichtung f ‖ ~ **fabric** s. open-work fabric
à jour knitted fabric / Ajourware f, Petinetstoff m
akasce fibre (yielded by Conchurus siliquosus in British
Guiana) / Demararabaumwolle f, Demerarabaumwolle f
Ak-hissar n (hand-made carpet of Asia Minor) / Akhisar
n
akia fibre (rugged bast fibre raised in Hawaii, used in
making ropes) / Akiafaser f
akund floss (seed hair of the Calotropics procera, India) /
Akstauden-Samenhaar n
akwet-longyi n (a plain-weave, check-motif cloth, India) /
Akwet-longyi m
al n (morindin dye obtained from the roots of the Indian
mulberry tree) / Morindinfarbstoff m aus Indien
alabaster white adj / alabasterweiß adj
aladja n (heavy Indian taffeta) / Aladia m
alagoas cotton (Brazilian raw cotton) / Alagoa-Baumwolle
f ‖ ~ **lace** / Alagoasspitze f (aus Brasilien)
alamba n (Alabama cotton) / Alamba-Baumwolle f
alamode n (plain-weave silk fabric with lustrous finish),
allamod n / dünne, hochglänzende Seide für Kopftücher
und Schals f
alanine n / Alanin n
alapine n (old-time dress goods of wool and silk or cotton
and mohair, for articles of mourning) / Alepine m

Alaska

Alaska [yarn] / Alaskagarn n ‖ ~ **fabric** / Alaskastoff m
alb n (long white linen garment worn by priests) / Albe f
Albanian embroidery / albanische Stickerei
albarizine n (medium-quality wool from Aragón, Spain) / Albarizinewolle f
albatross n (rayon gabardine for rainwear) / Albatros m
alba velvet / Jacquardsamt m
Albert cloth / Alberttuch n ‖ ~ **crepe** / Albertkrepp m
albesine n / Albesinwolle f
albolit n / Kunstelfenbein n, Albolith n, Edelkunstharz n
albumin n, albumen n / Albumin n ‖ ~ **bath** / Albuminbad n ‖ ~ **filament** / Proteinfaser f ‖ ~-**fixed pigment printing** / Pigmentdruck m mit Albumin
albuminoid n / Albuminoid n ‖ ~ adj / albuminartig adj
albumose n / Albumose f (Eiweißspaltprodukt)
Alcatquen rug (Persian knotted rug) / Alcatquenteppich m
alcohol dyeing / Alkoholfärbung f ‖ ~-**soluble dyestuff** / Alkoholfarbstoff m, alkohollöslicher Farbstoff ‖ ~ **sulphonate** / Alkoholsulfonat n
aldehyde n / Aldehyd m ‖ ~ **resin** / Aldehydharz n ‖ ~ **treatment** / Aldehydbehandlung f, Aldehydveredlung f
Alençon lace / Alençonspitze f
alençonnes pl / Alençonnes-Leinen n pl
alepine n s. alapine
Aleppo combings / Aleppo-Kammwolle f ‖ ~ **wool** / Aleppo-Wolle f
alexander twill (alpaca lining fabric made with cotton warp and alpaca filling) / Alexanderköper m
alexandrette cotton / Alexandrettebaumwolle f
alfa n / Alfa f, Espartogras n (Stipa tenacissima), Haifagras n
algerienne n (cloth used for awnings, curtains and tent fabric) / Algerienne f
algicide finish / algizide Ausrüstung
algin n / Algin n
alginate n / Alginat n ‖ ~ **fibre** / Alginatfaser f, AL, Alginatfaserstoff m, Seewolle f ‖ ~ **filament** / Alginatseide f, ALS, Alginatfilament n ‖ ~ **filament yarn** / Alginatfilamentgarn n ‖ ~ **silk** / Alginatseide f, ALS ‖ ~ **staple fibre** / Alginatspinnfaser f, Alginatstapelfaser f ‖ ~ **thickener** / Alginatverdickung f ‖ ~ **thread** / Alginatfaden m ‖ ~ **yarn** / Alginatseide f (ALS), Alginatgarn n
alginic acid / Alginsäure f, Algensäure f ‖ ~ **man-made silk** / Alginatchemieseide f
algoa cord (fancy corduroy) / (Art) Cordsamt m
algo dyestuff / Algofarbstoff m
alhambra quilt (jacquard figured fabric with plain ground weave, which requires two beams) / Alhambra m, Alhambra-Steppdecke f ‖ ~ **quilting** / eine englische Stepperei
alicyclic adj / alizyklisch adj, zykloaliphatisch adj
alignment, run in proper ~ (text pr) / im Rapport laufen, Rapport halten
aline n (interlining) / Futterstoff m aus Baumwollkette und Roßhaarschuß
aliphatic adj / Aliphat n ‖ ~ adj / aliphatisch adj ‖ ~ **hydrocarbon** / aliphatischer Kohlenwasserstoff
aliquot part (dye) / aliquoter Teil
alizarin n, alizarine / Alizarin n (1,2-Dihydroxy-anthrachinon) ‖ ~ **black** / Alizarinschwarz n ‖ ~ **blotch printing** / Alizaringründeldruck m ‖ ~ **blue** / Alizarinblau n ‖ ~ **chrome lake** / Alizarinchromlack m ‖ ~ **cyanine green** / Alizarinzyaningrün n, Alizarinbrillantgrün n ‖ ~ **dyeing** / Alizarinfärberei f ‖ ~ **dyestuff** / Alizarinfarbstoff m ‖ ~ **fusion** / Alizarinschmelze f ‖ ~ **indigo** / Alizarinindigo n ‖ ~ **madder lake** / Alizarinkrapplack m ‖ ~ **new red** / Alizarinneurot n ‖ ~ **oil** / Alizarinöl n ‖ ~ **old red** / Alizarinaltrot n ‖ ~ **red** / Alizarinrot n ‖ ~ **red lake** / Alizarinrotlack m ‖ ~ **viridine** / Alizarinviridin n ‖ ~ **yellow** / Alizaringelb n

alkalescent adj / (schwach) alkalisch
alkali n / Alkali n ‖ ~ adj / alkalisch adj ‖ ~ **absorbing** / alkaliabsorbierend adj ‖ ~ **aluminate** / Alkalialuminat n ‖ ~ **binding agent** / Alkalibindemittel n ‖ ~ **bisulphate** / Alkalibisulfat m ‖ ~ **blue** / Alkaliblau n, Nicholsen-Blau n ‖ ~ **boil-off** / Alkaliabkochung f, Alkaliabkochbehandlung f ‖ ~ **builder** / Enthärtungsmittel m (Seifenzusatz) ‖ ~ **carbonate** / Alkalimetallkarbonat n, Alkalikarbonat n ‖ ~ **cellulose** / Alkalizellulose f, Alkalizellstoff m ‖ ~ **cellulose xanthate**, alkali cellulose xanthogenate / Alkalizellulosexanthat n, Alkalizellulosexanthogenat n ‖ ~ **centrifuge value** (ACV) / Alkalizentrifugenwert m, AZW m ‖ ~ **chelate** / Alkalichelat n ‖ ~ **compound** / Alkaliverbindung f ‖ ~-**containing** adj / alkalihaltig adj ‖ ~ **content** / Alkaligehalt m, Laugengehalt m, Alkalinität f ‖ ~ **damage** / Alkalischaden m ‖ ~ **degradation** / alkalischer Abbau ‖ ~ **donor** / Alkalispender m ‖ ~-**enolate** / Alkalienolat n ‖ ~-**fast** adj / alkaliecht adj, alkalibeständig adj, alkalifest adj ‖ ~ **fast blue** / Alkaliechtblau n ‖ ~ **fast dyestuff** / Alkaliechtfarbstoff m ‖ ~ **fast red** / Alkaliechtrot n
alkaliferous adj / alkalihaltig adj
alkali fusion / Alkalischmelze f
alkalify vt / alkalisieren v, alkalisch machen ‖ ~ vi / alkalisch werden
alkali halide / Alkalihalogenid n ‖ ~ **hydroxide solution** / Alkalilauge f ‖ ~-**insoluble** adj / alkaliunlöslich adj ‖ ~-**instable bond** (of reactive dye) / alkali-labile Bindung ‖ ~ **meter**, alkalimeter / Alkalimeter n, Laugenmesser m ‖ ~ **milling** / alkalisches Walken, alkalische Walke
alkaline adj / alkalisch adj, alkalihaltig adj, basisch adj ‖ ~ **agent** / Alkalimittel n, alkalisches Mittel ‖ ~ **bath** / alkalisches Bad, Laugenbad n ‖ ~ **boiling off** / alkalisches Abkochen ‖ ~ **cellulose** / Alkalizellulose f, Alkalizellstoff m ‖ ~ **cellulose xanthate**, alkaline cellulose xanthogenate / Alkalizellulosexanthat n, Alkalizellulosexanthogenat n ‖ ~ **detergent** / alkalisches Reinigungsmittel ‖ ~ **discharge** / alkalische Ätze ‖ ~ **earth** / Erdalkali n (alkalische Erde) ‖ ~ **earth oxide** / Erdalkalioxid n ‖ ~ **hydrolysis** / Alkalihydrolyse f ‖ ~ **liquor** / Alkalilösung f, Alkalilauge f ‖ ~ **lye** / Alkalilösung f, Alkalilauge f ‖ ~ **medium** / alkalisches Medium ‖ ~ **milling** / alkalische Walke, alkalisches Walken ‖ ~ **milling fastness** / alkalische Walkechtheit ‖ ~ **naphtholate** / Alkalinaphtholat n ‖ ~ **peroxide bleaching** / alkalische Peroxidbleiche ‖ ~ **precipitant** / alkalische Fällmittel n ‖ ~ **reaction of the fabric** / alkalische Reaktion des Gewebes n ‖ ~ **reduction clearing** / alkalisch-reduktive Reinigung ‖ ~ **reduction clearing aftertreatment** / alkalisch-reduktive Nachreinigung ‖ ~ **residue** / Alkalirückstand m ‖ ~ **resist** / Alkalireserve f ‖ ~ **scouring** / alkalisches Abkochen ‖ ~ **soda bath** / alkalisches Sodabad ‖ ~ **solubility** / Alkalilöslichkeit f ‖ ~ **solution** / Alkalilösung f, alkalische Lösung ‖ ~ **thickening** / Alkaliverdickung f, alkalische Verdickung f ‖ ~ **treatment** / Alkalibehandlung f ‖ ~ **violet** / Alkaliviolett n ‖ ~ **washing at the boil** / alkalische Kochwäsche
alkalinity n / Alkaligehalt m, Alkalität f, Basizität f, Alkalinität f
alkalinize vt / alkalisieren v, alkalisch machen
alkali peroxide / Alkaliperoxid n
alkaliproof adj / alkalifest adj, alkalibeständig adj ‖ ~ **removal** / Ablaugen n ‖ ~ **reserve** / Alkalireserve f ‖ ~ **resist** / Alkalireserve f ‖ ~ **resistance** / Alkalibeständigkeit f ‖ ~-**resistant** adj / Laugenbeständigkeit f ‖ ~-**resistant** adj, alkalibeständig adj, alkalifest adj ‖ ~ **salt** / Alkalisalz n ‖ ~ **sensitive** / alkaliempfindlich adj, alkalilabil adj ‖ ~ **shock method** / Alkalischockmethode f ‖ ~ **silicate** / Alkalisilikat n ‖ ~ **soap** / Alkaliseife f ‖ ~ **solubility** /

Alkalilöslichkeit f ‖ ~-soluble adj / alkalilöslich adj ‖
~ solution / Alkalilösung f, alkalische Lösung ‖
~ stability / Alkalistabilität f ‖ ~ starch / Alkalistärke f
‖ ~ steeping / Alkalivorreife f ‖ ~ sulphate /
Alkalisulfat n ‖ ~ sulphide / Alkalisulfid n
alkalium n / Alkalium n
alkalize vt / alkalisieren v, alkalisch machen, Alkali
zusetzen
alkalizing agent / Alkalisierungsmittel n
alkaloid n / Alkaloid n
alkane n / Alkan n, Paraffinkohlenwasserstoff m,
Grenzkohlenwasserstoff m
alkanet n / Alkanna f
alkanna n / Alkanna f ‖ ~ **extract** / Alkannin n,
Alkannaextrakt m ‖ ~ **red** / Alkannarot n, Anchusin n ‖
~ **root** / Alkannawurzel f
alkannin n / Alkannin n, Alkannarot n, Alkannafarbstoff
m
alkanol n / Alkanol n
alkanolamide n / Alkanolamid n
alkanolamine n / Alkanolamin n (Aminoalkohol) ‖ ~ **soap**
/ Alkanolaminseife f
alkene n / Alken n, Alkylen n
alkyd resin / Alkydharz n
alkyl amine / Alkylamin n
alkylamine sulphonate / Alkylaminsulfonat n
alkyl aniline / Alkylanilin n
alkylarylethoxy phosphate /
Alkylaryläthylenoxidphosphat n ‖ ~ **sulphate** /
Alkylaryläthylenoxidsulfat n
alkylaryloxyethyl sulphonate / Alkylaryloxyäthylsulfonat
n
alkylaryl polyglycol ether / Alkylarylpolyglykoläther m ‖
~ **sulphonate** / Alkylarylsulfonat n (für den Aufbau
synthetischer Waschmittel)
alkylate v / alkylieren v
alkylating agent / Alkylierungsmittel n, alkylierendes
Mittel, Alkylans n
alkylation n / Alkylierung f, Alkylation f, Alkylieren n ‖
degree of ~ / Alkylierungsgrad m ‖ ~ **process** /
Alkylierungsverfahren n
alkyl benzene sulphonate / Alkylbenzolsulfonat n ‖
~ **biphenyl sulphonate** / Alkylbiphenylsulfonat n ‖
~ **cellulose** / Alkylzellulose f
alkylene n / Alkylen n, Alken n ‖ ~ **carbonate** /
Alkylenkarbonat n
alkylether sulphonate / Alkyläthersulfonat n
alkylethoxy phosphate / Alkyläthylenoxidphosphat n ‖
~ **sulphate** / Alkyläthylenoxidsulfat n
alkyl glycerosulphate / Alkylglycerosulfat n ‖ ~ **halide** /
Alkylhalogenid n, Alkanhalogenid n, Halogenalkan n ‖
~ **iodide** / Jodalkyl n ‖ ~ **naphthalene sulphonic acid** /
Alkylnaphthalinsulfonsäure f
alkylphenol resin / Alkylphenolharz n
alkyl phosphate / Alkylphosphat n ‖ ~ **polyglycol ether** /
Alkylpolyglykoläther m ‖ ~ **pyridinium bisulphate** /
Alkylpyridiniumbisulfat n ‖ ~ **sulphate** / Alkylsulfat n ‖
~ **sulphonate** / Alkansulfonat n, Alkylsulfonat n ‖
~ **urea** / Alkylharnstoff m ‖ ~ **xanthate** /
Alkylxanthogenat n
alkyne n / Alkin n
allagite process / Allagitverfahren n
allamod n, allamod n / dünne, hochglänzende Seide für
Kopftücher und Schals f ‖ ~ / dünne, glänzende Seide
für Kapuzen und Schals
allapeen s. alapine
allaying n (dye) / Zusatz m, Milderung f
all·-butt cam (knitt) / Allfuß-Schloß n ‖ ~-**clear position
of clearing cam** (knitt) / Strickstellung f eines
Strickhebers ‖ ~-**cotton** adj / reinbaumwollen adj, aus
reiner Baumwolle ‖ ~-**cotton fabric** / reines
Baumwollgewebe
alleanthus fibre (tough bast fibre from Sri Lanka) /
Alleanthusfaser f

alligator cloth (plain-weave, cotton or bast fibre cloth,
finished to resemble alligator skin) / Alligatortuch n,
Krokodilhautimitat n
all·-in dyeing method (one-bath one-step process) /
Einbad-Einstufen-Färbeverfahren n, "All-in"-Methode
f ‖ ~-**in-one** n (US) / Hosenkorselett n, Einteiler m ‖
~-**in-one with tummy control** / Korselett n mit
verstärkter Magenpartie ‖ ~-**knit plush** / Strickplüsch
m
Alloa n (heavy, high-quality virgin wool hand knitting
yarn) / Alloawolle f, Alloawollgarn n ‖ ~ (Scottisch
method for numbering woollen yarns) / schottische
Methode der Wollgarnnumerierung ‖ ~ **wheeling**,
Alloa yarn / Alloawolle f, Alloawollgarn n
all-open screen / Vollschablone f
allotropic adj / allotrop adj, allotropisch adj
allotropy n / Allotropie f
allover design / fast die ganze Tuchoberfläche
bedeckendes Muster ‖ ~ **pattern** / All-Over-Muster n,
Reserve f unter Indigoüberdruck ‖ ~ **print** /
durchgemusterter Druck, All-Over-Druck m
allowance n / Toleranz f
all·-purpose detergent / Universalreiniger m ‖ ~-**purpose
pattern wheel plain circular knitting machine** /
einfontige Allzweckmusterradrundstrickmaschine ‖
~-**purpose raschel** / Universalraschel f ‖ ~-**purpose
washing agent** / Universalreiniger m ‖ ~-**round
fastness** / Gesamtechtheit f, Universalechtheit f ‖
~-**round fastness to weathering** / Allwetterechtheit f ‖
~-**sheer sandal foot** (hos) / Strumpf m ohne Verstärkung
an Ferse und Spitze ‖ ~-**silk** adj / reinseiden adj ‖
~-**steel card clothing** / Ganzstahlgarnitur f ‖
~-**weather article** (fash) / Wetterartikel m ‖ ~-**weather
coat** / Allwettermantel m ‖ ~-**wool** adj / reinwollen adj,
ganzwollen adj ‖ ~-**worsted** adj / 100% Kammwolle
allyl alcohol / Allylalkohol m
allylcellulose n / Allylzellulose f
allyl chloride / Allylchlorid n ‖ ~ **starch** / Allylstärke f ‖
~ **sulphide** / Allylsulfid n
allylsulphurea n / Allylsulfoharnstoff m
almanesque n (broad term for cotton fabrics of the
Argentine) / argentinische Baumwollstoffe m pl
almond·-green adj / mandelgrün adj ‖ ~ **gum** /
Mandelgummi n m ‖ ~ **milk** / Mandelmilch f
almuce n / Kapuze f ‖ ~ / pelzbesetzte Pelerine mit
Kapuze
aloe extract / Aloeextrakt m ‖ ~ **fibre** / Aloefaser f ‖
~ **hemp** / Aloehanf m ‖ ~ **lace** / Aloespitze f ‖
~ **malgache** / Mauritiushanf m
alost lace (Belgian bobbin lace) / Alostspitze f
alpaca n (hair of Peruvian goat; smooth glossy material
made of mohair and cotton or rayon) / Alpaka m ‖
~ **crepe** / Alpakkakrepp m ‖ ~ **fibre** / Alpakkahaar n ‖
~ **fleece** / Alpakawolle f ‖ ~ **hair** / Alpakahaar n ‖
~ **rayon** / Alpakka n ‖ ~ **wool** / Alpakawolle f ‖ ~ **yarn**
/ Alpakkagarn n
alpha beta transformation / Alpha-Beta-Umwandlung f ‖
~-**cellulose** n / Alphazellulose f, Alphazellstoff m ‖
~ **fase** (soap) / Alpha-Phase f ‖ ~ **fibre** /
Alphazellulosefaser f, Edelzellstoff m ‖ ~ **keratin** /
Alpha-Keratin n ‖ ~ **twist factor** (spinn) / Alpha-
Drehungsbeiwert m (für Gespinste)
alpine cap / Bergmütze f ‖ ~ **hat** / Tirolerhut m
altar cloth / Altardecke f, Altartuch n ‖ ~ **lace** /
Altarspitze f
alteration department (sew) / Änderungsabteilung f ‖ ~ **of
colour**, alteration of shade / Farbtonänderung f,
Farbumschlag m, Farbveränderung f
alternate crosslayers / kreuzweise übereinandergelegte
Lagen f pl ‖ ~ **pick** (weav) / wechselweiser Schußeintrag
alternating liquor circulation / wechselnde
Flottenrichtung ‖ ~ **liquor pulsating effect** /
alternierende Flottenpulsation ‖ ~ **perforation** /
Zickzacklochung ‖ ~ **pressers** pl (sew) / alternierende

alternating

Stoffandrückerfüße m pl ‖ ~ **stress** / Wechselbeanspruchung f, Wechselspannung f ‖ ~ **three carrier attachment** / Ringless-Vorrichtung f, Ringelfrei-Vorrichtung f ‖ ~ **twist** / alternierende Drehung
aluchi resin / Aluchiharz n
aludel n / Sublimiertopf m
alum v / alaunieren v, mit Alaun beizen ‖ ~ n / Alaun m ‖ ~ **bath** / Alaunbad n, Alaunbeize f
alumina n / Tonerde f, Aluminiumoxid n ‖ ~ **fibre** / Aluminiumoxidfaser f ‖ ~ **gel** / Tonerdegel n, Aluminogel n (Aluminiumoxidhydrat) ‖ ~ **lake** / Aluminiumfarblack m, Tonerdelack m ‖ ~ **mordant** / Tonerdebeize f ‖ ~ **pigment** / Tonerdefarbe f
aluminate n / Aluminat n ‖ ~ **of sodium** / Natriumaluminat n
aluminium n / Aluminium n ‖ ~ **acetate** / Aluminiumacetat n (essigsaure Tonerde) ‖ ~ **acetate mordant** / Rotbeize f ‖ ~ **bobbin** / Aluminiumspule f ‖ ~ **bronze** / Aluminiumbronze f ‖ ~ **chlorate** / Aluminiumchlorat n (chlorsaure Tonerde) ‖ ~ **chlorate discharge** / Aluminiumchloratätze f ‖ ~ **chloride** / Aluminiumchlorid n ‖ ~ **diformate** / Aluminiumhydroxiddiformiat n, Aluminiumdiformiat n, ‖ ~ **dyestuff** / Aluminiumfarbstoff m ‖ ~ **foil** / Aluminiumfolie f, Alufolie f ‖ ~ **formate** / Aluminiumformiat n ‖ ~ **hydroxide** / Aluminiumhydroxid n ‖ ~ **hypochlorite** / Aluminiumhypochlorit n ‖ ~ **hyposulphate** / Aluminiumhyposulfat n ‖ ~ **lactate** / Aluminiumlaktat n ‖ ~ **mordant** / Aluminiumbeize f ‖ ~ **nitrate** / Aluminiumnitrat n ‖ ~ **nitroacetate** / Aluminiumnitroacetat n ‖ ~ **oxide** / Aluminiumoxid n ‖ ~-**potassium sulphate** / Kalium-Aluminium-Sulfat n (Kalialaun) ‖ ~ **printing** / Aluminiumdruck m ‖ ~ **rhodanide** / Aluminiumthiocyanat n, Aluminiumrhodanid n ‖ ~ **ricinoleate** / Aluminiumrizinoleat n ‖ ~ **salt** / Aluminiumsalz n, Tonerdesalz n ‖ ~ **silicate fibre** / Aluminiumsilikatfaser f ‖ ~ **stearate** / Aluminiumstearat n ‖ ~ **sulphate** / Aluminiumsulfat n (schwefelsaure Tonerde) ‖ ~ **sulphocyanate**, aluminium thiocyanate / Aluminiumthiozyanat n, Aluminiumrhodanid n ‖ ~ **triformate** / Aluminiumtriformiat n
aluminous adj / aluminiumhaltig adj, alaunhaltig adj ‖ ~ **soap** / Tonseife f
aluminum n (US) s. aluminium
alum liquor / Alaunlauge f ‖ ~ **mordant** / Alaunbeize f, Tonerdebeize f, Tonbeize f ‖ ~ **water** / Alaunwasser n
amadowry n (Egyptian cotton), amadaure n / Amadurebaumwolle f
amaranth n / Amarant(h) n ‖ ~ adj / amarant[h]rot adj, amaranten adj
amazon n (woollen-worsted dress goods) / Amazon-Wollstoff m
ambari n s. kenaf ‖ ~ **fibre**, ambaree fibre / Dekkan-Hanf m, Gambohanf m, Ambari m, Ambarihanf m (aus Hibiscus cannabinus) ‖ ~ **hemp** s. ambari fibre
amber n / Bernstein m ‖ ~ adj / bernsteinfarben adj ‖ ~ **colour** / goldgelber Farbton, Bernsteinfarbe f
ambergris n / Ambra f, graue Ambra
amber oil / Bernsteinöl n ‖ ~ **shade** / goldgelber Farbton, Bernsteinfarbe f
ambient temperature / Umgebungstemperatur f
ambrein n / Amberharz n, Ambrin n
American aloe / Yucca f ‖ ~ **broadtail** / Treibel n ‖ ~ **carpet wash** / Antikisierung f (Teppiche), amerikanische Teppichwäsche, türkische Teppichwäsche ‖ ~ **cloth** / Wachstuch n ‖ ~ **cotton** / nordamerikanische Baumwolle ‖ ~ **Cotton Shippers Association**, ACSA / Verband m der amerikanischen Baumwollverschiffer ‖ ~-**Egyptian cotton** / amerikanisch-ägyptische Baumwolle, amerikanische Makobaumwolle ‖ ~ **heel** / Keilferse f ‖ ~ **hemp** /

Agavehanf m, Agavenhanf m ‖ ~ **jute** / Chinesischer Hanf, Chinesische Jute (Abutilon theophrasti) ‖ ~ **merino** / amerikanisches Merinoschaf ‖ ~ **moss** / Greisenbart m, Louisianamoos n (Tillandsia usneoides) ‖ ~ **Standard Performance Requirements for Woven Rainwear Fabrics** / amerikanische Standard-Anforderungen für gewebte Regenbekleidung ‖ ~ **upland cotton** / Upland-Baumwolle f
amethyst-coloured adj / amethystfarben adj, violett adj
amianthus adj / asbestartig adj
amianthus n / Amiant m, Asbest m
amidase n / Amidase f
amide n / Amid n ‖ ~ **formation** / Amidierung f ‖ ~ **oil** / Amidöl n ‖ ~ **resin** / Amidharz n
amidoamine n / Amidoamin n
amidodiphenylamine n / Amidodiphenylamin n
amido group / Amidgruppe f
amidomethylol finish / Amidomethylol-Ausrüstung f
amidonaphtholsulphonic acid / Amidonaphtholsulfosäure f
amine n / Amin n ‖ ~ **surfactant** / Aminotensid n
aminize v / aminieren v (Baumwolle)
aminoacetic acid / Aminoessigsäure f, Glykokoll n, Glyzin n
amino acid / Aminokarbonsäure f, Aminosäure f
aminoaldehydic resin / Harnstoffharz n
aminoalkyl carboxylate / Aminoalkylkarboxylat n ‖ ~ **sulphate** / Aminoalkylsulfat n ‖ ~ **sulphonate** / Aminoalkylsulfonat n
aminoanthraquinone / Aminoanthrachinon n
aminoazobenzene n / Aminoazobenzol n
aminoazo compound / Aminoazoverbindung f ‖ ~ **dyestuff** / Aminoazofarbstoff m
aminoazotoluene n / Aminoazotoluol n
aminobenzene n / Aminobenzol n, Anilin n
aminobenzoic acid / Aminobenzoesäure f
aminocarbonic acid / Aminokarbonsäure f
aminocarboxylic acid / Aminokarbonsäure f
aminoethylate v / aminoäthylieren v
aminonaphthol n / Aminonaphthol n
aminophenol n / Aminophenol n
aminoplast n, aminoplastic n / Aminoplast m ‖ ~ **resin**, aminoplastic resin / Aminoplastharz n, Aminoharz n
amino resin / Aminoplastharz n, Aminoharz n
aminosalycilic acid / Aminosalizylsäure f
aminosulphonic acid / Aminosulfosäure f
aminotriazine n / Aminotriazin n
ammonia n / Ammoniak m ‖ ~ **alum** / Ammoniakalaun m, Ammoniumalaun m
ammoniacal adj / ammoniakalisch adj, ammoniakhaltig adj, Ammoniak enthaltend ‖ ~ **copper oxide** / Kupferoxidammoniak n ‖ ~ **gas** / Ammoniakgas n ‖ ~ **iron alum** / Ammoniumeisenalaun m ‖ ~ **scouring** / ammoniakalisches Waschen ‖ ~ **soap solution** / ammoniakalische Seifenlösung
ammonia compound / Ammoniakverbindung f ‖ ~ **condenser** / Ammoniakverflüssiger m ‖ ~ **gas** / Ammoniakgas n ‖ ~ **liquid** / Ammoniakwasser n, Ammoniaklösung f ‖ ~ **process** / Ammoniakverfahren n ‖ ~ **salt** / Ammoniaksalz n, Ammoniumchlorid n ‖ ~ **soap** / Ammoniakseife f ‖ ~ **soda** / Ammoniaksoda f ‖ ~ **solution** / Ammoniakflüssigkeit f, (wäßrige) Ammoniaklösung ‖ ~ **test** / Ammoniakprobe f ‖ ~ **turkey red oil** / Ammoniaktürkischrotöl n ‖ ~ **vapour** / Ammoniakdampf m ‖ ~ **vat** / ammoniakalische Küpe, Ammonsalzküpe f ‖ ~ **water** / Ammoniakwasser n, NH_3-Wasser n
ammonium n / Ammonium n ‖ ~ **acetate** / Ammoniumacetat n ‖ ~ **bicarbonate** / Ammoniumhydrogenkarbonat n, Ammoniumbikarbonat n ‖ ~ **bisphosphate** / Ammoniumhydrogenorthophosphat n, Ammoniumhydrogenphosphat n, Ammoniumbiphosphat n ‖ ~ **bisulphite** /

Ammoniumhydrogensulfit n, Ammoniumbisulfit n ‖
~ carbonate / Ammoniumkarbonat n, Hirschhornsalz n
‖ ~ chloride / Ammoniumchlorid n, Chlorammonium
n, Salmiak m ‖ ~ chromate / Ammoniumchromat n ‖
~ dichromate / Ammoniumdichromat n,
Ammoniumbichromat n ‖ ~ ferrocyanide /
Ammoniumferrocyanid n,
Ammoniumhexacyanoferrat(II) n ‖ ~ fluoride /
Ammoniumfluorid n ‖ ~ fluosilicate /
Ammoniumhexafluorosilikat n ‖ ~ gluconate /
Ammoniumglukonat n ‖ ~ hydrate /
Ammoniumhydroxid n, Ätzammoniak n ‖
~ hydrosulphide / Ammoniumhydrogensulfid n ‖
~ hydroxide / Ammoniumhydroxid n, Ätzammoniak n
‖ ~ muriate s. ammonium chloride ‖ ~ nitrate /
Ammoniumnitrat n, Ammonsalpeter m ‖ ~ oxalate /
Ammoniumoxalat n, Ammonoxalat n ‖ ~ persulphate /
Ammoniumpersulfat n, Ammoniumperoxydisulfat n ‖
~ phosphate / Ammoniumphosphat n, phosphorsaures
Ammoniak ‖ ~ rhodanide / Ammoniumthiocyanat n,
Ammoniumrhodanid m ‖ ~ silicofluoride s. ammonium
fluosilicate ‖ ~ stannic chloride /
Ammoniumchlorostannat(IV) n, Ammoniumzinnchlorid
n, Pinksalz n ‖ ~ sulphate / Ammoniumsulfat n ‖
~ sulphocyanate s. ammonium thiocyanate ‖
~ sulphocyanide s. ammonium thiocyanate ‖ ~ tartrate /
Ammoniumtartrat n ‖ ~ thiocyanate /
Ammoniumthiocyanat n, Ammoniumrhodanid n ‖
~ vanadate / Ammonium(meta-,tetra)vanadat n
amorphous adj / amorph adj, formlos adj, gestaltlos adj
amosite n (silicate of iron, used as a filler for asbestos) /
Amositfaser f
amphiphilic adj / amphiphil adj ‖ ~ product /
amphiphiles Produkt
amphireactivity n / amphoteres Reaktionsvermögen
ampholyte n / Ampholyt m
ampholytic surface-active agent / Amphotensid n,
ampholytisches Tensid
amphoteric compound / amphotere Verbindung ‖
~ surfactant / amphoterisches Tensid
amrad gum / Amrad-Gummi n m, Babool-Gummi n m,
Balulgummi n, m (aus Acacia nilotica o. vestita)
amritsar n (coarse Indian wool) / Amritsarwolle f ‖ ~
(Indian handmade carpet) / Amritsar n
amyl n / Amyl n
amylaceous adj / stärkehaltig adj
amyl acetate / Amylacetat n, Essigsäureamylester m ‖
~ alcohol / Amylalkohol m
amylamine n / Amylamin n
amylase n / Amylase f
amyl chloride / Amylchlorid n ‖ ~ ether / Amyläther m
amylnaphthalene sulphonate / Amylnaphthalinsulfonat n
amyloid n / Amyloid n ‖ ~ adj / stärkehaltig adj, amyloid
adj
amylolytic enzyme / amylolytisches Enzym,
stärkespaltendes Ferment
amylopectin n / Amylopektin n, Stärkegranulose f
amylose n / Amylose f, Stärkecellulose f
amyl propionate / Amylpropionat n ‖ ~ resin / Amylharz
n
amylum n / Stärke f, Stärkemehl n
anacostas n (high texture and quality worsted dress goods)
/ ein englischer Kammgarnkleiderstoff
anacostia n / ein französischer Wollstoff
anaerobic adj / anaerob(isch) adj
analao n (cordage fibre raised in the Philippines), analas n
/ auf den Philippinen gezogene Tauwerkfaser
ananas hemp / Ananashanf m ‖ ~ pattern /
Ananasmuster n
anaphe silk / Anapheseide f ‖ ~ silkworm /
Anaphespinner m
anascote n, anacaste n, anacoste n / ein holländischer
rauher Wollstoff

Anatolian carpet (Turkish handmade carpet) /
anatolischer Teppich ‖ ~ silk / anatolische Seide ‖
~ wool / karamanische Wolle, anatolische Wolle
anchor v / verankern v, befestigen v
anchorage n (of the tufts) (cpt) / Noppenverankerung f ‖
~ of the raised nap in the base fabric (cpt) / Festigkeit
f des Rauhflors im Grundgewebe
anchor coat / Verfestigungsstrich m, Verankerungsschicht
f
anchored pants (US) / Steghose f
anchoring the pile threads to the ground fabric (in
high-pile Wildman fabrics) by the spray process /
Polverfestigung f von Wirkplüschen (Wildman-Ware)
nach dem Sprühverfahren
anchor mixer / Ankerrührer m, U-Rührer m ‖ ~ stirrer /
Ankerrührer m, U-Rührer m
anchusin n / Anchusin n, Alkannarot n, Alkannin n
ancient motif / antikes Motiv
ancillary n (surfactants) / Zusatzstoff m ‖ ~ equipment /
nachgestaltete Einrichtungen f pl, Anbaugeräte n pl,
Folgeeinrichtungen f pl
ancube n (Belgian wool rug) / Ancubeteppich m
andalusians pl / englische Merinokleiderstoffe m pl
Andalusian wool / andalusische Wolle ‖ ~ yarn /
englisches Vierfachstrickkammgarn
Andes cotton / peruanische Baumwolle
angel hair, angel's hair / Engelhaar n ‖ ~ skin /
Engelshaut f, Peau f d'ange ‖ ~ sleeve (fash) / lose von
der Schulter herabhängender sehr weiter Ärmel
angle n (in lace manufacture, the angles of the warp
threads with regard to the horizontal perforated steel
bars; in spinning, the angle of the yarn from the tip of
the spindle to the front of the roller nip) / Winkel m,
Abzugswinkel m ‖ ~ cutting machine /
Diagonalmaschine f, Schrägschneidemaschine f
angled draft / Fischgrätenmuster-Abzugswinkel m
angle extruder head / Schrägspritzkopf m ‖ ~ of crease
recovery / Knittererholungswinkel m, Knitterwinkel m
‖ ~ of friction / Reibungswinkel m ‖ ~ of intersection
of the yarn / Kreuzungswinkel m (Garn auf der
Kreuzspule) ‖ ~ of take down / Abzugswinkel m ‖ ~ of
twist in the yarn / Garndrehungswinkel m ‖ ~ of wrap
/ Umschlingungswinkel m ‖ ~ sewing (sew) /
Winkelnähen n
Anglesey wool (from a Welsh breed of sheep) / Anglesey-
Wolle f
angle stripper / Fangwalze f, Flugwender m,
Wendewalze f
Angola cloth / Angolatuch n, Angola Cloth
(Mischgarnflanelle für Hemden und Pyjamas) n ‖
~ fabric s. Angola cloth ‖ ~ mending (GB) /
Angolastrumpfstopfgarn n
angora n / Angorawolle f, Angora f ‖ ~ carpet /
Angorateppich m ‖ ~ fabric / Angorakaningarngewebe
n ‖ ~ goat hair / Angoraziegenhaar n,
Angoraziegenwolle f, Mohär n, Mohair m ‖ ~ rabbit
hair / Angorakaninchenwolle f, Angorakaninwolle f ‖
~ wool / Angorawolle f, Mohär n, Mohair m ‖ ~ [wool]
yarn / Halbwollgarn n, Vigognegarn n ‖ ~ yarn /
Angoragarn n, Mohärgarn n, Mohairgarn n
Anguilla cotton / Anguillabaumwolle f
angular adjustment in the inlet (fin) /
Einlaufschrägstellung f (DIN 64990) ‖ ~ binder (sew) /
Winkeleinfasser m, Winkelhülse f, Winkeleinfaßhülse f
‖ ~ deflection / Umlenkwinkel m ‖ ~ leaf spot /
winklige Fleckenkrankheit (der Baumwollpflanze) ‖
~ seam (sew) / Winkelnaht f ‖ ~ seaming / Zickzack-
Nähen n ‖ ~ velocity / Winkelgeschwindigkeit f
anhydride n / Anhydrid n
anhydrous adj / nicht wäßrig, anhydrisch adj, wasserfrei
adj ‖ ~ lime / gebrannter Kalk, Branntkalk m ‖ ~ soda /
kalzinierte Soda, wasserfreie Soda
anil n / Indigopflanze f (Indigofera spp)
anilide n / Anilid n (Säuremidderivat des Anilins)

aniline

aniline *n* / Anilin *n*, Aminobenzol *n* ‖ ~ **acetate** / Anilinacetat *n* ‖ ~ **black** / Anilinschwarz *n* ‖ ~ **black dyeing** / Anilinschwarzfärberei *f* ‖ ~ **black mordant** / Anilinschwarzbeize *f* ‖ ~ **black pad** / Klotzanilinschwarz *n* ‖ ~ **black pad dyeing** / Anilinschwarzklotzfärbung *f* ‖ ~ **black prepare** / Schwarzklotz *m* ‖ ~ **blue** / Anilinblau *n*, Spritblau *n* ‖ ~ **brown** / Bismarckbraun *n* ‖ ~ **chloride** / Chloranilin *n* ‖ ~ **dyestuff** / Anilinfarbstoff *m* ‖ ~ **ferrocyanide** / Ferrocyananilin *n*, Anilinferrocyanid *n* ‖ ~ **nitrate** / salpetersaures Anilin ‖ ~ **oil** / Anilinöl *n* ‖ ~ **oxalate** / oxalsaures Anilin ‖ ~ **point** / Anilinpunkt *n* ‖ ~ **printing** / Anilindruck *m* ‖ ~ **purple** / Mauvein *n*, Perkinviolett *n*, Malvenfarbe *f*, Anilinpurpur *m* ‖ ~ **red** / Rosanilin *n*, Anilinrot *n*, Fuchsin *n*, Magenta *f* ‖ ~ **salt** / Anilinsalz *n*, Anilinhydrochlorid *n* ‖ ~ **sulphate** / Anilinsulfat *n* (schwefelsaures Anilin) ‖ ~ **violet** / Anilinviolett *n* ‖ ~ **yellow** / Anilingelb *n*
anilo *n* (Philippine bast fibre) / Anilobastfaser *f*
animal fat / tierisches Fett, Tierfett *n* ‖ ~ **fatty substance** / tierischer Fettstoff ‖ ~ **fibre** / tierische Faser, Tierfaser *f*, animalische Faser ‖ ~ **glue** / tierischer Leim, Tierleim *m* ‖ ~ **hair** / Tierhaar *n*
animalize *v* / animalisieren *v* (z.e. regenerierte Zellulosefasern)
animalized cotton / animalisierte Baumwolle ‖ ~ **viscose** / modifizierte Viskosefaser
animalizing / Animalisieren *n*
animal oil / tierisches Öl ‖ ~ **size** / tierischer Leim, Tierleim *m*
anime gum s. anime resin ‖ ~ **resin** / Animeharz *n* (aus Hymenaea courbaril)
anion *n* / Anion *n* (negativ geladenes Ion) ‖ ~-**active** *adj* / anion(en)aktiv *adj* ‖ ~ **exchanger** / Anionenaustauscher *m* ‖ ~ **exchange resin** / Anion(en)austauschharz *n*
anionic *adj* / anionisch *adj*, anionaktiv *adj*
anionically dispersed / anionisch dispergiert
anionic character / anionischer Charakter, anionische Eigenschaft ‖ ~ **dyestuff** / Anionfarbstoff *m* ‖ ~ **modified polyester fibre** / anionisch modifizierte Polyesterfaser ‖ ~ **polymerization** / anionische Polymerisation ‖ ~ **site** / anionische Stelle ‖ ~ **soap** / Anionseife *f* ‖ ~ **softener** / anionaktiver Weichmacher ‖ ~ **surface-active agent**, anionic tenside / Aniontensid *n*, anionische grenzflächenaktive Verbindung ‖ ~ **water softening agent** / anionisches Wasserenthärtungsmittel, anionisches Enthärtungsmittel
anise camphor / Aniskampfer *m*, Anisöl *n*
aniseed *n* / Anis *m* ‖ ~ **oil** / Anisöl *n*
anisic acid / Anissäure *f*
anisol[e] blue / Anisolblau *n*
anisotropic *adj* / anisotrop *adj*
anisotropy *n* / Anisotropie *f*
ankle sock / Knöchelsocke *f*, Fesselsocke *f*, Halbsocke *f* ‖ ~ **splicing** (hos) / Hochfersenverstärkung *f*
anklet *n* / Knöchelsocke *f*, Fesselsocke *f*, Halbsocke *f*
annatto *n* (orange dye), annatta *n* / Orlean *m*, Annatto *m*, *n* (aus Bixa orellana)
anneal *v* / tempern *v*
annular cake (in spinning pot) / ringförmiger Kuchen ‖ ~ **ring** (in circular knitt. machine) / Abstellring *m*
anodendron *n* (bast fibre in Sri Lanka and India) / Anodendronbastfaser *f*
anodic oxidation / anodische Oxydation ‖ ~ **precipitation** / anodische Fällung
anorak *n* / Anorak *m*, Windjacke *f* ‖ ~ / Regenjacke *f*, Wetterjacke *f*
antagonistic, to be mutually ~ (dye) / einander ausschließen
antelope felt / Antilopenfilz *m*
anth[a]erea *n* / allg. Bezeichnung für verschiedene wilde Seiden Chinas, Indiens u. Japans
anthracene *n* / Anthrazen *n*, Anthracen *n* ‖ ~ **black** *adj* / anthrazenschwarz *adj* ‖ ~ **dyestuff** / Anthrazenfarbstoff *m* ‖ ~ **red** / anthrazenrot *adj* ‖ ~ **yellow** / anthrazengelb *adj*
anthracite *adj* / anthrazitfarben *adj*, anthrazit *adj* ‖ ~ **grey** / anthrazitgrau *adj* (RAL 7016)
anthracnose *n* / Anthraknose *f*, Fleckenkrankheit *f* (der Baumwollkapseln)
anthraflavine *n* / Anthraflavin *n*
anthraflavone *n* / Anthraflavon *n*
anthranilic acid / Anthranilsäure *f*
anthraquinoid *adj* / anthrachinoid *adj*
anthraquinone *n* / Anthrachinon *n* ‖ ~ **azine** / Anthrachinonazin *n* ‖ ~ **carbazol** / Anthrachinonkarbazol *n* ‖ ~ **derivative** / Anthrachinonabkömmling *m* ‖ ~ **dye[stuff]** / Anthrachinonfarbstoff *m* ‖ ~ **glycine** / Anthrachinonglyzin *n* ‖ ~ **imidazol** / Anthrachinonimidazol *n* ‖ ~ **imide** / Anthrachinonimid *n* ‖ ~ **mercaptan** / Anthrachinonmerkaptan *n* ‖ ~ **oxazol** / Anthrachinonoxazol *n* ‖ ~ **pyrimidine** / Anthrachinonpyrimidin *n* ‖ ~ **thiazole** / Anthrachinonthiazol *n* ‖ ~-**type dyestuff** / anthrachinoider Farbstoff ‖ ~ **vat dye[stuff]** / Anthrachinonküpenfarbstoff *m*
anthrasole *n* / Anthrasol *n* ‖ ~ **dyestuff** / Anthrasolfarbstoff *m*
anthrimide *n* / Anthrimid *n*
anthrone dyestuff / Anthronfarbstoff *m*
anthropometric measurement / anthropometrische Messung
anti-·acid coat / säurebeständiger Anstrich ‖ ~-**adhesive agent** / Haftlösemittel *n*, Antiklebemittel *n* ‖ ~-**adhesive effect** (trans pr) / Antiklebewirkung *f* ‖ ~-**ager** *n* / Alterungsschutzmittel *n*
antibacterial *adj* / bakterienhemmend *adj*, antibakteriell *adj* ‖ ~ **agent** / antibakterielles Mittel, Bakterienschutzmittel *n* ‖ ~ **finish** / Antibakterienausrüstung *f*, antibakterielle Ausrüstung
antiballooning device / Antiballonvorrichtung *f*, Schleierbrecher *m*
anti-bedsore fleece (hospital sector) / Antidecubitus-Fell *n*
antiblocking agent / Antiblocking-Mittel *n*, Antihaftmittel *n* ‖ ~ **finish** / Antiblock-Ausrüstung *f*, Antihaftausrüstung *f*
anticatalyst *n* / Antikatalysator *m*
antichlor *n* / Antichlor *n*
anticling finish / Anticling-Ausrüstung *f*
anticlockwise twist / Rechtsdrehung *f*, Z-Drehung *f*
anticoagulant *n* / Antikoagulier(ungs)mittel *n*, Antikoagulans *n*
anticoagulating effect / Koagulierungsschutzwirkung *f*
anticoagulation *n* / Antikoagulation *f*
anticoagulin *n* / Antikoagulier(ungs)mittel *n*, Antikoagulans *n*
anticorrosive *n* / Antikorrosionsmittel *n*, Korrosionsschutzmittel *n* ‖ ~ *adj* / korrosionsverhütend *adj*
anti-crease *adj* / knitterarm *adj*, knitterfrei *adj*
anticrease agent / Knitterfestmittel *n*, Krumpffreimittel *n*
anticreased *adj* / knitterarm ausgerüstet, knitterfrei ausgerüstet
anticrease effect / Knitterechtheit *f*, Knitterfestigkeit *f* ‖ ~ **finish** / knitterfreie Ausrüstung, Knitterarmausrüstung *f*, Knitterechtausrüstung *f*, Knitterfrei-Appretur *f*, Hochveredelung *f* ‖ ~ **finishing assistant** / Knitterfreimittel *n*, Knitterfestmittel *n*, Additiv *n* zur Knitterechausrüstung ‖ ~ **performance**, anticrease properties / Knitterverhalten *n* ‖ ~ **processing** / Knitterfestmachen *n*, Knitterfreiausrüsten *n*
anticreasing agent s. anticrease agent
antidiazosulphonate *n* / Antidiazosulfonat *n*
antidiazotate *n* / Antidiazotat *n*
antidripping device / Tropffänger *m*

anti·-electrostatic agent / antielektrostatisches Ausrüstungsmittel, antistatisches Ausrüstungsmittel, Antistatikmittel n, Antistatikum n || ~-**electrostatic finish** / antielektrostatische Ausrüstung
anti-erosion net / Antierosionsnetz n
antifatigue adj / ermüdungsbeständig adj || ~ **agent** / Ermüdungsschutzmittel n
antifelt[ing] n / Antifilzbehandlung f, Antifelt-Behandlung f
antifelt finish / Antifilzausrüstung f, Antifelt-Ausrüstung f, Filzfreiausrüstung f
antifelting agent / Antifilzmittel n || ~ **finish** / filzfreie Ausrüstung, Antifilz-Ausrüstung f
antiferment n / gärungsverhinderndes Mittel, Antiferment n
antifermentative adj / gärungshemmend adj
antiflocculating agent / Ausflockschutzmittel n
antifoam [agent], antifoaming agent / Entschäumer m, Entschäumungsmittel n, Schaumverhütungsmittel n, Schaumdämpfungsmittel n, Antischaummittel n
antifouling adj / fäulnisverhindernd adj, fäulnisverhütend adj, fäulnishemmend adj || ~ **chemicals** / Fäulnisverhütungsmittel n pl, Fäulnisschutzmittel n pl || ~ **finish** / fäulnisverhütende Ausrüstung
antifreeze solution / Gefrierschutzlösung f, Frostschutzlösung f
antifriction finish (for cutting tables) / Reibungsschutzschicht f || ~ **treatment** / Antifriktionsbehandlung f
antifrosting process / Übersetzen n von Farbstoffen, Antifrosting-Behandlung f
antifroth agent s. antifoam
antifume agent / Abgas-Schutzmittel n || ~ **finish** / Schutzausrüstung f gegen Abgase
antifungal adj / antifungal adj, fungizid adj, pilztötend adj, antimykotisch adj
anti-glare net / Blendschutznetz n
antigliss finish (ski garments) / Antiglissausrüstung f, rutschfeste Ausrüstung
anti-hypothermia bag / BB-Sack m, Blitz- und Biwaksack m
anti-infection apparel / Infektionsschutzkleidung f (DIN 61621)
antiladder band (hos) / Strumpfbandrand m, Unterrand m
anti-ladder band (knitt) / Randverstärkung f
antiladder course (hos) / Maschenfang m nach den Doppelrand-Mäusezähnen || ~ **mesh bar** (hos) / Maschenschutzreihe f || ~ **tester** (hos) / Fallmaschensicherheitsprüfgerät n
antimacassar n / Sesselschoner m, Sofaschoner m, Schonerdecke f, Antimakassar m
antimicrobial agent / mikrobiostatisches Hilfsmittel || ~ **finish** / antimikrobielle Ausrüstung, antimikrobische Ausrüstung
antimicrobiotics pl / Antimikrobiotika n pl
antimigrant n (dye) / Antimigriermittel n, Migrationshemmer m, Wanderungsschutzmittel n
antimigration agent (dye) / Antimigriermittel n, Migrationshemmer m, Wanderungsschutzmittel n
antimildew agent / verrottungshemmendes Ausrüstungsmittel, Verrottungsschutzmittel n, Antiseptikum n gegen Schimmel
antimist cloth / Klarsichttuch n, Anti-Beschlagtuch n
antimonine n / Antimonlaktat n, Antimonin n
antimony n / Antimon n || ~ **chloride** / Antimonchlorid n || ~ **fluoride** / Antimonfluorid n || ~ **lactate** / Antimonlaktat n || ~ **oxide** / Antimonoxid n || ~ **pigment** / Antimonfarbe f || ~ **potassium tartrate** / Brechweinstein m, Kaliumantimon(III)-tartrat-0,5-Wasser n || ~ **resist** / Antimonreserve f || ~ **salt** / Antimonsalz n || ~ **tannate** / Antimontannat n || ~ **white** / Antimonweiß n || ~ **yellow** / Antimongelb n
antimoth product / Mottenschutzmittel n

antimycotic n / Antimykotikum n, Fungizid n, pilztötendes Mittel || ~ **finish** / antimykotische Ausrüstung
anti-odour finish / Geruchsveredelung f
antioxidant n / Antioxydans n (pl. Antioxydantien), Alterungsschutzmittel n, Antioxydationsmittel n || ~ adj / oxydationsverzögernd adj
antiozonant n / Ozonschutzmittel n
antipattern n (text pr) / Gegenmuster n
anti-patterning device (winding) / Bild-Störeinrichtung f (DIN 61801)
antipicking finish / Antipicking-Ausrüstung f (gegen flusiges Aussehen)
antipilling finish / Antipilling-Ausrüstung f, pillbeständige Ausrüstung || ~ **treatment** / pillbeständige Behandlung
antiputrefactive adj / fäulnisverhütend adj, fäulnisbeständig adj
antique effect (cpt) / Antikeffekt m, Antikisierwirkung f || ~ **effect process** (cpt, washing) / Antikisierverfahren n || ~ **effect treatment** / Antikisierung f (Teppiche), amerikanische Teppichwäsche, türkische Teppichwäsche || ~ **fabrics** / Seidenstoffe m pl früherer Jahrhunderte vortäuschende Gewebe || ~ **lace** / Antik-Handklöppelspitze f || ~ **pink** / altrosa adj (RAL 3014)
anti·-redeposition agent / Vergrauungsinhibitor m, Schmutzträger m, Antivergrauungsmittel n, Redepositionsgegenmittel n, Mittel n gegen Rückvergrauung || ~-**redeposition power** (detergent) / Schmutztragevermögen n
antireducer n, antireducing agent (text pr) / Antireduktionsmittel n
anti·-rot treatment / fäulnisverhütende Ausrüstung || ~-**run back course** (hos) / Maschenschutzreihe f || ~-**rust compound** / Rostschutzmittel n, Rostverhütungsmittel n || ~-**sag finish** / Ausrüstung f gegen das Ausbeulen (von Kleidungsstücken)
antiscumming agent s. antifoam
antiseptic adj / antiseptisch adj, desinfizierend adj || ~ **dressing** / Verbandstoff m
antisettling agent / Antiabsetzmittel n
antishrink finish / krumpffreie Ausrüstung, Krumpfechtausrüstung f, Antischrumpfausrüstung f
antishrinking process / Krumpffreimachen n
antishrink treatment / Antischrumpfbehandlung f
anti·-skid adj / rutschfest adj || ~-**slip agent** / Schiebefestmittel, Gleitschutzmittel n || ~-**slip backing** (cpt) / rutschfeste Unterseite || ~-**slip finish** / Schiebefestappretur f, Schiebefestausrüstung f || ~-**slip finishing** / schiebefeste Appretierung, Schiebefestmachen n || ~-**slip mat** / Teppichbremse f
antislip properties of the seams (in fabrics) / Nahtschiebefestigkeit f (von Geweben)
anti·-slip wax / gleitsicheres Wachs || ~-**snag agent** / Antisnagmittel n || ~-**snag finish** (hos) / Antisnag-Ausrüstung f, laufmaschensichere Ausrüstung, laufmaschenfestes Appretieren (mit Schiebefestmittel, meist auf Vinylharzbasis) || ~-**snare finish** (hos) / Antisnag-Ausrüstung f, laufmaschensichere Ausrüstung, laufmaschenfestes Appretieren (mit Schiebefestmittel, meist auf Vinylharzbasis) || ~-**snarl device** / Vorrichtung f zur Verhütung von Schlingenbildung beim Fadenablauf, Antisnarl-Vorrichtung f || ~-**soil** / schmutzabweisend ausrüsten
antisoil agent / Antisoil-Mittel n
anti·-soil[ing] finish / Antischmutzausrüstung f, schmutzabweisende Appretur, schmutzabstoßende Appretur o. Ausrüstung, Antischmutzausrüstung f, aktive Schmutzausrüstung f || ~-**soiling effect** / Antisoiling-Effekt m || ~-**soil redeposition** / Naßschmutzabweisung f, Abweisung f nassen Schmutzes von nassen Wäschestücken || ~-**soil redeposition finish** / naßschmutzabweisende Ausrüstung

antisoil treatment / schmutzabweisende Behandlung, Behandlung *f* zur Schmutzabweisung
antistat *n* s. antistatic agent
antistatic *adj* / antistatisch *adj* ‖ ~ **agent** / Antistatikum *n*, Antistatikmittel *n* ‖ ~ **behaviour** / antistatische Eigenschaft ‖ ~ **finish** / antistatische Ausrüstung ‖ ~ **oil** / antistatisches Öl ‖ ~ **treatment** / Antistatikbehandlung *f*
antisticking agent s. anti-tack agent
antiswelling agent / quellungverhinderndes Mittel ‖ ~ **finish** / Quellfestausrüstung *f*
anti-·tack agent / Antiklebemittel *n*, Haftlösemittel *n*, Trennmittel *n* ‖ ~**-tack effect** / Antiklebewirkung *f* ‖ ~**-tickle** *adj* (garment) / kratzfest *adj* (Kleidungsstück)
antiwetting effect / Antinetzwirkung *f*
anti-·wrap device / Vorrichtung zur Verhinderung unbeabsichtigten Aufwickelns einer Gewebebahn ‖ ~**-wrinkle expander** / Faltenbildung verhindernder Breithalter
Antwerp blue / Antwerpener Blau *n* ‖ ~ **lace** / Antwerpspitze *f*
aperture of spinning nozzle / Spinndüsenöffnung *f*, Spinnöffnung *f*
ape skin [pattern] (fash) / Affenhautmuster *n*, Affenhaut *f* (Velveton)
apishamore *n* (American frontier term for a saddle blanket), apishamean *n* / Satteldecke *f*
apou *n* (Chinese ramie fabric with high lustre) / chinesisches Hochglanzramiegewebe
apparatus for bleaching in autoclave / Bleich-Druckapparat *m* (DIN 64990) ‖ ~ **for pre-setting** / Vorfixierapparat *m* (DIN 64990) ‖ ~ **for scouring in autoclaves** / Beuchapparat *m* (DIN 64990)
apparel *v* (US) / bekleiden *v* ‖ ~ *n* / Kleidung *f*, Kleidungsstücke *n pl*, Bekleidung *f* ‖ ~ **accessories** *pl* / Kleidungszubehör *n* ‖ ~ **designer** / Couturier *m* ‖ ~ **fabric** / Kleiderstoff *m* ‖ ~ **manufacturer** / Bekleidungshersteller *m*, Kleiderfabrikant *m*, Kleiderfabrik *f* ‖ ~ **printing** / Kleiderdruck *m* ‖ ~ **styling** / Modeschöpfung *f* ‖ ~ **wool** / Kleiderwolle *f*
apparent contact area / scheinbare Berührungsfläche
appearance of the goods / Warenbild *n* ‖ ~ **retention** (esp, cpt) / Beständigkeit *f* des Aussehens, Erhaltung *f* des Aussehens
appending label / Anhänger *m*, Anhänge-Etikett *n*
appendix cloth / Begleitmaterial *n*, Begleitgewebe *n*
Appenzell embroidery / Appenzeller Stickerei *f*
apple-green *adj* / apfelgrün *adj*
application printing / Aufdruck *m*, Direktdruck *m*
applicator *n* (ctg) / Auftragwerk *n* ‖ ~ **roll** (ctg) / Auftragwalze *f*
applied printing / Aufdruck *m*
appliqué *n* / Applikationsarbeit *f*, Aufnäharbeit *f*, aufgelegte Arbeit, Applikation *f* ‖ ~ **embroidery** / Applikationsstickerei *f* ‖ ~ **lace** / Applikationsspitze *f* ‖ ~ **pattern** / Aufnähmuster *n*, aufgenähtes Muster ‖ ~ **stitch** / Applikationsstich *m* ‖ ~ **work** / Applikationsarbeit *f*, Aufnäharbeit *f*, aufgelegte Arbeit, Applikation *f*
apply a skim-coat / skimmen *v*, belegen *v* (friktionierte Gewebe) ‖ ~ **by brush** / aufpinseln ‖ ~ **by doctor** / rakeln *v* ‖ ~ **colour resist** (dye) / buntreservieren *v* ‖ ~ **embroidery** / aussticken *v* ‖ ~ **needles** (joint) / besetzen *v* (mit Nadeln) ‖ ~ **the dyestuff** / den Farbstoff auftragen ‖ ~ **the size** / die Schlichte auftragen ‖ ~ **with a doctor blade** / aufrakeln *v* ‖ ~ **with pad** / betupfen *v*
apposition dyeing / Appositionsfärbung *f*
appret *n* (fin) / Appretur *f* ‖ ~ (fin) / Appret *n*
apricot *adj* / aprikosenfarben *adj*, aprikosengelb *adj* ‖ ~ **gum** / Aprikosengummi *n* ‖ ~ **kernel oil** / Aprikosenkernöl *n*
apron *n* / Schürze *f* ‖ ~ (spinn) / Riemchen *n* ‖ ~ **cage** (spinn) / Riemchenkäfig *m* ‖ ~ **cloth** / Schürzenstoff *m* ‖ ~ **control** / Faserführung *f* im Streckwerk ‖ ~ **drafting system**, apron drawing mechanism (spinn) / Riemchenstreckwerk *n* ‖ ~ **dress** (fash) / Schürzenkleid *n* ‖ ~ **fabric** / Schürzenstoff *m* ‖ ~ **frame** (spinn) / Nitschelstrecke *f* ‖ ~ **of drafting arrangement** / Riemchen *n* des Streckwerks (DIN 64050) ‖ ~ **ribbon** / Schürzenband *n* ‖ ~ **string** / Schürzenband *n* ‖ ~ **tension bracket of drafting arrangement** / Riemchenspannbügel *m* des Streckwerks (DIN 64050) ‖ ~ **tension roller** (spinn) / Riemchenspannwalze *f* ‖ ~ **tension roller of drafting arrangement** / Riemchenspannrolle *f* des Streckwerks (DIN 64050) ‖ ~ **top roller of drafting arrangement** / Riemchenoberwalze *f* des Streckwerks (DIN 64050)
aquamarine blue *adj* / aquamarinblau *adj* ‖ ~ **green** / aquamaringrün *adj*
aqua regia / Königswasser *n* (ein Gemisch aus 3 Teilen konz. Salzsäure und 1 Teil konz. Salpetersäure)
aqueous *adj* / wäßrig, wässerig *adj*, wasserhaltig *adj* ‖ ~ **ammonia** / wäßrige Ammoniaklösung, Ammoniaklösung *f*, Salmiakgeist *m* ‖ ~ **bath** / wäßriges Bad ‖ ~ **dye dispersion** / in Wasser suspendierter Farbstoff ‖ ~ **emulsion** / wäßrige Emulsion, Wasseremulsion *f* ‖ ~ **phase** / wäßrige Phase ‖ ~ **scouring** / Waschen *n* im Wasser ‖ ~ **suspension** / wäßrige Anschlämmung
arabesque *n* / Arabeske *f*
Arabian carpet / arabischer Teppich
arabias *n*, arabiennes *n* / Arabienne *m*, Arabias *m* (grobfädiges buntgewebtes [Bauern-]Taschentuch aus Halbleinen oder Baumwolle)
Arab wool / persische Wolle
arachin fibre / Ardeinfaser *f*
arachis oil / Arachisöl *n*, Erdnußöl *n*
arachne fabric / Arachne-Verbundstoff *m*
aralkyl sulphonate / Aralkylsulfonat *n* (für den Aufbau synthetischer Waschmittel)
aramid fibre / Aramidfaser *f*
Aran *n* (patterned knitwear) / Aran-Strickware *f*, Strickware *f* mit Aranmuster
arbour *n*, arbor *n* (US) / Aufspanndorn *m*, Aufsteckdorn *m*, Dorn *m*
archil *n* / Orseille *f* (Orcein) ‖ ~ **carmine** / Orseillekarmin *m* ‖ ~ **extract** / Orseille-Extrakt *m* ‖ ~ **shade** / Orseillenuance *f*
Archimedean winding / Archimedeswicklung *f*
arc lamp / Bogenlichtlampe *f*, Bogenlampe *f* ‖ ~ **needle** / Bogennadel *f*
ardamu silk (from Iran) / Ardamu-Rohseide *f*
ardasse *n* / Ardasse-Rohseide *f*
ardassine *n* / Ardassinestoff *m* (feine persische Seide)
ardeine fibre / Ardeinfaser *f*
ardil *n* / Ardil *n* (Erdnußproteinfaser)
area bonded staple (ABS) technique / Heißluftschmelzverfahren *n* für Fadengelege ‖ ~ **felt shrinking effect** / Flächenfilzschrumpf *m* ‖ ~ **stabilization** (of fabric) / Flächenstabilisierung *f* ‖ ~ **stabilizing effect** (fin) / flächenstabilisierende Wirkung
areolated mildew / fleckiger Mehltau (Erkrankung der Baumwollpflanze)
areometer *n* / Aräometer *n*, Senkwaage *f*, Reitspindel *f*
Arequipa fleece / peruanisches Alpakavlies
argal *n* / (roher) Weinstein
argali [sheep] / Argalischaf *n* (Ovis ammon ammon) ‖ ~ **wool** / Argalischafwolle *f*
argentan / Argentan(klöppel)spitze *f*
argentella lace / Argentellaspitze *f*
argentine *adj* / silberfarbig *adj*, silberglänzend *adj*, silbern *adj* ‖ ~ **merino** / argentinisches Merinoschaf ‖ ~ **wool** / argentinische Wolle
arginine *n* / Arginin *n*
argol *n* / (roher) Weinstein
argudan *n* / Argudanbaumwolle *f* aus China

Argyle n / Argyle-Muster n, rhombisches Muster ‖ ~ **gimp** / Bogengimpe f ‖ ~ **pattern** / Argyle-Muster n, rhombisches Muster ‖ ~ **socks** / Socken f pl mit Rhombenmusterung
aridye n / Aridyedruck m (Verfahren zur Fixierung von Pigmentfarben)
ariminya n (a bast fibre from Brazil, used to make ropes) / Ariminafaser f
aristo carpet / Aristoteppich m
arithmetic mean / arithmetisches Mittel
Arizona cotton / Arizonabaumwolle f
arm n / Ärmel m
armband n / Armbinde f
armhole n / Ärmelloch n, Ärmelausschnitt m, Armloch n ‖ ~ **narrowings** (knitt) / Minderungen f pl für Ärmelausschnitt
armlet n / Armbinde f
armoured fabric / beschichteter Stoff ‖ ~ **hose** / Panzerschlauch m
arm scye (fash) / Ärmelausschnitt m ‖ ~ **standard** (sew) / Armständer m
armure n / Armure f (webgemusterter Stoff) ‖ ~ **dress goods** / Armurestoffe m pl (kleingemusterte Seidengewebe in diagonalversetzter Querripsbindung)
army blue / blauer Uniformstoff ‖ ~ **cloth** (US) / Uniformtuch n, Militärtuch n, Intendanturtuch n
arnatto n s. annatto
arnica [flowers] oil / Arnikablütenöl n ‖ ~ **root** / Arnikawurzel f
arnotta n s. annatto
aromatic adj / aromatisch adj ‖ ~ **hydrocarbon** / aromatischer Kohlenwasserstoff, Benzolkohlenwasserstoff m
Arras lace / Arras-Spitze f ‖ ~ **tapestry** [wall covering] / Arras-Wandteppich m
array n / Tracht f
arrow and clock back (hos) / imitierter Zwickel an der Rückseite des Strumpfes
arrowhead stitch / Dreieckstich m, Pfeilstich m ‖ ~ **twill** / Fischgratköper m
arrowroot n / Arrowroot n, Marantastärke f (für Appreturzwecke)
arsenic n / Arsen n ‖ ~ **acid** / Arsensäure f ‖ ~ **trisulphide** / Arsentrisulfid n ‖ ~ **vapour** / Arsendampf m
arsenite n / Arsenat(III) n, (formerly:) Arsenit n ‖ ~ **resist** / Arsenitreserve f
art canvas s. artists' canvas ‖ ~ **felt** (cpt) / Filzbelag m
artichoke green / Artischockengrün n
article of clothing / Kleidungsstück n, Bekleidungsartikel m
artificial bristle / Kunstborste f ‖ ~ **clothing leather** / Bekleidungskunstleder n ‖ ~ **copal** / Kunstkopal m ‖ ~ **daylight** / künstliches Tageslicht ‖ ~ **fashioning** (hos) / imitierte Deckblümchen n pl, imitierte Minderblümchen n pl, Minderungspunkte m pl ‖ ~ **fibre** s. man-made fibre ‖ ~ **filament** / Chemieseide f ‖ ~ **flower** / Kunstblume f, Dekorationsblume f ‖ ~ **fur** / Pelzimitation f, Webpelz m ‖ ~ **hair** / Kunsthaar n ‖ ~ **hemp** / Kunsthanf m ‖ ~ **horse hair** / Kunstroßhaar n ‖ ~ **lace** / chemisch hergestellte Spitze ‖ ~ **leather** / Kunstleder n, Lederimitation f ‖ ~ **leather cloth** / Gewebekunstleder n ‖ ~ **leather finish** / Kunstlederlack m ‖ ~ **light** / künstliches Licht ‖ **light, shade in** / Abendfarbe f ‖ ~ **long-stapled wool** / Shoddy n m ‖ ~ **lustre** / Kunstglanz m ‖ ~ **resin** / Kunstharz n ‖ ~ **short-stapled wool** / Mungo m ‖ ~ **silk** / zellulosisches Endlosgarn, synthetisches Filamentgarn (Kunstseide), Chemieseide f ‖ ~ **silk effect** / Kunstseideneffekt m ‖ ~ **silk warp** / Kunstseidenkette f ‖ ~ **silk weaving** / Kunstseidenweberei f ‖ ~ **silk weft** / Kunstseidenschlag m ‖ ~ **soil** (mat test) / künstliche Anschmutzung ‖ ~ **straw** / Kunststroh n (Viskosereyonprodukt) ‖ ~ **suede** / Wildlederimitat n ‖

~ **tagal fibre** / Tagalfaserimitat n ‖ ~ **textile fibre** / Chemiefaser f, Synthesefaser f ‖ ~ **thread** / künstlicher Faden ‖ ~ **turf** / Kunstrasen m ‖ ~ **weathering** / künstliche Bewitterung ‖ ~ **wool** / Kunstwolle f
artillery twill / Whipcord m
artists' canvas / Malleinen n, Malerleinwand f
art linen / Stickleinen n, Kunstleinen n ‖ ~ **muslin** / Möbelmusselin n ‖ ~ **needlework** / Handarbeit f
arylamine n / Arylamin n
arylate v / arylieren v
aryl ether / Aryläther m
arylide n / Arylid n
aryl sulphochloride / Arylsulfochlorid n ‖ ~ **sulphonic acid** / Arylsulfosäure f
asalitus n / weiches Untervlies aus Tibet
asan n / indischer Gebetsteppich
asbeston n / Asbeston m, Asbestgewebe n mit Baumwolle
asbestos n, **asbestus** n / Asbest m ‖ ~ **cement felt**, A/C felt / Asbest-Zement-Filz m, A/Z-Filz m ‖ ~ **cloth** / Asbestgewebe n, Asbesttuch n ‖ ~ **clothing** / Asbestschutzkleidung f, Asbestkleidung f ‖ ~ **cord** / Asbestschnur f ‖ ~ **fabric** / Asbestgewebe n, Asbesttuch n ‖ ~ **felt** / Asbestfilz m ‖ ~ **fibre** / Asbestfaser f ‖ ~ **filter** / Asbestfilter m n ‖ ~ **gloves** / Asbesthandschuhe m pl ‖ ~ **linen** / Asbestleinwand f ‖ ~ **roving** / Asbestvorgespinst n ‖ ~ **spinning machine** / Asbestspinnmaschine f ‖ ~ **textile goods** pl / Asbestspinnstoffwaren f pl ‖ ~ **wool** / Asbestwolle f, Asbestflocken f pl ‖ ~ **yarn** / Asbestgarn n, Asbestmischgarn n
ascending batch winder (fin) / Steigdockenwickler m (DIN 64990) ‖ ~ **chromatography** / aufsteigende Chromatographie
asclepias cotton, asclepias fibre / Asklepiasfaser f, Seidenpflanzenfaser f
ascot n (GB) / Ascot-Krawatte f, Askotkrawatte f ‖ ~ (US) / breite Krawatte, Halstuch n ‖ ~ **green** adj / chromgrün adj
aseptic gauze / Verbandmull m
ash·-coloured adj / aschfarben adj, aschfarbig adj ‖ ~ **content** / Aschengehalt m, Glührückstand m ‖ ~ **determination** / Aschenbestimmung f ‖ ~**-free** adj / aschenfrei adj, aschefrei adj ‖ ~**-grey** adj / aschgrau adj
ashing test / Veraschungsprobe f
ashmara jute / Ashmarajute f (aus Indien)
ashmouni cotton / ägyptische Ashmouni-Baumwolle
ash picking stick / Eschenschlagarm m ‖ ~ **shade** / aschfarbige Nuance ‖ ~ **test** / Aschenprobe f
ashy adj / aschfarbig adj
Asia Minor carpet / anatolischer Teppich ‖ ~ **Minor raw silk** / kleinasiatische Rohseide
Asiatic silk / asiatische Seide
A-1 silk / Realseide f
Askanya rambouillet / russisches Rambouilletschaf
asonkobi n / westafrikanische Asonkobiseide
asparagine n / Asparagin n
aspartic acid / Asparaginsäure f
aspect of the print / Druckbild n
aspero cotton, full rough Peruvian / peruanische Baumwolle
aspirator n / Absauganlage f, Aspirator m, Saugdüse f
asple n / runde Scherrahmenmaschine
assam n / Assam-Baumwolle f (Indien)
assembled cheese / vorgefachte Spule
assembly n (of garment) / Zusammensetzen n (e-s Kleidungsstückes) ‖ (**high-speed**) ~ **winder** / Fachspulmaschine f ‖ ~ **beaming** / Zusammenbäumen n, Assemblieren n (DIN 62500) ‖ ~ **seam** (sew) / Schließnaht f ‖ ~ **seam** (sew) / Schließnaht f ‖ ~**-winding process** (weav) / Fachprozeß m
Assili cotton / ägyptische Assili-Baumwolle
assistant n / Hilfsmittel n, Hilfsprodukt n ‖ ~ **for dyebath** / Färbezusatz m, Färbebadzusatz m ‖ ~ **oil** / Öl n zum Nachhelfen

assisted

assisted finish / Steifappretur f
associate compound / Anlagerungsverbindung f
Association of German Hosiery Manufacturers / Arbeitsgemeinschaft f deutscher Strumpfstrickereien
assouplissage n (partial boiling of silk), assouplage n / Souplieren n, Assouplieren n
A.S.T.M. = American Society for Testing and Materials
astrakhan n (fur) / Astrachan m ‖ ~ **fabric** (base fabric of cotton, pile of mohair, silk or rayon), astrakhan cloth / Astrachangewebe n, Astrachan-Plüschgewebe n
astrakhanize v / astrachanisieren v, kräuseln v
astrakhan wool / Astrachanwolle f ‖ ~ **yarn** / Krimmergarn n
astringency n / Adstringenz f
astringent adj / adstringierend adj, herb adj
astroquartz fabric (ablative fabric laminate) / Astroquarzlaminat n, Astroquarzgewebe n
asymmetric heating (texturing) / asymmetrische Hitzetexturierung ‖ ~ **neckline** / asymmetrischer Ausschnitt
atactic adj / ataktisch adj (Polymer)
athletic clothing / Sportbekleidung f
atlas n (usually cotton fabric) / Atlas m ‖ ~ **lapping** (knitt) / Atlaslegung f ‖ ~ **Launderometer** (shaker) (mat test) / Atlas-Launder-Ometer n ‖ ~ **net** / Atlasfilet n ‖ ~ **silk** / Ailanthusseide f ‖ ~ **tricot** / Atlastrikot n ‖ ~ **weave** / Atlasbindung f
atmosphere for testing / Prüfklima n
atmospheric density / Luftdichtigkeit f ‖ ~ **drier** / Freilufttrockner m, Lufttrockner m ‖ ~ **dyeing** / Färben n im offenen Gefäß ‖ ~ **effect** / Witterungswirkung f, Witterungseinfluß m ‖ ~ **environment** / Raumklima n ‖ ~ **fading** / Ausbleichen n an der Luft, Verfärben n an der Luft ‖ ~ **humidity** / Luftfeuchtigkeit f ‖ ~ **influence** / Witterungswirkung f, Witterungseinfluß m ‖ **influence, fast to** / wetterbeständig adj, wetterecht adj, luftecht adj ‖ ~ **moisture** / Luftfeuchtigkeit f ‖ ~ **nitrogen** / Luftstickstoff m ‖ ~ **oxygen** / Luftsauerstoff m ‖ ~ **resistance** / Luftwiderstand m ‖ ~ **stain** / Luftfleck m ‖ ~ **standard conditions** / Normklimabedingungen f pl
atomization drier / Zerstäubungstrockner m
atomize v / zerstäuben v, verstäuben v, vernebeln v, versprühen v, zersprühen v
atomized spray / Nebel m
atomizer n / Zerstäuber m, Zerstäubungsapparat m, Sprühapparat m, Sprüher m, Versprüher m, Düse f
atomizing n / Zerstäuben v, Versprühung f, Zersprühung f ‖ ~ **nozzle** / Zerstäuberdüse f ‖ ~ **plant** / Zerstäubungsanlage f ‖ ~ **pressure** / Zerstäuberdruck m
AT process (dye) / AT-Verfahren n
attach v (sew) / annähen v
attachment capacity (of dyes) / Aufziehvermögen n
attach the thread (spinn) / andrehen v, den Faden anspinnen ‖ ~ **the warp thread** (knitt) / die Kette anlängern
attack the fibre / die Faser schwächen, die Faser angreifen
attacus altissima / Atlasspinner m ‖ ~ **ricini** / Rizinusspinner m
attagenus pellio / gemeiner Pelzkäfer, gefleckter Pelzkäfer ‖ ~ **piceus** / Dunkler Pelzkäfer
attenuate v (spinn) / verdünnen v, verfeinern v, abschwächen v
attenuation of the sliver / Verfeinerung f des Faserbandes
attire n / Kleidung f, Tracht f, Gewand n
attract v / anziehen v, auf sich ziehen
attractive handle / angenehmer Griff
attritor n / Attritor n
aubergine [violet] (col) / aubergine adj
Auma machine / Berstorff Auma f, Auma-Maschine f
aune n (old measuring unit for silk) / 45 Zoll
auramine n / Auramin n

aureolin n / Aureolin n, Kobaltgelb n (Kaliumhexanitrokobaltat)
auric acid / Goldsäure f ‖ ~ **chloride** / Goldtrichlorid n ‖ ~ **compound** / Goldoxidverbindung f
auriferous adj / goldhaltig adj
Aurillac lace / Aurillac-Klöppelspitze f
auronal dyestuff / Auronalfarbstoff m
ausan n / kleiner, dicker indischer Filzgebetsteppich
Australasian wools / aus Australien und Neuseeland stammende Wollsorten f pl
Australian merino / australisches Merinoschaf ‖ ~ **wools** / australische Wollsorten f pl
Austrian shade cloth / österreichischer Rollvorhangstoff
autocatalysis n / Selbstkatalyse f, Autokatalyse f
autoclave n / Autoklav m, Druckgefäß n, Druckkessel m ‖ ~ (with stirrer) / Rührautoklav m ‖ ~ **steaming** / Autoklavendämpfung f
autoconer n / automatische Kreuzspulmaschine, Kreuzspule f, Autoconer m
autocopser n / Schußspulautomat m, Autocopser m
autodrafter n (spinn) / Regelstrecke f, Regulierstrecke f
autofeed n s. automatic feeder
autogenous adj / autogen adj ‖ ~ **bonding** (nwv) / autogenes Binden
autoheeler n (hos) / Fersenmaschine f, Fersenstrickautomat m
autoleveller n (spinn) / Regelstrecke f, Regulierstrecke f ‖ ~ **draw frame**, autoleveller gillbox (spinn) / Regelstrecke f, Regulierstrecke f
autolevelling n / automatische Bandregelung
autolevellizer n / Luntenregulierautomat m
automated spinning / automatisch fortlaufendes Spinnverfahren
automatically turned welt / automatisch umgehängter Doppelrand
automatic backtacking mechanism (sew) / automatische Verriegelungseinrichtung ‖ ~ **balling machine** / Knäuelautomat m ‖ ~ **bartacker** (sew) / Kurznaht-Automat m, Riegelautomat m ‖ ~ **blender** / Mischautomat m ‖ ~ **bobbin changer** / Spulenwechselautomat m ‖ ~ **bobbin loading** / automatische Spulenzuführung ‖ ~ **bobbin winder** / Spulautomat m ‖ ~ **button feeder** (sew) / automatische Knopfzuführung ‖ ~ **buttonhole machine** / Knopflochautomat m ‖ ~ **button sewer** / Knopfannähautomat m ‖ ~ **chain stitch button sewing machine** (sew) / Kettenstich-Knopfannähautomat m ‖ ~ **cheese winder** / Kreuzspul-Automat m (DIN 62511) ‖ ~ **circular interlock machine** (knitt) / Interlock-Rundstrickautomat m ‖ ~ **circular knitter** / automatische Rundstrickmaschine ‖ ~ **circular stocking knitter** / Strumpfrundstrickautomat m ‖ ~ **cleaner** (spinn) / automatisches Gebläse ‖ ~ **colour change** / Farbwechselautomatik f ‖ ~ **cone winder** / Kreuzspul-Automat m (DIN 62511) ‖ ~ **contour stitcher** (sew) / Konturen-Nähautomat m ‖ ~ **cop changing** / selbsttätige Spulenauswechslung ‖ ~ **cop changing loom** (weav) / Kopswechselwebautomat m ‖ ~ **cop changing silk loom** (weav) / Kopswechselseidenwebautomat m ‖ ~ **cotton loom** (weav) / Baumwollwebautomat m ‖ ~ **crepe loom** (weav) / Kreppwebautomat m ‖ ~ **cross bobbin winder** / Kreuzspulautomat m ‖ ~ **dart sewer** / Abnäher-Automat m ‖ ~ **doffing** / automatisches Abziehen von Spulen ‖ ~ **double-cylinder hosiery knitting machine** / Doppelzylinderstrumpfautomat m ‖ ~ **double-cylinder knitting machine** / Doppelzylinderautomat m ‖ ~ **drawing-in unit** (weav) / (Webketten-)Einziehautomat m ‖ ~ **drop box loom** (weav) / Buntwebautomat m, Buntautomat m ‖ ~ **embroiderer** / Stickautomat m ‖ ~ **fancy-stitch mechanism** / Zierstich-Automatik f ‖ ~ **feeder** / selbsttätige Speisevorrichtung, selbsttätiger Füller ‖ ~ **feeder** (weav) / Selbstaufleger m ‖ ~ **flat-bed bartacker** (sew) / Flachbett-Kurznahtautomat m ‖ ~ **flat**

16

auxiliary

knitting machine / Flachstrickautomat m ‖ ~ flat screen printing machine / Flach-Siebdruckautomat m, Flachdruckautomat m ‖ ~ flocking machine / Flockautomat m ‖ ~ full can stop motion / selbsttätige Streckenausrückvorrichtung bei vollgelaufener Kanne ‖ ~ fullness control (sew) / automatische Mehrweiteneinarbeitungssteuerung ‖ ~ gussetter / Zwickel-Einnähautomat m ‖ ~ hanger loop sewing unit (sew) / Aufhängerschlaufen-Nähaggregat n ‖ ~ heeler / automatische Fersenmaschine ‖ ~ hemming unit (sew) / Saumautomat m ‖ ~ high-speed lockstitch buttonhole sewing machine (sew) / schnellaufender Doppelsteppstich-Knopflochautomat ‖ ~ hopper-feeder / selbsttätiger Kastenspeiser, Wiegespeiser m ‖ ~ hose knitter, automatic hosiery knitting machine / Strumpfstrickautomat m, Feinstrumpfautomat m ‖ ~ hosiery separation / automatische Strumpfabtrennung ‖ ~ intarsia jacquard transfer machine / Intarsien-Jacquard-Umhängeautomat m ‖ ~ ironing machine / Bügelautomat m ‖ ~ jacquard transfer / Jacquard-Umhänge-Automat m ‖ ~ jacquard transfer flat knitting machine / Jacquard-Umhänge-Flachstrickautomat m ‖ ~ knitting machine / Strickautomat m, Wirkautomat m ‖ ~ knotting, automatisches Anknoten ‖ ~ label make-up unit / Banderolenklebemaschine f ‖ ~ label sewer (sew) / Etikettenaufnähaggregat n ‖ ~ lacing machine / automatische Kartenbindemaschine ‖ ~ lap doffer (cotton spinn) / automatischer Wickelapparat (DIN 64100) ‖ ~ lock slider (zip) / automatisch feststellbarer Schieber ‖ ~ lockstitch buttonhole sewing machine (sew) / Doppelsteppstich-Knopflochautomat m ‖ ~ lockstitch flat-bed bartacker (sew) / Doppelsteppstich-Flachbett-Kurznahtautomat m ‖ ~ long seamer (sew) / Langnahtautomat m ‖ ~ loom / Webautomat m, Automatenstuhl m, Selbstweber m ‖ ~ loose-reed loom / Losblattwebautomat m ‖ ~ muller (pigm) / automatische Anreibmaschine, Farbenanreibmaschine f ‖ ~ multicolour loom / Buntautomat m, Buntwebautomat m ‖ ~ multi-head embroidery machine (sew) / Mehrnadel-Kleinstickautomat m ‖ ~ multi-seam sewing machine / Mehrnahtautomat m ‖ ~ multishuttle loom / Buntwebautomat m, Buntautomat m ‖ ~ narrow-fabric loom / Bandwebautomat m ‖ ~ needle positioner (sew) / automatische Nadelpositioniereinrichtung ‖ ~ one-seam sewing machine / Einnahtautomat m ‖ ~ pattern grading / automatische Schnittmustergradierung ‖ ~ patterning machine (knitt) / Musterungsautomat m ‖ ~ pH adjustment / automatische pH-Regelung ‖ ~ piecing / automatisches Andrehen ‖ ~ piling machine / Rüsselapparat m ‖ ~ piped pocket sewer (sew) / Paspeltaschenautomat m ‖ ~ pirn change / automatischer Schußspulenwechsel ‖ ~ pirn change motion / automatische Schußspulenwechselvorrichtung ‖ ~ pirn winder / Schußspulautomat m (DIN 62510) ‖ ~ plating machine (knitt) / Plattierautomat m ‖ ~ pocket facing unit / automatische Taschenbesatz-Aufnähanlage ‖ ~ pocket hemmer (sew) / Taschensaumautomat m ‖ ~ pocket setter (sew) / Taschenaufnähautomat m ‖ ~ pocket sewer / Taschennähautomat m ‖ ~ presser foot lifter (sew) / Presserfußautomatik f ‖ ~ profile stitcher (sew) / Vornähaggregat n ‖ ~ pullskein machine / Langknäuelautomat m ‖ ~ quiller (US) / Schußspulautomat m (DIN 62510) ‖ ~ quilting machine / Steppnähautomat m ‖ ~ reel change / automatischer Rollenwechsel ‖ ~ registration / automatischer Rapportierung ‖ ~ reshuttling loom / Schützenwechselautomat m ‖ ~ ribbon cutter / Bandabschneideautomat m ‖ ~ 1:1 rib flat knitting machine with narrowing device / Rechts/rechts-Flachstrickautomat mit Mindereinrichtung ‖ ~ rib transfer attachment / automatische Ripprandübertragungsvorrichtung ‖ ~ rope piler (clothm) / Rüsselapparat m, selbsttätiger Strangableger ‖ ~ rotary screen printing machine / Rotationssiebdruckautomat m, Rotationsdruckautomat m ‖ ~ screen printing / automatischer Filmdruck ‖ ~ screen printing machine / Filmdruckautomat m ‖ ~ seam / imitierte Naht, automatisch eingestrickte Naht, falsche Naht ‖ ~ seamless hosiery machine / Nahtlosfeinstrumpfautomat m ‖ ~ selective striping cam ring section / Schloßplatte f mit automatisch arbeitendem Ringelapparat ‖ ~ selective striping plain circular knitting machine / einfonturige Rundstrickmaschine mit automatisch arbeitendem Ringelapparat ‖ ~ sewing machine / Nähautomat m ‖ ~ shuttle change, automatic shuttle changing / automatischer Schützenwechsel ‖ ~ shuttle changer / Schützenwechselautomat m ‖ ~ shuttle changing loom / Schützenwechselwebautomat m, Webmaschine mit Schützenwechsel ‖ ~ silk loom / Seidenautomat m ‖ ~ single-thread chain stitch button sewing machine (sew) / Einfaden-Kettenstich-Knopfannähautomat m ‖ ~ small-parts runstitcher (sew) / Kleinteile-Vornäh-Automat m ‖ ~ sock knitting machine / Sockenautomat m ‖ ~ spinneret punching machine / Düsenstechautomat m ‖ ~ spinning start device / automatisches Anspinnaggregat ‖ ~ spin winder / Spinn-Spulautomat m ‖ ~ splicer (for thread-breaks) / Spleißerautomatik f ‖ ~ spooler / Spulautomat m ‖ ~ spraying machine / Beschichtungsautomat m ‖ ~ stitch control lever (sew) / automatisch arbeitender Stichfestigkeitsveränderungshebel ‖ ~ stocking knitter / Strumpfautomat m ‖ ~ stop motion / automatische Abstellvorrichtung, Abstellautomatik f ‖ ~ straight-run sewing machine / Geradeausnähautomat m, Geradeausapparat m ‖ ~ straight seamer (sew) / Geradnaht-Automat m ‖ ~ strip cutter / Streifenschneidautomat m ‖ ~ tape feeder / automatische Bändchenzuführungseinrichtung ‖ ~ tension (sew) / Federspannung f ‖ ~ tension release (sew) / automatische Spannungsausschaltung ‖ ~ terry loom / Frottierwebautomat m ‖ ~ threader / Selbsteinfädler m ‖ ~ thread straightener / automatische Fadenregulierung (DIN 64990) ‖ ~ tubular cop winder / Schlauchkopsautomat m ‖ ~ tuck bar / automatisch einstellbarer Fangteil ‖ ~ untwister, automatic untwisting machine / Entzwirnungsautomat m ‖ ~ warp knitting machine / Kettenwirkautomat m, Kettwirkautomat m ‖ ~ warp knitting magazine with magazine weft insertion device / Magazinschuß-Kettenwirkautomat m ‖ ~ washer, automatic washing machine / Waschautomat m ‖ ~ weft winder / Schußspulautomat m ‖ ~ weighing hopper feeder (worsted spinn) / Kastenspeiser m mit automatischem Wiegeapparat (DIN 64100) ‖ ~ welt turning attachment / automatische Doppelrandumhängungsvorrichtung ‖ ~ winder / Spulautomat m ‖ ~ winding / Automatenspulerei f
automobile mat (US) / Automatte f, Autoteppich m ‖ ~ slip-cover fabric (US) / Autositzbezugsstoff m, Autoschonbezug m ‖ ~ tire cloth (US) / Automobilreifenkord m ‖ ~ top lining (US) / Autoverdeckfutterstoff m
automotive fabric / Autopolsterstoff m, Autobezugsstoff m ‖ ~ lining / Automobilauskleidung f
autopolymerization / Autopolymerisation f
autoxidation n / Autoxydation f, Selbstoxydation f
autumn--leaf adj / herbstgold adj ‖ ~ wool / Sommerwolle f
auxiliary n / Hilfsmittel n, Zusatzmittel n ‖ ~ adhesive ‖ / Zusatzkleber m ‖ ~ agent / Hilfsmittel n, Zusatzmittel n ‖ ~ agent liquor / Chemikalienflotte f ‖ ~ boiler / Hilfskessel m ‖ ~ cam (knitt) / Hilfsteil m, Hilfsschloß n ‖ ~ carrier drive / Fadenführer-Hilfsantrieb m ‖ ~ chemical finishing agent /

17

auxiliary

Appreturhilfsmittel n ‖ ~ **differential feed** (sew) / Hilfsdifferentialtransport m ‖ ~ **drawing** / Hilfsstrecke f ‖ ~ **dyeing agent** / Färbehilfsmittel n ‖ ~ **kier** / Hilfskessel m ‖ ~ **mordant** / Hilfsbeize f, Zusatzbeize f ‖ ~ **needle** / Hilfsnadel f ‖ ~ **product** / Hilfsprodukt n, Hilfsmittel n ‖ ~ **sinker** / Hilfsplatine f ‖ ~ **tank** / Hilfsgefäß n, Ansatzgefäß n ‖ ~ **yarn guide** / Hilfsfadenführer m
auxochrome n (dye) / Auxochrom n
auxonne n / ein französischer Hanfkanevas
ava cotton (Indian cotton of fair staple and working properties) / Avabaumwolle f
available chlorine / wirksames Chlor ‖ ~ **stretch point** (mat test) / Restdehnungspunkt m
average count (of yarn) / Durchschnittsnummer f ‖ ~**-leg cuff-top panty girdle** / Miederhose f mit breitem Taillenband und halblangem Bein ‖ ~**-leg panty** / Pagenhose f, Pagenschlüpfer m ‖ ~**-leg panty girdle** / Miederhöschen n ‖ ~**-leg waistline panty girdle** / Miederhose mit schmalem Taillenband und halblangem Bein ‖ ~ **milling** / mittlere Walke, mittelschwere Walke ‖ ~ **molecular factor** / Durchschnittspolymerisationsgrad m ‖ ~ **titre** / mittlerer Titer
aviator style (waist-length jacket with slanting front closure) / Fliegerjacke f
avignon n / Avignon-Futterstoff m
avila n / eine spanische Wolle (aus der Provinz Avila)
avivage n (aftertreatment of desulphurized and rinsed rayon yarns) / Avivage f ‖ ~ **applicator** / Einölvorrichtung f
avive v / avivieren v
avonet n / eine persische Teppichwolle
Awassi wool / Awassi-Teppichwolle f
awl cutting drill / Markierungsbohrer m für Stofflagen, Stanze f
awn n / Granne f
awning n / Markise f, Zeltplane f, Zeltstoff m, Zeltbahn f, Segelleinwand f, Segeltuch n, Plachenstoff m, Blachenstoff m, Kanevas m, Gitterleinwand f, Sonnensegel n ‖ ~ **cloth** / Markisenstoff m, Zeltstoff m, Planenstoff m ‖ ~ **doctor blade** / Markisenrakel f ‖ ~ **duck** / Markisendrell m ‖ ~ **fabric** / Markisenstoff m, Zeltstoff m, Planenstoff m ‖ ~ **stripe process** (dye) / Markisenstreifenverfahren n ‖ ~ **stripes** / gestreifter Markisenstoff
axline tester (for testing elastic fabrics for foundation garments) / Elastizitätsprüfer m
Axminster [carpet] / Axminsterteppich m ‖ ~ **body carpet** / Axminster-Rollenware f bis max. 150 cm Breite ‖ ~**-broadloom** / Axminster-Rollenware f großer Breite ‖ ~ **loom** / Axminsterwebstuhl m ‖ ~ **weave** / Axminsterbindung f
Aylesham cloth / Ayleshamleinwand f
ayrishke n / eine japanische Brokatseide
Ayrshire n / Ayrshire-Wolldecke f
azeotropic adj / azeotrop adj, azeotropisch adj
azide n / Azid n, Säureazid n
azidine dye / Azidinfarbstoff m ‖ ~ **fast yellow** / Azidinechtgelb n, Brillantgelb n
azidosulfonyl dyestuff / Azidosulfonylfarbstoff m
azine dyestuff / Azinfarbstoff m ‖ ~ **green** / Azingrün n
aziridine compound / Aziridinverbindung f
azlon n (US) / Eiweißfaser f, Proteinfaser f
azobenzene n / Azobenzol n
azo black / Azoschwarz n ‖ ~ **bordeaux** / Azobordeaux n ‖ ~ **colour** / Azofarbstoff m, Eisfarbstoff m, Eisfarbe f ‖ ~ **compound** / Azoverbindung f, Azokörper m
azodiisobutyrodinitrile n / Azodiisobuttersäuredinitril n, unlöslicher (auf der Faser erzeugter) Azofarbstoff
azo dyestuff / Azofarbstoff m, Eisfarbstoff m
azoflavine n / Azoflavin n, Azosäuregelb n
azo group / Azogruppe f

azoic adj / azoisch adj ‖ ~ **base** / diazoische Base, Base f zur Herstellung der unlöslichen Azofarbstoffe ‖ ~ **colour** s. azo colour ‖ ~ **compound** / Azoverbindung f ‖ ~ **coupling component** / Azokupplungskomponente f ‖ ~ **coupling dyestuff** / Azokupplungsfarbstoff m ‖ ~ **developing bath** / Azo-Entwicklungsbad n ‖ ~ **diazo component** / Azokomponente f (bei unlöslichen Azofarbstoffen) ‖ ~ **dyeing** / Azofärberei f ‖ ~ **dyestuff** / Entwicklungsfarbstoff m, unlöslicher (auf der Faser erzeugter) Azofarbstoff ‖ ~ **print** / Azodruck m, Naphtoldruck m
azo mauve / Azoviolettblau n ‖ ~ **milling red** / Azowalkrot n ‖ ~ **pigment** / Azopigment n ‖ ~ **red** / Azorot n
azoted adj / azoisch adj
azotic acid / Salpetersäure f
azotoluene n / Azotoluol n
azo violet / Azoveilchenblau n
azoxybenzene n / Azoxybenzol n
azoxybenzoic acid / Azoxybenzoesäure f
azoxy compound / Azoxyverbindung f ‖ ~ **dyestuff** / Azoxyfarbstoff m
azo yellow / Azogelb n
azuline n / Anilinblau n, Baseblau n
azure [blue] adj / azurblau adj (RAL 5009), himmelblau adj, azurn adj
azurine n s. azuline ‖ ~ adj s. azure
azurite n (dye) / Kupferkarbonatblau n

B

babci fibre / Sisalhanf *m* aus Yucatán
babies' nappy, babies' napkin, babies' diaper / Windel *f*
babushka *n* / Kopftuch *n*
baby·-blue *adj* / pastellblau *adj*, babyblau *adj* ‖ ~ **bottle bobbin** / kleine Flaschenspule für Aufplattierfäden ‖ ~ **cardigan** / Baby-Westchen *n* ‖ ~ **combing wool** / Babykammwolle *f* ‖ ~ **cord** / Babycord *m* ‖ ~ **cord suit** / Babycordanzug *m* ‖ ~ **delaine** (wool class) / Baby-Delaine *f* ‖ ~**-doll pyjamas** / Baby-Doll *n*, Baby-doll *n* ‖ ~ **garments** / Babyartikel *m pl*, Säuglingsbekleidung *f* ‖ ~ **Irish** / Baby-Irish *m*, gehäkelte Spitze aus Irland ‖ ~ **jacket** / Babyjäckchen *n* ‖ ~ **lace** / Spitze *f* für Babybekleidung ‖ ~ **linen** / Babywäsche *f* ‖ ~ **napkin**, baby nappy / Windel *f* ‖ ~ **pants** / Windelhöschen *n* ‖ ~ **pullover** / Baby-Pullover *m* ‖ ~ **vest** / Erstlingshemdchen *n*
babywear *n* / Babykleidung *f*, Babywäsche *f*
bacillicide *adj* / bazillenvernichtend *adj*
back *vt* (ctg) / beschichten *v*, kaschieren *v*, an der Rückseite verstärken ‖ ~ *n* (dye) / Boden *m*, Hintergrund *m*, Untergrund *m* ‖ ~ (of fabric) / linke Seite, Rückseite *f*, Kehrseite *f* ‖ ~ (esp. carpet) / Rücken *m*, Träger *m* ‖ ~ (US) / Kufe *f*, Bottich *m*, Barke *f*, Trog *m* ‖ ~ **and face effect** / Rechts- und Linksseiteneffekt *m* ‖ ~ **beam** / Vorbaum *m*, Scherbaum *m* ‖ ~ **beam** / Zettelbaum *m* (DIN 62500) ‖ ~ **beaming creel** / Zettelgatter *n* ‖ ~ **bed** (flat knit mach) / hinteres Nadelbett ‖ ~ **catch bar cam** (knitt) / Platinenschachtelschubexzenter *m* ‖ ~ **catch bar motion** (knitt) / Platinenschachtelschubbewegung *f* ‖ ~**-chroming** *n* / Nachchromierung *f* ‖ ~**-cleaning** *n* / Rückreinigung *f* ‖ ~ **cloth** / Mitläufer *m* (DIN 64990), Druckdecke *f*, Untertuch *n*, Unterware *f* ‖ ~ **cloth** (esp. cpt) / Grundware *f*, Stützgewebe *n*, Träger *m*, Untergewebe *n*
backcoating *n* (cpt) / Rückenbeschichtung *f* ‖ ~ **machine** / Streichmaschine *f*
back crossing heddle / hintere Dreherlitze ‖ ~ **drier** / Trockenmansarde *f*
backdrop *n* / Hintergrund *m*
backed *adj* / an der Rückseite verstärkt, rückseitig verstärkt ‖ ~ **fabrics** / einseitig beschwerte Stoffe *m pl*, linksseitig beschwerte Stoffe *m pl*, kaschierte Gewebe *n pl*, rückenbeschichtete Gewebe *n pl*, Doubles *n pl* ‖ ~**-off yarn** / rückgewundenes Garn
back feed (knitt) / hinteres Stricksystem
backfeed roller / Zuführzylinder *m*, Einzugszylinder *m*, Speisewalze *f*
back·-filled *adj* / unterseitig beschwert ‖ ~**-filled fabric** / stark geschlichtete Ware, unterseitig beschwerte Ware ‖ ~**-filled finish** / unterseitige Appretur, Streichappretur *f*, (Plüsch) Rückenschutzdecke *f* ‖ ~ **filler** (ctg) / Kaschiermaschine *f* ‖ ~ **filling** / einseitige Appretierung, linksseitige Appretierung ‖ ~ **filling** (US) / Unterschuß *m*, verstärkter Schuß ‖ ~**-filling finish** / unterseitige Appretur, Streichappretur *f*, (Plüsch) Rückenschutzdecke *f* ‖ ~**-filling machine** / Rückenappretiermaschine *f* ‖ ~**-filling mangle** / Linksimprägnierkalander *m* ‖ ~ **finish** *f* / Rückenappretur *f*, Rückseitenappretur *f*, Linksappretur *f* ‖ ~ **finishing machine** / Linksappretiermaschine *f* ‖ ~ **grey [cloth]** *s*. back cloth ‖ ~ **grey guidance** / Mitläuferführung *f* ‖ ~**-grey roller** / Mitläuferwalze *f*, Untertuchwalze *f*, Untertuchrolle *f* ‖ ~**-grey washing plant** / Mitläuferwäscherei *f*, Untertuchwäscherei *f*
background *n* (dye, text pr) / Fond *m*, Hintergrund *m*
back guide bar, BGB (knitt) / hintere Legeschiene, Legeschiene 1
backing *n* (cpt) / Teppichgrund *m*, Grundgewebe *n*, Träger *m* ‖ ~ (knitt) / Futter *n* ‖ ~ (gen) / Verstärkung *f*,

Unterlage *f*, Rückenbeschichtungsmaterial *n* ‖ ~ (ctg) / Rückenappretur *f*, Leimung *f* ‖ ~ **apparatus** (knitt) / Futterapparat *m* ‖ ~ **cloth** (text pr) / Drucktuch *n*, Unterware *f*, Mitläufer *m* ‖ ~ **compound** / Rückseitenbeschichtungsmittel *n*, Rückenappreturmasse *f*, Beschichtungsmasse *f* für Stoffunterseiten ‖ ~ **containing conducting yarns** (cpt) / Leitgarnrücken *m* ‖ ~ **fabric** / Grundgewebe *n*, rückenverstärkendes Gewebe, Unterware *f* ‖ ~ **fibre** / Rückseitenfaser *f* ‖ ~ **for carpets** / Teppichgrundgewebe *n*, Träger *m* ‖ ~ **for laminated fabrics** / Laminatträger *m* ‖ ~ **for tufted carpets** / Tufting-Zweitrücken *m* ‖ ~ **material** / Grundgewebe *n* ‖ ~**-off** *n* (spinn) / Abwinden *n*, Abschlagen *n* ‖ ~**-off cam** / Abschlagexzenter *m* ‖ ~**-off control** / Rückwinderegler *m*, Abwinderegler *m* ‖ ~**-off device** / Abwindevorrichtung *f* ‖ ~**-off friction** / Abschlagbremse *f* ‖ ~**-off quadrant** / Abschlagquadrant *m* ‖ ~**-off regulator** / Moderateur *m*, Abwinderegler *m* ‖ ~**-off speed** / Abschlagdrehzahl *f* ‖ ~ **product** / Kaschierprodukt *n* ‖ ~ **roll** / Unterlagenwalze *f* ‖ ~ **weft** / Unterschuß *m* ‖ ~ **wheel** (knitt) / Futterrad *n*, Chaineuse *f* ‖ ~ **yarn** (weav) / Grundgarn *n* ‖ ~ **yarn** (knitt) / Futterfaden *m*
back knotter / Hilfsknotenfänger *m*, Knotenfänger *m* ‖ ~ **lacing** / Rückenschnürung *f*
backless *adj* (fash) / rückenfrei *adj*
back lining / Rückenfutter *n* ‖ ~ **lock** (knitt) / hinteres Strickschloß ‖ ~ **needle bed** / hinteres Nadelbett ‖ ~ **off** / abschlagen *v*, abwinden *v*
backpacking / Rückenverstärkung *f*
backpad *n* (weav) / Kammkissen *n*
back pad / Kammkissen *n*
backpad strap / Kammkissengurt *m*
back part of the shed (weav) / Hinterfach *n* ‖ ~ **pick** (weav) / Unterschuß *m*, Wiederkehr *f* des Schützenschlages ‖ ~ **picker** (knitt) / Zunahmefinger *m* ‖ ~**-piece** *n* / Rückenstück *n* ‖ ~ **pleat** (fash) / Rückenfalte *f* ‖ ~ **press-roller** / hinterer Druckzylinder ‖ ~**-rack cam** / Ausdeckexzenter *m* ‖ ~**-racking** (knitt) / Ausdecken *n*, Rücksteuern *n* ‖ ~ **rail** (weav) / Streichbaum *m* ‖ ~ **rest** (weav) / Streichbaum *m* ‖ ~ **roll** / Hinterwalze *f*, Hinterzylinder *m* ‖ ~ **roller** / Zuführzylinder *m*, Einzugzylinder *m*, Speisewalze *f*
backs *pl* / Rückenwolle *f*, Oberwolle *f*
back shaft / Auszugswelle *f*
backshaft scroll / Mandause *f*
backshank *n* (of latch needle) / Nadelendstück *n*, Teil *m* des Schaftes unter dem Fuß
back·-shear *v* / abrechten *v*, links noppen ‖ ~ **shearing** / Stoffscheren *n* auf der Kehrseite ‖ ~ **shed** (weav) / Hinterfach *n* ‖ ~ **shot** (weav) / Wiederkehr *f* des Schützenschlages ‖ ~ **side** / linke Seite, Abseite *f*, Rückseite *f*, Kehrseite *f*, Unterseite *f*
backside finish / Rückenappretur *f*
backsizing *n* (cpt) / Rückenappretur *f*, Leimung *f* des Grundgewebes
back starching / Linksappretur *f* ‖ ~**-stenter** *n* / hinterer Spannrahmen
backstitch *n* / Steppstich *m*, Hinterstich *m*, Rückstich *m* ‖ ~ (knitt) / Linksmasche *f* ‖ ~ **embroidery** / Steppstichstickerei *f*
back stop (cotton and woollen spinning) / Gegenhalter *m*, Puffer *m*, rückwärtiger Anschlag
backstrapping *n* (cpt) / Kantenverstärkung *f* (mittels Rundschnur)
back stripping comb (spinn) / Rückstreichhacker *m* ‖ ~ **stripping device** (spinn) / Rückstreichvorrichtung *f* ‖ ~ **stripping lattice** (spinn) / Rückstreichlattentuch *n* ‖ ~ **tacking** / verdecktes Zusammenheften ‖ ~ **tacking** (sew) / Nahtverriegelung *f* ‖ ~**tacking mechanism** (sew) / Verriegelungseinrichtung *f* ‖ ~**-tanned dyeing** / nachtannierte Färbung ‖ ~**-tanning** *n* / Tannin-Nachbehandlung *f* ‖ ~ **warp** (weav) / Grundkette *f*, Unterkette *f*

backwash

backwash v / lissieren v, rückspülen v ‖ ~ (worsted spinn) n / Kammzug-Waschmaschine f (DIN 64100)
backwashed wool / in der Lisseuse gewaschene Wolle
back-washed wool / rückengewaschene Wolle (DIN 60004)
backwasher n s. backwashing machine
backwashing n / Lissieren n, Entölen n ‖ ~ **machine** / Lisseuse f, Kammzug-Wasch- und -plättmaschine f
back weft (weav) / Unterschuß m
backwind v / auftrennen und wiederaufrollen, wieder aufwickeln, rückspulen v, umspulen v
back·-winder n / Umspulmaschine f ‖ ~ **with rollers** / Rollenkufe f ‖ ~ **wool** / Rückenwolle f (DIN 60004), Oberwolle f ‖ ~ **yarn** / Futterfaden m, Grundfaden m ‖ ~ **yoke** (sew) / Rückenpasse f
bacteria amylase / Bakterienamylase f ‖ ~ **attack** / Bakterienbefall m, bakterieller Angriff ‖ ~ **damage** / Bakterienschäden m pl ‖ ~ **diastase** / Bakteriendiastase f
bacterial contamination / bakterielle Verschmutzung ‖ ~ **degradation** / bakteriologischer Abbau ‖ ~ **fermentation** / bakterielle Gärung ‖ ~ **inhibition** / Bakterienhemmung f ‖ ~ **retting** / Bakterienröste f
bacteria resistance / Bakterienfestigkeit f, Bakterienbeständigkeit f ‖ ~**-resistant** adj / bakterienfest adj, bakterienbeständig adj
bactericidal adj / bakterizid adj, bakterientötend adj ‖ ~ **finish** / bakterizide Ausrüstung, Bakterizidausrüstung f
bactericide n / Bakterizid n
bacteriostatic effect / bakteriostatische Wirkung ‖ ~ **finish** / bakteriostatische Ausrüstung
Bactrian wool / lange, unregelmäßige Kamelhaare
bad cast / Unregelmäßigkeit f im Seidenfaden ‖ ~ **casts** pl / schlecht aufbereitete Rohseide
Baden embroidery / Baden-Aufnäharbeit f ‖ ~ **lace** / Klöppelspitze f aus Baden
badge n / Abzeichen n, Vereinsabzeichen n ‖ ~ **embroidery** / Abzeichenstickerei f
baff n / nach Afrika und China exportiertes englisches Baumwollgewebe für Leichen- und Lendentücher
baffle [board o. plate] (winch vat) / Siebwand f
bafta(h) n (Iranian term meaning woven. Narrow grey goods), baffeta n, bafts n / Baftas m, Baffetas m
baft ribbon / flaches Band
bag vi (of trousers) / ausbeulen v ‖ ~ n / Beutel m, Sack m ‖ ~ / Handtasche f ‖ ~ (of wool) / Sack Wolle von drei Pfund Taragewicht
bagalkote cotton / eine indische Baumwolle
bagasse fibre / Zuckerrohrfaser f, Sisalrückstände m pl
bag cloth / Beuteltuch n
Bagdad wool / Bagdadwolle f
bagdalin n (a fine fabric made from cotton or union yarns, printed or woven in colours) / Bagdalin n
bag filter / Sackfilter m n, Beutelfilter n
bagginess n / Ausbeulneigung f
bagging n / grobfädiges, leinwandbindiges Jutegewebe, Sackleinwand f, Baggings pl, Sacktuch n ‖ ~ (loading of sweaters for dyeing in overhead paddle machines) / Pulloverladung f für das Färben ‖ ~ **machine** / Sackwebemaschine f
baggy adj (of trousers) / ausgebeult adj, bolderig adj
baghalitoni n / Navajo-Decke f
bagheera n / Bagherakrepp m
bagheere n (one of the finest types of velvet) / Baghere m
bagi pat / Judenpappeljute f
bags pl (fash) / weite Hose ‖ ~ s. also tubular fabrics
bag sheeting / Sackleinwand f aus Baumwolle
Bahama hemp / Bahama-Sisalhanf m
Bahia cotton / Bahiabaumwolle f ‖ ~ **fibre** / Piassawapalmenfaser f
Bahmia cotton / Bahmiabaumwolle f
bail n (of slider) (zip) / Bügel m
Bailey cotton / [amerikanische] Baileybaumwolle

baize n / Boi m, Boy m, Billardtuch n, Tischdecken- und Futterstoff m ‖ ~ **covering** / Kartentischbezug m, Boybezug m
bake v / backen v, erwärmen v ‖ ~ (text pr) / brennen v, überhitzen v ‖ ~ / festbrennen v (Verschmutzungen)
baked print / überhitzter Druck
bakelite n / Bakelit n ‖ ~ **resist** / Bakelitreserve v ‖ ~ **thickening** / Bakelit-Verdickung f
bake the cocoon / den Kokon dörren
baking n / Backen n, trockenes Erhitzen, Hitzebehandlung f, Härten n ‖ ~ **oven** (ctg) / Trockenofen m, Einbrennofen m ‖ ~ **process** / Wärmebehandlung f, Einbrennverfahren n ‖ ~ **stove** (ctg) / Trockenofen m, Einbrennofen m
Bakrabadi jute / Bakrabadi-Jute f, indische Jutefaser
baku n / Baku-Stroh n ‖ ~ (Caucasian hand-knotted carpet) / Baku m
balaclava [helmet] / Balaklava-Strickhaube f
balanac n / Faser f des Balanacbaumes
balanced cloth / balanzierte Ware, gleichmäßige Ware ‖ ~ **shed** / reines Fach ‖ ~ **take-up** (knitt) / Schwinghebelabzug m ‖ ~ **twill** / gleichseitiger Köper ‖ ~ **twist** / ausgeglichene Drehung ‖ ~ **weave** / gegenseitige Gewebebindung ‖ ~ **yarn** / verdrehungsfreies Garn
balance wheel (of sewing machine) / Schwungrad n
balancing n / Auswuchten n
Balao cotton / (brasilianische) Balao-Baumwolle
balaster n / Balaster-Goldstoff m
balata belt duck / Balata-Textilriemen n, Balata-Riemenduck m ‖ ~ **gum** / Balatagummi n m
Balbriggan n / irische Wirkware für Unterwäsche usw. ‖ ~ **yarn** / Strickgarn n
baldachin n, baldakin n, baldakin n, baldoquin n / Gold- oder Silberbrokat für Baldachine m ‖ ~ (embroidered fabric of silk and gold) / Baldachin m
baldness n / glattes Aussehen, Kahlheit f
bale vt / in Ballen verpacken ‖ ~ n (cotton) / Ballen m ‖ ~ **backwashing machine** / Ballenlisseuse f ‖ ~ **breaker** / Ballenbrecher m, Ballenöffner m ‖ ~**-dyeing** n / Färben n in Ballen ‖ ~ **of cloth** / Tuchballen m ‖ ~ **of wool** / Wollballen m ‖ ~ **opener** / Ballenöffner m ‖ ~ **opening** / Ballenabtragung f ‖ ~ **opening machine** / Ballenabtragmaschine f ‖ ~ **picker** / Ballenöffner m ‖ ~ **plucker** / Ballenzupfer m ‖ ~ **press** / Ballenpresse f, Pack- und Bündelpresse f
baler n / Ballenpacker m ‖ ~ **twine** / Erntebindeschnur f
bale strapping / Ballenumreifen n ‖ ~ **tare** / Baumwolltara n ‖ ~ **tie** / Bandeisen n für Baumwollballen ‖ ~ **tie** / Ballenschnur f ‖ ~ **work-off** / Ballenabtragung f
balicnong n / philippinische Faser für Seile
baline n (coarse fabric) / grobes Hanf- oder Jutegewebe für Möbelfutter
baling n (cotton) / Verpacken n in Ballen, Einballieren n ‖ ~ **fabric** / Baliergewebe n ‖ ~ **machine**, baling press (cotton) / Ballenpresse f, Pack- und Bündelpresse f ‖ ~ **stud** / Ballenstift m
balky selvedge / verwickelt schwierig zu behandelnde Stoffkante
ball vt / aufknäueln v, zu einem Knäuel aufwickeln ‖ ~ n / Knäuel n (DIN 61800) ‖ ~ **bobbin** / Zugspule f ‖ ~ **burst testing** / Kugelberstdruckprüfung f ‖ ~ **drags for winders** / Bremsvorrichtung f für Spulmaschinen ‖ ~ **dress** (fash) / Ballkleid n
ballerina [dress] / Ballerinarock m
ball fringe / Pompon m
balling n / Knäueln n ‖ ~ **carriage** / Spulenwagen m ‖ ~ **head** / Knäuelwickelstelle f ‖ ~ **machine** / Knäuelwickelmaschine f ‖ ~ **the slivers** / Aufrollen n der Bänder, Aufwickeln n der Bänder
ballistic fabric / kugelsicheres Textil ‖ ~ **limit** / Grenze f der Durchschlagfestigkeit ‖ ~ **testing** / Beschußprüfung f

20

ball mill / Kugelmühle f || ~ **of string** / Bindfadenknäuel n || ~ **of thread** / Garnknäuel n || ~ **of tops** / Kammzugknäuel n || ~ **of warp** / Kettenwickel m || ~ **of wool** / Wollknäuel m n
balloon n (gen) / Ballon m || ~ (of thread) / Fadenballon m, Fadenschleier m || ~ **checking ring** (spinn) / Balloneinengungsring m || ~ **cloth** / Ballonstoff m || ~ **collapse** (spinn) / Ballonzusammenbruch m || ~ **control** (spinn) / Ballonregelung f || ~ **control ring** (spinn) / Balloneinengungsring m, Ballonbegrenzer m || ~ **cover** / Ballonhülle f || ~ **divider** (spinn) / Ballonteiler m || ~ **divider pot** (spinn) / Ballonteilerkübel m || ~ **fabric** / Ballonstoff m
ballooning n (spinn) / Ballonbildung f, Schleierbildung f || ~ **angle** / Ausbauchung f (Ballonwinkel)
balloon net / Ballonnetz n || ~ **restricting ring** (spinn) / Balloneinengungsring m || ~ **separating plate** (spinn) / Ballentrennplatte f || ~ **separator** (spinn) / Ballontrenner m || ~ **shape** (spinn) / Ballonform f || ~ **silk** / Ballonseide f || ~ **spinning** / Ballonspinnen n || ~ **stability** (spinn) / Ballonstabilität f || ~ **stitch** (sew) / Ballonstich m || ~ **tension** (spinn) / Ballonzug m || ~ **tension** (spinn) / Ballonspannung f
ball point (sew needle) / Kugelspitze f || ~ **sizing** / Strangschlichten n || ~ **sizing machine** / Strangschlichtmaschine f || ~ **steaming machine** / Knäueldampfmaschine f
ballushar n / Ballushar-Brokatseide f
ball warp / Kettenwickel m || ~ **warping** / Knäuelschären n || ~ **warping machine** / Knäuelzettelmaschine f || ~ **winder**, ball winding machine / Knäuelwickelmaschine f || ~ **wool** / Knäuelwolle f
ballymenas n / Ballymenaleinen n aus Irland
balmacaan n (fash) / weiter Homespun- oder Tweedüberrock mit Raglanärmeln
balm oil / Balsamöl n
balmoral n / Balmoralwollstoff m || ~ / schottische Mütze || ~ / farbiger wollener Unterrock || ~ **tartan** / Balmoraltartan m (ausschließlich der britischen Königsfamilie vorbehalten)
balsa fibre / Balsafaser f (aus Ochroma pyramidale)
balsam n / Balsam m (flüssiges Harz oder Lösung von Harz in ätherischen Ölen)
balsamic resin / Balsam m
balso fibre (silklike vegetable fibre, obtained from the corkwood tree) / Balsofaser f
Baluchistan carpet / Belutschistan-Teppich m
balzarine brocade / Balzarin-Baumwollbrokat m
"bamboo" n (conglutination of fibres) / Verklebung f von Fasern
bamboo cane / Bambusrohr n || ~ **fibre** / Bambusfaser f
bamia cotton / (ägyptische) Bamiabaumwolle
ban n / musselinähnliches Gewebe aus Bananenblattstengelfasern
banana adj / bananengelb adj || ~ **fibre** (leaves of Musa sapientum; used for cordage and mats) / Bananenfaser f, Pisangfaser f || ~ **oil** / Birnenöl n, Birnenäther m, Amylacetat n || ~ **yucca** (from Yucca baccata; coarse and stiff fibres) / Yucca baccata f
Banbury plush / Banbury-Polstermöbelplüsch m, Banbury-Plüsch n
Bancroft cotton / Bancroft-Baumwolle f (aus Alabama und Georgia)
band v / schnüren v || ~ n / Band n || ~ (spinn) / Laufband n, Treibschnur f || ~ (trousers) / Bund m
bandage n / Verband m, Binde f, Bandage f || ~ **cloth** / Bandagenstoff m, Verbandsstoff m, Wundtextil n, chirurgisches Textil, chirurgische Textilie || ~ **roller**, bandage winding machine / Bindenwickelmaschine f
bandaging material / Verband[s]zeug n, Verband[s]material n
Band-Aid n / Markenname eines Heftpflasters
bandala fibre / Abakafaser f
bandanna n / buntes Taschen- o. Halstuch

banda stripes / Banda-Streifenstoffe m pl
bandeau n / Stirnband n, Kopfbinde f || ~ / schmaler Büstenhalter || ~ (hatm) / Bandeau n
banded adj / streifig adj, gestreift adj || ~ **collar** (fash) / Blendenkragen m
banderole n / Inschriftenband n || ~ / Trauerfahne f || ~ / Lanzenfähnchen n
band fulling machine (US) / Bandwalke f
bandhana silk / Bandhana-Seidenstoff m
Bandhor rug / Bandhor-Teppich m
banding n / Einleseschnüre f pl
band knife (garment making) / Bandklinge f || ~ **knife cutting machine** / Bandmesserschneidemaschine f || ~ **milling machine** (GB) / Bandwalke f || ~ **of warp threads** / Schärband n
bandoleer cloth, bandolier cloth / Bandelierstoff m, Patronengürtelstoff m
band--rolling machine / Banderoliermaschine f || ~ **tension** / Spannung f des Bandes || ~ **wharve** / Schnurwirtel m || ~ **wrist** / Bandmanschette f, einfache Manschette || ~ **yarn feeder** / Bandfournisseur m
bandy stripes / Banda-Streifenstoffe m pl
bangar fibre / Bastfaser f der philippinischen Sterculia
banging off / Webladenblockierung f
bangkok n / (Art) thailändisches Stroh; Hut oder Kopfbedeckung aus diesem Stroh
bang-thro' prints / an der Stoffrückseite sichtbare Drucke
banian n (fash) / loses Hemd, loses Gewand
bani cotton / Hyderabad-Baumwolle f
bank n s. bank creel || ~ **creel** / Aufsteckgatter n, Aufsteckrahmen m, Gatter n, Schärgatter n, Schärstock m, Spulengatter n, Spulengestell n, Spulenrahmen m, Spulenregister n, Spulensteckgatter n, Spulenstock m, Materialgatter n, Rüstgatter n, Zettelgatter n, Kanter n, Rahmengestell n
bankurri cotton / Bankurribaumwolle f
banne n (Fr) / Plane f, Sonnendach n
banner n / Banner n, Fahne f
banneret n, bannerette n / kleines Banner || ~ **cloth** / Fahnentuch n || ~ **mallow** / brasilianische Malvenfaser
bannerol n s. banderole
bannister harness (arrangement used to weave wide patterns in fine reeds from a small jacquard motif) / Spezialgeschirr n, Spezialharnisch m
Bannockburn tweed / Bannockburn-Tweed m
bant cotton / feste, haltbare Baumwolle
bantine silk / Bantine-Rohseide f
bar n (knitt) see needle bar || ~ (unit of pressure) / Bar n, bar || ~ (defect) / Schußstreifen m
baracan (thin muslin) / Barakan n
barathea (very high quality worsted dress fabric) / Barathea m
baratte n / Baratte f, Sulfidiertrommel f, Xanthatkneter m
barb n (nwv) / Bart m || ~ / Widerhaken m (Nadeln) || ~ (fabric) / gestärktes Brusttuch der Nonnen || ~ (scales) / Schuppen tierischer Fasern f pl
Barbados cotton / Barbadosbaumwolle f
barbed needle (knitt) / Hakennadel f, Bartnadel f
barberry n / Berberitze f
barchent n, barchant n / Barchent m || ~ **spinning** / Barchentspinnerei f || ~ **yarn** / Barchentgarn n, Baumwollstreichgarn n
bar coater / Rakelstreichmaschine f
bare adj (of filament) / freiliegend adj, nicht umsponnen || ~ **cloth** / kahler Stoff, unbehaarter Stoff || ~ **elastomer yarn** / nackter Elastomerfaden || ~ **finish** / Kahlappretur f, Kahlausrüstung f
barège n (gauzelike fabric for women's dresses, veils, etc.), barrège n / Barège m, Bareige m || ~ **silk** / Barègeseide f || ~ **yarn** / Barègegarn n
bare--leg[ged] stocking / Barfuß-Strumpf m, Nacktbeinstrumpf m, Strumpf ohne Hochfersenverstärkung, nahtloser Feinstrumpf ||

21

bare

~ **patch** / Kahlstelle f ‖ ~ **spot** / kahle Stelle ‖ ~ **yarn** / blankes Garn
bar formation (weav) / Bandenbildung f ‖ ~ **guide** (knitt) / Legeschienenträger m
barhack n / unverwüstliches indisches Kamelhaargewebe
bari cotton / im indischen Pandschab angebaute Baumwolle
barite / Baryt m, Schwerspat m
barium n / Barium n ‖ ~ **acetate** / Bariumacetat n ‖ ~ **activity number** / Bariumaktivzahl f ‖ ~ **carbonate** / Bariumkarbonat n ‖ ~ **chlorate** / Bariumchlorat n ‖ ~ **chloride** / Bariumchlorid n ‖ ~ **chromate** / Bariumchromat n ‖ ~ **chrome** / Bariumgelb n ‖ ~ **hydroxide** / Bariumhydroxid n ‖ ~ **hydroxide solution** / Barytlauge f ‖ ~ **peroxide** / Bariumperoxid n ‖ ~ **ricinoleate** / Bariumricinoleat n ‖ ~ **sulphate** / Bariumsulfat n, Blanc fixe n, Barytweiß n, Permanentweiß n ‖ ~ **sulphocyanate** / Bariumthiocyanat n, Bariumrhodanid n ‖ ~ **thiocyanate** / Bariumthiocyanat n, Bariumrhodanid n ‖ ~ **white** s. barium sulphate ‖ ~ **yellow** / Barytgelb n, Bariumchromat n
bark n (dye) / Barke f, Kufe f, Wanne f ‖ ~ / Rinde f ‖ ~ **bast** / Rindenbast m ‖ ~ **cloth** / innere Rindenschicht (einiger Bäume) ‖ ~ **crepe** / Borkenkrepp m, Baumrindenkrepp m ‖ ~ **fibre** / Baumrindenfaser f ‖ ~ **weave** / Borkengewebe n
barky adj / borkig adj, rindig adj
barleycorn weave / Gerstenkornbindung f
barley starch / Gerstenstärke f
bar loom / Bandstuhl m, Bandwebstuhl m ‖ ~ **marks** / Bandstreifigkeit f
Barmen lace / Barmer Bogen m, Barmer Einfaßborte ‖ ~ **machine** / Barmer-Maschine f
Barnes cotton / (amerikanische) Barnes-Baumwolle
barnett cotton / Barnettbaumwolle f (aus Alabama)
Barnsley crash / Barnsley-Grobleinen n
bar of cloth / Tuchstreifen m
barotor machine (dye) / Barotor-Färbemaschine f
barracan n (a fabric of the Levant) / Barrakan m ‖ ~ (a coarse woollen cloth of Argentina) / Barrakan m
barrad n (pointed Irish cap) / Barrad m
barrage n / Barrage-Leinen n
barragon n / Moleskin aus stark verzwirntem Garn für Arbeiterkleidung m n
barragones n / Köperhosenstoff m
barras n (coarse linen fabric similar to sackcloth) / Galipot m
barré n / Streifen m in Schußrichtung ‖ ~ / Banden f pl, Streifigkeit f, Barré-Effekt m
barred adj / gestreift adj, streifig adj ‖ ~ **[witch] stitch** (sew) / Grätenstich m, Hexenstich m
barré fabric / Barré m, bandstreifiges Gewebe
barrège n s. barège
barrel n (of bobbin) / Schaft m ‖ ~ **cuff** (single cuff) / einfache Manschette ‖ ~ **loom** / Revolverwebstuhl m, Trommelstuhl m ‖ ~ **mixer** / Trommelmischer m ‖ ~-**shaped bobbin** / Tonnenspule f, bäuchige Spule, konvexe Spule ‖ ~-**shaped package** / Tönnchenspule f (DIN 61800)
barré marks pl / Bandstreifigkeit f
barréness n / Bandstreifigkeit f, Streifigkeit f, Ringligkeit f
barrier properties against water vapour / Wasserdampfdichtigkeit f
barriguda n / eine brasilianische Bastfaser für Polstermöbel
barriness n / Bandstreifigkeit f, Streifigkeit f, Ringligkeit f ‖ ~ **due to properties of the material** (dye) / materialbedingte Streifigkeit ‖ ~ **scale** / Ringligkeitsmaß n
barring n / Fehlmuster m ‖ ~-**on** n (knitt) / Umhängen n von Gewirken auf die Nadeln einer anderen Maschine

barrow lever / Abnehmerhebel m ‖ ~ **wheel** / Abnehmerrad n
barry adj / streifig adj, bandstreifig adj ‖ **tendency to produce** ~ **dyeings** / Neigung f zum Streifigfärben ‖ ~ **marks** pl / Bandstreifigkeit f
barryness n s. barriness
barry piece / streifiges Stück
bars pl (in lace) / Riegelfäden m pl
bartack v (sew) / riegeln v
bar tack / Riegelnaht f ‖ ~ **tack** (sew) / Riegel m, Riegelnaht f ‖ ~ **tacking** (sew) / Riegeln n ‖ ~ **warp machine** / Bar-Warp-Spitzenmaschine f
barwood n / afrikanisches Rotholz ‖ ~ **shade** / holzrote Nuance
baryta n / Baryterde f (BaO) ‖ ~ / Baryt m, Schwerspat m ‖ ~ **water** / Barytwasser n ‖ ~ **white** / Barytweiß n, Blanc fixe n, Permanentweiß n, Bariumsulfat n ‖ ~ **yellow** / Barytgelb n, Bariumchromat n
basalt fibre / Basaltfaser f ‖ ~ **grey** adj / basaltgrau adj (RAL 7062)
base n (chem) / Alkali n, Base f ‖ ~ (cpt) / Rückseite f, Rücken m ‖ ~ (ctg) / Basisträger m ‖ ~ (gen) / Unterlage f ‖ ~ (dye) / Fond m, Untergrund m ‖ ~ **binding** / Alkaliverbindung f ‖ ~ **coat** v (ctg) / vorfärben v ‖ ~ **coat[ing]** n (ctg) / Grundstrich m, Vorstrich m, Haftstrich m, Grundierung f ‖ ~ **coat[ing]** (lam) / Klebestrich m ‖ ~ **coat resin** / Grundierungsharzbindemittel n ‖ ~ **colour** / Grundfarbe f ‖ ~ **dye** / Fondfarbe f ‖ ~ **exchange** / Basenaustausch m ‖ ~ **exchanger** / Basenaustauscher m ‖ ~ **exchanging compound** / Basenaustauscher m ‖ ~ **exchanging process** / Basenaustauschverfahren n ‖ ~ **fabric** / Grundgewebe n, Trägergewebe n, Basisgewebe n ‖ ~ **feeding solution** (dye) / Basennachsatz m ‖ ~ **former** (chem) / Basenbildner m
baseless felt (nwv) / gewebeloser Filz ‖ ~ **felt** (nwv) / geweboloser Filz
base--mounted sewing machine / Sockelnähmaschine f ‖ ~ **of bobbin** / Spulenkopf m, Spulenfuß m ‖ ~ **printing** / Basenaufdruck m ‖ ~ **shade** / Fond m, Grundfarbe f ‖ ~ **stock** / Grundmischung f ‖ ~ **thread** / Grundfaden m ‖ ~ **yarn** / Grundgarn n
bashlyk n (protective hood with long ends for use as a scarf worn esp. by the Russian military) / Baschlik m
basic adj (chem) / basisch adj, alkalisch adj ‖ ~ **basket weave** / Flechtbindung f ‖ ~ **character** / basische Eigenschaft ‖ ~ **dyeable** / basisch färbbar ‖ ~ **dyeing** / basisches Färben, kationisches Färben ‖ ~ **dyestuff** / basischer Farbstoff, kationischer Farbstoff ‖ ~ **finish** / Grundausrüstung f
basicity n / Basizität f, Alkalität f ‖ ~ **number** / Basizitätszahl f
basic modified (chem) / basisch modifiziert ‖ ~ **pattern** / Grundmotiv n ‖ ~ **stitch** (knitt) / Grundmasche f ‖ ~ **weave** / Grundbindung f ‖ ~ **zinc salt** / basisches Zinksalz
basified viscose / modifizierte Viskosefaser
basifier (chem) / Basenbildner m
basinetto n / Basinetto-Abfallseide f
basin royal / Basin m, Federleinwand f
basket cloth / Gewebe n mit Würfelbindung ‖ ~ **heel** (hos) / Korbferse f ‖ ~ **huckaback** / Gerstenkornleinwand f ‖ ~ **stitch** / Korbstich m ‖ ~ **weave** / Würfelbindung f, Strohbindung f, Panamabindung f ‖ ~ **weave** (hos: in seamless stocking) / Wiegensohle f
basophilic adj / basophil adj (durch basische Farbstoffe leicht färbbar)
Basque bodice / Mieder n mit Schößchen ‖ ~ **shirt** / Baskenhemd n
basse--lisse n / Basselisse n, waagrechte Kette in der Bildteppichweberei
bass fire / Piassavafaser f
bassinas silk / Bassinas-Abfallseide f
bassine n / indische Bastfaser für Bürsten

bassines *pl* (Fr) / Bänder *n pl* aus Seidentaffet
bassinetto silk s. basinetto
bass mat / Piassavamatte *f*
bassora gum / Bassoragummi *n m*
bast *n* / Bast *m*
bastard aloe fibre / mexikanische Agavefaser ‖ ~ **cop** / Schußkötzer *m* ‖ ~ **vat** / Bastardküpe *f* ‖ ~ **weave** / Bastardbindung *f* ‖ ~ **wool** / Mischwolle *f* ‖ ~ **yarn** (GB) / festgedrehtes Garn
bast band / Bastband *n*
baste *v* / heften *v*, reihen *v* ‖ ~ **out** (sew) / ausheften *v*
baster *n* (sew) / Heftmaschine *f*, Reiher *m*
bast fibre / Bastfaser *f* ‖ ~ **fibre spinning mill** / Bastfaserspinnerei *f* ‖ ~ **fibre yarn** / Bastfasergarn *n*, Leinengarn *n* ‖ ~ **hemp** / Basthanf *m*
basting (sew) / Heften *n*, Reihen *n* ‖ ~ **cotton** / Heftgarn *n* ‖ ~ **machine** (sew) / Heftmaschine *f*, Reiher *m* ‖ ~ **machine** (sew) / Unterschlagmaschine *f* ‖ ~ **mechanism** (sew) / Unterschlageinrichtung *f* ‖ ~ **seam** (sew) / Heftnaht *f* ‖ ~ **stitch** (sew) / Heftstich *m*, Reihstich *m* ‖ ~ **thread** / Heftfaden *m*, Heftgarn *n*
bastisseuse *n* / Bastisseuse *f*, Haarfilzfachmaschine *f*
bast mat / Bastmatte *f* ‖ ~ **ribbon** / Bastband *n* ‖ ~ **silk** / Bastseide *f*, Rohseide *f*, Ecruseide *f*, Ekrüseide *f* ‖ ~ **soap** / Bastseife *f* ‖ ~ **soap bath** / Bastseifenbad *n* ‖ ~ **tow** / Wergspinnkabel *n*
basuto hair / südafrikanischer Mohär
bat *v* (plush) / klopfen *v* ‖ ~ *n* (spinn) / Wickel *m*, Fadenwickel *m* ‖ ~ (hatm) / Fach *n*
batanores *n* / Batanores-Leinwand *f*
Batavia silk / Batavia *f*, seidene Levantine ‖ ~ **twill** / Circassienne *f*, Zirkas *m* ‖ ~ **weave** / Bataviabindung *f*, gleichseitige Köperbindung
batch *v* / aufrollen *v*, aufwickeln *v*, aufwinden *v* ‖ ~ (weav) / aufbäumen *v* ‖ ~ (jute) / batschen *v* ‖ ~ *n* (pigm) / Anschlag *m* (Feinteig) ‖ ~ (of cloth) / Warenkaule *f*, Warendocke *f* ‖ ~ (lot) / Partie *f*, Charge *f*, abgeteilte Menge, Eintrag *m* ‖ ~ **bleaching process** / Aufdockbleiche *f* ‖ ~ **box** / Dockenkasten *m* ‖ ~ **carriage** (bleach) / Dockenwagen *m* ‖ ~ **decatizing** (wool) / Kesseldekatur *f* ‖ ~ **drying** / partieweises Trocknen ‖ ~ **dyeing** / partieweises Färben ‖ ~ **dyeing machine** *n* / Färbemaschine *f* für Partie-Färben ‖ ~ **finishing** / partieweise Veredelung ‖ ~ **fixation** / Aufdockfixierung *f*
batching *n* (jute) / Batschen *n* ‖ ~ (of cloth) / Aufwickeln *n* ‖ ~ **agent** / Batschmittel *n* ‖ ~ **and rolling machine** / Lege- und Wickelmaschine *f* ‖ ~ **apparatus** (dye) / Verweilgerät *n* ‖ ~ **apparatus** (jute) / Batschvorrichtung *f* ‖ ~ **device** (fin) / Aufwickeleinrichtung *f*, Aufwickler *m* ‖ ~ **emulsion** / Batschemulsion *f* ‖ ~ **equipment** / Aufdockvorrichtung *f* ‖ ~ **liquor** / Batschflüssigkeit *f* ‖ ~ **machine** (jute) / Batschmaschine *f* ‖ ~ **machine** (for cloth) / Aufwickelmaschine *f* ‖ ~ **medium** / Batschmittel *n* ‖ ~ **(of pigment)** / Anschlagen *n* des Pigments ‖ ~ **oil** / Batschöl *n*, Batschmittel *n*, Schmälze *f*, Schmälzöl *n* ‖ ~ **roller** / Aufwickelwalze *f* ‖ ~ **time** (cold pad batch process) / Verweilzeit *f* ‖ ~**-up** / Aufbäumen *n*
batch mixer / Chargenmischer *m* ‖ ~ **off** (spinn) / abdocken *v*, abwickeln *v* ‖ ~ **off** / ablegen *v* (die Ware) ‖ ~**-off carriage** / Abdockwagen *m* ‖ ~**-off roller** / Abdockwalze *f* ‖ ~**-off trolley** / Abdockwagen *m*
batchpat fibre / eine Abfalljute
batch process / partieweises Verfahren, diskontinuierliches Verfahren, Verweilverfahren *n* ‖ ~ **roller** / Aufwickelwalze *f* ‖ ~ **scouring** / partieweises Waschen ‖ ~ **up** / aufrollen *v*, aufwickeln *v*, aufkaulen *v*, aufdocken *v*, aufbäumen *v* ‖ ~ **up evenly** / kantengleich aufdocken ‖ ~**-up method** / Aufdockverfahren *n* ‖ ~ **wagon** / Wickeltransportwagen *m* (DIN 64990) ‖ ~ **winder** / Dockenwickler *m* (DIN 64990)

batchwise *adj* / periodisch *adj*, unstetig *adj*, diskontinuierlich *adj*, chargenweise *adj*, partieweise *adj* ‖ ~ **method** / partieweise angewandte Methode
bateau neck (fash) / Bâteau-Ausschnitt *m* (kragenloser ovaler Halsabschluß bei Strickwaren), schifförmiger Halsausschnitt
Bates' big boll cotton / Batesbaumwolle *f*
bath *n* / Bad *n*, Flotte *f*, Färbebad *n* ‖ ~ **exhaust the** ~ / das Bad ausziehen ‖ **prepare the** ~, make up the bath, formulate the bath / das Bad ansetzen ‖ ~ **concentration** / Flottenkonzentration *f*, Badkonzentration *f* ‖ ~ **exhaustion** / Baderschöpfung *f* ‖ ~ **for copper aftertreatment** (dye) / Nachkupferungsbad *n* ‖ ~ **gown** / Bademantel *m*
bathing costume / Badeanzug *m* ‖ ~ **suit** / Badeanzug *m* ‖ ~ **trunks** / Badehose *f* ‖ ~ **wear** / Badebekleidung *f*
bath mat / Bademattte *f*
bathochrome *adj*, bathochromic *adj* / bathochrom *adj*, farbvertiefend *adj*
bathotonic *adj* / selbstvernetzend *adj*
bath ratio / Flottenverhältnis *n*, Flottenlänge *f*
bathrobe *n* / Bademantel *m* ‖ ~ (US) / Schlafrock *m* ‖ ~ **blanketing**, bathrobe cloth / beidrechter Bademantelstoff
bathrobing *n* / Bademantelstoff *m*
bath rug / Bademattte *f* ‖ ~ **rug set** / Bad-Teppichgarnitur *f* ‖ ~ **sheet** / Badetuch *n* ‖ ~**-to-fibre ratio** / Flottenverhältnis *n* ‖ ~ **towel** / Badetuch *n*
batia *n* / Batiafaser *f* (Bastfaser für Seile)
batik *v* / batiken *v* ‖ ~ *n* / Batik *m*, Malreserve *f* ‖ ~ **dyeing** / Batikfärbung *f*, Batikfärberei *f* ‖ ~ **dyeing machine** / Batikfärbemaschine *f* ‖ ~ **effect** / Batikeffekt *m* ‖ ~ **print[ing]** / Batikdruck *m* ‖ ~ **resist** / Batikreserve *f* ‖ ~ **style** / Batikartikel *m*
batiste *n* / Batist *m* ‖ ~ **de soie** / Seidenbatist *m* ‖ ~ **rayé** / Schnürenbatist *m*
batra *n* / eine Faser für Seile
batten *v* (weav) / den Webfaden durchschießen ‖ ~ *n* / Lade *f*, Schlag *m* eines Webstuhls
Battenberg lace / Battenbergspitze *f*
batten cap / Ladendeckel *m*
battening *n* / Ladenschlag *m*, Durchschießen *n* des Webfadens
batten pin / Ladenzapfen *m* ‖ ~ **plate** / Schlagblech *n* ‖ ~ **the cotton** / die Baumwolle schlagen
battery *n* (hatm) / Handfilzapparat *m* ‖ ~ (on loom) / Spulenmagazin *n*, Füllmagazin *n* ‖ ~ **frame** / Magazingestell *n* ‖ ~ **loader** / Magazinladevorrichtung *f*
batteuse *n* (washing machine part) / Batteuse *f*
batting (beating) / Ausklopfen *n*, Schlagen *n*, Stauchen *n* ‖ ~ (lap of cotton for carding machine) / Wickel *m* ‖ ~ (layers of raw cotton o. wool) / Watte *f*, Wattierung *f*, (i. e. S.) Steppdeckenfüllung *f* ‖ ~ **machine** / Klopfmaschine *f*, Schlagmaschine *f*
battle jacket (fash) / Battle-Jacket *n*, Jacke *f* im Stil des kurzen Militär-Blousons
batt making machine / Pelzwickelapparat *m* ‖ ~**-on-base woven felt** / Vliesnadelfilztuch *n*, BB-Filztuch *n* (DIN 61205)
batwing sleeve (fash) / Fledermausärmel *m*
baudekin *n* s. baldachin
bauhinia fibre (bast fibre used for nets, ropes and coarse fabrics) / Bauhiniafaser *f*
Baumé *n*, Bé / Bauméskala *f*, Baumégrad *m* ‖ ~ **tester** / Aräometer *n* mit Bauméskala
bavarette *n* / Latz *m*, Lätzchen *n*, Kinderlätzchen *n*
Bavarian lace / bayerische Torchonspitze ‖ ~ **loden** / Bayrisch-Loden *m*
bave *n* / Kokonfaden *m*
bavella silk / Florette-Seidengarn *n*
B.A. wool / Buenos-Aires-Wolle *f*
bay *n* / Boi *m*, Boy *m*, Billardtuch *n*
bayadère *n* / Bajadere-Streifenstoff *m*
bayetas *n* / Boi *m*, Boy *m*, Billardtuch *n*

Bayeux

Bayeux lace / Bayeux-Spitze f
bayko yarn / Baykogarn (mit Zelluloseacetathülle überzogenes Baumwollgarn)
bay oil / Lorbeeröl n, Lorbeerfett n
bazan n / Bazan-Streifensatin m
Bazar yarn / Bazargarn n
BCF (bulk continuous filament) / Endlos-Bauschgarn n, BCF-Garn n ‖ ~ (bulked carpet filament) (cpt) / texturiertes Teppichkabelbändchen ‖ ~ (bulk continuous filament) / Endlos-Bauschgarn n
BDH Lovibond Nessleriser (colour measurement) / BDH Lovibond Nessleriser m
Bé (abbreviation for Baumé hydrometer scale)
beach bag / Badetasche f, Strandtasche f ‖ ~ **cotton** / Beach-cotton m, Popeline f mit grober Rippe ‖ ~ **gown** / Bademantel m ‖ ~ **jacket** / Strandjacke f ‖ ~ **robe** / Bademantel m ‖ ~ **suit** / Strandanzug m ‖ ~ **sweater** (fash) / Strandsweater m, Strandpullover m
beachwear n / Strandkleidung f
bead n (gen) / Perle f ‖ ~ (zip) / Wulst m, Nähwulst m ‖ ~ (defect) / Fehlstelle f im Garn, dicke Garnstelle ‖ ~ **catalyst** / Perlkatalysator m
beaded braid / Perlborte f ‖ ~ **edge** / Pikotkante f
bead edge / Pikotkante f
beaded lace / mit Perlen verzierter Spitzenbesatz ‖ ~ **material** / Perlengewebe n ‖ ~ **twist** / Perlzwirn m ‖ ~ **velvet** / Schnittsamt m ‖ ~ **yarn** / Flachsgarn m mit Verdickungsstellen
bead fabric / Reifenduck m, Riemenduck m
beading n / Pikotkante f ‖ ~ **[lace]** / Perlbiese f, Perlstickerei f
bead mill / Perlmühle f ‖ ~ **polymerization** / Perlpolymerisation f ‖ ~ **reaction** / Perlreaktion f ‖ ~ **suture** / Perlennaht f ‖ ~ **warp** / Perlenkette f ‖ ~ **weft** / Perlenschuß m ‖ ~ **yarn** / Perlgarn n
beaker n (dye) / Becherglas n ‖ ~ **type dyeing machine** / Becherfärbeapparat m
beak shuttle (sew) / Ringschiff n
beam n v / bäumen v, aufbäumen v ‖ ~ n / Kettbaum m, Baum m, Webbaum m, Färbebaum m ‖ ~ **autoclave** / Kettbaumfärbeautoklav m, Baumfärbeautoklav m ‖ ~ **bar** (weav) / Rute f ‖ ~ **bleaching** / Kettbaumbleiche f ‖ ~ **bleaching apparatus**, beam bleaching machine / Kettbaumbleichapparat m ‖ ~ **carrier slide** / Lagerschlitten m ‖ ~ **creel** / Schärbaumgestell n, Baumgestell n ‖ ~ **creel** / Zettelbaumgestell n (DIN 62500) ‖ ~ **creel** (warping) / Färbebaumgestell n (DIN 62500) ‖ ~ **diameter** (weav) / Baumdurchmesser m ‖ ~ **dyeing** / Kettbaumfärben n, Baumfärben n, Kettbaumfärbung f, Baumfärbung f ‖ ~ **dyeing apparatus**, beam dyeing machine / Baumfärbeapparat m, Kettbaumfärbeapparat m ‖ ~-**dyeing machine for piece-dyeing** / Stückbaumfärbeapparat m ‖ ~ **dyeing plant** / Baumfärbeanlage f
beamer n / Bäummaschine f, Kettenanschärer m ‖ ~ (US) / Zettelmaschine f
beam flange / Baumscheibe f, Kettbaumflansch m ‖ ~ **for the pile warp** / Polkettenbaum m ‖ ~ **hydroextractor** / Kettbaumschleuder f
beaming n / Bäumen n, Zetteln n (DIN 62500), Aufbäumung f ‖ ~ **and warping machine** / Bäum- und Zettelmaschine f ‖ ~ **creel** / Schärgatter n, Bäumstuhl m ‖ ~ **frame** (weav) / Aufbäumgestell n ‖ ~ **headstock** (warping) / Bäummaschine f (DIN 62500) ‖ ~ **machine** / Bäummaschine f (DIN 62500), Bäumvorrichtung f ‖ ~ **oil** / Schäröl n ‖ ~ **speed** / Bäumgeschwindigkeit f (DIN 62500) ‖ ~ **width** / Bäumbreite f
beam scales (US) / Balkenwaage f ‖ ~ **sizing** / Breitschlichten n, Baumschlichten n ‖ ~ **stand** / Webbaumständer m ‖ ~ **thread** / Kettfaden m ‖ ~-**to-beam sizing** / Schlichten n von Baum zu Baum ‖ ~ **warper** / Schärmaschine f mit Kettbaum ‖ ~ **warping** / Baumschären n, Schären auf dem Baum ‖ ~ **warping** / Bäumen n, Zetteln n (DIN 62500) ‖ ~ **warping**

machine / Zettelmaschine f (DIN 62500) ‖ ~ **washing machine** / Kettbaumwaschmaschine f ‖ ~ **wrapper** / Webbaumhülle f, Webbaumauflage f
bean flour / Bohnenmehl n ‖ ~ **oil** / Bohnenöl n
beans pl (in wool) / Steinkletten f pl
beard n (of needle) (weav) / Bart m, federnde Spitze
bearded motes (in cotton yarn) / Samenknötchen n pl ‖ ~ **needle** / Hakennadel f, Spitzennadel f ‖ ~ **needle circular knitting machine** / Rundstrickmaschine f mit Spitzennadeln ‖ ~ **needle machine** (knitt) / Spitzennadelmaschine f
bearding n (preliminary stage of pilling) / Bartbildung f
beard needle / Hakennadel f, Spitzennadel f
bear grass / Fasern f pl aus den Pflanzen der Gattungen Yucca, Molina oder Xerophyllum
bearing cloth, bearing robe / Taufkleid n
bearskin n / haariger Cheviotmantelstoff, Bärenfell n ‖ ~ (GB) / Pelzmütze f für Gardetruppen
beat v / klopfen v ‖ ~ (flax) / schwingen v
beater n / Schläger m, Klopfer m, Schlagmaschine f (DIN 64079) ‖ ~ (clothm) / Walkhammer m ‖ ~ **arm** / Schlagarm m, Schlagflügel m, Schlagstock m ‖ ~ **bar** / Schlagarm m, Schlagstock m ‖ ~ **blade** / Schlagleiste f, Schlagnase f, Schlagschiene f ‖ ~ **detacher** / Schlägerdetacheur m ‖ ~ **feed roller** / Schlägerspeisewalze f ‖ ~ **lid** / Schlägerdeckel m ‖ ~ **machine** / Klopfmaschine f, Schlagmaschine f (DIN 64079) ‖ ~ **opener** / Klopfwolf m, Schlagwolf m (DIN 64162), Kegelöffner m, Schlägeröffner m ‖ ~ **rod** / Flügelstab m ‖ ~ **roller** / Schlägerwalze f ‖ ~ **scutcher** / Schienenschläger m ‖ ~ **stick** / Schlagarm m, Schlagstock m
beating / Klopfen n ‖ ~ **finger splicing** / Phantasie-Hochfersenverstärkung f durch pendelnde Fadenführer ‖ ~ **machine** s. beater machine ‖ ~ **method** (spinn) / Schlagmethode f ‖ ~ **method using a perforated disc** (mat test) / Lochscheibenschlagverfahren n ‖ ~ **mill** / Bockmühle f, Schlagmühle f ‖ ~ **opener** s. beater opener
beatings pl (GB) (weav) / Knüpfenden n pl
beating up (weav) / Ladenanschlag m, Schußanschlag m, Anschlagen n
beat out (e.g. dust) / ausklopfen v ‖ ~ **the lathe** / die Lage anschlagen ‖ ~-**up** n (weav) / Ladenanschlag m, Schußanschlag m, Schußdichte f, Knüpfschlingen f pl je Inch ‖ ~ **up the weft** (weav) / den Schuß anschlagen
Beaufort n / englischer Cutaway-Mantel (wird nur oben zugeknöpft)
Beauvais tapestry / Beauvais-Teppich m
beaver n (cloth) / Biber m (köperbindiges Baumwollgewebe) ‖ ~ (colour) / Biberbraun n ‖ ~ **finish** / Biberappretur f ‖ ~ **fustian** / Biberfustian m ‖ ~ **hair** (hatm) / Biberhaar n ‖ ~ **plush** / Biberplüsch m
beaverteen n / Beaverteen n, Baumwollbiber m, Baumwollmolton m
beaver yarn / Bibergarn n
beck n / Kufe f, Bottich m, Barke f, Trog m ‖ ~ **dyeing** / Kufenfärben n, Wannenfärben n ‖ ~ **dyer** / Kufenfärbemaschine f ‖ ~ **for acidifying** / Säuerkufe f ‖ ~ **for acidifying in open width** / Breitsäuermaschine f (DIN 64990) ‖ ~ **scouring** / Wannenwäsche f ‖ ~ **with rollers** / Rollenkufe f
bed n (fully-fashioned knitting machine) / Kopfstück n, Maschinentisch m ‖ ~ **beaver-cloth** / Bettbiber m ‖ ~ **clothes** pl / Bettwäsche f ‖ ~ **coater** (ctg) / Tauchmaschine f ‖ ~ **cover** / Tagesdecke f, Bettüberwurf m ‖ ~ **damask** / Bettdamast m
bedding n / Bettzeug n ‖ ~ **bale** / Bettwäschepaket n, Bettwäschegarnitur f ‖ ~ **feather** / Bettfeder f ‖ ~ **linen** / Bettwäsche f, Bettbezugstoff m
bed flannel / Bettflanell m
Bedford cord / Reitcord f
bed jacket / Bettjacke f ‖ ~ **lace** / Bettwäschebesatz m ‖ ~ **linen** / Bettwäsche f, Bettbezugstoff m
bedplate (sew) / Grundplatte f

bed plate (knitt) / Nadelbett *n*, Tragering *m* für Strickelemente || ~ **press** / Muldenpresse *f* || ~ **quilt** / Steppdecke *f* || ~ **set** (cpt) / Bettumrandung *f* || ~ **sheet** / Bettlaken *n*, Bettuch *n* || ~ **sheeting** / Baumwollstoff *m* für Bettbezüge
bedside mat, bedside rug / Bettvorlage *f*, Bettvorleger *m*
bedsock *n* / Bettschuh *m*
bedspread *n* / Tagesdecke *f*, Bettüberwurf *m* || ~ **fabrics** *pl* / Tagesdeckengewebe *n*
bedstout *n* / Bettstout *m* (je nach der Bindung auch Köperstout [köperbindig] oder mit doppelfädiger Kette Waterstout genannter einfarbiger, meist aber kettfarbiger Inlettstoff für Federkissen)
bed surrounds *pl* (cpt) / Bettumrandung *f* || ~ **tick[ing]** / Inlett *n*, Bettdrell *m*
beer *n* / Fadenschar *f* von 40 Fäden
beeswax *n* / Bienenwachs *n*
beetle *v* (fin) / beeteln *v*, stampfen *v* || ~ **calender** / Beetle-Kalander *m*, Beetlemaschine *f*, Stampfkalander *m* (DIN 64990) || ~ **finish**, beetled finish / Beetle-Effekt *m*, Stampfappretur *f* || ~ **green shade** / goldkäferfarbig *adj* || ~ **proofing** / Käferschutz *m*
beetler calender / Beetlemaschine *f*, Beetle-Kalander *m*, Stampfkalander *m* (DIN 64990)
beetle stocks / Stampfwalke *f*
beetling *n* / Beeteln *n*, Stampfappretur *f* || ~ **calender** / Beetlemaschine *f*, Beetle-Kalander *m*, Stampfkalander *m* (DIN 64990) || ~ **machine**, beetling mill s. beetle calender
beetroot purple *adj* / roterübenfarbig *adj*
begasse *n* / Sisalhanf-Abfallfaser *f*
beggar's velvet / Baumwollsamt *m*
beige *adj* / beige *adj*, rehbraun *adj* || ~ **brown** / beigebraun *adj* (RAL 8024) || ~ **grey** / beigegrau *adj* (RAL 7006) || ~ **red** / beigerot *adj* (RAL 3012) || ~ **resist** / Chamoisreserve *f* || ~ **serge** / Serge *f* aus ungefärbter Wolle || ~ **yarn** / Beigegarn *n*, naturfarbenes Garn
Beilstein['s] test (chem) / Beilstein-Probe *f*, Beilsteinprobe *f*
bejuco fibre / Bejukofaser *f* aus Peru
belcher *n* / englisches Halstuch
beldia wool (Moroccan) / Beldiawolle *f*
beledin silk / Beledinrohseide *f*
Belgian bagging fabric / ungeölter Jutebaggings || ~ **flax** / belgischer Flachs || ~ **lace** / belgische Spitze || ~ **linen** / belgische Leinwand
Belgrade braid / Imitatstrohband *n*
bell ager (US) (text pr) / Glockendämpfer *m*
bell-botton trousers (fash) / Hose *f* mit ausgestellter Fußweite
bellies *pl* / Bauchwolle *f*, Bauchhaar *n*
bellows pocket (fash) / aufgesetzte Tasche mit Blasebalgfalte, Blasebalgtasche *f*
bell sleeve (fash) / Glockenärmel *m*, Trompetenärmel *m* || ~ **steamer** (GB) (test pr) / Glockendämpfer *m* || ~**-type autoclave press** / Glockenheizkessel *m*
belly band (OE spinn) / Bauchbinde *f* || ~ **wool** / Bauchwolle *f*, Bauchhaar *n*
below stitch cam (knitt) / Gegensenker *m* || ~**-the-knee panty** / Schlüpfer in knielanger Form *m*
belt *n* / Gürtel *m*, Riemen *m* || ~ (auto) / Gurt *m* || ~ **backing** / Gürteleinlageband *n*, Gürtelsteifband *n* || ~ **band** / Gurtband *m* || ~ **brushing machine** (fin) / Band-Bürstmaschine *f* (DIN 64990) || ~ **crimping** / Texturieren *n* durch Nitscheln || ~**-driven feed rollers** / Riemchenlieferwerk *n* || ~ **duck** / Gewebe *n* für Treibriemen || ~ **guider** / Bandfournisseur *m*
belting *n* / Gürtelstoff *m*, Treibriemenstoff *m*, Gurtbandware *f* || ~ / Treibriemen *m* || ~ **[cotton] duck** / Riemenduck *m* || ~ **stuff** / Riemenstoff *m*
belt loom / Gurtenwebmaschine *f*, Gurtwebmaschine *f* || ~ **loop** / Gürtelschlaufe *f* || ~ **loop folder** / Gürtelschlaufenapparat *m* || ~ **loop length** / Gürtelschlaufenlänge *f*, Schlaufenlänge *f* || ~ **loop**

machine (sew) / Gürtelschlaufenmaschine *f*, Gürtelschlaufenaufnähmaschine *f* || ~ **loop strip** / Gürtelschlaufenstreifen *m*, Schlaufenstreifen *m* || ~ **loop width** / Gürtelschlaufenbreite *f*, Schlaufenbreite *f* || ~ **shipper** / Riemengabel *f*, Riemenausrücker *m* || ~ **slippage** / Riemenschlupf *m* || ~ **topstitching unit** (sew) / Gürtelabsteppaggregat *n* || ~**-turner** *n* / Gürtelwender *m* || ~**-type screen** / Bandschablone *f* (Teppichband) || ~**-weaving attachment** / Gürtelapparat *m* || ~ **weaving mill** / Gurtweberei *f*, Gurtweberei *f* || ~ **webbing** / Riemenstoff *m*, Gurtstoff *m*
bembergizing *n* / Bembergisierung *f*, Hochglanzgebung *f*
Bemberg silk / Bemberg-Kupferkunstseide *f* (Zelluloseregeneratfaserstoff)
benares *n* / Benares-Dekorationsstoff *m* || ~ **hemp** / Bengalischer Hanf, Sunnhanf *m*, Ostindischer Hanf, Bombayhanf *m* (Crotalaria juncea)
benders cotton (US) / Baumwollsorten *f pl* von besonderer Stapellänge
bend fatigue tester (for tirecord) / Knickermüdungsprüfmaschine *f*
bending *n* / Biegen *n* || ~ **angle** / Knickwinkel *m*, Biegewinkel *m* || ~ **capacity** / Biegefähigkeit *f* || ~ **elasticity** / Biegeelastizität *f* || ~ **energy** / Biegeenergie *f* || ~ **fatigue test** / Dauerknickversuch *m* || ~ **fatigue tester** / Dauerbiegeprüfer *m* || ~ **length** / Biegelänge *f* || ~ **load** / Biegebeanspruchung *f* || ~ **moment** / Biegemoment *n* || ~ **moment diagram** / Biegemomentdiagramm *n* || ~ **recovery** / Biegeerholung *f* || ~ **resistance** / Knickfestigkeit *f* || ~ **rigidity** / Biegesteifigkeit *f* || ~ **strain** / Biegung *f* || ~ **strength** / Biegefestigkeit *f* || ~ **stress** / Knickbeanspruchung *f*, Biegespannung *f*, Biegebeanspruchung *f* || ~ **test[ing]** / Biegeprüfung *f*, Biegeprobe *f* || ~ **zone** (stuff crimping) / Knickzone *f*
bend test / Biegeprüfung *f*, Biegeprobe *f*
Bengal catechu (dye) / (Bengal-)Katechu *n* (aus Acacia spp) || ~ **hemp** / Bengalischer Hanf, Sunnhanf *m*, Ostindischer Hanf, Bombayhanf *m* (Crotalaria juncea)
bengaline *n* (heavy poplin o. rib effect fabric) / Bengaline *f* (popelinartiger Seidentaft), Bengalin *f* || ~ **de soie** / reinseidenes Bengalin, reinseidene Bengaline || ~ **weave** / Côtelébindung *f*
Bengal pink / Bengalrosa *n*
bengals *pl* / nordindische Baumwollsorten *f pl*
Bengal silk yarn / Bengal-Rohseidengarn *n* || ~ **stripe brocade** / gestreifter Baumwollbrokat *m*
Ben Smith cotton / eine Baumwolle aus Louisiana
bent fabric / gefaltetes Gewebe
bentonite *n* / Bentonit *n*
benzaldehyde *n* / Benzaldehyd *m* (künstliches Bittermandelöl)
benzal green / Malachitgrün *n*, Benzalgrün *n*, Bittermandelölgrün *n*
benzamide *n* / Benzamid *n*
benzamine blue / Trypanblau *n*, Benzaminblau *n*
benzanilide *n* / Benzanilid *n*
benzanthrene *n* / Benzanthren *n*
benzanthrone *n* / Benzanthron *n* || ~ **dyestuff** / Benzanthronfarbstoff *m*
benzene *n* / Benzol *n* || ~ **derivate** / Benzolderivat *n*, Benzolabkömmling *m* || ~ **disulphonic acid** / Benzoldisulfo[n]säure *f* || ~ **ring** / Benzolring *m*, Benzolkern *m*, aromatischer Kern || ~ **sulphonic acid** / Benzolsulfo[n]säure *f*
benzidine *n* / Benzidin *n* || ~ **dyestuff** / Benzidinfarbstoff *m* (substantiver Diazofarbstoff) || ~ **sulphate** / Benzidinsulfat *m* || ~ **test** / Benzidinprobe *f*
benzimide azole / Benzimidazol *n*
benzine *n* / Benzin *n*, Leichtbenzin *n* || ~ **Petroläther** *m*, Petroleumäther *m* || ~ **soap** / Benzinseife *f*
benzoate ester / Benzoatester *m* || ~ **fibre** / Benzoatfaser *f*
benzocarbazole *n* / Benzokarbazol *n*

benzo

benzo copper dyestuff / Benzokupferfarbstoff m ‖ ~ **fast copper dyestuff** / Benzoechtkupferfarbstoff m ‖ ~ **fast dyestuff** / Benzoechtfarbstoff m
benzoic acid / Benzoesäure f, Benzilcarbonsäure f ‖ ~ **aldehyde** / Benzaldehyd m ‖ ~ **anhydride** / Benzoesäureanhydrid n
benzoin resin, benzoin gum / Benzoeharz n, Benzoe f
benzol n / Benzol n (als Handelsprodukt)
benzo light dyestuff / Benzolichtfarbstoff m
benzol lacquer / Benzollack m
benzophenone n / Benzophenon n
benzopurpurine n / Benzopurpurin n, Diaminrot n
benzopyrene n s. benzothiazole
benzoquinone n / Benzochinon n
benzothiazole n / Benzothiazol n
benzoxazole n / Benzoxazol n
benzoylated cotton / benzoylierte Baumwolle
benzoyl chloride / Benzoylchlorid n ‖ ~ **peroxide** / Benzoylperoxid n
benzyl alcohol / Benzylalkohol m ‖ ~ **aniline** / Benzylanilin n
benzylate v / benzylieren v
benzylating agent / Benzylierungsmittel n
benzyl benzoate / Benzylbenzoat n ‖ ~ **cellulose** / Benzylzellulose f ‖ ~ **chloride** / Benzylchlorid n
Berber carpet / Berberteppich m
berberry n s. barberry
beret n / Baskenmütze f ‖ ~ **knitting machine** / Mützenstrickmaschine f
Bergamo rug / Bergamo-Teppich m
bergamot n / Bargamot-Polstermöbel n ‖ ~ **oil** / Bergamot-Öl n
berkan n (thin muslin) / Barakan f
Berkshire heel (hos) / Kugelferse f
Berlin blue / Berliner Blau n, Preußischblau n, Preußisch Blau n, Pariser Blau n, Stahlblau n ‖ ~ **canvas** / Stickereigrundstoff m, Stickereikanevas m ‖ ~ **gloves** / Zwirnhandschuhe m pl
berlins pl / Strumpffreißwolle f
Berlin silk / Kordonnetseide f ‖ ~ **wool** / [hartgedrehte] Zephirwolle ‖ ~ **work** / Wollstickerei f
Bermuda cloth / Bermuda-Tropenanzugstoff m ‖ ~ **shorts** / Bermuda-Shorts pl, Bermudas pl
bernia n / Bernia-Wollserge f
berry wool / Berrywolle f
bertha n / Spitzenkragen m für tiefausgeschnittenes Kleid
Berthelot circular knitter / Berthelotstuhl m
Berthollet's tester, Berthollet's tube / Chlormesser m, Chlormeter m
beryllium n / Beryllium n ‖ ~ **chloride** / Berylliumchlorid n ‖ ~ **hydroxide** / Berylliumhydroxid n
Beshir n (Turkestan handmade carpet) / Beshir m, Bashyr m, Bashyren m
bespoke adj (GB) / nach Maß gemacht, (auf Bestellung) besonders angefertigt ‖ ~ **suit** / Maßanzug m ‖ ~ **tailor** / Maßschneider m
bessonette bale / zylindrischer Rohbaumwollballen
best quality wool / Oberwolle f, Kernwolle f
beta-cellulose n / Betazellulose f ‖ ~ **gauge** / Dickenmeßgerät n mit Betastrahlen
betaine n / Betain n ‖ ~ **surfactant** / Betaintensid n
beta keratin / Beta-Keratin n ‖ ~**-naphthol** n / Betanaphthol n
betweeners pl / Miederwäsche f
between-season coat / Übergangsmantel m ‖ ~**-season wear** (fash) / Übergangskleidung f
bevel n (ctg) / Fase f, Schrägfläche f ‖ ~ (of spindle) (spinn) / Spindelneigung f ‖ ~ **gear** (knitt) / Kulierkegelrad n
bevelled clearing cam (knitt) / abgeschrägte Fangklappe
Beypore yarn / Kokosfaser f von der Malabarküste
BF (s. burst factor)
BGB s. back guide bar
bhabur fibre / Wollgrasfaser f vom Himalayagebirge
bhang n / Hanfpflanze f

bhatial jute / indische Grobjute
bhoga cotton / grobe indische Baumwolle
bhurra [scarf] / Bhurra f
Biancaville cotton / italienische Baumwolle aus amerikanischen Samen
Biarritz cloth / Biarritz-Wollstoff m
bias, cut on the ~ / schräg schneiden ‖ ~ **binder** (sew) / Schrägstreifeneinfasser m ‖ ~ **binding** / Schrägband n, Schrägstreifen m, schräggeschnittener Besatz ‖ ~ **cut** / Schrägschnitt m ‖ ~ **cut ribbon** / Schrägstreifen m ‖ ~ **cutter** / Schrägschneidemaschine f ‖ ~ **fabric cutting machine** / Diagonalschneidemaschine f, Schrägstoffschneidemaschine f ‖ ~ **filling** (defect) / Schrägschuß m
biassed cloth / Diagonalstoff m ‖ ~ **length** (cotton) / Modallänge f ‖ ~ **twill** / Köper m
bias-strip cutter (sew) / Schrägstreifenschneidemaschine f ‖ ~ **tape** / Schrägstreifen m, Schrägband n ‖ ~ **weakness** (fabric) / Schwächung f in der Schrägrichtung ‖ ~ **weft** / Schrägschuß m
biaxial fabric / biaxiales Gewebe ‖ ~ **strength** / biaxiale Festigkeit ‖ ~ **stress** / biaxiale Festigkeit
biaz n / zentralasiatischer leichter Baumwollstoff
bib n / Latz m, Lätzchen n, Kinderlätzchen n ‖ ~ **and brace overall** / Latzhose f ‖ ~ **skirt** (fash) / Latzrock m ‖ ~ **slacks** pl (fash) / Latzhose f ‖ ~ **top pinafore** (fash) / Latzrock m
bicarbonate n / Bikarbonat n, Hydrogenkarbonat n ‖ ~ **alkalinity** / Karbonathärte f ‖ ~ **hardness** / Bikarbonathärte f ‖ ~ **of ammonia** / Ammoniumbikarbonat n ‖ ~ **of soda** / Natriumbikarbonat n ‖ ~ **print paste** (print) / Bikarbonat-Druckpaste f
bichon n / Kissen n zum Bürsten des Zylinderhutes
bichromate n / Dichromat n, Bichromat n ‖ ~ **number** / Dichromatzahl n ‖ ~ **of potassium**, bichromate of potash / Kaliumdichromat n ‖ ~ **of sodium** / Natriumdichromat n ‖ ~ **process** / Dichromatverfahren n ‖ ~**-tartar mordant** / Chromkali-Weinsteinbeize f
bichu fibre / Brennesselfaser f
bicolour dyeing / Bicolor-Färbung f, bi-coloured-Mischtonfärbung f
bicoloured adj / zweifarbig adj
bicolour effect / Zweifarbeneffekt m, Bicolor-Effekt m
bicomponent fibre / Bikomponentenfaser f ‖ ~ **filament** / Bikomponentenfilament n ‖ ~ **filament yarn** / Bikomponentenfilamentgarn n ‖ ~ **spinning** / Bikomponentenspinnen n ‖ ~ **staple spun yarn** / Bikomponentenfasergarn n ‖ ~ **structure** / bikomponente Struktur ‖ ~ **yarn** / Bikomponentengarn n
bicone [bobbin] (knitt) / Doppelkegelspule f (DIN 61800), Bikone f, Bi-Cone f, Pineapple-Cone f
biconical package / Doppelkegelspule f (DIN 61800) ‖ ~ **tube** / bikonische Hülse (DIN 61805)
biconstituent fibre / Bikonstituentenfaser f ‖ ~ **fibre spun yarn** / Bikonstituentengarn n ‖ ~ **filament** / Bikonstituentenfilament n ‖ ~ **filament yarn** / Bikonstituentenfilamentgarn n
bicycle bell (seamless machines) / Fahrradklingel f ‖ ~ **cape** / Fahrradcape n, Fahrradumhang m
bielefeld n / Bielefelder Leinen
bier n / Kettfadengruppen-Einheit f
bi-fibre n / Bifaser f ‖ ~ / Teppichmischgarn n aus Wolle und Baumwolle
bifluoride n / Hydrogenfluorid n
big-boll cotton / großkapselige Baumwolle
biggon n, biggin n / Mütze f mit Ohrwärmer
bight n (sew) / Nadelausschlag m
biguanide n / Biguanid n
bikini n / Bikini m ‖ ~ **briefs** pl (fash) / Mini-Slip m ‖ ~ **top** / Bikini-BH m

black

bilateral fibre structure / bilaterale Faserstruktur ‖ ~ **rapier loom** / Webmaschine f mit beidseitigen Greifern
bill n (weav) / Schnabel m
billiard cloth, billiard felt / Billardtuch n, Billardfilz m, Boi m, Boy m
billy n / Vorflyer m, Vorspinnmaschine f ‖ ~ **roller** / Andrückrolle f, Billy-Roller m
Bimlipatam jute (strong Indian hemp fibre) / Bimlipatamjute f, Bimlijute f
bin n / Fach n
binary colours / binäre Farben f pl ‖ ~ **fibre mixture** / Zweifaser-Mischung f, Zweifasernmischung f
binche [lace] / Binche-Spitze f
bind v (sew) / einfassen v ‖ ~ (chem) / binden v
binder n (chem) / Bindemittel n, Binder m ‖ ~ (sew) / Einfaßvorrichtung f, Einfasser m, Besetzgerät n der Nähmaschine ‖ ~ **adhesion** / Binderhaftung f ‖ ~ **and lustring agent for silky lustre** / Binde- und Glanzmittel für Seidenglanz ‖ ~ **attachment** / Einfaßapparat m, Einfaßvorsatzgerät n ‖ ~ **crosslinkage** / Bindervernetzung f ‖ ~ **fabric** / Gurtstoff m, Riemenstoff m ‖ ~ **fibres** (nwv) / Bindefasern f pl ‖ ~ **filling** / Bindeschuß m ‖ ~ **heald frame** / Bindeschaft m ‖ ~ **mat** / Bindermatte f ‖ ~ **migration** / Bindemittelwanderung f ‖ ~ **pick** / Bindeschuß m ‖ ~'s **cloth** s. book cloth ‖ ~ **twine** / Bindfaden m ‖ ~ **warp** / Bindekette f, Rückenkette f ‖ ~ **weft** / Bindeschuß m
binding n (sew) / Einfaßborte f, Einfassung f, Besatz m, Belegband n ‖ ~ (clothm) / Zusammenweben n ‖ ~ (of book) / Bucheinband m ‖ ~ **agent** / Bindemittel n, Binder m ‖ ~ **attachment** (sew) / Einfaßapparat m ‖ ~ **capacity** / Bindekraft f, Bindevermögen n ‖ ~ **cloth** s. book cloth ‖ ~ **course** (knitt) / Schutzreihe f ‖ ~ **end** / Bindefaden m ‖ ~ **fibre** / Binderfaser f, Bindefaser f ‖ ~ **guide** (sew) / Einfaßführer m, Einlaßführer m ‖ ~ **machine** / Bandeinfaßapparat m ‖ ~ **muslin** / Buchbindermusselin m ‖ ~**-off machine** / Kettelmaschine f ‖ ~ **operation** (sew) / Einfaßarbeit f ‖ ~ **pick** / Bindeschuß m, Grundschuß m ‖ ~ **point** / Bindestelle f, Bindepunkt m ‖ ~ **power** / Bindekraft f, Bindevermögen n ‖ ~ **strength** / Bindekraft f, Bindevermögen n ‖ ~ **strength ratio** / Bindekraftverhältnis n ‖ ~ **tape** / Besetzband n, Besatzband n, Bindestreifen m ‖ ~ **thread** / Bindefaden m, Verbindungsfaden m ‖ ~ **warp** / Bindekette f, Steppkette f, Bindekette f ‖ ~ **weft** / Bindeschuß m ‖ ~ **yarn** / Bindefadengarn n, Bindegarnfaden m
bind off (knitt) / ketteln v, abketteln v
bin mixing (spinn) / Kammermischen n
biocatalyst n / Biokatalysator m
biochemical catalyst / Biokatalysator m ‖ ~ **oxygen demand (BOD)** / biologischer Sauerstoffbedarf (BSB) ‖ ~ **property** / biochemische Eigenschaft ‖ ~ **treatment** / biochemische Behandlung
biodegradability n / biologische Abbaubarkeit, Bioabbaubarkeit f
biodegradable adj / bioabbaubar adj, biologisch abbaubar
biodegradation n / biologischer Abbau
biological attack / biologischer Angriff ‖ ~ **retting** / biologische Röste ‖ ~ **treatment** / biologische Behandlung
biopolymer n / lebendes Polymer[es], lebendes Polymerisat
biphase weaving machine / Biphasen-Webmaschine f
biphenol n / Biphenol n
biphenyl n / Diphenyl n, Biphenyl n
bi-plain weave (weav) / Bi-Plain-Bindung f
birch grey adj / birkengrau adj
birdcage bobbin / Sprossenrolle f
bird protection net / Vogelschutznetz n
bird's back / Köperrückseite f ‖ ~ **eye** (fabr) / Pfauenauge n, Vogelauge n ‖ ~ **eye linen** / Vogelaugenleinen n ‖ ~ **eye pattern** / Vogelaugenmuster n, Pfauenaugenmuster n ‖ ~ **eye pique** / Vogelaugenpikee m ‖ ~ **eye weave** / Vogelaugenbindung f
Biredshend n (handmade Persian carpet) / Biredschaend m, Birjand m, Birdjand m
birefrigence n (an optical determination of the degree of molecular orientation of nylon filaments) / Doppelbrechung f
biretta n (It) / Mütze f
bisage n (Fr) / zweimal gefärbter Stoff
bis-benzimidazole brightener / Bis-Benzimidazolaufheller m
biscuit·-coloured adj / biskuitfarben adj ‖ ~ **duck** (fabr) / Bäckerei-Duck m
BISFA (Bureau International pour la Standardisation de la Rayonne et des Fibres Synthétiques) / Internationale Organisation für Chemiefasernormen (Sitz: Basel)
bishop sleeve (fash) / weiter Ärmel an Damenkleidung
bi-shrinkage yarn / Garn n mit verschieden schrumpfenden Filamenten
bisindolindigo n / Bisindolindigo m
bis [linen] / Altartuch n
Bismarck brown / Bismarckbraun n
bismuth n / Wismut n ‖ ~ **bromide** / Wismutbromid n ‖ ~ **salt** / Wismutsalz n
bisonne n / Bisonne-Wollstoff m
bisphenol n / Bisphenol n
bisso [linen] / Altartuch n
bister n / Bister m, Bisterbraun n ‖ ~**-brown** adj / bisterfarben adj, bisterbraun adj ‖ ~ **resist** / Bisterreserve f
bistre n / Bister m, Bisterbraun n
bisulphate n / Bisulfat n, Hydrogensulfat n
bisulphide n / Hydrogensulfid n, Disulfid n
bisulphite n / Hydrogensulfit n, Bisulfit n ‖ ~ **bleach** / Bisulfitbleiche f ‖ ~ **liquor [base]** / Bisulfitlauge f ‖ ~ **zinc vat** / Bisulfitzinkküpe f
bi-swing / Sportjacke f mit langer Kellerfalte im Rücken
bite (US) s. nip
bitter almond oil / Bittermandelöl n ‖ ~ **salt** / Magnesiumsulfat n, Epsomsalz n ‖ ~ **salt finish** / Bittersalzappretur f
biuret / Biuret n, Allophansäureamid n ‖ ~ **reaction** / Biuretreaktion f ‖ ~ **test** / Biuretprobe f
bivalent adj / zweiwertig adj, bivalent adj
bivouac fabric / Biwak-Stoff m
bixin n / Bixin n (Farbstoff des Orleans)
blaams linen, Brabant linen / Genter Leinwand f
black base / Schwarzbase f ‖ ~ **batting** / schwarze Watte ‖ ~ **blue** adj / schwarzblau adj (RAL 5004) ‖ ~ **brands** (dye) / Schwarzmarken f pl ‖ ~ **brown** / schwarzbraun adj (RAL 8022) ‖ ~ **carpet beetle**, carpet beetle, fur beetle / Dunkler Pelzkäfer (Attagenus piceus) ‖ ~ **catechu** / (Braunes) Katechu ‖ ~ **clock** (seamless stocking) / imitierter Zwickel an der Rückseite des Strumpfes ‖ ~ **dyeing** / Schwarzfärben n ‖ ~ **dyestuff** / Schwarzfarbstoff m ‖ ~ **earth wax** / Ozokerit n ‖ ~ **face wool** / Wolle f des Schwarzkopfschafes ‖ ~ **fibre** / Brennpalmenfaser f ‖ ~ **for outlines** (dye) / Konturenschwarz n ‖ ~ **green** adj / schwarzgrün adj (RAL 6012) ‖ ~ **grey** / schwarzgrau adj (RAL 7021) ‖ ~ **leaf cotton** / Baumwolle f mit schwarzen Blättern ‖ ~ **lenos** / Grenadine f ‖ ~ **liquor** / Schwarzbrühe f (Eisenacetatlösung), Eisenbeize f, Schwarzbeize f ‖ ~ **mordant** s. black liquor ‖ ~ **moss** / spanisches Moos ‖ ~ **oak** (dye) / Färbereiche f (Quercus velutina) ‖ ~ **olive** / schwarzolive adj (RAL 6015) ‖ ~**-out fabric**, black-out cloth, black-out material / Verdunklungsstoff m ‖ ~ **padding liquor** / Schwarzklotz m, Schwarzklotzflotte f ‖ ~ **rape oil** / Schwarzöl n ‖ ~ **red** / schwarzrot adj (RAL 3007) ‖ ~ **seed cotton** / Baumwolle f mit schwarzen Samen ‖ ~ **superfine** / westenglische Wollen von hoher Qualität f pl ‖ ~ **thread** / ölfleckiges Leinengarn n ‖ ~**-topped wool** / schwarzspitzige Merinowolle ‖ ~ **wool** / nicht-weiße Wolle

bladder

bladder green *adj* / saftgrün *adj*
blade *n* (of cloth shears) / Schermesser *n* ‖ ~ (of the squeegee) / Rakelstreichkante *f* ‖ ~ **beater** / Schienenschläger *m*, Flügelschläger *m* ‖ ~ **clearance** (ctg) / Messerabstand *m* ‖ ~ **coater** / Schaberstreichmaschine *f* ‖ ~ **coating** / Rakelstreichverfahren *n* ‖ ~ **mixer** / Flügelrührer *m* ‖ ~ **squeegee** / Streichrakel *f* (Chemiefasern) ‖ ~ **stirrer** / Flügelrührer *m*
Blake thread / Durchnähgarn *n*
blamire feed / Blamire-Zuführung *f*
blancard *n* / Leinwand *f* aus Rouen
blanc fixe / Blanc fixe *n*, Barytweiß *n*, Permanentweiß *n* (Bariumsulfat) ‖ ~ **fixe paste**, blanc fixe pulp / Blanc-fixe-Teigware *f*
blanch *v* / blanchieren *v*, weißen *v*, weiß machen
blanched mixture yarn / Blanchiert-Melangegarn *n*
blanchet *n* (Fr) / Bademantelstoffe *m pl*
blancs *pl* (Fr) / gebleichte Ware
blank *n* (dye) / Anstoßen *n* ‖ ~ / Rohling *m* ‖ ~ (sew) / Zuschnitt *m* ‖ ~ **bath** / blind angesetztes Bad, Vorlauf *m* ‖ ~ **card** (weav) / Blindkarte *f*, Rumorkarte *f* ‖ ~ **cross-dyeing** / blindes Überfärben ‖ ~ **crossing** (weav) / blinde Kreuzung ‖ ~ **dye** / blind färben ‖ ~ **dyebath** / blinde Färbeflotte ‖ ~ **dyeing** / Blindfärbung *f* ‖ ~ **dyeing liquor** / blinde Färbeflotte
blanket *n* / Decke *f*, Schlafdecke *f*, Bettdecke *f* ‖ ~ (text pr) / Mitläufer *m*, Drucktuch *n*, Druckdecke *f* ‖ ~ **carding machine** / Deckenrauhmaschine *f* ‖ ~ **cloth** / Bettdeckenstoff *m*, Deckenstoff *m* ‖ ~ **coater** (US) / Gummituch-Streichmaschine *f* ‖ ~ **felt** / Deckenfilz *m* ‖ ~ **for general home use** / Heimdecke *f*
blanketing *n* / Bettdeckenstoff *m*, Deckenstoff *m*
blanket mark / Mitläuferabdruck *m* ‖ ~ **printing machine** / Deckendruckmaschine *f* ‖ ~ **raising machine** / Deckenrauhmaschine *f* ‖ ~ **robe** (US) / Reisedecke *f* ‖ ~ **roller** / Mitläuferwalze *f* ‖ ~ **shoddy** / Deckenshoddy *n* ‖ ~ **shuttle** / Schützen *m* für Deckenwebmaschine ‖ ~ **stitch** / Einfaßstich *m* ‖ ~-**stitch seam** / Einfaßstichnaht *f*, Knopflochstichnaht *f* ‖ ~-**stretching roller** / Deckenspannwalze *f* ‖ ~ **twill** / Wollköper *m* für Decken ‖ ~ **washer** / Deckenwaschmaschine *f* ‖ ~ **washer** (text pr) / Drucktuchwäscher *m*, Mitläuferwäscher *m* ‖ ~ **weaving** / Deckenweberei *f* ‖ ~ **yarn** / Deckengarn *n*
blanking *n* (light polishing) / Anstoßen *n* ‖ ~ (punching) / Ausstanzen *n*
blankit bleaching / Blankitbleiche *f*
blank needle / Leernadel *f* ‖ ~ **space** (text pr) / Blitzer *m*, Rakelschnapper *m* ‖ ~ **space in card-clothing** / Kardenbeschlagslücke *f*
blanks rack (sew) / Zuschnittablage *f*
blank test / Blindversuch *m*, Leerversuch *m* ‖ ~ **trial** s. blank test ‖ ~ **vat** / Blindküpe *f*, blinde Küpe (ohne Farbstoff)
blaquet *n* / Druckdecke *f*, Walzenbezug *m*
blarney tweed / irländischer Tweed ‖ ~ **yarn** / irländische Strickwolle
blashed flax / überrosteter Flachs
blassas wool / spanische Wolle geringer Qualität
blast drawing / Düsenblasverfahren *n* für Stapelfaser (Textilglas)
blaze *n* / Flockseide *f* für Stickgarne
blazer [jacket] / Blazer *m*, Clubjacke *f*
bleach *v* / bleichen *v* ‖ ~ *n* / Bleichen *n*, Bleiche *f* ‖ ~ / Bleichmittel *n*
bleachability *n* / Bleichbarkeit *f*, Bleichfähigkeit *f*
bleachable *adj* / bleichbar *adj*
bleach and blue *v* / weißfärben *v*, aufhellen *v*, blauen *v* ‖ ~ **bath** / Bleichbad *n*, Bleichflotte *f*
bleached goods / Bleichartikel *m pl* ‖ ~ **yarns** / gebleichte Garne *n pl*
bleacher *n* / Bleicher *m*, Bleichapparat *m*, Weißfärber *m*
bleachers *pl* / zum Bleichen bestimmte Rohwaren *f pl*

bleachery *n* / Bleicherei *f*, Bleichanlage *f*
bleach fastness / Bleichechtheit *f* ‖ ~ **float** / Bleichflotte *f* ‖ ~ **goods** / Bleichware *f*
bleaching *n* / Bleichen *n*, Bleiche *f*, Bleichprozeß *m* ‖ ~ **action** / Bleichwirkung *f* ‖ ~ **activator** / Bleichaktivator *m* ‖ ~ **agent** / Bleichmittel *n* ‖ ~ **apparatus** / Bleichapparat *f* ‖ ~ **assistant** / Bleichhilfsmittel *n* ‖ ~ **bath** / Bleichbad *n*, Bleichflotte *f* ‖ ~ **boiler** / Bleichkessel *m* ‖ ~ **catalyst** / Bleichkatalysator *m* ‖ ~ **chemicals** / Bleichchemikalien *f pl*, Bleichmittel *n pl* ‖ ~ **damage** / Bleichschaden *m* ‖ ~ **earth** / Bleicherde *f* ‖ ~ **effect** / Bleichwirkung *f*, Bleicheffekt *m* ‖ ~ **fastness** / Bleichechtheit *f* ‖ ~ **float** s. bleaching liquor ‖ ~ **house** / Bleicherei *f* ‖ ~ **in full width** / Breitbleichen *n* ‖ ~ **in rope form** / Strangbleiche *f* ‖ ~ **intensity** / Bleichgrad *m* ‖ ~ **in the flock** / Bleichen *n* in der Flocke ‖ ~ **J-box** / Bleichmittel *m* (DIN 64990) ‖ ~ **kier** / Bleichkessel *m*, Bleichholländer *m* ‖ ~ **lime** / Bleichkalk *m* ‖ ~ **liquid** / Bleichwasser *n*, Chlorkalilösung *f* ‖ ~ **liquor** / Bleichflotte *f*, Bleichbad *n*, Bleichflüssigkeit *f* ‖ ~ **liquor containing reducing agents** s. reduction bleach liquor ‖ ~ **liquor tank** / Bleichlaugenbehälter *m* ‖ ~ **lye** / Bleichlauge *f* ‖ ~ **machine** / Bleichapparat *m* ‖ ~ **medium** / Bleichmittel *n* ‖ ~ **of coloured goods** / Buntbleiche *f* ‖ ~ **on a conveyor belt** / Bleichen *n* auf Bandablage ‖ ~ **on the pack system** / Packbleiche *f* ‖ ~-**out process** / Bleichprozeß *m*, Bleichverfahren *n* ‖ ~ **plant** / Bleichanlage *f*, Bleicherei *f* ‖ ~ **powder** / Bleichpulver *n*, Bleichkalk *m*, Chlorkalk *m* ‖ ~ **power** / Bleichvermögen *n* ‖ ~ **process** / Bleichverfahren *n*, Bleichvorgang *m* ‖ ~ **range** / Bleichanlage *f* ‖ ~ **requirement** / Bleichmittelaufwand *m*, Bleichmittelbedarf *m* ‖ ~ **salt** / Bleichsalz *n* ‖ ~ **soda** / Bleichsoda *f* ‖ ~ **solution** / Bleichlauge *f* ‖ ~ **spot** / Bleichfleck *m* ‖ ~ **stabilizer** / Bleichstabilisator *m* ‖ ~ **stain** / Bleichfleck *m* ‖ ~ **tank** / Bleichbottich *m*, Bleichkufe *f*, Bleichbehälter *m*, Bleichgefäß *n* ‖ ~ **tenderer** / Bleichschädiger *m* ‖ ~ **vat** / Bleichkessel *m*, Bleichbottich *m*, Bleichkufe *f* ‖ ~ **vessel** / Bleichbottich *m*, Bleichkufe *f*, Bleichbehälter *m*, Bleichgefäß *n*
bleach liquor / Bleichflotte *f* ‖ ~ **out** / ausbleichen *v* ‖ ~ **package opener** / Bleichkuchenöffner *m* ‖ ~ **residue** / Bleichrückstand *m* ‖ ~ **stain** / Bleichfleck *m* ‖ ~ **style** / Bleichartikel *m pl* ‖ ~ **suds** / bleichende Seifenlauge ‖ ~ **works** / Bleicherei *f*
bleed *v* (dye, print) / bluten *v*, ausbluten *v*, fließen *v*, verlaufen *v*, auslaufen *v*, abrußen *v*
bleeding *n* (dye, print) / Ausblutung *f*, Ausbluten *n*, Bluten *n*, Durchbluten *n*, Anbluten *n*, Durchschlagen *n*, Abschmutzen *n*, Ausfließen *n*, Auslaufen *n* ‖ ~ / Abklatschen *n* des Drucks (unerwünschtes Abfärben) ‖ ~ **into the white ground** (dye) / Weißfondbluten *n* ‖ ~ **testing** / Ausblutungsprüfung *f*
bleed into (dye) / anschmutzen *v*, anbluten *v* ‖ ~ **out** / abschmutzen *v* ‖ ~ **through** (dye) / durchschlagen *v*
blend *v* / mischen *v*, vermischen *v*, verschneiden *v* ‖ ~ / mischen *v* (Fasern), melangieren *v* ‖ ~ *n* / Mischung *f*, Verschnitt *m*, Melange *f* ‖ ~ (fabric) s. blended fabric ‖ ~ (yarn) / Mischgarn *n* ‖ **20-80** ~ / Mischgespinst 20/80
blendability *n* / Mischungsfähigkeit *f*, Mischbarkeit *f*
blend component / Mischungsanteil *m* ‖ ~ **drafting** / Mischstrecke *f* ‖ ~ **dyeing** / Färben *n* von Fasermischungen
blended acetate and cotton fabric / Acetatfaser-Baumwolle-Mischgewebe *n* ‖ ~ **colour** / verschnittene Farbe ‖ ~ **comber sliver** / Mischkammzug *m* ‖ ~ **comber sliver** / Mischkammzug *m* ‖ ~ **cotton yarn** / Baumwollmischgarn *n* ‖ ~ **design** / Melangedessin *n* ‖ ~ **dyes** / Farbstoffmischung *f* ‖ ~ **fabric** / Mischgewebe *n*, Mischware *f*, Melangegewebe *n*, Mischtextilien *pl*, Mischartikel *m* ‖ ~ **fibre** / Mischfaser *f* ‖ ~ **fibre ratio** / Fasermischungsverhältnis *n* ‖ ~ **knit**

article / Mischgewirk n ‖ ~ **shade** / Mischfarbton m, Mischton m ‖ ~ **sliver** / Mischkammzug m ‖ ~ **spun yarn** / Mischgespinst n ‖ ~ **staple rayon** / Mischzellwolle f ‖ ~ **thread** / Mischzwirn m ‖ ~ **wool** / Mischwolle f, Wollmischung f ‖ ~ **worsted** / Kammgarnmelange f ‖ ~ **yarn** / Mischgarn n, Melangegarn n
blender n / Mischeinrichtung f, Mischer m ‖ ~ (person responsible for the accurate mixing of different fibres in blended materials) / Mischmeister m
blending n / Mischen n, Mischung f, Vermischung f ‖ ~ **bale breaker** / Mischballenbrecher m ‖ ~ **bin** / Mischfach n, Mischkammer f ‖ ~ **bin system** (spinn) / Kammermischsystem n ‖ ~ **box** / Mischkammer f ‖ ~ **grab** (spinn) / Mischgreifer m ‖ ~ **hopper bale opener** / Mischballenöffner m ‖ ~ **hopper feeder** / Mischkastenspeiser m ‖ ~ **machine** / Mischmaschine f ‖ ~ **opener** (nwv) / Mischräumer m, Mischöffner m ‖ ~ **ratio** / Mischungsverhältnis n ‖ ~ **tolerance** f / Mischungstoleranz f ‖ ~ **willow** / Mischwolf m ‖ ~ **wool** / Melierwolle f
blend into each other / ineinander verlaufen (Farben), ineinander übergehen (Farben) ‖ ~ **of rayon staple** / Zellwollmischung f ‖ ~ **of silk and cotton** / Halbseide f ‖ ~ **ratio** / Mischungsverhältnis n
blends pl / Mischartikel m pl, Mischgewebe n pl
bleu reduit (Fr) / Solidblau-Verfahren n
bley n / ungebleichtes Leinen
blind n / Rollvorhang m, Rouleau n, Rollo n, Jalousie f ‖ **become** ~ (lose lustre) / erblinden v ‖ ~ **chintz** / Glanzkattun m für Rolladen ‖ ~ **colour** / glanzlose Farbe, stumpfe Farbe ‖ ~ **cord** / Rollokordel f ‖ ~ **hem** (sew) / Blindsaum m ‖ ~ **hemmer** (sew) / Blindsaumapparat m
blinding n (col) / Verblinden n, Vermattung f
blind lap device (knitt) / Blindlegevorrichtung f ‖ ~ **laps** pl (knitt) / blinde Legungen f pl ‖ ~ **lockstitch** / Steppblindstich m
blindstitch v (sew) / pikieren v
blind stitch / Blindstich m ‖ ~ **stitch bottom hemming** / Blindsäumen n der Unterkante ‖ ~ **stitcher** / Blindstichmaschine f ‖ ~ **stitch foot** / Blindstichfuß m ‖ ~ **stitch guide** (sew) / Blindanschlag m ‖ ~ **stitch hem** (sew) / Blindsaum m ‖ ~ **stitch hemming** (sew) / Blindstich-Säumen n ‖ ~ **stitch hemming machine** (sew) / Blindstich-Säummaschine f ‖ ~ **stitching** / Blindnähen n ‖ ~ **stitch seam** / Blindstichnaht f, Pikiernaht f ‖ ~ **ticking** / Rolladenköper m, Rouleauköper m, Rolloköper m ‖ ~ **vat** / blinde Küpe ‖ ~ **waistband sewing attachment** / Blindbundapparat m
bliss tweed / Wollwhipcord m ‖ ~ **twill** / Whipcordbindung f
blister v (ctg) / Blasen ziehen, Blasen werfen ‖ ~ (clothm) / kräuseln v ‖ ~ n / Luftblase f, Blase f, Bläschen n ‖ ~ (clothm) / Kräusel m ‖ ~ **brocade** / Kräuselbrokat m ‖ ~ **cloth** / Cloqué m, Blasenkrepp m, Blasengewebe n, Reliefware f ‖ ~ **design** / Riegelmusterware f ‖ ~ **effect** / Cloqué-Effekt m
blistering n (ctg) / Blasenbildung f
blister stitch fabric / Reliefmaschenware f ‖ ~ **stitch knop pattern** / Riegelmuster n, Noppenmuster n ‖ ~ **style** / Cloqué m, Blasenkrepp m, Blasengewebe n, Reliefware f
blistery adj / blasig adj, voller Blasen
blob n / Klümpchen n, Tröpfchen n
blobby wool / puffige Wolle
block v / blockieren v ‖ ~ / aneinander haften ‖ ~ (hatm) / formen v, pressen v ‖ ~ n (text pr) / Block m, Klotz m, Model m ‖ ~ (hatm) / Hutblock m, Hutform f
blocker n / Aufdruckmaschine f ‖ ~ (hatm) / Hutformer m
block felt / Blockfilz m ‖ ~ **in** (hand pr) / eindrucken v
blocking n (of dyes) / Blockieren n ‖ ~ (e.g. of pullovers) / Formdämpfen n ‖ ~ (during washing) / Verfilzen n ‖ ~ **agent** (dye) / Blockierungsmittel n ‖ ~ **coat** (ctg) /

Sperrschicht f ‖ ~ **device for shuttles** (weav) / Schützenblockierung f, Schützenblockiervorrichtung f ‖ ~ **effect** / Blockierungseffekt m (beim Färben von PA-Geweben oder -Gewirken mit Säurefarbstoffen) ‖ ~**-free** adj (of textiles) / blockingfrei adj ‖ ~ **ring** / Hutformring m ‖ ~ **tendency** (ctg) / Neigung f zum Blocken
block in sole (hos) / viereckige Verstärkung zwischen Sohle und Spitze ‖ ~ **model** / Klotzmodel m, Druckmodel m ‖ ~ **polymer** / Blockpolymer(es) n, Blockpolymerisat n ‖ ~ **polymerisation** / Blockpolymerisation f ‖ ~**-printed goods** / Modeldruckerzeugnisse n pl, Handbedruckte Ware ‖ ~ **printing** / Modeldruck m, Klotzdruck m, Blockdruck m ‖ ~ **printing equipment** / Druckmodel m ‖ ~ **printing table** / Handdrucktisch m ‖ ~ **seam** (hos) / imitierte Naht, falsche Naht ‖ ~ **the dyeing** / das Anfärben blockieren, das Anfärben verhindern ‖ ~**-toe** n (hos) / verstärkte Spitze
blonde lace / Blondespitze f, Blonde f ‖ ~ **quilling** / steifer Seidentüll ‖ ~ **silk** / Spitzenseide f
blood n (of wool) / Wollqualität f ‖ ~**-albumin** n / Blutalbumin n ‖ ~ **pigment** / Blutfarbstoff m, Hämoglobin n ‖ ~**-red** adj / blutrot adj ‖ ~ **stain** / Blutfleck m
bloom n (bale before spinning) / voröffnen v ‖ ~ n (lustre) / Glanz m ‖ ~ (on liquor) / Haut f, Blume f
bloomers pl / Damenschlüpfer m mit elastischem Beinabschluß
bloominess n (dye) / Blume f, Blumigkeit f
blooming n / Ausblühen n, Schleierbildung f
bloomy dyeing / blumige Färbung
blot v / beflecken v ‖ ~ n / Fleck m, Klecks m
blotch v / beflecken v, beklecksen v ‖ ~ n / Fleck m ‖ ~ (text pr) / Decker m, Boden m ‖ ~ (dye) / Grund m ‖ ~ (dye) / Unifläche f ‖ ~ (wet-in-wet process) / Fond m ‖ ~ **checks** / Kleiderstoffe m pl mit blaubedrucktem Kettgarn ‖ ~ **ground** / Gründelgrund m, bedruckter Grund
blotchiness n / sprenkliges Aussehen
blotch print / großflächiger Druck, Gründeldruck m, Bodendruck m, bödiger Druck ‖ ~ **printing** / Flächendruck m, Gründeldruck m, Deckerdruck m, Fonddruck m ‖ ~ **printing template** (text pr) / Deckerschablone f ‖ ~ **print pattern** / großflächiges Muster, Gründelmuster m ‖ ~ **roller** / Gründelwalze f, Deckerwalze f ‖ ~ **roller** (wet-in-wet process) / Fondwalze f
blotchy adj / fleckig adj, verschwommen adj, undeutlich adj
blot out / ausstreichen v, verwischen v
blotting paper / Löschpapier n
blouse n / Bluse f
bloused back (fash) / Rucksackrücken m
blouse fabric / Blusenstoff m ‖ ~**-shirt** n / Hemdbluse f ‖ ~ **with pouched back** / Blouson n m
blousing n / Blusenstoff m
blousse n (Fr) / Kämmling m
blow v (gen) / blasen v ‖ ~ (spinn) / putzen v ‖ ~ n (of the sley) (weav) / Ladenschlag m
blower n (spinn) / Fadenreiniger m, Putzmaschine f ‖ ~ (hatm) / Blasmaschine f ‖ ~ **and spreader** / Aufbreitmaschine f ‖ ~ **test** (in soiling test) / Gebläseversuch m
blow finish / Bauschappretur f
blowing n (a type of crabbing) / Dampfblasen n, Topfdekatur f ‖ ~ **and suction system** (spinn, weav) / Abblase-Absaug-Anlage f ‖ ~ **machine** (spinn) / Putzmaschine f ‖ ~ **room** (spinn) / Putzerei f ‖ ~ **up of the nonwoven** / Verwehen n des Vlieses
blown film / Blasfolie f ‖ ~ **finish** / Topfdekatur f
blow ratio (foam dyeing) / Verschäumungsgrad m, Schaumausdehnungsverhältnis n ‖ ~ **room** (spinn) / Putzerei f ‖ ~ **room condenser** (cotton spinn) /

Kondenser *m*, Abscheider *m* (DIN 64100) ‖ ~ **test** (dye) / Spritzprobe *f*
blue *v* / blau färben, bläuen *v* ‖ ~ *n* / Bläue *f*, Blau *n* ‖ ~ *adj* / blau *adj* ‖ ~ **bender cotton** / eine Mississippi-Baumwolle ‖ ~**-black** *adj* / blauschwarz *adj*
bluebonnet *n* / schottische Mütze
blue bottoming / Blaugrund *m* ‖ ~ **cast** / Blaustich *m* ‖ ~ **coloration** / Blaufärbung *f* ‖ ~ **cotton** / bläuliche Baumwollsorte ‖ ~ **denim article** / Blue-Denim-Artikel *m* ‖ ~ **design** (of a shade) / Blaustellung *f* (eines Farbtons) ‖ ~ **discharge** / Blauätze *f* ‖ ~ **dungaree** / blauer Berufsköper ‖ ~ **eater** (dye) / Blaufresser *m* ‖ ~ **flax** / belgischer Flachs ‖ ~ **goods** *pl* / Blauware *f* ‖ ~**-green** *adj* / blaugrün *adj* ‖ ~ **green** / blaugrün *adj* (RAL 6004) ‖ ~ **grey** / blaugrau *adj* (RAL 7031) ‖ ~ **ground** / Blaugrund *m*
blueing *n* / Bläuen *n*, Bläuung *f*, Anbläuen *n* ‖ ~ / Bläuungsmittel *n* ‖ ~ **agent** / Bläuungshilfsfarbstoff *m* ‖ ~ **bath** / Blaubad *n*, Blaufärbebad *n* ‖ ~ **machine** / Bläuapparat *m* ‖ ~ **material** / Bläue *f*, Waschblau *n*
blueish *adj* s. bluish
blue jeans / Blue jeans *pl*, Bluejeans *pl* ‖ ~ **lilac** / blaulila *adj* (RAL 4005) ‖ ~ **mottle** / blau-weiß-fleckiger Musselin
blueness *n* / Blauheit *f*, Bläue *f*, blaue Färbung
blue printing / Blaudruck *m* ‖ ~ **prussiate** / Preußischblau *n*, Preußisch Blau *n*, Berliner Blau *n*, Pariser Blau *n*, Stahlblau *n* ‖ ~**-red** *adj* / blaurot *adj* ‖ ~ **resist** / Blaureserve *f* ‖ ~ **scale** / Blauskala *f*, Blaumaßstab *m* ‖ ~ **shade** / Blauton *m*, blauer Farbton ‖ ~ **sheen** / Blaustich *m* ‖ ~ **stone** / Kupfervitriol *n*, Kupfer-(II)-Sulfat-5-Wasser *n* ‖ ~ **tinge**, blue tint / Blaustich *m*
bluette *n* / Berufsköper *m*
blue vat / Blauküpe *f*, Weichküpe *f*, Vitriolküpe *f* ‖ ~ **verditer** / Bremer Blau *n*, Braunschweiger Blau, Kalkblau *n*, Neuwieder Blau ‖ ~ **vitriol** s. blue stone ‖ ~ **wool** / hochwertige Kreuzzuchtwolle
bluffed edges (sew) / ungesäumte Stoffkanten *f pl*, offene Stoffkanten *f pl*, Hohlkanten *f pl*
bluff link (knitt) / Sparrad *n*, Sparglied *n* ‖ ~ **piece** / Auslegeteil *n* ‖ ~ **plate** / Auslegeplatte *f* ‖ ~ **sinker** / blinde Platine ‖ ~ **slider** (knitt) / Nadelschieber *m* mit seitlichem Ansatz ‖ ~ **wheel** (knitt) / Sparrad *n*
bluing dyestuff / Bläuungsfarbstoff *m*
bluish *adj* / bläulich *adj*, blaustichig *adj* ‖ ~**-grey** *adj* / blaugrau *adj* ‖ ~**-livid** *adj* / fahlblau *adj* ‖ ~ **red** / Blaurot *n*, blaustichiges Rot ‖ ~ **tinge** / Blaustich *m* ‖ ~**-violet** *adj* / blauviolett *adj* ‖ ~ **white** / blauweiß *adj*
blunt *v* (the shade) / abstumpfen *v* (die Farbe)
blur *v* / verwischen *v* ‖ ~ *n* / Verschwommenheit *f*
blurred *adj*, blurry *adj* / verschwommen *adj*, verwischt *adj*, unscharf *adj*
blush *n* (dye) / anlaufen *n* ‖ ~ *n* (dye) / Anlaufen *n* ‖ ~ (on cotton) / Glanz *m*, Schein *m*
blushing *n* (colour) / Anlaufen *n*, Schleierbildung *f*
bluteau *n* (Fr) / Filtertuch *n*, Siebtuch *n*, Beutelgaze *f*
boa *n* / Boa *f* (langer, schmaler Schal aus Pelz oder Federn)
board *v* (hos) / formen *v*, auf Formen ziehen ‖ ~ *n* (hos) / Fixierform *f* ‖ ~ **decatizing** / Plattendekatur *f*
boarded heel (hos) / Preßferse *f*
boarder (hos) / Fixierform *f*
board frame / Verschlaggestell *n*
boarding (hos) / Formung *f*, Fixieren *n*, Strumpfformen *n*, Aufformziehen *n*, Plastifizieren *n* ‖ ~ **form** (hos) / Form für die Strumpfherstellung ‖ ~ **press** (dye,fin) / Spanpresse *f* ‖ ~ **shape** / Fixierform *f*
board pressing machine / Plattenpresse *f*
boardy handle / brettiger Griff, spröder Griff
boat neck (fash) / U-Boot-Ausschnitt *m*, Bootsdekolleté *n*, Boot-Dekolleté *n* ‖ ~ **roof covering fabrics** / Bootsverdeckstoffe *m pl* ‖ ~ **sail** / Segel *n* ‖ ~ **shuttle** / Großraumschützen *m*

bobbin *v* / aufspulen *v* ‖ ~ *n* (full) / Spule *f*, Garnträger *m*, (Voll)Fadenspule *f*, Bobine *f*, Wickelkörper *m*, Spinnkops *m* ‖ ~ (empty) / Hülse *f*, Garnträger *m* (leer) ‖ **conical** ~ / Kegelspule *f*, konische Spule, konische Kreuzspule, konische X-Spule ‖ **cross-wound** ~ / Kreuzspule *f* ‖ ~ **advance** / Spulenvorlauf *m* ‖ ~ **axle** / Bobinenwelle *f* ‖ ~ **bank** / Spulenstock *m* ‖ ~ **base** / Spulenfuß *m* ‖ ~ **bay** (warping) / Spulenfeld *n* (DIN 62500) ‖ ~ **board** / Spulenbrett *n*, Spulenteller *m* ‖ ~ **box** / Spulenkasten *m*, Spulenkorb *m* ‖ ~ **box support** / Lager *n* für den Spulenkasten ‖ ~ **brake** / Spulenbremse *f* ‖ ~ **butt** / Spulenfuß *m*, Spulenkopf *m* ‖ ~ **cage** / Spulenbett *n*, Spulenhalter *m* ‖ ~ **cap** / Ablaufkappe *f* (Fasern) ‖ ~ **carriage** / Wickeleinrichtung *f* ‖ ~ **carrier** / Spulenträger *m*, Spulenhalter *m*, Aufsteckspindel *f* ‖ ~ **carrier frame** / Spulengabel *f* ‖ ~ **case** / Spulenkapsel *f*, Unterfaden-Spulengehäuse *n* ‖ ~ **case** / Spulenhülse *f* ‖ ~ **case** (sewing machine) / Spulenschiffchen *n*, Rundschiff *n* ‖ ~ **case opener** (sew) / Kapsellüfter *m* ‖ ~ **case retainer** / Spulenkapselanhalter *m* ‖ ~ **case tension spring** / Spulenkapselspannungsfeder *f* ‖ ~ **catch** / Spulenfänger *m* ‖ ~ **centre rod** / Haltestift *m* am Spulenteller ‖ ~ **centrifuge** / Spulenzentrifuge *f* ‖ ~ **changer** / Spulenwechsler *m* ‖ ~ **changing automatic loom** / Spulenwechselvollautomat *m* ‖ ~ **circle** / Spulenkranz *m* ‖ ~ **cleaner** / Spulenreiniger *m* ‖ ~ **column** (dye) / Materialsäule *f* ‖ ~ **cover** / Spulendeckel *m* ‖ ~ **creel** / Spulengatter *n*, Kantergestell *n* ‖ ~ **creeler** / Spulenaufstecker *m* ‖ ~ **creeling** (warping) / Spulenaufstecken *n* ‖ ~ **cylinder** (weav) / Spulenwalze *f* ‖ ~ **damper** / Spulenbefeuchter *m*, Garnanfeuchter *m* ‖ ~ **diameter** / Spulendurchmesser *m* ‖ ~ **drawing** / Finisseur *m*, Frotteurstrecke *f*, Nitschelstrecke *f*, Würgelstrecke *f* ‖ ~ **drier** / Spulentrockner *m* ‖ ~ **drive** / Spulenantrieb *m* ‖ ~ **dyeing** / Spulenfärben *n* ‖ ~ **dyeing machine** / Spulenfärbemaschine *f* ‖ ~ **ejector** / Spulenauswerfer *m*
bobbinet *n* / Tüll *m*, Bobinet *m*, Spitzengrund *m* ‖ ~ / Bob[b]inet *m*, englischer Tüll, Tüll *m* aus Baumwolle ‖ ~ **and net lace machine** / Bob[b]inet-Tüll- und Bob[b]inet-Spitzenmaschine *f* ‖ ~ **fabric** / Bob[b]inetgewebe *n*, Bob[b]inetware *f* ‖ ~ **frame** / Bob[b]inetmaschine *f*, Tüllmaschine *f*, Bob[b]inetwebstuhl *m* ‖ ~ **frame with ten needles per inch** / Zehnpointsmaschine *f* ‖ ~ **loom** / Bob[b]inetstuhl *m*, Bob[b]inetwebstuhl *m* ‖ ~ **machine** / Bob[b]inetmaschine *f*, Tüllmaschine *f* für Baumwolle
bobbinette lace / Tüllspitze *f*
bobbin weaving / Tüllweberei *f* ‖ ~ **weaving** / Bob[b]inetweberei *f*, Tüllweberei *f*
bobbin feeder / Spulenaufstecker *m* ‖ ~ **feeler** / Spulentaster *m*, Spulenfühler *m* ‖ ~ **fining** / Schattenspitze *f*, Stickmaschinenspitze *f* ‖ ~ **flange** / Spulenscheibe *f*, Spulenrand *m*, Spulenflansch *m* ‖ ~ **for slubbing and roving** / Grobspule *f* ‖ ~ **frame** / Spulengestell *n*, Spulrahmen *m* ‖ ~ **frame** (warping) / Spulenfeld *n* (DIN 62500) ‖ ~ **gauge** / Hülsenlehre *f* ‖ ~ **gear** / Spulenrad *n* ‖ ~ **gripper** / Spulengreifer *m* ‖ ~ **groove** / Spulrille *f* ‖ ~ **hanger** / Hängespulenvorrichtung *f* ‖ ~ **head** / Spulenkopf *m* ‖ ~ **holder** / Spulenträger *m*, Aufsteckspindel *f*, Spulenhalter *m*, Spulengabel *f* ‖ ~ **holder cap** / Spulenträgerkappe *f* ‖ ~ **hook** / Spulenhalter *m* der Nähmaschine ‖ ~ **lace** / Klöppelspitze *f* ‖ ~ **lace lever** / Klöppelhebel *m* ‖ ~ **lace machine** / Klöppelspitzmaschine *f*, Klöppelmaschine *f* ‖ ~ **lace pattern** / Klöppelmuster *n* ‖ ~ **lace spindle** / Klöppelspindel *f* ‖ ~ **lace work** / Klöppelarbeit *f* ‖ ~ **lead** / Flyerspulenvoreilung *f* ‖ ~ **lead** / Spulenvorlauf *m*, Voreilen *n* der Spule ‖ ~ **length** / Spulenlänge *f* ‖ ~ **loader** / Spulenzuführvorrichtung *f* ‖ ~ **loading**, bobbin loader / Spulenzuführung *f* ‖ ~ **loop** /

Bologna

Unterfadenschlaufe f ‖ ~ **machine** / Spulenmaschine f ‖ ~ **magazine** / Spulenmagazin n ‖ ~ **net** s. bobbinet;n. ‖ ~ **net frame** (knitt) / Netzwirkstuhl m ‖ ~ **net machine** / Netzknüpfmaschine f ‖ ~ **of carded yarn** / Krempelgarnspule f ‖ ~ **of filling yarn** (US) / Schußgarnspule f ‖ ~ **of the bar loom** / Bandrolle f ‖ ~ **of weft yarn** (GB) / Schußgarnspule f ‖ ~ **operator** / Spuler m, Spulerin f ‖ ~ **peg** / Spulenhaltestift m, Spulenstift m ‖ ~ **plate** / Spulentragplatte f ‖ ~ **quilling** / Baumwolltüll m für Rüschen ‖ ~ **rail** (on roving frame) / Spulenbank f, Spulenwagen m, Spulentisch m ‖ ~ **setter** / Spulenaufstecker m ‖ ~ **shaft** / Spulenträgerarm m ‖ ~ **shelf** / Spulenbett n ‖ ~ **skewer** / Aufsteckspindel f ‖ ~ **skip** / Spulenkorb m ‖ ~ **soaker** / Spulendurchnässer m ‖ ~ **spinning** / Spulenspinnverfahren n ‖ ~ **spinning machine** / Spulenspinnmaschine f ‖ ~ **sprinkler** / Spulenbefeuchter m ‖ ~ **stand** / Spulengestell n, Spulenständer m, Spulenbrett n ‖ ~ **storage box** / Spulenmagazin n ‖ ~ **stripper**, bobbin stripping machine / Spulenreiniger m, Hülsenreinigungsmaschine f ‖ ~ **support axle** / Spulenhalterachse f ‖ ~ **support shaft** / Tragwelle f des Spulengestells ‖ ~ **table** s. bobbin stand ‖ ~ **tension** / Spulenspannung f ‖ ~ **thread** / Unternähfaden m, Spulenfaden m ‖ ~ **thread tension** / Unterfadenspannung f ‖ ~ **transport** / Spulenbeförderung f ‖ ~ **trolley** / Spulenwagen m ‖ ~ **truck** / Spulenwagen m ‖ ~ **tube** / Spulenhülse f ‖ ~ **waste** / Fadenrest m ‖ ~ **wheel** / Spulrad n ‖ ~ **winder** / Spuler m, Kopsspulmaschine f ‖ ~ **winder pulley** / Rolle f des Spulers ‖ ~ **winding** / Spulenbewicklung f ‖ ~ **winding machine** / Spulautomat m, Spulmaschine f ‖ ~ **winding process** / Spulprozeß m für Kreuzspulen ‖ ~ **work** / Spularbeit f ‖ ~ **yarn** / Spulengarn n
bobbysocks pl (US) / Knöchelsocken f pl
bocasin n / feine Flachsleinwand
bocking n / Kalkwasserbleiche f, Wollbodenbelag m
BOD (s. biochemical oxygen demand) ‖ ≙ (biochemical oxygen demand) / BSB (biochemischer Sauerstoffbedarf)
bodging n (of knit goods) / nachlässiges Stopfen von Strickwaren
bodice n (fash) / Mieder n, Corsage f, Leibpartie f, Leibchen n ‖ ~ (US) / Taille f am Kleid ‖ ~ **front** / Bluseneinsatz m
bodied linseed oil / Standöl n, Dicköl n
bodkin n / Schnürnadel f, Durchziehnadel f ‖ ~ / Ahle f
body v / Körper geben, füllend wirken, eindicken v ‖ ~ n (gen,chem) / Körper m ‖ ~ (hatm) / Fach n, Stumpen m ‖ ~ (weav) / Schluß m ‖ ~ (cpt) / gemusterte Auslegeware, Rollenware f ‖ ~ (tights) (hos) / Oberteil n ‖ ~ (firmness) / Kernigkeit f, Stand m, Substanz f ‖ ~ (of a fabric) / Substanz f ‖ ~ **and border** (cpt) / Fond-Musterung und Bordüre f ‖ ~ **and border** (cpt) / Spannteppich m mit angenähter Borde ‖ ~ **belt** / Leibgurt m, Leibbinde f ‖ ~ **briefer** / formendes Hosenkorselett ‖ ~ **carpet** / gemusterte Auslegeware ‖ ~ **cloth** / Pferdedecke f, Schabracke f, Untersatteldecke f ‖ ~ **coat paste** / Haftstrichpaste f ‖ ~ **colour** / Deckfarbe f ‖ ~ **fabric machine** / Großrundstrickmaschine f ‖ ~ **heat** / Körperwärme f ‖ ~ **length** / abgepaßte, unfertige Warenlänge ‖ ~ **linen** / Leibwäsche f, Wäscheartikel m ‖ ~ **machine** (knitt) / Leibweitenmaschine f ‖ ~ **of slider** (zip) / Schieberkörper m ‖ ~ **portions** (of garment) / Vorder- und Rückenteile von Kleidungsstücken m pl ‖ ~**-press** v / formbügeln v ‖ ~ **size plain circular knitting machine** / einfonturige Leibweitenrundstrickmaschine f
bodystocking n / hauchdünnes Hosenkorselett, das hauteng anliegt
bodysuit n / Bodysuit m (körpernaher Anzug)

body·-up v / nachdicken v ‖ ~ **warmer** / Bauchbinde f ‖ ~ **width** / Leibweite f ‖ ~**-width articles** / Leibweitenware f
bogners pl (US) / Skihose f
Bohemian lace / Böhmische Bandspitze ‖ ≙ **mangle** / Böhmische Mangel
bohrware n / Lochstickerei f, Madeirastickerei f
boi n / Boi m, Boy m, Billardtuch n, Billardfilz m
boil v / kochen v, sieden v ‖ ~ n / Kochung f ‖ **at the** ~ / bei Kochtemperatur ‖ ~ **down** / einkochen v, verdicken v
boiled lawn / abgekochter Linon ‖ ~ **linen** / abgekochtes Leinen ‖ ~ **linen yarn** / abgekochtes Leinengarn ‖ ~**-off liquor** / Bastseifenlösung f, Seidenleimlösung f ‖ ~**-off silk** / entbastete Seide, Cuiteseide f ‖ ~ **shirt** (US) / steifes Hemd
boiler n / Kessel m ‖ ~ (dye) / Küpe f ‖ ~ **compound** / Kesselsteinlösemittel n ‖ ~ **disincrustant** / Kesselsteinlösemittel n ‖ ~ **scale** / Kesselstein m ‖ ~ **suit** / Monteuranzug m ‖ ~ **suit** (fash) / Latzhose f
boilfast adj / waschecht adj, kochecht adj, kochfest adj
boiling n / Kochen n, Sieden n ‖ ~ (of wool) / Naßdekatur f, Pottingen n ‖ ~ adj / kochend adj, siedend adj ‖ **treat at** ~ **point** / kochend behandeln ‖ ~ **agent** / Abkochmittel n ‖ ~ **and setting machine** / Koch- und Fixiermaschine f ‖ ~ **apparatus** / Abkochapparat m ‖ ~ **deterioration inhibitor** / Verkochungsschutzmittel n ‖ ~ **down** / Einkochen n, Konzentrieren n ‖ ~ **[out] in lye** / Beuchen n ‖ ~ **kier** / Kochkessel m, Beuchkessel m ‖ ~ **liquor** / kochendes Behandlungsbad ‖ ~ **off** / Abkochen n ‖ ~ **off** (the gum) (silk) / Entbasten n, Degummieren n, Abkochen n, Entschälen n ‖ ~**-off auxiliary** / Abkochhilfsmittel n ‖ ~**-off bath** (silk) / Entschälbad n, Entbastungsflotte f
boiling-off liquor / Abkochflotte f
boiling·-off loss (dye) / Abkochverlust m ‖ ~ **point** / Siedepunkt m, Kochpunkt m ‖ ~ **process** / Abkochprozeß m ‖ ~ **range** (dye) / Siedebereich m ‖ ~ **shrinkage** / Kochschrumpf m ‖ ~ **soda fastness** / Sodakochechtheit f ‖ ~ **stones** / Siedesteinchen n pl ‖ ~ **temperature** / Siedetemperatur f ‖ ~ **test** / Kochprobe f, Kochprüfung f ‖ ~ **time** / Kochzeit f ‖ ~ **under pressure** / Druckkochen n ‖ ~ **water** / Kochwasser n
boil·-off n / Prozentsatz m wasserlöslicher Bestandteile ‖ ~ **off** (silk) ‖ ~ **off** (dye) / abklären v ‖ ~ **off** / eindicken v ‖ ~ **off a second time** (silk) / repassieren v ‖ ~**-off machine** / Abkochapparat m ‖ ~ **off the gum** / entbasten v, degummieren v, entschälen v ‖ ~ **off with soap** (silk) / purgieren v ‖ ~ **out** / auskochen v, abbrühen v ‖ ~ **out in lye** / beuchen v ‖ ~ **point** / Siedepunkt m, Kochpunkt m
boilproof adj, boil-resistant adj / kochfest adj, kochecht adj, verkochungsbeständig adj
boil test / Kochprobe f, Kochprüfung f ‖ ~ **up on the feed pipe** / aufkochen am Stechrohr
boiteux (Fr) / zweifarbige Bänder n pl
Bokhara (Turkestan handmade carpet) / Bokhara m, Buchara m ‖ ≙ **cotton** / Buchara-Baumwolle f ‖ ≙ **rug** / Buchara-Teppich m
bola fibre / indische Eibischfaser
bolero n / Bolero m, Bolerojäckchen n
bole-stained cotton / braungefleckte Baumwolle
bolivar n / Bolivar-Wollflanell m ‖ ~ **county cotton** / eine Louisiana-Baumwolle
boll n / Samenkapsel f, Bollen m
bollies cotton / Baumwolle, aus kleinen Kapseln gewonnen f
boll rot / Baumwollkapsel-Fäule f ‖ ~ **weevil** / Samenkapselkäfer m, Kapselkäfer m ‖ ~ **worm** / Baumwollkapselwurm m, Kapselraupe f
Bologna crepe / Bologna-Trauerkrepp m ‖ ≙ **gauze** / Bologna-Seidengaze f ‖ ≙ **hemp** / Bologneserhanf m ‖

⤺ **machine** / Bolognarundkettenwirkmaschine *f*, Bolognamaschine *f*
bolsa bagging / argentinische Sackleinwand
bolster *n* / Kopfpolster *n*, Polster *n*, Kissenunterlage *f* ‖ ~ (spinn) / Spindelhalslager *n* ‖ ~ **case** / Kissenüberzug *m*
bolstered chair / Polstersessel *m*
bolstering *n* / Auspolstern *n*, Polstern *n*
bolster rail / Spulenbank *f*
bolt *v* / sieben *v* ‖ ~ *n* (of fabric) / Stücklänge *f*
bolter *n* / Siebtuch *n*
bolting cloth / Filtertuch *n*, Beuteltuch *n*, Siebtuch *n*, Müllergaze *f* ‖ ~ **silk** / Seidensiebtuch *n*, Müllergaze *f*
Bolton counts / Bolton-Baumwollgarne *n pl* ‖ ⤺ **reed count** / Bolton-Blattnumerierung *f* ‖ ⤺ **sheeting** / Bolton-Baumwollköper *m*
bolt rope / Liek *n*, Segelsaum *m* ‖ ~ **yarn** / Segelgarn *n*
bombasic shade / strohfarbene Nuance
bombasin[e] *n* s. bombazin[e]
bombax *n* / Wollbaum *m*, Seidenwollbaum *m* ‖ ~ **cotton** / Bombaxwolle *f* ‖ ~ **fibre** / Wollbaumfaser *f*, Bombaxfaser *f*, Bombaxwolle *f*
Bombay aloe fibre / Bombay-Aloehanffaser *f* ‖ ⤺ **hemp** / Bengalischer Hanf, Sunnhanf *m*, Ostindischer Hanf, Bombayhanf *m* (Crotalaria juncea) ‖ ⤺ **twill** / ein Jutedrell
bombazin[e] *n* (twilled dress material of worsted, or of silk or cotton with worsted weft, formerly much used for mourning) / Bombasin *m*
bombe *n* (Fr) / hervortretende Kleiderstickerei
bomber jacket (fash) / Blouson *n m*
bombycine *n* / leichtes Seidengewebe (aus China und Japan)
bombyx fibre / Bombyxfaser *f* ‖ ~ **mori** / Maulbeerspinner *m*, Seidenspinner *m*
bond *v* / verkleben *v*, zusammenleimen *v*, binden *v* ‖ ~ (nwv) / verfestigen *v* ‖ ~ *n* / Verklebung *f* ‖ ~ (chem) / Bindung *f*
bondable top coat (ctg) / verklebbarer Deckstrich
bond between substrate and dyestuff / Substrat-Farbstoff-Verbindung *f* ‖ ~ **breaking** / Auflösen *n* der chemischen Verbindung ‖ ~ **dissociation energy** / Spaltungsenergie *f*
bonded fabric / kaschiertes Gewebe ‖ ~ **fabric** (nwv) s. bonded fibre fabric ‖ ~ **fibre fabric** (nwv) / Vliesstoff *m*, Faserverbundstoff *m*, Textilverbundstoff *m*, Faservlies *n*, Vliesfolie *f* ‖ ~ **loop carpet** / Klebnoppenteppich *m* ‖ ~ **mat** / Bindermatte *f*, Faserfilz *m* ‖ ~ **net** (nwv) / Klebenetz *n* ‖ ~ **nonwoven** / gebondetes Vlies ‖ ~ **pile carpet** / Klebpolteppich *m* ‖ ~ **pile double carpet** / Klebpoldoppelteppich *m* ‖ ~ **rug** / Teppich *m* mit aufgeklebtem Flor ‖ ~ **textiles** *pl* / gebondete Textilien *pl*, kaschierte Stoffe *pl* ‖ ~ **web** / gebondetes Faservlies ‖ ~ **yarn fabric** / Fadenverbundstoff *n*
bond energy / Bindeenergie *f*
bonding *n* / Binden *n*, Verbinden *n* ‖ ~ (lam) / Kaschieren *n* ‖ ~ (nwv) / Verkleben *n*, Verfestigung *f* ‖ ~ **agent** / Haftmittel *n*, Klebemittel *n* ‖ ~ **agent** (nwv) / Vliesverfestiger *m*, Vliesbinder *m* ‖ ~ **area** (nwv) / Klebstelle *f* ‖ ~ **chemicals** / Textilbindemittel *n pl* ‖ ~ **coat paste** / Haftstrichpaste *f* ‖ ~ **medium** / Bindemittel *n* ‖ ~ **of rubber to textiles** / Gummi-Textil-Verbindung *f* ‖ ~ **of shell fabrics to interlinings** (making up) / Fixieren *n* von Oberstoffen an Einlagen mittels Schmelzkleber ‖ ~ **point** (nwv) / Bindepunkt *m* ‖ ~ **power** / Bindefähigkeit *f* ‖ ~ **process** (nwv) / Vliesverfestigung *f* ‖ ~ **spinning** / Kleb-Spinnverfahren *n* ‖ ~ **strength** / Bindefestigkeit *f*, Haftfestigkeit *f*, Klebfestigkeit *f*, Klebkraft *f* ‖ ~ **strip** / Bindestreifen *m* ‖ ~-**wedge hand welder** (open) / Heizkeil-Handschweißgrät *n* ‖ ~ **zone** (nwv) / Verfestigungsstrecke *f*
bone *n* (foundation garments) / Bügel *m* ‖ ~ **ash** / Knochenasche *f* ‖ ~ **black** / Knochenkohle *f*,

Beinschwarz *n* ‖ ~ **bobbin** / Klöppel *m*, Klöppelgarnträger *m* ‖ ~ **coal** / Knochenkohle *f*
boned *adj* / auf Stäbchen gearbeitet
bone·**-dry** *adj* / vollkommen trocken, absolut trocken, atro *adj* ‖ ~ **glue** / Knochenleim *m* ‖ ~ **lace** / Klöppelspitze *f* ‖ ~ **lace work** / Klöppelarbeit *f*
bonnaz embroidery (embroidery where operator can guide handle to follow any design he wishes) / Bonnaz-Maschinenstickerei *f*
bonnet *n* (fash) / Haube *f* ‖ ~ / Abschlußkappe *f* am Spulengestell ‖ ~ / Babymütze *f* ‖ ~ **cotton** / Tapezierzwirn *m* ‖ ~ **wool** / Wolle *f* von Kopf und Hals des Schafes
bony cotton / Baumwolle *f* mit natürlicher Drehung
book *n* (of silk) / asiatisches Rohseidenbündel
bookbinder's cloth / Buchbinderleinen *n*, Einbandgewebe *n*, Buchgewebe *n*, Buchbindereinbandstoff *m* ‖ ~ **thread** / Buchbinderzwirn *m*
book binding / Buchbinden *n* ‖ ~ **binding** / Bucheinband *m* ‖ ~ **cloth** / Buchbinderleinen *n*, Einbandgewebe *n*, Buchgewebe *n*, Buchbindereinbandstoff *m* ‖ ~ **cover** / Bucheinband *m* ‖ ~ **fold** (clothm) / buchförmiges Falten ‖ ~ **form in an open vat** / Buchform *f* auf offener Kufe ‖ ~ **linen** / Buchbinderleinen, Einbandleinen *n* ‖ ~ **muslin** / Buchbindermusselin *m*
boon *n* (of flax or hemp) / Schäbe *f*
booster *n* (of detergent) / Verstärker *m* ‖ ~ (steamer) / Booster *m*
boot *n* / Stiefel *m* ‖ ~ (hos) / Strumpfbein *n* ‖ ~ **duck** / Duck *m* für Gummistiefel
bootee *n* / Damenüberschuh *m* ‖ ~ / gestrickter Babyschuh
boot lace / Schnürsenkel *m* ‖ ~ **lining** / Stiefelfutterstoff *m* ‖ ~ **sock** / Bundhosenstrumpf *m* ‖ ~ **socks** / dicke Socken *f pl*
boracic acid s. boric acid
borate *n* / Borat *n* (Salz oder Ester der Borsäure)
borax *n* / Borax *m* (Natriumtetraborat-Dekahydrat)
borde *n* (Fr) (cpt) / Bordüre *f*
bordeaux *adj* / bordeauxrot *adj*, bordo *adj*, weinrot *adj*
border *v* / einfassen *v*, besetzen *v*, rändern *v* ‖ ~ *n* / Rand *m*, Einfassung *f*, Randverzierung *f*, Borde *f* ‖ ~ (cpt) / Bordüre *f* ‖ ~ / Borte *f*, Börtchen *n* ‖ ~ **basting machine** / Kantenheftmaschine *f* ‖ ~ **circular knitting machine** / Leistenrundstrickmaschine *f*
bordered carpet / abgepaßter Teppich ‖ ~ **carpet with large repeats** / abgepaßter Großrapport-Teppich ‖ ~ **design** / Muster *n* mit Randeinfassung, Muster *n* mit Borde, abgepaßtes Muster ‖ ~ **fabric** / Bordürengewebe *n*, abgepaßtes Gewebe (auf bestimmten Raum symmetrisch gemusterte Stoffe, z.B. Halstücher)
border guide (sew) / Bortenführungsvorrichtung *f* ‖ ~ **hem** / Bordürenleiste *f*
bordering *n* (sew) / Garnierung *f*, Bordüre *f*, Kante *f*
border machine (knitt) / Kantenstrickmaschine *f*, Einfaßmaschine *f* ‖ ~ **pattern** / Bordürenmuster *n* ‖ ~ **sewing attachment** / Bordierapparat *m* ‖ ~ **strip** / Umrandung *f* ‖ ~ **ties** *pl* (weav) / Harnischrand *m*
bordure *n* (Fr) / Bordüre *f*
bore formation (weav) / Nestbildung *f*
boric acid / Borsäure *f* (Orthoborsäure, Trioxoborsäure H_3BO_3)
boron *n* / Bor *n* ‖ ~ **compound** / Borverbindung *f* ‖ ~ **fibre** / Borfaser *f* ‖ ~ **hydride** / Borwasserstoff *m*, Borhydrid *n* ‖ ~ **hydrofluoric acid** / Borfluorwasserstoffsäure *f* ‖ ~ **nitride fibre** / Bornitridfaser *f* ‖ ~ **trichloride** / Bortrichlorid *n*
Bosnia rug / bosnische Wolldecke
Boston leno / Boston-Drehergewebe *n* ‖ ⤺ **net** / Boston-Marquisette *f*
Botah-Khila *n* (Caucasian hand-knotted carpet) / Bohta-Chila *m*
Botany fabrics / Botany-Gewebe *n pl* ‖ ⤺ **noils** / Wollkämmlinge *m pl* erster Qualität ‖ ⤺ **serge** /

Botanyserge f, Merinowollserge f ‖ ⁓ **twill** /
Botanyköper m ‖ ⁓ **wool** / australische Wollsorte feinster Qualität, Botanywolle f ‖ ⁓ **worsted weft** / Zwirnkette f aus Merinowolle ‖ ⁓ **yarn** / Botanygarn n
both-side printing / beidseitiger Druck
bott hammer / Flachsbrechhammer m
bottle bobbin / Flaschenhülse f (DIN 61805), Flaschenspule f (DIN 61800) ‖ ⁓ **bobbin winding machine** / Flaschenspulmaschine f ‖ ⁓**-green** adj / flaschengrün adj (RAL 6007), dunkelgrün adj ‖ ⁓**-nosed bobbin** / Flaschenspule f (DIN 61800) ‖ ⁓ **package** / Flaschenspule f (DIN 61800) ‖ ⁓**-shaped bobbin** / Flaschenspule f (DIN 61800) ‖ ⁓**-shaped bobbin winding frame** / Flaschenspulautomat m
bottom v (text pr) / grundieren v, vorfärben v, vordecken v ‖ ⁓ (bleach) / vorwaschen v ‖ ⁓ (dye) / vorbeizen v ‖ ⁓ n (text pr) / Boden m, Fond m, Grund m ‖ ⁓ (of the warp) / Unterfach n ‖ ⁓ (of the loop) (knitt) / Maschenspitze f ‖ ⁓ **apron** (spinn) / Unterriemchen n (DIN 64050) ‖ ⁓ **apron drafting element** (spinn) / Unterriemchenstreckwerk n (DIN 64050) ‖ ⁓ **apron guidance** (spinn) / Unterriemchenführung f (DIN 64050) ‖ ⁓ **apron roller of drafting arrangement** / Riemchenunterwalze f des Streckwerks (DIN 64050) ‖ ⁓ **board** (Jacquard) / Platinenboden m, Platinenbrett n ‖ ⁓ **box** / Mulde f ‖ ⁓ **clearer board of drafting arrangement** / unteres Putzbrett des Streckwerks (DIN 64050) ‖ ⁓ **cloth** / Unterware f ‖ ⁓ **cover** (dye) / Grundabdeckung f ‖ ⁓ **cover** (blanket production) / Grunddecke f ‖ ⁓ **dyeing** / Fondfärbung f, Grundfärbung f ‖ ⁓ **edge turned up** / von unten umgebugt ‖ ⁓ **feed roller** (drafting arrangement) / Eingangsunterwalze f (DIN 64050) ‖ ⁓ **felt** / Unterfilz m ‖ ⁓ **folder** / Untertafler m ‖ ⁓ **hair** / Unterhaar n ‖ ⁓ **hemming** (sew) / Säumen n der Unterkante
bottoming n (dye) / Grundierung f, Vorfärben n (vor dem Überfärben) ‖ ⁓ (bleach) / Vorwäsche f ‖ ⁓ (mordant) / Vorbeizen n ‖ ⁓ **agent** / Grundierungsmittel n ‖ ⁓ **bath** / Grundierfärbebad n, Grundierbad n ‖ ⁓ **dyestuff** / Grundierfarbe f ‖ ⁓ **with tin** / Zinngrundierung f
bottom knife / Untermesser n (DIN 64990) ‖ ⁓ **lattice** (spinn) / Bodenlattentuch n ‖ ⁓ **loop** / Unterschlinge f ‖ ⁓ **mixture** (ctg) / Grundieransatz n ‖ ⁓ **mordant** / Vorbeize f ‖ ⁓ **padding roller** / untere Klotzwalze f ‖ ⁓ **print** / Untergrund m, Vordruck m ‖ ⁓ **roll** / Unterwalze f ‖ ⁓ **roll[er]** (drawing frame) / Riffelzylinder m ‖ ⁓ **roller** / Unterwalze f ‖ ⁓ **roller of drafting arrangement** / Unterwalze f des Streckwerks (DIN 64050) ‖ ⁓ **shade** / Untergrund m, Grundton m, Fondfarbton m ‖ ⁓ **shed** / Tieffach n ‖ ⁓ **shedding dobby** (weav) / Tieffachmaschine f ‖ ⁓ **shedding machine** (weav) / Tieffachmaschine f ‖ ⁓ **shot**, bottom shoot (weav) / Einschnittschuß m, Grundschuß m ‖ ⁓ **spacer shaft** (in sewing machine) / untere Verbindungsstange ‖ ⁓ **stop** (of slide fastener) (zip) / unteres Endstück, unteres Reißverschlußendstück ‖ ⁓ **thread** / Unterfaden m ‖ ⁓ **twist-wheel** / Unterzwirnrad m ‖ ⁓ **warp** (cpt) / Unterkette f ‖ ⁓ **weft** (cpt) / Unterschuß m ‖ ⁓ **with vat dyes** / vorküpen v
boucassin n / französischer Futterkanevas
bouchon n (Fr) / Verdickung f im Seidenfaden
bouclé n / Bouclé m, Bouclégewebe n ‖ ⁓ **carpet** / Bouclétteppich m, Kräuselteppich m ‖ ⁓ **fabric** / Bouclégewebe n ‖ ⁓ **ply yarn** / Bouclézwirn m
bouclette n / feinfädiger Bouclé
bouclé yarn / Bouclégarn n, Schlingeneffektgarn m ‖ ⁓ **yarn** / Bouclé n
bouffant adj (Fr) / bauschig adj
bouillonne n (Fr) / Zusammenziehen n, Fältchenbildung f
bounce n (in weaving) / Rückprall m (an der Webmaschine)
bouncy adj (yarn) / sprungelastisch adj
boundary layer / Grenzschicht f

bound buttonhole / paspeliertes Knopfloch ‖ ⁓ **curves** (sew) / wellenförmige Ränder mit Schrägbandeinfassung m pl ‖ ⁓ **edge** (sew) / Einfaßkante f ‖ ⁓ **pocket** / Paspeltasche f ‖ ⁓ **seam** (sew) / eingefaßte Naht, Einfaßnaht f ‖ ⁓ **skein** (spinn) / Gebindestrang m ‖ ⁓ **slit opening** / eingefaßter Schlitz, paspelierter Schlitz ‖ ⁓ **water** / gebundenes Wasser
bouracan n (thin muslin) / Barakan m
bourdon n / Bourdon-Spitze f
bourette fabric / Bourette-Gewebe n ‖ ⁓ **silk** / Bourette-Seide f ‖ ⁓ **[silk] yarn** / Bourette-Seidengarn n ‖ ⁓ **spinning** / Bourette-Spinnerei f ‖ ⁓ **twist** (silk) / Bourette-Zwirn m
bourre de soie (Fr) / Filoseide f, Stickseide f
bourrelet knitted fabric / Bourreletmaschenware f
bout (knitt) / Gang m
boutonniere point / Handspitze f mit Knopflochstich
boven hat / Bovenhut m
bow v (hatm) / fachen v ‖ ⁓ n / Schleife f ‖ ⁓ (hatm) / Fachbogen m ‖ ⁓ (defect) / bogiger Schuß
bowed effect (weav) / Schußgarnverzug m ‖ ⁓ **fabric** / schußverzogenes Gewebe ‖ ⁓ **filling** (defect) / Bogenschuß m ‖ ⁓ **selvedge** / Bogenleiste f ‖ ⁓ **weft adjuster** / Bogenverzugsrichter m (DIN 64990)
bower n (hatm) / Facher m
bow expander roller / gewölbte Ausbreiterwalze
bowing n (defect) / Verziehen n des Gewebes, Verkrümmen n des Gewebes, Bogenverzug m
bowk v / beuchen v
bowking n / Beuchen n, Kalkwasserbleiche f
bowler hat / Melone f
bowl grinding machine / Walzenschleifmaschine f
bow⸗-shaped splicing (hos) / bogenförmige Sohle ‖ ⁓ **straightener** / Bogenschußgleichrichter m
bowstring n / Bogensehne f ‖ ⁓ **hemp** / Bogenhanf m
bow-tie n (fash) / Fliege f, Smokingschleife f
box v (sew) / Karo auf Ärmelschlitzbesätzen nähen ‖ ⁓ n (gen) / Kasten m ‖ ⁓ (vat) / Kufe f ‖ ⁓ (of slide fastener) / Hauptkörper m (eines teilbaren Reißverschlusses) ‖ ⁓ (of washer, e.g. eight-box washer) / Abteil n ‖ ⁓ (fitted with rollers) / Rollenkufe f
boxback n / Schützenkasten-Rückseite f
box bale / Kastenballen m ‖ ⁓ **change repeat** / Wechselrapport m ‖ ⁓ **cloth** / verdichter Melton ‖ ⁓ **coat** (fash) / loser, gerade geschnittener Mantel ‖ ⁓ **drying** / Kammertrocknung f ‖ ⁓ **drying machine** / Kastentrockner m ‖ ⁓**-dyed** adj / im Strang gefärbt ‖ ⁓ **dyeing machine** / Kastenfärbeapparat m
boxer shorts / Herren-Shorts pl
boxing stop motion / Schützenkastenwächter m, Schützenwächter m
box jacket (fash) / Kastenjacke f ‖ ⁓ **loader** / Kastenlader m ‖ ⁓ **loader loom** / Magazinwebautomat m ‖ ⁓ **loom** / Wechselstuhl m, Steigkastenwebmaschine f ‖ ⁓ **motion** / Kastenwechsel m, Kastenbewegung f, Ladenwechsel m ‖ ⁓ **of tricks** (spinn) / Differentialwickler m ‖ ⁓ **pleat** / Quetschfalte f, Kellerfalte f ‖ ⁓ **roller** / Wickeltragkörper m (DIN 64990) ‖ ⁓ **spinning frame** / Dosenspinnmaschine f (DIN 64100) ‖ ⁓ **spring mattress** / Federkernmatratze f
boxspun yarn / Zentrifugengarn n
box trough / Farbtrog m, Farbbehälter m ‖ ⁓ **truck** / Spulenwagen m, Spulenkarren m
boxy jacket / geradefallende Jacke, taillenlose Jacke
boy n (flannel) / Boy m, Boi m, Billardtuch m
boyau n (ply cotton yarn of high twist) / Boyau n
boy⸗-leg brief / Miederhose f in Pagenform ‖ ⁓**-leg panty** / Pagenschlüpfer m, Boy-Slip m
boy's cap / Knabenmütze f ‖ ⁓ **suit** / Knabenanzug m ‖ ⁓ **wear** / Knabenbekleidung f
bra n / Büstenhalter m, BH m
Brabançon lace / Brüsseler Spitze
Brabant n / belgischer Kanevas ‖ ⁓ **lace** / Brüsseler Spitze ‖ ⁓ **linen** / Genter Leinwand

brace fabric / Hosenträgergewebe n
braces pl / Hosenträger m
brace web / Trägerschmalgewebe n
Bradford lustre fabrics / Bradford-Glanzwaren f pl ‖
 ~ **open drawing** / Bradford-Streckverfahren n ‖
 ~ **spinning** / Bradford-Spinnverfahren n ‖ ~**-spun yarn**
 (wet-spun with an oil emulsion) / nach dem Bradford-
 Spinnverfahren hergestelltes Garn ‖ ~ **stuffs** / feine
 Kammgarnkleiderstoffe aus Bradford ‖ ~ **system** /
 Bradford-Kammgarn-Spinnverfahren n, Bradford-
 Spinnverfahren n ‖ ~ **treading motion** / Weben n am
 Exzenterstuhl ‖ ~ **twill** / Bradford-Zanella m ‖
 ~ **worsted count** / englische Kammgarnnumerierung
bragg long staple / amerikanische Baumwollstapel
Bragg's law / Braggsches Gesetz ‖ ~ **spectrometer** /
 Bragg-Spektrometer n, Braggsches Spektrometer
braid v / flechten v, mit Borten besetzen, paspeln v ‖ ~ n
 / Borte f, Litze f, Flechte f, Einfaßborte f, Tresse f,
 Paspel f, Geflecht n ‖ ~ **design** / Flechtmuster n
braided adj / geflochten adj, verflochten adj ‖ ~ **cord** /
 geschlagene Leine ‖ ~ **fabrics** / Doppelgewebe n pl in
 Flechtmuster ‖ ~ **floorcovering** (cpt) / geflochtener
 Teppich ‖ ~ **glass tube** / Textilglas-Flechtschlauch m
 (DIN 61850) ‖ ~ **goods** / Flechtware f, Flechtartikel m
 pl ‖ ~ **lace** / Schnürband n ‖ ~ **loom** / Bortenstuhl m ‖
 ~ **rope** / geflochtenes Seil ‖ ~ **rug** / (runder)
 Flechtteppich m ‖ ~ **twill weave** / geflechtähnliche
 Köperbindung
braid embroidery / Bändchenstickerei f
braider n / Flechtmaschine f ‖ ~ **bobbin** / Flechtspule f,
 Klöppelspule f
braiding n / Litzenbesatz m, Litze f, Borte f, Geflecht n,
 Flechten n ‖ ~ **carrier** / Flechtspulenträger m ‖
 ~ **device** (sew) / Litzenaufnäher m ‖ ~ **fibres** /
 Geflechtsfasern f pl ‖ ~ **industry** / Flechtindustrie f ‖
 ~ **lace machine** / Klöppelspitzenmaschine f ‖
 ~ **machine** / Flechtmaschine f, Litzenmaschine f ‖
 ~ **machine carrier** / Flechtgutträger m der
 Flechtmaschine ‖ ~ **work** / Flechtarbeit f ‖ ~ **yarn** /
 Flechtgarn n
braid lace / Flechtspitze f, Besatzspitze f ‖ ~ **plaiting**
 machine / Litzenflechtmaschine f ‖ ~ **stitch** / Zopfstich
 m ‖ ~ **twill** (weav) / Flechtköper f ‖ ~ **weaving** /
 Bortenweberei f ‖ ~ **wool** / Glanzwolle f
brake v / brechen v (den Flachs) ‖ ~ n / Flachsbreche f,
 Handbreche f ‖ ~ **the warp beam** / den Kettbaum
 bremsen ‖ ~ **weight for warp beam of silk weaving**
 loom / Kettbaum-Bremsgewicht n für
 Seidenwebmaschine (DIN 64539)
braking shaft (knitt) / Bremsstab m
bran n / Kleie f ‖ ~ **bags** / Jutesackleinwand f ‖ ~ **bath** /
 Kleienbad n
branched aliphatic hydrocarbon / verzweigter
 aliphatischer Kohlenwasserstoff ‖ ~ **aromatic**
 hydrocarbon / verzweigter aromatischer
 Kohlenwasserstoff ‖ ~ **chain molecule** / offenes
 verzweigtes Molekül ‖ ~ **fibre** / verzweigte Faser ‖
 ~ **polymer** / verzweigtes Polymer[es], verzweigtes
 Polyamid
brand v / markieren v, brandmarken v ‖ ~ n / Marke f
brandenburgs pl / Uniformverschnürung f
branning n / Behandeln n mit Kleienbeize
bran vat / Kleienküpe f
bra-shirt n / Bra-Shirt n, Büstenhalter-Hemd n
brasilin n / Brasilin n
bra-slip n / Unterkleid n mit Büstenteil, Unterrrock m mit
 eingearbeitetem Büstenhalter
brasovian n / rumänischer Wollstoff
brass beetle shade / goldkäferfarbig adj ‖ ~ **bobbin** /
 flache Spule ‖ ~ **bobbin yarn** / starkes Spitzengarn ‖
 ~ **doctor** (ctg) / Messingrakel f
brassiere n / Büstenhalter m ‖ ~ **cloth** / Büstenhalterstoff
 m, Korsettstoff m ‖ ~ **cup** / Büstenkörbchen n ‖ ~ **net** /
 Büstenhaltertüll m

brat n / allgemeine Bezeichnung für gröbere
 Kleidungsstücke
brattice cloth / technisches Gewebe für Scheidewände,
 Schachtscheidestoff m ‖ ~ **drier** / Siebbandtrockner m
braying n / Reinigung f der Wollstoffe
brazen yellow adj / messinggelb adj
Brazilian bags pl / Juteköper m für Reissäcke ‖ ~ **cotton** /
 brasilianische Baumwolle
brazilin n (red dyestuff from Caesalpina echinata and
 Caesalpina sappan) / Brasilin n, Brazilin n
Brazil wax s. carnauba wax
breadth of cloth / Stoffbreite f, Tuchbreite f, Tuchbahn f
break n / brechen v, reißen v ‖ ~ (rags) / aufbereiten v
 (Hadern) ‖ ~ n, breakage n / Bruch m, Riß m
breakage n / Bruch m, Riß m ‖ ~ s. also breaking ‖ ~ (of
 the warp thread) (weav) / Kettfadenbruch m
break-converted tops (spinn) / Reißzüge m pl
breakdown of the dye / Farbstoffabbau m
break draft / Vorverzug m ‖ ~ **drafting zone** (spinn) /
 Vorverzugszone f
breaker n / Fadenbrecher m, Brechmaschine f ‖ ~ s. also
 breaker card ‖ ~ (of tyre) / Gewebelage f unterhalb des
 Profils ‖ ~ **card** (spinn) / Reißkrempel f, Vorkrempel f,
 Grobkrempel f, Vorkarde f, Krempelvorwalze f,
 Krempelwolf m ‖ ~ **conversion** / Reißkonvertierung f ‖
 ~ **drawing frame** (spinn) / Vorbereitungsstrecke f ‖
 ~ **fabric** / Reifengewebe n, Reifenkord m ‖ ~ **lap**
 (cotton) / Wickelwatte f ‖ ~ **scutcher** /
 Vorschlagmaschine f ‖ ~ **type cloth** /
 Baumwollreifenkord m
breaking n (of the roving) / Luntenriß m ‖ ~ (of film) (text
 pr) / Absplittern n, Abplatzen n, Platzen n ‖ ~ (of yarn)
 / Fadenbruch m ‖ ~ (of flax) / Brechen n ‖ ~ (of the
 filling o. weft thread) / Schußfadenbruch m,
 Schußbruch m ‖ ~ (of the thread) / Fadenbruch m ‖ ~
 (of rags) / Aufbereitung f (von Hadern) ‖ ~ (blanket
 production) / Vorrauhen n ‖ ~ (of emulsion) / Brechen
 n, Emulsionstrennung f ‖ ~ (of the web) / Reißen n des
 Flors ‖ ~ **angle** / Knickwinkel m ‖ ~ **calender** /
 Walzenbrecher m ‖ ~ **card** s. breaker card ‖ ~ **converter**
 / Reißkonverter m, Schneidekonverter m ‖
 ~ **elongation** / Höchstzugkraft-Dehnung f ‖ ~ **energy** /
 Brucharbeit f, Reißkraft f ‖ ~ **force** / Höchstzugkraft f ‖
 ~ **length** (tenacity) / Reißlänge f (veraltet), jetzt:
 Feinheitsfestigkeit f ‖ ~ **length in kilometres** /
 Reißkilometer (Rkm) m ‖ ~ **load** / Reißlast f, Bruchlast
 f, Bruchbelastung f ‖ ~ **load in the wet condition** /
 Feuchtzerreißfestigkeit f ‖ ~ **machine** / Brechmaschine
 f ‖ ~ **machine** (fin) / Appreturbrechmaschine f (DIN
 64990) ‖ ~ **place** / Reißstelle f ‖ ~ **point** / Bruchgrenze
 f, Reißpunkt m ‖ ~ **process** / Reißprozeß m ‖
 ~ **resistance** / Reißfestigkeit f ‖ ~ **roller** / Brechwalze
 f, Brechrolle f
breakings pl / Bruchfäden m pl, Bruchenden m pl
breaking scutcher / Flachsbrechschwinge f,
 Brechschwinge f, Vorbatteur m ‖ ~ **strain** /
 Bruchbeanspruchung f, Knickbeanspruchung f ‖
 ~ **strength** / Reißfestigkeit f, Bruchfestigkeit f ‖
 ~ **stress** / Reißfestigkeit f (auf den Querschnitt bezogen)
 ‖ ~ **table** (spinn) / Brechtisch m ‖ ~ **tenacity** /
 Reißfestigkeit f, Bruchfestigkeit f ‖ ~ **tension** /
 Bruchspannung f ‖ ~ **test** / Reißversuch m, Bruchprobe
 f ‖ ~ **weight** / Reißlast f
break in the design / Musterunterbrechung f ‖ ~**-marks**
 pl / Abriebstellen f pl auf Seidenstoffen ‖ ~ **of the weft**
 (GB) / Schußbruch m ‖ ~**-out bobbin** / Ausbrechspule f
 ‖ ~ **point** / Bruchstelle f ‖ ~ **surface** / Bruchfläche f ‖
 ~ **the lap** / den Pelz brechen ‖ ~ **the thread** / den Faden
 abreißen, den Faden reißen
breast n (spinn) / Vortrommel f ‖ ~ **beam** (weav) /
 Brustbaum m, Vorderbaum m ‖ ~**-beam bar** /
 Brustriegel m ‖ ~ **cylinder** (spinn) / Vorwalze f,
 Vortrommel f ‖ ~ **drum** / Vorreißertrommel f ‖
 ~ **pocket** / Brusttasche f ‖ ~ **pocket handkerchief** /

Brusttaschentuch n, Kavalierstaschentuch n, Ziertuch n, Kavaliertuch n ‖ ~ **roll** / Brustwalze f ‖ ~ **roller** (wool) / Vorwalze f, Brustbaum m ‖ ~ **roller of a worsted card** / Vortrommel f (Kammgarnkarde)
breathability n / Atmungsfähigkeit f
breathable fabric / atmendes Gewebe
breathe v (of cloth) / atmen v
breathing adj (cloth) / atmend adj, porös adj
breech n / Schenkelwolle f, Beinwolle f, Keulenwolle f, Leistenwolle f ‖ ~ **cloth** / Lendentuch n
breeches pl / Breeches pl, Reithose f
breechings pl s. breech wool
breech wool / Schenkelwolle f, Beinwolle f, Keulenwolle f, Leistenwolle f
breed n (of wool) / Wollqualität f
Bremen blue / Bremer Blau n, Braunschweiger Blau n, Kalkblau n, Neuwieder Blau n ‖ ~ **green** / Bremer Grün n, Braunschweiger Grün n, Kalkgrün n, Neuwieder Grün n
Breton lace, Bretonne lace / Bretonne-Spitze f
bribes pl / beschädigte Wollstoffreste m pl
brick·-colour n / Ziegelfarbe f ‖ ~-**red** adj / ziegelrot adj
bridal gown / Brautkleid n ‖ ~ **veil** / Brautschleier m
bridge n (in knitting machine) / Brücke f
briefer n / Hosenkorselett n
briefs pl (for men) / Unterhose f ‖ ~ (for ladies), brief / Slip m, Schlüpfer m, Damenschlüpfer m ‖ ~ **with waistline** / Miederslip m mit Taillenband
brief waistline panty / Miederhose f in Slipform mit Taillenband
bright adj (shade, fibre) / glänzend adj, brillant adj, leuchtend adj, hell adj, klar adj, lebhaft adj ‖ ~ **acetate filament** / Acetat-Glanzseide f
brighten v (dye) / aufhellen v, weißtönen v, avivieren v ‖ ~ (colour) / schönen v ‖ ~ (silk) / aktivieren v ‖ ~ **as loose stock** (dye) / in der Flocke weißtönen
brightener n / Aufheller m, Weißtöner m ‖ ~ **paste** / Aufhellerpaste f
brightening n / Aufhellen n, Aufhellung f, Avivage f, Avivieren n, Weißtönen n ‖ ~ (colour) / Schönen n ‖ ~ **agent** / Aufheller m, Weißtöner m ‖ ~ **bath** / Avivierbad n, Aufhellungsbad n ‖ ~ **dyestuff** / Schönungsfarbstoff m ‖ ~ **effect** / Aufhelleffekt m, Aufhellerwirkung f ‖ ~ **fastness** / Avivierechtheit f ‖ ~ **power** / Aufhellvermögen n ‖ ~ **value** / Aufhellungswert m ‖ ~ **vessel** / Avivierkessel m ‖ ~ **with acid** / Säureavivage f ‖ ~ **with fat** / Fettavivage f ‖ ~ **with oil** / Ölavivage f ‖ ~ **with soap** / Seifenavivage f
bright fibre (rayon) / Glanzfaser f ‖ ~ **finish** / Glanzappretur f, Hochglanz m ‖ ~ **lustre** / Glanzappretur f, Hochglanz m
brightness n (dye) / Helligkeit f, Lebhaftigkeit f, Brillanz f, Glanz m ‖ ~ **value** / Glanzzahl f
brighton n / wollener Westenstoff in Brighton-Bindung ‖ ~ / waffelähnlicher Baumwollstoff ‖ ~ **weave** / der Waffelbindung ähnliche Bindung, Brighton-Bindung f
bright pick (defect) / Glanzschuß m ‖ ~ **shade** / lebhafter Farbton ‖ ~ **side** / Glanzseite f ‖ ~ **silk** / vollkommen entbastete Seide, Cuite f ‖ ~ **speck** / Glanzfleck m ‖ ~ **yarns** / glänzende synthetische Garne ‖ ~-**yellow** adj / hellgelb adj
brilliance n (lustre), brilliancy n / Glanz m, Glanzeffekt m ‖ ~ (of colour or dye), brilliancy n / Klarheit f, Brillanz f, Leuchtkraft f, Lebhaftigkeit f
brilliancy measuring instrument / Glanzmeßgerät n
brilliant adj (dye) / lebhaft adj, brillant adj, glänzend adj, leuchtend adj ‖ ~ **acid green** / Brillantsäuregrün n ‖ ~ **alizarine blue** / Brillantalizarinblau n ‖ ~ **blue** / brillantblau adj (RAL 5007) ‖ ~ **colour** / Glanzfarbe f, Brillantfarbe f ‖ ~ **cotton blue** / Methylblau n ‖ ~ **dyestuff** / Brillantfarbstoff m ‖ ~ **gloss** / Hochglanz m
brilliantine n (fabr) / Brillantine f, Brillantin n

brilliant lisle / Glanzflor m, Brillantflor m ‖ ~ **lustre** / Hochglanz m ‖ ~ **printing colour**, brilliant printing paste / Glanzdruckfarbe f ‖ ~ **rayon** / Brillantreyon m ‖ ~ **spot** / Glanzstelle f ‖ ~ **wool** / Glanzwolle f, Brillantwolle f ‖ ~ **yarn** / Brillantgarn n
brim n (of hat) / Hutkrempe f, Krempe f, Hutrand m ‖ ~ **curling machine** (hatm) / Krempenrollmaschine f ‖ ~ **ironing machine** (hatm) / Randbügelmaschine f ‖ ~ **pressing machine** / Krempenpresse f
brimstone·-yellow adj / schwefelgelb adj
brim strecher / Krempenstreckmaschine f
brin n / Einzelfaden m des Kokons
brine n / Sole f, Salzwasser n ‖ ~ **bath** / Kochsalzbad n, Salzsole t
bring to standard strength (dye) / auf Typ bringen
brin silk / Einzelfaden m des Kokons
brioche n / Fußkissen m
brise-bise n / kleine Scheibengardine
brise finish / elastische Ausrüstung
bristle n / Borste f ‖ ~ **effect** (fash) / Sticheleffekt m
bristly wool / Grannenhaar n, Oberhaar n, Borstenhaar n
britch wool / Keulenwolle f, Leistenwolle f, Schwanzwolle f
British gum / Britischgummi n m, British Gum n, Dextrin n ‖ ~ **gum thickening** / Britischgummiverdickung f ‖ ~ **warm** (kind of short military overcoat) / kurzer Offiziersüberzieher
brittle adj (of fabric) / morsch adj, mürbe adj ‖ ~ (of coating) / spröde adj ‖ ~ **handle** / spröder Griff
brittleness n (ctg) / Sprödigkeit f, Brüchigkeit f
broach n / Durchziehnadel f ‖ ~ **cotton** / Broach-Baumwolle f (aus Indien)
broad-brimmed hat / breitrandiger Hut
broadcloth / feinstes Wolltuch ‖ ~ / popelinähnlicher Baumwollstoff
broad drawing equalizing machine (weav) / Breitstreckegalisiermaschine f ‖ ~ **fabric** / Breitgewebe n (über 18'' (GB) o. 12'' (US) breites Gewebe)
broadloom carpet / Breitstuhlteppich m, breit hergestellter Teppich ‖ ~ **carpet printing machine** / Teppichdruckmaschine f für volle Breite
broad ribbed / breit gerippt (z.B. 6:3, 7:4, 5:2) ‖ ~ **rib pattern** / Muster n auf breitgerippter Grundlage ‖ ~ **silk** / auf breitem Webstuhl gewebte Seide ‖ ~ **stitch** (sew) / Plattstich m ‖ ~ **stretching machine** / Breitspannmaschine f
broadtail n / Persianer m ‖ ~ **fabric** / Krimmer m
broad washing machine / Breitwaschmaschine f ‖ ~-**width fabric** / Breitgewebe n (über 18'' (GB) o. 12'' (US) breites Gewebe) ‖ ~ **wool** / nichtelastische, gerade Wollfaser
brocade v / broschieren v, mit Brokatmuster versehen ‖ ~ n / Brokat m, Broché m, Brokatgewebe n
brocaded adj / broschiert v, Broché... ‖ ~ **fabric** / Brokatgewebe n, Broché-Gewebe n ‖ ~ **satin** / Atlasbrokat m
brocade embroidery / Brokatstickerei f ‖ ~ **fabric** / Brokatstoff m ‖ ~ **warp** (weav) / Broschierkette f, Brochékette f ‖ ~ **weft** (weav) / Broschierschuß m, Broschéschuß m
brocading n / Broschierung f
brocart n (Fr) / Brokat m, Brokatgewebe n
brocatelle n (Fr) (fabr) / Brokatell m, Brokatelle f
brocatine n (material woven to imitate couched embroidery) / Brokatin n
broché n (loom-embroidered effect; thin pin-stripe o. line running in the warp direction in dress goods, shirtings and suitings) / Broché m ‖ ~ adj / broschiert adj, (in Zssg.) Broché... ‖ ~ **carpet** / Brochéteppich m ‖ ~ **drill** / broschierter Korsettdrill ‖ ~ **fabric** / broschiertes Gewebe, Brochégewebe n, Lanziergewebe n ‖ ~ **filling** / Brochéschuß m, Figurenschuß m ‖ ~ **satin** / Brochéatlas m ‖ ~ **sley** / Lanzierlade f, Schiebelade f ‖ ~ **thread** / Figurfaden m, Brochéfaden m ‖ ~ **warp** /

Brochékette f ‖ ~ **weaving** / Broschierweberei f, Lanzierweberei f, Broché-Weben n ‖ ~ **weaving machine** / Brochierwebmaschine f, Broschierwebstuhl m, Lanzierwebmaschine f ‖ ~ **weft** / Brochéschuß m, Figurenschuß m
brodé adj (Fr) / bestickt adj
broderer n / Mitglied n der Londoner Stickerei-Zunft
broderie n (Fr) / Stickerei f ‖ ~ **anglaise** / Lochstickerei f, Broderie anglaise, Ajourstickerei f ‖ ~ **façonnée** / brodierte Gewebe n pl ‖ ~ **suisse** s. appliqué work
broich n / Spindellager n
broken checks / unregelmäßiges Würfelmuster ‖ ~ **crease** / Faltenbruch m ‖ ~ **crow twill**, broken crow weave / Köper m mit Grätenmuster ‖ ~ **end** / gerissener Faden, Fadenbruch m ‖ ~ **end** (fabric defect) / Platzer m, Fadenplatzer m ‖ ~-**end collector** / Fadenbruchabsauger m, Absaugvorrichtung f (DIN 64150) ‖ ~ **face** / unterbrochene Atlasbindung ‖ ~ **fibre** / gerissene Faser ‖ ~ **filament yarns** / angekräuselte synthetische Garne n pl ‖ ~ **flax** / gebrochener Flachs ‖ ~-**fleece wool** / vom Vliesrand gewonnene Wolle ‖ ~ **four-leaf twill** / gebrochener 4-bindiger Köper ‖ ~ **hemp** / Basthanf m ‖ ~ **micro** (hos) / Mesh-Strumpf m, nahtloser Netzstrumpf ‖ ~ **pass** / gebrochener Einzug (der Kettfäden) ‖ ~ **pattern** (weav, defect) / unterbrochenes Muster ‖ ~ **pick** / gerissener Schußfaden, Platzer m ‖ ~ **rep[p]** / gebrochener Rips ‖ ~ **rib** / gebrochener Rips ‖ ~ **selvedge** / gebrochene Leiste ‖ ~ **shade** / gebrochene Farbe ‖ ~ **silk** / Strazza f, Haspelabfall m ‖ ~ **thread** / gebrochener Faden, gerissener Faden, Fadenbruch m ‖ ~ **top** / gerissener Zug ‖ ~ **twill** / gebrochener Köper ‖ ~ **weft finder** (weav) / Schußsucheinrichtung f ‖ ~ **white** / gebrochenes Weiß ‖ ~ **wool** / lose Wollhaare n pl ‖ ~ **yarn** (defect) / Fadenplatzer m
brokes pl / kurzstapelige Wolle von der Hals- und Bauchpartie eines Schaffells
bromate discharge / Bromatätze f
bromelia fibre / Bromeliafaser f (aus den Ananasgewächsen)
bromhydric acid / Bromhydridsäure f
bromic acid / Bromsäure f
bromide n / Bromid n
brominate v / bromieren v
bromine n / Brom n
bromoeosine n (dye) / Eosin n
bromothymol blue / Bromothymolblau n
Brönner's acid / Brönner-Säure f, Brönnersche Säure
bronze v / bronzieren v ‖ ~ n / Bronze f ‖ ~-**blue** adj / bronzeblau adj ‖ ~ **gauze** (dye) / Bronzegaze f ‖ ~ **pigment** / Bronzefarbe f ‖ ~ **print** / Bronzedruck m
bronzing n / Bronzieren n
bronzy appearance of the dye / bronzige Färbung ‖ ~ **dyeing** / bronzierende Färbung ‖ ~ **sheen** / bronziger Schimmer
broom fibre / Ginsterfaser f
brown v / bräunen v, braun färben ‖ ~ n / Braun n ‖ ~ / grobe Wolle von den Flanken eines Crossbredschafes ‖ ~ **beige** adj / braunbeige adj (RAL 1011) ‖ ~ **cloth** / Schneiderleinen n, Einlagefutter n ‖ ~ **discharge** / Braunätze f ‖ ~ **Egyptian cotton** / goldbraune ägyptische Baumwolle ‖ ~ **green** / braungrün adj (RAL 6008) ‖ ~ **grey** / braungrau adj (RAL 7013) ‖ ~ **hemp** / Bengalischer Hanf, Sunnhanf m, Ostindischer Hanf, Bombayhanf m (Crotalaria juncea) ‖ ~ **holland** / ungebleichte Leinwand
brownish adj / bräunlich adj, braunstichig adj
brown lace / ungebleichte Spitze ‖ ~ **linen** / ungebleichtes Leinen ‖ ~ **matchings** pl / Keulenwolle f, Leistenwolle f ‖ ~ **red** adj / braunrot adj (RAL 3011) ‖ ~ **shade** / Braunton m ‖ ~ **sheeting** / ungebleichtes Leinen ‖ ~ **shirting** / ungebleichte Baumwolle (bis zu 40 Zoll breit) ‖ ~ **silesia** / ungebleichtes Schlesischleinen ‖ ~ **sour** / Vorbehandlung f im Säurebad ‖ ~-**stained**

cotton / braungefleckte Baumwolle ‖ ~ **wool** / Keulenwolle f, Leistenwolle f
Bruges lace / Duchessespitze f
bruir n (dye) / Übergießen n der Ware
bruising n (of the flax) / Zermalmung f
brush v / bürsten v ‖ ~ (clothm) / rauhen v, frottieren v ‖ ~ n / Bürste f, Pinsel m
brushable adj (ctg) / streichfähig adj
brush against the nap / gegen den Strich bürsten ‖ ~ **atomizer** / Bürstenzerstäuber m ‖ ~ **beater** / Schlagbürste f ‖ ~ **belt** (nwv) / Bürstenband n ‖ ~ **binding** / Rockborte f ‖ ~ **box** (mercerizing) / Bürstkasten m ‖ ~ **coater** / Bürstenauftragsmaschine f, Bürstenmaschine f, Bürstenstreichmaschine f ‖ ~ **coating** / Bürstenauftrag m ‖ ~ **coating** (process) / Bürstenstreichverfahren n ‖ ~ **coating roller** / Bürst-Übertragungswalze f ‖ ~ **cylinder** / Bürstenwalze f ‖ ~ **damper with brushes** (fin) / Bürsteinsprengmaschine f (DIN 64990) ‖ ~-**dewing machine** / Bürstenberieselungsmaschine f ‖ ~ **dyeing** / Bürstenfärberei f, Bürstfärberei f
brushed adj / gebürstet adj, angerauht adj ‖ ~ **denim** / Brushed-Denim m, aufgerauhter Jeansstoff ‖ ~ **effect** / Rauheffekt m ‖ ~ **fabric** / gerauhtes Gewebe, gerauhte Ware ‖ ~ **goods** (manmade fibres) / Veloursware f ‖ ~ **knitted fabrics** / Rauhgewirke n pl, gerauhte Gewirke n pl, velourisierte Gewirke n pl ‖ ~ **nylon** / gerauhtes Nylon ‖ ~ **rayon** / gerauhter Viskosestoff, gerauhter Reyonstoff ‖ ~-**up** adj / aufgerauht adj ‖ ~ **velours** / gerauhter Velours ‖ ~ **velvet** / gerauhter Velours ‖ ~ **wool** / mechanisch gebürstete Hautwolle
brushes pl / Borstenware f
brush fibre / Bürstenfaser f ‖ ~ **filament** / Borste f ‖ ~ **filaments, crimped** (for artificial lawns) / gekräuselte Borsten f pl ‖ ~-**finished** adj / angerauht adj ‖ ~ **finish machine** / Rauhmaschine f, Bürstenzylindermaschine f ‖ ~ **gin** / Gebläseegreniermaschine f ‖ ~ **holder plate** (knitt) / Staubleiste f
brushing n / Bürsten n ‖ ~ (clothm) / Rauhen n ‖ ~ **and steaming machine** / Bürst- und Dämpfmaschine f ‖ ~ **box** (mercerizing) / Bürstkasten m, Bürstvorrichtung f ‖ ~ **cylinder** / Rauhzylinder m ‖ ~ **device** (mercerising) / Bürstkasten m, Bürstvorrichtung f ‖ ~ **finish** / Rauhavivage f ‖ ~ **frame** / Bürstenstuhl m ‖ ~ **loss** / Bürstverlust m ‖ ~ **machine** / Bürstmaschine f, Kratzenrauhmaschine f ‖ ~ **machine** (for carpets) / Teppichbürstmaschine f ‖ ~ **properties** pl / Streichfähigkeit f ‖ ~ **roller** / Bürstenwalze f, Rauhwalze f ‖ ~ **treatment** / Bürstenbehandlung f ‖ ~ **with steam** / Dampfbürsten n
brush latch opener / Zungennadelöffner m ‖ ~ **machine** / Bürstauftragsmaschine f, Bürstauftragmaschine f ‖ ~ **on** / mit Bürste auftragen, aufbürsten v ‖ ~ **printing** / Bürstendruck m ‖ ~-**raised** adj / [mit Bürsten] gerauht ‖ ~ **roller** / Bürstwalze f ‖ ~ **setting compound** / Borsteneinbettmasse f ‖ ~ **sprayer** / Bürstenzerstäuber m ‖ ~ **spreader** / Bürstenstreichmaschine f, Bürstenauftragsmaschine f Bürstenmaschine f ‖ ~ **spreading** / Bürstenstreichverfahren n ‖ ~ **sprinkling machine** / Bürsten-Einsprenger m ‖ ~-**staining** n / Trockenfärbung f ‖ ~ **up** / aufrauhen v ‖ ~-**washing test** / Bürstwaschprobe f ‖ ~ **waste wool** / Bürstenabgang m ‖ ~ **with the nap** / mit dem Strich bürsten
brushy adj (of cloth) / borstig adj
Brussa silk / Brussa-Rohseide f
brusselette n / Brusselette-Teppichgewebe n aus Jute
Brussels bobbinet / Brüsseler Tüll m ‖ ~ **carpet** / Brüsseler Teppich m, Bouclé-Teppich m ‖ ~ **ground** / Netz m mit sechseckigen Maschen ‖ ~ **lace** / Brüsseler Spitze f ‖ ~ **net** / Netz n mit sechseckigen Maschen ‖ ~ **pillow lace** / Brüsseler Klöppelspitze f ‖ ~ **point lace** / Brüsseler Nadelspitze f ‖ ~ **quilling** / Brüsseler Baumwollrüsche f ‖ ~ **tapestry** / Brüsseler Teppich m, Bouclé-Teppich m

bubble n / Blase f, Luftblase f, Gasblase f ‖ ~ **point** (microfillers) / Blaspunkt m ‖ ~ **process** (dye) / Blasenverfahren n
bubbling n / Blasenbildung f
Buchner funnel (chem) / Büchnertrichter m, Absaugtrichter m
buck v / beuchen v, laugen v ‖ ~ n / Beuche f, Lauge f ‖ ~ / Beuche f, Lauge f ‖ ~ **fleece** / Widdervlies n
bucking n / Kalkwasserbleiche f, Beuchen n, Laugen n ‖ ~ **kier** / Beuchkessel m (DIN 64990)
buckle n / Schnalle f
buckling n (weav) / Verziehung f ‖ ~ **test** (crease recovery) / Aufbeulversuch n
buckram n / Bougram m (undicht eingestelltes Baumwoll- oder Zellwollgewebe, stark appretiert für Zwischenfutter, meist schwarz oder grau)
bucks pl / Widdervlies n
buck scouring (of linen) / Warmansäuerung f
buckskin n / Buckskin m (Woll- bzw. Halbwollstoff, köperbindig, vielfach mit Reißmaterial im Schuß), Buckskinstoff m ‖ ~ **loom** / Buckskinwebmaschine f ‖ ~ **weave** / Fischgrätenköperbindung f
buck's wool / Widderwolle f
Buenos Aires wool / argentinische Wolle
buff v / polieren v, glätten v, abbimsen v ‖ ~ (ctg) / schleifen v
buffalo carpet beetle / Teppichkäfer m (Anthrenus scrophulariae) ‖ ~ **cloth** / büffelhautähnlicher Überrockwollstoff
buff-coloured adj / lederfarben adj, lederfarbig adj, ledergelb adj
buffer v / puffern v ‖ ~ n (chem) / Puffer m, Pufferlösung f ‖ ~ (weav) / Prellbacke f, Prellbock m ‖ ~ **action** / Pufferwirkung f, Pufferung f
buffering agent / Puffer m
buffer salt / Puffersalz n, Puffersubstanz f ‖ ~ **solution** / Pufferlösung f ‖ ~ **substance** / Puffersubstanz f
buffing n / Polieren n, Glätten n, Schleifen n ‖ ~ (of the carriage) (spinn) / Wagenanprall m, Wagenanschlag m ‖ ~ **fabrics** / Poliergewebe n pl, Schwabbelstoffe m pl ‖ ~ **machine** / Bimsmaschine f ‖ ~ **wheel** / Polierscheibe f
Bufta n (heavily sized cloth) / Baftas m
bugis n / feiner Sarongstoff
bugle n / feiner Sarongstoff
bug yarn / Knotengarn n
build a warp / eine Kette anschieren
builder n (det) / Builder m, Komplexbildner m, Waschmittelverstärker m, Gerüststoff m ‖ ~ **mixture** (det) / Buildervorlage f ‖ ~ **motion** / Spindelbankbewegung f
building block (carding) / Setzblock m ‖ ~ **motion** (spinning o. twisting machine) / Spulenaufwindeeinrichtung f, Aufwindeeinrichtung f ‖ ~**-up rate** (dye) / Aufziehgeschwindigkeit f ‖ ~ **wire** (spinn, weav) / Aufschlagdraht m
build-up n (chem) / Aufbau m ‖ ~**-up** n (of dye) / Aufbauvermögen n ‖ ~**-up** n (of heat, in clothes) / Hitzestau m ‖ ~**-up** (of electrostatic charges) / elektrostatische Aufladung ‖ ~**-up** n (on roller print) / Walzenbelag m ‖ ~ v **up** (of the fibre) (dye) / aufbauen v ‖ ~**-up** (of colour) / Farbaufbau m
built-in bobbin winder (sew) / Einbauspuler m ‖ ~ **soap** (det) / Mischung f von Seife und einem oder mehreren Reinigungsmitteln ‖ ~**-up sleeve** (fash) / gepolsterter Ärmel, Polsterärmel m
bulac cotton / eine philippinische Baumwolle
Bulgarian trimmings pl / Bulgarenlitze f
bulge n (of the cop) / Ausbuchtung f des Kötzers
bulging n / Ausbeulneigung f
bulk v / auffüllen v ‖ ~ (spinn) / bauschen n, texturieren v ‖ ~ n / Masse f, Volumen n ‖ ~ / Bauschvermögen n, Bauschigkeit f, Bauschkraft f ‖ ~ (of a fibre) / volume n / Bausch m, Volumen n, Fülle f, Füllichkeit f ‖

~ **continuous filament** (BCF) / Endlos-Bauschgarn n, BCF-Garn n ‖ ~ **continuous filament nylon yarn** / Endlos-Bauschgarn n aus Nylon ‖ ~ **density** / Rohdichte f, Schüttdichte f, Schüttgewicht n ‖ ~ **density after tamping** / Stampfgewicht n ‖ ~ **development** (of fabric or carpet) / Bauschentwicklung f
bulked adj / voluminös adj, bauschig adj ‖ ~ **carpet filament** (cpt) / texturiertes Teppich-Kabelbändchen n, Teppich-Kabel n ‖ ~ **carpet yarn** / Teppichbauschgarn n ‖ ~ **filament yarn** (cpt) / Bauschgarn n ‖ ~ **nylon** / Kräuselnylon n ‖ ~ **stretch yarn** / hochelastisches Endlosgarn ‖ ~ **yarn** / Bauschgarn n, Bulkgarn n, gebauschtes Garn, texturiertes Garn, voluminöses Garn
bulk elasticity / Bauschelastizität f ‖ ~ **elasticity tester** / Bauschelastizitätsprüfgerät n ‖ ~ **goods** pl / Schüttgut n
bulkiness n (of yarn) / Bauschigkeit f
bulking n / Bauschen n, Bauschverfahren n ‖ ~ **channel** / Schrumpfkanal m ‖ ~ **liquor** / Auffüllflotte f, Nachsatzflotte f ‖ ~ **machine** (spinn) / Bauschmaschine f ‖ ~ **power** / Bauschkraft f ‖ ~ **power** / Füllkraft f ‖ ~ **process** / Hochbauschverfahren n, Texturierverfahren n
bulk modulus / Bauschmodul m ‖ ~ **polymerization** / Blockpolymerisation f ‖ ~ **regain** / Bauscherholung f ‖ ~ **sample** (US) / Betriebsmuster n, Produktionsmuster n ‖ ~ **stability** (of fibre) / Volumenstabilität f (einer Faser) ‖ ~ **stock** / Rohfaser f ‖ ~ **volume** / Stampfvolumen n ‖ ~ **volume** (of the pile) / Pol-Rohvolumen n
bulky adj (of yarn), bulky yarn / voluminös adj, bauschig adj, füllig adj
bulk yarn, bulky yarn s. bulked yarn
bulky thread / Bauschgarn n ‖ ~ **yarn** / Bauschgarn n
bulldog taffeta / unzerreißbarer Taft
bullet-proof cloth[ing] / kugelsichere Kleidung
bulletproof waistcoat / schußsichere Weste
bullet-resistant vest / geschoßhemmende Schutzwesten
bullhide n / Reformflanell m
bullion n / Kantille f, Schraubendraht m ‖ ~ **fringe** / Troddel f, Franse f in Gold oder Silber, Quaste f in Gold oder Silber ‖ ~ **lace** / mit Gold- oder Silberfäden durchzogene Spitze
bull's wool / die geringwertigsten Wollklassen f pl
bump n (cpt) / Bumpgarn n ‖ ~ (hatm) / Walken n ‖ ~ (form of supply for fibres) / Bump m (Aufmachungsform; spiralförmig, abgetafeltes Band) ‖ ~ (print) / Druckmitläufer m aus Rohware ‖ ~ **cloth** / Bumpgarnschußware f
bumper n (hatm) / Walkhammer m, Hammerwalke f ‖ ~ (for stop rod) / Stecherpuffer m
bumping n (hatm) / Walken n ‖ ~ **machine** (hatm) / Walkhammer m, Walkmaschine f, Hammerwalke f
bump yarn (cpt) / Bumpgarn n
bunch n (stitches) / massieren v (Stiche) ‖ ~ n / Bündel n, Gebinde n, Bund n ‖ ~ (spinn) / Fadenreserve f ‖ ~ **builder** (warping) / Reserveeinrichtung f, Einrichtung f zum Bilden einer Fadenreserve (DIN 62520) ‖ ~ **effect** (flock) / Büscheleffekt m
bunching n (sew) / Stichmassierung f ‖ ~ (of material) (sew, defect) / Materialstau m ‖ ~ **coefficient** / Bündelungskoeffizient m ‖ ~**-up** n / Fadenanhäufung f, Aufhocker m
bunching-up n (of material) (sew, defect) / Materialstau m ‖ ~ (of material) (sew, defect) / Materialstau m
bunch up v (knitt) / aufhocken v, wiederaufsteigen v ‖ ~**-up** n, bunching-up n (knitt) / Fadenanhäufung f, Aufhocker m
bunchy yarn / höckeriges Garn
Bundesmann shower test, Bundesmann spray test / Bundesmann-Test m, Beregnungsversuch m nach Bundesmann (DIN 53888)
bundle n (of single filaments) / Verband m (von Einzelfilamenten) ‖ ~ (hanks or skeins of yarn set up in 5- or 10-lb packages; for Irish linen, 60,000 yards of

37

bundle

yarn in 10 lbs) / handelsübliche Einheit für Garn oder Tuch ‖ ~ **clamp** (sew) / Bündelklammer *f*
bundled hanks / Strähngebinde *n*
bundle handkerchief / blau kariertes Taschentuch ‖ ~ **of fibres** / Faserbündel *n* ‖ ~ **of hanks** / Strangverband *m* ‖ ~ **of threads** / Fadenbündel *n* ‖ ~ **press** / Bündelpackpresse *f*, Bündelpresse *f*, Garnbündelpresse *f* ‖ ~ **strength** (wool) / Bündelfestigkeit *f* ‖ ~ **system** (sew) / Bündelsystem *n* ‖ ~ **wrap** (cpt) / Bündelfestigkeit *f* ‖ ~ **yarn** / Bündelgarn *n*
bundling *n* (making up) / Stoffausbreiten *n* ‖ ~ **press** / Bündelpackpresse *f*, Bündelpresse *f*, Garnbündelpresse *f*
bunny rug / Babywindel *f*
bunt *n*, buntine *n* / Fahnentuch *n*, Flaggentuch *n*
buntal fibre / Buripalmenfaser *f*
Bunte's salts (dye) / Bunte-Salze *n pl*
bunting *n*, buntine *n* / Fahnentuch *n*, Flaggentuch *n*
buoyant textiles / schwimmfähige Textilien *pl*
bur *n* (US) s. burr
Burano lace / Burano-Spitze *f*
burates *n* / venezolanischer Schleierstoff
buratine [silk] / Buratin *n* (eine persische Rohseide)
burberry *n* (GB) / Burberry-Regenmantelstoff *m* ‖ ~ **cotton** / leere Baumwollkapsel ‖ ~ **fibre** / Buripalmenfaser *f*
burdock *n* / Klette *f*
Burgundy *adj* / burgunderrot *adj*
buried thread (cpt) / eingebundenes Chor
buri raffia / Buripalmenfaser *f*
burity fibre / Buritistroh *n*, Miuritistroh *n*
burka *n* (short round heavy woollen cloak in Russia) / Burka *m*
burl *v* / noppen *v*, entnoppen *v*, ausraufen *v*, belesen *v* ‖ ~ *n* / Noppe *f*, Knoten *m*
burlap *n* / Sackleinwand *f*, Bauernleinen *n*
burl black / Noppenschwarz *n* ‖ ~ **covering** (dye) / Noppendeckung *f* ‖ ~**-dye** *v* / noppenfärben *v*, noppendecken *v* ‖ ~ **dye** / Noppendeckfarbe *f*, Noppenfarbe *f* ‖ ~**-dyed fabric** / noppengedecktes Tuch ‖ ~ **dyeing** / Noppenfärben *n*, Noppendecken *n*
burling *n* / Noppen *n*, Ausraufen *n* ‖ ~ / Tuchbelesen *n*, Belesen *n* ‖ ~ (esp. weav) / Anknüpfen *n* ‖ ~ **bath** (dye) / Deckbad *n* ‖ ~ **crayon** / Noppenstift *m* ‖ ~ **frame** / Noppenrahmen *m* ‖ ~ **ink** / Noppfarbe *f*, Nopptinktur *f*, Deckbeize *f* ‖ ~ **iron** / Noppeisen *n*, Noppzange *f* ‖ ~ **machine** / Noppmaschine *f*, Knotenmaschine *f* ‖ ~ **needle** / Noppnadel *f* ‖ ~ **table** / Nopptisch *n* ‖ ~ **tweezers** / Noppzange *f*, Pinzette *f*
burl ink / Noppfarbe *f*, Nopptinktur *f*, Deckbeize *f*
Burma cotton / Birman-Baumwollsorten *f pl*
burn *v* / verbrennen *v*, brennen *v* ‖ ~ *n* / Brandfleck *m*, Verbrennung *f* ‖ ~ **in** / einbrennen *v*
burning behaviour / Brennverhalten *n* ‖ ~ **off** / Abbrennen *n* ‖ ~ **out printing** / Ausbrennen *n* ‖ ~ **retardant** / Brennbarkeitsverzögerer *m* ‖ ~ **test** / Brennprobe *f* ‖ ~ **time** (mat test) / Brennzeit *f*, BZ
burnish *v* / polieren *v*, glätten *v*
burnishing brush / Glättbürste *f* ‖ ~ **roller** / Polierwalze *f*
Burnley printers / Burnley-Baumwollstoffe *m pl*
burn off / abbrennen *v*
burnous *n* (Arab coat with hood) / Burnus *m*
burn out / ausbrennen *v*
burn(t)-out articles / Ausbrennartikel *m pl* ‖ ~**-out effect** / Ausbrenneffekt *m*, Dévorant-Effekt *m*
burn(t)-out embroidery / Ausbrennstickerei *f*
burn(t)-out embroidery / Ätzstickerei *f*, Ausbrennstickerei *f* ‖ ~**-out fabric** / Ausbrenngewebe *n* ‖ ~**-out goods** / Ausbrennartikel *m pl*, Ausbrennerware *f*
burn-out lace / Ätzspitze *f*
burn(t)-out lace / Ätzspitze *f* ‖ ~**-out paste** (text pr) / Ausbrennerpaste *f* ‖ ~**-out pattern** / Ätzstickerei *f*, Ausbrennmuster *m* ‖ ~**-out print** / Ausbrenndruck *m*

burn-out process / Ausbrennverfahren *n*
burn(t)-out process (for lace etc) / Ausbrennverfahren *n*
burn-out style / Ausbrennartikel *m*, Ausbrennerware *f*
burn(t)-out velvet / Ätzsamt *m*
burn-through time / Durchbrennzeit *f*
burr *v* (spinn) / entkletten *v* ‖ ~ *n* (spinn) / Klette *f*
burrah *n* / ein ostafrikanischer Baumwollstoff
burr beater / Klettenschläger *m*, Klettenbrecher *m* ‖ ~ **crusher** / Klettenwolf *m*, Entklettungsmaschine *f* ‖ ~ **crushing cylinder**, burr crushing roller / Klettenbrecherwalze *f* ‖ ~ **cylinder** / Klettenwalze *f* ‖ ~ **extraction** / Entkletten *n*
burring *n* / Entkletten *n* ‖ ~ **machine** / Entklettungsmaschine *f*, Klettenwolf *m* ‖ ~ **roller** / Klettenwalze *f* ‖ ~ **willow** / Klettenwolf *m*
burr picking / Entkletten *n* ‖ ~ **screen** / Klettenrost *m* ‖ ~ **silk** / Kämmlingsseide *f* ‖ ~ **waste** / Graupen *f pl* ‖ ~ **weed fibre** / Knopfklettenfaser *f*
burry blanket / aufgeraute Wolldecke ‖ ~ **noil** / Klettenkämmling *m* ‖ ~ **wool** / klettige Wolle, Klettenwolle *f*, klettenhaltige Wolle, verklettete Wolle
burst *v* / bersten *v*, platzen *v* ‖ ~ *n* / Bruch *m*, Riß *m* ‖ ~ **a beam** (beam dye) / eine Kette vom Kettbaumzylinder abdrücken ‖ ~ **factor (BF)** (mat test) / Berstzahl *f*
bursting limit / Berstdruck *m*, Berstreißlänge *f* ‖ ~ **pressure** / Berstdruck *m* ‖ ~ **resistance** / Berstdruckfestigkeit *f* ‖ ~ **strength** / Berstfestigkeit *f* ‖ ~ **strength tester** / Berstfestigkeitsprüfer *m* ‖ ~ **test** / Berstversuch *m*, Berstprobe *f* ‖ ~ **tester** / Berstdruckmeßgerät *n*
burst strength / Berstfestigkeit *f* ‖ ~ **test** / Berstversuch *m*, Berstprobe *f* ‖ ~ **tester** / Berstdruckmeßgerät *n* ‖ ~ **testing** / Berstversuch *m*
bus *n* / turkestanische Baumwolle
bush cotton s. Ben Smith cotton
bushel *v* (US) / (Kleidungsstücke) ändern und ausbessern ‖ ~ *n* (US) / Fingerhut *m*
business suit / Sakkoanzug *m*, Straßenanzug *m*
busk *n* / Korsettstange *f*
bussorah wool / eine iranische Teppichwolle
bust *n* / Oberweite *f*, Büste *f* ‖ ~ **dart** (sew) / Brustanbäher *m*
buster suit (GB) / Knabenspielanzug *m*
bustle *n* (fash) / Bausch *m*, Tournüre *f*
butadiene *n* / Butadien *n* ‖ ~ **copolymer** / Butadien-Mischpolymerisat *n* ‖ ~ **resin** / Butadienbinder *m* ‖ ~ **rubber fibre** / Butadienfaser *f* ‖ ~ **styrene bonding agent** / Butadien-Styrol-Binder *m*
butane *n* / Butan *n*
butanol *n* / Butanol *n*, Butylalkohol *m*
butcher cloth / Fleischerleinenimitation *f* aus Viskose ‖ ~ **linen** / Fleischerleinen *n* ‖ ~**'s wool** / Hautwolle *f*, Kalkwolle *f*
butene *n* / Buten *n*, Butylen *n*
butoxyl *n* / Butoxyl *n*
butt *n* (beck) / Bütte *f*, Kufe *f* ‖ ~ (of needle) / Nadelfuß *m*, Strickfuß *m*
butted seam / Stoßnaht *f*
butter cloth / Gaze *f*, Mull *m*
butterfly--blue *adj* / blauvogelblau *adj* ‖ ~ **seam** (fash) / Schmetterlingsnaht *f*
buttery cotton / gelbliche Baumwolle
butt former / Fußanbiegemaschine *f*
buttless clavette (knitt) / fußloser Stößer
button *n* / Knopf *m* ‖ ~ **blank** / Knopfrohling *m* ‖ ~ **breaker** / Appretbrecher *m*, Knopfbrechmaschine *f* (DIN 64990) ‖ ~ **breaking** / Appretbrechen *n* ‖ ~ **clamp** (sew) / Knopfklammer *f* ‖ ~ **covering** / Knopfbezug *m* ‖ ~ **covering machine** (sew) / Knopfbeziehpresse *f* ‖ ~**-down collar** (fash) / Hemdenknopf mit anknüpfbaren Spitzen ‖ ~**-down shirt** / Button-Down-Hemd *n*, Hemd *n* mit anknüpfbaren Kragenspitzen ‖ ~ **facing** (sew) /

Knopfleiste f ‖ ~ **fastener** / Knopfklammer f ‖ ~ **fly** (of trousers) / Knopfleiste f
buttonhole n / Knopfloch n ‖ ~ **bar tacker** / Knopflochriegelmaschine f ‖ ~ **cutting mechanism** (sew) / Knopflochschneideeinrichtung f ‖ ~ **facing** / Knopflochleiste f ‖ ~ **foot** / Knopflochfuß m ‖ ~ **gimp** / Knopflochbesatzschnur f, Knopflochgimpe f ‖ ~ **machine** / Knopflochmaschine f ‖ ~ **scissors** pl / Knopflochschere f ‖ ~ **seam** (sew) / Raupennaht f ‖ ~ **sewing unit** (sew) / Knopflochnähaggregat n ‖ ~ **silk** / Knopflochseide f ‖ ~ **stitch** / Knopflochstich m ‖ ~ **thread** / Knopflochzwirn m ‖ ~ **trimming** / Knopflochlitze f ‖ ~ **twist** / Knopflochzwirn m
buttonholing n (sew) / Knopflochnähen n
button hopper (sew) / Knopfmagazin n
buttoning n (small bunches of short fibres forming on warp yarns) (weav) / Klettenbildung f
button length (knitt) / Handschuhlänge f ‖ ~ **panel** (sew) / Knopfleiste f ‖ ~ **sewer** / Knopfannähmaschine f ‖ ~ **sewing** / Knopfannähen n ‖ ~ **sewing foot** / Knopfannähfuß m ‖ ~ **sewing machine** / Knopfannähmaschine f ‖ ~ **shanking** (sew) / Stielumwickeln n ‖ ~ **sorter/feeder** (sew) / Knopfsortier- und Zufuhreinrichtung f ‖ ~ **strip interlining** / Knopfleisteneinlage f ‖ ~ **thread** / Knopfzwirn m ‖ ~**-through dress** (sew) / durchgeknöpftes Kleid, Kleid n mit durchgehender Knopfleiste ‖ ~**-through skirt** / Knöpfrock m, Rock m mit durchgehender Knopfleiste ‖ ~ **velvet** / Knopfbezugssamt m
butt puller / Nadelfußzieher m
butyl acetate / Butylacetat n ‖ ~ **alcohol** / Butylalkohol m, Butanol n ‖ ~ **coated fabric** / butylbeschichtetes Textil, butylbeschichtete Textilie
butylene n / Butylen n, Buten n
butyl glycol / Butylglykol n
butylnaphthalene sulphonate / Butylnaphthalinsulfonat n
butyrate n / Butyrat n
butyric acid / Buttersäure f
butyrolactone n / Butyrolakton n
by-product dyestuff / Nebenfarbstoff m
byssinosis n / Byssinose f, Baumwollstaubpneumokoniose f, Baumwollunge f
byssus silk / Byssusseide f, Muschelseide f, Seeseide f
Byzantine silk / levantinischer Seidenstoff

C

caam n (weav) / Blatt n, Rietblatt n, Riet n, Webblatt n ‖ ~ / Schilf n, Rohr n
caaming n (weav) / Einziehen n, Fadeneinzug m, Einzug m, Einreihen n
cab n (GB), **cabbage** n (GB) / Zugstücke n pl, Zuschneideabfall m
caballeros n / spanische Merinowolle
cabbage palm / Kohlpalme f
cabeca n / hochwertige indische Seide
cabesas n / spanische Wolle aus Estremadura
cabinet drier / Schranktrockner m, Kammertrockner m ‖ ~ **dyeing machine** / Schrankfärbeapparat m ‖ ~-**type hank dyeing machine** / Kammer-Stranggarnfärbeapparat m ‖ ~ **washer** / Schrankwaschmaschine f
cable n / Kabel n (DIN 60001), Kabelseil n, Tau n, Seil n ‖ ~ **calico** (lightweight variety for insulation) / Kabelkattun m ‖ ~ **cord** / Kabelkord m ‖ ~ **covering fabric** / Kabelummantelung f ‖ ~ **covering machine** / Kabelumflechtmaschine f
cabled adj (spinn) / mehrfach gezwirnt, doubliert adj ‖ ~ **cord** / mehrstufiger Zwirn (DIN 60900) ‖ ~ **glass filament yarn** / mehrstufiger Glasfilamentzwirn (DIN 61850) ‖ ~ **glass staple fibre yarn** / mehrstufiger Glsstapelfaserzwirn (DIN 61850) ‖ ~ **yarn** / Kabelgarn n, Seilgarn n ‖ ~ **yarn** / mehrstufiger Zwirn m (DIN 60900) ‖ ~ **yarn** (GB) / mehrdrahtiger Baumwollzwirn
cable knitting / Kettenstich m ‖ ~-**laid rope** / kabelweise geschlagenes Seil ‖ ~ **laying** / Kabelschlag m ‖ ~ **laying machine** / Kabliermaschine f ‖ ~ **net** / großmaschiges Gardinennetz ‖ ~ **pattern** / Zopfmuster n ‖ ~ **processing** / Kabelverarbeitung f ‖ ~ **rep** / Kabelrips m ‖ ~ **sheathing** / Kabelummantelung f, Kabelmantel m ‖ ~ **silk** / Cablégarn n, Kabelgarn n ‖ ~ **stitch design** (knitt) / Kettenstich m, Zopfmuster n, Zopfmustermaschenware f ‖ ~ **stitch effect** (knitt) / Kettenstich m, Zopfmuster n, Zopfmustermaschenware f ‖ ~ **stitch knit goods** / Zopfmustermaschenware f ‖ ~ **stitch knitting** / Zopfmusterstricken n ‖ ~ **stitch knitting machine** / Zopfstrickmaschine f ‖ ~ **stitch pattern** / Flechtmuster n ‖ ~ **thread** / Dreifachzwirn m ‖ ~ **yarn** / mehrstufiger Zwirn n (DIN 60900), Cablégarn n ‖ ~ **yarn** / Kabelgarn n (DIN 83205), Seilgarn n
cabling n / Seildrehen n ‖ ~ **machine** (twisting) / Kabliermaschine f ‖ ~ **twister** (twisting) / Kabliermaschine f
cabots pl / amerikanisches Bettlakentuch
cabuja fibre / Cabujafaser f
cabulla fibre / Sisalhanf m in Mittelamerika
cabuya fibre / Cabujafaser f
cacao brown / kakaobraun adj, lederbraun adj
cacharell pleat (fash) / Cacharell-Falte f
cachemire n (Fr) / Kaschmir m ‖ ~ **de soie** (Fr) / reinseidener Kaschmir, Seidenkaschmir m
cachenez n (Fr) / Halstuch n, Seidenhalstuch n, Cachenez n
cachou shades / Cachoutöne m pl
caddice n / Spitzen f pl, Band n ‖ ~ / Polsterfüllung f
cade oil / Kadeöl n
cadet blue / kadettenblau adj ‖ ~ **cloth** / Cadett n, Kadett n, Matrosendrell m, Kielerdrell m
cadis n / Spitzen f pl, Band n ‖ ~ / Polsterfüllung f
cadmium chloride / Cadmiumchlorid n ‖ ~ **colour** / Cadmiumfarbe f ‖ ~ **compound** / Cadmiumverbindung f ‖ ~ **ethylenediamine chelate** / Cadmiumäthylendiaminchelat n ‖ ~ **ethylenediamine hydroxide** / Cadmiumäthylendiaminhydroxid n ‖ ~ **hydroxide** / Cadmiumhydroxid n ‖ ~ **iodide** / Cadmiumjodid n ‖ ~ **mordant** / Cadmiumbeize f ‖

~ **selenide** / Cadmiumselenid n ‖ ~ **sulphide** / Cadmiumsulfid n ‖ ~ **yellow** / Cadmiumgelb n
caesium compound / Caesiumverbindung f ‖ ~ **hydroxide** / Caesiumhydroxid n
caffard n (Fr) / wollener Herrenanzugstoff
caftan n (fash) / langes loses Kleid ‖ ~ (ankle-length coatlike garment) / Kaftan m
cage n (yarn) / Garnkuchen m ‖ ~ **centrifuge** / Kesselzentrifuge f ‖ ~ **of a hydroextractor** / Schleuderkorb m, Schleuderkäfig m ‖ ~ **of drafting arrangement** / Riemchenkäfig m des Streckwerks (DIN 64050) ‖ ~ **of scutcher** / Siebtrommel f ‖ ~ **of washing machine** / Trommel f ‖ ~ **winder** (for yarn) / Kuchenlegemaschine f
cagework n / Durchbrucharbeit f, Ajour-Musterung f, A-jour-Musterung f, Lochmusterung f
cagoule n / Regenjacke f, Wetterjacke f
cahinca root / Caincawurzel f (aus Chiococca racemosa)
caiana cotton / Baumwollart f aus Brasilien
cajun fibre / Cajunhanffaser f
cajuput, spirit of ~ / Kajeputgeist m
cake v / festbacken v (Verschmutzungen), festbrennen v (Verbrennungen) ‖ ~ n / Spinnkuchen m (DIN 61800), Kuchen m, Spulkranz m
caked lubricant / festgebrannte Schmälze
cake drying apparatus / Spinnkuchentrockenmaschine f ‖ ~ **dyeing** / Spinnkuchenfärben n ‖ ~ **dyeing apparatus** / Spinnkuchenfärbeapparat m ‖ ~ **dyeing machine** / Spinnkuchenfärbemaschine f ‖ ~ **of soap** / Seifenstück n ‖ ~ **package** / Spinnkuchen m ‖ ~ **sizing** / Spinnkuchenschlichten n
cakewash machine / Spinnkuchenwaschmaschine f
Calabria cotton / Baumwolle f aus Kalabrien
Calais [lace] / Calais-Spitze f
calamanco / (glossy woollen fabric of satin weave with striped or chequered designs) / Kalamank m
calamatta silk / italienische Rohseide (nicht entbastet)
calamine violet / Galmeiveilchen n
calander n (US) / kalandern v, kalandrieren v, glätten v ‖ ~ n (US) s. calender
calcareous water / kalkhaltiges Wasser
calcinate vt / kalzinieren vt, brennen vt ‖ ~ vi / kalzinieren vi, verkalken vi
calcine vt / kalzinieren vt, brennen vt ‖ ~ vi / kalzinieren vi, verkalken vi
calcined adj / kalziniert adj, wasserfrei adj ‖ ~ **cocoon** / kalzinierter Kokon, verkalkter Kokon ‖ ~ **soda** / kalzinierte Soda
calcium n / Calcium n ‖ ~ **acetate** / Calciumacetat n ‖ ~ **alginate fibre** / Calciumalginatfaser f ‖ ~ **alginate fibre** / Calciumalginatfaserstoff m ‖ ~ **alginate filament** / Alginatseide f ‖ ~ **alginate staple** / Alginatfaser f ‖ ~ **antimonyl lactate** / Antimonin n, Calcium-Antimonyllaktat n ‖ ~ **borate** / Kalkborat n ‖ ~ **carbide** / Calciumkarbid n ‖ ~ **carbonate** / Calciumcarbonat n ‖ ~ **carbonate sludge** / Kalkschlamm m ‖ ~ **chelating power** / Kalkbindevermögen n, Calciumbindevermögen n ‖ ~ **chloride** / Calciumchlorid n ‖ ~ **compound** / Calciumverbindung f ‖ ~ **hardness** / Kalkhärte f (des Wassers) ‖ ~ **hydroxide** / Calciumhydroxid n (Löschkalk, Kalklauge, Kalklösung) ‖ ~ **hydroxide solution** / Kalklauge f, Kalklösung f ‖ ~ **hypochlorite** / Calciumhypochlorit n, Bleichpulver n, Bleichkalk m, Chlorkalk m ‖ ~ **mordant** / Calciumbeize f ‖ ~ **nitrate** / Calciumnitrat n ‖ ~ **oxide** / Calciumoxid n (gebrannter Kalk) ‖ ~ **phosphate** / Calciumphosphat n ‖ ~ **rhodanate** / Calciumrhodanat n ‖ ~-**sensitive** adj / kalkempfindlich adj ‖ ~ **soap** / Calciumseife f, Kalkseife f ‖ ~ **soap base grease** / Fett n auf Calciumseifenbasis ‖ ~ **stearate** / Calciumstearat n ‖ ~ **sulphate** / Calciumsulfat n ‖ ~ **sulphate paste** / Gipsbrei m ‖ ~ **sulphide** / Calciumsulfid n ‖ ~ **sulphocyanide** / Calciumthiocyanat n,

Calciumrhodanid *n* ‖ ~ **thiocyanate solution test** / Rhodancalcium-Lösungsprobe *f*
calculated on the weight of the goods / berechnet auf das Gewicht der Ware
calculation of yield (dye) / Berechnung *f* der Ergiebigkeit, Rendementsberechnung *f*
Calcutta hemp / Jute *f*
calender *v* (GB) / kalandern *v*, kalandrieren *v*, glätten *v* ‖ ~ *n* (GB) / Kalander *m*, Wäschemangel *f* ‖ **ten-bowl laboratory** ~ / Zehn-Walzen-Laborkalander *m*
calenderability *n* / Kalandrierbarkeit *f*
calender bowl / Kalanderwalze *f* ‖ ~ **bowl paper** / Kalanderwalzenpapier *n* ‖ ~ **coater** / Beschichtungskalander *m*, Kalander *m* zum Beschichten, Überzugskalander *m* ‖ ~ **coating** / Kalanderauftrag *m*, Kalanderbeschichten *n*, Aufkalandrieren *n*, Aufkaschieren *n*
calendered *adj* / kalandriert *adj*, kalandert *adj* ‖ ~ **film** / kalandrierte Folie ‖ ~ **linen** / Glanzleinwand *f*
calender felt / Kalanderfilz *m* ‖ ~ **finish** / Kalanderappretur *f*, Kalandrierausrüstung *f* ‖ ~ **for beating velours** (velvets) / Velours-Prägekalander *m* (DIN 64390) ‖ ~ **for beetle finish** / Beetel-Kalander *m*, Beetle-Maschine *f*, Stampfkalander *m* ‖ ~ **for crêping** / Krepp-Kalander *m* ‖ ~ **for knitted fabrics** / Trikotkalander *m* ‖ ~ **for scrooping** / Seidenfinishkalander *m*, Schreinerkalander *m* ‖ ~ **for silk finish** / Seidenkalander *m* ‖ ~ **for simili mercerizing** / Simili-Kalander *m* (DIN 64390)
calendering *n* / Kalandern *n*, Kalandrieren *n* ‖ ~ **device** / Kalandriervorrichtung *f*, Glättvorrichtung *f* ‖ ~ **effect** / Kalandriereffekt *m* ‖ ~ **machine** / Kalander *m*, Kalandermaschine *f*, Kalandriervorrichtung *f* ‖ ~ **plant** / Kalanderanlage *f* ‖ ~ **spots** / Kalanderschäden *m pl*
calender line / Kalanderstraße *f* ‖ ~ **machine** / Kalander *m*, Kalandermaschine *f*, Kalandriervorrichtung *f* ‖ ~ **oil** / Kalanderöl *n* ‖ ~ **roll** (fin) / Kalanderwalze *f* ‖ ~ **roll** (cotton manufacture) / Verdichtungswalze *f* ‖ ~ **roll weighting** / Kalanderwalzendruck *m* ‖ ~ **unit with long arc roll contact** (weav) / Kalander *m* mit Umschlingung ‖ ~ **with several rollers** / Mehrwalzenkalander *m*
calf *n* (hos) / Wade *f*, Strumpfmittelstück *n*, Mittelstück *n* des Strumpfes, zweites Maß, Unterschenkelteil *n* ‖ ~ **fashioning** (knitt) / Wadendecke *f*
calf-length sock / Wadensocke *f*
calf narrowing (hos) / Wadenminderung *f*, Wadendecke *f*
calgon *n* (sodium hexametaphosphate) (water softener) / Calgon *n* (ein eingetragenes Markenzeichen von Benckiser) ‖ ~ (water softener) / Calgon *n*
calibratable *adj* (measuring device) / eichfähig *adj* (Meßvorrichtung)
calibrating calender / Kalibrierkalander *m*
calibration / Eichung *f* ‖ ~ **dyeing** / Eichfärbung *f* ‖ ~ **to be set** (ctg) / Kaschierspalteinstellung *f*
calico *n* (plain, closely woven, inexpensive cloth) / Kaliko(t) *m*, Calicot *m*, Baumwollnesseltuch *n*, Kattun *m*, Baumwollkattun *m* ‖ ~ (for lining) / Futterkattun *m* ‖ ~ **back** / glatter Grund, leinwandbindiger Grund ‖ ~ **filter cloth** / Baumwollnesselfilfertuch *n* ‖ ~ **glazing machine** / Kattunglättmaschine *f* ‖ ~ **printer** / Kattundrucker *m*, Zeugdrucker *m* ‖ ~ **printer's blankets and lappings** / Decken und Bezüge für den Zeugdruck ‖ ~ **print[ing]** / Zeugdruck *m*, Textildruck *m*, Kattundruck *m*, Kattundruckerei *f* ‖ ~ **printing machine** / Zeugdruckmaschine *f* ‖ ~ **printing plant** / Zeugdruckerei *f*, Kattundruckerei *f* ‖ ~ **shirting** / leinwandbindiger Hemdenstoff ‖ ~ **strainer** / Baumwollnesselfilter *m* ‖ ~ **weave** / Leinwandbindung *f*
calicut *n* s. calico ‖ ~ **yarn** / Kokosgarn *n*
California cotton / Kalifornia-Baumwolle *f*
calimanco *n* / Woll- o. Kammgarnstoff in Leinwandbindung
caliper *n* / Dickenmeßgerät *n*, Kaliber *n*

calisaya bark / Calisaya-Rinde *f*
calm down (the liquor) / zur Ruhe bringen (die Flotte)
calmuc *n* (fin) / Mitläufer *m* (bei der Ausrüstung, z.B. Finishdekatur) ‖ ~ (in GB or US usage usually denotes a heavily fulled woollen fabric) / rauher Wollmantelstoff ‖ ~ (in German usage usually denotes a cotton double-weave fabric) / Kalmuck *m*, Kalmuk *m*, Calmuc *m*, Schwerflanell *m*, Baumwoll-Doppelgewebe *n* mit Unterschuß ‖ ~ **carpet** / Kalmuckteppich *m* ‖ ~ **wool** / Calmuc-Schafswolle *f*
caloee fibre / Chinagras *n*, Ramiebastfaser *f*, Ramiefaser *f* (aus Boehmeria nivea)
caloric conductibility / Wärmeleitfähigkeit *f*, Wärmeleitvermögen *n*
calorific value / Wärmewert *m*, Heizwert *m*
calotropis *n* / Akon *f* (Pflanzenhaar)
calotte *n* / Scheitelkäppchen *n* der Priester
cam *n* (sew) / Kurvenscheibe *f*, Molette *f*, Hubscheibe *f*, Heber *m*, Hebenocken *m* ‖ ~ (knitt) / Schloßdreieck *n*, Schloßteil *n*, Exzenter *m*, Schloßkurve *f* ‖ ~ (of the pull) (zip) / Griffnocke *f* ‖ ~ **angle** (knitt) / Schloßwinkel *m* ‖ ~ **assembly** (knitt) / Strickschloß *n*
camb *n* / Litzenauge *n*
cambayes / bengalisches Leinenimitat
cambered cylinder / bauchige Walze
cam bit (knitt) / Exzenterkeil *m* ‖ ~ **box** (knitt) / Schloßkasten *m* ‖ ~ **box** (of knitting machine) / Strickmaschinenschloß *n*, Strickschloß *n* ‖ ~ **box plate** (knitt) / Schloßplatte *f* ‖ ~ **box ring** (knitt) / Schloßmantel *m* ‖ ~ **box system** (knitt) / Strickschloß *n*
cambric / Kambrik *m* (Baumwollgewebe in Leinwandbindung), Cambric *m* ‖ ~ **grass fibre** / Ramiebastfaser *f*, Ramiefaser *f*, Chinagras (aus Boehmeria nivea), n.
Cambridge-blue *adj* / blaßblau *adj*
cam channel (knitt) / Schloßbahn *f*, Schloßkanal *m* ‖ ~ **control** (knitt) / Schloßsteuerung *f* ‖ ~ **cylinder** / Nutentrommel *f* ‖ ~ **disc** / Hubscheibe *f*, Kurvenscheibe *f*, Nockenscheibe *f*, Exzenter *m* ‖ ~ **down** *v* (knitt) / abziehen *v* (eine Nadel) ‖ ~ **drive** (knitt) / Schloßmantelantrieb *m*
camel hair / Kamelhaar *n*, Kamelwolle *f* ‖ ~ **hair blanket** / Kamelhaardecke *f* ‖ ~ **hair cloth** / Kamelhaarstoff *m* ‖ ~ **hair interlining** / Kamelhaareinlage *f* ‖ ~ **hair loden** / Kamelhaarloden *m* ‖ ~ **hair shade** / Kamelhaarton *m* ‖ ~ **hair shawl** / Kamelhaarschal *m* ‖ ~ **hair yarn** / Kamelhaargarn *n*
cameline *n* s. calimanco ‖ ~ **oil** / Leindotteröl *n*, Dotteröl *n*
camelot *n* / Kamelottimitat *n*
camelteens / Gewebe *n* mit Leinwandbindung für Tropenanzüge
cam for tubular knitting / Schloßteil *n* der Schlauchwirkmaschine ‖ ~ **groove** (knitt) / Schloßbahn *f*, Schloßkanal *m*
cami-knickers *pl*, **camiknickers** *pl* / Hemdhose *f*, Damenhemdhose *f*
camisette *n* (fash) / Camisette *n*, Kurzhemdchen *n*
camisole *n* (fash) / Kamisol *n*
camlet *n* / Kamelott *m*
camleteen *n* / Kammgarnkamelott *m*
camlet yarn / Kamelottgarn *n*
cam·-lock slider (zip) / Klemmschieber *m* ‖ ~ **loom** / Exzenterwebmaschine *f*
camming [arrangement] (knitt) / Anordnung *f* der Strickschlösser ‖ ~ **face** (knitt) / Lauffläche *f* des Schloßteils
cam nose (weav) / Schlagnase *f*
camouflage *n* / Tarnung *f* ‖ ~ **article** / Tarnartikel *m* ‖ ~ **colour** / Tarnfarbe *f* ‖ ~ **colouring** / Tarnfärbung *f* ‖ ~ **dyestuff** / Tarnfarbstoff *m* ‖ ~ **finish** / Tarnausrüstung . *f* ‖ ~ **jacket** / Tarnjacke *f* ‖ ~ **net[ting]** / Tarnnetz *n* ‖ ~ **printing** / Tarndruck *m*
campanula [blue] / campanula;*adj* / glockenblumenblau *adj* ‖ ~ **violet** / glockenblumenviolett *adj*

41

campatillas

campatillas *pl* (Sp) / Wollkleiderstoffe *m pl*
Campbell twill (weav) / Campbell-Twill *m*, Campbell-Feinköper *m*
Campeach bay wood, campeachy wood, campeche wood / Blauholz *n*, Kampescheholz *n*, Campecheholz *n* (Haematoxylum campechianum)
camphor *n* / Kampfer *m* ‖ ~ **oil** / Kampferöl *n*
camping [tent] fabric / Campingzeltstoff *m*, Campingstoff *m*, Zeltstoff *m*
cam plate (knitt) / Schloßplatte *f* ‖ ~ **plate** (knitt) / Platinenleitscheibe *f*, Schloßkasten *m* ‖ ~ **position** (knitt) / Schloßstellung *f* ‖ ~ **position change** (knitt) / Schloßumstellung *f*
campos wool / spanische Wolle
cam race (knitt) / Kurvenbahn *f* ‖ ~ **raceway** (knitt) / Schloßlaufbahn *f* ‖ ~ **retainer ring** / Schloßstützring *m* ‖ ~ **ring on sinker** / Platinenexzenterring *m* ‖ ~ **section ring** (knitt) / Schloßmantel *m*
camshaft *n* / Nockenwelle *f*, Steuerwelle *f*, Exzenterwelle *f*, Hubscheibenwelle *f* ‖ ~ **controller** / Steuerschalter *m* der Exzenterwelle ‖ ~ **drive** / Steuerwellenantrieb *m*
cam system / Strickmaschinenschloß *n* ‖ ~ **track** / Schloßkanal *m* ‖ ~ **wheel catch** (knitt) / Schloßradfalle *f*
can *n* / Flasche *f*, Laterne *f*, Kanne *f* ‖ **dry on the ~s** / auf dem Zylinder trocknen, auf der Zylindermaschine trocknen
Canada balsam / Kanadabalsam *m*
canadas *pl* (Fr) / Wolldecken *f pl*
Canada thistle / Ackerdistel *f* ‖ ~ **yellow** / Kanadischgelb *n*
Canadian hemp / nordamerikanischer Hanf ‖ ~ **wool** / kanadische Wolle
canamazos *pl* (Sp) / Sammelname für ungebleichte Leinenwaren
cananga oil / Kanangaöl *n* (das ätherische Öl aus Cananga odorata)
canapa fibre / italienischer Hanf
canary yellow / kanariengelb *adj*
can bottom / Kannenboden *m* ‖ ~ **bottom plate** / Kannenbodenplatte *f* ‖ ~ **box** / Topfstrecke *f* ‖ ~ **boy**, can carrier (spinn) / Topfträger *m*, Kannenträger *m* ‖ ~ **changer** / Kannenwechsler *m* ‖ ~ **coiler** / Kannenwickel *m*, Drehwerk *n* für Töpfe, Kannenablage *f*, Kannenstock *m*, Topfablage *f*, Abzugsdrehwerk *n* ‖ ~ **coiler accelerator** (weav) / Abzugsbeschleunigungsvorrichtung *f* ‖ ~ **coiling** (spinn) / Kannenablage *f*, Spiralkannenablage *f* ‖ ~ **creel** / Kannenvorlage *f*, Kannengatter *f* ‖ ~ **delivery** / Kannenablieferung *f*
candle filter / Kerzenfilter *m n*
candlestick fabric (material with raised, usually tufted pattern in thick soft cotton yarn) / Gewebe *n* mit chenilleähnlichem Charakter
candle wick / Kerzendocht *m*
candlewick bedspread / Tagesdecke *f* aus Gewebe mit chenilleähnlichem Charakter
candlewicking *n* / Chenillezwirn *m*
candlewick yarn / Candlewick-Garn *n*, Kerzenfiltergarn *n*, Dochtgarn *n*
can drier / Trockenzylinder *m*, Zylindertrockenmaschine *f* ‖ ~-**dry** *v* / auf dem Trockenzylinder trocknen ‖ ~ **drying** / Zylindertrocknen *n*
candy border / zweifarbiger, gestreifter Rand
can dyeing / Färben *n* auf Zylinderaggregaten ‖ ~ **dyeing machine** / Kannen-Kammzug-Färbeapparat *m*
candy striped / diagonal gestreift (meist rot/weiß oder blau/weiß) ‖ ~ **stripes** / gestreifte Ware (meist rot/weiß oder blau/weiß)
canebrake cotton / erstklassige Alabama-Baumwollart
can emptying creel / Kannenleergestell *n* ‖ ~ **emptying passage** / Nachstrecke *f* ‖ ~ **feed** / Kannenspeisung *f*, Topfeinlauf *m* ‖ ~ **feed creel** / Topfeinlaufgestell *n* ‖ ~ **feeding** / Kannenspeisung *f*, Kannenvorlage *f* ‖

~ **filling machine** / Kannenfüllmaschine *f* ‖ ~ **gill box** / Topfstrecke *f*
canille *n* / imitierter Cannelérips
can insert / Kanneneinsatz *m*
Cannabis sativa / Hanf *m*
cannele cord / Cordsamt *m*, Rippensamt *m* ‖ ~ **rep** / Cannelérips *m* ‖ ~ **weave** / Cannelébindung *f*
cannette *n* (Fr) / Cannetteseide *f*, Cannettegarn *n* ‖ ~ (Fr) / Kannette *f*, Kanette *f*, Canette *f* (kleine konische Schußspule in der Seidenweberei)
canonicals *pl* / Meßgewänder *n pl*
canopied *adj* / mit einem Baldachin versehen
canopy *n* / Baldachin *m*, Überdachung *f* ‖ ~ **bed** / Himmelbett *n*
canourge *n* (Fr) / Wollserge *f*
can plate / Kannenteller *m* ‖ ~ **roving frame** (spinn) / Flaschenmaschine *f*, Laternenbank *f*, Kannenmaschine *f*, Laternenstuhl *m*
canroy frame / Aufwickelmaschine *f*
can spinning / Topfspinnen *n*, Kannenspinnen *n*, Zentrifugalspinnen *n* ‖ ~ **spinning system** / Kannenspinnverfahren *n*, Topfspinnverfahren *n*
canton *n* / Kantonköper *m* ‖ ~ **cotton** / Kantonflanell *m* ‖ ~ **finish** / matte Kalanderausrüstung ‖ ~ **flannel** / Kantonflanell *m* ‖ ~ **linen** / chinesischer Ramiestoff ‖ ~ **silk** / Kantonseide *f*, Rohseide *f* aus China
cantoon *n* / Diagonalköper *m*
can turntable / Kannenteller *m*
canvas *n* / Kanevas *m*, Leinenkanevas *m*, Gitterleinen *n*, Stramin *m* ‖ ~ (for packing) / Packtuch *n*, Sackleinwand *f*, Sackleinen *n* ‖ ~ (sail cloth) / Segelleinwand *f*, Segeltuch *n* ‖ ~ (tarpaulin) / Plane *f*, Planenstoff *m*, Plachenstoff *m*, Blachenstoff *m*, Zeltstoff *m* ‖ ~ **bag** / Leinentasche *f*, Reisetasche *f* ‖ ~ **belting** / Leinenriemen *m pl* ‖ ~ **leggings** / Leinengamaschen *f pl* ‖ ~ **shoe** / Leinenschuh *m*, Stoffschuh *m*
can winder / Kannenspulmaschine *f*, Tonnenfüllmaschine *f*
cap *n* / Mütze *f*, Kappe *f*
capable of being chrome-developed (dye) / chromierbar *adj* ‖ ~ **of fixing mordants** / beizenziehend *adj* ‖ ~ **of reduction** / verschnittfähig *adj* ‖ ~ **of taking a finish** / appretierfähig *adj*, zurichtfähig *adj*
capacity *n* / Fassungsvermögen *n*, Aufnahmevermögen *n*, Kapazität *f*, Inhalt *m*, Volumen *n* ‖ ~ (of dyeing apparatus) / Durchsatz *m* ‖ ~ **of remaining upright** (cpt) / Stehvermögen *n*
cap cloth / Mützenmaterial *n*, Mützentuch *n*
cape *n* / Cape *n*, (ärmelloser) Umhang *m*, Überwurf *m* ‖ ~ **collar** / Capekragen *m*
capelet *n* / kurzes Cape
cape of a loom / aufrechtstehender Teil eines Webstuhls ‖ ~ **wool** / Kapwolle *f*
cap flat knitting machine / Mützenflachstrickmaschine *f*
capillary activity / Kapillaraktivität *f* ‖ ~ **filament** (multifil manmade fibres) / Kapillarfaden *m*, (replaced by:) Filament *n*, endloser Einzelfaden ‖ ~ **rise method** (dye) / Steighöhenmethode *f* (zur Bestimmung der Sauggeschwindigkeit) ‖ ~ **volume** (fil) / Kapillarvolumen *n*
capiton *n* / Abfallseide *f* für Polsterfüllung
cap lining / Mützenstoff *m* ‖ ~ **of slider** (zip) / Führungskappe *f*, Schiebernase *f*
capote *n* / Regencape *n* mit Kapuze
cappadine silk / Abfallflockseide *f*
cap peak / Mützenschild *n*, Mützenschirm *m*
Capri blue / Kapriblau *n*
capric acid / Kaprinsäure *f*
capri--length (thermal knit panties) / Wadenlänge *f* ‖ ~ **pants** *pl* (fash) / enganliegende Damenhose
Capris *pl* s. Capri pants
caproic acid / Kapronsäure *f*
caprolactam *n* / Caprolactam *n*

capryl[ic] acid / Caprylsäure f ‖ ~ **diethanolamide** / Capryldiäthanolamid n
capsicum-red adj / pfefferrot adj, capsicumrot adj
cap spindle (spinn) / Glockenspindel f ‖ ~ **spinning** / Glockenspinnverfahren n ‖ ~ **spinning bobbin** / Glockenspinnbobine f ‖ ~ **spinning frame**, cap spinning machine / Glockenspinnmaschine f
capucine orange / kapuzinorange adj, kanariengelb adj
cap with earflaps / Mütze f mit Ohrenklappen ‖ ~ **yarn twisting frame** / Ringzwirnmaschine f
caracul n / Karakulfell n ‖ ~ **cloth** / Krimmer m (Webpelz)
caraguata fibre / Bromeliablattfaser f (aus Tillandsia rubra oder Bromelia rorra)
caramel adj / karamel adj, karamelfarben adj ‖ ~ **brown** / karamelbraun adj
caramelization n / Karamelisierung f
caravonica cotton / Caravonica-Baumwolle f
carbamate n / Carbamat n
carbamic acid / Carbamidsäure f
carbamide resin / Carbamidharz n
carbamoylethylated cotton / carbanyläthylierte Baumwolle
carbanilate n / Carbanylat n
carbanilic acid / Carbanilsäure f
carbodiimide n / Carbodiimid n
carbohydrate n / Kohlehydrat n
carbon n / Kohlenstoff m ‖ ~ adj (shade) / kohlschwarz adj
carbonamide n / Carbonamid n
carbonate v / karbonisieren v, verkohlen v ‖ ~ n (chem) / Karbonat n, Carbonat n ‖ ~ **of barium** / Bariumkarbonat n ‖ ~ **of lime** / Schlämmkreide f ‖ ~ **of lime** / Calciumcarbonat n
carbonation n / Überführung f in Karbonat, Umwandlung f in Karbonat
carbon black / Carbon-Black n, Rußschwarz n ‖ ~ **black** / Farbruß m ‖ ~ **chloride** / Chlorkohlenstoff m ‖ ~ **compound** / Kohlenstoffverbindung f ‖ ~ **dioxide** / Kohlendioxid n, Kohlensäure f ‖ ~ **disulphide** / Kohlendisulfid n, Kohlenstoffdisulfid n, Schwefelkohlenstoff m ‖ ~ **dust** / Kohlenstaub m ‖ ~ **fibre** / Kohlenstoffaser f ‖ ~ **fibre tape** / Kohlenstoff-Faserband n ‖ ~ **filament** / Kohlenstofffilament n, Kohlefaden m
carbonization n / Karbonisation f, Verkohlung f, Karbonisierung f, Karbonisieren n
carbonize v / karbonisieren v, verkohlen v
carbonized goods pl / Karbonisiergut n ‖ ~ **noil** / karbonisierter Wollkämmling ‖ ~ **rag fibre** / karbonisierte Reißwolle ‖ ~ **straw** / karbonisierter Pflanzenteil ‖ ~ **wool** / karbonisierte Wolle
carbonizer n / Trocknungsmaschine f (DIN 64990), Karbonisiermaschine f
carbonizing n / Karbonisur f (von Geweben) ‖ ~ **action** / Karbonisationswirkung f ‖ ~ **agent** / Karbonisiermittel n ‖ ~ **apparatus** / Karbonisierapparat m ‖ ~ **assistant** / Karbonisierhilfsmittel n ‖ ~ **bath** / Karbonisierbad n, Karbonisierflotte f ‖ ~ **chamber** / Karbonisierkammer f ‖ ~ **defect** / Karbonisierfehler m ‖ ~ **drum** / Karbonisiertrommel f ‖ ~ **fault** / Karbonisierfehler m ‖ ~ **liquor** / Karbonisierflotte f ‖ ~ **machine** / Karbonisiermaschine f ‖ ~ **mangle** / Karbonisierfoulard m ‖ ~ **method** / Karbonisiermethode f ‖ ~ **plant** / Karbonisieranlage f ‖ ~ **process** / Karbonisierverfahren n, Karbonisiervorgang m ‖ ~ **resistance** / Karbonisierechtheit f (DIN 54044), Karbonisierbeständigkeit f ‖ ~ **stain** / Karbonisationsfleck m ‖ ~ **stove** / Karbonisierofen m ‖ ~ **test** / Karbonisierprüfung f ‖ ~ **tower** / Karbonisierturm m ‖ ~ **works**, carbonizing workshop / Karbonisieranstalt f
carbon monoxide / Kohlenmonoxid n ‖ ~ **tetrabromide** / Kohlenstofftetrabromid n, Tetrabromkohlenstoff m ‖

~ **tetrachloride** / Kohlenstofftetrachlorid n, Tetrachlorkohlenstoff m
carbonyl group / Carbonylgruppe f, Carbonyl n
carbostyrile n / Carbostyril n
carboxycellulose n / Carboxycellulose f
carboxyethylated cotton / carboxyäthylierte Baumwolle
carboxyl n / Carboxyl n, Carboxylgruppe f
carboxylate surfactant / Carboxylat-Tensid n
carboxylation n / Carboxylation f, Carboxylierung f
carboxyl content / Carboxylgehalt m ‖ ~ **end group** / Carboxylendgruppe f
carboxylethylated cotton / carboxyäthylierte Baumwolle
carboxylic acid / Carbonsäure f ‖ ~ **acid ester** / Carbonsäureester m
carboxymethylated cotton / Carboxymethylierte Baumwolle
carboxymethylation n / Carboxymethylierung f
carboxymethylcellulose, CMC / Carboxymethylzellulose f
carboy n / Ballon m, Korbflasche f, Glasballon m ‖ ~ **tilter** / Ballonkipper m
carcami n (It) / Seidenabfall m
car carpet / Autoteppich m
carcasse (tire) / Karkasse f, Reifengrundgewebe n
car coat / Auto-Coat m ‖ ~ **cover** / Faltgarage f
carcuel n / Krimmer m (Webpelz)
card v (spinn) / karden v, kardieren v, krempeln v ‖ ~ / kratzen v, streichen v ‖ ~ n (wool, cotton) / Karde f, Krempel f, Kratze f, Streichmaschine f ‖ ~ (weav) / Karte f, Pappe f
cardboard n / Kartonpapier n, Karton m, Halbkarton m, Pappe f ‖ ~ **back to which samples are affixed**, cardboard head to which samples are affixed / Liasse f, Musterkartensteg m ‖ ~ **bobbin** (weav) / Pappspule f, Pappbobine f ‖ ~ **card device** (knitt) / Pappkartenapparat m ‖ ~ **mount for yarn sample[s]** / Liasse f, Musterkartensteg m ‖ ~ **strip** (weav) / Kartenblatt n ‖ ~ **tube** / Kartonhülse f, Papphülse f
card bracket / Stelleisen n an der Karde ‖ ~ **brusher** / Krempelputzer m ‖ ~ **can** / Kardentopf m, Kardenkanne f ‖ ~ **carrier** / Sperrkegel m ‖ ~ **cleaner** / Krempelputzer m ‖ ~ **clearer** / Krempelputzer m ‖ ~ **cloth** / Kratzentuch n ‖ ~ **clothing** / Krempelbeschlag m (DIN 64108), Kardenbeschlag m, Kardengarnitur f, Kratzenbelag m, Kratzenbeschlag m, Kratzengarnitur f, Krempelgarnitur f ‖ ~ **clothing count** / Kratzennummer f ‖ ~ **clothing device** / Kratzenaufziehvorrichtung f ‖ ~ **clothing for flax and hemp spinning machines** / Kardenbelag m für Flachs- und Hanfspinnereimaschinen (DIN 64113) ‖ ~ **clothing foundation** / Kardenbeschlagunterlage f, Krempelbeschlaggrund m, Kratzenbeschlaggrund m ‖ ~ **clothing grinding machine** / Kratzenschleifmaschine f ‖ ~ **clothing manufacturer** / Kratzenhersteller m, Kratzenfabrik f ‖ ~ **clothing manufacturing machine** / Kratzenherstellungsmaschine f ‖ ~ **clothing number** / Beschlagnummer f, Kratzennummer f ‖ ~ **clothing of the carding machine** / Kratzenbelag m der Krempelmaschine ‖ ~ **clothing roller** / Rauhkratze f ‖ ~ **copying machine** (weav) / Kartenkopiermaschine f, Kopiermaschine f für Dessins ‖ ~ **count** / Kratzenbeschlagnummer f ‖ ~ **cover** (wool) / Krempelhaube f ‖ ~ **covering** s. card clothing ‖ ~ **crown** / Kratzenspitze f ‖ ~ **cutter** (jacquard) / Musterschläger m, Kartenschläger m, Musterlocher m, Kartenlocher m, Musterkartenschläger m ‖ ~ **cutting** / Kartenschlagen n, Kartenlochen n, Kartenstanzen n ‖ ~ **cutting machine** (wool) / Kartenschlagmaschine f, Kartenstanze f ‖ ~ **cylinder** (wool) / Kardenzylinder m, Kratzenzylinder m ‖ ~ **cylinder** (jacquard) / Kartenprisma n ‖ ~ **cylinder stripping waste** / Kardentrommelabfall m, Kardentrommelausputz m ‖ ~ **delivery** (wool) / Krempelauslauf m,

card

Krempelablieferung f ‖ ~ **doffing** / Kardenbandabzug m ‖ ~ **duplicating machine** / Kartenkopiermaschine f
carded adj / gekrempelt adj, kardiert adj ‖ ~ **cotton** / kardierte Baumwolle ‖ ~ **cotton yarn** / kardiertes Baumwollgarn ‖ ~ **silk** / gekrempelter Seidenfaden ‖ ~ **sliver** / Kardenband n, Krempelband n, Fascrband n ‖ ~ **sliver** (wool) / Woll-Krempelband n (DIN 60004) ‖ ~ **union yarn** (GB) / kardiertes Halbwollgarn ‖ ~ **web** / Krempelvlies n ‖ ~ **wool** / Kammwolle f, Streichwolle f ‖ ~ **wool cloth** / Streichgarntuch n ‖ ~ **woollen goods** / Streichgarngewebe n ‖ ~ **wool spinning** / Streichgarnspinnerei f (DIN 60412) ‖ ~ **wool system** / Streichgarnverfahren n ‖ ~ **wool yarn** / Streichgarn n, Streichwolle f ‖ ~-**worsted yarn** / Halbkammgarn n, Sayette-Garn n, Tapiseriegarn n ‖ ~ **yarn** / Krempelgarn n, Kratzgarn n, Streichgarn n, kardiertes Garn ‖ ~ **yarn cloth** / Streichgarnstoff m, Streichgarngewebe n ‖ ~ **yarn fabrics** / Streichgarnwaren f pl, Streichgarngewebe n pl ‖ ~ **yarn industry** / Streichgarnindustrie f ‖ ~ **yarn mule** / Wagenspinnmaschine f ‖ ~ **yarn spinning machine** / Walzenkrempel f für Streichgarnspinnerei (DIN 64118) ‖ ~ **yarn spinning mill** / Streichgarnspinnerei f ‖ ~ **yarn weaving mill** / Streichgarnweberei f
card end (fin card) / Band n ‖ ~ **engine** s. carding machine
carder n / Krempler m, Kardenarbeiter m
card fancy / Volant m der Krempel, Schnellwalze f, Trommelputzwalze f ‖ ~ **feed chute** (spinn) / Kardenfüllschacht m ‖ ~ **feeding** (spinn) / Kardenspeisung f ‖ ~ **fettlings** (GB) / Kardenwollabfall m ‖ ~ **fillet** / Kratzenband n (DIN 64108) ‖ ~ **fillet for napping machines** / Kratzenband n für Rauhmaschinen ‖ ~ **fillet mounting machine** / Kratzenbandaufziehmaschine f ‖ ~ **fitter** / Kardensetzer m ‖ ~ **flat** / Kardendeckel m ‖ ~ **flat bend grinding apparatus** / Kardendeckelbogenschleifapparat m ‖ ~ **floss** / Kardenflaum m ‖ ~ **fly** / Kardenflug m, Krempelflug m ‖ ~ **for coarse count[s] spinning** / Großspinnkarde f ‖ ~ **for cotton spinning** / Karde f für die Baumwollspinnerei (Din 64080) ‖ ~ **for shuttle changing** / Schützenwechselkarte f ‖ ~ **for waste silk** / Flockseidenkratze f, Florettkratze f ‖ ~ **frame** / Kartengestell n ‖ ~ **gauge** / Kratzeneinstellehre f ‖ ~ **grinding** / Schleifen n des Kratzenbeschlages ‖ ~ **grinding and mounting machine** / Kratzen-Schleif- und -Beschlagmaschine f ‖ ~ **grinding machine** / Kratzenschleifmaschine f ‖ ~ **guide** (weav) / Kartenführer m ‖ ~ **hackling tooth** / Kardenhechelnadel f ‖ ~ **hook** / Kratzennadel f ‖ ~ **hopper feeder** / Krempelkastenspeiser m
cardigan n / Cardigan m, Strickjacke f, Sportjacke f (kragen- oder reverslos) ‖ ~ / Fangtrikot m n ‖ ~ **and tubular lock** (knitt) / Fang- und Schlauchschloß n ‖ ~ **cam** (weav) / Fangschloß n, Fangexzenter m, Fangteil n (eines Hebers) ‖ ~ **fabric** / Fangware f ‖ ~ **goods** pl (knitt) / Fangware f ‖ ~ **lock** / Fangschloß n ‖ ~ **lock with ribbing cam** / Rand- und Fangschloß n ‖ ~ **neckline** (fash) / Blendenausschnitt m ‖ ~ **rack** / Fangversatz m (mit 1:1-Nadelzug) ‖ ~ **ribbing and tubular lock** (knitt) / Fang-, Rand- und Schlauchschloß n ‖ ~ **stitch goods** (knitt) / Fangware f ‖ ~-**tubular cam** (knitt) / Fang-Schlauch-Schloß n
cardinal[-red] adj / kardinalrot adj, hochrot adj, erdbeerrot adj
cardinal cloth / roter Wollstoff ‖ ~ **shade** / Kardinalrot n, Kardinalton m
carding n / Kardieren n, Krempeln n, Kratzen n, Streichen n ‖ ~ **arm** / Kardierflügel m ‖ ~ **beater** / Kardierflügel m, Kirschnerflügel m ‖ ~ **bench** / Krempelbock m ‖ ~ **comb** (for wool) / Krempelkamm m, Schrubbel f ‖ ~ **cylinder** / Tambourwalze f ‖ ~ **drum** / Krempeltrommel f ‖ ~ **dust** / Kardenstaub m, Krempelflug m ‖ ~ **effect** / Kardierwirkung f ‖ ~ **engine** (GB) s. carding machine ‖ ~ **height** (spinn) /

Streichhöhe f ‖ ~ **leather** / Kratzenleder n ‖ ~ **machine** / Kratzmaschine f (DIN 64080), Krempel f, Krempelmaschine f, Karde f, Kardiermaschine f, Kratze f ‖ ~ **machine for slubbing** / Vorspinnkarde f ‖ ~ **machine with two pairs of workers and rollers** / Zwei-Krempel-Satz m ‖ ~ **number** / Kämmungszahl f ‖ ~ **oil** / Schmälze f ‖ ~ **process** / Kardieren n ‖ ~ **roller** / Walzenkrempel f (DIN 64118), Rollkarde f, Stachelwalze f, Igel m ‖ ~ **roller raising machine** / Rollkardenrauhmaschine f ‖ ~ **room** / Karderie f, Krempelei f, Krempelsaal m, Kardensaal m ‖ ~ **web** (nwv) / Flor m, Krempelflor m ‖ ~ **willow** / Krempelwolf m ‖ ~ **willow for fibre preparing** / Krempelwolf m für Spinnstoffaufbereitung (DIN 64165) ‖ ~ **wire** / Kratzendraht m (DIN 64107) ‖ ~ **wire manufacturing machine** / Kratzenherstellungsmaschine f ‖ ~ **with stationary flats** / Kardieren n mit stationären Deckelplatten ‖ ~ **wool** / Streichwolle f, Streichgarnwolle f, Krempelwolle f ‖ ~ **work** / Kämmen n, Kardieren n ‖ ~ **work** / Krempelarbeit f
card lacer (weav) / Kartenbinder m, Kartenschnürer m ‖ ~ **lacing** / Bindeschnur f für Jacquardkarten ‖ ~ **lacing** (jacquard) / Kartenbinden n, Kartenverbinden n ‖ ~ **lacing machine** (weav) / Kartenbindemaschine f ‖ ~ **line** (spinn) / Kardenstrang m ‖ ~ **lining** s. card clothing ‖ ~ **machine** / Kardiermaschine f, Krempel f, Karde f, Streichmaschine f ‖ ~ **manufacture** / Kratzenherstellung f, Kratzenfabrikation f ‖ ~ **minder** / Krempler m, Kardenarbeiter m ‖ ~ **mounting** / Belegen n der Krempeln ‖ ~ **nailing** / Kratzenaufziehen n ‖ ~ **of warping** / Schärbrief m ‖ ~ **paper** (wool) / Kartenpapier n ‖ ~ **paper cutting machine** (wool) / Kartenschneidemaschine f ‖ ~ **perforating** / Kartenschlagen n, Kartenlochen n, Kartenstanzen n ‖ ~ **perforating machine** / Kartenschlagmaschine f ‖ ~ **pin** / Kardennadel f (DIN 64130) ‖ ~ **pitch** / Kartenstich m ‖ ~ **press** / Kartenpresse f ‖ ~ **processing** / Kardierarbeit f ‖ ~ **puncher** (jacquard) / Kartenlocher m ‖ ~ **punching** (weav) / Kartenlochung f ‖ ~ **punching machine** (weav) / Kartenlochstanzer m, Kartenschlagmaschine f ‖ ~ **repeating machine** / Kartenkopiermaschine f ‖ ~ **reversing motion** / Kartenrückschlagvorrichtung f ‖ ~ **roller** / Krempelwalze f ‖ ~ **room** / Kardensaal m, Karderie f, Krempelei f, Krempelsaal m
cards pl (loom jacquard machine) / Lochkartenkombination f ‖ ~ (loom jacquard machine) / Lochkombination f
card saving motion (knitt) / Kartensparvorrichtung f ‖ ~ **screen** / Kardenraster m ‖ ~ **set** / Krempelsatz m ‖ ~ **setter** / Kardensetzer m ‖ ~ **setting** / Krempeleinstellung f ‖ ~ **sheet** / Kratzenblatt n ‖ ~ **sliver** / Kardenband n, Krempelband n, Faserband n ‖ ~ **sliver beaming machine** / Kardenbandwickelmaschine f ‖ ~ **sliver drier** / Kardenbandtrockner m ‖ ~ **sliver dyeing** / Kardenbandfärberei f ‖ ~ **sliver weight regulating system** / Reguliersystem n für das Kardenbandgewicht ‖ ~ **sliver winder**, card sliver winding machine / Kardenbandwickelmaschine f ‖ ~ **spinning** / Streichgarnspinnerei f ‖ ~ **stamping machine** / Kartenstanze f ‖ ~ **staple** / Kardenzahn m, Kratzenzahn m ‖ ~ **stop motion** / Kartenwächter m ‖ ~ **stripper** / Krempelputzer m, Kardenreiniger m, Kardenputzer m, Putzen n des Krempelbeschlages ‖ ~ **stripping** / Krempelreinigung f, Putzen n des Krempelbeschlages ‖ ~ **stripping installation**, card stripping plant / Krempelausstoßanlage f ‖ ~ **strippings** / Kardenabgang m, Strips m pl ‖ ~ **strips** (wool) / Krempelausputz m, Strips m pl ‖ ~ **tenter** / Krempler m, Kardenarbeiter m ‖ ~ **thoroughly** / auskrempeln v ‖ ~ **top** (spinn) / Deckel m ‖ ~ **waste** / Kardenabfall m, Kardierabfall m,

Krempelabfall m, Kardenausputz m ‖ ~ **waste** (wool) /
Krempelausputz m ‖ ~ **web** / Kardenflor m, Faserflor
m, Krempelflor m, Kardenvlies n, Faservlies n ‖ ~ **web
roller press** / Krempelflorwalzenpresse f ‖ ~ **winder,**
card winding machine / Kärtchenwickelmaschine f,
Garnaufkarter m, Aufkarter m ‖ ~ **wire** / Kratzendraht
m, Kratzennadel f ‖ ~ **wire leveller** / Kratzenhobel m ‖
~ **wire point** / Kratzenspitze f ‖ ~ **wire raising**
machine / Kratzenrauhmaschine f ‖ ~ **wire setting**
machine / Kratzensetzmaschine f ‖ ~ **wire take-down** /
Kratzenabzug m ‖ ~ **wire tooth** / Kratzenzahn m ‖
~ **with automatic stripper** / Krempel f mit selbsttätiger
Reinigung ‖ ~ **with breast roller** / Krempel f mit
Vorwalze ‖ ~ **with two doffers** / Zweipeigneurkrempel
f ‖ ~ **yield** / Krempelausbeute f
career apparel (euphemism for: work uniform) /
Berufskleidung f, firmengebundene Uniform,
uniformähnliche Berufskleidung ‖ ~ **Apparel Institute**
(outgrowth of the National Assosiation of Uniform
Manufacturers) (US) / Berufskleidungsinstitut n
(hervorgegangen aus dem amerikanischen Verband der
Uniformhersteller)
carefree adj / pflegeleicht adj (Ausrüstung)
care labelling / Pflegekennzeichnung f durch Etikett (von
Textilien) ‖ ~ **regulations** / Pflegevorschriften f pl ‖
~ **symbol** / Pflegekennzeichen n
car furnishings / Autopolster n pl ‖ ~ **headlining** /
Autohimmel m ‖ ~ **hood** / Autoverdeck n ‖ ~ **hood**
fabric / Autoverdeckstoff m ‖ ~ **hood lining** /
Autoverdeck-Futterstoff m
carioba cotton / brasilianische Karioba-Baumwolle
car mat / Automatte f
carmeline wool (Fr) / Vikunjawolle f zweiter Qualität
carmelite cloth / Karmeliter-Wollstoff m
carminazarin n / Karminazarin n
carmine[-red] adj / karminrot adj (RAL 3002)
carminic acid (extracted from the cochineal insect,
Coccus cacti) / Karminsäure f, Carminsäure f
carnac n (type of cotton) / Karnak f
carnation n / Blaßrot n, Rosa n
carnauba palm / Karnaubapalme f (Copernicia prunifera)
‖ ~ **wax** / Karnaubawachs n, Cearawachs n
carob bean / Johannisbrot n, Karobe f ‖ ~ **bean gum** /
Karobensamen m pl, Johannisbrotkernmehl n ‖ ~ **bean**
gum derivative, carob seed gum derivative /
Johannisbrotkernmehl-Derivat n, Kernmehlderivat n ‖
~ **bean thickening** / Johannisbrotkernverdickung f ‖
~ **seed grain ether,** carob seed gum ether /
Johannisbrotkernmehläther m, Kernmehläther m ‖
~ **seed gum** (thickener) / Kernmehl n ‖ ~ **tree** /
Johannisbrotbaum m (Ceratonic siliqua)
caro fibre / Bejukofaser f
Carolina pride cotton / Baumwolle f aus Südkarolina
caroline net / Wollfilet n für Schals ‖ ~ **plaid** /
Halbwollschotten m
carper pile / Teppichflor m
carpet v / mit Teppich auslegen ‖ ~ n / Teppich m ‖
~ **and pile fabrics** / Teppich- und Polware f ‖ ~ **back** /
Teppichrückseite f ‖ ~ **back coating** /
Teppichrückenbestrich m ‖ ~ **back finish[ing]** /
Teppichrückenappretur f, Appretur f von
Teppichrückseiten ‖ ~ **backing** / Teppichrücken m,
Teppichgrundgewebe n, Teppichrückenbeschichtung f ‖
~ **back scraping machine** /
Teppichrückenrauhmaschine f ‖ ~ **beating machine** /
Teppichklopfmaschine f ‖ ~ **beat-up** (cpt) / Noppenzahl
f ‖ ~ **beetle** / Teppichkäfer m (Anthrenus scrophulariae)
‖ ~ **binding** / Teppichborte f, Teppicheinfaßband n ‖
~ **bug** / Teppichkäfer m (Anthrenus scrophulariae) ‖
~ **cleaning enterprise** / Teppichreinigungsanstalt f,
Teppichreinigungsbetrieb m ‖ ~ **combustion**
properties pl / Brennverhalten n von Teppichen ‖
~ **continuous dyeing range** / kontinuierliche
Teppichfärbeanlage ‖ ~ **drying machine** /
Teppichtrocknungsmaschine f ‖ ~ **dyeing** /
Teppichfärberei f ‖ ~ **dyeing machine** /
Teppichfärbemaschine f ‖ ~ **fabrics** / Teppichstoffe m
pl ‖ ~ **face yarn** / Teppichdeckfaden m ‖ ~ **felt** /
Unterlagenfilz m ‖ ~ **finishing** / Teppichappretur f,
Teppichveredlung f, Teppichausrüstung f ‖ ~ **finishing**
machine / Teppichappreturmaschine f ‖ ~ **flocker** /
Teppichbeflockungsmaschine f ‖ ~ **flocking equipment**
/ Teppichbeflockungseinrichtung f ‖ ~ **goods** /
Teppichwaren f pl (DIN 61151)
carpeting n / Teppichboden m ‖ ~ **for institutional use** /
Teppich m für den Objektsektor
carpet knitting process / Teppichwirkverfahren n ‖
~ **laying** / Teppichverlegen n ‖ ~ **linen thread** /
Leinengarn n für Teppiche ‖ ~ **lining** /
Teppichzwischenschicht f, Füllschicht f für Teppiche ‖
~ **loom** / Teppichstuhl m ‖ ~ **manufacture** /
Teppichherstellung f ‖ ~ **manufacturing machinery** /
Teppichherstellungsmaschinen f pl ‖ ~ **mending** /
Teppichstopfen n, Teppichausbessern n ‖ ~ **mill** /
Teppichweberei f, Teppichfabrik f ‖ ~ **moth** /
Teppichkäferlarve f, Teppichmotte f ‖ ~ **needle** /
Teppichnadel f ‖ ~ **off-side impregnation** /
Teppichrückenappretur f ‖ ~ **pad** / Teppichunterlage f,
Unterlagenfilz m ‖ ~ **pick** / Teppichschußfaden m ‖
~ **pile yarn** / Teppichflorgarn n, Teppichpolgarn n ‖
~ **printing** / Teppichdruck m ‖ ~ **printing machine** /
Teppichdruckanlage f ‖ ~ **Raschel** (knitt) / Teppich-
Raschelmaschine f, Teppich-Raschel f ‖ ~ **ribbon** /
Teppichbändchen n ‖ ~ **rinsing machine** /
Teppichspülmaschine f ‖ ~ **rolling machine** /
Teppichaufrollmaschine f ‖ ~ **runner** / Läufer m,
Läuferteppich m, Treppenläufer m ‖ ~ **shampooing**
machine / Teppichshampooniermaschine f ‖
Teppichshampuniermaschine f ‖ ~ **shearing machine** /
Teppichschermaschine f ‖ ~ **steaming plant** /
Teppichdämpfanlage f ‖ ~ **strip** / Läufer m,
Läuferteppich m, Treppenläufer m ‖ ~ **stuffer yarn** /
Teppichfüllfaden m ‖ ~ **sweeper** /
Teppichkehrmaschine f ‖ ~ **tack** / Teppichnagel m ‖
~ **thread** / Teppichzwirn m ‖ ~ **tile** / Teppichfliese f ‖
~ **traveller** / Läufer m, Läuferteppich m, Treppenläufer
m ‖ ~ **tufting machine** / Nadelflorteppichmaschine f,
Tufted-Teppich-Maschine f, Teppichtuftingmaschine f ‖
~ **underlay** / Teppichunterlage f ‖ ~ **warp** /
Teppichkettgarn n ‖ ~ **warp pile** / Teppichkettflor m ‖
~ **wash American** / Teppichwäsche f amerikanisch ‖
~ **washing** / Teppichwäsche f ‖ ~ **washing machine** /
Teppichwaschmaschine f ‖ ~ **wash Turkish** /
Teppichwäsche f türkisch ‖ ~ **wear tester** /
Haltbarkeitsprüfmaschine f für Teppiche ‖ ~ **weaver** /
Teppichweber m ‖ ~ **weaving** / Teppichweberei f ‖
~ **weaving machine** / Teppichwebmaschine f,
Teppichwebstuhl m ‖ ~ **weft yarn** / Teppichschußgarn
n ‖ ~ **wool** / Teppichwolle f ‖ ~ **yarn** / Teppichgarn n ‖
~ **yarn scouring** / Teppichgarnwäsche f ‖ ~ **yarn**
spinning / Teppichgarnspinnerei f
carragen [moss], carragheen [moss] / Karragheen n
(Fucus crispus, Fucus irlandicus) (der getrocknete
Thallus der Rotalgen Chondrus crispus und Gigartina
mamillosa), Karrageen n, Carrageen n, Irländisches
Moos, Perlmoos n, Felsenmoos n ‖ ~ **size,** carragheen
size / Karragheenschlichte f, Carrageenschlichte f
carreau n / Karo n
carriage n (weav) / Selfaktorwagen m, Wagen m ‖ ~ (dye) /
Chassis n, Farbtrog m ‖ ~ (text pr) / Druckwagen m ‖ ~
(knitt) / Schlitten m ‖ ~ **bracket** / Wagenzwischenstück
n ‖ ~ **cam** (knitt) / Schlittenschloßteil n ‖ ~ **cloth** /
Sitzbezug m, Eisenbahn-Sitzbezugsstoff m ‖ ~ **creel**
(weav) / Wagengatter n ‖ ~ **displacement motion** (spinn)
/ Auszugvorrichtung f ‖ ~ **draft,** carriage drag (spinn) /
Wagenverzug m ‖ ~ **drawing-up scroll** (spinn) /
Wageneinzugstrommel f ‖ ~ **drawing-up worm** (spinn) /
Wageneinzugsschnecke f ‖ ~ **drive** (spinn) /

45

carriage

Wagenantrieb *m* ‖ ~ **driving rope** (spinn) / Auszugsseil *n* ‖ ~ **for application of adhesive** / Kleberwagen *m* für Filmdruck ‖ ~ **fork** (knitt) / Schlittengabel *f* ‖ ~ **gain** (spinn) / Wagenverzug *m* ‖ ~ **guide** (knitt) / Schlittenführung *f* ‖ ~ **guide bar** (knitt) / Schlittenführungswelle *f* ‖ ~ **jamming** (knitt) / Schlittenhemmung *f* ‖ ~ **of a mule frame** / Spindelwagen *m* (Selfaktor) ‖ ~ **rail** (spinn) / Wagenschiene *f*, Wagenbahn *f*, Wagenstraße *f*, Wagenlauf *m* ‖ ~ **receding motion** / Wagenrückgang *m* ‖ ~ **rest** / Wagenhaupt *n* ‖ ~ **slide** (knitt) / Schlittengleitbahn *f*
carriages mounted in tandem (knitt) / zweiköpfige Schlitten *m pl*
carriage square / Wagenmittelstück *n* ‖ ~ **taking-in rope** (spinn) / Einfahrtsseil *n* (des Wagens), Wageneinfahrtsseil *n* ‖ ~ **trimmings** / Wagenborten *f pl* ‖ ~ **with high bridge** (knitt) / hoher Bügelschlitten
carrickmacross lace / Carrickmacross-Ausschneidespitze *f*
carrier *n* (dye) / Carrier *m*, Färbebeschleuniger *m* ‖ ~ (dye) / Materialträger *m* ‖ ~ (spinn) / Fadenführer *m* ‖ ~ (swelling agent for dyeing synthetic fibres) / Quellmittel *n*, Träger *m* ‖ ~ **active substance** / Carrier-Wirksubstanz *f* ‖ ~ **bag** / Tragetasche *f* ‖ ~ **bar** (spinn) / Lagerbalken *m* ‖ ~ **bracket** / Tragarm *m* ‖ ~ **dyeing** / Carrierfärbung *f*, Färben *n* mit Carrier (Färbeschleuniger) ‖ ~ **fibre** / Zwischenfaser *f*, Stützfaser *f* ‖ ~ **for cylindrical or conical packages** (dye) / Träger *m* für zylindrische oder konische Spulen ‖ ~ **for loose stock** (dye) / Materialträger *m* für loses Material
carrierless dyeable fibre / Carrier-frei färbbare Faser
carrier mark / Carrierfleck *m* ‖ ~ **material** (ctg) / Trägermaterial *n* ‖ ~ **method** (dye) / Carrier-Methode *f* (Färbeverfahren) ‖ ~ **of star frame** (dye) / Sternträger *m* ‖ ~ **ring** / Tragring *m* (Fadenführer) ‖ ~ **rod arresting device** (knitt) / Fadenschienenabstellvorrichtung *f* ‖ ~-**rod dog** (knitt) / Bremsfinger *m*, Mitnehmerfinger *m* ‖ ~ **rod end stop** (knitt) / Fadenführerschienen-Endanschlag *m* ‖ ~ **roller** (dye) / Überträgerwalze *f* (die Flotte wird durch eine Rakel von einer Überträgerwalze abgestreift) ‖ ~ **roller** / Transportwalze *f*, Leitwalze *f*, Schleppwalze *f* ‖ ~ **slide bar**, carrier sliding bar (knitt) / Fadenführergleitschiene *f*, Fadenführerschiene *f* ‖ ~ **splicing block** (knitt) / Fadenführeranschlag *m* ‖ ~ **split block** (knitt) / Fadenführeranschlag *m* für Splitvorrichtung (Fersen) ‖ ~ **stop** (knitt) / Fadenführeraufläufer *m*, Fadenführerabsteller *m* ‖ ~ **substance** (ctg) / Trägersubstanz *f* ‖ ~ **system** (dye) / Trägersystem *n* ‖ ~ **thread** / Trägerfaden *m* ‖ ~ **tube** (knitt) / Fadenführerschlauch *m* ‖ ~ **tube** (for yarn) / Trägerhülse *f* ‖ ~ **uptake of fibres** / Carrieraufnahme *f* der Fasern ‖ ~ **whitening** / Carrierweißtönung *f*
carrot *v* (hatm) / beizen *v*
carroting solution / Karrotierlösung *f*
carrot orange adj, carrot red adj / möhrenrot adj, karottenrot adj
carroty adj / fuchsig adj, gelbrot adj
carrying cord / Tragkordel *f* ‖ ~ **strap** / Tragband *n*, Tragegurt *m* ‖ ~ **tape** / Tragband *n*
car safety-belt / Autosicherheitsgurt *m* ‖ ~ **seat covering** / Autopolsterbezugsstoff *m*, Autositzschonbezug *m*
carsey *n* / Kersey *m*
Carthagena cotton / westindische Baumwolle
carthamine *n* / Carthamin *n*
car top / Autoverdeck *n* ‖ ~ **top fabric** / Autoverdeckstoff *m* ‖ ~ **top lining** / Autoverdeck-Futterstoff *m* ‖ ~ **travelling rug** / Wagendecke *f*
cartridge bag / Patronentasche *f* ‖ ~ **belt** / Patronengürtel *m* ‖ ~ **paper** / Patronenpapier *n*, Linienpapier *n*
cart rope / Karrenseil *n*

car tyre cord / Automobilreifenkord *m* ‖ ~ **upholstery** / Autopolster *n* ‖ ~ **upholstery fabric** / Autopolsterbezugsstoff *m*
carved pile / Polschicht *f* mit Musterung durch Scheren ‖ ~ **rug** / skulpturartig gemusterter Jacquardteppich
Casablanca system (spinn) / Casablanca-Spinnsystem *n* ‖ ~ **type nip roll** / Klemmwalze *f*
casaque *n* (loose long jacket) (fash) / Kasack *m* ‖ ~ **dress** (jumper-blouse with a skirt) (fash) / Kasack-Kleid *n*
cascade agitator / Kaskadenrührwerk *n*, Hintereinanderschaltung *f* von Rührwerken in stufenförmiger Anordnung ‖ ~ **hank dyeing machine** (spray dyeing machine) / Stranggarn-Kaskaden-Färbemaschine *f* ‖ ~ **roller** (spinn, stretch-breaking machine) / Kaskadenwalze *f* ‖ ~ **washer** / Kaskadenwaschmaschine *f*, kaskadenähnlich arbeitende Waschmaschine
cascara fibre / Couratarifaser *f*
cascarilla bark / Kaskarillrinde *f* (aus Croton eluteria), Kaskarillenrinde *f* ‖ ~ **oil** / Kaskarillöl *n*
cased wool / klassierte Wolle
casein aralac / Aralacfaser *f*, Aralac-Proteinfaser *f*
caseinate of ammonia / Ammoniumkaseinat *n*, kaseinsaures Ammonium
casein button / Kaseinknopf *m* ‖ ~ **dope** / Kaseinspinnlösung *f* ‖ ~ **fibre** / Kaseinfaser *f* ‖ ~ **silk** / Kaseinseide *f* ‖ ~ **staple** / Kaseinfaser *f* ‖ ~ **thickening** / Kaseinverdickung *f* ‖ ~ **wool** / Kaseinfaser *f*
casement *n* / Baumwoll-Vorhangstoff *m*, durchsichtige Vorhangstoffe in Leinwandbindung *m pl* ‖ ~ **curtain** / Scheibengardine *f* ‖ ~ **rep** / Vorhangrips *m* schwerer Qualität
case velvet / Etuisamt *m*
cashew *n* / Acajoubaum *m*, Nierenbaum *m* (Anacardium occidentale) ‖ ~ **nut** / Cashewnuß *f*, Cachounuß *f*, Westindische Elefantenlaus ‖ ~ **nut oil** / Cashewnußöl *n*, Acajouöl *n*
cashmere *n* / Kaschmir *m* ‖ ~ / Kaschmirwolle *f* ‖ ~ / Kaschmirgarn *n* ‖ ~ **cloth** / Kaschmirstoff *m* ‖ ~ **des Indes** (Fr) / weicher Wollkaschmir ‖ ~ **hair** / Kaschmirwolle *f* ‖ ~ **hose** / Wollstrumpf *m* ‖ ~ **knit goods** / gewirkte Kaschmirware *f* ‖ ~ **shawl** / Kaschmirschal *m* ‖ ~ **silk** / Halbseidenkaschmir *m*
cashmerette *n* / Kaschmiret *m*
cashmere twill / geköperter Kaschmir ‖ ~ **weave** / Kaschmirbindung *f* ‖ ~ **wool** / Kaschmirwolle *f* ‖ ~ **yarn** / Kaschmirgarn *n*, Garn *n* aus Kaschmirziegenhaar
cashoo *n* (dye) / Catechu *n*, Katechu *n*
Cassel brown / Kasseler Braun *n* ‖ ~ **green** / Kasseler Grün *n*, Mangangrün *n*, Böttgers Grün *n*, Rosensthiels Grün *n* ‖ ~ **yellow** / Kasseler Gelb *n*, Mineralgelb *n*
cassia bark / Cassienrinde *f* ‖ ~ **oil** / Kassiaöl *n*, Cassiaöl *n*, chinesisches Zimtöl
cassimer[e] *n* / Kasimir *m*, Kaschmir *m* ‖ ~ **nankeen** / halbwollener Kasimir
cassimerette *n* / billiger Kasimir
cassimer[e] twill / Kasimirköper *m*
cassinet *n* / Cassinet *m* (halbwollener Sommerbuckskin in Köperbindung), Cassinet-Anzugstoff *m*, Köperstoff *m* mit Baumwollkette und Schuß aus Streichgarn
cassock *n* / Soutane *f*, Priesterrock *m* ‖ ~ **cloth** / Anzugstoff *m* für Geistliche
cast *v* / nuancieren *v*, ausmustern *v* ‖ ~ *n* / Nuance *f*, Ton *m*, Farbschattierung *f*, Stich *m*, Farbton *m*, Farbtönung *f*
castalogne *n* / französischer Wollstoff für Bettwäsche
cast coating / Umkehrbeschichtung *f*
Castel Branes wool / portugiesische Teppichwolle
castellated adj (slit film yarns) / tiefgerippt adj (Foliengarn)
Castile soap / kastilianische Seife, Marseiller Seife, Olivenölseife *f* (Sapo oleaceus)

casting net / Wurfnetz n ‖ ~ **off** (knitt) / Maschenabschlag m ‖ ~ **on** (knitt) / Maschenanschlag m, Maschenauftrag m ‖ ~ **roll[er]** (lam) / Auftragswalze f, Auftragwalze f, Verteilwalze f
cast off / abketten v ‖ ~ **off** (a loop) (knitt) / abschlagen v (eine Masche), abnehmen v (eine Masche) ‖ ~ **off cam** (knitt) / Abschlagexzenter m ‖ ~ **off clothing** / abgelegte Kleidung, abgetragene Kleider ‖ ~ **off position** (knitt) / Abschlagstellung f ‖ ~ **on** (a loop) (knitt) / anschlagen v (eine Masche), auftragen v (eine Masche)
castor n (heavily fulled, smooth-finish broadcloth) / Castor m, Sommer-Eskimo m ‖ ~ **chair test** (mat test) / Stuhlrollenversuch m (DIN 54324) ‖ ~ **chair tester** / Stuhlrollenversuchsgerät n (nach DIN 54324) ‖ ~ **chair wear** / Abnutzung f durch Stuhlrollen ‖ ~ **oil** / Rizinusöl n ‖ ~ **oil soap** / Rizinusölseife f ‖ ~**-resistant** adj / rollstuhlfest adj
cast over (knitt) / umschlingen v (Faden) ‖ ~ **the loop on the latch** (knitt) / auftragen v ‖ ~ **wool** / Schaffell n mit grober Wolle
casual knits pl (fash) / sportliche Maschenware
casuals pl (fash) / Freizeitkleidung f, Freizeitbekleidung f
casual wear (fash) / Freizeitkleidung f, Legerkleidung f ‖ ~ **wear suit** (fash) / Freizeitanzug m
catalysis n / Katalyse f
catalyst n / Katalysator m
catalytic damage to the fibre / katalytische Faserschädigung ‖ ~ **fading** (of dyestuff) / "Catalytic Fading" n, katalytische Schwächung (des Farbstoffs durch Belichten)
catalyze v / katalysieren v
catalyzed resin / katalysiertes Harz, Harz n mit Katalysator
catappa oil / Catappenöl n (aus Terminalia catappa), Katappaöl n
catawba cotton / Baumwolle f aus Südkarolina
catch n (knitt) / Platinennase f ‖ ~ **bar** (knitt) / Verteilungsschiene f, Platinenschachtel f ‖ ~ **bar lace** / Catchbar-Spitze f ‖ ~ **bar lifting lever** (knitt) / Platinenschachtelhubhebel m ‖ ~ **bar motion** (knitt) / Platinenschachtelbewegungsvorrichtung f ‖ ~ **bar safety device** (knitt) / Platinenschachtelsicherung f ‖ ~ **bar safety lever** (knitt) / Platinenschachtelsicherungshebel m ‖ ~ **finger** (knitt) / Fangnase f, Fangfinger m
catching n (knitt) / Maschenfangen n
catch lever (knitt) / Klinkenhebel m, Sperrhebel m ‖ ~ **of the dobby** / Schaftplatine f ‖ ~ **pin** (knitt) / Fangstift m ‖ ~ **plate** (knitt) / Fangplatte f ‖ ~ **rod** (knitt) / Sperriegel m ‖ ~ **selvedge** (weav) / Fangleiste f ‖ ~ **spring** (knitt) / Fängerfeder f ‖ ~ **stitch** (sew) / Kreuzstich m ‖ ~ **thread** (weav) / Fangfaden m ‖ ~ **thread device** (weav) / Fadenwächter m, Fadenfangvorrichtung f
catechin n / Katechin n
catechu n / Catechu n, Katechu n ‖ ~ **brown** / Katechubraun n, Cachoubraun n
catechutannic acid / Katechugerbsäure f
caterpillar thread / Raupengarn n, Raupendraht m
catgut n / Katgut n (chirurgisches Nähmaterial aus Darmsaiten)
cat hair / Katzenhaar n
cathode luminescence / Kathodenlumineszenz f, Katodenlumineszent f
cathodoluminescence n / Kathodolumineszenz f, Katodolumineszenz f
cation n / Kation n, positives Ion ‖ ~ **active** / kation[en]aktiv adj ‖ ~ **exchange process** / Kationaustauschverfahren n
cationic adj / kationisch adj ‖ ~ **aftertreatment** / kationaktive Nachbehandlung ‖ ~ **aftertreatment agent** / kationisches Nachbehandlungsmittel ‖ ~ **anionic associate compound** / Kation-Anion-Assoziat n ‖ ~ **character** / kationische Eigenschaft, kationischer Charakter, Kationcharakter m ‖ ~ **compound** /

kationische Verbindung ‖ ~ **detergents** (invert soaps) / Invertseifen f pl ‖ ~ **dyeable** / kationisch färbbar ‖ ~ **dyestuff** / kationischer Farbstoff ‖ ~ **exchange resin** / Kationenaustauschharz n ‖ ~ **group** / kationische Gruppe ‖ ~ **polymerization** / kationische Polymerisation ‖ ~ **resin** / Kationharz n ‖ ~ **site** (dye) / kationische Stelle, kationische Gruppe ‖ ~ **soap** / Kationseife f ‖ ~ **softener** / kationischer Weichmacher ‖ ~ **surface-active agent**, cationic surfactant, cationic tenside / Kationtensid n, kationische grenzflächenaktive Verbindung, kationisches Tensid, kationisches Netzmittel, kationaktives Netzmittel ‖ ~ **transfer process** / Kation-Umwandlungsverfahren n
cat's head (weav) / Katzenkopf m (Knotenform)
catsuit n (fash) / Overall m ‖ ~ (US) (skin-tight garment, similar to a bathing suit with long leg-piece) (fash) / "Kätzchenanzug" m
cattail n / Samenhaar n des Rohrkolbenschilfes
cattle hair / Rinderhaar n
Caucasian rug / kaukasischer Teppich
Cauchy dispersion equation (col) / Cauchy-Verteilungsgleichung f
caustic n / Alkali n, Alkalimetallhydroxid n ‖ ~ adj / ätzend adj, kaustisch adj ‖ ~ **agent** / Ätzmittel n
causticaire scale (cotton testing) / Causticaire-Skala f ‖ ~ **value** (cotton testing) / Causticaire-Index m
caustic alkaline / ätzalkalisch adj ‖ ~ **alkaline medium** / ätzalkalisches Mittel ‖ ~ **alkaline precipitant** / ätzalkalische Fällflüssigkeit ‖ ~ **ammonia** / Ätzammoniak n ‖ ~ **baryta** / Ätzbaryt m, Bariumhydroxid n
causticity n / Ätzkraft f
causticization n (text pr) / Laugieren n, Laugierung f
causticize v / merzerisieren v, mercerisieren v (mit Natronlauge behandeln)
caustic lime / Ätzkalk m, gebrannter Kalk ‖ ~ **liquor** / Ätzlauge f ‖ ~ **lye of soda** / Natronlauge f ‖ ~ **overprinting** / Laugenüberdruck m ‖ ~ **potash** / Ätzkali n, Kaliumhydroxid n ‖ ~ **potash lye** / Ätzkaliküpe f ‖ ~ **potash solution** / Kalilauge f, Kaliumhydroxidlösung f
causticproof adj / laugenbeständig adj, laugenfest adj
caustic scouring / Waschen n in Natronlauge ‖ ~ **soda** / Ätznatron n, Natriumhydroxid n ‖ ~ **soda developing process** / Natronlaugeentwicklungsverfahren n ‖ ~ **soda discharge style** / Natronlaugeätzartikel m ‖ ~ **soda for bleaching** / Natronbleichlauge f ‖ ~ **soda hydrosulphite method** / Natriumhydrosulfit-Natronlauge-Verfahren n ‖ ~ **soda solution** / Natronlauge f ‖ ~ **soda treatment plant** / Laugiermaschine f (DIN 64990) ‖ ~ **tartar** / Ätzweinstein m ‖ ~ **treatment** (text pr) / Laugieren n, Laugierung f
caustify v (dye) / laugieren v
caustifying n (dye) / Laugieren n
cauterize v / einbrennen v, ausbrennen v
cauterized pattern / Ausbrennmuster n
cauterizing machine / Ätzmaschine f ‖ ~ **paste** / Ausbrennteig m
caution label / Warnetikett n
cavalry twill (a strong, rugged cloth in double twill) / Kavallerietwill m, Diagonaltrikot m
CB (central bobbin) shuttle (sew) / Bahnschwinggreifer m
C/C bicomponent fibre / C/C-Bikomponentenfasertyp m, Mantel-Kern-Fasertyp m, Heterofilfasertyp m ‖ ~ **(centric cover core) fibre** / Bikomponentenfaser f der Mantel-Kern-Type
CCM (computer colour matching [system]) / Farbeinstellung f durch Computereinsatz
Ceara cotton / Cera-Baumwolle f (aus Brasilien)
ceba cotton / Ceba-Baumwolle f (aus Mexiko)
cebu hemp (grade of Manila hemp) / Cebuhanf m
Ce-Es bleaching / Ce-Es-Bleiche f (Kombinationsbleiche, spez. für Baumwolltrikotagen)

ceiba n (yellowish, silky seed hair of the kapok plant) / Kapok m (Ceibawolle der Ceiba pentandra)
celadon green adj / celadongrün adj ‖ ~ **[green]** / seladongrün adj, meergrün adj, seegrün adj, blaßgrün adj
celalinen n / Acetat-Halbleinen n
celanese fabric / Acetatseidenstoff m ‖ ~ **yarn** / Celanesegarn n, Azetylzellulosegarn n
cell lumen / Lumen n (der Baumwollfaser)
cellucotton n / Zellstoffwatte f
cellular cloth / poröses Gewebe ‖ ~ **fabric** / poröser Stoff, porige Ware ‖ ~ **shirt** / Maschenhemd n ‖ ~ **tissue** / Netzstoff m
celluloid linen / Zelluloidleinen n
cellulon n / Cellulon n (feuchte Zellstoff-Faserbrei-Streifen) (DIN 60001)
cellulose n / Zellstoff m, Zellulose f ‖ ~ **acetate** / Zelluloseacetat n, Azetylzellulose f ‖ ~ **acetate continuous filament** / Acetatseide f, Acetatseidenfaden m, Acetatkunstseide f, Acetatlangfaser f ‖ ~ **acetate dope** / Zelluloseacetatspinnlösung f ‖ ~ **acetate fibre** / Zelluloseacetatfaser f ‖ ~ **acetate fibre** / Zelluloseacetatfaserstoff m, Acetatseide f ‖ ~ **acetate filament** / Acetatseide f, Acetatseidenfaden m, Acetatkunstseide f, Acetatlangfaser f ‖ ~ **acetate flakes** / Zelluloseacetatflocken f pl, Azetylzelluloseflocken f pl ‖ ~ **acetate moulding material** / Zelluloseacetatpreßmasse f ‖ ~ **acetate propionate** / Zelluloseacetopropionat n ‖ ~ **acetate rayon** / Zelluloseacetatseide f, Acetatseide f ‖ ~ **acetate staple [fibre]** / Acetatzellwolle f, Acetatspinnfaser f ‖ ~ **acetic ester** / Zelluloseessigsäureester m ‖ ~ **acetobutyrate** / Zelluloseacetobutyrat n ‖ ~ **base** / Zellulosebasis f ‖ ~ **blend** / Zellulosefasermischung f ‖ ~ **blended fabric** / Zellulose-Mischgewebe n ‖ ~ **component** / Zellulosefaseranteil m ‖ ~ **compound** / Zelluloseverbindung f ‖ ~ **degradation product** / Zelluloseabbauprodukt n ‖ ~ **derivative** / Zelluloseabkömmling m, Zellulosederivat n ‖ ~ **diacetate** / Zellulosediacetat n, Sekundärzelluloseacetat n, Diacetatzellulose f ‖ ~ **digester** / Zellstoffkocher m ‖ ~ **dyeing** / Zellulosefaserfärberei f ‖ ~ **dyestuff** / Zellulosefarbstoff m ‖ ~ **ester** / Zelluloseester m ‖ ~ **ester fibre** / Zelluloseesterfaser f ‖ ~ **ester fibres blend** / Zelluloseesterfasermischung f ‖ ~ **ether** / Zelluloseäther m ‖ ~ **ether rayon** / Ätherseide f ‖ ~ **ether silk** / Zelluloseätherseide f ‖ ~ **fabric** / Zellstoffware f ‖ ~ **fibre** / Zellulosefaser f, Cellulosefaser f ‖ ~ **fibre** / Zellulosefaserstoff m ‖ ~ **fibril** / Zellulosefibrille f ‖ ~ **formate** / Zelluloseformiat n ‖ ~ **formic ester** / Zelluloseameisensäureester m ‖ ~ **nitrate** / Zellulosenitrat n ‖ ~ **nitrate thread** / Zellulosenitratfaden m ‖ ~ **propionate** / Zellulosepropionat n ‖ ~ **reactant [resin]** / Zellulosereaktant m, Zellulosereaktant-Kunstharz n ‖ ~ **solution** / Zellstofflösung f ‖ ~ **spinning** / Zellwollspinnerei f (DIN 60305) ‖ ~ **sulphite waste liquor** / Zellulosesulfitablauge f ‖ ~ **triacetate** / Zellulosetriacetat n, Triacetat n ‖ ~ **triacetate fibre** / Triacetatfaser f, Triacetatfaserstoff m ‖ ~ **wadding** / Zellstoffwatte f ‖ ~ **water extraction felt** (nwv) / Zellulose-Entwässerungsfilz m ‖ ~ **xanthate**, cellulose xanthogenate / Zellulosexanthogenat n, Zellulosexanthat n ‖ ~ **yarn** / Zellulosefasergarn n
cellulosic and non-cellulosic fibres / Natur- und Chemiefasern f pl ‖ ~ **continuous yarn** / zellulosisches Endlosgarn ‖ ~ **fibre** / Zellulosefaser f, Cellusofaser f ‖ ~ **fibre** / Zellulosefaserstoff m ‖ ~ **filament** / zellulosisches Filament
cellulosics pl / Cellulosics n pl, Zellulose-Erzeugnisse n pl, Zellulosederivate n pl, Zellulosefasern f pl

cellulosic staple fibre / zellulosische Spinnfaser, zellulosische Stapelfaser
Celtic twill (weav) / Köper m mit Würfelbindung ‖ ~ **weave** / Panamabindung f, Würfelbindung f
cement v (by an adhesive) / fixieren v (durch Kleber) ‖ ~ **containment fabric** (e.g. for reinforcement of river banks) / Betontasche f (z.B.: zur Uferbefestigung) ‖ ~ **grey** adj / zementgrau adj (RAL 7033)
cendre adj / cendré adj, aschgrau adj
central bobbin action / Zentralspulung f ‖ ~ **bobbin shuttle** (sew) / Bahnschwinggreifer m ‖ ~ **cam** (knitt) / Schloßmittelteil n, mittleres Schloßdreieck
centralized adj (process control) / zentral adj (Verfahrensablaufsteuerung)
centralize needles (circular knit) / Nadeln in die Mitte stellen
central position of hook / zur Nadelachse vorgebogener Nadelhaken ‖ ~ **shed dobby** / Zwischenfachschaftmaschine f ‖ ~ **treading loom** / Webmaschine f mit Innentritt ‖ ~ **treading motion** / Innentritt m
centre bed (hos knitt) / Kopfstück n, Maschinentisch m ‖ ~ **blade** (knitt) / Mittellamelle f ‖ ~ **comb** (weav) / Mittelkamm m ‖ ~ **core of a gimp** / Gimpeneinlage f, Gimpenseele f, Gimpenfutter n ‖ ~ **cutter** / Mittenschneidgerät n (DIN 64990) ‖ ~ **filling fork** (weav) / zentraler Gabelschußwächter f ‖ ~ **frame** (weav) / Zwischenschild m ‖ ~ **lace attachment** (knitt) / zentraler Zwickelapparat ‖ ~ **lace head** (knitt) / Kopfstück n des zentralen Zwickelapparats ‖ ~ **lace shifting linkage** (knitt) / Schalthebelverbindung f für zentralen Zwickelapparat ‖ ~ **lamella** (knitt) / Mittellamelle f ‖ ~ **loop** (knitt) / Schußschlinge f ‖ ~ **repeat** (text pr) / Mittelrapport m ‖ ~ **seam** (sew) / Mittelnaht f ‖ ~ **selvage**, centre selvedge (knitt) / Mittelleiste f, Schnittleiste f ‖ ~ **shaft** (knitt) / mittlere Tragestange ‖ ~ **shed** (weav) / Zentralfach n, Ganzfach n, Hoch- und Tieffach n ‖ ~ **shedding** (weav) / zentrale Fachbildung ‖ ~ **shed[ding] dobby** (weav) / Schaftmaschine f für Hoch- und Tieffach ‖ ~ **stiffening** / Mittelversteifung f ‖ ~ **stitching warp** (weav) / Heftkette f für Doppelgewebe ‖ ~ **stop motion** (weav) / Gabelschußwächter m ‖ **~-to-side variation** (dye) / Färbungsunterschied m zwischen Mitte und Seite ‖ ~ **weft** (weav) / Mittelschuß m ‖ ~ **weft fork** / mittlerer Gabelschußwächter m ‖ ~ **weft stop motion** (weav) / Zentralschußwächter m ‖ ~ **wind** / Zentrumswickler m (DIN 64990) ‖ ~ **yarn** / Kernfaden m (bei Umwindungsgarnen)
centric cover-core bicomponent fibre / C/C-Bikomponentenfasertyp m, Mantel-Kern-Fasertyp m, Heterofilfasertyp m
Centrifair cleaner / Schrägöffner m
centrifugal beam hydro-extractor / Kettbaumschleuder f ‖ ~ **blower** / Schleudergebläse n ‖ ~ **box** / Spinnzentrifuge f ‖ ~ **chamber** / Schleuderraum m ‖ ~ **drier** / Trockenzentrifuge f, Zentrifugenentwässerer m, Trockenschleuder f, Schleudertrockenmaschine f ‖ ~ **drum** / Schleudertrommel f ‖ ~ **drying machine** / Trockenschleuder f, Zentrifugenentwässerer m, Trockenzentrifuge f, Schleudertrockenmaschine f ‖ **~-dynamic nonwoven production** / zentrifugaldynamische Vliesbildung ‖ ~ **extractor** / Schleudermaschine f, Siebschleuder f ‖ ~ **filter** / Siebschleuder f ‖ ~ **flyer** / Schleuderflügel m ‖ ~ **machine** (fin) / Zentrifuge f (DIN 64990) ‖ ~ **method** / Schleuderverfahren n ‖ ~ **pot** / Spinnzentrifuge f ‖ ~ **pot spinning machine** / Schleuderspinnmaschine f, Topfspinnmaschine f ‖ ~ **separator** / Zentrifugalabscheider m ‖ ~ **spinning** / Zentrifugalspinnen n ‖ ~ **spinning machine** / Zentrifugalspinnmaschine f, Schleuderspinnmaschine f, Dosenspinnmaschine f ‖ ~ **stirrer** / Schleuderrührer m

‖ ~ **washer** / Waschzentrifuge f ‖ ~ **washing machine** / Zentrifugenwaschmaschine f, Waschzentrifuge f
centrifuge v / schleudern v, abschleudern v, zentrifugieren v, ausschleudern v
centrifuging cycle / Schleudergang m
ceramic fibre / keramische Faser, Keramikfaser f, keramischer Faserstoff ‖ ~ **guide** / keramischer Fadenführer, keramischer Warenführer ‖ ~ **nozzle system** (spinn) / Keramikdüsensystem n ‖ ~ **staple** / keramische Faser, Keramikfaser f
cere n, ceré n s. ciré
cerecloth n / Billrothbatist m, Wachstuch n, Wachsleinwand f, Leichenwachstuch n, wasserdichter Verband[s]stoff ‖ ~, chrismale n / Altardecke f
cerement n / Leichentuch n, Leichengewand n, Totenhemd n
ceremonial clothing, ceremonial vestment / Festkleidung f, festliche Kleidung, festliche Gewandung
cerise adj / cerise adj, kirschrot adj
cerium chlorate / Cerchlorat n ‖ ~ **compound** / Cerverbindung f
cerulean adj / himmelblau adj, azurblau adj
cestus n / Gürtel m
cevennes pl / Cevennenrohseide f
ceylonette n (all-cotton fabric, made as an imitation Ceylon; dyed, white or printed) / Ceylonimitat n, Ceylonette n
Ceylon moss / Ceylonmoos n (Gracilaria lichenoides, dient zur Bereitung von Agar-Agar)
ceylons pl / englische Halbwollgewebe n pl
chacarus n / Nähgarn n aus Aloefaser
chadar n, chaddar n, chador n s. chuddar
chafed yarn / abgescheuertes Garn
chafe mark / Scheuerstelle f
chafer fabric / Reifenduck m, Reifeneinlagestoff m, Gewebe n für pneumatische Zwecke, Riemenduck m
chafing n / Abscheuern n ‖ ~ **resistance** / Reibfestigkeit f, Abreibfestigkeit f
chagnar fibre / argentinische Bromeliafaser (für Säcke und Seile)
chagrin n / Chagrinleinwand f (Buchbinderleinen), Einbandleinen n ‖ ~ **braid** / Chagrinborte f ‖ ~ **fabric** / Chagrin m, gravierter Seidenstoff
chain v (knitt) / zu Ketten verschlingen ‖ ~ n / Kette f ‖ ~ / Teppichkettfaden m, Bindekette f ‖ ~ (zip) / Zahnkette f ‖ ~ (bleach) / abgebundene Garnsträhnen, gefitzte Garnsträhnen ‖ ~ **block**, chain button (knitt) / Knagge f der Zählkette ‖ ~ **brake** (knitt) / Kettenbremse f ‖ ~ **carrier roller** (godet) / Mitnehmerwalze f ‖ ~ **chart** (knitt) / Kettenmusterkarte f ‖ ~ **controlled carrier stop** (knitt) / durch eine Kette gesteuerter Fadenführerauflaüfer ‖ ~ **cotton** / Handelsname der brasilianischen Baumwolle ‖ ~ **cutter** (sew, thread) / Kettentrenner m ‖ ~ **cylinder** / Kettentrommel f ‖ ~ **draft** / Kettenmusterung f ‖ ~ **drum** / Kettentrommel f ‖ ~ **dyeing** / Strangfärberei f
chaine n (Fr) / Kettfaden m
chain economizer / Musterkettenspareinrichtung f ‖ ~ **end link** (knitt) / Kettenschlußglied n ‖ ~ **folding** (chem) / Molekülkettenschachtelung f ‖ ~ **for horizontal stripes** (knitt) / Ringelkette f ‖ ~ **for vertical stripes** (knitt) / Langstreifenkette f ‖ ~ **gill intersector** (spinn) / Kettenstrecke f ‖ ~ **guide** / Kettenführung f (DIN 64970)
chaining finger / Kettelfinger m
chain lace / Limerickspitze f
chainless mercerization / kettenloses Merzerisieren ‖ ~ **mercerizer**, chainless mercerizing machine / kettenlose Merzerisiermaschine ‖ ~ **piece mercerizing machine** / kettenlose Stückmerzerisiermaschine
chain line / Kettenbahn n (DIN 64990) ‖ ~ **link** (knitt) / Kettenglied n ‖ ~ **loom** / Kettenstuhl m, Schaftstuhl m, Schaftwebstuhl m ‖ ~ **mercerizer** / Kettenmerzerisiermaschine f ‖ ~ **meshing** (zip) /

Zahneingriff m ‖ ~ **needle** (knitt) / Kettennadel f ‖ ~ **off** (sew) / abketteln v ‖ ~**-off finger** (sew) / Kettelfinger m ‖ ~ **of pasteboard cards** (knitt) / Pappkartenkette f ‖ ~ **of pasteboards** (weav) / Pappkartonkartensatz m ‖ ~ **sewing** / Kettenstichnähen n ‖ ~ **sprocket** (knitt) / Kettenrad n ‖ ~ **stitch** / Kettenstich m ‖ ~ **stitch** (crochet) / Kettmasche f ‖ ~ **stitch blindstitching machine** (sew) / Kettenstich-Blindstichmaschine f ‖ ~ **stitch embroidery** / Kettenstichstickerei f ‖ ~ **stitch embroidery machine** (sew) / Kettenstichstickmaschine f ‖ ~ **stitch flatbed sewing machine** (sew) / Kettenstich-Flachbettnähmaschine f ‖ ~ **stitch looper** (sew) / Doppelkettenstichgreifer m ‖ ~ **stitch seam** (knitt) / Kettennaht f, Kettenstichnaht f ‖ ~ **stitch sewing machine** / Kettenstichnähmaschine f ‖ ~ **stud** (knitt) / Kettenkopf m ‖ ~ **tappet loom** / Fangkettenstuhl m ‖ ~ **terminator** (weav) / Kettenunterbrecher m ‖ ~ **twisting** / Anknoten n der Ketten ‖ ~ **warp** (knitt) / verschlungene Kette, Kettel m f ‖ ~ **warp** (cpt) / Bindekette f, Binder m ‖ ~ **warp** (weav) / Kettel m f ‖ ~ **weave** / Kettenbindung f, kettenartige Bindung ‖ ~ **wheel** (knitt) / Kettenrad n ‖ ~ **work** / Kettenstricharbeit f ‖ ~ **yarn** / dreifaches Effektgarn, dreidrähtiges Effektgarn
chair cover / Stuhlbezug m, Sesselbezug m ‖ ~ **covering** / Stuhlbezugstoff m ‖ ~ **leg test** (static loading test) (cpt) / Stuhlbeintest m ‖ ~ **seat** / Stuhlsitz m ‖ ~ **web** / Polstermöbelgurt m
chaise-longue n / Liegesofa n, Chaiselongue f
chaisette n / Gartenliege f, Garten-Liegebett n, Camping-Liegebett n
chaising calender / Chasing-Kalander m, Chaising-Kalander m, Beetle-Kalander m, Stampfkalander m
chalinet n (soft, light-weight plain weave fabric of silk or wool, or of cotton or spun rayon), challie n, challis n / Chalinet m
chalk bath / Kreidebad n ‖ ~ **stripe cloth** / Kreidestrichtuch n
chaly n (very fine, soft silk fabric, plain weave and with a worsted weft) / Chaly m
chamber drier / Kammertrockner m (DIN 64990) ‖ ~ **drying** / Kammertrocknen n, Kammertrocknung f, Mansardentrocknung f ‖ ~ **filter press** / Kammerfilterpresse f
chambers cotton / Baumwollart aus Südkarolina
chambery n / Chambery-Halbseide f
chambray n (smooth, durable cloth of dyed warp and unbleached o. white filling) / Chambray m ‖ ~ **gingham** / Chambray-Gingan m
chameleon taffeta / Chamäleontaft m
chamois n (dye) / Chamois n (essigsaures Eisen) ‖ ~ adj / chamois adj, gelbbraun adj, gemsgelb adj
chamoisette n / gewirkte Sämschleder-Imitation, gewirktes Baumwollhandschuhgewebe
chamois fabric / Sämischlederimitation f, Sämischlederstoff m
change vt / verändern v, ändern v, verwandeln v, umwandeln v ‖ ~ vi / verändern v (sich), ändern v (sich), verwandeln v (sich), umwandeln v (sich) ‖ ~ / umschlagen v (Farbe, Reaktion) ‖ ~ n / Änderung f, Veränderung f, Umwandlung v, Verwandlung f, Wechsel m, Umschlag m
changeable colour / changierende Farbe ‖ ~ **effect** / Changeant-Effekt m, Schillern n ‖ ~ **friction** (hos knitt) / Wechselbremse f ‖ ~ **lustre** / Schillerglanz m, changierender Glanz ‖ ~ **taffeta** / Changeanttaft m, Schillertaft m
changeant n / changierender Stoff, Schillerstoff m, Changeantgewebe n ‖ ~ **effect** / Changeant-Effekt m, Schillern n, changierende Farbe
change bobbin / Wechselspule f ‖ ~ **box** (weav) / Wechselkasten m ‖ ~ **box sley** (weav) / Wechsellade f ‖ ~ **card** / Wechselkarte f ‖ ~ **chain** / Wechselkette f, Wechselsteuerkette f ‖ ~ **end** (weav) / Wechselfaden m ‖

change

~ **hook** / Wechselplatine f ‖ ~ **in colour** / Farbtonänderung f ‖ ~ **motion** (weav) / Wechselvorrichtung f ‖ ~ **of bath** (dye) / Flottenwechsel m ‖ ~ **of bobbins** / Spulenwechsel m ‖ ~ **of colour** / Farbtonänderung f ‖ ~ **of colour in the filling** (US), change of colour in the weft (GB) / Schußfarbenwechsel m ‖ ~ **of measurement** / Maßänderung f ‖ ~ **of shade** (dye) / Nuancenveränderung f, Farbtonänderung f, Farbtonveränderung f, Farbtonumschlag m, Farbtonverschiebung f ‖ ~ **of shade between beginning and end of batch** / Endenablauf m, Farbablauf m ‖ ~ **of shade due to finishing process** / Appreturumschlag m ‖ ~ **of shade during exposure to light** / Farbtonveränderung f während der Belichtung ‖ ~ **of shade from selvedge to centre** (dye) / Kantenablauf m, Farbablauf m, Leistigkeit f ‖ ~ **of shade in soaping** / Farbtonumschlag m während des Seifens ‖ ~ **of shade when viewed in incandescent or artificial light** / Abendfarbe f ‖ ~ **of shed** (weav) / Fachwechsel m ‖ ~ **of size** / Maßänderung f ‖ ~ **of the thread guide motion**, change of the thread carrier / Fadenführerwechsel m ‖ ~ **of treadling** (weav) / Trittwechsel m ‖ ~ **of whiteness** / Änderung f des Weißgrades ‖ ~ **of yarn carrier** (weav) / Fadenführerwechsel m ‖ ~ **pattern** (knitt) / Wechselpatrone f, Wechselkarte f ‖ ~ **pirn** / Wechselspule f
changer n (knitt) / Wechselvorrichtung f
change silk / Changeantseide f, schillernde Seide ‖ ~ **thread** (weav) / Wechselfaden m ‖ ~ **wheel** (knitt) / Wechselrad n
changing device (knitt) / Changiereinrichtung f ‖ ~ **finger** (knitt) / Wechselfinger m ‖ ~ **of sides** (weav) / Seitenveränderung f durch Schwertführung
channelled roller / kannelierte Walze, Riffelwalze f, geriffelte Walze ‖ ~ **surface** / kannelierte Oberfläche
channelling n (dye) / Kanalbildung f (im Färbegut)
Chantilly lace / Chantilly-Spitze f
Chantilyace n / Markenname für eine frz. Webspitzen-Imitation, die auf Wirkmaschinen hergestellt wird
chaparral yucca / kalifornische Bastfaser
Chapon's cop spinning machine / Chaponmaschine f
chappe silk / Schappeseide f, Florettseide f, Abfallseide f ‖ ~ **silk yarn** / Schappeseidengarn n
character of the goods / Warencharakter m
charara cotton / ägyptische Baumwollsorte
charcoal black / kohlschwarz adj
chardonnet rayon / Nitratkunstseide f, Nitratzelluloseseide f ‖ ~ **silk** / Chardonnet-Seide f (der erste Chemiefaserstoff aus Zellulosenitrat)
charge v (dye) / dunkeln v, dunkler machen ‖ ~ (**a bath**) / ansetzen v, beschicken v ‖ ~ (**fabric**) / beschweren v ‖ ~ (**silk**) / erschweren v, chargieren v ‖ ~ n / Ladung f, Ansatz m, Charge f, Beschickung f ‖ ~ **compensation** / Ladungsausgleich m
charged goods carrier (dye) / beschickter Materialträger
charge equalization / Ladungsausgleich m ‖ ~ **spray process** (text pr) / Ladungsspray-Verfahren n
charging door / Chargiertür f, Beschickungstür f ‖ ~ **time** / Beschickungsdauer f, Ladungsdauer f
charka n, charkha n / indisches Handspinnrad
charmelaine n (high-quality dress goods) / Charmelaine n (Abseitenstoff)
charmeuse n (knitt) / Charmeuse-Trikot m, Trikot-Charmeuse f ‖ ~ (staple dress silk) / Charmeuse f ‖ ~ **petticoat** / Halbrock m
charmoise n / französische Schafrasse
charring n / Karbonisierung f (Brandverhalten) ‖ ~ **test** (mat test) / Verkohlungsprobe f
chartreuse adj / grünlichgelb adj (stark leuchtend) ‖ ~ **green** / chartreusegrün adj ‖ ~ **yellow** / chartreusegelb adj
chased roller / zisellierte Walze
chasing calender / Chasing-Kalander m, Chaising-Kalander m, Beetle-Kalander m, Stampfkalander m ‖ ~ **device** / Chasingvorrichtung f ‖ ~ **finish** / Chasing-Effekt m, imitierter Beetle-Effekt
chassis n (text pr) / Farbbehälter m, Farbkissen n, Flottenbehälter m
chasuble n / Kasel f (Meßgewand) ‖ ~ (sleeveless waistcoat, nearly knee-length, worn with trousers) (fash) / Chasuble n
châtelaine bag / Gürtelbeutel m
chaya n (dye) / Oldenlandia corymbosa (Ostindien, Sri Lanka, Philippinen)
chay root (dye) / Chaywurzel f, Chayroot m, Indischer Krapp
CH-bonding n (chem) / CH-Bindung f
check n / kariertes Muster, (kleines) Karo, Würfelmuster n ‖ ~ / karierter Stoff, gewürfeltes Baumwollgewebe ‖ ~-**back** n / Doppelwollstoff m mit gewürfelter Unterseite ‖ ~ **canvas** / weitmaschiger Stickereikanevas, karierter Kanevas ‖ ~ **design** / kariertes Muster, Karomuster n
checked adj / kariert adj, gewürfelt adj, schachbrettartig adj ‖ ~ **dyeing** / scheckige Färbung ‖ ~ **fabric** / Karoware f
check[ed] shirt / Karohemd n
checker v / karieren v ‖ ~ n / Pepita m n, kleinkarierter Stoff ‖ ~ / kleinkariertes Muster
checkerboard weave / Bindung f für würf[e]lige Stoffe, Karobindung f
checkered adj / kariert adj, gewürfelt adj, schachbrettartig adj ‖ ~ **design** (fash) / kariertes Dessin ‖ ~ **dyeing** / scheckige Färbung ‖ ~ **pattern** (fash) / Karomuster n
checker weave / Würfelbindung f ‖ ~ **work** / kariertes Muster, Karomuster m
checking motion (spinn) / Wagenbremse f
check loom (weav) / Wechselstuhl m ‖ ~ **mohair** / Mohärpepitastoff m ‖ ~ **muslin** / karierter Musselin ‖ ~ **pattern** / kariertes Muster, Karomuster n ‖ ~ **pattern fabric** / karierter Stoff, Pepita m n, gewürfelte Ware ‖ ~ **plate** (weav) / Hauptplatine f
checks pl / karierte Waren f pl
check shirt / kariertes Hemd, Karohemd n ‖ ~ **shirting** / karierter Hemdenstoff ‖ ~ **spring** (knitt) / Fadenspannungsregulierfeder f
checky adj / kariert adj
cheek of latch needle / Seitenwand f des Zungennadelschlitzes ‖ ~ **of reed** (weav) / Endsteg m (am Webblatt)
cheese n (weav) / zylindrische Kreuzspule (DIN 61800), Kreuzspule f, Kreuzwickel m ‖ ~ (knitt) / zylindrische Spule ‖ ~ **dyeing** / Kreuzspulenfärberei f ‖ ~ **and cone dyeing machine** / Kreuzspulenfärbeapparat m ‖ ~ **and cone winder** / Kreuzspulmaschine f ‖ ~ **bleaching** / Kreuzspulbleiche f ‖ ~ **centre** (dye) / Färbehülse f
cheesecloth n / Gaze f, Mull m
cheese colour / Käsefarbe f ‖ ~ **cone** / Kreuzspule f ‖ ~ **drier** / Kreuzspultrockner m, Kreuzspulentrockner m, Kreuzspultrockenapparat m, Trockner m für Kreuzspulen ‖ ~ **dyeing** / Kreuzspulfärben n, Kreuzspulfärberei f, Färben n von Kreuzspulen ‖ ~ **dyeing apparatus**, cheese dyeing machine / Kreuzspulfärbeapparat m, Kreuzspulfärbemaschine f ‖ ~ **package** / Kreuzspule f, Sonnenspule f ‖ ~ **pile** / Kreuzspulsäule f ‖ ~ **post** / Kreuzspulsäule f ‖ ~ **rapid drying apparatus** / Kreuzspulen-Schnelltrockenapparat m ‖ ~ **spring holder** / Federhülse f ‖ ~ **spring tube** / Federdrahthülse f ‖ ~ **tube** / Kreuzwickelhülse f ‖ ~ **tube for flax yarn** / Kreuzspule f für Leinengarn (DIN 64 622) ‖ ~ **winder** / Kreuzspulmaschine f (für Zylinderspulen) (DIN 62511) ‖ ~ **winding** / Herstellung f von zylindrischen Kreuzspulen, Herstellen n von Sonnenspulen ‖ ~ **with tapered ends** (spinn) / Doppelkegelspule f
chefoo silk / Chee-Foo-Seide f

chelate *n* / Chelat *n* (cyclische Verbindung, bei der Metalle oder Wasserstoff Bestandteile des Ringsystems sind)
chelated *adj* / chelatgebunden *adj*
chelate resin / chelatbildendes Austauscherharz, Chelatharz *n*
chelating *adj* / chelatbildend *adj* ‖ ~ **agent** / Chelator *m*, Chelatiermittel *n*, Chelatbildner *m*, Komplexbildner *m* ‖ ~ **power** / Chelatbildungsvermögen *n*
chelation *n* / Chelatbildung *f*, Scherenbildung *f*
chemic *v* / chloren *v*, chlorieren *v* ‖ ~ *n* / Chlorbleiche *f*, Chlorbleichmittel *n*
chemical bath / Chemikalienbad *n* ‖ ~ **bond** / chemische Bindung (Zustand) ‖ ~ **bonding** / chemische Bindung (Vorgang) ‖ ~ **cloth finish** / chemische Appretur ‖ ~ **colour** / Tafelfarbe *f*, Waschfarbe *f* ‖ ~ **composition** / chemische Zusammensetzung ‖ ~ **compound** / chemische Verbindung ‖ ~ **constitution** / chemische Zusammensetzung ‖ ~ **cotton** / gereinigte und gebleichte Baumwollinters *m pl* ‖ ~ **crosslinking** (ctg) / chemische Vernetzung ‖ ~ **degradation** / chemischer Abbau ‖ ~ **degreasing** / chemisches Entfetten ‖ ~ **discharge** (dye) / Ätzbeize *f*, Ätzmittel *n* ‖ ~ **fibre** / Chemiefaser *f* ‖ ~ **fibre modification** / chemische Faserveredlung ‖ ~ **fibre spinning** / Erspinnung *f*, Fasererspinnung *f* ‖ ~ **finisher** / Appreteur *m*, Textilausrüster *m* ‖ ~ **finish[ing]** / chemische Ausrüstung, chemische Appretur ‖ ~ **finishing agent** / Ausrüstungsmittel *n*, Appretiermittel *n*, Appreturmittel *n* ‖ ~ **finishing effect** / Appretureffekt *m* ‖ ~ **finishing machine** / Appretiermaschine *f*, Appreturmaschine *f* ‖ ~ **finishing method** / Appreturverfahren *n* ‖ ~ **finishing padder** / Appreturfoulard *m* ‖ ~ **finishing plant** / Appretieranlage *f*, Appreturanstalt *f* ‖ ~ **foam** (ctg) / Treibschaum *m* ‖ ~ **inertness** / chemische Indifferenz, chemische Trägheit ‖ ~ **linkage** (with reactive dyestuffs between dye and fibre) (dye) / Verknüpfung *f* ‖ ~ **liquor** (dye) / Chemikalienflotte *f*
chemically inert / chemisch indifferent ‖ ~ **modified cellulosic fibre** / chemisch modifizierte Zellulosefaser ‖ ~ **modified cotton** / chemisch modifizierte Baumwolle ‖ ~ **modified protein fibre** / chemisch modifizierte Eiweißfaser ‖ ~ **set carpet yarn** / chemisch fixiertes Teppichgarn ‖ ~ **set (highly twisted woollen) yarn** / chemisch fixiertes (hochgedrehtes Woll-)Garn
chemical mordanting agent / Beizchemikalie *f* ‖ ~ **oxygen demand (COD)** / chemischer Sauerstoffbedarf (CSB) ‖ ~ **padder** (dye) / Chemikalienfoulard *m* ‖ ~ **padding mangle** (dye) / Chemikalienfoulard *m* ‖ ~ **pad liquor** / Chemikalienklotzflotte *f* ‖ ~ **processing** / chemische Behandlung, chemische Vered[e]lung ‖ ~ **proofing** / chemische Ausrüstung, chemische Appretur ‖ ~ **properties** / chemische Eigenschaften *f pl* ‖ ~ **protective clothing** / chemische Schutzkleidung ‖ ~ **resistance** / chemische Widerstandsfähigkeit, Chemikalienbeständigkeit *f*, chemische Beständigkeit ‖ ~ **response** (cotton fin) / chemischer Verhaltensfaktor ‖ ~ **retting** / chemische Rotte, chemische Röste ‖ ~ **shrinkage** (fin) / chemische Krumpfung ‖ ~ **shrink proofing** / chemisches Schrumpffreiausrüsten ‖ ~ **side reaction** / chemische Nebenreaktion ‖ ~ **stability** / chemische Beständigkeit ‖ ~ **structure** / chemische Struktur ‖ ~ **system** / chemisches System ‖ ~ **testing** / chemische Untersuchung ‖ ~ **texturing** / chemisches Texturieren ‖ ~ **treatment** / chemische Behandlung ‖ ~ **trough of the ager** (dye) / Chemikalienchassis *n* des Dämpfers
chemick *v* / chloren *v*, chlorieren *v* ‖ ~ *n* / Chlorbleiche *f*, Chlorbleichmittel *n*
chemicking *n* / Bleichen *n* mit Hypochloritbleichmittel, Bleichen *n* (von Baumwollstoff) mit Chlorkalk in einer Waschmaschine ‖ ~ **liquor** / Hypochloritflotte *f*

chemiluminescence *n* / Chemilumineszenz *f*, Chemolumineszenz *f*
chemise *n* / Chemise *f*, Frauenhemd *n*
chemisette *n* (men's) / Chemisett *n*, Chemisette *f*, Vorhemd *n*, gestärkte Hemdbrust an Frack- und Smokinghemden ‖ ~ (ladies') / Chemisett *n*, Chemisette *f*, heller Einsatz an Damenkleidern, Spitzeneinsatz *m* (im Kleid)
chemistry of dyes / Farbstoffchemie *f*
chemmod (chemically modified) cotton / (permanent) chemisch modifizierte Baumwolle
Chemnitz coarse pitch (weav) / Chemnitzer Grobstich *m* ‖ ~ **pitch** (weav) / Chemnitzer Teilung
chenille *n* / Chenille *f*, Chenillestoff *m*, Chenille-Effektgarn *n*, Raupengarn *n* ‖ ~ **Axminster** / Chenilleaxminster *m* ‖ ~ **Axminster carpet** / Chenilleaxminsterteppich *m* ‖ ~ **carpet** / Chenilleteppich *m*, Raupenteppich *m* ‖ ~ **cloth** / Chenillestoff *m* ‖ ~ **cord** / Chenille-Litze *f*, Posamenten-Chenille *f* ‖ ~ **fabric** / Chenillestoff *m* ‖ ~ **machine** / Chenillemaschine *f* ‖ ~ **pullover** / Plüschpullover *m* ‖ ~ **ribbon** / Chenilleband *n* ‖ ~ **spread** / Chenille-Tagesdecke *f* ‖ ~ **towel** / besonders dickes Frottierhandtuch ‖ ~ **yarn** / Chenillegarn *n*, Raupengarn *n*
chequered *adj* / kariert *adj*, gewürfelt *adj*, schachbrettartig *adj*
cherry cluster cotton / frühreifende, kleinkapselige Baumwolle aus Südkarolina ‖ ~ **coloured** / kirschfarben *adj*, kirschrot *adj* ‖ ~ **gum** / Kirschgummi *n*, Prunoideengummi *n m* ‖ ~ **laurel oil** / Kirschlorbeeröl *n* (aus Prunus laurocerasus) ‖ ~ **red** / kirschrot *adj*
chesible *n* / Kasel *f* (Meßgewand)
chessboard canvas / Stickerei-Kanevas *m* in Schachbrettmusterung ‖ ~-**like** *adj* / schachbrettartig *adj*
chest (dye) / Bütte *f*
chesterfield *n* (furniture) / Sofa *n* mit Rücken- und Seitenlehnen, Ruhebett *n* ‖ ~ (overcoat) / einreihiger mittellanger Überzieher ohne Mittelnaht im Rücken, Chesterfield *m* (ein streng geschnittener Herrenmantel)
chesting *n* / Glanzappretur *f* mittels Kalandrieren
chestnut black *adj* / kastanienschwarz *adj* ‖ ~ **brown** / kastanienbraun *adj* (RAL 8050), maronenbraun *adj*
chest pocket / Brusttasche *f*
chevilling of silk / Chevillieren *n* der Seide ‖ ~ **process** (fin) / Chevillieren *n*
cheviot *n* (rough woollen suiting and overcoating cloth) / Cheviot *m*, Cheviotstoff *m* ‖ ~ **fabric** / Cheviot *m*, Cheviotstoff *m* ‖ ~ **sheep** / Cheviotschaf *n* ‖ ~ **shirting** / Baumwollcheviot *m* ‖ ~ **tweed** / reinwollener Cheviot-Tweed ‖ ~ **warp yarn** / Werftgarn *n* ‖ ~ **wool** / Cheviotwolle *f* ‖ ~ **yarn** / Cheviotwollgarn *n*
chevron *n* / Chevron *m*, Chevrongewebe *n* ‖ ~ (badge) / Rangabzeichen *n*, Dienstgradabzeichen *n* ‖ ~ **stitch** / Dornenstich *m* ‖ ~ **stripe** / Fischgrätenmusterung *f* ‖ ~ **twill** / Chevrongewebe *n*, Chevron *m* ‖ ~ **weave** / Chevronbindung *f*, Fischgrätenköperbindung *f* (Durchbruchköper mit wechselnder Gratrichtung)
chica red *adj* / chicarot *adj*
chicken yellow *adj* / kükengelb *adj*
chiffon *n* / Chiffon *m*, Crêpe-Chiffon *m* ‖ ~ **batiste** / Chiffonbatist *m*
chiffonette *n* / hauchdünner Chiffon
chiffon net / als Spitze verwendeter Seiden- oder Nylontüll ‖ ~ **taffeta** / Chiffontaft *m* ‖ ~ **velvet** / Chiffonsamt *m*
chignon *n* (knot or twist of hair, natural or artificial, worn at the back of the head) / Chignon *m*
chilana *n* (Chinese wool) / Chilana-Wolle
children's ankle socks *pl* / Kindersöckchen *n pl* ‖ ~ **cardigan** / Kinderjäckchen *n* ‖ ~ **clothing** / Kinderkleidung *f*, Kinderbekleidung *f* ‖ ~ **dress** / Kinderkleidchen *n* ‖ ~ **hose** / Kinderstrumpf *m* ‖ ~ **jumper** / Kinderpulli *m* ‖ ~ **outerwear** /

children's

Kinderoberbekleidung (KOB) *f* ‖ ~ **sleepwear** / Kinderschlafkleidung *f* ‖ ~ **stocking** / Kinderstrumpf *m* ‖ ~ **tights** / Kinderstrumpfhose *f* ‖ ~ **underwear** / Kinderunterkleidung *f*, Kinderunterzeug *n* ‖ ~ **wear** (wear intended for children under 12 years) / Kinderkleidung *f*, Kinderbekleidung *f*
chilkaht blanket / Ziegenhaardecke *f* der Indianer in Alaska
chilled roller / kannelierte Walze, Riffelwalze *f*
chilling effect / Kühlwirkung *f*
chillkiller *n* / Wohnmantel-Decke *f*
chimaya blanket / mexikanische Wolldecke
chimere *n* / Simarre *f*, Simarie *f* (Obergewand des Bischofs)
chin *n* (knitt) / Platinenkinn *n*
China ball / in Ballen gerollte nordchinesische Raufwolle ‖ ⤴ **blue** *adj* / chinablau *adj* ‖ ⤴ **clay** / Chinaclay *n*, Kaolin *n*, Porzellanerde *f*, Pfeifenton *m* ‖ ⤴ **cotton** / chinesische Baumwolle ‖ ⤴ **grass** / Ramie *f* (Boehmeria nivea) ‖ ⤴ **grass cloth** / Ramiegewebe *n*, Chinaleinen *n* ‖ ⤴ **grass fibre** / Ramiebastfaser *f*, Rheafaser *f*, Chinagras *n* ‖ ⤴ **hemp** / Riesenhanf *m* (Cannabis sativa var. chinensis) ‖ ⤴ **jute** / Chinesische Jute (Abutilon theophrasti) ‖ ⤴ **red** / chinarot *adj* ‖ ⤴ **root** / Chinawurzel *f* (aus Smilax china) ‖ ⤴ **silk** / Chinaseide *f* ‖ ⤴ **wastes** / gewaschene Seidenabfälle *m pl*
chinchilla *n* (fabr) / Chinchilla-Pelzimitation *f*, Chinchilla-Pelzimitat *n* ‖ ~ **cloth** / Chinchilla *n* ‖ ~ **machine** / Maschine *f* für Chinchillapelzimitat
chinchona bark / Chinarinde *f*, Fieberrinde *f*
chiné cloth (speckled or variegated; for warp-printed bed coverings and summer dress goods), chiné [fabric] / Chiné *m*, Schattenkretonne *f m* ‖ ~ **printing** / Chinédruck *m*, Chinieren *n*
Chinese blue s. Berlin blue ‖ ~ **green** / Chinesisches Grün, Chinagrün *n* ‖ ⤴ **jute** / Chinesischer Hanf, Chinesische Jute, Chingmafaser *f* ‖ ⤴ **linen** / Chinaleinen *n*, Grasleinen *n* (frühere Bezeichnung für Gewebe aus Ramie) ‖ ⤴ **nettle** / Ramie *f* (Boehmeria nivea) ‖ ⤴ **oak silk** / Eichenseide *f*, Tussahseide *f* ‖ ⤴ **red** / Chinesisches Rot ‖ ⤴ **tallow** / chinesischer Talg ‖ ⤴ **yellow** / Chinesisches Gelb
chiné velvet / Chinésamt *m* ‖ ~ **yarn** / Chinéfaden *m*
chingma *n* / Jute *f* von der inneren Rinde der Chingma-Pflanze ‖ ~ **fibre** / Chingmafaser *f*
chino *n* s. chino fabric ‖ ~ **fabric** / rein baumwollenes olivenfarbiges Gewebe in Köperbindung ‖ ~ **fabric** / Baumwollköper *m* (meist khakifarben)
chinoline *n* s. quinoline
chinon *n* / Chinon *n* (Acrylfaser mit eingelagertem Kasein)
chinstrap *n* / Kinnband *n*, Sturmriemen *m*
chintz *n* (glazed cotton fabric) (fabr) / Chintz *m* (Baumwollkretonne oder -kattun), Zintz *m*, Glanzstoff *m* ‖ ~ **braid** / Chintzpaspel *f m* ‖ ~ **calender** / Chintzkalander *m* ‖ ~ **curtain** / Chintzvorhang *m* ‖ ~ **effect** / Chintzeffekt *m* ‖ ~ **finish** / Chintzausrüstung *f*, Hochglanzappretur *f*
chintzing *n* / Chintzen *n*, chintzartiges Appretieren (Glanzeffekt) ‖ ~ **calender** / Chintzkalander *m* ‖ ~ **printing** / Chintzdruck *m* ‖ ~ **process** / Chintzverfahren *n*
chip *n* (synth. fibre prod.) / Schnitzel *n m*
chira *n* / indische Stoffstickerei
chirimen *n*, chiriman *n* / japanischer Seidenkrepp
chiton *n* / Chiton *m* (altgriechisches Untergewand)
chitrang fibre / Bastfaser *f* von den großen Blättern des Sterculia wigtii in China und Indien
chlamys *n* / Chlamys *f* (knielanger, mantelartiger Überwurf für Reiter und Krieger im griechischen Altertum)
chloramine *n* / Chloramin *n* ‖ ~ **bleaching** / Chloraminbleiche *f* ‖ ~ **dyestuff** / Chloraminfarbstoff *m*
chloranil *n* / Chloranil *n*

chloranilic acid / Chloranilsäure *f*
chlorantine dyestuff / Chlorantinechtfarbstoff *m* ‖ ~ **fast dyestuff** / Chlorantinlichtfarbstoff *m*, Chlorantinechtfarbstoff *m*
chlorate *n* / Chlorat *n* ‖ ~ **and potassium ferrocyanide process** / Chlorat-Blutlaugensalzverfahren *n* ‖ ~ **discharge** / Chlorätze *f*, Ätzen *n* mit Chloraten ‖ ~ **discharge style** / Chlorätzartikel *m* ‖ ~ **ferrocyanide discharge** / Chlorat-Ferrocyanidätze *f* ‖ ~ **of barium** / Bariumchlorat *n* ‖ ~**-prussiate process** / Chlorat-Prussiatmethode *f* ‖ ~ **resist** / Chloratreserve *f*
chloric acid / Chlorsäure *f*
chloride *n* / Chlorid *n* ‖ ~ **for bleaching** / Bleichchlorid *n* ‖ ~ **of ammonium** / Ammoniumchlorid *n*, Chlorammonium *n* ‖ ~ **of barium** / Bariumchlorid *n* ‖ ~ **of calcium** / Calciumchlorid *n* ‖ ~ **of lime** / Chlorkalk *m*, Bleichkalk *m* ‖ ~ **of lime aftertreatment** / Chlorkalk-Nachbehandlung *f* ‖ ~ **of lime bleaching** / Chlorkalkbleiche *f* ‖ ~ **of lime solution** / Chlorkalklösung *f* ‖ ~ **of soda** / Chlornatron *n*, Chlorsoda *f* ‖ ~ **of zinc** / Zinkchlorid *n*, Chlorzink *n*
chlorin *n* / russischer Polyvinylchloridfaserstoff (dem französischen Rhovyl entsprechend)
chlorinate *n* / chlorieren *v*, chloren *v*
chlorinated brine / chlorierte Sole ‖ ~ **cellulose** / Chlorzellstoff *m* ‖ ~ **cloth** / chlorierte Wollware ‖ ~ **fatty acid** / Chlorfettsäure *f* ‖ ~ **hydrocarbon** / chlorierter Kohlenwasserstoff, Chlorkohlenwasserstoff *m* ‖ ~ **oil** / Chloröl *n* ‖ ~ **paraffin** / Chlorparaffin *n* ‖ ~ **solvent** / chloriertes Lösungsmittel ‖ ~ **wool** / gechlorte Wolle, chlorierte Wolle
chlorinate to avoid felting / unfilzbar machen
chlorinating *n* / Chloren *n*, Chlorieren *n*
chlorination *n* / Chloren *n*, Chlorieren *n* ‖ ~ **of wool** / Wollchlorierung *f* ‖ ~ **resin process** (fin) / Chlorierungs-Harz-Verfahren *n* ‖ ~ **shrink proofing** / Antifilzchlorieren *n*
chlorine *n* / Chlor *n* ‖ ~ **bleaching** / Chlorbleiche *f* ‖ ~ **bleaching agent** / Chlorbleichhilfsstoff *m* ‖ ~ **bleaching bath** / Chlorbleichbad *n* ‖ ~ **compound** / Chlorverbindung *f* ‖ ~ **content** / Chlorgehalt *m* ‖ ~ **damage** / Chlorschädigung *f*, Schädigung *f* durch Chlor ‖ ~ **determination** / Chlorbestimmung *f* ‖ ~ **dioxide** / Chlordioxid *n* ‖ ~ **discharge** / Chlorätze *f*, Chlorkalkküpe *f* ‖ ~ **fastness** / Chlorechtheit *f* (DIN 54034/35), Chlorbeständigkeit *f* ‖ ~ **generator** / Chlorentwickler *m* ‖ ~ **in solution** / Aktivchlor *n* ‖ ~ **kier bleach** / Beuchchlorbleiche *f* ‖ ~ **machine** / Chlormaschine *f* ‖ ~**-oxygen bleach** / Chlorsauerstoffbleiche *f* ‖ ~**-peroxide bleach** / Chlor-Peroxidbleiche *f*, Ce-Es-Bleiche *f* ‖ ~**-peroxide kier bleach** / Chlor-Peroxid-Packbleiche *f*, Ce-Es-Packbleiche *f* ‖ ~ **resistance** / Chlorechtheit *f* (DIN 54034/35), Chlorbeständigkeit *f* ‖ ~ **resistant finish** / chlorechte Ausrüstung, chlorfeste Ausrüstung ‖ ~ **retention**, chlorine retentivity / Chlorretention *f*, Chlorrückhaltevermögen *n* ‖ ~**-retention damage** / Schädigung *f* durch Chlorretention ‖ ~ **stability** / Chlorbeständigkeit *f* (Produkt) ‖ ~ **test** / Chlorprobe *f* (bei Zellulose zum Nachweis der Farbklasse) ‖ ~ **water** / Chlorwasser *n*, Bleichwasser *n*
chlorite *n* / Chlorit *n* ‖ ~ **batch bleaching** / Chloritaufdockbleiche *f* ‖ ~ **bleach[ing]** / Chloritbleiche *f*, Natriumchloritbleiche *f* ‖ ~ **bleaching by the pad roll system** / Chloritaufdockbleiche *f* ‖ ~ **bleaching fastness** / Chloritbleichechtheit *f* ‖ ~ **bleach liquor** / Chloritbleichflotte *f* ‖ ~ **fastness** / Chloritechtheit *f* (DIN 54036/37) ‖ ~ **stabilizer** / Chloritstabilisator *m*
chloroacetic acid / Chloressigsäure *f*
chloroacetylamino dyestuff / Chloracetylaminfarbstoff *m*
chlorobenzothiazole dyestuff / Chlorbenzothiazolfarbstoff *m*

chlorofibre *n* / Chlorfaser *f*
chloroformate ester / Chlorameisensäureester *m*
chlorohydrin *n* / Chlorhydrin *n*, Chlorwasserstoffsäureglyzerinester *m*
chlorohydroquinone *n* / Chlorhydrochinon *n*
chlorometer *n* / Chlormesser *m*
chlorometry *n* / Chlorbestimmung *f*, Chlormessung *f*, Chlorometrie *f*
chloroprene *n* / Chloropren *n* ‖ ~ **rubber** / Chloroprenkautschuk *m*
chloropyrimidine dyestuff / Chloropyrimidinfarbstoff *m*
chlorosulphonated polyethylene / chlorsulfoniertes Polyäthylen
chlorosulphonic acid / Chlorsulfonsäure *f*
chlorotriazine dyestuff / Chlorotriazinfarbstoff *m*
chlorous *adj* / chlorig *adj* ‖ ~ **acid** / chlorige Säure
chocolate-brown *adj* / schokoladenbraun *adj* (RAL 8017), schokoladebraun *adj*
choddur *n* / indischer Wollschal
choice wool / drittbeste Wollqualität
choker *n* (fash) / steifer Stehkragen ("Vatermörder") ‖ ~ (fash) / unter dem offenen Hemd getragener Herrenschal *m* ‖ ~ (fash) / enges Halsband
cholet *n* (Fr) / dünnes Rohleinen ‖ ~ **stripes** (Fr) / dünnes Rohleinen mit farbigen Streifen
chom fibre / wilde Ananas-Blattfaser aus Yucatán
chop marks / Seiden-Handelsmarken *f pl*, Seidenschutzmarken *f pl* (chinesisch oder japanisch)
chopped cotton cloth / Baumwoll-Füllstoff *m*, Baumwollschnitzel *pl* ‖ ~ **glass strand** / geschnittenes Textilglas (DIN 61850) ‖ ~ **ribbon** / Bändchenspinnfaser *f*, Bändchenfaser *f* ‖ ~ **sheets** / Walzfellschnitzel *n m pl* ‖ ~ **strand** / geschnittener Glasspinnfaden ‖ ~ **strand mat** / Glas-Schnittmatte *f* (DIN 61850) ‖ ~ **strands** / Stapelglasseide *f*, Schnittglas *n*, geschnittene Glasseide, gehackte Glasseidenstränge
chopper *n* / Schneidwerkzeug *n*, Roving-Cutter *m* ‖ ~ **bar** (Raschel knitt mach) / Fallblech *n* ‖ ~ **strand mat** / Schnittmatte *f*, Glasseidenmatte *f*, Glasfaservlies *n*
chopping machine / Hackmaschine *f*
chops *pl* s. chop marks
chop tickets *pl* s. chop marks
choquette *n* / Seidenkokon, in dem der Wurm abgestorben ist
chord *n* (dye) / Tönung *f*
chou *n* (Fr) / Rosette *f*, Band *n*, Verzierung *f* (an Damenkleidern)
chouca fibre / südamerikanische Aloefaser
chrisom *n* / Taufkleid *n*
chroma *n* / Reinheit *f* einer Farbe ‖ ~ **diagram** / Farbtafel *f*, Farbendreieck *f*
chromate *v* / chromieren *v* ‖ ~ *n* / Chromat *n* ‖ ~**-acid ageing process** / Chromat-Säuredämpfverfahren *n* ‖ ~ **discharge** / Chromatätze *f* ‖ ~ **discharge style** / Chromatätzartikel *m* ‖ ~ **dyeing method** / Chromatfärbeverfahren *n* ‖ ~ **dyestuff** / Chromatfarbstoff *m* ‖ ~ **method** / Chromatverfahren *n* ‖ ~ **mordant** / Chromatbeize *f* ‖ ~ **of potash**, chromate of potassium / Kaliumchromat *n*, Chromkali *n* ‖ ~ **process** / Chromatverfahren *n*, Metachromverfahren *n*, Beizenverfahren *n* ‖ ~ **red** / Chromrot *n*, Chromzinnober *m*, Persischrot *n* ‖ ~ **treatment** / Chromatbehandlung *f* ‖ ~ **white** / Chromatweiß *n*
chromaticity *n* (hue and saturation) / Farbart *f* ‖ ~ (colour point) (x y value) / Farbort *m* ‖ ~ **coordinate** / Normfarbwertanteil *m* ‖ ~ **diagram** / Farbtafel *f*, Farbendreieck *f* ‖ ~ **difference** / Farbortabstand *m* ‖ ~ **value** / Normfarbwertanteil *m*
chromatics *pl* / Farbenlehre *f*, Chromatik *f*
chromatize *v* / chromatisieren *v*, chromatieren *v*
chromatogram[me] *n* / Chromatogramm *n*
chromatograph *v* / chromatographieren *v*

chromatographic *adj* / chromatographisch *adj* ‖ ~ **analysis** / Chromatographie *f*
chromatography *n* / Chromatographie *f*
chromatology *n* / Farbenlehre *f*
chromatometric method / Chromatometrie *f*
chromatometry *n* / Chromatometrie *f*
chrome *v* / chromieren *v* ‖ ~ *n* / Kaliumdichromat *n* (gelber Farbstoff) ‖ ~ **alum** / Chromalaun *m* ‖ ~ **alum solution** / Chromalaunlauge *f* ‖ ~ **azo dyestuff** / Chromazofarbstoff *m* ‖ ~ **bath** / Chrombad *n* ‖ ~ **black** / Chromschwarz *n* ‖ ~ **bottom dyeing** / Färbung *f* auf chromgebeiztem Material ‖ ~ **brown** / Chrombraun *n* ‖ ~ **collagen** / Chromkollagen *n* ‖ ~ **complex dyestuff** / Chromkomplexfarbstoff *m* ‖ ~ **deep black** / Chromtiefschwarz *n* ‖ ~ **developed acid dyestuff** / chromierbarer Säurefarbstoff *m* ‖ ~ **developed dyestuff** / Nachchromierungsfarbstoff *m*, Chromentwicklungsfarbstoff *m*, Chromfarbstoff *m* ‖ ~ **dyeing** / Chromfärben *n*, Chromfärberei *f* ‖ ~ **dyeing of piece goods** / Chromstückfärberei *f* ‖ ~ **dyeing salt** / Chromfärbesalz *n* ‖ ~ **dye printing paste** / Chromfarbenteig *m* ‖ ~ **dyestuff** / Chromfarbstoff *m*, Chrombeizenfarbstoff *m*, Chromierfarbstoff *m*, Chromierungsfarbstoff *m*, Beizenfarbe *f* ‖ ~ **gelatine** / Chromgelatine *f* ‖ ~ **glue** / Chromleim *m* ‖ ~ **green** *adj* / chromoxidgrün *adj* (RAL 6020) ‖ ~ **green** / Chromoxidhydratgrün *n*, Smaragdgrün *n*, Brillantgrün *n*, Guignetgrün *n* ‖ ~ **green** / Chromoxidgrün *n*, Laubgrün *n*, grüner Zinnober ‖ ~ **green** (mixture of chrome yellow and Berlin blue) / Chromgrün *n*, Deckgrün *n*, Ölgrün *n* ‖ ~ **lacquer** / Chromlack *m* ‖ ~ **mordant** / Chrombeize *f* ‖ ~ **mordant dyestuff** / Chrombeizfarbstoff *m*, Chromfarbstoff *m* ‖ ~ **mordant printing** / Chrombeizendruck *m* ‖ ~ **mordant process** / Chrombeizverfahren *n* ‖ ~ **ochre** / Chromocker *n* ‖ ~ **orange** / Chromorange *n* ‖ ~ **oxide dyestuff** / Chromoxidfarbstoff *m* ‖ ~ **oxide green** / Chromoxidgrün *n*, Laubgrün *n*, grüner Zinnober ‖ ~ **padding liquor** / Chromklotz *m* ‖ ~ **paste** / Chromverdickung *f* ‖ ~ **printing** / Chromdruck *m* ‖ ~ **rate** (dye) / Chromierungsgeschwindigkeit *f* ‖ ~ **red** / Chromrot *n*, Chromzinnober *m*, Persischrot *n* ‖ ~ **style** / Chromierartikel *m* ‖ ~ **topped** / nachchromiert *adj* ‖ ~ **uptake** (dye) / Chromaufnahme *f* ‖ ~ **violet** / Chromviolett *n* ‖ ~ **yellow** / chromgelb *adj* (RAL 1007) ‖ ~ **yellow discharge** / Chromgelbätze *f* ‖ ~ **yellow paste** / Chromgelb *n* im Teig
chromic acid / Chromsäure *f*, Monochromsäure *f* ‖ ~ **acid process** / Chromsäureverfahren *n* ‖ ~ **chloride** / Chrom(III)-chlorid *n*, Chromtrichlorid *n*, Chlorchrom *n* ‖ ~ **chloride mordant** / Chlorchrombeize *f* ‖ ~ **compound** / Chromiverbindung *f*, Chrom(III)-verbindung *f* ‖ ~ **fluoride** / Chromtrifluorid *n* ‖ ~ **fluoride aftertreatment** / Chromtrifluorid-Nachbehandlung *f*, Chromtrifluorid-Nachbehandlungsverfahren *n* ‖ ~ **hydroxide** / Chrom(III)-hydroxid *n* ‖ ~ **oxide** / Chrom(III)-oxid *n*, Dichromtrioxid *n* (Laubgrün) ‖ ~ **oxide pigment** / Chromoxidfarbstoff *m* ‖ ~ **salt** / Chromisalz *n* ‖ ~ **sulphate** / Chrom(III)-sulfat *n*
chroming *n* / Chromierung *f*, Chromieren *n* ‖ ~ **bath** / Chrombad *n* ‖ ~ **bisulphite** / Chrombisulfit *n* ‖ ~ **of the dyestuff** / Auschromierung *f* des Farbstoffes ‖ ~ **time** / Chromierungsdauer *f* ‖ ~ **with monochromate and ammonium sulphate** / Chromieren *n* mit Chromsäuresalzen
chromium *n* / Chrom *n* ‖ ~ **acetate** / Chromacetat *n* ‖ ~ **acetate liquor** / Chromacetatbeize *f* ‖ ~ **acetate mordant** / Chromacetatbeize *f* ‖ ~ **carbide** / Chromkarbid *n* ‖ ~ **chlorate** / Chromchlorat *n*, chlorsaures Chrom ‖ ~ **chloride** / Chromchlorid *n* ‖ ~ **chloride mordant** / Chlorchrombeize *f* ‖ ~ **chromate** / Chromichromat *n* ‖ ~ **complex** / Chromkomplex *m*, komplexe Chromverbindung ‖ ~ **compound** /

Chromverbindung *f* ‖ ~ **fluoride** / Chromfluorid *n* ‖
~ **fluoride developing method** / Chromfluorid-
Entwicklungsverfahren *n* ‖ ~ **formate** / Chromformiat
n ‖ ~ **lactate** / Chromlaktat *n* ‖ ~ **mordant** /
Chrombeize *f* ‖ ~ **nitroacetate** / Chromnitroacetat *n* ‖
~ -**potassium sulphate** /
Kaliumchrom(III)-sulfat-12-Wasser *n*
(Kaliumchromalaun, Chromalaun) ‖ ~ **resinate** /
Chromresinat *n* ‖ ~ **salt** / Chromsalz *n* ‖ ~ **sulphate** /
Chromsulfat *n* ‖ ~ **sulphoacetate** / Chromsulfacetat *n* ‖
~ **sulphochromate** / Chromsulfochromat *n* ‖
~ **thiocyanate** / Chromrhodanid *n*, Rhodanchrom *n*
chromogen *n* / Chromogen *n*
chromolithograph *n* (text pr) / Ölaufdruck *m*, Öldruck *m*
chromone *n* / Chromon *n*, 1,4-Benzopyron *n*
chromophore *n* / Chromophor *m*, Farbträger *m*,
chromophore Gruppe, farbtragende Gruppe,
farbgebende Gruppe ‖ ~ **part** / farbgebender Teil
chromophoric *adj* / chromophor *adj*, farbtragend *adj*,
farbgebend *adj* ‖ ~ **group** / chromophore Gruppe,
farbtragende Gruppe, farbgebende Gruppe ‖ ~ **system** /
farbgebendes System, chromophores System,
Farbtongrundkörper *m*, Farbkörper *m*
chromous acetate / Chrom(II)-acetat *n* ‖ ~ **chloride** /
Chrom(III)-chlorid *n*, Chromdichlorid *n* ‖ ~ **compound**
/ Chromoverbindung *f* ‖ ~ **sulphate** / Chrom(II)-sulfat
n
chromoxane green / Chromoxangrün *n*
chrysalis *n* / Schmetterlingspuppe *f*, Chrysalide *f*,
Puppenstadium *n* der Seidenraupe ‖ ~ **stage** (stage of
growth of silkworm when encased in the cocoon) /
Chrysalidphase *f*
chrysamine *n* / Chrysamin *n*, Azidingelb *n*
chrysaniline *n* / Chrysanilin *n*, Ledergelb *n*
chrysoidine *n* (shade) / Chrysoidin *n* ‖ ~ **bistre** /
Chrysoidinbister *m*
chrysoine *n* (dye) / Chrysoin *n*, Tropäolin O, Tropäolin R,
Resorcingelb *n*
chrysom[e] *n* / Taufkleid *n*
chrysophenine dyestuff / Chrysopheninfarbstoff *m*
chrysotile *n* (yields strong and flexible fibres for spinning)
/ Chrysotil *m*, Faserserpentin *n m*
Chubut wool / schwarze Wolle aus Südargentinien
chuchao *n* (chiefly used for cordage, sacks, twine) /
Bastfaser *f* aus Ekuador und Peru
chucunci fibre / grobe Sisalfaser aus Yucatán
chuddak shawl / indischer Wollschal
chuddar *n*, chudder *n*, chadri *n*, chador *n* / arabischer
Baumwollstoff mit breiten blauen oder schwarzen
Streifen in Kettrichtung ‖ ~ / lebhaftgrünes Billardtuch
‖ ~ / indischer Schalstoff aus Ziegenhaar oder Wolle
‖ ~ / ostafrikanischer Ausdruck für halbgebleichte
Baumwollstoffe aus Indien für Lendenschurze
chukker *n* (shirt) / Polohemd *n*
chulengo *n* / kleiner Guanako (Wildform des Lamas)
chuna sheep / Nachkomme *m* des spanischen
Merinoschafes in Südamerika
chuncu fibre / Bastfaser *f* der Kaladie in Peru
chundari *n* / indischer Seidenstoff ‖ ~ / indisches
Baumwollgewebe
church vestments *pl* / kirchliche Gewänder *n pl*
churn *n*, xanthating churn / Rührtrommel *f*
churro *n* / lange und rauhe spanische Wolle
chussum *n* / Seidenabfälle *m pl* aus Indien
chute *n* (weav) / Sammelkasten *m* ‖ ~ **fabric** (for
parachutes) / Fallschirmtuch *n* ‖ ~ **feed for cards** (cotton
spinn) / Flockenspeiser *m* für Karden ‖ ~ **feeding** (spinn)
/ Schachtspeisung *f*
ciciatoun *n* / Lanzenwimpel *m*
CIE (Commission Internationale de l'Eclairage) /
Internationale Beleuchtungskommission ‖
~ **chromaticity coordinate** / Normfarbwertanteil *m* ‖
~ **colour coordinate** / CIE-Farbkoordinate *f* ‖
~ **illuminant** / Weißpunkt *m* ‖ ~ **spectral distribution**

curve / Normspektralwertkurve *f* ‖ ~ **tristimulus
diagram** / CIE-Normfarbtafel *f* ‖ ~ **tristimulus value** /
Normfarbwert *m* (DIN 5033)
cigarette pants *pl* (fash) / Zigarettenhose *f*
cilice *n* / Ziegenhaarstoff *m* ‖ ~ s. also cilicium ‖ ~ (worn
by orders of monks) / Untergewand *n* aus Haartuch
cilicium *n* (penitential garment) / Büßerhemd *n*, härenes
Hemd
cinch *n* / breiter Gurt
cinchona alkaloid / Cinchona-Alkaloid *n*, China-Alkaloid
n, Chinarindenalkaloid *n* ‖ ~ **base** / Chinabase *f* ‖
~ **extract** / Chinaextrakt *m* ‖ ~ **red** / Chinarot *n* ‖
~ **root** / Chinawurzel *f*
cinchonic acid / Cinchonsäure *f*
cinchoninic acid / Cinchoninsäure *f*
cincture *n* / bestickter Gürtel
cinema pile carpet / Polteppich *m* für den Objektbereich
cinnabar *adj* / zinnober *adj*, zinnoberrot *adj*
cinnamic acid / Zimtsäure *f*
cinnamon-**brown** *adj* / zimtbraun *adj*, kaneelbraun *adj* ‖
~ -**coloured** *adj* / zimtfarben *adj*, zimtfarbig *adj* ‖
~ **shade** / zimtbraune Farbe
circassian *n* (dress goods fabric) / Circas *m*, Zirkas *m* ‖
~ **rug** / tscherkessischer Teppich
circular automatic hosiery machine, three-feed pattern
/ dreisystemiger Rundstrickstrumpfautomat ‖
~ **bandage** / Rundverband *n* ‖ ~ **bar** (sew) / Punktriegel
m ‖ ~ **battery** (weav) / Trommelmagazin *n*,
Revolvermagazin *n* ‖ ~ **battery filling** (weav) /
Rundmagazinfüllung *f* ‖ ~ **beater plate** /
Schlagnasenscheibe *f* ‖ ~ **bodice machine** (knitt) /
Leibweitenmaschine *f* ‖ ~ **border knitting loom**,
circular border knitting machine / Rundrändermaschine
f, Rundränderstuhl *m*, Leistenrundstrickmaschine *f* ‖
~ **box** (weav) / Revolverlade *f*, Revolverschützenkasten
m ‖ ~ **box loom** / Revolverwebmaschine *f*,
Revolverladenwechselwebmaschine *f*, Revolverstuhl *m*
‖ ~ **box motion** / Drehladenwechsel *m* ‖ ~ **box
underpick loom** / Unterschlagrevolverwebmaschine *f* ‖
~ **braider** / Rundflechtmaschine *f* ‖ ~ **brush** /
Rundbürste *f*, Walzenbürste *f* ‖ ~ **cam** (knitt mach) /
Schlauchteil *m* eines Hebers ‖ ~ **carrier** (dye) /
kreisförmiger Träger ‖ ~ **change battery** (weav) /
Revolvertrommel *f* ‖ ~ **coating technique** /
Ringbeschichtungsverfahren *n* ‖ ~ **comb** / Kreiskamm
m, Rundkamm *m*, Kammring *m* ‖ ~ **comber** (spinn) /
Rundkämmer *m*, Rundkämmaschine *f* ‖ ~ **comber
cover** (spinn) / Rundkammverdeck *n* ‖ ~ **combing
machine** (spinn) / Rundkämmaschine *f*, Rundkammstuhl
m ‖ ~ **cylinder knitting machine of large diameter** /
Großrundkettelmaschine *f* ‖ ~ **doctor blade** (ctg)
/ Ringrakel *f* ‖ ~ **double knit machine** / zweifonturige
Rundstrickmaschine ‖ ~ **drawing** /
Scheibenwalzenstrecke *f* ‖ ~ **drying machine** /
Schlauchtrockenapparat *m* ‖ ~ **fabric** (knitt) / Rundware
f, Schlauchware *f* ‖ ~ **fabric examining machine**,
circular fabric inspecting machine / Schaumaschine *f* für
Schlauchware ‖ ~ **filter paper** / Rundfilterpapier *n* ‖
~ **finishing** / Ausrüsten *n* in Schlauchform ‖ ~ **flat bar
machine** (knitt) / Flachrundwirkmaschine *f* ‖ ~ **fleece
knitting machine** / einfonturige Rundstrickmaschine
für Bindefadenfutter, Rundstrickstuhl *m* ‖ ~ **frame**
(knitt) / Rundstuhl *m*, Rundkulierstuhl *m* ‖ ~ **gill box** /
Sonnenstrecke *f* (für Kammgarn) ‖ ~ **goods** /
Schlauchware *f*, Schlauchgewebe *n*, Dochtgewebe *n*,
Hohlgewebe *n* ‖ ~ **hand-knitting machine** /
Handrundstrickmaschine *f* ‖ ~ **hose knitting machine** /
Strumpfrundstrickmaschine *f* ‖ ~ **hosiery** /
rundgestrickte Strumpfware ‖ ~ **hosiery machine** /
Rundstrickmaschine *f*, Rundwirkmaschine *f*,
Strumpfautomat *m*, nahtlose Strumpfmaschine ‖
~ **interlock machine** / Interlock-Rundstrickmaschine *f*,
Interlock-Rundstrickautomat *m* ‖ ~ **jacquard knitting
machine** / Jacquard-Rundwirkmaschine *f* ‖ ~ **knife** /

clamped

Scheibenmesser *n*, Kreismesser *n*, Rundmesser *n*, Tellermesser *n*, Rundklinge *f* ‖ ~-**knit** *n* (hos) / Rundstrickware *f* ‖ ~-**knit** *adj* (hos) / nahtlos *adj* ‖ ~ **knit cut plush** / Rundstrickschneideplüsch *m* ‖ ~ **knit fabric** / Rundmaschenware *f*, Strickschlauch *m* ‖ ~ **knit goods** *pl* / Rundstrickware *f*, Rundwirkware *f*, Maschenschlauchware *f*, Schlauchware *f* ‖ ~ **knit hose** / Rundstrick-Strumpfware *f* ‖ ~ **knit hose machine** / Rundstrick-Strumpfautomat *m* ‖ ~ **knit hosiery** / Rundstrick-Strumpfware *f* ‖ ~ **knit pile fabric** / Henkelplüsch *m* ‖ ~ **knit stocking** / nahtloser Strumpf, rundgewirkter Damenstrumpf, auf Rundstrick-Strumpfautomaten hergestellter Damenstrumpf, Standardstrumpf *m* ‖ ~ **knitted** *adj* / rundgestrickt *adj* ‖ ~ **knitted carpet material** / Teppichgestrick *n* aus texturierten Teppich-Kabelbändchen ‖ ~ **knitted fabric** / Strickschlauch *m* ‖ ~ **knitted goods** *pl*, circular knitted fabrics / Rundstrickware *f*, Rundwirkware *f*, Maschenschlauchware *f*, Schlauchware *f*, Rundmaschenware *f* ‖ ~ **knitted lining** / Rundstuhlfutterware *f* ‖ ~ **knitter** / Rundstuhl *m*, Rundwirkstuhl *m*, Rundstrickmaschine *f* (DIN 62130), Rundwirkmaschine *f* (DIN 62130) ‖ ~ **knitting** / Rundstricken *n*, Rundstrickerei *f* ‖ ~ **knitting** / Rundwirken *n*, Rundwirkerei *f* ‖ ~ **knitting machine** / Rundstuhl *m*, Rundstrickmaschine *f* (DIN 62130) ‖ ~ **knitting machine** / Rundwirkmaschine *f* (DIN 62130), Rundwirkstuhl *m* ‖ ~ **knitting machine dial** / Rippscheibe *f* der Rundstrickmaschine ‖ ~ **knitting machine diameter** / Durchmesser *m* der Rundstrickmaschine ‖ ~ **knitting machine needle** / Rundstrickmaschinennadel *f* ‖ ~ **knitting machine with one set of needles** / einfonturige Rundstrickmaschine *f* ‖ ~ **lace** / Rundlaufspitze *f* ‖ ~ **latch-needle bodice machine** (knitt) / Leibweitenmaschine *f* mit Zungennadeln ‖ ~ **latch needle machine** (knitt) / Rundstrickmaschine *f* mit Zungennadeln ‖ ~ **linker** (knitt) / Karussellkettelmaschine *f* ‖ ~ **linking machine** / Rundkettelmaschine *f* ‖ ~ **links and links machine** (knitt) / Links-Rundstrickmaschine *f* ‖ ~ **links and links [knitting] machine** / Links-Links-Rundstrickmaschine *f*, Doppelzylinder-Rundstrickmaschine *f* ‖ ~ **lock** (knitt) / Schlauchschloß *n* ‖ ~ **loom** / Rundstuhl *m*, Rundwebmaschine *f*, Rundwirkmaschine *f* ‖ ~ **loom goods** / Rundstuhlware *f* (Wirken oder Stricken) ‖ ~ **loom with gripper** / Greiferrundwebmaschine *f* ‖ ~ **looper** / Rundkettelmaschine *f*, Karusselkettelmaschine *f* ‖ ~ **looper with small diameter** / Kleinkranzkettelmaschine *f* ‖ ~ **looping machine** (knitt) / Karussellkettelmaschine *f*, Rundkettelmaschine *f* ‖ ~ **movement** / Rundlauf *m* ‖ ~ **movement of the cylinder** / Drehbewegung *f* des Zylinders ‖ ~ **moving shuttle** (weav) / Ringschützen *m* ‖ ~ **necktie machine** (knitt) / Rundbindermaschine *f* ‖ ~ **needle** / Rundstuhlnadel *f* ‖ ~ **open drawing frame** / Streckmaschine *f* auf zwei Bänder ‖ ~ **pirn battery** / Spulenrundmagazin *n* ‖ ~ **pleats** / Rundfalten *f pl* ‖ ~ **purl [stitch] knitting machine** / Doppelzylinder-Rundstrickmaschine *f*, Links-Links-Rundstrickmaschine *f* ‖ ~ **raschel machine** / Rundraschelmaschine *f*, Rundraschel *f* ‖ ~ **rib [knitting] machine** (knitt) / Ripprundstrickmaschine *f*, Rundstrickrippmaschine *f*, Rechts-Rechts-Rundstrickmaschine *f* ‖ ~ **shuttle box** (weav) / Revolverschützenkasten *m* ‖ ~ **single knit machine** / einfonturige Rundstrickmaschine ‖ ~ **sizing machine** (weav) / Revolverschlichtmaschine *f* ‖ ~ **skip box** (weav) / Überspringerrevolver *m* ‖ ~ **skirt** (fash) / Glockenrock *m* ‖ ~ **spinneret** / Runddüse *f* ‖ ~ **spring needle machine** / Rundwirkmaschine *f* ‖ ~ **spring needle rib knitting machine** / Rechts-Rechts-Rundwirkmaschine *f* (mit Hakennadeln) ‖ ~ **stocking knitting machine** / Strumpfwirkmaschine *f* ‖ ~ **string border machine** (knitt) / Leistenrundstrickmaschine *f*,

Rundleistenmaschine *f* ‖ ~ **sweater-strip machine** / Rundstrickmaschine *f* für abgepaßte Waren ‖ ~ **tip** (hos) / Rundlaufspitze *f* ‖ ~ **traveller** / runder Ringläufer ‖ ~ **warp knitting machine** / Rundkettenwirkmaschine *f* ‖ ~ **warp loom** (knitt) / Rundkettenstuhl *m* ‖ ~ **washer**, circular washing machine / Rundwaschmaschine *f*, Rundspüle *f* ‖ ~ **weaving** / Rundweben *n* ‖ ~ **weft knitting machine [with spring beard needles]** / Rundkulierwirkmaschine *f* (DIN 62135) ‖ ~ **winch** (dye) / Rundhaspel *f* ‖ ~ **winding machine** / Rundspulmaschine *f* ‖ ~ **work** (knitt) / Schlauch *m*, Schlauchware *f* ‖ ~ **work machine** (knitt) / Schlauchmaschine *f* ‖ ~ **yarn washer** / Garnrundwaschmaschine *f*
circulate *v* / umlaufen lassen (Flotte), umwälzen *v*
circulated liquor (dye) / Flottendurchsatz *m* ‖ ~ **liquor quantity** (dye) / Flottenumwälzmenge *f*
circulating air / Umluft *f* ‖ ~ **air drier** / Umlufttrockner *m* ‖ ~ **air method** / Umluftverfahren *n* ‖ ~ **bath** / kreisende Flotte, bewegtes Bad, laufende Flotte, umlaufende Flotte ‖ ~ **drier cabinet** / Umlufttrockenschrank *m* ‖ ~ **liquor** / kreisende Flotte, laufende Flotte, umlaufende Flotte ‖ ~ **liquor beam-dyeing machine** / Kettenbaumfärbeapparat *m* mit Flottenkreislauf ‖ ~-**liquor dyeing** / Apparatefärberei *f* ‖ ~-**liquor machine** (dye) / Färbeapparat *m*, Apparat *m* ‖ ~ **vat** / Zirkulationskufe *f*, Zirkulationsküpe *f* ‖ ~ **vessel** / Zirkulationsgefäß *n* ‖ ~ **water** / Kreislaufwasser *n*
circulation dyeing apparatus, circulation dyeing machine / Zirkulationsfärbeapparat *m* ‖ ~ **fan** / Umlüfter *m* (DIN 64990) ‖ ~ **liquor machine** / Zirkulationsfärbeapparat *m* ‖ ~ **of liquor** (dye) / Flottenkreislauf *m*, Flottenumlauf *m*, Flottenumwälzung *f* ‖ ~ **plant** (dye) / Zirkulationsapparat *m* ‖ ~ **plant with stationary material** (dye) / Zirkulationsapparat *m* mit ruhendem Material ‖ ~ **rapid dyeing machine** / Zirkulationsschnellfärbeapparat *m* ‖ ~ **type drying chamber** / Umlufttrockenschrank *m* ‖ ~ **vat** / Zirkulationskufe *f*, Zirkulationsküpe *f*
circulatory flow drier / Kreislauftrockner *m*
ciré *n*, cire *n* / Ciré *m* (ursprünglich: Seidengewebe mit harter Glanzschicht; heute: bunt bedruckter, wachsappretierter Baumwoll- oder Chemiefaserstoff) ‖ ~ **calender** / Ciré-Kalander *m* ‖ ~ **fabric** / Ciré-Gewebe *m* ‖ ~ **silk** / Seidenciré *m*, wachsüberzogene Seide ‖ ~ **taffeta** / Taffet-Ciré *m*
CIRFS (Comité International de la Rayonne et des Fibres Synthétiques) / Internationale Chemiefaser-Vereinigung
ciselé velvet / Ciselé-Samt *m*, Velours-Ciselé *m*, Seidenkreppgewebe *n*
cistern *n* / Kasten *m* der Waschmaschine
cis-trans isomerism / cis-trans-Isomerie *f*
CITEN (Comité International de la Teinture et du Nettoyage) / Internationaler Zusammenschluß der Chemischreiniger-Verbände, Paris
citrate discharge / Zitratätze *f* ‖ ~ **resist** / Zitratreserve *f*
citrazinic acid / Zitrazinsäure *f*
citric acid / Zitronensäure *f* ‖ ~ **acid discharge** / Zitronensäureätze *f* ‖ ~ **acid resist** / Zitronensäurereserve *f*
citrine *n* / Zitronengelb *n*
citronin A / Citronin *n* A, Naphtholgelb *n* S
citron yellow *adj* / zitronengelb *adj*
city crops (GB) / verworfene Baumwollstoffmuster
civilian uniforms *pl* / Behördenkleidung *f*
CIW (weav) / computer-integriertes Weben
clammy handle / feuchtkalter Griff
clamp *n* / Klemme *f*, Klemmvorrichtung *f*, Kluppe *f* ‖ ~ / Fadenklemme *f*
clamped thread / eingespannter Faden

55

clamp

clamp rolls / Spannwalzen f pl ‖ ~ **stenter,** clamp tenter / Kluppenspannrahmen m, Kluppenrahmen m, Spannrahmen m mit Kluppen
clan green shade / grünblaue Nuance ‖ ~ **plaid** / Clantuch n, Clantartan m ‖ ~ **tartan** / Tartan m (schottisches Muster)
claret red adj / weinrot adj, bordeauxrot adj, bordorot adj ‖ ~ **shade** / weinroter Farbton, Bordeaux-Ton m ‖ ~ **violet** / bordeauxviolett adj (RAL 4004), bordoviolett adj
clarify v / avivieren v, aufhellen v
clarifying agent / Klärungsmittel n, Klärmittel n ‖ ~ **plant** / Kläranlage f ‖ ~ **tank** / Klärkasten m ‖ ~ **tub** / Klärbottich m, Klärwanne f ‖ ~ **vat** / Läuterbottich m
clarity of the resist / Reinheit f der Reserve
clash, colours ~ **with each other** / Farben beißen sich (d.h. Tönungen sind nicht miteinander vereinbar)
clashing of the threads (weav) / Zusammenschlagen n der Fäden
clasp n / Presse f ‖ ~ / Spange f, Schnalle f ‖ ~ **rod** / Klemmschiene f
class v / einordnen v, einteilen v, klassieren v, klassifizieren v, sichten v ‖ ~ **n** / Klasse f
classer of cotton / Baumwollklassierer m
classical dyeing technique of tops / klassische Kammzugfärberei
classics pl (fash) / Classics pl, einfache, schlichte f pl (klassische) Formen
classic tailor-made / Schneiderkostüm n in klassischer Manier
classifier n / Klassierer m, Sichter m
classify v / klassifizieren v, klassieren v, einordnen v, einteilen v, sichten v
classing n / Klassierung f, Sichtung f
class of dyestuffs / Farbstoffklasse f
classy cotton / hochgradige Baumwolle
clavette n (knitt) / Stopper m (Platine), Stößer m ‖ ~ **cam** (knitt) / Stößerschloßteil n
claw mat (e.g. for consolidating river bed) / Krallmatte f ‖ ~ **roller** / Klauenwalze f
clay brown adj / lehmbraun adj (RAL 8003) ‖ ~ **serge,** clay worsted / Kammgarnserge f
clean v (text) / reinigen v, putzen v, detachieren v ‖ ~ (sew) / ausputzen v ‖ ~ (cotton) / auskörnen v (Baumwolle), egrenieren v, entkörnen v ‖ ~ (dry-clean) / trocken reinigen, chemisch reinigen ‖ ~ **content** (US) / vollkommen entfettete Wolle ‖ ~-**cut edges,** clean-cut outlines (text pr) / scharfe Umrisse m pl
cleaner n / Reinigungsapparat m ‖ ~ / Reinigungsmittel n, Fleck[en]entferner m ‖ ~ / Gebläse n ‖ ~ (carding) / Putzer m
cleaning agent / Reinigungsmittel n, Fleck[en]entferner m ‖ ~ **aid** / Reinigungsbeschleuniger m ‖ ~ **and shearing machine** / Putz- und Schermaschine f ‖ ~ **attachment** / Putzeinrichtung f ‖ ~ **bath** / Reinigungsbad n ‖ ~ **brush** / Putzbürste f ‖ ~ **card** / Ausputzkratze n, Putzkratze n, Putzkarde f ‖ ~ **cloth** / Putztuch n, Putzlappen m ‖ ~ **compartment** / Reinigungsabteil n ‖ ~ **compound** / Reinigungsmittel n ‖ ~ **device** / Putzvorrichtung f, Reinigungseinrichtung f ‖ ~ **device** (of thread winder) / Fadenreiniger m ‖ ~ **doctor** / Walzenreinigungsrakel f, Walzenschaber m ‖ ~ **effect** / Reinigungswirkung f, Wascheffekt m, Waschwirkung f ‖ ~ **efficiency** / Reinigungsvermögen n, Waschvermögen n, Reinigungskraft f, Waschkraft f, Reinigungsleistung f, Waschleistung f ‖ ~ **equipment** / Putzvorrichtung f, Reinigungseinrichtung f ‖ ~ **instructions** pl / Reinigungsvorschrift f ‖ ~ **intensifier** / Reinigungsverstärker m ‖ ~ **liquor** / Reinigungsbad n ‖ ~ **machine** / Reinigungsmaschine f, Putzmaschine f (DIN 64990) ‖ ~ **machine for fibre waste** / Reinigungsmaschine f für Faserabfälle (DIN 64167) ‖ ~ **of stains** / Fleckenreinigung f ‖ ~ **power** / Reinigungsvermögen n ‖ ~ **process** /

Reinigungsverfahren n ‖ ~ **promoter** / Reinigungsverstärker m ‖ ~ **property** / Reinigungsvermögen n ‖ ~ **rag** / Putzlappen m ‖ ~ **roller** / Reinigungswalze f
cleanings pl **of the drum** / Trommelabfall m, Trommelausputz m, Trommelwolle f
cleaning table / Putztisch m ‖ ~ **waste** / Putzbaumwolle f, Putzwolle f ‖ ~ **wire** / Ausputzkratze f
cleanliness ratio / Sauberkeitszustand m
clean perchloroethylene / Reinper n (reines Tetrachloräthen) ‖ ~ **print** / scharfer Druck, reiner Druck
cleanse v / reinigen v, putzen v, detachieren v
cleanser n / Reinigungsmittel n
cleansing action / Waschwirkung f ‖ ~ **agent** / Reinigungsmittel n ‖ ~ **bath** / Reinigungsbad n ‖ ~ **liquor** / Reinigungsflüssigkeit f ‖ ~ **powder** / Putzpulver n, Reinigungspulver n ‖ ~ **power** / Reinigungsvermögen n
clean up (text pr) / auswaschen v ‖ ~ **wool** / sauber gewaschene Wolle
clear v / klären v, filtern v ‖ ~ / aufhellen v, bleichen v ‖ ~ adj / klar adj, transparent adj (Faser)
clearance n / Zusammenziehung f von Seide (beim Zwirnen)
clear coat (ctg) / transparenter Ansatz, transparente Schicht ‖ ~ **conc.** (concentration) / Stammverdickung f ‖ ~-**cut** adj / scharf geschnitten ‖ ~-**cut finish** / klargeschorene Ausrüstung
clearer n (gen) / Putzvorrichtung f ‖ ~ (spinn) / Flusenentferner m ‖ ~ (ring spinn) / Putzwalze f (DIN 64990) ‖ ~ (carding) / Wendewalze f, Wenderwalze f, Wender m ‖ ~ **belt** (spinn) / Wenderiemen m ‖ ~ **board** (spinn) / Putzbrett n mit Filzbelag ‖ ~ **board** (spinn) / Filzwalzenbelag m ‖ ~ **cloth,** clearer fabric (spinn) / Filzwalzenbelag m ‖ ~ **flat of the card** / Putzleiste f der Krempel ‖ ~ **plate** / Reinigerplättchen n ‖ ~ **plate** (knitt) / Fadenführerblech n ‖ ~ **roll[er]** (ring spinn) / Putzwalze f (DIN 64990) ‖ ~ **roller** (carding) / Wenderwalze f, Wendewalze f, Wender m ‖ ~ **roller covering** (spinn) / Putzwalzenbezug m ‖ ~ **roller for carding engine** / Tambourputzwalze f ‖ ~ **roller of drafting arrangement** / Putzwalze f des Streckwerks (DIN 64050) ‖ ~ **roller plush** (spinn) / Putzwalzenplüsch m
clear finish / klare Ausrüstung
clearing n / Klären n (dye) / Klarwaschen n ‖ ~ **agent** / Klärmittel n ‖ ~ **apparatus** / Knotenstreifer m ‖ ~ **bath** / Klärbad n ‖ ~ **brush** / Putzbürste f ‖ ~ **brush** / Ausfaserbürste f der Kettelmaschine ‖ ~ **cam** (knitt) / Heber m, Nadelheber m, Strickheber m, Fangteil n, Austriebsteil n der Nadelweiche ‖ ~ **cam** (weav) / Fangteil n eines Hebers ‖ ~ **cask** / Klärfaß n ‖ ~ **lever** / Ausrückarm m ‖ ~ **of the shade** / Aufhellung f des Farbtones ‖ ~ **of the yarn** / Entfernung f der Garnverunreinigungen ‖ ~ **position** (knitt) / Strickhöhe f, Einschlußstellung f, Strickstellung f (Schloß, Nadel) ‖ ~ **position of the needles** (knitt) / Übertragestellung f der abgebenden Nadeln ‖ ~ **treatment** / Klärung f, Klärungsprozeß m ‖ ~ **tub** / Klärbottich m ‖ ~ **vat** / Klärbottich m
clearly defined stitch pattern / klares Maschenbild
clear muslin / feinfädige Musselinqualität ‖ ~ **noil** / gereinigter Wollkämmling ‖ ~ **point** (resins) / kritische Lösetemperatur ‖ ~ **print outlines** pl / scharfer Druck, gute Druckschärfe ‖ ~ **shed** (weav) / offenes Fach, reines Fach ‖ ~ **the loop** (knitt) / einschließen v (Masche) ‖ ~ **the shade** (dye) / Farbton aufhellen ‖ ~ **top** / reiner Kammzug, gereinigter Wollkammzug ‖ ~ **white** adj / klarweiß adj, reinweiß adj, hellweiß adj
cleavage product / Spaltungsprodukt n, Spaltprodukt n ‖ ~ **reaction** / Spaltungsreaktion f, Spaltreaktion f
Clemson strength testing / Clemson-Festigkeitsprüfung f
clerical cloth / Priesterkleidung f, Priesterrock m ‖ ~ **collar** / (steifer) Kragen der Geistlichen ‖ ~ **garb** /

clothes

Priesterkleidung f, Priesterrock m ‖ ~ **grey** / dunkelgrau adj, tiefgrau adj, schwarzgrau adj ‖ ~ **robe** / Priesterkleidung f, Priesterrock m
clew n / Knäuel m n, Garnknäuel m n ‖ ~ **line** / Geitau n ‖ ~ **patch** / Schothornlappen m
clickers pl (sew) / Stanzmaschine f für den Zuschnitt
climatic conditioning cabinet, climatic conditioning unit / Klimaprüfschrank m
climatize v / klimatisieren v
clinging n / Klammern n (der Kettfäden)
cling-resist slip / nicht "klebender " Unterrock
clingy knit clothes / enganliegende Maschenware (gestrickt oder gewirkt) ‖ ~ **type garment** / enganliegendes Kleidungsstück
clip v / scheren v, abscheren v, stutzen v ‖ ~ n / Schur f ‖ ~ / Klammer f, Klemme f ‖ ~ / Kluppe f eines Spannrahmens (DIN 64230) ‖ ~ **chain** / Kluppenkette f ‖ ~ **chain link** / Kluppenkettenglied n (DIN 64930) ‖ ~ **chain path** / Kluppenbahn f ‖ ~ **dyeing** / Clip Dyeing n (stellenweises Abbinden des Garnstranges und vollständiges Eintauchen des Garnstranges in das Färbebad) ‖ ~ **holder** / Kluppenhalter m ‖ ~ **mark** / Abzeichnen n von Kluppen ‖ ~ **marking** / Kluppenabdruck m, Kluppeneindruck m ‖ ~ **marks** / Markierungen f pl durch mitlaufende Klammern ‖ ~ **mercerizing frame** / Kettenmercerisiermaschine f, Kettenmerzerisiermaschine f
clipped wool / Schurwolle f
clippers pl / Schurschere f
clipping n / Schafschur f ‖ ~ (fleece) / Schafsvlies n ‖ ~ **knife** / Beschneidemesser n ‖ ~ **machine** (cpt) / Beschneidemaschine f
clippings pl / Verschnitt m (Abfall beim Zuschneiden), Schneiderabfall m, Stoffabgang m, Konfektionsabgänge m pl, Stoffschnitzel pl ‖ ~ (wool) / die minderwertigste Wolle des Schafsvlieses
clip rest / Kluppenhalter m
clips pl / Jahresertrag m an Schurwolle
clipspot weave / Clipspot-Bindung f
clip stenter / Kluppenspannrahmen m ‖ ~ **suture** / Klammernaht f ‖ ~ **tenter** / Kluppenspannrahmen m ‖ ~ **wool** / Schurwolle f
cloak n / Abendmantel m, loser Mantel, Umhang m
cloaking n / Mantelstoff m
cloché hat / glockenförmiger Hut
clock n (hos) / Zwickel m, gestickte Verzierung ‖ ~ **attachment** (knitt) / Zwickeleinrichtung f, Zwickelapparat m
clocked stocking / Zwickelstrumpf m, Grisottestrumpf m
clocking point (hos) / Zwickeldecker m, Zeichendecknadel f, Zwickeldecknadel f
clock machine (knitt) / Zwickelmaschine f ‖ ~ **pattern** (knitt) / Zwickelmuster n
clocks pl / gestickte Verzierungen an der Seite von Strümpfen
clock seam / Zwickelnaht f
clogging of the screen (text pr) / Zusetzen n der Schablone
cloky adj (US) / blasig adj
cloqué [cloth o. fabric] n / Cloqué m, Blasenkrepp m, Blasengewebe n ‖ ~ **lame** / Cloqué-Lamé m, Blasenkrepp m mit Metallfäden ‖ ~ **organdy** , cloqué organdie / Krepp-Organdy m
close--cropped adj / kurzgeschoren adj, kahlgeschoren adj ‖ ~ **cropping** / Kahlschur f
closed batch carriage (bleach) / Dockenwagen m ‖ ~ **feeder** (knitt) / geschlossenes Nüßchen ‖ ~ **lap** (knitt) / Unter-Legung f mit geschlossener Masche ‖ ~ **lap** (knitt) / geschlossene Legung, geschlossene Masche ‖ ~ **latch of needle**, closed needle latch / geschlossene Nadelzunge ‖ ~ **precision cross winding** / geschlossene Präzisionskreuzwicklung (DIN 61280) ‖ ~ **seam** / Steppnaht f ‖ ~ **shed** (weav) / Geschlossenfach n ‖ ~ **shed dobby** / Geschlossenfachschaftmaschine f ‖ ~ **stitch** / geschlossene Masche ‖ ~ **toe** / geschlossene Strumpfspitze ‖ ~ **yarn dyeing machine** / geschlossener Garnfärbeapparat
close fabric / dichtes Gewebe, dichte Ware ‖ ~ **fit** / genaue Paßform, genaues Passen ‖ ~**-fitting** adj / enganliegend adj ‖ ~ **goods** / dichte Ware, feste Ware ‖ ~ **herring-bone stitch** / Zopfstich m ‖ ~**-knit fabric** (knitt) / dichtgewirkte Ware, feste Ware ‖ ~**-laid rope** / verschlossenes Seil ‖ ~ **laps** (knitt) / geschlossene Legung
closely fitting / enganliegend adj ‖ ~ **set warp** (weav) / dichtgestellte Kette ‖ ~ **woven** / dichtgeschlagen adj, dicht gewebt, hartgeschlagen adj, geschlossen adj ‖ ~ **woven area** / dichte Gewebestelle ‖ ~ **woven goods** pl / hart geschlagene Ware, dicht eingestellte Stoffe m pl, eng geschlagene Webware, dichtgeschlagene Ware
close-meshed adj (knitt) / engmaschig adj, kleinmaschig adj
closeness n / Festigkeit f ‖ ~ **of winding** / Windungsdichte f
close [of] shed (weav) / Fachschluß m ‖ ~**-stitch** adj (knitt) / engmaschig adj, kleinmaschig adj ‖ ~**-weave fabric** / dichtgeschlagene Warenqualität ‖ ~ **wind** / dichte Wicklung ‖ ~ **winding** / geschlossene Wicklung ‖ ~**-wound cheese** / Kreuzspule f mit geschlossener Wicklung
closing machine (rope making) / Verseilmaschine f ‖ ~ **of the shed** / Fachschluß m ‖ ~ **seam** (knitt) / Steppnaht f, Schließnaht f ‖ ~ **wire bar** (knitt) / Schließdrahtfontur f
cloth v (dye) / docken v, aufdocken v ‖ ~ n (gen) / Stoff m, Tuch n, Zeug n, Gewebe n ‖ ~ (tablecloth) / Tischtuch n, Tischdecke f ‖ ~ (bookbinding) / Buchbinderleinwand f ‖ ~ **advance speed** / Warengeschwindigkeit f ‖ ~ **analysis** / Gewebezerlegung f, Gewebeprüfung f ‖ ~ **back** / Geberückseite f, Stoffunterseite f, Kehrseite f, linke Seite ‖ ~**-backed** adj / mit Gewebe kaschiert, gewebekaschiert adj ‖ ~ **batch** / Docke f, Warenwickel m, Warenballen m ‖ ~ **beam** / Stoffbaum m, Warenbaum m, Tuchbaum m, Warenaufwickelbaum m, Warenabzugsbaum m, Warenabzugswalze f ‖ ~ **beam regulator** / Warenbaumregler m ‖ ~ **binding** / Leineneinband m, Kalikoeinband m ‖ ~ **board** / Leinwanddeckel m ‖ ~ **bolt** / Stücklänge f ‖ ~**-bound** adj (book) / in Leinen gebunden ‖ ~ **braid** / Stofflitze f ‖ ~ **breadth** / Webbreite f ‖ ~ **breaking machine** / Appretbrechmaschine f, Appretbrecher m ‖ ~ **buff** / Tuchpolierscheibe f, Tuchscheibe f, Webstoffscheibe f, Schwabbelscheibe f ‖ ~ **burling** / Stoffnoppen n, Tuchnoppen n ‖ ~ **burling frame** / Noppmaschinen m ‖ ~ **burling iron** / Noppeisen n ‖ ~ **burling machine** / Noppmaschine f ‖ ~ **carbonization** / Tuchkarbonisation f ‖ ~ **clamp** (sew) / Stoffklammer f ‖ ~ **cleaning and examining machine** / Gewebeputz- und Schaumaschine [für Stoffe] f ‖ ~ **cleaning and shearing machine** / Gewebeputz- und Schermaschine f ‖ ~ **cleaning machine** / Gewebeputzmaschine f ‖ ~**-coated pad** / Wischbrett n ‖ ~ **conditioning and cooling machine** / Konditionier- und Abkühlmaschine für Stoffe f ‖ ~**-covered** adj / stoffüberzogen adj, mit Stoff überzogen ‖ ~ **creasing and crisping machine** / Falt- und Kreppmaschine f ‖ ~ **cropping and shearing machine** / Gewebeputz- und Schermaschine f ‖ ~ **cutter**, cloth cutting machine / Tuchschneidemaschine f, Stoffschneidemaschine f, Tuchzuschneidemaschine f, Stoffzuschneidemaschine f ‖ ~ **draw-off roller** (weav) / Warenabzugsbaum m ‖ ~ **drill** / Bohrmerkiermaschine f ‖ ~ **drying machine** / Gewebetrockenmaschine f ‖ ~ **dyeing** / Gewebefärberei f, Tuchfärberei f ‖ ~ **dyeing plant** / Tuchfärbebetrieb m, Tuchfärberei f
clothe v / bekleiden v, kleiden v
cloth entering / Gewebezuführung f
clothes pl / Kleider n pl, Kleidung f, Kleidungsstücke n pl ‖ ~ **basket** / Wäschekorb m ‖ ~ **beater** / Kleiderausklopfer m ‖ ~ **brush** / Kleiderbürste f ‖

clothes

~ **dummy** / Kleiderpuppe f ‖ ~ **hanger** / Kleiderbügel m ‖ ~ **hook** / Kleiderhaken m ‖ ~**-horse** n / Wäschetrockenständer m, Trockengestell n ‖ ~ **item** / Kleidungsstück n ‖ ~**-line** n / Wäscheleine f ‖ ~**-maiden** n / Wäschetrockenständer m, Trockengestell n ‖ ~ **moth** / Pelzmotte f (Tinea pellionella) ‖ ~ **moth** / Kleidermotte f (Tineola biselliëlla) ‖ ~ **peg** / Wäscheklammer f ‖ ~ **pin** / Wäscheklammer f
clothespress n (US) / Kleiderschrank m, Wäscheschrank m
clothes seam / Kleidersaum m ‖ ~ **stand** / Kleiderständer m ‖ ~ **tree** / Kleiderständer m
cloth examiner / Stoffschauer m, Warenbeschauer m, Warendurchseher m, Schaumeister m ‖ ~ **examining** / Warenschau f ‖ ~ **examining, inspecting and measuring machine** / Schau- und Meßmaschine f ‖ ~ **expander [roll]** / Gewebeausbreiter m, Stoffausbreiter m, Stoffbreithalter m ‖ ~ **face** / Stoffoberseite f, Vorderseite f, rechte Seite, Schauseite f, Schönseite f ‖ ~ **fall-out** (knitt) / Absprengen n des Stoffes ‖ ~ **fall-out detector** (knitt) / Absprengabsteller m ‖ ~ **fast blue** / Tuchechtblau n ‖ ~ **feeding** / Gewebeeinführung f ‖ ~ **feeding apparatus** (dye) / Gewebeeinführungsapparat m ‖ ~ **fell** (weav) / Schußanschlaglinie f ‖ ~ **filter** / Tuchfilter m n, Gewebefilter m n ‖ ~ **finish** / Gewebeappretur f ‖ ~ **finish** / füllige Wolltuchausrüstung f ‖ ~ **finishing** / Tuchausrüstung f ‖ ~ **finishing press** / Spanpresse f (DIN 64990) ‖ ~ **folder**, cloth folding machine / Stofflegemaschine f, Gewebefaltmaschine f ‖ ~ **for combine harvester** / Mähbindertuch n ‖ ~ **for protector** / Schonerstoff m ‖ ~ **friezing** / Ratinieren n ‖ ~ **front pressing** / Frontfixierung f ‖ ~ **gaiters** / Stoffgamaschen f pl ‖ ~ **gassing machine** / Gewebesengmaschine f ‖ ~ **guide** / Stoffbahnführer m, Warenbahnführer m, Warenführung f ‖ ~ **guider** (dye) / Einführapparat m ‖ ~ **guider** / Stoffbahnführer m, Warenbahnführer m ‖ ~ **guide rod** / Warenstreichriegel m ‖ ~ **guiding device** / Warenleiteinrichtung f (DIN 64990), Warenführungseinrichtung f (DIN 64990) ‖ ~ **guiding element** / Warenführungselement n (DIN 64990) ‖ ~ **handling** / Warentransport m ‖ ~ **humidifying machine** / Gewebebefeuchtungsmaschine f
clothier n / Konfektionär m ‖ ~**'s machinery** / Bekleidungsfertigungsmaschinen f pl, Bekleidungsmaschinen f pl, Aufmachungsmaschinen f pl
clothiness n / kerniger Griff
clothing n / Kleidung f, Bekleidung f, Kleidungsstücke n pl, Fertigkleidung f ‖ ~ **(card)** (spinn) / Kardenbelag m, Kardengarnitur f, Kratzenbeschlag m ‖ ~ **accessories** pl / Kleiderzubehör n, Bekleidungszubehör n ‖ ~ **factory** / Bekleidungsfabrik f ‖ ~ **felt** / Bekleidungsfilz m ‖ ~ **industry** / Bekleidungsindustrie f ‖ ~ **leather** / Leder n für Kleidungsstücke ‖ ~ **material** / Bekleidungsstoff m ‖ ~ **needle** (spinn) / Besatznadel f, Beschlagnadel f ‖ ~ **pincers** (spinn) / Beschlagzange f ‖ ~ **plush** / Bekleidungsplüsch m ‖ ~ **wire** / Besatznadel f, Beschlagnadel f
cloth inspecting / Stückbeschauen n, Stückkontrolle f ‖ ~ **inspection** / Warenkontrolle f, Warenschau f ‖ ~ **inspection machine** / Warenschaumaschine f ‖ ~ **inspection table** / Warenschautisch m ‖ ~ **laminate** / laminierter Stoff, kaschiertes Gewebe, Schichtgewebe n, Hartgewebe n ‖ ~ **layers sewn** (sew) / Nähgutlagen f pl ‖ ~ **laying machine** (sew) / Stofflegemaschine f ‖ ~ **length** / Warenbahn f ‖ ~ **line** / Warenbahn f ‖ ~ **looking frame [machine]** / Warenschaumaschine f, Gewebeschaumaschine f ‖ ~ **made from woollen yarn** / Streichgarngewebe n ‖ ~ **maker** / Tuchmacher m ‖ ~ **making-up machinery** / Aufmachungsmaschinen f pl ‖ ~ **mandrel** / Warenwickler m ‖ ~ **mangle** /

Wäscherolle f ‖ ~ **manufacture** / Tuchfabrikation f, Tuchherstellung f ‖ ~ **manufacturer** / Tuchfabrikant m, Tuchhersteller m ‖ ~ **mellowing machine** / Appretbrechmaschine f ‖ ~ **mercerizing machine** / Gewebemerzerisiermaschine f ‖ ~ **merchant** / Tuchhändler m ‖ ~ **milling** / Tuchwalke f ‖ ~ **modification** / Schnittänderung f ‖ ~ **nippers** / kleine Federzange ‖ ~ **of state** / Baldachin m, Thronhimmel m ‖ ~ **passage** / Warenlauf m ‖ ~ **point** (sew) / Stoffspitze f, Rundspitze f ‖ ~ **press** / Tuchpresse f, Stoffpresse f, Tuchquetsche f, Stoffbügelmaschine f ‖ ~ **pressing machine** / Stoffpreßmaschine f ‖ ~ **print[ing]** / Zeugdruck m, Stoffdruck m ‖ ~ **printer** / Stoffdrucker m, Zeugdrucker m ‖ ~ **printing machine** / Stoffdruckmaschine f, Zeugdruckmaschine f ‖ ~ **prover** / Fadenzähler m ‖ ~ **raising machine** / Rauhmaschine f ‖ ~ **recipient** / Warenablage f ‖ ~ **red** / Tuchrot n ‖ ~ **retainer** (sew) / Stoffniederhalter m ‖ ~ **roll** / Stoffrolle f, Tuchrolle f ‖ ~ **roller** (weav) / Warenbaum m, Stoffbaum m, Tuchbaum m ‖ ~ **rolling machine** / Aufrollmaschine f ‖ ~ **roll stand** / Warenwickelgestell n ‖ ~ **roll-up** (device) / Stoffaufrollvorrichtung f, Stoffaufroller m ‖ ~ **rope** / Tuchstrang m ‖ ~ **run** / Stoffbahn f ‖ ~ **sample** / Stoffmuster n, Gewebemuster n ‖ ~ **scray** / Warenspeicher m (zwischen Maschinen) ‖ ~ **shearer** / Tuchscherer m ‖ ~ **shearing** / Scheren n der Gewebe ‖ ~ **shearing machine**, cloth shearing motion / Tuchschermaschine f, Gewebeschermaschine f ‖ ~ **shrinkage** / Warenschrumpf m, Stoffkrumpfung f, Stoffschrumpfung f ‖ ~ **shrinking apparatus** / Gewebekrumpfanlage f ‖ ~ **singeing machine** / Gewebesengmaschine f ‖ ~ **singer** / Tuchsenger m ‖ ~ **slitter** / Stoffbahnenschneidemaschine f ‖ ~ **speed** / Warengeschwindigkeit f ‖ ~ **speed control** / Warengeschwindigkeitsregelung f (DIN 64990) ‖ ~ **spread** / Stofflagen f pl ‖ ~ **spreader** / Stoffbreithalter m, Stoffausbreiter m ‖ ~ **spreader arm** / Stoffbreithaltearm m ‖ ~ **spreader coupling** / Lagerstück n der beiden Stoffbreithaltearme ‖ ~ **spreader shaft** / Tragewelle f des Stoffbreithalters ‖ ~ **spreader support shaft** / Tragestange f für den Stoffbreithalter ‖ ~ **spreading** / Stoffauslegen n ‖ ~ **sprinkling machine** / Wareneinsprengmaschine f ‖ ~ **stentering** / Gewebebreitstrecken n, Breitstellen n der Ware ‖ ~ **stiffening machine** / Klotzmaschine f ‖ ~ **storage and reaction chamber** (bleach) / Reaktionsverweilkammer f ‖ ~ **storing** / Warenspeicherung f (DIN 64990) ‖ ~ **stretch indicator** / Streckenanzeigegerät n ‖ ~ **supply** / Gewebebeeinführung f ‖ ~ **surface finishing** / Gewebeoberflächenveredlung f ‖ ~ **take-up beam** / Warenaufwickelbaum m ‖ ~ **take-up motion** / Warenaufwicklung f, Warenaufwickelvorrichtung f ‖ ~ **take-up roll** / Warenaufwickelbaum m ‖ ~ **tension** / Warenspannung f, Stoffspannung f, Gewebespannung f ‖ ~ **tension control device** / Gewebespannungsregler m ‖ ~ **tentering** / Gewebebreitstreckung f, Breitstellen n der Ware ‖ ~ **tester** / Stoffprüfapparat m, Gewebeprüfapparat m ‖ ~ **testing** / Gewebeprüfung f ‖ ~ **thickness** / Gewebedicke f ‖ ~ **transport** / Warentransport m ‖ ~ **transport trolley** / Gewebetransportwagen m ‖ ~ **trimming device** / Stoffkantenbeschneideinrichtung f ‖ ~ **unwinder** / Warenabwickelvorrichtung f ‖ ~ **waste** / Stoffabfall m ‖ ~ **weaving loom** / Tuchwebstuhl m ‖ ~ **wheel** (knitt) / Einschließrad n ‖ ~ **width** / Webbreite f, Gewebebreite f, Gewebebahn f, Stoffbahn f, Warenbahn f ‖ ~ **winding machine** / Stoffaufrollvorrichtung f, Warenaufrollvorrichtung f ‖ ~ **with rough pile** (weav) / Fries m (grober Wollstoff) ‖ ~ **with weft effects** / schußgemusterte Ware ‖ ~ **worker** / Tucharbeiter m ‖ ~ **yard** (a unit of 37 inches, equal to the Scotch ell) / Tuchelle f (lineare Tuchlänge von 37 Zoll ohne Rücksicht auf die Gewebebreite)

clotted soap / Klumpseife f, Mittelseife f
cloud vt / trüben v, trübe machen ‖ ~ / flammen v, auf Moiré-Art wässern, moirieren v ‖ ~ vi / trüben vi (sich) ‖ ~ n / Wolke n ‖ ~ **band** (cpt) / Wolkenband n
clouded adj / moiriert adj
cloud formation (dye) / Wolkenbildung f
cloudiness n / Trübung f, Trübheit f ‖ ~ (dye) (ctg) / wolkige Färbung, Moirierung f Wasserglanz m
clouding n (dye) / Schleierbildung f, Wolkenbildung f
cloud point / Trübungspunkt m ‖ ~ **temperature** / Trübungstemperatur f
cloudy adj / moiriert adj ‖ ~ (defect) (dye) / streifig adj, wolkig adj
cloud yarn / Flammgarn n, Flammengarn n, flammiertes Garn, Flockengarn n
cloudy dyeing (defect) / wolkige Färbung ‖ ~ **patches** (dye) / wolkige Stellen f pl ‖ ~ **print** (fash) / Wolkendruck m ‖ ~ **wool** / durch klimatische Umstände im Vlies verfärbte Wolle
clove n (British term for measuring wool, equal to eight pounds) / englisches Gewichtsmaß für Wolle = ca. 3,6 kg
club bowtie (in white used with a tail coat) / Frackschleife f ‖ ~ **bowtie** (in midnight blue or black with a dinner jacket) / Schmetterlingsbinder m, Fliege f
Cluny lace / Clunyspitze f ‖ ~ **tapestry** / Clunywandbehangstoff m
cluster drawing theory / Büschelverzugstheorie f
clustered cotton / büschelförmige Baumwolle, in Büscheln wachsende Baumwolle
cluster pleat / Sonnenplissée n ‖ ~ **spinneret** / Clusterspinndüse f
CMA s. conventional moisture allowance
CMC, CMC / Carboxymethylzellulose f
CMP (Computer Match Prediction) (dye) / Färberezeptberechnung f durch Rechner
Co (cotton) / Co (früher „Bw" Abkürzung für Baumwolle)
coacervate n / Koazervat n ‖ ~ **agent** / Koazervatbildner m
coacervated fase / koazervierte Phase
coacervation n / Koazervation f
coagulability n / Koagulierbarkeit f, Gerinnbarkeit f
coagulable adj / koagulierbar adj, gerinnbar adj
coagulant n / Koagulans n, Koagulator m, Ausflockungsmittel n, Gerinnungsmittel n, koagulierendes Mittel, Gerinnungsmittel n ‖ ~ **dipping process** / Tauchen n mit Koagulationsmitteln, Koagulationstauchverfahren n, Koagulations-Verfahren n
coagulate v / koagulieren v, gerinnen lassen ‖ ~ (text pr) / fällen v ‖ ~ n / Koagulat n
coagulated thread / ausgefällter Faden
coagulating agent / Koagulationsmittel n, koagulierendes Mittel, Ausflockungsmittel n, Gerinnungsmittel n, Koagulans n, Koagulator m ‖ ~ **bath** (filament production) / Koagulationsbad n, Koagulierungsbad n, Fällbad n ‖ ~ **effect** / koagulierende Wirkung, koagulierende Kraft ‖ ~ **liquid** (filament production) / Koagulierungsflüssigkeit f, Erstarrungsflüssigkeit f, Fällbad n ‖ ~ **power** / Koagulationsvermögen n, Flockungsvermögen n, Flockungskraft f, Flockungsfähigkeit f, Gerinnungsvermögen f
coagulation n / Koagulieren n, Koagulation f, Ausflocken n, Ausflockung f, Flockung f, Gerinnen n, Gerinnung f ‖ ~ (text pr) / Fällung f, Fällen n ‖ ~ **bath** s. coagulating bath ‖ ~ **fibre** / Koagulationsfaser f ‖ ~ **period** / Koagulationsdauer f, Koagulationszeit f ‖ ~ **rate** / Koagulationsgeschwindigkeit f ‖ ~ **solution** / Koagulierlösung f ‖ ~ **speed** / Koaguliergeschwindigkeit f, Koagulationsgeschwindigkeit f ‖ ~ **time** / Koagulationsdauer f, Koagulationszeit f

coagulator n / Koagulator m, Koagulans n, Gerinnungsmittel n, Ausflockungsmittel n, Koagulationsmittel n, koagulierendes Mittel
coal n / Kohle f ‖ ~ adj / koksgrau adj ‖ ~**-black** adj / kohlschwarz adj, tiefschwarz adj
coalescence n / Koaleszenz f
coal tar dyestuff / Teerfarbstoff m
coarse adj / grob adj, spröde adj, derb adj, rauh adj, Grob… (in Zssg.) ‖ ~ **continuous filament yarn for carpets** / Teppichkabel n ‖ ~ **corduroy** / Grobcord m ‖ ~ **count spinning** / Grobspinnerei f ‖ ~ **count yarn spinning** / Grobgarnspinnen n, Grobgarnspinnerei f ‖ ~ **denier** / Grobtiter m ‖ ~ **fabric** / derber Stoff, Grobgewebe n, rauher Stoff ‖ ~ **feel** / Rauhgriffigkeit f ‖ ~ **fibre** / Grobfaser f ‖ ~**-fibred** adj / grobfaserig adj ‖ ~ **fibre spunbonded** / Grobfaservlies n ‖ ~ **filling bars** (weav) / Streifen durch dicke Schüsse m pl ‖ ~**-filling fabric** / grobschüssiges Gewebe ‖ ~ **gauge** (knitt) / grobe Teilung ‖ ~ **gauge machine** (knitt) / Maschine f für grobes Gewirk ‖ ~ **hand[le]** / Rauhgriffigkeit f ‖ ~ **knitted fabric** / grobes Gewebe, grobes Gewirk ‖ ~**-knit tights** / Grobstrumpfhose f ‖ ~ **loop** / Grobschlinge f (Tufting) ‖ ~ **needle pitch** (weav) / Grobstich m ‖ ~ **pick** (defect) (weav) / Grobfaden m, fehlerhafter Schuß ‖ ~ **pick bar** / Streifen m durch dicke Schußfäden ‖ ~ **preparation** (worsted) (spinn) / Grobverarbeitung f ‖ ~ **roving** / Lunte f, Vorgespinst f ‖ ~ **roving frame** / Grobflyer m ‖ ~ **roving frame** / Grobflyer m, Vorflyer m, Vorspinnmaschine f ‖ ~ **sand crepe** / Granitkrepp m ‖ ~**-spun** adj / grobgesponnen adj ‖ ~ **spun** / Grobgarn n, Grobgespinst n ‖ ~ **staple fibre** / Kunststichelhaar n ‖ ~ **staple fibre** / Grobstapelfaser f, Grobspinnfaser f ‖ ~ **thread** / grober Faden ‖ ~**-threaded** adj / grobfädig adj ‖ ~ **titre** / grober Titer ‖ ~ **towel** / rauhes Handtuch ‖ ~ **tram** / Trametteseide f ‖ ~ **tull[e]** / Grobtüll m ‖ ~ **weave** / Grobgewebe n ‖ ~ **weave cotton** / Baumwollgrobgewebe n ‖ ~**-weft fabric** / grobschüssiges Gewebe ‖ ~ **wool** / grobgriffige Wolle, Grobwolle f ‖ ~ **woolhair** / Schielhaar n ‖ ~ **woollen blanket** / Kotzen m, Kotze f ‖ ~ **yarn** / Grobgarn n ‖ ~ **yarn weaving** / Grobgarnweben n ‖ ~ **yarn winder** / Grobgarnspulmaschine f
coat v / beschichten v, kaschieren v, auftragen v ‖ ~ n / Beschichtung f, Auftrag m, Schicht f ‖ ~ / Mantel m, Rock m, Coat m ‖ ~ **and skirt** / Schneiderkostüm n ‖ ~ **a roller** / eine Walze beziehen ‖ ~ **collar** / Mantelkragen m, Rockkragen m ‖ ~ **dress** / Mantelkleid n
coated adj / beschichtet adj, überzogen adj, bestrichen adj, bezogen adj ‖ ~ **backing** (cpt) / Teppichrücken m mit Beschichtung ‖ ~ **fabric** / beschichtetes Gewebe, beschichtetes Textil, beschichtetes Substrat, beschichtete Textilie ‖ ~**-particle dyestuff** / Farbstoff-Formierung f ‖ ~ **side** / Schichtseite f ‖ ~ **textiles** / beschichtete Textilien ‖ ~ **textile substrate** / beschichtete textiles Flächengebilde ‖ ~ **yarn** / beschichtetes Garn
coater n / Bestreicher m, Auftragmaschine f, Streichmaschine f, Gewebestreichmaschine f, Beschichter m
coat facing (sew) / Mantelkante f ‖ ~ **hanger** / Kleiderbügel m
coating n / Mantelstoff m, Manteltuch n, Flausch m, Coating m (Mantelstoff) ‖ ~ / Überzug m, Belag m, Beschichtung f ‖ ~ / Beschichtungsmaterial n ‖ ~ (nwv) / Rakeln n ‖ ~ (cpt) / Bestrich m ‖ ~ **add-on** / Beschichtungsauflage f, Auflage f ‖ ~ **agent** / Beschichtungsmittel n ‖ ~ **chipping** / Abschuppen n der Beschichtung ‖ ~ **colour** / Deckfarbe f ‖ ~ **composition** / Gewebeaufstrich m, Beschichtungsmasse f ‖ ~ **compound** / Beschichtungsmaterial n, Überzugsmischung f, Überzugsmasse f, Auftragsmischung f, Streichmasse f ‖ ~ **die** /

Beschichtungsdüse f ‖ ~ doctor / Beschichtungsrakel f ‖ ~ equipment (ctg) / Auftragsvorrichtung f ‖ ~ film / Beschichtungsfilm m ‖ ~ finish / Deckappretur f ‖ ~ head / Beschichtungskopf m, Streichkopf m ‖ ~ knife / Rakel f ‖ ~ lacquer for buttons / Knopfüberzugslack m ‖ ~ line / Beschichtungsanlage f ‖ ~ machine / Beschichtungsmaschine f, Streichmaschine f (DIN 64990) ‖ ~ material / Beschichtungsmasse f ‖ ~ method / Beschichtungsverfahren n, Auftragsverfahren n, Applikationsverfahren n ‖ ~ mixture / Beschichtungsmasse f ‖ ~ mixture in paste form / Streichpaste f ‖ ~ of fabrics / Gewebebeschichtung f ‖ ~ of fabrics with rubber / Gummieren n von Geweben ‖ ~ of nonwovens / Vliesbeschichtung f ‖ ~ pan / Streichmassekasten m, Streichmassebehälter m, Auftragwanne f ‖ ~ paste / Beschichtungsansatz m, Streichmasse f, Streichpaste f ‖ ~ plant / Streichanlage f, Beschichtungsanlage f ‖ ~ practice / Beschichtungstechnik f ‖ ~ process / Beschichtungsverfahren n ‖ ~ product / Beschichtungsprodukt n ‖ ~ property / Deckkraft f ‖ ~ resin / Überzugsharz n, Mantelharz n, Streichmasse f ‖ ~ roller / Auftragswalze f ‖ ~ station / Beschichtungskopf m ‖ ~ structure / Beschichtungsaufbau m ‖ ~-style adj / in Rockform f, Rock... (in Zssg.) ‖ ~-style adj (shirt) / durchknöpfbar adj ‖ ~ substance / Beschichtungsmaterial n, Beschichtungsmasse f ‖ ~ substrate (nwv) / Basisvlies n ‖ ~ surface / Überzugsschicht f, Beschichtungsoberfläche f ‖ ~ tail / Rockschoß m ‖ ~ unit / Streichanlage f, Beschichtungsanlage f ‖ ~ viscosity / Streichviskosität f, Beschichtungsviskosität f ‖ ~ weight / Auflage f, Beschichtungsauflage f, Auftraggewicht n ‖ ~ with metal / Metallisieren n
coat lining / Mantelfutter n, Rockfutter n ‖ ~ tail / Rockschoß m
coaxial fibre feed / koaxiale Fasereinspeisung
cob n / Spinnkötzer m
cobalt:-blue adj / kobaltblau adj (RAL 5013) ‖ ~ blue / Wiener Blau n, Kobaltblau n ‖ ~ catalyst / Kobaltbeschleuniger m ‖ ~ chloride method / Kobalt-Chlorid-Methode f ‖ ~ compound / Kobaltverbindung f ‖ ~ green / Kobaltgrün n, Rinmanns Grün n, Türkisgrün n ‖ ~ mordant / Kobaltbeize f ‖ ~ salt / Kobaltsalz n ‖ ~ sulphate / Kobaltsulfat n ‖ ~ yellow / Kobaltgelb n (Aureolin)
cobblers pl / wegen fehlerhaften Färbens beanstandete und der Färberei zurückgegebene Stückware
cobbler's suture / Naht f mit zwei Fäden
cobbling n / Nachfärben n, Neufärben n fehlerhafter Stückware
cobweb n / feines Gewebe
cobwebbing n (defect) (ctg) / Fadenziehen n, Fädchenbildung f
cobweb cotton / Mississippi-Baumwollart f
cochineal n (Coccus cacti) / Cochenille f, Cochenille f (Nopal-Schildlaus) ‖ ~ red / Koschenillerot n ‖ ~ scarlet / Koschenillescharlach m
cochin yarn / Kokosgarn n
Cochran cotton, Cochran extra prolific, Cochran short-limbed prolific / Baumwolle f aus Georgia
cockade n / Kokarde f
cock box (knitt) / Rössel n
cocked hat / dreieckiger Hut
cockel v, cockle v / krumpfen v ‖ ~ / kräuseln v (sich), zusammenziehen v (sich) ‖ ~ n / Runzeleffekt m auf Geweben
cocking n / kritische Prüfung fertiger Kleidungsstücke
cockled adj / gekräuselt adj, zusammengezogen adj ‖ ~ bar / welliger Streifen
cockle yarn / Kräuselgarn n
cockling n / Kringelbildung f, Kräuselung f ‖ ~ (fash) / Glockenschnitt m ‖ ~ / Boldern n (Materialfehler)
cockscomb / Narrenkappe f

cock's comb red / hahnenkammrot adj
cocktail dress / Cocktailkleid n
coco adj / aus Kokosfasern hergestellt
cocoa-brown adj / kakaobraun adj, lederbraun adj
cocoanut n s. coconut
cocon n / fehlerhafter Kokon
coconada cotton / Coconadebaumwolle f (indische Baumwolle) ‖ ~ stripes pl / gestreifte Ware aus Coconadebaumwolle ‖ ~ yarn / Coconadegarn n
coconut n / Kokosnuß f ‖ ~ fibre / Kokosfaser f ‖ ~ matting / Kokosmatte f, Kokosteppich m ‖ ~ oil soap / Kokosölseife f ‖ ~ sacking / Sackleinwand f aus Jute ‖ ~ shell flour / Kokosfüller m, Kokosnußschalenmehl n
cocoon n / Kokon m ‖ ~ breeding / Kokonaufzucht f ‖ ~ crop / Kokonernte f ‖ ~ filament / Kokonfaden m ‖ ~ husk / Kokonrückstand m, Kokonhülse f
cocooning n, cocoonization n / Kokonisierung f ‖ / Aufspritzen n einer Kunststoff-Schutzhaut, Kokonverfahren n
cocoon ouvert / durchbohrter Kokon ‖ ~ pointu / zugespitzter Kokon ‖ ~ reeler / Kokonabhaspelmaschine f, Kokonwindemaschine f
cocoons not suitable for reeling / nicht abhaspelbare Kokons
cocoon spinning / Einspinnen n der Raupe ‖ ~ thread / Kokondoppelfaden m
cocos fibre / Kokosfaser f
cocuiza fibre / Bastfaser f aus Amerikanischer Agave
COD (s. chemical oxygen demand) ‖ ≙ (chemical oxygen demand) / CSB (chemischer Sauerstoffbedarf)
codilla n / Schwingwerg n ‖ ~ yarn / Flachswerggarn n
codrawtexturing n / Costrecktexturieren n ‖ ~ by the false-twist process / Falschzwirn-Costrecktexturierverfahren n
coefficient of cross viscosity / Querviskositätskoeffizient m ‖ ~ of diffusion (dye) / Diffusionszahl f, Diffusionskoeffizient m ‖ ~ of expansion / Ausdehnungskoeffizient m ‖ ~ of fineness variation / Feinheitsvariationskoeffizient m ‖ ~ of friction / Reibungskoeffizient m, Reibbeiwert m ‖ ~ of heat loss / Wärmeverlustziffer f ‖ ~ of length variation / Längenvariationskoeffizient m ‖ ~ of linear expansion / lineare Dehnzahl, linearer Ausdehnungskoeffizient ‖ ~ of thermal conductivity / Wärmeleitzahl f ‖ ~ of thermal expansion / Ausdehnungsziffer f, Wärmeausdehnungskoeffizient m, Wärmeausdehnungsziffer f ‖ ~ of twist (spinn) / Drehungskoeffizient m, Drall m, Zwirnkoeffizient m ‖ ~ of variation / Variationskoeffizient m, Abweichungskoeffizient m, Variationsziffer f ‖ ~ of viscosity / Viskositätskoeffizient m
coerulein n (dye) / Coerulein n
coffee--brown adj / kaffeebraun adj ‖ ~-coloured adj / kaffeefarben adj, kaffeebraun adj
coffin cloth / Sargtuch n, Sargauskleidestoff m
cohesion n (of filaments) / Fadenschluß f ‖ ~ agent / Fadenschlußmittel n
coif n (fash) / enganliegende Kappe, Haube f ‖ ~ / Nonnenhaube f
coil v / als Band ablegen, kreisförmig ablegen
coiled adj / verknäuelt adj ‖ ~ loop (knitt) / Riegelmasche f
coiler n (spinn) / Kannendreheinrichtung f, Drehtopfvorrichtung f, Drehkanne f ‖ ~ can (spinn) / Vorgarnkanne f, Drehtopf m, Kanne f der Drehtopfvorrichtung ‖ ~ head (spinn) / Wickelkopf m
coiling n (of sliver, tow) (spinn) / Bandablegen n, Ablage f (z.B. des Spinnkabels), kreisförmiges Ablegen ‖ ~ can / Wickelkanne f, Vorgarnkanne f, Drehtopf m ‖ ~ machine / Wickelmaschine f ‖ ~ of the sliver (spinn) / Bandeinlegen n (in die Kanne) ‖ ~ of the tow / Spinnkabelablage f
coil spring mattress / Federkernmatratze f
coin dots pl / Punktmuster n, Polkatupfen m pl

coinings pl / Coinings n pl (Zweiseitenstoffe, die durch Klebstoffe oder direktes Zusammenschmelzen unter Hitzeeinwirkung der beiden aufeinanderliegenden Flächen laminiert wurden)
coir n / Kokosfaser f, Kokosbast m, Coir f n ‖ ~ **fibre** / Kokosfaser f ‖ ~ **goods** / Kokosbastwaren f pl ‖ ~ **mat** / Kokosläufer m ‖ ~ **matting** / Kokosmatte f ‖ ~ **runner** / Kokosläufer m ‖ ~ **yarn** / Kokosgarn n
colander n / Waschsieb n, Koliertuch n
colcothar n / Eisenrot n, Englischrot n (Kolkothar)
cold bath method (dye) / Kaltfärbeverfahren n ‖ ~ **bend test** (ctg) / Kältebiegefestigkeitsprüfung f ‖ ~ **bleach batching process** / Kaltbleichaufdockverfahren n ‖ ~ **bleaching** / Kaltbleiche f ‖ ~ **calendering** / Kaltkalandern n ‖ ~ **chamber** (ctg) / Kälteschrank m ‖ ~ **cracking** (ctg) / Kältebruch m (DIN 53361) ‖ ~ **damping** / Kaltnetzung f ‖ ~ **dispersibility** / Kaltdispergierbarkeit f ‖ ~ **dissolving method** / Kaltlöseverfahren n ‖ ~ **drawability** / Kaltverstreckbarkeit f ‖ ~ **drawing** / Kaltverstrecken n ‖ ~ **drawing pin** / Kaltstreckstift m ‖ ~ **dwell dyeing process** / Kaltverweilverfahren n ‖ ~-**dyeing** adj / kaltfärbend adj ‖ ~ **dyeing** / Kaltfärben n, Kaltfärberei f, Kaltfärbung f ‖ ~ **dyeing dyestuff** / Kaltfärber m ‖ ~ **dyeing method** / Kaltfärbeverfahren f ‖ ~ **dyer** (dyestuff) / Kaltfärber m ‖ ~ **flexibility** (ctg) / Kälteflexibilität f ‖ ~ **glue** / Kaltleim m ‖ ~ **liquor stability** / Kaltflottenstabilität f ‖ ~ **mordanting** / Kaltbeizen n ‖ ~ **pad batch** / Kaltklotzfoulardieren n ‖ ~ **pad-batch bleaching** / Kaltverweilbleiche f ‖ ~ **pad-batch dyeing process**, cold pad-batch dyeing technique / Klotz-Kaltverweil-Verfahren n, Klotz-Kaltlager-Verfahren n ‖ ~ **pad-batch method**, cold pad-batch process / Klotz-Kaltverweil-Verfahren n (mit Reaktivfarbstoffen), Kaltverweilverfahren n ‖ ~ **pad-batch method with/without metering device** / Kaltverweilverfahren n mit/ohne Dosiergerät ‖ ~ **pad liquor stability** / Kaltklotzflottenstabilität f ‖ ~ **pressing** / Kaltpressen n ‖ ~ **press method** / Kaltpreßverfahren n ‖ ~ **process soap** / kalt gerührte Seife ‖ ~ **resistance** / Kältebeständigkeit f ‖ ~ **resistant** / kältebeständig adj ‖ ~ **roll bleach** / Aufdockbleiche f, Kaltverweilbleiche f ‖ ~ **saturated solution** / kaltgesättigte Lösung ‖ ~ **setting** / Kaltfixieren n ‖ ~-**soluble dyestuff** / kaltlöslicher Farbstoff ‖ ~ **stretch-breaking** / Kaltreißen n ‖ ~ **swelling starch** / kaltlösliche Stärke, Quellstärke f ‖ ~ **test** (for wool) / Schrumpfprobe f für Wolle ‖ ~ **traps** pl / Kühlfalle f ‖ ~ **vat** / kalte Küpe ‖ ~ **vatting method** / Kaltlöseverfahren n ‖ ~ **washing** / Kaltwäsche f ‖ ~ **washing agent** / Kaltwaschmittel n ‖ ~ **water milling** / Kaltwasserwalke f ‖ ~ **water retting** / Kaltwasserröste f ‖ ~ **water rinse**, cold water rinsing / Kaltwasserspülung f ‖ ~ **water shrinkage** / Kaltwasserschrumpfung f ‖ ~ **water soluble** / kaltwasserlöslich adj, in kaltem Wasser löslich ‖ ~ **water test** / Kaltwasserprobe f, Kaltwasserprüfung f ‖ ~ **water washing** / Kaltwäsche f ‖ ~ **wetting** / Kaltnetzung f ‖ ~ **wetting agent** / Kaltnetzer m, Kaltnetzhilfsmittel n
collagen fibre structure / Kollagenfasergefüge n
collagenous gut / Kollagenschlauch m
collapsed balloon spinning / Spinnen n ohne Fadenballon ‖ ~ **section** (of a modified polyacrylonitrile continuous filament yarn) / hantelförmiger Querschnitt (eines modifizierten Polyacrylnitril-Endlosfadens)
collapsible package / Schrumpfwickel m ‖ ~ **reel** / Fallhaspel f ‖ ~ **roving bobbin** / Teleskopvorgarnspule f ‖ ~ **silk hat** / Klappzylinder m ‖ ~ **spool** / Teleskopspule f ‖ ~ **tube** / Teleskophülse f
collar n / Kragen m, Halskragen m ‖ ~ **band** / Kragenbündchen m ‖ ~ **board** (weav) / Halsbrett n, Platinenbrett n ‖ ~ **button** (US) / Kragenknopf m

collaret[te] n / kleiner Damenspitzenkragen ‖ ~ / gewirkter Halsbund
collarette n / Börtchen n ‖ ~ **machine** / Börtchennähmaschine f
collar fabric / Herrenkragenstoff m ‖ ~ **flap** / Kragenpatte f, Kragenaufschlag m
collarless adj / kragenlos adj
collar lining / Krageneinlage f, Krageneinfassung f ‖ ~ **patch** / Kragenpatte f, Kragenaufschlag m ‖ ~ **runstitching unit** (sew) / Kragen-Vornähaggregat n ‖ ~ **stiffener** / Kragenversteifungsmittel n ‖ ~ **stud** / Kragenknopf m ‖ ~ **turner** (sew) / Kragenwender m ‖ ~ **velvet** / Kragensamt m
collecting basin (text pr) / Auffangwanne f ‖ ~ **trough** / Sammelbehälter m ‖ ~ **tub** / Sammelbottich m ‖ ~ **vat** (weav) / Sammelkasten m ‖ ~ **vessel** / Sammelbehälter m
collection n (fash) / Kollektion f
college style (fash) / College-Stil m
collets of linen or hemp twist for jacquard machines / Strupfen m pl aus Leinen- oder Hanfzwirn für Jacquardmaschinen (DIN 64728)
collette / ungebleichter Kanevas mittlerer Qualität
collodion n / Kollodium n (eine Lösung von Kollodiumwolle) ‖ ~ **for spinning** / Spinnkollodium n ‖ ~ **rayon** / Kollodium-Viskose-Filament n ‖ ~ **silk** / Kollodiumseide f ‖ ~ **solution** / Kollodiumlösung f
colloid n / Kolloid n
colloidal alumina / kolloidale Tonerde ‖ ~ **behaviour** / kolloidales Verhalten ‖ ~ **silica** / kolloidale Kieselerde ‖ ~ **solution** / kolloidale Lösung ‖ ~ **state** / kolloidaler Zustand
colloid chemistry / Kolloidchemie f ‖ ~ **mill** / Kolloidmühle f ‖ ~-**protective properties of a thickener** / schutzkolloide Eigenschaften einer Verdickung f pl
Colloresin ager, Colloresin steamer / Colloresindämpfer m
colloxylin n (chem) / Cellulosenitrat n in 10-12%iger Lösung
colobium n (ancient ecclesiastical vestment) / liturgisches Obergewand (entweder ohne Ärmel oder mit Ärmeln oder nur bis zum Ellenbogen)
colombo yarn / Colombogarn n
colonial wools pl / Wolle f aus den (früheren britischen) Kolonialgebieten
colophony n / Kolophonium n, Geigenharz n
color n (US) s. colour
Colorado River hemp / wilder Coloradohanf
colorant n (US) (dye) / Farbstoff m, Farbsubstanz f ‖ ~ **data** / Eichdaten n pl für die Farbmessung ‖ ~ **formulation** / Rezepturberechnung f
coloration n / Farbgebung f
Color Eye / Color Eye n (amerikanisches Farbmeßgerät)
colorimeter n (used to measure colour intensity) / Colorimeter n, Farbmeßgerät n
colorimetric adj / kolorimetrisch adj ‖ ~ **calculation system by computer** / farbmetrisches Computer-Berechnungssystem
colorimetry n / Kolorimetrie f, Farbmessung f, Farbmetrik f
colorist n / Kolorist m
coloristic behaviour / färberisches Verhalten ‖ ~ **code** / koloristische Kennzahl ‖ ~ **index** / koloristische Kennzahl ‖ ~ **performance** / färberisches Verhalten ‖ ~ **reference number** / koloristische Kennzahl
colour v / färben v ‖ ~ n / Farbe f ‖ ~ / Färbung f (Zustand) ‖ ~ **acid** / Farbstoffsäure f, Farbsäure f ‖ ~ **additive** / Farbstoffzusatz m ‖ ~ **analysis** / Farbenanalyse f ‖ ~ **atomizer** / Farbzerstäuber m ‖ ~ **base** / Farbstoffbasis f ‖ ~ **base for solubilizing** / Farbbasenaufschluß m ‖ ~ **batch** / Farbcharge f ‖ ~ **blend** / Farbmischung f, Melange f ‖ ~ **box** (text pr) / Farbstoffbehälter m ‖ ~ **break-up** (text pr) / Farbenzerlegung f ‖ ~ **card** / Farbenkarte f, Farbkarte f

colour

|| ~ **change** / Farbtonänderung f, Farbtonverschiebung f, Farbtonumschlag m, Farbumschlag m || ~ **change** (from one to another) / Farbenwechsel m, Farbtonwechsel m || ~ **change behaviour** / Farbumschlagsverhalten n || ~ **chart** / Farbenkarte f, Farbenmusterkarte f, Farbenatlas m || ~ **chemist** / Chemiker-Kolorist m, Farbenchemiker m || ~ **chemistry** / Farbenchemie f, Farbstoffchemie f || ~ **combination** (Electronic Style Process) / "Colour-Combination"-Farbstellung f || ~ **comparison** / Farbvergleich m || ~ **consistency** / Farbkonstanz f || ~ **contrast process** / Color-Kontrast-Verfahren n || ~ **control** / Farbprüfung f || ~ **depth** / Farbtiefe f || ~ **design** / Buntmuster n, Kolorit n, Farbstellung f || ~ **designation** / Farbkennwert m || ~ **determination** / Farbbestimmung f || ~ **deviation** / Farbabweichung f || ~ **diagram** / Farbtafel f || ~ **difference** / Nuancenabweichung f || ~ **difference formula** / Farbdifferenzformel f || ~ **discharge** / Buntätze f, mehrfarbige Ätze, Buntbemusterung f || ~ **discharge printing** / Buntätzdruck m || ~ **doctor** / Farbabstreicher m, Farbabstreichrakel f, Farbrakel f, Farbabstreichmesser n, Farbenstreichmesser n, Farbstreichmesser n || ~ **dry cleaning fastness** / Trockenreinigungsechtheit f der Farbe || ~ **ductor** / Duktor m, Walzenreiniger m
coloured adj / farbig adj, bunt adj, Bunt…, gefärbt adj || ~ **alkaline resist style** / Laugenätzartikel m || ~ **area** / Farbfläche f || ~ **bleach goods** / Buntbleiche f, Buntbleichartikel m pl || ~ **cotton fabric** / buntes Baumwollgewebe, Siamose f || ~ **delustre effect** / Buntmatteffekt m || ~ **delustring** / Buntmattierung f || ~ **design** / buntes Muster || ~ **discharge** / Buntätze f, illuminierte Ätze, mehrfarbige Ätze, Buntätzen n || ~ **discharge delustre printing** / Buntätzmattdruck m || ~ **discharge dye[stuff]** / Buntätzfarbstoff m || ~ **discharge effect** / Buntätzeffekt m || ~ **discharge paste** / Buntätzfarbteig m || ~ **discharge print[ing]** / Buntätzdruck m, Buntätze f || ~ **discharge style** / Buntätzartikel m || ~ **effect** / Bunteffekt m, Illuminationseffekt m || ~ **embossing** (ctg) / Buntprägung f, Farbprägung f || ~ **embroidery** / Buntstickerei f || ~ **fabric** / Buntgewebe n || ~ **fibre blends** / bunte Faserabgänge m pl, farbige Fasergemische m pl || ~ **first-printed resist** / Vordruckbuntreserve f || ~ **foams** / farbige Schaumstoffe m pl || ~ **goods** / bunte Ware || ~ **heel** (hos) / andersfarbige Ferse, abgesetzte Ferse || ~ **heel and toe** (hos) / andersfarbige Ferse und Spitze, abgesetzte Ferse und Spitze || ~ **hessian** (dyed and printed light jute fabric) / Rupfen m, Rupfenleinwand f || ~ **knots** / farbige Garnknötchen n pl || ~ **liquor** / Farbflotte f || ~ **lists** / Ware f mit farbigen Kanten || ~ **overprint resist** / Überdruckbuntreserve f || ~ **pattern knitting machine** / Buntmusterstrickmaschine f || ~ **pattern smallwares knitting machine** / Buntmusterbändermaschine f || ~ **pigment** / Buntpigment n || ~ **pre-printed resist** / Vordruckbuntreserve f || ~ **printing of the sliver** / Kammzugfarbdruck m || ~ **resin** / Farbharz n || ~ **resist** (dye) / Buntreserve f || ~ **resist dye** / Buntilluminationsfarbstoff m || ~ **resisting** / Buntreservierung f || ~ **resist print** / Buntreservendruck m || ~ **resist under aniline black** / Buntreservierung f unter [oder von] Anilinschwarz || ~ **resist under overprinted pad dyeings** / Buntreserve f unter Klotzfärbung im Überdruck || ~ **resist under sulphur colours** / Buntreservierung f von Schwefelfärbungen || ~ **resist under vat print** / Buntreserve f mit Küpenfarbenüberdruck
coloureds pl / Buntartikel m pl
coloured sheets / Buntlaken n pl, Buntbettlaken n pl || ~ **tannin discharge printing** / Tanninbuntätzdruck m || ~ **toe** (hos) / andersfarbige Spitze || ~ **Turkey-red**

discharge style / Türkischrotbuntätzartikel m || ~ **twist thread** / Jaspéfaden m || ~ **twist yarn** / Moulinégarn n || ~ **vat discharge** / Küpenbuntätze f || ~ **warps** / Buntketten f pl || ~ **woven** adj / buntgewebt adj || ~ **woven goods** / Buntwebartikel m pl, Buntwebwaren f pl
colour fading s. fading
colourfast adj / farbecht adj
colourfastness n / Farbechtheit f || ~ **test[ing]** / Farbechtheitsprüfung f || ~ **to heat** / Hitzeechtheit f || ~ **to sublimation** / Sublimierechtheit f
colour feeding box / Farbzufuhrkasten m || ~ **formulation** / Einstellung f von Farbstoffrezepturen || ~ **formulation by colour measurement** / farbmetrische Rezepturberechnung, Farbrezepturstellung f durch Farbmessung || ~ **formulation system** / Farbrezeptiersystem n || ~ **for writing on fabrics** / Gewebeschreibfarbe f
colourful print / farbenfroher Druck
colour furnisher, colour furnishing roll[er] / Farbauftragswalze f, Farbwalze f, Speisewalze f || ~ **gradation**, colour grading / Farbenabstufung f, Farbabstufung f || ~ **grinding mill** / Farbmühle f, Farbreibemühle f || ~ **ground** (dye) / Farbfonds m || ~ **harmony** / Farbharmonie f || ~ **heel** (hos) / bunte Ferse, farbige Ferse || ~ **house** / Farbküche f || ~ **Index** / Colour Index, CI (von der Society of Dyers and Colourists und der American Association of Textile Chemists and Colorists herausgegebenes Nachschlagwerk für Handelsfarbstoffe) || ~ **Index number** / Colour-Index-Nummer f, Nummer f im Colour Index, CI-Nummer f
colouring / Färben n, Illuminieren n || ~ / färbende Substanz || ~ **component** / Farbstoffgrundkörper m, farbgebendes System, chromophores System || ~ **effect** / Illuminationseffekt m, Bunteffekt m || ~ **matter** / Farbmittel n, Farbkörper m, Färbemittel n, färbende Substanz || ~ **of the discharge** / Illumination f des Ätzartikels, Illuminieren n des Ätzartikels || ~ **of the resist** / Illumination f der Reserve || ~ **paste** / Farbteig m || ~ **power** / Färbevermögen n, Farbstoffausgiebigkeit f || ~ **strength** / Färbevermögen n, Farbekraft f || ~ **substance** / färbende Substanz || ~ **value** / Färbewert m, Farbwert m
colour intense dispersion (dye) / farbstarke Dispersion || ~ **intense product** / farbstarkes Produkt || ~ **intensifier** / Farbvertiefer m || ~ **intensity** / Farbenintensität f, Farbintensität f
colourist n s. colorist
colour lake / Farbstofflack m, Farblack m || ~ **layer** / Farbenschicht f, Farbschicht f || ~ **levelness** / Farbegalität f || ~ **lift-off** (scr pr) / Farbübertragung f, Pastenübertragungsvermögen n || ~ **liquor** / Farbflotte f || ~ **matching** / Farbabmusterung f, Farbtonabstimmung f || ~ **matching apparatus** / Farbabmusterungsgerät n || ~ **matching lamp** / Abmusterungsleuchte f || ~ **matching system** / Farbsortiersystem n || ~ **measurement** / Farbmessung f || ~ **measuring device**, colour measuring instrument / Farbmeßgerät n || ~ **migration** (dye) / Farbwanderung f, Farblässigkeit f || ~ **mill** / Farbmühle f || ~ **mixer** / Farbmischer m, Farbenmischmaschine f (DIN 64990) || ~ **mixing** / Farbenmischen n || ~ **mixture** / Farbenmischung f || ~ **number** s. Colour Index number || ~ **ombré** / Farbombré m, schattierende Färbung || ~ **paste** / farbintensive Buntpaste, hochkonzentrierter Farbstoff || ~ **pattern** / Farbmuster n || ~ **pigment** / Buntpigment m || ~ **play** / Farbenspiel n || ~ **point** / Farbort m || ~ **print** / farbiger Druck || ~ **printing machine** / Farben-Druckmaschine f || ~**-producing properties** / farbbildende Eigenschaften f pl || ~ **range** / Farbenbereich m, Farbstoff-Palette f, Farbreihe f, Farbenskala f || ~ **recipe system** / Farbrezeptiersystem n || ~ **rematching** (dye) / Farbtonnachstellung f ||

~ resist / Buntreserve f, farbige Reserve ‖ ~ resist under aniline black / Buntreservierung f unter [oder von] Anilinschwarz ‖ ~ resist under sulphur colours / Buntreservierung f von Schwefelfärbungen ‖ ~ resist under vat print / Buntreserve f mit Küpenfarbenüberdruck ‖ ~ retention / Farbtonbeständigkeit f, Farbbeständigkeit f, Farbtonechtheit f, Farbenbeständigkeit, f. ‖ ~ roll / Farbwalze f ‖ ~ room / Farbküche f ‖ ~ salt / Farbsalz n, Färbesalz n, Farbstoffsalz n ‖ ~ saturation / Farbsättigung f ‖ ~ scale / Farbskala f, Farbenleiter f, Farbreihe f ‖ ~ scheme / Farbenzusammenstellung f ‖ ~ screen / Farbenfilter m n, Farbenraster m ‖ ~ sealed (fibre) / spinngefärbt adj, in der Spinnlösung gefärbt ‖ ~ sensation / Farbeindruck m ‖ ~ sense / Farbengefühl n, Farbensinn m ‖ ~ separation / Farbauszug m ‖ ~ shade / Farbton m, Farbton-Einstellung f, Farbschattierung f, Farbnuance f ‖ ~ shifting / Farbtonverschiebung f ‖ ~ shop / Farbküche f ‖ ~ sieve / Farbensiebmaschine f, Farbsiebmaschine f ‖ ~ solid / Farbraum m ‖ ~ space / Farbraum m ‖ ~ speck / Farbfleckchen n, Farbspritzer m, Farbpünktchen n ‖ ~ spot / Farbfleckchen n, Farbspritzer m, Farbpünktchen n ‖ ~ spray / Farbzerstäuber m ‖ ~ stability s. colour retention ‖ ~ stain / Farbfleck m ‖ ~ standard / Farbnorm f ‖ ~ stock / farbintensive Buntpaste, hochkonzentrierter Farbstoff ‖ ~ straining machine / Farbenpassiermaschine f (DIN 64990) ‖ ~ strength / Farbstärke f ‖ ~ stripe / Farbstreifen m ‖ ~ stripping / Farbstoffabziehen n ‖ ~ surface / Farboberfläche f, Farbfläche f ‖ ~ tester / Farbprüfgerät n ‖ ~ to be interwoven (weav) / Durchzugsfarbe f ‖ ~ tone / Farbtönung f ‖ ~ trough / Farbbehälter m, Farbtrog m ‖ ~ valence / Farbvalenz f ‖ ~ value / Farbwert m ‖ ~ vat / Farbbehälter m ‖ ~ vision / Farbensehen n, Farbsehen n ‖ ~ washfastness / Farbwaschechtheit f

colourway n / Farbrichtung f
colour--woven adj / buntgewebt adj ‖ ~ yield / Farbausbeute f, Farbstoffausgiebigkeit f
column chromatography / Säulenchromatographie f
colza oil / Kolzaöl n, Rapsöl n
comb v / kämmen v, peignieren v ‖ ~ (spinn) / krempeln v ‖ ~ n / Hacker m der Krempel, Fixkamm m ‖ ~ (weav) / Rietblatt n, Riet n, Weberkamm m, Kamm m (DIN 62500)
combat cloth (lightweight, extremely durable all-nylon material for sportswear) / leichtes Nylongewebe für Sportkleidung
comb blade / Kammblatt n, Hackerblatt n, Hackerschiene f ‖ ~ box / Kammlagerbüchse f ‖ ~ brush / Kammbürste f ‖ ~ case / Kammhülle f ‖ ~ circle / Kammring m ‖ ~ cylinder / Rundkamm m ‖ ~ design / kaukasisches Teppichmuster
combed adj / gekämmt adj, gekrempelt adj, peigniert adj, kardiert adj ‖ ~ cotton / gekämmte Baumwolle ‖ ~ cotton yarn / Baumwollkammgarn n ‖ ~ sheep's wool / Kammzugwolle f ‖ ~ sliver / Kammzug m, Kammzugband n ‖ ~ sliver drawing frame / Kammzugstreckwerk n ‖ ~ sliver package / Kammzugwickel m ‖ ~ sliver steamer, combed sliver steaming apparatus / Kammzugdämpfmaschine f ‖ ~ top / Wollkammzug m, Kammzug m ‖ ~ tops ball / Kammzugwickel m ‖ ~ wool / Kammwolle f ‖ ~ wool on the back-washing machine / Kammzüge m pl auf der Lisseuse ‖ ~-worsted knitting yarn / hochgradiges Wollgarn für Wirkwaren ‖ ~ yarn / Kammgarn n ‖ ~ yarn goods, combed yarn cotton goods / Ware f aus Baumwollkammgarn
comber n / Kämm-Maschine f, Kämmer m ‖ ~ board (weav) / Chorbrett n, Harnischbrett n, Lochbrett n, Rechen m, Schnürbrett n ‖ ~ cylinder / Kämmwalze f ‖ ~ dust / Kammstaub m ‖ ~ feed box / Zuführkasten m der Kammaschine ‖ ~ fly / Kammflug m, Faserflug m,

Walzenflug m ‖ ~ lap / Kammbandwickel m, Vorlagewickel m ‖ ~ lap machine / Bandwickelapparat m, Kämm-Maschine f mit Bandzuführung ‖ ~ trumpet / Kammtrichter m ‖ ~ waste / Kämmlinge m pl ‖ ~ waste fleece / Kämmlingsvlies n ‖ ~ waste sliver / Kämmlingsband n
combinable dyestuff / mischbarer Farbstoff, mischbare Farbe
combination black / Kombinationsschwarz n ‖ ~ colour / Mischfarbe f, zusammengesetzte Farbe, Kombinationsfarbe f ‖ ~ drier / Kombinationstrockner m ‖ ~ dye (US) / Mischfarbstoff m, Kombinationsfarbstoff m ‖ ~ dyeing / Kombinationsfärbung f, Mischfärbung f ‖ ~ dyestuff / Mischfarbstoff m, Kombinationsfarbstoff m ‖ ~ effect / Kombinationseffekt m ‖ ~ fabric / Mehrlagengewebe n ‖ ~ index (dyestuff) / Kombinationskennzahl f ‖ ~ of colours / Farbenzusammenstellung f ‖ ~ of discharging agents / Ätzkombination f ‖ ~ of discharging pastes / Ätzpastenkombination f ‖ ~ of lappings (weav) / Legungskombination f ‖ ~ of three dyestuffs (dye) / Dreier-Gruppe f ‖ ~ ply yarn (from at least two different fibre materials) / Kombinationszwirn m ‖ ~ printing / Kombinationsdruck m ‖ ~ ribs / gemusterter Cannelé
combinations / Hemdhose f
combination shade / Mischnuance f, Mischton m, Kombinationston m ‖ ~ size counter (knitt, hos) / Größenkontrollapparat m für Länge und Fuß ‖ ~ stitch (sew) / Kombinationsstich m ‖ ~ suit / Kombination f, Kombinationsanzug m ‖ ~ twist / Kombinationszwirn m ‖ ~ weave / Kombinationsgewebebindung f ‖ ~ wind / kombinierte Wicklung f ‖ ~ yarn / Melangegarn n, Kombinationsgarn n ‖ ~ yellow dyestuff / Kombinationsgilbe f
combine v (chem) / verbinden v
combined bleach[ing] / Kombinationsbleiche f, Verbundbleiche f ‖ ~ caustic soda-hypochlorite-peroxide process / Kombinationsbleiche f, Verbundbleiche "Natronlauge-Hypochlorit-Peroxid" f ‖ ~ chlorine-peroxide bleach / kombinierte Chlor-Peroxidbleiche ‖ ~ drawing system / Verbundstreckwerk n ‖ ~ hypochlorite-peroxide bleach / Hypochlorit-Peroxidbleiche f ‖ ~ oiling / Verbundschmälze f ‖ ~ rib tubular knits pl / Halbschlauch m ‖ ~ screen and flock-printing machine / kombinierte Film-Flockdruckmaschine f ‖ ~ sewing and pressing machine / kombinierte Näh- und Bügelmaschine f ‖ ~ sizing agent / Kombinationsschlichte f ‖ ~ twills / zusammengesetzte Köper m pl, Mehrgratköper m pl ‖ ~ underlay (cpt) / angearbeitete Unterlage f ‖ ~ weaves / zusammengesetzte Bindungen f pl
combine to form one dye lot / zu einer Färbepartie zusammenfassen
combing / Kämmen n, Kämmvorgang m ‖ ~ apron / Kammstuhlleder n ‖ ~ constant / Kämmungskonstante f ‖ ~ cylinder / Kämmwalze f, Walzenkamm m ‖ ~ drum / Walzentrommel f ‖ ~ efficiency / Kämmwirkungsgrad m ‖ ~ flax / Flachsraufe f ‖ ~ fly / Kammflug m ‖ ~ in oil / Kämmen n geölter Wolle ‖ ~ leathers pl / Kammstuhlleder n ‖ ~ machine / Kammaschine f, Kammstuhl m, Peigneuse f ‖ ~ noils / Kammflug m ‖ ~ operation / Kämmen n, Kämmvorgang m ‖ ~ out the line / Auskämmen n der Wickelwatte ‖ ~ plant / Kämmerei f ‖ ~ preparation / Kämmereivorbereitung f ‖ ~ roll / Kammwalze f ‖ ~ room / Kämmerei f ‖ ~ room waste / Kämmereiabfall f ‖ ~ section / Kämmerei f ‖ ~ speed / Kämmgeschwindigkeit f ‖ ~ sweepings / Kämmereikehricht f ‖ ~ tear / Kammzugabriß m ‖ ~ wool / Kammwolle f ‖ ~ yarn / Combinggarn n (Flachswerggarn)
combirib circular knitting machine / Kombirib-Rundstrickmaschine f

comb lead lace machine / Nadelbleispitzenmaschine f ‖ ~ **needle** / Kammnadel f
combourg ordinaire (Fr) / grobe Leinwand
comb out the tuft / den Bart auskämmen
comboys pl / farbige Wollware aus Lancashire
comb pin / Kammnadel f ‖ ~ **plate** / Fräsblech n der Raschelmaschine ‖ ~ **pot** / Kammtopf m, Kammofen m ‖ ~ **segment** / Kammsegment n ‖ ~ **spinning** / Kammgarnspinnen n ‖ ~ **staple method** / Kammstapelverfahren n
combustible solvent / brennbares Lösemittel
combustion behaviour / Brennverhalten n
comeback wool / Comeback-Wolle f (DIN 60004) (Wolle von Schafen aus Rückkreuzungen zwischen Crossbred- und Merinoschafen)
come off (red) / (rot) abfärben ‖ ~ **undone**, come unstitched / auftrennen (sich)
comfort n (US) / Steppdecke f, Daunendecke f
comfortable n (US) / Steppdecke f, Daunendecke f
comfort class (ISO 2424) (cpt) / Komfortwert m (DIN 61 151)
comforter n / Schal m, Herrenschal m, Halstuch n ‖ ~ / Steppdecke f, Daunendecke f
Comfort-Stretch n / Bezeichnung für Textilien mit beschränkter Elastizität
comingle v (yarn) / verwirbeln
commencing course (knitt) / Anschlagreihe f
commercial all-wool fabric / Wollstoff m mit geringem Baumwollprozentsatz ‖ ~ **bale** / Handelsballen m (Baumwolle) ‖ ~ **benzene** / Handelsbenzol n, Waschbenzol n, technisches Benzol ‖ ~ **carpet** (US) / Teppich m für den Objektbereich ‖ ~ **dye** (US) / Direktfarbstoff m ‖ ~ **dyestuff** / Handelsfarbstoff m ‖ ~ **filler** / Streckzusatz m ‖ ~ **linear density** / Handelsfeinheit f ‖ ~ **mass** / Handelsmasse f, Handelsgewicht n ‖ ~ **matching** / Farbabmusterung f innerhalb handelsüblicher Toleranzen ‖ ~ **moisture regain** / handelsüblicher Feuchtigkeitszuschlag, Reprise f ‖ ~ **number** / Handelsnummer f ‖ ~ **package** / Verkaufsspule f ‖ ~ **product** / eingestellte Ware, Handelsware f, Verkaufsware f ‖ ~ **standard** / Handelsnorm f ‖ ~ **standard CS3-41** / amerikanische Norm, die die Bedingungen festlegt, die an ein Standardlösungsmittel (Stoddard-Solvent) von seiten der Chemischreinigung gestellt werden ‖ ~ **tolerance** / Handelstoleranz f ‖ ~ **weight** s. commercial mass ‖ ~ **weight of yarn** / Garnhandelsgewicht n ‖ ~ **width** / Handelsweite f, Verkaufsbreite f, handelsübliche Breite, handelsübliche Weite
comminution n / Zerkleinerung f, Feinzerkleinerung f, Zerreibung f, Pulverisierung f, Abnutzung f
commission comber / Lohnkämmerei f ‖ ~ **comber** / Lohnkämmerei f ‖ ~ **combing** / Kämmen n von Kammzug auf Kommissionsbasis ‖ ~ **dyeing** / Lohnfärberei f ‖ ~ **dyer** / Lohnfärber m ‖ ~ **finisher** / Lohnveredler m, Lohnveredlungsbetrieb m ‖ ~ **finishing** / Lohnausrüstung f, Auftragsveredlung f ‖ ~ **laminator** / Lohnauftragsbeschichter m ‖ ~ **sizing** / Lohnschlichterei f ‖ ~ **spinning** / Lohnspinnerei f ‖ ~ **topmaker** / Lohnkämmerei f ‖ ~ **weaving** / Lohnweberei f
common harness (weav) / Vorgeschirr n ‖ ~ **hemp** / gemeiner Hanf ‖ ~ **hessian** / Juteleinen n, Jutepacktuch n ‖ ~ **hook** (of latch needle) / rundgebogener Haken ‖ ~ **perrotine** (dye) / Plattenperrotine f ‖ ~ **position of hook** (of latch needle) / Nadelhaken, in m Linie der Auflagefläche der Nadel angeordnet ‖ ~ **prints** pl / Druckkattun m, gedruckter Kattun, buntes Baumwollzeug ‖ ~ **wool grade** / Common-Wolle f
communion cloth / Altardecke f ‖ ~ **clothes** / Kommunionkleidung f
compact--coated textile / kompaktbeschichtetes Textil ‖ ~ **coating** / Kompaktbeschichtung f ‖ ~ **feel** / fester Griff ‖ ~ **hand[le]** / fester Griff

compacting roller / Andruckrolle f (zum Zusammen- bzw. Andrücken einer bereits aufgewickelten Stoffbahn)
compactness of cops / Wickeldichte f, Wickelfestigkeit f, Spulenhärte f ‖ ~ **of the fabric** / Stoffdichte f, Warendichte f ‖ ~ **of the thread** / Fadenschluß m
compactor n / Maschine f zum Verdichten von Textilien
compact shrinkage / Kompaktkrumpfen n ‖ ~ **spinning plant** / Kompaktspinnanlage f ‖ ~ **yarn** / geschlossenes Garn
companion fabrics pl (fash) / Composé m
comparative dyeing / Vergleichsausfärbung f, Vergleichsfärbung f ‖ ~ **spinning sample** / Vergleichsabspinnung f ‖ ~ **test** (dye) / Gegenprobe f, Vergleichsprüfung f
compartment of the soaper (dye) / Waschabteil n
compartments for rinsing and after-treatment / Abteile n pl zum Spülen und zur Nachbehandlung
compatibility n / Verträglichkeit f, Kombinierbarkeit f ‖ ~ **of the skin** / Hautverträglichkeit f ‖ ~ **with formaldehyde** / Formaldehydverträglichkeit f ‖ ~ **with water** / Wasserverträglichkeit f
compatible dyestuff / mischbarer Farbstoff
compensating feedwheel (knitt) / ausgleichendes konisches Fournisseurrad ‖ ~ **pressure foot** (sew) / Ausgleichsgelenkfuß m ‖ ~ **roll[er]** / Pendelwalze f (DIN 64990) ‖ ~ **roll[er]** / Gegenzugwalze f, Tänzerwalze f
compensation of barréness (dye) / Ausgleich m materialbedingter Streifigkeit
complementary colour / Komplementärfarbe f, Ergänzungsfarbe f
complete bleach / Vollbleiche f ‖ ~ **degumming** / völliges Entbasten f ‖ ~ **drying** / Volltrocknung f ‖ ~ **dyeing penetration of the yarn layers at the spool head** / Durchfärbung f der Garnlagen am Spulenkopf ‖ ~ **knitting machine** / Einheitswirkmaschine f ‖ ~ **leg blank** (hos) / auf einer Komplettmaschine hergestellter Strumpf, nach dem eingängigen Verfahren (Einheitsverfahren) auf einer Komplettmaschine hergestellter Strumpf
completely continuous production line / vollkontinuierliche Produktionslinie ‖ ~ **dyed** / durchgefärbt adj, vollkommen gefärbt ‖ ~ **synthetic** / vollsynthetisch adj, reinsynthetisch adj
complete run (text pr) / Vollpassage f ‖ ~ **twist** / Ganzdrehung f, Ganzdreher f
complex compound / Komplexverbindung f, komplexe Verbindung ‖ ~ **formation** / Komplexbildung f ‖ ~ **forming agent** / Komplexbildner m, Komplexsalzbildner m, Sequestriermittel n
complexing action / Komplexbildung f ‖ ~ **agent** s. complex forming agent ‖ ~ **power** / Komplexbildungsvermögen n
complexion n (surface active agent) / Komplexbildung f
complexometry n / Chelatometrie f
complex phosphate / Komplexphosphat n ‖ ~ **salt** / Komplexsalz n ‖ ~ **salt formation** / Komplexsalzbildung f ‖ ~ v **with** (dye) / Komplex bilden mit
component n (in a fibre blend) / Faseranteil m (in einer Fasermischung) ‖ ~ **part** / Bauteil n ‖ ~ **part of the warp sizing machine** / Bauteil n der Kettschlichtmaschine (DIN 62500)
composite n / Verbundtextil n, Verbundtextilie f, Verbundstoff m ‖ ~ **coating** / Verbundbeschichtung f ‖ ~ **dyestuff** / Mischfarbstoff m, Kombinationsfarbstoff m ‖ ~ **material** / Verbundstoff m ‖ ~ **structure** (fabric) / Verbundgewebe n ‖ ~ **thread** / zusammengesetzter Faden ‖ ~ **yarn** / gezwirnter Faden, gefachter Faden ‖ ~ **yarn** / Mischgarn n ‖ ~ **yarn sheath** / Verbundgarnummantelung f
composition cloth / wasserdichter Baumwolldruck oder Leinendruck ‖ ~ **label** / Materialkennzeichnung f ‖ ~ **of**

shades / Einstellung *f* von Farbtönen ‖ ~ **of the fabric** / Gewebezusammensetzung *f* ‖ ~ **rollers** / Kompositionswalzen *f pl*
compound *n* / Mischung *f*, Verbindung *f*, Masse *f* ‖
~ **apparatus** / Verbundapparat *m* ‖ ~ **breaker** (spinn) / Verbundreißer *m* ‖ ~ **cloth**, compound fabric / Hohlgewebe *n* ‖ ~ **dyeing** / Kombinationsfärbung *f* ‖
~ **dyestuff** / Kombinierfarbstoff *m*, Mischfarbstoff *m* ‖
~ **fabrics** / Mischtextilien *pl*, Mehrfachgewebe *n pl* ‖
~ **feed** (sew) / Unter- und Nadeltransport *m*
compounding plant (dyestuffs) / Mischanlage *f* für Farbstoffe, Farbstoff-Mischanlage *f*
compound needle (knitt) / Compound-Nadel *f*, Rinnennadel *f*, Schiebernadel *f* ‖ ~ **needle** (knitt) / Schiebemasche *f* ‖ ~ **oil** / Compoundöl *n* ‖ ~ **shade** / Kombinationsfärbung *f*, Mischfarbton *m*, Mischnuance *f* ‖ ~ **shed** (knitt) / Hoch- und Tieffach *n* ‖
~ **thread adjusting screw** (knitt) / Doppelgewinde-Einstellschraube *f* ‖ ~ **twill weave** / kombinierte Köperbindung ‖ ~ **winding** / Compoundwicklung *f*
compressed cheese column / gepreßte Spulensäule ‖
~ **yarn wad** (stuff crimping) / Stauchpaket *n*
compressibility *n* / Zusammendrückbarkeit *f*
compressing channel / Stauchkanal *m* ‖ ~ **of cotton** / Verpacken *n* der Baumwolle in Ballen ‖ ~ **plate** / Preßblech *n*, Ausgleichsblech *n* ‖ ~ **trap** / Stauchklappe *f*
compressional resilience (CR) (ratio of energy expended by the fabric in recovering from the deformation to the energy absorbed in deforming the fabric) / Druck-Erholungsvermögen *n*
compression·/deflection hardness (foam) / Stauchhärte *f* ‖ ~ **force** / Stauchkraft *f* ‖ ~ **load** / Druckbelastung *f* ‖
~ **measuring apparatus** / Kompressionsmeßgerät *n* ‖ ~ **mechanism** / Kompressionsvorrichtung *f* ‖ ~ **ratio** / Verdichtungsverhältnis *n* ‖ ~ **roller** / Kompressionswalze *f*, Verdichtungswalze *f* ‖ ~ **set after constant deformation** (mat test) / Druckverformungsrest *m* nach konstanter Verformung ‖ ~ **shrinkage** / kompressives Schrumpfen, kompressives Krumpfen, Kompressionsschrumpfung *f*, Kompressionskrumpfung *f*, Stauchkrumpfung *f* ‖
~ **testing** / Druckprüfung *f*
compressive buckling / Stauchbiegung *f* ‖ ~ **modulus** / Kompressionsmodul *m*, Druckmodul *m* ‖ ~ **shrinkage** s. compression shrinkage ‖ ~ **shrinking machine** / Kompressionskrumpfmaschine *f*, Kompressivkrumpfmaschine *f* (DIN 64990), Maschine *f* für Kompressionskrumpf ‖ ~ **strength** (foam) / Stauchhärte *f*, Druckfestigkeit *f* ‖ ~ **stress** / Druckbeanspruchung *f* ‖ ~ **stress strain property** / Kraft-Dehnungseigenschaft *f* bei Druck
compulsory identification labelling / Kennzeichnungspflicht *f*
computer integrated weaving (weav) / computerintegriertes Weben ‖ ~ **Match Prediction** (s. CMP) /
~ **Match Prediction** (CMP) (dye) / Färberezeptberechnung *f* durch Rechner, farbmetrische Rezeptberechnung
concatenation of threads (sew) / Fadenverschlingung *f*
concealed and sealed plastic slide fastener / verdeckter und dichter Kunststoffreißverschluß ‖ ~ **buttoning** / verdeckter Knopfverschluß ‖ ~ **camming** (knitt) / in staubdichtem Gehäuse angeordnete Strickschlösser ‖
~ **seam** (sew) / verdeckte Naht
concentrate *v* / einengen *v* (Lösung) ‖ ~ / konzentrieren *v* ‖ / eindicken *v* (Flüssigkeit), verdichten *v* ‖ ~ **by boiling** / einkochen *v* ‖ ~ **by evaporation** / eindampfen *v*
concentrated bath / kurzes Bad, kurze Flotte, Kurzflotte *f* ‖ ~ **dye liquor** / konzentrierte Farbflotte, Kurzflotte *f* ‖
~ **electrolyte solution** / konzentrierte Salzlösung ‖
~ **lye** / Starklauge *f* ‖ ~ **solution** / Konzentratlösung *f* ‖
~ **vat** / konzentrierte Küpe

concentrate in vacuo / im Vakuum abdunsten
concentration increase factor (pad dyeing) / Verstärkungsfaktor *m* ‖ ~ **of the bath** / Flottenkonzentration *f*, Badkonzentration *f* ‖ ~ **of the dye bath**, concentration of the dye liquor / Konzentration *f* des Färbebades, Dichte *f* der Färbeflotte, Lösungsdichte *f* ‖ ~ **of the feeding liquor** / Nachsatzkonzentration *f* ‖ ~ **of the lye** / Laugenkonzentration *f*
concentric yarn sticks (dye) / konzentrisch angeordnete Stäbe *m pl*
Concordia wool / von Concordia (Nordargentinien) verschiffte Wolle
concrete--grey *adj* / betongrau *adj* (RAL 7023) ‖ ~ **vat** / Betonkufe *f*
condensate *n* / Kondensat *n*, Kondensationsprodukt *n* ‖ ~ / Kondenswasser *n* ‖ ~ **of resin** / Harzkondensat *n* ‖
~ **of urea** / Harnstoffkondensat *n* ‖ ~ **run-off** / Kondensatablauf *m*
condensation binder / Kondensationsbinder *m* ‖ ~ **of resins on fabric** / Kunstharzkondensation *f* auf Gewebe ‖ ~ **polymer** / Polykondensat *n* ‖ ~ **polymerization** / Polykondensation *f*, Kondensationspolymerisation *f* ‖
~ **product** / Kondensationsprodukt *n*, Kondensat *n* ‖
~ **reaction** / Kondensationsreaktion *f*
condense *v* (e.g. the pile) / verdichten *v*
condensed sliver / genitscheltes Vorgespinst, gewürgeltes Vorgespinst, Streckbandlunte *f* ‖ ~ **yarn** / Zweizylindergarn *n*, ungezwirntes Garn, Kondensatorluntengarn *n* ‖ ~ **yarn spinning** / Zweizylinderspinnerei *f*
condenser *n* / Florteiler *m* ‖ ~ **bobbin** (spinn) / Vorgarnwickel *m*, Vorgarnspule *f*, Vorgarngespinstspule *f*, Vorgarnhülse *f* (DIN 61805) ‖
~ **bobbin** / Vorgarnwickel *m*, Vorgarnspule *f*, Vorgarngespinstspule *f*, Vorgarnhülse *f* (DIN 64068), Vorspinnspule *f* ‖ ~ **bobbin for woollen spinning** / Vorgarnhülse *f* für die Streichgarnspinnerei (DIN 64068) ‖ ~ **bobbin roller** / Vorgarnwickeltrommel *f* ‖
~ **card** / Vorspinnkrempel *f*, Florteiler *m*, Vorgarnkrempel *f* ‖ ~ **card for cotton** / Flyer *m*, Vorspinnmaschine *f* ‖ ~ **cotton yarn** / Baumwollstreichgarn *n* ‖ ~ **drum** / Vorgarntrommel *f* ‖
~ **for cotton spinning** / Kondenser *m* für das Baumwollspinnverfahren (DIN 64076) ‖ ~ **funnel** / Flortrichter *m* ‖ ~ **roller** / Verdichtungswalze *f* ‖
~ **roving** / Vorgarn *n* der Vorspinnkrempel ‖
~ **spinning** / Zweizylinderspinnen *n*, Baumwollstreichgarnverfahren *n* ‖ ~ **tape** / Florteilerriemchen *n* ‖ ~ **yarn** / Zweizylindergarn *n*, ungezwirntes Garn, Kondensatorluntengarn *n* ‖ ~ **yarn** (cpt) / Kondensatorgarn *n* ‖ ~ **yarn manufacturing** / Streichgarn-Vorkrempeln *n*
condensing apparatus, condensing machine / Kondensationsmaschine *f*, Polymerisationsmaschine *f* ‖
~ **pot** / Kondensationsgefäß *n* ‖ ~ **stenter** / Kondensationsspannrahmen *m*, Polymerisationsspannrahmen *m*
condition *n* / den Feuchtigkeitsgehalt regeln ‖ ~ / klimatisieren *v* ‖ ~ / konditionieren *v*, akklimatisieren *v* ‖ ~ *n* / Stand *m* (der Küpe)
conditioned sample / konditionierte Probe, Konditionierprobe *f* ‖ ~ **state** / klimatisierter Zustand, konditionierter Zustand ‖ ~ **testing chamber** / Klimaprüfkammer *f* ‖ ~ **titre** / konditionierter Titer ‖
~ **weight** / Konditioniergewicht *n*, (legales) Handelsgewicht *n*
conditioning *n* / Feuchtigkeitsregelung *f* ‖ ~ / Konditionieren *n*, Konditionierung *n*, Klimatisieren *n*, Klimatisierung *f* ‖ ~ (of yarn) / Trockengehaltsprüfung *f* ‖ ~ **agent** / Befeuchtungsmittel *n*, Konditioniermittel *n* ‖ ~ **apparatus** / Konditionierapparat *m*, Trockengehaltsprüfer *m* ‖ ~ **cabinet** / Klimaschrank *m*

conditioning

‖ ~ **loss** / Konditionierverlust m ‖ ~ **machine** / Egalisiermaschine f ‖ ~ **oven** / Konditionierofen m ‖ ~ **plant** / Konditionieranlage f ‖ ~ **regain** / Konditioniergewinn m ‖ ~ **room** / Klimaraum m, Konditionierraum m
conductimetry n / Konduktometrie f
conducting power for heat / Wärmeleitfähigkeit f, Wärmeleitvermögen n ‖ ~ **rod** (dye) / Ausbreitstab m
conductive fibre / [elektro]leitfähige Faser, Leitfaser f ‖ ~ **yarn** (cpt) / Leitgarn n
conductivity n (gen) / Leitfähigkeit f
conductometry n / Konduktometrie f
cone n / Kone f, Cone f, Kreuzspule f, konische Kreuzspule, Wickelkörper m, konischer Garnkörper, Hülse f ‖ ~ (knitt) / konische Spule ‖ ~ (hatm) / Stumpen m ‖ ~ **and cheese winder** / Kreuzspulmaschine f ‖ ~ **angle** / Konuswinkel m ‖ ~ **blade** / Konuslatte f ‖ ~ **bobbin** s. conical bobbin ‖ ~ **drawing** / Konusstrecke f ‖ ~ **drawing** (wool) / Kegelzug m ‖ ~ **drawing box** / kegelige Faserstrecke ‖ ~ **drum** (spinn) / Kegeltrommel f ‖ ~ **dyeing** / Konusfärben n ‖ ~ **dyeing machine** / Konusfärbeapparat m, Konusfärbemaschine f, Kreuzspulfärbemaschine f ‖ ~ **feed regulator** / Pedalmuldenregulierung f ‖ ~ **for cross winding for dyeing purposes** / kegelige Kreuzspulhülse (DIN 64400), kegelige Hülse (DIN 61805) ‖ ~ **for cross winding for weaving yarns** / kegelige Kreuzspulhülse für Webgarne (DIN 64619) ‖ ~ **height** (warping machine) (weav) / Konushöhe f ‖ ~ **lever for forming cap bottom** (knitt) / Fangdaumen m, Kettenfangdaumen m ‖ ~ **machine** (hatm) / Fachmaschine f ‖ ~ **pin** (knitt) / Haltestift m am Spulenteller ‖ ~ **plate** / Spulenteller m ‖ ~ **plate bar** / Tragestange f des Spulentellers ‖ ~ **plate pin** (knitt) / Haltestift m am Spulenteller ‖ ~ **preparation** / Spulpräparation f ‖ ~ **regulating device** / Konussteuerung f ‖ ~ **rover** / Flyer m, Fleier m (DIN 64100) ‖ ~ **sectional warping machine** / Konusschärmaschine f (DIN 62500) ‖ ~ **support** / Spulenteller m mit Haltestift ‖ ~ **tube** / Färbehülse f, Kreuzspule f ‖ ~ **warping machine** / Konusschärmaschine f, Kegelschärmaschine f ‖ ~ **winder**, cone winding machine / Kreuzspulmaschine f [für konische Spulen] (DIN62511), konische Kreuzspulenwickelmaschine, Konusspulmaschine f ‖ ~ **winding** / Aufmachung f auf konische Kreuzspulen (DIN 62520) ‖ ~ **with wild winding** (autoconer) / Kreuzspule f mit wilder Wicklung
confidence interval (formerly: practical limit of error) / Vertrauensbereich m (früher: praktische Fehlergrenze) ‖ ~ **limit** / Vertrauensgrenze f
confirmation clothes / Konfirmationskleidung f
conflagration test / Großbrandversuch m
conformity in shade / Farbtonübereinstimmung f
conglutination of fibres / Verklebung f von Fasern
congo blue / Kongoblau n ‖ ~ **dyestuff** / Kongofarbstoff m ‖ ~ **red** / Kongorot n
congress canvas / Kongreßstickleinen n
Congreve's granulation machine / Walzenentkörner m, Walzenegreniermaschine f
conical bobbin / Kegelspule f, konische Spule, konische Kreuzspule, konische X-Spule ‖ ~ **cheese** / Kegelspule f, konische Spule, konische Kreuzspule, konische X-Spule ‖ ~ **end of bobbin** / Spulenkegel m ‖ ~ **feedwheel** / konisches Fournisseurrad ‖ ~ **package with increasing taper** / kegelige Kreuzspule mit zunehmendem Kegelwinkel (DIN 61800) ‖ ~ **package with straight ends perpendicular to the axis of the former** / kegelige Kreuzspule mit geraden Stirnflächen senkrecht zur Achse der Hülse (DIN 61800) ‖ ~ **package with straight ends perpendicular to the surface of the former** / kegelige Kreuzspule mit gleichbleibendem Kegelwinkel (DIN 61800) ‖ ~ **pineapple with asymmetrical taper ends** / kegelige Kreuzspule mit schrägen Stirnflächen asymmetrisch (DIN 61800) ‖ ~ **pineapple with symmetrical taper ends** / kegelige Kreuzspule mit schrägen Stirnflächen, symmetrisch (DIN 61800) ‖ ~ **tube** / konische Färbehülse, konische Kreuzspule, kegelförmige Hülse ‖ ~ **winding** / kegelige Windung, konische Windung
conicity n (cone of dyeing tube) / Konizität f (der Kreuzspule)
coning n / Spulen n auf konische Hülsen, Conen n, Konerei f ‖ ~ **lubricant** (spinn) / Spulöl n ‖ ~ **oil** (spinn) / Spulöl n
conjugate[d] fibre / Zweikomponentenfaser f, Bikomponentenfaser f ‖ ~ **yarn** / Zweikomponentengarn n, Bikomponentengarn n
Conkanee hemp s. Bengal hemp
Connaught cloth / panamabindiger Stoff ‖ ~ **cloth** / Stramin m ‖ ~ **yarn** / irländische Strickwolle
connection support / Überleitungsgerüst n (DIN 64990)
conservation agent / Konservierungsmittel n, Alterungsschutzmittel n ‖ ~ **of the wool substance** / Substanzerhaltung f der Wolle
consignment n / Lieferposten m ‖ ~ **sample** / Probe f
constant angle cross winding / wilde Kreuzwicklung (DIN 61801) ‖ ~ **dyeing process** / Konstantfärbeverfahren n ‖ ~ **number for twist** / Drahtkonstante f, Drahtzahl f ‖ ~ **pattern winding** (winding fault) / Bildwicklung f ‖ ~ **pitch cross winding** / Präzisionskreuzwicklung f (DIN 61801) ‖ ~ **rate moisture exchange** / konstanter Feuchtigkeitsaustausch ‖ ~ **rate of extension** (mat test) / konstante Dehnungszunahme ‖ ~ **rate of traverse (CRT)** (mat test) / konstante Traversengeschwindigkeit ‖ ~ **ratio of dye-liquor to goods** / konstante Flottenmenge ‖ ~ **repeat effect** / Bildwirkung f ‖ ~ **speed** / konstante Geschwindigkeit, Dauergeschwindigkeit f ‖ ~**-temperature bath** / Flotte f mit gleichbleibender Temperatur, Bad n mit konstanter Temperatur ‖ ~ **tension winding** / Aufdocken n bei konstanter Spannung, Aufwickeln n bei konstanter Spannung ‖ ~ **torque winding** / Aufdocken n mit konstantem Brems-Drehmoment, Aufwickeln n mit konstantem Brems-Drehmoment ‖ ~ **traverse** (winding) / gleichbleibender Hub (DIN 61801)
constitutional n / schwerster Möbelcord
constitution cord / schwerster Möbelcord
construction n (of a fibre) / Konstruktion f ‖ ~ **of a fabric** / Gewebekonstruktion f, Artikelkonstruktion f ‖ ~ **of a yarn** / Garnkonstruktion f ‖ ~ **of the weave** / Bindeart f
contact adhesive / Haftkleber m, Kontaktkleber m ‖ ~ **angle** (soap) / Randwinkel m ‖ ~ **drier** / Kontakttrockner m (DIN 64990) ‖ ~ **drying** / Kontakttrocknung f ‖ ~ **drying machine** / Kontakttrockenmaschine f ‖ ~ **drying machine with direct heating** / Kontakttrockenmaschine f mit direkter Beheizung ‖ ~ **drying system** / Kontakttrockner m ‖ ~**-free drier** / berührungsfreier Trockner, kontaktloser Trockner ‖ ~ **heat** / Kontakthitze f ‖ ~ **heat fixer** / Kontaktfixierer m ‖ ~ **heat setting machine** / Kontaktfixiermaschine f ‖ ~ **heat setting unit** / Kontaktfixieranlage f ‖ ~ **moulding** (plastics) / Handaufbauverfahren n, Handauflegeverfahren n, Kontaktverfahren n ‖ ~ **plant** / Kontaktanlage f ‖ ~ **pressure** / Anpreßdruck m ‖ ~ **screen** / Kontaktraster m ‖ ~ **singeing machine** / Kontaktsengmaschine f (DIN 64990), Strahlungssengmaschine f (DIN 64990) ‖ ~ **stain** / Berührungsfleck m ‖ ~ **surface** / Berührungsfläche f ‖ ~ **time** (dye) / Verweilzeit f ‖ ~ **transfer** (dye) / Kontakt-Transfer m ‖ ~**-type heat setting unit** / Kontaktfixieranlage f
container n / Verpackungseinheit f, Kollo n, Kolli n pl ‖ ~ **for original [or basic or initial or starting] solution** / Ansatzbehälter m
containing acid / säurehaltig adj ‖ ~ **alkali** / alkalihaltig adj ‖ ~ **rayon staple** / zellwollhaltig adj
content of activated chlorine / Aktivchlorgehalt m

contexture *n* / Zusammenweben *n* ‖ ~ / Gewebeaufbau *m*, Gewebestruktur *f*
continental comb, French comber / Heilmann-Kämmapparat *m*, Heilmannsche Kämm-Maschine ‖ ~ **quilt** / Steppdecke *f* ‖ ~ **system processing** / kontinentales Spinnsystem
continue process / Kontinueverfahren *n*
continuous--**action comber** / Rundkämmer *m* ‖ ~ **ager** / Kontinuedämpfer *m* ‖ ~ **bleaching** / Kontinue-Bleiche *f* ‖ ~ **bleaching by sodium hypochlorite** / Kontinue-Natriumhypochlorit-Bleiche *f* ‖ ~ **bleaching in rope form** / Kontinuestrangbleiche *f* ‖ ~ **bleaching machine** / Kontinue-Bleichapparat *m* (DIN 64990) ‖ ~ **bleaching method** / Kontinue-Bleichverfahren *n* ‖ ~ **bleaching plant** / Kontinue-Bleichapparat *m* (DIN 64990) ‖ ~ **bleach-steam machine** / Kontinue-Bleichdämpfer *m* ‖ ~ **card stripping** / selbsttätige Krempelreinigung ‖ ~ **carpeting** / Bahnenware *f* (Teppich) ‖ ~ **circulation** (of liquor) / ununterbrochener Flottenumlauf ‖ ~ **colours** *pl* (weav) / fortlaufende Farbe, kontinuierliche Farbe ‖ ~ **crabbing machine** (dye) / Konticrab *m* ‖ ~ **crimp** / kontinuierliche Kräuselung ‖ ~ **decatizing** / Kontinue-Dekatur *f* ‖ ~ **design** / Kontinuemuster *n*, fortlaufendes Muster, durchlaufendes Muster ‖ ~ **desizing machine** / Kontinue-Entschlichtungsmaschine *f* ‖ ~ **doubler**, continuous doubling frame, continuous doubling machine / Waterzwirnmaschine *f* ‖ ~ **drier**, continuous drying machine / Durchlauftrockner *m*, Kontinue-Trockner *m* ‖ ~ **dwelling process** (dye) / Verweilprozeß *m*, Verweilverfahren *n* ‖ ~ **dyeing** / Kontinue-Färberei *f*, Kontinue-Färben *n*, kontinuierliches Färben ‖ ~ **dyeing machine** / Kontinue-Färbeapparat *m*, Kontinue-Färbemaschine *f*, Rouletteküpe *f* ‖ ~ **dyeing method** / Kontinue-Färbeverfahren *n*, kontinuierliches Färben ‖ ~ **dyeing of tops** / Kammzug-Kontinue-Färbung *f* ‖ ~ **dyeing padder** / Kontinue-Färbefoulard *m* ‖ ~ **dyeing plant** / Kontinue-Färbeanlage *f* ‖ ~ **dyeing process** / Kontinue-Färbeverfahren *n*, kontinuierliches Färben ‖ ~ **dyeing range** / Kontinue-Färbeanlage *f* (DIN 64990) ‖ ~ **fabric** / Meterware *f* ‖ ~ **filament** / endloser Faden, Endlosfaden *m*, Langfaser *f*, Endlosfaser *f* ‖ ~ **filament** (cpt) / Kabel *n* ‖ ~ **filament mat** / Endlosmatte *f* ‖ ~ **filament yarn** / Endlosgarn *n*, Filamentgarn *n*, (mostly:) Viskosefilamentgarn *n*, Reyongarn *n* ‖ ~ **finishing** / Kontinue-Ausrüstung *f* ‖ ~ **finishing machine** (weav) / Duffmaschine *f* ‖ ~ **lap** / endloser Wickel ‖ ~ **lattice conveyor** / endloser Lattenrost (für Warentransport) ‖ ~ **loop transport system** / Kontinue-Hängeschleifen-Förderer *m* ‖ ~ **machine** / Kontinue-Apparat *m* ‖ ~ **mercerizer** / Kontinue-Merzerisiermaschine *f* ‖ ~ **method** / Kontinue-Verfahren *n* ‖ ~ **milling machine** / Kontinue-Walke *f* (DIN 64990) ‖ ~ **mixer** / Fließmischer *m*, kontinuierlicher Mischer ‖ ~ **molten metal vat dyeing process** / Metallbad-Färbeverfahren *n* für Küpenkontinue-Färberei ‖ ~ **narrow fabric bleaching plant** / Kontinue-Bandbleichanlage *f* ‖ ~ **open soaper** / Kontinue-Breitwaschanlage *f* ‖ ~ **open-width bleaching** / Kontinue-Breitbleiche *f* ‖ ~ **open-width bleaching plant** / Kontinue-Breitbleichanlage *f* ‖ ~ **open-width washer** / Kontinue-Breitwaschmaschine *f* ‖ ~ **oxidation apparatus** / Kontinue-Oxydationsmaschine *f* ‖ ~ **pad** / Kontinue-Foulard *m* ‖ ~ **pad-condensation method** / kontinuierliches Foulardier-Kondensier-Verfahren ‖ ~ **pad-steam method** / kontinuierliches Klotz-Dämpf-Verfahren ‖ ~ **pattern** / durchlaufendes Muster, Kontinue-Muster *n*, fortlaufendes Muster ‖ ~ **peroxide bleach** / laufende Oxydationsbleiche, kontinuierliche Oxydationsbleiche ‖ ~ **piece-dyeing machine** / Rollenkufe *f* ‖ ~ **plant** / Kontinue-Anlage *f* ‖ ~ **prescouring** / kontinuierliche Vorwäsche ‖ ~ **process** / Kontinue-Verfahren *n* ‖ ~ **replenishing** / ständiges Nachfüllen ‖ ~ **rope bleaching** / Kontinue-Strangbleiche *f* (DIN 64990) ‖ ~ **rope bleaching plant** / Kontinue-Strangbleichanlage *f* ‖ ~ **scouring** / Kontinue-Wäsche *f* ‖ ~ **scouring unit**, continuous scouring machine / Kontinue-Waschmaschine *f*, kontinuierliche Waschmaschine ‖ ~ **seam** / fortlaufende Naht ‖ ~ **shrinking and dyeing procedure** / kontinuierliches Schrumpf- und Färbeverfahren ‖ ~ **spin-draw-twister** / Kontinue-Düsenzwirn-Streckspinnmaschine *f* ‖ ~ **spin-draw-winding machine** / Kontinue-Düsenspinn-Streck-Aufspulmaschine *f* ‖ ~ **spinning** / kontinuierliches Spinnen ‖ ~ **spun yarn** / Kontinue-Garn *n* ‖ ~ **squeezing machine for cloth** / Kontinue-Gewebeabquetschmaschine *f* ‖ ~ **steamer** / Kontinue-Dämpfer *m* (DIN 64990) ‖ ~ **steaming table** / Kontinue-Dämpftisch *m* ‖ ~ **strand mat** / Glas-Endlosmatte *f* (DIN 61850) ‖ ~ **stroke of the shuttle** (weav) / kontinuierliche Farbe, fortlaufende Farbe ‖ ~ **top dyeing** / Kontinue-Kammzugfärben *n*, Kammzugkontinue-Färbeverfahren *n* ‖ ~ **top dyeing system** / Kontinue-Kammzugfärbeanlage *f* ‖ ~ **trough** / Kennel *m*, Trog *m* ‖ ~ **twill** / durchlaufender Köper ‖ ~ **under-liquor full-width storage system** / Kontinue-Unterfloten-Breitspeicher *m* ‖ ~ **vat** / Kontinue-Küpe *f*, Kontinue-Kufe *f* ‖ ~ **vat acid method** / Küpensäurekontinueverfahren *n* ‖ ~ **vat dyeing** / Kontinue-Küpenfärbung *f*, Küpen-Kontinuefärbung *f* ‖ ~ **vat padding process** / Kontinueklotzkontinueverfahren *n* ‖ ~ **washing range** / Waschbatterie *f* ‖ ~ **washing test** / Dauerwäsche *f*, Dauerwaschtest *m* (mehr als fünf Waschgänge) ‖ ~ **wheel feed** (sew) / kontinuierlicher Schieb[e]radtransport ‖ ~ **winch back** (US), continuous winch beck (GB) / Kontinue-Haspelkufe *f*
contour *n* (text pr) / Kontur *f*, Umriß *m* ‖ ~ **control** (sew) / Konturenführung *f* ‖ ~ **control** (sew) / Konturensteuerung *f* ‖ ~ **cutting** / Fassonieren *n* ‖ ~ **definition** / Konturenschärfe *f* ‖ ~ **mat** / Toilettenmatte *f* ‖ ~ **sewing** (sew) / Konturennähen *n* ‖ ~ **sheet** / umspannendes Bettuch, Bettuch *n* mit abgepaßten Ecken ‖ ~ **stitcher** (sew) / Konturennäher *m*
contract *v* / eingehen *v*, schrumpfen *v*, zusammenziehen *v* (sich), einspringen *v*, einlaufen *v* ‖ ~ **carpet** / Teppich *m* für den Objektbereich, Objektteppich *m* ‖ ~ **carpeting** / Objektgeschäft *n* ‖ ~ **fabric** / Uniformtuch *n* ‖ ~ **floorcoverings** / Objektbeläge *m pl*
contraction *n* (weav) / Einarbeitung *f* ‖ ~ **in length** / Verkürzung *f* ‖ ~ **in width** / Breiteneingang *m*, Breitenschrumpf *m*, Breitenschrumpfung *f* ‖ ~ **of the fibre** / Schrumpfen *n* der Faser ‖ ~ **of weave** / Einwebung *f*
contract use / Teppichverwendung *f* im Objektbereich
contraflow current airing / Gegenstrombelüftung *f* ‖ ~ **system** / Gegenstromsystem *n*, Gegenstromprinzip *n*
contrast *v* / abstechen *v* ‖ ~ / Kontrast *m* ‖ ~ / Relief *n* ‖ ~ **dyeing** / Kontrastfärbung *f*, Gegenfärbung *f* ‖ ~ **effect** / Kontrasteffekt *m*, konträrer Effekt, Kontrastwirkung *f*
contrasting background / kontrastierender Hintergrund ‖ ~ **colour** / abstechende Farbe, Kontrastfarbe *f* ‖ ~ **effect** / kontrastierender Effekt, illuminierter Effekt ‖ ~ **moods in complementary shades** / Komplementärkontraste *m pl* ‖ ~ **print** / illuminierter Druck, Kontrastdruck *m*
contrast in shade / Farbtonkontrast *m*, Farbkontrast *m*, Farbtonabsatz *m*, Farbabsatz *m*
control drum (knitt) / Steuerexzenter *m* ‖ ~ **drum** / Schalttrommel *f* ‖ ~-**folding-rolling machine** / Warenschau-Doublier-Rollmaschine *f*
controlled affinity (fibre) / kontrollierte Affinität *f* ‖ ~ **build-up** (dye) / systematisches Changieren ‖ ~ **shrinkage** / kontrollierte Krumpfung ‖ ~ **yarn contraction** / gesteuerter Garnschrumpf
controlling zipper panty / die Figur korrigierende Strumpfhose mit Reißverschluß

control roll / Leitwalze f ‖ ~ **test** / Kontrollversuch m
convection drier, convection drying system / Konvektionstrockner m, Trockner m mit Strahlungsbeheizung ‖ ~ **heating** / Konvektionsheizung f, Strahlungsbeheizung f
convective drying / Konvektionstrocknung f
convent cloth / leichter Halbwollkrepp
conventional allowance / Handelsgewichtszuschlag m, Handelsmassenzuschlag m ‖ ~ **calender** / Rollkalander m ‖ ~ **moisture allowance, CMA** / [handels]üblicher Feuchtigkeitszuschlag
conversion by cutting / Schneidkonvertierung f ‖ ~ **colour** / Konversionsfarbe f ‖ ~ **effect** / Konversionseffekt m ‖ ~ **of counts** / Garnumrechnung f ‖ ~ **style** (text pr) / Konversionsdruckartikel m
converted cellulose / Regeneratzellulose f ‖ ~ **fabrics** pl / veredelte Ware, ausgerüstete Stoffe ‖ ~ **ticking** / Matratzendrell m, Federleinwand f ‖ ~ **top** / Konverter-Kammzug m ‖ ~ **tops** / Reißzüge m pl
converter n / Verarbeiter m der Stuhlware zu Fertigware, Converter m ‖ ~ / Konverter m, Spinnbandreißmaschine f ‖ ~ / Manipulant m, Converter m (Grossist, Konfektionär) ‖ ~ **stretch-breaking machine** / Kabelreißmaschine f ‖ ~ **tops** / Converterzüge m pl, Konverterzüge m pl ‖ ~ **tow** / Converterzüge m pl, Konverterzüge m pl
convex bobbin / bauchige Spule
conveying felt / Transportfilz m
conveyor belt drying machine / Bandtrockner m ‖ ~ **belt steamer** / Banddämpfer m ‖ ~ **blanket** / endloses Mitläufertuch, endloser Mitläufer, Fortführungstuch n ‖ ~ **chain** / Transportkette f (DIN 64990) ‖ ~ **drier** / Bandtrockner m ‖ ~ **drying machine** / Transportbandtrockner m ‖ ~ **lattice** / Transportlattentuch n ‖ ~-**type weigh feeder** / Dosierbandwaage f
convolute adj / zusammengerollt adj, verwickelt adj, verfilzt adj
convolution n / Verfilzung f, Verwicklung f ‖ ~ / Faserverwindung f der Baumwolle ‖ ~ **of the fibres** / Verwindung der Fasern
Cook cotton / Baumwollsorte f aus Mississippi
cooker for thickeners / Verdickungskocher m (DIN 64990)
cool vt / abkühlen v, kühlen v ‖ ~ vi / abkühlen v (sich), kalt werden, erkalten v ‖ ~ adj / abgekühlt adj, kühl adj, kalt adj ‖ ~-**calender** v / kaltkalandern v ‖ ~ **colours** / Pastellfarben f pl ‖ ~ **down** / abkühlen v (sich), erkalten v, kühl werden ‖ ~ **down rapidly** / abschrecken v
cooler n / Kühlapparat m
coolie jacket / Kulijäckchen n
cooling bath / Kühlbad n ‖ ~ **channel** / Kühlkanal m ‖ ~ **roll[er]** / Kühlwalze f, Verkühlwalze f ‖ ~ **stretch** / Kühlstrecke f (DIN 64990) ‖ ~ **unit** / Kühleinrichtung f (DIN 64990) ‖ ~ **zone** / Kühlfeld n, Kühlzone f, Kühlbereich m (DIN 64990)
Coomptah cotton / indische Baumwolle (Gossypium herbaceum) geringer Qualität (Stapellänge bis 24 mm)
co-ordinates pl / Zwei- bis Mehrteile-Mode, Co-Ordinates pl, Kombinationen f pl (z.B. Kleid mit Chasuble usw.)
cop v / aufwickeln n, (den Faden) auf die Spindel laufen lassen ‖ ~ n / Kops m, Kop m, Cop m, Bobine f, Kanette f, Kannette f, Garnwickel m, Kötzer m, Garnkötzer m, Garnspule f, Garnkörper m ‖ ~ (weav) / Einschußspule f, Schützenspule f
copal n / Kopal m
cop base / Spulenansatz m, Kötzeransatz f m ‖ ~ **bit, cop bottom** / Ansatzkegel m, Grunddoppelkegel m, Kötzeransatz m, Spulenansatz m ‖ ~ **bottom curve** / Ansatzkurve f, Ansatzschaltlinie f ‖ ~ **box** / Kopskasten m ‖ ~ **build-up**, cop building / Kopsbildung f, Kötzeraufbau m, Kopsaufbau m, Spulenaufbau m ‖ ~-**built hank** / Kötzerstrang m ‖ ~ **change** /

Kopswechsel m, Spulenauswechs[e]lung f, Auswechseln n der Schußspule ‖ ~ **changer**, cop changing loom / Kopswechselwebautomat m, Spulenwechselautomat m ‖ ~ **creel** / Kopsgatter n ‖ ~ **dyed** / im Kops gefärbt, in der Spule gefärbt ‖ ~ **dycing** / Färben n von Kopsen, Spulenfärben n ‖ ~ **dyeing machine** / Kopsfärbeapparat m, Spulenfärbeapparat m
cope n (liturgical vestment) / Cappa f, Pluviale n
copen blue / Kopenhagener Blau
cop end / Garnrest m auf abgewebtem Kötzer ‖ ~ **end effect** / Fadenspannungsanstieg m gegen das Kopsende
Copenhagen blue / Kopenhagener Blau
cop form / Kötzerform f ‖ ~ **formation** / Kopsaufbau m, Kötzeraufbau m ‖ ~ **holder for roller bearing spindle** / Kopshalter m für Rollenlagerspindel (DIN 64070) ‖ ~ **lath** / Kötzerleiste f, Kötzerständer m ‖ ~ **nose** / Kopsspitze f, Spulenspitze f
copolymer n / Copolymer[es] n, Copolymerisat n, Mischpolymer[es] n, Mischpolymerisat n ‖ ~ **fibre** / Copolymerisatfaser f, Mischpolymerisatfaser f
copolymerization n / Copolymerisation f, Mischpolymerisation n ‖ ~ **with cross-linking** / Copolymerisation f mit Vernetzung
copolymerize v / copolymerisieren v, mischpolymerisieren v
copolymer textile fibre / Copolymerisatfaser f, Mischpolymerisatfaser f
copper v / kupfern v, verkupfern v ‖ ~ n (metal) / Kupfer n ‖ ~ (vat) / Küpe f
copperable dyestuff / Nachkupferungsfarbstoff m
copper acetate / Kupferacetat n ‖ ~ **aftertreatment** / Kupfernachbehandlung f, Nachkupfern n, Nachkupferung f
copperas black / Eisenschwarz n ‖ ~ **vat** / Vitriolküpe f
copper azo dyestuff / Kupferazofarbstoff m, Azokupferkomplexfarbstoff m ‖ ~ **blue** / Bremer Blau n, Braunschweiger Blau n, Kalkblau n, Neuwieder Blau n ‖ ~-**brown** adj / kupferbraun adj (RAL 8004) ‖ ~ **brown** / kupferbraun adj, kupferfarben adj ‖ ~ **chloride** / Kupferchlorid n ‖ ~ **chrome aftertreatment** / Kupferchromnachbehandlung f ‖ ~ **complex dyestuff** / Kupferkomplexfarbstoff m ‖ ~ **compound** / Kupferverbindung f ‖ ~ **cylinder** / Kupferwalze f ‖ ~ **finish** / Kalandern n auf Kupferwalzen ‖ ~ **formate** / Kupferformiat n
copperize v / kupfern v, verkupfern v
copper lustre / Kupferglanz m ‖ ~ **mordant** / Kupferbeize f ‖ ~ **naphthenate** / Kupfernaphthenat n ‖ ~ **number** / Kupferzahl (CuZ) f ‖ ~ **pentachlorophenate** / Kupferpentachlorphenat n ‖ ~ **phthalocyanine green pigment** / Kupferphthalocyaningrün-Pigment n ‖ ~ **plate printing** (text pr) / Plattendruck m ‖ ~ **printing roller** / Kupferdruckwalze f ‖ ~-**red** adj / kupferrot adj ‖ ~ **resist** / Kupferreserve f ‖ ~ **roll[er]** / Kupferwalze f, Kupferzylinder m ‖ ~ **sulphate** / Kupfersulfat n, schwefelsaures Kupfer ‖ ~ **sulphide** / Kupfersulfid n, Schwefelkupfer n ‖ ~ **sulphide black** / Schwefelkupferschwarz n ‖ ~ **sulphide paste** / Schwefelkupferferteig m
copping n / Umspulen n auf Kopse oder Kanetten
cop shuttle / Kötzenschützen m ‖ ~ **sleeve** / Copsrohr n, Kopsrohr n ‖ ~ **spinning machine for carded yarns** / Schlauchkops-Dosenspinnmaschine f für Streichgarn (DIN 64012) ‖ ~-**spun yarn** / Kötzergarn n ‖ ~ **tube** / Kötzerhülse f ‖ ~ **winder** / Kops-Spulmaschine f, Kötzerspulmaschine f ‖ ~ **winding** / Kopswicklung f (DIN 61801) ‖ ~-**wound draw twisting package** / Streckzwirnkops m (DIN 61800) ‖ ~ **yarn** / Kötzergarn n, Kopsgarn n
copying table (text pr) / Kopiertisch m
coquille lace / französische Spitze mit fächerartigem Rand
coquita fibre / Rindenfaser einer chilenischen Palme (Jubaca spectabilis)

coquito fibre / Faser *f* einer mexikanischen Palme
cora *n* / Corahseidenstoff *m*
corah grass, Coray / indische Bastfaser für Matten ‖ ~ **matting** / indische Corahmatte ‖ ~ **silk** / Corahseidenstoff *m*
coral red / korallenrot *adj* (RAL 3016) ‖ ~ **stitch** (embroidery) / Korallenstich *m*
coram *n* / Coram *m* (gebleichtes leinwandbindiges Leinengewebe)
cord *v* (weav) / anschnüren *v* ‖ ~ *n* / Kordel *f*, Schnur *f*, Bindfaden *m* ‖ ~ (fabr) / Cord *m*, Kord *m*, Struck *n*, Cordstoff *m*, Cordsamt *m*, Rippenkord *m*, Rippensamt *m*, Manchester *m* ‖ ~ / Mehrfachzwirn *m* ‖ ~ (jacquard) / Einleseschnur *f*
cordage *n* / Seilerwaren *f pl*, Tauwerk *n* ‖ ~ **machine** / Seilereimaschine *f* ‖ ~ **yarn** / Litzenkordel *f*
cordal *n* (Fr.) / grobes Leinengewebe für Schürzen
cordaline *n*, cordeline *n* / Kanten-Verstärkerfaden *m*
cordat serge (Fr) / grobe Wollserge
cord board (weav) / Gallierbrett *n*, Harnischbrett *n*, Chorbrett *n*, Schnürbrett *n* (DIN 60052 und DIN 63001) ‖ ~ **body** (of tire) / Reifengewebe *n* ‖ ~ **braid** / Kordellitze *f* ‖ ~ **braiding** / Kordelflechten *n* ‖ ~ **carrier** (sew) / Schnurannäher *m* ‖ ~ **cutting machine** / Cordschneidemaschine *f* ‖ ~ **cylinder** / Schnurtrommel *f* ‖ ~ **de chine**, cord de chêne / Halbseidencord *m*, Halbseidenkord *m* ‖ ~ **draught** (weav) / Kegelzug *m*
corded *adj* / gerippt *adj* ‖ ~ **alpaca** / längsgerippter Lüster ‖ ~ **batiste** / Schnürchenbatist *m*, Schnürlbatist *m* ‖ ~ **dimity** / Schnürchendrell *m* ‖ ~ **fustian** / Cordbarchent *m*
cord edge / Schnurbesatz *m*
corded muslin / Schnürchenmusselin *m* ‖ ~ **percale** / Schnürchenperkal *m* ‖ ~ **piping** / Kordelvorstoß *m* ‖ ~ **plush** / Ripsplüsch *m* ‖ ~ **velvet** / Cordvelours *m*, Rippensamt *m*
cord effect / Rippen *f pl* ‖ ~ **embroidery** / Kordelarbeit *f* ‖ ~ **fabric** / Cordgewebe *n* ‖ ~ **fabric** / Reifenkord *m*, Reifengewebe *n* ‖ ~ **filled moulding material** / Schnurpreßmasse *f* ‖ ~ **for lacing** / Bindelitze *f* ‖ ~ **heddle** / Zwirnlitze *f*
cording *n* (weav) / Harnischeinzug *m*, Gallierung *f*, Schnürung *f* ‖ ~ **attachment** / Biesenapparat *m* ‖ ~ **foot** (making up) / Biesenfuß *m* ‖ ~ **machine** / Kordelmaschine *f* ‖ ~ **machine** (sew) / Biesennähmaschine *f* ‖ ~ **needle clamp,** cording needle holder (knitt) / Biesennadelkopf *m* ‖ ~ **seam** (sew) / Biesennaht *f* ‖ ~ **stitch** (sew) / Biesenstich *m* ‖ ~ **stripes** (knitt) / Biesenstreifen *m pl* ‖ ~ **tool** (making up) / Biesenfuß *m*
cord lever (weav) / Litzenhebel *m*
cordon *n* / Ordensband *n*, Kordon *m*
cordonnet *n* / Cordonnet *m*, Kordonett *m*, Kordonettzwirn *n*, Cordzwirn *m*, mehrstufiger Zwirn, Kordzwirn *m* ‖ ~ **silk** / Kordonnettseide *f* ‖ ~ **yarn** / Kordonettzwirn *m*, Kordonettgarn *n*, mehrstufiger Zwirn
cordon yarn / Strickgarn *n* aus Baumwolle und minderwertiger Wolle, zweifädiges Halbwollstrickgarn
cordoroy *n* / Cordgewebe *n*, Cordvelours *m*
Cordovan embroidery / korduanische Stickerei
Cordova wool / grobe lange argentinische Wolle für Teppiche
cord pattern (weav) / Litzenmuster *n*
cords *pl* / Cordhose *f* ‖ ~ **to raise the threads** / Aufheber *m pl*, Arkaden *f pl*
cord thread / Cordzwirn *m* ‖ ~ **to operate the catches** (spinn) / Wendeschnur *f* ‖ ~ **up** (weav) / anschnüren *v*
corduroy *n* / Cord *m*, Corduroy *m* (Baumwollsamt mit Rippeneffekten), Rippensamt *m*, Cordsamt *m*, Manchester *m* ‖ ~ **cutting blade** / Cordschneidemesser *n* ‖ ~ **cutting machine** / Cord-Schneidemaschine *f* (DIN 64190) ‖ ~ **fabric** / Cordgewebe *n*, Cordvelours *m*, Cordsamt *m*, Cordrippenstoff *m*

corduroys *pl* / Cordhose *f*
corduroy weave / Cordbindung *f* (Hohlschußbindung)
cord velvet / Cord *m*, leichter Cordsamt, Rillensamt *m*, Rippensamt *m*, Ripsvelours *m*, Schnürlsamt *m* ‖ ~ **weave** / Cordbindung *f* ‖ ~ **wharve** / Schnurwirtel *m* ‖ ~ **yarn** / Kordelgarn *n*
core *n* (thread, yarn) / Kern *m*, Seele *f*
co--reactant *n* (chem) / Reaktionspartner *m* ‖ ~-**reacting** *adj* (chem) / fremdvernetzend *adj*
Corean silk / koreanischer Seidenstoff
core braid / Rundgeflecht *n* mit Kern ‖ ~ **fibre** / Kernmantelfaser *f* ‖ ~ **of bobbin** / Spulenkern *m* ‖ ~ **of cable** / Kabelseele *f*, Kabelkern *m* ‖ ~ **of fibre** / Faserkern *m*, Faserseele *f* ‖ ~ **of thread** / Fadenkern *m* ‖ ~/**sheath yarn** / Kern/Mantelgarn *n* ‖ ~ **sheet** (lam) / Kernschicht *f*, Füllbogen *m*, Kernbogen *m* ‖ ~ **size** / Kernschlichte *f* ‖ ~ **spinning** / Core-Spinnverfahren *n*, Kernumspinnung *f* ‖ ~ **spun fabric** / Core-spun-Gewebe *n* ‖ ~ **spun twist** / Coregarn-Zwirn *m* ‖ ~ **spun yarn**, core spun thread / Core-spun-Garn *n*, Core-Garn *n*, Corespungarn *n*, Seelengarn *n*, Einspinnungsgarn *n*, Kerngarn *n*, umsponnenes Garn, Umspinnungsgarn *n* ‖ ~ **spun yarn felt** / Umzwirnungsfilz *m* ‖ ~ **thread** / Kernfaden *m*, Seelenfaden *m*, Grundfaden *m* ‖ ~ **thread** / Fadenseele *f* ‖ ~ **twist** / Kerndrehung *f* des Garns ‖ ~ **twisted yarn** / umzwirntes Garn, Core-twisted-Garn *n* ‖ ~ **yarn** / Kerngarn *n*, Seelengarn *n*, überzogenes Garn, Garn *n* mit Einlage, Core-Garn *n*
corinth *n* (dye) / Korinth *n*
cork carpet / Baumwoll- oder Juteteppich mit fest haftender Unterschicht aus Kork ‖ ~ **lace** / irische Spitze ‖ ~ **linoleum** / Korklinoleum *n* ‖ ~ **rug** / Korkteppich *m*, Teppich *m* mit Korkbezug
corkscrew *n* / Corkscrew *m* (Wollzwirn, bestehend aus einem dickeren und einem dünneren Wollgarn, scharf verdreht, wodurch ein korkzieherartiges Aussehen entsteht) ‖ ~ [**cloth**], corkscrew fabric / Corkscrew *m* (ein Kammgarngewebe in abgeleiteter und flach verlaufender Schrägripsbindung) ‖ ~ **drawing-in draft** / Mehrfacheinzug *m*
corkscrewed *adj* (fil) / masseldrähtig *adj*, masselsträngig *adj*, hohldrähtig *adj*, hohlsträngig *adj*
corkscrew effect (fibre) / Korkenziehereffekt *m* ‖ ~ **in raw silk** / Korkzieher *m* in Seide (Stelle in Rohseide, an der ein oder mehrere Kokonfäden länger sind als die übrigen) ‖ ~ **rep** / Schrägrips *m* mit Spiralschuß ‖ ~ **twill fabric** / Diagonalköper *m*, Korkzieherköpergewebe *n*, Mehrfachköper *m* ‖ ~ **twist** / Korkzieherdrehung *f*, Korkzieherdrehung *f*, korkzieherartige Windung im Garn ‖ ~ **weave** / Adriabindung *f*, Schrägripsbindung *f*, Korkzieherbindung *f* ‖ ~ **yarn** / Korkzieherzwirn *m*, Corkscrew *m* ‖ ~ **yarn guide** / Sauschwänzchen-Fadenführer *m*
corn-coloured *adj* / maisgelb *adj*
corner sewing (sew) / Eckennähen *n* ‖ ~-**sewing unit** (sew) / Eckennäh-Einrichtung *f*
cornflower-blue *adj* / kornblumenblau *adj*
corojo *n* s. corozo palm
coromandel *n* / grober Baumwollstoff in Leinwandbindung
corona *n* / Hof *m*, Lichthof *m*, Farbhof *m*, Aureole *f*
coronation cloth / Krönungsstoff *m*
Coronizing-process *n* (US) / Coronizing-Verfahren *n* (beim Glasseidengewebe)
corosol fibre / Blattfaser *f* der Corosolpalme
corozo button / Steinnußknopf *m*, Elfenbeinnußknopf *m* ‖ ~ **palm** / Corozopalme *f*, Dumpalme *f*
corporate clothing s. career apparel
correction and reduction of faulty shades (dye) / Korrektur *f* und Aufhellung von Fehlfärbungen ‖ ~ **factor** (esp dye) / Korrekturfaktor *m*
corrective agent / Korrektivmittel *n*
corridor carpet / Läufer *m* ‖ ~ **rug** / Läufer *m*

Corriedale

Corriedale wool / neuseeländische Wolle
Corrientes wool / Crossbred-Wolle f aus Corrientes (Argentinien)
corrugate n (knitt) / riefen v
corsage n / Korsage f
corselette n / Korselett n ‖ ~ **fabric** / Korselettstoff m
corset n / Korsett n, Mieder n ‖ ~ **accessories** pl / Korsettzubehör n ‖ ~ **batiste** / Korsettbatist m ‖ ~ **brocade** / Korsettbrokat m ‖ ~ **crepe** / Korsettkreppgewebe n ‖ ~ **cretonne** / Korsettkretonne f ‖ ~ **drill** / Korsettdrell m ‖ ~ **elastic** / Korsettgummi n m ‖ ~ **fabric** / Korsettstoff m, Miedergewebe n ‖ ~ **jean** / Korsettköper m ‖ ~ **lacing** / Korsettschnur f ‖ ~ **machine** (knitt) / Gummi-Einstrickmaschine f, Gummieinlegestrickmaschine f ‖ ~ **net** / Miedertüll m, Korsett-Tüll m ‖ ~ **rubber** / Korsettgummi n m
corsetry n / Miederwaren f pl
corsets pl / Miederwaren f pl
corset steels / Korsettstahlstangen f pl, Korsettstangen f pl
corso skirt (fash) / Sattelrock m
cortex n / Kortex m (Rinde oder eigentliche Faserschicht der Wolle)
cortical fibre / Rindenfaser f, Bastfaser f ‖ ~ **layer** / Rindenschicht f ‖ ~ **tissue** / Rindengewebe n
cosmetic support stocking / kosmetischer Stützstrumpf
cosmos fibre / Kosmosfaser f, Mischstengelfaser f
cossack trousers pl (fash) / Stiefelhose f
costume n (set of garments) / Kostüm n, Jackenkleid n ‖ ~ (style of dress) / Tracht f ‖ ~ **fabric** / Kostümstoff m ‖ ~ **fabric** / Trachtenstoff m ‖ ~ **jacket** / Kostümjacke f ‖ ~ **jacket** / Trachtenjacke f ‖ ~ **skirt** / Kostümrock m ‖ ~ **skirt** / Trachtenrock m
costumier n / Kostümbildner m, Theaterschneider m ‖ / Kostümhändler m
cosy n (GB) / Kaffeewärmer m, Kaffeemütze f, Teewärmer m
cot n / verfilztes Schaffell ‖ ~ / Druckwalzenbezug m ‖ ~ **blanket** / Kinderschlafdecke f ‖ ~ **buffing attachment** / Zylinderausrichtgerät n
cote de cheval (Fr) / rippiger Stoff
côtelé n / Côtelé m (Cordgewebe) ‖ ~ **fabric** / Côtelé-Stoff m
coteline n / Coteline m, feingerippter Côtelé, feiner Möbelrips
cote piquée (Fr) / gerippte Wollserge ‖ ~ **satinée** (Fr) / atlasbindige Viskose-Filament-Duchesse
cotonette n / Baumwollwirkstoff m, gewirkter Baumwollstoff
cotonine n / Mischware f aus Baumwolle und Hanf
cotonis n / indische Halbseide
Cotswold wool / Gloucestershire Wolle, Cotswold-Wolle f
cottage drier / Trockenmansarde f ‖ ~ **mangle** / Kastenmangel f (DIN 64990) ‖ ~ **steamer** / Runddämpfer m, Kastendämpfer m, Dämpfkasten m, Dämpfmansarde f
cotted fleece / zottiges Schaffell ‖ ~ **wool** / verfilzte Wolle
cotton n, Co / Baumwolle f, Co, (früher:) Bw ‖ ~ / Baumwollstoff m, Baumwollgewebe n, Baumwollzeug n ‖ ~ / Baumwollgarn n
cottonade n / Cottonade f, Kasimirkammgarnstoff m vortäuschender Baumwollanzugstoff
cotton adulteration / absichtliche Verunreinigung der Baumwolle durch Sand, Blätter, Samen usw., um das Gewicht zu vermehren ‖ ~ **and wool mixture** / Halbwollware f ‖ ~ **anthracnose** s. anthracnose ‖ ~ **azo dyestuff** / Baumwollazofarbstoff m ‖ ~ **back grey** / Baumwollmitläufer m ‖ ~ **backing** (pile fabrics) / Baumwollrücken m für Pol- und Florartikel ‖ ~ **back satin** / Halbseidenatlas m ‖ ~ **back velvet** / Samt m mit Baumwollrückenbeschichtung ‖ ~ **bagging** / Jutepackgewebe n für Baumwollballen ‖ ~ **bale** / Baumwollballen m ‖ ~ **bale breaker** / Baumwollballenöffner m ‖ ~ **baling press** /

Baumwollballenpresse f ‖ ~ **bandage** / Baumwollbinde f, Baumwollverband m ‖ ~ **bathrobing** / Baumwoll-Bademantelstoff, vorzugsweise aus chinesischer Baumwolle hergestellt ‖ ~ **batik** / baumwollenes Batiktuch ‖ ~ **batiste** / Baumwollbatist m ‖ ~ **batting** / Baumwollwatte f ‖ ~ **beaver** / Baumwollbiber m ‖ ~ **belt** / Cotton Belt m (Baumwollanbaugebiet im Süden der USA) ‖ ~ **belting** / Baumwollriemen m ‖ ~ **blanket** / baumwollene Bettdecke ‖ ~ **bleaching** / Baumwollbleiche f ‖ ~ **blend** / Baumwollmischung f ‖ ~ **blending** / Mischen n der Baumwolle vor der Bearbeitung ‖ ~ **bloom** / Baumwollblüte f ‖ ~ **blowing room** / Baumwoll-Putzereianlage f ‖ ~ **blue** / Baumwollblau n ‖ ~ **boll** / Baumwollsamenkapsel f, Baumwollkapsel f ‖ ~ **bollworm** / Kapselwurm m (Heliothis armiger) ‖ ~ **braid** / Baumwollborte f ‖ ~ **breaker** / Reißwolf m ‖ ~ **burl** / Baumwollnoppe f ‖ ~ **cake** / Baumwollsamenkuchen m ‖ ~ **cambric** (plain-weave fabric) / Kambrik m, Cambric m, Baumwollbatist m, Baumwollnessel m ‖ ~ **cambric filter cloth** / Baumwollnesselfiltertuch n ‖ ~ **canvas** / Baumwollstramin m ‖ ~ **card** / Baumwollkarde f ‖ ~ **carding** / Baumwollkardieren n, Baumwollkarden n ‖ ~ **card waste** / Baumwollkardenabfall m ‖ ~ **carrier blanket** / Baumwollmitläufer m ‖ ~ **chamois [colour] cloth** / Sämischlederimitation f, Sämischlederbaumwollstoff m ‖ ~ **chenille** / Baumwollchenille f ‖ ~ **chopper** / Ausdünngerät n für Baumwollplantagen ‖ ~ **class** / Baumwollklasse f ‖ ~ **classer** / Baumwollklassierer m ‖ ~ **classing** / Baumwollklassierung f ‖ ~ **cleaner** / Baumwollreiniger m ‖ ~ **cleaning machine** / Baumwollreinigungsmaschine f ‖ ~ **cloth** / Baumwolltuch n, Baumwollgewebe n, Baumwollzeug n, Kattun m ‖ ~ **cloth** / Nesseltuch n ‖ ~ **cloth manufacture** / Baumwollwarenherstellung f ‖ ~ **Colorimeter** / Cotton-Colorimeter n (automatisch arbeitendes fotoelektrisches Instrument für den Baumwolltest) ‖ ~ **comber** / Baumwollkämmer m, Baumwollkämmaschine f ‖ ~ **combing** / Baumwollkämmen n, Baumwollkämmerei f ‖ ~ **combing machine** / Baumwollkämmaschine f, Baumwollkämmer m ‖ ~ **condenser spinning** / Zweizylinderspinnerei f ‖ ~ **condensing** / Baumwollfaservlies-Verdichten n ‖ ~ **cord** / Genuakord m ‖ ~ **corduroy** / Baumwoll-Cord m ‖ ~ **core** (rope making) / Baumwollseele f ‖ ~ **count** / englische Baumwollnummer f ‖ ~ **count** / Baumwollnumerierung f ‖ ~ **-covered wire** / baumwollisolierter Draht ‖ ~ **covert cloth** / Baumwollcovercoat m ‖ ~ **crepe** / Baumwollkrepp m ‖ ~ **crepon** / Baumwollkrepon m, Baumwollcrepon m ‖ ~ **cretonne** / Cretonne f m, Kretonne f m, (AU) Kreton m ‖ ~ **crotch** (hos) / Baumwollzwickel m ‖ ~ **damask** / Baumwolldamast m ‖ ~ **dewaxing** / Baumwollentwachsen m ‖ ~ **doubler** / Baumwolld[o]ublierer m ‖ ~ **drawing frame** / Baumwollstreckmaschine f, Baumwollstrecke f ‖ ~ **drawing system** / Baumwollstreckwerk n ‖ ~ **dress goods** pl / Baumwollkleiderstoff m ‖ ~ **dressing** / Baumwollaufbereitung f ‖ ~ **drill** / Baumwolldrell m ‖ ~ **dry felt** / Baumwoll-Trockenfilz m ‖ ~ **duck** / Baumwollduck m, Baumwollstramin m, Kanevas m ‖ ~ **duvetine** / Baumwoll-Duvetine m ‖ ~ **dyeing** / Baumwollfärben n ‖ ~ **dyeing machine** / Baumwollfärbeapparat m ‖ ~ **dyestuff** / Baumwollfarbstoff m
cottonee n / türkisches Gewebe aus Baumwolle und Seidensatinet
cotton effect thread / Baumwolleffektfaden m
cottonette n / Baumwollwirkstoff m, gewirkter Baumwollstoff
cotton fabric / Baumwollgewebe n, baumwollenes Gewebe, Baumwollstoff m, baumwollener Stoff ‖ ~ **fabric prescouring** / Baumwollgewebe-Vorreinigung

cotton

f ‖ ~ **feeder** / Baumwollzuführer m ‖ ~ **felt** / Druckfilz m, Papiermacherfilz m, Baumwollfilztuch n ‖ ~ **ferrets** pl / Baumwollstreifen m, Baumwollbesatz m ‖ ~ **fibre** / Baumwollfaser f ‖ ~ **fibre gasket** / Baumwollfaserdichtung f ‖ ~ **fibre immaturity testing** / Baumwollreifeprüfung f ‖ ~ **fibre length** / Baumwollstapel m ‖ ~ **finishing** / Baumwollausrüstung f, Baumwollveredlung f ‖ ~ **flannel** / Baumwollflanell m ‖ ~ **flannelette** / Hemdenflanell m ‖ ~ **flat card** / Baumwolldeckelkarde f ‖ ~ **fleece** / Krempelpelz m ‖ ~ **floater** / Öltuch/Gummi-Umhüllung f für Baumwollballen, die geflößt werden ‖ ~ **flock** / Baumwollflocke f ‖ ~ **fly** / Baumwollabfall m ‖ ~ **foulard** (cotton fabric made to simulate silk foulard) / Foulardine f ‖ ~ **foundation** / Baumwollunterlage f ‖ ~ **frame** / Cottonmaschine f, Cottonstuhl m, Baumwollspinnmaschine f ‖ ~ **frame needle** / Cottonstuhlnadel f, Cottonnadel f ‖ ~ **furnishings** / Baumwolldekostoffe m pl, Baumwoll-Dekorationsstoffe m pl ‖ ~ **fuzz** / Baumwollkurzhaar n ‖ ~ **gabardine** / Baumwollgabardine f ‖ ~ **gauze** / Baumwollgaze f ‖ ~ **georgette** / Baumwollgeorgette f m, Crêpe Georgette aus Baumwolle ‖ ~ **gin** / Baumwollentkörnungsmaschine f, Egreniermaschine f, Baumwollegreniermaschine f ‖ ~ **gloria** / Glorietta f, reinbaumwollener Gloria ‖ ~ **glove** / Baumwollhandschuh m, Zwirnhandschuh m ‖ ~ **glove material** / Baumwollhandschuhstoff m ‖ ~ **goods** / Baumwollstoffe m pl, Baumwollwaren f pl ‖ ~ **grading** / Baumwollklassierung f ‖ ~ **grass** / Wollgras n ‖ ~ **grass fibre** / Wollgrasfaser f ‖ ~ **ground thread** / Baumwollkernfaden m, baumwollene Einlage ‖ ~ **grower** / Baumwollpflanzer m ‖ ~ **hemp** / Flockenhanf m ‖ ~ **hose** / Baumwollstrumpf m ‖ ~ **hosiery yarn** / Baumwollstrumpfgarn n ‖ ~ **husk** / Baumwollsamenschale f ‖ ~ **industry chemicals** / Hilfsmittel n pl der Baumwollindustrie ‖ ~ **interlock** / Baumwolltrikot m n, Bw-Trikot m n, Baumwollinterlock m ‖ ~ **interlock fine rib** / Baumwollinterlockfeinripp m ‖ ~ **in the form of hanks** / Baumwolle f in Strangform ‖ ~ **in the seed** / ungereinigte Baumwolle
cottonize v (flax) / kotonisieren v, verbaumwollen v, baumwollähnlich machen
cottonized bast fibre / Kotonin n, kotonisierte Bastfaser (DIN 60001), kotonisierter Flockenbast ‖ ~ **flax** / Flachsfaser f ‖ ~ **ramie** / kotonisierte Ramiefaser, mattierte Ramiefaser
cottonizing n (flax) / Kotonisierung f
cotton jig / Baumwolljigger m ‖ ⁓ **knitting machine** s. Cotton's fully fashioned knitting machine ‖ ~ **knitwear** / Baumwolltrikotware f ‖ ~ **knop** / Baumwollnoppe f ‖ ~ **lap** / offene Trikotlegung (0-1/2-1) ‖ ~ **laps** pl / Abfallbaumwolle f ‖ ~ **lasting** / Lasting m (fünfbindiger Kettatlas, mit gezwirnter Kette) ‖ ~ **leaf blight** / Blattbrand m der Baumwolle ‖ ~ **lined crotch** (briefs) / Baumwollzwickel m ‖ ~ **linen** / Halbleinen n ‖ ~ **lining** / Baumwollfutterstoff m ‖ ~ **lint** / egrenierte Baumwolle, Lintbaumwolle f ‖ ~ **linters** / Baumwollinters pl ‖ ~ **linters** s. linters ‖ ~ **list** / Baumwoll-Leiste f ‖ ~ **lumps** / verfilzte Baumwollfasern f pl ‖ ~ **machine** (knitt) / Cottonmaschine f, Cottonstuhl m ‖ ~ **machine doubling** / Doublieren n auf der Cottonmaschine ‖ ~ **material** / Baumwollgewebe n ‖ ~ **maturity** / Baumwollreife f ‖ ~ **merino** / Baumwollmerino m ‖ ~ **mill** / Baumwollspinnerei f ‖ ~ **mill** / Baumwollweberei f ‖ ~ **mill** / Baumwollfabrik f ‖ ~ **mixture** / Baumwollmischung f ‖ ~ **molleton** / Baumwollmolton m ‖ ~ **moquette** / Baumwollmokett m, Baumwollmokette f ‖ ~ **mottling** / Baumwollmelierung f ‖ ~ **muslin** / Baumwollmusselin m ‖ ~ **oil** / Cottonöl n, Kottonöl n, Baumwollsamenöl n (Oleum gossypii) ‖ ~ **packing** / Baumwolldichtung f,

Baumwollpackung f ‖ ~ **paper** / Baumwollpapier n ‖ ~ **parchment** / echt Pergament, echtes Pergamentpapier aus Baumwolle ‖ ~ **picker** / Baumwollpflückmaschine f, Baumwollpflücker m, Picker m ‖ ~ **picking machine** / Baumwollpflückmaschine f, Picker m ‖ ~ **piecegoods finishing** / Baumwollstückveredlung f, Bw-Stückveredlung f ‖ ~ **pile fabric** / samtartiges Baumwollgewebe, Baumwollplüsch m ‖ ~ **plant** (bot) / Baumwollstaude f, Baumwolle f ‖ ~**-plated hosiery** / Trikot m plattiert mit Baumwolle ‖ ~ **plug** / Wattebausch m ‖ ~ **plush** / Baumwollplüsch m ‖ ~ **poplin** / Baumwoll-Popelin m, Baumwoll-Popeline f ‖ ~ **powder** / Schießbaumwolle f ‖ ~ **preparing machinery** / Baumwoll-Vorbehandlungsmaschinen f pl ‖ ~ **press** / Baumwollpresse f ‖ ~ **pressing plant** / Baumwollpreßanlage f ‖ ~ **print[ing]** / Baumwolldruck m, bedruckter Baumwollstoff, Zeugdruck m, Kattundruck m, bedruckter Kattun ‖ ~ **print cloth** / Baumwolldruckgewebe n, Baumwolldrucknessel m ‖ ~ **prints** / bedruckte Baumwollwaren f pl ‖ ~ **processing** / Baumwollspinnen n, fabrikationsmäßige Baumwollverarbeitung ‖ ~ **rags** / Baumwollhadern m pl, Baumwoll-Lumpen m pl ‖ ~ **raw stock** / lose Baumwolle ‖ ~ **reel** / Zwirnrolle f, Röllchen n, Garnröllchen n ‖ ~ **rep** / Baumwollrips m ‖ ~ **resin** / Baumwollharz n ‖ ~ **ribbon** / Baumwollband n ‖ ⁓ **rib frame** (knitt) / Cottonrändermaschine f ‖ ~ **ring spindle with plain bearings** / Baumwollringspindel f mit Gleitlager ‖ ~ **ring spinning frame** / Baumwollringspinnmaschine f ‖ ~ **root rot** / Wurzelfäule f der Baumwolle (verursacht durch Phymatotrichum omnivorum) ‖ ~ **roving frame** / Baumwollvorgarnspinnmaschine f ‖ ~ **sateen** / satinierter Baumwollfutterstoff ‖ ~ **screen printed sateen** / Baumwolldrucksatin f ‖ ~ **scutching machine** / Baumwollpflückmaschine f, Picker m ‖ ~ **seed** / Baumwollsamen m ‖ ~ **seed hull** / Baumwollsamenkapsel f ‖ ~ **seed husk** / Baumwollsamenschale f ‖ ~ **seed meal** / Baumwollsamenmehl n ‖ ~ **seed oil** s. cotton oil ‖ ~ **seed pod** / Baumwollkapsel f ‖ ~ **selvedge** / Baumwoll-Leiste f ‖ ~ **serge** / Baumwollserge f ‖ **Cotton's fully fashioned knitting machine** / Cottonmaschine f, Cottonstuhl m, Cotton-Flachwirkmaschine f
cotton shag / Baumwollplüsch m ‖ ~ **shirt** / Baumwollhemd n ‖ ~ **shive** / Baumwollschabe f ‖ ~ **shrub** / Baumwollstaude f ‖ ~ **sled** / Baumwollpflückmaschine f, Baumwoll-Abstreifmaschine f ‖ ~ **sliver** / Baumwollzug m ‖ ~ **slub** / Baumwollnoppe f ‖ ~ **smallwares** / Baumwoll-Bandware f ‖ ~ **sole** / Sohle f aus Baumwolle, Baumwollsohle f ‖ **Cotton's patent full-fashioned knitting machine** / Cottonmaschine f, Cottonstuhl m, Cotton-Flachwirkmaschine f ‖ ⁓ **patent machine** / Cottonmaschine f, Cottonstuhl m, Cotton-Flachwirkmaschine f
cotton spinner / Baumwollspinner m ‖ ~ **spinning** / Baumwollspinnerei f ‖ ~ **spinning machine** / Baumwollspinnmaschine f ‖ ~ **spinning mill** / Baumwollspinnerei f ‖ ~ **splicing** (hos) / Baumwollverstärkung f an Strümpfen ‖ ~ **spun yarn** / Baumwollspinngarn n ‖ ~ **stainer** (insect) / Baumwollfärber m, Baumwollfeuerwanze f (Dysdercus suturellus) ‖ ~ **staple** / Baumwollstapel m, Stapel m der Baumwollfaser, Länge f der Baumwollfaser ‖ ~ **stenter** / Baumwollstoffstrecker m ‖ ~ **strap** / Baumwollgurt m ‖ ~ **stretch** / Baumwoll-Stretchgarn n, Cotton-Stretch m (Falschdraht-Thermosetting-Methode) ‖ ~ **stretch fabric** / Baumwoll-Stretchgewebe n ‖ ~ **stretch yarn** / Baumwoll-Stretchgarn n ‖ ~ **strip** / Abfallbaumwolle f ‖ ~ **stripper** / Baumwollpflückmaschine f, Baumwoll-

cotton

Abstreifmaschine f ‖ ~ **suitings** / Baumwollimitationen f pl von Kammgarnstoffen ‖ ~ **sweep** / kleiner Baumwollpflug ‖ ~ **system processing** / Baumwollspinnsystem n ‖ ~ **taffetta** / Baumwolltaft m ‖ ~ **tape** / Baumwollband n ‖ ~ **terry cloth** / Baumwollfrottiergewebe n ‖ ~ **testing laboratory** / Baumwollprüflaboratorium n ‖ ~ **testing method** / Baumwoll-Prüfverfahren n, Baumwoll-Testverfahren n ‖ ~ **thread** / Baumwollfaden m, Baumwollzwirn m, Baumwollgarn n, Baumwollnähgarn n ‖ ~ **thread mill** / Baumwollzwirnerei f ‖ ~ **ticking** / Baumwolldrill m ‖ ~ **top** / Wollgras n ‖ ~ **top** / Baumwollrand m an Strümpfen ‖ ~ **touch** / Baumwolltragegefühl n ‖ ~ **tricot** / Baumwolltrikot m n ‖ ~ **tropical** / baumwollener Tropenanzugsstoff ‖ ~ **trouserings** / Baumwollhosenstoffe m pl ‖ ~ **T-shirt** / Baumwoll-T-Shirt n, Baumwolltrikothemd n ‖ ~ **tweed** / Baumwollstoff m mit Tweedcharakter ‖ ~ **twill** / Baumwollköper m ‖ ~ **twist** / Baumwollzwirn m, Baumwolltwist m, baumwollenes Webgarn ‖ ~ **velvet** / Baumwollsamt m, Schußsamt m, Velvet m n ‖ ~ **wadding** / Baumwollwatte f ‖ ~ **warp** / Baumwollkette f ‖ ~ **warp and woollen weft union** / Halbwoll-Beiderwand f ‖ ~ **warp linen** / Halbleinen n ‖ ~ **warp satin** / Baumwoll-Kettsatin f ‖ ~ **warp union** / Mischgewebe n mit Baumwollkette ‖ ~ **warp worsteds** / Stoffe m pl mit Baumwollkette und Kammgarnschuß ‖ ~ **waste** / Baumwollabfall m, Putzbaumwolle f, Abfallbaumwolle f, Putzwolle f ‖ ~ **waste cleaner** / Baumwollabfallreinigungsmaschine f ‖ ~ **waste molleton** / Baumwollabfallmolton m ‖ ~ **waste shaker** / Klopfwolf m (für Baumwollabfall) ‖ ~ **waste sheetings** / Bettlakenstoff m aus Baumwollabfall ‖ ~ **waste spinning** / Baumwollabfallspinnerei f ‖ ~ **waste yarn** / Baumwollabfallgarn n ‖ ~ **wax** / Baumwollwachs n ‖ ~ **weave** / Kattunbindung f ‖ ~ **weaving mill** / Baumwollweberei f ‖ ~ **webbing** / Baumwollgurt m, breites gummielastisches Baumwollgewebe ‖ ~ **weft** / Baumwollschuß m, Baumwolleinschlag m ‖ ~ **weft poplin** / gewöhnlicher Popelin, gewöhnliche Popeline ‖ ~ **winding** / Baumwollhaspelei f ‖ ~ **wool** / Baumwollwatte f, Verband[s]watte f, Watte f ‖ ~ **wool** / Rohbaumwolle f ‖ ~ **wool cutting machine** / Watteschneidemaschine f ‖ ~ **wool glueing machine** / Watteleimmaschine f ‖ ~ **wool layer** / Wattebelag m ‖ ~ **wool laying machine** / Wattelegemaschine f ‖ ~ **wool packing machine** / Watteverpackungsmaschine f ‖ ~ **wool pad** / Wattebausch m, Tampon m ‖ ~ **wool plug** / Wattebausch m ‖ ~ **wool wad** / Tampon m, Wattebausch m ‖ ~ **worsted** / Imitatkammgarn n, Kammgarnimitation f ‖ ~ **wound package dyeing machine** / Baumwollkreuzspulfärbeapparat m

cottony adj / baumwollartig adj ‖ ~ / flaumig adj, weich adj, wollig adj

cotton yarn / Baumwollgarn n, Nähgarn n, baumwollenes Webgarn ‖ ~ **zephyr** / Baumwollzephir m, Baumwollzephyr m

cotts pl, cotty wool / filzige Wolle, verfilztes Schaffell ‖ ~ / verfilzte Wolle (DIN 60004)

couch v / abgautschen v, leicht ausdrücken ‖ ~ n / Couch f ‖ ~ **cover** / Couchdecke f, Divandecke f, Chaiselonguedecke f

couching n / Plattstickerei f

coulier arm (knitt) / Kulierarm f ‖ ~ **brake** (knitt) / Kulierbremse f ‖ ~ **brake band** (knitt) / Kulierbremsband n ‖ ~ **cam** (knitt) / Kulierexzenter m ‖ ~ **cam shaft bearing** (knitt) / Kulierwellenlager n ‖ ~ **clutch coupling** (knitt) / Kulierkupplungsverbindung f ‖ ~ **curve** (knitt) / Kulierkurve f ‖ ~ **drive** (knitt) / Kulierantrieb m ‖ ~ **goods** (knitt) / Kulierware f, Kuliergewirke n (DIN 62049)

couliering n (knitt) / Kulieren n ‖ ~ **the loop** (knitt) / Maschenkulieren n

coulier motion (knitt) / Kulierbewegung f ‖ ~ **motion** (knitt) / Kuliereinrichtung f ‖ ~ **motion bevel gear** (knitt) / Kulierkegelrad n ‖ ~ **motion pinion** (knitt) / Kulierrad n ‖ ~ **plate** (knitt) / Kulierstelle f, Kulierpunkt m ‖ ~ **point** (knitt) / Kulierpunkt m ‖ ~ **safety switch** (knitt) / Kuliersicherheitsschalter m ‖ ~ **shaft** (knitt) / Kulierwelle f ‖ ~ **shaft bearing** (knitt) / Kulierwellenlager n ‖ ~ **stroke** (knitt) / Kulierhub m

coumarin n / Coumarin n, Cumarin n, Kumarin n, Tonkabohnenkampfer m

coumarone n / Coumaron n, Cumaron n, Kumaron n, Benzofuran n ‖ ~ **resin** / Coumaronharz n, Cumaronharz n, Kumaronharz n

count n / Titer m (Feinheit eines Seidenfadens oder Viskose-Filaments), Denier n (frühere Einheit für die Fadenstärke), Feinheitsnummer f, Garnnummer f ‖ ~ **determined by the weight of the yarn according to a given standard of length** / Gewichtsnumerierung f ‖ ~ **deviation** / Titerschwankung f

counter n (in satin weave) / Steigungszahl f ‖ **in ~ notation** / gegenlegig adj ‖ ~ **binding** (weav) / Gegenbindung f ‖ ~ **blade** / Gegenmesser n ‖ ~ **bowl** / Gegenwalze f ‖ ~ **cam** (knitt) / Gegensenker m ‖ ~ **chain** (knitt) / Zählkette f ‖ ~ **clockwise twist** (spinn) / Linksdrehung f ‖ ~ **current airing** / Gegenstrombelüftung f ‖ ~ **current drying** / Gegenstromtrocknung f ‖ ~ **current flow washing unit** / Gegenstromwaschanlage f ‖ ~ **current method** (dye) / Gegenstromverfahren n ‖ ~ **current principle** (dye) / Gegenstromprinzip n ‖ ~ **doctor** / Gegenrakel f, Konterrakel f ‖ ~**-driven scroll for knitted fabrics**, counter-driven fabric spreader for knitted fabrics / gegenläufig angetriebener Spezial-Wirkwarenbreithalter ‖ ~**-faller** (mule) / Gegenwinder m ‖ ~**-faller shaft** (mule) / Gegenwinderwelle f ‖ ~**-faller stick** (mule) / Gegenwinderstange f ‖ ~**-flow** (dye) / Gegenstrom m ‖ ~**-flow process** (dye) / Gegenstromverfahren n ‖ ~ **hook** / Gegenhaken m

counterpane n / Bettdecke f, Zierdecke f, Bettüberwurf m, Steppdecke f

counter-pile n / Gegenstrich m ‖ ~**-pile napping** / Gegenstrichrauhen n ‖ ~**-pile roll[er]** / Gegenstrichwalze f

counterplate n (weav) / Gegenform f

counter-pressure roll[er] / Gegendruckwalze f ‖ ~ **roll[er]** / Gegenwalze f ‖ ~ **sample** (dye) / Gegenmuster n

countersetting of the roll[er]s / Einstellung f Walze zu Walze

count from right to left / linksläufig zählen

counting device / Zählvorrichtung f ‖ ~ **glass** / Fadenzähler m, Weberglas n ‖ ~ **reel** / Zählweife f ‖ ~ **system** / Numerierungsart f ‖ ~ **warp reel** (weav) / Garnhaspel f mit Zählvorrichtung

count number / Feinheitsnummer f, Zählnummer f ‖ ~ **numbering** / Garnnumerierung f ‖ ~ **of cloth** / Gewebefadendichte f, Fadendichte f eines Gewebes ‖ ~ **of cotton yarn** / Baumwollgarnnummer f, Baumwollnummer f ‖ ~ **of silk after conditioning** / konditionierter Seidentiter ‖ ~ **of silk after degumming** / Titer m von entschälter Seide ‖ ~ **of the feed sliver** (spinn) / Vorlagennummer f ‖ ~ **of the reed** (weav) / Blattdichte f ‖ ~ **of the sliver** / Bandnummer f ‖ ~ **of yarn** / Feinheitsnummer f, Garnstärke f, Garnnummer f ‖ ~ **on delivery side** (spinn) / Ausgangseinheit f, Ausnummer f ‖ ~ **strength product** / Produkt aus Garnnummer und Festigkeit ‖ ~ **tester** / Garnnummernprüfgerät n ‖ ~ **testing** / Garnnummernprüfung f

couple v (dye) / kuppeln v, entwickeln v

coupled dyestuffs / gekuppelte Farbstoffe m pl

coupling n (chem) / chemische Kupplung f ‖ ~ (dye) / Kupplung f, Entwickeln n ‖ ~ (weav) / Harnischschnur f ‖ ~ **agent** (lam) / Haftvermittler m (DIN 61850),

72

Haftmittel *n* (Glasfasern, Textilglas) ‖ ~ **bath** (dye) / Kupplungsflotte *f*, Kupplungsbad *n* ‖ ~ **component** *(dye)* / Kupplungskomponente *f* ‖ ~ **condition** (dye) / Kupplungsbedingung *f* ‖ ~ **dyestuff** / Kupplungsfarbstoff *m* ‖ ~ **finish** / Haftmittelfinish *n* (DIN 61850) ‖ ~ **liquor** / Kupplungsflotte *f* ‖ ~ **process** (dye) / Kuppeln *n*, Farbbildung *f* durch Kuppeln ‖ ~ **reaction** / Kupplungsreaktion *f* ‖ ~-**resisting agent** (dye) / kupplungsverhinderndes Mittel ‖ ~ **size** / haftmittelhaltige Kunststoffschlichte (DIN 61850) ‖ ~ **vat** / Kupplungsbottich *m*
coupon printing machine / Coupondruckmaschine *f*
couratari fibre (South American bast fibre) / Tururibaumfaser *f*
course *n* (knitt) / Masche *f*, Reihe *f*, Maschenquerreihe *f*, Maschenreihe *f*, Tour *f* ‖ **1 ~ 1/1 rib and 1 course tubular** (knitt) / Glatt/Rechts-Musterart *f*, Halbschlauch *m* ‖ ~ **count** [of yarn] / grober Titer, grobe Nummer ‖ ~ **counter** (hos) / Reihenzähler *m* ‖ ~ **of the thread** / Fadenlauf *m*
courses per centimetre / Maschenreihen *f pl* je cm ‖ ~ **per inch** / Maschenreihen *f pl* je Zoll ‖ ~ **per minute** / Maschenreihen *f pl* je Minute
court plaster / Englischpflaster *n*, Heftpflaster *n*
coutil *n* (Fr) / Drillich *m*, Coutil *m* (Baumwollköper für Oberbekleidung)
covalent bond (chem) / kovalente Bindung
cover *n* / decken *v*, bedecken *v* ‖ ~ / überziehen *v*, umhüllen *v* ‖ ~ (dye) / nachfärben *v*, überfärben *v* ‖ ~ (spinn) / überspinnen *v*, umspinnen *v* ‖ ~ (yarn) / umwickeln *v*, umwinden *v* ‖ ~ (e.g. a boiler) / verkleiden *v* ‖ ~ *n* (gen) / Belag *m*, Decke *f*, Hülle *f*, Überzug *m*, Bezug *m* ‖ ~ (weav) / Fadenschluß *m*, Band *n*, Rand *m* ‖ ~ (selvedge) / Einfassung *f*
coverage *n* (text pr) / Bedeckungsgrad *m* ‖ ~ (dye) / Deckfähigkeit *f* ‖ ~ (cpt) / Flächenabdeckung *f*
coverall *n* (for children) / Schlaf- und Strampelanzug *m*
coverall[s] (US) / Arbeitskombination *f*, Arbeitskittel *m*, Berufskittel *m*, Overall *m*
cover by pouring (ctg) / übergießen *v* ‖ ~ **by spinning** / umspinnen *v* ‖ ~ **card** / Deckelkrempel *f* ‖ ~ **cloth** / Verdecktuch *m* ‖ ~ **coat** / Mantel *m*
covered button / übersponnener Knopf, überzogener Knopf ‖ ~ **mixture** / abgedeckte Mischung ‖ ~ **roll[er]** / bezogene Walze ‖ ~ **rubber yarn** / umsponnener Gummifaden, bezogener Gummifaden ‖ ~ **seam** (seam m) / verdeckte Naht ‖ ~ **shade** / gedeckter Farbton ‖ ~ **thread** / umsponnener Faden ‖ ~ **yarn** / Umwindungsgarn *n*, umzwirntes Garn, umsponnenes Garn, Seelengarn *n*
cover fabric / Bezugsstoff *m* ‖ ~ **factor** (text pr, dye) / Cover-Faktor *m*, Deckungsfaktor *m* ‖ ~ **hook** (weav, shuttle) / Deckelhaken *m* (DIN 64785)
covering *n* / Belag *m*, Decke *f*, Hülle *f*, Bezug *m*, Überzug *m* ‖ ~ / Bespannung *f* (Umhüllung des Rohbaugerüsts von Segel- und kleinen Motorflugzeugen mit Gewebe hoher Reißfestigkeit) ‖ ~ (of yarn) / Ummantelung *f* ‖ ~ **agent** (dye) / Deckmittel *n*, Überdeckungsmittel *n*, Überdeckungsprodukt *n* ‖ ~ **bath** (dye) / Deckbad *n* ‖ ~ **cam** (knitt) / Deckmesserexzenter *m* ‖ ~ **capacity** (dye) / Deckkraft *f*, Deckfähigkeit *f*, Ausgiebigkeit *f* eines Farbstoffes ‖ ~ **colour** / Deckfarbe *f* ‖ ~ **deep dyed grounds** / Abdecken *n* der Fondfärbung ‖ ~ **draft** / Verzug *m* beim Umspinnen ‖ ~ **effect** (dye) / Deckwirkung *f* ‖ ~ **heel knife** (knitt) / Fersenmesser *n* ‖ ~ **heel needle** (knitt) / Fersennadel *n* ‖ ~ **knife** (knitt) / Abdruckblech *n*, Deckmesser *n* ‖ ~ **knife** (fully-fashioned knitting machine) / Giebelblech *n* ‖ ~ **knife attachment with automatic control of points** (fully-fashioned knitting machine) / Giebelmesser *n* mit selbsttätiger Steuerung für Spitze ‖ ~ **layer** (ctg) / Deckschicht *f* ‖ ~ **machine** / Umzwirnungsmaschine *f*, Umwickelmaschine *f* ‖ ~ **machine by spinning** / Umspinnmaschine *f* ‖ ~ **machine for rubber threads** /

Gummiumspinnmaschine *f* ‖ ~ **motion** (knitt) / Deckmesserapparat *m* ‖ ~ **needle** (weav) / Decknadel *f* ‖ ~ **needle** (knitt) / Deckernadel *f* ‖ ~ **of barré** (dye) / Decken *n* von Streifigkeit ‖ ~ **of barriness due to properties of the material** / Decken *n* der materialbedingten Streifigkeit ‖ ~ **of barry dyeings** / Decken *n* von Streifigkeit ‖ ~ **of dead cotton** (dye) / Decken *n* der toten Baumwolle ‖ ~ **of differences in affinity** (dye) / Decken *n* von Streifigkeit, Ausgleich *m* von Streifigkeit ‖ ~ **of [physical] differences in the fibre**, covering of differences in filament structure (dye) / Decken *n* von Fadenstrukturdifferenzen, Ausgleichsvermögen *n* von Fadenstrukturdifferenzen ‖ ~ **of streakiness caused by chemical and physical differences in the fibre** (dye) / Decken *n* materialbedingter Streifigkeiten ‖ ~ **of streaky dyeings** / Decken *n* von Streifigkeit ‖ ~ **power** (dye) / Deckungsfaktor *m* ‖ ~ **power**, covering property / Deckkraft *f*, Deckkraft *f*, Ausgiebigkeit *f* eines Farbstoffes ‖ ~ **power** (of a fibre) / Deckvermögen *n* ‖ ~ **rod for heel knives** (knitt) / Fersenmesserstab *m* ‖ ~ **shaft** (knitt) / Deckmesserstab *m* ‖ ~ **spindle** / Umspinnungsspindel *f* ‖ ~ **thread** (knitt) / Deckfaden *m* des Bindefadenfutters ‖ ~ **twist** / Umspinnungszwirn *m* ‖ ~ **warp** (knitt) / Deckkette *f* ‖ ~ **with thread** / Umwindung *f*, Umspinnung *f* ‖ ~ **yarn** / Hüllfaden *n*, Hüllgarn *n*, Umspinnungsgarn *n*, Umwindungsgarn *n*, Umwicklungsgarn *n*
coverlet *n*, coverlid *n* / Bettüberwurf *m*, Tagesdecke *f*, Zierdecke *f*, Spreitdecke *f*, Steppdecke *f*
cover net / Abdecknetz *n* ‖ ~ **of fabric** / Warendecke *f*, Stoffoberfläche *f* ‖ ~ **plate** / Deckplatte *f* ‖ ~ **plate** (weav, shuttle) / Fadenschutzplatte *f* (DIN 64685) ‖ ~ **print** / überdrucken *v* ‖ ~ **print** / Überdruck *m*, Deckdruck *m* ‖ ~ **print dyestuff** / Überdruckfarbstoff *m* ‖ ~ **printed area** / Überdruckfläche *f* ‖ ~ **printing** / Überdrucken *n* ‖ ~ **printing effect** / Überdruckeffekt *m* ‖ ~ **print style** / Überdruckartikel *m* ‖ ~ **seam** / Decknaht *f* ‖ ~-**seaming** (sew) / Übernähen *n* ‖ ~ **seaming stitch** (sew) / Überdeckstich *m* ‖ ~ **seam machine** / Überdecknahtmaschine *f* ‖ ~ **sheet** (lam) / Deckbogen *m* ‖ ~ **stitch** (sew) / Deckstich *m* ‖ ~-**stitch seam** (sew) / Überdecknaht *f* ‖ ~ **stock** / Abdeckmaterial *n* (z.B. für Hygieneartikel), Hüllvlies *n* ‖ ~ **tape** (sew) / Abdeckband *n*
covert cloth / Covercoatstoff *m*, leichter geköperter Überzieherstoff ‖ ~ **coat** / kurzer Sommermantel *m* ‖ ~ **coating** (fabr) / Covercoat *m*
cover thread / Legfaden *m*
covert twill coating / baumwollener Covercoat ‖ ~ **weave** / Covercoatbindung *f* (Steilköperbindung)
cover yarn / Umwindungsfaden *m*
cow hair / Rinderhaar *n* (DIN 60001)
cowl *n* / Kapuze *f*, Mönchskapuze *f* ‖ ~ / Mönchskutte *f* ‖ ~ **collar** (fash) / Kuttenkragen *m*, halsferner Rollkragen ‖ ~ **dress** (fash) / Kuttenkleid *n* ‖ ~ **neck jumper** (fash) / Rollkragenpullover *m*
cowtail wool / spröde Wolle
Cox Royal Arch cotton / Baumwolle *f* aus Georgia
coyol fibre / Blattfaser *f* der Palmen der Gattung Acrocomia
cozy (US) / Kaffeewärmer *m*, Kaffeemütze *f*, Teewärmer *m*
c.p.i. (knitt) = courses per inch
CR (s. compressional resilience)
crab *v* (fin) / krabben *v*, einbrennen *v*, krappen *v*
crabbing *n* (fin) / Krabben *n*, Krappen *n*, Brühen *n*, Glätten *n*, Fixieren *n* ‖ ~ **bath** / Krabbflotte *f*, Brennflotte *f* ‖ ~ **jack** / Brennbock *m* (DIN 64990) ‖ ~ **liquor** / Krabbflotte *f*, Brennflotte *f* ‖ ~ **machine** / Krabbmaschine *f*, Krappmaschine *f*, Brennbock *m* (DIN64990), Einbrennmaschine *f* ‖ ~ **machine** (wool) / Koch- und Fixiermaschine *f*, Abkochmaschine *f* ‖

crabbing

~ roller / Brennbock m (DIN 64990) ‖ ~ without upper roll[er] / Brennen n ohne Oberwalze
crack v (ctg) / rissig werden ‖ ~ (seam) / platzen v ‖ ~ n / Sprung m, Riß m, Bruch m, Platzer m ‖ ~ (weav) / Schußfehler m ‖ ~ (ctg) / Riß m im Beschichtungsfilm
cracked ends / Fadenbruch m, gerissene Fäden m pl ‖ ~ fabric / rissiger Stoff ‖ ~ selvedge / gerissene Leiste
crackiness n (ctg) / Rissigkeit f
cracking n (ctg) / Rissigwerden n, Rißbildung f ‖ ~ (ctg) / Brechen n, Entmischen n (von Emulsionen)
crackle finish (ctg) / Eisblumeneffekt m
crackling effect (ctg) / Eisblumeneffekt m
crack mark / Legefalte f ‖ ~ mark (ctg) / Faltenbruch m, Lauffaltenbruch m ‖ ~ propagation / Weiterreißen n ‖ ~-resistant coating / knickfeste Beschichtung
cradle n (drawing system) / Oberriemchenkäfig m des Streckwerks (DIN 64050), Streckwerkskäfig m, Riemchenkäfig m, Oberriemchenhalter m ‖ ~ (drawing system) / Laufschiene f, Laufbügel m ‖ ~ feature (hos) / Sohlenmuster n, Bogensohle f ‖ ~ foot (hos) / stufenförmige Sohlenverstärkung ‖ ~ rocker (knitt) / Druckzeug n, Rahmenhebeldruckzeug m ‖ ~ sole (hos) / Wiegensohle f
craftsmen's sewing machine (sew) / Handwerkernähmaschine f
crammed border / mehrfädiger Rand, dichter Rand ‖ ~ stripes pl / gedrängte Streifung
cramping n / Kaltpressen n
crank arm (weav) / Ladenschere f ‖ ~ connecting link / Kurbelschere f
cranked point (knitt) / Fersendecker m, Fersenkamm m
crank fulling mill / Druckwalke f, Kurbelwalke f ‖ ~ handle embroidery machine / Kurbelstickmaschine f ‖ ~ loom / Kurbelwebstuhl m ‖ ~-operated chain stitch embroidery machine (sew) / Kettenstich-Kurbelstickmaschine f ‖ ~-operated sewing machine / Kurbelnähmaschine f ‖ ~-operated single-thread chain stitch embroidery machine (sew) / Einfaden-Kettenstich-Kurbelstickmaschine f ‖ ~ shaft loom / Kurbelwebstuhl m
cranston n / schottischer Tartan
crape v / mit einem Trauerflor versehen ‖ ~ n (weav) / Trauerflor m ‖ ~ s. also crepe ‖ ~ cloth / Wollkrepp m
craquant n (Fr) / Knirschgriff m, Krachgriff m, Craquantgriff m, [knirschender] Seidengriff, krachender Griff
craquelé n (Fr) / Craquelé n, Krakelee n (Damenkleiderkrepp mit narbigem Aussehen, erzeugt durch Prägekalandereffekt oder durch Hohlschußbindung)
crash n / Grobleinen n, grober Drell, Drillich m ‖ ~ towelling / Handtuchware f
crater n (ctg) / Krater m
cratering n (ctg) / Kraterbildung f
craua n / Caroáfaser f
cravat n / Seidentuch n, Halstuch n ‖ ~ / Halsbinde f
cravenette n (GB) / Verfahren n zum Wasserdichtmachen von Stoffen ‖ ~ (US) / wasserdichte oder wasserabweisende Stoffe m pl
Crawford cotton / Baumwolle f aus Südkarolina
crawlers pl / Kleinkind-Latzhose f, Rutschhose f
craze v (ctg) / rissig werden, Haarrisse bilden ‖ ~ n / Haarriß m
crazed adj / rissig adj
crazing n / Haarrisse m pl
crazy quilt / Flickendecke f
cream v / aufrahmen v ‖ ~ adj / cremeweiß adj (RAL 9001), cremefarben adj, rahmfarben adj, gelbweiß adj, zart gelblich
creamability n / Aufrahmungsfähigkeit f
cream colour / Cremefarbe f, Rahmfarbe f, Isabellfarbe f ‖ ~ damask / halbgebleichter Damast f ‖ ~ dispenser / Sahnespritzbeutel m

creaming n / Aufrahmen n, Aufrahmung f ‖ ~ agent / Aufrahmungsmittel n
cream of tartar / Kaliumhydrogentartrat n, gereinigter Weinstein ‖ ~ shade / Cremefarbe f, Rahmfarbe f, Isabellfarbe f ‖ ~-tinged adj / cremestichig adj ‖ ~-tinged white / cremestichiges Weiß
creamy adj (paste) / cremig adj, cremeförmig adj ‖ ~ (paste) / sämig adj
creas n / Doppelleinwand f ‖ ~ (type of cretonne) / Kreas n, Creas n, Grobnessel m, Abfallkretonne f m
crease vt / knittern v, falten v, zerdrücken v, knautschen v, in Falten legen, zerknittern v ‖ ~ vi / faltig werden ‖ ~ n / Falte f ‖ ~ (desired) / Bügelfalte f ‖ ~ (undesired) / Knitterfalte f, Knickfalte f, Quetschfalte f ‖ ~ abrasion resistance / Knickscheuerfestigkeit f ‖ ~ acceptance / Knitterneigung f ‖ ~ angle / Knitterwinkel m, Faltenwinkel m ‖ ~ caused by milling / Walkfalte f ‖ ~ caused during drying / durch Trocknen entstandene Knitterfalte
creased adj / verknittert adj
crease formation / Faltenbildung f, Knitterbildung f ‖ ~ formed in the washer / Waschfalte f, Waschknitter m
creaseless adj / faltenfrei adj, knitterfrei adj ‖ ~ run / faltenfreier Lauf
crease line / Bügelfalte f ‖ ~ mark / Falte f, Faltspur f, Faltstelle f, Knickstelle f, Faltenbildung f
creaseproof v / knitterarm ausrüsten, knitterfest ausrüsten ‖ ~ adj / knitterarm adj, knitterecht adj, knitterfest adj, knitterfrei adj, nicht knitternd ‖ ~ cotton fabric / hochveredeltes Baumwollgewebe ‖ ~ finish [treatment] / Knitterarmausrüstung f, Hochveredlung f ‖ ~ finishing / Knitterarmausrüstung f, Hochveredlung f ‖ ~ finishing of dyed material / Knitterfestausrüstung f von Farbware
creaseproofing n / Knitterrechtausrüstung f, Knitterarmausrüstung f, Knitterarmappretur f, Knitterfreiappretur f, Knitterfestmachen n ‖ ~ agent / Knitterechtausrüstungsmittel n, Knitterarmappreturmittel n ‖ ~ resin finish / Hochveredlung f
crease-proofness n / Bügelfaltenbeständigkeit f
creaseproof product / Knitterfestprodukt n ‖ ~ property / Knitterfesteigenschaft f
crease recovery / Knittererholung f, Ausglättung f, Entknitterung f ‖ ~ recovery ability / Knittererholungsvermögen n ‖ ~ recovery angle / Knittererholungswinkel m ‖ ~ recovery test / Knittererholungsprüfung f, Entknitterungsprüfung f ‖ ~-reducing effect / faltenmindernde Wirkung ‖ ~ resist agent / Knitterfreimittel n, Knitterfestmittel n ‖ ~ resistance / Knitterechtheit f, Knitterfreiheit f, Knitterfestigkeit f, Knitterwiderstand m, Knitterresistenz f ‖ ~ resistance test / Knitterprobe f, Knitterprüfung f ‖ ~-resistant adj / knitterecht adj, knitterfest adj, knitterfrei adj, knitterarm adj, nicht knitternd ‖ ~-resistant effect / Knitterarmeffekt m ‖ ~-resistant finish s. crease resist finish ‖ ~-resistant finishing process / Knitterfestverfahren n ‖ ~-resistant treatment / Knitterfestbehandlung f ‖ ~ resisted / knitterfrei ausgerüstet, nicht knitternd ‖ ~ resist finish / knitterfreie Ausrüstung, Knitterfestausrüstung f, Hochveredlung f, Knitterfestausrüstung f ‖ ~ resist liquor / Hochveredlungsflotte f ‖ ~ resist processing / Knitterfestmachen n, Knitterarmmachen n ‖ ~ retention / Bügelfaltenbeständigkeit f ‖ ~ sensitivity / Knitterempfindlichkeit f ‖ ~ smoothing device / Faltenglättvorrichtung f ‖ ~ spots (ctg) / Knickstellen f
crelash n / ölgetränkter Wollabfall
creasing n / Faltenbilden n, Faltenwerfen n, Knittern n ‖ ~ and plaiting machine / Falt- und Abtafelmaschine f ‖ ~ angle / Knitterwinkel m, Faltenwinkel m ‖

~ property / Knittereigenschaft f ǁ **~ test** / Knitterprobe f, Knitterprüfung f
create patterns by the warp / aus der Kette mustern
creel v (spinn) / aufspindeln v, im Gatter aufstecken ǁ **~ n** / Aufsteckgatter n, Aufsteckrahmen m, Spulengatter n, Materialgatter n, Rüstgatter n, Spulengestell n, Spulensteckgatter n, Kanter m, Rahmengestell n, Rahmengatter n, Schärgatter n, Spulenrahmen m ǁ **~** (for cans) / Kannengatter n ǁ **~ bar** / Gatterstange f ǁ **~ board** / Aufsteckbrett n, Aufstecklatte f, Aufsteckplatte f, Spulenbrett n ǁ **~ bobbin** / Aufsteckspindel f, Aufsteckspule f ǁ **~ bracket** / Aufsteckrahmenständer m ǁ **~ flyer** / Vordrehflügel m ǁ **~ frame** (warping) / Gatterrahmen m (DIN 62850)
creeling n / Aufstecken n, Bestückung f des Rüstgatters, Spulen-Aufstecken n (DIN 62850) ǁ **~ device** / Aufsteckvorrichtung f, Aufsteckapparat m ǁ **~ frame** / Aufsteckrahmen m ǁ **~ frame** s. also creel ǁ **~ the bobbins** / Aufstecken n der Spulen ǁ **~ up** / Aufsteckung f
creel load (yarn) / Schärsatz m ǁ **~ peg** / Spulengatterstift m, Spulenständerstift m ǁ **~ pin** / Aufsteckspindel f ǁ **~ spindle** / Spulenstift m ǁ **~ supply** / Fadenzufuhr f vom Gatter ǁ **~ system of warping and beaming machine** / Aufsteckzeug n der Kettspulmaschine ǁ **~ table** / Spulentisch m (Stetigspinner) ǁ **~ the bobbins** / die Spulen aufstecken, die Spulen anstecken
creep v (dye) / fließen v ǁ **~ n** / Kriechen n ǁ **~** / verzögerte Erholung, Zurückkriechen n
creeper n / Spielanzug m (für Kleinkinder) ǁ **~** / endloses Beförderungstuch, endloses Fortführungstuch ǁ **~ lattice** (e.g. on bale breaker) / Speiselattentuch n, Zuführlattentuch n
creeping (dye) / Fließen n (des Farbstoffs)
creep recovery / Kriecherholung f ǁ **~ rupture** / Kriechbruch m ǁ **~ rupture strength** / Kriechbruchfestigkeit f ǁ **~ strength** / Zeitstandfestigkeit f, Kriechwiderstand m ǁ **~ testing** / Kriechprüfung f
Cremnitz white / Kremser Weiß, Bleiweiß n
crenelated hem / gezahnter Saum
creoula cotton / Maranhão-Baumwolle f, Mindo-Baumwolle f (Brasilien)
crepage tester / Garnschrumpfungsmeßgerät n
crepe v / kreppen v, kräuseln v, kreponieren v ǁ **~ n** / Krepp m, Crêpe m, Kreppgewebe n ǁ **~-back[ed] satin** / atlasbindiger Krepp, Crêpe-Satin m ǁ **~ band** / Trauerflor m ǁ **~ bandage** / elastischer Verband, Kreppverband m ǁ **~ calender** / Kreppkalander m ǁ **~ cord** / Kreppcord m ǁ **~-de-Chine** n / Crêpe de Chine m, Chinakrepp m, Chinaseide f mit Kreppcharakter ǁ **~-de-Chine façonné** / gemusterter Crêpe de Chine ǁ **~-de-Chine ribbon** / Crêpe-de-Chine-Band n ǁ **~-de-Chine traversé** / quergerippter Crêpe de Chine ǁ **~ de santé** (used for underwear, etc.) / Gesundheitsstoff m
creped fabric / Krepp m, Kreppstoff m, gekrepptes Gewebe
crepe effect / Kreppcharakter m, Kreppeffekt m, Kräuseleffekt m ǁ **~ effects achieved by printing on caustic soda** / Laugenkreppdruck m ǁ **~ embossing** / Krepp-Prägung f ǁ **~ fabric** / Kreppgewebe n ǁ **~ finish** / Kreppausrüstung f ǁ **~ georgette** (transparent blouse and dress fabric) / Crêpe m Georgette, Seidengeorgette f m ǁ **~ hosiery yarn** / Kräuselkreppgarn n
crepeline n / Crepeline m, Krepeline f
crepe Marocain (for dresses and coats) / Crêpe m Marocain, Marocain m, Krepp-Marok m ǁ **~ mousseline** / Kreppmusselin m ǁ **~ ondulé** / Crêpe m ondulé, welliger Crêpe ǁ **~ printing effect** / Krepp-Druckeffekt m ǁ **~ reversible** / Abseitenkrepp m ǁ **~ ribbon** / Kreppband n ǁ **~ romaine** / Crêpe m Romain, römischer Krepp ǁ **~ satin** (double-sided fabric for dresses and blouses) / Crêpe-Satin m,

atlasbindiger Krepp ǁ **~ silk** / festgedrehtes Seidengarn ǁ **~ sponge cloth** / Kreppfrottee n m, Kreppfrotté n m, Baumwollkreppfrottee n m, Baumwollkreppfrotté n m ǁ **~ style** / Kreppartikel m ǁ **~ traversé** / quergestreifter Krepp ǁ **~ twist** / festgedrehtes Garn ǁ **~ weave** / Kreppbindung f ǁ **~ weaves** pl / Kreppgewebe n ǁ **~ yarn** / Kreppgarn n, überdrehtes Garn ǁ **~ zephyr** / gekreppter Zephir, gekreppter Zephyr
creping n / Kreppen n, Krepponieren n ǁ **~ bath** / Kreppbad n, Krepponierbad n ǁ **~ calender** / Kreppkalander m ǁ **~ machine** / Kreppmaschine f, Krepponierapparat m ǁ **~ stiffener** / Kreppsteife f
crepon n (heavy crepe fabric characterized by a crinkled, puckered face) / Crepon m ǁ **~ effects** / creponartige Effekte m pl
creponette n / Kreponette f
creponne (a crepe fabric more rugged than the average crepe, with a fluted or crinkled effect in the warp direction) / Creponne m
cresol purple / Kresolpurpur m ǁ **~ red** / Kresolrot n
crete n / gemusterter Vorhangmusselin ǁ **~ braid** / Borte f mit Pikotkante
cretonne n (printed cotton fabric, usually of heavier weight than a chintz) (weav) / Cretonne f m, Kretonne f m, (AU) Kreton m, Baumwollnessel m ǁ **~ sleeve lining** / Cretonne-Ärmelfutter n
crewel n / Crewelgarn n, Crewel n (Kammgarnzwirn aus zwei hart gedrehten Garnen, die bei der Verzwirnung ungleich stark gespannt werden, ähnlich dem Perlzwirn) ǁ **~ work** / Crewelstickerei f ǁ **~ yarn** (slackly twisted worsted yarn) / Crewelgarn n, Crewel n
crew neck (fash) / hochgeschlossener runder Halsausschnitt
crib blanket / Kinderschlafdecke f ǁ **~ sheet** / Kinderbettlaken n
cricketing n (GB) / weiße Sportwollwaren f pl
crimp v / kräuseln v, kreppen v ǁ **~ n** / Kräuselung f ǁ **~** / Einwebung f ǁ **~ amplitude** / Kräuselungsamplitude f ǁ **~ balance** / Kräuselungsgleichförmigkeit f ǁ **~ capacity** / Kräuselungsvermögen n, Kräuselvermögen n ǁ **~ cloth** / Crimps m (durch Webeeffekt gekräuselt) ǁ **~ contraction** / Einkräuselung f, Kräuselkontraktion f ǁ **~ contraction force** / Kräuselkontraktionskraft f ǁ **~ contraction value** / Einkräuselungswert m ǁ **~ crepe** / Kräuselkrepp m (geätzt) ǁ **~ development** / Kräuselungsentwicklung f, Kräuselentwicklung f
crimped adj / gekräuselt adj, gekreppt adj ǁ **~ cloth**, crimped fabric / Kräuselstoff m ǁ **~ cloth**, crimped fabric / Blasenkrepp m, Cloqué m, Blasengewebe n ǁ **~ effect** / kreppartiger Effekt, creponartiger Effekt ǁ **~ fibre** / Kräuselfaser f, gekräuselte Faser ǁ **~ setting** (fin) / Kräuselfixierung f ǁ **~ short staple length** (nwv) / gekräuselte Kurzschnittfaser ǁ **~ stretch yarn** / Kräuselstreckgarn n ǁ **~ yarn** / Kräuselgarn n, gekräuseltes Garn
crimp effect / Kräuseleffekt m, Kreppeffekt m ǁ **~ elongation** / Kräusellängung f
crimper n / Kräuselungsapparat m, Kräuselungsvorrichtung f ǁ **~ head** / Stauchkopf m ǁ **~ roller** / Kräuselwalze f
crimp extension / Kräuseldehnung f ǁ **~ fabric** / gekräuselter Stoff, Kräuselstoff m ǁ **~ fixing** / Kräuselungsfixierung f ǁ **~ form** / Kräuselform f ǁ **~-free** adj / glatt adj, nicht gekräuselt ǁ **~ frequency** / Kräuselfrequenz f, Kräuselungsfrequenz f, Kräuselbogenzahl f ǁ **~ gauge** / Kräuselungsmesser m ǁ **~ index** / Kräuselungsindex m
crimping n / Kräuseln n, Einkräuseln n, Kräuselung f ǁ **~ arc** / Kräuselungsbogen m ǁ **~ arc of the wool fibre** / Kräuselungsbogen m der Wollfaser ǁ **~ attachment** / Kräuselvorrichtung f ǁ **~ device** / Kräuselapparat m ǁ **~ elasticity** / Kräusel[ungs]elastizität f ǁ **~ force** / Kräuselkraft f ǁ **~ machine** / Kräuselungsmaschine f,

crimping

Kräuselmaschine f, Garnkräuselmaschine f ‖ ~ **stability** / Kräuselbeständigkeit f ‖ ~ **unit** / Kräuselanlage f
crimp intensity / Kräuselintensität f ‖ ~ **interchange** / Kräuselungsverschiebung f ‖ ~ **level** / Kräuselungsgrad m ‖ ~ **liveliness** / Kräusellebendigkeit f ‖ ~ **module** / Kennkräuselung f (Texturieren) ‖ ~ **nylon stocking** / Stretch-Strumpf m, hochgetwisteter Strumpf, hochtordierter Strumpf, Strumpf m aus Kräuselnylon ‖ ~ **of the wool** / Wollkräuselung f ‖ ~ **percent** / Kräuselgrad m ‖ ~ **ply yarn** / Kräuselzwirn m ‖ ~ **radius** / Kräuselradius m ‖ ~ **recovery** / Kräuselrückbildung f, Kräuselerholung f, Kräuselwiedererholungsvermögen n ‖ ~ **removal** / Entkräuseln n ‖ ~ **retention** / Kräuselbeständigkeit f ‖ ~ **rigidity** / Kräuselfestigkeit f, Crimp Rigidity f ‖ ~ **running across the piece** / Querfalte f ‖ ~ **running lengthwise with the piece** / Längsfalte f ‖ ~ **setting** / Kräuseln n, Einkräuseln n, Fixieren n von gekräuseltem Garn ‖ ~**-set yarn** / gekräuseltes Garn, gekrepptes Garn ‖ ~ **stability** / Kräuselbeständigkeit f ‖ ~ **stripe** / Krimmerstreifen m ‖ ~ **style** / Kräuselartikel m, Kreponartikel m, Kreponstoff m ‖ ~ **tendency** / Kräuselneigung f ‖ ~ **tester** / Kräuselprüfgerät n ‖ ~ **twist** / Kräuselzwirn m ‖ ~ **twister** / Kräuselzwirnmaschine f ‖ ~ **twisting machine** / Kräuselzwirnmaschine f ‖ ~ **warp** (weav) / Faltenkette f ‖ ~ **yarn** / Kräuselgarn n, gekräuseltes Garn
crimpy wool / gekräuselte Wolle
crimson adj / karminrot adj, karmesin adj, karmoisinrot adj, purpurrot adj
crinkle v / kräuseln v, kreppen v ‖ ~ **arc** / Krinkelbogen m ‖ ~ **cloth** / Baumwollkrepp m ‖ ~ **crepe** / Kräuselkrepp m, Blasenkrepp m, Cloqué m ‖ ~ **effect** / Crinkle-Effekt m (keine Texturierung sondern eine nicht fixierte Ondulation des Materials) ‖ ~ **fabric** / Craquelé n, Seer-Sucker m ‖ ~ **process** / Crinkle-Verfahren n ‖ ~ **type yarn** / Crinkle-Garn n ‖ ~ **yarn** / Kräuselgarn n, gekräuseltes Garn
crinkling effect (ctg) / Eisblumeneffekt m
crinkly cloth / krauses Gewebe ‖ ~ **crepe** s. crinkle crepe ‖ ~ **fabric** / krauses Gewebe
crinoline n (hoop skirt) / Krinoline f, Reifrock m, Tonnenrock m ‖ ~ (heavily sized, stiff fabric used as a foundation) / leichtes Steifleinen ‖ ~ **muslin** / steifer Einlagemusselin
criolla wool / eine argentinische Teppichwolle
crioula cotton / Maranhão-Baumwolle f, Mindobaumwolle f (Brasilien)
crioulo cotton / eine brasilianische Baumwollsorte
crisp adj (handle) / kernig adj (Griff), nervig adj
crisped crape / Seidenkrause f
crisper n / Kräuselungsapparat m
crispness n (of handle) / Kernigkeit f (des Griffes)
crisp-white adj / reinweiß adj
crispy hand / nerviger Griff
critical alkaline perspiration fastness / kritische alkalische Schweißechtheit ‖ ~ **concentration for micelle formation** / kritische Mizellbildungskonzentration ‖ ~ **solution time** (mat test) / kritische Auflösezeit
crochet v / häkeln v ‖ ~ n / Häkelarbeit f ‖ ~ **cotton** / Häkelgarn n ‖ ~ **Decor machine** / Crochet-Decor-Maschine f
crocheted galloon lace / Häkelgalonspitze f ‖ ~ **lace** / Häkelspitze f
crochet galloon machine / Häkelgalonmaschine f ‖ ~ **gauze** / Häkelgaze f ‖ ~ **hook** / Häkelnadel f, Häkelhaken m
crocheting n / Häkeln n ‖ ~ **machine** / Häkelmaschine f
crochet lace / Häkelspitze f ‖ ~ **lace machine** / Häkelspitzenmaschine f ‖ ~ **needle** / Häkelnadel f ‖ ~ **pattern** / Häkelmuster n ‖ ~ **pin** / Häkelnadel f ‖ ~ **silk** / Häkelgarn n ‖ ~ **thread** / Häkelgarn n ‖ ~ **twist** silk / stark gedrehter Seidenzwirn ‖ ~ **wool** / Häkelgarn

n, Häkelwolle f, Perlwolle f ‖ ~ **work** / Häkelarbeit f ‖ ~ **yarn** / Häkelgarn n
crock v / abreiben v, abrußen v, abfärben v (durch Reibung)
crocking n (text pr) / Abfärben durch Reibung n ‖ ~ **fastness** / Reibechtheit f, Scheuerfestigkeit f, Abriebfestigkeit f ‖ ~ **meter** / Reibechtheitsmesser m, Reibprüfer m
crockmeter n / Reibechtheitsprüfer m, Reibechtheitsmesser m, Crockmeter n
crock resistant adj / reibecht adj, reibfest adj ‖ ~ **testing** / Reibechtheitsprüfung f
crofting n (GB) / Leinenbleiche f
croisé n (double twist) / Croisé n, Croisé-Baumwollköper m ‖ ~ **silk** / Seidencroisé n ‖ ~ **weave** / Köperbindung f
Crompton's dobby (weav) / Schemelschaftmaschine f
crop v / scheren v ‖ ~ **close** / kahl scheren
cropper n / Tuchscherer m
cropping n / Tuchscheren n, Stoffscheren n ‖ ~ **attachment** / Schervorrichtung f ‖ ~ **blades** / Schermesser n pl ‖ ~ **flock** / Scherflocke f ‖ ~ **machine** / Schermaschine f, Tuchschermaschine f ‖ ~ **waste** / Scherflocken f pl, Scherabfall m
crop the face / die rechte Seite scheren ‖ ~ **the nap of the fabric** / das Gewebe kahl scheren ‖ ~ **the pile** / ausscheren v ‖ ~ **the right side** / die rechte Seite scheren
cross v / kreuzen v, queren v, verschränken v ‖ ~ n / Kreuz n
crossband n / S-Draht m
cross bandage / Kreuzverband m
crossband twist / S-Drehung f ‖ ~ **yarn** / Garn n mit S-Drehung
cross bar (sew) / Querriegel m
crossbar dimity / kariertes Dimity
cross bobbin winder / Kreuzspulmaschine f ‖ ~ **border dobby** (weav) / Wechselschaftmaschine f ‖ ~ **border motion** (weav) / Kartenvorrichtung f
crossbred wool / Crossbredwolle f, Kreuzzuchtwolle f, Kreuzungswolle f
cross brush / Querbürste f (DIN 64990) ‖ ~ **brushing machine** / Querbürstmaschine f (DIN 64990) ‖ ~**-couplings** (undesired chemical cross-coupling) / Kreuzkupplungen f pl ‖ ~**-covering** n (covered yarns) / Kreuzumwindung f ‖ ~ **cutter** / Querschneider m, Querschneidemaschine f (DIN 64990) ‖ ~**-dye** v / überfärben v, nachdecken v ‖ ~**-dyed cloth** / übergefärbter Stoff, nachgedeckter Stoff ‖ ~**-dyed knit fabric** / übergefärbte Wirkware ‖ ~**-dyed product** / Überfärbeartikel m ‖ ~**-dyeing** n / Überfärben n, Auffärben n, Nachdeckung f ‖ ~**-dyeing in acid liquor** / saures Überfärben, saures Nachdecken
crossed twill / Kreuzköper f ‖ ~ **yarn** / Kreuzzwirn m
cross fibre feed (spinn) / Querfaserspeisung f ‖ ~ **fibre lap** (cord) / Querfaserpelz m ‖ ~ **flow of the fabric** / querlaufender Warendurchgang
crossflow quenching / Querstromanblasung f
cross frame (weav) / Sprung m, Fach n
crossing angle (of warp and weft threads) / Kreuzungswinkel m (von Kett- und Schußfäden) ‖ ~**-in machine** / Einlesemaschine f ‖ ~ **of threads** / Fadenverkreuzung f ‖ ~ **point** (weav) / Bindungspunkt m, Bindepunkt m, Kreuzungsstelle f ‖ ~ **rod** (weav) / Kreuzrute f, Kreuzschiene f ‖ ~ **seam** / Quernaht f ‖ ~ **the slivers** / Kreuzen n der Bänder ‖ ~ **the ties** / Einkreuzen n der Beschnürung ‖ ~ **the warp threads** / Einlesen n ‖ ~ **thread** / Drehfaden m ‖ ~ **warp** / Drehkette f
cross join (sew) / Kreuzstichnaht f ‖ ~ **join** (cpt) / Kreuzverbindung f ‖ ~ **joining** (cpt) / Zusammennähen f zweier Teppichbahnen
crosslaid vandyke / verschränkter Atlas
cross laid web (nwv) / kreuzgelegtes Vlies

crosslapped *adj* (nwv) / kreuzweise *adj*, in kreuzweiser Anordnung
cross lapper (nwv) / Kreuzleger *m*, Quertäfler *m* ‖ ~ layer (nwv) / Blamierapparat *m*, Kreuzleger *m*, Quertäfler *m* ‖ ~ laying method / Überkreuzlegeverfahren *n*
crossline screen text (text pr) / Kreuzraster *m*
cross·-link *v*, crosslink *v* / vernetzen *v*, quer vernetzen ‖ ~-link *n* / Vernetzungsstelle *f* ‖ ~-linkage *n* / Vernetzung *f*, Quervernetzung *f* ‖ ~-link density / Vernetzungsdichte *f* ‖ ~-linked by radiation / strahlenvernetzt *adj* ‖ ~-linking *n* (ctg) / Vernetzung *f*, Quervernetzung *f* ‖ ~-linking *n* (ctg) / Aushärten *n*, Aushärtung *f* ‖ ~-linking agent / Vernetzer *m*, Vernetzungsmittel *n* ‖ ~-linking agent / Härter *m* ‖ ~-linking capacity / Vernetzbarkeit *f* ‖ ~-linking component / Härtungskomponente *f* ‖ ~-linking effect of a two-dimensional network of binder chains / Quervernetzung *f* eines zweidimensionalen Binderketten-Netzwerks ‖ ~-linking finish / Crosslinking-Ausrüstung *f* ‖ ~-linking finish (US) s. also cross-linking process ‖ ~-linking in the moist state / Feuchtvernetzung *f* ‖ ~-linking period (ctg) / Aushärtezeit *f*, Vernetzungszeit *f*, Aushärzeit *f* ‖ ~-linking process (cpt) / Vernetzungsvorgang *m* ‖ ~-linking process (US) / Crosslinking-Verfahren *n*, Hochveredlung *f* durch Quervernetzung der Fasermoleküle ‖ ~-linking system / Vernetzungssystem *n*, Vernetzersystem *n*, Vernetzerkombination *f* ‖ ~-over design (text pr) / Überkreuz-Wiederholungsplan *m* ‖ ~-over stitch (sew) / Verbindungsstich *m* ‖ ~-plating *n* (knitt) / Wendeplattieren *n*, Wendeplattierung *f* ‖ ~-plating needle (knitt) / Wendeplattiernadel *f* ‖ ~-plating sinker (knitt) / Wendeplatine *f* ‖ ~-print *v* / überdrucken *v* ‖ ~-print dyestuff / Überdruckfarbstoff *m* ‖ ~-printing *n* / Überdrucken *n* ‖ ~ raising / Breitrauhen *n* ‖ ~ reel *v* / über Kreuz spulen ‖ ~ reel *n* / Kreuzhaspel *f* ‖ ~ reeled yarn / kreuzgehaspeltes Garn ‖ ~-ribbed *adj* / quergerippt *adj* ‖ ~ rod loom / Kreuzrutenstuhl *m* ‖ ~ row / Querreihe *f* ‖ ~ seam / Quernaht *f*, Kreuznaht *f* ‖ ~-section of the fibre / Faserquerschnitt *m* ‖ ~ shearing machine (fin) / Querschermaschine *f* ‖ ~ shed (weav) / Kreuzfach *n* ‖ ~ staining (dye) / gegenseitiges Anbluten, gegenseitiges Anfärben ‖ ~ stitch (sew) / Hakenstich *m*, Kreuzstich *m* ‖ ~-stitch canvas / Kreuzstichkanevas *m* ‖ ~-striped pattern / Querstreifenmuster *m* ‖ ~ stripes / Streifen in Schußrichtung *m pl* ‖ ~ the shuttle (weav) / durchschießen *v*, den Schützen einwerfen ‖ ~ the ties / Beschnürung einkreuzen, Reifenkreuz einlesen ‖ ~ thread / Querfaden *m* ‖ ~ tuck (sew) / Querfalte *f* ‖ ~ twill / Kreuzköper *m* ‖ ~ weave / Dreherbindung *f*, Drehergewebe *n* ‖ ~ weaving / Gazeweberei *f* ‖ ~ wind / Kreuzwicklung *f*, Kreuzspulung *f* ‖ ~ winder / Kreuzspulmaschine *f* (DIN 62511) ‖ ~ winding / Kreuzspulerei *f* (DIN 61801), Kreuzspulen *n*, Kreuzspulung *f*, Kreuzwicklung *f* ‖ ~ winding machine / Kreuzspulmaschine *f* (DIN 62511)
crosswise fold / Querfalte *f* ‖ ~ shearing machine / Querschermaschine *f*
cross·-wound bobbin / Kreuzspule *f*, X-Spule *f*, Kreuzwickel *m* ‖ ~-wound bobbin dyeing apparatus / Kreuzspulfärbeapparat *m* ‖ ~-wound draw twisting package / Streckzwirnspule *f* (DIN 61800) ‖ ~-wound package / Kreuzspule *f*, Kreuzwickelspule *f*, X-Spule *f*, Kreuzwickel *m* ‖ ~-wound ring-yarn package / Ringgarnkreuzspule *f* ‖ ~-wound spool / Kreuzspule *f*, Kreuzwickelspule *f*, X-Spule *f*, Spule *f* mit Kreuzwicklung ‖ ~-wound take-up package for twisted yarn / Zwirnkreuzspule *f* ‖ ~-zigzag twill / Querzickzackköper *m*
crotch *n* (US) (sew) / Zwickel *m*, Keil *m* ‖ ~ (of trousers) / Schritt *m* ‖ ~ seam / Innennaht *f* an Hosen, Zwickelnaht *f*
crotonaldehyde *n* / Crotonaldehyd *m*

crotonic acid / Crotonsäure *f*
crow black *adj* / rabenschwarz *adj* ‖ ~-foot twill / Köper *m* im Grätenmuster
crowsfeet *n* (creases) / Krähenfüße *m pl*
crow's feet / Grätenmuster *n*
CRT (s. constant rate of traverse)
crude ramie fibre / Ramierohfaser *f* ‖ ~ silk / ungekochte Seide ‖ ~ starch / Rohstärke *f*
crumb cloth / irländischer Leinendamast
crumple *v* / knittern *v*, krumpeln *v* ‖ ~ / knüllen *v*, zerdrücken *v*
crumpled *adj* / knitterig *adj*, verknittert *adj*, zerknittert *adj* ‖ ~ / zerknüllt *adj*, zerdrückt *adj*
crunch finish / knirschende Appretur, Krachausrüstung *f*, Seidenfinish *m*
crunchy feel / knirschender Griff, Krachgriff *m*, Knirschgriff *m* ‖ ~ handle / Knirschgriff *m*, Krachgriff *m*, knirschender Griff
crush-cutting process (spinn) / Schneid-Quetsch-Verfahren *n*
crushproof pile (cpt) / trittfester Flor
crush resistance / Knitterfestigkeit *f*, Standfestigkeit *f* ‖ ~ resistance (cpt) / Widerstand *m* gegen Flachdrücken, Trittfestigkeit *f*, Druckunempfindlichkeit *f* ‖ ~-resistant *adj* / knitterfest *adj* ‖ ~-resistant *adj* (cpt) / trittfest *adj*, druckfest *adj*
crust *v* (printing thickener) / verkrusten *v* ‖ ~ *n* / Kruste *f* ‖ ~ formation (size) / Verhornung *f*
crutch *n* (of trousers) / Schritt *m*
crutchings *pl* / Schmutzwolle *f*, Crutchings *pl* (DIN 60004)
cryptol violet / Kristallviolett *n*
crystal *n* (fabr) / Kristalline *f* ‖ ~ gum / Kristallgummi *n m*
crystalline muslin / Musselin *m* mit Kristallin-Effekt
crystal violet / Kristallviolett *n*
CT s. cellulose triacetate
Cuban bast / kubanische Bastfaser ‖ ~ heel (hos) / Kubanhochferse *f*, Pyramidalhochferse *f*
cudbear *n* (a lilac colour dyestuff) / Cudbear *m*, Persio *f* (Flechtenfarbstoff)
cuff *n* / Ärmelbund *m*, Bund *m*, Ärmelbündchen *n*, Manschette *f* ‖ ~ (trousers) / Aufschlag *m* ‖ ~ (gloves) / Handschuhstulpe *f*, Stulpe *f* ‖ ~ interlining / Manscheteineinlage *f* ‖ ~ links / Manschettenknöpfe *m pl* ‖ ~ sewing unit / Manschettennähanlage *f* ‖ ~ slit (ladies' fash) / Ärmelschlitz *m* ‖ ~ tab / Manschettenpatte *f* ‖ ~-top *n* / breites Taillenband ‖ ~-top brief / Miederslip *m* mit breitem Taillenband ‖ ~-top socks (hos) / Umschlagstrümpfe *m pl* ‖ ~ turning machine / Manschettenwendemaschine *f*
cuite silk / Cuitseide *f*, Cuiteseide *f* (völlig entbastete Seide)
cull *v* (wool) / entkletten *v* ‖ ~ (clothm) / noppen *v*
culottes *n* (fash) / Hosenrock *m*
culotte slip / Hosenunterrock *m*
cultivated silk / echte Seide
cultivating net (nwv) / Kultivierungsnetz *n*
cumene *n* / Cumol *n*, Kumol *n*
cummerbund *n* / Schärpe *f*, breites Taillenband
cup *n* (of bra) / Körbchen *n* beim Büstenhalter, Büstenhalterkörbchen *n*, Büstenschale *f*, Cup *n* ‖ ~ collar (fash) / Kelchkragen *m* ‖ ~ feed (sew) / Tellertransport *m*
cupramine base / Kupraminbase *f*
cuprammonium cellulose solution / Kuperoxidammoniakzelluloselösung *f* ‖ ~ continuous filament / Kupferseidenfaden *m* ‖ ~ fibre / Kupferspinnfaser *f*, Cuprofaser *f*, Kupferammoniakfaser *f* ‖ ~ filament / Chemiekupferfaser *f* ‖ ~ filament yarn / Kupferseide *f*, Chemiekupferseide *f* ‖ ~ fluidity / Kupferammoniakfließverhalten *n* ‖ ~ hydroxide / Kupferammoniakhydroxid *n* ‖ ~ process / Kupferoxidammoniak-Verfahren *n*, Cupro-Verfahren *n*

cuprammonium

|| ~ **rayon** / Cupro-Filament n, Kuoxamfaserstoff KU m, Kupferchemieseide f, Kupferseide f, Kupferoxidammoniakkunstseide f, Kupferkunstseidengarn n, Chemiekupferseide f, Kupferkunstseide f || ~ **rayon staple fibre** / Kupferstapelfaser f, Kupferfaser f, Kupferzellwolle f, Kupferspinnfaser f || ~ **silk** / Kupferseide f, Kupferkunstseide f || ~ **solution** / Kupfertetramminhydroxidlösung f, Kupferoxidammoniaklösung f || ~ **spun yarn** / Kupferzellwollgarn n, Kupferzellwolle f, Cuprafaser f, Cuprofaser f || ~ **staple fibre** / Kupferkurzfaser f, Kupferspinnfaser f, Kupferzellwolle f
cupreous [ion] dyeing method / Kupferionenfärbemethode f
cupric acetate / Kupfer(II)-acetat n || ~ **acetoarsenite** / Kupfer(II)-arsenitacetat n, Kupfer(II)-acetatarsenit n || ~ **chloride** / Kupfer(II)-chlorid n || ~ **chromate** / Kupfer(II)-chromat n || ~ **compound** / Kupfer(II)-Verbindung f || ~ **sulphate** / Kupfer(II)-sulfat n || ~ **sulphide** / Kupfer(II)-sulfid n || ~ **sulphite** / Kupfer(II)-sulfit n
cupriethylenediamine n / Kupferäthylendiamin n, Cuen n || ~ **hydroxide** / Kupfer(II)-äthylendiaminhydroxid n
cupro n / Cupro f, Kupferseide f, KUS || ~-**alkali cellulose** / Kupferalkalizellulose f || ~ **fibre** / Cuprofaser f, Cuprafaser f || ~ **filament** / Kupferseidenelementarfaden m || ~-**hydroxide cellulose** / Kupferhydroxidzellulose f || ~ **rayon** s. cuprammonium rayon || ~-**sodium cellulose** / Kupfernatronzellulose f || ~ **spun-bounded nonwoven** / Cupro-Spinnvliesstoff m || ~ **staple** / Kupferfaser f, KUF || ~ **staple fibre** / Kupferzellwolle f, Kupferspinnfaser f, Kupferkurzfaser f
cuprous chloride / Kupfer(I)-chlorid n || ~ **[ion] dyeing method** / Kupfer(I)-Ionen-Färbeverfahren n, Cupro-Ionen-Färbemethode f || ~ **oxide** / Kupfer(I)-oxid n || ~ **vat** / Vitriolküpe f
cup seamer / Überwendlichnähmaschine f mit Küvetten, Überwendlingsnähmaschine f mit Küvetten || ~ **seaming** / Überwendlichnähen n, Überwendlingsnähen n || ~ **seaming machine** / Überwendlichnähmaschine f mit Küvetten, Überwendlingsnähmaschine f mit Küvetten || ~-**shaped collar** (fash) / Kelchkragen m || ~ **winding frame** / Trichterspulmaschine f
curcuma n / Kurkuma f, Gelbwurz f, Gelbwurzel f, Gelber Ingwer
curcumin n / Kurkumagelb n, Kurkumin n, Azidinechtgelb n, Brillantgelb n
curdled·-off bath / gebrochenes Bad
curd soap/ Kernseife f, Talgseife f
cure v (ctg) / aushärten v || ~ (dye) / kondensieren v || ~ (dye) / fixieren v || ~ n (US) s. curing || ~ **conditions** (dye) / Kondensationsbedingungen f pl || ~ **conditions** (dye) / Fixierungsbedingungen f pl || ~ **conditions** (ctg) / Aushärtebedingungen f pl
cured dyeing (fast to sublimation) / thermofixierte Färbung
curing n (dye) / Kondensation f, Kondensierung f || ~ (dye) / Fixierung f || ~ (ctg) / Aushärtung f || ~ **agent** / Aushärtungsmittel n, (i.e.S.) Katalysator m || ~ **apparatus**, curing machine / Kondensiermaschine f, Kondensationsmaschine f || ~ **machine** / Kondensiermaschine f, Kondensationsmaschine f || ~ **machine** (for resin-finished goods) / Polymerisieranlage f || ~ **of dyestuff** / Thermofixierung f des Farbstoffs durch Kondensieren, Trockenhitzefixierung f des Gewebes || ~ **of fabric** / Heißbehandlung f des Gewebes || ~ **of resin** / Aushärten n des Harzes || ~ **oven** / Polymerisationskammer f || ~ **plant** / Kondensieranlage f || ~ **range** / Polymerisationsanlage f || ~ **temperature** (fabr) / Heißbehandlungstemperatur f ||

~ **temperature** (dye) / Thermofixiertemperatur f ||
~ **temperature** (resin) / Aushärtungstemperatur f
curl v / einrollen v, zusammenlaufen v || ~ / kräuseln v || ~ n (cpt) / Kräuselung f || ~ **cloth** / Wollkrimmer m
curled edge (fabr) / Rollkante f || ~ **pile** / Kräuselvelours m || ~ **velvet** / Kräuselsamt m
curl effect / gekräuselte Flordecke, Kräuselwirkung f || ~ **gauge** / Kräuselungsmesser m || ~ **geometry** / Kräuselbogen m
curling elasticity / Kräuselelastizität f || ~ **selvedge** / kräuselnde Leiste, sich einrollende Kante || ~ **stability** / Kräusel[ungs]beständigkeit f
curl pile / gekräuselte Flordecke, Astrachanimitation f || ~ **yarn** / Schlingengarn n, Bouclégarn n, Schleifenzwirn m
curly cotton / zähe Baumwolle || ~ **fibre** / gekräuselte Faser || ~ **wool** / gekräuselte Wolle, Kräuselwolle f
currant coloured adj / korinthfarben adj, johannisbeerrot adj, kirschrot adj
curraton fibre / brasilianische Wildananasfaser
curry wool / Leistenwolle f, Steißwolle f || ~ **yellow** / currygelb adj
curtailed spinning process / abgekürztes Spinnverfahren
curtain n / Vorhang m, Gardine f || ~ **and furnishing fabrics** / Vorhang- und Dekorationsstoffe m pl || ~ **bleaching** / Gardinenbleiche f || ~ **clipping machine** / Gardinenausschneidemaschine f || ~ **coater** / Gießmaschine f || ~ **coater** / Curtain-Coater m, Vorhangbeschichter f || ~ **coating** / Gießauftrag m || ~ **coating machine** / Gießmaschine f || ~ **coating process** / Gießverfahren n || ~ **coat stability** / Gießvorhangstabilität f || ~ **cord** / Gardinenschnur f, Vorhangschnur f || ~ **double rib loom** (knitt) / Gardinenstoff m || ~ **fabric** / Gardinenstoff m, Vorhangstoff m || ~ **grenadine** / Gardinengrenadine f || ~ **hook** / Gardinenhaken m, Vorhanghaken m
curtaining [fabric] / Gardinenstoff m, Vorhangstoff m || ~ **[fabric]** / Dekostoff m, Dekorationsstoff m
curtain lace / Spitzenstoff m für Gardinen || ~ **machine** (weav) / Vorhangstoffwebmaschine f, Gardinenmaschine f || ~ **madras** / Gardinenmadrasgewebe n || ~ **material** / Gardinenstoff m, Vorhangstoff m || ~ **mull** / Gardinenmull m || ~ **net** / Gardinentüll m || ~ **net loom** / Gardinenwebmaschine f || ~ **net yarn** / Gardinengrundgarn n || ~ **rail glider** / Vorhanggleitröllchen n || ~ **raschel loom** (knitt) / Gardinenraschel f || ~ **stenter** (GB) / Gardinenspannmaschine f || ~ **stretcher** / Gardinenrahmen m || ~ **tenter** (US) / Gardinenspannmaschine f
curvature of swan neck (knitt) / Kulissenkrümmung f
curved crimps pl / gedehnte Kräuselung, gedehntbogige Kräuselung || ~ **needle** (sew) / Bogennadel f || ~ **needle bed** (knitt) / geschwungenes Nadelbett || ~ **seam** / Bogennaht f || ~ **shuttle race** / Bogenschläger m || ~ **twill** / Wellenköper m, krummer Köper
cushion n / Kissen n, Polster n || ~ **cam** (knitt) / Gegensenker m || ~ **cover** / Kissenbezug m, Kissenplatte f || ~ **covering foil** / Polsterbezugfolie f || ~ **for bobbin-lace making** / Klöppelkissen n || ~ **lace** (spinn) / Unterzange f, Zangenplatte f || ~ **plate** / Kissenplatte f || ~ **plate** (spinn) / Unterzange f, Zangenplatte f
custom draperies (US) / auf Bestellung angefertigte Gardinen || ~ **formulation** / auf Bestellung angefertigter Ansatz || ~ **tailor** / Maßschneider m || ~ **tailoring** / Maßschneiderei f
cut v / schneiden v, zuschneiden v || ~ / scheren v || ~ n (ctg) / Abmischung f || ~ **fabric** / Stücklänge f || ~ (chem) / Verschnitt m, Verschnittverdickung f || ~ (garment) / Verdickung f, Emulsionsverdickung f || ~ (chem) / Schnitt m, Form f, Machart f, Fasson f || ~ (defect) (weav) / eingezogene Leiste || ~ **clear** v / ausscheren v, kahl scheren || ~ **clear** n (chem) s. cut || ~ **cotton staple** /

beim Entkörnen zerrissene Baumwolle ‖ ~ **counter** (warping) / Stückzählvorrichtung *f* (DIN 62500) ‖ ~ **disc control** / Musterscheibensteuerung *f* ‖ ~ **edge of facing** / Besatzschnittkante *f* ‖ ~ **fabric** (not fully fashioned) / geschnittene Ware, Schneidware *f* ‖ ~ **fibre** / Schnittfaden *m* (bei Cord) ‖ ~ **flock** (flock) / Schnittflock *m* ‖ ~ **goods** *pl* / Meterware *f* ‖ ~ **goods** (hos) / auf einer Rundstrickmaschine hergestellte geschnittene Strümpfe ‖ ~ **goods** (not fully fashioned) (knitt) / geschnittene Wirkware, geschnittene Strümpfe *m pl* ‖ ~ **hose** / gewirkter geschnittener Strumpf
cuticle *n* / Kutikula *f* (nicht zelliges, äußerstes Häutchen der Epidermis)
cut length of the fibre / Faserschnittlänge *f*, Faserlänge *f* ‖ ~ **listing** / eingerissene Gewebekante, eingerissene Webkante ‖ ~ **loop** (cpt) / Schnittflor *m*, Schnittschlinge *f*, aufgeschnittene Flornoppe ‖ ~/**loop pile** (cpt) / Schnitt/Schlingen-Flor *m* ‖ ~ **mark** (clothm) / Stückzeichen *n* (DIN 62500), Schnittlinie *f* ‖ ~ **marker** (warping) / Stückzeichenapparat *f* ‖ ~ **needle** (nwv) / geschlagene Nadel ‖ ~**-offs** (sew) / Schnittabfall *m* ‖ ~**-on** *adj* (sleeve, collar, etc.) / angeschnitten *adj* ‖ ~ **on the bias** / schräg schneiden ‖ ~**-open width** (of tubular fabric) / aufgeschnittene Breite der Rundstuhlware ‖ ~**-out** *n* / Ausschnitt *m*, Schnitt *m* ‖ ~**-out** *n* / Zuschneiden *n* ‖ ~**-out machine** / Zuschneidemaschine *f* ‖ ~**-out of shuttle** / Spulenraum *m* des Webschützens (DIN 64683) ‖ ~ **pile** (cpt) / geschnittener Flor, geschnittener Pol, Schnittflor *m*, geschorener Flor, aufgeschnittene Fadenflor, Velours *m* ‖ ~**-pile carpet** / Tournaiteppich *m*, Veloursteppich *m* ‖ ~**-pile carpeting** / Schnittpolteppichware *f* ‖ ~**-pile carpet material** / Velours-Teppichmaterial *n*, Schnittpolteppichware *f* ‖ ~**-pile fabric** / Schnittflorgewebe *n* ‖ ~**-pile machine** (tufting) / Schnittflormaschine *f* ‖ ~**-pile sweater** (fash) / Nicki *m* ‖ ~**-pile tufted carpet** / aufgeschnittener Schlingenflorteppich ‖ ~**-pile tufting machine** / Schnittflortuftingmaschine *f* ‖ ~**-plush** [fabric] / Schneidplüsch *m*, Scherplüsch *m* ‖ ~ **ruche** / kurze Rüsche ‖ ~ **selvedges** / eingerissene Webkanten *f pl* ‖ ~ **staple** / geschnittene Viskose-Filamentfasern *f pl* ‖ ~ **stitch** (weav) / geschnittene Masche ‖ ~ **stocking** (hos) / geschnittener Strumpf, zugeschnittener Strumpf ‖ ~ **strips test** / Reißfestigkeitsprüfung *f* mit Stoffstreifen ‖ ~ **system** / amerikanische Numerierung
cutter *n* / Schere *f* ‖ ~ / Schneidwerkzeug *n*, Schneidemaschine *f* ‖ ~ / Zuschneider *f* ‖ ~ (knitt) / Fadenschere *f* ‖ ~ **adjusting screw** / Messerstellschraube *f* ‖ ~ **and rolling machine for bandages** / Binden-Schneid- und Wickelmaschine *f* ‖ ~ **holder** / Messerhalter *m* ‖ ~ **recess** (weav, shuttle) / Scherenaussparung *f* (DIN 64683)
cut the loops / aufschneiden *v*
cutting *n* / Abschnitt *m*, Zuschnitt *m*, Musterabschnitt *m* ‖ ~ , **rolling and measuring machine** / Schneid-, Roll- und Meßmaschine *f* ‖ ~ **and finishing machine** / Schneid- und Ausrüstungsmaschine *f* ‖ ~ **and making-up** (cpt) / Zuschneiden *n* und Konfektionieren ‖ ~ **and repeating machine** (weav) / Schlag- und Kopiermaschine *f* ‖ ~ **attachment** / Schneidevorrichtung *f* ‖ ~ **blade** / Objektträger *m* ‖ ~ **blade** (clothm) / Schermesser *n* ‖ ~ **board** / Zuschneidetisch *m* ‖ ~ **converter** / Schneidekonverter *m*, Schneidemaschine *f* ‖ ~ **cylinder** / Scherzylinder *m* ‖ ~ **device** / Schneidevorrichtung *f*, Schneidemaschine *f* ‖ ~ **line** / Schnittlinie *f*, Schneidelinie *f* ‖ ~ **machine** / Schneidemaschine *f*, Schermaschine *f* ‖ ~ **machine** (weav) / Tuchschermaschine *f* ‖ ~ **marker** / Schnittmarkiergerät *n* ‖ ~ **of knitgoods** / Maschenwaren-Zuschnitt *m* ‖ ~ **open the mesh** / Aufschneiden *n* der Laufmasche ‖ ~ **rate of shearing cylinder** / Schnittzahl *f* des Scherzylinders ‖ ~ **ratio** /

Schnittlänge *f* ‖ ~ **room** / Zuschneiderei *f*, Zuschneideraum *m* ‖ ~ **rule** / Schneidelineal *n*
cuttings *pl* (weav) / Tuchabfälle *m pl* ‖ ~ (nwv) / Schnitzel *pl*
cutting shears *pl* / Schneideschere *f* ‖ ~ **table** / Zuschneidetisch *m* ‖ ~ **wire** / Schneidrute *f*
cuttle *v* (clothm) / abtafeln *v*, täfeln *v*, ablegen *v*, breitfalten *v* ‖ ~ **down** / vertafeln *v*
cuttler *n* / Faltenleger *m*, Faltmaschine *f*, Abtafler *m*, Breitfalter *m*, Legemaschine *f*, Legevorrichtung *f*, Ablegevorrichtung *f*, Abtafelvorrichtung *f* ‖ ~ **from beneath** (mach) / Untertafler *m*
cuttling *n* (folding fabric down the centre with the face inside, selvedge to selvedge) / Breitfalten *n*, Abtafeln *n*, Ablegen *n*, Faltenlegung *f* ‖ ~ **frame** s. cuttler ‖ ~ **machine** s. cuttler
cut to count relation / Verhältnis von Garnnummer und Teilung ‖ ~ **up** / aufschneiden *v* (Wirkerei) ‖ ~ **velvet** / Schnittsamt *m*, geschorener Samt, Samt *m* mit aufgeschnittenem Flor
cutwork *n* / Durchbruchstickerei *f*
cyanamide *n* / Cyanamid *n*
cyanate *n* / Cyanat *n*
cyan-blue *adj* / cyanblau *adj*, azurblau *adj*
cyanhydric acid / Cyanhydridsäure *f*
cyanic acid / Cyansäure *f*
cyanide *n* / Cyanid *n*
cyanine *n* / Cyanin *n*, Cyaninfarbstoff *m* ‖ ~ / Cyaninblau *n*, Chinolinblau *n* ‖ ~ **blue** / Cyaninblau *n*, Chinolinblau *n* ‖ ~ **dyestuff** / Cyaninfarbstoff *m*, Cyanin *n*
cyanoethylate *v* / cyanäthylieren *v*
cyanoethylated cotton / cyanäthylierte Baumwolle
cyanoethylation *n* / Cyanäthylierung *f*
cyanoethylcellulose *n* / Cyanäthylzellulose *f*
cyanuric acid / Cyanursäure *f* ‖ ~ **chloride** / Cyanurchlorid *n*, Cyanursäurechlorid *n* ‖ ~ **dyestuff** / Cyanur[säure]farbstoff *m*
cycle *n* (dye) / Passage *f* ‖ ~ (to and fro) (winding) / Doppelhub *m* (hin und zurück) (DIN 61801) ‖ ~ **of the pattern wheel** (knitt) / Serie *f* in dem Musterrad
cyclic compound / zyklische Verbindung, ringförmige Verbindung, Ringverbindung *f*, Ring *m* ‖ ~ **polymerization** / zyklisierende Polymerisation ‖ ~ **process** (dye) / Kreislaufverfahren *n* ‖ ~ **stress** (mat test) / zyklische Belastung ‖ ~ **stretching and relaxing** (mat test) / zyklische Beanspruchung, Wechseldehnung *f*, zyklische Be- und Entlastungsvorgänge *m pl* ‖ ~ **test** / Be- und Entlastungsprüfung *f*
cyclist's cape / Radfahrerumhang *m*
cycloaliphatic *adj* / alizyklisch *adj*
cyclohexane *n* / Cyclohexan *n*, Hexahydrobenzol *n*
cyclohexanol *n* / Cyclohexanol *n*, Hexahydrophenol *n*
cyclohexanone *n* / Cyclohexanon *n*
cycloparaffin *n* / Cycloparaffin *n*
cyclopropane *n* / Cyclopropan *n*
cylinder *n* / Tambour *m*, Rolle *f*, Walze *f*, Trommel *f* ‖ ~ (knitt) / Zylinder *m* ‖ ~ (large, wire-covered roller on flat card) / Trommel *f* ‖ **4-~ vertical drying machine** / Vertikalzylindertrockenmaschine *f* mit vier Zylindern ‖ ~ **batten** (weav) / Prismalade *f* ‖ ~ **beater bar** / Trommelschlagstab *m* ‖ ~ **bed** / Tambourmulde *f* ‖ ~**-bed sewing machine** / Armnähmaschine *f*, Freiarmnähmaschine *f* ‖ ~ **blanket** / Walzenauflage *f*, Walzenüberzug *m*, Walzenmitläufer *m* ‖ ~ **cam race** (knitt) / Zylinderschloß *n* ‖ ~ **card** / Zylinderkarde *f* ‖ ~ **carriage** (knitt) / Halterung *f* ‖ ~ **clearer roller** (spinn) / Zylinderputzwalze *f* ‖ ~ **clothing** (spinn) / Trommelauflage *f*, Trommelbeschlag *m* ‖ ~ **cover[ing]** / Trommelbeschlag *m*, Walzenüberzug *m*, Walzenauflage *f* ‖ ~ **creel** / Walzenständer *m* ‖ ~ **drier** / Zylindertrockner *m*, Trommeltrockner *m* ‖ ~ **drum drier** / Trockentrommel *f* ‖ ~ **drying** / Zylindertrommeltrockner *m* ‖ ~ **drying** / Zylindertrocknung *f*, Trocknen *n* auf dem Zylinder ‖

79

cylinder

~ **drying machine** / Zylindertrockenmaschine f, Walzentrockenmaschine f, Zylindertrockner m, Trommeltrockner m, Zylinder-Trocknungsmaschine f (DIN 64990) ‖ ~ **dyeing machine** / Trommelfärbemaschine f ‖ ~ **felt** / Zylinderfilz m, Zylindertuch n ‖ ~ **fillet** (spinn) / Trommelbeschlag m ‖ ~ **finish** / Walzendekatur f ‖ ~ **for the counter-nap** / Gegenstrichwalze f ‖ ~ **for the nap** / Strichwalze f ‖ ~ **fulling machine** / Zylinderwalkmaschine f, Zylinderwalke f, Walzenwalke f ‖ ~ **fulling mill** / Zylinderwalke f, Zylinderwalkmaschine f, Walzenwalke f ‖ ~ **grid** / Trommelrost m ‖ ~ **grid bar** / Trommelroststab m ‖ ~ **insert** (knitt) / einsetzbarer Steg (im Nadelzylinder) ‖ ~ **in the counter-nap direction** / Gegenstrichwalze f ‖ ~ **in the counter-pile direction** / Gegenstrichwalze f ‖ ~ **in the direction of the nap** / Strichwalze f ‖ ~ **in the direction of the pile** / Strichwalze f ‖ ~ **jacket** / Walzenüberzug m, Walzenmantel m, Trommelverkleidung f ‖ ~ **loom** (weav) / Trommelstuhl m ‖ ~ **mill[ing machine]** / Zylinderwalke f, Walzenwalke f, Walkzylinder m, Zylinderwalkmaschine f ‖ ~ **mixer** / Trommelmischer m ‖ ~ **needle** / Zylindernadel f ‖ ~ **needle revolving fabric machine** / einfonturige Rundstrickmaschine mit sich drehendem Zylinder ‖ ~ **of a printing machine** / Presseur m ‖ ~ **opener** / Trommelöffner m ‖ ~ **pin** (weav) / Prismawarze f ‖ ~ **press** / Muldenpresse f, Zylinderpresse f ‖ ~ **press with fixed cylinder** / Muldenpresse f mit fest gelagertem Zylinder ‖ ~ **printing** / Rouleauxdruck m, Walzendruck m, Zylinderdruck m, Tiefdruck m, Rotationsdruck m, Rotationsfilmdruck m ‖ ~ **printing machine** / Rouleauxdruckmaschine f, Walzendruckmaschine f, Zylinderdruckmaschine f ‖ ~ **screen** / Kardentrommelunterlage f, Kardentrommelabfallsieb m ‖ ~ **setting** / Walzeneinstellung f ‖ ~ **setting machine** / Walzenfixiermaschine f ‖ ~ **setting machine with blanket** / Walzenfixiermaschine f mit Mitläufer ‖ ~s **for pile and counterpile raising** / Strich- und Gegenstrichwalzen f pl ‖ ~ **shearing machine** / Zylinderschermaschine f ‖ ~ **singeing machine** / Zylindersenge f ‖ ~ **sizing machine** / Zylindertrockenschlicht[e]maschine f, Zylinderschlicht[e]maschine f, Trommelschlichtmaschine f ‖ ~ **stands** / Stangen f pl ‖ ~ **steamer** / Zylinderdämpfer m (DIN 64990), Trommeldämpfer m ‖ ~ **strip** / Trommelausputz m ‖ ~ **teaseling machine** / Trommelrauhmaschine f, Walzenrauhmaschine f ‖ ~ **undercasing** / Tambourmulde f (der Karde) ‖ ~ **washing machine** / Trommelwaschmaschine f (DIN 64990) ‖ ~ **waste** / Trommelausputz m

cylindrical bobbin / zylindrische Spule, Schlagrolle f ‖ ~ **cheese** / zylindrische Kreuzspule ‖ ~ **milling in tubular form** / Zylinderwalke f im Schlauch ‖ ~ **package** / zylindrische Hülse, zylindrische Kreuzspule ‖ ~ **perforated tube for dyeing purposes** / zylindrische Hülse für die Färberei (DIN 61805) ‖ ~ **pineapple with asymmetrical-taper ends** / zylindrische Kreuzspule mit schrägen Stirnflächen asymmetrisch (DIN 64800) ‖ ~ **screen with design applied by galvanoplasty** / galvanoplastisch dessinierte Rundschablone ‖ ~ **sieve** / Trommelsieb n, Rundsieb n ‖ ~ **sieve drier** (dye) / Siebtrommeltrockner m ‖ ~ **sliver can** / runde Spinnkanne (DIN 64120) ‖ ~ **spool** / zylindrische Spule ‖ ~ **spring tube** / Federkernhülse f ‖ ~ **tube** / zylindrische Hülse ‖ ~ **tube for drawn manmade filament yarns** / zylindrische Hülse für verstreckte Chemiefaser-Endlosgarne (DIN 61805) ‖ ~ **tube for draw-twisters** / zylindrische Streckzwirnhülse (DIN 61805) ‖ ~ **tube for pegs** / Aufsteckhülse f (DIN 61805) ‖ ~ **tube for sewing yarns** / zylindrische Hülse für Nähgarne (DIN 61805) ‖ ~ **tube for skewers** / Aufsteckhülse f (DIN 61805) ‖ ~ **tube for tapes** / zylindrische Hülse für Folienbändchen (DIN (DIN 61805) ‖ ~ **tube for winding** / Wickelzylinder m ‖ ~ **tube for yarns** / zylindrische Hülse für Garne (DIN 61805) ‖ ~ **winding** / zylindrische Wicklung

cymene n / Cymol n
cysteine n / Cystein n, Thioserin n
cysteinic acid / Cysteinsäure f
cystine n / Cystin n (das Disulfid des Cysteins) ‖ ~ **link** / Cystin-Brücke f, Cystin-Bindeglied n, Disulfid-Brücke f

D

dab v / betupfen v, tüpfeln v
dabber n / Farbballen m, Tupfballen m
dabbing n (spinn) / Faserbandeinschlagen n ‖ ~ **brush** / Abklatschbürste f, Einklatschbürste f ‖ ~ **roller** / Eindrückwalze f, Eindrücker m
dab grass / Rispengras n
Dacca cotton / Daccabaumwolle f (aus Bangladesch) ‖ ~ **muslin** / Daccamusselin m
dacian cloth / Gaufré n, Gewebe n mit eingepreßtem Muster
dado n / italienischer (karierter) Wandbehangstoff
dagger plant fibre / Palmlilienblattfaser f
daggings pl / Schmutzwolle f, Klunkern f pl
daghestan carpet / Dagestanteppich m
daglock wool, daglocks pl, dags pl / Schmutzwolle f, unreine Wollbüschel n pl
daisy effect (looped filaments) (texturing) / Margariteneffekt m
d'Alembert's force / D'Alembert-Kraft f
Dalmatian lace / dalmatische Klöppelspitze
dalmatic n (ecclesiastical vestment or portion of the coronation robes of sovereign princes) / Dalmatik f, Dalmatika f
damage v / beschädigen v, schaden v, schädigen v ‖ ~ n / Schaden m, Defekt m ‖ ~ **by bacteria** / Bakterienschäden m pl ‖ ~ **by dyeing** / Färbeschädigung f ‖ ~ **by exposure to light** / Lichtschaden m ‖ ~ **by insects** / Insektenschaden m ‖ ~ **by moths** / Mottenschaden m
damaged goods pl / beschädigte Ware ‖ ~ **goods** / Fehlware f, Ausschußware f
damage to the fibre / Faserangriff m
damas n (Fr) / Damast m ‖ ~ **caffard** (Fr) / halbseidener Damast
damask n / Damast m ‖ ~ **effect** (text pr) / Damasteffekt m ‖ ~ **gauze** / Kongreßstoff m ‖ ~ **linen** / Damastleinen n ‖ ~ **lining** / Damastfutter n ‖ ~ **print** / Damastdruck m ‖ ~ **satin** / atlasbindig gemusterter Damast ‖ ~ **ticking** / damastähnlich gemusterter Matratzendrill ‖ ~ **velour** / Damastvelours m ‖ ~ **weave** / Damastbindung f
damassé n (staple type of linen damask), damassé fabric / Damassé m ‖ ~ **brocat** / Brokatdamassé m ‖ ~ **jardinier** (Fr) / geblümter Damassé ‖ ~ **pointillé** (Fr) / Damasséstoff m mit Punktmusterung ‖ ~ **rayé** (Fr) / Damasséstoff m mit Längsstreifung
dammar gum, dammar resin / Dammarharz n, Dammar m
damp v / anfeuchten v, befeuchten v, feucht machen, benetzen v ‖ ~ (fin) / dämpfen v ‖ ~ / einsprengen v ‖ ~ adj / feucht adj, klamm adj, naß adj
dampen v / anfeuchten v, feucht machen, befeuchten v, benetzen v ‖ ~ (fin) / dämpfen v ‖ ~ / einsprengen v
dampening machine (fin) / Einsprengmaschine f (DIN 64990)
damp finishing / Naßappretur f, Feuchtappretur f
damping n, dampening n / Befeuchtung f, Anfeuchten n ‖ ~ (fin) / Dämpfung f ‖ ~ (colour) / Abschwächung f ‖ ~ **by steam** (cloth) / Dampfkrumpe f, Dampfkrimpe f, Glanzkrumpe f ‖ ~ **felt** / Bügelfilz m ‖ ~ **machine** / Einsprengmaschine f (DIN 64990) ‖ ~ **machine** / Anfeuchtemaschine f, Befeuchtungsmaschine f ‖ ~ **machine** / Netzapparat m, Netzmaschine f ‖ ~-**off** n / Absterben n (der jungen Baumwolle) ‖ ~ **roller** / Feuchtwalze f ‖ ~ **test** / Befeuchtungsprobe f ‖ ~ **trough** / Feuchttrog m
dampness n / Feuchtigkeit f, Feuchte f ‖ ~ **perceptibility limit** (fibres) / Feuchtfühlgrenze f
damp-proof adj / feuchtigkeitsbeständig adj
dampsetting n / Fixierung f im feuchten Zustand
damp spot / feuchte Stelle, Moderfleck m ‖ ~ **wool** / vergilbte Wolle, entfärbte Wolle

dancing roll[er] / Tänzerwalze f (DIN 64990)
dandy loom / halbmechanischer Webstuhl, Dandy-Webstuhl m ‖ ~ **roller** / Vorpreßwalze f, Dandywalze f ‖ ~ **roving** / Vorgarnstrecke f
dark-coloured adj / dunkelfarbig adj
darken v / dunkel färben, dunkeln v, abdunkeln v, abstumpfen v
darkening n / Dunkelfärbung f ‖ ~ (of shade) / Abdunkeln n, Nachdunkeln n ‖ ~ **agent** / Abdunklungsmittel n ‖ ~ **dyestuff** / Abdunklungsfarbstoff m
dark shade / dunkle Nuance, dunkler Farbton
darn v / stopfen v, flicken v, ausbessern v ‖ ~ n / Stopfstelle f, Stopfnaht f, Ausbesserung f
darned lace / Stopfspitze f
darner n / Stopfmaschine f
darning n / Stopfen n, Stopferei f, Ausbessern n ‖ ~ **attachment** / Stopfapparat m ‖ ~ **cotton** / Stopfgarn n, Stopfzwirn m ‖ ~ **device** / Stopfapparat m ‖ ~ **foot** (sew) / Stopffuß m ‖ ~ **machine** (sew) / Stopfmaschine f ‖ ~ **needle** / Stopfnadel f ‖ ~ **outfit** / Nähzeug n ‖ ~ **stitch** / Stopfstich m ‖ ~ **thread** / Stopfgarn n ‖ ~ **wool** / Stopfwolle f ‖ ~ **yarn** / Stopfgarn n
darn netting / mit Stopfstich bestickter Vorhangtüll
dart v (e.g. a skirt) / (einen Rock) abnähen ‖ ~ n / Abnäher m
darya n / indisches Seidengewebe (aus Madras)
date palm / Dattelpalme f (Phoenix dactilifera)
davao hemp s. abaca
davenport n (US) / Divan m, Bettcouch f
davetyn s. duvetine
dawn grey / dämmergrau adj
daybed n / Ruhebett n, Sofa n
daylight n / Tageslicht n ‖ ~ **colour** / Tagesfarbe f ‖ ~ **exposure** / Tageslicht-Belichtung f ‖ ~ **fluorescent colour** / Tagesleuchtfarbe f
daytime clothes / Tageskleidung f
daywear n / Tageskleidung f
DCRO (s. Dyers and Cleaners Research Organization)
DD n (differential dyeing) / Differential-Dyeing-Färbemethode f, Färben n von Garn unterschiedlicher Farbaffinität
DDP-Unicolor (Deep-Dye-Unit) (cpt) / Maschine für kontinuierliche Unifärbung nach dem Pflatsch-Verfahren
DD twisting frame / DD-Zwirnmaschine f
deacetylated acetate / desacetyliertes Acetat (DIN 60001)
deacidify v / entsäuern v
deactivate v / deaktivieren v, entaktivieren v
dead adj (colour) / glanzlos adj, matt adj, stumpf adj ‖ ~-**black** adj / mattschwarz adj ‖ ~ **cotton** / tote Baumwolle ‖ ~ **dyeing** / leere Färbung
deaden v (colour) / abstumpfen v, mattieren v
deadening agent (col) / Abstumpfungsmittel n
dead frame yarn (cpt) / blindes Chor-Füllgarn ‖ ~ **hairs** / Grannenhaare n pl, Stichelhaare n pl ‖ ~ **handle** / hohler Griff, leerer Griff ‖ ~ **leaf** adj (col) / herbstgold adj ‖ ~ **lustre** / Mattglanz m ‖ ~ **match** (dye) / genaue Übereinstimmung ‖ ~ **pile** (cpt) / toter Pol ‖ ~ **shade** / glanzloser Farbton ‖ ~ **twist** / tote Drehung, fixierte Drehung ‖ ~ **wool** / Blutwolle f, Sterblingswolle f, tote Wolle
deaerate v / entlüften v
deaeration n / Luftentzug m, Entlüftung f
deaerator n / Entlüfter m
dealginate v / Alginatseide aus Grundgewebe herauslösen
dealkylate v / entalkylieren v
Dearing cotton / spätreifende Baumwolle mit einem Faserertrag von über 40 %
debaste v (sew) / Fäden ziehen
deburr v / entkletten v
deburring n / Entkletten;n. ‖ ~ **machine** / Entklettungsmaschine f
decan hemp s. deccan hemp

decarbonate

decarbonate v, decarbonize v / entkohlen v, entkarbonisieren v
decarbonation n, decarbonization n / Entkohlung f, Entkarbonisierung f
decate (US) s. decatize
decatize v (GB) / dekatieren v ‖ ~ **in width** / breit dekatieren
decatizer n (fin) / Dekatiermaschine f, Dekaturmaschine f (DIN 64990) ‖ ~ **with steam** / Trockendekatiermaschine f (DIN 64990)
decatize with dry steam / trocken dekatieren
decatizing n / Dekatur f, Dekatieren n, Dampfkrumpe f, Dampfkrimpe f, Glanzkrumpe f ‖ ~ **apparatus** / Dekatierapparat m ‖ ~ **blanket** / Dekatiermitläufer m ‖ ~ **calender** / Dekatierkalander m ‖ ~ **cloth** / Dekatiertuch n, Dekaturtuch n ‖ ~ **crease** / Dekatierfalte f, Dekaturfalte f ‖ ~ **cylinder** (fin) / Dekatierzylinder m (DIN 64990) ‖ ~ **fold** / Dekatierfalte f, Dekaturfalte f ‖ ~ **machine** / Dekatiermaschine f, Dekaturmaschine f (DIN 64990) ‖ ~ **molleton** / Dekatiermolton m ‖ ~ **of fabrics** / Gewebedekatur f ‖ ~ **plant** / Dekatieranlage f ‖ ~ **roller** / Dekaturwalze f ‖ ~ **spot** / Dekaturfleck m ‖ ~ **stain** / Dekaturfleck m
decay v / faulen v, verrotten v, verderben v
deccan hemp / Dekkan-Hanf m (Hibiscus cannabinus), Bimli m, Ambari m, Kenaf n
deceased wool / Sterblingswolle f
dechets (Fr) / Seidenabfall m
dechlorinate v / entchloren v
dechlorination n / Entchlorung f
decimal titre / Dezimal-Titer (Td) m ‖ ~ **titre** (s. Tt)
decitex n / Decitex n, dtex (Garnsortierung nach dem Tex-System)
deck·-chair n / Liegestuhl m, Klappstuhl m ‖ ~**-chair canvas** / Liegestuhltuch m
decoct v / abkochen v, absieden v, auskochen v
decocting medium / Abkochmittel n
decoction n / Abkochung f, Absud m, Sud m
decolletage n (Fr) / Dekolleté n, tiefer Ausschnitt
decolleté adj (Fr) / tief ausgeschnitten, dekolletiert adj
decolor v (US) / entfärben v
decolorant n / Bleichmittel n, Entfärbungsmittel n, Entfärber m
decolorize v / entfärben v, verbleichen v
decolorizing n / Entfärben n, Entfärbung f ‖ ~ **agent** / Entfärbungsmittel n
decolour v (GB) / entfärben v
decolouration n, decoloration n / Entfärbung f, Entfärben n
decompose v (chem) / abbauen v, zersetzen v, zerlegen v
decomposed bath (silk dyeing) / faules Bad ‖ ~ **vat** / kranke Küpe
decomposing agent / Zersetzungsmittel n
decomposition n / Zersetzung f, Abbau m ‖ ~ / Dekomposition f (Analyse eines Gewebes) ‖ ~ (of dye by boiling) / Verkochen n ‖ ~ **mechanism** / Abbaumechanismus m ‖ ~ **product** / Abbauprodukt n, Zersetzungsprodukt n ‖ ~ **tank** / Zersetzungsbottich m
decoration n (on a garment) / Besatz m ‖ ~ **plush** / Dekorationsplüsch m ‖ ~ **stuff** / Dekorationsstoff m
decorative fabrics / Dekorationsstoffe m pl, Dekostoffe m pl ‖ ~ **stitch** / Zierstich m ‖ ~ **stitching** (sew) / Ziernaht f ‖ ~ **stripes** / Effektstreifen m pl ‖ ~ **trimming** / Besatzartikel m
decorticate v / entholzen v, abrinden v, entbasten v, dekortisieren v
decorticating machine / Enthölzer m
decortication n / Entholzung f, Dekortisation f
decorticator n / Enthölzer m
de-crease v / entknittern v
decrease v (knitt) / abnehmen v
decreasing loop (knitt) / Mindermasche f ‖ ~ **machine** (knitt) / Mindermaschine f ‖ ~ **stitch** / Mindermasche f

de-crimp n / entkräuseln v
decrystallization n / Entkristallisation f
decrystallized cotton / entkristallisierte Baumwolle
de-dusted dyestuff / nichtstaubender Farbstoff
de-dusting n / Entstaubung f, Staubabscheidung f
de-dusting machine / Entstaubungsmaschine f
deep adj (of colour) / tief adj, dunkel adj ‖ ~**-cuffed sleeve** (fash) / Stulpenärmel m ‖ ~**-dull** adj / tiefmatt adj, ultramatt adj ‖ ~**-dyed shade** / tiefgefärbte Nuance
"deep-dyeing" polyamide fibre type (type D) for differential dyeing / spezielle, carrierfrei färbbare Polyamidfaser, Deep-dyeing-Fasertype f (Typ D) für das Differential-Dyeing-Färbeverfahren (mit starker Affinität für Säurefarbstoffe)
Deep-Dye-Unit n (cpt) / Maschine f für kontinuierliche Unifärbung nach dem Pflatsch-Verfahren
deepen v (dye) / abdunkeln v
deep·-pile carpet / hochfloriger Teppich ‖ ~**-piled** adj / hochflorig adj ‖ ~**-pile fabric** / Webpelz m, Hochflorgewebe n ‖ ~ **print** / voller Druck ‖ ~ **shade** / dunkler Farbton, satter Farbton, tiefer Farbton ‖ ~ **wool** / feste Wolle von guter Länge
defective area / fehlerhafte Stelle, fehlerhafte Fläche ‖ ~ **dyeing** / fehlerhafte Färbung, Fehlfärbung f ‖ ~ **fabrics** pl / Fehlware f ‖ ~ **wool** / minderwertige Wolle
defelt v / entfilzen v
deferred cure method (dye) / verzögerte Fixierung
deferrization n / Enteisenung f
defibre v / auffasern v, die Flachsfaser vom Stengel befreien
definish v / entappretieren v
deflecting roller / Umlenkwalze f
deflection n (of warp threads) / Auslenkung f
deflocculate v / entflocken v
defoam v / entschäumen v
defoamer n, defoaming agent / Entschäumer m, Antischaummittel n, Mittel n gegen Schaumbildung
deform v / verformen v, deformieren v
deformation n / Formveränderung f, Deformation f, Verformung f
deformational behaviour / Verformungsverhalten n
deformation at break / Bruchverformung f ‖ ~ **energy** / Formänderungsarbeit f ‖ ~ **value** (deformation of carpet areas exposed to a perpendicularly acting pressure) (nwv) / Rückformvermögen n, Wiederaufrichtungsvermögen n
degall v (dye) / degallieren v
degas v / entgasen v
degassing n (glass fibre process) / Entlüften n ‖ ~ **furnace** / Entgasungsofen m
degging (bl) / Auswaschen n mit Säurebrause ‖ ~ **machine** / Netzapparat m
degradation n (chem) / Abbau m, Zerlegung f, Zerfall m ‖ ~ **property** / Abbaueigenschaft f
degraded cellulose / abgebaute Zellulose ‖ ~ **rags** / geringwertige Lumpen m pl
degrease v / entfetten v, entschweißen v (Wolle)
degreasing n (wool) / Entfetten n der Wolle, Wollentfettung f, Wollentschweißung f, Entschweißen n der Wolle ‖ ~ **agent** (wool) / Entfettungsmittel n, Entschweißungsmittel n ‖ ~ **agent** (gen) / schmutzlösendes Mittel ‖ ~ **apparatus** (wool) / Entschweißapparat m ‖ ~ **bath** (wool) / Entschweißbad n ‖ ~ **effect** (wool) / entfettende Wirkung, entschweißende Wirkung ‖ ~ **machine** / Entfettungsmaschine f
degree Celsius (^{0}C) / Grad Celsius (^{0}C) ‖ ~ **of acetylation** / Acetylierungsgrad m ‖ ~ **of acidity** / Säuregrad m ‖ ~ **of alkylation** / Alkylierungsgrad m ‖ ~ **of biodegradation** / biologischer Abbaugrad ‖ ~ **of bleaching** / Bleichgrad m ‖ ~ **of crimp** / Kräuselungsgrad m ‖ ~ **of crystallinity** / Kristallinitätsgrad m ‖ ~ **of discoloration** / Ausbleichungsgrad m, Verfärbungsgrad m ‖ ~ **of**

dispersion / Dispersionsgrad *m* ‖ ~ **of dissociation** / Dissoziationsgrad *m* ‖ ~ **of draft** / Verzugsgrad *m* ‖ ~ **of elasticity** / Elastizitätsgrad *m* ‖ ~ **of esterification** / Veresterungsgrad *m* ‖ ~ **of ethoxylation** / Äthoxylierungsgrad *m* ‖ ~ **of exhaustion** (of bath) / Erschöpfungsgrad *m* ‖ ~ **of fading** / Ausbleichungsgrad *m* ‖ ~ **of fastness** / Echtheitsgrad *m* ‖ ~ **of fineness** / Feinheitsgrad *m* ‖ ~ **of hardness** / Härtegrad *m* ‖ ~ **of humidity** / Befeuchtungsgrad *m* ‖ ~ **of lustre** / Glanzgrad *m*, Mattierungsgrad *m* ‖ ~ **of maturity** / Reifegrad *m* ‖ ~ **of mercerization** / Merzerisationsgrad *m* ‖ ~ **of moisture** / Feuchtigkeitsgrad *m* ‖ ~ **of orientation** / Orientierungsgrad *m* ‖ ~ **of pilling** / Pillgrad *m* ‖ ~ **of polymerization** / Polymerisationsgrad *m* ‖ ~ **of preorientation** / Vororientierungsgrad *m* ‖ ~ **of raising** / Rauhgrad *m* ‖ ~ **of ripeness** / Reifegrad *m* ‖ ~ **of saponification** / Verseifungsgrad *m* ‖ ~ **of saturation** / Sättigungsgrad *m* ‖ ~ **of setting** (of fibre) / Fixierungsgrad *m* ‖ ~ **of shrinkage** / Schrumpfungsgrad *m*, Schrumpfgrad *m*, Schrumpfmaß *n* ‖ ~ **of sizing** / Beschlichtungsgrad *m* ‖ ~ **of soiling** / Verschmutzungsgrad *m* ‖ ~ **of solubility** / Löslichkeitsgrad *m* ‖ ~ **of stability** / Stabilitätsgrad *m* ‖ ~ **of stretch** / Ausdehnungsstufe *f* ‖ ~ **of substitution of cellulose** / Substitutionsgrad *m* der Zellulose ‖ ~ **of teazelling** / Rauhgrad *m* ‖ ~ **of twist** / Zwirnungsgrad *m* ‖ ~ **of whiteness** / Weißgrad *m*
degum *v* (silk) / degummieren *v*, entbasten *v*, entleimen *v*, entschälen *v*, abkochen *v*
degumming (of silk) / Degummieren *n*, Entbasten *n*, Entschälen *n*, Abkochen *n* ‖ ~ **agent** / Entbastungsmittel *n* ‖ ~ **auxiliary** (silk) / Abkochhilfsmittel *n* ‖ ~ **bath** / Degummierbad *n*, Entbastungsbad *n*, Abkochbad *n* ‖ ~ **effect** / Entbastungseffekt *m* ‖ ~ **float** / Abkochflotte *f* ‖ ~ **liquor** / Bastseife *f* ‖ ~ **machine** / Entbastungsmaschine *f* ‖ ~ **soap** / Bastseife *f*
dehomogenize *v* / entmischen *v*
dehumidification *n* / Feuchtigkeitsentzug *m*, Entfeuchtung *f*
dehumidifier *n* / Trockenmittel *n* ‖ ~ / Entfeuchtungsapparat *m*
dehumidify *v* / entfeuchten *v*
dehydrate *v* / dehydrieren *v* ‖ ~ / entwässern *v*, austrocknen *v*, dehydratisieren *v*
dehydration *n* / Dehydration *f*, Wasserentziehung *f*
dehydro-abietic acid / Dehydroabietinsäure *f*
dehydrogenate *v* / von Wasserstoff befreien, dehydrieren *v*
dehydrothiotoluidine *n* (dye) / Dehydrothiotoluidin *n*
de-ionization *n* / Entionisieren *n*, Entsalzung *f*
de-ionize *v* / entionisieren *v*
de-ionized water / Edelwasser *n*, Levatitwasser *n*, entionisiertes Wasser
de-ironing *n* / Enteisenung *f*
delaine wool / Delaine-Wolle *f*, feinste Kammwolle, Wollmusselin *m*
delaminate *v* (ctg) / abschälen *v* ‖ ~ (lam) / trennen *v*, aufspalten *v*
delamination *n* (ctg) / Abschälen *n* ‖ ~ (lam) / Schichtspaltung *f*, Entschichten *n*, Schichtentrennung *f* ‖ ~ **effect** (lam) / Spalteffekt *m*
delayed cure / verzögerte Polymerisation ‖ ~ **pattern selector lever** (knitt) / Verzögerungs-Musterstopperhebel *m* ‖ ~ **recovery** / verzögerte Erholung ‖ ~ **timing knitting** / Nachkulieren *n*
delayer *n* / Verzögerer *m*, Verzögerungsmittel *n*
Delft-blue / delftblau *adj*
delicate fabrics / Feinwäsche *f*
delime *v* / entkalken *v*
delinting *n* / zweites Entkörnen der Baumwolle
deliquescent *adj* / zerfließend *adj* ‖ ~ **agent** / hygroskopisches Hilfsmittel

delivery bobbin (spinn) / Ablaufspule *f*, Abwickelspule *f*, Lieferspule *f* ‖ ~ **end** (dye) / Warenauslauf *m* ‖ ~ **end** (fin) / Auslauffeld *n* ‖ ~ **frame** (clothm) / Auslaufrahmen *m*, Auslaufgestell *n* ‖ ~ **head** (extrusion) / Zuführungsknopf *m* ‖ ~ **lattice** (spinn) / Abzugslattentisch *m* ‖ ~ **package** (winding machine) / Ablaufkörper *m* ‖ ~ **point** (of a roller) / Auslaufpunkt *m* einer Rolle ‖ ~ **roller** (weav, spinn) / Ablaufwalze *f*, Abzugswalze *f*, Lieferwalze *f* ‖ ~ **roller** (fin) / Auslaufwalze *f* (DIN 64990) ‖ ~ **spindle** / Ablaufspindel *f*, Abgabespindel *f* ‖ ~ **spool** (weav) / Lieferspule *f*, Ablaufspule *f*, Abwickelspule *f* ‖ ~ **table** (spinn) / Abzugstisch *m* ‖ ~ **tension** / Spannung *f* des Abzugsgewichts
delphinium blue *adj* (col) / rittersporblau *adj*
delta cotton / Baumwolle *f* aus Missouri, Arkansas, Tennessee, Mississippi und Louisana
deltapine cotton / Deltapine-Baumwolle *f*
deluster (US) s. delustre
delustrant *n* / Mattierungsmittel *n*
delustre *v* (GB) / mattieren *v*, den Glanz abziehen, abstumpfen *v*, entglänzen *v*
delustred *adj* / mattiert *adj*, abgestumpft *adj* ‖ ~ **effect** / Matteffekt *m*, Mattierungseffekt *m* ‖ ~ **print** / Mattdruck *m* ‖ ~ **printing effect** / Mattdruckeffekt *m* ‖ ~ **printing paste** / Mattdruckfarbe *f* ‖ ~ **rayon** / Mattviskosefilament *n*, (früher:) Mattreyon *n* ‖ ~ **viscose rayon** / spinnmattierte Viskoseseide
delustre in spinning / spinnmattieren *v* ‖ ~ **in the piece** / stückmattieren *v* ‖ ~ **on the pad** / foulardmattieren *v* ‖ ~ **white** / Mattweiß *n*
delustring *n* / Mattierung *f*, Abstumpfen *n*, Entglänzung *f* ‖ ~ **agent** / Mattierungsmittel *n* ‖ ~ **brush** / Entglänzungsbürste *f* ‖ ~ **calender** / Matt-Kalander *m* ‖ ~ **effect** / Matteffekt *m*, Mattierungseffekt *m* ‖ ~ **finish** / Mattierungsfinish *n* ‖ ~ **stain** / Mattierungsfleck *m*
demanganization *n* / Entmanganung *f*
demi-lustre wool / glanzarme Wolle
demineralizing *n*, demineralization *n* / Entmineralisierung *f*, Demineralisierung *f*, Entsalzung *f*
demi-toe reinforcement (hos) / Halbspitzenverstärkung *f*
demulcent *n* / Erweichungsmittel *n*
denaturant *n* / Vergällungsmittel *n*, Denaturierungsmittel *n*
denaturated alcohol / denaturierter Alkohol, vergällter Spiritus
denature *v*, denaturate *v* / vergällen *v*, denaturieren *v*
de-needling *n* / Ausnadeln *n*
deneedling machine / Entnadelungsmaschine *f*
denier *n* (see also Tex) / Denier *n* (den) ‖ ~ / Fadenfeinheit *f*, Titer *m* ‖ ~ **blends** / Mischtiter *m* ‖ ~ **monitoring installation** / Titerüberwachungsanlage *f* ‖ ~ **recorder** / Titerschreiber *m*
denim *n* / Denim-Gewebe *n*, Denim-Stoff *m*, Denim *m*, Berufsanzugköper *m*, Köperstoff *m* ‖ ~ **suit** (fash) / Jeansanzug *m* ‖ ~ **waistcoat** (fash) / Jeansweste *f*
denitrate *v* / denitrieren *v*
denitrating agent / Denitrierungsmittel *n*
denitration *n* / Denitrierung *f*
dense *adj* (of pile, weave etc.) / dicht *adj*, geschlossen *adj*
densely woven / dicht eingestellt, dicht gewebt ‖ ~ **woven** / geschlossen *adj*
denseness *n* / Dichtigkeit *f*
densimeter *n* / Densimeter *m*, Aräometer *n*
density *n* / Dichte *f* (Masse je Volumeneinheit) ‖ ~ / spezifisches Gewicht (Gewicht je Volumeneinheit) ‖ ~ (compactness) / Dichtigkeit *f* ‖ ~ **of the cloth** (picks per inch) / Schußzahl *f* ‖ ~ **of the fabric** / Stoffdichte *f*, Warendichte *f*, Gewebedichte *f* ‖ ~ **of the pile** (cpt) / Flordichte *f* ‖ ~ **of the winding** / Windungsdichte *f*
dent *n* (gen) / Vertiefung *f* ‖ ~ (weav) / Rietstab *m* ‖ ~ (cpt) / Zahn *m* ‖ ~ (in hat) / Kniff *m* ‖ ~ **bar** (weav) / Gasse *f*, Rohrstreifen *m*, Blattstreifen *m*

dentelle n (Fr) / Spitze f, Webspitze f ‖ ~ **crochetée** (fr) / Häkelspitze f ‖ ~ **de Chantilly** / Chantilly-Spitze f ‖ ~ **de Valenciennes** / Valenciennesspitze f ‖ ~ **realisée** (Fr) / Klöppelspitze f
dent hook (weav) / Rietmesser n
denting hook (weav) / Kammhaken m ‖ ~ **machine** (weav) / Blattstechmaschine f
deodorant n / Deodorant n, Desodorierungsmittel n, Desodorans n ‖ ~ **adj** / desodorierend adj
deodorize v / geruchfrei machen, desodorieren v, desodorisieren v, den Geruch entfernen
deodorizing n / Desodorierung f, Desodorisierung f
de-oil v / entölen v
deoxidant n / Desoxydationsmittel n, Reduktionsmittel n, Entsäuerungsmittel n
deoxidation n / Desoxydation f, Sauerstoffentzug m
deoxidize v / desoxydieren v, Sauerstoff abspalten
deoxidizing agent (dye) / Desoxydationsmittel n, Reduktionsmittel n, Entsäuerungsmittel n
department n (weav) / Fach n
depilate v / enthaaren v, depilieren v
depitch v / entpechen v
depolarize v / depolarisieren v
depolymerizable waste / spaltbarer Abfall
depolymerization n / Depolymerisation f, Depolymerisieren n ‖ ~ **plant** / Depolymerisationsanlage f, Spaltanlage f
deposit v / absetzen v, ablagern v, einlagern v ‖ ~ (yarn covering) / anlagern v (Garnummantelung) ‖ ~ n (sediment) / Ablagerung f, Abscheidung f, Niederschlag m, Sediment n, Absatz n
depositing bleach / Ablagebleiche f ‖ ~ **desizing** / Ablageentschlichtung f
deposition n / Ablagerung f
deposit of dirt / Schmutzablagerung f ‖ ~ **of processing chemicals** / Präparationsauflagerung f ‖ ~ **of scale** / Wassersteinansatz m
depot base mat / Depot-Grundmatte f (Polyestervlies vernadelt mit grober Nylonfaser) ‖ ~ **mat** / Depotmatte f (Fasermatte zur Armierung der Randzonen im Bootsbau usw.) ‖ ~ **sandwich mat** / Depot-Sandwichmatte f (Glasgewebe u. Polyestervlies, vernadelt mit grober Nylonfaser) ‖ ~ **technique** / Depot-Verfahren n
depth n / Tiefe f ‖ ~ **of beaters** / Rippenhöhe f ‖ ~ **of colour** / Farbtiefe f ‖ ~ **of cut-out** (weav, shuttle) / Spulenraumtiefe f des Webschützens (DIN 64685) ‖ ~ **of fabric** / Höhe f der Gewebebahn f ‖ ~ **of pile** / Velourshöhe f, Florhöhe f ‖ ~ **of print** / Drucktiefe f ‖ ~ **of reed** / Webblatthöhe f ‖ ~ **of shade** / Farbtiefe f ‖ ~ **of shed** (weav) / Fachhöhe f
depurator n / Baumwollreinigungsmaschine f
Derbend n (Caucasian hand-knotted carpet) / Derbent m
derby n / runder, steifer Herrenfilzhut ("Melone") ‖ ~ **doubler** / Kardenband-D[o]ubliermaschine f, Bandwickelmaschine f ‖ ~ **fabric** / Derby-Ware f ‖ ~ **hat** / runder, steifer Herrenfilzhut ("Melone") ‖ ~ **socks** / Derby-Socken f pl
derivative n / Derivat n, Abkömmling m ‖ ~ **of carob seed gum** / Kernmehlderivat n ‖ ~ **of indigo** / Indigoderivat n
derived weaves / abgeleitete Bindungen f pl
derolling unit (cpt) / Abrolleinheit f
derry n / grobe irische Leinwand
desaminate v (wool) / desaminieren v
descending thread / abwärtsgehender Faden
descumming n / Entschäumen n ‖ ~ **agent** / Entschäumer m, Entschäumungsmittel n, Mittel n gegen Schaumbildung
desensitizer n (for peroxides) / Phlegmatisierungsmittel n
desiccant n / Sikkativ n, Trocknungsmittel n, Trockenstoff m
desiccate v / austrocknen v, trocknen v, entfeuchten v. ‖ ~ / entwässern v ‖ ~ (e.g. flax) / dörren v

desiccation n / Austrocknung f, Trocknung f
desiccator n / Exsikkator m
design v (weav) / Patronierung f ‖ ~ / zeichnen v, entwerfen v, dessinieren v ‖ ~ (weav) / patronieren v ‖ ~ n / Dessin n, Muster m, Entwurf m, Design n ‖ ~ **cylinder** / Figurzylinder m, Dessinzylinder m ‖ ~ **drum** / Musterwalze f
designer n (fash) / Dessinateur m, Modeschöpfer m, Entwerfer m ‖ ~ (weav) / Patroneur m ‖ ~**'s needle** / Ausnehmnadel f
design flocking / Dessinbeflockung f
designing n / Zeichnen n, Entwerfen n, Dessinieren n ‖ ~ (weav) / Patronieren n
design-of-ticket printer (weav) / Kartendruckapparat m ‖ ~ **paper** (weav) / Dessinpapier n, Patronenpapier n, Linienpapier n ‖ ~ **repeat** / Musterrapport m ‖ ~ **roller** / Musterwalze f ‖ ~ **sinker top knitting machine** / Musterrundstrickmaschine f mit Einschließplatinen
desize v / entschlichten v
desizing n / Entschlichten n, Entschlichtung f ‖ ~ / Entschlichtung f ‖ ~ **agent** / Entschlichtungsmittel n ‖ ~ **bath** / Entschlichtungsbad n, Entschlichtungsflotte f ‖ ~ **liquor** / Entschlichtungsbad n, Entschlichtungsflotte f ‖ ~ **machine** / Entschlichtungsmaschine f (DIN 64990)
desmodromic winding / Spulen n im Uhrzeigersinn
desorption n / Desorption f (Entweichen oder Entfernen sorbierter Gase aus dem Sorptionsmittel) ‖ ~ **curve** / Desorptionskurve f ‖ ~ **rate** (of the unfixed dye) / Ablösegeschwindigkeit f (bei Reaktivfarbstoffen)
desoxyindigo n / Desoxyindigo n, Desoxy-Indigo n
despeissis silk / früherer Name für Chemiekupferseide
destaticize v / elektrische Ladungen entfernen, entstatisieren v
destaticizer n / Antistatikum n, Destatisator m
destroy the torsion (of the fibre) / (den Faden) austordieren
desuint n (wool) / entschweißen v
desuinting apparatus / Entschweißapparat m ‖ ~ **bath** / Entschweißbad n
desulphurate v / entschwefeln v, desulfurieren v
desulphurization n, **desulphurizing** n / Entschwefeln n, Entschwefelung f, Desulfurieren n, Desulfurierung f
desulphurize v / entschwefeln v, desulfurieren v
deswollen state of cellulose / entquollener Zustand der Zellulose
detach v (spinn) / abstreifen v ‖ ~ (gen) / trennen v, abtrennen v ‖ ~ (ctg, print) / abziehen v, ablösen v (sich) ‖ ~ (from the doffer) (spinn) / abkämmen v
detachable collar / loser Kragen ‖ ~ **garter** / abnehmbarer Strumpfhalter
detaching comb / Abstreichhacker m ‖ ~ **device** / Abzugsvorrichtung f ‖ ~ **efficiency** / Abreißerleistung f ‖ ~ **nippers** / Abreißzange f, Reißzange f ‖ ~ **roller** / Abzugswalze f, Abreißzylinder m
detector spring (in knitting machine) / federnder Gleitkontakt des Lochabstellers
detention time (dye) / Verweilzeit f
detergence n / Waschvorgang m
detergency n / Reinigungsvermögen n, Waschkraft f, reinigende Eigenschaften ‖ ~ **properties** / waschaktive Eigenschaften
detergent n / Waschmittel n, Reinigungsmittel n ‖ ~ / Detergens n, Detergent n (häufiger pl: Detergentien, Detergentia) ‖ ~ **adj** / reinigend adj, schmutzlösend adj ‖ **heavy-duty** ~ / Grobwaschmittel n, Vollwaschmittel n ‖ **light-duty** ~ / Feinwaschmittel n, Leichtwaschmittel n ‖ ~ **action** / Reinigungswirkung f, Waschwirkung f ‖ ~ **basic material** / Waschmittelgrundstoff m, Waschmittelrohstoff m ‖ ~ **booster** / Waschmittelverstärker m, Waschmittelzusatz m ‖ ~ **containing a fat dissolving agent** / fettlöserhaltiges Waschmittel ‖ ~ **effect** / Reinigungswirkung f, Waschwirkung f ‖ ~ **efficiency** / Waschleistung f, Waschwirkung f, Waschkraft f ‖ ~ **for the coloured**

wash / Buntwaschmittel n ‖ ~ FWA / Waschmittel-Weißtöner m ‖ ~ liquor / Waschlauge f ‖ ~ powder / Waschpulver n ‖ ~ power s. detergency and detergent efficiency ‖ ~ property / reinigende Eigenschaft, Wascheigenschaft f, Waschvermögen n ‖ ~ solution / Waschflotte f ‖ ~ substance / waschaktive Substanz (WAS), waschaktiver Stoff ‖ ~ surfactant / waschaktive Substanz (WAS), waschaktiver Stoff
deterging adj / waschaktiv adj ‖ ~ efficiency / Waschwirkung f
deteriorate v (of dyes on boiling) / verkochen v
deterioration of the fibre / Faserschädigung f ‖ ~ on ageing / Alterungsbeanspruchung f
determination of flammability of textiles / Bestimmung f der Entflammbarkeit von Textilien
detersion n (cleaning) / Reinigung f mittels Waschmittel, Detersion f
detwist v (twisted yarn) / aufdrehen v
deux-pièces n / Deux-pièces n (kostümähnlicher Rock mit Jacke)
develop v (dye) / kuppeln v, entwickeln v ‖ ~ a grey tint / nachgrauen v ‖ ~ by acid steaming / durch saures Dämpfen entwickeln ‖ ~ by a reduction treatment / alkalisch-reduktiv entwickeln ‖ ~ by neutral steaming / durch neutrales Dämpfen entwickeln ‖ ~ by oxidation / oxidativ entwickeln ‖ ~ by steam / durch Dämpfen entwickeln
developed dyeing / entwickelte Färbung ‖ ~ dyestuff / Entwicklungsfarbstoff m
developer n / Entwickler m ‖ ~ (dye) / Entwicklungsfarbstoff m
developing n / Entwicklung f, Kupplung f ‖ ~ agent / Entwickler m ‖ ~ apparatus / Entwicklungsapparat m ‖ ~ bath / Entwicklungsbad n, Kupplungsbad n ‖ ~ dyestuff / Entwicklungsfarbstoff m ‖ ~ equipment / Entwicklungsvorrichtung f ‖ ~ liquor / Entwicklungsflotte f, Kupplungsflotte f ‖ ~ machine / Entwicklungsapparat m ‖ ~ padding machine / Entwicklungsfoulard m ‖ ~ process / Entwicklungsverfahren n ‖ ~ solution / Entwicklungsflüssigkeit f ‖ ~ speed / Entwicklungsgeschwindigkeit f
develop in the jig / auf dem Jigger entwickeln ‖ ~ in the steaming box / im Dämpfkasten entwickeln
development of ammonia / Ammoniakentwicklung f ‖ ~ of dust / Staubentwicklung f ‖ ~ of heat / Wärmeentwicklung f
develop without previous drying / „naß auf naß" entwickeln
deviation in shade / Tonverschiebung f, Nuancenabweichung f ‖ ~ of the titre / Titerabweichung f
device for straightening the yarn / Fadenrichtgerät n (DIN 64990) ‖ ~ for unspinning (fin) / Ausnadeleinrichtung f (DIN 64990)
devil v (rags) / wolfen v, reißen v ‖ ~ n / Reißwolf m, Zerreißmaschine f
devilled rags / gewolfte Lumpen
deviller n (wool) / Wollbrecher m, Wollreißer m ‖ ~ needling (spinn) / Reißerbestiftung f
devilling machine / Reißwolf m, Zerreißmaschine f
devil's cotton / Abromafaser f
Devon long-wool sheep / langhaariges Devon-Schaf
Devonshire n / fester Baumwollköper
Devon weave / Gerstenkornbindung f
devorant pattern / Ausbrennmuster n, Dévorant n
dewax v / entwachsen v, entparaffinieren v
dewaxing n / Entwachsen n, Entparaffinierung f
dewing machine / Befeuchtungsmaschine f
dewlap wool / Wammenwolle f
dewool v / entwollen v
dew point / Taupunkt m ‖ ~-retted flax / Tauröste-Flachs m ‖ ~-retted tow / Tauröste-Werg n ‖ ~ retting / Tauröste f, Feldröste f, Taurotte f

Dewsbury system / Dewsbury-Wollgarn-Numerierung f
dextran n / Dextran n (ein Polysaccharid)
dextrin n / Dextrin n, Stärkegummi n m
dextrinized starch / Dextrinstärke f
dextrin thickening / Dextrinverdickung f
dextrose n / Dextrose f, Glukose f
dha fibre / senegalesische Hanffaser
dharwar cotton / Suratbaumwolle aus Bombay (Mittelgüte, kräftig, Stapellänge bis 25,5 mm - Gossypium herbaceum)
dhollerah cotton / minderwertige indische Baumwolle (schmutzig-weiß, Stapellänge bis 24,8 mm - Gossypium herbaceum)
dhootie n, dhoti n / Lendentuch n der Inder ‖ ~ / Gewebe n für indische Lendentücher
diabolo bobbin / Diabolospule f ‖ ~ spindle (false twisting) / Diabolospindel f
diacetate n / Diacetat n ‖ ~ fibre / Diacetatfaser f
diacetone alcohol / Diacetonalkohol m
diagonal arrangement, (of the layers of the double fabric) / Diagonalschlag m, Kreuzschlag m ‖ ~ basting / Schrägheften n ‖ ~ brushing machine / Diagonalbürstmaschine f (DIN 64990) ‖ ~ circular latch needle warp knitting machine / Diagonal-Rundketten-Strickmaschine f ‖ ~ cloth / Diagonal m (Sammelbezeichnung für alle Gewebe mit ausgeprägtem Diagonalgrat) ‖ ~ cord / Diagonalcord m ‖ ~ cords / Schrägrippen f pl ‖ ~ couching / Zickzack-Plattstickerei f ‖ ~ cut / Schrägschnitt m ‖ ~ fabric s. diagonal cloth ‖ ~ feed (spinn) / Diagonalspeisung f, Schrägspeisung f ‖ ~ fulling / Diagonalwalke f
diagonally laminated fabric / Sperrgewebe n
diagonal milling / Diagonalwalke f ‖ ~ pattern / Diagonalmuster n ‖ ~ rep [weave] (weav) / Schrägripsbindung f, Diagonalbindung f, Adriabindung f ‖ ~ rep (fabric) / Schrägrips m, Diagonalrips m ‖ ~ rib [weave] / Adriabindung f, Schrägripsbindung f, Diagonalbindung f ‖ ~ stitch (making up) / Schrägstich m, Diagonalstich m ‖ ~ stripe / Schrägstreifen m ‖ ~ tartan / Diagonalschotten m ‖ ~ tricot (fabric) / Diagonaltrikot m ‖ ~ weave / Diagonalbindung f
dial n (air suction pipe which sucks up loose yarn when it is cut) / Luftschuh m ‖ ~ (in knitting machine) / Rippscheibe f ‖ ~ cam (knitt) / Rippschloß n ‖ ~ cam plate (knitt) / Rippschloßscheibe f
dialdehyde / Dialdehyd n ‖ ~ cellulose / Dialdehydzellulose f ‖ ~ starch / Dialdehydstärke f
dial knock-over (knitt) / Abschlag m der Rippscheibennadeln, Abschlag m der Rippnadeln ‖ ~ needle / Rippnadel f ‖ ~ plate (knitt) / Rippscheibe f ‖ ~ stitch (knitt) / Rippstich m
dialysis n / Dialyse f
dialyze v / dialysieren v
dialyzer n / Dialysator m
diamine n / Diamin n ‖ ~ black / Diaminschwarz n ‖ ~ dyestuff / Diaminfarbstoff m ‖ ~ fast red / Diaminechtrot n ‖ ~ gold yellow / Diamingoldgelb n ‖ ~ red / Diaminrot n
diaminobenzene n / Diaminobenzol n
diaminostilbene n / Diaminostilben n
diammonium phosphate / Diammoniumphosphat n
diamond n (zip) / Diamant m ‖ ~ braid / Diamantlitze f ‖ ~ cotton / eine kurzstapelige Upland-Baumwolle ‖ ~ couching / Zickzack-Plattstickerei f ‖ ~ draft (weav) / pointierte Passage ‖ ~ ground / Viereckgrund m, rhombischer Grund ‖ ~ linen s. diaper linen ‖ ~ mat / Rautenmatte f ‖ ~ pass (weav) / Spitzeinzug m ‖ ~ pattern / Diamantmuster n, Rhombenmuster n, Rautenmuster n ‖ ~ toe (hos) / Spitzkeil m ‖ ~ toe attachment / Rautenspitzeneinrichtung f ‖ ~ weave / Diamantbindung f ‖ ~ winding / Rautenspulung f, Rhombuswicklung f ‖ ~ yarn / Kreuzeffektgarn n, Kreuzgarn n
diamyl phthalate / Diamylphthalat n

dianil

dianil blue / Dianilblau *n*
dianisidine *n* / Dianisidin *n* ‖ ~ **blue** / Dianisidinblau *n*
diaper *v* / blümen *v*, mit einem Würfelmuster weben ‖ ~ *n* / Diaper *m*, Gänseaugenstoff *m* (Jacquardgewebe) ‖ ~ / Würfelmuster *n*, Rhombenmuster *n* ‖ ~ (US) / Windel *f*, Babywindel *f* ‖ ~ (fabric) / rautenförmig gemustertes Leinengewebe ‖ ~ (fabric) / rautenförmig gemustertes Baumwollgewebe ‖ ~ **linen** / rhombenförmig gemusterte Leinwand ‖ ~ **top sheet** (nwv) / Windelabdeckung *f*
diaphanometer *n* / Diaphanometer *n*
diaphanous tabbies / durchsichtige Stoffe *m pl*
diaphragm *n* / Membran[e] *f*
diarylmethane dyestuff / Diarylmethanfarbstoff *m*
diarylpyrazoline *n* / Diarylpyrazolin *n*
diastase *n* / Diastase *f* ‖ ~ **bath** / Diastasebad *n*
diastatic fermentation / diastatische Gärung
diatomaceous earth / Kieselgur *f*, Diatomeenerde *f*
diazanile black / Diazanilschwarz *n*
diazoamido group / Diazoamidgruppe *f*
diazoaminobenzene *n* / Diazoaminobenzol *n*
diazo bath / Diazobad *n*
diazobenzene *n* / Diazobenzol *n*
diazobenzoylated cotton / diazobenzolierte Baumwolle
diazo black / Diazoschwarz *n* ‖ ~ **compound** / Diazoverbindung *f* ‖ ~ **dyestuff** / Diazofarbstoff *m* ‖ ~ **fast dyestuff** / Diazoechtfarbstoff *m*
diazomethane *n* / Diazomethan *n*
diazonium salt / Diazoniumsalz *n*
diazophenyl dyestuff / Diazophenylfarbstoff *m*
diazo reaction / Diazoreaktion *f* ‖ ~ **salt** / Diazoniumsalz *n* ‖ ~ **single bath process** (dye) / Diazoeinbadverfahren *n* ‖ ~ **solution** / Diazolösung *f*
diazosulphonate *n* / Diazosulfonat *n*
diazotation *n* / Diazotierung *f* ‖ ~ **bath** / Diazofärbebad *n*, Diazotierungsbad *n* ‖ ~ **condition** (dye) / Diazotierungsbedingung *f* ‖ ~ **curve** / Diazotierkurve *f*
diazotizable *adj* / diazotierbar *adj*
diazotization *n* / Diazotierung *f* ‖ ~ **bath** / Diazofärbebad *n*, Diazotierungsbad *n* ‖ ~ **curve** / Diazotierkurve *f* ‖ ~ **vat** / Diazotierkufe *f*
diazotize *v* / diazotieren *v*
diazotized base / diazoische Base
diazotizing bath / Diazotierungsbad *n*, Diazofärbebad *n* ‖ ~ **salt** / Diazotiersalz *n*
diazotype printing / Diazodruck *m*
dibasic acid / zweibasische Säure, zweibasige Säure ‖ ~ **sodium orthophosphate** / Dinatriumhydrogenphosphat *n*
dibenzanthrone *n* / Dibenzanthron *n*
dibenzyl adipate / Dibenzyladipat *n* ‖ ~ **aniline** / Dibenzylanilin *n*
diborane *n* / Diboran *n*
dibutyl adipate / Dibutyladipat *n* ‖ ~ **phthalate** / Dibutylphthalat *n* ‖ ~ **tin dilaurate** / Dibutylzinndilaurat *n*
dicarboxylic acid / Dicarbonsäure *f* ‖ ~ **acid ester** / Dicarbonsäureester *m*
dice checks *pl* / Würfelmuster *n* ‖ ~ **pattern** / Würfelmuster *n* ‖ ~ **weave** / Würfelbindung *f*, Panamabindung *f*
dichloride *n* / Dichlorid *n*
dichloroaniline *n* / Dichloranilin *n*
dichlorobenzene *n* / Dichlorbenzol *n*
dichlorodimethyl ether (dye) / Dichlordimethyläther *m*
dichloroethane *n* / Dichloräthan *n*
dichloroethylene *n* / Dichlorethylen *n*
dichloromethane *n* / Dichlormethan *n*
dichloropyrimidine dyestuff / Dichlorpyrimidinfarbstoff *m*
dichloroquinoxaline dyestuff / Dichlorchinoxalinfarbstoff *m*
dichlorotriazine dyestuff / Dichlortriazinfarbstoff *m*

dichroic dyeing / dichroitische Färbung ‖ ~ **print** / dichroitischer Druck ‖ ~ **ratio** / dichroitisches Verhältnis, Zweifarbenverhältnis *n*
dichroism *n* / Dichroismus *m*, Doppelfarbigkeit *f*, Zweifarbigkeit *f*
dichromate *n* / Dichromat *n* ‖ ~ **[of potash] factor** / Chromkali-Faktor *m* ‖ ~ **process** / Dichromatverfahren *n*
dichromatic *adj* / zweifarbig *adj*, dichromatisch *adj*, doppelfarbig *adj* ‖ ~ **combination** / Zweierkombination *f* (Farbstoff)
dickey *n*, dicky *n* / Vorhemd *n*, Hemdeinsatz *m*, Bluseneinsatz *m*, Kinderlätzchen *n*, leinener Hemdkragen (US)
dicyandiamide *n* (fixation auxiliary) (fin) / Dicyandiamid *n*
die *v* (colour) / matt werden, trüben *v* (sich) ‖ ~ *n* (extruding) / Düse *f* ‖ ~ **approach** / Düsenkanal *m* ‖ ~ **body** / Düsenkörper *m* ‖ ~ **channel** / Düsenkanal *m* ‖ ~ **coater** / Die-Coater *m*, Heiß-Schmelzbeschichter *m* ‖ ~ **-head** *n* / Spritzkopf *m*
dielectric constant / Dielektrizitätskonstante *f* ‖ ~ **drier** / Hochfrequenztrockner *m* ‖ ~ **drying** / Hochfrequenztrocknung *f* ‖ ~ **material** / dielektrisches Material, nichtleitendes Material ‖ ~ **property** / dielektrische Eigenschaft, isolierende Eigenschaft ‖ ~ **strength** / dielektrische Festigkeit ‖ ~ **stress** / dielektrische Beanspruchung, Spannungsbeanspruchung *f*
die milling machine / Molettiermaschine *f*
diene *n* / Dien *n*, Diolefin *n*
diepoxide *n* / Diepoxid *n*
die-pressed needle (nwv) / geprägte Nadel
diethanolamide *n* / Diäthanolamid *n*
diethanolamine *n* / Diäthanolamin *n* ‖ ~ **soap** / Diäthylanilin *n*
diethylamine *n* / Diäthylamin *n*
diethylaminoethanol *n* / Diäthylaminoäthanol *n*
diethyl aniline / Diäthylanilin *n*
diethyldiphenyl urea / Diäthyldiphenylharnstoff *m*
diethylene glycol / Diäthylenglykol *n* ‖ ~ **triamine** / Diäthylentriamin *n*
diethyl ether / Diäthyläther *m*
difference of shade under artificial light / Abendfarbendifferenz *f*
differential *n* (spinn) / Differentialwickler *m* ‖ ~ **bottom feed** (sew) / Differential-Untertransport *m* ‖ ~ **distribution** (crosslinking) / Differentialverteilung *f* ‖ ~ **dyeing fibres** (fibres of dissimilar dye affinity) / Differential-Dyeing-Fasern *f pl* ‖ ~ **dyeing [method]** / Differential-Dyeing-Färbemethode *f*, Differentialfärben *n* ‖ ~ **dyeing [method]** (immature cotton) / Kontrastfärbemethode *f*, Kontrastfärben *n* ‖ ~ **fly frame** / Differentialspindelbank *f*, Differentialflyer *m* ‖ ~ **friction** / Differentialreibung *f* ‖ ~ **shrinkage** / selektiver Schrumpf, unterschiedliche Krumpfung ‖ ~ **thermal analysis** / Differentialthermoanalyse *f* ‖ ~ **thermometer** / Differentialthermometer *n*
differentiation capacity (dye) / Differenziervermögen *n*
difficult to equalize, difficult to dye level (dye) / schwer egalisierbar ‖ ~ **to penetrate** / schwer durchfärbbar
diffraction pattern / Strahlenstreuungsdiagramm *n*
diffuse *v* (spread out) / ausbreiten *v* ‖ ~ (penetrate) / diffundieren *v* ‖ ~ (scatter) / streuen *v* ‖ ~ *adj* / diffus *adj*, zerstreut *adj*
diffused light / diffuses Licht, zerstreutes Licht
diffusibility *n* (of dye in the fibre) / Beweglichkeit *f*, Diffusionsvermögen *n*
diffusion *n* / Streuung *f*, Diffusion *f* ‖ ~ **accelerator** / Diffusionsbeschleuniger *m* ‖ ~ **adhesion** / Diffusionsklebung *f* ‖ ~ **capacity** / Diffusionsvermögen *n* ‖ ~ **coefficient** / Diffusionskoeffizient *m* ‖ ~ **rate** (dye) / Diffusionsgeschwindigkeit *f* ‖ ~ **resistance** (of a fabric against water vapour) / Diffusionswiderstand *m*

diffusivity n / spezifische Diffusion ‖ ~ / Diffusionsfähigkeit f
difluoropyrimidine n (dye) / Difluorpyrimidin n
digester n / Digester m, Kocher m ‖ ~ (stain removal) / Eiweißverdauer m, Eiweißspalter m
digital patterning mechanism (raschel machine) / Summen-Mustergetriebe n
diglycidyl ether / Diglycidyläther m
diglycol ester / Diglykolester m
dihydroxy compound / Dihydroxyverbindung f ‖ ~ **dichlorodiphenyl methane** / Dihydroxydichlordiphenylmethan n
dihydroxyethylene urea / Dihydroxyäthylenharnstoff m
diisocyanate n / Diisocyanat n
dilatability n / Dehnbarkeit f
dilatancy n (opposite of thixotropy) / Dilatanz f
dilatation n, dilation n / Dilatation f, Ausdehnung f ‖ ~ **coefficient** / Ausdehnungskoeffizient m
dilate v / ausdehnen v
dilatometer n / Dilatometer n, Dehnungsmesser m
dilauroyl peroxide / Dilauroylperoxid n
diluent n / Verdünnungsmittel n, Verschnittmittel n, Verdünner m, Stellmittel n, Streckmittel n ‖ ~ **mixture** / Verdünnergemisch n
dilutable adj / verdünnbar adj
dilute v / verdünnen v, strecken v ‖ ~ adj / verdünnt adj
diluting agent s. diluent
dilution n / Verdünnung f ‖ ~ **capacity** / Verschnittfähigkeit f ‖ ~ **curve** / Verdünnungskurve f ‖ ~ **ratio** / Verdünnungsverhältnis n
dim v / trüben v (sich) ‖ ~ (colour shade) / verdunkeln v, abstumpfen v
dimensional change / Formänderung f, Maßänderung f ‖ ~ **loss** (of fabric) / Eingehen n
dimensionally stable / maßbeständig adj, formbeständig adj, maßhaltig adj
dimensional recovery / Maßerholung f ‖ ~ **restorability** / Maßerholungsfähigkeit f ‖ ~ **stability** / Maßbeständigkeit f, Dimensionsstabilität f, Formbeständigkeit f, Maßhaltigkeit f, Maßtreue f, Maßstabilität f, Flächenstabilität f, Formtreue f ‖ ~ **stabilization** / Formstabilisierung f, Maßstabilisierung f ‖ ~ **tolerance** / Maßtoleranz f
dimethyl acetal / Dimethylacetal n ‖ ~ **acetamide** / Dimethylacetamid n
dimethylamine n / Dimethylamin n
dimethylaminobenzene n / Dimethylaminobenzol n
dimethylformamide n / Dimethylformamid n (DMF)
dimethylindigo n / Dimethylindigo n
dimethylol-alkanediol diurethane / Dimethylolalkandioldiurethan n
dimethyloldihydroxyethylene urea (DMDHEU) / Dimethylol-Dihydroxyäthylenharnstoff (DMDHEU) m
dimethylolethylene urea (DMEU) / Dimethylol-Äthylenharnstoff (DMEU) m
dimethylol methyl carbamate / Dimethylolmethylkarbamat n
dimethylolpropylene urea (DMPU) / Dimethylolpropylenharnstoff m (DMPU)
dimethylol urea / Dimethylolharnstoff m
dimethylsiloxane n / Dimethylsiloxan n
dimethylsulphoxide n / Dimethylsulfoxid n
dimethylterephthalate n / Dimethylterephthalat n
dimethyl terephthalate / Dimethylterephthalat n
diminish v (knitt) / die Maschen abnehmen
dimity n / Dimity m, Barchent m, Flanell m ‖ ~ **crossbar** / karierter Dimity ‖ ~ **ruffling** / Baumwollstoffkrause f
dimorphic adj / dimorph adj
dimorpholine FWA / Dimorpholin-Weißtöner m
dimorphous adj / dimorph adj
dingy wool / unansehnliche Wolle
dinitrile fibre / Dinitrilfaser f, Polyvinylidencyanidfaser f
dinitrobenzene n / Dinitrobenzol n
dinitro compound / Dinitroverbindung f

direction

dinitrophenol n / Dinitrophenol n
dinitrophenylamino acid / Dinitrophenylaminosäure f
dinitrotoluene n / Dinitrotoluol n
dinner jacket (GB) / Smoking m
dioctyl phthalate / Dioktylphthalat n ‖ ~ **sulphosuccinate** / Dioctylsulfosuccinat n
diol n / Diol n, Glykol n
dioxalate of potassa / Sauerkleesalz n
dioxan (GB), dioxane n (US) / Dioxan n, Diäthylendioxid n
dioxydiphenyl urethane / Dioxydiphenylurethan n
dip v / tauchen v, eintauchen v, imprägnieren v ‖ ~ n (dye) / Passage f, Zug m, Bad n ‖ ~ **bonding** / Tauchverbinden n ‖ ~ **coagulation** (ctg) / Tauchkoagulierung f ‖ ~ **coat** / getauchter Überzug, Tauchbeschichtung f ‖ ~ **coating** / Tauchbeschichtung f, Beschichten n durch Tauchen ‖ ~**-coating wax** / Tauchwachs n ‖ ~ **dye** / tauchfärben v ‖ ~ **dyeing** / Tauchfärbung f, Dip-Dyeing n, Tauchfärben n (stufenweises Eintauchen des Garnstranges in das Färbebad) ‖ ~ **dyeing machine** / Tauchfärbemaschine f ‖ ~ **dyeing process** / Tauchverfahren n ‖ ~**-extract-tumble process** (fin) / Tauch-Schleuder-Rollierverfahren n ‖ ~ **finishing** / Tauchappretur f
diphenyl / Diphenyl n, Biphenyl n
diphenylamine n / Diphenylamin n
diphenyl black / Diphenylschwarz n ‖ ~ **carbazide** / Diphenylcarbazid n ‖ ~ **chrome dyestuff** / Diphenylchromfarbstoff m ‖ ~ **dyestuff** / Diphenylfarbstoff m ‖ ~ **ether** / Diphenyläther m ‖ ~ **guanidine** / Diphenylguanidin n
diphenylmethane n / Diphenylmethan n ‖ ~ **dyestuff** / Diphenylmethanfarbstoff m
diphenylthiourea n / Diphenylthioharnstoff m
dip-melt spinning / Tauchschmelz-Spinnverfahren n
dipole n / Dipol m ‖ ~ / Dipolmolekül n ‖ ~ **force** / Dipolkraft f ‖ ~ **moment** / Dipolmoment n
dip passage / Tauchgang m
dipped fabric / imprägniertes Gewebe ‖ ~ **goods** / Tauchartikel m pl ‖ ~ **hose** / nach Anfertigung gefärbter Strumpf
dip pick-up / Aufnahme f des Imprägniermittels
dipping n / Tauchen n, Eintauchen n, Imprägnieren n ‖ ~ (fin) / Avivage f, Präparation f ‖ ~ **colour** / Tauchfarbe f ‖ ~ **drum** / Tauchtrommel f, Eintauchtrommel f ‖ ~ **frame** (dye) / Küpenrahmen m, Tauchrahmen m, Färbestern m, Sternreifen m, Küpensenker m ‖ ~ **liquor** / Eintauchflüssigkeit f, Immersionsflüssigkeit f, Tauchlauge f ‖ ~ **lye** / Tauchlauge f ‖ ~ **machine** / Tauchmaschine f ‖ ~ **method**, dipping process / Tauchverfahren n ‖ ~ **rack** / Tauchgestell n ‖ ~ **roller** / Tauchwalze f, Tauchtrommel f ‖ ~ **section** / Tauchweg m (Foulard) ‖ ~ **tank** / Tauchbehälter m ‖ ~ **time** (heat-setting) / Tauchzeit f ‖ ~ **vat** / Tauchküpe f
dip roller (text pr) / Eintauchwalze f ‖ ~ **tank** / Tauchbehälter m ‖ ~ **thermosol method**, dip thermosol process (dye) / Tauch-Thermosol-Verfahren n ‖ ~ **tumble process** (fin) / Tauch-Rollierverfahren n ‖ ~ **tumble process with brief hydro-extraction cycle** / Tauch-Anschleuder-Rollierverfahren n
direct adj (dye) / substantiv adj, direktziehend adj, affin adj ‖ ~ **beaming and warping machine** (weav) / Direkt-Bäum- und Zettelmaschine f ‖ ~ **blue** / Direktblau n ‖ ~ **bobbin feed** / Direktspulenvorlage f ‖ ~ **cabling method** (yarn) / Direktkablierverfahren n ‖ ~ **coating** / Direktbeschichtung f ‖ ~ **cotton dyestuff** / Direktbaumwollfarbstoff m, Baumwolldirektfarbstoff m ‖ ~ **count** / direkte Garnnumerierung f ‖ ~ **deep black** / Direkttiefschwarz n ‖ ~**-dye** / direkt färben ‖ ~ **dyeing** / Direktfärbung f ‖ ~ **dyeing** adj / direktziehend adj ‖ ~ **dyestuff** / Direktfarbstoff m, substantiver Farbstoff, Substantivfarbstoff m
direction n / Richtung f ‖ ~ (twill) / Köpergrat m ‖ ~ **of carriage travel** (knitt) / Strickrichtung f ‖ ~ **of feed** /

Laufrichtung f der Fasern || ~ **of reading off a pattern** (knitt) / Ableserichtung f || ~ **of rotation** / Drehrichtung f || ~ **of spindle rotation** / Drehrichtung f des Drallgebers || ~ **of the filling** / Schußrichtung f || ~ **of the flow**, direction of the liquor / Flottenrichtung f || ~ **of the warp** / Kettrichtung f || ~ **of the weft** / Schußrichtung f || ~ **of twist** (spinn) / Drehrichtung f, Drehungsrichtung f || ~ **of unwinding of the thread** / Fadenabzugsrichtung f || ~ **of winding** / Windungsrichtung f || ~ **of withdrawal** / Ablaufrichtung f
directoire knickers / Damenschlüpfer m mit elastischem Beinabschluß
direct print[ing] / Direktdruck m || ~ **printing style** / Direktdruckartikel m || ~ **reserve black** / Reservedirektschwarz n || ~ **spinning** / Direktspinnen n || ~ **spinning machine** / Direktspinnmaschine f || ~ **spinning process** / Direktspinnverfahren n || ~ **spun yarn** / Direktspinngarn n || ~ **style** / Direktdruckartikel m || ~ **tension device** (weav) / direktwirkende Spanneinrichtung || ~ **warper** / Breitschärmaschine f, Zettelmaschine f, Breitschleuder f
dirndl n / Dirndlkleid n, Dirndl f || ~ **apron** / Dirndlschürze f || ~ **blouse** / Dirndlbluse f || ~ **material** / Dirndlstoff m
dirt catcher / Schmutzfänger m || ~ **collector** / Schmutzfänger m || ~ **content** / Schmutzgehalt m || ~-**dissolving** adj / schmutzlösend adj || ~-**dissolving capacity**, dirt-dissolving power, dirt-dissolving property / Schmutzlösevermögen n || ~ **pan** (of a card) / Schleppermulde f (der Krempel) || ~ **particle** / Schmutzteilchen n || ~ **removal** / Schmutzablösung f || ~-**repellent** adj / schmutzabweisend adj, schmutzabstoßend adj || ~-**repellent finish** / schmutzabweisende Ausrüstung, schmutzabstoßende Ausrüstung || ~-**repellent treatment** / Schmutzabweisungsbehandlung f, schmutzabweisende Behandlung || ~-**resisting** adj / schmutzabweisend adj, schmutzabstoßend adj || ~ **retention** / Verschmutzungsneigung f, Anfälligkeit f gegen Verschmutzung, Schmutzempfindlichkeit f || ~ **roller** (spinn) / Schmutzwalze f || ~ **solvent** / Schmutzlösemittel n || ~ **spot** / Schmutzfleck m || ~ **stain** / Schmutzfleck m
dirty colour / Schmutzfarbe f || ~ **ends** / Schmutzfäden m pl || ~ **liquor** / Schmutzflotte f || ~ **loomstate fabric** / beschmutzte Stuhlware || ~ **shade** / schmutzige Färbung
disacidification n / Entsäuern f
disaggregate v (the fabric) / (das Gewebe) auflockern, zerfasern v, trennen v
disazo dyestuff / Disazofarbstoff m
disc n / Scheibe f
discard v (text pr) / abwerfen v
disc dress (fash) / Schuppenkleid n
discharge v (text pr) / ätzen v || ~ (gen) / entladen v, abführen v || ~ n (text pr) / Ätze f, Ätzung f || ~ (gen) / Entladung f, Abführung f
dischargeability n / Ätzbarkeit f || ~ **to white** / Weißätzbarkeit f
dischargeable adj / ätzbar adj || ~ **ground** / ätzbare Grundfarbe || ~ **to white** / weiß ätzbar
discharge accelerator (text aux) / Ätzbeschleuniger m || ~ **action** / Ätzwirkung f || ~ **agent** / Ätzmittel n || ~ **bottom** (text pr) / Ätzboden m || ~ **colour** / Ätzfarbe f || ~ **coloured with vat dyes** / Küpenbuntätze f
discharged area / Ätzfläche f
discharge design / Ätzmuster n || ~ **detection limit** (cpt) / Entladungsspürbarkeitsgrenze f
discharged ground / Ätzfond m, Ätzboden m, Ätzgrund m || ~ **portion** / Ätzstelle f, Ätzfläche f || ~ **resist** / Ätzreserve f
discharge effect / Ätzeffekt m, Ätzwirkung f || ~ **formula** / Ätzvorschrift f, Ätzrezept n || ~ **for wool** / Wollätze f || ~ **ground** / Ätzboden m, Ätzfond m, Ätzgrund m

~ **method** / Ätzverfahren n || ~ **mordant** / Ätzbeize f || ~ **on direct-dyed grounds** / Küpenätzdruck m || ~ **on turkey red** / Türkischrotätze f || ~ **on wool** / Wollätze f || ~ **paste** / Ätzpaste f, Ätze f, Ätzpapp m || ~-**print** v / mit einer Ätze bedrucken || ~ **print** / Atzdruck m || ~ **print articles** / Ätzdruckartikel m pl || ~ **printing** / Ätzdruck m || ~ **printing colour** / Ätzdruckfarbe f || ~ **printing paste** / Ätzdruckpaste f, Ätzpaste f || ~ **prints** / Ätzdruckartikel m pl || ~ **process** / Ätzverfahren n || ~ **process by oxidation** / Oxydationsätzverfahren n || ~ **process by reduction** / Reduktionsätzverfahren n || ~ **pump** / Austragspumpe f || ~ **resist** / Ätzreserve f || ~-**resistant** adj / ätzbeständig adj || ~ **resist article** (dye) / Ätzreserveartikel m || ~ **resist printing** / Ätzreservedruck m || ~ **resist process** (dye) / Ätzreserveverfahren n || ~ **salt** / Ätzsalz n || ~ **style** / Ätzdruckartikel m pl, Ätzartikel m pl || ~ **with chlorine** / Chlorätze f, Chlorkalkküpe f
discharging n (text pr) / Ätzen n || ~ **action** / Ätzwirkung f || ~ **agent** / Ätzmittel n || ~ **assistant** / Ätzhilfsmittel n || ~ **by reduction** / Reduktionsätzen n || ~ **of wool** / Wollätze f || ~ **roller** (mach) / Abführwalze f || ~ **to pure white** / Reinweißätzen n || ~ **with tin crystals** / Zinnsalzätzen n
disciplined fabric (US) / pflegeleichter Stoff
discolor (US) s. discolour
discolour vt / entfärben v, verfärben v || ~ vi / verfärben v (sich), verschießen v, Farbe verlieren
discolo[u]ration n / Verfärbung n, Verschießen n || ~ / Entfärbung f
discoloured wool / schlechtfarbige Wolle
discolo[u]ring adj / verfärbend adj
discontinued barriness / unregelmäßige Streifenbildung
discontinuous bleaching plant (fin) / Diskontinue-Bleiche f (DIN 64990) || ~ **dyeing** / diskontinuierliches Färben || ~ **dyeing range** / Diskontinue-Färbeanlage f (DIN 64990) || ~ **open width bleaching** / Diskontinue-Breitbleiche f (DIN 64990) || ~ **process** / diskontinuierliches Verfahren, Diskontinue-Verfahren n || ~ **rope bleaching plant** / Diskontinue-Strangbleiche f (DIN 64990) || ~ **steamer** (fin) / Diskontinue-Dämpfer m (DIN 64990) || ~ **substrate** / diskontinuierliches Substrat
discothèque style (dress with low neck and short hem) / Disko-Look m, Kleid n im Disko-Stil
disc-plate circular drawing machine / Scheibenwalzenstrecke f, Sonnenstrecke f
discreet shade / vornehmer Ton, dezenter Ton
discrete distribution / diskontinuierliche Verteilung
disc--shaped agitator / Scheibenmischer m || ~ **spinning machine** / Tellerspinnmaschine f || ~ **spool** / Scheibenspule f || ~-**type pattern wheel** / ausbrechbare Musterscheibe
diseased wool / Sterblingswolle f (von kranken Schafen)
disengageable needle (sew) / ausschaltbare Nadel
disentangle v (yarn) / entwirren v
dishcloth n / Spültuch n
dishtowel n / Geschirrtuch n
disincrustant n / Kesselsteinlösemittel n
disinfect v / desinfizieren v, entkeimen v
disinfectant n / Desinfektionsmittel n, Antiseptikum n, Desinfiziens n || ~ adj / desinfizierend adj
disinfection n / Desinfektion f || ~ **by immersion** / Tauchbeize f
disintegrate v (chem) / abbauen v, zersetzen v || ~ / zerkleinern v
disintegrating agent (chem) / Abbaumittel n, Aufschlußmittel n || ~ **machine** / Desintegrator m, Zerkleinerer m, Zerfaserer m
disintegration n (chem) / Abbau m, Zersetzung f || ~ / Zerkleinerung f (mechanisch) || ~ **half[-value] time** (foam dye) / Schaumzerfallhalbwertzeit f
disintegrator n / Desintegrator m, Zerkleinerer m, Zerfaserer m

disk (US) s. disc
dislocation n (dye, fin) / Dislokation f
disodium cellulose / Dinatriumzellulose f ||
  ~ **orthophosphate** / Dinatriumhydrogenphosphat n ||
  ~ **phosphate** / Dinatriumphosphat n
disorientation n / Desorientierung f, Entorientierung f
dispersant n (dye) / Dispergiermittel n, Dispersant n, Dispersantzusatz m, Dispergator m
disperse v / dispergieren v, verteilen v || ~ adj / dispers adj, dispergiert adj || ~ **adhesive** / Dispersionskleber m
dispersed adj / dispergiert adj, dispers adj || ~ **metallic complex dyestuff** / Metallkomplexdispersionsfarbstoff m || ~ **phase** / disperse Phase
disperse dyeing / Dispersionsfärben n || ~ **dyestuff** / Dispersionsfarbstoff m || ~ **phase** / disperse Phase ||
  ~ **print** / Dispersionsdruck m || ~ **system** / disperses System
dispersibility n (ability to disperse) / Dispergierkraft f, Dispergierfähigkeit f || ~ (ability to attain a certain state of dispersion) / Dispergierbarkeit f || ~ **index** (dye) / Dispergierkennzahl f (DIN 53193)
dispersible adj / dispergierbar adj, dispergierfähig adj
dispersing n / Dispergierung f, Dispergieren n || ~ adj / dispergierend adj || ~ **action** / dispergierende Wirkung, Dispergierwirkung f, Dispersionswirkung f || ~ **agent** / Dispergiermittel n || ~ **agent for dyestuffs** / Farbstoffdispergiermittel n || ~ **auxiliary** / Dispergierhilfsmittel n || ~ **capacity** / Dispergiervermögen n, Dispersionskraft f, Dispergierfähigkeit f, Dispergiervermögen n || ~ **effect** s. dispersing action || ~ **medium** / Dispergiermittel n, Dispersionsmittel n || ~ **power** s. dispersing capacity ||
  ~ **property** / Dispergiervermögen n, Dispergiereigenschaft f
dispersion n / Dispersion f, Dispergierung f ||
  ~ **coefficient** / Dispersionszahl f || ~ **colloid** / Dispersionskolloid n || ~ **force** / Dispersionskraft f ||
  ~ **medium** (eg. water, alcohol) / Dispersionsmittel n ||
  ~ **resin** / dispergiertes Harz
dispersive action s. dispersing action || ~ **capacity**, dispersive power s. dispersing capacity
dispersol dyestuff / Dispersolfarbstoff m
displace v / verschieben v, verlegen v || ~ (chem) / verdrängen v, verlagern v || ~ (weav) / schieben v (von Schuß und Kette)
displaceable group (reactive dyes) / substituierbare Gruppe
displacement n (chem) / Verdrängung f, Verlagerung f || ~ / Verschiebung f, Verlegung f || ~ **angle** (fin) / Schiebungswinkel m || ~ **of the meshes** (knitt) / Maschenverlegung f || ~ **of warp and weft threads** (weav) / Schieben v von Schuß- und Kettfäden
disposable felt (nwv) / Wegwerf-Filz m || ~ **goods** / Wegwerfartikel m pl, Einwegartikel m pl, Disposables pl || ~ **knickers** / Wegwerfhöschen n pl || ~ **panties** / Wegwerfhöschen n pl
disposables pl / Wegwerfartikel m pl, Einwegartikel m pl, Disposables pl || ~ (underclothes) / Wegwerfwäsche f
disposable soft goods / textilähnliche Erzeugnisse für eine zeitlich begrenzte Lebensdauer || ~ **underwear** / Wegwerf-Unterwäsche f
dissipation n / Dissipation f (der Energie) || ~ / Ableitung f (von Wärme)
dissociate v (chem) / dissoziieren v, abspalten v
dissociation n (chem) / Dissoziation f, Spaltung f || ~ **heat** / Dissoziationswärme f || ~ **product** / Dissoziationsprodukt n, Zerfallsprodukt n
dissolution n / Lösen n, Auflösung f, Dissolution f
dissolve vt / lösen v, auflösen v || ~ vi / lösen v (sich), in Lösung gehen
dissolver n (dye) / Dissolver m
dissolving action / Lösewirkung f || ~ **at room temperature** / Kaltlösen n || ~ **by heating** / Heißlösen n || ~ **capacity** / Lösevermögen n, Lösungsvermögen n,

Auflösungsvermögen n || ~ **drum** / Lösekessel m ||
  ~ **effect** / Lösewirkung f || ~ **machine** (dye) / Lösemaschine f || ~ **performance** (dye) / Lösungsverhalten n || ~ **plant** / Lösestation f ||
  ~ **process** / Löseprozeß m, Auflösungsprozeß m ||
  ~ **property** / Lösungsfähigkeit f || ~ **salt** / Solutionssalz n || ~ **tank** / Ansatzbehälter m, Lösebecken n, Lösebehälter m || ~ **vessel** / Lösebehälter m, Lösegefäß n
dissonant colours / artfremde Farben f pl
dissymmetry n / Asymmetrie f
distaff n / Spinnrocken m
distance between feed rollers and drawing rollers / Streckweite f
distend v / ausdehnen v, breithalten v
distil v / destillieren v
distillable adj / destillierbar adj
distillate n / Destillat n
distillation n / Destillation f, Destillieren n || ~ **column** / Destillierkolonne f, Destillationskolonne f || ~ **product** / Destillationsprodukt n || ~ **residue** / Destillationsrückstand m
distillator n / Destillator m
distilled water / destilliertes Wasser
distilling apparatus / Destillierapparat n || ~ **plant** / Destillationsanlage f || ~ **vessel** / Destilliergefäß n, Destillationsgefäß n
distil off / abdestillieren v
distort v / deformieren v, verziehen v, verzerren v
distorted loop (knitt) / verzogene Masche || ~ **pattern** / verzerrtes Muster
distortion n / Verformung f, Deformation f, Verzug m, Verzerrung f || ~ **of the goods** (mat test) / Warenverzug m || ~ **of the loop** (knitt) / Maschenverzug m || ~ **of the mesh structure** / nicht maschengerade Fixierung || ~ **of the pattern** / Verzerrung f des Musters, Verquetschung f des Musters
distribute v / verteilen v || ~ **evenly** (dye) / egalisieren v
distributing dyestuff / Egalisierungsfarbstoff m ||
  ~ **lattice** (spinn) / Verteilungsgitter n, Quergitter n ||
  ~ **rollers** (dye) / Farbreibwalzen f pl
distribution balance of the dyestuffs / Verteilungsgleichgewicht n der Farbstoffe || ~ **function** / Verteilungsfunktion f || ~ **of dyestuff** / Farbstoffverteilung f || ~ **of twist** (spinn) / Drahtverteilung f || ~ **sieve** (flock) / Verteilungssieb n
disulphide n / Disulfid n || ~ **bond** / Disulfidbindung f || ~ **interchange** / Disulfidaustausch m
disulphonic acid / Disulfosäure f, Disulfonsäure f
dithionic sodium / unterschwefligsaures Natron
dithionite n / Dithionit n
diurea n / Diharnstoff m
divalency n / Zweiwertigkeit f, Bivalenz f
divalent adj / zweiwertig adj
divided drawing-in / getrenntes Einziehen, getrennter Einzug n || ~ **goods carrier** (dye) / geteilter Materialträger || ~ **pocket** (fash) / unterteilte Tasche || ~ **skirt** (fash) / Hosenrock m
divide loops (knitt) / Maschen und Schleifen verteilen
divider n (cpt) / Florteilapparat m || ~ (knitt) / Verteilplatine f || ~ **(card roll)** / Teilungswalze f || ~ **and condenser** (spinn) / Florteiler und Kondenser m || ~ **insert** (dye) / Flottenverdränger m
dividing (knitt) / Teilung f || ~ **bus bar** (knitt) / Verteilschiene f || ~ **cam** (circ knitt) / Verteilungsschloßteil n || ~ **cam** (hos knitt) / Brille f ||
  ~ **comb** / Teilkamm m, Scheidekamm m || ~ **rod** (weav) / Kreuzrute f, Teilstab m || ~ **roller for divider at woollen card** / Florteileinrichtung f am Streichgarnkrempel (DIN 64127) || ~ **sinker** (knitt) / Verteilplatine f || ~ **the warp** (knitt) / Teilen n der Kette
divinyl sulphone / Divinylsulfon n
division (e.g. 126 yarns at 5/32 inches division of the tufting machine) / Teilung f (z.B. 126 Garne bei 5/32

Zoll Teilung der Tuftingmaschine) || ~ **of package carrier** (dye) / Teilung *f* der Färbeplatte
DMDHEU s. dimethyloldihydroxyethylene urea
DMEU s. dimethylolethylene urea || ~ (s. dimethylolethylene urea)
DMF (dimethyl formamide) / Dimethylformamid *n* || ~ **recycling process** / DMF-Kreislaufprozeß *m*
DMPU s. dimethylolpropylene urea
DMT s. dimethyl terephthalate
D.N. draft (double needle draft) (spinn) / Doppelnadel-Stabstrecke *f*, D.N.-Strecke *f*, DNS
dobby *n* (weav) / Schaftmaschine *f*, Dobby *m* || ~ **card** / Schaftmaschinenkarte *f*, Schaftkarte *f* || ~ **cloths** *pl* / Schaftmaschinenware *f* || ~ **for lifting** (weav) / Schaftmaschine *f* für Hochfach || ~ **for lifting, lowering and open shed** / Schaftmaschine *f* für Hoch-, Tief- und Stehfach || ~ **for lowering** / Schaftmaschine *f* für Tieffach || ~ **head** / Schaftmaschine *f*, Dobby *m* || ~ **jack** / Schaftmaschinenschwinge *f* || ~ **loom** / Schaftwebstuhl *m*, Schaftwebmaschine *f* || ~ **machine** / Schaftmaschine *f*, Dobby *m* || ~ **-patterned** *adj* / schaftgemustert *adj* || ~ **star wheel** / Laterne *f*, Krone *f* || ~ **weave fabric** / Schaftgewebe *n* || ~ **weaving** / Schaftweberei *f* || ~ **with jacks** (weav) / Schemelschaftmaschine *f*
doctor *v* / rakeln *v* || ~ *n* / Rakel *f*, Rakelmesser *n*, Abstreichmesser *n*, Streichmesser *n*, Streichrakel *f*, Abstreifrakel *f*, Filmausstreicher *m*, Dosierrakel *f* || ~ **arrangement** / Rakelführung *f* || ~ **blade** s. doctor || ~ **blade clearance** / Rakelabstand *m*, Rakelmessereinstellung *f* || ~ **blade finishing machine** / Rakel-Appretiermaschine *f* (DIN 64990) || ~ **coater** / Rakelauftragmaschine *f* || ~ **coating** / Rakeln *n* || ~ **finish** / Rakelappretur *f*, Streichappretur *f* || ~ **finishing machine** / Rakelappreturmaschine *f* || ~ **grinder** / Rakelschleifmaschine *f* || ~ **knife** s. doctor || ~ **knife clearance** / Rakelabstand *m*, Rakelmessereinstellung *f* || ~ **knife coating** / Rakeln *n* || ~ **roll[er]** / Auftragwalze *f*, Schaberwalze *f*, Abstreifwalze *f* || ~ **roll system** / Rollrakelsystem *n* || ~ **rule** / Rakellineal *n* || ~ **shears** / Rakelhalter *m*, Rakelschiene *f* || ~ **-spread finish** / Rakelappretur *f* || ~ **streaks** / Rakelstreifen *m* *pl* || ~ **stroke** / Rakelschlag *m*, Rakelstrich *m*
dodds *pl* / Schwanzwolle *f*
dodecyl sulphate / Dodecylsulfat *n* || ~ **trimethyl ammonium chloride** / Dodecyltrimethylammoniumchlorid *n*
Doebners violet (dye) / Döbners Violett
doeskin *n* (used esp. for suits and coats) / Doeskin *m* (eine Art Buckskin)
doff *v* / abnehmen *v* (die vollen Spulen), abziehen *v*
doffer *n* / Abnehmer *m*, Abnehmerwalze *f*, Peigneur *m*, Doffer *m*, Kammwalze *f*, Abzieheinrichtung *f* für Spulen, Streichtrommel *f* || ~ **beater** / Abnehmerwalze *f*, Abziehwalze *f* || ~ **blade** / Hackerschiene *f* || ~ **card** / Abnehmerkrempel *f*, Peigneurkrempel *f* || ~ **comb** / Hacker *m*, Hackerkamm *m*, Abnehmerkamm *m*, Abnehmerhacker *m* || ~ **comb blade** / Hackerblatt *n* (DIN 64115) || ~ **comb box**, doffer comb case / Hackerkasten *m* || ~ **cover** (spinn) / Abnehmerhaube *f* || ~ **end** / Materialauslauf *m* || ~ **hood** (spinn) / Abnehmerhaube *f* || ~ **knife** / Hackerschiene *f* || ~ **roller** / Abnehmerwalze *f*, Abziehwalze *f* || ~ **strip [waste]** / Krempelabfall *m*, Dofferabfall *m* || ~ **system** (spinn) / Abnehmersystem *n* || ~ **truck** / Spulenrollwagen *m*
doff from the reel / von der Haspel abnehmen
doffing *n* / Abnehmen *n* (die vollen Spulen), Abziehen *n* || ~ (spinn) / Spulenabzug *m*, Spulenabnahme *f* || ~ (of card) / Kardenabzug *m*, Abzug *m*, Abnahme *f* || ~ (of pirns) / Schußspulenentnahme *f* (DIN 62510) || ~ **apparatus** / Abziehmaschine *f*, Abziehapparat *m*, Doffer *m* || ~ **comb** / Hacker *m*, Hackerkamm *m*,

Abschlagkamm *m* || ~ **cylinder** / Abziehrolle *f*, Abnehmer *m*, Kammwalze *f*, Streichtrommel *f*, Peigneur *m* || ~ **drum** / Abnehmertrommel *f* || ~ **system** / Spulenabnahmevorrichtung *f*
doff the bobbins / die Spulen abziehen, absetzen *v*
dog *n* (knitt) / Ablaufteil *n*, Mitnehmer *m* (DIN 64990), Anschlag *m*
dogbone cross-section / gelappter Querschnitt
dog collar s. clerical collar || ~ **-earing** *n* / diagonales Aufrollen der Stückenden
doggy wool / verzüchtete glänzende Wolle (DIN 60004), minderwertige Wolle
dog hair / Stichelhaar *n* || ~ **knot** / Hundsknoten *m*, dicker Fadenknoten || ~ **-legged selvedge** / bogige Webkante
dog's bane fibre / Hundskohl *m*, Hundswolle *f*
dogstooth checks (fash) / Hahnentrittkaros *n* *pl* || ~ **pattern** / Hahnentritt *m*, Hahnentrittmusterung *f* || ~ **weave** / Hahnentrittbindung *f*
doily *n* / Platzdeckchen *n*, Tassenuntertage *f*
dolly *n* (GB) / Rührstab *m* für die Wäsche || ~ **blue** / Waschblau *n* || ~ **dyestuff** / Farbstoff *m* für den Haushalt || ~ **tub** / Waschfaß *n*, Rührbottich *m*
dolman *n* (a cape-like wrap or coat) / Dolman *m* || ~ **sleeve** (wide at the armhole, generally tight at the wrist; either set into a deep armhole or cut in one piece with the garment) (fash) / Dolmanärmel *m*
dolomite *n* / Dolomit *m*
domestic *n* (plain-weave cotton cloth) / Domestik *m*, Domestic *m*, Kingleinen *n*, schwerer Shirting || ~ **carpet** / Teppich *m* für den Wohnbereich || ~ **fabrics** / Haushaltsgewebe *n* *pl* || ~ **Oriental** / in Amerika hergestellter Orientteppich
domestics *pl* (GB) / ungebleichte Haushaltsgewebe *n* *pl*
domestic sewing machine / Haushaltsnähmaschine *f* || ~ **thread** / Haushaltszwirn *m* || ~ **washing machine** / Haushaltswaschmaschine *f*
domet[t] flannel / langflorige Flanellart
dominant shade / vorherrschender Farbton || ~ **wavelength** (col) / dominierende Wellenlänge, farbtongleiche Wellenlänge
Domingo hemp / Domingohanf *m*, Sisalhanf *m*
domino *adj* / dominoschwarz *adj*
Donegal carpet / Donegalteppich *m* || ~ **tweed** / Donegal *m* (grobfädiges Streichgarngewebe aus heller Noppenkette und dunkelfarbigem Schuß)
dongery *n* (made with one weft and two warps) / Dongery *m* (Denimgewebe)
Donnan equilibrium / Donnan-Gleichgewicht *n* || ~ **theory** / Donnan-Theorie *f*
donning of pirns / Aufstecken *n* der Schußhülsen (DIN 62510), Einspannen *n* der Schußhülsen, Anbringung *f* der Schußhülsen
donor *n* (chem, dye) / Donator *m*, Donor *m*, Spender *m*
donskoi wool / russische Teppichwolle
doormat *n* / Fußmatte *f*, Türvorleger *m*, Fußabtreter *m*
dope *n* (spinn) / Spinnlösung *f* || ~ (to make fabric impervious to water or air or both) / Beschichtungsmasse *f* || ~ **-brighten** *v* / spinnaufhellen *v*, spinnweißtönen *v* || ~ **-brightened** *adj* / spinnaufgehellt *adj*, spinnweißgetönt *adj* || ~ **brightening** / Spinnaufhellung *f*, Spinnweißtönung *f*, Spinnavivage *f* || ~ **-dye** *v* / spinnfärben *v*, in der Spinnlösung färben || ~ **-dyed** *adj* / spinngefärbt *adj*, in der Spinnlösung gefärbt, düsengefärbt *adj* || ~ **dyeing** / Spinnfärbung *f*, Düsenfärbung *f*, Spinnfärben *n* || ~ **dyeing equipment** / Spinnfärbeapparat *f* || ~ **dyestuff** / Spinnfarbstoff *m* || ~ **matting** / Spinnmattierung *f*
doria stripes / Doria-Streifen *m* *pl*
dornick *n*, dornock *n* / Tischdrell *m*, Damastleinen *n*
Dorset fabric / grober Scheuerlappenstoff || ~ **wool** / Dorset-Wolle *f*
dorure *n* (Fr) / Goldborte *f*

dosage *n* / Dosierung *f*
dose *v* / dosieren *v* ‖ ~ *n* / Dosis *f*
dosing machine / Dosiermaschine *f*
dot *v* / tüpfeln *v*, tupfen *v* ‖ ~ *n* / Tüpfel *m n*, Pünktchen *n* ‖ ~ **coating** (ctg) / Punktbeschichtung *f* ‖ ~ **stitch** / Punktstich *m*, Grübchenstich *m*
dotted fabric / punktiertes Gewebe, getüpfeltes Gewebe ‖ ~ **muslin**, dotted mull / Tupfenmull *m*, Tupfenmusselin *m*, Tüpfelmusselin *m* ‖ ~ **net** / Tupfentüll *m* ‖ ~ **Swiss**, dotted swiss s. dotted muslin
double *v* / doppeln *v*, d[o]ublieren *v*, fachen *v* ‖ ~ / kaschieren *v*, laminieren *v* ‖ ~ *n* / Double *m*, d[o]ublierter Stoff, d[o]ubliertes Gewebe ‖ ~-**and-twist** *n* / Melange-Garn *n* ‖ ~ **apron** (spinn) / Doppelriemchen *n* ‖ ~ **apron drawing equipment** (spinn) / Doppelriemchenstreckwerk *n* ‖ ~-**arm kneader** / Doppelarmkneter *m* ‖ ~ **back** (cpt) / Doppelrücken *m* ‖ ~ **backing** (ctg) / Doppelrückenkaschierung *f* ‖ ~-**bar raschel knitting machine** / doppelbarrige Raschelmaschine *f* ‖ ~ **bath method** (dye) / Zweibadverfahren *n* ‖ ~ **beaming device** / Doppelbäumvorrichtung *f* (DIN 62500) ‖ ~ **beater picker** (US) (spinn) / Doppelbatteur *m* ‖ ~ **beat-up** (weav) / Doppelschlag *m*, Ladendoppelschlag *m* ‖ ~-**bed knitgoods** / doppelflächige Gestricke *n pl* ‖ ~-**belt friction unit** (texturing) / Doppelriemchenfriktionsaggregat *n* ‖ ~-**blade mixer** / doppelschaufliges Rührwerk ‖ ~ **blind stitch hemming** / Doppel-Blindstich-Säumen *n* ‖ ~-**blind test** / Doppelblindversuch *m* ‖ ~ **bond** (chem) / Doppelbindung *f*, Doppelverbindung *f* ‖ ~ **braid** / Doppellitze *f* ‖ ~-**breasted** *adj* / zweireihig *adj*, doppelreihig *adj* ‖ ~-**breasted suit** / Zweireiher *m* ‖ ~ **butt needle** (knitt) / Doppelfußnadel *f* ‖ ~ **calender** / Doppelkalander *m* ‖ ~ **card** (spinn) / Doppelkrempel *f*, Doppelkarde *f* ‖ ~-**carded** *adj* / zweifach kardiert ‖ ~ **carding** / Zweifachkardieren *n* ‖ ~ **carpet** (face-to-face carpet) / Doppelteppich *m* ‖ ~ **chain stitch** / Doppelkettenstich *m* ‖ ~ **chain stitch seam** / Doppelkettenstichnaht *f*, Doppelkettenstichnaht *f* ‖ ~ **chain stitch sewing machine** / Doppelkettenstichnähmaschine *f* ‖ ~ **chloride of tin and ammonium** (dye) / Pinksalz *n* (Ammoniumchlorostannat(IV)) ‖ ~ **circulation** (dye) / zweiseitige Flottenzirkulation ‖ ~-**clip wool** / Zweischurwolle *f* ‖ ~ **cloth** / Doppelgewebe *n*, Doublegewebe *n*, Zweifachgewebe *n* ‖ ~-**coated** *adj* / beidseitig beschichtet, doppelbeschichtet *adj* ‖ ~ **collar** (fash) / Umlegekragen *m* ‖ ~ **combing** / Nachkämmen *n*, zweifaches Kämmen ‖ ~ **condenser spinning** / Zweizylinderspinnen *n* ‖ ~ **condenser spinning mill** / Zweizylinderspinnerei *f* ‖ ~ **conical bobbin** / Doppelkegelspule *f* ‖ ~-**counterlaid fold** / Quetschfalte *f* ‖ ~ **covering** (of yarn) / zweifädige Garnumwindung ‖ ~ **crochet** / Doppelstäbchen *n* ‖ ~ **cure method** / zweiphasige Polymerisation ‖ ~ **cut-pile goods** (cpt) / Zweifach-Veloursware *f* ‖ ~ **cylinder circular knitting machine** / Doppelzylinder-Rundstrickmaschine *f* ‖ ~ **cylinder dobby loom** / Zweiwalzenschaftstuhl *m* ‖ ~ **cylinder hose machine** / Links/Links-Strumpfautomat *m*, Doppelzylinder-Strumpfautomat *m* ‖ ~ **cylinder knitting machine** / Doppelzylinder-Strickmaschine *f* ‖ ~ **cylinder machine** (jacquard) / Zweiprismenmaschine *f* ‖ ~ **cylinder needle** (weav) / Doppelzylindernadel *f* ‖ ~ **damask** / atlasbindiger Damast ‖ ~-**decker loom** / zweistöckiger Webstuhl ‖ ~-**deck machine** / Doppeletagenmaschine *f* ‖ ~-**deck twisting machine**, double-deck twister / Zweietagen-Zwirnmaschine *f*
doubled fabric / d[o]ublierter Stoff, d[o]ubliertes Gewebe, Double *m*
double diagonal stitch / Doppeldiagonalstich *m* ‖ ~ **doctor** / Doppelrakel *f* ‖ ~ **doffer card** (spinn) / Doppelabnehmerkrempel *f*, Zweipeigneurkrempel *f* ‖

~ **doffer system** (spinn) / Zweiabnehmersystem *n* ‖ ~ **drawing** / doppeltes Strecken
doubled worsted yarn / gezwirntes Kammgarn ‖ ~ **yarn** / d[o]ubliertes Garn, gezwirntes Garn
double--dyed *adj* / zweimal gefärbt, doppeltgefärbt *adj*, überfärbt *adj* ‖ ~ **dyeing** / Überfärbung *f* ‖ ~ **edge covering device** / Doppelrandumhängeeinrichtung *f* ‖ ~ **end** / Grobfaden *m*, Doppelfaden *m* ‖ ~-**ended bearded needle** / Doppelspitzennadel *f* ‖ ~-**ended latch needle** / Doppelzungennadel *f* ‖ ~-**ended needle** / Doppelkopfnadel *f* ‖ ~ **end reeling** / Haspeln *n* zu zwei Fäden ‖ ~ **fabric** / Doppelgewebe *n*, Doublegewebe *n* ‖ ~-**fabric crotch** / verstärkter Zwickel ‖ ~-**face coat** (fash) / Umkehrmantel *m*, Reversible *n*, Wendemantel *m* ‖ ~-**faced** *adj* / beidrecht *adj*, doppelseitig *adj*, doppelflächig *adj* ‖ ~-**face[d] carpet** / schottischer Teppich ‖ ~-**face[d] fabric** / doppelseitiges Gewebe, zweiseitiges Gewebe, doppelflächige Ware, doppelseitige Ware, Doubleface *m n* ‖ ~-**face[d] fabric** / Abseitenstoff *m* (Webwaren), Reversible *m* ‖ ~-**face[d] knitted fabric** / doppelseitige Maschenware ‖ ~-**faced pile fabric** / Doppelflorgewebe *n* ‖ ~-**face[d] resist** / doppelseitige Reserve ‖ ~-**faced satin** / doppelseitiger Atlas ‖ ~-**face printing** / beidseitiges Bedrucken, Duplexdruck *m* ‖ ~-**face twill** / beidrechter Köper ‖ ~-**feed** (knitt) / zweisystemig *adj* ‖ ~ **feed** (knitt) / Doppelsystem *n* ‖ ~ **feed control cam** (knitt) / Schaltkeil *m* für das zweite System ‖ ~ **filament** / Doppelfaden *m* ‖ ~-**flanged bobbin** / Doppelrandspule *f*, Scheibenspule *f*, Scheibenhülse *f* (DIN 61805) ‖ ~ **flanged package with constant traverse** / zylindrische Scheibenspule mit gleichbleibendem Hub (DIN 61800) ‖ ~ **flanged package with traverse shortening** / zylindrische Scheibenspule mit verkürztem Hub (DIN 61800) ‖ ~ **flannel** / Doppelflanell *m*, Doppelfancy *f* ‖ ~ **fleece** (knitt) / Doppelfutter *n* ‖ ~ **flock beamer**, double flock radiator / Doppelflockstrahler *m* ‖ ~ **fulling mill** (US) / Doppelwalke *f* ‖ ~ **green** / Methylgrün *n* ‖ ~ **gripper jacquard loom** / Doppelgreifer-Jacquard-Webmaschine *f* ‖ ~ **gusset** (hos) / verstärkter Schritt ‖ ~ **gusset type of heel** (hos) / Keilferse *f* ‖ ~-**head dobby** / Doppelkopf-Schaftmaschine *f* ‖ ~-**headed bearded needle** / Doppelspitzennadel *f* ‖ ~-**headed latch needle** / Doppelzungennadel *f* ‖ ~-**head needle**, double-headed needle / Doppelkopfnadel *f*, Doppelnadel *f*, Links-Links-Nadel *f* ‖ ~-**head porcupine drawing** / Doppelnadelwalzenstrecke *f* ‖ ~ **hook** (knitt) / Doppelhaken *m* ‖ ~-**hook needle** / Doppelhakennadel *f* ‖ ~-**hook pile weaving loom** / Doppelgreifer-Florwebmaschine *f* ‖ ~ **hose** / Strumpf *m* mit Doppelferse und Doppelspitze ‖ ~ **in-and-out stitch** / Doppelkettenstich *m* ‖ ~ **jacket roller** *f* / . Doppelmantelgalette *f* ‖ ~-**jack knitting machine** / Strickmaschine *f* mit zwei Platinenreihen ‖ ~ **jersey** / Doppeljersey *n*, Double-Jersey *m* ‖ ~ **jersey** / Wevenit *n*, doppelflächige Strickware ‖ ~ **jig** / Doppeljigger *m* ‖ ~ **jig** (sew) / Doppelschablone *f* ‖ ~ **knit fabrics** (made by interlocking the loops from two strands of yarn with a double stitch), double-knit goods, double knits / doppelflächige Ware, doppelflächige Strickware, Doppel-Maschenware *f*, Doppelfontur-Maschenware *f*, zweiflächige Jerseyware, Doppelwirkware *f* ‖ ~ **knit fabrics** (knitted on circular knitting machine), double-knit goods, double knits / Doppel-Rundstrickware *f*, zweiflächige Rundstrickware *f* ‖ ~-**knit knitting machine** / zweifonturige Strickmaschine, DK-Maschine *f* ‖ ~-**knitted fingertip** / verstärkte Fingerspitze ‖ ~ **knitting wool** / Schnellstrickwolle *f* ‖ ~ **knocking-over** (knitt) / Doppelabschlag *m* ‖ ~ **lap[ped] seam** (making up) / Doppelkappnaht *f*, Doppelsturznaht *f* ‖ ~ **lap seam folder** (sew) / Doppelkappnahtapparat *m*, Doppelkapper *f* ‖ ~ **latch needle** (knitt) / Doppelzungennadel *f* ‖ ~ **layer dyeing**

double

method / Doppelbahnen-Färbeweise f ‖ ~ lay-in / Doppelfutter n ‖ ~ lift / Doppelhub m ‖ ~-lift dobby / Doppelhub-Schaftmaschine f, Schaftmaschine f für Hoch- und Tieffach ‖ ~-lift jacquard machine / Doppelhub-Jacquardmaschine f ‖ ~-lift open-shed jacquard machine (weav) / Doppelhub-Ganzoffenfach-Jacquardmaschine f ‖ ~ liquor flow (dye) / doppelter Flottenweg ‖ ~-locked stitch (sew) / Doppelkcttcnstich m ‖ ~ locked stitch machine / Doppelkettenstichmaschine f ‖ ~ locked stitch seam / Doppelkettenstichnaht f ‖ ~-lock knitting machine, double-locker machine / zweisystemige Strickmaschine ‖ ~ loop (knitt) / Doppelmasche f ‖ ~-loop transfer / wechselweise Maschenübertragung ‖ ~-milled twill (weav) / Köper m ‖ ~-motion agitator / gegenläufiges Rührwerk, zweiachsiger Rührer ‖ ~ mule-twist / zweifädiger, geschleifter Zwirn, zweidrähtiger, geschleifter Zwirn ‖ ~ narrowing toe (hos) / Zwickelspitze f ‖ ~ needle bar raschel machine / zweifonturige Raschel, zweifonturige Raschelmaschine ‖ ~ needle draft s. D.N. draft ‖ ~ needle draft (s. D.N. draft) ‖ ~-needle sewing machine / Zweinadelnähmaschine f ‖ ~ opener (spinn) / Doppelöffner m ‖ ~ overlock stitch (making up) / Doppelzackenstich m ‖ ~ passage, double pass (dye, spinn) / Doppelpassage f ‖ ~ paste (text pr) / Doppelteig m ‖ ~ pattern attachment / Doppelmustereinrichtung f ‖ ~ pick (weav) / Doppelschuß m ‖ ~ picker (US) (knitt) / Doppelschlagmaschine f ‖ ~ picker (US) (knitt) / Zunahmefinger m ‖ ~ picks (defect) / Doppelschußfäden m pl, Doppelschuß m ‖ ~ picks insertion / Doppelschußeintrag m ‖ ~ picot elastic braid / Doppelpikotband n ‖ ~ pile n / Doppelflor m ‖ ~ pile adj / doppelflorig adj ‖ ~-pile knitgoods / doppelpolige Gewirke ‖ ~ pile velvet / zweifloriger Samt ‖ ~ pile weave / Doppelflorbindung f ‖ ~-piped pocket (sew) / Doppelpaspeltasche f, Leistentasche f ‖ ~ plains / leinwandbindige Doppelgewebe n pl ‖ ~ plain weave / Schnittbindung f ‖ ~ plush / Doppelplüsch m ‖ ~ point drafting (weav) / Doppelspitzeinzug m ‖ ~ print / beidseitig bedruckte Ware, Doppeldruck m

doubler n (spinn) / D[o]ubliermaschine f, Doppler m, Doublierer m, Facher m

double raising machine (knitt) / Doppelrauhmaschine f ‖ ~ randomization / Doppelstauch m

doubler bobbin / Aufnahmespule f

double reed (weav) / Doppelriet n ‖ ~ reel / Doppelhaspel f ‖ ~ refraction / Doppelbrechung f ‖ ~ retting / Doppelröste f ‖ ~ ribbon / Doppelband n, doppelseitiges Band ‖ ~ rib goods (knitt) / Raschelware f, Fangware f ‖ ~ rib loom (weav) / Raschelmaschine f ‖ ~ rib tull[e] (knitt) / Rascheltüll m ‖ ~ rib warp frame (knitt) / Raschel f, Fangkettenstuhl m ‖ ~-rib warp goods / Fangkettenware f ‖ ~ rib warp loom (knitt) / Raschel f, Fangkettenstuhl m ‖ ~ ring system / doppelter Balloneinengungsring ‖ ~ roller presser (sew) / Doppelrollfuß m ‖ ~ roving / Doppelvorgespinst n ‖ ~ roving spinning / Spinnen n von doppeltem Vorgarn ‖ ~ row stitch / Doppelreihstich m

doubler twister / Doppelzwirner m, Zwirnmaschine f ‖ ~ winder / D[o]ubliermaschine f, Fachmaschine f

double saddle stitch seam / Doppelsteppstichnaht f ‖ ~ salt / Doppelsalz n ‖ ~ sateen / Doppelbaumwollatlas m ‖ ~ satin / Doppelbaumwollatlas m ‖ ~ satin (wool) / Doubleface m n (Mantelstoff) ‖ ~ satin weave (weav) / Doppelatlasbindung f ‖ ~ scutcher (spinn) // Doppelschlagmaschine f, Doppelbatteur f ‖ ~ seam / Doppelsaum m ‖ ~-section large-diameter circular knitting machine / doppelfonturige Großrundstrickmaschine ‖ ~-sewn adj / doppeltgenäht adj ‖ ~ shed / Doppelfach n ‖ ~-sided cross winder / doppelseitige Kreuzspulmaschine (DIN 63403) ‖ ~-sided fabric /·doppelseitiger Stoff, doppelflächiger Stoff ‖ ~-sidedness (dye) / Zweiseitigkeit f ‖ ~-sided pirn winder / doppelseitige Schußspulmaschine (DIN 63403) ‖ ~-sided plush / zweiseitiger Plüsch, doppelfloriger Plüsch ‖ ~ sinker / Doppelplatine f ‖ ~ sizing / zweiseitige Appretur ‖ ~ slasher sizing machine (weav) / Doppelschlichtmaschine f ‖ ~ sole (hos) / Doppelsohle f, doppelte Sohle, verstärkte Sohle ‖ ~ sole attachment (hos) / Doppelsohlvorrichtung f ‖ ~-sole hose / Strumpf m mit verstärkter Sohle ‖ ~-sole thread carrier (hos) / Doppelsohlenfadenführer m ‖ ~ spindle (knitt) / Doppelspindel f ‖ ~ spinning / Zweimalspinnen n ‖ ~-spring tongue (spindle shuttle) / Zweifederspindel f (DIN 64685) ‖ ~-spun yarn / glattes Garn

doublestay stitch (sew) / Wurzelstich m (Knopf)

double stenter / Doppelplanrahmen m ‖ ~ step (weav) / Doppelfach n ‖ ~ stick hank dyeing machine / Doppelstock-Stranggarnfärbemaschine f ‖ ~ stitch / Doppelmasche f, Doppelstich m ‖ ~-strength paste / doppelstarker Teig ‖ ~-stretch articles / Doppelstretchware f, Zweizugware f ‖ ~ system flat knitting machine / Doppelschloßflachstrickmaschine f, zweisystemige Flachstrickmaschine, Doppelmechanikstrickmaschine f ‖ ~ thread / zweifädiger Zwirn, zweidrähtiger Zwirn, Doppelzwirn m ‖ ~ thread (defect) (weav) / Doppelfaden m ‖ ~-thread brocade / zweifädiger Brokat ‖ ~ thread overcasting seam (making up) / Zweifadenüberwendlichnaht f ‖ ~ throw yarn s. cabled yarn ‖ ~ tie / Double-tie n ‖ ~-tier [up] twister / Zweietagenzwirnmaschine f ‖ ~-tone printing / Doppeltondruck m ‖ ~ top (hos) / Doppelrand m, Patentrand m, verstärkter Rand ‖ ~ tracing wheel (sew) / Doppelkopierrädchen n ‖ ~ tricot (fabric) / Doppeltrikot m ‖ ~ trough (dye) / Doppelchassis n ‖ ~ tuck stitch / Doppelfang m ‖ ~ twill / Doppelköper m ‖ ~ twist / Doppelzwirn m ‖ ~-twisted adj / zweifach gezwirnt ‖ ~ twister / Ringzwirnmaschine f für Seiden- und Viskosefilamentgarn ‖ ~-twist frame, double-twist machine / Doppeldrahtzwirnmaschine f, Doppelzwirnmaschine f ‖ ~ twist spindle / Doppeldrahtspindel f ‖ ~-twist yarn / Doppeldrahtgarn n ‖ ~ velvet / Doppelsamt m ‖ ~ warp / Doppelkette f, Zwirnkette f, Doppelkettgarn n ‖ ~ warp (GB) / Baumwollware f mit Zweifachkettgarn ‖ ~ warp bagging / Doppelsackleinen n ‖ ~ warp fabric (knitt) / Doppelkettenstoff m ‖ ~ warp frame (knitt) / Doppelkettenstuhl m ‖ ~ warp knitting machine / Doppelkettenwirkmaschine f ‖ ~ warp lining / Futterstoffe m pl mit Doppelkette ‖ ~ warp loom (simplex machine) / Doppelkettenstuhl m ‖ ~-weave adj / durchgewebt adj ‖ ~ weave / Doppelbindung f, Doppelgewebe n ‖ ~ web / Doppelflor m ‖ ~ weft / gezwirntes Schußgarn ‖ ~ weft / Doppelschuß m ‖ ~-weft binding (weav) / Zweischußbindung f ‖ ~-weft plush / zweischüssiger Plüsch ‖ ~-weft weave / Twistbindung f ‖ ~ welt / Doppelrand m, verstärkter Rand, Patentrand m ‖ ~-width fabrics / doppelbreite Gewebe n pl ‖ ~ winch vat / Zwillingshaspelkufe f ‖ ~ worsted / gedoppeltes Kammgarn, gezwirntes Kammgarn ‖ ~ woven fabric / Doppelgewebe n

doubling n (yarn, clothm) / Dopplung f, D[o]ublierung f, D[o]ublieren n, Doublieren n (weav, spinn) / Fachen n, Zwirnen n, Zwirnung f ‖ ~ and balling machine / Doublierwickelmaschine f ‖ ~ and folding machine / Doublier-Faltmaschine f ‖ ~ and pleating machine, doubling and plaiting machine / Doublier-Legemaschine f ‖ ~ and rolling machine s. doubling and balling machine ‖ ~ bobbin (weav) / Fachspule f ‖ ~ calender / D[o]ublierkalander f ‖ ~ draw frame (spinn) / D[o]ublierstrecke f ‖ ~ fold / D[o]ublierbruch m ‖ ~ folding machine / Warend[o]ubliermaschine f ‖ ~ frame (spinn) / Zwirnmaschine f, D[o]ubliermaschine f, Fachmaschine f ‖ ~ in the opposite direction of the

twist / aufdrehendes Zwirnen ‖ ~ **in the same direction as the twist** / zudrehendes Zwirnen ‖ ~ **machine** (clothm) / Faltmaschine f, Legemaschine f, D[o]ubliermaschine f ‖ ~ **mill** / Zwirnerei f ‖ ~ **number** / D[o]ublierungszahl f ‖ ~ **of yarns** / Zwirnen n der Garne
doublings pl / baumwollene Futterstoffe m pl
doubling spindle / Zwirnspindel f ‖ ~ **traveller** / Zwirnringläufer m, Zwirnläufer m ‖ ~ **triangle** (spinn) / Zwirndreieck n ‖ ~ **twister** / Fachzwirnmaschine f ‖ ~ **winder** (spinn) / Fachmaschine f
doughy adj / teigig adj
doup n (leno weaving) / halbe Helfe, Weblitze f für Drehergewebe ‖ ~ **end** / Dreherfaden m, Drehfaden m ‖ ~ **harness** / Dreherwerk n, Harnisch m für Drehergewebe ‖ ~ **heddle**, doup heald / Dreherlitze f, Kreuzschaft m ‖ ~ **thread** / Drehfaden m ‖ ~ **warp** / Dreherkette f ‖ ~ **warp heald frame** / Dreherschaft m ‖ ~ **weave** / Dreherbindung f
dove-shade adj / taubengrau adj
dovetailed twill / ineinandergeschobener Köper
dowlas n / Dowlas m (schweres Leinengewebe), Harttuch n
down n / Daune f ‖ ~ s. also eiderdown ‖ ~ **comforter** (US) / Daunendecke f ‖ ~-**proof** adj / daunendicht adj, federdicht adj ‖ ~-**proof batiste** / Daunenbatist m ‖ ~-**proof finish** / daunendichte Appretur
downproof properties pl / Daunendichtheit f (von Geweben)
downproofs pl / daunendichte Waren f pl
down quilt / Daunensteppdecke f ‖ ~-**resistant** adj / daunendicht adj, federdicht adj
downrights pl / Halswolle f
downs pl / geraubte Mantelstoffe m pl
down sinker (knitt) / Einschlußplatine f
downtwist, direction of ~ / Ablauf m der Zwirnmaschine
downtwister n / Ringzwirnmaschine f, Cap-Zwirnmaschine f, Downtwister m
downtwisting n (of yarn) / Zurückdrehen n, Abwärtszwirnen n ‖ ~ (of yarn) / Ringzwirnerei f ‖ ~ **from rolling flanged bobbin** / Zwirnen n von abrollender Scheibenspule
Down wool (Wools of medium fineness produced by the Down breeds of sheep; the staple is crimpy and ranges from 7.5 cm (Shropshire Down) **to 15 cm** (Oxford Down); Southdown is the best of this class. These staples make excellent worsted yarns.) / Downwolle f
downy adj / daunig adj, flaumig adj ‖ ~ **handle** / daunenartiger Griff, weicher Griff
drabbet n / geköperter Leinendruck
draft v (weav) / patronieren v ‖ ~ (spinn) / strecken v, verstrecken v ‖ ~ n (gen) / Entwurf m ‖ ~ (spinn) / Verstreckung f, Verzug m ‖ ~ (weav) / Einzug m, Geschirreinzug m, Patronieren n ‖ **actual** ~ / tatsächlicher Verzug, echter Verzug ‖ **intermediate** ~ / Zwischenverzug m ‖ **total** ~ / Gesamtverzug m ‖ ~ **change mechanism** / Verzugswechselwelle f ‖ ~ **constant** / Verzugskonstante f ‖ ~ **control** / Verzugsregelung f ‖ ~ **cut** / Verzugsunterbrechung f
drafted staple-length fibre / gestreckte Stapelfaser
drafter sliver / Streckenband n
draft fault / Einzugsfehler m
drafting n / Verziehen n, Verstreckung f, Verzug m ‖ ~ (spinn) / Strecken n, Verstrecken n ‖ ~ (weav) / Einzug m, Geschirreinzug m, Patronieren n ‖ ~ **arrangement** / Streckwerk n (DIN 64050) ‖ **arrangement for spinning machines** / Streckwerk n für Spinnmaschinen (DIN 64050) ‖ ~ **cylinder** (spinn) / Streckwalze f ‖ ~ **device** (fil) / Streckwerk n ‖ ~ **doubling** / D[o]ublieren n beim Strecken ‖ ~ **dynamics** / Verzugsdynamik f ‖ ~ **equalizer** / Ausgleichsstrecke f ‖ ~ **equalizing** / Verzugsvergleichmäßigung f ‖ ~ **force** / Verzugskraft f ‖ ~ **force tester** / Verzugskraftmeßgerät n ‖ ~ **frame for cotton spinning** / Strecke f für das

draught

Baumwollspinnverfahren (DIN 64082) ‖ ~ **machine** / Streckmaschine f ‖ ~ **motion** / Streckvorrichtung f ‖ ~ **paper** (weav) / Patronenpapier n, Linienpapier n ‖ ~ **pass** (spinn) / Streckpassage f ‖ ~ **pattern** / Einzugsschema n ‖ ~ **process** / Verzugsvorgang m ‖ ~ **resistance** / Streckfestigkeit f ‖ ~ **roller** / Streckwerk n (DIN 64050), Streckwalze f, Streckwerkswalze f (DIN 64050), Ober- und Unterwalze f ‖ ~ **roller grinding and covering machine** / Spinnzylinderschleif- und Aufziehmaschine f ‖ ~ **rollers of flyer spinning frames for cotton** / Streckwerkwalzen f pl von Flyern für Baumwollspinnverfahren (DIN 64059) ‖ ~ **rollers of ring spinning frames for cotton** / Streckwerkwalzen f pl von Ringspinnmaschinen für Baumwollspinnverfahren (DIN 64057) ‖ ~ **system** / Streckwerk n, Strecksystem n ‖ ~ **twist** / Verzugsdrehung f ‖ ~ **wave** / Verzugswelle f, Haft-Gleit-Wechsel m ‖ ~ **with drawing bars** / Kammzugstrecken n mit Preßleisten ‖ ~ **zone** / Streckbereich m ‖ ~ **zone of drafting arrangement** / Verdichterfeld n des Streckwerks (DIN 64050) ‖ ~ **zone plane of drafting arrangement** / Verzugsfeldebene f des Streckwerks (DIN 64050)
draft of eight / achtfacher Verzug ‖ ~ **of lap** / Wattverzug m ‖ ~ **of the fibre** (text) / Faserverzug m ‖ ~ **ratio** / Streckungsverhältnis n, Verzugsverhältnis n ‖ ~ **regulator** / Regelstrecke f, Regulierstrecke f ‖ ~-**texturized** adj / strecktexturiert adj ‖ ~ **zone** / Verzugsfeld n, Streckfeld n, Verzugszone f
drag n / Zurückbleiben n der Spule ‖ ~ / Fadenspannung f
dragged-in filling (US), dragged-in weft (GB) / Einschlepper m, zusammengezogener Schuß
dragging n / Verziehen n (des Stoffes)
drag in v (weav) / einschleppen v ‖ ~-**in** n (weav) / Schußeinschlepper m ‖ ~ **link** (knitt) / Verbindungsteil n zwischen der Tragsäule der Fadenführung und dem Platinenexzenterring
dragon's blood [resin] (dye) / Drachenblut n, Drachenblutharz n, Rotangharz n, Indisches Drachenblut, Palmendrachenblut n (aus Daemonorops draco)
drain [off] (e.g. the liquor) v / ablassen v, ablaufen lassen ‖ ~ **[off]** (space dye) / entwässern v ‖ ~ **[off]** (the wool) / abtropfen lassen
drainage n (e.g. of the liquor) / Ablassen n ‖ ~ (space dye) / Entwässerung f ‖ ~ **acceleration effect** / Entwässerungsbeschleunigungswirkung f ‖ ~ **accelerator** / Entwässerungsbeschleuniger m ‖ ~ **warp knit fabric** / Drainage-Kettengewirke n ‖ ~ **woven fabric** / Drainage-Gewebe n
drainer n / Abtropfer m
draining board / Abtropfbrett n, Ablaufbrett n ‖ ~ **horse** / Abtropfer m ‖ ~ **machine** / Entwässerungsmaschine f
Drake cluster cotton / eine amerikanische Upland-Baumwolle ‖ ~ **eye**, Drake redspot cotton / Baumwollsorte f mit rötlichen Stellen
drap n (Fr) / Tuch n, Wollstoff m ‖ ~-**de-soie** n (Fr) (a skein-dyed or piece-dyed silk fabric made on a small twill weave) / Drap-de-soie m
drape n / drapieren v ‖ ~ (of a fabric) / Faltenwurf m, Fall m, Warenfall m, Draperie f
drapeability n / Drapierfähigkeit f, Drapierverhalten n, Drapiervermögen n
drape dynamics / Faltenwurfdynamik f
drapeometer n / Drapeometer n
drapery n / Tuchware f, Stoffe m pl, Textilien pl ‖ ~ (US) / Dekorationsstoff m, Vorhangstoff m
drapes pl / Vorhang m, Vorhangstoff m
draping n / Drapierung f, Faltenwurf m, Fall m ‖ ~ **property** / Fallen n, Fall m, Drapiervermögen n, Drapierfähigkeit f, Drapierverhalten n
draught frame / Bandmaschine f ‖ ~ **of air** / Luftzug m ‖ ~ **roller** / Zugwalze f

93

Draves

Draves test (to evaluate efficiency of wetting-out and penetrating agents) / Draves-Prüfung f
draw vt / recken vt (Fäden oder Fasern) ‖ ~ (spinn) / strecken v, verstrecken v ‖ ~ / recken vt (Fäden oder Fasern) ‖ ~ vi (defect) (weav) / verziehen v (sich), krumpen v
drawability n / Verstreckbarkeit f
drawable adj / verstreckbar adj
draw-back course (knitt) / Leerreihe f
drawbar n (knitt) / Rollenträger m am Kulierarm
draw·-box n / Lieferwalzen f pl, Abzugwalzen f pl ‖ ~ **cam** / Kulierexzenter m, Senker m ‖ ~ **cam roll[er]** / Kulierrolle f, Kulierexzenterrolle f ‖ ~ **course** (knitt) / Ziehreihe f, Trennreihe f ‖ ~**-down cam** (knitt) / Nadelsenker m
drawer n (spinn) / Streckmaschine f ‖ ~**-in** n (knitt) / Ketteneinzieher m, Einzieher m
drawers pl / Unterhose f
draw false-twisting (spinn) / Streckfalschzwirnen n ‖ ~**-false-twist machine** / Streckfalschzwirnmaschine f ‖ ~ **force** / Verstreckkraft f ‖ ~ **frame** s. drawing frame
drawframe blending / Streckenmischung f ‖ ~ **sliver can** / Streckenbandkanne f
draw frame with canal system (spinn) / Kanalstrecke f ‖ ~ **in** (weav) / einziehen v, einreihen v
drawing n (spinn) / Strecken n, Verstrecken n ‖ ~ (defect) (weav) / Verzug m, Verziehen n ‖ ~ **ability** (spinn) / Streckbarkeit f, Verstreckbarkeit f ‖ ~ **can** / Ansatzkanne f ‖ ~ **force** / Verstreckkraft f ‖ ~ **frame** (spinn) / Strecke f, Streckmaschine f, Streckwerk n ‖ ~ **frame and lap machine combined** / Streckmaschine f mit Bandwickler ‖ ~ **frame cylinder** / Streckenzylinder m ‖ ~ **frame draft** / Streckerbandverzug m ‖ ~ **frame for maximum draw** / Höchstverzugstrecke f ‖ ~**-frame sliver** / Streckband n, Streckenband n ‖ ~ **frame tenter** (spinn) / Streckenwärter m ‖ ~ **head** / Streckkopf m ‖ ~**-in** n / Einzug m, Einziehen n, Fadeneinzug m, Einreihen n ‖ ~**-in cord** (spinn) / Einzugsseil n ‖ ~**-in device** (weav) / Einziehvorrichtung f, Fadeneinziehgerät n ‖ ~**-in fault** (weav) / Einzugsfehler m ‖ ~**-in frame** (weav) / Einziehgestell n ‖ ~**-in hook** / Einziehhaken m, Ketteneinziehhaken m, Litzeneinziehhäkchen n ‖ ~**-in machine** (weav) / Einziehmaschine f, Geschirreinziehmaschine f ‖ ~**-in of the comb** (weav) / Kammeinzug m ‖ ~**-in of the fabric** / Wareneinzug m, Einziehen n der Ware ‖ ~**-in of the warp ends** (spinn) / Einzugsweite f ‖ ~**-in roller** (spinn) / Einzugswalze f ‖ ~ **margin** (of fibre) (spinn) / Verstreckungsgrenze f der Faser ‖ ~ **mechanism** (knitt) / Kuliereinrichtung f, Kulierzeug m ‖ ~ **mill** / Zieherei f ‖ ~**-off band** (knitt) / Abzugsband n ‖ ~**-off brush** (knitt) / Abzugskratze f ‖ ~**-off device** / Abzugsvorrichtung f ‖ ~ **off overhead** / Überkopfabzug m, Überkopfverarbeitung f ‖ ~**-off roller** / Abzugswalze f, Abziehwalze f ‖ ~**-off speed** / Abzugsgeschwindigkeit f ‖ ~**-off tension** / Abzugsspannung f ‖ ~ **off the thread** (weav) / Fadenabzug m ‖ ~**-off wire cord** / Abzugskratze f ‖ ~ **passage** (spinn) / Streckenpassage f ‖ ~ **property** / Streckverhalten n ‖ ~ **roller** / Zugwalze f (DIN 64190), Streckwalze f, Auszieh walze f ‖ ~ **rollers** / Walzenstreckwerk n, Doppelkammwalzmaschine f ‖ ~ **sliver** / Streckenband n, Streckband n ‖ ~ **speed** (spinn) / Streckgeschwindigkeit f ‖ ~ **system** / Streckwerk n ‖ ~ **tension** (thread) / Streckspannung f ‖ ~ **the harness cords through the comber board** (weav) / Gallieren n ‖ ~ **twister bobbin** / Streckzwirnhülse f ‖ ~ **twister bobbin for manmade fibre yarns** / Streckzwirnhülse f für Chemiefasergarne (DIN 64 628) ‖ ~ **waste** / Streckenabgang m ‖ ~ **zone** / Streckzone f
draw lever (knitt) / Kulierhebel m, Kulierarm m ‖ ~ **loom** / Kegelstuhl m, Zugwebstuhl m, Zugstuhl m ‖ ~ **mechanism** (knitt) / Kuliereinrichtung f, Kulierzeug n

drawn filament / ausgestreckter Faden, gestreckter Faden, ausgestrecktes Fädchen, gestrecktes Fädchen ‖ ~ **needle** (knitt) / gezogene Nadel ‖ ~ **pile finish** / Schlingenflorausrüstung f
drawnwork n / Auszieharbeit f, Ajourarbeit f, Hohlsaumarbeit f, Durchbrucharbeit f
draw off (e.g. a liquid) / ablassen v, ableiten v ‖ ~ (yarn) / abziehen v ‖ ~**-off card roller** / Kratzenwalze f, Abzugskratze f ‖ ~**-off funnel** (spinn) / Abzugstrichter m ‖ ~**-off jet** (spinn) / Abzugsdüse f ‖ ~**-off mechanism** / Abzugseinrichtung f, Warenabzug m ‖ ~ **off overhead** / abziehen über Kopf, verarbeiten über Kopf ‖ ~**-off roller** / Abzugsrolle f, Abzugswalze f, Zughaspel f ‖ ~**-off system** (spinn) / Abzugssystem n ‖ ~ **ratio** / Streckverhältnis n, Verstreckungsverhältnis n ‖ ~ **roller** / Abzugsrolle f, Abzugswalze f ‖ ~ **sliver** / Streckband n ‖ ~**-string** (fash) / Kordelzug m ‖ ~**-string hood** (fash) / Kapuze f mit Schnurverschluß
drawstring waist (fash) / Bundschnürung f, Tunneldurchzug m, Tunnelgürtel m
draw·-textured adj / strecktexturiert adj ‖ ~ **texturing heater** / Strecktexturierheizer m ‖ ~ **texturing machine** / Strecktexturiermaschine f ‖ ~ **texturing process** / Strecktexturierverfahren n ‖ ~ **the harness cords through the comber board** / gallieren v ‖ ~ **the shaft in the lower shed** (weav) / Schaft in das Unterfach ziehen ‖ ~ **the shaft in the upper shed** (weav) / Schaft in das Oberfach ziehen ‖ ~ **the warp forward** (knitt) / die Kette fortrücken ‖ ~ **thread** (knitt) / Trennfaden m ‖ ~ **thread** (clothm) / herausziehbarer Faden ‖ ~ **threading technique** / Einzugtechnik f ‖ ~ **thread installation** / Trennreiheneinrichtung f ‖ ~**-twist** v / streckzwirnen v ‖ ~**-twist bobbin** / Streckzwirnspule f ‖ ~**-twist bobbin slip sleeve** / Streckzwirnspulenüberzug m ‖ ~**-twist cop** / Streckzwirnkops m ‖ ~**-twister** n / Streckzwirnmaschine f ‖ ~**-twister head** (spinn) / Drehstreckwerk n ‖ ~**-twisting** / Streckzwirnung f, Streckzwirnen n ‖ ~**-twist package** / Streckzwirn-Kops m ‖ ~**-warping** / Streckschären n ‖ ~**-warping equipment** / Streck-Schär-Anlage f ‖ ~**-warp sizing** / Streckschärschlichten n ‖ ~ **winch** / Zughaspel f, Streckhaspel f ‖ ~**-winding** / Streckspulen n ‖ ~**-winding machine**, draw-winder n / Streckaufspulmaschine f, Streckwickelmaschine f
dreadnought n (fabr) / Flausch m, Flaus m
dress v (fin) / ausrüsten v, appretieren v, zurichten v ‖ ~ (yarn) / schlichten v ‖ ~ (flax) / ribben v, hecheln v ‖ ~ n / Kleid n ‖ ~ **designer** / Modezeichner m, Modezeichnerin f
dressed flax / Hechelflachs m ‖ ~ **warps** / vorbereitete Kettfäden m pl ‖ ~ **width of warp** / Bewicklungsbreite f
dresser n / Schlichter m ‖ ~ (clothm) / Zurichter m, Ausrüster m
dress fabric / Kleiderstoff m ‖ ~ **face finish** / Rauhausrüstung f, Rauhvered[e]lung f ‖ ~ **goods** / Kleiderstoffe m pl ‖ ~ **gown** / Morgenrock m
dressing n / Appretur f, Appretieren n, Zurichten n, Ausrüstung f, Nachavivage f ‖ ~ (med) / Verband m ‖ ~ (cotton) / Aufbäumen n ‖ ~ **and brushing machine** / Bürst- und Schlichtmaschine f ‖ ~ **auxiliary** / Appreturhilfsmittel n ‖ ~ **brush** / Schlichtbürste f. ‖ ~ **cylinder** / Schlichtwalze f ‖ ~ **gauze** / Verband[s]mull m, Gazeverband[s]stoff m ‖ ~ **gown** / Schlafrock m, Morgenrock m, Morgenmantel m ‖ ~ **machine** / Appretiermaschine f, Zurichtmaschine f ‖ ~ **machine** (yarn) / Schlichtmaschine f ‖ ~ **plant** / Zurichtanlage f
dressings pl / Schlichtmittel n pl, Appreturmittel n pl
dressing selvedge (lace) / Einfaßlitze f
dress jacket (GB) / Peignoir m, Frisiermantel m ‖ ~ **length** (sew) / Zuschnittlänge f ‖ ~ **linen** / Kleiderleinen n

dressmaker *n* / Damenschneiderin *f*, Damenschneider *m* ‖ ~**'s dummy** / Schneiderpuppe *f*
dressmaking *n* / Damenschneiderei *f*, Kleiderkonfektion *f*
dress materials / Kleiderstoffe *m pl* ‖ ~ **parade** (fash) / Modeschau *f*, Modenschau *f*, Modenschauvorführung *f* ‖ ~ **pattern** / Schnittmuster *n* ‖ ~ **preserver** / Armblatt *n*, Schweißblatt *n* ‖ ~ **shield** / Armblatt *n*, Schweißblatt *n* ‖ ~. **shield batiste** / Armblattbatist *m* ‖ ~ **shield calico** / Armblattkattun *m* ‖ ~ **shirt** / Frackhemd *n*, Smokinghemd *n* ‖ ~ **slacks** *pl* / Anzughose *f* ‖ ~ **suit** / Frack *m*, Frackanzug *m* ‖ ~ **taffeta** / Kleidertaft *m* ‖ ~ **the wrong side of the cloth** / abrechten *v*, links noppen ‖ ~ **trimmings** / Posamenten *n pl*, Kleideraufputz *m* ‖ ~ **uniform** / Galauniform *f* ‖ ~**-up doll** / Ankleidepuppe *f*
dresswear *n* / Gesellschaftskleidung *f*
dress worsteds / Kammgarnabendanzug[s]stoffe *m pl*
drier *n* / Trockner *m*, Trockenmaschine *f* ‖ ~ / Sikkativ *n*, Trockenstoff *m* ‖ ~ **felt** / Trockenfilz *m*, Trockenmaschinenfilz *m* ‖ ~ **for nonwovens** / Vliestrockner *m* (DIN 64 990) ‖ ~ **for tubular goods** / Schlauchwarentrockner *m* ‖ ~ **with circulating air** / Durchlüftungstrockner *m*
drill *n* (fabr) / Drell *m*
drilled embroidery / Lochstickerei *f*, Madeirastickerei *f*
drilling *n* (fabr) / Drell *m* ‖ ~ **shirting** / Hemdendrell *m*
drills *pl* / Drellsatin *m*
drill shirting / Hemdendrell *m* ‖ ~ **ticking** / Drell-Bettinlett *n*
drip *v* / tröpfeln *v*, tropfen *v*, träufeln *v* ‖ ~ / herabtropfen lassen ‖ ~ *n* / Tropfen *n*, Tröpfeln *n* ‖ ~ **board** / Tropfbrett *n*, Abtropfer *m* ‖ ~**-dry** *v* / hängetrocknen *v*, tropfnaß aufhängen ‖ ~**-dry** *adj* / bügelfrei *adj*, drip-dry *adj* ‖ ~**-dry finish** / bügelfreie Ausrüstung
dripping board / Tropfbrett *n*, Abtropfer *m* ‖ ~ **formation of melted droplets** (burning behaviour of textiles) / Abtropfen *n*, Bildung *f* von Schmelztropfen ‖ ~ **wet** / tropfnaß *adj*
drip·-proof *adj* / tropffrei *adj* ‖ ~ **stain** / Tropffleck *m*
drive *v* / antreiben *v*, treiben *v* ‖ ~ **belt** / Antriebsriemen *m*
driven roller / angetriebene Walze ‖ ~ **roller presser** (sew) / abgetriebener Rollfuß
drive of packages / Spulenantrieb *m* (DIN 65211)
driver *n* (knitt) / Greifer *m* ‖ ~ (weav) / Treiber *m*, Picker *m*, Webvogel *m*, Mitnehmer *m* ‖ ~ (ctg) / Penetrator *m*, Driver *m*, Imprägnierhilfsmittel *n*
drive the shuttle through the shed / den Schützen durch das Fach treiben, den Schützen durch das Fach stoßen
driving belt fabric / Treibriemenstoff *m* ‖ ~ **roller** / Antriebswalze *f*
drop *v* / tropfen *v*, tröpfeln *v* ‖ ~ *n* / Tropfen *m* ‖ ~ **and spray-on process** (space dye) / Tropf- und Aufsprühverfahren *n* ‖ ~ **black** / Beinschwarz *n*, Knochenschwarz *n* ‖ ~ **box** / Steigkasten *m*, Nadelkasten *m* ‖ ~ **box change** (weav) / Steigwechsel *m* ‖ ~ **box changing motion** (weav) / Steigladenwechsel *m* ‖ ~**-box lay** (weav) / Wechsellade *f* ‖ ~**-box loom** / Steigkastenstuhl *m* ‖ ~**-box motion** (weav) / Steigkastenwechsel *m*, Nadelkastenwechsel *m* ‖ ~**-box sley** (weav) / Wechsellade *f* ‖ ~ **by drop** / tropfenweise *adv* ‖ ~ **design** (cpt) / gesenktes Muster ‖ ~ **dyeing** / Tropffärben *n* ‖ ~ **feed** (sew) / Untertransport *m* ‖ ~ **feed with variable top feed** (sew) / Unter-, Nadel- und Obertransport *m* ‖ ~ **formation** / Tropfbildung *f* ‖ ~**-free** *adj* / tropfenfrei *adj* ‖ ~ **hook** (knitt) / Fallplatine *f*
droplet *n* / Tröpfchen *n*
drop lifter (knitt) / Fallplatine *f* ‖ ~ **loop machine** (sew) / Hängeschlaufenaufnähmaschine *f* ‖ ~ **method** / Tropfverfahren *n* ‖ ~ **needle** (knitt) / Fallnadel *f*
dropped end (weav) / Springfaden *m* ‖ ~ **sleeve set in yoke** (fash) / Passenärmel *m* ‖ ~ **stitch** / Laufmasche *f*, Fallmasche *f*

dry

drop penetration test / Tropfversuch *m*, Tropfenprüfung *f*
dropper *n* (weav) / Fadenreiter *m* ‖ ~ (knitt) / Fallnadel *f* ‖ ~ (weav) / Abstell-Lamelle *f*
drop pin (weav) / Abstell-Lamelle *f*
dropping the drop wires (warping) / Lamellen-Aufstecken *n* (DIN 62500)
drop·-proof *adj* / tropfecht *adj* ‖ ~**-repellent effect** (mat test) / Abperleffekt *m* ‖ ~**-repellent finish** / Tropfechtausrüstung *f* ‖ ~**-repellent period** (period during which drops are repelled from the fabric before the fabric becomes permeable to water) / Abperlzeit *f* ‖ ~**-repellent phase** / Abperlstufe *f* ‖ ~**-repellent time** *s*.
drop-repellent period ‖ ~ **roller** / Fallwalze *f*, Spannwalze *f* ‖ ~ **stitch** / Fallmasche *f*, Laufmasche *f* ‖ ~ **stitch** (sew) / Moosstich *m* ‖ ~ **stitch detector** / Laufmaschenwächter *m* ‖ ~**-stitch pattern** (knitt) / Laufmaschenmuster *n*, Nadelzugmuster *n* ‖ ~**-style belt loop** (sew) / Hängeschlaufe *f* ‖ ~ **test** / Tropfenprobe *f*, Tropfprobe *f*, Tupfprobe *f* ‖ ~**-volume method** (to measure interfacial tension) / Tropfenvolumen-Methode *f* ‖ ~ **wire** (weav) / Kettfadenwächterlamelle *f*, Fadenreiter *m* ‖ ~ **wire rail** (weav) / Lamellenschiene *f* ‖ ~ **wire support** (weav) / Lamellenträger *m*
drugget *n* (used as a protection for carpets) / Drogett *m* (grober Wollstoff)
druggists' twine / Apothekerzwirn *m*
drum *n* / Trommel *f* ‖ ~ **concentrator** / Eindicktrommel *f* ‖ ~ **cylinder** / Haupttrommel *f* ‖ ~**-dried** *adj* (dye) / walzengetrocknet *adj* ‖ ~ **drive** / Trommelantrieb *m* ‖ ~ **dryer** / Zylindertrockner *m* (DIN 64990), Trommeltrockenmaschine *f*, Trommeltrockner *m* ‖ ~ **drying machine** / Zylindertrockner *m* (DIN 64990), Trommeltrockenmaschine *f*, Trommeltrockner *m* ‖ ~ **dyeing** / Trommelfärben *n* ‖ ~ **dyeing machine** / Trommelfärbemaschine *f* ‖ ~ **for the napping action** / Rauhtambour *m* ‖ ~ **load** / Charge *f* ‖ ~ **magazine** (wv) / Trommelmagazin *m* ‖ ~ **of the card** / Haupttrommel *f* der Karde ‖ ~ **polishing** / Trommelpolieren *n* ‖ ~ **printing** / Trommeldruck *m* ‖ ~ **printing machine** / Trommeldruckmaschine *f* ‖ ~ **scouring machine** / Trommelwaschmaschine *f* (für Vorwäsche) ‖ ~ **type drier** / Trommeltrockner *m*, Trommeltrockenmaschine *f* ‖ ~ **type washer** / Trommelwaschmaschine *f* ‖ ~ **waste** (cotton) / Trommelabfall *m* ‖ ~ **winder** / Trommelspulmaschine *f* ‖ ~ **winding** / Umspulen *n* auf Trommelspulmaschinen
dry *v* / trocknen *v* ‖ ~ *adj* / trocken *adj*, Trocken... (in Zuss.) ‖ ~ **adhesive arrangement** / Trockenklebeverfahren *n* ‖ ~ **aftertreatment** / Trocken-Nachbehandlung *f* ‖ ~ **analysis** / Trockenanalyse *f* ‖ ~ **bending strength** / Trockenbiegefestigkeit *f* ‖ ~ **bleaching** / Trockenbleiche *f* ‖ ~ **blowing** / Trockendekatieren, Trockendämpfen ‖ ~ **bonding strength** / Trockenbindefestigkeit *f* ‖ ~ **brushing** / Trockenbürsten *n* ‖ ~ **bulb temperature** / Trockenthermometertemperatur *f* ‖ ~ **bursting strength** / Trockenberstfestigkeit *f* ‖ ~ **by oxidation** (trans pr) / oxidativ trocknen ‖ ~ **can** / Trockentrommel *f*, Trockenwalze *f*, Zylindertrockenmaschine *f* ‖ ~ **carbonizing** / trockene Karbonisation ‖ ~ **chemicking** / Trockenchloren *n* ‖ ~**-clean** *v* / chemisch reinigen, trocken reinigen ‖ ~**-cleanability** *n* / Trockenreinigungsbeständigkeit *f*, Chemischreinigungsbeständigkeit *f* ‖ ~**-cleanable** *adj* / trockenreinigungsbeständig *adj*, für chemische Reinigung geeignet ‖ ~**-cleaned** *adj* / trocken gereinigt, chemisch gereinigt ‖ ~ **cleaning** / Chemischreinigung *f*, Trockenreinigung *f*, chemische Reinigung ‖ ~ **cleaning agent** / Trockenreinigungsmittel *n*, chemisches Reinigungsmittel ‖ ~ **cleaning aid** / Reinigungsverstärker *m* ‖ ~ **cleaning detergent** / Reinigungsverstärker *m*, Trockenreinigungsverstärker

95

dry

m ‖ ~ **cleaning fastness** / Trockenreinigungsbeständigkeit *f*, Chemischreinigungsechtheit *f* ‖ ~ **cleaning intensifier** / Trockenreinigungsverstärker *m* ‖ ~ **cleaning machine** / Chemischreinigungsmaschine *f*, Trockenreinigungsmaschine *f* ‖ ~ **cleaning plant** / Chemischreinigungsanlage *f*, Trockenreinigungsanlage *f*, Lösungsmittelrcinigungsanlagc *f* ‖ ~ **cleaning soap** / Benzinseife *f* ‖ ~ **cleaning solvent** / Chemischreinigungsmittel *n*, Trockenreinigungsmittel *n* ‖ ~ **cleaning with white spirits**, dry cleaning with petroleum / Benzinreinigung *f* ‖ ~ **colour** / Trockenfarbe *f* ‖ ~**-combed** *adj* / ungeölt gekämmt ‖ ~**-combed tops** *pl* / ungeölter Kammzug ‖ ~ **combing** / Trockenkämmen *n*, Kämmen *n* von ungeölter Wolle ‖ ~ **content** / Trockengehalt *m* ‖ ~ **crease recovery** / Trockenknittererholung *f* ‖ ~ **crease recovery angle** / Trockenknittererholungswinkel *m* (TKW) ‖ ~ **crosslinking** (ctg) / Trockenvernetzung *f* ‖ ~**-curing process** (fin) / Trockenvernetzungsverfahren *n* ‖ ~ **cylinder developing** / Trockenzylinderentwicklung *f* ‖ ~ **decatizing**, dry decating / Trockendekatur *f* ‖ ~ **decatizing machine**, dry decating machine / Trockendekatiermaschine *f* ‖ ~ **distillation** / trockene Destillation ‖ ~ **dividing zone** (sizing) / Trockenteilfeld *n* ‖ ~**-doubled** *adj* / trockengezwirnt *adj* ‖ ~ **doubling** (spinn) / Trockend[o]ublieren *n* ‖ ~ **drawing unit** / Trockenstreckwerk *n* ‖ ~ **dyeing** / Trockenfärben *n*, Trockenfärbung *f* ‖ ~ **dyeing process** / Trockenfärbemethode *f* ‖ ~ **elasticity** / Trockenelastizität *f*
dryer *n* s. drier
dry extrusion spinning / Trocken-Erspinnen *n* ‖ ~ **feel** / trockener Griff ‖ ~ **finish[ing]** / Trockenappretur *f* ‖ ~**-finishing machine** / Trockenappreturmaschine *f* ‖ ~ **fixation apparatus** (dye) / Trockenfixierapparat *m* ‖ ~ **fixation stenter** / Trockenfixierrahmen *m* ‖ ~ **flat** / flachtrocknen *v* ‖ ~ **flax spinning** / Trocken-Flachsspinnerei *f* ‖ ~ **flex strength** (ctg) / Trockenbiegefestigkeit *f* ‖ ~ **goods** (GB) / Schnittwaren *f pl*, Textilien *pl* ‖ ~ **grinding** / Trockenschliff *m* ‖ ~ **handle** (ctg) / trockener Griff ‖ ~ **heat** / Trockenhitze *f*, Trockenwärme *f*, trockene Hitze ‖ ~ **heat fixation** / Trockenhitzefixierung *f* ‖ ~ **heating** / trockenes Erhitzen, Trockenhitzebehandlung *f* ‖ ~ **heat pleating stability** / Trockenhitzeplissierechtheit *f* ‖ ~ **heat setting** / Trockenthermofixierung *f*, Trockenhitzefixierung *f* ‖ ~ **heat shrinkage** / Schrumpfen *n* in Trockenhitze ‖ ~ **in circulating air** / umlauftrocknen *v*
drying *n* / Trocknen *n*, Trocknung *f* ‖ ~ **accelerator** / Trocknungsbeschleuniger *m* ‖ ~ **agent** / Trocknungshilfsmittel *n*, Trockenmittel *n*, Trockenstoff *m*, Sikkativ *n* ‖ ~ **air** / Trockenluft *f* ‖ ~ **and sizing machine** / Trockenschlichtmaschine *f* ‖ ~ **and tentering machine** / Trocknungs- und Spannmaschine *f* ‖ ~ **and yarn conditioning apparatus** / Trocknungs- und Garnkonditionierungsapparat *m* ‖ ~ **apparatus** / Trockenapparat *m*, Trockenmaschine *f* ‖ ~ **assistant** / Trocknungshilfsmittel *n* ‖ ~ **by radiation** / Strahlungstrocknung *f* ‖ ~ **cabinet** / Trockenschrank *m* ‖ ~ **capacity** / Trockenkapazität *f* ‖ ~ **carriage** / fahrbare Trockenhänge ‖ ~ **chamber** (text pr) / Trockenkammer *f* ‖ ~ **channel** / Trockenofen *m* ‖ ~ **compartment** / Trockenzelle *f*, Trockenabteil *n*, Trocknungsstrecke *f* ‖ ~ **conveyor** / Bandtrockner *m* ‖ ~ **cylinder** (text pr, dye) / Trockenzylinder *m* ‖ ~ **cylinder developing process** / Trockentrommelentwicklungsverfahren *n* ‖ ~ **device** / Trocknungsvorrichtung *f* ‖ ~ **doctor** / Trockenrakel *f* ‖ ~ **equipment** / Trocknungseinrichtung *f* ‖ ~ **felt** (nwv) / Trockenfilz *m* ‖ ~ **in circulating air** / Umlauftrocknung *f*, Zirkulationstrocknung *f* ‖ ~ **in room air** / Trocknen *n* im Raum, Trocknen in Zimmerluft ‖ ~ **in the open air** / lufttrocknen *v*, an der Luft trocknen, windtrocknen *v* ‖ ~ **in vacuo** / im Vakuum trocknen ‖ ~ **ironing** / Trockenbügeln *n* ‖ ~**-laid fabric** / Vliesbildung *f* auf trockenem Wege ‖ ~**-laid nonwoven** / Verbundstoff *m* auf trockenem Wege ‖ ~ **laminating** / Trockenkaschierung *f* ‖ ~ **mercerizing** / Trockenmerzerisation *f* ‖ ~ **milling** / Trockenwalken *n* ‖ ~ **milling machine** / Trockenwalkmaschine *f* (DIN 64990)
dryness *n* / Trockenheit *f*
dry on the cans / auf dem Zylinder trocknen, auf der Zylindermaschine trocknen ‖ ~**-on-wet method** (anti-slip finish) / Trocken-in-Naß-Verfahren *n* ‖ ~ **powder bonding** / Bondieren *n* mit Pulver ‖ ~ **pressing** / Trockenbügeln *n* ‖ ~ **process** / Trockenverfahren *n*, Trockenbehandlung *f* ‖ ~ **proofing** / Trockenappretur *f* ‖ ~ **raising** / trockenes Rauhen ‖ ~ **recovery** / Trockenerholung *f* ‖ ~ **relaxation** / Trockenrelaxation *f* ‖ ~ **resistance** / Trockenfestigkeit *f* ‖ ~ **rub-fastness** / Trockenreibechtheit *f* ‖ ~ **sizing** / Trockenschlichte *f* ‖ ~ **soiling repellent effect** / Trockenschmutzabweisung *f* ‖ ~ **solvent spotting technique** / Detachierverfahren *n* mit Lösungsmittel ‖ ~ **spinning** / Trockenspinnen *n* ‖ ~ **spinning frame** / Trockenspinnmaschine *f* ‖ ~ **spinning method**, dry spinning process / Trockenspinnverfahren *n* ‖ ~ **spraying stain cleaning** / Trockenspritzdekatur *f* ‖ ~**-spun** *adj* / trockenversponnen *adj* ‖ ~**-spun fibre** / trockenversponnene Faser ‖ ~**-spun yarn** / Trockengespinst *n* ‖ ~ **stain removal** / Trockendetachur *f* ‖ ~ **stain removing agent** / Trockendetachiermittel *n* ‖ ~ **steam** / Trockendampf *m*, trockener Dampf ‖ ~**-steam decatizing**, dry-steam decating / Trockendämpfen *n*, Trockendekatieren *n* ‖ ~ **strength** / Trockenfestigkeit *f* ‖ ~ **swelling** / Trockenquellung *f* ‖ ~ **tack** / Trockenklebrigkeit *f* ‖ ~ **tenacity** / Trockenfestigkeit *f* ‖ ~ **tensile strength** / Trockenreißfestigkeit *f* ‖ ~**-to-dry** *adj* (dye) / trocken-zu-trocken *adj* ‖ ~ **tumbler** / Wäschetrockner *m*, Trommeltrockner *m* ‖ ~ **up** / eintrocknen *v*, austrocknen *v* ‖ ~ **weight** / Trockengewicht *n*, Trockenauflage *f*, Trockenmasse *f*, Substanzauflage *f* ‖ ~ **winding** / Trockenwickelverfahren *n* (mit Prepregs) ‖ ~ **wringing** / Trockenauswringen *n* ‖ ~ **wrinkle fastness** / Trockenknitterechtheit *f*
DTY (draw textured yarn) / strecktexturiertes Garn
dual-shell drawroll (spinn) / Doppelmantelstreckrolle *f*

dubbing / Schlichte f
duchesse n (a silk or rayon material popular in the dress goods trade) / Duchesse f || ~ **lace** / Duchesse-Spitze f
duck n (fabr) / Duck m (grobfädiges, starkes Baumwollgewebe in Leinwandbindung)
duckcloth n / Blachenstoff m, Zeltstoff m, Segeltuch n || ~ s. also duck
ductile adj / dehnbar adj, formbar adj, streckbar adj, ausziehbar adj, duktil adj || ~ **spinning solution** / ausziehbare Spinnlösung
ductility n / Dehnbarkeit f, Formbarkeit f, Streckbarkeit f, Ausziehbarkeit f, Duktilität f
duffel n, **duffle** n (fabr) / Düffel m (Doppelbarchent) || ~ **coat**, duffle coat / Dufflecoat m (dreiviertellanger Sportmantel)
dull v / abstumpfen v, mattieren v, trüben v || ~ adj / matt adj, stumpf adj, glanzlos adj, trübe adj || ~ **appearance** / Glanzlosigkeit f, Stumpfheit f || ~**-bright** adj / mattglänzend adj || ~**-calendering** n / Mattkalandern n || ~ **colour** / Mattfarbe f || ~ **component** / Abtrüber m || ~ **decating**, dull decatizing / Mattdekatur f
dulled with pigment / pigmentmattiert adj
dull effect / Matteffekt m || ~ **fabric** / Mattgewebe n || ~ **fibre** / Mattfaser f || ~ **finish** / Mattappretur f || ~ **finish** / Mattglanz m || ~**-finish calender** / Mattierkalander m, Mattkalander m || ~ **glaze** / Mattglanz m
dulling n / Mattieren n, Abstumpfen n, Abstumpfung f, Trübung f || ~ **agent** / Mattierungsmittel n || ~ **dyestuff** / Abtrübungsfarbstoff m || ~ **effect** / mattierende Wirkung, Matteffekt m || ~ **on the foulard** / Foulardmattierung f || ~ **size** / Mattschlichte f
dull lustre / Mattglanz m || ~ **matt** adj / edelmatt adj || ~ **print** / Mattdruck m || ~ **rayon** / mattes Viskosefilament, (früher:) Mattreyon m || ~ **shade** / glanzloser Farbton, leerer Farbton, stumpfer Farbton || ~ **spots** / matte Stellen f pl || ~**-spun** adj / spinnmattiert adj || ~ **thread** / Mattfaden m || ~ **varnish** / Mattlack m
dumb·-bell cross-section (of fibre) / hantelförmiger Querschnitt || ~ **singles** / ungezwirnte Seidengarne m pl
dummy n / Schaufensterpuppe f || ~ **buttonhole** / blindes Knopfloch || ~ **sinker** / blinde Platine, Abschlagplatine f ohne Haken || ~ **slider** / Blindschieber m
dump bales / ausländische Wollballen, stark zusammengepreßt
dun adj / mausfarbig adj, [fahl] graubraun
Duncan cotton / Baumwollsorte aus Georgia
dunchee hemp / indische Hanfersatzfaser
dune-yellow adj / faltergelb adj
dungaree n / Overall-Baumwollstoff m
dungarees pl (fash) / Latzhose f
dunging n (text pr) / Beizen-Nachbehandlung f
dung vat / Mistbeize f
dunnage n (of inflated textile material) / Transportpolster n || ~ **bag** / Packsack m
duo·-narrowing machine (knitt) / Duodeckmaschine f || ~**-twist yarn** / Trennzwirn-Garn n
dupion n / rauhes Seidengewebe aus Doppelkokonfäden
duplex fabric / Duplexware f || ~ **print[ing]** / zweiseitiger Druck, beidseitiger Druck, Duplexdruck m, beidseitiges Drucken || ~ **printing machine** / Duplexdruckmaschine f, Doppeldruckmaschine f || ~ **prints** / beidseitig bedruckte Ware, zweiseitig bedruckte Ware || ~ **screen printer**, duplex screen printing machine / Duplex-Filmdruckmaschine f || ~ **sheeting** / beidrechter Bettuchstoff || ~ **steamer** / Duplexkessel m
Du Puy [lace] / Du-Puy-Spitze f
durability n / Haltbarkeit f, Dauerhaftigkeit f, Lebensdauer f, Strapazierfähigkeit f
durable adj / haltbar adj, dauerhaft adj, strapazierfähig adj || ~ **colour** / Dauerfarbe f || ~ **crease** / Dauerfalte f || ~ **finish** / waschechte und der chemischen Reinigung widerstehende Appretur, Permanentausrüstung f || ~ **press finish** / Permanent-Press-Ausrüstung f ||

~ **press rating** / Bügelfaltenbeständigkeit f || ~ **press treatment** / Permanent-Press-Behandlung f
durably pleated fabric / Dauerplissee n
durance n (obsolete) / lerdernachahmender Filzstoff
Durango cotton / eine mexikanische Baumwolle
duration of ageing / Dämpfdauer f, Dämpfzeit f || ~ **of exposure** / Belichtungsdauer f, Belichtungszeit f || ~ **of flame** (burning performance of textiles) / Dauer der Flammentwicklung f, Nachbrennzeit f || ~ **of passage** / Durchzugsdauer f, Durchlaufzeit f || ~ **of reaction** / Reaktionszeit f || ~ **of smouldering** (burning performance of textiles) / Glimmdauer f || ~ **of steaming** / Dämpfdauer f, Dämpfzeit f || ~ **of the dip** (dye) / Zugdauer f || ~ **of the washing process** / Waschdauer f
durzi n / indischer Schneider
dust v / stäuben v (mit einem Stäubemittel), bestäuben v || ~ / abstauben v (Staub entfernen), ausstauben v || ~ n / Staub m || ~ **bars** / Staubrost m || ~**-binding oil** / Reißöl n (zum Lumpenreißen) || ~**-bonding agent** / Staubbindemittel n || ~ **box** / Staubbehälter m || ~ **cage** / Staubtrommel f || ~ **cage filter** / Siebtrommelfilter m || ~ **catcher** / Staubfänger m || ~ **chamber** / Staubkammer f || ~**-cloth** n (US) / Staubtuch n, Staublappen m || ~**-coat** n (fash) / Staubmantel m || ~ **collecting and extraction plant** / Staubabsaugungsanlage f, Staubabsauganlage f || ~ **collector** / Entstäuber m, Staubsammler m || ~ **content** / Staubgehalt m || ~ **cover** / Schonbezug m || ~**-dry** adj (ctg) / staubtrocken adj
duster n (GB) / Staubtuch n, Staublappen m || ~ (US) / Damen-Morgenrock m || ~ (US) / Staubmantel m
dust exhausting plant / Entstaubungsanlage f, Staubabsauganlage f, Staubabsaugungsanlage f || ~ **extracting plant** / Entstaubungsanlage f, Staubabsaugungsanlage f || ~ **extraction** / Entstaubung f || ~ **filter** / Staubfilter m || ~ **fixing agent** / Staubbindemittel n || ~**-free** adj / staubfrei adj || ~ **guard** / Staubschutz m
dusting n / Entstauben n, Entstaubung f || ~ **machine** / Entstaubungsmaschine f
dusting[-on] method / Stäubeverfahren n
dustless adj / staubfrei adj || ~ **vat dyestuff** / staubarmer Küpenfarbstoff
dust mask / Staubschutzmaske f, Staubmaske f || ~**-proof** adj / staubdicht adj || ~ **removal** / Entstaubung f || ~ **remover**, dust removing plant / Entstaubungsanlage f || ~**-resistant** adj / staubfest adj, staubdicht adj || ~ **ruffle** (on the inside lower edge of women's skirt) / Unterrockkrause f || ~ **separator** / Staubabscheider m || ~ **shaker** / Shakertrommel f, Entstaubungstrommel f || ~**-tight** adj / staubdicht adj || ~ **trunk** / Baumwollentstaubungskasten m || ~ **willow** / Staubwolf m
dusty adj / staubig adj (z.B. Baumwolle) || ~ **grey** / staubgrau adj (RAL 7037)
Dutch carpeting / Läuferteppich m aus Jute
duvet n / Steppdecke f
duvetine n, duvetyn n / Duvetine m (Samtimitation durch Schußrauhung), Pfirsichhaut f, Aprikosenhaut f
dwelling chamber, dwelling compartment (dye) / Verweilkammer f, Verweilgerät n, Breitverweilgerät n || ~ **process** / Verweilprozeß m || ~ **tube** (high bulk process) / Staurohr n
dwell method (dye) / Verweilmethode f || ~ **of the sley** (weav) / Ladenstillstand m || ~ **shed** (weav) / Stehfach n, Ruhefach n || ~ **time** (dye) / Verweilzeit f, Einwirkzeit f || ~ **trough** (dye) / Verweiltrog m
dye n / färben v, anfärben v || ~ n / Farbstoff m (auf dem Substrat) || ~ / Farbe f (ungenau) || ~ s. also dyestuff
dyeability n / Färbbarkeit f, Anfärbbarkeit f
dyeable adj / färbbar adj, anfärbbar adj
dye·-absorbing adj / anfärbbar adj, farbstoffaufnehmend adj, farbaufnehmend adj || ~**-absorbing power** /

dye

Farbstoffaufnahmefähigkeit f ‖ ~ **absorption** / Farbstoffaufnahme f, Anfärbbarkeit f ‖ ~ **absorption capacity** / Farbstoffaufnahmevermögen n ‖ ~ **absorption rate** / Aufziehgeschwindigkeit f ‖ ~ **acid** / Farbsäure f ‖ ~ **affinity** (of fibre) / Aufziehvermögen n, Anfärbbarkeit f, Farbstoffaffinität f, Farbaffinität f, Farbstoffaufziehvermögen n ‖ ~ **aggregation** / Farbstoffaggregation f ‖ ~ **as grey cloth** (cotton) / ungewaschen färben ‖ ~ **as loose stock** / als Flocke färben, in der Flocke färben ‖ ~ **at long liquor ratio** / in langer Flotte färben ‖ ~ **atomizer** / Farbzerstäuber m ‖ ~ **at short liquor ratio** / in kurzer Flotte färben ‖ ~ **at the boil** / kochend färben ‖ ~ **back** (GB) / Färbekufe f, Färbebottich m, Farbtrog m ‖ ~ **base** / Farbbase f ‖ ~**-base salt** / Farbstoffbasensalz n ‖ ~ **bath** / Färbebad n, Färbeflotte f, Farbbad n, Farbflotte f ‖ ~**-bath alkalinity** / Farbbadalkalinität f ‖ ~**-bath assistant**, dye-bath auxiliary / Färbebadzusatzmittel n, Färbehilfsmittel n ‖ ~**-bath exhaustion** / Baderschöpfung f ‖ ~**-bath stability** / Färbebadbeständigkeit f ‖ ~ **beam** / Färbebaum m ‖ ~ **beck** (US) / Färbekufe f, Färbebottich m, Farbtrog m ‖ ~ **before milling** / im Loden färben, ungewalkt färben ‖ ~ **bobbin** / Färbespule f ‖ ~ **box frame** / Chassisrahmen m ‖ ~ **by ultra-sonics** / mit Ultraschall färben ‖ ~ **capacity** / Farbstoffaufnahmevermögen n ‖ ~ **carrier to accelerate dyeing and fixing** / Färbe- und Fixierbeschleuniger m ‖ ~ **completely** / durchfärben v, ausfärben v ‖ ~ **concentration** / Farbstoffkonzentration f ‖ ~ **container** / Farbbehälter m, Farbtrog m ‖ ~ **contaminant data** / Angaben f pl über Giftstoffgehalt von Farbstoffen ‖ ~ **content** / Farbstoffgehalt m ‖ ~ **coupler** / Farbkuppler m, Farbstoffkuppler m
dyed adj / gefärbt adj ‖ **goods to be** ~ / Färbegut n ‖ ~ **articles** / gefärbte Ware ‖ ~ **as loose stock** / flockengefärbt
dye developer / Farbstoffentwickler m
dyed fabrics, dyed goods / Farbware f, Färbeartikel m ‖ ~ **in one colour** / uni adj, einfarbig adj ‖ ~ **in rope form** / stranggefärbt adj, im Strang gefärbt ‖ ~ **in the grease** (wool) / ungewaschen gefärbt, unentschweißt gefärbt ‖ ~ **in the package** / spulengefärbt adj ‖ ~ **in the piece** / stückgefärbt adj ‖ ~ **in the spinning solution** / spinngefärbt adj
dye dispersing agent / Farbstoffdispergiermittel n ‖ ~ **dispersion** / Farbstoffdispersion f
dyed style / Färbeartikel m, Farbware f ‖ ~ **yarn** / Farbgarn n
dye evenly / egalfärben v ‖ ~ **exhaustion** / Farbauszug m ‖ ~ **exhaustion control** / Farbauszugsteuerung f ‖ ~ **exhaustion curve** / Farbstoffausziehkurve f ‖ ~ **factory** / Farbenfabrik f ‖ ~ **fastness** / Farbechtheit f ‖ ~ **fastness test** / Farbechtheitsprüfung f ‖ ~ **fastness to perspiration** / Schweißechtheit f ‖ ~ **fast shades** / echtfärben v ‖ ~ **feeding** / Farbstoffzuführung f ‖ ~ **feeding roller** / Farbauftragswalze f, Farbwalze f ‖ ~**/fibre bond** / Faser-Farbstoff-Bindung f ‖ ~**/fibre linkage agent** / Faser/Farbstoff-Verknüpfungsmittel n ‖ ~**/fibre reaction** / Reaktion f Farbstofflösung/Fasern ‖ ~**/fibre system** / Faser/Farbstoff-System n ‖ ~ **filtration** / Filtration f der Farbstoffe ‖ ~ **fixing** / Farbfixierung f ‖ ~**-fixing agent** / Farbfixiermittel n, Farbstoff-Fixierungsmittel n ‖ ~ **formulation** / Farbstoffansatz m ‖ ~ **fully immersed** / unter der Flotte färben ‖ ~ **group** / Farbenklasse f
dyehouse n / Färberei f, Farbküche f
dye in a single bath / einbadig färben ‖ ~ **in a winch** / auf der Kufe färben
dyeing n / Färben n, Anfärben n, Färbung f, Färberei f, Anfärbung f, Ausfärbung f ‖ ~ / Färbereigewerbe n ‖ ~ **accelerator** / Färbebeschleuniger m ‖ ~ **acid** / Färbesäure f ‖ ~ **affinity** / Farbaffinität f, Aufziehvermögen n, Anfärbbarkeit f ‖ ~ **aftertreated in dry heat** / nachthermofixierte Färbung ‖ ~ **agent** /

Färbemittel n ‖ ~ **and finishing machine** / Färberei- und Veredlungsmaschine f ‖ ~ **and plasticizing machine** / Färbe- und Plastifiziermaschine f ‖ ~ **and sizing** (in one operation) / Färbeschlichten n ‖ ~ **apparatus** / Färbeapparat m ‖ ~ **apparatus for cross-wound bobbins** / Kreuzspulfärbeapparat m ‖ ~ **apparatus for stockings** / Strumpf-Färbeapparat m ‖ ~ **apparatus of the package type** / Pack-Färbeapparat m ‖ ~ **assistant** / Färbehilfsmittel n, Färbereihilfsmittel n ‖ ~ **at high temperatures** / Hochtemperaturfärben n, HT-Färben n ‖ ~ **at long liquor ratio** / Färben n in langer Flotte ‖ ~ **at low temperatures** / Niedrigtemperaturfärben n ‖ ~ **at short liquor ratio** / Färben n in kurzer Flotte ‖ ~ **at the boil** / Kochendfärben n ‖ ~ **auxiliary** / Färbehilfsmittel n, Färbereihilfsmittel n ‖ ~ **bag** / Färbebeutel m ‖ ~ **beam** / Färbebaum m ‖ ~ **behaviour** / färberisches Verhalten ‖ ~ **by pigmentation** / Pigmentierfärbung f ‖ ~ **by the cold method** / Kaltfärbeverfahren n ‖ ~ **by ultrasonics** / Färben n mit Ultraschall ‖ ~ **carrier** / Carrier m, Färbecarrier m, Färbebeschleuniger m ‖ ~ **characteristic** / Färbeeigenschaft f, färberische Eigenschaft ‖ ~ **cheese** / Färbespule f ‖ ~ **conditions** / Färbebedingungen f pl ‖ ~ **cone** / Färbehülse f ‖ ~ **curve** / Farbkurve f ‖ ~ **defect** / Färbefehler m ‖ ~ **drum** / Färbetrommel f, Färbefaß n ‖ ~ **duration** / Färbedauer f ‖ ~ **entropy** / Färbungsentropie f ‖ ~ **equivalent** (for comparing colour strength) / Farbäquivalent n (für Farbtiefenvergleich) ‖ ~ **fixed by acid shock treatment** / Säureschockfärbung f ‖ ~ **formula** / Färberezept n, Färbevorschrift f ‖ ~ **formulation** / Färberezeptur f, Färbevorschrift f ‖ ~ **from an acid bath** / Auszug m aus saurem Bad ‖ ~ **in a standing bath** / Standbadfärberei f ‖ ~ **in dips** (Dyeing by circulation of the goods in the dye liquor) / Färben n in Zügen (Zirkulation der Ware in der Färbeflotte) ‖ ~ **in foam** / Schaumfärberei f ‖ ~ **in one bath** / Einbadfärberei f ‖ ~ **in rope form** / Färben n im Strang, Strangfärben f ‖ ~ **in the continuous vat** / Färben n auf der Kontinuekufe ‖ ~ **in the milling** / Färben n in der Walke ‖ ~ **in the open vat** / Wannenfärberei f ‖ ~ **in the piece** / Stückfärberei f ‖ ~ **in the raw stock** / Flockenfärbung f ‖ ~ **in the size** / Schlichtefärben n, Färben n in der Schlichte ‖ ~ **in the yarn** / Färben n im Garn ‖ ~ **in tubular form** / Färben n im Schlauch ‖ ~ **jig[ger]** / Färbejigger m ‖ ~ **kettle** / Färbekessel m ‖ ~ **kinetics** / Färbekinetik f ‖ ~ **liquor** / Farbflotte f, Färbeflotte f ‖ ~ **machine** / Färbemaschine f / Färbeapparat m ‖ ~ **machine** (circulating goods, stationary liquor) / Färbemaschine f ‖ ~ **machine for hat bodies** (hatm) / Stumpenfärbeapparat m ‖ ~ **method** / Färbemethode f, Färbeverfahren n ‖ ~ **of blended yarn** / Mischgarnfärberei f ‖ ~ **of cheeses** / Kreuzspulfärben n, Kreuzspulfärberei f ‖ ~ **of fast shades** / Echtfärben n ‖ ~ **of open-width piece goods** / Stückfärberei f im breiten Zustand ‖ ~ **of piece goods** / Stückfärberei f ‖ ~ **of the yarn** / Garnfärberei f, Färben n im Garn ‖ ~ **of tops** / Kammzugfärberei f, Kammzugfärben n ‖ ~ **of woollen goods** / Wollfärberei f ‖ ~ **of worsted tops** / Kammzugfärberei f ‖ ~ **of wound packages** / Kreuzspulfärberei f, Kreuzspulfärben n ‖ ~ **oil** / Färbeöl n ‖ ~ **on a mordant** / beizenfärbend adj ‖ ~ **on a mordant** / Färben n auf Vorbeize ‖ ~ **on commission** / Auftragsfärbung f, Lohnfärbung f ‖ ~ **on machines** (circulating liquor) / Apparatefärberei f ‖ ~ **on machines** (circulating goods, stationary liquor) / Maschinenfärberei f ‖ ~ **on the padder** / Foulardfärberei f, Foulard-Färbeverfahren n ‖ ~ **package** / Färbespule f ‖ ~ **paddle** / Färbehaspel f ‖ ~ **pattern** / Färbemuster n ‖ ~ **perforated tube** / Färbehülse f ‖ ~ **performance** / färberisches Verhalten ‖ ~ **plant** / Färberei f ‖ ~ **power** / Färbevermögen n ‖ ~ **pretreatment**, dyeing preparation /

dyestuff

Färbevorbehandlung f ‖ ~ process / Färbeprozeß m, Färbevorgang m, Färbeverfahren n ‖ ~ profile / Färbeprofil n ‖ ~ property / färberische Eigenschaft, Färbeeigenschaft f ‖ ~ range / Färbeanlage f (DIN 64990), Färbestraße f ‖ ~ rate / Anfärbegeschwindigkeit f, Färbegeschwindigkeit f, Aufziehgeschwindigkeit f ‖ ~ recipe / Färberezept n, Färbevorschrift f ‖ ~ results / färberischer Ausfall ‖ ~ rocket / Raketenfärbespule f ‖ ~ salt / Färbesalz n ‖ ~ screen / Färbesieb n ‖ ~ sieve / Färbesieb n ‖ ~ site / Ort m der Farbstoffanlagerung, Ansatzpunkt m (für Farbstoffmoleküle) ‖ ~ specimen / Färbemuster n ‖ ~ spindle / Färbespindel f, Färbehülse f ‖ ~ star / Färbestern m ‖ ~ steamer / Färbedämpfer m ‖ ~ strength / Färbekraft f ‖ ~ sumac / Färbesumach m, Sumach m ‖ ~ tank / Färbetank m ‖ ~ technique / Färbetechnik f ‖ ~ temperature / Färbetemperatur f ‖ ~ tenderer (dyestuff causing fibre tendering) / Färbeschädiger m ‖ ~ test / Färbeprobe f, Färbeversuch m ‖ ~ time / Färbezeit f, Färbedauer f ‖ ~ to pattern / Färben n nach Muster, Färben n auf Muster ‖ ~ to shade / Färben n nach Muster, Färben n auf Muster, Färben n nach Nuance, Färben n auf Nuance ‖ ~ tube / Färberohr n, Färbehülse f ‖ ~ under pressure / Hochdruckfärbung f ‖ ~ under the surface of the liquor / Färben n unter der Flotte ‖ ~ with acid dyes / Färben n mit Säurefarbstoffen ‖ ~ with fast dyes / Echtfärben n ‖ ~ without streaks / streifenfreie Färbung ‖ ~ with substantive dyes / substantive Färbung

dye in hose form / im Schlauch färben ‖ ~ in long liquor / in langer Flotte färben ‖ ~ in neutral bath / neutral färben ‖ ~ in one run / in einem Gang färben ‖ ~ in piece-form / im Stück färben ‖ ~ in rope form / im Strang färben ‖ ~ in short liquor / in kurzer Flotte färben ‖ ~ inside out / linksfärben v ‖ ~ in the continuous vat / auf der Kontinueküpe färben ‖ ~ in the dye-beck / auf der Kufe färben ‖ ~ in the foam / im Schaumapparat färben, im Schaum färben ‖ ~ in the grain (wool) / in der Wolle färben ‖ ~ in the grease (wool) / ungewaschen färben, unentschweißt färben ‖ ~ in the gummed state (silk) / im Bast färben ‖ ~ in the hank / im Strang färben ‖ ~ in the hose / im Schlauch färben ‖ ~ in the loose wool / in der Wolle färben, in der Flocke färben ‖ ~ in the milling / in der Walke färben ‖ ~ in the open vat / auf der Kufe färben ‖ ~ in the size-bath / in der Schlichte färben ‖ ~ in the warp / in der Kette färben ‖ ~ in the wool / in der Wolle färben, in der Flocke färben ‖ ~ in the yarn / im Garn färben ‖ ~ in tubular form / im Schlauch färben ‖ ~ kitchen / Farbküche f ‖ ~ lake / Farblack m ‖ ~ level / egalfärben v ‖ ~ liquor / Färbeflotte f, Farbflotte f ‖ ~-liquor flow / Flottendurchsatz m ‖ ~ lot / Färbepartie f ‖ ~ metering equipment / Farbdosieranlage f ‖ ~ migration / Farbstoffmigration f, Farbstoffwanderung f, Farbmigration f ‖ ~ mixer / Farbenmischmaschine f, Farbenmischer m ‖ ~ mixing machine / Farbenmischmaschine f, Farbenmischer m ‖ ~ mixture / Farbstoffmischung f ‖ ~ molecule / Farbstoffmolekül n ‖ ~ mordant / Farbbeize f ‖ ~ net (hos) / Färbenetz n ‖ ~ neutral / neutral färben

dyeometer n (used to determine the strength of the dye bath) / Dyeometer n, Colorimeter n

dye on the beam / baumfärben v ‖ ~ on the jig / auf dem Jigger färben ‖ ~ on the padder / auf dem Foulard färben ‖ ~ oxidizing compartment / Farbenoxydationskammer f ‖ ~ pad / Färbefoulard m ‖ ~ pad mangle / Färbefoulard m ‖ ~ particle / Farbstoffteilchen n ‖ ~ paste / Farbpaste f, Farbstoffteig m ‖ ~ penetrant / Netzmittel n ‖ ~ penetration / Durchfärbung f, Eindringtiefe f des Farbstoffs ‖ ~ pick-up (by the fibre) / Farbstoffaufnahme f ‖ ~ pick-up rate / Farbstoffaufnahmegeschwindigkeit f,

Farbstoffaufziehgeschwindigkeit f ‖ ~ plant / Farbenfabrik f ‖ ~-pole n / Farbstock m, Färbestock m ‖ ~ powder / Farbstoffpulver n

dyer n / Färber m

dye rate s. dyeing rate ‖ ~ receptivity / Farbstoffaufnahmefähigkeit f, Farbaufnahmefähigkeit f ‖ ~ remover / Farbentferner n ‖ ~ retarder / Färberetarder m, Färbeverzögerer m ‖ ~ room / Farbküche f, Färberei f

Dyers and Cleaners Research Organization (DCRO) / Forschungsinstitut für Färberei und Chemischreinigung - Sitz Harrogate

dyer-'s greenweed / Färberginster m (Genista tinctoria) ‖ ~'s oak / Färbereiche f (Quercus velutina) ‖ ~'s package / Färbe-Pack m

dye screen / Farbraster m ‖ ~ shop / Farbküche f, Färberei f ‖ ~ site / Ort der Farbstoffanlagerung f, farbstoffbindende Gruppe (für den Farbstoff reaktionsfähige Gruppe) ‖ ~ solubility / Farbstofflöslichkeit f ‖ ~ solution / Farbstofflösung f ‖ ~ solvent / Farbstofflösungsmittel n ‖ ~ speck / Farbfleck m ‖ ~ spindle / Färbespindel f ‖ ~ spray / Farbzerstäuber m ‖ ~ spray / Farbzerstäuber m ‖ ~ spring / Kreuzspulfederhülse f ‖ ~ stain / Farbstofffleck m ‖ ~ strainer / Farbensiebmaschine f

dyestuff n / Farbstoff m ‖ ~ / Farbe f (ungenau) ‖ ~ s. also dye ‖ ~ absorption / Farbstoffaufnahme f, Anfärbbarkeit f ‖ ~ absorption capacity / Farbstoffaufnahmevermögen n ‖ ~ absorption rate / Aufziehgeschwindigkeit f ‖ ~ affinity (of fibre) / Aufziehvermögen n, Anfärbbarkeit f, Farbstoffaffinität f, Farbaffinität f, Farbstoffaufziehvermögen n ‖ ~ aftertreated with copper / Nachkupferungsfarbstoff m ‖ ~ aggregation / Farbstoffaggregation f ‖ ~ apparel printing / Zeugdruck m mit löslichen Farbstoffen ‖ ~ applicator device (space dye) / Farbauftragswerk n ‖ ~ assistant / Färbehilfsmittel n, Färbereihilfsmittel n ‖ ~ base / Farbstoffbase f ‖ ~ batching / Druckansatz m ‖ ~ behaviour / Farbstoffverhalten n ‖ ~ binding capacity / Farbstoffbindungsvermögen n, Farbstoffbindevermögen n ‖ ~ binding power of the fibre / Farbstoffbindevermögen n der Faser ‖ ~ blend / Farbstoffmischung f ‖ ~ carrier / Färbebeschleuniger m, Farbstoffträger m, Carrier m ‖ ~ carrying roller (space dye) / Überträgerwalze f ‖ ~ category / Farbstoffklasse f ‖ ~ combination / Farbstoffkombination f ‖ ~ combination guiding value / Farbstoffkombinationsrichtwert m ‖ ~ combination index / Farbstoffkombinationszahl f ‖ ~ combinations with equal rates of fixation / gleichfixierende Farbstoffkombinationen ‖ ~ Committee of the German Research Association / Farbstoffkommission der Deutschen Forschungsgemeinschaft f ‖ ~ composition / Farbstoffaufbau m ‖ ~ concentration / Farbstoffkonzentration f ‖ ~ constant / Farbstoffrichtwert m ‖ ~ content / Farbstoffgehalt m ‖ ~ damaging the fibre / Färbeschädiger m ‖ ~ decomposition / Farbstoffabbau m ‖ ~ developer / Farbstoffentwickler m ‖ ~ diffusion / Farbstoffdiffusion f ‖ ~ dispersant / Farbstoffdispergiermittel n ‖ ~ dispersing agent / Farbstoffdispergiermittel n ‖ ~ dispersion / Farbstoffdispersion f ‖ ~ exhausting in an acid medium / sauerziehender Farbstoff ‖ ~ factory / Farbenfabrik f ‖ ~ fast to milling / Walkfarbstoff m ‖ ~ feeding / Farbstoffzuführung f ‖ ~ feeding roller / Farbauftragswalze f, Farbwalze f ‖ ~ for coupling / Kupplungsfarbstoff m ‖ ~ for dyeing the background of fabrics / Fondfarbstoff m ‖ ~ for infrared camouflage / Infrarot-Farbtarnstoff m ‖ ~ hydrolysate / Farbstoffhydrolysat n ‖ ~ in powder form / Farbstoffpulver n ‖ ~ intermediate / Farbstoff-Vorprodukt n ‖ ~ migration / Farbstoffmigration f, Farbstoffwanderung f, Farbmigration f ‖ ~ mill /

dyestuff

Farbmühle f ‖ ~ **mixing and storage tanks plant** / Farbstoffmisch- und Lagerbehälteranlage f ‖ ~ **mixture** / Farbstoffmischung f ‖ ~ **molecule** / Farbstoffmolekül n ‖ ~ **of large molecular size** / großmolekularer Farbstoff ‖ ~ **particle** / Farbstoffteilchen n ‖ ~ **paste** / Farbpaste f, Farbstoffteig m ‖ ~ **penetration** / Durchfärbung f, Eindringtiefe f des Farbstoffs ‖ ~ **pick-up** (by the fibre) / Farbstoffaufnahme f ‖ ~ **pigment** / Farbpigment n ‖ ~ **plant** / Farbenfabrik f ‖ ~ **powder** / Farbstoffpulver n ‖ ~ **properties** / Farbstoffeigenschaften f pl ‖ ~ **quantity** / Farbstoffmenge f ‖ ~ **quantity added** / Farbstoffangebot n ‖ ~ **radical** / Farbstoffrest m ‖ ~ **receptivity** / Farbstoffaufnahmefähigkeit f, Farbaufnahmefähigkeit f ‖ ~ **requiring aftertreatment** / Nachbehandlungsfarbstoff m ‖ ~ **retarding property** / Farbstoffrückhaltevermögen n ‖ ~ **saturation value** / Farbstoffsättigungsgrenze f ‖ ~ **shading addition** / Farbstoffnuancierzusatz m ‖ ~ **solubility** / Farbstofflöslichkeit f ‖ ~ **soluble in a cold medium** / kaltlöslicher Farbstoff ‖ ~ **soluble in a hot medium** / heißlöslicher Farbstoff ‖ ~ **solution** / Farbstofflösung f ‖ ~ **solvent** / Farbstofflösungsmittel n ‖ ~ **stain** / Farbstofffleck m ‖ ~ **stripping agent** / Farbabziehmittel n, Farbstoffabziehmittel n ‖ ~ **substantivity** / Färbbarkeit f, Farbstoffaffinität f ‖ ~ **suspension** / Farbstoffsuspension f
dyestuffs with equal exhaustion properties / gleichziehende Farbstoffe
dyestuff uptake range / Farbstoffaufziehbereich m, Farbstoffaufnahmebereich m ‖ ~ **vessel** / Farbkessel m ‖ ~ **with ideal spectral absorption curves** / spektralreine Farbe ‖ ~ **with rapid pick-up**, dyestuff with rapid uptake / schnellziehender Farbstoff ‖ ~ **with slow pick-up**, dyestuff with slow uptake / langsamziehender Farbstoff ‖ ~ **yield** / Farbstoffausbeute f, Farbausbeute f, Farbstoffausgiebigkeit f
dye substantivity / Färbbarkeit f, Farbstoffaffinität f ‖ ~ **suspension** / Farbstoffsuspension f ‖ ~ **take-up** / Farbaufnahme f, Aufziehen n der Farbe, Farbstoffaufnahme f ‖ ~ **thermofixing** / Thermofixieren n der Färbung ‖ ~ **the tips** (of pile) (cpt) / die Polspitzen färben n ‖ ~ **to a different shade** / umfärben v ‖ ~ v **to equilibrium** / bis zum Ausgleich färben ‖ ~ **to pattern** / nach Muster färben, auf Muster färben, nach Vorlage färben ‖ ~ **to shade** / nach Nuance färben, auf Nuance färben, nach Vorlage färben ‖ ~ **tube** / Färberohr n ‖ ~ **under pressure** / druckfärben v ‖ ~ **uniformity** / Farbgleichmäßigkeit f ‖ ~ **uniformity defect** / Farbgleichmäßigkeitsfehler m ‖ ~ **uptake** (by fibre) / Farbstoffaufnahme f ‖ ~ **utilization** / Farbstoffausbeute f, Farbausbeute f ‖ ~ **vat** / Färbekufe f, Färbebottich m, Farbkufe f ‖ ~ **vessel** / Färbebottich m
dyeweed n s. dyer's greenweed
dye winch / Färbehaspel f
dyewood n / Farbholz n
dye works / Farbenfabrik f ‖ ~ **yield** / Farbstoffausbeute f, Farbausbeute f, Farbstoffausgiebigkeit f
dynamic absorption / dynamische Absorption ‖ ~ **friction** / dynamische Reibung ‖ ~ **modulus** / dynamischer Modul ‖ ~ **shear modulus** (mat test) / dynamischer Schermodul ‖ ~ **stress** / dynamische Belastung, dynamische Beanspruchung
dynamited adj (US) (silk) / überbeschwert adj (Seide)
dynamometer n / Dynamometer n, Zugfestigkeitsprüfer m

E

early fixation (dye) / Frühfixierung f ‖ ~ **flax** / Frühlein m ‖ ~ **Victorian** (fash) / Biedermeierstil m
ear muff / Ohrenschützer m, Gehörschutz m
eartab n / Ohrenklappe f
earth-coloured adj / erdbraun adj
earthtone n (fash) / Erdfarbe f
ease v (a seam) / auslassen v (eine Naht) ‖ ~ **of extinction** / Löschbarkeit f
easer n (weav) / Spannungsverminderer m, Spannschiene f
easily combustible / leicht entzündlich ‖ ~ **flammable** / leicht entflammbar, leicht brennbar ‖ ~ **flowing** / leichtflüssig adj ‖ ~ **inflammable** / leicht entflammbar, leicht brennbar ‖ ~ **levelling** (dye) / gut egalisierend ‖ ~ **soluble** / leicht löslich
Eastern carpet / Orientteppich m
East Indian cotton / ostindische Baumwolle ‖ ~ **India wool** / Sammelname für östliche Wollsorten
easy--care adj / pflegeleicht adj ‖ ~**-care characteristics** / Pflegeleichtigkeit f, Pflegeleicht-Eigenschaften f pl ‖ ~**-care fabric** / pflegeleichter Stoff ‖ ~**-care finish** / pflegeleichte Ausrüstung, Easy-care-Ausrüstung f ‖ ~**-care properties** / Pflegeleichtigkeit f, Pflegeleicht-Eigenschaften f pl ‖ ~ **chair** / Polstersessel m, Sessel m, Lehnstuhl m ‖ ~**-dry fabric** / Gewebe n mit Ausrüstung für schnelles Trocknen ‖ ~**-iron** adj / bügelleicht adj ‖ ~**-ironing finish** / Bügelleichtausrüstung f ‖ ~**-to-iron** adj / bügelleicht adj
eau de Javel / Eau n de Javel, Eau n de Javelle (wäßrige Lösung von Kaliumhypochlorit mit Kaliumchlorid - heute ersetzt bzw. verdrängt durch Natriumchlorit)
ebonite n / Ebonit n, Hartgummi n m
ebony[-black] adj / ebenholzschwarz adj
ebullition n / Sieden n, Aufwallen n, Kochen n
écaille work (fash) / Verzierung f mit Flitter
eccentric n / Exzenter m ‖ ~ adj / exzentrisch adj ‖ ~ **dobby** / Exzenterschaftmaschine f ‖ ~ **drawing press** / Exzenter-Ziehpresse f ‖ ~ **loom** / Exzenterwebstuhl m ‖ ~ **of filling stop motion** (US), eccentric of weft stop motion (GB) / Schußwächterexzenter m ‖ ~ **stirrup** (knitt) / Exzenterbügel m ‖ ~ **strap** (knitt) / Exzenterbügel m ‖ ~ **thread guide** / Exzenterfadenführer m ‖ ~ **tumbling mixer** / Taumelmischer m
ecclesiastical fabrics / Paramentenstoffe m pl
ECE (European Colourfastness Establishment) / Europäische Konvention für Echtheitsprüfung von Färbungen und Drucken (Sekretariat: St. Gallen)
echantillon n (Fr) / Stoffmuster n
écharpe n (Fr) (fash) / Umhangtuch n, Schärpe f
eclipse roving frame / Eklipsmaschine f ‖ ~ **roving speeder** / Eklipsmaschine f
ecologically harmless / umweltfreundlich adj
economizer disc (knitt) / Sparscheibe f
écossaise n / Ecossais m (Gewebe in Schottenkaros), Ecossé m
écouaille n (Fr) / grobe Wolle
ecru adj / ekrü adj, ungebleicht adj, gelblichbraun adj, bastfarbig adj ‖ ~ **lace** / Ekrüspitze f ‖ ~ **silk** / Rohseide f, Ecruseide f, Ekrüseide f, Grègeseide f, Bastseide f, rohe Seide, unentbastete Seide ‖ ~ **silk cloth** / aus Ekrüseide gewebter Stoff ‖ ~ **silk yarn** / Rohseidengarn n, Ekrüseidengarn n, nur wenig entbastetes Seidengarn
EDANA (European Disposals and Nonwovens Association) / Europäischer Verband für Wegwerfartikel und nicht gewebte Stoffe - Sitz Brüssel
edge v (knitt) / bordieren v ‖ ~ (making up) / einfassen v, säumen v ‖ ~ n, Kante f, Rand m ‖ ~ **abrasion test** / Knickscheuerprüfung f ‖ ~ **baster** / Kantenhefter m ‖ ~ **binder** (sew) / Bandeinfasser m ‖ ~ **binding** / Einfaßband n ‖ ~ **breaking machine** (for dyeing cheeses) / Kantenbrechmaschine f (für Färbekreuzspulen) ‖ ~ **controller** (sew) / Saumführer m ‖ ~ **creases** / Knitterung f entlang der Kanten ‖ ~ **crimped yarn** / Kantenkräuselgarn n ‖ ~ **crimping** / Kantenzieh-Texturierung f, Kantenkräusel-Texturieren n, Kantenkräuseln n ‖ ~ **crimping machine** / Kantenzieh-Texturierungsmaschine f, Kantenkräuselmaschine f ‖ ~ **curling** / Kantenrollen n, Aufrollen n der Kanten ‖ ~ **cutter** / Kantenschneider m ‖ ~ **effect** (dye) / Anrandung f ‖ ~ **feeler** / Kantenabtaster m, Kantenfühler m ‖ ~ **fibre** / Randfaser f (Falschdrahtspinnen) ‖ ~ **finishing seam** (sew) / Kantenbefestigungsnaht f ‖ ~ **flattening and basting machine** / Kantenausreibe- und Heftmaschine f ‖ ~ **fray**, edge fraying / Ausreißen n, Kantenausfransen n ‖ ~ **fray resistance** (cpt) / Widerstand m gegen Kantenausfransen ‖ ~ **guide** (sew) / Saumführer m ‖ ~ **ironing machine** / Kantenpresse f ‖ ~ **of the cloth** / Stoffkante f ‖ ~ **of the design** / Musterrand m, Musterkante f ‖ ~ **of the pattern** / Musterrand m, Musterkante f ‖ ~ **of the warp** / Leiste f der Kette ‖ ~ **passage** (sew) / Kantendurchlauf m ‖ ~ **pattern** / Bordürenmuster n ‖ ~ **pick stitching machine** (making up) / Kantendurchnähmaschine f ‖ ~ **piping** (knitt) / Paspelvorstoß m ‖ ~ **presser**, edge pressing machine / Kantenbügelmaschine f ‖ ~ **runner** / Kollergang m ‖ ~ **runner mill** / Zahnkolloidmühle f ‖ ~ **seam** / Seitensaum m, Ränderhaft f ‖ ~ **seaming** (sew) / Kantensäumen n, Kantenabnähen n ‖ ~ **sensor** / Kantenfühler m ‖ ~ **sewing and cutting machine** / Kantennäh- und Beschneidemaschine f ‖ ~ **sewing machine** / Ränderähmaschine f ‖ ~ **softening machine** (for dyeing cheeses) / Kantenbrechmaschine f (für Färbekreuzspulen) ‖ ~ **stiffening** / Kantenversteifung f (gegen Kantenrollen) ‖ ~ **stitcher**, edge stitching machine (sew) / Kantendurchnähmaschine f, Pikiermaschine f, Randnäher m ‖ ~ **tearing resistance** / Einreißfestigkeit f ‖ ~**-to-edge** adj / gegeneinanderstoßend adj, Kante-an-Kante-...(in Zssg.) ‖ ~ **trimmer** (sew) / Kantenbeschneider m, Kantenbeschneideinrichtung f ‖ ~ **undertrimmer** (sew) / Stoffunterschneider m
edging n / Borte f, Einfassung f, Paspel f m, Randverzierung f ‖ ~ (of lace) / Spitzenbordüre f ‖ ~ **apparatus** / Einfaßvorsatzgerät n ‖ ~ **lace** / Besatzspitze f ‖ ~ **machine** (making up) / Einfaßmaschine f ‖ ~ **yarn** / Kantengarn n
EDTA (s. ethylenediamine tetraacetic acid)
effect colour / Effektfarbe f, Einstichfarbe f ‖ ~ **dyeing** / Effektfärben n, Effektfärbung f ‖ ~ **fibre** / Effektfaser f
effective heat / nutzbare Wärme ‖ ~ **length** / Nutzlänge f ‖ ~ **length** (fibre) / effektive Länge
effectiveness of agents for dispersing lime soap / Kalkseifen-Dispergiervermögen n (DIN 53903)
effective pile (pile above backing) (cpt) / Polnutzschicht f ‖ ~ **width** / Nutzbreite f
effect of acid / Säure(ein)wirkung f ‖ ~ **of ageing** / Dämpfeinwirkung f ‖ ~ **of alkali** / Alkali-Einwirkung f ‖ ~ **of a resist** / Reservewirkung f ‖ ~ **of cold** / Kälteeffekt m, Kälteeinwirkung f ‖ ~ **of heat** / Wärmewirkung f ‖ ~ **of light** / Lichtwirkung f, Lichteinwirkung f ‖ ~ **of steaming** / Dämpfeinwirkung f ‖ ~ **of sunlight** / Sonnenlichteinwirkung f ‖ ~ **of weather** / Witterungseinfluß m ‖ ~ **pick** / Effektschuß m ‖ ~ **sliver** / Effektband n ‖ ~ **sliver drawing frame** / Effektbandstrecke f ‖ ~ **thread** / Effektfaden m ‖ ~ **twists** / Effektzwirne m pl ‖ ~ **yarn** / Effektgarn n
effervescence n / Wallen n, Aufbrausen n
effluent n / Abwasser n ‖ ~ / Abfluß m, Ausfluß m ‖ ~ **disposal** / Abwasserbeseitigung f ‖ ~ **treatment** / Abwasserbehandlung f
egg albumin / Eialbumin n, Ovalbumin n ‖ ~**-cosy** n / Eierwärmer m

eggshell n / Eierschale f ‖ ~ **finish** / Seidenglanz m, Eierschalenfinish n ‖ ~ **shade** / Eierschalenfarbton m
egshell adj / eierschalenfarben adj
Egyptian·-blue adj / ägyptischblau adj ‖ ~ **cotton** / ägyptische Baumwolle ‖ ~ **maco yarn** / ägyptisches Makogarn
eiderdown n / Daunendecke f ‖ ~ / Eiderdaune f ‖ ~ **[fabric]** / weiches, ein- oder beidseitig gerauhtes Baumwoll-, Woll- oder Seidengewebe ‖ ~ **quilt** / Federbett n ‖ ~ **quilt** / Daunensteppdecke f ‖ ~ **quilt ticking** / Federleinwand f
eider yarn / daunenweiches Wollgarn
eight·-at-once n (knitt) / achtfonturige Cottonmaschine, achtfonturiger Cottonstuhl ‖ ~**-cam flat knitting machine** / Achtschloßflachstrickmaschine f ‖ ~**-cam machine** / Achtschloßmaschine f, Achtschloßstrickmaschine f ‖ ~**-colour printing machine** / Achtfarbendruckmaschine f ‖ ~**-end satin** / achtbindiger Atlas ‖ ~**-harness** adj / achtbindig adj ‖ ~**-lock circular knitting machine** / Achtschloßrundstrickmaschine f ‖ ~**-lock fabric** / Achtschloßware f ‖ ~**-lock knitted fabric** / Achtschloßmaschenware f ‖ ~**-lock machine** / Achtschloßmaschine f, Achtschloßstrickmaschine f ‖ ~**-lock machine needle** / Achtschloßnadel f ‖ ~**-lock type pattern** (knitt) / Achtschloßmuster n ‖ ~**-shaft** adj / achtbindig adj ‖ ~**-sided pattern area** (knitt) / achteckige Musterfläche
eis yarn (a woollen knitting yarn of German origin) / Eiswollgarn n
eject v (spinn) / ausstoßen v, auswerfen v
ejection device (weav) / Auswurfeinrichtung f ‖ ~ **of the shuttle** / Auswurf m des Schützens
ejector n / Auswerfer m ‖ ~ / Strahlapparat m ‖ ~ **arm** (knitt) / Ausstoßarm m ‖ ~ **band** (knitt) / Ausstoßband n
elastane fibre (GB) / Elastanfaser f
elastic n / Elastik f n ‖ ~ adj / elastisch adj, dehnbar adj, federnd adj ‖ ~ **aftereffect** / elastische Nachwirkung
elasticated adj / elastisch adj, Elastic... (in Zssg.) (mit eingewebten Gummifäden) ‖ ~ **top** (of sock) / elastischer Sockenrand
elastic attachment / Gummieinziehapparat m ‖ ~ **at waist and leg openings** / Gummizug m an Taille und Bein ‖ ~ **bandage** / elastische Binde ‖ ~ **braid** (making up) / Gummilitze f ‖ ~ **constant** / Elastizitätskonstante f ‖ ~ **cord** (making up) / Gummilitze f ‖ ~ **corduroy-type fabric** / elastische Kordqualität ‖ ~ **covering** / Bombage f, Gummiumspinnung f ‖ ~ **deformation** / elastische Verformung ‖ ~ **elongation** / elastische Dehnung ‖ ~ **extension** / elastisches Ausdehnen ‖ ~ **fabric** / elastisches Gewebe ‖ ~ **fibre** / dehnbare Faser ‖ ~ **filament** / Elastikfaden m ‖ ~ **finish** / elastische Ausrüstung ‖ ~ **girdle** / Elastic-Schlüpfer m, Hüfthalter m, Hüftgürtel m ‖ ~ **gore** / Elastic-Zwickel m, elastisches Einsatzkeilstück in Schuhen ‖ ~ **handle** / federnder Griff
elasticity n / Elastizität f, Dehnbarkeit f, Geschmeidigkeit f, Nachgiebigkeit f ‖ ~ **limit** / Elastizitätsgrenze f ‖ ~ **modulus** / Elastizitätsmodul m, E-Modul m ‖ ~ **of elongation** / Zugelastizität f (DIN 53835) ‖ ~ **of film** / Filmzügigkeit f ‖ ~ **of yarn** / Garnelastizität f ‖ ~ **test** / Elastizitätsprüfung f ‖ ~ **tester** / Elastizitätsprüfer m
elastic lag / elastische Nachwirkung ‖ ~ **lapping** / Bombage f, Gummiumspinnung f ‖ ~ **leg band** (panty girdle) / Beinabschluß m ‖ ~ **leg band lace** (foundation garments) / Beinabschluß m in Spitzenform ‖ ~ **limit** / Elastizitätsgrenze f ‖ ~ **modulus** / Elastizitätsmodul m, E-Modul m ‖ ~ **panty girdle** / elastische Miederhose ‖ ~ **performance** / Elastizitätsverhalten n ‖ ~ **power net** / Miedertüll m ‖ ~ **properties** / elastische Eigenschaften ‖ ~ **pull** (of yarn) / Rücksprungkraft f ‖ ~ **raschel machine** / Gummiraschel f, Gummiraschelmaschine f ‖ ~ **recovery** (cpt) / elastische Erholung, Zurückspringen n, Rückformvermögen n ‖ ~ **ribbon** / Gummiband n ‖

~ **ribbon insertion** / Einarbeiten n von Gummiband ‖ ~ **shuttle** / Klemmschützen m ‖ ~ **ski-wear fabric** / Ski-Elastikstoff m ‖ ~ **stocking** / Gummistrumpf m ‖ ~ **strain** / elastische Verformung ‖ ~ **tab** / Gummiband n ‖ ~ **thread** / elastischer Faden, Gummifaden m ‖ ~ **tissue** / Gummigewebe n ‖ ~ **top on hose** / Gummirand m am Strumpf ‖ ~ **turbulence** / elastische Turbulenz ‖ ~ **waist** / Weichbund m ‖ ~ **waistband** / Gummibund m, elastischer Bund, elastischer Gürtel, Weichbund m ‖ ~ **warp-knitted goods** / elastische Wirkware ‖ ~ **web** / Gummiband n ‖ ~ **webbing** / Schmalgewebe n mit Gummischuß ‖ ~ **welt on hose** / Gummirand m am Strumpf ‖ ~ **yarn** / elastisches Garn
elastofibre n / Elastofaser f, Elastomerfaser f
elastomer n (can be stretched at room temperature repeatedly to at least twice its original length and, on immediate release of the stress, will return with force to its approximate original length) / Elastomer n ‖ ~ **creel** / Elastomergatter n ‖ ~ **fibre** / Elastomerfaser f, Elastofaser f ‖ ~ **fibre material** / Elastomer-Fasermaterial n
elastomeric adj / elastomer adj, gummielastisch adj ‖ ~ **fibre** / Elastomerfaser f, Elastofaser f ‖ ~ **filament** / Core-spun-Garn n (hergestellt auf der Ringmaschine), Core-twisted-Garn n (umzwirntes Garn) ‖ ~ **plastic** / elastomerer Kunststoff ‖ ~ **yarn** / Elastomerfaden m
elbow·-length n / Ellbogenlänge f ‖ ~ **seam** / Ellbogennaht f ‖ ~ **sleeve** (fash) / halblanger Ärmel
electoral wool (very fine wool, also known as Saxony wool, used for high-quality fabrics) / Elektoralwolle f
electrical charge / elektrische Ladung, elektrische Aufladung, Elektrizitätsladung f ‖ ~ **conductivity** / elektrische Leitfähigkeit ‖ ~ **discharge** / elektrische Entladung ‖ ~ **fabric** / elektrisches Gewebe ‖ ~ **insulation** / Elektroisolierung f ‖ ~ **property** / elektrische Eigenschaft ‖ ~ **resistance** / elektrischer Widerstand
electric blanket / Heizdecke f ‖ ~ **bleaching** / elektrische Bleiche ‖ ~ **charge** / elektrische Ladung, elektrische Aufladung, Elektrizitätsladung f ‖ ~ **discharge** / elektrische Entladung ‖ ~ **drying oven** / elektrischer Trockenschrank ‖ ~ **spindle** / Elektrospindel f ‖ ~ **winder** / Elektrowickler m
electro-conductive fibre / elektrisch leitende Faser
electrode sleeve (flock) / Elektrodensieb n
electrodialysis n / Elektrodialyse f
electro-fixer n (shrinking machine) / Elektrofixierer m
electrofying n (fin, to impart high lustre) / Polieren n ‖ ~ **(ironing) treatment** / Pol-Rotor-Behandlung f
electrolysis n / Elektrolyse f
electrolyte n / Elektrolyt m ‖ ~ **addition** / Elektrolytzusatz m ‖ ~ **resistance** / Elektrolytbeständigkeit f
electrolytic bleach / Elektrolytbleiche f ‖ ~ **decomposition** / elektrolytische Zersetzung ‖ ~ **oxidation** / anodische Oxidation, elektrolytische Oxidation
electrolyzer n / Elektrolysator m, Elektrolyseur m
electromagnetic selection of needles / elektromagnetische Nadelauswahl
electron beam cured (pigm) / elektronenstrahlgehärtet adj ‖ ~ **beam curing** / Elektronenstrahlhärtung f ‖ ~ **beam fixation** / Elektronenstrahlfixierung f ‖ ~ **donor** / Elektronendonator m, Elektronendonor m ‖ ~ **exchange resin** / Elektronenaustausch[er]harz n
electronic pattern preparing system (knitt) / elektronisches System zur Mustervorbereitung ‖ ~ **selection of needles** / elektronische Nadelauswahl ‖ ~ **slub catcher** / elektronischer Fadenreiniger ‖ ~ **Style process** (text pr) / Electronic-Style-Verfahren n, ES-Verfahren n
electron micrograph / elektronenmikroskopische Aufnahme ‖ ~ **microscope** / Elektronenmikroskop n ‖ ~ **microscopy** / Elektronenmikroskopie f

electrophoresis n / Elektrophorese f
electro-polished roller / elektropolierte Walze
electrostatic adj / elektrostatisch adj ‖ ~ **attraction** / elektrostatische Anziehungskraft, elektrostatische Anziehung ‖ ~ **bond** / elektrostatische Bindung ‖ ~ **carding** / elektrostatisches Kardieren ‖ ~ **charge** / elektrostatische Aufladung ‖ ~ **charge on the fibre** (flock) / Faseraufladung f ‖ ~ **coating** / elektrostatisches Beschichten ‖ ~ **flocking** / elektrostatische Beflockung, elektrostatisches Beflocken ‖ ~ **flocking machine** / elektrostatische Flockdruckmaschine ‖ ~ **flocking of carpets** / elektrostatische Teppichbeflockung ‖ ~ **pneumatic surplus flock regainer** / elektrostatisch-pneumatische Flockenabsaugvorrichtung ‖ ~ **spinning** / elektrostatisches Spinnen ‖ ~ **spraying** (ctg) / elektrostatisches Spritzen
elemental sulphur / elementarer Schwefel
elementary count / Einzeltiter m ‖ ~ **fibre** / Elementarfaser f ‖ ~ **filament** / Elementarfaden m
elemi [gum] / Elemiharz n (aus Canarium luzonicum)
elephant foot (cpt) / Elefantenfuß m ‖ ~ **thread** / Kabelfaden m
elevating cloth roller / sich hebende Stoffaufrollwalze
elevator lattice / Steiglattentuch n
eliminate copper / entkupfern v ‖ ~ **iron** / enteisenen v ‖ ~ **the weighting** (silk) / entschweren v
elimination of iron / Enteisenung f ‖ ~ **of outlines in fall-on styles** / Abwerfen n von überlaufenden Konturen ‖ ~ **of the bright finish** / Glanzabbau m ‖ ~ **of water** / Wasserabgabe f, Entwässerung f
elliptical traveller / elliptischer Ringläufer ‖ ~ **wheel of winch** / ovale Haupthaspel
Elmendorf tear strength / Elmendorf-Reißfestigkeit f ‖ ~ **tear testing** / Elmendorf-Reißprüfung f
elongate v / dehnen v, strecken v, verlängern v
elongated twill / Stufenköper m
elongation n / Dehnung f, Streckung f, Verlängerung f
elongational compliance (ctg) / Zugnachgiebigkeit f
elongation at break / Reißdehnung f ‖ ~ **at rupture** / Bruchdehnung f ‖ ~ **behaviour** / Verhalten n bei Dehnungsbeanspruchung ‖ ~ **break angle** / Bruchdehnungswinkel m ‖ ~ **constant gradient** / konstanter Dehnungsgradient ‖ ~ **force** / Dehnungskraft f ‖ ~ **index** / Dehnzahl f ‖ ~ **in length and width** (fibre) / Dehnungsweiten f pl ‖ ~ **limit** / Dehnungsgrenze f ‖ ~ **meter** / Dehnungsmesser m ‖ ~ **of thread** / Verlängerung f des Fadens ‖ ~ **potential** / Verdehnbarkeit f, Verdehnungsfähigkeit f ‖ ~ **property** / Dehnungseigenschaft f ‖ ~ **strength** / Dehnkraft f, Dehnvermögen n ‖ ~ **strength testing** / Kraft-Dehnungsprüfung f ‖ ~ **test** / Dehnungsprüfung f ‖ ~ **tester** / Dehnungsmesser m ‖ ~ **under heat** / Wärmedehnung f
eluate v / eluieren v (adsorbierte Stoffe aus festen Adsorptionsmitteln herauslösen) ‖ ~ n / Eluat n (durch Herauslösen adsorbierter Stoffe gewonnene Flüssigkeit)
elution n / Elution f, Eluieren n
elutriate v / schlämmen v, abschlämmen v
elutriation n / Schlämmen n, Abschlämmen n
elysian n / Mantelstoff m mit welliger Oberfläche
embed v / einbetten v
embedding medium / Einbettungsmittel n ‖ ~ **substance** / Einbettungsmasse f, Einbettmasse f
emblem embroidery (sew) / Emblemstickerei f
emboss v / prägen v, gaufrieren v
embossability n / Prägbarkeit f
embossed adj / geprägt adj, gaufriert adj ‖ ~ **back** (cpt) / Prägeschaum m ‖ ~ **cloth** s. embossed fabric ‖ ~ **crepe** / gaufrierter Krepp, Prägekrepp m ‖ ~ **design** / Prägemuster n, Relief n ‖ ~ **effect** / Prägeeffekt m ‖ ~ **fabric** / Gaufré n, Prägegewebe n ‖ ~ **finish** / Prägeausrüstung f, Gaufrierausrüstung f ‖ ~ **herringbone pattern** (knitt) / Fischgrätenpreßmuster m ‖ ~ **pattern** / Prägemuster n, Prägedessin n ‖

~ **plush** / gaufrierter Plüsch, gepreßter Plüsch ‖ ~ **print**[ing] / Prägedruck m, Reliefdruck m ‖ ~ **printing machine** / Reliefdruckmaschine f ‖ ~ **silk** / gaufrierte Naturseide ‖ ~ **style** / Gaufrierartikel m, Prägeartikel m ‖ ~ **transfer paper** / geprägtes Trennpapier ‖ ~ **velvet** / gaufrierter Samt
embosser with pneumatical loading (ctg) / pneumatischer Prägekalander
embossing n / Prägen n, Gaufrieren n, Prägung f, Gaufrage f ‖ ~ **bowl** / Prägewalze f ‖ ~ **calender** / Prägekalander m, Gaufrierkalander m (DIN64990), Profilkalander m ‖ ~ **cylinder** / Prägewalze f, Gaufrierwalze f, Reliefwalze f ‖ ~ **effect** / Prägeeffekt m, Reliefeffekt m ‖ ~ **felt** / Prägefilz m ‖ ~ **finish** / Prägeausrüstung f ‖ ~ **machine** / Gaufriermaschine f, Prägemaschine f ‖ ~ **of the finished fabric** / Fertigwarenprägung f, Fertigwarengaufrage f ‖ ~ **of the surface** / Oberflächenprägung f ‖ ~ **properties** pl / Prägbarkeit f ‖ ~ **roller** / Prägewalze f, Gaufrierwalze f, Reliefwalze f
embrittlement n (dye) / Versprödung f
embroider v / sticken v, besticken v ‖ ~ (weav) / lancieren v
embroidered back (knitt) / bestickte Handschuhrückseite ‖ ~ **braid** / Broderie f, gestickter Besatz ‖ ~ **clock** (hos) / aufplattierter Zwickel ‖ ~ **fabrics** pl (weav) / Lancé n, lancierte Gewebe n pl ‖ ~ **knitting** / Filetstickerei f ‖ ~ **lace** / gestickte Spitze ‖ ~ **satin** / bestickter Atlas ‖ ~ **tull**[e] / Tüllstickerei f
embroidering n / Sticken n ‖ ~ (weav) / Lancierung f ‖ ~ **device** / Stickvorrichtung f ‖ ~ **gauze** / Stickgaze f ‖ ~ **needle** / Sticknadel f
embroidery n / Stickerei f ‖ ~ / Stickware f ‖ ~ **bobbin** / Stickmaschinenschiffchen n ‖ ~ **canvas** / Stickereikanevas m ‖ ~ **cloths** / Stickereigrundstoffe m pl ‖ ~ **cotton** / Stickgarn n, Handarbeitsgarn n ‖ ~ **cutting machine** / Stickereiausschneidemaschine f ‖ ~ **design** / Stickmuster n ‖ ~ **fabric** / Stickereistoff m ‖ ~ **floss** / weichgedrehter Stickfaden ‖ ~ **frame** / Stickrahmen m ‖ ~ **head** (sew) / Stickkopf m ‖ ~ **hoop** / Stickring m ‖ ~ **lace** / gestickte Spitze ‖ ~ **linen** / Stickleinen n ‖ ~ **loom** / Lancierwebstuhl m ‖ ~ **machine** / Stickmaschine f ‖ ~ **machine needle** / Stickmaschinennadel f ‖ ~ **metal yarn** / Metallstickgarn n ‖ ~ **muslin** / Stickgaze f ‖ ~ **needle** / Sticknadel f ‖ ~ **pattern** / Stickmuster n, Stickereimotiv n ‖ ~ **plating attachment** / Aufplattiermuster n, Aufplattierung f ‖ ~ **plating attachment** / Aufplattiervorrichtung f ‖ ~ **punch** / Stickpfriemen m ‖ ~ **shuttle** / Stickmaschinenschiffchen n ‖ ~ **silk** / Stickseide f ‖ ~ **spool** / Stickgarnspule f, Nähgarnspule f ‖ ~ **thread** / Stickgarn n ‖ ~ **trimming machine** / Stickereischermaschine f ‖ ~ **weaving** / Lancieren f ‖ ~ **wrap pattern** / Musterplattieren n ‖ ~ **yarn** / Stickgarn n, Handarbeitsgarn n
emerald[-green] adj / smaragdgrün adj (RAL 6001), brillantgrün adj, smaragdfarben adj
emerald [green] / Smaragdgrün n ‖ ~ **shade** / Smaragdton m
emerize v / schmirgeln v, schleifen v ‖ ~ / emerisieren v, velourieren v, aufrauhen v, velourisieren v
emerized fabric / emerisiertes Gewebe, velourisiertes Gewebe, aufgerauhtes Gewebe, geschmirgeltes Gewebe
emerizing n / Abschmirgeln n ‖ ~ **roller** / Schmirgelwalze f, Schleifwalze f
emery v / schmirgeln v, schleifen v ‖ ~ n / Schmirgel m ‖ ~ **board** / Schmirgelbrett n, Schleifbrett n ‖ ~ **canvas** / Schmirgelleinwand f, Schleiftuch n ‖ ~ **cloth** / Schmirgelleinen n, Schmirgelleinwand f, Schleiftuch n ‖ ~-**covered roller** / Schmirgelwalze f, Schleifwalze f ‖ ~ **disc** / Schmirgelscheibe f ‖ ~ **dust** / Schmirgelstaub m ‖ ~ **machine** / Schmirgelmaschine f ‖ ~ **paper** / Schmirgelpapier n ‖ ~ **paste** / Schmirgelpaste f ‖ ~ **roller** / Schmirgelwalze f, Schmirgeltrommel f,

emery

Schleiftrommel *f*, Schleifwalze *f* || ~ **wheel** / Schmirgelscheibe *f*
emission *n* / Emission *f* || ~ **spectroscopy** / Emissionsspektroskopie *f*
emissivity *n* / Emissionsvermögen *n*
empire line (fash) / Empirelinie *f*
emulgator *n* / Emulgator *m*, Emulgiermittel *n*
emulsifiability *n* / Emulgierbarkeit *f*
emulsifiable *adj* / emulgierbar *adj* || ~ **oil** / emulgierbares Öl
emulsification *n* / Emulgierung *f*, Emulsionsbildung *f*
emulsified oil size / Emulsionsölschlichte *f*
emulsifier *n* / Emulgator *m*, Emulgiermittel *n*
emulsify *v* / emulgieren *v*
emulsifying *n* / Emulgieren *n* || ~ **ability** / Emulgiervermögen *n*, Emulgierfähigkeit *f* || ~ **action** / Emulgierwirkung *f* || ~ **agent** / Emulgator *m*, Emulgiermittel *n* || ~ **capacity** / Emulgiervermögen *n*, Emulgierfähigkeit *f* || ~ **liquid** / emulgierende Flüssigkeit || ~ **power** / Emulgiervermögen *n*, Emulgierfähigkeit *f* || ~ **property for dirt** / Schmutztragevermögen *n*
emulsion *n* / Emulsion *f* || ~ **binder** / Emulsionsbinder *m* || ~ **breaking agent** / Emulsionsbrecher *m* || ~ **cream** / Emulsionscreme *f* || ~ **dyeing** / Emulsionsfärben *n* || ~ **for spinning** / Spinnschmälze *f* || ~ **gelatine** / Emulsionsgelatine *f* || ~ **oil** / Emulsionsöl *n* || ~ **pad-dyeing** / Emulsionsklotzfärbeverfahren *n* || ~ **plant** / Emulsionierungsanlage *f* || ~ **polymer** / Emulsionspolymer *n*, Emulsionspolymerisat *n* || ~ **print[ing]** / Emulsionsdruck *m* || ~ **process** / Emulgierverfahren *n*, Emulsionsverfahren *n* || ~ **scouring** / Emulsionswäsche *f* || ~ **spinning** / Emulsionsspinnverfahren *n* || ~ **stability** / Emulsionsstabilität *f* || ~ **stabilizer** / Emulsionsstabilisator *m* || ~ **thickener**, emulsion thickening agent / Emulsionsverdickungsmittel *n*
enamel *v* / emaillieren *v* || ~ *n* / Emaille *f* || ~-**blue** *adj* / emailblau *adj*
enamelled cloth / schwerer Glanzbaumwollstoff || ~ **thread guide** / emaillierter Fadenführer
enamel print / Lackdruck *m* || ~ **printing** / Aufdrucken *n* von Lackfarben
end *n* (spinn) / Faden *m* || ~ (weav) / Kettfaden *m*, Kettgarn *n* || ~ (dye) / Passage *f*, Zug *m*, Durchgang *m*, Durchlauf *m*
-end (e.g. 5-end satin) / bündig *adj* (z.B. fünfbündiger Atlas)
end and end lease (warp) / einfaches Kreuz, Kopfkreuz *n* || ~ **and end warp** / Doppelkette *f* aus abwechselnd aufgenommenen Kettfäden || ~ **breakage** / Fadenbruch *m* || ~ **breakage rate** / Fadenbruchzahl *f*, Fadenbruchhäufigkeit *f*
endcloth *n* / Mitläufer *m*, Mitläufertuch *n*, Druckdecke *f*
end down (spinn) / abreißen *v* || ~ **down** / Bandbruch *m* || ~ **drop wire** (weav) / Fadenwächterlamelle *f*
ended hank / ungleichmäßiges Stranggarn
end fent (weav) / Endstück *n* || ~ **frame** (knitt) / äußere Seitenwand des Maschinengestells || ~ **gallow** (fully-fashioned knitting machine) / Kurbel *f* am Seitengalgen || ~ **group** (chem) / Endgruppe *f*
ending *n* / Endenungleichheit *f* (beim Färben) || ~ **of unwinding** / Spulenablauf *m*
endless belt / Transportband *n* || ~ **blanket** / [endloser] Mitläufer, Druckdecke *f*, Mitläufertuch *n* || ~ **cloth** / Deckentuch *n* || ~ **feed lattice** / Lattentuch *n* || ~ **felt** / Rundfilz *m* || ~ **layer** (spin) / endlose Schicht || ~ **pattern card** (weav) / Dessinpapier *n* || ~ **steel belt** (text ctg) / endloser Metallmitläufer || ~ **wire** (text pr) / Langsieb *n*
end narrowing attachment (knitt) / seitliche Mindereinrichtung || ~ **of fabric** / Stoffrest *n* || ~ **of the thread** / Fadenende *n* || ~ **of the warp** / Webkettenende *n* || ~ **of the yarn** / Fadenende *n*

endophily *n* (surfactant) / Endophilie *f*
endothermic *adj* / endotherm *adj*, wärmeverbrauchend *adj*
end out / fehlender Kettfaden, Fehlfaden *m* || ~ **piece** (weav) / Endstück *n* || ~ **point** / Endpunkt *m* || ~ **product** / Endprodukt *n*, Fertigprodukt *n*
ends *pl* / Kettfäden *m pl* || ~ **down** / gerissene Kettfäden *m pl*, Fadenbruch *m* || ~-**out** *n* (defect) / heraushängende Fadenenden *n pl*
end spacing / Kettfadendichte *f* || ~ **spacing** (of fabr) / Fadendichte *f*, Einstelldichte *f*
ends per centimetre / Kettfäden *m pl* je cm, Fäden *m pl* je cm/Kette || ~ **per centimetre** (knitt) / Einstellweite *f* (in cm) || ~ **per dent** (weav) / Blatteinstellung *f* (Fadendichte) || ~ **per inch** / Kettfäden *m pl* je Zoll, Fäden *m pl* je Zoll/Kette || ~ **per inch** (knitt) / Einstellweite *f* (in Zoll)
end·-stop *n* (zip) / unteres Reißverschluß-Endstück || ~ **surface** / Stirnfläche *f* || ~ **tacking** (sew) / Endverriegelung *f* || ~-**to-end white shade** / endengleiche Weißtönung
endurance test / Dauerprüfung *f*, Dauerprobe *f*, Dauerversuch *m* || ~ **test machine** / Dauerprüfmaschine *f*, Abnutzungsprüfmaschine *f*
endy silk skeins / Seidensträhnen, die gerissene Fäden enthalten *f pl*
energy *n* / Energie *f* || ~ **absorption** / Energieabsorption *f* || ~ **at break** (mat test) / Bruchenergie *f* || ~ **distribution of average daylight** / Strahlungsverteilung *f* des mittleren Tageslichts || ~ **of retraction** / Kontraktionsenergie *f* || ~ **of rupture** mat test / Zerreißenergie *f*
engineering plastic / Chemiewerkstoff *m* || ~ **resin** s. industrial resin
engineers' cloths / Stoffe *m pl* für Arbeitskleidung
English blue / Englischblau *n* || ~ **counts** / englische Garnnummern *f pl* || ~ **drawing** / Bradford-Verfahren *n* || ~ **embroidery** / Lochstickerei *f* || ~ **foot hose** / Strumpf mit englischem Fuß || ~ **gauge** / englische Maschinennumerierung || ~ **loopwheel machine** / einfrontige Rundwirkmaschine || ~ **net** / Waffeltüll *m* || ~ **red** / Englischrot (rotes Eisen(III)-oxid), Polierrot *n* || ~ **wools** / englische Wollsorten *f pl* || ~ **yarn count** / englische Garnnumerierung *f* || ~ **yarns** / Kammgarne *m pl* versponnen nach dem Bradford-Verfahren
engrain *v* (dye) / durchdringen *v*, durchtränken *v*
engrained dyeing / Tieffärben *n*
engrave *v* / gravieren *v*, eingravieren *v*
engraved cylinder / gravierter Zylinder, gravierte Walze || ~ **roller** (ctg) / gravierte Walze, Rasterwalze *f*
engraving *n* / Gravur *f*, Gravieren *n* || ~ **depth** / Gravurtiefe *f* || ~ **for embossing** / Prägegravur *f* || ~ **machine** / Gravurmaschine *f* || ~ **process** / Gravierverfahren *n* || ~ **tool** / Stichel *m*
enhancement of effect (dye) / Effektsteigerung *f*
enlace *v* / umschlingen *v*, verflechten *v*
enlarging of feet (hos) / Fußerweiterung *f*
enlevage *n* (text pr) / Enlevage *f* (Mustern durch örtliches Entfärben), Ätzbeizdruck *m*, Ätzdruck *m*
enolate of zinc / Zinkenolat *n*
ensemble *n* (fash) / Ensemble *n*, Complet *n*, Komplet *n*
ensign cloth / Fahnenstoff *m*
entangle *v* / verschlingen *v*, verwirren *v*, verwickeln *v*
entangled molecule / Knäuelmolekül *n*
entanglement *n* / Verschlingen *n*, Verwirren *n*, Verschlingung *f*, Verwirrung *f* || ~ / Verhakung *f* (von Polymerketten)
entangling *n* / Verschlingen *n*, Verwirren *n*, Verschlingung *f*, Verwirrung *f*
entering draft (weav) / Reihenfolge *f* des Kettfadeneinziehens || ~ **lease** / Fadenkreuz *n* zum Einziehen || ~ **plan** / Kettfadeneinziehschema *n*
enter into the bath / in das Bad einlegen, in die Flotte einbringen, in die Flotte einlaufen lassen || ~ **into the cold bath** / kalt eingehen || ~ **the goods** (dye) / die Ware

eingeben, mit der Ware eingehen ‖ ~ **the stenter at a predetermined bow** / mit vorbestimmter Wölbung in den Spannrahmen einlaufen
enthalpic analysis / Enthalpieanalyse *f*
enthalpy *n* / Enthalpie *f* ‖ ~ **of cross-linking** / Vernetzungsenthalpie *f* ‖ ~ **of dyeing** / Färbeenthalpie *f* ‖ ~ **of reaction** / Reaktionsenthalpie *f*
entire bleach / Vollbleiche *f*
entirely synthetic / vollsynthetisch *adj*
entoilage *n* (Fr) / Spitzengrundtüll *m*
entrance compartment (of drier) / Einlaßfeld *n* (der Trockenmaschine) ‖ ~ **slit** (of steamer) / Einlaufflippe *f* (Dämpfer), Einlaufschlitz *m*
entrapment of air / Luftblaseneinschluß *m*, Lufteinschluß *m*
entrapped air / Luftblaseneinschluß *m*, Lufteinschluß *m*, eingeschlossene Luft ‖ ~ **air bubble** / eingeschlossene Luftblase
entrebandes *pl* (Fr) / Endstücke *n pl* von Wollwaren
entre ríos / argentinische Crossbredwolle
entropy of reaction / Reaktionsentropie *f*
entry frame / Einlaßrahmen *m* ‖ ~ **squeezers** / Eingangsquetsche *f* ‖ ~ **zone** (fin) / Einlaßfeld *n*
envelop *v* / umhüllen *v*, einhüllen *v*
envelope-neck vest / Schlupfhemdchen *n*
enveloping fibre (fibre enveloping the core) / Umhüllungsfaser *f*, Mantel *m* (der Kernmantelfaser)
enveloppe *n* (Fr) / Packleinwand *f*
environmental acceptability / Umweltfreundlichkeit *f* ‖ ~ **pollution**, environmental load / Umweltbelastung *f* ‖ ~ **protection** / Umweltschutz *m*
enzymatic *adj* / enzymatisch *adj* ‖ ~ **degradation** / enzymatischer Abbau ‖ ~ **desizing** / enzymatisches Entschlichten, Enzymentschlichtung *f* ‖ ~ **desizing agent** / enzymatisches Entschlichtungsmittel ‖ ~ **product** / Enzymprodukt *n*
enzyme *n* / Enzym *n* ‖ ~**-activating** *adj* / enzymaktivierend *adj* ‖ ~**-activating action** / Enzymaktivierung *f* ‖ ~ **desizing** s. enzymatic desizing ‖ ~ **detergent** / enzymatisches Waschmittel ‖ ~**-inhibiting effect** / enzymhemmende Wirkung ‖ ~**-resistant** *adj* / enzymresistent *adj* ‖ ~ **wool** / Enzymwolle *f* (DIN 60004)
enzymic *adj* s. enzymatic
eolienne *n* (lightweight dress fabric) / Eolienne *f*
eosin *n* (dye) / Eosin *n*
epaulet[te] *n* / Epaulette *f* (seltener: Epaulett), Achselklappe *f*, Schulterstück *n* auf Uniformen
epichlorhydrin *n* / Epichlorhydrin *n*
epicuticule *n* (outer resistant membrane surrounding a cuticular structure, e.g. wool fibre) / Epikutikula *f*
epinglé *n* (a silk, rayon or worsted clothing fabric in plain weave, characterized by alternating wide and narrow cross ribs) / Epinglé *m*, Ösenrips *m* ‖ ~ **for upholstery** / Epinglé-Möbelstoff *m* ‖ ~ **for women's suitings** / Epinglé-Kostümstoff *m*
epitropic fibre / epitropische Faser (Markenname für permanent antistatische Chemiefaser)
epoxidation *n* / Epoxidation *f*, Epoxidieren *n*
epoxide resin / Epoxidharz *n*, EPH ‖ ~ **resin adhesive** / Epoxidkleber *m*
epoxy resin / Epoxidharz *n*, Epoxydharz *n*
Epsom salt / Bittersalz *n*, Epsomsalz *n* ‖ ~ **salt finish** / Bittersalzappretur *f*
equal in fastness / echtheitsgleich *adj*
equalization of pressure / Druckausgleich *m*
equalize *v* (hos) / ausspannen *v*, gleichziehen *v*
equalized lease / geordnetes Fadenkreuz
equalizer *n* (drafting) / Ausgleichsstreckmaschine *f*
equalizing frame / Egalisierrahmen *m* (DIN 64990)
equal parts ratio / Verdünnungsverhältnis *n* 1:1
equilibrium *n* / Gleichgewicht *n* ‖ ~ **constant** / Gleichgewichtskonstante *f* ‖ ~ **dyeing** / Färben *n* bis zum Gleichgewicht ‖ ~ **moisture content** / Gleichgewichtsfeuchtigkeitsgehalt *m*, Gleichgewichtsfeuchte *f* ‖ ~ **ratio** / Gleichgewichtsverhältnis *n*
equipment for printing selvedges / Kantenbedruckmaschine *f* ‖ ~ **for smoothing wool** / Lisseuse *f*
equivalence *n* / Äquivalenz *f*
equivalent count / äquivalente Garnnummer ‖ ~ **weight** / Äquivalentgewicht *n*
equlibrium yield (dye) / Gleichgewichtsausbeute *f*
erasing stencil / Radierschablone *f*
erect pile (cpt) / aufrecht stehender Flor
eria silk / Eriaseide *f* (eine wilde Seide)
erythrosin *n* (dye) / Erythrosin *n*
escobillo fibre / mexikanische Escobillofaser
Eskimo cloth (overcoating and mackinac fabric) / Eskimo *m* (stark gewalktes Gewebe für Mäntel mit rechtsseitiger Strichhaardecke) ‖ ~ **finish** / Eskimo-Ausrüstung *f*
espagnolette *n* / Espagnolette *m* (beidseitig angerauhtes Baumwollgewebe in Leinwandbindung), Spagnolett *m*
esparto *n* / Esparto *m*, Alfa *f* ‖ ~ **grass** / Espartogras *n*, Halfagras *n*, Esparto *m*
essence *n* / Essenz *f*, Extrakt *m*
ester *n* / Ester *m* ‖ ~**-activated** *adj* / esteraktiviert *adj* ‖ ~ **amide** / Esteramid *n*
esterase *n* (chem) / Esterase *f*
ester-**-based** *adj* / auf Esterbasis ‖ ~ **enolate** / Esterenolat *n* ‖ ~ **gum** / Esterharz *n*
esterification *n* / Veresterung *f*, Verestern *n*
esterified resin / Esterharz *n*
esterify *v* / verestern *v*
ester oil / Esteröl *n*
esterophilic *adj* (dye) / esterophil *adj*
ester resin / Esterharz *n* ‖ ~ **saponification** / Esterverseifung *f*
estremadura *n* / Estremaduragarn *n*
estron *n* / Acetatzellulosefasern *f pl*
ETAD (Ecological and Toxicological Association of the Dyestuffs Manufacturing Industry) / Vereinigung der Farbstoffhersteller für Fragen des Umweltschutzes und der Toxikologie - Sitz Basel
etamine *n* / Etamin *n* (Gewebe und Garn)
etch *v* / ätzen *v*, einätzen *v*
etched lace / Ätzspitze *f* ‖ ~**-out articles** / Ausbrennartikel *m pl* ‖ ~**-out pattern** / Ausbrennmuster *n* ‖ ~ **rotary screen** / Ätzschablone *f*
etching *n* / Ätzung *f*, Ätzen *n* ‖ ~ **depth** / Ätztiefe *f* ‖ ~ **in an oxygen gas discharge** / Glimmätzung *f* ‖ ~ **ink** / Ätzfarbe *f* ‖ ~ **machine** / Ätzmaschine *f* ‖ ~ **method** / Ätzverfahren *n* ‖ ~ **process** / Ätzverfahren *n* ‖ ~ **solution** / Ätzlösung *f*
etch out *v* / ausbrennen *v*
ethanal *n* / Ethanal *n*, Acetaldehyd *m*
ethanamide *n* / Acetamid *n*, Ethanamid *n*
ethane *n* / Ethan *n*
ethanol *n* / Ethanol *n*, Ethylalkohol *m*
ethanolamine *n* / Ethanolamin *n*
ethanoyl chloride / Acetylchlorid *n*, Ethanoylchlorid *n*
ethene *n* s. ethylene
ether *n* / Ether *m* ‖ ~**-cellulose filament** / Celluloseetherfilament *n*
ethereal blue / Himmelblau *n*, Reinblau *n* ‖ ~ **oil** / etherisches Öl
etherification *n* / Veretherung *f*, Verethern *n*
etherify *v* / verethern *v*
ether-**-insoluble** *adj* / etherunlöslich *adj* ‖ ~ **resin** / Etherharz *n* ‖ ~**-soluble** *adj* / etherlöslich *adj*
ethnic print design (fash) / folkloristisches Druckmuster
ethoxylate *v* / ethoxylieren *v*, oxethylieren *v*
ethoxylation *n* / Ethoxylierung *f*, Oxethylierung *f* ‖ ~ **product** / Ethoxylierungsprodukt *n*
ethoxylene *n* / Ethoxylin *n* ‖ ~ **resin** / Epoxidharz *n*, EPH

ethyl

ethyl n / Ethyl n ‖ ~ **acetate** / Ethylacetat n, Essigester m, Essigsäureethylester m ‖ ~ **acetoacetate** / Acetessigester m ‖ ~ **alcohol** / Ethylalkohol m, Ethanol n
ethylamine n / Ethylamin n, Aminoethan n
ethylate v / ethylieren v ‖ ~ n / Ethylat n
ethylation n / Ethylierung f
ethyl benzene / Ethylbenzol n ‖ ~ **butyrate** / Ethylbutyrat n, Buttersäureethylester m ‖ ~ **cellulose** / Ethylzellulose f
ethylene n / Ethylen n, Ethen n ‖ ~ **carbonate** / Ethylencarbonat n ‖ ~ **chloride** / Ethylendichlorid n, Ethylenchlorid n ‖ ~ **chlorohydrin** / Ethylenchlorhydrin n
ethylenediamine n / Ethylendiamin n ‖ ~ **tetraacetic acid (EDTA)** / Ethylendiamintetraessigsäure f
ethylene ethyl acrylate copolymer / Ethylen-Ethylarcrylat-Copolymerisat n ‖ ~ **glycol** / Ethylenglykol m
ethyleneimine n / Ethylenimin n
ethylene imine / Ethylenimin n ‖ ~ **oxide** / Ethylenoxid n ‖ ~ **oxide adduct** / Ethylenoxidaddukt n ‖ ~ **tetrachloride** / Ethylentetrachlorid n ‖ ~ **trichloride** / Ethylentrichlorid n ‖ ~ **urea** / Ethylenharnstoff m
ethyl ester / Ethylester m ‖ ~ **ether** / Ethylether m ‖ ~ **formate** / Ethylformiat n ‖ ~ **glycol** / Ethylglykol n ‖ ~ **glycol acetate** / Ethylglykolacetat n ‖ ~ **hexanol** / Ethylhexanol n ‖ ~ **lactate** / Ethyllaktat n ‖ ~ **mercaptan** / Ethylmerkaptan n, Ethylhydrosulfid n ‖ ~ **methyl ketone** / Methylethylketon n ‖ ~ **propionate** / Ethylpropionat n ‖ ~ **sulphuric acid** / Ethylschwefelsäure f ‖ ~ **tartaric acid** / Ethylweinsäure f ‖ ~ **tartrate** / Ethyltartrat n
étoffe n (Fr) / Stoff m ‖ ~ **faconnée** (Fr) / gemusterter Stoff
Eton blue adj / blaßblau adj ‖ ~ **collar** / Etonkragen m, steifer Umlegekragen ‖ ~ **jacket** (as worn at Eton colleges) / taillenlose Jacke, Eton-Jacke f
etschingo silk, etschizen silk / Etschingoseidengarn n
eucolloid n / Eukolloid n
eureka cotton / langstapelige amerikanische Baumwolle
European Colour Fastness Establishment, ECE / Europäische Convention für Echtheitsprüfung von Färbungen und Drucken, ECE - Sitz St. Gallen/Schweiz
evacuation n / Evakuierung f, Evakuieren n
evaluation of fastness (dye) / Echtheitsbestimmung f
evaporate vi / verdampfen v, verdunsten v ‖ ~ vt / eindampfen v, einkochen v
evaporating apparatus / Verdampfungsapparat m, Verdampfapparat m, Verdampfer m ‖ ~ **pan** / Eindampfpfanne f, Eindampfschale f
evaporation n / Verdampfung f, Verdampfen n, Verdunstung f, Verdunsten n, Eindampfen n ‖ ~ **loss** / Verdampfungsverlust m, Verdunstungsverlust m ‖ ~ **number** / Verdunstungszahl f ‖ ~ **of solvent** / Abtrocknen n des Lösemittels ‖ ~ **rate** / Verdunstungsgeschwindigkeit f, Verdampfungsgeschwindigkeit f, Verdunstungszahl f ‖ ~ **residue** / Verdampfungsrückstand m
evaporator n / Verdampfer m, Verdampfungsapparat m, Verdampfapparat m
even v (dye) / egalisieren v ‖ ~ adj / eben adj, glatt adj, gleichmäßig adj, konstant adj, egal adj ‖ **with** ~ **pattern notation** / gleichlegig adj ‖ ~ **basting** / gleichmäßiger Heftstich ‖ ~ **colour depth** / gleichmäßige Farbtiefe ‖ ~ **distribution of the liquor pressure** (dye) / gleichmäßige Druckverteilung der Behandlungsflotte ‖ ~ **dyeing** / Egalfärbung f ‖ ~ **dyeing on different fibres** / faserungleiche Färbung, Egalfärbung f auf unterschiedlichen Fasern, gleichmäßige Färbung auf unterschiedlichen Fasern
evener n (spinn) / Abstreifer m, Ausgleicher m ‖ ~ **comb** (spinn) / Ausgleichskamm m ‖ ~ **comb** (wool) / Abstreichkamm m ‖ ~ **comb** (knitt) / Abschlagkamm m

‖ ~ **frame** (spinn) / Ausbreiter m ‖ ~ **frame** (clothm) / Egalisiermaschine f ‖ ~ **roller** / Rückstreifwalze f ‖ ~ **roller** (spinn) / Ausgleichswalze f, Rückstreichwalze f ‖ ~ **roller** (clothm) / Egalisierwalze f
evening cloak / Abendmantel m ‖ ~ **dress** / Gesellschaftsanzug m ‖ ~ **dress** / Abendkleid n, Gesellschaftskleid n ‖ ~ **gown** / Abendkleid n, Gesellschaftskleid n ‖ ~ **shade** / Abendfarbe f ‖ ~ **sheer** (fash) / Abendstrumpf n ‖ ~ **shirt** / Frackhemd n ‖ ~ **wear** / Gesellschaftskleidung f ‖ ~ **wear cloths** / Abendmode-Stoffe m pl (z.B. Matelassé, Lamé, Chiffon) ‖ ~ **wear suitings** / Abendanzug[s]stoffe m pl
evenly absorbent dyestuff / egalaufziehender Farbstoff ‖ ~ **dyed** / egal gefärbt, gleichmäßig gefärbt ‖ ~ **wound** / kantengleich gewickelt
even mesh structure / ruhiges Maschenbild ‖ ~ **napping effect** / gleichmäßiger Rauheffekt
evenness n (dye) / Egalität f ‖ ~ / Gleichmäßigkeit f ‖ ~ **between ends** (dye) / Endengleichheit f ‖ ~ **test** / Gleichmäßigkeitsprüfung f ‖ ~ **tester** / Gleichmäßigkeitsprüfer m ‖ ~ **tester for yarns** / Garngleichmäßigkeitsprüfer m
even out (dye) / egalisieren v ‖ ~ **penetration** / gleichmäßiges Eindringen ‖ ~ **running cotton** / gleichmäßig ausfallende Rohbaumwolle ‖ ~ **shade** / egaler Farbton, gleichmäßiger Farbton ‖ ~ **shades on both sides of a fabric** (dye) / seitengleiche Färbung ‖ ~ **sheet structure** (nwv) / gleichmäßiges Flächengebilde ‖ ~**-sided** adj (twill) / gleichseitig adj ‖ ~**-speed** adj / gleichschnell laufend, mit Gleichlauf (Walzen) ‖ ~ **stitches** (knitt) / Maschen f pl gleicher Länge ‖ ~ **texture** (weav) / Gleiche f
everclean collar (US) / Dauerkragen m
evereven drafting / Evereven-Strecke f, Regulierstrecke f
everglaze finish / Everglaze n, Dauerglasur f, Dauerglanz m (Spezialkunstharzausrüstung)
everyday dress / Hauskleid n, Alltagskleid n
evolution of heat / Wärmeentwicklung f
ewe's wool / Mutterwolle f (DIN 60004)
exact match with sample / Musterkonformität f ‖ ~ **repetition of the design** / Anschluß-Rapport m
examine v (weav) / beschauen v
examiner n / Stoffbeschauer m, Warenbeschauer m
excess n / Überschuß m ‖ ~ **air** / Luftüberschuß m, überschüssige Luft ‖ ~ **chlorine** / Überschußchlor n ‖ ~ **drying** / Übertrocknung f
excessive local crosslinking / örtliche Übervernetzung ‖ ~ **twist** / übermäßige Zwirnung
excess moisture / Feuchtigkeitsüberschuß m ‖ ~ **of acid** / Säureüberschuß m ‖ ~ **of alkali** / Alkaliüberschuß m ‖ ~ **of dye offered to the textile or fibre** / Farbstoffüberangebot n ‖ ~ **pressure** / Überdruck m ‖ ~ **retting** / Überröste f ‖ ~ **water** / Wasserüberschuß m
exchange of heat / Wärmeaustausch m ‖ ~ **reaction** / Austauschreaktion f
excitation purity / spektraler Farbanteil (Sättigung p_e) ‖ ~ **purity** / Aufhellungsvermögen n (DIN 5033) ‖ ~ **range** (fluorescent dyes) / Anregungsbereich m
exclusion, with ~ **of air**, under the exclusion of air / unter Luftabschluß ‖ **with the** ~ **of light**, under the exclusion of light / unter Lichtausschluß ‖ ~ **of moisture** / Feuchtigkeitsausschluß m
exercising n (mat test) / zyklische Beanspruchung, Wechseldehnung f
exfoliation n / Abschieferung f ‖ ~ **of silk filaments** / Aufspalten n von Seidenfäden
exhaust v (dye) / erschöpfen v, ausziehen v, ausfärben v, auszehren v ‖ ~ (air, gas etc.) / auspumpen n, absaugen v ‖ ~ n (dye) / Nachzug m ‖ ~ **air** / Abluft f ‖ ~ **device** / Absaugvorrichtung f, Absauger m ‖ ~ **dyeing** / Ausziehverfahren n, Ausziehfärbeverfahren n, Ausziehfärben n

exhausted air / Abluft f ‖ ~ **bath** / ausgezogenes Bad, erschöpftes Bad, ausgezehrtes Bad, Restflotte f ‖ ~ **liquor** / verbrauchte Flotte, ausgezogene Flotte
exhauster n / Exhaustor m, Saugzuglüfter m, Luftabsauger m
exhaust fan / Absauger m, Lüfter m, Ventilator m ‖ ~ **gas** / Abgas n
exhausting agent (dye) / Ausziehhilfsmittel n ‖ ~ **system** / Absauganlage f
exhaust in neutral medium / neutral ziehen (Farbstoff)
exhaustion n (dye) / Erschöpfung f, Ausziehen n ‖ ~ (of air, gas etc.) / Auspumpen n, Absaugen n, Absaugung f ‖ ~ **curve**, exhaustion diagram (dye) / Ausziehkurve f, Absorptionskurve f, Farbkurve,f. ‖ ~ **dyeing** s. exhaust dyeing ‖ ~ **level** (dye) / Ausziehgrad m ‖ ~ **of the bath** (dye) / Erschöpfung f des Bades, Ausziehen n des Bades ‖ ~ **of the dyestuff** / Farbstoffausnutzung f ‖ ~ **of the residual liquor** (dye) / Endbaderschöpfung f ‖ ~ **of the washed-off liquor** (dye) / Spulauszug m ‖ ~ **phase** (dye) / Absorptionsphase f ‖ ~ **process** (dye) / Ausziehverfahren n ‖ ~ **range** (dye) / Ausziehbereich m ‖ ~ **rate** (dye) / Bad-Erschöpfungsgeschwindigkeit f
exhaust level test (dye) / Aufzieh-Ausgleichtest m ‖ ~ **method** (dye) s. exhaust dyeing ‖ ~ **noil** / wiedergewonnener Seidenkämmling ‖ ~ **process** (dye) s. exhaust dyeing ‖ ~ **properties** (dye) / Ausziehverhalten n (eines Farbstoffs) ‖ ~ **steam** / Abdampf m ‖ ~ **steam residue** / Abdampfrückstand m ‖ ~ **test** / Nachzugprüfung f ‖ ~ **the bath** (dye) / das Bad ausziehen, das Bad erschöpfen ‖ ~ **the bath completely** (dye) / das Bad klar ausziehen, das Bad vollkommen erschöpfen ‖ ~ **the dye** / den Farbstoff voll ausfärben
exit air / Abluft f ‖ ~ **gas** / Abgas n ‖ ~ **of oligomers** / Oligomerenaustritt m
exocuticule n / Exokutikula f
exophily n (surfactant) / Exophilie f
exothermic adj / exotherm adj, Wärme abgebend
expand v / dehnen v, ausdehnen v ‖ ~ (weav) / breitspannen v ‖ ~ (cloth) / ausbreiten v ‖ ~ (plastics) / aufschäumen v, verschäumen v
expandable adj (plastics) / aufschäumbar adj, schäumbar adj
expanded imitation leather / Schaumkunstleder n ‖ ~ **plastic** / Schaumstoff m ‖ ~ **polystyrene** / Schaumpolystyrol n ‖ ~ **sheet** / Schaumstoff-Folie f ‖ ~ **steam** / entspannter Dampf ‖ ~ **stitch** (defect) / erweiterte Masche
expander n (weav) / Ausbreiter m, Ausbreitungsmaschine f, Breithalter m, Expandiermaschine f ‖ ~ **device** / Breithaltevorrichtung f, Ausbreiteinrichtung f ‖ ~ **for cloth** / Gewebeausbreiter m ‖ ~ **for cloth in rope form** / Strangausbreiter m ‖ ~ **frame** / Streckrahmen m ‖ ~ **rod** (fin) / Breithaltestab m (DIN 64990) ‖ ~ **roller** / Spannrolle f, Breithalterwalze f, Breitstreckwalze f, Breithalter m, Spannwalze f ‖ ~ **warping device** / Expander-Schäranlage f
expanding agent (foaming) / Treibmittel n ‖ ~ **comb** (warping) / Expansionskamm m (DIN 62350) ‖ ~ **device** / Breitstreckvorrichtung f ‖ ~ **examining form** (hos) / dehnbare Strumpfform, expandierender Strumpfprüfapparat ‖ ~ **needle** (knitt) / Übertragenadel f ‖ ~ **power** / Spannkraft f ‖ ~ **rail** (weav) / Expansionsschiene f ‖ ~ **reed** (weav) / Expansionskamm m, Expansionsriet m ‖ ~ **reel** / Expansionshaspel f ‖ ~ **roller** / Breitstreckwalze f (DIN 64990), Ausbreitwalze f ‖ ~ **tube** / Expansionshülse f ‖ ~ **winch** / Streckhaspel f ‖ ~ **wraith** (warping) / Expansionskamm m (DIN 62350)
expansion n / Ausdehnung f, Dehnung f, Expansion f ‖ ~ **coefficient** / Ausdehnungszahl f, Ausdehnungskoeffizient m ‖ ~ **comb** (warping) / Expansionskamm m (DIN 62350) ‖ ~ **tank** / Ausdehnungsgefäß n

experimental analysis / Experimentalanalyse f ‖ ~ **dyehouse** / Versuchsfärberei f ‖ ~ **laboratory** / Versuchslaboratorium n ‖ ~ **method** / Versuchsmethode f ‖ ~ **plant** / Versuchsanlage f ‖ ~ **printing machine** / Versuchsdruckmaschine f ‖ ~ **procedure** / Versuchsanordnung f ‖ ~ **scale** / Versuchsmaßstab m ‖ ~ **stress analysis** / experimentelle Spannungsuntersuchung
explosion-proof adj / explosionssicher adj, explosionsgeschützt adj ‖ ~-**proof construction** / exgeschützte Ausführung, explosionsgeschützte Ausführung ‖ ~ **protection** / Explosionsschutz m
expose to v / (einer Einwirkung) aussetzen v ‖ ~ **to air** / lüften v, der freien Luft aussetzen, an der Luft verhängen ‖ ~ **to atmospheric influence** / Licht und Luft aussetzen, bewettern v, bewittern v ‖ ~ **to daylight** / dem Tageslicht aussetzen ‖ ~ **to insolation** / der Sonnenbestrahlung aussetzen ‖ ~ **to light** / belichten v, dem Licht aussetzen ‖ ~ **to rain** / beregnen v, berieseln v ‖ ~ **to rays** / bestrahlen v ‖ ~ **to the open air** / lüften v, der freien Luft aussetzen, an der Luft verhängen ‖ ~ **to weathering** / bewittern v, bewettern v
exposing the printed patterns (Fadeometer) / Belichtung f der Druckmuster
exposure n / Aussetzen n ‖ ~ / Ausgesetztsein n ‖ ~ / Bestrahlung f, Belichtung f ‖ ~ **test** / Belichtungsprobe f ‖ ~ **time** (gen) / Verweilzeit f ‖ ~ **time** (to light) / Belichtungsdauer f, Belichtungszeit f ‖ ~ **time** (in steamer, etc.) / Kontaktzeit f (Dämpfer usw.) ‖ ~ **to a high black-panel temperature** (car upholstery fabric) / Automobil-Heißbelichtung f (Autopolsterstoffe) ‖ ~ **to air** / Aussetzen n an der Luft, Lüften n ‖ ~ **to daylight** / Tageslichtbelichtung f ‖ ~ **to daylight behind glass** / Tagesbelichtung f hinter Glas (DIN 53388) ‖ ~ **to direct sunlight** / direkte Sonnenbestrahlung ‖ ~ **to light** / Belichtung f ‖ ~ **to rain** / Beregnung f, Berieselung f ‖ ~ **to rays** / Bestrahlung f ‖ ~ **to sunlight** / Sonnenbelichtung f, Sonneneinwirkung f ‖ ~ **to the open air** / Stehenlassen n an der Luft, Lüften n ‖ ~ **to weather[ing]** / Bewitterung f, Bewetterung f
express v / auspressen v, abquetschen v
expressed liquor / Preßlauge f
expression effect / Abquetscheffekt m
express stitcher / Schnellhefter m ‖ ~ **to about 100% pick-up** / auf ungefähr 100% abquetschen
exsiccate v / austrocknen v, trocknen v
exsiccator n / Exsikkator m
extend v / dehnen v, strecken v, spannen v, verdehnen v ‖ ~ (hos) / ausspannen v ‖ ~ (chem) / strecken v ‖ ~ / ausbreiten v ‖ ~ vt / recken vt (Fäden oder Fasern) ‖ ~ / recken vt (Fäden oder Fasern)
extended floated thread / flottierende Fadenlegung ‖ ~ **heel** (hos) / Hochferse
extender n (chem) / Streckmittel n, Verschnittlösungsmittel n ‖ ~ (ctg) / Füllstoff m, Extender m
extending bandage / Streckverband m
extend to full width / breitstrecken v
extensibility n / Streckbarkeit f, Dehnbarkeit f, Dehnungsvermögen f
extensible adj / streckbar adj, dehnbar adj ‖ ~ **pouring head** (ctg) / herausfahrbarer Gießkopf
extension n / Dehnung f, Streckung f, Ausdehnung f, Längenänderung f ‖ ~ **at break** / Bruchdehnung f, Reißdehnung f ‖ ~ **carriage** (spinn) / Ausziehwagen m ‖ ~ **cord** / Verlängerungsschnur f ‖ ~ **in length** / Verlängerung f, Streckung f, Längendehnung f ‖ ~ **under a defined force** / Längung f unter festgelegter Kraft
extensometer n / Ausdehnungsmesser m, Dehnungsmesser m, Längsdehnungsmesser m
extent of break / Bruchstrecke f ‖ ~ **of penetration** / Imprägnierungsgrad m ‖ ~ **of shrinkage** / Schrumpfmaß m

exterior

exterior cutter (weav) / Außenschere f ‖ ~ durability / Außenbeständigkeit f, Wetterbeständigkeit f ‖ ~ layer of the fibres / oberste Faserschicht, äußere Faserschicht
extinction n (col) / Extinktion f ‖ ~ (chem) / Abtöten n ‖ ~ coefficient / Extinktionskoeffizient m ‖ ~ curve / Extinktionskurve f
extra backing / zusätzliches Grundgewebe ‖ ~ classical / erstklassiges Seidengarn
extract v (chem) / extrahieren v, ausziehen v ‖ ~ / auslaugen v ‖ ~ (waste air etc.) / absaugen v ‖ ~ n / Extrakt m, Auszug m, Extraktstoff m, Extraktivstoff m, Absud m
extractable adj / extrahierbar adj, schleuderbar adj, ausziehbar adj, auslaugbar adj
extractant n / Extraktionsflüssigkeit f, Extraktionsmittel n
extract by boiling / auskochen v ‖ ~ by steeping in lye / auslaugen v ‖ ~ dust / entstauben v
extracted hose / mit Wachs reservierter Strumpf
extract from unions / Reißwolle f ‖ ~ grease from wool / entschweißen v, entfetten v. ‖ ~ in a caustic alkaline solution / natronalkalisch extrahieren ‖ ~ v in a closed vessel / abdrücken im Abdrückkanal
extracting agent / Extrahiermittel n, Extraktionsmittel n ‖ ~ machine / Extraktor m, Extraktionsapparat m ‖ ~ process / Extraktionsverfahren n
extraction n / Auszichen v, Auszug m, Extraktion f, Extrahierung f, Extrahieren n, Entziehen n ‖ ~ (waste air etc.) / Absaugung f ‖ ~ by boiling / Auskochen n ‖ ~ liquor / Extraktionsflüssigkeit f, Extraktionsmittel n ‖ ~ of chips (manmade fibres) / Schnitzelextraktion f ‖ ~ of fat / Entfetten n ‖ ~ of fibres / Entfaserung f ‖ ~ of grease / Entfetten n ‖ ~ of iron from water / Wasserenteisenung f ‖ ~ of water / Entwässern n ‖ ~ plant / Extraktionsanlage f ‖ ~ rate / Extraktionsgeschwindigkeit f ‖ ~ scouring / Extraktionswäsche f ‖ ~ vessel / Extraktionsgefäß n, Extraktionsbehälter m
extractive material, extractive substance / Extraktionsmittel n
extractor n (dye) / Farbenauszieher m ‖ ~ (chem) / Extraktor m, Schleuder f, Zentrifuge f ‖ ~ (waste air etc) / Absaugvorrichtung f
extract printing / Direktdruck m ‖ ~ the burrs / entkletten v ‖ ~ the oil / entölen v ‖ ~ water / entwässern v ‖ ~ with ether / ausethern v, mit Ether ausschütteln ‖ ~ wool / Extraktwolle f
extra dull / tiefmatt adj (Faser) ‖ ~ ends / Reservefäden m pl ‖ ~ filling figuring (weav) / Musterung f mit mehreren Schußfäden ‖ ~-high clearing position of needle (knitt) / Übertragehöhe f der Nadel ‖ ~-large package / Großraumspule f ‖ ~-large shuttle / Großraumschützen m, Großschützen m ‖ ~-length cotton staple / besonders lange Baumwollfasern f pl ‖ ~ thread (weav) / Nebenfaden m ‖ ~ twist / Nachdrehung f ‖ ~ warp figuring (weav) / Musterung f mit mehreren Kettfäden ‖ ~-white adj / hochweiß adj ‖ ~-white cotton / reinweiße Baumwolle
extremity n (weav) / Wiederkehr f
extrudate n / Extrudat n, extrudiertes Profil
extrude v / extrudieren v, spritzen v, strangpressen v ‖ ~ (manmade fibres) / spinnen v (aus der Schmelze), ausspinnen v, erspinnen v
extruded coating s. extrusion coating ‖ ~ film / stranggepreßte Folie, gespritzte Folie ‖ ~ latex / Latexfaden m ‖ ~ ribbon / Düsenbändchen n, düsengesponnenes Bändchen ‖ ~ sheet[ing] / stranggepreßte Folie, gespritzte Folie, gespritzte Platte ‖ ~ thread / stranggepreßter Faden, gespritzter Faden
extrude from the flat die / flachspritzen v
extruder n / Schneckenpresse f, Extruder m, Schneckenspritzmaschine f, Strangpreßmaschine f ‖ ~ die / Extruderdüse f, Extrudermundstück n ‖ ~ head / Extruderkopf m

extrusion n / Extrudieren n, Spritzen n, Strangpressen n ‖ ~ (manmade fibres) / Erspinnen n (aus der Schmelze), Schmelzspinnen n ‖ ~ coating / Extrusionsbeschichten n, Extrudierstreichverfahren n, Kaschieren n mit stranggepreßter Folie, Spritzbeschichten n, Beschichten n mittels Extruder ‖ ~ compound / Strangpreßmischung f ‖ ~ die / Extruderdüse f, Extrudermundstück n ‖ ~ die for filaments / Spinndüse f ‖ ~ head / Extruderkopf m, Spritzkopf m ‖ ~ laminating, extrusion lamination / Extrusionsbeschichten n, Kaschieren n mit der Breitschlitzdüse, Extrusionskaschieren n ‖ ~ machine s. extruder ‖ ~ moulding s. extrusion ‖ ~ pump / Spinnpumpe f ‖ ~ spinneret / Spinndüse f ‖ ~ spinning / Erspinnen n (aus der Schmelze), Schmelzspinnen n ‖ ~ spinning assembly / Extrudierspinnkabel n ‖ ~ spinning machine / Erspinnmaschine f, Extrusionsspinnmaschine f ‖ ~ spinning plant / Extrusionsspinnanlage f ‖ ~ spinning tension / Spannung f beim Erspinnen ‖ ~ spinning winder / Erspinn-Spulmaschine f
exude v / absondern v, ausscheiden v ‖ ~ (resins) / ausschwitzen v ‖ ~ the release agent / Trennmittel abgeben
eye n (weav) / Litzenauge n, Litzenhäuschen n ‖ ~ (knitt) / Öhr n, Rille f ‖ ~ (of needle) (sew) / Öhr n, Nadelöhr n ‖ ~ buttonhole / Augenknopfloch n
eyed heddle (weav) / Augenlitze f
eye hook / Ösenhäkchen n
eyelet n / Öse f, Öhr n ‖ ~ (sew) / Augenknopfloch n, Schnürloch n ‖ ~ (weav) / Fadenführerauge n ‖ ~ buttonhole / Augenknopfloch n ‖ ~ circular knitting machine / Eyelet-Rundstrickmaschine f ‖ ~ embroidery / Lochstickerei f ‖ ~ fabric / Eyelet-Stoff m ‖ ~ jack / Aufdeckplatine f ‖ ~ lace / Filetstoff m ‖ ~ machine / Schnürlochmaschine f, Petinetmaschine f, Aufdeckmaschine f ‖ ~ pattern (knitt) / Deckmuster n, Aufdeckmuster n ‖ ~ pattern (fabric) / einseitiger Eyelet-Stoff ‖ ~ plate (knitt) / Fadenführerplatte f ‖ ~ stitch / Aufdeckmasche f
eyeletted board / Ösenbrett n
eyeletting machine / Ösenmaschine f, Öseneinsetzmaschine f
eyelet·-type insertion / ösenförmiges Einlageteil
eye needle (knitting machine) / Lochnadel f ‖ ~ of the heddle (weav) / Litzenhäuschen n, Litzenauge n ‖ ~ of the needle / Nadelöhr n, Öhr n ‖ ~ pointed needle (knitt machine) / Lochnadel f ‖ ~-retaining bolt (weav, shuttle) / Fädlerschraube f des Webschützens (DIN 64685)

F

fabric *n* / Gewebe *n*, Stoff *m*, Tuch *n*, Ware *f*, Webware *f*, textiles Flächengebilde, Textilerzeugnis *n* (jeder Art) ||
~ **abrasion tester** / Scheuerprüfgerät *n* für Textilien, Scheuerfestigkeitsprüfapparat *m*, Gewebescheuerprüfer *m* || ~ **adiathermic property** / adiathermische Gewebeeigenschaft || ~ **analysis** / Gewebeprüfung *f*, Gewebezerlegung *f* || ~ **appearance** / Warenbild *n*, Gewebebild *n* || ~ **at full width** / ausgebreitetes Gewebe || ~ **back** / Geweberückseite *f*, Stoffunterseite *f*, linke Seite, Kehrseite *f* || ~**-backed** *adj* / mit Gewebe kaschiert || ~**-backed laminate** / mit Gewebe kaschierter Schichtstoff || ~ **backing** / Textilkaschierung *f*, Textilrückenbeschichtung *f* || ~ **base laminate** / Hartgewebe *n* || ~**-base laminated sheet** / Hartgewebeplatte *f* || ~**-base plastics** / Gewebekunststoffe *m pl* || ~ **batch** / Warenballen *m*, Docke *f*, Warenwickel *m* || ~ **beam dyeing machine** / Baumfärbeapparat *m* || ~ **bias** / Gewebediagonale *f* || ~ **bolt** / Stoffballen *m* || ~ **bowing** / Verziehen *n* des Gewebes, Verzerrung *f* des Gewebes, Verkrümmen *n* des Gewebes, Stoffverzerrung *f* || ~ **buff** / Tuchscheibe *f* || ~ **chips** / Stoffschnitzel *n pl*, Gewebeschnitzel *n pl* || ~ **clearance (sew) / Stoffdurchgang *n* || ~ **clearing (or cleaning) machine** / Gewebeputzmaschine *f*, Gewebereinigungsanlage *f* || ~ **clippings** / Stoffschnitzel *n pl*, Gewebeschnitzel *n pl* || ~ **coating** / Gewebeaufstrich *m*, Gewebeüberzug *m* || ~ **combustibility** s. fabric flammability || ~ **composition** / Gewebezusammensetzung *f* || ~ **conditioner** (e.g. softener) / Weichmacher *m*, Weichspüler *m*, Gewebebehandlungsmittel *n* || ~ **construction** (US) (number of warp ends and filling picks per inch in woven goods), pick count, count / Gewebekonstruktion *f*, Gewebeaufbau *m*, Gewebeeinstellung *f*, Gewebestruktur *f* || ~ **count**, texture, thread count, count / Fadendichte *f* eines Gewebes, Gewebefadendichte *f* || ~ **cover** (weav) / Gewebeschluß *m* || ~**-covered button** / stoffüberzogener Knopf || ~ **cover factor** / Gewebedichtigkeit *f*, Gewebedichte *f* || ~ **covering** / Stoffbespannung *f* || ~ **crimp** / Gewebekräuselung *f* || ~ **cross-section** / Gewebeschnitt *m* || ~ **cutting** / Stoffmuster *n*, Stoffprobe *f* || ~ **cutting machine** / Stoffschneidemaschine *f* || ~ **cuttings** / Stoffabfall *m* || ~ **delivery** / Warenauslauf *m* || ~ **designer** / Dessinateur *m*, Zeichner *m*, Entwerfer *m* || ~ **distortion** / Verziehen *n* des Gewebes, Stoffverzerrung *f*, Verzerrung *f* des Gewebes || ~ **doubling machine** / Gewebelegemaschine *f*, Stofflegemaschine *f*, Legemaschine *f*, Faltmaschine *f*, Gewebefaltmaschine *f* || ~ **doubling machine with measuring device** / Legemaschine *f* mit Meßeinrichtung *f* || ~ **drop out** (knit) / Herausfallen *n* der Ware aus der Wirkmaschine || ~ **dust collector** / Staubfilter *m n* || ~ **edge guide** / Saumführung *f* || ~ **entry** / Wareneinlauf *m*, Gewebeeinführung *f*, Stoffzuführung *f* || ~ **examining machine** / Warenschaumaschine *f*, Gewebeschaumaschine *f* || ~ **expander [roll]** / Stoffbreithalter *m*, Gewebeausbreiter *m*, Stoffausbreiter *m* || ~ **face** / Stoffoberseite *f*, Schauseite *f*, Vorderseite *f*, Warenoberseite *f*, rechte Seite, Schönseite *f* || ~ **feeding** / Gewebeeinführung *f*, Wareneinlauf *m*, Stoffzuführung *f* || ~ **filter** / Tuchfilter *m n*, Stoffilter *n*, Gewebefilter *m n* || ~ **finish[ing]** / Gewebeappretur *f*, Stoffausrüstung *f* || ~ **flammability**, combustibility of a fabric / Entflammbarkeitsgrad *m* der Ware || ~ **flutter** / Flattereffekt *m*, Vibrieren *n* des Stoffes || ~**/foam laminate** / Schichtstoff *m* aus Textilien und Schaumstoff || ~ **folding machine** s. fabric doubling machine || ~ **for ecclesiastical purposes** / Paramentenstoff *m* || ~ **for industrial use** / Gewebe *n* für technische Zwecke || ~ **for linings** / Futterstoff *m*, Futtermaterial *n* || ~ **for protection against radiation** / Strahlenschutzgewebe *n* || ~ **for ready-made clothes** / Konfektionsstoff *m* || ~ **for umbrellas** / Regenschirmstoff *m* || ~ **geometry** / Webwarengeometrie *f* || ~ **glove** / Stoffhandschuh *m* || ~ **grab strength** / Gewebereißfestigkeit *f* || ~ **growth** / bleibende Gewebedehnung *f* || ~ **guide** / Warenbahnführer *m*, Stoffbahnführer *m*, Warenführer *m*, Warenabzug *m* || ~ **illuminator** (circular knitting) / Lampe *f* innerhalb des Warenschlauches || ~**-impregnating varnish** / Gewebelack *m* || ~ **infeed** (dye) / Wareneinlauf *m*, Gewebeeinführung *f* || ~ **in loom state** / Rohgewebe *n* || ~ **in rope form** / Gewebe *n* in Strangform || ~ **insert** / Gewebeeinlage *f* || ~ **inspecting and measuring machine** / Warenbeschau- und Meßapparat *m* || ~ **inspecting machine** / Warenbeschaumaschine *f*, Warenschaumaschine *f* || ~ **inspection and mending** / Repassieren *n* || ~ **inspection and repair** / Repassieren *n* || ~ **interlining** / Gewebeeinlage *f* || ~ **interstices** / Zwischenräume *m pl* im Gewebe || ~ **in the roll** / laufende Meterware || ~ **knitted in the 1 x 1 rib structure** / Rechts/Rechts-Gestrick *n* || ~ **knitted on two sets of needles** / doppelfonturiges Gestrick || ~ **label** / Stoffetikett *n* || ~ **laminated to polyurethane foam** / mit Polyurethan-Schaumstoff laminiertes Gewebe || ~ **layer** / Gewebelage *f*, Gewebeschicht *f* || ~**-lined** / stoffgefüttert || ~ **lining** / Stoffbespannung *f* || ~ **loop** / Stoffschlaufe *f* || ~ **made from blended yarn** / Gewebe *n* aus Mischgespinsten || ~ **measuring machine** / Gewebemeßapparat *m*, Gewebemeßmaschine *f* || ~ **nap** / Gewebe-Haarigkeit *f* || ~ **of double width** / doppelbreites Gewebe || ~ **of open structure** / Gewebe *n* mit lockerem Aufbau, locker eingestelltes Gewebe, offen eingestelltes Gewebe || ~ **of sinker loop machine** / Rundstuhlware *f* || ~ **pack** / Gewebewickel *m* || ~ **panel** (sew) / Stoffbahn *f* || ~ **piece goods** *pl* / Stückware *f* || ~ **ply** / Gewebeeinlage *f* (in Schläuchen) || ~ **ply** (sew) / Stofflage *f* || ~ **pores** / zwischen den Fasern liegende Poren *f pl*, interfibrilläre Poren *f pl* || ~ **preservative** / Schutzmittel *n* für Gewebe || ~ **printing** / Stoffdruck *m*, Zeugdruck *m*, Gewebedruck *m* || ~ **printing machine** / Zeugdruckmaschine *f*, Stoffdruckmaschine *f* || ~ **property** / Gewebeeigenschaft *f* || ~ **relaxation** / Gewebeentspannung *f* || ~ **resilience**, fabric recovery / Gewebeerholung *f*, Erholungsvermögen *n* der Ware || ~ **resistance** / Gewebefestigkeit *f* || ~ **roll** (cloth) / Stoffballen *m*, Warenrolle *f*, Stoffrolle *f* || ~ **roller** (weav) / Warenbaum *m* || ~ **rolling-up device** / Stoffaufrollvorrichtung *f*, Stoffaufroller *m* || ~ **sample** / Stoffmuster *n*, Gewebemuster *n* || ~ **shrinkage** / Warenschrumpf *m*, Gewebeschrumpfung *f*, Stoffkrumpfung *f* || ~ **slitting system** / Bahntrenner *m* || ~ **softener** / Gewebeweichmacher *m*, Wäscheweichspülmittel *m*, Weichspüler *m* || ~ **softening machine** / Appretbrecher *m* || ~ **speed** / Warengeschwindigkeit *f* || ~ **spreader** / Breithalter *m*, Stoffbreithalter *m* || ~ **strength** / Gewebefestigkeit *f* || ~ **stretcher** / Gewebedehner *m* || ~ **structure** / Gewebestruktur *f*, Stoffkonstruktion *f*, Gewebeaufbau *m*, Warenstruktur *f* || ~ **supply** / Gewebeeinführung *f*, Wareneinlauf *m* || ~**-supported plastics** *pl* / Gewebeschichtstoffe *m pl* || ~ **surface** / Schauseite *f*, Stoffoberfläche *f* || ~ **tailorability** (US) / Verarbeitbarkeit *f* eines Gewebes || ~ **take-down** (knitt) / Warenabzug *m* || ~ **take-off** (knit) / Warenabzug *m* || ~ **take-off device** / Warenabzugseinrichtung *f* || ~ **tape** (for electrical use) / Textilband *n* || ~ **tensile resistance** (mat test) / Gewebezugkraft *f* || ~ **tensile strength** (mat test) / Gewebezugkraft *f* || ~ **tension control** / Gewebespannungsregulierung *f* || ~ **tension control**

fabric

device / Gewebespannungsregler m ‖ ~ **testing** / Gewebeprüfung f ‖ ~ **testing machine** / Gewebeprüfmaschine f, Stoffprüfapparat m ‖ ~ **thickness measuring instrument** / Gewebedickenmeßgerät n ‖ ~**-to-fabric bonding** / Verbinden n textiler Flächengebilde ‖ ~**-to-fabric laminate** / Stoff-auf-Stoff-Preßbahn f, Stoff-auf-Stoff-Schichtstoff m ‖ ~**-to-fabric laminating** / Textil/Textil-Kaschierung f ‖ ~ **unwinding** / Warenabwicklung f ‖ ~ **wallcovering** / Textiltapete f ‖ ~ **wall-hanging** / Textiltapete f ‖ ~ **weight** / Warengewicht n, Stoffgewicht n ‖ ~ **width** / Stoffbreite f ‖ ~ **winding** / Warenaufwicklung f ‖ ~ **winding machine** / Stoffaufrollvorrichtung f, Warenaufrollvorrichtung f ‖ ~ **with bordered design** / Bordürenstoff m ‖ ~ **with burnt-out effects** / Ätzgewebe f, Devorant-Artikel m ‖ ~ **with good breathing properties** / atmungsaktiver Stoff ‖ ~ **with vertical stripes** / längsgestreifte Ware, Langstreifenware f ‖ ~ **with woven design** / mit Webmuster ausgestattetes Gewebe ‖ ~ **woven with heald frames**, fabric woven with shafts (weav) / Schaftgewebe n
FAB (filament area bonding) technique / Heißluftschmelzverfahren n mit Filamentgarnen
face v / besetzen v, einfassen v ‖ ~ (lam) / kaschieren v ‖ ~ (discharge print) / überziehen v ‖ ~ n (of fabric) / Vorderseite f, Oberseite f, rechte Seite, Schauseite f, Schönseite f, Sichtseite f, Außenseite f ‖ ~ **and back** / beidseitig adj, zweiseitig adj ‖ ~ **cloth** / Besatztuch n, feines Strichtuch ‖ ~ **cloth** / Obergewebe n ‖ ~ **cloth** / Waschlappen m, Seiftuch n, Seiflappen m
faced goods pl / Strichwaren f pl, mit einem Strich versehene Ware
face fabric / Oberstoff m ‖ ~ **fibre** (cpt) / Polfaser f ‖ ~ **filling** (weav) / Oberschuß m ‖ ~ **finish** / Oberflächenveredlung f ‖ ~ **flannel** / Waschlappen m, Seiftuch n, Seiflappen m ‖ ~ **goods** / schauseitig veredelte Ware ‖ ~ **loop** / rechte Masche ‖ ~ **mask** / Gesichtsmaske f ‖ ~ **mask** / Operationsmaske f ‖ ~ **of a fancy pillow** / Kissenplatte f ‖ ~ **of yarn package** / Spulenmantel m ‖ ~ **padding** (dye) / Pflatschen n ‖ ~ **pick** / Oberschuß m ‖ ~ **stitch** / rechte Masche ‖ ~ **thread** / Oberfaden m, Deckfaden m ‖ ~**-to-back variation** (dye) / Unterschied m zwischen Vorder- und Rückseite ‖ ~**-to-face carpet** / Doppelstuhlteppich m, Doppelteppich m ‖ ~**-to-face pile fabric** / Doppelsamt m, Doppelplüsch m ‖ ~ **towel** / Gesichtshandtuch n ‖ ~ **warp** / Oberkette f ‖ ~ **warp thread** / Oberkettfaden m ‖ ~ **weft** / Oberschuß m ‖ ~ **weft thread** / Oberschußfaden m ‖ ~ **yarn** / Deckfaden m, Oberfaden m ‖ ~ **yarn** (cpt) / Nutzfaser f, Polfaser f
facing n (sew) / Einfassung f, Paspel f, Vorstoß m ‖ ~ / Aufschlagtuch n, Besatztuch f ‖ ~ / Rockaufschlag m, Blende f, Revers m, Uniformaufschlag m ‖ ~ (discharge print) / Überziehen n ‖ ~ **bar** (weav) / Stützleiste f ‖ ~ **cloth** / Vorstoßmaterial n ‖ ~ **loop** / Deckmasche f
facings pl / Besatz m
facing silk / Futterseide f für Schlitzbeilagen
facings pl **on uniforms** / Uniformaufschläge m
facing strip / Belegstreifen m ‖ ~ **yarn** / Deckgarn n
façonné n (small jacquard-effect design) (Fr) / kleingemustertes Gewebe (durch Schafttechnik), Façonné m ‖ ~**-travers** n (Fr) / Façonné m mit Querstreifen
FA cotton (fully acetylated cotton) / vollkommen acetylierte Baumwolle
factory scouring of wool / Fabrikwäsche f der Wolle ‖ ~ **trial**, factory test / Betriebsversuch m, Praxisversuch m, Versuch m im Betriebsmaßstab ‖ ~ **yarn** / ungewaschenes Wollgarn
fade v / verblassen v, ausbleichen v, verbleichen v, verschießen v, fahl werden

faded adj / verschossen adj, verblaßt adj, fahl adj, verwaschen adj ‖ ~ **denim**, sports denim / verwaschener Jeansstoff
fadeless adj / farbecht adj
fadeometer n, fade-o-meter n / Fadeometer n, Farbechtheitsmesser m, Lichtechtheitsmesser m
fade-out fabrics (fabrics with limited dye fastness, e.g. jeans) pl / "Fade-out"-Stoffe m pl
fadge n / australische Bezeichnung für unregelmäßige Wollballen im Gewicht von 80 bis 200 Pfund
fading n / Bleichen n der Farbe, Ausbleichen n, Verschießen n, Verblassen n, Verfärbung f durch Lichteinwirkung ‖ ~ **blue** / blaßblau ‖ ~ **colour** / lichtunechte Farbe, unechte Farbe ‖ ~ **curve** (dye) / Ausbleichkurve f
fag n / rauhe Stelle im Gewebe
faga n / mehrmals um die Hüfte geschlungene schmale Seidenschärpe
fagara silk / Fagaraseide f (eine Wildseide)
fag end (cloth) / Rest m, innerstes Ende eines Tuchstücks, Salband n, Salleiste f ‖ ~ **end** (rope) / aufgedrehtes Seilende
fag[g]oting n (sew) / Verbindungsstich m für Säume, Bänder usw. ‖ ~ (hemstitching) / Bündelung f (Hohlsaum)
faille n (Fr) (ribbed silk or rayon cloth with crosswise rib effect) / Faille f ‖ ~ **cotton** (upholstery fabric) / halbseidene Möbelfaille ‖ ~ **de chine** (all-silk faille) / Seidenfaille f ‖ ~ **silk** / Seidenfaille f ‖ ~ **taffeta** (for coats and dresses) / Failletaft m
failletine n / Failletine f, leichte Faille, Faille française
faille weave / Faillebindung f
fair-weather article / nur für schönes Wetter geeignete Ware
fake fur / Pelzimitation f ‖ ~ **fur** (US) / imitierter Pelz, Pelzimitat n
falbala n / Falbel f, gekrauster Kleidbesatz, Faltenverzierung f für Kleider und Blusen ‖ ~ / Falbel f, gekrauster Kleidbesatz, Faltenverzierung f für Kleider und Blusen
fallen wool / Sterblingswolle f
faller n (spinn) / Nadelstab m, Kammstab m, Gillstab m, Hechelstab m, Nadelstäbchen n ‖ ~ (hos) / Fallzug m ‖ ~ **bar** / Nadelstabkamm m ‖ ~ **drafting machine** / Gill m, Strecke f ‖ ~ **drawing zone** / Gillfeld n, Streckfeld n, Nadelfeld n ‖ ~ **gill** s. faller ‖ ~ **motion** (mule) / Aufwinderbewegung f ‖ ~ **pin** / Gill m, Strecke f ‖ ~ **pin** / Gillhechelnadel f ‖ ~ **roll[er]** (weav) / Tänzerwalze f, Kompensationswalze f ‖ ~ **screw** / Nadelstabschnecke f ‖ ~ **set** / Nadelfeld n, Gillfeld n, Streckfeld n ‖ ~ **shaft** / Aufwinderwelle f ‖ ~ **shaft lever** / Winderhebel m ‖ ~ **sickle** (mule) / Aufwinderbügel m ‖ ~ **speed** / Nadelstabgeschwindigkeit f ‖ ~ **spinning frame** / Gillspinnmaschine f ‖ ~ **wire** / Aufschlagdraht m, Aufwindedraht m, Garnführer m
falling catch of the picking motion (weav) / Schlagfeile f ‖ ~ **wire** (weav) / fallende Platine, Falldraht m
fall-·on n (text pr) / Überdruck m, Überfall m (Aufbringen von mehr Farbstoff metallmodifizierten Fasern, als in dem in ihnen enthaltenen Metall reagieren kann) ‖ ~**-on printing** / Überdrucken n ‖ ~**-on style** / Überdruckartikel m, Überdruckeffekt m ‖ ~**-out detector** / Lochabsteller m
fallow adj / rötlichgelb adj, braungelb adj ‖ / fahl adj, blaß adj, falb adj
fall plate (knitt) / Schlagblech n ‖ ~ **plate** / Fallblech n (Raschel) ‖ ~ **plate fabric** / Fallblechware f ‖ ~**-weight fabric** (US) / für den Herbst geeigneter Stoff ‖ ~ **wool** (US) / im Herbst geschorene Wollsorte
false clothes moth / Samenmotte f ‖ ~ **colour** (dye) / unechte Farbe ‖ ~ **draft** / falscher Verzug ‖ ~ **fibre** / persische Pflanzenfaser ‖ ~ **hemp** / amerikanische Sumachfaser, Sunnhanf m ‖ ~ **pack**, false packed

cotton / Baumwollballen, der verdeckt geringwertige Qualität enthält ‖ ~ pique / falscher Piqué, halber Piqué, Faux-Piqué m ‖ ~ reed / falsches Rietblatt, zusätzliches Rietblatt ‖ ~ seam (sew) / falsche Naht, imitierte Naht, falscher Saum ‖ ~ selvedge chain (knitt) / Lisierkettchen n ‖ ~ selvedge device / Einrichtung f für Dreherleiste ‖ ~ sisal hemp / wilde Aloefaser aus Florida ‖ ~ twill / Scheinköper m ‖ ~ twist / Falschdraht m, Falschdrall m, Vordrehung f, falsche Drehung ‖ ~-twist crimping / Falschdraht-Texturierverfahren n ‖ ~ twist diabolo / Diabolo n für Falschdraht ‖ ~ twister / Falschdrahtzwirnmaschine f, Falschzwirnmaschine f ‖ ~ twisting / Falschdrahtspinnen n, Falschdrahtverfahren n, Falschzwirnverfahren n ‖ ~ twisting frame, false twisting machine s. false twister ‖ ~ twisting spindle s. false twist spindle ‖ ~ twist[ing] texturing / Falschzwirntexturieren n, Texturieren n durch Falschdraht ‖ ~ twist method / Falschdrahtverfahren n, Falschzwirnverfahren n ‖ ~-twist set yarn / Falschdraht-Set-Garn n, nachfixiertes Falschdrahtgarn ‖ ~ twist spindle (weav) / Falschdrahtspindel f, Falschzwirnspindel f, Drallgeber m ‖ ~ twist [stretch] yarn / Falschdraht-Bauschgarn n ‖ ~-twist textured yarn / falschdraht-texturiertes Garn ‖ ~ twist tube (spinn) / Falschdrahtröhrchen n, Falschzwirnröhrchen n ‖ ~ twist yarn / Falschdrahttexturgarn n, Falschdrahtgarn n, FD-Garn

falsies pl / Einlagen f pl (für den Büstenhalter)
fancies pl / Phantasiegewebe n pl, Modestoffe m pl
fancy (wire-covered roller of a card) / Volant m ‖ ~ apron / Zierschürze f ‖ ~ articles / Modewaren f pl, Nouveautéwaren f pl, Phantasieartikel m pl ‖ ~ backs / Stoffe m pl mit verschiedenartigen Rückseiten ‖ ~ braid / Zierborte f ‖ ~ button / Modeknopf m, Zierknopf m ‖ ~ cleaner roller (spinn) / Läuferputzwalze f ‖ ~ colour / Effektfarbe f ‖ ~ cord (weav) / Fancy-Cord m ‖ ~ cutting machine (clothm) / Effektschermaschine f ‖ ~ design / Effektmusterung f, Phantasiemuster n, Phantasiedessin n ‖ ~ diagonal / Phantasieköper m ‖ ~ draft (weav) / unregelmäßiges Einziehen, gebrochener Einzug ‖ ~ dress / Maskenkostüm n ‖ ~ edge / Zierkante f, Zierleiste f, Zierrand m, verzierter Rand ‖ ~ embroidery / Buntstickerei f ‖ ~ equipment / Effekteinrichtung f, Einrichtung f zum Anbringen von Effekten ‖ ~ fabric / Buntgewebe n, Phantasiegewebe n, gemustertes Gewebe ‖ ~ feather / Schmuckfeder f, Zierfeder f ‖ ~-figured adj (weav) / gemustert adj, figuriert adj ‖ ~ fillet (spinn) / Volantkratze f ‖ ~ garter (hos) / Laufmaschenfang m in Phantasiemusterung, Spitzenkante f nach dem Doppelrand, Bogenkante f nach dem Doppelrand, Spitzeneffekte m pl im verstärkten Übergang zum Längen, Phantasie-Preßmuster n im Rand nach dem Doppelrand ‖ ~ glass yarn / Textilglas-Effektgarn n (DIN 61850) ‖ ~ goods / Modeartikel m pl, Modewaren f pl, Putzwaren f pl ‖ ~ healds (weav) / Figurengeschirr n ‖ ~ heel (hos) / Zierferse f ‖ ~ heel attachment (hos) / Zierfersenvorrichtung f ‖ ~ hosiery / Phantasiestrumpfwaren f pl ‖ ~ jacquard weave / Gebildweberei f, Bildweberei f, Jacquardweberei f ‖ ~ jersey fabric / Wirkmusterware f ‖ ~ knotted yarn / Knotengarn n ‖ ~ lace welt design (hos) / Zeichen n ‖ ~ leno / Phantasiedrehergewebe n ‖ ~ material / Modestoff m, Phantasiegewebe n ‖ ~ needlework / Stickerei f, feine Handarbeit ‖ ~ net / gemusterter Tüll ‖ ~ pattern / Phantasiemuster n, Phantasiedessin n, Effektmusterung f ‖ ~ pillow / Zierkissen n ‖ ~ ply-yarn / Effektzwirn m, Phantasiezwirn m ‖ ~ ply-yarn s. also fancy yarn ‖ ~ print / Fantasiedruck m ‖ ~ raising / Musterrauhen n ‖ ~ roll[er] (spinn, weav) / Läuferwalze f, Aushebewalze f, Schnellwalze f, Volant m ‖ ~ roll cover (spinn) / Läuferhaube f ‖ ~ seam (sew) /

Ziernaht f, Effektnaht f ‖ ~ shades / Feintöne m pl ‖ ~ shed (weav) / Figurfach n ‖ ~ sheet (spinn) / Volantblatt n ‖ ~ sheet nail (spinn) / Volantnagel m ‖ ~ shirt / farbenfrohes Herrenhemd ‖ ~ silk / Shoddyseide f, Seidenshoddy n ‖ ~ silk yarn / Effektseidengarn n ‖ ~ socks / gemusterte Socken f pl ‖ ~ stitch / Zierstich m, Ziernaht f ‖ ~ stitch attachment (knitt) / Zierstichvorrichtung f ‖ ~ stripper / Fangwalze f ‖ ~ stripping roller (spinn) / Trommelputzwalze f ‖ ~ thread / Effektfaden m, Zierfaden m ‖ ~ towelling / gemusterter Frottierstoff ‖ ~ twill / Phantasieköper m, doppelseitiger Köper ‖ ~ twist / Effektzwirn m, Phantasiezwirn m ‖ ~ vest (US) / farbige Weste ‖ ~ vesting (US) / gemusterter Westenstoff ‖ ~ waistcoat (GB) / farbige Weste ‖ ~ warp (weav) / Figurenkette f, gemusterte Kette ‖ ~ weave / Phantasiebindung f ‖ ~ weave fabric / Strukturstoff m, Strukturgewebe n ‖ ~ weaving / Bildweberei f, Gebildweberei f, Weben n verzierter Waren ‖ ~ weaving mill / Buntweberei f ‖ ~ welt (hos) / Doppelrand m mit Phantasiemusterung ‖ ~ work (crocheting, embroidery, tatting) / feine Handarbeit ‖ ~ yarn / Effektgarn n, Ziergarn n, Phantasiegarn n ‖ ~ yarn doubler / Effektzwirnmaschine f ‖ ~ yarn twister / Effektzwirnmaschine f

fan design / Fächermotiv n
fanon n / Fanon m (weißer Schulterkragen des Papstes beim feierlichen Pontifikalamt) ‖ ~ / Manipel m (des kath. Priesters)
fan pleat / Gehfalte f, Fächerfalte f ‖ ~ reed (weav) / Fächerriet n, Geleseriet n ‖ ~ stitch / Fächerstich m
fantaisie n (Fr) / grobe Rohseide
farina n / Stärkemehl n, Kartoffelstärke f
farmer's satin / italienischer Futtersatin
farthingale n (hist) / Reifrock m, Krinoline f
fasciated yarn / Bündelgarn n
fascinator n / Zierkopfbedeckung f für Frauen
fash n (GB) / Wollstoffabfälle m pl
fashion v / Fasson geben, fassonieren v, Paßform geben ‖ ~ (knitt) / abnehmen v, decken v., mindern v ‖ ~ n / Mode f
fashionable adj / modisch adj, modern adj, aktuell adj ‖ ~ shade / Modefarbe f, Modeton m, Modenuance f ‖ ~ trimmings / modische Applikationen f pl
fashion accessories / Modezubehör n, modisches Zubehör ‖ ~ designer / Modeschöpfer m
fashioned adj / fassoniert adj, geformt adj, formgerecht adj ‖ ~ hosiery / formgerecht gestrickte Strümpfe m pl ‖ ~ sealed hose / in der Naht verborgene Minderblümchen n pl ‖ ~ seam / Minderungsrand m
fashioning n / Paßformgeben n, Formgerechtmachen n, Formfestmachen n ‖ ~ (knitt) / Abnehmen n ‖ ~ machine (knitt) / Minder- und Ausdeckmaschine f ‖ ~ mark (hos) / Minderstelle f, Deckstelle f, Deckblümchen n, Deckzeichen n ‖ ~ marks in the leg portion (knitt) / Wadendecke f ‖ ~ point (hos) / Eindeckstelle f
fashionings pl / Minderstellen f pl
fashion mark (knitt) / Deckblümchen n, Minderungsknoten m ‖ ~-minded adj / modebewußt adj ‖ ~ model / Mannequin n ‖ ~ model / Schnittmodell n ‖ ~ plate / Modezeichnung f ‖ ~ range / Modekollektion f ‖ ~ shade / Modefarbe f, Modenuance f, Modeton m ‖ ~ show / Modenschau f, Modevorführung f
fast adj / schnell adj ‖ ~ / fest adj, haltbar adj ‖ ~ (dye) / farbecht adj ‖ ~ acid violet / Echtsäureviolett n ‖ ~ azo dye / Azoechtfarbe f ‖ ~ blue / Echtblau n ‖ ~ blue base / Echtblaubase f ‖ ~ burning / leichtentzündlich adj, schnell brennbar ‖ ~ coating dyestuff / Echtdeckfarbstoff m ‖ ~ colour / echte Farbe ‖ ~ colour base / Echtbase f ‖ ~ colour salt / Echtfärbesalz n, Echtsalz n ‖ ~ delustering / Echtmattierung f, waschfeste Mattierung ‖ ~ diazo colour / Diazoechtfarbe f ‖ ~-drying adj /

schnelltrocknend *adj* ‖ ~-**dyed** *adj* / echtfarbig *adj*, echtgefärbt *adj* ‖ ~ **dyeing** / Echtfärben *n*, Echtfärberei *f* ‖ ~ **dyeing salt** / Echtfärbesalz *n*, Echtsalz *n* ‖ ~ **dyestuff** / Echtfarbstoff *m*, Echtfarbe *f* ‖ ~ **dyestuff for cotton goods** / Baumwollechtfarbstoff *m* **fastener** *n* (dye) / Fixiermittel *n*, Beize *f* **fastening seam** (sew) / Verschlußnaht *f* **fast finish** / Echtveredlung *f*, Hochveredlung *f* ‖ ~ **mordant dyestuff** / Echtbeizenfarbstoff *m* **fastness** *n* (dye) / Echtheit *f* ‖ ~ / Festigkeit *f*, Haltbarkeit *f* ‖ ~ **data** / Echtheitszahlen *f pl*, Echtheitswerte *m pl* ‖ ~ **grade** / Echtheitsgrad *m*, Echtheitswert *m* ‖ ~ **of colour** / Farbechtheit *f* ‖ ~ **properties during processing and use** / Gebrauchs- und Fabrikationsechtheiten *f pl* ‖ ~ **property** / Echtheitseigenschaft *f* ‖ ~ **rating** / Echtheitsgrad *m*, Echtheitswert *m* ‖ ~ **requirements** / Echtheitsanforderungen *f pl* ‖ ~ **table** / Echtheitstabelle *f* ‖ ~ **test** / Echtheitsprüfung *f* ‖ ~ **to abrasion** / Abriebfestigkeit *f*, Reibechtheit *f* (DIN 54021), Scheuerfestigkeit *m*, Scheuerwiderstand *m*, Abscheuerungswiderstand *m* ‖ ~ **to acid[s]** / Säureechtheit *f*, Säurefestigkeit *f*, Säurebeständigkeit *f* ‖ ~ **to acid boiling** / Säurekochechtheit *f* ‖ ~ **to acid milling** / Säurewalkechtheit *f*, saure Walkechtheit ‖ ~ **to acid perspiration** / saure Schweißechtheit ‖ ~ **to air** / Luftbeständigkeit *f* ‖ ~ **to alkali[s]** / Alkaliechtheit *f*, Alkalibeständigkeit *f* ‖ ~ **to alkaline milling** / alkalische Walkechtheit ‖ ~ **to alkaline perspiration** / alkalische Schweißechtheit ‖ ~ **to bleaching** / Bleichechtheit *f* ‖ ~ **to bleeding** / Ausblutechtheit *f* ‖ ~ **to blocking** / Blockfestigkeit *f* ‖ ~ **to blooming** (ctg) / Ausblühechtheit *f* ‖ ~ **to boiling** / Kochechtheit *f*, Kochbeständigkeit *f*, Kochfestigkeit *f*, Verkochungsbeständigkeit *f* ‖ ~ **to boiling acid** / Säurekochechtheit *f* ‖ ~ **to boiling alkalis** / Kochlaugenbeständigkeit *f* ‖ ~ **to boiling-off** (silk) / Entbastungsechtheit *f*, Abkochechtheit *f*, Degummierechtheit *f* ‖ ~ **to boiling soap-solution** / Seifenkochechtheit *f* ‖ ~ **to boiling soda** / Sodakochechtheit *f* ‖ ~ **to carbonizing** / Karbonisierbeständigkeit *f*, Karbonisierechtheit *f* ‖ ~ **to carriers** / Carrier-Beständigkeit *f* ‖ ~ **to caustic boiling** / Natronlaugenkochechtheit *f* ‖ ~ **to cement** / Zementechtheit *f* ‖ ~ **to chafing** / Scheuerfestigkeit *f* ‖ ~ **to chemicking** / Chlorechtheit *f* (DIN 54034/5), Chlorbeständigkeit *f* ‖ ~ **to chlorinated [bath] water** / Chlorbadwasserechtheit *f*, Chlorbadwasserbeständigkeit *f* ‖ ~ **to chlorine** / Chlorechtheit *f* (DIN 54034/5), Chlorwaschechtheit *f*, Chlorbeständigkeit *f* ‖ ~ **to chlorite bleaching** / Chlorit-Bleichechtheit *f* ‖ ~ **to cold washing** / Kaltwaschechtheit *f* ‖ ~ **to crabbing** (wool) / Krabbechtheit *f*, Einbrennechtheit *f* ‖ ~ **to crocking** (US) / Reibechtheit *f*, Scheuerechtheit *f* ‖ ~ **to crocking test** / Bürstwaschprobe *f*, Bürstwaschprüfung *f* ‖ ~ **to cross-dyeing** / Überfärbeechtheit *f*, Säurekochechtheit *f* ‖ ~ **to curing** / Trockenhitzefixierechtheit *f* ‖ ~ **to daylight** / Tageslichtechtheit *f*, Echtheit *f* gegen Tageslicht ‖ ~ **to decating** (US) / Dekaturechtheit *f*, Dekatierechtheit *f* ‖ ~ **to decatizing** (GB) / Dekatierechtheit *f*, Dekaturechtheit *f* ‖ ~ **to degumming** (silk) / Entbastungsechtheit *f*, Abkochechtheit *f*, Degummierechtheit *f* ‖ ~ **to discharge** / Ätzbeständigkeit *f* ‖ ~ **to dry cleaning** / Trockenreinigungsechtheit *f* (DIN 54024), Chemischreinigungsbeständigkeit *f*, Trockenreinigungsbeständigkeit *f*, Echtheit *f* gegen chemische Reinigung ‖ ~ **to dry heat** / Trockenhitzebeständigkeit *f* ‖ ~ **to dry heat setting** / Trockenhitzefixierechtheit *f* ‖ ~ **to dry heat treatment** / Trockenhitzefixierechtheit *f* ‖ ~ **to dry rubbing** / Trockenreibechtheit *f* ‖ ~ **to fadeometer exposure** / Fadeometer-Echtheit *f* ‖ ~ **to film failure on cracking** (ctg) / Knickbruchfestigkeit *f* ‖ ~ **to finishing**

operations / Appreturechtheit *f* ‖ ~ **to formaldehyde** / Formaldehydbeständigkeit *f*, Formaldehydechtheit *f* ‖ ~ **to fume fading**, fastness to gas fume fading / Abgasechtheit *f*, Rauchgasechtheit *f*, Stickstoffoxidechtheit *f* (DIN 54025) ‖ ~ **to hand laundering** / Schrubbwaschechtheit *f* ‖ ~ **to heat** / Hitzebeständigkeit *f*, Hitzeechtheit *f*, Wärmebeständigkeit *f* ‖ ~ **to heat finishing** / Heißappreturechtheit *f* ‖ ~ **to heat setting** / Trockenhitzefixierechtheit *f* ‖ ~ **to hot air vulcanizing** / Heißdampf-Vulkanisierechtheit *f* ‖ ~ **to hot ironing** / Heißbügelechtheit *f* ‖ ~ **to hot pressing** / Heißbügelechtheit *f*, Dekatierechtheit *f*, Dekaturechtheit *f* ‖ ~ **to hot water** (dye) / Heißwasserechtheit *f*, Heißwasserbeständigkeit *f* ‖ ~ **to hot water** (wool) / Krabbechtheit *f*, Einbrennechtheit *f* ‖ ~ **to household washing**, fastness to household laundering / Haushaltswaschbeständigkeit *f*, Haushaltswaschechtheit *f* ‖ ~ **to hypochlorite** / Hypochloritechtheit *f* ‖ ~ **to hypochlorite bleaching** / Hypochlorit-Bleichechtheit *f* ‖ ~ **to ironing** / Bügelechtheit *f*, Bügelfestigkeit *f* ‖ ~ **to ironing, dry** / Bügelechtheit *f* trocken ‖ ~ **to ironing, moist** / Bügelechtheit *f* feucht ‖ ~ **to kier-boiling** / Beuchechtheit *f* ‖ ~ **to light** / Lichtechtheit *f* (DIN 54004) ‖ ~ **to light in dry state** / Trockenlichtechtheit *f* ‖ ~ **to light in wet state** / Naßlichtechtheit *f* ‖ ~ **to lime** / Kalkechtheit *f*, Kalkbeständigkeit *f* ‖ ~ **to lime soap** / Kalkseifenbeständigkeit *f*, Kalkseifenechtheit *f* ‖ ~ **marking-off** (ctg) / Heißbügelechtheit *f*, Heißbügelfestigkeit *f* ‖ ~ **to mercerizing** / Merzerisierechtheit *f* ‖ ~ **to migration** (dye) / Walkechtheit *f* ‖ ~ **to milling** / Walkechtheit *f*, Walkfestigkeit *f*, Millfestigkeit *f* ‖ ~ **to moist ironing** / Naßbügelechtheit *f* ‖ ~ **to normal use** / Gebrauchsechtheit *f* ‖ ~ **to oil** / Ölbeständigkeit *f*, Ölechtheit *f* ‖ ~ **to overprinting** / Überdruckechtheit *f* ‖ ~ **to overspraying** (ctg) / Überspritzechtheit *f* ‖ ~ **to perchloroethylene** / Perchloräthylenechtheit *f*, Tetrachloräthylenechtheit *f* ‖ ~ **to peroxide bleaching** / Peroxidbleichechtheit *f* ‖ ~ **to peroxide treatment** / Peroxidechtheit *f*, Superoxidechtheit *f* ‖ ~ **to peroxide washing** / Peroxidwaschechtheit *f* ‖ ~ **to perspiration** / Schweißechtheit *f* (DIN 54020) ‖ ~ **to pleating** (dye) / Plissierechtheit *f* ‖ ~ **to pleating and fixation in dry heat** / Trockenhitzeplissier- und Trockenhitzefixierechtheit *f* (DIN 54060) ‖ ~ **to potting** / Pottingechtheit *f*, Naßdekaturechtheit *f* ‖ ~ **to pressing** / Bügelechtheit *f*, Bügelfestigkeit *f* ‖ ~ **to processing** / Verarbeitungsechtheit *f*, Fabrikationsechtheit *f*, Veredlungsechtheit *f* ‖ ~ **to processing and normal use of textile goods** / Fabrikations- und Gebrauchsechtheiten *f pl* von Textilartikeln ‖ ~ **to rain** / Wetterechtheit *f*, Regenechtheit *f* ‖ ~ **to rubbing** / Reibechtheit *f* (DIN 54021) ‖ ~ **to rubbing** s. also fastness to abrasion ‖ ~ **to rubbing off** (ctg) / Abriebfestigkeit *f* ‖ ~ **to rubbing through** / Durchreibfestigkeit *f* ‖ ~ **to salt water**, fastness to seawater / Salzwasserechtheit *f*, Meerwasserechtheit *f* (DIN 54007), Seewasserechtheit *f* ‖ ~ **to setting in dry heat** / Trockenhitzefixierechtheit *f* ‖ ~ **to shampooing** / Schampunierechtheit *f* ‖ ~ **to sizing** / Schlichteechtheit *f* ‖ ~ **to soap[ing]** / Seifechtheit *f*, Seifenechtheit *f* ‖ ~ **to soil burial** / Eingrabungsbeständigkeit *f* ‖ ~ **to solvents** / Lösemittelechtheit *f*, Lösemittelechtheit *f*, Lösungsmittelechtheit *f*, Chemischreinigungsechtheit *f* ‖ ~ **to steaming** / Dämpfechtheit *f*, Dämpfbeständigkeit *f* ‖ ~ **to steam pleating** / Dampfplissierechtheit *f* ‖ ~ **to steam sublimation** (text pr) / Dampfsublimierechtheit *f* ‖ ~ **to storage** / Lagerechtheit *f*, Lagerungsbeständigkeit *f* ‖ ~ **to stoving** (dye) / Schwefelechtheit *f* ‖ ~ **to sublimation** (disperse dyestuffs only) / Sublimierechtheit *f*, Trockenhitzefixierechtheit *f*, Thermofixierechtheit *f* ‖ ~ **to sulphurous acid** (dye) /

Schwefelechtheit f ‖ ~ **to sunlight** / Sonnenlichtechtheit f ‖ ~ **to tetrachloroethylene** / Tetrachloräthylenechtheit f, Perchloräthylenechtheit f ‖ ~ **to topping** / Überfärbeechtheit f ‖ ~ **to trichloroethylene** / Trichloräthylenechtheit f ‖ ~ **to vulcanization** / Vulkanisierechtheit f ‖ ~ **to vulcanizing** / Vulkanisierechtheit f ‖ ~ **to washing** / Waschechtheit f (DIN 54014), Waschbeständigkeit f, Waschfestigkeit f ‖ ~ **to washing and processing** / Fabrikations- und Waschechtheit f ‖ ~ **to washing at the boil** / Kochwaschechtheit f ‖ ~ **to washing shrinkage** / Einlaufechtheit f beim Waschen ‖ ~ **to water** / Wasserechtheit f, Wasserbeständigkeit f (DIN 54006), Wasserfestigkeit f ‖ ~ **to water drops** / Wassertropfenechtheit f (DIN 54008) ‖ ~ **to water spotting** / Wassertropfenechtheit f (DIN 54008) ~ **to wear [and tear]** / Gebrauchsechtheit f, Verschleißfestigkeit f ‖ ~ **to weathering** / Wetterechtheit f, Wetterfestigkeit f ‖ ~ **to wet pressing** / Naßbügelechtheit f ‖ ~ **to wet processing** / Naßechtheit f, Naßbehandlungsechtheit f ‖ ~ **to wet rubbing** / Naßreibechtheit f ‖ ~ **to wet scrubbing** / Bürstwaschechtheit f ‖ ~ **to wetting** / Naßechtheit f
fast orange / Echtorange n ‖ ~ **orange base** / Echtorangebase f ‖ ~ **pile velveteen** / Baumwollsamt m mit festgebundenem Flor ‖ ~ **pink** / Echtrosa n ‖ ~ **pink base** / Echtrosabase f ‖ ~ **print** / Echtdruck m ‖ ~ **printing dyestuff** / Echtdruckfarbstoff m ‖ ~ **red** / Echtrot n ‖ ~ **red base** / Echtrotbase f ‖ ~ **reed** (weav) / feststehendes Blatt ‖ ~ **reed loom** / Festblattstuhl m ‖ ~ **scarlet** / Echtscharlach m ‖ ~ **scarlet base** / Echtscharlachbase f ‖ ~ **staining** / dauernde Fleckenbildung ‖ ~ **to acid[s]** / säurebeständig adj, säurefest adj, säureecht adj ‖ ~ **to acid boiling** / säurekochecht adj ‖ ~ **to acid cross-dyeing** / säureüberfärbeecht adj ‖ ~ **to acid milling** / säurewalkecht adj ‖ ~ **to air** / luftbeständig adj, luftecht adj, luftfest adj ‖ ~ **to alkali[s]** / alkalibeständig adj, alkalifest adj, alkaliecht adj ‖ ~ **to alkali clearing** (hatm) / schwenkecht adj ‖ ~ **to alkaline rinsing** (hatm) / schwenkecht adj ‖ ~ **to atmospheric conditions** / luftbeständig adj, wetterbeständig adj ‖ ~ **to atmospheric influence** / luftbeständig adj, wetterbeständig adj ‖ ~ **to bleaching** / bleichecht adj ‖ ~ **to bleeding** / ausblutecht adj ‖ ~ **to blocking** / blockfest adj ‖ ~ **to boiling** / kochfest adj, kochecht adj, kochbeständig adj, verkochungsbeständig adj ‖ ~ **to boiling acid** / säurekochecht adj ‖ ~ **to boiling-off** (silk) / entbastungsecht adj, degummierecht adj, abkochecht adj ‖ ~ **to boiling soap-suds** / seifenkochecht adj ‖ ~ **to boiling soda** / sodakochecht adj ‖ ~ **to boiling water** (hatm) / blockecht adj ‖ ~ **to brightening** / avivierecht adj ‖ ~ **to carbonizing** / karbonisierbeständig adj, karbonisierecht adj ‖ ~ **to castor chair wear** (cpt) / rollstuhlfest adj ‖ ~ **to caustic boiling** / natronlaugekochecht adj, natronlaugeechtheit adj, natronlaugenecht adj ‖ ~ **to caustic soda** / natronlaugeecht adj, natronlaugenecht adj ‖ ~ **to chemicking** / chlorecht adj, chlorbeständig adj ‖ ~ **to chlorine** / chlorecht adj, chlorwaschecht adj, chlorbeständig adj ‖ ~ **to chrome** / chromecht adj ‖ ~ **to crabbing** (wool) / krabbecht adj, einbrennecht adj ‖ ~ **to crocking** (US) / reibecht adj, scheuerecht adj ‖ ~ **to cross-dyeing** / überfärbeecht adj ‖ ~ **to decating** (US) / dekatierfest adj, dekaturfest adj, dekatierecht adj ‖ ~ **to decatizing** (GB) / dekatierfest adj, dekaturfest adj, dekatierecht adj ‖ ~ **to degumming** (silk) / entbastungsecht adj, degummierecht adj, abkochecht adj ‖ ~ **to fixing** / fixierecht adj ‖ ~ **to fulling** / walkecht adj ‖ ~ **to gas fading** / abgasecht adj, rauchgasecht adj ‖ ~ **to hydrogen peroxide** / hydrogenperoxidecht adj, wasserstoffsuperoxidecht adj ‖ ~ **to ironing** / bügelecht adj, bügelfest adj ‖ ~ **to kier-boiling** / beuchecht adj ‖ ~ **to laundering** / waschecht adj, waschfest adj ‖ ~ **to**

laundering at the boil / kochwaschecht adj ‖ ~ **to light** / lichtecht adj, lichtbeständig adj, lichtstabilisiert adj ‖ ~ **to light yellow component** (for fashion shades) / lichtechte Kombinationsgilbe (für Modenuancen) ‖ ~ **to lime** / kalkbeständig adj, kalkecht adj ‖ ~ **to mercerizing** / merzerisierecht adj ‖ ~ **to migration** (dye) / migrationsecht adj, migrierecht adj ‖ ~ **to milling** / walkecht adj, walkfest adj ‖ ~ **to oil** / ölbeständig adj, ölecht adj ‖ ~ **to overprinting** / überdruckecht ‖ ~ **to peroxide** / peroxidbeständig adj, peroxidecht adj, superoxidbeständig adj, superoxidecht adj ‖ ~ **to perspiration** / schweißecht adj ‖ ~ **to pleating** (dye) / plissierecht adj ‖ ~ **to potting** / pottingecht adj, naßdekaturecht adj ‖ ~ **to pressing** / bügelecht adj, bügelfest adj ‖ ~ **to rotting** / verrottungsecht adj ‖ ~ **to rubbing** / reibecht adj, scheuerfest adj ‖ ~ **to rubbing through** / durchreibfest adj ‖ ~ **to saliva** / speichelecht adj ‖ ~ **to salt** / salzbeständig adj ‖ ~ **to salt water** / salzwasserecht adj, meerwasserecht adj, seewasserecht adj ‖ ~ **to scouring** / waschecht adj, waschbeständig adj ‖ ~ **to scraping** (ctg) / schabecht adj ‖ ~ **to scrooping** / beständig gegen Seidengriffausrüstung ‖ ~ **to seawater** / meerwasserecht adj, salzwasserecht adj, seewasserecht adj ‖ ~ **to sizing** / schlichteecht adj, schlichtefest adj ‖ ~ **to soap[ing]** / seifecht adj, seifenecht adj ‖ ~ **to solvents** / lösemittelbeständig adj, lösemittelecht adj, lösungsmittelecht adj, chemischreinigungsecht adj ‖ ~ **to spirits** / spritecht adj ‖ ~ **to steaming** / dämpfecht adj ‖ ~ **to storing** / lagerungsbeständig adj, lagerecht adj ‖ ~ **to stoving** / schwefelecht adj ‖ ~ **to sublimation** / sublimierecht adj ‖ ~ **to sulphurous acid** / schwefelecht adj ‖ ~ **to the subsequent coat** (ctg) / überschichtecht adj ‖ ~ **to washing** / waschecht adj, waschbeständig adj ‖ ~ **to washing and processing** / fabrikations- und waschecht adj ‖ ~ **to washing at the boil** / kochwaschecht adj, waschecht bei Siedetemperatur ‖ ~ **to washing in acid medium** / sauerwaschecht adj ‖ ~ **to washing in neutral medium** / neutralwaschecht adj ‖ ~**-to-washing type** / waschechte Art ‖ ~ **to water** / wasserecht adj, wasserbeständig adj, wasserfest adj ‖ ~ **to wearing** / gebrauchsecht adj, trageecht adj ‖ ~ **to wet treatment** / naßecht adj ‖ ~ **to wool dyeing** / Wollechtfärberei f ‖ ~ **wool red** / Wollechtrot n ‖ ~ **yellow** / Echtgelb n ‖ ~ **yellow** / echtgelb adj, solidgelb adj ‖ ~ **yellow base** / Echtgelbbase f
fat v / fetten v ‖ ~ n / Fett n ‖ ~ (of wool) / Wollfett n ‖ ~ adj / fett adj, fettig adj, fetthaltig adj, Fett... (in Zssg.) ‖ ~ **cleavage agent** / Fettspalter m ‖ ~ **content** / Fettgehalt m ‖ ~**-dissolving agent**, fat degreasing agent / Fettlöser m, Fettlösungsmittel n ‖ ~**-dissolving soap** / Fettlöserseife f ‖ ~**-dissolving washing agent** / Fettlöserwaschmittel n ‖ ~ **emulsion** / Fettemulsion f ‖ ~**-free** adj / fettfrei adj, fettstofffrei adj
fatigue n / Ermüdung f, Ermüdungserscheinung f ‖ ~ (US), fatigue clothes (US) / Arbeitsuniform f, Drillichanzug m ‖ ~ **resistance** / Ermüdungswiderstand m ‖ ~ **strength** / Zeitschwingfestigkeit f ‖ ~ **test** / Ermüdungsprüfung f
fat··in-water emulsion / Fett-in-Wasser-Emulsion f ‖ ~**-rumped sheep** / Fettsteißschaf n ‖ ~ **solvent** / Fettlöser m, Fettlösungsmittel n ‖ ~ **splitting** / fettspaltend adj, lipolytisch adj ‖ ~ **splitting** / Fettspaltung f, Lipolyse f ‖ ~**-tailed sheep** / Breitschwanzschaf n ‖ ~ **the liquor** (dye) / lickern v
fatty adj / fettig adj, fetthaltig adj, fettartig adj ‖ ~ **acid** / Fettsäure f ‖ ~ **acid amide** / Fettsäureamid n ‖ ~ **acid and protein condensate** / Fettsäure-Eiweiß-Kondensationsprodukt n ‖ ~ **acid composition** / Fettsäurezusammensetzung f ‖ ~ **acid condensate** / Fettsäurekondensat n, Fettsäure-Kondensationsprodukt n ‖ ~ **alcohol** / Fettalkohol m ‖ ~ **amide** / Fettsäureamid n ‖ ~ **amine** / Fettsäureamin n ‖ ~ **compound** / Fettverbindung f, Fettstoff m ‖ ~ **handle**

fatty

/ fettiger Griff ‖ ~ **spew** / Fettausschlag *m* (auf dem Leder) ‖ ~ **substance** / Fettkörper *m*
fat urea solution / Fettharnstoff-Lösung *f*
fault indicator / Fehleranzeiger *m*, Fehlermarkierer *m*, Störanzeige *f* (DIN 64990) ‖ ~ **in the material** / Materialfehler *m* ‖ ~ **in weaving** / Webfehler *m* ‖ ~ **marking and registering device** / Fehlermarkier- und -registriergerät *n* ‖ ~ **recording counter** / Fehlerzählapparat *m*
faulty batch (dye) / Fehlpartie *f* ‖ ~ **change** (weav) / Fehlwechsel *m* ‖ ~ **dyeing** / Fehlfärbung *f*, mißlungene Färbung ‖ ~ **formation** (weav) / mangelhafte Bildung ‖ ~ **load** / Fehlcharge *f* ‖ ~ **portion** / fehlerhafte Stelle ‖ ~ **seam** (sew) / fehlerhafte Naht ‖ ~ **shade** (dye) / Fehlfärbung *f* ‖ ~ **wool** / fehlerhafte Wolle
faux camaieux (Fr) (combination of subdued shades) / Faux-Camaïeux *n* ‖ ~ **piqué** (Fr) / Faux-Piqué *m*, falscher Piqué, halber Piqué
fawn *adj* / rehbraun *adj* (RAL 8007), rehfarben *adj*, hirschfarben *adj*, beige *adj* ‖ ~ **canton** / halbwollener Regenmantelstoff
fayence blue / Fayenceblau *n* ‖ ~ **printing** / Fayencedruck *m*
FDY spinning / FDY-Spinnen *n*
fearnought *n* (GB), fearnaught *n* (US) / haariger Cheviotmantelstoff ‖ ~ (GB), fearnaught *n* (US) / Flausch *m* ‖ ~ **machine** (GB), fearnaught machine (US) / Krempelwolf *m*
feather bed / Federbett *n*, Federdeckbett *n*, Plumeau *n* ‖ ~ **bone** / Korsettstange *f* aus Federkiel ‖ ~ **cloth** / Wollstoff *m* mit eingearbeiteten Federn ‖ ~ **drill** / Inlettköper *m*, Inlett *n* ‖ ~ **edge** / Picot *m*, Pikot *m* ‖ ~ **edge braid** / Picotborte *f*, Pikotborte *f* ‖ ~ **felt** / Federfilz *m* ‖ ~ **pillow** / Federkissen *n* ‖ ~ **pillow stuffing** / Federkissenfüllung *f*, Kissenfüllung *f* ‖ ~-**proof** *adj* / federdicht *adj*, daunendicht *adj*
featherproof properties (of fabrics) *pl* / Federdichtheit *f* (von Geweben)
feather quill / Federkiel *m* ‖ ~ **seam** (hos) / imitierte, abstechende Zickzacknaht ‖ ~ **shag** / Felbel *m*, Federplüsch *m* ‖ ~ **stitch** / Grätenstich *m* ‖ ~ **twill** (text pr) / Inlettköper *m*, Inlett *n* ‖ ~ **twill** (weav) / Fischgratköper *m*, Herringbone *m*, Zickzackköper *m*
feature floor (cpt) / Phantasieboden *m*, Phantasieteppichboden *m*
feaze *v* (yarn) / ausfasern *v*, aufdrehen *v* (sich)
Federal Association of German Textile Retailers / Bundesverband des Deutschen Textileinzelhandels (BTE)
fedora *n* / weicher Filzhut
feed *v* / beschicken *v*, speisen *v*., füllen *v*, zuführen *v*, aufgeben *v*, einleiten *v*, vorlegen *v* ‖ ~ (from the take-off roll) / abrollen *v* ‖ ~ *n* / Beschickung *f*, Eingabe *f*, Speisung *f*, Zuführung *f* ‖ ~ / Eintrag *m*, Zulauf *m*, Charge *f* ‖ ~ / Vorlage *f*, Vorschub *m*, Stoffvorschub *m*, Stofftransport *m* ‖ ~ (spinn, for cards) / Flockenspeiser *m* für Karden ‖ ~ (sew) / Stoffschieber *m*, Transporteur *m* ‖ ~ (e.g. 12-feed) (knitt) / Teilung *f* (z.B. 12er Teilung) ‖ ~ **addition** (dye) / Farbstoffnachsatz *m* ‖ ~ **addition per load** (drycl) / Farbnachsatz *m* je Charge ‖ ~ **additions** *pl* (dye) / Farbstoffnachsätze *m pl* ‖ ~ **apron** / Zuführtisch *m* (endloses Zuführtuch), Einführtuch *n*, Speisetuch *n*
feedback control / Rückkopplungsregelung *f*, selbsttätige Regelung, selbstregulierende Einstellung
feed bath / Nachsatzbad *n* ‖ ~ **batt formation** / Vorlagebildung *f* ‖ ~ **blend article** / Mischgarnartikel *m* ‖ ~ **board** / Auflegetisch *m* ‖ ~ **box** / Kastenspeiser *m* (DIN 64075) ‖ ~ **compensation storage device** / Warenkompensator *m*, Warenspeichervorrichtung *f* ‖ ~ **container** / Füllkasten *m* ‖ ~ **creel** (stretch-breaking) / Einzugsgestell *n* ‖ ~ **dog** (sew) / Greifer *m* an der Nähmaschine, Transporteur *m*, Stoffschieber *m* ‖ ~ **dog carrier crank** (sew) / Transporteurhaltekurbel *f* ‖ ~ **dog**

eccentric (sew) / Transporteurexzenter *m* ‖ ~ **dog frame axle** (sew) / Transporteurrahmenachse *f* ‖ ~ **dogs carrier** (sew) / Transporteurträger *m*, Transporteurhalter *m* ‖ ~ **eccentric** (knitt) / Fortrückexzenter *m* ‖ ~ **end** (spinn) / Einzugseite *f* ‖ ~ **end** (clothm) / Materialeinlauf *m*, Wareneinführung *f*
feeder *n* (nwv) / Kastenspeiser *m* (DIN 64075) ‖ ~ (knitt) / Strickstelle *f* ‖ ~ (knitt, weav) / Fadenlieferer *m*, Fournisseur *m*, Fadenlieferrad *n*, Fadenregulator *m*, Fadenführer *m*, Fadenzubringer *m*, Nüßchen *n* ‖ ~ (spinn) / Einführtrichter *m* ‖ ~ (dye) / Mitläufer *m* (DIN 64990) ‖ ~ (GB) / Kinderlätzchen *n* ‖ ~ (carding) / Aufleger *m* ‖ ~ (for wool) / Wollaufleger *m* (DIN 64100) ‖ ~ **blend** / Mischgarnvorprodukt *n* ‖ ~ **cage** (knitt) / Fadenführerkulisse *f* ‖ ~ **carrier ring** (knitt) / Fadenführerring *m* ‖ ~ **chute** / Zufuhrrinne *f* ‖ ~ **guide** (dye) / Einlaßführer *m* ‖ ~ **ring** / Tragring *m* (Fadenführer) ‖ ~ **rolls** *pl* / Lieferwerk *n* ‖ ~ **spinning** / Trichterspinnverfahren *n*
feeder systems, number of ~ (knitt) / Systemdichte *f*
feeder wheel (knitt) / Fadenlieferer *m*, Fadenlieferrad *n*, Fadenregulator *m* ‖ ~ **yarn** / Rohgarn *n*, Vorgarn *n*
feed frame / Einlaufgestell *n* ‖ ~ **frame** (sew) / Transportrahmen *m* ‖ ~ **funnel** (spinn) / Einlauftrichter *m* ‖ ~ **grid** / Speiserost *m* ‖ ~ **hopper** (spinn) / Speisekasten *m*, Vorratsbehälter *m*
feeding *n* / Füllen *n*, Speisen *n* ‖ ~ / Beschicken *n* ‖ ~ **action** (sew) / Vorschub *m* ‖ ~ **apron** s. feed apron ‖ ~ **attachment** / Zuführungsvorrichtung *f*, Zuführer *m* ‖ ~ **bobbin** / Ablaufspule *f* ‖ ~ **box** (dye) / Farbeinfüllkasten *m* ‖ ~ **by rolls** (dye) / Walzenauftrag *m* ‖ ~ **cloth** s. feed apron ‖ ~ **creel** (spinn) / Wareneinlaßgerät *n* ‖ ~ **device** / Zuführer *m*, Speisevorrichtung *f*, Einführvorrichtung *f* (DIN 64990) ‖ ~ **device** (warp) / Abzugsvorrichtung *f* (DIN 62500) ‖ ~ **end** / Einlaß *m* ‖ ~ **end** (clothm) / Materialeinlauf *m*, Wareneinlauf *m* ‖ ~ **frame** (dye) / Einführungsgestell *n* ‖ ~-**in effect** (fil) / Schrumpfeffekt *m* durch Stauchwirkung ‖ ~-**in tension of goods** / Wareneinlaufspannung *f* ‖ ~-**in winch** / Einziehhaspel *f* ‖ ~ **lap** / Speisewickel *m* ‖ ~ **lap** (spinn) / Vorlagewickel *m* ‖ ~ **lattice**. feed lattice ‖ ~ **liquor** (dye) / Nachlaufflotte *f*, Nachsatz *m*, Nachsatzflotte *f* ‖ ~ **liquor** (dye) / Zulaufflotte *f* ‖ ~ **method** (spinn) / Speisungsart *f*, Zuführungsart *f* ‖ ~ **nippers** *pl* / Speisezange *f* ‖ ~ **of acid** / Säurezufuhr *f* ‖ ~ **place** (knitt) / Kulierpunkt *m*, Kulierstelle *f* ‖ ~ **plate** (knitt) / Vorbringplättchen *n* ‖ ~ **roll[er]** s. feed roller ‖ ~ **section** (fin) / Einlauffeld *n* (DIN 64990) ‖ ~ **shaft** (sew) / Schiebewelle *f*, Schubwelle *f*, Transportwelle *f* ‖ ~ **shaft lever** (sew) / Schubwellenhebel *m* ‖ ~ **sliver** / Einlaßband *n* ‖ ~ **speed** / Zuführungsgeschwindigkeit *f* ‖ ~ **stand** / Einlaßgerüst *n* ‖ ~ **support** (dye) / Einlaufgerüst *n* (DIN 64990) ‖ ~ **system** / Auflegesystem *n* (z.B. Garn) ‖ ~ **trough** (spinn) / Speisemulde *f*, Speisetrog *m* ‖ ~ **wheel** / Schiebrad *n* ‖ ~ **wheel bow** / Schiebradbügel *m* ‖ ~ **wheel brake** (sew) / Schiebradbremse *f* ‖ ~ **wheel case** (sew) / Schiebradgehäuse *n* ‖ ~ **wheel driver** (sew) / Schiebradgetriebe *n* ‖ ~ **wheel position sheet** (sew) / Schiebradhalteplättchen *n*
feed in lap form (spinn) / Pelzübertragung *f*, Vliesübertragung *f* ‖ ~ **inlet** / Einlaßöffnung *f*, Nachzuführöffnung *f* ‖ ~ **lap formation** / Vorlagebildung *f* ‖ ~ **lattice** / Zuführlattenwerk *n*, Zuführtisch *m*, Einführtuch *n*, Speisetuch *n* (endloses Zuführtuch), Speiselattentuch *n* ‖ ~ **lever** (spinn) / Speisehebel *m* ‖ ~ **liquor** / Nachlaufflotte *f*, Nachsatzflotte *f*, Nachsatz *m*, Speiseflotte *f* ‖ ~ **load weight** / Auflagegewicht *n* ‖ ~-**off-the-arm flat seaming machine** (sew) / Armabwärts-Flachnahtmaschine *f* ‖ ~-**off-the-arm sewing machine** / Armabwärtsnähmaschine *f* ‖ ~ **pawl** (spinn) / Speiseklinke *f* ‖ ~ **plate** / Einführplatte *f* ‖ ~ **plate** / Kardentisch *m* ‖ ~ **plate** (sew) / Stickplatte *f*

~ **point** (of a roller) / Einlaufpunkt m ‖ ~ **pucking** (sew) / Transportkräuseln n ‖ ~ **rate** / Zufuhrgeschwindigkeit f, Einlaufgeschwindigkeit f, Zuführungsgeschwindigkeit f ‖ ~ **regulation** / Einlaufregelung f ‖ ~ **regulator** / Speiseregler m, Speisungsregler m ‖ ~ **regulator lever** (sew) / Stichstellerhebel m ‖ ~ **roller** (spinn) / Speisewalze f, angetriebene Speisewalze ‖ ~ **roller** / Einführungswalze f, Einführwalze f, Eingangswalze f, Einlaßwalze f, Eintrittswalze f, Einziehwalze f, Einzugwalze f, Einzugzylinder m, Zuführungswalze f, Zuführrolle f, Zuführwalze f, Auflagewalze f, Zugbaum m ‖ ~ **roller** (ctg) / Auftragwalze f, Speisewalze f ‖ ~**-roller clearer** / Speisewalzenreiniger m ‖ ~ **solution** / Nachsatzlösung f, Speiselösung f ‖ ~ **table** / Einlauftisch m, Zuführtisch m, Zuführlattenwerk n, Speisetuch n (endloses Zuführtuch), Speiselattentuch n ‖ ~ **table cheek** / Zuführtischbacke f ‖ ~ **tank** / Speisegefäß n, Zuflußbehälter m ‖ ~ **tank** (dye) / Ansatzbehälter m ‖ ~ **tension** (cloth) / Zulaufspannung f ‖ ~ **up** (dye) / nachsetzen v, auffrischen v ‖ ~**-up-the-arm cylinder-bed sewing machine** (sew) / armaufwärtsnähende Freiarmnähmaschine f ‖ ~**-up-the-arm sewing machine** / Armaufwärtsnähmaschine f ‖ ~ **water purifying plant** / Speisewasserreinigungsanlage f ‖ ~ **wheel** (knitt) / Fournisseurrad n ‖ ~ **wheel** (sew) / Schiebrad n ‖ ~ **wheel unit** (knitt) / Fournisseur m, Fadenzubringer m ‖ ~ **yarn** / Texturiergarn n ‖ ~ **yarn speed** / Garnabrollgeschwindigkeit f, Garnzuführungsgeschwindigkeit f ‖ ~ **zone** / Beschickungszone f, Speisezone f
feel n (weav) / Griff m ‖ ~ (weav) s. also handle
feeler n (weav) / Fühler m, Taster m, Abfühlhebel m, Wächter m, Abtaster m ‖ ~ **bow** / Fühlerbügel m ‖ ~ **clip** / Tasterkluppe f (DIN 64990) ‖ ~ **filling changing device** / Schußfadenwechsler m mit Abtaster ‖ ~ **lever plate** (knitt) / Fühlerhebelplatte f ‖ ~ **motion** / Tastvorrichtung f, Fühlervorrichtung f ‖ ~ **needle** / Fühlernadel f, Tastnadel f ‖ ~ **roll** / Fühlerrolle f, Tastrolle f ‖ ~ **roller** / Fühlerwalze f, Tastwalze f ‖ ~ **slot** (weav, shuttle) / Fühlerschlitz m (DIN 64685) ‖ ~ **warp motion rail** (weav) / Wächterschiene f, Fadenwächterschiene f ‖ ~ **wheel** / Fühlrädchen n
feel of the fibre / Fasergriff m ‖ ~ **of the goods** / Warengriff m
feet knitting machine / Füßlingmaschine f
fell v (sew) / einsäumen v (Kappnaht), säumen v, flach übersteppen, kappen v, Nähte saubermachen, staffieren v ‖ ~ n (sew) / saubergemachte Naht, Kappnaht f, gesäuberte Naht ‖ ~ (weav) / Warenrand m, Warenschluß m
felled seam / Kappnaht f, saubergemachte Naht, gesäuberte Naht
feller n (sew) / Kapper m, Stepper m, Einschlagapparat m
felling n (sew) / Saubermachen n von Nähten, Kappnahtherstellung f ‖ ~ **marks** / Stückabschluß-Markierfäden m pl ‖ ~ **silk** / Zweifach-Seidengarn n mit S-Drehung ‖ ~ **stitch** (sew) / Steppstich m
fellmongered wool / Blutwolle f, Gerberwolle f, Hautwolle f, Raufwolle f, abgeschwitzte Hautwolle
fellmongering n / Abrupfen n der Wolle, Abschwitzen n der Wolle ‖ ~ **by sweating** / Schwöde f
fell of the cloth / dem Blatt nächstliegende Stoffkante
felt v / filzen v, verfilzen v ‖ ~ n / Filz m ‖ ~**-backed plastic** (cpt) / Kunststoffbelag m mit Filz ‖ ~ **back grey** / Filzmitläufer m ‖ ~ **blanket** / Filzmitläufer m ‖ ~ **board** / Filzpappe f ‖ ~ **body** (hatm) / Filzstumpen m ‖ ~ **calender** / Filzkalander m ‖ ~ **calender finish** / Filzkalander-Finish n ‖ ~ **carpet** / Filzteppich m ‖ ~ **carpet pad** / Filzteppichunterlage f ‖ ~ **carpet with inlaid ornamentation** / Inkrustationssteppich m, Applikationssteppich m ‖ ~ **cloth** / Filztuch n, Filzstoff m, Webfilz m, Tuchfilz m ‖ ~ **cloth weaving machine** / Filztuchwebmaschine f ‖ ~ **cone** / Filzkegel m ‖

~ **covering** / Filzauflage f ‖ ~ **cutting machine** / Filzschermaschine f, Filzbeschneidemaschine f ‖ ~**-disc polisher** / Filzscheibe f, Polierfilzscheibe f ‖ ~ **dressing** / Filzsteife f, Filzappretur f ‖ ~ **dyeing** / Filzfärberei f
felted adj / verfilzt adj, filzig adj ‖ ~ **cloth** s. felted fabric ‖ ~ **fabric** / Filzstoff m, Webfilz m, Filztuch n, Tuchfilz m ‖ ~ **material** / Filzware f, Filztuch n ‖ ~ **mattress** / mit Baumwoll-Filztafeln gefüllte Matratze ‖ ~ **pile** / verfilzter Flor ‖ ~ **selvedge** / festgefilzte Leiste ‖ ~ **wool** / filzige Wolle, verfilzte Wolle ‖ ~ **woven fabric** / Gewebe n mit ein- oder beidseitiger Filzdecke ‖ ~ **yarn** / Filzgarn n
felter n / Filzmaschine f ‖ ~ (hatm) / Filzer m, Walker m ‖ ~ (weav) / fehlerhaft gewebte Stelle
felt fabric / Walkfilz m, Preßfilz m ‖ ~ **fabric** s. also felted fabric ‖ ~ **hardening machine** / Filzhärtungsmaschine f ‖ ~ **hat** / Filzhut m
felting n / Filzen n, Filzbildung f, Verfilzung f ‖ ~ **ability** / Filzbarkeit f, Filzfähigkeit f ‖ ~ **agent** / Walkhilfsmittel n ‖ ~ **behaviour** / Filzverhalten n ‖ ~ **cone** (hatm) / Filzkegel m ‖ ~ **effect** / Filzwirkung f ‖ ~ **machine** / Filzmaschine f ‖ ~ **machine for hat bodies** / Stumpenfilzmaschine f ‖ ~ **needle** / Filznadel f ‖ ~ **power**, felting propensity, felting property / Filzvermögen n, Verfilzbarkeit f, Verfilzungsfähigkeit f, Filzfähigkeit f, Filzeigenschaft f ‖ ~ **process** (wool) / Filzen n, Verfilzen n ‖ ~ **property** (wool) / Krimpfähigkeit f ‖ ~ **rate** / Filzgeschwindigkeit f, Filzleistung f ‖ ~ **resistance** / Filzbeständigkeit f, Filzechtheit f, Verfilzfestigkeit f ‖ ~ **roll** (hatm) / Walkholz n ‖ ~ **shrinkage** / Filzschrumpf m, Filzschrumpfung f, Eingehen n beim Verfilzen, Schrumpfen n beim Verfilzen ‖ ~ **tendency** / Filzneigung f ‖ ~ **test** / Filzprobe f
felt insert / Filzeinlage f ‖ ~**-like** adj / filzartig adj, filzähnlich adj ‖ ~ **loom** / Filztuch-Webmaschine f ‖ ~ **mark** / Filzmarkierung f, Filzmarke f ‖ ~ **packing** / Filzdichtung f ‖ ~ **pad** / Filzunterlage f, Filzplatte f ‖ ~ **paper** (cpt) / Filzpapier n ‖ ~ **plate** / Filzplatte f ‖ ~ **reinforcing** / Filzverstärker m ‖ ~**-resist finishing** (wool) / Antifilzausrüstung f ‖ ~ **roller** / Filzwalze f ‖ ~ **scouring** / Filzwäsche f ‖ ~ **shearing machine** / Filzschermaschine f, Filzbeschneidemaschine f ‖ ~ **sizing machine** / Filzschlichtmaschine f ‖ ~ **stair pad** / Filztufenpolster n ‖ ~ **stripes for doctors** / Schaberstreifen m pl ‖ ~ **underlay** / Filzunterlage f ‖ ~ **washer** / Filzdichtungsring m, Filzring m ‖ ~ **wheel** / Polierfilzscheibe f ‖ ~ **wick** / Filzdocht m ‖ ~ **wool** / Wolle f von toten Schafen
felty adj / filzartig adj, filzig adj, verfilzt adj ‖ ~ **wool** / filzige Wolle, verfilzte Wolle
fencing glove / Fechthandschuh m
fent n / Stoffabschnitt m (zweiter Qualität), Stoffrest m
ferment v / gären v, fermentieren v ‖ ~ n / Ferment n
fermentable adj / gärungsfähig adj
fermentation tank, fermentation vat / Gärungsküpe f, Gärungskufe f
ferret n / schmales Wollband, schmales Baumwollband
ferrets pl / schmale Bindestreifen m pl
ferric chloride / Eisen(III)-chlorid n ‖ ~ **chloride method** / Eisenchloridverfahren n ‖ ~ **ferrocyanide** / Eisen(III)-hexacyanoferrat(II) n, Ferriferrocyanid n, Preußischblau n, Berliner Blau n, Pariser Blau n, reines Berliner Blau n ‖ ~ **nitrate method** / Eisennitratverfahren n
ferricyanide discharge / Ferricyanidätze f ‖ ~ **of potassium** / rotes Blutlaugensalz, Kaliumferricyanid n, Kaliumhexacyanoferrat(III) n
ferrocyanide acid / Hexacyanoeisen(III)-säure f, Ferrocyanwasserstoffsäure f ‖ ~ **of potassium** / gelbes Blutlaugensalz, Kaliumferrocyanid n, Kaliumhexacyanoferrat(III) n
ferrous acetate / Eisen(III)-acetat n, Ferroacetat n ‖ ~ **chloride** / Eisen(III)-chlorid n, Ferrochlorid n ‖

ferrous

~ **copperas white discharge** / Eisensulfat-Weißätze f, Eisenvitriolweißätze f ‖ ~ **hydrate** / Eisenoxidhydrat n ‖ ~ **rhodanide** / Eisen(III)-rhodanid n, Eisen(III)-thiocyanat n ‖ ~ **salt** / Eisen(II)-salz n, Ferrosalz n ‖ ~ **sulphate** / Eisen(II)-sulfat n, Ferrosulfat n ‖ ~ **sulphate vat** / Vitriolküpe f ‖ ~ **sulphate white discharge** / Eisensulfat-Weißätze f, Eisenvitriolweißätze f
feston stitch (embroidery) / Bogenrandstickerei f, Festonstickerei f, Festonstich m
festoon ager (US) / Hängedämpfer m, Hängeschleifendämpfer m ‖ ~ **[curtain]** (US) / konfektionierter Vorhang ‖ ~ **drapery** / aufgeraffter Vorhang ‖ ~ **drier** / Hängetrockner m, Hängetrocknungsmaschine f (DIN 64990), Girlandentrockner m, Schleifentrockner m, Kurzschleifentrockner m (DIN 64990) ‖ ~ **drier with rotating guide rollers** / Rollstabtrockner m ‖ ~ **steamer** (GB) / Hängedämpfer m, Hängeschleifendämpfer m ‖ ~ **stitch** (sew) / Schlingstich m, Zierstich m, Schlingenstich m, Festonstich m ‖ ~ **work** / Festonstickerei f, Zierstickerei f
fettler n / Krempelputzer m
fettling n / Putzen n des Kratzenbeschlags ‖ ~ **card** / Putzkarde f ‖ ~ **waste** / Krempelausputz m
fettoflan n (US) / flanellähnliches Gewebe
few-section ... (hos) / kleinfonturig adj
fez n (caplike truncated cone, of red felt, with black tassel) / Fes m
F/F stocking s. fully fashioned stocking
FGB (s. front guide bar)
fiber (US) s. fibre
fiberfill n (US) s. fibre filling type
Fiberglass (originally registered mark of Owens Corning Fiberglass; also used indiscriminately for glass fibre) s. glass fibre
fibre n (GB) / Faser f ‖ ~ **abrasion tester** / Faserscheuerprüfer m ‖ ~ **affinity** / Faseraffinität f ‖ ~ **alignment** / Faserorientierung f in der Längsrichtung ‖ ~ **analysis** / Faseruntersuchung f, Faseranalyse f, Faserbestimmung f ‖ ~ **arrangement** / Faseranordnung f ‖ ~**-attacking effect** / faserschädigende Wirkung f, fasergefährdende Wirkung ‖ ~ **axis** / Faserachse f ‖ ~ **bale** / Faserballen m ‖ ~ **baling** (spinn) / Faserablage f ‖ ~ **band** / Faserband n ‖ ~ **blend** / Fasermischung f, Fasergemisch n, Spinnstoffmischung f ‖ ~ **blending** / Fasermischen n ‖ ~**-bonded floorcovering** / Nadelvlies-Fußbodenbelag m ‖ ~ **bonding** / Faserverklebung f ‖ ~ **bond spot** / Faserklebepunkt m ‖ ~ **breakage** / Faserbruch m ‖ ~ **bruising** / mechanische Faserschädigung ‖ ~ **bunching** / Faserbündelung f ‖ ~ **bundle strength test** / Bündelfestigkeitsprüfung f ‖ ~ **bundle strength tester** / Faserbündelfestigkeitsprüfer m, Prüfapparat m für die Faserbündelstärke ‖ ~ **bundle [tensile] strength** / Faserbündelfestigkeit f, Faserbündelstärke f ‖ ~ **bundle testing** / Faserbündelprüfung f ‖ ~ **cake** / Faserkuchen m ‖ ~ **can** / Fiberkanne f ‖ ~ **characteristic** / Fasermerkmal n ‖ ~ **cohesion** / Bandhaftung f ‖ ~ **cohesion** / Fadenschluß m ‖ ~ **cohesion auxiliary** / Fadenschlußmittel n ‖ ~ **composite** / Faserverbundwerkstoff m ‖ ~ **configuration** / Fasergestalt f ‖ ~ **content** / Fasergehalt m ‖ ~ **control** / Faserführung f ‖ ~ **core** / Faserkern m ‖ ~ **count** / Faserfeinheit f, Feinheitsgrad m der Faser ‖ ~ **crimp** / Faserkräuselung f ‖ ~ **crimping machine** / Faserkräuselmaschine f ‖ ~ **cross section** / Faserquerschnitt m ‖ ~ **crystallinity** / Faserkristallinität f ‖ ~ **cutting** / Stapelfaserschneiden n ‖ ~ **cutting machine** / Faserschneidemaschine f ‖ ~ **damage** / Faserschädigung f, Faserschwächung f, Faserangriff m ‖ ~ **decomposition** / Faserabbau m ‖ ~ **degradation** / Faserabbau m ‖ ~ **deterioration** / Faserschädigung f, Faserangriff m ‖ ~ **diagram** / Faserdiagramm n ‖

Stapeldiagramm n ‖ ~ **diameter** / Faserdurchmesser m ‖ ~ **differentiation** / Faserunterscheidung f, Fasernachweis m ‖ ~ **disintegration** / Faserabbau m ‖ ~ **down** / Faserflaum m ‖ ~ **draft tester** / Faserverzugsprüfgerät n ‖ ~ **drag** (US) (cotton) / Faserhaftung f ‖ ~ **drawing process** / Fadenziehprozeß m ‖ ~ **drier** / Fasertrocknungsvorrichtung f ‖ ~ **dust** / Faserstaub m ‖ ~ **dust formation** / Faserstaubbildung f ‖ ~/**dye complex** / Faser-Farbstoff-Komplex m ‖ ~/**dyestuff bond** / Faser-Farbstoff-Bindung f ‖ ~ **effective length** / effektive Faserlänge ‖ ~ **end** / Faserspitze f, Faserende n ‖ ~ **entanglement** / Faserverbund m, Faserverschlingung f ‖ ~ **extent** / echte Faserlänge ‖ ~ **extract** / Faserextraktion f, Extraktion f aus den Fasern ‖ ~ **extracting machine** / Raspador m (zum Herausarbeiten der Sisalfasern) ‖ ~ **extracting machinery** / Fasergewinnungsmaschinen f pl ‖ ~ **extraction knife** / Entfaserungsmesser n ‖ ~ **extraction plant** / Entfaserungsanlage f ‖ ~ **extremity** / Faserspitze f, Faserende n ‖ ~ **extruding machine** / Erspinnmaschine f ‖ ~ **fabric** / Fasergewebe n ‖ ~ **feed** / Fasereinspeisung f ‖ ~/**fibre friction** / Faser/Faser-Reibung f ‖ ~ **filling type** / Faser-Fülltype f ‖ ~**-fill nonwoven** / Füllmatte f ‖ ~ **fineness** / Faserfeinheit f ‖ ~ **fineness count** / Feinheitsgrad m der Faser, Faserfeinheit f ‖ ~ **fineness tester** / Faserfeinheitsmesser m ‖ ~ **fine structure** / Faserfeinbau m ‖ ~ **flax** / Faserlein m ‖ ~ **fleece** / Faservlies n, Vlies n aus Faserschichten (DIN 61210) ‖ ~ **fluff** / Faserflaum m, Faserflug m ‖ ~ **fly** / Faserflug m, Faserflaum m ‖ ~ **formation** / Faserbildung f, Faserstoffbildung f ‖ ~ **forming** / faserbildend adj, faserstoffbildend adj ‖ ~ **forming substance** / faserbildende Substanz ‖ ~ **friction** / Faserreibung f ‖ ~ **friction coefficient** / Faserreibungskoeffizient m ‖ ~ **geometry** / Fasergeometrie f ‖ ~ **handling installation** (spinn) / Fasertransporteinrichtung f ‖ ~ **harming** / Faserschädigung f, Faserangriff m ‖ ~ **hook** / Faserhäkchen n ‖ ~ **humectant** / Garnbefeuchtungsmittel n ‖ ~ **identification** / qualitative Faseranalyse ‖ ~ **identification by microscopy** / mikroskopische Faseranalyse ‖ ~ **identification by swelling** / Quellprüfung f zur Fasererkennung ‖ ~ **identification process** / Fasernachweis-Methode f ‖ ~ **identification reagent** / Reagenz n zur Faserbestimmung ‖ ~ **immaturity** / Faserunreife f ‖ ~ **incrustation** / Faserinkrustierung f ‖ ~ **index figure** / Faserkennzahl f ‖ ~ **insulation material** / Faserdämmstoff m ‖ ~ **knitted fabric** / Faser-Gestrick n ‖ ~ **lace** / Aloespitze f, Spitze f aus Pflanzenfasern ‖ ~ **lap** / Faserwickel m ‖ ~ **layer** / Faserschicht f ‖ ~ **length** / Faserlänge f (Stapel der Einzelfaser) ‖ ~ **length analyzer** / Stapelziehapparat m ‖ ~ **length determination** / Faserlängenbestimmung f ‖ ~ **length distribution** / Faserlängenverteilung f ‖ ~ **length measuring instrument** / Faserlängenmeßgerät n ‖ ~ **levelness** / Faseregalität f ‖ ~**-like** adj / faserähnlich adj, faserförmig adj ‖ ~ **line** (spinn) / Faserstraße f ‖ ~ **lubricant** / Spinnstoffschmälze f ‖ ~ **mat** / Fasermatte f ‖ ~/**metal friction** / Faser/Metall-Reibung f ‖ ~ **migration** / Faserwanderung f ‖ ~ **mixture** / Fasermischung f, Spinnstoffmischung f ‖ ~ **movement** / Faserbewegung f ‖ ~ **mucilage** / Faserschleim m ‖ ~ **of high denier** / grobtitrige Faser ‖ ~ **of low denier** / feintitrige Faser ‖ ~ **optical property** / optische Fasereigenschaft, faseroptische Eigenschaft ‖ ~ **orientation** / Faseranordnung f, Faserorientierung f ‖ ~ **pattern** / Fasermuster n ‖ ~ **pilling** / Pillingbildung f, Herausarbeiten n und Zusammendrehen einzelner Fasern ‖ ~ **plant** / Faserpflanze f, Textilfasern liefernde Pflanze ‖ ~ **pores** / interfibrilläre Poren f pl, zwischen den Fasern liegende Poren f pl ‖ ~ **powder** / Faserstaub m ‖ ~ **preparing machine** / Spinnstoff-Aufbereitungsmaschine f ‖ ~ **preserving** /

faserschonend *adj* ‖ ~ **preserving agent** / Faserschutzmittel *n* ‖ ~ **preserving bleach** / faserschonende Bleiche ‖ ~ **preserving effect** / faserschonende Wirkung ‖ ~ **preserving treatment** / faserschonende Behandlung ‖ ~ **processing agent**, fibre processing chemical / Faserpräparation *f* ‖ ~ **production range** / Faserstraße *f* ‖ ~ **property** / Fasereigenschaft *f* ‖ ~ **protection** / Faserschutz *m* ‖ ~ **protective agent** / Faserschutzmittel *n*, Faserstoffschutzmittel *n* ‖ ~ **reactive** / faseraffin *adj*, faserreagierend *adj* ‖ ~ **reactive compound** / faseraffine Verbindung ‖ ~ **reactive dyestuff** / Reaktionsfarbstoff *m*, faserreaktiver Farbstoff ‖ ~ **reactivity** / Faserreaktionsfähigkeit *f* ‖ ~ **reinforced material** / faserverstärkter Werkstoff, faserverstärktes Material ‖ ~ **remnants** / Faserreste *m pl* ‖ ~ **rug** (US) / geringwertiger Läufer, geringwertiger Teppich ‖ ~ **saturation factor**, FSF / Fasersättigungsfaktor *m* ‖ ~ **saturation level** (dye) / Fasersättigungswert *m*, Fasersummenzahl *f* ‖ ~ **saturation value**, fibre saturation level (dye) / Fasersättigungswert *m*, Fasersummenzahl *f*
fibres blend / Fasermischung *f*, Fasergemisch *n*, Spinnstoffmischung *f* ‖ ~ **bonded with adhesives** / geklebte Fasern *f pl*, Klebevlies *n* ‖ ~ **class** / Faserstoffklasse *f* ‖ ~ **content** / Fasergehalt *m*
fibre scrim (nwv) / Fasereinlage *f*
fibres entanglement / Faserverschlingung *f*, Faserverbund *m*
fibre separation / Fasertrennung *f* ‖ ~-**shaped** *adj* / faserförmig *adj* ‖ ~ **sheath** / Fasermantel *m* ‖ ~ **shedding** / Absetzen *n* von Faserstaub ‖ ~ **sheet** / Faservlies *n* ‖ ~ **shuffling** / Schwimmen *n* der Fasern ‖ ~ **silk** (obsolete) / Viskose-Filament *n* ‖ ~ **silk** (obsolete; superseded in 1924 by "rayon") / Kunstseide *f* ‖ ~ **skin** / Faserhaut *f* ‖ ~ **slippage** / Faserglätte *f* ‖ ~ **slurry** / Faserbrei *m*
fibres opening / Faserballenöffnen *n* ‖ ~ **overlap[ping]** / Faserüberlappung *f*
fibre spinning wall (spinn) / Faserabzugswand *f* ‖ ~ **spun yarn** / Stapelfaser *f*
fibres ring defect / Faserringschaden *m*
fibre stabilizing agent / Faserstabilisierungsmittel *n*, Garnstabilisierungsmittel *n* ‖ ~ **staple** / Stapelfaser *f*, Spinnfaser *f* ‖ ~ **staple** (manmade fibres) / Faserlänge *f*, Stapellänge *f*, Stapel *m*, Faserstapel *m* ‖ ~ **stock finishing** / Ausrüstung *f* der Flocke ‖ ~ **stock processing** / Flockeveredlung *f* ‖ ~ **strand** / Faserbündel *n* ‖ ~ **strand testing device** / Faserbündelfestigkeitsprüfer *m* ‖ ~ **strength** / Faserfestigkeit *f* ‖ ~ **strength tester** / Faserfestigkeitsprüfer *m* ‖ ~ **strength testing** / Faserfestigkeitsprüfung *f*, Prüfung *f* der Faserfestigkeit ‖ ~ **strick** / Faserriste *f* ‖ ~ **structure** / Faserbau *m*, Faserstruktur *f*, Fasersummenstruktur *f* ‖ ~ **structure** (nwv) / Faserverband *m* ‖ ~ **substantivity** / Faseraffinität *f* ‖ ~ **summation number** (relative saturation value of the fibre) (dye) / Fasersummenzahl *f* ‖ ~ **surface** / Faseroberfläche *f* ‖ ~ **surface structure** / Faseroberflächenstruktur *f* ‖ ~ **suspension** / Faseraufschwemmung *f*, Fasersuspension *f* ‖ ~ **swelling** / Faserquellung *f* ‖ ~ **swelling agent** / Faserquellungsmittel *n* ‖ ~ **tearing bond** / Festigkeit *f* mit Faserriß ‖ ~ **technology** / Faserkunde *f*, Fasertechnologie *f* ‖ ~ **tendering** / faserschädigend *adj*, faserschwächend *adj* ‖ ~ **tendering** / Faserschädigung *f*, Faserschwächung *f*, Faserangriff *m* ‖ ~ **tenderness** / Faserschaden *m*, Faserschädigung *f*, Faserangriff *m* ‖ ~ **tester** / Stapelfaserprüfgerät *n* ‖ ~ **thickness** / Faserdicke *f*, Faserstärke *f* ‖ ~ **tip** / Faserspitze *f*, Faserende *n* ‖ ~ **tip** (manmade fibres) / Polspitze *f* ‖ ~ **treating machinery** / Faserverarbeitungsmaschinen *f pl* ‖ ~ **tuft** / Faserbüschel *n*, Faserbart *m* ‖ ~ **twist** / Faserwindung *f* ‖ ~ **wadding** / Faserwatte *f* ‖ ~ **waste** /

Faserabfall *m* ‖ ~ **waste trap** / Flusenfilter *m n* ‖ ~-**wave measurement** / Faserwellenmessung *f* ‖ ~ **weakness** / Faserbrüchigkeit *f* ‖ ~ **web** (nwv) / Faserflor *m*, Faserbahn *f*, Fasermatte *f*, Fadengelege *n* ‖ ~ **weight** (BR) (in milligrams per centimetre) / Fasergewicht *n* ‖ ~ **withdrawal force** / Faserrückzugskraft *f*
fibrewoven fabric / Fasergelege *n*
fibre yield / Faserausbeute *f*, Faserertrag *m*
fibril *n* / Fibrille *f*, Fäserchen *n* ‖ ~ / Elementarfaser *f* (einer endlosen Chemieseide)
fibrillar structure / fibrillare Struktur
fibrillate *v* / fibrillieren *v*, in Teilfäserchen (Fibrillen) aufspalten, defibrillieren *v*
fibrillated fibre / Spaltfaser *f*, Splitfaser *f* ‖ ~ **split fibre** / Spleißbändchen *n*, Spleißfaser *f* (DIN 60001) ‖ ~ **yarn** / fibrilliertes Garn, Spaltfasergarn *n*, Foliengarn *n*
fibrillation *n* / Fibrillieren *n*, Fibrillierung *f*, Fibrillenbildung *f* ‖ ~ (silk) / Defibrillierung *f*, Fibrillenbruch *m* ‖ ~ **fault** / Fibrillierungsfehler *m* ‖ ~ **reversal** / Fibrillenrichtungsumkehr *f* ‖ ~ **tendency** / Spleißneigung *f*
fibrillator *n* / Fibrilliermaschine *f* (Folienfäden)
fibrillize *v* / die Faser vom Stengel befreien
fibrillous *adj* / faserförmig *adj*
fibrin *n* / Fibrin *n* (Blutfaserstoff)
fibrogen polymer / faserbildendes Polymer
fibrograph *n* / Fibrograph *m*, Faserlängen-Meßgerät *n* ‖ ~ **length tester** / Fibrograph-Stapelprüfer *m* ‖ ~ **mean length** / mittlere Länge am Fibrograph
fibroin *n* / Fibroin *n* (Eiweißstoff der Naturseide) ‖ ~ **content** / Fibroingehalt *m* ‖ ~ **filament** / Fibroinfilament *n*, Fibroinfaden *m*
fibrous *adj* / faserig *adj*, faserartig *adj*, faserähnlich *adj*, fibrös *adj* ‖ ~ **fleece** / Faservlies *n*, Vlies *n* aus Faserschichten (DIN 61210) ‖ ~ **mass** / Fasermasse *f* ‖ ~ **material** / Faserstoff *m*, Fasermaterial *n* ‖ ~ **polymer** / faseriges Polymer ‖ ~ **structure** / Faserstruktur *f*, Fasergefüge *n* ‖ ~ **substance** / Fasersubstanz *f*, Faserstoff *m* ‖ ~ **tissue** / Fasergewebe *n* ‖ ~ **web** / Faservlies *n*, Vlies *n*, Faserflor *m*, Flor *m*, Krempelflor *m* ‖ ~ **web** / Faserbahn *f* ‖ ~ **web stuffing machine** (nwv) / Florstauchmaschine *f*
fichu *n* (Fr) (woman's scarf, knotted with ends hanging loose) / Fichu *n*, Halstuch *n*, Busentuch *n*, Brusttuch *n*, Einlegetuch *n* ‖ ~ (Fr) (ruffled-drape effect on dress or blouse) / Krause *f*
Fickian diffusion / Ficksche Diffusion
fickle [coloured] (weav) / schillernd *adj*, Schiller... (in Zssg.) ‖ ~ **lustre** / Schillerglanz *m*
Fick's law (of diffusion) / Ficksches Gesetz (der Diffusion)
field dressing / Wundverband *m*, Notverband *m* ‖ ~ **emission microscope** / Feldelektronenmikroskop *n* ‖ ~-**grey** *adj* / feldgrau *adj* ‖ ~ **of application** / Anwendungsgebiet *n*, Einsatzgebiet *n*, Verwendungsgebiet *n* ‖ ~ **retting** / Rasenröste *f*
fiery red / feuerrot *adj* ‖ ~ **red** / feuriges Rot ‖ ~ **scarlet** / feuriger Scharlach
fifth combing wool / Wolle *f* vom Oberschenkel
fig-brown *adj* / feigenbraun *adj*
figure *v* / mustern *v* ‖ ~ (weav) / lanzieren *v*, lancieren *v*, broschieren *v* ‖ ~ *n* / Muster *n*, Dessin *n*, Figur *f*, figürliche Musterung ‖ ~-**clinging** *adj* / enganliegend *adj* ‖ ~ **colour** / Wechselfarbe *f*
figured *adj* / gemustert *adj*, broschiert gemustert, figuriert *adj*, broschiert *adj*, geblümt *adj* ‖ ~ **area** (weav) / Figurstelle *f* ‖ ~ **effect** / Figureffekt *m* ‖ ~ **effect** / Musterung *f* ‖ ~ **fabric** / broschiertes Gewebe, Broschiergewebe *n*, Broché *m*, figürlich gemustertes Gewebe, figuriertes Gewebe, broschiertes Gewebe, façonniertes Gewebe, Bildgewebe *n* ‖ ~ **flocking** / Dessinbeflockung *f* ‖ ~ **gauze** / Figurendreher *m* ‖ ~ **gobelin** / Bildtapete *f* ‖ ~ **goods** *pl* s. figured fabric ‖

117

figured

~ **linen weaver** / Bildweber m ‖ ~ **net** / gemusterter Tüll ‖ ~ **openwork effect** (hos) / Laufmaschenfang m in Phantasiemusterung, Spitzenkante f nach dem Doppelrand, Bogenkante f nach dem Doppelrand, Spitzeneffekte m pl im verstärkten Übergang zum Längen, Phantasie-Preßmuster n im Rand nach dem Doppelrand ‖ ~ **pattern** / Figurenmuster n ‖ ~ **printing** / gemusterter Druck ‖ ~ **surface** (weav) / Oberflächenstruktur f ‖ ~ **twill** / gemusterter Köper ‖ ~ **weaving** / Gebildweberei f, Bildweberei f, Jacquardweberei f ‖ ~ **Wilton face-to-face carpet** / jacquard-gemusterter Schnittflor-Doppelteppich ‖ ~ **Wilton wire-loom carpet** / jacquard-gemusterter Schnittflor-Rutenteppich
figure--firming fashion (foundation garments) / taillenformende Miederwaren ‖ ~-**flattering** adj (fash) / figurbetonend adj ‖ ~ **of a card** / Kartenmuster n ‖ ~ **pattern card** (weav) / Figurkarte f, Figurenkarte f ‖ ~ **printing** (weav) / Figurendruck m ‖ ~ **shading** / figurenweises Schattieren ‖ ~ **shed** (weav) / Figurfach n ‖ ~ **up** / bildern v ‖ ~ **warp** / Figurkette f, Figurenkette f, Musterkette f ‖ ~ **weaving** / Bildweberei f, Gebildweberei f, Jacquardweberei f ‖ ~ **weft** (weav) / Figurschuß m, Figurenschuß m, Broschierschuß m
figuring n / Dessin n, Muster n, figürliche Musterung ‖ ~ / Lanzieren n, Lancieren n, Broschieren n ‖ ~ **filling** (weav) / Figurschuß m, Figurenschuß m, Broschierschuß m ‖ ~ **machine** (text pr) / Dessinmaschine f, Mustermaschine f ‖ ~ **machine** (weav) / Hebemaschine f ‖ ~ **shoot** (weav) / Figurschuß m, Figurenschuß m, Broschierschuß m ‖ ~ **warp** / Figurkette f ‖ ~ **weave** / musterbildende Bindung ‖ ~ **weft** / Figurschuß m, Figurenschuß m, Broschierschuß m
filaine n (weav) / Filaine f
filament n / Filament f (DIN 60001) ‖ ~ / (veraltet:) Einzelkapillare f, Kapillarfaden f, Einzelfaden m, Elementarfaden m, Endlosfaden m, Endlosfaser f ‖ ~ **area bonding** / Heißluftschmelzverfahren n mit Filamentgarnen ‖ ~ **blend yarn** / Filamentmischgarn n, (veraltet:) Endlosmischgarn n ‖ ~ **bundle** / Filamentbündel n, Fadenbündel n ‖ ~ **bundle** / Kapillarenbündel n ‖ ~ **core yarn** / Seelengarn-Filament n ‖ ~ **count** / Filamentzahl f ‖ ~ **denier** / Filamentdenier n, Denier n des Filaments ‖ ~ **drawing** / Filamentrecken n, Filamentstrecken n ‖ ~ **drawing tension** / Filamentstreckspannung f ‖ ~ **fastener** (zip) / Reißverschluß m mit Kette aus Kunststoffdraht ‖ ~ **formation** / Filamentbildung f ‖ ~ **forming substance** / filamentbildende Substanz ‖ ~ **glass yarn** / Glasseide f ‖ ~ **necking** / Titerfehlerstelle f ‖ ~ **opening device** (spinn) / Fibrillenöffner m
filamentous adj / fadenförmig adj, fadenähnlich adj
filament rayon / Viskosefilament n
filaments interlacing in yarn / Filamentverflechtung f im Faden
filament strand / Filamentband f ‖ ~ **stringer** (zip) / Stringer m, "Halbkette" f ‖ ~ **structure differences** / Filamentstrukturdifferenzen f pl, Filamentstrukturunterschiede m pl ‖ ~ **textured yarn** / texturiertes Filamentgarn n ‖ ~ **titre** / Einzeltiter m, Filamenttiter m ‖ ~ **tow** / Reißspinnkabel n ‖ ~ **tufting** / Filamenttufting n ‖ ~ **viscose yarn** / Filament-Viskosegarn n ‖ ~ **warp** / Filamentkette f ‖ ~ **wound composite** / filamentverstärkter Verbundstoff ‖ ~ **yarn** / Filamentgarn n (DIN 60001)
filasse n / Pflanzenfasern f pl (außer Baumwolle) vor dem Verspinnen
filature f / Seidenhaspelungsanlage f ‖ ~ (silk) / Spinnen n ‖ ~ **silk** / maschinengehaspelte Seide
fil d'ecosse (cotton thread) (Fr) / Fil d'Ecosse m
file silk (US) s. faille silk
filet n / Filet n, geknüpftes Netz, Netzgrund m ‖ ~ s. also fillet ‖ ~ **fabric** / Filetgewebe n, durchbrochener Stoff,

durchbrochene Kettenware ‖ ~ **fabric** s. lace fabric ‖ ~ **frame** (knitt) / Filetstuhl m ‖ ~ **goods** / Filetware f, Filetwaren f pl ‖ ~ **ground** / Netzgrund m ‖ ~ **guipure** / Gipüre f, Guipure f, Gimpe f, Gimpengeflecht n ‖ ~ **knit goods** (knitt) / Filet n, durchbrochene Kettenware ‖ ~ **lace** / Filetspitze f ‖ ~ **needle** / Filetnadel f ‖ ~ **net** / Filetnetz n ‖ ~ **pattern** / Netzmusterung f ‖ ~ **tulle** / Filettüll m ‖ ~ **weave** / Filetbindung f ‖ ~ **work** / Filetarbeit f
filiform adj / faserförmig adj
filigree n / Filigran n, durchbrochene Arbeit ‖ ~ **point** / Filigranspitze f
fill v / beschweren v (Stoff)
filled cloth s. filled fabric ‖ ~ **fabric** / beschwerter Stoff, versteiftes Gewebe ‖ ~ **soap** / Leimseife f ‖ ~ **woollens** / Flocken f pl enthaltende Wollstoffe
filler n / Füllstoff m, Füllmittel n (Griff-Variator), Füller m, Füllkörper m, Beschwerungsmittel n ‖ ~ (chem) / Streckmittel n ‖ ~ (mach) / Matratzenfüllmaschine f ‖ ~ **addition** / Füllmittelzusatz m ‖ ~ **content** / Füllmittelgehalt m, Füllkörpergehalt m ‖ ~ **cord** (sew) / Einlauffaden m ‖ ~ **cord** (bag manufacturing; to prevent seepage of powdered products) / Füllkordel f ‖ ~ **point** (US) (knitt) / Zunahmefinger m ‖ ~ **speck** / Füllkörperfleck m ‖ ~ **thread** / Füllfaden m, Einlauffaden m ‖ ~ **tire fabric** / Karkassengewebe n
fillet n / Filet n, Abnehmer m ‖ ~ (spinn) / Streichtrommel f ‖ ~ (fash) / Stirnband n, Kopfbinde f ‖ ~ **card** / Deckelkarde f, Deckelkrempel f, Deckelkratze f ‖ ~ **clothing** / Kratzenband n
filleting f / Rohleinenband n ‖ ~ **card** / Rollkardenbeschlag m
fillet--like link (fibre) / stegartige Verbindung (in der Faser) ‖ ~ **winding machine** / Walzenbeschlag-Wickelmaschine f ‖ ~ **wire** (spinn) / Kratzendraht m
filling n (fin) / Beschwerung f, Füllappretur f ‖ ~ (upholstery) / Polsterfüllmaterial n, Füllung f, Polsterfüllung f ‖ ~ (US) (weav) / Einschlag m, Schußeintrag m, Eintrag m, Durchschuß m, Einschuß m, Schuß m ‖ ~ (US) (weav) / Einschußfaden m, Einschlagfaden m ‖ ~ **agent** / Füllmittel n (Griff-Variator), Füllstoff m ‖ ~ **auxiliary** / Füllhilfsmittel n ‖ ~-**backed** adj / durch Unterschuß beschwert ‖ ~-**backed fabric** / rückseitig mit Doppelschuß beschwerter Stoff, rückseitig mit Doppelschuß verstärkter Stoff ‖ ~ **band** (defect) (weav) / Schußband f, Schußband n ‖ ~ **bar** (defect) (weav) / Schußstreifen m ‖ ~ **battery** (weav) / Füllmagazin n ‖ ~ **bobbin** (weav) / Schußspule f, Schützenspule f, Schußgarnspule f, Einschlagspule f, Kannette f, Kanette f, Canette f ‖ ~ **bobbin feeder** (weav) / Schußspulenzubringer m ‖ ~ **box** / Füllschacht m ‖ ~ **break[age]** (weav) / Schußbruch m ‖ ~ **burr** (knitt) / Futterrad n, Futtermailleuse f ‖ ~ **burr apparatus** (knitt) / Futterapparat m ‖ ~ **change** (weav) / Schußwechsel m, Schußfadenwechsel m ‖ ~ **change motion** (weav) / Schußwechselvorrichtung f ‖ ~ **cop** (weav) / Schußkötzer m, Eintragkötzer m, Schußgarnkötzer m, Schußkops m ‖ ~ **cord** / quergerippter Cord ‖ ~ **counter** / Schußfadenzähler m, Schußzähler m, Weberglas n ‖ ~ **distortion** / Schußverzug m ‖ ~ **doubling winder** (US) (weav) / Schußdubliermaschine f ‖ ~ **effect** (fin) / Fülleffekt m, Füllwirkung f ‖ ~ **effect** (weav) / Schußeffekt m, Schußwirkung f ‖ ~ **effect twill** / Schußeffektköper m ‖ ~ **face** / Stoffoberfläche f mit stark sichtbarem Schuß ‖ ~ **face effect** (weav) / Schußmusterung f ‖ ~ **fault** (weav) / Schußfaden m ‖ ~ **feeler** (weav) / Schußtaster m, Schußfadenfühler m, Schußfühler m ‖ ~ **figured fabric** / schußlanzierter Stoff ‖ ~ **figuring** (weav) / Schußlanzierung f ‖ ~ **finish** / Füllappretur f, Beschwerung f, Beschwerungsappretur f ‖ ~ **float** (weav) / Schußflottung f, Schußflottierung f ‖ ~ **flush** / Stoffoberfläche f mit stark sichtbarem Schuß ‖ ~ **fork**

filtration

(weav) / Schußgabel f, Schußwächtergabel f, Schußsuchvorrichtung f, Schußfadenwächtergabel f (DIN 64500) ‖ ~ **fork filling change action** (weav) / Gabelschußwächter-Spulenwechselvorrichtung f, Schußgabel-Spulenauswechselvorrichtung f ‖ ~ **fork lever** (US) (weav) / Schußwächterhebel m ‖ ~-**in cam** (knitt) / Führungsschloß n ‖ ~-**in liquor** (dye) / Deckbad n ‖ ~ **insertion** s. filling ‖ ~ **knit fabric** / Kulierware f, Kulierwirkware f, Kuliergewirke n ‖ ~ **knitting** / Kulierwirkerei f, Kulierwirken n ‖ ~ **knitting machine** / Kulierwirkmaschine f ‖ ~ **machine** / Fillingmaschine f, Ristenmaschine f, Bastmaschine f ‖ ~ **mangle** / Imprägniermaschine f ‖ ~ **mass** / Füllmasse f ‖ ~ **material** (weav) / Schußmaterial n ‖ ~ **material** / Füllstoff m, Füllmaterial n, Füllmittel n ‖ ~ **material** (fin) / Beschwerungsmittel n ‖ ~ **material** (upholstery) / Polsterfüllung f, Polsterfüllmaterial n ‖ ~ **mix** / Füllmasse f ‖ ~ **noose** (weav) / Schußring m ‖ ~ **paste** (fin) / Füllappretur f ‖ ~ **pattern** / Schußfadenfolge f, Schußfolge f ‖ ~ **pattern** / Schußmuster n ‖ ~ **pick** (weav) / Schuß m, Einschuß m, Eintrag m ‖ ~ **pick** (weav) / Einschußfaden m, Einschlagfaden m ‖ ~ **pick fabric** / Schußsamt m, Schußflorgewebe n ‖ ~ **pile carpet** / Schußflorteppich m ‖ ~ **pile fabric** / Schußsamt m, Schußflorgewebe n ‖ ~ **pirn** / Schußgarnrolle f, Schußkassette f, Eintragsspule f, Schußhülse f ‖ ~ **pirn winder** / Schußspulmaschine f ‖ ~ **plan** / Schußzettel m ‖ ~ **product** / Zusatzstoff m ‖ ~ **rep** / Längenrips m, Längsrips m, Schußrips m ‖ ~ **resin** (fin) / Füllharz n ‖ ~ **reversible** / Stoff m mit verschiedenfarbiger Kette und Schuß ‖ ~ **rib weave** / Schußripsbindung f

fillings pl / Füllmaterialien n pl

filling sateen / Schußatlas m aus Baumwolle ‖ ~ **satin** / Schußatlas m aus Seide, Schußsatin m ‖ ~ **setting** / Schußdichte f ‖ ~ **shrinkage** / Schußschrumpfung f, Schrumpf m in Schußrichtung ‖ ~ **silk** / Schußseide f, Trame f ‖ ~ **silk winding** / Tramespulen n

fillings industry / Polsterfüllmaterial-Industrie f

filling size / Beschwerungsappretur f, Beschwerungsschlichte f ‖ ~ **soleil** (US) / Schußsoleil m (feingerippte, glänzendes Kammgarngewebe) ‖ ~ **stop motion** (weav) / Schußwächter m ‖ ~ **streak** / Farbstreifigkeit f in Schußrichtung ‖ ~ **stretch fabric** / Schuß-Stretchware f ‖ ~ **substance** / Füllmittel m, Füllstoff m ‖ ~ **supply** (weav) / Schußzuführung f ‖ ~ **take-up** / Einsprung m des Schusses ‖ ~ **tension** / Schußfadenspannung f ‖ ~ **tension** / Füllfaden m, Einschußfaden m, Schußfaden m, Einschlagfaden m ‖ ~ **thread** / Futtergarn n ‖ ~ **thread straightener** / Schußfadengeraderichter m ‖ ~ **thread tension** / Schußfadenspannung f ‖ ~ **twist** / Schußköper m ‖ ~ **twist** (weav) / Schußdrehung f, Schußfadendrehung f ‖ ~ **twist** (weav) / Drehungen f pl im Schußgarn ‖ ~ **velvet** / Schußsamt m ‖ ~ **warp** / Füllkette f, Futterkette f ‖ ~ **warp yarn** / Füllkettfaden m ‖ ~ **weaving fault** / Schußbande f, Schußband n, Schußstreifigkeit f ‖ ~ **weft** / Füllschuß m, Futterschuß m ‖ ~ **wind** / Haspelungsmethode f für Schußgarne ‖ ~ **winder** / Schußgarnspulmaschine f, Schußspulmaschine f, Schußspulautomat m, Spulautomat m für Schußspulen ‖ ~ **winding** / Einschlaggarnspulen n, Schußspulen n ‖ ~ **winding machine** / Schußgarnspulmaschine f, Schußspulmaschine f

fillingwise stretch / Elastizität f in Schußrichtung

filling yarn / Schußgarn n, Weftgarn n, Schußfaden m, Füllfaden m, Einschußfaden m, Einschlagfaden m

fill up (dye) / decken v, nachdecken v, überfärben v ‖ ~ **up** (dye) / nachdunkeln v

film applicator (ctg) / Filmausstreicher m ‖ ~ **bonding** / Filmbondieren n ‖ ~ **coating** / feines Beschichten ‖ ~ **cut-draw-beaming machine** / FSSB-Anlage f (Folien-Schneid-Streck-Bäummaschine) ‖ ~ **die** / Breitschlitzdüse f ‖ ~ **failure on flexing** (ctg) /

Knickbruch m ‖ ~ **fibre** / Folienfaser f ‖ ~ **former** (ctg) / Filmbildner m, filmbildendes Material ‖ ~ **laminating** (ctg) / Kaschieren n von Folien ‖ ~ **printing** (text pr) / Filmdruck m, Schablonendruck m, Filmschablonendruck m, Siebdruck m, Rahmendruck m ‖ ~ **reading** (text pr) / Filmabtastung f ‖ ~ **screen** / Filmschablone f, Siebschablone f, Schablone f ‖ ~ **screen frame** / Schablonenrahmen m ‖ ~ **screen printing** / Filmdruck m, Schablonendruck m, Siebdruck m, Filmschablonendruck m, Rahmendruck m ‖ ~ **spreader** (ctg) / Rakel f, Filmzieher m ‖ ~ **yarn** / Foliengarn n, Kunststoff-Flachfaden m

filmy web (spinn) / Flor m, Krempelflor m

filoche cloth / Filoche-Serge f

filoselle / Filoselle-Stickseide f ‖ ~ **yarn** / Filoselle-Stickgarn n, Filosellegarn n ‖ ~ **yarn** / Gallettgarn n, Filosellegarn n

filo silk / zweidrähtige Stickseide

filter v / filtern n, filtrieren v, kolieren v, sieben v, abklären v, abfiltern v, abfiltrieren v ‖ ~ n / Filter n m, Filtrierapparat m, Klärfilter m n, Koliertuch n

filterability n / Filtrierbarkeit f, Filtrationsfähigkeit f, Filtrierfähigkeit f

filterable (adj) / filtrierbar adj, filtrierfähig adj, filterfähig adj, filtrationsfähig adj, filtrierend adj

filter again / nachfiltern v ‖ ~ **area** / Filterfläche f ‖ ~ **bag** / Filterschlauch m, Filterbeutel m, Filtersack m, Filtrierbeutel m, Filtriersack m ‖ ~ **basin** / Filtrierbassin n ‖ ~ **basket** / Filtrierkorb m ‖ ~ **box** / Filterkasten m ‖ ~ **[by means] of suction**, filter by means of vacuum / absaugen v, abnutschen v, nutschen v, im luftverdünnten Raum filtern ‖ ~ **cake** (dye) / Preßkuchen m, Filterkuchen m ‖ ~ **casing** / Filtergehäuse n ‖ ~ **centrifuge** / Filtrierzentrifuge f ‖ ~ **chamber** / Filterkammer f, Filtrierkammer f ‖ ~ **cloth** / Filtertuch n, Filterstoff m, Preßtuch n, Seihtuch n, Filtergewebe n ‖ ~ **colorimeter** / Filterkolorimeter n ‖ ~ **diaphragm** / Filtermembrane f, Filtermembran f ‖ ~ **effect** (dye) / Abfiltrierung f, Abfiltration f, Abfiltrierungseffekt m, Abfiltrationswirkung f ‖ ~ **element** / Filtereement n (Träger der Filterschicht) ‖ ~ **fabric** s. filter cloth ‖ ~ **frame** / Filterrahmen m ‖ ~ **gauze** / Filtergaze f ‖ ~ **hose** / Filterschlauch m

filtering apparatus / Filtrierapparat m ‖ ~ **bag** s. filter bag ‖ ~ **candle** / Spinnkerze f ‖ ~ **candle** / Filterkerze f ‖ ~ **flask** / Ballonfilter m n ‖ ~ **funnel** / Filtriertrichter m ‖ ~ **material** s. filter cloth ‖ ~ **medium** / Filtermaterial n, Filtermittel n, Filtriermaterial n, Filtriermittel n ‖ ~ **pressure** / Filterdruck m ‖ ~ **residue** / Filterrückstand m ‖ ~ **tub** / Filtrierbottich m

filter installation / Filteranlage f ‖ ~ **mesh** / Filtermaschenweite f ‖ ~ **pack** / Filterpackung f ‖ ~ **pad** / Filtrierbausch m ‖ ~ **paper** / Filterpapier n, Filtrierpapier n ‖ ~ **plate** / Filterplatte f, Plattenfilter m n ‖ ~ **press** (to press viscose solutions through fine cotton cloth to remove impurities or suspended material) / Filterpresse f, Preßfilter m ‖ ~ **press cloth** / Filtertuch n, Preßtuch n, Filterstoff m ‖ ~ **stand** / Filtriergestell n ‖ ~ **strainer** / Nutsche f ‖ ~ **surface** / Filterfläche f ‖ ~ **tank** / Filtrationsbehälter m ‖ ~ **transmittance** (mat test) / Filterdurchlässigkeit f ‖ ~ **unit** / Filtergerät n ‖ ~ **wadding** / Filterwatte f ‖ ~ **wire cloth** / Filterdrahtgewebe n

filtrate v / filtrieren v, filtern v ‖ ~ n / Filtrat n ‖ ~ / Fugat n (beim Zentrifugieren) ‖ ~ **outlet** / Filtratauslauf m, Filtratablauf m, Filtrataustritt m

filtration n / Filtration f, Filterung f, Filtrieren n, Filtern n ‖ ~ **accelerator** / Filterhilfe f, Filterhilfsstoff m, Filtrationshilfsmittel n, Filterungshilfsmittel n, Filterhilfsmittel n ‖ ~ **constant** / Filtrationskonstante f ‖ ~ **curve** / Filtrationskurve f, Durchflußkurve f ‖ ~ **cycle** / Filtrationszyklus m ‖ ~ **fabric** / Filtergewebe n, Filtertuch n, Filterstoff m ‖ ~ **factor** / Filtrierfaktor m ‖

filtration

~ **layer** / Filterschicht f ‖ ~ **of the spinning solution** / Spinnlösung-Filtration f ‖ ~ **pressure** / Filterdruck m ‖ ~ **time** / Filtrierzeit f
final appearance / Warenausfall m, Ausfall m, Aussehen n der Fertigware, fertiges Aussehen ‖ ~ **bleaching** / Endbleiche f, Fertigbleiche f, Nachbleiche f ‖ ~ **brightening** / Nachavivage f ‖ ~ **checking** / Fertigschauen n ‖ ~ **chlorine bleach** / Chlorendbleiche f ‖ ~ **cleaning** / Nachreinigung f ‖ ~ **coat** (ctg) / Schlußstrich m ‖ ~ **colour** / Farbausfall m ‖ ~ **count** / Endtiter m ‖ ~ **draft** (spinn) / Endverzug m ‖ ~ **drawn sliver** / Endstreckenband n, Endstreckband n ‖ ~ **drying** / Endtrocknung f ‖ ~ **dyeing** / Endfärben n, Endfärbung f ‖ ~ **embossing** (fin) / Fertiggaufrage f ‖ ~ **finish** / Finishappretur f, Nachappretur f, Finish m, Finishen n, Schlußarbeiten f pl der Ausrüstung ‖ ~ **finish** / Appreturnachbehandlung f (DIN 64990) ‖ ~ **fixation** (dye) / Endfixierung f ‖ ~ **heat treatment** / Nacherhitzen n ‖ ~ **humidity** / Endfeuchtigkeit f ‖ ~ **inspection** / Fertigdurchsicht f, abschließendes Durchschauen der Ware, Endabnahme f ‖ ~ **liquor** (dye) / Endlauge f, letzte Flotte ‖ ~ **look** (of fabric) / Warenausfall m, Ausfall m, Aussehen n der Fertigware, fertiges Aussehen ‖ ~ **pH value** / End-pH-Wert m ‖ ~ **product** / Endprodukt n, Enderzeugnis n, Fertigprodukt n, Fertigerzeugnis n ‖ ~ **product** (chem) / Finalprodukt n ‖ ~ **product** (dye) / eingestellte Ware, Verkaufsware f, Handelsware f ‖ ~ **quality** (of fabric) / Warenausfall m, Ausfall m, Aussehen n der Fertigware, fertiges Aussehen ‖ ~ **retting** / Nachröste f, Nachrotte f ‖ ~ **scouring treatment** / Nachwäsche f, Nachreinigung f ‖ ~ **set** (fin) / Endfixierung f, Schlußfixierung f ‖ ~ **shade** (dye) / Endnuance f ‖ ~ **shearing** (fin) / Ausscheren n ‖ ~ **spinning** / Fertigspinnen n, Feinspinnen n ‖ ~ **temperature** / Endtemperatur f ‖ ~ **titre** / Endtiter m ‖ ~ **treatment** / Schlußbehandlung f, abschließende Behandlung ‖ ~ **trimming of apparel** / Schlußarbeiten f pl der Zurichtung von Kleidungsstücken ‖ ~ **twist** (spinn) / Enddrehung f, Schlußdrehung f, Auszwirn m ‖ ~ **use** / Verwendungszweck m, Endzweck m ‖ ~ **washing-off operation** (dye) / Nachwäsche f, Nachreinigung f ‖ ~ **web** / Endvlies n
findings pl (buttons, snaps, eyes and ornaments) (sew) / Zutaten f pl für die Konfektion ‖ ~ (small articles used in the dressmaking trade - buttons, thread, zippers etc.) / Damenschneiderei-Zubehör n
fine n (US) / Wolle f bester Qualität ‖ ~ adj / fein adj ‖ ~ **air filter** / Feinluftfilter m n ‖ ~ **angora wool** / Mohairwolle f ‖ ~ **art needlework** / Kunststickerei f ‖ ~ **bolting screen** / Seidengazeschablone f ‖ ~ **bronze gauze** (text pr) / feinmaschige Bronzegaze ‖ ~ **card** (spinn) / Feinkarde f ‖ ~ **carpet** / doppelflächiger Teppich aus Zweidrahtgarnen ‖ ~ **checks** (fash) / kleine Karos n pl ‖ ~ **cotton cloth** / feines Nesseltuch ‖ ~ **cotton strainer** / feines Baumwoll-Filtertuch ‖ ~ **count**, fine count of yarn / feine Garnnummer, hohe Garnnummer, Feingarnnummer f ‖ ~ **count spinning** / Feinspinnen n, Ausspinnen n ‖ ~ **count spinning mill** / Feinspinnerei f ‖ ~ **count yarn** / feines Garn, dünnes Garn, feintitriges Garn ‖ ~ **cover pattern** / Gründelmuster n ‖ ~ **crystalline** / feinkristallin adj, feinkristallinisch adj, kleinkristallin adj ‖ ~ **delaine wool** / feinstfädige Merinowolle ‖ ~ **denier** / feintitrig adj ‖ ~ **denier** / Feintiter m ‖ ~**-denier nonwoven** / Feinvlies n ‖ ~ **denier rayon** / feintitriges Viskosefilament ‖ ~ **dispersion** / Feindispersion f, Feindispersität f ‖ ~ **draw** (clothm) / Vernähen n von Fadenlücken, Feinzusammennähen n ‖ ~ **drawer** / Feinstrecker m ‖ ~ **dyestuff paste** / Feinfarbteig m, Feinfarbpaste f ‖ ~ **end** (warp yarn that is thin because one or more ply is missing) / fehlerhaftes Kettgarn ‖ ~ **fabric** / Feingewebe n, feines Gewebe ‖ ~ **fibre** / Feinfaser f ‖ ~ **fibre testing apparatus** /

Feinfaserprüfgerät n ‖ ~ **filament fabric** / feinfädiges Material, feinfädiges Gewebe ‖ ~ **fluting** / feine Riffelung / ‖ ~ **fly-frame** / Feinfleier m, Feinflyer m ‖ ~ **garments** / Feinwäsche f ‖ ~ **gathering** (sew) / feines Zusammenziehen ‖ ~ **gathering** (sew) / feine Krausen f pl ‖ ~**-gauge cut pile** (cpt) / Fein-Gauge-Velours m ‖ ~**-gauge machine** (knitt) / Maschine f mit feiner Teilung ‖ ~**-grain** adj / feinkörnig adj, Feinkorn... ‖ ~**-grained** adj / feinkörnig adj, Feinkorn... ‖ ~**-grain structure** / feinkörnige Struktur, feinkörniges Gefüge ‖ ~**-granular** adj s. fine-grain ‖ ~ **hackle** / Ausmachehechel m ‖ ~ **hackler** (spinn) / Feinhechler m ‖ ~ **hessian** / Jutefeinleinen n ‖ ~ **hosiery yarn** / Strumpffeinseide f ‖ ~ **jersey** / Feinjersey m ‖ ~ **jute yarn** / Jutefeingarn n ‖ ~ **laundering** / Feinwäsche f ‖ ~ **linen** / Feinleinen n ‖ ~ **loop** (cpt) / Feinschlinge f (Tufting)
finely cellular / feinzellig adj ‖ ~ **crimped** (fil) / feinbogig gekräuselt ‖ ~ **crystalline soda** / Feinsoda f ‖ ~ **dispersed** / feindispers adj, feindispergiert adj, feinverteilt adj ‖ ~ **ground** / feingemahlen adj, feinvermahlen adj, feinausgemahlen adj ‖ ~ **pored**, finely porous s. fine-pored ‖ ~ **powdered** / feingepulvert adj, feinpulverisiert adj, feinpulverig adj, kleingepulvert adj, feinkörnig adj, zerpulvert adj ‖ ~ **rib-knitted** / feingerippt gestrickt ‖ ~ **tufted carpet** / Feintuftteppich m
fine medium wool / Fein-Mittel-Wollqualität f ‖ ~**-meshed** adj / feinmaschig adj, engmaschig adj, kleinmaschig adj ‖ ~**-meshed sieve** / feines Sieb, feinmaschiges Sieb ‖ ~ **muslin** / Mull m
fineness n / Feinheit f ‖ ~ / Feinheitsgrad m ‖ ~ (silk) / Titer m, (früher) Denier n ‖ ~ **count** / Feinheitsnummer f ‖ ~ **of dispersion** / Dispergierfeinheit f ‖ ~ **of the outline** (text pr) / Stand m (Druckpaste) ‖ ~ **tester** / Fadenfeinheitsprüfer m ‖ ~ **testing** / Fadenfeinheitsprüfung f
fine opener (fibres) / Feinöffner m ‖ ~ **paste** / Feinpaste f, Feinteig m ‖ ~ **pitch machine** (sew) / Feinstichmaschine f ‖ ~**-pored** adj / feinporig adj, mit feinen Poren, feinporös adj, engporig adj ‖ ~**-pored** / kleinlückig adj ‖ ~ **powder** (dye) / Feinpulver n, Pulverpräparat n ‖ ~ **rib** / Feinripp m ‖ **rib, 2/2** (knitt) / Doppelfeinripp m ‖ ~ **rib body machine needle** (knitt) / Feinrippnadel f ‖ ~ **rib circular knitting machine** / Feinripprundstrickmaschine f, Feinrippmaschine f ‖ ~ **rib fabric** (knitt) / Feinrippstoff m ‖ ~ **roving** (spinn) / feines Vorgespinst, Vorgarn n ‖ ~ **roving frame** (spinn) / Feinflyer m, Feinfleier m ‖ ~ **sieve fabric** / Feinsiebgewebe n ‖ ~ **silk screen** / feinmaschige Seidengazeschablone f ‖ ~ **sorting** (spinn) / Feinsortierung f ‖ ~ **spinning** / Feinspinnen n, Ausspinnen n ‖ ~ **spinning frame** / Feinspinnmaschine f ‖ ~ **spinning mill** / Feinspinnerei f ‖ ~**-spun** adj / feingesponnen adj, düngesponnen adj ‖ ~**-spun thread** / Feingarn n, Feingespinst n
finest pitch of needles / feinste Teilung ‖ ~ **quality rayon** / Edel-Viskosefilament n
fine string / dünne Schnur, Schnürchen n
finest thread / feinstfädiges Garn
fine--thread adj / dünnfädig adj ‖ ~ **thread** / Feingespinst n, Feingarn n ‖ ~ **titre** / feiner Titer
finette n / Finette f (leichter Wäscheköper)
fine tulle / Feintüll m ‖ ~**-twilled jute sacking** / Jutefeinköper m ‖ ~ **twisting process** / Feinzwirnverfahren n ‖ ~ **weave cotton** / Baumwollfeingewebe n ‖ ~ **weave fabric** / feines Gewebe, Feingewebe n ‖ ~ **wire clothing** (spinn) / feiner Kratzenbeschlag ‖ ~ **wool grade** / feine Wollqualität f ‖ ~ **yarn** / Feingarn n, feinfädiges Garn, Feingespinst n
finger blade agitator / Fingerrührer m ‖ ~ **guard** (sew) / Fingerschutz m
fingering [yarn] / gezwirntes Handstrickgarn, Strumpfgarn n

finger knitting (GB) (esp. hose and hosiery) / Handstricken n ‖ ~ **knitting machine** (for gloves) / Fingerstrickmaschine f, Anfingermaschine f ‖ ~ **of a glove** / Handschuhfinger m ‖ ~ **paddle mixer** / Fingerrührer m ‖ ~ **seam** (sew) / Fingernaht f ‖ ~ **stall** / Fingerling m, Fingerschutz m ‖ ~ **striper** (knitt) / Tastenringelapparat m
finish v / ausrüsten v, veredeln v ‖ ~ / avivieren v ‖ ~ (esp cotton) / appretieren v ‖ ~ n / Avivage f, Avivieren n, Präparation f, Ausrüstung f, Veredlung f, Finish n, Appret n m ‖ ~ (cotton) / Appretieren n, Appretur f, Fertigappretur f ‖ ~ (dyestuff industry) / Aufbereitung f ‖ ~ **agent** s. finishing agent ‖ ~ **analysis** / Appretanalyse f ‖ ~ **and press lustre decatizing** / Finish- und Preßglanzdekatur f ‖ ~ **boarding** / Endformen n, Finishboarden n ‖ ~ **boiler** / Appretkocher m, Appretkessel m ‖ ~ **breaker, finish breaking machine** / Appretbrecher m, Appreturbrechmaschine f ‖ ~ **calender** / Finishkalander m ‖ ~ **chlorine fastness** / Chlorechtheitsveredlung f ‖ ~ **decating** (US) / Finishdekatur f ‖ ~ **decatizing** (GB) / Finishdekatur f ‖ ~ **decatizing machine** / Finish-Dekaturmaschine f (DIN 64990) ‖ ~ **decatizing with gloss through pressure** / Preßglanzdekatur f ‖ ~ **dry cleaning fastness** / Trockenreinigungsechtheit f der Appretur ‖ ~ **dyeing** / Ausfärben f, Fertigfärben v
finished article / Fertigware f ‖ ~ **dulling agent** / formiertes Mattierungsmittel ‖ ~ **dyestuff in paste form** / teigformierter Farbstoff ‖ ~ **fabric** / Fertiggewebe n, appretierter Stoff, veredelter Stoff ‖ ~ **goods** pl / Fertigware f ‖ ~ **goods** (sew) / nadelfertige Ware ‖ ~ **measure** / Fertigmaß n ‖ ~ **pigment** / formiertes Pigment, präpariertes Pigment ‖ ~ **product** / Endprodukt n, Enderzeugnis n, Fertigprodukt n, Fertigerzeugnis n ‖ ~ **product** (chem) / Finalprodukt n ‖ ~ **product** (dye) / eingestellte Ware, Verkaufsware f, Handelsware f ‖ ~ **product in flakes** / Formierung f in Flocken ‖ ~ **product in powder form** / Formierung f in Pulverform ‖ ~ **soap** / geschliffener Seifenkern ‖ ~ **width** / Fertigbreite f, Fertigwarenbreite f ‖ ~ **yarn** / Feingarn n, Feingespinst n
finish effect / Appretureffekt m, Appreturwirkung f
finisher n / Appreteur m, Ausrüster m, Veredler m ‖ ~ **[box]** (spinn) / Feinnitschler m, Feinfrotteur m ‖ ~ **card** / Feinkrempel f, Feinspinnkrempel f, Vorspinnkrempel f ‖ ~ **drawframe** / Endstrecke f ‖ ~ **drawing** (spinn) / Feinstrecken n ‖ ~ **drawing frame** (spinn) / Ausstrecke f, Feinstrecke f, Fertigstrecke f ‖ ~ **gill** (spinn) / Nachstrecker f ‖ ~ **gilling operation** (spinn) / Nachstrecken n ‖ ~ **lap** / Endwickel m, Ausgabewickel m, Schlußwickel m ‖ ~ **picker** (spinn) / Feinschläger m, Ausschläger m, Ausbatteur m ‖ ~ **scutcher** (spinn) / Ausschläger m, Feinschläger m, Ausbatteur m
finishing n / Ausrüstung f, Veredlung f ‖ ~ / Avivieren n, Aufbringen n von Avivagen ‖ ~ (cotton) / Appretieren n, Appretur f ‖ ~, **decat[iz]ing and conditioning machine** / Finish-, Dekatur- und Konditioniermaschine f ‖ ~ **agent** / Avivagemittel n ‖ ~ **agent** / Ausrüstungsmittel n, Veredelungsmittel n ‖ ~ **agent** (cotton) / Appretierhilfsmittel n, Appreturmittel n ‖ ~ **agent to produce an anti-crease finish** / Hochveredlungsmittel n ‖ ~ **agent to produce a wash-and-wear finish** / Hochveredlungsmittel n ‖ ~ **and decat[iz]ing machine** / Appretier- und Dekatiermaschine f, Finishdekatiermaschine f ‖ ~ **assistant** s. finishing agent ‖ ~ **auxiliary** s. finishing agent ‖ ~ **bath** / Appreturflotte f, Ausrüstungsbad n, Ausrüstungsflotte f ‖ ~ **blanket** / Untertuch n ‖ ~ **board** (hos) / Strumpfform f ‖ ~ **bowl** / Appreturwalze f, Textilfinishwalze f ‖ ~ **box** / Feinnitschler m, Feinfrotteur m ‖ ~ **cabinet** / Tunnelfinisher m ‖ ~ **calender** / Appretierkalander m, Finishkalander m ‖ ~ **coat** (ctg) / Schlußstrich m,

Deckstrich m ‖ ~ **dope** / Appreturmasse f ‖ ~ **draft** (spinn) / Endverzug m ‖ ~ **draw frame** / Feinstrecke f ‖ ~ **drawing** / Feinstrecke f ‖ ~ **flyer, finishing fly-frame** / Feinfleier m, Feinflyer m, Feinspindelbank f ‖ ~ **hackle** (hemp) / Ausmachhechel f, Feinhechel f ‖ ~ **industry** / Veredlungsindustrie f ‖ ~ **in the padding machine** s. finishing on the padder ‖ ~ **in top form** / Ausrüsten n im Kammzug ‖ ~ **jobber** / Lohnausrüster m ‖ ~ **liquor** / Appreturflotte f, Appreturlösung f, Ausrüstungsflotte f, Hochveredlungsflotte f ‖ ~ **machine** / Appreturmaschine f (DIN 64990), Ausrüstungsmaschine f, Finishmaschine f, Veredlungsmaschine f ‖ ~ **machine for surgical dressings and bandages** / Verbandstoffausrüstungsmaschine f ‖ ~ **machine for tufted fabrics** / Tuftinggewebeausrüstungsmaschine f ‖ ~ **material** / Appreturmasse f ‖ ~ **method** / Ausrüstungsverfahren n, Appreturverfahren n, Finishmethode f, Veredlungsverfahren n ‖ ~ **mix** / Appretgemisch n, Veredlungsmittelgemisch n ‖ ~ **of carded wool yarn fabrics** / Streichgarngewebeveredlung f (DIN 64990) ‖ ~ **of pigments** / Pigmentformierung f, Nachbehandlung f von Pigmenten ‖ ~ **oil** / Appreturöl n ‖ ~ **on commission** / Auftragsveredlung f ‖ ~ **on the padder** / Foulardappretur f, Klotzappretur f, Foulardausrüstung f, Klotzausrüstung f, foulardmäßige Ausrüstung ‖ ~ **operation** / Ausrüstungsvorgang m, Veredlungsvorgang m ‖ ~ **oven for gloves** / Handschuhformofen m ‖ ~ **oven for hosiery** / Strumpfformofen m ‖ ~ **padder** / Appreturfoulard m ‖ ~ **paste** / Appreturpaste f, Appreturmasse f ‖ ~ **picker** (spinn) / Ausbatteur m ‖ ~ **plant** / Ausrüstungsanlage f, Veredelungsbetrieb m ‖ ~ **plant for stockings** / Strumpfwaren-Appreturanlage f ‖ ~ **process** / Appreturverfahren n, Ausrüstungsverfahren n, Finishmethode f, Veredlungsverfahren n ‖ ~ **range** / Ausrüstungsstraße f ‖ ~ **room** / Appretursaal m ‖ ~ **scutcher** (spinn) / Ausbatteur m, Ausschläger m, Feinschläger m ‖ ~ **shrinkage** / Schrumpfen n während der Ausrüstung ‖ ~ **size** / Appreturleim m ‖ ~ **soap manufacture** / Ausschleifen n ‖ ~ **starch** / Steifmittel n ‖ ~ **substance** s. finishing agent ‖ ~ **tenter** / Appretierspannrahmen m ‖ ~ **tunnel** / Durchlauftrockner m ‖ ~ **with a non-blocking top coat** (ctg) / Finishen n mit einem blockfreien Schlußstrich ‖ ~ **wool card** / Wollkrempel f
finish migration / Appreturwanderung f ‖ ~ **mix ready for spraying** (ctg) / spritzfertiger Appreturansatz ‖ ~ **on face and back** / zweiseitige Appretur ‖ ~ **property** / Appretureigenschaft f ‖ ~ **removal** / Entavivierung f ‖ ~ **washfastness** / Waschechtheit f der Appretur ‖ ~ **with adequate flexing strength at a low temperature** (ctg) / kälteknickfestes Finish, kälteknickfeste Ausrüstung ‖ ~ **with softening agent** / weichmachende Ausrüstung
fique n / Fique f, Mauritiusfaser f (juteähnliche Faser der Furcraea macrophylla)
fire behaviour / Brandverhalten n ‖ ~ **finish impregnation** / Flammschutzimprägnierung f, Flammschutzimprägnierung f, Flammfestimprägnierung f, Flammfestausrüstung f
fireproof adj / brandsicher adj, feuerfest adj, feuersicher adj, feuerbeständig adj, unbrennbar adj
fireproofing / Brandsichermachen n, Feuerfestmachen n, Feuersichermachen n, Feuerbeständigmachen n, Unbrennbarmachen n ‖ ~ **agent** / Flammschutzmittel n, Flammschutzmittel n, Feuerschutzmittel n
Fire Propagation Index / Brandausbreitungs-Index m ‖ ~ **protective clothing** / Feuerschutzbekleidung f ‖ ~ **rating** / Einstufung f in Brandklasse(n) ‖ ~ **red** / feuerrot adj ‖ ~**-resistant** / brandhemmend adj, brandbeständig adj, feuerbeständig adj,

feuerwiderstandsfähig *adj* ‖ ~**-resistant finish** / feuerfeste Ausrüstung, Flammschutzausrüstung *f*, flammfeste Ausrüstung ‖ ~**-resistant treatment** / Flammechtausrüstung *f*, Flammfestausrüstung *f*, flammhemmende Ausrüstung ‖ ~ **retardancy** / Entzündungsverzögerung *f* ‖ ~ **retardancy treatment** / flammfeste Veredlung, flammhemmende Veredlung, flammwidrige Veredlung ‖ ~**-retardant** *n* / feuerhemmendes Mittel, Flammschutzmittel *n* ‖ ~**-retardant** *adj* / feuerhemmend *adj*, flammwidrig *adj* ‖ ~**-retardant agent** / feuerhemmendes Mittel, Flammschutzmittel *n* ‖ ~**-retardant finish** / Flammschutzausrüstung *f*, flammfeste Ausrüstung, flammhemmende Ausrüstung ‖ ~**-retardant finish for flameproofing textile fabrics** / flammhemmende Ausrüstung für das Flammfestmachen von Textilgeweben ‖ ~**-retardant treatment** s. fire-retardant finish
fir green *adj* / kiefergrün *adj*, tannengrün *adj* (RAL 6000)
firm fibre / feste Faser ‖ ~ **handle** / fester Griff, kerniger Griff, kräftiger Griff
firmly milled / hartgewalkt *adj* ‖ ~ **twisted** / stark gedreht
firmness *n* (fabric) / Stand *m* ‖ ~ (cotton) / Kernigkeit *f* ‖ ~ (of handle) / Festigkeit *f* des Griff[e]s, Kernigkeit *f* des Griff[e]s ‖ ~ **of the bond** / Bindungsfestigkeit *f* ‖ ~ **of the pile** / Florfestigkeit *f*
firm roll (of fabric) / fester Wickel ‖ ~ **tread** (cpt) / trittsichere Oberfläche
first bath (dye) / Ansatzbad *n*, Ansatzflotte *f* ‖ ~ **beater** / Vorschlagmaschine *f* ‖ ~ **blower** (hatm) / Blasmaschine *f* ‖ ~ **bobbin drawing box** (spinn) / Grobnitschler *m*, Grobfrotteur *m* ‖ ~ **break** (first perceptible change of colour of a sample) (col) / Anreißen *n*, Umschlagspunkt *m* ‖ ~ **breaker** / Vorkrempel *f*, Reißkrempel *f* ‖ ~ **coat** (ctg) / Vorstrich *m*, Grundstrich *m* ‖ ~ **combing wool** / von den Seiten gewonnene lange Wolle ‖ ~ **course** (knitt) / Anfangsreihe *f*, Anschlag *n*, Netzreihe *f*, erste Strickreihe ‖ ~ **devil** (spinn) / Klopfwolf *m* ‖ ~ **drafting** (spinn) / Vorstrecke *f* ‖ ~ **drawer** (spinn) / Grobstrecke *f*, Vorstrecke *f* ‖ ~ **drawing frame**, first drawing preparer (spinn) / Grobstrecke *f*, Vorstrecke *f* ‖ ~ **dressing** (weav) / Vorschlichte *f* ‖ ~ **dressing** (hemp) / Grobhecheln *n* ‖ ~**-grade silk** / Realseide *f* ‖ ~ **guide** / Ablauföse *f* ‖ ~ **knitting course** s. first course ‖ ~ **machine** (hatm) / Blasmaschine *f* ‖ ~ **pressing** / Vorbügeln *n* ‖ ~ **print** / Untergrund *m*, Vordruck *m* ‖ ~ **scutching machine** (spinn) / Vorschläger *m*, Vorschlagmaschine *f* ‖ ~ **setting** (dye) / Stammansatz *m* ‖ ~ **sizing** (weav) / Vorschlichte *f* ‖ ~ **spinning** / Vorspinnen *n* ‖ ~ **swift** / Vorwalze *f*, Vorzylinder *m*, Vortambour *m* ‖ ~ **trough** / Vortrog *m* ‖ ~ **waste breaker** / Abfall-Vorreißer *m* ‖ ~ **welt** (hos) / Halbwende *f* (Innenseite des Strumpf-Doppelrandes) ‖ ~ **year's wool** / Erstlingswolle *f*
fishbone stitch (sew) / Fischgrätenstich *m*
fish brine smell (fin) / Fischlakengeruch *m*
fisherman's rib / Rippenmuster *n*
fisheye pattern / großes Rhombenmuster
fish food (spinn) / Faserstaub *m*
fishing jacket / Anglerjacke *f* ‖ ~ **line** (GB) / Angelschnur *f* ‖ ~ **net** / Fischnetz *n*, Fischereinetz *n*, Fischfangnetz *n* ‖ ~ **net fabric** / weitmaschiges Gewebe ‖ ~ **net yarn** / Fischnetzgarn *n*, Fischnetzzwirn *m*
fish line (US) / Angelschnur *f*
fishnet *n* / Fischnetz *n* ‖ ~ **fabric** / weitmaschiges Gewebe ‖ ~ **machine** / Netzknüpfmaschine *f* ‖ ~ **shirt** / Netzhemd *n*
fish odour (fin) / Fischgeruch *m* ‖ ~ **scale** (ctg) / Fischsilber *n* ‖ ~ **scale pattern** / Schuppenmuster *n* ‖ ~ **twill** / Fischgratköper *m*
fishy handle / fischiger Griff
fissured *adj* (ctg) / rissig *adj*
fit [a carpet] *v* / verlegen *v* ‖ ~ *vi* / passen *vi*, zusammenpassen *vi* ‖ ~ *n* / Sitz *m*, Passung *f* ‖ ~ *adj* /

passend *adj*, zweckmäßig *adj* ‖ ~ **closely** / dicht anliegen ‖ ~ **for spinning** / spinnfähig *adj*, verspinnbar *adj* ‖ ~ **of a garment** / Sitz *m* eines Kleidungsstückes
fitted *adj* / angepaßt *adj*, tailliert *adj* ‖ ~ **bodice** / anliegende Taille ‖ ~ **carpet[ing]** / Auslegeteppich *m*, Auslegeware *f*, [verlegter] Teppichboden ‖ ~ **garment** / angepaßtes Kleidungsstück, passendes Kleidungsstück, anliegendes Kleidungsstück ‖ ~ **pattern** (text pr) / Paßmuster *n* ‖ ~ **sheet** / Spannbettuch *n* ‖ ~ **suit** (ladies') / tailliertes Kostüm ‖ ~ **suit** (men's) / taillierter Anzug ‖ ~ **textile floor covering** / verlegter textiler Bodenbelag
fitter *n* (weav) / Einlegestäbchen *n*, Rute *f* ‖ ~ (of garments) / Anprober *m*, Schneider *m*
fitting *n* (text pr) / Rapport *m* ‖ ~ (cpt) / Zuschneiden u. Verpassen *n* ‖ ~ (scr pr) / Passer *m* ‖ ~ (mach) / Formstück *n*, Fitting *n* ‖ ~ (garments) / Anprobe *f* ‖ ~ **room** / Anprobekabine *f* ‖ ~ **trouble** (scr pr) / Passerschwierigkeiten *f pl*
five--bowl rolling calender / Fünf-Walzen-Rollkalander *m* ‖ ~**-eights hose** / Sportstrumpf *m* ‖ ~**-end adj** (weav) / fünfbindig *adj* ‖ ~**-end satin** / fünfbindiger Atlas, fünfschäftiger Atlas ‖ ~**-end satin weave** / fünfbindiger Kettatlas ‖ ~**-feeder attachment** / Ringelapparat *m* mit fünf Fadenführern ‖ ~ **finger glove** / Fünffingerhandschuh *m* (DIN 61533) ‖ ~**-finger yarn change** / Ringelapparat *m* mit fünf Fadenführern ‖ ~ **o'clocks** (GB) *pl* / feine Damasttafelwäsche
fiveshaft satin / fünfbindiger Atlas, fünfschäftiger Atlas
five-thread soutache braid / Diamantlitze *f*
fivette *n* (Fr) / dunkelgefärbter Futterköper
fiving *n* (weav) / Webfehler *m* in fünfbindigen Atlasgeweben
fix *v* (dye) / fixieren *v* ‖ ~ (text pr) / entwickeln *v*
fixable *adj* (dye) / fixierbar *adj*
fixation *n* (dye) / Fixierung *f*, Fixieren *n* ‖ ~ **acceleration agent** / Fixierbeschleuniger *m*, Fixierungsbeschleuniger *m* ‖ ~ **accelerator** s. fixation acceleration agent ‖ ~ **agent** / Fixiermittel *n*, Fixierhilfsmittel *n*, Fixierungsmittel *n* ‖ ~ **bath** / Fixierbad *n* ‖ ~ **by curing by means of contact heat** (trans pr) / Fixierung *f* durch Kontaktwärme ‖ ~ **by curing in hot air** (trans pr) / Fixierung *f* durch Kondensation ‖ ~ **chamber** / Fixierkammer *f* ‖ ~ **level** (dye) / Fixiergrad *m* ‖ ~ **machine** / Fixiermaschine *f* ‖ ~ **of the dye** / Farbstoffixierung *f*, Fixierung *f* des Farbstoffs, Farbstoffbindung *f* ‖ ~ **performance** (dye) / Fixierverhalten *n* ‖ ~ **process** / Fixierverfahren *n* ‖ ~ **range** / Fixierbereich *m* ‖ ~ **rate** (dye) / Fixiergeschwindigkeit *f*, Fixierrate *f* ‖ ~**-resistant** *adj* / fixierbeständig *adj* ‖ ~ **stenter** (dye) / Fixierrahmen *m* ‖ ~ **time** / Fixierzeit *f* ‖ ~ **unit** (text pr) / Fixieraggregat *n* ‖ ~ **yield** / Fixierausbeute *f*
fixative *n* / Fixativ *n*, Fixierungsmittel *n*
fix below [full] width / schmal fixieren (Ware)
fixed *adj* / fixiert *adj* ‖ ~ (chem) / gebunden *adj* ‖ ~ **bobbin** / Standspule *f*, feststehende Spule ‖ ~ **comb** / Standkamm *m* ‖ ~ **reed** / feststehendes Webeblatt, feststehendes Blatt ‖ ~ **reed loom** / Festblattstuhl *m* ‖ ~ **retainer** (zip) / Teilbarkeitskasten *m* ‖ ~ **roll[er]** / Festrolle *f*, Festwalze *f* ‖ ~ **warping cone** / fester Schärkonus (DIN 62500) ‖ ~ **warping drum** / feste Schärtrommel (DIN 62500) ‖ ~ **wire** (weav) / stehende Platine
fixing *n* (dye) / Fixierung *f*, Fixieren *n* ‖ ~ **agent** / Fixiermittel *n*, Fixierhilfsmittel *n*, Fixierungsmittel *n* ‖ ~ **ager** / Fixierdämpfer *m* (DIN 64990) ‖ ~ **bath** / Fixierbad *n* ‖ ~ **liquor** / Fixierflüssigkeit *f*, Fixierlösung *f* ‖ ~ **peg** (text pr) / Fixierstift *m* ‖ ~ **process** / Fixierverfahren *n* ‖ ~ **salt** / Fixiersalz *n* ‖ ~ **the gauze** (scr pr) / Spannen *n* der Gaze, Aufspannen *n* der Gaze
fix the heald frames (weav) / die Schäfte anschirren *v* ‖ ~ **the meshes** (hos) / abketteln *v*
flabby handle / lappiger Griff, schlaffer Griff

flag v (sew) / flattern v ‖ ~ n / Fahne f, Flagge f ‖ ~ **cloth** / Fahnentuch n, Fahnenstoff m, Flaggentuch n, Flaggenstoff m
flagging n (sew) / Flattern n
flag red / flaggenrot adj
flaine n (Fr) / gestreiftes Inlett
flake v (printing thickener) / abplatzen v ‖ ~ n (supply form) / Flocke f, Schuppe f ‖ ~ **cellulose** / Zelluloseflocken f pl ‖ ~ **twist** / Flammenzwirn m ‖ ~ **yarn** / Flammengarn n, Flammgarn n, Flammégarn n, Ombrégarn n, Flockengarn n, Knotengarn n ‖ ~ **yarn fabric** / Flammenstoff m, Flammengewebe n
flame v / flammen v (Gewebe) ‖ ~ n / Flamme f ‖ ~ **application time** (mat test) / Beflammungszeit f ‖ ~ **applied insulation of welded seams** (ctg) / Warmverfahren n bei der Nachisolierung von Schweißverbindungen ‖ ~ **bondability** / Flammkaschierbarkeit f ‖ ~ **bonding** / Flammkaschierung f, Flammbondierung f, Flammkaschieren n, Flammlaminieren n, Flammverfahren n ‖ ~ **bonding equipment** / Flammkaschieranlage f ‖ ~ **bonding of foam to fabric** / Heißsiegeln n von Schaumstoff mit Textilien ‖ ~ **exposure time** (mat test) / Beflammungszeit f ‖ ~ **fusion** s. flame bonding ‖ ~ **ion detector** / Flammenionendetektor m, Flammenionisationsdetektor m ‖ ~**-laminable foam** / aufschmelzbarer Schaumstoff für die Gewebekaschierung ‖ ~ **laminating** s. flame bonding ‖ ~**-lamination process** / Flammlaminierungsverfahren n, Aufschmelzen n von Schaumstoff, Flammkaschierung f, Schmelzbeschichtung f ‖ ~**-lamination process** s. also flame bonding ‖ ~ **penetration behaviour** / Durchbrennverhalten n
flameproof adj / flammensicher adj, flammsicher adj, flammfest adj, schwer entflammbar, nicht entflammbar, unentflammbar adj, nicht brennbar ‖ ~ **agent** / Flammenschutzmittel n, Flammschutzmittel n, Flammfestmittel n
flameproofed adj / flammfest ausgerüstet, flammsicher ausgerüstet, flammfest imprägniert, flammsicher imprägniert
flameproof fibre / flammfest ausgerüstete Faser ‖ ~ **finish** / Flammschutzausrüstung f, flammfeste Ausrüstung, Flammfest-Ausrüstung f, Flammschutzimprägnierung f, Flammfestimprägnierung f, Flammfestappretur f ‖ ~ **finish impregnation** s. flameproof finish
flameproofing n / Flammsichermachen n, Flammfestmachen n, Unentflammbarmachen n, Flammschutz m ‖ ~ **agent** / Flammfestmittel n, Flammenschutzmittel n, Flammschutzmittel n ‖ ~ **chemicals** / Flammenschutz-Chemikalien f pl, Flammschutz-Chemikalien f pl ‖ ~ **emulsion** / Flammschutzemulsion f ‖ ~ **finish** s. flameproof finish
flameproofness n / Flammsicherheit f, Flammfestigkeit f, Nichtentflammbarkeit f, Unentflammbarkeit f
flame propagation velocity (mat test) / Flammenausbreitungsgeschwindigkeit f ‖ ~ **red** adj / feuerrot adj (RAL 3000), flammenrot adj, brandrot adj ‖ ~ **resistance** / Flammbeständigkeit f, Flammfestigkeit f, Flammwidrigkeit f ‖ ~ **resistant** / flammbeständig adj, flammfest adj, flammwidrig adj, schwer entflammbar ‖ ~ **resistant finish** s. flameproof finish ‖ ~**-resistant protective clothing** / flammhemmende Schutzbekleidung ‖ ~ **resistivity** s. flame resistance ‖ ~ **retardancy** / Flammverzögerungsvermögen n, flammenhemmende Wirkung ‖ ~ **retardant** / flammhemmend adj, flammenhemmend adj, flammsicher adj, flammensicher adj, flammwidrig adj, schwer entflammbar ‖ ~ **retardant** / Flammschutzmittel n, Flammfestmittel n ‖ ~ **retardant additive** / flammhemmendes Zusatzmittel, flammhemmendes Hilfsmittel, Flammschutzmittel n ‖

~ **retardant agent** s. flame retardant ‖ ~ **retardant apparel** / flammhemmende Bekleidung ‖ ~ **retardant apparel fabric** / flammhemmendes Bekleidungsgewebe ‖ ~ **retardant coating** / flammhemmende Beschichtung ‖ ~ **retardant fabric** / flammfestes Gewebe, flammhemmendes Gewebe, schwer entflammbares Gewebe ‖ ~ **retardant fibre** / flammfeste Faser ‖ ~ **retardant finish** / flammhemmende Ausrüstung ‖ ~ **retardant finishing** s. flame retardant finish ‖ ~ **retardant material** / flammfestes Material ‖ ~ **retardant product** / flammfestes Erzeugnis, schwer entflammbares Erzeugnis ‖ ~ **retardant properties** / Schwerbrennbarkeit f, flammhemmende Eigenschaften ‖ ~ **retardant regulations** / Vorschriften f pl über Flammfest-Ausrüstung (von Textilien) ‖ ~ **retardant requirements** / Anforderungen f pl an flammhemmende Eigenschaften (von Textilien) ‖ ~ **retardant textiles** / flammhemmende Textilien, flammfest ausgerüstete Textilien ‖ ~ **scarlet** / flammenrot adj, flammrot adj ‖ ~ **shrinkage** / Flammschrumpfung f ‖ ~ **singeing machine** / Flammsengmaschine f (DIN 64990)
flames novelty yarn / Flammengarn n, Flammgarn n, Flammégarn n, Ombrégarn n
flame spraying / Flammspritzen n ‖ ~ **test** / Brennprobe f, Brenntest m ‖ ~ **yarn** / Flammengarn n, Flammgarn n, Flammégarn n, Ombrégarn n
flamingo adj / flamingorot adj
flammability n / Brennbarkeit f, Entzündlichkeit f, Entzündbarkeit f, Entflammbarkeit f, Feuergefährlichkeit f ‖ ~ **retardancy** / Brandschutzverhalten n ‖ ~ **retardant** / brandverzögernd adj, flammfest ausgerüstet ‖ ~ **temperature** / Entflammbarkeitstemperatur f ‖ ~ **test** / Brennbarkeitsprüfung f, Entflammbarkeitsprüfung f, Entflammungsprüfung f ‖ ~ **tester** / Entflammbarkeitsprüfgerät n
flammable adj / entflammbar adj, entzündlich adj, brennbar adj ‖ ~ **Fabrics Act** (covering textile apparel and home furnishing products) (US) / US-Gesetz über flammhemmende Eigenschaften von Textil-Bekleidung und Heimtextilien
flammé n (Fr) Flammé m, Ombré m, Flammgarn n, Flammégarn n ‖ ~ **yarn** / Flammégarn n, Flammgarn n, Flammengarn n, Ombrégarn n
Flanders lace / flämische Spitze, flandrische Spitze, Antwerpener Spitze, Brüsseler Spitze
flange n (sectional beam) (weav) / Scheibe f (Teilkettbaum) ‖ ~ **bobbin** (spinn) / Tellerspule f, Randspule f
flanged bobbin (spinn) / Flanschenspule f, Scheibenspule f (DIN 61589) ‖ ~ **bobbin winder** / Scheibenspulmaschine f, Windemaschine f ‖ ~ **spool** (spinn) / Flanschenspule f, Scheibenspule f (DIN 61589)
flange of the bobbin / Spulenrand m
flank wool / Flankenwolle f, Lendenwolle f
flannel n (fabric) / Flanell m ‖ ~ (face cloth) (GB) / Waschlappen m, Seiftuch n, Seiflappen m ‖ ~ **crepe** / Flanellkrepp m
flannelette n / Baumwollflanell m, Hemdenflanell m, gerauhter Baumwollstoff, Barchent m ‖ ~ **sheeting** / Barchent-Bettuch n
flannel finish / Flanellausrüstung f, flanellähnliches Aufrauhen ‖ ~ **for lining** / Futterflanell m ‖ ~**-grey** adj / hosengrau adj ‖ ~ **milling** (dye) / Flanellwalke f ‖ ~ **shirt** / Flanellhemd n ‖ ~ **twill** / Köperflanell m ‖ ~ **wool** / Flanellwolle f ‖ ~**-wound roll[er]** / mit Flanell belegte Walze ‖ ~ **yarn** / Flanellgarn n
flap cleaner / Klappenreiniger m ‖ ~ **lock slider** (zip) / an den Flanken feststellender Schieber ‖ ~ **of a pocket** / Patte f, Taschenaufschlag m, Taschenklappe f ‖ ~ **pocket** / Pattentasche f, Klappentasche f
flare control (US) / Korrektur f der Abendfarbe
flared skirt (fash) / weitschwingender Damenrock, ausgestellter Damenrock ‖ ~ **trousers** pl / Slop-Hose f

flare

flare narrowing (hos) / Schenkelminderung f, Schenkeldecken n
flash ageing (text pr) / Schnelldämpfen n, Blitzdämpfen n ‖ ~ **ageing process** (two-phase printing) / Kurzdämpfverfahren n ‖ ~ **ageing process for reactive dyestuffs** / Zweiphasen-Reaktivdruckverfahren n ‖ ~ **ager for acid steaming** / Säure-Schnelldämpfer m ‖ ~ **curing process** (fin) / Schock-Trocknung-Kondensationsverfahren n, STK-Verfahren n ‖ ~ **point** / Flammpunkt m ‖ ~ **spinning** / Flash-Spinning n ‖ ~ **type ager** / Portaldämpfer m (Ware läuft linksseitig)
flat n (weav) / Webfehler m, Doppelfaden m ‖ ~ (spinn) / Deckel m (der Krempel) ‖ ~ adj / flach adj, platt adj, eben adj ‖ ~ (dye) / trüb adj, stumpf adj ‖ ~ (shade) / fahl adj, fade adj, leer adj ‖ ~ **abrasion resistance** / normale Scheuerfestigkeit ‖ ~ **and float** / Webfehler m, Webnest n ‖ ~ **appearance** / flacher Warenausfall ‖ ~-**back needle** (knitt) / Nadel f mit plattliegendem Haken ‖ ~ **bale** (cotton) / flacher Baumwollballen ‖ ~ **banding** / flaches Band ‖ ~ **bar knitting machine** / Flachstrickmaschine f ‖ ~ **bar machine** / Flachstrickmaschine f ‖ ~-**bath spinning machine** / Flachbadspinnmaschine f ‖ ~ **bearing** (card) (spinn) / Deckellager n ‖ ~ **bed [knitting] machine** / Flachstrickmaschine f ‖ ~ **bed machine** / Flachstrickmaschine f ‖ ~ **bed press** / Flachplättmaschine f ‖ ~ **bed press** / Muldenpresse f ‖ ~ **bed printing machine** / Flachdruckmaschine f ‖ ~ **bed sewing machine** / Flachbettnähmaschine f ‖ ~ **bed steaming and ironing press** / Flachbett-Dampf- und Bügelpresse f ‖ ~ **bed steam relaxation** / Flachtisch-Dampfkrumpfung f ‖ ~ **bed tucking machine** / Flachbett-Biesenmaschine f ‖ ~ **bobbin** / Flachspule f ‖ ~ **border machine** (knitt) / Kantenflachstrickmaschine f ‖ ~ **braid** / flache Litze ‖ ~ **bundle method** / Flachbündelverfahren n nach Pressley ‖ ~ **cambric** / leinwandbindige Baumwollware geringer Qualität ‖ ~ **canvas** / Stickereikanevas m ‖ ~ **card** (spinn) / Deckelkarde f ‖ ~ **chain** (spinn) / Deckelkette f ‖ ~ **cheese** / Spulenkuchen m ‖ ~ **chenille** / Flachchenille f ‖ ~ **clothing** (spinn) / Deckelgarnitur f ‖ ~ **conical cheese** / Sonnenspule f ‖ ~ **crepe** / Flachkrepp m ‖ ~ **crepe yarn** / stark gedrehtes Kreppgarn ‖ ~ **driving chain** (spinn) / Deckelkette f ‖ ~ **embroidery** / Blattstickerei f, Flachstickerei f ‖ ~ **examining board** (hos) / Prüfform f für flache Strumpfform ‖ ~ **exposure frame** (with high-intensity UV fluorescent lamp) / Flachbelichter m (ausgestattet mit Black-Light-Leuchtstoffröhre) ‖ ~ **fabric** (knitt) / Flachware f, Flachwirkware f ‖ ~ **fabric** (knitt) / glatte Schlauchware für Unterwäsche ‖ ~ **fell seam attachment** (making-up) / Kappvorsatz m ‖ ~ **fell seamer** (making-up) / Kappmaschine f ‖ ~ **finish** / matte Ausrüstung ‖ ~ **fold** (clothm) / Aufrollen n nicht gefalteter Stoffe ‖ ~ **frame** (knitt) / Flachstrickmaschine f ‖ ~ **frame timing** / Flachmaschinenkulierung f ‖ ~ **fulling** (US) / Plattwalken n ‖ ~ **grinding machine** (spinn) / Deckelschleifmaschine f, Kardendeckelschleifmaschine f ‖ ~ **groove shank of needle for knitting machine** / flacher gestreckter Schaft einer Wirkmaschinennadel (DIN 62191) ‖ ~ **heald braiding machine** (knitt) / Flachlitzenflechtmaschine f ‖ ~ **hosiery knitting machine** / Flachstrumpfwirkmaschine f (Cottonmaschine) ‖ ~ **iron** / Bügeleisen n, Plätteisen n ‖ ~ **iron test** / Bügeleisentest m ‖ ~ **knit** / Flachstrickware f, Flachgestrick n ‖ ~ **knit goods** pl / Flachstrickware f, Flachware f ‖ ~ **knitted fabric** / Flachstrickware f, Flachgestrick n ‖ ~ **knitting** / Flachstrickerei f ‖ ~ **knitting frame** / Flachstrickmaschine f ‖ ~ **knitting frame with loop forming sinkers** / Flachkulierstuhl m ‖ ~ **knitting loom** / Flachstrickstuhl m ‖ ~ **knitting machine** / Flachstrickmaschine f ‖ ~ **knitting machine carriage** /

Flachstrickmaschinenschlitten m ‖ ~ **knitting machine for ribbons** / Bänderflachstrickmaschine f ‖ ~ **knitting machine for stockings** / Strumpfflachwirkmaschine f (Cottonmaschine) ‖ ~ **knitting machine needle** / Flachstrickmaschinennadel f ‖ ~ **lapseaming** (sew) / überlappt-flaches Zusammennähen ‖ ~ **latch needle knitting machine** / Zungennadel-Flachstrickmaschine f ‖ ~ **layer drier** / Flachtrockner m (DIN 64990) ‖ ~ **leg form of the butt type** (shapeless form for panty-hose as opposed to form with calf and foot shaping) / Stumpfform f ‖ ~ **links and links knitting machine** / Flach-Links-Links-Maschine f, Links- und Links-Flachstrickmaschine f, Links-Links-Flachstrickmaschine f, Links-Links-Strickmaschine f ‖ ~ **links and links machine** s. flat links and links knitting machine ‖ ~ **liquor** / flaue Flotte
flatlock seam / Flatlocknaht f ‖ ~ **stitch** (sew) / Flatlocknähstich m
flat machine / Flachstrickmaschine f ‖ ~ **memory** / Flat memory ("Erinnerungsvermögen" an einen flachen Urzustand bei Gewebe) ‖ ~ **milling** (US) / Plattwalken n ‖ ~ **needle** (knitt) / Flachnadel f ‖ ~ **needle for combing and spinning machines** / Flachnadel f für Kämmerei- und Spinnereimaschinen (DIN 64135) ‖ ~ **pirn** (weav) / Flachschußspule f ‖ ~ **plate printing** / Flachplattendruck m ‖ ~ **point lace** / platte Spitze ‖ ~ **polyester filament** / glattes Polyester-Filament f ‖ ~ **pressing** / Bügeln n auf der Presse ‖ ~ **purl knitting machine** / Links-Links-Flachstrickmaschine f, Flach-Links-Links-Maschine f ‖ ~ **purl stitch knitting machine** / Links-Links-Flachstrickmaschine f, Flach-Links-Links-Maschine f ‖ ~ **rib machine** (knitt) / Flachrändermaschine f ‖ ~ **rib top machine** (knitt) / Flachränderstrickmaschine f
flat scraper / Flachschaber f ‖ ~ **screen** (weav) / Planknotenfang m ‖ ~ **screen printing** / Flachfilmdruck m, Flachsiebdruck m, Flachdruck m, Flachschablonendruck m ‖ ~ **screen printing machine** / Flachfilmdruckmaschine f, Flachsiebdruckmaschine f, Flachschablonendruckmaschine f ‖ ~ **seam** (sew) / Flachnaht f, platte Naht ‖ ~ **seam** (knitt) / Anrändernaht f ‖ ~ **seamer** n / Flachnaht-Nähmaschine f ‖ ~ **seaming** (knitt) / Zusammennähen n Kante an Kante ‖ ~-**seaming machine** (sew) / Flachnahtmaschine f ‖ ~ **seam sleeve** (fash) / Kappnahtärmel m ‖ ~-**seam stitch** / Flachnahtstich m ‖ ~ **setting** (wool) / Flachfixieren n, Flachfixierung f ‖ ~ **shade** / stumpfer Farbton, leerer Farbton ‖ ~ **shank needle** (sew) / Flachkolbennadel f ‖ ~ **shank of sewing needle** / Flachkolben m ‖ ~ **sheet** / Flachfolie f, Breitbandfolie f ‖ ~ **steam press** (fin) / Dampfplattenpresse f (DIN 64990) ‖ ~ **steel heald** (weav) / Flachstahllitze f ‖ ~ **steel heddle** (weav) / Flachstahllitze f ‖ ~ **stenter drier** / Planspanntrockner m ‖ ~ **stitch** / Plattstich m, Flachstich m ‖ ~ **stitch embroidering foot** / Raupenfuß m ‖ ~ **stitch embroidery** / Plattstichstickerei f ‖ ~ **stitch [embroidering] machine** (sew) / Plattstichmaschine f ‖ ~ **stocking blank** / Strumpfrohling m ‖ ~ **strip, flat strips** pl (spinn) / Kardendeckelauszupf m ‖ ~ **stripping brush** (spinn) / Kardendeckelputzbürste f ‖ ~ **stripping comb** (spinn) / Kardendeckelputzkamm m ‖ ~ **stripping device** (spinn) / Deckelausstoßanlage f ‖ ~ **stripping roll[er]** (spinn) / Deckelputzwalze f ‖ ~ **strippings** pl (spinn) / Deckelausstoß m ‖ ~ **support** (card) (spinn) / Deckelhalter m
flatten v / flachpressen v, plattdrücken v ‖ ~ (shade) / abstumpfen v, mattieren v ‖ ~ (silk) / laminieren v
flattened metal thread / Lahn m, Flachdraht m ‖ ~ **pile** / Polgewebe mit Flachlegeeffekt, flachgepreßter Flor
flattener n (bleach) / Streckbarren m
flattening n (dye) / Verflachen n, Verflachung f, Abstumpfen n, Mattieren n ‖ ~ (cpt) / Flachwerden n

durch Niederdrücken/Verdichten ‖ ~ **machine** / Plättmaschine f, Bügelmaschine f, Preßmaschine f
flatting agent (dye) / Mattierungsmittel n
flat underwear / rechtsmaschige Unterwäsche, glatte Unterwäsche ‖ ~ **underwear fabric** (knitt) / glatte Ware für Unterwäsche ‖ ~ **warp frame** / Flachkettenstuhl m ‖ ~ **warp knitting machine** / Flachkettenwirkmaschine f (DIN 62110) ‖ ~ **wash** (US) / Mangelwäsche f ‖ ~ **weft knitting machine** / Flachkulierwirkmaschine f, Cotton-Maschine f ‖ ~ **weft rib knitting machine with spring beard needles** / Flachkulierrippwirkmaschine f ‖ ~ **wire** (spinn) / Flachdraht m, Lahn m ‖ ~ **wire braid** / Lahnborte f ‖ ~ **wire heald** (weav) / Flachdrahtlitze f
flatwork n (US) (handkerchiefs, napkins, sheets and tablecloths) / Mangelwäsche f, Hauswäsche f
flat woven fabric / Flachgewebe n, Uniwebware f ‖ ~ **woven upholstery fabric** / Möbelstoff-Flachgewebe n, Flachgewebe n für Polsterstoffe ‖ ~ **yarn** / Flachgarn n, ungedrehtes Garn ‖ ~ **yarn** / Glattgarn n ‖ ~ **yarn** (untextured) / nicht-texturiertes Garn
flavanthrene n (dye) / Indanthrengelb n G
flavone n / Flavon n ‖ ~ **pigment** / Flavonfarbstoff m
flavonic acid / Flavonsäure f
flaw n / Materialfehler m, Fehler m, Defekt m, Fehlerstelle f ‖ ~ **formation** (weav) / Webfehler m, Webnest n, Nestbildung f ‖ ~ **marker** (weav) / Fehlermarkierapparat m
flax n / Flachs m, Lein m ‖ ~ **bast** / Flachsbast m ‖ ~ **beater** / Flachsschwingmaschine f ‖ ~ **binder** / Flachsbinder m ‖ ~ **blossom shade** / flachsblütenfarbiger Ton ‖ ~ **bobbin** / Flachsspule f ‖ ~ **breaker** / Flachsbreche f, Flachsschwingmaschine f, Flachsreißmaschine f ‖ ~ **breaking** / Flachsbrechen n, Flachsknicken n ‖ ~ **breaking machine** / Flachsbreche f, Flachsbrechmaschine f, Flachsschwingmaschine f, Flachsreißmaschine f ‖ ~ **bundle** / Flachsbündel n ‖ ~ **carpet yarn** / Flachsteppichgarn n ‖ ~ **coloured** / flachsfarben adj ‖ ~ **comb** / Flachshechelmaschine f, Hechel f ‖ ~ **counts** pl / Leinengarn-Numerierung f ‖ ~ **cutter** / Flachsschneidemaschine f ‖ ~ **damask** / gemusterter Leinendamast ‖ ~ **de-seeding machine** / Flachsentsamungsmaschine f ‖ ~ **dew retting** / Tauflachsröste f ‖ ~ **dresser** / Flachsbereiter m ‖ ~ **dressing** / Flachsbereitung f, Flachsaufbereitung f ‖ ~ **drier** (mach) / Flachsdarre f ‖ ~ **drying** / Flachsdarre f ‖ ~ **drying machinery** / Flachstrocknungsmaschinen f pl
flaxen adj / flachsartig adj, flächsen adj, flächsern adj ‖ ~ (shade) / flachsfarben adj, flachsfarbig adj, flachsgelb adj
flax fibre / Flachsfaser f, Leinenpflanzenfaser f ‖ ~ **firing** / Flachsbrand m ‖ ~ **ginning machine** / Flachsentsamungsmaschine f ‖ ~ **grader** / Flachsklassierer m ‖ ~ **hackle** / Flachshechel f ‖ ~ **hackler** / Flachshechler m ‖ ~ **hackling** / Flachshecheln n, Hecheln n ‖ ~ **hackling machine** / Flachshechelmaschine f ‖ ~ **hards** pl / Flachswerg n ‖ ~ **knitting machine** / Flachsstrickmaschine f ‖ ~ **-like** adj / flachsähnlich adj ‖ ~ **-lily** s. New Zealand flax ‖ ~ **linen** / Flachsleinwand f, Leinwand f ‖ ~ **line spinning** / Langflachsspinnerei f ‖ ~ **line yarn** / Langflachsgarn n ‖ ~ **plait** / Flachszopf m ‖ ~ **pluckings** pl / Flachswerg n, Schwungwerg n, Flachshede f ‖ ~ **preparation** / Flachszurichtung f ‖ ~ **preparing plant** / Flachsaufbereitungsanstalt f ‖ ~ **processing** / Flachsverarbeitung f, Flachsaufmachung f ‖ ~ **processor** / Flachsverarbeiter m ‖ ~ **puller** / Flachsraufmaschine f ‖ ~ **pulling** / Flachsraufen n ‖ ~ **pulling machine** / Flachsraufmaschine f, Raufmaschine f ‖ ~ **rettery** / Flachsröste f (Anlage), Flachsaufbereitungsanlage f, Flachsaufbereitungsbetrieb m, Flachsröstbetrieb m ‖ ~ **retting** / Flachsröste f, Röste f, Flachsrotte f ‖ ~ **ripple** / Flachsriffel m, Flachsriffelmaschine f ‖

~ **rippling** / Flachsriffeln n, Flachsziehen n durch Riffelkämme ‖ ~ **rolling** / Flachsbrechen n, Flachsknicken n ‖ ~ **rougher** / Flachsvorhechler m ‖ ~ **scutcher** / Flachsbreche f, Flachsschwingmaschine f, Flachsreißmaschine f ‖ ~ **scutching** / Schwingen n des Flachses ‖ ~ **scutching machine** / Flachsbreche f, Flachsbrechmaschine f, Flachsschwingmaschine f, Flachsreißmaschine f ‖ ~ **seed** / Flachssamen m, Leinsamen m ‖ ~ **seed oil** / Leinsamenöl n ‖ ~ **shade** / Flachsfarbe f ‖ ~ **shives** / Flachsschäben f pl, Schäben f pl ‖ ~ **spinning** / Flachsspinnerei f (DIN 600012), Leinenspinnerei f ‖ ~ **spinning machine** / Flachsspinnmaschine f, Flachsspinnereimaschine f ‖ ~ **spinning machinery** / Flachsspinnereimaschinen f pl ‖ ~ **spinning mill** / Flachsspinnerei f ‖ ~ **stem** / Flachsstengel m ‖ ~ **straw** / Flachsstroh n ‖ ~ **stricks** / Flachsristen f pl ‖ ~ **tearing machine** / Flachsreißmaschine f ‖ ~ **thread** / Leinennähzwirn m ‖ ~ **tow** / Flachswerg n, Flachshede f, Schwungwerg n ‖ ~ **tow scutching machine** / Flachswergschwinge f ‖ ~ **tow spinning** / Flachswergspinnerei f ‖ ~ **tow yarn** / Leinenwerggespinst n ‖ ~ **twisting machine** / Flachszwirnmaschine f ‖ ~ **waste** / Flachsabfall m ‖ ~ **wax** / Flachswachs n ‖ ~ **weaving** / Flachsweberei f ‖ ~ **weaving machinery** / Leinwandwebereimaschinen f pl ‖ ~ **weed** / Leinenkraut n ‖ ~ **wet spinner** / Flachs-Naßspinner m ‖ ~ **winding** / Flachsweiferei f, Flachshaspeln n ‖ ~ **winding machinery** / Flachswickelmaschinen f pl
flaxy adj / flachsfarben adj, flachsfarbig adj, flachsgelb adj
flax yarn / Flachsgarn n, Leinengarn n, Langflachsgarn n
fleck v / sprenkeln v, mit Tupfen versehen
flecked adj / gefleckt adj, besprenkelt adj ‖ ~ **yarn** (blended yarn of cotton and acetate staple) / gesprenkeltes Garn
fleece n (wool) / Vlies n (DIN 60004) ‖ ~ / Schaffell n ‖ ~ / Schur f ‖ ~ / Flausch m ‖ ~ (spinn) / Pelz m, Wickel m ‖ ~ (nvw) / Faservlies n (DIN 61250) ‖ ~ **breaker** (spinn) / Pelzreißer m ‖ ~ **consolidation** / Vliesverfestigung f ‖ ~ **cotton** / Krempelpelz m
fleeced goods pl (knitt) / einseitig geraute Ware, wollig abgefütterte Ware ‖ ~ **mozambique** / Mozambique m mit pelzartiger Schauseite
fleece drier / Vliestrockner m
fleeced surface / aufgeraute Oberseite, flauschige Oberseite
fleece fabric / Pelzstoff m ‖ ~ **fabric** / Flausch m ‖ ~ **fabric** s. also fleecy fabric ‖ ~ **formation** (nvw) / Herstellung f mehrschichtiger Vliese zum Verbund ‖ ~ **former** (spinn) / Pelzbildner m ‖ ~ **-lined** adj / mit Schaffell gefüttert ‖ ~ **-lined** adj (knitt) / einseitig geraut ‖ ~ **-lined jacket** (sheep-lined) / Fliegerjacke f ‖ ~ **-lined underwear** / gefütterte Unterwäsche f ‖ ~ **lining** (knitt) / aufgeraute Abseite f ‖ ~ **of knit goods** / aufgeraute Futterseite von Wirkwaren ‖ ~ **roller** (spinn) / Felltrommel f
fleeces pl / Vlieswolle f (DIN 60004)
fleece scribbler (spinn) / Fellmaschine f, Pelzmaschine f ‖ ~ **washing** / Vliesverfestigung f ‖ ~ **with building-thread** / Bindefadenfutterware f ‖ ~ **wool** / Schurwolle f ‖ ~ **wool suitable for combing** / Kammvlieswolle f
fleecing machine / Vliesmaschine f
fleecy adj / wollig adj, flauschig adj ‖ ~ **backed** / wollig abgefüttert ‖ ~ **backed polyvinylchloride** / wollig abgefüttertes PVC, wollig abgefüttertes Polyvinylchlorid ‖ ~ **cotton sheeting** / Bettuchbiber m ‖ ~ **fabric** / Futterware f, Bindefadenfutter n, Deckfadenfutter n ‖ ~ **fabric** / Pelzstoff m ‖ ~ **fabric** / Flausch m ‖ ~ **handle** / flauschiger Griff ‖ ~ **lined** / wollig abgefüttert ‖ ~ **lining** / Florfutterstoff m ‖ ~ **nap on both sides** / doppelseitiges Rauhen ‖ ~ **yarn** (knitt) / Futterfaden m
Flemish flax / flämischer Flachs, belgischer Flachs ‖ ~ **lace** / flämische Spitze, flandrische Spitze,

Flemish

Antwerpener Spitze, Brüsseler Spitze || ~ **point** s. Flemish lace
flesh-coloured adj / fleischfarben adj, hautfarben adj
fleshings pl, flesh tights pl / fleischfarbener Trikotanzug
flesh tint / Fleischfarbe f, Fleischfarbton m || ~ **tone** / Fleischfarbe f, Fleischfarbton m
flex abrasion resistance / Biegescheuerwiderstand m, Knickscheuerwiderstand m || ~ **cracking** (ctg) / Biegerißbildung f, Biegeermüdung f || ~ **cracking resistance** (ctg) / Biegerißwiderstand m, Biegerißfestigkeit f || ~ **cracking test** (ctg) / Prüfung f der Biegerißfestigkeit, Dauerknickversuch m, Ermüdungsprüfung f || ~ **fastness** (ctg) / Knickbruchfestigkeit f, Knickfestigkeit f, Biegefestigkeit f
flexibility n (ctg) / Biegsamkeit f, Flexibilität f, Biegefähigkeit f, Geschmeidigkeit f, Zügigkeit f, Elastizität f || ~ **at low temperatures** (ctg) / Kälteflexibilität f (DIN 53513) || ~ **of the yarn** / Garnelastizität f, Fadenelastizität f
flexibilize v (ctg) / weichmachen v, flexibilisieren v
flexibilizer n (ctg) / Weichmacher m
flexiblade coater (type of blade coater) / Schaberstreichmaschine f
flexible adj (ctg) / biegsam adj, flexibel adj, elastisch adj, geschmeidig adj || ~ **film lamination** / Laminieren n mit flexiblem Überzug || ~ **foam** / Weichschaum m, weicher Schaumstoff, weich-elastischer Schaumstoff || ~ **printing table** (text pr) / elastischer Drucktisch || ~ **rapier loom** / Webmaschine f mit biegsamem Greifer || ~ **reed** / biegsames Webblatt
flexing abrasion testing apparatus / Knickscheuerprüfgerät n || ~ **elasticity** / Biegeelastizität f || ~ **fatigue limit** (ctg) / Dauerbiegefestigkeit f || ~ **machine** / Zügigkeitsprüfmaschine f || ~ **number** s. flex number || ~ **resistance** (ctg) / Biegefestigkeit f, Knickfestigkeit f, Knickbruchfestigkeit f || ~ **strength** s. flexing resistance || ~ **stress** (ctg) / Knickbeanspruchung f || ~ **test** (ctg) / Biegeprobe f, Knickbruchprüfung f || ~ **test on a flexing machine** (ctg) / Knickbruchprüfung f auf einer Flexing-Maschine
flexional resistance, flexional strength (ctg) / Biegefestigkeit f, Knickfestigkeit f, Knickbruchfestigkeit f
flex life (ctg) / Dauerbiegefestigkeit f, Ermüdungsbeständigkeit f || ~ **number** (number of cycles under defined conditions until the first visible peeling occurs) (ctg) / Knickzahl f
flexographic printing / Flexodruck m, Flexographie f
flexography n s. flexographic printing
flexometer n / Flexometer n
flex resistance (ctg) / Knickbruchfestigkeit f, Knickfestigkeit f, Biegefestigkeit f || ~ **test** / Biegeuntersuchung f || ~ **tube** (durch Kompression in Querrichtung zur Längsachse expandierbare Drahtgeflechtröhre
flexural cracking s. flex cracking || ~ **fatigue** (mat test) / Biegeermüdung f, Knickermüdung f || ~ **property** / Biegeeigenschaft f || ~ **rigidity** / Biegesteifigkeit f || ~ **rigidity** (nwv) / Widerstand m gegen Verformung || ~ **rigidity** / Drapierfähigkeit f || ~ **strength** / Biegefestigkeit f, Knickfestigkeit f, Knickbruchfestigkeit f || ~ **tensile strength** / Biegezugfestigkeit f
flexure n / Biegung f
flick n (GB) / Faserdecke f auf Baumwollstoffen
flier n s. flyer
flight of shuttle / Schützenflug m
flimsiness n / lockeres Gewebe, loses Gewebe || ~ / Lockerheit f eines Gewebes
flimsy n (coll.) / Damenunterwäsche f || ~ adj / leicht adj (Stoff), locker adj (Stoff)
flint dry / scharf getrocknet

float v (weav) / flotten v || ~ n (defect) (weav) / Flottierfaden m, flottierender Faden, freiliegender Faden, nicht eingebundener Faden || ~ **at the reverse side** / Fadenflottierung f auf der Rückseite || ~ **design** (weav) / Flottiermuster n || ~ **drier** / Schwebetrockner m (DIN 64990), Düsentrockner m
floated thread / Fadenflottierung f
floating n (weav) / Flottierung f, Flottung f, Flotten n || ~ (pigment) / Aufschwimmen n, Ausschwimmen n || ~ **fibre** / schwimmende Faser || ~ **film dryer** / Schwebebandtrockner m, Schwebetrockner m, Staukasten m || ~ **knife** (arrangement where the doctor blade is suspended over the cloth without touching the table, allowing the liquid or the solution to pass under the doctor blade and to coat the cloth) (ctg) / Luftrakel f || ~ **knife coater** / Luftrakel-Streichmaschine f || ~ **knife roll coater** / Luftrakel-Walzenbeschichter m || ~ **needle** (knitt) / nichtstrickende Nadel || ~ **needle coiler** / Wickelmaschine f mit fliegendem Wickeldorn || ~ **of the goods** (dye) / Schwimmen n des Färbegutes || ~ **[out] phenomenon** (pigment) / Ausschwimmerscheinung f || ~ **roll[er]** / Pendelwalze f, Tänzerwalze f || ~ **thread** (weav) / Flottierfaden m || ~ **web dryer** / Schwebebandtrockner m, Schwebetrockner m, Staukasten m || ~ **weft yarn** / Hohlschußbindung f
float length (weav) / Flottungslänge f, Flottierungslänge f
floatless pattern fabric (weav) / Webmuster n ohne Fadenflottierung auf der Rückseite, Webmuster n ohne flottierende Fäden
float loop (weav) / Fadenflottierung f (bei Hinterlegt-Ausführung) || ~ **-on-air dryer** / Schwebetrockner m (DIN 64990) || ~ **out** (pigment) / ausschwimmen v, aufschwimmen v || ~ **pick** (weav) / Lanzierschuß m || ~ **plated open work** (hos) / hinterlegt plattierter Mesh-Strumpf || ~ **plated pattern** (knitt) / hinterlegt plattiertes Muster || ~ **position** (knitt) / nichtstrickende Einstellung || ~ **regulator** (weav) / Schwimmerregler m (DIN 64990), Flottierungsregler m || ~ **repeat** (weav) / Bindungsrapport m
floats pl (weav) / hinterlegte Fäden m pl, flottliegende Fäden m pl, flottierende Fäden m pl || ~ (dye) / Schwimmgut n, aufschwimmendes Färbegut
float stitch / Flottung f, Flottierung f || ~ **warp** (cpt) / flottierende Kette, zusätzlicher Kettfaden || ~ **weft** / flottierender Schuß || ~ **yarn defect** / falsche Fadenflottierung
floc n (particularly in suspensions) / Flocke f
flocculability n / Flockungsvermögen n
flocculant n / Flockungsmittel n, Flockenbildner m, Ausflockungsmittel n, Flocker m
flocculate v / ausflocken v, zusammenflocken v (sich) || ~ n / Flocke f, flockiger Niederschlag
flocculating agent s. flocculant || ~ **power** s. flocculation power
flocculation n / Ausflocken n, Ausflockung f, Flockung f, Flokkulation f, Flockenbildung f || ~ **phenomenon** / Flokkulationserscheinung f || ~ **power** / Flockungsvermögen n, Flockungsfähigkeit f, Flockungskraft f, flockende Kraft || ~ **preventive power** / Flockungsschutzvermögen n (DIN 53908) || ~ **process** / Flockungsablauf m, Flockungsverlauf m || ~ **rate** / Flockungsgeschwindigkeit f || ~ **value** / Flockungswert m
floccule n / Flocke f, Flöckchen n
flocculence n / Ausflockung f, flockiger Zustand
flocculent adj / flockig adj, flockenartig adj, flockenförmig adj
flock n (spinn) / Flocke f || ~ (textile) / Flock m, Flockfaser f, Kurzfaser f, Faserkurzschnitte m, **flocked article** / beflockte Ware || ~ **carpet** / Flockteppich m || ~ **design** / Flockenmuster n || ~ **effect** / Beflockungseffekt m || ~ **fabric** / Flockware f || ~ **flooring** / Flockteppichware f || ~ **goods** pl / beflockte Ware, Stoff m mit

Flockenbeschwerung ‖ ~ **pile** / aufgeflockter Flor ‖
~ **pile fabric** / Flock-Florware *f* ‖ ~ **printing effect** /
Flockdruckmuster *n* ‖ ~ **yarn** / beflocktes Garn
flocker *n* / Beflockungsmaschine *f*
flock feeding / Flockenbeschickung *f* ‖ ~ **fibre** /
Flockfaden *m*, Flockfaser *f* ‖ ~ **finish** /
Flockenausrüstung *f* ‖ ~ **formation** / Flockenbildung *f*
flocking *n* / Beflocken *n*, Stoffbeschwerung *f* mit Flocken
‖ ~ **adhesive on solvent base** / Beflockungskleber *m*
auf Lösemittelbasis ‖ ~ **equipment** / Flockeinrichtung *f*
‖ ~ **machine** / Beflockungsmaschine *f* (DIN 64990) ‖
~ **of carpets** / Teppichbeflockung *f* ‖ ~ **of mouldings** /
Formteil-Beflockung *f* ‖ ~ **unit** /
Beflockungsvorrichtung *f*
flock mat / Flockenmatte *f* ‖ ~ **mattress** / Wollmatratze *f*,
mit Polsterflocken gefüllte Matratze ‖ ~ **powder** /
Feinflocken *f pl*, Flock *m* ‖ ~ **print** s. flock printing ‖
~ **print adhesive** / Flockdruckkleber *m* ‖ ~ **print effect**
/ Flockdruckmuster *n* ‖ ~ **printing** / Dessinbeflockung *f*
‖ ~ **printing** / Flockdruck *m*, Flockprint *m* ‖
~ **radiating apparatus** / Flockstrahler *m* ‖ ~ **regainer** /
Flockenabsauger *m*, Flockenabsaugvorrichtung *f*
flocks *pl* / Polsterflocken *f pl* ‖ ~ / Textilflocken *f pl*
flock silk / Flockseide *f* (von Kokonabfällen) ‖ ~ **spraying**
/ Beflocken *n* ‖ ~ **tow** / Flockkabel *n* ‖ ~ **wool**
(upholstery) / Seidenabfälle *m pl* ‖ ~ **yarn** / Flockgarn *n*
floconné *n* / Floconné *m*, Floconné-Wollstoff *m*,
Flockenstoff *m*
flooded nip inverted blade coating unit (type of blade
coater) / Schaberstreichmaschine *f*
floor covering / Fußbodenbelag *m* (DIN 61151) ‖
~ **covering** (i.e.S.) / Teppichboden *m* ‖ ~ **covering**
manufacturing machine / Herstellungsmaschine *f* für
Bodenbelag
flooring *n* / Bodenbelag *m*
floor mat / Fußbodenmatte *f* ‖ ~ **matting** /
Fußbodenmatte *f* ‖ ~ **rug** / Brücke *f* ‖ ~ **test** (cpt) /
Begehtest *m*
floral *adj* / geblümt *adj* ‖ ~ **braid** / Blümchenborte *f* ‖
~ **damask** / Blumendamast *m* ‖ ~ **design** /
Blumenmuster *n*, Blumenmotiv *n*, geblümtes Muster ‖
~ **pattern** s. floral design ‖ ~ **prints** / geblümte Stoffe *m*
pl ‖ ~ **ticking** / Bettpers *m*, Pers *m*
florence *n* (weav) / Florence *m* (feiner Futtertaffet aus
Naturseide) ‖ ~ **silk** / Florence-Futterseide *f*
florentine *n*, Florentine / Florentine *f* (geköperte
Baumwolle) ‖ ~ **tulle** / Florentiner Tüll *m*
floret *n* (Fr), florette / Brokatseide *f* ‖ ~ **silk** / Florettseide
f, Flockseide *f*, Schappeseide *f*, Abfallseide *f* ‖ ~ **silk**
yarn / Florettseidengarn *n* ‖ ~ **spinning** /
Florettspinnerei *f*, Schappespinnerei *f* ‖ ~ **yarn**
(mixture of floret silk and cotton or rayaon) /
Florettseidenmischgarn *n*
florida *n* / Floridaleinen *n* ‖ ~ **bowstring hemp** /
Bajonettpflanzenfaser *f* ‖ ~ **Sea Island** / Florida Sea
Island-Baumwolle (im Küstengebiet von Florida
gewonnene Baumwolle, Stapellänge bis 44,7O mm)
florodor cloth / halbwollener Tropenanzugstoff
floss *n* (silk fibres not suitable for reeling) / kurze
Seidenfaser, Strusen *f pl* ‖ ~ **silk** / Flockseide *f* für
Stickgarne ‖ ~ **thread** / Leinenstickgarn *n*
flossy *adj* / weich *adj*, flaumig *adj*
flotation method / Flotationsverfahren *n* ‖ ~ **process** /
Flotationsverfahren *n*
flounce *v* / mit Falbeln besetzen ‖ ~ *n* (fash) / Krause *f*,
Rüsche *f*, Volant *m*, Falbel *f* ‖ ~ (card) (spinn) / Volant
m ‖ ~ **board** (spinn) / Volantleiste *f* ‖ ~ **clothing** (spinn) /
Volantgarnitur *f*
flouncing *n* (fash) / Krause *f*, Rüsche *f*, Volant *m*, Falbel *f*
‖ ~ **lace** / Spitzenvolant *m*
flourishing thread / Glanzstickgarn *n* aus Leinen
flour starch thickening / Mehlstärkeverdickung *f*

flowability *n* (ctg) / Fließvermögen *n*,
Verlaufeigenschaften *f pl*, Fließfähigkeit *f*, Fließbarkeit
f, Fließverhalten *n*, Fließeigenschaft *f*
flow and spreading agent (ctg) / Verlaufmittel *n* ‖
~ **behaviour** / Fließverhalten *n* ‖ ~ **characteristics** (ctg)
/ Laufeigenschaften *f pl*, Verlaufeigenschaften *f pl* ‖
~ **coating** / Gießauftrag *m*, Gießauftragverfahren *n*,
Flow-Coating *n* ‖ ~ **coating process** / Gießverfahren *n*,
Gießauftragverfahren *n* ‖ ~ **control agent** (ctg) /
Verlaufmittel *n* ‖ ~ **cup** (mat test) / Auslaufbecher *m* ‖
~ **curtain** (ctg) / Gießvorhang *m* ‖ ~ **curtain stability** /
Gießvorhangstabilität *f*
flower *n* (ctg) / Blume *f*
flowered *adj* / geblümt *adj*
flowery *adj* / geblümt *adj*
flow heater / Durchlauferhitzer *m*
flowing consistency / Fließeigenschaft *f*, Konsistenz *f* ‖
~ **properties** *pl* (ctg) s. flowability ‖ ~ **properties** (print
paste) (penetration of the meshes of the screen gauze in
screen printing) / Durchpreßbarkeit *f*
flow limit (ctg) / Fließgrenze *f* ‖ ~ **moderator** (ctg) /
Fließmoderator *m* ‖ ~ **of cloth** / Gewebelauf *m* ‖ ~ **of**
fibres (spinn) / Faserdurchlauf *m* ‖ ~ **of liquor** (dye) /
Flottendurchsatz *m*, Flottenumlauf *m*, Flottenkreislauf
m ‖ ~ **performance** / Fließfähigkeit *f* ‖ ~ **point** /
Fließpunkt *m* ‖ ~ **potential measurement** (fibre test) /
Strömungspotentialmessung *f* ‖ ~ **print** / Nacré *m*,
Fließdruck *m* ‖ ~ **promoting agent** (ctg) / Verlaufmittel
n ‖ ~ **property** (ctg) s. flowability ‖ ~ **property** (water
repellent making agent) / Laufeigenschaft *f* ‖ ~ **time**
(ctg) / Auslaufzeit *f* ‖ ~ **trouble** (ctg) / Verlaufstörung *f*
fluctuation in humidity / Feuchtigkeitsschwankung *f* ‖ ~**s**
in fibre crystallinity / Schwankungen *f pl* in der
Faserkristallinität
flue *n* / Faserstaub *m*
fluff *n* (spinn) / Flugbildung *f*, Faserflug *m*, Walzenflug *m*
‖ ~ (spinn) / Flaum *m*, Faserflaum *m* ‖ ~ / Flusen *f pl*
‖ ~ (waste) / Faserabfall *m*
fluffiness *n* / Flaumigkeit *f*, Flockigkeit *f*, Pelzigkeit *f*,
Lockerheit *f*
fluffing *n* / Flusen *n*, Haaren *n* ‖ ~ (spin drier) /
knitterfreies Trockenschleudern
fluff process (detergents man.) / Fluff-Verfahren *n*
fluffy *adj* / flusig *adj* ‖ ~ / flauschig *adj*, wollig *adj*, pelzig
adj ‖ ~ / fusselig *adj*, fußlig *adj*, flaumig *adj*, flockig *adj*
fluid *n* / gestaltloses Medium (Flüssigkeit, Gas), Fluid *n* ‖
~ *adj* / flüssig *adj* ‖ ~ **bed drying machine** / Fließbett-
Trockner *m*, Wirbelschicht-Trockner *m* ‖ ~ **interlacer**
(for manufacture of interlaced yarns) / Fluid-
Verflechtungsvorrichtung *f*
fluidity *n* / Fließvermögen *f*, Fließfähigkeit *f*, Fließbarkeit
f, Fließverhalten *n*, Fließeigenschaft *f*
fluidization *n* / Fluidisation *f*
fluidize *v* / fluidisieren *v*, in den Fließbettzustand
überführen
fluidized bed technique / Fließbett-Technik *f*,
Wirbelschichttechnik *f*, Staubfließtechnik *f*, Fluid-
Technik *f*
fluid spinning / Strömungsspinnen *n* ‖ ~ **twisting** /
Flüssigzwirnen *n*
fluoresce *v* / fluoreszieren *v*
fluorescence *n* / Fluoreszenz *f* ‖ ~ / Fluoreszenzstrahlung
f ‖ ~ **analysis** / Fluoreszenzanalyse *f* ‖ ~ **carrier** /
Fluoreszenzträger *m* ‖ ~ **excitation** /
Fluoreszenzerregung *f*, Fluoreszenzanregung *f* ‖
~ **microscopy** (mat test) / Fluoreszenzmikroskopie *f* ‖
~ **quenching effect** / fluoreszenzlöschende Wirkung ‖
~ **spectrum** / Fluoreszenzspektrum *n*
fluorescent *adj* / fluoreszierend *adj*, Fluoreszenz...,
Leucht... (in Zssg.) ‖ ~ **agent** / Fluoreszenzstoff *m*,
Leuchtstoff *m* ‖ ~ **bleaching agent** / fluoreszierendes
Bleichmittel ‖ ~ **brightener** / optischer Aufheller,
Aufheller *m*, optisches Aufhellungsmittel, Weißtöner *m*
‖ ~ **brightening** / optische Aufhellung, Weißtönen *n* ‖

fluorescent

~ **brightening agent** s. fluorescent brightener ‖ ~ **dyestuff** / Fluoreszenzfarbstoff *m*, fluoreszierender Farbstoff, Leuchtfarbstoff *m* ‖ ~ **pigment** / Fluoreszenzpigment *n* ‖ ~ **substance** / Fluoreszenzstoff *m*, fluoreszierende Substanz, Leuchtstoff *m* ‖ ~ **whitener** / Weißtöner *m*, Aufheller *m*, optischer Aufheller ‖ ~ **whitening** / Weißtönen *n*, optisches Aufhellen ‖ ~ **whitening agent (FWA)** / Weißtöner *m*, Aufheller *m*, optischer Aufheller, optischer Fluoreszenzfarbstoff ‖ ~ **whitening agent for spinning** / Spinnweißtöner *m* ‖ ~ **whitening bath** / Weißtönerbad *n* ‖ ~ **whitening of packages** / Weißtönung *f* von Wickelkörpern ‖ ~ **yellow dyestuff** / fluoreszierende Gilbe
fluorescer *n* / Weißtöner *m*, Aufheller *m*, optischer Aufheller
fluoridized finish / Fleckenschutzausrüstung *f* mit Fluorchemikalien
fluorinate *v* / fluorieren *v*
fluorinated ethylene-propylene resin / fluoriertes Äthylen-Propylen-Kopolymerisat ‖ ~ **hydrocarbon** / Fluorchlorkohlenwasserstoff *m* ‖ ~ **solvent** / fluorhaltiges Lösungsmittel
fluorine compound / Fluorverbindung *f*
fluorocarbon *n* / Fluorkohlenwasserstoff *m* ‖ ~ **fibre** / Fluorkohlenstoffaser *f*, Fluorcarbonfaser *f*
fluorofibre *n* / Fluorofaser *f* (DIN 60001)
fluoroplastics *pl* / Fluor-Kunststoffe *m pl*
flush *v* (dye) / flushen *v* (Pigmente durch Kneten mit hydrophoben Bindemitteln entwässern und in Pastenform überführen), spülen *v*, ausschwemmen *v* ‖ ~ *n* (weav) / Flottierfaden *m* ‖ ~ **box** / Spülkasten *m*
flushed colour / geflushtes Pigment, Flushpaste *f* ‖ ~ **thread** / Flottierfaden *m*
flusher *n* / Flushkneter *m* (Knetmaschine zum Bereiten von Pigmentpasten)
flushing *n* (dye) / Flushing *n* (Überführung wäßriger Pigmente in Pastenform durch Kneten mit hydrophoben Bindemitteln) ‖ ~ (weav) / Flottierung *f* ‖ ~ (result: unsharp outlines) (text pr) / Bluten *n* der Farbe, Ausbluten *n* der Farbe ‖ ~-**in the fabrics** / Einsprühen *n* der Ware ‖ ~ **process** / Flushverfahren *n*, Flushingverfahren *n*, Direktverfahren *n* (zum Flushen von Farbpigmenten)
flushings *pl* / schwere Wollstoffe
flush process (dye) / Flushverfahren *n*
flute *v* / falten *v*, fälteln *v*, kräuseln *v*
fluted embossing / Riffelgravur *f* ‖ ~ **fabric** / gekräuselte Ware ‖ ~ **filter** / Faltenfilter *m* ‖ ~ **hem line** / gekräuselter Saum ‖ ~ **roll[er]** / Riffelwalze *f*, geriffelte Transportwalze ‖ ~ **roll[er]** (weav) / Riffelbaum *m*, Riffelwalze *f* ‖ ~ **roll[er]** (drawing frame) (spinn) / Riffelzylinder *m*, Kanalwalze *f*, Streckzylinder *m*, Unterzylinder *m* ‖ ~ **roller draw frame** (spinn) / Kanalstrecke *f*
fluting iron / Bügeleisen *n* zum Kräuseln von Stoffen
flutings *pl* / Kräuselbesatz *m*, Krause *f*, Rüsche *f*
fluttering *n* (of the fabric) (sew) / Flattern *n* (der Ware)
fly *n* / Schnellwalze *f*, Fixwalze *f* ‖ ~ (sew) / Schlitzleiste *f* ‖ ~ (defect) (weav) / Flug *m*, Faserflug *m*, eingewebte Fremdfasern *f pl* ‖ ~ (trousers) / Knopfleiste *f*, Hosenschlitz *m*, Hosenklappe *f* ‖ ~ **catching instrument** (spinn) / Flockfanggerät *n* ‖ ~ **collector** / Flugsammler *m* ‖ ~ **collector duct** / Flugsammelkanal *m* ‖ ~ **collector plate** / Flugsammelblech *n* ‖ ~ **comb** (spinn) / Hacker *m*, Hackerkamm *m*, Abnehmerkamm *m* ‖ ~ **comb spindle** / Hackerwelle *f* ‖ ~ **cotton** / Baumwollkardenabfall *m*, Baumwollstaub *m*, Baumwollflug *m*, Baumwollflugstaub *m* ‖ ~ **doubler** / Flügelzwirnmaschine *f*
flyer *n* (spinn, machine) / Flyer *m* (DIN 64100), Fleier *m*, Vorspinnmaschine *f*, Baumwollvorspinnmaschine *f*, Flügelspinnmaschine *f*, Vorgarnspinnmaschine *f* ‖ ~ (inverted U-shaped revolving device on spindle top) (spinn) / Spinnflügel *m*, Flügel *m* ‖ ~ **bobbin** /

Flyerhülse *f* (DIN 61805), Flyerspule *f* ‖ ~ **chain** / Flyerkette *f* ‖ ~ **doubling machine** / Fachzwirnmaschine *f* ‖ ~ **frame** s. fly frame ‖ ~ **frame for cotton spinning** / Flyer *m* für das Baumwollspinnverfahren ‖ ~ **frame for worsted yarn** / Kammgarnflyer *m* ‖ ~ **frame sliver** / Flyerlunte *f*, Flyervorgarn *n* ‖ ~ **lead** (spinn) / Flügelvorlauf *m*, Flyervorlauf *m* ‖ ~ **leg** / Flügelarm *m*, Flyerarm *m* ‖ ~ **spindle** / Flügelspindel *f*, Flyerspindel *f* ‖ ~ **spinning** / Flügelspinnen *n* ‖ ~ **spinning frame** s. fly frame ‖ ~ **spinning frame for fine counts** / Flügelfeinspinnmaschine *f* ‖ ~ **winding** (spinn) / Flügelaufwindung *f*, Flyeraufwindung *f* ‖ ~ **yarn** / Flyergarn *n*, Fleiergarn *n*
fly fibre / Flugfaser *f* ‖ ~ **formation** / Flugbildung *f* ‖ ~ **frame** / Flyer *m* (DIN 64100), Fleier *m*, Vorspinnmaschine *f*, Baumwollvorspinnmaschine *f*, Flügelspinnmaschine *f*, Vorgarnspinnmaschine *f* ‖ ~ **front** (trousers) / Hosenschlitz *m*, Hosenklappe *f*, Knopfleiste *f*
flyings *pl* / Baumwollstaub *m*, Baumwollflug *m*, Baumwollflugstaub *m*
flying shuttle (weav) / Schnellschützen *m*
fly lint / Faserflug *m* ‖ ~ **reed** / loses Webblatt ‖ ~ **roller stripper** / Flugfangwalze *f* ‖ ~ **seam** / Schlitzpartienaht *f*
flyshot loom / Schützenwebmaschine *f*
fly shuttle / Schnellschützen *m* ‖ ~ **shuttle lay** (weav) / Schnellade *f* ‖ ~ **twister** / Flügelzwirnmaschine *f* ‖ ~ **waste** / Baumwollkardenabfall *m*, Baumwollflug *m*, Baumwollflugstaub *m* ‖ ~ **wire** (knitt) / Fühlerdraht *m* ‖ ~ **wire spring** (knitt) / Fühlerdrahtfeder *f* ‖ ~ **wool** / Flugwolle *f*
FNF knitting machine / FNF-Kettenwirkmaschine *f*
foam *v* / schäumen *v*, verschäumen *v* ‖ ~ *n* (plastics) / Schaumstoff *m* ‖ ~ (froth) / Schaum *m*
foamable *adj* / schäumbar *adj*
foam application (dye) / Schaumauftrag *m* ‖ ~ **applicator** (dye) / Schaumauftragsgerät *n* ‖ ~-**back** *n* / kaschiertes Gewebe, kaschiertes Gewirke, schaumstoffbeschichtetes Gewebe, schaumstoffbeschichtetes Gewirke
foamback *n* / mit Schaumstoff laminierter Artikel, Schaumstofflaminat *n*
foam back / Schaumrücken *m* ‖ ~ **backed fabric** / schaumstoffbeschichtetes Textil ‖ ~ **backed flannel** / schaumstoffbeschichteter Flanell, Flanell *m* mit Schaumstoffunterseite
foambacked textiles / mit Schaumstoff laminierte Textilien
foamback--fixation by adhesive / Schaumstoff-Fixierung *f* durch Aufkleben ‖ ~-**fixation by fusion** / Schaumstoff-Fixierung *f* durch Verschweißen ‖ ~-**fixation by heat** / Schaumstoff-Fixierung *f* durch Hitzeeinwirkung
foam backing / Laminieren *n* mit Schaumstoff ‖ ~ **backing** / Schaumstoffunterseite *f*, Schaumstoffbeschichtung *f*, Schaumstoffkaschierung *f*
foambacks *pl* / Foambacks *pl*, schaumstoffverbundene Textilien
foam bonding / Schaumstoffbondieren *n*, Schaumstoffkaschieren *n*, Bondieren *n* / Verbindung *f* durch Schaumstoff ‖ ~ **breaker** s. foam inhibitor ‖ ~ **carbonizing** (wool fabrics) / Schaumkarbonisur *f* ‖ ~ **carbonizing** (of fabrics) / Schaumkarbonisur *f* ‖ ~ **carpet backing** / Schaumstoff-Teppichrückenbeschichtung *f* ‖ ~ **cleaning** / Schaumreinigung *f*, Schaumwäsche *f* ‖ ~ **coating** / Schaumbeschichtung *f*, Schaumstoffbeschichtung *f* ‖ ~ **drainage** / Schaumentwässerung *f* ‖ ~ **dyeing** / Schaumfärben *n*, Färben *n* im Schaum, Schaumauftrag *m* ‖ ~ **dyeing machine** / Schaumfärber *m*, Schaumfärbeapparat *m*

foamed artificial leather / Schaumkunstleder n ‖ ~ **dye solution** / verschäumte Farblösung ‖ ~ **leathercloth** / Schaumkunstleder n ‖ ~ **liquor** (dye) / verschäumte Flotte ‖ ~ **plastics cushion** / Schaumstoffkissen n ‖ ~ **plastics type** / Schaumstofftyp m
foamer n s. foaming agent
foam fibre / Schaumfaden m, Schaumstoffaden m ‖ ~ **forming apparatus** (mat test) / Schaumschlaggerät n ‖ ~ **impregnation** / Schaumimprägnierung f ‖ ~ **impregnation** / Durchschäumen n ‖ ~ **improver** / Schaumförderer m, Schaumverstärker m
foaming n / Schäumen n, Schaumbildung f ‖ ~ (ctg) / Beschäumen n ‖ ~ **agent** / Schaummittel n, Treibmittel n, Schäumungsmittel n ‖ ~ **capacity** / Schaumkraft f, Schäumfähigkeit f, Schäumvermögen n ‖ ~ **characteristics** / Schaumeigenschaften f pl, Schaumzahlen f pl ‖ ~ **device** / Schaumapparat m ‖ ~ **power** s. foaming capacity ‖ ~ **stability** / Schaumbeständigkeit f ‖ ~ **value** / Schaumwert m
foam inhibited (detergent) / schaumgebremst adj ‖ ~ **inhibitor** / Entschäumungsmittel n, Entschäumer m, Mittel n gegen Schaumbildung, Schaumverhinderungsmittel n, Schaumverhütungsmittel n, Antischaummittel n, Schaumzerstörungsmittel n ‖ ~ **laminate** / Schaumstoff-Schichtstoff m ‖ ~ **laminated jersey** / schaumstoffverbundener Jersey ‖ ~ **laminates** / schaumstoffverbundene Textilien pl ‖ ~ **laminating** / Schaumstoff/Textil-Kaschierung f, Schaumstoff-Laminieren n
foamless foam / Foamless-Foam m
foam padder (dye) / Schaumfoulard m ‖ ~ **persistence** / Schaumstabilität f ‖ ~ **plastic thread** / Schaumstoffaden m ‖ ~ **resistance** / Schaumbeständigkeit f (DIN 53902) ‖ ~ **stabilizer** / Schaumstabilisator m ‖ ~ **stabilizing compound** / Schaumstabilisator m ‖ ~ **suppressant** / Schaumdämpfungsmittel n ‖ ~ **suppressed** (detergent) / schaumgebremst adj ‖ ~ **suppressor** / Schaumdämpfungsmittel n ‖ ~-**to-fabric combining foam laminates** / schaumstoffverbundene Textilien ‖ ~ **underlay** / Schaumunterlage f
foamy adj / schaumig adj
foam yarn / Schaumstoffgarn n
fob n / Hosenuhrtasche f
fog blue / nebelblau adj
foggy yarn (defect) (dye) / geflecktes Garn, Wirrgarn n
fog-marking (defect) (dye) / Streifigkeit f, Streifenmarkierung f ‖ ~-**marking** n (soiling) / Verschmutzung f durch Schmutz aus der Luft
foil n / Folie f, Kunststoffolie f ‖ ~ **transfer process** (ctg) / Folien-Abziehverfahren n
fold v / falten v, in Falten legen, knicken v, legen v ‖ ~ (spinn) / fachen v, doppeln v ‖ ~ (yarn) / zudrehen v ‖ ~ n / Falte f, Knitter m ‖ ~ (ctg) / Knickfalte f ‖ ~-**back cuff** / Doppelmanschette f, Aufschlagmanschette f ‖ ~ **cloth in bookform** / Stoff in Buchform legen
folded edge / umgelegte Kante f ‖ ~ **fabric** / doublierter Stoff, in Falten gelegter Stoff ‖ ~ **glass filament yarn** / einstufiger Glasfilamentzwirn (DIN 61850) ‖ ~ **glass staple fibre yarn** / einstufiger Glasstapelfaserzwirn (DIN 61850) ‖ ~ **yarn** / einstufiger Zwirn (DIN 60900), einfacher Zwirn ‖ ~ **yarn** / Fachzwirn m ‖ ~ **yarn** / gefachtes Garn, doubliertes Garn ‖ ~ **yarn** (two or more single yarns twisted together in one operation) / Zwirn m, einstufiger Zwirn
folder n (fin) / Ableger m (DIN 64990) ‖ ~ (sew) / Faltapparat m ‖ ~ (of sewing machine) / Umleger m, Abkanter m (der Nähmaschine)
fold fabric selvedge upon selvedge / Gewebe leistengerade legen
folding and rolling machine / Doublierwickelmaschine f, Lege- und Wickelmaschine f, Wickelmaschine f ‖ ~ **and rubbing test** / Knick- und Scheuerprüfung f ‖ ~ **bobbin** (weav) / Fachspule f ‖ ~ **bottom** (spinn) / Flügelboden m, Klappboden m ‖ ~ **clamp** (sew) /

Faltklammer f ‖ ~ **endurance** / Falzwiderstand m, Falzfestigkeit f ‖ ~ **frame** (fin) / Abtafelvorrichtung f ‖ ~ **frame** (yarn) / Doubliermaschine f, Fachmachine f ‖ ~ **in layers** / Bandablegen n (parallele Schleifen legen) ‖ ~ **machine** / Legemaschine f, Faltmaschine f, Falter m, Ableger m, Gewebelegemaschine f ‖ ~ **machine with measuring device** / Legemaschine f mit Meßeinrichtung ‖ ~ **mark** / Faltenmarkierung f ‖ ~-**rubbing test** / Knickscheuerprüfung f ‖ ~ **station** (sew) / Faltstation f ‖ ~ **table** / Faltetafel f, Legetisch m (DIN 64990) ‖ ~ **test** / Faltprobe f ‖ ~ **twist** / Zwirndrehung f ‖ ~ **twister** / Fachzwirnmaschine f ‖ ~ **umbrella** / Taschenschirm m
fold in waistband end (sew) / Bund einfalten
folds pl (wool) / Schnauen f pl
foliage green / blattgrün adj ‖ ~ **pattern** (cpt) / Rankenmuster n
Folin's phenolic reagent / Folinreagens n
fond n / Fond m, Grund m ‖ ~ / Spitzengrund m
fondu printing / schattierter Druck
foot v (hos) / anfußen v ‖ ~ n (hos) / Strumpffuß m ‖ ~ (of tooth) (zip) / Fuß m eines Reißverschlußzahns ‖ ~ (of stocking) / Strumpffuß m
football jersey / Fußballtrikot n ‖ ~ **jersey** s. also jersey
foot course counter (knitt) / Fußreihenzähler m
footer n (hos) / Fußmaschine f, Wirkmaschine f zur Herstellung des Fußes, Strumpffußwirkmaschine f ‖ ~ **machine** / Sockenfußmaschine f
foot fall sound attenuation (cpt) / Trittschalldämpfung f ‖ ~ **fashioning** (hos) / Fußdeckerei f ‖ ~ **for rolled hems** / Rollsäumer m
footing n (hos) / Ausbessern n von Strumpffüßen ‖ ~ (hos) / Herstellung f des Fußes ‖ ~ **lace** / baumwollene Einfaßspitze ‖ ~ **machine** (hos) / Fußmaschine f
foot knitting machine / Fußstrickmaschine f ‖ ~ **length** (hos) / Fußlänge f
footless hose / Stutzen m
footlocks pl / Fußwolle f ‖ ~ / Beinlinge m pl
foot-operated sewing machine / Nähmaschine f mit Fußantrieb, Nähmaschine f mit Fußsteuerung
forage cap / Felduniformmütze f
force n / Kraft f ‖ ~ (US) / Stempel m (in der Kunststoffherstellung) ‖ ~ **at rupture** / Bruchkraft f
forced drying / Beschleunigungstrocknung f, Ofentrocknung f
force-elongation ratio (yarn) / Kraftdehnungsverhältnis n ‖ ~-**length alteration curve** (yarn) / Kraft-Längen-Änderungskurve f ‖ ~ **out** (liquor) / abdrücken v, abpressen v ‖ ~ **out under pressure** / unter Druck auspressen v ‖ ~ **through** / durchpressen v ‖ ~ **through** (liquor) / durchtreiben v ‖ ~ **upon the fibre** (dye) / auf die Faser treiben
forchette (knitt) / Handschuhzwickel m, Seitenteil n am Handschuhfinger
forchetting n (knitt) / Einnähen n der Handschuhzwickel
forebeam / Brustbaum m
foreman dyer / Färbermeister m ‖ ~ **finisher** / Appreturmeister m ‖ ~ **weaver** / Webmeister m
forerunner (dye) / Vorläufer m
foresleeve n / Unterärmel m
forestry cloth / Försteruniformstoff m
forest wool / Waldwolle f
fore-twist n / Vordrehung f
fork needle / Gabelnadel f ‖ ~ **of stop motion** / Fühlergabel f der Abstellvorrichtung ‖ ~-**shaped agitator** / Gabelrührer m ‖ ~ **type washing machine** / Gabelrechenwaschmaschine f (DIN 64990)
form v / bilden v, fassonieren v, formen v, broschieren v ‖ ~ (hatm) / fachen v ‖ ~ n / Form f, Gestalt f ‖ ~ (text pr) / Model m ‖ ~ (in the first stage of felting) (hatm) / Fach n, Fachglocke f ‖ ~ (stocking boarding) / Fixierform f für Strümpfe
formability around corners (fabric) / Formbarkeit f an Ecken

form a cream (emulsion) / aufrahmen v
formaldehyde n / Formaldehyd m ‖ ~ **aftertreatment** / Formaldehyd-Nachbehandlung f ‖ ~ **fastness** / Formaldehydechtheit f, Formaldehydbeständigkeit f ‖ ~ **finish[ing]** / Formaldehydausrüstung f ‖ ~ **odour** / Formaldehydgeruch m ‖ ~ **sulphoxylate discharge** / Formaldehydsulfoxylatätze f ‖ ~-**treated** adj / formaldehydbehandelt adj
formalin n / Formalin n (wäßrige Formaldehydlösung)
formamide-formaldehyde n / Formamidformaldehyd m
formanilide n / Formanilid n
form a selvedge / bekanten v, Kante bilden
formate n / Formiat n
formation of a bloom / Häutchenbildung f ‖ ~ **of a halo** / Aureolenbildung f, Hofbildung f ‖ ~ **of ammonia** / Ammoniakentwicklung f ‖ ~ **of a vat** / Küpenbildung f ‖ ~ **of bubbles** / Blasenbildung f ‖ ~ **of creases** / Faltenbildung f, Faltenwerfen n, Knittern n ‖ ~ **of fibre dust** (spinn) / Faserstaubbildung f ‖ ~ **of fibres** (ctg) / Fädchenbildung f ‖ ~ **of fleece** (spinn) / Pelzbildung f ‖ ~ **of fly** (spinn) / Flugbildung f ‖ ~ **of foam** / Schaumbildung f ‖ ~ **of folds** / Faltenbildung f ‖ ~ **of kinks** (defect) / Bilden n von Verschlingungen, Schlingenbildung f ‖ ~ **of knots** / Knotenbildung f ‖ ~ **of lap** (spinn) / Pelzbildung f ‖ ~ **of lime soap** / Kalkseifenbildung f ‖ ~ **of loops** / Schlingenbildung f ‖ ~ **of lumps** / Klumpenbildung f ‖ ~ **of mildew** / Schimmelbildung f ‖ ~ **of mould** / Schimmelbildung f ‖ ~ **of patterns** (defect) (weav) / Bildern n ‖ ~ **of pinholes** (ctg, defect) / Stippenbildung f (Fehler) ‖ ~ **of pores** (ctg) / Porenbildung f ‖ ~ **of running creases** (defect) (dye) / Lauffaltenbildung f ‖ ~ **of shiny areas** [from sitting] / Sitzspiegelbildung f (Hosensitzfläche) ‖ ~ **of sludge** / Schlammbildung f ‖ ~ **of snarls** (defect) / Bilden n von Verschlingungen, Schlingenbildung f ‖ ~ **of speckles** (defect) / Stippenbildung f ‖ ~ **of specks** (defect) / Stippenbildung f ‖ ~ **of spots** (defect) (text pr) / Stippenbildung f ‖ ~ **of stains** (defect) / Fleckenbildung f ‖ ~ **of streaks** (defect) (dye) / Schwielenbildung f, Streifenbildung f ‖ ~ **of stripes** (defect) (dye) / Streifenbildung f ‖ ~ **of wrinkles** (defect) / Faltenbildung f, Faltenwerfen n, Knittern n
form cutter (text pr) / Formenschneider m, Modelschneider m
formed fabric (US) / Vlies n, Faservlies m, Vliesstoff m, Nonwoven n, Textilverbundstoff m ‖ ~ **shed** (weav) / ausgehobenes Fach
form factor / Formfaktor m
formiate n s. formate
formic acid / Ameisensäure f, Methansäure f ‖ ~ **acid cellulose acetate** / ameisensaure Zelluloseacetatlösung ‖ ~-**acid test** / Prüfung f auf Ameisensäure, Ameisensäure-Nachweis m ‖ ~ **aldehyde** / Formaldehyd m ‖ ~ **ether** / Äthylformiat n, Ameisensäureäthylester m
forming n (fil) / Ziehen n ‖ ~ **and setting machine** (fin) / Form- und Fixiermaschine f ‖ ~ **machine** (spinn) / Ausziehwagen m an Selfaktor ‖ ~ **machine** (hatm) / Fachmaschine f ‖ ~ **rolled-up selvedges** / Rollkantenbildung f, Einrollen n der Stoffkanten ‖ ~ **sheds** / Fachbildung f
form--persuasive garment / enganliegende Bekleidung ‖ ~ **the picot edge** (hos) / Rattenzahn arbeiten
formula n / Formel f ‖ ~ (dye) / Rezept n, Vorschrift f
formulate v / zubereiten v, formulieren v, konfektionieren v ‖ ~ (dye) / ein Rezept aufstellen ‖ ~ **a pigment finish** (ctg) / eine Deckfarbe ansetzen
formulated dyestuff / formierter Farbstoff, Farbstoff-Formierung f ‖ ~ **pigment** / Pigment-Formierung f
formulate the pad liquor / Klotzflotte ansetzen
formulating additive (dye) / Formierungszusatz m ‖ ~ **laboratory** (dye) / Ansatzlabor n ‖ ~ **tank** / Ansatzgefäß n ‖ ~ **vessel** / Ansatzgefäß n

formulation n (dye) / Aufstellung f eines Rezepts ‖ ~ / Einstellung f, Formierung f, Zubereitung f, Ansatz m (Ausgangsgemisch), Farbansatz m ‖ ~ **of a pigment finish** / Ansetzen n einer Deckfarbe ‖ ~ **ready for spraying** (ctg) / spritzfertiger Ansatz ‖ ~ **with low salt content** / salzarme Einstellung
foulard n (dye) / Foulard m, Foulardmaschine f, Klotzmaschine f, Paddingmaschine f ‖ ~ (fabr) / Foulard m ‖ ~ **fabric** / Foulard-Ware f
foulardin n / baumwollener Futter-Kettsatin, Foulardine f, Silk m
foulard jig (dye) / Foulardjigger m (Pad-Jig-Verfahren)
foulé n (Fr) (worsted fabric of merino wool, twill weave) / Foulé m ‖ ~ adj (Fr) / gewalkt adj ‖ ~ **finish** / Fouléapretur f
fouling n (dye) / irreversible Adsorption von Farbstoffen
foul weather gear, foul weather garments (used e. g. on North Sea oil rigs) / Schutzbekleidung f gegen schlechtes Wetter
foundation cloth / Stickereigrundstoff m ‖ ~ **cloth of card clothing** / Kratzenfloch f ‖ ~ **fabric** / Grundgewebe n, Stützgewebe n ‖ ~ **garment fabric** / Miederstoff m ‖ ~ **garments** / Miederwaren f pl, Korsettware f ‖ ~ **muslin** / Steifmusselin m ‖ ~ **net** / steifer Grobtüll ‖ ~ **texture** (knitt) / Grundgewirke n ‖ ~ **thread** / Kernfaden m, Seelenfaden m, Grundfaden m ‖ ~ **warp** (weav) / Grundkette f, Einschnittkette f ‖ ~ **weave** / Grundbindung f
fountain n (ctg) / Wanne f für Zuführung von oben, Zuführungswanne f ‖ ~ (ctg) / Sprühverteiler m ‖ ~ **feed** / Zuführung f der Streichmasse von oben
four·-arm paddle mixer / Vierschaufelrührer m ‖ ~-**bar warp-knitted fabric** / vierschienige Kettstuhlware ‖ ~-**bar warp-knitted pile fabric** / vierschienige Polwirkware ‖ ~-**bar warp-knitting loom** / vierschieniger Kettenwirkstuhl ‖ ~-**bowl simili-mercerizing calender** / Vierwalzen-Simili-Mercerisage-Kalander m ‖ ~-**bowl universal calender** / Vierwalzen-Universalkalander m ‖ ~-**colour interlock striping machine** / Vierfarbenringel-Interlockmaschine f ‖ ~-**colour print** / Vierfarbendruck m ‖ ~-**compartment open-width washing machine** / Breitwaschmaschine f mit vier Abteilen, vierteilige Breitwaschmaschine ‖ ~-**cylinder card set** (spinn) / Vierkrempelsatz m ‖ ~-**end satin weave** / vierbindige Atlasbindung ‖ ~-**end twill** / vierbindiger Köper, Doppelköper m, Croisé n ‖ ~-**finger yarn carrier** (yarn changer) (knitt) / Vierlingsfadenführer m
fourfold yarn / vierfacher Zwirn (DIN 60900)
four·-frame carpet / Viergestell-Teppich m ‖ ~-**harness twill** / vierbindiger Köper ‖ ~-**harness weave** / vierbindig adj
fouring n (defect) / Webfehler m in vierbindigen Atlasgeweben
four·-leaf twill / vierbindiger Köper ‖ ~-**needle cover stitch** / Viernadeldeckstich m ‖ ~-**needle flat seam** (knitt) / Viernadelrandnaht f ‖ ~-**needle flat seam** (knitt) / Viernadelrandnaht f ‖ ~-**needle flat stitch** / Viernadelflachnaht f ‖ ~-**needles sewing machine** / Viernadelnähmaschine f ‖ ~-**ply yarn** / viersträhniges Garn ‖ ~-**roll[er] calender** / Vierwalzenkalander m ‖ ~-**roll[er] drawing system** / Vierwalzenverzugsstreckwerk n ‖ ~-**roll[er] mangle** / Vierzylinderfoulard m, Vierwalzenfoulard m ‖ ~-**roll[er] padding mangle** / Vierwalzenfoulard m, Vierzylinderfoulard m ‖ ~-**roll[er] sheeting calender** (lam) / Vierwalzen-Folienkalander m ‖ ~-**shaft satin weave** / vierbindiges Atlasgewebe ‖ ~-**shaft twill** / vierschäftiger Köper, vierbindiger Köper ‖ ~-**shaft weave** adj / vierbindig adj ‖ ~-**spindle endless tape drive** / Vierspindelgurtantrieb m ‖ ~-**spring tongue** (weav, shuttle) / Vierfederspindel f (DIN 64825) ‖ ~-**stranded rope** / vierschäftiges Tau, vierschäftiger Strick

fourth-combing wool / Rumpfwolle f
fox v / stockfleckig werden || ~-**coloured** adj / fuchsrot adj, fuchsig adj, rötlichbraun adj
foxed adj / stockfleckig adj, stockig adj
foxy adj / rötlichbraun adj || ~ **colour cotton** / tiefrote Rohbaumwolle
FPB (filament point bonding) method / Heißpunktschmelzverfahren n
FR s. flame retardant, flammability retardant
fractionate v (chem) / fraktionieren v || ~ (chem) / fraktioniert destillieren
fraise adj (Fr) / erdbeerfarben adj, fraise adj
frame n / Gestell n (DIN 64990), Ständer m || ~ (spinn) / Maschine f || ~ (cpt) / Chor n || ~ (stenter) / Spannrahmen m || ~ **batten** / Rahmenhalter m || ~ **drawer** (spinn) / Grobstrecke f || ~ **filter** / Rahmenfilter m n || ~ **filter press** / Rahmenfilterpresse f || ~ **for spools** / Spulengestell n || ~ **glove** / Kulierhandschuh m || ~ **handle** (knitt) / Daumendrücker m || ~ **needle** (knitt) / Stuhlnadel f || ~ **needle** (fully fashioned knitting machine) / Nadel f der Hauptnadelbarre (Cottonmaschine) || ~ **needle bar** (knitt) / Nadelbarre f, Stuhlnadelbarre f || ~ **spinning** / Ringspinnen n, Drosselspinnerei f
framework knitting / Kulierwirkerei f
Franco-Belgian system (worsted yarn) / gekämmte Wolle, Wolle f für Kammgarne
fray v / abfasern v, auffasern v, ausfransen v, zerfransen v, ausfasern v, durchreiben v, abscheuern v
frayed adj / ausgefranst adj, zerfranst adj
fraying, can be cut without ~ / kantenschnittfest adj || ~ **braid** / Schützborte f || ~ **of cuffs and edges of collar** / Kantenscheuerung f
fray out / zerfasern v
frayproof adj / ausfransfest adj
frayproof adj (cpt) / schnittfest adj
Frazier permeometer / Frazier-Durchlässigkeitsmesser m
frazzle v / ausfransen v, zerfransen v
free adhesion energy (surface active agent) / freie Adhäsionsenergie || ~ **arm sewing machine** / Freiarmnähmaschine f
freedom from skitteriness (dye) / Faseregalität f || ~ **of movement** (e.g. for sportswear) / Bewegungsfreiheit f
free-flowing adj / fließfähig adj, rieselfähig adj || ~ **powder** / rieselfähiges Pulver
free from acids / säurefrei adj || ~ **from burrs** (wool) / klettenfrei adj || ~ **from dust** / staubfrei adj || ~ **from flocks** / flockenfrei adj || ~ **from fluff** / flusenfrei adj, flaumfrei adj || ~ **from folds** / faltenfrei adj || ~ **from germs** / keimfrei adj || ~ **from halo** (dye) / hoffrei adj, aureolenfrei adj || ~ **from knots** / knotenfrei adj || ~ **from lint** / nicht fasernd || ~ **from motes** (dye) / stippenfrei adj || ~ **from odour** / geruchlos adj, geruchfrei adj || ~ **from shives** / schabenfrei adj || ~ **from size** / schlichtefrei adj || ~ **from smell** / geruchlos adj, geruchfrei adj || ~ **from specks** (dye) / stippenfrei adj || ~ **from spots** (dye) / fleckenfrei adj, punktfrei adj || ~ **from stains** (dye) / fleckfrei adj, fleckenfrei adj || ~ **from tackiness** (ctg) / nichtklebend adj, klebefrei adj || ~ **from twist** (spinn) / drehungslos adj, ohne Drall || ~-**hand monogram embroidery** (sew) / Freihand-Monogramm-Stickerei f || ~ **interfacial energy** (surface active agent) / freie Grenzflächenenergie
freely crystallizing / kristallisationsfreudig adj || ~ **miscible** / leicht mischbar || ~ **soluble** / leicht löslich, leichtlöslich adj
free of ... s. free from ... || ~ **surface energy** (surface active agent) / freie Oberflächenenergie || ~ **wetting energy** (surface active agent) / freie Benetzungsenergie || ~ **wool** / fehlerfreie Rohwolle, klar gereinigte Wolle
French bearer (sew) / Hosenuntertritt m || ~ **chalk** / Talk m, Talkum n, Talkstein m (Magnesiumdihydrogentetrasilikat) || ~ **chalk** /

Schneiderkreide f || ~ **circular frame** (knitt) / Mailleusenstuhl m, französischer Rundstuhl || ~ **cleaning** / Chemischreinigen n, Chemischreinigung f, Trockenreinigen n, Trockenreinigung f || ~ **comb** / gekämmte Wolle, Wolle f für Kammgarne || ~ **comb** / Heilmannsche Kämmaschine, französische Kammgarnmaschine || ~ **combing wool** / gekämmte Wolle, Wolle f für Kammgarne || ~ **cotton count** / französische Baumwollnumerierung || ~ **crepe** / Flachkrepp m || ~ **crepe cord** / französischer Kreppkordel || ~ **cuff** (fold-back cuff) / Doppelmanschette f, Aufschlagmanschette f || ~ **double piqué** / französischer Doppelpiqué || ~ **drawing** (worsted yarn) / gekämmte Wolle, Wolle f für Kammgarne || ~ **drawing frame** / Nadelwalzenstrecke f || ~ **fag[g]oting** (sew) / französische Bündelung || ~ **felling** / Kappnaht f || ~ **foot** (hos) / französische Spitze, französischer Strumpffuß, Strumpf m mit französischem Fuß, Strumpffuß m mit Sohlennaht || ~ **foot hose** / französischer Strumpffuß, Strumpf m mit französischem Fuß, Strumpffuß m mit Sohlennaht || ~ **heel** / französische Hochferse, französische Strumpfferse, gekettelte Ferse || ~ **knickers** pl / French Knickers pl, Kniehose f || ~ **knot** (embroidery) / Knötchenstickerei f || ~ **knots stitch** / französischer Knotenstich || ~ **lawn** (gauze) / Linon m || ~ **merino** / englischer Kammgarnkleiderstoff || ~ **narrowing** (knitt) / Decken n mit Rückzug || ~ **quilting** / Marcella-Piqué m || ~ **rack** (knitt) / Rippchenfang m, französischer Versatz || ~ **seam** (sew) / französische Naht, Rechts-Links-Naht f || ~ **sinker wheel [knitting] machine** / Rundkulierwirkmaschine f, französischer Rundstuhl || ~ **welt** (knitt) / französischer Patentrand, französischer Anfang || ~ **worsted yarns** / Kammgarne n pl französischer Herkunft || ~ **worsted yarns** / Kammgarne n pl aus ungeöltem Kammzug
frequency n / Häufigkeitszahl f || ~ **distribution** / Häufigkeitsdiagramm n
fresco n (weav, fabr) / Fresko m (Kammgarn- oder Streichgarngewebe mit freskenartigem Oberflächenbild, das durch die Verwendung von Leinwandbindung und hart gedrehten Garnen oder Zwirnen in Kette und Schuß entstand)
fresh air preheating / Frischluftvorheizen n (DIN 64990) || ~ **air preheating device** / Frischluftvorheizung f (DIN 64990) || ~ **bath** (dye) / neues Bad
freshen v (the liquor) / schärfen v (Flotte)
FR fibre (flame-retardant) / flammhemmende Faser
friable adj (cloth) / mürbe adj (Stoff)
fribs wool / zweite Schur
friction v / friktionieren v || ~ n / Bremse f || ~ / Reibung f (Kraft, Erscheinung), Friktion f
frictional characteristic / Reibungskennwert m || ~ **forces** / Reibungskräfte f pl
friction and slipping / Reibung und Gleitung f || ~ **box** (knitt) / Fadenführerbremse f || ~ **calender** (weav) / Friktionskalander m (DIN 64990), Glanzkalander m, Hochglanzkalander m || ~ **calendering** / Friktionskalandern n || ~ **calendering** / Friktionskalander-Ausrüstung f || ~ **cloth** / gummierte Leinwand || ~-**disk device** (spinn, text) / Friktionsscheibenaggregat n (Falschzwirnen) || ~ **fabric** / gummierter Reifenkord || ~ **finish** / Friktionshochglanz m, Stoßappretur f || ~ **glazing** / Stoßappretur f
frictioning calender / Friktionskalander m (DIN 64990), Glanzkalander m, Hochglanzkalander m
friction let off / Kettbaumbremse f || ~ **locking slider** (zip) / durch Reibung feststellender Schieber || ~ **mark** / Schabstelle f || ~ **mill** / Friktionswalzwerk n || ~ **needle** (knitt) / Friktionsstrichnadel f || ~ **ring** (spinn) / Ringdrallgeber m || ~ **spindle** / Friktionsspindel || ~-**stretch texturizing** / Friktionsstrecktexturierung f || ~ **tester** / Reibungswiderstandsmesser m || ~ **texturing** / Friktions-Texturieren n || ~ **texturing disk unit** /

friction

Friktionstexturier-Scheibenaggregat n ‖ ~ **twister** /
Friktionsdrallgeber m ‖ ~**-twist system** /
Friktionsdrallsystem n ‖ ~ **unit** (texturing) /
Friktionsaggregat n ‖ ~ **winding** / Friktionsaufwicklung f
Friesland flax / friesischer Flachs
frieze v / ratinieren v, kräuseln v, kraus machen ‖ ~ **n** (heavy woollen overcoating) (weav) / Kalmuck m, Fries m, Flausch m ‖ ~ **bouclé** (Fr) / Frottierstoff m ‖ ~ **carpet** (weav) / Frieselteppich m ‖ ~ **coat** / Flauschrock m ‖ ~ **draught excluder** / Friesdichtungsstreifen m ‖ ~ **flannel** / Flauschflanell m
friezette, frisette / Cordsamt m
frieze velvet / Frisésamt m, Kräuselsamt m ‖ ~ **yarn** / Friségarn n, Kräuselgarn n
friezing n / Ratinieren n, Kräuseln n, Kräuselung f ‖ ~ **cylinder** (clothm) / Stachelwalze f ‖ ~ **machine** / Ratiniermaschine f (DIN 64990), Frisiermühle f, Kräuselmühle f
frill v / kräuseln v, zu Rüschen krausen ‖ ~ **n** / Rüsche f, Krause f, Halskrause f ‖ ~ **collar** (fash) / Rüschenkragen m
frilled adj / mit Rüsche versehen ‖ ~ **apron** / Rüschenschürze f ‖ ~ **hem slip** / Unterrock m mit gekräuseltem Saum ‖ ~ **shoulder strap** / Flügelärmel m ‖ ~ **waist slip** / Halbunterrock m mit gekräuseltem Saum
frill front / Rüschenbesatz m
frilling n (weav) / Fälteln n, Plissieren n ‖ ~ (weav) / eingewebte Falten f pl, eingewobene Falten f pl
frill machine / Fältelmaschine f, Plissiermaschine f ‖ ~ **machine** / Plissiereinrichtung f, Faltmaschine f ‖ ~ **yarn** / Schlingengarn n, Spiralzwirn m
fringe v / mit Fransen besetzen, befransen v ‖ ~ **n** / Franse f ‖ ~ **Rand** m, Einfassung f, Umrandung f ‖ ~ **apparatus** (knitt) / Fransenapparat m, Fransenleger m ‖ ~ **crocheting machine** / Fransenhäkelmaschine f
fringed edge / Fransenrand m ‖ ~ **fibril** / fransige Fibrille, Fransenfibrille f ‖ ~ **micelle** / fransige Mizelle, Fransenmizelle f ‖ ~ **narrow fabric** / Zierfranse f
fringe goods pl / Fransenware f
fringeing machine / Fransenknüpfmaschine f, Fransendrehmaschine f ‖ ~ **motion** / Fransenzug m
fringe knotter / Fransenknüpfer m ‖ ~ **knotting machine** / Fransenknüpfmaschine f ‖ ~ **machine** / Fransenmaschine f ‖ ~ **maker** / Bandweber m, Bandwirker m ‖ ~ **pleater** (knitt) / Fransenleger m ‖ ~ **test** / Fransentest m ‖ ~ **trimming** / Fransenband n ‖ ~ **twisting machine** / Fransendrehmaschine f, Fransenknüpfmaschine f
fringy adj / fransig adj
frisé e (Fr) / Frisé m (Kleider- und Möbelbezugstoff) ‖ ~ **broché** (Fr) / broschierter Seidenfrisé ‖ ~ **carpet** / Frieselteppich m ‖ ~ **velvet** / Frisésamt m
frisonette silk / beim Spulen auftretender Seidenabfall
frison silk / Frisongarn n
frizzing n (clothm) / Kräuseln n von Wollnoppen
frizzy adj / kraus adj
frock n (Fr) / Damenkleid n, leichtes Damenkleid, Frauenkleid n, Gesellschaftskleid n ‖ ~ / wollene Seemannsjacke ‖ ~ / Arbeitskittel m, Kittel m, Bluse f ‖ ~ / Kinderspielhose f, Kinderkleid n ‖ ~ **coat** / Gehrock m
frocking n / grober geköperter Baumwollstoff
frog n / Posamentenbesatz m, Verschnürung f, Schnurverschluß m ‖ ~ (knitt) / Schlößchen n ‖ ~ (weav) / Schloß n, Prellbacke f
frogged adj / mit Schnüren besetzt
front n (weav) / Außenseite f (eines Stoffes) ‖ ~ (shirt) / Hemdeneinsatz m
frontal skirt length / vordere Rocklänge ‖ ~ **weft insertion** (weav) / frontaler Schußeintrag
front angle (spinn) / Brustwinkel m ‖ ~ **bed** (fully fashioned knitting machine) / Maschinentisch m (Cottonmaschine) ‖ ~ **bodice** (shirt) /

Hemdenvorderteil n ‖ ~ **cam** (knitt) / vorderes Strickschloß ‖ ~ **catch bar shaft** (knitt) / Platinenschachtelhubwelle f ‖ ~ **catch bar shaft bearing** (knitt) / Platinenschachtelhubwellenlager n ‖ ~ **comb** / Vorderkamm m ‖ ~ **condenser** (spinn) / Hauptfeld-Verdichter m (DIN 64050) ‖ ~ **crossing heddle** / vordere Dreherlitze ‖ ~ **doctor** (ctg) / Zentralrakel f ‖ ~ **faller** / Aufschlagdraht m, Aufwinder m, Garnführer m ‖ ~ **fusing** (shirt) / Frontfixieren n ‖ ~ **guide bar (FGB)** (warp knitt) / vordere Lochnadelbarre (Kettenwirkerei), Legeschiene 2 f ‖ ~ **harness** (weav) / Vorgeschirr n, Vordergeschirr n ‖ ~ **heald frame** (weav) / Vorderschaft f ‖ ~ **heald frames** pl (weav) / Vorgeschirr n, Vordergeschirr n ‖ ~ **holding out catch for carriage** (spinn) / Wagenfalle f ‖ ~**-hook bra** / Vorderschluß-BH m, Vorderschluß-Büstenhalter m ‖ ~ **interlining** (of shirt) / Vordereinlage f ‖ ~ **leaf** (weav) / Bindeschaft m ‖ ~ **leaves** (weav) / Vorgeschirr n ‖ ~ **lining** (shirt) / Hemdenbrustfutter n ‖ ~ **needle** / Stoßplatine f, Stoßnadel f ‖ ~ **needle bar** (knitt) / vordere Nadelbarre ‖ ~ **needle bed** (knitt) / vorderes Nadelbett ‖ ~ **panel** (of men's briefs) / Deckverschluß m ‖ ~ **parts** (partly fashioned piecegoods) / Vorderseite f ‖ ~ **pocket** / Brusttasche f ‖ ~ **roll[er]** / Vorderwalze f ‖ ~ **roll[er]** / Lieferwalze f ‖ ~ **roll[er]** / Ausgangswalze f, Auszugszylinder m ‖ ~ **roll[er]** (weav) / Brustbaum m, Tuchbaum m, Zeugbaum m ‖ ~ **shaft** (weav) / Vorderschaft m ‖ ~ **shed** (weav) / Vorderfach n ‖ ~ **wall of shuttle** (weav) / Schützenvorderwand f ‖ ~ **zip all-in-one** / Hosenkorselett n mit Reißverschluß vorne
frosted yarn (blended yarn of cotton and acetate staple) / gesprenkeltes Garn
frosting n / Schlichten n bei Niederdruck ‖ ~ (dye) / Grauschleier m, "Frosting-Effekt" (Streifigkeit oder Unegalität durch unvollständige Farbstoff-Fixierung) m ‖ ~ (ctg) / Eisblumenbildung f ‖ ~ (text pr) / Grauschleier m, Farbschippigkeit f, Frosting-Effekt m
froth dyeing machine / Schaumfärber m, Schaumfärbeapparat m ‖ ~ **dyeing process** / Schaumfärbeverfahren n
frothed backing system (cpt) / geschäumtes Beschichtungssystem
frother n s. frothing agent
frothing agent / Schaumbildner m, Schäummittel n ‖ ~ **device** / Schaumapparat m
froth preventing agent / Schaumverhütungsmittel n, Entschäumungsmittel n, Antischaummittel n, Entschäumer n, Mittel n gegen Schaumbildung, Schaumzerstörungsmittel m ‖ ~ **stain** / Schaumfleck m
frotté n (Fr) (with loop effect, made with normal yarn on special loom, for towelling) / Frottierstoff m, Frottiergewebe n, Frottierware f ‖ ~ (Fr) (without loops, made with special yarn on normal loom, dress fabric) / Frottégewebe n, Frotteegewebe n
frou-frou n (esp. silk) / Knistern n, Rauschen n, Rascheln n
frowsy adj (wool) / leblos adj (Wolle), wirr adj (Wolle)
fruit fibre / Fruchtfaser f ‖ ~ **stain** / Fruchtsaftfleck m, Obstsaftfleck m, Obstfleck m
frumpy adj (clothing) / altmodisch adj (Kleidung), nachlässig adj (Kleidung)
FSF s. fibre saturation factor
fuchsin[e] n / Fuchsin n, Magenta n, Rosanilinchlorhydrat n, Rosanilin n
fud n / Wollkardenabfall m
fuddies pl / Wollkardenabfälle m pl
fuddy cotton / unreife Fasern enthaltende Baumwolle
fugacity n / Fugazität f, Flüchtigkeit f
fugitive dye for tinting / Markierfarbe f, Signierfarbe f ‖ ~ **dyestuff** / unechter Farbstoff, unbeständiger Farbstoff ‖ ~ **staining** / leicht entfernbares Markieren, unechte Signierfärbung ‖ ~ **staining** / flüchtiges

Fleckenbilden ‖ ~ **tint** / unechter Farbstoff, unbeständiger Farbstoff
fugitivity n (dye) / Unbeständigkeit f, Unechtheit f
full v (US) / walken v, einwalken v ‖ ~ *adj* (shade) / voll *adj*, kräftig *adj*, satt *adj*, tief *adj* ‖ ~ **and solid felt** / kerniger Filz ‖ ~ **area print** (text pr) / Volldruck m ‖ ~ **bath** (dye) / Vollbad n ‖ ~ **bath impregnation** / Vollbadimprägnierung f ‖ ~ **bleach** / Vollbleiche f ‖ ~ **bleach finish** / Weißbleichen n ‖ ~**-bodied** *adj* / füllig *adj* ‖ ~ **cardigan** / Doppelperlfang m ‖ ~ **cardigan fabric** / Fangware f ‖ ~ **cardigan racked fabric** / versetzte Fangware ‖ ~ **circle downstriker card** / Zirkularkrempel f ‖ ~ **concentration liquor** (dye) / Grundflotte f, Stammansatz m, vollhaltige Flotte ‖ ~ **cop stop motion** / Abstellvorrichtung f für volle Kötzer ‖ ~ **cross leno** (weav) / Ganzdreher m ‖ ~ **development of the dyeing** / volle Entwicklung der Färbung ‖ ~ **dress** / Gesellschaftsanzug m ‖ ~ **dress suit** / Frack m ‖ ~ **dress uniform** / Galauniform f ‖ ~ **dull** (manmade fibre) / edelmatt *adj* ‖ ~ **dyeing** / satte Färbung, dunkle Färbung, Vollfärbung f
fuller n (US) / Walkmaschine f
fuller's earth / Bleicherde f, Fullererde f, Walkerde f, Walkererde f, Floridaerde f ‖ ~ **grass** s. fuller's herb ‖ ~ **herb** / Seifenkraut n (Saponaria officinalis) ‖ ~ **teasel** / Weberkarde f (Dipsacus sativus) ‖ ~ **thistle** s. fuller's teasel ‖ ~ **weed** s. fuller's herb
fullery n (US) / Walkerei f
full fabric width / volle Warenbreite ‖ ~ **fashioned** s. fully fashioned ‖ ~ **finish** / Vollappretur f, beidseitige Appretur ‖ ~ **flocking** / Flächenbeflockung f, Ganzflächenbeflockung f, ganzflächige Beflockung ‖ ~ **gauge needle line** (knitt) / volle Nadelreihe ‖ ~ **hand[le]** / fülliger Griff, kerniger Griff ‖ ~ **hand[le] effect** / Vollgriffeffekt m ‖ ~ **impregnation** / Vollimprägnierung f, Vollappretur f
fulling n (US) / Walken n, Walke f, Einwalken n ‖ ~ **agent** (US) / Walkmittel n ‖ ~ **capacity** / Walkfähigkeit f, Walkvermögen n ‖ ~ **cracks** (US) (dye) / Walkbrüche m pl ‖ ~ **crease** / Walkfalte f ‖ ~ **cylinder** / Walkwalze f, Walkzylinder m ‖ ~ **fastness** / Walkechtheit f, Walkfestigkeit f, Millfestigkeit f ‖ ~ **fault** / Walkfehler m ‖ ~ **felt** / Walkfilz m ‖ ~ **flocks** / Walkflocken f pl ‖ ~ **fold** / Walkfalte f ‖ ~ **hair** / Walkhaar n ‖ ~ **hammer** / Walkhammer m ‖ ~ **liquor** / Walkflüssigkeit f ‖ ~ **machine** / Walke f, Walkmaschine f, Anstoßmaschine f ‖ ~ **machine gatterwalking** / Hammerwalken n ‖ ~ **mill** / Walke f, Walkmaschine f, Anstoßmaschine f, Hammerwalke f ‖ ~ **operation**, fulling process / Walkprozeß m, Walkvorgang m, Walkverfahren n ‖ ~ **roll[er]** / Walkwalze f, Walkzylinder m ‖ ~ **rotary mill** / Tuchwalke f ‖ ~ **soap** / Walkseife f ‖ ~ **stock** (wool) / Hammerwalke f (DIN 64950), Kurbelwalkmaschine f ‖ ~ **stocks** (felts) pl / Walkstock m ‖ ~ **stripes** / Walkstreifen m pl ‖ ~ **test** / Walkprobe f ‖ ~ **time** / Walklänge f, Walkzeit f
full knitted fabric / reguläre Wirkware, vollgeminderte Wirkware, abgepaßte Maschenware ‖ ~**-length dress** / langes Kleid ‖ ~**-length underpants** / lange Unterhose ‖ ~ **lightly** (US) / anwalken v, anfilzen v ‖ ~ **mercerizing** / Vollmerzerisierung f
fullness n (sew) / Mehrweite f ‖ ~ (of colours) / Tiefe f
full package / volle Spule ‖ ~ **penetration finish** / Kern-Finish n ‖ ~ **presser** (knitt) / Musterstopper m mit allen Auswählfüßen ‖ ~ **print** / Volldruck m, satter Druck, voller Druck ‖ ~**-regular goods** / vollregulär gearbeitete Wirkwaren f pl ‖ ~ **selector** (knitt) / Musterstopper m mit allen Auswählfüßen ‖ ~ **set** (weav) / voller Einzug ‖ ~ **set** (spinn) / Vollstich m ‖ ~ **shade** / kräftiger Farbton, tiefer Farbton, satter Farbton, voller Farbton, Vollton m, Purton m, kräftige Nuance, tiefe Nuance, satte Nuance, volle Nuance ‖ ~ **shade grinding** (dye) / Purtonanreibung f ‖ ~ **shade print** /

Volltondruck m, Volldruck m, Druck m in tiefen Farbtönen, satter Druck ‖ ~ **slip** / Ganzlängen-Unterkleid n ‖ ~ **spray coat** (ctg) / satter Spritzauftrag ‖ ~ **strength print** s. full shade print ‖ ~ **surface** / Vollfläche f ‖ ~**-surface foam application** (dye) / Vollflächen-Schaumauftrag m ‖ ~ **surface glueing** (cpt) / vollflächige Verklebung ‖ ~ **thoroughly** (US) / durchwalken v ‖ ~**-weight bobbin** / vollgewichtige Spule ‖ ~**-width back** (GB) / Breitfärbekufe f ‖ ~**-width beck** (US) / Breitfärbekufe f ‖ ~**-width bleaching** / Breitbleiche f ‖ ~**-width bleaching system** / Breitbleichanlage f ‖ ~**-width desizing-crabbing-bleaching-washing plant** / Breit-Entschlichtung-Abkoch-Bleichanlage f ‖ ~**-width dyeing** / Breitfärberei f ‖ ~**-width dyeing machine** / Breitfärbemaschine f ‖ ~**-width fulling machine** / Breitwalkmaschine f ‖ ~**-width hydro-extractor** / Breitschleuder f ‖ ~**-width kier boiling** / Breitbeuche f ‖ ~**-width kier boiling machine** / Breitbeuchmaschine f ‖ ~**-width loom** / breite Webmaschine ‖ ~**-width range for solvent treatment** / Lösemittel-Breitbehandlungsanlage f ‖ ~**-width rinsing** / Breitspülen n ‖ ~**-width sizing** / Breitschlichten n ‖ ~**-width sizing machine** / Breitschlichtmaschine f ‖ ~**-width soaping machine** / Breiteinseifmaschine f ‖ ~**-width stenter** (GB) / Breitspannrahmen m ‖ ~**-width tenter** (US) / Breitspannrahmen m ‖ ~**-width treatment** / Breitbehandlung f ‖ ~**-width vat** / Breitfärbekufe f ‖ ~**-width warper** / Breitschärmaschine f ‖ ~**-width warping** / Breitschären n, Breitzettlerei f ‖ ~**-width washer** / Breitwaschmaschine f ‖ ~**-width washing** / Breitwäsche f, Waschen n in breitem (faltenlosem) Zustand ‖ ~**-width washing machine** / Breitwaschmaschine f
fully acetylated cotton (s. FA cotton) ‖ ~ **automated spinning** / vollautomatisches Spinnen ‖ ~ **automatic double system flat knitting machine** / zweisystemiger Flachstrickvollautomat ‖ ~ **automatic double system multi-colour transfer flat knitting machine** / zweisystemiger Flachstrick-Buntmuster-Umhängeautomat ‖ ~ **automatic double system multi-colour transfer flat knitting machine with jacquard equipment front and rear** / zweisystemiger Flachstrick-Buntmuster-Umhängeautomat mit Jacquardeinrichtung vorne und hinten ‖ ~ **automatic double system widening flat knitting machine** / zweisystemiger Zunahme-Flachstrickvollautomat ‖ ~ **automatic laboratory-scale jig-dyeing unit** / vollautomatischer Laborfärbeapparat nach dem Jiggersystem ‖ ~ **automatic loom** / Vollautomat m, vollautomatischer Webstuhl, vollautomatische Webmaschine ‖ ~ **automatic printing machine** / vollautomatischer Druckapparat ‖ ~ **automatic single system flat knitting machine** / einsystemiger Flachstrickvollautomat ‖ ~ **automatic single system multi-colour transfer flat knitting machine** / einsystemiger Flachstrick-Buntmuster-Umhängeautomat ‖ ~ **automatic single system special flat knitting machine for production of collars** / einsystemiger Spezial-Flachstrickautomat zur Herstellung von Kragen ‖ ~ **automatic V-type knitting machine** / Flachstrickautomat m ‖ ~ **automatic weaving** / vollautomatisches Weben ‖ ~ **bleached** / weißgebleicht *adj*, völlig gebleicht ‖ ~ **chromed dyeing** / auschromierte Färbung ‖ ~ **continuous process** (dye) / Vollkontine-Verfahren n ‖ ~ **cross-linked** (non-linear system) (ctg) / ausreagiert *adj*, endvernetzt *adj* ‖ ~ **cured** (linear system) (ctg) / ausreagiert *adj*, endvernetzt *adj* ‖ ~ **degummed silk** / völlig entschälte Seide ‖ ~ **developed** (dye) / durchentwickelt *adj* ‖ ~ **drawn yarn** / vollverstrecktes Garn ‖ ~ **drawn yarn spinning** / FDY-Spinnen n ‖ ~**-elasticized** / vollelastisch *adj*, vollstretch *adj* ‖ ~ **fashioned** / formgerecht *adj*, abgepaßt *adj*, vollfassoniert *adj*, mit voller Paßform ‖

fully

~ **fashioned** (knitt) / flachgewirkt *adj*, fassongestrickt *adj*, regulärgestrickt *adj*, regulär gearbeitet, voll gemindert, formgerecht *adj* || ~ **fashioned fabric** / reguläre Wirkware, vollgeminderte Wirkware, abgepaßte Maschenware || ~ **fashioned flat knitting frame with loop-forming sinkers** / Flachkulierstuhl *m* || ~ **fashioned flat knitting machine** / flache vollfassonierte Wirkmaschine || ~ **fashioned goods** (knitted goods) *pl* / reguläre Wirkware, Nicht-Meterware *f* || ~ **fashioned goods** (knitted goods) s. fully fashioned knitwear || ~ **fashioned heel formation** / Fersenbildung *f* bei der Strumpfherstellung || ~ **fashioned hose** s. fully fashioned stocking || ~ **fashioned hose machine** / Regulärwirkmaschine *f* || ~ **fashioned hosiery** / formgerecht gewirkte Strumpfware, reguläre Strumpfware, abgepaßte Strumpfware, Cottonstrumpfware *f*, Cottonschlauch *m* || ~ **fashioned hosiery machine** / Cottonmaschine *f* für Strumpfwaren || ~ **fashioned knitting** / abgepaßtes Stricken, abgepaßtes Wirken, abgepaßtes Maschen, Formstricken *n* || ~ **fashioned knitting machine** / Cottonmaschine *f*, Cottonstuhl *m*, Flachwirkmaschine *f* für abgepaßte Ware, Flachstrumpfwirkmaschine *f*, Strumpfwirkmaschine *f*, Maschine *f* zum Mindern und Zunehmen || ~ **fashioned knitwear** / abgepaßte Maschenware, konfektionierte Maschenware, abgepaßte Strickware, konfektionierte Strickware, reguläre Wirkware || ~ **fashioned outerwear** / vollgeminderte Oberbekleidung || ~ **fashioned outerwear and underwear machine** / Cottonmaschine *f* für regulär gewirkte Oberbekleidung und Unterwäsche || ~ **fashioned piecegoods** / vollkonfektionierte Stücke *n pl* || ~ **fashioned stocking** (F/F stocking) / vollregulärer Strumpf, vollgeminderter Strumpf, formgerechter Strumpf, regulär gewirkter Strumpf, Cottonstrumpf *m*, flachgewirkter Strumpf, Feinstrumpf *m* || ~ **fashioned stocking with heel knitted on** / Combistrumpf *m* || ~ **flooded dyeing machine** / vollgeflutete Färbemaschine || ~ **flooded jet dyeing apparatus** / vollgeflutete Jetanlage || ~ **flooded jet dyeing machine** / vollgeflutete Jet-Färbemaschine *f* || ~ **impregnated material** / durchimprägnierte Ware || ~ **open-shed jacquard machine** / Ganzoffenfach-Jacquardmaschine *f* || ~ **planked hat body** / fertiggewalkter Stumpen || ~ **polymerized** / endpolymerisiert *adj* || ~ **retted** / fertiggeröstet *adj*, röstreif *adj* || ~ **shrunk** / völlig gekrumpft, voll eingelaufen, spezial-gekrumpft *adj* || ~ **synthetic** / vollsynthetisch *adj* || ~ **threaded** (weav) / vollschienig eingezogen, durchlaufend *adj* || ~ **trimmed overalls** (US) / Monteuranzug *m* mit Schnallen, Reißverschlüssen u. Gürtel
fulvous *adj* / gelbbraun *adj*, lohfarben *adj*
fumaric acid / Fumarsäure *f*
fume exhaust / Dampfabzug *m*, Rauchabzug *m*, Gasabzug *m* || ~ **extracting and disposal plant** / Gasabsaug- und -vernichtungsanlage *f* || ~ **fading** / Verfärben *n* durch Abgas, Verfärben *n* durch Dämpfe || ~ **fading property** / Abgasempfindlichkeit *f* || ~ **hood** / Digestorium *n*, Gasabzug *m*
fumigant / Desinfektionsmittel *n*, Räuchermittel *n*
fuming *n* (during Thermosol treatment) / Rauchen *n* || ~ **nitric acid** / rauchende Salpetersäure (87-92 %), konzentrierte Salpetersäure || ~ **sulphuric acid** / rauchende Schwefelsäure, Oleum *n*
functional fabric / gebrauchstüchtiges Gewebe || ~ **finish** / Spezialausrüstung *f*, auf besondere Zwecke zugeschnittene Ausrüstung
fundamental colour / Grundfarbe *f* || ~ **weave** / Grundbindung *f*
fun fur / fellartiger Wirkflorpelz (aus Chemiefasern, in Phantasiefarbtönen)
fungal amylase / Pilzamylase *f* || ~ **attack** / Pilzbefall *m* || ~ **diastase** / Pilzdiastase *f*

fungicidal *adj* / fungizid *adj*, fungizid wirksam, antifungal *adj*, pilztötend *adj*, pilzwirksam *adj* || ~ **efficiency** / fungizide Wirksamkeit || ~ **finish** / Fungizidausrüstung *f*
fungicide *n* / Fungizid *n*, pilztötendes Mittel
fungistat *n* / Fungistatikum *n*
fungistatic *adj* / fungistatisch *adj*, das Pilzwachstum hemmend || ~ **finish** / fungistatische Ausrüstung
fungus *n* / Pilz *m*, Schimmelpilz *m* || ~ **growth** / Schimmelbewuchs *m* || ~ **inertness** / Unempfänglichkeit *f* gegen Schimmelbildung || ~**-proof** *adj* / pilzfest *adj*, schimmelfest *adj* || ~**-resistant** *adj* / pilzfest *adj*, schimmelfest *adj*
funnel for web (spinn) / Flortrichter *m* || ~ **spinning** / Trichterspinnen *n* || ~ **spinning method** / Trichterspinnverfahren *n*
fun skin / fellartiger Wirkflorpelz (aus Chemiefasern, in Phantasiefarbtönen)
furane *n* s. furfuran
fur beetle / Pelzkäfer *m* (Attagenus)
furbelow *v* / mit Falbeln versehen || ~ *n* / Falbel *f*
fur body (hatm) / Haarstumpen *m* || ~ **coat** / Pelzmantel *m* || ~ **collar** / Pelzkragen *m* || ~ **cuff** / Ärmelpelzbesatz *m* || ~ **fabric** / hochfloriger Pelzimitationsstoff || ~ **felt** (hatm) / Haarfilz *m*, Hutfilz *m* || ~ **felt hat** / Haarhut *m*
furfural *n* / Furfural *n*, Fural *n*, 2-Furaldehyd *m*, 2-Furfuraldehyd *m*, 2-Furfurylaldehyd *m*, 2-Furylaldehyd *m*, 2-Furankarbonal *n*, Furfurol *n* (fälschlich), Furol *n* (fälschlich) || ~ **process** / Furfuralverfahren *n*, Furfuralprozeß *m* || ~ **resin** / Furfuralharz *n*
furfuran / Furfuran *n*, Furan *n*
fur hat / Pelzhut *m* || ~ **hat body** / Haar-Hutstumpen *m* || ~ **imitation** / Pelzimitation *f* || ~ **imitation of beaver on lambskin** / Biberlamm *n* || ~ **imitation plush** / Fellplüsch *m*
furl *v* / aufrollen *v*, aufwickeln *v*, aufwinden *v*, aufhaspeln *v*
fur--like design / Pelzdessin *n* || ~ **lined** / pelzgefüttert *adj* || ~ **lined coat** / Mantel *m* mit Pelzfutter, pelzgefütterter Mantel || ~ **lining** / Pelzfutter *n*
furnace black / Ofenruß *m*, Ofenschwarz *n*, Furnace-Ruß *m* (im Furnace-Verfahren hergestellter Gasruß) || ~ **brown** / Kesselbraun *n*
furnisher (text pr) / Übertragungswalze *f*
furnishing fabrics / Dekorationsstoffe *m pl*, Dekostoffe *pl*, Heimtextilien *pl*, Innenausstattungsstoffe *m pl*, Wohnungstextilien *pl*, Bespannstoffe *m pl*, Polsterunterstoffe *m pl* || ~ **roll[er]** (text pr) / Farbauftragswalze *f*, Lieferwalze *f*, Speisewalze *f*
furnishings *pl* / Heimtextilien *pl*, Heimtex-Artikel *m pl*, Deko-Artikel *m pl*
furnishing wheel / Fournisseurrad *n*, Fournisseur *m*
furniture cord / Möbelcord *m* || ~ **covering** / Möbelbezug *m*, Möbelbezugstoff *m*, Möbelstoff *m* || ~ **covering fabric** / Möbelbezugsstoff *m* || ~ **cushioning** / Möbelpolsterung *f* || ~ **denim** / Köper *m* für Möbelbezüge || ~ **dressing** / Möbelauskleidung *f* || ~ **fabric** / Möbelstoff *m* || ~ **plush** / Möbelplüsch *m* || ~ **satin** / Möbelatlas *m* || ~ **twill** / bedruckte[r] Cretonne für Möbel u. Polsterei || ~ **upholstery** / Möbelpolster *n* || ~ **webbing** / Möbelgurt *m*
furrier *n* / Kürschner *m*
furrow *n* (clothm) / Schmitze *f*, Schmitz *m* || ~ (needle) / Hohlkehle *f*
furs *pl* / Filzwolle *f*, Krullwolle *f*
fur--trimmed cuff / Ärmelpelzbesatz *m* || ~ **trimming** / Pelzbesatz *m* || ~ **velours** / Haarvelour *m*
fuse *v* (making up) / fixieren *v*, verkleben *v* (Oberstoffe mit Einlagen) || ~ **a thread** / einen Faden abschmelzen
fused, with ~ front / frontfixiert *adj* || ~ **collar** / verklebter Kragen || ~ **collar fabric** / Einlagestoff *m* für verklebte Kragen || ~ **ends** (defect in fibre-cutting) / Verschmelzungen *f pl* || ~ **fabrics** / verbundene Stoffe

 m pl ‖ ~ **joint** (nwv) / Schweißstelle f, Schweißnaht f ‖
 ~ **mass** / Schmelze f
fuse on / aufbügeln v
fusible n (ctg) / Schmelzkleber m ‖ ~ **(fibre)** /
 Schmelzfaser f, Schmelzklebefaser f, schmelzbare Faser
 ‖ ~ *adj* (ctg) / schmelzbar *adj* ‖ ~ **fabric** /
 heißsiegelfähiges Gewebe, Gewebe n aus
 Schmelzfasern, Schmelzvlies n ‖ ~ **fibre** / Schmelzfaser
 f, schmelzbare Faser, Schmelzklebefaser f ‖
 ~ **interlining** (sew) / Fixiereinlage f
fusibles *pl* s. fusible fabric
fusible thread / schmelzbares Garn
fusing machine (making up) / Fixiermaschine f ‖ ~ **of shell**
 fabrics to interlinings (making up) / Fixieren n von
 Oberstoffen an Einlagen mittels Schmelzkleber ‖
 ~ **point** / Schmelzpunkt m, Erweichungspunkt m ‖
 ~ **press** (making up) / Fixierpresse f
fusion n / Schmelzen n, Verschmelzen n, Verschmelzung
 f, Schmelze f ‖ ~**-lamination of foam** / Aufschmelzen
 n von Schaumstoff ‖ ~ **shrinkage** /
 Schmelzschrumpfung f
fustian n / Fustian m (Köperbarchent)
fustic n / Gelbholz n, Fustikholz n, Fustik m (von
 Chlorophora tinctoria Gaud.) ‖ ~ **extract** /
 Gelbholzextrakt m
fuzz v / zerfasern v ‖ ~ n / Faserflaum m, Fäserchen n,
 Fussel f m
fuzziness n / Pelzigkeit f, Fusseligkeit f, Fußligkeit f
fuzzing n / Fusseln n
fuzz resistance / Fusselbeständigkeit f ‖ ~ **resistant finish**
 / Fusselbeständigkeitsausrüstung f, fusselbeständige
 Ausrüstung ‖ ~ **waste** / Faserabfall m
fuzzy *adj* / fusselig *adj*, fußlig *adj*, flaumig *adj*, flockig *adj*
 ‖ ~ **cloth surface** / Faserflaum m auf der
 Stoffoberfläche ‖ ~ **mote** / Faserflugansammlung f
FWA (s. fluorescent whitening agent) ‖ ~ (fluorescent
 whitening agent) / Weißtöner m, Aufheller m, optischer
 Aufheller, optischer Fluoreszenzfarbstoff
FWWMR (fire, water, weather and mildew resistant)
 finish / feuer-, wasser-, wetter- und
 schimmelbeständige Ausrüstung

G

gabardine n (fabr) / Gabardine m f ‖ ~ **double-cloth** / Gabardine f mit angewebtem Futter ‖ ~ **weave** / Gabardinebindung f
gaberdine n (fabr) / Gabardine m f
G-acid n (dye) / G-Säure f, 2-Naphthol-6,8-disulfonsäure f
gaffered adj s. gaufré
gaging thread (weav) / Kantenfaden m zur Schlingenbildung
gain on wet weight / Naßgewichtszunahme f
gait n (weav, wool) / Litzenreihe f
gaiter n / Gamasche f
gaiting n s. gating [adjustment]
gait-over n / sich wiederholendes Webmuster
galactomannan ether / Galaktomannanäther m
galatea n / denimartiger Baumwollstoff ‖ ~ / gestreifter Hemdenstoff
galette n (wheel made of glass over which newly spun manmade filament is wound) / Galette f ‖ ~ **silk** / Galettseide f, Abfallseidengarn n
gall v / scheuern n ‖ ~ (treat silk with gallnut extract) / gallen v (Seide) ‖ ~ n / dünne Stelle, kahle Stelle
gallic acid / Gallussäure f
galligaskins pl / weite Hosen pl, Pluderhosen pl
galling n (fabric) / Scheuern n ‖ ~ (weav) / sich wiederholendes Webmuster
gallnut n / Gallapfel m ‖ ~ **extract** / Gallapfelextrakt m n
galloon v / galonieren v, mit Borten besetzen ‖ ~ n / Galon m, Borte f, Tresse f ‖ ~ **crocheting machine** (knitt) / Galonhäkelmaschine f ‖ ~ **Raschel knitting machine** / Galon-Raschel f ‖ ~ **weaving** / Bortenweberei f
galon n / Schmalgewebe n
galvanize v / galvanisieren v
Galway cloth / irischer Wollstoff
gambi[e]r n (dye) / Gambir m, gelbes Katechu (aus Uncaria gambir)
gambo fibre / Gambofaser f, Kenaffaser f, Ambarifaser f ‖ ~ **hemp** / Dekkan-Hanf m, Bimlijute f, Gambohanf m, Ambarihanf m, Kenaf m, n (Hibiscus cannabinus L.)
gambroon n / leichte Halbwollware
gantry ager n / Portaldämpfer m, Bogendämpfer m
gaping n / Kettfadenunregelmäßigkeit f (in Kreppstoffen)
garb n / Kleidung f, Tracht f
garber cotton / Alabamabaumwolle f
garden furniture covering fabric / Gartenmöbelbespannstoff m ‖ ~ **twine** / Gartenbindfaden m
gare n / minderwertige Beinwolle
garibaldi n / (Art) Frauenbluse f
garment n / Kleidungsstück n ‖ ~ **component** (sew) / Konfektionsteil n ‖ ~ **dyeing** / Kleiderfärberei f, Schönfärberei f ‖ ~ **dyeing machine** / Kleiderfärbeapparat m, Kleiderfärbemaschine f ‖ ~ **dyeing plant** / Kleiderfärberei f ‖ ~ **fabric article** / Kleiderstoffartikel m ‖ ~ **fabric printing** / Kleiderstoffaufdruck m ‖ ~ **felt** / Bekleidungsfilz m ‖ ~ **finishing and ironing machine** / Maschine f zum Appretieren und Bügeln von Kleidungsstücken ‖ ~ **industry** / Konfektion f, Bekleidungsindustrie f ‖ ~ **length machine** / Maschine f für abgepaßte Warenstücke ‖ ~**length zipper** / abgelängter Reißverschluß f ‖ ~ **maintenance** / Kleiderpflege f ‖ ~ **manufacturing machine** / Bekleidungsmaschine f ‖ ~ **shrinkage** / Einlaufen n von Kleidungsstücken, Eingehen n von Kleidungsstücken ‖ ~ **steamer** / Dämpfpuppe f
garmenture n (generic term for dress, apparel, ensemble) / Kleidung f, Bekleidung f
garnet brown / granatbraun adj ‖ ~ **red** / granatrot adj

garnett n (spinn) s. garnett machine ‖ ~ **clothing card** / Garnettkrempel f, Krempel f mit Sägezahndrahtbeschlag
garnetted stock / wiedergewonnene Fasern f pl
garnetting n / Fadenöffnen n, Faserrückgewinnung f ‖ ~ **machine** (spinn) s. garnett machine
garnett machine (spinn) / Fadenöffner m, Garnettöffner m, Garnettmaschine f, Droussier-Krempel f (DIN 64100) ‖ ~ **wires** / gezähnte Drähte am Garnettöffner
garniture n (Fr) / Besatz m, Posamenten n pl
garter n / Strumpfband n ‖ ~ **band** (hos) / Randverstärkung f, Unterrand m ‖ ~ **belt** / Strumpfhalter m ‖ ~ **girdle** / Strumpfhaltergürtel m, Schlüpfer m mit Strumpfhalter ‖ ~ **run-stop** (hos) / Maschenschutzreihe f, Rattenzahn m, Maschenfang m nach den Doppelrand-Mäusezähnen
garters pl (US) / Sockenhalter m pl
garter top (hos) / Strumpfrand m, Doppelrand m ‖ ~ **webbing** / elastische Bandware ‖ ~ **welt** (hos) / Strumpfrand m, Doppelrand m
gas v (spinn, weav, fin) / gasieren v, sengen v ‖ ~ n / Gas n ‖ ~ (US) / Benzin n ‖ ~ **blue printing** / Indigodruck m ‖ ~ **bubbles method** (cotton testing) / Gasblasenmethode f (Baumwollprüfung) ‖ ~ **chromatography** / Gaschromatographie f ‖ ~ **drying** / Gastrocknung f
gaseous adj / gasartig adj, gasförmig adj ‖ ~ **injection dyeing** / Luftinjektionsfärben n
gas fading / Gasfading n, Verfärben n in Abgasatmosphäre, Ausbleichen n in Abgasatmosphäre ‖ ~ **fading inhibitor** / Hemmittel n gegen Abgasempfindlichkeit ‖ ~ **fading resistance** / Gasechtheit f, Gasfadingechtheit f ‖ ~ **fastness** / Gasechtheit f, Gasbeständigkeit f ‖ ~ **flame singeing machine** s. gas singeing machine ‖ ~ **fume fading** / Gasfading n, Verfärben n in Abgasatmosphäre, Ausbleichen n in Abgasatmosphäre ‖ ~ **fume fading properties** pl / Gasempfindlichkeit f ‖ ~ **fume fading resistance** / Gasechtheit f, Gasfadingechtheit f ‖ ~ **fume fastness** / Abgasechtheit f, Abgasbeständigkeit f ‖ ~ **fume fastness testing** / Abgasechtheitsprüfung f ‖ ~ **fumes** / Gasschwaden f pl ‖ ~ **heating** / Gasheizung f
gasoline n (US) / Benzin n
gas permeability / Gasdurchlässigkeit f ‖ ~ **phase** / Gasphase f ‖ ~ **phase transfer** (dye, print) / Gasstrom-Transfer m ‖ ~ **plate singeing** / Plattensengen n mit Gasbeheizung ‖ ~ **protective clothing** / Gasschutzkleidung f
gassed cotton yarn / Florgarn n, gasiertes Baumwollgarn ‖ ~ **end** / gasiertes Fadenende, gasierter Faden ‖ ~ **yarn** / gesengtes Garn, gasiertes Garn
gassing n / Sengen n, Gassengen n, Gasieren n
gas·-singe v (spinn, weav, fin) / gasieren v, sengen v ‖ ~ **singeing** / Gassengen n, Gasieren n, Sengen n mit Gas ‖ ~ **singeing machine** (fin) / Gassengmaschine f (DIN 64390), Gassenge f, Gasiermaschine f ‖ ~ **singeing pass** / Gassengkanal m ‖ ~**-singe in yarn form** / garngasieren v, garnsengen v
gassing frame s. gas singeing machine ‖ ~ **machine** s. gas singeing machine
gas stream transfer (dye, print) / Gasstrom-Transfer m ‖ ~**-tight** adj / gasdicht adj
gate v (needles) (knitt) / in die Mitte stellen (die Nadeln) ‖ ~ n (weav, wool) / Litzenreihe f
gather v (sew) / zusammenziehen v, raffen v, einhalten v ‖ ~ (sew) / kräuseln v
gathered effect / Zusammenziehen n, Fältchenbildung f ‖ ~ **seam** / eingehaltene Naht, geraffte Naht, "Eingehaltene" (wenn zum Zweck der Formgebung zwei verschieden lange Stoffkanten auf eine Länge gebracht werden müssen) ‖ ~ **waistband** / Rüschbund m
gatherer n (sew) / Kräuselapparat m, Kräusler m

gathering *n* (sew) / [in Falten] Zusammenziehen, Zusammennähen *n*, Raffen *n*, Wellenbildung *f*, Kräuseln *n* || ~ (sew) / Rüschung *f* || ~ **attachment** / Faltenlegeeinrichtung *f* || ~ **differential feed** (sew) / kräuselnder Differentialtransport || ~ **mechanism** (sew) / Kräuseleinrichtung *f*, Raffeinrichtung *f* || ~ **net** / Fangnetz *n* || ~ **tape** / Kräuselband *n*
gathers *pl* / abgenähte Fältchen *n pl*, Fältchen *n pl*, Kräusel *m pl*
gating [**adjustment**] (knitt) / Einstellung *f* der Rippnadeln zu den Zylindernadeln
Gatsby look (fash) / Gatsby-Stil *m*
gaucho blouse / Gauchobluse *f*
gauffer *v* / kräuseln *v*, plissieren *v*, fälteln *v* || ~ (emboss) / gaufrieren *v*, einpressen *v*, prägen *v* || ~ *n* / Kräuselmaschine *f*
gauffered *adj* / gekräuselt *adj*
gauffrage effect / Prägeeffekt *m*
gauffré *adj* / gekräuselt *adj*, geprägt *adj*
gaufré *n* (Fr) / Gaufré *n*, Prägemuster *n*, Gewebe *n* mit eingepreßtem Muster
gauge *n* (hos) / Gauge *n*, Nadeln *f pl* je 1 1/2 Inch., Feinheit *f*, Feinheitsnummer *f*, gg-Zahl *f* || ~ (cpt) / Maschinenteilung *f* || ~ (spinn) / Teilung *f* || ~ (of cloth) / Warendichte *f*, Gewebedichte *f*, Schußzahl *f* || ~ (of knitt machine) / Feinheit *f*, Maschinenfeinheit *f*, Nadelteilung *f*, Teilung *f*, Nadelzahl *f*, Maschenteilung *f* || ~ (knitt needles) / Nadelfeinheit *f* || ~ (of tube) / Lehrdorn *m* in der Hülse (DIN 64071) || ~ **for flats** (spinn) / Deckellehre *f* || ~ **length** (length of sample between the clamps) / Einspannlänge *f* || ~ **pin** (dye) / Rapportstift *m*, Treffstift *m*
gauze *n* / Gaze *f*, Mull *m* || ~ **bandage** / Mullbinde *f* || ~ **cloth**, gauze fabric / Drehergewebe *n*, Gazegewebe *n*, Schablonengaze *f* || ~ **harness** (weav) / Dreherwerk *n* || ~ **heddle** / Dreherlitze *f* || ~ **lining** / Futtergaze *f* || ~ **meshes** / Gazemaschen *f pl* || ~ **selvedge** / Dreherkante *f* || ~ **shaft** (weav) / Sprungblatt *n* || ~ **tension device** (scr pr) / Gazespannvorrichtung *f* || ~ **weave** / Dreherbindung *f*, Gazebindung *f*
gear crimped yarn / Zahnradkräuselgarn *n* || ~ **crimping** / Zahnrad-Texturierung *f*, Zahnradkräuseln *n*
gearwheel profile (of filament) / Zahnradprofil *n*
gel *v* / gelieren *v* || ~ *n* / Gel *n*
gelatification oven / Gelierkanal *m*
gelatin *n* s. gelatine
gelatinate *v* s. gelatinize
gelatine *n* / Gelatine *f*, Gallerte *f* || ~ **size** / Gelatineschlichte *f* || ~ **sizing** / Gelatineschlichten *n*
gelatinization *n* / Gelatinierung *f*, Gelatinieren *n*, Gelieren *n*
gelatinize *v* / gelatinieren *v*, gelieren *v*
gelatinizing *n* / Gelatinierung *f*, Gelatinieren *n*, Gelieren *n* || ~ **agent** / Gelierstoff *m*, Gelatinierungsmittel *n*, Geliermittel *n* || ~ **plant** / Gelieranlage *f*
gelatinous *adj* / gelatinös *adj*, gallertartig *adj* || ~ **mass** / gallertartige Masse || ~ **substance** / gallertartige Masse
gelation *n* / Gelbildung *f*, Gelierung *f*
gelling *n* / Gelieren *n* || ~ **agent** / Geliermittel *n*, Gelierstoff *m*, Gelatinierungsmittel *n* || ~ **machine** / Geliermaschine *f* (DIN 64990) || ~ **property** / Geliereigenschaft *f* || ~ **temperature** / Geliertemperatur *f* || ~ **time** / Gelzeit *f*
gel swelling factor (ratio of weight of acid-wet gel yarn to weight of dry yarn) (viscose spinn) / Gelquellfaktor *m*
genapped yarn / Genappegarn *n*
genappe yarn / Genappegarn *n*
genapping *n* / Sengen *n*, Gasieren *n*
general mordant / Universalbeize *f* || ~**-purpose binder** / Universalbinder *m* || ~ **use fastness properties** / Gebrauchsechtheiten *f pl*
genet *adj* / ginstergelb *adj*

Geneva nomenclature / Genfer Nomenklatur (IUPAC-Richtsätze für die organische und anorganische Chemie)
Genoa back s. Genoa cord || ~ **cord[uroy]** / Genuacord *m*, Manchester *m*, Manchestercord *m*, gerippte Baumwollschußsamtware, Waschsamt *m*, Köpermanchester *m* || ~ **plush** / baumwollener Genuasamt, Genuasamt *m*, geköperter Samt || ~ **twill** / dreibindiger Köper || ~ **velvet** / Genuasamt *m*, geköperter Samt || ~ **velveteen** / baumwollener Genuasamt
Genpac coater / Genpac-Coater *m*, Genpac-Schmelzbeschichter *m*
gentian *n* / Enzian *m* || ~ **blue** *adj* / enzianblau *adj* (RAL 5010), gentianablau *adj* || ~ **violet** / gentianaviolett *adj*, enzianviolett *adj*
gentle cycle (washing machine program) / Schonwaschgang *m*, Schongang *m*, Wäscheschongang *m*
gentleman's carpet (carpet in subdued shades) (GB) / Gentleman's Carpet *m*
gentle washing program / Schonwaschprogramm *n*, Schonprogramm *n*, Wäscheschonprogramm *n*
gents' and boys' outerwear / Herren- und Knabenoberbekleidung (HAKA) *f*
genuine fleecy / Bindefadenfutterware *f* || ~ **silk** / reine Seide
geometrical design (cpt) / Feldermusterung *f*
geometrically patterned jacquard / Geometrie-Jacquard-Stoff *m*
geometric grey scale / geometrischer Graumaßstab, geometrische Grauskala
georgette *n* (fabr) / Georgette *f* || ~ **crepe** / Crêpe-Georgette *m* || ~ **twist** / Crêpezwirn *m*, Crêpegarn *n*
Georgia prolific cotton / kurzstapelige Uplandbaumwolle aus Georgia
geotextiles *pl* / Geotextilien *pl*
geranium [**red**] *adj* / geraniumrot *adj*
German Fastness Commission / Deutsche Echtheitskommission (DEK) || ~ **fringe** / weiße Baumwollfransen || ~ **stitch** / Kreuzstich *m* || ~ **textile labelling act** / Textilkennzeichnungsgesetz *n* (am 1.9.72 in Kraft getretenes Bundesgesetz), TKG
Germantown yarn (coarse, four-ply worsted knitting yarn) / Strickkammgarn *n* aus Germantown, Pennsylvania
German vat / Sodaküpe *f*
germicidal *adj* / keimtötend *adj*, desinfizierend *adj*, bazillentötend *adj*, germizid *adj*
germicide *n* / Bakterienschutzmittel *n* || ~ **finish** / germizide Ausrüstung
germ-resistant *adj* / bakterienfest *adj*
getter-in *n* (weav) / Fadenanleger *m*
gg (hos) s. gauge
ghatti gum / Ghatti Gum *m n*, Dhaura-Gummi *n*, Indisches Gummi (aus Anogeissus latifolia)
Ghent lace / Genter Spitze
Ghiordes carpet (Turkish handmade carpet) / Gördes-Teppich *m*, Ghiordes-Teppich *m*
Ghordes knot, Ghiordes knot (cpt) / Ghordes-Knoten *m*, gordischer Knoten
ghosting effect (defect, trans pr) / Geisterbilder *n pl*
giant saddle stitch / großer Sattlerstich
gig *v* / rauhen *v*, aufrauhen *v* (auf der Rauhmaschine) || ~ *n* / Rauhmaschine *f*, Aufkratzmaschine *f* || ~ **barrel** / Kardentrommel *f*
gigging *n* / Aufrauhen *v*, Rauhen *n*, Aufkratzen *n* || ~ **machine** / Rauhmaschine *f*, Aufkratzmaschine *f* || ~ **mill** s. gigging machine
gigot sleeve (fash) / Gigot *m*, Keulenärmel *m*
gilan silk / persische Rohseide
gilet *n* (Fr) / Weste *f*, westenähnliche Bluse
gill *v* (flax) / hecheln *v* (Flachs) || ~ *n* (weav) / Hechelapparat *m*, Hechelkamm *m* || ~ (spinn) /

Nadelstab m || ~ **bar** (spinn) / Gillstab m || ~ **bar** (flax) / Hechelstab m || ~**-box** n (spinn) / Nadelstabstrecke f, Gillbox f, Nadelstrecke f, Gillstrecke f || ~ **box** (flax) / Hechelkamm m, Hechelapparat m || ~**-box drawing** / Nadelstabstrecken n || ~ **box for worsted yarn spinning preparatory machine** / Nadelstabstrecke f für die Kammgarnvorspinnerei || ~**-box with double set of fallers** (spinn) / Doppelnadler m || ~ **frame** (flax) / Hechelkamm m, Hechelapparat m || ~ **hackling tooth** / Gillhechelnadel f
gilling n / Strecken n auf der Nadelstabstrecke, Gilling n
gill needle / Gillnadel f || ~ **pin for bast spinning machines** / Gillnadel f für Bastfaserspinnereimaschinen (DIN 64105) || ~ **spinning** / Gillspinnen n || ~ **spinning frame** / Gillspinnmaschine f
gimp v / umflechten v || ~ n s. gimp cord || ~ **braiding** (knitt) / Gimpengeflecht n || ~ **cord** / Gimpe f, Gorl m, Gimpenborte f, Besatzschnur f
gimped buttonhole / Gimpenknopfloch n
gimp guide / Gimpenführung f || ~ **machine**, gimping machine (knitt) / Umspinnmaschine f, Gimpenmaschine f, Umflechtmaschine f || ~ **thread** / Gimpenfaden m || ~ **twister** / Gimpenumspinnmaschine f || ~ **yarn** / Gimpe f
gin v / egrenieren v, entkörnen v || ~ n / Egreniermaschine f, Entkörnungsmaschine f || ~ **cut** / Egrenierschaden m || ~ **fall** / Egrenierabfall m, Entkörnungsabfall m
ginger adj / rötlichbraun adj
gingham n / Gingham m, Gingan m || ~ **checks** / gewürfelter Gingham || ~ **print** / bedruckter Gingham
ginned cotton / entkörnte Baumwolle
ginning n / Entkörnung f, Egrenierung f, Ginnen n || ~ **machine** s. gin || ~ **of flax** / Flachsentsamung f
girdle n / Hüfthalter m, Hüftgürtel m, Elastik-Schlüpfer m, Korselett n || ~ **cloth** / Korsettstoff m || ~ **in long-leg panty style** / Elastik-Schlüpfer m als Miederhose mit langgeschnittener Beinform
girl's coat / Mädchenmantel m || ~ **overblouse**, girl's overtop / Mädchenüberziehbluse f || ~ **skirt suit** / Mädchenkostüm n
give an airing / an der Luft verhängen, lüften v || ~ **a nap** / Strich beibringen
givrine n (creped ribbed fabric) / Givrine m
glace v (yarn) / (Zwirn) glänzen v, glacieren v
glacé n / Glacé m, Glacéstoff m || ~ adj / changierend adj, changeant adj, glacé adj || ~ **felt** / Glacéfilz m, Glanzfilz m || ~ **finish** / Glacéappretur f, Glanzappretur f || ~ **thread** / Eisengarn n, Glacégarn n, Glanzzwirn n || ~ **yarn** / Eisengarn n, Glacégarn n, Glanzgarn n
glacial acetic acid / Eisessig m || ~ **dyestuff** / Eisfarbstoff m, Eisfarbe f
glacier blue adj / firnblau adj
glamourwear n / Reizwäsche f
glass bead / Glasperle f || ~ **bead coating** / Glasperlen-Beschichtung f || ~ **cambric** (weav) / Glasbatist m
glass-cloth n / Glasertuch n
glass cloth / Glasgewebe n, Glasfasergewebe n || ~ **cloth** / Glasertuch n || ~ **continuous filament** / Glasseide f, Glasfilament n (DIN 61850) || ~ **cord** / Textilglasschnur f, Textilglaskordel f (DIN 61850) || ~ **fabric** / Glasgewebe n, Glasfasergewebe n || ~ **fibre** / Glasfaser f, Glasfaserstoff m || ~ **fibre batt** / Glasfasermatte f, Glasseidenmatte n, Glasvlies n || ~ **fibre cloth** / Glasfasergewebe n, Glasgewebe n || ~ **fibre epoxy laminate** / Glasfaser-Epoxyschichtstoff m || ~ **fibre fabric** / Glasgewebe n, Glasfasergewebe n || ~ **fibre laminate** / Glasfaserschichtstoff m (GFS) || ~ **fibre mat[ting]** / Glasseidenmatte f, Glasfasermatte f, Glasvlies n || ~ **fibre reinforced** / glasfaserverstärkt adj || ~ **fibre reinforced unsaturated polyester resin** / Faserglasharz n || ~ **fibre reinforcement** / Glasfaserverstärkung f || ~ **fibre roving** s. glass roving || ~ **fibre spinning mill** / Glasfaserspinnerei f,

Glasspinnerei f || ~ **fibre strand** / Glasseidenspinnfaden m || ~ **fibre tape** / Glasfaserband n || ~ **fibre weave** / Glasfasergewebe n || ~ **fibre yarn** / Glasfasergarn n || ~ **filament** / Glasseide f, Glasfaden m, Glasfilament n (DIN 61850) || ~ **filament yarn** / Glasfilamentgarn n (DIN 61850) || ~ **filter cloth** / Glasfiltertuch n || ~**-foot-step** n / Glaspfanne f, Glasnapf m || ~ **mat** / Glasmatte f, Glasvlies n || ~ **monofilament** / Glaseinzelfaden m, Glaselementarfaden m || ~ **paper** / Glaspapier n || ~**-reinforced** adj / glasfaserverstärkt adj || ~**-reinforced plastics** / Glasfaserkunststoff m, Textilglaskunststoff m || ~ **reinforcement** / Glasfaserverstärkung f || ~ **ring** (spinn) / Fadenführer m, Fadenleiter m || ~ **roving** / Textilglasroving n (DIN 61850), Glasseidenstrang m, Glasseidenroving n || ~ **silk** / Glasseide f || ~ **slide test** / Glasplattenprobe f, Glasplattentest m || ~ **sliver** / Glasstapelfaser-Vorgarn n (DIN 61850) || ~ **spinning** / Glasspinnen n || ~ **spun roving** / Textilglas-Spinnroving n || ~ **spun yarn** / Glasstapelfasergarn n || ~ **staple fibre** / Glasstapelfaser f, Glasspinnfaser f, Stapelglasfaser f (DIN 61850) || ~ **staple fibre yarn** / Glasstapelfasergarn n (DIN 61850) || ~ **strand** / Glasspinnfaden m (DIN 61850), Glassträhne f || ~ **thread** / Glasfaden m, Glasgespinst n || ~ **towel** / Glasertuch n || ~ **transition point** (of a manmade fibre) / Glasumwandlungspunkt m, Umwandlungspunkt zweiter Ordnung || ~ **transition range** / Glasumwandlungsbereich m || ~ **transition temperature** / Glasumwandlungstemperatur f, Glasumwandlungspunkt m || ~ **wadding** / Glaswatte f || ~ **wool** / Glaswolle f || ~ **yarn** / Glasseidengarn n, Glasgarn n || ~ **yarn layer** / Textilglasgelege n (DIN 61850) || ~ **yarn reinforced laminate** / glasfaserverstärkter Stoff
glassy finish / Glasglanz m, glasartiger Glanz || ~ **lustre** / Glasglanz m, glasartiger Glanz
Glauber salt, Glauber's salt / Glaubersalz n (Na_2SO_4 · $10H_2O$), Natriumsulphat kalz.
glaze v / glänzen v, glätten v, glasieren v || ~ n / Glanz m, Glasur f
glazed calico / Glanzkattun m || ~ **chintz** / Glanzchintz m || ~ **cotton yarn** / Glacégarn n, Glanzgarn n || ~ **finish** / Glacéappretur f, Glanzappretur f, Glasur f || ~ **gauze** / Glanzgaze f || ~ **linen** / Glanzleinwand f, Futterkattun m || ~ **silk** / lüstrierte Seide || ~ **thread** / Glanzzwirn m || ~ **yarn** / Glacégarn n, lüstriertes Garn, Glanzgarn n
glaze fibre / Glanzfaser f
glazing n / Glanzappretur f, Glasur f, Glasieren n, Glanzbildung f, Lüstrieren n, Wasserappretur f || ~ **calender** / Glanzkalander f, Glättkalander m || ~ **effect** / Glanzeffekt m || ~ **finishing** / Glanzappretur f, Glacéappretur f || ~ **machine** / Lüstriermaschine f, Glanzmaschine f
glencheck n s. glen plaid
Glengarry n, glengarry n / schottischer Tweed || ~ / schiffchenartige Mütze der Hochlandschotten
glen plaid (used in woollen and worsted fabrics for suitings and coatings) / Glencheck m, Esterhazy m (nur in Österreich)
glider n (weav) / Reiter m, Lamelle f
gliding agent / Gleitmittel n || ~ **friction** / Gleitreibung f || ~ **property** / Gleitfähigkeit f
glissade n / schimmernder Futtersatin
glitter n / Schimmer m, Glitzer m || ~ **effects** pl / Glitzereffekte m pl
glittering lustre / flimmernder Glanz
glitter look (fash) / Glitzer-Look m || ~ **pigment** / Flitterpigment n || ~ **thread** / Glitzerfaden m
globulin fibre (protein fibre) / Globulinfaser f
gloria cloth (closely woven, light-weight fabric used mainly for umbrella covering) / Gloria m, Gloriaseide f || ~ **umbrella cloth** / Gloriaschirmstoff m
gloss v / glänzend machen, glanzpressen v, mit Glanz pressen || ~ (esp. silk) / chevillieren v || ~ n / Glanz m

|| ~ (through pressing) / Preßglanz m || ~ **decatizing** / Glanzdekatur f, Preßglanzdekatur f || ~ **decatizing machine** / Preßglanzdekatiermaschine f || ~ **effect** / Glanzeffekt m || ~ **finish** / Glanzappretur f, Glanzausrüstung f || ~-**imparting additive** / glanzgebendes Additiv || ~ **improvement** (cotton) / Glanzverbesserung f
glossiness n / Glanz m, Glätte f
glossing n / Glanzpressen n, Glanzappretur f, Glanzausrüstung t, Glänze f, Wasserappretur f || ~ (esp. silk) / Chevillieren n || ~ **machine** / Lüstrierapparat m || ~ **machine** (esp. silk) / Chevilliermaschine f
gloss-iron v / glanzbügeln v || ~ **retention** (ctg) / Glanzbeständigkeit f || ~ **starch** / Glanzstärke f || ~ **trap** (colorimetry) / Glanzblende f, Glanzfalle f || ~ **value** / Glanzzahl f || ~ **varnish** / Glanzlack m
glossy adj / glänzend adj, Glanz... (in Zssg.) || ~ (weav) / glattgeschoren adj || ~ **finish** / Glanzappretur f, Glanzausrüstung || ~ **printing** / Glanzdruck m || ~ **printing ink** / Glanzdruckfarbe f || ~ **printing paste** / Glanzdruckfarbe f
glove n / Handschuh m || ~-**cutting press** / Handschuhzuschneidemaschine f || ~ **fabric** / Handschuhstoff m || ~ **face-cloth** / Waschhandschuh m || ~ **finger** / Handschuhfinger m || ~ **finger knitting machine** / Fingerstrickmaschine f || ~ **flannel** (for work gloves) / (Arbeits-)Handschuhflanell m || ~ **flat knitting machine** / Handschuhflachstrickmaschine f || ~ **form** / Handschuhform f || ~ **knitting machine** / Handschuhstrickmaschine f || ~ **lining** / Handschuhfutter n || ~ **manufacture** / Handschuhfabrikation f
glover's wool (wool removed from skin of slaughtered sheep) / Raufwolle f
glove silk / Seidentrikot m || ~ **silk hosiery** / Seidenstrümpfe m pl || ~ **stretcher** / Handschuhstrecker m
glow v / glimmen v, glühen v || ~ n / Glimmen n, Glühen n, Glut f
glowing time (mat test) / Glimmzeit f
glow resistance / Glühbeständigkeit f
glucose n / Glukose f || ~ **discharge** / Glukoseätze f || ~ **vat** / Glukoseküpe f, Zuckerküpe f
glue v / kleben v, ankleben v, verkleben v, leimen v || ~ n / Leim m, Klebstoff m, Kleber m, Klebemittel n || ~ **film** / Leimaufstrich m
glueing n / Leimen n, Leimung f, Kleben n, Klebung f || ~ **apparatus** / Leimvorrichtung f, Klebeapparat m || ~ **film** / Klebefilm m, Klebefolie f || ~ **machine** / Leimmaschine f
glue size / Leimschlichte f || ~ **solution** / Leimlösung f || ~ **spot** / Leimfleck m || ~ **stain** / Leimfleck m || ~ **thickener** / Leimverdickung f (Substanz) || ~ **thickening** / Leimverdickung f (Substanz u. Verfahren)
glutaraldehyde n / Glutaraldehyd m
glyceride n / Glyzerid n
glycerin[e] n / Glyzerin n || ~ **boric acid ester** / Glyzerinborsäureester m || ~ **monochlorohydrin** / Glyzerinmonochlorohydrin n
glycerol n / Glyzerin n || ~ **iodite** / Jodglyzerin n
glycerophosphate n / Glyzerophosphat n, Glyzerylphosphat n
glyceryl monoacetate / Acetin n
glycocoll n / Glykokoll n, Glyzin n, α-Aminoessigsäure f
glycol n / Glykol n || ~ **ester** / Glykolester m || ~ **ether** / Glykoläther m
glycolic acid / Glykolsäure f, Hydroxyessigsäure f
glycol sulphuric acid / Glykolschwefelsäure f
glyoxal n / Glyoxal n
glyptal resin / Glyptalharz n
goal net / Torbespannung f, Tornetz n
goar n / Zwickel m, Abnäher m
goat hair / Ziegenhaar n, Ziegenwolle f

Gobelin n / Gobelin m || ~ **stitch** (cpt) / Gobelinstich m || ~ **tapestry** / Gobelin m
godet n (spinn) / Galette f || ~ (ladies' fash) / Untertritt m || ~ (insert-piece in clothing) (fash) / Stoffeinsatz m, Zwickel m, Einsatz m || **pair of** ~**s** (spinn) / Galettenduo n || ~ **attachment** / Zwickelapparat m || ~ **roller** (spinn) / Galette f || ~ **tailoring** (fash) / glockige Verarbeitung || ~ **wheel** (wheel made of glass over which newly spun manmade filament is wound) (spinn) / Galette f
goffer v / kräuseln v, plissieren v, fälteln v || ~ (emboss) / gaufrieren v, prägen v, einpressen v
goffered design / aufgepreßtes Muster, gaufriertes Muster || ~ **silk** / gaufrierte Seide || ~ **style** / Gaufrierartikel m, Prägeartikel m
goffering n / Kräuseln n, Fälteln n, Plissieren n || ~ / Gaufrieren n, Gaufrage f, Prägen n, Einpressen n || ~ **calender** / Gaufrierkalander m, Prägekalander m || ~ **machine** / Gaufriermaschine f || ~ **of the raw fabric** / Rohwarengaufrage f || ~ **press** / Kräuselmaschine f || ~ **press** / Gaufriermaschine f
goggles pl / Schutzbrille f
going part (weav) / Ladenbaum m, Ladenklotz m, Ladenbahn f, Ladenbalken m, Ladenbacken m
gold n / Gold n || ~ adj / golden adj, gold adj, goldfarben adj || ~ **braid** / Goldborte f || ~ **brocade** / Goldbrokat m || ~-**brown** adj / goldbraun adj || ~ **brown** / Bismarckbraun n || ~-**coloured** adj / goldfarben adj, gold adj, golden adj || ~-**dust cotton** / hochwertige Uplandbaumwolle
golden adj / goldfarben adj, gold adj, golden adj || ~-**blonde** adj / goldblond adj || ~-**brown** adj / goldbraun adj || ~-**orange** adj / goldorange adj || ~ **shade** / Goldton m, goldener Farbton || ~-**wheat** adj (col) / weizengelb adj || ~-**yellow** adj / goldgelb adj (RAL 1004)
gold lace / Goldborte f, Goldbesatz m || ~ **orange** (dye) / Methylorange n, Goldorange n || ~ **thread** / Goldfaden m, mit Gold bezogener Faden || ~ **tissue** / durchsichtige Ware bestehend aus Goldkette und Seidenschuß || ~-**yellow** adj / goldgelb adj || ~ **yellow** / Tropäolin O n
golfers pl (type of rag) / Golfers m pl
golf hose / Sportstrumpf m
golgas n (printed flannel raised on both sides) / Golgas m, bedruckter Flanell
goller n (shoulder cape with flared stand-up collar) / Göller n m
good drape (of cloth) / guter Fall || ~ **fit** / guter Sitz || ~ **middling cotton** / Good-Middling f (Baumwollsorte) || ~ **ordinary cotton** / Good-Ordinary f (Baumwollsorte) || ~ **penetration** (dye) / gleichmäßiges Eindringen
goods pl / Ware f, Gut n, Artikel m || ~ **carrier** / Materialträger m || ~ **carrier consisting of bobbins** / Spulenkasten f || ~ **for bleaching** / Bleichartikel m || ~ **for dyeing** / Färbegut n || ~ **for rinsing** / Spülgut n || ~ **from the loom** / stuhlrohe Ware
good side (of fabric) / rechte Seite, Schönseite f, Schauseite f, Stoffoberseite f
goods in rope form pl / Strangware f, Warenstrang m || ~ **preparation** / Warenpräparation f || ~ **to be dyed** / Färbegut n || ~ **to be milled** / Walkgut n || ~ **to be rinsed** / Spülgut n || ~ **withstanding light washing** / leichte Waschartikel m pl || ~ **withstanding severe washing** / schwere Waschartikel m pl
go on to the fibre (dye) / ziehen [auf die Faser] v
gore n / Einsatz m, Keilstück n, Zwickel m, Rockbahn f
gored skirt (fash) / Bahnenrock m
gore heel / Keilferse f
gorgerette n (Fr) / Cambric-Taschentuch n
gorge seam (sew) / Spiegelnaht f
gorilla yarn (slub yarn made from plain wool and silk wastes) / Gorillagarn n
gossamer n / leichte Seidengaze, feine Gaze

139

gossypium n / Baumwolle f, Baumwollpflanze f, Gossypium n
go-through machine (lace) / Go-Through-Maschine f
gouache print / Gouachedruck m
goureux n (US) / Vigoureux m
gouts pl / Fremdkörper enthaltende Knötchen m pl
gouty thread / Faden m mit Verdickungsstellen
governing motion (knitt) / Fadenregler m, Aufwinderegler m
governor motion (knitt) s. governing motion || ~ **motion** (spinn) / Windungsregler m, Aufwinderegler m
gown n / Gesellschaftskleid n || ~ / Gewand n, Robe f
grab strength / Gewebereißfestigkeit f || ~ **tensile test** s. grab test || ~ **test** / Grabtest m, Greifprobe f, Grab-Zugversuch m an Geweben (DIN 53858) (man rechnet ungefähr Grab(kg)/1,6 = Reißfestigkeit (kg) DIN) || ~ **test strength** / Grabtestbeständigkeit f, Greifprobefestigkeit f
gradation of shades / Nuancenabstufung f, Farbabstufung f
grade v / [nach Qualität] sortieren || ~ (dye) / abstufen v, schattieren v || ~ n / Sorte f, Qualität f || ~ **of cloth** / Warengüte f, Gütegrad m, Qualität f, Tuchqualität f
grading of shades / Tonabstufung f, Farbtonabstufung f || ~ **sieve** / Sortiersieb n
gradual drying apparatus, gradual drier / Stufentrockner m
graduate v (dye) / abstufen v, schattieren v
graduated checks / Muster n mit größer werdenden Karos || ~ **temperature process** (dye) / Temperaturstufenverfahren n
graduation n (dye) / Abstufung f
grafted bright fibre / eingeimpfte Glanzfaser || ~ **copolymer** / angepfropftes Copolymer[es]
graft polymer / Pfropfpolymer n, Pfropfpolymerisat n || ~ **polymerisation** / Pfropfpolymerisation f
grain v / körnen v, granulieren v || ~ (dye) / tief färben || ~ n / Körnchen n, Korn n || ~ / Kermesscharlach m, Kermes m, Kermesfarbstoff m || **against the** ~ / gegen das Haar, gegen den Strich || **with the** ~ / mit dem Strich
graining out (soap man) / Aussalzung f
grain of fabric / Strich m, Fadenrichtung f || ~ **pattern** / gemasertes Muster || ~ **size** / Korngröße f || ~ **size distribution** / Korngrößenverteilung f
grainy adj (weaves) / unregelmäßig adj (Bindungen)
grammes pro denier / Gramm pro Denier
grandrelle yarn, grandrille yarn / Jaspégarn n
granite fabric (pebbly, rough surface and hand) / Granitgewebe n || ~ **grey** / granitgrau adj (RAL 7026) || ~ **weave** / Granitbindung f (abgewandelte Ripsbindung mit kreppartigem Aussehen)
Grant reeling / Granthaspelung f
granular adj / körnig adj, gekörnt adj || ~ **card** (spinn) / Granularkarde f || ~ **carding machine** (spinn) / Granularkarde f || ~ **formulation** / Granulatformierung f || ~ **surface** / körnige Oberfläche
granulate v / granulieren v, körnen v || ~ n / Granulat n
granulated adj / körnig adj, gekörnt adj, granuliert adj
granulation n / Granulieren n, Granulierung f; Granulation f, Körnchenbildung f, Körnung f
granule n / Körnchen n, Korn n
granules pl / Granulat n
granule size / Korngröße f
graphite n / Graphit m || ~ adj / graphitfarben adj || ~ **bath** / Graphitbad n || ~ **black** / graphitschwarz adj (RAL 9011) || ~ **contamination** / Graphitverschmutzung f || ~ **fibre** / Graphitfaser f || ~ **grey** / graphitgrau adj (RAL 7024) || ~ **impurity** / Graphitverunreinigung f || ~ **soiling** / Graphitverschmutzung f || ~ **stain** / Graphitfleck m
graph of affinity (dye) / Aufziehkurve f
grass v (bleach) / auf dem Rasen bleichen || ~ **bleach** / auf dem Rasen bleichen || ~ **bleaching** / Rasenbleiche f,

Naturbleiche f || ~ **cloth** / Grasleinen n, Grastuch n, Grastaft m, Kantonbatist m, Chinaleinen n || ~ **cloth fibre** / Nesselfaser f, Brennesselfaser f || ~ **collecting bag** / Grasfangsack m || ~**-green** adj / grasgrün adj (RAL 6010)
grassing n (bleach) / Rasenbleiche f, Naturbleiche f
grass linen / Grasleinen n || ~ **rug** / Grasfasermatte f || ~ **stain** / Grasfleck m
grate n / Rost m, Gitter n
gravity feed / Schwerkraftzuführung f, Gefällezuführung f || ~ **mixer** / Schwerkraftmischer m
gravure n / Rakeltiefdruck m || ~ **printing** / Tiefdruck m
"gravy-proof" cloth (treated tablecloth material, resistant to stains) / Tischtuch, mit durchsichtigem Kunststoff bezogen
gray adj (US) s. grey
grease v / fetten v, einfetten v || ~ (wool) / schmälzen v || ~ (lubricate) / schmieren || ~ n / Fett n || ~ (lubricant) / Schmierfett n, Schmiere f || ~ (of wool) / Wollfett n, Wollschweiß m || ~ **content** / Fettgehalt m || ~ **content** (wool) / Schweißgehalt m || ~ **dissolving agent** / Fettlöser m, Fettlösungsmittel n, Fettlösemittel n || ~ **dyeing** / Färben n ungewaschener Wollwaren || ~ **extraction** (wool) / Wollentschweißung f, Entfettung f || ~ **extraction plant** (wool) / Wollentschweißungsanlage f || ~ **fulling** (US) / Fettwalke f, Schmutzwalke f
greaseless adj / fettfrei adj, nichtfettend adj
grease milling (GB) / Fettwalke f, Schmutzwalke f
greaseproof adj / fettundurchlässig adj, fettdicht adj
grease recovery (wool) / Fettrückgewinnung f || ~ **removal** / Fettentfernung f, Entfetten n, Entschweißen n || ~ **repellency** / Fettabweisungsvermögen n || ~ **resistance** / Fettbeständigkeit f || ~ **resistant finish** / fettabweisende Ausrüstung f || ~ **solvent** / Fettlöser m, Fettlösungsmittel n, Fettlösemittel n || ~ **solvent detergent** / Fettlöser-Waschmittel n || ~ **spot** / Fettfleck m || ~ **stain** / Fettfleck m || ~ **wool** / Schweißwolle f, Schwitzwolle f, Schmierwolle f, Schmutzwolle f, Rohwolle f, Fettwolle f
greasing n / Fetten n || ~ (wool) / Schmälzen n || ~ **agent** (wool) / Schmälzmittel n, Schmälze f, Spinnschmälze f || ~ **machine** (wool) / Schmälzmaschine f || ~ **process** (wool) / Schmälzprozeß m
greasy adj / fett adj, fettig adj || ~ **felt** / Schmierfilz m || ~ **felt** (wool) / Schweißfilz m || ~ **handle** / fettiger Griff, schmalziger Griff || ~ **lustre** / Fettglanz m || ~ **lustre** (of worn fabric) / Speckglanz m || ~ **spot** / Fettfleck m || ~ **substance** / Fettsubstanz f || ~ **suint** (wool) / Fettschweiß m, Wollschmiere f || ~ **sweepings** pl (wool) / Rohwollkehricht m || ~ **wool** / Schweißwolle f, Schwitzwolle f, Schmierwolle f, Schmutzwolle f, Rohwolle f, Fettwolle f
greatcoat n (GB) / Herrenmantel m, schwerer Überzieher
Grecian honeycomb s. Grecian weave || ~ **slippers** / Opanken f pl, orientalische Slipper m pl || ~ **weave** (honeycomb style of weave, used for counter-panes and piece-goods for printing and dyeing) / griechische Bindung
Greek carpet / griechischer Teppich || ~ **key** (cpt) / Mäander m || ~ **lace** / griechische Spitze
green vi / vergrünen v || ~ vt / grün färben || ~ adj / grün adj || ~ / unreif adj || **allow to** ~ / vergrünen lassen || ~ **beige** / grünbeige adj (RAL 1000) || ~ **blue** / grünblau adj (RAL 5001) || ~ **brown** / grünbraun adj (RAL 8000) || ~ **cinnabar** / chromoxidgrün adj || ~**-coloured** adj / grüngefärbt adj || ~ **copperas** / Eisenvitriol n || ~ **cotton** / unreife Baumwolle || ~ **discharge** / Grünätze f || ~ **flax** / Grünflachs m || ~ **grey** / grüngrau adj (RAL 7009)
greenhouse sun protection net / Gewächshaus-Sonnenschutznetz n
greenish adj / grünlich adj, grünstichig adj || ~**-blue** adj / grünlich blau, grünblau adj || ~ **cast** / grünstichiger

Ton, Grünton *m* ‖ ~ **tinge** s. greenish cast ‖ ~ **yellow** / grünlich gelb, grüngelb *adj*
green linen / ungebleichtes Leinengarn, ungebleichtes Leinen[-gewebe] ‖ ~ **off** (vat dye) / vergrünen lassen ‖ ~ **of Greece** / spanischgrün *adj* ‖ ~ **ramie** / Ramie *f*, echte Ramie ‖ ~ **retting** / Grünröste *f* ‖ ~ **shade** / Grünton *m* ‖ ~ **sheeting** / ungebleichtes Bettuchleinen ‖ ~ **skin wool** / Enzymwolle *f* ‖ ~ **tack** (US) (ctg) / Anfangsklebrigkeit *f* ‖ ~ **vitriol** / Eisenvitriol *n* ‖ ~ **yarn** (unbleached linen yarn) / ungebleichtes Leinengarn ‖ ~ **yarn** (undressed jute yarn) / Rohjutegarn *n* ‖ ~**-yellow factor** / Grün-Gelb-Faktor *m* ‖ ~**-yellow sensitivity** / Grün-Gelb-Empfindlichkeit *f*
grège [silk] (silk thread) / Grège *f*, Grègeseide *f*, Haspelseidengarn *n*, gehaspelte Naturseide ‖ ~ **yarn** / starker Woll/Seidenfaden ‖ ~ **yarn** (silk) / Grège *f*, nichtentbastetes Seidengarn
grego *n* (fash) / kurze grobe Tuchjacke mit Kapuze
greige *adj* / graubeige *adj* ‖ ~ **goods** *pl* / Rohware *f*, Stuhlware *f*, ungebleichte Ware, Rohgewebe *n* ‖ ~ **stocking** (hos) / Rohling *m* ‖ ~ **width** / Rohbreite *f* ‖ ~ **yarn** / Rohgarn *n*
grenadine *n* (dress material with open gauze weave) / Grenadine *f*, Gitterstoff *m* ‖ ~ **broché** / brokatgemusterte Grenadine
grenfell jacket (GB) / Windjacke *f*
grex system (US) / Grex-Gewichtsnumerierungssystem *n* (identisch mit dtex)
grey *n* (text pr) / Mitläufer *m* ‖ ~ *adj* / grau *adj* ‖ ~ *,* naturfarben *adj*, ungebleicht *adj* ‖ in the ~ / als Rohware ‖ ~ **aluminium** / graualuminium *adj* (RAL 9007) ‖ ~**-beige** *adj* / graubeige *adj* (RAL 1019) ‖ ~**-blue** *adj* / graublau *adj* (RAL 5008) ‖ ~**-brown** *adj* / graubraun *adj* (RAL 8019)
greycloth *n* (cpt) / Rohware *f*, Rohgewebe *n*
grey cloth (cotton) / Rohgewebe *n*, Baumwolle-Rohware *f*, Bw-Rohware *f*, Stuhlgewebe *n*, Stuhltuch *n*, Rohware *f* ‖ ~ **cotton** / Rohbaumwolle *f* ‖ ~ **cotton cloth** / Rohnessel *m*, Baumwollnessel *m*, Nessel *m*, Nesseltuch *n* ‖ ~ **cotton filter cloth** / Nesselfiltertuch *n* ‖ ~ **drill** / ungebleichter Drell ‖ ~ **fabric** / Rohgewebe *n*, Rohware *f*, Stuhlgewebe *n*, Stuhltuch *n* ‖ ~ **finish** / Vorappretur *f*, Vorausrüstung *f* ‖ ~ **goods** *pl* / Rohware *f*, Stuhlware *f*, ungebleichte Ware, Rohgewebe *n* ‖ ~**-green** *adj* / graugrün *adj* ‖ ~ **hose** / Rohstrumpf *m*
greying *n* / Vergrauung *f*, Vergrauen *n* ‖ ~ **limit** / Vergrauungsgrenze *f*
greyish *adj* / gräulich *adj* ‖ ~ **blue** / graublau *adj* ‖ ~ **cast** / graustichiger Ton, Grauton *m* ‖ ~ **green** / graugrün *adj* ‖ ~ **red** / graurot *adj* ‖ ~ **tinge** s. greyish cast
grey knit goods *pl* / Rohmaschenware *f* ‖ ~ **knitted fabric** / Rohmaschenware *f* ‖ ~ **mercerized** / rohmerzerisiert *adj* ‖ ~ **olive** *adj* / grauoliv *adj* (RAL 6006) ‖ ~ **room** / Rohwarenraum *m*
greys *pl* (steamer, print) / Dämpferleinen *n*
grey scale / Graumaßstab *m*, Grauskala *f* ‖ ~ **scale for assessing change in colour** / Graumaßstab *m* zur Bewertung des Farbumschlags ‖ ~ **scale for assessing staining** / Graumaßstab *m* zur Bewertung des Anblutens (DIN 54002) ‖ ~ **shade** / Grauton *m* ‖ ~ **sour** / Kalksauerbad *n* ‖ ~ **souring** / Säurebehandlung *f* ‖ ~ **spot** (of fabric) / Rohzustand *m* ‖ ~ **steeping** / Mistbeize *f* ‖ ~ **value** / Grauwert *m* ‖ ~ **wash** (bleach) / Einweichen *n* in Wasser ‖ ~ **white** *adj* / grauweiß *adj* (RAL 9002) ‖ ~ **width** / Rohwarenbreite *f*, Rohbreite *f* ‖ ~ **yarn** / Rohgarn *n*
grid bar / Roststab *m*, Reinigungsgitterstab *m* ‖ ~ **drier** / Rosttrockner *m*
gridelin *adj* / flachsblütenfarbig *adj*
grid plate / Grid-Plate *f*, KD-Platte *f*, Katzenzungen-Doppelplatte *f* (für den Preßschuh von Bügelpressen) ‖ ~ **spinning** / Rostspinnen *n* ‖ ~ **spinning unit** / Rostspinnaggregat *n* ‖ ~ **stirrer** / Gitterrührer *m*

griege goods *pl* / Rohware *f*, Stuhlware *f*, ungebleichte Ware, Rohgewebe *n*
griff *n* (jacquard) / Hebezeug *n*, Messerkorb *m*
griffe *n* (weav) / Platinenmesser *n*, Schaftmesser *n* ‖ ~ **box** (Jacquard) (weav) / Messerkasten *m*
grille cloth (for loudspeakers) / Bespannstoff *m* (vor Lautsprecheröffnung), Lautsprecherbespannstoff *m*
grind *v* / zerkleinern *v*, mahlen *v*, zerreiben *v* ‖ ~ (esp. pigm, dye) / anreiben *v* ‖ ~ (with emery) / abschmirgeln *v*
grinder *n* / Mühle *f* ‖ ~ / Schleifwalze *f*, Schleiftrommel *f*
grind fine / fein mahlen, zerreiben *v*, verreiben *v*
grinding *n* / Mahlen *n*, Vermahlen *n*, Zerreiben *n*, Verreiben *n*, Zerkleinerung *f* ‖ ~ (esp. pigm, dye) / Anreiben *n*, Anreibung *f* ‖ ~ (of wire card) / Schleifen *n* ‖ ~ **and mixing machine** / Verreibungs- und Mischmaschine *f* ‖ ~ **apparatus** / Mahlvorrichtung *f* ‖ ~ **apparatus** / Schleifgerät *n* ‖ ~ **cycle** (dye) / Mahlgang *m* ‖ ~ **department** / Farbstoffmühle *f* ‖ ~ **machine** / Schleifmaschine *f*, Mahlmaschine *f* ‖ ~ **machine for shearing blades and shearing cylinders** / Schermesser- und Scherzylinderschleifmaschine *f* ‖ ~ **paste** (dye) / Anreibung *f* ‖ ~ **roller** / Schleiftrommel *f*, Schleifwalze *f*, Schleifmolette *f* ‖ ~ **wheel** / Schleifscheibe *f*
grinning *n* (inaccuracy of the repeat) (text pr) / Grinsen *n* (an Dessinrändern)
grinny cloth / kettstreifiger Stoff
grin through (dye) / durchgrinsen *v*
grip *v* / greifen *v*, klemmen *v*, fassen *v* ‖ ~ **and glide performance** (spinn) / Haftgleitvermögen *n*, Haftgleitverhalten *n*
gripper *n* (weav, knitt, cpt) / Greifer *m* ‖ ~ **arm** (weav, knitt, cpt) / Fangarm *m* ‖ ~ **Axminster** (cpt) / Greifer-Axminster *m* ‖ ~**-Axminster carpet** / Greifer-Teppich *m*, Greifer-Axminster-Teppich *m* ‖ ~ **feed** (sew) / Zangentransport *m*
grip performance (of the fibre) / Haftverhalten *n*
gripper head (weav) / Greiferkopf *m* ‖ ~ **loom** (weav) / Greiferwebstuhl *m*, Greiferstuhl *m*, Greiferwebmaschine *f* ‖ ~ **loom for double-pile fabrics** (weav) / Doppelflor-Greifer-Webmaschine *f* ‖ ~ **needle** (weav) / Greifernadel *f* ‖ ~ **shuttle** / Greiferschützen *m*, Fangschützen *m* ‖ ~ **shuttle loom** / Greiferschützenwebmaschine *f*, Projektilwebmaschine *f* ‖ ~ **weaving machine** / Greiferwebmaschine *f*
gripping device (weav) / Greifvorrichtung *f*, Greifervorrichtung *f* ‖ ~ **device** (gen) / Spannvorrichtung *f* ‖ ~ **jaw** (mech) / Spannbacke *f*, Klemmspanne *f* ‖ ~ **pressure** (mech) / Klemmdruck *m*
grip ring / Hakenring *m* ‖ ~ **top** (hos) / Elastikrand *m*
grisaille (all-silk dress fabric) (Fr) / Grisaille *f*
gris-de-lin *adj* (Fr) s. gridelin
grist *n* (of yarn) / Feinheit *f*, Nummer *f*
gritty *adj* / grießig *adj* ‖ ~ **handle** / sandiger Griff ‖ ~ **wool** / Sandwolle *f*
grogram (coarse fabric of silk, mohair and wool, or these mixed, often stiffened with gum) / Grogram *m*
groove *n* (gen) / Rille *f*, Nut *f* ‖ ~ (of needle) / Nadelzasche *f*, Nadelrinne *f* ‖ ~ (of knitt machine) / Nadelkröpfung *f*
grooved beam (weav) / Riffelbaum *f* ‖ ~ **cylinder** / Nutenzylinder *m*, Rillenwalze *f* ‖ ~ **drum** (winding frame) / Schlitztrommel *f* ‖ ~ **needle** (knitt, mach) / Zaschennadel *f*, Rinnennadel *f* ‖ ~ **roller** / Rillenwalze *f*, Riffelwalze *f*, Molette *f*, kannelierte Walze ‖ ~ **roller** (text pr) / Rippenwalze *f* ‖ ~ **spring bar** (hos) / Federstock *m*, Federkasten *m*
groove in warp beam / Kettbaumrinne *f* ‖ ~ **of spring beard needle** / Zasche *f* der Hakennadel ‖ ~ **rail in the shuttle race** / Ladenbahnnut *f*
gros *pl* (Fr) / quergerippte Seidenstoffe *m pl*
grosgrain *n* (heavy ribbed fabric produced by using coarse cotton weft) / Grosgrain *m* ‖ ~ *adj* / grob gerippt
gros point (Fr) / Kreuzstichstickerei *f*

gross

gross mass / Bruttomasse f, Bruttogewicht n ‖ ~ **weight** s. gross mass
ground v (dye) / grundieren v, vorfärben v, vordecken v ‖ ~ n (dye) / Fond m, Grund m, Untergrund m, Grundfarbe f, Boden m ‖ ~ (fabric) / Grund m, Grundgewebe n ‖ ~ **block** (text pr) / Deckform f ‖ ~ **coat** (ctg) / Fondstrich m, Grundierung f ‖ ~ **colour** (dye) / Fondfarbe f, Grundfarbe f ‖ ~ **design** / Fondmuster n ‖ ~ **dyeing** / Grundfärbung f, Fondfärbung f, Grundierfärbung f ‖ ~ **fabric** / Grundgewebe n ‖ ~ **flock** / Mahlflock m ‖ ~ **furnace carbon black** / Anreibung f eines Furnace-Rußes ‖ ~ **heddle** / Grundlitze f
grounding n (dye) / Grundierung f, Grundieren n, Vorfärbung f, Vorfärben n ‖ ~ **dyestuff** / Grundierfarbstoff m ‖ ~-**in** (text pr) / Gegendruck m ‖ ~ **with iron** / Eisengrundierung f ‖ ~ **with tin** / Zinngrundierung f
groundnut fibre / Erdnußfaser f, Erdnußfaserstoff m ‖ ~ **oil** / Erdnußöl n, Arachisöl n ‖ ~ **protein staple** / Erdnußproteinfaser f
ground--off adj / abgeschliffen adj ‖ ~ **pattern** / Fondmuster n, Grundmuster n ‖ ~ **pick** / Unterschuß m, Grundschuß m, Einschnittschuß m ‖ ~ **pigments** pl / Pigmentanreibung f ‖ ~-**retted flax** / erdgerösteter Flachs ‖ ~ **row** (knitt) / Anfangsreihe f, Anschlag m, erste Strickreihe, Netzreihe f ‖ ~ **shade** / Fondfarbe f, Grundfarbe f, Grundierfarbe f ‖ ~ **shade** / Grundton m ‖ ~ **texture** / Grundgewebe n ‖ ~ **thread** / Grundfaden m ‖ ~ **thread** / Kernfaden m von Zierzwirn ‖ ~ **warp** (weav) / Unterkette f, Grundkette f, Einschnittkette f ‖ ~ **warp beam** / Grundkettbaum m ‖ ~ **warp thread** / Randkettfaden m ‖ ~ **weave** / Grundbindung f, Grundgewebe n ‖ ~ **weft** (weav) / Grundschuß m, Unterschuß m, Einschnittschuß m ‖ ~ **yarn** / Grundfaden m
grouped pass (weav) / gruppenweiser Einzug
group of dyestuffs / Farbstoffgruppe f ‖ ~ **of harness cords** (weav) / Puppe f ‖ ~ **of looms** / Webstuhlgruppe f ‖ ~ **of picks to be beaten home** (weav) / Vorschlagschüsse m pl ‖ ~ **of threads** / Fadenbündel n, Fadengruppe f ‖ ~ **of weft yarns** / Schußgruppe f
grown-on garment (US) (sew) / angeschnittenes Kleidungsstück
growth n (of fabric) / Gewebelängung f ‖ ~ **of wool** / Wollwuchs m
grub damage / Fraßschaden m
guaiac resin / Guajakharz n
guaiacum n (resin) / Guajakharz n
guanaco wool / Guanakowolle f, Guanakohaare n pl ‖ ~ **yarn** / Guanakogarn n
guana fibre / kubanische Tulpenbaumfaser
guanyl urea / Guanylharnstoff m
guar n (used as a thickening agent and as a sizing material) / Guar n (Cyanopsis psoralioides)
guard cam (knitt) / Sicherheitsschloßteil n, Gegensenker m ‖ ~ **hair** (long coarse hairs forming a protective coating over the underfur of furred animal) / Oberhaar n (eines Pelzes)
guards pl (athletic clothing) / Schutzkleidung f für Sportler
guar ether / Guarmehläther m ‖ ~-**galactomannan** n (thickener) / Guar-Galactomannan n ‖ ~ **gum** / Guar-Mehl n
guaxima fibre / Araminafaser f
guayanilla cotton / westindische glänzendweiße Baumwolle
guernsey n / Wollhemd n, Wolljacke f
guest towel / Gästehandtuch n
guidance n / Führung f, Lenkung f
guide v / führen v, leiten v, lenken v ‖ ~ n (sew mach) / Führer m, Führungsstück n, Fadenlieferer m ‖ ~ (knitt, mach) / Nadelplatine f ‖ ~ **bar** / Führungsstange f, Flachschiene f, Lochnadelbarre f, Leitstab m (DIN 64990) ‖ ~ **bar** (knitt) / Legeschiene f, Legebarre f ‖ ~ **bar control** (knitt) / Legeschienensteuerung f ‖ ~ **bar in which the threads are passed through in accordance with the pattern** / mustermäßig eingezogene Legeschiene ‖ ~ **bar shog** (knitt) / Versatz m der Legebarren ‖ ~ **bar slide bracket** (knitt) / Legeschienenträger m ‖ ~ **bowl** / Kulissenrolle f ‖ ~ **bridge** / Unterriemchenbrücke f (DIN 64050) ‖ ~ **cam** (knitt) / Führungsschloß n, Sicherheitsschloßteil n ‖ ~ **comb** / Führungskamm m, Leitkamm m ‖ ~ **cylinder** / Führungswalze f, Führungszylinder m ‖ ~ **drum** / Leittrommel f ‖ ~ **eye** / Führungsöse f, Leitring m ‖ ~ **formulation** / Richtrezeptur f ‖ ~ **for roller necks** (knitt) / Kulissenführung f ‖ ~ **lock** (knitt) / Nachlaufschloß n ‖ ~ **needle** (knitt, mach) / Lochnadel f ‖ ~ **needle lead** (knitt) / Lochnadelblei n ‖ ~ **piece** / Führungsstück n, Führungsbügel m ‖ ~ **pin** (trans pr) / Rapportstift m, Treffstift m ‖ ~ **pin** (weav) / Umlenkstift m (DIN 64685) ‖ ~ **plate** / Führungsblech n ‖ ~ **pulley** / Leitrolle f, Leitscheibe f, Leitwalze f, Umlenkrolle f
guider n / Führungswalze f, Leitwalze f ‖ ~ (clothm) / Breithalter m, Stoffbahnführer m
guide rail / Leitschiene f, Führungsschiene f, Gleitschiene f ‖ ~ **rail** (trans pr) / Rapportschiene f ‖ ~ **rail fitting** / Rapportreiter m ‖ ~ **rail in the shuttle race** (weav) / Ladenbahnnut f ‖ ~ **reel** (fin) / Leithaspel f ‖ ~ **ring** / Führungsring m, Fadenführer m ‖ ~ **rod** / Führungsstange f, Führungsstab m, Leitspindel f, Leitstange f, Legeschiene f, Leitstab m (DIN 64990) ‖ ~ **roll[er]** / Leitwalze f (DIN 64990), Leitrolle f, Führungswalze f, Führungsrolle f, Umlenkwalze f ‖ ~ **roll[er]** (cpt) / Einzugwerk n ‖ ~ **roller drier** / Leitwalzentrockner m (DIN 64990) ‖ ~ **roller stud** / Leitrollenzapfen m ‖ ~ **slot** / Führereinschnitt m, Führungsschlitz m ‖ ~ **spindle** / Leitspindel f ‖ ~ **spring** / Führungsfeder f ‖ ~ **stud** (trans pr) / Rapportstift m, Treffstift m ‖ ~ **table** / Führungstisch m ‖ ~ **wheel** / Führungsrad n ‖ ~ **winch** / Leithaspel f ‖ ~ **wire** / Fadenführer m, Aufschlagdraht m, Aufwinder m, Garnführer m ‖ ~ **worm** (knitt) / Leitschnecke f
guiding n / Führung f ‖ ~ **and stretching mechanism** / Warenführ- und Spanneinrichtung f ‖ ~ **belt** (mach) / Laufeinrichtung n ‖ ~ **comb** / Leitkegel m ‖ ~ **device** / Leiteinrichtung f ‖ ~ **disc** / Führungsscheibe f ‖ ~ **groove** / Führungsnut f ‖ ~ **of the rove** / Luntenführung f ‖ ~ **recipe** / Richtrezeptur f ‖ ~ **roller** s. guide roller
guidon n (Fr) / Fähnchen n
Guignet's green / Chromoxidhydratgrün n, Guignetgrün n
guimpe n (chemisette worn with low-cut dress to fill the neck) (fash) / Chemisette f
guiote cotton / philippinische Baumwolle geringwertiger Qualität
guipure n (fancy threads of wire cord, whipped round with cotton, rayon or silk threads) / Gipüre f, Guipure f, Gimpe f, Gorl m
Gulf cotton / Sammelname für die am Golf von Mexiko u. am Mississippi erzeugten Baumwollsorten
gum v / gummieren v ‖ ~ / kleben v, anleimen v, ankleben v ‖ ~ n / Pflanzengummi n m, Gummi n m ‖ ~ / Harz n (ungenau) ‖ ~ (silk) / Bast m ‖ ~ **acacia** s. gum arabic ‖ ~ **anime** / Animeharz n (aus Hymenaea courbaril) ‖ ~ **arabic** / Akaziengummi n m, Gummiarabikum n, Arabingummi n m ‖ ~ **arabic thickener** / Gummiarabikumverdickung f ‖ ~ **bassora** (low-grade types of tragacanth) / Bassoragummi n m ‖ ~ **caustic printing** / Gummiätzdruck m ‖ ~ **copal** (collective name for high-melting vegetable resins) / Kopal m ‖ ~ **elemi** / Elemiharz n (aus Canarium luzonicum) ‖ ~ **ghatti** / Ghatti Gum m n, Dhaura-Gummi n m, Indisches Gummi (aus Anogeissus latifolia) ‖ ~ **guaiac** / Guajakharz n ‖ ~ **karaya** / Karayagummi n m, Sterculiagummi n m, Indischer Tragant (meist von Sterculia urens Roxb.) ‖ ~ **machine** /

142

Gummiermaschine f, Gummierapparat m, Leimmaschine f
gummed silk s. gum silk
gumming n / Gummieren n, Kleben n, Leimung f, Bekleben n ‖ ~ **apparatus** / Aufklebemaschine f ‖ ~ **attachment** s. gumming device ‖ ~ **device** / Aufklebevorrichtung f, Leimvorrichtung f, Klebvorrichtung f
gummy fleece / klebriges Fell
gum printing varnish / Gummidrucklack m ‖ ~ **resin** / Gummiharz n ‖ ~ **roller** (print) / Wasserwalze f ‖ ~ **sandarac** / Sandarak m, Sandarakharz n, Sandarakgummi n m ‖ ~ **Shiraz** / Schirasgummi m n ‖ ~ **Shiraz paste** / Schirasgummiverdickung f ‖ ~ **silk** / Rohseide f, Grègeseide f, Bastseide f, Haspelseide f, unentbastete Seide, Nitratseide f ‖ ~ **solution** / Gummilösung f ‖ ~ **the edges** [to stabilize the cloth] / die Kanten leimen (stabilisieren) ‖ ~ **thickening** / Gummiverdickung f ‖ ~ **tragacanth** / Tragantgummi n m ‖ ~ **tragacanth thickening** / Tragantverdickung f ‖ ~ **tragon** / Tragongummi n m ‖ ~ **wastes** pl / unentbastete Seidenabfälle m pl
gun-club checks (US) / karierter Stoff für Sportkleidung
guncotton n / Schießbaumwolle f, Schießwolle f
gunk n (US) / Polyester-Glasfasermasse f
gunn cotton / kurzfaserige Mississippi-Baumwolle
gunny n / Juteleinen n, Jutesackleinen n ‖ ~ **cloth** / Jutesackleinen n, Juteleinen n ‖ ~ **fibre** / Jute f ‖ ~ **sacking** / Jutesackleinen n
gun patch (sew) / Jagdflicken n
gusset n / Zwickel m, Keil m, Einsatz m ‖ ~ **attachment** / Zwickelapparat m ‖ ~ **heel** (hos) / Keilferse f ‖ ~ **narrowing** (hos) / Keilminderung f, Minderung f des Zwickels, Fersenminderung f, Minderung f des Fußunterteils, Fersendecke f, Sohlendeckung f, Sohlenzwischendeckung f ‖ ~ **seam** (hos) / Zwickelnaht f
gussetted adj / mit Zwickel versehen adj
gusset toe (hos) / Keilspitze f, Zwickelspitze f ‖ ~**-type toe** (hos) / Keilspitze f, Zwickelspitze f
gut thread / Füllfaden m, Verstärkerfaden m
gym clothes pl / Turnkleidung f
gymp n (fancy threads of wire cord, whipped round with cotton, rayon or silk threads) / Gimpe f, Gipüre f, Guipure f
gym shorts pl / Turnhose f ‖ ~**-slip** n, gymtunic n / ärmelloses Kleid als Schuluniform ‖ ~ **suit** / Turnanzug m ‖ ~ **suit** / Trainingsanzug m
gypsy cloth / Sportflanell m
gyro mixer / Kreiselmischer m

H

haberdasher n (GB) / Kurzwarenhändler m ‖ ~ (US) / Herrenausstatter m, Herrenartikelgeschäft n
haberdashery n (GB) / Kurzwaren f pl, Schnittwaren f pl ‖ ~ (US) / Herrenartikel m pl ‖ ~ **tapes** / Kurzwarenbänder n pl
habiliments pl / Amtskleidung f, Festkleidung f
habit n / Kleidung f, Tracht f ‖ ~ (riding) / Reitanzug m, Reitkostüm n, Reitdreß m ‖ ~ (religious order) / Ordenstracht f, Habit m ‖ ~ **back placket** / Schlitz m am Frauenreitanzug ‖ ~ **cloth** / dunkelfarbiger Wollstoff feiner Qualität
hachure [printing] roller / Hachurenwalze f, Haschurenwalze f
H-acid n (dye) / H-Säure f, 1-Amino-8-naphthol-3,6-disulfonsäure
hacking jacket / Reitjacke f ‖ ~ **pocket** (US) / schräge Pattentasche, schräge Klappentasche
Hacking's box motion (weav) / Hackingwechsel m
hackle v / hecheln v ‖ ~ n / Hechel f ‖ ~ **bar for hackling machines** / Hechelleiste f für Hechelmaschinen (DIN 64109) ‖ ~ **clamp** / Hechelkluppe f ‖ ~ **comb** / Hechelkamm m, Bürstenreinigungskamm m
hackled flax / Hechelflachs m, Reinflachs m ‖ ~ **hemp** / Hechelhanf m ‖ ~ **hemp yarn** / Hanflinegarn n
hackle drawing frame / Hechelstrecke f
hackled tow waste / Bartelwerg n, Bärtelwerg n
hackle pin / Hechelnadel f ‖ ~ **tow** / Hechelwerg n
hackling n / Hecheln n ‖ ~ **area** / Hechelfeld n ‖ ~ **bench** / Hechelstock m ‖ ~ **block** / Hechelbrett n ‖ ~ **comb** / Hechelkamm m ‖ ~ **machine** / Hechelmaschine f ‖ ~ **pin** / Hechelnadel f ‖ ~ **pin for bast fibre spinning machines** / Hechelnadel f für Bastfaser-Spinnereimaschinen (DIN 64106)
hair n / Haar n, Tierhaar n ‖ ~ **against the** ~ / gegen den Strich, gegen das Haar ‖ **with the** ~ / mit dem Strich, mit dem Haar
hairas yarn (made of coarse Oriental wool which has little lustre) / Hairasgarn n
hair blowing (hatm) / Fellhaarbläserei f
haircloth n (for upholstery covers as interlining and stiffener) / Haartuch n
haircord n (cpt) / Haargarn-Bouclé-Teppich m, Haargarnteppich m ‖ ~ (fabric) / feingerippter Baumwollcord, Haircord m, Haargarn n
hair felt / Haarfilz m ‖ ~ **fibre** / tierische Haarfaser ‖ ~ **hat felt** / Haarhutfilz m
hairiness n / Haarigkeit f ‖ ~ **index** / Haarigkeitsindex m (eines Garnes)
hairline crack / Haarriß m
hairlines pl / feingestreifte Kammgarnwaren f pl
hairline stripe / Haarstrichstreifen m
hair lining / Haareinlagestoff m ‖ ~ **mordant** / Haarbeize f ‖ ~ **of alpaca** / Lamahaar n ‖ ~ **of llama** / Lamahaar n
hairpin lace / Gabelhäkelei f
hair ribbon / Haarschleife f, Haarband n ‖ ~ **velvet** (cpt) / Haargarn-Velours m ‖ ~ **yarn** / Haargarn n ‖ ~ **yarn carpet** (must contain at least 70% hair yarn) / Haargarnteppich m
hairy blanket / Haardecke f
halation n (fin, dye) / Hofbildung f, Aureolenbildung f
half beam for warp knitting / Halbbaum m für Kettenwirkerei ‖ ~-**belt** n (fash) / Rückengürtel m ‖ ~-**bleach** v / vorbleichen v ‖ ~-**bleach** n / Halbbleiche f ‖ ~-**bleached** adj / vorgebleicht adj ‖ ~-**bleached** adj / halbgebleicht adj, halbweiß adj ‖ ~-**bleached finish** / halbweißes Bleichen ‖ ~-**boil** v (silk, gum) / halb entbasten, assoupieren v, souplieren v ‖ ~-**boil bath** (silk) / Assoupierbad n ‖ ~-**boiled silk** / souplierte Seide, halbgekochte Seide ‖ ~-**boiling** n (silk) /

Assouplieren n ‖ ~-**bred wool** / Crossbredwolle f ‖ ~ **cardigan attachment** / Perlfangeinrichtung f ‖ ~ **cardigan fabric** / Perlfangware f ‖ ~ **cardigan stitch** (knitt) / Perlfang m ‖ ~ **clean hemp** / Basthanf m ‖ ~-**cross leno** (weav) / Halbdreher m ‖ ~ **damast** (silk or rayon warp and cotton or woollen weft) (GB) / Halbdamast m, unechter Damast ‖ ~ **discharge** / Halbätze f ‖ ~ **discharge printing** / Halbätzdruck m ‖ ~-**dry** adj / halbtrocken adj ‖ ~-**dry spinning frame** / Halbnaßspinnmaschine f ‖ ~ **dyeing** / Halbfärbung f ‖ ~-**dyeing time** (T_{50}) (the time during which 50% of the dyestuff used is exhausted from the dye liquor) / Halbfärbezeit f ‖ ~-**emulsion paste** (text pr) / Halbemulsionspaste f ‖ ~ **heald** (weav) / halbe Helfe ‖ ~-**hose** n / Herrensocke f, Socke f, Kniestrumpf m, halblange Socke ‖ ~-**hose machine** / Sockenmaschine f ‖ ~-**hose top** / Sockenrand m ‖ ~-**lap** n (cotton comber machine) / Rundkamm m, Kreiskamm m ‖ ~-**life period** / Halbwertzeit f ‖ ~-**lined** adj / halbgefüttert adj ‖ ~ **linen [cloth]** / Halbleinen n (Mischgewebe, bei dem Kette oder Schuß aus Leinengarn besteht) ‖ ~ **lining** / offenes Rückenfutter ‖ ~-**matured cotton** / halbreife Baumwolle ‖ ~-**milled hat body** / Labraz m ‖ ~-**needle racking** (knitt) / Halbversatzstellung f ‖ ~-**open shed** (weav) / Halboffenfach f ‖ ~-**open work appliance** (weav) / Halboffenapparat m ‖ ~ **partycoat, half-pett** n / Halb-Petticoat m ‖ ~-**planked** adj (hatm) / halbgewalkt adj ‖ ~ **point** (knitt) / halbe Picotnadel, Decknadel f für halbe Maschen ‖ ~-**point transfer structure** (hos) / Normalnetz-Cottonstrumpf m ‖ ~ **resist** (dye) / Halbreserve f ‖ ~-**round splicing** (knitt) / Sohlen- und Spitzenverstärkungseinrichtung f ‖ ~ **set** (weav) / Einzug 1 zu 1, Halbeinzug m ‖ ~ **silk** / Halbseide f ‖ ~-**silk lining fabric** / halbseidener Futterstoff ‖ ~-**silk rep** / Halbseidenrips m ‖ ~ **sizes** / Zwischengrößen f pl ‖ ~ **sleeve** / kurzer Ärmel, Halbärmel m ‖ ~-**sleeve shirt** / Hemd n mit kurzen Ärmeln ‖ ~-**slip** n / Unterrock m, Halbrock m ‖ ~ **sole** (hos) / verstärkte Sohle ‖ ~ **stitch** (knitt) / halbe Masche ‖ ~ **stitch** (defect) (knitt) / gespaltene Masche ‖ ~ **tint** / Mittelfarbe f ‖ ~-**tone** n / Halbton m ‖ ~-**tone effect** / Halbtoneffekt m, Halbton m ‖ ~ **tubular lock** (knitt) / halbes Schlauchschloß ‖ ~ **turn** (knitt) / Halbwendung f ‖ ~ **twist** / Halbdreher m ‖ ~-**twist fabric** / Halbdrehergewebe n ‖ ~-**wet spinning** / Halbnaß-Spinnen n ‖ ~-**wool** n / Halbwolle f
half-wool discharge / Halbwollätze f
half-woollen adj / halbwollen adj ‖ ~-**woollen cloth**, half-woollen fabric / Halbwollgewebe n ‖ ~-**woollen goods** / Halbwollware f ‖ ~-**wool unions** / Halbwolle f (Mischung aus Wolle mit Zellulosefasern) ‖ ~-**worsted yarn** / Halbkammgarn n
halide n / Halogenid n
Halle-Seydel converter, Halle-Seydel stretch breaker / Halle-Seydel-Reißmaschine f
halo n (text pr) / Aureole f, Lichthof m, Hof m, Ränderbildung f ‖ ~ **free of** ~ / aureolenfrei adj, hoffrei adj
halochromism n (dye) / Halochromie f
halo formation s. haloing
halogen n / Halogen n
halogenate v / halogenieren v
halogenated compound / Halogenverbindung f ‖ ~ **fatty acid** / Halogenfettsäure f ‖ ~ **hydracid** / Halogenwasserstoffsäure f
halogenation n / Halogenierung f, Halogenieren n
halo hat (fash) / Aufschlaghut m
haloing of the design (text pr) / Verquetschen n des Musters, Verschmieren n des Musters, Ränderbildung f, Aureolenbildung f, Hofbildung f
halter neck adj (fash) / rückenfrei adj (Kleid) ‖ ~ **neck** (fash) / Nackenband n, Nackenverschluß m (Bikini) ‖ ~-**neck blouse** (fash) / Neck-holder m ‖ ~ **top** (fash) / rückenfreies T-Shirt

144

hank

Hamadan rug / Hamadan m (Perserteppich aus dem Hamadan-Knüpfgebiet)
Hamburg lace / Hamburger Spitze f || ~ **process** / Hamburger-Verfahren n, Hamburger-Extraktionswollwäsche f || ~ **wool** / glänzende Stickwolle
hammer-blow pattern / Hammerschlagmuster n || ~ **fulling mill** / Hammerwalke f, Stampfwalke f
hammock n / Hängematte f || ~ **cloth** / gestreifter Hängemattenstoff || ~ **for the transport of patients** / Krankentransporthängematte f (DIN 13023)
Hampshire wool (high-quality English wool) / Hampshire-Wolle f
hand v / auflegen v, zureichen v (den Faden) || ~ n (of fabric) (US) / Griff m, Warengriff m, Griffigkeit f || ~ **batik** / Handbatik m f || ~ **block** / Model m, Druckstock m || ~**-blocked** / handbedruckt adj || ~**-block printed fabric** / mit Model bedrucktes Gewebe || ~**-block printing** / Modeldruck m, Handdruck m || ~ **builder** s. hand modifier || ~ **card** / Handkratze f || ~ **coater** (ctg) / Filmzieher m || ~ **combing** / Handkämmen n || ~**-crocheted** adj / handgehäkelt adj || ~ **dressing** (flax) / Hecheln n mit der Hand || ~**-embroidered** adj / handgestickt adj || ~ **embroidery** / Handstickerei f || ~ **embroidery loom** / Handstickstuhl m || ~ **embroidery machine** / Handstickmaschine f || ~**-finishing** n / Handappretur f || ~ **flat knitting machine** / Handflachstrickmaschine f || ~ **flat links and links (purl stitch) knitting machine** / Links-Links-Handflachstrickmaschine f || ~ **flat links and links purl stitch knitting machine** / Links-Links-Handflachstrickmaschine f || ~**-flocking unit** / Handflockgerät n || ~ **frame** / Handstuhl m || ~ **frame needle** / Stuhlnadel f || ~**-ginned** adj / von Hand entkörnt || ~ **hemming** / Handsäumen n
handkerchief n / Taschentuch n || ~ **linen** / Taschentuchleinen n
hand-knitted yarn / Handstrickgarn n || ~ **knitting** / Handstricken n, Handstrickerei f || ~ **knitting frame** / Handkulierstuhl m, Handstuhl m || ~ **knitting loom** / Handkulierstuhl m, Handstuhl m || ~ **knitting machine** / Handstrickmaschine f || ~ **knitting yarn** / Handstrickgarn n || ~**-knotted** adj / handgeknüpft adj || ~**-knotted carpet** / Handknüpfteppich m || ~ **knotter** / Handknoter m || ~ **laundering** / Handwäsche f, Wäsche f von Hand, Schrubbwäsche f || ~ **lay-up** (plastics) / Handaufbauverfahren n, Handauflegeverfahren n, Kontaktverfahren n
handle n (of fabric) / Griff m, Warengriff m, Griffigkeit f || **crunchy** ~ / Knirschgriff m, Krachgriff m, knirschender Griff || **firm** ~ / fester Griff, kerniger Griff, kräftiger Griff || **flabby** ~ / lappiger Griff, schlaffer Griff || **fleecy** ~ / flauschiger Griff || **greasy** ~ / fettiger Griff, schmalziger Griff || **hard** ~ / brettiger Griff, spröder Griff, harter Griff || **horny** ~ / horniger Griff || **medium firm** ~ / mittelfester Griff || **mellow** ~ / milder Griff || **pleasing** ~ / weicher Griff || **scroopy** ~ / Krachgriff m, Knirschgriff m, knirschender Griff, rauschender Griff, krachender Griff, Seidengriff m || **smooth** ~ / glatter Griff || **soapy** ~ / seifiger Griff || **soft** ~ / weicher Griff || **suede** ~ / Veloursgriff m || **supple** ~ / geschmeidiger Griff, geschmeidiger Griff || **woolly** ~ / wolliger Griff, wollartiger Griff, Wollgriff m, wollener Griff, wollweicher Griff || ~ **finishing** / Griffveredlung f || ~ **modifier**, handle-modifying agent s. hand modifier || ~ **variation** / Griffvariante f
handling pole (dye) / Wendestock m
hand loom / Handwebstuhl m || ~**-loomed** adj / handgewebt adj || ~ **loom weaving** / Handweberei f || ~**-made** adj / mit der Hand gemacht, handgemacht adj || ~**-made lace** / Handspitze f || ~ **modifier** / Mittel n zur Veränderung des Griffes, Griff-Variator m, Griffmittel n || ~ **mule** / Handwagenspinner m || ~**-operated knitting machine** / Handstrickapparat m || ~**-operated**

press / Handpresse f || ~**-picked** adj / handgepflückt adj || ~ **pick stitch** / Handarbeitsstich m || ~**-pliered needle** (knitt) / handgerichtete Nadel || ~**-pliering of needles** (knitt) / Nadelrichten n von Hand || ~**-printed fabric** / handbedrucktes Gewebe || ~ **printing** / Handdruck m, Modeldruck m, Tafeldruck m || ~ **rack** (knitt) / Handversatz m || ~ **sack** / Handsack m (DIN 61530) || ~ **saddle stitch** / Handzierstich m || ~ **screen printing** / Handfilmdruck m, Handrahmendruck m, Handsiebdruck m || ~ **sewing** / Handnähen n, Nähen n von Hand || ~**-sewn** adj / handgenäht adj || ~ **shears** / Handschere f || ~ **spinning** / Handspinnen n || ~ **spinning wheel** / Handspinnrad n || ~ **spool** / Handspule f || ~**-spun** adj / handgesponnen adj, mit der Hand versponnen || ~**-spun yarn** / Handgarn n, Handgespinst n, Spindelgarn n || ~ **stitch machine** / Handstichmaschine f || ~ **stripper**, hand stripping board / Handputzkratze f || ~ **tearing test** / Handreißprobe f || ~ **threader** / Handeinfädler m (DIN 64785) || ~ **towel** / Handtuch n || ~ **warp loom** / Handkettenstuhl m || ~**-wash** n (process) / Handwäsche f || ~ **washing** / Handwaschen n, Waschen n von Hand || ~ **weaving** / Handweben n || ~ **welt turning** (knitt) / Umhängen n mit der Hand || ~ **winding** / Handspulen n || ~ **winding wheel** / Handspulrad f || ~**-woven** adj / handgewebt adj || ~**-woven goods** / Handwebereiartikel m pl
hang v / aufhängen v
hanger n / Kleiderbügel m || ~ (weav) / Unterlitze f || ~ **loop** (sew) / Aufhängerschlaufe f || ~ **loop sewing machine** (sew) / Aufhängerschlaufe-Nähmaschine f
hanging floor (ageing) / Hängeboden m || ~ **room** / Trockenboden m, Luftbau m, Trockenhänge f
hangings pl / Wandbehang m, Wandteppich m
hanging sleeve (fash) / Hängeärmel m, loser Ärmel
hang in the air / an der Luft verhängen || ~ **pick** / Ziehschußfaden m || ~ **up** / aufhängen v
hank n / Strang m, Garnstrang m, Garnsträhne f, Strähn m, Schneller m || ~ (count) / Hank n || ~ (of flax) / Bund n Flachs || ~ **beating machine** / Stranggarnschlagmaschine f, Strangschlagmaschine f || ~ **can** / Strangkanne f || ~ **clock** / Hankzähler m, Strangzähler m || ~ **counter** / Hankzähler m, Strangzähler m || ~ **cylinder** / Strangwalze f || ~ **drying** / Stranggarntrocknung f, Strangtrocknung f || ~ **drying machine** / Stranggarntrockenmaschine f, Strangtrockenmaschine f, Strähnentrockenmaschine f || ~**-dye** v / strangfärben v, im Strang färben || ~**-dyed** adj / stranggefärbt adj || ~ **dyeing** / Strangfärben n, Färben n im Strang, Stranggarnfärben n, Stranggarnfärberei f, Strangfärberei f || ~ **dyeing apparatus** / Färbeapparat m für Stranggarne, Strangfärbeapparat m || ~ **dyeing holder** / Haspel f || ~ **dyeing machine** / Stranggarnfärbemaschine f, Strangfärbemaschine f, Strangfärbeapparat m, Färbeapparat m für Stranggarne || ~ **dyeing plant** / Strangfärbeanlage f, Strangfärberei f || ~ **form** / Strangform f || ~ **holder** / Strangträger m, Haspel f || ~ **measuring device** / Strangmeßapparat m (Garn) || ~ **mercerizing** / Stranggarnmercerisieren f || ~**-mercerizing machine** / Stranggarnmercerisiermaschine f, Strangmercerisiermaschine f, Strähnenmercerisiermaschine f || ~ **number** / Strangnummer f || ~ **packing machine** / Strähnenpackmaschine f || ~ **pole** / Strangstab m || ~ **printing** / Strangdruck m || ~ **printing machine** / Strangdruckmaschine f || ~ **reel** / Stranghaspel f || ~ **reeling** / Haspeln n zum Strang || ~ **rinsing machine** / Stranggarnspülmaschine f, Strangspülmaschine f || ~ **rod** (dye) / Strangstock m || ~ **scouring machine** / Stranggarnwaschmaschine f, Strangwaschmaschine f || ~ **silk** / Strangseide f || ~ **sizing** / Strangschlichten n, Schlichten n im Strang || ~ **sizing agent** / Strangschlichte f || ~ **sizing machine** /

145

Stranggarnschlichtmaschine f, Strangschlichtmaschine f || ~ souring device / Strangsäureeinrichtung f || ~ spreading machine / Stranggarnausbreitmaschine f, Strangausbreitmaschine f || ~ tie / Fitzfaden m || ~-to-bobbin winding machine / Haspelspulmaschine f || ~ twist yarn / Hochdrahtgarn n || ~ washer, hank washing machine / Stranggarnwaschmaschine f, Strangwaschmaschine f, Garnwaschmaschine f (DIN 64990) || ~ washing / Strangwäsche f, Strangwaschen n (Garn) || ~ weight / Stranggewicht n || ~ winder, hank winding machine / Stranggarnspulmaschine f, Strangspulmaschine f, Strangwickler m, Haspel f || ~ wringing machine / Stranggarnwringmaschine f, Strangwringmaschine f || ~ yarn / Stranggarn n || ~ yarn neutralizing machine / Stranggarnneutralisiermaschine f || ~ yarn printing machine / Stranggarndruckmaschine f || ~ yarn sizing machine / Stranggarnschlichtmaschine f || ~ yarn spooling machine / Stranggarnspulmaschine f
Hansa yellow / Hansagelb n (Azofarbstoffgruppe)
harbour blue / ultrablau adj
hard adj / hart adj, fest adj
Hardanger cloth (for embroidery) / Hardangerleinen n || ~ embroidery / Hardangerarbeit f || ~ lace / Hardanger Spitze f
hard burr / Steinklette f || ~ copal [resin] / Hartkopalharz n || ~ crepe / versteifter Krepp || ~ detergents pl / biologisch nicht abbaubare Detergentien n pl || ~ ends / Wollgarnabfälle m pl
hardened felt / Hartfilz m
hardener n / Härter m, Härtemittel n || ~ (hatm) / Filzmaschine f || ~ for felts / Filzverstärker m
hardening n / Härtung f, Härten n, Erhärten n, Erhärtung f || ~ agent / Härter m, Härtemittel n || ~ cloth (hatm) / Filztuch n || ~ of the handle (undesirable) / Griffhärtung f || ~ process / Härtungsprozeß m, Härtungsverfahren n
hard face / kahle Wollstoffoberfläche f || ~ feel / harter Griff || ~ fibre / Hartfaser f || ~ finish / Kahlappretur f, Kahlausrüstung f || ~ handle / brettiger Griff, spröder Griff, harter Griff || ~ head (in wool) / Steinklette f || ~-milled adj / dichtgewalkt adj || ~ milling / dichte Walke
hardness n / Härte f || ~ degree / Härtegrad m || ~ of the bobbin / Spulenhärte f || ~ of twist (spinn) / Drehungsstärke f, Drehungsgrad m || ~ of water / Wasserhärte f || ~ of winding / Bewicklungshärte f || ~ scale / Härteskala f || ~ test / Härteprüfung f || ~ tester / Härteprüfer m, Härteprüfgerät n, Härtemesser m
hard resin / Hartharz n || ~ silk / unentbastete Rohseide, Hartseide f || ~ size (defect) (weav) / Schlichtstelle f || ~ soap / Hartseife f || ~-spun adj / festgedreht adj, hartgedreht adj, festgezwirnt adj || ~-spun worsted yarn / Hartkammgarn n || ~ thread / harter Zwirn || ~ twist / Hochdrehung f, hohe Drehung, starke Zwirnung f || ~ twist (spinn) / Hartdraht m, Scharfdraht m || ~-twisted adj / hartgedreht adj, festgezwirnt adj, stark gezwirnt || ~-twisted mungo / Azurgarn n || ~ twisting / festes Zusammendrehen || ~ twist yarn / Hochdrahtgarn n || ~ warp yarn / hartes Kettgarn || ~ waste breaker / Fadenöffner m (DIN 64100) || ~ wastes / versponnene Spinnabfälle m pl || ~ water / hartes Wasser || ~ water resistance / Hartwasserbeständigkeit f, Beständigkeit f gegen Härtebildner || ~ water salt / Härtebildner m || ~ water soap / Hartwasserseife f, Seife f für hartes Wasser || ~ waxing (yarn) / Hartparaffinierung f || ~-wearing adj / strapazierfähig adj || ~-wearing properties pl / Strapazierfähigkeit f || ~-wearing quality / Strapazierqualität f || ~ winder (spinn) / Hartwinder m || ~ winding / harte Wicklung || ~ winding (spinn) / Hartwindung f || ~ winding mechanism (spinn) / Hartwindevorrichtung f || ~ wool wastes /

Wollgarnabfälle m pl || ~ **worsted yarn** / Hartkammgarn n || ~**-wound** adj / hartgewickelt adj, dichtgewickelt adj
hare hair / Hasenhaar n
harem pants (fash) / Überfallhose f
harlequin checks / buntfarbige Karos n pl
harmony of colours / Farbharmonie f
harn n (GB) / Hartflachsgarn n
harness n (weav) / Geschirr n, Harnisch m, Webgeschirr n, Webelitze f, Schaftwerk n || ~ **board** / Harnischbrett n, Schnürbrett n, Chorbrett n (DIN 63001), Gallierbrett n || ~ **chain** / Harnischkette f, Geschirrkette f, Schaftkette f || ~ **cord** / Harnischkordel f, Harnischschnur f, Harnischfaden m, Gallierschnur f || ~ **cord guiding** / Harnischkordelumlenkung f || ~ **draft** / Geschirreinzug m, Gallierung f, Schnürung f || ~ **drop** / Schaftbewegung f || ~ **eye** / Litzenauge n || ~ **frame** / Geschirrhalter m
harnessing loom / Harnischstuhl m
harness motion / Schaftbewegung f || ~ **mounting** / Harnischeinzug m, Gallierung f, Schnürung f || ~ **pitch** / Geschirrteilung f || ~ **return motion** / Harnisch-Rückzugselement n || ~ **reverse motion element** (jacquard weav) / Harnisch-Rückzugselement n || ~ **skip** / harnischbedingter Webfehler n || ~ **strap** s. harness cord || ~ **thread** s. harness cord || ~ **threading** / Harnischeinzug m || ~ **tie** / Gallierung f, Harnischeinzug m, Harnischbeschnürung f, Harnischschnürung f, Schnürung f || ~ **twine** / Harnischzwirn m || ~ **tying** / Harnischschnürung f, Harnischbeschnürung f, Gallierung f, Harnischeinzug m, Schnürung f || ~ **warp stop motion** (weav) / Wächtergeschirr n || ~ **wire** / Schaftaufhänger m
harras n / Harrasgarn n || ~ **twist** / Harraszwirn m
Harrison red / Helioechtrot n
Harris tweed (trademark since 1912: "orb mark") (fabr) / Harris-Tweed m (Schutzmarke Reichsapfel mit Malteserkreuz)
harrow fork (scouring) / Öffnergabel f || ~**-type washing machine** / Rahmenrechenwaschmaschine f (DIN 64950)
harsh fabric / rauhgriffiger Stoff || ~ **handle** / Hartgriffigkeit f, Rauhgriffigkeit f || ~ **in feel** / hartgriffig adj, rauhgriffig adj || ~ **wool** / rauhgriffige Wolle
Hart moisture meter / Hartscher Feuchtigkeitsmesser
hartshorn black / Hirschhornschwarz n
Harvard n s. Harvard cloth || ~ **cloth** / gestreifter Hemdenstoff, gestreifter Croisé || ~ **twill** / Zwei-und-Zwei-Twill m
harvesting net / Erntenetz n
Haslock wool / kurzstapelige Teppichwolle
hasp n / Längenmaß n für Jute- und Leinengarnstränge
hassock n / Kniekissen n (in der Kirche)
hat n / Hut m
hatband / Hutband n
hat block / Hutblock m, Hutform f, Hutstock m || ~ **blocker** / Hutformmaschine f || ~ **body** / Hutstumpen m || ~ **body dyeing machine** / Hutstumpenfärbeapparat m || ~ **body stiffener** / Hutsteife f, Hutappretur f
hatbrim n / Hutkrempe f
hatch v / gravieren v
hatchel v / hecheln v
hatchet, number of ~ **lines** / Ha[s]churenzahl f (pro cm^2) || ~ **roller** / Ha[s]churenwalze f
hatching n (on a printing roller) / Ha[s]chur f || ~ **grooves** (text pr) / Ha[s]churen f pl, Rillen f pl in der Druckwalze
hat crown / Hutkopf m || ~ **dyeing** / Hutfärberei f || ~ **finish** / Hutappretur f || ~**-forming machine** / Fachmaschine f || ~ **galloon** / Hutborte f || ~ **lining** / Huteinlage f, Hutfutter n
hatmaker n / Hutmacher m
hat planking / Hutwalke f || ~ **press** / Hutpresse f || ~ **proofing** / Hutappretur f, Hutsteifen n || ~ **shape** /

Hutstumpen m ‖ ~ steamer / Hutdämpfer m ‖
~ stiffener, hat stiffening agent / Hutsteife f ‖ ~ stump
/ Hutstumpen m ‖ ~ sweatband / Schweißband n,
Schweißleder n
hatter n / Hutmacher m ‖ ~'s bow / Fachbogen m ‖ ~'s
felt / Hutfilz m ‖ ~'s plush / Hutplüsch m ‖ ~'s silk /
Hutfutterseide f
hat trimming / Hutbesatz m ‖ ~ wire / Hutdraht m
haute couture (Fr) (fash) / Haute Couture f ‖ ~-lisse n
(having the warp threads hung or strung vertically, esp.
in tapestries) (Fr) / Hautelisse f
Hautelisse loom / Hautelissestuhl m
Havanese work / bunte Blumenhandstickerei
Havanna brown / havannabraun adj
havelock n (light cotton cape) / Havelock m
haversack n / Schultertasche f, Wandertasche f
Hawkin's cotton / frühreifende amerikanische Baumwolle
hawser n / Tau n, Trosse f, Seil n
haze n (ctg) / Trübung f
hazel adj / haselnußbraun adj, nußbraun adj
hazy adj / trüb adj
HB yarn (high bulk) / HB-Garn n, Hochbauschgarn n
HDPE (s. high-density polyethylene)
HDS (s. high-density spooling)
HD speed frame (high draft) (spinn) / Hochverzugsflyer m
head n (spinn) / Durchzug m, Durchgang m, Passage f ‖ ~
(extruding) / Extruderkopf m, Spritzkopf m ‖ ~ (for
side extrusion) / Querspritzkopf m ‖ ~ (portion of a
scoop) (zip) / Kopf m, Kupplungserhöhung f
headbox n (nwv) / Stoffauflauf m
head end (beginning of a new piece of fabric in the loom) /
Webwarenstückanfang m
headgear n / Kopfbedeckung f
headings pl / Stückabschlußmarkierfäden m pl in
Webwaren
head lease / Kettfäden-Kopfkreuz n
headlining n (US) / Autodachfutterstoff m
head motion (weav) / Harnischregler m ‖ ~ of the
drawing frame / Streckkopf m ‖ ~ of the loop /
Maschenkopf m ‖ ~ of tongue (weav) / Spindelkopf m
(DIN 64685) ‖ ~ of yarn guide / Fadenführerkopf m ‖
~ piecer / Hilfsspinner m ‖ ~ plate (knitt, mach) /
Tragering m für Strickelemente
headscarf n / Kopftuch n
headsquare n / Kopftuch n
headstock n / Triebwerkgestell n der Mulemaschine ‖ ~
(shearing machine) / Messerblock m
head twisting (additional twist) / Nachdraht m
headwear n / Kopfbedeckung f
head-wind n / voreilende Windung (DIN 61801) ‖
~ wool / Kopf- und Nackenwolle eines Merinoschafes f
heald n (GB) (weav) / Litze f, Weblitze f, Helfe f ‖ ~ bar /
Litzenschiene f ‖ ~ braiding machine /
Litzenflechtmaschine f ‖ ~ cord / Litzenschnur f ‖
~ eye / Litzenauge n ‖ ~ frame (GB) / Webschaft m,
Harnisch m, Webgeschirr n, Geschirr n, Schaft m ‖
~ frame cord / Schaftschnur f ‖ ~ frame hook /
Schafthaken m ‖ ~ frame lifting lever / Schafthebel m
‖ ~ frame motion / Schaftbewegung f, Schaftzug m ‖
~ frame rider / Schaftreiter m ‖ ~ frame rod /
Schaftstab m ‖ ~ frame slider / Schaftreiter m ‖
~ frame support / Schaftstütze f, Schafthalter m ‖
~ guide bar (weav) / Litzenführungsschiene f ‖ ~ hole /
Litzenauge n ‖ ~ hook / Litzeneinziehhäkchen n,
Litzeneinziehhaken m, Einziehnadel f
healding n / Einziehen n der Kettfäden in Geschirr und
Schaft
heald levelling motion / Schaftregler m ‖ ~ loop /
Schaftmaschine f ‖ ~ loop / Litzenende n ‖ ~-making
machine / Weblitzenherstellungsmaschine f ‖ ~ motion
/ Schaftbewegung f ‖ ~ return motion /
Gegenzugvorrichtung f ‖ ~ rod hook (harness) (weav) /
Reiter m ‖ ~ shaft s: also entries under heald frame ‖
~ shaft (GB) / Webschaft m, Schaft m, Harnisch m,

Webgeschirr n ‖ ~ shed bar (weav) / Fachbildeschiene f
‖ ~ sizing and brushing machine / Litzenschlicht- und
Bürstmaschine f ‖ ~ slide bar / Litzentragschiene f,
Litzenschiene f ‖ ~ smash / Litzenbruch m ‖ ~ strap /
Schaftriemen m ‖ ~ thread / Litzenzwirn m ‖
~ transfer mechanism (weav) /
Litzenübergabemechanismus m ‖ ~ twine / Litzenzwirn
m ‖ ~ wire / Litzendraht m ‖ ~ yarn / Litzenzwirn m
health blanket / Rheumadecke f
heart loop / Schlingenseele f ‖ ~ rope / Kernseil n ‖
~-shaped neckline / Cœrausschnitt m ‖ ~ yarn /
Garnseele f
heat v / aufwärmen v, aufheizen v, erhitzen v, erwärmen
v, heiß machen ‖ ~ n / Hitze f, Wärme f ‖ ~ ageing /
thermische Alterung f ‖ ~ behaviour / Wärmehaltigkeit f
‖ ~ bonding / Verbinden n durch Hitze, Hitzeverkleben
n, Heißbinden n ‖ ~ build-up / Wärmeentwicklung f,
Wärmestau m, Wärmestauung f ‖ ~ calender /
Hitzekalander m ‖ ~ capacity / Wärmekapazität f,
Wärmeaufnahmefähigkeit f ‖ ~-carrying capacity /
Wärmedurchlässigkeit f ‖ ~-conducting adj /
wärmeleitend adj ‖ ~ conduction / Wärmeleitung f ‖
~ conductivity / Wärmeleitfähigkeit f ‖ ~ conductor /
Wärmeleiter m ‖ ~ conservation /
Wärmehaltevermögen n ‖ ~ content / Wärmeinhalt m ‖
~ creases / Hitzefalten f pl ‖ ~ cure (flock) /
Kondensation f ‖ ~-curing system / heißvernetzbares
System ‖ ~ deflection temperature (plastics) /
Formbeständigkeit f in der Wärme ‖ ~ dissipation /
Wärmeverlust m ‖ ~ distribution / Wärmeverteilung f
‖ ~ economy / Wärmehaushalt m
heated chamber / Wärmekammer f, Heizkammer f ‖
~ cylinder / Heizwalze f
heat effect / Wärmewirkung f, Wärmeeffekt m
heater n / Heizgerät n, Heizkörper m, Heizvorrichtung f ‖
~ pot (yarn fixing) / Fixierkammer f ‖ ~ zone (yarn
fixing) / Fixierzone f
heat evolution velocity (fire behaviour) /
Wärmeentwicklungsgeschwindigkeit f (Brandverhalten)
‖ ~ exchange / Wärmeaustausch f ‖ ~ exchanger /
Wärmeaustauscher m ‖ ~ fastness / Hitzeechtheit f,
Hitzebeständigkeit f ‖ ~ fibre / Wärmebeständigkeit f ‖
~-fixation f / Thermofix-Verfahren n ‖ ~ generation /
Wärmeerzeugung f
heather mixture / Melange-Effekt m ‖ ~ violet adj /
erikaviolett adj (RAL 4003) ‖ ~ yarn / Melange-
Effektgarn n
heating n / Erwärmen n, Erwärmung f, Aufheizen n,
Erhitzen n ‖ ~ / Heizung f ‖ ~ apparatus / Heizgerät n,
Heizvorrichtung f ‖ ~ by steam coils / Erwärmen n
durch Rohrschlangen ‖ ~ chamber / Heizkammer f,
Wärmekammer f, Heizraum m ‖ ~ channel /
Wärmekanal m ‖ ~ coil / Heizschlange f ‖ ~ cylinder /
Heizwalze f, Heizzylinder m ‖ ~ device / Heizgerät n,
Heizvorrichtung f ‖ ~ element / Heizkörper m ‖
~ equipment / Heizgerät n, Heizvorrichtung f ‖
~ fabric / beheizte Textilware ‖ ~ jacket / Heizmantel
m ‖ ~ kettle / Heizkessel m ‖ ~ liquid / Heizflüssigkeit
f ‖ ~ pad / Heizkissen n ‖ ~ plate / Heizplatte f ‖
~ press / Wärmepresse f ‖ ~-up phase (dye) /
Aufheizphase f ‖ ~-up rate (dye) /
Aufheizgeschwindigkeit f ‖ ~-up time (dye) /
Aufheizzeit f ‖ ~ zone / Heizzone f
heat-insulated adj / wärmeisoliert adj, wärmegeschützt
adj ‖ ~-insulating adj / wärmeisolierend adj ‖
~ insulation / Wärmeisolation f ‖ ~ laminating s.
flame bonding ‖ ~ loss / Wärmeverlust m ‖ ~ of
absorption / Absorptionswärme f ‖ ~ of adsorption /
Adsorptionswärme f ‖ ~ of condensation /
Kondensationswärme f ‖ ~ of decomposition /
Zersetzungswärme f ‖ ~ of evaporation /
Verdunstungswärme f ‖ ~ of fusion / Schmelzwärme f
‖ ~ of reaction / Reaktionswärme f ‖ ~ of swelling /
Quellungswärme f ‖ ~ permeability level /

heat

Wärmedurchlaßgrad m ‖ ~ **printing** (trans pr) / Wärmeumdruck m, Wärmedruck m, Trockentransferdruck m, Thermodruck m, Thermodruckverfahren n ‖ **~-proof** adj / wärmebeständig adj, hitzebeständig adj **heatproof clothing** / hitzebeständige Kleidung **heat protective clothing** / Hitzeschutzbekleidung f ‖ ~ **radiation** / Wärmestrahlung f ‖ ~ **reclamation** / Wärmerückgewinnung f ‖ ~ **regulator** / Temperaturregler m, Wärmeregler m ‖ ~ **resistance** / Wärmebeständigkeit f, Hitzebeständigkeit f ‖ **~-resistant** adj / wärmebeständig adj, hitzebeständig adj ‖ **~-resistant fibre** / hitzebeständige Faser ‖ ~ **retention** / Wärmezurückhaltung f ‖ ~ **retention** / Wärmespeicherung f ‖ ~ **retentivity** / Wärmerückhaltevermögen n ‖ **~-saving** n / Wärmeblockierung f ‖ **~-seal** v (lam) / heißsiegeln v, verschweißen v ‖ **~-sealable** adj (nwv) / einbügelbar adj ‖ **~-sealable** (plastics) / heißsiegelfähig adj ‖ **~-sealable coating** / heißsiegelfähige Beschichtung ‖ ~ **sealing** / Heißsiegeln n, [thermisches] Verschweißen, Warmschweißen n ‖ **~-sealing agent** / Heißklebepräparat n ‖ **~-sealing coating** / Heißklebelack m ‖ **~-sealing interlinings** (nwv) / einbügelbare Einlagen f pl ‖ **~ sealing lining fabrics** / Fixiereinlagen f pl, heißsiegelbare Einlegestoffe m pl ‖ **~-sealing machine** / Heißsiegelmaschine f ‖ **~-sealing property** / Heißsiegelfähigkeit f, Verschweißbarkeit f ‖ **~-sensitive** adj / wärmeempfindlich adj ‖ **~-sensitize** v / wärmesensibilisieren v ‖ **~-set** v / thermofixieren v, heißluftfixieren v **heatset** v (hos) / heißformen v, hitzefixieren v **heat·-set efficiency** / Thermofixierungswirkungsgrad m ‖ **~-set fibre** / thermofixierte Faser ‖ **~-set finish** / thermofixierte Ausrüstung ‖ **~-set goods** / thermofixiertes Material ‖ **~-set ink** / Heatset-Farbe f ‖ **~-set pleat** / Hitzefalte f **heatsetter** n / Thermofixierer m ‖ ~ (hos) / Heißformmaschine f **heat·-setting** n / Thermofixieren n, Thermofixierung f, Formfixierung f ‖ **~-setting cabinet** (for fibres and fabrics) / Fixierschrank m ‖ **~-setting in hot air** / Heißluftfixierung f ‖ **~-setting in loomstate** / Rohfixieren n ‖ **~-setting machine** / Thermofixiermaschine f ‖ **~-setting of the twist** / Thermofixieren n der Drehung ‖ **~-setting plant** / Thermofixierapparat m ‖ **~-setting process** / Thermofixierverfahren n, Thermofixierung f ‖ **~-setting stenter** / Thermofixierspannrahmen m, Heißfixierspannrahmen m ‖ **~-setting unit** (for fibres and fabrics) / Fixieraggregat n ‖ **~-setting with superheated steam** / Hydrofixieren n ‖ ~ **shrinkage** / Thermoschrumpf m ‖ **~-solvent tape sealing** / Quellschweißen n, Warmkleben n (mit Band über Naht), Bandsiegeln n (mit Klebelöser) ‖ ~ **stability** / Hitzebeständigkeit f, Wärmebeständigkeit f ‖ ~ **stability class** / Wärmebeständigkeitsklasse f ‖ **~-stabilized** adj / hitzestabilisiert adj, thermostabilisiert adj ‖ **~ stabilizer** / Hitzestabilisator m ‖ ~ **stabilizing** / Thermostabilisierung f, Wärmestabilisierung f ‖ **~-stable** adj / hitzebeständig adj, hitzestabil adj ‖ ~ **storage** / Wärmespeicherung f ‖ **~-stretched fibre** / heißverstreckte Faser ‖ ~ **stretching and breaking** / Heiß-Reck-Reißverfahren n ‖ ~ **stretching and cutting** / Heiß-Reck-Schneideverfahren n ‖ **~-stretch process** / Heiß-Reck-Verfahren n ‖ ~ **test** / Wärmeprobe f ‖ ~ **transfer** / Wärmeübertragung f, Wärmeübergang m ‖ ~ **transfer coefficient** / Wärmeübergangszahl f ‖ ~ **transfer medium** (pad-steam process) / Wärmeübertragungsmittel n ‖ ~ **transfer printing** / Thermodruck m, Thermodruckverfahren n, Wärmedruck m, Wärmeumdruck m, Trockentransferdruck m ‖ ~ **transmission** / Wärmeübertragung f, Wärmeübergang m ‖ ~ **transport**

(wearing properties) / Wärmetransport m ‖ **~-treat** v / heißbehandeln v ‖ ~ **treatment** / Wärmebehandlung f, Heißbehandlung f, Hitzebehandlung f ‖ ~ **up** / aufwärmen v, aufheizen v, erhitzen v, erwärmen v, heiß machen ‖ ~ **welding** / Heißversiegeln n ‖ ~ **yellowing** / Heißvergilbung f ‖ ~ **zone dwelling system** / Thermoverweilsystem n **heavily filled** (clothm) / hochbeschwert adj ‖ ~ **milled goods** / schwere Walkware ‖ ~ **printed pattern** / stark gedeckter Druck ‖ ~ **weighted** (clothm) / hochbeschwert adj **heavy** adj (of cloth) / schwer adj, dicht adj ‖ ~ (of shade) / kräftig adj, dunkel adj, satt adj, tief adj ‖ ~ **canvas** / Segeltuch n ‖ ~ **cloth** / Schwergewebe n ‖ **~-dennier yarn** / grober Garntiter ‖ **~-duty backing** (cpt) / Schwerbeschichtung f ‖ **~-duty detergent** / Vollwaschmittel n, Grobwaschmittel n ‖ **~-duty fabric** / hochfestes Textilgewebe ‖ **~-duty nonwoven** / hochbelastbares Vlies ‖ **~-duty permanent wrapper for mangles** (fin) / Hochleistungs-Dauerbewicklung f für Mangeln ‖ **~-duty textile** / hochfestes Textilgewebe ‖ ~ **fabric** / dichtes Gewebe n ‖ ~ **fabric** (closely woven) / dichtes Gewebe, dichtgeschlagenes Gewebe ‖ ~ **fibre** / Sackfaser f, dicke Faser ‖ ~ **impregnant** / Schwerimprägnierungsmittel n ‖ ~ **impregnation** / Schwerimprägnierung f ‖ ~ **knit** / Grobgestrick n ‖ ~ **laundering** / Grobwäsche f ‖ ~ **metal** / Schwermetall n ‖ ~ **metal salt** / Schwermetallsalz n ‖ ~ **metal soap** / Schwermetallseife f ‖ ~ **naphtha** / Schwerbenzin n ‖ ~ **print** / satter Druck, voller Druck ‖ ~ **relief** / markantes Relief ‖ ~ **shade** / kräftiger Farbton ‖ ~ **spindle oil** / dickflüssiges Spindelöl, schwerflüssiges Spindelöl ‖ **~-weave cotton cloth** / Nesseltuch n ‖ **~-weight fabric** / schweres Gewebe, Schwergewebe n ‖ ~ **wool** / Wolle f mit hohem Krumpfungsgrad ‖ ~ **woollens** / Doppeltuche n pl aus Wolle **Hebridean cloth** / Harris-Tweed m **heck** n (US) / Garnführer m ‖ ~ **box** (warping mill) / Führer m, Katze f **heckle** v s. hackle **heddle** v / Kettfäden einziehen ‖ ~ n (weav) s. heald **heddling** n / Schafteinzug m **heel** v (hos) / fersen v, anfersen v, kappen v ‖ ~ n (of stocking) / Ferse f ‖ ~ (of needle) / Nadelfuß m ‖ ~ **and toe attachment** (knitt) / Fersen- und Spitzeneinrichtung f ‖ ~ **and toe splicing** / Fersen- und Spitzenverstärkung f ‖ ~ **and toe tension** / Abzug m für Ferse und Spitze ‖ ~ **attachment** (knitt) / Fersenapparat m ‖ ~ **comb** (knitt) / Fersenkamm m **heeler** n (hos) / Fersenmaschine f **heel gore** / Fersenbeutel m **heeling** n (knitt) / Anfersen n ‖ ~ **machine** / Fersenmaschine f **heel iron** (knitt) / Ferseneisen n **heelless leg blank** (hos) / auf Kombimaschinen hergestellter Strumpf **heel narrowing** (hos) / Fersenminderung f, Minderung f in der Fußwölbung ‖ ~ **piece** (hos) / Hackenstück n ‖ ~ **pouch** (knitt) / Fersenteil n ‖ ~ **seam** / Fersennaht f, Spannaht f ‖ ~ **section** (knitt) / Fersenteil n ‖ ~ **setting-on** / Fersenanschlag m ‖ ~ **shape** (hos) / Fersenform f ‖ ~ **splicing** / Fersenverstärkung f ‖ ~ **tab** (knitt) / Fersenteil n ‖ ~ **tab friction box** / Fersenbremse f ‖ ~ **tab linking course** (hos) / Kettelnaht f der Fersenteile ‖ ~ **tab narrowings** / Fersenminderungen f pl (franz. Fuß) ‖ ~ **thread** / Fersenfaden m ‖ ~ **thread carrier** / Fersenfadenführer m ‖ ~ **widening** / Fersenerweiterung f ‖ ~ **wire** (weav) / Fersendraht m, Fersenkamm m **height of the healds** / Schafthöhe f ‖ ~ **of the liquor** (dye) / Flottenstand m ‖ ~ **of the loops** (weav) / Noppenhöhe f ‖ ~ **of the pile** (cpt) / Polhöhe f, Florhöhe f ‖ ~ **of the shaft** / Schafthöhe f ‖ ~ **of the shed** (weav) / Fachhöhe f

‖ ~ of the wire (wire loom) / Rutenhöhe f ‖ ~ of tip (knitting needle) / Spitzenhöhe f
Heilmann comb / Heilmann-Wollkämmaschine f
held loop / langgezogene Masche (bei Hinterlegt- u. Fangausführung)
helianthin[e] n / Methylorange n, Helianthin n, Goldorange n
helical coil (zip) / Schraubenwendel f, Verschlußspirale f ‖ ~ **coil type slide fastener** / Spiralreißverschluß m ‖ ~ **crimp** / Spiralkräuselung f ‖ ~ **ribbon extruder** / Bandwendel-Schneckenpresse f, Extruder m mit Bandwendel ‖ ~-**type agitator** / Schneckenrührer m ‖ ~-**type blade** / Spiralrakel f ‖ ~-**type winding** / schraubenförmiges Wickeln, biaxiales Wickeln
helicoid spreader (weav) / Spiralwattenmaschine f
heliotrope n (col, dye) / Heliotrop m
helix angle (yarn) / Drehungswinkel m, Garndrehungswinkel m ‖ ~ **angle** (extrusion) / Steigungswinkel m ‖ ~ **angle** (filament winding) / Wickelwinkel m ‖ ~ **reversal** / Spiralumkehrung f
helvetia n (fabr) / Helvetiaseide f
hem v / säumen v ‖ ~ / paspelieren v ‖ ~ n / Saum m ‖ ~ / Paspel f m, Stoßkante f ‖ ~ (on a dress) / Umschlag m (am Kleid)
hematine n, hematein n (dye) / Blauholzextrakt m
hem felling machine / Saumstaffiermaschine f
hemiacetal n / Halbacetal n
hemicellulose n / Hemizellulose f
hemline n / Saum m, Unterkante f
hemmed seam / Hohlnaht f
hemmer n (sew) / Säumer m, Säumfüßchen n
hemming n / Säumen n, Einfassen n ‖ ~ **attachment** / Säumapparat m ‖ ~ **foot**, hemming rule / Säumerfuß m, Säumfüßchen n ‖ ~ **machine** / Säummaschine f ‖ ~ **of waistband** / Bundsäumen n ‖ ~ **stitch** / Saumstich m ‖ ~ **tape** / Saumband n
hemp n / Hanf m ‖ ~ **braid** / Hanflitze f ‖ ~ **breaking machine** / Hanfbreche f ‖ ~ **canvas** / Hanfkanevas m ‖ ~ **cloth** / Hanfgewebe n ‖ ~ **comb** / Hanfhechel f ‖ ~ **cord** / Hanflitze f ‖ ~ **covering** / Hanfumspinnung f ‖ ~ **fibre** / Hanffaser f ‖ ~ **hackle** / Hanfhechel f ‖ ~ **hards** pl / Hanfwerg n, Hanfhede f ‖ ~ **retting** / Hanfröste f ‖ ~ **rope** / Hanfseil n
hempseed oil / Hanföl n
hemp sewing yarn / Hanfnähgarn n ‖ ~ **snipper** / Hanfreißmaschine f ‖ ~ **spinning** / Hanfspinnen n ‖ ~ **strap** / Hanfgurt m ‖ ~ **string** / Hanfschnur f ‖ ~ **thread** / Hanfzwirn m ‖ ~ **tow** / Hanfwerg n, Hanfhede f ‖ ~ **tow spinning** / Hanfwergspinnen n ‖ ~ **tow yarn** / Hanfwerggarn n ‖ ~ **twine** / Hanfschnur f ‖ ~ **twist** / Hanfzwirn m ‖ ~ **yarn** / Hanfgarn n
hem seam / Saumnaht f
hemstitch n, hem stitch / Hohlsaum m
hemstitching n / Hohlsaum-Durchbruchstich m
hem stitching attachment / Hohlsaumapparat m
hemstitch machine / Hohlsaummaschine f
henequen fibre / Henequenfaser f (von der Agave fourcroydes), mexikanischer Sisal
henna n / Henna f (Farbstoff) ‖ ~ / Hennastrauch m (Lawsonia inermis) ‖ ~ adj / hennarot adj ‖ ~ **flower** (cpt) / Hennablume f ‖ ~ **flower design** (cpt) / Hennablumenteppichmotiv n
henrietta n (fabr) / Henriette-Kleiderstoff m
heptanitrocellulose n / Heptanitrozellulose f
Herat n (Persian handmade carpet) / Herat m
hereke wool / anatolische Teppichwolle
Heris rug (Persian handmade carpet) / Herez rug / Heris m
hermetic adj / hermetisch adj, luftdicht adj
herringbone n (fabr) / Fischgrätenstoff m, Herringbone n ‖ ~ **pattern** / Fischgrätenmuster m ‖ ~ **stitch** / Fischgrätenstich m, Grätenstich m, Hexenstich m ‖ ~ **twill** / Fischgrätenköper m, Zickzackköper m, Herringbone m

hessian n / Hessian m, Rupfen m, Juteleinen n, Sackleinwand f, Sackgewebe n
heterocyclic amine / heterozyklisches Amin ‖ ~ **compound** / heterozyklische Verbindung ‖ ~ **polyvinyl compound** / heterozyklische Polyvinylverbindung
heterofibre n / Heterofaser f
heterogeneous blend / heterogene Mischung ‖ ~ **material** / heterogenes Material
heteroyarn n (blend of different filaments) / Heterogarn n
hexachloroethane n / Hexachloräthan n
hexafluoroisopropanol n / Hexafluorisopropanol n
hexametaphosphate n / Hexametaphosphat n
hexamethylene n / Hexamethylen n, Hexanaphthen n, Cyclohexan n, Hexahydrobenzol n ‖ ~ **diamine** / Hexamethylendiamin n ‖ ~ **diisocyanate** / Hexamethylendiisocyanat n ‖ ~ **tetramine** / Hexamethylentetramin n
hexamethylolmelamine n / Hexamethylolmelamin n
hexanaphthene n / Hexanaphthen n, Cyclohexan n, Hexahydrobenzol n, Hexamethylen n
hexane n / Hexan n
hexanedioic acid / Adipinsäure f, Hexandisäure f
hexanitrate n / Hexanitrat n
hexanoic acid / Capronsäure f, Hexansäure f
HE yarn (high elasticity) / HE-Garn n, Hoch-Elastik-Garn n
HG cotton (hand-ginned) / von Hand entkörnte Baumwolle
hickory stripes pl / köperbindige Baumwollware für Arbeitskleidung
hidden filling (weav) / verlorener Schuß
hide n / Haut f (Tierhaut), Fell n
hiding power (pigm, ctg) / Deckvermögen n, Deckkraft f
high-·affinity dyestuff / hochaffiner Farbstoff, Farbstoff m mit hohem Ziehvermögen ‖ ~-**and-deep effects** (warp knitt) / Hoch-Tief-Effekte m pl ‖ ~-**boiling** adj / hochsiedend adj ‖ ~-**boiling solvent** / hochsiedendes Lösemittel, Hochsieder m ‖ ~-**bow carriage** (knitt) / Hochbügelschlitten m ‖ ~-**bridge knitting machine** / Strickmaschine f mit hohem Bügel ‖ ~-**bulk** adj / hochbauschig, hochvoluminös adj, von hoher Bauschigkeit ‖ ~-**bulk crepe** / Kräuselkrepp m ‖ ~-**bulk goods** / Hochbauschartikel m pl ‖ ~-**bulking** adj / voluminös adj, hochbauschig adj ‖ ~-**bulky** adj (only continuous filament yarn) / hochelastisch adj, HE ‖ ~-**bulk [spun] yarn** / HB-Garn n, Hochbauschgarn n (texturiert) ‖ ~-**bulk yarn in hanks** / Hochbauschgarn n in Strangform ‖ ~ **butt** (knitt) / Hochfuß m ‖ ~ **butt jack** / Hochfuß-Stößer m ‖ ~-**butt needle** (knitt) / Hochfußnadel f ‖ ~-**buttoning** adj, high-buttoned adj (fash) / hochgeschlossen adj ‖ ~ **butt transfer needle** / Hochfuß-Umhängenadel f ‖ ~-**capacity bleaching** / Hochleistungsbleiche f ‖ ~-**charged system** / Hochdosierungsverfahren n (Reinigungsverfahren mit 20 bis 40 g/l Reinigungsverstärker) ‖ ~ **chlorination** / Hochchlorieren, Hochchlorierung f ‖ ~-**class finishing liquor** / Hochveredlungsflotte f ‖ ~ **collar** (fash) / Stehkragen m ‖ ~ **count** (of yarn) / feine Garnnummer, hohe Garnnummer ‖ ~ **count yarn** / Feingarn n ‖ ~-**crimp** adj / stark gekräuselt ‖ ~ **crimpiness** / hochbogige Kräuselung ‖ ~ **degree of twist** / hoher Drall ‖ ~-**denier yarn** / grobes Garn ‖ ~-**density cloth** / hochdichter Stoff ‖ ~-**density foam backing for carpets** / hochdichte Teppichrückenbeschichtung ‖ ~-**density polyethylene (HDPE)** / Niederdruckpolyäthylen n ‖ ~-**density polyethylene filament** / Niederdruck-Polyäthylen-Endlosfadenmaterial n ‖ ~-**density spooling (HDS)** / hochdichtes Spulen ‖ ~ **dispersion** / feine Dispersion ‖ ~ **draft** (spinn) / Hochverzug m ‖ ~-**draft drawing frame** / Hochverzugsstreckwerk n ‖ ~-**draft drawing system** / Hochverzugsstreckwerk n ‖ ~-**draft finisher** (worsted spinn) / Hochverzugsnitschelstrecke f (DIN

high

64100) || ~-draft roving frame / Hochverzugsflyer m || ~-draft speed frame, high-draft speeder / Hochverzugsflyer m, Hochverzugsfleier m || ~-draft spinning / Hochverzugsspinnen n || ~-duty detergent / Feinwaschmittel n || ~ dyestuff affinity / hohe Farbstoffaffinität || ~ elasticity / Hochelastizität f
higher alcohol / höherer Alkohol
high fastness / hohe Echtheit || ~ **finish** / Hochveredlung f || ~ **flammability** / leichte Entflammbarkeit, leichte Brennbarkeit || ~ **foot** (knitt) / Hochfuß m || ~-frequency drier / Hochfrequenztrockner m || ~-frequency drying / Hochfrequenztrocknung f || ~-frequency sealing (of film) / Hochfrequenzsiegeln n || ~-frequency welding (of film) / Hochfrequenzverschweißen n || ~ gloss / Hochglanz m || ~-gloss calender / Hochglanzkalander m || ~-gloss coating / Hochglanzbeschichtung f || ~-gloss finish / Hochglanzappretur f || ~-gloss polyurethane finish / hochglänzende Polyurethanausrüstung || ~-gloss transfer coat / Hochglanzumkehrbeschichtung f || ~-grade finish[ing] / Hochveredlung f || ~-grade finishing product / Hochveredlungsprodukt n || ~ hat / Zylinder m || ~ heel (hos) / Hochferse f || ~-heel attachment (hos) / Hochfersenvorrichtung f || ~-heel splicing (hos) / Hochfersenverstärkung f, Halbrundverstärkung f
Highland sheep / Hochlandschaf n
high liquor/goods ratio dyeing / Färben n aus langer Flotte, Färben n mit langer Flotte || ~-low structure (cpt) / Hoch-Tief-Struktur f || ~ lustre / Hochglanz m
highly acid / hochsauer adj || ~ active (chem) / hochwirksam adj, hochaktiv adj || ~ alkaline / hochbasisch adj || ~ branched / stark verzweigt || ~ chlorinated / hochchloriert adj || ~ coloured / farbstark adj, hochfarbig adj || ~ concentrated / hochkonzentriert adj || ~ covered pattern (printing) / hochbedecktes Muster || ~ dispersed vat dyestuff / feinstdisperser Küpenfarbstoff || ~ efficient / hochwirksam adj || ~ elasticized / hochelastisch adj || ~ elastic stiffening (fin) / hochelastische Versteifung || ~ extended / hochverstreckt adj || ~ flammable / leicht entflammbar, leicht brennbar || ~ matted nylon quality / hochmattierte Nylonqualität || ~ polar solvent / stark polares Lösemittel || ~ polymerized / hochpolymer adj || ~ porous / hochporös adj || ~ reactive / hochreaktiv adj || ~ stretched sewing yarn / hochverstrecktes Nähgarn || ~ sulphonated / hochsulfoniert adj || ~ twisted / hochgedreht adj, stark gezwirnt || ~ twisted yarn / hochgedrehtes Garn || ~ viscous / hochviskos adj || ~ volatile / leichtflüchtig adj || ~ water-resistant / hoch wasserbeständig, hochnaßfest adj
high--melting adj / hochschmelzend adj || ~ modulus fibre, high wet modular fibre / Hochmodulfaser f, Hoch-(Naß-)Modulfaser f, HWM-Faser f, hochnaßfeste Faser || ~ modulus weave / Hochmodulgewebe n, extrasteifes Gewebe || ~-modulus yarn / kurzzügiges Garn || ~-molecular [weight] / hochmolekular adj || ~-necked adj (fash) / hochgeschlossen adj || ~ number of crimp curls per cm / feinbogige Kräuselung f, ~-performance centrifuge / Hochleistungszentrifuge f || ~-performance draw frame / Hochleistungsstreckwerk n || ~-performance loom / Mehrphasen-Webmaschine f || ~-performance Raschel machine / Hochleistungsraschelmaschine f || ~-pile circular knitgoods / Hochflor-Rundstrickware f || ~-piled adj / hochflorig adj || ~-pile knitgoods pl / Hochpolartikel m || ~-pile knitted fabric / Hochflormaschenware f || ~-pile knitting machine / Hochpolstrickmaschine f || ~-pile woven fabric / Hochflorgewebe n, hochpoliges Gewebe || ~ polymer / Hochpolymer n || ~-precision liquid chromatography (mat tech) / Hochleistungsflüssigchromatographie f || ~-pressure atomizer / Hochdruckzerstäuber m || ~-pressure boiler / Hochdruckkessel m || ~-pressure container / Hochdruckbehälter m || ~-pressure dyeing / Hochdruckfärberei f || ~-pressure dyeing apparatus / Hochdruckfärbeapparat m || ~-pressure jig / Hochdruckjigger m || ~-pressure kier / Druckkessel m || ~-pressure laminate / Hochdruckschichtpreßstoff m, Hochdruckschichtstoff m || ~-pressure spray washing machine / Hochdruckdüsenwaschmaschine f || ~-pressure squeezing / Hochdruckquetschen n || ~-production card / Hochleistungskarde f || ~-production open-width washing machine / Hochleistungs-Breitwaschmaschine f || ~-production plain circular knitting machine / einfonturige Hochleistungsrundstrickmaschine || ~-production warping machine / Hochleistungsschärapparat m || ~-purity adj / hochrein adj || ~-quality finishing / Hochveredlung f || ~-reactivity dyestuff / reaktionsfreudiger Farbstoff || ~-rupture tenacity nonwovens / hochreißfeste Vliese n pl || ~ sheen / Hochglanz m || ~-shrinkage fibre / Hochschrumpffaser f, HS-Faser f || ~-shrinking adj / hochschrumpfend adj || ~-shrink type / Hochschrumpftyp m || ~ sinker / Hochfußplatine f || ~ soil-hiding properties / geringe Schmutzsichtbarkeit (einer Faser) || ~-speed automatic loom / Schnellaufwebautomat m || ~-speed bobbin winder / hochtourige Spulmaschine f || ~-speed braiding machine / Schnellflechtmaschine f || ~-speed carding procedure / hochtouriger Kardierprozeß f || ~-speed chainstitch seamer (sew) / Kettenstich-Schnellnäher m || ~-speed circular knitting machine / Hochleistungs-Rundstrickmaschine f || ~-speed comber (spinn) / Schnelläuferkämmaschine f || ~-speed cutter / Schnellschneide f || ~-speed draw frame / Hochleistungsstreckwerk n || ~-speed fibre cutting machine / Faserschnellschneider m || ~-speed frame (weav) / Schnelläuferstreckwerk f || ~-speed gillbox (spinn) / Schnelläuferstrecke f || ~-speed impeller / Schnellrührer m, hochtouriger Schnellrührer, Hochleistungsrührwerk n || ~-speed jet stenter / Hochgeschwindigkeits-Düsenspannrahmen m || ~-speed links/links flat knitting machine / Schnelläufer-Links/Links-Flachstrickmaschine f || ~-speed loom / Schnelläuferwebstuhl m, schnellaufender Webstuhl || ~-speed mangle / schnellaufender Färbefoulard || ~-speed plain circular knitting machine / einfonturige Hochleistungsrundstrickmaschine || ~-speed plaiting machine / Schnellflechtmaschine f || ~-speed press / Schnellpresse f || ~-speed process / Schnellverfahren n || ~-speed random card / Hochleistungswirrvlieskarde f || ~-speed seamer (sew) / Schnellnäher m || ~-speed sewing machine / Schnellnähmaschine f || ~-speed sewing machine (sew) / Hochleistungsnähmaschine f || ~-speed spinning / Schnellspinnen n || ~-speed steamer / Schnelldämpfer m || ~-speed stirrer / Hochleistungsrührwerk n || ~-speed take-up head (spinn) / Schnellspulkopf m || ~-speed thread / schnellaufender Faden || ~-speed tricot knitting machine / Schnellkettenwirkmaschine f || ~-speed two-for-one twister / Hochleistungs-Doppeldrahtzwirnmaschine f || ~-speed warping machine / Schnellschären n || ~-speed warping machine / Schnellschärapparat m || ~-speed warp knitting loom / Schnelläuferkettenstuhl m || ~-speed warp knitting machine / Hochleistungskettenwirkmaschine f || ~-speed winder / Schnellspulmaschine f || ~-speed winder (fibre production) / Schnellwickler m
high-speed winding head / Hochgeschwindigkeits-Spulkopf m, Schnellspulkopf m
high--speed zigzag sewing machine (sew) / Zickzack-Schnellnäher m || ~ splice (hos) / Hochfersenverstärkung f, verstärkte Hochferse, Halbrundverstärkung f || ~-spliced heel (hos) / verstärkte Hochferse, Spitzhochferse f || ~ splicing (hos) /

Hochfersenverstärkung f, verstärkte Hochferse, Halbrundverstärkung f ‖ ~-strength rayon / Fest-Viskosefilament n ‖ ~-stretch adj / hochverstreckt adj ‖ ~-style fabric (US) / hochveredeltes Gewebe ‖ ~ sudsing detergent / hochschäumendes Waschmittel ‖ ~-support foundation garments / stark formende Miederwaren f pl ‖ ~-tech fibre / Hochleistungsfaser f ‖ ~ temperature / Hochtemperatur f, HT ‖ ~-temperature beam dyeing apparatus / HT-Baumfärbeapparat m, Hochtemperatur-Baumfärbeapparat m ‖ ~-temperature bleaching / Hochtemperaturbleichen n ‖ ~-temperature bleaching equipment / Hochtemperaturbleichanlage f ‖ ~-temperature curing and fixation by steam / Hochtemperatur-Dampf-Fixierung f ‖ ~-temperature dyeing / HT-Färben n, Hochtemperatur-Färben n, Hochtemperaturfärberei f ‖ ~-temperature dyeing equipment / Hochtemperaturfärbeanlage f ‖ ~-temperature dyeing machine / Hochtemperaturfärbeapparat m ‖ ~-temperature dyeing method / Hochtemperaturfärbeverfahren n, HT-Färbeverfahren n ‖ ~-temperature equipment / HT-Apparat m ‖ ~-temperature festoon ager (US) / HT-Hängeschleifendämpfer m ‖ ~-temperature festoon steamer (GB) / HT-Hängeschleifendämpfer m ‖ ~-temperature fibre / Hochtemperaturfaser f, hitzebeständige Faser ‖ ~-temperature laundering / Waschen n bei erhöhter Temperatur ‖ ~-temperature liquid J-box / Hochtemperatur-Flüssigkeitsstiefel m ‖ ~-temperature one-bath method / HT-Einbadverfahren n ‖ ~-temperature open-width steamer / Hochtemperaturbreitdämpfer m ‖ ~-temperature pack dyeing machine / Hochtemperatur-Pack-Färbeapparat m ‖ ~-temperature piece dyeing / HT-Stückfärberei f ‖ ~-temperature polymerisation / Hochtemperaturpolymerisation f ‖ ~-temperature pressure dyeing / Hochtemperatur-Überdruckfärben n, HT-Druckfärben n ‖ ~-temperature pressure dyeing machine / Hochtemperatur-Überdruck-Färbeapparat m ‖ ~-temperature resistant fibre / hochtemperaturbeständige Faser ‖ ~-temperature secondary tank / HT-Zusatztank m ‖ ~-temperature single-bath method / HT-Einbadverfahren n ‖ ~-temperature stability / Hochtemperaturbeständigkeit f ‖ ~-temperature steamer / Hochtemperaturdämpfer m, HT-Dämpfer m ‖ ~-temperature steam fixation / HT-Dampf-Fixierung f ‖ ~-temperature steaming / Heißdampfbehandlung f, Hochtemperaturdämpfen n ‖ ~-temperature suspending apparatus for dyeing / Hochtemperatur-Überdruck-Hänge-Färbeapparat m (DIN 64990) ‖ ~-temperature two-bath method / Hochtemperatur-Zweibadverfahren n, HT-Zweibadverfahren n ‖ ~-temperature washing / Waschen n bei erhöhter Temperatur ‖ ~-temperature winch beck / Hochtemperaturhaspelkufe f, HT-Haspelkufe f ‖ ~-tenacity adj / hochreißfest adj ‖ ~ tenacity / Hochfestigkeit f ‖ ~-tenacity fibre / hochfeste Faser ‖ ~ tenacity product (nwv) / hochfestes Erzeugnis ‖ ~-tenacity ratio (nwv) / zähelastisch adj ‖ ~-tenacity viscose rayon / hochfestes Viskosefilament ‖ ~-tenacity yarn / hochfestes Garn ‖ ~ tension of the thread / feste Anspannung des Fadens
Hightower cotton / Baumwolle f aus Alabama
high twist / Hochdrall m ‖ ~-twist process / Hochdrahtverfahren n, Hochzwirnverfahren n ‖ ~-twist yarn / hochgedrehtes Garn, Hochdrahtgarn n ‖ ~ vacuum / Hochvakuum n ‖ ~-visibility clothing / Warnkleidung f ‖ ~-waist panty / hochtaillierter Schlüpfer ‖ ~-warp adj / mit dichter Kette ‖ ~-warp loom (knitt) / Hautelissestuhl m ‖ ~-warp tapestry / auf dem Hautelissestuhl gewebter Möbelstoff ‖ ~ wet modulus fibre (HWM fibre) / HWM-Faser f, Hoch-(Naß-)Modulfaser f ‖ ~ wet modulus rayon /

hochnaßfestes Viskosefilament ‖ ~ wet modulus viscose staple fibre / Hochnaßmodulzellwollfaser f ‖ ~ white / hochweiß adj ‖ ~ whiteness / hoher Weißgrad, Hochweiß n ‖ ~-yield colour / nuancierstarke Farbe ‖ ~-yield dyestuff / ausgiebiger Farbstoff
hilow bulked yarn / Hilow-Bauschtexturgarn n
himalaya n (a type of shantung) (fabr) / Himalaja-Kleiderstoff m, Shantunggewebe n
hinged presser foot (sew) / Gelenkfuß m
hip buckle-strap (fash) / Hüftschnallengurt m ‖ ~-hugger n / Hosenhöschen n ‖ ~ length / Hüftlänge f ‖ ~-length adj / hüftlang adj ‖ ~ line / Hüftumfang m ‖ ~ measurement / Hüftweite f ‖ ~ pocket / Gesäßtasche f ‖ ~ spring (difference between waist and hip measurements) / Unterschied zwischen Taillen- und Hüftumfang
hipsters pl (fash) / Hüfthose f
hip width / Hüftweite f
histidine n / Histidin n
hit v (plush) / klopfen v
hitch-back n (defect) / Spannstelle f
hobble skirt (fash) / enger Damenrock (etwa 1920), Humpelrock m
hodden grey / grober schottischer Wollstoff
Hodgson dobby / Schaufelschaftmaschine f
Hoffmann press (making up) / Formpresse f
hog [wool] n, hogget [wool], hogg [wool] / Jährlingswolle f
hold v / binden v ‖ ~ enthalten v ‖ ~-all n / Reisetasche f
holder n (spinn) / Hülse f ‖ ~ / Halter m ‖ ~ (vessel) / Behälter m ‖ ~ for weft fork / Halter m für Schußwächtergabel (DIN 64501)
holding-down nose (knitt) / Einschlußnase f ‖ ~-down sinker (knitt) / Niederhalteplatine f, Abzugplatine f, Einschließplatine f ‖ ~-down sinker's butt (knitt) / Platinenfuß m ‖ ~ force, holding power (of a foundation garment) / Formkraft f (eines Mieders) ‖ ~-out catch / Wagenfalle f ‖ ~ time / Verweilzeit f
hold off (the bath) / unwirksam werden
holdout n (US) / Ergiebigkeit f, Ausgiebigkeit f (von Färbung)
hold out (the fabric) / breithalten v ‖ ~-up time / Verweilzeit f
hole n / Loch n ‖ ~ (from shearing) / Scherloch n ‖ ~ (defect in knitt) / Platzer m ‖ ~ and flat-stitch embroidering machine / Loch- und Plattstickmaschine ‖ ~ board (weav) / Harnischbrett n, Chorbrett n (DIN 63001) ‖ ~ braid / Lochlitze f ‖ ~ detector (knitt) / Lochabsteller m
holed guide / Lochnadel f
holland flax / holländischer Flachs ‖ ~ linen / Holländisch-Kanevas m
hollow bed (shearing machine) / Hohltisch m ‖ ~ braid / Hohlborte f ‖ ~ cop / Schlauchkops m (DIN 61800), Webkops m ‖ ~ cop box spinning frame for carded yarn spinning / Schlauchkops-Dosenspinnmaschine f für die Streichgarnspinnerei (DIN 64012) ‖ ~ cop changing loom / Schlauchkopswechsler m ‖ ~ cop winder / Schlauchkopsspulmaschine f ‖ ~ cop winding / Schlauchen n ‖ ~ cop winding frame / Schlauchkopsspulmaschine f ‖ ~-cut velveteen / geschorener Baumwollrippencord ‖ ~ cylinder / Hohlwalze f, Hohlzylinder m ‖ ~ fibre / Hohlfaser f ‖ ~-filament acetate / Acetat-Hohlfaser f ‖ ~-filament rayon / Hohl-Viskosefilament n ‖ ~-filament staple rayon / Luftzellwolle f ‖ ~-filament yarn / Hohlfilamentgarn n ‖ ~ needle / Hohlnadel f ‖ ~ selvedge / Hohlkante f ‖ ~ space / Hohlraum m ‖ ~ spindle / Hohlspindel f ‖ ~ twisting spindle / Hohlzwirnspindel f ‖ ~ web / Hohlgewebe n
homburg n, homberg n (hatm) / Homburg m (steifer Herrenfilzhut)

home

home dressmaking / Hausschneiderei f ‖ ~ **dyeing** / Haushaltsfärben n ‖ ~ **laundering** / Haushaltswäsche f, Haushaltswaschen n, Hauswäsche f ‖ ~ **machine washing** / Haushaltmaschinenwäsche f
homespun n (1. machine-made tweedy material used for outer garments and upholstery; 2. loosely woven fabric hand-loomed in the home) / Homespun m ‖ ~ **linen** / Hausmacherleinen n, Hausleinen n ‖ ~ **yarn** / Homespungarn n
home textiles (for home furnishing, e.g. curtains, furniture fabrics, floorcoverings, blankets) / Heimtextilien pl, Wohntextilien pl ‖ ~ **wear** / Hauskleidung f
homocyclic compound / homozyklische Verbindung
homofibre n / Homofaser f
homogeneity n / Homogenität f, Einheitlichkeit f
homogeneous blend / homogene Mischung ‖ ~ **dyestuff** / einheitlicher Farbstoff ‖ ~ **material** / homogenes Material ‖ ~ **pigment** / einheitliches Pigment
homogenization n / Homogenisierung f, Homogenisieren n
homogenize v / homogenisieren v
homogenizer n / Homogenisator m, Homogenisiermaschine f, Homogenisiervorrichtung f
homogenizing n / Homogenisierung f, Homogenisieren n ‖ ~ **machine** s. homogenizer
homologue n / Homolog n, homologe Verbindung
homopolymer n / Homopolymer n, Homopolymerisat n ‖ ~ **polyester fibre** / homopolymere Polyesterfaser
honan n (fine natural silk fabric with slight irregularities, esp. slubs. Now often also as additional designation for cotton and spun rayon fabrics having uneven yarn appearance) / Honanseide f
honey adj / honigfarben adj
honeycomb n / Waffelmuster n ‖ ~ **canvas** / gewürfelter Stickereikanevas ‖ ~ **fabric** / Waffelgewebe n ‖ ~ **huckaback** / Waffeldrell n ‖ ~ **laminate** / Waffelschichtstoff m ‖ ~ **pattern** / Waffelmuster n ‖ ~ **piqué** / Waffelpiqué m ‖ ~ **structure** / Wabenstruktur f ‖ ~ **towelling** / waffelförmig gemusterter Handtuchstoff ‖ ~ **weave** / Waffelbindung f ‖ ~-**weave towel** / Waffelhandtuch n
honeydew n (in cotton) / Honigtau m
honey-yellow adj / honiggelb adj (RAL 1005)
hood n (fash) / Kapuze f ‖ ~ **dress** (fash) / Kapuzenkleid n ‖ ~ **fabric** (auto) / Verdeckstoff m ‖ ~ **of a car** / Autoverdeck n
hook v / haken v, verhaken v, einhaken v ‖ ~ n (gen) / Haken m, Häkchen n ‖ ~ (esp. weav) / Platine f ‖ ~ (of needle) / Nadelhaken m ‖ ~ (of sinker) (knitt) / Platinennase f ‖ ~ (flat knitt machine) / Rechennadel f ‖ ~ (of jacquard head) / Jacquardplatine f ‖ ~ **and eye** / Haken und Öse ‖ ~ **and eye attachment** (sew) / Haken- und Ösen-Einsetzgerät n ‖ ~ **and eye clamp** (sew) / Haken- und Ösenklammer f ‖ ~ **and eye fastening** / Hakenverschluß m ‖ ~ **and eye tacker** / Haken-Ösen-Nietmaschine f ‖ ~ **bar** (fully fashioned knitt machine) / Hakenbarre f, Hakenrechen f ‖ ~ **closure** / Hakenverschluß m ‖ ~ **comb** / Hakenkamm m ‖ ~ **direction** / Faserhakenrichtung f
hooked fibre / verhakte Faser ‖ ~ **knockover bit** (knitt) / Hakenabschlag m ‖ ~ **rug** / Schlaufenteppich m, Knüpfteppich m ‖ ~ **stitch** / Hakenstich m
Hooke's law / Hookesches Gesetz
hook formation / Häkchenbildung f ‖ ~ **loom** / Hakenwebmaschine f ‖ ~ **lubrication** (sew) / Greiferschmierung f ‖ ~ **motion** (sew) / Greiferbewegung f ‖ ~ **needle** / Platinennadel f, Spitzennadel f (DIN 62152) ‖ ~ **release** (hos) / Hakenabschlag m ‖ ~ **roller** (raising) / Häkchenwalze f ‖ ~ **setting** (sew) / Greifereinstellung f ‖ ~ **setting machine** / Hakeneinsetzmaschine f ‖ ~-**shuttle loom** / Greiferschützenwebmaschine f

hookside n / seitlicher Hakenverschluß ‖ ~ **corselette** / Korselett n mit seitlichem Hakenverschluß
hook spanner (of card) (weav) / Zieheisen n ‖ ~ **thread** / Unternähfaden m ‖ ~-**thread guide** / Hakenfadenführer m ‖ ~ **together** v (fibres) / verhaken v ‖ ~-**type needle** / Spitzennadel f (DIN 62152), Platinennadel f ‖ ~-**type pin bar** / Haken-Nadelleiste f (DIN 64990) ‖ ~-**up** n (knitt) / Einhängen n ‖ ~-**up** n (hos) / Doppelrandrechen m ‖ ~ **up** / abketteln v ‖ ~-**up attachment** (hos) / automatische Einführung des Doppelrandrechens ‖ ~ **up the heald frames** (weav) / einschirren v, die Schaftrahmen einhängen, (nicht:) anschirren v ‖ ~ **weaving loom** / Greiferwebmaschine f
hooped pattern / Ringelmuster n
hoop skirt (fash) / Tonnenrock m, Reifrock m
hop bagging / Jutegewebe n für Hopfensäcke ‖ ~ **fibre** / Hopfenfaser f ‖ ~ **fibre cloth** / Hopfenfasertuch n
hopper n (gen) / Einfülltrichter m, Fülltrichter m ‖ ~ (spinn) / Kastenspeiser m (DIN 64075), Kastenaufleger m, Speisekasten m ‖ ~ **bale breaker** (spinn) / Kastenballenbrecher m ‖ ~ **feeder** s. hopper ‖ ~ **feeder automatic weighing apparatus** / Kastenspeiser-Wiegeapparat m ‖ ~ **opener** (spinn) / Kastenöffner m ‖ ~ **spinning** / Trichterspinnverfahren n
hop pocketing / Jutegewebe n für Hopfensäcke ‖ ~ **resin** / Hopfenharz n
hopsack n (rough-surfaced bulky fabric, similar to bagging) / Hopsack m, grobe Sackleinwand
hopsacking n s. hopsack
hopsack weave / Panamabindung f, Würfelbindung f
horizon-blue adj / horizontblau adj
horizontal adjustment (text pr) / Seitenrapport m ‖ ~-**bed [knitting] machine** / Links-Links-Handflachstrickmaschine f, Links-Links-Flachstrickmaschine f ‖ ~ **bobbin carrier** / Horizontalspulenträger m ‖ ~ **centrifuge** / Horizontalzentrifuge f ‖ ~ **drying machine** / Horizontaltrockenmaschine f, Horizontaltrockner m ‖ ~ **dyeing apparatus** / Horizontalfärbeapparat m ‖ ~ **edge trimmer** (sew) / waagerechte Kantenbeschneideeinrichtung ‖ ~ **fold** / waagerechte Faltenkante ‖ ~ **frame dryer** (fin) / Planrahmentrockner m ‖ ~ **hot-air stentering machine** / Etagenspannrahmen m ‖ ~ **multipass drier** / Bahnentrockner m mit horizontaler Bahnenführung ‖ ~ **opener** / Horizontalöffner m (DIN 64078, DIN 64100) ‖ ~ **padder** / Zwickelfoulard m ‖ ~ **ring temple** (weav) / Sonnenbreithalter m ‖ ~ **run of the goods** / horizontaler Warenlauf ‖ ~ **sewing hook** / Horizontalgreifer m ‖ ~ **star [frame]** (dye) / Liegestern m ‖ ~ **steamer** / Horizontaldämpfer m ‖ ~ **stripe mechanism** (knitt) / Langreihenreinrichtung f ‖ ~ **stripe pattern** / Ringelmuster n ‖ ~ **stripes** / Ringel m pl, Querstreifen m pl, Ringligkeit f ‖ ~ **warp beam dyeing apparatus** / Horizontalkettbaumfärbeapparat m, liegender Kettbaumfärbeapparat
horny handle / horniger Griff
horse n (dye) / Pfahl m ‖ ~ **blanket** / Pferdedecke f ‖ ~ **cloth** / Pferdedeckenstoff m ‖ ~ **cover** / Pferdedecke f
horsehair n / Roßhaar n ‖ ~ **cloth** / Roßhaargewebe n, Roßhaarstoff m ‖ ~ **fabric lining** / Roßhaareinlagestoff m, Roßhaarfutter n ‖ ~ **loom** / Roßhaarwebmaschine f ‖ ~ **spinning** / Roßhaarspinnerei f ‖ ~ **stuffing in upholstery** / Roßhaarfüllung f in Polstermöbeln ‖ ~ **weaving machine** / Roßhaarwebmaschine f ‖ ~ **yarn** / Roßhaargarn n
horseshoe neckline (fash) / Hufeisenausschnitt n
hose n / Strumpf m, Strümpfe m pl ‖ ~ (mach) v / Schlauch m ‖ ~ **duck** (fabr) / Schlauchdecke f ‖ ~ **dyeing** / Strumpffärberei f ‖ ~ **dyeing machine** / Strumpffärbemaschine f, Strumpffärbeapparat m ‖ ~ **examining machine** / Strumpfprüfmaschine f ‖ ~ **finishing** / Strumpfwarenappretur f ‖ ~ **finishing machine** / Strumpfappreturmaschine f,

hot

Strumpfausrüstungsmaschine *f* ‖ ~ **flat knitting machine** / Strumpfwirkmaschine *f* ‖ ~ **hugger** / Hosenhöschen *n* in Slipform ‖ ~ **hugger briefs** *pl* / Hosenhöschen *n* als Miederslip ‖ ~**-pipe** *n* / Schlauch *m* ‖ ~ **steam press** / Strumpfwarendampfpresse *f* ‖ ~ **top** / Doppelrand *m*, Strumpfrand *m* ‖ ~ **trimming press** / Strumpfplattenpresse *f*
hosier *n* (US) / Strumpfwarenhändler *m* ‖ ~ (GB also:) / Strick- und Wirkwarenhändler *m*
hosiery *n* (US) / Strumpfwaren *f pl* ‖ ~ (GB also:) / Strickware *f*, Wirkware *f* ‖ ~ **abrasion tester** / Strumpfwarenscheuerprüfgerät *n* ‖ ~ **automatic separation** / automatische Strumpfabtrennung ‖ ~ **boarder** / Strumpfformmaschine *f* ‖ ~ **denier** / Strumpfwaren-Denier *m*, Feinheitsnummer *f* ‖ ~ **dyeing** / Strumpffärberei *f*, Strumpffärben *n* ‖ ~ **dyeing machine** / Strumpffärbemaschine *f* (DIN 64990), Strumpffärbeapparat *m* ‖ ~ **dyestuff** / Strumpffarbstoff *m* ‖ ~ **factory** / Strumpfwarenfabrik *f* ‖ ~ **factory** (GB also) / Wirkerei *f*, Wirkwarenfabrik *f* ‖ ~ **finishing** / Strumpfwarenappretur *f* ‖ ~ **finishing machine** / Strumpfappreturmaschine *f*, Strumpfausrüstungsmaschine *f* ‖ ~ **forming machine** / Strumpfformmaschine *f* (DIN 64990) ‖ ~ **frame** / Kulierstuhl *m* ‖ ~ **goods** s. hosiery ‖ ~ **heel** / Strumpfferse *f* ‖ ~ **industry** / Strumpfindustrie *f* ‖ ~ **knitting** / Strumpfwirkerei *f* ‖ ~ **[knitting] machine** / Strumpfautomat *m*, Strumpfmaschine *f*, Strumpfwirkmaschine *f* ‖ ~ **[knitting] machine** (GB also:) / Strickmaschine *f*, Wirkmaschine *f* ‖ ~ **[knitting] machine** (fully fashioned) / Cottonwirkmaschine *f*, Cottonmaschine *f*, Flachkulierwirkmaschine *f* ‖ ~ **machine needle** / Wirkmaschinennadel *f* ‖ ~ **manufacture** / Strumpfwarenfabrikation *f*, Strumpfherstellung *f* ‖ ~ **manufacture** (GB also:) / Wirkwarenfabrikation *f*, Wirkwarenherstellung *f*, Strickwarenherstellung *f* ‖ ~ **mill** / Strumpfwirkerei *f* ‖ ~ **mill** (GB also:) / Wirkerei *f* ‖ ~ **paddle unit** / Paddelmaschine *f* für Strumpfwaren ‖ ~ **post-boarding** / Nachformen *n* von Strümpfen ‖ ~ **pre-boarding** / Vorformen *n* von Strümpfen ‖ ~ **pre-boarding, dyeing, post-boarding and finishing machine** / Strumpfvorform-, Strumpffärbe-, Strumpfnachform- und Strumpfappretiermaschine *f* ‖ ~ **pre-setting unit** / Vorfixierapparat *m* für Strumpfwaren ‖ ~ **seamer**, hosiery seaming machine / Strumpfnahtnähmaschine *f*, Überwendlingsnähmaschine *f* ‖ ~ **sewing machine** / Strumpfnähmaschine *f* ‖ ~ **sewing machine** (GB also:) / Wirkwarennähmaschine *f* ‖ ~ **shape** / Strumpfform *f* ‖ ~ **singeing machine** / Strumpfsengmaschine *f* ‖ ~ **steam press** / Strumpfwarendampfpresse *f* ‖ ~ **testing machine** / Strumpfwarenprüfapparat *m* ‖ ~ **yarn** / Strumpfgarn *n*, Garn *n* für Strick- und Wirkwaren
hospital linen / Krankenhauswäsche *f* ‖ ~ **sheeting** / Krankenhausbettwäsche *f* ‖ ~ **uniform** / Krankenhauskleidung *f*
hostess gown / Kaminkleid *n*
hot·-acting solvent / heißlösendes Mittel ‖ ~ **adhesive preparation** (ctg) / Heißklebepräparation *f* ‖ ~ **air** / Heißluft *f*, Warmluft *f* ‖ ~**-air blower** / Warmluftgebläse *n* ‖ ~**-air cabinet** / Trockenschrank *m* ‖ ~**-air chamber** / Heißluftkammer *f*, Mansardentrockner *m* (DIN 64990) ‖ ~ **air contraction value** / Heißluftschrumpfwert *m* ‖ ~**-air drier** / Heißlufttrockner *m*, Hotflue *f* ‖ ~**-air drying** / Heißlufttrocknung *f*, Warmlufttrocknung *f* ‖ ~**-air drying chamber** / Warmlufttrockenschrank *m* ‖ ~**-air drying loft** / Warmluftmansarde *f*, Trockenhänge *f* ‖ ~**-air drying machine** / Heißlufttrockner *m*, Hotflue *f* ‖ ~**-air drying tower** / Trockenturm *m* ‖ ~**-air finish** / Heißluftappretur *f* ‖ ~**-air fixation** / Heißluftfixierung *f* ‖ ~**-air frame** / Heißluft-Fixierrahmen *m* ‖ ~**-air jet**

stentering frame / Heißluftdüsentrockenspannrahmen *m* ‖ ~ **air jet texturing process** / Heißluftdüsen-Texturierverfahren *n* ‖ ~**-air oxidizing plant** / Heißluftoxydationsanlage *f* ‖ ~**-air setting** / Heißluftfixierung *f* ‖ ~**-air sizing machine** / Heißluftschlichtmaschine *f*, Lufttrockenschlichtmaschine *f* ‖ ~**-air slasher** / Heißluftschlichtmaschine *f* ‖ ~**-air stenter** (GB) / Heißluftspannrahmen *m*, Heißlufttrockenrahmen *m*, Trockenspannrahmen *m* ‖ ~**-air stream drier** / Heißlufttrockenmaschine *f* ‖ ~**-air tentering machine** (US) s. hot-air stenter ‖ ~**-bonding tape** / Heißklebeband *n* ‖ ~ **box** / Hot Box *f* (Finishaggregat in Großwäschereien) ‖ ~ **calender** / Heißkalander *m* ‖ ~ **calendering** / Heißmangeln *n*, Heißkalandrieren *n* ‖ ~ **dip coating [process]** / Schmelztauchverfahren *n*, Schmelztauchen *n* ‖ ~ **dissolving method** / Heißlöseverfahren *n* ‖ ~ **drawing** / Warmziehen *n*, Heißverstrecken *n* ‖ ~ **drawing pin** (air bulking) / Heißstreckstift *m* (Lufttexturieren) ‖ ~ **dwell process** (dye) / Warmverweilverfahren *n* ‖ ~**-dyeing** *n* / Heißfärben *n*, Heißfärbung *f* ‖ ~ **dyeing** *adj* / heißfärbend *adj* ‖ ~**-dyeing dyestuff** / Heißfärber *m* ‖ ~**-dyeing exhaust process** / warmfärbendes Ausziehverfahren ‖ ~**-dyeing method** / Heißfärbeverfahren *n* ‖ ~ **dyer** / Heißfärber *m* ‖ ~ **embossing** / Heißprägen *n*, Heißprägung *f* ‖ ~ **extraction method** / Heißextraktionsmethode *f* (zur Abtrennung aus Fasergemischen) ‖ ~ **finishing** / Heißappretur *f*

hotflue *n* (for intermediate drying in continuous dyeing) (dye) / Hotflue *f*, Hotfluetrockner *m*, Heißlufttrockner *m*, Heißlufttrockenmaschine *f*

hot·-head press / Hochtemperaturdampfbügelpresse *f* ‖ ~ **ironing** / Heißbügeln *n* ‖ ~ **mangle** / Heißmangel *f* ‖ ~ **melt** / Heißschmelze *f* ‖ ~**-melt adhesive** / Heißsiegelkleber *m*, Schmelzkleber *m* ‖ ~**-melt adhesive applicator** / Schmelzkleber-Auftragmaschine *f* ‖ ~**-melt adhesive powder** / Schmelzkleberpulver *n* ‖ ~ **melt backing** / im Heißschmelzverfahren aufgetragene Rückenbeschichtung (auf textilen Fußbodenbelägen) ‖ ~**-melt coating** / Heiß-Schmelzbeschichtung *f* ‖ ~**-melting** *adj* / heißschmelzend *adj* ‖ ~ **melting resin coat** / Heißschmelzharzbeschichtung *f* ‖ ~ **melt sizing** / Schmelzschlichten *n* ‖ ~ **notcher** (sew) / Heißeinknipser *m* ‖ ~**-oil dyeing** / Heißölfärben *n*, Heißölfärbeverfahren *n* ‖ ~ **pants** (fash) / Hot-Pants *pl*, Hot pants *pl* ‖ ~**-plate** / Heizplatte *f* ‖ ~**-plate singeing** / Plattensengen *n* ‖ ~**-plate singeing machine** / Plattensengmaschine *f* ‖ ~**-press** *v* / heißpressen *v*, glanzpressen *v*, glätten *v*, dekatieren *v* ‖ ~ **press** / Heißpressen *n* ‖ ~**-pressed finish** / Appretur *f* durch Heißpressen ‖ ~ **pressing** / Dampfkrumpe *f*, Dampfkrimpe *f*, Glanzkrimpe *f*, Heißpressen *n*, Heißpreßverfahren *n*, Dekatieren *n* ‖ ~ **pressing for durable press** / Permanent-Preßverfahren *n* ‖ ~**-pressing machine** / Dekatiermaschine *f* ‖ ~ **process** / Heißverfahren *n*, Hitzebehandlung *f* ‖ ~ **rinse** / Heißspülung *f* ‖ ~**-rolled** *adj* / heißkalandriert *adj* ‖ ~**-roll fixation** (dye) / "Hot-Roll"-Fixierung *f* ‖ ~**-roll setting** (fibres, fabrics) / Heißwalzenfixierung *f* ‖ ~ **sealing** / Heißsiegeln *n*, Heißversiegelung *f* ‖ ~**-sealing adhesive** / Heißsiegelkleber *m* ‖ ~**-sealing stability** / Heißsiegelbeständigkeit *f* ‖ ~ **sensitive formulation** (ctg) / Heißklebepräparation *f* ‖ ~**-setting** *adj* (ctg) / warmhärtend *adj*, warmabbindend *adj* ‖ ~**-setting adhesive** / Warmkleber *m*, Heißkleber *m*, Schmelzkleber *m* ‖ ~ **solubility** / Heißlöslichkeit *f* ‖ ~ **solution method** / Heißlöseverfahren *n* ‖ ~ **spot** / Überhitzungsstelle *f*, örtliche Erhitzung durch Reibung ‖ ~ **spraying** (ctg) / Heißspritzen *n* ‖ ~ **steaming** / Heißdampfbehandlung *f* ‖ ~**-stretch-breaking** (spinn) / Heißreißen *n*

153

Hottenroth

Hottenroth number (ripeness figure of viscose solution) / Hottenroth-Zahl f ‖ ~ **(Ammonium chloride) Test** (for determining saturation of viscose solution) / Hottenroth-Test m
hot test (mat test) / Wollstoff-Schrumpfprobe f ‖
~ **treatment** / Warmbehandlung f, Heißbehandlung f ‖
~ **washing** / Heißwäsche f (zwischen 45 ^{0} und 65 ^{0}C) ‖
~-**water fastness** / Heißwasserechtheit f (DIN 54047) ‖
~-**water fastness** (esp wool) / Krabbechtheit f, Einbrennechtheit f ‖ ~-**water frame** (spinn) / Naßspinnmaschine f ‖ ~-**water method** / Heißwasserverfahren n ‖ ~-**water resistance** / Heißwasserechtheit f (DIN 54047) ‖ ~-**water retting** / Heißwasserrotte f ‖ ~-**water setting** / Heißwasserfixierung f ‖ ~-**water soluble** / heißwasserlöslich adj ‖ ~ **welding** (ctg) / thermisches Verschweißen ‖ ~ **wet spinning** / Heißnaßspinnen n, Feinspinnen n mit heißem Wasser ‖ ~ **wetting** / Heißnetzen n ‖ ~-**wetting agent** / Heißnetzmittel n
houndstooth n / Hahnentrittmuster n, Hahnentritt m ‖ **small** ~ / Pepitamuster n ‖ ~ **check** / Hahnentritt m, Hahnentrittmuster n ‖ ~ **pattern** / Hahnentrittmuster n, Hahnentritt m
housecoat n / Kittelschürze f, Hauskittel m, Haus- und Bademantel m, Hausmantel m
house flannels / Haushaltsflanelle m pl ‖ ~ **frock** / Kleiderschürze f
household fabrics s. household textiles ‖ ~ **furnishings** pl s. household textiles ‖ ~ **linen** / Hauswäsche f, Weißwäsche f ‖ ~ **linen** / Weißwaren f pl ‖ ~ **soap** / Kernseife f, Haushaltsseife f ‖ ~ **textiles** (bed and table linen, towels, kitchen towels etc.) / Haushaltstextilien pl, Haustextilien pl, Haushalttextilien pl, Heimtextilien pl, Haushalttextilwaren f pl ‖ ~ **washing machine** / Haushaltwaschmaschine f
housewife n (sew) / Nähkasten m, Nähzeugtasche f
housing n / Satteldecke f
HS fibre s. high-shrinkage fibre
HT (high-temperature) / HT (Hochtemperatur...)
huanaco yarn s. guanaco yarn
huck n / Handtuchdrell m, Drell m ‖ ~ s. also huck weave
huckaback n s. huck ‖ ~ **drills** pl / Gerstenkornleinen n, Huckaback m ‖ ~ **weave** / Gerstenkornbindung f
huck weave / Gerstenkornbindung f
hue n / Farbton m, Ton m, Stich m, Nuance f, Farbtönung f
hull n (cotton) / Baumwollsamenhülse f, Baumwollsamenschale f
huller n / Enthülsungsmaschine f ‖ ~ **gin** / Egreniermaschine f für Samenkapseln enthaltende Baumwolle
humectant n / Feuchthaltemittel n
humidifier n / Befeuchter m, Befeuchtungseinrichtung f, Anfeuchtmaschine f, Anfeuchtvorrichtung f, Befeuchtungsvorrichtung f
humidify v / anfeuchten v, befeuchten v, feucht machen
humidifying machine (fin) / Befeuchtungsmaschine f (DIN 64990) ‖ ~ **plant** / Befeuchtungsanlage f, Anfeuchtvorrichtung f ‖ ~ **treatment** / Anfeuchtungsprozeß m
humidistat n / Feuchtigkeitsregler m
humidity n / Feuchtigkeit f, Feuchte f ‖ ~ **content** / Feuchtigkeitsgehalt m ‖ ~ **gradient** / Feuchtigkeitsgefälle n ‖ ~ **index** / Befeuchtungszahl f ‖ ~ **measuring apparatus** / Feuchtigkeitsmesser m, Feuchtigkeitsmeßgerät m ‖ ~ **of the air** / Luftfeuchtigkeit f, Luftfeuchte f ‖ ~ **of the atmosphere** / Luftfeuchtigkeit f, Luftfeuchte f ‖ ~ **resistance** / Feuchtebeständigkeit f, Naßbeständigkeit f
Hungarian work / eine Art Applikationsarbeit
hungback n / schottischer Tweed leichter Qualität
hunger wool / Hungerwolle f

hungry n / Wolle f von schlechtgenährten Schafen ‖ ~ **cloth** / Wollstoff m mit dünnen Stellen ‖ ~ **wool** / Wolle f von schlechtgenährten Schafen
hunnicutt cotton / eine frühreife amerikanische Baumwollsorte
hunter's green / Jägergrün n ‖ ~ **red**, hunter's pink / Scharlachrot n
hunting design (cpt) / Jagddessin n ‖ ~ **green** adj / jägergrün adj ‖ ~ **jacket** (fash) / Jägerjacke f ‖ ~ **scene** (cpt) / Jagddessin n ‖ ~ **shirt** / Jägerhemd n ‖ ~ **vest** / Jagdweste f ‖ ~ **wear** / Jagdkleidung f, Jägerkleidung f
hurdle drier / Hordentrockner m ‖ ~ **washer** / Hordenwaschmaschine f
hush cloth / Molton m
husk n / Hülse f, Schale f, Kapsel f ‖ ~ **content of the cotton component** / Schalengehalt m des Baumwollfaseranteils
husker n (cotton) / Enthülsungsmaschine f
husking cloth / Baumwolldrill f für Arbeitshandschuhe und grobe Fausthandschuhe
husks pl (silk) / Abfallseide f
HWM s. high wet modulus (fibre) ‖ ~ **fibre** (s. high wet modulus fibre)
hyacinth blue / hyazinthblau adj
hydrate v / hydratisieren v ‖ ~ n / Hydrat n
hydrated cellulose / Hydratzellulose f
hydrate of lime / Kalkhydrat n
hydration n / Hydratation f, Hydration f, Hydratisierung f ‖ ~ **water** / Hydratwasser n
hydraulic entanglement / Wasserstrahlverfestigung f ‖ ~ **extruder** (spinn) / hydraulische Spritzmaschine ‖ ~ **press** / hydraulische Presse ‖ ~ **press-finish** / Plattendekatur f
hydrazide n / Hydrazid n
hydrazine n / Hydrazin n ‖ ~ **hydrate** / Hydrazinhydrat n ‖ ~ **sulphonate** / Hydrazinsulfonat n
hydrazobenzene n / Hydrazobenzol n
hydrazo dyestuff / Hydrazofarbstoff m, Farbstoff m in Hydrazonform
hydride n / Hydrid n
hydroanthraquinone n / Hydroanthrachinon n
hydroaromatic compounds / hydroaromatische Verbindungen f pl
hydrocage n / Schleuderkorb m
hydrocarbon n / Kohlenwasserstoff m
hydrocellulose n / Hydrozellulose f
hydrochloric acid / Salzsäure f, Chlorwasserstoffsäure f ‖ ~ **acid gas** / Chlorwasserstoffgas n
hydrocyanic acid / Cyanwasserstoffsäure f, Blausäure f
hydroextract v / zentrifugieren v, abschleudern v, schleudern v, ausschleudern v, entwässern v
hydroextracting cage / Schleuderkorb m ‖ ~ **down to 20 %** / Abschleudereffekt m von 20 %
hydroextraction n / Schleudern n, Abschleudern n, Zentrifugieren n, Entwässerung f
hydroextractor n / Schleudertrockner m, Trockenschleuder f, Zentrifuge f, Schleuder f ‖ ~ (cloth) / Gewebeabsaugmaschine f ‖ ~ **cage** / Schleuderkorb m
hydrofixation method / Hydrofixierverfahren n, Naßfixierverfahren n
hydrofluoric acid / Flußsäure f, Fluorwasserstoffsäure f
hydrogen n / Wasserstoff m ‖ ~ **bond** / Wasserstoffbrücke f, H-Bindung f ‖ ~ **chloride** / Chlorwasserstoff m ‖ ~ **chloride peroxide bleach** / Chlorwasserstoff-Peroxidbleiche f ‖ ~ **gas** / Wasserstoffgas n ‖ ~ **ion** / Wasserstoffion n, H-Ion n ‖ ~ **ion concentration** / Wasserstoffionenkonzentration f ‖ ~ **peroxide** / Wasserstoffperoxid n ‖ ~ **peroxide bleach** / Wasserstoffperoxidbleiche f ‖ ~ **potential determination** / pH-Wert-Bestimmung f ‖ ~ **sulphide** / Schwefelwasserstoff m

hydrolysis n / Hydrolyse f ‖ ~ **ageing** / Hydrolysealterung f ‖ ~ **resistance** / Hydrolysebeständigkeit f ‖ ~ **through long boiling** (dye) / Verkochung f
hydrolytic polymerization / hydrolytische Polymerisation ‖ ~ **stability** / Hydrolyse-Stabilität f
hydrolyzability n / hydrolizability f
hydrolyzable adj / hydrolysierbar adj
hydrolyzate n / Hydrolysat n
hydrolyze v / hydrolysieren v
hydrolyzing agent / Hydrolysierungsmittel n, Aufschlußmittel n
hydrometer n / Aräometer n, Senkwaage f
hydron blue vat / Hydronblauküpe f ‖ ~ **dyestuff** / Hydronfarbstoff m ‖ ~ **vat** / Hydronküpe f
hydrophilic adj / hydrophil adj, wasseranziehend adj, wasserfreundlich adj ‖ ~ **effect** / hydrophile Wirkung ‖ ~ **fibre** / hydrophile Faser ‖ ~ **group** (surface active agent) / hydrophile Gruppe ‖ ~**-lipophilic balance**, hydrophilic-lipophilic ratio / HLB-Wert m, hydrolipophiles Verhältnis ‖ ~ **property** / hydrophile Eigenschaft, Hydrophilie f
hydrophilizing n / Hydrophilierung f ‖ ~ **agent** / Hydrophilierungsmittel n
hydrophily n (surfactants) / Hydrophilie f
hydrophobic adj / hydrophob adj, wasserabstoßend adj, wasserabweisend adj ‖ ~ **effect** / hydrophobe Wirkung ‖ ~ **fibre** / hydrophobe Faser ‖ ~ **group** (surface active agent) / hydrophobe Gruppe ‖ ~ **property** / hydrophobe Eigenschaft, Hydrophobie f
hydrophobing agent / Hydrophobiermittel n
hydrophobizing n / Hydrophobierung f
hydrophoby n / Hydrophobie f
hydropneumatic web guiding system / hydropneumatische Warenbahnsteuerung
hydropress n / hydraulische Presse
hydroquinone n / Hydrochinon n
hydrosetting n / Hydrofixierung f, Heißwasserfixierung f, Naßfixierung f ‖ ~ s. also hydrofixation method
hydrosol n / Hydrosol n
hydrostatic loading / hydrostatische Belastung ‖ ~ **pressure** / hydrostatischer Druck ‖ ~ **pressure testing** / hydrostatische Druckprüfung ‖ ~ **stress** / hydrostatische Spannung
hydrosuction wringing machine / Absaugwringmaschine f
hydrosulphite n / Hydrosulfit n, Hydrogensulfit n ‖ ~**-based reducing agent** / Reduktionsmittel n auf Hydrosulfitbasis ‖ ~**-caustic soda vat** / Hydrosulfit-Natronlaugeküpe f ‖ ~ **discharge** / Hydrosulfitätze f ‖ ~ **discharging** / Hydrosulfitätzen n, Reduktionsätzen n ‖ ~ **glucose vat** / Hydrosulfit-Glukose-Küpe f ‖ ~ **potash vat** / Hydrosulfit-Pottasche-Küpe f ‖ ~ **sodium sulphide process** / Hydrosulfit-Schwefelnatrium-Verfahren n ‖ ~ **stripping bath** / Hydrosulfit-Abziehbad n ‖ ~ **test** / Hydrosulfit-Probe f ‖ ~ **vat** / Hydrosulfit-Küpe f
hydrotropic adj / hydrotrop adj, lösungsvermittelnd adj ‖ ~ **agent** (increases water solubility of other substances without changing them chemically) / hydrotropes Mittel, Lösungsvermittler m ‖ ~ **solubilizer** / Lösungsvermittler m, Lösungshilfsmittel n
hydrotropy n / Hydrotropie f
hydroxide n / Hydroxid n
hydroxyacetone n / Hydroxyaceton n, Acetol n, Azetol n
hydroxybenzene n / Hydroxybenzol n
hydroxyethylate v / oxyäthylieren v
hydroxyl amine / Hydroxylamin n
hydroxylate v / hydroxylieren v
hydroxyl group / Hydroxylgruppe f ‖ ~ **number** / Hydroxylzahl f, OHZ
hygienic finish / hygienische Ausrüstung
hygrometer n / Hygrometer n, Luftfeuchtigkeitsmesser m, Feuchtigkeitsmesser m

hygroscopic adj / hygroskopisch adj, wasseranziehend adj, feuchtigkeitsanziehend adj
hygroscopicity n / Hygroskopizität f, Wasseraufnahmevermögen n, Wasseranziehungsvermögen n
hygroscopic moisture / hygroskopisches Wasser ‖ ~ **property** / Hygroskopizität f, Wasserrückhaltevermögen n, Wasseranziehungsvermögen n
hygrostat n / Hygrostat m, Feuchtigkeitsregler m
hyperbolic drive / Hyperbolwickler m
hyperchloric acid / Perchlorsäure f
hyperoxide bleaching / Peroxidbleiche f, Superoxidbleiche f
hypobromite n / Hypobromit n
hypochlorite n / Hypochlorit n ‖ ~ **bleach** / Hypochloritbleiche f ‖ ~ **bleaching** / Hypochloritbleichverfahren n ‖ ~ **bleaching agent** / Hypochloritbleichmittel n ‖ ~ **bleaching fastness** / Hypochlorit-Bleichechtheit f (DIN 54034/5) ‖ ~ **bleach liquor** / Hypochlorit-Bleichflotte f, Hypochlorit-Bleichlauge f ‖ ~ **liquor** / Hypochloritlauge f, Hypochloritflotte f ‖ ~ **of soda** / Natriumhypochlorit n, Bleichsoda f ‖ ~**-peroxide bleach** / Hypochloritperoxidbleiche f ‖ ~**-peroxide bleaching** / Hypochloritperoxidbleichverfahren n ‖ ~**-peroxide kier bleaching** / Ce-Es(Chlor-Superoxid)-Kesselbleiche f ‖ ~**-peroxide pack bleaching** / Ce-Es(Chlor-Superoxyd)-Packbleiche f ‖ ~ **solution** / Hypochloritlösung f ‖ ~ **stage** / Hypochloritvorstufe f ‖ ~ **washing fastness** / Hypochlorit-Waschechtheit f (IDN 54016)
hypochlorous acid / unterchlorige Säure
hypophosphoric acid / Unterdiphosphorsäure f, Hypophosphorsäure f
hyposulphite $M_2^1S_2O_3$ n / Thiosulfat n ‖ ~ $M_2^1S_2O_4$ / Dithionit n
hyposulphurous acid / hyposchweflige Säure, dithionige Säure
hysorb process (hydrophilizing of synthetics) / Hysorb-Verfahren n
hysteresis n / Hysterese f ‖ ~ **number** / Hystereszahl f, Kraftunterschiedszahl f

I

iasu fibre / südamerikanische Bejucofaser
ibex wool / Steinbockwolle f
ibyria fibre, ibirá fibre / südamerikanische Ananasfaser (aus Bromelia longifolia)
ice-blue adj / eisblau adj ‖ ~ **bordeaux** / Eisbordo n, Eisbordeaux n ‖ ~ **colour** / Eisfarbstoff m, Azofarbstoff m, Eisfarbe f ‖ ~ **dyestuff** / Eisfarbstoff m, Azofarbstoff m
Iceland lichen s. Iceland moss ‖ ~ **moss** / Isländisch Moos, Islandmoos n, Isländisches Moos (Cetraria islandica) ‖ ~ **moss gum** / Islandmoosgallerte f ‖ ~ **silk** / Seidenstrickgarn n ‖ ~ **wool** / isländische Schafswolle ‖ ~ **wool** / Eiswollgarn n, glänzendes Mohärstrickgarn
idle course (knitt) / Leerreihe f ‖ ~ **course attachment** (knitt) / Leerreiheneinrichtung f ‖ ~ **course lever** (knitt) / Leerreihenhebel m ‖ ~ **roll[er]** / nichtangetriebene Walze
idler roller (spinn) / Überlaufrolle f
I.D.R.C. (International Drycleaning Research Committee) / Internationaler Zusammenschluß der Chemischreinigungsforschung
Idria lace / Idrianer-Spitze f
IFCATI (International Federation of Cotton and Textile Industries) / Internationaler Verband der Baumwoll- und verwandten Industrien (Sitz: Zürich)
ife hemp / südafrikanischer Sansevieriahanf
IFI (International Fabricare Institute) / amerikanisches Wäscherei- und Chemischreinigungs-Forschungsinstitut (Sitz: Silver Spring)
IFP s. interfacial polymerization
ignitable adj / entzündlich adj, entzündbar adj
ignite vt / entzünden v, anzünden v ‖ ~ vi / entzünden v (sich)
ignition n / Entzündung f, Entzünden n, Anzünden n, Zündung f ‖ ~ **propagation** / Flammausbreitung f ‖ ~ **temperature** / Zündtemperatur f, Zündungstemperatur f, Entzündungstemperatur f ‖ ~ **test** / Verbrennungsprobe f, Brennprobe f ‖ ~ **time** / Zündzeit f
IIC (International Institute for Cotton) / Internationales Baumwoll-Institut (juristischer Sitz: Washington, Zentralbüro: Brüssel)
ILA (International Laundry Association) / Internationaler Zusammenschluß der Wäscherei-Verbände (Sitz: London)
illuminant n (col measuring) / Lichtquelle f ‖ ~ (col measuring) / Beleuchtungsmittel n ‖ ~ (col measuring) / Normlichtart f ‖ ~ **A** (incandescent lamp light) / Normlichtart f A (Glühlampenlicht) ‖ ~ **C** (daylight) / Normlichtart f C (Tageslicht)
illuminate v / beleuchten v, illuminieren v
illuminated discharge / Buntätze f, mehrfarbige Ätze ‖ ~ **discharge effect** / Buntätzeffekt m ‖ ~ **discharge printing** / Buntätzdruck m ‖ ~ **effect** / Buntefekt m ‖ ~ **mixture** / Wollstoff m mit hellfarbiger Beimischung
illuminating and viewing conditions pl / Meßgeometrie f ‖ ~ **colour** / Begleitfarbe f ‖ ~ **dyestuff** / Illuminationsfarbstoff m
illumination n / Beleuchtung f, Illumination f, Illuminieren n ‖ ~ / Beimischung f einer hellen Farbe ‖ ~ (of the discharge or resist) / Illumination f ‖ ~ **effect** / Illuminationseffekt m ‖ ~ **printing** / Illuminationsdruck m
illusion n (Fr) / feinster Seidentüll
IM s. interfacial migration
Imbabura cotton / ecuadorianische Baumwollsorte
imbé fibre / Imbé m (eine brasilianische Bastfaser)
imbibition n / Durchtränkung f, Imprägnierung f ‖ ~ **value** / Quellwert m
imdong n / eine philippinische Bastfaser

imidazole n / Imidazol n, Glyoxalin n ‖ ~ **dyestuff** / Imidazolfarbstoff m
imidazolidone n / Imidazolidon n, Äthylenharnstoff m ‖ ~ **resin** / Imidazolidonharz n
imidazoline n / Imidazolin n
imide n / Imid n
imido group / Imidogruppe f
imine n / Imin n
imino acid / Iminosäure f ‖ ~ **group** / Iminogruppe f
imitation astrakhan / Krimmerimitation f ‖ ~ **beetle finish** / Beeteleffektimitation f ‖ ~ **brocade** / Broché-Imitation f ‖ ~ **buttonhole machine** (sew) / Blindknopflochmaschine f ‖ ~ **fur** / Pelzimitation f ‖ ~ **fur fibre** / Kunststichelhaar n ‖ ~ **gauze** s. mock leno ‖ ~ **gingham** / Ginghamimitation f ‖ ~ **gold foil** / Rauschgold n ‖ ~ **haircloth** / steifes Einlagegewebe ‖ ~ **horsehair** / künstliches Roßhaar ‖ ~ **lace** / Maschinenspitze f ‖ ~ **leather** / Kunstleder n ‖ ~ **linen** / Leinenimitation f ‖ ~ **linen finish** / leinwandähnliche Ausrüstung ‖ ~ **maco** / Mako-Imitation f ‖ ~ **seam** / falsche Naht, imitierte Naht ‖ ~ **worsted** / Halbkammgarn n ‖ ~ **yarn** / Imitatgarn n, Barchentgarn n
immature cotton / unreife Baumwolle ‖ ~ **fibre** / unreife Faser
immaturity control by swelling test / Pilzkopfreaktion f ‖ ~ **dyeing test** / Reifeprüfung f durch Konstrastfärben ‖ ~ **polarized light test** / Reifetest m im polarisiertem Licht
immedial dyestuff / Immedialfarbstoff m (Markenname für deutsche Schwefel-Farbstoffe) ‖ ~ **pure blue** (dye) / Immedialreinblau n
immerse v / eintauchen v ‖ ~ (in the bath) / einlegen v (in das Bad), einweichen v, einstecken v
immersion n / Eintauchen n, Tauchen n, Einlegen n ‖ ~ **bobbin** / Tauchspule f ‖ ~ **colorimeter** / Eintauchkolorimeter n ‖ ~ **drum** / Eintauchtrommel f ‖ ~ **finishing** / Tauchappretur f ‖ ~ **jig** / Unterwasserjigger m, Unterflottenjigger m ‖ ~ **jigger** / Unterwasserjigger m, Unterflottenjigger m ‖ ~ **liquor** / Immersionsflüssigkeit f, Eintauchflüssigkeit f ‖ ~ **method** / Tauchverfahren n ‖ ~ **passage** / Tauchgang m ‖ ~ **period** / Tauchperiode f, Tauchzeit f ‖ ~ **press** / Tauchpresse f ‖ ~ **process** / Tauchverfahren n ‖ ~ **rod finishing** / Tauchstabavivage f ‖ ~ **roll[er]** / Eintauchwalze f, Tauchwalze f, Tauchtrommel f ‖ ~ **tank** / Tauchkasten m ‖ ~ **test** / Tauchprobe f, Tauchprüfung f, Tauchtest m
immiscibility n / Unmischbarkeit f
immiscible adj / unmischbar adj
immune cotton [yarn] / Immungarn n, farbstoffabweisendes Baumwollgarn, Immunbaumwolle f
immunization n (change of dyestuff affinity) / Immunisierung f
immunize v / immunisieren v (Naturfasern)
immunized cotton / Immunbaumwolle f, immunisierte Baumwolle, Immungarn n ‖ ~ **yarn** / Immungarn n
impact n / Schlag m, Stoß m ‖ ~ **compression test** / Schlagdruckversuch m ‖ ~ **jet hygrometer** / Prallstrahlfeuchtigkeitsmeßgerät n ‖ ~ **mill** / Prallmühle f ‖ ~ **penetration testing** / Eindringtiefeprüfung f ‖ ~ **resistance** / Schlagfestigkeit f ‖ ~ **-resistant** adj ‖ ~ schlagfest adj, stoßfest adj ‖ ~ **strength** / Schlagfestigkeit f ‖ ~ **test** / Schlagprüfung f, Schlagversuch m ‖ ~ **tester** / Schlagprüfer m
impeller n / Schnellmischer m, Kreiselrührer m, Schnellrührer m ‖ ~ (knitt) / Flügelrad n
impenetrability n / Undurchdringlichkeit f, Undurchlässigkeit f
impenetrable adj / undurchdringlich adj, undurchlässig adj
imperfect dyeing / Fehlfärbung f

Imperial Axminster (cpt) / Imperial-Axminster m ‖
~ **green** (dye) / Kaisergrün n (veraltet), Schweinfurter Grün, Kupferarsenitacetat n ‖ ~ **serge** / Imperialserge f ‖ ~ **Valley Cotton** (high-grade cotton from S. California) / Imperial-Valley-Baumwolle f
impermeability n / Undurchlässigkeit f, Undurchdringlichkeit f, Impermeabilität f ‖ ~ **of the filament** / Wasserfestigkeit f des Fadens ‖ ~ **to air** / Luftundurchlässigkeit f ‖ ~ **to diffusion** / Diffusionsdichtigkeit f ‖ ~ **to water** / Wasserundurchlässigkeit f, Wasserdichtheit f, Wasserdichtigkeit f, Wasserfestigkeit f
impermeable adj / undurchlässig adj, undurchdringlich adj, impermeabel adj ‖ ~ **to air** / luftundurchlässig adj, luftdicht adj ‖ ~ **to diffusion** / diffusionsdicht adj ‖ ~ **to liquids** / flüssigkeitsundurchlässig adj ‖ ~ **to oil** / öldicht adj ‖ ~ **to water** / wasserdicht adj, wasserfest adj, wasserundurchlässig adj
impervious adj s. impermeable
imperviousness n s. impermeability
impid fibre / eine philippinische Bastfaser
impregnate v / imprägnieren v, tränken v ‖ ~ (dye) / grundieren v
impregnated fabric / imprägniertes Gewebe, Lackgewebebahn f ‖ ~ **textile reinforcement for laminates** / Lackgewebebahn f
impregnating n / Imprägnieren n ‖ ~ (dye) / Grundieren n, Grundierung f ‖ ~ **agent** / Imprägniermittel n, Imprägnierstoff m, Imprägnierungsmittel n, Imprägnierungsstoff m ‖ ~ **agent in a single bath** / Einbadimprägnierungsmittel n ‖ ~ **bath** / Imprägnierbad n, Tränkbad n ‖ ~ **bath** (dye) / Grundierbad n ‖ ~ **compartment** (mercerizing) / Imprägnierabteil n ‖ ~ **compound** / Imprägniermasse f ‖ ~ **effect** / Imprägniereffekt m ‖ ~ **foulard** / Imprägnierfoulard m ‖ ~ **in a single bath** / Einbadimprägnierung f ‖ ~ **liquor** / Imprägnierflotte f, Tränkflotte f ‖ ~ **machine** / Imprägniermaschine f (DIN 64950) ‖ ~ **machine for goods in rope form** / Strangimprägniermaschine f (DIN 64950) ‖ ~ **machine for open-width materials** / Breitimprägniermaschine f (DIN 64950) ‖ ~ **machine with squeezing rolls** / Imprägnierkufe f mit Quetschwerk ‖ ~ **mangle** / Imprägnierfoulard m ‖ ~ **power of a wetting agent** / Tauch-Netzvermögen f eines Netzmittels (DIN 63901) ‖ ~ **resin** / Imprägnierharz n, Tränkharz n ‖ ~ **salt** / Imprägniersalz n ‖ ~ **solution** / Imprägnierlösung f ‖ ~ **trough** / Imprägniertrog m ‖ ~ **varnish** / Tränklack m ‖ ~ **with latices** / Beschichtung f mit Kunststoff-Filmen
impregnation n / Imprägnierung f, Imprägnieren n, Tränken n ‖ ~ **agent** s. impregnating agent ‖ ~ **auxiliary** / Imprägnierhilfsmittel n ‖ ~ **bath** / Imprägnierbad n, Tränkbad n ‖ ~ **bath** (dye) / Grundierbad n ‖ ~ **batter** (dye) / Imprägnierrampe f ‖ ~ **bleaching** / Imprägnierbleiche f ‖ ~ **liquor** s. impregnating liquor ‖ ~ **machine** s. impregnating machine ‖ ~ **of the seam** / Nahtdichtung f ‖ ~ **padder** / Imprägnierfoulard m ‖ ~ **tester** / Imprägnierprüfgerät n ‖ ~ **with naphthols** / Naphtholimprägnierung f ‖ ~ **with solvents** / Lösungsmittelimprägnierung f, Lösemittelimprägnierung f
impress v / bedrucken v ‖ ~ / eindrucken v, einprägen v
impression bed (pig) / Druckunterlage f
imprimé adj (Fr) / bedruckt adj
imprint v / bedrucken v ‖ ~ / eindrucken v, einprägen v
improve v / verbessern v ‖ ~ (fabr) / veredeln v ‖ ~ (dye) / schönen v
improvement of effect (dye, text) / Effektsteigerung f
impurity n / Verunreinigung f, Unreinheit f, Fremdbestandteil m, Schmutz m ‖ ~ **content** / Schmutzgehalt m
I.M.S. (industrial methylated spirit) / denaturierter Alkohol, denaturierter Spiritus

India

inaccuracy of the repeat (trans pr) / Grinsen n
inaccurate registration (trans pr) / Rapportungenauigkeit f, Paßungenauigkeit f
inactivating substances / Inaktivierungszusätze m pl
inactive adj / inaktiv adj ‖ ~ (esp. chem) / reaktionsträge adj, inert adj
in-and-out seams (on trousers) pl / Hosenschritt- und Seitennähte f pl
inbetween n / Inbetween f (eine Strukturgardine)
incandescence n / Weißglühen n, Glühen n
incandescent adj / weißglühend adj, glühend adj ‖ ~ **lamp light** (illuminant A) / Glühlampenlicht n (Normlichtart A) ‖ ~ **light** / Glühlicht n
inca red / paprikarot adj
inching device (sew) / Langsamnäheinrichtung f
incident light / einfallendes Licht
incinerate v / veraschen v, verbrennen v
incineration n / Veraschung f, Verbrennung f ‖ ~ **test** / Veraschungsprobe f
incinerator n / Veraschungsofen m, Verbrennungsofen m
inclination of twill line (sew) / Steigungsgrad m der Köperlinie
inclined lattice (spinn) / Steiggitter n, Steiglattentuch n ‖ ~ **shed** (weav) / Schrägfach n ‖ ~ **-wire former** (nwv) / Schrägsiebformer m
inclusion [of additives] in the melt / Einspinnen [von Additiven] n ‖ ~ **of air** / Lufteinschluß m
incombustibility n / Unbrennbarkeit f
incombustible adj / unbrennbar adj, nicht brennbar
incompatibility n / Unverträglichkeit f
incompatible adj / unverträglich adj
incorporate v (into the molecule) (chem) / einbauen v
increased soiling tendency / erhöhte Anschmutzbarkeit
increase in temperature / Temperatursteigerung f, Temperaturanstieg m ‖ ~ **in volume** / Volumenvergrößerung f ‖ ~ **in volume through swelling** / Volumenquellung f ‖ ~ **in weight** / Gewichtszunahme f ‖ ~ **of twist** / Drallerhöhung f, Drehungserhöhung f ‖ ~ **the body** (clothm) / beschweren v ‖ ~ **the depth** (col) / abdunkeln v, vertiefen v, nachdunkeln v ‖ ~ **the fullness** (clothm) / beschweren v ‖ ~ **the meshes** / zunehmen v (Maschen) ‖ ~ **the set of the warp** (weav) / die Kettendichte vergrößern ‖ ~ **the width** / weiten v
incrustation n / Inkrustation f ‖ ~ (in a boiler) / Kesselstein n
Indanthren cold-dyeing process / IK-Verfahren n (Indanthren-Kaltfärbeverfahren) ‖ ~ **dyestuff** / Indanthrenfarbstoff m (Markenname für wasserunlösliche Küpenfarbstoffe)
indanthrone n / Indanthron n, Indanthrenblau n ‖ ~ **vat dyestuff** / Indanthron-Küpenfarbstoff m, Indanthrenfarbstoff m
indefinite adj (shade) / unklar adj (Farbe), verschwommen adj (Farbe)
indelible ink / Wäschezeichentinte f, unauslöschliche Tinte
indene resin / Indenharz n
indent n (zip) / Kupplungsvertiefung f
indentation n / Eindruck m, Vertiefung f
indented built beam (cpt) / Zahnbalken m
indention n / Eindruckform f, Druckform f
indentor n (ctg, mat test) / Eindringkörper m
independent doctor motion / unabhängige Rakelbewegung
index bar (nwv) / Schaltschiene f ‖ ~ **drum** (knitt) / Schalttrommel f, Arretierungstrommel f
indexing cam (knitt) / Schaltexzenter m
index number (dye) / Kennzahl f ‖ ~ **of metamerism** / Metamerie-Index m ‖ ~ **yarn** / Indexgarn n (Steuerung der Musterung während des Tuftens)
India hemp / Indischer Hanf (Cannabis indica) ‖ ~ **ink** s.
Indian ink ‖ ~ **linon** (high-grade bleached lawn cloth) / Indisch-Linon m

Indiana

Indiana cloth (combed cotton lawn cloth given water-repellent treatment) / Indiana-Tuch n
Indian blanket / indianische Wolldecke ‖ ~ **cordage** / Seile n pl aus Kokosfaser ‖ ~ **corn starch** / Maisstärke f ‖ ~ **cotton** / indische Baumwolle ‖ ~ **hemp** s. India hemp ‖ ~ **ink** / Tusche f, Ausziehtusche f ‖ ~ **lace** / indische Spitze ‖ ~ **madder** (dye) / Indischrot n ‖ ~ **mallow hemp** / indische Malvenfaser ‖ ~ **mull** / Indisch-Mull m ‖ ~ **saffron** / Kurkuma f, Gelbwurzel f, Gelbwurz f ‖ ~ **shawl** / Kaschmirschal m ‖ ~ **shirting** s. indienne ‖ ~ **tamarind kernel flour** / Tamarindenkernmehl n ‖ ~ **wadding** / Kapok m, Pflanzendaunen f pl ‖ ~ **yellow** / Indischgelb n
India prints / Gewebe n pl mit indischer Druckmusterung ‖ ~ **silk** / handgewebte Indisch-Seide
indicator n (chem) / Indikator m ‖ ~ **paper** / Indikatorpapier n
indienne n (a light cotton fabric with designs painted or printed in imitation of designs used originally in India) (fabr) / Indienne f
indigo n / Indigo m n ‖ ~ **blue** / Indigoblau n ‖ ~**-blue** adj / indigoblau adj ‖ ~ **carmine** / Indigokarmin n ‖ ~ **discharge** / Indigoätze f ‖ ~ **discharge style** / Indigoätzartikel m ‖ ~**-dyed** adj / indigogefärbt adj ‖ ~ **dyeing** / Indigofärbung f, Indigofärberei f ‖ ~ **dyeing vat** / Indigoküpe f ‖ ~ **fond** / Indigofond m, Indigogrund m ‖ ~ **grains** pl / gekörnter Indigo ‖ ~ **grey** n / Indigograu n ‖ ~ **grey** adj / indigograu adj ‖ ~ **ground** / Indigogrund m, Indigofond m ‖ ~ **hydrosulphite vat** / Indigo-Hydrosulfitküpe f
indigoid adj / indigoid adj ‖ ~ **dyestuff** / Indigofarbstoff m, indigoider Farbstoff, Indigoid n
indigo paste / Indigoteig m ‖ ~ **pigment** / Indigopigment n ‖ ~ **print** / Indigodruck m, Blaudruck m ‖ ~ **printing** / Indigodruck m, Blaudruck m ‖ ~ **print paste** / Indigodruckfarbe f ‖ ~ **print style** / Blaudruckartikel m ‖ ~ **red** / Indigorot n, Indirubin n ‖ ~ **resist style** / Indigopappartikel m
indigosol acid / Indigosolsäure f ‖ ~ **brown** / Indigosolbraun n ‖ ~ **dyestuff** / Indigosolfarbstoff m
indigo solution / Indigobad n ‖ ~ **synthesis** / Indigosynthese f ‖ ~ **test** / Indigotest m
indigotic adj / indigohaltig adj ‖ ~ **acid** / Indigosäure f
indigotin n / Indigotin n, Indigoblau n
indigo vat / Indigoküpe f, Blauküpe f ‖ ~ **vat dyeing** / Indigofärbung f, Indigoküpenfärbung f ‖ ~ **vat preparation** / Indigoküpenpräparat f ‖ ~ **white** / Indigoweiß n, Leukoindigo m ‖ ~ **yellow** / Indigogelb n
indirect count / indirekte Garnnumerierung ‖ ~ **tension device** / indirekt wirkende Spanneinrichtung
indistinct adj (outlines) / unscharf adj (Umrisse)
individual draft / Einzelverzug m ‖ ~ **fibre** / Einzelfaser f ‖ ~ **filament** / Einzelkapillarfaden m, Elementarfaden m, Kapillarfaden m
individually moved latch needles (knitt) / einzeln bewegte Zungennadeln f pl
individual needle selection (knitt) / Einzelnadelauswahl f ‖ ~ **value** / Einzelwert m
indocarbon dyestuff (water insoluble dyestuff type) / Indocarbon-Farbstoff m
indole n / Indol n
indoor furnishings / Heimtextilien pl, Heimtex-Artikel m pl, Deko-Artikel m pl ‖ ~ **wear** / Hausbekleidung f
indophenol n (dye) / Indophenol n
indoxyl n (dye) / Indoxyl n
induline n (dye) / Indulin n
induration n (of fabrics) / Verhärtung f
industrial alcohol / technischer Alkohol, Industriealkohol m ‖ ~ **clothing** / Arbeitskleidung f, Berufskleidung f, Arbeitsschutzkleidung f, Werksbekleidung f ‖ ~ **detergent** / Vollwaschmittel m ‖ ~ **fabric** / technisches Gewebe, technisches Textil ‖ ~ **felt** (nwv) / technischer Filz ‖ ~ **gloves** / Arbeitshandschuhe m pl ‖ ~ **gum** (text pr) / Industriegummi m ‖ ~ **laminate** / technische Platte ‖ ~ **methylated spirit** (I.M.S.) / denaturierter Spiritus, denaturierter Alkohol ‖ ~ **overall[s]** / Arbeitskittel m, Berufskittel m ‖ ~ **resin** / technisches Harz ‖ ~**-scale production** / großtechnische Produktion ‖ ~ **sewing machine** / Industrienähmaschine f ‖ ~ **sheet** / technische Platte ‖ ~ **soap** / Industrieseife f ‖ ~ **textiles** / Industrietextilien pl, technische Textilien ‖ ~ **uses** pl / industrieller Einsatz ‖ ~ **waste water** / Industrieabwasser n
inelastic adj / unelastisch adj, nicht elastisch
inert adj / inert adj, reaktionsträge adj, träge adj, passiv adj ‖ ~ **atmosphere** / Schutzgasatmosphäre f ‖ ~ **gas** / Inertgas n, Edelgas n
inertial separator / Prallabscheider m
inertness to acids / Säurebeständigkeit f ‖ ~ **to chemicals** / Chemikalienbeständigkeit f
infant n / Kleinkind n
infantado wool / spanische Merinowolle
infant·'s bib / Kinderlätzchen n ‖ ~**'s garments** pl / Kleinkinderkleidung f ‖ ~**'s jacket** / Erstlingsjäckchen n ‖ ~**'s wear** / Kleinkinderkleidung f
inferior-quality material produced during colour changeover (dye) / Farbübergang m
infiltrate v / einsickern v, eindringen v
infiltration and penetration of the dyestuff / Sitz m des Farbstoffs
inflammability n s. flammability
inflatable fabric / aufblasbares Gewebe ‖ ~ **tent** / Traglufthalle f
inflexible adj / unbiegsam adj, starr adj
inflow n / Zufluß m, Einlauf m, Einfluß n, Einfließen n, Zulauf m ‖ ~ **quenching** (spinn) / Außen-Innenanblasung f
influence of cold / Kälteeinwirkung f ‖ ~ **of heat** / Hitzeeinwirkung f ‖ ~ **of temperature** / Temperatureinfluß m
influx n / Zufluß m, Einfluß m, Einlauf m, Einfließen n, Zulauf m ‖ ~ **pipe** / Einflußrohr n, Zulaufrohr n, Zulaufleitung f
infrared adj / infrarot adj, IR ‖ ~ **absorber** / Infrarotabsorber m ‖ ~ **camouflage** (ctg) / Infrarot-Tarnanstrich m ‖ ~ **curve of reflectance** / Infrarot-Remissionskurve f ‖ ~ **drier** / Infrarottrockner m (DIN 64950) ‖ ~ **drying** / Infrarottrocknung f, IR-Trocknung f (DIN 62500) ‖ ~ **drying zone** / Infrarottrocknungszone f, Infrarottrocknungsschacht m ‖ ~ **emitter** / Infrarotstrahler m, IR-Strahler m ‖ ~ **fixation** / Infrarotfixierung f ‖ ~ **heater** / Infraroheizgerät m ‖ ~ **heating** / Infrarotheizung f ‖ ~ **heating zone** / Infrarotheizzone f ‖ ~ **lamp** / Infrarotstrahler m, IR-Strahler m ‖ ~ **microscopy** / Infrarotmikroskopie f ‖ ~ **pre-heating zone** / Infrarot-Vorheizfeld n ‖ ~ **radiation** / Infrarotstrahlung n ‖ ~ **radiator** / Infrarotstrahler m, IR-Strahler m ‖ ~ **rays** / Infrarotstrahlen m pl, Infrarotstrahlung f ‖ ~ **reflectance** / Infrarot-Remission f ‖ ~ **reflectance curve** / Infrarot-Remissionskurve f ‖ ~ **setting** / Infrarotfixierung f ‖ ~ **sizing and drying machine** / Infrarot-Schlicht- und Trockenmaschine f ‖ ~ **spectrophotometer** / Infrarotspektralphotometer n ‖ ~ **spectroscopy** / Infrarotspektroskopie f ‖ ~ **spectrum** / Infrarotspektrum n, IR-Spektrum n ‖ ~ **thermosetting machine** / Infrarot-Thermofixiermaschine f (DIN 64990)
ingrain n (US) (cpt) / Kidderminster-Teppich m ‖ ~ **adj** (yarn) / in der Faser gefärbt, in der Wolle gefärbt ‖ ~ (fabric) / im Garn gefärbt ‖ ~ **carpet** / Teppich m aus vor dem Weben gefärbter Wolle ‖ ~ **carpet** s. Kidderminster carpet ‖ ~ **colour** / Eisfarbe f, Azofarbe f ‖ ~ **dyestuff** / Entwicklungsfarbstoff m, Ingrain-Farbe f ‖ ~ **dyestuff** / auf der Faser erzeugter Farbstoff ‖ ~ **effect** / Melange-Effekt m
ingredient n (e.g. of recipe) / Bestandteil m, Zutat f, Ingrediens n, Ingredienz f

inherent colour / Eigenfarbe f
inhibit v (chem) / hemmen v, inhibieren v
inhibiting agent s. inhibitor
inhibition of pigment migration / Hemmung f der Pigmentwanderung || ~ **zone** / Hemmzone f, Hemmhof m || ~ **zone test** / Hemmzonentest m, Hemmhoftest m (bei der antimikrobiellen Ausrüstung)
inhibitor n / Inhibitor m, Hemmstoff m, Verzögerer m
initial bath / Ansatzbad n || ~ **boiling point** / Siedebeginn m || ~ **braking effect of a retarder** / Anfangsbremswirkung f eines Retarders || ~ **brushing** / Anbürsten m || ~ **colour** / Ausgangsfarbe f || ~ **concentration** / Anfangskonzentration f, Ausgangskonzentration f || ~ **cone for rocket bobbins** / Stützkegel m für Raketenspulen (DIN 61805) || ~ **cone for supercops** / Anfangskegel m für Superkopse (DIN 61805) || ~ **course** (knitt) / Anfangsreihe f, Anschlag m, erste Strickreihe, Netzreihe f || ~ **curing** / Ankondensation f || ~ **denier** / Nenntiter m || ~ **dissolving** (nwv) / Anlösen n || ~ **dyebath** / Farbstoffansatzflotte f || ~ **dyebath vessel** / Farbstoffansatzgefäß n || ~ **humidity** / Anfangsfeuchtigkeit f || ~ **lint deposit** / Flusenansatz m || ~ **liquor** (dye) / Ansatzflotte f || ~ **modulus** (cpt) / Initialmodul m || ~ **moisture content** / Anfangsfeuchte f, Anfangsfeuchtigkeitsgehalt m || ~ **product** / Ausgangsprodukt n || ~ **quantity** / Ansatzmenge f || ~ **rate of absorption** (dye) / Anfangsaufziehgeschwindigkeit f || ~ **retarding effect** (of retarder) / Anfangsbremswirkung f || ~ **shade** / Anfangsnuance f, Anfangsfarbe f || ~ **solution** / Ansatzlösung f, Anfangslösung f || ~ **swelling** (nwv) / Anquellen n || ~ **tack** (ctg) / Anfangsklebrigkeit f || ~ **tackiness** / Anfangsklebrigkeit f || ~ **tearing resistance** / Einreißfestigkeit f || ~ **tear strength test** / Anfangseinreißfestigkeitsprüfung f || ~ **temperature** / Anfangstemperatur f || ~ **twist** / Vorzwirn m
initiator n (chem) / Initiator m, Aktivator m || ~ **system** / Initiatorsystem n
inject v / einspritzen v || ~ **dye correctives** / Nuancierungszusätze m pl zugeben
injection n / Einspritzen n, Spritzvorgang m, Injektion f || ~ **moulding** / Spritzgießen n, Spritzgießverfahren n, Spritzguß m || ~ **moulding** / Spritzgußteil n, Spritzling m || ~ **nozzle** / Spritzdüse f || ~ **pressure** / Spritzdruck m || ~ **rinsing machine** / Strahlenspülmaschine f (DIN 64990)
injured adj (fibre) / beschädigt adj (z.B. Faser)
injury protection fabric / Verletzungsschutzstoff m
ink n / Druckfarbe f, Tinte f || ~**-blue** / tintenblau adj || ~ **dyestuff** / Tintenfarbstoff m
inked cloth (speck-dyed cloth, to cover up specks caused by vegetable matter in them) / noppengefärbter Stoff
ink for marking linen / Wäschezeichentinte f, Wäschetinte f
inking n (speck-dyeing) / Noppendecken n, Noppenfärben n, Noppenfärbung f || ~ **arrangement** (text pr) / Farbwerk n || ~ **roll[er]** (text pr) / Farbwerk n || ~ **unit** (text pr) / Farbwerk n
ink injection coloration system (dye) / Tintenspritzverfahren n || ~ **jet printing** (text pr) / Farbspritzverfahren n || ~ **stain** / Tintenfleck m || ~ **test** / Tintenprobe f
inlaid appliqué / eingearbeitete Applikation || ~ **net** (knitt) / Schußfilet n
inlay fabric (US) / Bindefadenfutterware f || ~ **fabric** (US) / Brokatgewebe n || ~ **felt** (nwv) / Einlagefilz m
inlaying apparatus (weav) / Durchschußapparat m
inlay material / Einlagestoff m
inlet n (mach) / Einlaß m, Zulauf m || ~ (fabr) / Inlett n
inner comb circle / kleiner Kammring f || ~ **packing weft** / Füllschuß m || ~ **panel** (hos) / Zwischenfersenteil n || ~ **structure** / Innenstruktur f || ~ **surface** / Innenfläche

f, innere Oberfläche || ~ **waistband** (sew) / Innenbund m || ~ **welt** (hos) / Halbwende f
inodorous adj / geruchlos adj
inorganic adj / anorganisch adj || ~ **acid** / anorganische Säure || ~ **compound** / anorganische Verbindung || ~ **fibre** / anorganische Faser || ~ **fibre blend** / Mischung f anorganischer Fasern || ~ **salt** / anorganisches Salz || ~ **solvent** / anorganisches Lösungsmittel
input roll[er] (dye) / Lieferwerk n || ~ **sliver weight** (spinn) / Einlaufbandgewicht n || ~ **speed** / Einlaufgeschwindigkeit f || ~ **tension** / Einlaufspannung f
inseam n / Innennaht f || ~ (trousers) (sew) / Schrittnaht f (e-r Hose)
insect dyestuff / Insektenfarbstoff m
insecticidal finish / Insektizidausrüstung f, Insektenschutzausrüstung f
insecticide n / Insektizid n || ~ (to protect cellulose-containing textiles) / Fraßschutzmittel n
insect-proof adj / insektenbeständig adj, insektenfest adj || ~**-proof finish** / Insektenschutzausrüstung f || ~ **repellent agent** / Insektenschutzmittel n || ~ **repellent finish** / Insektenschutzausrüstung f, insektenvertreibende Imprägnierung || ~ **resistance** / Insektenbeständigkeit f || ~ **resistance treatment** / Insektenschutzbehandlung f
insensitive adj / unempfindlich adj || ~ **to air** / luftbeständig adj, luftunempfindlich adj || ~ **to chemicals** / chemikalienunempfindlich adj || ~ **to light** / lichtbeständig adj, lichtunempfindlich adj || ~ **to pressure** (ctg) / druckunempfindlich adj
insensitivity to gas fading / Abgasunempfindlichkeit f || ~ **to temperature** / Temperaturunempfindlichkeit f
insert v / einführen v, einsetzen v, einlegen v, einfügen v, eintragen v || ~ n / Einsatzstück n, Einsatz m, Einlage f, || ~ (knitt) / Nadelsteg m
insertion n / Einsatz m, Einlage f || ~ (of needles) / Einsetzen n || ~ (of weft, filling) / Eintragung f, Einschlag m || ~ **lace** / Einsatzspitze f || ~ **wire** (loom) (cpt) / Einsatzdraht m
insert pick and pick (weav) / Schuß um Schuß eintragen || ~ **pick and pick alternately from opposite sides** (weav) / Schuß um Schuß abwechselnd von gegenüberliegenden Seiten eintragen || ~ **retaining ring** (knitt) / Steghalterung m || ~ **the filling** (weav) / einschlagen v, eintragen v || ~ **the needles** / die Nadeln einsetzen || ~ **the weft** (weav) / einschlagen v, eintragen v || ~ **twist** / verdrallen v
inset n / Stoffeinsatz m || ~ **pocket** / angeschnittene Tasche
inside breast pocket / innere Brusttasche || ~ **leg [measurement]** / Schrittlänge f || ~ **lining** / Innenfutter n, Leibfutter n || ~**-out** adj / mit der Innenseite nach außen || ~**-out stocking** (hos) / Linksstrumpf m || ~ **pocket** / Innentasche f || ~ **selvedge** / Mittelleiste f || ~ **selvedge attachment** (fully fashioned knitt machine) / Innenrandverstärkungseinrichtung f || ~ **sinker ring** / innerer Platinenring || ~ **splicing rocker** (knitt) / Druckzeug n für Innenverstärkung || ~ **treadle motion** (weav) / Innentritt m
insolation / Sonnenbelichtung f
insole n / Einlegesohle f, Brandsohle f
insolubilization n / Unlöslichmachen n
insolubilize v / unlöslich machen
insoluble adj / unlöslich adj || ~ **in alkali** / alkaliunlöslich adj || ~ **in water** / wasserunlöslich adj
inspect v / beschauen v || ~ **and lift ladders** / repassieren v || ~ **a shade** / eine Färbung mustern
inspecting, **folding, unfolding and measuring machine** / Schau-, Lege-, Ausbreit- und Meßmaschine f || ~ **and mending** (clothm) / Repassieren n || ~ **and rolling machine** / Schau- und Wickelmaschine f

inspection

inspection n / Prüfung f, Kontrolle f, Inspektion f, Beschauen n, Schau f ‖ ~ **machine** / Warenschaumaschine f (DIN 64990), Beschaumaschine f ‖ ~ **of untreated material**, inspection of undyed material / Rohschau f ‖ ~ **table** / Schautisch m, Abnahmetisch m, Durchsehtisch m (DIN 64990)
inspissated adj / vertrocknet adj
inspissation n (dye) / Verdickung f
instability n / Instabilität f, Unbeständigkeit f
instable adj / instabil adj, unbeständig adj
installation for preparing liquors / Anlage f zur Aufbereitung von Laugen
instant recovery / sofortige Erholung
instep n (hos, knitt) / Fußblatt n, Fußdecke f, Ristteil m, Spann m ‖ ~ **bar** (hos, knitt) / Ristbarre f, Fußdeckelschiene f ‖ ~ **toe narrowing** (hos) / Spitzenminderung f auf dem Fußblatt
Institute of Textile Technology / Textiltechnisches Institut
Instron tensile tester / Instron-Tensile-Tester m
instructions for dissolving / Lösevorschriften f pl ‖ ~ **for dyeing** / Färbevorschriften f pl ‖ ~ **for washing and care** / Wasch- und Pflegeanleitung f
instrumental colour matching / apparative Farbabmusterung, Abmustern n mittels Prüfgeräte
insufficient penetration (dye) / mangelhafte Durchfärbung
insulate v / isolieren v ‖ ~ / dämmen v
insulating ability, insulating capacity / Isolierfähigkeit f, Isoliervermögen n ‖ ~ **cloth** / Isoliertuch n ‖ ~ **fabric** / Isoliergewebe n, Isolierstoff m ‖ ~ **felt** / Isolierfilz m ‖ ~ **film** / Isolierfolie f ‖ ~ **foil** / Isolierfolie f ‖ ~ **layer** / Isolierschicht f ‖ ~ **layer** / Dämmschicht f ‖ ~ **mat** / Isoliermatte f ‖ ~ **material** / Isolierstoff m, Isoliergewebe n, Dämmstoff m ‖ ~ **nonwoven** / Dämmvlies n ‖ ~ **potential**, insulating power, insulating property / Isolierfähigkeit f, Isoliervermögen n ‖ ~ **tape** / Isolierband n
insulation n / Isolierung f ‖ ~ **web** / Isolationsvlies m
insulubility n / Unlöslichkeit f
intaglio printing / Tiefdruck m
intake roll[er] / Einzugswalze f ‖ ~ **slot** (of steamer) (dye) / Eingangslippe f
intarsia design / Einlegemuster n ‖ ~ **fabric** / Intarsiamaschenware f, Intarsiawirkware f ‖ ~ **flat knitting machine** / Intarsiaflachstrickmaschine f ‖ ~ **knitted fabric** / Intarsiamaschenware f, Intarsiawirkware f ‖ ~ **pattern** / Intarsiamuster n ‖ ~ **plain knitting machine** / Intarsiastrickmaschine f ‖ ~ **ribbon knitting machine** / Intarsia-Bänder-Strickautomat m
integral skin foam / Integralschaum m
integrated finishing / Eigenveredlung f
intensification of colour / Farbvertiefung f
intensifier n (dye) / Verstärker m ‖ ~ (dye) / Intensifikator m
intensify v (colour) / vertiefen v
intensity of carding / Grad m der Durchkrempelung ‖ ~ **of colour** / Farbtiefe f ‖ ~ **of shade** (chem) / Farbtiefe f
intercalate v (chem) / zwischenlagern v, einlagern v
intercalated fabric / Zwischengewebe n
intercalation n (chem) / Einlagerung f
intercellular space (chem) / Zwischenzellraum m
interchangeable adj / auswechselbar adj
interface n / Grenzfläche f
interfacial activity / Grenzflächenaktivität f ‖ ~ **adsorption** / Grenzflächenadsorption f ‖ ~ **film** / Grenzflächenfilm m ‖ ~ **migration** (IM) (interface between dyebath and fibre) / Interfazialmigrierung f, Grenzflächenmigrierung f ‖ ~ **migration** (IM) **behaviour** (dye) / Interfazialmigrierungsverhalten n, Grenzflächenmigrierungsverhalten n ‖ ~ **migration (IM) ratio** (dye) / Interfazialmigrierungsverhältnis n, Grenzflächenmigrierungsverhältnis n ‖ ~ **oil film** /

grenzflächenaktiver Ölfilm ‖ ~ **polymerization** / Grenzflächenpolymerisation f ‖ ~ **polymerization** (IFP) (fixing and masking of wool scales) / Interfazialpolymerisation f, Zwischenflächenpolymerisation f ‖ ~ **polymerization agent** / Grenzflächenpolymerisationsmittel n ‖ ~ **potential** / Grenzflächenpotential n ‖ ~ **surface energy** / Grenzflächenenergie f ‖ ~ **tensiometer** / Grenzflächenspannungsmesser m ‖ ~ **tension** (surface active agent) / Grenzflächenspannung f
interfelting n / Filzen n, Filzbildung f, Verfilzen n
intergilling n / zwischengeschaltete Vorstrecke
interior accumulation of heat (in clothes) / Hitzestau m ‖ ~ **decoration** / Innenausstattung f ‖ ~ **design** / Innenausstattung f
interlace vt / mit Fäden verflechten ‖ ~ (gen) / verflechten v, verschlingen v ‖ ~ (weav) / verweben v, ineinander verweben ‖ ~ vi / verschlingen v (sich), kreuzen v (sich)
interlaced threads / verschlungene Fäden m pl ‖ ~ **twill** / Kreuzköper m ‖ ~ **yarn** / verflochtenes Garn ‖ ~ **yarn** / Wirbelgarn n
interlacing n / Verflechten n, Verflechtung f, Verschlingung f, Verschlingen n ‖ ~ (knitt) / Einflechten n ‖ ~ (weav) / Verweben n ‖ ~ **agent** / Verflechtungsmedium n ‖ ~ **density** / Verwirbelungsdichte f ‖ ~ **fluid** / Verflechtungsfluid n ‖ ~ **of the threads** / Fadenkreuzung f, Fadenverschlingung f, Fadenverkreuzung f ‖ ~ **point** (weav) / Fadenkreuzung f, Fadeneinkreuzung f, Bindepunkt m, Bindestelle f, Bindungskopf m ‖ ~ **point** / Verwirbelungsstelle f
interlaid scrim / Gelege n
interlaminar film / Zwischenfilm f ‖ ~ **strength** (lam) / Spaltfestigkeit f
interlayer n / Zwischenschicht f
interlining n / Einlage f, Einlagestoff m, Zwischenfutter n, Einlagevlies n ‖ ~ **canvas** / Steifleinen n ‖ ~ **fabric** / Einlagestoff m, Verstärkungsgewebe n, Zwischenfutter n ‖ ~ **felt** (nwv) / Einlagefilz m ‖ ~ **flannel** / Flanellzwischenfutter n ‖ ~ **material** s. interlining fabric
interlinings pl / Einlagestoffe m pl
interlock v / ineinandergreifen v ‖ ~ (knitt) / ineinanderhängen v ‖ ~ (sew) / verschlingen v ‖ ~ (fibres) / verschränken v ‖ ~ n (fabr) / Interlockware f, Interlock m, Doppelrippware f ‖ ~ **circular knitting machine** / Interlock-Rundstrickmaschine f (DIN 62132) ‖ ~ **fabric** / Interlockware f, Interlock m, Doppelrippware f ‖ ~ **fine rib** / Interlock-Feinripp m ‖ ~ **gating** / Interlockstellung f
interlocking by needling (nwv) / Verfestigung f nach dem Nadelprinzip ‖ ~ **of fibres** / Verschränkung f der Fasern, Ineinandergreifen n der Fasern ‖ ~ **of threads** (sew) / Fadenverschlingung f, Fadenverkreuzung f ‖ ~ **overchain stitch** / Überwendlichnaht f
interlock knitted fabric s. interlock fabric ‖ ~ **knitting machine** / Interlockwirkmaschine f, Interlockmaschine f ‖ ~ **machine** / Interlockmaschine f ‖ ~ **needle** (knitt) / Interlocknadel f ‖ ~ **patterning** / Interlockmusterung f ‖ ~ **sewing machine** / Interlocknähmaschine f ‖ ~ **stitch** (making up) / Überdeckstich m
interloop v (knitt) / ineinanderhängen v
intermediary compound shed (weav) / Zwischenfach n
intermediate n / Zwischenprodukt n ‖ ~ **bath** / Zwischenbad n ‖ ~ **bobbin drawing box** / Mittelfrotteur m ‖ ~ **box** (weav) / Zwischenfach n ‖ ~ **card** (spinn) / Vlieskrempel f, Pelzkrempel f, Feinkrempel f (DIN 64100) ‖ ~ **checking** / Zwischenschauen n ‖ ~ **clearing** (dye) / Zwischenreinigen n ‖ ~ **coat[ing]** / Zwischenstrich m ‖ ~ **colour** / Zwischenfarbe f ‖ ~ **cylinder** / Zwischenwalze f ‖ ~ **draft** (spinn) / Zwischenverzug m ‖ ~ **draw[ing] frame** / Mittelstrecke f, Zwischenstrecke f ‖ ~ **drier** / Zwischentrockner m ‖ ~ **drying** /

Zwischentrocknung f ‖ ~ **embossing** (ctg) / Zwischenprägen n ‖ ~ **feed** / Zwischenspeisung f ‖ ~ **flyer** (spinn) / Mittelflyer m ‖ ~ **frame** (spinn) / Mittelflyer m ‖ ~ **layer** (lam) / Zwischenschicht f ‖ ~ **plating** (ctg) / Zwischenbügeln n ‖ ~ **product** / Zwischenprodukt n ‖ ~ **reaction** / Zwischenreaktion f ‖ ~ **reduction** / Zwischenreduktion f ‖ ~ **reduction clearing** / reduktive Zwischenbehandlung ‖ ~ **rinsing** / Zwischenspülung f ‖ ~ **roll[er]** / Zwischenwalze f ‖ ~ **sampling** / Zwischenmusterung f ‖ ~ **shade** / Zwischennuance f, Zwischenfarbe f ‖ ~ **slubber** (spinn) / Mittelflyer m ‖ ~ **stage** / Zwischenstufe f ‖ ~ **steaming** / Zwischendämpfen n ‖ ~ **treatment** / Zwischenbehandlung f ‖ ~ **washing** / Zwischenwaschen n
intermicellar adj / intermizellar adj
intermingle vt (texturizing) / verwirbeln vt
intermingled yarn / Wirbelgarn n
intermingling / Verwirbelung f ‖ ~ **board** / Verwirbelungseinrichtung f (beim Kettenstreckschlichten) ‖ ~ **jet** (texturizing) / Verwirbelungsdüse f
intermittent draft (weav) / springender Einzug, sprungweiser Einzug, atlasartiger Einzug, versetzter Einzug, zerstreuter Einzug, Sprungeinzug m, überspringender Einzug, Harnisch auslassender Einzug ‖ ~ **draw** s. intermittent draft ‖ ~ **feed** (sew) / Hüpfertransport m ‖ ~ **spinner** / Selfaktor m ‖ ~ **spinning process** / unterbrochenes Spinnverfahren ‖ ~ **wheel feed** (sew) / intermittierender Schieb[e]radtransport
intermolecular adj / intermolekular adj, zwischenmolekular adj
internal bond strain (text pr) / innere Bindungsspannung ‖ ~ **energy** / innere Energie ‖ ~ **friction** / innere Reibung ‖ ~ **stretcher** / Breithalter m für Schlauchgewebe
International Association for the Standardization of Manmade Fibres, BISFA / Internationale Vereinigung für Chemiefasernormen, BISFA, Bureau International pour la Standardisation de la Rayonne et des Fibres Synthétiques (Internationale Vereinigung für Chemiefaser-Normung. Sitz des Generalsekretariats: CH - 4000 Basel, Lautengartenstr. 12) ‖ ~ **count** (spinn, weav) / metrische Nummer, internationale Nummer, Nm ‖ ~ **Drycleaning Research Committee** s. I.D.R.C. ‖ ~ **Drycleaning Research Committee** (s. I.D.R.C.) ‖ ~ **Fabricare Institute** s. IFI ‖ ~ **Fabricare Institute** (s. IFI) ‖ ~ **Federation of Cotton and Textile Industries** s. IFCATI ‖ ~ **Federation of Cotton and Textile Industries** (s. IFCATI) ‖ ~ **Institute for Cotton** (s. IIC) ‖ ~ **Institute of Cotton** s. IIC ‖ ~ **Laundry Association** s. ILA ‖ ~ **Laundry Association** (s. ILA) ‖ ~ **Organization for Standardization** s. ISO ‖ ~ **Organization for Standardization** (s. ISO) ‖ ~ **Union of Pure and Applied Chemistry** s. IUPAC ‖ ~ **Union of Pure and Applied Chemistry** (s. IUPAC) ‖ ~ **Wool Secretariat** s. IWS ‖ ~ **Wool Secretariat** (s. IWS)
inter-ply shifting (sew) / Lagenverschiebung f
inter-ply shifting (sew) / Stofflagenverschiebung f
interrupted twill / abgesetzter Köper
intersected twill / abgesetzter Köper
intersecting n (spinn) / Doppelnadelstabstrecke f (DIN 64100), DNS, DN-Strecke f, Intersecting-Nadelstrecke f ‖ ~ **comb** (spinn) / Intersecting-Kamm m ‖ ~ **gillbox** / Doppelnadelstabstrecke f (DIN 64100), DNS, DN-Strecke f, Intersecting-Nadelstrecke f ‖ ~ **point** / Schnittpunkt m ‖ ~ **point** (weav) / Fadenkreuzung f
interstice n / Zwischenraum m, Hohlraum m ‖ ~ (of cloth) / Gewebepore f, Gewebelücke f, Lücke f im Gewebe ‖ ~ (of fibres of yarn) / Zwischenraum m
intertwine vt / verschlingen v, verwickeln v, verweben v ‖ ~ vi / verschlingen v (sich), verwickeln v (sich)

intertwining floating take-up (weav) / schwingender Warenabzug
interval between the healds (weav) / Litzenöffnung f
interweave v / verweben v, ineinanderweben v, verschlingen v, verflechten v ‖ ~ **thread** / Einflechtfaden m
interwoven thread / Durchzugsfaden m, eingewebter Faden ‖ ~ **with golden threads** / golddurchwirkt adj
intimate blend / innige Mischung, Durchmischung f ‖ ~ **blended yarn** / intimes Mischgarn ‖ ~ **mixture** / innige Mischung, Durchmischung f
intracellular adj / intrazellular adj
intramolecular adj / intramolekular adj ‖ ~ **condensation** (chem) / intramolekulare Kondensation ‖ ~ **transposition** / intramolekulare Umlagerung
intrinsic brightness / Oberflächenhelligkeit f ‖ ~ **viscosity** / Strukturviskosität f, Grundviskosität f
introduce v / einarbeiten v, einführen v, eintragen v
introduction of air / Luftzufuhr f
introfier n / Schlepper m, Schleppersubstanz f, Penetrator m, Driver m
intumescence n / Schäumen n, Blähen n
inturned welt / gestrickter Doppelrand, Doppelrand m ‖ ~ **welt mechanism** (knitt) / Doppelrandvorrichtung f
invariant zone (soap) / invariante Zone
Inverness (cloak, coat), inverness n / Mantel m mit abnehmbarem Cape
inverted blade with multiroll applicator (ctg) / Schaberstreichmaschine f ‖ ~ **pleat** (making up) / Kellerfalte f, Quetschfalte f
invert soap / Invertseife f, Kationseife f
invisible mending / Kunststopfen n ‖ ~ **seam** (of f/f stocking) / kaum sichtbare Naht (von Cottonstrumpf), nahtloser Strumpf von der Cottonmaschine
invoiced mass / Rechnungsmasse f, Rechnungsgewicht n ‖ ~ **weight** s. invoiced mass
inward run of carriage (spinn) / Wageneinfahrt f
inweave v / einweben v
inweaving n / Musterung f durch Einweben
inwrought adj / eingewebt adj, eingewirkt adj
iodazide reaction / Jodazid-Reaktion f
iodide n / Iodid n ‖ ~ **of potassium** / Kaliumjodid n, Jodkalium n
iodine n / Jod n ‖ ~ **absorption** / Jodabsorption f ‖ ~ **colour value** / Jodfarbzahl f ‖ ~ **colour value scale** / Jodfarbskala f ‖ ~ **compound** / Jodverbindung f ‖ ~ **iodide test solution** / Jod-Jodkalium-Testlösung f ‖ ~ **number** / Jodzahl f ‖ ~ **solution** / Jodlösung f ‖ ~ **stain** / Jodfleck m ‖ ~ **test** / Jodtest m, Jodprobe f ‖ ~ **value** / Jodzahl f
iodized starch / Jodstärke f
iodometric adj / jodometrisch adj
iodometry n / Jodometrie f
ion n / Ion n
ionamine n (dye) / Ionaminfarbstoff m
ion exchange / Ionenaustausch m ‖ ~ **exchanger** / Ionenaustauscher m ‖ ~ **exchanger chromatography** / Ionenaustauscherchromatographie f ‖ ~ **exchange resin** / Ionenaustauscharz n, Ionenaustauscher m
ionic adj / ionisch adj, Ionen... (in Zssg.) ‖ ~ **activity** / Ionenaktivität f ‖ ~ **bond** / Ionenbindung f ‖ ~ **character** / Ionogenität f ‖ ~ **dyeable** / ionisch färbbar ‖ ~ **migration** / Ionenwanderung f ‖ ~ **polymerization** / ionische Polymerisation ‖ ~ **reaction** / Ionenreaktion f
ionisation / Ionisation f, Ionisierung f ‖ ~ **grid** (flock) / Ionisationsgitter n
ionize v / ionisieren v
ionizing radiation / ionisierende Strahlung
ionogenic adj / ionogen adj
ionomer n / Ionomer n, Ionomeres n
IR (infrared) / IR (infrarot)
Iranian carpet / Iran-Teppich m, Perserteppich m
iridesce v / schillern v, irisieren v

iridescence *n* / Schillern *n*, Irisieren *n*
iridescent *adj* / schillernd *adj*, irisierend *adj*, changeant *adj* ‖ ~ **colour** / Schillerfarbe *f* ‖ ~ **effect** / Changeant-Effekt *m* ‖ ~ **fabric** / Schillerstoff *m* ‖ ~ **lustre** / Schillerglanz *m* ‖ ~ **style** / Changeant *m*
Irish crochet lace / irische Häkelspitze ‖ ~ **finish** / imitierte Leinwandausrüstung auf Baumwollwaren ‖ ~ **lace** / irische Spitze ‖ ~ **linen** / Irisch-Leinen *n*, irische Leinwand ‖ ~ **moss** / Irländisches Moos, Karragheenmoos *n*, Karragheen *n* (aus den Rotalgen Chondrus crispus und Gigartina mamillosa) ‖ ~ **point lace** / irische Nadelspitze
iris print, irisated print, irised print / Irisdruck *m*
iron *v* / bügeln *v*, plätten *v*, glätten *v*, abbügeln *v* ‖ ~ *n* (metal) / Eisen *n* ‖ ~ (for pressing) / Bügeleisen *n*, Plätteisen *n* ‖ ~ **acetate** / Eisenacetat *n* ‖ ~ **black** / Eisenschwarz *n* ‖ ~ **bottoming** (dye) / Eisengrund *m*, Eisengrundierung *f* ‖ ~ **buff** / Rostgelb *n*, Nankingelb *n* ‖ ~ **chelate of indigo** / Eisenindigochelat *n* ‖ ~ **colour** / Eisenfarbe *f*, Eisengrau *n* ‖ ~ **compound** / Eisenverbindung *f* ‖ ~ **content** / Eisengehalt *m* ‖ ~ **elimination** / Enteisenung *f*
ironer *n* / Bügelmaschine *f*
iron extraction / Enteisenung *f* ‖ ~ **fabric** / versteifter Glanzstoff ‖ ~**-free** *adj* / eisenfrei *adj* ‖ ~ **gallate colour** / Eisengallusfarbe *f* ‖ ~**-grey** *adj* / eisengrau *adj* (RAL 7011)
ironing *n* / Bügeln *n*, Plätten *n*, Glätten *n* ‖ ~ **auxiliary** / Bügelhilfsmittel *n* ‖ ~ **blanket** / Bügeltuch *n*, Plättuch *n*, Bügelunterlage *f* ‖ ~ **board** / Bügelbrett *n* ‖ ~ **cloth** / Bügeltuch *n*, Plättuch *n*, Bügelunterlage *f* ‖ ~ **device** / Glättvorrichtung *f* ‖ ~ **dummy** / Bügelbüste *f* ‖ ~ **fastness** / Bügelechtheit *f* (DIN 54022), Bügelfestigkeit *f* ‖ ~ **machine** / Bügelmaschine *f*, Glättmaschine *f*, Plättmaschine *f*, Bügelpresse *f* ‖ ~ **mark** / Bügelfleck *m* ‖ ~ **pad** / Bügelkissen *n* ‖ ~ **press** / Bügelpresse *f*, Bügelmaschine *f*, Glättmaschine *f*, Plättmaschine *f* ‖ ~ **range** / Bügelstraße *f* ‖ ~ **table** / Bügeltisch *m*, Bügelbrett *n* ‖ ~ **temperature** / Bügeltemperatur *f* ‖ ~ **test** / Bügelprobe *f*, Bügeltest *m* (im "Fixotest") ‖ ~ **tester** / Bügelprobeapparat *m*
iron liquor / Eisenbeize *f*, Schwarzbeize *f*, Eisenschwärze *f* ‖ ~ **mordant** / Eisenbeize *f*, Schwarzbeize *f*, Eisenschwärze *f* ‖ ~ **out** / ausbügeln *v* ‖ ~ **oxide red** / Eisenoxidrot *n* ‖ ~ **powder** / Eisenpulver *n* ‖ ~ **proofing** / Bügelechtmachen *n* ‖ ~ **removal** / Enteisenung *f* ‖ ~ **resinate** / Eisenresinat *n* ‖ ~ **roll card** (weav) / Eisenkarte *f* ‖ ~ **salt** / Eisensalz *n* ‖ ~ **salt discharge** / Eisensalzätze *f* ‖ ~ **sulphate** / Eisensulfat *n*, Eisenvitriol *n* ‖ ~ **traces** / Eisenspuren *f pl* ‖ ~ **treatment** / Eisenung *f* ‖ ~ **vitriol** / Eisenvitriol *n*, Eisensulfat *n* ‖ ~ **weighting** / Eisenbeschwerung *f* ‖ ~ **yarn** / Eisengarn *n*
irradiate *v* / bestrahlen *v*
irradiation *n* / Bestrahlung *f*
irregular cross-section / unregelmäßiger Querschnitt ‖ ~ **draft** / gebrochener Einzug ‖ ~ **filling** / unregelmäßiger Schuß ‖ ~ **hose** / fehlerhafte Strumpfware
irregularity control / Ungleichmäßigkeitsregulierung *f* ‖ ~ **index** (cpt) / Ungleichmäßigkeitsindex *m* ‖ ~ **test[ing]** / Ungleichmäßigkeitsprüfung *f* ‖ ~ **tester** / Ungleichmäßigkeitsprüfer *m*
irregularly distributed / unregelmäßig verteilt (z.B. Fehler) ‖ ~ **spun** / ungleichmäßig versponnen
irregular pattern / Mäandermuster *n* ‖ ~ **pick** / unvollkommene Kreuzungsstellen ‖ ~ **sagging** / Boldrigkeit *f*, Ausbeutelung *f* ‖ ~ **twill** / versetzter Köper ‖ ~ **weft** / unregelmäßiger Schuß ‖ ~ **yarn** (defect) / schnittiges Garn, unregelmäßiges Garn
irreversible separation (chem) / irreversible Entmischung
irrigated cotton / unter künstlicher Bewässerung kultivierte Baumwolle

irrigation mat / Bewässerungsvlies *n*
irrigator *n* / Berieseler *m*
irritant *n* / Reizmittel *n*, Reizstoff *m*
irritate *v* / reizen *v*
irritating to the skin / hautreizend *adj*
isabella *adj* (col) / isabellfarbig *adj*
isabelline *adj* (col) / isabellfarbig *adj*
isatin *n* (dye) / Isatin *n*
Isfahan yarn s. Ispahan yarn
ISO (International Organization for Standardization) / Internationaler Normungsverband (Generalsekretariat: Genf)
isoamyl acetate / Isoamylacetat *n*, Essigsäureisoamylester *m*
isobutyl alcohol / Isobutylalkohol *m*
isocyanate *n* / Isocyanat *n* ‖ ~ **content** / NCO-Gehalt *m* ‖ ~ **cross-linking agent** / Isocyanat-Vernetzer *m* ‖ ~**-modified polyester** / Isocyanat-vorverlängertes Polyester ‖ ~ **reaction** / NCO-Reaktion *f*
isocyanuric acid / Isocyanursäure *f*
isoelectric point / isoelektrischer Punkt
isoionic point / isoionischer Punkt
isolate *v* / isolieren *v*
isomer *n* / Isomer *n*, Isomeres *n*
isomeric *adj* / isomer *adj* ‖ ~ **compound** / isomere Verbindung
isomerism *n* / Isomerie *f*
isophthalic acid / Isophthalsäure *f*
isopimaric acid / Isopimarinsäure *f*
isoprene *n* / Isopren *n*
isopropanol *n*, isopropyl alcohol / Isopropanol *n*, Isopropylalkohol *n*
isotactic polymer / isotaktisches Polymer
isothermal dyeing process / isothermes Färbeverfahren
isotropic *adj* / isotrop *adj*
Ispahan yarn / handgedrehtes Mohärgarn
istle fibre (used for brush bristles etc.) / Istlefaser *f*, Ixtlefaser *f* (meistens aus der "Hundertjährigen Aloe")
itaconic acid / Itaconsäure *f*
Italian cloth (weav) / Zanella *m*, Kloth *m* (nur in Österreich) ‖ ~ **ferret** / schmales Einfaß-Seidenband ‖ ~ **hemp** / Hanffaser *f* erster Qualität ‖ ~ **silk** / italienische Seide ‖ ~ **tube** (hos) / italienischer Schlauch
IUPAC (International Union of Pure and Applied Chemistry) / Internationale Union für Reine und Angewandte Chemie (Sekretariat: Paris)
ivory *adj* / elfenbein *adj* (RAL 1014) ‖ ~**-black** *adj* / elfenbeinschwarz *adj* ‖ ~**-coloured** *adj* / elfenbeinfarben *adj* ‖ ~**-white** *adj* / elfenbeinweiß *adj* ‖ ~**-yellow** *adj* / elfenbeingelb *adj*
ivy-green *adj* / efeugrün *adj*
IWS (International Wool Secretariat) / Internationales Wollsekretariat (Hauptsitz: London) ‖ ~ **article** / IWS-Artikel *m*
ixtle fibre s. istle fibre

J

J (dyes) = yellow
jabo fibre / eine philippinische Bastfaser für Seile
jabot n / Spitzenrüsche f (an Hemden, usw.), Jabot n (drapierende Brustkrause)
jacconette n (weav) / Jaconet m (weicher, kattunartiger und meist glanzappretierter Futterstoff aus Baumwolle oder Zellwolle in Leinwandbindung), Jaconnet m, Jakonett m
jack n (knitt) / Abschlagplatine f, Einschlußplatine f, Hilfsplatine f, Nadelschieber m ‖ ~ (weav) / Fadenauswähler m, Wippe f ‖ ~ (Cotton machine) / Schwinge f, Musterschwinge f ‖ ~ **bar** (knitt) / Schwingenträger m, Schwingenbarre f, Schwingenkopf m ‖ ~ **bed** (knitt) / Schwingenbett n, Schwingenkopf m ‖ ~ **cam** (knitt) / Platinenexzenter m ‖ ~ **cam adjustment** (knitt) / Platinenexzentereinstellung f ‖ ~ **cam ring** (knitt) / Platinenexzenterring m ‖ ~ **cylinder** (knitt) / Platinenzylinder m ‖ ~ **door** (knitt) / Öffnung f zum Auswechseln von Nadeln oder Platinen
jacket v (e.g. a boiler) / verkleiden v (z.B. einen Kessel) ‖ ~ n / Jacke f, Sakko m, Jackett n, Herrenjackett n ‖ ~ **collar** / Jackenkragen m, Rockkragen m
jacketed drying cylinder / Trockenzylinder m mit Mantel ‖ ~ **trough** / doppelwandiger Trog
jacket front (sew) / Sakkovorderteil n ‖ ~ **length** / Jackenlänge f ‖ ~ **lining** / Jackenfutter n, Rockfutter n
jack frame / Extrafeinflyer m, Doppelfeinflyer m ‖ ~ **guide plate** (knitt) / Führungsblech n ‖ ~ **guiding** (knitt) / Schwingenführung f ‖ ~ **head** (knitt) / Schwingenkopf m ‖ ~ **holding** (knitt) / Einschließplatine f
jacking n / Wagennachzug m ‖ ~ **motion** (spinn) / Wagennachzugvorrichtung f
jack·-in-the-box n (weav) / Ausgleichsgetriebe n ‖ ~ **lifting bar** (knitt) / Schwingenpresse f ‖ ~ **machine** / Feinspulmaschine f, Jackmaschine f ‖ ~ **raising cam** (knitt) / Musterschwingen-Hebekurve f ‖ ~ **retaining spring** (knitt) / Schraubenfederring m zum Halten der Einschließplatinen im Zylinder ‖ ~ **ring** (knitt) / Platinenring m ‖ ~ **selector** (knitt) / Stopper m, Stößer m ‖ ~ **sinker** (hos) / Kulierplatte f ‖ ~ **spring** (knitt) / Schwingenfeder f ‖ ~ **spring** (Cotton machine) / Federstockfeder f ‖ ~ **spring bar** / Federbarre f ‖ ~ **towel** / Rollhandtuch n ‖ ~ **twine** (weav) / Heber m ‖ ~ **wall** (Cotton machine) / Schwingenführung f ‖ ~ **wire** (knitt) / Schwingenrute f
jaconet n s. jacconette
jacqmar n / sehr feiner Kammgarnstoff
jacquard n / Jacquard m (Gewebe, dessen Musterung mit Hilfe von Jacquard-Lochkarten hergestellt wird) ‖ ~ **accessory** / Jacquardzubehör n ‖ ~ **à jour** (Fr) / durchbrochene Gaze mit Jacquardmusterung ‖ ~ **attachment** / Jacquardeinrichtung f ‖ ~ **Axminster** (cpt) / Jacquard-Axminster m ‖ ~ **bottom board** / Jacquardplatinenboden m ‖ ~ **card** / Jacquardkarte f, Jacquard-Musterkarte f, Latz m ‖ ~ **card copying machine** / Jacquardkartenkopiermaschine f ‖ ~ **card cutter** / Jacquardkartenschläger m ‖ ~ **card cutting and repeating machine** / Jacquardkarten-Schlag- und -Kopiermaschine f ‖ ~ **card lacer** / Jacquardkartenbindemaschine f ‖ ~ **card perforating and repeating machine** / Jacquardkarten-Schlag- und -Kopiermaschine f ‖ ~ **card puncher** / Jacquardkartenschläger m ‖ ~ **card punching** / Jacquardkartenschlagen n ‖ ~ **card punching and copying machine** / Jacquardkarten-Schlag- und -Kopiermaschine f ‖ ~ **circular knitting machine** / Jacquardrundstrickmaschine f ‖ ~ **comberboard** / Jacquard-Harnischfadenbrett n ‖ ~ **cord** / Jacquardschnur f, Jacquard-Harnischfaden m,

Bindeschnur f für Jacquardkarten ‖ ~ **cross-tie** / Jacquard-Hin-und-Herschnürung f ‖ ~ **cylinder** (knitt) / Jacquardzylinder m, Jacquardtrommel f ‖ ~ **design** / Jacquardmotiv n, Jacquardmuster n ‖ ~ **design preparation apparatus** / automatisches Jacquardpatroniergerät ‖ ~ **dress material** / Jacquard-Kleiderstoff m ‖ ~ **drill** / Jacquarddrell m ‖ ~ **drum** / Jacquardtrommel f, Jacquardkartenzylinder m ‖ ~ **drum peg** / Jacquardtrommel-Musterstift m ‖ ~ **écossais** (Fr) / Schotten-Jacquardgewebe n ‖ ~ **effect** / Bildmusterung f, Jacquardmusterung f ‖ ~ **fabric** / Jacquardgewebe n ‖ ~ **feed** / Jacquardschloß n ‖ ~ **fibrous tape circular knitting machine** / Jacquard-Faserband-Rundstrickmaschine f ‖ ~ **flat bed knitting machine** / Jacquardflachstrickmaschine f ‖ ~ **glacé** (Fr) / Jacquardglacé m (glänzendes, changierendes Gewebe) ‖ ~ **grisaille** / Jacquardgrisaille f (Seidenstoff aus schwarzem und weißem Garn) ‖ ~ **hand knitting machine** / Jacquard-Handstrickmaschine f ‖ ~ **harness** / Jacquard-Harnisch m, Chor n ‖ ~ **harness ties** pl / Jacquardschnürung f ‖ ~ **head** / Jacquardmaschine f ‖ ~ **heald** (weav) / Jacquardlitze f, Jacquardhelfe f ‖ ~ **heddle** / Jacquardlitze f, Jacquardhelfe f ‖ ~ **hook** / Jacquardplatine f ‖ ~ **knit and tuck cam** / Jacquardheber m ‖ ~ **knit rib** / zweiflächiges Jacquard-Gestrick, zweibettiges Jacquard-Gestrick ‖ ~ **knitted fabric** / Jacquardmaschenware f ‖ ~ **knitting** / Jacquardstricken n, Jacquardstrickerei f ‖ ~ **knitting machine** / Jacquardstrickmaschine f ‖ ~ **knitting toothed comb** / Jacquard-Selektionskamm m ‖ ~ **lace** / Jacquard-Petinet (netzartiger Stoff) ‖ ~ **lace attachment** / Jacquard-Petineteinrichtung f ‖ ~ **leash** / Jacquardschnur f, Jacquard-Harnischfaden m ‖ ~ **leno heald** / Jacquarddreherlitze f ‖ ~ **lifter** / Jacquardheber m ‖ ~ **lifting bar** / Messerkasten m der Jacquardmaschine ‖ ~ **lifting blade** / Jacquardmesser n ‖ ~ **lifting cord** / Platinenschnur f der Jacquardmaschine ‖ ~ **lifting knives** / auf- und abgehende Messer der Jacquardmaschine n pl ‖ ~ **lifting wire** / Jacquardplatine f ‖ ~ **lock** / Jacquardschloß n ‖ ~ **loom** / Jacquard-Webstuhl m, Jacquard-Webmaschine f ‖ ~ **loom mail** / Jacquardlitzenauge n ‖ ~ **machine** / Jacquardmaschine f ‖ ~ **machine for terry cloths** / Frottier-Jacquardmaschine f ‖ ~ **mechanism** / Jacquardgetriebe n ‖ ~ **moquette** / Jacquardmokett m, Jacquardmoquette m (gemusterter Möbel- oder Deckenplüsch) ‖ ~ **needle** / Jacquardnadel f ‖ ~ **needle box** / Nadelbehälter m der Jacquardmaschine ‖ ~ **pattern** / Jacquardmuster n, Jacquardpatrone f ‖ ~ **pattern draft** / Jacquardpatrone f ‖ ~ **petinet stocking** / Petinetstrumpf m ‖ ~ **prism** / Kartenprisma n ‖ ~ **Raschel knitting machine** / Jacquardraschelmaschine f ‖ ~ **Raschel loom** / Jacquardraschel f ‖ ~ **Raschel machine** / Jacquardraschel f ‖ ~ **repeating machine** / Patronen-Vervielfältigungsmaschine f ‖ ~ **thread** / Jacquardzwirn m ‖ ~ **tie** / Jacquardschnürung f ‖ ~ **tuck-and-miss stitch pattern** / Jacquard-Fang-Hohl-Muster n ‖ ~ **weave** / Jacquardbindung f ‖ ~ **weaving** / Jacquardweberei f ‖ ~ **with swing needle box** / Jacquardmaschine f mit schwingendem Nadelgehäuse ‖ ~-**woven** adj / jacquardgewebt adj ‖ ~-**woven fabric** / Jacquardgewebe n
Jacqueline print style / Ausbrennartikel m
jade green / jadegrün adj
Jaeger n (excluding all vegetable fibres) / Jägerwollware f
jaggery palm fibre / Brennpalmenfaser f (aus Caryota urens)
jagging iron / Kopierrädchen n
Jaipur n (Indian handmade carpet) / Jaipur m
jalousie n s. Venetian blind
jam v (knitt) / vermaschen v
Jamaica sorrel / Rosellafaser f (aus Hibiscus sabdariffa)

jamming *n* / Grenzfadendichte *f* ‖ ~ **point** / maximale Schußfadenzahl
janapan *n* s. Bengal hemp
Japan curlies *pl* / Abfallseide *f* guter Qualität
Japanese crepe / Japan-Krepp *m* ‖ ~ **hemp** / hochwertiger Hanf (Anbau auch in Kalifornien) ‖ ~ **muslin** / Japanisch-Musselin *m* ‖ ~ **pongee** / mit japanischen Motiven bedruckter Pongé ‖ ~ **pongee** / Art Japanseide ‖ ~ **silk** / Japanseide *f*, Japon *m* ‖ ~ **spun silk** / Fujiseide *f*
Japan tallow (wax) / Japantalg *m*, (oft unkorrekt:) Japanwachs (von Rhus succedanea L.) *n* ‖ ~ **velvet** / Japan-Samt *m*
japonette *n* / bedruckter Baumwollkrepp
jardinière design (cpt) / Entwurf *m* aus Blumen und Früchten
jarit *n* / Batikdruck *m* aus Mitteljava
jarré hair (Fr) / starres Kaninchenhaar
jaspé *n* (Fr) / Jaspé *n m* (Baumwollgarn oder Gewebe) ‖ ~ *adj* (Fr) / gesprenkelt *adj*, marmoriert *adj* ‖ ~ **carpet** / Teppich *m* aus farbigen Effektgarnen ‖ ~ **cloth** (irregular warp-stripes of two hues of one colour in the surface yarn) / Jaspé *n m*, Jaspégewebe *n*, jaspierter Stoff ‖ ~ **dyeing** / Flammenfärbung *f* ‖ ~ **mouliné yarn** / Jaspé-Mouliné *m*
jasper red / jaspisrot *adj*
jaspé silk / bedruckte Seidenkette ‖ ~ **yarn** / Jaspé *n m*, Jaspégarn *n*, Zugzwirn *m*
Java canvas / Stramin *m*, Java *m* ‖ ~ **cotton** s. kapok
Javanese batik print / javanischer Batik
Java print / Javadruck *m* ‖ ~ **stripes** *pl* / gestreifte Baumwollware auf rotem Grund ‖ ~ **supers** / stark geschlichtete leinwandbindige Baumwollware
Javel[le] water (sodium hypochlorite, bleaching agent for vegetable fibres) / Javellesche Lauge, Eau de Javelle *n*, Kalibleichlauge *f*, Javellauge *f*, Bleichlauge *f*
jaw *n* (shuttle for automatic loom) / Spulenklemme *f* (DIN 64685)
jaws *pl* / verfilzte Kinnwolle
J-box *n* / J-Box *f*, Muldenwarenspeicher *m* (DIN 64990), Warenspeicher *m*, J-Gefäß *n*, J-Stiefel *m*, Stiefel *m*, Bleichstiefel *m*, Freiberger Stiefel ‖ ~ **bleaching** / continuous rope bleaching plant / Stiefel-Kontinue-Strangbleiche *f*
jean *n* / Jean *m* (geköperter Baumwollstoff), Jeansstoff *n* ‖ ~ **back velveton**, jean back (velveteen) / Köpermanchester *m* ‖ ~ **fabric** / Jean *m*, Jeansstoff *m* ‖ ~ **fabric** / Jeandrell *m*
jeannette *n* / feiner Jean, Jeanette *f*
jeans *pl* / Jeans-Hose *f*, Jeans *pl*, Niethose *f*, Nietenhose *f*
jellify *v* / gallertartig werden, gelieren *v*, gelatinieren *v*
jelly *n* / Gel *n* ‖ ~ / Gallert *n*, Gallerte *f*
jellying *n* / Verquallen *n*
jelly-like *adj* / gallertartig *adj* ‖ ~-**like substance** / Gallertmasse *f*
jenappe *n* / Sengen *n*, Gasieren *n*
Jenkins cotton / frühreifende Rio-Grande-Baumwolle
jennets *pl* / rauhe englische geköperte Baumwollstoffe *m pl*
jenny *n* (spinn) / Jennymaschine *f*, Feinspinnmaschine *f* ‖ ~ **mule** / Wagenspinner *m*
jerked-in filling (weav) / zusammengezogener Schuß
jerker bar (cpt) / Jerkerbar *m*
jerkin *n* / Lederweste *f*, Joppe *f*
jersey / Jersey *m* ‖ ~ (football, cycling, etc.) / Trikot *n* ‖ ~ **circular knitting machine** / einfonturige Trikotrundstrickmaschine ‖ ~ **cloth** / Jersey *m*, Jerseytrikot *n* ‖ ~ **dress** / Jerseykleid *n* ‖ ~ **fabric** / Jerseyware *f*, einflächige Ware ‖ ~ **knit** / Jersey-Strickware *f* ‖ ~ **knit underwear** / Miedertüll *m* ‖ ~ **loop** / Jersey-Loop *m* ‖ ~ **piece goods** *pl* / Trikotstückware *f* ‖ ~ **stitch** / Rechtsmasche *f* ‖ ~ **taffeta** / Jersey-Taft *m* ‖ ~ **tweed** / weicher wollener Tweed ‖ ~ **velour** / Rundstuhlplüsch *m*

jerseywear *n* / Trikotware *f*
Jesuit lace / irländische Häkel-Gipüre (Klöppelspitze aus Gimpen)
jet *n* (spinn) / Spinndüse *f* ‖ ~ (shade) / Tiefschwarz *n*, Jetschwarz *n* ‖ ~ **ager** / Strahldämpfer *m* ‖ ~ **agitator** / Strahlmischer *m* ‖ ~ **bar** (dye) / Düsenbarren *m* (Aufsprühen) ‖ ~ **black** / tiefschwarz *adj* (RAL 9005), pechschwarz *adj*, rabenschwarz *adj*, jetschwarz *adj*, jettschwarz *adj* ‖ ~ **bulking** / Blas-Texturierung *f* ‖ ~ **cooling** / Düsenkühlung *f* ‖ ~ **drier** / Düsentrockner *m*, Düsentrockenkanal *m* ‖ ~ **drying** / Düsentrocknung *f* ‖ ~ **drying with hot air** / Heißluftbeheizung *f* im Düsenbetrieb ‖ ~ **dyeing apparatus**, jet dyeing machine / Düsenfärbemaschine *f*, Jet-Anlage *f*, Jet-Färbemaschine *f*, Jet-Haspelkufe *f* ‖ ~ **dyer** / Düsenfärbemaschine *f*, Jet-Anlage *f*, Jet-Färbemaschine *f* ‖ ~ **finishing** (fin, filament yarn) / Düsenpräparierung *f* ‖ ~-**heated drying chamber** / Düsenmansarde *f* ‖ ~ **heating** / Düsenheizung *f* ‖ ~ **loom** / Düsenwebmaschine *f* ‖ ~ **mill** / Strahlmühle *f* ‖ ~ **printing** / Spritzdruck *m* ‖ ~ **printing liquor** / Spritzdruckflotte *f* ‖ ~ **quenching** (fil) / Abschrecken *n* an der Spinndüse ‖ ~ **rinser** / Strahlenspülmaschine *f*, Strahlspülmaschine *f* ‖ ~ **scouring** / Düsenwaschen *n* ‖ ~ **scouring machine** / Düsenwaschmaschine *f* ‖ ~ **spinning** / Düsenspinnen *n* ‖ ~ **spraying machine** / Düseneinsprengmaschine *f* ‖ ~ **spraying system** / Düsensprühaggregat *n* ‖ ~ **steamer** / Strahldämpfer *m* ‖ ~ **stenter** / Düsenspannrahmen *m* ‖ ~ **stuffer box crimping** / Jet-Stauchkräuseln *n*
jetted pocket (sew) / Paspeltasche *f*
jet-type hotflue / Düsentrockner *m* ‖ ~ **weaving machine** / Düsenwebmaschine *f*
jeweller's velvet / Etuisamt *m*
Jew's malow fibre / indische Jutefaser (Naltajute, Lang-Kapseljute - Corchorus olitorius)
Jeypore rug / indischer Baumwollteppich mit persischem Muster
jhouta *n* s. jute
jib *n* (nautical) / Klüver *n* ‖ ~ **rope** / Klüverseil *n* ‖ ~ **topsail** / Klüvertopsegel *n*
jig *n* (dye) / Jigger *m*, Färbejigger *m*, Breitfärbemaschine *f* ‖ ~ (sew) / Schablone *f* ‖ ~ **developing** / Entwickeln *n* auf dem Jigger ‖ ~ **development process** / Jigger-Entwicklungsverfahren *n* ‖ ~ **dyeing** / Jiggerfärben *n*, Jiggerfärberei *f* ‖ ~ **dyeing machine** / Automatenjigger *m*, Färbejigger *m*
jigger *n* (dye) s. jig ‖ ~ **dyeing machine for piece goods** / Baumstückfärbeapparat *m*
jigging frame / Changierrahmen *m* (DIN 64990)
jig machine / Automatenjigger *m*, Färbejigger *m* ‖ ~ **motion device** (fin) / Changiereinrichtung *f* (DIN 64990) ‖ ~ **padding** (dye) / Jiggerklotzen *n*, Jiggerklotzung *f*, Klotzfärben *n* ‖ ~ **padding process** / Klotzfärbeverfahren *n* ‖ ~ **scouring** / Waschen *n* auf dem Jigger ‖ ~ **stenter** / Changierrahmen *m* (DIN 64990) ‖ ~ **stitching** (sew) / Schablonennähen *n*
jimping *n* (GB) / Auszacken *n*
job dyer / Lohnfärber *m* ‖ ~ **finishing** / Lohnveredlung *f*, Auftragsveredlung *f* ‖ ~ **printing** / Akzidenzdruck *m*
jockey roll / Dämpferwalze *f*
jodhpurs *pl* / an Wade und Knöchel eng anliegende Reithose, Jodhpurhose *f*
join *v* / verbinden *v*, ansetzen *v*, zusammenfügen *v* ‖ ~ (warping) / anknoten *v*, verbinden *v* ‖ ~ **a thread** (spinn) / einen Faden anspinnen ‖ ~ **by knitting** / anstricken *v* ‖ ~ **by pins** / chevillieren *v* ‖ ~ **by twist** (thread) / einen Faden andrehen ‖ ~ **by twisting** (weav) / anschnellen *v* (Garn), andrehen *v*
joining *n* (warping) / Anknoten *n*, Verbinden *n* (DIN 62500) ‖ ~ **ends** (spinn) / Fadenanlegen *n*, Fadenandrehen *n* ‖ ~ **of thread by twist** / Fadenandrehen *n*
joinings *pl* (weav) / Treffstelle *f*

join the ends / die Fäden andrehen ‖ ~ **the ends** / gebrochenes Garn wieder knüpfen
joint seam (sew) / Schließnaht *f*
joree *n* / assamische Seidenraupe
joria *n* s. Joria wool ‖ ~ **wool** / ostindische Wolle erster Qualität
jours *pl* (Fr) / durchbrochene Stellen *f pl*
J-tube *n* / J-Box *f*, Muldenwarenspeicher *m* (DIN 64990), Warenspeicher *m*, J-Gefäß, n., J-Stiefel *m*, Stiefel *m*, Bleichstiefel *m*, Freiberger Stiefel
Jubbulpore hemp / hochwertiger indischer Hanf
Judd NBS Colour System / Judd-NBS-Farbsystem *n*
jujube tree / Jujubenbaum *m*, Jujube *f* (Ziziphus jujuba)
jumbo *n* / Riesen-Kops *m*, großer Schußkötzer ‖ ~ **cop** / Riesen-Kops *m*, großer Schußkötzer ‖ ~ **cotton** / ergiebige frühreifende Baumwolle ‖ ~ **reel** / Großrolle *f* ‖ ~ **reel unwinder** / Großrollenabwickler *m* ‖ ~ **skein** / Großstrangaufmachung *f*, Jumbo Skein (Breitstrang von 5 kg Gewicht) *m*
jumel cotton / ägyptische Baumwollsorte (Sea Island Baumwolle - 1838 vom französischen Kaufmann Jumel eingeführt)
jumper *n* / Jumper *m*, Pullover *m* ‖ ~ / blusenähnliches Oberbekleidungsstück für Damen ‖ ~**-blouse** / Kasack *m* ‖ ~**-blouse with a skirt** / Kasackkleid *n* ‖ ~ **dress** / Jumperkleid *n* ‖ ~ **suit** / Jumperkleid *n*
jumping sheet / Sprungtuch *n*, Rettungstuch *n*
jump suit (fash) / Jumpsuit *m*, Jumpy *m*
jungle green / dschungelgrün *adj*
juniper *n* / Wacholder *m* (Gattung Juniperus L., (i.e.S.) Juniperus communis L.) ‖ ~ **gum** / Wacholderharz *n*
jupon *n* (Fr) / Frauen-Unterrock *m*
jute *n* / Jute *f* (lt. TKG: Bastfaser aus den Stengeln des Corchorus olitorius und Corchorus capsularis) ‖ ~ **bagging** / Juteleinen *n*, Jutesackleinen *n* ‖ ~ **butts** / Jutefaserenden *n pl*, Jutewurzelenden *n pl* ‖ ~ **carpet** / Juteteppich *m* ‖ ~ **carpet yarn** / Juteteppichgarn *n* ‖ ~ **cloth** / Jutestoff *m* ‖ ~ **cord staircarpet** / Jute-Ripsläufer *m* ‖ ~ **fabric** / Jutegewebe *n* ‖ ~ **fibre** / Jutefaser *f* ‖ ~ **filling yarn** / Juteschußgarn *n* ‖ ~ **filling yarn** / Jutegarn *n* mit leichter Drehung ‖ ~ **matting** / Jutematte *f* ‖ ~ **mill** / Jutefabrik *f* ‖ ~ **piece goods** *pl* / Jutestückware *f* ‖ ~ **processing** / Juteverarbeitung *f* ‖ ~ **rove**, jute roving / Jutevorgarn *n*, Jutevorgespinst *n* ‖ ~ **rug backing** / Jute-Teppichunterlage *f* ‖ ~ **sacking** / Jutedrell *m*, Juteköper *m* ‖ ~ **scrim** / Jutegitterstoff *m*, Jutenetztuch *n* ‖ ~ **softener**, jute softening machine / Jutequetschmaschine *f* ‖ ~ **spinning** / Jutespinnerei *f* (DIN 60013) ‖ ~ **stem weevil** / Jutestengelbohrer *m* ‖ ~ **tow yarn** / Jutewerggarn *n* ‖ ~ **twisting frame** / Jutezwirnmaschine *f* ‖ ~ **warp yarn** / Jutekettgarn *n* ‖ ~ **warp yarn** / Jutefaden *m* mit fester Drehung ‖ ~ **weaving** / Juteweberei *f* ‖ ~ **willow** / Jutewolf *m* ‖ ~ **yarn** / Jutegarn *n*
juvenile clothing / Kinderkleidung *f*, Kinderkleider *n pl*

K

K (s. Kelvin)
Kabistan rug / Kuba *m*, Kabistan-Vorlegeknüpfteppich *m*
Kabul carpet / handgewebter Teppich aus Kabul || ~ **wool** (soft wool peculiar to Lahore, Pakistan, used in making high-grade shawls) / Kabul-Wolle *f*
K acid (dye intermediate) / K-Säure *f*, 1-Amino-8-naphthol-4,6-disulfonsäure *f*
Kaddar shawl / geblümter Kaschmirschal
kadungas *pl* / mehrfarbig bedruckte Baumwollstoffe in Leinwandbindung
kadzu fibre / Tapafaser *f* (aus dem Papiermaulbeerbaum)
kaffir hemp / südafrikanische Bastfaser für grobe Gewebe und Seile
kaftan *n* s. caftan
kaga silk / Japanseide *f* zweiter Qualität
kahnami cotton / seidenweiche Baumwollsorte in Indien und Brasilien angebaut ("Schwarzbodenbaumwolle")
kaiki *n* / leichtes japanisches Seiden- oder Baumwollgewebe in Leinwandbindung
kains *n* / farbiges Baumwollgewebe
kaiser green / Kaisergrün *n* (veraltet), Schweinfurter Grün *n*, Kupferarsenitacetat *n*
kakarally fibre / Bastfaser *f* vom brasilianischen Topfbaum
kakedah silk / feine japanische Rohseide
kaki cotton / hellbraune ägyptische Baumwolle
kalabatun *n* / feiner Metalldraht für Stickereiverzierungen in Indien
kalgan wool / chinesische Teppichwolle (aus Changkiakow)
kali carpet / orientalischer Tufted-Teppich
kalicha *n* s. kalin carpet
kalin carpet / indischer Florteppich
kalmuck *n* (fabr) / Kalmuk *m* || ~ s. also calmuc
kamala *n* / Kamala *f*, Kamala-Pflanzenfarbe *f* (aus Mallotus philippinensis)
kamptulicon *n* / korkbeschichteter Jute-Bodenbelag, Kamptulikon *m*
kandahar *n* s. kandahar wool || ~ (Indian handmade carpet) / Kandahar *m* || ~ **wool** / indische Teppichwolle
kaniki *n* / indigo- oder schwarzgefärbter Baumwollstoff in Leinwandbindung
kanoko *n* / japanischer Seidenkrepp
Kansu *n* (Chinese handmade carpet) / Kansu *m*
kaolin *n* / Kaolin *m*, Porzellanerde *f*, weißer (reiner) Ton, China Clay *m n* || ~ / Schlämmkaolin *n*, geschlämmte Porzellanerde
kaolinization *n* / Kaolinisierung *f*, Kaolinisation *f*
kaolinize *v* / kaolinisieren *v*
kapok *n* / Kapok *m* (Kapselwolle des Kapokbaums), Kapokfaser *f*, Pflanzendaune *f*, Wollbaumwolle *f*
Kapron (Soviet equivalent of nylon) / Äquivalent von Nylon in der UdSSR
Karachi cotton / pakistanische Baumwolle
karakul cloth / Krimmer *m* (Webpelz)
Karaman *n* (Turkish handmade carpet) / Karaman *m*
karatas fibre / westindische Wildananas-Blattfaser
karawan wool / Fettschwanz-Schafwolle *f* aus der Türkei
karaya gum / Karayagummi *n m*, Sterkuliagummi *n m*, Indischer Tragant (meist von Sterculia urens Roxb.)
kareya *n* (fabric) / billiges indisches Baumwollgewebe in Leinwandbindung
karnak *n*, karnok *n* / Karnak *f*, langstapelige ägyptische Baumwolle (mit Stapel von 35 - 40 mm)
kasha cloth / Gewebe *n* aus den Haarfasern der Tibetziege || ~ **cloth** (Art) Baumwollflanell *m*
Kashgar *n* (Chinese handmade carpet) / Kaschgar *m*, Kashgar *m* || ~ **cloth** / Kamelhaarstoff *m*
Kashmir coat wool / geringwertige indische Wolle || ~ **rug** / Kaschmir-Vorlegeteppich *m* || ~ **shawl** /

Kaschmirschal *m* || ~ **worsted** / handgewebter Kammgarnstoff in Kaschmir hergestellt
kassasbatchi *n* / in Orientteppichen verwendete türkische Wolle
kata aya / japanischer Baumwollhemdenstoff in Köperbindung
kauri copal [gum] / Kaurikopal *m*, Kauriharz *n*, Kaurigum *m*, Cowrikopal (aus Agathis australis), m.
kaurie *n*, kaury *n* s. kauri copal
kauri grass / Kaurigras *n* || ~ **gum**, kauri resin s. kauri copal
kawamatta *n* / geringwertige japanische Seide
Kazak *n* (Caucasian hand-knotted carpet) / Kasak *m*, Kassak *m*
kechi carpet / türkischer Ziegenhaarteppich
keck *v*, keckle *v* / walken *v*, mit altem Tauwerk (Taue) umwickeln *v* (gegen das Schamfilen) bewickeln
keckling *n* (old cabling or rope wound around usable cables to withstand chafing) / Schladding *f*
keel *n* (clothm) / Stücklängenzeichen *n*
keep at the boil / am Sieden (Kochen) halten || ~ **for an indefinite period** / unbegrenzt haltbar sein || ~ **in solution** / in Lösung halten || ~ **in suspension** / in Suspension halten || ~ **near the boil** / nahe am Sieden halten || ~ **screened from the light** / lichtgeschützt aufbewahren
keffiyeh *n* / Keffieh *f* (Kopftuch der Araber)
kekchi cotton / Rohbaumwolle *f* aus Guatemala
kelat *n* / Teppichwolle *f* aus Belutschistan
Kelim *n* (Persian or Turkish handwoven carpet) / Kelim *m* || ~ (from South-East Europe) / Kelimgobelin *m*
Kelly cotton / spätreifende Baumwolle
Kelpie process (gives wool greater brilliance of colour, permanent fibre softness and resiliency, as well as retarded dirt penetration) / Kelpie-Verfahren *n*
kelt *n* / (Art) ungefärbter Wollfries (aus gemischter schwarzer und weißer Wolle)
Kelvin (K) / Kelvin (K) || ~ **degree** / Kelvin-Grad *m*, °K
kemp *n* / Grannenhaar *n*, Schielhaar *n*, Stichelhaar *n*, Grannenhaare *n pl*, Schielhaare *n pl*, Stichelhaare *n pl*, tote Haare
kempy *adj* (wool) / stichelhaarig *adj* || ~ **wool** / Wolle *f* mit Stichelhaaren
kemuka silk / japanischer Seidenabfall
kenaf *n* / Dekkan-Hanf *m*, Bimlijute *f*, Gambohanf *m*, Ambarihanf *m*, Kenaf *m*, *n* (Hibiscus cannabinus L.) || ~ **fibre** / Gambofaser *f*, Kenaffaser *f*, Ambarifaser *f* || ~ **retting** / Kenafröste *f*
Kendal cloth / Kendaltweed *m* || ~ **green** (coarse woollen cloth originally made by the weavers of Kendal, England) / Kendal *n*, grobes grünes Wolltuch
kendir fibre (wild bast fibre growing in the area of the Adriatic Sea) / Kendyrfaser *f*, Turkafaser *f*
kepi *n* / Käppi *f* (Soldatenmütze)
keratin *n* / Keratin *n*, Hornsubstanz *f* || ~ **fibre** / Keratinfaser *f*
keratinization *n* / Keratinbildung *f*
kerchief *n* / Kopftuch *n* || ~ **printing machine** / Tücherdruckmaschine *f*
kerf *n* / beim Tuchscheren abfallende Flocken
Kerman *n* (Persian handmade carpet) / Kerman *m*, Kirman *m*
kermes *n* (from Kermes ilicis or Kermes vermilio) (dye) / Kermes *m* || ~ **berries** s. kermes grains || ~ **dyestuff** s. kermes scarlet || ~ **grains** / Kermesbeeren *f pl*, Kermeskörner *n pl*, Scharlachkörner *n pl*, Kermes *m* (getrocknete weibliche Kermesschildläuse)
kermesic acid / Kermessäure *f*
kermes insect / Kermesschildlaus *f* || ~ **oak** / Scharlacheiche *f*, Kermeseiche *f* (Quercus coccifera L.) || ~ **scarlet** / Kermesscharlach *m*, Kermes *m*, Kermesfarbstoff *m*
kersey *n* (weav) / Kersey *m*, Kersei *m*, Kirsey *m*
kerseymere *n* / Kasimir *m* || ~ **twill** / Kasimirköper *m*

kerseynet *n* / leichter Herrenanzugstoff aus Baumwollkette und Wollschuß
ketone *n* / Keton *n* ‖ ~ **formation** / Ketonbildung *f* ‖ ~ **reaction** / Ketonreaktion *f* ‖ ~ **resin** / Ketonharz *n*
ketonic acid / Ketonsäure *f*, Ketosäure *f*, Ketokarbonsäure *f* ‖ ~ **cleavage**, ketonic fission, ketonic hydrolysis / Ketonspaltung *f* ‖ ~ **resin** s. ketone resin
ketonize *v* / ketonisieren *v*
kettle dyeing / Kesselfärbung *f*
kevergik *n* / türkische Hautwolle vom Merinoschaf
key border (cpt) / Schlüsselborde *f*
Khachli-Bokhara *n* (Turkestan handmade carpet) / Katschli-Bokhara m, Hadschlu-Bokhara m
khaddar *n* / heimgewebter indischer Baumwollstoff ‖ ~ s. khadi
khadi *n* / rauhes Tuch in Leinwandbindung aus schlechtester indischer Baumwolle
khadie *n* / Baumwolltuch *n* mit Fransen, für Handtücher
khaiki *n* s. kaiki
khaki *n* / Khaki *m*, Khakistoff *m* ‖ ~ *adj* / khaki *adj*, lederfarbig *adj* ‖ ~ **cloth** / Khakistoff *m*, Khaki *m* ‖ ~ **colour** / Khakifarbe *f* ‖ ~ **cotton** / bräunliche Baumwolle ‖ ~ **drill** / Uniformdrell *m*, Khakidrell *m* ‖ ~ **grey** / khakigrau *adj* (RAL 7008)
khandesh cotton / indische Oomrabaumwolle schlechtester Qualität
khangas *pl* / bedruckte Schallängen mit Fransenabschluß
kharjikhan embroidery / indische Stickarbeit in Gold oder Silber
Khila *n* (Caucasian hand-knotted carpet, variation of Baku carpet) / Chila *m*
Khilim *n* s. Kelim
khoklibanga cotton / kräftige indische Baumwolle
khorassan *n* / langstapelige iranische Wolle
Khotan *n* (Chinese handmade carpet) / Khotan *m*, Chotan *m*
kibisso *n*, kibizzi *n* / Seidenabfall *m* beim Haspeln
kicker mill / Hammerwalke *f*
kickling *n* / Kabelumwicklung *f* mit alten Seilen zum Schutz gegen Abscheuern ‖ ~ (old cabling or rope wound around usable cables to withstand chafing) / Schladding *f*
kick·-off temperature (chem) / Anspringtemperatur *f* ‖ ~ **pleat** / Gehfalte *f*
kid cloth / dicker dichter Wollstoff aus Indien
kidder carpet / rauher englischer Teppich geringer Qualität
Kidderminster carpet / Kidderminster-Teppich *m*
kid·-finished *adj* / sehr weich zugerichtet ‖ ~ **mohair** / feines Angoraziegenhaar
kidney pad / Nierenschützer *m* ‖ ~-**shaped cocoon** / eingeschnürter Kokon
kidungas *n* (GB) / bedruckter Baumwollstoff für den Afrikahandel ‖ ~ *pl* / britische Exportbaumwollstoffe geringer Qualität für Afrika
kier *n* / Beuchfaß *n*, Beuchkessel *m*, Beuchapparat *m*, Kochmaschine *f* ‖ ~ **ager** / Kesseldämpfer *m* ‖ ~ **assistant** / Beuchhilfsmittel *n* ‖ ~ **bleaching** / Kesselbleiche *f* ‖ ~ **bleaching equipment** / Kessel-Pack-Bleichanlage *f* ‖ ~-**boil** *v* / beuchen *v*, in Alkalilösung kochen, brühen *v* ‖ ~ **boiling** / Beuchen *n*, Beuche *n*, Kesselkochung *f*, Kochbeuche *f* ‖ ~-**boiling assistant** / Beuchhilfsmittel *n*, Abkochhilfsmittel *n* ‖ ~-**boiling auxiliary** / Beuchhilfsmittel *n*, Abkochhilfsmittel *n* ‖ ~-**boiling fastness** / Sodakochechtheit *f*, Beuchechtheit *f* ‖ ~-**boiling jig** / Beuchjigger *m* ‖ ~-**boiling peroxide bleach** / Beuchperoxidbleiche *f*, Vollweißbleiche *f* ‖ ~-**boiling plant** (dye) / Beuchanlage *f* ‖ ~-**boiling under pressure** / Druckbeuche *f*, Beuchen *n* unter Druck ‖ ~ **decatizing** / Kesseldekatur *f* ‖ ~ **decatizing machine** / Kesseldekatiermaschine *f* (DIN 64990)
kiering *n* / Beuchen *n*, Beuchprozeß *m*, Beuche *f* ‖ ~ **agent** / Beuchmittel *n* ‖ ~ **liquor** / Beuchflotte *f* ‖ ~ **oil** / Beuchöl *n* ‖ ~ **soap** / Beuchseife *f* ‖ ~ **stain** / Beuchfleck *m*
kier jig / Beuchjigger *m* ‖ ~ **mark** / Beuchfleck *m* ‖ ~ **scouring** / Beuche *f* ‖ ~ **steamer** / Kesseldämpfer *m*
Kilmarnock bonnet / Schottenmütze *f*
kilotex *n* (spinn) / Kilotex *n*, ktex (= 1 kp/1000 m)
kilt *n* / Kilt *m* (Knierock der Schotten)
kilting *n* / Legen *n* flacher Einzelfalten
kilt plaits / gleichgerichtete Einzelfalten *f pl*
kimono *n* / Kimono *m* ‖ ~ **collar** / Kimonokragen *m* ‖ ~ **flannel** / Kimonoflanell *m* ‖ ~ **silk** / Kimonoseide *f*, Kimonoseidenstoff *m* ‖ ~ **sleeve** / Kimonoärmel *m* ‖ ~ **style** (fash) / Kimonoschnitt *m* ‖ ~ **yoke** / Kimonopasse *f*
kin *n* (of raw silk) / Rohseide *f* im Gewicht von 1.32 lb (etwa 600 g)
kincob *n* / handgewebter indischer Seidenstoff ‖ ~ / mit Gold- und Silberfäden reich bestickte indische Seide
kindergarten cloth (US) / leinwandbindige Baumwollware für Kinderkleidung
kingfisher *adj* (shade) / petrolfarben *adj*
king improved cotton / hochwertige amerikanische Upland-Baumwolle
king's blue / Königsblau *n* (veraltet), Kobaltblau *n*, Kobaltultramarin *n*, Thénards Blau (Kobaltaluminat) ‖ ~ **gold** s. king's yellow ‖ ~ **green** / Königsgrün *n* (veraltet), Schweinfurter Grün *n*, Kupferarsenitacetat *n* ‖ ~ **yellow** / Königsgelb *n*, reines Auripigment, Operment *n*, Rauschgelb *n*, Chinagelb *n*, gelber Arsenik
kinik wool / türkische Rohwolle
kinji shusu (kimono fabric) / japanische Seide mit Satinbindung
kink *v* / Knötchen bilden ‖ ~ *n* / Schlinge *f* im einlaufenden Faden
kinked *adj* (knitt) / kuliert *adj*
kinking *n* / Kulieren *n* ‖ ~ / Schlingenbildung *f*, Bilden *n* von Verschlingungen ‖ ~ **filling** / Schußgarnkringel *m* ‖ ~ **point** / Kulierpunkt *m*, Kulierstelle *f*
kinky *adj* (cpt) / körnig *adj*
kirkagatch cotton / in Kleinasien angebaute Baumwolle
kirkcaldy stripe / Halbleinen *n* mit farbigen Schußstreifen
Kirman *n* s. Kerman
kirmani wool / mit Pashminawolle gemischte persische Wolle
kirriemuir / göpertes Stickereileinen
Kirschner beater / Kirschnerflügel *m*, Kardierflügel *m*
kirtle *n* (skirt) / Frauenrock *m* ‖ ~ (tunic) / Tunika *f*
kiss coating machine / Transferbeschichtungsmaschine *f* ‖ ~ **coating process** / Transferbeschichtungsverfahren *n*, Kiss-Coating *n* ‖ ~ **print** / einfacher Säuredruck (ähnlich wie Rasterdruck) ‖ ~ **roll** *v* (ctg) / pflatschen *v* ‖ ~ **roll[er]** (ctg) / Übertragungswalze *f* zum Beschichten, Pflatschwalze *f*, Schöpfwalze *f* ‖ ~ **roll[er] arrangement** / Schöpfeinrichtung *f* zum Rakeln ‖ ~ **roller finishing** / Pflatschavivage *f*
kissuto *n* / Baumwolldrucke *m pl* für ostafrikanische Länder
kitchen cloth / Geschirrtuch *n* ‖ ~ **linen** / Küchenwäsche *f* ‖ ~ **towel** / Küchenhandtuch *n*
knabs *pl* / Seidenabfall *m* beim Haspeln
knap *n* / schwerer englischer Wollstoff, blau gefärbt (für Matrosenjacken)
knee breeches *pl* / Kniehose *f* ‖ ~ **kicker** (cpt) / Kniespanner *m* ‖ ~-**length stocking** / Kniestrumpf *m* ‖ ~ **length trousers** / Kniehose *f* ‖ ~ **lining** (sew) / Kniefutter *n* ‖ ~ **of card wire** / Kratzendrahtknie *n*, Kratzenknie *n* ‖ ~ **pad** / Knieschützer *m* ‖ ~ **sock** / knielange Socke ‖ ~ **splicing** (knitt) / Knieverstärkung *f*
knib *n* / unebene Stelle im Seidenfaden
knickerbocker *n* s. knickerbocker yarn
knickerbockers *pl* / Knickerbocker *m*, Kniebundhose *f*, halblange Pumphose
knickerbocker suit / Bundhosenanzug *m*, Knickerbocker *pl* ‖ ~ **tweed** / halbwollener Tweed aus Noppengarn ‖

knickerbocker
~ **yarn** / buntes Noppengarn, Noppengarn n mit leuchtenden Farbfleckchen
knickers pl (breeches) s. knickerbockers ‖ ~ (GB) / Damenschlüpfer m, Schlüpfer m, Damenschlupfhose f (veraltet) ‖ ~ **to match** / (zum Kleid oder Rock) passende Höschen
knife n (ctg) / Abstreifmesser n, Rakel f, Streichmesser n ‖ ~ **blade beater** / Schienenschläger m, Flügelschläger m ‖ ~ **blade ginning** / Messerentkörnung f ‖ ~ **box** (jacquard) / Messerkasten m ‖ ~ **carriage** / Messerschlitten m ‖ ~ **carrier** / Messerträger m ‖ ~ **cloth** / Messertuch n ‖ ~ **coater** / Messerstreichmaschine f, Rakelstreichmaschine f, Rakelauftragmaschine f ‖ ~ **coating** / Rakeln n, Beschichten n mit der Rakel, Rakelstreichverfahren n, Streichen n mit der Rakel, Rakelbeschichtung f ‖ ~**-cut film method** / Abzieh- und Filmschneideverfahren n ‖ ~ **gap** (ctg) / Rakelspalt m ‖ ~**-on-blanket coater** / Gummituchrakelstreichmaschine f ‖ ~**-on-rubber blanket** (ctg) / Rakelmessergummituch n ‖ ~**-over-roll coater** / Walzen-Rakelmaschine f, Walzen-Streichmaschine f ‖ ~ **plate** / Briseur-Messerplatte f ‖ ~ **pleat** / Quetschfalte f, Messerplissee n ‖ ~ **roller** / Messerwalze f ‖ ~ **tucking** / mechanisches Faltenlegen ‖ ~ **with a rounded bevel** (ctg) / Rundmesser n
knit v / stricken v ‖ ~ / wirken v ‖ ~ / maschen v ‖ ~ n / Masche f ‖ ~**-and-tuck cloth** / Preßware f ‖ ~**-and-tuck pattern attachment** / Preßmustereinrichtung f ‖ ~**-and-tuck rib cloth** / Fangware f ‖ ~ **and welt cam** / Heber, der in Verbindung mit einem Musterrad arbeitet ‖ ~ **and welt cloth** / unterlegte Farbware ‖ ~ **and welt wing cam** / Hilfssenker m ‖ ~ **article** / Wirkartikel m ‖ ~ **article** / Strickartikel m, Wirkartikel m, Maschartikel m ‖ ~ **article** / Maschartikel m ‖ ~ **cam** / Strickheber m, Hubscheibe f ‖ ~ **crimping** s. knit-de-knit process ‖ ~**-deknit process** / Knit-deknit Texturierung f, Crinkle-Verfahren n, Strick-Fixier-Texturierung f, Knit-deknit-Verfahren n, KDK-Verfahren n, Kräuselgarn-Strick-Fixier-Texturierverfahren n ‖ ~**-deknit yarn** / Knit-deknit Garn n, KDK-Garn n, Crinkle-Garn n, Kräuselgarn n für das Strick-Fixier-Texturierverfahren ‖ ~ **fabric** / Maschenware f, Gewirk n, Gestrick n ‖ ~ **fabric finishing** / Wirkwarenappretur f ‖ ~ **fabrics** / Strumpf- und Trikotwaren f pl ‖ ~ **fabric twisting** / Verdrehung f bei Maschenware ‖ ~ **fashion** / Strickmode f ‖ ~ **float work** / unterlegte Farbware ‖ ~ **goods** / Maschenwaren f pl, Gewirke n pl, Gestricke n pl, Wirkwaren f pl, Strickwaren f pl, gewirkter Stoff, Trikotstoff m ‖ ~ **loop** / Maschenstich m ‖ ~ **narrowing** / Mindern n bei Maschenware ‖ ~ **on circular knitting machine** / rundstricken v ‖ ~ **on jumbo needles** / schnellstricken v ‖ ~ **on to** v / anstricken v ‖ ~ **pattern** / Strickmuster n, Bindungsmuster n, Farbmuster n ‖ ~ **plush** / Strickplüsch m, Kulierplüsch m, Wirkplüsch m ‖ ~ **position** / Strickstellung f
knits pl / Strickwaren f pl, Wirkwaren f pl, Maschenware f
knit shirt fabric / Wirkhemdenstoff m
knits turning machine / Wendemaschine f für Maschenware ‖ ~ **with an antifelting finish** / filzfrei ausgerüstete Maschenware
knittability n / Strickbarkeit f
knitted adj / gestrickt adj, gewirkt adj ‖ ~ **across the wale** / quergestrickt adj ‖ ~ **antilope leather** (warp knitt) / gewirktes Antilopenleder ‖ ~ **article** / Wirkartikel m, Wirkware f ‖ ~ **article** / Strickartikel m ‖ ~ **astrakhan** / Astrachanstoff-Imitat n ‖ ~ **blank** / Gestrickteil n ‖ ~ **border** / Strickborte f ‖ ~ **butt** / Strickfuß m ‖ ~ **butt row** / Strickfußreihe f ‖ ~ **carpet** / gewirkter Teppich, Wirkteppich m, Maschteppich m ‖ ~ **carpet material made from bulked carpet filaments** (BCF) / Teppichgestrick n aus texturierten Teppich-Kabelbändchen ‖ ~ **cloth fulling** / Walkverfahren n für Maschenware ‖ ~ **cuff** / Pulswärmer m ‖ ~ **curtain** / Wirkgardine f ‖ ~ **curtain lace** / gewirkter Gardinenstoff ‖ ~ **curtain material** / gewirkter Gardinenstoff ‖ ~ **dress** / Strickkleid n ‖ ~ **fabric** / Maschenware f, Gestrick n, Gewirk n, Wirkstoff m, gewirkter Stoff ‖ ~ **fabric defect** / Fehler m in der Maschenware ‖ ~ **fabric geometry** / Maschengeometrie f ‖ ~ **fabric property** / Maschenwareneigenschaft f ‖ ~ **fabrics** / Maschenwaren f pl, Strick-, Wirk- und Häkelwaren f pl ‖ ~ **fur [imitation]** / Strickpelz m, Wirkpelz m ‖ ~ **garments separation** / Trennung f von Maschenware ‖ ~ **glass fabric** / Textilglasgewirk n, Textilglasgestrick n (DIN 61850) ‖ ~ **glass tube** / Textilglas-Wirkschlauch m (DIN 61850) ‖ ~ **glove** / Strickhandschuh m ‖ ~ **goods** / Maschenware f, Strickware f, Wirkware f, Strickartikel m pl, Wirkartikel m pl ‖ ~ **goods** / Strickartikel m pl, Strickwaren f pl ‖ ~ **goods** / Wirkartikel m pl, Wirkwaren f pl ‖ ~ **goods** / Trikotware f, Trikotagen pl ‖ ~ **goods** s. knitteds and knitwear ‖ ~ **goods bleaching** / Trikotbleiche f ‖ ~ **goods in tubular form on winch becks** / Maschenware f im Schlauch auf Haspelkufen ‖ ~ **goods on low-tension continuous open soapers** / Maschenware f auf spannungsarmen Kontinue-Breitwaschanlagen ‖ ~ **ground** / Strickgrund m ‖ ~ **high-pile fabric** / Wirkplüsch m ‖ ~**-in** adj / eingewirkt adj ‖ ~**-in seam** (hos) / Imitiernaht f, imitierte Naht, automatisch eingestrickte Imitationsnaht, falsche Naht ‖ ~ **lace** / Strickspitze f ‖ ~ **lace pattern** / Petinetmuster n ‖ ~ **length garment** / Rippenrandware f ‖ ~ **material** / Jerseystoff m ‖ ~ **net** / Filetwirkware f, Wirknetz n ‖ ~ **net work** s. knitted net ‖ ~ **outerwear** / Strick-Oberbekleidung f, gestrickte Oberbekleidung, gewirkte Oberbekleidung, Oberbekleidung f aus Maschenware ‖ ~ **overtop** / Überziehpullover m, Kasackpullover m ‖ ~ **piece** / Gestrickstück n, Gewirkstück n ‖ ~ **piece goods** pl / Gestrickstückware f, Gewirkstückware f ‖ ~ **pile** / Wirkplüsch m, Strickplüsch m ‖ ~ **pile fabric** / Florwirkware f, Schlingengestrick n, Schlingenwirkware n, Kulierplüsch m, Florgewirk n ‖ ~ **pinhole** (defect) / erweiterte Masche ‖ ~ **plissé** / Wirkplissee n ‖ ~ **plush** / Strickplüsch m, Kulierplüsch m, Wirkplüsch m
knitteds pl / Maschenware f (Strick-, Wirk- und Häkelware)
knitted sets / Obertrikotagen f pl ‖ ~ **sleeve cuff** / Ärmelbündchen n ‖ ~ **smallwares** / gewirkte und gestrickte Bänder n pl ‖ ~ **stitch** / Masche f ‖ ~ **stocking** / Strickstrumpf m ‖ ~ **stretch fabrics** / elastische Maschenware ‖ ~ **structure** / Maschenbindung f ‖ ~ **swimwear** / gewirkte Badebekleidung f ‖ ~ **terry goods** / Wirkfrottierware f ‖ ~ **terry swimwear** / Badebekleidung f aus Wirkfrottee ‖ ~ **terry-type bathwear** / Badeanzüge m pl aus Wirkfrottee ‖ ~ **test swatch** / Testgewirk n ‖ ~ **top** (of a garment) / Strickbund m, Strickrand m ‖ ~ **tulle** / Wirktüll n ‖ ~ **underwear** / Unterkleidung f aus Maschenware, Trikotwäsche f, Trikotagen pl, gestrickte Unterwäsche ‖ ~ **velour[s]** / Maschenvelours m ‖ ~ **velvet** / Wirksamt m ‖ ~ **velveteen** (US) / Schurplüsch m ‖ ~ **vest** (GB) / gestricktes Unterhemd ‖ ~ **welt** / Strickbund m, Strickrand m ‖ ~ **with the wale** / längsgestrickt adj ‖ ~ **woollen fabric** / Wollgestrick n ‖ ~ **yard goods** / Maschenmeterware f, Maschenware f ‖ ~ **yard goods dyeing** / Färben n von Maschenmeterware
knitter n / Maschenwarenhersteller m
knit v **tighter** / fester stricken
knitting n / Stricken n, Wirken n, Gestrick n ‖ ~ / Strickerei f, Wirkerei f ‖ ~ adj / maschenbildend adj ‖ ~ **and hosiery machine** / Wirk- und Strickmaschine f ‖ ~ **bag** / Handarbeitstasche f ‖ ~ **butt** / Strickfuß m ‖ ~ **cam** / Strickschloß n, Heber m ‖ ~ **cam system**

clearing / Abschlag m ‖ ~ **channel** / Schloßbahn f, Schloßkanal m ‖ ~ **construction** / Bindung f, Bindungsart f, Strickart f, Wirkart f ‖ ~ **cotton** / Strickbaumwolle f ‖ ~ **directions** pl / Strickvorschrift f ‖ ~ **element** / Strickelement n, Wirkelement n ‖ ~ **fabric on a plain fabric basis** / Rechts/Links-Gestrick n ‖ ~ **feeder** / Fournisseur f ‖ ~ **feed system** / Stricksystem n ‖ ~ **frame** / Wirkmaschine f, Wirkstuhl m ‖ ~ **gauge** / Maschenfeinheit f ‖ ~ **head** / Fontur f, Strickkopf m, Wirkkopf m ‖ ~ **industry** / Maschenwarenindustrie f, Maschenindustrie f ‖ ~ **jack** / Links-Links-Platine f ‖ ~ **level** / Strickhöhe f ‖ ~ **line** / Maschenreihe f, Wirklinie f ‖ ~ **load limits** / Grenzwerte der Strickbelastung m pl ‖ ~ **lock** / Strickschloß n ‖ ~ **loom** / Kulierwirkmaschine f, Wirkmaschine f ‖ ~ **machine** / Wirkmaschine f, Strickmaschine f ‖ ~ **machine cylinder** / Strickmaschinenzylinder m ‖ ~ **machine for multicoloured jacquard patterns** / Jacquard-Buntmuster-Strickmaschine f ‖ ~ **machine for multicoloured patterns** / Buntmuster-Strickmaschine f ‖ ~ **machine gauge** / Nadelteilung f ‖ ~ **machine needle** / Strickmaschinennadel f ‖ ~ **machine with double mechanism** / Doppelmechanik-Strickmaschine f ‖ ~ **machine with one row of needles** / einfonturige Strickmaschine ‖ ~ **mill** / Wirkerei f, Strickerei f ‖ ~ **needle** / Stricknadel f, Wirknadel f, Maschnadel f ‖ ~ **of the draw thread** / Trennreihenarbeit f ‖ ~-**on** n / Anstricken n ‖ ~ **pattern** / Strickmuster n ‖ ~ **performance** / Strickleistung f ‖ ~ **point** / Strickstelle f ‖ ~ **position** / Strickhöhe f, Strickstellung f ‖ ~ **race-way** / Schloßbahn f, Schloßkanal m ‖ ~ **room** / Wirkraum m, Strickraum m ‖ ~ **section** / Wirkereiabteilung f ‖ ~ **silk** / Strickseide f ‖ ~ **speed** / Strickgeschwindigkeit f ‖ ~ **station** / Maschstelle f ‖ ~ **stitch** / Masche f ‖ ~ **surface of a sinker** / Abschlagkante f einer Platine ‖ ~ **system** / Strickschloß n ‖ ~ **technique** / Bindungstechnik f ‖ ~ **tension** / Strickspannung f ‖ ~ **tightness** / Maschenwarendichte f ‖ ~ **width** (hos) / Fonturenbreite f ‖ ~ **wool** / Strickwolle f ‖ ~ **yarn** / Strickgarn n ‖ ~ **yarn** (for machine knitted goods) / Wirkgarn n
knittle n / dünne Schnur
knit tubing (tubular knitted fabric without seams), knit tubular goods / Schlauchware f, Rundstrickware f ‖ ~ **tubular goods** / rundstricken v ‖ ~ **1 tuck mesh** / hinterlegt-plattierter Mesh-Strumpf, nahtloser Netzstrumpf, Filetstrumpf m
knitwear n / Maschenware f, Wirkware f, Strickmode f ‖ ~ / Gestrick n, Gewirk n, Trikotage f ‖ ~ / konfektionierte Maschenware, gewirkte Kleidungsstücke n pl ‖ ~ **dyeing** / Wirkwarenfärberei f ‖ ~ **industry** / Maschenwarenindustrie f, Maschenindustrie f ‖ ~ **made from textured polyester continuous filament yarn** / Strickware f aus texturierten Polyesterfäden ‖ ~ **manufacture** / Maschenwarenherstellung f ‖ ~ **manufacturer** / Maschenwarenhersteller m, Wirkwarenhersteller m
knit--**weaving machine** / Wirkwebmaschine f ‖ ~-**welt design** / unterlegte Farbware ‖ ~ **widening** / Zunehmen n bei Maschenware ‖ ~-**woven fabric** / Wirkwebware f ‖ ~ **yarns** / Strickgarne n pl
knob n / Noppe f, Knoten m ‖ ~ / Flocke f ‖ ~ **formation** / Noppenbildung f
knocking n / Klopfen n, Schlagen n ‖ ~ (yarn) / Stauchen n ‖ ~-**off motion** / Fadenwächter m, Abstellvorrichtung f (bei Fadenriß) ‖ ~-**off motion** / Fadenwächter m, Abstellvorrichtung f (bei Fadenriß) ‖ ~-**over** n (knitt) / Abschlagen n, Abschlag m ‖ ~-**over** n (knitt) / Abschlag m ‖ ~-**over bar** (knitt) / Abschlagschiene f, Abschlagblech n ‖ ~-**over bit** (knitt) / Abschlagbarre f, Abschlagplatine f (Cotton-Maschine), Abschlagkamm m ‖ ~-**over cam** (knitt) / Abschlagexzenter m, Abschlag[e]schloß n, Abschlagkeil m, Nadelsenker m, Randsenker m ‖

Randsenker m ‖ ~-**over comb** (knitt) / Abschlagkamm m ‖ ~-**over device** (knitt) / Abschlagvorrichtung f, Abschlageinrichtung f ‖ ~-**over point** (knitt) / Abschlagpunkt m, Abschlagecke f ‖ ~-**over position** / Abschlagstellung f ‖ ~-**over row** (knitt) / Abwerfreihe f ‖ ~-**over segment** (knitt) / Abschlagsegment n ‖ ~-**over sinker** (knitt) / Abschlagplatine f, Stehplatine f ‖ ~-**over wheel** / Abschlagrädchen n, Abschlagrad n
knock-**off** n (weav) / Anschlagkante f ‖ ~-**off dagger** (weav) / Stecher m ‖ ~-**off device** (weav) / Stechervorrichtung f ‖ ~-**over** n (knitt) / Abschlagen n (letzter Arbeitsgang bei der Maschenbildung der Kulierware) ‖ ~-**over** n (dye) / Ableeren n (der Färbeflotte) ‖ ~ **over** (knitt) / abschlagen v ‖ ~ **over a loop** / eine Masche abschlagen ‖ ~-**over bit** (knitt) / Abschlagbarre f, Abschlagplatine f (Cotton-Maschine), Abschlagkamm m ‖ ~-**over bit shift rod** (knitt) / Schaltstab m für Abschlagvorrichtung ‖ ~-**over cam** (knitt) / Abschlagexzenter m, Abschlag[e]schloß n, Abschlagkeil m, Nadelsenker m, Randsenker m ‖ ~-**over comb** (knitt) / Abschlagkamm m ‖ ~-**over device** (knitt) / Abschlagvorrichtung f, Abschlageinrichtung f ‖ ~-**over edge** (knitt) / Abschlagkante f ‖ ~-**over point** (knitt) / Abschlagpunkt m, Abschlagecke f ‖ ~-**over verge** (knitt) / Abschlagkamm m ‖ ~-**over verge wall** (knitt) / Abschlagkammsteg m
knop n / Noppe f, Knötchen n ‖ ~ **box** (spinn) / Noppenbehälter m ‖ ~ **effect** (spinn) / Noppeneffekt m ‖ ~ **knitting frame** (knitt) / Noppenstrickmaschine f
knopped fabric / Noppengewebe n ‖ ~ **tweed** / Noppentweed m
knop ply yarn / Noppenzwirn m
knoppy adj / noppig adj
knops per unit of surface (spinn) / Noppendichte f
knop yarn / Knotengarn n, Noppengarn n
knot v / knoten v, verknoten v, knüpfen v ‖ ~ n / Knoten m, Noppe f ‖ ~ / Verknotung f ‖ ~ **breaking strength** / Knotenreißkraft f ‖ ~-**breaking strength test** / Knotenzugversuch m (DIN 53842) ‖ ~ **catcher stop motion** / Knotenfänger m, Knotenwächter m ‖ ~ **dyeing** / Bandhanadruckverfahren n ‖ ~ **efficiency** / Knotenbeständigkeit f ‖ ~ **elongation at break** (of fibre) / Knotenbruchdehnung f ‖ ~ **extensibility** / Knotendehnbarkeit f ‖ ~ **formation** / Knotenbildung f ‖ ~-**free** adj / knotenfrei adj ‖ ~-**holding property** (resistance to knot slippage) / Knotenhaftung f, Knotenrutschfestigkeit f ‖ ~ **of five hanks** / Docke f zu fünf Strähnen ‖ ~ **of the lea** / Fitzknoten m ‖ ~ **of the skein** / Fitzknoten m ‖ ~ **piecing** / Knotenverbindung f ‖ ~ **retention** / Knotenfestigkeit f ‖ ~ **shape** / Knotenform f ‖ ~ **slippage** / Knotenrutschen n ‖ ~ **stop motion** (knitt) / Knotenabstellvorrichtung f ‖ ~ **strength** / Knotenfestigkeit f ‖ ~ **tail** / Knotenende n
knotted adj / geknüpft adj ‖ ~ / geknotet adj ‖ ~ **carpet** / Knüpfteppich m, geknüpfter Teppich ‖ ~ **fringe** / Knotenfranse f, geknüpfte Franse ‖ ~ **frotté** / Knüpffrottee n m ‖ ~ **lace** / geknüpfte Spitze ‖ ~ **lace** / italienische Makrameespitze ‖ ~ **net** / geknüpftes Netz ‖ ~ **net fabric** / geknüpfter Netzstoff ‖ ~ **pile** / handgeknüpfter Teppichflor ‖ ~ **pile carpet** / Knüpfteppich m ‖ ~ **point** / Knotenstelle f ‖ ~ **stitch** / geknüpfte Masche ‖ ~ **yarn** / Knotengarn n, Knoten-Effektgarn n
knot tenacity / Knotenfestigkeit f
knotter n / Handknüpfapparat m ‖ ~ (weav) / Anknüpfmaschine f ‖ ~ **disc** / Garnmitnehmer m
knotting carriage (OE spinn) / Knoterwagen m ‖ ~ **device** / Knüpfvorrichtung f ‖ ~ **machine** (weav) / Knotmaschine f ‖ ~ **needle** / Knüpfnadel f ‖ ~ **tube** / Knüpfröhrchen n
knotty adj / knotig adj ‖ ~ **twist** / Knotenzwirn m, Noppenzwirn m
knotwork n / Knüpfarbeit f
know-**how textiles** pl / Know-how-Textilien pl

knub *n* / Seidenabfall *m* beim Haspeln ‖ ~ / rundliche Erhöhungen auf Seidenfäden *f pl*
knubs *pl* / Seidenabfall *m* beim Haspeln
knub silk / Flockseide *f*
knurl *n* / knotige Unebenheit
knurled steel upper take-up roller / obere geriffelte Stahlabzugswalze
kogalla yarn / Kokosfasergarn *n* erster Qualität
kohemp *n* / Bastfaser *f* in China u. Japan
kokayu silk / japanische Rohseide
Konieh *n* s. Konya
konje hemp / Sansevieriahanf *m*
Konya *n* (Turkish handmade carpet) / Konya *m*
koork *n* / Baktrienkamelhaar *n*
korako flax / neuseeländischer Flachs
kossu *n* / Kossu *f* (chin. Seidenwirkerei)
kotzen blanket / Kotze *f*, Kotzen *m*
Krafft point (surface active agent) / Krafft-Punkt *m*
krimmer *n* / Krimmer *m* (Webpelz)
kron *n* / russischer Flachs
ktex *n* (spinn) / Kilotex *n*, ktex (= 1 kp/1000 m)
kulah *n* / Kopfbedeckung *f* moslemischer Mönche ‖ ~ (Turkish handmade carpet) / Kula *m*
Kurdistan *n* (rug) / Kurdistanteppich *m*
kurimushi silk / Kurimushiseide *f*
kurki wool / feine Ziegenwolle aus Iran
kurrachee cotton / indische Baumwolle
kutar *n* / gestreifte indische Gaze

L

lab coat / Kittel m, Laborkittel m
labdanum n / Labdanum n, Ladanum n, Labdanharz n, Ladanharz n, Ladangummi n m, Labdangummi n, m (aus Cistus ladanifer oder C. laurifolius) ‖ ~ **resin** s. labdanum
label v / kennzeichnen v, markieren v, etikettieren v, durch eine Aufschrift kennzeichnen ‖ ~ n / Etikett n, Markierung f ‖ ~ **adhesive** / Etikettenkleber m, Etikettenklebstoff m ‖ ~ **cloth** / Etikettenstoff m, Etikettenmaterial n
labelling n / Kennzeichnen n, Kennzeichnung f, Markieren n, Markierung f ‖ ~ / Etikettieren n, Etikettierung f ‖ ~ **equipment** / Etikettiervorrichtung f ‖ ~ **machine** / Etikettiermaschine f, Banderoliermaschine f ‖ ~ **of finished goods** / Fertigwarenauszeichnung f ‖ ~ **regulations** pl / Auszeichnungspflicht f
label loom / Etikettenwebmaschine f ‖ ~ **marking machine** / Etiketten-Auszeichnungsmaschine f ‖ ~ **printing machine** / Etikettendruckmaschine f ‖ ~ **sewing machine** / Etikettenannähmaschine f ‖ ~ **weaving** / Etikettenweben n, Etikettenweberei f
labile adj / empfindlich adj (z.B. gegen Alkalien)
lability n / Empfindlichkeit f (z.B. gegen Alkalien)
laboratory abrasion test / Laboratoriumsabriebversuch m, Laborabriebversuch m, Laboratoriumsabriebprüfung f Laborabriebprüfung f, Laboratoriumsabnutzungsprüfung f Laborabnutzungsprüfung f ‖ ~ **assistant** / Laborant m, Chemielaborant m, Laborantin f, Chemielaborantin f ‖ ~ **calender** / Versuchskalander m ‖ ~ **determination** / Laboratoriumsbestimmung f, Laborbestimmung f ‖ ~ **drying cabinet** / Laboratoriumstrockenschrank m, Labortrockenschrank m ‖ ~ **dyeing** / Laborfärbung f ‖ ~ **dyeing apparatus** / Laborfärbeapparat m, Laboratoriumsfärbeapparat m ‖ ~ **equipment** / Laboratoriumseinrichtung f, Laboreinrichtung f ‖ ~ **evaluation** / Laborbewertung f, Bewertung f nach einem Laborversuch ‖ ~ **felting calender** / Laboratoriumsfilzkalander m, Laborfilzkalander m ‖ ~ **felting machine** / Laboratoriumsfilzmaschine f, Laborfilzmaschine f ‖ ~ **HT (high temperature) dyeing machine** / HT(Hochtemperatur)-Laboratoriumsfärbeapparat m, HT(Hochtemperatur)-Laborfärbeapparat m ‖ ~ **ironing press** / Laboratoriumsbügelpresse f, Laborbügelpresse f ‖ ~ **jig** / Laboratoriumsjigger m, Laborjigger m ‖ ~ **padding mangle** / Laboratoriumsfoulard m, Laborfoulard m ‖ ~ **pH meter** / Laboratorium-pH-Meter n, Labor-pH-Meter n ‖ ~ **printing machine** / Laboratoriumsdruckmaschine f, Labordruckmaschine f ‖ ~-**scale test** / Prüfung f im Laboratoriumsmaßstab, Prüfung f im Labormaßstab ‖ ~ **steamer** / Laboratoriumsdämpfer m, Labordämpfer m ‖ ~ **technician** / Laboratoriumstechniker m, Labortechniker m, Chemotechniker m ‖ ~-**test** / Laboratoriumsversuch m, Laborversuch m, Laboratoriumsprüfung f, Laborprüfung f, Laboratoriumstest m, Labortest m, Kleinversuch m ‖ ~ **textile printing machine** / Laboratoriumstextildruckmaschine f, Labortextildruckmaschine f, Versuchsdruckmaschine f ‖ ~ **titrimeter** / Laboratoriumstitrimeter n, Labortitrimeter n ‖ ~ **trial** / Laboratoriumsversuch m, Laborversuch m, Kleinversuch m ‖ ~-**type drying oven** / Laboratoriumstrockenschrank m, Labortrockenschrank m ‖ ~ **washing test** / Laboratoriumswaschversuch m

Lacasse machine (jacquard with extra fine pitch) / Lacasse-Maschine f ‖ ~ **pitch** / Lacasse-Stich m

lace vt / mit Spitzen besetzen ‖ ~ v / schnüren v, zuschnüren v ‖ ~ n / Spitze f, Spitzengewebe n ‖ ~ (on uniform) / Litze f, Tresse f, Besatz m, Borte f ‖ ~ **after-welt** (hos) / Laufmaschenfang m in Phantasiemusterung, Spitzenkante f nach dem Doppelrand, Bogenkante f nach dem Doppelrand, Spitzeneffekte m pl im verstärkten Übergang zum Längen, Phantasie-Preßmuster n im Rand nach dem Doppelrand ‖ ~ **attachment** (knitt) / Petineteinrichtung f, Einrichtung f für durchbrochene Ware, Musterdeckapparat m ‖ ~ **bobbin** / Klöppel m, Klöppelspule f ‖ ~ **by discharge agent** / Luftspitze f, Ätzspitze f ‖ ~ **chain** (knitt) / Zwickelkette f, Zwickelmusterkette f ‖ ~ **chain indexing cam** (knitt) / Schaltexzenter m für Zwickelkette ‖ ~ **clock** (knitt) / Zwickelmuster n, Pfeilmuster n, Petinetzwickel m, Zwickelpetinet n ‖ ~ **clock attachment** (knitt) / Zwickelapparat m, Deckereinrichtung f, Zwickelmustervorrichtung f ‖ ~ **clock attachment** (knitt) / Zeichendeckerei f ‖ ~ **clock design** (knitt) / Deckermuster n ‖ ~ **clock device** (knitt) / Zwickelapparat m, Zwickelmustervorrichtung f ‖ ~ **cloth** / Spitzenstoff m ‖ ~ **control** (knitt) / Zwickelkontrolle f ‖ ~ **cover** / Spitzendecke f ‖ ~ **crocheting machine** / Spitzenhäkelmaschine f ‖ ~ **cup** (bra) / Spitzenkörbchen n ‖ ~-**cup bra** / Büstenhalter m mit Spitzenkörbchen ‖ ~-**cup support bra** / Büstenhalter m mit Spitzenkörbchen und Unterbruststütze ‖ ~ **curtain** / Spitzengardine f ‖ ~ **design** / Spitzenmuster n ‖ ~ **design** (knitt) / Zwickelmuster n

laced girdle / Elastik-Schlüpfer m mit Spitzenbesatz
lace doily / Spitzendeckchen n ‖ ~ **edging** / Spitzenkante f ‖ ~ **elastic at leg opening of panty** / Spitzenabschluß f am Schlüpferbein ‖ ~ **fabric** / Spitzengewebe n, durchbrochene Ware, Filetware f, durchbrochener Stoff, durchbrochene Kettenware ‖ ~ **finger** (knitt) / Zwickelfinger m ‖ ~ **finger point** (knitt) / Zwickelfingerdecker m ‖ ~ **fond** / Spitzengrund m ‖ ~ **glove** (knitt) / Petinethandschuh m ‖ ~ **ground** / Spitzengrund m ‖ ~ **ground** (weav) / Netzgrund m ‖ ~ **hem** / Spitzensaum m ‖ ~ **holes in the heel** (hos) / Umkehrpunkte m pl der Pendelfersenmaschen ‖ ~ **holes in the heel** (hos) / Fersenausdecklinie f (nur bei gewirkten Strümpfen von der Cotton-Maschine) ‖ ~ **insertion** / aufgesetzte Spitze ‖ ~ **inset** / Spitzeneinsatz m ‖ ~ **legger** (knitt) / Petinet-Längenmaschine f ‖ ~ **machine** / Spitzenmaschine f, Spitzenwebmaschine f, Petinetmaschine f ‖ ~ **making** / Klöppeln n ‖ ~ **making** / Spitzenklöppelei f ‖ ~ **manufacture** / Spitzenherstellung f ‖ ~ **motif** / Spitzenmuster n ‖ ~ **narrowing point** (hos) / Zeichendecknadel f, Zwickeldecknadel f ‖ ~ **needle** / Sticknadel m ‖ ~ **net** (knitt) / Filetstoff m ‖ ~ **panel** / Spitzeneinsatz m ‖ ~ **pattern** (knitt) / Petinetmuster n, Spitzenmuster m, Zwickelmuster n ‖ ~ **pillow** / Klöppelkissen n ‖ ~ **piping** / Spitzenpaspel f ‖ ~ **point** (knitt) / Mindernadel f ‖ ~ **production burning out process** / Ätzspitzenherstellung f ‖ ~ **raschel machine** / Spitzenraschel f, Spitzenraschelmaschine f

lacer bone / Klöppel m ‖ ~ **spring** / Klöppelfeder f
lace sewing foot / Spitzenannähfuß m ‖ ~ **stick** / Klöppel m, Klöppelspule f ‖ ~ **stocking** / Petinetstrumpf m
lacet n / Lacet n, schmales Flechtband ‖ ~ (upholstery) / Möbelkordel m, Polstermöbelborte f
lace ties / Verbindungsfäden m pl der Spitzen ‖ ~ **trim** / Spitzenbordüre f ‖ ~ **trimmed slip** / mit Spitze besetztes Unterkleid ‖ ~ **trimming** / Spitzenbesatz m ‖ ~ **tulle** / Spitzentüll m
lacet work / Handarbeit f aus Lacetbändern
lace warp fabric (knitt) / durchbrochene Kettenware ‖ ~ **weaving** / Spitzenherstellung f
lacework n / Filetarbeit f ‖ ~ (knitt) / A-jour-Ware f, à-jour-Ware f, Ajourware f ‖ ~ / Petinettrikot m,

lacework

Lochmusterung f ‖ ~ **mechanism** (knitt) / Knüpftrikotapparat m, Petinetapparat m, A-jour-Apparat m, à-jour-Apparat m, Ajourapparat m
lace yarn / Klöppelgarn n, Spitzengarn n, d[o]ubliertes Glanzgarn
laché n (Fr) / lockere Fäden im Gewebe m pl
lacing n / Bandeinfassung f ‖ ~ (**harness**) (weav) / Schnürung f, Beschnürung f ‖ ~ (**jacquard**) / Kartenbinden m ‖ ~ (**corsetry**) / Schnürung f ‖ ~ **cord** / Flechtschnur f ‖ ~ **cords for [jacquard] cards** / Kartenschnüre f pl ‖ ~ **hole** / Schnürloch n ‖ ~ **hole** (jacquard) / Bindeloch n
lacking levelness (dye) / unegal adj
lacklustre adj / glanzlos adj, matt adj
lackmoid n, lacmoid n / Lackmoid n, Lakmoid n, Resorcinblau n
lack of lustre / Glanzlosigkeit f ‖ ~ **of uniformity** / Unegalität f
lacquer add-on / Lackauftrag m ‖ ~ **formulation** / Lackansatz m ‖ ~ **printing** / Lackdruck m
lactam obtained by depolymerisation / Spaltlactam n ‖ ~ **obtained through chip extraction** / Waschlactam n
lactic acid (assistant to mordant wool with bichrome, and to test dyes for fastness to perspiration) / Milchsäure f ‖ ~ **acid** (i.e.S.) / Äthylidenmilchsäure
ladam cotton / rötliche indische Baumwolle
ladanum n s. labdanum
ladder (hos) / Laufmasche f, Fallmasche f ‖ ~ (**zip**) / Ladder m (Reißverschluß aus Kunststoffdraht) ‖ ~ **bar** (hos) / Maschenschutzreihe f ‖ ~ **braid** / Leiterborte f, durchbrochene Borte
laddering n / Laufmaschenbildung f
ladder lifting machine / Laufmaschenaufnehmemaschine f, Repassiermaschine f ‖ ~ **prevention** / Laufmaschensicherung f
ladderproof adj (knitt) / laufmaschenfest adj, maschenfest adj ‖ ~ **hose** / laufmaschensicherer Strumpf, maschenfester Strumpf
ladder resistant band (hos) / Unterrand m, Randverstärkung f, verstärkter Übergang zum Längen ‖ ~ **resistant hose** / laufmaschensicherer Strumpf, maschenfester Strumpf ‖ ~ **stitch** / leiterähnliche Stickerei, Leiterstich m ‖ ~ **stop** (hos) / Maschenfang m ‖ ~ **tape** / Baumwollband n für Stabjalousien
ladies' dress goods / Kleiderstoffe m pl ‖ ~ **dress goods** / Damenkonfektionsstoffe m pl ‖ ~ **dress materials** / Damenkonfektionsstoffe m pl ‖ ~ **hats** / Damenhüte m pl, Frauenhüte m pl ‖ ~ **hose** / Damenstrumpf m, Frauenstrumpf m ‖ ~ **knitted outerwear** / gestrickte Damenoberbekleidung ‖ ~ **lingerie** / Damenunterwäsche f, Damenwäsche f, Lingerie f, Leibwäsche f ‖ ~ **outer garments** pl / Damenoberbekleidung f, DOB ‖ ~ **outerwear** / Damenoberbekleidung f, DOB ‖ ~ **outsizes** / Damenübergrößen f pl ‖ ~ **suit** / Damenkostüm n, (also:) ärmelloses, tief ausgeschnittenes Jäckchenkleid ‖ ~ **underwear** / Damenunterwäsche f, Damenwäsche f, Lingerie f, Leibwäsche f ‖ ~ **wear** / Damenbekleidung f
laevopimaric acid / Lävopimarsäure f
laevulinic acid / Lävulinsäure f
lag n (dobby) / Belagbrettchen m ‖ ~ **barrel** (weav) / Schaftprisma n
lagging-back n (weav) / Zurückholen n der Musterkette
Lagos cotton / starke, grobe afrikanische Baumwolle
lags and pegs (knitt) / Stiftenkarte f ‖ ~ **and pegs** (weav) / Holzkarte f, Dessinkarte f
La Guayran cotton / seidige westindische Baumwolle
Lahore n (Indian handmade carpet) / Lahore m
laid hawser fashion (rope) / im Trossenschlag geschlagen ‖ ~-**in effect** / Futtermuster n ‖ ~-**in fabric** / Futterware f, Chaineuse f ‖ ~-**in jersey** / Reliefjersey m ‖ ~-**in knit** / Futter n bei Rundwirkware ‖ ~-**in selvedge** (weav) / Einlegekante f, Einlegeleiste f ‖ ~-**in selvedge** f, Einlegekante f, Einlegeleiste f ‖ ~-**in yarn** /

Einlegefaden m in der Wirkerei ‖ ~ **open ends** / freigelegte Fäden ‖ ~ **pile** (weav) / Strichdecke f
lake n (dye) / Beizenfarbstoff m ‖ ~ (compound of dye and mordant) / Pigment n ‖ ~ **black** / lackschwarz adj ‖ ~ **blue** / seeblau adj ‖ ~ **green** / marokkogrün adj ‖ ~ **red** / luckrot adj
lambrequin n / Lambrequin m (Fenster- oder Türbehang, meistens mit Quasten)
lambskin n / Lammfell n (auch als Fellimitation) ‖ ~ **pad** / Lammfellplüsch m
lambswool n / Lammwolle f
lamé n (textile fabric with metallic threads in the warp or filling for decorative purposes) (Fr) / Lamé m
lamella n (weav) / Lamelle f
laminate v / laminieren v, kaschieren v ‖ ~ n / Schichtpreßstoff m
laminated cloth (US) s. laminated fabric ‖ ~ **fabric** (GB) / laminierter Stoff, kaschiertes Gewebe, Hartgewebe n, Hgw n ‖ ~ **outer garments** / Oberbekleidung f aus kaschierten Geweben ‖ ~ **sheet** / Schichtplatte f, Schichttafel f ‖ ~ **yarn** / Mehrschichtgarn m
laminating adhesive / Kaschierkleber m ‖ ~ **agent** / Kaschiermittel n ‖ ~ **by quilting** / Laminieren n durch Aufsteppen ‖ ~ **coat** (ctg) / Kaschierstrich m ‖ ~ **device** / Kaschiervorrichtung f ‖ ~ **of fabrics** / Kaschieren n von Bekleidungstextilien ‖ ~ **paste** / Kaschiermasse f ‖ ~ **pressure** / Kaschierdruck m, Kaschieranpreßdruck m ‖ ~ **resin** / Laminierharz n, Kaschierharz n ‖ ~ **with foam** / Schaumstoff-Laminieren n
lamination coating of fabrics / Kaschieren n von Textilien ‖ ~ **coating of textiles for garments** / Kaschieren n von Bekleidungstextilien ‖ ~ **of textiles to polymer foam sheets** / Verbinden n textiler Flächengebilde mit Kunststoffolien
laminator (ctg) / Kaschiermaschine f, Kaschierwerk n, Beschichtungsanlage f, Laminierungsmaschine f ‖ ~ **gap** (ctg) / Kaschierspalt m, Kaschiermaschinenspalt m, Kaschierspalteinstellung f
lampas n / Lampas m, schwerer Dekorationsdamast
lampblack n / Lampenschwarz n, Lampenruß m
lampshade n / Lampenschirm m ‖ ~ **material** / Lampenschirmstoff m
lampwick n / Lampendocht m
lana fibre / Bombaxwolle f
lanameter n (for measuring the thickness and surface development of the wool fibre) / Lanameter n
lance n / Lancé m, lanziertes Gewebe ‖ ~ **filling** (weav) / Lancierschuß m, Lanzierschuß m ‖ ~ **technique** / Lanzierung f, Lanzierverfahren n
landing bar / Legeschiene f ‖ ~ **the loops** (knitt) / Maschenauftragen n
laniferous adj, lanigerous adj / wollig adj, Wolle tragend
lanolin[e] n / Lanolin n (gereinigtes Wollfett)
lanometer n s. lanameter
lantern end of the card (weav) / Laternenseite f der Jacquardkarte
lap v / einwickeln v, wickeln v ‖ ~ n (spinn) / Wickel m, Wickelwatte f, Watte f, Faserwickel m, Pelz m (DIN 60021) ‖ ~ (knitt) / Legung f ‖ ~ **arbour** / Wickelwalze f ‖ ~ **balance** / Wickelwaage f ‖ ~ **bowl** / Wickelrolle f, Wickelwalze f ‖ ~ **breaker** / Florbrecher m, Pelzbrecher m ‖ ~ **calendering machine** / Wattglättmaschine f ‖ ~ **carrier** / Wickelwagen m ‖ ~ **count** / Wickelnummer f ‖ ~ **cradle** / Wickelmulde f ‖ ~ **discharge** / Wickelauswurf m ‖ ~ **divider** / Pelztrenner m ‖ ~ **doffing installation** / Wickelauswurfvorrichtung f ‖ ~ **doubler** / Bandvereiniger m ‖ ~ **drawing frame** / Wickelstrecke f ‖ ~ **drum** / Felltrommel f, Pelztrommel f, Vliestrommel f, Aufroller m
lapel n / Jackenaufschlag m, Rockaufschlag m, Revers m, Blende f, Patte f ‖ ~ **collar** / Reverskragen m
lap feeding trough / Zuführmulde f ‖ ~ **formation** / Wattebildung f, Wickelbildung f ‖ ~ **former** /

Wickelvorrichtung *f* || ~ **guard** / Wickelwächter *m* || ~ **guide** / Wickelführer *m* || ~ **handling** / Wickeltransport *m* || ~ **hemmer** (sew) / Kappfuß *m*, Kapper *m* || ~ **holder** / Wickelhalter *m*
lapis lazuli *adj* / lapisblau *adj*, lasurblau *adj*
lap lattice / Überführungslattentuch *n* || ~ **layer** / Vliestäfler *m*, Vliestafler *m* || ~ **licking** / Doppeltlaufen *n* der Watte || ~ **machine** / Ausbreitmaschine *f*, Wickelmaschine *f*, Wattenmaschine *f*, Bandwickler *m* || ~ **over** (text pr) / übereinanderfallen *v*
lapped seam / Kappnaht *f*, überdeckter Saum || ~ **seam attachment** / Kappvorsatz *m*
lapper *n* / Wickelstrecke *f* || ~ / Strangausbreiter *m*, Vliesmaschine *f* || ~ (weav) / Roller *m*
lappers *pl* / lose hängende Kettfäden
lappet loom / Lappet-Webmaschine *f*, Lappetstuhl *m*, Lappet-Stickereiwebstuhl *m*, Nadelstickstuhl *m* || ~ **loom sley** / Sticklade *f* || ~ **muslin** / Lappet-Musselin *m* || ~ **thread** / Lappetmusterfaden *m*, Stickkettfaden *m* || ~ **weave** / Lappetgewebebindung *f* || ~ **weaving** / Lappetstickerei *f*, Broschierweberei *f*
lapping *n* (text pr) / Bombage *f*, Lapping *n* || ~ (knitt) / Legung *f*, Wirklegung *f*, Legung *f* über den Nadeln || ~ (knitt) / Wirklegung *f*, Legung *f* über den Nadeln || ~ (spinn) / Wickelbildung *f* || ~ (defect during winding) / Überschläger *m* || ~ **apparatus** (spinn) / Pelzwickelapparat *m* || ~ **combination** (knitt) / Fadenverschlingung *f* || ~ **frame with reciprocating trolley** / Abtafelrahmen *m* || ~ **head** / Spinnerbock *m* || ~ **in opposite direction** (knitt) / gegenlegig *adj* || ~ **machine** s. lap machine || ~ **method** (nwv) / Ablegemethode *f* || ~ **motion** / Schwungbewegung *f* || ~ **motion of the guide bar** (knitt) / Versatzbewegung *f* der Legeschiene || ~ **movement** (knitt) / Legung *f* (Gesamtbewegung der Gegenschienen, seitlich und Durchschwingung, zur Maschenbildung führend) || ~ **seam** s. lap seam || ~ **stitch seam** / Überwendlingsnaht *f*, überwendliche Naht
lap plate / Gleitblech *n* || ~ **rod** (spinn) / Wickelstab *m*, Wickelstange *f*, Wickelstock *m* || ~ **rod** (worsted) / Wickelspule *f* || ~ **roll[er]** / Wattewickel *m*, Wickel *m*, Wickelrolle *f* || ~ **roll[er]** / Abwickelwalze *f*, Wickelwalze *f*, Wickelscheibe *f* || ~ **roll[er]** / Wattelegeapparat *m* || ~ **roller flange** / Wickelscheibe *f* || ~ **scales** *pl* / Wickelwaage *f* || ~**seam** *v* (sew) / überlappt nähen *v* || ~ **seam** / Kappnaht *f*, überdeckter Saum || ~ **seam feller** / Kapper *m* || ~ **seam felling** / aufgesteppte Kappnaht || ~**seaming** *n* / überlapptes Nähen || ~ **storing device** / Wickelspeicher *m* || ~ **tester** / Wickelprüfgerät *n* || ~ **truck** / Wickelwagen *m* || ~ **waste** / Wickelabfall *m* || ~ **weight** / Wickelgewicht *n*, Wattengewicht *n* || ~ **weight control** / Wickelgewichtskontrolle *f* || ~ **winder** / Aufroller *m*, Wickelvorrichtung *f*, Pelzgeapparat *m*, Pelzwickelapparat *m*, Wattewickelmaschine *f* || ~ **winding** / Wickelaufrollen *n* || ~ **with cloth** (text pr) / bombagieren *v*, bombieren *v*
large--area pattern / großflächiges Muster, Flächenmuster *m* || ~**-area printing** / Flächen-Druck *m* || ~ **batch** / Großkaule *f* || ~ **batching system** / Großkaulenwickler *m* || ~**-boll cotton** / großkapselige Baumwolle || ~ **circular knitted fabric** / Großrundstrick *n* || ~ **circular knitting machine** / Großrundstrickmaschine *f* || ~ **cop** (spinn) / Großkops *m* || ~**-diameter circular knitting machine** / Großrundstrickmaschine *f* || ~**-diameter links and links [purl stitch] knitting machine** / Links-Links-Großrundstrickmaschine *f* || ~ **muff** / Großmuff *m* || ~ **package** (spinn) / Großkops *m* || ~ **patterned** / großmustig *adj*, großmusterig *adj* || ~ **ribber** (knitt) / Großrabatmaschine *f* || ~**-size bobbin** (weav) / Großraumspule *f* || ~ **yardage** / Großmetrage *f*
laser cutting / Zuschneiden *n* mit Laser

lashed pile velveteen / Baumwollsamt *m* mit festgebundenem Flor
lash-in *n* (weav) / Schußeinschlepper *m*
lashing-in *n* (defect) / Schußeinschlag *m*
lasting *n* (weav) / Lasting *m*, Prunell *m*, Wollsatin *m*
latch *n* / Nadelzunge *f* || ~ / Klinkenhebel *m* || ~ (knitt) / Fanghebel *m* || ~ **blade** (knitt) / Zungenschaft *m* || ~ **clearing position** / Strickstellung *f* || ~ **groove of needle** / Nadelkröpfung *f* || ~ **guard** (knitt) / Zungenschutz *m* || ~ **guard ring** (knitt) / Zungenring *m* || ~ **knife** (knitt) / Zungenöffner *m* || ~ **needle** (knitt) / Zungennadel *f*, Scharniernadel *f* || ~ **needle fabric** / Gestrick *n* || ~ **needle knitting machine** / Zungennadelmaschine *f* || ~ **opener** (knitt) / Zungenöffner *m* || ~ **ring** (knitt) / Zungenring *m* || ~ **stop** (knitt) / Zungenanschlag *m* || ~ **tacking** (sew) / Nahtanfangsverriegelung *f* || ~ **tacking attachment** (sew) / Fadenkettenklemme *f*, Kettenklemme *f* || ~ **type needle for knitting machines** / Zungennadel *f* für Wirk- und Strickmaschinen (DIN 62153) || ~ **wire needle** / Zungennadel *f* in Drahtausführung
late flax / Spätlein *m*
latent crimp / latente Kräuselung
latex *n* / Latex *m*, Milchsaft *m* || ~ / Kunstharzdispersion *f* || ~ / Latexschaumgummi *n m*, Schaumgummi *n m*, Latexschaum *m* || ~ **backing** / Latexuntergrund *m* || ~ **backing compound** / Latex-Rückenappreturmasse *f* || ~ **compound** / Latexmischung *f* || ~ **compounding** / Herstellung *f* von Latexmischungen || ~ **concentrate** / Latexkonzentrat *n* || ~ **foam [rubber]** / Latexschaumgummi *n m*, Latexschaum *m*, Schaumgummi *n m*
latexing *n* / Latexierung *f*
latex thread / Latexgummifaden *m*, Latexfaden *m*
lath *n* (of loom) / Schlag *m*
lathe *n* (weav) / Lade *f*
lather *v* / schäumen *v* || ~ *n* / Schaum *m*, (i.e.S. auch) Seifenschaum *m* || ~ **booster** / Schaumverbesserer *m* || ~ **collapse** / Zusammenbruch *m* des Schaums, Zusammensinken *n* des Schaums
lathering property / Schäumeigenschaft *f*
lather value / Schaumwert *m*, Schaumzahl *f* || ~ **value in the presence of dirt** / Belastungsschaumzahl *f*
lattice *n* (fabric) / Stabtuch *n*, Lattentuch *n* || ~ **apron** (spinn) / Lattentuch *n* || ~ **bar** / Gitterstab *m* || ~ **basket weave** / Gitterbindung *f* || ~ **block** / Lattentuchwalze *f* || ~ **braid** / Leiterborte *f*, durchbrochene Borte || ~ **charge** (spinn) / Tischauflage *f* || ~ **drier** / Rosttrockner *m* || ~ **drum** (carding) / Lattentrommel *f* || ~ **feed** / Lattentuch *n* || ~ **feed cloth** (spinn) / Zuführlattentuch *n* || ~ **feed table** (spinn) / Lattentisch *m* || ~ **for textile machine** / Lattentuch *n* für Textilmaschine (DIN 64096) || ~ **load** (spinn) / Tischauflage *f* || ~ **motion** (spinn) / Tischbewegung *f* || ~ **opener** / Doppelkastenspeiser *m* || ~ **pattern** / Gittermuster *n* || ~ **roller** / Lattentuchwalze *f* || ~ **roller** (carding) / Lattentrommel *f* || ~ **tulle** (weav) / Gittertüll *m* || ~ **wire** / Gitterdraht *m*
launder *v* / auswaschen *v*, Wäsche waschen
launderability *n* / Waschbarkeit *f* || ~ (nwv) / Waschbeständigkeit *f*, Naßreinigungsbeständigkeit *f* || ~ **tester** / Waschbarkeitsprüfgerät *n* || ~ **testing** / Waschbarkeitsprüfung *f*
launderette *n* / Schnellwäscherei *f*
laundering *n* (removal of soils and stains from washable fabric items) / Waschen *n*, Wäschewaschen *n*, Waschen der Wäsche, Weißwaschen *n*, Naßwäsche *f* || ~ **cycle** (washing machine) / Waschgang *m* || ~ **fastness** / Waschechtheit *f*, Waschbeständigkeit *f* || ~ **instructions** *pl* / Waschanleitung *f* || ~ **operation** / Waschvorgang *m* || ~ **test** / Waschversuch *m*
launderometer *n* / Waschechtheitsmeßgerät *n*
launderproof *adj* / waschecht *adj*

laundry

laundry n / Waschanstalt f, Wäscherei f, Weißwäscherei f ‖ ~ / Wäsche f, Weißwäsche f ‖ ~ **bag** / Wäschesack m ‖ ~ **blue** / Waschblau n ‖ ~ **damage** / Wäschereischädigung f ‖ ~ **degradation** / Waschabbau m ‖ ~ **detergent** / Weißwaschmittel n, Waschmittel n für Wäschereien ‖ ~ **drying plant** / Wäschetrocknungsanlage f ‖ ~ **duck** / Segelleinen n für Mangelüberzüge, Mangelbezugsduck m ‖ ~ **marking ink** / Wäschezeichentinte f ‖ ~ **net** / Wäschenetz n ‖ ~ **press** / Wäschepresse f, Wäschemangel f, Bügelpresse f ‖ ~**-proof** adj / waschecht adj, kochecht adj ‖ ~**-resistant** adj / waschecht adj, kochecht adj ‖ ~ **stamping ink** / Wäschestempelfarbe f ‖ ~ **to be boiled** / Kochwäsche f ‖ ~ **to be mangled** / Mangelwäsche f ‖ ~ **trade sheeting** (US) / schwere Bettlakenstoffe m pl ‖ ~ **washing** / Maschinenwäsche f
lauric acid / Laurinsäure f, Dodekansäure f
lauryl pyridinium chloride / Lauryl-Pyridinium-Chlorid n
lavender-coloured adj / lavendelfarbig adj
laventine n / Laventine f (dünnes seidenes Ärmelfutter aus Filamentgarn)
laver n (cpt) / Laver m, Lawer m (persischer Teppich hoher Qualität)
lawn n / Batist m (fein), Linon m (leinwandbindiges Flachgewebe) ‖ ~ **bleaching** / Rasenbleiche f ‖ ~ **finish** / leinenähnliche Ausrüstung
lay [a carpet] v / verlegen v ‖ ~ n (weav) / Lade f ‖ ~ (rope) / Seildrehung f ‖ **number of** ~**s** (making up) / Lagenhöhe f ‖ ~ **a fabric on the double** / Stoff doubliert legen ‖ ~ **cap** (weav) / Ladendeckel m
layering apparatus (carding) / Legevorrichtung f
layer locking / Sicherung f der Wicklungsschicht ‖ ~ **of the cop-bit** / Ansatzschicht f, Kopsansatzschicht f ‖ ~ **slippage** / Verschiebung f von Stoffbahnen auf der Warenrolle, Stofflagenverschiebung f ‖ ~ **thickness** (depth of layer of chopped rovings which falls on to moving belt) / Ablagehöhe f (Glasfasern)
layette n / Erstlingswäsche f, Säuglingsausstattung f ‖ ~ **wool** / Baby-Wolle f
lay in / einlegen v (einen Faden) ‖ ~**-in fabric** / Futterware f
laying down gig (weav) / Verstreichrauhmaschine f ‖ ~**-in attachment** (weav) / Schußapparat m ‖ ~**-in machine** (knitt) / Einlegemaschine f ‖ ~**-in point** (knitt) / Einlegestiche f (für Futterfäden) ‖ ~**-in thread** / Futterfaden m ‖ ~ **into a box** / Kartonablage f (Faserproduktion) ‖ ~**-in yarn** / Futterfaden m ‖ ~ **method for floor-coverings** / Verlegeverfahren n für Fußbodenbelag ‖ ~**-on device** / Auflegeapparat m ‖ ~ **the thread** / Fadenlegen n ‖ ~ **up** / Ablegen n zum Zuschneiden ‖ ~**-up machine** (making up) / Legemaschine f, Spannmaschine f
lay--in loop (knitt) / Futterschleife f ‖ ~**-on-air dryer** / Schwebetrockner m ‖ ~ **race** / Schützenbahn f ‖ ~ **sword** / Ladenarm m ‖ ~ **up** / ablegen v (z.B.: die Ware schleuderfeucht ablegen)
lazie n / Lazies-Stickerei f
lazy-daisy stitch / Millefleurs-Stickerei f
lea n / Unterband n, Teilsträhne f ‖ ~ / Garngebinde n, Fitze f ‖ ~ / Lea (Garnmaß: Baumwolle = 120 yds, Kammgarn = 80 yds, Leinen und Hanf = 300 yds) ‖ ~ **breaking strain** / Strangzerreißfestigkeit f, Strangreißfestigkeit f
leach n / Lauge f ‖ ~ / Auslaugen n, Auslaugung f
leaching [out] n / Laugung f, Auslaugen n, Auswaschen n, Herauslösen n, Extraktion f ‖ ~ s. lixiviation ‖ ~ **agent** / Laugungsmittel n, Laugemittel n ‖ ~ **by agitation** / Rührlaugung f ‖ ~ **solution** / Laugenlösung f, Lauge f ‖ ~ **tank** / Auslaugbehälter m, Auslaugebehälter m
leach out (e.g. a fibre component) v (dye) / herauslösen v (einen Faseranteil)
lea count / Lea-Gebindenummer f

lead n (mech) / Voreilung f ‖ ~ (chemical element) / Blei n ‖ ~ **acetate** / Bleidiacetat n ‖ ~ **chromate black** / Bleichromatschwarz n ‖ ~ **chromate process** (dye) / Bleichromatverfahren n
leader cloth / Leittuch n
lead grey / bleigrau adj
leading bobbin / voreilende Spule ‖ ~ **edge** / vorlaufende Kante ‖ ~ **edge** / Vorderkante f ‖ ~ **feed** (knitt) / voreilendes System, vorlaufendes System ‖ ~ **hook** / vorwärtsgerichtete Faserhäkchen ‖ ~ **jack switch** (knitt) / vorlaufende Stößerweiche ‖ ~ **knitting system** / voreilendes System, vorlaufendes System ‖ ~ **thread** (sew) / Lauffaden m (an der Nähmaschine)
lead oxychromate / Chinarot n ‖ ~ **sinker bar** (knitt) / Platinenbarre f
leaf n (weav) / Geschirr n, Schaft m am Webstuhl ‖ ~ **fibre** / Blattfaser f, Blattstielfaser f ‖ ~ **green** / laubgrün adj (RAL 6002), blattgrün adj ‖ ~ **stalk** / Blattstiel m
leafy cotton / Blätter oder Blätterstaub enthaltende Baumwolle
lean handle / trockener Griff ‖ ~ **place** / spitze Stelle (Garnfehler) ‖ ~**-to tent** / schräges Zelt, Halbzelt n ‖ ~ **wool** / rauhgriffige Wolle ‖ ~ **yarn** / verdünntes Garn
lea reeling / Garnstranghaspelung f
lease n (weav) / Fadenkreuz n, Spannkreuz n, Sprung m, Gelese n, Schrank m ‖ ~ **band** (weav) / Kreuzschnur f, Fitzband n, Gangschnur f, Kreuzband n, Teilschnur f, Rispeschnur f ‖ ~ **banded hank** / unterbundener Strang ‖ ~ **bar** (weav) / Kreuzschiene f, Kreuzrute f, Leserute f, Trennstab m ‖ ~ **cord** (weav) / Fitzschnur f, Einleseschnur f, Gangschnur f, Kreuzschnur f, Teilschnur f ‖ ~ **fault** (weav) / Kreuzfehler m ‖ ~ **making** / Fadenkreuzeinlesen n ‖ ~ **peg** (weav) / Fadenkreuzstift m ‖ ~ **pin** (weav) / Kreuznagel m ‖ ~ **reed** / Geleseblatt n, Rispeblatt n, Lesekamm m, Geleseriet n ‖ ~ **rod** (weav) / Kreuzrute f, Kreuzstab m, Teilrute f, Teilstab m, Schiene f, Rispestab m, Trennstab m ‖ ~ **stick** (weav) s. lease rod ‖ ~ **string** (weav) / Kreuzband n
leash n (weav) / Latze f
leasing n (weav) / Einlesen n, Kreuzeinlesen n ‖ ~ (weav) / Kreuzlegung f ‖ ~ **band** (weav) / Kreuzschnur f, Fitzband n, Gangschnur f, Kreuzband n, Teilschnur f, Rispeschnur f ‖ ~ **cord** s. leasing band ‖ ~ **fault** / Kreuzfehler m ‖ ~ **machine** (weav) / Fadenkreuzeinlesemaschine f, Einlesemaschine f ‖ ~ **reed** (weav) / Geleseblatt n, Rispeblatt n, Geleseriet n, Kreuzriet n ‖ ~ **rod** (knitt) / Teilrute f ‖ ~ **rod** (weav) / Teilschiene f, Trennschiene f, Trennstab m, Kreuzschiene f, Rispeschiene f, Rispestab m ‖ ~ **string** (weav) s. leasing rod ‖ ~ **system** / Fadenkreuzvorrichtung f
lea skein (spinn) / Gebindestrang m ‖ ~ **strength** / Lea-Strangreißfestigkeit f ‖ ~ **test** / Lea-Prüfung f
leather--brown adj / lederbraun adj ‖ ~ **button** / Lederknopf m
leathercloth n / Kunstleder n (oft geschäumt)
leather cloth / Kunstleder n ‖ ~ **coat** / Ledermantel m ‖ ~ **cone** / Lederkegel m ‖ ~ **cot** / Lederhülse f ‖ ~ **covered roller** / Lederwalze f ‖ ~ **covering** / Lederbelag m ‖ ~ **cushion** / Lederkissen n
Leatherette n / Markenname für Kunstleder
leather fabric / Lederimitation f, Ledertuch n ‖ ~ **for clothing** / Bekleidungsleder n ‖ ~ **for upholstery** / Polsterleder n ‖ ~ **insert** / Ledereinlage f ‖ ~ **jacket** / Lederjacke f ‖ ~ **lining** / Lederbeschlag m ‖ ~ **loop** / Lederschlaufe f, Lederschlinge f ‖ ~ **silk** / ledergriffige Seide ‖ ~ **strap** / Lederband n ‖ ~ **strip** / Lederstreifen m ‖ ~ **tape** (spinn) / Riemchen n
leathery adj / lederartig adj, lederähnlich adj
leather yellow (dye) / Ledergelb n, Phosphin n, Chrysanilin n
leave grounds unstained (differential dyeing) (dye) / reinlassen v

174

leavers lace / Leaverspitze f ‖ ~ **machine** / Leavermaschine f
leaving adjacent fibres unstained / Reinlassen n von Begleitfasern ‖ ~ **effects unstained** (dye) / Weißlassen n von Effekten ‖ ~ **group** (dye) / Abgangsgruppe f
ledger blade (knitt) / Untermesser n
lees n / Niederschlag m, Ausscheidung f, Bodensatz m, Satz m, Ausscheidungsprodukt n, Ablagerung f, Sediment n, Bodenkörper m
leese n (weav) / Fadenkreuz n
left eye shuttle / Linksschützen m, Fadenauslauf links (DIN 64165) ‖ ~**-hand thread** / Linkszwirn m, Zwirn m mit linker Schußdrehung ‖ ~**-hand twill** / S-Grat-Köper m, Linksgratköper m ‖ ~**-hand twine** / S-Draht m ‖ ~**-hand twist** / S-Draht m, Linksdraht m, Linksdrehung f, S-Drehung f ‖ ~**-hand twisted thread from right-hand twisted yarn** / linksgedrehter Zwirn aus rechtsgedrehten Fäden ‖ ~**-hand twisted yarn** / linksgedrehtes Gespinst ‖ ~**/left circular knitting machine** / Links-Links-Rundstrickmaschine f (DIN 62133) ‖ ~**/left construction** (knitting loom) / Links-Links-Bindung f ‖ ~**-to-right twill** / Rechtsgratköper m
leg v (hos) / längen v ‖ ~ n (hos) / Längen n, Beinling m, Schaft m, Bein n, Strumpfbein n ‖ ~ (trousers) / Hosenbein n ‖ ~ (of tooth) (zip) / Schenkel m eines Reißverschlußzahns ‖ ~ (of loop) / Noppenschenkel m
legal titre / legaler Titer (Gewicht von 9000 m eines Garnes), Legaltiter m (Gewicht von 9000 m eines Garnes), Td
legger n (hos) / Längenmaschine f, Strumpflängenmaschine f, Wirkmaschine f zur Herstellung der Längen
legging n (hos) / Herstellung f der Längen ‖ ~ **felt** / Gamaschenfilz m ‖ ~ **frame** (hos) / Längenstuhl m ‖ ~ **machine** (hos) s. legger
leggings pl / Gamaschen f pl
leg narrowing / Wadenmindern n, Wadendecken n
leg-of-mutton sleeve (fash) / Gigot m, Keulenärmel m
leg opening (sew) / Beinöffnung f ‖ ~ **warmers** / Legwarmers m pl
Leicester wool / englische Wolle erster Qualität
Leipzig yellow / Chromgelb n, Pariser Gelb, Bleichromat n
leisure n / Seiden- und Samtwarenkanten f pl ‖ ~ **shirt** / Freizeithemd n ‖ ~ **wear** / Freizeitbekleidung f, Hausbekleidung f, Ferienkleidung f ‖ ~ **wear fashion** / Freizeitmode f, "Leger"-Mode f, Mode f mit Freizeitcharakter
lemon·-coloured adj / zitronenfarbig adj, zitronenfarben adj ‖ ~ **shade** / zitronenfarbig adj, zitronenfarben adj ‖ ~ **shade** / Zitronenfarbe f ‖ ~ **yellow** / zitronengelb adj (RAL 1012), zitronengelb adj
length n (weav) / Tuchabschnitt m, Abschnitt m ‖ ~ **felting shrinkage** / Längenfilzschrumpf m, Längenschrumpf m ‖ ~ **of bath** (dye) / Länge f der Flotte, Flottenlänge f, Flottenverhältnis n ‖ ~ **of bobbin** / Spulenlänge f, Hülsenlänge f ‖ ~ **of break** / Bruchstrecke f ‖ ~ **of cloth** / Stoffbahn f ‖ ~ **of cut** / Schnittlänge f ‖ ~ **of cut** (shear) / Schneidlänge f ‖ ~ **of cut-out of shuttle** (weav) / Spulenraumlänge f des Webschützen (DIN 64385) ‖ ~ **of draft** (spinn) / Auszugslänge f ‖ ~ **of draw** (spinn) / Auszugslänge f ‖ ~ **of fibre** / Faserlänge f ‖ ~ **of hank** / Stranglänge f, Weifenlänge f ‖ ~ **of immersion** (dye) / Tauchweg m ‖ ~ **of lay** / Tafelungslänge f ‖ ~ **of liquor** (dye) / Länge f der Flotte, Flottenlänge f, Flottenverhältnis n ‖ ~ **of loop** (knitt) / Maschenlänge f ‖ ~ **of needle** / Nadellänge f ‖ ~ **of needle bed** (knitt) / Nadelbettlänge f ‖ ~ **of passage through the liquor** / Passagendauer f ‖ ~ **of repeat** / Rapportlänge f ‖ ~ **of staple** / Stapellänge f ‖ ~ **of stitch** (sew) / Stichlänge f ‖ ~ **of stitch** (knitt) / Maschenlänge f ‖ ~ **of stocking** (knitt) / Strumpflänge f ‖ ~ **of stretch** (spinn) / Auszugslänge f ‖ ~ **of thread** / Fadenlänge f ‖ ~ **of thread guide traverse** (knitt) / Fadenführerweg m ‖ ~ **of top roller nip** / Auflagelänge f der Druckwalze auf der Unterwalze ‖ ~ **of trouser leg** / Hosenbeinlänge f, Beinlänge f ‖ ~ **of tube** / Spulenlänge f, Hülsenlänge f ‖ ~ **of warp** / Kettenlänge f ‖ ~ **shearing machine** (weav) / Langschermaschine f ‖ ~ **shrinkage** / Längenschrumpf m
lengthwise crease / Längsfalte f ‖ ~ **fibre feed** / Längsfaserspeisung f ‖ ~ **fold** / Längsfalte f ‖ ~ **stripe** / Längsstreifen m ‖ ~ **stripe pattern** / Längsstreifenmuster n
leno n (weav) / Drehergewebe n, Gewebe n mit Dreherbindung, Gazegewebe n ‖ ~ **brocade** / durch Gazeeffekte gemusterter Brokatstoff ‖ ~ **cellular** / poröse Schlauchware in Dreherbindung ‖ ~ **cloth**, leno fabric / Drehergewebe n, Gazegewebe n, Gewebe n mit Dreherbindung ‖ ~ **ground heddle** / Drehergrundlitze f ‖ ~ **harness** / Dreherwebgeschirr n ‖ ~ **heddle** / Dreherlitze f ‖ ~ **loom** / Dreherwebmaschine f ‖ ~ **muslin** / Baumwollmusselin m ‖ ~ **reed** / Gazeblatt n ‖ ~ **selvedge** / Dreherleiste f ‖ ~ **selvedge apparatus** / Schlingkantenapparat m ‖ ~ **shelf** / Dreherfach n ‖ ~ **weave** / Dreherbindung f, Gazebindung f, Tüllbindung f ‖ ~ **weaving** / Dreherweben n
leonine spun / leonische Fäden ‖ ~ **spun** / leonische Ware
leopard pattern / Pantherfellmusterung f
leotard n / Ballettkostüm n, ärmelloses Trikot (für Akrobaten), Leotard
lessen a bath (dye) / ein Bad abschwächen, eine Farbe abschwächen
let down (pig) / auffetten v ‖ ~ **down stitches** / Maschen f pl abnehmen, Maschen f pl fallen lassen ‖ ~**-in piece** / Keil m, Zwickel m ‖ ~ **off bracket** / Kettbaumlager n ‖ ~ **off chain** / Kettbaumbremskette f ‖ ~ **off motion** / Kettenspannungsregler m ‖ ~ **off motion** (weav) / Kettfadenablaßvorrichtung f ‖ ~ **off spool** / Kettablaßscheibe f ‖ ~ **off weight** / Kettablaßgewicht n ‖ ~ **off weight arm** / Kettablaßbelastungsarm m
letona n (a bast fibre from the Agave letonae, found in San Salvador) / Salvador-Sisalhanf m
let out the seam (sew) / die Naht auslassen
letting off the warp / Kettenablaß m
lettuce green / salatgrün adj
leucine n / Leuzin n, 2-Aminoisokapronsäure f
leucoalizarin n / Leukoalizarin n
leucoaurin n / Leukoaurin n
leuco base / Leukobase f ‖ ~ **compound** / Leukoverbindung f ‖ ~ **derivative** / Leukoderivat n ‖ ~ **dyestuff** / Leukofarbstoff m ‖ ~ **ester** / Leukoester m ‖ ~ **ester compound** / Leukoesterverbindung f ‖ ~ **ester dyestuff** / Leukoesterfarbstoff m ‖ ~ **ester of vat dyes** / Küpenfarbstoff-Leukoester m
leucoindigo n, leuco indigo / Leukoindigo n, Leukindigo m, Leukoverbindung f des Indigo
leuco indigo / indigoider Leukoküpenfarbstoff
leucomalachite green / Leukomalachitgrün n
leucopararosaniline n / Leukopararosanilin n, Paraleukorosanilin n
leucorosaniline n / Leukorosanilin n
leuco salt / Leukosalz n ‖ ~ **sulphur dyestuff** / Leukoschwefelfarbstoff m
leucosulphuric acid ester / Leukoschwefelsäureester m ‖ ~ **acid ester salt** / Leukoschwefelsäureestersalz n
leuco vat dyebath / Leukofarbstoffküpe f ‖ ~ **vat-dye pad-steam process** / Klotzdämpfverfahren m mit Leukoküpenfarbstoffen ‖ ~ **vat dyestuff** / Leukoküpenfarbstoff m ‖ ~ **vat ester** / Leukoküpenester m ‖ ~ **vat ester dyestuff** / Küpenleukoester-Farbstoff m
Levant cotton / anatolische Baumwollart, kleinasiatische Baumwolle
levantine n / Levantine f (stärkerer köperbindiger Futterstoff aus Fasergarnen (vormals Baumwolle) beidseitig, jedoch verschieden gefärbt)
level v / egalfärben v, egalisieren v ‖ ~ n / Niveau n, Stand m ‖ ~ adj / egal adj, gleichmäßig adj (Färbung) ‖ ~ **absorption** (dye) / gleichmäßiges Aufziehen ‖

level

~ **appearance** / ruhiges Warenbild ‖ ~ **appearance over a large area** / Flächenegalität f ‖ ~ **control** / Flottenstandsregler m ‖ ~ **dyeing** / Egalfärben n, Egalisieren n, Egalisierung f ‖ ~ **dyeing** / gleichmäßige Färbung, egale Färbung ‖ ~ **dyeing assistant** / Egalisierhilfsmittel n ‖ ~ **dyeing auxiliary** / Egalisierhilfsmittel n ‖ ~ **dyeing between ends** (dye) / Endengleichheit f ‖ ~ **dyeing dyestuff** / gut egalisierender Farbstoff ‖ ~ **dyeing property** / Egalfärbevermögen n ‖ ~ **fastness** / Egalfärbebeständigkeit f ‖ ~ **foam** (cpt) / glatter Schaum, ungeprägter Schaum

levelling n / Abgleich m, Egalisierung f, Egalisieren n, Egalfärben n ‖ ~ **agent** / Egalisiermittel n, Egalisierer m, egalisierendes Mittel ‖ ~ **and migrating power** (dye) / Egalisier- und Ausgleichsvermögen n ‖ ~ **and resist agent** / Egalisier-Reserviermittel n ‖ ~ **auxiliary** / Ausgleichshilfsmittel n ‖ ~ **capacity** / Egalisiervermögen n, Ausgleichsvermögen n ‖ ~ **capacity of filament structure differences** (dye) / Ausgleichsvermögen n für Fadenstrukturdifferenzen ‖ ~ **coat** (ctg) / Glattstrich m ‖ ~ **coefficient** (of barréness) / Ausgleichszahl f (der Streifigkeit), AZ-Wert m ‖ ~ **curve** (dye) / Ausgleichskurve f ‖ ~ **doctor** (ctg) / Verstreichrakel f, Egalisierrakel f ‖ ~ **dyestuff** / Egalisierfarbstoff m ‖ ~ **effect** / Egalisierwirkung f, Ausgleichwirkung f ‖ ~ **effect as to differences in drawing** / Ausgleichwirkung f von Verstreckungsdifferenzen ‖ ~ **frame** / Egalisierrahmen m ‖ ~ **length** (length of fabric passing through dyeing machine before dyeing becomes level) (dye) / Ausgleichslänge f (Warenlänge bis egale Färbung erreicht wird) ‖ ~ **machine** / Egalisiermaschine f ‖ ~ **of barré** (dye) / Ausgleich m von Streifigkeit ‖ ~ **of differences in affinity due to the material** / Ausgleich m materialbedingter Affinitätsunterschiede ‖ ~ **of faulty shades** / Ausegalisieren n von Fehlfärbungen ‖ ~ **power** / Ausgleichvermögen n, Egalisiervermögen n ‖ ~ **power on materials of unequal affinity** (dye) / Ausgleichvermögen n materialbedingter Fadenstrukturdifferenzen, Decken n materialbedingter Fadenstrukturdifferenzen ‖ ~ **roll[er]** / Egalisierwalze f ‖ ~ **stenter** / Egalisierspannrahmen m ‖ ~ **test based on time intervals** (mat test) / Zeitstufen-Egalisiertest m ‖ ~ **time** (time before dyeing becomes level) (dye) / Ausgleichszeit f (Zeit bis egale Färbung erreicht wird)

levelness n (dye) / Egalität f, Gleichmäßigkeit f, Egalisierung n (Zustand) ‖ ~ **from end to end** (dye) / Endengleichheit f ‖ ~ **of dyeing** / Gleichmäßigkeit f der Färbung

level out / ausegalisieren v ‖ ~ **shade** / gleichmäßiger Farbton, gleichmäßiger Farbausfall, egaler Farbton

leviathan canvas / Kanevas m für Wollstickerei ‖ ~ **washer** (spinn) / Leviathan m, Leviathan-Wollwaschmaschine f, Wollwaschmaschine f, Waschzug m, Wollwaschbatterie f ‖ ~ **yarn** / mehrfaches Wollstickgarn

levulinic acid (US) / Lävulinsäure f

ley boil / Abkochen n mit Sodaasche und Harzteig

ley-less beating-up / ladenlose Schußverdichtung

L-H aqueous emulsion (L = lipos, H = hydor) / wäßrige Emulsion (L-H = Öl in Wasser)

licker-·in n (spinn) / Vorreißer m, Vorwalze f, Vorreißwalze f, Vorreißerwalze f, Kratzenwalze f, Briseur m, Speisewalze f, Materialzuführwalze f, Zuführungswalze f ‖ ~**-in cover** / Vorreißerhaube f, Bedeckung f des Vorreißers ‖ ~**-in device** / Vorreißereinrichtung f ‖ ~**-in drum** / Vorreißertrommel f ‖ ~**-in fly** / Briseurflug m ‖ ~**-in grid** / Vorreißerrost m ‖ ~**-in roller** / Briseurwalze f ‖ ~**-in screen** / Briseursieb f ‖ ~**-in tooth** / Vorreißerzahn m ‖ ~**-in waste** / Briseurabfall m

licking n / Wickelbildung f ‖ ~ **of the roller** / Wickeln n der Walze

lick roller (dye) / Pflatschwalze f

lif fibre / Blattstengelfaser f der Dattelpalme (Afrika und Arabien)

lift cords (weav) / Aufziehschnüre f pl

lifted warp (weav) / gehobene Kette

lifter n (weav) / Platine f ‖ ~ (wool) / Ausheber m, Schiebeelevator m ‖ ~ **device** (wool) / Aushebevorrichtung f ‖ ~ **jack** (jacquard) / mechanischer Heber ‖ ~ **motion** (spinn) / Hubwerk n ‖ ~ **motion camshaft** / Hubwelle f ‖ ~ **motion column** / Hubsäule f ‖ ~ **motion gear** / Hubgetriebe n ‖ ~ **motion shaft brake** / Hubsäulenbremse f ‖ ~ **motion worm** / Hubschnecke f ‖ ~ **plate** / beweglicher Spindelträger ‖ ~ **rod** (spinn) / Hubstange f ‖ ~ **roll[er]** (spinn) / Bandabhebewalze f, Hebewalze f ‖ ~ **wheel** / Hubrad n

lifting appliance (wool) / Aushebevorrichtung f ‖ ~ **bar** / Messerkasten m ‖ ~ **bar** (jacquard) / Hebezeug m ‖ ~ **blade** (weav) / Platinenmesser n, Hebemesser n, Fangbrett n ‖ ~ **board** (cpt) / Hebebrett n ‖ ~ **cam** / Nadelschloß n ‖ ~ **cord** (weav) / Platinenschnur f ‖ ~ **cord of the warp** (weav) / Kettfadenheber m ‖ ~ **device** (jacquard) / Hebezeug n ‖ ~ **device for doctors** / Rakelhebevorrichtung f ‖ ~ **fork** (wool) / Ausheber m, Schiebeelevator m ‖ ~ **heald** / Hebelitze f ‖ ~ **hook** (knitt) / Hochfachplatine f ‖ ~ **knife** (weav) / Schaftmesser n ‖ ~ **net** / Aushebenetz n ‖ ~ **of the pile** / Anheben n der Maschenhenkel ‖ ~ **pin** / Hubstift m ‖ ~ **plan** (weav) / Hebeplan m der Kettfäden, Stuhlzettel m ‖ ~ **poker** / Hubstange f ‖ ~ **rod** / Hubstange f ‖ ~ **sling** / Hebeschlinge f ‖ ~ **the warp threads** / Kettfadenhebung f ‖ ~ **wire** (knitt) / Platine f, Nadelplatine f ‖ ~ **wire** (knitt) / Hebehaken m ‖ ~ **wire guard** (knitt) / Platinenwächter m ‖ ~ **wire in the high position** (knitt) / Hochfachplatine f

lift of healds / Litzenzug m ‖ ~ **of the pawl** / Klinkenhub m ‖ ~ **of the shuttle box** / Schützenkastenhub m ‖ ~ **of the warp** (weav) / Hebung f des Kettfadens

ligand (chem) / Ligand m

light n / Licht n ‖ ~ adj (shade) / hell adj, licht adj ‖ ~ **absorption** / Lichtabsorption f ‖ ~ **ageing** / Lichtalterung f, Alterung f durch Licht ‖ ~ **alloy beam** (weav) / Leichtmetallbaum m ‖ ~ **alloy tube** / Leichtmetallhülse f ‖ ~ **and outdoor stability** / Beständigkeit f gegen Belichtung und Bewetterung ‖ ~**-and-shade contrast** / Licht-Schatten-Effekt m ‖ ~**-blotch colour** (text pr) / helle Deckerfarbe ‖ ~**-blue** adj / lichtblau adj (RAL 5012), hellblau adj ‖ ~ **boning** (foundations) / leichte Stäbchenverstärkung ‖ ~**-brown** adj / hellbraun adj ‖ ~ **calendering** (fin) / Anwalzen n ‖ ~**-coloured** adj / leichtgefärbt adj, hellgefärbt adj, hell adj, hellfarbig adj ‖ ~**-coloured blotch** (print) / heller Decker ‖ ~**-coloured filler** (ctg) / heller Füller, heller Füllstoff ‖ ~**-coloured ground** (print) / heller Decker ‖ ~ **damage** / Lichtschaden m, Lichtschädigung f ‖ ~**-density material** / leichter Stoff ‖ ~**-duty detergent** / Feinwaschmittel n, Leichtwaschmittel n ‖ ~**-duty nonwoven** / niedrigbelastbares Vlies ‖ ~ **effect** / Lichteffekt m, Lichtwirkung f

lighten v (dye) / aufhellen v

lightening n / Aufhellen n, Aufhellung f ‖ ~ **capacity** (pig) / Aufhellvermögen n

light exposure test / Lichtechtheitsprüfung f ‖ ~ **fading test** / Belichtungsprobe f ‖ ~**-fast** adj / lichtecht adj, lichtbeständig adj ‖ ~ **fastness** / Lichtechtheit f, Lichtbeständigkeit f ‖ ~ **fastness evaluation** / Lichtechtheitsbewertung f ‖ ~ **fastness on exposure to a high black-panel temperature** (car upholstery fabrics) / Heißlichtechtheit f (Autopolsterstoffe) ‖ ~ **fastness rating** / Lichtechtheitszahl f ‖ ~ **fastness standard** / Lichtechtheitsstufe f, LE-Stufe f ‖ ~ **fastness testing** / Lichtechtheitsprüfung f ‖ ~ **fastness tester** / Lichtechtheitsprüfgerät n ‖ ~ **fastness testing** / Lichtechtheitsprüfung f ‖ ~ **fawn** / hellrehfarben adj ‖

linen

~ **filling streak** / Streifen *m* durch dünne Schußfäden ‖
~ **flannel raised on both sides** / Spagnell *m* (Schwerflanellart), Spagnolett *m* ‖ ~**-green** *adj* / hellgrün *adj* ‖ ~**-grey** *adj* / lichtgrau *adj* (RAL 7035), hellgrau *adj* ‖ ~**/heat yellowing** / Licht-/Hitze-Vergilbung *f* ‖ ~**/heat yellowing stability** / Licht-/Hitze-Vergilbungsbeständigkeit *f* ‖ ~ **intensity** / Lichtintensität *f*, Lichtstärke *f* ‖ ~ **intensity** / Helligkeit *f* ‖ ~ **ivory** / hellelfenbein *adj* (RAL 1015)
lightly printed pattern / schwach gedeckter Druck ‖
~ **shaping** (foundation garments) / schwach formend ‖
~ **twisted yarn** / schwach gedrehtes Garn, weich gedrehtes Garn
light milling / leichte Walke ‖ ~ **nut-brown** / hellnußbraun *adj* ‖ ~ **overcoat** / Übergangsmantel *m* ‖
~ **petroleum** / Petroleumäther *m* (Siedebereich 40 - 70⁰C), Petroläther *m* ‖ ~ **pink** / hellrosa *adj* (RAL 3015) ‖ ~ **print** / heller Druck ‖ ~ **protected continuous polyamide filament yarn** / lichtgeschützter Polyamidfaden ‖ ~ **protected polyamide net curtain** / lichtgeschützte Polyamidgardine ‖ ~ **protective agent** / Lichtschutzmittel *n* ‖ ~ **quantity gauge** / Lichtmengenmeßgerät *n* ‖ ~ **quantity meter** / Lichtmengenmeßgerät *n* ‖ ~ **reactive** / unter Lichteinwirkung reagierend ‖ ~**-red** *adj* / blaßrot *adj*, hellrot *adj* ‖ ~ **reflectance** / Lichtremission *f*, Lichtrückstrahlung *f*, Lichtreflexion *f* ‖ ~ **reflectance factor** / Lichtremissionsgrad *m* ‖ ~ **resistant** / lichtecht *adj*, lichtbeständig *adj* ‖ ~ **roasted starch** / hellgebrannte Stärke ‖ ~ **rolling** (fin) / Anwalzen *n* ‖
~ **sensitive** / lichtempfindlich *adj* ‖ ~ **sensitive coating** (text pr) / lichtempfindliche Kopierschicht ‖ ~ **sensitivity** / Lichtempfindlichkeit *f* ‖ ~ **shade** / heller Farbton, helle Nuance ‖ ~ **signal knot guard** / Leuchtknotenwächter *m* ‖ ~ **silky knitwear** / leichter seidiger Strickartikel *m* ‖ ~ **solvent** / leichtes Lösemittel, leichtes Lösungsmittel *n* ‖ ~ **stability** / Lichtbeständigkeit *f*, Lichtechtheit *f* ‖ ~ **stabilizer** / Lichtstabilisator *m* ‖
~ **tenderer** / Lichtschädiger *m* ‖ ~ **test** / Belichtungsprobe *f*, Lichtechtheitsprüfung *f* ‖
~ **washing** / mildes Waschen, milde Wäsche, leichtes Waschen
lightweight fabric / leichtes Gewebe ‖ ~ **knitwear** / leichte Maschenware
light-yellow *adj* / hellgelb *adj*, weißgelb *adj*
lilac *adj* / fliederfarben *adj*, fliederfarbig *adj*, lila *adj* ‖
~**-blue** *adj* / bläulich-lila *adj* ‖ ~**-coloured** *adj* / lilafarben *adj*, fliederfarben *adj*, fliederfarbig *adj* ‖
~ **shade** / lila *adj*
Lille lace / Lille-Spitze *f* ⁺ **tapestry** / Lille-Wandteppich *m*
lime *n* / Kalk *m* ‖ ~**-baryta process** (water softening) / Kalkbarytverfahren *n* ‖ ~**-blossom shade** / lindgrün *adj*, lindenblütenfarben *adj* ‖ ~ **boil** / Kalkbeuche *f*
limed wool / Schwödwolle *f*
lime liquor / Kalkflotte *f* ‖ ~ **milk** / Kalkmilch *f* ‖ ~ **paste** / Kalkbrei *m*, Kalkteig *m* ‖ ~ **precipitation** / Kalkfällung *f* ‖ ~ **process** (cpt) / Kalkverfahren *n* ‖
~ **resistant** / kalkbeständig *adj*, kalkecht *adj*
Limerick lace / Limerick *m*, Limerickspitze *f*
lime scum / Kalkabscheidung *f*, Kalkablagerung *f* ‖
~ **soap** / Kalkseife *f* ‖ ~ **soap damage** / Kalkseifenschaden *m* ‖ ~ **soap deposit** / Kalkseifenablagerung *f* ‖ ~ **soap dispersing agent** / Kalkseifendispergator *m* ‖ ~ **soap dispersing property** / Kalkseifendispergiervermögen *n* (DIN 53903) ‖
~ **soap dispersion** / Kalkseifendispersion *f* ‖ ~ **soap precipitation** / Kalkseifenausflockung *f* ‖ ~ **soap preventing property** / Kalkseifenschutzvermögen *n* ‖
~ **soap prevention** / Kalkseifenschutz *m* ‖ ~ **soap preventive** / Kalkseife verhinderndes Mittel ‖ ~ **soap protection** / Kalkseifenschutz *m* ‖ ~ **soap stain** / Kalkseifenschaden *m* ‖ ~ **soda process** / Kalk-Soda-Verfahren *n*, Kalksodaverfahren *n* ‖ ~ **sour** /

Kalksauerbad *n* ‖ ~ **treatment** / Kalkbehandlung *f* ‖
~ **tree fibre** / Lindenbastfaser *f* ‖ ~ **wash** / Kalkmilch *f* ‖ ~ **water** / Kalkwasser *n* ‖ ~ **wool** / Schwödwolle *f*
limited wash fastness / begrenzte Waschbeständigkeit
limiting lye (soap man) / Grenzlauge *f*
Limit Oxygen Index (flammability test) (Oxygen Index Method), LOI / Grenz-Sauerstoff-Index *m*, Sauerstoffminimalwert *m* (Sauerstoff-Index-Methode)
limp *adj* / lappig *adj*, schlaff *adj*
limy wool / Raufwolle *f*
Lincoln green (fabr) / Lincolner Tuch ‖ ⁺ **green** / Lincolngrün *n* (Tuchfarbe, nach der engl. Stadt Lincoln) ‖ ⁺ **green** (fabric) / Lincolner Tuch *n* ‖ ⁺ **wool** / Lincoln-Wolle *f*
lincord *n* / Gimpenknopfloch *n*, Gimpenloch *n*
linden green / lindgrün *adj*
line *v* / auskleiden *v*, auslegen *v*, ausschlagen *v* ‖ ~ (knitt) / mit Futterfaden füttern ‖ ~ (ctg) / kaschieren *v* ‖ ~ (clothing) / füttern *v* ‖ ~ *n* / Strick *m*, Leine *f*, Wäscheleine *f* ‖ ~ / Bahn *f* (der Ware) ‖ ~ / gekämmter Flachs
linear density / längenbezogene Masse, Titer *m* ‖
~ **polymer** / Linearpolymer *n* ‖ ~ **tufting** (cpt) / geradeaus getuftet ‖ ~ **yarn speed** / Garngeschwindigkeit *f*
lined *adj* / ausgekleidet *adj*, ausgelegt *adj*, ausgeschlagen *adj* ‖ ~ (knitt) / mit Futterfäden gefüttert ‖ ~ (ctg) / kaschiert *adj* ‖ ~ (clothing) / gefüttert *adj* ‖ ~ **cloth** / Doppelgewebe *n*, Zweilagengewebe *n* ‖ ~ **cloth** (knitt) / Futterware *f* ‖ ~ **glove** / gefütterter Handschuh, Futterhandschuh *m*
line drying / Trocknen *n* (der Wäsche) auf der Wäscheleine
lined tricot / Doppeltrikot *m* ‖ ~ **work** / Hin- und Herarbeit *f*, Hin- und Widermuster *n*
line fibre / Langfaserflachs *m* ‖ ~ **flax** / Langflachs *m* ‖
~ **hemp** / Langhanf *m*
linen *n* / Leinen *n*, Leinwand *f* ‖ ~ / Weißwäsche *f*, Wäsche *f* ‖ ~ (bed and table linen) / Wäsche *f* (Bett-, Tischwäsche) ‖ ~ (tow) / Hedeleinen *n* ‖ ~ **and cotton union** / Halbleinen *n* ‖ ~ **basket** / Wäschekorb *m* ‖
~ **batiste** / Leinenbatist *m* ‖ ~ **bleacher** / Leinenbleicher *m* ‖ ~ **bleaching** / Leinenbleiche *f* ‖
~ **blends** *pl* / Leinen-Mischgewebe *n* ‖ ~ **border** / Wäschebund *n* ‖ ~ **bundle of 60,000 yards of yarn** / Bund *n* (Leinen) ‖ ~ **button** / Wäscheknopf *m* ‖
~ **cambric** / Leinenkambrik *m* ‖ ~ **canvas** / Leinenkanevas *m* ‖ ~ **canvas** / Stramin *m* ‖ ~ **check** / kariertes Leinen ‖ ~ **cloth** / Leinentuch *n* ‖ ~ **crash** / Grobleinen *n* ‖ ~ **crepe** / gekreppte Leinwand ‖
~ **damask** / Leinendamast *m* ‖ ~ **draper** (GB) / Weißwarenhändler *m*, Schnittwarenhändler *m* ‖ ~ **duck** / Leinwandduck *m* ‖ ~ **dyeing** / Leinenfärbung *f* ‖
~ **fabric** / Leinwand *f*, Leinengewebe *n* ‖ ~ **fabric** / Wäschestoff *m* ‖ ~ **floss** / Leinenstickgarn *n* ‖ ~ **goods** / Weißwaren *f pl*, Weißwäsche *f*, Weißzeug *n* ‖
~ **handkerchief** / reinleinenes Taschentuch ‖
~ **interlining** (weavy) / Wattiereinen *n* ‖ ~ **material** / Wäschestoff *m* ‖ ~ **mesh** / weitmaschige Leinwand ‖
~ **ply yarn** / Leinenzwirn *m* ‖ ~ **rags** / Leinwandlumpen *m pl* ‖ ~ **reed count** (weavy) / Blattnumerierung für Leinenwaren ‖ ~ **rough** / Leinenkanevas *m* für Anzugfutter ‖ ~ **sett** / Kettfadendichte *f* von Leinenwaren ‖ ~ **sewing thread** / Leinennähgarn *n*, Leinennähzwirn *m* ‖ ~ **sheet** / Bettlaken *n* ‖ ~ **sheeting** / Bettleinen *n*, Bettzeug *n* ‖ ~ **shirt** / Leinenhemd *n* ‖ ~ **tape** / Leinenband *n*, Wäscheband *n* ‖ ~ **tester** / Schußzähler *m* ‖ ~ **textured rayon** / leinwandbindiges Viskose-Filament ‖ ~ **thread** / Leinengarn *n* ‖ ~ **thread counter** / Fadenzähler *m* für Leinenwaren ‖ ~ **tick** / leinwandiger Bettkattun ‖
~ **towel** / Leinenhandtuch *n* ‖ ~ **tussore** / Leinwandtussor *m* ‖ ~ **weave** / Leinenbindung *f*, Leinwandbindung *f* ‖ ~ **weaving** / Leinenweberei *f* ‖

177

linen

~ **yarn** / Leinengarn n ‖ ~ **yarn numbering** / Leinengarn-Numerierung f
line pressure (ctg, text pr) / Liniendruck m
liner band sewing machine / Stoßbandannähmaschine f
linette n / Linette n, merzerisierter Linon
line yarn / Linegarn n, Langflachsgarn n
ling n / seidige Blattfaser aus den Philippinen
lingerie n / Damenunterwäsche f, Damenwäsche f, Lingerie f, Leibwäsche t ‖ ~ **making up** / Wäschekonfektion f ‖ ~ **ribbon** / Wäscheband n ‖ ~ **set** / Damenunterwäschegarnitur f, Garnitur f
lingo n (cpt) / Litzenbeschwerung f, Harnischgewicht n ‖ ~ (jacquard) / Gewicht n für Harnischfäden, Jacquardgewicht n, Jacquard-Anhangeisen n
lingoe n s. lingo
lining n / Futter n, Futterstoff m ‖ ~ (nwv) / Einlage f ‖ ~ (clothing) / Ausfütterung f, Abfütterung f ‖ ~ **cambric** / Futterbatist m ‖ ~ **fabric** / Futterstoff m ‖ ~ **fabric finisher** / Futterstoffausrüster m ‖ ~ **fabric processor** / Futterstoffveredler m ‖ ~ **felling machine** / Futter[an]staffiermaschine f ‖ ~ **felt** / Futterfilz m, Unterlegfilz m, Filzfutterstoff m ‖ ~ **material** / Futterstoff m ‖ ~ **of cut-out of shuttle** (weav) / Spulenraumausstattung f (DIN 64685), Ausstattung f des Spulenraumes des Webschützen ‖ ~ **plush** (knitt) / Futterplüsch m ‖ ~ **thread** / Futterfaden m ‖ ~ **twill** / Futterköper m
link v (weav) / ketteln v ‖ ~ n (dye) / Bindung f ‖ ~ **buttons** (fash) / doppelte Knöpfe m pl ‖ ~ **heald** (weav) / Schlinghelfe f, Schlinghelfe f ‖ ~ **heddle** (weav) / Schlinghelfe f, Schlingenlitze f
linking n (weav) / Ketteln n, Verketteln n ‖ ~ (sew) / Verkettung f ‖ ~ **agent** (chrom) / Brückenglied n ‖ ~ **bar** / Kettelschiene f ‖ ~ **course** (weav) / Kettellangreihe f, Kettel m, Kettelreihe f, Langmaschenreihe f zum Abketteln ‖ ~ **course of the heel** (hos) / Kettelnaht f des Fersenteils, Kettelnaht f auf der Ferse ‖ ~ **machine** / Kettelmaschine f ‖ ~ **machine looper** / Kettelgreifer m, ‖ ~ **machine needle** / Kettelnadel f ‖ ~ **seam** / Kettelnaht f ‖ ~ **the warp yarn into chain** / Ketteln n der gescherten Kette
linkless adj (hos) / kettellos adj ‖ ~ **toe** (hos) / kettellose Spitze
link on / ankettelln v
links and links design (knitt) / Links-Links-Muster n ‖ ~ **and links fabric** (knitt) / Links-Links-Ware f ‖ ~ **and links jacquard cam** / Jacquard-Links-Links-Teil m ‖ ~ **and links machine** / Links-Links-Maschine f ‖ ~ **and links pattern** / Links-Links-Muster n ‖ ~ **and links stitch** (knitt) / Links-und-Links-Masche f, Links-und-Links-Bindung f ‖ ~ **and links transfer machine** (knitt) / Links-Links-Umhängemaschine f ‖ ~ **jack** (knitt) / Links-Links-Platinen f pl ‖ ~**/links fabric** / Links-Links-Ware f ‖ ~ **needle** / Linksnadel f
lino n (GB) / seidenes Drehergewebe
linoleate n / Linoleat n, leinölsaures Salz
linoleic acid / Linolsäure f, Leinölsäure f
linolenic acid / Linolensäure f
linoleum backing cloth / Linoleumjute f ‖ ~ **brown** / linoleumbraun adj ‖ ~ **coating mass** / Linoleumdeckmasse f
linolic acid s. linoleic acid
linon n (fine, closely woven plain fabric made from cotton yarn, resembling fine linen fabric) / Linon m (Baumwollgewebe mit Leinencharakter)
linseed n / Flachssamen m, Leinsamen n ‖ ~ **oil** / Leinsamenöl n, Leinöl n ‖ ~ **oil cake** / Leinölkuchen m, Leinkuchen m ‖ ~ **oil size** / Leinölschlichte f
linsey n / Halbwoll-Lumpen m pl ‖ ~**-woolsey** n (weav) / Linsey-Woolsey m (Leinen-Wolle oder Leinen-Baumwolle) ‖ ~**-woolsey** adj / halbleinen-halbwollen adj
lint n / Fluse f, Flaum m, Streubaumwolle f ‖ ~ / Lint m, Scharpie f ‖ ~ **blade** / Druckwalzenabstreicher m,

Lintabtrennmesser m ‖ ~ **catcher** (drier) / Flusenfänger m ‖ ~ **content** / Kurzfaseranteil m ‖ ~ **cotton** / Lint m, Lintbaumwolle f, Lintwolle f ‖ ~ **deposit** / Flusenablagerung f ‖ ~ **doctor** / Konterrakel f, Gegenrakel f, Faserrakel f
linters pl / Linters m pl, Baumwollinters m pl, Faserflug m
llnt fly / Fluse f ‖ ~ **formation** / Flusenbildung f auf Baumwollgeweben beim Waschen und Trocknen
linting n / Flusenbildung f auf Baumwollgeweben beim Waschen und Trocknen ‖ ~ s. lint formation ‖ ~ (cpt) / Abhaaren n
lint remover / Kleiderrolle f ‖ ~ **screen** (drier) / Flusensieb n
linty cloth / mit Flusen bedeckte Ware
lipase n / Lipase f (fettspaltendes oder fettaufbauendes Ferment)
lipophil[e] adj (attracted to oil) / fettliebend adj, sich mit Fett mischend, in Fett löslich, lipophil adj
lipophilic adj s. lipophil[e] ‖ ~ **group** / lipophile Gruppe ‖ ~ **property** / Fettfreundlichkeit f
lipophily n / Lipophilie f
lipophobe adj (repelled by oil) / von Fett abgestoßen, lipophob adj
lipophobic adj s. lipophobe
lipophoby n / Lipophobie f
liquid ammonia treatment (heat-setting) / Flüssigammoniak-Behandlung f (Fixierung von Geweben) ‖ ~ **circulation** (dye) / Flottenkreislauf m, Flottenumlauf m, Flottenumwälzung f, Flottenzirkulation f, Badumwälzung f ‖ ~ **colour printing machine** / Farbdruckmaschine f ‖ ~ **detergent** / flüssiges Waschmittel ‖ ~ **flow** s. liquid circulation ‖ ~ **J-box** (bleach) / Flüssigkeitsstiefel m ‖ ~ **level** / Flüssigkeitsstand m, Flüssigkeitsspiegel m, Flüssigkeitsniveau n ‖ ~ **meter** / Durchflußmengenmesser m, Durchflußmesser m ‖ ~ **mixer** / Flüssigkeitsmischer m ‖ ~ **mixture** / Flüssigkeitsgemisch n ‖ ~ **powder** / flüssiger Puder ‖ ~ **stain remover** / Naßdetachiermittel n ‖ ~ **type** (dye) / Flüssig-Formierung f
liquor n (dye) / Färbeflotte f, Färbebad n, Flotte f ‖ ~ **change** / Flottenwechsel m ‖ ~ **circulation** / Flottenkreislauf m, Flottenumwälzung f, Flottenumlauf m, Flottenlauf m, Flottenzirkulation f, Badumwälzung f ‖ ~ **circulation dyeing machine** / Flottenzirkulationsfärbeapparat m ‖ ~ **circulation system** / Flottenzirkulationssystem n, Flottenumwälzungssystem n ‖ ~ **composition** / Flottenzusammensetzung f ‖ ~ **containing solvent** / lösemittelhaltige Flotte ‖ ~ **exchange** / Flottenaustausch m, Flottenwechsel m ‖ ~ **exhaust** / Flottenablaß m ‖ ~ **exhaustion** / Flottenerschöpfung f, Flottenauszehrung f ‖ ~ **feed** / Flottenzulauf m ‖ ~ **flow** / Flottenlauf m, Flottenweg m, Flottenbewegung f, Flottendurchsatz m ‖ ~ **flux** / Flottendurchfluß m ‖ ~ **formulation** / Flottenansatz m ‖ ~ **level** / Flottenstand m, Flottenspiegel m ‖ ~ **passage** / Flottendurchsatz m, Flottendurchfluß m ‖ ~ **passage flow rate** / Flotten-Durchströmungsgeschwindigkeit f, Durchströmungsgeschwindigkeit f der Flotte ‖ ~ **passage rate** / Flottendurchsatzgeschwindigkeit f ‖ ~ **pickup** / Flottenaufnahme f, FA ‖ ~ **pressure** / Flottendruck m ‖ ~ **ratio** / Flottenverhältnis n ‖ ~ **ratio dependency** (dye) / Flottenabhängigkeit f (eines Farbstoffs) ‖ ~ **renewal** / Flottenerneuerung f ‖ ~ **replacement time** (dye) / Flottenaustauschzeit f ‖ ~ **stability** / Flottenstabilität f ‖ ~ **stability curve** / Flottenstabilitätskurve f ‖ ~ **supply** / Flottenangebot n ‖ ~ **tank** / Flottenbehälter m ‖ ~ **temperature** / Flottentemperatur f ‖ ~ **throughput** / Flottendurchsatz m, Flottendurchfluß m, Flottendurchflußmenge f ‖ ~**-to-goods ratio** / Verhältnis n Flotte zu Ware ‖

~ uptake / Flottenaufnahme *f*, FA || **~ volume** / Flottenmenge *f*
liséré *n* (Fr) / Vorstoß *m*, Rundschnur *f*, Paspel *f*
lisière *n* (Fr) s. selvedge
lisle goods *pl* / Florware *f* (Handschuhe, Strümpfe usw. aus zweifädigem Baumwollzwirn) || **~ stocking** (knitt) / Florstrumpf *m* || **~ thread** / Florgarn *n*, Baumwollglattzwirn *m*, Zweifachzwirn *m* || **~ top** (hos) / gezwirnter Rand || **~ yarn** / glasierter Baumwollzwirn, Brillantgarn *n*
list *v* (sew) / säumen *v* || **~** *n* (weav) / Salleiste *f*, Salband *n*, Selbende *n*, Salkante *f*, Webrand *m*, Webkante *f*, Gewebekante *f*, Gewebeleiste *f*
listadoes *pl* / farbige Baumwollware, in England für Mittelamerika hergestellt
list carpet / Lumpenteppich *m*
listed fabric / Ware *f* mit fehlerhaften Kanten
listing *n* (weav) s. list || **~** (defect) (dye) / unegale Anfärbung an den Salleisten, Kantenablauf *m*, Leistigkeit *f*
list yarn / Leistengarn *n*
lithium bromide / Lithiumbromid *n* || **~ chloride** / Lithiumchlorid *n* || **~ compound** / Lithiumverbindung *f* || **~ hydroxide** / Lithiumhydroxid *n* || **~ hypochlorite** / Lithiumhypochlorit *n* || **~ peroxide** / Lithiumperoxid *n* || **~ stearate** / Lithiumstearat *n* || **~ sulphate** / Lithiumsulfat *n* || **~ sulphide** / Lithiumsulfid *n* || **~ sulphite** / Lithiumsulfit *n*
little pulley (weav) / Nuß *f*
liveliness *n* (e.g. of wool) / Lebendigkeit *f*, Sprungkraft *f*
livening *n* / Avivage *f* || **~ process** / Avivieren *n* || **~ treatment** / Avivieren *n*
liveried *adj* / livriert *adj*
livery *n* / Livree *f* (uniformartige Dienerkleidung) || **~ cloth** / Livreetuch *n* || **~ coat** / Livreerock *m* || **~ lace** / Bandtresse *f* || **~ trimming** / Livreeborte *f* || **~ tweed** / Whipcordtweed *m* für Uniformen
live wool / von lebenden Schafen stammende Wolle, Schurwolle *f*
living ring spinning machine / Ringspinnmaschine *f* mit Wanderring
lixiviate *v* / auslaugen *v*, herauslösen *v*, auswaschen *v*, ausziehen *v*, extrahieren *v*
lixiviating bath / Laugierbad *n* || **~ tank** / Auslaugebehälter *m*
lixiviation *n* / Auslaugen *n*, Auslaugung *f*, Laugung *f*, Herauslösen *n*, Auswaschen *n*, Ausziehen *n*, Extrahieren *n*, Extraktion *f*
llama *n* / Lamawolle *f* || **~ shirting** / Halbwoll-Lama *n* || **~ wool** / Lamawolle *f* || **~ yarn** / Mischung *f* von Baumwolle und Wolle ohne Lamafasern
load *v* (knitt) / bestücken *v* || **~** (gen) / füllen *v*, beschicken *v* || **~** (clothm) / beschweren *f* || **~** (silk) / erschweren *v*, chargieren *v* || **~** *n* / Last *f*, Ladung *f*, Belastung *f* || **~ above par** (silk) / über pari erschweren || **~ diagram** / Belastungsdiagramm *n*
loaded cloth / beschwerte Ware || **~ silk** / erschwerte Seide, erschwerte Naturseide || **~ with dog-hair** / stichelhaarig *adj* || **~ yarn** / beschwertes Garn
loading *n* (gen) / Füllstoff *m*, Füllmittel *n*, Füllmaterial *n* || **~** (fin) / Beschwerungsmittel *n* || **~** (clothm) / Beschweren *n*, Beschwerung *f* || **~** (exposure to stress) / Belastung *f* || **~** (silk) / Erschwerung *f*, Chargierung *f* || **~** (feeding) / Beschicken *n*, Füllen *n* || **~ agent** (fin) / Beschwerungsmittel *n* || **~ capacity** / Fassungsvermögen *n* || **~ device** / Ladevorrichtung *f* || **~ door of dyeing vessel** / Beschickungsöffnung *f* der Färbeanlage || **~ material** s. loading (clothm) || **~ of drafting arrangement** (spinn) / Streckwerksbelastung *f* (DIN 64050) || **~ up on the needles** (knitt) / Aufhocken *n* der Maschen auf den Nadeln || **~ with metallic salts** / Metallsalzbeschwerung *f*
load on yarn / Fadenbelastung *f* || **~ par** (silk) / pari erschweren || **~ the loom** / bespulen *vt*, mit Spulen versehen || **~ to be dyed** / Färbepartie *f* || **~ up stop motion** (knitt) / Aufhockabsteller *m*
lobed cross section (fil) / profilierter Querschnitt, trilobaler Querschnitt, kleeblattförmiger Querschnitt || **~ fibre** / Profilfaser *f* || **~ manmade fibre** / Profilfaser *f* || **~ synthetics** / profilierte Synthesefasern *f pl*
lobster *adj* / hummerrot *adj*, krebsrot *adj*, ebereschenrot *adj*
local processing / Konfektionierung *f*
lock *v* (in holders) / einspannen *v* (in Kluppen) || **~** (a pile tuft into the fabric back) / Florschlinge in Grundgestrick fest einbinden || **~** *n* / Wollbüschel *n*, Locke *f* || **~** (knitt) / Strickschloß *n*, Strickmaschinenschloß *n* || **~ bar** (knitt) / Verschlußschiene *f* || **~ block** (knitt) / Verschlußstück *n* || **~ card** (knitt) / Schloßkarte *f*
locker bar (spinn) / Flügelwelle *f* || **~ bar** s. also lock bar, locking bar
locking *n* (of threads) / Fadenverschlingung *f* || **~ bar** / Kluppenstange *f* || **~ course** (hos) / Schutzmaschenreihe *f* || **~ device** / Fadenkluppe *f* || **~ prong** (zip) / Stellzahn *m*
lock knitting / Steppwirken *n*, Nähwirken *n* || **~ latch** (knitt) / Schloßklinke *f*
locknit *n* (knitt) / Charmeuse *f*, maschenfeste Ware (mehrschienige Kettenware) || **~** / gegenseilige Tuchtrikotbindung (Legung bei Charmeuse) || **~ lining** / Futter-Charmeuse *f*
lock pawl (knitt) / Schloßklinke *f*
lockstitch *n* (sew) / Steppstich *m*, Doppelsteppstich *m* || **~ bar** (knitt, hos) / Deckerschiene *f*, Picotschiene *f*, Rattenzahnbarre *f*, Rattenzahnrechen *m*, Rattenzahnschiene *f*, Zwickelschiene *f* || **~ bar safety device** / Sicherheitsvorrichtung *f* für Rattenzahnrechen || **~ bar tacker** (sew) / Steppstich-Riegelmaschine *f* || **~ blindstitch** / Steppblindstich *m* || **~ buttonhole sewing machine** (sew) / Doppelsteppstich-Knopflochnähmaschine *f* || **~ course** (knitt) / Maschenfangreihe *f* || **~ cylinder bed machine** (sew) / Steppstich-Zylindermaschine *f* || **~ embroidery machine** (sew) / Doppelsteppstich-Stickmaschine *f* || **~ head** (knitt) / Rattenzahnschaltkopf *m* || **~ indexing cam** (knitt) / Rattenzahnschaltexzenter *m* || **~ machine** (knitt) / Steppstichnähmaschine *f* || **~ pattern wheel** (knitt) / Rattenzahnmusterrad *f* || **~ point** (knitt) / Rattenzahndecknadel *n* || **~ sewing head** / Steppstichkopf *m* || **~ sewing machine** (sew) / Doppelsteppstichnähmaschine *f* || **~ thread** / Doppelgarn *n*
locust bean flour / Kernmehl *n*, Johannisbrotkernmehl *n* || **~ bean gum** / Johannisbrotgummi *n m* (von Ceratonia siliqua L.), Johannisbrotkernverdickung *f*
loden cloth / Lodenstoff *m*, Lodentuch *n* || **~ coat** / Lodenmantel *m* || **~ green** / lodengrün *adj*
loft *n* (of yarn) / Lockerheit *f*, Offenheit *f* || **~ yarn** / Schaumgarn *n*, voluminöses Garn
lofty handle / voluminöser Griff || **~ yarn** / offenes Garn
logwood *n* / Blauholz *n*, Kampescheholz *n*, Campescheholz *n*, Blutholz *n* (Haematoxylum campechianum) || **~ black** / Blauholzschwarz *n* || **~ dyeing** / Blauholzfärberei *f* || **~ extract** / Blauholzextrakt *m* || **~-extract dyestuff** / Blauholzfarbstoff *m*, Holzfarbstoff *m* || **~-iron mordant** / Blauholz-Eisenbeize *f*
LOI s. Limit Oxygen Index
loin cloth / Lendentuch *n*, Lendenschurz *m*
LOI value / LOI-Wert *m*
lokao *n* / Chinesischgrün *n*, Lokao *n*
London shrinking / London-Krumpf *m* || **~ shrunk** / krumpfecht ausgerüstet durch Schrinken || **~ suede** / goldbeige *adj* || **~ tie** (jacquard) / Hin- und Herschnürung *f*, verkreuzter Harnisch
long arm flat bed double locked stitch machine / Langarm-Flachbett-Doppelkettenstich-Maschine *f* || **~ batching time process** (dye) / Langverweilverfahren *n* || **~ bath** (ratio ~ 30 to 1) (dye) / lange Flotte || **~ boil**

long

(dye) / anhaltendes Kochen ‖ ~ **bundles** (GB) / 20 Garnhanke je Bündel ‖ ~ **butt needle** (knitt) / Hochfußnadel f ‖ ~ **cardboard tube** / Papphülse f ‖ ~ **carriage** (knitt) / Langschlitten m ‖ ~ **carriage knitting machine** / Langschlitten-Strickmaschine f ‖ ~ **carriage machine** (knitt) / Langschlittenmaschine f
longcloth n / Feinkretonne f m
long coarse hair (wool) / Grannenhaare n pl ‖ ~ **crimp weave** / Dreiköperbindung f ‖ ~ **-drum machine** (dye) / Langtrommelmaschine f ‖ ~ **-duration exposure to light** (mat test) / Dauerbelichtung f ‖ ~ **fibre** / Langfaser f ‖ ~ **-fibred** adj / langfaserig adj ‖ ~ **-fibred flax** / Langfaserflachs m ‖ ~ **fibred yarn** / Langfasergarn n ‖ ~ **fibre flocking** / Langfaserbeflockung f ‖ ~ **fibre spinning** / Langfaserverspinnung f ‖ ~ **half slip** / langer Halbunterrock, langes halbes Unterkleid ‖ ~ **heel needle** (knitt) / Hochfußnadel f ‖ ~ **hemp** / Langhanf m
longitudinal cut / Längsschnitt m ‖ ~ **distortion** / Längsverzerrung f ‖ ~ **elongation** / Längsverzug m ‖ ~ **stretch** / Längszug m ‖ ~ **stretching unit** / Längsreckanlage f
long johns (men's underwear) / Unterhose f mit langen Beinen ‖ ~ **jute** / Langjute f ‖ ~ **-leg body briefer** / formendes Langbein-Hosenkorselett ‖ ~ **-leg maternity panty girdle** / Umstandsmiederhose f mit Bein ‖ ~ **-leg panty** / Langbein-Schlüpfer m, Langbein-Panty f, Schlankformschlüpfer m ‖ ~ **-leg panty girdle** / Langbein-Miederhose f ‖ ~ **-leg waistline panty girdle** / Langbein-Miederhose f mit schmalem Taillenband ‖ ~ **-leg woolen panty** / Langbein-Wollschlüpfer m ‖ ~ **-length fabric** / Meterware f ‖ ~ **-length knitted articles** pl / gestrickte Meterware
longline bra / Longline-Büstenhalter m, langer Büstenhalter
long line yarn / Langfaser-Flachsgarn n, Linegarn n ‖ ~ **liquor** (dye) / lange Flotte ‖ ~ **loop apparatus** / Langmaschenapparat m ‖ ~ **loop device** (knitt) / Langmascheneinrichtung f, Langreiheneinrichtung f ‖ ~ **loop drier** / Langmaschenschleifentrockner m ‖ ~ **loop row** (knitt) / Langmaschenreihe f ‖ ~ **loose course** (knitt) / Langmaschenreihe f ‖ ~ **noil** / Seidenkämmling m erster Qualität ‖ ~ **pants** / lange Unterhose ‖ ~ **-pile[d]** adj / hochflorig adj ‖ ~ **-pile carpet** / Hochflorteppich m ‖ ~ **-pile cloth** / Flausch m ‖ ~ **-pile goods** / Langpolware f ‖ ~ **-pile shag** / Felbel m, Pelzsamt m ‖ ~ **raising** / Längsrauhen n ‖ ~ **ratio of liquor** (dye) / langes Flottenverhältnis ‖ ~ **-reeled** adj / langgeweift adj ‖ ~ **seam unit** (sew) / Langnahtautomat m ‖ ~ **shaft weave** / achtbindiges Atlasgewebe ‖ ~ **-shanked needle** (knitt) / Hochfußnadel f, langschäftige Nadel ‖ ~ **-skeined** adj / langsträhnig adj ‖ ~ **sleeve** / langer Ärmel ‖ ~ **-sleeved** / langärmelig, mit langem Arm ‖ ~ **-sleeve vest** / Unterhemd n mit langem Arm ‖ ~ **slip** / langes Unterkleid, langer Unterrock ‖ ~ **-space pattern** (text pr) / Long-Space-Muster n ‖ ~ **staple** / Langstapel f, Langfaser f, lange Faser ‖ ~ **staple cotton** / lange Baumwollfaser, langstapelige Baumwollfaser ‖ ~ **-stapled** adj / langstapelig adj, langfaserig adj ‖ ~ **-stapled hemp yarn** / Langhanfgarn n ‖ ~ **-stapled waste** / langfaserige Abfälle ‖ ~ **staple fibre** / langstapelige Faser ‖ ~ **staple spinning** / Langfaserspinnerei f, Langstapel-Spinnerei f ‖ ~ **staple spun rayon** / Langstapelviskosefilament n ‖ ~ **-staple stretch-breaking machine** / Langstapelreißmaschine f ‖ ~ **-stitch course pattern** (sew) / Langreihenmuster n ‖ ~ **stripes** (fash) / Längsstreifen m pl ‖ ~ **-table screen printing** / Filmdruck m auf langem Drucktisch ‖ ~ **-table stretching device** / Langtisch-Spanngerät n ‖ ~ **teazeling** / Längsrauhen n ‖ ~ **-time washing test** / Dauerwäsche f, Dauerwaschtest m (mehr als 5 malige Wäsche) ‖ ~ **warp-reel** / gerader Schärrahmen ‖ ~ **wearing** / strapazierfähig adj ‖ ~ **wool** / langstapelige Wolle, lange Wollfaser für Kammgarne
longyi n / birmanisches Lendentuch

look n (of the goods) / Aussehen n, Optik f (einer Ware)
looker-over n (GB) / Stoffbeschauer m, Stoffschauer m
loom n / Webstuhl m, Webmaschine f, Webautomat m ‖ **in the ~ state** (fabr) / stuhlroh adj, in stuhlrohem Zustand ‖ ~ **accessories** pl / Webstuhlgarnitur f, Webstuhlzubehör n, Webmaschinengarnitur f, Webmaschinenzubehör n ‖ ~ **adjustment** / Webstuhleinstellung f ‖ ~ **and spindle oils** / Spindelöle n pl ‖ ~ **back rest** / Streichbaum m ‖ ~ **batten** / Lade f ‖ ~ **beam** / Kettbaum m, Zettelbaum m, Garnbaum m ‖ ~ **brake** / Stuhlbremse f ‖ ~ **cleaner** / Stuhlputzer m, Webstuhlputzer m ‖ ~ **control bar** / Webmaschinen-Hauptwelle f ‖ ~ **downtime** / Webmaschinenstillstand m ‖ ~ **drive** / Webstuhlantrieb m, Webmaschinenantrieb m ‖ ~ **driver** / Treiber m, Schneller m, Picker m, Webvogel m ‖ ~ **efficiency** / Webstuhlleistung f, Webmaschinenleistung f ‖ ~ **-embroidered fabric** / Brochégewebe n
loomery n / Webstuhlsaal m, Webmaschinensaal m
loom~-figured / im Weben gemustert, eingewoben gemustert ‖ ~ **-finished cloth** / Stuhltuch n, Stuhlware f ‖ ~ **-finished linen** / Stuhlleinwand f ‖ ~ **fixer** / Webstuhleinsteller m ‖ ~ **fly** / Stuhlflug m ‖ ~ **for narrow fabrics** / Bandwebstuhl m, Stuhl für Schmalgewebe m ‖ ~ **for pile fabrics** / Florwarenstuhl m, Florwebstuhl m, Florwebmaschine f ‖ ~ **for sample weaving** / Musterwebmaschine f, Musterwebstuhl m ‖ ~ **for stair carpeting** / Läuferwebstuhl m ‖ ~ **framing** / Webstuhlgestell n, Webmaschinengestell n, Einziehgestell n ‖ ~ **harness** / Webgeschirr n
looming n / Einziehen n der Kettfäden in Geschirr und Schaft
loom knock off / Abstellen n der Webmaschine ‖ ~ **master** / Webmeister m, Webstuhlmeister m ‖ ~ **oil** / Webstuhlöl n ‖ ~ **picker** / Treiber m, Schneller m, Picker m, Webvogel m ‖ ~ **race** / Schützenbahn f ‖ ~ **reed** / Webriet n ‖ ~ **setting** / Webstuhleinstellung f, Webmaschineneinstellung f ‖ ~ **sley** / Weblade f ‖ ~ **smash** (US) / Stuhlstillstand m, Webmaschinenstillstand m ‖ ~ **speed** / Stuhldrehzahl f, Stuhltourenzahl f, Webstuhldrehzahl f, Webmaschinendrehzahl f ‖ ~ **stain** / Webstuhlfleck m, Webmaschinenfleck m ‖ ~ **state** adj / stuhlfertig adj ‖ ~ **state fabric** / Rohgewebe n, Rohware f, stuhlrohe Ware, stuhlrohes Gewebe
loomstate material / stuhlrohes Material
loom stop / Webmaschinenstillstand m, Stuhlstillstand m ‖ ~ **tackler** (GB) / Webstuhleinsteller m ‖ ~ **take up** / Warenabzug m an der Webmaschine ‖ ~ **tender** / Weber m ‖ ~ **tuning** / Webstuhleinstellung f, Webmaschineneinstellung f ‖ ~ **waste** / Webstuhlabfall m ‖ ~ **width** / Webbreite f, Stuhlbreite f, Webstuhlbreite f, Webmaschinenbreite f ‖ ~ **winder** / Schußspulaggregat n an der Webmaschine ‖ ~ **with automatic bobbin, pirn, cop or shuttle changing** / Webmaschine f mit selbsttätigem Spulen-, Schlauchkops- oder Schützenwechsel ‖ ~ **with circular battery** / Revolverwebmaschine f ‖ ~ **with circular skip battery** / Revolver-Überspringerwebmaschine f ‖ ~ **with lace and trimming machine** / Posamentierstuhl m, Posamentiermaschine f ‖ ~ **with rocking shafts** / Posamentierstuhl m, Posamentiermaschine f ‖ ~ **with weft gripping device** / Greiferwebmaschine f ‖ ~ **with weft insertion by nozzles** / Düsenwebmaschine f
loongees / indisches Schultertuch für Männer
loop v / Schleifen bilden ‖ ~ (weav) / ketteln v ‖ ~ n / Schlinge f, Schlaufe f ‖ ~ / Knüpfschlinge f ‖ ~ **Bouclé** n ~ (knitt) / Masche f, Schleife f ‖ ~ (knitt) / Henkel m eines Rundstrickartikels ‖ ~ (knitt) / Zäckchen n ‖ ~ **band** / Spinnband n mit Endschlinge ‖ ~ **bar** / Fangschiene f, Plüschschiene f, Schleifenschiene f ‖ ~ **bottom** / Maschenspitze f ‖ ~ **breaking extension** (mat test) / Schlingenhöchstzugkraftdehnung f ‖ ~ **by hand** (weav) / anschlagen v ‖ ~ **carrier jack** /

Maschenaufnahmeplatine f ‖ ~ **catcher** / Schlaufenfänger m ‖ ~ **catcher** (sew) / Schleifenfänger m ‖ ~ **catching** / Schlaufenfangen n ‖ ~ **catching** (sew) / Schleifenfangen n ‖ ~ **cloth** / Plüschtrikot m, Schlingengewebe n, Loopstoff m ‖ ~ **control** (hos) / Maschenregulierung f ‖ ~ **damage** (due to brittle yarn) / Maschensprengschaden m ‖ ~ **distortion** / Maschenverwerfung f ‖ ~ **drier** / Schleifentrockner m ‖ ~ **drier** s. festoon drier ‖ ~**-dry** v / schleifentrocknen v
looped adj / maschenartig adj, schlaufenartig adj, schleifenartig adj, schlingenartig adj ‖ ~ **bouclé** / Schlingen-Bouclé m ‖ ~ **carpet** s. loop pile carpet ‖ ~ **fabric** s. loop fabric ‖ ~ **filling** / verschlungener Schußfaden ‖ ~ **lace** / Petinetware f ‖ ~ **pile** / Schlingenflor m ‖ ~ **pile machine** / Schlingenflormaschine f ‖ ~ **plush** / Henkelplüsch m, Schlingenplüsch m ‖ ~ **selvedge** / Schlingenleiste f, Schlingenkante f ‖ ~ **stitch** / Schlingenstich m, Kettelstich m, Schleifenstich m ‖ ~ **strand** / in Schlingen gelegter Spinnfaden ‖ ~ **structure combining tucked and cleared loops** (hos) / nahtloser Netzstrumpf, Meshstrumpf m, Filetstrumpf m ‖ ~ **yarn** s. loop yarn
loop effect / Kräuseleffekt m ‖ ~ **efficiency** / Schlingenfestigkeit f
looper n / Greifer m, Looper m ‖ ~ (sew) / Schlingenbildner m ‖ ~ (knitt) / Kettelmaschine f ‖ ~ (sew) / Obergreifer m ‖ ~ (operator) / Kettler m ‖ ~ **arm** / Kulierarm m ‖ ~ **carrier** / Greiferwagen m ‖ ~ **carrier guide** / Greiferwagensteller m ‖ ~ **control** / Kettelmaschinenwächter m ‖ ~ **course** / Langmaschenreihe f zum Abketteln ‖ ~ **drive mechanism** (sew) / Greiferantrieb m ‖ ~ **motion** / Greiferbewegung f (Kettenstichgreifer) ‖ ~ **point** / Greifernadel f der Kettelmaschine ‖ ~ **points** / Nadeln f pl der Kettelmaschine ‖ ~ **setting** / Greifereinstellung f (Kettenstich) ‖ ~ **tension rod** / Greiferbremsstift m ‖ ~ **thread** / Greiferfaden m ‖ ~ **thread conductor** / Fadenröhrchen n
loop expander / Maschenbreitzieher m ‖ ~ **expanding needle** / Überhängenadel f, Übertragenadel f, Umhängenadel f ‖ ~ **fabric** / Schlingengewebe n, Loopstoff m, Schlingenware f, Frottierware f ‖ ~ **fabric** / Plüschtrikot m ‖ ~ **fabric** (knitt) / Maschenware f ‖ ~ **fabric in open width** / Maschenware f in breitem Zustand ‖ ~ **fabric in tubular form** / Maschenware f im Schlauch ‖ ~ **fastening** (fash) / Schlaufenverschluß m ‖ ~ **formation** / Maschenbildung f, Schlingenbildung f, Schleifenbildung f ‖ ~ **forming filament** / maschenbildender Faden ‖ ~**-forming force** (knitt) / Maschenbildungskraft f ‖ ~ **forming lever** / Kulierhebel m ‖ ~ **forming point** / Kulierstelle f, Kulierpunkt m ‖ ~ **forming sinker** / Kulierplatine f ‖ ~ **forming sinker web machine** / Kulierwirkmaschine f ‖ ~ **head** / Maschenkopf m
looping n / Maschenbildung f ‖ ~ / Ketteln n ‖ ~ **angle** / Umschlingungswinkel m ‖ ~ **cylinder** / Schlingenzylinder m ‖ ~ **end** / Schlingfaden m ‖ ~ **machine** / Kettelmaschine f ‖ ~ **needle** / Kettelnadel f, Kettelkranznadel f ‖ ~ **plush** / Henkelplüsch m, Schlingenplüsch m ‖ ~ **point** / Maschenbildungsstelle f ‖ ~ **point** / Kettelaufstoßnadel f ‖ ~ **seam** / Kettelnaht f ‖ ~ **the warp yarn into chain** / Ketteln n der gescherten Kette ‖ ~ **wheel** / Mailleuse f, Platinenrad n, Kulierrad n ‖ ~ **wires** / Schlingendrähte m pl
loop insertion / Schlaufeneintrag m ‖ ~ **knot** / Garnverschlingung f
loopless adj (hos) / kettellos adj ‖ ~ **toe** / kettellose Spitze
loop lifting device / Schlingenöffnungsgarnitur f ‖ ~**-like** adj / schleifenförmig adj, schlingenförmig adj ‖ ~ **opener** / Schlingenausschläger m ‖ ~ **pattern** / Ringelmuster n ‖ ~ **pile** / Schlingenfaden m, Polfaden m ‖ ~ **pile** (cpt) / Schlingenflor m ‖ ~ **pile carpet** / Schlingenflorteppich m, Schlingenteppich m,

Schlingenpolteppich m, Kräuselteppich m, Boucléteppich m, Maschinenflor-Teppich m, Bouclé m, Schleifenteppich m ‖ ~ **pile fabric** / Schlingenpolware f, Frottiergewebe n mit offenen Schlingen ‖ ~ **pile plush** / Schlingenplüsch f ‖ ~ **pile tufted carpet** / nicht aufgeschnittener Schlingenflorteppich ‖ ~ **pile tufting machine** / Schlingenflor-Tuftingmaschine f ‖ ~ **pilling** / Schlaufenpillerscheinungen f pl ‖ ~ **plush** / Henkelplüsch m, Schlingenplüsch m ‖ ~ **plush fabric** / Henkelplüschwaren f pl ‖ ~ **ply yarn** / Schleifenzwirn m, Schlingenzwirn m ‖ ~ **processing** / Behandlung f bei Schleifenführung ‖ ~ **racking** / Maschenversetzen n ‖ ~ **regulating device** / Maschenregulierungseinrichtung f ‖ ~ **rod** / Hängestab m (DIN64990)
loops pl / Rundschlingen f pl auf Seidenfäden, Knopflochschlaufe f
loop scooper (knitt) / Mascheneinstreicher m ‖ ~ **selvedge** / Schlingenkante f, Schlingenleiste f ‖ ~ **selvedge apparatus** / Schlingkantenapparat m ‖ ~ **shifting** / Maschenversetzen n ‖ ~ **shogging** / Maschenversetzen n ‖ ~ **side** / linksseitig adj (nur bei Polyamid-Velours-Ware) ‖ ~ **sinking** / Kulieren n ‖ ~ **sinking graph** / Kulierkurve f ‖ ~ **sinking machine** / Kuliermaschine f ‖ ~ **sole** / Plüschsohle f
loops per unit area (cpt) / Noppenzahl f, Teppichnoppenzahl f
loop spreader / Maschenbreitzieher m, Nadelbreithaltefeder f, Schleifenspreizer m ‖ ~ **steamer** / Schleifendämpfer m ‖ ~ **stitch** / Schlingenstich m, Kettelstich m, Schleifenstich m ‖ ~ **strength** / Schlingenfestigkeit f, Schlingenwiderstand m ‖ ~ **structure** / Maschenstruktur f ‖ ~ **taker** (sewing machine) / Greifer m ‖ ~ **tensile test** (yarn) / Schlingenzugversuch m ‖ ~ **thread** / Schlingenfaden m ‖ ~ **thread-guide** / Schlaufenfadenführer m ‖ ~ **transfer** / Maschenübertragung f, Maschenübergabe f, Maschenumhängen n, Maschenumhängung f ‖ ~ **transfer attachment** / Maschenüberhängevorrichtung f, Maschenumhängevorrichtung f ‖ ~ **transfer design** / Maschenumhängemuster n ‖ ~ **transfer device** / Maschenüberhängevorrichtung f, Maschenumhängevorrichtung f ‖ ~ **transfer function** / Schleifenübertragungsfunktion f, Schleifenumhängefunktion f ‖ ~ **transfer lever** / Maschenübertragungshebel m ‖ ~ **transfer needle** / Maschenumhängenadel f ‖ ~ **transferring needle** / Maschenumhängenadel f ‖ ~ **transfer stitch** / Umhängemuster n ‖ ~ **twist** / Schlingenzwirn m, Loopzwirn m ‖ ~ **velvet** / Halbsamt m ‖ ~ **warp** / schlingenbildende Kette, Schlingenkette f ‖ ~ **wheel** / Mailleuse f, Kulierrad m, Maschenrad f ‖ ~ **wheel gearing** / Mailleusenzahnkranz m ‖ ~ **wheel knitting machine** / französischer Rundstuhl ‖ ~ **wheel needle** / Rundstuhlnadel f ‖ ~ **wheel shaft** / Mailleusenachse f ‖ ~ **wheel sinker** / Mailleusenplatine f ‖ ~ **yarn** / Schlingengarn n, Schlaufengarn n, Schleifgarn n, Bouclégarn n, Kräuselgarn n, Schlingarn n, Loopgarn n, Schlingen- Endlosgarn n, Schleifenzwirn m, Schlingenzwirn m, Ringelzwirn m, Effektzwirn m mit Schlaufen ‖ ~ **yarn twister** / Schlingengarnzwirnmaschine f
loopy selvedge / Schlingenleiste f, Schlingenkante f
loose cop / Abrollspule f, Laufspule f, Garnwickel m ‖ ~ **cotton** / lose Baumwolle ‖ ~ **cotton stock** / Rohbaumwolle f ‖ ~ **course** (knitt) / lockere Maschenreihe ‖ ~ **course** (knitt) / Langreihe f ‖ ~ **course attachment** / Langreiheneinrichtung f ‖ ~ **course cam** / Langreihenexzenter m ‖ ~ **course mechanism** / Langreihenapparat m, Langreihenvorrichtung f ‖ ~ **course motion** / Langreihenapparat m, Langreihenvorrichtung f ‖ ~ **cover** / Möbelüberzug m, Schonbezug m, Schutzüberzug m ‖ ~ **cover fabric** / Schonerstoff m ‖

loose

~ **dyeing** / Färben *n* in der Flocke ‖ ~ **entanglement** (nwv) / geringer Faserverbund ‖ ~ **fabric** / lockerer Stoff, undichter Stoff ‖ ~ **fabric structure** / lockere Gewebeeinstellung ‖ ~ **fibre** / lose Faser ‖ ~**-fitting** *adj* (fash) / lose *adj*, weit *adj* ‖ ~**-fitting coat** / Hänger *m*, loser Mantel ‖ ~ **fur** (hatm) / loses Haar ‖ ~**-knit** *adj* / locker gestrickt ‖ ~**-lay carpet tile** / selbstliegende Teppichfliese
loosely constructed fabric / lose eingestelltes Gewebe ‖ ~ **constructed fabric** / schütteres Gewebe ‖ ~ **doubled** / leicht gezwirnt ‖ ~ **knitted fabric** / lockeres Gewirk, lockeres Gestrick ‖ ~ **spun yarn** / loses Gespinst ‖ ~ **twisted** / locker gedreht, schwach gedreht ‖ ~ **woven** / locker eingestellt, lose eingestellt, offen gewebt ‖ ~ **woven area** / dünne Gewebestelle ‖ ~ **woven fabric** / offen gewebtes Gewebe, offen konstruiertes Gewebe
loose material / Flocke *f*, loses Material
loosening *n* / Auflockerung *f*
loosen the loops (knitt) / locker arbeiten, auflockern *v* ‖ ~ **the wool by arsenic** / Wolle abgiften
loose package / weicher Wickel ‖ ~ **picks** / freigelegte Schußfäden *m pl* ‖ ~ **reed** / Losblatt *n*, bewegliches Blatt, Loskamm *m* ‖ ~ **reed embroidery** / Blattstickerei *f* ‖ ~ **reed loom** / Losblattstuhl *m*, Losblattwebmaschine *f* ‖ ~ **reed mechanism** / Blattfliegereinrichtung *f*, Losblatteinrichtung *f* ‖ ~ **reed warp protector** / Losblattschützenwächter *m* ‖ ~ **roller** / Losrolle *f* ‖ ~ **selvedge** / abgetrennte Webkante, abgetrenntes Kantenende ‖ ~ **shirt front** / Vorhemd *n* ‖ ~ **stock** / Flocke *f* (Länge unter 10 mm) ‖ ~ **stock** / Spinnfasern *f pl*, loses Material ‖ ~ **stock** (wool) / lose Wolle, lockere Wolle
loose-stock blending / Flockenmischung *f*
loose stock dyeing / Flockenfärbung *f* ‖ ~ **stock dyeing** / Flockenfärbung *f* ‖ ~ **stock dyeing machine** / Flockenfärbeapparat *m* ‖ ~**-textured fabric** / Gewebe *n* mit geringer Dichte ‖ ~**-weave fabric** / lose eingestelltes Gewebe, Stoff *m* mit lockerem Aufbau ‖ ~ **winding** / lose Wicklung ‖ ~ **wool** / lockere Wolle, lose Wolle
lose colour / abblassen *v*, verschießen *v* ‖ ~ **shape** / verziehen *v*
loss by milling flocks / Walkflottenverlust *m* ‖ ~ **in bleaching** / Bleichverlust *m* ‖ ~ **in "mark"** (text pr) / Einbuße *f* an Druckschärfe ‖ ~ **in tear resistance** / Reißkraftverlust *m* ‖ ~ **in tensile strength** / Festigkeitsverlust *m*, Festigkeitseinbuße *f* ‖ ~ **of depth** (dye) / Farbtiefenverlust *m* ‖ ~ **of depth in shade** / Farbtiefenverlust *m* ‖ ~ **of fibre** / Faserverlust *m* ‖ ~ **of fullness** (dye) / Flachwerden *n* ‖ ~ **of heat** / Wärmeverlust *m* ‖ ~ **of moisture** / Feuchtigkeitsverlust *m* ‖ ~ **of pile** / Florausfall *m* ‖ ~ **of torque** (yarn) / Drallverlust *m* ‖ ~ **of twist** (yarn) / Drallverlust *m* ‖ ~ **of weight** / Gewichtsverlust *m* ‖ ~ **of weight in drying** / Gewichtsverlust *m* beim Trocknen ‖ ~ **of weight in storage** / Lagerschwund *m* ‖ ~ **of yield** (dye) / Ausbeuteverlust *m*
lot card (showing size, colour, lot number) / Chargennummer *f*
loud *v* (shade) / grell *adj*, schreiend *adj*, feurig *adj*
Louisiana cloth / Louisiana-Baumwollstoff *m* ‖ ⁎ **cotton** / Louisiana-Baumwolle *f*
louisine *n* / Louisine-Seidenstoff *m*
lounge suit / Sakkoanzug *m*, Straßenanzug *m* ‖ ~ **suit jacket** / Sakko *m*
lounging suit (for ladies) / Home-Dress *m*
lousiness of silk yarn (defect) / helle Fehlerstellen im Seidengarn *f pl*
lousy silk / Seide *f* mit hellen Fehlerstellen, knötchenhaltige Naturseide
louvre drier / Jalousietrockner *m*
lovat *n* / (Art) Cheviot *m*
Lovibond colorimeter (GB) / Lovibond-Kolorimeter *n* ‖ ⁎ **comparator** (GB) (col) / Lovibond-Gleichheitsprüfer

m ‖ ⁎ **tintometer** (GB) / Lovibond-Färbungsmesser *m*, Tintometer *n* nach Lovibond, Lovibondsches Tintometer
low·-activity resin product (fin) / reaktionsträges Harzprodukt ‖ ~ **add-on** (text pr, dye) / Geringmengen-Auftrag *m* ‖ ~**-affinity dyestuff** / geringaffiner Farbstoff, Farbstoff *m* geringer Affinität ‖ ~ **back roller** (dye) / Blindwalze *f* ‖ ~ **boiling** / tiefsiedend *adj*, niedrigsiedend *adj*, leichtsiedend *adj* ‖ ~**-built loom** / oberbauloser Webstuhl, niedriger Webstuhl ‖ ~**-bulk** *adj* (texturizing) / wenig gebauscht ‖ ~**-bulk yarn** / lockeres Garn, loses Garn, leichtes Garn ‖ ~ **butt** (knitt) / Tieffuß *m*, Niederfuß *m* ‖ ~ **butt jack** (knitt) / Tieffuß-Stößer *m* ‖ ~ **butt needle** (knitt) / Tieffußnadel *f*, Niederfußnadel *f* ‖ ~ **butt transfer needle** / Tieffuß-Umhängenadel *f* ‖ ~ **butt wire** / Tieffußplatine *f*, Niederfußplatine *f* ‖ ~ **count of yarn** / grobe Garnnummer, niedrige Garnnummer ‖ ~**-crimp** *adj* / schwach gekräuselt ‖ ~ **crimp[iness]** / flachbogige Kräuselung, schwache Kräuselung ‖ ~**-crowned hat** / Hut *m* mit niedrigem Kopf ‖ ~**-cut convertible bra** / Büstenhalter für großes Dekolleté *m* ‖ ~**-cut neckline** / tiefer Ausschnitt, Dekolleté *n* ‖ ~ **denier** / niedrige Denierzahl ‖ ~**-denier yarn** / feines Garn ‖ ~ **embroidery** / platte Stickerei ‖ ~**-end fabric** (US) / geringwertiger Stoff ‖ ~**-end mill** (US) / minderwertige Waren herstellende Weberei ‖ ~**-end woollens** (US) / Stoffe *m pl* aus Reißwolle, Stoffe *m pl* aus Kurzwolle
lower blade / Untermesser *n* ‖ ~ **cam** (knitt) / Senker *m*
lowered drop box / gesenkter Wechselkasten
lower edge / Unterrand *m* ‖ ~ **foot** (knitt) / Unterfuß *m*
lowering harness / Zuggeschirr *n* ‖ ~ **hook** (weav) / Tieffachplatine *f* ‖ ~ **mechanism** (weav) / Niederzug *m*, Niederzugvorrichtung *f* ‖ ~ **shaft** (weav) / Tiefschaft *m* ‖ ~ **the threads** / Fadensenkung *f*
lower layer (ctg) / Unterstrich *m* ‖ ~ **leg** (knitt) / Unterlängen *m* ‖ ~ **loop** / Unterschlinge *f* ‖ ~ **loop of the heald** / Unterlitze *f* ‖ ~ **loop thread** (sew) / Unternähfaden *m* ‖ ~ **part of bobbin case** / Spulenkapselunterteil *n* ‖ ~ **shed** (weav) / Tieffach *n*, Unterfach *n*
low·-extension type fibre / dehnungsarme Faser ‖ ~ **flammability** / geringe Entflammbarkeit ‖ ~ **flare skirt** / unten ausgestellter Rock ‖ ~ **flash product** / Produkt *n* mit niedrigem Flammpunkt ‖ ~**-foaming** *adj* ‖ ~**-foam washing** / schaumarmes Waschen ‖ ~**-level loop pile carpet** (suitable for heavy traffic areas) / Maschinenflor-Teppich *m* mit niedrigem Pol (für starke Beanspruchung) ‖ ~ **liquor/goods ratio dyeing** / Färben *n* mit kurzer Flotte ‖ ~**-liquor winch beck** / Kurzflottenhaspelkufe *f* ‖ ~ **lustre** (fin) / Mattglanz *m* ‖ ~ **middling** (cotton grade) / Low-Middling-Baumwolle *f* ‖ ~**-modulus yarn** / langzügiges Garn ‖ ~**-necked** *adj* (fash) / ausgeschnitten *adj* ‖ ~ **pile** / niedriger Flor ‖ ~**-piled** *adj* / niedrigflorig *adj* ‖ ~**-pill** *adj*, low-pilling *adj* / pillarm *adj* ‖ ~**-plunge bra** / Büstenhalter *m* für tief dekolletiertes Kleid ‖ ~**-pressure hank dyeing machine** / Niederdruck-Stranggarnfärbemaschine *f* ‖ ~**-pressure kier** / Niederdruckbeuchkessel *m* ‖ ~ **quarter blood** (wool grade) / Lowquarter Blood-Wolle *f* ‖ ~**-reactivity dyestuff** / reaktionsarmer Farbstoff ‖ ~**-shrink** *adj* / schrumpfarm *adj*, krumpfarm *adj* ‖ ~ **shrinkage fabric** / krumpfarmes Gewebe ‖ ~ **shrinkage fibre** / krumpfarme Faser ‖ ~ **soiling** / schmutzabweisend *adj* ‖ ~ **soiling carpet** / schmutzabweisender Teppich ‖ ~ **soiling finish** / schmutzabweisende Ausrüstung ‖ ~ **solubility** / Schwerlöslichkeit *f* ‖ ~ **sudsing detergent** / schaumarmes Waschmittel ‖ ~**-temperature brittleness** (ctg) / Kältesprödigkeit *f* ‖ ~**-temperature dyeing** / Kaltfärben *n*, Färben bei niedriger Temperatur ‖ ~**-temperature dyestuff** / Kaltfärber *m*, Kaltfarbstoff *m* ‖ ~**-temperature laundering** / Waschen *n* bei niedriger Temperatur ‖

~-temperature performance (ctg) / Kälteverhalten n (DIN 53361) ‖ ~-temperature resistance (ctg) / Kältebeständigkeit f, Kältefestigkeit f ‖ ~-tension continuous open soaper / spannungsarme Kontinue-Breitwaschanlage ‖ ~-tension drying / spannungsarmes Trocknen ‖ ~ twill / Fischgrätenköper m ‖ ~-twist yarn / leichtgedrehtes Garn
low-wall needle (knitt) / Niederstegnadel f
low warp loom / Basselissestuhl m ‖ ~ white spirits content / benzinarm adj, mit niedrigem Benzingehalt ‖ ~ wool / spröde Wolle
lozenge n / Raute f, Rhombus m ‖ ~-shaped adj / rautenförmig adj, rhombenförmig adj, pastillenförmig adj
lubricant n / Präparationsmittel n, Avivagemittel n, Schmälze f, Spinnpräparation f, Schmälzmittel n, Spinnöl n, Gleitmittel n ‖ ~ coating / Präparationsauftrag m
lubricate v / präparieren v, avivieren v, schmälzen v, spicken v, fetten v
lubricating n / Präparieren n, Schmälzen n, Avivieren, Gleitendmachen n ‖ ~ agent s. lubricant ‖ ~ device (spinn) / Avivagevorrichtung f, Avivageadapter m ‖ ~ oil s. lubricant ‖ ~ oil / Spinnöl n, Spicköl n, Schmälze f ‖ ~ wick / Schmierdocht m ‖ ~ willow / Schmierwolf m
lubrication n / Spinnpräparation f, Avivage f ‖ ~-free pin chain / schmierungsfreie Nadelkette
lubricator n / Schmälzvorrichtung f
lug n (knitt) / Arbeitshaken m ‖ ~ (zip) / Schieberhöcker m
luggage net / Gepäcknetz n
lug of slider (zip) / Schieberhöcker m ‖ ~ strap (weav) / Schlagriemen m
lukewarm adj / lauwarm adj, handwarm adj, überschlagen adj
lumberjacket n, lumberjack n / Lumberjacke f, Lumberjack m
luminance factor / Leuchtdichtefaktor m ‖ ~ factor / Remissionsgrad m, Hellbezugswert m
luminophore n / Luminophor m, Leuchtstoff m
luminosity n / Leuchtkraft f ‖ ~ / Helligkeit f, Hellbezugswert m
luminous environment (fash) / Farbklima n ‖ ~ substance / Leuchtstoff m, Luminophor m
lump n / nicht appretierte Stückware ‖ ~ / Tuch, 130 Yards lang und 90 Inch breit gewebt, das in zwei Teile geschnitten wird ‖ ~ / doppelte oder dreifache Stoffbreite, die nach dem Weben durchgeschnitten wird ‖ ~ (yarn) / Garnverdickung f ‖ ~ formation (yarn defect) / Batzenbildung f
lunar caustic / Höllenstein m (Silbernitrat)
lungee n / indisches Baumwollgewebe für Lendenschurze, Turbane usw. ‖ ~ / langer Schal (in Indien als Lendentuch, Turban usw. getragen), indisches Baumwollgewebe für Lendenschurze, Turbane usw.
lungi n s. lungee
lupine adj / lupinenblau adj
lupis fibre / Manilafaser f
Lurex (reg. trademark for aluminium base metal yarn. Consists of aluminium foil on to which protective plastic film is laminated) / Lurex ‖ ~ fabrics / Lurexstoffe m pl
lustracellulose n / Kupferseide f, Kupferoxidammoniakseide f, Chemiekupferseide f
lustre v / glänzend machen, lüstrieren v, Glanz verleihen ‖ ~ n (fin) / Glanz m, Glanzgebung f ‖ ~ decatizing / Glanzdekatur f
lustred effect / Lüstriereffekt m ‖ ~ yarn / lüstriertes Garn
lustre effect / Glanzeffekt m ‖ ~ fabric / Lüster m ‖ ~ finish / Glanzappretur f ‖ ~ lining / Lüsterfutter n, Glanzfutter n, Glanzfutterstoff m ‖ ~ measuring instrument / Glanzmeßgerät m ‖ ~ pigment / Glanzpigment n ‖ ~ removal / Entglänzung f ‖ ~ shrinking machine / Preßglanzdekatiermaschine f ‖

~ wool / Glanzwolle f ‖ ~ wool yarn / Lüstergarn n, lüstriertes Wollgarn ‖ ~ wool yarn / Glanzwollgarn n ‖ ~ yarn (silk) / lüstriertes Seidengarn
lustrine n / Lüstrine f, Lustrine f (glänzender Taffet für Hutfutter aus Seide oder Kunstseide)
lustring n / Glanzgebung f, Lüstrieren n, Lüstrierung f ‖ ~ agent / Glanzmittel n, Glanzausrüstungsmittel n, Lüstriermittel n ‖ ~ calender / Friktionskalander m ‖ ~ machine / Lüstriermaschine f (DIN 64990), Chevelliermaschine f, Glanzmaschine f ‖ ~ press / Glanzpresse f, Muldenpresse f, Zylinderpresse f
lustrous adj / glänzend adj, schimmernd adj ‖ ~ lisle / Glanzflor m ‖ ~ side / Glanzseite f ‖ ~ viscose / Glanzviskose f ‖ ~ yarn / Lüstergarn n
lutestring n / Glanztaft m ‖ ~ / Glanztaft m
luxurious handle / warmer und voller Griff
lye n / Lauge f, Alkalilauge f, (i.e.S.) Kalilauge oder Natronlauge f ‖ ~ (soap) / Unterlauge f ‖ ~ bath / Laugenbad n ‖ ~ cooling plant / Laugenkühlanlage f ‖ ~ extractor / Entlauger m ‖ ~ phase / Laugenphase f
lyeproof adj / laugenbeständig adj, laugenfest adj
lye recuperation / Laugenaufbereitung f ‖ ~-resistant adj / laugenbeständig adj, laugenfest adj ‖ ~ tank / Laugenbehälter m
lyophile adj / lyophil adj, lösungsmittelanziehend adj
lyophilic adj s. lyophile ‖ ~ group (surface active agent) / lyophile Gruppe
lyophily n / Lyophilie f
lyophobe adj / lyophob adj, lösungsmittelabstoßend adj
lyophobic adj s. lyophobe ‖ ~ group (surface active agent) / lyophobe Gruppe
lyophoby n / Lyophobie f
lyotropy n / Lyotropie f
lysalbinic acid / Lysalbinsäure f
lysin[e] n / Lysin n

M

maarad n / ägyptische Baumwollsorte
MAC s. Maximum Allowable Concentration
macana checks (GB) pl / kariertes Baumwollgewebc
Macclesfield silks (GB) / in Macclesfield n pl (England) hergestellte Seidengewebe
Maceio cotton (harsh, wiry Peruvian staple) / Maceiobaumwolle f || ~ **lace** / eine brasilianische Klöppelspitze
macerate v / mazerieren v, einweichen v || ~ n / Mazerieren n, Einweichen n || ~ / Schnitzelmaterial n, Schnitzelpreßmasse f, Schnitzelmasse f
macerated fabric / Gewebeschnitzel n pl, Stoffschnitzel n pl, Stoffschnitzel-Füllmaterial n || ~ **fabric moulding** / Preßteil n mit Gewebeschnitzel-Füllstoff || ~ **fabric moulding** / Verpressen n von Gewebeschnitzelpreßstoff
macerate moulding compound / Schnitzelpreßmasse f
MacFarlane n / Mantel m mit Cape
machine v || ~ bearbeiten v || ~ **bed** (knitt) / Maschinenbett n || ~ **buttonhole silk** (sew) / Maschinen-Knopflochseide f || ~ **calendar** / Gaufrierkalander m || ~ **cotton** / Nähgarn n, Nähmaschinengarn n || ~ **creel** / Maschinengatter n, Aufsteckgatter n, Spulengatter n
machined buttonhole / Maschinenknopfloch n
machine dyeing (moving liquor) / Apparatefärbung f, Apparatefärberei f || ~ **dyeing** (stationary liquor, moving goods) / Maschinenfärbung f, Maschinenfärben n || ~ **efficiency** / Maschinennutzeffekte m pl || ~ **element** (gen) / Maschinenteil n || ~ **element** (knitt) / Strickelement n || ~ **embroidery** / Maschinenstickerei f, mechanische Stickerei || ~ **embroidery thread** (sew) / Maschinenstickgarn n || ~ **foot** (knitt) / Maschinenfuß m || ~ **for adjusting the width** / Breitstreckmaschine f || ~ **for bleaching in rope form** / Strangbleichmaschine f || ~ **for changing dye bobbin tubes** / Färbehülsenwechselmaschine f || ~ **for cloth inspection** / Warenbeschauapparat m, Warenschaumaschine f || ~ **for covering buttons with fabric** / Stoffknopfmaschine f || ~ **for cutting selvedges** / Kantenschneidmaschine f || ~ **for expanding cloth in rope form** / Strangausbreiter m || ~ **for feet of socks** / Sockenfußmaschine f || ~ **for fixing textile material on table** (text pr) / Klebemaschine f für Filmdruck || ~ **for hydroextraction** / Entwässerungszentrifuge f || ~ **for impregnating in open width** / Breitimprägniermaschine f || ~ **for impregnating in rope form** / Strangimprägniermaschine f || ~ **for inspection and repair** / Repassierapparat m || ~ **for invisible backing** (knitt) / Futterstoffrundwirkmaschine f || ~ **for ladies' hose** / Frauenstrumpfmaschine f || ~ **for manufacturing card fillets** / Kratzenbandherstellungsmaschine f || ~ **for neutralizing in open-width** / Breit-Neutralisiermaschine f (DIN 64990) || ~ **for neutralizing in rope-form** / Strang-Neutralisiermaschine f (DIN 64990) || ~ **for nonwovens** / Faservliesmaschine f || ~ **for opening fabrics from rope form** / Strangöffner m (DIN 64990) || ~ **for open-weave texture** / Ajourapparat m, A-jour-Apparat m, à-jour-Apparat m || ~ **for printing hanks** / Stranggarndruckmaschine f || ~ **for printing selvedges** / Kantendruckmaschine f || ~ **for raising with card wire** / Kratzenrauhmaschine f (DIN 64990) || ~ **for rinsing in open-width** / Breit-Spülmaschine f (DIN 64990) || ~ **for rinsing in rope form** / Strang-Spülmaschine f (DIN 64990) || ~ **for separating fibres** / Zerfaserer m || ~ **for separating fibres** / Raspador m (für Sisalfaser) || ~ **for sock panels** / Sockenlängemaschine f || ~ **for socks** / Sockenmaschine f || ~ **for storage and reaction** / Verweileinrichtung f (DIN 64950) || ~ **for storage and reaction in open-width** / Breitverweileinrichtung f (DIN 64950) || ~ **for storage and reaction in rope form** / Strangverweileinrichtung f (DIN 64950) || ~ **for testing elasticity of yarns** / Garnelastizitätsmesser m || ~ **for the improvement of textiles** / Textilveredlungsmaschine f || ~ **for turning knitted fabrics inside out** / Rundstrickwendemaschine f || ~ **for twisted fringes** / Drillierfransenmaschine f || ~ **for twisting silk** / Seidenzwirnmaschine f || ~ **for washing hanks** / Stranggarnwaschmaschine f (DIN 64950) || ~ **for washing in rope form** / Strangwaschmaschine f (DIN 64950) || ~ **for winding thread on cards** / Kartenwickelmaschine f || ~ **head** (knitt) / Strickkopf m || ~**-knit** v / wirken v, maschinenstricken v || ~ **knitting** / Wirken n, Maschinenstricken n || ~ **knitting yarn** / Maschinenstrickgarn n || ~**-knotted** adj (cpt) / mechanisch geknüpft, maschinell geknüpft || ~ **lace** / Maschinenspitze f || ~**-made** adj / mechanisch hergestellt || ~**-made buttonhole** / mit der Maschine gemachtes Knopfloch || ~**-made lace** / Maschinenspitze f || ~ **of the pack system** / Apparat m nach dem Packsystem || ~**-picked** (cotton) / maschinengepflückt adj || ~ **pinking of cloth** / maschinelles Tuchauszacken || ~ **printing** / Maschinendruck m, Rouleauxdruck m, Walzendruck m || ~ **setting** / Maschinenstellung f || ~ **set-up time** / Rüstzeit f || ~ **sewing** / Maschinennähen n || ~ **spinning** / mechanische Spinnerei || ~ **spinning** / Maschinenspinnen n || ~**-spun yarn** / Maschinengarn n || ~ **twist** / Nähzwirn m, Nähmaschinenzwirn m || ~ **washability labelling** / Waschbarkeitsetikettierung f || ~**-washable** adj / waschmaschinenfest adj, maschinenwaschbar adj, in der Waschmaschine waschbar || ~ **wool** / Shoddy-Wolle f, Mungo-Wolle f || ~ **yarn** / Maschinengarn n
mackinaw cloth (extra-heavy cloth, often in plaid design, used in cold climates) / Mackinaw-Stoff m
mackintosh n / Mackintosh m (Regenmantel)
maco n / Wirkware f aus Makobaumwolle || ~ **cloth** / Makotuch n || ~ **cotton** / Makobaumwolle f || ~ **fabric** / Makogewebe n || ~ **foot** (black wool hosiery with natural colour cotton foot made of maco cotton) / Mako-Strumpffuß m || ~ **goods** pl / Wirkware f aus Makobaumwolle || ~ **percale** (lightweight cambric) / Makoperkal m || ~ **tricot** / Makotrikot m || ~ **yarn** / Makogarn n, Makobaumwollgarn n, Mako m
macramé cord / Makrameekordel f || ~ **lace** (from Italy) / Makramee n, Makramee-Spitze f (spitzenähnliches Gebilde)
macrocrimp / Makrokräuselung f
macrofibril n (fibre in cell wall of bast fibre, made up of microfibrils) / Makrofibrille f
macromolecular adj / makromolekular adj
macromolecule n / Makromolekül n
macroscopic adj / makroskopisch adj
macrostructure n / Makrostruktur f
madapolam n (cotton cloth with soft finish) / Madapolam m
madder n / Krapp m || ~ / Färberröte f (Rubia tinctorum), Färberkrapp m || ~ **bleach** / Krappbleiche f || ~ **dyestuff** / Krappfarbstoff m || ~ **extract** / Krappextrakt m || ~ **red** / Krapprot n, Alizarin n || ~ **root** / Krappwurzel f || ~ **shade** / krapproter Farbton || ~ **style printing** / Krappdruckverfahren n (mit Alizarin)
Madeira n / Madeirabaum m || ~ **embroidery** / Madeirastickerei f, Madeiralochstickerei f
made shed (weav) / Fach offen || ~**-to-measure** adj / nach Maß, Maß... (in Zssn.), maßgeschneidert adj || ~**-up** adj / konfektioniert adj, aufgemacht adj || ~**-up goods** / konfektionierte Textilien
madrapa / grober ostindischer Musselin
Madras n (very porous curtain material; now also used for woven diamond pattern in colour for shirts etc.) / Madras m || ~ **chintzed muslin** / glänzender Madrasmusselin || ~ **cloth** / Madrasgewebe n ||

⪤ **cotton** / indische Baumwolle geringer Qualität ‖
⪤ **curtain** / Madrasgardine f ‖ ⪤ **gauze** / Madras m ‖
⪤ **hemp** s. Bengali hemp ‖ ⪤ **lace** / schwarzweiße Klöppelspitze aus Seide, Baumwolle oder Nylon ‖
⪤ **muslin** / Madrasmusselin m ‖ ⪤ **rug** / indischer Wollknüpfteppich
Mae West / aufblasbare Schwimmweste, Rettungsjacke f
MAFT s. Mushroom Apparel Flammability Test ‖ ⪤ (s. Mushroom Apparel Flammability Test)
magazine n (for bobbins) (weav) / Spulenbehälter m ‖
~ **creeling** (knitt) / Reserveanknotung f ‖ ~ **loom** / automatische Webmaschine ‖ ~ **screen printer** / Magazinfilmdruckmaschine f ‖ ~ **weft insertion** (warp knitt) / Magazinschußeintrag m ‖ ~**-weft process** (warp knitt) / Magazinschußverfahren n ‖ ~ **weft/warp knit fabric** / Magazinschuß-Kettengewirk n ‖ ~**-weft yarn** (warp knitt) / Magazinschußfaden m
magdala red / magdalarot adj
magenta n / Fuchsin n, Magentarot n ‖ ~ adj / purpurrot adj, lilarot adj, magentarot adj
magnesia n / Magnesia f, Bittererde f, (veraltet für) Magnesiumoxid n ‖ ~ **hardness** / Magnesiumhärte f (des Wassers) ‖ ~ **mordant** / Magnesiabeize f
magnesium n / Magnesium n ‖ ~ **acetate** / Magnesiumacetat n ‖ ~ **carbonate** / Magnesiumkarbonat n ‖ ~ **chloride** / Magnesiumchlorid n ‖ ~ **compound** / Magnesiumverbindung f ‖ ~ **hydroxide** / Magnesiumhydroxid n ‖ ~ **nitrate** / Magnesiumnitrat n ‖ ~ **oxide** / Magnesiumoxid n ‖ ~ **salt** / Magnesiumsalz n ‖ ~ **silicate** / Magnesiumsilikat n ‖ ~ **silicofluoride** / Magnesiumhexafluorosilikat n ‖ ~ **soap** / Magnesiumseife f ‖ ~ **stearate** / Magnesiumstearat n ‖ ~ **sulphate** / Magnesiumsulfat n, Bittersalz n ‖ ~ **sulphate finish** / Bittersalzappretur f
magnet false-twist spindle / Magnetfalschdrahtspindel f
magnetic roller squeegee (scr pr) / Magnetrollrakel f
magnet metal extractor / magnetischer Metallextraktor ‖ ~**-roller device** (text pr) / Magnetwalzenanlage f ‖ ~**-shaped neckline** (fash) / Magnetausschnitt m ‖ ~ **squeegee system** (text pr) / Magnet-Rakel-System n ‖ ~ **stirrer** / Magnetrührer m ‖ ~ **stirring bar** / Magnetrührstäbchen n ‖ ~ **tension device** / magnetische Spanneinrichtung
maguey fibre (strong fibre for cordage, ropes, mats) / Agavefaser f (Gattung fourcraea), Magueyfaser f
Magyar sleeves (fash) / Kimonoärmel m pl
mahoe n, mahaut, mahant / weiße Faser des Hibiskus (Verwendung als Hanfersatz) in Mittelamerika
mahogany brown adj / mahagonibraun adj (RAL 8016)
maholtine fibre / (Art) Bastfaser f (Verwendung als Juteersatz)
mahot pincet / kräftige südamerikanische Bastfaser
mahuva cotton / indische Baumwolle guter Qualität (Anbau in der Bombay-Gegend)
mail n (weav) / Litzenauge n, Auge n, Maillon n, Litzenhäuschen n ‖ ~ **cloth** / Stickereiseidenstoff m
mailed eye (weav) / Maillonlitze f ‖ ~ **heddle** (weav) / Augenhelfe f
maille n (Fr) (knitt) / Masche f, Schlinge f
mailles de bas (Fr) / halbwollene Kleiderserge ‖ ~ **jetées** (Fr) / Blindlegung f
maimal n (India) / hochwertiger Baumwollmusselin, mit leonischen Fäden bestickt ‖ ~ (East Africa) / gebleichter Baumwollmusselin
main cam (knitt) / Hauptschloß n ‖ ~ **carrier** (hos) / Fadenführer m ‖ ~ **chain** (fully-fashioned knitt mach) / Hauptkette f ‖ ~ **colour** (dye) / Hauptfarbe f ‖ ~ **component** / Hauptkomponente f, Hauptbestandteil m ‖ ~ **cylinder** / Haupttrommel f (der Karde) ‖ ~ **drafting zone** / Hauptstreckfeld n, Hauptverzugsfeld n (DIN 64260) ‖ ~ **draw roll[er]** / Hauptzugwalze f ‖ ~ **drive ring** (knitt) / Schloßantriebsring m ‖ ~ **drum** (nwv) / Tambour m ‖

~ **equatorial reflection** (fibres) / Äquatorhauptreflex m ‖ ~ **interlining** / Einlagestoff m
mainliner n / Viskose-Filament-Mooskrepp m
main needle / Hauptnadel f ‖ ~ **pusher** (knitt) / Hauptstößer m ‖ ~ **shaft** (knitt) / Maschinenstange f ‖ ~ **sinker** (knitt) / Hauptplatine f
mains water / Leitungswasser n
main thread / Hauptfaden m, Grundfaden m ‖ ~ **warp** (weav) / Grundkette f, Bodenkette f, Unterkette f ‖ ~ **yarn** / Grundfaden m, Hauptfaden m
maize n / Mais m ‖ ~**-coloured** adj / maisgelb adj, maisfarben adj ‖ ~ **flour** / Maismehl n ‖ ~ **protein fibre** / Zeinfaser f ‖ ~ **starch** / Maisstärke f ‖ ~ **starch gum** s. British gum ‖ ~ **starch thickening** / Maisstärkeverdickung f ‖ ~ **yellow** / maisgelb adj (RAL 1006)
majagua fibre / mittelamerikanische Eibischfaser (aus Hibiscus tiliaceus)
make alkaline / alkalisieren v, alkalisch einstellen ‖ ~ **antistatic** / antistatisch ausrüsten ‖ ~ **fireproof** / feuerfest machen ‖ ~ **flame-resistant** / flammfest machen ‖ ~ **flexible** / geschmeidig machen ‖ ~ **hydrophobic** / hydrophobieren v, wasserabstoßend machen ‖ ~ **into a paste** / anteigen v ‖ ~ **ladderproof** (hos) / maschenfest machen, laufmaschenfest machen, laufmaschensicher machen, maschenfest ausrüsten ‖ ~ **pliable** / geschmeidig machen ‖ ~ **pliable** (of silk) / souplieren v
maker-up n / Konfektionär m
make shrink-resistant / krumpffecht ausrüsten, krumpffrei machen, schrumpffest machen ‖ ~ **smoulderproof** / schwelbeständig ausrüsten ‖ ~ **soluble** / löslich machen ‖ ~ **the dyeing even** / die Färbung egalisieren ‖ ~ **the lower loop** / unterschlingen ‖ ~**-up** n (fabr) s. making-up ‖ ~**-up** n (e.g. of fibre) / Aufmachungsform f, Aufmachung f, Konfektionsschneiderei f ‖ ~**-up** (fabr) / konfektionieren v, aufmachen v ‖ ~ **up** (dyebath) / zubereiten v, ansetzen v ‖ ~**-up water** / Zusatzwasser n ‖ ~ **waterproof** / wasserdicht ausrüsten, wasserfest machen ‖ ~ **water-repellent** s. make hydrophobic
makeweights pl / Beilastmaterial n
make woolly / verwollen v
makié technique / Goldlackstreutechnik f, Makié-Technik f
making the lay (making up) / Auflegen n der Schnittmuster auf den Stoff ‖ ~**-up** n / Konfektion f, Aufmachung f, Konfektionsschneiderei f ‖ ~**-up cutting** / Zuschnitt n ‖ ~**-up machine** / Aufmachungsmaschine f, Bekleidungsmaschine f ‖ ~ **up of yarns into hanks** / Strangaufmachung f ‖ ~**-up plant** / Kleiderfabrik f, Konfektionsbetrieb m
making-up tank / Ansatzbehälter m, Ansatzgefäß n
making-up trade / Kleiderkonfektion f, Konfektion f
malabar / bedruckter Hemdenstoff aus Baumwolle ‖ ~ **carpet** / geknüpfter Wollteppich aus grober indischer Wolle ‖ ~ **tallow** / Malabartalg m, Butterbohnenfett n (aus Vateria indica)
malachite green / Malachitgrün n, Bittermandelgrün n, Viktoriagrün n ‖ ~ **green** adj / malachitgrün adj
malachra fibre / seidige westindische Bastfaser (Einsatz zur Seilherstellung)
malapao fibre / philippinische Bastfaser (Einsatz zur Seilherstellung)
malasiag fibre / philippinische Bastfaser (Einsatz zur Seilherstellung)
maleic acid / Maleinsäure f ‖ ~ **anhydride** / Maleinsäureanhydrid n ‖ ~ **anhydride flakes** / Maleinsäureanhydridschuppen f pl
maleinate / Maleinat n
malein resin / Maleinatharz n ‖ ~ **resin coating** / Maleinatharzummantelung f
male model / Dressman m

malic

malic acid / Äpfelsäure f, Malinsäure f, Hydroxybernsteinsäure f
Malimo fabric / Malimoware f ‖ ~ **process** / Malimoverfahren n (Fadenlagen-Nähwirkverfahren)
Malines lace (fine stiff net with hexagonal mesh) / Mechelner Spitze f
malino fibre / hawaiische Aloefaser
malipol process / Malipolverfahren n (Polfaden-Nähwirkverfahren)
maliwatt fabric / Maliwattware f ‖ ~ **process** / Maliwattverfahren n (Faservlies-Nähwirkverfahren)
mallow n / Malve f
malmal n, mammal n / feiner Baumwollmusselin, mit Seiden- und leonischen Fäden bestickt
malo n / hawaiisches Gewebe aus der Olonafaser
malonic acid / Malonsäure f
malt n / Malz n ‖ ~ **amylase** / Malzamylase f ‖ ~**-desizing** n / Entschlichten n mit Malz ‖ ~ **diastase** / Malzdiastase f
maltese n / gelbgefärbte Stickereiseide ‖ ~ **lace** / Malteserspitze f
malt extract / Malzauszug m, Malzextrakt m
malting n / Malzen n ‖ ~ / Entschlichten n mit Malz
malva blanca / kubanisches Juteimitat
Manchester brown / Manchesterbraun n, Bismarckbraun n, Vesuvin n ‖ ~ **velvet** / Manchester m, Baumwollschußsamtware f, Kordsamt m, Genuakord m ‖ ~ **yellow** / Manchestergelb n, Martiusgelb n
Manchu crepe (cotton crepe with silk warp thread) / Mandschukrepp m
mandarin coat (fash) / Mandarinmantel m ‖ ~ **collar** (fash) / Mandarinkragen m
mandarin[e] orange adj / mandarinorange adj
mandrel n / Dorn m ‖ ~ **press** / Walzenaufspindelmaschine f
mane-hair n / Mähnenhaar n
manganese n / Mangan n ‖ ~ **bistre** / Manganbister m, Manganbraun m ‖ ~ **bistre discharge** / Manganbisterätze f ‖ ~ **black** / Manganschwarz n ‖ ~ **brown** / Manganbraun n, Manganbister m ‖ ~ **chloride** / Manganchlorid n ‖ ~ **dioxide** / Mangandioxid n (Braunstein) ‖ ~ **dioxide discharge** / Braunsteinätze f, Mangandioxidätze f ‖ ~ **dioxide discharge process** / Braunsteinätzeverfahren n, Mangandioxidätzeverfahren n ‖ ~ **mordant** / Manganbeize f ‖ ~ **peroxide** / Mangandioxid n (Braunstein) ‖ ~ **resist** / Manganreserve f ‖ ~ **salt** / Mangansalz n ‖ ~ **salt resist** / Mangansalzreserve f
manganiferous adj / manganhaltig adj
manganous chloride / Mangan(II)-chlorid n ‖ ~ **oxide** / Mangan(II)-oxid n
mangle v / mangeln v, rollen v, abquetschen v, glätten v, kalandern v, kalandrieren v ‖ ~ n / Mangel f, Wäscherolle f, Wäschepresse f, Quetsche f, Quetschmaschine f (DIN 64950) ‖ ~ **bowl** / Mangelwalze f ‖ ~ **cloth** / Mangeltuch f
mangled hessian / geglättetes Jutaleinen
mangle drier / Mangeltrockner m ‖ ~ **expression** / Abquetscheffekt m ‖ ~ **finish** / Kalanderappretur f ‖ ~ **nip** / Quetschwalze f ‖ ~ **roller** / Mangelwalze f
mangling n / Quetschen n, Mangeln n ‖ ~ **machine** / Quetschmaschine f (DIN 64950), Mangel f, Säurepresse f
manica n (fash) / taillenlanger Ärmel
manila fibre s. abaca ‖ ~ **hemp** s. abaca ‖ ~ **rope** / Manilatau n, Abakafaserseil n ‖ ~ **yarn** / Abakagarn n
manipulated cloth / Gewebe aus Wolle und Baumwolle ‖ ~ **yarns** / spinngemischte Halbwollgarne
manipulate in the bath (dye) / im Färbebad umziehen
man-made adj s. manmade
manmade adj / künstlich adj, synthetisch adj ‖ ~ **bristles** / Chemieborsten f pl ‖ ~ **fibre** / Chemiefaser f ‖ ~ **fibre fabric** / Gewebe n aus Chemiefasern ‖ ~ **fibre filling** / synthetisches Polsterfüllmaterial ‖ ~ **fibre yarn** /

Chemiefasergarn n ‖ ~ **filament** / Filamentgarn n, Chemieseide f (veraltet) ‖ ~ **filament yarn** / Filamentgarn n, Chemieseidengarn n (veraltet) ‖ ~ **spinning fibre** / Chemiespinnfaser f, Chemiestapelfaser f ‖ ~ **staple fibre** / Chemiestapelfaser f, Chemiespinnfaser f, Chemieschnittfaser f ‖ ~ **textiles** / Textilien pl aus Chemiefasern ‖ ~ **wire** / Chemiedraht m
manna flour / Johannisbrotkernmehl n
mannequin n / Mannequin n ‖ ~ (making up) / Konfektionspuppe f, Schneiderpuppe f
Mannich base (chem) / Mannichbase f
mannogalactan gum (vegetable gum) / Mannogalaktangummi n m, Mannogalaktan n
mansard n (text pr) / Mansarde f
manta n / Pferdedecke f, Reisedecke f ‖ ~ / Umhang m, Überwurf m (Frauenkleidung, bes. in Südamerika) ‖ ~ / grober ungebleichter Baumwollstoff
mantelet n / kurzer Mantel, Überwurf m, Mäntelchen n
mantilla n / langes Spitzen- oder Schleiertuch, Mantilla f ‖ ~ / leichter Umhang, kurzer Mantel ‖ ~ (light hood or covering for the head and/or shoulders) / Mantille f
mantle n / ärmelloser Umhang, Überwurf m
manual aspirator (for threading filaments) / Handaspirator m ‖ ~ **flocking unit** / Handbeflockungsgerät n ‖ ~ **piecing** (spinn) / Handanspinnen n ‖ ~ **scrub scouring** / Handschrubbwäsche f
manufactured fibre / Regeneratfaserstoff m
manufacture of cotton wool / Wattefabrikation f ‖ ~ **of knit goods** / Strickwarenfabrikation f, Wirkwarenfabrikation f ‖ ~ **of manmade fibres** / Chemiefaserherstellung f ‖ ~ **of ready-made clothing** / Konfektion f ‖ ~ **of ready-made knitwear** / Wirkwarenkonfektion f ‖ ~ **of yarded goods** / Meterwarenherstellung f ‖ ~ **ready-made clothing** / konfektionieren v
manufacturer of ready-made clothes / Konfektionär m
manufacturing defect / Fabrikationsfehler m, Herstellungsfehler m ‖ ~ **lot** / Fabrikationspartie f
Manx tweed / auf der Insel Man hergestellter Tweed
marabout fabric / Seidenstoff m aus Marabugarn ‖ ~ **silk** / Marabugarn n
maratti knitting loom / Marattimaschine f, Rundkettenwirkmaschine f (zur Herstellung schlauchförmiger Milanese-Kettenwirkware) ‖ ~ **type latch needle** (knitt) / Kippnadel f
marble v / adern v, sprenkeln v, marmorieren v
marbled cloth / gesprenkelter Halbwollstoff
marble silk / Seidenstoff mit Vielfarbeneffekt ‖ ~ **white** / marmorweiß adj
marceline n (all-silk finely woven poplin. Given special finish and used esp. in hat making) / Marceline f
marcella f / Marcella-Piqué m
marengo n / Marengogarn n ‖ ~ (weav) / Marengo m (Streichgarn- und Kammgarngewebe aus Marengogarnen)
margherita f / italienischer Maschinentüll
marginal layer / Grenzschicht f
mariages pl s. also married yarns ‖ ~ (defect) / Doppelfäden m pl beim Haspeln der Rohseide
marine fibre / Posidoniafaser f ‖ ~ **stripes** / blaugestreife leinwandbindige Baumwollware
marionette n (weav) / Gegenzugschaftaufhängung f
mark v / markieren v, kennzeichnen v, signieren v ‖ ~ n / Markierung f ‖ ~ (weav) / Gräte f ‖ ~ (stain) / Fleck m
marker n (sew) / Aufzeichenschablone f
mark in (making up) / aufzeichnen v (auf Stofflagen)
marking n / Markierung f, Signierung f, Kennzeichnung f, Signierfärbung f ‖ ~ / Markieren n, Kennzeichnen n ‖ ~ **attachment** (hos) / Zeichendeckerei f ‖ ~ **band** (weav) / Teilschnur f, Kreuzschnur f, Rispenschnur f ‖ ~ **band** (clothm) / Kontrollschnur f ‖ ~ **colour** / Markierungsfarbe f, Zeichenfarbe f, Signierfarbstoff m

‖ ~ **ink** / Signiertinte f, Zeichentinte f, Markierfarbe f, Signierfarbe f, Wäschestempelfarbe f, Wäschezeichentinte f ‖ ~ **machine** / Markierungsmaschine f, Markierapparat m ‖ ~**-off** n / Abfärben n, Ausbluten n, Abschmutzen n, Abflecken n ‖ **off, prevent** (dye) / Abflecken verhindern ‖ ~ **off on the rollers** / Abklatschen n auf den Walzen ‖ ~ **thread** / Zeichengarn n
mark off / abfärben v, ausbluten v, abflecken v, abschmutzen v ‖ ~**-off ghosting** (trans pr) / Abrieb-Ghosting n ‖ ~**-stitchings** pl / Markierungsnähte f pl ‖ ~ **the bales** / die Ballen signieren ‖ ~ **the flaws** / die Fehler markieren ‖ ~ **with spots** / tupfen v
marl n / Mergel m
marline n (small tarred rope used to tie ropes and cables) / Marlleine f
marling n s. marline
marl-spun n / Melange-Effekt m durch Düsenfärbung
marly n (gauze-like cotton fabric) / Marly m ‖ ~ adj / mergelig adj
marl yarn / mehrfarbiges Kammgarn, Moulinégarn n, gesprenkeltes Garn
marocain n (plain weave dress fabric with crinkled appearance) / Marocain n, Crêpe marocain m
marocs pl / Wollserge-Kleiderstoffe m pl
maroon adj / kastanienbraun adj, maron adj
marquee n / großes Zelt ‖ ~ / Markise f (Sonnen- oder Schutzdach)
marquise n (half-silk jacquard furnishing fabric) / Marquise f
marquisette n (a sheer meshed fabric used for clothing, curtains, and mosquito nets) / Marquisette f m, Markisette f m ‖ ~ **fabric** / Markisettegewebe n, Marquisettegewebe n
mar resistance (ctg) / Kratzfestigkeit f ‖ ~**-resistant** adj (ctg) / kratzfest adj
married yarns / Doppelfadenfehler m ‖ ~ **yarns** s. also mariages
marseilles n / pikeeartiger steifer Baumwollstoff ‖ ~ pl / Steppdecke f
Marseille soap / Marseiller Seife ‖ ~ **soap bath** / Marseiller Seifenbad
marseilles weave / Steppmusterung f
marsella linen / Herrenanzugleinen n in Köperbindung
Marston cotton / spätreifende Louisiana-Baumwolle
martingale n (fash) / Halbgürtel m
Martius yellow / Martiusgelb n, Manchestergelb n
mask v / maskieren v ‖ ~ (chèm,i.e.S.) / verkappen v ‖ ~ **the shade** / den Farbton verschleiern, die Nuance verschleiern
mason n / Drehkanne f
mass n / Masse f, Gewicht n ‖ ~ **colouration** / Spinnfärbung f ‖ ~**-dyed** adj / spinngefärbt adj, düsengefärbt adj
Massey coater / Massey-Streichmaschine f
massicot n / Massicot m (gelbes Pulver aus Blei(II)-dioxid)
mass per unit area / Flächengewicht n ‖ ~ **per unit volume** / Massenkonzentration f ‖ ~ **polymerization** / Massepolymerisation f, Polymerisation f in der Masse ‖ ~**-produced goods** / Massenartikel m pl, Massenware f ‖ ~ **tone** (dye) / Purton m ‖ ~ **weight** / Massengewicht n
masterbatch n (dye) / Vormischung f, Masterbatch m ‖ ~ / Stammansatz m ‖ ~ (i.e.S.) / Pigmentformierung f
master roll / Leitwalze f (eines Kalanders)
masticator n / Knetmaschine f, Mastikator m
mastic cloth / Stickkanevas m
mat v / verfilzen v ‖ ~ s. also matt ‖ ~ n / Matte f, Vlies n, Pelz m ‖ ~ / Vorleger m, Matte f ‖ ~ adj s. matt
match v / nach Muster färben, auf Muster färben, nach Farbvorlage färben, abmustern v, mustern v
matching n / Abmustern n, Abmusterung f, Nachstellung f des Farbtons, Abtönen n, Farbabmusterung f ‖ ~ (cpt) / Rapport m ‖ ~ adj / farbtongleich adj, mustertreu adj ‖

~ **carpet** / Teppich m mit sich wiederholendem Muster ‖ ~ **colour** / Paßfarbe f ‖ ~ **formulation** (dye) / Nachstellung f ‖ ~ **of a standard** (dye) / Nachfärbung f einer Vorlage ‖ ~ **property** / Mustertreue f ‖ ~ **vest and panties** pl / Wäschegarnitur f ‖ ~ **waste** (cpt) / Rapportverschnitt m
match off (dye) / die Färbung mustern, abmustern v ‖ ~ **test** (mat test) / Match-Test m ‖ ~ **the colour** s. match the shade ‖ ~ **the pattern** v / mustertreu ausfallen ‖ ~ **the pattern** / das Muster in Übereinstimmung bringen ‖ ~ **the shade** / die Farbe abstimmen, die Farbe abmustern, den Ton treffen
MA (minimum application) technique (fin) / MA-Technik f (Minimal-Applikation)
matelassé n (figured fabric with quilted effect) / Matelassé m (steppdeckenartig gemusterter Seiden- oder Wollstoffe)
matelot n / Rötlichblau n, Olympischblau n
material n (gen) / Material n, Gut n ‖ ~ (fabric) / Stoff m, Gewebe n ‖ ~ **carrier** (dye) / Materialträger m ‖ ~ **fine structure** / Materialfeinstruktur f ‖ ~ **in continuous lengths** / Breitbandmeterware f ‖ ~ **shaping** / Materialformung f ‖ ~ **to be dyed** / Färbegut n ‖ ~ **to be milled** / Walkgut n ‖ ~ **to be sewn** / Nähgut n ‖ ~ **to be wound** / Spulgut n
maternity bra / Still-Büstenhalter m ‖ ~ **corset** / Umstandskorsett n ‖ ~ **dress** / Umstandskleid n ‖ ~ **panty girdle** / Umstands-Miederhose f ‖ ~ **pantyhose** / Umstands-Strumpfhose f ‖ ~ **top** / Umstandsbluse f ‖ ~ **wear** / Umstandskleidung f
mat for lagging supports / Verzugsmatte f ‖ ~ **formation zone** (nwv) / Vliesbildungszone f ‖ ~ **for reinforcing walls of canals, dykes etc.** / Wasserbaumatte f
mating point (sew) / Zusammenstoßen n (Kleidung)
mat moulding / Mattenpreßverfahren n, Pressen n mit Matten, Pressen n mit Vorformlingen ‖ ~ **of fibres** / Faserfilz m
matrix n / Unterlegplatte f, Matrize f ‖ ~ (dye) / einfache Farbe, Urfarbe f, Grundfarbe f ‖ ~ **fibril (M/F) bicomponent fibre** / M/F-Fasertyp m, Matrix-Fibrillen-Fasertyp m, Heterofasertyp m, Bikonstituentenfaser f der Type M/F ‖ ~ **polymerization** / Matrixpolymerisation f
matt v / abstumpfen v, mattieren v ‖ ~ adj / matt adj, glanzlos adj, stumpf adj
matta cotton / brasilianische Kurzstapelbaumwolle
matt appearance / Glanzlosigkeit f, Stumpfheit f ‖ ~ **calender** / Mattkalander m ‖ ~ **crepe** / Mattkrepp m
matted adj / verfilzt adj, wirr adj ‖ ~ **mit Matten bedeckt** ‖ ~ **material** / verfilzter Stoff ‖ ~ **wool** / filzige Wolle, verfilzte Wolle
matt effect / Matteffekt m, Mattierungseffekt m ‖ ~ **embroidery yarn** / Mattstickgarn n ‖ ~ **fabric** / Mattgewebe n ‖ ~ **finish** / Mattglanz m, Mattfinish n, Mattausrüstung f ‖ ~ **gold** / mattgold adj, stumpfgold adj
matting n (dulling) / Mattieren n, Abstumpfen n ‖ ~ (of wool) / Verfilzen n ‖ ~ (floorcovering etc.) / Matte f, Matten f pl ‖ ~ **agent** / Mattierungsmittel n, Mattiermittel n ‖ ~ **calender** / Mattkalander m ‖ ~ **cord** / Teppichcord m ‖ ~ **during spinning** / Spinnmattierung f ‖ ~ **power** / Filzeigenschaft f, Filzvermögen n, Filzfähigkeit f ‖ ~ **property** s. matting power
matt multicoloured printing / Mattbuntdruck m
mattness n / Glanzlosigkeit f
mat together / verfilzen v (sich)
matt print / Mattdruck m ‖ ~ **rayon** / Matt-Viskose-Filament n ‖ ~ **rayon staple** / mattierte Zellwolle
mattress n / Matratze f ‖ ~ **cover** / Matratzenbezug m ‖ ~ **drill** / Matratzendrell m ‖ ~ **duck** / Matratzendrell m ‖ ~ **filling** / Matratzenfüllung f ‖ ~ **thread** / Matratzengarn n ‖ ~ **ticking** / Matratzeninlett n,

mattress

Matratzendrell m ‖ ~ **topper** (US) / Matratzenauflage f aus Schaumstoff
matt shirting / ungebleichter Sommerkleiderstoff ‖ ~ **subsequently** / nachmattieren v ‖ ~ **weave** / Panamabindung f ‖ ~ **white** / Mattweiß n ‖ ~ **white printing** / Mattweißdruck m
maturation n (gen) / Reifen n, Ausreifen n, Reifwerden n ‖ ~ **of cellulose solution** (prior to spinning procedure) / Nachreifen n der Viskose
mature v / reifen v, ausreifen v ‖ ~ adj / reif adj
maturing n / Reifeprozeß m, Reife f ‖ ~ **chamber** / Reifeschrank m, Reiferaum m ‖ ~ **period** / Reifezeit f
maturity n / Reife f ‖ ~ / Reifegrad m ‖ ~ **(cotton)** / Dicke f der Baumwollfaserwand ‖ ~ **degree** (cotton) / Reifegrad m ‖ ~ **index** / Reifegrad m
maturized cotton / reife Baumwolle
mat weave / Mattenbindung f, Würfelbindung f, Panamabindung f
Mauritius hemp / Mauritiushanf m (aus Furcraea Faetida)
mausari n, mausoori n / indisches Netzgewebe (Einsatz für Moskito- und Insektennetze)
mauve n, mauvein[e] n (dye) / Mauvein n, Mauve n (basischer Azinfarbstoff) ‖ ~ adj / mauve adj, malvenfarben adj, malvenfarbig adj
mauvein, mauveine s. mauve
maverick n / Ausreißer m (Nichteinhaltung der Qualitätsnorm)
max. dressed width of warp / max. Bewicklungsbreite
Maximum Allowable Concentration (MAC) / Maximale Arbeitsplatz-Konzentration (MAK) ‖ ~ **concentration** / Höchstkonzentration f ‖ ~ **of absorption** / Absorptionsmaximum n ‖ ~ **of reflectance** / Remissionsmaximum n ‖ ~ **pressure** / Maximaldruck m ‖ ~ **reed width** / Blattweite f ‖ ~ **solubility** / Löslichkeitsgrenze f, Höchstlöslichkeit f ‖ ~ **temperature** / Höchsttemperatur f ‖ ~ **tension** / Maximalspannung f
Maxwellian distribution / Maxwellsche Verteilung
may green adj / maigrün adj (RAL 6017)
Mayo twill / Mayo-Feinköper m, Mayo-Twill m
mazamet n (pulled wool) / Mazametwolle f
mazarine adj / dunkelblau adj
MBAS s. methylene blue [active] substance
MCPP (multicolour printing process) (text pr) / Mehrfarbendruckverfahren n
meadow bleaching / Rasenbleiche f
meal n / Mehl n
meander fastener (zip) / Mäander-Verschluß m ‖ ~ **forming machine** (zip) / Mäander-Legemaschine f ‖ ~ **low-wall needle** / Mäander-Niederstegnadel f ‖ ~ **pattern** / Mäandermotiv n
mean fibre length / mittlere Faserlänge ‖ ~ **length** / mittlere Länge ‖ ~ **temperature** / mittlere Temperatur ‖ ~ **titre** / mittlerer Titer
measure v / messen v
measurement n / Messung f, Messen n ‖ ~ **of density** (liquid) / Dichtemessung f ‖ ~ **of extinction** (col) / Extinktionsmessung f ‖ ~ **of gloss** / Glanzmessung f ‖ ~ **of particle size** / Bestimmung f der Korngröße ‖ ~ **of viscosity** / Viskositätsmessung f
measure out / dosieren v
measuring and folding machine / Meß-Legemaschine f (DIN 64990) ‖ ~ **and rolling machine** / Meß-Wickelmaschine f (DIN 64990) ‖ ~ **and testing device** / Meß- und Prüfgerät n ‖ ~ **chain** (knitt) / Zählkette f ‖ ~ **machine** / Meßmaschine f (DIN 64990) ‖ ~ **roller** / Meßwalze f ‖ ~ **sample** (dye) / Meßprobe f ‖ ~ **table** / Meßtisch m ‖ ~ **tape** / Meßband n, Bandmaß n ‖ ~ **wheel** (thread regulator) / Fadenlieferer m, Fadenlieferrad n, Fadenregulator m
meaty cotton / gute Baumwolle mit hohem Garnertrag
Mecca rug / Schirasteppich m
mechanical bonding / mechanisches Verbinden ‖ ~ **conditioning** / mechanische Konditionierung ‖ ~ **cotton picker** / Baumwollpflückmaschine f ‖ ~ **deterioration** / mechanischer Abbau ‖ ~ **drawing** / Düsenziehverfahren n (für Endlosfasern) ‖ ~ **dyeing** / mechanisches Färben ‖ ~ **embroidery** / mechanische Stickerei ‖ ~ **feed** / automatische Zuführung ‖ ~ **fixation** (dye) / mechanische Bindung ‖ ~ **flocking** / mechanisches Beflocken ‖ ~ **foam** (coat) / Schlagschaum m ‖ ~ **foaming** / mechanisches Verschäumen ‖ ~ **frothing machine** / Schlagschaummaschine f ‖ ~ **impurities** / mechanische Verunreinigungen f pl ‖ ~ **interlocking** (nwv) / mechanische Verfestigung ‖ ~ **knitting** / Maschinenstricken n, Wirken n ‖ ~ **mixer** / mechanischer Mischer ‖ ~ **picker** / Pflückmaschine f ‖ ~ **property** / mechanische Eigenschaft ‖ ~ **relaxation time** / Erholungszeit f ‖ ~ **resist effect** / mechanischer Reserveeffekt ‖ ~ **rope washer** / mechanische Strangwaschmaschine f ‖ ~ **selection of needles** / mechanische Nadelauswahl ‖ ~ **slub catcher** / mechanischer Fadenreiniger ‖ ~ **soiling** / apparative Anschmutzung ‖ ~ **spinning** / Maschinenspinnen n, Maschinenspinnerei f, Maschinenspinnen n ‖ ~ **stability** / Maschinenstabilität f ‖ ~ **surface property** / mechanische Flächeneigenschaft ‖ ~ **treatment** (mat test) / mechanische Beanspruchung ‖ ~ **tripper** / Baumwollpflückmaschine f ‖ ~ **washing** / mechanische Wäsche
mechanism for vertical striping (knitt) / Längsstreifeneinrichtung f
Mechlin lace / Mechelner Spitze, Brabanter Spitze ‖ ~ **machine** / Mechelner-Spitzenmaschine f
medallion n / Spitzenmedaillon n ‖ ~ (cpt) / Medaillon n
medical support stocking / medizinischer Stützstrumpf ‖ ~ **textiles** / medizinische Textilien pl
medicated cotton wool / Verbandwatte f ‖ ~ **soap** / medizinische Seife
medio twist / Mediogarn f ‖ ~ **yarn** / Mediogarn n
medium n / Medium n, Mittel n, Stoff m, Träger m ‖ ~ **-affinity dyestuff** / mittelaffiner Farbstoff ‖ ~ **-boiling solvent** / mittelsiedendes Lösungsmittel, Mittelsieder m ‖ ~ **-coarse cotton** / mittelgrobe Wollqualität ‖ ~ **cotton** / mittelstapelige Baumwolle (mit einem Handelsstapel zwischen 22 und 29 mm) ‖ ~ **count** / mittlere Nummer, Durchschnittsnummer f, mittlere Stärke ‖ ~ **fine cotton** / mittelfeine Wollqualität ‖ ~ **-grained** adj / mittelkörnig adj ‖ ~ **shade** / mittlerer Farbton, mittlere Nuance, Mittelton m ‖ ~ **-staple rotor spinning machine** / Mittelstapel-Rotorspinnmaschine f ‖ ~ **strength print** / Druck in mittleren Farbtönen ‖ ~ **titre** / Durchschnittstiter m ‖ ~ **tone** s. medium shade ‖ ~ **wool** / Mediumwolle f, mittlere Wolle
medulla n (cotton) / Markkanal m
medullameter n (cotton) / Medullameter n
medullary cord / Markstrang m
medullation n / Markhaltigkeit f
meetings pl / Treffstelle f
meherjun n / grobe persische Wolle für Teppichgarn
meisen n / japanisches Seidengewebe mit Leinwandbindung
MEK s. methyl ethyl ketone
melamine n / Melamin n ‖ ~ **formaldehyde** / Melaminformaldehyd n ‖ ~ **formaldehyde resin** / Melaminformaldehydharz n ‖ ~ **resin** / Melaminharz n
melange n / Melange f, Mischung f ‖ ~ **dyeing** / Mehrfarbenfärbung f, Melangefärbung f ‖ ~ **effect** / Melange-Effekt n ‖ ~ **gillbox** (spinn) / Mischstrecke f ‖ ~ **goods** / Melangeware f, Melangestoffe m pl ‖ ~ **mixing gill** (spinn) / Vereinigungsstrecke f, Mischstrecke f ‖ ~ **print** / Vigoureuxdruck m, Kammzugdruck m ‖ ~ **printing machine** / Vigoureuxdruckmaschine f ‖ ~ **yarn** / Melangegarn n, meliertes Garn
melded fabric / Gewebe n aus Schmelzklebefasern, Schmelzklebefasergewebe n, Schmelzvlies n ‖ ~ **fibre** / Schmelzfaser f, Schmelzklebefaser f, schmelzbare Faser

meldeds *pl* (melded fabrics) / Schmelzklebefasergewebe *n pl*
melissic acid / Melissinsäure *f*
mellow *v* / erweichen *v*, weich machen, reifen *v* ‖ ~ (shade) / dämpfen *v* ‖ ~ *adj* / sanft *adj* (Farbton)
mellowing *n* / Behandlung *f* mit Weichmachungsmitteln
mellowness *n* (vat) / Reife *f*
mellow vat / reife Küpe
melon *adj* / melonengelb *adj* ‖ ~ **sleeves** (fash) / Keulenärmel *m pl* ‖ ~ **yellow** / melonengelb *adj*
melt *vt* / einschmelzen *v*, schmelzen *v* ‖ ~ *n* / Schmelze *f* ‖ ~ (spinn) / Spinnschmelze *f*
meltable *adj* / schmelzbar *adj*
melt balls (singeing) / Schmelzkügelchen *n pl* ‖ ~ **calendering** / Schmelzkalandrierung *f* ‖ ~ **compartment** (fibre production) / Schmelzeraum *m* ‖ ~ **crystallization** / Schmelzkristallisation *f* ‖ ~ **extensibility** (fibre production) / Schmelzendehnbarkeit *f* ‖ ~ **extrusion** / Schmelzspinnen *n*, Schmelzspinnverfahren *n*, Spinnen *n* aus der Schmelze ‖ ~ **film coating** (lam) / Schmelzbeschichtung *f* ‖ ~ **index** / Schmelzindex *m*
melting *n* / Schmelzen *n* ‖ ~ **adhesive** / Schmelzkleber *m* ‖ ~ **centrifuge** / Schmelzschleuder *f* ‖ ~ **dilatation** / Schmelzausdehnung *f* ‖ ~ **grid** / Schmelzrost *m* ‖ ~ **heat** / Schmelzwärme *f* ‖ ~ **point** (M.P.) / Schmelzpunkt *m* ‖ ~ **temperature** / Schmelztemperatur *f* ‖ ~ **viscosity** / Schmelzviskosität *f*
melton *n* (fabr) / Melton *m*
meltonette *n* / leichter Melton
melton finish / Meltonausrüstung *f*, Fouléausrüstung *f* ‖ ~ **loden** / Meltonloden *m*, Lodenstoff *m* mit rauher Oberfläche
melt spinning / Schmelzspinnen *n*, Schmelzspinnverfahren *n*, Spinnen *n* aus der Schmelze ‖ ~ **spinning grid** / Schmelzrost *m* ‖ ~ **spinning line** / Schmelzspinnanlage *f* ‖ ~ **spinning process** / Schmelzspinnverfahren *n* ‖ ~**-spun filament** / schmelzgesponnener Elementarfaden ‖ ~ **strength** / Schmelzenfestigkeit *f* ‖ ~ **temperature** / Schmelztemperatur *f* ‖ ~ **viscosity** / Schmelzviskosität *f*
membrane *n* / Membrane *f*, Membran *f*
memory creasing / Dauerfalte *f*, dauerhafte Falte, bleibende Falte
Memphis cotton / eine bläuliche Tennessee-Baumwolle
Menado hemp / Menadohanf *m* (aus Celebes)
mend *v* / ausbessern *v*, flicken *v*, stopfen *v*, repassieren *v* ‖ ~ (yarn) / nachformen *v*
mending *n* / Ausbessern *n*, Flicken *n*, Stopfen *n*, Repassieren *n* ‖ ~ (yarn) / Nachformen *n* ‖ ~ **apparatus** (knitt) / Repassierapparat *m* ‖ ~ **cotton** / Stopfgarn *n* ‖ ~ **cup** (knitt) / Repassierbecher *m* ‖ ~ **needle** (knitt mach) / Repassiernadel *f* ‖ ~ **thread** / Stopfgarn *n* ‖ ~ **wool** / Stopfwolle *f* ‖ ~ **zone** (high-bulk yarn) / Nachformzone *f*
menin lace (Valenciennes lace of good quality) / Meninspitze *f*
men's and boys' wear / HAKA (Herren- und Knabenoberbekleidung) ‖ ~ **clothing** / Herrenbekleidung *f*, Herrenkonfektion *f* ‖ ~ **clothing industry** / Herrenbekleidungsindustrie *f*, Herrenkonfektion *f* ‖ ~ **clothing materials** / Herrenkonfektionsstoffe *m pl*, Herrenanzugstoffe *m pl*, Herrenkleidungsstoffe *m pl* ‖ ~ **fashion** / Herrenmode *f* ‖ ~ **furnishings** (US) / Herrenartikel *m pl* ‖ ~ **garter** (US) / Sockenhalter *m* ‖ ~ **half-hose** / Herrensocke *f* ‖ ~**-look clothing** (fash) / Hemdbluse *f* ‖ ~ **making-up** / Herrenkonfektion *f* ‖ ~ **outerwear** / Herrenoberbekleidung *f* ‖ ~ **outfitter** / Herrenausstatter *m* ‖ ~ **ready-made clothing** / Herrenkonfektion *f* ‖ ~ **shirt** / Herrenhemd *n* ‖ ~ **shorts** / Herren-Shorts *pl* ‖ ~ **socks** / Herrensocken *f pl* ‖ ~ **sports jacket** / Herren-Sportsakko *n* ‖ ~ **suit** / Herrenanzug *m* ‖ ~ **suiting** / Herrenanzugstoff *m* ‖ ~ **underwear** /

Herrenunterwäsche *f* ‖ ~ **wear** / Herrenbekleidung *f*, Herrenmode *f*, Herrenkonfektion *f* ‖ ~ **wear knits** / Herrenstrickwaren *f pl*
m Eq/ltr (milli-equivalents per litre) / mval/l
mercaptan *n* / Merkaptan *n*, Thioalkohol *m*
mercer *n* (GB) / Seiden- und Textilienhändler *m*
mercerization *n* / Merzerisierung *f*, Merzerisation *f*, Merzerisieren *n* ‖ ~ **in the grey** / Rohmerzerisation *f* ‖ ~ **style** / Merzerisationsartikel *m* ‖ ~ **without tension** / spannungslose Merzerisierung ‖ ~ **with tension** / Merzerisierung *f* unter Spannung
mercerize *v* / merzerisieren *v*
mercerized cotton / merzerisierte Baumwolle ‖ ~ **finish** / Veredlung *f* durch Merzerisation, Merzerisierung *f* ‖ ~ **wool** / merzerisierte Wolle ‖ ~ **yarn** / merzerisiertes Garn
mercerizer *n* / Merzerisiermaschine *f* ‖ ~ **for hanks** / Merzerisiermaschine *f* für Stranggarn ‖ ~ **for warps** / Garnmerzerisiermaschine *f* für Webketten
mercerizing *n* / Merzerisieren *n*, Merzerisierung *f*, Merzerisation *f* ‖ ~ **agent** / Merzerisiermittel *n* ‖ ~ **assistant** / Merzerisierhilfsmittel *n* ‖ ~ **effect** / Merzerisationseffekt *m* ‖ ~ **fault** / Merzerisierfehler *m* ‖ ~ **in the grey** / Rohmerzerisation *f* ‖ ~ **liquor** / Merzerisierlauge *f*, Merzerisierflotte *f* ‖ ~ **machine** / Merzerisiermaschine *f* ‖ ~ **mangle** / Merzerisierfoulard *m* ‖ ~ **pad[der]** / Merzerisierfoulard *m* ‖ ~ **padding mangle** / Merzerisierfoulard *m* ‖ ~ **plant** / Merzerisieranlage *f*, Merzerisiermaschine *f* ‖ ~ **process** / Merzerisierverfahren *n* ‖ ~ **range** / Merzerisieranlage *f* ‖ ~ **stenter** / Merzerisierrahmen *m* ‖ ~ **without tension** / spannungsloses Merzerisieren ‖ ~ **with tension** / Merzerisieren *n* unter Spannung ‖ ~ **works** / Merzerisieranlage *f*
mercery *n* / Seidenwaren *f pl*, Schnittwaren *f pl*, Textilien *pl*
merchant-tailor *n* / Herrenschneider, der ein Stofflager unterhält
mercuric acetate / Quecksilber(II)-acetat *n* ‖ ~ **chloride** / Quecksilberdichlorid *n*, Sublimat *n* ‖ ~ **sulphide** / Quecksilber(II)-sulfid *n*
mercury *n* / Quecksilber *n* ‖ ~ **arc lamp** / Quecksilberdampflampe *f* ‖ ~ **mordant** / Quecksilberbeize *f* ‖ ~ **vapour lamp** / Quecksilberdampflampe *f*
merge *n* (fibres) / Partie *f* ‖ ~ **number** (synthetic fibres) / Produktionsnummer *f*
merino *n* / Merino *m* ‖ ~ **[wool]** / Merinowolle *f* ‖ ~ **yarn** (best grade of worsted yarn) (weav) / Merinogarn *n*
merletto *n* (It) / Klöppelspitze *f*
merrin wool / Wolle *f* von verwesten Schafen
merveilleux *n* (used as lining in men's outerwear) / Merveilleux-Glanzstoff *m*
mesh *n* / Masche *f*, Maschenzahl *f* (Anzahl der Maschen je Zoll linear) ‖ ~ (of sieve) / Siebmasche *f*, Sieböffnung *f* ‖ ~ (of screen) (scr pr) / Gazemasche *f* ‖ ~ (net) / Netz *n*, Netzwerk *n*, Netzware *f* ‖ ~ **number of ~es** / Maschenzahl *f* ‖ ~ **density** / Maschendichte *f* ‖ ~ **fabric** / Netzgewebe *n* ‖ ~ **hose** / nahtloser Netzstrumpf, Meshstrumpf *m*, Filetstrumpf *m*
meshing *n* / Maschenbildung *f*
mesh number (engraving) / Mesh-Zahl *f* (Gravur) ‖ ~ **size** / Maschenöffnung *f* ‖ ~ **size** / Siebgröße *f*, Siebfeinheit *f*, Siebweite *f*, Körnung *f*, Granulierung *f* ‖ ~ **stick** / Filetstab *m* ‖ ~ **stocking** / Netzstrumpf *m* ‖ ~ **structure** / Maschenbild *n* ‖ ~ **tricot** / Netztrikot *n*, durchbrochene Kettenwirkware ‖ ~ **width** / Maschenweite *f*, Maschengröße *f* ‖ ~**-work** *n* / Filetarbeit *f*, Netzwerk *n*
mesitylene *n* / Mesitylen *n*
mesityl oxide / Mesityloxid *n*
mesomerism *n* / Mesomerie *f*
mesotartaric acid / meso-Weinsäure *f*, Mesotartarsäure *f*, Antiweinsäure *f*

mesoxalic

mesoxalic acid / Mesoxalsäure f
mesoxalyl urea / Mesoxalylharnstoff m
messaline n (lightweight silk dress fabric characterized by soft handle and high lustre) / Messaline f ‖ ~ **finish** / Messaline-Ausrüstung f
mess-jacket n s. monkey jacket
mestiza wool (comes from crossbred sheep between Merino rams and Criollo ewes) / eine südamerikanische Merinowolle
mestizo wool s. mestiza wool
metachromasy n / Metachromasie f
metachrome dyeing / Metachromfärbung f, Metachromfärbeverfahren n ‖ ~ **dyestuff** / Metachromfarbstoff m ‖ ~ **mordant** / Metachrombeize f ‖ ~ **process** / Metachromverfahren n
metachromotype n / Abziehbild n
metal n / Metall n ‖ ~ **bath** / Metallbad n ‖ ~ **bath drying** / Metallbadtrocknung f ‖ ~ **coat** / Metallüberzug m ‖ ~**-coated embroidery yarn** / metallisiertes Stickgarn ‖ ~**-coated fabric** / metallisiertes Gewebe ‖ ~**-coated thread** / metallisierter Textilfaden ‖ ~**-coated yarn** / metallisiertes Garn ‖ ~ **coating** / Metallüberzug m ‖ **complex, 1:2** ~ **dyestuff** / 1:2 Metallkomplexfarbstoff m ‖ ~ **complex dyeing** / Metallkomplexfärbung f ‖ ~ **complex dyestuff** / Metallkomplexfarbstoff m (MKF) ‖ ~**-covered cotton yarn** / Baykogarn n ‖ ~ **covering** / Metallüberzug m ‖ ~ **detecting apparatus** (fin) / Metallsuchgerät n, Metalldetektor m, Metallmelder m ‖ ~ **detector** / Metalldetektor m, Metallsuchgerät n ‖ ~ **effect yarn** / Metalleffektgarn n ‖ ~ **etching** / Metallätzung f ‖ ~ **fabric** / Metallgewebe n ‖ ~ **fibre** / Metallfaser f (DIN 60001) ‖ ~ **foil** / Metallfolie f ‖ ~**-free** adj / metallfrei adj ‖ ~ **heald** / Metallitze f ‖ ~ **heald frame** / Metallschaftrahmen m ‖ ~ **lace** / mit Metallfäden durchgezogene Spitze
metallic adj / metallisch adj ‖ ~ **bond** (chem) / metallische Bindung ‖ ~ **card clothing** (raising machine) / Metallkardenbeschlag m, Metallkratzenbeschlag m ‖ ~ **card wires** pl / Sägezahndrahtgarnitur f ‖ ~ **cloth** / Metalltuch n ‖ ~ **complex compound** / Metallkomplexverbindung f ‖ ~ **complex dyeing** / Metallkomplexfärbung f, Metallkomplexfärben n ‖ ~ **complex dyestuff** / Metallkomplexfarbstoff m (MKF) ‖ ~ **effect** / Metalleffekt m ‖ ~ **effect yarn** / Metalleffektgarn n ‖ ~ **fabric** / Metallgewebe n ‖ ~ **fibre** / Metallfaser f (DIN 60001) ‖ ~ **filament** / Metallendlosfaden m ‖ ~ **gloss** / Metallglanz m, metallischer Glanz ‖ ~ **grey** adj / metallgrau adj ‖ ~ **lustre** / Metallglanz m, metallischer Glanz ‖ ~ **mordant** / Metallbeize f ‖ ~ **oxide** / Metalloxid n ‖ ~ **prints** / Metallpulver enthaltende Drucke
metallics pl / Metallgarn n
metallic salt / Metallsalz n ‖ ~ **sheen** / Metallglanz m, Metallschimmer m ‖ ~ **soap** / Metallseife f ‖ ~ **thread** / Metallfaden m, Laméfaden m ‖ ~ **yarn** / metallisiertes Garn, Metallgarn n, Metallgespinst n, Metallfaden m, metallisierter Faden
metalliferous adj / metallhaltig adj ‖ ~ **dyestuff** / metallhaltiger Farbstoff
metalline n / Metalline-Glanzstoff m
metallizable adj (dye) / metallisierbar adj
metallization n / Metallisierung f
metallize v / metallisieren v
metallized article / metallisierter Artikel, leonischer Artikel ‖ ~ **dyeing** / Färben n mit Metallkomplexfarbstoffen ‖ ~ **dyestuff** / Metallkomplexfarbstoff m ‖ ~ **fabric** / metallisiertes Flächengebilde, metallisierter Stoff ‖ ~ **fibre** / metallisierte Faser ‖ ~ **filament** / metallisierter Faden, leonischer Faden ‖ ~ **textile yarn** / metallisiertes Garn ‖ ~ **thread** / metallisierter Faden, leonischer Faden, metallisiertes Garn, leonisches Garn ‖ ~ **woven fabric** / Metallgewebe n, Metalltuch n ‖ ~ **yarn** / Metallgarn n, metallisiertes Garn, leonisches Garn

metallizing n / Metallisierung f, Metallisieren n
metal·-modified polyethylene fibre / metallmodifizierte Polyäthylenfaser ‖ ~ **mordant dyestuff** / Metallbeizenfarbstoff m ‖ ~ **oxide** / Metalloxid n ‖ ~ **plate dividing the cones** (dye) / Zwischenteller m der Kreuzspule ‖ ~ **powder** / Metallpulver n ‖ ~ **powder fixing agent** / Metallpulver-Fixierungsmittel n ‖ ~ **powder preprinting** / Metallpulvervordruck m ‖ ~ **powder printing** / Metallpulverdruck m ‖ ~ **printing** / Metallpulverdruck m ‖ ~ **prong** (zip) / Metallstellzahn m ‖ ~ **resistance** / Metallechtheit f ‖ ~ **rods to support the hanks** / Aufstecksystem n (in der Stranggarnfärberei) ‖ ~ **salt mordant** / Metallbeize f ‖ ~ **sensitivity** / Metallempfindlichkeit f ‖ ~**-separating agent** / Metallabsonderungsmittel n ‖ ~ **shavings** / Metallspäne m pl ‖ ~ **soap** / Metallseife f ‖ ~ **stencil** / Metallschablone f ‖ ~ **teasel** / Metallkarde f, Metallkratze f ‖ ~ **template** / Metallschablone f ‖ ~ **turnings** / Metallspäne m pl ‖ ~ **wire card** / Metallkarde f ‖ ~ **zipper** / Metallreißverschluß m
metameric adj (col) / metamer adj, bedingt gleich ‖ ~ **colour** / metamere Farbe ‖ ~ **dyeings** (look alike but their reflectance curves differ) / metamere Färbungen, bedingt gleiche Färbungen
metamerism n / Metamerie f ‖ **index of** ~ / Metamerie-Index m
metaphosphate n / Metaphosphat n
metasilicate n / Metasilikat n, Trioxosilikat n
metastability n / Metastabilität f
metastable adj / metastabil n
meter v / dosieren v, zumessen v ‖ ~ n / Meßgerät n, Messer m ‖ ~ (US) / Meter m n ‖ ~ **counter** (US) / Meterzähler m, Meterzählapparat m
metering·-bar coater / Rollrakelstreichmaschine f ‖ ~ **channel** / Dosierrinne f ‖ ~ **device** / Dosiergerät n ‖ ~ **pump** / Dosierpumpe f ‖ ~ **rod for machine coating** / Dosierstab m für Maschinen[beschichtungen]auftrag ‖ ~ **roll[er]** / Abstreifwalze f
methacrylamide n / Methacrylamid n
methacrylate n / Methacrylat n ‖ ~ **ester** / Methacrylsäureester m, Methacrylester m
methacrylic acid / Methacrylsäure f
methanal n / Formaldehyd m, Methanal n
methanamine pill test (flame retardancy test) (cpt) / Methanamin-Entflammbarkeitstest m
methane n / Methan n
methanol n / Methanol n, Methylkohol m
methine dyestuff / Methinfarbstoff m
method of application / Anwendungsmethode f, Anwendungsweise f ‖ ~ **of determination** / Bestimmungsmethode f ‖ ~ **of setting** (spinn) / Setzart f ‖ ~ **of testing** / Prüfverfahren n, Prüfmethode f
methoxyl content / Methoxylgehalt m
methyl acetate / Methylacetat n ‖ ~ **acrylate** / Methylacrylat n ‖ ~ **alcohol** / Methylalkohol m, Methanol n
methylate v / methylieren v
methylated spirit / Spiritus m, denaturierter Spiritus, vergällter Alkohol
methylation n / Methylierung f
methyl cellulose / Methylzellulose f ‖ ~ **chloride** / Methylchlorid n
methylene n / Methylen n ‖ ~ **blue** / Methylenblau n ‖ ~ **blue number** / Methylenblauzahl f ‖ ~ **blue [active] substance** / Methylenblau-aktive Substanz ‖ ~ **blue test** / Methylenblau-Probe f ‖ ~ **chloride** / Methylenchlorid n
methyl ether / Methyläther m, Dimethyläther m ‖ ~ **ethyl ketone**, MEK / Methyläthylketon n ‖ ~ **formate** / Methylformiat n ‖ ~ **glycol** / Methylglykol n ‖ ~ **glycol acetate**, MGA / Methylglykolacetat n ‖ ~ **lactate** / Methyllaktat n ‖ ~ **methacrylate** / Methylmethacrylat n
methylolacrylamide n / Methylolacrylamid n

migration

methylol dyestuff / Methylolfarbstoff *m* ‖ ~ **melamine** / Methylolmelamin *n*
methylolurea *n* / Methylolharnstoff *m*
methyl orange / Methylorange *n*, Helianthin *n*, Goldorange *n* ‖ ~ **red** / Methylrot *n*
methyltaurine *n* / Methyltaurin *n*
methyl triazone / Methyltriazon *n* ‖ ~ **violet** / Methylviolett *n* ‖ ~ **yellow** / Dimethylgelb *n*, Methylgelb *n*, Buttergelb *n*
metre counter / Meterzähler *m*, Meterzählapparat *m*
metric count / metrische Nummer, internationale Nummer (Nm)
Mexican cottonboll weevil / Mexikanischer Kapselkäfer (Anthonomus grandis Boh.) ‖ ~ **drawnwork** / mexikanische Durchbrucharbeit ‖ ~ **fibre** / Aloehanf *m* ‖ ~ **grass** / Sisalhanf *m*
Mexicans *pl* / geschlichtete Rohbaumwollwaren *f pl*
mezcal *n* (Mexico and Central America) / Bastfaser *f* der Mescal-Agave
mezeline *n* (Fr) / leichter Brokatell
mezzetta silk / sizilianische Rohseide
MFA s. Multifibre Agreement
M/F (matrix fibril) bicomponent fibre / M/F-Fasertyp *m*, Matrix-Fibrillen-Fasertyp *m*, Heterofasertyp *m*, Bikonstituentenfaser *f* der Type M/F
M (microgranular) formulation (dye) / M-Formierung *f*, Mikrogranulatformierung *f*
MGA s. methylglycol acetate
micell[a] s. micelle
micellar *adj* / mizellar *adj* ‖ ~ **bundle** / Mizellbündel *n* ‖ ~ **cylinder shape** / Mizell-Zylinderform *f* ‖ ~ **force** / Mizellarkraft *f* ‖ ~ **interstices** / Mizellenzwischenräume *m pl* ‖ ~ **spherical shape** / Mizell-Kugelform *f*
micelle *n* / Mizelle *f*, Mizell *n* ‖ ~ **formation** / Mizellbildung *f*
Michler's ketone (for dyestuff syntheses) / Michlers Keton
microanalysis *n* / Mikroanalyse *f*
microbalance *n* / Mikrowaage *f*
microbe *n* / Mikrobe *f*
microbial *adj* / mikrobiell *adj* ‖ ~ **attack** / Mikrobenbefall *m* ‖ ~ **damage** / Mikrobenschaden *m*
microbicidal *adj* / mikrobizid *adj*, mikrobentötend *adj*, antimikrobiell *adj* ‖ ~ **agent** s. microbicide
microbicide *n* / Mikrobizid *n*, mikrobizides Mittel
microbiological damage / mikrobiologischer Schaden ‖ ~ **degradation** / mikrobiologischer Abbau
microbistatic *adj* / mikrobistatisch *adj*, mikrobenhemmend *adj*
microclimate *n* / Mikroklima *n*
microcolorimeter *n* / Mikrokolorimeter *n*
microcrack *n* / Haarriß *m*, Mikroriß *m*
microcrimp *n* / Mikrokräuselung *f*
microcrystal *n* / Mikrokristall *n*
microcrystalline wax / Mikrowachs *n*
microdisperse[d] *adj* / mikrodispers *adj*, hochdispergiert *adj*, hochdispers *adj*, feinstverteilt *adj*
microdust *n* / Mikrostaub *m*
microencapsulated textile finish / mikroverkapselte Textilausrüstung
microfibril *n* / Mikrofibrille *f*
microfoam *n* (ctg) / Mikroschaum *m*
microgranular form (dye) / Mikrogranulatformierung *f* ‖ ~ **formulation** (dye) / Mikrogranulatformierung *f*, M-Formierung *f*
micrograph *n* / mikroskopische Aufnahme
microhardness *n* / Mikrohärte *f*
micro--length stretch (before resin treatment) / Mikrodehnung *f*, Kleinstbereichdehnung *f* ‖ ~**-length stretching (MLS)** (fin) / Kleinstbereichdehnungsverfahren *n*, Mikrodehnungsverfahren *n*

micromesh *adj* / feinstmaschig *adj*, Micromesh... ‖ ~ **hose** (looped structure combining tucked and cleared loops), micromesh stocking / nahtloser Netzstrumpf, Meshstrumpf *m*, Filetstrumpf *m*
micrometer *n* / Mikrometer *n* ‖ ~ **cut adjuster** (shearing machine) / Schnitthöhen-Mikrometereinsteller *m*
Micronaire fineness / Micronaire-Feinheit *f* ‖ ~ **tester** / Micronaire-Gerät *n* ‖ ~ **value** / Micronaire-Wert *m* (Kennzahl für die Faserfeinheit von Baumwolle nach dem Luftstrom-Prüfverfahren) (DIN 53941)
micronize *v* (pigm) / mikronisieren *v*
micronized pigment / mikronisiertes Pigment
microorganism *n* / Mikroorganismus *m*, Mikrobe *f*
micropaste dyestuff / Mikroteig-Farbstoff *m*
microphotography *n* / Mikrophotographie *f*
micropowder *n* (dye) / Feinpulver *n*, Pulverpräparat *n*
microscopic *adj* / mikroskopisch *adj*
microscopical fibre cross-section / mikroskopischer Faserquerschnitt
microscopy *n* / Mikroskopie *f*
microsphere *n* (filled with solvent or gas) / Hohlperle *f*
micro stretching (MS) s. micro-length stretching
microstructure *n* / Feinstruktur *f*, Mikrostruktur *f*, Feingefüge *n*, Mikrogefüge *n*
microsublimation *n* / Mikrosublimation *f*
microtome *n* / Mikrotom *m n*
microwave drier / Höchstfrequenztrockner *m*, Mikrowellentrockner *m* ‖ ~ **protection fabric** / Mikrowellenschutznetz *n* ‖ ~ **spectroscopy** / Mikrowellenspektroskopie *f*
mi-cuit silk / unvollständig entleimte Seide
middle bottom roll[er] / mittlere Unterwalze (DIN 64050) ‖ ~ **condenser** / Mittelfeld-Verdichter *m* (DIN 64050) ‖ ~ **condenser rail** / Schiene *f* für Mittelfeldverdichter (DIN 64050) ‖ ~ **row** (knitt) / Mittelflucht *f* ‖ ~ **shade** / Zwischennuance *f*, Zwischenton *m* ‖ ~ **sizes** / Mittelgrößen *f pl* ‖ ~ **soap** / Mittelseife *f*, Klumpseife *f* ‖ ~ **soap formation** (undesirable clot formation) / Zusammenfahren *n* der Seifenmasse ‖ ~ **worsted** / Mittelwolle *f*
middling cotton (US) (grades of cotton are compared with this type) / "Middling"-Baumwolle *f* ‖ ~ **fair cotton** (US) (lowest grade) / "Middling-Fair"-Baumwolle *f*
middy blouse (fash) / Matrosenbluse *f* ‖ ~ **twill** / geköperter Jeandrell, geköperter Jeansdrell
midnight blue / mitternachtblau *adj*
midriff *n* / Mitte *f* des Leibes ‖ ~ / Mittelteil *m* (eines Damenkleides) ‖ ~ / zweiteilige Kleidung (die die Taille freiläßt)
midway socks (US) / Kurzsocken *f pl*
mi-fils *n* (Fr) / äußerst freier Kambrik
mignonette *n* / Reseda *f* ‖ ~ / resedagrün *adj* ‖ ~ **fabric** / Mignonette-Wirkware *f* ‖ ~**-green** *adj* / resedagrün *adj* ‖ ~ **lace** / Mignonette-Klöppelspitze *f* ‖ ~ **net** / Mignonette-Vorhangtüll *m*
migrate *v* / migrieren *v*, wandern *v*
migrating *n* / Migrieren *n*, Migration *f* ‖ ~ **auxiliary** / Migrierhilfsmittel *n* ‖ ~ **capacity** s. migrating power ‖ ~ **power** / Migriervermögen *n*, Migrationsvermögen *n*, Ausgleichvermögen *n*, Wandervermögen *n*
migration *n* / Migration *f*, Migrieren *n*, Wanderung *f* ‖ ~ **ability** / Migriervermögen *n*, Migrationsvermögen *n*, Wandervermögen *n*, Ausgleichvermögen *n*, Migrationsfähigkeit *f* ‖ ~ **capacity** s. migration ability ‖ ~ **curve** / Migrationskurve *f*, Ausgleichskurve *f* ‖ ~ **effect** (dye) / Wanderungserscheinung *f* ‖ ~**-inhibiting** *adj* / wanderungshemmend *adj* ‖ ~**-inhibiting action** / wanderungshemmende Wirkung ‖ ~ **inhibitor** / Migrationsinhibitor *m*, Wanderungsschutzmittel *n* ‖ ~ **liquor** / Migrierflotte *f* ‖ ~ **of colour** / Farbwanderung *f* ‖ ~ **of dyestuff** / Farbstoffwanderung *f* ‖ ~ **of ions** / Ionenwanderung *f* ‖ ~ **of plasticizer** / Weichmacherwanderung *f* ‖ ~ **of softener** / Weichmacherwanderung *f* ‖ ~ **phase** (dye) /

migration

Migrationsphase f ‖ ~ properties / Wanderungseigenschaften f pl, Migriervermögen n, Migrationseigenschaften f pl ‖ ~ rate / Migrationsgeschwindigkeit f ‖ ~ resistance / Migrierechtheit f ‖ ~-resistant adj / migrierecht adj ‖ ~ test (dye) / Wanderungsprüfung f, Überkochversuch m ‖ ~ time / Wanderungszeit f
Mikado n (GB) / Mikado m, Mikado-Reinseidentaft m
Milanaise n / Milanaise f, Milanaise-Köper m (für Westen- und Rocktaschenfutter)
Milan braid (used for trimming and binding) / Mohärborte f
Milanese [fabric] / Milanese m, Milaneseware f ‖ ~ flat warp-stitch knitting machine / Milaneseflachkettenwirkmaschine f ‖ ~ knit fabrics pl / Milaneseware f, Milanese m ‖ ~ knitting / Milanese-Kettenwirkerei f ‖ ~ knitting loom / Milanesewirkmaschine f, Milanesemaschine f, Milanesekettenwirkmaschine f ‖ ~ knitting machine s. Milanese knitting loom ‖ ~ loom / Milanesemaschine f, Milanesewirkmaschine f ‖ ~ machine s. Milanese loom ‖ ~ silk / Seidenmilanese m ‖ ~ warp-knitting machine / Milanesekettenwirkmaschine f ‖ ~ warp-stitch / Milanesekettenstich m
Milano rib / Milano-Rib-Bindung f
mildew n / Schimmel m, Moder m ‖ ~ attack / Schimmelbefall m ‖ ~ growth / Schimmelbildung f
mildewing n / Schimmelfestappretur f, Schimmelfestausrüstung f
mildewproof adj / schimmelfest adj
mildewproofing n / Schimmelfestausrüstung f, Schimmelfestappretur f
mildew resistance / Schimmelfestigkeit f ‖ ~ resistance / Schimmelwiderstandsfähigkeit f (DIN 53931), Schimmelbeständigkeit f ‖ ~ resistance finish / Schimmelfestausrüstungsmittel n ‖ ~ resistance treatment / Schimmelfestausrüstung f, Schimmelfestappretur f ‖ ~-resistant adj / schimmelfest adj ‖ ~-retardant adj / fäulnishemmend adj ‖ ~-retarding agent / fäulnishemmendes Mittel ‖ ~ spot / Schimmelfleck m, Moderfleck m, Stockfleck m ‖ ~ stain s. mildew spot
mildewy adj / moderig adj, stockfleckig adj, stockig adj, schimmelig adj
mildly acid / schwachsauer adj, leicht angesäuert
mild oxidation / milde Oxydation ‖ ~ scouring / milde Wäsche ‖ ~ treatment / leichte Beanspruchung ‖ ~ vat / mildstehende Küpe ‖ ~ wash / Feinwäsche f ‖ ~ wash cycle / Schonwaschgang m, Wäscheschongang m ‖ ~ washing agent / Feinwaschmittel n ‖ ~ washing program / Schonwaschprogramm n, Schonprogramm n, Wäscheschonprogramm n, Schongang m
military braid / Militärborte f ‖ ~ cloth / Militärtuch n, Lieferungstuch n, Intendanturartikel m, Uniformtuch n ‖ ~ grey / feldgrau adj ‖ ~ trimmings / Militärbesatzartikel m pl
milk-coloured adj / milchfarben adj
milkiness n / Trübung f, Milchigkeit f
milk of lime / Kalkmilch f, Kalkbrühe f ‖ ~ of sulphur / Schwefelmilch f ‖ ~ stain / Milchfleck m
milkweed fibre (used as stuffing for mattresses and pillows) / Asklepiasfaser f
milk white / milchweiß adj
milky adj / milchig adj ‖ ~-white adj / milchweiß adj
mill v (fin) / walken v, einwalken v ‖ ~ (mach) / fräsen v ‖ ~ (grind) / mahlen v, abmahlen v ‖ ~ n (gen) / Mühle f ‖ ~ (fin) / Walke f, Walkmaschine f ‖ ~ (spinn) / Spinnerei f ‖ ~ (weav) / Weberei f
millability n / Millfestigkeit f
mill base (pigm) / Mahlgut n ‖ ~ base formulation (pigm) / Mahlgutformulierung f, Anreibung f ‖ ~ base of a carbon black / Anreibung f eines Farbrußes
milled cloth / gewalktes Tuch ‖ ~ finish / Walkausrüstung f ‖ ~ glass fibre / Textilglas-Kurzfaser f, gemahlene Glasfaser ‖ ~ goods pl / Walkware f ‖ ~ toilet soap / pilierte Feinseife ‖ ~ tooth (knitt) / gefräster Abschlagzahn ‖ ~ wool / verfilzte Wolle ‖ ~ wool cloth / gewalktes Wolltuch
mille-fleurs n (Fr) (print pattern) / Millefleurs m n
mill ends / Spinnereireste m pl ‖ ~ ends / kurze Webwarenlängen ‖ ~ engraving machine / Molettiermaschine f
mille-points n (Fr) (print pattern) / Millepoints m n, Mille-points m n ‖ ~-rayé n (Fr) (pattern) / Millerayé n
mill fever / Byssinose f, Baumwollstaubpneumokoniose f, Baumwollungne f ‖ ~-finish fabrics (cloths which need no converting) pl / Fertigware f ‖ ~ finishing / Eigenvered[e]lung f
millimetre of mercury (mm Hg) s. Bar and Pascal (Pa)
millinery n / Putzmacherei f, Putzmachen n ‖ ~ [articles] / Putzwaren f pl, Modewaren f pl ‖ ~ felt (hatm) / Hutfilz m ‖ ~ ornament / Hutschmuck m
milling n / Walken n, Einwalken n, Walke f ‖ ~ / Mahlen n ‖ ~ (mach) / Fräsen n ‖ ~ agent / Walkmittel n ‖ ~ and scouring machine / Maschine f zum Walken und Waschen (DIN 64950), Walkwaschmaschine f ‖ ~ auxiliary / Walkhilfsmittel n ‖ ~ azo red / Azowalkrot n ‖ ~ cracks (GB) (dye) / Walkbrüche m pl ‖ ~ crease / Walkfalte f ‖ ~ cylinder / Walkwalze f, Walkzylinder m ‖ ~ dyestuff / Walkfarbstoff m, Walkechtfarbstoff m ‖ ~ effect / Walkeffekt m ‖ ~ experiment / Walkversuch m ‖ ~ fastness / Walkechtheit f, Walkfestigkeit f, Millfestigkeit f ‖ ~ fastness tester / Walkechtheitsprüfgerät n ‖ ~ fat / Walkfett n ‖ ~ fault / Walkfehler m ‖ ~ flocks / Walkflocken f pl ‖ ~ hairs / Walkhaare n pl ‖ ~ hammer / Walkhammer m ‖ ~ in an alkaline medium / Alkaliwalke f ‖ ~ in the grease / Schmutzwalke f, Fettwalke f, Walken n im Schmutz ‖ ~ in the length / Einwalken n nach der Länge ‖ ~ in the width / Einwalken n nach der Breite ‖ ~ liquor / Walkflotte f, Walkbrühe f, Walkflüssigkeit f ‖ ~ loss / Walkverlust m ‖ ~ machine (fin) / Walke f, Walkmaschine f ‖ ~ machine (processing of wool) / Brechmaschine f (DIN 64950) ‖ ~ machine with hammers / Hammerwalke f (DIN 64950) ‖ ~ machine with rollers / Zylinderwalke f ‖ ~ of felt pieces (hatm) / Walken n von Stückfilzen ‖ ~ open-width washing machine / Hammer-Breitwaschmaschine f ‖ ~ operation / Walkprozeß m, Walkvorgang m, Walke f ‖ ~ process / Walkprozeß m, Walkverfahren n, Walkvorgang m, Walke f ‖ ~ property / Walkvermögen n ‖ ~ rig / Walkwalze f, Walkrippe f, Walkstrieme f ‖ ~ roll[er] / Walkwalze f, Walkzylinder m ‖ ~ rotary mill (GB) / Tuchwalke f ‖ ~ soap / Walkseife f ‖ ~ solution / Walkflüssigkeit f, Walkbrühe f, Walkflotte f ‖ ~ sock (wool) / Hammerwalke f (DIN 64950), Kurbelwalkmaschine f ‖ ~ test / Walkprobe f ‖ ~ time / Walkzeit f, Walklänge f ‖ ~ yellow / Walkgelb n
mill marks / Walkschwielen f pl ‖ ~ oil / Schmälze f ‖ ~ remnants / Stoffreste m pl ‖ ~ rig / Walkschwiele f, Walkrippe f, Walkstrieme f
millrows pl / Walkschwielen f pl
mill-scoured wool / fabrikgewaschene Wolle ‖ ~-scouring process / Fabrikwäsche f ‖ ~ warping / Schären n von Kurzkettfäden ‖ ~ wastes / Spinnerei- und Webereiabfälle ‖ ~ wrinkles / Walkfalten f pl
mimosa adj / mimosengelb adj
mineral n / Mineral n ‖ ~ adj / mineralisch adj ‖ ~ acid / Mineralsäure f, anorganische Säure ‖ ~ colour / Mineralpigment n, Mineralfarbe f, Mineralfarbstoff m ‖ ~ cotton / Mineralwolle f (Gesteins- und Schlackenfasern) ‖ ~ dyestuff / Mineralfarbstoff m ‖ ~ fibre / Mineralfaser f, mineralische Faser, Gesteinsfaser f (DIN 60001) ‖ ~ filler / mineralischer Füllstoff f ‖ ~ finish / mineralische Appretur ‖ ~ green / malachitgrün adj

mineralize v / mineralisieren v
mineral khaki adj / mineralkhaki adj ‖ ~ **dyestuff** / Mineralkhakifarbstoff m ‖ ~ **mordant** / Mineralbeize f ‖ ~ **oil** / Mineralöl n ‖ ~ **oil based detergent** / Mineralölwaschmittel n ‖ ~ **oil lubricant** / Mineralölschmälze f ‖ ~ **spirit** (coat) / Waschbenzin n, Lackbenzin n, Lösungsbenzin n ‖ ~**-vegetable weighting** / mineralisch-vegetabilische Beschwerung ‖ ~ **wax** / Mineralwachs n, Erdwachs n, Ozokerit m ‖ ~ **weighting** / mineralische Beschwerung ‖ ~ **wool** / Mineralwolle f (Gesteins- und Schlackenfasern) ‖ ~ **yarn** / Mineralgarn n
mingle v / mischen v, vermischen v, vermengen v ‖ ~ / melieren v ‖ ~ (texturing) / verwirbeln v
mingling, aerodynamic ~ (texturing) / aerodynamische Verwirbelung ‖ ~ **knot** / Verwirbelungsknoten m
miniature spinning frame / Kleinspinnmaschine f
minicare adj / pflegeleicht adj (Warenzeichen der Firma Bancroft and Sons, USA) ‖ ~ **finish** / Minicare-Ausrüstung f, pflegeleichte Ausrüstung ‖ ~ **properties** / Pflegeleicht-Eigenschaften f pl
minimum adhesion (kgf/cm width) (rubber-textile bond) / Trennlast f (Gummi/Textil-Bindung) ‖ ~ **application** (dye) / Minimalauftrag m ‖ ~ **application (MA) technique** (fin) / MA-Technik f ‖ ~ **care properties** / Pflegeleicht-Eigenschaften f pl ‖ ~ **depth of shade** / Mindestfarbtiefe f ‖ ~ **fastness** / Mindestechtheit f ‖ ~ **gel swelling factor** (control of viscose spinning) / Mindest-Gelquellfaktor m ‖ ~**-iron** adj / bügelarm adj, bügelsparend adj ‖ ~**-iron finish** / bügelsparende Ausrüstung, bügelsparende Hochveredlung ‖ ~**-iron property** / Bügelarm-Eigenschaft f ‖ ~**-liquor application** (dye) / Minimalauftrag m ‖ ~ **moisture content** / Mindestfeuchtigkeit f ‖ ~ **pressure** / Minimaldruck m ‖ ~ **temperature** / Minimaltemperatur f, Mindesttemperatur f ‖ ~ **tensile resistance of fabric** / Mindestgewebezugkraft f
miniskirt n / Minirock m
minium n / Mennige f, Minium n, Bleimennige f, rotes Bleioxid
mink n / Nerz m
mint green adj / pfefferminzgrün adj
minus colour / weißerzeugende Komplementärfarbe
Mirecourt lace / Mirecourtspitze f
miroir n (Fr) / Glanz m
mirror v / spiegeln v ‖ ~**-effect design** / Spiegeleffektdessin n ‖ ~ **finish** / Hochglanz m ‖ ~ **moiré** / Spiegelmoiré f ‖ ~ **velvet** / Spiegelsamt m
misalign v (of pattern) / versetzen v (sich), verschieben v (sich)
miscibility n / Mischbarkeit f ‖ ~ (dye) / Kombinierbarkeit f
miscible adj / mischbar adj ‖ ~ (dye) / kombinierbar adj
mispick n (weav) s. misspick
misreed n (weav) / Rieteinzugfehler m
miss--**and-tuck course** / Futterreihe f ‖ ~ **a thread** (weav) / einen Faden überspringen, einen Faden auslassen
missed filling thread (weav defect) / Springschuß m, Überspringer m ‖ ~ **pick** (weav) / fehlender Faden ‖ ~ **pick** s. also misspick ‖ ~ **stitch** (sew) / übersprungener Stich, Fehlstich m ‖ ~ **stitch** (knitt) / übersprungene Masche ‖ ~ **thread** (weav defect) / Überspringer m, Springschuß m
missing n (knitt) / Hinterlegen n ‖ ~ **needle** (knitt) / nichtstrickende Nadel
misspick n (weav defect) / Schußfehler m, fehlender Schuß, Leerschuß m, verlorener Schuß, Fehlschuß m
miss position (knitt) / Übergehstellung f
mist damper / Düsensprengmaschine f (DIN 64950) ‖ ~ **grey** / nebelgrau adj
mitafiffi cotton / ägyptische Baumwollsorte
mitering (sew) / Zusammennähen n im Winkel ‖ ~ **of the corners** (sew) / Eckeneinschneiden n
mitershaped adj (US) / mitraförmig adj

mitre-shaped adj (GB) / mitraförmig adj
mitten n / Fausthandschuh m, Fäustling m ‖ ~ (personal safety and protection) / Fausthandschuh m (DIN 61531)
mitts pl s. mitten
miwata cotton (Japanese) / unentkörnte Baumwolle
mix v / mischen v, vermischen v, vermengen v ‖ ~ (chem) / versetzen v, einrühren v ‖ ~ (text) / melieren v, melangieren v ‖ ~ n / Gemisch n, Mischung f, Abmischung f ‖ ~ / Mischen n ‖ ~**-crystal** / Mischkristall n
mixed acid / Mischsäure f ‖ ~ **adhesive** / Mischkleber m, Mehrkomponentenkleber m ‖ ~ **card** / Halbdeckelkrempel f, gemischte Karde ‖ ~ **cloth** / meliertes Tuch ‖ ~ **colour** / Mischfarbe f, Melangefarbe f ‖ ~ **crystal** / Mischkristall n ‖ ~ **dyestuff** / Kombinationsfarbstoff m, gemischter Farbstoff, Mischfarbstoff m ‖ ~ **ester** / Mischester m ‖ ~ **fabric** / Mischgewebe n ‖ ~ **fabric of acetate and cotton** / Acetat-Baumwolle-Mischgewebe n ‖ ~ **fibre** / Mischfaser f ‖ ~ **fibre dyestuff** / Mischfaserfarbstoff m ‖ ~ **filling** / verwechselter Schuß ‖ ~ **gas** / Mischgas n ‖ ~ **loading** / gemischte Beschwerung, mineralisch-vegetabilische Beschwerung ‖ ~ **mohair yarn** / Mohärmischgarn n ‖ ~ **phase** (chem) / Mischphase f ‖ ~ **polyamide** / Mischpolyamid n ‖ ~ **polymer** / Mischpolymer n, Mischpolymerisat n, Kopolymer n, Kopolymerisat n ‖ ~ **product** / Mischprodukt n ‖ ~ **shade** / Mischnuance f ‖ ~ **shoddy spinning** / Vigognespinnerei f ‖ ~ **shoddy yarn** / Vigognegarn n ‖ ~ **stream spinning** / Mischstromspinnverfahren n ‖ ~ **textiles** / Mischgewebe n pl, Mischtextilien pl ‖ ~ **twist** (defect) / Drehungsfehler m ‖ ~ **weft** / von mehr als einer Spule stammende Schußfäden ‖ ~ **weighting** / gemischte Beschwerung, mineralisch-vegetabilische Beschwerung ‖ ~ **wool** / Mischwolle f ‖ ~ **yarn** / Mischgarn n ‖ ~ **yarn** (defect) / falsches Garn, Garnverwechslung f
mixer n / Mischer m, Mischapparat m, Rührer m, Rührwerk n ‖ ~ (spinn) / Melangeuse f ‖ ~ **and agitator** / Misch- und Rührwerk n
mix homogeneously / innigmischen v ‖ ~ **in** / einrühren v, zurühren v
mixing n / Mischen n, Vermischen n, Vermengen n ‖ ~ (chem) / Versetzen n ‖ ~ (text) / Melieren n, Melangieren n ‖ ~ **apparatus** / Mischapparat m ‖ ~ **bale breaker**, mixing bale opener / Ballenöffner m (DIN 64100), Mischballenbrecher m ‖ ~ **bed** / Mischbett n ‖ ~ **card** / Mischkrempel f ‖ ~ **chamber** / Mischkammer f ‖ ~ **compartment** / Mischfach n ‖ ~ **disc** / Mischscheibe f ‖ ~ **drum** / Mischtrommel f ‖ ~ **formula** / Mischrezept m, Mischvorschrift f ‖ ~ **head** (coat) / Mischkopf m ‖ ~ **hopper feeder** / Mischkastenspeiser m ‖ ~ **machine** / Mischapparat m, Mischmaschine f, Rührmaschine f ‖ ~ **mill** / Mischmühle f ‖ ~ **nozzle** / Mischdüse f ‖ ~ **plant** / Mischanlage f ‖ ~ **process** / Mischprozeß m, Mischvorgang m ‖ ~ **proportion** / Mischungsverhältnis n ‖ ~ **ratio** / Mischungsverhältnis n ‖ ~ **room** / Mischraum m ‖ ~ **tank** / Mischgefäß n, Mischbehälter m, Mischkessel m ‖ ~ **time** / Mischzeit f, Mischdauer f, Rührzeit f ‖ ~ **trolley** / Mischwagen m ‖ ~ **vat** s. mixing tank ‖ ~ **vessel** s. mixing tank ‖ ~ **willow** / Mischwolf m, Melierwolf m
mix into a paste / anteigen v ‖ ~ **thoroughly** / durchmischen v, durchrühren v
mixture n / Mischung f, Gemisch n, Abmischung f, Ansatz m ‖ ~ / Vermischen n, Mischen n ‖ ~ (text) / Melange f, Mischgewebe n ‖ ~ **cloth** (from different fibres) / Mischgewebe n ‖ ~ **cloth** (from fibres of different colours) / Melange f ‖ ~ **crepe** (warp and weft of different-coloured fibres) / Melange-Kreppgewebe n ‖ ~ **effect** / Melange-Effekt m ‖ ~ **fabric** / Mischgewebe n ‖ ~ **felt** / Melangefilz m ‖ ~ **liquor** / Mischlauge f ‖ ~ **of fibres** / Fasergemisch n ‖ ~ **ratio** / Mischungsverhältnis n ‖ ~ **thread** / Mischgespinst n ‖

mixture

~ **yarn** (from different fibres) / Mischgarn n, Meliergarn n ‖ ~ **yarn** (from different-coloured fibres) / Melangegarn n
MLS s. micro-length stretching ‖ ~ (s. micro-length stretching)
mobile adj (of liquid) / dünnflüssig adj, leichtflüssig adj ‖ ~ **clamp stand** / Bündelklammerwagen m ‖ ~ **group** (chrom) / Abgangsgruppe f ‖ ~ **phase** (chrom) / mobile Phase, bewegliche Phase ‖ ~ **solvent** (chrom) / Laufmittel n, Fließmittel n
mobility of ions / Ionenbeweglichkeit f
moccasocks pl / Hüttenschuhe m pl
mocha-coloured adj / mokkafarben adj
mock cake / Färbewickel m ‖ ~-**fashioned** adj (hos) / als Imitation regulär gestrickter Artikel gearbeitet ‖ ~ **fashioning** (hos) / Scheindecken n, imitiertes Decken ‖ ~ **fashioning mark** (knitt) / imitierte Minderstelle ‖ ~ **fashioning marks** (hos) / imitierte Deckblümchen, Schein-Minderstellen f pl ‖ ~ **leno** / Scheindrehergewebe n, Gazeimitat n, Gazeimitatgewebe n ‖ ~ **leno weave** / Scheindreherbindung f, Gazeimitatbindung f ‖ ~ **linking** (sew) / kettelähnliches Annähen ‖ ~ **pleat** / nichtöffnende Falte ‖ ~ **rib** / Scheingrat m ‖ ~ **rib effect** (knitt) / Laufmaschenmuster n ‖ ~ **seam** (hos) / falsche Naht, imitierte Naht, eingestrickte Naht, Scheinnaht f, falscher Saum ‖ ~ **seaming machine** / Überwendlichnähmaschine f, Überwendlingsnähmaschine f ‖ ~ **selvedge chain** / Lisierekettchen n ‖ ~ **twist yarn** / [zweifarbiger] Scheinzwirn ‖ ~-**worsted** n / Halbkammgarn n, Halbgarn n
moco cotton / Faser f eines brasilianischen Baumwollbaumes
MOD (s. modacrylic fibre)
modacrylic n / Modacryl n ‖ ~ **fibre (MOD)** / Modacrylfaser f, modifizierte Acrylfaser, Modacrylfaserstoff m ‖ ~ **staple** / Modacrylfaser f ‖ ~ **yarn** / Modacrylic-Garn n, Modacrylgarn n
modacrylonitrile fibre / Modacrylnitrilfaser f
modal n / Modal n
modalic fibre / Modalfaser f
mode n (fash) / Mode f ‖ ~ (gen) / Weise f
model n (scr pr) / Schablone f ‖ ~ (fash) / Mannequin n
mode of action / Wirkungsweise f ‖ ~ **of application** / Anwendungsweise f ‖ ~ **of deformation** / Verformungsart f ‖ ~ **of operation** / Arbeitsweise f ‖ ~ **of weaving** / Webart f
moderately fast (dye) / mäßig echt
moderate milling / leichte Walke
mode shade / Modefarbe f, Modenuance f, Modeton m
modifiable adj / modifizierbar adj
modification n (chem) / Modifikation f, Modifizierung f ‖ ~ **of handle** / Griffgestaltung f
modified adj (chem) / modifiziert adj ‖ ~ **acrylic fibre** / modifizierte Acrylfaser, Modacrylfaser f, Modacrylfaserstoff m ‖ ~ **fibre** / modifizierte Faser ‖ ~ **intermediate** / vorveredeltes Zwischenprodukt ‖ ~ **resin** / modifiziertes Harz ‖ ~ **round heel without holes** (hos) / abgerundete Ferse ‖ ~ **staple rayon** / modifizierte Viskosefaser ‖ ~ **starch** / modifizierte Stärke ‖ ~ **synthetic fibre** / modifizierte Synthesefaser ‖ ~ **yarn** / modifiziertes Garn
modifier n / Modifiziermittel n, Modifikationsmittel n, Modifikator m, Modifier m ‖ ~ (spinn) / Zusatzmittel n zu Spinnlösungen und -schmelzen zur Modifizierung der Eigenschaften eines Spinnerzeugnisses
modify v (chem) / modifizieren v
modoc wool / Reißwolle f, Lumpenwolle f
modular constructional units / Bauelemente n pl ‖ ~ **[construction] system** / Baukastensystem n
modulus n / Modul m ‖ ~ **of elasticity** / Elastizitätsmodul m ‖ ~ **of elongation** / Dehnungszahl f ‖ ~ **of rigidity**

(mat test) / Steifheitsmodul m ‖ ~ **of stretch** / Reckmodul m
mogador n (silk or rayon fabric usually made in colourful stripes for neckties and sportswear) / Mogador-Schußrips m
mohair n (hair of angora goat) / Mohär m, Mohair m, Angorahaar n, Angorawolle f ‖ ~ **beaver plush** / Mohairplüsch m ‖ ~ **braid** / Borte f aus Mohairgarn ‖ ~ **coney seal** / schwarzgefärbter Mohairplüsch ‖ ~ **fabric** / Mohairgewebe n ‖ ~ **lustre** / Mohairlüster m ‖ ~ **pile** / Mohairflor m ‖ ~ **plush** / Mohairplüsch m ‖ ~ **rug** / Mohairteppich m ‖ ~ **wool** / Mohairwolle f ‖ ~ **yarn** / Mohairgarn n, Angoragarn n, Glanzkammgarn n
moiré v / moirieren v ‖ ~ n / Moiré m n, moirierter Stoff ‖ ~ / Wasserglanz m ‖ ~ adj / moiré adj, moiriert adj ‖ ~ **calender** / Moirékalander m (DIN 64990), Prägekalander m (DIN 64990) ‖ ~ **cloth** / Moiré m n, moirierter Stoff ‖ ~ **effect** / Moiréeffekt m, Moirébildung f, Moiré m n ‖ ~ **finish** / Moiréausrüstung f, Moiréappretur f, Moirierung f ‖ ~ **marking** / Moirébildung f ‖ ~ **pattern** / Moirémuster n ‖ ~ **poplin** / moirierte Halbseidenpopeline ‖ ~ **silk** / Moiréseide f, Seidenmoiré m ‖ ~ **yarn** / Moirégarn n
moist adj / feucht adj, naß adj ‖ ~ **air** / Feuchtluft f ‖ ~ **crosslinking** / Feuchtvernetzung f
moisten v (gen) / anfeuchten v, befeuchten v, benetzen v ‖ ~ (esp text) / krimpen v, netzen v, wässern v
moistener n / Anfeuchter m, Anfeuchtemaschine f, Befeuchtungsmaschine f
moistening n / Anfeuchten n, Anfeuchtung f, Befeuchten n, Benetzen n ‖ ~ **agent** / Befeuchtungsmittel n ‖ ~ **apparatus** / Befeuchter m, Befeuchtungsvorrichtung f, Anfeuchter m ‖ ~ **box** / Feuchthaltekasten m, Feuchtkasten m ‖ ~ **chamber** / Befeuchtungskammer f, Befeuchtungskasten m ‖ ~ **device** s. moistener ‖ ~ **machine** / Anfeuchter m, Befeuchtemaschine f, Befeuchtungsmaschine f, Anfeuchtungsvorrichtung f, Feuchtmaschine f
moist heat-setting / Feuchtthermofixierung f
moistness n / Feuchtigkeit f
moist steam / Naßdampf m
moisture n / Feuchtigkeit f, Feuchte f, Nässe f ‖ ~ **conventional** ~ **allowance** / Feuchtigkeitszuschlag m ‖ ~ **absorption** / Feuchtigkeitsaufnahme f, Feuchtaufnahme f ‖ ~ **applicator** / Befeuchter m, Anfeuchter m ‖ ~ **balance** / Feuchtigkeitsausgleich m, Feuchtigkeitsgleichgewicht n ‖ ~-**carrying capacity** / Feuchtaufnahmevermögen n, Feuchtigkeitsaufnahmevermögen n ‖ ~ **characteristic** / Feuchtigkeitseigenschaft f ‖ ~ **content** / Feuchtigkeitsgehalt m, Feuchtanteil m, Feuchtegehalt m ‖ ~ **content** (in cotton) / Reprise f ‖ ~ **content control** / Feuchtigkeitsgehalt[s]regulierung f ‖ ~ **content tester** / Feuchtigkeitsgehalt[s]prüfgerät n ‖ ~ **content testing** / Feuchtigkeitsgehalt[s]prüfung f ‖ ~ **control** / Feuchtigkeitsregelung f ‖ ~ **control equipment** / Feuchtigkeitsregeleinrichtung f ‖ ~ **determination** / Feuchtigkeitsbestimmung f ‖ ~ **equilibrium** / Feuchtigkeitsgleichgewicht n, Feuchtigkeitsausgleich m ‖ ~ **extraction** / Feuchtigkeitsentzug m ‖ ~-**free weight** / Trockengewicht n ‖ ~ **in the steam** / Dampffeuchtigkeit f ‖ ~ **loss** / Feuchtigkeitsverlust m ‖ ~ **meter** / Feuchtigkeitsmesser m ‖ ~ **perception threshold** / Feuchtfühlgrenze f ‖ ~ **permeability** / Feuchtigkeitsdurchlässigkeit f
moistureproof adj / feuchtigkeitsbeständig adj, feuchtigkeitsdicht adj
moisture regain / Reprise f, Feuchtigkeitsaufnahme f im Normalklima ‖ ~ **regain** / Reprise f, Feuchtigkeitsaufnahme f ‖ ~ **repellent** / feuchtigkeitsabweisend adj ‖ ~ **resistance** / Feuchtigkeitsbeständigkeit f, Feuchtebeständigkeit f ‖

~-resistant *adj* / feuchtigkeitsbeständig *adj*, feuchtigkeitsfest *adj* ‖ **~ retaining property** / hygroskopische Eigenschaft, feuchtigkeitsrückhaltende Eigenschaft ‖ **~ strength curve** / Naßfestigkeitskurve *f* ‖ **~ test** / Feuchtigkeitsprobe *f* ‖ **~ tester** / Feuchteprüfer *m* ‖ **~ transfer property** / Feuchtigkeitsaustauscheigenschaft *f*, Feuchtigkeitsdurchlaßeigenschaft *f* ‖ **~ transmission** / Feuchtedurchgang *m* ‖ **~ transport** (wear properties) / Feuchtigkeitstransport *m* ‖ **~-vapour resistance** / Wasserdampfundurchlässigkeit *f* ‖ **~ vapour transmission (MVT)** (coat) / Wasserdampfdurchlässigkeit *f* (DIN 53122) ‖ **~ vapour transmission [rate] (MVT[R])** / Wasserdampfdichtigkeitszahl *f*, Dampfdurchlässigkeitszahl *f*
moist-~-warm *adj* / feuchtwarm *adj* ‖ **~ weaving** / Naßverweben *n*
moiting *n* / Entfernung *f* von Verunreinigungen während der Wollsortierung
moits *pl* (wool) / pflanzliche Verunreinigungen *f pl*
moity wool / durch Fremdkörper verunreinigte Wolle
mojo fibre / Bastfaser *f* des Mojobaums
mol *n* (chem) / Mol *n*, Grammolekül *n*
mold (US) s. mould
mole *n* (chem) / Mol *n*, Grammolekül *n*
molecular *adj* / molekular *adj* ‖ **~ arrangement** / Molekularanordnung *f* ‖ **~ association** / Molekülassoziation *f* ‖ **~ attraction** / Molekülanziehung *f* ‖ **~ bond** / Molekülbindung *f* ‖ **~ chain** / Molekülkette *f* ‖ **~ chain extension** / Molekülkettenwachstum *n* ‖ **~ chain length** / Molekülkettenlänge *f* ‖ **~ chain movement** / Molekülkettenbewegung *f* ‖ **~ chain scission** / Molekülkettenspaltung *f* ‖ **~ dissociation** / Moleküldissoziation *f*, molekularer Abbau ‖ **~ force** / Molekularkraft *f*, zwischenmolekulare Kraft ‖ **~ formula** / Molekularformel *f* ‖ **~ interaction** / zwischenmolekulare Wechselwirkung, zwischenmolekulare Kraft, Molekularkraft *f* ‖ **~ movement** / Molekularbewegung *f* ‖ **~ orientation** / Molekülausrichtung *f* ‖ **~ side chain** / Molekülnebenkette *f* ‖ **~ solution** / echte Lösung, molekulare Lösung ‖ **~ structure** / Molekularstruktur *f*, Molekülstruktur *f* ‖ **~ weight** / Molekulargewicht *n*, relative Molekülmasse ‖ **~ weight distribution** / Molekulargewichtsverteilung *f*, Verteilung *f* der relativen Molekülmassen
molecule *n* / Molekül *n* ‖ **~ size** / Molekülgröße *f*
mole-grey *adj* / maulwurffarben *adj*
moleskin [fabric] (heavy, durable cotton fabric) / Moleskin *m n*, Englischleder *n*
molleton *n* / Molton *m*, Moll *m*, Swanboy *m*
mollified foam / angeschmolzener Schaum
mollify *v* / erweichen *v*, weich machen
mollitan *n* s. molleton
molten *adj* / geschmolzen *adj*, schmelzflüssig *adj* ‖ **~ bath** / Schmelzbad *n* ‖ **~ metal bath** / Metallbad *n*, Metallschmelzbad *n*, Flüssigmetallbad *n* ‖ **~ metal dyeing** / Färben *n* im Metallbad, Metallbadfärben *n*, Metallbadfärbung *f* ‖ **~ metal dyeing machine** / Metallbadfärbemaschine *f* ‖ **~ metal dyeing process** / Metallbadfärbeverfahren *n* ‖ **~ metal fixing process** / Metallbadfixierung *f*, Fixierung *f* im Metallbad ‖ **~ metal for continuous dyeing** / Schmelzmetall *n* für Kontinuefärberei ‖ **~ metal process** (dye) / Metallbadverfahren *n* ‖ **~ metal thermosetting** / Metallbadfixierung *f*, Fixierung *f* im Metallbad
mol weight, molar weight / Molgewicht *n*, Molekulargewicht *n*
momie fabric / Kleiderstoff *m* in Granitbindung ‖ **~ weave** / Granitbindung *f*
momme *n* / Momme *f*, japanisches Seidengewicht (3,75 g)
monastic habit / Ordenskleid *n*, Ordenstracht *f*

moneybush cotton / eine Mississippi-Uplandbaumwolle
monkey grass / Piassavafaser *f* ‖ **~ jacket** / kurze Matrosenjacke
monk's hood / Mönchskapuze *f* ‖ **~ seam** / Kappnaht *f*, durchgenähte Naht (eines Segels)
monoacetin *n* / Monoacetin *n*, Glycerinmonoacetat *n*
monoazo dyestuff / Monoazofarbstoff *m* ‖ **~ metallic complex dyestuff** / Monoazo-Metallkomplexfarbstoff *m*
monobasic *adj* (chem) / einbasisch *adj*, einbasig *adj* ‖ **~ ammonium phosphate** / Monoammoniumdihydrogenphosphat *n*
monocellular *adj* / einzellig *adj*
monochloroacetic acid / Chloressigsäure *f*, Monochloressigsäure *f* ‖ **~ acid amide** / Monochloressigsäureamid *n* ‖ **~ sodium** / monochloressigsaures Natrium
monochlorodialkylaminotriazine *n* (to control foam) / Monochlordialkylaminotriazin *n* **monochlorotriazinyl reactive dyestuff** / Monochlortriazin-Reaktivfarbstoff *m*
monochromatic *adj* / monochromatisch *adj*, einfarbig *adj* ‖ **~ light** / monochromatisches Licht, einwelliges Licht
monochromatism *n* / Monochromasie *f*, Einfarbigkeit *f*
monochrome dyeing / Monochromfärbung *f*, Einbadfärbung *f* ‖ **~ process** / Monochromverfahren *n*, Einbadfärbeverfahren *n*
monoethanolamine *n* / Monoäthanolamin *n*, Aminoäthylalkohol *m*
monofil s. monofilament
monofilament *n* / Chemieendlosgarn *n* (aus einem einzigen Filament), Monofil *n*, Monofilament *n*, Monofilamentgarn *n*, Einfaden *n*, Einzelfaden *n*, Elementarfaden *n*, Endlosgarn *n* ‖ **~** *adj* / monofil *adj*, einfädig *adj* ‖ **~ die** / Monofilwerkzeug *n* ‖ **~ yarn** / Monofilgarn *n*, Monofil *n*, Monofilamentgarn *n*, monofiles Garn, Chemieendlosgarn *n* (aus einem einzigen Filament), Einfadengarn *n*, monofile Seide
monofil fabric / Monofilgewebe *n*, Monofilamentgewebe *n*
monofilm *n* / monomolekulare Schicht
monofil nozzle / Einfadendüse *f* ‖ **~ screen felt** (nwv) / monofiles Siebgewebe ‖ **~ yarn** s. monofilament yarn
monogenetic (dye) / nur eine Farbe erzeugend
monogram embroidery (sew) / Monogramm-Stickerei *f*
monolayer *n* / monomolekulare Schicht
monomer *n* / Monomer *n* ‖ **~** *adj* / monomer *adj*
monomeric *adj* / monomer *adj*
monomolecular layer / monomolekulare Schicht
monosodium phosphate / Mononatriumphosphat *n*
mono-top welt (hos) / einfacher Strumpfrand
monovalent *adj* / einwertig *adj*
Monsanto standard (test of crease resistance = 5 grades) / Monsantobild *n*
montero *n* (worn by hunters) / Mütze *f* mit Ohrenklappen
montmorillonite *n* (chem) / Montmorillonit *m* (Al-Mg-Hydrosilikat)
Montserrat cotton / eine ostindische Baumwolle
moonga silk / Mugaseide *f*
mooring line / Bootshalteleine *f*
moquette *n* / Mokett *m* (gemusterter Möbel-, Deckenplüsch), Moquette *m*, Mokette *f* ‖ **~ loom** / Mokettwebstuhl *m* ‖ **~ weave** / Mokettbindung *f* ‖ **~ with rough pile** / Frieselmokett *m*
mordant *n* / beizen *v* / ätzen *v* ‖ **~** *n* / Beize *f*, Beizmittel *n*
mordantable *adj* / beizbar *adj*
mordant auxiliary / Beizhilfsmittel *n* ‖ **~ colour** s. mordant dyestuff ‖ **~-colour pad-dyed fabric** / mit Beizenfarbstoff geklotztes Gewebe ‖ **~ dyeing** / Beizfärbung *f*, Beizenfärbung *f*, Beizenfärben *n* ‖ **~ dyestuff** / Beizenfarbstoff *m*
mordanted bottom / Beizgrund *m* ‖ **~ ground** / Beizgrund *m*

mordant

mordant·-fixed *adj* / mit Beizmittel fixiert ‖ ~ **in advance** / vorbeizen *v*
mordanting *n* / Beizen *n* ‖ ~ **action** / Beizwirkung *f* ‖ ~ **agent** / Beize *f*, Beizmittel *n* ‖ ~ **bath** / Beizbad *n*, Beizflotte *f* ‖ ~ **chemicals** / Beizen-Chemikalien *f pl*, Beizen *f pl* ‖ ~ **effect** / Beizwirkung *f* ‖ ~ **for softening** / Weichbeize *f* ‖ ~ **in the cold** / Kaltbeizen *n* ‖ ~ **liquor** / Beizflotte *f*, Beizbad *n* ‖ ~ **operation** / Beizvorgang *m* ‖ ~ **power** / Beizkraft *f* ‖ ~ **process** / Beizvorgang *m*, Beizen *n* ‖ ~ **vat** / Beizkufe *f* ‖ ~ **with tannic acid** / Tannieren *n*
mordant in the cold / kaltbeizen *v* ‖ ~ **of metal salts** / Metallbeize *f* ‖ ~**-padded article**, mordant-padded goods, mordant-padded style / Beizenklotzartikel *m*, Beizenklotzware *f* ‖ ~ **print** / Beizdruck *m*, Beizendruck *m* ‖ ~**-printed article**, mordant-printed goods, mordant-printed style / Beizendruckartikel *m*, Beizendruckware *f* ‖ ~ **printing** / Beizdruck *m*, Beizendruck *m* ‖ ~ **rouge** / Rotbeize *f*
mordants, group having affinity for ~ (dye) / beizenziehende Gruppe (Nachchromierfarbstoffe)
mordant salt / Beizsalz *n* ‖ ~ **steam colour** / Beizendampffarbe *f* ‖ ~ **style** / Beizartikel *m* ‖ ~ **with tannic acid** / tannieren *v*
moreen *n* (strong cross-ribbed fabric with plain glossy or moiré finish) / Moreen *n* ‖ ~ **stripes** / gestreifte Baumwollware in Moreenbindung
moriche fibre / Bastfaser *f* der Itapalme
morin *n* (dye) / Morin *n*
morning coat / Morning-Coat *m*, Cutaway *m*, Cut *m* ‖ ~ **dress** (for women) / Hauskleid *n* ‖ ~ **dress** (for men) / Besuchsanzug *m*, Konferenzanzug *m* (schwarzer Rock, bes. Cut, mit gestreifter oder grauer Hose) ‖ ~ **gown** (for women) / Morgenrock *m*, Hauskleid *n*
moroccan *adj* / dunkelrot *adj*
morpholine *n* / Morpholin *n* ‖ ~ **soap** / Morpholinseife *f*
mortling *n* (GB) / Sterblingswolle *f*
morva fibre / Bogenhanf *m*, Sansevieriahanf *m*
mosaic canvas / Mosaik-Stickereikanevas *m* ‖ ~ **disease** s. yellow leaf blight ‖ ~ **lace** / venezianische Klöppelspitze ‖ ~ **print** / Mosaikdruck *m*
moscovite *n* (ribbed dress fabric) / Moskovite *n*, Moskovite-Rips *m*
Moscow *n* (raised, heavy woollen fabric) / Moskowa-Mantelstoff *m*
mosquito net / Moskitonetz *n*, Mückenschleier *m*
moss beige (Fr) / Chenilleware *f* ‖ ~ **crepe** / Mooskrepp *m* ‖ ~**-finished cloth** / haarig ausgerüsteter Wollstoff ‖ ~**-green** *n* / Schweinfurter Grün *n*, Kupferarsenitacetat *n* ‖ ~**-green** *adj* / moosgrün *adj* (RAL 6005) ‖ ~ **grey** / moosgrau *adj* (RAL 7003)
mossing *n* / Rauhen *n*, Aufrauhen *n*
moss yarn / Mooswollgarn *n*
mossy cotton / Kurzfasern enthaltende spröde Baumwolle ‖ ~ **crepe** / Mooskrepp *m*
Mosul *n* / Mossul *m*, Moussel *m*, Mussil *m*, Mussel *m*
mote *v* / Knötchen entfernen ‖ ~ *n* (black spot in yarn or cloth due to impurity) (wool, cotton) / pflanzliche Verunreinigung ‖ ~ (cloth) / Knötchen *n*, Stippe *f* ‖ ~ **knife** / Abziehmesser *n*, Abstreifmesser *n*, Briseur-Abstreifmesser *n*, Flusenmesser *n*
moth *n* / Motte *f*, Kleidermotte *f* ‖ ~ **ball** / Mottenkugel *f* ‖ ~ **damage** / Mottenfraß *m*, Mottenschaden *m* ‖ ~**-eaten** *adj* / mottengeschädigt *adj*, mottenbeschädigt *adj*, von Motten zerfressen, vermottet *adj* ‖ ~**-eaten goods** *pl* / vermottete Ware, von Motten zerfressene Ware
mother liquor / Mutterlauge *f* ‖ ~**-of-pearl** *n* / Perlmutter *f* ‖ ~**-of-pearl effect** / Perlmuttereffekt *m*, Perlmutterschimmer *m* ‖ ~**-of-pearl lustre** / Perlmutterglanz *m*, Perlmutterschimmer *m* ‖ ~ **substance** / Muttersubstanz *f*, Grundsubstanz *f*
moth grub / Mottenraupe *f* ‖ ~ **grub test** / Fraßprobe *f* ‖ ~ **holes** *pl* / Mottenfraß *m* ‖ ~**-infested** *adj* / vermottet *adj*, mottengeschädigt *adj*, von Motten zerfressen ‖ ~**-infested goods** *pl* / vermottete Ware, von Motten zerfressene Ware ‖ ~ **preventing agent** / Mottenschutzmittel *n* ‖ ~ **prevention** s. mothproofing
mothproof *v* / mottenecht machen, mottenfest machen, mottensicher machen, mottenfest ausrüsten ‖ ~ *adj* / mottenecht *adj*, mottenfest *adj*, mottensicher *adj* ‖ ~ **finish** / Mottenechtausrüstung *f*, mottenechte Ausrüstung, Mottenschutzappretur *f* ‖ ~ **finishing** / Mottenechtausrüstung *f*, Mottenechtausrüsten *n*, Mottenfestmachen *n*, Mottenschutzimprägnierung *f*, Mottenausrüstung *f*, Mottenechtmachen *n*
mothproofing *n* s. mothproof finishing ‖ ~ (auch) / Mottenschutz *m* ‖ ~ **agent** / Mottenschutzmittel *n*, Mottenmittel *n* ‖ ~ **treatment** / Mottenschutzbehandlung *f*
moth repellency / Mottenfestigkeit *f* ‖ ~ **repellent** / Mottenschutzmittel *n* ‖ ~ **repellent finish** / Mottenschutzausrüstung *f*, Mottenschutzimprägnierung *f* ‖ ~ **resistance** / Mottenechtheit *f*, Mottenfraßbeständigkeit *f*, Mottenfestigkeit *f* ‖ ~**-resistant** *adj* / mottenecht *adj*, mottenfest *adj*, mottensicher *adj*, mottenfraßbeständig *adj* ‖ ~**-resistant finish** / Mottenechtausrüstung *f*, mottenechte Ausrüstung, Mottenschutzappretur *f* ‖ ~ **resistant finishing** / Mottenechtausrüstung *f*, Mottenechtausrüsten *n*, Mottenfestmachen *n*, Mottenschutzimprägnierung *f*, Mottenausrüstung *f*, Mottenechtmachen *n*
motif *n* / Motiv *n*, Muster *n* ‖ ~ (millinery) / Applikation *f* ‖ ~ **for printing** / Druckmotiv *n* ‖ ~ **print** / kleines Muster (Dessindruck)
motion *n* / Bewegung *f* ‖ ~ **of the ions** / Ionenbewegung *f*
motley *adj* / buntscheckig *adj*, bunt *adj*
motor car carpet / Autoteppich *m* ‖ ~ **car seat covering** / Autositzbezug *m* ‖ ~ **car upholstery fabric** / Autositz-Bezugsstoff *m* ‖ ~ **hood** / Autoverdeck *n* ‖ ~ **rug** / Reisedecke *f*, Reiseplaid *n* ‖ ~ **tyre yarn** / Reifenzwirn *m*, Kordgarn *n*
mottle *v* / sprenkeln *v*, melieren *v*, marmorieren *v*
mottled dyeing / fleckige Färbung, gesprenkelte Färbung, geflockte Färbung ‖ ~ **effect** / Sprenkeleffekt *m* ‖ ~ **effect print** / Schattendruck *m* ‖ ~ **fabrics** / melierte Gewebe *n pl* ‖ ~ **print** / fleckiger Druck ‖ ~ **yarn** / Melangegarn *n*, Flammgarn *n*, Mottledgarn *n*
mottles *pl* / Stoffe *m pl* aus gesprenkelten Garnen
mottling *n* / geflecktes Färben
mouchoir (Fr) / Taschentuch *n*
mould *v* (knitgoods) / verformen *v* ‖ ~ *vt* (plastic etc) / formen *vt*, formpressen *vt* ‖ ~ *vi* (decay) / schimmeln *vi*, schimmelig werden ‖ ~ *n* (trans pr) / Model *m* ‖ ~ (plastic etc) / Formwerkzeug *n*, Werkzeug *n*, Gießform *f*, Gußform *f*, Spritzform *f* ‖ ~ (stencil) / Matrize *f* ‖ ~ (mildew) / Schimmel *m*, Schimmelpilz *m*, Moder *m* ‖ ~ **needle-punched carpet** / Tiefziehteppich *m* (Auto)
mould attack / Schimmelbefall *m*
moulded articles / Formartikel *m pl*, Formteile *n pl* ‖ ~ **back panty** / Schlüpfer *m* mit verstärkter Gesäßpartie ‖ ~ **cups** (bra) / gemoldete Cups *pl* ‖ ~ **laminated article** / Schichtstoffpreßteil *n*, Schichtstoff-Formstück *n* ‖ ~ **pad** (bra) / Unterbruststütze *f* ‖ ~ **parts flocking** / Formteil-Beflockung *f*
mould formation / Schimmelbildung *f* ‖ ~ **fungus** / Schimmelpilz *m* ‖ ~ **growth** / Schimmelbildung *f*
mouldiness *n* / Modrigkeit *f*, Schimmligkeit *f*
moulding *n* / Formteil *n*, Formartikel *m*, Preßling *m* ‖ ~ (knitgoods) / Verformung *f* ‖ ~ (plastic) / Formen *n*, Formverfahren *n*, Formpressen *n* ‖ ~ (mildew) / Schimmeln *n* ‖ ~ **composition** s. moulding compound ‖ ~ **compound** / Formmasse *f*, Preßmasse *f*, Preßmischung *f* ‖ ~ **machine** / Formmaschine *f* ‖ ~ **material** / Formmasse *f*, Preßmasse *f* (nur für

multifeed[er]

Warmpressen) ‖ ~ **resin** / Preßharz n ‖ ~ **time** / Formzeit f, Preßzeit f
mould press (knitt) / Muldenpresse f ‖ ~ **release agent** / Trennmittel n, Formentrennmittel n ‖ ~ **resistance** / Schimmelfestigkeit f ‖ ~ **spot** / Schimmelfleck m, Moderfleck m, Stockfleck m ‖ ~ **stain** s. mould spot
mouldy adj / moderig adj, schimm[e]lig adj, stockfleckig adj, stockig adj ‖ ~ **growth** / Schimmelbildung f
moulinage n (Fr) / Zwirnen n von Seidengarnen, Moulinage f
mouliné twist / moulinierte Seide, gezwirnte Seide, Moulinierseide f, Moulinézwirn m ‖ ~ **yarn** / Moulinégarn n, Mouliné m
moulting remains (of insects on textiles) / Häutungsrückstände m pl
mountaineering cord (rope) / Bergsteigerseil n ‖ ~ **jacket** / Bergsteigerjacke f, Kletterweste f, Windjacke f
mountain flax / Bergflachs m, Asbest m ‖ ~ **wool** / Gebirgswolle f, Bergwolle f
mounting n (gen) / Montage f ‖ ~ (weav) / Webgeschirr n, Geschirr n ‖ ~ **the harness** / Litzenaufschlagen n
mourat wool / feine Shetlandwolle
mourning band / Trauerbinde f ‖ ~ **crepe** / Trauerkrepp m ‖ ~ **veil** / Trauerschleier m ‖ ~ **wear** / Trauerkleidung f
mouse--coloured adj / mausfarben adj ‖ ~ **grey** / mausgrau adj (RAL 7005)
mousseline n (Fr) / Musselin m ‖ ~ **de laine** (Fr) / Wollmusselin m ‖ ~ **de soie** (Fr) / reinseidener Musselin ‖ ~ **mattée** (Fr) / matter Seidenmusselin
mousselinette n (lightweight muslin) (Fr) / Musslinet m
mouth [of slider] (zip) / Schiebermaul n
movable batch carrier (bleach) / fahrbarer Dockenwagen ‖ ~ **inner tube of spindle** / bewegliche Spindelbüchse ‖ ~ **knocking-over** (knitt) / beweglicher Abschlag ‖ ~ **pirn** / Laufspule f, Abrollspule f, Garnwickel m ‖ ~ **repeat rider** (print) / verschiebbarer Rapportreiter ‖ ~ **retainer** (zip) / bewegliches Endstück
move in the bath (dye) / im Bad umziehen
movement of the cloth / Gewebelauf m ‖ ~ **of the comb** / Kammbewegung f ‖ ~ **of the sley** / Ladenbewegung f ‖ ~ **of the warp** / Kettenbewegung f ‖ ~ **of the warp threads** / Kettfadenbewegung f
movements pl (weav, loom) / Touren f pl
moving bath / bewegte Flotte ‖ ~ **bed process** / Fließbettverfahren n, Bewegtbettverfahren n ‖ ~ **goods** (dye) / bewegte Ware ‖ ~ **liquor** / bewegte Flotte ‖ ~ **of the liquor** / Flottenbewegung f ‖ ~ **phase** (chrom) / bewegliche Phase, mobile Phase ‖ ~ **trapper** (knitt) / bewegliche Klinge (einer Fadenabschneidevorrichtung)
mozambique fabric (fine lightweight gauze cloth) / Mozambique m
M.P. s. melting point ‖ ⁓ (s. melting point)
MS s. micro stretching ‖ ⁓ (s. micro stretching)
mucilage n / Pflanzenschleim m
mucuna fibre (from Brazil) / Mucuna-Blattfaser f
mudar fibre (used mostly for stuffing pillows) / indische Asklepiasfaser ‖ ~ **floss** s. mudar fibre
mud cracking (ctg) / Eisblumenbildung f, Eisblumeneffekt m
muff n / Wickel m (DIN 61800), Muff m ‖ ~ **dyeing** (coreless package dyeing) / Muff-Färben n, Hülsenlosfärben n
muffler n (GB) / Halstuch n, Schal m
mufti n / Zivilkleidung f (besonders wenn von Soldaten usw. getragen)
muga silk / Mugaseide f, Moongaseide f
mulberry silk / Maulbeerseide f ‖ ~ **tree fibre** / Tapafaser f
mule n (spinn) / Selfaktor m, Wagenspinner m, Wagenspinnmaschine f, Selbstspinner f ‖ ~ **band** (spinn) / Selfaktorseil n ‖ ~ **carriage** (spinn) / Selfaktorwagen m ‖ ~ **cop** (spinn) / Selfaktorkops m (DIN 61800), Selfaktorkötzer m ‖ ~ **doubler** (spinn) /

Zwirnselfaktor m, Mulezwirnmaschine f ‖ ~ **draw** (spinn) / Selfaktorauszug m ‖ ~ **for woollen spinning** / Wagenspinnmaschine f für die Streichgarnspinnerei, Selfaktor m für die Streichgarnspinnerei (DIN 64015) ‖ ~ **headstock** (spinn) / Haupttriebstock m des Selfaktors ‖ ~ **jenny** / Handmule f, Feinstuhl m ‖ ~ **quadrant** (spinn) / Selfaktor-Quadrant m ‖ ~ **spindle** (spinn) / Selfaktorspindel f ‖ ~ **spinning** / Wagenspinnen n, Selfaktorspinnen n ‖ ~ **spinning machine** / Selfaktor m, Wagenspinner m, Wagenspinnmaschine f ‖ ~**-spun yarn**, mule twist / am Selfaktor hergestelltes Garn, Selfaktorgarn n ‖ ~ **warp cop** / Selfaktorkettgarnkötzer m ‖ ~ **warp thread** / Selfaktorkettgarn n ‖ ~ **yarn** / Selfaktorgarn n, am Selfaktor hergestelltes Garn
mull n / Mull m, Batist m, Verband[s]mull m
Müller gauze / Müllergaze f
mull muslin / appreturfreier Musselin
multiaxial fabric / multiaxiales Gewebe ‖ ~ **magazine weft insertion warp knitting machine** / Multiaxial-Magazinschuß-Wirkmaschine f ‖ ~ **yarn assembly** / mehrachsiges Fadensystem
multibar adj (warp knitt) / mehrschienig adj
multi-bar raschel lace machine / Multibar-Spitzen-Raschelmaschine f
multibath process / Mehrbadverfahren n
multiblade slitting unit / Mehrfachmesserschneideeinheit f
multibowl calender / Mehrwalzenkalander m
multicellular adj / mehrzellig adj
multichambered adj / mehrkammerig adj
multicolour automatic loom / Buntautomat m, Mehrfarbenautomat m ‖ ~ **automatic screen printing machine** / automatische Mehrfarben-Filmdruckmaschine
multicoloured adj / bunt adj, mehrfarbig adj, vielfarbig adj
multi-coloured article / Buntartikel m
multicoloured shades / Bunttöne m pl ‖ ~ **yarn** / Buntgarn n, Multicolorgarn n
multicolour[ed] effect / Mehrfarbeneffekt m, Bunteffekt m, Vielfarbeneffekt m
multicolour handprinting / Mehrfarbenhanddruck m ‖ ~ **loom** / Buntautomat m, Buntwebautomat m, Mehrfarbenautomat m
multicolour[ed] pattern / Mehrfarbenmuster n, Buntmuster n, Vielfarbenmuster n
multicolour print[ing] / Mehrfarbendruck m, Buntdruck m, Vielfarbendruck m ‖ ~ **printing machine** / Mehrfarbendruckapparat m, Buntdruckmaschine f, Mehrfarbendruckmaschine f ‖ ~ **printing process** s. MCPP ‖ ~ **style** / Mehrfarbenartikel m, Buntartikel m ‖ ~ **transfer flat knitting machine** / Flachstrick-Buntmuster-Umhängemaschine f ‖ ~ **weaving machine** / Mehrfarbenwebmaschine f ‖ ~ **weaving mill** / Buntweberei f
multicolour[ed] woven article / Buntwebartikel m
multicolour yarn / Buntgarn n, Multicolorgarn n
multicomponent fibre / Multikomponentenfaser f, Mehrkomponentenfaser f ‖ ~ **mixture** / Vielstoffgemisch n, Mehrkomponentengemisch n ‖ ~ **system** / Mehrkomponentensystem n
multiconstituent fibre / Multikonstituentenfaser f
multicovering n / mehrfädige Garnumwindung, mehrfädige Garnumwicklung
multidimensional fabric / mehrdimensionales Gewebe
multifeed[er] circular knitting machine / vielsystemige Rundstrickmaschine ‖ ~ **circular machine** (knitt) / vielsystemige Rundstrickmaschine ‖ ~ **knitting machine** / vielsystemige Wirkmaschine, mehrsystemige Wirkmaschine ‖ ~ **machine** / vielsystemige Maschine, mehrsystemige Maschine ‖ ~ **plain circular knitting machine** / einfonturige vielsystemige Rundstrickmaschine

Multifibre Agreement, MFA / Multi-Faser-Abkommen n, MFA n
multifil n s. multifilament
multifilament n / Chemie-Endlosgarn n (aus einer gleichbleibenden Vielzahl von Filamenten), Multifilament n, Mehrfachfaserfaden m || ~ **adj** / multifil adj, mehrfädig adj || ~ **bundle** / Multifilament-Bündel n || ~ **yarn** / Multifilgarn n, Multifilamentgarn n, Multifil n, multifiles Garn, multifiler Endlosfaden, Chemie-Endlosgarn n (aus einer gleichbleibenden Vielzahl von Filamenten), multifile Seide
multifil fabric / Multifilgewebe n, Multifilamentgewebe n || ~ **screen** (nwv) / Multifil-Sieb n || ~ **screen felt** (nwv) / multifiles Siebgewebe || ~ **yarn** s. multifilament yarn
multiflora cotton / eine Alabama-Baumwolle
multifold down-twisting / Mehrfachzwirnen n || ~ **yarn** / einstufiger Zwirn aus mehr als zwei einfachen Garnen
multifunctional isocyanate / polyfunktionelles Isocyanat
multi-head sewing machine / Mehrkopfnähmaschine f
multi-lace raschel machine / Multibar-Spitzen-Raschelmaschine f
multilap process / Multi-Lap-Verfahren n
multilayer n / Mehrfachschicht f, multimolekulare Schicht || ~ **drier** / Mehrbahntrockner m || ~ **fabric** / Mehrlagengewebe n, Mehrlagenstoff m || ~ **nonwoven** / mehrlagiges Vlies
multilobal adj / multilobal adj || ~ **cross-section** (fil) / multilobaler Querschnitt, lappiger Querschnitt, vielgelappter Querschnitt || ~ **nylon** / multilappige Nylonfaser
multiloom adj / mehrstuhlig adj
multineedle sewing machine / Mehrnadelnähmaschine f
multiphase loom / Wellenfachwebmaschine f || ~ **loom** (weav) / Mehrphasenwebmaschine f, Wellenfachwebmaschine f || ~ **shed** / Wellenfach n
multi-piece loom / mehrschütziger Webautomat
multiple bath dyeing / Mehrbadfärbung f || ~ **bath process** / Mehrbadverfahren n || ~ **belt drier** / Mehrbandtrockner m || ~ **bobbin attachment** / Mehrspuleneinrichtung f || ~ **box lathe** (weav) / Wechsellade f || ~**-box loom** (weav) / Wechselwebstuhl m, Wechselwebmaschine f || ~ **cutter** / Mehrfachschneidegerät n || ~ **cylinder sizing machine** / Mehrtrommelschlichtmaschine f || ~**-end package** / mehrfädiger Spulkörper || ~ **end twisting** (spinn) / Mehrfachgarndrehung f || ~**-end yarn** (spinn) / Mehrfachgarn n || ~ **evaporator** / Mehrfachverdampfer m || ~ **feeding mechanism** (sew) / Mehrfachtransport m || ~**-feed yarn carrier** / Fadenführer m einer vielsystemigen Maschine || ~**-fibre material** / Mehrfasergewebe n || ~**-head draw frame** (spinn) / Mehrkopfstrecke f || ~**-head embroidery machine** / Mehrkopfstickmaschine f || ~**-head machine** (knitt) / mehrköpfige Maschine || ~ **nozzle** (spinn) / Mehrfachdüse f, Spinnbrause f || ~**-section knitting machine** / mehrfonturige Strickmaschine || ~**-section machine** (knitt) / mehrköpfige Maschine || ~**-shaft weaving** / vielschäftiges Weben || ~**-spindle winder** / vielspindelige Spulmaschine || ~ **spinning nozzle** / Mehrfachdüse f, Spinnbrause f || ~ **spooling machine** / Fachmaschine f, Dupliermaschine f || ~**-stiffening attachment** / Einrichtung f für stufenlose Veränderung der Maschenfestigkeit || ~ **tape condenser** (spinn) / Vielriemchenflorteiler m || ~ **tape divider** (spinn) / Vielriemchenflorteiler m || ~**-thread** adj / multifil adj || ~ **twisting machine** / Etagenzwirnmaschine f || ~**-unit circular knitting machine** / mehrköpfige Rundstrickmaschine || ~ **warp** / mehrfache Kette || ~ **winding** / Mehrfachwicklung f || ~**-wound** adj (spinn) / gefacht adj || ~**-wound glass filament yarn** / gefachtes Glasfilamentgarn (DIN 61850) || ~**-wound glass staple fibre yarn** / gefachtes Glasstapelfasergarn (DIN 61850) || ~ **wound yarn** / gefachtes Garn || ~ **woven fabric** / Mehrfachgewebe n

multi-ply adj / mehrschichtig adj, mehrlagig adj
multipoint opener (spinn) / Mehrpunktöffner m
multipurpose calender / Mehrzweckkalander m || ~ **finish** / Mehrzweckveredlung f || ~ **machine** / Mehrzweckmaschine f || ~ **shading paste** / Mehrzweckabtönpaste f
multiroller padding mangle / Mehrwalzenfoulard m
multiroll mill / Mehrwalzenstuhl m, Mehrwalzenmühle f
multisection adj (hos) / großfonturig adj, vielfonturig adj
multishade dyeing / Mehrtonfärbung f
multishuttle adj / mehrschützig adj || ~ **automatic loom** / mehrschütziger Webautomat || ~ **bobbin-changing loom** / mehrschütziger Automat mit Spulenwechsel || ~ **operation** / mehrschützige Arbeitsweise || ~ **shuttle-changing loom** / mehrschütziger Automat mit Schützenwechsel
multi-space loom / mehrschütziger Webautomat
multistage adj / mehrstufig adj, Mehrstufen... || ~ **bleaching** / Mehrstufenbleiche f || ~ **crosslinking** / Mehrstufenvernetzung f || ~ **doubling frame** / Etagenzwirnmaschine f || ~ **fur** / Mehrstufenpelz m || ~ **stretch-breaking machine** / fraktionell arbeitende Reißmaschine
multistep adj / mehrstufig adj || ~ **godet** / Mehrstufengalette f
multi-step zig-zag stitch / Mehrstich-Zickzackstich m
multithread effect / Mehrfadeneffekt m
multi--tier drier / Mehrbahntrockner m || ~**-tier stenter frame** / Mehretagen-Spannrahmen m (DIN 64990)
multivalent adj (chem) / mehrwertig adj
multiwidth weaving / mehrbahniges Weben
multizone drawing system / Zonenstreckwerk f
mummy canvas / Mumienkanevas m, brauner Leinenkanevas
mungo / Mungo m, Reißwolle f, Lumpenwolle f, Kunstwolle f || ~ **from new rags** / Neumungo m, Neutuch n || ~ **from old rags** / Altmungo m || ~ **yarn** / Mungogarn n
Munsell colour system / Munsell-Farbsystem n
muriatic acid / Salzsäure f, Chlorwasserstoffsäure f
mururuni fibre / Blattfaser f einer brasilianischen Palme
musette bag (suspended by a strap and worn over the shoulder) (fash) / Schultertasche f
Mushroom Apparel Flammability Test (MAFT) (mat test) / Mushroom-Test m || ~ **ironing press** / Pilzpresse f, Pilzbügelmaschine f
mushy wool (irregular staple wool which is dry, loose and open) / haltlose Wolle
musk hair / Bisamhaar n
muslin n / Musselin m || ~ **cloth** / Nesselfiltertuch n || ~ **de laine** / Wollmusselin m
muslinette n (lightweight muslin) / Musslinet m
mussel silk / Muschelseide f
mussing resistance / Knitterfestigkeit f
mussy adj / verknittert adj
mustard brown / senfbraun adj || ~ **coloured** / senffarben adj, senfgelb adj || ~ **shade** / Senfton m || ~ **yellow** / senfgelb adj
muted shade / gedeckte Nuance
MVT[R] s. moisture vapour transmission [rate]
MVT (s. moisture vapour transmission)
MVT[R] (s. moisture vapour transmission [rate])
mycelium n / Myzel n
myricitrin n (dye) / Myrizitrin n
myristic acid / Myristinsäure f
myristyl alcohol / Myristylkohol m
myrtle-green adj / myrtengrün adj
mysore silks / weiche ostindische Seidenstoffe m pl || ~ **wool** / Wolle f des indischen Mysoreschafes

N

nacarat n / Nakaratfarbe f (hellrot) ‖ ~ **nakaratfarbiger dünner Stoff**
nacre n / Perlmutt n, Perlmutter f ‖ ~ **effect** / Perlmutteffekt m, Changeanteffekt m, Schillerglanz m
nacreous effect / Perlmutteffekt m, Changeanteffekt m, Schillerglanz m ‖ ~ **lustre** / Perlmuttglanz m, Perlglanz m
nacre print / Nacré m, verschwommener Druck, Fließdruck m ‖ ~ **velvet** / Changeant-Samt m
nae n / hawaiische Netzware
nago-nodzi n (hand-woven Indian blanket) / Navajo-Wolldecke f
nail test / Nagelprobe f
nainsook n (fine soft cotton material) / Nainsook m, ostindischer Baumwollmusselin ‖ ~ **check** / Nainsookkaro n
name-weaving machine / Nameneinwebmaschine f
nanako n s. nanko
nankeen n (high-texture, plain-woven cotton used for ticking) / Nanking m (dichtgeschlagenes Gewebe für Inlette oder Einschüttestoffe)
nankeens pl / Nankinghose f
nankeen twill / Nankingköper m
nankin n s. nankeen ‖ ~ **buttons** pl / Fasermasse f aus Abfallseide
nankinet n (low-quality nankeen) / Nankinett n
nankins lace / Blondespitze f, Blonde f
nanko n / einfacher japanischer Seidenstoff
nap v / aufrauhen v, rauhen v, anrauhen v, noppen v, velourieren v ‖ ~ n / Strich m, Flor m, Flordecke f, Haar n, Flaum m, weiche Seite, haarige Seite, weiches Haar ‖ ~ (spinn) / Noppe f, Knoten m ‖ ~ (weav) / Oberkette f, Polkette f ‖ ~ (of hat) / Felbel f ‖ ~ (unwanted) / Strichbildung f ‖ ~ (of a carpet) / Teppichflor m ‖ ~ (of a fabric) / Strich m des Gewebes ‖ **against the ~** / gegen das Haar, gegen den Strich ‖ **with the ~** / mit dem Strich, mit dem Haar ‖ ~-**cloth** n / Floconné m, Flockenstoff m, Rauhware f ‖ ~ **cloth weave** / Flockenstoffbindung f, Floconnébindung f ‖ ~ **coat** (fin) / Strichlage f ‖ ~ **coating** / Noppenstoff m ‖ ~ **effect** / Stricheffekt m
napery n / Tischwäsche f
nap fabric / Floconné m, Floconné-Wollstoff m, Flockenstoff m ‖ ~ **fabric** / Rauhware f ‖ ~ **finish** / Rauhen n, Aufrauhen n, Noppen n ‖ ~ **finish** / Strichappretur f
naphthaldehyde n / Naphthaldehyd m
naphthalene n / Naphthalin n ‖ ~ **compound** / Naphthalinverbindung f ‖ ~ **derivative** / Naphthalinderivat n ‖ ~ **dyestuff** / Naphthalinfarbstoff m ‖ ~ **indigo** / Naphthalinindigo m ‖ ~ **red** / Naphthalinrot n ‖ ~ **sulphonic acid** / Naphthalinsulfonsäure f ‖ ~ **trisulphonic acid** / naphthalintrisulfonsaures Natrium
naphthalenic acid / Naphthalinsäure f
naphthenate n / Naphthenat n
naphthene n / Naphthen n
naphthenic acid / Naphthensäure f
naphthol n / Naphthol n ‖ ~ **AS combination** / Naphthol-AS-Kombination f (DIN 53289) ‖ ~ **AS coupling compound** / Naphthol-AS-Kupplungskörper m
naphtholate v / naphtholieren v
naphtholated articles s. naphtholated goods ‖ ~ **goods** pl / naphtholierter Artikel, Naphthol-Artikel m, naphtholgrundierter Artikel
naphtholate print, naphtholated print / Naphtholatdruck m ‖ ~ **resist** / Naphtholatreserve f, Naphtholreserve f
naphthol black / Naphtholschwarz n ‖ ~ **bottoming** / Naphtholgrundierung f ‖ ~ **dyeing** / Naphtholfärbung f, Naphtholfärberei f ‖ ~ **dyestuff** / Naphtholfarbstoff m ‖

~ **green** / Naphtholgrün n ‖ ~ **nitrite pad[ding] method** / Naphtholnitrit-Klotzverfahren n ‖ ~ **nitrite printing process** / Naphtholnitrit-Druckverfahren n ‖ ~ **orange** / Naphtholorange n ‖ ~ **padding liquor** / Naphtholklotz m ‖ ~ **prepare** / Naphtholgrundierung f ‖ ~ **printing** / Naphtholdruck m ‖ ~ **yellow** / Naphtholgelb n
naphthopurpurin n / Naphthopurpurin n
naphthoquinone n / Naphthochinon n
naphthylamide n / Naphthylamid n
naphthylamine n / Naphthylamin n ‖ ~ **sulphonic acid** / Naphthylaminsulfonsäure f ‖ ~ **yellow** / Naphthylamingelb n
naphthylene blue / Naphthylenblau n
napkin n / Serviette f ‖ ~ / Gästetuch n ‖ ~ (GB) / Windel f
napless adj / kahl adj, glatt adj, ungenoppt adj ‖ ~ (defect) / fadensichtig adj ‖ ~ **finish** / Kahlappretur f
Naples yellow / Neapelgelb n (ein Bleiantimonat)
nap lifting apparatus / Vourshebeapparat m
Napolitaine braid / Napolitaineborte f
napped adj / rauh adj, haarig adj, gerauht adj, angerauht adj, noppig adj, kraus adj, wollig adj ‖ ~ **car seat cover** / Autositzveloursschonbezug m ‖ ~ **cloth** s. napped fabric ‖ ~ **cotton base fabric** (ctg) / gerauhtes Grundgewebe ‖ ~ **fabric** / Floconné m, Flocken-Wollstoff m, Flockenstoff m ‖ ~ **fabric** / Rauhware f ‖ ~ **loden** / Strichloden m ‖ ~ **outer garment** / Veloursoberbekleidung f ‖ ~ **pile** / aufgerichteter Flor ‖ ~ **shirting** / Hemdenvelours m ‖ ~ **underwear and nightgowns** / Wäschevoursartikel m pl
napper n / Aufkratzmaschine f, Rauhmaschine f, Kratzenrauhmaschine f, Tuchnopper m, Tuchscherer m ‖ ~ **flocks** pl / Rauhmaschinenabfall m, Rauhabfall m
nappers pl / Rauhabfall m, Rauhmaschinenabfall m
nappie n / Windel f
nappiness n / Haarigkeit f
napping n / Aufrauhen n, Anrauhen n, Rauhen n, Noppen n, Velourieren n ‖ ~ (hatm) / Schicht f halbfertiger Felbel ‖ ~ **and friezing machine** / Rauh- und Kräuselmaschine f ‖ ~ **brush** / Rauhbürste f ‖ ~ **comb** / Aufstreichkamm m ‖ ~ **effect** / Rauheffekt m ‖ ~ **in the reverse direction** / Velourieren in umgekehrter Richtung ‖ ~ **machine** / Kratzenrauhmaschine f, Rauhmaschine f ‖ ~ **mill** / Rauhmaschine f ‖ ~ **roller** / Rauhwalze f ‖ ~ **waste** / Rauhabfall m ‖ ~ **wire** / Rauhhaken m
nappy n / Windel f ‖ ~ adj s. napped
nap the pile / ausscheren v, kahlscheren v ‖ ~ **velours** / Strichvelours m ‖ ~ **warp** / Polkette f, Hochkette f, Oberkette f ‖ ~ **weft** / Noppenschuß m, Flockenschuß m
narrow v (knitt, hos) / mindern v, decken v, [Maschen] abnehmen ‖ ~ **band feed** / Schmalbandübertragung f ‖ ~ **band filter** / Schmalbandfilter m n, Spektralfilter m n ‖ ~ **cloth** (less than 52 inches wide) / schmalliegendes Tuch ‖ ~ **elastic fabric** / Gummiband n ‖ ~ **fabric** / Schmalgewebe n, Bandware f ‖ ~ **fabric and braiding industry** / Band- und Flechtindustrie f ‖ ~ **fabric bleaching plant** / Bandbleichanlage f ‖ ~ **fabric industry** / Bandindustrie f ‖ ~ **fabric loom** / Bandwebmaschine f, Bandwebstuhl m ‖ ~ **fabric needle loom** / Nadelbandwebmaschine f ‖ ~ **fabric warp beam** / Kettelscheibe f ‖ ~ **goods** pl / Bandware f, Kurzwaren f pl, Bandartikel m, Schmalgewebe n pl
narrowing n (knitt, hos) / Mindern n, Decken n, Minderung f, Abnehmen n, Abnahme f ‖ ~ **and widening device** (knitt) / Minder- und Zunahmeeinrichtung f ‖ ~ **and widening [knitting] machine** / Minder- und Zunahmestrickmaschine f ‖ ~ **attachment** (knitt) / Deckvorrichtung f ‖ ~ **cam** (knitt) / Minderexzenter m ‖ ~ **chain** (fully fashioned knitt machine) / Deckkette f, Deckerkette f ‖ ~ **comb** (knitt) / Decker m,

narrowing

Deckernadelhalter m ‖ ~ **device** (knitt) / Minderapparat m, Mindereinrichtung f ‖ ~ **finger** (knitt) / Minderfinger m, Decknadelhalter m, Decker m ‖ ~ **flat knitting machine** / Minderflachstrickmaschine f ‖ ~ **handle** (knitt) / Decker m ‖ ~ **head** (knitt) / Deckpatent n, Minderkopf m ‖ ~ **head base plate** (knitt) / Deckpatentgrundplatte f ‖ ~ **head guide bar** (knitt) / Deckpatentführungsschiene f ‖ ~ **head locking device** (knitt) / Deckpatentarretiervorrichtung f ‖ ~ **knitter** / Minderstrickmaschine f ‖ ~ **lift foot treadle** (knitt) / Deckmaschinenhebefußhebel m ‖ ~ **lift lever** (knitt) / Deckmaschinenhubhebel m ‖ ~ **link** (knitt) / Deckknopf m ‖ ~ **loop** / Mindermasche f, Deckmasche f ‖ ~ **machine** (knitt) / Mindermaschine f, Deckmaschine f ‖ ~ **machine lifting shaft** (knitt) / Deckmaschinenhubwelle f ‖ ~ **motion** (knitt) / Deckvorrichtung f ‖ ~ **needle** / Decknadel f, Deckernadel f, Mindernadel f ‖ ~ **nut** (knitt) / Deckpatentmutter f ‖ ~ **of the gusset** (hos) / Keilminderung f, Minderung f des Zwickels, Fersenminderung f, Minderung f des Fußunterteils, Fersendecke f, Sohlendeckung f, Sohlenzwischendeckung f ‖ ~ **of the heel** (hos) / Minderung f der Fußwölbung ‖ ~ **point** (knitt) / Decknadel f, Deckernadel f, Mindernadel f ‖ ~ **point of fully-fashioned rib knitting machine** / Mindernadel f an der Ripp-Cotton-Maschine ‖ ~ **rod** (knitt) / Deckerschiene f, Deckschiene f
narrowings pl / Minderungen f pl, Deckblümchen n pl
narrowing shaft (knitt) / Deckwelle f, Deckmaschinenwelle f ‖ ~ **spindle** (knitt) / Deckspindel f, Deckpatentspindel f ‖ ~ **wheel** (knitt) / Deckrad n
narrow·-meshed adj / engmaschig adj, feinmaschig adj, kleinmaschig adj ‖ ~ **ribbon** / Schmalband n, Bändchen n ‖ ~ **section** (knitt) / geminderter Teil ‖ ~ **silk fabric** / Seidenbandware f ‖ ~ **ware** / Bandware f, Schmalgewebe n pl ‖ ~ **weaving** / Schmalweberei f ‖ ~ **wound cheese** / Sonnenspule f (DIN 61800), zylindrische Kreuzspule mit kurzem Hub
national costume, national dress / Nationaltracht f
native adj / nativ adj, natürlich adj
natives pl / Rohseiden f pl aus Japan, China usw.
native stripes pl / handgewebte Baumwollware für Afrika ‖ ~ **ultramarine** / Lapislazuli[blau] n
natté n (fabr) / Natté m ‖ ~ **weave** (a basket-weave silk material for dressgoods) / Nattébindung f, Natté m
natural adj / natürlich adj, Natur... ‖ ~ **bleaching** / natürliche Bleiche, Naturbleiche f, Rasenbleiche f ‖ ~ **blend** / Mischung, bei der der Naturfaseranteil überwiegt (z.B. 60/40 Bw/PE) ‖ ~ **cellulose** / natürliche Zellulose, native Zellulose ‖ ~ **cellulose fibre** / native Zellulosefaser ‖ ~ **colour** / Naturfarbe f, Eigenfarbe f ‖ ~ **coloured** / naturfarben adj, naturfarbig adj ‖ ~ **cotton** / unbehandelte Baumwolle ‖ ~ **crimp** (of fibre) / natürliche Kräuselung, natürliche Faserkräuselung ‖ ~ **dyestuff** / Naturfarbstoff m, natürlicher Farbstoff ‖ ~ **elastomer** / natürliches Elastomer ‖ ~ **fat** / Naturfett n, natürliches Fett ‖ ~ **fibre** / Naturfaser f, natürliche Faser, native Faser ‖ ~ **fibre colour** / natürliche Faserfarbe ‖ ~ **fibre spun yarn** / Naturfasergarn n ‖ ~ **gum** / Naturgummi n m, Pflanzenschleim m ‖ ~ **indigo** / Naturindigo m, natürlicher Indigo, Pflanzenindigo m, Indigoweiß n ‖ ~ **latex** / Naturlatex m ‖ ~ **latex layer with embossed honeycomb structure** / Naturlatex-Waffelschaum m ‖ ~ **lustre** (fibres) / Naturglanz m
naturally white / naturweiß adj
natural oil / natürliches Öl ‖ ~ **pigment** / natürliches Pigment, Erdpigment n ‖ ~ **polymer** / natürliches Polymer[isat] ‖ ~ **product** / Naturprodukt n ‖ ~ **protein fibre** / tierische Proteinfaser, tierische Eiweißfaser ‖ ~ **resin** / Naturharz n ‖ ~ **sewing thread** / Naturnähfaden m ‖ ~ **shade** / Rohton m ‖ ~ **shrinkage** / natürliche Schrumpfung ‖ ~ **shrinking machine** /

Natur-Krumpfmaschine f ‖ ~ **silk** / echte Seide, reine Seide, Naturseide f, Reinseide f ‖ ~ **silk waste** / Naturseidenabfälle m pl ‖ ~ **soil** / natürlicher Schmutz ‖ ~ **teasel** / Naturkarde f ‖ ~ **teasel raising machine** / Naturkardenrauhmaschine f ‖ ~ **teazle** s. natural teasel ‖ ~ **textiles** / Textilien pl aus Naturfasern ‖ ~ **thickener** / natives Verdickungsmittel ‖ ~ **water** / Naturwasser n ‖ ~ **white** / Grundweiß n ‖ ~ **white** (of fibre) / rohweiß adj ‖ ~ **whiteness** / Grundweiß n ‖ ~ **wool** / unbehandelte Wolle
naturell n (plain cotton fabric) / Naturell m
Navajo blanket / Navajo-Wolldecke f ‖ ~ **wool** / neumexikanische Teppichwolle
navies pl / Marineblautöne m pl, Marinetöne m pl
navy adj / marineblau adj ‖ ~ **-blue** adj / marineblau adj ‖ ~ **bottom shade** / Marinefond m ‖ ~ **serge** / Matrosenserge f ‖ ~ **shade** / Marineton m, Marineblauton m ‖ ~ **twill** / marineblauer Wolltwill
NCO content (chem) / NCO-Gehalt m
Ne (English yarn number) / Ne, NeB (englische Baumwollnummer, Nm ⋋ NeB + 2/3)
neating n (sew) / Versäubern n
neatness of raw silk / Glätte f des Rohseidenfadens
neat·'s-foot oil / Klauenöl n ‖ ~ **soap** / Kernseife f auf Leimniederschlag, geschliffene Kernseife ‖ ~ **wool** (obsolete) / Wolle f der dritten Qualitätsklasse
neb n / Nase f der Platine, Kinn n der Platine
neck n / Ausschnitt m, Halspartie f (eines Kleidungsstücks), Dekolleté n
neckband n / Halsbund m
neckcloth n (fash) / Halstuch n, Einlegetuch n, Fichu n, Halsbinde f
necked healds (weav) / halsige Helfen, Weblitzen mit losen Schlingen f pl
neckerchief n / Halstuch n
neck fashionings / Fassonierungen f pl für den Halsausschnitt
necking n (fibre) / Verstreckungshals m, Querschnittsverringerung f
necklet n / Pelzkragen m
neckline n (fash) / Ausschnitt m, Halspartie f (eines Kleidungsstückes), Dekolleté n
neck measurement / Halsweite f, Halsgröße f ‖ ~ **opening** (sew) / Halsausschnitt m ‖ ~ **-piece** n / Halsbesatz m, Halsstreifen m ‖ ~ **rib** / Halsrand m ‖ ~ **ruffling** / Halskrause f ‖ ~ **scarf** / Halstuch n, Schultertuch n, Schal m ‖ ~ **scarf** / Kopftuch n ‖ ~ **scarf** / Halsbinde f, breite Krawatte ‖ ~ **seam** / Nackennaht f ‖ ~ **size** / Halsgröße f
necktie n / Krawatte f, Halsbinde f, Schlips m, Binder m ‖ ~ **fabric** / Krawattenstoff m ‖ ~ **[knitting] machine** / Krawattenwirkmaschine f, Krawattenstrickmaschine f ‖ ~ **silk** / Krawattenseide f
neck twine (weav) / Platinenschnur f, Aufheber m
neckwear n (collect.) / Krawatten f pl, Kragen m pl, Halstücher n pl, Halsbekleidung f
needle v (nwv) / vernadeln v, nadeln v ‖ ~ (cryst) / nadelförmig kristallisieren ‖ ~ n / Nadel f ‖ ~ (jacquard) / Stößel m ‖ ~ **raise a** ~ / eine Nadel austreiben ‖ ~ **adjusting lever** / Nadeleinstellungshebel m ‖ ~ **arrangement** / Nadelvorrichtung f ‖ ~ **bar** (nwv) / Nadelbalken m ‖ ~ **bar** / Nadelbarre f, Nadelleiste f, Nadelschiene f, Nadelfontur f, Nadelbrett n, Nadelbaum m ‖ ~ **bar** (esp. sew) / Nadelstange f ‖ ~ **bar** (esp. wool proc) / Nadelleiste f, Nadelfänger f, Kammstab m ‖ ~ **bar** (tufting) / Needle-Bar m ‖ ~ **barre** ‖ ~ **bar assembly** (sew) / Nadelstangenaggregat n ‖ ~ **bar cam** / Nadelbarrenexzenter m ‖ ~ **bar cam lever** / Exzenterhebel m für Nadelbarren ‖ ~ **bar for cording** (knitt) / Biesennadelstange f ‖ ~ **bar lift arm** (fully fashioned knitt mach) / Hebearm m für Nadelbarren ‖ ~ **bar plate** / Nadelbarrenschiene f, Nadelbarrenplatte f ‖ ~ **bar rise** (sew) / Schlingenhub n ‖ ~ **bar shaft** /

200

needle

Nadelbarrenwelle f ‖ ~ **bar stroke** (sew) / Nadelstangenhub m ‖ ~ **beam** (knitt) / Nadelbaum m ‖ ~ **beard** / Nadelbart m ‖ ~ **beard hook** / Nadelhaken m ‖ ~ **bearing** / Nadellager n ‖ ~ **bed** / Nadelbett n ‖ ~ **bed frame** / Nadelbett-Tragegestell n ‖ ~ **bed gauge** / Feinheit f des Nadelbettes ‖ ~ **bed lowering** / Ablaß m des Nadelbettes ‖ ~ **bed width** / Nadelbettbreite f ‖ ~ **bight** (sew) / Nadelausschlag m ‖ ~ **blade** (sew) / Nadelschaft m ‖ ~ **board** / Nadelbrett n, Nadelbett n, Nadelplatte f, Vornadelbrett n ‖ ~**-bonded fabric** / Nadelfilz m ‖ ~ **bonding** / Nadelfilzherstellung f ‖ ~ **box** / Nadelgehäuse n ‖ ~ **breakage** / Nadelbruch m ‖ ~ **breakage prevention** / Nadelbruchabstellung f ‖ ~ **burning** (sew) / Nadelerhitzung f ‖ ~ **butt** / Nadelfuß m ‖ ~ **cage** / Nadelkäfig m ‖ ~ **cam** / Nadelexzenter m, Schloßteil n ‖ ~ **carrier** (knitt) / Nadelarm m ‖ ~ **carrier** (sinker wheel knitting machine) / Nadelsattel m ‖ ~ **carrier plate** / Nadeluntersetzer m ‖ ~ **chain** / Nadelkette f ‖ ~ **champ** / Überdeckungsplatte f ‖ ~ **clearing cam** / Nadelheber m ‖ ~ **clip** / Nadelbreithaltefeder f ‖ ~ **clothing** / Nadelbesatz m, Nadelbeschlag m ‖ ~ **comb** / Nadelkamm m ‖ ~ **control** / Nadelwächter m ‖ ~ **cooling device** / Nadelkühlungsvorrichtung f ‖ ~ **cooling device** (sew) / Nadelkühlung f ‖ ~ **cover bar** / Nadeldeckschiene f, Überdeckungsplatte f ‖ ~ **cut** (needles per inch in latch-needle knitting machines; the relative fineness of fabric therefrom) / Nadelanzahl f je Zoll des Zylinderumfanges ‖ ~ **cycle** (sew) / Stichperiode f ‖ ~ **cylinder** / Nadelzylinder m
needled buff / gesteppte Scheibe ‖ ~ **dry felt** (nwv) / genadelter Trockenfilz
needle deflection / Nadelabweichung f ‖ ~ **deflector** / Teil n zum seitlichen Abspreizen der Nadeln für die Maschenübertragung ‖ ~ **detecting device** / Nadelsucheinrichtung f, Nadelüberwachungsgerät n, Nadelwächter m ‖ ~ **detector stop motion** / Lochabsteller m
needled fabric / Nadelware f ‖ ~ **felt** / Nadelfilz m (DIN 61205)
needle distance / Nadelabstand m
needled mat / Glas-Steppmatte n (DIN 61850) ‖ ~ **nonwoven** / genadeltes Vlies
needle door / Nadeltür f ‖ ~ **down position** (sew) / Nadeltiefststellung f ‖ ~ **dressing** / Nadelrichten n ‖ ~ **dressing instrument** / Nadelrichtapparat m
needled spunbondeds / genadelte Spinnvliesstoffe ‖ ~ **weftless felt** / querfadenfrei genadelter Filz ‖ ~ **wet felt** / genadelter Naßfilz ‖ ~ **woven felt cloth** / genadeltes Filztuch
needle electrode / Nadelelektrode f ‖ ~ **engagement** / Barteingriff m (Nadelfilz) ‖ ~ **equipment** / Nadelbestückung f ‖ ~ **eye** / Nadelöhr n, Nadelöse f, Nadelauge n, Nadelöhre f ‖ ~ **feed** / Nadeltransport m
needlefelt m, needle-felt n / Nadelfilz m
needle·-felt carpet / Nadelfilzteppich m ‖ ~**-felt floor-covering** / Nadelfilzbodenbelag m ‖ ~**-felt goods** pl / Nadelfilzware f ‖ ~ **felting** / Nadelfilzen n, Nadeln n, Filznadeln n ‖ ~ **felting board** / Filznadelbrett n ‖ ~ **felting machine** / Nadelfilzmaschine f ‖ ~**-felt machine** / Nadelfilzmaschine f
needlefelt tile / Nadelfilzfliese f
needle field / Nadelfeld n ‖ ~ **fontur** / Nadelfontur f, Fontur f, Nadelbett n, Nadelreihe f ‖ ~ **frame** / Nadelkamm m ‖ ~ **gating** / Nadelkreuz n (Seitenabstand der rechtwink[e]lig zueinander stehenden Zylinder- und Rippnadeln) ‖ ~ **gauge** / Nadellehre f, Nadelfeinheit f ‖ ~ **gauge** / Nadelstärke f ‖ ~ **grid** / Vornadelharte m ‖ ~ **groove** / Nadelkanal m, Nadelzasche f, Nadelrille f, Nadelrinne f ‖ ~ **guard** / Nadelschutz[steg] m, Nadelhalter m ‖ ~ **guide** / Nadeluntersetzer m ‖ ~ **hackle** / Nadelhechel f ‖ ~ **half-lap** / Nadelsegment n ‖ ~ **head** / Nadelkopf m ‖ ~ **heating** / Nadelerwärmung f ‖ ~ **heel** / Arbeitsfuß m

‖ ~ **holder** (sew) / Nadelhalter m ‖ ~ **hole** (sew) / Stichloch n ‖ ~ **hook** / Nadelhaken m ‖ ~ **impingement** / Nadeleinstich m ‖ ~ **ingot shaft** / Nadelbarrenwelle f ‖ ~ **insertion** (cpt) / Nadeleinsatz m, Nadeleintragung f ‖ ~ **jack** / Nadelplatine f, Nadelschieber m ‖ ~ **lace** / Nadelspitze f, Nadelstickerei-Spitze f ‖ ~ **latch** / Nadelzunge f ‖ ~ **lead[s]** (knitt mach) / Nadelblei n (zwei in Blei gegossene Spitzennadeln) ‖ ~ **ledge** / Nadelleiste f ‖ ~ **lever** / Nadelheber m ‖ ~ **lifter** / Nadelheber m ‖ ~ **lifting cam** / Nadelweichenschloß n ‖ ~ **line** / Nadelfontur f, Fontur f, Nadelbett n, Nadelreihe f ‖ ~ **lines** (pin-stripes) (knitt) / Nadelstreifen m pl ‖ ~ **link** / Nadelglied n ‖ ~ **link chain** / Nadelgliederkette f ‖ ~ **lock** / Nadelschloß n ‖ ~**-loom** n / Webstuhl m für schmale Gewebestreifen ‖ ~**-loom** n / Nadelfilzmaschine f, Nadelstuhl m, Nadelmaschine f
needleloom carpet / Nadelstuhlteppich m ‖ ~ **carpeting** / Nadelfilzboden m ‖ ~ **felt** / Nadelfilz m ‖ ~ **felt floor-covering** (cpt) / Nadelfilzbodenbelag m ‖ ~ **pile floor-covering** (cpt) / Polvliesbodenbelag m ‖ ~ **staple fibre** / Nadelvliesspinnfaser f
needle loop / Nadelmasche f, Nadelhenkel m, Fadenschlinge f ‖ **loop, transferred** / umgehängte Nadelmasche, übertragene Nadelmasche ‖ ~ **loop clearing position** / Nadelmascheneinschußstellung f ‖ ~ **lubricator** / Nadelöler m ‖ ~ **mat** / Glas-Steppmatte f (DIN 61 850) ‖ ~ **motion** / Nadelbewegung f ‖ ~ **penetration** (sew) / Nadeleinstichtiefe f, Nadelstichtiefe, Nadeleindringtiefe f ‖ ~**-penetration force** / Einstichkraft f ‖ ~ **pitch** / Nadelteilung f ‖ ~ **plate** / Stichplatte f, Nadelstellung f ‖ ~ **plate for card cutting** / Schlagplatte f für Schaftkarten ‖ ~ **pliering** / Nadelrichten n ‖ ~ **pliering device** / Nadelrichtapparat m ‖ ~ **pliers** pl / Nadelzange f, Nadelrichtzange f ‖ ~ **point** / Nadelspitze f, Kreuzstichstickerei f ‖ ~**-point lace** / Nadelspitze f, Nadelstickerei-Spitze f ‖ ~ **position** (sew) / Stichlage f, Nadelstellung f ‖ ~ **position adjustment** / Stichlagenverstellung f ‖ ~ **positioning** (sew) / Nadelpositionierung f ‖ ~**-proof** adj / nadelfest adj ‖ ~ **protector** / Nadelbruchabsteller m ‖ ~**-punched** adj (nwv) / genadelt adj ‖ ~**-punch[ed] carpet** / Nadelfilzteppich m ‖ ~**-punched felt** / Nadelfilz m ‖ ~**-punched nonwoven** / Nadelvlies n ‖ ~**-punched wall-to-wall floor covering** / Nadelvlies-Ausleg[e]ware f ‖ ~**-punched web** / Nadelvlies n ‖ ~ **punching** (nwv) / Vernadelung f, Verfestigung f durch Nadeln, Einnadeln n des Untergrundgewebes ‖ ~ **punching** (cpt) / Nadeln n ‖ ~ **punching machine** / Nadelfilzmaschine f ‖ ~ **pusher** / Nadelschieber m ‖ ~ **race** / Schloßkanal m ‖ ~ **rack** / Nadelbettversatz m ‖ ~ **raising cam** / Nadelheber m ‖ ~ **raising wheel** / Nadelheber m ‖ ~**-reinforced woven felt** / Rauhnadelfilztuch n, (needle-reinforced)-Filztuch n (DIN 61205) ‖ ~ **retaining bar** / Nadeldeckschiene f ‖ ~ **ring** / Nadelkranz m, Nadelsattel m ‖ ~ **rise** / Schlingenhub m ‖ ~ **rise gauge** (sew) / Schlingenhublehre f ‖ ~ **rivet** (knitt mach) / Nadelniet m ‖ ~ **roller** (knitt) / Nadelwalze f ‖ ~ **roller for worsted spinning** / Nadelwalze f für die Kammgarnspinnerei (DIN 64103) ‖ ~ **row** / Nadelfontur f, Nadelreihe f ‖ ~ **runway** / Nadelsteg m ‖ ~ **saddle** (sinker wheel knitting machine) / Nadelsattel m ‖ ~ **scarf** / Nadelschlitz m ‖ ~ **selection** / Nadelauswahl f ‖ ~ **selector** / Nadelschieber m ‖ ~ **set-out** / Nadeleinteilung f, Nadelbesetzung f, Nadeleinsatz m ‖ ~ **setting** / Benadelung f, Besetzen n mit Nadeln ‖ ~ **setting lever** / Nadeleinstellungshebel m ‖ ~ **set-up** f / Nadeleinteilung f, Nadeleinstichtiefe f, ‖ ~ **shank** / Zungenschaft m, Nadelkolben m ‖ ~**-shaped** adj / nadelförmig adj ‖ ~ **slot** / Nadelrille f, Nadelkanal m, Nadelrinne f, Nadelzasche f ‖ ~ **smash** / Nadelbruch m ‖ ~ **space** / Nadelraum m ‖ ~ **spacing** / Nadelabstand m, Nadelteilung f

201

needles

needles per inch (n.p.i.) / [Anzahl *f* der] Nadeln je Zoll, Feinheit *f* des Nadelbettes, Teilung *f* der Maschine, Gauge *m* der Maschine
needle spring / Nadelfeder *f* ‖ ~ **spring ring** / Nadelfederring *m* ‖ ~ **stenter** / Nadelspannrahmen *m* ‖ ~ **stop motion** / Nadelabstellvorrichtung *f* ‖ ~ **straightener** / Nadelrichter *m* ‖ ~ **stroke** (cpt) / Nadelhub *m*
needles used / Nadelzahl *f*
needle table / Nadeltisch *m* ‖ ~ **thickness** / Nadelstärke *f* ‖ ~ **thread** / Nadelfaden *m*, Oberfaden *m*, Obergarn *n* ‖ ~ **thread break sensor** (sew) / Fadenwächter *m* ‖ ~ **threader** / Nadeleinfädler *m* ‖ ~ **thread tension** / Nadelfadenspannung *f*, Oberfadenspannung *f* ‖ ~ **thread tension control** (sew) / Oberfadenspannungssteuerung *f*, Nadelfadenspannungssteuerung *f* ‖ ~ **throw** / Nadelausschlag *m*, Überstich *m* ‖ ~ **tip** / Nadelspitze *f* ‖ ~ **track** / Nadelrille *f*, Nadelkanal *m*, Nadelrinne *f*, Nadelzasche *f* ‖ ~ **trade** (US) / Konfektion *f* ‖ ~ **transfer** / Nadelübergabe *f* ‖ ~ **transfer system without a dividing cam** / brillenlose Nadelübergabe ‖ ~ **transport** / Nadeltransport *m* ‖ ~ **trap** (in washing machine) / Nadelfalle *f*, Nadelfänger *m*, Klammerfalle *f* ‖ ~ **tray** / Nadelfangmulde *f* ‖ ~ **trick** / Nadelrille *f*, Nadelrinne *f*, Nadelkanal *m*, Nadelzasche *f* ‖ ~ **trough** / Nadelfangmulde *f* ‖ ~ **up position** (sew) / Nadelhochstellung *f* ‖ ~ **vibrating mechanism** (sew) / Zickzackmechanismus *m* ‖ ~ **wale** / Maschenstäbchen *n* ‖ ~ **wall** / Nadelsteg *m* ‖ ~ **web** / Nadelvlies *n* ‖ ~ **with butt** (knitt mach) / Fersennadel *f* ‖ ~ **without latch** / zungenlose Nadel
needlework *n* / Näharbeit *f*, Handarbeit *f* ‖ ~ / Nadelarbeit *f* ‖ ~ **box** / Nähkasten *m* ‖ ~ **fabrics** / Handarbeitsstoffe *m pl* ‖ ~ **thread** / Handarbeitsgarn *n*
needling *n* (nwy) / Vernadelung *f*, Nadelvorgang *m*, Nadelprinzip *n* ‖ ~ (knitt) / Benadelung *f*, Besetzen *n* mit Nadeln ‖ ~ (cpt) / Nadeln *n* ‖ ~ **machine** / Nadelmaschine *f* ‖ ~ **parallel to the courses** / maschengerades Aufnadeln ‖ ~ **technique** (needleloom felt) / Vernadelungstechnik *f*
negative dobby (weav) / Schaftmaschine *f* mit kraftschlüssiger Bewegung der Platinen, negative Schaftmaschine ‖ ~ **of the design** / Musternegativ *n* ‖ ~ **shedding** / kraftschlüssige Fachbildung ‖ ~ **yarn feed** (needles draw off the yarn from the package as they need it) / negative Garnzuführung
négligé *n* / Négligé *n*, Négligé *n*, Damenmorgenrock *m*, Hauskleid *n*
neo-abietic acid / Neo-Abietinsäure *f*
neolan *n* (dye) / Neolan *n*
neoprene *n* / Neopren *n* ‖ ~ **coated fabric** / neoprenbeschichtetes Textil
nep *v* / entknoten *v*, noppen *v* ‖ ~ *n* (spinn) / Noppe *f*, Knoten *m*, Nisse *f* ‖ ~ (defect) (weav) / Noppe *f* ‖ ~ (in cotton) / Knötchen *n* ‖ ~ **count** / Noppigkeit *f* ‖ ~ **counter** / Noppenzähler *m*, Nissenzählgerät *n* ‖ ~ **counting device** s. nep counter ‖ ~ **formation** / Nissenbildung *f* (Fehler)
nephelometric analysis / Nephelometrie *f*, Trübungsmessung *f*
nep pattern / Noppenmuster *n*
neppiness *n* / Nissigkeit *f* ‖ ~ **index** / Nissenkennzahl *f*
nepping *n* / Entknoten *n*, Noppen *n* ‖ ~ (card sliver) / Noppenbildung *f*
nep potential / Noppenanfall *m*
neppy *adj* / nissig *adj*, noppig *adj*, nissenreich *adj* ‖ ~ **cotton** / Baumwolle *f* mit Knötchen ‖ ~ **yarn** / Noppengarn *n*, noppiges Garn
nep size / Noppengröße *f*
neps photoelectric counter / photoelektrischer Noppenzähler
nep tester / Noppenprüfgerät *n* ‖ ~ **yarn** / noppiges Garn, Noppengarn *n*

net *n* / Netz *n*, Netzgewebe *n*, Tüll *m*, Filet *n* ‖ ~ **bobbin** / Bobinetspule *f* ‖ ~ **canvas** (used for foundation material in needle and lace work) / geschlichtetes Leinen, Baumwollkanevas *m* ‖ ~ **course** / Netzreihe *f* ‖ ~ **curtain** / Gardine *f*, Tüllgardine *f*, Store *m* ‖ ~ **curtain crocheting machine** / Gardinenhäkelmaschine *f* ‖ ~ **curtain fabric** / Gardinenstoff *m*, Gardinengewebe *n* ‖ ~ **curtaining** / Gardinenstoff *m*, Gardinengewebe *n* ‖ ~ **curtain stentering frame** / Gardinenspannrahmen *m* ‖ ~ **curtain tulle** / Gardinentüll *m* ‖ ~ **doily** / Tülldeckchen *n* ‖ ~ **for foodstuffs** (e.g. salami, ham) / Lebensmittelnetz *n* ‖ ~ **for land reclamation** / Rekultivierungsnetz *n* ‖ ~ **ground** / Tüllgrund *m* ‖ ~ **knit fabric** / Filetwirkware *f* ‖ ~ **lace** / Bobinetspitze *f*, Tüllspitze *f* ‖ ~**-making machine** / Netzwebstuhl *m* ‖ ~ **mass** / Nettomasse *f*, Nettogewicht *n* ‖ ~ **point rod** (knitt) / Pikotstab *m*, Kantenrechenstab *m* ‖ ~ **positive suction head** (NPSH) (dye) / erforderliche Zulaufhöhe
NET process (normal pressure, elevated temperature) (fin) / NET-Verfahren *n* (Normaldruck, erhöhte Temperatur)
net silk / moulinierte Seide, Seidenzwirn *m*, gezwirnte Seide, Realseide *f* ‖ ~ **stocking** / Netzstrumpf *m* ‖ ~ **stretching and setting machine** / Netzreck- und Knotenfixiermaschine *f*
netting *n* / Netz *n*, Filet *n*, Filetstoff *m*, Filetarbeit *f*, Netzgewebe *n*, Netzware *f* ‖ ~ **agent** / Vernetzer *m* ‖ ~ **apparatus** (knitt) / Filetapparat *m* ‖ ~ **device** (knitt) / Filetapparat *m* ‖ ~ **fabric** / durchbrochener Stoff ‖ ~ **for agriculture** / Agrarnetz *n* ‖ ~ **hook** / Netzhaken *m* ‖ ~ **machine** / Filetmaschine *f*, Netzknüpfmaschine *f* ‖ ~ **needle** / Filetnadel *f*, Netznadel *f* ‖ ~ **silk** / moulinierte Seide, Seidenzwirn *m*, gezwirnte Seide, Realseide *f* ‖ ~ **twine** / Netzzwirn *m* ‖ ~ **work** s. network
nettle cloth / Nesseltuch *n* ‖ ~ **fibre** / Nesselfaser *f*
nett silk s. net silk ‖ ~ **weight** (GB) / Nettogewicht *n*
net tying machine (knitt) / Netzknüpfmaschine *f* ‖ ~ **weight** / Nettogewicht *n* ‖ ~ **weight** s. net mass
network *n* / Filetarbeit *f*, Netzarbeit *f*, Netzware *f*, Durchbrucharbeit *f*, Filet *n* ‖ ~ **design** / Riffelmuster *n* ‖ ~ **yarn** / Spleißfasergarn *n*, Netzwerkgarn *n*
net yarn / Netzgarn *n*
Neuilly *n* (Fr) / maschinengewebte Gobelinnachahmung
neutral affinity (dye) / Neutralziehvermögen *n* ‖ ~ **alginate thickening** / neutrale Alginatverdickung ‖ ~ **bath** / neutrales Bad ‖ ~ **black** / neutralschwarz *adj* ‖ ~ **chrome mordant** / neutrale Chrombeize ‖ ~ **colour** / neutrale Farbe, ruhige Farbe ‖ ~ **dyeing** *adj* / neutral färbend, neutral ziehend ‖ ~ **dyeing** / neutrale Färbung ‖ ~ **dyeing affinity** / Neutralziehvermögen *n* ‖ ~**-dyeing dyestuff** / neutralfärbender Farbstoff ‖ ~**-dyeing metal complex dyestuff** / neutralfärbender Metallkomplexfarbstoff ‖ ~ **dyeing process** / Neutralfärbeverfahren *n*, neutrale Färbeweise ‖ ~ **dyestuff** / neutraler Farbstoff ‖ ~ **electrolyte** / Neutralelektrolyt *m* ‖ ~ **fulling** / Neutralwalke *f*, neutrale Walke
neutralization *n* / Neutralisieren *n*, Neutralisierung *f*, Neutralisation *f*, Abstumpfung *f* ‖ ~ **method** / Neutralisationsverfahren *n*
neutralize *v* / neutralisieren *v*, abstumpfen *v*
neutralizer *n* / Neutralisationsmittel *n*, Neutralisiermittel *n*, Abstumpfungsmittel *n* ‖ ~ **for fabrics in open width** / Breit-Neutralisiermaschine *f* (DIN 64990)
neutralizing *n* s. neutralization ‖ ~ **agent** / Neutralisiermittel *n*, Neutralisationsmittel *n*, Abstumpfungsmittel *n* ‖ ~ **at extrusion** / Neutralisieren *n* beim Erspinnen ‖ ~ **machine** / Neutralisiermaschine *f*
neutral medium / neutrales Medium ‖ ~ **milling** / neutrale Walke, Neutralwalke *f* ‖ ~ **point** (col) / Neutralpunkt *m*, Weißpunkt *m* ‖ ~ **salt** / neutrales Salz, Neutralsalz *n*, Normalsalz *n* ‖ ~ **shade when viewed in incandescent light** / neutrale Abendfarbe ‖ ~ **soap** /

neutrale Seife ‖ ~ steam / Neutraldampf m ‖ ~ steamer / Neutraldämpfer m ‖ ~ steam printing [method] / Neutraldampf-Drucken n, Neutraldampf-Druckverfahren n ‖ ~ step wedge (col) / Graustufenkeil m ‖ ~ tint / neutraler Farbton, ruhiger Farbton
neutrophil adj (dye) / neutrophil adj
Neville and Winther's acid / Neville-Winther-Säure f
new blue / Neublau n ‖ ~ blue-black / Neublauschwarz n ‖ ~ Bradford system processing / neues Bradford-Spinnsystem ‖ ~ clips / Woll- und Kammgarnabfälle der Konfektion ‖ ~-dye v / auffärben v ‖ ~ fast grey / Neuechtgrün n ‖ ~ green / Neugrün n, Schweinfurter Grün
Newmarket coat (fash) / ein enganliegender (langer) Mantel (von Herren und Damen getragen)
new red / Neurot n
newton / Newton n, N ‖ ~ (N) / Newton n, N
new wool / Schurwolle f ‖ ~ Zealand cotton (fibre from the bast of the ribbon tree) / "neuseeländische Baumwolle" ‖ ~ Zealand flax / Neuseeländer Flachs (Phormium tenax J.R. et G. Forst) ‖ ~ Zealand hemp / neuseeländischer Hanf ‖ ~ Zealand tow / neuseeländischer Schwingflachsabfall ‖ ~ Zealand wool / Neuseelandkreuzzuchtwolle f, Neuseelandwolle f
neyanda fibre / Bogenhanf m, Sansevieriahanf m
ngutunui flax / feinfaseriger Neuseelandhanf
nib n (knitt) / Platinenschnabel m, Nase f der Platine ‖ ~ (in silk, wool, fabric) / Knoten m, Knötchen n, Dickstelle f
nicked selvedge / eingeschnittene Webkante
nickel n / Nickel n ‖ ~ acetate / Nickelacetat n ‖ ~ compound / Nickelverbindung f ‖ ~ gauze / Nickeldrahtgewebe n ‖ ~-green adj / nickelgrün adj ‖ ~ mordant / Nickelbeize f ‖ ~ oxide ammonia / Nickeloxidammoniak n ‖ ~ screen (text pr) / Nickelschablone f
nicotine stain / Nikotinfleck m
night·-black adj / nachtschwarz adj ‖ ~-blue adj / mitternachtblau adj, nachtblau adj ‖ ~ cap / Schlafmütze f ‖ ~-clothes pl / Nachtkleidung f ‖ ~-dress n (only women) / Frauennachthemd n ‖ ~-gown n (usually women) / Nachthemd n, Schlafrock m
nightie n s. also night-dress ‖ ~ (girls or women; often shorter) / Frauennachthemd n, Nachthemdchen n
night·-shirt n / Nachthemd n ‖ ~-wear n / Nachtkleidung f
nigre n (soap manufacture) / Leimniederschlag m
nigrosine n (dye) / Nigrosin n
nikerie cotton / eine südamerikanische Baumwolle
Nile·-blue adj / nilblau adj ‖ ~-green adj / nilgrün adj
ninety-day cotton (US) / eine frühreifende Baumwolle
ninhydrin / Ninhydrin n
ninon n (sheer nylon or rayon fabric used for curtains) / Ninon m
nip v / abquetschen v, auspressen v, ausdrücken v, einklemmen v ‖ ~ n / Berührungspunkt m zweier Walzen, Berührungslinie f zweier Walzen, Walzenspalt m, Klemmpunkt m, Klemmstelle f ‖ ~ (knitt) / Keil m, Zwickel m ‖ ~ (of comb) / Kammspiel n, Kammbewegung f ‖ ~ (nip roller) / Quetschwalze f ‖ ~ (in yarn) / dünne Stelle f ‖ ~ (flax spinning) / Nip m ‖ ~ (in horizontal padder) / Zwickel m ‖ ~ (in vertical padder) / Quetschfuge f ‖ ~ between rollers / quetschen v ‖ ~ coating / Beschichten n an der Walzendrucklinie ‖ ~ line of drafting arrangement (spinn) / Klemmlinie f des Streckwerks (DIN 64290) ‖ ~ line pressure / Klemmliniendruck m ‖ ~ line pressure of drafting arrangement (spinn) / Klemmliniendruck m des Streckwerks (DIN 64290) ‖ ~-pad / pflatschen v ‖ ~ padder (dye) / Zwickelfoulard m
nipper / Quetschwalze f ‖ ~ / Zange f, Kneifzange f ‖ ~ frame / Aushebrahmen m ‖ ~ head (weav) /

Greiferkopf m ‖ ~ jaw / Zange f der Kämmaschine ‖ ~ knife / Oberzange f ‖ ~ plate / Unterzange f
nippers pl / Zange f, Kneifzange f
nip·-point distance / Klemmpunktabstand m ‖ ~ pressure / Quetschdruck m, Klemmdruck m, Klemmwalzendruck m ‖ ~ roll[er] / Quetschwalze f ‖ ~ roll[er] (lam) / Kaschierwalze f, Kaschierwerk n ‖ ~ roller system / Klemmstreckwerk n
nips pl / Quetschwalzenpaar n ‖ ~ per minute (combing) / Schlagzahl f
niter n s. nitre
nitraniline n / Nitranilin n, Aminonitrobenzol n
nitrate v / nitrieren v ‖ ~ n / Nitrat n
nitrated charge / Nitriergut n
nitrate discharge / Nitratätze f, Salpetersäureätze f
nitrated mixture / Nitratgemisch n
nitrate mordant / Nitratbeize f ‖ ~ of ammonium / Ammoniumnitrat n, Ammoniaksalpeter m, Ammonsalpeter m ‖ ~ rayon / Nitratkunstseide f, Nitrokunstseide f, Lehnerkunstseide f, Chardonnetkunstseide f ‖ ~ white discharge / Nitratweißätze f
nitrating acid / Nitriersäure f ‖ ~ apparatus / Nitrierapparat m ‖ ~ mixture / Nitriergemisch n ‖ ~ plant / Nitrieranlage f
nitration n / Nitrierung f ‖ ~ product / Nitrierprodukt n, Nitrierungsprodukt n ‖ ~ vat / Nitriertrog m
nitrator n / Nitrierapparat m, Nitriergefäß n, Nitrierer m, Nitrator m
nitre n / Salpeter m
nitric acid / Salpetersäure f ‖ ~ acid solubility test / Salpetersäure-Lösungsprobe f ‖ ~ anhydride / Stickstoffpentoxid n, Stickstoff(V)-oxid n ‖ ~ ether / Salpetersäureäthylester m, Äthylnitrat n
nitrify v / nitrieren v
nitrile fibre / Nitrilfaser f ‖ ~ latex / Nitrillatex m ‖ ~ rubber fibre / Nitrilgummifaser f
nitrite n / Nitrit n ‖ ~-acetic acid bath / essigsaures Nitritbad ‖ ~ method (dye) / Nitritverfahren n ‖ ~ process (dye) / Nitritverfahren n
nitroaniline n / Nitr[o]anilin n, Aminonitrobenzol n
nitrobenzaldehyde n / Nitrobenzaldehyd m
nitrobenzene n / Nitrobenzol n
nitrobenzoic acid / Nitrobenzoesäure f, Nitrobenzolkarbonsäure f
nitrocellulose n / Nitrozellulose f ‖ ~ (incorrect for) / Zellulosenitrat n ‖ ~ finish / Nitrozelluloseappretur f ‖ ~ lacquer / Nitrozelluloselack m, Nitrolack m ‖ ~ rayon / Nitratkunstseide f, Nitratzelluloseseide f ‖ ~ silk / Chardonnet-Seide f, Lehnerkunstseide f, Nitratseide f, Nitrozelluloseseide f, Nitroseide f, Kollodiumseide f
nitrochlorobenzene n / Nitrochlorbenzol n, Chlornitrobenzol n
nitro-compound n / Nitroverbindung f
nitrocotton n / Schießbaumwolle f, Schießwolle f
nitro derivative / Nitroderivat n, Nitroabkömmling m, Nitrokörper m ‖ ~ dyestuff / Nitrofarbstoff m
nitroethane n / Nitroäthan n
nitrogen n / Stickstoff m ‖ ~ content (e.g. of wool) / Stickstoffgehalt m ‖ ~ fading / Verfärben n durch Stickstoff
nitrogenous adj / stickstoffhaltig adj
nitrogen oxide / Stickstoffoxid n ‖ ~ test / Stickstoffprobe f
nitro-group n / Nitrogruppe f
nitromethane n / Nitromethan n
nitromuriatic acid / Königswasser n
nitrophenol n / Nitrophenol n
nitrophenyl acetic acid / Nitrophenylessigsäure f
nitro rayon s. nitro-cellulose rayon
nitrosalicylic acid / Nitrosalizylsäure f
nitrosamine n / Nitrosamin n ‖ ~ red / Nitrosaminrot n
nitro silk s. nitro-cellulose silk

nitrosoamine *n* s. nitrosamine
nitroso blue / Nitrosoblau *n* || ~ **compound** / Nitrosoverbindung *f* || ~ **dyestuff** / Nitrosofarbstoff *m*
nitrostarch *n* / Nitrostärke *f*
nitrotoluene *n* / Nitrotoluol *n*
nitrourea *n* / Nitroharnstoff *m*
nitrous acid / salpetrige Säure
niyanda fibre / Bogenhanf *m*, Sansevieriahanf *m*
Noble comber / Noble-Kämmaschine *f* || ~ **combing** / Noble-Kämmen *n*
no-carrier dyeable fibre / carrier-frei färbbare Faser
no-core braid / hohles Geflecht
no-crush finish / knitterarme Ausrüstung
node *n* / Knoten *m*
nogg *n* / Setzrapport *m*, Nadelreihe *f* || ~ **per cm** / Häkchenreihen *f pl* je cm
noil *n* / Kämmling *m* || ~ **chute** / Kämmlingsauffangbehälter *m* || ~ **knife** / Kämmlingsabstreifmesser *n* || ~ **percent** / Kämmlingsanteil *m* || ~ **removal** / Kämmlingsabtransport *m*
noils *pl* / Kämmlingswolle *f* || ~ **doffer** / Kämmlingswalze *f* || ~ **roller** / Kämmlingswalze *f*
noil stripes *pl* / gestreifte Ware aus Kämmlingsgarnen || ~ **stripping comb** / Abstreifkamm *m*, Abnehmerkamm *m* || ~ **test** / Kämmlingsprobe *f* || ~ **yarn** / Kämmlingsgarn *n*
noily wool / Kurzfasern enthaltende Wolle
no-iron *adj* / bügelfrei *adj* || ~ **effect** / Bügelfrei-Effekt *m*, No-Iron-Effekt *m* || ~ **finish** / Bügelfrei-Ausrüstung *f*, Bügelmausrüstung *f*, No-Iron-Ausrüstung *f* || ~ **finishing** / Bügelfreiausrüsten *n*, Bügelarmausrüsten *n*, No-Iron-Ausrüsten *n*
noir réduit (dye) / Dampfschwarz *n*, Noir-Reduit *n*
nomenclature of loom parts / Benennungen *f pl* der Webstuhlteile (DIN 63000)
nominal diameter (of a fibre) / Nenndurchmesser *m* || ~ **length** / Nennlänge *f*, Soll-Länge *f* || ~ **titre** / Nominaltiter *m*, Nenntiter *n* || ~ **value** / Nennwert *m* || ~ **width** / Nennbreite *f*
non-·-acid *adj* / säurefrei *adj* || ~**-adhesive** *adj* / nichtklebend *adj* || ~**-ageing** *adj* / alterungsbeständig *adj* || ~**-agglomerating** *adj* / nicht klumpend || ~**-aqueous** *adj* / wasserfrei *adj* || ~**-aqueous medium** / nichtwäßriges Medium || ~**-aqueous solution** / nichtwäßrige Lösung || ~**-arcing black** / Rußschwarz *n* || ~**-aromatic** *adj* / nichtaromatisch *adj* || ~**-automatic cheese winder** / nichtautomatische Kreuzspulmaschine (DIN 63181) || ~**-automatic cone winder** / nichtautomatische Kreuzspulmaschine (DIN 63181) || ~**-automatic loom** / nichtautomatischer Webstuhl || ~**-barry** *adj* / streifenfrei *adj*, bandenfrei *adj* || ~**-barry dyeing** / streifenfreie Färbung, bandenfreie Färbung || ~**-basic fibre type** (deep dyeing) / Faserart *f* ohne Affinität für Säurefarbstoffe, Typ N *m* || ~**-battue** *n* (Fr) / locker eingestellter Leinenkanevas || ~**-biodegradable surface active agent** / biologisch "hartes" Tensid, nicht biologisch abbaubarer oberflächenaktiver Stoff || ~**-bleeding** (dye) / nichtauslaufend *adj*, nichtblutend *adj* || ~**-bleeding in alcohol** (dye) / spritecht *adj* || ~**-bulky yarn** / nichtbauschendes Garn, N-Garn *n* (Garn aus ausgeschrumpften Fasern) || ~**-burning** *adj* / unbrennbar *adj*, unverbrennbar *adj* || ~**-cellulosic fibres** / synthetische Fasern, Synthesefasern *f pl* || ~**-clinging effect** / Gleitfähigkeit *f* || ~**-clinging effect** (hos) / Antikletten-Effekt *m* || ~**-combustible** *adj* / unbrennbar *adj*, unverbrennbar *adj* || ~**-corrosive** *adj* / korrosionsfest *adj*, korrosionsbeständig *adj* || ~**-creasable** *adj* / knitterecht *adj*, knitterfest *adj*, knitterarm *adj*, knitterfrei *adj* || ~**-crease, minimum iron and stain-resistant finish** / knitterarme, bügelarme und fleckenabweisende Ausrüstung || ~**-crease finish** / Knitterechtausrüstung *f*,

Knitterarmausrüstung *f*, knitterarme Ausrüstung, Knitterarmappretur *f*, Knitterfestausrüstung *f*, Knitterfreiappretur *f* || ~**-creasing** *adj* / knitterfrei *adj*, knitterarm *adj*, knitterfest *adj*, knitterecht *adj* || ~**-creasing property** / Knitterfreiheit *f*, Knitterfesteigenschaft *f* || ~**-crimped** *adj* / ungekräuselt *adj* || ~**-crimped yarn** / Glattgarn *n* || ~**-crunchy finish** / knirschfreie Avivage || ~**-crushable** *adj* s. non-creasable || ~**-crush carpet** / trittfester Teppich || ~**-crystalline** *adj* / nichtkristallin *adj*, amorph *adj* || ~**-degummed** (silk) / ungekocht *adj* || ~**-detergent fatty matter** / unverseifbare Substanz || ~**-discolouring** *adj* / nicht verfärbend, nicht anfärbend, farbbeständig *adj* || ~**-distributing dyestuffs** / Unifarbstoffe *m pl* || ~**-drying** *adj* / nichttrocknend *adj* || ~**-drying oil** / nichttrocknendes Öl || ~**-durable finish** / nichthaltbare Ausrüstung || ~**-dusting** *adj* / staubfrei *adj*, nicht staubend || ~**-dusting dyestuff** / nichtstaubender Farbstoff || ~**-dusting pourable granulate finish** / staubfreie rieselfähige Granulatform || ~**-dyeing** *adj* / nichtfärbend, nicht anfärbend || ~**-dyeing fibre type**, type N / Non-dyeing-Fasertype *f* (für das Differential-Dyeing-Verfahren), Typ N *m*
no-needle knitting machine / nadellose Strickmaschine
non-·-elastic / unelastisch *adj* || ~**-extensible** *adj* / nicht dehnbar || ~**-fading** *adj* / lichtecht *adj* || ~**-fast** *adj* (dye) / unecht *adj* || ~**-felting** *adj* / nichtfilzend *adj*, nicht verfilzend || ~**-felting agent** / Filzfrei-Ausrüstungsmittel *n* || ~**-felting finish** / filzfeste Ausrüstung || ~**-flammability** *n* / Nichtentflammbarkeit *f*, Unentflammbarkeit *f*, Flammwidrigkeit *f* || ~**-flammable** *adj* / nichtentflammbar *adj*, unentflammbar *adj*, flammwidrig *adj*, flammfest *adj* || ~**-flammable finish** / flammfeste Ausrüstung, Flammfest-Ausrüstung *f*, Flammschutzimprägnierung *f*, Flammfestimprägnierung *f*, Flammfestappretur *f* || ~**-flammable material** / nichtentflammbarer Stoff || ~**-flam properties** (US) *pl* s. non-flammability || ~**-fluid oil** / Non-Fluid-Öl *n* || ~**-foaming dispersing agent** / schaumfreies Dispergiermittel || ~**-foaming levelling agent** / schaumfreies Egalisier[ungs]mittel || ~**-formed hose** / ungeformter Strumpf || ~**-formulated product quality** / Fabrikware *f*, ungestellte Ware || ~**-fraying** *adj* / nicht ausfransend || ~**-fraying** *adj* (cpt) / schnittfest *adj* || ~**-gelatinizing formulation** / nichtgelatinierte Formierung *f* || ~**-greasy** *adj* / nichtfettig *adj* || ~**-heatset knitted fabric** / unfixierte Wirkware || ~**-inflammability** *n* s. non-flammability || ~**-inflammable** *adj* s. non-flammable || ~**-ionic** *adj* / nichtionogen *adj*, ionenaktiv *adj*, nichtionisch *adj* || ~**-ionic detergent** (used to increase penetration, wetting action and detergent action) / nichtionogenes Waschmittel || ~**-ionic dyestuff** / nichtionischer Farbstoff || ~**-ionics** *pl* / Nonionics *pl*, nichtionische oberflächenaktive Stoffe *m pl* || ~**-ionic softener** / nichtionogener Weichmacher || ~**-ionic surface-active agent** / nichtionisches Tensid, nichtionische grenzflächenaktive Verbindung || ~**-ionic surface-active dispersing agent** / nichtionogenes oberflächenaktives Dispergiermittel || ~**-ionic surfactant** / nichtionisches Tensid, nichtionische grenzflächenaktive Verbindung, Niotensid *n* || ~**-iron** *adj* / bügelfrei *adj*, No-iron-... (in Zssg.) || ~**-iron effect** / Bügelfrei-Effekt *m*, No-Iron-Effekt *m* || ~**-iron finish** / Bügelfreiausrüstung *f*, Bügelarmausrüstung *f*, No-Iron-Ausrüstung *f* || ~**-iron finishing** / Bügelfreiausrüsten *n*, No-Iron-Ausrüsten *n* || ~**-iron shirt** / bügelfreies Hemd || ~**-irritating diaper** (US) / vor Wundwerden schützende Windel || ~**-knitting needle** / nichtstrickende Nadel || ~**-knitting position** / Nadelruhestellung *f*, Nichtstrick-Stellung *f* || ~**-lacquer covered area** (scr pr) / offene Druckfläche || ~**-laddering** *adj* / laufmaschenfest *adj*, maschenfest *adj*, maschensicher *adj* || ~**-leafing** (dye) / nicht ausschwimmend, non-leafing *adj* || ~**-lint content** /

verspinnbarer Faseranteil ‖ ~-**locking slider** (zip) / nichtfeststellbarer Schieber ‖ ~-**looping property**, non-looping fastness / Schlingenfestigkeit f ‖ ~-**lustre wools** / glanzlose Wollsorten f pl ‖ ~-**metallic** adj / nichtmetallisch adj ‖ ~-**metameric** adj (col) / unbedingt gleich, nicht metamer ‖ ~-**metameric dyeings** (col) / nicht metamere Färbungen f pl, unbedingt gleiche Färbungen f pl ‖ ~-**metameric matching** (dye) / gleiche Nachfärbung (gleiche Remissionskurve wie Vorlage) ‖ ~-**migrating** adj (dye) / nichtwandernd adj, wanderungsbeständig adj ‖ ~-**migrating plasticizer** (ctg) / nichtwandernder Weichmacher ‖ ~-**miscible** adj / nicht mischbar ‖ ~-**needled woven felt** / ungenadeltes Filztuch (DIN 61205) ‖ ~-**neppy** adj / nissenarm adj ‖ ~-**odorous** adj / geruchlos adj, geruchfrei adj ‖ ~-**oriented web** (nwv) / Wirrfaservlies n ‖ ~-**oxidizing** adj / nichtoxydierend adj, rostfrei adj ‖ ~-**perfect register** / Rapportungenauigkeit f ‖ ~-**pigmented** adj / pigmentfrei adj ‖ ~-**pilling** adj / pillingfrei adj ‖ ~-**poisonous** adj / nicht giftig, ungiftig adj, nichttoxisch adj ‖ ~-**polar adsorption** / apolare Adsorption ‖ ~-**polar residual group** (surface active agent) / apolarer Rest ‖ ~-**polar solvent** / nichtpolares Lösungsmittel ‖ ~-**porous** adj / nichtporös adj ‖ ~-**porous coating** / porenfreie Beschichtung ‖ ~-**positive dobby** s. negative dobby ‖ ~-**ravel** adj / laufmaschensicher adj, maschenfest adj, maschensicher adj ‖ ~-**ravel top** (hos) / laufmaschensicherer Rand ‖ ~-**resinous finish** / harzfreie Ausrüstung ‖ ~-**returnable spool** / Einwegspule f ‖ ~-**rewound pirn** (bobbin for weaving textile glass) / Schlauchkop m ‖ ~-**rigid** adj / nicht starr, weich adj ‖ ~-**run** adj (hos) / laufmaschensicher adj, laufmaschenfest adj, laufmaschengesichert adj ‖ ~-**run attachment** (knitt) / Maschenfesteinrichtung f, Einrichtung f für maschenfeste Ware ‖ ~-**run bar for ladderproof knitgoods** (knitt) / Non-run-Rechen m für maschenfeste Ware ‖ ~-**run cam lever** (knitt) / Exzenterhebel m für maschenfeste Ware ‖ ~-**run fabric** / maschenfeste Ware ‖ ~-**run hose** / maschenfester Strumpf, maschensicherer Strumpf, laufmaschensicherer Strumpf ‖ ~-**run hose lace style, 1 in / 3 out** / Normalnetz-Cottonstrumpf m ‖ ~-**run hose pinpoint style, 1 in / 1 out** / Fischernetz-Cottonstrumpf m ‖ ~-**run narrowing point** (knitt) / Mindernadel f für maschenfeste Ware ‖ ~-**running stitch** (knitt) / blockierte Masche ‖ ~-**run pattern wheel** (knitt) / Musterrad n für maschenfeste Ware ‖ ~-**run safety device** / Sicherung f für Maschenfesteinrichtung ‖ ~-**run stocking** / maschensicherer Strumpf, maschenfester Strumpf, laufmaschensicherer Strumpf ‖ ~-**run tester** (hos) / Fallmaschensicherheitsprüfgerät n ‖ ~-**run top** (hos) / laufmaschensicherer Rand ‖ ~-**saponifiable** adj / unverseifbar adj, nicht verseifbar ‖ ~-**sensitive** adj (chem) / unempfindlich adj ‖ ~-**sensitive to brittle fracture** (ctg) / sprödbruchunempfindlich adj ‖ ~-**separable zipper** / nichtteilbarer Reißverschluß ‖ ~-**shift finish** (warp-weft) / Schiebefestausrüstung f ‖ ~-**shrink** adj s. non-shrinkable ‖ ~-**shrinkable** adj / schrumpfecht adj, schrumpffrei adj, schrumpffest adj, nichtschrumpfend adj, krumpfecht adj, krumpffrei adj, einlaufecht adj ‖ ~-**shrink finish** / krumpffreie Ausrüstung, Krumpfechtausrüstung f, Krumpffreiausrüstung f ‖ ~-**shrink finishing** / Krumpffreimachen n, Krumpfechtausrüsten n ‖ ~-**shrinking** adj s. non-shrinkable ‖ ~-**shrinking type of fibre** / N-Typ m, ausgeschrumpfte Faser ‖ ~-**shrinking wool** / krumpffest ausgerüstete Wolle ‖ ~-**skid** adj / rutschfest adj, gleitsicher adj, schiebefest adj ‖ ~-**skid carpet** / rutschfester Teppich ‖ ~-**skid fabric** (for skiing suits) / Gleitschutz m (für Skibekleidung) ‖ ~-**skittery** adj / frei von Schipprigkeit ‖ ~-**slip** adj / rutschfest adj, gleitsicher adj, schiebefest adj ‖ ~-**slip agent** / Schiebefestmittel n, Gleitschutzmittel n ‖ ~-**slip**

finish (cpt) / Schiebefestappretur f, schiebefeste Ausrüstung, rutschfeste Ausrüstung, Schiebefestausrüstung f ‖ ~-**slip finishing** / Schiebefestmachen n ‖ ~-**slip finishing agent** / Schiebefestmittel n, Gleitschutzmittel n ‖ ~-**slipping** adj / schiebefest adj, gleitsicher adj, rutschfest adj ‖ ~-**slip property** / Schiebefestigkeit f ‖ ~-**slip waistband** / Haftgummibund m ‖ ~-**soapy** adj / seifenfrei adj, seifenlos adj ‖ ~-**soapy detergent** / synthetisches Reinigungsmittel ‖ ~-**soiling** adj / schmutzabweisend adj ‖ ~-**soluble** adj / unlöslich adj, nicht löslich ‖ ~-**solvent** n / inaktives Lösungsmittel, Nichtlösemittel n, Nichtlöser m ‖ ~-**solvent PU coating** / lösemittelfreie PUR-Beschichtung ‖ ~-**spinnable** adj / nicht verspinnbar ‖ ~-**spinnable fragments** / Fremdkörperteilchen n pl (in Rohbaumwolle) ‖ ~-**spinning** adj / nicht verspinnbar ‖ ~-**staining** adj / nicht anfärbend, nicht anschmutzend, nicht verfärbend ‖ ~-**swelling** adj / quellfest adj ‖ ~-**tackiness** n (ctg) / Klebfreiheit f ‖ ~-**tacking** adj (ctg) / klebfrei adj ‖ ~-**tacky film** / klebfreier Film ‖ ~-**tendering** adj / nicht schädigend, faserschonend adj ‖ ~-**tendering substance** / Nichtschädiger m ‖ ~-**tendering treatment of fibre** / faserschonende Materialbehandlung, schonende Behandlung der Faser ‖ ~-**textur[iz]ed** adj / nichttexturiert adj ‖ ~-**torque process** (crimped yarn) / Non-Torque-Verfahren n ‖ ~-**torque properties** / Non-torque-Eigenschaften f pl ‖ ~-**torque textured** / verdrehungsfrei texturiert ‖ ~-**torque yarn** / ungedrehtes Garn ‖ ~-**toxic** adj / nichttoxisch adj, ungiftig adj ‖ ~-**transparent** adj / undurchsichtig adj ‖ ~-**twisted** adj / ungezwirnt adj, ungedreht adj ‖ ~-**uniform** adj / uneinheitlich adj, ungleichmäßig adj

nonviscous adj / nicht viskos
nonvolatile adj / nichtflüchtig adj
nonwetter n / Nichtnetzer m
nonwoven n s. nonwoven fabric ‖ ~ adj, non-woven adj / ungewebt adj, nichtgewebt adj ‖ ~ **artificial fibre** / Kunstvliesfaser f ‖ ~ **backing** (cpt) / Trägervlies n ‖ ~ **base** / Rohvlies n ‖ ~ **base cloth** / Faservliesware f als Grundgewebe ‖ ~ **binder** / Bindemittel n für Textilverbundstoffe ‖ ~ **carpet** / nichtgewebter Teppich, Teppich m aus Textilverbundstoff ‖ ~ **emulsion binder** / Emulsionsbindemittel n für Nonwovens ‖ ~ **fabric** / Faservlies n, Vliesstoff m, Vlies n, Nonwoven n, Textilverbundstoff m, Vliesfolie f ‖ ~ **fabric machinery** / Vliesstoff-Herstellungsmaschine f, Verbundstoff-Herstellmaschine f ‖ ~ **fabric made of extremely fine fibres** / Feinstfaservlies n ‖ ~ **fabric property** / Textilverbundstoffeigenschaft f ‖ ~-**fabric structure** / Struktur f von Textilverbundstoffen ‖ ~ **fabric unit cell** / Einzelpore f des Textilverbundstoffes ‖ ~ **fleece** / Faservlies n ‖ ~ **for inlay material** / Einlagevliesstoff m ‖ ~ **interlining** / Einlagevlies n ‖ ~ **leather** / Vliesleder n ‖ ~ **mat** / Vliesbahn f
nonwovens pl / Textilverbundstoffe m pl, Vliesstoffe m pl, Faservlieware f, Vlieswaren f pl, Vliese n pl (nicht gewebte Textilien)
nonwoven substrate / Vliessubstrat n
non-yellowing adj / nicht vergilbend
nonyl alcohol / Nonylalkohol m
noose n / Schlinge f, Schleife f
nop v / ausnoppen v ‖ ~ n / Noppe f ‖ ~ **yarn** / Noppengarn n, Knotengarn n
Norfolk cotton / eine amerikanische Baumwollsorte ‖ ~ **jacket** (man's loose belted jacket, with box pleats) / Sportjacke f ‖ ~ **style** (fash) / Norfolk-Schnitt m
normal ageing (two-phase printing) / Langdämpfverfahren n ‖ ~ **bulking volume** / Schüttgewicht-Volumen n ‖ ~ **fibre types** (fully-shrunk fibres) / Normalfasertypen f pl ‖ ~ **finish** / normale Nachbehandlung ‖ ~ **loom** / niedrigtouriger Webstuhl ‖

normal

~ **mixture** (knitt) / schwarzweißer Baumwoll/Woll-Kombinationsstoff
normals pl / ungefärbte Baumwoll- und Wollmischwaren
normal sock / normallange Socke, halblange Schaftsocke, Normalsocke f, Schaftsocke f ‖ ~ **soil(ing)** (cpt) / normaler Begehschmutz ‖ ~ **squeegee with mechanical pressure** (scr pr) / Streichrakel f ‖ ~ **temperature** / Raumtemperatur f, Normaltemperatur f ‖ ~**-tenacity staple** / normalfeste Faser ‖ ~ **twill** / normaler Köper ‖ ~ **white** / Normalweiß n
Normandy lace / Klöppelspitze f aus der Normandie
Northerns cotton / eine indische Baumwolle
Norwegian jersey cloth / Norweger Tuch, Skitrikot m ‖ ~ **yarn** / norwegische Handstrickwolle
no-seam adj / nahtlos adj
no seam panty hose / nahtlose Strumpfhose
no-seam stocking / nahtloser Strumpf, rundgewirkter Strumpf
nose bunching / Aufspulen n des Spitzenwickels
no-shrinkage drier / Krumpfe f
nosing n (cpt) / Treppenkante f ‖ ~ **motion finger** (spinn) / Sektordaumen m
no-swell finish / Quellfestausrüstung f
notation n (knitt) / Garnlegungsweg m, Fadenverlauf m ‖ ~ **paper** / Musterpapier n
notch n (making up) / Markierungsknips m
notched bar (weav) / Platine f ‖ ~ **fashioning point** / gekerbter Decker (Cotton-Maschine)
notcher n / Einknipsapparat m
no-throw silk yarn / Seide f aus ungezwirnten Einzelfäden
notions pl (US) / Kurzwaren f pl, Galanteriewaren f pl, Posamenten n pl
no-torque yarn / No-Torque-Garn n
Nottingham lace / Maschinenspitze f aus Nottingham
notts wool (used for dress fabrics) / langfaserige Glanzwolle
no-twist glass roving / drehungsfreier Textilglasroving (DIN 61850)
nouveauté n (Fr) s. novelty
novelties pl / Galanteriewaren f pl, Kurzwaren f pl, Posamenten n pl
novelty n / Neuheit f ‖ ~ / Nouveauté f, Modestoff m ‖ ~ **fabric** / Modestoff m, Effektgewebe n, Phantasiegewebe n ‖ ~ **print** / Modedruck m ‖ ~ **twister** / Effektzwirnmaschine f ‖ ~ **weaving** / Nouveautéweberei f ‖ ~ **yarn** / Effektgarn n
noxious adj / schädlich adj, gesundheitsschädlich adj
nozzle n / Düse f, Spinndüse f, Spritzdüse f ‖ ~ **adjustement** / Düseneinstellung f ‖ ~ **aperture** / Düsenöffnung f, Düsenweite f ‖ ~ **cross-section** / Düsenquerschnitt m ‖ ~ **drier** / Düsentrockner m ‖ ~ **drying with hot air** / Heißluftbeheizung f im Düsenbetrieb ‖ ~ **dyeing machine** / Düsenfärbemaschine f ‖ ~ **head** / Düsenkopf m ‖ ~ **heating** / Düsenheizung f ‖ ~ **hot flue** / Düsen-Hotflue f ‖ ~ **jet** / Düsenstrahl m ‖ ~ **length** / Düsenfeldbreite f ‖ ~ **loss** / Düsenverlust m ‖ ~ **opening** / Düsenöffnung f, Düsenweite f ‖ ~ **orifice** / Düsenöffnung f, Düsenweite f ‖ ~ **orifice** / Düsenmundstück n ‖ ~ **paddle dyeing apparatus** / Düsenpaddelfärbeapparat m ‖ ~ **pressure** / Düsenspannung f ‖ ~ **ring** (spinn) / Düsenring m ‖ ~ **slit** s. nozzle opening ‖ ~ **spraying machine** / Düseneinsprengmaschine f ‖ ~ **suction drier** / Saugdüsentrockner m ‖ ~ **tip** / Düsenspitze f, Düsenmund m ‖ ~**-type counter-current airing** / Düsenbelüftung f ‖ ~**-type pin stenter** / Düsennadelspannrahmen m ‖ ~ **valve** / Düsenventil n
n.p.i. s. needles per inch
NPSH (net positive suction head) (dye) / erforderliche Zulaufhöhe
N-type of fibre (non-shrinking) / ausgeschrumpfte Faser, N-Typ m
nuance n / Nuance f, Farbton m, Ton m, Abtönung f

nub n / Noppe f, Knoten m, Knötchen n
Nubari cotton / ägyptische Baumwolle
nubble n s. nub
nubbly adj / noppig adj, mit Noppen
nubby adj / noppig adj, mit Noppen
nub yarn / Noppengarn n, Raupenzwirn m
nucleated nylon / hochkristallines Nylon
nucleophilic reaction (dye) / nukleophile Reaktion
nude heel stocking / Barfußstrumpf m, Nacktbeinstrumpf m, Strumpf m ohne Hochfersenverstärkung
NUF (Non-woven Unidirectional Fibreglass) mat / Nuf-Matte f, Endlosmatte f mit parallelliegenden Spinnfäden
number n (yarn) / Nummer f, N, Feinheit f, Titer m
numbered duck (US) / schwerer Duck [ohne Schlichte] ‖ ~ **end of the card** (jacquard) / Laternenseite f
numbering n / Numerierung f, Durchnumerierung f ‖ ~ **(of silk)** / Titrierung f, Feinheitsnummer f, Garnnummer f ‖ ~ **by weight** / Gewichtsnumerierung f ‖ ~ **system for cotton** / Baumwollnumerierung f
number of bobbins / Spulenzahl f ‖ ~ **of cards to a pattern** / Kartenrapport m ‖ ~ **of courses** / Maschenzahl f, Reihenzahl f, Anzahl f der Maschenreihen ‖ ~ **of cycles** (mat test) / Lastspielzahl f ‖ ~ **of cycles to failure** (mat test) / Bruchlastspielzahl f ‖ ~ **of divisions** (knitt) / Fonturenzahl f ‖ ~ **of ends** / Fadenzahl f ‖ ~ **of ends down** / Fadenbruchzahl f ‖ ~ **of ends per centimetre** / Fäden m pl je cm Kette, Fadendichte f, Kettfadeneinstellung f ‖ ~ **of ends per inch** / Fäden m pl je Zoll Kette, Fadendichte f, Kettfadeneinstellung f ‖ ~ **of fibres** / Fasermenge f ‖ ~ **of filling threads** / Schußfadenzahl f ‖ ~ **of hatchet lines** / Ha[s]churenzahl f (pro cm^2) ‖ ~ **of heads** (knitt) / Fonturenzahl f ‖ ~ **of heald frames** / Schaftzahl f ‖ ~ **of hooks** / Platinenzahl f ‖ ~ **of impacts** (mat test) / Schlaganzahl f ‖ ~ **of knots** / Knotenzahl f ‖ ~ **of loops** / Maschenzahl f ‖ ~ **of meshes** / Maschenzahl f ‖ ~ **of meshes in the grey** / Rohmaschenzahl f ‖ ~ **of needles** / Nadelzahl f, Teilung f ‖ ~ **of picks** / Schußzahl f ‖ ~ **of picks per centimetre** / Fäden m pl je cm Schuß ‖ ~ **of picks per inch** / Fäden m pl je Zoll Schuß ‖ ~ **of repeats** / Rapportzahl f ‖ ~ **of sections** / Fonturenzahl f ‖ ~ **of spindle revolutions** / Spindeldrehzahl f ‖ ~ **of stitches** / Maschenzahl f, Stichzahl f ‖ ~ **of threads** / Fadenzahl f ‖ ~ **of threads in the warp** / Kettendichte f ‖ ~ **of treadles** / Trittzahl f ‖ ~ **of turns** / Windungszahl f ‖ ~ **of turns per centimetre** / Drehungszahl f ‖ ~ **of turns per inch** / Drehungszahl f ‖ ~ **of turns per unit length** / Anzahl f der Zwirndrehungen auf die Längeneinheit ‖ ~ **of wales** / Maschenzahl f, Stäbchenzahl f, Anzahl f der Maschenstäbchen ‖ ~ **of warp ends** / Kettendichte f ‖ ~ **of warper bands** / Gangzahl f, Schärbandzahl f
Numdah n (cpt) / Numdah m (indischer Filzteppich)
numerical definition of a colour / Farbkennzahl f, Farbangabe f durch Farbkennzahl
nun·'s thread / feines gebleichtes Leinengarn ‖ ~**'s veiling** / Nonnenschleiertuch n ‖ ~ **tuck** (fash) / waagerechte Rockfalte
nurses' uniform / Schwesternuniform f
nut·-brown adj / nußbraun adj (RAL 8011) ‖ ~**-gall** / Gallapfel m ‖ ~**-oil** / Nußöl n ‖ ~**-oil** n (i.e.S.) / Erdnußöl n, Arachisöl m
nutria adj / nutria adj ‖ ~ **hair** / Nutriahaar n
nyansook n (fine soft cotton mat) / Nainsook m (ein ostindischer Baumwollmusselin)
nylflock fabric / Nylflockgewebe n
nylon n / Nylon n (Polyamid) ‖ ~ **brush tufts** pl / Bürstenbüschel n aus Nylon ‖ ~ **chiffon** / Nylonchiffon m ‖ ~ **dyestuff** / Nylonfarbstoff m ‖ ~ **fabric** / Nylongewebe n ‖ ~ **felt** / Nylonfilz m ‖ ~ **fibre** / Nylonfaser f ‖ ~ **heterofibres** / Schmelz-Heterofäden m pl ‖ ~ **hose** / Nylonstrumpf m
nylonize v / nylonisieren v

nylon knitted fabric / Nylontrikot *m* ‖ **~-reinforced** *adj* / nylonverstärkt *adj* ‖ **~ rope** / Nylonseil *n*
nylons *pl* / Nylonstrümpfe *m pl*
nylon shirt / Nylonhemd *n* ‖ **~-spliced** *adj* / mit Nylon verstärkt ‖ **~ staple** / Nylonkurzfaser *f* ‖ **~ traveller** / Nylonringläufer *m* ‖ **~ tulle** / Nylontüll *m* ‖ **~ tyre cord** / Reifennylon *n*, Kordnylon *n*

O

oak bark decoction / Eichenrindenabkochung f ‖ ~ **brown** / eichenbraun adj ‖ ~-**gall** n / Gallapfel m
oakum n / geteerter Hanf, Kalfaterwerg n, Stopfwerg n, Fadenwerg n
oak vat / Eichenkufe f
oatcake linen s.
oatmeal fabric
oatmeal fabric (towel fabric resembling oatmeal paper) / granitbindiger Stoff ‖ ~ **weave** (with speckled effect) / Granitbindung f, Kreppbindung f
oats cotton / frühreife amerikanische Baumwolle
OBA (optical brightening agent; now FWA - fluorescent whitening agent) / Weißtöner m, Aufheller m, optischer Aufheller
obi n / Obi n (kunstvoller Gürtel zum japanischen Kimono)
obiji n / japanisches Gewebe für Obis
object printing / Figurendruck m
oblique cutting device (spinn) / Schrägschittvorrichtung f ‖ ~ **doctor** (scr pr) / Schrägrakel f ‖ ~ **edge trimmer** (sew) / schräge Kantenbeschneideeinrichtung ‖ ~ **extruding head** / Schrägspritzkopf m ‖ ~ **roller** / Schrägrolle f
obliterating power / Deckvermögen n, Deckkraft f
oblong ball / Langknäuel m n (DIN 61800) ‖ ~-**mesh cloth** / Langmaschengewebe n
observation method with grazing incident light (mat test) / Übersichtbeobachtung f
obstinate stains / hartnäckige Flecke m pl
occasional chair (not part of a suite) / Polstersessel m
occupational clothing / Berufskleidung f
ocean·-blue adj / ozeanblau adj, meerblau adj ‖ ~-**green** adj / meergrün adj
ocelot pattern / Ozelotmuster n
ocher n (US) s. ochre
ochre n (GB) / Ocker m ‖ ~ **brown** adj / ockerbraun adj (RAL 8001) ‖ ~-**coloured** adj / ockerfarben adj, ocker adj, ockerfarbig adj
octadecyl isocyanate / Octadecylisocyanat n
octagon design (cpt) / Achteckmuster n
octahedral adj (cryst) / achtflächig adj, achtseitig adj, oktaedrisch adj
octalobal cross-section (fibre) / oktalobaler Querschnitt
octane n / Oktan n
octyl alcohol / Oktylalkohol m
odd course / Leerreihe f
oddments pl / Reste m pl, Einzelstücke n pl
odor n (US) s. odour
odorant n / Odorans n, Odor[is]ierungsmittel n, Odoriermittel n
odorous substance / Geruchsstoff m
odour n (GB) / Geruch m
odourless adj / geruchlos adj, geruchfrei adj ‖ ~ **size** / geruchlose Schlichte
odour nuisance / störender Geruch ‖ ~ **retention** / Geruchsbindung f
OE (open-end) spinning s. open-end
o-fading n / Verfärben n durch Ozon, Ausbleichen n durch Ozon, O-Fading n
off·-colour n / Fehlfarbe f, Verfärbung f ‖ ~-**colour** adj / fehlfarben adj ‖ ~-**press** v (sew) / abbügeln v ‖ ~-**register** adj / nicht rapporthaltig ‖ ~-**season** n (fash) / tote Saison, stille Saison
offset v (the thread) / fortgerückt einsetzen (den Faden) ‖ ~ **off-set position of needle hook** / aus der Achsenrichtung versetzte Nadelhakenposition f
offset printing (trans pr) / Offsetdruck m ‖ ~ **printing ink** (trans pr) / Offsetdruckfarbe f ‖ ~ **printing paper** (trans pr) / Offsetdruckpapier n, Offsetpapier n ‖ ~ **rotary printing machine** / Offsetrotationsdruckmaschine f ‖ ~ **tip** (of shuttle) (weav) / einseitige Spitze (DIN 64685) ‖ ~ **tumbling mixer** / Taumelmischer m ‖ ~ **twill**

weave / geflechtähnliche Köperbindung, versetzter Köper
off·-shade n / gebrochener Farbton ‖ ~-**shade** n / abweichende Nuance, Fehlfarbe f ‖ ~-**shade** adj / fehlfarben adj, mißfarbig adj ‖ ~-**shade dyeing** / Fehlfärbung f, Tonabweichung f, tonabweichende Färbung ‖ ~-**shade yarn** / fehlfarbiges Garn ‖ ~-**sorts** pl / Ausschußwolle f ‖ ~-**square sett** (of cloth) / ungleiche Einstelldichte, ungleiche Anzahl von Kett- und Schußfäden ‖ ~-**stream chemical** / chemisches Nebenprodukt ‖ ~-**the-face hat** / Aufschlaghut m ‖ ~ **the peg** / von der Stange ‖ ~-**the shoulder** adj (fash) / schulterfrei adj ‖ ~-**white** n / gebrochenes Weiß, unreines Weiß ‖ ~-**white** adj / trübweiß adj, weißlich adj
OH group / OH-Gruppe f, Hydroxylgruppe f
oil v (wool) / schmälzen v, einschmälzen v, spicken v, einfetten v, ölen v ‖ ~ (fin) / einölen v, ölen v, avivieren v, präparieren v ‖ ~ n / Öl n, Schmälze f ‖ ~ **absorption** / Ölzahl f, Ölabsorption f ‖ ~-**acid brightening** / Ölsäure-Avivage f ‖ ~ **and water repellent fluorchemical finish** / öl- und wasserabweisende Fluorchemikalien-Ausrüstung ‖ ~ **atomizer** / Ölzerstäuber m ‖ ~ **baize** / Wachstuch n, Öltuch n ‖ ~ **bath** / Ölbad n ‖ ~ **binding property** / Ölbindevermögen n ‖ ~ **bleaching** / Ölbleiche f ‖ ~-**borne stain** / Fleck m auf öliger Grundlage
oilcloth n / Wachstuch n, Öltuch n
oil·-combed adj / geschmälzt gekämmt, ölgekämmt adj ‖ ~-**combed top** / geschmälzter Kammzug ‖ ~ **combing** / geöltes Kämmen ‖ ~-**containing** adj / ölhaltig adj ‖ ~ **content** / Ölgehalt m
oiled filament / geölter Faden ‖ ~ **linen** / Ölleinwand f, Ölleinen n ‖ ~ **silk** s. oil silk fabric ‖ ~ **silk fabric** / Ölseide f ‖ ~ **wool** / ölige Wolle, geschmälzte Wolle ‖ ~ **yarn** / geschmälztes Garn
oil emulsion / Ölemulsion f ‖ ~ **emulsion with polymer content** / Ölemulsion f mit Polymerisatanteil
oiler n / Schmälzeinrichtung f (DIN 64100)
oil filler / Ölspachtel m ‖ ~ **flax** / Öllein m ‖ ~-**free** adj / ölfrei adj
oiling n (wool) / Einschmälzen n, Schmälzen n, Spicken n, Einfetten n, Ölen n ‖ ~ (fin) / Einölen n, Ölen n, Avivieren n, Präparieren n ‖ ~ **agent** / Schmälzmittel n ‖ ~ **installation** / Schmälzeinrichtung f ‖ ~ **material** / Schmälzmasse f, Schmälzmittel n ‖ ~ **opener** / Ölwolf m ‖ ~ **trough** / Einschmälztrog m ‖ ~ **willow** / Schmälzwolf m, Ölwolf m
oil·-in-water emulsion / Öl-in-Wasser-Emulsion f ‖ ~ **layer** / Ölschicht f ‖ ~ **length** / Öllänge f ‖ ~-**modified resin** / ölmodifiziertes Harz ‖ ~ **mordant** / Ölbeize f ‖ ~ **of resin** / Harzöl n ‖ ~ **of turpentine** / Terpentinöl n ‖ ~ **padding machine** / Ölklotzmaschine f ‖ ~ **pad lubrication** (sew) / Ölpolsterschmierung f ‖ ~ **palm fibre** / afrikanischer Ölpalmenfaser ‖ ~-**prepared fabric** / geölte Ware
oilproof adj / ölfest adj, ölbeständig adj, ölabweisend adj
oil·-proofed adj / ölimprägniert adj ‖ ~-**proofed** adj s. also oil-proof ‖ ~ **proofing** / Ölabweisendmachen n ‖ ~-**reactive resin** / ölreaktives Harz ‖ ~ **red** (dye) / Biebricher Scharlach, Sudan III (G) n ‖ ~-**repellency** n / Oleophobie f, ölabweisende Eigenschaft ‖ ~-**repellent** n / ölabweisendes Appreturmittel, Mittel n für die ölabweisende Ausrüstung, Oleophobiermittel n ‖ ~-**repellent** adj / ölabweisend adj ‖ ~-**repellent article** / Oleophobierartikel m ‖ ~-**repellent treatment** / Ölabstoßbehandlung f, ölabweisende Ausrüstung ‖ ~ **residue** / Ölrückstand m ‖ ~ **resistance** / Ölfestigkeit f, Ölbeständigkeit f ‖ ~-**resistant** adj / ölbeständig adj, ölfest adj ‖ ~ **resistant finish** / ölbeständige Ausrüstung ‖ ~ **scarlet** (dye) / Biebricher Scharlach, Sudan III (G) n ‖ ~-**silk** n / Ölseide f, Ölbatist m ‖ ~ **size** / Ölschlichte f ‖ ~ **size emulsion** / Emulsionsölschlichte f

oilskin n / Ölhaut f ‖ ~ / Ölanzug m, Ölzeug n ‖ ~ / Öltuch n ‖ ~ **coat** / Lackmantel m
oil soap / Ölseife f ‖ ~**-soluble** adj / öllöslich adj, fettlöslich adj ‖ ~**-soluble dyestuff** / mineralöllöslicher Farbstoff, Oleosolfarbe f, Ceresfarbstoff m ‖ ~ **spot** / Ölfleck m, Fettfleck m ‖ ~**-spun** adj / geölt versponnen ‖ ~ **stain** / Ölfleck m, Fettfleck m ‖ ~ **stain caused by sinker** / Platinenstreifen m ‖ ~**-stained weft** / Schmierschuß m ‖ ~ **stain repellency** / ölabweisende Eigenschaft ‖ ~ **streaks** / Ölstreifen m pl ‖ ~**-tight** adj / öldicht adj ‖ ~ **transparency test** (clothm) / Ölprobe f ‖ ~**-treated fabric** / wasserdichter Stoff
oily adj / ölartig adj, ölhaltig adj, ölig adj ‖ ~ **liquid** / ölige Flüssigkeit ‖ ~ **mordant** / Ölbeize f ‖ ~ **scum** / Ölschaum m ‖ ~ **soil** / öliger Schmutz ‖ ~ **top** / fetthaltiger Kammzug ‖ ~ **waste** / fettiger Abfall ‖ ~ **yolk** (wool) / öliger Schweiß, milder Schweiß
old bath (dye) / stehendes Bad, altes Bad ‖ ~**-fashioned** adj / altmodisch adj, unmodern adj ‖ ~ **fustic** / Fustikfarbe f, echtes Gelbholz, alter Fustik ‖ ~ **gold** / Altgold n ‖ ~ **red ground** / Altrotgrundierung f ‖ ~ **red oiling** / Altrotölung f ‖ ~ **red process** / Altrotverfahren n ‖ ~ **rose** / altrosa adj
oleate [**salt**] / Oleat n
olefin[**e**] n / Olefin n ‖ ~ / Polyolefin n ‖ ~ **copolymer** / Olefinkopolymer n, Olefinkopolymerisat n, Olefinmischpolymer n, Olefinmischpolymerisat n ‖ ~ **dyeing** / Polyolefinfaserfärben n ‖ ~ **fibre** / Polyolefinfaser f ‖ ~ **fibre blend** / Mischung f aus Polyolefinfasern ‖ ~ **filament** / Polyolefinfilament n ‖ ~ **filament yarn** / Polyolefinfilamentgarn n ‖ ~ **spun yarn** / Polyolefinspinnfasergarn n ‖ ~ **yarn** / Polyolefingarn n
olefinic compound / Olefinverbindung f
oleic acid / Ölsäure f, Oleinsäure f, Elainsäure f
olein n / Olein n ‖ ~ **lubricant** / Oleinschmälze f ‖ ~**-lubricated goods** pl / oleingeschmälzte Ware ‖ ~ **soap** / Oleinseife f ‖ ~ **softener** / Oleinschmälze f
oleophobicity n / Ölbeständigkeit f
oleoresin n / Ölharz n, Oleoresin n ‖ ~ **resist** / Ölharzreserve f
oleum n / Oleum n, rauchende Schwefelsäure
oleyl alcohol / Oleylalkohol m
olfactory perception / Geruchswahrnehmung f ‖ ~ **threshold** / Geruchsschwelle f
oligomer n / Oligomer n, Oligomere n ‖ ~ **binder** (dye) / Oligomerenbinder m, Oligomerbinder m ‖ ~ **formation** s. oligomerization
oligomeric deposit / Oligomerenablagerung f
oligomerization n / Oligomerisierung f, Oligomerenbildung f ‖ ~ / Oligomerenanfall m
oligomer separation / Oligomerenaustritt m
olive adj / olivfarben adj ‖ ~**-brown** adj / olivbraun adj (RAL 8008) ‖ ~**-coloured** adj / olivfarben adj, olivfarbig adj, olivenfarben adj ‖ ~**-drab** adj / braunoliv adj (RAL 6022) ‖ ~**-green** adj / olivgrün adj (RAL 6003) ‖ ~ **grey** / olivgrau adj (RAL 7002) ‖ ~ **oil** / Olivenöl n ‖ ~**-oil castile soap** / Olivenölseife f, kastilianische Seife, Marseiller Seife ‖ ~ **yellow** / olivgelb adj (RAL 1020)
ombrays pl / Ombré m, Ombrégewebe n, Schattenatlas m, Ombrays m pl, Gewebe n mit schattierender Farbstellung
ombré v / einen Ombréeffekt erzielen ‖ ~ n / Ombré n, Ombrégewebe n, Ombrays m, Gewebe n mit schattierender Farbstellung ‖ ~ adj / ombré adj ‖ ~ **dyeing** / Ombréfärbung f (Teil-Färbungsverfahren), Schattenfärbung f, schattierte Färbung, schattierende Färbung ‖ ~ **dyeing** s. rainbow dyeing ‖ ~ **effect** / Ombréeffekt m, Ombré m, Schattenmusterung f, schattierende Musterung ‖ ~ **fabric** s. ombré ‖ ~ **printing** / schattierender Druck, Flammdruck m, Ombrédruck m ‖ ~ **weave** / Bindungsombré m ‖ ~ **weave** / schattierende Bindung ‖ ~ **yarn** / Ombrégarn n ‖ ~ **yarn** s. rainbow yarn and flame yarn

ondé n (rib-like wavy fabric with filling of a special spiral yarn - ondé twisted yarn) (Fr) / Ondé m, Ondégewebe n, Ondulé m ‖ ~ (Fr) / Moiré-Effekt m ‖ ~ **rep** / Ondérips m ‖ ~ **twisted yarn** / Ondézwirn m
ondulé n (Fr) / Ondulé m, Ondulégewebe n, welliges Gewebe ‖ ~ (Fr) s. also ondé ‖ ~ **effect** (complete rows protrude from the fabric and produce a wavy surface) (knitt, defect) / Ondulé-Effekt m (ganze Maschenreihen treten deutlich aus der Ware und ergeben eine wellige Oberfläche) ‖ ~ **reed** (weav) / Blattanordnung f für wellige Gewebe
one-·-and-one lapping / Trikotlegung f ‖ ~**-and-one lease** / einfaches Kreuz ‖ ~**-and-one needle set-out** / Nadelbesetzung f für Rechts-Rechts ‖ ~**-and-one ribbed goods** pl (knitt) / Rechts-Rechts-Ware f, Eins-und-Eins-Ware f ‖ ~**-and-one top** (knitt) / Rechts-Rechts-Rand m ‖ ~**-bath** adj / einbadig adj, Einbad... ‖ ~**-bath application** / einbadiger Einsatz, einbadige Verwendung ‖ ~**-bath black** / Einbadschwarz n, Einbadanilinschwarz n ‖ ~**-bath bleaching** / einbadiges Bleichen ‖ ~**-bath chroming method** / Einbadchromverfahren n, Einbadchromierverfahren n ‖ ~**-bath dyeing** / Einbadfärben n, Einbadfärbung f, Einbadfärbeverfahren n, Einbadverfahren n ‖ ~**-bath impregnating** / Einbadimprägnierung f ‖ ~**-bath impregnating agent** / Einbadimprägnierungsmittel n ‖ ~**-bath impregnating liquor** / Einbadimprägnierungsflotte f ‖ ~**-bath method** / Einbadverfahren n ‖ ~**-bath one-step HT process** (dye) / Einbad-Einstufen-HT-Verfahren n ‖ ~**-bath pad-steam method** / Einbadklotzdämpfverfahren n ‖ ~**-bath pad-steam process** / Einbadklotzdämpfverfahren n ‖ ~**-bath pH-sliding method** (dye) / Einbad-pH-Gleitverfahren n ‖ ~**-bath process** / Einbadverfahren n ‖ ~**-bath two-step carrier process** / Einbad-Zweistufen-Carrier-Verfahren n ‖ ~**-bath two-step dyeing** / Einbad-Zweistufenfärbung f ‖ ~**-bath two-step process** / Einbad-Zweistufenverfahren n ‖ ~**-bath union dyeing** / Halbwolleinbadfärben n ‖ ~**-by-one rib crossed** (interlock fabrics) / rechts/rechts gekreuzt ‖ ~**-by-one rib knitted fabric** (fine rib) / Rechts-Rechts-Gestrick n ‖ ~**-colour** adj / uni adj, einfarbig adj, unifarbig adj ‖ ~**-colour blotch print** / einfarbiger Flächendruck, einfarbiger Decker ‖ ~**-component coating compound** / Einkomponentenbeschichtungsmasse f ‖ ~**-component system** / Einkomponentensystem n ‖ ~**-dip** adj / Einbad... ‖ ~**-dip aniline black** / Einbadanilinschwarz n ‖ ~**-dip dyeing** / Einbadfärben n ‖ ~**-face fabric** / einseitiger Stoff, einflächige Ware ‖ ~**-face twill** / einseitiger Köper ‖ ~**-needle sewing machine** / Einnadelnähmaschine f ‖ ~**-pack brand** (ctg) / Einkomponentenmarke f ‖ ~**-pack polyurethane** / Einkomponenten-Polyurethantyp m ‖ ~**-pack product** (ctg) / Einkomponentenprodukt n ‖ ~**-pack system** (ctg) / Einkomponentensystem n ‖ ~**-pass coating** / Ein-Strich-Beschichtung f ‖ ~**-phase flash ageing process** / einstufiges Blitzdämpfverfahren n ‖ ~**-phase treatment** / Einphasenbehandlung f ‖ ~**-piece needle** / Nadel f aus einem Stück ‖ ~**-piece pantyhose** / Einstück-Strumpfhose f ‖ ~**-ply yarn** / einfädiges Garn ‖ ~**-process picker** (spinn) / Einprozeßschlagmaschine f ‖ ~**-sided** adj / einseitig adj ‖ ~**-sided printing** / einseitiges Drucken ‖ ~**-sided reel** / einseitige Weife, Einfachweife f ‖ ~**-sided terry** / einseitiger Frottierstoff, einseitiges Frottiergewebe ‖ ~**-stage process** / Einstufenverfahren n ‖ ~**-step** adj / einstufig adj ‖ ~**-step doubling twisting** / kombiniertes Fachen und Zwirnen ‖ ~**-step process** / Einstufenverfahren n ‖ ~**-stick dyeing system**, one-rod dyeing system / Ein-Stock-Färben n, Ein-Stock-Färbesystem n (Garn) ‖ ~**-third tone** (dye) / Drittelton n ‖ ~**-throw yarn** / in einem Arbeitsgang gezwirntes Mehrfachgarn ‖ ~**-to-three (1:3) arrangement** / Legung f 1:3 ‖

~-up-one-down weave / Leinwandbindung f, Grundbindung f ‖ ~-way circulation (dye) / einseitige Flottenzirkulation ‖ ~-way dyeing spool / Einweg-Färbehülse f ‖ ~-way spool / Einwegspule f ‖ ~-way textile articles / Wegwerf-Textilien pl
onium compound / Oniumverbindung f ‖ ~ dyestuff / Oniumfarbstoff m
on-tone adj / tongleich adj, Ton-in-Ton-... (in Zssg.) ‖ ~ exhaustion / tongleiches Aufziehen
onyx black / onyxschwarz adj
ooze n (US) / lose Fäden auf der Garnoberfläche
opacity n / Undurchsichtigkeit f, Opazität f ‖ ~ (dye) / Deckvermögen n, Deckkraft f, Deckfähigkeit f
opal n (fine-yarn cotton cambric with a special glass cambric finish) (GB) / Opalgewebe n ‖ ~-blue adj / opalblau adj
opalesce v / opalisieren v, opaleszieren v, milchig schimmern, schimmern v
opalescence n / Opaleszenz f, Opalisieren n, milchiges Schimmern, Schimmern n
opalescent adj / opaleszierend adj, opalisierend adj ‖ ~ solution / opaleszierende Lösung
opal finish / Opalausrüstung f
opaline--green adj / opalingrün adj ‖ ~ style / Opalinartikel m
opal print / Opaldruck m
opaque adj / undurchsichtig adj, lichtundurchlässig adj, opak adj ‖ ~ (dye) / gut deckend, deckend adj ‖ ~ brown / Deckbraun n ‖ ~ colour / Deckfarbe f ‖ ~ finish (ctg) / deckender Finish, deckender Schlußstrich ‖ ~ ink (scr pr) / Deckfarbe f
op-art n (fash) / Op-Art f
open v (gen) / öffnen v, auflockern v ‖ ~ (wool) / brechen v ‖ ~ (woven fabric) / breitschlagen v ‖ ~ (fibre) / öffnen v ‖ ~ (tubular knitted fabric) / aufschneiden v ‖ ~ adj (weav) / lose adj (gewebt), durchbrochen adj ‖ treat in ~ width / breit behandeln (die Ware breit behandeln) ‖ ~-air drying / Lufttrocknung f, Trocknen n an der Luft, atmosphärische Trocknung ‖ ~-air textiles / Freilufttextilien pl ‖ ~-air weathering test / Freiluftbewitterungsprobe f, Freiluftbewitterungsprüfung f ‖ ~ anti-balloon plate / Antiballonplatte f mit halbringförmigen Öffnungen ‖ ~ area (text pr) / offene Druckstelle f ‖ ~-band n (GB) / Z-Drehung f ‖ ~-band twist thread / rechtsgedrehtes Garn ‖ ~ beck / Wanne f, Kufe f ‖ ~ bleaching vessel / offener Bleichapparat (DIN 64950) ‖ ~ boil / offen abkochen ‖ ~ boil / offenes Abkochen ‖ ~-boil washing / Waschen n im offenem Gefäß bei Kochtemperatur ‖ ~-bottom all-in-one / Korselett n ‖ ~-bottom girdle / Schlüpfer m, Elastik-Schlüpfer m, Hüftgürtel m ‖ ~ box / offene Dampfkammer ‖ ~-cell adj / offenporig adj, offenzellig adj ‖ ~ chain stitch / offener Kettenstich ‖ ~ check / Fensterkaro n ‖ ~ clock (hos) / Petinetzwickel m ‖ ~ dyeing apparatus / offener Färbeapparat ‖ ~ dyeing apparatus with acid addition / offener Färbeapparat mit Säurenachsatz
opened cellulose chains / gespreizte Zelluloseketten f pl
open--end blended yarn / Rotormischgarn n ‖ ~-end rotor / OE-Rotor m ‖ ~-end rotor spinning / OE-Rotorspinnen n ‖ ~-end slide fastener (zip) / teilbarer Reißverschluß f ‖ ~-end slide fastener pin (zip) / Stecker m eines teilbaren Reißverschlusses ‖ ~-end spinning / OE-Spinnen n, OE-Spinnverfahren n, Offen-End-Spinnen n, Turbinenspinnverfahren n ‖ ~-end spinning machine / Offen-End-Spinnmaschine f (DIN 64100), OE-Spinnmaschine f, Open-End-Spinnmaschine f ‖ ~-end spinning mill / OE-Spinnerei f ‖ ~-end twisting / Garndrehung f beim OE-Spinnen ‖ ~-end yarn / OE-Garn n, Offen-End-Garn n
opener n / Öffner m, Wolf m, Reißwolf m, Baumwollöffner m, Wollbrecher m ‖ ~ card for hard-twisted thread waste (spinn) / Droussierkrempel f ‖

~ for rope-form fabrics / Strangöffner m, Gewebestrangausbreiter m ‖ ~ lattice / Öffnerlattentuch n ‖ ~ with oil (wool) / Ölwolf m, Streichwolf m
open expansion tank / offenes Expansionsgefäß ‖ ~ fabric / offenes Gewebe, lockeres Gewebe, loses Gewebe ‖ ~ fabric structure / offene Gewebestruktur ‖ ~ feeder (knitt) / offenes Nüßchen ‖ ~ gill (spinn) / Hechelstrecke f (DIN 64100) ‖ ~ gore (knitt) / Keilzwickel m ‖ ~ hook (knitt) / offenes Nüßchen
opening n (wool) / Brechen n ‖ ~ (gen) / Öffnen n, Ausbreiten n, Auflockern n ‖ ~ (fibre) (spinn) / Öffnen n ‖ ~ (tubular knitted fabric) / Aufschneiden n ‖ ~ and scutching machine (spinn) / Putzereimaschine f ‖ ~ arrangement for the front needle bed (knitt) / Vorlaßeinrichtung f für das vordere Nadelbett ‖ ~ card / Krempelwolf m ‖ ~ cylinder / Nasentrommel f, Öffnertrommel f, Auflösewalze f ‖ ~ machine s. opener ‖ ~ of the shed / Fachaushebung f ‖ ~ out / Ausbreiten n, Entfalten n, Öffnen n ‖ ~-picking n / Klopfwolfen n ‖ ~ rail / Ausbreiter m ‖ ~ roll[er] / Ausbreitwalze f ‖ ~ roll[er] / Auflösewalze f an der OE-Turbine ‖ ~ room / Putzerei f, Baumwollputzerei f
open jig / Oberflottenjigger m, Oberwasserjigger m ‖ ~ kier (fin) / offener Abkochapparat ‖ ~-knit n / offenes Maschenbild ‖ ~-knit adj / durchbrochen gestrickt, durchgemustert adj ‖ ~ lace / mit Stopfstich bestickter Vorhangtüll ‖ ~ lap / offene Legung, offene Watte ‖ ~ latch (knitt) / offene Nadelzunge, heruntergeklappte Zunge ‖ ~-mesh adj / offenmaschig adj ‖ ~-meshed fabric / Netzgewebe n ‖ ~-mesh hose / hinterlegt-plattierter Mesh-Strumpf ‖ ~-mesh pattern / Laufmaschenmuster n ‖ ~ out / ausbreiten v ‖ ~ out (fabr) / öffnen v ‖ ~ piece-dyeing machine / offene Stückfärbemaschine f ‖ ~ roller beck / offene Kufe ‖ ~ seam (knitt) / Splitnaht f, Split f ‖ ~ set (card) / Vollstich m ‖ ~ shed (weav) / Offenfach n, Stehfach n, Ruhefach n ‖ ~ shedding / Offenfach n ‖ ~-shed dobby / Offenfach-Schaftmaschine f ‖ ~-shed machine / Offenfachmaschine f ‖ ~-shirt collar (fash) / Schillerkragen m ‖ ~ soaper / Breitwaschmaschine f ‖ ~ space (weav) / lose Stelle ‖ ~ split (knitt) / Splitnaht f, Split f ‖ ~ square neck (fash) / rechteckiger Ausschnitt ‖ ~ steam / direkter Dampf ‖ ~ steaming box / offene Dampfkammer ‖ ~ stitch / offene Masche ‖ ~ structure fabric / lockeres Gewebe, loses Gewebe, offenes Gewebe ‖ ~ texture fabric (knitt) / Ajourware f, Ajourstoff m, Petinetstoff m ‖ ~-texture weave / loses Gewebe, Durchbruchgewebe n ‖ ~-top circular knitting machine / einseitige Rundstrickmaschine, Rechts-Links-Rundstrickmaschine f, einfonturige Rundstrickmaschine ‖ ~-type boiling vat / offene Abkochkufe ‖ ~-type boiling vat with liquor circulation by jets / offene Abkochkufe mit Zirkulation durch Düsen ‖ ~-type boiling vat with liquor circulation by pump / offene Abkochkufe mit Zirkulation durch Pumpe ‖ ~ vat (dye) / Wanne f ‖ ~ weave / lockeres Gewebe, loses Gewebe, offenes Gewebe ‖ ~ weave knits / Ajourware f ‖ ~-width adj / Breit... (in Zssg.), in breitem Zustand ‖ ~-width acidifier / Breitsäuermaschine f (DIN 64990) ‖ ~-width acidifying beck / Breitsäuermaschine f (DIN 64990) ‖ ~-width bleaching / Breitbleiche f ‖ ~-width bleaching frame, open-width bleaching machine / Breitbleichmaschine f ‖ ~-width bleaching plant / Breitbleichanlage f ‖ ~-width boiling range / Breitabkochanlage f ‖ ~-width boilout / Abkochen n in breitem Zustand ‖ ~-width carbonizing machine / Breitkarbonisiermaschine f ‖ ~-width centrifuge / Breitschleuder f ‖ ~-width continuous dyeing padder / Kontinue-Breitfärbefoulard m ‖ ~-width desizing / Breitentschlichtung f ‖ ~-width dwelling process / Breitverweilverfahren n ‖ ~-width dyeing / Breitfärben n, Breitfärberei f ‖ ~-width dyeing machine / Breitfärbemaschine f ‖ ~-width equipment /

breitarbeitende Einrichtung || ~-**width fulling** / Breitwalken *n* || ~-**width fulling finisher** / Breitwalkmaschine *f* || ~-**width hydroextractor** / Breitabsaugmaschine *f* || ~-**width impregnating machine** / Breitimprägniermaschine *f* || ~-**width impregnation** / Breitimprägnierung *f* || ~-**width J-box bleach** / Breitstiefelbleiche *f* || ~-**width J-box bleach unit** / Breitstiefelbleichanlage *f* || ~-**width kier boiling** / Breitbeuche *f* || ~-**width kier boiling machine** / Breitbeuchmaschine *f* || ~-**width knitting** / Rundstricken *n* mit veränderlicher Warenbreite || ~-**width machine** / breitarbeitende Maschine || ~-**width machine for storage and reaction** / Breitverweileinrichtung *f* (DIN 64950) || ~-**width milling** / Breitwalke *f* || ~-**width milling machine** / Breitwalkmaschine *f* || ~-**width neutralizer** / Breitneutralisiermaschine *f* (DIN 64990) || ~-**width neutralizing and rinsing machine** / Breit-Neutralisier- und -Spülmaschine *f* (DIN 64950) || ~-**width piece goods** *pl* / Stückware *f* in breitem Zustand || ~-**width pretreatment** / Breitvorbehandlung *f* || ~-**width processing** / Breitveredlung *f* || ~-**width ribbon transfer** / Breitbandübertragung *f* || ~-**width rinsing machine** / Breit-Spülmaschine *f* (DIN 64990) || ~-**width scouring** / Breitwäsche *f* || ~-**width soaper** / Breiteinseifmaschine *f*, Breitseifmaschine *f* || ~-**width souring plant** / Breitsäureanlage *f* || ~-**width squeezing device** / Breitabquetschvorrichtung *f* || ~-**width squeezing rollers** *pl* / Breitabquetschvorrichtung *f* || ~-**width stenter** (GB), open-width tenter (US) / Breitspannrahmen *m* || ~-**width suction machine** / Gewebebreitabsaugmaschine *f* || ~-**width treatment** / Breitbehandlung *f* || ~-**width warp-knitted goods** *pl* / breitliegende Kettstuhlware || ~-**width washer** / Breitwaschmaschine *f*, Breitwaschanlage *f* || ~-**width washing** / Breitwaschen *n* || ~-**width washing machine** / Breitwaschmaschine *f* || ~-**width washing machine with fulling hammers** / Breitwaschmaschine *f* mit Hammerstauche || ~ **wind** / offene Wicklung || ~-**wing collar** (fash) / Schillerkragen *m* || ~ **wool** / schwachbehaartes Schaffell || ~-**work** *n* / Petinetware *f*, Ajourwirkware *f*, Filetgestrick *n* || ~-**work** *n* / Durchbrucharbeit *f*, durchbrochene Arbeit, Ajourmusterung *f*, Filigranarbeit *f*, Lochmusterung *f* || ~-**work** *adj* / durchbrochen *adj*, durchbrochen gearbeitet || ~-**work cloth** s. open-work fabric || ~-**worked** *adj* / durchbrochen *adj*, durchbrochen gearbeitet || ~-**worked stripes** / Ajourstreifen *m pl* || ~-**work effect** / Ajoureffekt *m*, Durchbrucheffekt *m*, durchbrochener Effekt || ~-**work effect** (knitt) / Petinet- Effekt *m* || ~-**work embroidery** / Durchbruchstickerei *f* || ~-**work fabric** / durchbrochener Stoff, durchbrochenes Gewebe, Gewebe *n* mit Ajourmusterung || ~-**work fabric** (knitt) / Petinetware *f*, Ajourwirkware *f*, Filetgestrick *n* || ~-**work pattern** / Durchbruchmuster *n*, durchbrochenes Muster, Lochmuster *n* || ~-**work structure** / Filetstoff *m* || ~-**work trimming** / durchbrochenes Band || ~-**work warp-knit goods** *pl* / durchbrochene Kettenwirkware || ~-**work weave** / Ajourbindung *f*, Scheindreherbindung *f* || ~ **yarn** / offenes Garn || ~ **yarn dyeing machine** / offener Garnfärbeapparat
operate *v* / bewegen *v* (im Bad)
operating gown / Operationsmantel *m* || ~ **instructions** *pl* / Betriebsvorschrift *f*, Betriebsanweisung *f* || ~ **table** (dye) / Arbeitstisch *m* || ~ **trough** (neutralizing) / Waschkasten *m*
Oporto wool / portugiesische Teppichwolle
opposing needles (knitt) / gegenüberstehende Nadeln
opposite yarn layer in the winding layers / entgegengesetzte Fadenlage in den Windungsschichten
optical bleaching / optisches Aufhellen, Weißtönen *n*, optisches Bleichen || ~ **bleaching agent** / optischer Aufheller, optisches Aufhellungsmittel, optisches Bleichmittel, Weißtöner *m* || ~ **brightened fabric** / optisch aufgehelltes Gewebe, weißgetöntes Gewebe || ~ **brightener** / Weißtöner *m*, optischer Aufheller, optisches Aufhellungsmittel || ~ **brightener for cellulosic fibres** / Zelluloseweißtöner *m* || ~ **brightening** / Weißtönen *n*, optisches Aufhellen || ~ **brightening agent** (OBA) / Weißtöner *m*, optischer Aufheller, optisches Aufhellungsmittel || ~ **density** / optische Dichte || ~ **evenness testing** / optische Garngleichmäßigkeitsmessung || ~ **irregularities** / optische Unegalitäten *f pl*
optically sensitive / lichtempfindlich *adj*
optical property / optische Eigenschaft || ~ **stop device** / lichtelektrische Ausschaltvorrichtung || ~ **white** / optische Bleiche || ~ **whitener** / Weißtöner *m*, optischer Aufheller, optisches Aufhellungsmittel || ~ **whitening** / Weißtönen *n*, optisches Aufhellen, optische Aufhellung || ~ **whitening agent** s. optical whitener
optic fibre / optische Faser
optimum affinity (dye) / optimales Aufziehvermögen, Aufziehoptimum *n*
opuhe fibre / eine hawaiische Bastfaser
opuntia *n* / Feigenkaktus *m*, Opuntie *f*
orange *adj* / orange *adj*, orangefarben *adj*, orangenfarben *adj* || ~-**brown** *adj* / orangebraun *adj* (RAL 8023);*adj*. || ~-**coloured** *adj* / orangefarben *adj*, orangenfarben *adj* || ~ **discharge** / Orangeätze *f* || ~-**peel effect** (ctg) / Apfelsinenschaleneffekt *m* (Defekt: Durchdrücken der Oberflächenstruktur) || ~ **profile** (of filament) / Orangenprofil *m* || ~-**red** *adj* / orangerot *adj* || ~ **shade** / Orangeton *m* || ~-**yellow** *adj* / orangegelb *adj*
Orbis printing / Orbisdruck *m*
orcein (dye) / Orzein *n*, Orcein *n*
orcellinic acid / Orsellinsäure *f*, Orseillinsäure *f*
orchid [-lilac] *adj* / orchideenlila *adj* || ~-**purple** *adj* / orchideenpurpur *adj*
orchil *n* (dye) s. archil
orcin *n*, orcinol *n* (chem) / Orzin *n* (5-Methylresorzin)
order of drawing-in (weav) / Reihzug *m* || ~ **of the threads** / Fadenfolge *f*, Reihenfolge *f* der Fäden || ~ **of the threads in the weave** / Fadenfolge *f* im Gewebe || ~ **of the warp threads** (weav) / Fadenfolge *f* in der Kette, Kettfadenfolge *f* || ~ **of the weft yarn** (weav) / Fadenfolge *f* im Schuß, Schußfadenfolge *f* || ~ **of treadling** (weav) / Trittfolge *f*
ordinary bath / Vollbad *n* || ~-**bath finishing** / Vollbadapparat *f* || ~ **brown** / Ordinärbraun *n* || ~ **jig** / Oberflottenjigger *m*, Oberwasserjigger *m* || ~ **milling** / mittelschwere Walke, mittlere Walke || ~ **paste** / Einfachteig *m* || ~ **rib sock** / gewöhnliche, gerippte Socke (ohne Musterung) || ~ **temperature** / Raumtemperatur *f*, Zimmertemperatur *f* || ~ **welt** (knitt) / normaler Patentrand || ~ **welt** (knitt) / regulärer Anfang
orelline *n* s. orlean
organdie *n* s. organdy
organdy *n* (very fine transparent plain-woven muslin) / Organdy *m*, Glasbatist *m*, Organtin *m* || ~ **finish** / Organdy-Ausrüstung *f*, Transparent-Ausrüstung *f*
organic accelerator / organischer Beschleuniger || ~ **acid** / organische Säure || ~ **boric acid ester** / organischer Borsäureester || ~ **catalyst** / organischer Katalysator || ~ **colouring matter** / organischer Farbstoff || ~ **complexing agent** / organischer Komplexbildner || ~ **compound** / organische Verbindung || ~ **dyestuff** / organischer Farbstoff || ~ **fibre** / organische Faser, organischer Faserstoff || ~ **solvent** / organisches Lösungsmittel || ~ **solvent soluble dyestuff** / organisch löslicher Farbstoff || ~ **solvent system** / organisches Lösemittelsystem
organically masked (chem) / organisch maskiert
organomercury compound / Organo- Quecksilberverbindung *f*, quecksilberorganische Verbindung

organometallic

organometallic compound / metallorganische Verbindung, organische Metallverbindung
organza n (sheer dress fabric in plain weave) / Organza m
organzine v / doppelt zwirnen || ~ n (raw silk yarn) / Organsin n m, Organzin n m, Orsoy m || ~ **silk** / Organsinseide f, Kettseide f, Ajourseide f
Oriental-·blue adj / orientblau adj || ~ **carpet** / Orientteppich m || ~**-design** adj (cpt) / orientgemustert adj || ~ **rug** / Orientteppich m || ~ **rug knots** / orientalische Teppichknoten m pl
orientate v / orientieren v, ausrichten v, recken v || ~ (esp. fibres) / gleichrichten v
orientation n / Orientierung f || ~ (flock) / Ausrichtung f || ~ **birefringence** (optical determination of the degree of molecular orientation of nylon filaments) / Orientierungstest m durch Doppelbrechung || ~ **of fibres** / Faserorientierung f || ~ **uniformity** / Orientierungsgleichmäßigkeit f
oriented web / ausgerichteter Faserflor
orient red / Orientrot n
orifice n / kleine Öffnung || ~ (extr) / Düsenaustritt m, Düsenöffnung f, Austrittsöffnung f, Mundstück n
original concentration (dye) / Anfangskonzentration f || ~ **length** / Anfangslänge f || ~ **liquor** (dye) / Ansatzflotte f || ~ **pattern** / Originalmuster n || ~ **solution** (dye) / Ansatzlösung f, Anfangslösung f || ~ **whiteness of the fibre** / Grundweiß n der Faser
origin of the fibre / Faserprovenienz f
orlean n (dye) / Buttergelb n, Methylgelb n, Orlean m || ~ (dye) s. also annatto
orleans n (plain-woven fabric with cotton warp and light-coloured wool or worsted filling) / Orléans m || ~ **cotton** / Sammelname der am Golf von Mexiko und am Mississippi erzeugten Baumwollsorten
ornament n / Verzierung f, Applikation f
ornamental feather (fash) / Schmuckfeder f || ~ **seam** / Ziernaht f || ~ **stitch** / Zierstich m, Schmuckstich m || ~ **thread** / Zierfaden m || ~ **trimmings** / Posamenten n pl
ornamentations pl / Applikationen f pl
ornamented buttonhole edge / verzierte Knopflochkante || ~ **fabric** / gemustertes Gewebe
ornamenting n (by the backing weft) (weav) / Musterbildung f, Effektbildung f (durch den Unterschuß)
ornaments pl / Applikationen f pl
ornithine n (chem) / Ornithin n
orpiment n (dye) / Operment n, Auripigment n, Rauschgold n, Rauschgelb n, Königsgelb n || ~ **vat** / Opermentküpe f
orris n / Gold- oder Silber-Gimpenborte f
orseil n, orseille n / Orseille f, Färberflechte f || ~ **de mer** (Fr) / Meer-Orseille f || ~ **de terre** (Fr) / Land-Orseille f
orseillin n / Orseillin n, Roccelin n
orselle n s. orseille
orsellic acid s. orsellinic acid
orsellinic acid / Orseillinsäure f, Orsellinsäure f
orsey [silk] n / Organsin m n, Organzin m n, Orsoy m
orthoaminoazotoluene n / o-Aminoazotoluol n
orthoanisidine n / o-Anisidin n
orthoarsenic acid / Orthoarsensäure f, Arsen(V)-säure f
orthobenzoic acid / o-Aminobenzoesäure f, Anthranilsäure f
orthocortex n / Orthocortex m, Orthokortex m
orthophenylphenol n / Orthophenylphenol n
orthophosphoric acid / Orthophosphorsäure f, Phosphorsäure f
orthoquinone n / Orthochinon n
orthotropic adj / orthotrop adj
orts pl / Baumwollabfall m
oscillating back rest (spinn) / beweglicher Streichbaum, schwingender Streichbaum, Schwingbaum m, Schwingstange f || ~**-disc rheometer** /
Schwingscheiben-Rheometer n || ~ **doctor blade** / schwingende Rakel || ~ **expander** / Schaukelbreithalter m || ~ **looper** / schwingender Greifer, oszillierender Kettenstichgreifer m || ~ **roller** / oszillierende Walze || ~ **shearing machine** / amerikanische Schermaschine || ~ **shuttle** (sew) / Bahngreifer m || ~ **stretcher** / Schaukelbreithalter m || ~ **yarn guide** / schwingender Fadenführer
oscillation of back rest (weav) / Streichbaumbewegung f || ~ **of the sley** (weav) / Ladenschwingung f
oscillator unit (fin) / Changiereinrichtung f (DIN 64990)
oscillatory knitting (hos) / Stricken n (der Ferse und Spitze) im Pendelgang || ~ **properties** (ability of the flocks to change polarity and oscillate freely between the electrodes) / Springvermögen n der Flocken
osmophore n / osmophore Gruppe, Geruchsträger m
osmosis n (chem) / Osmose f || ~ **bleach** / Osmosebleiche f
osmotic pressure / osmotischer Druck
ossan n / schottischer Wollstrumpf
ostrich-feather n, ostrich-plume n (fash) / Straußenfeder f
otter plush / Otterplüsch m
ottoman n (heavy plain silk or rayon fabric with wide flat ribs) / Ottoman m || ~ (upholstered seat or couch) / Ottomane f || ~ **cord** / Ottoman m mit Längsrippen || ~ **reversible** / Ottoman m mit Abseite || ~ **rib** / Ottoman m mit Längsrippen
ouate n (Fr) / Baumwollwatte f
ounce thread / feines gebleichtes Leinengarn
outdoor carpet / Freilustteppich m || ~ **furnishings** pl / Freilusttextilien pl, Textilien pl für den Einsatz im Freien || ~ **stability** / Beständigkeit f gegen Bewetterung, Bewitterungsbeständigkeit f || ~ **textiles** / Freilusttextilien pl || ~ **wear** / Straßenbekleidung f
out end (spinn) / Endgestell n (DIN 63400)
outer fabric / Oberstoff m || ~ **garments** / Oberbekleidung f || ~ **layer** / Außenschicht f
outerwear n / Oberbekleidung f || ~ **garment sector** / Oberbekleidungssektor m || ~ **knitting machine** / Oberbekleidungsstrickmaschine f || ~ **needle** (knitt) / Zungennadel f mit grobem Haken für Oberbekleidung || ~ **yarn** (knitt) / Garn n für gestrickte Oberbekleidung
outer welt (hos) / Außenseite f des Doppelrandes
outfit n / Ausstattung f
outflow n / Auslauf m, Auslaß m, Ablaß m || ~ **quenching** (spinn) / Innen-Außenanblasung n || ~ **resistance** / Ausflußwiderstand m
outing flannel (fleecy soft-napped fabric used chiefly for infants' garments) / Baumwollflanellware f
outlet n / Auslaß m, Auslauf m || ~ (nozzle) / Düsenaustritt m || ~ **device** / Ablaufeinrichtung f || ~ **valve** / Ablaßventil n
outline n (print) / Kontur f, Umriß m, Stand m || ~ **printing** (text pr) / Konturendruck m
outlines pl / Konturen f pl || ~ **prints have sharp** ~ / Drucke haben einen scharfen Stand || ~ **and overprints** / Ausstoß m und Überfall (bei Reaktivfarbstoff als Begleitstoff)
outline starch ether / Kontur-Stärkeäther m
out-of-fashion adj / altmodisch adj, unmodern adj, aus der Mode
output per spindle / Spindelleistung f || ~ **roll[er]s** (dye) / Lieferwerk n
outseam n (trousers) (sew) / Seitennaht f (einer Hose)
outside bobbin wheel / äußeres Spulentriebrad || ~ **diameter** / Außendurchmesser m || ~ **filling supply** / Schußzuführung f von ortsfester Spule || ~ **scissors** pl / Außenschere f || ~ **sinker ring** / äußerer Platinenring || ~ **sliver suction** / Eckfadenabsaugung f || ~**-to-inside shading** (package dye) / Farbablauf m, zwischen den inneren und äußeren Wicklungen auftretend || ~ **treading loom** (weav) / Webmaschine f mit Außentritt || ~ **treading mechanism** (weav) / Außentritt m || ~ **treading motion** (weav) / Außentrittvorrichtung f || ~ **treadle motion** (weav) / Außentritt m,

Außentrittvorrichtung f ‖ ~ **wall** (of fibre) / Primärwand f
outsize n / Übergröße f
outturn sample / Ausfallmuster n
outward run of carriage (spinn) / Wagenausfahrt f
ouvré n (fabrics having check or other small patterns) (Fr) / Ouvré m, besticktes Seidenmusterstück
ouvrée n / Ouvrée f, gezwirntes Garn aus Grègeseide
oval adj / oval adj, eiförmig adj ‖ ~ **neckline** (fash) / ovaler Ausschnitt ‖ ~ **silk** / Stickerei-Trame f ‖ ~ **washing machine** / ovale Waschmaschine ‖ ~ **winch** / Ovalhaspel f
oven n / Trockenofen m, Trockenschrank m ‖ ~ **cloth** / Topflappen m ‖ ~**-dried** adj / ofengetrocknet adj ‖ ~**-dry** adj (condition) / ofentrockener Zustand ‖ ~ **drying** / Ofentrocknung f ‖ ~**-dry mass** / Trockenmasse f, Trockengewicht n ‖ ~**-dry tensile strength** / Zugfestigkeit f in ofentrockenem Zustand ‖ ~**-dry weight** s. oven-dry mass ‖ ~ **glove** (GB), oven mitt (US) / Topfhandschuh m ‖ ~ **moisture testing** / Feuchtbestimmung f mit Ofenwaage
overacidification n / Übersäuerung f
overall n / Overall m, Arbeitskittel m, Berufskittel m ‖ ~ (esp. fash) / Latzhose f ‖ ~ **blotch print** / Decker m, Vollschablone f ‖ ~ **diameter** (of bobbin) **with yarn** / Wickeldurchmesser m (einer vollen Spule) ‖ ~ **draft** / Gesamtverzug m ‖ ~ **dress** / Kittelkleid f
over-all flocking / Vollbeflockung f, Ganzflächenbeflockung f
overall length / Gesamtlänge f ‖ ~ **length of shuttle** (weav) / Gesamtlänge f des Schützen (DIN 64685) ‖ ~ **repeat** (weav) / Gesamtrapport m
overalls pl s. overall
overall twill / Arbeitsköper m, Baumwollköper m ‖ ~ **width** / Gesamtbreite f
overbleach v / überbleichen v
overbleaching n / Überbleichen n, Überbleiche f
overblouse n / Überziehbluse f, Schlupfbluse f (über Rock oder Hose getragene Bluse)
overboil v / verkochen v
overbrushing n / Überstrich m
overcast v (sew) / überwendlich nähen, umstechen v ‖ ~ n (sew) / überwendliche Naht, Überwendlingsnaht f, Umstechnaht f, Überwendlingsnaht f ‖ ~ **edge** / überwendlich genähter Saum
overcasting n (sew) / Umstechen n, Umschlingen n ‖ ~ **machine** / Überwendlingsmaschine f, Überwendlich-Nähmaschine f ‖ ~ **stitch** / überwendlicher Stich, Überwendlingsstich m, Umstechstich m
overcast seam / Überwendlichnaht f, überwendliche Naht, Umstechnaht f, Überwendlingsnaht f ‖ ~**-sky daylight** / mittleres Tageslicht, diffuses Tageslicht
overcheck n / Deckkaro n ‖ ~ (fabr) / Stoff m mit Deckkaro
overclothes pl / Überkleider n pl, Überbekleidung f
overcoat n / Mantel m, Überzieher m, Paletot m, Überrock m
overcoating n / Mantelstoff m, Paletotstoff m
overcoat material / Mantelstoff m, Paletotstoff m ‖ ~ **poplin** / Mantelpopeline f
overcolour v / zu stark färben
overcool v / unterkühlen v
overdosage n / Überdosierung f
overdraw v / überstrecken v, überziehen v, zu stark strecken
overdress n (ladies' fash) / Overdresskleid n (ein Hüllenkleid im Stil der Etagenmode)
overdried prints / übertrocknete Drucke m pl
overdry v / übertrocknen v
overdrying n / Übertrocknen n, Übertrocknung f, übermäßiges Trocknen
overdye n / überfärben v ‖ ~ **fastness** / Überfärbeechtheit f
overdyeing n / Überfärben n, Überfärbung f

overedge v (knitt) / beketteln v ‖ ~ (sew) / überwendlich nähen
overedger n s. overedging machine
overedge stitch / Kantenstich m, Überwendlingsstich m ‖ ~**-stitch seam** (sew) / Überwendlichnaht f
overedging machine / Überwendlichnähmaschine f, Überwendlingsnähmaschine f
overend rewinding / Über-Kopf-Zurückspulen n ‖ ~ **take-off** / Über-Kopf-Ablauf m, Ablauf m über dem Kopf ‖ ~ **unwinding**, overend withdrawal / Über-Kopf-Abzug m, Abzug m über dem Kopf
overexposure [to light] / Überbelichtung f
overextend v / überstrecken v
overextension n / Überstreckung f
overfeed n / Voreilung f ‖ ~ (esp. cpt) / Schrumpfrahmen m ‖ ~ (excess feed) / Überdosierung f ‖ ~ **attachment** / Voreilungseinrichtung f, Materialzufuhr f mit Voreilung
overfeeding n s. overfeed ‖ ~ **arrangement** (yarn processing) / Stauchaggregat n ‖ ~ **device** / Voreilapparat m, Voreileinrichtung f
overfeed pinning / Voreilaufnadelung f ‖ ~ **pinning equipment** / Voreilaufnadelgerät n (DIN 64990) ‖ ~ **pin stenter** (GB), overfeed pin tenter (US) / Nadelspannrahmen m mit Voreilung ‖ ~ **stenter** / Schrumpfrahmen m
overfine adj / übermäßig fein
overflow v / überlaufen v ‖ ~ n / Überlauf m ‖ ~ / überlaufende Flotte ‖ ~ **container** / Überlaufgefäß n ‖ ~ **device** / Überlaufvorrichtung f ‖ ~ **dyeing apparatus**, overflow plant, overflow equipment (dye) / Overflow-Anlage f ‖ ~ **dyeing machine** / Overflow-Färbeanlage f ‖ ~ **pipe** / Überlaufrohr n, Überkochrohr n ‖ ~ **rinse** / Spülen n unter Überlauf ‖ ~ **valve** / Überlaufventil n
overgarment n / oberes Kleidungsstück
overgrind v / totmahlen v, übermahlen v
overgrown wool / überlange Wolle
overhang v / überhängen v
overhead drawing off of the thread / Fadenabzug m über Kopf, „über-den-Kopf"-Fadenabzug m, Überkopfabzug m ‖ ~ **loading** (weav) / Überkopfabzug m ‖ ~ **mixer** / Taumelmischer m, Überkopfmischer m ‖ ~ **paddle** (dye) / Überkopfpaddel n ‖ ~ **seam** / Überwendlichnaht f, Überwendlingsnaht f, überwendliche Naht, Umstechnaht f ‖ ~ **unwinding** (weav) / Überkopfabzug m
overheat v / überhitzen v, überheizen v
overheater n / Überhitzer m
overheating n / Überhitzen n, Überhitzung f, Überheizen n
overlap v / überlappen v, überdecken v, überlagern v, überschneiden v ‖ ~ (print pattern) / übereinanderfallen v ‖ ~ n / Überlappung f, Überlegung f, Überfall m ‖ ~ (knitt) / Legung f über den Nadeln ‖ ~ (of striped tubular fabric) / Fadenwechselstelle f
overlapping n / Überlappung f, Überlappen n, Überlagerung f, Überdeckung f ‖ ~ (esp. text pr) / Überfall m ‖ **printed in** ~ **designs** (text pr) / im Überfall gedruckt ‖ ~ **colour** (text pr) / überfallende Farbe ‖ ~ **design** (text pr) / Überfall m, Überfallmuster n ‖ ~ **part** / Überfallstelle f ‖ ~ **print** / Überdruckeffekt m
overlay v / bedecken v, überlagern v ‖ ~ n (lam) / oberste Lage ‖ ~ (nwv) / Oberflächenmatte f ‖ ~ (for bed) / Tagesdecke f ‖ ~ **mat** / Glas-Oberflächenmatte f (DIN 61850) ‖ ~ **mattress** / Auflegematratze f ‖ ~ **veil** / Glas-Oberflächenmatte f (DIN 61850)
over-length fibre / Überlängenfaser f
overlock v (knitt) / beketteln v ‖ ~ adj / überwendlich adj ‖ ~ **blind stitch hemming machine** / Überwendlich-Blindsaummaschine f
overlocking n / Umnähen n im Überwendlichstich, Überwendlingsnaht f
overlock machine / Überwendlingsmaschine f, Überwendlichmaschine f, Overlocknähmaschine f ‖

overlock

~ seam / Überwendlichnaht f, Überwendlingsnaht f, überwendliche Naht, Umstechnaht f || **~ seaming machine**, overlock sewing machine / Überwendlichmaschine f, Überwendlingsmaschine f, Overlocknähmaschine f || **~ stitch** / Überwendlichstich m, Überwendlingsstich m, Overlockstich m
overoxidate v / überoxydieren v
overoxidation n / Überoxydation f
overoxidize v / überoxydieren v
overpick n (weav) / Oberschlag m || **~ buffer** (weav) / Oberschlagpuffer m || **~ loom** / Oberschlagstuhl m, Oberschlagwebstuhl m || **~ picker** (weav) / Oberschlagpicker m
overpressure n / Überdruck m
overprint v / überdrucken v || **~** n / Überdruck m, Deckdruck m || **~ colour** / Überdruckfarbe f || **~ design** / Überdruckmuster n
overprinted area / Überdruckfläche f || **~ colour** / Deckfarbe f, überdruckte Farbe
overprint effect / Überdruckeffekt m
overprinting n / Überdrucken n || **~ varnish** (trans pr) / Drucklack m
overprint paste / Überdruckfarbe f || **~ resist** / Überdruckreserve f, Aufdruckreserve f || **~ resist agent** / Überdruckreservierungsmittel n
over-reduction n, overreduction n / Überreduktion f
overretting n / Überröste f
overrunning of the spool / Spulenvorlauf m
oversaturation n / Übersättigung f, Übersättigen n
overseaming n s. overlocking || **~ machine** / Überwendlichmaschine f, Überwendlingsmaschine f, Overlocknähmaschine f
overseam stitch / Überwendlichstich m, Überwendlingsstich m, Overlockstich m
overseas wool / Überseewolle f
oversew v / überwendlich nähen || **~** (edge) / endeln v (österreichischer Ausdruck)
overshirt n (fash) / Überziehhemd n
oversize n / Übergröße f
oversize[d] particle / Überkorn n
overskirt n / Oberrock m
oversleeve n / Überziehärmel m, Ärmelschoner m
overslung sley (weav) / Hängelade f
overspeed n (dye) / Voreilung f
overspinning n (covering fancy threads for trimming) / Überspinnen n
overspun yarn / überdrehtes Garn
overstitching machine s. overcasting machine || **~ seam** s. overcast seam
overstretch v / überdehnen v, überstrecken v, überspannen v
overstretching n / Überstreckung f
over-tension n / Überspannung f
overthrow n (of material) (sew, defect) / Überschleudern n
overthrown end (on bobbins) / Abschläger m
overtone n / deckender Farbton
overtop n / Überziehbluse f, Schlupfbluse f
over-top take-off / Abzug m über Kopf
overtreat with acid / übersäuern v
overtwist v / überdrehen v, überzwirnen v
overtwisted yarn / überdrehtes Garn
overtwisting n / Überdrehung f, Überdrehen n
overweight n / Übergewicht n
overwidth fabric / übermäßig breite Ware
o/w (oil/water) emulsion / o/w-Emulsion f
o.w.f. (on weight of fibre) / nach Fasergewicht
oxalacetic acid / Oxalessigsäure f
oxalate n / Oxalat n
oxalic acid / Oxalsäure f || **~ salt** / Kleesalz n
oxamide n / Oxamid n
oxazine dyestuff / Oxazinfarbstoff m
oxblood-red adj / ochsblut adj, ochsblutrot adj
Oxford n / Oxford m, Oxford-Hemdenstoff m, gestreifter oder karierter Baumwollhemdenstoff || **~ bags** pl / sehr weite Hose || **~-blue** adj / dunkelblau adj || **~ check** / Oxfordkaro n || **~ grey** (fabr) / Marengostoff m, Marengoware f, dunkelgrauer Anzug- oder Mantelstoff || **~ weave** / Oxford-Gewebe n || **~ wool** / Oxford-Wolle f
oxidant n / Oxidationsmittel n, Oxidierungsmittel n, Oxidans n
oxidase n / Oxidase f
oxidation n / Oxidation f, Oxidierung f || **~ black** / Oxidationsschwarz n, Hängeschwarz n || **~ bleach[ing]** / Oxidationsbleiche f || **~ catalyst** / Oxidationskatalysator m || **~ chamber** / Oxidationskammer f || **~ discharge** / Oxidationsätze f || **~ dyestuff** / Oxidationsfarbstoff m || **~ inhibitor** / Oxidationsverhinderer m, Oxidationsinhibitor m || **~ process** / Oxidationsverfahren n || **~ resistance** / Oxidationsechtheit f || **~-sensitive dyestuff** / oxidationsempfindlicher Farbstoff || **~ stain** / Oxidationsfleck m
oxidative treatment (stripping) / oxidatives Abziehen
oxide n / Oxid n || **~-red** adj / oxidrot adj (RAL 3009) || **~-yellow** adj / oxidgelb adj
oxidizability n / Oxidierbarkeit f
oxidizable adj / oxidierbar adj
oxidize v / oxidieren v
oxidized lubricant / oxidierte Schmälze || **~ starch** / oxidierte Stärke
oxidize in open air / an der Luft oxidieren
oxidizer n / Oxidationsmittel n
oxidizing n / Oxidation f, Oxidierung f, Oxidieren n || **~** adj / oxidativ adj || **~ action** / oxidierende Wirkung || **~ agent** / Oxidationsmittel n, Oxidierungsmittel n, Oxydans n || **~ bath** / Oxidationsbad n || **~ bleach** / Oxidationsbleiche f || **~ bleaching agent** / oxidativ wirkendes Bleichmittel || **~ catalyst** / Oxidationskatalysator m
oxirane n / Oxiran n, Äthylenoxid n
oxo wool / Wollersatz m aus Flachs
oxyazo dyestuff / Oxyazofarbstoff m
oxycellulose n / Oxyzellulose f
oxydiphenyl carrier / Oxydiphenyl-Carrier m
oxyethylation product / Oxäthylierungsprodukt n
oxyethyl cellulose / Oxäthylzellulose f
oxy-fatty acid (dye) / Hydroxyfettsäure f
oxygen n / Sauerstoff m || **~ ageing** / Sauerstoffalterung f || **~ bleaching** / Sauerstoffbleiche f || **~ bleaching agent** / Sauerstoffbleichmittel n || **~ carrier** / Sauerstoffträger m || **~ cold-bleaching process** / Sauerstoff-Kaltbleichverfahren n || **~ compound** / Sauerstoffverbindung f || **~ developing agent** / sauerstoffabgebendes Mittel, sauerstoffentwickelndes Mittel || **~ fading** / Verfärben n durch Sauerstoff || **~-free** adj / sauerstofffrei adj || **~ index method** (flammability testing) / Sauerstoff-Index-Methode f || **~ liberation** / Sauerstoffabgabe f, Sauerstoffabspaltung f || **~ of the air** / Luftsauerstoff m || **~ release** / Sauerstoffabspaltung f
oxyketone dyestuff / Oxyketonfarbstoff m
oyster--grey adj / austergrau adj || **~ white** / perlweiß adj (RAL 1013)
ozocerite n / Ozokerit m, Erdwachs n
ozone n / Ozon n || **~ ageing** / Ozonalterung f || **~ and oxidation drying** / Ozon-Oxydationstrockenverfahren n || **~ bleach[ing]** / Ozonbleiche f || **~ fading** / Verfärben n durch Ozoneinwirkung || **~-resistant** adj / ozonbeständig adj, ozonfest adj
ozonize v / ozonisieren v
ozonizer n / Ozonisator m, Ozongenerator m
ozonizing n / Ozonisierung f

P

PA = polyamide
pacific converter (tow to top process) / Pacific Converter *m* (Spinnbandverfahren)
pacing *n* (weav) / Anspannung *f* der Kette
pack *n* (GB) (a 240-lbs measure for worsted top and flax; a 60,000-yard measure for linen yarn) / englische Textilmaße
package *n* (spinn) / Wickelkörper *m*, Garnkörper *m*, Wickel *m*, Spule *f*, Aufmachungseinheit *f* || ~/**beam dyeing machine** / Pack-Baum-Färbeapparat *m* || ~ **bleaching** / Packbleiche *f*, Bleichen *n* nach dem Packsystem || ~ **build**, package build-up / Spulenaufbau *m*, Aufbau *m* der Spule || ~ **density** / Dichte *f* des Garnkörpers, Dichte *f* des Wickelkörpers, Packungsdichte *f* || ~ **diameter** / Spulendurchmesser *m*
package-dyed *adj* / spulengefärbt *adj*
package dyeing / Garnkörperfärbung *f*, Spulenfärbung *f*, Apparatefärberei *f*, Färben *n* in der Aufmachungseinheit || ~ **dyeing apparatus**, package dyeing machine / Spulenfärbeapparat *m*, Spulenfärbemaschine *f* || ~ **dyeing machine** s. package dyeing apparatus || ~ **dyeing of tops** / Kammzug-Apparatefärberei *f* nach dem Packsystem || ~ **form** / Wickelform *f* || ~ **hardness** / Wickelhärte *f* || ~ **holder** / Spulenhalter *m* || ~ **pot** (spinn) / Spulentopf *m*
packages *pl* / Aufmachung *f*
package scouring / Spulenwäsche *f*, Wäsche *f* im Wickelkörper || ~ **tube** / Spulenhülse *f* || ~ **washing** / Spulenwäsche *f*, Wäsche *f* im Wickelkörper || ~ **weight** / Wickelgewicht *n* || ~ **without tube** / hülsenloser Wickel || ~ **with spring tube** / Spule *f* mit Federhülse || ~ **with wild winding** (autoconer) / Kreuzspule *f* mit wilder Wicklung
packaging *n* (spinn) / Umspulen *n* || ~ **method** (spinn) / Wickelaufmachung *f*
pack bleaching / Packbleiche *f* || ~ **bleach with active chlorine and oxygen** / Ce-Es-Packbleiche *f*, Chlor-Superoxid-Packbleiche *f* || ~ **cloth** / grobe Leinwand, Packleinwand *f*, Sackleinwand *f*, Packtuch *n*, Verpackungsgewebe *n* || ~ **duck** / Verpackungsgewebe *n* aus Jute || ~ **dyeing** / Packfärbung *f*, Färben *n* nach dem Packsystem
packing cage / Packzylinder *m* || ~ **canvas** / Packleinwand *f*, Sackleinwand *f*, grobe Leinwand || ~ **cloth** / grobe Leinwand, Packleinwand *f*, Sackleinwand *f*, Packtuch *n*, Verpackungsgewebe *n* || ~ **cord** / Packschnur *f*, Ballenschnur *f*, grober Bindfaden || ~ **duck** / Verpackungsgewebe *n* aus Jute || ~ **felt** / Dichtungsfilz *m* || ~ **linen** / Packleinen *n*, Packleinwand *f* || ~ **twine** / Packschnur *f*, Bindfaden *m* || ~ **twine** s. also packing cord
pack thread / Packzwirn *m*, Bindfaden *m*
paco *n* / Alpakawolle *f* || ~ **hair** / Pakohaar *n* || ~**-paco** *n* / eine brasilianische Malvenfaser
PA cotton, partially acetylated cotton / teilweise azetylierte Baumwolle
paco wool / Alpakawolle *f*
pacputan wool / grobe Wolle aus Pakistan
pad *v* / aufpolstern *v*, ausfüttern *v*, auspolstern *v*, ausstopfen *v*, auswattieren *v*, polstern *v* || ~ (dye) / foulardieren *v*, klotzen *v*, aufklotzen *v* || ~ (sew) / pikieren *v* || ~ *n* / Kissen *n*, Schulterpolster *n* || ~ (dye) / Foulard *m*, Paddingmaschine *f*, Klotzmaschine *f*, Färbefoulard *m* || ~ (US) / Teppichunterlage *f*, Unterlagenfilz *m* || **16-~ lapper** / 16fach-Wickler *m* || ~ **alkali shock dyeing process** / Pad-Alkalischock-Verfahren *n* || ~ **and stitch** / wattieren und steppen || ~ **application dry on wet** / Foulardieren *n* trocken in naß || ~ **bake process** / Klotz-Thermofixierverfahren *n* || ~ **batch process** / Kalt-Aufdockverfahren *n*, Klotz-Aufdockverfahren *n*, Pad-Batch-Verfahren *f* || ~ **bath** /

Klotzbad *n* || ~ **bowl** / Foulardwalze *f* || ~ **box** / Klotztrog *m*, Klotzchassis *n*, Foulardtrog *m*, Foulardchassis *n* || ~ **cure method** / Klotz-Thermofixierverfahren *n*, Klotz-Kondensationsverfahren *n*
padded *adj* / gepolstert *adj*, gefüttert *adj*, wattiert *adj* || ~ (dye) / geklotzt *adj*, foulardiert *adj* || ~ **dyeing** / Foulardfärbung *f*, Klotzfärbung *f*, Foulardklotzfärbung *f* || ~ **fabric** (dye) / geklotzte Ware || ~ **resist style** / Klotzreserveartikel *m* || ~ **style** / Klotzartikel *m*
padder *n* / Foulard *m*, Färbefoulard *m*, Applikationsfoulard *m*, Klotzmaschine *f*, Paddingmaschine *f* || ~ (sew) / Pikiermaschine *f* || ~ **trough** s. pad trough
padding *n* / Polsterung *f*, Wattierung *f*, Polsterfüllmaterial *n* || ~ (dye) / Klotzen *n*, Foulardieren *n*, Klotzung *f* || ~ (fabr) / Padding *n* (z.B. als Bügelunterlage) || ~ (US) (cpt) / Teppichunterlage *f*, Unterlagenfilz *m* || ~ **agent** / Klotzhilfsmittel *n* || ~ **and impregnating machine** / Appretier- und Imprägnierfoulard *m*, Appreturfoulard *m* (DIN 64990) || ~ **assistant**, padding auxiliary / Klotzhilfsmittel *n* || ~ **bath** / Klotzbad *n* || ~ **colour** (pigment specially finished for dyeing o. padding) / speziell für das Färben formiertes Pigment || ~ **dyestuff** / Klotzfarbstoff *m* || ~ **equipment** / Farbauftragsgerät *n* für Wickelfärberei || ~ **formula** / Klotzvorschrift *f* || ~ **ground shade** / Klotzgrundierfarbe *f* || ~ **liquor** / Klotzflotte *f*, Klotz *m*, Klotzansatz *m*, Foulardierlösung *f* || ~ **machine** / Foulard *m*, Klotzmaschine *f*, Paddingmaschine *f*, Färbefoulard *m*, Imprägnierfoulard *m* (DIN 64990) || ~ **machine with metering doctor blade** / Dosierrakelfoulard *m* || ~ **machine with several rollers** / Mehrwalzenfoulard *m* || ~ **mangle** s. padding machine || ~ **mangle method** / Foulardfärbeverfahren *n* || ~ **mangle with doctor blade** / Rakelfoulard *m* || ~ **material** / Polsterfüllmaterial *n* || ~ **of chemical liquor** / Chemikalienklotz *m* || ~ **on the dyestuff** / Farbstoffklotz *m* || ~ **process** / Foulardfärbeverfahren *n* || ~ **roller** / Foulardwalze *f*, Klotzwalze *f* || ~ **solution** / Klotzlösung *f* || ~ **stitch** (sew) / Zickzack-Heftstich *m* || ~ **temperature** / Klotztemperatur *f* || ~ **thread** / Füllfaden *m*, Verstärkungsgarn *n* || ~ **trough** / Klotztrog *m*, Klotzchassis *n*, Foulardtrog *m*, Foulardchassis *n*
paddle agitator / Paddelrührer *m*, Balkenrührer *m* || ~ **blade drying unit** / Schaufeltrockner *m* || ~ **board** / Ausgleichsblech *n* || ~ **drying unit** / Schaufeltrockner *m* || ~ **dyeing machine** / Paddelfärbeapparat *m*, Paddelfärbemaschine *f* (DIN 64990), Schaufel-Färbemaschine *f*, Schaufelrad-Färbemaschine *f*, Flügeltypfärbemaschine *f*, Paddelkufe *f*, Paddle-Färbemaschine *f*, Palettenfärbemaschine *f*, Paddelmaschine *f* || ~ **machine** s. paddle dyeing machine || ~ **mill type revolving scrubber** / Schwerttrommelwäscher *m* || ~ **stirrer** / Schaufelrührer *m* || ~ **unit** s. paddle dyeing machine || ~ **vat** / Paddelkufe *f* || ~ **vat with lateral paddle** / Paddelkufe *f* mit seitlichem Paddelrad || ~ **vat with overhead paddle** / Paddelkufe *f* mit obenliegendem Paddelrad || ~ **washing machine** / Paddelwaschmaschine *f* || ~ **wheel dyeing machine** / Paddelfärbemaschine *f* (DIN 64990), Radschaufelpaddelmaschine *f*, Paddel *f*
paddock coating (GB) / leichter Kammgarn-Mantelstoff
pad dry cure process / Klotz-Trocknungskondensationsverfahren *n* || ~ **dry fixation method** / Klotz-Schocktrocknungsverfahren *n* || ~ **dry process** / Klotz-Trockenverfahren *n* || ~ **dry padding** / Foulardfärbung *f*, Klotzfärbung *f*, Foulardklotzfärbung *f* || ~ **dyeing process** / Foulardfärbeverfahren *n*, Klotzfärbeverfahren *n* || ~ **finishing** / Klotzausrüsten *n* || ~ **fix machine** / Klotzfixiermaschine *f* || ~ **ground Verklotzung** *f* || ~ **ink** / Stempelfarbe *f* || ~ **in the nip** / im Zwickel klotzen || ~ **jig** / Foulardjigger *m* || ~ **jig dyeing** / Pad-Jig-Färben *n*, Klotzjiggerfärben *n* || ~ **jig**

pad

finishing / Klotzjiggerausrüsten n || ~ **jig method** / Pad-Jig-Verfahren n, Klotzjiggerverfahren n || ~ **liquor** / Klotzflotte f, Klotzansatz m, Klotz m, Klotzbad n, Foulardierlösung f || ~ **liquor pick-up** / Klotzflottenaufnahme f || ~ **liquor temperature** / Klotzflottentemperatur f || ~ **mangle** s. padding machine
padon n (Fr) / schmales Seidenband
pad one side / pflatschcn v
padquick padder / Padquick-Foulard m
pad roll bleaching / Aufdockbleiche f, Pad-Roll-Bleiche f || ~ **roll dyeing** / Klotzrollfärbung f, Pad-Roll-Färbeverfahren n || ~ **roll dyeing system** / Pad-Roll-Färbesystem n || ~ **roller** / Foulardwalze f, Klotzwalze f || ~ **roll finishing** / Klotzrollausrüstung f || ~ **roll machine** / Klotzrollmaschine f, Pad-Roll-Maschine f || ~ **roll method** / Pad-Roll-Verfahren n || ~ **roll unit** (bleach) / Verweilgerät n || ~ **shock drying process** / Klotz-Schocktrocknungsverfahren n || ~ **steam bleaching** / Klotz-Dämpf-Bleiche f, Pad-Steam-Bleiche f || ~ **steam dyeing** / Klotzdämpffärbung f || ~ **steam finishing** / Klotzdämpfausrüstung f, Pad-Steam-Ausrüstung f || ~ **steaming** / Klotzdämpfen n || ~ **steam machine** / Klotzdämpfmaschine f, Pad-Steam-Maschine f || ~ **steam process**, pad steam vat printing process / Klotzdämpfverfahren n || ~ **Klotzdämpfen** n, Pad-Steam-Verfahren n || ~**-steam vatting** / Pad-Steam-Verküpung f || ~ **thermofixation** (dye) / Klotz-Kondensierverfahren n || ~ **thermosol process** (dye) / Klotz-Thermosolverfahren n || ~ **trough** / Klotztrog m, Klotzchassis n, Foulardtrog m, Foulardchassis n
paduasoy n / paduanische Seidenstoffe
paejama n / indische Hose
paesano hemp / bei Neapel, Italien, gewonnene Hanffaser
pag n / farbiges Turbangewebe in Indien
pagari n s. pagri
page-boy panties / Pagenform-Schlüpfer m
pagri n / indischer Baumwollstoff für Kopfbedeckungen
paillasse n / Strohsack m, Strohmatratze f
paillette n (fash) / Metall- oder Glasplättchen, zum Aufnähen auf Kleider, Paillette f, Pailletten f pl || ~ **de soie** / mit Flitterplättchen benähter Seidenstoff || ~ **satin** / reinseidener atlasbindiger Kleiderstoff
painted fabrics / handbemalte Waren f pl || ~ **wool** / zeichenhaltige Wolle
painter's canvas / Malerleinwand f
paint mill / Farbmühle f
paira pratti cotton / indische Baumwolle
pairing n / Strumpfpaar n
pair of breeches / Breeches pl, Reithose f, Kniehose f || ~ **of drawing rollers** / Streckwalzenpaar n || ~ **of nips** / Quetschwalzenpaar n || ~ **of pants** (GB) / Unterhose f || ~ **of pants** (US) / Hose f || ~ **of rollers** / Walzenpaar n || ~ **of shorts** (US) / Hose f || ~ **of squeezing rollers** / Quetschwalzenpaar n || ~ **of trousers** / Hose f || ~ **of workers and rollers** / Arbeitsstelle f in der Krempelmaschine
Paisley pattern (brightly coloured, usually curved abstract figures) / Paisley-Muster n (nach dem Ort Paisley in Schottland) || ~ **pattern** (Indian pine figure) / indische Kiefernzapfenmusterung || ~ **shawl** / Kaschmirschal m mit Paisley-Musterung
pajam n / Gewebe n in Leinwandbindung (Pakistan)
pajama n (US) (top and bottoms), pajamas pl / Pyjama m, Schlafanzug m || ~ **check** / Dimity-ähnlicher karierter Baumwollstoff || ~ **fabric** / Pyjamastoff m || ~ **stripes** (US) / breitgestreifte Pyjamastoffe m pl || ~ **top** (US) / Pyjama-Oberteil n || ~ **trousers** (US) pl / Pyjama-Hose f
pakea mat (Hawaii) / feine leinwandbindige Matte für Kleidungsstücke
palangposh n / indischer Bettüberwurf
pale v / verblassen v, verbleichen v || ~ adj / blaß adj, hell adj || ~ **areas** / helle Stellen f pl || ~**-blue** adj / blaßblau adj, hellblau adj || ~**-brown** adj / blaßbraun adj (RAL 8025), hellbraun adj || ~ **coloured** / hellfarbig adj || ~**-green** adj / blaßgrün adj (RAL 6021) || ~**-grey** adj / hellgrau adj, blaßgrau adj, weißgrau adj || ~**-red** adj / blaßrot adj, hellrot adj || ~ **shade** / helle Farbschattierung, blasser Farbton || ~ **strength print** / Druck m in hellen Farbtönen
paletot n / Paletot m, lose, dünne Überjacke || ~ / knöchellanger Mantel
pale-violet adj / lila adj || ~**-yellow** adj / fahlgelb adj, blaßgelb adj, schwachgelb adj, hellgelb adj || ~ **yellow** (powder) / Reichbleichgold n
Palitana cotton / indische Baumwolle guter Qualität
pall n / Pallium n || ~ / Bahrtuch n || ~ (US) / Möbelschutzdecke f
palla fur (Fr) / Pelzimitat n aus Ziegenhaar || ~ **gallica** / bedrucktes Baumwollgewebe in Indien
pallas / Baumwollgewebe n aus bunten Garnen in Schallänge
pallet n (of straw) / Strohsack m, Strohmatratze f || ~ (US) / Schlafdecke f
pallium n / Pallium n (der Kirchenfürsten)
palma n / mexikanische Yuccafaser || ~ **barreta**, palma istle, palma pita s. palma
palm beach (plain weave, from light coloured yarn dyed wools) (weav) / Palmbeach m
palmer n / Palmausbreiter m (DIN 64890) || ~ / Breitstreckvorrichtung f für die Ausrüstung von Stückware
palmering n (finishing treatment for satins, taffetas and twills) / Palmer-Kalandern f
palmet fibre (South Africa) / Palmitschilffaser f
palmette n / Palmette-Schal m || ~ (cpt) / Palmblattmuster n || ~ **design** (characteristic feature of Ispahan rugs) / Palmblattmuster n
palmetto fibre (Chamaerops humilis) (often used for mattresses) / Palmettofaser f, Zwergpalmenfaser f (von den Bermudas) || ~ **palm** / Zwergpalme f, Palmettopalme f, Kohlpalme f
palm fibre / Palmfaser f
palmic acid s. palmitic acid
palminitic acid s. palmitic acid
palmitic acid / Palmitinsäure f, Hexadekansäure f, Zetylsäure f || ~ **acid ester** / Palmitinsäureester m
palmitin n / Tripalmitin n, Glyzerintripalmitat n, Glyzerintripalmitinsäureester m
palm kernel oil soap / Palmkernölseife f, Palmkernseife f || ~ **kernel soap** / Palmkernseife f, Palmkernölseife f || ~ **oil soap** / Palmölseife f
palmyra fibre / Palmyrapalmenfaser f, Lontaropalmenfaser f, Fächerpalmenfaser f (aus Borassus flabellifer - Afrika und Sri Lanka)
palo borracho fibre (Bombax ventricosa) / kapokähnliche Faser (aus Argentinien)
palungoa fibre (Hibiscus plant) (in India) / weiche, seidige und sehr haltbare Faser
palustric acid / Palustrinsäure f
pambah cotton / Baumwolle f in Persien und Armenien
pam hair / Daunenhaar n indischer Ziegen
p-aminoazobenzene n / p-Aminoazobenzol n
pamma hazara / Musselin-Baumwollgewebe n in Indien
pampakopetra fibre (in Cyprus and the Greek island of Euboea) / hochwertige Asbestfaser
pampa wool (wool of a South American sheep) / Pampaswolle f, Wolle f der Pampasschafe
PAN = polyacrylonitrile
panache n (Fr) / Helmbusch m, Federbusch m, Panasch m || ~ adj (Fr) / bunt adj, buntstreifig adj
panama n (fabric) / Panama m, Panamastoff m || ~ (hat) / Panamahut m || ~ **bark** (Quillaja saponaria Mol.) / Panamarinde f, Quillajarinde f, Seifenrinde f || ~ **canvas** / panamabindiger Kanevas || ~ **hat** / Panamahut m || ~ **hat palm** (Carludovica palmata) / Panamapalme f || ~ **sheep** (US) / in Idaho, USA, gezüchtete Schafe || ~ **suiting** / Panama-Anzugstoff m ||

~ **weave** (matt o. basket weave) / Panamabindung f ||
~ **zephyr** (dobby cloth) / Panamazephir m
pan calender / Muldenpresse f
pancreas amylase / Pankreasamylase f || ~ **diastase** / Pankreasdiastase f
pandanus fibre (palm in East Africa, India and Polynesia) / Schraubenbaumfaser f
panecla n (Fr) / Panecla n (bestickter Seidensamt)
panel n (cpt) / Tafel f || ~ (hos) / Strumpflänge f, Strumpfbein n, Länge f des Strumpfes || ~ (sew) / Stoffbahn f || ~ (on garments) / aufgenähter Stoffstreifen, Applikation f, farbiges Einsetzstück, Patte f || ~ (pattern) / begrenzter, horizontaler oder vertikaler Mustereffekt auf Strick- und Wirkwaren, Panel n || ~ **curtain** / Scheibengardine f || ~ **design** (knitt) / Strickmuster n mit verschiedenen Ebenen
panelled pocket / Pattentasche f
pang n / chinesischer Seidenstoff für Kleidung
pangalo cotton / bräunliche ägyptische Baumwollsorte
pangane fibre (Sanseviera kirkii plant) / ostafrikanische Bajonettpflanzenfaser
pangdan fibre / Blattstreifen m der philippinischen Kiefer
pangfil n / Seide f aus Nanking, China
pangihan fibre (in Huron P.I.) / eine Bastfaser
pangolo cotton s. pangalo cotton
panne n / Panne m, Panné m, Glanzsamt m, Spiegelsamt m, Walzenplüsch m, Zylinderplüsch m || ~ **satin** / Panné-Atlas m || ~ **[velvet]** / Panné m, Pannésamt m, Glanzsamt m, Walzenplüsch m, Spiegelsamt m, Zylinderplüsch m, Samt m mit (nieder)gelegtem Flor
pannier n (fash) / Puffrock m || ~ (flag) / Panier n (Banner, Fahne) || ~ (light framework formerly worn for extending a woman's skirt at the hips) / Hüftdraperie f
pannonia leather (imitation leather cloth made of coarse cotton or jute yarn, plain weave, and covered with a layer of varnish) / Pannonia-Leder n
pannossare n / afrikanisches Lendentuch
pan room (soap man) / Siederei f
pan-shaped spinneret (spinn) / Topfdüse f
pansy-coloured adj / veilchenfarbig adj, penseefarbig adj
pantalets pl (GB) / Damenunterhose f mit halblangem Beinansatz
pantalettes pl (GB) / Damenunterhose f mit kürzerem Beinansatz
pantaloon (GB) / Damenunterhose f mit längerem Beinansatz || ~ (GB) / Pantalons pl, lange Männerhose
pant coat (fash) / Pant-coat m, Hosenmantel m
pantee n (GB) s. panties || ~ **hose** (GB) / Strumpfhose f, Feinstrumpfhose f
pantie briefs pl / Hosenhöschen n in Slipform || ~ **corselette** / Hosenkorselett n
panties pl (GB) / Damenschlüpfer m, Höschen n, Slip m, Schlüpfer m, Pantie n
pantihose n s. panty hose
panting n / Hosenstoff m
pants pl (GB) / Unterhose f || ~ (US) / Hose f
panty n (US) / Damenschlüpfer m, Schlüpfer m, Pantie n, Miederhose f, Höschen n, Slip m || ~ **all-in-one** / Panty-Korselett n, Hosen-Korselett n mit Beinansatz, vollelastisches Hosenkorselett mit langem Bein || ~ **girdle** / Miederhose f || ~ **girdle with stretch body** / vollelastische Miederhose || ~ **hose**, pantyhose / Strumpfhose f, Feinstrumpfhose f || ~ **section** / Höschenteil m (Strumpfhose)
panung n / Unterkleid n der Siamesen
pan yarn / Pangarn n, künstliches Roßhaargarn
paoningknopan silk / Handelsbezeichnung in Szetschuan, China, für die beste Sorte Seide
pao pathan wool / eine indische Wolle
paper bobbin / Papierhülse f, Papierspule f, Papierbobine f || ~ **can** (spinn) / Papierkanne f || ~ **card** (weav) / Papierkarte f || ~ **collar** (warping) / Einlegestreifen m || ~ **cone** / Papierkegel m, Papierkonus m || ~ **core** /

Papierkern m || ~ **fabric** / Papiergewebe n, mit Papier beschichtetes Gewebe
paperiness n / papierartiger Charakter, papierähnliche Eigenschaft
papering apparatus (fin) / Einspänapparat m (DIN 64990)
paper interlayer / Zwischenlaufpapier n || ~**-like handle** / papierharter Griff || ~ **machine felt** / Papiermaschinenfilz m || ~ **maker's felt** / Papiermaschinenfilz m || ~ **mat** / Papiereinlage f || ~ **muslin** / steif appretierter Futtermusselin || ~ **notation of pattern** (knitt, mach) / Musterpatrone f || ~ **pattern** (sew m) / Schnittmuster n || ~ **pirn** / Papierhülse f || ~ **roll[er]** / Papierwalze f || ~ **taffeta** / papierharter Taft || ~ **textiles** / Papier-Textilien pl || ~**-through coating** / Durchhöle f || ~ **tube** / Papierhülse f, Kötzerhülse f, Kötzertüte f || ~ **tube for yarn** / Papier-Garnspule f, Papierhülse f, Papier-Garnhülse f
papery adj (excessive smoothness given to cotton fabrics with the aid of sizes) / papierartig adj, papierhart adj
paper yarn (cpt) / Papiergarn n
papery handle / Papiergriff m, papierharter Griff
papilion rep / Ripspapillon m || ~ **taffeta** / Papillontaft m
papping n (obsolete) / Schlichten n
pappreserve printing / Pappreservedruck m
paprica [-red] adj / paprikarot adj, pfefferrot adj
paquet reed (weav) / Blatt m mit Steig- und Sinkbewegung
para bass / brasilianische Piassava
parachute fabric / Fallschirmstoff m || ~ **harness** / Fallschirmgurt m || ~ **silk** / Fallschirmseide f
para cotton / eine brasilianische Baumwollsorte || ~ **cotton** / eine peruanische Baumwollsorte
paraffin n / Paraffin n || ~ **application system** / Paraffiniereinrichtung f || ~ **duck** / mit Paraffinpräparat imprägnierter Duck || ~ **emulsion** / Paraffinemulsion f || ~ **impregnation** / Paraffinimprägnierung f, Paraffintränkung f || ~ **oil** / Paraffinöl n || ~ **sulphonate of sodium** / paraffin-sulfonsaures Natrium || ~ **wax based water repellent** / Hydrophobiermittel n auf Paraffin-Basis
para fibre / Handelsqualität f der Piassavafaser
Paraguay lace / Paraguayspitze f, Sonnenspitze f
parahyba cotton s. paraiba cotton
paraiba cotton / brasilianische Baumwollsorte
paraldehyde dyestuff / Paraldehydfarbstoff m
parallel cheese / zylindrische Kreuzspule f || ~ **fabric** / Parallelstoff m || ~ **feed wheel** / zylindrisches Fournisseurrad || ~ **fibre feed** / Längsfaserspeisung f
parallelization n (of fibres) / Parallelisieren n (der Fasern)
parallel laid nonwoven fabric / Vlies n mit paralleler Faserlage || ~ **laminated** / parallelgeschichtet adj || ~ **needles** (knitt) / parallelgestellte Nadeln f pl, flache Reihe von Nadeln || ~ **nonwoven** / Parallelvlies n || ~ **tube for cheeses of jute yarn** / zylindrische Kreuzspulhülse für Jutegarn (DIN 64621) || ~ **tube for cheeses of synthetic yarn** / zylindrische Kreuzspulhülse für Chemiefasergarn (DIN 64635) || ~ **tube for cross winding silk and nylon yarn for the processing industries** / zylindrische Kreuzspulhülse für Webgarn der Seiden- und Kunstseiden-Industrien (DIN 64635) || ~ **tube for dyeing** / zylindrische Färbehülse (DIN 64402) || ~ **warp yarns** (space dye) pl / Garnschar f, Fadenschar f || ~ **winding** / Parallelwicklung f, Parallelwindung f || ~ **wound bobbin** / Spule f mit Parallelwicklung || ~ **wound yarn** / parallelgespultes Garn, Parallelgarn n
paramatta n s. parramatta
paranitraniline n / Paranitranilin n || ~ **red** / Paranitranilinrot n, Pararot n
parao fibre / starke Blattfaser (Hibiscus tiliaceus) auf den Gesellschafts-Inseln (für Seile)
para piassava / brasilianische Piassava || ~ **red** / Paranitranilinrot n, Pararot n
pararosaniline n / Pararosanilin n
paras n / indisches Baumwolltuch

parasol

parasol n / Sonnenschirm m
parcelling tape machine / Bastbandmaschine f
parchment cotton / als Hautpergamentimitat ausgerüstete Baumwollware ‖ ~ for worsted spinning / Kammgarnpergament n
parchmentizing effect / Pergamenteffekt m, Pergamentiereffekt m ‖ ~ machine / Pergamentiermaschine f
parchment lace / Guipure-Spitze f, Gipürenspitze f
pardia kufr / weiches Baumwollgewebe aus Indien
pardo cotton / peruanische bräunliche Baumwollsorten f pl
parements pl / Paramentenstoffe m pl ‖ ~ / Stoffe m pl für kirchliche Zwecke
paren n / bedruckte Baumwollware auf den Gesellschafts-Inseln
parenchyma n / Parenchym n (pflanzliches Grundgewebe)
parenchymal adj s. parenchymatous
parenchymatous adj / parenchymatös adj
parent dyestuff / Stammfarbstoff m ‖ ~ vat / Stammküpe f ‖ ~ vat dyestuff / Stammküpenfarbstoff m
paresseuse n (weav defect) (Fr) / Fehlschuß m
parida kapar / Baumwollgewebe in Assam für feine Schals
paripasha n / weiches gestreiftes Seidengewebe in Indien
paripurr n, paripurz n / Seidengewebe n in Amritsar
Paris black / Pariser Schwarz n ‖ ~ blue / Pariser Blau n, Berliner Blau n, Preußisch Blau n, Preußischblau n ‖ ~ green / Pariser Grün n, Schweinfurter Grün n
parisienne n / Parisienne f (ein durch Gold- und Silberfäden verziertes, kleingemustertes, leichtes Seidengewebe)
parison n / Vorformling m
Paris red / Englischrot n
paritanewha fibre / Neuseelandhanf m
parka n / Parka f m (knielanger, warmer Anorak mit Kapuze)
parkal n s. percale
parkalia n / feiner indischer Kattun
parm-narm n (variety of pashmina) / Steinbock-Wollstoff m aus Kaschmir
parna n / indisches Baumwollhandtuch
parramatta n / Wollgewebe n, Halbmerino m (dreibindig mit Baumwollkette und Kammgarnschuß)
parrot green / Papageiengrün n, Schweinfurter Grün n
parsley green / Petersiliengrün n
part[s] by volume, p.b.v. / Volumenanteil m, Volumenteil m, Raumteil m ‖ ~ by weight, p.b.w. / Masseteil m, Gewichtsteil m
partial boiling / Halbabkochen n ‖ ~ boiling (of silk) / Halbentbasten n, Souplieren n, Assouplieren n ‖ ~ boiling bath / Assouplierbad n ‖ ~ dissolving of a layer (ctg) / Anlösen n einer Schicht ‖ ~ draft (spinn) / Teilverzug m ‖ ~ drying / teilweises Austrocknen, stellenweises Trocknen
partially cross-linked polyester / vorverlängerter Polyester ‖ ~ cyanoethylated cotton / teilweise cyanäthylisierte Baumwolle ‖ ~ drawn filament / unvollendet gerecktes Filament ‖ ~ oriented filament yarn / teilverstrecktes Filamentgarn ‖ ~ oriented yarn, POY / teilorientiertes Garn, teilverstecktes Garn ‖ ~ scoured (silk) / halbentbastet adj, souplieret adj, assouplieret adj
partial repeat (text pr) / Teilrapport m ‖ ~ resist / Halbreserve f ‖ ~ stripping agent (dye) / Aufhellungsmittel n
particle--coated dyestuff / Farbstoff-Formierung f ‖ ~ size / Teilchengröße f ‖ ~ size (nwv) / Korngröße f ‖ ~ size analysis / Bestimmung f der Korngröße
particles of soil and dirt / Schmutzteilchen n pl
parting test (ctg) / Trennversuch m
partly coloured yarn / scheckiges Garn ‖ ~ fashioned piecegoods / teilkonfektionierte Stücke ‖ ~ flooded

dyeing machine / teilgeflutete Färbemaschine ‖ ~ made up / teilkonfektioniert adj
part planked felt / kurzgewalkter Filz
partridge cord / scheckiges Kordgewebe
party dress / Gesellschaftsanzug m, Partykleid n
parwalla n / indisches Baumwollgewebe
pasac fibre / philippinische Faser für Seile, Matten, Säcke
Pascal (Pa) / Pascal (Pa)
pashim n s. pashm
pashm n / Daunenhaar n indischer Ziegen
pashmina n s. pashm ‖ ~ shawl / Kaschmirschal m ‖ ~ tweed / Tropenanzugstoff m aus Ziegenhaar
paso n / birmanisches Lendentuch
pass vt / einleiten vt, leiten vt, hindurchleiten vt ‖ ~ vi / durchströmen vi, strömen vi, durchlaufen vi, durchfließen vi ‖ ~ n (dye) / Durchlauf m, Durchgang m, Passage f, Durchfluß m ‖ ~ (weav) / Sprunghöhe f, Fadeneinzug m, Schaftzeinzug m, Reihung f
passage n / Passage f, Tour f ‖ ~ / Kanal m, Heizkanal m, Kühlkanal m ‖ ~ (of liquid) / Durchlauf m, Durchgang m, Durchfluß m ‖ ~ counter (weav) / Passagenzähler m ‖ ~ in full width / Breitpassage f ‖ ~ of the cloth / Warenlauf m, Warendurchgang m ‖ ~ of the drawing / Streckenpassage f, Streckendurchgang m ‖ ~ of the goods / Warendurchgang m ‖ ~ of the liquor (dye) / Flottenpassage f ‖ ~ of the shuttle (weav) / Schützendurchgang m ‖ ~ selector / Passagenwähler m ‖ ~ through quench air zone / Anblasung f ‖ ~ through tartar emetic / Brechweinsteinpassage f ‖ ~ width (weav) / Gangbreite f, Breite f des Schärbandes
passée n (in woven goods) (defect) / Schuß m (im Gewebe)
passementerie n / Posamenten m pl ‖ ~ / Posamenterie f
passing period / Passierdauer f, Durchlaufzeit f
passive proofing method / passives Konservierungsverfahren ‖ ~ protective finish / passive Schutzausrüstung ‖ ~ yarn / Passivgarn n, Immungarn n
pass the thread in (weav) / Faden einschlagen, Faden einschieß ‖ ~ the threads over guide rods / Fäden m pl über Leitstäbe führen ‖ ~ the threads through the size / Fäden durch die Schlichte hindurchführen ‖ ~ through (a thread) / Faden durchziehen, Faden einfädeln ‖ ~ through a bath (dye) / durch ein Bad nehmen, ein Bad passieren ‖ ~ through an acid bath (dye) / säuern v, ansäuern v, absäuern v, einsäuern v, durch ein Säurebad nehmen ‖ ~ through the reed (weav) / Webblatt stechen
paste v (dye) / anreiben v, anteigen v ‖ ~ n / Paste f, Teig m, Brei m ‖ ~ box / Klebemittelbehälter m ‖ ~ consistency / Pastenkonsistenz f ‖ ~ dyestuff / Teigfarbstoff m, Farbstoff m in Teigform ‖ ~ extrusion (fluoroplastics) / Pastenextrusion f ‖ ~ for printing on wool / Wolldruckfarbteig m
pastel blue / pastellblau adj ‖ ~ colour / Pastellfarbe f, Pastellton m, Feinfarbe f ‖ ~ green / weißgrün adj (RAL 6019)
paste-like consistency / pastöse Konsistenz
pastel lilac / pastellviolett adj ‖ ~ orange / pastellorange adj (RAL 2003) ‖ ~ pink / pastellrot adj ‖ ~ shade / Pastellfarbe f, Pastellton m, Feinfarbe f ‖ ~ violet / pastellviolett adj ‖ ~ white / pastellweiß adj ‖ ~ yellow / pastellgelb adj
paste resist (dye) / Pappreserve f ‖ ~ resist printing / Pappreservendruck m ‖ ~ up / anschlämmen v, verpasten v, Teig m anrühren ‖ ~ up a dyestuff with water / einen Farbstoff mit Wasser anschlämmen
pastille n (Fr) / gepunktetes Muster
pasting n (knitt) / Ankleben n ‖ ~ (dye) / Anteigen n, Anteigung f, Verteigen n, Teigherstellung f, Verpastung f ‖ ~ (soap man) / Verleimung f ‖ ~ agent / Anpastungsmittel n, Anteigemittel n, Anteigungsmittel n ‖ ~ auxiliary / Anteigungshilfsmittel n ‖

218

~ compound / Anpastungsmittel n, Anteigungsmittel n, Anteigemittel n || ~ of the selvedges / Kantenkleben n
pastourelle n / französische Serge
pasty adj / teigig adj, teigförmig adj, pastenförmig adj, pastös adj, breiförmig adj, pastenartig adj ||
~ consistency / Pastenkonsistenz f
pat n / mohairähnliches Haar der Himalaya-Ziege
pata n / Unterkleid n der Siamesen
patadeones n / Sarong m
pata fibre / nordbengalische Jute
Patagonian wool / chilenische Wolle
patapati saree / bedruckter Sari
patch v (sew) / ausbessern v, flicken v || ~ / anstückeln v ||
~ n / Flicken m, Fleck m, Flickfleck m, ausgebesserte Stelle || ~ / Stoffabzeichen n, Tuchabzeichen n
patchiness n (dye) / großflächige Farbungleichmäßigkeit
patching work (sew) / Flickarbeit f
patch pocket / aufgesetzte Tasche || ~ test / Läppchentest m, Läppchenprobe f
patchwork carpet / Fleckerlteppich m, Flickteppich m ||
~ cushion / Fleckerlkissen n, Flickenkissen n ||
~ design / Fleckerldessin n, FlickerIndessin n ||
~ fabric / Fleckerlgewebe n, Flicklgewebe n || ~ quilt / Fleckerldecke f, Flickendecke f, aus Läppchen zusammengesetzte Bettdecke
patchy dyeing (dye) / Placken n
patent Axminster carpet / Chenilleteppich m, Raupenteppich m || ~ bark / Querzitrin n, gelbe Farbe aus Querzitronenrinde || ~ blue / Patentblau n || ~ cloth / Wachstuch n || ~ cordage / maschinell hergestellte Seilwaren || ~ fastener (sew) / Druckknopf m ||
~ flannel / leichter Wollflanell || ~ leather / Lackleder n || ~ selvedge hessian / durch mehrere Kanten aufgeteilte Juteleinwand || ~ velvet / Patentsamt m ||
~ velvet / gerippter Kettsamt || ~ wheel (knitt) / Patentrand m
paternoster winder (dye) / Paternosterwickler m (DIN 64990)
path of the liquor (dye) / Flottenweg m || ~ of the yarn / Fadenablauf m
patina green adj / patinagrün adj (RAL 6000)
Patna rug / handgeknüpfter Teppich aus Indien
patola n / indisches Seidengewebe für Brautkleider
patole n / reichgemusterter Seidenstoff aus Indien
patoli pl / Kordeln, Quasten, Schnüre aus Seide oder Metalldraht in Indien
patolo n patole
patroller n (US) / Warendurchseher m, Stoffschauer m
pattern v / mustern v || ~ (weav) / patronieren v || ~ n / Muster m || ~ (text pr) / Dessin n, Musterzeichnung f || ~ (weav) / Patrone f || ~ (sew) / Ausschneidebogen m, Schnittmuster n, Schnittschablone f || ~ (embroidery) / Stickmuster n, Vorzeichnung f, Vorlage f ||
~ after-welt (hos) / Laufmaschenfang m in Phantasiemusterung, Spitzenkante f nach dem Doppelrand, Bogenkante f nach dem Doppelrand, Spitzeneffekte m pl im verstärkten Übergang zum Längen, Phantasie-Preßmuster n im Rand nach dem Doppelrand || ~ applied by pressure / eingepreßtes Ornament || ~ book / Musterbuch n, Mustermaterialbuch n || ~ bowl / Musterwalze f ||
~ box (knitt) / Mustergetriebe n || ~ box (sew) / Schützenkasten n || ~ card (dye) / Musterkarte f ||
~ card cylinder (weav) / Kartenwalze f, Kartenzylinder m || ~ card ring folder / Musterkartenringbuch n ||
~ chain (jacquard) / Musterkette f, Kartenkette f ||
~ change (weav) / Musterwechsel m || ~ cylinder (weav) / Musterzylinder m, Kartenprisma n, Prisma n ||
~ cylinder hammer (weav) / Prismadrücker m ||
~ cylinder peg (weav) / Prismawarze f || ~ definition / Dessinierung f || ~ design / Musterzeichnung f ||
~ device (knitt) / Musterapparat m || ~ device (knitt) / Mustergetriebe n || ~ disc / Musterscheibe f || ~ draft (weav) / Musterpatrone f || ~ drafting / Patronieren n ||

~ drum (knitt) / Mustertrommel f, Stifttrommel f ||
~ drum assortment / Stifttrommelauswahl f || ~ drum layout / Stifttrommelpatrone f
patterned carpet / gemusterter Teppich || ~ effect / Mustereffekt m || ~ embossing effect / gemusterter Prägeeffekt || ~ fabric / gemustertes Gewebe ||
~ screen (cpt print) / Musterschablone f
pattern effect / Bildwirkung f || ~ flock application / Dessinbeflockung f || ~ for card punching (weav) / Schlagpatrone f || ~ for edge pattern / Bordürenmuster n || ~ for embroidering / Stickereivorzeichnung f ||
~ formed by the filling / Schußmusterung f || ~ for trimmings / Bordürenmuster n || ~ grading / Schnittmuster-Gradierung f || ~ guide bar (knitt) / Musterlegebarre f || ~ in colour (knitt) / Farbmuster n, Bindungsmuster n, Muster n
patterning n / Dessinierung f, Bemusterung f, Musterung f, Figurbildung f || ~ (space dyeing) (defect) / (= repeat of the design) / "Bildern" n || ~ attachment / Mustervorrichtung f || ~ by the warp / aus der Kette mustern || ~ device / Musterungsvorrichtung f ||
~ formed by weft / Schußmusterung f || ~ loom / Musterwebstuhl m || ~ mechanism / Mustereinrichtung f, Musterapparat m || ~ weft (weav) / Figurenschuß m, Figurschuß m, musterbildender Schuß || ~ wheel / Musterrad n
pattern in stitch (knitt) / Muster n, Bindungsmuster n, Farbmuster n || ~ jack (knitt) / Musterplatine f || ~ jack for sinker (knitt) / Platinenmusterschieber m ||
~ lapping (weav) / Legung f, Patronieren || ~ loom / Musterstuhl m, Musterwebstuhl m || ~ making / Schnittmuster-Entwurf m || ~ marker / Schnittmuster-Markiergerät n || ~ match (cpt) / Paßmuster n, Musteranpassungsgenauigkeit f || ~ notation (weav) / Legung f, Patronieren n || ~ of a fabric / Muster n eines Gewebes, Gewebemuster n || ~ paper (weav) / Dessinpapier n, Musterpapier n, Patronenpapier n ||
~ paper puncher / Pappkartenstanze f || ~ peg for dobby lag (weav) / Dessinstift m für Schaftmaschinenkarte || ~ placer (knitt) /
Musterwechselapparat m || ~ placing (sew) / Schnittmuster-Auslegen n || ~ positioning device (knitt) / Musterwechselapparat m || ~ preparing system (knitt) / Musteraufbereitungsanlage f || ~ presser (knitt) / Musterpresse f || ~ printing (text pr) / Dessindruck m, Musterdruck m || ~ printing machine / Musterdruckmaschine f || ~ produced by the warp / Musterung f aus der Kette || ~ punching machine / Musterstanzmaschine f || ~ rapport / Musterrapport m, Mustereinheit f, Musterwiederholung f || ~ reader (weav) / Musteraufsteller m || ~ reed / Musterriet n ||
~ repeat (dye) / Musterrapport m, Musterwiederholung f || ~ repeat (weav) / Bindungsrapport m || ~ repeat eliminating device / Störeinrichtung f gegen Bildwirkung || ~ roll / Musterwalze f || ~ roll application (ctg) / Dessinwalzenauftrag m || ~ section of a pattern card / Musterteil m einer Musterkarte ||
~ selecting device (knitt) / Musterablesevorrichtung f ||
~ selector lever / Musterstopperhebel m
patterns formed by weaving / Bildern n beim Weben
pattern shaft (knitt) / Musterwelle f || ~ sheet / Mustertafel f || ~ sheet (lam) / gemusterter Bogen ||
~ sinker (knitt) / Musterplatine f || ~ sketch / Musterzeichnung f || ~ thread / Musterfaden m ||
~ warp (weav) / Musterkette f, musterbildende Kette, Figurkette f || ~ weave / Figurbindung f || ~ weaving / Musterweberei f || ~ weaving loom / Musterstuhl m, Musterwebstuhl m || ~ weft (weav) / Figurenschuß m, Figurschuß m, musterbildender Schuß || ~ wheel (knitt) / Musterrad n || ~ wheel / Spiegelrad n || ~ wheel circular knitting machine (knitt) / Musterradrundstrickmaschine f || ~ wheel cover (knitt) / Musterraddeckplatte f, Deckplatte f || ~ wheel feed (knitt) / Musterradsystem n || ~ wheel jack /

pattern

Musterradnocken m ‖ ~ **wheel knitting** / Stricken n mit Musterrad ‖ ~ **wheel plain circular knitter** / einfonturige Musterradrundstrickmaschine ‖ ~ **wheel setter** / Musterrad-Setzvorrichtung f ‖ ~ **wheel system** / Musterradsystem n ‖ ~ **wheel with jack inserts** (knitt) / Musterrad n mit einsetzbaren Zähnen ‖ ~ **winding** (winding fault) / Bildwicklung f ‖ ~ **yarn** / Musterfaden m, Mustergarn n
patti n / indischer Teppich ‖ ~ / indisches Wollgewebe ‖ ~ / Wickelgamasche f
pattia lace / indische Spitze aus farbiger Baumwolle
patti hair / Ziegenhaar n indischen Ursprungs
pattu n / Ziegenhaargewebe n aus Indien
patu knudrang (a fine cloth made in Kashmir of camel down, a true camlet) / Kamelott m
patwa fibre / Bastfaser f der Bauhinia vahlii, einer Kletterpflanze in Indien
paukas n / indisches Baumwollgewebe
paukpan fibre / Bastfaser f in Birma
paulin n (US) / Plane f, Wagentuch n, LKW-Plane f, Persenning f, geteertes Segeltuch
pavonia fibre / weißstämmige Faser der Pavonia odorata in Indien und Birma
pawa n / birmanischer Schal
pawl n / Schaltklinke f, Sperrklinke f, Schiebeklinke f ‖ ~ **clip chain** / Tasterkluppenkette f
paxo n / Alpaka f
pay-off speed / Abzugsgeschwindigkeit f (Glasfasern)
payta cotton / peruanische Baumwolle
p.b.v. = parts by volume
p.b.w. = parts by weight
PC dyestuff s. phthalocyanine dyestuff
pce = piece
P/C (= polyester/cellulosic) printing ink / P/C-Druckfarbe f
PCR = polymeric cationic resin
pdr = powder
PE = polyethylene
peach adj / pfirsichrot adj ‖ ~ **coloured** / pfirsichfarben adj
peachskin n (fabr) / Pfirsichhaut f
peacock blue / pfau[en]blau adj ‖ ~ **green** / pfau[en]grün adj ‖ ~**'s eye** (pattern) (weav) / Pfauenauge n
pea-green adj / erbsgrün adj, maigrün adj, glänzendgrün adj ‖ ~**-jacket** n / Molljacke f für die Marine
peaked cap / Schirmmütze f
peak of a cap / Mützenschirm m, Mützenschild m
peanut fibre / Erdnußfaser f ‖ ~ **protein fibre** / Erdnußeiweißfaser f
Pearce cotton / frühreifende Upland-Baumwolle
pear design (cpt) / Birnenmuster n
pearl v (knitt) / linksstricken v ‖ ~ (knitt) / mit Zäckchenborte einfassen ‖ ~ **braid** / Borte f aus Spiralgarnfäden ‖ ~ **cotton** / Perlgarn n, Perlzwirn m ‖ ~ **cotton yarn** / Perlzwirn m ‖ ~ **edge** / Pikotkante f ‖ ~ **embroidery** / Perlstickerei f
pearlescent effect / Perlmutterglanz-Effekt m, Perlmuttglanz-Effekt m ‖ ~ **pigment** / Perlglanzpigment n
pearl fabric / Links-Links-Ware f ‖ ~ **grey** adj / perlgrau adj
pearlina yarn / Mischgarn n aus Seide und Wolle für Strickartikel
pearling n (text pr) / "Perlen" n
pearl knitting / Linksstricken n ‖ ~ **lustre pigment** / Perlglanzpigment n ‖ ~ **moss** s. carrageen ‖ ~ **pattern** / Perlmuster n ‖ ~ **printing** / Perldruck m ‖ ~ **shade** / Perlton m ‖ ~ **stitch** / Linksmasche f, Linksstricken n ‖ ~ **white** adj / perlenweiß adj, perlweiß adj, blütenweiß adj ‖ ~ **yarn** / Perlgarn n
pearly yarn / Perlzwirn m
pear oil / Amylacetat n, Essigsäureamylester m, Birnenäther m

peasant blue / nordischblau adj ‖ ~ **cloth** (US) / Dirndlstoff m ‖ ~ **costume** / Bauerntracht f ‖ ~ **lace** / grobe Klöppelspitze
peat fibre / Torffaser f
pea tulle (weav) / Erbstüll m
peat yarn / Torfgarn n, Torffasergarn n
peau d'ange (silk fabric of crepe or satin with smooth, high-textured finish) (Fr) / Peau d'ange m, Engelshaut f ‖ ~ **de cygne** (silk or rayon cloth with lustrous finish) (Fr) / Peau de cygne m, Schwanenhaut f ‖ ~ **de mouton** (Fr) / Lammfellimitation f ‖ ~ **de pêche** (made of cotton warp and silk or rayon filling) (Fr) / Peau de pêche m, Pfirsichhaut f ‖ ~ **de soie** (Fr) / Seidenhaut f, reinseidene Atlasware
pebble n / Kreppeffekt m, Kreppbild n
pebbled surface effect / körnige Oberfläche
pebble grey adj / kieselgrau adj (RAL 7032) ‖ ~ **weave** / Kieselbindung f, Kreppbindung f
pébrine disease of silkworms / Fleckenkrankheit f der Seidenwürmer
peches / feines Baumwollgewebe für Turbane in Indien
pechni n / indische Stickerei
pectic acid / Pektinsäure f ‖ ~ **substance** / Pektinstoff m, Pektin n
pectin n / Pektin n, Pektinstoff m
pectinase n / Pektinase f, Pektinglykosidase f, pektisches Ferment, Pektinpolygalakturon[id]ase f, Polygalakturon[id]ase f
pectinate n / Pektinat n (Salz oder Ester der pektinigen Säure)
pectin finishing / Pektinappretur f
pectinic acid / pektinige Säure, Pektin n ‖ ~ **substance** / Pektinstoff m
pectinous substance / Pektinstoff m, Pektin n
pecto-cellulose n / Pektozellulose f
pedal bale breaker / Muldenballenbrecher m ‖ ~ **evener** (spinn) / Pedalmuldenregulierung f ‖ ~ **feed motion** / fußbetätigte Speiseregulierung ‖ ~ **pushers** (US) pl / knielange Sporthose n pl ‖ ~ **pushers** (US) / dreiviertellange Hose (für Mädchen) ‖ ~ **wheel test** / Tretradversuch m (DIN 54322)
peddler's wool (US) / Wollhaar n minderwertigster Qualität
pedestal mat (GB) / Toilettenmatte f ‖ ~**-type impeller** / Stativ-Schnellrührer m
pedestrian traffic count (cpt) / Begehungsfrequenz f
peel v / ausschwingen v (Flachs)
peeler cotton (US) / langstapelige Upland-Baumwollsorte
peeling resistance (ctg) / Haftfestigkeit f der Beschichtung, Klebekraft f der Beschichtung
peel off vt (ctg) / abschälen vt, ablösen vt, abschuppen vt ‖ ~ **off** vi (text pr) / absplittern vi, abspringen vi
peerless cotton (US) / frühreifende Upland-Baumwollsorte
peg n (hatm) / Wirbel m am Fachbogen ‖ ~ / Wäscheklammer f ‖ ~ (jacquard) / Warze f ‖ ~ **bar** (knitt) / Stiftbarre f ‖ ~ **board** / Stecktafel f ‖ ~ **drum** (knitt) / Stifttrommel f ‖ ~ **drum assortment** (knitt) / Stifttrommelauswahl f ‖ ~ **drum needle selection** (knitt) / Stifttrommelnadelauswahl f ‖ ~ **drum pattern plan** (knitt) / Stifttrommelpatrone f ‖ ~ **fontur** (knitt) / Stiftbarre f
pegging n (finishing process for velveteens to give a gloss) / Reiben n mit Dübeln oder Seifenstein ‖ ~ **plan** (weav) / Stuhlzettel m, Webzettel m
peg hole (jacquard) / Warzenloch n, Stiftenloch n ‖ ~ **plan** (weav) / Schlagpatrone f ‖ ~ **rail** (piece dye) / Strangführungsrechen m ‖ ~ **to move the quadrant rack** (weav) / Schaltstift m ‖ ~**-top trousers** pl / oben weite und unten enge Hose
pegu shawl / handgewebter Seidenschal in Birma
peg wheel / Stiftrad n
peigneuse f / Wollkämmaschine f

peignoir *n* / Peignoir *m*, Frisiermantel *m* ‖ ~ / Damenmorgenrock *m* ‖ ~ / Bademantel *m*
peik *n* / weißer Hemdenstoff in Indien ‖ ~ **sein** / indisches ungebleichtes Baumwollgewebe
peinture print / Peinture-Druck *m*
Pekin *n* (silk cloth with broad stripes of satin alternating with stripes of white repp) / Pekin *m*, Pequin *m* ‖ ~ **crepe** / Pekinkrepp *m* ‖ ~ **gauze** / Gaze *f* mit Samtstreifen
pelerine *n* / Pelerine *f*, (ärmelloser) Umhang ‖ ~ **jack** (knitt) / Spreizer *m*, Spreizplatine *f*, Aufdeckplatine *f* ‖ ~ **machine** (knitt) / Aufdeckmaschine *f* für Ananasmuster ‖ ~ **point** / Eyelet-Platine *f* ‖ ~ **stitch** / Eyelet-Masche *f* ‖ ~ **work** (knitt) / Ananasmusterung *f*
pelettes *n* / Bassinas-Abfallseide *f*
pelisse *n* / Mantel *m* mit Pelzbesatz ‖ ~ / langer Damen- oder Kindermantel
pelletizing system (for fibre raw materials) / Stranggranuliersystem *n*
pelleton hair (Fr) / asiatisches Ziegenhaar (für Hüte) ‖ ~ **yarn** / Garn *n* aus Ziegenwolle
pelone *n* / grobes Wollgewebe für korsische Bauern
pelo silk / Seidengarn *n* für Lahn, Peloseidengarn *n*, Pelogarn *n*
pelotage wool / Vikunjawolle *f* geringster Qualität
pel silk / Seidengarn *n* für Lahn, Peloseidengarn *n*, Pelogarn *n*
pelt wool / Hautwolle *f*, Pelzwolle *f*, Gerberwolle *f*
penang *n* / handgewebter, leinwandbindiger Baumwollstoff aus Indien
pencil blue / Kastenblau *n*, Schilderblau *n* ‖ ~ **silhouette** (ladies' fash) / Tubenlinie *f* ‖ ~ **stripes** / Nadelstreifen *m pl*
pendant *n* s. pennant
pendulating yarn carrier / Pendelfadenführer *m*
pendulum-type hydroextractor / Pendelzentrifuge *f* ‖ ~-**type temple** / Pendelbreithalter *m* ‖ ~ **yarn guide** / Pendelfadenführer *m*
penelope canvas / Penelope-Stickereikanevas *m*
penetrant *n* / Durchdringungsmittel *n* ‖ ~ (dye) / Durchfärbehilfsmittel *n*, Diffusionshilfsmittel *n*
penetrate *vt* / durchdringen *vt*, durchfärben *vt* ‖ ~ **vi** / einziehen *vi*
penetrating agent / Durchfärbemittel *n*, Durchfärbehilfsmittel *n*, Durchdringungsmittel *n*, Eindringungsmittel *n* ‖ ~ **capacity** / Durchdringungsvermögen *n* ‖ ~ **depth of the dyestuff** / Eindringtiefe *f* des Farbstoffs ‖ ~ **power of the dyestuff** / Durchfärbevermögen *n* des Farbstoffs
penetration *n* / Eindringen *n*, Durchdringen *n*, Durchfärbung *f* ‖ ~ **auxiliary** / Durchdringungshilfsmittel *n* ‖ ~ **of the binder into substrate** (ctg) / Durchkaschieren *n*, Durchkaschierung *f* ‖ ~ **of the coating paste into the fabric** (ctg) / Durchschlagen *n* der Paste ‖ ~ **of the coating solution** / Durchschlagen *n* der Streichlösung ‖ ~ **of the dyestuff** / Durchfärben *n*, Durchfärbung *f* ‖ ~ **of the print** / Durchdruck *m* ‖ ~ **power** / Eindringungsvermögen *n* ‖ ~ **screen** (cpt print) / Penetrationsschablone *f* ‖ ~ **tester** / Durchdringungsmesser *m* ‖ ~ **time** / Durchfärbezeit *f*
penetrator *n* / Schlepper *m*, Schleppersubstanz *f*, Penetrator *m*, Driver *m*
pennant *n* / Wimpel *m*, Stander *m*, Doppelstander *m*, kleine Flagge ‖ ~ / Lanzenfähnchen *n*
pennon *n* / Wimpel *m*, Stander *m* ‖ ~ / Lanzenfähnchen *n* ‖ ~ s. also pennant
pentachloroethane *n* / Pentachloräthan *n*
pentachlorophenol *n* / Pentachlorphenol *n*
pentachlorophenyl laurate / Pentachlorphenyllaurat *n*
pentaerythrite *n* s. pentaerythritol
pentaerythritol *n* / Pentaerythrit *n*
pentaline *n* / Pentalin *n*

pentamethylene *n* / Pentamethylen *n*, Zyklopentan *n* ‖ ~ **diamine** / Pentamethylendiamin *n*, Cadaverin *n* ‖ ~ **glycol** / Pentamethylenglykol *n*
pentane *n* / Pentan *n*
pentathionic acid / Pentathionsäure *f*
pentosan *n* / Pentosan *n*
pentylamine *n* / Pentylamin *n*, Amylamin *n*
pepita *n* (shepherd's check designs in two colours) / Pepita *m n* (kariertes Gewebe)
peplos *n* (antiq.) / Peplos *m* (ärmelloses Frauenobergewand)
peplum *n* / Jackenschoß *m*, Rockschoß *m* ‖ ~ / Schoßjacke *f* ‖ ~ **dress** (fash) / Schoßkleid *n* ‖ ~ **skirt** (fash) / Schoßrock *m*
pepper-and-salt *n* / Pfeffer-und-Salz-Gewebe *n* ‖ ~-**and-salt** *n* / Pfeffer-und-Salz-Anzug *m* ‖ ~-**and-salt** *adj* / meliert *adj*, pfeffer-und-salzfarbig *adj*, grau getüpfelt, grau gesprenkelt ‖ ~-**and-salt effect** / Pfeffer-und-Salz-Muster *n* ‖ ~-**and-salt pattern** (weav) / Pfeffer-und-Salz-Muster *n* ‖ ~-**and-salt suitings** / Pfeffer-und-Salz-Anzugstoffe *m pl* ‖ ~ **content** (sifting cotton linters) / Pfeffergehalt *m*
peptidase *n* / Peptidase *f*
peptide *n* / Peptid *n* ‖ ~ **bond** / Peptidbindung *f*, peptidische Verknüpfung, peptidartige Bindung
peptidyl shift / Peptidyl-Verschiebung *f*
peptization *n* (surface active agent) / Peptisierung *f*, Peptisation *f*
peptizer *n* / Peptisierungsmittel *n*, Peptisiermittel *n*, Peptisationsmittel *n*, Peptisator *m*
peptizing action / Peptisierwirkung *f* ‖ ~ **agent** s. peptizer
peptone *n* / Pepton *n*
peptonization *n* / Peptonisierung *f*
peptonize *v* / peptonisieren *v*
peracetic acid / Peroxyessigsäure *f*, Peroxymonoessigsäure *f*, Peressigsäure *f*, Acetylwasserstoffperoxid *n* ‖ ~ **acid bleach** / Peressigsäure-Bleiche *f*
peracid *n* / Persäure *f*, Übersäure *f*, Acylhydroperoxid *n*
peralta roll / Peralta-Zylinder *m*
perambulator rug / Kinderwagendecke *f*
perborate *n* / Perborat *n*, Peroxyborat *n*, Peroxoborat *n*, Boratperoxyhydrat *n*, Boratperoxohydrat *n* ‖ ~ **bleaching** / Perboratbleiche *f*, Peroxyboratbleiche *f*
perborated *adj* / perborathaltig *adj*
percal cuadrito / Leinengewebe *n* in Cuba
percale *n* (staple cotton cloth in the cambric group) / Perkal *m* ‖ ~ **bed sheeting** / Perkal-Bettbezugstoff *m* ‖ ~ **sheet** / Perkalbettlaken *n* ‖ ~ **stripes** / gestreift-gemusterte Hemdenstoffe *m pl*
percaline *n* (fine, sheer linen or cotton cloth) / Perkalin *n*, Baumwolltaft *m*
percarbonate *n* / Perkarbonat *n*, Peroxykarbonat *n*
percarbonic acid / Perkohlensäure *f*, Peroxykohlensäure *f*, Peroxokohlensäure *f*, Überkohlensäure *f*
percentage *n* / prozentualer Anteil, Prozentgehalt *m*, Prozentsatz *m*, prozentualer Gehalt, %-Gehalt *m*, vom-Hundert-Satz *m* ‖ ~ **by volume** / Volumprozent *n*, Volumenprozent *n*, Vol% ‖ ~ **by weight** / Masseprozent *n*, Masse%, Gewichtsprozent *n*, Gew.%, Gewichtsanteile in % *m pl* ‖ ~ **composition** / prozentuale Zusammensetzung ‖ ~ **humidity** / relative Feuchte, relative Feuchtigkeit ‖ ~ **plate** / Kardenabfallregulierplatte *f* ‖ ~ **purity** / Reinheitsgrad *m* ‖ ~ **shrinkage** / prozentuale Krumpfung
perces silk / von beschädigten Kokonen stammende Abfallseide
perch *v* (cloth examination) / besehen *v*, repassieren *v* ‖ ~ *n* / Warenschaumaschine *f*, Gewebedurchsehmaschine *f*, Repassiermaschine *f*, Gewebeschaumaschine *f*
percher *n* / Stoffschauer *m*, Tuchbeseher *m*, Stoffdurchseher *m*, Warenbeschauer *m*, Schaumeister *m*
perches (Fr) / Leinwand *f* mittlerer Qualität

perching

perching *n* / Gewebebeschauen *n*, Warenvorkontrolle *f*, Absuchen *n* auf Fehler ‖ ~ **machine** s. perch ‖ ~ **table** / Putz- und Stopftisch *m* ‖ ~ **table** / Repassiertisch *m*
perchlorate *n* / Perchlorat *n*, überchlorsaures Salz
perchloric acid / Perchlorsäure *f*, Überchlorsäure *f*
perchloroethylene *n* / Perchloräthylen *n* (Tretrachloräthen)
perchrome dyestuff / Perchromfarbstoff *m*
perchromic acid / Perchromsäure *f*, Peroxychromsäure *f*, Überchromsäure *f* ‖ ~ **acid** / Peroxochromsäure *f*
per compound / Perverbindung *f*
perennial Indian hemp / Abromafaser *f*
perforated beam (dye) / perforierter Färbebaum ‖ ~ **belt steamer** (dye) / Siebbanddämpfer *m* ‖ ~ **bottom** (dye) / Siebboden *m* ‖ ~ **cage** (dye) / Siebtrommel *f* ‖ ~ **cage cleaner** (spinn) / Klopfreiniger *m* ‖ ~ **cage filter** (dye) / Siebtrommelfilter *m* ‖ ~ **card** (knitt) / Lochblattkarte *f* ‖ ~ **carrier system** (dye) / perforierter Materialträger ‖ ~ **carrier tube** (dye) / perforierter Materialträger ‖ ~ **cheese centre for dyeing purposes** / gelochte Färbehülse (DIN 61805) ‖ ~ **cooling cylinder** / Kühlzylinder *m* der Fächerwalze ‖ ~ **cylinder** / Lochtrommel *f*, Siebtrommel *f*, perforierte Walze ‖ ~ **cylinder drier** / Siebwalzentrockner *m*, Siebtrommeltrockner *m* (DIN 64290) ‖ ~ **drum** / Lochtrommel *f*, Siebtrommel *f*, perforierte Walze ‖ ~ **drum drier** / Lochtrommeltrockner *m* (DIN 64290), Siebtrommeltrockner *m* (DIN 64290) ‖ ~ **drum unit** / Siebtrommelaggregat *n*, Siebtrommelanlage *f* ‖ ~ **drum unit for heat setting** / Siebtrommelfixiermaschine *f* ‖ ~ **drum washing machine** / Siebtrommelwaschmaschine *f* ‖ ~ **effect** / Lochmusterung *f* ‖ ~ **metal cheese centre** / gelochte Färbehülse (DIN 64622) ‖ ~ **nonwoven** / Lochvliesstoff *m* ‖ ~ **pipe** (dye) / Verteilerrohr *n* ‖ ~ **plate** (dye) / Lochplatte *f*, Lochblech *n*, perforiertes Blech ‖ ~ **revolving drum** / Lochtrommel *f*, Siebtrommel *f* ‖ ~ **suction drum section** / Saugtrommelstrecke *f* ‖ ~ **zone for dyeing half angle of the zone 3⁰ 30'** (DIN 61805) / kegelige Färbehülse, halber Kegelwinkel $3^0 30$' (DIN 61805)
perforating machine / Perforiermaschine *f*
performance characteristics / Gebrauchseigenschaften *f pl* ‖ ~ **data** / technologische Werte *m pl*, Gebrauchsdaten *pl*
performic acid / Perameisensäure *f*, Peroxyameisensäure *f*, Permethansäure *f*, Formylhydroperoxid *n*
perini fibre (jute substitute, grown in Brazil and Jamaica) / Perinifaser *f*
periodate *n* / Perjodat *n*
period dress / historische Tracht
periodic acid / Perjodsäure *f*, Überjodsäure *f* ‖ ~ **intermingling**, periodic interlacing / periodische Verwirbelung ‖ **period of boiling** / Kochdauer *f* ‖ ~ **of tack** (US) (ctg) / kleboffene Zeit ‖ ~ **of tackiness** (GB) (ctg) / kleboffene Zeit ‖ ~ **required for crosslinking** (ctg) / Ausheizzeit *f*, Vernetzungszeit *f*
perkan (thin muslin) / Barakan *m*
Perkin's mauve, Perkin's purple, Perkin's violet / Perkinsches Mauvein, Perkins Mauve, Perkin-Violett *n*
perlé *n* (coat or dressing-gown fabric) / Perlé *n*
perle cotton / Perlgarn *n*, Perlzwirn *m*
perlin *n* / schottische Spitze
perlines / feiner Musselin
perlon continuous filament / Perlonfilament *n*, Perlon-Endlosfaser *f*, Perlonseide *f* (überholt) ‖ ~ **fibre** / Perlonfaser *f* ‖ ~ **gauze** / Perlongaze *f* ‖ ~ **hose** / Perlonstrumpf *m* ‖ ~ **staple fibre** / Perlon-Spinnfaser *f* ‖ ~ **yarn** / Perlongarn *n*
permanence of colours / Farbbeständigkeit *f*, Dauerhaftigkeit *f* von Farben, Haltbarkeit *f* von Farben ‖ ~ **of set** (hos) / Formbeständigkeit *f*, Formfestigkeit *f*

permanent blue / Permanentblau *n*, Waschblau *n*, Neublau *n* ‖ ~ **colour** / Dauerfarbe *f* ‖ ~ **crease** / Dauerfalte *f* ‖ ~ **crease finish** / Permanent-Crease-Veredlung *f* ‖ ~ **embossing** / Dauerprägung *f* ‖ ~ **finish** / Permanentappretur *f*, Permanentausrüstung *f*, Dauerappretur *f*, waschfeste Appretur ‖ ~ **flame-retardant**, P.F.R. / permanent flammhemmend ‖ ~ **glaze** / Dauerglanz *m* ‖ ~ **gloss** / Dauerglanz *m* ‖ ~ **goffering** / Dauerprägung *f*, Echtprägung *f* ‖ ~ **green** / Permanentgrün *n* ‖ ~ **hardness** / Nichtkarbonathärte *f*, permanente Härte, Permanenthärte *f* (des Wassers), ‖ ~ **lustre** / Dauerglanz *m* ‖ ~ **pleating** / Dauerplissee *n*, Permanentplissee *n*, Dauerfaltenlegen *n* ‖ ~ **press** / Permanentappretur *f*, Permanentausrüstung *f*, waschfeste Appretur ‖ ~ **press finish** (resin finish) / Permanent-Press-Ausrüstung *f* (Hochveredlung), PP-Ausrüstung *f* ‖ ~ **press pleat** / Dauerbügelfalte *f* ‖ ~ **press process** (resin finish) / Permanent-Press-Verfahren *n* (Hochveredlung) ‖ ~ **red** / Permanentrot *n*
permanents / leichtes Baumwollgewebe mit Glanz
permanent set (fibres) / bleibende Verformung, Verformungsrest *m* ‖ ~ **set after elongation** / Zugverformungsrest *m* ‖ ~ **setting** / bleibende Fixierung, Dauerfixierung *f* ‖ ~ **sheen finish** / Dauerglanzappretur *f* ‖ ~ **soiling** / bleibende Verschmutzung ‖ ~ **stretch** / bleibende Dehnung ‖ ~ **white** / Permanentweiß *n*, Blanc fixe *n*, Blankfix *n*, Barytweiß *n*
permanganate *n* / Permanganat *n* ‖ ~ **bleach** / Permanganatbleiche *f* ‖ ~ **discharge** / Permanganatätze *f*
permanganic acid / Permangansäure *f*, Übermangansäure *f*
permanis cotton / brasilianische Baumwollsorte
perma-press finish / Permanent-Press-Veredlung *f*
permeability *n* / Durchlässigkeit *f*, Permeabilität *f* ‖ ~ **bag test** (resistance to white spirits) / Muldenprobe *f*, Muldenprüfung *f* ‖ ~ **tester** / Durchlässigkeitsprüfgerät *n* ‖ ~ **to air** / Luftdurchlässigkeit *f* ‖ ~ **to water** / Wasserdurchlässigkeit *f*, Wasserundichtigkeit *f*
Pernambuco cotton / eine brasilianische Baumwollsorte
Pernam cotton / eine peruanische Baumwollsorte
pernyi silkworm / wilder chinesischer Seidenwurm
peroxide *n* / Peroxid *n* ‖ ~ / Wasserstoffperoxid *n*, Hydrogenperoxid *n* ‖ ~ **bleach** / Peroxidbleiche *f*, Oxydationsbleiche *f*, Superoxidbleiche *f* ‖ ~ **bleaching** / Peroxidbleiche *f* ‖ ~ **bleaching agent** / Superoxidbleichmittel *n* ‖ ~ **bleaching solution** / Peroxidbleichlösung *f* ‖ ~ **bleach liquor** / Peroxid-Bleichflotte *f* ‖ ~ **carbonate** / Peroxykarbonat *n* ‖ ~ **catalysis** / Peroxidkatalyse *f* ‖ ~ **cold pad-batch bleaching** / Peroxid-Kaltverweilbleiche *f* ‖ ~ **continuous rapid bleach method** / Peroxid-Kontinue-Schnellbleiche *f*, PKS-Verfahren *n*, Peroxid-Kontinue-Schnellbleichverfahren *n* ‖ ~ **of chlorine bleach** / Ce-Es-Bleiche *f*, Chlor-Superoxid-Bleiche *f*
peroxyborate *n* / Perborat *n*, Peroxyborat *n* ‖ ~ / Peroxoborat *n* ‖ ~ / Boratperoxyhydrat *n* ‖ ~ / Boratperoxyhydrat *n*
peroxycarbonate *n* / Perkarbonat *n*, Peroxykarbonat *n* ‖ ~ / Peroxokarbonat *n* ‖ ~ / Karbonatperoxyhydrat *n* ‖ ~ / Karbonatperoxyhydrat *n*
peroxycarbonic acid / Perkohlensäure *f*, Peroxykohlensäure *f*, Überkohlensäure *f* ‖ ~ **acid** / Peroxokohlensäure *f*
peroxyformic acid / Perameisensäure *f*, Peroxyameisensäure *f*, Permethansäure *f*, Formylhydroperoxid *n*
peroxyphosphate *n* / Perphosphat *n*, Peroxyphosphat *n* ‖ ~ / Peroxophosphat *n* ‖ ~ / Phosphatperoxyhydrat *n* ‖ ~ / Phosphatperoxyhydrat *n*
perphosphate *n* s. peroxyphosphate
perpyrophosphate *n* / Perpyrophosphat *n*

perrotine printing / Perrotinendruck m
persalt n / Persalz n
perse adj / graublau adj
persening n / Persenning f
persian n / Persiana f ‖ ~ / geblümte Futterseide
persiana n s. persian
Persian berry / Persische Gelbbeere, Kreuzbeere f ‖
~ **berry shade** / Kreuzbeerengelb n ‖ ~ **carpet** / Perserteppich m ‖ ~ **design** / Orientmuster n, Persermuster n ‖ ~ **knot** / Perserknoten m ‖ ~ **lamb** / Karakulschaf n ‖ ~ **lamb** s. also Persian lambskin ‖ ~ **lambskin** / Persianer m, Persianerfell n ‖ ~ **prints** / Stoffe m pl mit Orientmusterung ‖ ~ **red** / Persischrot n, Chromrot n, Chromzinnober m ‖ ~ **rose** / Persischrosa n ‖ ~ **rug** / Perserteppich m ‖ ~ **shawl** / persischer Schal (Vorläufer des Kaschmir-Schals) ‖ ~ **tragacanth** / Persischer Tragant ‖ ~ **yarn** / Moosgarn n, Persisches Garn
persis n / angeteigte Orseille
perspiration fastness / Schweißechtheit f ‖ ~ **fastness tester** / Schweißechtheitsprüfgerät n, Schweißfestigkeitsprüfer m ‖ ~ **resistance** / Schweißbeständigkeit f, Schweißechtheit f ‖ ~ **smell** / Schweißgeruch m ‖ ~ **stain** / Schweißfleck m, Schweißrand m
perspirometer n / Schweißechtheitsprüfgerät n, Schweißfestigkeitsprüfer m
per substitution / Persubstitution f
persulphate n / Peroxysulfat n ‖ ~ / Peroxosulfat n ‖ ~ / Perdisulfat n ‖ ~ / Peroxydisulfat n, Persulfat n ‖ ~ / Peroxodisulfat n
persulphuric acid / Peroxyschwefelsäure f ‖ ~ **acid** / Peroxoschwefelsäure f ‖ ~ **acid** / Peroxydischwefelsäure f, Perdischwefelsäure f, Perschwefelsäure f, Überschwefelsäure f ‖ ~ **acid** / Peroxidschwefelsäure f
perte n / ungebleichtes Hanfsegeltuch
Peru balsam / Perubalsam m, Peruanischer Balsam
perugene n / Perugen n, synthetischer Perubalsam
Peruvian balsam s. Peru balsam ‖ ~ **cotton** / peruanische Baumwollsorte, Perubaumwolle f ‖ ~ **embroidery** / peruanische Stickerei ‖ ~ **pima** / peruanische Pimabaumwolle
PES = polyester
peshgeer n / in Nordindien getragener Rock
PES net curtain / PES-Gardine f
PET = polyethylene
petanella n (GB) / Halbwollstoff m mit Torffaserzusatz
petate mat / philippinische Buripalmenfasermatte
Peteria fibre / brasilianische weiße, seidige Pitafaser
Peterkin cotton / eine Rio-Grande-Baumwolle bester Qualität ‖ ~ **New Cluster cotton** / in Büscheln wachsende Peterkin-Baumwolle
Peter Pan collar (fash) / Bubikragen m
Petersburg flax / feiner russischer Flachs
petersham belting / Ripsgurtband n, Seidenripsband n ‖ ~ **cloth** / flauschiger Überzieherstoff, marineblau ‖ ~ **coat** (GB) / Überrock m aus blauem Flauschgewebe
petin n (Fr) / Wollstoff m mit Kamelhaarzumischung
petinet machine / Petinetmaschine f ‖ ~ **mechanism** / Petinetapparat m ‖ ~ **pattern** / Petinetmuster n
petit point stitch / sehr kleiner Stickereistich
petits pois (Fr) / Erbsenmusterung n, feine Tupfenmusterung
petit toile (Fr) / farbig gestreiftes Leinen ‖ ~ **velours** (Fr) / leichter Baumwollsamt
petrol n (GB) / Benzin n ‖ ~ adj / petroleumblau adj
petticoat n / Petticoat m, Unterrock m, Unterkleid n ‖ ~ **finish** / Petticoatausrüstung f
pewter [grey] / zinngrau adj
pfleidering n (chopping pressed alkali cellulose block sheets into flake form) / Pfleidern n
P.F.R. = permanent flame retardant

pH / pH m n, Wasserstoffexponent m, pH-Wert m, Wasserstoffionenkonzentration f, pH-Zahl f
phase boundary / Phasengrenze f ‖ ~ **boundary crosslinking** (ctg) / Grenzphasenvernetzung f ‖ ~ **shift** / Phasenverschiebung f
pH concept / pH-Begriff m ‖ ~ **control** / pH-Regelung f, pH-Wert-Regelung f, pH-Kontrolle f, Überwachung f des pH-Wertes ‖ ~ **decrease** / pH-Abnahme f, pH-Abfall m ‖ ~ **dependence** / pH-Abhängigkeit f ‖ ~ **determination** / pH-Wert-Bestimmung f, pH-Bestimmung f, pH-Wert-Ermittlung f, pH-Ermittlung f ‖ ~ **determination apparatus** / pH-Bestimmungsgerät n, pH-Bestimmungsapparat m ‖ ~ **drop** / pH-Abnahme f, pH-Abfall m
phenol n / Phenol n
phenolate v / phenolisieren v ‖ ~ n / Phenolat n, Phenat n, Phenoxid n ‖ ~ **process** / Phenolatverfahren n
phenol coefficient / Phenolkoeffizient m ‖ ~ **formaldehyde resin** / Phenolformaldehydharz n ‖ ~ **fuchsine solution** / Phenolfuchsinlösung f
phenolic acid / Phenolsäure f ‖ ~ **dyestuff** / Phenolfarbstoff m ‖ ~ **fibre** / Phenolfaser f ‖ ~ **resin** / Phenolharz n
phenol red / Phenolrot n ‖ ~ **solution** / Phenollösung f
phenomenon of surface swelling / Quellenerscheinung f an der Oberfläche
phenylalanine n / Phenylalanin n
phenylamine n / Phenylamin n, Aminobenzol n, Anilin n
phenylate v / phenylieren v
phenylation n / Phenylierung f
phenyl chloride / Phenylchlorid n
phenylene n / Phenylen n ‖ ~ **blue** / Phenylenblau n ‖ ~ **group** / Phenylengruppe f
phenylglycine n / Phenylglyzin n, Phenylglykokoll n, Anilidoessigsäure f
phenylic acid / Phenylsäure f, Phensäure f ‖ ~ **compound** / Phenylverbindung f
phenyl lithium test / Phenyllithiumprobe f
phenylmercuric acetate / Phenylquecksilberacetat n, PMAS, PMA ‖ ~ **dioctylsulphosuccinate** / Phenylquecksilber-Dioctylsulfosuccinat n ‖ ~ **succinate** / Phenylquecksilbersuccinat n
phenylphenol n / Phenylphenol n
pH fastness / pH-Beständigkeit f ‖ ~ **gliding method** (dye) / pH-Gleitmethode f
philanize vt (giving cotton fabric a wool-like handle) / philanieren vt, philanisieren vt
pH indicator / pH-Indikator m, pH-Anzeigegerät n ‖ ~ **instrument** / pH-Wert-Messer m, pH-Messer m, pH-Wert-Meßgerät n, pH-Meßgerät n, pH-Meter n
phloroglucin n / Phlorogluzin n, Trihydroxybenzol n
phloroglucinol n s. phloroglucin
phloxin n (dye) / Phloxin n
pH measurement / pH-Wert-Messung f, pH-Messung f ‖ ~ **measurement system**, pH measuring system / pH-Wert-Meßsystem n, pH-Meßsystem n ‖ ~ **meter** / pH-Wert-Messer m, pH-Messer m, pH-Wert-Meßgerät n, pH-Meßgerät n, pH-Meter n ‖ ~ **number** / pH-Wert m, pH m n, pH-Zahl f, Wasserstoffionenexponent m, Wasserstoffexponent m
Phoenician purple / Antiker Purpur, Tyrischer Purpur, Byzantinischer Purpur, Purpur m der Alten
pH of liquor (dye) / Flotten-pH-Wert m
phormium n / Neuseeländer Flachs (Phormium tenax J.R. et G. Forst)
phosgene n / Phosgen n, Kohlensäuredichlorid n, Kohlenoxidchlorid n, Karbonylchlorid n
phosphatation / Phosphatierung f
phosphate buffer / Phosphatpuffer m ‖ ~ **surfactant** / Phosphattensid n
phosphine n / Phosphin n (gasförmiger Phosphorwasserstoff) ‖ ~ (dye) / Chrysanilin n, Ledergelb n
phosphite n / Phosphit n

phosphonate

phosphonate n / Phosphonat n
phosphonation n / Phosphonierung f
phosphonic acid / Phosphonsäure f, Alkylphosphonsäure f
phosphonium base / Phosphoniumbase f ‖ ~ **compound** / Phosphoniumverbindung f
phosphonosuccinic acid / Phosphonobernsteinsäure f
phosphor bronze gauze / Phosphorbronzegaze f ‖ ~ **bronze screen** (scr pr) / Phosphorbronzeschablone f
phosphoresce v / phosphoreszieren v
phosphorescence n / Phosphoreszenz f, Phosphoreszierung f ‖ ~ / Chemilumineszenz f, Chemolumineszenz f
phosphorescent adj / phosphoreszierend adj
phosphoric acid / Phosphorsäure f, Orthophosphorsäure f, Monophosphorsäure f ‖ ~ **anhydride** / Phosphorpentoxid n, Phosphorsäureanhydrid n
phosphorous compound / Phosphorverbindung f
phosphorus n / Phosphor m
photee cotton / feinste indische Baumwollsorte
photochemical textile printing / Bedrucken n auf photochemischem Wege
photochromism n / Photochromie f
photocolorimetric analysis / photokolorimetrische Analyse, lichtelektrische Analyse, lichtelektrische objektive Analyse ‖ ~ **method** / lichtelektrisches kolorimetrisches Verfahren, lichtelektrisches objektives kolorimetrisches Verfahren, lichtelektrische kolorimetrische Methode, lichtelektrische objektive kolorimetrische Methode
photocolorimetry n / lichtelektrische Kolorimetrie, lichtelektrische objektive Kolorimetrie
photodecomposition n / Photolyse f, Photoabbau m, Zersetzung f durch Licht
photodegradation n / Photolyse f, Photoabbau m, Zersetzung f durch Licht
photographic colour selection / photographische Farbenauslese ‖ ~ **emulsion colloid** / Schichtkolloid n ‖ ~ **printing** / Photogravurdruck m ‖ ~ **screen disc** / Aufnahmeraster m
photopic luminosity curve of the eye (col) / Hellempfindlichkeitskurve f (des Auges)
photo-rapid dyestuff / Photorapidfarbstoff m
phototropic effect / Photochromieerscheinung f
phototropism n (dye) / reversibler Umschlag bei Belichtung
phototropy n (dye) / Ausbleichen n in Licht bestimmter Wellenlängen, Phototropie f
pH range / pH-Bereich m, pH-Gebiet n ‖ ~ **regulator** / pH-Wert-Regler m, Mittel n zur pH-Regelung, pH-regelnder Zusatz ‖ ~ **resistance** / pH-Beständigkeit f ‖ ~ **scale** / pH-Skale f ‖ ~**-slidingcarrier method** (dye) / pH-Gleit-Carrier-Verfahren n ‖ ~**-sliding-HT method** (dye) / pH-Gleit-HT-Verfahren n ‖ ~**-sliding method** (dye) / pH-Gleitverfahren n ‖ ~ **standard** / pH-Standard m
phthalate n / Phthalat n ‖ ~ **ester** / Phthalatester m
phthalein n / Phthalein n ‖ ~ **group** / Phthaleingruppe f
phthalic acid / Phthalsäure f ‖ ~ **anhydride** / Phthalsäureanhydrid n, Phthalandion n
phthalocyanine n / Phthalocyanin n ‖ ~ **blue** / Phthalocyaninblau n ‖ ~ **compound** / Phthalocyaninverbindung f ‖ ~ **crystal** / Phthalocyaninkristall m ‖ ~ **derivative** / Phthalocyaninabkömmling m, Phthalocyaninderivat n ‖ ~ **derivative dyestuff** / Phthalocyaninderivat-Farbstoff m ‖ ~ **dyestuff** / Phthalocyaninfarbstoff m ‖ ~ **green** / Phthalocyaningrün n ‖ ~ **metal complex dyestuff** / Phthalocyanin-Metallkomplexfarbstoff m ‖ ~ **pigment** / Phthalocyaninpigment n
phthalogen brilliant blue / Phthalogenbrillantblau n ‖ ~ **dyeing** / Phthalogen-Färben n ‖ ~ **dyestuff** / Phthalogenfarbstoff m
Phulshuta cotton / kurzstapelige Baumwolle aus Bengalen

phulwar n / feines Baumwollgewebe, mit Seidenfadenverzierung, in Indien
pH unit / pH-Einheit f ‖ ~ **value** / pH-Wert m, pH m n, pH-Zahl f, Wasserstoffionenexponent m, Wasserstoffexponent m
physical data (of textile fibres) / textilphysikalische Faserwerte ‖ ~ **differences in the fibre when stretching** / Verstreckungsunterschiede m pl der Faser ‖ ~ **form** (chem) / Aussehen n ‖ ~ **shrink proofing** / physikalisches Schrumpffreiausrüsten ‖ ~ **textile testing** / physikalische Textilprüfung
physico-mechanical testing / physikalisch-mechanische Prüfung
physiology of clothing / Bekleidungsphysiologie f
piano felt / Dämpferfilz m
piassaba n s. piassava
piassava n (fibre from the leaf stalks of the monkey bast tree in Brazil) / Piassava f, Piassavafaser f
pick v (weav) / abschnellen v, eintragen v, einschießen v ‖ ~ (weav) / Knoten ausputzen, Knoten auszupfen, Knoten abzwicken ‖ ~ (weav) / noppen v ‖ ~ n (weav) / Schußfaden m, Einschußfaden m, Einschlagfaden m ‖ ~ (weav) / Schlag m, Einschlag m, Einschuß m, Eintrag m, Schuß m, Schußeintrag m, Durchschuß m ‖ ~ (passage of the shuttle) / Schützenschlag m, Schützentour f
pickage n (weav) / Schußdichte f
pick--and-pick n (throwing of single picks of different colours through the loom shed) (weav) / Pic-à-pic, Bicolormusterung durch Wechsel heller und dunkler Kett- und Schußfäden ‖ ~**-and-pick bobbin changing** / Pic-à-pic-Spulenwechsel m ‖ ~**-and-pick high-speed loom** / Pic-à-pic-Hochleistungsstuhl m ‖ ~**-and-pick loom** / Pic-à-pic-Stuhl m, Schützenwechselstuhl m ‖ ~**-at-will** n (weav) / Mechanismus m zur Steuerung des Weberschiffchens ‖ ~ **cam** (weav) / Schlagexzenter m, Schlagherz n ‖ ~ **change** / Schußwechsel m ‖ ~ **change card** / Schußwechselkarte f ‖ ~ **clock** (attached to loom) / Schußzähler m, Schußfadenzähler m ‖ ~ **count** / Schußfadendichte f eines Gewebes ‖ ~ **count** / Feststellung f der Fadendichte eines Gewebes ‖ ~ **counter** / Schußfadenzähler m, Schußzähler m, Weberglas n, Fadenzähler m, Fadenzählerlupe f
picked cotton / gezupfte Baumwolle
picker / Baumwollpflückmaschine f, Baumwollpflücker m ‖ ~ (weav) / Webvogel m, Webervogel m, Picker m, Schneller m, Treiber m, Schläger m ‖ ~ (knitt) / Minderfinger m ‖ ~ **band** / Schlagriemen m, Pickerriemen m ‖ ~ **evener** / Schlagmaschinenregler m ‖ ~ **lap** / Wattewickel m vom Baumwollausbreiter ‖ ~ **lap** / Schlagmaschinenwickel m ‖ ~ **lap scale** / Wickelwaage f ‖ ~ **leather** / Schlagriemenleder n ‖ ~ **machine** / Baumwollausbreitmaschine f ‖ ~ **mechanism** / Schlageinrichtung f ‖ ~ **motion** (weav) / Abschnellen n, Eintragen n, Schlag m ‖ ~ **motion** (weav) / Schlagvorrichtung f, Schußeintragsvorrichtung f ‖ ~ **motion control** / Schützenschlagsteuerung f ‖ ~ **repeat** / Schlagrapport m ‖ ~ **return motion** (weav) / Pickerrückzugvorrichtung f ‖ ~ **shield** / Treiberschoner m ‖ ~ **spring** / Schlagfeder m ‖ ~ **stick** / Schlagstock m, Schlagarm m ‖ ~ **stick motion** / Schlagstockführung f ‖ ~ **strap** / Schlagriemen m, Pickerriemen m
pick finding / Schußfadensuchen n ‖ ~ **finding device** / Schußsuchvorrichtung f ‖ ~ **gear** / Vorrichtung f zum Eintragen des Schusses ‖ ~ **glass** / Schußzähler m, Schußfadenzähler m, Fadenzählerlupe f, Weberglas n, Fadenzähler m
picking n (weav) / Abschnellen n, Eintragen n, Schlag m, Schützenschlag m, Schußschlag m, Schußeintrag m ‖ ~ (weav) / Noppen n ‖ ~ (cpt, mending) / Ausbessern n ‖ ~ (of wool) / Aufzupfen n, Verlesen n ‖ ~ **angle** (weav) / Eintragswinkel m ‖ ~ **arm** / Schlagarm m, Schlagstock m ‖ ~ **bar** / Schlagarm m, Schlagstock m ‖ ~ **bowl** (jute loom) / Schlagrolle f (DIN 64523) ‖ ~ **bowl bolt** (jute loom) / Schlagrollenbolzen m (DIN 64523) ‖ ~ **cam** /

Schlagexzenter *m*, Schlagherz *n* ‖ ~ **efficiency** /
Schußleistung *f* ‖ ~ **machine** / Sichtmaschine *f* ‖
~ **mechanism** / Schußwerk *n* ‖ ~ **motion** s. picker motion
‖ ~ **nose on under-pick** / Schlagtrittnase *f*,
Schlagvorrichtung *f* ‖ ~ **of cloth** / Stoffabsuchen *n* ‖
~ **of cotton** / Pflücken *n* der Baumwolle ‖ ~ **of wool** /
(Woll-)Entkletten *n* ‖ ~ **pincers** *pl* / Pinzette *f* ‖ ~ **rate** /
Schußleistung *f* ‖ ~ **repeat** / Schlagrapport *m* ‖ ~ **shaft**
/ Schlagspindel *f* ‖ ~ **shaft** / Schlagwelle *f*,
Schützenwelle *f*
pickings of wool / Verunreinigungen enthaltende
Wollbüschel *n pl*
picking spindle (weav) / Schlagspindel *f*,
Schützenkastenspindel *f* ‖ ~ **stick** / Schlagarm *m*,
Schlagstock *m* ‖ ~ **stick buffer** / Schlagarmpuffer *m* ‖
~ **stick motion** / Schlagstockführung *f* ‖ ~ **stick return
spring** / Schlagstockrückholfeder *f* ‖ ~ **tappet** /
Schlagexzenter *m* ‖ ~ **weft** (cpt) / Schußeinsatz *m*
picklock *n* / beste Wolle eines Vlieses ‖ ~ (GB) /
Merinowolle *f* zweiter Qualität
pick motion (weav) / Schlagvorrichtung *f* ‖ ~ **off** (text pr) /
abklatschen *v* ‖ ~-**out mark** (defect) / Trennstelle *f* ‖
~ **out threads** / ausfasern *v* ‖ ~ **repeat** / Schußrapport
m ‖ ~ **sequence** / Schußfolge *f* ‖ ~ **spacing** /
Schußfadenabstand *m* ‖ ~ **speed** (weav) /
Schußeintragleistung *f*
picks per inch, p.p.i., ppi / Schußfäden *m pl* je Zoll ‖
~ **per minute**, p.p.m., ppm / Schußleistung *f*
pick stitch / Pikierstich *m* ‖ ~ **the burrs** / Kletten auslesen
‖ ~ **the shuttle** / Webschützen abschießen ‖ ~-**up** *n*
(dye) / Farbstoffaufnahme *f*, Flottenaufnahme *f* ‖ ~-**up** *n*
(dye) / Abquetscheffekt *m* ‖ ~-**up** *n* (fabr) /
Naßgewichtszunahme *f* ‖ ~ **up a stitch** (knitt) / Masche
aufheben ‖ ~-**up range** (dye) / Aufziehbereich *m* ‖ ~-**up
rate** (dye) / Aufziehgeschwindigkeit *f* ‖ ~-**up roll** /
Aufnahmewalze *f*, Aufnahme- und Streichwalze *f* ‖
~-**up speed** s. pick-up rate ‖ ~ **weave** / Pikeebindung *f*,
Piquébindung *f*
pickwheel *n* / Schußzahnrad *n*
picot *n* / Pikot *m*, Zäckchen *n* ‖ ~ (hos) / Mäusezähnchen *n
pl*, Rattenzahn *m*, Pikotrand *m* ‖ ~ **attachment** /
Einrichtung *f* für Rattenzahnkante ‖ ~ **bar** /
Rattenzahnrechen *m*, Pikotrechen *m* ‖ ~ **edge** /
Pikotrand *m*, Rattenzahnkante *f*, Mäusezähnchen *n pl*,
Zäckchenkante *f* ‖ ~ **edge attachment** (knitt) /
Pikotrandeinrichtung *f* ‖ ~ **edge bar** / Pikotrandrechen
m ‖ ~ **lace** / Pikot-Spitze *f* ‖ ~ **point** /
Kantendeckernadel *f*, Pikotnadel *f* ‖ ~ **seam** /
Hohlsaumnaht *f* ‖ ~ **yarn** / Schlingengarn *n*,
Schleifengarn *n*, Schlaufengarn *n*, Ringelgarn *n*,
Loopgarn *n*
picric acid / Pikrinsäure *f* (2,4,6-Trinitrophenol)
picture frame heel (hos) / Schattenstrumpf *m* ‖ ~ **hat** /
Rembrandthut *m* ‖ ~ **hat with drooping brim** /
Florentinerhut *m* ‖ ~ **rug** / Bildteppich *m* ‖ ~ **velvet** /
mit Bildern bedruckter Samt ‖ ~ **weaving** /
Gebildweberei *f*
piece *v* / (gebrochenes Garn) wieder knüpfen ‖ ~ /
andrehen *v* (Faden), anspinnen *v* (Faden) ‖ ~ / flicken,
ausbessern, stückeln, Flicken aufsetzen ‖ ~ *n* / Stück *n*,
Artikel *m*, Einzelteil *n* ‖ ~ (of fabric) / Stofflänge *f*,
Ballen *m* ‖ ~ **beam** (weav) / Warenbaum *n*, Zeugbaum
m ‖ ~-**bleached** *adj* / stückgebleicht *adj*, im Stück
gebleicht ‖ ~ **bleaching** / Stückbleiche *f*
pieced collar (sew) / gestückelter Kragen
piece doubler (weav) / Warendoppler *m*
pieced waistband (sew) / gestückelter Bund
piece--dyed *adj* / stückgefärbt *adj*, stückfarbig *adj*, im
Stück gefärbt ‖ ~ **dyeing** / Stückfärberei *f*, Stückfärben
n, Färben *n* im Stück, Stückfärbung *f* ‖ ~ **dyeing beam**
/ Stückfärbebaum *m* ‖ ~ **dyeing machine** /
Stückfärbemaschine *f* ‖ ~ **dyeing vat** / Stückfärbekufe *f*
‖ ~ **end** / Endstück *n*, Endrest *m* ‖ ~ **glass** s. pick glass ‖
~ **goods** *pl* / Stückware *f* ‖ ~-**goods knitting machine** /

Strickmaschine *f* für Stückware ‖ ~ **guide** /
Kantenführer *m*, Leistenwächter *m* ‖ ~ **length** /
Stücklänge *f* ‖ ~ **mercerization**, piece mercerizing /
Stückmercerisation *f*, Stückmerzerisation *f*,
Stückmerzerisierung *f* ‖ ~ **mercerizing machine** /
Stück-Merzerisiermaschine *f*
piecer *n* (weav) / Andreher *m*, Anknüpfer *m*, Anzwirner *m*
‖ ~ (silk spinn) / Anlegestab *m*, Fadenanleger *m*,
Kokonfadengreifer *m*
piece scouring / Stückwäsche *f*, Waschen *n* im Stück ‖
~ **scouring machine** / Stückwaschmaschine *f* ‖ ~ **up** /
anlegen *vt* (Faden, Garn) ‖ ~ **washing** s. piece scouring
piecing *n* (sew) / Anstückeln *n* ‖ ~ (spinn) / Andrehen *n*,
Anknüpfen *n*, Anspinnen *n*, Fadenandrehen *n*, Ansetzen
n ‖ ~ (the yarn) (spinn) / Andrehen *n* des Fadens ‖
~ **machine** / Anstückelmaschine *f* ‖ ~ **mechanism**
(spinn) / Anspinnmechanismus *m* ‖ ~ **process** (spinn) /
Anspinnvorgang *m* ‖ ~-**up** *n* (spinn) / Fadenanlegen *n*,
Fadenandrehen *n* ‖ ~-**up** *n* (thread) / Andrehen *n* ‖
~-**up end** / Knüpffaden *m* ‖ ~-**up of ends** (spinn) /
Fadenandrehen *n* ‖ ~-**up point** / Andreher *m*,
Andrehstelle *f*, Anlegestelle *f* ‖ ~-**up spot** s. piecing-up
point ‖ ~-**up stand** / Andrehgestell *n* ‖ ~-**up work** /
Knüpfarbeit *f*
pied *adj* / gescheckt *adj*, buntscheckig *adj* ‖ ~ / bunt
gekleidet
Piedmontese hemp / Bologneserhanf *m*
pieles cabrados (Sp) / leichter Hosenwollstoff in
Südamerika
pierced cocoon / durchstochener Kokon
piercing device / Durchsticheinrichtung *f*
Pierre Velue cotton / auf den Antillen angebaute
Baumwolle guter Qualität
pier scaffolding (dye) / Schwimmgestell *n*
pigeon blue *adj* / taubenblau *adj* (RAL 5014)
pigment *v* / pigmentieren *v* ‖ ~ *n* / Pigment *n*, unlösliches
Farbmittel, Farbkörper *m*, Körperfarbe *f* ‖ ~ /
Pigmentfarbstoff *m*
pigmentability *n* / Pigmentierbarkeit *f*
pigment apparel printing / Zeugdruck *m* mit
Pigmentfarbstoffen
pigmentation *n* / Pigmentieren *n*, Pigmentierung *f* ‖
~ **process** (vat dyeing) / Pigmentiermethode *f*,
Pigmentierverfahren *n*
pigment binder / Pigmentbindemittel *n*, Pigmentbinder *m*
‖ ~ **binding** / Pigmentverankerung *f* ‖ ~ **binding
capacity** / Pigmentbindevermögen *n* ‖ ~ **carrying
properties** / Pigmenttragevermögen *n* ‖ ~ **coat** (ctg) /
Deckschicht *f*, Deckstrich *m* ‖ ~ **colour** / Pigmentfarbe
f ‖ ~ **compatibility** (subdivided into wettability and
binding power) / Pigmentaufnahmefähigkeit *f* ‖
~ **concentrate** / Pigmentkonzentrat *n* ‖
~ **concentration** / Pigmentkonzentrierung *f*,
Pigmentkonzentration *f* ‖ ~ **crepe** / pigmenthaltiger
Krepp ‖ ~ **disperser**, pigment dispersing agent /
Pigmentverteiler *m* ‖ ~ **dispersion** /
Pigmentdispergierung *f*, Pigmentdispersion *f*,
Pigmentverteilung *f* ‖ ~ **dulling** / Pigmentmattierung *f* ‖
~ **dye** / Körperfarbe *f*, Pigment *n* ‖ ~ **dye** /
Pigmentfarbstoff *m* ‖ ~ **dyeing** / Pigmentierung *f*,
Pigmentfärbung *f* ‖ ~ **dyeing graduated temperature
process** / Pigmentier-Temperaturstufenverfahren *n* ‖
~ **dyeing method** / Pigmentierfärbeverfahren *n* ‖
~ **dyestuff** / Pigmentfarbstoff *m* ‖ ~ **emulsion binder** /
Pigmentemulsionsbindemittel *n* ‖ ~ **fibre yarn** / Garn *n*
aus pigmenthaltigen Fasern ‖ ~ **finish** (ctg) /
Deckfarbenzurichtung *f* ‖ ~ **finish producing agent** /
Pigmentformierungsmittel *n* ‖ ~ **floating** /
Ausschwimmen *n* von Pigmenten ‖ ~ **ground in linseed
oil** / Pigment-Leinölreibung *f* ‖ ~ **migration** /
Pigmentwanderung *f* ‖ ~ **padding** (dye) /
Pigmentklotzverfahren *n*, Pigmentklotzung *f* ‖
~ **padding liquor** / Pigmentklotzflotte *f* ‖ ~ **padding
process** / Pigmentklotzverfahren *n*, Pigmentklotzung *f* ‖

pigment

~ **paste** / Pigmentteigfarbe f ‖ ~ **preparation** / Pigmentformierung f, Farbkonzentrat n ‖ ~ **printing** / Pigmentdruck m (Drucken mit Pigmenten) ‖ ~ **printing rich in white spirits** / benzinreicher Pigmentdruck ‖ ~ **printing with low white spirits content** / benzinarmer Pigmentdruck ‖ ~ **printing without white spirits** / benzinfreier Pigmentdruck ‖ ~ **printing with white spirit emulsion** / Pigmentdruck m mit Benzinemulsion ‖ ~**-producing lichen** / Färberflechte f ‖ ~ **settling** / Absetzen n der Pigmente
pigments for dulling / Mattierungspigmente n pl ‖ ~ **for the mass colouration of regenerated cellulose fibres** / Spinnfarbstoffe m pl für Zellulose-Regeneratfasern
pigment taffeta / pigmentierter Taft ‖ ~ **textile printing** / Pigmenttextildruck m ‖ ~ **volume concentration, PVC** / Pigmentvolumenkonzentration f, PVK ‖ ~ **yellow** / Pigment Yellow 3, Hansagelb 10 G 40 n ‖ ~ **yield** / Pigmentfarbstoffausbeute f
pigtail thread guide / Sauschwanzfadenführer m
pike grey adj / hechtgrau adj
pile v / rauhen v, aufrauhen v, haarig machen ‖ ~ (fulling) / walken v ‖ ~ (padding) / ablegen v ‖ ~ n / Flor m, Faserflor m, Florhaar n, Pol n, weiche und haarige Seite, Flordecke f, Haardecke f ‖ ~ / Strich m ‖ ~ (cpt, gen) / Pol m ‖ ~ **anchorage** (cpt) / Polhaftung f ‖ ~ **beam** / Schleifenkettbaum m ‖ ~ **beam** / Polbaum m ‖ ~ **brushing machine** / Florbürstmaschine f (DIN 64990) ‖ ~ **bulk** (cpt) / Polvolumen n ‖ ~ **burst** / Schlingen-Öffnen n ‖ ~ **cam** / Plüschexzenter m ‖ ~ **carpet** / Polteppich m, Florteppich m ‖ ~ **circular knitting machine** / Florrundstrickmaschine f ‖ ~ **construction** (cpt) / Polschichtaufbau m ‖ ~ **cord fabric** / Pol-Cord-Gewebe n ‖ ~ **cutter** / Florschneidzeug n
piled adj / samtartig adj
pile density / Poldichte f, Flordichte f, Velourdichte f, Poldeckkraft f, Deckkraft f von Fasern ‖ ~ **device** / Plüscheinrichtung f ‖ ~ **direction** / Strichrichtung f ‖ ~ **down** (cloth) / ablegen v
piled spools pl / Spulensäule f
pile fabric / Plüsch m, Polgewebe n, Florgewebe n, Velour n, Velours m ‖ ~ **fabric** / Tuchgewebe n ‖ ~ **fabric loom** / Florwebmaschine f ‖ ~ **fabric machine** (knitt) / Rundstrickmaschine f mit Spezialfournisseuren und rotierenden Messern für die Herstellung von Plüschwaren ‖ ~ **fabric plain circular knitting machine** / einfenturige Plüschrundwirkmaschine ‖ ~ **fibre** (cpt) / Polfaser f ‖ ~ **fibre face** / Polfaserdecke f ‖ ~ **fibre knitting** / Florfaserstrickerei f ‖ ~ **fibre tuft** / Polfaserbüschel n ‖ ~ **fibre volume ratio** (weav) / relative Poldichte f ‖ ~ **filling** / Polschuß m, Florschuß m ‖ ~ **flat woven fabric** / Polflachgewebe n ‖ ~ **formation** / Florbildung f, Polbildung f ‖ ~ **goods** / Florware f, Polware f ‖ ~ **goods finishing** / Florwarenausrüstung f ‖ ~ **gripper weaving machine** / Rutengreifer m ‖ ~ **height**, pile length / Florhöhe f, Polhöhe f ‖ ~ **jacket** / Teddyjäckchen n ‖ ~ **knit goods** / Trikotware f, Flortrikot m n ‖ ~ **layer** (cpt) / Polschicht f
pileless adj / kahlgeschnitten adj, kahlgeschoren adj ‖ ~ **finish** / Kammgarnausrüstung f, Kammgarnappretur f, Kahlausrüstung f, Kahlappretur f
pile lifting apparatus / Velourhebeapparat m ‖ ~ **lifting device** (cpt) / Schlingenöffnungsgarnitur f ‖ ~ **liner** / flauschiger Futterstoff ‖ ~ **loop** / Flornoppe f, Florschleife f, Polschleife f, Polschlinge f, Plüschhenkel m, Polhenkel m ‖ ~ **mass** (cpt) / Polmasse f ‖ ~ **misalignment** (flock) / Florverlagerung f, Polverlagerung f, Polverlegung f ‖ ~ **napping** / Strichrauhen n, Polschur f, Kahlschur f ‖ ~ **nonwoven** / Polvliesbelag m ‖ ~ **on pile velvet** / Samt m mit unterschiedlich hoher Flordecke ‖ ~ **opening** / Polaufsprung m ‖ ~ **orientation** (fin) / Florrichten n, Polrichten n ‖ ~ **pick** / Polschuß m, Florschuß m ‖ ~ **picks arranged as a satin weave** / atlasartig angeordnete Florschüsse m pl ‖ ~ **pressure** (cpt) / Florniederdruck m, Polniederdruck m ‖ ~ **processing machine** / Polbearbeitungsmaschine f, Haarbearbeitungsmaschine f ‖ ~ **rail** / Florschiene f ‖ ~ **raising** / Strichrauhen n ‖ ~ **raw density** / Polrohdichte f ‖ ~ **recovery** (cpt) / Wiederaufrichtvermögen n des Pols ‖ ~ **resilience** (cpt) / Polstand m, Stehvermögen n, Florstand m ‖ ~ **resistance** (cpt) / Wiederaufrichtvermögen n des Pols ‖ ~ **rising machine** (fin) / Velourshebemaschine f (DIN 64990) ‖ ~ **roller** / Strichwalze f ‖ ~ **root** (cpt) / eingebundener Polanteil ‖ ~ **rug** / Polteppich m ‖ ~ **shearer**, pile shearing machine / Polschermaschine f ‖ ~ **side of a raised cotton fabric** / Florseite f eines gerauhten Baumwollgewebes ‖ ~ **sinker** / Polplatine f, Plüschplatine f ‖ ~ **stabilization** / Florstabilisierung f, Polstabilisierung f
pile-stabilizing finish / polstabilisierende Ausrüstung f
pile stuffing machine (nwv) / Florstauchmaschine f ‖ ~ **tear resistance** / Noppenausreißfestigkeit f, Polausreißfestigkeit f ‖ ~ **thickness** (cpt) / Poldicke f ‖ ~ **thread** / Polfaden m, Schlingenfaden m, Florfaden m ‖ ~ **tricot** / Flortrikot m n ‖ ~ **tuft** / Florschlinge f ‖ ~ **type fabric** / Gewebe n mit Plüschcharakter, Gewebe n mit Florcharakter ‖ ~ **type fabric** s. also pile fabric ‖ ~ **volume ratio** (cpt) / Pol-Rohdichte f ‖ ~ **warp** / Flor m, Florkette f, Polkette f, Samtkette f, Oberkette f ‖ ~ **warp beam** / Florkettbaum f ‖ ~ **warp regulator** / Florkettenregler m ‖ ~ **weaving** / Samtweberei f ‖ ~ **weaving machine** / Velourswebmaschine f ‖ ~ **weft** / Florschuß m, Polschuß m ‖ ~ **weight** (cpt) / Poleinsatzgewicht n ‖ ~ **weight** / Florgewicht n, Polgewicht n ‖ ~ **wire** / Samtnadel f ‖ ~ **wire** / Samtrute f ‖ ~ **wire** (cpt) / Schnittrute f, Rute f ‖ ~ **wire loom** / Rutenstuhl m, Rutenwebstuhl m ‖ ~ **wire mechanism** / Rutenautomat m ‖ ~ **wire motion** / Rutenzug m ‖ ~ **yarn** / Polgarn n, Florgarn n ‖ ~ **yarn loop** / Florgarnschlinge f ‖ ~ **yarn stop motion** / Florfadenwächter m
pilgrim-step planking machine (nwv) / Pilgerschrittwalke f
pill v / Knötchen bilden, pillen v ‖ ~ n (weav) / Pillneigung f, Pillbildung f, Pilling-Effekt m, Pilling n, Knötchenbildung f, Faserzusammenballung f
pillar stitch / Franse f ‖ ~ **stitch formation**, pillar stitch notation / Fransenlegung f ‖ ~ **stitch lapping** / Fransenlegung f ‖ ~**-stitch twist** / Fransenzwirn m
pilling (small accumulations of fibres on the surface of a fabric) / Pilling m, Pillen n, Knötchenbildung f, Pillbildung f ‖ ~ **behaviour** / Pillingverhalten n ‖ ~ **effect** / Pilling-Effekt m, Pillneigung f, Pillbildung f, Pilling n, Knötchenbildung f, Faserzusammenballung f ‖ ~ **formation** / Pillingbildung f ‖ ~ **level** / Pillgrad m ‖ ~ **migration** / Herausarbeiten n und Zusammendrehen einzelner Fasern ‖ ~ **resistance** / Pillresistenz f, Pillbeständigkeit f ‖ ~ **tendency** s. pilling effect ‖ ~ **test** / Pilltest m, Pillingprüfung f, Pilling-Prüfverfahren n
pillow / Kopfkissen n, Kissen n ‖ ~ **bar** / Klöppelspitzengrund m ‖ ~ **case** / Kopfkissenbezug m, Kissenbezug m, Kissenüberzug m, Kissenhülle f ‖ ~ **cord** / Kissenborte f ‖ ~ **filling** / Kissenfüllung f ‖ ~ **lace** / Klöppelspitze f ‖ ~ **lace pattern** / Klöppelmuster n ‖ ~ **lace work** / Klöppelarbeit f ‖ ~ **linen** / Kopfkissenleinen n ‖ ~ **sham** / Kopfkissenschützer m, Zierdecke f für Kopfkissen ‖ ~ **slip** / Kopfkissenbezug m, Kissenbezug m, Kissenüberzug m, Kissenhülle f ‖ ~ **stuffing** / Kissenfüllung f ‖ ~ **tubing** / Schlauchgewebe n für Kissenbezüge
pill resistance / Pillbeständigkeit f, Pillresistenz f ‖ ~ **resistant** / pillbeständig adj, pillfest adj, pilling-fest adj

pills *pl* / "Pills" (Knoten- und Noppenbildung bei Textilien aus Fasergarn) *pl*
pill test (flammability test) / amerikanischer Tablettentest (Entflammbarkeitsversuch) ‖ ~ **wear off** / Pillbildung *f* beim Tragen
pilot·-cloth *n* / Pilot *m* (ein Moleskin) ‖ ~**-cloth** *n* (thick blue woollen cloth for seamen's coats etc.) / dunkelblauer Wollfries, Lotsentuch *n* ‖ ~ **trial** / halbtechnischer Versuch
pima cotton (Arizona, Texas, California) / Pima-Baumwolle *f*
pimaric acid / Pimarinsäure *f*
pimelic acid / Pimelinsäure *f*
pin *v* / aufnadeln *v* ‖ ~ (sew) / stecken *v*, anstecken *v*, mit Nadeln stecken ‖ ~ *n* / Stecknadel *f*
pina cloth / Ananasfasergewebe *n*, Pinastoff *m* ‖ ~ **fibre** / Ananasfaser *f*, Ananashanf *m*
pinafore *n* / ärmellose Kleiderschürze, Trägerschürze *f* ‖ ~ / Kinderschürze *f* ‖ ~ **dress** / Trägerrock *m*, Kleiderrock *m* ‖ ~ **dress** (for children) / Trägerkleidchen *n*
pinara cotton / eine peruanische Baumwollsorte
pin bar / Kammstab *m*, Nadelleiste *f* ‖ ~ **bed** / Nadelbett *n* ‖ ~ **box** / Nadelkasten *m*
pincers *pl* / Pinzette *f*, Kneifzange *f*
pinch *v* / noppen *v*, ausrupfen *v*, ausputzen *v*
pin chain / Nadelkette *f* ‖ ~ **chain link** / Nadelkettenglied *n* ‖ ~ **check** / nadelfeines Karo ‖ ~ **clip** / Nadelkluppe *f* ‖ ~ **cop** / Schußkötzer *m*, Schußgarnkötzer *m*, Schußkop *m n*, Pinkop *m n* ‖ ~ **cop winder** / Schußspulmaschine *f* ‖ ~ **covering of roll[er]** / Bestiftung *f* der Walze ‖ ~ **cushion** / Nadelkissen *n* ‖ ~ **cylinder** / Rückstreifwalze *f*, Ausgleichwalze *f* ‖ ~ **disc** / Stiftscheibe *f*, Zapfenscheibe *f* ‖ ~ **dots** *pl* / feinstes Tupfenmuster, feine Polkatupfen *m pl* ‖ ~ **down** (scr pr) / nadeln *v* ‖ ~ **drafter** / Doppelnadelstabstrecke *f*, Nadelstrecke *f* ‖ ~ **drum** / Stifttrommel *f* ‖ ~ **drum setter** / Trommelladevorrichtung *f*
pineapple bobbin s. pineapple cone ‖ ~ **cloth** / Ananasgewebe *n*, Ananasbatist *m* ‖ ~ **cone** / Pineapple-Cone, *f*, Pineapple-Spule *f*, Bikone *f*, Bi-Cone *f*, Kreuzspule *f* mit schrägen Flanken, Doppelkegelspule *f* ‖ ~ **fibre** / Ananasfaser *f*, Ananashanf *m* ‖ ~ **package** / Bikonenspule *f* ‖ ~ **pattern** / Ananasmuster *n* ‖ ~ **type mixing nozzle** / ananasförmige Mischdüse ‖ ~ **winding** / Doppelkegelwindung *f*
pine needle green / kiefergrün *adj*, tannengrün *adj* ‖ ~ **needle wool** / Waldwolle *f*
pin engraving / Nadelgravur *f* ‖ ~ **faller drawing mechanism** / Gillstrecke *f* ‖ ~ **finishing** (fin) / Stiftpräparierung *f* ‖ ~ **fixer** / Kardensetzer *m* ‖ ~ **for spinning processes** / Spinnereinadel *f* ‖ ~ **head** / Nadelkopf *m* ‖ ~**-head staple** / Nadelstapel *m*, kleinknipsiger Stapel
pinhole *n* (defect) (ctg) / Loch *n*, Nadelstich *m*, Pore *f*, Krater *m*
pin hole / Nadelloch *n*
pinhole formation (defect) (ctg) / Porenbildung *f*, Nadelstichbildung *f*, Kraterbildung *f*
pinholes *pl* (defect) (ctg) / Stippen *f pl*
pinholing *n* (defect) (ctg) / Porenbildung *f*, Nadelstichbildung *f*, Bläschenbildung *f*, Kraterbildung *f*, Luftbläschenbildung *f*
pin inserting machine / Musterstiftsetzmaschine *f*
pink *n* (GB) (also) / scharlachrotes Tuch der Fuchsjäger ‖ ~ *adj* / rosa *adj*, rosarot *adj*, blaßrot *adj* ‖ ~ **colour** (pigm) / Nelkenfarbe *f* ‖ ~ **colour** (dye) / Pinksalz *n* ‖ ~ **colouration** / Rosafärbung *f* ‖ ~ **discharge** (dye) / Rosäatze *f*
pinked edge / Zackenkante *f* ‖ ~ **seam** / Zackennaht *f* ‖ ~ **seam** (sew) / Auszacknaht *f*
pinking *n* / Auszacken *n* ‖ ~ **attachment** (sew) / Auszackapparat *m* ‖ ~ **machine** / Zackenausschneidemaschine *f*, Zackenschneidemaschine *f* ‖ ~ **scissors** *pl*, pinking shears *pl* / Auszackschere *f*, Zackenschere *f*
pinkish white *adj* / rotweiß *adj*, rötlich weiß
pink out / zacken *v*, ausschneiden *v* ‖ ~ **salt** (dye) / Pinksalz *n* ‖ ~ **salt treatment** / Pinken *n* ‖ ~ **shading** / Rosieren *n* ‖ ~ **snow mould** / Schneeschimmel *m*
pin lock slider (zip) / Hakenfeststellerschieber *m* (ohne Feder) ‖ ~ **mark** / Nadelabdruck *m*, Abzeichnen *n* von Nadeln, Abzeichnen *n* von Kluppen
pinning *n* / Aufnadeln *n*, Benadelung *f*
pinny *n* s. pinafore
pin of open-end slide fastener (zip) / Stecker *m* eines teilbaren Reißverschlusses
pins and sockets (cpt) / Stifte und Muffen
pin·-spindle texturing / Spindeltexturierverfahren *n* ‖ ~ **stenter** (GB) / Spannrahmentrockenmaschine *f* mit Nadeln, Nadelspannrahmen *m*, Nadelrahmenspannmaschine *f* ‖ ~**-stripe** *n* / Nadelstreifen *m* (Muster im Stoff) ‖ ~**-striped** *adj* / mit Nadelstreifen (Stoff) ‖ ~**-striped suit** / Anzug *m* mit Nadelstreifen ‖ ~**-stripes** *pl* / Nadelstreifen *m pl* ‖ ~ **tenter** (US) / Spannrahmentrockenmaschine *f* mit Nadeln, Nadelrahmenspannmaschine *f*, Nadelspannrahmen *m* ‖ ~ **tenter heat setter** / Nadelfixierrahmen *m* ‖ ~ **trap** (in washing machine) / Klammerfalle *f*, Nadelfalle *f*, Nadelfänger *m* ‖ ~ **trash** / winzige Baumwollabfälle *m pl* ‖ ~ **tuck** (sew) / Haarbiese *f* ‖ ~ **type creel** / Stiftgatter *n* ‖ ~ **type end stop** (zip) / unteres Reißverschlußendstück in Steckerausführung
pipe *v* (sew) / paspeln *v*, paspelieren *v*, mit Paspel versehen
piped edge / Paspelvorstoß *m*, paspelierter Rand ‖ ~ **hemline** / paspelierter Kleidersaum ‖ ~ **pocket** / Paspeltasche *f* ‖ ~ **seam** / paspelierte Naht
pipe needle (knitt mach) / Röhrennadel *f*, Schlauchnadel *f*, Hohlnadel *f*
piperazine *n* / Piperazin *n*, Diäthylendiamin *n*
piperidine *n* / Piperidin *n*, Hexahydropyridin *n*
piping *n* / Paspel *f*, Biese *f*, Vorstoß *m*, Litzenbesatz *m*, Schnurbesatz *m* ‖ ~ **attachment** (sew) / Paspelapparat *m* ‖ ~ **device** (sew) / Litzenaufnäher *m* ‖ ~ **effect** (ctg) / Falten *n* im Kaschieren ‖ ~ **strip** (sew) / Paspelstreifen *m*
pip of tooth (zip) / Kopf *m* eines Reißverschlußzahns, Kupplungserhöhung *f* eines Reißverschlußzahns
pipturus hemp / feste Hanffaser in Neukaledonien
piqué *v* (weav) / Pikee *m*, Piké *m*, Piqueé *m* (Gewebe mit reliefartiger Musterung) ‖ ~ *n* (knitt) / Handschuhnaht *f* ‖ ~ **warp** / Bedford-Ripsgewebe *n* ‖ ~ **weave** / Pikeebindung *f*, Piquébindung *f*
pirl thread / spiralförmiger Metallfaden
pirn *n* / Garnspule *f*, Schußspule *f*, Schußgarnspule *f*, Spule *f* (DIN 61800), Hülse *f*, Kannette *f*, Kanette *f*, Canette *f* ‖ ~ **barre** / Schußspannfeder *f* ‖ ~ **base** / Spulenansatz *m* ‖ ~ **board** / Steckbrett *n* (DIN 62510) ‖ ~ **box** / Hülsenbehälter *m*, Spulenbehälter *m*, Schußspulenbehälter *m* (DIN 62510) ‖ ~ **change** / Spulenauswechseln *n*, Spulenwechsel *m*, Schußspulenwechseln *m* ‖ ~ **changer** / Spulenwechsler *m* ‖ ~ **clamp** / Spulenklemme *f* ‖ ~ **cleaner** / Spulenreiniger *m* ‖ ~ **container** / Hülsenbehälter *m*, Spulenbehälter *m*, Schußspulenbehälter *m* (DIN 62510) ‖ ~ **cop winder** / Schußspulmaschine *f* ‖ ~ **density** / Schußspulendichte *f*
pirnean wool / feinste Strickwolle
pirn feed / Spulenzuführung *f* ‖ ~ **feeler** / Spulenfühler *m*, Spulenwächter *m* ‖ ~ **guide of shuttle** (weav) / Abgleitbügel *m* des Webschützen (DIN 64685) ‖ ~ **hammer** / Spulenhammer *m* ‖ ~ **head** / Spulenfuß *m*, Spulenkopf *m* ‖ ~ **head guide** / Spulenkopfführung *f* ‖ ~ **holder** / Spulenhalter *m*, Hülsenaufnehmer *m* (DIN 62510) ‖ ~ **length** / Spulenlänge *f* ‖ ~ **magazine** / Hülsenmagazin *n*, Spulenmagazin *n*, Schußspul-

Magazin n (DIN 62510) ‖ ~ **storage box** / Spulenmagazin n ‖ ~ **stripper** / Spulenabstreifmaschine f, Hülsenreinigungsmaschine f, Spulenreiniger m ‖ ~ **stripping device** / Schußspulputzaggregat n, Spulenreinigungsmaschine f, Spulenreiniger m, Schußhülsenreinigungsmaschine f ‖ ~ **tension** / Spulenspannung f ‖ ~ **tip guide** / Spulenspitzenführung f ‖ ~ **tip reserve** / Spitzenreserve f bei der Schußspule ‖ ~ **transfer** / Spulenbeförderung f ‖ ~ **tube** / Spulenhülse f ‖ ~ **winder** / Schußspulmaschine f (DIN 62510), Spulapparat m ‖ ~ **winding department** / Schußspulerei f ‖ ~ **winding machine** / Schußspulmaschine f, Schußspulautomat m ‖ ~ **winding process** / Spulprozeß m für Schußspulen
pistachio green adj / pistaziengrün adj
piston-type spinning head / Kolbenspinneinrichtung f
pit n (US) (slang) / Brusttasche f
pita fibre / mexikanische Pitafaser, wilde Ananasfaser ‖ ~ **fibre** / Faser f der Hundertjährigen Aloe
pitambar f / feines, grell gefärbtes Gewebe (Kette aus Seide, Schuß aus Wolle) in Indien
pitch n (cpt) / Schuß m, Teilung f in Schußrichtung ‖ ~ (weav) / Stich m, Teilung f ‖ ~ **binding of reed** (weav) / Pechbund m des Webblattes ‖ ~ **black** adj / pechschwarz adj ‖ ~ **bound reed** (weav) / Pechbundblatt n, Pechbundriet n ‖ ~ **carbon fibre** / Pech-Kohlenstoffaser f ‖ ~ **mark** (wool contamination) / Pechspitze f ‖ ~ **of needles** (weav) / Platinenteilung f ‖ ~ **of needles in the dobby** (weav) / Schaftmaschinenteilung f ‖ ~ **of pattern cylinder** (weav) / Prismateilung f ‖ ~ **of reed** (weav) / Blattdichte f, Zahndichte f ‖ ~ **of warp threads** (weav) / Kettfadenteilung f ‖ ~ **pin** / Aufspannstift m ‖ ~ **roller chain** (knitt) / Laschenkette f mit Rollen ‖ ~ **tip** / Pechspitze f ‖ ~ **traverse** / Hubhöhe f, Ganghöhe f (der Garnwicklung bei der Kreuzspule)
pitchy adj / pechschwarz adj ‖ ~ **wool** / Schmutzwolle f, Schweißwolle f
pith helmet / Tropenhelm m (aus Baummark)
pitman n (knitt) / Rollenträger m am Kulierarm
pitmanbar n / Seiden- und Goldgewebe in Indien
Pitman roller (knitt) / Kulierrolle f
pitre n / Henequen-ähnliche Bastfaser (Brasilien)
pit retting (flax) / Grubenröste f
pitted surface (ctg) / pockennarbige Oberfläche, löcherige Oberfläche
pitting of the doctor blade (defect) / Anreißen n der Rakel
Pittman cotton / frühreifende Louisianabaumwolle
place v (knitt) / einsetzen v (Nadeln)
placé n (motif) / Placé-Muster n
place mat / Tellerdeckchen n ‖ ~ **of junction** (weav) / Treffstelle f, Verbindungsstelle f ‖ ~ **of knot** / Knotenstelle f ‖ ~ **on the star frame** / einsternen v ‖ ~ **yarn containers on creel** / Spulen auf das Gatter aufstecken
placket n / Öffnung oder Schlitz, besonders in Frauenrock, für Befestigung oder Zugang zur Tasche ‖ ~ (sew) / Besatz m (z.B. an Polohemd) ‖ ~ **seam** / Verschlußbesatznaht f ‖ ~ **slit** / Schlitz m in Kleidungsstücken (zum leichteren An- und Ausziehen)
plaid n / Plaid m n, Schottenstoff m, schottische Reisedecke f ‖ ~ / karierter Schottenüberwurf, karierter Mantel ‖ ~ (pattern) / Blockkaro m, Würfelmuster n, Schottenmuster n, Ecossais m ‖ ~**-back** / Doppelwollstoff m mit gewürfelter Unterseite ‖ ~ **flannel** / buntkarierter Flanell ‖ ~ **lining** / Plaidfutter n ‖ ~ **rug** / Plaid n m, schottische Reisedecke f ‖ ~ **shopper** / Schottentasche f, Schotteneinkaufstasche f
plain adj / einfach adj, glatt adj, schlicht adj, ungemustert adj ‖ ~ (dye) / uni adj, unifarben adj, unifarbig adj, einfarbig adj ‖ ~ **all-over flocking** / Unibeflockung f
plainback n / geköperter Kammgarnstoff mit glatter Abseite

plain back / glatter Grund ‖ ~ **back velveteen** / glatter Velvetin ‖ ~**-black** adj / unischwarz adj ‖ ~ **blended fabric** / glattes Mischgewebe, ungemustertes Mischgewebe ‖ ~ **bottom trouser** / umschlaglose Hose ‖ ~ **braid** / Flachborte f ‖ ~ **carpet** / Uni-Teppich m ‖ ~ **circular border knitting machine** / einfonturige Leistenrundstrickmaschine ‖ ~ **circular fleece knitting machine** / einfonturige Futterstoffrundwirkmaschine ‖ ~ **circular knitting machine** / einfonturige Rundstrickmaschine ‖ ~ **circular knitting machine with pattern wheel** / einfonturige Musterradstrickmaschine ‖ ~ **circular striper** / einfonturige Rundstrickmaschine mit Ringeleinrichtung, einfonturige Rundringelmaschine ‖ ~ **circular strong border knitting machine** / einfonturige Leistenrundstrickmaschine ‖ ~ **clothes** pl / unauffällige Kleidung, Zivilkleidung f ‖ ~ **colour** / Unifarbe f ‖ ~ **cotton cloth** / Kaliko m, Kalikot m, Calicot m, Kattun m, Baumwollkattun m, Baumwollnesseltuch n ‖ ~ **cotton goods** / Baumwollware in Leinwandbindung ‖ ~ **couching** / einfache Plattstickerei ‖ ~ **dyeing** / Unifärbung f, Unifärberei f ‖ ~ **edge** / Blindstichsaum m ‖ ~ **eyelet pattern fabric** (knitt) / einseitiger Eyelet-Stoff ‖ ~ **fabric** / glattes Gewebe, Unigewebe n, Rechts-Links-Gestrick n, RL-Gestrick n, RL-Ware f ‖ ~ **fabric in tabby weave** / Leinwand f ‖ ~ **feed** (sew) / Einfachtransport m ‖ ~ **filament yarn** / glattes Filamentgarn f ‖ ~ **finish** / Grundausrüstung f ‖ ~ **flat-knitting machine** / einfonturige Flachstrickmaschine ‖ ~ **foot bottom** (hos) / glatte Sohle ‖ ~ **gauze weave** / einfache Dreherbindung ‖ ~ **goods** / Uniware f, glatte Ware ‖ ~ **ground weave** / einfache Grundbindung, glatte Grundbindung ‖ ~ **half-hose** / glatte Socke, ungemusterte Socke ‖ ~ **heel** (hos) / glatte Ferse, glattgearbeitete Ferse ‖ ~ **intarsia flat-knitting machine** / einfonturige Intarsiaflachstrickmaschine ‖ ~ **jersey** (knitt) / Rechts-Links-Ware, RL-Ware f ‖ ~ **knit** v / rechts stricken, glatt stricken ‖ ~ **knit** n / Glattstricken n, Rechtsstricken n, Glattstrickerei f, Flachstrickerei f, glattes Wirken ‖ ~ **knit cam** / glatter Strickheber ‖ ~ **knit goods** pl / Rechts-Links-Ware f, RL-Ware f, Rechts-Links-Gestrick n, glatte Ware ‖ ~ **knitted fabric** / Jersey m ‖ ~ **knitting** / Glattstricken n, Glattstrickerei f, Flachstrickerei f, glattes Wirken ‖ ~ **knitting feed** / glattes Stricksystem ‖ ~ **knitting machine** / einfonturige Flachstrickmaschine ‖ ~**-laid rope** / rechtsgeschlagenes Seil, rechtsgedrehtes Seil ‖ ~ **loom** / Webmaschine f mit glatter Lade, einfacher Webautomat ‖ ~ **loop** / glatte Masche, Rechtsmasche f ‖ ~ **machine** (knitt) / Strickautomat m für glatte Ware ‖ ~ **mesh structure** / ruhiges Maschenbild ‖ ~ **net fabric** / ungemusterter Tüll ‖ ~ **Oxford** / ungestreifter Oxford ‖ ~ **plated laid-in fabric** / Rechts-Links-plattiertes Futter, RL-plattiertes Futter ‖ ~ **plating** / glatte Plattierung (ohne Musterung) ‖ ~ **presser wheel** (knitt) / glattes Preßrad ‖ ~ **rep weave** / Glattripsbindung f ‖ ~ **rib goods** (knitt) / Ränderware f ‖ ~ **selvedge** / einfacher Geweberand, glatter Geweberand ‖ ~ **shade** / Uni-Ton m ‖ ~ **sock** / glatte Socke, ungemusterte Socke ‖ ~ **stitch** (sew) / Einfachstich m ‖ ~ **stitch** (knitt) / Rechtsmasche f ‖ ~**-surface fabric** / glattes Gewebe, Glattgewebe n ‖ ~ **velvet** / glatter Samt, Samt m mit gleichlanger Flordecke, leinwandartiger Manchester f ‖ ~ **weave** / Grundbindung f, Leinwandbindung f (früher: Kattun- oder Musselinbindung bei Baumwolle, Tuchbindung bei Wolle, Taftbindung bei Seide) ‖ ~ **weave cotton fabric** / Baumwollgewebe n in Leinwandbindung ‖ ~ **wool** / glatte Wolle, kaum gekräuselte Wolle ‖ ~ **work** (knitt) / glatte Ware ‖ ~ **woven fabric** / Gewebe n in Leinwandbindung ‖ ~ **yarn** / Unigarn n
plait v (clothm) / falten v, abtafeln v, abstoßen v ‖ ~ / fälteln v, in Falten legen ‖ ~ (weav) / plattieren v ‖ ~ (braid) / flechten v, verflechten v ‖ ~ n / Flechte f,

Geflecht n, Falte f, Zopf m ‖ ~ **down** (clothm) / tafeln v, abtafeln v, austafeln v, abstoßen v, ablegen v
plaited fabrics pl / eingetafelter Stapel ‖ ~ **pattern** / Zopfmuster n ‖ ~ **stitch** (braid) / Grätenstich m
plaiter n (fin) / Ableger m (DIN 64990)
plaiting n (braiding) / Flechten n, Geflecht n ‖ ~ / Faltenlegung f, Plissseearbeit f ‖ ~ / Breitfalten n ‖ ~ (hatm) / Filzen n, Verfilzung f ‖ ~ (hos) / Plattieren n, Plattierung f ‖ ~ **area** / faltenbildende Zone ‖ ~ **carrier** (sew) / Plattierfadenführer m ‖ ~ **device** / Ablegevorrichtung f ‖ ~ **down** / Abtafeln n, Ablegen n, Austafeln n ‖ ~-**down crease** / Ablagefalte f ‖ ~-**down system** (crease removal) / Ablagesystem n ‖ ~ **machine** (clothm) / Abtafelmaschine f, Abtafler m, Breitfalter m, Legemaschine f ‖ ~ **machine** (rope) / Seilflechtmaschine f, Litzenmaschine f ‖ ~ **of the entire stocking** / Vollplattierung f ‖ ~ **stripe** / Faltenstreifen m ‖ ~ **tackle** (weav) / Plattiervorrichtung f ‖ ~ **thread** / Plattierfaden m
plait pattern / Zopfmuster n
plane between heel and toe (hos) / nicht verstärkte Strumpfsohle
planetary agitator / langsamer Planetenrührer ‖ ~ **impeller** / schneller Planetenrührer
plank v / filzen v, anstoßen v, anfilzen v ‖ ~ / vorwalken v, zusammenwalken v
planker n / Filzwalkmaschine f
planking n / Vorwalken n ‖ ~ (spinn, weav) / Anstückeln n der Züge ‖ ~ **machine** / Anstoßmaschine f, Walkmaschine f ‖ ~ **of felts** / Anstoßen n der Filze ‖ ~ **to measure** / Anstoßen n auf Maß
planographic printing / Flachdruck m, Flachformdruck m
plantain fibre / Platanenfaser f
planted design (cpt) / Musterversatz m
plant fibre / Pflanzenfaser f ‖ ~ **heating mat** / Pflanzenheizmatte f
planting n (cpt) / Versetzen n
plant net / Pflanzennetz n ‖ ~ **procedure** (dye man) / Betriebsanweisung f, Betriebsvorschrift f
plasticizer n (ctg) / Plastifiziermittel n, Weichmacher m
plasticizing by solvent treatment of the fibres (nwv) / Anlösen n der Fasern, Anquellen n der Fasern
plasticoelasticity n (ctg) / plastische Elastizität
plastic pirn for automatic winder / Automaten-Kunststoffspule f ‖ ~ **release paper coated with silicone** (trans pr) / Trennpapier n mit Siliconbeschichtung ‖ ~ **resin coating** (pigm) / Kunstharzumhüllung f
plastics pl / Kunststoffe m pl, Plaste m pl
plastic size / haftmittelhaltige Kunststoffschlichte (DIN 61850) ‖ ~ **work drum** (knitt) / Strickmaschinenwarentrommel f aus Kunststoff ‖ ~ **zipper** / Kunststoffreißverschluß m
plastosoluble adj (ctg) / plastelöslich adj
plastron n (fash) / breiter Seidenschlips ‖ ~ / gestickter Brustlatz
plat v s. plait
plate v (weav) / plattieren v ‖ ~ (knitt) / aufplattieren v ‖ ~ n (hos) / Platine f ‖ ~ (weav, knitt) / Platte f ‖ ~ **cam** / Plattenexzenter m
plated block in toe (hos) / plattierte Spitzenverstärkung ‖ ~ **fabric** / plattiertes Gewebe, plattierte Ware, Plattiergestrick n ‖ ~ **footwear** / plattierte Strumpfwaren f pl ‖ ~ **heel** / plattierte Ferse ‖ ~ **high heel** / plattierte Hochferse ‖ ~ **hosiery** / plattierte Strümpfe m pl ‖ ~ **knit goods** n / plattierte Maschenware ‖ ~ **knitted fabrics** / plattierte Trikots m pl ‖ ~ **purl fabric** / plattierte Links-Links-Ware ‖ ~ **yarn** / besponnenes Garn, überzogenes Garn, versteiftes Garn
plate felting machine / Plattenfilzmaschine f ‖ ~ **guard** (hos) / Gardplatine f, Platinenbarre f ‖ ~ **mat** / Tellerdeckchen n ‖ ~ **needle** (knitt) / gestanzte Nadel ‖ ~ **needle with straight hook** (knitt) / Wendeplattiernadel f ‖ ~ **printing** / Plattendruck m ‖ ~ **release agent** (ctg) / Antiklebemittel n, Haftlösemittel n ‖ ~ **singeing** / Plattensengen n ‖ ~ **singeing machine** / Plattensengmaschine f (DIN 64990) ‖ ~ **spinning machine** / Tellerspinnmaschine f ‖ ~ **stitch** / Plattstich m ‖ ~ **test** (sublimation) / Plattentest m auf Thermofixierechtheit (DIN 54060) ‖ ~ **with floating yarn** / hinterlegt plattieren
platform n (sew) / Nähplatte f, Nähtisch m ‖ ~ **sole** / Plateausohle f
plating n (hos) / Plattierung f, Verstärkung f ‖ ~ (embroidery) / Aufplattieren n, Aufplattierung f ‖ ~ **attachment** (knitt) / Plattiervorrichtung f, Plattiereinrichtung f ‖ ~ **bar** / Plattierschiene f ‖ ~ **carrier** / Plattierfadenführer m ‖ ~ **design** / Plattiermuster m ‖ ~ **device** s. plating attachment ‖ ~ **feeder** / Plattiernüßchen n, Plattierfadenführer m ‖ ~ **friction box** / Plattierbremse f, Verstärkungsbremse f ‖ ~ **latchguard feeder** / Zungenwächter m mit zwei übereinanderliegenden Einlauföffnungen (Loch und Schlitz für Grund- und Plattierfaden) ‖ ~ **machine** / Plattiermaschine f ‖ ~ **mechanism** / Aufplattiervorrichtung f ‖ ~ **needle** / Plattiernadel f mit erweitertem Raum zwischen Haken und Zunge ‖ ~ **sinker** / Plattierplatine f ‖ ~ **stop** / Plattieranschlag m ‖ ~ **thread** / Plattierfaden m, Deckfaden m (des Bindefadenfutters) ‖ ~ **thread furnisher** / Plattierfadenfournisseur m ‖ ~ **thread guide** / Plattierfadenführer m ‖ ~ **wheel** / Plattierfadenzuführer m ‖ ~ **with one thread behind the other** / hinterlegtes Plattieren ‖ ~ **yarn** / Plattierfaden m
platinum adj / platin adj, platingrau adj ‖ ~ **grey** / platingrau adj (RAL 7036)
platt lace (machine-made lace devoid of raised work) / platte Maschinenspitze
Plauen lace / Plauener Spitze
playset n / Strampelanzug m
playsuit n / Spielanzug m, Spielhöschen n
pleasant to the skin / hautsympathisch adj
pleat v / falten v, in Falten legen ‖ ~ / fälteln v, plissieren v ‖ ~ / Falte f, Plisseefalte f
pleatability n / Plissierbarkeit f
pleated fabric / Plissee n, Plisseestoff m, in Fältchen gelegter Stoff, Plissierware f ‖ ~ **finish** / Plisseeausrüstung f ‖ ~ **hem** / Faltensaum m ‖ ~ **skirt** / Plisseerock m, Faltenrock m ‖ ~ **trousers** / Bundfaltenhose f
pleater n s. pleating machine
pleat-front trousers / Bundfaltenhose f
pleating n / Falten n ‖ ~ / Fälteln n, Plissieren n ‖ ~ / Plissee ‖ ~ **attachment** (sew) / Faltenleger m, Faltennähapparat m ‖ ~ **fastness** / Plissierechtheit f ‖ ~ **form** / Plisseeform f ‖ ~ **machine** / Plissiermaschine f (DIN 64990), Plisseemaschine f, Fältelmaschine f, Faltmaschine f, Faltendrücker m ‖ ~ **pattern** / Plisseemuster m ‖ ~ **stability** / Plissierbeständigkeit f
pleat into the bath / flach einlegen ‖ ~ **pattern** / Plisseemuster n ‖ ~ **retention** / Faltenbeständigkeit f ‖ ~-**top trousers** / Bundfaltenhose f
Plessy's green / Chromphosphatgrün n
Plexifilament process (spinn) / Plexifilament-Verfahren n
plexus n / verwickelte Fasermasse
plied yarn / Mehrfachzwirn m, mehrfädiges Garn ‖ ~ **yarn**, folded yarn (two or more single yarns twisted togther in one operation) / Zwirn m, einstufiger Zwirn
pliering n / Richten n von Platinen mit Flachzange
plissé n / Plissee n ‖ ~ **crepe** / Plisseekrepp m, Plissee n ‖ ~ **fabric** / Faltenstoff m, Plisseestoff m
plodder n (soap man) / Strangpresse f, Peloteuse f, Peloteneuse f (Strangpresse bes. für die Seifenherstellung)
plot v / entwerfen v (eine Bindung)
plough n / Polmesser n, Reißmesser n

ploughing

ploughing n / Ritzen n
plough knife / Abschlagklinge f
pluck v / abzupfen v, auszupfen v, zupfen v, raufen v, rupfen v, Wolle verlesen
plucked wool / Raufwolle f, Gerberwolle f, Blutwolle f, Hautwolle f, Mazametwolle f
plucker roller / Aufzupfwalze f
plucking n (elastic goods) / Schlingenbildung f ‖ ~ (knitt, defect) / Zupfen n ‖ ~ **machine** / Zupfmaschine f ‖ ~ **of wool** / Raufen n der Wolle, Abrupfen n der Wolle
plug n (stuffer box crimping) / Stopfen m
plumb v (cloth) / beschweren v
plum blue adj / pflaumenblau adj ‖ ~ **coloured** / pflaumenfarben adj
plume n (fash) / Hutfeder f, Schmuckfeder f ‖ ~ / Federbusch m
plumed hat / Federhut m
plump adj (silk) / füllig adj
plum purple adj / pflaumenblau adj
plunger n (sew) / Taucher m
plus fours pl / Golfhose f, lange und weite Knickerbockerhose
plush n (weav) / Plüsch m ‖ ~ **bar** (knitt) / Plüschschiene f ‖ ~ **beard needle** (knitt mach) / Nadel f mit gekröpfter Spitze ‖ ~ **cam** (knitt) / Plüschexzenter m ‖ ~ **carpet** / Plüschteppich m ‖ ~ **cloth** / Plüschtrikot m ‖ ~ **cutting machine** / Plüschschneider m, Plüschschneidemaschine f ‖ ~ **device** (knitt) / Plüscheinrichtung f ‖ ~ **edge** / Plüschauflegekante f ‖ ~ **fabric** / Plüschtrikot m, Plüschware f ‖ ~ **for toys** / Spielwarenplüsch m ‖ ~ **knitted fabric** / Schlingenmaschenware f, Strickplüsch m ‖ ~ **lining** (knitt) / Plüschfutter n, Wirkfutter m mit plüschartigem Aussehen ‖ ~ **loom** / Plüschwebmaschine f, Samtwebstuhl m, Samtwebmaschine f ‖ ~ **loop** / Plüschhenkel m, Plüschschleife f ‖ ~ **loop forming sinker** (knitt) / Plüschschenkelplatine f ‖ ~ **needle bar** (knitt) / Plüschnadelbarre f ‖ ~ **needle pin bar** (knitt) / Stiftnadelbarre f
plushness n (cpt) / Bauschigkeit f
plush pattern (knitt) / Plüschmuster n ‖ ~ **raising machine** / Plüschrauhmaschine f ‖ ~ **roller** (knitt) / Plüschwalze f ‖ ~ **sinker** (knitt) / Plüschplatine f ‖ ~ **sole** (hos) / Plüschsohle f ‖ ~ **thread feeder** (knitt) / Plüschfadenzubringer m ‖ ~ **velveteen** / Baumwollplüsch m, langfloriger Baumwollsamt ‖ ~ **warp** (knitt) / Plüschkette f ‖ ~ **weaving** / Plüschweberei f ‖ ~ **weaving machine** / Plüschwebmaschine f ‖ ~ **wheel** (knitt) / Plüschmailleuse f ‖ ~ **with whirl effect** / Wirbelplüsch m
plushy adj / plüschartig adj
ply v (yarn) / fachen v, doppeln v, d[o]ublieren v ‖ ~ n (wool) / Fahne f, Zug m ‖ ~ (yarn) / Fadenanzahl f im Garn ‖ ~-**blended yarn** / Mischzwirn m ‖ ~ **doubling** (spinn) / Fachzwirnen n
plying twist (knitt) / Drehung f beim Fachen
ply of fabric / Gewebelage f, Stofflage f ‖ ~ **the shuttle** (weav) / durchschießen v, die Schützen eintragen ‖ ~ **torque**, ply twist (spinn) / Zwirndrehung f ‖ ~ **twister** / Kabliermaschine f ‖ ~ **warp** (spinn) / Zwirnkette f ‖ ~ **yarn** / gezwirntes Garn, Mehrfachzwirn m ‖ ~ **yarn friction** / Fadenzwirnreibung f
PMMA s. polymethacrylate
pneumatically controlled compensating rollers (wash mach) / pneumatisch gesteuerte Kompensationswalzen f pl
pneumatic blending and conveyor plant (spinn) / pneumatische Misch- und Transportanlage f (DIN 64100) ‖ ~ **broken end collector system** / Fadensauganlage f ‖ ~ **card stripper** / Druckluftkratzenreiniger m ‖ ~ **dyeing machine** / Luftdruckfärbeapparat m ‖ ~ **fabric cleaning machine** / Gewebeabsaugmaschine f ‖ ~ **lap weight control** / pneumatische Wickelgewichtssteuerung f ‖ ~ **loom** /

pneumatischer Webstuhl, pneumatische Webmaschine, Luftdruckstuhl m ‖ ~ **needle selection** (knitt) / pneumatische Nadelauswahl ‖ ~ **padding mangle with brushes** / pneumatischer Foulard mit Bürsten ‖ ~ **squeezing press** / pneumatisches Preßwerk ‖ ~ **take down device** (knitt) / pneumatische Abzugsvorrichtung ‖ ~ **vertical squeezing mangle** / pneumatischer Vertikalabquetschfoulard ‖ ~ **waste end remover** (weav) / Eckfadenabsauger m ‖ ~ **waste removal plant** / pneumatische Abfallentfernungsanlage
PO s. polyolefin
pochote fibre / mexikanische und mittelamerikanische Kapokfaser
pocket n / Tasche f, Hosentasche f, Rocktasche f ‖ ~ (wool) / Sack m (= 168 lbs) ‖ ~ (card web) / Beutel f ‖ ~ (portion of a scoop) (zip) / Kupplungsvertiefung f (eines Reißverschlußzahns) ‖ ~ **bag** / Taschenbeutel m ‖ ~ **drill** / Taschendrell m ‖ ~ **facing** / Taschenbesatz m ‖ ~ **facing machine** / Taschenbesatz-Aufnähmaschine f ‖ ~ **flap** / Taschenklappe f, Taschendeckel m, Taschenpatte f
pocketing n / Taschenfutter n, Taschenfutterstoff m, Hosentaschenstoff m, Pocketing m ‖ ~ **drill** s. pocket drill
pocket lining / Taschenfutter n, Taschenfutterstoff m, Hosentaschenstoff m, Pocketing m ‖ ~ **material** s. pocket lining ‖ ~ **trimming** / Taschenbesatz m ‖ ~ **with sections** / unterteilte Tasche
poil n (Fr) / Flor m, Pol m ‖ ~ **silk** / Pelogarn n, Pelseide f
point n (knitt) / Aufstoßnadel f, Decknadel f, Deckernadel f, Kranznadel f, Rechennadel f ‖ ~ (gloves) / Handschuh-Zieranath f ‖ ~ **bar** (knitt) / Deckschiene f, Deckerschiene f, Kantenrechen m, Mindersegment n, Nadelschläger m, Nadelstange f ‖ ~ **counter** (knitt) / Spitzenzähler m ‖ ~ **d'Alençon** (Fr) / Alençonspitze f ‖ ~ **d'Argentan** (Fr) / Argentanklöppelspitze f ‖ ~ **de Bruges** (Fr) / Duchessespitze f ‖ ~ **de Bruxelles** (Fr) / Brüsseler Spitze f
pointed cop nose / zu lange Kötzerspitze ‖ ~ **heel** (hos) / Schräghochferse f, Spitzhochferse f ‖ ~ **twill** / Spitzköper m
pointex reinforced selvedge (knitt) / Pyramidaleinrichtung f, Pyramideneinrichtung f
point finger (knitt) / Mindersegment n ‖ ~ **guard** (knitt) / Schutzschiene f für Pikotnadeln ‖ ~ **heel splicing attachment** (hos) / Pyramidalverstärkungsautomat m für Hochfersen
pointing dyestuff / Tupffarbstoff m ‖ ~ **system** (hos) / Pyramidaleinrichtung f, Pyramideneinrichtung f
point lace / Nadelspitze f, genähte Spitze, Bändchenspitze f, Bändchenarbeit f ‖ ~ **of card wire** (spinn) / Zahnschenkel m der Kratze ‖ ~ **of grip** / Klemmpunkt m, Klemmstelle f ‖ ~ **of interlacing** (weav) / Abbindepunkt m ‖ ~ **of intersection** (threads) / Kreuzungsstelle f, Kreuzpunkt m ‖ ~ **of needle** / Nadelspitze f ‖ ~ **of needle hook** / Spitze f des Nadelhakens ‖ ~ **of pirn** / Spulenspitze f ‖ ~ **of return**, point of reversing (knitt) / Umkehrstelle f ‖ ~ **of saturation** / Sättigungspunkt m ‖ ~ **of solidification** (ctg) / Erstarrungspunkt m ‖ ~ **paper** (weav) / Patronenpapier n ‖ ~ **paper design**, point paper draft (weav) / Patrone f ‖ ~ **ring** (knitt) / Nadelkranz m ‖ ~ **rod shifting bracket** (knitt) / Schaltarm m für Kantenrechenstab
points pl / genähte Spitze ‖ ~ / Nadelspitze f, genähte Spitze ‖ ~ / genähte Spitze ‖ ~ **bar** (knitt) / Aufstoßnadelbarre f
point splicing (hos) / Schräghochferse f, Spitzhochferse f ‖ ~ **stitch** / Punktstich m ‖ ~ **transfer** (weav) / Spitzenübergabe f ‖ ~ **with crank** (knitt mach) / Abdecker m mit Knie, Kniedecker m
poke n / vorstehender Schirm (eines Frauenhutes) ‖ ~-**bonnet** n (woman's hat with peak, esp. for the Salvation Army) / Kiepenhut m ‖ ~ **sleeve** / Beutelärmel m

polyester

polar bearskin plush / Eisbärplüsch m ‖ ~-**change brightening** (fin) / Umpolavivage f ‖ ~ **group** (of surface active agent) / polare Gruppe
polarin n (curl pile fabric with cut mohair pile) / Astrachangewebe n, Astrachan-Plüschgewebe n
polar--non-polar structure / polar-apolare Struktur ‖ ~ **red** adj / polarrot adj
polish v / glätten v, glänzend machen, polieren v ‖ ~ / lüstrieren v (Garn) ‖ ~ n (ctg) / Glanz m
polishable adj (fibre) / glättfähig adj
Polish berry / Polnische Cochenilleschildlaus, Deutsche Cochenilleschildlaus (Porphyrophora polonica), polnischer Kermes, Johannisblut
polished cottons / lüstrierte Baumwollwaren f pl ‖ ~ **yarn** / Eisengarn n, Glanzgarn n, Glacégarn n
polishing n / Glätten n, Polieren n ‖ ~ (yarn) / Lüstrierung f ‖ ~ **belt** / Polierband n ‖ ~ **cloth** / Poliertuch n, Polierlappen m ‖ ~ **drum** / Poliertrommel f ‖ ~ **effect** (fin) / Glanzgebung f ‖ ~ **machine** / Poliermaschine f für Nähgarne ‖ ~ **machine for spinning rings** / Spinnringpoliermaschine f
polka dot / Pünktchenmuster n, Polkatupfen m, Punktmuster n, Tüpfelmuster n ‖ ~ **dot fabric** / punktierter Kleiderstoff ‖ ~ **gauze** / Tupfenmull m ‖ ~ **jacket** / kurze Damenstrickjacke ‖ ~ **rib** / Fang m, Fangware f
pollutant content in effluent wastes / Abwasserbelastung f
"polluter pays" principle / Abwasserabgabengesetz n
pollution control / Umweltschutz m
polo neck / Rollkragen m ‖ ~-**neck[ed] jumper**, polo-neck[ed] pullover / Rollkragenpullover m ‖ ~-**neck[ed] shirt** / Rollkragenhemd n, Rolli m
polyacid n / mehrbasige Säure ‖ ~ adj (base) / mehrsäurig adj (Base)
polyacrolein n / Polyacrolein n
polyacrylamide n / Polyacrylamid n
polyacrylate n / Polyacrylat n, Polyacrylsäureester m ‖ ~ **dispersion** / Polyacrylesterdispersion f ‖ ~ **resin** / Polyacrylharz n
polyacrylic acid / Polyacrylsäure f ‖ ~ **acid ester** / Polyacrylsäureester m ‖ ~ **compound** / Polyacrylverbindung f ‖ ~ **co-polymer** / Polyacrylmischpolymerisat n ‖ ~ **ester** / Polyacrylester m
polyacrylics pl / Polyacrylfasern f pl
polyacrylic yarn / Polyacryl-Garn n
polyacrylonitrile n / Polyacrylnitril n, PAN ‖ ~ **fibre** / Polyacrylnitrilfaser f, PAC, Acrylfaser f ‖ ~ **fibre** / Polyacrylnitrilfaserstoff m, PVY, Acrylfaserstoff m
polyaddition n / Polyaddition f, additive Polykondensation ‖ ~ **blocking agent** / Polyadditionsblockierer m ‖ ~ **product** / Polyadditionsprodukt n
polyadduct n / Polyaddukt n
polyalcohol s. polyhydric alcohol
polyalkyl acrylate / Polyacrylsäurealkylester m
polyalkylamine n / Polyalkylamin n
polyamide n / Polyamid n, polymeres Amid, PA ‖ ~, nylon n / Polyamid n, Nylon n ‖ ~ **blend** / Mischung f aus Polyamiden ‖ ~ **carpet dyeing** / Polyamid-Teppichfärberei f ‖ ~ **chips** / Polyamidschnitzel m n pl ‖ ~ **co-polycondensate** / Polyamidmischpolykondensat n ‖ ~ **differential dyeing carpet fibre** / Polyamid-Differential-Dyeing-Teppichfaser f ‖ ~ **dyeing** / Färben n von Polyamiden, Polyamidfaserfärben n ‖ ~ **dyestuff** / Farbstoff m für Polyamidfasern, Polyamidfaserfarbstoff m ‖ ~ **fibre** / Polyamidfaser f ‖ ~ **fibre** / Polyamidfaserstoff m, PA ‖ ~ **filament** / Polyamidfilament n ‖ ~ **filament article** / Polyamidfilamentartikel m ‖ ~ **filament yarn** / Polyamidfilamentgarn n ‖ ~ **imide** / Polyamidimid n ‖ ~ **imide fibre** / Polyamidimidfaser f ‖ ~ **imide filament** / Polyamidimidfilament n ‖ ~ **imide filament yarn** /

Polyamidimidfilamentgarn n ‖ ~ **imide spun yarn** / Polyamidimidspinnfasergarn n ‖ ~ **imide yarn** / Polyamidimidgarn n ‖ ~ **loose stock** / Polyamidflocke f ‖ ~ **"non-dyeing" fibre** / Polyamid-"non-dyeing"-Faser f ‖ ~ **resist** / Polyamidreserve f ‖ ~ **shavings** / Polyamidschnitzel m n pl ‖ ~ **solution** / Polyamidlösung f ‖ ~ **spun yarn** / Polyamidspinnfasergarn n ‖ ~ **staple fibre yarn** / Polyamidstapelfasergarn n ‖ ~ **textured yarn** / Kräuselgarnfaden m aus Polyamid, Polyamidkräuselgarnfaden m ‖ ~ **thread** / Polyamidnähgarn n ‖ ~ **warp-knitted pile fabric** / Polyamid-Wirkvelours m
polyamine n / Polyamin n
polyamylose n / Polyamylose f
polyanhydride fibre / Polyanhydridfaser f
polyase n / Polyase f
polyazine fibre / Polyazinfaser f
polybenzimidazole n / Polybenzimidazol n ‖ ~ **fibre** / Polybenzimidazolfaser f
polyblend n / Polyblend n, Polymermischung f
polybutadiene n / Polybutadien n
polycaproamide fibre / Polycaproamidfaser f
polycaprolactam n / Polycaprolactam n
polycarbonate n / Polykarbonat n ‖ ~ **fibre** / Polycarbonatfaser f ‖ ~ **fibre** / Polycarbonatfaserstoff m
polycarboxylic acid / Polycarbonsäure f
polycellular adj / mehrzellig adj
polychlorobutadiene n / Polychlorbutadien n
polychromatic adj / polychrom adj, polychromatisch adj, vielfarbig adj ‖ ~ **dyeing** / polychromatisches Färben, Buntfärberei f, Polychrom-Prozeß m
polychrome printing / Mehrfarbendruck m, polychromer Druck, Vielfarbendruck m
polychromy n / Vielfarbigkeit f ‖ ~ / polychromer Druck, Vielfarbendruck m, Mehrfarbendruck m
polycondensate n / Polykondensat n ‖ ~ **fibre** / Polykondensatfaser f ‖ ~ **fibre** / Polykondensatfaserstoff m
polycondensation n / Polykondensation f ‖ ~ **dyestuff** / Polykondensationsfarbstoff m
polycyclohéxanedimethylterephthalate n / Polycyclohexandimethylterephthalat n
polycystine n / Polycystin n
polydisperse adj / polydispers adj
polydispersity n / Polydispersität f
polyelectrolyte n / Polyelektrolyt m
polyene n / Polyen n (Quervernetzungsmittel)
polyepoxide n / Polyepoxid n
polyester n / Polyester m, PES ‖ ~/**cellulose blended fabric** / Polyester/Cellulose-Mischgewebe n ‖ ~/**cellulose yarn** / Polyester/Cellulose-Fasergarn n ‖ ~/**cellulosic fibre blended fabric** / Polyester/Cellulosefaser-Mischgewebe n ‖ ~ **continuous filament yarn** / Polyester m endlos ‖ ~ **converter sliver** / Polyester-Konverterzug m ‖ ~/**cotton mixed fabric** / Polyester/Baumwoll-Mischgewebe n ‖ ~/**cotton yarn** / Polyester/Baumwoll-Garn n ‖ ~ **dyeing** / Färben n von Polyesterfasern, Polyesterfaserfärben n ‖ ~ **dyestuff** / Farbstoff m für Polyesterfasern, Polyesterfaserfarbstoff m ‖ ~ **fibre** / Polyesterfaser f ‖ ~ **fibre** / Polyesterfaserstoff m, PES ‖ ~ **fibre dyestuff** / Farbstoff m für Polyesterfasern, Polyesterfaserfarbstoff m ‖ ~ **fibre fabric** / Polyesterfasergewebe n ‖ ~ **fibres blend** / Mischung f von Polyesterfasern ‖ ~ **filament** / Polyester-Endlosfaden m, Polyesterfilament n ‖ ~ **filament fibre** / Polyesterfilamentfaden m ‖ ~ **filament yarn** / Polyesterfilamentgarn n ‖ ~ **knit goods processor** / Weiterverarbeiter m von Polyester-Strickwaren ‖ ~ **knits** pl / Polyester-Maschenware f ‖ ~ **loose stock** / Polyester-Flocke f ‖ ~ **resin** / Polyesterharz n, Polyester m ‖ ~ **spun yarn** / Polyesterspinnfasergarn n ‖ ~ **staple fibre** / Polyester-Stapelfaser f, Polyester-Spinnfaser f ‖ ~ **stretch woven**

polyester

fabric / Polyester-Stretchgewebe *n* || ~ **thread** / Polyesternähfaden *m* || ~ **top** / Polyesterkammzug *m* || ~/**viscose staple yarn** / Polyester/Zellwoll-Garn *n* || ~ **yarn** / Polyestergarn *n* || ~ **yarn package** / Wickelkörper *m* aus Polyestergarn, Polyestergarnwickelkörper *m*
polyether *n* / Polyether *m* || ~ **derivative** / Polyetherderivat *n*
polyethoxy alkylamine / Polyethoxyalkylamin *n*
polyethoxyalkylarylether *n* / Polyethoxyalkylarylether *m*
polyethoxyamide *n* / Polyethoxyamid *n*
polyethoxyamine *n* / Polyethoxyamin *n*
polyethoxyester *n* / Polyethoxyester *m*
polyethoxylated castor oil / polyethoxyliertes Rizinusöl
polyethoxypolypropoxyethylenediamine *n* / Polyethoxypolypropoxyäthylendiamin *n*
polyethylacrylate *n* / Polyethylacrylat *n*
polyethylene *n* / Polyethylen *n*, PE || ~ **derivative** / Polyethylenderivat *n* || ~ **dispersion** / Polyethylendispersion *f* || ~ **fibre** / Polyethylenfaser *f* || ~ **fibre** / Polyethylenfaserstoff *m*, PT || ~ **filament** / Polyethylenfilament *n* || ~ **filament yarn** / Polyethylenfilamentgarn *n* || ~ **glycol** / Polyethylenglykol *n* || ~ **glycolterephthalate** / Polyethylenglykolterephthalat *n* || ~ **imine** / Polyethylenimin *n* || ~ **oxide** / Polyethylenoxid *n*, Polyethylenglykol *n*, Polyglykol *n* || ~ **sheet** / Polyethylenfolie *f* || ~ **spun yarn** / Polyethylenspinnfasergarn *n* || ~ **terephthalate** / Polyethylenterephthalat *n*, PETP || ~ **yarn** / Polyethylengarn *n*
polyglyceril ester / Polyglyzerilester *m*
polyglycerine *n* / Polyglyzerin *n*
polyglycol *n* / Polyglykol *n* || ~ **ester** / Polyglykolester *m* || ~ **ether** / Polyglykolether *m*
polyhexamethylene sulphone / Polyhexamethylensulfon *n*
polyhydric alcohol / Polyalkohol *m* (Alkohol mit mehreren funktionellen -OH-Gruppen), Polyol *n*
polyimidazoidone *n* / Polyimidazoidon *n*
polyimide *n* / Polyimid *n* || ~ **fibre** / Polyimidfaser *f* || ~ **filament** / Polyimidfilament *n* || ~ **filament yarn** / Polyimidfilamentgarn *n* || ~ **spun yarn** / Polyimidspinnfasergarn *n* || ~ **yarn** / Polyimidgarn *n*
polyisobutylene *n* / Polyisobutylen *n*
polyisocyanate *n* / Polyisocyanat *n*
polyketone *n* / Polyketon *n*
polymer *n* / Polymer *n*, Polymeres *n*, Polymerisat *n* || ~ **bath** / Polymerbad *n* || ~ **binder** / Polymerisatbinder *m* || ~ **blend** / Polyblend *n*, Polymermischung *f* || ~ **chain** / Polymerkette *f* || ~ **deposition** / Polymerniederschlag *m*
polymeric *adj* / polymer *adj*, polymerisathaltig *adj* || ~ **cationic resin** (used as retarder), PCR / polymeres kationisches Harz || ~ **dispersion** / Polymerisatdispersion *f* || ~ **dyestuff** / polymerer Farbstoff
polymerizable *adj* / polymerisationsfähig *adj*
polymerizate *n* / Polymerisat *n*
polymerization *n* / Polymerisation *f*, Polymerisieren *n*, Polymerisierung *f* || ~ **initiator** / Polymerisationsinitiator *m*, Polymerisationserreger *m*, Starter *m*, Aktivator *m* || ~ **product** / Polymerisationsprodukt *n* || ~ **recipe** / Polymerisationsansatz *m* || ~ **resin** / Polymerisationsharz *n* || ~ **temperature** / Polymerisationstemperatur *f* || ~ **unit** / Polymerisationsmaschine *f*, Kondensationsmaschine *f*
polymerize *v* / polymerisieren *v*
polymerized synthetic resin / polymerisiertes Kunstharz
polymerizer *n* / Polymerisiereinrichtung *f*
polymerizing machine / Polymerisationsmaschine *f*, Kondensationsmaschine *f* || ~ **stenter** / Kondensationsspannrahmen *m*, Polymerisationsspannrahmen *m*

polymers blend / Polymer-Mischung *f*
polymethacrylate *n* / Polymethacrylat *n*, Polymethacrylsäureester *m*, Polymethylmethacrylat *n*, PMMA
polymethacrylic acid / Polymethacrylsäure *f* || ~ **ester** / Polymethacrylester *m*
polymethaxyleneadipamide *n* / Polymetaxylenadipamid *n*
polymethine dyestuff / Polymethinfarbstoff *m*
polymethylacrylate *n* s. polymethacrylate
polymethylene *n* / Polymethylen *n* || ~ **chain** / Polymethylenkette *f* || ~ **sulphone** / Polymethylensulfon *n*
polymethyl methacrylate s. polymethacrylate
polymethylvinylketone *n* / Polymethylvinylketon *n*
polymolecular *adj* / polymolekular *adj*
polynosic *adj* / polynosisch *adj* || ~ **fibre** / polynosische Faser, Polynosic-Faser *f*, Polynose-Faser *f* (eine Untergruppe der Modalfasern) || ~ **fibre** / polynosischer Faserstoff, Polynosic-Faserstoff *m*, Polynose-Faserstoff *m* || ~ **filament** / polynosisches Filament, Polynosic-Filament *n*, Polynose-Filament *n* || ~ **filament yarn** / polynosisches Filamentgarn, Polynosic-Filamentgarn *n*, Polynose-Filamentgarn *n*
polynosics *pl* / Polynosic-Fasertyp *m*, Polynose-Fasertyp *m*
polynosic spun yarn / polynosisches Spinnfasergarn, Polynosic-Spinnfasergarn *n*, Polynose-Spinnfasergarn *n* || ~ **yarn** / polynosisches Garn, Polynosic-Garn *n*, Polynose-Garn *n*
polynuclear acid / mehrkernige Säure
polyol *n* s. polyhydric alcohol
polyolefin *n* / Polyolefin *n*, PO (Polymerisationsprodukt von Olefinen) || ~ **fibre** / Polyolefinfaser *f* || ~ **fibre** / Polyolefinfaserstoff *m*, PO
polyorganosiloxane *n* / Polyorganosiloxan *n*, Organopolysiloxan *n*
polyose *n* / Polyose *f*
polyoxonium compound / Polyoxoniumverbindung *f*
polyoxyalkyl compound / Polyoxyalkylverbindung *f*
polyoxy compound / Polyoxyverbindung *f*
polyoxyethylate *v* / polyoxyethylieren *v*
polyoxyethylene *n* / Polyoxyethylen *n* || ~ **compound** / Polyoxyethylenverbindung *f*
polyoxymethylene *n* / Polyoxymethylen *n*
polyoxypropylene *n* / Polyoxypropylen *n*
polypeptide *n* / Polypeptid *n* || ~ **chain** / Polypeptidkette *f*
polyphosphate *n* / Polyphosphat *n*
polypropylene *n* / Polypropylen *n*, PP || ~ **fibre** / Polypropylenfaser *f* || ~ **filament** / Polypropylenfilament *n* || ~ **filament yarn** / Polypropylenfilamentgarn *n* || ~ **glycol** / Polypropylenglykol *n* || ~ **oxide** / Polypropylenoxid *n* || ~ **spun yarn** / Polypropylenspinnfasergarn *n* || ~ **tape** / Polypropylenstreifen *m*, Polypropylenband *n* || ~ **tape fabric** / Polypropylenbändchen-Gewebe *n* || ~ **tape nonwoven** / Polypropylenbändchen-Spinnvlies *n* || ~ **yarn** / Polypropylengarn *n*
polyreaction *n* / Polyreaktion *f*
polysaccharide *n* / Polysaccharid *n*, Polysacharid *n*
polysilicic acid / Polykieselsäure *f*
polysiloxane *n* / Polysiloxan *n*
polystyrene *n* / Polystyrol *n*, PS || ~ **co-polymer** / Polystyrol-Mischpolymerisat *n* || ~ **fibre** / Polystyrolfaser *f*, Polyvinylbenzolfaser *f* || ~ **fibre** / Polystyrolfaserstoff *m*, Polyvinylbenzolfaserstoff *m* || ~ **foam** / Polystyrolschaumstoff *m*
polysulphide *n* / Polysulfid *n*
polysulphone *n* / Polysulfon *n* || ~ **resin** / Polysulfonharz *n*
polysynthetic twinning / polysynthetische Zwillingsbildung (Verzwilligung)
polytetrafluoroethylene *n* / Polytetrafluorethylen *n*, Polytetrafluorethen *n*, PTFE || ~ **fibre** / Polytetrafluorethylenfaser *f*, Polytetrafluorethenfaser *f*

232

|| ~ **fibre** / Polytetrafluorethylenfaserstoff m, Polytetrafluorethenfaserstoff m, PFT || ~ **filament** / Polytetrafluorethylenfilament n || ~ **yarn** / Polytetrafluorethylengarn n
polythane n / Polyurethan n, PUR
polythene n s. polyethylene
polythioether n / Polythioether m
polythionic acid / Polythionsäure f
polythiourea n / Polythiocarbamid n, Thioharnstoffharz n
polytrifluorochloroethylene n / Polytrifluorchlorethylen n || ~ **fibre** / Polytrifluorchlorethylenfaser f
polyurea n / Polyharnstoff m, PH, Polycarbamid n || ~ **fibre** / Polyharnstoffaser f || ~ **fibre** / Polyharnstoffaserstoff m, PH
polyurethane n / Polyurethan n, PUR || ~ **coated product** / polyurethanbeschichtetes Produkt || ~ **fibre** / Polyurethanfaser f, PUR-Faser f || ~ **fibre** / Polyurethanfaserstoff m, PUR-Faserstoff m || ~ **fibre dyestuff** / Farbstoff m für Polyurethanfasern, Polyurethanfaserfarbstoff m || ~ **filament** / Polyurethanfilament n || ~ **filament yarn** / Polyurethanfilamentgarn n || ~ **foam** / Polyurethanschaumstoff m || ~ **foamback** / Polyurethan-Schaumstoffkaschierung f || ~ **resin** / Polyurethanharz n || ~ **textile coating** / Polyurethan-Textilbeschichtung f || ~ **yarn** / Polyurethangarn n
polyvalency n / Mehrwertigkeit f, Polyvalenz f
polyvalent adj / mehrwertig adj, polyvalent adj
polyvinyl acetal / Polyvinylacetal n || ~ **acetal polymer** / Polyvinylacetalpolymer n || ~ **acetate** / Polyvinylacetat n, PVAC || ~ **acetate fibre** / Polyvinylacetatfaser f || ~ **acetate fibre** / Polyvinylacetatfaserstoff m || ~ **acetate yarn** / Polyvinylacetatgarn n || ~ **alcohol** / Polyvinylalkohol m, PVA || ~ **alcohol fibre** / Polyvinylalkoholfaser f, Vinylalfaser f || ~ **alcohol fibre** / Polyvinylalkoholfaserstoff m, Vinylalfaserstoff m || ~ **alcohol size** / Polyvinylalkoholschlichte f || ~ **alcohol yarn** / Polyvinylalkoholgarn n || ~ **bristle** / Polyvinylborste f || ~ **butyral** / Polyvinylbutyral n, PVB || ~ **carbazole** / Polyvinylcarbazol n, PCV || ~ **carboxylic acid** / Polyvinylcarbonsäure f || ~ **chloride** / Polyvinylchlorid n, PVC || ~ **chloride acetate** / Polyvinylchloridacetat n, PVCA || ~ **chloride co-polymer** / Polyvinylchloridmischpolymerisat n || ~ **chloride fibre** / Polyvinylchloridfaser f || ~ **chloride fibre** / Polyvinylchloridfaserstoff m, PVC || ~ **chloride fibre dyestuff** / Farbstoff m für Polyvinylchloridfasern, Polyvinylchloridfaserfarbstoff m || ~ **chloride filament** / Polyvinylchloridfilament n || ~ **chloride/polyvinyl alcohol fibre** / Polyvinylchlorid/Polyvinylalkohol-Faser f, Polychlalfaser f (z.B. Cordelan) || ~ **chloride spun yarn** / Polyvinylchloridspinnfasergarn n || ~ **chloride yarn** / Polyvinylchloridgarn n || ~ **derivative** / Polyvinylabkömmling m, Polyvinylderivat n || ~ **ether** / Polyvinylether m || ~ **ethyl ether** / Polyvinylethyläther m || ~ **fibre** / Polyvinylfaser f || ~ **fluoride** / Polyvinylfaserstoff m, PV || ~ **fluoride** / Polyvinylfluorid n
polyvinylidene chloride / Polyvinylidenchlorid n, PVDC || ~ **chloride fibre** / Polyvinylidenchloridfaser f || ~ **chloride fibre** / Polyvinylidenchloridfaserstoff m, PVD || ~ **chloride resin** / Polyvinylidenchloridharz n || ~ **chloride spun yarn** / Polyvinylidenchloridspinnfasergarn n || ~ **chloride yarn** / Polyvinylidenchloridgarn n || ~ **cyanide fibre** / Polyvinylidenzyanidfaser f, Dinitrilfaser f || ~ **cyanide fibre** / Polyvinylidenzyanidfaserstoff m, Dinitrilfaserstoff m || ~ **dinitrile fibre** / Polyvinylidendinitrilfaser f || ~ **dinitrile fibre** / Polyvinylidendinitrilfaserstoff m || ~ **fluoride** / Polyvinylidenfluorid n
polyvinyl methyl ether / Polyvinylmethylether m || ~ **oxazolidinone** / Polyvinyloxazolidinon n ||

~ **propionate** / Polyvinylpropionat n || ~ **propionate resin** / Polyvinylpropionatharz n
polyvinylpyrrolidone n / Polyvinylpyrrolidon n, Polyvinylpyrrolidinon n, PVP
polyvinyl pyrrolidone / Polyvinylpyrrolidon n, Polyvinylpyrrolidinon n, PVP || ~ **resin** / Polyvinylharz n || ~ **toluene** / Polyvinyltoluol n
polywax n / Polywachs n
polyzyme n / Polyzym n
Pompeian red adj / pompejanischrot adj, ziegelrot adj || ~ **yellow** / pompejanischgelb adj
pompon n / Pompon m, Troddel f, ballförmige Quaste
ponceau n / Ponceau n, Hochrot n || ~ / Ponceaufarbe f (scharlachroter Naphthalin-Azofarbstoff)
poncho n / Regenumhang m || ~ (Spanish-American cloak) / Poncho m
ponchoed adj / mit einem Poncho bekleidet, mit einem Regenumhang bekleidet
pongee n (Chinese silk cloth or staple cotton materials) / Pongé m
pontiac n / wasserdichter Wollwirkstoff
pony skin fabric / Ponyfellimitat n
poor fastness to rubbing / Reibungsunechtheit f || ~ **heavy duty performance** / geringer Verschleißwiderstand || ~ **man's cotton** / kurzstapelige kalifornische Upland-Baumwolle || ~ **shade** / magerer Farbton || ~ **solubility** / Schwerlöslichkeit f || ~ **spinning cotton** / schlecht verspinnbare Baumwolle
pop-art n (fash) / Pop-Art f
popeline n / halbwollener Kleiderrips || ~ s. also poplin
poplin n / Popelin m, Popeline f || ~ **broché** (Fr) / brochierte Seidenpopeline
poplinette n (GB) / dünne Popeline
poplin shirt / Popelinehemd n || ~ **shirting** / Hemdenpopeline f
poppy-red adj / mohnrot adj || ~ **seed oil** / Mohnöl n
porcelain ball mill / Porzellankugelmühle f || ~ **blue** / porzellanblau adj || ~ **clay**, porcelain earth / Kaolin m, Porzellanerde f, weißer reiner Ton, China Clay m n || ~ **eye**, porcelain eyelet (weav, shuttle) / Porzellanöse f (DIN 64685), Porzellanauge n, Porzellanfadenleitöse f, Fadenleitöse f aus Porzellan, Porzellanring m || ~ **filter cup** / Porzellannutsche f || ~ **nozzle** / Porzellantülle f || ~ **suction strainer** / Porzellannutsche f || ~ **thread guide** / Porzellanfadenführer m
porcupine n (spinn) / Stachelwalze f, Igel m, Nadelwalze f, Kammwalze f, Hechelapparat m || ~ **beater** (spinn) / Porcupine-Schläger m || ~ **cylinder** (spinn) / Nasenwalze f, Schlagtrommel f, Igeltrommel f, Zahntrommel f, Igelwalze f, Nadelwalze f || ~ **drawing** (spinn) / Strecken n auf der Nadelwalzenstrecke || ~ **drawing frame**, porcupine drawing system (spinn) / Nadelwalzenstrecke f (DIN 74100), Igelstrecke f || ~ **machine** (knitt) / Deckmaschine f für Ananasmuster || ~ **opener** (spinn) / Einwalzenreiniger m (DIN 64100), Voröffner m || ~ **opener** / Porcupine-Öffner m, Igel m || ~ **pattern** (knitt) / Ananasmuster || ~ **roll[er]** / Nasenwalze f, Schlagtrommel f, Igeltrommel f, Zahntrommel f, Igeltrommel f, Nadelwalze f || ~ **work** / Ananasmusterung f
pore filler (ctg) / Porenfüller m || ~ **size** (ctg) / Porengröße f, Porenweite f || ~ **size distribution** (ctg) / Porengrößenverteilung f
porgee n / grober indischer Seidenstoff
poriferous adj (ctg) / porös adj, porig adj
pork-pie hat / flacher Herrenhut
poromeric adj / poromer adj
poromerics pl / Poromerics pl (künstliche Leder mit synthetischer Trägerbasis)
porosimeter n (device for measuring porosity) (ctg) / Porosimeter n
porosity n (ctg) / Porosität f, Porigkeit f
porous adj (ctg) / porös adj, porig adj
porphyry n / Porphyr m || ~ **roll[er]** / Porphyrwalze f

portable

portable rotary clothes line / Wäschespinne f
porter n (weav) / Garnende n, Anfang m der Kette ‖ ~ (weav) / Kettfadengruppe f, Kettfadenzahl f ‖ ~ **yarn** / zweidrähtiges Garn für Jutesäcke
portière n / Portiere f, Türvorhang m ‖ ~ **drapery fabric** / Portierenstoff m, Türvorhangstoff m
Porto Rico cotton / Puerto-Rico-Baumwolle f
Port Phillip wool / eine erstklassige australische Wolle
portrait fabric / Portraitgewebe n, Bildgewebe n
port wine coloured adj / portweinrot adj
posidonia fibre / Posidoniafaser f
position of fibres / Faserlage f ‖ ~ **of healds** (weav) / Litzenstellung f ‖ ~ **of needle** / Nadelstellung f ‖ ~ **of nippers** / Zangenstellung f ‖ ~ **of sley** (weav) / Ladenstellung f
positive dobby, positive heald motion (weav) / Gegenzugschaftmaschine f, Schaftmaschine f mit zwangsläufiger Bewegung der Platinen ‖ ~ **lift loom** (weav) / Kontermarschstuhl m ‖ ~ **shedding** (weav) / formschlüssige Fachbildung ‖ ~ **yarn feed** (tape feeder assumes job of drawing off yarn from package) / positive Garnführung
posser washing machine / Stampfwaschmaschine f
post n (of sewing machine) / Säule f ‖ ~**-bed sewing machine** / Säulennähmaschine f ‖ ~**-bleaching** n / Nachbleichen n ‖ ~**-boarder** n / Nachformmaschine f ‖ ~**-boarding** n (hos) / Formen n nach dem Färben, Postboarding-Verfahren n, Nachformung f, Postboarden n, Nachfixieren n nach dem Färben ‖ ~**-boarding machine** / Nachformmaschine f, Postboarding-Maschine f ‖ ~**-chlorinated** adj / nachchloriert adj ‖ ~**-combing process** / Nachkämmverfahren n ‖ ~**-cure** v (ctg) / nachkondensieren v, nachhärten v ‖ ~**-cure process** (ctg) / Nachkondensation f, Nachkondensierung f, Nachkondensationsverfahren n, Postcure-Verfahren n, Nachhärtung f ‖ ~**-curing** n (US) / Endkondensation f auf HT-Pressen nach der Konfektionierung ‖ ~**-curing** n (US) / Postcuring n (Permanent-Appretur) ‖ ~**-curing** n (US) (ctg) / Nachhärtung f ‖ ~**-decatize** vt / nachdekatieren vt ‖ ~**-decatizing** n / Nachdekatur f ‖ ~**-finish** n / Nachappretur f ‖ ~**-formed** adj / nachträglich verformt ‖ ~**-forming** n / nachträgliche Formung, nachträgliche Verformung, nachträgliches Verformen, Nachverformen n ‖ ~**-forming zone** (bulking machine) / Nachformzone f ‖ ~**-polymerisation** n / Nachpolymerisation f ‖ ~**-scouring** (dye) / Nachwaschen n, Nachwäsche f ‖ ~**-set** v / nachfixieren v ‖ ~**-setting** n / Nachfixierung f ‖ ~**-spindle tension** (knitt) / Fadenzugkraft nach der Spindel f ‖ ~**-treatment** n (fin) / Nachbehandlung f ‖ ~**-type change can mixer** / Wandkonsolrührer m mit Wechselbehälter, Wandkonsolrührer m mit ausfahrbarem Trog
pot v / potten v, stark dekatieren, naßdekatieren v (mit kochendem Wasser) ‖ ~ n / Topf m
pota fibre (species of the Pandanus in the Solomon Islands) / Pota-Faser f
potash n / Pottasche f, Kaliumkarbonat n ‖ ~ **alum** / Kaliumalaun m, Kaliumaluminiumalaun m, Kalialaun m, Alaun m ‖ ~ **and caustic method** / kombiniertes Pottasche-Natronlauge-Verfahren ‖ ~ **bleaching** / Kalibleiche f ‖ ~ **hydrosulphite method with pre-reduction** / Pottasche-Vorreduktionsverfahren n ‖ ~**-indigo vat** / Pottasche-Indigoküpe f ‖ ~ **rongalit method** (dye) / Pottasche-Rongalit-Verfahren n ‖ ~ **soap** / Kaliseife f, Kaliumseife f ‖ ~ **soft soap** s. potash soap ‖ ~ **vat** (dye) / Pottaschküpe f, Sodaküpe f
potassic adj / kaliumhaltig adj, Kalium… (in Zssg.), kalihaltig adj, Kali… (in Zssg.)
potassium n / Kalium n, K ‖ ~ **acetate** / Kaliumacetat n ‖ ~ **aluminate** / Kaliumaluminat n ‖ ~ **antimonyl tartrate** / Kaliumantimonyltartrat n ‖ ~ **antimony oxalate** / Kaliumantimonoxalat n ‖ ~ **bicarbonate** / Kaliumhydrogenkarbonat n, Kaliumbikarbonat n ‖ ~ **bichromate** s. potassium dichromate ‖ ~ **bifluoride** / Kaliumhydrogenfluorid n, Kaliumbifluorid n ‖ ~ **bitartrate** / Kaliumhydrogentartrat n, Kaliumbitartrat n ‖ ~ **bromate** / Kaliumbromat n ‖ ~ **bromide** / Kaliumbromid n ‖ ~ **carbonate** / Kaliumkarbonat n ‖ ~ **chloride** / Kaliumchlorid n ‖ ~ **chlorite** / Kaliumchlorit n ‖ ~ **chromate** / Kaliumchromat n ‖ ~ **compound** / Kaliumverbindung f ‖ ~ **cyanate** / Kaliumcyanat n ‖ ~ **cyanide** / Kaliumcyanid n, Cyankali n ‖ ~ **dichromate** / Kaliumdichromat n, Kaliumbichromat n ‖ ~ **fluoride** / Kaliumfluorid n ‖ ~ **hydrate** / Kaliumhydroxid n, Ätzkali n ‖ ~ **hydride** / Kaliumhydrid n ‖ ~ **hydrogen carbonate** / Kaliumhydrogenkarbonat n ‖ ~ **hydrogen phthalate** / Kaliumhydrogenphthalat n ‖ ~ **hydroxide** / Kaliumhydroxid n, Ätzkali n ‖ ~ **hydroxide solution** / Kaliumhydroxidlösung f, Kalilauge f ‖ ~ **hypochlorite** / Kaliumhypochlorit n ‖ ~ **iodide** / Kaliumjodid n ‖ ~ **iodide-starch indicator** / Kaliumjodidstärkeindikator m ‖ ~ **metaphosphate** / Kaliummetaphosphat n ‖ ~ **muriate** s. potassium chloride ‖ ~ **nitrate** / Kaliumnitrat n ‖ ~ **nitride** / Kaliumnitrid n ‖ ~ **nitrite** / Kaliumnitrit n ‖ ~ **oleate** / Kaliumoleat n ‖ ~ **oxide** / Kaliumoxid n, Kaliummonoxid n ‖ ~ **percarbonate** / Kaliumperoxokarbonat n, Kaliumperoxodikarbonat n ‖ ~ **permanganate** / Kaliumpermanganat n, übermangansaures Kali, Kaliummanganat(VII) n ‖ ~ **permanganate bleach** / Kalibleiche f ‖ ~ **peroxide** / Kaliumperoxid n ‖ ~ **peroxydisulphate** / Kaliumperoxodisulfat n ‖ ~ **persulphate** s. potassium peroxydisulphate ‖ ~ **phosphate** / Kaliumphosphat n (meistens Kaliumorthophosphat) ‖ ~ **salt** / Kaliumsalz n ‖ ~ **silicate** / Kaliumsilikat n ‖ ~ **silicate** s. also potassium water glass ‖ ~ **soap** / Kaliumseife f, Kaliseife f ‖ ~ **sodium carbonate** / Kaliumnatriumcarbonat n ‖ ~ **sodium tartrate** / Kaliumnatriumtartrat n, Seignettesalz n ‖ ~ **stannate** / Kaliumtrioxostannat(IV) n ‖ ~ **stearate** / Kaliumstearat n ‖ ~ **sulphate** / Kaliumsulfat n ‖ ~ **sulphite** / Kaliumsulfit n ‖ ~ **sulphocyanide** s. potassium thiocyanate ‖ ~ **tetraoxalate** / Kaliumtetraoxalat n ‖ ~ **thiocyanate** / Kaliumrhodanid n, Kaliumthiocyanat n ‖ ~ **thiocyanate paper** / Kaliumthiocyanatpapier n ‖ ~ **water glass** / Kaliwasserglas n
potato flour / Kartoffelmehl n, Stärkemehl n ‖ ~ **flour size** / Kartoffelmehlschlichte f ‖ ~ **starch** / Kartoffelstärke f ‖ ~ **starch meal** / Kartoffelstärkemehl n
pot decatizing (fin) / Topfdekatur f ‖ ~ **decatizing machine** / Topfdekatiermaschine f (DIN 64990) ‖ ~ **effect** (lace work) / Spitzenmotiv n ‖ ~ **eye** (weav, shuttle) / Porzellanöse f (DIN 64685), Porzellanfadenleitöse f, Fadenleitöse f aus Porzellan, Porzellanauge n, Porzellanring m ‖ ~ **eye for guiding hanks** / Strangführungsöse f ‖ ~ **holder** / Topflappen m, Topfanfasser m ‖ ~**-hook spring** (weav, shuttle) / Spulenhaken m (DIN 64685) ‖ ~ **lace** / Antwerp-Spitze f ‖ ~ **life** (dye) / Topfzeit f, Standzeit f, Topfhaltbarkeit f ‖ ~ **spindle** (spinn) / Dosenspindel f ‖ ~ **spinning** / Zentrifugalspinnen n, Zentrifugenspinnen n, Topfspinnen n, Schleuderspinnen n ‖ ~ **spinning cake** / Zentrifugenkuchen n ‖ ~ **spinning frame** / Zentrifugalspinnmaschine f, Topfspinnmaschine f, Schleuderspinnmaschine f ‖ ~ **spinning frame for hollow cops** / Schlauchkopsdosenspinnmaschine f ‖ ~ **spinning machine** s. pot spinning frame ‖ ~ **spinning method** / Topfzentrifugenspinnverfahren n, Spinntopfverfahren n, Zentrifugenspinnverfahren n, Zentrifugenverfahren n, Zentrifugalspinnen n, Zentrifugenspinnen n, Schleuderspinnverfahren n ‖ ~ **spun filament** / Zentrifugenfaden m
potten kant / Musterung f der Antwerpspitze

pottery duck / Filtrierduck *m* in der Töpferwarenindustrie
potting *n* / Potten *n*, Potting *n* (starkes Dekatieren) ‖ ~ / Heißwasserdekatur *f* ‖ ~ **fastness** / Pottingechtheit *f* ‖ ~ **machine** / Naßdekatiermaschine *f* (DIN 64990) ‖ ~ **process** / Pottingverfahren *n*, Naßdekatur *f*
pouch *n* / Tasche *f*, Beutel *m* ‖ ~ **heel** (knitt) / Keilferse *f* ‖ ~ **tension equalizer** (P.T.E.) (hos) / automatischer Abzug für Ferse und Spitze (der Autoswift-Doppelzylindermaschine)
pouf *n* / Turnüre *f* (gebauschter Teil an Damenkleidern) ‖ ~ s. pouffe
pouffe *n* / Sitzpolster *n*, Sitzkissen *n*
poult *n* / Seidengewebe *n* mit Ripseffekt ‖ ~**-de-soie** *n* / Poult-de-soie *m* (schwere, glanzlose Seide)
pounce *v* (hatm) / bimsen *v*, schleifen *v*, abreiben *v*, mit Sandpapier abreiben, mit Sandpapier glätten ‖ ~ (cloth) / mit Lochverzierung versehen
pouncing machine (hatm) / Glättmaschine *f*
pounding machine (fin) / Stampfmaschine *f*
pourability *n* (ctg) / Gießbarkeit *f*, Vergießbarkeit *f* ‖ ~ (powder) / Rieselfähigkeit *f*
pourable *adj* (ctg) / gießbar *adj*, vergießbar *adj*
pouring head (ctg) / Gießkopf *m* ‖ ~ **mark** (ctg) / Aufschöpfstelle *f*, Aufschüttstelle *f*
pouritache braid / Litze *f* zum Besatz
powder brand (dye) / Pulvermarke *f* ‖ ~ **density** / Schüttdichte *f* von Pulver
powdered chalk / Kreidemehl *n* ‖ ~ **dyestuff** / Pulverfarbstoff *m*
powdering machine / Pudermaschine *f*
powder pigment with extreme fastness properties / hochechtes Pulverpigment ‖ ~ **type equivalent**, PTE / der Pulverform entsprechende Formulierung
power *n* (mat test) / Kraftaufnahme *f* ‖ ~ (with elastane fibres) / Spannkraft *f*, Dehnungswiderstand *m*, Haltevermögen *n* ‖ ~ **driven flat knitting machine** / Motorflachstrickmaschine *f*, mechanische Flachstrickmaschine ‖ ~ **driven flat links and links purl stitch knitting machine** / Links-Links-Motorflachstrickmaschine *f* pl ‖ ~ **fabrics** / Textilien mit gutem Haltevermögen *f* pl ‖ ~ **fabrics** s. also power net ‖ ~ **flat[bar] machine** (knitt) / Motorflachstrickmaschine *f*, mechanische Flachstrickmaschine ‖ ~ **jacquard card punching machine** / Motor-Jacquard-Kartenstanze *f* ‖ ~ **jacquard knitting machine** / Motor-Jacquard-Strickmaschine *f* ‖ ~ **loom** / Webmaschine *f*, mechanischer Webstuhl, Kraftwebstuhl *m* ‖ ~ **machine needle** (knitt mach) / Motornadel *f* ‖ ~ **net** / Miedertüll *m*, Raschelmiedertüll *m* ‖ ~ **nets** / formgebende Miederstoffe *m* pl ‖ ~ **of absorbing moisture** / Feuchtigkeitsaufnahmefähigkeit *f* ‖ ~ **of equalization** (dye) / Ausgleichvermögen *n* ‖ ~ **of levelling** (dye) / Ausgleichvermögen *n* ‖ ~ **of migration** (dye) / Ausgleichvermögen *n* ‖ ~ **of recovery** (fabr) / Erholungsfähigkeit *f*, Erholungsfähigkeit *f* ‖ ~ **of resistance** (cpt) / Widerstandsfähigkeit *f* ‖ ~ **purl flat knitting machine** / Links-Links-Motorflachstrickmaschine *f* ‖ ~ **stretcher** (cpt) / Hebelspanner *m* ‖ ~ **stretch fabrics** / Textilien pl mit großer Elastizität ‖ ~ **weaving** / mechanisches Weben, mechanische Weberei
POY = partially oriented yarn ‖ ⇌ = pre-oriented yarn ‖ ⇌, POY / vororientiertes Garn
PP = polypropylene ‖ ⇌ = permanent press
ppi = picks per inch
pram jacket / Ausfahrjäckchen *n* ‖ ~ **set** / Baby-Garnitur *f*, Ausfahrgarnitur *f* ‖ ~ **spread** / Kinderwagenzierdecke *f* ‖ ~ **suit** / Baby-Garnitur *f*, Ausfahrgarnitur *f*
prayer rug / Gebetsteppich *m*
pre-acidifying method (dye) / Vorschärfmethode *f*
prebleach *v* / vorbleichen *v* ‖ ~ *n* / Vorbleiche *f*
preboard *v* (hos) / vorfixieren *v*, vorformen *v*, vordämpfen *v*

preboarding *n* (hos) / Vorfixieren *n* (von Damenstrümpfen vor dem Färben) ‖ ~ **and finishing machine** (hos) / Strumpfform- und Appretiermaschine *f* ‖ ~ **cabinet** / Vorfixierkammer *f* ‖ ~ **machine** (hos) / Vorformmaschine *f* (DIN 64990), Vorfixiermaschine *f*
preboiling method (dye) / Vorkoch-Methode *f*
precarding opening (spinn) / Droussieren *n*
prechlorination *n* / Vorchlorierung *f*
prechrome mordant / Chromvorbeize *f* ‖ ~ **process** / Chrombeizverfahren *n*
precipitability *n* / Fällbarkeit *f*, Abscheidbarkeit *f*
precipitable *adj* / fällbar *adj*, ausfällbar *adj*, abscheidbar *adj*
precipitant *n* / Fällungsmittel *n*, Ausfällungsmittel *n*, Abscheidungsmittel *n*, Fällungsreagens *n*, Präzipitiermittel *n* ‖ ~ **power** / Fällungsvermögen *n*
precipitate *v* / fällen *v*, ausfällen *v*, abscheiden *v*, ausscheiden *v*, niederschlagen *v*, absetzen *v*, präzipitieren *v*, ablagern *v* ‖ ~ *n* / Fällung *f*, Abscheidung *f*, Niederschlag *m*, Ablagerung *f*
precipitated chalk / Schlämmkreide *f*
precipitate of lime soap / Kalkseifenniederschlag *m* ‖ ~ **of sulphate of calcium** / Gipsniederschlag *m*
precipitating bath / Fällbad *n* ‖ ~ **medium** / Fällmittel *n*
precipitation *n* / Ausfällen *n*, Fällen *n*, Niederschlagen *n*, Abscheiden *n*, Präzipitieren *n*, Präzipitation *f*, Ausfällung *f*, Fällung *f*, Ausscheidung *f*, Produktabscheidung *f* ‖ ~ **bath** / Fällbad *n* ‖ ~ **dyestuff** / Fällungsfarbstoff *m* (Herstellung durch Fällung) ‖ ~ **method** / Fällungsverfahren *n* ‖ ~ **vat** / Absetzbottich *m*
precipitative *adj* / ausfällend *adj*, fällend *adj*, präzipitierend *adj*
precision cross winder / Präzisions-Kreuzspulmaschine *f* ‖ ~ **cross winding** / Präzisionskreuzwicklung *f* (DIN 61801) ‖ ~ **filter cloth** / Feinstfiltergewebe *n* ‖ ~ **heating press** (dye) / Präzisionsheizpresse *f* ‖ ~ **twist filter cloth** / Feinstfiltertressengewebe *n* ‖ ~ **twist tester** / Präzisionsdrehungsmesser *m* ‖ ~ **wind** / Präzisionswicklung *f* ‖ ~ **winder** / Präzisionsspulmaschine *f*, Präzisionswickelmaschine *f* ‖ ~ **winding** / Präzisionswicklung *f*, Präzisionspulverfahren *n* ‖ ~ **yarn balance** / Präzisionsgarnwaage *f*
precleaner *n* / Vorreiniger *m*
precleaning *n*, **precleansing** *n* / Vorreinigen *n*, Vorreinigung *f*, Vorwäsche *f*
precoat *n* (ctg) / Vorstrich *m*
precoating *n* (ctg) / Vorstrichbeschichtung *f*
precompressed *adj* / vorverdichtet *adj*
precondensate *n* / Vorkondensat *n*, Vorkondensationsprodukt *n*
precondensing agent / Vorkondensator *m*
pre-crêped stretch nylon stocking / Stretch-Strumpf *m*, hochgetwisteter Strumpf, hochtordierter Strumpf, Strumpf *m* aus Kräuselnylon
precrop *v* / vorscheren *v*
precuring *n* / Vorkondensation *f*, Vorpolymerisationsverfahren *n*
precursor *n* (for fibres) / Vorprodukt *n*
predip *v* / vordippen *v*
predisperse *v* / vordispergieren *v*
predouble *v* (yarn) / vorfachen *v*
predraft *v* (spinn) / vorstrecken *v*, vorrecken *v*
predrafting *n* / Vorstrecken *n*, Vorrecken *n* ‖ ~ **zone** (spinn) / Vorstreckfeld *n*, Vorverzugszone *f*, Vorfeld *n*
predraw *v* (spinn) / vorverziehen *v*
predry *v* / vortrocknen *v*
predryer *n* / Vortrockner *m*
predrying *n* / Vortrocknen *n*, Vortrocknung *f* ‖ ~ **cylinder** / Vortrockenzylinder *m* ‖ ~ **machine** / Vortrockenmaschine *f*
predye *v* / vorfärben *v*, vordecken *v*, vorgrundieren *v*
predyeing method / Vorfärbeverfahren *n*

prefeed

prefeed n (dye) / Vorspeisen n
prefelt v / vorfilzen v
preferential draft / Hauptverzug m
prefixation n / Vorfixierung f
preformer n / Vorformbüste f
preform process / Vorformverfahren n
preframing n / vorheriges Aufrahmen, vorheriges Aufspannen
pre-gelled adj / vorgeliert adj (PVC)
prehackle v / vorhecheln v
preheat v / vorwärmen v, vorheizen v, anwärmen v
preheating cabinet / Vorwärmeschrank m ‖ ~ **chamber** / Vorwärmkammer f, Vorwärmungskammer f, Vorheizkammer f, Vorwärmer m ‖ ~ **zone** (text pr) / Vorwärmfeld n, Vorheizfeld n
preliminary acidifying / vorbereitendes Säuern, Vorsäuern n ‖ ~ **bleach** / Vorbleiche f ‖ ~ **coat** (ctg) / Vorstrich m ‖ ~ **coating** / Vorgrundierung f ‖ ~ **draft** / Vorverzug m ‖ ~ **drawing** (spinn) / Vorstrecke f, Vorstrecken n ‖ ~ **drawing frame** / Vorstrecke f ‖ ~ **drying** / Vortrocknung f, Vortrocknen n ‖ ~ **dyeing** / Vorfärbung f, Vorfärben n ‖ ~ **finish** / Vorappretur f, Vorausrüstung f ‖ ~ **fulling** / Vorwalke f ‖ ~ **mordant** / Vorbeize f ‖ ~ **mordanting** / Vorbeizen n ‖ ~ **opener** (spinn) / Voröffner m ‖ ~ **running of the goods** (dye) / Vorlaufen n der Ware ‖ ~ **scouring** / Vorreinigung f, Vorwäsche f, Vorwaschen n ‖ ~ **souring** / vorbereitendes Säuern, Vorsäuern n ‖ ~ **spinning bath** / erstes Fällbad ‖ ~ **steamer** / Vordämpfer m ‖ ~ **swelling** (e.g. tragacanth) / Aufschließen n, Aufschließung f ‖ ~ **take down position** (knitt) / Voreinzugsstellung f ‖ ~ **tension** / Vorspannung f ‖ ~ **twist** (yarn) / Garnvordrehung f, Vordraht m, Vordrehung f
preloaded fabric / vorimprägniertes Gewebe, vorgetränktes Gewebe
premature fixation (dye) / Anfixieren n (unerwünscht)
premercerizing n / Vormercerisieren n, Vormerzerisieren n
premetallize v / vormetallisieren v
premetallized dyestuff / metallisierter Farbstoff
premix v / vormischen v ‖ ~ n / Vorgemisch n, Vormischung f ‖ ~ / Premix n, Premix-Preßmasse f
premordant v / vorbeizen v
premordanting agent / Vorbeizmittel n ‖ ~ **dyeing method** / Vorbeizen-Färbeverfahren n
preneedle loom / Vorvernadelungsmaschine f
pre-needling machine (nwv) / Vornadelmaschine f
pre-oriented yarn, POY / vororientiertes Garn ‖ ~ **yarn** (also) / unvollendet gerecktes Filament und Strecktexturgarn
preparation n (dye) / Beize f ‖ ~ **assistant** / Ansatzhilfsmittel n ‖ ~ **of the bath** (dye) / Ansetzen n des Bades, Zubereitung f des Bades ‖ ~ **of the dyebath** / Ansetzen n des Färbebades ‖ ~ **of the dyeing recipe** / Einstellung f des Färberezepts ‖ ~ **of the paste** (dye) / Teigherstellung f, Anteigung f, Anteigen n, Verpastung f ‖ ~ **of the stock vat** / Stammküpenansatz m
preparatory bleaching assistant / Bleichvorbereitungsmittel n ‖ ~ **box** (spinn) / Vorbereitungsstrecke f ‖ ~ **drawing frame** / Vorstrecke f ‖ ~ **finish** / Vorappretur f ‖ ~ **machine** (fibre blend) / Vorwerksmaschine f ‖ ~ **spinning** / Vorspinnen n ‖ ~ **treatment** / Vorbehandlung f, Vorbehandlungsverfahren n
prepare v (bath) / zubereiten v, ansetzen v, bestellen v ‖ ~ (paste) / anteigen v, verpasten v ‖ ~ n (dye) / Ansatz m ‖ ~ **by boiling** (thickener) / durch Erhitzen aufschließen
preparer n (spinn) / Vorspinner m ‖ ~ **gill box** / Vorstrecke f, Grobstrecke f, Rohstrecke f
prepare the bath, make up the bath, formulate the bath / das Bad ansetzen
preparing n / Appretur f, Zurichtung f, Ausrüstung f ‖ ~ **agent** (spinn) / Präparationsmittel n ‖

~ **finishing agent** / Vorbereitungsappret n ‖ ~ **salt** / Präpariersalz n (Natriumhexahydrostannat(IV)) ‖ ~ **vessel** (dye) / Ansatzgefäß n
prepolymer n (ctg) / Vorpolymer n, Vorpolymeres n, Vorpolymerisat n
prepreg n / Prepreg m, vorimprägniertes Textilglas
preprint v / vordrucken v
pre-printed mordant / Vordruckbeize f
preprinted resist (dye) / Vordruckreserve f
preraise v / vorrauhen v
preraised adj / vorgerauht adj
prereacted epoxide compound / vorvernetzte Epoxidverbindung
prereduce v / vorreduzieren v
prereduction method / Vorreduktionsmethode f, Vorreduktionsverfahren n ‖ ~ **paste** (text pr) / Vorreduktionsansatz m
prerun n (dye) / Vorlauf m
prerunning in an acid medium / saurer Vorlauf
prescour v / vorwaschen v, vorreinigen v ‖ ~ n / Vorwäsche f, Vorwaschen n
prescoured package / vorgereinigter Wickelkörper
prescouring n (prior to bleaching) / Vorwaschen n, Vorwäsche f, Vorreinigung f
presentation n (fibre) / Aufmachungsform f
preserving agent / Konservierungsmittel n, Alterungsschutzmittel n, Verrottungsschutzmittel n
preset v / vorstabilisieren v, vorfixieren v, vordämpfen v
presetting n / Vorstabilisieren n, Vorstabilisierung f, Vorfixieren n, Vorfixierung f, Vordämpfen n ‖ ~ **and finishing machine** (hos) / Strumpfform- und Appretiermaschine f
presharpen v (dyebath) / vorschärfen v
presharpening method (dye) / Vorschärfmethode f
preshrinking n / Vorschrumpfen n, Vorschrumpfung f ‖ ~ / Vorkrumpfen n, Vorkrumpfung f
preshrunk adj / vorgeschrumpft adj ‖ ~ / vorgekrumpft adj
president n (heavy union fabric woven on the double cloth principle) / Präsident m, Halbwoll-Paletotstoff m ‖ ~ **braid** (woven twill braid with diagonal ribs) / Präsidentlitze f
presidents n (woollen fabric) / Eskimos mit Mungo- und Shoddygehalt m
presizing n / vorherige Zurichtung (vor dem Schlichten)
presoaking agent / Vorwaschmittel n, Einweichmittel n
pre-spindle tension (knitt) / Fadenzugkraft vor der Spindel
prespinning n / Vorspinnen n ‖ ~ **department** / Vorspinnerei f
prespotting n (drycl) / Vordetachur f
press v / bügeln v, plätten v, pressen v ‖ ~ (knitt) / pressen v ‖ ~ / Presse f ‖ ~ **arrangement for tops** / Kammzugpresse f ‖ ~ **box** / Preßkasten m der Egreniermaschine ‖ ~ **cake**, P/C / Preßkuchen m, Filterkuchen m ‖ ~ **cloth** / Filtertuch n aus Mischgarnen ‖ ~ **dish** / Preßmulde f
pressed cellulose / abgepreßte Zellulose ‖ ~ **felt** / Preßfilz m ‖ ~ **felt** (Woll- und Haarfilz) (DIN 61205) ‖ ~ **plush** / gepreßter Plüsch, gaufrierter Plüsch
presser n (sew) / Presser m, Preßfinger m ‖ ~ **bar** (knitt) / Preßschiene f, Nadelpresse f ‖ ~ **bar** (sew) / Druckstange f, Stoffdrückerstange f, Stoffstange f, Preßstange f der Nähmaschine ‖ ~ **bar lifting collar** / Stoffdrückerstangenhebestück n ‖ ~ **bracket** / Drängbügel m ‖ ~ **flyer** (sew) / Preßflügel m, Preßflyer m, Spindelbank f mit Preßflügeln ‖ ~ **fly frame** (spinn) / Preßfleier m, Preßflyer m, Spindelbank f mit Preßflügeln ‖ ~ **foot** (sew) / Nähfuß m, Stoffdrückerfuß m, Stoffuß m, Stoffpresser m, Steppfuß m, Presserfuß m ‖ ~ **foot for piping work** / Biesennähfuß m ‖ ~ **foot lifter** / Drückerfußheber m ‖ ~ **foot pressure** / Presserfußdruck m ‖ ~ **frame** (spinn) / Preßfleier m, Preßflyer m, Spindelbank f mit Preßflügeln ‖ ~ **of spring beard needle** / Nadelpresse f

press fastener / Druckknopf m ‖ ~ **finish** / Fertigstellung f durch Bügeln, Fertigstellung f durch Pressen ‖ ~ **finishing machine** / Presse f zum Finishen, Finish-Presse f ‖ ~ **foot** (sew) / Nähfuß m, Stoffdrückerfuß m, Stoffuß m, Stoffpresser m, Steppfuß m, Presserfuß m ‖ ~ **gloss** / Preßglanz m
pressing n (cpt) / Pressen n, Bügeln n, maschinelles Bügeln ‖ ~ **off** (knitt) / Ableeren n, Absprengen n, Abwerfen n ‖ ~ **off equipment** (knitt) / Absprengeinrichtung f, Ableereinrichtung f
press iron / Bügeleisen n, Plätteisen n
Pressley index / Pressley-Index m (DIN 53942) ‖ ~ **method** / Flachbündelverfahren n nach Pressley ‖ ~ **strength** / Pressley-Festigkeit f ‖ ~ **test** / Pressley-Test m
press lustre / Preßglanz m ‖ ~ **lustre decatizing machine** / Preßglanzdekatiermaschine f (DIN 64990) ‖ ~ **off** (knitt) / absprengen v, abwerfen v, ableeren v ‖ ~ **off a loop** / eine Masche absprengen, eine Masche abwerfen, eine Masche ableeren ‖ ~ **off cam** (knitt) / Ableerschloß n, Absprengschloß n ‖ ~ **off design** (knitt) / Absprengmuster n ‖ ~ **off device** (knitt) / Ableervorrichtung f, Absprengvorrichtung f ‖ ~ **off feeder** (knitt) / Ableersystem n, Absprengsystem n ‖ ~ **off part** (knitt) / Ableerteil n, Absprengteil n ‖ ~ **off position** (knitt) / Ableerstellung f, Absprengstellung f ‖ ~-**open seam** (sew) / Ausbügelnaht f ‖ ~ **paper** / Papierlage f zum Stoffbügeln ‖ ~ **room** / Bügelei f ‖ ~ **stud** / Druckknopf m
pressure, dyeing under ~ / Hochdruckfärbung f ‖ ~ **adhesive felt** / Adhäsionsfilz m ‖ ~ **bar** (spinn) / Druckstab m ‖ ~ **bar rise** (sew) / Stoffdrückerhub m ‖ ~ **batching container** (dye) / Druckansatzbehälter m ‖ ~ **beck** (dye) / Druckfärbekufe f ‖ ~ **boiling** / Druckkochung f ‖ ~ **brightening** (fin) / Druckavivage f ‖ ~ **cooker** / Drucktopf m ‖ ~ **crease** / Druckfalte f ‖ ~ **cylinder** (sew) / Quetschwalze f ‖ ~ **cylinder** (stretch-breaking machine) / Druckgeber m ‖ ~ **drawing frame** / Spiralstrecke f, Pressionsstrecke f ‖ ~ **drier** / Drucktrockenmaschine f ‖ ~ **drier for beams** / Drucktrockner m für Kettbäume ‖ ~ **drier for crosswound packages** / Drucktrockner m für Kreuzspulen ‖ ~ **drum dyeing machine** / Drucktrommelfärbemaschine f ‖ ~ **drying** / Trocknen n unter Druck ‖ ~ **drying apparatus** / Drucktrockenmaschine f ‖ ~ **dyeing** / Färben n unter Druck ‖ ~ **dyeing apparatus** / Druckfärbeapparat m ‖ ~ **dyeing machine** / Druckfärbemaschine f ‖ ~ **dyeing plant** / Druckfärbeanlage f ‖ ~ **foot** (sew) / Nähfuß m, Stoffdrückerfuß m, Stoffuß m, Stoffpresser m, Steppfuß m, Presserfuß m ‖ ~ **hank dyeing** / Strangfärben n unter Druck ‖ ~ **harness** (jacquard) / Vordergeschirr n ‖ ~ **jet system** (dye) / Druckdüsensystem n ‖ ~ **jig** (dye) / Druckjigger m ‖ ~ **kier bleaching** / Bleichen n unter Druck, Druckbleiche f ‖ ~ **lock** (dye) / Druckschleuse f ‖ ~ **mark** (esp with pile fabrics) / Druckstelle f ‖ ~ **of air input** (ctg) / Zulaufpreßdruck m (bei Herstellung der Schaumpaste) ‖ ~ **roll[er]** (text pr) / Andruckwalze f ‖ ~ **roll feeder** / Druckrollenlieferung f ‖ ~ **steam dyeing** / Druckdampffärben n ‖ ~ **steamer** (dye) / Druckdämpfer m ‖ ~ **steamer setting method** (dye) / Druckdämpfer-Fixierverfahren n ‖ ~ **steaming machine** (dye) / Druckdämpfer m ‖ ~ **steaming method** (dye) / Druckdämpfverfahren n ‖ ~ **steam setting** (dye) / Druckdampffixierung f ‖ ~ **type apparatus** (dye) / Apparat m nach dem Packsystem ‖ ~ **vessel** (dye) / Druckfärbeapparat m ‖ ~ **washing** / Waschen n unter Druck
pressurized high-temperature dyeing machine / Hochtemperaturapparat m zum Färben unter Druck, HT-Apparat m zum Färben unter Druck
presteaming n / Vordämpfen n ‖ ~ **time** / Vordämpfzeit f ‖ ~ **unit** / Vordämpfer m

prestretching n (spinn) / Vorstrecken n, Vorrecken n ‖ ~ / Vorstrecken n, Vorrecken n
prestretch orientation (fibre) / Vororientierung f
prêt-à-porter n / Fertigkleidung f, Konfektion f
pretension n (mat test) / Vorspannkraft f (BISFA standard), Vorspannung f
pretreating auxiliary / Vorreinigungsmittel n
pretreatment n / Vorbehandlung f ‖ ~ **bath** / Vorbehandlungsbad n ‖ ~ **by kier boiling** / Vorbehandlung f durch Beuchen
pre-trial n (gen.) / Vorprüfung f ‖ ~ (text pr) / Vorabschlag m
pretwist flyer (spinn) / Vordrehflügel m
prevention of laddering / Verhinderung f von Laufmaschen ‖ ~ **of ribboning** (desired) / Bildstörung f (erwünscht) durch ungleichmäßige Aufwicklung ‖ ~ **of wet stiffness** / Verhinderung f von Naßstarre
preventive agent / Schutzmittel n, Vorbeugungsmittel n, Verhütungsmittel n ‖ ~ **agent against decomposition by long boiling** / Verkochungsschutzmittel n ‖ ~ **agent against running creases** (dye) / Lauffaltenverhütungsmittel n
prewashing detergent / Vorwaschmittel n
pre-web / Vorvlies n
prewet / vornetzen v
prewetting n / Vornetzen n
prick n (yarn) / Rolle f
pricked pattern / durchstochenes Muster
pricker n / Putznadel f
pricking machine (weav) / Tüpfelmaschine f
prick out a pattern / ein Muster abstechen
pricks pl (defect) / Stippen f pl
prills pl / Granulatformierung f
primary adsorbed water / Hydratwasser n ‖ ~ **amine** / primäres Amin, Primäramin n ‖ ~ **backing** (cpt) / Erststrücken m, Träger m, Teppichgrund m, Erstträger m ‖ ~ **backing compound** (cpt) / Vorstrichcompound n ‖ ~ **blue** adj / urblau adj ‖ ~ **coating** / Vorstrich m ‖ ~ **colorant data** / Farb-Eichdaten pl, Farbmeßreihe f ‖ ~ **colour** / Grundfarbe f, Primärfarbe f ‖ ~ **component** (dye) / Erstkomponente f, aktive Komponente, Diazokomponente f, Diazotierungskomponente f ‖ ~ **dyeing** / Eichfärbung f ‖ ~ **green** / urgrün adj ‖ ~ **looper** (sew) / Untergreifer m (Überwendlung) ‖ ~ **print** / Eichdruck m ‖ ~ **red** / urrot adj ‖ ~ **soap stock** (soap man) / Grundseifenmasse f, Seifengrundmasse f ‖ ~ **transition** / Primärumwandlung f ‖ ~ **transition temperature** / primäre Durchgangstemperatur ‖ ~ **yellow** / urgelb adj
prime coating (flock) / Vorbeschichtung f ‖ ~ **the bath** (dye) / das Bad schärfen, das Bad verschärfen ‖ ~ **the liquor** (dye) / die Flotte schärfen, die Flotte verschärfen ‖ ~ **wool** / Flanken-Merinowolle f, Schulter-Merinowolle f
priming varnish / Grundfirnis m
primitive colour / Grundfarbe f, einfache Farbe
primrose shade adj / primelgelb adj, hellgelb adj
primulin[e] n / Primulin n ‖ ~ **dyestuff** / Primulinfarbstoff n ‖ ~ **red** / Primulinrot n ‖ ~**-type base** / Primulinbase f ‖ ~ **yellow** / Primulingelb n
Prince Albert (US) / Gehrock m
princess blue adj / prinzenblau adj ‖ ~ **cashmere** / Kaschmiret m ‖ ~ **dress** / Prinzeßkleid n ‖ ~ **lace** / feine Kombinationsspitze ‖ ~ **line** (fash) / Prinzeßlinie f ‖ ~ **twill lining** (GB) / halbwollenes Köperfutter
principal colour / Hauptfarbe f
print v / drucken v, bedrucken v ‖ ~ n / Druck m, Abdruck m ‖ ~ / Stoffdruck m
printability n / Bedruckbarkeit f
print alongside each other / nebeneinander drucken ‖ ~ **alongside with ...** / kombiniert drucken mit ... ‖ ~ **a resist** / mit einer Reserve bedrucken ‖ ~ **back cloth** / Druckmitläufer m, Zwischenläufer m, Druckdecke f, Druckfilz m, Drucktuch n ‖ ~ **back grey** /

print

Druckmitläufer *m* aus Rohware, Zwischenläufer *m* aus Rohware ‖ ~ **bonding** (nwv) / Printbonding *n* ‖ ~ **bonding** / Aufdrucken *n* eines Bindemittels ‖ ~ **bump grey** s. print back grey ‖ ~ **change** / Musterwechsel *m* ‖ ~ **cloth** / bedruckter Baumwollstoff ‖ ~ **dry process** / Druck-Trockenprozeß *m*, Print-Dry-Verfahren *n*
printed area / Druckfläche *f*, bedruckte Fläche ‖ ~ **article** / Druckartikel *m* ‖ ~ **calico** / Baumwolldruck *m*, Druckkattun *m*, Druckperkal *m* ‖ ~ **carpet** / aus bedruckten Polgarnen hergestellter Teppich, bedruckter Teppich ‖ ~ **cloth** / bedrucktes Gewebe ‖ ~ **damask effects** / durch Druck erzielte Damasteffekte *m pl* ‖ ~ **fabric** / bedruckter Stoff, Druckware *f*, Imprimé *m* ‖ ~ **fabric pattern** / aufgedrucktes Muster, Stoffdruckmuster *n* ‖ ~ **flake yarn** / bedrucktes Flammengarn ‖ ~ **floor covering** / bedruckter Bodenbelag ‖ ~ **gingham** / bedruckter Gingham ‖ ~ **grandrelle yarn** / zweifarbiger Scheinzwirn ‖ ~ **knit fabric** / bedruckte Maschenware ‖ ~ **materials** *pl* / Druckstoffe *m pl*, Druckware *f* ‖ ~ **pattern** / aufgedrucktes Muster ‖ ~ **portion** / Druckstelle *f*, Druckfläche *f* ‖ ~ **top** / bedruckter Kammzug ‖ ~ **yarn** / Vigoureuxgarn *n*, bedrucktes Garn
printer·'s blanket / Druckmitläufer *m*, Zwischenläufer *m*, Druckdecke *f*, Druckfilz *m*, Drucktuch *n* ‖ ~'s **blanket washing machine** / Drucktuchwaschmaschine *f* ‖ ~'s **felt** s. printer's blanket
print free from frosting effect (cpt) / grauschleierfreier Druck ‖ ~ **free from specks** / stippenfreier Druck ‖ ~ **image** / Druckbild *n*
printing *n* / Drucken *n*, Bedrucken *n* ‖ ~ **additives** / Druckereihilfsmittel *n pl* ‖ ~ **area** / Druckfläche *f*, Druckstelle *f* ‖ ~ **assistant**, printing auxiliary / Druckereihilfsmittel *n* ‖ ~ **background** / Druckfond *m* ‖ ~ **binder** (flock) / Kleber *m* für den Flockdruck ‖ ~ **blanket** / Druckmitläufer *m*, Zwischenläufer *m*, Druckdecke *f*, Druckfilz *m*, Drucktuch *n* ‖ ~ **block** / Druckmodel *m*, Druckform *f* ‖ ~ **car** / Drucktischwagen *m* ‖ ~ **carriage** / Schablonenwagen *m* ‖ ~ **carrier** / Druckträger *m* ‖ ~ **colour** / Druckfarbe *f*, Druckerfarbe *f* ‖ ~ **concentrate** / Druckkonzentrat *n* ‖ ~ **consistency** / Druckkonsistenz *f* ‖ ~ **cylinder** (spinn) / Druckzylinder *m* ‖ ~ **design** / Druckmuster *n* ‖ ~ **drier** / Drucktrockner *m* (DIN 64990) ‖ ~ **dye** / Druckfarbstoff *m* ‖ ~ **felt** / Druckfilz *m* ‖ ~ **ground** / Druckfond *m* ‖ ~ **gum** / Druckverdickung *f* ‖ ~ **ink** / Druckfarbe *f*, Anreibung *f* ‖ ~ **instructions** / Druckvorschrift *f* ‖ ~ **machine** / Druckmaschine *f* ‖ ~ **machine colour trough**, printing machine ink trough / Farbbehälter *m* der Druckmaschine ‖ ~ **machine for slivers or tapes** / Kardenbanddruckmaschine *f* (DIN 64990) ‖ ~ **machine for wax cloth** / Wachstuchdruckmaschine *f* ‖ ~ **method by means of heat-applied paper transfers** / Druckverfahren *n* mittels durch Hitze übertragener Papierabziehbilder ‖ ~ **mould** / Druckmodel *m*, Druckform *f* ‖ ~ **of fabrics** / Stoffdruck *m*, Gewebedruck *m*, Stoffdruckerei *f* ‖ ~ **of indigo** / Blaudruck *m* ‖ ~ **of wool** / Wolldruck *m* ‖ ~ **oil** / Drucköl *n* ‖ ~ **on naphtholated ground alongside bases** / Basenaufdruck *m* ‖ ~**-on of thickened caustic** / Laugenaufdruck *m* ‖ ~ **on tops** / Vigoureux-Druck *m*, Kammzugdruck *m* ‖ ~ **on warp yarn sheets** (space dyeing) / Garnscharendruck *m* ‖ ~ **pass** / Druckgang *m*, Druckpassage *f* ‖ ~ **paste** / Druckpaste *f*, Druckansatz *m*, Druckpastenansatz *m*, Druckpastenformulierung *f* ‖ ~ **paste containing no white sp**i**rit** / benzinfreie Druckpaste ‖ ~ **paste feeding roll[er]** / Farbauftragwalze *f* ‖ ~ **paste on alginate thickening basis** / Druckpaste *f* auf Alginatverdickungsbasis ‖ ~ **paste on semi-emulsion basis** / Druckpaste *f* auf Halbemulsionsbasis ‖ ~ **paste stability** / Druckpastenstabilität *f* ‖ ~ **paste with caustic soda for crêpe effects** / Laugenkrepp-Paste *f* ‖ ~ **pattern** /

Druckmuster *n* ‖ ~ **properties** / drucktechnische Eigenschaften *f pl* ‖ ~ **recipe** / Druckvorschrift *f* ‖ ~ **resin** / Druckharz *n* ‖ ~ **roll[er]** / Druckwalze *f* ‖ ~ **screen** / Druckschablone *f* ‖ ~ **screen for film screen printing** / Filmdruckschablone *f* ‖ ~ **screen for silk screen printing** / Siebdruckschablone *f* ‖ ~ **spindle** / Druckspindel *f* ‖ ~ **stencil** / Druckschablone *f* ‖ ~ **support** / Druckauflage *f* ‖ ~ **table** / Drucktisch *m*, Kopiertisch *m* ‖ ~ **thickener** / Druckverdickung *f* ‖ ~ **trolley** / Druckwagen *m* ‖ ~ **trough** / Drucktrog *m*, Farbbehälter *m* ‖ ~ **vat dyestuff** / Druckküpenfarbstoff *m* ‖ ~ **width** / Druckbreite *f*
print marking machine (sew) / Farbmarkiermaschine *f* ‖ ~ **of high colour strength** (trans pr) / farbtiefer Druck ‖ ~ **on print** / Direktdruck *m* ‖ ~ **out on a stitch by stitch scale** (knitt) / Masche-für-Masche-Ausdruck *m* ‖ ~ **paste** / Druckpaste *f*, Druckansatz *m*, Druckpastenansatz *m*, Druckpastenformulierung *f* ‖ ~ **pattern** / Druckmuster *n*, Druckmotiv *n*, Stoffdruckmuster *n*, Stoffdruckmotiv *n* ‖ ~ **roller system** (dye) / Druckwerk *n* ‖ ~ **works** / Kattundruckerei *f*
prism *n* (weav) / Prisma *n* ‖ ~ **bar** (weav) / Prismaschiene *f* ‖ ~ **batten** (weav) / Prismalade *f* ‖ ~ **machine for winding thread on cards** (weav) / Kartenwalze *f* ‖ ~ **shaft** (weav) / Prismawelle *f* ‖ ~ **side** (weav) / Prismaseite *f*
processability *n* / Verarbeitbarkeit *f*
process engineering / Verfahrenstechnik *f* ‖ ~ **for applying dyestuffs** / Farbenauftragprozeß *m*, Farbauftragverfahren *n* ‖ ~ **for refining textile surfaces** / Oberflächenveredlungsverfahren *n* für Textilien
processing *n* / Verarbeitung *f*, Veredlung *f*, Ausrüstung *f* ‖ ~ **agent**, processing aid / Präparationsmittel *n*, Hilfsmittel *n* ‖ ~ **fastness** / Fabrikationsechtheit *f* ‖ ~ **jobber** / Lohnveredler *m* ‖ ~ **liquor** / Veredlungsflotte *f* ‖ ~ **lubricant** / Präparationsöl *n*, Schmälzmittel *n* ‖ ~ **of manmade fibres** / Chemiefaserverarbeitung *f* ‖ ~ **of textiles** / Textilveredlung *f*, textile Ausrüstung *f* ‖ ~ **softener** / Verarbeitungsweichmacher *m* ‖ ~ **temperature** / Behandlungstemperatur *f*, Verarbeitungstemperatur *f*
process involving development in an acid medium (dye) / Säureentwicklungsverfahren *n* ‖ ~ **of spinning whilst stretching**, process of stretch-spinning / Streckspinnverfahren *n*, Streckspinnen *n*
processor *n* / Veredler *n* ‖ ~ **colouring** (of fibres) / Selbsteinfärbung *f*, Gelbad-Färbung *f*, Färben *n* im Spinnbad
prodding stick / Stechstock *m*
produce *v* (colour reactions) / ergeben *v* (Farbreaktionen)
producer colouring / Selbsteinfärbung *f*, Gelbad-Färbung *f*, Färben *n* im Spinnbad ‖ ~**-dyed fibres** (spinn) / produzentengefärbte Fasern *f pl* ‖ ~ **of ready-made clothes** / Konfektionär *m* ‖ ~**-textured yarn** / vom Hersteller texturiertes Garn ‖ ~ **twist** / Schutzdrehung *f*
production of fancy effects / Effektbildung *f* ‖ ~ **quality** (dye) / Fabrikware *f*, ungestellte Ware ‖ ~ **scale** / Produktionsmaßstab *m* ‖ ~**-scale steamer** / Produktionsdämpfer *m*
product of decomposition / Abbauprodukt *n* ‖ ~ **of dissociation** / Dissoziationsprodukt *n*
products of cottonizing *pl* / Kotonin *n*
product with high affinity for the fibre / hochaffines Produkt ‖ ~ **with resin-coated particles** / formiertes Produkt
professional and sportswear / Berufs- und Sportbekleidung *f*, BESPO ‖ ~ **clothing** / Berufskleidung *f*
profiled fibre cross section / profilierter Faserquerschnitt ‖ ~ **form cutter** (fibre) / Profilschnittfräser *m*
profile stitcher (sew) / Formnaht-Agreggat *n* ‖ ~ **stitching** (sew) / Formnähen *n* ‖ ~ **stitching jig** (sew) /

Nähschablone *f* || ~ **stitching unit** (sew) / Nähmaschine *f* mit Schablonensteuerung || ~ **stitching unit** (sew) / Vornähaggregat *n* || ~ **wire** (cpt) / Profilrute *f*, Wellenrute *f*
programme·-controlled dye liquor metering system / programmgesteuertes Färbeflüssigkeitsdosierungssystem || ~ **rod** / Programmstab *m* (Druckwerk)
progressive precision winding / Stufenpräzisionswicklung *f* || ~ **proof** (text pr) / Andruckskala *f* || ~ **shrinkage** / progressive Krumpfung
projectile *n* (weav) / Schützenantrieb *m*
projecting fibre / abstehende Faser
projection of the needle (knitt) / Arbeitsfuß *m* der Nadel || ~ **screen fabric** / Lichtbildwandstoff *m*
proline *n* (chem) / Prolin *n*
prolonged batching method (dye) / Langverweilverfahren *n* || ~ **dwell method** (dye) / Langfixierverfahren *n* || ~ **dyeing method** / Verweilfärbemethode *f* || ~ **rinsing** / verlängertes Spülen || ~ **steaming method** / Langdämpfverfahren *n*
promote *v* / fördern *v*, beschleunigen *v* (z.B. eine Reaktion) || ~ **swelling** / quellungsfördernd wirken
prong locking slider (zip) / Stellzahnschieber *m*
pronounced design / prägnantes Muster || ~ **staining** / starke Anfärbung
proof *v* / appretieren *v*, imprägnieren *v*, wasserdicht ausrüsten || ~ (hatm) / steifen *v* || ~ (fabr) / gummieren *v* || ~ *n* (print) / Abzug *m*
proofed hat / steifer Hut
proofing *n* / Appretur *f*, Appretieren *n*, Imprägnieren *n*, Imprägnierung *f* || ~ / Imprägnierungsmittel *n* || ~ (fabr) / gummierter Stoff, gummiertes Gewebe || ~ **agent** / Imprägnierungsmittel *n* || ~ **liquor** / Imprägnierungsbad *n* || ~ **stock** / Andruckpapier *n*
propanediol ester / Propandiolester *m*
propanoic acid s. propionic acid
propanol *n* s. propyl alcohol
propeller compartment (dye) / Propellerkasten *m*
propene *n* s. propylene
property of absorbing solvents / Lösungsmittelaufnahmefähigkeit *f* || ~ **of being washed out** / Auswaschbarkeit *f* || ~ **of dyeing thoroughly** / Durchfärbevermögen *n*, Durchfärbefähigkeit *f* || ~ **of the dye** / Farbstoffcharakter *m*
propionaldehyde *n* / Propionaldehyd *m*, Propanal *n*
propionate *n* / Propionat *n* (Salz oder Ester der Propionsäure)
propionic acid / Propionsäure *f* || ~ **anhydride** / Propionsäureanhydrid *n* || ~ **ester** / Propionsäureester *m* || ~ **ether** / Äthylpropionat *n*
proportion of liquor to goods / Flottenverhältnis *n*, Verhältnis *n* Flotte zu Ware || ~ **of solids** / Feststoffanteil *m* || ~ **of suint**, proportion of yolk (wool) / Schweißgehalt *m*
propoxylation *n* / Propoxylierung *f*
propyl *n* / Propyl *n* || ~ **acetate** / Propylacetat *n* || ~ **alcohol** / Propylalkohol *m* || ~ **aldehyde** / Propionaldehyd *m*, Propanal *n* || ~ **butyrate** / Propylbutyrat *n*
propylene *n* / Propylen *n*, Propen *n*, Methyläthen *n* || ~ **aldehyde** s. crotonaldehyde || ~ **carbonate** / Propylenkarbonat *n* || ~ **dichloride** / Propylendichlorid *n* || ~ **imine** / Propylenimin *n* || ~ **oxide** / Propylenoxid *n* || ~ **oxide condensate** / Propylenoxid-Kondensationsprodukt *n*
propyl formate / Propylformiat *n* || ~ **propionate** / Propylpropionat *n*
protecting against [the influence of] light / lichtschützend *adj*
protection against biological attack / Schutz *m* gegen biologischen Angriff || ~ **against damage by carpet beetle larvae** / Schutz *m* gegen Beschädigung durch Pelz- und Teppichkäferlarven || ~ **against**

decomposition by long boiling / Verkochungsschutz *m* || ~ **against termites** / Termitenschutzausrüstung *f*, Termitenschutzimprägnierung *f* || ~ **net** / Schutznetz *n* || ~ **of the fibre** / Faserschonung *f*
protective absorbent and attenuating fabric for radio and TV loudspeakers / Schutzgewebe *n* für Rundfunk- und Fernsehzentrierungen || ~ **action** / Schutzwirkung *f* || ~ **agent** / Schutzmittel *n*, Vorbeugungsmittel *n* || ~ **agent for fibres** / Faserschutzmittel *n* || ~ **agent for wool** / Wollschutzmittel *n* || ~ **apparel** / Schutzkleidung *f* || ~ **athletic clothing** / Sportschutzkleidung *f*, Sportschutzbekleidung *f* || ~ **bed sheet** / Bettlakenunterlage *f* || ~ **clothing** / Schutzkleidung *f* || ~ **clothing for workers** / Arbeitsschutzbekleidung *f* || ~ **colloid** / Schutzkolloid *n* || ~ **colloid action** / schutzkolloidale Wirkung || ~ **cover** (for furniture) / Schonbezug *m*, Schonerdecke *f* || ~ **detergent** / schonendes Waschmittel || ~ **dressing** / Schutzverband *m* || ~ **effect** / Schutzwirkung *f* || ~ **fibre agent** / Faserschutzmittel *n* || ~ **film** / Schutzfilm *m* || ~ **finish** / Schutzausrüstung *f*, Schutzveredlung *f* || ~ **garment** / Schutzkleidung *f* || ~ **layer** / Schutzschicht *f* || ~ **mitten** / Schutzhandschuh *m* (Fäustling) || ~ **mitten** / Schutzfäustling *m* || ~ **net against falling stones** / Steinschlagschutznetz *n* || ~ **net for building sites** / Baustellen-Schutznetz *n* || ~ **net for consolidating river banks** / Uferbefestigungsnetz *n* || ~ **outerwear** / Überziehkleidung *f* || ~ **sleeve** / Ärmelschoner *m* || ~ **treatment** / schonende Behandlung || ~ **work glove** / Schutzhandschuh *m* || ~ **working clothes** *pl* / Arbeitsschutzkleidung *f*, Arbeitsschutzbekleidung *f*
protector *n* (weav) / Protektor *m* || ~ **cutter** (weav) / Protektorschere *f*
protein *n* / Protein *n*, Eiweiß *n*, Eiweißstoff *m*, Eiweißkörper *m*
proteinaceous *adj* / proteinhaltig *adj*
protein fibre / Eiweißfaser *f* || ~ **fibre** / Proteinfaser *f* || ~ **fibre** / Eiweißfaserstoff *m*, Eiweißchemiefaserstoff *m*, CE, Proteinfaserstoff *m* || ~ **size** / Eiweißschlichte *f*
proteolytic *adj* / proteinspaltend *adj*, proteolytisch *adj*, eiweißabbauend *adj*, eiweißspaltend *adj* || ~ **enzyme** / proteinspaltendes Enzym, proteolytisches Enzym, eiweißabbauendes Enzym, eiweißspaltendes Enzym, Protease *f*
protracted dyeing / verlangsamtes Färben
protruding fibre tip / hervorstehendes Faserende, herausragendes Faserende
Prud'homme [aniline] black / Prud'homme-Schwarz *n*, Ferrocyankaliumschwarz *n*, Dampfanilinschwarz *n* || ~ **steam aniline black** s. Prud'homme aniline black || ~ **style** / Prud'homme-Reserveartikel *m*, Prud'homme-Artikel *m*
prunella *n*, prunello *n* (weav) / Prunell *m*, Lasting *m*
Prussian blue / Berliner Blau *n*, Eisenblau *n*, Pariser Blau *n*, Stahlblau *n*, Preußisch Blau *n*, Preußischblau *n*
prussiate aniline black / Prussiatschwarz *n*
prussic acid / Cyanwasserstoffsäure *f*, Blausäure *f*
pseudoplastic behaviour (ctg) / Strukturviskosität *f*
pseudo·-programme (normal unpatterned fabric knitting) / Pseudo-Strickprogramm *n* || ~ **wet bulb thermometer** / Naßthermometer *n*
p-silicone finish / P-Silicon-Ausrüstung *f*
psychrometer *n* / Feuchtigkeitsmesser *m*, Psychrometer *n*
P.T.E. = pouch tension equalizer
PTE = powder type equivalent
PTF = polytetra-fluorethylene
pua hemp (very strong bast fibre, used for fishing nets, ropes, bags etc., found in Japan, Burma and India) / Pua-Hanf *m*
publisher's cloth / Gewebe *n* für die industrielle Buchbinderei
puce *adj* / flohbraun *adj*, flohfarben *adj*, gelbbraun *adj*, pucebraun *adj*

pucker v (sew) / Falten ziehen ‖ ~ n / Falte f, Kräuselfalte f, Faltenbausch m
puckered adj / faltig adj, gekräuselt adj ‖ ~ **fabric** / gekräuselter Stoff
pucker-free adj (sew) / kräuselfrei adj
puckering n (defect) (of coated fabrics which were washed or dry cleaned) / Blasenbildung f
Puerto Cabello cotton / eine venezolanische Baumwollsorte
puff n / Steppdecke f ‖ ~ **sleeve** / Puffärmel m ‖ ~ **yarn** / Puffgarn n
puggaree n / mohammedanischer Turban ‖ ~ (light scarf wound round hat or helmet) / Kopfschutz m in den Tropen
pugree n s. puggaree
pugri n s. puggaree
puke n / dunkles Rostbraun ‖ ~ / alter englischer Wollstoff
pull v / raufen v (Flachs) ‖ ~ / entwollen v (Fell), rupfen v (Fell) ‖ ~ / abrupfen v (Wolle), abzupfen v ‖ ~ n (mat test) / Dehnungsspiel n ‖ ~ (weav) / Zieher m ‖ ~ (zip) / Zugstück n, Zupfer m, Zieher m, Griffplatte f ‖ ~ **bar drawing frame** / Zugstabstrecke f ‖ ~**-down cam** (weav) / Hilfssenker m
pulled cotton / aus offenen oder trockenen Kapseln gepflückte Baumwolle ‖ ~ **thread** / Fadenzieher m ‖ ~ **wool** / Hautwolle f, Kalkwolle f, Pelzwolle f
puller n (sew) / Puller m ‖ ~ **machine** (sew) / Pullermaschine f
pulling n (the hose from the form) / Abziehen n, Abnehmen n, Absetzen n ‖ ~**-off mechanism** (spinn) / Abzugsvorrichtung f
pull-off n (spinn) / Ablauf m, Abzug m
pullom fibre / Samenhaar n des afrikanischen Wollbaumes
pull-·on girdle / Hüfthalter m, Hüftformer m ‖ ~**-on glove** / Schlupfhandschuh m
pullover n / Pullover m, Pulli m ‖ ~ **with poloneck** / Pullover m mit Rollkragen, Rollkragenpullover m, Pullover m mit langem, halsnahem, rundem Kragen
pullskein f / Langknäuel m n (DIN 61800) ‖ ~ **winding machine** / Langknäuelwickelmaschine f
pullstrap n (on boots) / Zugschlaufe f, Zugband n
pull-through device (sew) / Durchzieheinrichtung f
pull-to n (weav) / Ladendeckel m
pulnott cotton / Baumwolle f aus Georgia, USA
pulsed xenon arc lamp / Xenon-Hochdrucklampe f
pultrusion process (glass fibres) / Strangziehverfahren n (Glasfasern)
pulu fibre (vegetable down from Cibotium glaucum of the Hawaiian Islands) / Pulu-Faser f
pumbi silk (soft waste silk used in the Punjab) / Pumbi-Seide f
pumicing machine (hatm) / Bimsmaschine f
punasa pratti cotton / Baumwolle f mit kurzer weißer Faser aus Madras
punch block / Schlagplatte f für Schaftkarten ‖ ~ **box** (weav) / Schlagwerk n ‖ ~**-card controlled fully automatic dyeing** / vollautomatisches Färben mittels Lochkartensteuerung
punched card paper for tapestry-work / Papierstramin m ‖ ~ **felt** / Nadelfilz m ‖ ~ **sinker** / Lochplatine f
punching comb / Vorstechkamm m ‖ ~ **die** / Stanze f ‖ ~ **machine** / Dessiniermaschine f, Ausschlagmaschine f
pungent adj / beißend adj, stechend adj
Punjab·-American cotton / im Pandschab wachsende amerikanische Upland-Baumwolle ‖ ~ **cotton** / Pandschab-Baumwolle f aus amerikanischen Samen ‖ ~ **wool** / feinste indische Wolle
punjum n / einfaches mexikanisches Tuch ‖ ~ **waste** / klebrige Abfallseide
Punta Arenas wool / Punta-Arenas-Wolle f
Punto di Roma (weav) / Punto-di-Roma-Bindung f
purdah n / Baumwolltuch n in Leinenbindung in Indien

pure Berlin blue s. Berlin blue ‖ ~**-blue** adj / reinblau adj ‖ ~**-cotton** adj / reinbaumwollen adj ‖ ~ **dye silk** / abgekochte Seide, gefärbt ohne Beschwerung ‖ ~ **dyestuff content** / Rein-Farbstoffgehalt m ‖ ~ **finish** / Ausrüstung f ohne Schlichten oder Chargieren ‖ ~ **hemp** / Reinhanf m ‖ ~ **linen** / Ganzleinen n, Reinleinen n ‖ ~ **orange** / reinorange adj (RAL 2004) ‖ ~ **organic solvent dyeing** / reines organisches Lösemittelfärben ‖ ~**-silk** adj / reinseiden adj ‖ ~ **silk** / Reinseide f, Naturseide f, echte Seide ‖ ~ **white** / reinweiß adj (RAL 9010), hochweiß adj ‖ ~ **white ground** / vollkommener Weißboden, vollkommener Weißfond ‖ ~**-wool** adj / reinwollen adj, ganzwollen adj ‖ ~ **wool** / 100% Schurwolle f, reine Wolle
PUR fibre / PUR-Faser f, Polyurethanfaser f
purfle v / mit Stickerei einfassen ‖ ~ n, purfling n / Stickerei-Randverzierung f
puritan n / Alpaka-Futterstoff m
purity requirements / Reinheitsanforderungen f pl ‖ ~ **test** / Reinheitsprüfung f
purl v / mit Zäckchenborte einfassen ‖ ~ (knitt) / linksstricken v ‖ ~ n / Zäckchen n ‖ ~ (knitt) / Linksstrickerei f ‖ ~ **cam** (knitt) / Links-Links-Schloß n ‖ ~ **circular knitting machine** / Links-Links-Rundstrickmaschine f ‖ ~ **edge** / Pikotkante f ‖ ~ **fabric** / Links-Links-Gewebe n, Links-Links-Ware f ‖ ~ **flat knitting machine** / Links-Links-Flachstrickmaschine f ‖ ~ **knitted fabric** / Links-Links-Gestrick n, Links-Links-Ware f ‖ ~ **knitting** / Linksstricken n, Links-Links-Stricken n ‖ ~ **knitting machine** / Links-Links-Strickmaschine f ‖ ~ **loop** / Zäckchen n ‖ ~ **machine** / Links-Links-Maschine f ‖ ~ **needle** / Links-Links-Nadel f ‖ ~ **stitch** / Linksmasche f ‖ ~ **stitches at the narrowing** pl (knitt) / Links-Links-Verteilen n in der Minderung f ‖ ~ **stitch knitting machine** / Links-Links-Strickmaschine f ‖ ~ **thread** / spiralgewundener Gold- oder Silberdraht, spiralgewundenes Gold- oder Silbergarn ‖ ~ **warp knitting machine** / Links-Links-Kettenwirkmaschine f ‖ ~ **work** / Links-Links-Ware f
purple adj / purpur adj, purpurrot adj ‖ ~ **coloured** / purpurfarben adj ‖ ~ **red** / purpurrot adj (RAL 3004) ‖ ~ **salt** s. potassium permanganate
purplish grey / purpurgrau adj ‖ ~ **pink** / purpurrosa adj ‖ ~ **red** / purpurrot adj ‖ ~ **white** / purpurweiß adj
purpurin n / Purpurin n, Krapp-Purpur m
purse silk / starker Seidenzwirn für Stickereizwecke
purumu fibre (fine, silky bast fibre from the Sida carpinifolia in the Canary Islands) / Purumu-Faser f
push back wheel (knitt) / Einschließrad n ‖ ~ **bar draw frame** / Schubstabstrecke f ‖ ~**-button feed regulator** (sew) / Druckknopf-Stichsteller m ‖ ~ **finger** (weav) / Stoßfühler m
pushmina shawl / Kaschmirschal m
put a black colour on red (dye) / Schwarz auf Rot aufsetzen
putang cloth / billiges chinesisches Tuch
put press-boards between (clothm) / einspänen v, Preßspäne zwischeneinlegen ‖ ~ **rug** / wollener Knüpfteppich aus Madras
puttee n / Wickelgamasche f ‖ ~ / Schlauchware f mit aufgerauhtem Futter ‖ ~**-dar pugri** (worn both by Hindus and Mohammedans) / Turban m aus Baumwollmusselin
putty adj / kittgrau adj
puya fibre (stem fibre from Manotia puya, a wild plant of India) / Puya-Faser f
puyuenchow n / chinesischer Seiden-Pongé ‖ ~ **kin** / Puyuenchow-Gewebe n in Taschentuchgröße
PV = polyvinyl fibre
PVA = polyvinyl acetate
PVB = polyvinyl butyral
PVC = polyvinyl chloride ‖ ~ = pigment volume concentration

PVC/PVA fibre, polyvinyl chloride/polyvinyl alcohol fibre / Polyvinylchlorid/Polyvinylalkohol-Faser *f*, Polychlalfaser *f* (z.B. Cordelan)
PVD = polyvinylidene chloride fibre
PVDC = polyvinylidene chloride
PVY = polyacrylonitrile fibre
pyjama cloth (GB) / Pyjamastoff *m*
pyjamas *pl* (GB) / Pyjama *m*, Schlafanzug *m*
pyjama stripes (GB) *pl* / gestreifter Pyjamastoff ‖ ~ **top** (GB) / Pyjama-Oberteil *n* ‖ ~ **trousers** (GB) / Pyjama-Hose *f*
pyramid seam (sew) / Pyramidennaht *f* ‖ ~ **tooth cut** (sew) / Dachzahnung *f*
pyrazolanthrone *n* / Pyrazolanthron *n*
pyrazole *n* / Pyrazol *n* ‖ ~ **dyestuff** / Pyrazolfarbstoff *m*
pyrazoline *n* / Pyrazolin *n*
pyrazolone *n* / Pyrazolon *n* ‖ ~ **dyestuff** / Pyrazolonfarbstoff *m*
pyridine *n* / Pyridin *n*
pyridinium compound / Pyridiniumverbindung *f*
pyrocatechin *n* s. pyrocatechol
pyrocatechinic acid s. pyrocatechol
pyrocatechol *n* / Pyrocatechol *n*, Brenzcatechin *n*
pyrocellulose *n* / Zellulosenitrat *n*, Nitratzellulose *f*
pyrogallic acid / Pyrogallol *n*, Pyrogallussäure *f*
pyrogallol *n* s. pyrogallic acid
pyrolysis *n* / Pyrolyse *f*
pyrometer *n* / Pyrometer *n*, Strahlungstemperaturmesser *m*, Strahlungsthermometer *n*
pyrometry *n* / Pyrometrie *f*, Messung *f* hoher Temperaturen
pyrophosphate *n* / Diphosphat *n*, Pyrophosphat *n*
pyrophosphoric acid / Diphosphorsäure *f*, Pyrophosphorsäure *f*
pyrophosphorous acid / diphosphorige Säure, pyrophosphorige Säure
pyroracemic acid s. pyruvic acid
pyrosulphate *n* / Disulfat *n*, Pyrosulfat *n*
pyrosulphite *n* / Disulfit *n*, Pyrosulfit *n*
pyrosulphuric acid / Dischwefelsäure *f*, Pyroschwefelsäure *f*
pyrosulphurous acid / dischweflige Säure, pyroschweflige Säure
pyrosulphuryl chloride / Disulfurylchlorid *n*, Pyrosulfurylchlorid *n*, Dischwefelpentoxiddichlorid *n*
pyroxylin[e] *n* / Kollodiumwolle *f*, Kolloxylin *n*, Nitrozellulose *f*
pyrrole *n* / Pyrrol *n*, Imidol *n*, Azol *n* ‖ ~ **pigment** / Pyrrolfarbstoff *m*
pyrrolidine *n* / Pyrrolidin *n*, Tetrahydropyrrol *n*, Tetramethylenimin *n*
pyruvic acid / Brenztraubensäure *f*, Pyruvinsäure *f*, Acetylcarbonsäure *f* ‖ ~ **aldehyde** / Pyruvinaldehyd *m*, Brenztraubensäurealdehyd *m*, Methylglyoxal *n*, Acetylformaldehyd *m*

Q.D.

Q

Q.D. (quick disassembly) zipper / Schnelltrenn-Reißverschluß *m*
Q.R. (quick release) zipper / Schnelltrenn-Reißverschluß *m*
quadrant *n* / Sortierwaage *f*, Garnwaage *f* || ~ (spinn) / Sektorrad *n* || ~ **arm** (spinn) / Sektorarm *m* || ~ **centre shaft** (spinn) / Sektorzapfen *m* || ~ **chain** (spinn) / Quadrantkette *f*, Sektorkette *f* || ~ **gear** (knitt) / Zahnsegment *n* || ~ **pivot** (spinn) / Sektordrehzapfen *m* || ~ **rack** (spinn) / Zahnsektor *m* || ~ **scales** *pl* / Sektorwaage *f* || ~ **screw spindle** (spinn) / Sektorschraubenspindel *f* || ~ **spindle** (spinn) / Sektorspindel *f* || ~ **toothing** (spinn) / Sektorkranz *m*
quadrillé *n* (Fr) (weav) / Quadrillé *m*, kleinkariertes Pepitamuster (Chemieseidengewebe) || ~ **silk** / Karostoff *m*
quadrochromatic printing technique / Quadrochromie *f*, quadrochromatisches Druckverfahren
quadruple thread guide (knitt) / Vierlingsfadenführer *m*
quality binding (strong wide tape used for carpet binding) (cpt) / wollene Teppicheinfassung || ~ **inspector** (fabric manufacture) / Abnehmer *m* || ~ **label** / Gütezeichen *n* || ~ **wools** / Wollqualitäten *f pl* von Feinheitsklassen 28 bis 100
quantitatively exhausted bath / vollständig ausgezogenes Bad, vollständig erschöpftes Bad
quantity ratio (dye) / Mengenverhältnis *n*
quantum efficiency (dye) / Dosisleistung *f*
quarantin *n* / feiner französischer wollener Kleiderstoff
quarter *n* / Stoffbreite *f* von 9 Inch || ~ **blood wool** / Quarter-Blood-Wollqualität *f*, Wolle *f* klassiert als 1/4 der Vollblut-Merinoqualität || ~ **-lined** *adj* / ein Viertel gefüttert || ~ **reinforcement at the top of the toe** (hos) / verstärkte Strumpfspitze (Verstärkung in der Mitte der Strumpfspitze, um den Strumpf über den Zehen zu verstärken)
quartz fibres / Quarzfaserstoffe *m pl*, Quarzfasern *f pl* || ~ **yarn** / Quarz/Baumwollabfall-Mischgarn *n*
quaternary *adj* / quaternär *adj*, quartär *adj* || ~ **ammonium compound** / quaternäre Ammoniumverbindung, quartäre Ammoniumverbindung || ~ **ammonium salt** / quaternäres Ammoniumsalz, quartäres Ammoniumsalz || ~ **salt** / Quartärsalz *n*, quaternäres Salz, quartäres Salz
quatre fils (Fr) / Segelleinwand *f* mit viersträhniger Kette
quebradinho cotton / eine brasilianische Pflanzenfaser
queddeng fibre / eine philippinische Seilfaser
Queensland cotton / eine seidige australische Baumwolle || ~ **hemp** / Queenslandhanf *m*
quench air (fibre production) / Anblasluft *f* || ~ **air velocity** / Blasluftgeschwindigkeit *f* || ~ **bath** (fil) / Abkühlbad *n* || ~ **duct** (fil) / Anblasschacht *m*, Anblasekasten *m*
quenched filament / abgeschrecktes Filament
quenching *n* (lam) / Flachspritzen *n* || ~ **cell** (fil) / Anblasschacht *m*, Fallschacht *m*
quench room / Fadenkühlraum *m*
quercetin *n* (dye) / Quercetin *n* (Pentahydroxyflavon)
quercitrin *n* (dye) / Quercitrin *n*
quercitron *n* (dye) / Quercitron *n* || ~ s. also dyer's oak || ~ **bark** / Quercitronrinde *f* (aus Quercus velutina, Qu. digitata und Qu. trifida)
quetch *v* (US) / abquetschen *v* || ~ *n* (US) / Schlichtetrog *m* || ~ **effect** (US) / Abquetscheffekt *m*
quetching *n* (US) / Abquetschen *n*, Abquetschung *f* || ~ **device** (US) / Abquetschvorrichtung *f* || ~ **roller** (US) / Abquetschwalze *f*
quetsch *n* (US) s. quetch

quick bleach / Schnellbleiche *f* || ~ **-bleaching** *adj* / schnellbleichend *adj* || ~ **disassembly zipper** / Schnelltrenn-Reißverschluß *m* || ~ **-drying** *adj* / schnelltrocknend *adj*
quicklime *n* / Branntkalk *m*, gebrannter Kalk, ungelöschter Kalk, kaustischer Kalk
quick release zipper / Schnelltrenn-Reißverschluß *m* || ~ **stitch change** (sew) / Stichlängen-Schnellverstellung *f* || ~ **traverse winding frame for doubling yarns** / Kreuzfachmaschine *f*
quiet shade / ruhiger Farbton
quilandi yarn / Spinngarn *n* aus der Kokosfaser an der Malabarküste
quill *v* / aufspulen *v*, kannettieren *v*, spulen *v*, schußspulen *v*, Fäden aufspulen, Fäden aufwinden || ~ / falten *v*, fälteln *v*, kräuseln *v* || ~ *n* (weav) / Schußspule *f*, Einschlagspule *f*, Einschußspule *f*, Schußgarnspule *f*, Spulröhrchen *n*, leichte Schußfadenspule, Kops *m* || ~ (spinn) / Eintragspule *f*, Kannette *f*, Kanette *f*, Canette *f* || ~ (silk) / Schützenspule *f*
quillai *n* s. quillaia bark
quillaia bark / Quillajarinde *f*, Seifenrinde *f*, Panamarinde *f*, Panamaspäne *m pl*
quill base / Spulenansatz *m* || ~ **box** / Schußspulenkasten *m*, Spulenkasten *m* || ~ **changing** / Schußspulenwechsel *m* || ~ **embroidery work** / Federstickerei *f*
quiller *n* (spinn) / Kannettiermaschine *f*, Schußspulmaschine *f*, Spulapparat *m*, Spulautomat *m*, Spulmaschine *f*
quilling *n* / Falte *f*, Rüsche *f*, Krause *f* || ~ (weav) / Schußspulen *n* || ~ (spinn) / Umspulen *n* von Seidenfäden auf Kopse || ~ **speed** / Spulengeschwindigkeit *f*
quill stripper / Schußspulenabstreifer *m*
quilt *v* / steppen *v*, durchnähen *v*, abnähen *v*, absteppen *v*, aufsteppen *v* || ~ / mit Füllmaterial kaschieren (steppdeckenartig) || ~ *n* / Steppdecke *f*, gesteppte Bettdecke || ~ (sew) / Steppstich *m* || ~ **blanket** s. quilted blanket || ~ **cover** / Steppdeckenbezug *m* || ~ **design** / Steppmuster *n*
quilted *adj* / abgesteppt *adj*, gesteppt *adj*, aufgesteppt *adj* || ~ / wattiert *adj* || ~ **blanket** / [wattierte] Steppdecke || ~ **counterpane** / gesteppte Bettdecke, Steppdecke *f* || ~ **covering** / Steppdecke *f*, gesteppte Bettdecke || ~ **design** / aufgestepptes Muster || ~ **dressing-gown** / gesteppter Morgenrock || ~ **fabric** / gesteppte Ware || ~ **fibre fleece** / Steppwatte *f*, Steppwatteline *f* || ~ **mat** / Steppmatte *f* || ~ **seam** / Steppnaht *f* || ~ **skirt** / Stepprock *m* || ~ **suit** / Steppanzug *m* || ~ **wadding** / Steppwatteline *f*, Steppwatte *f* || ~ **waistcoat** / Steppweste *f*, wattierte Steppweste
quilter *n* (sewing machine attachment) / Stepper *m*, Steppvorrichtung *f*
quilt fabric / Steppdeckenstoff *m* || ~ **filling** / Steppdeckenfüllung *f* || ~ **hair** / Haar *n* zum Ausstopfen, Füllhaar *n* || ~ **imitation** / Steppnahtimitation *f*
quilting *n* / durchnähte Arbeit || ~ / Stepperei *f*, Wattiersteppperei *f* || ~ (nwv) / Füllvlies *n* || ~ / Kaschieren *n* mit Füllmaterial (steppdeckenartig) || ~ **cotton** / Steppdeckenwatte *f* || ~ **design** / Steppmusterung *f* || ~ **machine** / Absteppmaschine *f*, Maschine *f* zur Steppdeckenherstellung || ~ **machine** / Wattiersteppereimaschine *f* || ~ **needle** / Steppnadel *f* || ~ **pattern** / Steppmusterung *f* || ~ **seam** / Steppnaht *f*
quilt lining / Steppfutter *n* || ~ **pattern** / Steppmusterung *f*
quilts *pl* / gesteppte Bettdecken und Bettüberzüge *pl*
quilt stitching / Steppnaht *f* || ~ **wadding** / Steppdeckenwatte *f*, Steppwatte *f*
quinacridine *n* / Chinacridin *n*
quinacridone *n* / Chinacridon *n*
quince-yellow *adj* / quittengelb *adj*
quinoline *n* / Chinolin *n*, Leukol *n* || ~ **blue** / Cyaninblau *n*, Chinolinblau *n* || ~ **derivative** (GB) / Chinolinderivat

n ‖ ~ **dyestuff** / Chinolinfarbstoff *m* ‖ ~ **yellow** (GB) / Chinolingelb *n*
quinone *n* (dye) / Chinon *n*
quinonoid formula (dye) / Chinoid-Formel f, Chinonoid-Formel f
quinophthalone dyestuff / Chinophthalonfarbstoff *m*
quinoxaline *n* / Chinoxalin *n*
quirk *n* (hos) / Strumpfverzierung f in Spiralform
quomotanetu fibre (species of the Asclepiadaceae) / südafrikanische Bastfaser

R

rabanna *n* / Raphiagewebe *n* aus Madagaskar
Rabat rug / marokkanischer Wollteppich
Rabbeth spindle (spinn) / Rabbeth-Spindel *f*
rabbit hair / Kaninchenhaar *n*, Kaninhaar *n* ‖ **~-hair cloth** / Stoff *m* mit Kaninchenhaarzusatz
rabo de león fibre / philippinische Angolahanffaser
race *n* (weav) / Reihe *f* der Florflottierfäden ‖ ~ s. also race board ‖ ~ **[board]** (weav) / Schützenbahn *f*, Ladenbahn *f* ‖ ~ **level** (weav) / Schützenebene *f*, Ladenebene *f*
racemic compound / razemische Verbindung, Razematverbindung *f*
race plate (weav) / Schützenbahn *f*, Ladenbahn *f*
R-acid *n* (dye) / R-Säure *f*
rack *v* (knitt) / versetzen *v* ‖ ~ *n* (knitt) / Streckrahmen *m* ‖ ~ (knitt) / Versatz *m* ‖ ~ (warp knitt) / Maßeinheit *f* bei Kettwirkmaschinen (480 Reihen) ‖ ~ **and pawl arrangement** (knitt) / Klinkenwerk *n*
racked and tucked pattern (knitt) / Fangversatzmuster *n* ‖ ~ **pattern** (knitt) / Versatzmuster *n* ‖ ~ **stitch** (knitt) / versetzte Masche ‖ ~ **work** (knitt) / versetzte Ware, verschobene Ware
racking *n* (knitt) / Versatz *m* ‖ ~ **chain** (knitt) / Versatzkette *f* ‖ ~ **device** (knitt) / Versatzapparat *m* ‖ ~ **for transfer** (knitt) / Umhängeversatz *m* ‖ **~-in of the narrowing spindle** (fully-fashioned knitting machine) / Hereindrehen *n* der Deckspindel ‖ ~ **motion** (knitt) / Versatzapparat *m* ‖ ~ **movement** (knitt) / Versatzbewegung *f* der Legeschienen ‖ **~-out of the narrowing spindle** (fully-fashioned knitting machine) / Herausdrehen *n* der Deckspindel ‖ ~ **over three needles** (knitt) / Versatz *m* über drei Nadeln ‖ ~ **pattern** (knitt) / Versatzmuster *n* ‖ ~ **pawl** (knitt) / Schaltklinke *f* ‖ ~ **position** (knitt) / Versatzstellung *f* ‖ ~ **wheel** (knitt) / Schaltrad *n*, Versatzrad *n*
rack rod (knitt) / Tragesäule *f* für die Fadenzuführung ‖ ~ **stitch** (knitt) / versetzte Masche ‖ ~ **the needle bed** (knitt) / das Nadelbett seitlich verrücken, das Nadelbett versetzen ‖ ~ **wheel** (knitt) / Schaltrad *n*
radamé *n* / Radamé-Futterseide *f*
Radcliffe reed counts / Rietstäbe je Zoll *m pl*
raddle *n* (weav) / Reihkamm *m*, Teilkamm *m*
radial dyeing apparatus / Radialfärbeapparat *m*
radiation drier / Strahlungstrockner *m* ‖ ~ **protection fabric** / Strahlenschutzgewebe *n*
radical *n* (chem) / Rest *m* ‖ ~ **chain polymerization** / Radikalkettenpolymerisation *f* ‖ ~ **polymerization** / Radikalpolymerisation *f* ‖ ~ **vinegar** / Eisessig *m*
radio *n* (plain weave, lustrous, light-weight French silk dress fabric either printed or dyed) / Glanzseide *f* ‖ ~ **baffle** / Lautsprecherbespannung *f* ‖ ~ **frequency dryer** / Radiowellentrockner *m*
radium *n* / Radium-Chiffon *m* ‖ ~ **taffeta** / Radiumseide *f*
radius of curvature (fibre) / Krümmungsradius *m*
radizelli s. reticula
radsimir *n* s. radzimir
Radya cotton / eine indische Baumwolle
radzimir *n* (piece-dyed, all-silk dress fabric, usually black for mourning garments) / Radzimir *m* ‖ ~ **weave** / Radzimirbindung *f*
raffia [fabric] *n* / Raphia[faser]gewebe *n* aus Madagaskar ‖ ~ **bast** / Raphiabast *m* ‖ ~ **fibre** / Raphiafaser *f*, Faser *f* der Raphiapalme, Raffiafaser *f* (aus der Raphia farinifera)
rag *n* / Lumpen *m*, Lappen *m*, Fetzen *m*, Hader *m* ‖ ~ **and fibre-filled phenolic compound** / lumpen- und fasergefüllte Phenolharzmasse ‖ ~ **beater** (for fibre preparing) / Lumpenklopfer *m* (für Spinnstoffaufbereitung) (DIN 64161) ‖ ~ **boiler** / Lumpenkocher *m* ‖ ~ **breaker** / Lumpenholländer *m* ‖ ~ **carbonizing** / Lumpenkarbonisierung *f*,

Lumpenkarbonisation *f* ‖ ~ **carpet** / Fleckerlteppich *m*, Fleckerlnteppich *m*, Flickenteppich *m*, Flickerlnteppich *m*, Flicklteppich *m*, Teppich *m* aus Stoffstreifen ‖ ~ **chopper** / Lumpenschneider *m*, Lumpenschneidemaschine *f* ‖ ~ **cleaning machine** / Lumpenreinigungsmaschine *f* ‖ ~ **cutting machine** / Lumpenschneidemaschine *f*, Lumpenschneider *m* ‖ ~ **decolo[u]rizing** / Lumpenentfärbung *f* ‖ ~ **devil** / Lumpenreißer *m*, Lumpenwolf *m*
raglan *n* / Raglan *m*, Herrenmantel *m* mit angeschnittenen Ärmeln ‖ ~ **cord** (GB) / gerippter Baumwollsamt ‖ ~ **sleeve** (fash) / Raglanärmel *m*
rag processing / Lumpenverarbeitung *f*, Lumpenveredlung *f* ‖ ~ **puller**, rag pulling machine / Lumpenreißer *m*, Lumpenwolf *m* ‖ ~ **shaker**, rag shaking cylinder / Shakertrommel *f*, Lumpenentstaubungstrommel *f*, Lumpenreinigungsmaschine *f* ‖ ~ **sorter** / Lumpensortierer *m*, Lumpenklassierer *m* ‖ ~ **tearing machine** / Lumpenreißer *m*, Lumpenwolf *m* ‖ ~ **tub** / Lumpenbütte *f*
Ragusa lace / Ragusaner Spitze *f*
railroad canvas / steifer Stickereikanevas
raiment *n* / Kleidung *f*, Kleidungsstück *n*
rain apparel / Regenkleidung *f*, Regenbekleidung *f*, Regenschutzkleidung *f*, regendichte Kleidung, Regenmäntel *m pl*
rainbow--coloured *adj* / regenbogenfarbig *adj*, irisierend *adj*, farbschillernd *adj*, schillernd *adj* ‖ ~ **dyeing** / Ombréfärbung *f*, schattierte Färbung, Schattenfärbung *f*, schattierende Färbung ‖ ~ **effect** (dye) / Regenbogeneffekt *m* ‖ ~ **ground** / Irisfond *m*
rainbowing / Flammdruck *m*, Flammendruck *m*, Ombrédruck *m*, schattierter Druck
rainbow printing / Flammdruck *m*, Flammendruck *m*, Ombrédruck *m*, schattierter Druck ‖ ~ **yarn** / Ombrégarn *n*, Flammgarn *n*, Flammengarn *n*, Flammégarn *n*
rain cape / Regencape *n*, Regenumhang *m*
raincloth *n* s. rainproof fabric
raincoat *n* / Regenmantel *m*, Wettermantel *m* ‖ ~ **fabric** / Regenmantelgewebe *n*, Regenmantelstoff *m*, Trenchcoatstoff *m*
raincoating *n* / Regenmantelgewebe *n*, Regenmantelstoff *m*, Trenchcoatstoff *m*
raincoat yarn (special yarn made by twisting an 80's cotton thread with a 24's worsted thread, with 20 turns per inch) / Kammgarn *n* mit Baumwollkern
raindrop effect / Regentropfeneffekt *m*
rain--drop fastness / Regentropfenechtheit *f* ‖ **~-grown cotton** / regenbewässerte Baumwolle, unter natürlicher Bewässerung aufgezogene Baumwolle
rainproof *v* / imprägnieren *v*, regendicht machen ‖ ~ *adj* / imprägniert *adj*, regendicht *adj*, wasserdicht *adj*, regenecht *adj*, regenfest *adj*, wasserabstoßend *adj* ‖ ~ **clothing** s. rainwear ‖ ~ **fabric** / imprägniertes Gewebe, regendichtes Gewebe, regenechtes Gewebe, regenfestes Gewebe, regendicht imprägniertes Gewebe, wasserfestes Gewebe
rainproofing *n* / Regenechtimprägnierung *f*, Regendichtmachen *n*
rainproof material / imprägnierter Stoff, regendichter Stoff, regenechter Stoff, regenfester Stoff, regendicht imprägnierter Stoff, wasserfester Stoff
rain spots, rain stains / Regenflecke *m pl* ‖ ~ **test** / Beregnungsversuch *m*, Beregnungsprüfung *f*, Beregnungstest *m*, Berieselungsversuch *m* ‖ ~ **tester** / Beregnungsprüfgerät *n*
rainwear *n* / Regenkleidung *f*, Regenbekleidung *f*, Regenschutzkleidung *f*, regendichte Kleidung, Regenmäntel *m pl*
raise (dye) / aufhellen *v* ‖ ~ (clothm) / rauhen *v*, aufrauhen *v*, velourieren *v* ‖ ~ (pile) / aufrichten *v* ‖ ~ **after drying** (clothm) / nachrauhen *v* ‖ ~ **a needle** /

eine Nadel austreiben ‖ ~ **cam** (knitt) / Heber *m*, Nadelheber *m*
raised backs / Waren *f pl* mit gerauhter Abseite ‖ ~ **brushed finish** / Strichappretur *f* ‖ ~ **cloth** / gerauhter Stoff ‖ ~ **colour** (dye) / durch Nachbehandlung entwickelter Farbton ‖ ~ **couching** / erhabene Plattstickerei ‖ ~ **crossover rib** / Umdeck-Kreuzmuster *n* ‖ ~ **design** / erhabenes Muster ‖ ~ **embroidery** / erhabene Blumenstickerei, erhabene Stickerei ‖ ~ **fabric** / Rauhartikel *m*, Rauhware *f*, Velours *m*, Veloursware *f*, gerauhtes Gewebe, Gewebe *n* mit gerauhter, weicher Oberfläche ‖ ~ **finish** / Rauhappretur *f*, Rauhavivage *f* ‖ ~ **flat woven fabric** / angerauhtes Flachgewebe ‖ ~ **flat woven upholstery fabric** / angerauhtes Möbelbezug-Flachgewebe ‖ ~ **goods** *pl* / Rauhware *f*, Rauhwaren *f pl*, Veloursware *f* ‖ ~ **knitted fabric** / gerauhte Wirkware, Moltonmaschenware *f* ‖ ~ **left side** / gerauhte Unterseite, gerauhte Rückseite ‖ ~ **loop** / aufgerichtete Flornoppe ‖ ~ **pattern** / Reliefmuster *n*, erhabenes Muster ‖ ~ **pattern cylinder** (text pr) / Spornwalze *f*, Prägewalze *f*, Molette *f* ‖ ~ **pile** / aufrecht stehender Flor, Rauhflor *m*, gerauhter Pol ‖ ~ **stripes** / Reliefstreifen *m pl* ‖ ~ **style** / Rauhartikel *m*, Rauhware *f*, Velours *m*, Veloursware *f*, gerauhtes Gewebe, Gewebe *n* mit gerauhter, weicher Oberfläche ‖ ~ **velvet** / Samt *m* mit erhabenem Muster ‖ ~ **warp knitted fabric** / Wirkvelours *m* ‖ ~ **warp plush** / gerauhter Kettsamt ‖ ~ **white raw material** / im Pol aufgearbeitete rohweiße Ware ‖ ~ **woven fabric** / Molton *m* (doppelseitig gerauhte Baumwollware in Köperbindung)
raise in open width / breitrauhen *v*
raiser *n* (weav) / gezeichneter Bindepunkt ‖ ~ (clothm) / Stoffrauher *m*, Rauher *m*
raise slightly (clothm) / anrauhen *v* ‖ ~ **the nap** / den Stoff rauhen ‖ ~ **thoroughly** / durchrauhen *v*, stark rauhen ‖ ~ **to the boil** / zum Kochen bringen
raising *n* (clothm) / Rauhen *n*, Aufrauhen *n*, Tuchrauhen *n*, Aufkratzen *n*, Velourisieren *n* ‖ ~ **against the hair**, raising against the nap / Rauhen *n* gegen den Strich ‖ ~ **and brush fillet** / Aufrauh- und Bürstenstreifen *m* ‖ ~ **apparatus before the machine** (weav) / Postierapparat *m* ‖ ~ **auxiliary** / Rauhhilfsmittel *n* ‖ ~ **band** / Rauhstreifen *m* ‖ ~ **brush** / Rauhbürste *f*, Bürstwalze *f* ‖ ~ **brush** (shearing machine) / Aufstreichbürste *f* ‖ ~ **cam** (weav) / Nadelheber *m*, Heber *m* ‖ ~ **card** / Tuchkratze *f*, Tuchkarde *f* ‖ ~ **device** (weav) / Vorrauhapparat *m* ‖ ~ **fault** / Rauhfehler *m* ‖ ~ **flocks** *pl* / Rauhabfall *m*, Abfallflocken *f pl* beim Aufrauhen ‖ ~ **flocks** (flock) / Wollflocken *f pl* für erhabene Muster ‖ ~ **fly** / Rauhflug *m* ‖ ~ **gig** / Rauhmaschine *f*, Strichrauhmaschine *f* ‖ ~ **harness** (weav) / Hebegeschirr *n* ‖ ~ **in the same direction** / Streichrauhen *n* ‖ ~ **jack** (knitt) / Hilfsplatine *f* ‖ ~ **machine** / Rauhmaschine *f*, Strichrauhmaschine *f* ‖ ~ **machine for knitted goods** / Trikotagenrauhmaschine *f* ‖ ~ **machine with revolving teasels** / Rollkardenrauhmaschine *f* (DIN 64890) ‖ ~ **machine with two drums** / Doppeltrommel-Rauhmaschine *f*, Doppeltrommel-Strichrauhmaschine *f* ‖ ~ **of the pile** / Floraufrichten *n*, Floraufrichtung *f* ‖ ~ **of the warp threads** / Aushebung *f* der Kettfäden ‖ ~ **oil** / Rauhöl *n* ‖ ~ **property** / Rauhfähigkeit *f* ‖ ~ **roller** / Kratzenwalze *f* (DIN 64890), Rauhwalze *f*, Rauhzylinder *m* ‖ ~ **roller grinding machine** / Schleifmaschine *f* für Rauhkratzen ‖ ~ **shaft** (of loom) / Hochschaft *m* ‖ ~ **streak** / Rauhstreifen *m* ‖ ~ **switch cam** (knitt) / Nadelweichenschloß *n* ‖ ~ **teasel** / Naturkarde *f*, Kardendistel *f* ‖ ~ **the nap** / Aufkratzen *n*, Aufrauhen *n*, Rauhen *n* ‖ ~ **the sinker loop by the clothing rollers**, raising the sinker loop by the teasels (weav) / Anheben *n* des Velourshenkels durch die

Rauhkratzen ‖ ~ **waste** / Rauhflocken *f pl* ‖ ~ **with the hair**, raising with the nap / Rauhen *n* mit dem Strich
rake *v* / durchgabeln *v* (Wolle) ‖ ~ *n* / Umrührstab *m* ‖ ~ (wool scouring machine) / Gabel *f* ‖ ~ **up** (liquor) / umrühren *v* (Flotte)
ramie *n* / Ramie *f*, Chinagras *n* (aus Boehmeria nivea) ‖ ~ **cloth**, ramie fabric / Ramiegewebe *n*, Gewebe *n* aus Ramiefaser ‖ ~ **fibre** / Ramiefaser *f*, Rheafaser *f*, Rhiafaser *f* ‖ ~ **linen** / Leinenimitat *n* aus Ramiegarn ‖ ~ **yarn** / Ramiegarn *n*
ram's wool / Widderwolle *f*
rancid olive oil / Tournantöl *n*
random cross winding / wilde Kreuzwicklung (DIN 61801) ‖ ~ **dyed yarn** / nach dem Space Dyeing-Verfahren gefärbtes Garn ‖ ~ **dyeing** / ombréartiger Effekt, Streckenfärbung *f*, unregelmäßige Garnfärbung ‖ ~ **dyeing of yarn** / rapportfreies Färben von Garn ‖ ~ **fibre** / Wirrfaser *f* ‖ ~ **-fibre nonwoven** / Wirrvlies *n*, Wirrfaservlies *n*
randomized web (nwv) / Wirrflor *m* ‖ ~ **web formation** (nwv) / Wirrflorbildung *f*
random laid layer (nwv) / Wirrlage *f* ‖ ~ **laid nonwoven fabric** (nwv) / Wirrfaservlies *n*
randomly dispersed (nwv) / gewirbelt *adj*
random multi-coloured design of yarn or tow / abschnittsweises Anfärben von Garn oder Kabel ‖ ~ **orientation of fibres** (nwv) / Wirrlage *f* der Fasern ‖ ~ **roller** (nwv) / Wirrwalze *f* ‖ ~ **shearing** (cpt) / "Random Shearing" (scheinbar richtungsloses Anscheren der hohen Noppen bei hoch-tief-gemusterter Schlingenware) *n* ‖ ~ **slubs** / unregelmäßig verteilte Garnknötchen *n pl* ‖ ~ **slub scattering mechanism** (spinn) / Noppenstreuvorrichtung *f* ‖ ~ **Tumble Pilling Tester** / Prüfapparat *m* für die Knitterneigung ‖ ~ **web** (nwv) / Wirrfaservlies *n* ‖ ~ **winding** (desired) / Zufallswicklung *f*, Störwicklung *f* (zur Bildvermeidung)
ran fibre (obtained from the Malachra capitata plant) / Juteersatzfaser *f* aus Afrika u. Amerika
range of blue shades / Blaureihe *f* ‖ ~ **of colours** / Farbsortiment *n* ‖ ~ **of depths of shade** / Farbtiefenbereich *m* ‖ ~ **of dyestuff exhaustion** / Farbstoffaufziehbereich *m*, Aufziehbereich *m* ‖ ~ **of dyestuffs** / Farbstoffpalette *f*, Farbstoffsortiment *n* ‖ ~ **of shades** / Farbenpalette *f*, Farbenskala *f*, Nuancenpalette *f*, Nuancenskala *f* ‖ ~ **wool** (US) / Viehfarmwolle *f*
Rangoon cotton / bräunliche Baumwolle aus Birma ‖ ~ **hemp** / Rangun-Hanf *m*
rank olive oil / Tournantöl *n*
rap *n* (a skein of 120 yards of yarn) / Garngebinde *n*, Gebinde *n* von etwa 110 m Garn, Docke *f*, Strähne *f*, Bund *n*
rape oil / Kolzaöl *n*, Kohlsaatöl *n* ‖ ~ **oil** (i.e.S.) / Rapsöl *n*, Rüböl *n*, Rübsenöl *n* ‖ ~ **-seed oil** s. rape oil
raphia *n* s. raffia
rapid ageing process / Kurzdämpfverfahren *n*, Schnelldämpfverfahren *n* ‖ ~ **ager** / Schnelldämpfer *m*, Schnelldämpfapparat *m* ‖ ~ **black** / Schnellschwarz *n* ‖ ~ **bleaching** / Schnellbleiche *f* ‖ ~ **chlorine titration** / Chlor-Schnelltitrierung *f* ‖ ~ **conveyor press** / Hochleistungsbügelpresse *f* mit Fördervorrichtung ‖ ~ **desizing** / Schnellentschlichtung *f* ‖ ~ **detergent** / Schnellwaschmittel *n* ‖ ~ **development** (of white) (bleach) / Sofortentwicklung *f* (z.B. eines Weißtöners) ‖ ~ **drier** / Schnelltrockner *m* ‖ ~ **dwell method** (dye) / Schnellfixiermethode *f*, Schnellfixierverfahren *n* ‖ ~ **dyeing** / Schnellfärben *n* ‖ ~ **dyeing method** / Schnellfärbemethode *f* ‖ ~ **fast dyestuff** / Rapidechtfarbstoff *m* ‖ ~ **festoon ager** / Hängeschnelldämpfer *m* ‖ ~ **fixation method** / Schnellfixiermethode *f*, Schnellfixierverfahren *n* ‖ ~ **iron fabric** / bügelarmes Gewebe, kaum zu bügelndes Gewebe ‖ ~ **level dyeing** / schnell egalisierendes Färben ‖ ~ **method** / Kurzverfahren *n*,

rapid

Schnellverfahren n ‖ ~ **package drier** / Durchströmtrockner m, Schnelltrockner m ‖ ~ **package dyeing** / Apparatschnellfärberei f ‖ ~ **press** / Schnellpresse f ‖ ~ **reversal package dyeing technique** / Wickelfärberei f mit schnellem Flottenrichtungswechsel ‖ ~ **rinsing method** / Schnellspülverfahren n ‖ ~ **steaming apparatus** / Schnelldämpfapparat m ‖ ~ **titration** / Schnelltitrierung f ‖ ~ **titration apparatus for active chlorine** / Chlorschnelltitriergerät n ‖ ~ **warper** / Schnellschärvorrichtung f ‖ ~ **washer** / Schnellwaschmaschine f ‖ ~ **wetter**, rapid wetting agent / Rapidnetzer m, Schnellnetzer m
rapier n (knitt) / Greifer m ‖ ~ (weav) / Greiferstab m, Greiferstange f ‖ ~ **loom**, rapier weaving machine / Greiferwebmaschine f, Greiferwebstuhl m, Greiferstuhl m, Lanzenwebstuhl m
raploch n / grober, ungefärbter Wollstoff
rapport n / Rapport m, Musterrapport m, Mustereinheit f, Musterwiederholung f ‖ ~ (weav) / Bindungsrapport m, Bindungseinheit f ‖ ~ (text pr) / Druckrapport m, Druckeinheit f
ras n (Fr) / kahlgeschorener, unifarbiger Stoff
raschel n (also Raschel) / Raschelmaschine f, Polkarmaschine f ‖ ~ **cord** (synthetic base fabric with cotton pile) / Raschelcord m ‖ ~ **fabric** (knitt) / Raschelware f ‖ ~ **gauge** / Rascheltilung f (Anzahl der Nadeln je 2 Inch) ‖ ~**-knit** adj / raschelgewirkt adj
raschel-knit fabrics / Raschelware f
raschel--knitted cut plush / Raschelschneidplüsch m ‖ ~ **knitting machine** / Raschelmaschine f, Raschel f, Raschel-Kettenwirkmaschine f ‖ ~ **lace** / Raschelspitze f ‖ ~ **loom**, raschel machine (knitt) / Raschelmaschine f, Raschel f ‖ ~ **machine for curtains** / Gardinenraschel f ‖ ~ **magazine weft insertion technique** / Magazinschuß-Raschelmaschine f ‖ ~ **needle** / Raschelnadel f ‖ ~ **power net** / Raschel-Miederware f, Rascheltüll m ‖ ~ **tulle** (knit) / Rascheltüll m ‖ ~ **warp knitting machine** / Raschelmaschine f, Raschel f, Raschel-Kettwirkmaschine f, Raschel-Fangkettstuhl m
rasha n / faille-ähnlicher Kleiderstoff aus synthetischen Fasern
rasi cotton / minderwertige Baumwollsorten im Baumwollhandel in Bombay
raspberry-red adj / himbeerrot adj
ratch n (distance between feed rollers and drawing rollers) (spinn) / Streckweite f
rateen v / ratinieren v ‖ ~ / rauhen v, anrauhen v ‖ ~ / zu Löckchen formen, perlartig kräuseln, auf einer Seite knöteln ‖ ~ n / Ratiné m
rate of absorption (fibre) / Aufziehgeschwindigkeit f ‖ ~ **of crystallization** / Kristallisationsgeschwindigkeit f ‖ ~ **of decomposition** / Zersetzungsgeschwindigkeit f, Abbaugeschwindigkeit f ‖ ~ **of dissolving** / Lösegeschwindigkeit f ‖ ~ **of dye absorption** (fibre) / Geschwindigkeit f der Farbstoffaufnahme, Aufziehgeschwindigkeit f ‖ ~ **of dyeing** / Färbegeschwindigkeit f, Anfärbegeschwindigkeit f ‖ ~ **of exhaustion** (dye) / Erschöpfungsgrad m ‖ ~ **of felting** / Verfilzungsgrad m ‖ ~ **of flaming** (mat test) / Flammenausbreitungsgeschwindigkeit f ‖ ~ **of heating up** / Aufheizgeschwindigkeit f ‖ ~ **of interfacial migration** / Interfacialmigrierungsgeschwindigkeit f, interfacielle Migrierungsgeschwindigkeit f ‖ ~ **of loading** / Beanspruchungsgeschwindigkeit f ‖ ~ **of shrinkage** (wool) / Schrumpfmaß m, Schrumpfungsausmaß m ‖ ~ **of stretching** / Verstreckungsgrad m ‖ ~ **of strike** (dye) / Ziehgeschwindigkeit f ‖ ~ **of swelling** / Quellungskoeffizient m
ratine n, ratiné n (dress fabric with rough surface, made from worsted or cotton yarns) / Ratiné m, Knotenflausch m, Perlflausch m ‖ ~ **lace** / Ratinéspitze f ‖ ~ **yarn** / Ratinégarn n, gekräuseltes Garn

ratio n / Mengenverhältnis n ‖ ~ **of components** / Mischungsverhältnis n ‖ ~ **of concentration** / Konzentrationsverhältnis n ‖ ~ **of dilution** / Verdünnungsverhältnis n ‖ ~ **of drafting** (spinn) / Streckungsverhältnis n ‖ ~ **of liquor** / Länge f der Flotte, Flottenlänge f, Flottenverhältnis n
rattail n / schlauchförmiger Litzenbesatz
rattan fibre / Rotangpalmenfaser f, Rohrpalmenfaser f
ratteen v / ratinieren v ‖ ~ / rauhen v, anrauhen v ‖ ~ / zu Löckchen formen, perlartig kräuseln, auf einer Seite knöteln ‖ ~ n (dress fabric with rough surface, made from worsted or cotton yarns) / Ratiné m, Knotenflausch m, Perlflausch m
ratteening n / Ratinieren n ‖ ~ **machine** / Ratiniermaschine f
rattine n s. ratine
rattinet n s. ratine
rat-trap n / Rattenfalle f (eine Fadenbremse)
ravage by larvae / Larvenfraß m ‖ ~ **by moths** / Mottenfraß m
ravel v / ausfasern v, ausfasern v (sich) ‖ ~ (seam) / auftrennen v ‖ ~ n (weav) / Büschelteiler m, Öffner m ‖ ~ **course** (knitt) / Schutzreihe f, Draufreihe f, Ausstoßreihe f ‖ ~ **course** (draw thread) / Trennreihe f (Trennfaden) ‖ ~ **course device** (knitt) / Trennreiheneinrichtung f
ravelled silk / ungezwirnte Seide ‖ ~ **thread** / ausgefaserter Faden, ausgefranster Faden
ravelling n / Reißspinnstoff m ‖ ~ **course** (knitt) / Schutzreihe f, Draufreihe f, Ausstoßreihe f
ravellings pl / unentwirrbar verwickelte Fäden m pl
ravelling strength / Ausfransfestigkeit f
ravel--proof adj / ausfransfest adj, nicht ausfransend ‖ ~ **strip strength** / Grab-Test-Festigkeit f
raven black adj / rabenschwarz adj
raw cotton / Rohbaumwolle f, rohe Baumwolle ‖ ~ **cotton yarn** / Rohbaumwolle f ‖ ~ **edge** (sew) / ungesäumte Kante, ausfransende Kante ‖ ~ **edge** / Schnittkante f ‖ ~ **fibre** / Rohfaser f ‖ ~ **flax** / Rohflachs m, Grünflachs m ‖ ~ **hat body** (hatm) / Rohstumpen m ‖ ~ **hemp** / Rohhanf m ‖ ~ **jute** / Rohjute f
rawkiness n (fault) / Banden f pl, Schußbanden f pl
raw material dyeing / Färben in der ungesponnenen Faser ‖ ~ **muslin** / ungebleichter Musselin ‖ ~ **pigment** / Rohpigment n ‖ ~ **silk** / Rohseide f, Ekrüseide f, Grègeseide f, Bastseide f, rohe Seide, unentbastete Seide ‖ ~ **silk rings** pl / ringelig aufgerollter Rohseidenfaden ‖ ~ **silk yarn** / Rohseidenfaden m, Ekrüseidengarn n, nur wenig entbastetes Seidengarn ‖ ~ **starch** / native Stärke f ‖ ~ **stock** / Rohfasern f pl, unbehandelte Fasern f pl ‖ ~ **stock** (manmade fibres) / Flocke f ‖ ~ **stock dyeing** / Färben n in der ungesponnenen Faser ‖ ~ **stock dyeing** (manmade fibres) / Färben n in der Flocke ‖ ~ **stock hygrometer** / Flockenfeuchtmeßgerät n (DIN 19282) ‖ ~ **sulphur dyestuff** / ungereinigter Schwefelfarbstoff ‖ ~ **white** adj / rohweiß adj, ecru adj, ekrü adj ‖ ~ **wool** / Rohwolle f, Schmutzwolle f, Schweißwolle f ‖ ~ **wool feeder** / Rohwollaufleger m ‖ ~ **wool opener** / Rohwollöffner m ‖ ~ **wool sweepings** pl / Fegselwolle f aus Rohwolle ‖ ~ **yarn** / Rohgarn n
rayadillos n / gestreiftes Baumwollzeug (Philippinen)
rayé n (striped pattern) / Rayé m, Streifenmuster n, Streifenmusterung n, streifiges Muster, längsgestreifte Ware ‖ ~ **fabric** / Rayé m, längsgestreifte Ware ‖ ~ **imprimé** / Seidenatlas m mit Längsstreifenmusterung
rayon n (manmade textile fibres and filaments of regenerated cellulose) / Reyon m n (Viskose-Kunstseide) (seit 1950 Bezeichnung für Chemie-Endlosgarne, nach dem Viskose-Verfahren hergestellt, bis 29.7.1976), (jetzt nur:) Viskosefilament n, Viskosefilamentfaser f ‖ ~ **and cotton mixed fabric** / Mischgewebe n aus Viskosefilament und Baumwolle ‖ ~ **and wool blend alpaca** / Viskosefilament- und

Wollalpaka m ‖ ~ **bleaching** / Viskosefilamentbleiche f
‖ ~ **cake** / Viskosefilament-Spinnkuchen m ‖ ~ **cord** /
Cordviskosefilament n, Viskosefilament-Cord m ‖
~ **crêpe** / Viskosefilamentkrepp m ‖ ~ **crepe** / Viskose-
Krepp m ‖ ~ **crêpe-de-chine** / China-Krepp m aus
Viskosefilament ‖ ~ **delustred in spinning** /
spinnmattiertes Viskosefilament ‖ ~ **dyeing** /
Viskosefilamentfärben n ‖ ~ **fabric** /
Viskosefilamentgewebe n ‖ ~ **fibre** /
Viskosefilamentfaser f ‖ ~ **filament** / Viskosefilament n
‖ ~ **filaments with air cavities** / Luftseide f, Hohlseide
f ‖ ~ **gauze** / Viskosefilamentgaze f ‖ ~ **hosiery** /
Viskosefilamentstrümpfe m pl ‖ ~ **jersey** /
Viskosefilamenttrikot m ‖ ~ **knop yarn** /
Noppenviskosefilamentgarn n ‖ ~ **lining material** /
Viskosefilamentfutterstoff m, (formerly:)
Viskosereyonfutterstoff m ‖ ~ **locknit** /
Viskosefilament-Charmeuse f ‖ ~ **net** /
Viskosefilamenttüll m ‖ ~ **pile fabric** /
Viskosefilamentplüsch m ‖ ~ **plush** /
Viskosefilamentplüsch m ‖ ~ **pulp** / Textilzellstoff m,
Kunstfaserzellstoff m, Chemiezellstoff m, Zellstoff m
für die Chemiefaserindustrie, (formerly:)
Reyonzellstoff m ‖ ~ **ribbon** / Viskosefilamentband n ‖
~ **satin** / Viskosefilamentsatin m, (formerly:)
Reyonsatin m ‖ ~ **serge** / Viskosefilamentserge f ‖
~ **shirt** / Viskosefilamenthemd n ‖ ~ **spinbath** /
Viskosefilamentspinnbad n, Kunstseidespinnbad n ‖
~ **spun yarn** / Zellwolle f, Zellwollgarn n ‖ ~ **staple** /
Zellwolle f, Viskosefilamentkurzfaser f ‖ ~ **staple
based on fish protein** / Fischzellwolle f ‖ ~ **staple
fabric** / Zellwollgewebe n ‖ ~ **staple fibre** / Zellwolle
f, Viskosefilamentspinnfaser f ‖ ~ **staple muslin** /
Zellwollmusselin m ‖ ~ **staple poplin** /
Zellwollpopeline f, Zellwollpoplin m ‖ ~ **staple size** /
Zellwollschlichte f ‖ ~ **staple slubbing** (spinn) /
Zellwollkammzug m, Viskosefilamentkammzug m ‖
~ **staple spinning** / Zellwollspinnen n,
Zellwollspinnerei f ‖ ~ **staple thread** / Zellwollgarn n ‖
~ **staple top** (spinn) / Zellwollkammzug m,
Viskosefilamentkammzug m ‖ ~ **staple waste** /
Zellwollabgang m, Viskosefilamentabgang m ‖ ~ **staple
yarn** / Zellwollgarn n ‖ ~ **taffeta** / Viskosefilamenttaft
m ‖ ~ **thread** / Viskosefilamentfaden m ‖ ~ **tow** /
Viskosefilamentkabel n, Viskosefilamentspinnkabel n ‖
~ **tulle** / Viskosefilamenttüll m ‖ ~ **twill** /
Köperviskosefilament n ‖ ~ **twist** /
Viskosefilamentzwirn m ‖ ~ **veiling** /
Viskosefilamentschleiergewebe n ‖ ~ **warp** /
Viskosefilamentkette f ‖ ~ **waste** /
Viskosefilamentabfall m, Viskosefilamentabgang m ‖
~ **weaving** / Viskosefilamentweberei f ‖ ~ **weft** /
Viskosefilamentschuß m ‖ ~ **yarn** /
Viskosefilamentgarn n, (formerly:) Reyongarn n
Raypour silk / indische Rohseide
raz n / kahlgeschorener, unifarbiger Stoff
reabsorption of dirt during washing / Wiederaufziehen n
von Schmutz beim Waschen
reach n (between feed rollers and drawing rollers in a wet
spinning frame) / Streckweite f
reacher-in n (weav) / Einzieher m, Zureicher m, Einleger
m
reaching-in machine (weav) / Fadenhinreichmaschine f,
Fadeneinziehmaschine f
reach-·me-downs pl (coll) / Kleider n pl von der Stange,
Konfektionsartikel m pl ‖ ~ **the thread** / den Faden
auflegen, den Faden zureichen
react v (alkaline) / (alkalisch) reagieren v
reactant crosslinking agent / Reaktantvernetzer m ‖
~ **dyestuff** / Reaktivfarbstoff m ‖ ~ **finish** /
Reaktantausrüstung f ‖ ~ **resin** (to improve fastness
properties) / Reaktantharz n ‖ ~ **resin finish** /
Reaktantausrüstung f ‖ ~**-type resin** / Reaktantharz n

reaction acceleration / Reaktionsbeschleunigung f ‖
~ **accelerator** / Reaktionsbeschleuniger m ‖
~ **by-product** / Reaktionsnebenprodukt n ‖ ~ **chamber**
/ Reaktionskammer f ‖ ~ **during bleaching** /
Bleichreaktion f ‖ ~ **in aqueous solution** / Verhalten n
in wäßriger Lösung ‖ ~ **inhibition** /
Reaktionsverhinderung f, Reaktionshemmung f ‖
~ **inhibitor** / Reaktionsverhinderer m,
Reaktionshemmer m ‖ ~ **mechanism** /
Reaktionsmechanismus m ‖ ~ **mixture** /
Reaktionsgemisch n ‖ ~ **of pseudo-unimolecular order**
/ Reaktion f Pseudo-Erster-Ordnung ‖ ~ **period** /
Reaktionszeit f, Einwirkzeit f ‖ ~ **product** /
Reaktionsprodukt n, Umsetzungsprodukt n, Endprodukt
n ‖ ~ **product** (ctg) / Verschmelzungsprodukt n ‖
~ **product of dyestuff thickening agent** / Farbstoff-
Verdickungsmittel-Umsetzungsprodukt n ‖ ~ **rate** /
Reaktionsgeschwindigkeit f,
Umsetzungsgeschwindigkeit f ‖ ~ **temperature** /
Reaktionstemperatur f ‖ ~ **temperature** (dye) /
Verweiltemperatur f ‖ ~ **time** / Reaktionszeit f,
Einwirkzeit f ‖ ~ **time** (dye) / Verweilzeit f ‖ ~ **to
staining** (dye) / Anfärbe-Reaktion f ‖ ~ **velocity** /
Reaktionsgeschwindigkeit f,
Umsetzungsgeschwindigkeit f ‖ ~ **vessel** /
Reaktionsgefäß n, Reaktionskessel m ‖ ~ **zone** /
Reaktionszone f
reactive adj / reaktiv adj, reagierend adj, reaktionsfähig
adj ‖ ~ **acrylic dyestuff** / Reaktivacrylfarbstoff m ‖
~ **combination resin** / reaktiver Kombinationsbinder ‖
~ **dyeing** / Reaktivfärben n ‖ ~ **dyestuff** /
Reaktivfarbstoff m, Fixierfarbstoff m ‖ ~ **dyestuff
containing sulpho groups** / sulfogruppenhaltiger
Reaktivfarbstoff ‖ ~ **finishing agent** / reaktives
Appreturmittel ‖ ~ **group** (dye) / Reaktivanker m
(Reaktivfarbstoff) ‖ ~ **polyurethane system containing
limited amounts of solvents** / lösungsmittelarmes
reaktives Polyurethan-System ‖ ~ **printing** /
Reaktivdruck m ‖ ~ **resin** / Reaktantharz n ‖ ~ **roller**
(lam) / Aktivierungswalze f ‖ ~ **site** (dye) /
reaktionsfähige Stelle
reactivity n / Reaktionsfähigkeit f, Reaktionsvermögen n,
Reaktivität f
react with iron / eisenempfindlich sein
readily levelling (dye) / selbstegalisierend adj ‖ ~ **soluble** /
leichtlöslich adj, leicht löslich
read-in design (weav) / eingelesenes Muster
reading and cutting machine / Ausschlagmaschine f,
Dessiniermaschine f, Musterzeichenmaschine f,
Kartenlochmaschine f ‖ ~**-in board** (knitt) /
Einlesegestell n, Leviergestell n ‖ ~**-in chain** (knitt) /
Einlesekette f, Leviererkette f ‖ ~**-in frame** (knitt) /
Einlesegestell n, Leviergestell n ‖ ~**-in machine** (knitt) /
Einlesemaschine f, Leviermaschine f, Einziehmaschine
f ‖ ~**-in thread** (knitt) / Einlesefaden m, Leviefaden m
‖ ~**-in warp** (knitt) / Einlesekette f, Leviererkette f ‖
~ **machine** (weav) / Einlesemaschine f, Leviermaschine
f, Einziehmaschine f ‖ ~ **of the patterns** (weav) /
Musterlesen n, Einlesen n, Angabe f
ready for coating / streichfertig adj ‖ ~ **for making-up**
(sew) / nadelfertig adj ‖ ~ **for sewing** / nadelfertig adj ‖
~ **for spinning** / spinnfertig adj ‖ ~ **for stitching** (sew) /
nadelfertig adj ‖ ~**-made** adj / konfektioniert adj,
Konfektions..., Fertigkleidungs... (in Zssg.) ‖ ~**-made**
adj (coll) / von der Stange ‖ ~**-made clothes factory** /
Konfektionsbetrieb m ‖ ~**-made clothing** /
Konfektionskleidung f, Fertigkleidung f,
Fertigbekleidung f ‖ ~**-made curtain** / fensterfertige
Gardine ‖ ~**-made garments** pl / Konfektion f,
Konfektionsartikel m pl, Konfektionskleidung f,
Fertigkleidung f, Fertigbekleidung f ‖ ~**-made knitted
garments** pl / Trikotagenkonfektion f,
Wirkwarenkonfektion f ‖ ~**-made piping** / Fertigpaspel
f ‖ ~**-made suits** pl / Herrenkonfektion f, fertige

ready

Herrenanzüge *m pl* ‖ ~-**made vat** / fertige Küpe ‖ ~-**made vat-dye preparation** / druckfertiges Küpenpräparat ‖ ~-**to-use dyestuff mix** / gebrauchsfertige Farbstoffmischung ‖ ~-**to-use solution** / gebrauchsfertige Lösung ‖ ~-**to-wear** *n* (rtw) / Prêt-à-Porter *n*, Konfektionskleidung *f*, Fertigkleidung *f* ‖ ~-**to-wear (rtw)** *adj* / konfektioniert *adj* ‖ ~-**to-wear** *adj* (coll) / von der Stange ‖ ~-**to-wear apparel** / Konfektion *f*, Konfektionsartikel *m*, Konfektionskleidung *f*, Fertigkleidung *f*, Fertigbekleidung *f* ‖ ~-**to-wear clothes** *pl* / Konfektion *f*, Konfektionsartikel *m pl*, Konfektionskleidung *f*, Fertigkleidung *f*, Fertigbekleidung *f*
ready-to-wear shirt / bügelfreies Hemd
ready-wound package without former for sewing machines / Nähmaschinen-Wickel *m* (DIN 61800)
real knop / echte Noppe ‖ ~ **lace** / echte Spitze, Handspitze *f* ‖ ~ **silk** / echte Seide, reine Seide, Naturseide *f*, Reinseide *f* ‖ ~ **twist** / echte Drehung
re-animalizing *v* (process of strengthening silk yarn by treating with a bath of phosphate of soda containing glue or casein) / neu-animalisieren *v*
rear cam box (knitt) / hinteres Schloß ‖ ~ **disc** (knitt) / Hinterplatte *f*, Hinterscheibe *f* ‖ ~ **edge** (sew) / Endkante *f* ‖ ~ **lock** (knitt) / hinteres Strickschloß ‖ ~ **needle bed** (knitt) / hinteres Nadelbett ‖ ~ **pleat** (fash) / Rückenfalte *f* ‖ ~ **side** (fabr) / linke Seite, Rückseite *f*, Kehrseite *f*, Unterseite *f*, Abseite *f* ‖ ~ **wall of needle trick** / Nadelgrund *m* des Zylinders
reaving *n* (unweaving of threads of textile fabric) / Stoffzerfaserung *f*
rebatch *v* / umdocken *v*
rebatching bleach / Umdockbleiche *f* ‖ ~ **chamber** (bleach) / Umdockkammer *f*
rebatch system / Umdocksystem *n*
rebeam *v* (weav) / zurückschären *v*, umbäumen *v*
rebeaming *n* (weav) / Umbäumen *n*, Zurückschären *n* ‖ ~ **device** (weav) / Umbäumvorrichtung *f*
rebound brake (cotton loom) / Rücklaufbremse *f* ‖ ~ **of the shuttle** (weav) / Schützenrückprall *m*
reboxo *n* (Mexico) / mexikanischer gestrickter Schal ‖ ~ (Colombia) / Hemdenwollstoff, schwarz, marineblau oder dunkelgrün gefärbt
rebs *n* (fabr) / Rips *m*
recamo *n* / Reliefstickerei *f*, erhabene Stickerei
receding wetting angle (surface active agent) / rückläufiger Randwinkel, Rückzugsrandwinkel *m* ‖ ~ **wetting tension** (surface active agent) / Benetzungsspannung *f* bei rückläufiger Randlinie, Benetzungsspannung *f* bei rückläufigem Randwinkel
receiver *n* (weav) / Sammelkasten *m*
receiving mechanism (weav) / Fangwerk *n*
receptacle *n* (weav) / Sammelkasten *m*
receptive *adj* (dye) / absorptionsfähig *adj*, aufnahmefähig *adj*
receptivity for dyes (fibre) / Farbaufnahmefähigkeit *f*, Farbstoffaufnahmefähigkeit *f*, Färbbarkeit *f*
receptor sensitivity (col) / Empfängerempfindlichkeit *f*
recipe *n* (dye) / Färberezept *n*, Färberezeptur *f*, Färbevorschrift *f*, Formel *f* ‖ ~ **calculation** / Rezeptberechnung *f*, Rezepturberechnung *f*
reciprocating cutting machine / Vertikalmesserschneidemaschine *f* ‖ ~ **device** / Changiereinrichtung *f* (DIN 64390)
recirculated material (dye) / Rücklaufgut *n*
reclaimed acid / Regeneratsäure *f* ‖ ~ **cotton** / Reißbaumwolle *f* ‖ ~ **rayon staple** / Reißzellwolle *f* ‖ ~ **wool** s. regenerated wool ‖ ~ **wool, Class A** / Alpakka *n* (Reißwolle Klasse IV)
reclaiming of rags (spinn) / Lumpenaufbereitung *f*
reclining twill / flacher Köper, Flachköper *m* ‖ ~ **twill weave** / Flachköperbindung *f*
recomb *v* / nachkämmen *v*, doppelt kämmen

recombed noils / Kämmlinge *m pl* ‖ ~ **top** / nachgekämmter Kammzug
recomber's noils / Kämmlinge *m pl*
recombing *n* / Nachkämmen *n*
recondense *v* / nachkondensieren *v*, wieder kondensieren
recotti *pl* (It) / übrigbleibender Abfall in der Seidengarnherstellung
recoverable portion of shrinkage / Krumpfrückgewinnungsanteil *m* ‖ ~ **stretch** / elastische Dehnung
recovered flock / Rücklaufflock *m* ‖ ~ **liquor** / eingedampfte Ablauge ‖ ~ **wool** s. regenerated wool ‖ ~ **wool for fillings and waddings** / Reißwolle *f* als Füll- und Vliesmaterial ‖ ~ **wool yarn** / Reißwollgarn *n*
recovery from creasing / Knittererholung *f*, Entknittern *n*, Entknitterungsvermögen *n* ‖ ~ **from deformation** / Erholungsvermögen *n* nach Formveränderung ‖ ~ **from elongation** / Längenerholung *f*, Längserholung *f* ‖ ~ **of solvent** / Wiedergewinnung *f* von Lösemittel ‖ ~ **of textile fibres** / Spinnstoffrückgewinnung *f* ‖ ~ **plant** / Rückgewinnungsanlage *f*, Wiedergewinnungsanlage *f* ‖ ~ **power** (pile) / Erholungsvermögen *n* ‖ ~ **properties** / Erholungsvermögen *n* ‖ ~ **tumbler** / Rückgewinnungstumbler *m*
recreel *v* (yarn packages) / umstecken *v* (Spulen)
rectangle-shaped staple [fibre] / Rechteck-Stapel *m*, Rechteck-Stapelfaser *f*
rectangular spinneret (spinn) / Rechteckdüse *f*
rectilinear comb, rectilinear comber (spinn) / Heilmannsche Kämmaschine, Flachkämmer *m*, Flachkämmaschine *f*, Flachkämmstuhl *m* ‖ ~ **combing** / Flachkämmen *n* ‖ ~ **combing machine** (spinn) s. rectilinear comb ‖ ~ **fully-fashioned knitting machine** / flache vollfassonierte Wirkmaschine
recuperated yarn / Reißspinnstoff *m*
re·-cure *v* / repolymerisieren *v* ‖ ~-**cure** *n* / Repolymerisation *f*
recurring mass polymerization / Perioden-Blockpolymerisation *f*
recycling *n* / Wiederverwertung *f*, Recycling *n*
red brown *adj* / rotbraun *adj* (RAL 8012) ‖ ~ **cast** (dye) / Rotstich *m* ‖ ~ **coconada** / Coconade-Baumwolle *f* ‖ ~-**currant** *adj* (shade) / johannisbeerrot *adj* ‖ ~ **design** (of a shade) / Rotstellung *f* (eines Farbtons) ‖ ~ **discharge** / Rotätze *f*
reddish *adj* / rotstichig *adj*, rötlich *adj* ‖ ~ **blue** / rötlich blau *adj* ‖ ~ **brown** / rötlich braun *adj*, rotbraun *adj* ‖ ~ **cast** / Rotstich *m* ‖ ~ **golden** / rotgold *adj* ‖ ~ **lilac** / rotlila *adj* ‖ ~ **orange** / rotorange *adj* ‖ ~ **tint** / Rotstich *m* ‖ ~ **violet** / rotviolett *adj*, rötlich violett ‖ ~ **white** / rotweiß *adj* ‖ ~ **yellow** / rotgelb *adj*
red dyestuff / Rotfarbstoff *m*
redeposition of soil / Wiederaufziehen *n* von Schmutz, Rückverschmutzung *f*, Schmutzwiederaufziehvermögen *n* aus der Waschflotte, Waschvergrauung *f*, Wiederanschmutzen *n*, Rückvergrauung *f*
red/green test (cotton test) / Rot/Grün-Test *m*
rediazotize *v* / erneut diazotieren, weiter diazotieren, nachdiazotieren *v*
redisperse *v* / redispergieren *v*
redispersible *adj* / redispergierbar *adj*
redissolve *v* / wieder auflösen, wieder in Lösung bringen
red lead s. minium ‖ ~ **lead discharge** / Bleirotätze *f* ‖ ~ **leaf blight** / roter Blattrost (der Baumwolle) ‖ ~ **lilac** *adj* / rotlila *adj* (RAL 4001) ‖ ~ **liquor** (dye) / Rotbeize *f* ‖ ~ **mordant** (aluminium acetate in acetic acid) / Rotbeize *f* ‖ ~ **ochre** / Roter Ocker *m* ‖ ~ **oil** / Rotöl *n* ‖ ~ **orange** / rotorange *adj* (RAL 2001)
redoubling *n* / Nachzwirnen *n*
redox catalysis / Redoxkatalyse *f* ‖ ~ **gauge** / Redoxmeßgerät *n* ‖ ~ **measurement** / Redoxmessung *f* ‖ ~ **potential** / Redoxpotential *n*, Reduktions-Oxydations-Potential *n*, Oxydations-Reduktions-Potential *n* ‖ ~ **reaction** / Redoxreaktion *f*, Reduktions-

Oxydations-Reaktion f, Oxydations-Reduktions-Reaktion f, Oxydoreaktion f
red Peruvian cotton / goldbraune peruanische Baumwolle ‖ **~ prussiate of potash** / rotes Blutlaugensalz, Kaliumferricyanid n, Kaliumhexacyanoferrat(III) n ‖ **~ resist** / Rotreserve f ‖ **~ shade** / Rot-Ton m, roter Farbton, rote Farbnuance ‖ **~ silk cotton** / Samenhaar n des Simalbaumes in Indien (Bombax malabaricum) ‖ **~ sorelle fibre** / Rosella-Hanffaser f ‖ **~-tinged** adj / rotstichig adj, rötlich adj
reduce v / verschneiden v, kupieren v ‖ **~ /** reduzieren v ‖ **~ a bale** (card) / einen Ballen abarbeiten ‖ **~ a dyeing** / eine Färbung aufhellen
reduced bath (dye) / kurze Flotte ‖ **~ flexibility of viscose staple in the wet state** / Naßstarre f der Zellwolle ‖ **~ print** / Coupüre f, Verschnitt m
reducer n (spinn) / Kettenspulmaschine f, Wickelmaschine f ‖ **~ s.** reducing agent
reduce the blocking effect / die Haftreibung vermindern ‖ **~ the number of fibres in the cross-section** / die Faserzahl im Querschnitt vermindern
reducible dyestuff / reduzierbarer Farbstoff
reducing action / reduzierende Wirkung, Reduktionswirkung f ‖ **~ agent** / Reduktionsmittel n, reduzierendes Mittel, Reduktor m, Coupagemittel n ‖ **~ bath** / Reduktionsbad n, reduzierendes Bad ‖ **~ bleach** / Reduktionsbleiche f ‖ **~ box** (spinn) / Kettenspulmaschine f, Wickelmaschine f ‖ **~ chain** (knitt) / Sparkette f ‖ **~ in worsted process** / Feinkämmen n ‖ **~ power** / Reduktionsvermögen n, Reduktionskraft f, Aufhellvermögen n ‖ **~ salt** / Reduziersalz n ‖ **~ the blocking effect** / Verminderung f der Haftreibung ‖ **~ the number of picks per inch** / Verminderung der Schußzahl ‖ **~ treatment** / Reduktivbehandlung f
reductant / Reduktionsmittel n, reduzierendes Mittel, Reduktor m, Coupagemittel n
reduction n (of print pastes) / Verschnitt m, Coupure f, Coupüre f ‖ **~ accelerator** / Reduktionsbeschleuniger m ‖ **~ aftertreatment** / Reduktivnachbehandlung f ‖ **~ aftertreatment with alkali** / alkalisch-reduktive Nachbehandlung ‖ **~ agent** / Reduktionsmittel n, reduzierendes Mittel, Reduktor m, Coupagemittel n ‖ **~ and stripping of faulty shades** / Aufhellen n und Abziehen von Fehlfärbungen ‖ **~ bath** / Reduzierbad n, Reduktionsbad n, reduzierendes Bad ‖ **~ bleach** / Reduktionsbleiche f ‖ **~ bleach bath** / Reduktionsbleichbad n, reduktives Bleichbad ‖ **~ bleaching** / Reduktionsbleiche f ‖ **~ bleach liquor** / Reduktionsbleichflotte f ‖ **~ catalyst** / Reduktionskatalysator m ‖ **~ clearing** / Verschnittlösung f ‖ **~ clearing** / reduktive Nachbehandlung ‖ **~ clearing treatment with caustic soda** / alkalisch-reduktive Nachbehandlung aus ätzalkalischer Flotte ‖ **~ discharge** / Reduktionsätze f ‖ **~ discharge agent** / Reduktionsätzmittel n ‖ **~ during steaming** / Verdämpfen n ‖ **~ inhibitor** (agent to inhibit reduction of dyestuffs by overboiling and during steaming) / Reduktionsschutzmittel n ‖ **~ intermediary treatment with alkali** / alkalisch-reduktive Zwischenreinigung ‖ **~ level of the bath** / Reduktionsstand m des Bades ‖ **~ of a dyeing** / Aufhellen n einer Färbung ‖ **~ of faulty shade** / Aufhellung f einer Fehlfärbung ‖ **~ of full shade** / Aufhellung f des Purtons einer Färbung, Aufhellung f des Volltons einer Färbung ‖ **~ of gloss** / Glanzverminderung f ‖ **~ of lustre** / Glanzverminderung f ‖ **~ of print paste** / Verschnitt m, Coupure f, Coupüre f ‖ **~ of swelling index** / Quellwertherabsetzung f ‖ **~ of tension** (knitt) / Spannungsverminderung f ‖ **~ padder** (dye) / Reduktionsfoulard m ‖ **~ paste** / Verschnittansatz m, Verschnittzusatz m ‖ **~ ratio** (dye) / Aufhellungsverhältnis n ‖ **~ stock** / Verschnittstamm m

‖ **~ thickening** / Reduktionsverdickung f, Verschnittverdickung f ‖ **~ through overboiling** / Verkochen n ‖ **~ treatment** / Reduktivbehandlung f, reduktives Abziehen, Reduktionsbleichverfahren n, reduktive Nachbehandlung ‖ **~ washing** (dye) / Reduktionswaschen n ‖ **~ washing process** (dye) / Reduktionswaschverfahren n ‖ **~ washing treatment** (dye) / Reduktionswaschbehandlung f ‖ **~ wheel** (knitt) / Sparrad n ‖ **~ with white** (dye) / Weißverschnitt m, Weißabmischung f
reductive aftertreatment / reduktive Nachbehandlung, Reduktivbehandlung f, reduktives Abziehen, Reduktionsbleichverfahren n ‖ **~ bleach bath** / Reduktionsbleichbad n, reduktives Bleichbad ‖ **~ stripping** (dye) / reduktives Abziehen, Reduktivbehandlung f ‖ **~ treatment** s. reduction treatment ‖ **~ treatment with alkali** (dye) / alkalisch-reduktive Behandlung ‖ **~ washing-off** / reduktive Nachwäsche ‖ **~ wet treatment** / reduktive Naßbehandlung
red violet adj / rotviolett adj (RAL 4002)
redye v / umfärben v, auffärben v, nachfärben v
redyeing process / Umfärbeverfahren n, Umfärbung f, Auffärbung f, Nachfärbung f, Nachfärbeverfahren n
reed v (weav) / anstechen v, einstechen v, ins Riet bringen, das Blatt anstechen, das Webblatt stechen ‖ **~** n (weav) / Riet n, Blatt n, Webblatt n, Webeblatt n, Anschlagkamm m, Ladenkamm m, Rietblatt n, Kamm m ‖ **~ beat-up** / Anschlag m, Blattanschlag m, Rietanschlag m ‖ **~ beat-up shaft** (weav) / Blattausschlagswelle f ‖ **~ binding** / Blattbinden n ‖ **~ binding machine** / Webeblattbindemaschine f ‖ **~ blade** / Blattstecher m, Blattmesser n, Blattstab m, Rietstab m, Rietmesser n, Blattstechmesser n, Einziehmesser n, Kamm-Messer n ‖ **~ brushing machine** / Blattbürster m ‖ **~ brushing machine** / Webeblattbims- und -bürstmaschine f ‖ **~ cleaning and polishing machine** / Webeblattputzmaschine f, Webeblattputz- und -poliermaschine f ‖ **~ counter** / Blattuhr f ‖ **~ counting** / Blattnumerierung f ‖ **~ dent** / Blattstab m, Rietstab m, Rietzahn m, Blattzahn m, Blattstecher m ‖ **~ denting** / Blattstechen n ‖ **~ draft** / Blatteinzugsschema n, Blatteinzugsvorschrift f ‖ **~ drawing-in** / Blatteinzug m, Rieteinzug m ‖ **~ drawing-in machine** / Webeblatteinziehmaschine f
reeded twill / blattstreifiger Köper, Rietköper m
reeder n / Blattbinder m, Webeblattsetzer m
reed fill / Blatteinzug m, Rieteinzug m ‖ **~ green** adj / schilfgrün adj (RAL 6013) ‖ **~ height** / Blatthöhe f, Webeblatthöhe f ‖ **~ hook** / Blattstecher m, Blattmesser n, Blattstechmesser n, Einziehmesser n, Einziehnadel f, Einziehhaken m, Rietmesser n, Rietstechhaken m, Kamm-Messer n, Kammhaken m ‖ **~ index** / Blattuhr f
reediness n (defect) (weav) / Kettstreifigkeit f, Blattstreifigkeit f
reeding n (weav) / Blattstechen n (DIN 62500), Rietstechen n, Blatteinzug m, Rieteinzug m, Rieteinziehen n, Kammeinzug m, Webeinstellung f, Webdichteeinstellung f, Rieteinstellung f ‖ **~ hook** / Blattstecher m, Blattmesser n, Blattstechmesser n, Einziehmesser n, Einziehnadel f, Einziehhaken m, Rietmesser n, Rietstechhaken m, Kamm-Messer n, Kammhaken m ‖ **~ machine** / Blattstechmaschine f
reed joint / Blattfuge f ‖ **~ lay groove** / Webblattnut f ‖ **~ lead** / Rietblei n ‖ **~ locking part** / Endsteg m (am Webblatt) ‖ **~ mace** / Samenhaar n des Rohrkolbenschilfes ‖ **~ maker** / Blattbinder m, Webeblattsetzer m ‖ **~ making** / Blattbinden n, Rietmachen n ‖ **~ making machine** / Webeblatt-Bindemaschine f, Rietherstellungsmaschine f ‖ **~-marked fabric** / kettstreifige Ware, blattstreifige Ware, rietstreifige Ware, blattstreifige Ware in Kettrichtung ‖ **~ marks** (defect) pl (weav) /

249

Blattstreifigkeit f, Rietstreifen m pl, Blattstreifen m pl, Blattmarken f pl, Blattfehler m pl, Rietfehler m pl, Rietstreifen- Gewebefehler m pl ‖ ~ **matting** / Schilfmatte f ‖ ~ **number** / Rietzahl f, Blattnummer f ‖ ~ **ombré** / Bindungsombré-Effekt m in Kettrichtung ‖ ~ **rake** (defect) (weav) / Blattstreifigkeit f, Rietstreifen m, Rietstreifen-Gewebefehler m, Blattstreifen m, Blattmarke f, Blattfehler m, Rietfehler m, nadelritzenähnlicher Webfehler ‖ ~ **relief motion** / Blattfliegereinrichtung f, Losblatteinrichtung f ‖ ~ **slit** / Blattfuge f ‖ ~ **space** / Blattbreite f, Rietbreite f, Kammbreite f, Kettfädenabstand m ‖ ~ **stay** / Blattleiste f, Steg m ‖ ~ **width** / Kammbreite f, Rietbreite f, Blattbreite f ‖ ~ **width** / Kettfädenabstand m ‖ ~ **wire** / Rietdraht m, Blattdraht m ‖ ~ **with steel dents** / Webblatt n mit Stahlstäben, Rietblatt n mit Stahlstäben
reedy fabric / kettstreifige Ware, blattstreifige Ware, rietstreifige Ware, blattstreifige Ware in der Kettrichtung
reefer n (jacket) / enganliegende kurze Wolljacke
reefing jacket s. reefer
reel v / aufhaspeln v, aufspulen v, aufwickeln v, haspeln v, weifen v, wickeln v, aufwinden v, spulen v, winden v ‖ ~ n (spinn) / Haspel f, Weife f, Garnhaspel f, Haspeltrommel f, Haspelkorb m ‖ ~ (sew) / Garnröllchen n, kleine Garnspule ‖ ~ (silk) / Kokonhaspel f, Seidenhaspel f
reelage n (spinn) / Spulengewicht n
reel carrier / Spulenträger m ‖ ~ **cotton** / Rollengarn n ‖ ~ **dyeing machine** / Haspelfärbemaschine f
reeled silk / Haspelseide f, Realseide f, reale Seide
reel for long wool / Stapelzugmaschine f, Strecke f
reeling n (spinn) / Haspeln n, Spulen n, Weifen n, Aufspulen n, Aufwickeln n, Aufdocken n ‖ ~ **apparatus** / Aufwickelapparat m ‖ ~ **device** / Aufwickeleinrichtung f, Aufwickelvorrichtung f ‖ ~ **head** / Wickelkopf m ‖ ~ **machine** / Garnwickelmaschine f, Spulmaschine f, Weife f, Haspelmaschine f, Garnweife f, Weifmaschine f ‖ ~ **off** / Abhaspeln n, Abspulen n, Abwickeln n, Abwinden n, Abrollen n, rollender Abzug ‖ ~ **performance** (yarn) / Spulfähigkeit f, Spulbarkeit f ‖ ~ **speed** / Aufwickelgeschwindigkeit f, Spulgeschwindigkeit f ‖ ~ **system** / Aufwickelart f, Aufwindeart f, Haspelart f
reel method / Weifverfahren n ‖ ~ **of cotton** / Garnrolle f ‖ ~ **off** / abhaspeln v, abspulen v, abwickeln v, abweifen v, abwinden v, abrollen v ‖ ~**-off bobbin** / Abrollspule f ‖ ~ **of sewing cotton** / Nähgarnrolle f ‖ ~ **size** / Haspelgröße f ‖ ~ **stand**, reel support / Haspelhalter m, Haspelgestell n ‖ ~ **vat** / Haspelkufe f ‖ ~ **winder** / Haspel f
re-enter vt (dye) / Sekundärfarben auftragen
re-etching n / Nachätzen n
REF (Roll Embossed Fibre) / REF-Faser f, REF-Elementarfaden m (hergestellt durch Prägen und Recken von Folienstreifen oder Bändchen) ‖ ~ (s. Roll Embossed Fibre)
reference diameter / Bezugsdurchmesser m ‖ ~ **sample** / Standmuster n ‖ ~ **temperature** (s. T_R) ‖ ~ **temperature** (T_R) / Standardtemperatur f
refin n (Fr) / hochgradige Wollqualität
refined shade / subtiler Farbton, dezenter Farbton
reflectance n / Reflexionsgrad m ‖ ~ (col) / Remission f, Remissionsgrad m, Remissionsverhalten n ‖ ~ **curve** / Remissionskurve f ‖ ~ **data** / Remissionswerte m pl ‖ ~ **maximum** / Remissionsmaximum n ‖ ~ **measurement** / Remissionsmessung f
reflection fabric (protection against radiation) / Reflexionsstoff m (Strahlenschutz)
reflective fabric / Reflexstoff m
reflectivity n / Reflexionsvermögen n, Rückstrahlvermögen n
reflectometer n / Reflexionsmeßgerät n, Reflektometer n

reflex blue (dye) / Bronzeblau n ‖ ~ **pattern** / Reflexmuster n, Spiegelmuster n
reflux ratio (dye) / Rückflußverhältnis n
reformulated product / umgestelltes Produkt
reform weave / Reformbindung f
refraction of light / Lichtbrechung f, Brechung f des Lichts
refractive index / Brechungsindex m, Brechungszahl f, Brechungsquotient m, Brechungskoeffizient m, Brechungsexponent m
refractivity n / Lichtbrechungsvermögen n, Brechungsvermögen n
refractometer n / Refraktometer n, Brechungszahlmesser m
refractometry n / Refraktometrie f
refractory adj / feuerfest adj, feuersicher adj (Gewebe)
refuse silk / Wirrseide f
regain n / Fadendehnung f im Gewebe ‖ ~ [of humidity] / Feuchtigkeitszuschlag m, Reprise f ‖ ~ **of humidity** / Reprise f, vorhandene Feuchtigkeit, zulässige Feuchtigkeit
regatta n (coloured stripe cotton cloth, with fast washing colours, generally blue, red or black) / Regatta f, Kielerdrell m
régence n (French brocade dress fabric, made with silk warp and viscose rayon or cotton weft) / Régence m ‖ ~ **diagonal** / diagonalgerippter Régence
Regency dress (style characteristic of the Regency period 1810-20 in England) / Kleidung f im Regency-Stil ‖ ~ **point** (pillow lace in narrow width, made in Bedfordshire during the early 19th century) / Regency-Spitze f ‖ ~ **stripes** (broad coloured stripes of equal width on fabric) / Regency-Streifen m pl
regenerate v (a bath) / auffrischen v (Bad), ergänzen v (Bad)
regenerated cellulose / Regeneratzellulose f, regenerierte Zellulose, Hydratzellulose f ‖ ~ **cellulose fibre** / Regeneratzellulosefaser f, regenerierte Zellulosefaser, Zelluloseregeneratfaser f ‖ ~ **cellulose fibre** / Regeneratzellulosefaserstoff m, RZ, Zelluloseregeneratfaserstoff m ‖ ~ **cellulose fibre proportion** / Regeneratzellulosefaseranteil m ‖ ~ **polymer fibre** / Regeneratpolymerfaser f ‖ ~ **polymer filament** / Regeneratpolymerfilament n ‖ ~ **polymer filament yarn** / Garn n aus Regeneratpolymerfilament, Regeneratpolymerfilamentgarn n ‖ ~ **polymer spun yarn** / Regeneratpolymerfasergarn n ‖ ~ **polymer yarn** / Regeneratpolymergarn n ‖ ~ **protein fibre** / regenerierte Proteinfaser, Regenerat-Eiweißfaser f ‖ ~ **wool** / wiedergewonnene Wolle, Reißwolle f, Lumpenwolle f, Regeneratwolle f, Kunstwolle f, Altwolle f, Reißwollmaterial n
regeneration with acid / Regenerierung f mit Säure
regina purple (dye) / Anilinviolett n
reginned cotton / wiederholt entkörnte Baumwolle
regional costume / Trachtenkleidung f, Trachtenkostüm n
register v (text pr) / den Rapport einhalten, rapportieren v, in das Muster hineinpassen ‖ ~ n (scr pr) / Passerhaltung f ‖ ~ (text pr) / Rapport m ‖ **in good** ~ (text pr) / den Rapport einhaltend ‖ ~ **print** / Bedrucken n beider Gewebeseiten ‖ ~ **round of pattern** / Rapport m
registration n (text pr) / Rapportsystem n ‖ ~ **of the repeat** / Rapporteinstellung f
regular braid / normales Geflecht ‖ ~ **dyeing fibre type** (type R) (differential dyeing) / Regular-dyeing-Fasertype f (Fasertyp R) (mit normalen färberischen Eigenschaften) für das Differential-Dyeing-Färbeverfahren ‖ ~ **saddle stitch** / normaler Sattlerstich ‖ ~ **twill** (twill weave which moves one warp thread to the left or right at every pick) / Normalköper m, 45^0 iges Köpergewebe ‖ ~ **twist** (spinn) / Z-Drehung f
regulate the tension of the warp / die Kettenspannung regeln

regulator n (weav) / Regulator m, Fadenregulator m
rehomogenize v / wieder homogenisieren
reinforced cloth / verstärktes Gewebe ‖ ~ **head square neck bolt** (for looms) / Webschraube f (DIN 63301) ‖ ~ **heel** (hos) / Fersenansatz m ‖ ~ **hose** / verstärkte Schlauchware ‖ ~ **hosiery** (knitted at the toe and heel with a thicker or additional reinforcing thread) / Strumpfware f mit verstärkter Ferse und Spitze ‖ ~ **knitted fabric** / verstärkte Maschenware ‖ ~ **lace shoulder strap** (foundation garments) / verstärkter Träger aus Spitze ‖ ~ **part** (knitt) / Verstärkungsstelle f ‖ ~ **selvedge** (hos) / Nahtverstärkung f, Scheuerleiste f ‖ ~ **selvedge attachment** (hos) / Innenpatent n, Verstärkungspatent n ‖ ~ **selvedge friction box** (knitt) / Fersenverstärkungsbremse f ‖ ~ **selvedge head** (knitt) / Innenpatent n, Verstärkungspatent n ‖ ~ **selvedge spindle** (knitt) / Innenpatentspindel f, Verstärkungspatentspindel f ‖ ~ **sole** (hos) / Doppelsohle f ‖ ~ **stitch** (sew) / Verbundstich m ‖ ~ **toe** (hos) / verstärkte Spitze ‖ ~ **twill** / Kombination f von geköperten und leinwandbindigen Geweben
reinforcement n (hos) / Verstärkung f, Armierung f ‖ ~ **fabric** (scrim) (nwv) / Trägergewebe n (lockeres Gewebe) ‖ ~ **fabric used in aircraft construction** / Flugzeugbau-Armierungsgewebe n ‖ ~ **filament** / Verstärkungsfilament n ‖ ~ **of the high heel** (hos) / Rahmenverstärkung f der Hochferse ‖ ~ **of the sole** (hos) / Sohlenverstärkung f
reinforcing carrier (hos) / Verstärkungsfadenführer m ‖ ~ **cord** (sew) / Verstärkungskordel f ‖ ~ **lining** (sew) / Verstärkungseinlage f ‖ ~ **net** / Netzarmierung f ‖ ~ **of inorganic pigments** (with organic pigments to produce more brilliant shades) / Überfärben von anorganischen Pigmenten ‖ ~ **scrim** (making up) / Verstärkungsvlies n ‖ ~ **seam** / Verstärkungsnaht f ‖ ~ **tack** (sew) / Verstärkungsriegel m ‖ ~ **tape** / Armierungsband n ‖ ~ **thread** (knitt) / Verstärkungsfaden m ‖ ~ **thread guide** (knitt) / Verstärkungsfadenführer m ‖ ~ **thread yarn** / Verstärkungsgarn n
reja n (dress fabric in twill weaves with narrow stripes) / indisches Bekleidungsgewebe
reject n / Retoure f, Ausschußware f
relative humidity, R.H. / relative Luftfeuchtigkeit, relative Feuchte, relative Feuchtigkeit, r.F. ‖ ~ **loop strength** (mat test) / Schlingenhöchstzugkraftverhältnis n ‖ ~ **loop tenacity in per cent of absolute tenacity** (knitt) / relative Schlingenfestigkeit in Prozent der absoluten Festigkeit ‖ ~ **luminosity curve of the eye** / spektrale Hellempfindlichkeitskurve des Auges, Vλ-Kurve f ‖ ~ **saturation value** (dye) / relative Absättigung ‖ ~ **saturation value of a dyestuff** / relativer Sättigungswert eines Farbstoffs ‖ ~ **saturation value of the fibre** (dye) / Fasersummenzahl f (relative Zahl), relative Fasersummenzahl ‖ ~ **wet strength** / relative Naßfestigkeit
relax v (a fabric) / entspannen v (Stoff), entwickeln v (Stoff)
relaxation n (knitt) / Rücksprung m ‖ ~ (fil) / Relaxieren n ‖ ~ (fabr) / Entspannung f (von Webwaren), Entwicklung f (von Webwaren) ‖ ~ **of the fibre structure** (nwv) / Auflockerung f des Fasergefüges ‖ ~ **property** (fabr) / Relaxationsverhalten n ‖ ~ **shrinkage** (fabr) / Relaxationsschrumpf m, Entspannungsschrumpfung f, Relaxationskrumpfen n, spannungsloses Krumpfen ‖ ~ **temperature** / Entspannungstemperatur f ‖ ~ **treatment** (fabr) / Entspannung hervorrufende Behandlung
relaxed adj / spannungsfrei adj, entspannt adj ‖ ~ **count** / Final-Nummer f (Nr. des gebauschten Garns) ‖ ~ **drying** / spannungsloses Trocknen ‖ ~ **Measurement** (i.e. measurement taken after relaxation), RM / Relaxationsmaß n
relaxer n (steamer) / Dämpfeinrichtung f ‖ ~ (for relaxation of knits) / Maschine f für spannungsloses Krumpfen

Relax unit (pretreatment of fabrics) / Relaxeinheit f
relay-system weft insertion (weav) / stafettenartiger Schußeintrag
release n (trans pr) / Trennvermögen n ‖ ~ **agent** (trans pr) / Trennmittel n ‖ ~ **carrier** (trans pr) / Trennträger m, Hilfsträger m ‖ ~ **cloth** (ctg) / Mitläufer m, Mitläufergewebe n ‖ ~ **cloth** (trans pr) / Trennläufer m, Trenngewebe n ‖ ~ **lever for stop rod** (weav) / Stecherauslösehebel m ‖ ~ **material** (trans pr) / Trennträger m, Hilfsträger m ‖ ~ **motion** (weav) / Ausrückvorrichtung f ‖ ~ **paper** (trans pr) / Trennpapier n
relief design / Reliefmuster m ‖ ~ **designed fabric** / reliefgemusterte Ware ‖ ~ **print** (scr pr) / Reliefdruck m ‖ ~ **stretch pattern** / Relief-Elastikmusterung f
re-lubrication n / Nachschmälzen n
relustre v / relustrieren v, den Glanz erhöhen
relustring n / Relustrieren n, Glanzerhöhung f, Glanzerneuerung f ‖ ~ **agent** / Glanzerneuerungsmittel n, Glanzerhöhungsmittel n
remaining dyestuff / Nachzug m ‖ ~ **thread** / Restfaden m
rematch v (a shade) / nachstellen v (Farbton)
rematching of a shade / Farbnachstellung f
remelting unit (ctg) / Aufschmelzaggregat n
remeta fibre (strong, white bast fibre obtained from the Lasiosiphon eriocephalus plant in India) / Remetafaser f
remnant n / Stoffrest m
remoistening n / Wiederbefeuchtung f
removability (of lubricating agents) by washing / Auswaschbarkeit f (von Schmälzmitteln)
removable adj (garment can be unbuttoned) / abknöpfbar adj ‖ ~ **by washing** / auswaschbar adj
removal of chlorine / Entchloren n ‖ ~ **of colour** / Abziehen n von Farbe, Ablösen n von Farbe, Entfärben n ‖ ~ **of copper** / Entkupfern n, Entkupferung f ‖ ~ **of dirt** / Schmutzablösung f, Schmutzabsonderung f ‖ ~ **of excess finish** (hatm) / Schwenken n ‖ ~ **of flaws** (clothm) / Repassieren n ‖ ~ **of gloss** / Mattieren n, Entglänzen n, Abglänzen n ‖ ~ **of grease** / Entfetten n ‖ ~ **of grease** (wool) / Entschweißen n, Entschweißung f ‖ ~ **of hair** / Abhaaren n, Enthaaren n ‖ ~ **of oxygen** / Sauerstoffbindung f (durch Hydrazinhydrat) ‖ ~ **of pitch** / Entpechen n, Entpechung f ‖ ~ **of stains** / Fleckentfernung f, Fleckenentfernung f, Fleckenreinigung f, Detachieren n, Detachur f ‖ ~ **of stress** / Entspannen n ‖ ~ **of sulphur** / Entschwefeln n
remove v / entfernen v, beseitigen v, entziehen v ‖ ~ (colour) / abziehen v, ablösen v, entfärben v ‖ ~ **burrs** (wool) / entkletten v ‖ ~ **fibres** / entfasern v ‖ ~ **from the star frame** / entsternen v, vom Sternrahmen abnehmen v ‖ ~ **from the stenter** / entrahmen v, vom Rahmen abnehmen v ‖ ~ **grease** / entfetten v ‖ ~ **grease** (wool) / entschweißen v ‖ ~ **iron** / enteisenen v ‖ ~ **lustre** / abglänzen v, mattieren v, entglänzen v ‖ ~ **pitch** / entpechen v
remover of the circular knitter / Abstreifrad n des Rundstricks
remove stains / detachieren v, entflecken v ‖ ~ **straw** / entstrohen v ‖ ~ **sulphur** / entschwefeln v ‖ ~ **superfluous oil** (dye) / entfetten v, spülen v ‖ ~ **the goods** / die Ware ausfahren
renaissance cloth (cloth made of shoddy) (Fr) / Gewebe n aus Reißwolle ‖ ~ **lace** / irische Spitze, belgische Spitze
render alkaline / alkalisieren v, Alkali zusetzen, alkalisch einstellen ‖ ~ **hydrophilic** / hydrophilieren v ‖ ~ **hydrophobic** / hydrophobieren v ‖ ~ **impermeable** / undurchlässig machen
rendering iridescent / Irisierung f
render matt / mattieren v ‖ ~-**set** v / zweilagig abputzen, zweilagig verputzen ‖ ~ **shrink-resistant** / schrumpffest machen
renewed dyeability (fibre) / Wiederaufziehvermögen n

renforcé

renforcé n / Segelleinwand f (aus Flachs oder Jute) ‖ ~ (plain weave cotton cloth) / Renforcé m n, Renforcégewebe n
rengue n / philippinisches Ananashanfgewebe
renter v (sew) / durch eine Stoßnaht verbinden
rentering n (sew) / Stoßnaht f, Anstoßnaht f ‖ ~ **seam** / Stoßnaht f, Anstoßnaht f
reoxidation n (dye) / Rückoxydation f
rep n (ribbed fabric) (fabr) / Rips m, Reps m
repadding n (dye) / Neuklotzen n
rep barré / Rips-barré m ‖ ~ **cloth** / Ripsgewebe n
repeat v (text pr, weav) / rapportieren v, in Rapport setzen ‖ ~ n (test pr, weav) / Rapport m, Musterrapport m
repeatability of pattern (text pr) / Wiederholbarkeit f des Musters, Reproduzierbarkeit f
repeat according to pattern / rapportieren v, in Rapport setzen ‖ ~ **border** / Rapportgrenze f, Rapportbegrenzungslinie f ‖ ~ **counter** (knitt) / Rapportzählscheibe f
repeated flexural stress (mat test) / Dauerbiegespannung f ‖ ~ **machine washes** pl / mehrmaliges Maschinenwaschen, mehrmalige Maschinen-Wäschen f pl ‖ ~ **washing at the boil** / Mehrfachkochwäsche f, mehrfache Kochwäsche ‖ ~ **washing test** / Dauerwaschversuch m
repeat in a diamond design / Spitzrapport m
repeating n (text pr, weav) / Rapport m ‖ ~ **machine** (text pr) / Repetiermaschine f, automatische Rapporteinstellvorrichtung f
repeat in the width / Musterzahl f ‖ ~ **of draft** (weav) / Einzugsrapport m, Bindungsrapport m ‖ ~ **of filling threads** (weav) / Rapporthöhe f, Schußrapport m, Höhenrapport m ‖ ~ **of pattern** (text pr) / Wiederholung f des Musters, Musterrapport m ‖ ~ **of warp threads** (weav) / Kettfadenrapport m, Kettenrapport m, Rapportbreite f ‖ ~ **of weave** / Bindungsrapport m ‖ ~ **of weft threads** (weav) / Rapporthöhe f, Schußrapport m, Höhenrapport m ‖ ~ **rectangle with repeat cross** / Rapportrechteck n mit Rapportkreuz
repeats pl (text pr) / Rapportfortsetzungen f pl, Rapporte m pl, Musterrapporte m pl
repeat table bar (text pr) / Rapportschiene f ‖ ~ **the pattern** / rapportieren v, in Rapport setzen ‖ ~ **wheel** / Rapportrad n
rep effect / Ripseffekt m, Rippeneffekt m
repel v (e.g. water) / abstoßen v (z.B. Wasser)
replenish v (dye) / nachsetzen v, auffrischen v
replenishing bath (dye) / Nachsatzbad n ‖ ~ **liquor** (dye) / Speiseflotte f, Nachlaufflotte f, nachgesetzte Flotte ‖ ~ **solution** (dye) / Nachsatzlösung f
repp n s. rep
repped fabric / geripptes Gewebe
rep poplin / gerippter Popelin, gerippte Popeline ‖ ~ **ribbon** / Ripsband n
reprint v / umdrucken v ‖ ~ n / Umdruck m
reprinting colour / Umdruckfarbe f
reprocessed cotton / Reißbaumwolle f ‖ ~ **material** (fabr) / Reißspinnstoff m ‖ ~ **wool yarn** / Reißwollgarn n
reproducibility n (dye) / Nachstellbarkeit f ‖ ~ (text pr) / Reproduzierbarkeit f, Wiederholbarkeit f mit großer Genauigkeit
rep runner (cpt) / Cordläufer m
reps (fabr) s. rep
repulser tongue (weav) / Stecherlappen m, Abstopper m
rep weave / Ripsbindung f
requet n (Fr) / gebleichte Leinwand für Bettbezüge
re-reel v / umhaspeln v, umspulen v
re-reeling n / Umhaspeln n, Umspulen n ‖ ~ **machine** / Umhaspelmaschine f, Umspulmaschine f
re-reels pl / zweimal gehaspelte Seidenfäden aus Ostasien m pl
rere fibre (fine, white bast fibre of the Cypholophus macrocephalus plant) / Rere-Faser f
re-rolling machine / Umrollmaschine f

re-sample v / nachmustern v, nachstellen v
re-scouring n / Nachwäsche f
rescue net / Rettungsnetz n
reseau n (groundwork for lace-making) / Klarwerk n
reseda green adj / resedagrün adj (RAL 6011)
reserve n (text pr) / Reserve f, Reservedruck m, Reservagedruck m, Schutzdruck m ‖ ~ / Reservierungsmittel n, Reservemittel n, Reservagepapp m, Ätzpaste f, Deckbeize f, Schutzmasse f, Schutzbeize f, Reservierhilfsmittel n ‖ ~ **bunch** / Fadenreserve f ‖ ~ **cam** (knitt) / Reserveexzenter m ‖ ~ **dyeing** / Reservefärbung f, Plangi-Färbung f, Färben n von reservierten Waren ‖ ~ **needle** (knitt) / Ersatznadel f, Reservenadel f ‖ ~ **of cotton** (dye) / Baumwollreservierung f ‖ ~ **print** / Reserve f, Reservedruck m, Reservagedruck m, Schutzdruck m, Schutzbeizdruck m ‖ ~ **salt** / Reservesalz n ‖ ~ **style** / Reserveartikel m, Reservageartikel m, Reservedruckartikel m, nach dem Reservedruckverfahren hergestellter Artikel ‖ ~ **winding** (spinn) / Hinterwindung f beim Spulen
reserving agent (text pr) / Reservierungsmittel n, Reservemittel n, Reservagepapp m, Schutzbeize f, Deckbeize f, Reservierhilfsmittel f
reset device, reset rack device, reset shog device (knitt) / Rückversetzeinrichtung f
re-shrink v / nachschrumpfen v
residence time (in flow system) (dye) / Einwirkzeit f, Verweilzeit f
residential carpet / Teppich m für den Wohnbereich, Teppich für den Privatsektor ‖ ~ **sector** (cpt) / Privatbereich m, Wohnungsbereich m
residual chroming liquor / Chromierendflotte f ‖ ~ **crimp** / Restkräuselung f ‖ ~ **elongation** (fil) / Restdehnung f ‖ ~ **fat content** / Restfettgehalt m ‖ ~ **grease content of wool** / Restwollfettgehalt m ‖ ~ **hardness** (ctg) / Resthärte f ‖ ~ **lime soap** / Restkalkseife f ‖ ~ **liquor** (dye) / Restbad n, Restlauge f, Endflotte f, Restflotte f ‖ ~ **moisture** / Restfeuchtigkeit f, Restfeuchte f ‖ ~ **moisture content** / Restfeuchtigkeitsgehalt m ‖ ~ **shrinkage** / Restkrumpfung f, Restschrumpf f ‖ ~ **shrinkage on boiling** / Kochrestkrumpfung f, Restkrumpfung f nach dem Kochen ‖ ~ **shrink value** / Restkrumpfwert m ‖ ~ **strength** (of yarn) / Restfestigkeit f ‖ ~ **stress** (fabr) / Restspannung f ‖ ~ **stretch** (fil) / Restdehnung f ‖ ~ **tenacity** (ctg) / Restfestigkeit f ‖ ~ **tenacity** (yarn) / Restreißfestigkeit f
residuary acid / Abfallsäure f, Abgangssäure f ‖ ~ **product** / Nebenprodukt n
residue n (chem) / Rest m ‖ ~ **of evaporation** / Abdampfrückstand m ‖ ~ **of fibrous substances** / Faserstoffrückstand m ‖ ~ **of processing chemical** / Präparationsrückstand m
resilience n (cpt, pile) / Elastizität f, Druckerholung f, Trittfestigkeit f, Standvermögen n, Erholungsvermögen n, Standfestigkeit f ‖ ~ (nwv) / Sprungelastizität f ‖ ~ **angle** (testing crease recovery) / Aufspringwinkel m
resilient adj / gummielastisch adj ‖ ~ (cpt, pile) / elastisch adj, trittfest adj, federnd adj ‖ ~ (nwv) / sprungelastisch adj ‖ ~ **brushed warp-knitted fabric** / trittfestes Kettveloursgewebe, standfestes Kettveloursgewebe
resin n (pigm) / Harz n, Mantelharz n ‖ ~ **acid** / Harzsäure f, Resinosäure f ‖ ~ **adhesive** / Harzkleber m, Klebharz n
resinate n / Resinat n (Harzseife oder Harzester)
resinated carpet / Harzverbundteppich m
resin binder / Harzträger m ‖ ~ **bonded pigment** / kunstharzhaltiges Pigment ‖ ~ **bonded pigment colour** / harzgebundene Pigmentfarbe ‖ ~ **coated** (pigm) / harzummantelt adj, kunstharzummantelt adj ‖ ~ **coated pigment** / Pigmentformierung f ‖ ~ **coating** (pigm) / Kunstharzummantelung f ‖ ~ **finish** / Hochveredlung f, Kunstharzausrüstung f, Kunstharzappretur f,

resistance

Harzausrüstung *f* ‖ ~ **finish** s. also resin treatment ‖ ~ **finish** / hochveredeln *v* ‖ ~ **finished fabric** / harzappretiertes Gewebe, hochveredeltes Gewebe ‖ ~ **finishing liquor** / Hochveredlungsflotte *f* ‖ ~**-free finish** / Harzfrei-Ausrüstung *f*
resinifiable *adj* / verharzbar *adj*
resinification *n* / Verharzung *f*
resinify *v* / verharzen *v*
resinoid *n* / Resinoid *n*, harzartiger Bestandteil ‖ ~ *adj* / harzartig *adj*
resin resist (text pr) / Harzreserve *f*, Harzreservage *f* ‖ ~ **soap** / Harzseife *f* ‖ ~ **stain** / Harzfleck *m* ‖ ~**-treated fabric** / kunstharzbehandeltes Gewebe ‖ ~ **treatment** / Kunstharzbehandlung *f* ‖ ~ **treatment** / Kunstharzausrüstung *f*, Kunstharzappretur *f*, Harzausrüstung *f*, Hochveredlung *f*
resist *n* (text pr) / Reserve *f*, Reservedruck *m*, Reservagedruck *m*, Schutzdruck *m* ‖ ~ (text pr) / Reservierungsmittel *n*, Reservemittel *n*, Reservagepapp *m*, Ätzpaste *f*, Deckbeize *f*, Schutzmasse *f*, Schutzbeize *f*, Reservierhilfsmittel *n* ‖ ~ **agent** s. resisting agent
resistance *n* / Widerstand *m*, Widerstandsfestigkeit *f*, Widerstandsvermögen *n* ‖ ~ / Beständigkeit *f*, Echtheit *f*, Festigkeit *f*, Resistenz *f* ‖ ~ s. also fastness ‖ ~ **at the boil** s. resistance to boiling ‖ ~ **of pile fabrics to pressure** / Druckwiderstandsvermögen *n* von Polgeweben ‖ ~ **to abrasion** / Abriebfestigkeit *f*, Abscheuerungswiderstand *m*, Reibechtheit *f* (DIN 54021), Scheuerfestigkeit *f*, Scheuerbeständigkeit *f*, Scheuerwiderstand *m* ‖ ~ **to acid[s]** / Säurebeständigkeit *f*, Säureechtheit *f*, Säurefestigkeit *f*, Säurewiderstandsfestigkeit *f*, Säureresistenz *f* ‖ ~ **to ageing** / Alterungsbeständigkeit *f* ‖ ~ **to air** / Luftbeständigkeit *f* ‖ ~ **to alkali[s]** / Alkalibeständigkeit *f*, Alkali-Echtheit *f* ‖ ~ **to alternate flexing** (mat test) / Biegewechselfestigkeit *f* ‖ ~ **to attack by mildew** / Schimmelbeständigkeit *f*, Beständigkeit *f* gegen Schimmelbefall ‖ ~ **to bacteria** / Bakterienbeständigkeit *f* ‖ ~ **to bleaching** / Bleichechtheit *f* ‖ ~ **to bleaching of coloureds** / Buntbleichechtheit *f* ‖ ~ **to bleeding** / Ausblutechtheit *f* ‖ ~ **to boiling** / Kochbeständigkeit *f*, Kochechtheit *f*, Kochfestigkeit *f* ‖ ~ **to breaking** (yarn) / Reißfestigkeit *f* ‖ ~ **to carbonizing**, resistance to carbonization / Karbonisierbeständigkeit *f*, Karbonisierechtheit *f* ‖ ~ **to caustic soda** / Laugenbeständigkeit *f* ‖ ~ **to chafing** / Scheuerfestigkeit *f* ‖ ~ **to chemicals** / Chemikalienbeständigkeit *f*, Widerstandsvermögen *n* gegen chemischen Angriff ‖ ~ **to chlorine**, resistance to chemicking / Chlorechtheit *f* (DIN 54034/5), Chlorbeständigkeit *f* ‖ ~ **to cold washing** / Kaltwaschechtheit *f*, Einbrennechtheit *f* ‖ ~ **to crabbing** (wool) / Krabbechtheit *f*, Einbrennechtheit *f* ‖ ~ **to cracking** (ctg) / Knickbruchbeständigkeit *f* ‖ ~ **to cracking at low temperature** (ctg) / Kälteknickfestigkeit *f* ‖ ~ **to cracking in the wet state** (ctg) / Naßknickfestigkeit *f* ‖ ~ **to creasing** / Knitterfestigkeit *f*, Knitterechtheit *f*, Knitterfreiheit *f*, Knitterwiderstand *m*, Knitterwiderstandsvermögen *n* ‖ ~ **to crocking** / Reibechtheit *f*, Scheuerechtheit *f* ‖ ~ **to crushing** (milling) / Stauchfestigkeit *f* ‖ ~ **to crushing** (milling) (US) s. resistance to creasing ‖ ~ **to deformation** / Verformungswiderstand *m* ‖ ~ **to dry cleaning** / Chemischreinigungsbeständigkeit *f*, Reinigungsbeständigkeit *f*, Echtheit *f* gegen chemische Reinigung, Trockenreinigungsechtheit *f* ‖ ~ **to drying** / Trockenbeständigkeit *f* ‖ ~ **to felting** / Filzbeständigkeit *f*, Filzechtheit *f* ‖ ~ **to flex cracking** (ctg) / Knickfestigkeit *f*, Biegebeständigkeit *f*, Biegungsrißwiderstand *m* ‖ ~ **to flexing** (ctg) / Knickfestigkeit *f*, Biegebeständigkeit *f*, Biegungsrißwiderstand *m* ‖ ~ **to folding** / Faltwiderstand *m* ‖ ~ **to formaldehyde** / Formaldehydechtheit *f*, Formaldehydbeständigkeit *f* ‖

~ **to fume fading** / Abgasechtheit *f*, Stickstoffoxidechtheit *f*, Rauchgasechtheit *f* ‖ ~ **to fungal attack** / Beständigkeit *f* gegen Pilzbefall ‖ ~ **to further tearing** (ctg) / Weiterreißfestigkeit *f*, Weiterreißwiderstand *m* ‖ ~ **to gas fading** s. resistance to fume fading ‖ ~ **to hard water** / Hartwasserbeständigkeit *f*, Beständigkeit *f* gegen hartes Wasser ‖ ~ **to heat** / Hitzebeständigkeit *f*, Hitzeechtheit *f*, Wärmebeständigkeit *f* ‖ ~ **to high temperature** / Beständigkeit *f* gegen hohe Temperatur, Hochtemperaturbeständigkeit *f*, HT-Beständigkeit *f*, Hochhitzebeständigkeit *f* ‖ ~ **to hot water** / Heißwasserbeständigkeit *f*, Heißwasserechtheit *f* ‖ ~ **to hot water** (wool) / Krabbechtheit *f*, Einbrennechtheit *f* ‖ ~ **to hydrolysis** / Hydrolysebeständigkeit *f* ‖ ~ **to impact by hard objects** (ctg) / Stoßfestigkeit *f* ‖ ~ **to laddering** (knitt) / Laufmaschenbeständigkeit *f*, Maschenfestigkeit *f* ‖ ~ **to light** (dye) / Lichtechtheit *f* ‖ ~ **to lime** / Kalkechtheit *f*, Kalkbeständigkeit *f* ‖ ~ **to low temperature** / Kältefestigkeit *f* ‖ ~ **to lye** / Laugenbeständigkeit *f* ‖ ~ **to moisture** / Feuchtigkeitsbeständigkeit *f*, Feuchtebeständigkeit *f* ‖ ~ **to moth** / Mottenechtheit *f* ‖ ~ **to oxidation** / Oxydationsbeständigkeit *f*, Beständigkeit *f* gegen oxydative Einflüsse ‖ ~ **to peeling** (ctg) / Haftfestigkeit *f*, Haftbeständigkeit *f*, Klebkraft *f* (der Beschichtung) ‖ ~ **to peroxide bleaching**, resistance to peroxide treatment / Peroxidechtheit *f*, Superoxidechtheit *f* ‖ ~ **to pressure marks** (of fabric) / Druckstabilität *f* ‖ ~ **to repeated flexing** / Knickfestigkeit *f*, Biegebeständigkeit *f*, Biegungsrißwiderstand *m* ‖ ~ **to rot** / Fäulnisbeständigkeit *f*, Verrottungsfestigkeit *f* ‖ ~ **to rubbing** / Abriebfestigkeit *f*, Reibechtheit *f* (DIN 54021), Abreibfestigkeit *f*, Abscheuerungswiderstand *m*, Scheuerfestigkeit *f*, Scheuerechtheit *f* ‖ ~ **to salts** (dye) / Salzbeständigkeit *f* ‖ ~ **to salts causing hardness of water** / Härtebildner, Beständigkeit *f* gegen hartes Wasser, Hartwasserbeständigkeit *f* ‖ ~ **to shrinkage**, resistance to shrinking / Schrumpffestigkeit *f*, Krumpfechtheit *f*, Schrumpffreiheit *f*, Einlaufechtheit *f* ‖ ~ **to slipping** (knitt) / Schiebefestigkeit *f* ‖ ~ **to soil and stains** / Widerstandsfähigkeit *f* gegenüber Schmutz und Flecken, Unempfindlichkeit *f* gegenüber Schmutz und Flecken ‖ ~ **to soiling** / Schmutzfestigkeit *f*, Unempfindlichkeit *f* gegenüber Anschmutzung ‖ ~ **to solvents** / Lösemittelbeständigkeit *f*, Lösemittelechtheit *f*, Lösungsmittelechtheit *f*, Chemischreinigungsechtheit *f* ‖ ~ **to steaming** / Dämpfbeständigkeit *f*, Dämpfechtheit *f* ‖ ~ **to stretching** / Streckfestigkeit *f* ‖ ~ **to sublimation** / Sublimierechtheit *f* ‖ ~ **to sunlight** / Sonnenlichtechtheit *f*, Sonnenlichtechtheit *f* ‖ ~ **to swelling** (fibre) / Quellbeständigkeit *f*, Quellfestigkeit *f*, Quellwiderstand *m* ‖ ~ **to tearing** / Reißfestigkeit *f*, Zerreißfestigkeit *f* ‖ ~ **to the squeegee** / Rakelwiderstand *m* ‖ ~ **to tropical conditions** / Tropenbeständigkeit *f*, Tropenfestigkeit *f* ‖ ~ **to UV-rays** / Widerstandsvermögen *n* gegen UV-Strahlen ‖ ~ **to washing** / Waschechtheit *f*, Waschbeständigkeit *f*, Waschfestigkeit *f* ‖ ~ **to washing at the boil** / Kochwaschbeständigkeit *f* ‖ ~ **to water** / Wasserbeständigkeit *f*, Abriebfestigkeit *f* ‖ ~ **to water absorption** / Widerstand *m* gegen Wasseraufnahme ‖ ~ **to water spotting** / Wassertropfenechtheit *f* (DIN 54008) ‖ ~ **to wear [and tear]** / Gebrauchsechtheit *f*, Verschleißfestigkeit *f*, Abnutzungswiderstand *m*, Gebrauchstüchtigkeit *f* ‖ ~ **to wear at the cuffs and collar of a shirt to prevent fraying** / Kantenscheuerungswiderstand *m* ‖ ~ **to weathering** / Witterungsbeständigkeit *f*, Wetterbeständigkeit *f*, Wetterfestigkeit *f*, Wetterechtheit *f* ‖ ~ **to white spirits** / Benzinfestigkeit *f* ‖ ~ **to white spirits** s. also permeability bag test

resistant to... / beständig gegen... || ~ **to...** for further entries s. resistance to..., fastness to...
resist article / Reserveartikel m || ~ **cover print** / Deckpappdruck m || ~**-dyed yarn** / resistiert behandeltes Garn || ~ **dyeing** / Reservefärbung f, Plangi-Färbung f, Färben n von reservierten Waren || ~ **dyestuff** / Reservefarbstoff m, nicht überfärbbarer Farbstoff || ~ **effect** / Reserve-Effekt m, Reservierwirkung f, reservierende Wirkung || ~ **for fibres** / Faserreservierungsmittel n
resistibility v (text pr) / Reservierbarkeit f
resisting agent (text pr) / Reserve f, Reservierungsmittel n, Reservemittel n, Reservagepapp m, Ätzpaste f, Deckbeize f, Schutzmasse f, Schutzbeize f, Reservierhilfsmittel n || ~ **of effects** (text pr) / Reservieren n von Effekten || ~ **power** / Reservierungsvermögen ||
resist v **in white** / weiß reservieren || ~ **method** / Reservierungsverfahren n || ~ **paste** / Reservierungspaste f, Reservagepapp m, Ätzpaste f, Deckbeize f, Schutzbeize f || ~ **paste printed goods** pl / Pappdruckware f || ~ **paste printing** / Pappdruck m || ~ **print** / Reserve f, Reservedruck m, Reservagedruck m, Schutzdruck m, Schutzbeizdruck m || ~ **printed goods** / Reservedruckartikel m pl || ~ **printed portions** / reservierte Stellen f pl || ~ **printing** / Reservedruck m, Reservedruckverfahren n, Reservagedruckverfahren n, Schutzdruckverfahren n, Schutzbeizdruckverfahren n || ~ **salt** / Reservesalz n || ~ **style** s. reserve style || ~ **treatment of fibres** / Reservierung f von Fasern || ~ **under padding** / Vordruckreserve f unter Klotzfärbungen || ~ **white** / Reserveweiß n
resoap v / nachseifen v
resoaping n / Nachseifen n
resorcin / Resorcin n || ~ **blue** / Resorcinblau n || ~ **method** / Resorcinverfahren n
resorcinol n s. resorcin
resorcin yellow / Resorcingelb n, Tropäolin n O oder R
resorption n / Resorption f
re-sort v (bast fibres) / nachhecheln v (Bastfasern)
resplitting n (dye) / Rückspaltung f
respool v / umspulen v, umwinden v
restove v / nachschwefeln v
restraining power (fibre) / Spannkraft f || ~ **power** (of a foundation garment) / Formkraft f eines Mieders, Haltevermögen n
resublimate from the fibre / absublimieren v von der Faser
result of dyeing / Färbeergebnis n || ~ **of printing** / Druckausfall m
ret v (flax) / rösten v, rotten v || ~ n / Rösten n, Rotten n, Röste f, Rotte f || ~ (i.e.S.) / Flachsröste f, Flachsrotte f
retaining rollers pl / Einführungswalze f
retard v / verzögern v, verlangsamen v, retardieren v, hemmen v
retardant n / Verzögerer m, Verzögerungsmittel n, Retardierungsmittel n, Retarder m, Hemmstoff m, Bremsmittel n, Rückhaltemittel n
retarder n s. retardant
retarding action / Verzögerung f, Bremswirkung f, Retardierung f, Retardierungswirkung f || ~ **action** / Bremsdauer f, Retardierungsdauer f || ~ **agent** s. retardant || ~ **and levelling agent** (dye) / verzögerndes Egalisiermittel || ~ **effect** s. retarding action || ~ **effect on dyestuffs** / Farbstoffrückhaltevermögen n
retention n / Retention f || ~ **of pressed creases** / Haltbarkeit f von eingebügelten Falten || ~ **time** (dye) / Verweilzeit f, Einwirkzeit f
retentivity n (dye) / Rückhaltevermögen n
retexturing bath (dry cleaning) / Nachbehandlungsbad n mit Appreturmitteln
reticella a fuselli (It) / in Klöppeltechnik hergestellte italienische Spitzenform || ~ **lace** / in Nadeltechnik hergestellte italienische Spitzenform

reticulated fabric / netzartiges Gewebe || ~ **fibre structure** / netzartige Faserstruktur
reticule n / Handtasche f, Arbeitstasche f, Ridikül m n, Retikül m n
retorse silk / moulinierte Seide, gezwirnte Seide, Moulinierseide f, Moulinézwirn m
retouch v / retuschieren v
retouching agent / Retuschiermittel n
retracting n (spinn) / Rückführung f (des Fadens)
retractive force (fabr) / Einsprungvermögen n (der Rohware) || ~ **force** (fibre) / Rückstellvermögen n, Rückstellkraft f, Rücksprungvermögen n, elastisches Rückkehrvermögen n
rettery n / Flachsröstanstalt f, Flachsrösterei f, Flachsröste f (Anlage), Flachsaufbereitungsanlage f
retting n / Rösten n, Rotten n, Röste f, Rotte f || ~ (i.e.S.) / Flachsröste f, Flachsrotte f
rettory n s. rettery
return n (weav) / Wiederkehr f || ~ **course** (knitt) / Umkehrreihe f || ~ **weft device** / Umkehrschußeintragsvorrichtung f
re-used cotton / Reißbaumwolle f || ~ **wool** / Reißwolle f aus getragenen Wollabgängen
re-use of the dye bath / Wiederverwendung f des Färbebades
revennes (coarse, plain weave cotton and jute fabric) (Fr) / französisches Segelleinen aus Baumwolle und Jute
revers n (lapel of a coat) / Rockaufschlag m || ~ (flap turned back to show a facing) / Kleiderumschlag m, Kleideraufschlag m, Revers n m, Patte f
reversal of the bonding action between dye and fibre / Rückspaltung f der Faser/Farbstoff-Verbindung
reverse n (of a fabric) / linke Seite, Abseite f, Kehrseite f, Rückseite f, Unterseite f || ~ **blend** / Fasermischung, bei der der Naturfaseranteil überwiegt
reversed jeanettes pl s. jeanette / Futterstoff m in Köperbindung, meist schwarz gefärbt und geschneert
reverse feed (sew) / Rückwärtstransport m || ~ **feed mechanism** (sew) / Rückwärtsnäheinrichtung f || ~ **knit stocking** (hos) / Linksstrumpf m || ~ **locknit** / verkehrte Charmeuse || ~ **loop** (knitt) / Linksmasche f, linke Masche || ~ **motion dobby** (weav) / Gegenzugschaftmaschine f || ~ **plating** / Wendeplattieren n, Wendeplattierung f || ~ **plating sinker** / Wendeplatine f || ~ **rack control chain** (knitt) / Rückwärtsschaltkette f || ~ **reeling machine** / Umkehraufrollmaschine f || ~ **roll coater** (ctg) / Beschichter m mit Umkehrwalze, Reverse-Roll-Coater m || ~ **run of the sley** (weav) / Ladenrückgang m || ~ **side** (fabr) / linke Seite, Abseite f, Kehrseite f, Rückseite f, Unterseite f || ~ **stitch** (knitt) / Linksmasche f, linke Masche || ~ **stitch** (sew) / Rückwärtsstich m || ~ **the flow** (dye) / den Lauf umkehren || ~ **toe** (seamless stocking) / Kettelnaht f auf der Sohle || ~ **turn** (spinn) / S-Drehung f (DIN 60900) (Linksdrehung von Zwirn) || ~ **twill** / Gegenköper m, die Richtung ändernde Köperbindung || ~ **twill weave** / Gegenköper m, die Richtung ändernde Köperbindung || ~ **twist** (spinn) / S-Drehung f (DIN 60900) (Linksdrehung von Zwirn) || ~ **wale** / linkes Maschenstäbchen || ~ **weave** (weav) / Gegenbindung f || ~ **welt** (knitt) / umgekehrter Doppelrand, umgekehrter regulärer Anfang || ~ **winder** / Umkehraufrollmaschine f || ~ **winding** / Rücklaufwicklung f
reversible n (fabr) / Abseitenstoff m, Doubleface-... (in Zssg.), Réversible m, Reversible m, beidseitig verwendbares Gewebe, beidseitig tragbares Gewebe, Austauschgewebe n || ~ adj / umkehrbar adj || ~ / beidrecht adj, doppelseitig adj, seitengleich adj, reversibel adj, zweiseitig adj, auf beiden Seiten verwendbar, auf beiden Seiten tragbar || ~ **anorak** / Wendeanorak m || ~ **carpet** / Wendeteppich m || ~ **coat** (fash) / Wendemantel m, Doubleface-Mantel m || ~ **cretonne** / beidseitig bedruckte Cretonne, beidseitig

bedruckter Cretonne ‖ ~ **elongation** / reversible Dehnung, elastische Dehnung ‖ ~ **garment** / Wendebekleidung f ‖ ~ **hydrolysis** / reversible Hydrolyse ‖ ~ **machine** (text pr) / Duplexapparat m ‖ ~ **reeling machine** / Umkehraufrollmaschine f ‖ ~ **weave** / Austauschbindung f
reversing bevel (spinn) / Wenderad n ‖ ~ **box** (weav) / Wechselkasten m ‖ ~ **magazine weft** (warp knitt) / Umkehr-Magazinschuß m ‖ ~ **motion** / Wendezeug n, Kehrzeug n ‖ ~ **rail** / Wendeschiene f ‖ ~ **sinker** (knitt) / Wendeplatine f ‖ ~ **weft** (weav) / Kehrschuß m
revive v / avivieren v
revolver sizing machine / Revolverschlichtmaschine f
revolving blade (ctg) / Rundmesser n ‖ ~ **bobbin** (weav) / Abrollspule f, Laufspule f, Rollspule f ‖ ~ **box** / Revolverlade f, Revolvertrommel f ‖ ~ **box loom** / Revolverladenwechselwebstuhl m, Revolverwechselwebstuhl m ‖ ~ **box motion** / Revolverwechsel m ‖ ~ **brush** / Bürstenwalze f ‖ ~ **can** (spinn) / Drehtopf m ‖ ~ **clearer** (spinn) / Putzwalze f ‖ ~ **cylinder machine** (knitt) / Rundstrickmaschine f mit rotierendem Zylinder ‖ ~ **doctor** / Rollrakel f, rotierende Rakel ‖ ~ **drier** / Drehstabtrockner m ‖ ~ **flat** (spinn) / Wanderdeckel m ‖ ~ **flat card** (spinn) / Wanderdeckelkarde f, Deckelkarde f, Wanderdeckelkrempel f, Deckelkrempel f ‖ ~ **funnel** (spinn) / Drehtrichter m ‖ ~ **hot drying machine** / Hotflue f, Hotfluetrockner m, Heißlufttrockenmaschine f, Haspelwalzentrockner m ‖ ~ **pirn change battery** (weav) / Revolvertrommel f ‖ ~ **plate** (spinn) / Drehteller m ‖ ~ **rod** (spinn) / Drehstäbchen n ‖ ~ **rod drier** / Hotflue f, Hotflue-Trockner m, Heißlufttrockenmaschine f, Haspelwalzentrockner m ‖ ~ **shuttle box** (weav) / Revolverschützenkasten m ‖ ~ **singer** / Walzensenge f ‖ ~ **teasel** / Rollrauhkarde f ‖ ~ **teasel raising machine** / Rauhmaschine f mit umlaufenden Kratzen ‖ ~ **thread guide** / rotierende Fadenführung ‖ ~ **trumpet** (spinn) / Drehtrichter m ‖ ~ **tube** (spinn) / Drehröhrchen n ‖ ~ **turret winder** / Revolver-Spulkopf m ‖ ~ **winding head** (spinn) / Revolverspulkopf m
rewashing n / Nachwaschen n, Nachwäsche f
rewettability n / Wiederbenetzbarkeit f
rewind v / umbäumen v, umhaspeln v, umspulen v, umwickeln v
rewinding n / Umbäumen n, Umhaspeln n, Umspulen n, Umwickeln n ‖ ~ **device** / Umbäumvorrichtung f, Umspulvorrichtung f, Umwickelvorrichtung f ‖ ~ **machine** / Umspulmaschine f
Rf value (chrom) / Rf-Wert m, rf-Wert m, Rückhaltefaktor m, Verzögerungsfaktor m
R.H. (= relative humidity) / relative Feuchte, relative Feuchtigkeit, r.F.
rhadamé n (fine set silk dress cloth, woven in a twill weave and finished with a glossy face) / Rhadamé m (Futterstoff mit starken, diagonal verlaufenden Rippen) ‖ ~ **weave** / Rhadamébindung f
rhadzimer surah s. radzimir
rhamnazin (dye) / Rhamnazin n, Quercetin-7,3'-dimethyläther m
rhea n (stem fibre of the Boehmeria nivea) / Ramie f
rheological properties pl / Fließverhalten n (DIN 53211)
rhodamine / Rhodamin n
rhombic design / Rhombenmuster n, Rautenmuster n
rhomboidal winding / Rautenspulung f
rH-value n / rH-Wert m, Redoxpotential n
rhythm crêpe (rayon seersucker or plissé effect cloth) / Kräuselkrepp f
rib v / rippen v ‖ ~ n (fabr) / Rippe f, Grat m ‖ **2/2** ~ / Doppelripp m
riband n / Zierband n
ribbed n (knitt) s. rib stitch goods ‖ ~ **adj** / gerippt adj ‖ ~ **border** (knitt) / Patentrand m ‖ ~ **crosswise** / quergerippt adj ‖ ~ **cuff** / Armbund m ‖ ~ **fabric** / Reps m, Rips m (gerippter Stoff) ‖ ~ **goods** (knitt) s. rib stitch goods ‖ ~ **hosiery** / Ränderstrumpf m ‖ ~ **lengthwise** / längsgerippt adj ‖ ~ **pattern** / Rippenmuster n, Ripsmuster n ‖ ~ **plush** / Ripsplüsch m ‖ ~ **skirt** s. rib skirt ‖ ~ **sock** / Rippensocke f, gerippte Socke ‖ ~ **twill** s. rib twill ‖ ~ **upholstery fabric** / Möbelrips m ‖ ~ **velveteen** / Rippenvelvetine f, Ripsvelvetine f ‖ ~ **waist** / gerippte Taille
ribber n (knitt) / Rändermaschine f, Ränderstuhl m, Fangmaschine f
ribbing n (knitt) / Rechts-Rechts-Stricken n ‖ ~ **lock** (knitt) / Randschloß n ‖ ~ **machine** (knitt) s. rib machine ‖ ~ **machine needle** (knitt) / Rändermaschinennadel f, Ränderstuhlnadel f, Fangmaschinennadel f
rib body machine (knitt) / Maschine f für Feinrippunterwäsche ‖ ~ **body machine needle** (knitt) / Feinrippnadel f
ribbon n / Band n ‖ ~ **and smallware loom** / Bandwebmaschine f ‖ ~ **binding** / Bandeinfassung f ‖ ~ **border** / Bandeinfassung f ‖ ~ **braiding machine** / Bandflechtmaschine f ‖ ~ **breaker** / Bildstörgetriebe n, Bildstöreinrichtung f, Störeinrichtung f gegen Bildwirkung ‖ ~ **breaking** (weav) / Bildstörung f ‖ ~ **calender** / Bandkalander m ‖ ~ **cutter** / Bandschneidemaschine f ‖ ~ **drier** / Bandtrockner m ‖ ~ **dyeing** / Bandfärberei f ‖ ~ **dyeing machine** / Bandfärbemaschine f
ribboned sweater / gerippter Pullover
ribbon effect (weav) s. ribboning ‖ ~ **feed device** (card) / Bandtafeleinrichtung f ‖ ~ **feeder** / Bandübertrager m ‖ ~ **fibre** / Schnittfaser f ‖ ~ **finishing machine** / Bandausrüstungsmaschine f ‖ ~ **folder** / Bandwickelmaschine f ‖ ~ **for labels** / Etikettenband n ‖ ~ **formation eliminator** / Bildstörgetriebe n, Bildstöreinrichtung f, Störeinrichtung f gegen Bildwirkung
ribboning n (winding fault, constant pattern winding) / Bildwirkung f, Bildwicklung f
ribbon knitting machine / Bandstrickmaschine f, Bänderstrickmaschine f ‖ ~ **lap** / Bandwickel m ‖ ~ **lap machine**, ribbon lapper (spinn) / Wickelkehrstrecke f, Wickelstrecke f, Kehrstrecke f (DIN 64100), Wattenmaschine f ‖ ~**-like fibre** / Bandenfaser f ‖ ~ **loom** / Bandwebstuhl m, Bandstuhl m, Bortenstuhl m ‖ ~ **loom for elastic bands** / Gummibandstuhl m ‖ ~ **loom shuttle** (weav) / Bandwebschützen m ‖ ~ **loom sley** (weav) / Bandweblade f ‖ ~ **of floss silk** / Risolettband n, Florettband n, Zwillichband n ‖ ~ **parachute** / Bänderfallschirm m ‖ ~ **printing machine** / Banddruckmaschine f, Bandbedruckmaschine f
ribbons pl / Bänder n pl (Schmalgewebe mit festen Leisten), Bandwaren f pl
ribbon sewer / Bandaufnäher m ‖ ~ **shearing machine** / Bandschermaschine f ‖ ~ **spinning** / Bandspinnen n ‖ ~ **spinning** / Schmelzbandspinnen n ‖ ~ **warping machine** / Bandzettelmaschine f ‖ ~ **weaving** / Bandweberei f ‖ ~ **winding** (winding fault, constant pattern winding) / Bildwirkung f, Bildwicklung f
rib border (knitt) / Patentrand m, Ripprand m ‖ ~ **circular jacquard knitting machine of large diameter** / Großrundstrick-Jacquardmaschine f ‖ ~ **circular knitting machine** / Feinrippmaschine f, Feinripp-Rundstrickmaschine f, Rundrändermaschine f ‖ ~ **circular knitting machine of large diameter** / Großrundstrickmaschine f ‖ ~ **clearing cam** (knitt) / Rippabschlagschloß n ‖ ~ **construction** / Rechts-Rechts-Bindung f ‖ ~ **course** (knitt) / Rechts-Rechts-Reihe f ‖ ~ **cuff** (knitt) / Patentrand m, Ripprand m ‖ ~ **cuff** (knitt) / elastischer Ärmelrand, geripptes Ärmelbündchen ‖ ~ **cuff** (of glove) (knitt) / gerippte Handschuhstulpe ‖ ~ **depressor cam** (knitt) / Nachkulierschloß n ‖ ~ **dial needle** (knitt) / Ripper m, Rippnadel f, Rippscheibennadel f ‖ ~ **end** (knitt) / Ripp-

rib

Regulärrand *m* ‖ ~ **fabric** (knitt) / Ränderware *f*, Rechts-Rechts-Ware *f*, Rechts-Rechts-Strickware *f*, gerippte Strickware, zweiflächige Ware, doppelbettige Ware, Rippgewebe *n*, Rippgestrick *n*, Rippware *f*, Rippmaschenware *f*, Rippengewebe *n*, Rippenware *f*, Rippengestrick *n*, Rippenstrickware *f*, Ware *f* mit Rechts-Rechts-Muster ‖ ~ **flat knitting machine** / zweibettige Flachstrickmaschine, Rechts-Rechts-Flachwirkmaschine *f* ‖ ~ **frame** (knitt) / Ränderstuhl *m*, Rändermaschine *f*, Fangmaschine *f*, Rippmaschine *f*, Rechts-Rechts-Strickmaschine *f*, Zweinadelbettstrickmaschine *f* ‖ ~ **gating** / Rippstellung *f* ‖ ~ **hose machine** (knitt) / Rippstrumpfapparat *m* ‖ ~ **knit**, rib knit fabric, rib knitted fabric s. rib fabric (knitt) ‖ ~ **knitting** / Feinrippstricken *n*, Rechts-Rechts-Stricken *n*, Patentstrickerei *f* ‖ ~ **knitting machine** / Ränderstuhl *m*, Rändermaschine *f*, Rippmaschine *f*, Fangmaschine *f*, Rechts-Rechts-Strickmaschine *f*, Zweinadelbettstrickmaschine *f* ‖ ~ **knitting machine needle** / Rändermaschinennadel *f*, Ränderstuhlnadel *f*, Fangmaschinennadel *f* ‖ ~ **loop** (knitt) / Rippenstich *m*, Rippmasche *f* ‖ ~ **machine (having two sets of needles)** (knitt) / Ränderstuhl *m*, Rändermaschine *f*, Rippmaschine *f*, Fangmaschine *f*, Rechts-Rechts-Strickmaschine *f*, Zweinadelbettstrickmaschine *f* ‖ ~ **needle** (knitt) / Rändermaschinennadel *f*, Ränderstuhlnadel *f*, Fangmaschinennadel *f* ‖ ~ **pick** (knitt) / Rippschuß *m* ‖ ~ **selector lever** (knitt) / Ripp-Auswahlhebel *m* ‖ ~ **selvedge** (knitt) / Ripprand *m* ‖ ~ **set** (knitt) / Köperstich *m* ‖ ~ **set** (sew) / Kolonnenstich *m*, Säulenstich *m* ‖ ~ **set** (card) / Rippenstich *m* ‖ ~ **skirt** / gerippter Strickrock ‖ ~ **skirt** (ladies' underwear) / geripptes Hüftteil (bei Damenunterwäsche) ‖ ~ **stitch** (knitt) / Rippenstich *m*, Rippmasche *f* ‖ ~ **stitch cam** / Rippabzugsschloß *n* ‖ ~ **stitch goods** / Ränderware *f*, Rechts-Rechts-Ware *f*, Rechts-Rechts-Strickware *f*, gerippte Strickware, zweiflächige Ware, doppelbettige Ware, Rippgewebe *n*, Rippgestrick *n*, Rippware *f*, Rippmaschenware *f*, Rippengewebe *n*, Rippengestrick *n*, Rippenstrickware *f*, Rippenware *f*, Ware *f* mit Rechts-Rechts- Muster ‖ ~ **stole** / geripptes Börtchen ‖ ~ **stole** (outerwear) / gerippte Knopfleiste und Knopflochleiste bei gestrickter oder gewirkter Oberbekleidung ‖ ~ **structure** (weav) / Gratstruktur *f* ‖ ~ **timing** (knitt) / Normalkulierung *f* ‖ ~ **top** (knitt) / Rechts-Rechts-Rand *m* ‖ ~ **top** (hos) / elastischer Rand ‖ ~ **top frame** / Rundrändermaschine *f* ‖ ~ **top frame** (hos) / Strumpfrändermaschine *f* ‖ ~-**to-plain fully-fashioned garment** / reguläre Maschenware mit Ripprand ‖ ~ **top machine** / Rundrändermaschine *f* ‖ ~ **top machine** (hos) / Strumpfränderstuhl *m*, Strumpfrändermaschine *f* ‖ ~ **transfer** (knitt) / Ripprandübertragung *f* ‖ ~ **transfer** (cotton loom) / Übertragen *n* oder Aufstoßen gerippter Ränder auf die Fonturen einer Cottonmaschine ‖ ~ **trimmings** / gerippte Zutaten *f pl* (z.B. Börtchen, Kragen, Bündchen) ‖ ~ **turtle neck pullover** (fash) / Rippenstickpullover *m* mit Schildkrötkragen ‖ ~ **twill** / Rippenköper *m*, Rippköper *m*, Ripsköper *m*, Gratköper *m* ‖ ~ **waist** / gerippte Taille ‖ ~ **warp** / Rippenkette *f* ‖ **warp knitting, 1:1** / Rechts/Rechts-Kettenwirken *n* ‖ ~ **weave** / Ripsbindung *f* ‖ ~ **weave fabric** / Reps *m*, Rips *m* (gerippter Stoff) ‖ ~ **welt** (knitt) / Patentrand *m*, Ripprand *m*
rice cloth / Knotengewebe *n* ‖ ~ **weave** / Knotengewebe *n*
rich *adj* / kräftig *adj* (Farbton)
Richelieu guipure / Richelieu-Durchbrucharbeit *f*, Richelieu-Stickerei *f*
ricinoleic acid soap / Rizinusölseife *f*
rickrack braid / Zackenlitze *f*, Zickzackband *n*, baumwollene Zickzackborte, Zickzackrüsche *f*
ride cords (GB) / kettgestreifte Köperhosenstoffe *m pl* ‖ ~ **over** (of yarn) / überschlagen *v* (sich) ‖ ~ **up** *v* /

hochschieben *v* (sich) ‖ ~-**up** *n* (of lingerie) / Hochrutschen *n*
ridge *n* (fabr) / Grat *m* ‖ ~ **bar** / Litzenschiene *f* ‖ ~ **design** / Riffelmuster *n* ‖ ~ **formation** (spinn) / Sattelbildung *f* ‖ ~ **of twill** (weav) / Köpergrat *m*
riding breeches *pl* / Reithose *f*, Breeches *pl* ‖ ~ **coat** / Reitrock *m* ‖ ~ **habit** / Damenreitanzug *m*, Reitkleid *n*, Reitkostüm *n*
riffle calender / Riffelkalander *m*
rigged cloth / Kante auf Kante zusammengelegter Stoff
rigger *n* (clothm) / Leger *m*, Stoffleger *m*
right eye shuttle (weav) / Rechtsschützen *m* ‖ ~-**hand thread** / Dreherfaden *m* ‖ ~-**hand thread** (gauze) / Polfaden *m*, Schlingfaden *m* ‖ ~-**hand twill** / Rechtsgratköper *m* ‖ ~-**hand twine** / rechtsgedrehtes Garn ‖ ~-**laid rope** / rechtsgeschlagenes Seil, rechtsgedrehtes Seil ‖ ~/**left circular knitting machine** / Rechts-Links-Rundstrickmaschine *f* (DIN 62131) ‖ ~/**left construction** (knitt) / Rechts-Links-Bindung *f* ‖ ~/**right circular knitting machine** / Rechts-Rechts-Rundstrickmaschine *f* (DIN 62132) ‖ ~/**right construction** (knitt) / Rechts-Rechts-Bindung *f* ‖ ~/**right straight knitting machine** / Rechts-Rechts-Flachstrickmaschine *f* ‖ ~ **side** (fabr) / Oberseite *f*, Schauseite *f*, Schönseite *f*, Vorderseite *f*, rechte Seite ‖ ~-**to-left twill** / Linksgratköper *m* ‖ ~ **twill** / Rechtsgratköper *m*
rigid coating of the base fabric to the top coat (ctg) / hartes Ankaschieren des Grundgewebes an den Deckstrich ‖ ~ **foam** (ctg) / harter Schaum ‖ ~ **needle bar** (sew) / feststehende Nadelfontur ‖ ~ **needle bar** (sew) / feste Nadelstange ‖ ~ **rapier loom** (weav) / Stangengreiferwebmaschine *f*, Webmaschine *f* mit Greiferstange
rim *n* (of a hat) / Hutkrempe *f*, Krempe *f* ‖ ~ **de boi cotton** / auf einem Baum wachsende brasilianische Baumwolle
rimo cotton / feine seidige Baumwolle aus Senegal
rim pulley (spinn) / Drahtwirtel *m* ‖ ~ **wheel** (spinn) / Drahtwirtel *m*
ring *n* (spinn) / Spinnring *m* ‖ ~ **and runner** / Niagaraspindel *f*, Ringspindel *f* (DIN 64039) ‖ ~ **and traveller** / Niagaraspindel *f*, Ringspindel *f* (DIN 64039) ‖ ~ **applying machine** (spinn) / Ringaufziehmaschine *f* ‖ ~ **bar** / Traverse *f* der Ringspinnmaschine ‖ ~ **bobbin** / Ringspinnmaschinenspule *f* ‖ ~-**bobbin sewing machine** / Ringschiffchen-Nähmaschine *f* ‖ ~ **cam set** / Ringkurvenscheibensatz *m* ‖ ~ **clamp** / Führungsplättchen *n* des Platinenringes ‖ ~ **condenser** / Ringflorteiler *m* ‖ ~ **doffer** / Spulenabnehmer *m* ‖ ~ **doubler** / Ringzwirnmaschine *f* ‖ ~ **doubling and twisting** / Ringzwirnen *n* ‖ ~ **doubling and twisting frame** / Ringzwirnmaschine *f* (DIN 63602) ‖ ~ **doubling frame**, ring doubling machine / Ringzwirnmaschine *f* ‖ ~-**dyed material** / ringegefärbtes Material, mantelgefärbtes Material, Material *n* mit Mantelfärbung, Material *n* mit Ringfärbung, Material *n* mit Randzonenfärbung *f* ‖ ~ **dyeing** / Ringfärbung *f*, Randzonenfärbung *f*, Ringigkeit *f*, ringige Färbung
ringed temple / Stachelscheibenbreithalter *m*, Nadelwalzenbreithalter *m*
ring flyer (spinn) / Ringflügel *m* ‖ ~ **for ear shaped traveller without oil grooves** / Zwirnring *m* für ohrförmigen Läufer ohne Schmiernuten (DIN 64001) ‖ ~ **frame** (spinn) / Ringspinnmaschine *f*, Flügelspinnmaschine *f*, Drosselspinnmaschine *f*, Drosselmaschine *f*, Drosselstuhl *m*, Drossel *f* (DIN 63602) ‖ ~ **frame creel** / Ablaufgatter *n* ‖ ~ **frame drafting system** / Ringspinnmaschinen-Streckwerk *n*, Streckwerk *n* an der Ringspinnmaschine
ring-guide [circular] drawing frame / Scheibenwalzenstrecke *f*, Sonnenstrecke *f*
ringing *n* (knitt) / Ringelbildung *f*

ringless adj (hos) / ringelfrei adj, ringless adj ‖
~ **attachment** (knitt) / Ringless-Vorrichtung f, Ringelfrei-Vorrichtung f, Dreifadenführer-Wechselapparat m, Ringless-Apparat m ‖ ~ **pirn** (weav) / Klemmspule f
ring marks (of stains) pl / Fleckenrand m, Hofbildung f, Rand m ‖ ~ **method for measuring the surface tension** (mat test) / Ringabreißmethode f zur Bestimmung der Oberflächenspannung ‖ ~ **nozzle** (fil) / Ringdüse f ‖ ~ **of mails** (weav) / Harnischlitzen f pl, Harnischkordel f ‖ ~ **pirn** (weav) / Ringspule f ‖ ~ **rail** (spinn) / Ringbank f, Ringschiene f ‖ ~ **rail descent** (spinn) / Ringbankabsenkung f, Ringschienenabsenkung f ‖ ~ **rail holder** (spinn) / Ringbankträger m, Ringschienenträger m ‖ ~ **rail motion, ring rail traverse** (spinn) / Ringbankbewegung f, Ringschienenbewegung f
rings and studs (cpt) / Ringe und Dübel m pl ‖ ~ **for ring spinning and ring doubling frames, for "C" and "N" travellers** / einseitige Spinnringe für C- und N-förmige Läufer m pl (DIN 64000)
ring--shaped doctor blade (ctg) / Ringrakel f ‖ ~ **spindle** / Niagaraspindel f, Ringspindel f (DIN 64039) ‖ ~ **spindle with plug for warp tube** / Ringspindel f mit Aufsatz für Ketthülse (DIN 64045) ‖ ~ **spindle with roller bearing** / Ringspindel f mit Rollenlager (DIN 64040) ‖ ~ **spindle with tube coupling** / Ringspindel f mit Hülsenkupplung ‖ ~ **spinner** / Ringspinnmaschine f, Drossel f (DIN 63602) ‖ ~ **spinning** / Ringspinnerei f, Drosselspinnerei f ‖ ~ **spinning and twisting cop** / Ringspinnkops m, Ringzwirnkops m (DIN 61800) ‖ ~ **spinning doffer** / Ringspinndoffer m ‖ ~ **spinning frame** / Ringspinnmaschine f, Drossel f (DIN 63602) ‖ ~ **spinning frame drafting device** / Ringspinnmaschinenstreckwerk n ‖ ~ **spinning frame for pin cops** / Schußringspinner m ‖ ~ **spinning frame for woollen yarns** / Streichgarnringspinnmaschine f ‖ ~ **spinning in the wet state** / Naßringspinnen n ‖ ~ **spinning machine** / Ringspinnmaschine f, Drossel f (DIN 63602) ‖ ~ **spinning machine spindle** / Niagaraspindel f, Ringspindel f (DIN 64039) ‖ ~ **spinning method** / Ringspinnverfahren n ‖ ~**-spun yarn** / Ringspinngarn n, Ringspinnergarn n, Drosselgarn n, Ringgarn n, Watergarn n ‖ ~**-spun yarns** pl / Ringgespinste n pl ‖ ~ **temple** / Stachelscheibenbreithalter m, Nadelwalzenbreithalter m ‖ ~ **tension bar assembly** / Ringspannerzusammenstellung f ‖ ~ **toe** (hos) / Ringspitze f ‖ ~ **traveller** (spinn) / Ringläufer m (DIN 63800) ‖ ~ **traveller applicator** / Einsetzgerät n für Ringläufer ‖ ~ **tube** / Hülse f ‖ ~ **twister, ring twister frame, ring twisting frame** (spinn) / Ringzwirnmaschine f (DIN 63950) ‖ ~ **warp cop** / Ringspinnkettgarnkötzer m, Ringspinnkettgarncops m ‖ ~ **warp yarn** / Ringspinnkettgarn n ‖ ~ **waste** / Ringspinnereiabfall m ‖ ~ **yarn twisting frame** / Ringzwirnmaschine f (DIN 63950)
rinse v / spülen v, abspülen v, ausspülen v, auswaschen v, auswässern v, ausschwenken v, durchspülen v ‖ ~ n / Spülen, Abspülen n, Ausspülen n, Auswaschen n, Auswässern n, Ausschwenken n, Durchspülen n ‖ ~ **bath** / Spülbad n ‖ ~ **clear** (dye) / klarspülen v ‖ ~ **liquor** / Spülflotte f ‖ ~**-resistant** adj / spülfest adj ‖ ~ **with overflow** (dye) / im Überlauf spülen
rinsing n s. rinse ‖ ~ **bath** / Spülbad n, Abspülbad n, Ausspülbad n ‖ ~ **bleaching agent** / Spülbleichmittel n, Nachspülbleichmittel n ‖ ~ **box** / Spülkasten m ‖ ~ **compartment** / Spülabteil n ‖ ~ **drum** / Spültrommel f ‖ ~ **jig** / Spüljigger m ‖ ~ **liquor** / Spülflotte f ‖ ~ **machine** / Spülmaschine f ‖ ~ **machine for rope-like goods** / Strangwaschmaschine f, Klapot n, Klapotständer m ‖ ~ **plate** / Spülteller m ‖ ~ **process** / Spülvorgang m, Spülverfahren n, Spülen n ‖ ~ **roller** (text p) / Wasserwalze f ‖ ~ **solution** / Spülflotte f ‖ ~ **stock** / Spülgut n ‖ ~ **tank** / Spülbottich m ‖ ~ **trough**

/ Spültrog m ‖ ~ **tub, rinsing vat** / Spülkufe f, Spülbottich m ‖ ~ **water** / Spülwasser n ‖ ~ **with circulation** / Zirkulationsspülung f ‖ ~ **zone** / Spülzone f
Rio de Janeiro cotton / eine Art brasilianischer Baumwolle ‖ ~ **Grande cotton** (original form of many of the Upland short staple cottons) / eine Art brasilianischer Baumwolle
ripeness n (viscose) / Reife f ‖ ~ **tester** (for viscose) / Reifetester m
ripening chamber / Reiferaum m ‖ ~ **container** / Reifebehälter m ‖ ~ **of wool** (preparation of stiff, wiry carpet wools) / Geschmeidigmachen n von Teppichwolle ‖ ~ **process** / Reifeprozeß m, Reifevorgang m, Reifen n
rip knitting fabrics s. rib stitch goods
ripple v (flax) / riffeln v ‖ ~ n (flax) / Flachsriffel f, Riffelkamm m, Riffel f ‖ ~ **cloth** / Welliné m, Kräuselstoff m ‖ ~ **comb** / Flachsriffel f, Riffelkamm m, Riffel f, Flachsriffelkamm m ‖ ~ **crepe** / Kräuselkrepp m
rippled fabric / abgeteufeltes Gewebe
ripple stitch design / Reliefmuster n
ripplette n / Steppdecke f
ripple waste / Riffelabfall m
rippling n / Flachsriffeln n, Auskämmen n von Flachs ‖ ~ **bench** / Riffelbock m
rip velvet / Cord m, leichter Cordsamt, Rillensamt m, Rippensamt m, Ripsvelours m, Schnürlsamt m
rise--free design (knitt) / steigungsfreies Muster ‖ ~ **of the griffe** (weav) / Messerkastenhub m, Aushebung f des Messerkastens ‖ ~ **of the pattern area** (weav) / höhenmäßiger Rapportversatz
riser n (weav) / gezeichneter Bindepunkt ‖ ~ **to back panel** / Sattel m (z.B. an Jeans)
rising roll batcher / Steigdockenwickler m ‖ ~ **thread** / aufsteigender Faden
risk of yellowing / Vergilbungsgefahr f
risty cotton / levantinische Baumwolle
river cotton / Baumwolle f aus dem Mississippi- und Arkansas-Gebiet
Riverina wool / eine australische Wollsorte
river plate bag / Sack m aus grobem Jutegarn ‖ ~ **Plate wool** / Merinowolle f aus Argentinien und Uruguay ‖ ~ **retting** / Flußröste f, Röste f in fließendem Wasser, weiße Röste ‖ ~ **washing** / Schwemmwäsche f
riveted tuft carpet / Nadelflorware f mit Garnvernietung
rivet of latch needle / Schraubenniete f der Zungennadel
Rn (= rayon) / Reyon m r
road cloth (a number of roads in the United States have been laid with cotton cloth as a foundation for the asphalt), road membrane / Osnabrücker Baumwollware für den Straßenbau
roan adj / ebereschenrot adj, rotgrau adj, rötlichgrau adj, graurötlich adj
robbings n / im Kämmen abfallende (für Kämmlinge zu lange) Wollfasern
robe n / Gewand n ‖ ~ / Abendkleid n ‖ ~ (US) / Morgenrock m, Schlafrock m
robozo n / mexikanischer Baumwollschal für die Kopfbedeckung
rob timing / Nachzugleitung f
rock n (hist) / Spinnrocken m
rocker arm (weav) / Schwingarm m ‖ ~ **shaft assembly** (weav) / Schaukelwelle f
rocket bobbin / Raketenspule f (DIN 61800) ‖ ~ **muff** / Raketenmuff m, Raketenwickel m (DIN 61800) ‖ ~ **muff winding machine** / Raketenmuffspulmaschine f ‖ ~ **package** / Raketenspule f (DIN 61800) ‖ ~ **package on initial cone** / Raketenspule f auf Anfangskegel (DIN 61800)
rocking beam (weav) / Schwingbaum m, Streichriegel m, Walkbaum m, Walkwelle f ‖ ~ **movement** (weav) / Walkbewegung f ‖ ~ **roller** (weav) / Schwenkwalze f ‖

rocking

~ **temple** (weav) / Pendelbreithalter m ‖ ~ **temple cutter** (weav) / Pendelbreithalterschere f ‖ ~ **tree** (weav) / Ladenstock m, Ladenarm m ‖ ~ **yarn guide** (weav) / Pendelfadenführer m
rock tip (hos) / Pendelspitze f ‖ ~ **wool** / Steinwolle f, Gesteinswolle f, Mineralwolle f
rod n (knitt) / Schwingrute f ‖ ~ **balloon divider** / Stangenballonteiler m ‖ ~ **for supporting the tapestry** (weav) / Schienenrute f, Litzenträger m ‖ ~ **gripper** (weav) / Greiferstange f
Rodney Hunt saturator / Rodney-Hunt-Tränkeinrichtung f
rod of the warp beam (weav) / Beileger m ‖ ~ **rotor** (foam dye) / Stabrotor m ‖ ~ **teaseling machine** (weav) / Stabkardenrauhmaschine f
roe cotton / eine Upland-Baumwolle aus Louisiana ‖ ~ **hair** / Rehhaar n
r.o.l. s. ratio of liquor
roll bandage / Rollbinde f ‖ ~ **boiling** / Naßdekatur f, Heißwasserdekatur f, Pottingen n ‖ ~ **calender** / Walzenkalander m, Rollkalander m ‖ ~ **card** (weav) / Rollenkarte f ‖ ~ **clearer** / Reinigungswalze f ‖ ~ **coater** / Rollrakel f, Walzenauftragmaschine f, Walzenbeschichter m, Walzenstreichmaschine f, Walzenbestreichmaschine f ‖ ~ **coating** / Walzenauftrag m, Walzenauftragsverfahren n, Walzenstreichen n, Walzenstreichverfahren n, Auftrag m durch Walzen ‖ ~ **collar** / Rollkragen m ‖ ~ **covering** / Walzenbezug m ‖ ~ **damper** / Rollenbefeuchtungsmaschine f ‖ ~ **doctor** / Rollrakel f, Walzenauftragmaschine f, Walzenbeschichter m, Walzenstreichmaschine f, Walzenbestreichmaschine f
rolled hem (sew) / Rollsaum m ‖ ~ **length** (fabr) / Ballenlänge f ‖ ~ **overlock seam** / Überwendlich-Rollnaht f ‖ ~ **selvedge** (defect) / gefaltete Leiste ‖ ~ **sheet** / Walzfell n
rolled-up, in ~ condition / auf Rolle gewickelt ‖ ~ **selvedge** / Rollkante f
Roll Embossed Fibre (REF) / REF-Faser f, REF-Elementarfaden m (hergestellt durch Prägen und Recken von Folienstreifen oder Bändchen)
roller n / Rolle f, Walze f ‖ ~ (spinn) / Brechwalze f ‖ ~ (hos) / Zeugbaum m ‖ ~ (raschel) / Sandwalze f ‖ ~ **adjustment** / Walzeneinstellung f ‖ ~ **and clearer card** / Walzenkarde f, Rollenkarde f, Walzenkrempel f, Rollenkrempel f ‖ ~ **bath** (dye) / Rollenbad n ‖ ~ **bearing spindle for carded yarn mule** / Rollenlagerspindel f für Wagenspinnmaschine (DIN 64019) ‖ ~ **bed steamer** / Rollgangdämpfer m ‖ ~ **blind** / Rollvorhang m, Rollo n ‖ ~ **box** (printing, washing) / Rollenkasten m ‖ ~ **box** (dye) / Rollenkufe f ‖ ~ **box washing machine with spraying and squeezing units** / Rollenkastenwaschmaschine f mit Spritzrohr und Quetschwerk ‖ ~ **brush** / Walzenbürste f ‖ ~ **card** / Walzenkarde f, Walzenkrempel f, Rollenkarde f, Rollenkrempel f ‖ ~ **card raising machine** / Rollenkardenrauhmaschine f ‖ ~ **cleaning device** / Walzenwascheinrichtung f ‖ ~ **clearing device** / Walzenputzvorrichtung f ‖ ~ **cloth** / Walzentuch n ‖ ~ **coat[ing]**, roller covering / Walzenbelag m, Walzenbezug m, Walzenbeschichtung f, Walzenüberzug m ‖ ~ **decatizing machine** / Walzendekatiermaschine f ‖ ~ **delivery** (spinn) / Walzenlieferung f ‖ ~ **drafting** / Walzenstrecken n ‖ ~ **drafting zone** (spinn) / Walzenstreckwerk n ‖ ~ **drawing frame** (spinn) / Walzenstrecke f ‖ ~ **fabric spreader** / Rollenbreithalter m ‖ ~ **feed** / Walzeneinzug m ‖ ~ **filetting** / Walzenbeschlag m, Walzengarnitur f ‖ ~ **flocks** pl, roller fly (spinn) / Faserflug m, Walzenflug m ‖ ~ **forcing machine** (spinn) / Aufspindelmaschine f ‖ ~ **gig** / Walzenrauhmaschine f ‖ ~ **gin** (spinn) / Rollenegreniermaschine f, Walzenegreniermaschine f, Walzenentkörner m ‖ ~ **ginning** / Walzenentkörnung f ‖ ~ **hardening** (hatm) / Walken n mit dem Walkholz ‖

~ **lap** (spinn) / Streckwerkswickel m ‖ ~ **lapping top** / Waschwalzenzug m ‖ ~ **lapping waste** / Waschwalzenabgänge m pl, Waschwalzenband n ‖ ~ **lap-up** (spinn) / Wickelbildung f ‖ ~ **leather** (smooth-finished sheepskins used for covering rollers of cotton spinning machinery) / Walzenlederbezug m ‖ ~ **licking** (card, defect) / Walzenwickeln n, Wickelbildung f ‖ ~ **locker** / Bobinetmaschine f ‖ ~ **mangle** / Walzenmangel f, Zylindermangel f ‖ ~ **mill** (pigm) / Walzenfarbmühle f ‖ ~ **nip** (dye) / Quetschwalze f, Walzenquetsche f ‖ ~ **nip** / Walzenklemmstelle f ‖ ~ **picker** (spinn) / Flockfang m, Flockfanggerät n ‖ ~ **press** / Muldenpresse f, Walzenpresse f, Glanzpresse f, Zylinderpresse f, Karussellpresse f, Revolverpresse f ‖ ~ **presser** (sew) / Rollfuß m ‖ ~ **pressure tester** / Anpreßkraft-Testgerät n ‖ ~ **print** / mit Walzendruck gedrucktes Muster ‖ ~ **printed goods** / Rouleauxdruckware f ‖ ~ **printing** / Rouleauxdruck m, Walzendruck m, Zylinderdruck m ‖ ~ **printing dye** / Rouleauxdruckfarbe f, Walzendruckfarbe f ‖ ~ **printing machine** / Rouleauxdruckmaschine f, Walzendruckmaschine f, Zylinderdruckmaschine f ‖ ~ **printing method** / Rouleauxdruckverfahren n, Walzendruckverfahren n, Zylinderdruckverfahren n ‖ ~ **screen** (scr pr) / Rotationsschablone f ‖ ~ **setting** / Walzeneinstellung f ‖ ~ **setting** (spinn) / Streckfeldweite f ‖ ~ **singeing machine** / Walzensenge f ‖ ~ **spreading** (ctg) / Walzenauftrag m, Walzenauftragsverfahren n, Walzenstreichen n, Auftrag m durch Walzen, Walzenstreichverfahren n ‖ ~ **squeegee** (scr pr) / Rollrakel f ‖ ~ **steamer** / Rolldämpfer m ‖ ~ **steaming calender** / Rolldämpfkalander m ‖ ~ **stripper** / walzenförmiger Abstreifer m ‖ ~ **supported doctor** / Walzenrakel f ‖ ~ **take-up system** / Stoffaufrollvorrichtung f ‖ ~ **teaseling machine** / Rollkarden-Rauhmaschine f, Stabkarden-Rauhmaschine f ‖ ~ **temple** (weav) / Rollenbreithalter m, Walzenbreithalter m, Walzentempel m ‖ ~ **tension device** / Fadenzugkraftvorrichtung f ‖ ~ **thread brake** / Rollenfadenbremse f ‖ ~ **top card** / Walzenkrempel f ‖ ~ **towel** / Rollenhandtuch n, Rollhandtuch n, über eine Rolle laufendes Handtuch ‖ ~ **tub**, roller vat (dye) / Rollkufe f ‖ ~ **washing machine** / Walzenwaschmaschine f ‖ ~ **waste** / Walzenabfall m, Walzenauputz m ‖ ~ **weighting system** (card) / Zylinderbelastungssystem n, Zylinderbelastung f
roll hemmer (sew) / Rollsäumer m ‖ ~-**hemming machine** (sew) / Rollsaummaschine f
rolling, **ironing and friction calender** / Roll-, Glätt- und Friktionskalander m ‖ ~ **and lapping machine** (fin) / Walz- und Wickelmaschine f ‖ ~ **and measuring machine** (fin) / Meß- und Wickelmaschine f ‖ ~ **blanket** / Rolltuch n ‖ ~ **bobbin** (weav) / Abrollspule f, Laufspule f ‖ ~ **calender** / Rollkalander m ‖ ~ **flanged bobbin** / abrollende Scheibenspule f ‖ ~ **frame** (dye) / Walzenapparat m, Walzengestell n ‖ ~ **locker** / Bobinetmaschine f ‖ ~ **locker machine** / Rolling-Locker-Strickereimaschine f ‖ ~ **machine** / Aufrollmaschine f, Rollmaschine f, Wickelmaschine f ‖ ~ **mill** / Zylinderwalke f ‖ ~ **mill** (spinn) / Streckwerk n ‖ ~ **pin** / Rollholz n ‖ ~ **selvedge** / einrollende Kante, einrollende Salleiste, rollende Leiste ‖ ~ **stand** / Aufwickelgerät n ‖ ~-**up device** / Aufrollvorrichtung f, Aufwickelvorrichtung f ‖ ~-**up of knit goods** / Einrollen n von Maschenware ‖ ~-**up of selvedges** / Rollen n der Kanten, Kantenrollen n, Rollen n der Salleisten, Einrollen n der Kanten, Einrollen n der Salleisten
roll kiss coater / gegenläufige Walzenauftragmaschine ‖ ~ **kiss coater** / Walzenbeschichter m mit Tauchwalze ‖ ~ **laminating** / Kaschieren n auf der Walze, Kaschieren n zwischen heißen Walzen ‖ ~ **nip** (ctg) / Einzugskeil m, Walzenspalt m, Messerspalt m ‖ ~ **nip** (embossing) / Prägespalt m ‖ ~ **nip at the delivery end** (ctg) /

258

Ausgangsspalt m || ~ nip clearance (ctg) / Walzenabstand m || ~ of fabric / Kaule f, Warenkaule f, Stoffrolle f || ~-off creel / Abrollgatter n || ~-on girdle / Hüftformer m, Rollan m || ~ on the beam (weav) / aufbäumen v || ~ padder (dye) / Walzenfoulard m || ~ padder / Rollpikiermaschine f || ~ pattern device (weav) / Rollenkarte f || ~ picker (spinn) / Flockfang m, Flockfanggerät n || ~ pressure / Walzendruck m || ~ setting / Walzeneinstellung f || ~ towel (nwv) / Wegwerfhandtuch n von der Rolle, Einmalhandtuch n || ~-up mechanism / Aufrollmaschine f, Aufdockmaschine f || ~-up method / Aufdockverfahren n || ~-up sleeve (fash) / Aufrollärmel m || ~ welt (hos) / Umschlagrand m || ~ winder / Walzenspuler m
romain n (lining fabric in warp satin weave) (Fr) / Seidenromain m, Romain m
romal n (silk fabric made in India from native silk) / indisches Seidengewebe
Romney Marsh wool (demi-lustre wool from Kent) / Romney-Marsh-Wolle f
romper suit, rompers pl / Spielanzug m || ~ suit / Strampelhose f, Strampelhöschen n, Strampler m
Rongalite discharge / Rongalit-Ätze f || ~-soda process / Rongalit-Soda-Verfahren n
rongeant n / Ätzspitze f, Luftspitze f
ronoaks cotton / eine starke amerikanische Baumwolle
roof covering fabric / Dachbespannung f
room air conditions pl / Raumklima n || ~ temperature / Raumtemperatur f, RT
root rot s. cotton root rot
rope n / Rundseil n, Tau n, Seil n, Strick m || ~ / Reep n || ~ / Ende n (ein Stück Tauwerk) || ~ (fabr) / Strang m (Ware in Schlauchform), Gewebestrang m, Warenstrang m || ~ bleaching / Strangbleiche f || ~ bleaching machine / Strangbleichmaschine f || ~ braiding machine s. rope laying machine || ~ core / Seilseele f || ~ crease (clothm) / Strangfalte f, Strangknitterfalte f || ~ detwister (tin) / Strangaufdreher m || ~-dye v / strangfärben v || ~ dyeing / Strangfärberei f, Färben n in Strangform || ~ dyeing apparatus / Strangfärbeapparat m || ~ dyeing machine / Strangfärbeanlage f, Strangfärbeapparat m, Strangfärbemaschine f (im Stück) || ~ dyeing plant / Strangfärberei f || ~ end / Seilende n, Tauende n || ~ form (dye) / Strangform f || ~ heart / Seilseele f || ~ laying / Seilschlagen n, Kabelschlagen n || ~ laying machine / Seildrehmaschine f, Seilflechtmaschine f, Seilschlagmaschine f, Kabelschlagmaschine f, Verseilmaschine f || ~ machine s. rope laying machine
ropemaker n / Seiler m || ~'s rack / Hakenleiste f || ~'s reel / Seilerwinde f || ~'s wheel / Seilerrad n, Seilerspinnrad n
rope making / Seilerei f || ~ making machine s. rope laying machine || ~ mangle (fabr) / Strangquetsche f, Strangabquetschmaschine f, Strangausquetschmaschine f || ~ manufacturing machine / Verseilmaschine f || ~ mark (defect) / Strangstreifen m, Strangfärbefehler m, Streifenmarkierung f, Streifigkeit f || ~ marking (defect) / Streifigkeit f, Streifenmarkierung f, Strangstreifen m, Strangfärbefehler m || ~ of warp yarn / Kettstrang m || ~ opener / Strangausbreiter m, Strangöffner m || ~ padding mangle / Strangimprägniermaschine f || ~ piler, rope piling device (clothm) / Strangableger m, Rüsselvorrichtung f, Rüsselstrangeinleger m, Strangeinlegeapparat m || ~ rinsing machine / Strangspülmaschine f || ~ scouring / Strangwaschen n || ~-scouring machine / Strangwaschmaschine f || ~ scutcher / Strangöffner m || ~ silk / mehrfädige Stickereiseide || ~ sizing / Strangschlichten n || ~ sizing machine / Strangschlichtmaschine f || ~ soaper / Strangwaschmaschine f, Klapot n, Klapotständer m || ~ squeezer, rope squeezing machine / Strangquetsche f, Strangabquetschmaschine f, Strangausquetschmaschine

f || ~ stitch (sew) / Stielstich m, Grobstich m || ~ stitch seam (sew) / Grobstichnaht f || ~ strand / Seillitze f, Taulitze f || ~ twister / Seilschläger m, Seildreher m || ~ untwister / Strangaufdreher m || ~ washer / Strangwaschmaschine f, Klapot n, Klapotständer m || ~ washing range / Strangwaschanlage f || ~ yarn / Seilgarn n, Taugarn n || ~ yarn numbering / Seilgarnnumerierung f || ~ yarn spinning / Seilgarnspinnerei f
rose v (dye) / rosarot färben
rosé adj / rosé adj (RAL 3017)
rose adj / rosa adj, rosarot adj || ~ chafer green / goldkäferfarbig adj || ~ pink / rosa adj, rosarot adj || ~ red / rosenrot adj
rosette pattern / Rosettenmuster n
rosinduline n (dye) / Rosindulin n
rotafrotteur n / Würgelmaschine f, Würgelapparat m, Würgelwerk n, Nitschelwerk n, Nitschler m
rotary abrader (mat test) / Rundscheuerapparat m || ~ abrasion test / Rundscheuerversuch m, Rundscheuerprüfung f (nach Schopper) || ~ back (US), rotary beck (GB) (dye) / rotierende Kufe || ~ bobbin stand / rundlaufendes Spulengestell || ~ brush / umlaufende Bürste || ~ cloth press / Muldenpresse f, Glanzpresse f, Zylinderpresse f, Karussellpresse f || ~ cutting machine / Kreismesserschneidemaschine f || ~ dobby (weav) / Rotationsschaftmaschine f || ~ doctor (text pr) / rotierende Rakel || ~ drawing for worsted yarn spinning preparatory machine / Nadelwalzenstrecke f für die Kammgarn-Vorspinnerei (DIN 64091) || ~ drawing [frame] / Nadelwalzenstrecke f (DIN 64091) || ~ drier / Trommeltrockner m, Trockentrommel f, Kreiseltrockner m || ~ dyeing machine / Trommelfärbeapparat m || ~ feed (sew) / Rundtransport-Einrichtung f || ~ hosiery dyeing machine / Umlaufstrumpffärbeapparat m || ~ ironer / Zylinderbügelmaschine f, Zylinderplättmaschine f, Zylinderglättmaschine f || ~ looper (knitt) / umlaufender Kettenstichgreifer || ~ milling cutter / Rundschnittfräser m || ~ milling machine / Rotationswalkmaschine f || ~ nozzle / Drehdüse f || ~ open-width washing machine / rotierende Breitwaschmaschine f, Walzenpresse f, Glanzpresse f, Zylinderpresse f, Karussellpresse f, Revolverpresse f || ~ printing / Rotationsdruck m, Rotationsfilmdruck m || ~ screen / Rotationsschablone f, Rotationsschablone f || ~ screen carpet printing machine / Teppich-Rotations-Schablonen-Druckmaschine f || ~ screen foam application / Rotationsschablonen-Schaumauftrag m || ~ screen holder (text pr) / Rotationsschablonenträger m || ~ screen printing / Rundschablonendruck m, Rotationsfilmdruck m, Rotationssiebdruck m || ~ screen printing machine / Rundschablonendruckmaschine f, Rotationsfilmdruckmaschine f, Rotationssiebdruckmaschine f || ~ screen printing method / Rundschablonendruckverfahren n, Rotationsfilmdruckverfahren n, Rotationssiebdruckverfahren n || ~ screen with galvano-plastic design / galvanoplastisch dessinierte Rotationsschablone || ~ sewing hook / Umlaufgreifer m || ~ shaft machine (knitt) / Drehkettenstuhl m || ~ spinning pot / rotierender Spinntopf || ~ steam joint / rotierender Dampfanschluß || ~ stretcher / Breitstreckwalze f, Ausbreitwalze f || ~ traverse winder / rotierende Aufwickelvorrichtung f || ~ viscometer / Rotationsviskosimeter m || ~ washing machine / Trommelwaschmaschine f || ~ weave / Dreherbindung f, Gazebindung f, Tüllbindung f || ~ yarn guide / rotierender Fadenführer, Umlauffadenführer m
rotating cam box (knitt) / umlaufender Schloßmantel || ~ cam box knitting machine / Strickmaschine f mit

rotating

rotierendem Schloß ‖ ~ **can** / umlaufende Spinnkanne ‖
~ **extractor** (fin) / Sternabnehmer m ‖ ~ **funnel** (spinn) /
Drehtrichter m ‖ ~ **jack cam** / rotierender
Platinenexzenter ‖ ~ **knife-edge crimping** /
Kantenkräuselverfahren n mit rotierender Klinge ‖
~ **pirn** / Laufspule f ‖ ~ **rod drier** / Drehstababtrockner
m ‖ ~ **roller drier** / Rollstabtrockner m ‖ ~ **shuttle**
(sew) / rotierender Nähmaschinengreifer ‖ ~ **shuttle** /
Rundschiffchen n ‖ ~ **thread guide** / rotierender
Fadenführer, Umlauffadenführer m ‖ ~ **tub** /
Drehbottich m ‖ ~ **winding** / umlaufende Wicklung
rotation hoop knife splitting machine (nwv) /
Bandmesser-Spaltmaschine f ‖ ~ **in the liquor tanks** /
Flottenkreislauf m, Flottenumwälzung f, Flottenumlauf
m, Flottenlauf m, Flottenzirkulation f, Badumwälzung f
‖ ~ **of twisting element** / Drallgeberrichtung f
rotatory machine / Bobinetmaschine f, Tüllmaschine f
rotor deposits (OE spinn) / Rotorablagerungen f pl ‖
~ **groove** (OE spinn) / Rotorrille f, Rotorsammelrille f ‖
~-**groove deposits** (OE spinn) / Rotorrille-Ablagerungen
f pl ‖ ~ **moistening** (dye) / Rotorenfeuchtung f ‖ ~ **ring
method** (fibre test) / Rotorringmethode f ‖ ~ **spinning** /
Rotorspinnen n, Rotor-Spinnverfahren n (ein Offen-
End-Spinnen) ‖ ~ **spinning and winding machine** /
Rotor-Spinnspul-Maschine f ‖ ~ **spinning machine** /
Rotor-Spinnmaschine f ‖ ~-**spun yarn** / Rotorgarn n
Rotoset process / Rotoset-Verfahren n, Verwirbeln n von
Endlosfäden, Verblasen n von Endlosfäden
rot-proofed textiles / gegen Fäulnisbefall ausgerüstete
Textilien
rotproof finish / fäulnishemmende Ausrüstung
rotproofing n / Fäulnisfestausrüstung f
rot resistance / Verrottungsbeständigkeit f,
Fäulnisbeständigkeit f, Fäulnisfestigkeit f,
Fäulniswidrigkeit f ‖ ~-**resistant finish** /
Verrottungsfestappretur f, Verrottungsfestausrüstung f
‖ ~-**resistant test** / Fäulnistest m, Verrottungstest m ‖
~ **steep**, rotsteep n (immersion of cotton fabrics in
water before bleaching to eliminate impurities) /
Fäulnisschutzbeize f
rotting n s. retting
rough browns / stuhlrohe Leinenwaren f pl ‖ ~ **cloth** /
ungewalkter Stoff ‖ ~ **crêpe** / Krepp m mit körniger
Oberfläche
roughen v / rauhen v, anrauhen v, ratinieren v
roughers pl / stuhlfertige Wollwaren f pl
roughers' hackle (wooden appliance usually of beech,
studded in the centre with steel pins) / Ruffer m ‖
~ **longs** / beim Hecheln mit dem Ruffer gewonnene
lange Flachsfasern ‖ ~ **shorts** / beim Hecheln mit dem
Ruffer gewonnene kurze Flachsfasern
roughing n / Flachshecheln n mit dem Ruffer, Vorhecheln
n, Vorspitzen n
Rough Peruvian (variety of Gossypium vitifolium var.
vitifolium "Sea-Island-Cotton") / rauhe, drahtartige,
trockene peruanische Baumwolle ‖ ~ **pile moquette**
(fabr) / Frieselmokett m ‖ ~ **roving** / grobes Vorgarn
roughs pl (linen fabrics of the duck class, but not so
heavy, used for tailor's linings - sold in the brown state)
/ grobe Futterleinwand
rough--surface fabric / rauhes Gewebe, Rauhgewebe n ‖
~ **towel** / Frottierhandtuch n ‖ ~ **woollen blanket** /
Kotze f, Wollkotze f ‖ ~ **woollen cloth** / Lodenstoff m ‖
~ **yarn** / rauher Faden, rauhes Garn
round bale / Rundballen m, zylindrischer Ballen
(Baumwolle) ‖ ~ **ball** / Rundknäuel n m (DIN 61800) ‖
~ **bobbin** / Rundspule f ‖ ~ **burr** / Ringelklette f ‖
~ **comber** / Rundkämmer m ‖ ~ **elastic** / Gummifaden
m ‖ ~ **frame** / Rundwirkstuhl m, Rundwirkmaschine f ‖
~ **heel** (hos) / Rundferse f ‖ ~ **heel with holes** (hos) /
Kugelferse f, Rundferse f mit imitiertem Seitenketteln /
~ **heel without holes** (hos) / Rundferse f ohne imitiertes
Seitenketteln ‖ ~ **knife cloth cutter** / Rundmesser-
Stoffschneidemaschine f ‖ ~ **needle** / Rundnadel f ‖

~ **needling** / Rundbenadelung f ‖ ~ **of the design** /
Musterwiederholung f, Rapport m ‖ ~ **pirn** / Rundspule
f ‖ ~ **steamer** / Runddämpfer m ‖ ~ **strand rope** /
Rundlitzenseil n ‖ ~ **wire** (weav) / Zugrute f
rove n / Lunte f, Vorgarn n, Vorgespinst n, Flyergarn n
roving n / Lunte f, Vorgarn n, Vorgespinst n, Flyergarn n
‖ ~ s. also glass roving ‖ ~ (of textile glass) /
Textilglasroving n, Glasroving n ‖ ~ **bar** /
Luntenstange f ‖ ~ **beam** (weav) / beweglicher
Streichbaum ‖ ~ **billy** (spinn) s. flyer frame ‖ ~ **bobbin** /
Vorgarnwickel m, Vorgarnspule f,
Vorgarngespinstspule f, Vorgarnhülse f, Vorspinnspule
f, Flyerhülse f ‖ ~ **box** / Feinhechelstrecke f ‖ ~ **can** /
Vorgarnkanne f ‖ ~ **cellar** / Vorgarnkeller m ‖ ~ **count**
/ Vorgarnnummer f ‖ ~ **course** (knitt) / Draufreihe f,
Schutzreihe f, Ausstoßreihe f ‖ ~ **exhauster** /
Vorgarnabsauganlage f ‖ ~ **feed** / Vorgarnzufuhr f,
Vorgarnzuführung f ‖ ~ **feed guide** /
Eingangsluntenführer m (DIN 64050) ‖ ~ **feeler** /
Luntenfühler m ‖ ~ **frame**. fly frame ‖ ~ **guide** /
Vorgarnführer m, Luntenführer m ‖ ~ **indicator** /
Vorgarnzähler m ‖ ~ **integrity** (glass fibres) /
Stranggebundenheit f ‖ ~ **opener** / Vorgarnöffner m ‖
~ **rod** / Luntenlatte f
rovings f pl / geflyertes Vorgarn
roving tension / Luntenspannung f ‖ ~ **tester** /
Luntenprüfer m ‖ ~ **twist** (card) / Vorgarndrehung f ‖
~ **waste** / Vorgarnabfall m, Vorgarnenden n pl ‖
~ **weight** / Vorgarngewicht n ‖ ~ **yarn** / Vorgarn n,
Dochtgarn n
row n (knitt) / Maschenreihe f ‖ ~ (e.g. 7-row Axminster) /
Chor m (z.B. 7-choriger Teppich) ‖ ~ **of guides** (knitt) /
Lochnadelreihe f ‖ ~ **of healds** / Litzenreihe f ‖ ~ **of
hooks** (weav) / Platinenreihe f ‖ ~ **of loops** (knitt) /
Schleifenreihe f ‖ ~ **of needles** (knitt) / Nadelreihe f ‖
~ **of repeats** (dye) / Rapportstreifen m ‖ ~ **of spindles**
(spinn) / Spindelreihe f ‖ ~ **of warp threads** (weav) /
Kettfadenreihe f
rows pl / Anzahl f der Polgarnschlingen je Inch in der
Kettrichtung
royal n s. also armure ‖ ~ (silk fabric in plain weave, but
with the warp weaving two ends as one. Much used for
tie making.) / Royal m ‖ ~ **Axminster carpet** /
Chenilleteppich m, Royalaxminster-Teppich m ‖ ~ **blue**
adj / königsblau adj ‖ ~ **cashmere** (GB) / feinster
Kleiderkaschmir ‖ ~ **purple** / Königspurpur m,
dunkelblauer Purpur ‖ ~ **rib fabric** (knitt) /
Perlfangware f ‖ ~ **twill** (GB) / sehr feiner
Halbseidenstoff
rozelle hemp (strong, silky bast fibre, from the Hibiscus
sabdariffa) / Rosellahanf m
Rozi cotton (F. Obtusifolium - a variety of dhollerah
cotton) / Rozi-Baumwolle f
rtw s. ready-to-wear ‖ ~ (s. ready-to-wear)
rub v / reiben v, scheuern v, abscheuern v, frottieren v
‖ ~ (spinn) / nitscheln v, würgeln v
rubber n (spinn) / Reibband n, Nitschelhose f, Würgelzeug
n ‖ ~ **apron for grinding** / Gumminitschelhose f ‖
~-**backed** adj (cpt) / rückengummiert adj ‖ ~-**backed
fabric** / gummierter Stoff, gummiertes Gewebe,
rückseitig gummierter Stoff, rückseitig gummiertes
Gewebe ‖ ~ **band compressive shrinking machine** /
Kompressionskrumpfmaschine f mit Gummituch ‖
~ **band effect** (spinn) / Wanderung f des Streckpunkts
beim Streckverfahren ‖ ~ **blanket** (text pr) / Gummituch
n, Druckdecke f, gummierter Mitläufer ‖ ~ **blanket
passage** (text pr) / Gummituchpassage f ‖ ~ **coated** /
gummiert adj ‖ ~ **coating calender** / Gummierkalander
m ‖ ~-**coir web forming plant** /
Gummikosvliesanlage f ‖ ~ **condenser** (spinn) /
Nitschler m, Nitschelwerk n, Würgelmaschine f,
Würgelapparat m, Würgelwerk n ‖ ~ **core yarn** /
umsponnener Gummifaden ‖ ~ **drawing** (spinn) /
Finisseur m, Frotteurstrecke f, Nitschelstrecke f,

Würgelstrecke f ‖ ~ **drawing system** / Frotteurverfahren n, Nitschelverfahren n, Würgelverfahren n
rubberduck n (for outside of car roofs) / Rubberduck m
rubber filament / Gummieinzelfaden m ‖ ~ **filament yarn** / Gummifilamentgarn n ‖ ~ **for carbonized fabrics** / Karbonisierreibwolf m ‖ ~ **gear** (spinn) / Nitschler m, Nitschelwerk n, Würgelmaschine f, Würgelapparat m, Würgelwerk n ‖ ~ **hand knitting machine** / Gummihandstrickmaschine f
rubberize v / gummieren v, mit einem Gummiüberzug versehen
rubberized fabric s. rubber-backed fabric ‖ ~ **hair** (for upholstery) / Gummifaser f ‖ ~ **tyre cord** / gummierter Reifenkord ‖ ~ **yarn** / gummiertes Garn
rubber knitting machine / Gummistrickmaschine f ‖ ~ **leather** (spinn) / Reibband n, Nitschelhose f, Würgelzeug n ‖ ~**-lined canvas hose** / Schlauch m mit Gummieinlage ‖ ~ **made of wire netting** (spinn) / Drahtnitschelhose f ‖ ~ **sheet spreader** (ctg) / Gummituchrakel f ‖ ~ **squeegee** (ctg) / Gummirakel f ‖ ~ **stocking** / Gummistrumpf m ‖ ~ **thread** / Gummifaden m ‖ ~ **thread count** / Gummifadennumerierung f ‖ ~ **thread feeder** / Gummifadenzuführer m, Gummifadenzubringer m ‖ ~ **traverse on the finisher** / Nitschelhub m an dem Finisseur ‖ ~ **velvet** / gummiertes Baumwollgewebe mit beflockter Oberfläche ‖ ~ **yarn knitting machine** / Gummistrickmaschine f
rubbing n / Abrieb m, Scheuern n, Frottieren n ‖ ~ (spinn) / Nitscheln n, Würgeln n ‖ ~ **apron leather** (spinn) / Nitschelleder n, Würgelleder n ‖ ~ **cross** (spray test) / Reibkreuz n ‖ ~ **drawer** (spinn) / Frotteurstrecke f, Nitschelstrecke f ‖ ~ **fastness** (dye) / Reibechtheit f, Reibfestigkeit f, Scheuerfestigkeit f ‖ ~ **fastness tester** / Reibechtheitsprüfer m, Reibfestigkeitsprüfer m, Scheuerfestigkeitsprüfer m ‖ ~ **finisher** (spinn) / Nitschelfinisseur m ‖ ~ **frame** / Finisseur m, Frotteurstrecke f, Nitschelstrecke f, Würgelstrecke f ‖ ~ **leather** (spinn) / Reibband n, Nitschelhose f, Würgelzeug n (DIN 64119) ‖ ~ **leather for divider at woollen card** / Nitschelhose f für Florteiler an Sttreichgarnkrempel (DIN 64119) ‖ ~ **leathers** pl (spinn) / Nitschler m, Nitschelwerk n, Würgelwerk n (DIN 64119) ‖ ~ **mark** / Reibmarkierung f ‖ ~ **roller** (spinn) / Nitschelwalze f, Würgelwalze f ‖ ~ **section** (spinn) / Nitschler m, Nitschelwerk n, Würgelwerk n (DIN 64119) ‖ ~ **test** / Reibtest m, Reibprobe f, Scheuerprobe f
rub bright through wear / blank scheuern ‖ ~ **down** (seam) / ausreiben v
rubfastness / Reibechtheit f
rub-fast shade / reibechte Färbung
rubin adj, rubine adj / rubin adj, rubinrot adj (RAL 3003), rubinfarben adj, rubinfarbig adj
rub off (dye) / abreiben v ‖ ~ **resistance** / Scheuerfestigkeit f
ruby adj, ruby-red adj / rubin adj, rubinrot adj (RAL 3003), rubinfarben adj, rubinfarbig adj
ruche n (fash) / Rüsche f
ruching n (fash) / Rüschen f pl, Rüschenbesatz m
rucking [**effect**] (lam, defect) / Falten n beim Kaschieren
ruddle / Rötel m ‖ ~ **print** / Röteldruck m
ruddy adj / rot adj, rötlich adj
ruff v (cloth) / noppen v, aufreißen v, kratzen v, rauhen v ‖ ~ (flax) / durch die Grobhechel ziehen ‖ ~ n / Krause f, Halskrause f
ruffle v / kräuseln v ‖ ~ n / Krause f, Halskrause f ‖ ~ / Rüsche f, Rüschenkragen m
ruffler n (sewing machine attachment for making ruffling, plaiting and frilling) / Kräuselvorrichtung f, Fältelvorrichtung f
rufous adj / fuchsrot adj, rötlichbraun adj, rotbraun adj

rug n (GB) / kleiner Teppich, Bettvorleger m, Vorleger m, Brücke f ‖ ~ (GB) / grobe Wolldecke, dicke wollene Reisedecke ‖ ~ (GB) / rauhhaarige Matte ‖ ~ (US) / Teppich m, abgepaßter Teppich ‖ ~ **blanket** (US) / Reisedecke f
rugging n / Rauhware f für Fußbodenbelag
rugginose n (silk) / Abfallseide f aus fehlerhaften Kokons
rug set / Bettumrandung f
rule n (sew) / Führer m
ruled paper (weav) / Musterpapier n, Patronenpapier n
rule pocket / Zollstocktasche f
rumple v (gen) / knittern v, zerknittern v ‖ ~ (fin) / abglänzen v, durch Reiben abglänzen
rump wool / Stelßwolle f
run v (dye) / auslaufen v, fließen v, laufen v, verschwimmen v ‖ ~ n (dye) / Durchgang m, Durchlauf m, Passage f, Tour f ‖ ~ (fabr) / Bahn f, Gewebebahn f, Strich m des Gewebes ‖ ~ (knitt) / Fallmasche f, Laufmasche f ‖ ~ (nap) / Strich m ‖ ~ (a system of numbering woollen yarn of 100 yards each in one ounce. Thus, if 700 yards weigh 1 ounce, the yarn would be a "seven-run wool") (US) / amerikanisches System für die Wollgarnnumerierung, basierend auf je 100 Yard auf 1 Unze ‖ ~ **against the nap** / gegen den Strich laufen ‖ ~ **from one beam to the other** / umbäumen v ‖ ~ **in** (weav) / einweben v ‖ ~ **in full width**, run in open width / breit laufen ‖ ~**-in of carriage** (spinn) / Wageneinzug m, Wageneinfahrt f ‖ ~ **in proper alignment** (text pr) / im Rapport laufen, Rapport halten ‖ ~**-in ratio** / Einlaufverhältnis n
runability in rewinding (yarn) / Abspulbarkeit f beim Rückspulen
runnage of the lap (card) / Lauflänge f des Wickels
runner n (knitt) / Fallmasche f, Laufmasche f ‖ ~ (cpt) / Läufer m (langer, schmaler Teppich) ‖ ~ / Tischläufer m (schmale Zierdecke) ‖ ~ **cloth** / Mitläufer m, Mitläufertuch n, Zwischenläufer m, Untertuch n ‖ ~ **cloth stiffening** (text pr) / Mitläuferverhärtung f ‖ ~ **thread** (warp knitt) / Kontrollfaden m der Fadenkette
running crease (dye) / Lauffalte f ‖ ~ **length** / Lauflänge f ‖ ~ **loop** (knitt) / Fallmasche f, Laufmasche f ‖ ~ **marks** (dye) / Laufstreifen m pl, Fließstellen f pl ‖ ~ **meter** / laufender Meter ‖ ~**-off** n / Abwickeln n ‖ ~**-off frame** / Abwickelbock m ‖ ~**-off reel** / Ablaufhaspel f ‖ ~ **of goods** / Warenlauf m ‖ ~ **of the colour** / Farbablauf m (Fehler) ‖ ~**-on bar** (Cotton loom) / Aufstoßrechen m ‖ ~**-on position** (loops) / Aufstoßstellung f ‖ ~ **properties** (yarn) pl / Laufeigenschaften f pl ‖ ~ **properties** (ctg) / Rakelfähigkeit f ‖ ~ **properties** (of a thread or fabric) / Laufverhalten n ‖ ~ **stich** / Vorderstich m ‖ ~ **temperature** (dye) / effektive Arbeitstemperatur ‖ ~ **time** (dye) / Laufzeit f ‖ ~ **yard** / laufender Yard
run of cloth / Warenbahn f ‖ ~**-off table** / Auslauftisch m ‖ ~**-of-the-loom fabric** / keiner weiteren Behandlung unterworfene Stuhlware ‖ ~ **on** (loops) / aufstoßen v ‖ ~**-out fleece** / geringwertiges Vlies ‖ ~**-out of carriage** (spinn) / Wagenauszug m, Wagenausfahrt f ‖ ~**-preventive** adj (knitt) / laufmaschenverhindernd adj, laufmaschenhemmend adj
runproof adj (knitt) / maschenfest adj, laufmaschenfest adj, maschensicher adj, laufmaschensicher adj
run resistance / Laufmaschensicherheit f ‖ ~ **resistant hosiery** / maschenfeste Strumpfware, laufmaschensichere Strumpfware ‖ ~ **resistant knitted fabric** / maschenfeste Strickware, laufmaschensichere Strickware ‖ ~ **resistant stitch** / lauffeste Maschenbindung ‖ ~ **resistant strip** / Randverstärkung f ‖ ~**-resist construction** (knitt) / laufmaschensichere Strickart ‖ ~**-resist hose** / maschenfester Strumpf, laufmaschensicherer Strumpf
runstitch v (sew) / übersteppen v ‖ ~ / vornähen v
run--stitching n (seam) / Übersteppnaht f ‖ ~ **stop course** (knitt) / Maschenschutzreihe f ‖ ~ **system** /

run

amerikanische Run-Garnnummer ‖ ~ **the material in the bath before adding the dye** / das Färbegut vor dem Farbstoffzusatz vorlaufen lassen
runway of needles / Nadelsteg m
rupture strain (nwv) / Reißdehnung f ‖ ~ **strength** (nwv) / Reißfestigkeit f ‖ ~ **tenacity** (nwv) / Reißwiderstand m
rush carpet / Rutenteppich m
russel cord / Wollrips m
russet n (fabr) / grobes (meist rostbraunes) handgewebtes Tuch ‖ ~ (fash) / bes. hist. Schäfer- oder Bauernkleidung aus groben (meist rostbraunen) handgewebten Stoffen ‖ ~ adj / graubraun adj, rotbraun adj, rostbraun adj ‖ ~ / rotgelb adj, rotgrau adj
Russia braid s. soutache braid ‖ ~ **leather red shade** / juchtenrote Nuance
Russia[n] crash / Russisch-Leinen n
Russian green adj / russisch grün adj ‖ ~ **lace** / russische Spitze
rust-coloured adj / rostfarben adj, rostbraun adj
rustic pattern (fash) / Rustikalmuster n
rustling adj (silk) / raschelnd adj, knisternd adj, rauschend adj
rust mordant / Rostbeize f ‖ ~ **red** / rostrot adj ‖ ~**-stained** adj / rostfleckig adj
rusty silk / weißer Seidenstoff mit bräunlichen Fehlerstellen im Schuß
Rya carpet / Rya-Teppich m
Ryeland wool (from an old British breed of sheep native to the sandy areas southward from the Rye River, England. Much of the type is now raised in Kentucky.) / Ryeland-Wolle f

S

S₅₀ (standard dyeing time; time in which 50% of the dye has been exhausted) / Standardfärbezeit f, Halbfärbezeit S₅₀
sable n / Zobel m, Schwarz n ‖ ~ adj / schwarz adj
S-acid n (dye) / S-Säure f
sack n / Sack m ‖ ~ (fash) / Überwurf m, Umhang m ‖ ~ (fash) / Sackkleid n, Hänger m ‖ ~ (fash) / kurzer loser Mantel, loses Jackett ‖ ~ (fash) / Kontusche f (loses Frauen- o. Kinderkleid des 18. Jhs.) ‖ ~ **closing machine** / Sackzunähmaschine f
sackcloth n / Büßerhemd n, härenes Gewand ‖ ~ (a coarse cloth of goat or camel's hair or of flax, hemp or cotton) / Sackleinwand f, Sackleinen n, grobes Gewebe, Sacktuch n ‖ ~ (garment of sackcloth worn as a sign of mourning o. penitence) / Trauergewand n
sack coat (US) / Sakko m n, loses Herrenjackett ‖ ~ **darning thread** / Sackstopfzwirn m ‖ ~ **dress** (fash) / Sackkleid n, Hänger m ‖ ~ **drill** / Sackdrell m
sacking n / Sackleinwand f, Sackleinen n, Sackgewebe n, Packleinwand f, Packleinen n, Rupfen m ‖ ~ **cloth** s. sacking
sack needle / Sacknähnadel f, Sacknadel f ‖ ~ **sewing yarn** / Sacknähzwirn m
sadden vt (dye) / abdunkeln vt, dunkeln vt, dunkel färben, nachbeizen vt ‖ ~ vi (dye) / matt werden, nachdunkeln vi
saddening n / Abdunkeln n, Abdunkelung f ‖ ~ **agent** / Abdunkelungsmittel n ‖ ~ **dyestuff** / Abdunkelungsfarbstoff m
saddlebag n / Satteltasche f
saddle blanket / Woilach m
saddlecloth n / Schabracke f, Satteldecke f, Untersatteldecke f
saddle felt / Sattelfilz m, Sattelunterlage f ‖ ~ **grinder** / Schleiftuch n
saddler's thread / Sattlerzwirn m
saddle shoulders (fash) / Sattelschultern f pl ‖ ~ **stitch** / Sattlerstich m ‖ ~ **stitch seam** / Steppstichnaht f, Steppnaht f ‖ ~**-weighted top roller** / gesattelte Druckwalze
sadowa n (woollen dress fabric with the nap raised in circles, dots, squares etc) / Sadowa-Wollstoff m
safe ironing temperature / zulässige Bügeltemperatur
safety belt / Sicherheitsgurt m (DIN 7470), Anschnallgurt m, Anschnallriemen m ‖ ~ **carrier** (knitt) / Sicherheitsfadenführer m ‖ ~ **clothing** / Schutzkleidung f ‖ ~ **device** / Sicherheitsvorrichtung f, Schutzvorrichtung f ‖ ~ **harness** / Sicherheitsgurt m (DIN 7470), Anschnallgurt m, Anschnallriemen m ‖ ~ **net for building sites** / Fassadenschutznetz n ‖ ~ **stitch machine** / Safety-Stitch-Maschine f ‖ ~ **stitch machine** / Sicherheitsnahtmaschine f ‖ ~**-stitch seam** (sew) / Sicherheitsnaht f ‖ ~ **stitch sewing machine** (sew) / Sicherheitsnahtmaschine f ‖ ~ **stop for narrowing** (knitt) / Deckpatentsicherung f ‖ ~ **strap** (US) s. safety harness ‖ ~ **thread counter** / Sicherheitsfadenzähler m ‖ ~ **valve** (mach) / Sicherheitsventil n ‖ ~ **yarn guide** / Sicherheitsfadenführer m
safflower n / Saflor m, Färberdistel f (Carthamus tinctorius) ‖ ~ / Saflorrot n, Karthaminrot n ‖ ~ **dyestuff** / Saflor-Farbstoff m ‖ ~ **extract** / Saflorextrakt m ‖ ~ **oil** / Safloröl n
saffron n / Safran m ‖ ~ adj / safranfarben adj, safranfarbig adj, safrangelb adj ‖ ~ **colour** / Safranfarbe f, Safrangelb n ‖ ~**-coloured** adj / safranfarben adj, safranfarbig adj, safrangelb adj ‖ ~ **yellow** / safrangelb adj (RAL 1017)
safranine n (dye) / Safranin n

sag v / durchhängen v, schlaff werden, durchsacken v ‖ ~ (skirt seam etc) / schief hängen ‖ ~ (package) / absacken v
sagar cotton / graustichige kurzstapelige indische Baumwolle
sage green adj / salbeigrün adj
sagging n / Durchhängen n ‖ ~ (skirt seam etc) / Schiefhängen n ‖ ~ (package) / Absacken n ‖ ~ adj / durchhängend adj
sagittal suture / Pfeilnaht f
sago flour / Sagomehl n, Palmmehl n ‖ ~ **palm** / Sagopalme f (Metroxylon Rottb.) ‖ ~ **starch** / Sagostärke f, Palmenstärke f
Sahara (shade) (col) / saharafarben adj
sail n / Segel n ‖ ~ **canvas** s. sailcloth
sailcloth n (canvas for sails) / Segeltuch n, Segelleinwand f, Segelleinen n, Blachenstoff m, Persenning f, Zeltstoff m ‖ ~ (canvas-like dress-material) / grobes Leinentuch
sail duck / Segelduck m, Segeltuch n
sailor blouse (fash) / Marinière f ‖ ~ **collar** (fash) / Matrosenkragen m ‖ ~ **hat** / Matrosenhut m (in der Kinder- und Damenmode) ‖ ~ **suit** / Matrosenanzug m
sail twine / Segelgarn n
salamander wool (GB) / Asbest m
sal ammoniac / Ammoniumchlorid n, Salmiak m, Salmiaksalz n
salicylanilide / Salizylanilid n
salicylic acid / Salizylsäure f
salicyl yellow (dye) / Salizylgelb n
salimeter n / Salzgehaltmesser m
saline adj / salzig adj, salzhaltig adj ‖ ~ **solution** / Salzlösung f
salinimeter n s. salimeter
Salisbury white (GB) / weißer Flanell
salmiac n s. sal ammoniac
salmon--coloured adj / lachsfarben adj, lachsrosa adj ‖ ~ **oil** / Lachstran m, Lachsöl n ‖ ~ **pink** / lachsrosa adj, lachsfarben adj ‖ ~ **shade** / Lachsfarbe f
salsette hemp s. Bengal hemp
salt v / salzen v, (einer Substanz) Salz zusetzen ‖ ~ n / Salz n ‖ ~ **and pepper** (homespuns and tweeds made with ply yarns of black and white) / Pfeffer-und-Salz-Stoffe m pl ‖ ~ **bath** / Salzbad n, salzhaltiges Bad ‖ ~ **brine** / Salzlauge f, Sole f, Salzlösung f ‖ ~ **causing hardness of water** / Härtebildner m ‖ ~ **colours** (direct synthetic dyes which use salt to increase colour fastness) / Salzfarbstoffe m pl, Kochsalzfarben f pl ‖ ~ **compound** / Salzbindung f ‖ ~ **concentration** / Salzkonzentration f ‖ ~ **content** / Salzgehalt m ‖ ~**-controllable dyestuff** / salzkontrollierbarer Farbstoff
salted--out hard curd soap / ausgesalzene Natronkernseife
salt frmation / Salzbildung f
saltillo n / mexikanische Wolldecke
salting out / Aussalzen n
salt of arsenious acid / arsenigsaures Salz ‖ ~ **of lignosulphonic acids** / lignosulfonsaures Salz
saltpetre n, saltpeter n / Salpeter m, (i.e.S.) Kalisalpeter m
salt removal from water / Wasserentsalzung f ‖ ~ **residue** / Salzrückstand m ‖ ~ **resistance** / Salzbeständigkeit f ‖ ~**-resistant** adj / salzbeständig adj ‖ ~ **solution** / Salzlösung f ‖ ~ **stain** / Salzfleck m ‖ ~ **treatment for relustring** (dye) / Salzbehandlung f zur Relustrierung ‖ ~ **water** / Salzwasser n, Seewasser n ‖ ~**-water resistant** / seewasserbeständig adj
salty adj / salzig adj
Salvador sisal / Salvador-Sisalhanf m
Samarkand n (Turkestan handmade carpet) / Samarkand m
Samoa grass (used for baskets, mats etc) / Yuccagras n
sample v / eine Probe [ent]nehmen, ein Muster ziehen, bemustern v ‖ ~ n / Muster n, Probe f, Prüfling m ‖ ~ (esp of fabric) / Arbeitsmuster n, Warenmuster n,

sample

sample Vorlage f ‖ ~ **book** / Musterbuch n ‖ ~ **card** / Musterkarte f ‖ ~ **card** (wool) / Musterkarde f ‖ ~ **card winding machine** / Musterkartenwickelmaschine f ‖ ~ **collection** / Musterkollektion f ‖ ~ **compartment** / Musterschleuse f ‖ ~ **dyeing** / Musterfärbung f, Musterfärben n, Laborfärbung f ‖ ~ **dyeing jig** / Musterfärbejigger m ‖ ~ **dyeing padder**, sample dyeing padding machine / Musterfoulard m ‖ ~ **dyeing unit** / Musterfärbeeinrichtung f ‖ ~ **felting machine** / Musterfilzmaschine f, Musterplattenwalke f ‖ ~ **holder** / Probenhalter m, Probenwechsler m ‖ ~ **loom** / Musterwebstuhl m ‖ ~ **piece of fabric** / Stoffkupon m
sampler n / Probenehmer m ‖ ~ (needlework) / Sticktuch n
sample room / Musterlager n
samples from bulk working / Praxismuster n pl
sample shade / Probefarbe f ‖ ~ **spinning machine** / Musterspinnmaschine f ‖ ~ **table** / Abschlagtisch m ‖ ~ **warp** / Musterkette f ‖ ~ **weaving machine** / Musterwebmaschine f
sampling n / Probenahme f, Probenehmen n, Bemusterung f, Ausmustern n ‖ ~ **chamber** / Musterschleuse f ‖ ~ **device** / Probeentnahmevorrichtung f ‖ ~ **jigger** / Musterjigger m ‖ ~ **sluice** / Musterschleuse f ‖ ~ **temperature** / Musterungstemperatur f ‖ ~ **vessel** / Mustergefäß n
sampsons pl / Stützen f pl für Textilmaschinen
san[a] n s. Bengal hemp
sandal n s. sendal ‖ ~ **foot splicing** (hos) / schmale Sohlenverstärkung ‖ ~**-foot type of hose** / Strumpf m ohne Verstärkung an Ferse und Spitze
sand bag / Sandsack m ‖ ~**-coloured** adj / sandfarben adj ‖ ~ **crepe** / Sandkrepp m, Mooskrepp m, Sable m
sandies pl / Sand enthaltende Baumwollkapseln f pl
sanding n (a fabric) / Anrauhen n
sandpaper v (hatm) / [mit Sandpapier] abreiben ‖ ~ n / Sandpapier n
sand roll[er] / Sandbaum m
sandwich blending / schichtweise Vermischung, schichtweises Vermischen ‖ ~ **blending method** (fibres) / Mischbettverfahren n ‖ ~ **effect** (wool dye; "grey" surface aspect caused by undyed fibres on the sliver surface) / Grauschleier m
sandwiching material (lam) / Verbundstoff m
sandwich laminate / Verbundschichtstoff m, Mehrlagenlaminat n ‖ ~ **lap** / Wickel m nach der Sandwichmethode ‖ ~ **moulding** / Formschäumen n, Herstellen n von Schaumstoff-Schichtstoff-Verbundmaterial ‖ ~ **moulding** / Sandwich-Spritzgießverfahren n ‖ ~ **rolling mill** / Mehrschichtstoffkalander m ‖ ~ **seam** / Überfangnaht f ‖ ~ **test** (dye) / Sandwich-Test m (Bestimmung des Migrationsverhaltens eines Farbstoffes)
sandy adj (col) / sandfarben adj ‖ ~ (handle) / sandig adj ‖ ~ **cotton** / sandige Baumwolle
sand yellow adj / sandgelb adj (RAL 1002)
sandy surface / körnige Oberfläche
sanforize v / sanforisieren v
sanforized finishing machine / Sanforisiermaschine f, Sanforsisieranlage f
sanforizing n (fin) / Sanforisieren n, Krumpffreimachen n ‖ ~ **process** (fin) / Sanforisieren n, Krumpffreimachen n
sanitary cotton / Verband[s]watte f ‖ ~ **napkin** (US) / Damenbinde f ‖ ~ **nonwovens** / hygienische Vliese n pl ‖ ~ **pad** / Hygienevlies n ‖ ~ **textiles** / Sanitätstextilien f pl, Hygienetextilien f pl ‖ ~ **towel** (GB) / Damenbinde f ‖ ~ **towel casing** (GB) / Umhüllungsgestrick n für Damenbinden
sanitize v / desinfizieren v
sanitized finish (chemical anti-bacterial finish) / Sanitized-Ausrüstung f
sans envers (Fr) / doppelseitiger Stoff
sansevieria fibre / Bogenhanffaser f, Sansevieriafaser f
sanyan silk / wilde westafrikanische Seide

sap green adj / saftgrün adj
saponifiability n / Verseifbarkeit f
saponifiable adj / verseifbar adj
saponification n / Verseifung f ‖ ~ **agent** / Verseifungsmittel n ‖ ~ **dyeing** / Verseifungsfärbeverfahren n ‖ ~ **finishing** / S-Finish n, oberflächliches Verseifen, Verseifung f (in starken, heißen Natronlaugebädern) ‖ ~ **method** / Verseifungsverfahren n ‖ ~ **number** / Verseifungszahl f, VZ ‖ ~ **process** / Verseifungsvorgang m ‖ ~ **test** / Verseifungsprobe f ‖ ~ **value**, SV / Verseifungszahl f, VZ
saponified acetate filament / verseifter Acetatelementarfaden, verseifte Acetatseide
saponify v / verseifen v
saponifying agent / Verseifungsmittel n ‖ ~ **bath** / Verseifungsbad n
sappanwood n (dye) / Sappanholz n (aus Caesalpinia sappan)
sapphire blue adj / saphirblau adj (RAL 5003)
sappy wool / besonders fettige Schmutzwolle
SAP slider (semi-automatic prong) (zip) / Hakenfeststellerschieber m (mit Feder)
Saran n (synthetic fibre blend) / Saran n ‖ ~ **fibre** / Saranfaser f
Sarcenet n / Sarsenett m (feiner, weicher Seidenfutterstoff), Sarsenet m, Sarsenet-Glanzfutterstoff m, Seidentaft m
sari n (Indian dress) / Sari m
sarong n (fabr) / Sarongstoff m, bedruckter Kattun ‖ ~ (Malaysian wear) / Sarong m
Sar[o]uk n (Persian handmade carpet) / Sar[o]uk m, Saruqteppich m (ein handgeknüpfter Teppich aus der Gegend von Sultanabad von mittelfeiner bis feiner Knüpfung mit hohem glänzendem Flor) ‖ ~ adj (col) / saruq adj, braunbeige adj
sarplier n / grobes Packleinen für Wollballen
sarsenet n s. Sarcenet
sash n / Schärpe f ‖ ~ **cord** / Schiebefensterschnur f
sateen n (ungenauer) / Baumwollatlas m, Baumwollsatin m, atlasbindige Baumwolle ‖ ~ (weft-faced weave in which binding places are arranged to produce smooth cloth surface free from twill) / Schußatlas m, Schußsatin m ‖ ~ **two-step** ~ / Atlas m mit zwei Steigungszahlen ‖ **with** ~ **finish** / satiniert adj ‖ ~ **finish** / Satinappretur f, Glanzausrüstung f, Satinieren n ‖ ~ **shirting** (GB) / gestreifter Baumwollstoff in fünfbindiger Atlasbindung ‖ ~ **ticking** / Atlasdrell m ‖ ~ **velvet** / satinierter Samt ‖ ~ **weave** / Atlasbindung f, Satinbindung f
satin v / satinieren v ‖ ~ n (ungenauer) / Baumwollatlas m, Baumwollsatin m, atlasbindige Baumwolle ‖ ~ (warp-faced weave in which binding places are arranged to produce smooth cloth surface free from twill) / Kettatlas m, Kettsatin m
satinage n (Fr) / Satinieren n
satin binding point / Atlasbindepunkt m ‖ ~**-bound blanket** / Decke f mit Veloursbandeinfassung ‖ ~ **brodé** (Fr) / bestickter Atlas ‖ ~ **crepe** / atlasbindiger Krepp, Crêpe-Satin m ‖ ~ **de chine** (Fr) / reinseidener atlasbindiger Kleiderstoff ‖ ~ **de laine** (Fr) / Wollsatin m ‖ ~ **double-face** (Fr) / Doppelatlas m ‖ ~ **draw-in draft** / Atlaseinreihung f, Atlasreihung f ‖ ~ **drill** / Drellsatin m, Satindrell m ‖ ~ **duchesse** (Fr) / Duchesse f
satine n s. sateen
satinet n / Satinet m / Satinet m, Satinett m, Halbatlas m, leichter Satin, Baumwollsatin m, Halbwollgewebe n für Herrenoberbekleidung
satin·-faced / mit atlasbindiger Oberseite ‖ ~ **finish** / Satinieren n, Satinausrüstung f ‖ ~ **ground** / Atlasgrund m
satinisco n / ein geringwertiger Futtersatin
satinize v / satinieren v, einen Seidenglanz verleihen

satinizing n / Satinierung f ‖ ~ **calender** / Satinierkalander m
satin point / Atlaspunkt m ‖ ~ **rayé** (Fr) / längsgestreifter Atlas ‖ ~ **reversible** (Fr) / umkehrbarer Satin ‖ ~ **rib** / Atlasgrat m ‖ ~ **ribbon** / Atlasband n ‖ ~ **sheeting** / lose gewebter atlasartiger Dekorationsstoff aus Baumwolle und Seide ‖ ~ **stitch** (sew) / Raupenstich m ‖ ~ **stitch** (embroidery) / Flachstich m, Federstich m ‖ ~ **stripes** pl / Streifensatin m ‖ ~ **taffeta** / Taft m mit Satinoberseite ‖ ~ **top** / Atlasbarchent m ‖ ~ **tricot** / Satintrikot m ‖ ~ **turc** / fünfbindiger Satin ‖ ~ **weave** / Atlasbindung f, Satinbindung f
saturant n / Imprägniermittel n
saturate v / tränken v, sättigen v, durchtränken v ‖ ~ (i.e.S.) / imprägnieren v
saturated adj (colour) / satt adj ‖ ~ **air** / gesättigte Luft ‖ ~ **aliphatic compound** / aliphatische gesättigte Verbindung ‖ ~ **steam** / Sattdampf m, gesättigter Dampf, Naßdampf m ‖ ~-**steam setting** / Sattdampffixierung f ‖ ~-**steam setting unit** / Sattdampffixierapparat m
saturating liquid / Tränkflüssigkeit f
saturation n / Sättigung f, Tränken n, Durchtränken n ‖ ~ **bath** / Imprägnierbad n ‖ ~ **bonding** / Bondieren n durch Tränken f ‖ ~ **concentration** / Sättigungskonzentration f, Sättigungstiefe f ‖ ~ **concentration** (dye) / Farbstoffsummenzahl f ‖ ~ **factor** (dye) / Sättigungsfaktor m ‖ ~ **point** / Sättigungspunkt m ‖ ~ **point of the fibre** / Fasersättigungspunkt m ‖ ~ **scale** (dye) / Sättigungsstufe f ‖ ~ **value** (dye) / Sättigungswert m
saturator n (fin, impregnation) / Sättiger m, Tränkeinrichtung f, Saturator m
saved list fabric (GB) (dyed fabric with white selvedge) / Stoff m mit weißen Kanten
Savonnerie rug (Fr) / Savonnerie-Teppich m
saw blade ginning / Sägeblattentkörnung f ‖ ~ **gin** / Säge-Egreniermaschine f ‖ ~-**ginned cotton** / auf der Säge-Egreniermaschine entkörnte Baumwolle
sawing fatigue tester (tyrecord) / Sägeermüdungsmaschine f
saw slit (of needle) (knitt) / Zungenschlitz m ‖ ~ **tooth** (spinn) / Sägezahn m ‖ ~-**tooth butt** / sägezahnförmiger Fuß bei Musterauswählern ‖ ~-**tooth card clothing**, saw-tooth clothing (spinn) / Sägezahndrahtbeschlag m, Sägezahnbeschlag m, Sägezahngarnitur f ‖ ~-**tooth crimp** / Sägezahnkräuselung f ‖ ~-**tooth cut** (sew) / Sägezähnung f ‖ ~-**tooth cylinder** (spinn) / Sägezahnzylinder m ‖ ~-**tooth licker-in** (spinn) / Sägezahnvorreißer m ‖ ~-**tooth-like fabric edge** (hos) / Mäusezähnchen n, Rattenzahnkante f, Mausezahn m, Zäckchenkante f, gezahnter Doppelrand ‖ ~-**tooth opener and cleaner** (spinn) / Sägezahnöffner und -reiniger m ‖ ~-**tooth roller** (spinn) / Sägezahnzylinder m ‖ ~-**tooth taker-in** (spinn) / Sägezahnvorreißer m ‖ ~-**tooth wire for spinning machine, pointed form** / Sägezahndraht m für Spinnereimaschine, spitze Form (DIN 64122)
Saxony n (woollen cloth or yarn from good-quality wool) / Saxony m, Saxonystoff m, Sachsenstoff m (Gewebe aus Merinostreichgarnen mit leichter Meltonappretur, häufig gemustert als Glencheck, Pepita oder Hahnentritt) ‖ ~ **blue** / Sächsischblau n, Neublau n ‖ ~ **carpet** / Saxony-Teppich m ‖ ~ **lace** / Plauener Stickmaschinenspitze ‖ ~ **wool** / Elektoralwolle f
say cast / grobe Schwanzwolle
sayette yarn / Halbkammgarn n, Sayettegarn n, Strickgarn n
scaffolding fibre / Stützfaser f
scald v / brühen v, abbrühen v, abkochen v
scalding tub / Abbrühwanne f ‖ ~ **vat** (fin) / Abbrühkessel m
scale n (wool) / Schuppe f ‖ ~ (incrustation) / Kesselstein m, Wasserstein m ‖ ~ (for the narrowing spindle) (knitt) / Skala f für Deckpatentspindel ‖ ~ **insect** / Schildlaus f ‖ ~ **layer** (of wool) / Schuppenepithel n des Wollhaares ‖ ~ **masking** / Wollschuppenmaskierung f ‖ ~ **of colours** / Farbskala f, Farbenskala f ‖ ~ **off** / abblättern v, abschuppen v
scaling n / Schuppenbildung f
scallop v / langettieren v, mit Langetten verzieren, auszacken v, die Kante bogenförmig ausschneiden, festonieren v ‖ ~ n / Langette f, bogenförmige Verzierung, Bogen m, Ausbogung f, Bogenkante f ‖ ~ (weav) / Festonbogen m
scalloped centre slit (in slip) / mit Langette bestickter Mittelschlitz (in Unterkleid) ‖ ~ **edging** / Feston n, Festonrand m, Muschelkante f ‖ ~ **front panel** / ausgebogte obere Knopfleiste
scallop edge s. scalloped edging ‖ ~ **edge-seamer** / Muschelsaumnähmaschine f
scalloped hem / Muschelsaum m ‖ ~ **lace** / Bogenspitze f ‖ ~ **neckline** (fash) / Bogenausschnitt m ‖ ~ **walking slit** / mit Langetten bestickter Seitenschlitz ‖ ~ **welt edge** (hos) / Mäusezähnchen n, Rattenzahnkante f, Mausezahn m, Zäckchenkante f, gezahnter Doppelrand
scallop-finish edging / mit Langetten bestickter Rand
scalloping machine / Ausschneidemaschine f
scallop seam / Muschelsaum m
scaly adj / schuppig adj
Scandinavian-type sweater / Norwegerpullover m
scanner n (weav) / Abtaster m, Abtastvorrichtung f, Stoffbeschauvorrichtung f
scanning beam of light / Abtastlichtstrahl m ‖ ~ **head** / Aufnahmekopf m (Electronic-Style-Verfahren)
scanties pl / Unterhose f
scapulary n (previously monastic woollen garment with hood or cowl attached, now popular in fashion) / Skapulier n
scarf n / Schal m, Halstuch n, Kopftuch n
scarlet / Biebricher Scharlach ‖ ~ adj / scharlachrot adj ‖ ~ **hat** / Kardinalshut m ‖ ~ **red** n / Biebricher Scharlach ‖ ~ **red** adj / scharlachrot adj
scattered light / Streulicht n
scattering of light (pig) / Lichtstreuvermögen n
scatter rug / [kleine] Brücke, Teppichvorlage f, Teppichvorleger m
scavenger n / Reinigungsmittel n
s.c.c. (s. single-cotton covered)
schappe n (waste silk thread from which some natural gum has been removed by fermentation) / Schappe f, Abfallseide f ‖ ~ **fabric** / Schappe f, Schappegewebe n ‖ ~ **ribbon** / Schappeseidenband n ‖ ~ **silk** / Schappeseide f, Florettseide f ‖ ~ **silk fabric** / Schappe f, Schappegewebe n ‖ ~ **silk spinning** / Schappespinnerei f, Schappeseidenspinnerei f, Florettspinnerei f ‖ ~ **silk twist** / Schappezwirn m ‖ ~ **silk yarn** / Schappegarn n, Schappeseidengarn n, Schappegespinst n, Florettseidengarn n ‖ ~ **spinning** / Schappespinnerei f, Schappeseidenspinnerei f, Florettspinnerei f ‖ ~-**spun nylon twist** / "Schappe-spun"-Nylonzwirn m ‖ ~ **yarn** / Schappegarn n, Schappegespinst n
schapping n / Degummieren n von Seidenabfällen durch Fermentation
schiffli machine s. Schiffli machine
Schiffli embroidery / Schifflistickerei f ‖ ~ **embroidery machine** / Schiffchenstickmaschine f ‖ ~ **embroidery machine** (sew) / Großstickmaschine f ‖ ~ **machine** / Schiffchenstickmaschine f
Schmalband / Schmalband n, Bändchen n
school cap / Schülermütze f ‖ ~ **uniform** / Schuluniform f
Schreiner calender / Schreinerkalander m, Seidenfinish-Kalander m, Riffelkalander m (DIN 64890)
schreinered adj / geschreinert adj, schreinerisiert adj
Schreiner effect / Schreiner-Effekt m ‖ ~ **finish** / Schreiner-Finish m, Seidenfinish m
schreinering / Schreinern n

schreinerize v / schreinern v, schreinerisieren v
schreinerizing n / Schreinerisieren n
Schweizer's reagent (wool testing) / Kupferoxidammoniaklösung f, Schweizers Reagens n
scintillating adj / funkelnd adj
scissor action thread trimmer (sew) / Fadenabschneidschere f
scissors pl / Schere f ‖ ~ cutting / Scherenschnitt m ‖ ~ for removing burls and knots / Noppenschere f ‖ ~ skirt (fash) / Scherenrock m
scollop v s. scallop
scoop n (US) (zip) / Zahn m ‖ ~ roll (ctg) / Schöpfwalze f
scorch v / sengen v, versengen v, flammen v
scorching n / Sengen n, Ansengen n ‖ ~ mark / Sengstelle f
scorch tester / Sengprüfgerät n ‖ ~ testing (US test procedure to determine damage by heat of resin finished cotton fabrics in the presence of retained chlorine; AATCC Specification, Method 92) / Sengprüfen n, Sengprüfung f
Scotch blackface wool / schottische Schwarzkopfschafwolle ‖ ⁓ cap / Schottenmütze f (kleine bebänderte Mütze mit Längsfurche) ‖ ⁓ carpet / Kidderminster-Teppich m (beidseitig gemusterter Teppich) ‖ ⁓ fabric (weav) / Ecossais m (Gewebe mit Schottenkaros) ‖ ⁓ feed / Querzuführung f ‖ ⁓ feeder (nwv) / Kreuzleger-Transportband m ‖ ⁓ fingering (used for winter garments) / leichtgedrehte Strickwolle ‖ ⁓ gauze / Camilla f ‖ ⁓ pattern / Schottenmuster n ‖ ⁓ plaid / Tartan m ‖ ⁓ silk / Ecossais m (Gewebe in Schottenkaros) ‖ ⁓ twilled woollen stuff / Kersey m, Kirsey m, Kersei m
scots (GB) / weichgriffige Kleiderserge
scour v / waschen v, vorwaschen v, reinigen v ‖ ~ (wool) / entfetten v, entschweißen v ‖ ~ (silk) / entschälen v, entbasten v, degummieren v, abkochen v ‖ ~ (cotton) / beuchen v ‖ ~ (cotton yarn) / entschlichten v ‖ ~ n s. scouring
scoured wool / Waschwolle f, entschweißte Wolle, entfettete Wolle, gewaschene Wolle
scourer n (cloth) / Scheuerlappen m ‖ ~ (machine) / Wollwaschmaschine f (DIN 64100), Waschmaschine f ‖ ~ (spot remover) / Fleckenreinigungsmittel n, Fleckenreiniger m, Detachiermittel n
scour finishing / Waschausrüstung f
scouring n (wool) / Entschweißen n, Entfetten n ‖ ~ (dye) / Brühe f ‖ ~ (raw goods) / Waschen n, Reinigen n, Vorwäsche f ‖ ~ (silk) / Entschälen n, Entbasten n, Degummieren n, Abkochen n ‖ ~ (cotton) / Beuchen n ‖ ~ (cotton yarn) / Entschlichten n ‖ ~ action / Waschwirkung f ‖ ~ addition / Waschzusatzmittel n ‖ ~ agent / Waschmittel n, Reinigungsmittel n ‖ ~ agent (wool) / Entschweißungsmittel n, Entfettungsmittel n ‖ ~ agent (silk) / Entbastungsmittel n ‖ ~ apparatus / Waschmaschine f, Spülapparat m ‖ ~ apparatus (wool) / Entschweißapparat m ‖ ~ apparatus (silk) / Abkochapparat m ‖ ~ auxiliary / Waschhilfsmittel n ‖ ~ basin (wool) / Entschweißbottich m ‖ ~ bath / Waschflotte f, Waschbad n ‖ ~ bath (wool) / Entschweißbad n ‖ ~ bath (silk) / Entschälbad n, Entbastungsbad n, Abkochbad n ‖ ~ bath containing chlorine / Chlorbad n, Chlorwäsche f ‖ ~ beck / Waschkufe f ‖ ~ boiler / Beuchkessel m ‖ ~ bowl / Waschtrog m, Flottentrog m ‖ ~ box / Waschtrog m, Flottentrog n ‖ ~ cloth / Scheuerlappen m, Scheuertuch n ‖ ~ efficiency / Waschwirkung f ‖ ~ equipment s. scouring apparatus ‖ ~ in full width / Breitwaschen n ‖ ~ in rope form / Waschen n in Strangform, Strangwaschen n ‖ ~ liquor / Waschflotte f, Waschlauge f, Schmutzlauge f, Spülflüssigkeit f ‖ ~ loss / Abkochverlust m, Waschverlust m ‖ ~ machine / Abkochmaschine f, Vorwaschmaschine f, Waschmaschine f ‖ ~ machine (wool) / Entfettungsmaschine f ‖ ~ material / Reinigungsmittel n, Waschmittel n, Putzmittel n ‖ ~ medium / Waschmittel n, Waschhilfsmittel n ‖ ~ of wool / Wollentschweißung f, Wollwäsche f ‖ ~ penetration / Waschkraft f ‖ ~ soap / Fleckenseife f, Scheuerseife f ‖ ~ solution / Waschflüssigkeit f ‖ ~ train / Waschanlage f ‖ ~ waste / Waschverlust m, Abkochverlust m ‖ ~ yield / Waschausbeute f
scour-peroxide bleach / Brüh-Peroxidbleiche f
scraper n / Schaber m, Abstreicher m, Abstreichmesser n
scraping off the hairs (hatm) / Abhaaren n
scratch v / kratzen v, ritzen v ‖ ~ vi (the skin) / kratzen auf der Haut (beim Tragen)
scratching n (of fabric) / Fadenscheinigkeit f ‖ ~-up place (defect) / Kratzstelle f
scratch resistance (ctg) / Kratzfestigkeit f
scray n / Fangkasten m ‖ ~ (continuous open-width washer) / Rutsche f
screen v / sieben v, durchsieben v ‖ ~ n / Sieb n ‖ ~ (scr pr, text pr) / Schablone f, Filmdruckschablone f, Filmschablone f, Raster m ‖ ~ adjustment (spray fin) / Rastereinstellung f ‖ ~ bearing (cpt pr) / Schablonenlagerung f (Teppichdruck) ‖ ~ belt drier (nwv) / Siebbandtrockner n ‖ ~ carriage / Schablonenwagen m, Rapportwagen m ‖ ~ cloth / Siebgewebe n, Drahtgewebe n ‖ ~ drum drier / Siebtrommeltrockner m ‖ ~ drum steamer / Siebbanddämpfer m ‖ ~ etching / Rasterätzung f ‖ ~ fabric (nwv) / Siebgewebe n, Drahtgewebe n ‖ ~ felt (nwv) / Siebfilz m ‖ ~ filling / Schablonenfüllung f, Schablonenmasse f ‖ ~ for flat screen printing / Flachdruckschablone f ‖ ~ for nonwovens / Gitterstoff m für Verbundstoffe ‖ ~ for spray printing / Spritzdruckschablone f ‖ ~ frame / Schablonenrahmen m ‖ ~ gauze / Schablonengaze f, Müllergaze f
screening n (scr pr) / Schablonieren n ‖ ~ n / Sieben n, Korngrößentrennung f ‖ ~ drum (text pr) / Siebtrommel f ‖ ~ drum with seven compartments (text pr) / siebenkästige Siebtrommel
screen join (scr pr) / Rapportgrenze f, Rapportfuge f ‖ ~ lacquer / Schablonendruck m ‖ ~ mesh size / Schablonenfeinheit f ‖ ~ mesh size range (scr pr) / Schablonenfeinheitsbereich m ‖ ~ netting / Siebgeflecht n, Siebgewebe n ‖ ~ plate / Schablonenplatte f ‖ ~ prepared with screen lacquer / Lacksiebschablone f ‖ ~-print v / siebdrucken v ‖ ~-print ager / Filmdruckdämpfer m ‖ ~ printing / Filmdruck m, Schablonendruck m, Siebdruck m, Rasterdruck m ‖ ~-printing carriage / Filmdruckwagen m, Schablonenwagen m ‖ ~-printing equipment / Filmdruckeinrichtung f ‖ ~-printing fabric / Filmdruckgewebe n ‖ ~-printing gauze / Filmdruckgaze f ‖ ~-printing ink / Siebdruckfarbe f ‖ ~-printing machine / Filmdruckmaschine f, Filmdruckapparat m, Siebdruckmaschine f, Schabloniermaschine f ‖ ~-printing stencil plate / Siebdruckschablone f ‖ ~-printing table / Filmdrucktisch m ‖ ~-print lake / Schablonenlack m ‖ ~-print wire / Maschendraht m ‖ ~ roll application / Rasterwalzenauftrag m ‖ ~ roller / Schablonenrolle f, Rasterwalze f ‖ ~ roll printing / Rastern m ‖ ~ silk / Schablonenseide f ‖ ~ size / Siebweite f ‖ ~ stencil / Seidenschablone f, Schablone f ‖ ~ varnish / Schablonenlack m
screw n (gen) / Schraube f ‖ ~ (extr) / Schnecke f ‖ ~ gill drawing frame (spinn) / Schraubenstrecke f ‖ ~ mixer / Schneckenmischer m ‖ ~ press / Spindelpresse f ‖ ~-type extruder / Schneckenstrangpresse f
scribble v (wool) / grobkrempeln v, vorkrempeln v, schrubbeln v
scribbler n (spinn) / Grobkrempel f (DIN 64100), Reißkrempel f, Vorkrempel f, Schrubbelmaschine f ‖ ~ card / Grobkrempel f, Reißkrempel f, Vorkrempel f ‖ ~ card (Gilljam type) / Droussierkrempel f

scribbling *n* / Vorkrempeln *n*, Schrubbeln *n*, Grobkrempeln *n* ‖ ~ **machine** (spinn) s. scribbler
scrim *n* (nwv) / lockeres Gewebe, lockeres Gelege, Trägergewebe *n*, Gitterstoff *m*, Netztuch *n*, adhäsiv gebundenes Fadengelege ‖ ~ (light coarse-woven fabric) / Mull *m* ‖ ~ **back** (cpt) / Gittergewebe *n*
scrimper bar s. scrimp rail
scrimp rail / Ausbreitleiste *f*, Ausbreiter *m*
scroll *n* / Schnörkel *m*, Schnörkelverzierung *f* ‖ ~ (reeling) / Verlegewalze *f* ‖ ~ **banding** / spiralförmiges Band ‖ ~ **breaker** (fin) / Spiralbrechmaschine *f* ‖ ~ **chenille** / Rundchenille *f*
scroller *n* / Leistenöffner *m*
Scroll machine (Singer Cobble Rolls) (cpt) / Scroll-Maschine *f* ‖ ~ **roller** / Breithaltewalze *f*, Spiralwalze *f* ‖ ~ **technique** (cpt, loop goods) / Hoch-Tief-Technik *f* ‖ ~ **winder** / Schneckenwickler *m*
scroop *vt* / krachend machen, knirschend machen, knirschend ausrüsten ‖ ~ *vi* / knirschen *vi*, krachen *vi* ‖ ~ *vt* (i.e.S.) / avivieren *vt* ‖ ~ *n* / Krachen *n*, Knirschen *n*, Seidenschrei *m*, rauschender Griff, knirschender Griff, Krachgriff *m*, Seidenkrach *m* ‖ ~ **finish** / knirschende Appretur, knirschende Ausrüstung, Krachappretur *f*
scrooping *n* / Krachgriffausrüstung *f*, Krachendmachen *n*, Knirschen *n*, Knirschendmachen *n* ‖ ~ (i.e.S.) / Avivage *f* ‖ ~ **agent** / Avivagemittel *n*
scroopy *adj* / knirschend *adj*, krachend *adj* ‖ ~ **feel** s. scroopy handle ‖ ~ **handle** / Krachgriff *m*, Knirschgriff *m*, knirschender Griff, rauschender Griff, krachender Griff, Seidengriff *m*
scrub *v* / scheuern *v*, schrubben *v*, mit der Bürste reinigen
scrubber *n* (brush) / Scheuerbürste *f*
scrubbing *n* / Bürstenreinigung *f*
scrub resistance during washing (of prints) / Schrubbwaschbeständigkeit *f* ‖ ~-**washing test** (text pr) / Schrubbtest *m*, Schrubb-Waschechtheitsprüfung *f*
scuffing *n* / Schramme *f*
scuff resistance / Kratzfestigkeit *f*, Abriebfestigkeit *f* ‖ ~ **resistant** *adj* / kratzfest *adj*, abriebfest *adj*
scuffs *pl* / Slipper *m pl*, Bettschuhe *m pl*
sculptured pile / Relief *n* ‖ ~ **pile carpet** / Reliefflorteppich *m* ‖ ~ **pile fabric** / Reliefflorware *f*
scum *v* / entschäumen *v*, abschäumen *v*
scumming (of the rollers) / Überziehen *n*, Verschmutzen *n* (der Druckwalzen)
scutch *v* (cloth) / ausbreiten *v*, öffnen *v* ‖ ~ (flax) / schwingen *v*, pochen *v* ‖ ~ (silk, cotton) / geradelegen *v*, gleichrichten *v*, entwirren *v* ‖ ~ *n* / Schwingmaschine *f* ‖ ~ (flax) / Schwingmesser *n* ‖ ~ (by-product of scutching) / Schwingwerg *n*, Hanfwerg *n*, Hechelwerg *n*, Flachsabfall *m* ‖ ~ **blade** (flax) / Schwingmesser *n*
scutched flax / Schwingflachs *m* ‖ ~ **hemp** / Schwinghanf *m* ‖ ~ **jute** / gebrochene Jute
scutcher *n* (spinn) / Schlagmaschine *f* (DIN 64100) ‖ ~ (flax) / Schwingmaschine *f*, Flachsschwinge *f*, Batteur *m*, Brechmaschine *f* ‖ ~ (cloth) / Strangöffner *m* (DIN 64990), Strangausbreiter *m* ‖ ~ **and lap machine** / Schlag- und Wickelmaschine *f* ‖ ~-**beater** *n* / Schlagflügel *m* ‖ ~ **for cotton spinning** / Schlagmaschine *f* für das Baumwollspinnverfahren (DIN 64079) ‖ ~ **lap** / Batteurwickel *m*, Schlagmaschinenwickel *m*, Wattewickel *m*, Flachsschwingwickel *m* ‖ ~ **rake** / Schwingrechen *m* ‖ ~ **waste** / Schwingabfall *m*, Schlägerabfall *m*
scutching *n* (flax) / Schwingen *n*, Pochen *n* ‖ ~ (cloth) / Ausbreiten *n*, Öffnen *n* ‖ ~ (silk, cotton) / Gleichrichten *n*, Geradelegen *n*, Entwirren *n* ‖ ~ **and breaking machine** (flax) / Schwing- und Brechmaschine *f* ‖ ~ **blade** / Schwingmesser *n* ‖ ~ **board** (flax) / Schwingbrett *n* ‖ ~ **cylinder** / Schwingtrommel *f* ‖ ~ **machine** s. scutcher ‖ ~ **tow** / Schwingwerg *n*, Hanfwerg *n*, Hechelwerg *n*, Flachsabfall *m*

SDD (s. standard depth dyeing) ‖ ≁ (standard depth dyeing) / Typfärbung *f*, Richttyptiefe *f*, RTT *f*
sea--**green** *adj* / seegrün *adj*, meergrün *adj*, seladongrün *adj* ‖ ≁ **Island Cotton** (finest cotton in the world) / "Sea Island Cotton", Sea-Island-Baumwolle *f* (Gossypium vitifolium var. vitifolium)
seal *v* / versiegeln *v*, abdichten *v*, dichten *v* ‖ ~ / schweißen *v* (dünnes Material) ‖ ~ **and base coat** / Grundbeschichtung *f* ‖ ~ **coating in full flocking of textile fabrics** / Glattstrich *m* bei Ganzflächenbeflockung
sealed selvedge / heißversiegelte Leiste
sealer *n* / Porenschließer *m* ‖ ~ / Verfestigungsmittel *n*
sealette *n* (rabbit or nutria made to look like seal) / Seal-Imitation *f*
sealing *n* / Abdichtung *f*, Abdichten *n*, Verschluß *m* ‖ ~ **agent** / Grundierungsmittel *n* ‖ ~ **compound** / Dichtungsmasse *f* ‖ ~ **felt** / Dichtungsfilz *m*
seal of quality / Gütezeichen *n* ‖ ~ **plush** / Robbenplüsch *m*, Seehundfellimitation *f* aus Seidenplüsch
sealskin cloth, sealskin fabric / Woll-Sealskin *m*, Seehundfellimitation *f* aus Mohairstoff ‖ ~ **plush** / Robbenplüsch *m*, Seehundfellimitation *f* aus Seidenplüsch
seam *v* / säumen *v* ‖ ~ / zusammennähen *v* ‖ ~ *n* / Naht *f* ‖ ~ **abrasive resistance** / Nahtscheuerfestigkeit *f* ‖ ~ **allowance** / Nahttoleranz *f*, Nahtzugabe *f* ‖ ~ **basting** / Nahtreihen *n* ‖ ~ **beading** / Perlbiese *f* ‖ ~ **binding** / Nahtbund *m* ‖ ~ **construction diagram** / Nahtbild *n* ‖ ~ **covering stitch** / Überdecknaht *f* ‖ ~ **damage** / Nahtbeschädigung *f* ‖ ~ **detector** / Nahtwächter *m* ‖ ~ **down the back of the leg** / rückwärtige Naht
seamed toe (hos) / kettenlose Spitze
seam efficiency / Näihleistung *f*
seamer *n* / Säummaschine *f*, Säumer *m*
seamfree *adj* / nahtlos *adj* ‖ ~ **stocking** s. seamless hose
seam grin / Nahtverzerrung *f* ‖ ~ **guard** / Nahtwächter *m* ‖ ~ **heading** / Nahtführer *m* ‖ ~ **indicator** / Nahtmelder *m* ‖ ~ **in front of the leg** / Vordernaht *f*, Strumpfvordernaht *f*
seaming *n* / Säumen *n*, Umketteln *n* ‖ ~ / Verbindungsnaht *f* ‖ ~ / Zusammennähen *n* ‖ ~ **at the underside of the foot** (hos) / Sohlennaht *f* ‖ ~-**lace** *n* / Nahtschnur *f*, Borte *f* ‖ ~ **machine** / Nahtnähmaschine *f* ‖ ~ **stitch** / Überdeckstich *m*
seam interruption / Nahtunterbrechung *f* ‖ ~ **length** / Nahtlänge *f* ‖ ~ **length control** / Nahtlängensteuerung *f*, Nahtlängenbestimmung *f*
seamless *adj* / nahtlos *adj* ‖ ~ **cotton tubing** / nahtlose Baumwoll-Schlauchware ‖ ~ **hose** / nahtloser Strumpf, rundgewirkter Damenstrumpf, auf Rundstrick-Strumpfautomaten hergestellter Damenstrumpf, Standardstrumpf *m* ‖ ~ **hose machine** s. seamless hosiery machine ‖ ~ **hosiery** / nahtlose Strumpfwaren *f pl* ‖ ~ **hosiery machine** / Nahtlosstrumpfautomat *m*, Rundstrickstrumpfautomat *m*, Maschine *f* für nahtlose Strumpfwaren ‖ ~ **lace-cup underwire bra** / Büstenhalter *m* mit nahtlosen Spitzenkörbchen und Unterbruststütze ‖ ~ **moulded bra** / nahtloser, vorgeformter Büstenhalter ‖ ~ **round heel without holes** (hos) / verkleinerte Y-Ferse ‖ ~ **stocking** s. seamless hose ‖ ~ **toe** (hos) / kettenlose Spitze
seam letting out / Saum-Auslassen *n* ‖ ~ **mark** (defect) / Saumstelle *f* ‖ ~ **of stocking** / Strumpfnaht *f* ‖ ~ **opener** / Nahtteiler *m* ‖ ~ **penetration** (dye) / Durchfärbung *f* der Nähte ‖ ~ **piping** / Paspelnaht *f* ‖ ~ **placket** / Nahtschlitz *m* ‖ ~ **pressing machine** / Nahtbügelmaschine *f* ‖ ~ **pucker** / fehlerhafte Nahtkräuselung ‖ ~ **quality** / Nahtqualität *f* ‖ ~ **resistance** / Nahtfestigkeit *f* ‖ ~ **size** / Nahtlänge *f* ‖ ~ **slippage** / Nahtverschiebung *f*, Nahtschlupf *m*, Verziehen *f* der Naht ‖ ~ **slippage resistance** /

seam

Nahtrutschfestigkeit f ‖ ~ **stitch** / Nahtstich m,
Saumstich m ‖ ~ **strength** / Nahtstärke f
seamstress n / Näherin f
seam tape (sew) / Nahtband n ‖ ~ **thickness** / Nahthöhe f ‖
~ **width** / Nahtbreite f ‖ ~ **yarn** / Nahtgarn n
sear v / sengen v, flammen v, versengen v
seaside wear / Strandbekleidung f
sea silk / Muschelseide f, Seeseide f, Byssusscide f
seasonal shade (fash) / Saisonfarbe f
seat n (of skirt etc.) / Gesäßpartie f ‖ ~ (of trousers) /
Hosenboden m ‖ ~**-belt** n / Sicherheitsgurt m (DIN
7470), Anschnallgurt m, Anschnallriemen m ‖ ~**-belt
webbing** / Anschnallriemenstoff m ‖ ~ **cover** /
Schonbezug m ‖ ~**-cover fabric** / Sitzbezugstoff m ‖
~ **felt** / Sitzfilz m
seating n (fabric) (GB) / Sitzbezugstoff m
seat seam / Gesäßnaht f, Gesäßpartienaht f ‖ ~ **seam
curve** / Gesäßnahtbogen m, Gesäßpartienahtbogen m
sea·-water n / Meerwasser n ‖ ~**-water fastness** /
Meerwasserechtheit f, Salzwasserechtheit f,
Seewasserechtheit f (DIN 54007) ‖ ~**-water stain** /
Salzwasserfleck m, Seewasserfleck m
seaweed fibre / Algenfaser f
sea wool / Meerwolle f
sebacic acid / Sebazinsäure f, Sebazylsäure f
secondary acetate / Sekundäracetat n, 2 1/2-Acetat ‖
~ **backing** / Verstärkung f durch Fadengerippe ‖
~ **backing** (cpt) / Zweitrücken m, Zweitträger m ‖
~ **bobbin drawing box** / Mittelnitschler m,
Mittelfrotteur m, Zwischenfrotteur m ‖ ~ **chamber**
(dye) / Zusatztasche f ‖ ~ **colour** / Mittelfarbe f,
Mischfarbe f, Nebenfarbe f, Begleitfarbe f,
Sekundärfarbe f ‖ ~ **colour of the first order** /
Mischfarbe f erster Anordnung ‖ ~ **coupling of the
developer** / Nebenkupplung f des Entwicklers ‖
~ **dyestuff** / Nebenfarbstoff m ‖ ~ **open circuit of the
liquor** / offener Nebenkreislauf der Flotte ‖ ~ **shade** s.
secondary colour ‖ ~ **spinning** / Sekundärspinnen n ‖
~ **twist** (fibre) / Korkenziehereffekt m
second boiling-off (silk) / Weißkochen n ‖ ~ **boiling-off
bath** (silk) / Repassierbad n ‖ ~ **boiling-off liquor**
(silk) / Repassierbad n ‖ ~ **breaker [card]** /
Zwischenkrempel f, Pelzkrempel f, Vlieskrempel f,
Fellkrempel f ‖ ~**-order transition temperature** /
Einfriertemperatur m ‖ ~ **quality yarn** / Sekundagarn n
seconds pl / Ware f zweiter Wahl
second setting (textured yarn) / Zweitfixierung f ‖ ~ **soap
bath** / zweites Seifbad ‖ ~ **washing** / Nachwäsche f ‖
~ **waste breaker** / Nachreißer m
section n (mach) / Abteil n ‖ ~ (knitt) / Fontur f
sectional beam (weav) / Teilbaum m, Teilkettbaum m,
TKB m ‖ ~ **beaming machine** / Teilkettbaum-
Schärmaschine f (DIN 62500) ‖ ~ **carpet** / Bodenbelag
m aus Teppichfliesen ‖ ~ **kier** / Sektionskochkessel m,
Sektionskessel m ‖ ~ **plate** (knitt) / Nadelplatte f ‖
~ **warper** s. sectional warp machine ‖ ~ **warping** /
Teilschären n, abschnittsweises Schären, Zetteln n ‖
~ **warp[ing] beam** (weav) / Teilbaum m, Teilkettbaum
m, TKB m, Sektionalkettbaum m, Zettelbaum m (DIN
64510) ‖ ~ **warp[ing] beam for cotton yarn and
manmade staple fibre** / Zettelbaum m für Baumwoll-
und Chemie-Spinnfasergarn (DIN 64510) ‖
~ **warp[ing] beam for manmade fibre endless yarn** /
Zettelbaum m für Chemiefaser-Endlosgarn (DIN
64511) ‖ ~ **warp[ing] machine** / Teilschärmaschine f,
Sektionalschärmaschine f, Schärmaschine f (DIN
63401), Kettschärmaschine f
section beam (weav) / Teilbaum m, Teilkettbaum m, TKB
m ‖ ~ **beam warping** / Teilbaumschärerei f ‖ ~ **lease** /
unterteiltes Fadenkreuz ‖ ~ **marks** / durch Webfehler
verursachte Streifen m pl ‖ ~ **of warped threads** /
Schärband n ‖ ~ **warp** / Fadenschar f ‖ ~ **warp beam**
(weav) / Teilbaum m, Teilkettbaum m, TKB m,
Sektionalkettbaum m, Zettelbaum m (DIN 64510) ‖

~ **warper** s. sectional warp machine ‖ ~ **warping** /
Teilschären n, abschnittsweises Schären, Zetteln n,
Sektionsschären n ‖ ~ **width** (hos) / Fonturenbreite f
securing the pile (cpt) / Florverfestigung f ‖ ~ **the stitches**
(knitt) / Sicherung f der Maschen
sedge green adj / schilfgrün adj
sediment v / absetzen v ‖ ~ n / Bodensatz m, Sediment n
sedimentation n / Absetzen n, Sedimentation f ‖ ~ **tank** /
Absetzbehälter m ‖ ~ **velocity** /
Sedimentationsgeschwindigkeit f
sediment basin / Sedimentbecken n ‖ ~ **of dirt** /
Schmutzablagerung f
seed n / Samen m ‖ ~ **boll** / Samenkapsel f ‖ ~ **capsule** /
Samenkapsel f ‖ ~ **cleaner** / Baumwollsamenentferner
m ‖ ~ **cotton** / noch nicht entkörnte Baumwolle ‖
~ **effect** / feines Pünktchenmuster ‖ ~ **fibre** /
Samenfaser f ‖ ~ **hair** / Samenhaar n ‖ ~ **hair fibre** /
Samenfaser f ‖ ~ **husk** / Samenschale f
seeds novelty yarn / Phantasieknotengarn n
seed trash (US) / Schalenteilchen n pl ‖ ~ **wool** /
Grassamen enthaltende Wolle ‖ ~ **yarn** / Noppengarn n
seedy wool s. seed wool
seersucker / Seersucker m, leichtes krepppartiges Leinen,
Baumwollstreifenkrepp m ‖ ~ (clothing) / sackartig
gewebter Anzug ‖ ~ **gingham** / Gingham m mit krausen
Streifen
see-through blouse / durchsichtige Bluse
S.E.F. (self-extinguishing fibre) / selbstlöschende Faser
segregation n (chem) / Entmischung f
Seignette salt / Kaliumnatriumtartrat n, Seignettesalz n
seine n / Wade f, Wadenetz n, Schleppnetz n ‖ ~ **twine** /
Netzzwirn m
seize v (the mordant) / (die Beize) annehmen
seizing stuff / vier- bis zwölfsträhniges Seil
sel n / indisches Hanfseil
selected needle / ausgewählte Stricknadel ‖ ~ **triumph
cotton** / Baumwolle f aus Texas
selecting knit and tuck cam / Jacquardheber m ‖ ~ **plate**
/ Auswählplatte f
selective discharge / örtliches Ätzen
selector n / Auswählplatine f, Musterstopper m ‖ ~ **bar** /
Auswählschiene f
self·-acting detergent / selbsttätiges Waschmittel ‖
~**-acting differential mule** / Differentialselfaktor m ‖
~**-acting knitting machine** / Wirkmaschine f ‖
~**-acting lubricator** / automatischer Öler ‖ ~**-acting
mule** / Selfaktor m, Wagenspinner m, Selbstspinner m,
Mulespinnmaschine f, Mulemaschine f ‖ ~**-acting mule
for carded yarns** / Streichgarnwagenspinner m ‖
~**-acting mule yarn** / Selfaktorgarn n ‖ ~**-acting
spinning machine** s. self-acting mule ‖ ~**-acting
stretcher** / Vorspinnselfaktor m ‖ ~**-acting stripper** /
Apparat m zum selbsttätigen Ausbürsten der Deckel ‖
~**-acting temple** / automatische
Breithaltungsvorrichtung f
selfactor n (spinn) / Selfaktor m, Wagenspinner m,
Selbstspinner m, Mulespinnmaschine f, Mulemaschine f,
‖ ~ **carriage** (spinn) / Ausziehwagen m ‖ ~ **spindle**
(spinn) / Selfaktorspindel f (DIN 64340) ‖ ~ **spindle
with roller bearing** (spinn) / Selfaktorspindel f mit
Rollenlager (DIN 64040)
self·-adherent adj, self-adhering adj / selbstklebend adj ‖
~**-adhesive** f / Selbstkleber m ‖ ~**-adhesive** adj /
selbstklebend adj ‖ ~**-adhesive film** / Selbstklebefolie f
‖ ~**-adhesive sectional carpet** / Bodenbelag m aus
SL-(selbstliegenden)-Teppichfliesen ‖ ~**-adhesive tile**
(cpt) / selbstklebende Fliese, SL-Fliese f ‖ ~**-bonded
nonwoven** / selbstverbindender Textilverbundstoff f ‖
~**-bonding fibre** / selbstverbindende Faser f ‖
~**-cleaning bowl** / selbstreinigende Kufe ‖ ~ **colour** /
Eigenfarbe f, Selbstfarbe f, Unifarbe f, Naturfarbe f ‖
~ **colour** / Selbstfarbstoff m ‖ ~**-coloured** adj /
einfarben adj ‖ ~**-coloured** adj / eigenfarbig adj,
naturfarben adj ‖ ~**-coloured article** / einfarbiger

268

Artikel ‖ ~-compensating tension mechanism / automatische Spannungsausgleichvorrichtung ‖
~-crimping yarn / selbstkräuselndes Garn ‖
~-crosslinking adj / selbstvernetzend adj ‖
~-crosslinking agent / Selbstvernetzer m ‖ ~-diffusion coefficient (dye) / Selbstdiffusionskoeffizient m ‖
~-emulsifying form of a plasticizer / selbstemulgierende Form eines Weichmachers ‖
~-emulsifying formulation (dye) / selbstemulgierende Formierung ‖ ~-emulsifying oil / selbstemulgierendes Öl ‖ ~-extinguishability n (fil) / Selbstlöschbarkeit f, Selbstlöschung f ‖ ~-extinguishing adj (fil) / selbstlöschend adj ‖ ~-extinguishing fibre (SEF) / selbstlöschende Faser ‖ ~-figure n / eigenfarbiges Webmuster ‖ ~-hardening adj (ctg) / selbsthärtend adj ‖ ~-ignitable adj, self-ignitible adj / selbstentzündlich adj ‖ ~-ignition n / Selbstentzündung f ‖ ~-indicating silica gel / Blau-Gel n ‖ ~-inflammability n / Selbstentflammbarkeit f ‖ ~-inflammable adj / selbstentflammbar adj ‖ ~-locking presser foot (sew) / Klinkenfuß m ‖ ~-locking slider (zip) / automatisch feststellbarer Schieber ‖ ~-lubricating resin / selbstschmierendes Harz ‖ ~-oxidation n / Selbstoxydation f, Autoxydation f ‖ ~-reacting binder / Selbstbindemittel n ‖ ~-reticulating / Selbstvernetzen n ‖ ~-setting n (cpt) / Selbstfixierung f ‖ ~-setting adj / selbsthärtend adj ‖ ~ shade / Selbstfarbstoff m, Typenausfärbung f ‖ ~-shank button / Butzenknopf m ‖ ~-skinning foam / Integralschaum m ‖ ~-smoothing adj / selbstglättend adj, bügelfrei adj ‖ ~-smoothing effect (fabr) / Selbstglättungseffekt m ‖ ~-smoothing fabric / selbstglättendes Gewebe ‖ ~-smoothing properties / Selbstglättungsvermögen n ‖ ~-spinning mule s. self-acting mule ‖ ~-stopping beaming machine / Fadenrißmaschine f ‖ ~-supporting package (dye) / hülsenloser Garnkörper ‖ ~-supporting system (dye) / Aufstecksystem n ‖ ~-threading n / Selbsteinfädelung f ‖ ~-threading adj / selbsteinfädelnd adj ‖ ~-threading device / Selbsteinfädler m (DIN 64685) ‖ ~-threading shuttle / Schützen m mit Einfädelvorrichtung ‖ ~-threading yarn guide / Fadenführer m mit Einfädelvorrichtung ‖ ~-twist spinning [process] / Self-Twist-Spinnverfahren n ‖ ~-twist spinning machine / Self-Twist-Spinnmaschine f ‖ ~-twist yarn / Self-Twist-Garn n, ST-Garn n ‖ ~-weighted adj / eigenbeschwert adj

selvage (US) s. selvedge

selvedge n / Webkante f, Kante f, Leiste f, Salkante f, Salleiste f, Warenkante f, Gewebeleiste f, Stoffkante f, Webende n, (AU) Endel n ‖ torn ~ / abgerissene Leiste ‖ ~ **bobbin** / Leistenspule f ‖ ~ **control** / Leistenkontrolle f ‖ ~ **creel** / Kantengestell n ‖ ~ **curling** / Leistenrollen n, rollende Leisten f pl, rollende Webkanten f pl ‖ ~ **cutter** / Kantenschneidgerät n (DIN 64990), Leistenschneideinrichtung f ‖ ~ **divider platine** / Verteilrandplatine f, Verteilschlitz m ‖ ~ **edge** (knitt) / feste Kante ‖ ~ **feeler** / Leistenfühler m, Kantentaster m, Kantenfühler m ‖ ~ **glueing device** / Kantenleimeinrichtung f ‖ ~ **guard** / Kantenwächter m, Leistenwächter m ‖ ~ **guide** / Kantenführer m, Leistenführer m ‖ ~ **guiding** / Kantenführung f, Leistenführung f ‖ ~ **guiding device** / Kantenführungseinrichtung f, Leistenführungseinrichtung f ‖ ~ **gumming** (fin) / Kantenleimung f, Kleben n der Kanten ‖ ~ **heald frame** (weav) / Leistenschaft m ‖ ~ **knitting machine** / Kantenstrickmaschine f ‖ ~ **loop** (knitt) / Randmasche f ‖ ~-**marking machine** / Leistenmarkier[ungs]maschine f ‖ ~ **movement** / Warenrandbewegung f ‖ ~-**neutralizing equipment** / Leistenneutralisiervorrichtung f ‖ ~ **opener** / Kantenausroller m (DIN 64990), Leistenöffner m, Leistenausroller m, Kantenausstreifer m ‖ ~ **printer** /

Leistendruckmaschine f, Kantendruckmaschine f ‖ ~ **printing** / Leistendruck m, Kantendruck m ‖ ~ **printing machine** s. selvedge printer ‖ ~ **reinforcing** / Randverstärkung f ‖ ~ **separation** / Kantentrennen n ‖ ~ **shaft** (weav) / Leistenschaft m ‖ ~ **shearing machine** / Kantenschermaschine f ‖ ~ **singeing machine** / Leistensengmaschine f ‖ ~ **sinker** (knitt) / Randplatine f ‖ ~ **slitting** / Kantentrennen n ‖ ~ **smoothing device** / Kantenausroller m (DIN 64990), Kantenausrollvorrichtung f, Leistenausroller m ‖ ~ **spreader** / Leistenausroller m (DIN 64990), Kantenausroller m ‖ ~ **steaming machine** / Leistendämpfmaschine f ‖ ~ **stiffening agent** / Kantenversteifungsmittel n ‖ ~ **stitch** / Randmasche f ‖ ~ **straightener** / Kantenausbreiter m ‖ ~ **thread** / Kantenfaden m, Leistenfaden m, Randfaden m ‖ ~ **thread drafting** / Kanteneinzug m, Leisteneinzug m ‖ ~ **trimming machine** / Kantenschermaschine f, Kantenanschneideinrichtung f, Wechselfadenabschneidmaschine f ‖ ~ **uncurler** / Kantenausroller m (DIN 64990), Leistenausroller m, Leistenöffner m ‖ ~-**upon-selvedge** adj / leistengerade adj ‖ ~ **warp** / Leistenkettfaden m ‖ ~ **warping** / Zetteln n von Warenkantenfäden ‖ ~ **warping machine** / Leistenschärapparat m ‖ ~ **warp thread** s. selvedge thread ‖ ~ **wire** / Kantendraht m, Leistendraht m ‖ ~ **yarn** / Kantengarn n, Leistengarn n

semi-automatic machine / Halbautomat m ‖ ~-**automatic prong slider** (zip) / Hakenfeststellerschieber m (mit Feder) ‖ ~-**bleach** n / Halbbleiche f ‖ ~-**boiled soap** / Leimseife f ‖ ~-**circle tester method** / Bogentester-Verfahren n ‖ ~-**circular crimp** / rundbogige Kräuselung n ‖ ~-**continuous dyeing** / halbkontinuierliches Färben ‖ ~-**continuous dyeing range** / halbkontinuierliche Färbeanlage, Halb-Kontinue-Färbeanlage ‖ ~-**continuous process** / halbkontinuierliches Verfahren ‖ ~-**cord** n / gerippter Baumwollsamt ‖ ~-**crystalline polymer** / semikristallines Polymer ‖ ~-**discharge style** / Konversionseffekt m ‖ ~-**dull** adj / halbmatt adj ‖ ~-**finish** n / leichtes Anrauhen von Wollwaren ‖ ~-**finished product** / Halbfertigerzeugnis n ‖ ~-**fitted** adj (fash) / antailliert adj, leicht tailliert ‖ ~-**fitted coat** / nicht eng anliegender Mantel, locker fallender Mantel ‖ ~-**gloss** adj / halbmatt adj ‖ ~-**manufactured article** / Halbfabrikat n ‖ ~-**matt** adj / halbmatt adj ‖ ~-**mercerized finish** / leicht merzerisierte Baumwollappretur ‖ ~-**milled finish** / leicht gewalkte Ausrüstung ‖ ~-**opaque** adj (dye) / halbdeckend adj ‖ ~-**open shed** / Halboffenfach n ‖ ~-**permeable** adj / halbdurchlässig adj ‖ ~-**pigmentation process** / Halbpigmentierverfahren n ‖ ~-**rigid** adj / halbhart adj ‖ ~-**sheer curtain** / Transparentgardine f ‖ ~-**staggered repeat** (print) / Halbversatz m ‖ ~-**synthetic** adj / halbsynthetisch adj ‖ ~-**synthetic fibre** / Regeneratfaser f, halbsynthetische Faser ‖ ~-**synthetic fibre** / Regeneratfaserstoff m ‖ ~-**transparent** adj / halbdurchsichtig adj ‖ ~-**worsted spinning** / Halbkammgarnspinnverfahren n ‖ ~-**worsted yarn** / Halbkammgarn n, Sayettegarn n, Sayetgarn n

sendal n (silk fabric of the 13th century, of Chinese origin. This kind of cloth is now called Sarcenet) / Sendal m, Zindal m, Zindel m, Zindel m, Zindeltaft m

Senegal gum / Senegalgummi m, Gummiarabikum n

Senna n (Persian handmade carpet) / Semnan m ‖ ~ **knot**, Senneh knot, Persian knot / Sennaknoten m, Sennelknoten m, Sinähknoten m, persischer Teppichknoten

sensibility n / Empfindlichkeit f

sensitive adj / empfindlich adj ‖ ~ **fabrics detergent** / Feinwaschmittel n ‖ ~ **to acid** / säureempfindlich adj ‖ ~ **to air** / luftempfindlich adj ‖ ~ **to alkali** / alkaliempfindlich adj ‖ ~ **to calcium hardness** / kalziumhärteempfindlich adj ‖ ~ **to crack growth** / für sensitive

Rißbildung anfällig ‖ ~ **to creasing** / knitterempfindlich adj ‖ ~ **to crushing** (pigm) / verquetschempfindlich adj ‖ ~ **to decomposition through long boiling** / verkochungsempfindlich adj ‖ ~ **to evaporation** / verdampfungsempfindlich adj ‖ ~ **to gas fume fading** / abgasempfindlich adj ‖ ~ **to hard water** / empfindlich gegen Härtebildner, wasserhärteempfindlich adj, härteempfindlich adj ‖ ~ **to heat** / wärmeempfindlich adj ‖ ~ **to heat yellowing** / hitzevergilbungsempfindlich adj ‖ ~ **to ironing** / bügelempfindlich adj ‖ ~ **to iron salts** / eisenempfindlich adj ‖ ~ **to light** / lichtempfindlich adj ‖ ~ **to lime** / kalkempfindlich adj ‖ ~ **to lime salts** / kalksalzempfindlich adj ‖ ~ **to metal salts** / metallsalzempfindlich adj ‖ ~ **to oxidation** / oxydationsempfindlich adj ‖ ~ **to perspiration** / schweißempfindlich adj ‖ ~ **to pressing** / druckempfindlich adj ‖ ~ **to reduction** (chem) / reduktionsempfindlich adj ‖ ~ **to rot** / fäulnisempfindlich adj ‖ ~ **to salt** / salzempfindlich adj ‖ ~ **to salts causing hardness of water** / empfindlich gegen Härtebildner, wasserhärteempfindlich adj, härteempfindlich adj ‖ ~ **to water** / wasserempfindlich adj ‖ ~ **to wrinkling** / knitterempfindlich adj ‖ ~ **to yellowing under the influence of light** / lichtvergilbungsempfindlich adj
sensitivity n / Empfindlichkeit f ‖ ~ **to crushing** (print) / Verquetschempfindlichkeit f
sensitize v / sensibilisieren v
sensitizing dyestuff / sensibilisierender Farbstoff, Sensibilisierungsfarbstoff m ‖ ~ **process** / Sensibilisierungsverfahren n
separable zipper / teilbarer Reißverschluß
separate v / trennen v, absondern v, abtrennen v ‖ ~ (chem) / ausscheiden v ‖ ~ (ctg) / ablösen v ‖ ~ **[carpet] underlay** / Teppichunterlage f
separated yarn process (texturing) / Trennzwirnverfahren n
separate into fibres / zerfasern v, reißen v ‖ ~ **into screen dots** (text print) / aufrastern v
separates pl (fash) / zweiteiliges Ensemble, Einzelteile n pl
separate the ends of the fabric n / die Gewebeenden trennen
separating board (card) / Trennbrett n ‖ ~ **comb** / Teilkamm m ‖ ~ **course** (knitt) / Trennreihe f ‖ ~ **course device** / Trennreiheneinrichtung f ‖ ~ **funnel** / Schütteltrichter m, Trenntrichter m ‖ ~ **heald frame** / Teilflügel m, Scheideflügel m ‖ ~ **thread** / Trennfaden m, Sprengfaden m ‖ ~ **yarn** / Trennfaden m, Sprengfaden m
separation n / Trennung f, Trennen n, Abtrennen n ‖ ~ (chem) / Ausscheiden n, Ausscheidung f ‖ ~ (ctg) / Ablösen n ‖ ~ **force** / Trennkraft f ‖ ~ **of flocks** / Trennvermögen n der Flocken, Faservereinzelung f
separator n / Fadentrenner m, Separator m ‖ ~ (weav) / Öffner m, Büschelteiler m, Kamm m ‖ ~ (chem) / Abscheider m ‖ ~ **blade** (mach) / Trennplatte f
sepia [brown] adj / sepiabraun adj (RAL 8014)
sequence of ends / Kettfadenfolge f ‖ ~ **of threads** / Fadenfolge f, Reihenfolge f der Fäden
sequester v / sequestrieren v, maskieren v
sequestering agent / Sequestriermittel n, Komplexbildner m, Maskierungsmittel n ‖ ~ **agent used in water treatment** / Wasserkorrekturmittel n ‖ ~ **power** / Sequestriervermögen n
sequestrate v / sequestrieren v, maskieren v
sequestration / Sequestrierung f, Komplexbildung f, Maskierung f
sequins pl / Pailletten f pl, Flitter m pl
Serabend n (Persian handmade carpet) / Serabend m
serape n / mexikanische Wolldecke
serapi rug / halbwollener Persertteppich
serge v (sew) / überwendlich nähen, umstechen v ‖ ~ n (durable twilled fabric with smooth clear face and pronounced diagonal rib on front and back) / Serge f,

Sersche f (dreibindiger Schußköper) ‖ ~ **cloth** / Wollserge f ‖ ~ **de soie** (Fr) / Seidenserge f ‖ ~ **double cloth** / Doppelfutterserge f
serged seam / überwendliche Naht
serger n (sew) / Überwendlingsnähmaschine f
serge rayé (Fr) / längsgestreifte Serge
sergette n (Fr) / Sergette f, leichte Kleiderserge
serge weave / Sergebindung f ‖ ~ **yarn** (GB) / Kammgarn n für Sergeanzugstoffe
serging n (sew) / Überwendlichnähen n, überwendliches Nähen ‖ ~ **stitch** / Überwendlichnähstich m ‖ ~ **unit** (sew) / Umstechaggregat n
sericin n / Serizin n, Seidenleim m, Seidenbast m ‖ ~ **content** / Serizingehalt m
sericulture n / Seidenraupenzucht f, Seidenbau m
serigraph n (silk) / Gleichmäßigkeitsprüfgerät n für Seidenfäden
serimeter n (silk) / Zugfestigkeitsprüfgerät n für Seidenfäden
seriplane test (to determine grade of raw silk) / Seriplanprüfung f
serisizing n / Auftragen n einer Seidenschlichte auf Baumwollfäden
serpentine heater / Heizschlange f ‖ ~ **twill** / Spitzköper m, Zickzackköper m
serrated edge pattern cutting machine / Zackenmuster-Schneidemaschine f ‖ ~ **feed roller** / Zackenwalze f ‖ ~ **stop motion** (weav) / Fadenwächterschiene f, Wächterschiene f
serration n / Zacke f, Auszackung f
serviceability n / Gebrauchstüchtigkeit f, Gebrauchswert m ‖ ~ / Lebensdauer f ‖ ~ **test** / Gebrauchswertprüfung f
service dress / Dienstuniform f ‖ ~ **fastness property** / Gebrauchsechtheit f ‖ ~ **performance** / Gebrauchseigenschaft f ‖ ~ **property** / Gebrauchseigenschaft f ‖ ~ **-weight hosiery**, service-weight stockings / Gebrauchsstrümpfe m pl, strapazierfähige Strümpfe m pl
serviette n / Serviette f, Mundtuch n
servo draft / Hilfsverzug m
set (weav) / aufbäumen v ‖ ~ (wool) / fixieren v ‖ ~ (sew) / einziehen v ‖ ~ (manmade fibres and fabrics) / fixieren v ‖ ~ (a bath) / ansetzen v, beschicken v, zubereiten v ‖ ~ (harden) / erhärten v, binden v, aushärten v ‖ ~ n / Set n m, Satz m, Garnitur f ‖ ~ (cpt) / Bettmachine f ‖ ~ **check design** / Muster n mit gleich großen Karos ‖ ~ **false twist yarn** / Setgarn n ‖ ~ **frame** / Wattenmaschine f
set-in pocket / eingeschnittene Tasche, eingesetzte Tasche ‖ ~ **sleeve** (fash) / eingesetzter Ärmel, Hubertusschulter f
set of cams / Schloßteilgruppe f ‖ ~ **of cards** (weav) / Kartenspiel n ‖ ~ **of cards** (wool) / Krempelsatz m ‖ ~ **of colour proofs** / Farbskala f, Ausdruckskala f ‖ ~ **of fallers** (spinn) / Nadelfeld n, Streckfeld n, Gillfeld n ‖ ~ **of hackles** / Hechelfeld n ‖ ~ **of looms** / Webstuhlgruppe f ‖ ~ **of needles** / Nadelreihe f ‖ ~ **of the fabric** / Warendichte f, Fadendichte f, Dichte f, Einstellung f des Gewebes ‖ ~ **of the reed** / Blattdichte f ‖ ~ **of the warp** (weav) / Kettendichte f ‖ ~ **of the weft** / Schußdichte f ‖ ~ **of the worsted cards** / Streichgarn-Krempelsatz m
sett n (number of warp ends and filling picks [woof and weft] per inch in a fabric) (GB) / Fadendichte f, Fadenabstand m, Einstellung f, Dichte f, Einstellung f des Gewebes, Gewebekonstruktion f, Gewebeaufbau m, Maßeinheit f der Einstellung ‖ ~ (Scot) / Muster n (bes. eines Tartans), Karo n eines Tartans
settee n / Sofa n, Couch f
set the bath / das Bad ansetzen
setting n (weav) / Aufbäumen n ‖ ~ (wool) / Fixieren n, Fixierung f ‖ ~ (manmade fibres and fabrics) / Fixierung f ‖ ~ (bath) / Ansatz m, Ansetzen n ‖ ~

(hardening) / Erhärten n ‖ ~ **agent** / Fixiermittel n ‖ ~ **and lustring** / Fixieren und Glänzen n ‖ ~ **condition** (mat test) / Fixierzustand m ‖ ~ **distance** (card) / Ecartement n ‖ ~ **hose to shape** / Formfestmachen n von Strümpfen ‖ ~ **in the flat state** / Flachfixieren n ‖ ~ **machine** / Fixiermaschine f ‖ ~ **of stockings** / Strumpfformen n ‖ ~ **of the aftertreatment bath** / Ansatz m des Nachbehandlungsbades ‖ ~ **of the needles** / Benadelung f ‖ ~ **of the shed** / Facheinstellung f ‖ ~ **of the weave** / Webdichteeinstellung f, Webeinstellung f ‖ ~ **of threads** / Fadendichte f ‖ ~ **on a stenter** / Spannrahmenfixierung f ‖ ~ **point** / Erstarrungspunkt m, Stockpunkt m ‖ ~ **press** / Fixierpresse f ‖ ~ **process** / Fixierverfahren n ‖ ~ **stenter** / Fixierspannrahmen m, Fixierspannmaschine f ‖ ~ **temperature** / Fixiertemperatur f ‖ ~ **tenter** (US) s. setting stenter ‖ ~ **the fabric** / Flächenfixierung f ‖ ~ **the feed roller** / Einstellung f der Einzugwalze ‖ ~ **the needles** / Benadelung f ‖ ~ **the pad liquor** / Ansetzen n der Klotzflotte ‖ ~ **the shearing height** (cpt) / Schurhöheneinstellung f ‖ ~ **the warp in the reed** / Einstellen n der Kette ins Blatt ‖ ~ **time** / Fixierzeit f ‖ ~ **treatment** / Fixierbehandlung f ‖ ~ **unit** / Fixierapparat m ‖ ~ **zone** / Fixierzone f, Fixierfeld n
settle v / absetzen v ‖ ~ **out** / absetzen v ‖ ~ **out in flakes** / ausflocken v
settling, prevent dyestuffs from ~ out / das Absetzen der Farbstoffe verhindern ‖ ~**-out speed** / Absetzgeschwindigkeit f ‖ ~ **tank** / Absetzbottich m, Absetzbehälter m, Klärbecken n ‖ ~ **vat** / Klärküpe f
sett of the cloth / Einstelldichte f, Warendichte f, Schußzahl f ‖ ~ **of the reed** (weav) / Kettendichte f, Blattdichte f ‖ ~ **of the warp threads** / Kettendichte f, Einstelldichte f
set to shape (hos) / formen v, formfest machen
sett system (the number of warp threads per inch or other unit of measurement is termed the "sett". There are at least 14 different sett systems and each is denoted by the locality in which it is used) (GB) / Meßsystem n für die Kettfadendichte
set twist / tote Drehung, fixierte Drehung
set-up comb (knitt) / Anschlagkamm m
set yarn (obtained by reheating the highly elastic yarn in stretched condition) / Setgarn n
seven-can slasher (US) / Siebenzylinder-Kettschlichtmaschine f
sever v (thread) / abtrennen v
severe milling / schwere Walke, starke Walke ‖ ~ **treatment** / schwere Beanspruchung, schwere Behandlung ‖ ~ **washing** / kräftiges Waschen
Sevilla cotton / eine spanische Baumwolle
Seville lace / Maschinenspitze f mit geometrischer Musterung, eine Art Torchonspitze
sew v / nähen v
sewability n / Vernähbarkeit f
sewed tucking / genähte Falte
sew flat tubular goods v / Schlauchware rundnähen ‖ ~ **in** / einnähen v, einheften v
sewing n / Nähen n, Näherei f, Näharbeit f ‖ ~ **and pressing machine** / Näh- und Bügelmaschine f ‖ ~ **bobbin** / Nähspule f ‖ ~ **box** / Nähkästchen n ‖ ~ **cotton** / Nähgarn n, Nähzwirn m ‖ ~ **cycle** / Nähzyklus m ‖ ~ **damage** / Nähschaden m ‖ ~ **department** / Nähbetrieb m ‖ ~ **foot** (sew) / Nähfuß m, Stoffdrückerfuß m, Stoffuß m, Stoffpresser m, Steppfuß m, Presserfuß m ‖ ~ **head** / Nähmaschinenoberteil n, Oberteil n ‖ ~ **hook** / Greifer m ‖ ~ **machine** / Nähmaschine f ‖ ~ **machine for applying sleeves** / Ärmeleinnähmaschine f ‖ ~ **machine for double lapped felling** / Doppelkappnahtmaschine f ‖ ~ **machine for knitgoods** / Wirkwarennähmaschine f ‖ ~ **machine light** / Nählampe f, Nähmaschinenlicht n ‖ ~ **machine needle** / Nähmaschinennadel f ‖ ~ **machine oil** / Nähmaschinenöl n, Knochenöl n ‖ ~ **machine**

stand / Nähmaschinengestell n ‖ ~ **mechanism** / Nähwerk n ‖ ~ **needle** / Nähnadel f ‖ ~ **needle shaft** / Nähnadelschaft m ‖ ~ **needle shank** / Nadelschenkel m ‖ ~ **property** (of textiles) / Vernähbarkeit f ‖ ~ **room** / Näherei f ‖ ~ **silk** / Nähseide f, Seidenzwirn m ‖ ~ **speed** / Nähgeschwindigkeit f ‖ ~ **spool** / Nähgarnrolle f (DIN 61825) ‖ ~ **station** / Nähstation f ‖ ~ **template** / Steuerschablone f ‖ ~ **thread** / Nähgarn n, Nähzwirn m, Nähfaden m ‖ ~ **thread bobbin** / Nähgarnspule f ‖ ~ **thread reeling machine** / Nähgarnspulmaschine f ‖ ~ **time** / Nähzeit f ‖ ~ **twine** / Nähzwirn m ‖ ~ **unit** (making up) / Nähplatz m ‖ ~ **yarn** / Nähgarn n
sew·-in label / Einnähetikett n ‖ ~ **into a tube** v / zum Schlauch nähen ‖ ~**-knit goods** pl / Nähwirkware f ‖ ~**-knitting** / Nähwirken n ‖ ~**-knitting goods** pl / Nähwirkware f ‖ ~**-knitting machine** / Nähwirkmaschine f
sewn welt / Revers n m
sew on / annähen v, aufnähen v ‖ ~ **on blind** / blind annähen ‖ ~ **together** / zusammennähen v
Seydel tow (tow-to-top process) (spinn) / Seydelzug m (Spinnband-(Converter-)Verfahren)
SFAM (synthetic fibrous anisotropic material) mat / SFAM-Matte f, Endlosmatte f mit spezieller Vorbehandlung
SFH (s. standard fade-o-meter hour) ‖ ~ (Standard Fade-o-meter Hour) / Norm-Fade-o-meter-Stunde f
S fibre, shrinkage fibre / S-Faser f, Schrumpffaser f
S-finishing / S-Finish n, oberflächliches Verseifen, Verseifung f (in starken, heißen Natronlaugebädern)
shabby adj / schäbig adj, fadenscheinig adj
shabrack n s. saddlecloth
shadding n (cpt) / Faserverlust m
shade v (dye) / abtönen v, nuancieren v, schattieren v, tönen v ‖ ~ (esp col paste) / schönen v ‖ ~ n / Nuance f, Nuancierung f, Farbton m, Ton m, Farbtönung f, Stich m, Schattierung f, Farbnuance f, Farbschattierung f, Kolorit n ‖ ~ **bar** / Farbschattierungsstreifen m ‖ ~ **card** / Farbkarte f, Farbenkarte f ‖ ~ **card for matching** / Farbenmusterkarte f ‖ ~ **change** / Farbtonveränderung f, Farbtonumschlag m ‖ ~ **change on drying** (ironing) / Trockenänderung f des Farbtons ‖ ~ **cloth** / Jalousienstoff m
shaded colour / abschattierte Farbe ‖ ~ **design** / schattierte Musterung
shade depth / Farbtiefe f
shaded goods pl / schattiert gefärbte Ware
shade-dried adj / schattentrocken adj, im Schatten getrocknet
shaded twill / Schattenköper m
shade duplication / Reproduzierbarkeit f
shaded weave / Kettenschattenbindung f, Bindungsombré m ‖ ~ **yarn** / Flammgarn n, Flammegarn n, Flammégarn n, Ombrégarn n
shade fixation / Tonfixierung f ‖ ~ **in artificial light** / Abendfarbe f ‖ ~ **off** vt / den Farbton abstufen ‖ ~ **off** vi / übergehen in (Farbton) ‖ ~ **of medium depth** / mittlerer Farbton, mittlere Nuance, Mittelton m ‖ ~ **of original colour** / Farbenvorlage f ‖ ~ **of the vat** / Farbton der Küpe ‖ ~ **of white** / Weißton m, Nuance f der Weißtönung ‖ ~ **pattern** / Farbmuster n ‖ ~ **repeatability** / Farbreproduzierbarkeit f ‖ ~ **strength** / Farbintensität f
shading n / Nuancieren n, Nuancierung f, Abtönen n, Tönung f, Schattieren n, Schattierung f ‖ ~ (esp colour paste) / Nuancierzusatz m, Farbstoffnachsatz m ‖ ~ **black** (dye) / Nuancier-Schwarz n ‖ ~ **component** / Nuancierkomponente f ‖ ~ **dyestuff** / Nuancierfarbstoff m, Abtönungsfarbstoff m, Nuancierungsfarbstoff m, Stellfarbstoff m, Schönungsfarbstoff m ‖ ~ **in tailoring** / Farbkombination f in der Konfektion ‖ ~**-off** n (of a colour) / Farbenübergang m ‖ ~**-off pigment** /

shading

Abtönpigment *n* ‖ ~ **paste** / Abtönfarbe *f*, Abtönpaste *f*
‖ ~ **profile** / Nuancierungsprofil *n*
shadings *pl* / Schattenstreifenstoffe *m pl*
shading salt / Nuanciersalz *n*
shadow *n* / Schatten *m* ‖ ~ **clock** (hos) / aufplattierter Zwickel *m* ‖ ~ **clock** (hos) / andersfarbige aufplattierte Musterung ‖ ~ **cretonne** (woven from printed warp and white o. dyed weft) / Schattenkretonne *f* ‖ ~ **dyeing** / Schattenfärbung *f*, schattierte Färbung, Ombréfärbung *f* ‖ ~ **fabric** / Schattenstreifenstoff *m* ‖ ~ **fabric** s. also ombré ‖ ~ **heel** (hos) / Zierferse *f* ‖ ~ **heel attachment** / Zierfersenvorrichtung *f*
shadowing *n* / Schattierung *f*
shadow lace / Schattenspitze *f* ‖ ~ **print** / Ombrédruck *m*, schattierter Druck, Flammdruck *m* ‖ ~ **rep** / Schattenrips *m* ‖ ~ **silk** / Changeantseide *f*, schillernde Seide ‖ ~ **splicing** (hos) / Schattenstrumpf *m* ‖ ~ **stripes** / Schattenstreifenstoffe *m pl* ‖ ~ **voile** / Schattenvoile *m* ‖ ~ **weave** / schattierende Bindung ‖ ~ **weave** / Bindungsombré *m* ‖ ~ **welt** (hos) / Doppelrand *m*, Unterrand *m*, Randverstärkung *f*, Nachrand *m*, Doppelrandansatz *m*, Vorstoß *m*, verstärkter Übergang zum Längen
shaft *n* (mach) / Welle *f* ‖ ~ (weav) / Webschaft *m*, Schaft *m* am Webstuhl, Geschirr *n* ‖ ~ (of sectional beam) / Achse *f* (Teilkettbaum) ‖ ~ **control** (weav) / Schaftsteuerung *f* ‖ ~ **fabric** / Schaftware *f* ‖ ~ **levelling device** (weav) / Schafteinsteller *m* ‖ ~ **of the loom** / Schaft *m* des Webstuhls ‖ ~ **raising** / Schafthebung *f* ‖ ~ **raising device** (weav) / Schafthebevorrichtung *f* ‖ ~ **rod** (weav) / Schaftstab *m* ‖ ~ **spring** / Schaftfeder *f* ‖ ~ **stave** (weav) / Schaftstab *m*
shafty wool / gute, dichte, lange Wolle
shag *v* / pelzen *v*, rauhen *v* ‖ ~ *n* (cpt) / hochpoliger geschnittener Flor ‖ ~ (cpt) / Langflorteppich *m*, Hochflorteppich *m*, Teppich *m* mit hochpoligem geschnittenem Flor ‖ ~ / lange grobe Noppe, Shag *m*, Plüsch *m* ‖ ~ **carpet** / Langflorteppich *m*, Hochflorteppich *m*, Teppich *m* mit hochpoligem geschnittenem Flor
shaggy *adj* / zottig *adj*, langflorig *adj* ‖ ~ **blanket** / Kotze *f* ‖ ~ **carpet** s. shaggy pile carpet ‖ ~ **pile carpet** / Langflorteppich *m*, Hochflorteppich *m*, Teppich *m* mit hochpoligem geschnittenem Flor ‖ ~ **wool** / Zottelwolle *f*
shag machine / Pelzkrempel *f*, Pelzmaschine *f*
shagreen *n* / Buchbinderleinen *n*, Buchbinderkaliko *m*, Einbandleinen *n* ‖ ~ / Chagrinlederimitat *n* ‖ ~ / (kind of untanned leather with artificially granulated surface made from skin of horse, ass, shark etc.) / Chagrin *n*, Chagrinleder *n*
shake *v* / schütteln *v*
shaker *n* (for fibre blending) / Schüttelmaschine *f*, Schüttelvorrichtung *f*, Shaker *m* ‖ ~ (rags) / Lumpenentstäuber *m* ‖ ~ **motion** (weav) / Schüttelvorrichtung *f* ‖ ~ **pin** / Schüttelstab *m*
shaking device / Schüttelvorrichtung *f* ‖ ~ **drum** / Schütteltrommel *f* ‖ ~ **sieve** / Schüttelsieb *n* ‖ ~ **test** / Schüttelprobe *f* ‖ ~ **test** (permeability) / Beutelprobe *f*
shallow vat / Barke *f*
sham plush / Plüschnachahmung *f*
shampoo *n* / Shampoo *n*, Schampun *n*
shampooing *n* / Schampunieren *n*
shampoo test (cpt) / Shampoo-Test *m*
Shanghai long waste / Seidenabfall *m* bester Qualität
shank *v* (sew) / umwickeln *v* (Knopfstiel) ‖ ~ **button** / Ösenknopf *m* ‖ ~ **button clamp** (sew) / Ösenknopfklammer *f*, Butzenknopfklammer *f*
shanking *n* / Schenkelwolle *f*, Beinwolle *f*, Keulenwolle *f*, Leistenwolle *f*
shank of loop (knitt) / Maschenschenkel *m* ‖ ~ **of needle** / Nadelschenkel *m* ‖ ~ **of tip** (shuttle) (weav) / Spitzenschaft *m*

shantung *n* / Schantung *m*, Schantungseide *f* ‖ ~ **pongee** (fabric much used for summer apparel) / Seidenpongé *n*
shape *v* (hos) / formen *v*, fassonieren *v* ‖ ~ *n* / Form *f*, Fasson *f* ‖ ~ (hos) / Strumpfform *f* ‖ ~ (hatm) / Fach *n*
shaped waistband attachment (sew) / Formbundapparat *m*
shape factor / Formfaktor *m*
shapeless *adj* / formlos *adj*
shape memory / Shape-Memory *n* (spezielle Ausrüstungsstufe innerhalb der Durable-Press-Ausrüstung; "Erinnerungsvermögen" des Gewebes an den geformten Zustand) ‖ ~ **of heel** / Fersenform *f* ‖ ~ **of package** / Spulenform *f*
shaper *n* / Formmaschine *f*
shape retention / Formbeständigkeit *f* ‖ ~ **retention property** / Formstabilität *f*
shaper rail / Formschiene *f*
shape-set process / Permanent-Press-Verfahren *n* ‖ ~ **stability** / Formstabilität *f*
shap-faced *n* / Seidensamt *m* auf Baumwollgrund
shaping *n* / Formen *n*, Formgebung *f* ‖ ~ **and setting machine** / Form- und Fixiermaschine *f* ‖ ~ **machine** (heat-setting) (dye) / Formmaschine *f* ‖ ~ **machine** (making-up) / Dressiermaschine *f* ‖ ~ **press** (making-up) / Formpresse *f*, Dressierpresse *f*
sharkskin *n* (fabr) / Haifischhaut *f* ‖ ~ **finish** (fin) / Ledereffekt *m*
sharp-edged design / scharfkonturiges Muster ‖ ~-**edged guide rollers** / kantige Führungswalzen *f pl*
sharpening *n* (dye) / Schärfen *n*
sharpen the bath (dye) / den Stand des Bades schärfen, die Küpe schärfen
sharply defined / scharf ausgeprägt, scharfkonturig *adj* ‖ ~ **outlined** / scharfstehend *adj*, scharfkonturig *adj*
sharpness *n* / Schärfe *f* ‖ ~ **of outline** (of the print) / Konturenschärfe *f*, Sauberkeit *f* des Druckes, Druckschärfe *f* ‖ ~ **of the resist** / Schärfe *f* der Reserve ‖ ~ **ot the vat** / scharfer Stand der Küpe
sharp outlines (text pr) / guter Stand, scharfe Konturen *f pl* ‖ ~ **print** / prägnanter Druck
sharpshooter worm / Schäden, die der Blatthüpfer (Homalodisca coagulata) an den Baumwollpflanzungen anrichtet
sharp vat / scharfe Küpe, überschärfte Küpe ‖ ~ **washing** / scharfe Wäsche
shave off the hairs (hatm) / abhaaren *v* ‖ ~ **silk** / Galettseide *f*, Abfallseidengarn *n*
shawl *n* / Schal *m*, Umschlagtuch *n* ‖ ~ **and handkerchief print** / Tücherdruck *m* ‖ ~ **collar** / Schalkragen *m* ‖ ~ **wool** / Kaschmir *m*
Shaw system / Shaw-Streck-Verfahren *n*
shear *v* / scheren *v*, abscheren *v* ‖ ~ *n* / Schermaschine *f* ‖ ~ **compliance** / Schernachgiebigkeit *f* ‖ ~ **deformation** / Scherverformung *f*
sheared cloth / geschorenes Gewebe ‖ ~ **plush** / Schurplüsch *m*, Scherplüsch *m*
shearer *n* / Schermaschine *f*
shear force / Scherkraft *f* ‖ ~ **force diagram** / Scherkraftdiagramm *n* ‖ ~ **gradient** / Schergefälle *f*
shearing *n* / Scheren *n*, Abscheren *n*, Schur *f*, Stoffscheren *n*, Tuchscheren *n* ‖ ~ **and cropping machine** / Scher- und Schneidemaschine *f* ‖ ~ **bed** s. shearing table ‖ ~ **blade** / Schermesser *n* ‖ ~ **cylinder** / Scherzylinder *m* ‖ ~ **cylinder blade** / Scherzylindermesser *n* ‖ ~ **device** / Schermaschine *f* ‖ ~ **fault** / Scherfehler *m* ‖ ~ **flock** / Scherwolle *f* ‖ ~ **flocks** / Scherhaare *n pl*, Scherflocken *f pl* ‖ ~ **knife** (weav) / Haarmesser *n*, Reißmesser *n* ‖ ~ **loss** / Scherverlust *m* ‖ ~ **machine** / Schermaschine *f*, Tuchschermaschine *f* ‖ ~ **machine for velours** (velvets) / Veloursschneidemaschine *f* (DIN 64990) ‖ ~ **machine in the lengthwise direction** / Langschermaschine *f* ‖ ~ **pass** (pile) / Scherpassage *f*

shearings pl / Schurwolle f ‖ ~ (of cloth) / Scherflocken f pl, Scherhaar n, Scherstaub m, Scherabfall m
shearing table / Schertisch m, Schneidetisch m ‖ ~ **tool** / Scherzeug n ‖ ~ **wool** / Scherwolle f
shearling n (GB) / einjähriges Schaf ‖ ~ **lining** / Lammfellfutter n ‖ ~ **wool** / kurze Rupfwolle
shear marks / Unebenheiten f pl im Tuchscheren ‖ ~ **modulus** / Schubmodul m, Scherkraftmodul m ‖ ~ **on the right side**, shear the face / auf der rechten Seite scheren, die rechte Seite scheren ‖ ~ **resistance** / Scherwiderstand m
shears pl / Schere f, Tuchschere f, Schneiderschere f, Schafschere f
shear stress / Scherbeanspruchung f, Scherspannung f ‖ ~ **stress-strain property** / Formänderung f durch Scherung ‖ ~ **the pile** / kahl scheren ‖ ~ **thickening** / Dilatanz f ‖ ~ **viscosity** / Scherzähigkeit f ‖ ~ **wool** / Schurwolle f, Fell n, Vlies n
sheath v / ummanteln v ‖ ~ n / Hülle f, Mantel m, Ummantelung f ‖ ~ (of fibre) / Fasermantel m, Faserhaut f ‖ ~ (of bicomponent fibre) / Umhüllungsgarn n, Kernmantelfaden m ‖ ~ **dress** (fash) / Etuikleid n, Futteralkleid n
shed v / Fasern verlieren ‖ ~ (fur) / flusen v ‖ ~ n (weav) / Fach n, Webfach n ‖ ~ **closing** / Fachschluß m ‖ ~ **depth** / Fachhöhe f
shedding n (weav) / Fachbildung f ‖ ~ (esp. cpt) / Haaren n, Ausfasern n ‖ ~ (cloth) / Faserverlust m ‖ ~ **angle** / Fachwinkel m ‖ ~ **asymmetry** / Fach-Asymmetrie f ‖ ~ **by dobbies** / Fachbildung f durch Schaftmaschinen ‖ ~ **by harness** / Fachbildung f durch Harnisch ‖ ~ **by healds** / Fachbildung f durch Schäfte ‖ ~ **machine** / Fachbildemaschine f ‖ ~ **mechanism** / Fachbildevorrichtung f ‖ ~ **motion** / Fachbildung f, Schaftwechsel m ‖ ~ **of bolls** / vorzeitiges Abfallen der Baumwollkapseln ‖ ~ **operated by jacquard machine** / Fachbildung f mit Jacquardmaschine
shed formation / Fachbildung f ‖ ~ **for the shuttle** / Schützenfach n ‖ ~ **opening** / Fachöffnung f ‖ ~ **rest** / Fachruhe f ‖ ~ **rod** / Fadenteilstange f ‖ ~ **treadle motion** (weav) / Fachumtritt m
sheen n / Glanz m, Schimmer m, Schein m
sheep breed / Schafrasse f ‖ ~ **breeding** / Schafzucht f ‖ ~ **clippers** / Wollschere f, Schafschere f ‖ ~ **dyestuff** / Schafmarkierungsfarbe f ‖ ~-**shearing** n / Schafschur f, Wollschur f ‖ ~-**shearing machine** / Schafschermaschine f ‖ ~ **shears** / Schafschere f, Wollschere f
sheepskin n / Schaffell n
sheep['s] wool / Schafwolle f ‖ ~ **wool lining** / Lammfellfutter n
sheer n / durchscheinender Stoff ‖ ~ **adj** / durchscheinend adj, zart adj, hauchfein adj ‖ ~ **fabric** / durchscheinendes Gewebe, zartes Gewebe, durchsichtiges Gewebe ‖ ~ **gabardine** / Voile-Gabardine m f ‖ ~ **heel stocking** (hos) / Barfußstrumpf m, Nacktbeinstrumpf m, Strumpf m ohne Hochfersenverstärkung ‖ ~ **lawns** pl / Feinleinen n, Leinenbatist m ‖ ~ **lingerie** / Dessous n pl
sheerness n / Durchsichtigkeit f ‖ ~ (esp. hose) / Glanz m, Klarheit f
sheet n / Bettuch n, Bettlaken n, Laken n, Leintuch n ‖ ~ (ctg, plast) / Folie f
sheeted coating compound / ausgewalztes Beschichtungsmaterial
sheet formation zone (nwv) / Blattbildungsraum m ‖ ~ **forming** / Folienformverfahren n
sheeting n / Bettuchleinen n, Bettuchleinwand f, Bettlakentuch n ‖ ~ (fabr) / rohes Baumwollgewebe ‖ ~ (ctg, plast) / Folie f, Bahn f, Folienmaterial n ‖ ~ **calender** (lam) / Folienkalander m ‖ ~ **die** (lam) / Breitschlitzdüse f ‖ ~ **drier** / Bahnentrockner m ‖ ~ **ticking** / Bettdrell m mit unterseitiger Appretur ‖ ~ **twill** (cotton) / Zwei-und-Zwei-Twill m

sheet-**like fabric** / kaschiertes Gewebe, laminierter Stoff ‖ ~ **machine** (nwv) / Vliesmaschine f ‖ ~-**metal tube for dyeing** / Färbehülse f aus Blech ‖ ~ **of foam** / Schaumstoffolie f
sheets and pillow-cases pl / Bettbezüge m pl, Bettwäsche f
sheet stock reinforced laminate / folienverstärkte Beschichtung ‖ ~ **wadding** / Wattebogen m, Wattetafel f
shelf drier / Etagentrockner m, Hordentrockner m, Plattentrockner m, Heizplattentrockner m ‖ ~ **life** / Lagerbeständigkeit f, Lagerstabilität f ‖ ~-**life test** / Lagerdauertest m, Lagerdauerversuch m
shell n / Hülse f, Schale f ‖ ~ (of fibre) / Fasermantel m, Faserhaut f ‖ ~ (contrast to lining) / Oberstoff m
shellac n / Schellack m ‖ ~ **bead yarn** / Schellackperlgarn n, Schellackknotengarn n ‖ ~ **stiffening** (hatm) / Schellacksteife f
shell braid / Muschellitze f, Fassonlitze f ‖ ~ **breaker card** / Muldenvorkrempel f ‖ ~ **cotton** / Baumwolle f mit übermäßigem Hülsengehalt ‖ ~ **edge** / Muschelkante f ‖ ~ **fabric** (sew) / Oberstoff m ‖ ~ **feed plate** / Zuführungsmulde f ‖ ~ **hem** / Bogenrand m ‖ ~ **hemmer** / Muschelsäumer m ‖ ~ **pink** adj / muschelrosa adj ‖ ~ **silk** / Muschelseide f, Seeseide f, Byssusseide f ‖ ~-**type edge seamer** / Muschelsaumnähmaschine f ‖ ~-**type pattern** / Einsenkung f im Stoff, Einsenkmuster n
shelter tent duck / leichter Zeltstoff für tragbare Zelte
shepherd's check / schwarzweiße Würfelmusterung ‖ ~ **plaid** / schwarzweiß karierter Wollstoff, Elefantentritt m
Shetland n / Shetland m (Streichgarnstoff) ‖ ~ **lace** / Klöppelspitze f aus Shetlandwolle ‖ ~ **point lace** / Nadelspitze f aus Shetlandwolle ‖ ~ **shawl** / Shetlandschal m ‖ ~ **veil** / durchbrochen gestrickter Schal ‖ ~ **wool** / Shetlandwolle f ‖ ~ **yarn** / Garn n aus Shetlandwolle
shield (dress) / Armblatt n, Schweißblatt n
shielding plasticizer / Abschirmweichmacher m
shield louse / Schildlaus f
shift n (fash) / Hängerkleid n, Sackkleid n ‖ ~ s. also sack
shifting cam (knitt) / Changierexzenter m ‖ ~ **of shade** / Farbtonverschiebung f
"**shifting**" **tendency** (of yarn) / Aufschiebeneigung f
shimmer v / spiegeln v
shine vi / glänzen vi, leuchten vi ‖ ~ vt / glänzend machen ‖ ~ n / Glanz m, Schein m ‖ ~ (on fabric) / Glanzstelle f, Speckglanz m, verbügelte Stelle ‖ ~ **early cotton** / frühreifende Upland-Baumwolle
shiner n / Glanzstelle f ‖ ~ / Glanzfaden m ‖ ~ **pick** / Glanzschuß m ‖ ~'s **defect** / Glanzfadenfehler m
shine through / durchscheinen v
shinguard n / Schienbeinschützer m
shiny adj / glänzend adj, speckig adj ‖ ~ **area** / Glanzstelle f
shipper rod (loom) / Abstellstange f
Shiraz n (Persian handmade carpet) / Schiras m ‖ ~ **gum** / Schirasgummi n m
shirey yarn / fehlerhaftes Leinengarn
shirr v (sew) / rüschen v, pullern v ‖ ~ / kräuseln v (mit eingewebten Gummifäden) ‖ ~ vi / fälteln v (sich) ‖ ~ n / elastisches Gewebe, eingewebte o. eingestrickte Gummischnur, Schnurre f, Zugband n ‖ ~ **Kräuselung** f, Fältelung f, Falten f pl
shirred fabric s. shirr ‖ ~ **ribbon elastic** / eingewebtes Gummiband ‖ ~ **top** (dress) / gesmoktes Oberteil
shirring n / Kräuselbandeinziehen n ‖ ~ / Pullern n ‖ ~ **attachment** (sew) / Kräuseleinrichtung f, Kräuselapparat m ‖ ~ **foot** / Kräuselfuß m
shirt n / Hemd n, Oberhemd n ‖ ~ (football, cycling, etc.) / Trikot n ‖ ~ **blouse** / Hemdbluse f ‖ ~ **blouse dress** / Hemdblusenkleid n, Hemdrock m ‖ ~ **blouse sleeve** / Hemdblusenärmel m ‖ ~ **collar** / Hemdkragen m ‖

shirt

~ **cuff** / Manschette f ‖ ~ **dress** (fash) / Chemisierkleid n, Kittelkleid n, Shirt-Zweiteiler m
shirtfacing n (sew) / Hemdenleisten f pl ‖ ~ **sewing unit** (sew) / Hemdenleisten-Aggregat n
shirt front / Hemd[en]einsatz m, Hemdenbrust f
shirting n / Hemdenstoff m, Schirting m, Shirting m ‖ ~ **chambray** / Hemdenchambray m ‖ ~ **fabric** / Hemdenstoff m, Schirting m, Shirting m ‖ ~ **flannel** / Hemdenflanell m ‖ ~ **poplin** / Hemdenpopeline f
shirtmaker n s. shirtwaister
shirt press / Hemdenpresse f ‖ ~ **sleeve** / Hemdsärmel m ‖ ~ **tail** / Hemdenschoß m ‖ ~ **waist** / Hemdbluse f
shirtwaister n / Hemdblusenkleid n, Hemdrock m
shirt with knitted sleeves / Hemd n mit angestricktem Arm
Shirvan n (Caucasian hand-knotted carpet) / Schirwan m
shive n (wool) / Pflanzenrest m ‖ ~ (flax, hemp) / Schäbe f ‖ ~ (flax) / (Flachs-)Schäbe f ‖ ~ **of flax** / Flachs-Schäbe f, Schäbe f ‖ ~ **tow** / Schäbenwerg n
shivy wool / Wolle, die Pflanzenreste enthält
shock n / Schlag m, Stoß m ‖ ~ **catalyst** / Schockkatalysator m ‖ ~ **drying** / Schocktrocknung f ‖ ~**-drying-cure method** (drying and curing of the reactant finish are carried out in a single operation) / Schock-Trocknung-Kondensationsverfahren n, STK-Verfahren n ‖ ~ **elasticity** / Stoßelastizität f ‖ ~ **fixation method in a concentrated alkaline electrolyte bath on an open-width machine** / Schockfixiermethode f ‖ ~ **loading tester** (tyrecord) / Dauerschlaggerät n
shoddy n s. shoddy wool ‖ ~ **picker** / Garnettöffner m ‖ ~ **wool** / Shoddy n, Shoddywolle f, Reißwolle f, Reißwollmaterial n, Altwolle f, Lumpenwolle f, Regeneratwolle f ‖ ~ **yarn** / Shoddygarn n
shoe canvas / Stramin m ‖ ~ **cloth** / Schuhstoff m, Schuhgewebe n ‖ ~ **doctor** (ctg) / Schuhmesser n, Kufenrakel f, Schuhrakel f, Schuhrakelmesser m ‖ ~ **duck** / Stramin m ‖ ~ **fabric** / Schuhstoff m, Schuhgewebe n ‖ ~ **felt** / Schuhfilz m ‖ ~ **knife** s. shoe doctor ‖ ~**-lace** n / Schnürsenkel m, Schuhband n, Schuhriemen m
shoelace needle setting machine / Schuhriemenbenadelungsmaschine f
shoe lining / Schuhfutter n
shoemaker's thread / Pechdraht m, Pechzwirn m
shoe moquette / kleingemusterter Schuhplüsch ‖ ~**-string** n s. shoelace ‖ ~**-string strap** (fash) / Spaghettiträger m ‖ ~ **thread** / Schuhgarn n, Schuhzwirn m ‖ ~**-top silk** / Seidenwaren f pl für Schuhoberteile ‖ ~ **upper fabric** / Schuhoberstoff m ‖ ~ **velvet** / Schuhsamt m
shog v (knitt) / versetzen v, verrücken v
shogged stitch (knitt) / versetzte Masche
shogging n (knitt) / Versetzen n, Versatz m der Lochnadelbarre, Verrücken n, Legung f unter den Nadeln ‖ ~ **box** (raschel knitting) / Riegelkasten m
shog pattern / Versatzmuster n
S-hook n / S-Haken m
shoot v / durchwirken v ‖ ~ n (weav) / Schuß m, Schlag m, Schußfaden m, einzelner Schuß, Eintrag m, Einschlag m, Einschußfaden m, Schußeintrag m ‖ ~ **counter** (weav) / Schuß m ‖ ~ **for figuring** (weav) / Figurenschuß m ‖ ~ **guard** (weav) / Schußwächter m ‖ ~ **in** (weav) / einschlagen v, einschießen v
shooting-jacket n, shooting-waistcoat n / Jägerweste f
shop-board n (sew) / Zuschneidetisch m, Werktisch m
shopping bag / Einkaufstasche f, Tragetasche f
Shore hardness (ctg) / Shorehärte f
shorn cloth / geschorenes Gewebe ‖ ~ **velvet** / geschorener Samt ‖ ~ **wool** / Schurwolle f
short·-and-long stitch / Knopflochstich m ‖ ~ **batching time process** / Kurzverweilverfahren n ‖ ~ **bath** / kurzes Bad, kurze Flotte ‖ ~ **blind** / Fenstergardine f ‖ ~ **bristly fibres** / Stichelhaare n pl ‖ ~ **butt** (knitt) / Tieffuß m, Niederfuß m ‖ ~ **butt needle** (knitt) /

Tieffußnadel f, Niederfußnadel f ‖ ~ **carriage** (knitt) / Kurzschlitten m ‖ ~ **carriage knitting machine** / Kurzschlittenstrickmaschine f ‖ ~ **carriage machine** / Kurzschlittenmaschine f ‖ ~ **cotton** / kurzstapelige Baumwolle ‖ ~**-cut fibre** / Kurzschnittfaser f ‖ ~**-cut method** / Schnellverfahren n, Kurzverfahren n, abgekürztes Verfahren ‖ ~**-dwell pad method**, shortdwell padding process / Klotz-Kurzverweilverfahren n
shorten v / kürzen v, abkürzen v, verkürzen v
short ends (making up) / Reste m pl, Restmeter m n
shortened method / Kurzverfahren n, Schnellverfahren n, abgekürztes Verfahren ‖ ~ **system of cotton spinning** / verkürzte Baumwollspinnerei
short festoon drier / Kurzschleifentrockner m ‖ ~ **fibre** / Kurzfaser f ‖ ~**-fibre cloth** / kurzfaseriges Material ‖ ~**-fibred** adj / kurzfaserig adj, kurzstapelig adj ‖ ~**-fibre raw material** / kurzfaseriger Rohstoff ‖ ~**-fibre waste** / Kurzfaserabfall m ‖ ~**-haired** adj / kurzhaarig adj, stichelhaarig adj ‖ ~**-heel needle** / Tieffußnadel f, Niederfußnadel f ‖ ~ **hose** / Kniestrümpfe m pl ‖ ~ **jacket** / Kamisol n, kurzes Wams, Weste f ‖ ~ **liquor** / kurze Flotte, Kurzflotte f ‖ ~ **liquor/goods ratio dyeing** / Färben n aus kurzer Flotte ‖ ~ **liquor jet dyeing** / Kurzflotten-Jet-Färben n ‖ ~ **liquor jet dyeing apparatus** / Kurzflotten-Jet-Färbeanlage f ‖ ~**-liquor piece-dyeing** / Kurzflottenstückfärberei f ‖ ~**-liquor piece-dyeing machine** / Kurzflottenstückfärbemaschine f ‖ ~ **liquor ratio** / Kurzflottenverhältnis ‖ ~ **liquor technique** / Kurzflottentechnik f ‖ ~**-liquor winch beck** / Kurzflottenhaspelkufe f ‖ ~**-long stitches** / Kurz-Lang-Stiche m pl ‖ ~**-loop drier** / Kurzschleifentrockner m ‖ ~**-loop gelatinizer** / Kurzschleifengeliermaschine f ‖ ~**-nap[ped]** adj / kurzgeschoren adj ‖ ~ **pad batch process** / Kurz-Kaltverweilverfahren n ‖ ~ **pile** / Kurzflor m ‖ ~**-piled** adj / kurzflorig adj ‖ ~ **ratio of liquor** / kurzes Flottenverhältnis
shorts pl / Shorts pl
short seam / Kurznaht f ‖ ~**-seam automatic apparatus** / Kurznahtautomat m ‖ ~**-shanked needle** / Tieffußnadel f, Niederfußnadel f ‖ ~ **sharkskin** / Satin m mit Franse ‖ ~ **silk noils** / Seidenkämmlinge m pl, Seidenwerg n, Abfallseide f, Bourretteseide f ‖ ~**-skeined** adj / kurzsträhnig adj ‖ ~**-sleeved** adj / kurzärmelig adj, mit kurzen Ärmeln, mit kurzem Arm ‖ ~**-sleeve vest** (men's underwear) / Unterhemd n mit halbem Arm, Unterjacke f (mit halbem Ärmel) ‖ ~ **socks** / Kurzsocken f pl ‖ ~ **spinning method**, short spinning process / Kurzspinnverfahren n ‖ ~ **staple breaking machine** / Kurz-Reißverfahren n ‖ ~**-staple cotton** / kurzstapelige Baumwolle ‖ ~**-staple cradle** (card) / Kurzstapelfaserkäfig m, Kurzstapelkäfig m ‖ ~**-stapled** adj / kurzstapelig adj ‖ ~**-staple fibre** / Kurzstapelfaser f ‖ ~**-staple spinning** / Kurzfaserspinnen n ‖ ~**-staple wool** / kurzstapelige Wolle, kurzschürige Wolle, Kratzwolle f, Streichwolle f ‖ ~**-staple wool noils** / kurze Wollkämmlinge m pl ‖ ~ **steaming method** / Kurzdämpfverfahren n ‖ ~ **stick** / Yard n (36 inches o. 0,9144 m) ‖ ~ **stroke slide needle system** (warp-knitting) / Kurzhub-Schiebernadelsystem n ‖ ~ **table screen printing machine** / Filmdruckmaschine f mit kurzem Tisch ‖ ~**-term dyeing** / Kurzzeitfärben n ‖ ~**-time batching process** (dye) / Kurz-Kaltverweilverfahren n ‖ ~**-time test** / Kurzzeitprüfung f, Kurzzeitversuch m, Schnelltest m, Kurzprüfung f ‖ ~ **traverse cheese** / zylindrische Kreuzspule mit kurzem Hub, Sonnenspule f (DIN 61800) ‖ ~ **wool** / kurzhaarige Wolle, Streichwolle f, Kratzwolle f
shorty n / extrakurzes Kleidungsstück ‖ ~ **nightgown** / Shorty n
shot n (weav, pick) / Schuß m, Schlag m, Schußfaden m, einzelner Schuß, Eintrag m, Einschlag m, Einschußfaden m, Schußeintrag m ‖ ~ adj /

durchschossen *adj*, durchwebt *adj*, durchwirkt *adj*, changeant *adj* || ~ **cloth** / Changeantgewebe *n*, Changeant *m*, changierender Stoff, schillernder Stoff, Schillerstoff *m* || ~**-coloured** *adj* / changierend *adj*, schillernd *adj* || ~**-dye** *v* / changeant färben || ~ **effect** / Changeant-Effekt *m*, Changieren *n*, Schillerfarbe *f*, Schillern *n*, changierende Farbe || ~**-effect fabric** s. shot cloth || ~ **silk** / Changeantseide *f*, Changeant *m*, Schillerseide *f* || ~ **suture** s. shotted suture || ~ **taffeta** / Schillertaft *m*, Changeanttaft *m*
shotted suture / Perlnaht *f*
shot-through *adj* / durchschossen *adj*, durchwebt *adj*, durchwirkt *adj*, changeant *adj*
shoulder *n* (fash) / Schulterpartie *f*, Schulterteil *n* (eines Kleidungsstücks) || ~ (of bobbin) / Rand *m* || ~ (part of scoop) (zip) / Fuß *m* || ~ **bag** / Umhängetasche *f*, Schultertasche *f* || ~ **collar** / Schulterkragen *m* || ~ **pad** / Schulterpolster *n*, Schulterkissen *n*, Achselpolster *n* || ~ **seam** / Schulternaht *f* || ~ **sleeve, dropped** (fash) / verlängerter Schulterärmel || ~ **strap** / Träger *m*, Trägerband *n*, Achselband *n*, Schulterband *n*
shove *n* (GB) / Schäbe *f*, Flachsschäbe *f*
shovel hat (GB) / Schaufelhut *m*, breitkrempiger Hut (der Geistlichen)
show board tester / Garngleichmäßigkeitsprüfer *m*, Garngleichheitsprüfer *m*
shower apparatus / Beregnungsanlage *f*
showerproof *v* / wasserabstoßend imprägnieren, regendicht machen || ~ *adj* / imprägniert *adj*, regendicht *adj*, wasserdicht *adj*, regenfest *adj*, regenecht *adj*, wasserabstoßend *adj* || ~ **cloth**, showerproof fabric / imprägnierter Stoff, regendichter Stoff, regenechter Stoff, regenfester Stoff, regendicht imprägnierter Stoff, wasserfester Stoff
showerproofing *n* / Regendichtmachen *n*, Wasserdichtimprägnierung *f*, Wasserdichtmachen *n*
shower repellent s. showerproof || ~ **test** / Beregnungsprüfung *f*, Beregnungstest *m*, Beregnungsversuch *m*, Berieselungsversuch *m* || ~**-tight** s. showerproof
show through *v* (dye) / durchscheinen *v*, durchschlagen *v* || ~**-through** *n* (dye) / Durchscheinen *n*, Durchsicht *f*
shred *v* / zerfasern *v*
shredded polyamide / Polyamidschnitzel *pl*
shredder *n* / Zerfaserer *m*
shred of cloth / Fetzen *m*, Lappen *m*, Hader *m*, Stoffschnitzel *m n*, Stoffstreifen *m*
shrink *vi* / eingehen *vi*, schrumpfen *vi*, krumpfen *vi*, einlaufen *vi*, zusammenschrumpfen *vi*, einspringen *vi*, schrinken *vi* schwinden *vi* || ~ *vt* / krümpen *vt*, schrumpfen *vi*, einlaufen *vi*, zusammenschrumpfen *vi*, sich zusammenziehen
shrinkability *n* / Schrumpffähigkeit *f*, Krumpffähigkeit *f*, Schrumpfvermögen *n*
shrinkable *adj* / schrumpffähig *adj*, krumpffähig *adj* || ~ **nonwoven** / Schrumpfvliesstoff *m*
shrinkage *n* / Krumpfung *f*, Krumpfen *n*, Schrumpfung *f*, Schrumpfen *n*, Eingehen *n*, Einlaufen *n*, Einspringen *n*, Schrinken *n*, Schwinden *n* || ~ / Verarbeitungsverlust *m* || ~ **allowance** / Schrumpfzugabe *f* || ~ **compartment** / Schrumpfabteil *n* || ~ **control** / Einlaufkontrolle *f*, Krumpfkontrolle *f*, Schrumpfkontrolle *f* || ~ **data** / Schrumpfwerte *m pl* || ~ **factor** / Krumpfungsfaktor *m* || ~ **fibre**, S fibre / Schrumpffaser *f*, S-Faser *f* || ~ **gauge**, shrinkage measure / Krumpfmaß *n* || ~ **in dry heat** / Thermoschrumpf *m* || ~ **in length** / Längeneingang *m*, Längenschrumpfung *f* || ~ **in width** / Breiteneingang *m*, Breitenschrumpfung *f* || ~ **measuring equipment** / Krumpfmeßgerät *n* || ~ **on drying** / Trockenschwindung *f*, Trockenschwund *m* || ~ **on dyeing** / Färbeschrumpf *m* || ~ **on milling** / Walkeinsprung *m* || ~ **on solidification** / Erstarrungsschwund *m* || ~ **tension** / Schrumpfspannung *f* || ~ **tester** / Krumpftester *m*, Krumpftestgerät *n*, Schrumpfechtheitsprüfgerät *n* || ~ **testing** / Schrumpfechtheitsprüfung *f* || ~ **under HT conditions** / HT-Schrumpf *m* || ~ **value** / Krumpfwert *m*

shrink fabric / Schrumpfgewebe *n* || ~ **fastness** s. shrink resistance
shrinking *n* s. shrinkage || ~ **action** / Schrumpfwirkung *f* || ~ **agent** / Krumpfmittel *n* || ~ **apparatus** / Krumpfapparat *m* || ~ **bath** / Krumpfbad *n* || ~ **device** / Krumpfeinrichtung *f* || ~ **effect** / Schrumpfwirkung *f* || ~ **fibre** / Schrumpffaser *f* || ~ **force** / Schrumpfkraft *f* || ~ **in wet heat** / Naßhitzeauskrumpfung *f* || ~ **machine** / Krumpfmaschine *f* || ~ **potential** / Krumpfkraft *f* || ~ **power** / Krumpfkraft *f* || ~ **process** (undesirable) / Schrumpfprozeß *m* || ~ **process** (desirable) / Krumpfverfahren *n*, Schrinkverfahren *n*, Krumpfvorgang *m* || ~ **property** / Krumpffähigkeit *f*, Schrumpffähigkeit *f* || ~ **tunnel** (high-bulk yarn) / Schrumpfkanal *m* || ~ **without stuffing** / Schrumpfen *n* ohne Stauchkräfte
shrink mark / Schrumpfhof *m*
shrinkproof *v* / krumpfecht ausrüsten || ~ *adj* / krumpfecht *adj*, krumpffrei *adj*, krumpffest *adj*, schrumpffest *adj*, schrumpfecht *adj*, einlaufecht *adj*, nichtschrumpfend *adj* || ~ **finish** / Krumpfechtausrüstung *f*, krumpffreie Ausrüstung, Schrumpffestausrüstung *f*, Krumpffreiausrüstung *f*
shrinkproofing *n* / Schrumpfechtmachen *n*, Krumpfechtausrüsten *n*, Krumpffreimachen *n*
shrink--resist *v* / krumpffest machen, krumpffrei ausrüsten, schrumpfecht machen || ~ **resistance** / Krumpfechtheit *f*, Schrumpffreiheit *f*, Krumpffestigkeit *f*, Schrumpfechtheit *f*, Krumpffreiheit *f* || ~ **resistance testing** / Krumpfprüfung *f* || ~ **resistance to dry treatment** (steam ironing test) / Krumpfechtheit *f* bei Trockenbehandlung (Dampfbügelprobe, DIN 53801) || ~**-resistant** *adj* / krumpfecht *adj*, krumpffrei *adj*, krumpffest *adj*, schrumpffest *adj*, schrumpfecht *adj*, einlaufecht *adj*, nichtschrumpfend *adj* || ~**-resistant finish** s. shrinkproof finish || ~**-resistant wool** / krumpffest ausgerüstete Wolle || ~**-resist finish** s. shrinkproof finish || ~**-resist process** s. shrinkproofing || ~**-resist teatment** s. shrinkproofing || ~ **tester** / Schrumpfprüfer *m* || ~ **tunnel** (high-bulk yarn) / Schrumpfkanal *m* || ~ **yarn** / Schrumpfgarn *n*
shrivel *v* / einschrumpfen *v*
Shropshire wool / Shropshire-Wolle *f*
shroud *n* / Leichentuch *n*, Grabtuch *n* || ~**-laid rope** / vierschäftiges Tau mit Kern
shrunk *adj* (non-shrink) / krumpffrei *adj*, krumpfecht *adj* || ~ **finish** / Vorkrumpfbehandlung *f*
shuttle *n* (weav) / Schützen *m*, Webschützen *m*, Weberschiff *n*, Schiffchen *n* || ~ (sew) / Nähmaschinenschiffchen *n* || ~ **accessory** / Schützenzubehör *n* || ~ **adjustment** / Schützeneinstellung *f* || ~ **binder** / Schützenkastenzunge *f* || ~ **body** / Schützenkörper *m* || ~ **bottom** / Schützenboden *m* || ~ **box** / Schützenkasten *m* || ~ **box back** / Schützenkastenrückwand *f* || ~ **box bottom** / Schützenkastenboden *m* || ~ **box change** / Schützenkastenwechsel *m* || ~ **box end** / Schützenkastenende *n* || ~ **box front** / Schützenkastenvorderwand *f* || ~ **box guard** / Schützenkastenwehr *m* || ~ **box motion** / Schützenkastenbewegung *f* || ~ **box slide** / Kastenführung *f*, Führung *f* des Schützenkastens || ~ **braking** / Schützenbremsung *f* || ~ **buffer** / Schützenauffangvorrichtung *f* || ~ **catcher** / Schützenfänger *m* || ~ **change** / Schützenwechsel *m*, Schützenauswechslung *f* || ~ **change control** / Schützenwechselsteuerung *f* || ~ **change from both sides** / zweiseitiger Schützenwechsel || ~ **change motion** / Schützenauswechselvorrichtung *f* || ~ **changer** / Schützenwechsler *m* || ~ **changing** / Schützenwechsel *m*, Schützenauswechslung *f* || ~**-changing automatic**

shuttle

loom / Schützenwechselvollautomat *m* ‖ **~-changing mechanism** / Schützenwechselvorrichtung *f* ‖ **~ changing repeat** / Schützenwechselrapport *m* ‖ **~ checking** / Schützenblockieren *n* ‖ **~ checking (control)** / Schützenüberwachung *f* ‖ **~-checking device** / Schützenauffangvorrichtung *f*, Schützenblockierung *f* ‖ **~ cock** s. shuttle spindle ‖ **~ compartment** / Schützenzelle *f* ‖ **~ course** / Schützenbahn *f*, Schützenlauf *m*, Gang *m* des Schützens, Schützenweg *m* ‖ **~ cover** / Schützendeckel *m* (DIN 64685) ‖ **~ deflector** / Schützenfänger *m* ‖ **~ drive** / Schützenantrieb *m* ‖ **~ driver** / Schützentreiber *m*, Treiber *m* ‖ **~ embroidering machine** / Schiffchenstickmaschine *f* ‖ **~ embroidering machine bobbin** / Schiffchenstickmaschinenwickel *m* (DIN 61800) ‖ **~ eye** / Schützenauge *n* ‖ **~ feeler** / Schützenfühler *m* ‖ **~ feeling device** / Schützenabtastung *f* ‖ **~ flight** / Schützenlauf *m* ‖ **~ for automatic loom** / Automatenschützen *m* (DIN 64685) ‖ **~ for automatic pirn changing** / Webschützen *m* für automatischen Spulenwechsel (DIN 64685) ‖ **~ for hollow cops** / Schlauchschützen *m* ‖ **~ guard** / Schützenfänger *m*, Schützenwächter *m* ‖ **~ guide** / Schützenführung *f* ‖ **~ length** / Schützenlänge *f*
shuttleless *adj* / schützenlos *adj* ‖ **~ loom** / schützenlose Webmaschine ‖ **~ weaving** / schützenloses Weben
shuttle loader / Webschützenzubringer *m* ‖ **~ loom** / Webmaschine *f* ‖ **~ magazine** / Schützenbehälter *m*, Schützenmagazin *n* ‖ **~ mark[ing]** (defect) / Schützenstreifen *m*, Klemmschuß *m* ‖ **~ motion** (sew) / Greiferbewegung *f* ‖ **~ path** / Schützenbahn *f* ‖ **~ peg** / Schützenspindel *f* ‖ **~ pick** / Schützenschlag *m* ‖ **~ race** / Schützenbahn *f*, Schützenlauf *m*, Gang *m* des Schützens, Schützenweg *m* ‖ **~ rally** / Schützenzug *m* ‖ **~ rectifying machine** / Webschützenabrichtmaschine *f* ‖ **~ shed** / Schützenfach *n* ‖ **~ shot**, shuttle smash / Schützenschlag *m*, Schützenwurf *m* ‖ **~ smash protection** / Schützenschlagwächter *m* ‖ **~ spindle** / Schützenspindel *f*, Webschützenspindel *f* (DIN 64685) ‖ **~ spring** / Schützenfeder *f* ‖ **~ stroke**, shuttle throw / Schützenschlag *m*, Schützenwurf *m* ‖ **~ tip** / Schützenspitze *f* ‖ **~ tongue** s. shuttle spindle ‖ **~ trajectory** s. shuttle course ‖ **~ weaving** / Schützenweben *n* ‖ **~ width** / Schützenbreite *f* ‖ **~ with cover** / Deckelschützen *m* (DIN 64685) ‖ **~ with several bobbins** / Melierschützen *m* ‖ **~ with two threads** / Doppelschützen *m*
shuttling *n* (weav) / Spulennachfüllen *n*
Siam hemp / Menadohanf *m*
siamoise *n* s. siamose fabrics
siamose fabrics (coloured woven apron cloths, striped and checked, e.g. gingham) / Siamosen *f pl*
sibucara seed fibre / venezolanische Samenhaarfaser
siccative *n* / Sikkativ *n*, Trockenstoff *m*, Trockenmittel *n*
Sicilian *n* (plain cloth from fine cotton warp and coarse mohair weft, or silk (or rayon) **warp and woollen weft**) / Sicilienne *f*
Sicilienne *n* s. Sicilian
sida fibre (fibre obtained from the sida plant, Sida rhombifolia, grown in India. Fibre also known as Sufet Bariata) / Sidafaser *f*
side··-by-side (S/S) conjugated fibre / Seite-an-Seite-Bikomponentenfaser *f*, S/S-Bikomponentenfaser *f* ‖ **~-by-side spinning** / Bifilarspinnen *n* ‖ **~ cam** / seitliches Schloßdreieck ‖ **~ chain** (chem) / Seitenkette *f* ‖ **~-change reeling machine** / Seitenwechselhaspelmaschine *f* ‖ **~ delivery head** (extrusion) / seitlicher Zuführkopf ‖ **~ frame** (loom) / Schild *n* ‖ **~ hook closure** / seitlicher Hakenverschluß ‖ **~-hook needle** (cpt) / SH-Nadel *f* ‖ **~ knife** (lam) / Begrenzungsspachtel *f* ‖ **~ picker** (knitt) / Minderfinger *m* ‖ **~ plate** (on dyeing beam) / Seitenblech *n* ‖ **~ pleat** (fash) / Seitenfalte *f* ‖ **~ pocket** (fash) / Seitentasche *f*
sideseam *n* (sew) / Seitennaht *f*, Außennaht *f*

side seam of the foot (hos) / Naht *f* der Seitenränder der Sohle ‖ **~ star** (on dyeing beam) / Seitenstern *m* ‖ **~-to-centre shading** (dye) / Kantenablauf *m*, Farbablauf *m*, Seitenablauf *m*, Leistigkeit *f* ‖ **~-to-side unlevelness** (dye) / Kantenungleichheit *f* ‖ **~ twill** / Mehrgratköper *m* ‖ **~ walking slit** (fash) / Seitenschlitz *m*
sieve *v* / sieben *v* ‖ **~ n** / Sieb *n* ‖ **~-band steamer** / Siebband Dämpfer *m* ‖ **~ box** / Siebkasten *m* ‖ **~ cloth** / Siebtuch *n*, Beuteltuch *n*, Filtertuch *n* ‖ **~ residue** / Siebrückstand *m*
sieving cloth / Siebtuch *n*, Beuteltuch *n*, Filtertuch *n* ‖ **~ filter** / Siebfilter *m* *n*
sift *v* / sieben *v*, sichten *v*
siftability *n* (flock) / Rieselfähigkeit *f*
sightening *n* (text pr) / Markieren *n*, Signierfärbung *f* ‖ **~** s. also sighting colour ‖ **~ dyestuff** / Signierfarbstoff *m*, Blendfarbstoff *m*
sighting colour / Kennzeichnungsfarbe *f*, Markierungsfarbe *f*, Blendfarbe *f* ‖ **~ dyestuff** / Signierfarbstoff *m*, Blendfarbstoff *m*
signal clothing (luminescent apparel for the protection of schoolchildren, roadworkers, airfield personnel etc.) / Verkehrsschutzkleidung *f*, Warnbekleidung *f*, Warnkleidung *f* ‖ **~ green** *adj* / signalgrün *adj* ‖ **~ red** / signalrot *adj* ‖ **~ yellow** / signalgelb *adj*
silcina *n* / Silzina-Schußsamt *m*
silence cloth / Baumwollflanell *m* für Tischdeckenunterlagen, Molton *m*
Silesia *n* / schlesisches Gewebe ‖ **~ linen** / Schlesischleinen *n*
Silesian lawn / Linon *m* ‖ **~ wool** / schlesische Wolle
silhouette clock (hos) / Rahmenverstärkung *f* der Hochferse *f* ‖ **~ heel** (hos) / Schattenstrumpf *m*
silica *n* / Kieselerde *f* ‖ **~ gel** / Kieselgel *n*, Kieselsäuregel *n*, Silika-Gel *n*
silicate fibre / Silikatfaser *f*
silicic acid / Kieselsäure *f* ‖ **~ acid ester dispersion** / Kieselsäureesterdispersion *f*
silicon *n* / Silizium *n* ‖ **~ carbide fibre** / Siliziumkarbidfaser *f*
silicone *n* / Silikon *n* ‖ **~ aftertreatment** / Nachsilikonisieren *n* ‖ **~-based foam suppressant** / Schaumdämpfungsmittel *n* auf Silikonbasis ‖ **~-based impregnating agent** / Silikonimprägnierungsmittel *n* ‖ **~-coated release material** / silikonbeschichteter Trennträger *m* ‖ **~ finish** / Silikonausrüstung *f*, Silikonfinish *m* ‖ **~ release agent** / Silikontrennmittel *n* ‖ **~ resin** / Silikonharz *n* ‖ **~ softener** / Weichmacher *m* auf Silikonbasis ‖ **~ spot** / Silikonfleck *m* ‖ **~-type water repellent** / silikonhaltiges Mittel zur Wasserabweisendimprägnierung
siliconize *v* / silikonisieren *v*, mit Silikonen behandeln
siliconized fabric / silikonisierte Ware
silk / Seide *f* ‖ **~ and cotton** / Halbseide *f* ‖ **~-and-cotton covered** / Baumwollseiden..., Seidenbaumwoll... ‖ **~ and rayon weft pirn** / Schußhülse *f* für Seiden- und Kunstseidenweberei (DIN 64625) ‖ **~ bath** / Seidenbad *n* ‖ **~ batiste** / Seidenbatist *m* ‖ **~ bave** / Kokonfaden *m* ‖ **~ beaver** (imitation beaver fur) / Seidenbiber *m* ‖ **~ blend** / Seidenmischung *f* ‖ **~ boiling-off** s. boiling-off ‖ **~ bolting cloth** / Müllergaze *f*, Seidensiebtuch *n* ‖ **~ braid** / Seidenborte *f* ‖ **~ brin** / Fibroinfaden *m* ‖ **~ camlet** (all-silk dress fabric) / Seidenkamelott *m* ‖ **~ canvas** / Seidengewebe *n* für Stickereiarbeit ‖ **~ chiffon** / Seidenchiffon *m* ‖ **~ chiné printing** / Seidenchinédruck *m* ‖ **~ cord cloth** / Ottoman *m*, Ottomane *m* ‖ **~ cotton** / Pflanzenseide *f*, Kapok *m* ‖ **~-covered** *adj* / seidenumsponnen *adj*, seidenbesponnen *adj* ‖ **~ crepe** / Kreppgewebe *n* aus Naturseide ‖ **~ culture** / Seidenzucht *f* ‖ **~ damask** / Seidendamast *m*, seidener Damast *m* ‖ **~ damassé** s. also damassé ‖ **~ degumming** / Degummieren *n*, Entbasten *n*, Abkochen *n*, Entschälen *n* (von Seide) ‖ **~ delustred in spinning** / spinnmattierte Seide ‖ **~ dyeing** /

Seidenfärben n, Seidenfärberei f ‖ ~ **dyestuff** / Seidenfarbstoff m
silken adj / seiden adj, Seiden...
silk fabric / Seidengewebe n, Seidenstoff m ‖ ~ **fibre** / Seidenfaser f ‖ ~ **fibroin** / Seidenfibroin n ‖ ~ **filament** / Seidenfaden m ‖ ~ **finish** / Seidenfinish n, Schreiner-Finish n ‖ ~ **finish calender** / Seidenfinishkalander m ‖ ~ **finishing** / Seidenveredlung f ‖ ~ **floss** / Flockseide f ‖ ~ **for buttons** / Knopfseide f ‖ ~ **for trimmings** / Posamentierseide f ‖ ~ **gauze** / Seidengaze f, Müllergaze f, Seidensiebtuch n, Seidenflor m ‖ ~ **gloria** (used mainly for umbrellas and dresses) / Gloriaseide f, Gloria m ‖ ~ **gloss** / Seidenglanz m, seidenartiger Glanz ‖ ~ **glue** s. silk gum ‖ ~ **gum** / Seidenbast m, Seidenleim m, Serizin n ‖ ~ **hank** / Seidenstrang m, Seidensträhne f ‖ ~ **hat** / mit Seidenplüsch bezogener Zylinderhut ‖ ~ **hose** / Seidenstrumpf m
silkiness n / seidenartige Weichheit, Seidigkeit f
silk jersey / Seidenjersey m ‖ ~ **lace** / Seidenschnur f ‖ ~ **lap** / Unterlegung f mit offener Masche ‖ ~ **lap** / offene Tuchlegung (0-1/3-2) ‖ ~**-like** adj / seidenartig adj, seidig adj, seidenähnlich adj ‖ ~**-like polyester fibre** / seidenartige Polyesterfaser f ‖ ~**-like scroop** / Seidengriff m, knirschender Griff, Krachgriff m, krachender Griff, Knirschgriff m ‖ ~ **linen** / Seidenleinen n ‖ ~ **linings** / Futterseiden f pl ‖ ~ **loom** / Seidenwebstuhl m ‖ ~ **lustre** / Seidenglanz m, seidenartiger Glanz ‖ ~ **lustring calender** / Seidenglanzkalander m ‖ ~ **mill** / Seidenspinnerei f, Seidenfabrik f ‖ ~ **mixture cloth** / Mischseide f ‖ ~ **mordant** / Seidenbeize f ‖ ~ **muslin** / Seidenmusselin m ‖ ~ **noil** / Seidenkämmling m, Seidenwerg n, Abfallseide f, Bouretteseide f ‖ ~ **noil yarn** / Kämmlingsseidengarn n ‖ ~ **nops** / Seidennoppen f pl ‖ ~ **plush** / Seidenplüsch m ‖ ~ **poplin** / Seidenpopeline f ‖ ~ **reel** / Seidenhaspel f, Zwirnhaspel f, Kokonhaspel f ‖ ~ **reeling** / Haspeln n der Seide ‖ ~ **reps** / sammetartiger Seidenrips ‖ ~ **ribbon** / Seidenband n ‖ ~ **screen** / Seidenraster m, Seidenschablone f
silk-screening a person's name (in a garment) / Namenseinwebung f (in Kleidungsstücke)
silk·-screen printing / Siebdruck m, Schablonendruck m, Seidenrasterdruck m, Filmdruck m ‖ ~**-screen printing ink** / Siebdruckfarbe f ‖ ~**-screen process** / Siebdruckverfahren n ‖ ~ **scroop** s. silk-like scroop ‖ ~ **serge** / Seidenserge f ‖ ~ **shantung** / Reinseiden-Schantung m, naturseidener Schantung ‖ ~ **shoddy** / Shoddyseide f, Seidenshoddy n ‖ ~ **skein** / Seidenstrang m, Seidensträhne f ‖ ~ **spinner** / Seidenspinner m ‖ ~ **spinning** / Seidenspinnerei f ‖ ~ **spinning mill** / Seidenspinnerei f, Seidenfabrik f ‖ ~ **square** / Seidentuch n ‖ ~ **stocking** / Seidenstrumpf m ‖ ~ **system processing** / Seidenspinnverfahren n ‖ ~ **system warping** / Seidenschäranlage f ‖ ~ **taffeta** / Seidentaft m ‖ ~ **thread** / Seidenfaden m, Seidengarn n ‖ ~ **throwing** / Seidenzwirnen n ‖ ~ **throwing machine** / Seidenzwirnmaschine f ‖ ~ **throwing mill** / Seidenzwirnerei f ‖ ~ **tiffany** / leichter Seidenmusselin ‖ ~ **tiffany** / steife Seidengaze ‖ ~ **titre** / Seidentiter m, Seidennummer f ‖ ~ **tuft** / Faserbart m ‖ ~ **twine**, silk twist / Seidenzwirn m ‖ ~ **union** / Halbseide f ‖ ~ **velvet** / Seidensamt m ‖ ~ **warp** / Seidenkettfaden m ‖ ~ **washing** / Entbasten n, Degummieren n, Abkochen n, Entschälen n (von Seide) ‖ ~ **waste** / Seidenabfall m, Abfallseide f ‖ ~ **weaving** / Seidenweberei f ‖ ~ **weaving loom**, silk weaving machine / Seidenwebmaschine f
silkweed fibre / Asklepiasfaser f, Seidenpflanzenfaser f
silk weft / Trame f, Schußseide f ‖ ~ **weighting** / Seidenerschwerung f, Charge f
silkworm n / Seidenraupe f (Raupe des Seidenspinners Bombyx mori) ‖ ~ **breeding** / Seidenraupenzucht f

silky adj / seidig adj, seidenähnlich adj, seidenartig adj, seidenweich adj ‖ ~ **appearance** / seidenartiges Aussehen
silk yarn / Seidenfaden m, Seidengarn n (DIN 60550 und 60600) ‖ ~ **yarn counts** pl / Seidennumerierung f
silky handle / Seidengriff m, knirschender Griff, Krachgriff m, krachender Griff, Knirschgriff m ‖ ~ **lustre** / Seidenglanz m, seidenartiger Glanz ‖ ~ **sheen** s. silky lustre
siloxane n / Siloxan n
silvalin yarn (yarn made from cellulose matter) / Silvalingarn n
silver n / Silber n ‖ ~ adj / silbern adj, silberfarben adj, silberfarbig adj ‖ ~ **braid** / Silberborte f ‖ ~ **brocade** / Silberbrokat m ‖ ~ **cloth** / Silberstoff m, Stoff m aus Seiden- und Metallfäden ‖ ~**-coloured** adj / silberfarben adj, silberfarbig adj ‖ ~ **cord** / besonders feinrippiger Baumwollsamt ‖ ~**-grey** adj / silbergrau adj (RAL 7001) ‖ ~ **lustre** / Silberglanz m, silbriger Glanz ‖ ~ **salt** / Silbersalz n ‖ ~ **thread** / Silbergespinst n, Silberlaméfaden m ‖ ~ **tissue** / mit Silberfäden durchzogenes Gewebe
silvertone effect / silbriger Effekt (auf Stoffoberflächen)
silver-white adj / silberweiß adj
silvery adj / silberfarbig adj, silbrig adj
silver yarn / Silberlamégarn n
silvery lustre / Silberglanz m, silbriger Glanz
simal cotton / Samenhaar n des Simalbaumes in Indien (Bombax malabaricum)
simili mercerizing / Simili-Merzerisation f, Similisieren n ‖ ~ **mercerizing calender** / Simili-Merzerisage-Kalander m, Similikalander m
simmer v / schwach kochen, langsam kochen
simonita silk / japanische Rohseide
simple cord / Ziehschnur f ‖ ~ **loom** / Zampelstuhl m ‖ ~ **point pass** / einfacher Spitzeinzug ‖ ~ **twisting** / einfache Verseilung
simplex n (double-faced fabric usually made on two needle-bars of a bearded needle warp-knitting machine) / Simplexstoff m, Simplexware f, doppelflächige Kettenwirkware, Doppelkettenstoff m ‖ ~ **cloths** pl s. simplex ‖ ~ **fabric** s. simplex ‖ ~ **knitting machine** / Simplexwirkmaschine f, Doppelkettenwirkmaschine f ‖ ~ **machine** / Doppelkettstuhl m, Simplexstuhl m
simulated fur / Pelzimitation f ‖ ~ **linen** / Leinenimitation f ‖ ~ **worsted** / Kammgarnimitation f
simultaneous dyeing (different kinds of fibres) / gleichzeitiges Färben ‖ ~ **dyeing and finishing** / gleichzeitiges Färben und Veredeln ‖ ~ **finishing processes** / kombiniertes Veredlungsverfahren ‖ ~ **texturing drawing process** / Simultan-Strecktexturieren n
Sindh carpet / geringwertiger indischer Knüpfteppich ‖ ~ **cotton** / die schlechteste indische Baumwollsorte (vom unteren Indus)
singe v / sengen v, abbrennen v, abflammen v, gasieren v
singeing n / Sengen n, Abbrennen n, Gasen n, Abflammen n, Absengen n ‖ ~ **by cylinders** / Zylindersengen n ‖ ~ **damage** / Sengschaden m ‖ ~ **dust** / Sengstaub m ‖ ~ **effect** / Sengeffekt m ‖ ~ **machine** / Sengmaschine f, Senge f, Gasiermaschine f, Flammapparat m, Flamm-Maschine f ‖ ~ **machine** s. also gas singeing machine ‖ ~ **machine by rollers** / Zylindersengmaschine f ‖ ~ **on hot-plates** / Plattensengen n ‖ ~ **on one side** / Einseitigsengen n ‖ ~ **plate** / Sengplatte f ‖ ~ **process** / Sengprozeß m ‖ ~ **stripe** / Sengstreifen m ‖ ~ **zone** / Sengbereich m, Sengzone f
singe on one side / einseitig sengen ‖ ~ **threads** / Fäden gasieren, Fäden brennen
single apron / Einfachriemchen n ‖ ~**-apron divider** (spinn) / Einriemchenflorteiler m ‖ ~**-apron draft[ing] system** (spinn) / Einriemchenstreckwerk n ‖ ~ **apron drawing system** / Einriemchenstreckwerk n ‖ ~ **bale test** / Einballenprobe f ‖ ~**-bath** adj / einbadig adj,

single

Einbad... ‖ ~-**bath black** / Einbadanilinschwarz n ‖ ~-**bath black** / Einbadschwarz n ‖ ~-**bath bleaching** / einbadiges Bleichen ‖ ~-**bath chrome dyeing** / Einbadchromfärbung f ‖ ~-**bath chrome dyestuff** / Einbadchromierfarbstoff m ‖ ~-**bath dyeing** / Einbadfärbeverfahren n, Einbadverfahren n ‖ ~-**bath dyeing** / Einbadfärbung f, Einbadfärben n ‖ ~-**bath dyeing method** / Einbadfärbeverfahren n ‖ ~-**bath logwood black** / Blauholz-Einbadschwarz n ‖ ~-**bath method** / Einbadverfahren n ‖ ~-**bath steam method** / Einbad-Dämpfverfahren n ‖ ~-**bath vat winding-up method** / Einbad-Klotz-Aufdockverfahren n ‖ ~ **beaming device** / Einzelbäumvorrichtung f (DIN 62500) ‖ ~-**bed** adj (knitt) / einfonturig adj, einbettig adj ‖ ~-**bed flat bar machine**, single-bed flat knitting machine / einbettige Flachstrickmaschine ‖ ~-**bed knitgoods** / einflächige Gestricke n pl ‖ ~-**boss** adj / einfädig adj ‖ ~-**boss roller** / einfädiger Zylinder ‖ ~-**breasted coat** / einreihige Jacke, Einreiher m ‖ ~ **card** / Eintrommelkrempel f, Kartenblatt n ‖ ~ **chain stitch** / einfacher Kettenstich, Einfachkettenstich m ‖ ~-**chamber drier** / Einkammertrockner m ‖ ~-**clip wool** / Einschurwolle f ‖ ~-**colour[ed]** adj / uni adj, einfarbig adj, unifarbig adj ‖ ~-**colour blotch print** / einfarbiger Flächendruck, einfarbiger Decker ‖ ~-**colour printing machine** / Einfarbendruckmaschine f ‖ ~-**colour[ed] twist yarn** / Jaspégarn n ‖ ~-**colour[ed] yarn** / einfarbiges Garn, Unigarn n ‖ ~-**component polyurethane** / Einkomponentenpolyurethan n ‖ ~-**cotton covered** (s.c.c.) / einfach baumwollumsponnen ‖ ~ **covering** / einfache Garnumwindung ‖ ~-**cylinder automatic hosiery machine** / Einzylinderstrumpfautomat m ‖ ~-**cylinder knitting machine** / einfonturige Strickmaschine ‖ ~-**cylinder open-shed jacquard machine** / Ganzoffenfach-Jacquardmaschine f mit einem Zylinder ‖ ~-**cylinder open tops machine** / Rechts/Links-Maschine f ‖ ~ **damask** / einfacher Damast ‖ ~-**doffer card** / Einabnehmerkrempel f ‖ ~ **drafting system** (wool) / Einheitsstreckwerk n ‖ ~ **drum drier** / Einwalzentrockner m ‖ ~ **dyestuff** / Selbstfarbstoff m, Einzelfarbstoff m ‖ ~ **end** n / Fädchen n ‖ ~-**end** adj / Einzelfaden... ‖ ~-**end intermingling** / Einzelfadenverwirbelung f ‖ ~-**end sizing** / Einzelfaden-Schlichten n ‖ ~-**end sizing machine** / Einzelfadenschlichtmaschine f ‖ ~-**end twisting** (spinn) / Einfachgarndrehung f ‖ ~-**end yarn** / einfaches Garn, eindrähtiges Garn, Einfachgarn n ‖ ~-**faced** adj / einflächig adj ‖ ~-**face fabric** / einseitiger Stoff, einflächige Ware ‖ ~-**feed carriage** (knitt) / einsystemiger Schlitten ‖ ~-**feed hosiery machine** / einsystemiger Strumpfautomat ‖ ~-**feed machine** (knitt) / einsystemige Maschine ‖ ~-**feed system** / Einsystemigkeit f ‖ ~ **fibre** / Einzelfaser f ‖ ~-**fibre testing method** / Einzelfaserprüfmethode f ‖ ~ **filament** / Einzelfaden m ‖ ~ **filling plush** / einschüssiger Plüsch ‖ ~-**flanged package with brim** / zylindrische Einscheibenspule mit Stützrand (DIN 61800) ‖ ~-**flanged package without brim** / zylindrische Einscheibenspule ohne Stützrand (DIN 61800) ‖ ~ **flange slider** (zip) / Ein-Flansch-Schieber m ‖ ~ **fleece** (knitt) / einfaches Futter ‖ ~ **glass filament yarn** / einfaches Glasfilamentgarn (DIN 61850) ‖ ~ **glass staple fibre yarn** / einfaches Glasstapelfasergarn ‖ ~ **gusset type of heel** (hos) / Keilferse f ‖ ~-**head** adj (knitt) / einfonturig adj ‖ ~-**head draw frame** / Einkopfstrecke f ‖ ~-**head full-fashioned knitting machine** / Einkopf-Cottonmaschine f ‖ ~ **high butt needle** (knitt) / Einfußhochfußnadel f ‖ ~-**hole yarn guide** / Einloch-Fadenführer m ‖ ~ **jacquard** / hinterlegter Jacquard ‖ ~ **jersey** / einfacher Jersey, Single-Jersey m, Wiener Jersey ‖ ~ **knits** (loops on one side of the fabric produced by interlooping a single yarn) pl / einflächige Ware ‖

~ **knits** / Single-Jersey m, Wiener Jersey m, einfacher Jersey ‖ ~ **knits** s. also single jersey ‖ ~-**layer stenter** / Einetagenspannrahmen m ‖ ~-**lift jacquard machine** / Einhubjacquardmaschine f ‖ ~ **line toe narrowing** (hos) / einfache Spitzenminderung, Spitze f mit einem Minderungskeil, Spitze f mit einer Decklinie ‖ ~-**line twill** (weav) / Eingratköper m ‖ ~-**lock** adj / einsystemig adj ‖ ~-**lock carriage** / einsystemiger Schlitten ‖ ~-**lock flat knitting machine** / einsystemige Flachstrickmaschine ‖ ~-**loom** adj / einstuhlig adj ‖ ~-**loop stitch** / einfädige Masche ‖ ~-**loop wale** (warp knitt) / Kettenwirkerei f ‖ ~ **low butt needle** / Einfußniederfußnadel f ‖ ~ **monochromator** / Einfach-Monochromator m ‖ ~ **narrowing** (hos) s. single line toe narrowing ‖ ~-**needle bar raschel machine** / einfonturige Raschel

single-needle cylinder bed double locked stitch machine / Einnadel-Zylinder-Doppelkettenstich-Maschine f ‖ ~ **cylinder bed lockstitch bar tacker** / Einnadel-Zylinder-Steppstich-Riegelmaschine f ‖ ~ **cylinder-bed sewing machine with left-hand balance wheel** (sew) / linksständige Einnadel-Arm-Nähmaschine f ‖ ~ **cylinder-bed sewing machine with right-hand balance wheel** (sew) / rechtsständige Einnadel-Arm-Nähmaschine f ‖ ~ **double locked stitch machine** / Einnadel-Doppelkettenstich-Maschine f ‖ ~ **flat-bed sewing machine** (sew) / Einnadel-Flach-Nähmaschine f ‖ **single-needle lockstitch** / einnadliger Steppstich ‖ **single-needle lockstitch machine** / Einnadel-Steppstich-Maschine f ‖ ~ **long arm flat-bed double locked stitch machine** / Einnadel-Langarm-Flachbett-Doppelkettenstich-Maschine f ‖ ~ **overlock machine** / Einnadel-Überwendlichmaschine f ‖ ~ **overlock shirring operation** / Einnadel-Überwendlich-Rüscharbeit f ‖ ~ **rope-stitch flat-bed sewing machine** (sew) / Einnadel-Grobstich-Flachnähmaschine f ‖ **single-needle sewing machine** / Einnadel-Nähmaschine f ‖ **single-needle three-thread overlock machine** / Einnadel-Dreifaden-Überwendlichnähmaschine f ‖ ~ **two-thread chainstitch** (sew) / Einnadel-Doppelkettenstich m ‖ ~ **two-thread overlock machine** / Einnadel-Zweifaden-überwendlichnähmaschine f ‖ ~ **zig-zag double locked stitch machine** / Einnadel-Zick-Zack-Doppelkettenstichnähmaschine f

single nozzle / Einzeldüse f ‖ ~-**passage high-speed mercerizing machine** / einbahnige Schnelläufer-Merzerisiermaschine ‖ ~-**pick** adj / einschüssig adj ‖ ~-**pile** adj / einpolig, einflorig adj ‖ ~-**pile binding** / einpolige Bindung, einflorige Bindung ‖ ~-**pile knitgoods** / einpolige Gewirke n pl ‖ ~ **plush** (knitt) / einfache Wirkplüschware ‖ ~-**ply** adj / einlagig adj, Einlagen... ‖ (in Zssg.) ‖ ~-**press print** / Tüll m, Bobinet m, Spitzengrund m ‖ ~-**process lap formation** (spinn) / Einprozeßwickelbildung f ‖ ~-**process scutcher** / Einprozeßschlagmaschine f ‖ ~-**product processing agent** / Einstoff-Präparationsprodukt n ‖ ~ **reel** / Einfachweife f ‖ ~-**rib twill** (weav) / Eingratköper m ‖ ~-**roller mill** (pigm) / Einwalzenstuhl m, Einwalzen-Farbmühle f

singles pl / angedrehte Rohseidenfäden m pl ‖ ~ / schwaches Garn (infolge eines Fadenbruchs) ‖ **single·-satin fabric** / einfacher Atlas ‖ ~ **seam** / Einfachsaum m ‖ ~-**section** adj (hos) / einfonturig adj ‖ ~-**section fully-fashioned knitting machine** (hos) / einfonturige Cottonmaschine ‖ ~ **shade** / Unifarbe f ‖ ~-**shuttle** adj / einschützig adj ‖ ~-**shuttle fabric** / einschütziges Gewebe ‖ ~-**shuttle high-speed automatic loom** / einschützer Schnellauf-Webautomat ‖ ~-**sided cross winder** / einseitige Kreuzspulmaschine (DIN 63403) ‖ ~-**sided pirn winder** / einseitige Schußspulmaschine (DIN 63403) ‖ ~ **silk** / Pelogarn n, Pelseide f ‖ ~ **skein** / Einzelstrang m ‖ ~-**spindle** adj / einspindlig adj ‖ ~ **spring tongue** (weav, shuttle) / Einfederspindel f ‖ ~ **stentering and dyeing machine** /

278

Einfach-Spann- und -Trocknungsmaschine f ‖ ~ **stitch cross links and links effect** (knitt) / Links-Links-Reiskornmuster n ‖ **~-strength paste** / Einfachteig m ‖ **~-swift card** / eintambourige Krempel ‖ **~-swift card with licker-in and forepart** (card) / eintambourige Krempel mit Vorreißer und Avanttrain
singles yarn s. single yarn
single·-system automatic flat knitting machine / einsystemiger Flachstrick-Vollautomat ‖ **~-system flat knitting machine** / einsystemige Flachstrickmaschine ‖ **~-system hosiery machine** / einsystemiger Strumpfautomat
singlet n / Leibchen n, Unterhemd n ohne Ärmel
single textile material / einheitlicher Spinnstoff ‖ **~ thread** s. single yarn ‖ **~-thread blindstitch** / Einfaden-Blindstich m, einfädiger Blindstich ‖ **~-thread blind stitch machine** / Einfaden-Blindstichmaschine f ‖ **~-thread chainstitch** / einfädiger Kettenstich, Einfach-Kettenstich m ‖ **~-thread chain stitch button sewer** / Einfaden-Kettenstich-Knopfannähmaschine f ‖ **~-thread chain stitch tacking machine** / Einfaden-Kettenstich-Riegelmaschine f ‖ **~-thread knot** / einfädiger Knoten ‖ **~-thread system** / Einfadensystem n ‖ **~ turn-down hem** (sew) / Einfachumschlag m ‖ **~-unit leg blank** (hos) / auf Komplettmaschinen hergestellter Strumpf ‖ **~-unit machine** (hos) / Kombimaschine f, Komplettmaschine f ‖ **~-wale twill** (weav) / Eingratköper m ‖ **~ warp** / Zettel m ‖ **~-warp stitch** / einfacher Kettenstich ‖ **~-warp system** / Einkettsystem n ‖ **~-weft** adj / einschüssig adj ‖ **~-weft plush** / einschüssiger Plüsch ‖ **~ yarn** n / Einfachgarn n, Einzelfaden m, einfaches Garn, einfacher Faden, einfädiges Garn, Single-Garn n ‖ **~-yarn** adj / einfädig adj ‖ **~ yarn twist** / Spinndrehung f ‖ **~-zone drafting element** (spinn) / Einzelzonenverzugselement n
singling n (defect in plying of yarns caused by omission of one or more strands) / Fadenbruch m, fehlender Faden
sinkage n / Verarbeitungsverlust m
sinker n (knitt) / Platine f, Kulierplatine f, Hebehaken m ‖ **~** (i.e.S.) / Niederhalteplatine f, Abzugsplatine f, Abschlagplatine f ‖ **~** (small square rectangle in a woven design that indicates where the warp passes under the weft) / gezeichneter Bindepunkt ‖ **~ and divider control** (knitt) / Platinensteuerung f für Kulier- und Verteilplatinen ‖ **~ bar** (knitt) / Platinenbarre f ‖ **~ bar mark** (defect) (knitt) / Platinenstreifen m ‖ **~ bed** (knitt) / Platinenbett n ‖ **~ body** (knitt) / Platinenelement n, Platinenkörper m ‖ **~ butt** (knitt) / Platinenfuß m ‖ **~ cam** (knitt) / Platinenexzenter m, Kulierexzenter m ‖ **~ cam ring** (knitt) / Platinenexzenterring m, Platinenabschlagring m ‖ **~ catch box** (knitt) / Platinenhalter m, Platinenschachtel f ‖ **~ catch ring** (knitt) / Platinenbegrenzungsring m ‖ **~ channel** (knitt) / Platinennute f ‖ **~ cup** (knitt) / Platinenkuppe f, Platinenring m, Deckring m ‖ **~ cylinder** (knitt) / Platinenzylinder m ‖ **~ divider** (knitt) / Verteilplatine f ‖ **~ for straight bar knitting machines** / Platine f für RL-Flachwirkmaschinen (DIN 62154) ‖ **~ guide** (knitt) / Platinenführung f ‖ **~ guide bar** (knitt) / Platinenführungsschiene f ‖ **~ guiding disc** (knitt) / Platinenleitscheibe f ‖ **~ head** (knitt) / Platinenkopf m ‖ **~ head top** (knitt) / Platinenkopfdeckel m ‖ **~ jack** (knitt) / Stehplatine f ‖ **~ lead** / Platinenblei n ‖ **~ lifting bar** (knitt) / Platinenpresse f ‖ **~ line** (defect) (knitt) / Platinenstreifen m ‖ **~ loop**, sinker mesh (knitt) / Platinenmasche f, Faserhenkel m, Platinenhenkel m ‖ **~ nib** (knitt) / Platinenschnabel m ‖ **~ nose** (knitt) / Platinenschnabel m ‖ **~ ring** (knitt) / Platinenkranz m, Platinenring m ‖ **~ sleeve** (knitt) / Abschlagplatinenhülse f ‖ **~ spring** (knitt) / Platinenfeder f ‖ **~ throat** (knitt) / Platinenkehle f ‖ **~ top circular knitting machine** / Rechts-Links-Rundstrickmaschine f ‖ **~ top knitting machine** / Maschine f mit Einschließplatinen ‖ **~ top**

pattern knitting machine with striper / Ringelmustermaschine f mit Einschließplatinen ‖ **~ trick** (knitt) / Platinenschlitzführung f ‖ **~ wheel** (knitt) / Mailleuse f, Maschenrad n, Kulierrad n, Platinenrad n ‖ **~-wheel disc** (knitt) / Maschenradscheibe f ‖ **~-wheel frame** (knitt) / Platinenstuhl m, Platinenwirkmaschine f ‖ **~-wheel machine** (knitt) / Mailleusenstuhl m, französischer Rundstuhl, französische Rundwirkmaschine
sinking depth (knitt) / Kuliertiefe f ‖ **~ point** (knitt) / Kulierstelle f ‖ **~ the loop** (knitt) / Maschenkulieren n ‖ **~ time test** (wetting test) / Untersinkmethode f
sink·-stitch v / durchnähen v ‖ **~ the loops** / kulieren v
sinus drier / Sinustrockner m
Sirius silk (multifil rayon fibres as artificial horse hair) / Siriusseide f
sisal n / Sisal m (meistens Agave sisalana) ‖ **~ fibre** / Sisalfaser f ‖ **~ hemp** / Sisalhanf m ‖ **~ hemp cord** / Sisalkordel f ‖ **~ matting** / Sisalmatte f
sister print (same pattern motif repeated in different sizes) / Sister-Print n
SI units / SI-Einheiten f pl, Internationale Einheiten f pl
Sival machine / Sivalspitzenmaschine f
Sivas n (Turkish handmade carpet) / Sivas m, Siwas m
six·-armed reel / Sechseckhaspel f ‖ **~-fold knitting yarn** / Estremadura-Garn n ‖ **~-leaf twill** / sechsbindiger Köper ‖ **~ oaks cotton** / amerikanische Upland-Baumwolle
sixth combing wool / Leistenwolle f
size v / schlichten v ‖ **~** (hatm) / steifen v ‖ **~** (esp. cpt) / appretieren v ‖ **~** n / Größe f, Maß n ‖ **~** (fin) / Schlichte f, Schlichtemittel n ‖ **~** (hatm) / Steife f ‖ **~** (fibres) / Garnnummer f, Nummer f, Garnfeinheit f ‖ **~ add-on** / Schlichteauftrag m ‖ **~ beck** / Schlichtetrog m ‖ **~ boiler** / Schlichtekessel m, Appretkocher m, Schlichtekocher m ‖ **~ box** / Schlichtekessel m, Schlichtekessel m, Schlichteinrichtung f (DIN 63401) ‖ **~ brush** / Schlichtbürste f ‖ **~ compound** / Schlichtemittel n, Schlichte f ‖ **~ cooker** / Schlichtemittel m, Appretkocher m, Schlichtekocher m ‖ **~ cooking** / Schlichtekochen n, Schlichtekochung f
sized backing (cpt) / appretierter Rücken
size distribution (pigm) / Größenverteilung f
sized warp / geschlichtete Kette
size lubricant / Schlichtöl f, Schlichteöl n ‖ **~ mixer** / Schlichtemischer m ‖ **~ of the garment** / Paßform f ‖ **~ of the loops** / Maschengröße f ‖ **~ of the package** / Wickelgröße f, Garnkörpergröße f ‖ **~ of the stitch** / Maschengröße f ‖ **~ of the yarn** / Garnfeinheit f, Nummer f, Garnnummer f ‖ **~ pick-up** / Schlichteauflage f, Schlichteaufnahme f ‖ **~ stain** / Schlichtefleck m ‖ **~ take-up** / Schlichtaufnahme f ‖ **~ the warp** / die Kette stärken ‖ **~ the yarn from the beam** / breitschlichten v ‖ **~ trough** / Schlichtetrog m ‖ **~ vat** / Schlichtetrog m, Schlichtekessel m, Schlichteinrichtung f (DIN 63401)
sizing n / Schlichten n, Schlichte f ‖ **~** (hatm) / Steifen n ‖ **~** (esp. cpt) / Appretieren n ‖ **~, drying and beaming machine** / Schlicht-, Trocken- und Bäummaschine f ‖ **~ agent** / Schlichtemittel n ‖ **~ and brushing machine** / Bürst- und Schlichtmaschine f ‖ **~ assistant** / Schlichtehilfsmittel n ‖ **~ bath** / Schlichtebad n, Schlichteflotte f ‖ **~ beam** / Schlichtbaum m ‖ **~ brush** / Schlichtebürste f ‖ **~ factor** (text pr) / Leimungsfaktor m ‖ **~ fault** / Schlichtfehler m ‖ **~ film** / Schlichtefilm m ‖ **~ flannel** / Schlichtetuch n ‖ **~ grease** / Schlichtefett n ‖ **~ kier** / Schlichtekessel m, Appretkocher m ‖ **~ liquor** / Schlichteflotte f ‖ **~ machine** / Schlichtmaschine f, Schlichtanlage f ‖ **~ machine for carpets** / Teppichschlichtmaschine f ‖ **~ material** / Schlichtemittel n, Schlichte f ‖ **~ medium** / Schlichtemittel n, Schlichte f ‖ **~ method** / Schlichteverfahren n ‖ **~ mix** / Schlichtegemisch n, Schlichtemischung f, Schlichtmittelgemisch n ‖ **~ oil** /

Schlichtöl n, **Schlichteöl** n || ~ **pad** / Auftragsgalette f, Schlichtauftragvorrichtung f || ~ **paste** / Schlichtemasse f || ~ **preparation** / Schlichtemittel n, Schlichteprodukt n || ~ **process** / Schlichteverfahren n, Schlichten n || ~ **residue** / Schlichterest m, Schlichterückstand m || ~ **roller** / Schlichtwalze f || ~ **room** / Schlichterei f || ~ **starch** / Leimstärke f || ~ **temperature** / Schlichtetemperatur f || ~ **vat** / Schlichtetrog m, Schlichtekessel m, Schlichteinrichtung f (DIN 63401)
skein v / fitzen v, strängen v, strähnen v, in Strähnen wickeln, abbinden v || ~ n / Strängchen n, Strang m, Strähne f, Strähn m, Fitze f, Docke f, Garnsträhne f, Schneller m || ~**-dyed** adj / stranggefärbt adj || ~**-dyed silks** / garngefärbte Seidenstoffe m pl || ~ **dyeing** / Strangfärben n, Strangfärberei f (Prozeß) || ~ **dyeing machine** / Strangfärbemaschine f || ~ **dyeing plant** / Strangfärberei f (Anlage), Strangfärbeanlage f
skeined hank / abgefitzte Strähne, abgebundene Strähne
skein hemp / Strähnenhanf m
skeining n / Fitzen n, Abbinden n, Strängen n, Strähnen n || ~ **process** (space dye) / Abbindetechnik f || ~ **thread** / Abbindefaden m, Fitze f, Fitzfaden m
skein silk / Strangseide f || ~ **size** / Strangschlichte f || ~ **washer** / Strangwaschmaschine f || ~ **washing** / Strangwäsche f || ~ **winder** / Haspelmaschine f, Windemaschine f || ~ **yarn** (used for making cheap cardigans, half-hose, men's hose) / Mischgarn n aus Reißwolle und Baumwolle
skeleton board weaving technique / Brettchenwebetechnik f || ~ **braid** / Versteifungsgewebe n || ~ **cylinder** / Skeletttrommel f
skeletonized reel / Skelettgatter n
skeleton shaft (weav) / Skelettschaft m
sketcher n / Dessinateur m, Zeichner m, Entwerfer m
skewed weft adjuster / Schrägverzugrichter m
skewer n / Aufsteckspindel f, Spulenstift m || ~ **for worsted yarn preparation** / Aufsteckhülse f für die Kammgarnvorbereitung || ~ **plate** / Spindelteller m
skew straightener / Fadengleichrichter m
ski cap / Pudelmütze f || ~ **clothing** / Skikleidung f
skid·-resistant carpet / gleitsicherer Teppich, liegefester Teppich, rutschfester Teppich || ~**-resistant coating** / Gleitschutzüberzug m
ski jacket / Skijacke f, Windjacke f || ~ **knits** pl / Skitrikot m || ~ **mitts** / Ski-Fausthandschuhe m pl, Ski-Fäustlinge m pl
skimmer wool / Raufwolle f, Gerberwolle f, Hautwolle f
skim off the flurry / die Blume der Küpe nehmen
skimp n (fash) / hemdartiger kurzer Rock, ähnlich einem langen T-Shirt
skin n / Haut f, Fell n || ~ **coat** (lam) / Oberschicht f || ~**-core fibre** / Mantel-Kern-Fasertyp m || ~**-core structure** / Kernmantelstruktur f || ~**-digested wool** / Stückwolle f
skinny rib (fash) / Rippenpulli m
skin of fibre / Fasermantel m, Faserhaut f || ~**-package** n / Skinverpackung f, Hautverpackung f || ~ **rug** / Fellteppich m || ~**-tight** adj / hauteng adj || ~ **tone** / Hautfarbe f || ~ **wool** / Hautwolle f, Raufwolle f, Gerberwolle f
skip n (defect) (weav) / Webnest n
ski pants pl / Skihose f
skip box (weav) / Überspringerkasten m, Springlade f || ~ **box motion** (weav) / Überspringerwechsel m || ~ **dent** / springender Rieteinzug || ~ **draft** / springender Einzug, sprungweiser Einzug, atlasartiger Einzug, versetzter Einzug, zerstreuter Einzug, Sprungeinzug m, überspringender Einzug, den Harnisch auslassender Einzug || ~ **draw** s. skip draft || ~ **formation** (defect) (weav) / Nestbildung f || ~ **pass** s. skip draft
skipped filling threads (defect) pl (weav) / Springschuß m, Überspringer m || ~ **stitch** (sew) / Fehlstich m || ~ **thread** (defect) (weav) / Überspringer m
skip[ped]-stitch device (sew) / Intervalleinrichtung f

skip twill weave / überspringende Köperbindung
skirt n / Rock m || ~ **braid** / Rockborte f || ~ **gauge** / Rocklängenmeßgerät n
skirting n / Rockstoff m || ~ (wool) / Fußwolle f, Bauchwolle f, Vliesabriß m (DIN 60004)
skirtings pl (term used for certain rags for recovery) / Haderntyp m
skirt placket / Rockschlitz m || ~ **pocket** / Rocktasche f || ~ **seam** (sew) / Rocknaht f || ~ **suit** / Kostüm n || ~ **trimming** / Rockborte f || ~**-waister dress** / Hemdblusenkleid n || ~ **with straps** / Trägerrock m
ski suit / Skianzug m
skitteriness n / schipprige Färbung, Schipprigkeit f, streifige Färbung, Faserungleichheit f
skittery adj / schipprig adj || ~ **appearance** / rissiger Ausfall || ~ **dyeing** / schipprige Färbung, streifige Färbung, Faserungleichheit f || ~ **shade** s. skittery dyeing
skivvies pl (US mar.) / Unterkleidung f, Unterwäsche f
skull-cap n / Schädelkäppchen n
sky-blue adj / himmelblau adj (RAL 5015)
skying n (fin) / Luftgang m || ~ **doctor** (ctg) / Luftrakel f || ~ **roller** / Luftwalze f
sky time (fin) / Luftgang m
slab n (slub) (spinn) / Docht m, Lunte f
slack·-companion n / maxi-lange Damenunterhose, nicht auftragend || ~ **course** (knitt) / Langreihe f, Kettelmaschenreihe f || ~ **course attachment**, slack course equipment (knitt) / Langreiheneinrichtung f || ~ **course motion** (knitt) / Langreihe f
slacken v (knitt) / lockerer strecken
slack end (weav) / schlaffer Faden
slackener n (weav) / Spannschiene f
slackening cam (hos) / Druckzeug n || ~ **of the warp** / Kettenentspannung f
slack feeder barré / Streifenfehler m durch Garnvoreilung || ~ **hank** / loser Strang || ~ **mercerization** / spannungslose Merzerisation, Slack-Merzerisierung (zur Erzielung eines Stretch-Effekts bei Baumwollgeweben) || ~ **rope** / loser Strang
slacks pl (GB) / Damenhose f (ohne Umschlag) || ~ (US) / Damen- oder Männerhose f, Freizeithose f
slack selvedge (defect) (weav) / lockere Leiste, wellige Leiste || ~ **sewing thread** / lockerer Nähfaden || ~ **silk** / Stickseide f, Plattseide f || ~ **suit** (US) / [lockerer] Sportanzug, Hausanzug m || ~ **thread** / schlaffer Faden || ~ **thread feed** / Garnüberschuß m || ~ **twill** / baumwollener Köper, meist merzerisiert und echtgefärbt, für Damenhosen und Freizeitbekleidung || ~ **twist** / Zwirn m mit wenig Drehungen || ~ **weft** (defect) (weav) / Schleppschuß m
slag fibre / Schlackenfaser f, Hüttenfaser f || ~ **wool** / Schlackenwolle f, Hüttenwolle f (eine Art Mineralwolle)
slaked lime / gelöschter Kalk, Löschkalk m
slam off (weav) / abschlagen v
slanting·-off n (weav) / Schrägzug m
slant pocket (sew) / Flügeltasche f, Schrägtasche f || ~ **saddle stitch** / Schrägsattelstich m
slash v / kettschlichten v, schlichten v
slashed neck[line] (fash) / Schlupfausschnitt m || ~ **sleeve** (fash) / Schlitzärmel m
slasher n / Kettschlichten n, Schlichten n || ~ **agent** / Schlichtmittel n || ~ **machine** / Kettschlichtmaschine f, Schlichtmaschine f, Trommelschlichtmaschine f || ~ **dyeing** / Kettschlichtfärben n, Schlichtfärben n, Färben n in der Schlichte || ~ **dyeing machine** / Kettschlichtfärbemaschine f || ~ **dyeing method** / Kettschlichtfärbemethode f || ~**'s beam** / Schlichtebaum m || ~ **sizer** s. slasher
slashing n / Kettschlichten n, Schlichten n || ~ **agent** / Schlichtmittel n || ~ **machine** / Kettschlichtmaschine f, Schlichtmaschine f, Trommelschlichtmaschine f || ~ **product** / Schlichtemittel n, Schlichte f || ~ **size** / Schlichte f, Schlichtemittel n

slate·-colour n / Schieferfarbe f ‖ **~-coloured** adj / schieferfarben adj ‖ **~-grey** adj / schiefergrau adj (RAL 7015)
slat pattern attachment / Slat-Muster-Vorrichtung f
slatted expander / Lattenbreithalter m
slaughter house wool (US) / Hautwolle f
slaving n (flax) (GB) / Schwingen n, Pochen n ‖ **~** (cloth) / Öffnen n, Ausbreiten n ‖ **~** (silk, cotton) / Gleichrichten n, Geradelegen n, Entwirren n
slay v (weav) s. sley
sleave v / Garn in Strähnen teilen, abteilen v, fachen v ‖ **~** n / Faserbündel n, Strähne f, Flockseide f
sleaziness n (of fabric) / Lockerheit f
sleazy fabric / dünnes, lockeres Gewebe
sled n / Baumwollpflückvorrichtung f
sledded cotton / maschinengepflückte Baumwolle
sleeked dowlas (fabr) / Glanzleinwand f, Futterkattun m
sleeking machine (wool) / Glättmaschine f
sleeper n (weav) / Oberlitze f
sleepers pl (weav) / gerissene Kettfäden m pl
sleeping·-bag n / Schlafsack m ‖ **~-bag underside** / Schlafsackboden m ‖ **~-suit** n / einteiliger Kinderschlafanzug
sleepwear n / Nachtwäsche f, Schlafbekleidung f
sleeve n / Ärmel m ‖ **~** (zip) / Rohrstück n ‖ **~** (for bobbin) / Überzug m für Textilspule ‖ **~-band** / Ärmelhalter m ‖ **~ blade** (weav) / Kammblatt n ‖ **~-board** n / Ärmelbügelbrett n, Ärmelplättbrett n ‖ **~ button** / Ärmelknopf m, Manschettenknopf m ‖ **~ cuff** (sew) / Ärmelaufschlag m ‖ **~ for carded yarn carding machine** / Nitschelhose f für die Streichgarnspinnerei (DIN 64119) ‖ **~ gusset** (sew) / Ärmelkeil m ‖ **~ hem** / Ärmelsaum m
sleeveless adj / ärmellos adj ‖ **~ vest** / Sportjacke f ‖ **~ vest** (underwear) / Unterhemd o ohne Ärmel, ärmelloses Unterhemd, Vollachselhemd n
sleevelet n / Ärmelschoner m, Überärmel m
sleeve lining / Ärmelfutter n ‖ **~ lining felling machine** (sew) / Ärmelfutterstaffiermaschine f ‖ **~ link** / Manschettenknopf m ‖ **~ machine** / Ärmelmaschine f ‖ **~ opening** / Ärmelschlitz m ‖ **~ protector** / Schutzärmel m ‖ **~ trims** / Bündchen n pl
sley n (weav) / Lade f, Weblade f ‖ **~ arm** (weav) / Ladenarm m, Ladenstelze f ‖ **~ batten** / Ladebank f, Rietbank f ‖ **~ beam** / Ladenbalken m, Ladenarm m ‖ **~ box** / Ladenkasten m ‖ **~ cap** / Ladendeckel m ‖ **~ cheek** / Ladenbalken m, Ladenbaum m ‖ **~ comb** / Vorkamm m ‖ **~ drawer** (hos) / Kammstabzieher m ‖ **~ finger** (weav) / Ladenfinger m ‖ **~ groove** / Ladennut f ‖ **~ hook** (weav) / Einziehmesser n, Rietmesser n
sleying n / Einziehen n der Kette, Blatt-Stechen n (DIN 62500)
sley movement / Ladenbewegung f ‖ **~ pin** / Ladenzapfen m ‖ **~ race** / Grundplatte f ‖ **~ shaft** / Ladenwelle f ‖ **~ stud** / Ladenzapfen m ‖ **~ sword** / Ladenarm m, Ladenstelze f, Ladenschwinge f ‖ **~ top** (weav) / Ladendeckel m ‖ **~ with pins for guiding the shuttles** / Wippchenlade f
sliced fibres / Schnittfasern f pl ‖ **~ sheet** (lam) / Schnittfolie f
slicker fabrics / wasserdichte Regenmantelstoffe m pl
slide n (knitt) / Schlitten m, Links-Links-Platine f ‖ **~ bar** (weav) / Führungsschiene f ‖ **~ fastener** / Reißverschluß m ‖ **~ needle** (knitt) / Schiebernadel f ‖ **~ of the two-latch needle** / Schieber m der Doppelzungennadel ‖ **~ performance** (of fibre) / Gleitverhalten n
slider n (zip) / Schieber m, Schloß n, Schließer m ‖ **~** (knitt) / Nadelschieber m
slide rail (knitt) / Gleitschiene f
slider body (zip) / Schieberkörper m ‖ **~ flange** (zip) / Schieberflansch m ‖ **~ mouth** (zip) / Schiebermaul n ‖ **~ plate** (zip) / Schieberplatte f ‖ **~ throat** (zip) / Ketteneinlauf m des Schiebers ‖ **~ wall** (zip) / Seitenwand f des Schiebers, Schieberseitenwand f

slide tracer / Schleiftaster m (DIN 64990)
sliding battery (weav) / Rutschmagazin n ‖ **~ box** (zip) / Hauptkörper m (eines teilbaren Reißverschlusses) ‖ **~ frame** (knitt) / Schlitten m ‖ **~ heald**, sliding heddle (weav) / Schiebelitze f ‖ **~ magazine** (weav) / Rutschmagazin n ‖ **~ needle bar** (cpt) / gleitende Nadelbarre ‖ **~ needle plate** (cpt) / gleitende Nadelplatte ‖ **~ of the warp over the back-rest** (weav) / Gleiten n der Kette über den Streichbaum ‖ **~ property** / Gleitfähigkeit f ‖ **~ shuttle** (sew) / Langschiffchen n
slime n / Schlamm m, Schleim m
slim fit (fash) / tailliert adj ‖ **~-point needle** (sew) / Nadel f mit schlanker Spitze ‖ **~ skirt** (fash) / gerader Rock
slink n (lamb) / Slink n (feingekräuseltes, weißes Fell 5 - 6 Monate alter Lämmer von Fettsteißschafen N-Chinas, der Mandschurei und der Mongolei)
slip n / Gleiteigenschaften f pl ‖ **~** (fash) / Unterrock m, Unterkleid n ‖ **~** (of handle) / trockener, glatter Griff mit möglichst geringem Blockeffekt ‖ **~** (yarn measure) / Slip n (1800 yards = 1645,905 m) ‖ **~** (for pillow) / Kissenbezug m ‖ **to ~ a register** / einen Rapport überspringen ‖ **~ a stitch** / abketten v ‖ **~-cover** n (US) / Schonbezug m, Möbelüberzug m ‖ **~-drafter** n (spinn) / Durchzugsstrecke f (DIN 64100) ‖ **~ draft roller** / Durchzugswalze f (DIN 64050) ‖ **~ draft top roller** / Durchzugsoberwalze f
slipe wool s. skin wool
slip·-in blanket / Einziehdecke f ‖ **~-on** n / Überschlupfkleidung f
slipover n, slip-over n (fash) / Überwurf m, Slipover m ‖ **~** (for furniture) / Schonbezug m, Möbelüberzug m
slippage n / Verrutschen n, Verschieben n, Schieben n, Rutschen v, Verschiebung f, Gleiten n
slipper n / Hausschuh m, Pantoffel m, Slipper m, Schlupfschuh m ‖ **~ cloth** / Hausschuhstoff m ‖ **~ socks** / Hüttenschuhe m pl
slippery handle / schlüpfriger Griff
slipping n s. slippage ‖ **~ properties of textiles** / Gleitfähigkeit f von Textilien
slip·-proof adj (cpt) / rutschfest adj ‖ **~-proof finish** / Schiebefestappretur f ‖ **~-proofing agent** / Schiebefestmittel n, Gleitschutzmittel n ‖ **~ properties** pl / Antiblocking-Verhalten n ‖ **~ resistance** / Schiebefestigkeit f, Rutschfestigkeit f ‖ **~-resistant** adj / schiebefest adj, rutschfest adj
slip-resistant finish / Schiebefestappretur f
slip roll (weav) / Streichbaum f ‖ **~ sleeve** / Textilspulüberzug m ‖ **~/stick friction** / Haft-Gleit-Reibung f
slit n (fash) / Schlitz m ‖ **~ fibre yarn** s. split fibre yarn ‖ **~ film** / Folienfaden m, Folienbändchen m ‖ **~ film yarn** / Folienflachfaden m ‖ **~ plate** / Fadenführerblech n ‖ **~ pocket** (fash) / Schlitztasche f, Schubtasche f, eingeschnittene Tasche ‖ **~ skirt** (fash) / geschlitzter Rock ‖ **~ sleeve** (fash) / Schlitzärmel m ‖ **~ tear resistance**, slit tear strength (ctg) / Weiterreißfestigkeit f (DIN 53607)
slitter n / Längsschneider m, Streifenschneider m
slit thread cleaner / Schlitzfadenreiniger m
slitting machine for tubular knit fabrics / Maschine f zum Öffnen von Rundgestricken (DIN 64950)
sliver n / Faserband n (DIN 64050), Band n, Spinnband n, Florband, Lunte f, Faserverband n ‖ **~ beam** / Kardenbaum m ‖ **~ bobbin** / Bandspule f ‖ **~ break[age]** / Bandbruch m ‖ **~ calender** (spinn) / Lieferwalze f, Lieferzylinder m, Abzugswalze f, Abzugszylinder m, Zugwalze f ‖ **~ calender** / Bandabzugswalze f, Bandabzugszylinder m ‖ **~ can** / Bänderkanne f, Spinnkanne f ‖ **~ cohesion length** / Bandhaftlänge f ‖ **~ coiler** / Bandleger m ‖ **~ combing** / Kammzug m ‖ **~ condenser** / Bandverdichter m ‖ **~ count** / Bandnummer f ‖ **~ cutter** / Bandschneidemaschine f (DIN 64990) ‖ **~ delivery** (card) / Bandablieferung f, Bandablauf m ‖ **~ delivery**

sliver

roller / Bandabzugswalze f ‖ ~ **draft** / Bandverzug m ‖ ~ **feed** (card) / Bandeinlauf m, Bandeinlaufrichtung f ‖ ~ **fragility** / Luntenbrüchigkeit f ‖ ~ **funnel** / Bandeinlaufplatte f, Bandtrichter m ‖ ~ **guide** / Bandführer m (DIN 64050), Luntenführer m ‖ ~ **guide eye** / Bandführeröse f ‖ ~ **guide plate** / Bandführungsblech n, Bandeinlaufplatte f ‖ ~ **guide rail** / Bandführerschiene f (DIN 64050), Luntenführerschiene f ‖ ~ **guide roller** / Bandführungsrolle f ‖ ~ **knitting** / Luntenstrickerei f ‖ ~ **knitting machine** / Luntenstrickmaschine f ‖ ~ **lap** / Kardenbandwickel m, Speisewickel m ‖ ~ **lap machine** / Bandwickler m (DIN 64100), Bandwickelmaschine f, Bandvereinigungsmaschine f, Banddoppler m, Kanalmaschine f, Vliesmaschine f ‖ ~ **lapper** / Bandvereiniger m ‖ ~ **opening** / Faserbandauflösung f ‖ ~ **plate** (spinn) / Lochplatte f für Bänder ‖ ~ **purity** (spinn) / Bandreinheit f ‖ ~ **regularity** (card) / Bandgleichmäßigkeit f ‖ ~ **reversal** / Bandrücklauf m ‖ ~ **rod** / Bandeinführstange f ‖ ~ **stop-feeler** / Bandabstellöffel m ‖ ~ **stop-motion** / Bandabstellung f ‖ ~ **table** / Bandführungstisch m ‖ ~ **tension** (card) / Bandspannung f ‖ ~**-to-yarn spinning** / Direktspinnen n, Kurzspinnverfahren n ‖ ~ **trash** / Faserbandabfall m, Faserbandabgang m ‖ ~ **twist** (card) / Banddrehung f ‖ ~ **weight** / Bandgewicht n, Vorlagegewicht n ‖ ~ **width** / Bandbreite f ‖ ~ **winding** / Faserbandaufwicklung f ‖ ~ **with complete doubling** / Band n mit voller Dopplung

slop n / billige fertige Kleidung ‖ ~ / Schutzkittel m ‖ ~**-pad** v (dye) / pflatschen v, klotzen v, foulardieren v, überklotzen v ‖ ~**-padded aniline black** / Klotzanilinschwarz n, Anilinklotzschwarz n ‖ ~**-padded black** / Klotzschwarz n ‖ ~ **padding** / Pflatschen n, Klotzen n, Foulardieren n, Überklotzen n ‖ ~**-padding assistant** / Pflatschhilfsmittel n ‖ ~**-padding machine** / Klotzmaschine f, Foulard m, Paddingmaschine f, Färbefoulard m ‖ ~ **padding process** / Pflatschverfahren n ‖ ~**-pad dyeing** / Pflatschfärbung f ‖ ~**-pad liquor** / Klotzflotte f, Klotzbad n, Klotzansatz m ‖ ~**-pad printing** / Pflatschdruck m, Klotzdruck m ‖ ~**-pad roller** / Klotzwalze f

sloppy hat (fash) / Schlapphut m
slot n (sew) / Furche f ‖ ~ **squeegee** (text pr) / Schlitzrakel f
slotted tape (making up) / Stanzband n
sloughed·-off pirn / abgeschlagener Schuß ‖ ~**-off weft** / abgeschlagene Schußwindung
sloughing (weav) / Abschlagen n ‖ ~ (yarn) / Aufschieber m, Aufschiebung f
slough·-off n / abgeschlagener Schuß ‖ ~ **off** / abrutschen v (Faden von der Spule) ‖ ~ **off the thread** / den Faden abschlagen
slow gear (washing machine) / Schongang m ‖ ~**-reacting** adj (dye) / träge adj ‖ ~ **strike** (dye) / langsames Aufziehen ‖ ~**-striking** adj (dye) / langsamziehend adj ‖ ~ **to develop** (dye) / entwicklungsträge adj
SL (self-locking) slider (zip) / automatisch feststellbarer Schieber
slub n / Fadenverdickung f, Dickstelle f, Noppe f, Fluse f ‖ ~ s. also slubbing
slubbed weave / knotiges Gewebe
slubber n (spinn) / Grobflyer m, Vorflyer m, Vorspinnmaschine f
slubbiness n / Flusigkeit f, Noppigkeit f, unregelmäßiges Aussehen
slubbing n / Lunte f, Vorgarn n, Vorgespinst f, leichtgedrehtes Faserband ‖ ~ / Vorspinnen n, Flyern n ‖ ~ **box** (card) / Grobhechelstrecke f ‖ ~ **breakage** / Luntenbruch m (bei Feinspinnen) ‖ ~ **count** / Luntennummer f, Vorgarnnummer f ‖ ~**-dyed** adj / als Lunte gefärbt ‖ ~ **flyer**, slubbing frame (spinn) / Grobflyer m, Vorflyer m, Vorspinnmaschine f ‖ ~ **guide** / Luntenführer m ‖ ~ **machine** / Grobflyer m,

Vorflyer m, Vorspinnmaschine f ‖ ~ **machine** (i.e.S.) / Flaschenmaschine f, Laternenbank f, Kannenmaschine f ‖ ~ **quality** / Beschaffenheit f des Vorgarns ‖ ~ **waste** / Luntenspinnabfall m
slubby adj / noppig adj, flusig adj, flammig adj ‖ ~ **yarn** s. slub yarn
slub catcher / Fadenreiniger m, Knotenfänger m, Garnreiniger m ‖ ~ **catching** / Fadenreinigung f ‖ ~ **clearer** / Fadenreiniger m, Knotenfänger m, Garnreiniger m ‖ ~ **counter** / Noppenzählgerät n ‖ ~ **detector** / Flusenwächter m ‖ ~ **distribution apparatus** / Noppenstreuvorrichtung f ‖ ~ **effect** / Flammeneffekt m ‖ ~ **former** / Bandformer m ‖ ~**-free** adj / knotenfrei adj ‖ ~**-inserting apparatus** (spinn) / Flammenapparat m ‖ ~ **ply yarn** / Noppenzwirn m ‖ ~ **twist** / Flammenzwirn m ‖ ~ **yarn** / knotiges Garn, Noppengarn n, Knotengarn n, Garn n mit Verdickungen, Flammengarn n ‖ ~ **yarn doubling frame** / Knotengarnzwirnmaschine f
sluggish vat / erschöpfte Küpe, ermüdete Küpe
slugs pl / Unregelmäßigkeiten f pl im Garn
slumber-wear n / Nachtwäsche f, Nachtkleidung f
slur cam (hos) / Kulierrössel n ‖ ~ **cam box** (hos) / Rösselkasten m, Rößchenkasten m
slurcock n (hos) / Rössel n, Rößchen n
slurgalling n (knitt, defect) / Platinenstreifen n, Zusammenziehen n der Maschen
slurry n / Schlamm m ‖ ~ (detergent) / Waschmittelansatz m, Waschmittelbrei m
small beam (weav) / Teilbaum m ‖ ~ **bend** (of needle) / Bögchen n ‖ ~ **bleaching range** / Kleinbleichanlage f ‖ ~ **bottle bobbin** (spinn) / Fußhülse f (DIN 61805) ‖ ~ **bottle package** (spinn) / Fußspule f (DIN 61800) ‖ ~ **broché shuttle** (weav) / Broschierschiffchen n ‖ ~ **check pattern** (weav) / Pepitamuster n ‖ ~ **cylinder looping machine** / Kleinkranzkettelmaschine f ‖ ~ **diameter rib circular knitting machine** / Ripp-Klein-Rundstrickmaschine f ‖ ~**-figured** adj / kleingemustert adj ‖ ~ **jacquard design** / kleinmustrige Jacquardbindung ‖ ~ **parts stacker** (sew) / Kleinteilestapler m ‖ ~ **pattern effects** / kleinmustrige Muster m ‖ ~**-scale knitting mill** / Strickerei-Kleinbetrieb m ‖ ~**-scale spinning installation** / Kleinspinnanlage f ‖ ~**-size wound package** (dye) / Kleinwickelkörper m ‖ ~ **spinning frame** / Kleinspinnmaschine f
smallware n / Bandgewebe n, Bandware f, Bänder n pl ‖ ~ / Schmalgewebe n ‖ ~ **loom** / Bandwebstuhl m
smallwares pl / kleine Modeartikel m pl, Galanteriewaren f pl, Kurzwaren f pl, Schnittwaren f pl
smallware shearing machine / Bandschermaschine f ‖ ~ **weaving** / Schmalweberei f ‖ ~ **yarn** / Halbkammgarn n, Sayettegarn n, Strickgarn n
smash n (weav, defect) / Schützenschlag m, Gewebebruch m
smear n (text pr) / beschmutzen v, beschmieren v ‖ ~ n / Fleck m, Fettfleck m
smearing n (dye) / Abschmieren n
smock n / Kinder-Overall m ‖ ~ / Kittel m, Arbeitskittel m, Kittelschürze f ‖ ~ (GB) / Umstandsbluse f ‖ ~**-frock** n / Russenkittel m, Fuhrmannskittel m, Kittel m
smocking / Waffelarbeit f ‖ ~ / Smokarbeit f, Smokstiche m pl
smock overall / Kasack m
smoke·-blue adj / rauchblau adj ‖ ~**-coloured** adj / rauchfarben adj ‖ ~ **density** (burning behaviour of textiles) / Rauchdichte f ‖ ~**-grey** adj / rauchgrau adj
smooth coat (ctg) / Glattstrich m ‖ ~ **corded fabric** / glatter Rippenstoff ‖ ~**-drying cotton fabric** / glatt trocknendes Baumwollgewebe ‖ ~**-drying effect** / Trockenglatt-Effekt m ‖ ~**-drying finish** / Trockenglatt-Ausrüstung f, glatt trocknende Ausrüstung, Naßknitterarm-Ausrüstung f ‖ ~ **fabric** / Glattgewebe n ‖ ~**-faced fabric** / glatte Ware, Stoff m

282

mit glatter Oberfläche, Glattgewebe n ‖ ~ **handle** / glatter Griff, schliffiger Griff
smoothing n / Glätten n, Plätten n ‖ ~ **agent** (sewing cotton) / Glättungsmittel n, Glättemittel n ‖ ~ **board** (weav) / Streichbrett n ‖ ~ **brush** (shearing machine) / Abstreichbürste f ‖ ~ **calender** / Glättkalander m ‖ ~ **device** / Glättvorrichtung f ‖ ~ **iron** / Bügeleisen n, Plätteisen n ‖ ~ **machine** / Preßmaschine f, Plättmaschine f, Glättmaschine f ‖ ~ **machine** (wool) / Lisseuse f (DIN 64950) ‖ ~ **of silk** / Weichmachen n der Seide ‖ ~ **roll coating** / Glättwalzenstreichverfahren n ‖ ~ **roller** / Glättwalze f
smoothness n / Geschmeidigkeit f, Glätte f ‖ ~ **of thread** / Fadenglätte f
Smooth Peruvian (variety of Gossypium vitifolium var. vitifolium "Sea-Island-Cotton") / geschmeidige peruanische Baumwolle ‖ ~ **print** / gleichmäßiger Druck, einheitlicher Druck ‖ ~**-surface woven fabric** / Glattgewebe n
smother with boiling water (dye) / abbrühen v
smouldering point (fire behaviour) (mat test) / Schwelpunkt m
smudge n / Fleck m
smudging of colour / Abfärben n, Abflecken n
smut v (dye) / abfärben v, abschmutzen v ‖ ~ n / Schmutzfleck m, Rußfleck m
Smyrna carpet / Chenilleteppich m ‖ ~ **carpet** (reversible) / Smyrnateppich m ‖ ~ **cotton** / mattweiße Baumwolle aus Griechenland ‖ ~ **rug** / Chenilleteppich m ‖ ~ **rug** (reversible) / Smyrnateppich m
snag n (hos, weav) / Zieher m, Zupfer m, Ziehfaden m, Fadenzieher m ‖ ~ (esp. hos) / Snag m ‖ ~ (esp. weav) / Platzer m ‖ ~ **formation** / Zieherbildung f ‖ ~**-free finish** / zieherbeständige Ausrüstung
snagging n / Snagging n, Zieheranfälligkeit f, Fadenziehen n
snag resistance (ctg) / Widerstand m gegen Aufreißen ‖ ~ **resistance** / Zieherbeständigkeit f, Zieherunempfindlichkeit f ‖ ~**-resistant** adj / zieherbeständig adj ‖ ~ **tester** / Zieheranfälligkeitsprüfer m, Zieherbeständigkeitsmesser m, Fallmaschensicherheitsprüfgerät m ‖ ~ **testing** / Zieheranfälligkeitsprüfung f, Zieherbeständigkeitsprüfung f, Einreißwiderstandstest m
snap n (GB) / Wollgarnmaß n (320 yards) ‖ ~**-back** n (elastic recovery) (fibre) / Rücksprung m ‖ ~**-fastener** n / Druckknopf m ‖ ~ **fastener clamp** (sew) / Druckknopfklammer f ‖ ~**-on cushioned upholstery** / abnehmbarer Möbelbezug[s]stoff, aufschnappbarer Möbelbezug(s)stoff
snapping of the thread / Reißen n des Fadens
snarl n / verwirren v, kringeln v, verwickeln v ‖ ~ n (spinn) / Überzwirnung f ‖ ~ (defect) / Fadenschlinge f ‖ ~ **catcher** / Knotenfänger m, Schlingenfänger m
snarled chain segments / verknäuelte Kettensegmente n pl
snarl effect / Kräuseleffekt m
snarling n / Schlingenbildung f, Schlingen n ‖ ~ **tendency** / Schlingenanfälligkeit f
snarl·-warp n / Schlingenkette f ‖ ~ **yarn** / Schleifengarn n, Effektzwirn m mit Schlaufen, Bouclé n, Bouclégarn n, Schlaufengarn n
sneaker n / Turnschuh m
snicks pl (in yarn) / dünne Stellen f pl
snorkel coat / Allwettermantel m im Anorakstil mit vorziehbarer Kapuze (für besseren Gesichtsschutz)
snowflake n / Wollstoff m mit weißen Knötchen ‖ ~**-beige** n (Fr) / naturfarbener mit Seidenfäden durchzogener Wollstoff
snow formation (fin) / Schneebildung f
snowing (spinn) / Schneebildung f
snow-white adj / schneeweiß adj
soak v / einweichen v, durchweichen v, tränken v

sodium

soaking n / Einweichen n, Durchweichen n, Tränken n ‖ ~ **agent** / Einweichmittel n ‖ ~ **assistant**, soaking auxiliary / Einweichhilfsmittel n ‖ ~ **bath** / Einweichbad n ‖ ~ **bowl** / Einweichbottich m ‖ ~ **box** / Einweichtrog m, Verweiltrog m ‖ ~ **liquor** / Einweichflüssigkeit f ‖ ~ **medium** / Einweichmittel n ‖ ~ **oil** / Einweichöl n ‖ ~ **section** (scouring) / Verweilabteil n ‖ ~ **trough** / Einweichtrog m ‖ ~ **tub**, soaking vat / Einweichbottich m
soak in the lye / auslaugen v
soap v / seifen v, einseifen v ‖ ~ n / Seife f ‖ ~ **aftertreatment** / Nachseifen n, Seifennachbehandlung f ‖ ~ **bark** / Seifenrinde f, Quillajarinde f, Panamarinde f ‖ ~ **bath** / Seifenbad f, Seifenflotte f, Seifenlauge f ‖ ~ **boiler's neat soap** / geschliffene Kernseife, abgesetzte Kernseife, Kernseife f auf Leimniederschlag ‖ ~ **chalk** / Seifenkreide f, Schneiderkreide f ‖ ~ **content** / Seifengehalt m ‖ ~**-delustred** adj / seifenmattiert adj ‖ ~ **delustring** / Seifenmattierung f
soaper n / Seifmaschine f, Einseifmaschine f, Waschmaschine f
soap feeder / Seifentrichter m ‖ ~ **finish** / Seifenausrüstung f ‖ ~**-flakes** pl / Seifenflocken f pl ‖ ~ **for finishing purposes** / Appretursseife f ‖ ~**-fulling** / Seifenwalke f ‖ ~ **in full width** / breitseifen v
soaping n / Seifen n ‖ ~ **at the boil** / kochendes Seifen, Seifen n bei Kochtemperatur ‖ ~ **in full width** / Breitseifen n ‖ ~**-off bath** / Abseifbad n ‖ ~ **steamer** / Seifendämpfer m
soap lather / Seifenschaum m ‖ ~ **laundering** / Seifenwäsche f
soapless soap / synthetisches Waschmittel, Detergens n, Reinigungsmittel n
soap liquor / Seifenflotte f, Seifenlauge f, Seifenbad n ‖ ~ **machine** / Seifmaschine f, Einseifmaschine f, Waschmaschine f ‖ ~ **mill** / Piliermaschine f ‖ ~ **milling** / Seifenwalke f ‖ ~**-powder** / Seifenpulver n ‖ ~ **residues** / Seifenrückstände m pl ‖ ~**-shrunk finish** / Seifen-Wäsche f und Walke [von Kammgarnstoffen], Seifenausrüstung f ‖ ~**-soda scouring**, soap-soda washing / Seife-Soda-Wäsche f ‖ ~ **solution** / Seifenlösung f ‖ ~ **speck** / Seifenfleck m ‖ ~ **steamer** / Seifdämpfer m ‖ ~ **stock** / Seifenansatz m ‖ ~ **substitute** / Seifenersatz m ‖ ~ **suds** pl / Seifenbrühe f, Seifenlauge f, Seifenwasser n ‖ ~ **treatment** / Seifenbehandlung f ‖ ~ **trough**, soap vat / Seifbottich m, Seifkufe f ‖ ~ **wash** / Seifenwäsche f ‖ ~ **water** / Seifenwasser n
soapy handle / seifiger Griff ‖ ~ **liquor** s. soap liquor
sock n / Socke f ‖ ~ (in shoe) / Einlegesohle f ‖ ~ **panel** / Sockenlänge f ‖ ~ **with cuffed top** / Umschlagstrumpf m
soda n / Soda f (Natriumkarbonat) ‖ ~**/acid bleach** / Soda/Säure-Bleiche f ‖ ~ **alkaline** / sodaalkalisch adj ‖ ~**-alkaline pad liquor** / sodaalkalische Klotzflotte ‖ ~ **ash** / kalzinierte Soda, wasserfreie Soda, Soda kalz. ‖ ~ **bath** / Sodabad n ‖ ~ **bleaching lye** / Natronbleichlauge f ‖ ~**-boil** / Abkochen n mit Soda ‖ ~**-boiling chlorine** / Sodakochchlor n ‖ ~ **lye** / Natronlauge f, Ätznatronlauge f ‖ ~ **prescription** / Soda-Vorschrift f ‖ ~ **print** / Ausbrenndruck m ‖ ~ **print paste** / Soda-Druckpaste f ‖ ~ **print style** / Ausbrennartikel m ‖ ~**-proof** adj / sodaecht adj, sodafest adj ‖ ~ **rinse** / Sodaspülbad n ‖ ~ **soap** / Sodaseife f, Natronseife f, Natriumseife f ‖ ~**-sodium hydroxide solution prescription** (dye) / Soda-Natronlauge-Vorschrift f ‖ ~ **vat** / Sodaküpe f
sodium n / Natrium n ‖ ~ **acetate** / Natriumacetat n ‖ ~ **acetate resist** / Natriumacetatreserve f ‖ ~ **acetone bisulphite** / Natriumacetonhydrogensulfit n ‖ ~ **alginate** / Natriumalginat n ‖ ~ **alginate thickening** / Natriumalginatverdickung f ‖ ~ **alkyl sulphonate** / Natriumalkylsulfonat n ‖ ~ **alum** /

sodium

Natriumaluminiumsulfat n, Natriumalaun m ‖
~ **aluminate** / Natriumaluminat n ‖ ~ **benzoate** /
Natriumbenzoat n ‖ ~ **benzylsulphanilate** /
benzylsulfanilsaures Natrium, Solutionssalz n ‖
~ **bicarbonate** / Natriumbikarbonat n,
Natriumhydrogenkarbonat n ‖ ~ **bichromate** /
Natriumdichromat n ‖ ~ **bisulphate** / Natriumbisulfat
n, Natriumhydrogensulfat n ‖ ~ **bisulphite** /
Natriumbisulfit n, Natriumhydrogensulfit n ‖ ~ **borate** /
Natriumborat n, Borax m ‖ ~ **bromite** / Natriumbromit
n ‖ ~ **carbonate** / Natriumkarbonat n, Soda f ‖
~ **carboxymethyl cellulose** /
Natriumcarboxymethylzellulose f ‖ ~ **chlorate** /
Natriumchlorat n ‖ ~ **chloride** / Natriumchlorid n
(Kochsalz) ‖ ~ **chlorite** / Natriumchlorit n ‖ ~ **chlorite
batch bleaching** / Natriumchlorit-Aufdockbleiche f ‖
~ **chlorite bleach** / Natriumchloritbleiche f ‖ ~ **chlorite
bleaching solution** / Natriumchloritbleichlösung f ‖
~ **chlorite bleach liquor** / Natriumchloritbleichflotte f ‖
~ **citrate** / Natriumzitrat n ‖ ~ **compound** /
Natriumverbindung f ‖ ~ **cyanide** / Natriumcyanid n ‖
~ **dichromate** / Natriumdichromat(VI) n ‖
~ **dihydrogen phosphate** /
Natriumdihydrogenphosphat n ‖
~ **dodecylbenzenesulphonate** /
Natriumdodezylbenzolsulfonat n ‖ ~ **ferrocyanide** /
Natriumhexacyanoferrat(II) n, Ferrocyannatrium n ‖
~ **formaldehyde sulphoxylate** /
Natriumformaldehydsulfoxylat n ‖ ~ **formaldehyde
sulphoxylate discharge** /
Natriumformaldehydsulfoxylatätze f ‖ ~ **formate** /
Natriumformiat n ‖ ~ **hexametaphosphate** /
Natriumhexametaphosphat n ‖ ~ **hydrate** / kaustische
Soda, Natriumhydroxid n, Ätznatron n ‖
~ **hydrosulphide** / Natriumhydrosulfid n,
Natriumhydrogensulfid n ‖ ~ **hydrosulphite** /
Natriumhydrogensulfit n ‖ ~ **hydrosulphite** /
Natriumdithionit n ‖ ~ **hydrosulphite discharge** /
Natriumhydrosulfitätze f, Natriumhydrogensulfitätze f ‖
~ **hydroxide** / Natriumhydroxid n, Ätznatron n,
kaustische Soda ‖ ~ **hydroxide solution** /
Natriumhydroxidlösung f, Natronlauge f ‖
~ **hypochlorite** / Natriumhypochlorit n ‖
~ **hypochlorite bleach** / Natriumhypochloritbleiche f ‖
~ **hypochlorite bleaching liquor** /
Natriumhypochloritbleichlauge f ‖ ~ **hypochlorite
solution** / Chlorlauge f ‖ ~ **lauryl sulphate** /
Natriumlaurylsulfat n ‖ ~ **leuco compound** /
Natriumleukoverbindung f ‖ ~ **lye** n. soda lye ‖
~ **metaphosphate** / Natriummetaphosphat n ‖ ~ **nitrite**
/ Natriumnitrit n ‖ ~ **oleate** / Natriumoleat n ‖
~ **perborate** / Natriumperoxoborat n ‖ ~ **peroxide** /
Natriumperoxid n ‖ ~ **peroxide bleaching bath** /
Natriumperoxidbleichbad n ‖ ~ **persulphate** /
Natriumpersulfat n, Natriumperoxodisulfat n ‖
~ **phosphate** / Natriumphosphat n ‖ ~ **polyacrylate** /
Natriumpolyacrylat n ‖ ~ **pyrophosphate** /
Natriumpyrophosphat n, Natriumdiphosphat n ‖ ~ **salt** /
Natriumsalz n ‖ ~ **sesquicarbonate** /
Trinatriumhydrogendikarbonat n,
Natriumsesquikarbonat n ‖ ~ **silicate** / Natriumsilikat n,
Natronwasserglas n ‖ ~ **soap** / Natronseife f,
Natriumseife f, Sodaseife f ‖ ~ **stannate** /
Natriumstannat n, Natronstannat n,
Natriumhexahydroxostannat(IV) n, Zinnsoda f,
Präpariersalz n ‖ ~ **sulphate** / Natriumsulfat n
(Glaubersalz) ‖ ~ **sulphide** / Natriumsulfid n ‖
~ **sulphite** / Natriumsulfit n ‖ ~ **sulphoricinoleate** /
Natriumsulforizinoleat n ‖ ~ **thiocyanate** /
Natriumthiocyanat n, Natriumrhodanid n ‖
~ **thiosulphate** / Natriumthiosulfit n ‖ ~ **thiosulphate
discharge** / Natriumthiosulfatätze f ‖ ~ **tungstate** /
Natriumwolframat n

sofa n / Sofa n, Couch f ‖ ~ **bed** / Bettcouch f, Klappcouch f
soft binder / weich eingestelltes Bindemittel ‖ ~ **bowls** /
weich arbeitende Quetschwalzen f pl ‖ ~ **cotton** /
weiche glatte Baumwollsorte
softcut-pile-carpet / Teppich-Soft-Velours m
soft detergents pl / biologisch gut abbaubare Detergentien
n pl ‖ ~-**dried** adj / schwach getrocknet ‖ ~ **dyeing
machine** / Sanftfärbemaschine f
soften vi / erweichen vi ‖ ~ vt (fabric) / weichmachen ‖ ~
(fin) / avivieren vt ‖ ~ (spinn) / schmälzen vt ‖ ~ (water)
/ enthärten vt ‖ ~ (colour) / mildern vt
soft end (defect) / weiche Stelle im Seidenfaden
softener n / Weichmacher m, Weichmachungsmittel n ‖ ~
(spinn) / Schmälzmasse f, Schmälze f ‖ ~ (fin) /
Avivagemittel n ‖ ~ / Griffvariator m ‖ ~ (cloth, mach) /
Appretbrecher m ‖ ~ (water) / Wasserenthärter m,
Enthärter m ‖ ~ (washing) / Weichspüler m,
Wäscheweichspülmittel n ‖ ~ , **stretcher and polisher
for hanks** / Chevelliermaschine f (DIN 64990) ‖
~ **bath** / Avivagebad n
softening n / Erweichen n, Weichmachen n ‖ ~ (fin) /
Avivieren n ‖ ~ (spinn) / Schmälzen n ‖ ~ (water) /
Enthärten n ‖ ~ (colour) / Mildern n ‖ ~ **agent** s. softener
‖ ~ **equipment** (fin) / Maschinen f pl zum
Geschmeidigmachen ‖ ~ **finish** / weichmachende
Ausrüstung ‖ ~ **machine** (cloth) / Appretbrecher m ‖
~ **machine** (jute) / Batschmaschine f, leichtlöslich adj ‖
~ **oil** / Schmälze f ‖ ~ **point** / Erweichungspunkt m ‖
~ **range** / Erweichungsbereich m ‖ ~ **temperature** /
Erweichungstemperatur f, Erweichungspunkt m ‖
~ **treatment** / Weichmachungsverfahren n
soft feel / weicher Griff ‖ ~ **fibre** / Weichfaser f ‖ ~ **fibre**
/ Bastfaser f ‖ ~-**filled fabric** / Stoff m mit
leichtgezwirntem Schußfaden ‖ ~ **finish** /
Weichappretur f, Avivage f ‖ ~ **finish** (yarn) /
Ausrüstung f ohne Glanz ‖ ~ **goods** / Textilien pl,
Textilwaren f pl ‖ ~ **handle** / weicher Griff ‖ ~ **line** /
Soft-line f, weiche Linie (Modelinie mit weich fallenden
Stoffen, romantischen Dessins und femininen Schnitten)
‖ ~ **luggage** / Leichtreisegepäck n
softly twisted yarn s. soft-twist yarn
softness n / Weichheit f
soft package / Weichwickel m, weicher Wickel ‖ ~ **resin**
/ Weichharz n
softs pl / Shoddy n, Shoddywolle f, Reißwolle f,
Reißwollmaterial n, Altwolle f, Lumpenwolle f
soft sheeting / Weichfolie f ‖ ~ **sides** (weav, defect) /
fehlerhafte Kettfäden, die ständig reißen m pl ‖ ~ **silk** /
abgekochte Seide ‖ ~ **soap** / Schmierseife f, weiche
Seife, Kaliseife f ‖ ~ **spinning** / Weichspinnen n ‖
~-**Stream process**, HT piece-dyeing process / Soft-
Stream-Verfahren n ‖ ~ **touch yarn** / Garn n mit
weichem Griff ‖ ~ **toy** / Spielzeug n aus Textilien ‖
~ **twist** (any twist below number needed per inch in
yarn) / weiche Drehung ‖ ~-**twisted** adj / schwach
gedreht ‖ ~-**twist weft** / weichgedrehtes Schußgarn ‖
~-**twist yarn** (16-20 twists per inch) / Soft m,
Weichgarn n, weichgedrehtes Garn ‖ ~ **warps** /
ungenügend geschlichtete Kettfäden m pl ‖ ~ **waste** /
Vorspinnabfall m ‖ ~ **water** / weiches Wasser,
Weichwasser n ‖ ~ **winding** / weiche Wicklung,
Weichbespulung f ‖ ~-**wound** adj / weich gewickelt ‖
~-**wound package** / weicher Wickel, locker gewickelte
Hülse ‖ ~ **yarn** / weiches Garn ‖ ~ **yarn** s. slso soft-twist
yarn
soil v / anschmutzen v, verschmutzen v, beschmutzen v ‖
~ n / Anschmutzung f, Schmutz m ‖ **artificial** ~ /
künstliche Anschmutzung ‖ ~ **adherence** /
Schmutzhaftung f ‖ ~ **attraction by static** /
Schmutzaufziehvermögen m mittels elektrostatischer
Kräfte ‖ ~-**burial test** / Eingrabtest m, Erdfaulversuch
m, Erdverrottungstest m ‖ ~ **carrier** / Schmutzträger m

284

|| ~-carrying capacity / Schmutztragevermögen n ||
~ deposition / Schmutzablagerung f
soiled end / Schmutzfaden m || ~ linen / schmutzige Wäsche || ~ liquor trough / Schmutztrog m || ~ pick / Schmutzfaden m || ~ thread / Schmutzfaden m
soil-holding site / Schmutzansatzstelle f
soiling n / Anschmutzen n, Beschmutzen n, Verschmutzen n || ~ / Verschmutzung f, Schmutzfleck m || ~ ability / Anschmutzbarkeit f || ~ behaviour / Anschmutzverhalten n || ~ in dry state / Trockenanschmutzung f || ~-retardant finish s. soil-repellent finish || ~ sensitivity tester / Schmutzempfindlichkeitsprüfer m || ~ test / Schmutztest m
soil particle / Schmutzteilchen n || ~ redeposition (SRD) / Wiederaufziehen n von Schmutz, Rückverschmutzung f, Schmutzwiederaufziehvermögen n aus der Waschflotte, Waschvergrauung f, Wiederanschmutzen n, Rückvergrauung f || ~ release (fin) s. soil-release finish || ~ release (SR) / Schmutzauswaschbarkeit f, Auswaschbarkeit f von Schmutzflecken, Soil-release n || ~ release agent / Soil-Release-Mittel n || ~-release effect (SR effect) / Soil-Release-Effekt m, Schmutzauswaschbarkeit f, Auswaschbarkeit f von Schmutzflecken || ~-release finish (special treatment for improved release of dirt particles in domestic washing) / Soil-Release-Ausrüstung f, SR-Ausrüstung f, schmutzablösende Ausrüstung, passive Schutzausrüstung || ~-release product / Soil-Release-Produkt n || ~ removal / Schmutzbeseitigung f || ~-removing capacity, soil-removing property / Schmutzlösevermögen n || ~ repellency / schmutzabweisende Eigenschaft, schmutzabstoßende Eigenschaft, schmutzabstoßende Ausrüstung, fleckabstoßende Ausrüstung, aktive Schutzausrüstung, Anti-Schmutzausrüstung f || ~-repellent adj / schmutzabweisend adj, schmutzabstoßend adj || ~-repellent agent / schmutzabweisendes Mittel || ~-repellent finish / schmutzabweisende Ausrüstung, schmutzabstoßende Ausrüstung, fleckabstoßende Ausrüstung, aktive Schutzausrüstung, Anti-Schmutzausrüstung f || ~ residue / Restschmutz m || ~ resistance / Anschmutzungswiderstand m || ~-resistant adj / schmutzbeständig adj || ~ resorption during washing s. soil redeposition || ~ retardant / Anschmutzen verzögerndes Mittel || ~ suspending property (of washing liquor) / Schmutztragevermögen n || ~ test / Schmutztest m
sojourn time / Verweilzeit f
sol n (chem) / Sol n
solar ring stretcher, solar ring temple / Sonnenbreithalter m
sole n / Sohle f, Fußsohle f, Schuhsohle f || ~ felt / Sohlenfilz m
soleil n (satin-faced fabric of silk or rayon with fine line or stripe effect in the warp direction) (weav) / Soleil m, Rips-Soleil m || ~ adj / mit Hochglanzappretur || ~ felt / Schillerfilz m, hochglänzender Filz || ~ weave / Soleilbindung f (abgeleitete Ripsbindung)
sole-in-sole [splicing] (additional reinforcement in the sole section) (hos) / zusätzliche Sohlenverstärkung, doppelte Sohlenverstärkung
sole splicing (hos) / Sohlenverstärkung f || ~ thread carrier / Sohlenfadenführer m || ~ toe narrowing (hos) / Spitzenminderung f auf der Sohle
solferino n / Rosanilinfarbe f, Fuchsin n
solid n / Festkörper m, Feststoff m || ~ adj / fest adj, dicht adj || ~ (dye) / uni adj, unifarbig adj, einfarbig adj || ~ add-on (ctg) / Auflagegewicht n, Auftragsmenge f, Festsubstanz-Auflage f, Feststoff-Auflage f, Beschichtungsauflage f || ~ braid / dichte Litze || ~-colour[ed] adj / uni adj, unifarbig adj, einfarbig adj || ~ colour / Unifarbe f, Uniton m || ~-colour fabric /

Unigewebe n, einfarbiges Gewebe || ~-colour yarn / einfarbiges Garn || ~ content / Feststoffgehalt m, Trockengehalt m, Festgehalt m, Festkörpergehalt m || ~ contents dispersion / Feststoffdispersion f || ~ dyeing (uniform depth of shade on two different types of fibre) / Ton-in-Ton-Färbung f || ~ effect / Unifärbung f || ~ fibre / massive Faser || ~-free adj / trägersubstanzlos adj (z.B. Benzinemulsion) || ~ green (dye) / Solidgrün JJO, Brillantgrün n || ~ handle / kerniger Griff
solidification n / Erstarrung f, Festwerden n || ~ point / Erstarrungspunkt m, EP
solidify vi / erstarren v, erhärten vi, fest werden
solidity n (dye) / Übereinstimmung f des Farbtons bei Mischfärbungen
solid lime soap scum / unlösliche Kalkseife || ~ matter / Feststoffe m pl || ~ matter content s. solid content || ~ resin / Hartharz n
solids pl / Festsubstanz f, Trockensubstanz f || ~ content s. solid content
solid shade / Unifarbe f, Uniton m || ~-shade dyeing / Unifärbung f || ~-shade floorcovering / Uni-Bodenbelag m || ~-shade piecegoods pl / Unistückware f || ~-shade suit / Uni-Anzug m || ~ style / Uniartikel m || ~ yolk (wool) / fester Schweiß, schwerer Schweiß
solubilisant / Lösungsvermittler m, Solutizer m
solubility n / Löslichkeit f || of high ~ / leicht löslich || of low ~ / schwer löslich || ~ curve / Löslichkeitskurve f || ~ in water / Wasserlöslichkeit f || ~ test / Löslichkeitsversuch m
solubilization n / Aufschluß m
solubilize v / löslich machen, aufschließen v, solubilisieren v
solubilized vat dyestuff / Leukoküpenfarbstoff m
solubilizer n / Lösungsvermittler m, Solutizer m
solubilizing adj / löslichmachend adj || ~ agent / Lösungsvermittler m, Solutizer m || ~ agent for dyestuffs / Farbstofflösemittel n || ~ power / Lösevermögen n, Lösekraft f, Lösefähigkeit f, Solubilisiervermögen n
soluble adj / löslich adj || ~ at room temperature / kalt löslich || ~ blue (dye) / Wasserblau n, Chinablau n, Reinblau n, Soluble Blue n || ~ fibre / lösliche Faser || ~ in alcohol / spritlöslich adj || ~ indigo blue / Indigokarmin n || ~ in water / wasserlöslich adj || ~ yarn / lösliches Garn
solution n / Lösung f || ~-dyed / spinngefärbt adj, düsengefärbt adj, in der Spinnlösung gefärbt || ~ dyeing / Spinnfärbung f, Düsenfärbung f, Färben n in der Spinnlösung || ~ flash spinning method / Lösungs-Flash-Spinnmethode f || ~ polymerization / Lösungspolymerisation f || ~-polymerized adj / lösungspolymerisiert adj || ~ spinning / Lösungsspinnverfahren n, Spinnen n aus Lösungen, Lösungsserspinnen n
solutizer n / Lösungsvermittler m, Solutizer m
solvency n s. solubilizing power
solvent n / Lösemittel n, Lösungsmittel n || ~ addition / Lösemittelzusatz m || ~ agent exhaust dyeing method / Färbeverfahren n aus Lösemitteln || ~ agent phase / Lösemittelphase f || ~ agent system (chrom) / Fließmittelsystem n || ~ assistant, solvent auxiliary / Lösungshilfsmittel n || ~-assisted dyeing / lösungsmittelunterstütztes Färben || ~-based dyeing process / Lösungsmittelfärberei f, Färben n aus Lösemitteln, Lösungsmittelfärben n, Färben n mit Lösungsmittelansatz || ~-based pigment printing system / Pigmentdrucksystem n auf Lösemittelbasis || ~ combination / Lösemittelkombination f || ~ composition / Lösungsmittelzusammensetzung f || ~-containing base coat and effect colour mixes / lösemittelhaltige Grundierungs- und Effektfarbenansätze m pl || ~ dyeing / Lösungsmittelfärberei f, Lösungsmittelfärben n, Färben

solvent
 n aus Lösemitteln, Färben *n* mit Lösungsmittelansatz ‖
~ **dyeing machine** / Lösemittelfärbemaschine *f* ‖
~ **dyestuff** / Lösungsmittelfarbstoff *m* ‖ ~ **evaporation**
/ Lösemittelabgabe *f* ‖ ~ **fastness** / Lösemittelechtheit *f*
‖ ~ **finishing** / Lösungsmittelveredlung *f* ‖ ~ **flash-off**
(ctg) / Abdunsten *n* des Lösemittels ‖ ~**-free** *adj* /
lösemittelfrei *adj* ‖ ~**-free printing process with
pigment dyestuffs** / benzinfreier Druck mit
Pigmentfarbstoffen ‖ ~ **mixture** /
Lösungsmittelgemisch *n* ‖ ~ **power** / Lösevermögen *n*,
Lösekraft *f*, Lösefähigkeit *f*, Solubilisiervermögen *n* ‖
~ **process** / Lösungsmittelverfahren *n* ‖ ~**-proof pre-
coat** / lösungsmitteldichter Vorstrich ‖ ~ **recovery** /
Lösungsmittelrückgewinnung *f* ‖ ~ **recovery plant** /
Lösungsmittel-Rückgewinnungsanlage *f* ‖ ~**-reducible**
adj / mit Lösemitteln verdünnbar ‖ ~ **regain** /
Lösemittelabsorption *f* ‖ ~ **relative humidity** (SRH,
dry cleaning) / relative Feuchtigkeit des Lösemittels ‖
~ **resistance** / Lösungsmittelbeständigkeit *f* ‖
~**-resistant** *adj* / lösungsmittelbeständig *adj* ‖
~ **scouring** / Lösemittelwäsche *f*, Extraktionswäsche *f*,
Trockenwäsche *f* ‖ ~ **scouring** (wool) /
Wollentschweißung *f* durch Lösungsmittel ‖ ~ **sealing** /
Quellschweißen *n*, Schweißen *n* mit Kleblöser,
Warmkleben *n* ‖ ~ **separation** /
Lösungsmittelentmischung *f* ‖ ~ **solubility** /
Lösungsmittellöslichkeit *f* ‖ ~**-soluble** *adj* /
lösungsmittellöslich *adj* ‖ ~**-soluble dyestuff** /
lösungsmittellöslicher Farbstoff, in Lösungsmittel
löslicher Farbstoff ‖ ~**-solved effect colour** /
lösemittelgelöste Effektfarbe ‖ ~ **spinning** /
Lösungsspinnverfahren *n*, Spinnen *n* aus Lösungen,
Lösungsspinnen *n* ‖ ~ **vapours** /
Lösungsmitteldämpfe *m pl*
Somaliland fibre / eine geschmeidige Blattfaser aus
Afrika
sombrero *n* (broad-rimmed hat) / Sombrero *m*
sommière *n* (used for lining winter garments) /
reinwollene Serge mit gerauhter Oberfläche
sonic modulus (textile-testing) / Schallmodul *n*
soot *n* / Ruß *m* ‖ ~**-black** *adj* / rußschwarz *adj* ‖ ~**-brown**
adj / rußbraun *adj*
sorbent *n* (chem) / Sorptionsmittel *n*, Sorbens *n*
sorbic acid / Sorbinsäure *f*
sorbitan ester / Sorbitanester *m*
sorbitol *n* / Sorbitol *n*
soria wool / spröde spanische Wolle
sorption *n* / Sorption *f* ‖ ~ **equilibrium** /
Sorptionsgleichgewicht *n* ‖ ~ **of dyestuff** /
Farbstoffaufnahme *f*
sorptivity *n* / Sorptionsvermögen *n*
sorrel *adj* / rotbraun *adj*, fuchsrot *adj*
sort *v* / sortieren *v*, klassifizieren *v*, klassieren *v*
sorting *n* / Sortieren *n*, Klassifizieren *n*, Klassieren *v* ‖
~ **machine** / Sortiermaschine *f*, Auslesemaschine *f* ‖
~ **peniston** / grobes Reißwollgewebe ‖ ~ **room** /
Sortierraum *m* (used in gathering of rags) /
Arbeitshürde *f* ‖ ~ **screen** /
Strangsortierrahmen *m* ‖ ~ **stand for hanks** /
‖ ~ **table** / Sortiertisch *m*
sorts *pl* / sortierte Wollen gleicher Qualität *f pl*
soul *n* (of the shuttle) / Spindel *f* (im Weberschiffchen)
sound-absorbing carpet / schalldämpfender Teppich ‖
~ **property** (cpt) / Trittschallschutz *m*
souple *v* (silk) / souplieren *v* ‖ ~ *n* s. souple silk ‖ ~ **silk** /
Soupleseide *f*, souplierte Seide, halbentbastete Seide,
Souple *m*
soupling *n* (silk) / Souplieren *n*, Halbentbasten *n* ‖
~ **agent** (silk) / Soupliermittel *n*
sour *v* / säuern *v*, ansäuern *v*, absäuern *v*, durch ein
Säurebad nehmen
souring *n* / Säuern *n*, Ansäuern *n*, Absäuern *n*,
Sauerstellung *f* ‖ ~ **bath** / Säurebad *n*, Säureflotte *f* ‖
~ **equipment in open-width** / Breitsäureeinrichtung *f* ‖
~ **liquor** / Säureflotte *f*, Säurebad *n* ‖ ~ **machine** /

Säuerungsmaschine *f* ‖ ~ **tank** / Säurekasten *m*,
Säuretrog *m*, Säurebottich *m*, Säurekammer *f*
sours *pl* (chem, weav) / Sauerbad *n*
soutache *n* / schmale Posamentenlitze ‖ ~ **braid** (narrow
flat ornamental braid) / Soutache-Litze *f*, Soutache *f*,
Litzenbesatz *m*
soutane *n* (cassock of Roman Catholic priests) / Soutane *f*
(langer, enger Leibrock der kath. Geistlichen)
South African merino wool / Kapwolle *f* ‖ ⤲ **American
cotton** / Baumwolle *f* aus Brasilien und Peru ‖
⤲ **American merino wool** / südamerikanische
Merinowolle
southdown *n* / eine englische Kurzwolle erster Qualität,
Southdown-Wolle *f* (ursprünglich von Schafen in
Sussex)
sox *pl* (US) s. sock
Soxhlet [extractor] (cylindrical extraction tube) *n* /
Soxhlet *m*, Soxhletapparat *m*
soybean *n*, soya bean / Sojabohne *f*, Soja *f* ‖ ~ **fibre** /
Sojafaser *f*, Sojaeiweißfaser *f* ‖ ~ **oil** / Sojaöl *n*,
Sojabohnenöl *n* ‖ ~ **oil meal** / Sojamehl *n*
space between the dents (weav) / Rohröffnung *f* ‖
~ **between the needles** / Nadelgasse *f*, Nadellücke *f* ‖
~ **between the rollers** / Walzenspalt *m*
spaced braid / Baumwollborte *f* mit
Spitzenverbindungsstellen
space draft / Kettfadeneinzug *m* in geordneter
Reihenfolge ‖ ~ **drawing** (textured fil) / unregelmäßige
Reckung ‖ ~**-dyed bulked carpet yarn** / nach dem
Space-Dyeing-Verfahren gefärbtes Teppichbauschgarn
‖ ~ **dyeing** / Space-Dyeing *n* (Abschnittsweises
Bedrucken bzw. Anfärben von Garn- und
Kabelmaterialien - Sammelbegriff mehrerer
voneinander abweichender Verfahren), Streckenfärbung
f, rapportfreies Kolorieren von Garn, Teil-
Färbungsverfahren:n. ‖ ~ **dye machine** / Space Dye-
Anlage ‖ ~ **dye process** / Space-Dyeing-Verfahren *n*,
Space-Dye-Verfahren *n* ‖ ~ **dye process** s. also space
dyeing ‖ ~ **pass** / satzweiser Einzug, mehrchoriger
Einzug ‖ ~**-printed carpet** / nach dem Space-Printing-
Methode bedruckter Teppich ‖ ~ **printing** (cpt) / Space-
Printing *n*, Reservedruck *m*
spacer *n* (dye) / Zwischenteller *m*
space-treating *n* / abschnittsweise Behandlung
spachtel lace (curtains) / Spachtelspitze *f*
spacing *n* (density of threads) / Einstellung *f* ‖ ~ **of
needles** / Nadelteilung *f* ‖ ~ **of warp threads** /
Kettfadeneinteilung *f* ‖ ~ **reed** (weav) / Ausgleichsriet *n*,
Expansionskamm *m* ‖ ~ **washer** (shuttle) (weav) /
Zwischenscheibe *f*
spaghetti attachment (sew) / Schlauchlitzenapparat *m* ‖
~ **binding** (sew) / Schlauchlitze *f*
spandex fibre (synthetic elastic fibre with at least 85%
segmented polyurethane) / (now) Elastomerfaser *f*,
(formerly) Spandexfaser *f* ‖ ~ **yarn** / Spandexgarn *n*
spangle *n* / Flitter *m*, Paillette *f*
spangled braid / Flitterborte *f*
Spanish broom / Spanischer Ginster, Binsenginster *m*
(Spartium junceum) ‖ ⤲ **dagger fibre** / Pitafaser *f* ‖
⤲ **grass** / Espartogras *n*, Esparto *m*, Alfa *f* ‖ ⤲ **green** /
spanischgrün *adj* ‖ ⤲ **moss** / Louisianamoos *n*
(Tillandsia usneoides) ‖ ⤲ **soap** / Marseiller Seife ‖
⤲ **stripes** (plain-weave cotton cloth with black stripe at
each selvedge) / Spanish Stripes *pl*
spare bobbin / Reservespule *f* ‖ ~ **collar** / Ersatzkragen
m, Reservekragen *m* ‖ ~ **needle** / Ersatznadel *f* ‖
~ **spinner** / Hilfsspinner *m* ‖ ~ **thread** / Reservefaden
m
sparkle *v* / funkeln *v*, glitzern *v*
spark stitch / Schleifenstich *m*
spart fibre / Espartofaser *f*
spartium fibre / spanische Ginsterfaser,
Binsenginsterfaser *f*
spats *pl* / kurze Gamaschen *f pl*, Knöchelgamaschen *f pl*

spatula n / Spatel m, Spachtel m
special dyestuff / Spezialfarbstoff m ‖ ~ finish / Spezialausrüstung f ‖ ~ lubrication / Ölen n
specialty yarn / Spezialgarn n, Garnspezialität f
special winch beck for carpet dyeing / Teppich-Spezial-Haspelkufe f
specific gravity / Dichte f (DIN 53193), Dichteverhältnis n ‖ ~ gravity / Dichte f (DIN 53193), spezifisches Gewicht ‖ ~ heat / spezifische Wärme ‖ ~ humidity / spezifische Feuchtigkeit ‖ ~ strength / spezifische Festigkeit ‖ ~ surface / spezifische Oberfläche ‖ ~ volume / spezifisches Volumen ‖ ~ weight / spezifisches Gewicht
specimen print of dyestuffs / Probeabdruck m von Farbstoffen
speck v / sprenkeln v, flecken v, tüpfeln v ‖ ~ n / Fleck m ‖ ~ (dye) / Stippe f ‖ ~-dye v / noppendecken v ‖ ~-dyeing n / Noppendecken n, Noppenretuschieren n, Noppennachfärben n ‖ ~-free dyeing / stippenfreie Färbung
speckiness n / Färbefleckigkeit f, fleckiger Druck
specking n / Fleckenbildung f ‖ ~ / Tüpfelmuster n
speckle v / sprenkeln v, flecken v, tüpfeln v ‖ ~ n / Fleck m ‖ ~ (dye) / Stippe f
speckled adj / fleckig adj, gesprenkelt adj
speck printing / Noppenfärben n
specky dyeing / fleckige Färbung, spricklige Färbung ‖ ~ goods pl / durch pflanzliche Partikel befleckte Ware ‖ ~ print / sprickliger Druck
spectral analyis / Spektralanalyse f ‖ ~ colour / Spektralfarbe f ‖ ~ density curve / spektrale Extinktionskurve ‖ ~ power distribution / Spektralenergieverteilung f ‖ ~ reflectance (col) / spektraler Remissionsgrad ‖ ~ sensitivity distribution / Empfindlichkeitsverteilungen f pl der drei Reizzentren
spectrophotometer n / Spektralphotometer n ‖ ~ with light trap for zero adjustment (mat test) / Spektralphotometer n mit Glanzausschluß
spectrophotometry f / Spektralphotometrie f
spectroscopy n / Spektroskopie f
spectrum blue / spektralblau adj ‖ ~ locus (line connecting the points representing the chromaticities of the spectrum colours) / Spektralfarbenzug m
speed change motion (mach) / Gangwechselvorrichtung f
speeder n s. speed frame
speed frame (spinn) / Flyer m (DIN 64340), Fleier m, Vorspinnmaschine f, Baumwollvorspinnmaschine f ‖ ~ frame (spinn) / Flügelspinnmaschine f ‖ ~ frame bobbin / Flyerspule f ‖ ~ frame rovings pl / geflyertes Vorgarn ‖ ~ frame tube / Flyerhülse f ‖ ~ indicator / Umdrehungsanzeiger m ‖ ~ of absorption (dye) / Aufziehgeschwindigkeit f ‖ ~ of affinity (dye) / Aufziehgeschwindigkeit f ‖ ~ of beaming / Bäumgeschwindigkeit f ‖ ~ of circulation / Umlaufgeschwindigkeit f ‖ ~ of coupling / Kupplungsgeschwindigkeit f ‖ ~ of cure / Härtungsgeschwindigkeit f, Aushärtungsgeschwindigkeit f, Ausreaktionsgeschwindigkeit f, Auskondensationsgeschwindigkeit f ‖ ~ of discharge / Auspreßgeschwindigkeit f ‖ ~ of dye absorption / Aufziehgeschwindigkeit f ‖ ~ of extrusion / Spritzgeschwindigkeit f ‖ ~ of flow / Strömungsgeschwindigkeit f ‖ ~ of passage / Durchlaufgeschwindigkeit f, Warengeschwindigkeit f ‖ ~ of reaction / Reaktionsgeschwindigkeit f ‖ ~ of the goods / Durchlaufgeschwindigkeit f der Ware, Warengeschwindigkeit f ‖ ~ of the loom / Webstuhldrehzahl f ‖ ~ of the spindle / Spindeldrehung f, Spindeldrehzahl f, Spindelgeschwindigkeit f ‖ ~ retting / Schnellröste f ‖ ~ warper / Breitschärmaschine f, Zettelmaschine f

spencer n (short close-fitting jacket; thin jumper worn under dress ladies' underwest) (fash) / Spenzer m, Spencer m, Spenser m
spent acid / Abfallsäure f, Altsäure f ‖ ~ bath / gebrauchtes Bad, verbrauchte Flotte, erschöpftes Bad, Endflotte f ‖ ~ bobbin / leere Spule ‖ ~ liquor s. spent bath ‖ ~ lye / Ablauge f, Abfallauge f
spew v (ctg) / ausschwitzen v
S.P.F.R. (semi-permanent flame-retardant) / begrenzt permanent flammhemmend
spherical yarn / Kugelgarn n ‖ ~ yarn fabric / Kugelgarn-Flächengebilde n
spider silk / Spinnenseide f ‖ ~-web cotton / Mississippi-Baumwollart f
spike n (of lattice) / Nadel f (des Lattentuches)
spiked bobbin board / Spulenbrett n ‖ ~ chain / Nadelkette f ‖ ~ chain temple / Stachelkettenbreithalter m ‖ ~ feed lattice / Nadellattentuch n, Nadeltuch n ‖ ~ feed roller / Stachel-Zuführwalze f, Stachel-Speisewalze f, Igelwalze f ‖ ~ roller / Stachelwalze f, Nadelwalze f, Reißwalze f ‖ ~ warp beam / Stachelrohrkettbaum m
spin v / spinnen v, verspinnen v ‖ ~ (GB) s. also spin-dry ‖ ~ (silk) / filieren v
spinach green adj / spinatgrün adj
spinaker n / schwerer Zeltstoff
spin·-bath additive / Spinnlösungszusatz m ‖ ~ beam / Spinnbalken m ‖ ~-bonded fabric / Spinnvlies n, Spinnvliesstoff m, Schmelzspinnstoff m ‖ ~-damp adj / schleuderfeucht adj
spindle n / Spindel f ‖ ~ / Garnmaß: für Baumwolle = 15.120 yards; für Leinen = 14.400 yards ‖ ~ and bobbin rails / Spindel- und Spulschienen f pl ‖ ~ arrangement / Spindelanordnung f ‖ ~ axis / Spindelachse f ‖ ~ band / Spindelschnur f, Spindelband n, Treibschnur f ‖ ~ band stretching machine / Spindelbandstrecke f ‖ ~ bearing / Spindellager n, Spindellagerung f ‖ ~ bearing gauge / Spindelwaage f ‖ ~ bearing plate / Plattband n, Spindelbank f ‖ ~ blade / Spindeldorn f ‖ ~ bolster / Halslager n, Spindelhals m ‖ ~ box / Spindelkasten m ‖ ~ brake / Spindelbremse f ‖ ~ cap / Spindelkrone f, Aufsteckkopf m ‖ ~-centrifuge for packages / Wickelzentrifuge f, Spindelzentrifuge f für Wickel ‖ ~ collar / Halslager n, Spindelhals m ‖ ~ control mechanism at centre of machine (hos) / Mittelpatent n ‖ ~ control mechanism for the carrier rod travel (hos) / Grundfadenführerpatent n ‖ ~ control mechanism for the narrowing rod travel (hos) / Deckpatent n ‖ ~ cord / Spindelschnur f, Spindelband n, Treibschnur f ‖ ~ core / Spindelseele f ‖ ~ cradle / Spindelgestell f, Spindelrahmen m ‖ ~ crown / Spindelkrone f, Aufsteckkopf m, Spindelspitze f, Spindelstock m ‖ ~ drafting / Spindelverzug m ‖ ~-drawn adj / spindelgestreckt adj ‖ ~ drive / Spindelantrieb m ‖ ~ drive cylinder / Spindelantriebstrommel f ‖ ~ driving wheel / Spindelantriebsrad n ‖ ~ eccentricity / Spindelexzentrizität f ‖ ~ flyer / Spindelflügel m ‖ ~ for carded yarn mule / Spindel f für Wagenspinnmaschine (DIN 64019) ‖ ~ frame / Spindelgestell n, Spindelrahmen m ‖ ~ gauge / Spindelteilung f, Spindelabstand m ‖ ~ gill box / Nadelstabstrecke f mit Spindel ‖ ~ guide / Spindelführung f ‖ ~ head / Spindelkopf m ‖ ~ head / Spindelspitze f, Spindelstock m, Aufsteckkopf m ‖ ~ holder / Spindelhalter m ‖ ~ inclination / Spindelneigung f ‖ ~ inner tube / bewegliche Spindelbüchse f
spindleless adj / spindellos adj
spindle lubrication / Spindelschmierung f ‖ ~ oil / Spindelöl m ‖ ~ pitch / Spindelteilung f, Spindelabstand m ‖ ~ pivot / Spindelzapfen m ‖ ~ point / Spindelspitze f ‖ ~ point / Spindelkrone f, Aufsteckkopf m, Spindelstock m ‖ ~ press / Spindelpresse f ‖ ~ rail /

spindle

Spindelschiene f, Spindelbalken m || ~ **roving frame** / Flügelvorspinnmaschine f, Spindelbank f || ~ **shuttle** / Spindelschützen m (DIN 64825) || ~ **slip** / Spindelschlupf m || ~ **spacing** / Spindelteilung f || ~ **speed** / Spindeldrehzahl f, Spindelgeschwindigkeit f, Spindeltourenzahl f || ~ **speed indicator** / Spindelumlaufzähler m, Spindeltourenzähler m || ~ **spring** / Spindelfeder f || ~ **step** / Fußlager n || ~ **support** / Spindelträger m || ~ **tape** / Spindelschnur f, Spindelband n, Treibschnur f || ~ **top** / Spindeloberteil n, Spindelaufsatz m || ~ **vibration** / Spindelschwingung f || ~ **wharve** / Spindelwirbel m, Spindelwirtel m || ~ **wheel** / Spindelrad n || ~ **whorl** / Spindelwirbel m, Spindelwirtel m || ~ **with wharve** / Spindel f mit Wirtel || ~ **yarn process** / Spindelzwirnverfahren n
spin--drawing / Spinnstrecken n || ~**-drawing process** / Spinnstreckverfahren n || ~**-draw machine** / Spinnstreckmaschine f || ~**-draw texturing and cutting machine** / Spinnstrecktexturier-Schneidemaschine f || ~**-draw texturing machine** / Spinnstreck-Texturiermaschine f || ~**-draw twister** / Düsenspinn-Streckzwirnmaschine f || ~**-draw winding machine** / Düsenspinn-Streck-Aufspulmaschine f || ~**-drier** n / Schleuder f, Zentrifuge f, Wäscheschleuder f || ~**-dry** v / schleudern v, trockenschleudern v || ~**-dry** adj / schleudertrocken adj, durch Schleudern getrocknet || ~**-dye** v / spinnfärben v || ~**-dyed** adj s. spun-dyed || ~ **dyeing** / Spinnfärben n, Spinnfärbung f, Düsenfärbung f
spine wool / Rückenwolle f, Oberwolle f
spin finish / Spinnpräparation f, Spinnzusatz m, Garnpräparation f || ~ **finish applicator** / Präparationsdüse f, Spinfinishdüse f || ~ **finish metering pump** / Spinnpräparations-Dosierpumpe f || ~ **in the two-end system** / zweifädig spinnen
spinnability n / Verspinnbarkeit f, Spinnbarkeit f, Spinnfähigkeit f
spinnable adj / spinnbar adj
spinner n / Spinner m, Spinnmaschine f
spinneret n / Spinndüse f || ~ **aperture** / Düsenloch n, Düsenöffnung f, Düsenbohrung f || ~ **element assembly** / Bausteindüse f || ~ **hole** / Düsenloch n, Düsenöffnung f, Düsenbohrung f || ~ **service life** / Düsenlaufzeit f, Düsenstandzeit f || ~ **throughput** / Spinnförderung f
spinner's waste / Spinnereiabfall m, Spinnabfall m
spinning n / Spinnen n, Verspinnen n, Erspinnen n, Spinnerei f, Feinspinnerei f || ~ **alpha** / Spinn-Alpha n || ~ **and winding machine** / Spinnspulmaschine f || ~ **assistant** / Präparationsmittel n || ~ **balloon** / Spinnballon m || ~ **bath** / Spinnbad n, Spinnansatz m || ~ **bath additive** / Spinnbadzusatzmittel n || ~ **bath duct** / Spinnbadleitung f || ~ **beam** / Spinnbalken m || ~ **bobbin** / Spinnspule f || ~ **bucket** s. spinning pot || ~ **cabinet** / Spinnschacht m || ~ **cake** / Spinnkuchen m || ~ **can** / Spinnkanne f, Spinntopf m || ~ **cap** / Spinnkapsel f || ~ **capacity** / Spinnfähigkeit f, Verspinnbarkeit f, Spinnbarkeit f || ~ **centrifuge** / Spinnzentrifuge f || ~ **chamber** / Spinnschacht m || ~ **characteristics** / Spinneeigenschaften f pl || ~ **code** / Spinnkode m || ~ **cop** / Spinnkötzer m, Spinnkops m || ~ **count** (high bulk) / Spinn-Nummer f, Ausspinn-Nummer f || ~ **covering twist** / Umspinnungszwirn m || ~ **defect** / Spinnfehler m || ~ **disc** / Tellerdüse f || ~ **dope** / Spinnlösung f || ~**-drawing-crimping-cutting process** / Spinn-Streck-Kräusel-Schneidprozeß m || ~ **efficiency** / Spinnleistung f || ~ **extruder** / Spinnextruder m || ~ **false twist** / Falschdraht m beim Spinnen || ~ **fibre** / Spinnfaser f || ~ **filter** / Spinnfilter m n || ~ **finish** s. spin finish || ~ **fly** / Spinnereiflug m || ~ **flyer** / Spinnflügel m || ~ **frame** / Spinnmaschine f || ~ **funnel** / Spinntrichter m || ~ **head** / Spinnkopf m, Spinnstelle f || ~ **jenny** / Jenny-Maschine f, Feinspinnmaschine f || ~ **jet** / Spinndüse f || ~ **limit** / Ausspinngrenze f || ~ **liquid** / Spinnlösung f ||

~ **lubricant** / Spinnöl n, Spinnschmälze f, Schmälze f, Schmälzöl n, Spinnpräparation f || ~ **machine** / Spinnmaschine f || ~ **manifold** / Spinnbalken m || ~ **mass** / Spinnmasse f || ~ **material** / Spinnstoff m, Spinngut n, Fasergut n || ~ **melt** / Spinnschmelze f || ~ **method** / Spinnverfahren n || ~ **mill** / Spinnerei f || ~ **mule** / Wagenspinnmaschine f, Selfaktor m || ~ **needle** / Spinnereinadel f || ~ **nozzle** / Spinndüse f || ~ **of coloured yarns** / Buntspinnerei f || ~ **oil** / Spinnöl n, Spinnschmälze f, Schmälze f, Schmälzöl n, Spinnpräparation f || ~ **orifice** / Spinnöffnung f || ~ **output** / Spinnrendement n || ~ **package** / Spinnpaket n, Düsenpaket n || ~ **pack filter** / Spinnpackfilter m || ~ **paper** / Spinnpapier n || ~ **paste** / Spinnmasse f || ~ **performance** / Verspinnbarkeit f, Spinnbarkeit f, Spinnfähigkeit f || ~ **pipe** / Spinnpfeife f || ~ **position** / Spinnstelle f, Spinnposition f || ~ **pot** / Spinnkanne f, Spinntopf m, Spinneimer m || ~ **preparation** / Spinnereivorbereitung f || ~ **process** / Spinnverfahren n || ~ **process** / Spinnvorgang m || ~ **process whilst stretching** / Streckspinnverfahren n || ~ **properties** / Spinneigenschaften f pl || ~ **pump** / Spinnpumpe f, Dosierpumpe f || ~ **rate** / Spinngeschwindigkeit f || ~ **ring** / Spinnring m || ~ **room fly** / Spinnereiflug m || ~ **room sweepings** pl / Spinnereikehricht m, Spinnkehricht m || ~ **room waste** / Spinnereiabfall m, Spinnabfall m || ~ **solution** / Spinnlösung f || ~ **solution additive** / Zusatzmittel n zu Spinnlösungen || ~ **solvent** / Lösemittel n bei der Faserherstellung || ~ **speed** / Spinngeschwindigkeit f || ~ **spindle** / Spinnspindel f || ~ **start** / Anspinnen n || ~ **station** / Spinnstelle f, Spindelstation f || ~ /**stretching process** / Streckspinnen n, Spinnstrecken n || ~/**stretching/texturizing machine** / Spinn-Streck-Texturiermaschine f || ~ **table** / Spinntisch m || ~ **texturing** / Spinntexturieren n || ~ **time** (spin-dry) / Schleuderzeit f || ~ **traveller** / Spinnringläufer m || ~ **tube** / Spinnschacht m || ~ **tube** (bobbin) / Spinnhülse f || ~ **twist** / Spinndrehung f || ~/**twisting machine** / Spinnzwirnmaschine f || ~ **waste** / Spinnereiabfall m, Spinnabfall m || ~ **wheel** / Spinnrad n || ~ **with hot water** / Warmnaßspinnerei f || ~ **yield** / Spinnrendement n
spin--out limit / Ausspinngrenze f || ~ **pack** / Spinnpaket n, Düsenpaket n || ~ **plan** / Spinnplan m || ~ **plate** / Spinnplatte f || ~ **texturing** / Spinntexturierung f || ~**-twisted yarn** / Spinnzwirn m || ~/**twisting fancy yarn frame** / Spinn/Zwirn-Effektmaschine f
spiral n / Spirale f || ~ adj / spiral adj, schneckenförmig adj || ~ **ager** / Spiraldämpfer m || ~ **beating willow** / Spiralklopfwolf m || ~**-belt drier** / Spiralbandtrockner m || ~ **braiding machine** (sew) / Spiralflechtmaschine f || ~ **breaking machine** / Spiralbrechmaschine f || ~ **build-up of cake** / spiralförmiger Aufbau des Kuchens || ~ **burr** / Ringelklette f || ~ **card** (spinn) / Spiralkarde f || ~ **crimp** / Spiralkräuselung f || ~ **drawing frame** / Spiralstrecke f, Pressionsstrecke f || ~ **drier** / Spiraltrockner m || ~ **dye-beck** / Spiralkufe f || ~ **fibre structure** / Spiralfaserstruktur f || ~ **guide attachment** (sew) / Wendel-Führungsapparat m || ~ **high-speed ager** / Spiralschnelldämpfer m || ~ **of twist** / Drehungslinie f || ~ **shearing knife** / Spiralmesser n
spirals novelty yarn / Spiralgarn n
spiral steamer / Spiraldämpfer m || ~**-type blade** / Spiralrakel f || ~ **yarn** / Spiralgarn n
spirit n / Sprit m, Spiritus m || ~ **black** / Spritschwarz n || ~ **mordant** / Spiritusbeize f, Spritbeize f || ~ **of cajuput** / Kajeputgeist m || ~ **printing** / Zinnbeizendruck m, Spritdrucken n || ~ **stain** / Spiritusbeize f, Spritbeize f
splash voile / Phantasie-Voile m
splaying of the fibre ends (spinn) / Abspreizen n der Fasern (führt zu Wickelbildung)

splice v (hos) / verstärken v, verdoppeln v ‖ ~ (rope) / spleißen v ‖ ~ n (hos) / Verstärkung f ‖ ~ (rope) / Spleißstelle f
spliced adj (hos) / verstärkt adj (an Ferse und Zehen) ‖ ~ **goods** pl (hos) / verstärkte Ware ‖ ~ **heel** (hos) / verstärkte Ferse ‖ ~ **joint** (after thread breaks) / Spleißverbindung f (nach Fadenbruch) ‖ ~ **part** (hos) / Verstärkungsstelle f ‖ ~ **selvedge head** (hos) / Verstärkungspatent n ‖ ~ **sole** (hos) / Doppelsohle f, doppelte Sohle, verstärkte Sohle ‖ ~ **toe** (hos) / verstärkte Strumpfspitze ‖ ~ **top** (hos) / Doppelrand m, verstärkter Rand
splicing n (hos) / Verstärkung f ‖ ~ (rope) / Spleißung f, Verspleißen n ‖ ~ **air** / Spleißluft f ‖ ~ **and heel-knitting gear** / Fersengang m ‖ ~ **attachment** (knitt) / Spliteinrichtung f ‖ ~ **design** / Verstärkungsmuster n ‖ ~ **device** / Verstärkungseinrichtung f, Fadenverstärkungsapparat m ‖ ~ **feeder** / Verstärkungsgarnzuführer m ‖ ~ **guide** / Verstärkungsfadenführer m ‖ ~ **of heels and toes** / Fersen- und Spitzenverstärkung f ‖ ~ **resistance** / Spleißfestigkeit f (Faser) ‖ ~ **selvedge spindle** / Verstärkungspatentspindel f ‖ ~ **stitch** / Verstärkungsmasche f ‖ ~ **tackle** / Verstärkungsvorrichtung f ‖ ~ **thread** / Verstärkungsfaden m, Verstärkungsgarn n ‖ ~ **thread guide** / Verstärkungsfadenführer m ‖ ~ **yarn** / Verstärkungsfaden m, Verstärkungsgarn n
spline v (knitt) / riefen v
split v / spalten v, aufschlitzen v, schlitzen v ‖ ~ (rope) / spleißen v, aufspleißen v ‖ ~ n / Spalt m, Spalte f, Riß m ‖ ~ (weav, knitt) / Split m ‖ ~ s. also splits ‖ ~ **coloured heel** (hos) / andersfarbige Splitferse ‖ ~ **drum** / Schlitztrommel f, Fadenführertrommel f ‖ ~ **drum winder** / Schlitztrommelspulmaschine f ‖ ~ **edge** s. splits ‖ ~ **ends** (weav) / Bruchstellen f pl in Mehrfadengarnen ‖ ~ **fibre** / Spaltfaser f, Splitfaser f ‖ ~ **fibre yarn** / Spleißfasergarn n ‖ ~ **film** / Streckfilm m ‖ ~ **foot** (hos) / Splitsohle f ‖ ~ **foot attachment** (knitt) / Splitsohleneinrichtung f ‖ ~ **hemmer** (sew) / geteilter Säumer ‖ ~ **-knitting** n (as split weaving, except that monoaxially drafted tape can be used for both warp and weft) / Split-Knitting-Verfahren n ‖ ~ **knitting cam** / geteilter Heber ‖ ~ **off** (chem) / abspalten v ‖ ~ **of reed** (weav) / Webblattzahn m, Rohröffnung f, Abstand m zwischen den Rietstäben ‖ ~ **-peeling process** (yarn manufacture) / Spalt-Schäl-Verfahren n ‖ ~ **picks** / verzogene Schußfäden m pl ‖ ~ **rinse** / mäßig warmes Spülbad ‖ ~ **rod** (weav, knitt) s. splitting rod ‖ ~ **rod** (sizing) / Teilstange f im Trockenfeld
splits pl (fabrics woven 2,3 or more in width) / mehr als eine Gewebebahn mit Schnittleiste f
split selvedge / Schnittleiste f, Splitleiste f ‖ ~ **shed** / geteiltes Fach ‖ ~ **sinker** (knitt) / Splitplatine f ‖ ~ **sole** (hos) / Splitsohle f ‖ ~ **stitch** (knitt) / Splitmasche f
splittable fibre / splitbare Faser
split tape / Spleißbändchen n
splitting comb / Teilkamm f ‖ ~ **-off** n (chem) / Abspaltung f ‖ ~ **off of acid** / Säureabspaltung f ‖ ~ **of the dye/fibre bond** (dye) / Rückspaltung f der Faser/Farbstoff-Bindung ‖ ~ **rod** (knitt) / Teilrute f ‖ ~ **rod** (weav) / Teilschiene f, Trennstab m, Trennschiene f, Kreuzschiene f, Rispelschiene f ‖ ~ **section** (weav, warp) / Teilfeld n ‖ ~ **tendency** (of fibre) / Spleißneigung f
split tube border (sew) / Börtchen n ‖ ~ **weaving** (special method of weaving thermoplastic tape, weft bobbin being specially prepared) / Split-Weaving-Verfahren n ‖ ~ **yarn** / Folienbändchen n, Folienfaden m, aufgespleißtes Garn
splush n / Splush n (eine Art Teppichbodenvelours)
spoilt adj (dyeing) / mißlungen adj (Färbung)
sponge v (clothm) / krimpen v, schrinken v ‖ ~ n / Schwamm m ‖ ~ **cloth** / grobes Gazegewebe ‖ ~ **off** / abwischen v ‖ ~ **out** / auslöschen v

sponger n (clothm) / Schrinker m, Krimper m, Dekatiermaschine f
sponge silk (used mainly for underwear, draperies and polishing cloth) / Wirkware f aus Seidenabfallgarn ‖ ~ **squeegee** (text pr) / Schwammrakel f
sponginess n / Schwammigkeit f
sponging n / Schrinken n (von Woll- und Kammgarnstoffen), Krimpe f, Krimpen n
spongy adj / schwammig adj ‖ ~ **handle** / schwammiger Griff ‖ ~ **wool** / puffige Wolle
spontaneous combustion / Selbstverbrennung f ‖ ~ **ignition** / Selbstentzündung d, Selbstzündung f ‖ ~ **-ignition temperature** / Selbstentzündungstemperatur f
spontaneously inflammable / selbstentzündlich adj
spool v / spulen v, aufspulen v, haspeln v ‖ ~ n / Spule f, Wickelkörper m, Hülse f, Garnspule f ‖ ~ **Axminster** (cpt) / Spool-Axminster m, Spulen-Axminster m, Spul-Axminster m ‖ ~ **butt** / Spulenfuß m, Spulenkopf m ‖ ~ **carrier** (spinn) / Spulenträger m, Spulenhalter m, Aufsteckspindel f, Spulengabel f ‖ ~ **cotton** / Garnrolle f
spooler n / Spulmaschine f, Wickelmaschine f, Aufspulmaschine f, Spuler m
spool flange / Spulenrand m, Spulenscheibe f, Spulenflansch m ‖ ~ **for weft** / Kettgarnspule f ‖ ~ **-gripper Axminster** (cpt) / Spulen-Greifer-Axminster m ‖ ~ **holder** / Spulenträger m, Spulenhalter m, Aufsteckspindel f, Spulengabel f
spooling n / Spulen n, Aufspulen n, Haspeln n ‖ ~ **and winding** / Spulen n ‖ ~ **frame** / Spulmaschine f, Wickelmaschine f, Aufspulmaschine f, Spuler m ‖ ~ **machine** (sew) / Spulmaschine f ‖ ~ **oil** / Spulöl n ‖ ~ **reel**, spooling wheel / Spulrad n
spool off (spinn) / aufhaspeln v, Garn zu Strähnen haspeln ‖ ~ **of shuttle** / Weberschiffchenspule f, Schußspule f ‖ ~ **of thread** / Garnrolle f ‖ ~ **papers** / Hülsenpapiere n pl ‖ ~ **pin** / Spulspindel f ‖ ~ **rack** / Spulengatter n, Aufsteckgatter n, Spulenständer m ‖ ~ **setting** (cpt) / Spulensetzen n, Vorbereitung f der Polbäume ‖ ~ **-setting machine** (cpt) / Maschine f zum Schären der Polbäume ‖ ~ **spindle** / Spulspindel f ‖ ~ **threading** / Spulenfadeneinzug m ‖ ~ **with conical flanges** / Kegelstumpfhülse f (DIN 61805), Nähgarnrolle f ‖ ~ **with flexible axle** / achselelastische Hülse
spoon agitator / Löffelrührer m ‖ ~ **of the latch** (knitt) / Zungenlöffel m
sports clothing / Sportkleidung f, Sportbekleidung f ‖ ~ **coat** / Sakko m, Sportjacke f ‖ ~ **denim** / leichter Kleiderdenim, Sportdenim m ‖ ~ **dress** / Sportkleid n ‖ ~ **dress goods** / Sportkleiderstoffe m pl ‖ ~ **hose** / Sportstrümpfe m pl ‖ ~ **jacket** / Sakko m, Sportsakko m, Sportjacke f, Sportjackett n ‖ ~ **overall** / Trainingsanzug m ‖ ~ **shirt** / Sporthemd n, Polohemd n ‖ ~ **shorts** pl / Turnhose f ‖ ~ **socks** / Sportsocken f pl
sport[s] stocking / Sportstrumpf m
sportswear n / Sportkleidung f, Sportbekleidung f
spot vt / tüpfeln vt, sprenkeln vt, betupfen vt ‖ ~ vi / Flecke bekommen, Tupfen annehmen ‖ ~ vt (stain) / beflecken vt, beschmutzen vt ‖ ~ n (weav, defect) / Schmutzstelle f ‖ ~ (dot) / Tüpfchen n, Tüpfelchen n ‖ ~ (stain) / Fleck m ‖ ~ **and stain removal** s. spot removal ‖ ~ **cleaning** s. spot removal ‖ ~ **cleaning agent** s. spot remover ‖ ~ **cleaning device** / Fleckenreinigungsgerät n ‖ ~ **formation** (dye) / Fleckenbildung f, Stippenbildung f
spotless finish / Fleckechtappretur f
spot lifter s. spot remover
spotproof adj / tropfecht adj, regentropfecht adj
spot reaction / Tupfreaktion f ‖ ~ **removal** / Fleckenentfernung f, Fleckentfernung f, Fleckenreinigung f, Fleckenputzen n ‖ ~ **removal** (before drycleaning) / Detachieren n, Detachur f ‖ ~ **remover** / Fleckentferner m, Fleckenreiniger m,

spot

Fleckmittel n, Fleckenwasser n ‖ ~ **remover** (before drycleaning) / Detachiermittel n ‖ ~**-repellent** adj / fleckenabweisend adj ‖ ~ **resistance** / Fleckenechtheit f, Fleckfestigkeit f ‖ ~**-resistant** adj / fleckenecht adj, fleckfest adj, schmutzabweisend adj
spots pl s. spotted fabrics
spot tacking machine (sew) / Kurzriegelmaschine f ‖ ~ **tacking operation** (sew) / Kurzriegelarbeit f
spotted adj (weav) / punktiert adj, gepunktet adj ‖ ~ (dotted) / getüpfelt adj, gesprenkelt adj ‖ ~ (stained) / gefleckt adj ‖ ~ **cotton** / fleckige Baumwolle, gefleckte Baumwolle ‖ ~ **dyeing** s. spotty dyeing ‖ ~ **fabrics** (fabrics in which woven spots are used in the pattern) / punktierte Stoffe m pl, getüpfelte Stoffe m pl ‖ ~ **yarn** / scheckiges Garn
spotter n (drycl) / Detachiermittel n
spot test / Tüpfelprobe f, Tropfenprobe f, Tupfprobe f
spotting n / Betupfen n, Tüpfeln n, Sprenkeln n ‖ ~ (staining) / Beflecken n, Beschmutzen n ‖ ~ (cleaning of stains) s. spot removal ‖ ~ **agent** / Detachiermittel n ‖ ~ **board** (drycl) / Detachierbrett n ‖ ~ **of the goods** (dye) / Tropfflecke auf den Waren m pl ‖ ~ **table** / Detachiertisch m ‖ ~ **technique** / Detachierverfahren n ‖ ~ **test** / Tüpfelprobe f, Tropfenprobe f, Tupfprobe f ‖ ~ **thread** / tupfenbildender Faden
spotty adj / gefleckt adj, fleckig adj, voller Flecken ‖ ~ / scheckig adj, gesprenkelt adj ‖ **produce** ~ **dyeings** / Farbstippen bilden ‖ ~ **and streaky dyeing** / Flecken- und Streifenbildung f ‖ ~ **dyeing** / Färbung f mit Fleckenbildung, Färbung f mit Stippenbildung, scheckige Färbung ‖ ~ **dyeings** / Farbstippen f pl
spot yarn / Knopfgarn n, Knotengarn n, Knotenzwirn m
spout n (milling) / Stauklappe f
spray v / spritzen v ‖ ~ (fin) / einsprengen v ‖ ~ (with water etc) / beregnen v, berieseln v, sprühen v, besprengen v ‖ ~ (liquids) / zerstäuben v ‖ ~ n / Spritze f ‖ ~ / Sprühmittel n ‖ ~ / Sprühregen m ‖ ~ / Spray m

sprayability n (dye) / Spritzbarkeit f
spray application of the washing medium / Sprühwäsche f ‖ ~ **bonding** / Sprühverfestigung f, Binden n durch Aufsprühen ‖ ~ **cap** (ctg) / Spritzkappe f ‖ ~ **coat** / Spritzauftrag m, Sprühbeschichtung f ‖ ~ **colour** / Spritzfarbe f ‖ ~ **cooling** / Kaltsprühverfahren n, Kaltsprühen n ‖ ~ **damper** / Sprühanfeuchtemaschine f, Sprühapparat m ‖ ~ **designing** (cpt) / Sprühdessinierung f, Sprühbemusterung f ‖ ~ **drier** / Sprühtrockner m, Zerstäubungstrockner m ‖ ~ **dry cleaning** / Trockensprühreinigung f ‖ ~ **drying** / Sprühtrocknung f, Spraytrocknung f, Zerstäubungstrocknen n ‖ ~ **dyeing** / Spritzfärbung f ‖ ~ **dyeing machine** / Spritzfärbemaschine f
sprayed web, sprayed nonwoven (nwv) / Sprühvlies n
sprayer n / Sprühapparat m, Zerstäuber m
spray finish / Spritzappretur f, Sprühavivage f ‖ ~ **flow** (ctg) / Spritzverlauf m ‖ ~**-gun** (ctg) / Spritzpistole f ‖ ~ **head** / Spritzkappe f
spraying n / Spritzen n ‖ ~ (fin) / Einsprengen n ‖ ~ (dye mach) / Aufstäuben n ‖ ~ (with water etc) / Beregnen n, Berieseln n, Sprühen n, Besprengen n ‖ **roller box washing machine with** ~ **and squeezing units** / Rollenkastenwaschmaschine f mit Spritzrohr und Quetschwerk ‖ ~ **machine** / Berieselungsvorrichtung f, Sprüheinrichtung f ‖ ~ **machine** (fin) / Einsprengmaschine f ‖ ~ **machine** (extrusion) / Extruder m, Spritzeinrichtung f ‖ ~ **nozzle** / Sprühdüse f, Spritzdüse f, Zerstäuberdüse f ‖ ~ **nozzle** (i.e.S.) / Brausekopf m ‖ ~ **of bobbins** / Sprühberieselung f ‖ ~ **of webs** (nwv) / Sprühen n zur Verfestigung von Faservliesen ‖ ~ **residue** (ctg) / Spritzrückstand m ‖ ~**-width regulation** / Spritzbreitenregulierung f
spray injection apparatus / Wasserdeckeinrichtung f ‖ ~ **lacquer** / Spritzlack m ‖ ~ **method** (ctg) / Sprühverfahren n ‖ ~ **nozzle** / Sprühdüse f, Spritzdüse f,

Zerstäuberdüse f, Spritzdüse f ‖ ~ **nozzle** (i.e.S.) / Brausekopf m ‖ ~ **oil** / Sprühöl n ‖ ~**-on coating** / Spritzauftrag m, Sprühbeschichtung f ‖ ~ **print** / Spritzdruck m ‖ ~ **printing** / Spritzdruck m ‖ ~ **test** / Beregnungsprobe f, Spritzprobe f ‖ ~ **test** (AATCC 22-1971) / Spray-Test m ‖ ~ **test** (acc. to Bundesmann DIN 53888) / Bundesmann-Beregnungsversuch m ‖ ~ **test apparatus** (AATCC 22-1971) / Spray-Test-Gerät n, Berieselungsapparat m ‖ ~ **testing** / Sprühprüfung f ‖ ~ **tube** / Spritzrohr n ‖ ~ **wadding** / Sprühwatte f ‖ ~**-washing machine** / Sprühwaschmaschine f, Traufenwaschmaschine f
spread vt / auslegen vt, auseinanderfalten vt ‖ ~ (ctg, dye) / auftragen vt, streichen vt, beschichten vt ‖ ~ (fabr) / aufschlagen vt, öffnen vt, ausbreiten vt, breithalten vt ‖ ~ (spinn) / anlegen vt ‖ ~ vi / ausbreiten v (sich), verteilen v (sich) ‖ ~ (surfactant) / spreiten vi ‖ ~ **board** (spinn) / Anlegemaschine f ‖ ~ **coater** / Streichmaschine f, Auftragmaschine f, Beschichtungsmaschine f ‖ ~ **coating** / Rakelauftrag m, Rakelbeschichtung f, Aufstreichen n ‖ ~ **coating** / Streichverfahren n
spreader n (fabr) / Ausbreiter m (DIN 64990), Breithalter m ‖ ~ (ctg) / Streichmaschine f, Auftragmaschine f, Beschichtungsmaschine f ‖ ~ (spinn) / Anlegemaschine f, Anlegmaschine f, Auflegmaschine f ‖ ~ (hatm) / Blasmaschine f ‖ ~ (sew) / Blindgreifer m ‖ ~ (cotton spinn) / Aufbreitmaschine f, Wattemaschine f ‖ **(loop spreader)** / Spreizer m ‖ ~ **and selvedge opener** / Breithalter und Kantenausroller m ‖ ~ **shaft** / Tragwelle f des Breithalters
spread face to face (making up) / rechts auf rechts spannen ‖ ~ **foam direct on the fabric** / Schaum direkt auf Textilien aufschäumen
spreading n (ctg, dye) / Auftragen n, Streichen n, Beschichten n ‖ ~ (fabr) / Ausbreiten n, Breithalten n ‖ ~ (unfold) / Auslegen n ‖ ~ (surfactant) / Spreiten n, Spreitung f ‖ ~ **ability** (surfactant) / Spreitung f, Spreitungsvermögen n ‖ ~ **calender** (ctg) / Streichkalander m ‖ ~ **coefficient** (surfactant) / Spreitungskoeffizient m ‖ ~ **device** (fabr) / Ausbreitvorrichtung f ‖ ~ **doctor** (ctg) / Verstreichrakel f ‖ ~ **finish** / Streichappretur f ‖ ~ **machine** (fabr) / Ausbreitmaschine f (DIN 64990), Breithalter m ‖ ~ **machine** (ctg) / Streichmaschine f, Auftragmaschine f, Beschichtungsmaschine f ‖ ~ **machine** (hatm) / Blasmaschine f ‖ ~ **roller** (ctg) / Auftragwalze f ‖ ~ **roller** (fabr) / Ausbreitwalze f, Breithaltewalze f ‖ ~ **table** / Ausbreittisch m ‖ ~ **tension** (surfactant) / Spreitungsspannung f
spread loop / Überhängmasche f ‖ ~**-loop structure** (hos) / Normalnetz-Cottonstrumpf m ‖ ~ **out the threads on a level surface** / die Fäden in einer Ebene ausbreiten
sprig lace / Applikationsspitze f mit Blumen- und Blattmuster
spring bar (knitt) / Federstock m ‖ ~ **bath** / Ansatzbad n ‖ ~ **beard[ed] needle** (knitt) / Spitzennadel f, Hakennadel f ‖ ~ **beard[ed] needle for circular weft knitting machine** / Spitzennadel f für Rundwirkmaschinen (DIN 62151) ‖ ~ **beard[ed] needle machine** / Spitzennadelmaschine f, Hakennadelmaschine f ‖ ~ **beard[ed] plain circular knitting machine** / einfonturige Rundstrickmaschine mit Hakennadeln ‖ ~ **block** (knitt) / Federstock m ‖ ~ **bottom can** / Kanne f mit Federboden ‖ ~ **clip bobbin holder** / federnder Spulenhalter ‖ ~ **constant** / Elastizitätskonstante f ‖ ~**-finger** n / Preßfinger m, Presser m ‖ ~**-green** adj / frühlingsgrün adj ‖ ~ **holder** (for cheese) / Federhülse f
springiness n / Federung f ‖ ~ (yarn) / Arbeitsvermögen n (des Garns), Sprungkraft f
spring interior mattress / Federkernmatratze f, Federmatratze f, Sprungfedermatratze f ‖ ~ **jack** / Links-Links-Platine f (mit seitlicher Bremsfeder) ‖

~ **latch** (knitt) / Blattfeder f ‖ ~**-loaded harness** (weav) / federbelasteter Harnisch ‖ ~ **needle** / Spitzennadel f, Hakennadel f ‖ ~ **needle goods** / hochflorige Wirkware auf Hakennadelmaschinen hergestellt ‖ ~ **needle machine** / Hakennadelmaschine f ‖ ~**-needle plain circular knitting machine** / einfonturige Rundstrickmaschine mit Hakennadeln ‖ ~ **picking** (weav) / Federschlag m ‖ ~ **pick[ing] loom** / Federschlagstuhl m ‖ ~ **shaft** (weav) / Aufzugsstängelchen n, Waage f ‖ ~ **sley** (weav) / Federlade f ‖ ~ **swell** (knitt) / Zungenfeder f ‖ ~ **take-down** / Federabzug m ‖ ~ **the bath** (dye) / den Stand des Bades schärfen ‖ ~**-type former** (cheese) / Federverschluß m ‖ ~**-type tube for cheeses** / Kreuzspulfederhülse f ‖ ~ **wool** / Maiwolle f
springy adj / federnd adj, elastisch adj ‖ ~ **handle** / sprungelastischer Griff, elastischer Griff, quellender Griff
sprinkle v / sprenkeln v, befeuchten v, einsprengen v, berieseln v, beregnen v
sprinkled adj / gesprenkelt adj, gefleckt adj, jaspiert adj, feinflammig meliert
sprinkler n / Brause f, Berieseler m ‖ ~ / Einsprengvorrichtung f ‖ ~ / Sprinkler m
sprinkling n / Berieseln n, Einsprengen n, Befeuchten n ‖ ~ **apparatus** / Einsprengmaschine f ‖ ~ **device** / Einsprengvorrichtung f ‖ ~**-in method** / Einstreumethode f ‖ ~ **machine** / Einsprengmaschine f ‖ ~ **roller** / Einsprengwalze f ‖ ~ **table** / Einsprengtisch m
sproutings pl (cpt) / aus der Oberfläche herausragende Garnschlingen
spruce green / tannengrün adj
spun adj / gesponnen adj ‖ ~ **acetate rayon** / Acetatwolle f
spunbonded n (nwv) / Spinnvlies n, Spinnvliesstoff m, Schmelzspinnstoff m ‖ ~ adj, spun-bonded adj (nwv) / vliesverfestigt adj, spunbonded adj, spinngebunden adj ‖ ~ **backing** (cpt) / Spinnvliesträger m ‖ ~ **fabric**, spunbonded material, spunbonded nonwoven (nwv) / Spinnvlies n, Spinnvliesstoff m, Schmelzspinnstoff m ‖ ~ **polypropylene [sheeting]** / Spinnvlies-Polypropylen n
spunbondeds pl (nwv) / Spinnvliese n pl, Spinnvliesstoffe m pl, Schmelzspinnstoffe m pl
spunbonded web (nwv) / Spinnvliesmatte f
spunbonding method / Spinnvliesverfahren n
spun-~-brightened adj / spinnaufgehellt adj ‖ ~**-brightening** / Spinnaufhellung f ‖ ~**-coloured** adj / spinngefärbt adj, düsengefärbt adj ‖ ~ **cotton** / Baumwollgarn m, Baumwollfaden m, Baumwollzwirn m ‖ ~ **crêpe-de-chine** / ein japanischer Seidenstoff mit Schappeseidenkette und Organsinschuß ‖ ~**-dyed** adj / spinngefärbt adj, düsengefärbt adj, spinnfarbig adj ‖ ~**-dyed fibre type** / spinngefärbter Fasertyp ‖ ~ **fibre** / Spinnfaser f, gesponnene Faser ‖ ~ **glass** / Glaswolle f ‖ ~ **glass mat** / Glaswollmatte f ‖ ~ **gold yarn** / mit Gold übersponnener Kernfaden ‖ ~ **hemp** / Hanfgarn n
spunlaced nonwoven / Spunlaced-Vliesstoff m
spun-~-like yarn / Spunlike-Garn n, spinnfaserähnliches Filamentgarn ‖ ~**-preparation yarn** / feingesponnener Faden ‖ ~ **rayon** / Zellwolle f, Viskosefilament n, Zellwollstoff m, (formerly:) Reyon n ‖ ~ **rayon fabric** / Zellwollstoff n, Zellwollgewebe n ‖ ~ **rayon fibre** / Zellwollfaden m ‖ ~ **rayon mixture yarn** / Zellwoll-Melangegarn n ‖ ~ **rayon tops** pl / Zellwollkammgarn n ‖ ~ **rayon yarn** / Zellwollgarn n ‖ ~ **roving** / Spinn-Roving n ‖ ~ **silk** / Schappeseide f, Abfallseidengarn n ‖ ~**-textured** adj / spinntexturiert adj ‖ ~ **thread** / Gespinst n, Fasergarn n ‖ ~**-twisted yarn** / Spinnzwirn m ‖ ~ **wool** / Wollgarn n ‖ ~ **yarn** / Spinnfasergarn n, Fasergarn n, Gespinst n
spurge laurel / Seidelbast m

spyndle n (a unit of length - 14,400 yd - used in counting jute and dry spun flax yarns) / Längeneinheit f (13.167,36 m) für Jute und trockengesponnene Flachsgarne
square n / Viereck n, Quadrat n ‖ ~ (cpt) / abgepaßter Teppich ‖ ~ (neck-scarf) / Vierecktuch n ‖ ~ adj / viereckig adj ‖ ~ **bar** (sew) / gerader Riegel ‖ ~ **cloth** / Stoff m mit der gleichen Anzahl von Kett- und Schußfäden je Zoll ‖ ~ **cord** / Quadratkordel f ‖ ~ **cut diagram** (staple diagram) / Rechteckdiagramm n ‖ ~ **cut staple fibre** / Spinnfaser f mit einheitlicher Schnittlänge
squared paper (weav) / Patronenpapier n, Linienpapier n
square edge / Breitschnitt m ‖ ~ **heel** / gekettelte Ferse, französische Ferse ‖ ~ **heel hose** / Strumpf m mit viereckiger Ferse ‖ ~ **neckline** (fash) / viereckiger Ausschnitt ‖ ~ **rope** / Quadratseil n ‖ ~ **shoulders** (fash) / Boxschultern f pl
squaring band (spinn) / Kreuzschnur f
squeegee n (scr pr) / Rakel f ‖ ~ **mechanism** / Rakelvorrichtung f
squeeze v / quetschen v, abquetschen v ‖ ~**-cutting process** / Quetsch-Schneidverfahren n ‖ ~ **out** / abquetschen v, auspressen v, abpressen v
squeezer n / Quetschwerk n, Quetsche f, Quetschvorrichtung f
squeeze roller / Abquetschwalze f, Quetschwalze f ‖ ~ **unit of three rollers** / Dreiwalzenquetschsystem n
squeezing n / Quetschen n, Abquetschen n ‖ ~ **apparatus** / Quetschwerk n, Quetsche f, Quetschvorrichtung f ‖ ~ **effect** / Abquetscheffekt m ‖ ~ **in full width** / Breitquetschen n ‖ ~ **mangle** / Abquetschfoulard m ‖ ~ **pressure** / Abquetschdruck m, Quetschdruck m
squirrel n / Igel m, Stachelwalze f, Läufer m ‖ ~ **grey** adj / fehgrau adj (RAL 7000)
SR s. soil release ‖ ~ (s. soil release)
SRD s. soil redeposition ‖ ~ (s. soil redeposition)
SRH (solvent relative humidity) / relative Feuchtigkeit des Lösemittels
Srinagar n, Sringar (Indian handmade carpet) / Srinagar m
S/S (side-by-side) conjugated fibre / (Seite-an-Seite)-Bikomponentenfaser f, S/S-Bikomponentenfaser f
stability n / Beständigkeit f, Stabilität f, Haltbarkeit f, Festigkeit f ‖ ~ s. also resistance ‖ ~ **of shape** / Formfestigkeit f ‖ ~ **of the bath** / Badbeständigkeit f ‖ ~ **of the effects** / Beständigkeit f der Effekte ‖ ~ **of the fibre/dyestuff bond** / Bindungsfestigkeit f ‖ ~ **of the shade** / Farbtonbeständigkeit f ‖ ~ **test** / Stabilitätsprobe f ‖ ~ **to acids** / Säurebeständigkeit f, Säurefestigkeit f, Säurewiderstandsfestigkeit f, Säureresistenz f ‖ ~ **to air** / Luftbeständigkeit f ‖ ~ **to alkali[s]** / Alkalibeständigkeit f ‖ ~ **to attack by mildew** / Schimmelbeständigkeit f, Beständigkeit f gegen Schimmelbefall, Schimmelwiderstandsfähigkeit f (DIN 53931) ‖ ~ **to bacteria** / Bakterienbeständigkeit f, Bakterienfestigkeit f ‖ ~ **to boiling** / Kochbeständigkeit f, Kochechtheit f, Kochfestigkeit f, Verkochungsbeständigkeit f ‖ ~ **to carbonization**, stability to carbonizing / Karbonisierechtheit f, Karbonisierbeständigkeit f ‖ ~ **to caustic soda** / Laugenbeständigkeit f ‖ ~ **to chemicals** / Chemikalienbeständigkeit f, Widerstandsvermögen n gegen chemischen Angriff ‖ ~ **to chlorine** / Chlorbeständigkeit f, Chlorwaschechtheit f ‖ ~ **to decomposition** / Abbaubeständigkeit f ‖ ~ **to decomposition on exposure to light** (dye) / Abbaubeständigkeit f bei Lichteinwirkung ‖ ~ **to formaldehyde** / Formaldehydechtheit f ‖ ~ **to [gas] fume fading** / Abgasechtheit f, Rauchgasechtheit f, Widerstand m gegen Rauchgase ‖ ~ **to hard water** / Hartwasserbeständigkeit f, Beständigkeit f gegen hartes Wasser ‖ ~ **to heat** / Hitzebeständigkeit f,

stability

Wärmebeständigkeit f || ~ **to high temperature** / Beständigkeit f gegen hohe Temperatur, HT-Beständigkeit f, Hochtemperaturbeständigkeit f, Hochhitzebeständigkeit f || ~ **to hot water** / Heißwasserbeständigkeit f || ~ **to hydrolysis** / Hydrolysebeständigkeit f || ~ **to light** / Lichtbeständigkeit f, Lichtechtheit f || ~ **to low temperature** / Beständigkeit f gegen niedrige Temperaturen, Kältefestigkeit f || ~ **to lye** / Laugenfestigkeit f, Laugenbeständigkeit f || ~ **to metal salts** / Metallsalzbeständigkeit f || ~ **to milling** / Walkechtheit f, Walkfestigkeit f, Millfestigkeit f || ~ **to moisture** / Feuchtigkeitsbeständigkeit f, Feuchtebeständigkeit f, Beständigkeit f gegenüber Feuchtigkeit || ~ **to prolonged exposure to heat** / Dauerhitzebeständigkeit f || ~ **to salts** (dye) / Salzbeständigkeit f || ~ **to salts causing hardness of water** / Hartwasserbeständigkeit f, Beständigkeit f gegen Härtebildner, Beständigkeit f gegen hartes Wasser || ~ **to solvents** / Lösemittelbeständigkeit f, Lösemittelechtheit f, Lösungsmittelechtheit f, Chemreinigungsechtheit f || ~ **to storage** / Lagerbeständigkeit f, Lagerechtheit f || ~ **to sunlight** / Sonnenlichtechtheit f || ~ **to tropical conditions** / Tropenbeständigkeit f, Tropenfestigkeit f || ~ **to UV-rays** / Widerstandsvermögen n gegen UV-Strahlen || ~ **to water** / Wasserbeständigkeit f, Wasserfestigkeit f || ~ **to weathering** / Witterungsbeständigkeit f, Wetterbeständigkeit f, Wetterfestigkeit f || ~ **to white spirits** (s. also permeability bag test) / Benzinfestigkeit f
stabilization n / Stabilisierung f || ~ **of shape** (fibres) / Formstabilisierung f || ~ **of the pile** / Florstabilisierung f
stabilize v / stabilisieren v
stabilized false-twist yarn / Falschdrahtgarn n, Falschdraht-Setgarn n
stabilizer n / Stabilisator m, Stabilisierungsmittel n || ~ **system for protection against light** (ctg) / Lichtschutzsystem n
stabilize the torque / den Drall beruhigen
stabilizing agent s. stabilizer || **agent in the vat** (dye) / Küpenstabilisator m || ~ **compartment** / Stabilisierabteil n || ~ **effect** / stabilisierende Wirkung || ~ **fabric** (nwv) / Träger m || ~ **the high degree of twist of woollen yarns** / Stabilisierung f der hohen Drehung von Wollgarnen
stable to ... / beständig gegen || ~ **to ...** (for further entries s. stability to ...)
stack mixing (fibres) / Mischung aus Aufschichtung
staggered adj / versetzt angeordnet, gestaffelt adj || ~ / versetzte Tupfen m pl || ~ **repeats** (text pr) / versetzte Rapporte m pl || ~ **stitch** (sew) / Flatterstich m || ~ **tufting** / versetzt getuftet
staggering of heald frames (weav) / Trittelieren n
stain vt (dye, part with colour) / abfärben vt, abschmutzen vt, abschmieren vt, abbluten vt || ~ (dye, take on colour) / anfärben vt, anschmutzen vt, abschmutzen vt, anbluten vt || ~ vi / fleckig werden, schmutzen vi || ~ vt (soil) / beflecken vt, beschmutzen vt || ~ (colour) / färben vt || ~ n / Fleck m, Schmutzfleck m || ~ (colour) / Färbungsmittel n, Farbstoff m, Beize f || ~ **cleaning** s. stain removal || ~ **cleaning agent** s. stain remover
stained adj / gefleckt adj, fleckig adj, voller Flecken || ~ / scheckig adj, gesprenkelt adj || ~ **cotton** / fleckige Baumwolle, gefleckte Baumwolle || ~ **cotton** / gelbgefleckte Baumwolle || ~ **wool** / beschmutzte Wolle, verfärbte Wolle, Brandwolle f
stain identification / Fleckerkennung f
staining n / Beflecken n, Beschmutzen n || ~ (dye, parting with colour) / Abfärben n, Abschmutzen n, Abschmieren n, Abbluten n || ~ (dye, taking on colour) / Anfärben n, Anschmutzen n, Anschmieren n, Anbluten n || ~ (colouring) / Färben n || ~ adj / befleckend adj, anfärbend || ~ **colour** / Markierungsfarbe f,

Kennzeichnungsfarbe f, Signierfarbe f || ~ **defect** / Fleckenbildung f beim Färben || ~ **for identification of fibres** / Anfärbemethode f zur Fasererkennung || ~ **household agents** / färbende Küchenagenzien n pl || ~ **level** (dye) / Anschmutzungsgrad m || ~ **of effects** / Anfärben n der Effekte || ~ **of the accompanying fibres**, staining of the adjacent fibres / Anfärben n von Begleitfasern, Anbluten n || ~ **of the cotton component** / Anbluten n vom Baumwoll-Begleitgewebe || ~ **of the equipment** / Anfärbung f der Einrichtung || ~ **of the unprinted parts** / Anbluten n der unbedruckten Partien || ~ **of the walls of the vessel** / Abrandung f an den Apparatewänden || ~ **of the white adjacent materials** / Anbluten n der weißen Begleitmaterialien || ~ **reaction** (dye) / Anfärbe-Reaktion f || ~ **speed of the fibre** / Anfärbegeschwindigkeit f der Faser || ~ **test** / Anfärbeprobe f
stainless steel fibre / rostfreie Stahlfaser
stain release finish / schmutzablösende Ausrüstung, passive Schutzausrüstung, Fleckschutzausrüstung f || ~ **removal** / Fleckenentfernung f, Fleckentfernung f, Fleckenreinigung f, Fleckenputzen n || ~ **removal** / Detachieren n, Detachur f || ~ **remover** / Fleckentferner m, Fleckenreiniger m, Fleckmittel n, Fleckenwasser n || ~ **remover** / Detachiermittel n || ~ **-repellent** adj / fleckenabweisend adj || ~ **-repellent finish** / aktive Schutzausrüstung || ~ **resistance** / Fleckenechtheit f, Fleckfestigkeit f || ~ **-resistant** adj / fleckenecht adj, fleckfest adj, schmutzabweisend adj
stains due to water spotting / Wassertropfflecken m pl
stair carpet / Treppenläufer m || ~ **carpeting** / Treppenläufer m || ~ **carpeting** (also) / Treppenbelag m || ~ **nosing** (cpt) / Treppenkante f, Teppichkantenschutz m || ~ **rod** (cpt) / Treppenstange f
stalk fibre / Stengelfaser f, Stielfaser f
stamp / Stempel m (Druckzylinder)
stamped plush (used for curtain edgings) / gaufrierter Plüsch || ~ **velvet** / gaufrierter Samt
stand n (pile) / Standigkeit f
standard atmosphere (mat test) / Normklima n, Normalklima n || ~ **bath** / Normalbad n, Standardbad n || ~ **climate** (mat test) / Normklima n, Normalklima n || ~ **colour** / Standardfarbe f, Probefarbe f || ~ **colour** / Typfärbung f, Typenfärbung f, || ~ **colour** / Grundfarbe f || ~ **commercial quality** (dye) / Normalware f, Typware f || ~ **concentration** (dye) / Normalware f, Typware f || ~ **condition** / Normzustand m || ~ **conditions** pl (mat test) / Normklima n, Normalklima n || ~ **conditions** (mat test) / Normalbedingungen f pl || ~ **depth [of shade]** / Richttypfiefe f, Standardtiefe f, Standardfarbtiefe f, RTT || ~ **depth dyeing (SDD)** / Typfärbung f, Typenfärbung f || ~ **deviation** / Standardabweichung f || ~ **discharge** / Stammätze f || ~ **dyeing** / Typfärbung f, Typenfärbung f || ~ **dyeing time** / Standardfärbezeit f || ~ **dyestuff** / Typ-Farbstoff m || ~ **fade-o-meter hour (SFH)** / Norm-Fade-O-Meter-Stunde f || ~ **finish** / Normalausrüstung f, Standardausrüstung f || ~ **formulation** (dye) / Standardrezeptur f, Richtrezeptur f || ~ **heel** (hos) / Normalferse f || ~ **ink for multicolour printing** / Normfarbe f
standardization tank / Standardisierungskessel m || ~ **vessel** (dye) / Standardisierungskessel m
standard leno / Halbdreher m || ~ **moisture regain** / Reprise f, Feuchtigkeitsaufnahme f im Normklima || ~ **needle** (knitt) / Standardnadel f || ~ **power net** / Miedervolltüll m || ~ **pressed bale** / Standardballen m || ~ **pre-tension** (spinn) / Normvorspannkraft f || ~ **redox potential** / Standardredoxpotential n, Standardpotential n des Redoxsystems || ~ **regain** s. standard moisture regain || ~ **sample** / Standardprobe f, Vergleichsprobe f || ~ **shade** / Standardfarbton m, Normalton m, Normalfarbton m, Typfärbung f, Typenfärbung f || ~ **size** / Normalgröße f, normale Größe || ~ **soil** /

standardisierter Schmutz ‖ ~ **soiled fabric** / angeschmutzter standardisierter Teststoff ‖ ~ **solution** / Normallösung f, Standardlösung f, Vergleichslösung f, Meßlösung f ‖ ~ **source of light** / Normallichtart f ‖ ~ **stain** / Standardfleck m ‖ ~ **stocking** / Normalstrumpf m, Standardstrumpf m ‖ **strength, bring to** / auf Typ bringen ‖ ~ **thread sample** / Standardzwirnmuster n ‖ ~ **twist** / Normaldrehung f ‖ ~ **value of a dyeing** / Einheitswert m einer Färbung ‖ ~ **weave** / Grundbindung f ‖ ~ **wool fabric** (mat test) / Standard-Wollgewebe n
Standfast dyeing machine / Standfast-Färbemaschine f ‖ ~ **[molten-metal] process** (dye) / Standfast-Metal-Prozeß m, Molten-Metal-Verfahren n, Metallbadverfahren n
standing bath / stehendes Bad, mehrfach benutztes Bad, altes Bad, alte Flotte ‖ ~ **end** (weav) / Stehfaden m
stand-up collar (fash) / Stehkragen m, Stehbündchenkragen m
stannic acid / Zinnsäure f ‖ ~ **chloride** / Zinn(IV)-chlorid n, Zinntetrachlorid n ‖ ~ **oxide** / Zinn(IV)-oxid n, Zinndioxid n
stannous chloride / Zinndichlorid n ‖ ~ **oxalate** / Zinn(II)-oxalat n ‖ ~ **oxide** / Zinn(II)-oxid n, Zinnmonoxid n, Stannooxid n ‖ ~ **oxide resist** / Zinnoxydulreserve f ‖ ~ **oxide vat** / Zinnoxydulküpe f
staple v / nach Stapel sortieren ‖ ~ / Elementarfäden auf Stapel schneiden o. reißen ‖ ~ n / Stapel m, durchschnittliche Stapellänge ‖ ~ **analyser** / Stapelsortierapparat m, Stapelziehapparat m ‖ ~ **blend** / Stufenschnitt m (Stapeldiagramm) ‖ ~ **cutter**, staple cutting machine (spinn) / Stapelschneidemaschine f, Kabelschneidemaschine f (DIN 64100)
stapled adj (fibres) / faserig adj ‖ ~ (wool) / schurig adj
staple diagram (drawing showing frequency of different staple lengths in a fibre specimen) / Stapeldiagramm n ‖ ~ **draft** / Stapelverzug m ‖ ~ **fibre** / Stapelfaser f, Schnittfaser f ‖ ~ **fibre** / Spinnfaser f ‖ ~ **fibre glass yarn** / Glasfasergarn n ‖ ~ **fibre silk** / Schappeseide f ‖ ~ **fibre yarn** / Stapelfasergarn n ‖ ~ **goods** pl / Stapelware f, Stapelartikel m ‖ ~ **in bulk** / Flocke f ‖ ~ **length** / Stapellänge f, Faserlänge f ‖ ~ **length blend** / Schnittlängenmischung f ‖ ~ **rayon** / Stapelzellwolle f, Viskosespinnfaser f, Viskose f ‖ ~ **sliver** / Stapelfaserband n
stapling n / Sortierung f von Baumwolle nach Stapellänge, Faserlängenklassierung f
star n s. star frame ‖ ~ **ager** (US) / Sterndämpfer m
starch v / stärken v ‖ ~ n / Stärke f ‖ ~ **boiler** / Appretkessel m, Appretkocher m, Stärkekocher m ‖ ~ **content** / Stärkegehalt m ‖ ~ **cooker** / Appretkessel m, Appretkocher m, Stärkekocher m ‖ ~ **degradation** / Stärkeabbau m, Stärkeaufschluß m ‖ ~ **ether** / Stärkeäther m ‖ ~ **finish** / Stärkeappretur f ‖ ~ **gum** / Dextrin n, Stärkegummi n m ‖ ~**-gum thickening** / Dextrinverdickung f
starching n / Stärken n ‖ ~ **and drying machine** / Stärke- und Trockenmaschine f ‖ ~ **clay** (cotton) / Stärkeglanz m
starch iodide / Jodstärke f ‖ ~ **iodide paper** / Jodstärkepapier n ‖ ~ **iodide reaction** / Jodstärkereaktion f ‖ ~ **jelly** / Stärkegallert n
starchless finish / stärkefreie Ausrüstung
starch machine / Stärkemaschine f (DIN 64990) ‖ ~ **mangle** / Stärkekalander m ‖ ~**-size** v ‖ ~ **solution** / Stärkelösung f ‖ ~ **thickening**, starch thickener / Stärkeverdickung f ‖ ~ **tragacanth thickening** / Stärketragantverdickung f
starchy adj / stärkehaltig adj, stärkeartig adj ‖ ~ **finish** / stärkehaltige Appretur
star-dye v / sternfärben v ‖ ~ **dyeing** / Sternfärberei f, Sternfärben n, Sternfärbung f ‖ ~ **dyeing apparatus** / Sternfärbeapparat m ‖ ~ **dyeing machine** /

Sternfärbemaschine f, Sternfärbeanlage f ‖ ~ **dyeing machine** / Färbestern m (DIN 64990), Stern m, Doppelstern m ‖ ~ **frame** ‖ ~ **frame** / Sternrahmen m, Sternträger m, Sternreifen m ‖ ~ **frame** / Färbestern m (DIN 64990), Stern m, Doppelstern m ‖ ~ **frame ager** (US) / Sterndämpfer m ‖ ~ **frame dyeing** / Sternfärberei f, Sternfärben n, Sternfärbung f ‖ ~ **frame steamer** (GB) / Sterndämpfer m ‖ ~ **machine** ‖ ~ **of the swift** / Haspelkreuz n, Kronenkreuz n ‖ ~ **pattern** / Sternmuster n ‖ ~ **reel** (dye) / Sternträger m, Sternhaspel f ‖ ~ **reel** (yarn count) / Sternweife f (DIN 53830) ‖ ~**-shaped** adj / sternförmig adj ‖ ~ **spinning head** / Sternkopf m ‖ ~ **steamer** (GB) / Sterndämpfer m
starting bar (weav, defect) / Anwebstelle f ‖ ~ **bath** / Ansatzbad n, Ausgangsbad n ‖ ~ **coils** pl / Anfangsbund m ‖ ~ **colour** / Anfangsfarbe f ‖ ~ **course** (knitt) / Anfangsreihe f, Anschlag m, Netzreihe f, erste Strickreihe ‖ ~ **dyebath**, starting dye liquor / Farbstoffansatzflotte f ‖ ~ **end of thread** / Fadenanfang m ‖ ~ **liquor** / Ansatzflotte f, Ausgangsflotte f ‖ ~ **needle** (knitt) / erste Nadel ‖ ~ **place** (weav, defect) / Anwebstelle f ‖ ~ **product** / Ausgangsprodukt n ‖ ~ **roller** / Abzugswalze f ‖ ~ **solution** / Ansatzlösung f ‖ ~ **thread** / Anfangsfaden m ‖ ~**-up course** (knitt) / Schutzreihe f
start spinning / anspinnen v ‖ ~ **the bath** (dye) / das Bad ansetzen ‖ ~**-up marks** / durch fehlerhafte Einstellung des Stuhles verursachte Längsstreifen m pl
state of aggregation / Aggregatzustand m ‖ ~ **of dispersion** / Dispersionszustand m, Dispergierzustand m ‖ ~ **of equilibrium** / Gleichgewichtszustand m ‖ ~ **of reduction of the vat** (dye) / Küpenstand m der Färbeflotte
static n / elektrostatische Aufladung, statische Aufladung ‖ ~ adj / statisch adj ‖ ~ **absorption testing** / Prüfung f der statischen Absorption ‖ ~ **absorption** / statische Absorption ‖ ~ **charge**, static electricity / elektrostatische Aufladung, statische Aufladung ‖ ~ **eliminator** / Antistatikgerät n, Ionisator m ‖ ~**-free** adj / frei von statischer Aufladung ‖ ~ **friction** / statische Reibung, Haftreibung f ‖ ~ **pressure** / statischer Druck ‖ ~ **resistance** / elektrostatischer Widerstand
statics pl / Statik f
stationary bobbin (weav) / ortsfeste Spule ‖ ~ **comb** (spinn) / Festkamm m ‖ ~ **end** (weav) / Stehfaden m ‖ ~ **flat card** / Karde f mit festem Deckel ‖ ~ **goods** / ruhende Ware ‖ ~ **liquor** / ruhende Flotte ‖ ~ **liquor machine** / Maschine f mit ruhender Flotte ‖ ~ **material/flowing liquor** / bewegte Flotte/ruhende Ware ‖ ~ **shaft** (weav) / Stehschaft m ‖ ~ **spindle** / feststehende Spindel ‖ ~ **thread** (weav) / Stehfaden m ‖ ~ **thread guide** / feststehender Fadenführer m ‖ ~ **warp** / Stehkette f ‖ ~ **winding** / feststehende Wicklung
stave n / Geschirr n
stay n (piece of cloth woven into garment to prevent stretch) / Steifleinen n, Steifgaze f ‖ ~ **binding** / Korsettschnur f, Schnürband n ‖ ~ **button** (sew) / Gegenknopf m
staying stitch / Verstärkungsstich m
stays pl / Korsettstangen f pl ‖ ~ / Korsett n
stay tape / Verstärkungsband n, schmales Einfaßband ‖ ~ **tape** / Verstärkungsband n
STD (standard depth) (dye) / RTT f (Richttyptiefe)
steadying band (spinn) / Kreuzschnur f
steam v / dämpfen v, mit Dampf behandeln ‖ ~ / dekatieren v ‖ ~ n / Dampf m, Wasserdampf m ‖ ~ **admitted from below** / Unterdampf m ‖ ~ **ager** / Dämpfer m, Dampfapparat m ‖ ~ **aniline black** / Dampfanilinschwarz n ‖ ~ **applicator** / Befeuchtungsdämpfer m ‖ ~ **atomizer** / Dampfzerstäuber m ‖ ~ **autoclave** / Dämpfautoklav m ‖ ~ **bark** / Dämpfkufe f ‖ ~**-bath** n / Dampfbad n ‖ ~ **black** / Dampfschwarz n ‖ ~ **blowing** /

Dampfdekatur f ‖ ~ **boiler** / Dampfkessel m ‖ ~ **box** / Dämpfkasten m, Dämpfkammer f, Kammerdämpfer m, Dämpfraum m ‖ ~ **calender** / Dämpfkalander m ‖ ~ **chamber** s. steam chest ‖ ~ **chemicking** / Dampfchloren n ‖ ~ **chest** / Dämpfkasten m, Dämpfkammer f, Kammerdämpfer m, Dämpfraum m ‖ ~ **chute** / Dämpfschacht m ‖ ~ **coil** / Dampfschlange f ‖ ~ **colour** / Dampffarbe f ‖ ~ **colour printing** / Dampffarbendruck m, Dampffärberei f ‖ ~ **cylinder** / Dampftrommel f, Dampfzylinder m ‖ ~ **decatize** v / dampfdekatieren v ‖ ~ **decatizing** / Dampfdekatur f, Trockendekatieren n ‖ ~ **developing dyestuff** / Dampfentwicklungsfarbstoff m ‖ ~ **developing process** (dye) / Dampfentwicklungsverfahren n ‖ ~ **discharge** / Dampfätze f ‖ ~ **drier** / Dampftrockner m ‖ ~ **drying** / Dampftrocknung f ‖ ~/**dry iron** / Dampf-Trockenbügeleisen n
steamed batch / Dämpfcharge
steamer n / Dämpfer m, Dämpfmaschine f, Dämpfofen m, Dämpfapparat m, Dämpfvorrichtung f
steam fastness / Dampfechtheit f ‖ ~ **fixation** / Dampffixierung f ‖ ~ **generation** / Dampfentwicklung f ‖ ~-**heated** adj / dampfbeheizt adj ‖ ~-**heated drying oven** / Dampftrockenschrank m ‖ ~ **heating** / Dampfheizung f
steaming n / Dämpfen n, Dämpfung f, Dekatieren n, Abdämpfen n, Dämpfverfahren n, Dampfkrumpe f, Dampfkrimpe f, Glanzkrumpe f ‖ ~ **and brushing machine** / Dampfbürstmaschine f, Dampf- und Bürstapparat m, Dampf- und Bürstmaschine f ‖ ~ **and calendering device** / Dämpf- und Kalandriervorrichtung f ‖ ~ **and caustic treatment plant** / Dämpflaugieranlage f ‖ ~ **and ironing press** / Dämpf- und Bügelpresse f ‖ ~ **and lustring machine** / Dämpf- und Lustriermaschine f ‖ ~ **and oxidizing and pressing machine** / Dämpf- und Bügelgerät n ‖ ~ **and rolling machine** / Dämpf- und Aufwickelmaschine f ‖ ~ **and setting machine** / Dämpf- und Fixiermaschine f ‖ ~ **and shrinking machine** / Dämpf- und Krumpfmaschine f ‖ ~ **apparatus** s. steaming device ‖ ~ **box** / Dämpfkasten m, Dämpfkammer f, Kammerdämpfer m, Dämpfraum m ‖ ~ **cabinet** (for setting) / Fixierschrank m (Fixieren mit Dampf) ‖ ~ **calender** / Dampfdekatierkalander m ‖ ~ **chamber** s. steaming box ‖ ~ **cloth** / Dämpfnessel m ‖ ~ **cone** / Dampfhaube f ‖ ~ **cylinder** / Dampfzylinder m, Dämpftrommel f ‖ ~ **device** / Dämpfer m, Dämpfmaschine f, Dämpfofen m, Dämpfapparat m, Dämpfvorrichtung f, Dekatiermaschine f ‖ ~ **device** (bulking machine) / Staurohr n ‖ ~ **drum** / Dämpftrommel f, Dampfzylinder m ‖ ~ **hood** (hatm) / Dampfglocke f ‖ ~ **machine** / Dämpfmaschine f, Dekatiermaschine f, Dämpfer m, Dämpfapparat m, Dämpfvorrichtung f, Dämpfofen m ‖ ~ **process** / Dämpfprozeß m, Dämpfverfahren n ‖ ~ **roller** / Dämpftrommel f, Dampfzylinder m ‖ ~ **table** / Dämpftisch m ‖ ~ **time** / Dämpfdauer f, Dämpfzeit f ‖ ~ **treatment** / Dämpfbehandlung f ‖ ~ **under pressure** / Dämpfen n unter Druck ‖ ~ **vat** / Dämpftopf m ‖ ~ **without predrying** (dye) / Naßdämpfverfahren n ‖ ~ **zone** / Dampfzone f
steam injection method (fil) / Dampfblasverfahren n ‖ ~ **injector** / Dampfinjektor m ‖ ~ **inlet** / Dampfeinlaß m, Dampfeintritt m, Dampfzuleitung f ‖ ~ **in the kier** v / im Kessel dämpfen ‖ ~ **iron** / Dampfbügeleisen n ‖ ~ **ironing dummy** / Dampfpuppe f ‖ ~ **jacket** / Dampfmantel m ‖ ~ **jet texturing** / Dampfblastexturierung f ‖ ~ **laundry** / Dampfwäscherei f ‖ ~ **lock** / Dampfschleuse f ‖ ~ **nozzle** / Dampfdüse f ‖ ~ **passage** / Dampfpassage f ‖ ~ **pipe** (dye) / Stechrohr n ‖ ~ **pleating** / Dampfplissieren n ‖ ~ **pleating cabinet** / Plissierdämpfschrank m ‖ ~-**press** v / dampfbügeln v,

dampfpressen v ‖ ~ **press** / Dampfpresse f, Dekatiermaschine f, Dampfbügelmaschine f, Plättmaschine f, Bügelpresse f ‖ ~ **pressing** / Dampfbügeln n, Dampfpressen n ‖ ~ **pressing unit** / Dampfbügelmaschine f, Dampfbügelpresse f ‖ ~ **pressure** / Dampfdruck m ‖ ~ **printing process** / Druck-Dämpfverfahren n ‖ ~ **purple** (dye) / Dampfpurpur m ‖ ~ **retting** / Dampfröste f ‖ ~-**set** v / dampffixieren v ‖ ~-**set pleat** / Hitzefalte f ‖ ~ **setting** / Dampffixierung f ‖ ~ **setting unit** / Dampffixierapparat m ‖ ~ **spinning** / Dampfspinnen n ‖ ~ **spot** / Dampffleck m ‖ ~/**spray iron** / Dampf-Spray-Automat m ‖ ~-**stretched** adj / unter Dampfdruck gestreckt ‖ ~ **supply** / Dampfzufuhr f ‖ ~ **wastes** / Seidenabfälle m pl erster Qualität aus chinesischen Haspeleien ‖ ~ **with superpressure** (dye development by steaming in textile printing) / dämpfen mit Überdruck
stearic acid / Stearinsäure f
stearin n / Stearin n ‖ ~ **soap** / Stearinseife f
stearyl alcohol / Stearylalkohol m ‖ ~ **amine** / Stearylamin n
steel bar for registration (trans pr) / Rapportschiene f ‖ ~-**blue** adj / stahlblau adj (RAL 5011) ‖ ~ **doctor** / Stahlrakel f ‖ ~ **fibre** / Stahlfaser f ‖ ~-**grey** adj / stahlgrau adj ‖ ~-**lined knitting needle** / Stricknadel f mit Stahleinlage ‖ ~ **needle** / Stahlnadel f ‖ ~ **squeegee system** (ctg) / Stahlrakelsystem n ‖ ~ **traveller** / Stahlringläufer m ‖ ~ **wire card** / Stahlkratze f ‖ ~ **wire card clothing** / Stahldrahtkratzenbeschlag m ‖ ~ **wire heald** (weav) / Stahldrahtlitze f
steep v / einweichen v, eintauchen v, tränken v ‖ ~ (ret) / rösten v, rotten v ‖ ~ n / Einweichen n, Tränken n, Eintauchen n ‖ ~ / Weichwasser n, Einweichflüssigkeit f
steeper n s. steeping trough
steep in alum / in Alaun beizen, alaunieren v
steeping n / Einweichen n, Tränken n, Eintauchen n (retting) / Rösten n, Rotten n ‖ ~ **agent** / Einweichmittel n ‖ ~ **assistant**, steeping auxiliary / Einweichhilfsmittel n ‖ ~ **bath** / Einweichbad n, Tauchbad n ‖ ~ **bowl** / Weichbottich m, Einweichbottich m, Einweichkufe f ‖ ~ **finish** / Tauchappretur f ‖ ~ **liquid** / Weichwasser n, Einweichflüssigkeit f ‖ ~ **liquid** / Tauchlauge f ‖ ~ **method** / Einweichverfahren n, Tauchverfahren n ‖ ~ **passage** / Tauchgang n ‖ ~ **plant** / Tauchanlage f ‖ ~ **trough**, steeping tub, steeping vat / Weichbottich m, Einweichbottich m, Einweichkufe f ‖ ~ **water** / Weichwasser n
steep in lye / laugen v, auslaugen v, ablaugen v ‖ ~ **in mordant** (dye) / beizen v ‖ ~ **twill** / Steilköper m, Steilgratköper m
steering wheel cover / Lenkradüberzug m
Stelos point (hos) / Repassiernadel f
stem attachment (hos) / Zwickelapparat m für Fußmaschine ‖ ~ **fibre** / Stengelfaser f, Stielfaser f ‖ ~ **needle** / Schaftnadel f ‖ ~ **of needle** / Nadelschaft m ‖ ~ **stitch** (sew) / Stielstich m
stencil v / schablonieren v, mit Schablone drucken ‖ ~ n / Schablone f, Siebschablone f ‖ ~ **frame** / Schablonenrahmen m
stencilling n / Schablonieren n, Schablonendruck m
stencil plate / Schablonenplatte f ‖ ~ **printing** / Schablonendruck m ‖ ~ **silk** / Schablonenseide f
stenter v (GB) / spannen v, aufspannen v, aufrahmen v ‖ ~ n (GB) s. stenter frame and tenter ‖ ~ **bar** / Spannstange f, Spannrahmenleiste f ‖ ~ **clip** / Spannkluppe f ‖ ~ **delivery end** / Spannrahmenauslauf m ‖ ~ **drier** / Spannrahmentrockner m, Rahmentrockner m, Trockenrahmen m, Planrahmentrockenmaschine f ‖ ~ **drying** / Spannrahmentrocknung f ‖ ~ **drying machine** s. stenter drier ‖ ~ **feed end** / Spannrahmeneinlauf m ‖ ~ **feeder** / Spannrahmeneinführapparat m ‖ ~ **finish** / Zurichtung f

stitch

auf dem Spannrahmen ‖ ~ **fixation** (dye) / Spannfixierung f ‖ ~ **frame** / Spannrahmen m, Rahmenmaschine f, Trockenrahmen m, Planrahmen m, Spannmaschine f, Rahmenspannmaschine f, Zeugspanner m, Streckrahmen m, Breitspannmaschine f, Streckmaschine f, Gewebestreckmaschine f, Spann- und Trockenrahmen m ‖ ~ **frame with overfeed** / Spannrahmen m mit Voreilung ‖ ~ **hook**, stenterhook n / Spannhaken m
stentering n (GB) / Spannrahmentrocknung f, Aufspannen n, Aufrahmen n, Spannrahmendurchlauf m, Spannrahmendurchgang m, Spannrahmenpassage f ‖ ~ , **drying and setting machine** / Spann-, Trocken- und Fixiermaschine f ‖ ~ **and drying machine** / Spann- und Trockenmaschine f ‖ ~ **chain** / Spannrahmenkette f ‖ ~ **frame** s. stenter frame ‖ ~ **gill** / Spannrahmennadel f ‖ ~ **limit** (weav) / Spannfeld n ‖ ~ **machine** s. stenter frame ‖ ~ **width** / Spannbreite f
stenter machine s. stenter frame ‖ ~ **passage** / Spannrahmendurchgang m, Spannrahmenpassage f, Spannrahmendurchlauf m ‖ ~ **pin** / Spannrahmenstift m ‖ ~ **pincer** / Aufspannkluppe f ‖ ~ **setting** / Spannrahmenfixierung f ‖ ~ **with lateral ventilation** / Querluftspannrahmen m
step·-by-step adj / schrittweise adj, stufenweise adj, Schritt..., Stufen... (in Zssg) ‖ ~**-by-step exhaust levelling test** (dye) / Zeitstufen-Egalisiertest m ‖ ~**-like formation of the reinforcement** (hos) / Schräghochferse f, Spitzhochferse f
stepped sole (hos) / dreieckige Verstärkung zwischen Sohle und Spitze ‖ ~ **twill** / Stufenköper m
step·-printing process / Stufendruckverfahren n ‖ ~ **pulley** / Stufenscheibe f ‖ ~**-up copying apparatus** (scr pr) / Additionskopiergerät n ‖ ~**-up method** (scr pr) / Additionskopieren n ‖ ~**-up method with prepared screen** (scr pr) / Additionsvordruckverfahren n
stepwise adj / schrittweise adj, stufenweise adj ‖ ~ **increase of pH** / pH-Stufenverfahren n
sterilized gauze / sterilisierte Gaze
St. Gall lace / Sankt-Gallener-Spitze f
stick vt / kleben vt, festkleben vt, ankleben vt ‖ ~ vi / anhaften vi, haften vi, kleben vi ‖ ~ n (dye) / Pfahl m ‖ ~ **for dyed hanks** / Garnstock m
stickiness n / Klebrigkeit f
sticking of dye in the engraving / Einsetzen n von Farbe in die Gravur ‖ ~ **point** (elastomeric fibres) / Erweichungspunkt m ‖ ~ **tendency** (ctg) / Klebeneigung f
stick·-on label / Anklebezettel m, Aufklebezettel m, Ankleb[e]-Etikett n, Aufkleb[e]-Etikett n, Klebezettel m ‖ ~ **shuttle** / Broschierschützen m ‖ ~**-slip friction** / Haftgleitreibung f ‖ ~ **together** / zusammenkleben v
stick-up collar / Stehkragen m
sticky adj / klebrig adj, klebend adj
stiff adj / steif adj, starr adj, zäh adj ‖ ~ **collar** / Stehkragen m ‖ ~ **double collar** / Stehumlegekragen m
stiffen vt / steifen vt, absteifen vt ‖ ~ vi (thickeners, undesirable) / dickwerden vi
stiffened fabric / Steifgewebe n ‖ ~ **finish** / Steifausrüstung f, Steifappretur f, Hartappretur f
stiffener n / steife Einlage, Versteifung f ‖ ~ (hatm) / Steife f ‖ ~ s. also stiffening agent
stiffening n / Steife f, Versteifung f, Versteifen n ‖ ~ (fin) / griffgebende Appretur, Griffappretur f ‖ ~ **agent** / Steifmittel n, Steifungsmittel n, Versteifungsmittel m ‖ ~ **for hats** / Hutsteife f, Hutappretur f ‖ ~ **of shirt collars** / Versteifung f von Hemdenkragen
stiff finish / Steifappretur f, Steifausrüstung f, Hartgriffappretur f, Hartappretur f ‖ ~ **handle** / Steifgriff m, Hartgriffigkeit f ‖ ~ **hat** / steifer Hut
stiffness n / Steifigkeit f, Steife f, Steifheit f ‖ ~ (nwv) / Stand m ‖ ~ **calender** / Stärkekalander m ‖ ~ **cloth** / steifer Einlagestoff, Steifleinen n ‖ ~ **finish** / Steifappretur f, Steifausrüstung f, Hartappretur f ‖

~ **machine** / Stärkemaschine f ‖ ~ **modulus** (nwv) / Steifigkeitsmodul m, Steifigkeitskoeffizient m ‖ ~ **test** / Steifigkeitsprobe f ‖ ~ **testing apparatus** / Steifheitsprüfgerät n ‖ ~ **treatment** / Versteifungsappretur f
stilbene n / Stilben n ‖ ~ **derivative** / Stilbenderivat n ‖ ~ **disulphonic acid** / Stilbendisulfonsäure f ‖ ~ **dyestuff** / Stilbenfarbstoff m
stillage n (dye) / Pritsche f
stipple v / punktieren v, tüpfeln v
stippled adj (esp. cpt) / punktiert adj
stipple·-engraved adj / mit Pikots graviert ‖ ~ **print** / punktierter Druck ‖ ~ **roller** s. stippling roller
stippling engraver / Punktierstichel m ‖ ~ **needle** / Punktiernadel f ‖ ~ **roller** / Tausendpunktwalze f, Tausendpunktdruckwalze f, Pikotwalze f, 1000-Punkte-Walze f
stir v / rühren v, umrühren v ‖ ~ **in** / einrühren v ‖ ~**-in pigment** / einrührbarer Pigmenttyp ‖ ~**-in pigment** (i.e.S.) / formiertes Pigment
stirrer n / Rührer m, Rührwerk n, Rührvorrichtung f, Rührapparat m ‖ ~ **head** / Rührkopf m
stirring blade / Rührflügel m ‖ ~ **device** s. stirrer ‖ ~ **intensity** / Rührintensität f ‖ ~ **rod** / Rührstab m ‖ ~ **test** (dye) / Rührtest m ‖ ~ **tub** / Rührbütte f
stir to a paste / anteigen v
stitch v / nähen v, steppen v ‖ ~ (knitt) / anketteln v ‖ ~ n (sew) / Stich m ‖ ~ (knitt) / Masche f ‖ ~ **adjusting screw** (sew) / Stichregulierschraube f ‖ ~ **adjusting screw** (knitt) / Nadelsenkerstellschraube f ‖ ~ **adjustment** / Festigkeitseinstellung f ‖ ~ **a white collar with red** / einen weißen Kragen rot abnähen ‖ ~**-bonded fabric** / Nähgewirk n, Nähwirkstoff m ‖ ~**-bonded floorcovering** / Nähwirkfußbodenbelag m ‖ ~**-bonded material** (Malimo) (nwv) / Fadengelege n (Fadenlagen-Nähwirkstoff) ‖ ~**-bonded materials** pl (nwv) / Nähgewirke n pl, Nähwirkware f ‖ ~**-bonded nonwoven** / nähgewirkter Textilverbundstoff ‖ ~**-bonded textiles** / Nähwirk-Textilien pl ‖ ~**-bonding** n / Nähwirken n, Nähwirktechnik f, Verfestigung f durch Nähwirken
stitchbonding n s. stitch-bonding
stitch·-bonding machine / Nähwirkmaschine f ‖ ~**-bonding process** / Nähwirkverfahren n ‖ ~**-bonding process** (i.e.S.) / Malimoverfahren n ‖ ~ **cam** (knitt) / Nadelsenker m, Senker m ‖ ~ **cam setting screw** / Senkereinstellschraube f ‖ ~ **change** (sew) / Stichwechsel m ‖ ~ **clarity** (knitt) / klares Maschenbild ‖ ~ **condensation** (sew) / Stichverdichtung f, Stichverkürzung f ‖ ~ **condensation mechanism** (sew) / Stichverdichtungseinrichtung f, Stichverkürzungseinrichtung f ‖ ~ **control** (knitt) / Einstellung f der Maschenfestigkeit ‖ ~ **control lever** (knitt) / Maschenfestigkeitsregulierhebel m ‖ ~ **counter** (knitt) / Maschenzähler m ‖ ~ **course** / Maschenreihe f ‖ ~ **density** (knitt) / Maschendichte f ‖ ~ **density** (sew) / Stichdichte f, Stichzahl f ‖ ~ **design** (sew) / Stichmuster n ‖ ~ **diagram** / Stichbild n ‖ ~ **distortion** / Maschenverzerrung f ‖ ~ **dividing** / Maschenbilden n auf der Cottonmaschine ‖ ~ **drawing cam** / Patentschloß n
stitched belting / Mehrlagengurt m ‖ ~**-down pleats** / abgesteppte Falten f pl ‖ ~ **edge** / gesteppte Kante ‖ ~**-on** adj / aufgesteppt adj ‖ ~ **pile fabric** / Flornähgewirk n ‖ ~ **twill** / Mehrgratköper m
stitch elasticity / Stichelastizität f
stitcher n / Bindungspunkt m
stitches course (knitt) / Maschenreihe f
stitch fineness (knitt) / Maschenfeinheit f ‖ ~ **formation** (knitt) / Maschenbildung f ‖ ~ **formation** (sew) / Stichbildung f ‖ ~**-forming action** (sew) / Stichbildung f ‖ ~**-forming guide bar** (knitt) / maschenbildende Legebarre ‖ ~**-forming speed** / Kuliergeschwindigkeit f

stitch

‖ ~ **gauge** (knitt) / Maschenfeinheit f ‖ ~ **glass** (knitt) / Maschenzähler m ‖ ~ **in** / einnähen v
stitching n / Näherei f ‖ ~ **desk** (nwv) / Grundplatte f ‖ ~ **jig** / Nahtformschablone f ‖ ~ **machine** (sew) / Steppmaschine f ‖ ~ **machine** (sew) / Ankettelmaschine f ‖ ~**-on machine** (knitt) / Ankettelmaschine f ‖ ~ **thread** / Heftgarn n ‖ ~ **warp** / Steppkette f, Figurenkette f, Bindekette f
stitch interruption mechanism (sew) / Nähunterbrechungseinrichtung f ‖ ~**-knit goods** pl, **stitch-knits** pl / Nähwirkware f, Nähgewirke n pl ‖ ~**-knitting** n / Nähwirken n, Nähwirktechnik f, Verfestigung f durch Nähwirken ‖ ~**-knitting goods** pl / Nähwirkware f, Nähgewirke n pl ‖ ~**-knitting machine** / Nähwirkmaschine f ‖ ~**-knitting process** / Nähwirkverfahren n ‖ ~**-knitting process** (i.e.S.) / Malimoverfahren n ‖ ~ **length** (knitt) / Maschenlänge f ‖ ~ **length** (sew) / Stichlänge f ‖ ~ **length control** / Maschenlängenkontrolle f ‖ ~ **length control** (sew) / Stichlängeneinstellung f ‖ ~ **lengthening** (sew) / Stichverlängerung f ‖ ~ **length regulating lever** (sew) / Stichlängen-Einstellhebel m ‖ ~ **length regulation** (knitt) / Maschenlängenkontrolle f ‖ ~ **length regulation** (sew) / Stichlängeneinstellung f
stitchless joining / Verbinden n ohne Nähfaden
stitch lever (sew) / Stichhebel m ‖ ~ **missing** (sew) / Stichauslassen n ‖ ~ **on** / aufnähen v ‖ ~ **pattern** (sew) / Stichmuster n ‖ ~ **penetration** (sew) / Anstechen n ‖ ~ **quality** / Stichqualität f ‖ ~ **regulator** (sew) / Stichsteller m ‖ ~ **regulator scale** (knitt) / Mascheneinstellskala f ‖ ~**-reinforced nonwoven** / nähverstärkter Textilverbundstoff ‖ ~ **relaxing finger** (sew) / Stichlockerungsfinger m ‖ ~ **sequence** (sew) / Stichfolge f ‖ ~ **setting** (knitt) / Festigkeitseinstellung f ‖ ~ **setting** (sew) / Fadeneinzug m ‖ ~**-shaped knitted garment length** / abgepaßtes Gestrickteil, Gestrickteil n in abgepaßter Länge ‖ ~ **shortening** (sew) / Stichverkürzung f ‖ ~ **shortening device** (sew) / Stichverdichtungseinrichtung f, Stichverkürzungseinrichtung f ‖ ~ **size** (knitt) / Maschengröße f ‖ ~ **size** (sew) / Stichlänge f ‖ ~ **skipping** / Stichauslassen n ‖ ~ **spacing** (knitt) / Maschendichte f ‖ ~ **spacing** (sew) / Stichdichte f ‖ ~ **tear resistance**, stitch tear strength / Stichausreißfestigkeit f, Nadelausreißfestigkeit f ‖ ~ **tear test** / Nadelausreißversuch m, Nadelausreißprüfung f, Bestimmung f der Stichausreißfestigkeit ‖ ~ **tension** / Stichspannung f ‖ ~ **the backing weft** / den Unterschuß anheften ‖ ~ **tightener** (knitt) / Maschenraffer m ‖ ~ **transfer** (knitt) / Maschenumhängen n, Maschenübertragung f ‖ ~ **transfer design** / Umhängemuster n, Deckmuster n ‖ ~ **type** / Stichart f ‖ ~ **wale** (knitt) / Maschenstäbchen n ‖ ~ **wheel** (knitt) / Maschenrad n ‖ ~ **width** (sew) / Stichbreite f ‖ ~**-width regulation** (sew) / Stichbreiteneinstellung f

St. John's bread / Johannisbrot n
St. Louis cotton / glänzende amerikanische Baumwolle von unregelmäßiger Länge
stoat vt / zusammennähen (mit unsichtbaren Stichen)
stock n (dye) / Ansatz m, Stamm m ‖ ~ (text pr) / Druckträger m, Druckgrund m, Bedruckstoff m ‖ ~ (fibre) / Flocke f ‖ ~ (store) / Vorrat m ‖ **dye in the ~** / in der Flocke färben ‖ **loose ~** / Flocke f ‖ ~**-blended yarn** / Mischgespinst n ‖ ~ **blending system** / Flocken-Mischanlage f ‖ ~ **colour mixture** / Stammfarbe f ‖ ~ **discharge** / Stammätze f ‖ ~ **discharge paste** / Stammätze f ‖ ~ **dye** / Stammfarbe f ‖ ~**-dyed** adj / in der Flocke gefärbt, flockengefärbt adj, in der Faser gefärbt ‖ ~**-dyed** adj (wool) / in der Wolle gefärbt ‖ ~ **dyeing** / Flockenfärbung f, Flockenfärben n, Färben n in der Flocke, Färben n in der Faser ‖ ~ **dyeing** (wool) / Färben n in der Wolle ‖ ~**-dyeing machine** / Flockefärbemaschine f ‖ ~ **dye recipe** /

Stammfarbenrezeptur f ‖ ~ **dye solution** / Stammfarblösung f, Stammfarbe f ‖ ~ **emulsion** / Stammemulsion f ‖ ~**-fed card** / Karde f mit Flockenspeisung ‖ ~ **feed** / Flockenspeisung f ‖ ~ **fibres** / Fasern f pl in der Flocke ‖ ~ **formulation** / Stammansatz m
stockinet n / Baumwolltrikot m, Trikot m ‖ ~ **goods** pl / Trikotware f, Trikotage f
stockinette n s. stockinet
stocking n / Strumpf m, Damenstrumpf m ‖ ~ **blank** / Rohling m ‖ ~ **board** / Strumpfform f ‖ ~ **boarding** / Formen n von Strümpfen ‖ ~ **boarding machine** / Strumpffixiermaschine f, Strumpfformmaschine f ‖ ~ **cap** (fash) / Zipfelmütze f, Pudelmütze f ‖ ~ **dyeing machine** / Strumpf-Färbemaschine f (DIN 64990) ‖ ~ **foot** / Strumpffuß m ‖ ~ **former** / Strumpfform f ‖ ~ **frame** / Strumpfwirkmaschine f, Strumpfmaschine f ‖ ~ **heel** / Strumpfferse f ‖ ~ **inspection apparatus** / Strumpfprüfgerät n ‖ ~ **knitted entirely by rotation** / ohne Pendelgang hergestellter [fersenloser] Strumpf ‖ ~ **loom** / Strumpfwirkmaschine f, Strumpfmaschine f ‖ ~ **machine** / Strumpfautomat m ‖ ~ **machine** / Strumpfwirkmaschine f, Strumpfmaschine f ‖ ~ **made on complet machine** / auf der Komplettmaschine hergestellter Strumpf, nach dem Einheitsverfahren hergestellter Strumpf ‖ ~ **needle** (knitt) / Stuhlnadel f
stockings pl / Strumpfware f
stocking seam / Strumpfnaht f ‖ ~ **setting machine** / Strumpffixiermaschine f, Strumpfformmaschine f ‖ ~ **sewing machine** / Strumpfnähmaschine f ‖ ~ **stitch** (knitt) / glatt rechts ‖ ~ **stretcher** / Strumpfbrett n ‖ ~ **stretcher** / Strumpfform f ‖ ~ **stripping** / Abziehen n von Strümpfen ‖ ~ **suspender** (GB) / Strumpfband n, Straps m, Strumpfhalter m ‖ ~ **top** / elastischer Strumpfrand ‖ ~ **welt** / umgeschlagener Doppelrand ‖ ~ **yarn** / Halbkammgarn n, Strickgarn n, Sayettegarn n
stock liquor / Stammflotte f ‖ ~ **paste** / Stammverdickung f ‖ ~ **resist** / Stammreserve f ‖ ~ **solution** / Ansatzlösung f, Stammlösung f ‖ ~ **thickening** (for deep shades) / Stammverdickung f ‖ ~ **vat** / Stammküpe f ‖ ~**-vat dyeing process** / Stammküpenfärbeverfahren n ‖ ~**-vat exhaust process** / Stammküpenausziehverfahren n ‖ ~ **vat recipe** / Stammküpenrezept n ‖ ~**-vatted dyestuff** / stammverküfter Farbstoff
Stoddard solvent (dry cleaning) (US) / Stoddard-Solvent n, Stoddard-Lösungsmittel n (Schwerbenzin nach dem Commercial Standard CS3-41)
stoichiometric adj / stöchiometrisch adj ‖ ~ **ratio** / stöchiometrisches Verhältnis
stole n (long, loose garment similar to toga; long wide scarf or similar worn by women across shoulders; an ecclesiastical vestment) / Stola f
stone-grey adj / steingrau adj (RAL 7030)
stool n / Hocker m
stop v / abstellen v, anhalten v (Maschine) ‖ ~ (knitt) / ausrücken v ‖ ~**-ladder course** (hos) / Maschenschutzreihe f ‖ ~**-ladder section** (hos) / Unterrand m, Randverstärkung f ‖ ~ **lever** / Abstellhebel m ‖ ~ **motion** / Abstellvorrichtung f, Absteller m, Fadenwächter m ‖ ~ **motion** (esp. knitt) / Ausrückvorrichtung f ‖ ~ **motion** (sew) / Stillsetzvorrichtung f ‖ **motion, actuate the** / die Abstellvorrichtung auslösen ‖ ~ **motion box** / Gehäuse n der Abstellvorrichtung ‖ ~ **motion device** s. stop motion ‖ ~ **motion feeler** / Abstellfühler m, Wächternadel f ‖ ~ **motion for broken needle** (knitt) / Nadelbruchabstellvorrichtung f ‖ ~ **motion for yarn breakage** / Fadenbruchabsteller m ‖ ~ **motion for yarn drag** / Fadenzupfabsteller m ‖ ~ **motion on the creel** / Fadenwächter m am Gatter ‖ ~ **motion spring** / Abstellfeder f
stoppage of machine / Maschinenstillstand m

stopper *n* / Stopfen *m*, Stöpsel *m* ‖ ~ (weav) / Kettfadenwächter *m* ‖ ~ (knitt) / Nadelfeder *f*
stopping device / Abstellvorrichtung *f*, Absteller *m*, Abstellapparat *m* ‖ ~ **marks** (defect) / Haltestellen *f pl* ‖ ~ **motion** s. stop motion
stop rod (knitt) / Platine *f* ‖ ~ **rod** (loom) / Abstellstange *f* ‖ ~-**spring** / Sperrfeder *f*
storable *adj* / lagerfähig *adj*
storage *n* / Lagerung *f* ‖ ~ **and reaction machine** / Verweileinrichtung *f* ‖ ~ **damage** / Lagerschaden *m* ‖ ~ **life** / Lagerungszeit *f*, Lagerfähigkeit *f*, Lagerbeständigkeit *f* ‖ ~ **property** / Lagerfähigkeit *f*, Lagerbeständigkeit *f* ‖ ~ **stability** / Lagerbeständigkeit *f*, Lagerfähigkeit *f* ‖ ~ **stability in acidiferous atmosphere** (dye) / Säurelagerechtheit *f* ‖ ~ **stain** / Lagerungsfleck *m* ‖ ~ **table** (sew) / Ablagetisch *m* ‖ ~ **time** / Lagerdauer *f* ‖ ~ **time** (dye) / Verweilzeit *f*
store clothes (US) *pl* / Konfektion *f*
stored lap roll / lagernder Wickel
storey drying machine / Etagentrockenmaschine *f*
storing of the back grey (roller print) / Mitläuferspeicherung *f*
stork fashion / Umstandskleidung *f*
stormcoat *n* / Allwettermantel *m*
stove *v* (ctg) / einbrennen *v* ‖ ~ (bleach) / schwefeln *n*, reduzierend bleichen, mit Schwefeldampf bleichen ‖ ~ (dry) / kammertrocknen *v* ‖ ~ *n* / Schwefelkasten *m*, Schwefelkammer *f* ‖ ~ (for drying) / Kammertrockner *m* ‖ ~-**bleaching** *n* / Schwefeln *n*, Schwefelkammerbleiche *f*, Schwefelbleiche *f* ‖ ~ **drying** / Kammertrocknen *n*, Kammertrocknung *f*
stoved shade / geschwefelte Farbe
stoving *n* (ctg) / Einbrennen *n* ‖ ~ (bleach) / Schwefeln *n*, Schwefelkammerbleiche *f*, Schwefelbleiche *f* ‖ ~ (drying) / Kammertrocknung *f* ‖ ~ **chamber** / Schwefelkasten *m*, Schwefelkammer *f*
strafilato silk / Moulinierseide *f*, Realseide *f*, moulinierte Seide, gezwirnte Seide, Moulinézwirn *m*
straight-**arm paddle mixer** / geradarmiger Paddelrührer ‖ ~-**bar bearded needle weft knitting machine** / Flachkuliermaschine *f* ‖ ~-**bar knitting** / Flachwirken *n* ‖ ~-**bar knitting machine** / Flachwirkmaschine *f*, Cottonmaschine *f* ‖ ~-**bar linking machine**, straight-bar looper / Flachkettelmaschine *f*, Flachkettmaschine *f* ‖ ~ **bar machine** / Flachwirkmaschine *f*, Cottonmaschine *f* ‖ ~-**bar warp loom** / Flachkettenwirkmaschine *f* ‖ ~ **bobbin** / Randspule *f*, Tellerspule *f*, Scheibenspule *f* ‖ ~ **buttonhole** / Wäscheknopfloch *n* ‖ ~-**chain** *adj* (chem) / geradkettig *adj* ‖ ~ **draw**, straight draft (weav) / gerader Einzug, Glatteinzug *f* ‖ ~ **dyeing** / reine Färbung ‖ ~ **dyestuff** / einheitlicher Farbstoff
straighten *v* / richten *v*, geraderichten *v*, ausrichten *v* ‖ ~ (fibres) / geradelegen *v*, ordnen *v*, ausrichten *v*
straightener *n* (knitt) / Nadelrichter *m*
straightening of the fibres / Geradelegung *f* der Fasern, Ordnen *n* der Fasern, Ausrichten *n* der Fasern ‖ ~ **of the needles** (knitt) / Nadelrichten *n* ‖ ~ **of weft distortions** / Richten *n* von Schußverzügen ‖ ~ **stenter** / Egalisiermaschine *f*
straight fabric / reines Gewebe (Ggs.: Mischgewebe) ‖ ~ **foot** (sew) / Kantenstepper *m*, Kantensteppfuß *m* ‖ ~ **grained** *adj* (knitt) / geradmaschig *adj* ‖ ~ **jacquard tie** / gerade Jacquardschnürung ‖ ~-**knife cloth cutter** / Stoßmessermaschine *f* ‖ ~ **knitting machine** / Flachstrickmaschine *f* ‖ ~ **neckline** (fash) / gerader Ausschnitt ‖ ~-**needle sewing machine** (sew) / Geradnadel-Nähmaschine *f* ‖ ~ **part of the panel** (hos) / Oberlänge *f* des Strumpfes, erstes Maß ‖ ~ **rib machine** (knitt) / Flachrändermaschine *f* ‖ ~ **run** (clothm) / faltenfreier Lauf ‖ ~ **shade** / reiner Ton ‖ ~ **skirt** (fash) / gerader Rock ‖ ~ **stitch** (sew) / Geradstich *m* ‖ ~-**stitch sewing machine** / Geradstichnähmaschine *f* ‖ ~ **tie** (weav) / gerade Schnürung ‖ ~ **wind** (method of winding on to bobbin leaving yarn parallel as opposed to barrel-shaped) / Parallelwindung *f*

strain *v* (filter) / sieben *v*, filtern *v*, filtrieren *v* ‖ ~ (stress) / beanspruchen *v*, anspannen *v*, belasten *v* ‖ ~ (stretch) / strecken *v* ‖ ~ *n* (yarn, extension undergone by fibre) / Längung *f*, Reckung *f* ‖ ~ (elongation per unit length) / Streckung *f*, Dehnung *f* ‖ ~ (load applied) / Beanspruchung *f*, Belastung *f* ‖ ~ (tension) / Spannung *f* ‖ ~ (deformation) / Formänderung *f*, Verformung *f* ‖ ~ **energy** / Verformungsenergie *f*
strainer *n* / Filter *m n*, Sieb *n*
strain-**free** *adj* / spannungsfrei *adj* ‖ ~ **gauge** / Spannungsmeßgerät *n*, Dehnungsmesser *m*
straining cloth / Filtertuch *n*, Seihtuch *n*, Siebtuch *n*
strain of ultimate tenacity / Bruchdehnung *f*
strainometer *n* / Formänderungsprüfgerät *n*
strain on the warp threads / Beanspruchung *f* der Kettfäden ‖ ~ **rate** (mat test) / Formänderungsgeschwindigkeit *f*, Dehnungsgeschwindigkeit *f* ‖ ~ **velocity** / Dehngeschwindigkeit *f*
strand *n* (gen) / Strähne *f*, Strähn *m*, (AU) Strähne *m* ‖ ~ (esp. spinn) / Spinnfaden *m* ‖ ~ (yarn) / Strang *m* ‖ ~ (rope) / Litze *f* ‖ ~ (of textile glass) / Glasspinnfaden *m* ‖ ~ (of metal) / Litze *f*
stranding thread / gewachster Schneiderzwirn
strands *pl* (tops) / Faserverband *m*, Faserbündel *n*
strand wire / Litzendraht *m*
strap *n* / Gurt *m*, Gurtband *n*, Band *n*, Riemen *m* ‖ ~ (garment) / Träger *m*
strapless *adj* / trägerlos *adj*, schulterfrei *adj* ‖ ~ **brassiere** / Korsage *f*, Corsage *f*, trägerloser Büstenhalter, trägerloses Kleidoberteil
strapping *n* / Gurtstoff *m* ‖ ~ **machine** / Bindemaschine *f* ‖ ~ **motion** (spinn) / Windungsregler *m*, Aufwinderegler *m*
strap speeder / Eklipsmaschine *f*
strassé *n* / Haspelabfall *m*, Abfallseidengarn *n* aus Doppelkokonen
stratification *n* (ctg) / Schichtung *f*
strawberry-**coloured** *adj* / erdbeerfarben *adj* ‖ ~ **red** / erdbeerrot *adj* (RAL 3018)
straw-**coloured** *adj* / strohfarben *adj*, strohgelb *adj* ‖ ~ **cotton** / stark gestärkter Baumwollfaden ‖ ~ **fibre** / Strohfaser *f* ‖ ~ **flax** / Strohflachs *m*, Flachsstroh *n* ‖ ~-**like** *adj* / strohähnlich *adj* ‖ ~-**like handle** / Strohgriff *m*, strohiger Griff ‖ ~ **yellow** / strohgelb *adj*
stray winding / Störwicklung *f*
streak *n* / Streifen *m*, Schwiele *f* ‖ ~ (chrom) / Strich *m*
streaked *adj* / streifig *adj*
streakiness *n* / Streifigkeit *f*, Streifenbildung *f* ‖ ~ **of the goods** / Materialstreifigkeit *f*
streaks caused by damaged sinkers (knitt) / Platinenstreifen *m pl*
streaky *adj* / streifig *adj* ‖ ~ **coating** / Beschichtung *f* mit Rakelstreifen ‖ ~ **dyeing** / streifige Färbung, Färbung *f* mit Streifenbildung ‖ ~ **dyeing** / Streifigkeit *f*
stream of air / Luftstrom *m* ‖ ~ **retting** / Flußröste *f*
strength *n* / Festigkeit *f* ‖ ~ (weav) / Schluß *m* ‖ ~ (of liquid) / Konzentration *f* ‖ ~ **at break** / Bruchfestigkeit *f*
strengthen *v* / verstärken *v*, versteifen *v*, stärken *v*
strengthening *n* / Verstärkung *f*, Versteifung *f* ‖ ~ **of needleloom felts** (nwv) / Verfestigung *f* von Nadelfilzen ‖ ~ **of nonwovens** / Vliesverfestigung *f*
strengthen the bath / das Bad schärfen ‖ ~ **the solution** / die Lösung anreichern
strength in the wet state / Naßfestigkeit *f* ‖ ~ **loss** / Festigkeitsverlust *m* ‖ ~ **of colour** / Farbtiefe *f* ‖ ~ **of fibre** / Faserfestigkeit *f* ‖ ~ **of flexure** / Biegefestigkeit *f*, Biegungsfestigkeit *f* ‖ ~ **of shade** / Farbtiefe *f* ‖ ~ **of twist** / Drehungsfestigkeit *f* ‖ ~ **test** / Festigkeitsprüfung *f*, Festigkeitsprobe *f* ‖ ~ **tester for**

strength

cloth / Gewebefestigkeitsprüfer m ‖ ~ **testing apparatus** / Festigkeitsprüfer m
stress v / beanspruchen v, belasten v, spannen v ‖ ~ n / Spannung f ‖ ~ (load applied to fibre) / Belastung f, Beanspruchung f ‖ ~ **concentration** / Spannungskonzentration f ‖ ~ **decay** (elastic yarn) / Nachlassen n der Spannkraft ‖ ~ **distribution** / Spannungsverteilung f ‖ ~**-elongation ratio** / Kraft/Dehnungs-Verhältnis n ‖ ~ **limit** / Belastungsgrenze f ‖ ~ **relaxation** / Spannungsrelaxation f ‖ ~ **relaxation test** / Entspannungsversuch m ‖ ~**-strain behaviour** / Kraft/Dehnungs-Verhalten n ‖ ~**-strain curve** / Kraft/Längenänderungskurve f, Kraft/Dehnungskurve f, Kraft/Längenänderungskennlinie f, Spannungsverformungskurve f, Spannungs-Dehnungskurve f ‖ ~**-strain diagram** / Kraft/Dehnungsdiagramm n, Spannungs-Dehnungsdiagramm n ‖ ~**-strain performance** (wool) / Kraft/Dehnungs-Verhalten n ‖ ~**/time curve at a given strain** / Zeit/Spannungslinie f ‖ ~**-to-rupture test** / Bruchzerreißprobe f
stretch vt / recken vt (Fäden oder Fasern) ‖ ~ / strecken vt, verstrecken vt, ausdehnen vt, recken vt, spannen vt ‖ ~ (hos) / ausspannen vt, gleichziehen vt ‖ ~ vi / dehnen v (sich), ziehen v (sich) ‖ ~ vt (the goods) / breithalten vt, spannen vt ‖ ~ n / Strecken n, Streckung f, Ausdehnung f, Verzug m, Zug m, Recken n ‖ ~ (mech) / elastische Dehnung ‖ ~ (wool) / Fahne f, Zug m ‖ ~ (of a fibre) / Stretch m, Stretchvermögen n, Dehnbarkeit f, Einsprungvermögen n
stretchability n / Dehnbarkeit f, Verstreckbarkeit f ‖ ~ / Elastizität f
stretchable adj / verstreckbar adj, dehnbar adj ‖ ~ / elastisch adj ‖ ~ **in the warp** / kettelastisch adj ‖ ~ **in the weft** / schußelastisch adj
stretch belt / Stretchgürtel m ‖ ~ **board** / Spannbrett n ‖ ~ **break converter**, stretch breaking converter, stretch breaking machine (spinn) / Kabel-Reißmaschine f (DIN 64100), Reißmaschine f ‖ ~ **breaking** (spinn) / Reißen n ‖ ~ **break process** (spinn) / Reißspinnverfahren n, Reißverfahren n ‖ ~**-break sliver** (spinn) / gerissenes Spinnband ‖ ~ **brief** / Hosenhöschen n ‖ ~**-broken fibres** / nach dem Reißprozeß hergestellte Spinnfasern, reißkonvertierte Fasern f pl ‖ ~**-broken top** (from stretch-breaking machine) / Reißzug m, Reißband n ‖ ~**-broken tow** / Reißkabel n, Konverterkabel n ‖ ~ **cord** / elastifizierter Cord, Stretchcord f ‖ ~ **cover** / Schonbezug m, elastischer Überzug für Polstermöbel
stretched fibre / Zugfaser f ‖ ~ **filament** / verstreckter Faden ‖ ~ **warp** / gesenkte Kette ‖ ~ **yarn** / Stretchgarn n, Kräuselgarn n
stretcher n / Ausbreitmaschine f, Breithalter m, Ausbreiter m, Spannstab m ‖ ~ / Spannrahmen m ‖ ~ **bar** / Breithalter m, Ausbreiter m, Spannstab m ‖ ~ **for fabric inspection** / Schaureck m ‖ ~ **for tubular goods** / Schlauchbreithalter m
stretch fabric / Elastikgewebe n, Stretchgewebe n, Stretchstoff m ‖ ~ **fabrics** pl / Stretchware f ‖ ~ **factor** / Stretchfaktor m ‖ ~ **forming** / Streckformen n ‖ ~ **girdle** / Elastikschlüpfer m ‖ ~ **goods** / Stretchware f, Stretchgewebe n pl, Elastikgewebe n pl ‖ ~ **hose** / Stretchstrumpf m ‖ ~ **hosiery** / Stretchstrumpfware f ‖ ~ **imposed on yarn** / Dehnauswirkung f auf Garn
stretching n / Strecken n, Streckung f, Verstreckung f, Verstrecken n, Dehnen n, Ausdehnen n ‖ ~ (hos) / Ausspannen n, Gleichziehen n ‖ ~ (the goods) / Breithalten n, Breitspannen n ‖ ~ **ability** / Dehnbarkeit f ‖ ~ **and mangling machine** / Streck- und Plättmaschine f ‖ ~ **bar** / Zugstange f ‖ ~ **chain** / Spannkette f ‖ ~ **device** / Streckvorrichtung f ‖ ~ **differential feed** / streckender Differentialtransport ‖ ~ **frame** / Spannrahmen m, Breitspannmaschine f, Rahmenmaschine f, Trockenrahmen m, Planrahmen m, Spannmaschine f, Rahmenspannmaschine f,

Zeugspanner m, Streckrahmen m, Streckmaschine f, Gewebestreckmaschine f, Spann- und Trockenrahmen m ‖ ~ **line** / Reckstraße f ‖ ~ **machine** s. stretching frame ‖ ~ **properties** pl / Verstreckbarkeit f, Dehnbarkeit f ‖ ~ **properties** / Elastizität f ‖ ~ **pulley** / Spannrolle f, Spannrad n, Spannscheibe f
stretch in the yarn / auf das Garn einwirkende Ausdehnung ‖ ~**-knitted fabric** / Stretchmaschenware f ‖ ~**-knitted tulle** / elastischer Wirktüll, Miedertüll m ‖ ~**-lace bra slip** / Unterrock m mit eingearbeitetem Büstenhalter aus Spitze ‖ ~ **lace elastic at waist** (of panty or brief) / elastischer Taillenrand (an Slip oder Schlüpfer) ‖ ~**-laid** adj (cpt) / verspannt adj ‖ ~ **of the staple** / Stapelverzug m ‖ ~ **panties** pl / Strumpfhose f ‖ ~ **pants** (esp. skiing) / Stretchhose f, Keilhose f ‖ ~ **properties** / Stretchvermögen n ‖ ~ **pucker** / elastische Kräuselnaht ‖ ~ **rate** / Dehnwert m ‖ ~ **ratio** / Gesamtlängenverhältnis n ‖ ~ **recovery** / Entspannung f, Elastizität f, Arbeitsvermögen n des Garnes ‖ ~ **recovery shrinkage** / Entspannungsschrumpfen n ‖ ~ **resistance** / Verstreckwiderstand m, Reckfestigkeit f ‖ ~ **roller** / Spannwalze f, Streckwalze f ‖ ~ **spinning** / Streckspinnen n ‖ ~**-spun** adj / streckgesponnen adj ‖ ~**-spun yarn** / gesponnenes Stretchgarn ‖ ~ **stocking** / Stretchstrumpf m ‖ ~ **[shoulder] strap** (of bra) / elastischer Träger, Stretchträger m (an Büstenhalter) ‖ ~ **test** / Dehnprobe f ‖ ~**-textured yarn** / strecktexturiertes Garn ‖ ~ **texturizing** / Strecktexturierung f, Strecktexturieren n ‖ ~ **welt** / Stretchborte f, Stretchbund m ‖ ~**-woven fabric** / Stretch-Woven-Gewebe n ‖ ~ **yarn** / Stretchgarn n, Kräuselgarn n
stria n (pl. striae) (text pr) / Farbschliere f
striation n / Schlierenbildung f, Streifenbildung f
strick of fibres (hemp) / Faserrist m
strike v (dye) / aufziehen v ‖ ~ n / Substantivität f ‖ ~ **dyeing** / Nachfärbung f einer Vorlage ‖ ~ **fast** (dye) / schnell aufziehen ‖ ~**-off** n / Stoffmuster m, Stoffprobe f ‖ ~**-off machine** / Probendruckmaschine f ‖ ~ **off the shade** / die Farbe abmustern ‖ ~**-through** (print) / Durchgrinsen n, Durchschlagen n ‖ ~**-through** (dye) / Durchsaugvermögen n ‖ ~ **through** (print) / durchgrinsen v, durchschlagen v
striking lever / Anschlaghebel m ‖ ~ **performance** (dye) / Aufziehbereich m
string / Schnur f, Bindfaden m ‖ ~ **briefs** pl (men's underwear) / Netzslip m
stringer (zip) / Hälfte f der Reißverschlußzahnkette
stringiness of the [print] thickening (text pr, defect) / Fadenziehen n der Druckverdickung
stringing n (weav) / Aufreihen n ‖ ~ (text pr, defect) / Fadenziehen n, Netzbildung f ‖ ~ **rail** (weav) / Aufreihschiene f
string vest (men's underwear) / Netzhemd n, Netzunterjacke f ‖ ~ **warp machine** / Schärmaschine f für Tüllherstellung
stringy adj / fadenziehend adj ‖ ~ **wool** / filzige Wolle, verfilzte Wolle
strip v / ablösen v, abstreichen v ‖ ~ (dye) / abziehen v, entfärben v ‖ ~ (spinn) / putzen v, abstreifen v, ausstoßen v ‖ ~ n / Streifen m ‖ ~ **coating** / abziehbare Beschichtung ‖ ~ **cutting machine**, strip cutting device / Streifenschneidemaschine f
stripe v / streifen v, mit Streifen versehen ‖ ~ (knitt) / ringeln v ‖ ~ n / Streifen m ‖ ~ (weav, defect) / Bande f ‖ ~ (knitt) / Farbringelstreifen m
striped adj / streifig adj, gestreift adj, streifiggemustert adj ‖ ~ / geringelt adj ‖ ~ **carpet** / Teppich m in Streifenmusterung ‖ ~ **damask** / Streifendamast m ‖ ~ **fabric** / Streifenware f ‖ ~ **goods** pl (knitt) / Ringelware f ‖ ~ **heel** / Ringelferse f ‖ ~ **jumper** / Ringelpulli m ‖ ~ **lengthwise** / längsgestreift adj ‖ ~ **lining** / Dimity n ‖ ~ **pattern** (knitt) / Ringelmuster n,

Ringeligkeit f, Ringeln n || ~ **taffeta** / gestreifter Taft, Taft-Rayé m
stripe pattern / Streifenmuster n, Streifenmusterung f, streifiges Muster, Rayé m || ~ **pattern** (knitt) / Ringelmuster n, Ringeligkeit f || ~ **printing roller** / Streifendruckwalze f
striper n (knitt) / Ringelapparat m, Ringeleinrichtung f || ~ **plain circular knitting machine** / einfonturige Ringelrundstrickmaschine
stripes from the raising gig / Rauhstreifen m pl
strip for trousers / Hosenstoßband n
stripiness n / Streifigkeit f, Streifenbildung f || ~ (horizontal stripes) (knitt, defect) / Ringelbildung f || ~ **in the warp** / Kettstreifigkeit f
striping n (weav) / Streifenmuster n, Streifenmusterung f, Rayé m, streifiges Muster || ~ (knitt) / Ringeln n, Ringeligkeit f, Ringelmuster n || ~ **attachment** (knitt) / Ringelapparat m, Ringeleinrichtung f || ~ **sinker** (knitt) / Ringelplatine f
strip of carpeting / Teppichläufer m, Brücke f || ~ **of fabric** / Stoffstreifen m || ~ **off the bark** / abrinden v, entrinden v
strippable coating / abziehbare Beschichtung
stripped hemp / Schleißhanf m
stripper n (spinn) / Putzapparat m, Putzmaschine f, Wender m, Wendewalze f, Abstreifer m || ~ (ctg) / Abstreicher m || ~ (print) / Abzieher m, Abstreifer m || ~ **and worker** / Wende- und Arbeitswalze f || ~ **comb** (spinn) s. stripping comb || ~ **motion** (spinn) / Ausstoßvorrichtung f, Abstreifvorrichtung f || ~ **plate** (nwv) / Abstreiferplatte f || ~ **pulley** (spinn) / Wenderscheibe f || ~ **roller** s. stripping roller
stripping n / Ablösen n, Abstreichen n || ~ (spinn) / Putzen n, Abstreifen n, Ausstoßen n || ~ (dye) / Abziehen n, Entfärben n || ~ **agent** / Abziehmittel n, Abziehhilfsmittel n, Entfärbungsmittel n || ~ **bar** / Abschlagplatine f || ~ **bath** (dye) / Abziehbad n, Entfärbungsbad n || ~ **board** (spinn) / Putzkratze f || ~ **brush** (spinn) / Ausstoßbürste f || ~ **comb** (spinn) / Abstreifkamm m, Ausstoßkamm m, Abstreichkamm m, Abstreichèr m, Abschlagkamm m, Abzugvorrichtung f || ~ **device** (spinn) / Abstreifvorrichtung f || ~ **effect** (dye) / Abzieheffekt m, Abziehwirkung f || ~ **knife** (dye) / Abziehmesser n, Abstreichmesser n || ~ **lattice** (spinn) / Abstreiflattentuch n || ~ **liquor** (dye) / Abziehflotte f, Entfärbungsflotte f || ~ **machine** / Putzapparat m, Putzmaschine f, Wender m, Wendewalze f, Abstreifer m || ~ **machine** (flax) / Flachsbrechmaschine f || ~ **motion** (spinn) / Ausstoßvorrichtung f, Abstreifvorrichtung f || ~ **movement** (spinn) / Abstreifbewegung f || ~-**off** n / Abstreifen n || ~ **of faulty dyeings** / Abziehen n von Fehlfärbungen || ~ **of the cards** (spinn) / Ausputzen n der Karden || ~ **plate** / Abstreifblech n, Fangblech n, Abschabeplatte f || ~ **process** (dye) / Abziehprozeß m || ~ **rail** / Abstreifschiene f || ~ **roller** / Abziehwalze f, Abstreichwalze f || ~ **roller** (esp. spinn) / Abstreifwalze f, Ausstoßwalze f, Abnehmerwalze f, Abnehmerrolle f, Rückstreifwalze f, Ausputzwalze f || ~ **wire** (spinn) / Putzkratze f
strip printing machine / Streifendruckmaschine f || ~ **waste** (spinn) / Ausputz m
stripy adj / streifig adj, gestreift adj
stroke n (scr pr) / Rakelzug m, Rakelstrich m || ~ **of the comb** (spinn) / Kammbewegung f || ~ **of the sley** (weav) / Ladenschlag m || ~ **of the yarn carrier** (knitt) / Fadenführerweg m
stroller n (loose beltless dress o. coat) (fash) / Hänger m
strong cloth / schweres Tuch, starkes Tuch, dichtes Tuch || ~ **fibre** / kernige Faser
strongly acid / stark sauer || ~ **basic** / stark basisch, stark alkalisch || ~ **coloured** / stark gefärbt
strong plain-weave cotton fabric / Renforcé m n (hochwertiges Baumwollgewebe für Wäsche),

Renforcégewebe n || ~ **shade** / voller Farbton || ~ **taffeta ribbon** / Renforcéband n || ~-**textured cotton sheeting** / Nesseltuch n || ~ **wool** / grobe, extralange Wolle
strouding n (US) / grober Deckenstoff || ~ (GB) / Decke oder Kleidungsstück aus Stroud, England
structural defect / Materialfehler m || ~ **fabric** / Strukturgewebe n || ~ **fabric property** / strukturelle Wareneigenschaft || ~ **isomerism** / Strukturisomerie f || ~ **viscosity** / Strukturviskosität f
structured fabric / Strukturgewebe n || ~ **pattern** (knitt) / Strukturmuster n
structureless adj / strukturlos adj, unstrukturiert adj
structure needling (cpt) / Strukturvernadelung f || ~ **of a fabric** / Gewebestruktur f, Gewebekonstruktion f, struktureller Aufbau eines Stoffes, Gefüge n eines Gewebes || ~ **of a fibre** / Faserstruktur f, Faseraufbau m || ~ **of a knitted fabric** / Bindung f eines Gestricks
structuring machine (cpt) / Strukturierungsmaschine f
struntain n / schmale Kammgarnborte
strussa n (silk) / Wirrseide f, Strazza f, Strazze[n] f pl
stub point (needle) / stumpfe Spitze
stud n / Kragenknopf m, Hemdenknopf m, Manschettenknopf m
studded roller (fin) / benadelte Walze
student's uniform / Schülerkleidung f
stuff v (nwv) / stauchen v || ~ (pad) / ausfüttern v, auspolstern v, ausstopfen v || ~ n / Stoff m, Wollstoff m || ~ **carrier** / Garnträger m || ~-**crimped yarn** / Stauchkräuselgarn n || ~-**crimping** n / Stauchkräuselung f
stuffed nonwoven / gestauchtes Vlies
stuffer n s. stuffer thread || ~ **box** (crimping device) / Stauchkammer f, Kräuselkammer f || ~ **box crimped yarn** / Stauchkammer-Kräuselgarn n, Stauchgarn n || ~ **box crimping** / Stauchkammer-Texturieren n || ~ **box method**, stuffer box process / Stauchkammerverfahren n || ~-**crimped** adj / Stauchkammergekräuselt adj || ~-**crimped yarn** / Stauchgarn n || ~ **thread** / Füllfaden m, Ausfüllungsfaden m || ~ **warp** / Füllkette f, Futterkette f || ~ **warp** (cpt) / Stoffkette f, Stoffer m, Füllkette f, Verstärkungskette f || ~ **weft** / Füllschuß m, Futterschuß m || ~ **yarn** / Füllfaden m, Ausfüllungsfaden m || ~ **yarn** (cpt) / Füllgarn n
stuffies pl (US) / Bettschuhe m pl
stuffing n / Füllmaterial n, Füllung f, Polsterfüllung f, Flockwolle f || ~ / Ausfütterung f, Ausfüllung f, Ausstopfung f, Ausstopfen n || ~ s. stuffer box || ~ **box texturing** / Stauchkammertexturieren n || ~ **channel** (milling mach) / Stauchkanal m || ~ **device** / Stauchvorrichtung f || ~ **machine** / Füllmaschine f || ~ **roller** / Stauchwalze f || ~ **tube** / Stauchkammer f || ~ **valve** (milling mach) / Stauchklappe f || ~ **wall** / Stauchwand f
stumba n / Bourretteseide f
stump n (cpt) / Faserbüschel n
S-turn n / S-Drehung f, S-Draht m, Linksdrehung f, Linksdraht m
S-twill n / S-Grat-Köper m, Linksgratköper m
S-twist n / S-Drehung f, S-Draht m, Linksdrehung f, Linksdraht m || ~ **yarn** / S-Draht-Garn n
style v / entwerfen v, dressieren v || ~ n (fash) / Schnitt m, Form f
styling effects / modische Effekte m pl || ~ **yarns** / modische Effektgarne n pl
stylish adj / modisch adj
S-type of the fibre (shrinking type) / unausgeschrumpfte Faser, S-Typ m
styrene n / Styrol n || ~ **fibre** / Styrolfaser f || ~ **resin** / Styrolharz n
subdue v (shade) / abstumpfen v, abschwächen v, dämpfen v
subdued adj (shade) / diskret adj, dezent adj, unauffällig adj

suberic

suberic acid / Suberinsäure f, Korksäure f
sublimable disperse dyestuff / sublimierbarer Dispersionsfarbstoff ‖ ~ **dyestuff** / sublimierbarer Farbstoff
sublimate v / sublimieren v ‖ ~ n / Sublimat n
sublimation n / Sublimation f, Sublimieren n, Sublimierung f ‖ ~ **dyeing** / Sublimierfärben n ‖ ~ **group** (dye) / Sublimiergruppe f ‖ ~ **performance** / Sublimationsverhalten n ‖ ~ **pressure** / Sublimierdruck m ‖ ~ **property** / Sublimationseigenschaft f ‖ ~ **rate** / Sublimationsgeschwindigkeit f ‖ ~ **test** / Sublimierungsprobe f ‖ ~ **test apparatus** / Thermotestgerät n ‖ ~ **vessel** / Sublimiergefäß n
sublime v / sublimieren v ‖ ~ **off** (dye) / absublimieren v
subsequent addition (dye) / Nachsatz m ‖ ~ **coating** / Überlackierung f (Lackaufstrich auf dem Transferpapier nach dem Druck) ‖ ~ **drying** / Nachtrocknung f ‖ ~ **dyestuff addition** / Farbstoffnachsatz m ‖ ~ **exhaustion** (dye) / Nachziehen n (Aufziehen des restlichen Farbstoffs) ‖ ~ **lubrication** / Nachschmälze f, Nachschmälzen n ‖ ~ **padding** (dye) / Überklotzen n ‖ ~ **pick-up** (dye) / Nachziehen n (Aufziehen des restlichen Farbstoffs) ‖ ~ **processing** / Weiterverarbeitung f ‖ ~ **shading** / Nachnuancieren n ‖ ~ **softening** / Nachavivage f ‖ ~ **stoving** (bleach) / Nachschwefeln n ‖ ~ **tensioning field** / nachgeschaltetes Spannfeld ‖ ~ **treatment** / Nachbehandlung f, Weiterbehandlung f
substantive adj (dye) / substantiv adj, direktziehend adj ‖ ~ / affin adj ‖ ~ **batchwise dyeing technique** / substantives partieweises Färbeverfahren ‖ ~ **dyestuff** / Substantivfarbstoff m, Direktfarbstoff m, substantiver Farbstoff, direktziehender Farbstoff
substantivity n (dye) / Substantivität f ‖ ~ (i.e.S.) / Affinität f, Aufziehvermögen n ‖ ~ **effect** / Substantivitätseffekt m
substrate n / Substrat n, Untergrund m ‖ ~ / Trägergewebe n, Trägermaterial n, Träger m ‖ ~ (cpt) / Teppichgrund m
subtle handle / fließender Griff
subtractive colour mixture / subtraktive Farbmischung ‖ ~ **primary colour** / subtraktive Grundfarbe
succinic acid / Bernsteinsäure f
suck off / absaugen v
sucreton n / rostfarbene Baumwollware
suction n / Absaugung f, Absaugen n, Saugen n ‖ ~ / Saugleistung f ‖ ~ **air drier** / Saugluft-Trocknungsmaschine f ‖ ~ **and transport table** / Saug- und Transporttisch m ‖ ~ **apparatus** / Saugapparat m ‖ ~ **device** / Saugvorrichtung f ‖ ~ **device for roving broken ends** / Luntenbruch-Absauganlage f ‖ ~ **drier** / Saugtrockner m ‖ ~ **drum** (nwv) / Siebtrommel f ‖ ~ **drum bowl with overfeeding arrangement** / Stauchwaschmaschine f ‖ ~ **drum drier** / Lochtrommeltrockner m, Saugtrommeltrockner m ‖ ~ **drum drier** (esp. nwv) / Siebtrommeltrockner m ‖ ~ **drum steamer** / Saugzylinderdämpfer m ‖ ~-**drum washing** / Saugtrommelwaschmaschine f ‖ ~ **extractor** / Absaugmaschine f, Saugapparat m ‖ ~ **filter** / Saugfilter m n, Nutsche f ‖ ~ **filter-press** / Saugfilterpresse f ‖ ~ **hydroextractor** / Saugzentrifuge f ‖ ~ **inlet** / Ansaug[e]kopf m ‖ ~ **machine** / Absaugmaschine f, Saugapparat m ‖ ~ **of dry air** / Ansaugen n trockener Luft ‖ ~ **power** / Saugleistung f ‖ ~ **press** / Saugpresse f ‖ ~ **slot** (text pr) / Vakuumschlitz m ‖ ~ **table** (print) / Zugtisch m ‖ ~ **washing** / Saugwäsche f
Sudan IV (dye) / Biebricher Scharlach m
suds pl / Seifenbrühe f, Seifenlauge f, Seifenwasser n ‖ ~ (spinn) / Schweißwasser n
sudsing performance (of detergent) / Schäumkraft f, Schäumvermögen n
suede v / velourieren v ‖ ~ **fabric** / Wildledergewebe n, Wildlederimitation f ‖ ~-**finish** v / velourieren v,

wildlederartig ausrüsten ‖ ~ **finish** / Veloursausrüstung f, wildlederartige Ausrüstung, Velourieren n, Velourszurichtung f ‖ ~ **handle** / Veloursgriff m ‖ ~ **leather cloth** / Veloursledertuch n ‖ ~-**like surface** / velourige Oberfläche
suedette n / Wildlederimitation f, Velveton m
sueding n / wildlederartiges Ausrüsten, Velourieren n ‖ ~ **machine** / Suedingmaschine f, Veloursausrüstungsmaschine f
Suffolk Down wool (GB) / Suffolk-Wolle f
sugamo fibre / japanische Seetangfaser
sugar cane fibre / Zuckerrohrfaser f
suint n / Wollschweiß m, Wollfett n, Fettschweiß m ‖ ~ **scouring** (wool) / Schweißwäsche f ‖ ~ **vat** (wool) / Wollschweißküpe f ‖ ~ **water** / Schweißwasser n
suit n / Anzug m, Herrenanzug m ‖ ~ (ladies' suit) / Kostüm n
suitcase lining / Reisekofferstoff m, Kofferfutter n
suiting n / Anzugstoff m
suit length (sew) / Coupon m
sulphamic acid / Sulfaminsäure f
sulphanilic acid / Sulfanilsäure f
sulphate n / Sulfat n ‖ ~ **cellulose** / Sulfatzellulose f
sulphated castor oil / Türkischrotöl n, sulfatiertes Rizinusöl ‖ ~ **oil** / sulfatiertes Öl
sulphate--of-magnesia finish / Bittersalzappretur f ‖ ~ **surfactant** / Sulfat-Tensid n
sulphation n / Sulfatierung f, Sulfatieren n
sulphide n / Sulfid n ‖ ~ **black** / Schwefelschwarz n ‖ ~ **dyestuff** / Schwefelfarbstoff m, Schwefelfarbe f
sulphidizing n / Sulfidieren f, Sulfidieren n
sulphite n / Sulfit n ‖ ~ **discharge** / Sulfitätze f ‖ ~ **reserve**, sulphite resist / Sulfitreserve f
sulphocyanide process / Rhodanidverfahren n, Thiocyanidverfahren n ‖ ~ **solution** / Rhodanidlösung f
sulpho fatty acid ester / Sulfofettsäureester m
sulphonate v / sulfonieren v, sulfurieren v
sulphonated castor oil s. sulphated castor oil ‖ ~ **oil** / sulfatiertes Öl ‖ ~ **tallow** / Talgsulfonat m
sulphonation n / Sulfonierung f, Sulfurierung f, Sulfonieren n, Sulfurieren n
sulphonic acid / Sulfosäure f, Sulfonsäure f ‖ ~ **[acid] group** / Sulfogruppe f
sulpho salt / Sulfosalz n
sulphoxylate discharge / Sulfoxylätze f
sulphoxylic acid / Sulfoxylsäure f
sulphur v / schwefeln v, reduzierend bleichen, mit Schwefeldampf bleichen ‖ ~ m ‖ ~ **black** / Schwefelschwarz n, Schwefelschwarzfarbstoff m ‖ ~ **bleach** / Schwefelbleiche f, Schwefeln n, Schwefelkammerbleiche f ‖ ~ **blue** / Schwefelblau n, Schwefelblaufarbstoff m ‖ ~-**coloured** adj ‖ ~ schwefelgelb adj ‖ ~ **compound** / Schwefelverbindung f ‖ ~ **dioxide** / Schwefeldioxid n ‖ ~ **dyeing** / Färben n mit Schwefelfarbstoffen ‖ ~ **dyestuff** / Schwefelfarbstoff m, Schwefelfarbe f
sulphuretted hydrogen / Schwefelwasserstoff m, Sulfan n, Monosulfan n
sulphuric acid / Schwefelsäure f ‖ ~ **acid bath** / Schwefelsäurebad n ‖ ~ **acid test** / Schwefelsäurewaschprobe f ‖ ~ **acid vat** / Vitriolküpe f ‖ ~ **anhydride** / Schwefeltrioxid n, Schwefelsäureanhydrid n ‖ ~ **saponification** / Verseifung f mit Schwefelsäure
sulphur indigo blue / Schwefelindigoblau n
sulphurize v s. sulphur
sulphurous acid / schweflige Säure
sulphur resist / Schwefelreserve f ‖ ~ **stove** / Schwefelkasten m, Schwefelkammer f ‖ ~ **vat dyestuff** / Schwefelküpenfarbstoff m ‖ ~ **yellow** / schwefelgelb adj (RAL 1016) ‖ ~ **yellow S** (for natural fibres) / Naphtholgelb S, Citronin S
Sultanabad rug (a Persian carpet) / Sultanabad-Teppich m

sultan silk / Sultanseide *f*
sumac *n* (dye) / Sumach *m*, Färbersumach *m* (besonders von Rhus coriaria L.) ‖ ~ **extract** (dye) / Sumachextrakt *m*
summer clip (wool) / Sommerschur *f* ‖ ~ **cloth** (plain-woven fabric with cotton warp and light-coloured wool or worsted filling) / Orleans *m* ‖ ~ **coat** (fash) / Sommermantel *m* ‖ ~ **dress** (fash) / Sommerkleid *n* ‖ ~ **jacket** (fash) / Sommerjacke *f*, Sommersakko *m n*
summerwear *n* (fash) / Sommerkleidung *f*
summer-weight fabrics / Sommergewebe *n pl*
sump dyeing process / Sumpffärbeverfahren *n*
sun--bleach *n* / Sonnenbleiche *f*, Naturbleiche *f* ‖ ~ **bleaching** / Sonnenbleichung *f*, Sonnenbleichen *n* ‖ ~**-blind** *n* / Jalousie *f* ‖ ~**-bonnet** *n* (fash) / Sonnenhut *m* ‖ ~**-bonnet** *n* (fash) / breitkrempiger Damenhut
sunburst pleat / Sonnenplissee *n*
sun cloth / Tropenanzugstoff *m* ‖ ~ **dress** (fash) / schulterfreies Kleid, Strandkleid *n* ‖ ~**-dried** *adj* / an der Sonne getrocknet, sonnengetrocknet *adj*
sunfast *adj* / sonnenfest *adj*, sonnenbeständig *adj*, sonnenecht *adj*
sunflower oil / Sonnenblumenöl *n* ‖ ~ **yellow** / sonnenblumengelb *adj*
sun helmet / Tropenhelm *m*
sunlight *n* / Sonnenlicht *n* ‖ ~ **resistance**, sunlight stability / Sonnenlichtbeständigkeit *f*
sunn fibre / Sunnfaser *f* ‖ ~ **hemp** s. Bengal hemp
sunproof *adj* / sonnenfest *adj*, sonnenbeständig *adj*, sonnenecht *adj*
sun protection net / Sonnenschutznetz *n* ‖ ~**-protective finish** / Sonnenschutzveredlung *f* ‖ ~ **screen** / Sonnenblendnetz *n*
sunshade *n* / Sonnenschirm *m* ‖ ~ s. also awning ‖ ~ **cloth** / Markisenstoff *m*
sunshine yellow *adj* / sonnenscheingelb *adj*
sun suit (fash) / Sonnenbadeanzug *m* ‖ ~ **suit** (for children) / Spielhöschen *n*, Sonnenhöschen *n* ‖ ~ **yellow** / sonnengelb *adj*
super--additive *adj* / überadditiv *adj* ‖ ~**-brightener** *n* / Superbrightener *m* (gute Chlorbeständigkeit in der Waschflotte und hohe Chlor- und Lichtechtheiten)
supercard *n* (spinn) / Superkarde *f*
super collar / großer, breiter Kragen
supercombing wool / lange Schulterwolle
supercontraction *n* / Superkontraktion *f*
supercop *n* (spinn) / Superkops *m* (DIN 61800), Superkötzer *m*
super draft (spinn) / Hochverzug *m* ‖ ~ **draft speed frame** (spinn) / Hochverzugsflyer *m* ‖ ~**-draw method** / Super-Streckmethode *f*
superfatted soap / überfettete Seife
superfatting agent (soap) / Überfettungsmittel *n*, Rückfettungsmittel *n*
superficial print / Oberflächendruck *m* ‖ ~ **soaping of the fibres** / oberflächige Faserverseifung
super--fine *adj* / superfein *adj*, extrafein *adj*, hochfein *adj* ‖ ~**-fine fibre** / Feinstfaser *f* ‖ ~ **hank** / Breitstrang *m*
superheat *v* / überhitzen *v*, überheizen *v*
superheated steam / überhitzter Dampf, Heißdampf *m* ‖ ~ **steam treatment** / Heißdampfbehandlung *f*
super-high draft ring spinning frame / Superhochverzugsringspinnmaschine *f*
superimpose *v* / überlagern *v*
superior cleaner / Stufenreiniger *m*, Horizontalreiniger *m*
super package / Raketenspule *f*, Kreuzwickelspule *f*
superpolyamide *n* / Superpolyamid *n*
superposé *n* / Superposé *n*, Surposé *n* (Art der Applikations-Stickerei)
superposed seam (sew) / Überlappnaht *f*
superposition of web / Floraufschichtung *f*
super roving flyer / Extradoppelfeinflyer *m*
supersaturation *n* / Übersättigung *f*, Übersättigen *n*

supersonic air gun (weav) / Überschall-Luftpistole *f* ‖ ~ **jet weft insertion system** (weav) / Überschall-Schußeintrags-System *n*
Superwash finish / Superwash-Ausrüstung *f*
suples *pl* / Soupleseide *f*, souplierte Seide, halbentbastete Seide, Souple *m*
supp-hose *n* / medizinischer Stützstrumpf
supple *adj* / biegsam *adj*, geschmeidig *adj*, elastisch *adj* ‖ ~ **handle** / geschmeidiger Griff, fließender Griff
supplementary lever (weav) / Hilfshebel *m*, Hilfshebelvorrichtung *f* ‖ ~ **warp** [for figured stuffs] (weav) / Ersatzkette *f*
suppleness *n* / Biegsamkeit *f*, Geschmeidigkeit *f*, Elastizität *f*
supply bobbin / Lieferspule *f*, Vorlagespule *f* ‖ ~ **coil** (spinn) / Vorratsspule *f* ‖ ~ **flyer** (spinn) / Vordrehflügel *m* ‖ ~ **of air** / Luftzufuhr *f* ‖ ~ **package** / Lieferspule *f*, Spulenvorlage *f*, Vorlagespule *f* ‖ ~ **pipe** / Zulaufrohr *n*, Zuflußrohr *n* ‖ ~ **spool** / Lieferspule *f*, Vorlagespule *f*
support *n* (cpt, lam) / Trägermaterial *n*, Träger *m*, Trägergewebe *n*, Untergrund *m* ‖ ~ (cpt only) / Teppichgrund *m* ‖ ~ **bandage** / Stützverband *m* ‖ ~ **force of a foundation garment** / Formkraft *f* eines Mieders ‖ ~ **garment fabric** / Miederstoff *m* ‖ ~ **garments** *pl* / Miederware *f* ‖ ~ **hosiery** / Stützstrümpfe *m pl* ‖ ~ **hosiery** (i.e.S.) / Miederware *f*
supporting material (lam) / Trägermaterial *n*, Träger *m* ‖ ~ **roller** / Stützwalze *f*, Stützrolle *f*, Tragrolle *f* ‖ ~ **web** (lam) / Trägerbahn *f*
support shaft (knitt) / Tragesäule *f* (der Fadenführung) ‖ ~ **stocking** / Stützstrumpf *m* ‖ ~ **tights** / Stützstrumpfhose *f*
surah *n* / Surah *m*, Surahseide *f* ‖ ~ **chevron** / Surahseide *f* in Fischgrätenmusterung
surat [fabric] / indisches Baumwollgewebe
surette *n* / grobe Juteleinwand
surface *n* / Oberfläche *f* ‖ ~ **abrasion resistance** / Abriebfestigkeit *f* ‖ ~**-active** *adj* / oberflächenaktiv *adj*, grenzflächenaktiv *adj* ‖ ~**-active agent** / grenzflächenaktiver Stoff (DIN 53908), oberflächenaktiver Stoff, oberflächenaktives Mittel, Tensid *n*, grenzflächenaktive Substanz, oberflächenaktive Substanz ‖ ~**-active compound** / grenzflächenaktive Verbindung, oberflächenaktive Verbindung, Tensid *n* ‖ ~**-active derivative** / Tensid *n* ‖ ~**-active substance** s. surface-active agent ‖ ~ **activity** / Oberflächenaktivität *f*, Grenzflächenaktivität *f* ‖ ~ **appearance** (dye, of goods) (poor) / Oberflächenunruhe *f* ‖ ~ **appearance** (good) / Oberflächenruhe *f* ‖ ~ **area** / Oberfläche *f*, Oberflächengröße *f* ‖ ~ **batcher** / Steigwickler *m* (DIN 64990) ‖ ~ **bonding** (nwv) / Oberflächenverfestigung *f* ‖ ~ **burning** (burning behaviour of textiles) / Oberflächenbrand *m* ‖ ~ **characteristics** *pl* / Oberflächencharakter *m* ‖ ~ **chemistry** / Oberflächenchemie *f* ‖ ~ **cloudiness** (ctg) / Oberflächenwolkigkeit *f* ‖ ~ **coating** / Beschichten *n* ‖ ~ **coating** / Beschichtung *f*, Anstrich *m*, Anstrichmittel *n*, Anstrichstoff *m* ‖ ~ **colour** (col) / Körperfarbe *f* ‖ ~ **colour** / Tafeldruckfarbe *f* ‖ ~ **cover factor** (cpt) / Oberflächenabdeckung *f* ‖ ~ **drier** / Oberflächentrockner *m* ‖ ~**-driven winder** / Umfangswickler *m* ‖ ~ **dryness** / Oberflächentrockenheit *f* ‖ ~ **dyeing** / Oberflächenfärben *n* ‖ ~ **dyeing** / Mantelfärbung *f* ‖ ~ **energy** / freie Oberflächenenergie *f* ‖ ~ **finish** / Oberflächenappretur *f*, Oberflächenveredlung *f*, Oberflächenausrüstung *f* ‖ ~ **finish agent** / Oberflächenveredlungsmittel *n*, Oberflächenappreturmittel *n* ‖ ~ **friction** / Oberflächenreibung *f* ‖ ~ **image** / Oberflächenbild *n* ‖ ~ **irregularities** (dye) / Oberflächenstörungen *f pl* ‖ ~ **jig** / Oberflottenjigger *m*, Oberwasserjigger *m* ‖

surface
~ **layer** (ctg, lam) / Oberschicht f, Oberflächenschicht f ||
~ **levelness** (dye) / Flächenegalität f || ~ **mat** /
Textilglas-Vliesstoff m (DIN 61850) || ~ **of adhesion** /
Adhäsionsfläche f || ~ **of the fabric** / Stoffoberfläche f,
Warenfläche f, Gewebefläche f, Warendecke f || ~ **of
the fabric** / Warenbild n || ~ **of the yarn** / Fadenmantel
m, Garnmantel m || ~ **phenomena** /
Grenzflächenerscheinungen f pl || ~ **precipitation** /
Ausfällung f auf der Oberfläche || ~ **print** (heavy
fabrics) / Einsinkdruck m (bei dicken Geweben) ||
~ **printing** / Reliefdruck m, Hochdruck m || ~-**printing
machine** / Relief-Walzendruckmaschine f || ~-**printing
roller** / Reliefdruckwalze f || ~ **properties** /
Oberflächenbeschaffenheit f || ~ **protection** /
Oberflächenschutz m || ~ **roughness** /
Oberflächenrauhigkeit f || ~ **saponification** /
oberflächiges Verseifen, Oberflächenverseifung f ||
~ **size** / Mantelschlichte f || ~ **slidability** (of fibres) /
Oberflächengleitfähigkeit f || ~ **slide fastener** /
sichtbarer Reißverschluß f || ~ **smoothness** /
Oberflächenglätte f || ~ **spread of flame** (mat test) /
Flammenausbreitung f an der Oberfläche || ~ **structure**
/ Oberflächenstruktur f || ~ **styling** (ctg) /
Oberflächenveredlung f || ~ **tension** /
Oberflächenspannung f || ~ **texture** /
Oberflächenstruktur f || ~ **treatment** /
Oberflächenbehandlung f || ~ **twist** (yarn) /
Manteldrehung f || ~ **water** / Oberflächenwasser n ||
~ **waterproofing** / Oberflächenhydrophobierung f ||
~ **wetting** / Oberflächenbenetzung f
surfacial adsorption quantity /
Oberflächenadsorptionsmenge f
surfacing mat (textile glass) / Oberflächenvlies n,
Glasfaserviesstoff m
surfactant n (contraction of "surface-active agent") /
grenzflächenaktiver Stoff (DIN 53900),
oberflächenaktiver Stoff, oberflächenaktives Mittel,
Tensid n, grenzflächenaktive Substanz,
oberflächenaktive Substanz || ~ **formulation** /
grenzflächenaktive Zubereitung
surgical bandage / Verband m, Binde f, Bandage f ||
~ **bandage** / Verband[s]stoff m || ~ **cloth** / Wundtextil
n, chirurgisches Textil, chirurgische Textilie,
Verband[s]stoff m, Bandagenstoff m || ~ **cotton wool** /
Verbandwatte f, Wundwatte f || ~ **dressing** s. surgical
bandage || ~ **fabric** s. surgical cloth || ~ **gauze** / Gazebinde
f || ~ **stocking** / Stützstrumpf m, Kosmetikstrumpf m ||
~ **textiles** / Wundtextilien pl || ~ **thread** / chirurgischer
Nähfaden, Wundfaden m || ~ **wool** / Verband[s]watte f,
Wundwatte f
surplice n / Superpelliceum n (ein weitärmeliger
Chorrock)
surrounding atmosphere / Außenluft f
surrounds pl (cpt) / Umrandung f
surtout n (Fr) / Überzieher m, Surtout m, einreihiger
Mantel, Überrock m
survival bag / BB-Sack m, Blitz- und Biwaksack m
susceptibility n / Empfindlichkeit f || ~ **to attack by
bacteria** / Anfälligkeit f gegenüber Bakterienbefall ||
~ **to attack by fungi** / Anfälligkeit f gegenüber
Pilzbefall || ~ **to mould infestation** / Anfälligkeit f
gegenüber Schimmel || ~ **to spotting** /
Fleckempfindlichkeit f || ~ **to steaming** /
Dampfempfindlichkeit f || ~ **to tearing** / Rißanfälligkeit
f
susceptible adj / empfindlich adj || ~ s. also sensitive to
suspend v / aufhängen v, hängen v || ~ (chem) /
suspendieren v, aufschlämmen v
suspended bobbin / Hängespule f || ~ **jet drier** /
Schwebedüsentrockner m || ~ **lay** (weav) / Hängelade f ||
~ **matter** / Schwebstoffe m pl, Schwebstoffe m pl ||
~ **particle** / Schwebeteilchen n || ~ **reel** / hängende
Haspel || ~ **sley** (weav) / Hängelade f || ~ **trouser
production** (sew) / hängende Hosenfertigung

suspender belt / Strumpfhaltergürtel m
suspenders pl (GB) / Strumpfhalter m || ~ (outdated) /
Sockenhalter m || ~ (US) / Hosenträger m
suspending apparatus for dyeing / Hängefärbeapparat m
(DIN 64990) || ~ **arrangement** / Aufhängevorrichtung f
|| ~ **power** (surfactant) / Suspendiervermögen n
suspension n (chem) / Suspension f, Aufschlämmung f || ~
(paste) / Anschlämmung f || ~ **drier** / Hängetrockner m
|| ~ **drying** / Trocknung f durch Verhängen || ~ **jet
drier** / Schwebedüsentrockner m || ~ **polymer** /
Suspensionspolymer n || ~ **polymerisation** /
Suspensionspolymerisation f, Fällungspolymerisation f
|| ~ **star** / Hängestern m
Sussex lawn (GB) / ungebleichtes Kleiderleinen
Sutton cotton / frühreifende Upland-Baumwollsorte
suture n / Wundnaht f
S.V. (saponification value) / Verseifungszahl f
swab n / Scheuerlappen m, Putzlappen m, Schrubber m
|| ~ (med) / Wattetupfer m, Wattebausch m, Tupfer m
swaddling clothes / Windeln f pl, Babywindeln f pl
swallow-tailed coat, swallow-tail[s] / Frack m mit spitzen
Schößen
swanboy n (fabr) / Swanboy n (moltonähnliches
Baumwollgewebe)
swan-neck sewing machine / Spezial-
Langarmnähmaschine f
swansdown n (fabr) / Swandown m, Barchent m,
Baumwollbarchent m, weicher dicker Wollstoff
swanskin n (fabr) / Swanskin m, feiner, geköperter Flanell
swatch n / Musterabschnitt m, Stoffmuster n, Stoffprobe f
|| ~ (collection of samples) / Liasse f || ~ **dyer** /
Musterfärber m || ~ **test** (mat test) / Läppchentest m ||
~ **used in the exhaust test** / Nachzugmuster n
swathing band / Wickelband n, Wickelbandage f ||
~ **table spread** / Wickelkommodenzierdecke f
swealing n (dye) / Farbwanderung f
sweat n / Schweiß m || ~-**band** n / Schweißband n ||
~-**band** n (hatm only) / Schweißleder n
sweated wool / Schweißwolle f, Schwitzwolle f,
Schmutzwolle f
sweater n (fash) / Pullover m, Sweater m, Pulli m ||
~ **dress** (fash) / Sweaterkleid n || ~ **panties** pl / Leotard
n || ~-**strip knitting machine** / Strickmaschine f für
abgepaßte Längen
sweat formation / Schweißbildung f
sweating n (wool) / Schwitzverfahren n || ~ **shed** (wool) /
Schwitze f
sweat resistance / Schweißechtheit f || ~-**shirt** n
(collarless, long-sleeved pullover) / Baumwollpullover
m || ~-**suit** n / Trainingsanzug m
Swedish hemp / Bastfaser f der großen Brennessel || ~ **red**
adj / schwedischrot adj
sweeper n (weav) / Kettnebenglättvorrichtung f
sweepings pl / Kehrabfall m || ~ (wool) / Kehrwolle f,
Wollkehricht m, Fegselwolle f
sweet chrome mordant / neutrale Chrombeize,
Sweetchrombeize f || ~ **dyebath** / süßes Bad
swell vi / quellen vi, anquellen vi || ~ n (weav) /
Kastenzunge f, Schützenkastenzunge f,
Schützenkastenklappe f || ~ (of the bobbin) /
Ausbauchung f
swellability n / Quellbarkeit f, Quellfähigkeit f,
Quellvermögen n
swellable adj / quellbar adj, quellfähig adj
swelling n / Quellen n, Anquellen n, Quellung f || ~ **agent**
/ Quellmittel n || ~ **auxiliary** / Quellhilfsmittel n,
Quellmittel n || ~ **behaviour** / Quellverhalten n,
Quellungsverhalten n || ~ **capacity** / Quellfähigkeit f,
Quellvermögen n, Quellbarkeit f || ~ **effect** (wool) /
Quellwirkung f || ~ **of the fibre** / Faserquellung f ||
~ **performance** / Quellverhalten n, Quellungsverhalten
n || ~ **power** s. swelling capacity || ~ **properties** pl /
Quellverhalten n, Quellungsverhalten n || ~ **properties** /
Quelleigenschaften f pl || ~ **resistance** /

Quellbeständigkeit f, **Quellfestigkeit** f ‖ ~ **starch** / **Quellstärke** f ‖ ~ **state** (fin) / Quellungszustand m ‖ ~ **time** / Quellzeit f ‖ ~ **treatment** (of textiles) / Quellungsbehandlung f ‖ ~ **value** / Quellwert m
swellproof adj / quellfest adj, quellbeständig adj ‖ ~ **finish** / Quellfestappretur f, Quellfestausrüstung f
swell--resistant adj / quellfest adj ‖ ~**-resistant finish** / Quellfestappretur f, Quellfestausrüstung f
swift n (large, wire-covered roller on flat card) / Haupttrommel f der Karde, Haupttambour m, Schärtrommel f, Haspeltrommel f, Haspelkorb m, Tambour m ‖ ~ (silk) / Seidenhaspel f ‖ ~ **engine** / Kettenspulmaschine f, Wickelmaschine f
swimming costume / Badeanzug m ‖ ~ **roller** / schwimmende Walze
swimmings pl / aus der Wollwaschflotte gewonnene Abfälle m pl
swimming suits and beach wear / Bade- und Strandbekleidung f ‖ ~ **trunks** / Badehose f
swim shorts pl / Badehose f, Badeshorts pl
swimsuit n / Badeanzug m
swimwear n / Badebekleidung f, Badekleidung f, Bademoden f pl
swing box (weav) / Springlade f
swinging beam (weav) / Schwingbaum m ‖ ~ **lever brushing machine** / Schwinghebel-Bürstmaschine f
swingle v (flax) / schwingen v, poken v ‖ ~ n / Flachsschwinge f
swingled flax / Schwingflachs m, Reinflachs m
swingle tow / Hanfwerg n, Schwingwerg n, Hechelwerg n, Flachsabfall m
swing--rail n (weav) / Schwingbaum m ‖ ~**-rake** n / Schwingrechen m ‖ ~**-rake [scouring] machine** (wool) / Waschmaschine f mit Schwingrechen ‖ ~ **roller** / Pendelwalze f, Schwingtrommel f ‖ ~ **tag**, swing ticket / Anhänger m, Anhänge-Etikett n
swingy skirt (fash) / Glockenrock m
swirled effect (short-cut piles) / Verwirbelungseffekt m
swirl mat / Ringelmatte f
swiss / druckkalandern v, unter Hitze und Druck kalandern, swissen v ‖ ~ **embroidery** / Stickereispitze f, Schweizer Stickerei, Schiffchenstickerei f
swissing n / Druckkalandern n, Kalandrieren n unter Hitze und Druck, Swissen n ‖ ~ **calender** / Rollkalander m, Druckkalander m
Swiss machine / Schiffchenstickereimaschine f
switch n (spinn) / Ausmachhechel f ‖ ~ **cam bracket** / Nadelweiche f ‖ ~ **cover** (for furniture) / Wechselbezug m
swivel blade balloon divider / Drehflügelballonteiler m ‖ ~ **embroidery sley** (weav) / Broschierlade f ‖ ~ **fabric** / broschiertes Gewebe, Lanziergewebe n ‖ ~ **frame creel** / Drehrahmengatter n ‖ ~ **loom** (for embroidered effects, by the use of an extra filling) / Broschierwebstuhl m, Broschierwebmaschine f ‖ ~ **shuttle** / Broschierschiffchen n, Broschierschützen m ‖ ~ **shuttle** / Wippchen n ‖ ~ **sley** / Schiebelade f, Lanzierlade f ‖ ~ **sley change** (weav) / Schiebeladenwechsel m ‖ ~ **weave** / Broschierbindung f ‖ ~ **weaving** / Broschierweberei f, Lanzierweberei f, Broché-Weben n ‖ ~ **winder** / Schwenkwickler m (DIN 64990)
swollen adj / angequollen adj, gequollen adj ‖ ~ **dent** / Webfehler m durch Rieteinzug ‖ ~ **heddle** / Webfehler m durch Litzeneinzug
sword n (weav) / Schwinge f, Arm m
Sydney wool / australische Merinowolle
synchronized timing (knitt) / Flachmaschinenkulierung f
syndet n (synthetic detergent) / synthetisches Waschmittel, Syndet n, synthetisches Detergens, synthetisches Reinigungsmittel
syndiazo compound (dye) / Syndiazoverbindung f
syndiotactic polymer / syndiotaktisches Polymer

synergism n (surfactant) / Synergismus m, synergistische Wirkung
synergistic effect / synergistischer Effekt ‖ ~ **thickening effect** / synergistischer Verdickungseffekt
synthesis n / Synthese f
synthesize v / synthetisieren v
synthetic n s. synthetics ‖ ~ adj / synthetisch adj ‖ ~ **agent** / synthetisches Bindemittel ‖ ~ **auxiliary** / synthetisches Hilfsmittel ‖ ~ **colouring matter** / synthetischer Farbstoff ‖ ~ **concentrated thickener** / synthetischer Druckkonzentrat n ‖ ~**-core thread** / synthetischer Kernzwirn ‖ ~ **detergent** / synthetisches Waschmittel, Syndet n, synthetisches Detergens, synthetisches Reinigungsmittel ‖ ~ **dyeing** / Synthesefaserfärben n ‖ ~ **dyestuff** / synthetischer Farbstoff ‖ ~ **elastomer** / synthetisches Elastomer ‖ ~ **felt** / Synthesefaserfilz m ‖ ~ **fibre** / synthetische Faser, Synthesefaser f ‖ ~ **fibre** / Synthesefaserstoff m ‖ ~ **fibre industry** / Synthesefaserindustrie f ‖ ~ **fibre material** / synthetischer Faserstoff
synthetic fibres, 100% ~ / rein synthetische Fasern f pl
synthetic fibres blend / Synthesefasermischung f ‖ ~ **filament** / synthetisches Filament ‖ ~ **filament yarn** / synthetisches Filamentgarn ‖ ~ **gut** / Kunstdarm m ‖ ~ **horse-hair** / Kunstroßhaar n ‖ ~ **latex** / synthetischer Latex, künstlicher Latex, Syntheselatex m ‖ ~ **leather** (misnomer) s. artificial leather ‖ ~ **leather base** (nwv) / Kunstleder-Basisvlies n ‖ ~ **lustre pigment** / synthetisches Glanzpigment ‖ ~ **pile** / Synthetic-Pol m ‖ ~ **polymer** / synthetisches Polymer ‖ ~ **resin** / Kunstharz n ‖ ~ **resin binder** / Kunstharzbindemittel n ‖ ~**-resin bonded** / kunstharzgebunden adj ‖ ~**-resin bonded laminate** / Kunstharzschichtstoff m ‖ ~ **resin emulsion** / Kunstharzemulsion f ‖ ~ **resin finish** / Kunstharzausrüstung f, Kunstharzappretur f ‖ ~ **resin precondensate** / Kunstharzvorkondensat n ‖ ~ **roller covering** / Walzenüberzug m aus Synthesegummi ‖ ~ **rubber** / Synthesegummi n m, Kunstgummi n m, synthetischer Kautschuk ‖ ~ **rubber fibre**, synthetic rubber yarn / Synthesegummifaden m
synthetics pl / Synthesefasern f pl, Synthetics pl ‖ ~ / Chemiefasergewebe n pl
synthetic sewing thread / synthetischer Nähfaden ‖ ~ **size** / synthetische Schlichte, Kunstschlichte f ‖ ~ **soil** / künstlicher Schmutz ‖ ~ **spray finish** / synthetische Sprühavivage ‖ ~ **spun yarn** / Synthesefasergarn n ‖ ~ **staple fibre** / synthetische Spinnfaser ‖ ~ **textiles** (superseded by the term "manmade" after the Textile Fiber Products Identification Act of July 3, 1959, effective on March 3, 1960) / Chemiefasergewebe n ‖ ~ **yarn** / Synthesegarn n, synthetisches Garn
synthetize v / synthetisieren v
system of warp threads (weav) / Kettfadensystem n

T

T (titre GB, titer US) / Titer *m*
T₅₀ (standard dyeing time; time in which 50% of the dye has been exhausted) / Standardfärbezeit *f*, Halbfärbezeit t₅₀
taag hemp s. Bengal hemp
tab *n* / Schlaufe *f*, Schlinge *f*, Mantelaufhänger *m* ‖ ~ (cap) / Ohrklappe *f* ‖ ~ (garment) / Patte *f*
tabard *n* (hist) / Tappert *m*, Wappenrock *m*, Heroldsrock *m* ‖ ~ (gen) / grober Mantel, Überwurf *m*
tabaret *n* / Seidenstoff *m* mit abwechselnden Moiré- u. Atlasstreifen
tabby *v* (dye) / moirieren *v*, auf Moiré-Art wässern ‖ ~ *n* / gewässerter Taft, gewässerter Moiré, geflammter Taft, geflammter Moiré, gestreifter Taft, gestreifter Moiré ‖ ~ / glattes Gewebe ‖ ~ / Leinwandbindung *f* ‖ ~ (hist) / Polsterung *f*, Wattierung *f* (in Damenkleidern) ‖ ~-**back** *n* / glatte Abseite ‖ ~-**back** *n* / Gewebe *n* mit einem Grund in Leinwandbindung ‖ ~-**back corduroy** / Manchestersamt *m*, Manchester *m*
tabbying *n* / wellenförmiges Kalandrieren ‖ ~ (ctg) / Moirierung *f*
tabby velvet / minderwertiger Baumwollsamt (für Sargfutter) ‖ ~ **weave** / glatte Webart, schlichte Webart, Leinwandbindung *f*, Taffetbindung *f*, Taftbindung *f*, glatte Tuchbindung, einfache Gewebebindung ‖ ~ **weave cotton fabric** / leinwandbindiges Baumwollgewebe
Taber Abraser (mat test) / Taber-Abraser-Gerät *n*, Taber-Scheuerprüfgerät *n* ‖ ~ **abrasion testing** / Taber-Scheuerprüfung *f*
table *n* (cloth) / Bahn *f*, Bahnlänge *f*
tableau curtains (theatre) *pl* / geteilter Vorhang
table cloth, table cover / Tischdecke *f*, Tischtuch *n* ‖ ~ **covering** / Tischbezug *m*, Tischbelag *m* ‖ ~ **covering cloth** / Tischbezugstoff *m*, Tischbelagstoff *m* ‖ ~ **damask** / Tischdamast *m*, Tafeldamast *m* ‖ ~ **felt** / Filz *m* für Tischdeckenunterlagen ‖ ~ **linen** / Tischleinen *n*, Tischzeug *n*, Tischwäsche *f* ‖ ~ **mat** / Tischmatte *f*, Telleruntersatz *m*, Untersatz *m*, Gedeckmatte *f* ‖ ~ **napkin** / Serviette *f*, Mundtuch *n* ‖ ~ **of fibrous substances** / Faserstofftabelle *f* ‖ ~ **padding** / Tischdeckenunterlage *f* ‖ ~ **raising machine** (fin) / Tischrauhmaschine *f* ‖ ~ **runner** / Tischläufer *m*, Läufer *m* ‖ ~ **weaving apparatus** / Tischwebapparat *m*
tablier *n* / Schürze *f*, Servierschürze *f* ‖ ~ / schürzenartiger Einsatz ‖ ~ / Lendenschurz *m* (der Naturvölker)
tabling *n* / Tischleinen *n*, Tischzeug *n*, Tischwäsche *f*
taboret *n* / Stickrahmen *m*
Tabriz rug / Täbris-Teppich *m*, Täbris *m*
tabs *pl* / weniger als 1 Yard lange Stoffendstücke *n pl*
tack *v* (sew) / heften *v*, verriegeln *v* ‖ ~ (sew) / anschlagen *v* ‖ ~ (sew) / riegeln *v*, anriegeln *v*, verriegeln *v* ‖ ~ (edge) / anstechen *v* ‖ ~ *n* (sew) / langer Stich, Heftstich *m* ‖ ~ (ctg) / Klebrigkeit *f* ‖ ~ **down a rug** / einen Vorleger festmachen, einen Teppich festmachen
tackfree *adj* (ctg) / klebfrei *adj*, nicht klebrig, nicht klebend
tackiness *n* (ctg) / Klebrigkeit *f*, Verklebungserscheinungen *f pl* ‖ ~ (time during which the coat remains wet) / kleboffene Zeit ‖ ~ (e.g. of a printing ink) / Zügigkeit *f* (einer Flüssigkeit, z.B. Druckfarbe) ‖ ~ **on batching** / Stapelklebrigkeit *f*
tacking *n* (sew) / Zusammenheften *n*, Heften *n* ‖ ~ (sew) / Riegeln *n*, Anriegeln *n*, Verriegeln *n* ‖ ~ **clamp** (sew) / Heftklammer *f*, Riegelklammer *f* ‖ ~ **dimension** (sew) / Riegelabmessung *f* ‖ ~ **stitch** / Heftstich *n* ‖ ~ **thread** / Heftfaden *m*

tackle *n* (weav) / Geschirr *n*, Kamm *m* ‖ ~ (knitt) / Futterapparat *m* ‖ ~ **for heel and toe** (hos) / Fersen- und Spitzeneinrichtung *f*, Fersen- und Spitzenverstärkungseinrichtung *f* ‖ ~ **for reinforcing heels and toes** (hos) s. tackle for heel and toe ‖ ~ **for soles and toes** (hos) / Sohlen- und Spitzenverstärkungseinrichtung *f*
tackless installation (cpt) / nagelloses Spannen, Spannen *n* auf Nagelleisten ‖ ~ **strip** (cpt) / Befestigungsleiste *f* für das nagellose Spannen
tacky *adj* / klebrig *adj*, klebend *adj*, fest haftend ‖ ~ **foam** (ctg) / angeschmolzener Schaum ‖ ~ **rub-off** (ctg) / klebriger Abrieb
taffeta *n* (various cloths in plain weave) / Taft *m*, Taffet *m* ‖ ~ **alpaca** / halb-silk plain taffeta with cotton weft usually in black and white) / Taffet-Alpaka *m* ‖ ~ **broché** (all-silk plain taffeta with bright coloured embroidery decoration) / Taffet-Broché *m* ‖ ~ **imprimé** / bedruckter Taft
taffetaline *n* (fabric made from schappe waste silk, principally used as a lining for dress skirts, plain weave) / Taffetaline *f*, halbseidener Taft
taffeta lining (expensive fabric used almost solely for lining ladies' dresses) / Taffetfutterstoff *m* ‖ ~ **ribbon** / Taftband *n*, Taffetband *n* ‖ ~ **uni** (plain weave, all-silk dress fabric, piece-dyed) / glatter Taft, einfarbiger Taft ‖ ~ **weave** / Taffetbindung *f*, Taftbindung *f*, Leinwandbindung *f* bei Seiden- und Chemiefasergeweben
taffetine *n* (plain weave cloth used for cheap linings for dresses and coats. Made from silk warp and cotton o. linen weft) / Taffetine *f*
taffetized fabric / Baumwollware *f* mit Taffetglanz
tag *n* / Troddel *f*, Quaste *f* ‖ ~ (label) / Etikett *n*, Schildchen *n*, Anhänger *m* ‖ ~ (boot) / Schlaufe *f* ‖ ~ (garment) / Schlinge *f*, Aufhänger *m*
tagal *n* (material composed of manila hemp, used in the making of light hats) / Abakafaserborte *f*
tag cloth / Etikettenstoff *m*
tagged *adj* / mit einem Etikett versehen
tagger *n* / Schere *f* zum Entfernen der Klunkerwolle der Schafe
tagging gun / Etiketten-Heftapparat *m*
taglock *n* (wool) / Wollklunker *m*, Stapel *m* der Schafe
tags *pl* (wool) / Wollkehricht *m n* ‖ ~ (uniform) / Achselbänder *n pl*
Tahiti Sea Island cotton / gelbliche Baumwollsorte aus Tahiti
taihore hemp / Neuseelandhanf *m* bester Qualität
tail (knitt) / Fadenreserve *f* ‖ ~ (fash) / Schleppe *f* (eines Kleides) ‖ ~ / Rockschoß *m* ‖ ~-**braid** / Saumband *n* (am Frauenrock)
tailcoat *n* / Schoßrock *m*, Gesellschaftsanzug *m*, Frack *m*, Cut *m*, Cutaway *m*, „Schwalbenschwanz" *m*
tail cord (knitt) / Platinenschnur *f*
tailed cotton / zähe Baumwolle
tail end (sew) / Fadenende *n* ‖ ~ **hair** / Schweifhaar *n*, Schwanzhaar *n*
tailing *n* (text pr, defect) / Endablauf *m*, Endenablauf *m*, Endenungleichheit *f*, Farbablauf *m*, Auslaufen *n* der Farbe, zerlaufene Stelle ‖ ~ (knitt) / Anknüpfen *n* ‖ ~ (dye, defect) / Farbstoffnachziehen *n*, Nachzieheffekt *m*, Nachziehen *n* ‖ ~ (in pattern) / Stelle *f* ohne Farbe ‖ ~ **device** / Fadenreserveeinrichtung *f* ‖ ~ **over** (weav) / Fadenübergang *m*
tail locks *pl*, tail wool / Schwanzwolle *f* ‖ ~ **of a clock** (hos) / Zwickelauslauf *m* ‖ ~ **of the needle** (knitt) / Nadelendstück *n*
tailor *v* / schneidern *v* ‖ ~ / nach Maß schneidern, nach Maß arbeiten ‖ ~ *n* / Schneider *m*
tailored *adj* (fash) / streng geschnitten ‖ ~ (suit, dress) / nach Maß angefertigt, gut sitzend ‖ ~ **costume** / Schneiderkostüm *m* ‖ ~ **fell** / mit der Maschine

saubergemachte Naht ‖ ~ **suit** / maßgeschneiderter Anzug, Maßanzug m
tailoring n / Schneiderei f ‖ ~ / Schneiderarbeit f
tailor-made adj / maßgeschneidert adj, vom Schneider angefertigt, nach Maß angefertigt, genau zugeschnitten, zugeschnitten adj ‖ ~ **costume** / Schneiderkostüm n ‖ ~ **suit** / maßgeschneiderter Anzug, Maßanzug m
tailor's canvas / Schneiderleinen n ‖ ~ **chalk** / Schneiderkreide f ‖ ~ **clippings** / Zuschneideabfälle m pl ‖ ~ **cuttings** / Schneidereiabfälle m pl ‖ ~ **dummy** / Kleiderpuppe f, Schneiderpuppe f ‖ ~ **goose** / Schneiderbügeleisen n ‖ ~ **linen** (weav) / Schneiderleinwand f ‖ ~ **press** / Bügelpresse f ‖ ~ **twist** / starker Seidenzwirn ‖ ~ **wadding** / Schneiderwatte f ‖ ~ **yard** / Schneiderelle f
tails pl (fash) / Gesellschaftsanzug m, Frack m, Cut m, Cutaway m, "Schwalbenschwanz" m
taint v (obs) / färben v ‖ ~ n (obs) / Farbe f, Färbung f
taj n (small conical cap made of muslin and worn by Mohammedans) / Kopfbedeckung f in moham. Ländern, bes. der Derwische
take v (dye) / aufgenommen werden, haften v ‖ ~ n / Florschlingenreihe f in handgeknüpften Teppichen ‖ ~**-away roll[er]** / Abführwalze f ‖ ~**-down** n / Abzug m, Warenabzug m ‖ ~**-down angle** / Abzugswinkel m, Warenabzugswinkel m ‖ ~**-down cam** / Abzugsexzenter m ‖ ~**-down cam** (knitt) / Maschenabzugsschloß n ‖ ~**-down device** / Abzug m, Warenabzug m ‖ ~**-down mechanism with winding-up roll[er]** / Aufwickelabzug m ‖ ~**-down roll[er]** / Abzugsrolle f, Warenabzugsrolle f, Abzugswalze f, Warenabzugswalze f ‖ ~**-down tension** / Abzugspannung f ‖ ~**-down weight** / Abzugsgewicht n ‖ ~ **from the beam** / abbäumen v ‖ ~ **in** (sew) / Biesen abnähen ‖ ~ **in** (garment) / kleiner machen, enger machen, abnähen, einnähen v ‖ ~ **measurements** / Maß nehmen ‖ ~ **off** (dye) / abziehen v ‖ ~ **off** (clothm) / abtafeln v ‖ ~ **off** (stitch, knitt) / (Masche beim Stricken) abnehmen ‖ ~**-off device** / Abwickelvorrichtung f ‖ ~**-off force** (when unwinding fabrics) / Abzugskraft f ‖ ~**-off for lubricant fumes** (texturing) / Präparationsdampfabzug m ‖ ~ **off in the presence of steam** (dye) / im Dampf abziehen ‖ ~**-off roll[er]** / Abzugsrolle f, Warenabzugsrolle f, Abzugswalze f, Warenabzugswalze f ‖ ~**-off spool** / Vorlagespule f ‖ ~**-off tension** / Abzugspannung f ‖ ~ **off the lustre** / mattieren v, den Glanz abnehmen ‖ ~ **off the warp** (weav) / abzetteln v ‖ ~ **off the warp** / Gewebtes auftrennen, aufdrieseln v ‖ ~ **out** (a fibre component mechanically) v / herauspräparieren v ‖ ~ **out creases** / ausstreichen v, Falten ausstreichen, glattstreichen v
taker-in n (spinn) / Vorreißer m, Vorreißerwalze f, Vorreißwalze f, Kratzenwalze f, Vorwalze f, Avanttrain m, Briseur m ‖ ~**-in droppings** pl / Briseurabfall m ‖ ~**-in drum** (spinn) / Vorreißtrommel f ‖ ~**-in fluff** (spinn) / Briseurflug m ‖ ~**-in roller** (spinn) / Briseurwalze f ‖ ~**-in tooth** (spinn) / Vorreißerzahn m ‖ ~**-up** n (hos) / Aufnehmer m
take the dye / den Farbstoff annehmen, den Farbstoff aufnehmen ‖ ~ **the needle into the knock-over position** (knitt) / die Nadel abziehen ‖ ~ **through the bath** (dye) / durch ein Bad passieren ‖ ~**-up** n / Auflaufspule f, Aufnahmespule f, Aufrollspule f, Aufwickelspule f ‖ ~**-up** n (spinn) / Aufwickeln n, Aufwinden v ‖ ~**-up** n (weav) / Aufbäumen n ‖ ~**-up** n (dye) / Farbstoffaufnahme f ‖ ~**-up** n (sew) / Einsprung m, Einwebung f, Einarbeitung f ‖ ~**-up** n (dye) / Farbstoffaufnahme f ‖ ~**-up** n (sew) / Fadenspanner m ‖ ~**-up** n (cpt) / Wiederaufnahme f (eines verlegten Teppichbodens) ‖ ~ **up** (spinn) / aufwickeln v, (den Faden) auf die Spindel laufen lassen ‖ ~ **up** (weav) / aufbäumen v ‖ ~ **up** (dye) / (Farbstoff) annehmen, (Farbstoff) aufnehmen ‖ ~ **up** (garment) / kürzer machen, kürzen v ‖ ~ **up a dropped end** / einen Faden nachführen ‖ ~**-up bobbin** / Auflaufspule f,

Aufnahmespule f, Aufrollspule f, Aufwickelspule f, Aufwindespule f ‖ ~**-up device** (spinn) / Aufspulmaschine f ‖ ~**-up drum** / Aufwickeltrommel f ‖ ~**-up gear** / Warenabzug[s]getriebe n ‖ ~**-up lever** (sew) / Fadengeber m ‖ ~**-up mechanism** (yarn) / Aufwicklung f ‖ ~**-up motion** / Warenaufwickelvorrichtung f, Aufwindevorrichtung f, Warenbaumregulator m ‖ ~**-up of filling threads** / Schußeinwebung f ‖ ~**-up of warp threads** / Ketteinwebung f ‖ ~**-up package** / Auflaufspule f, Aufnahmespule f, Aufrollspule f, Aufwickelspule f, Aufwindespule f ‖ ~**-up roll[er]** / Wickelwalze f, Aufrollwalze f, Aufwickelwalze f, Aufwickelapparat m ‖ ~**-up spool** / Auflaufspule f, Aufnahmespule f, Aufrollspule f, Aufwickelspule f, Aufwindespule f ‖ ~**-up sweep assembly** / Fadenrückzugeinrichtung f ‖ ~ **up warp** (weav) / einweben v ‖ ~**-up weighting** (knitt) / Warenabzugsbelastung f ‖ ~**-up wire** / Fadenrückzugdraht m, gefederter Fadenabzugsbügel bei Doppel- u. Einzylindermaschinen, der im Pendelgang den Faden straff hält ‖ ~**-up worm** / Schnecke f des Warenabzuges
taking down the threads from the hooks (weav) / Abhäkeln n ‖ ~**-in** n (weav) / Prise f, Einzug m ‖ ~**-in** n (garment) / Engermachen n, Einnähen n, Abnähen n ‖ ~**-in friction** (spinn) / Wageneinfahrtkupplung f, Wageneinfahrtglockenkupplung f ‖ ~**-in of carriage** (spinn) / Wageneinzug m ‖ ~**-in scroll** (spinn) / Einzugschnecke f ‖ ~**-up** n (clothm) / Warenaufwindung f ‖ ~**-up** n (garment) / Kürzermachen n, Kürzen n ‖ ~**-up beam** / Zeugbaum m
talc n / Talk m, Talkum n
talc[k]ed adj / talkumiert adj
tal fibre / Blattfaser f der indischen Palmyrapalme
tall hat s. top hat
tallith n / Tallit m (jüdischer Gebetsmantel)
tall Japanese mallow / kubanische Bastfaser (Hibiscus elatus) ‖ ~ **oil** / Tallöl n
tallol n s. tall oil
tallow n / Talg m ‖ ~ **pencil** / Fettstift m
talma n (hist) / langer, capeartiger Umhang
tam n s. tam-o'-shanter
tambour v / in einem Rahmen besticken, am Stickrahmen sticken, tamburieren v ‖ ~ (embroidery) / ketteln v (Stickerei) ‖ ~ / Tamburstickerei f, Kurbelstickerei f, Rahmenstickerei f, Tamburierarbeit f ‖ ~ **embroidery** / Rahmenstickerei f, Tamburierarbeit f, Tamburstickerei f ‖ ~ **frame** / Stickrahmen m, Tambur m, Tamburierrahmen m, Sticktrommel f
tambouring machine / Kurbelstickmaschine f
tambour lace / Tamburspitze f, auf Tüll gestickte Spitze, auf dem Tamburrahmen hergestellte Limerickspitze ‖ ~ **needle** / Tamburiernadel f ‖ ~ **stitch** / Tamburierstich m ‖ ~ **work** / Tamburierarbeit f, Tamburierstickerei f, Rahmenstickerei f
tammy n (gauze-like transparent fabric) (weav) / Etamin n, Etamine f ‖ ~ (coll) s. tam-o'-shanter ‖ ~ **cloth** / Siebtuch n
tam-o'-shanter n / runde Wollmütze (der Schotten) ‖ ~**-o'-shanter** n / (Art) Baskenmütze, Tellermütze f
Tampico fibre / Tampikofaser f, Istlefaser f, Ixtlefaser f (meistens aus der "Hundertjährigen Aloe") ‖ ~ **hemp** (obtained from the Agave leteracantha plant) / Tampikohanf m
tamping volume (dyestuff in powder form) / Stampfvolumen n
tampon n / Tampon m (Gazestreifen oder Wattebausch zum Einlegen oder Ausstopfen von Wundkanälen oder Wundhöhlen)
tamtine n s. taffetaline
tan v / tannieren v ‖ ~ n / gelbbraunes Kleidungsstück ‖ ~ adj / lohfarben adj, lederbraun adj
tandem calender / Doppelkalander m ‖ ~ **carding** / Tandemkardierung f ‖ ~ **foot** (sew) / Tandemfuß m ‖

305

tandem

~ **jig** / Doppeljigger m ‖ ~ **machine** (ctg) / Tandemmaschine f ‖ ~ **milling** / Tandemwalke f ‖ ~ **sewing unit** / Zwillingsnähmaschine f
tanga n / Tanga m, Mini-Bikini m
tangential abrasion effect / Scheuereffekt m in tangentialer Richtung ‖ ~ **belt** (mach) / Tangentialriemen m ‖ ~ **fibre feed** / tangentiale Fasereinspeisung ‖ ~ **yarn tension** / tangentialer Fadenzug
tangib n s. tanjib
tangle vt / verflechten vt, miteinander verschlingen ‖ ~ vi / verfilzen v (sich), verheddern v (sich) ‖ ~ n / Gewirr n, Verschlingung f, wirrer Knäuel ‖ ~ (weav, defect) / Webnest n ‖ ~-**formation** n (weav, defect) / Nestbildung f, Webnestbildung f ‖ ~ **jet** (spinn) / Verwirbelungsdüse f ‖ ~-**lacing** n (of filament yarn to improve processing) / Verwirbelung f
tangle-lacing mechanism / Verwirbelungseinrichtung f ‖ ~ **reed** / Verwirbelungsriet n
tango adj (shade) / zinnoberrot adj
tanjeb n s. tanjib
tanjib n (fabric) / feiner Musselin (in Indien)
tank for clean perchloroethylene / Reinper-Tank m ‖ ~ **for clean solvent** (solvent dye) / Reintank m ‖ ~ **for soiled perchloroethylene** / Schmutzper-Tank m ‖ ~ **lining** (sew) / Tank-Innenhülle f ‖ ~ **retting** / Flachsröste f im Wasserbehälter ‖ ~ **top** (fash) / Pullunder m
tannate n / Tannat n
tanner's wool / Gerberwolle f, Hautwolle f, Kalkwolle f, Raufwolle f
tannic acid s. tannin ‖ ~ **acid printing dye** / Tannindruckfarbe f ‖ ~ **acid resist** / Tanninreserve f ‖ ~ **acid solution** / Tanninbad n ‖ ~ **acid-tartar emetic solution** / Tannin-Brechweinstein-Lösung f
tannin n / Tannin n, Gallusgerbsäure f, Gerbsäure f ‖ ~ **acid mordant** / Tanninbeize f ‖ ~ **antimony lake** / Tannin-Antimon-Lack m ‖ ~ **antimony mordant** / Tannin-Antimonbeize f ‖ ~ **bottom mordant** / Gerbstoffvorbeize f ‖ ~ **discharge print** / Tanninätzdruck m ‖ ~ **discharge style** / Tanninätzartikel m ‖ ~ **dye lake** / Farbstofftanninlack m, Tanninlack m ‖ ~ **dyestuff** / Tanninfarbstoff m ‖ ~ **mordant** / Tanninbeize f ‖ ~ **mordanted** / tanningebeizt adj ‖ ~ **print** / Tannindruck m ‖ ~ **remover** / Tanninentferner m ‖ ~ **substitute** / Tanninersatz m ‖ ~ **tartar emetic mordant** / Tannin-Brechweinstein-Beize f
tapa n (cloth or matting made from any of the fibres or barks peculiar to the Pacific Islands as Tapa [Marquesas] **or Kapa, Hawaiian**) / Tapa f, Kapa f
tape n (arm hole) (sew) / fixieren v ‖ ~ n (sew) / schmales Band, schmales Leinenband, Litze f, Zwirnband n ‖ ~ (zip) / Band n ‖ ~ (cpt) / Webbändchen n (z.B. für Teppichträger) ‖ ~ (knitt) / Band n ‖ ~ (split film) / Folienflachfaden m, Folienbändchen n, Flachfoliengarn n ‖ ~ **chopper** (sew) / Bandschneideeinrichtung f ‖ ~ **condenser** (spinn) / Riemchenflorteiler m, Florteiler m (DIN 64100) ‖ ~ **cutter** / Bandschneider m, Streifenschneider m ‖ ~ **cutter** (sew) / Bändchenschere f ‖ ~ **cylinder** / Schnurtrommel f
taped adj (cable) / mit gewickelter Umhüllung, bandumwickelt adj (Kabel)
tape deflection (cpt) / Bändchenabweichung f ‖ ~ **divider** (spinn) / Riemchenflorteiler m, Florteiler m (DIN 64100) ‖ ~ **drawing mechanism** / Riemchenstreckwerk n ‖ ~ **drive** / Spindelbandantrieb m ‖ ~ **ends** (zip) / Bandüberstände m pl ‖ ~ **fabric** / Bändchengewebe n ‖ ~ **feeder** / Bandfournisseur m ‖ ~ **feeder/cutter** / Bandzuführ- und Abschneidvorrichtung f ‖ ~ **frame** (GB) / Kettschlichtmaschine f, Schlichtmaschine f, Trommelschlichtmaschine f ‖ ~ **gap** (of slider) (zip) / Bandschlitz m ‖ ~ **goods** pl / Bandware f ‖ ~ **gripper loom** / Bandgreiferwebmaschine f ‖ ~ **guide** (sew) / Bandführung f ‖ ~ **guide attachment** (sew) /

Bandführungsapparat m, Bandführungseinrichtung f ‖ ~ **industry** / Bandindustrie f ‖ ~ **lace** / genähte Spitze
tapeless adj (fastener) / bandlos adj (Reißverschluß)
tape loom / Bandwebmaschine f, Bandwebstuhl m ‖ ~ **measure** / Bandmaß n, Meterband n ‖ ~ **needle** / Schnürnadel f, Einziehnadel f ‖ ~ **printing machine** / Bandbedruckmaschine f ‖ ~ **pull-off unit**, tape puller (sew) / Bandabzug[s]gerät n
taper n / Spulenkegel m ‖ ~ **bar** (sew) / Keilriegel m
tapered bobbin, taper bobbin (spinn) / konische Kreuzspule, Konusspule f, Flaschenspule f, kegelige Kreuzspule ‖ ~ **cheese** (spinn) s. tapered bobbin ‖ ~ **cheese tube** (spinn) / kegelige Kreuzspulhülse (DIN 64626) ‖ ~ **feed wheel** / konisches Fournisseurrad ‖ ~ **spool** (spinn) / Leere f, Ledge f, Kanette f ‖ ~ **trousers** pl (fash) / Keilhose f ‖ ~ **tube for cheeses of synthetic yarns** / kegelige Kreuzspulhülse für Chemiefasergarne (DIN 64617) ‖ ~ **winding** / konische Wicklung
tape reel (sew) / Bandtrommel f ‖ ~ **selvedge** / bandartiger Geweberand, Bandrand m ‖ ~ **sewing foot** (sew) / Bändchenfuß m
tapestry v / (Muster) auf einen Wandteppich sticken ‖ ~ n / Möbelstoff m, Jacquardpolstermöbelstoff m, Dekorationsstoff m ‖ ~ / Tapetengewebe n, gewirkte Tapete ‖ ~ / Wandteppich m, Bildteppich m, Wandbehang m, Tapisserie f ‖ ~ / Tapisseriegewebe n, Tapisseriestoff m ‖ ~ **carpet** / Wandteppich m, Tapisserie-Druckteppich m ‖ ~-**mottled carpet** / Tapestry-Mottled-Teppich m ‖ ~ **painting** / bemaltes Cordleinen ‖ ~ **stitch** / Gobelinstich m ‖ ~ **wall covering** / Wandteppich m, Bildteppich m, Wandbehang m, Tapisserie f ‖ ~ **wool** / starke Stickwolle ‖ ~ **yarn** / Tapisseriegarn n
tapet n (hist) / bestickter Wandbehang, bestickter Wandteppich
tape tension roll[er] (spinn) / Riemchenspannwalze f ‖ ~ **warp** / Kette f in Bandform ‖ ~ **weaving** / Bortenweberei f ‖ ~ **width** (card) / Riemchenbreite f ‖ ~ **winding machine** / Bandwickelmaschine f ‖ ~ **yarn** / Bändchen-Garn n ‖ ~ **yarn feeder** / Bandfournisseur m
taping n / Anbringen v von Posamenten ‖ ~ **of armholes** (sew) / Armlochfixieren n
tapis n (Fr) / Tischteppich m, Teppich m
tappet n (weav) / Nadelschloß n ‖ ~ **Exzenter** m, Nocken m, Nocke f ‖ ~ **loom** / Exzenterstuhl m, Exzenterwebstuhl m ‖ ~ **nose** (weav) / Schlagnase f ‖ ~ **shaft** (weav) / Exzenterwelle f, Schlagwelle f
Tappi degree of whiteness (FWA) (mat test) / Tappi-Weißgrad m (Weißtöner)
tara armeni (variety of Cashmere shawl, woven on hand looms) / (Art) Kaschmir-Schal ‖ ~ **mandal** (silk brocade with the body of the fabric in star effects; the stars are developed with gold and silver threads on purple, green and red designs on a black ground) / Seidenbrokat m aus Kaschmir
tarare n / ungebleichter Hanfkanevas
tarbush n (caplike truncated cone, of red felt, without a tassel) / Tarbusch m
tarlatan n (light plain cotton cloth, often stiffened and used for Christmas stockings), tarletan / Tarlatan m, Steifgaze f
tar marks / Pechflecken m pl, Pechzeichen n pl, Teerflecken m pl
tarmate silk / Abfallseide f aus fehlerhaften Kokons
tarnish v / matt werden, trübe werden, Glanz verlieren ‖ ~ (rollers) / abschmieren v, abflecken v, verschmutzen v
tarnishing of the rollers (text pr) / Verschmutzen n der Druckwalzen
tarnish-resistant flannel / Anlaufen verhütender Flanell, Mattierung verhütender Flanell
tarpaulin n / Persenning f, geteertes Segeltuch, Plane f, Regendecke f, Wagentuch n, Abdeckplane f ‖ ~ s. also canvas ‖ ~ (for boats) / Bootsabdeckung f ‖ ~ (marine) /

Ölkleidung f ‖ ~ **fabric** / Planenstoff m, Tarpauling m ‖
~ **grey** adj / zeltgrau adj (RAL 7010)
tarpaulins pl / Schwergewebeartikel m pl
tar points / Pechspitzen f pl
tarred canvas / geteertes Segeltuch ‖ ~ **felt** / Teerfilz m ‖
~ **jute thread** / Teerzwirn m ‖ ~ **oakum** / Teerwerg n
tar removal (wool) / Entpechen n
tarry tip (wool) / Pechspitze f
tar spots / Pechflecken m pl, Pechzeichen n pl,
Teerflecken m pl ‖ ~ **stain** / Pechfleck m, Pechzeichen
n, Teerfleck m
tartan n (coloured checks which are the distinctive dress
of the Scottish Highlanders) / Tartan m ‖ ~ **bag** /
Schottentasche f ‖ ~ **cloth** / buntkarierter Stoff,
buntgewürfelter Stoff, Schottenkaro n
tartanella n / halbwollener Tartan
tartan pattern s. tartan plaid pattern ‖ ~ **plaid** s. tartan ‖
~ **plaid cloth** / buntkarierter Stoff, buntgewürfelter
Stoff, Schottenkaro n ‖ ~ **plaid pattern** / Tartanmuster
n, Schottenmuster n, schottisches Würfelmuster
tartar emetic / Brechweinstein m ‖ ~ **emetic substitute** /
Patentsalz n, Brechweinsteinersatz m
tartaric acid / Weinsäure f, Weinsteinsäure f, Tartarsäure
f
tartarize v / tartarisieren v
tartramide n / Tartramid n, Weinsäurediamid n
tartramidic acid / Tartramidsäure f, Weinsäuremonoamid
n
tartranilic acid / Tartranilsäure f, Weinsäuremonoanilid n
tartrate n / Tartrat n ‖ ~ **complex** / Tartratokomplex m
tartrazine n / Tartrazin n, Hydrazingelb O, Echtwollgelb
n, Säuregelb n, Echtlichtgelb n, Flavazin T
tas n / reichvergoldete o. reichversilberte Seide aus Indien
tasar silk s. tussah
Tasmanian merino / Merinowolle f aus Tasmanien
tassel v / zu Quasten verarbeiten ‖ ~ n / Troddel f, Quaste
f ‖ ~ **machine** / Pomponmaschine f ‖ ~ **stitch** (stitch by
which loops are made, the loops being cut to form a
fringe) / quastenformender Stich, Fransenstich m
tat v / Frivolitätenarbeit machen, Schiffchenarbeit machen
‖ ~ / in Frivolitätenarbeit herstellen ‖ ~ n (coarse
bagging made in Burma and India, made of jute and also
split bamboo) / grobe Juteleinwand, rauhe Leinwand
tataja fibre (light, flexible, cloth-like bast of the Couratari
tree) / Tururibaumfaser f
tatsan silk / (Art) chinesische Rohseide
tatte mat / Jutematte f aus Indien
tatter v / zu Lumpen zerreißen
tattersall n (GB) / farbiggewürfelter Westenstoff ‖
~ **check** / farbige Deckkaromusterung
tatting n (operation of producing lace by hand by making
various loops to form delicate designs with a shuttle) /
Frivolitätenarbeit f, Schiffchenarbeit f (Art Spitze) ‖
~ **cotton** / Frivolitätenzwirn m ‖ ~ **lace** /
Schiffchenspitze f ‖ ~ **shuttle** / Handarbeitsschiffchen n
taupe adj / maulwurffarben adj, maulwurfgrau adj
taurino n / Kuhhaar- und Wollmischgewebe n
tautened warp (weav) / festgezogene Kette
taut pick (weav) / Klemmschuß m
tawny n / lohfarbenes Kleidungsstück ‖ ~ (obs) /
lohfarbener Stoff ‖ ~ adj / lohfarben adj, ledergelb adj,
gelbbraun adj
taxili cotton / (Art) mazedonische Baumwolle
Taylor cotton (Alabama) / kurzstapelige Baumwolle ‖
~ **cotton** (South Carolina) / langstapelige Baumwolle
taysaam n / (Art) chinesische Rohseide
Tcharhad rug / Tsharhad m (kleiner handgeknüpfter
persischer Teppich)
Tcherkess rug / Kasak m, Kassak m (tscherkessischer
Teppich)
T-cloth n (GB) / billiger Baumwollstoff
Td (**titre denier**) (GB), (**titer denier**) (US) / Legaltiter m,
legaler Titer (in Denier) ‖ ~ (s. titer denier) ‖ ~ (s. titre
denier)

tea cloth / Kaffeedecke f, kleine Tischdecke ‖ ~ **cloth** /
Küchentuch n, Geschirrtuch n, Küchenhandtuch n,
Abtrockentuch n ‖ ~ **cosy** (GB), **tea cozy** (US) /
Teehaube f, Teewärmer m ‖ ~ **gown** / Nachmittagskleid
n
teak adj / teakholzfarbig adj
tearability n / Zerreißbarkeit f
tearer n / Reißer m (DIN 64764)
tear growth resistance / Weiterreißfestigkeit f ‖
~ **growth test** / Weiterreißversuch m
tearing assembly (raising) / Reißgarnitur f ‖ ~ **goods**
(GB) / für den Afrikahandel bestimmte Baumwoll- u.
Leinenwaren ‖ ~ **machine** (spinn) / Reißwolf m,
Reißmaschine f, Reißer m, Schlagwolf m, Klopfwolf m,
Klopfmaschine f ‖ ~ **oil** / Batschöl n, Schmälze f,
Schmälzöl n, Appreturöl n, Textilöl n, Schmälzmittel n,
Batschmittel n ‖ ~ **point** / Reißstelle f ‖ ~ **point** /
Reißgrenze f ‖ ~ **rate** / Zerreißgeschwindigkeit f ‖
~ **strength** / Reißkraft f
tear in selvedge / Kantenriß m ‖ ~ **into fibres** / zerfasern
v ‖ ~ **length** / Einreißlänge f ‖ ~**-off movement** (spinn) /
Abreißbewegung f ‖ ~ **propagation resistance** /
Weiterreißfestigkeit f ‖ ~ **resistance** / Reißfestigkeit f,
Zerreißfestigkeit f ‖ ~ **strength** / Zerreißfestigkeit f,
Reißfestigkeit f, Einreißfestigkeit f, Rißbeständigkeit f ‖
~ **strength tester** / Einreißfestigkeitsprüfgerät n,
Einreißfestigkeitsprüfer m ‖ ~ **test** / Reißprobe f,
Reißversuch m ‖ ~ **tester** / Einreißfestigkeitsprüfgerät n
‖ ~ **testing** / Einreißfestigkeitsprüfung f
tease v (weav) / karden v, krempeln v, kratzen v, aufrauhen
v ‖ ~ (wool) / kämmen v, krempeln v, kardätschen v,
karden v ‖ ~ (flax) / hecheln v ‖ ~ (tow) / auszupfen v
‖ ~ (cloth) / aufrauhen v, rauhen v, kardieren v ‖ ~ n
(weav) / Karden n, Krempeln n, Kratzen n, Aufrauhen n
‖ ~ (wool) / Kämmen n, Krempeln n, Kardätschen n,
Kardieren n ‖ ~ (flax) / Hecheln n ‖ ~ (tow) /
Auszupfen n ‖ ~ (cloth) / Aufrauhen n, Rauhen n,
Kardieren n
teased wool / Reißwolle f
teasel v (weav) s. tease (weav) ‖ ~ n / Rauhkarde f,
Tuchkarde f, Weberkarde f, Kratze f, Rauhkardendistel
f, Naturkarde f (DIN 64990) ‖ ~**-angle variator** /
Rauhwinkeleinstellvorrichtung f
teasel[l]er n s. teasel
teasel frame (weav) / Kardenrahmen m ‖ ~ **gig** (weav) /
Kardenrauhmaschine f
teasel[l]ing roller / Rauhwalze f, Rauhzylinder m
teasel napping machine / Kardenrauhmaschine f ‖
~ **raising machine** / Rollkardenrauhmaschine f,
Stabkardenrauhmaschine f ‖ ~ **rod** / Rauhspindel f,
Rauhstab m ‖ ~ **roller machine** /
Rollkardenrauhmaschine f, Stabkardenrauhmaschine f
teasels pl / Rauhkratzen f pl
teaser n (spinn) / Reißwolf m, Schlagwolf m, Klopfwolf m,
Klopfmaschine f ‖ ~ **for fibre preparing** / Reißer m für
Spinnstoffaufbereitung (DIN 64764)
teasing machine / Reißmaschine f (für Alttextilien)
teasling bar / Kardenstab m ‖ ~ **machine** /
Rollkardenrauhmaschine f, Stabkardenrauhmaschine f
tea stain / Teefleck m ‖ ~ **towel** / Küchentuch n,
Geschirrtuch n, Küchenhandtuch n, Abtrockentuch n
teazel (US), **teazle** (US) s. teasel
technical data (relating to fibres) / fasertechnologische
Werte ‖ ~ **fabrics** / technische Gewebe n pl ‖ ~**-grade
solvent** / technisches Lösungsmittel ‖ ~ **length** /
technische Länge ‖ ~ **monofils** / Drähte m pl ‖
~ **notation** (knitt) / Garnlegungsweg m, Fadenverlauf m
‖ ~ **textiles** / Industrietextilien pl, technische Textilien n ‖
~ **wool felt** / technischer Wollfilz, industrieller Wollfilz
tec-net n (for foundation garments) / Spitzentüll m
tecum fibre s. tecun fibre
tecun fibre (very strong leaf fibres from a palm in Brazil
and Peru) / Tucumapalmenfaser f

teddy

teddy bear cloth / Flauschmantelstoff *m* mit gerauhter Haardecke
tee-shirt *n* (fash) s. T-shirt
teg wool / Jährlingswolle *f*
Teheran rug (carpet of a structure similar to Ispahan) / Wollteppich *m* aus Teheran
Teherken rug / Kasak *m*, Kassak *m* (tscherkessischer Teppich)
telescopic gripper loom (weav) / Teleskop-Greifer-Webmaschine *f* ‖ ~ **weft inserting hook** (weav) / Teleskopgreifer *m*
Tellapatti cotton / grobe südindische Baumwolle
temper *v* (dye) / mildern *v*
temperature and humidity control / Temperatur- und Feuchtigkeitsregelung *f* ‖ ~ **and moisture conditions in the shoe** (hos) / Fußklima *n* ‖ ~ **constantly maintained in the treatment chamber** / Standtemperatur *f* ‖ ~ **gradient** (becomes discernible during dyeing as a consequence of the heat test) (dye) / Temperaturkante *f* ‖ ~ **gradient drying** / Stufentrocknung *f* ‖ ~ **gradient method** / Temperaturstufenverfahren *n* ‖ ~ **insulation** (clothing) / Wärmerückhaltung *f* ‖ ~ **insulation properties** *pl* / Wärmerückhaltevermögen *n* ‖ ~ **of clarification** / Klarpunkt *m* (often called "Trübungspunkt") ‖ ~ **pattern**, temperature profile / Temperaturverlauf *m* ‖ ~ **regulator** / Temperaturregler *m* ‖ ~ **resistance** / Temperaturbeständigkeit *f*
tempering *n* (dye) / Zusatz *m*, Milderung *f*
template *n* (sew) / Zuschneideschablone *f*
temple *n* (weav) / Tempel *m*, Breithalter *m*, Ausspanner *m*, Spannstab *m*, Spannstock *m*, Spannrute *f* ‖ ~ **for weaving loom** / Webstuhlbreithalter *m* ‖ ~ **mark** (defect) / Breithalterschaden *m*, Breithalterfleck *m* ‖ ~ **roll[er]** / Stachelwalze *f*
temporary hardness (of water) / temporäre Härte, vorübergehende Härte, Karbonathärte *f* ‖ ~ **retarder** (dye) / Temporär-Retarder *m* ‖ ~ **twist** (fil) / vorübergehende Drehung
ten *n* / Flachshechel *f*, Mittelhechel *m*
tenacity *n* / Reißlänge *f*, Festigkeit *f* ‖ ~ / Festigkeit *f*, Reißfestigkeit *f*, Feinheitsfestigkeit *f*, Zähigkeit *f* ‖ ~ **wet in percent of dry** (fibres) / relative Naßfestigkeit
ten-bowl laboratory calender / Zehn-Walzen-Laborkalander *m*
tendency to ball / Neigung *f* zum Zusammenballen ‖ ~ **to block** / Neigung *f* zum Blocken ‖ ~ **to creasing** / Knittertendenz *f*, Knitterneigung *f* ‖ ~ **to form foam** (textile chemicals) / Schäumvermögen *n* (DIN 53902) ‖ ~ **to give skittery dyeings**, tendency to give tippy dyeings (wool) / Schipprigfärben *n*, Spitzigfärben *n* ‖ ~ **to mark physical differences in the fibre** (dye) / Neigung *f* zum Markieren von materialbedingten Affinitätsunterschieden der Faser ‖ ~ **to pilling** / Pillneigung *f*, Pillingneigung *f*, Neigung *f* zum Pillen ‖ ~ **to produce barry dyeings** / Neigung *f* zum Streifigfärben ‖ ~ **to soiling** / Neigung *f* zum Anschmutzen, Anschmutzungsneigung *f* ‖ ~ **to sticking** / Neigung *f* zum Kleben, Neigung *f* zur Klebrigkeit ‖ ~ **to yellowing** / Neigung *f* zum Vergilben, Vergilbungsneigung *f*
tender *v* / schwächen *v*, brüchig machen
tendered, become ~ (of fabric) / brüchig werden
tendering *n* / Schwächung *f*, Schädigung *f*, Morschwerden *n*, Mürbewerden *n* ‖ ~ **effect** / Schädigungseffekt *m* ‖ ~ **of the fibre** / Faserschädigung *f*, Faserschwächung *f* ‖ ~ **substance** / Schädiger *m*
tenderization *n* / Schwächung *f*, Schädigung *f*, Morschwerden *n*, Mürbewerden *n*
Teneriffe lace (native-made lace in the Canary Islands, the pattern consists of wheels) / Teneriffa-Spitze *f*
Tennessee cotton / Tennessee-Baumwolle *f*
tennis cloth / Tennisstoff *m* ‖ ~ **dress** / Tenniskleid *n*, Tenniskleidung *f*, Tennisdreß *m* ‖ ~ **flannel** / Tennisflanell *m* ‖ ~ **net** / Tennisnetz *n*

ten-shaft... (weav) / zehnbindig *adj*
tenside *n* / Tensid *n* (ein grenzflächenaktiver Stoff) ‖ ~ s. also surface-active agent
tensile creep strength (mat test) / Zeitstandzugfestigkeit *f* ‖ ~ **elongation** / Zugdehnung *f* ‖ ~ **failure** / Zugbruch *m* ‖ ~ **force** / Zugkraft *f* ‖ ~ **load** / Zugbeanspruchung *f* ‖ ~ **properties** / Zugdehnungseigenschaften *f pl*, Zugverformungseigenschaften *f pl*, Zug-Dehnungs-Verhalten *n* ‖ ~ **resistance of fabric** / Gewebezugkraft *f* ‖ ~ **strength** / Zugfestigkeit *f* (DIN 53404), Reißfestigkeit *f*, Zerreißfestigkeit *f*, Reißkraft *f*, Höchstzugkraft (DIN 53815)f. ‖ ~ **strength at yield** / Streckspannung *f* ‖ ~ **strength elongation curve** / Zugkraft-Längenänderungskurve *f* ‖ ~ **strength loss** / Zugfestigkeitsverlust *m* ‖ ~ **strength test** / Zugversuch *m*, Zerreißprüfung *f* ‖ ~ **strength tester** / Zugfestigkeitsprüfgerät *n*, Zerreißmaschine *f*, Festigkeitsprüfer *m*, Festigkeitsprüfmaschine *f*, Zug-Dehnungsprüfgerät *n* ‖ ~ **stress** / Zugspannung *f* ‖ ~ **stress at given elongation** / Spannung *f* bei bestimmter Dehnung ‖ ~ **stress strain properties** / Zugdehnungseigenschaften *f pl*, Zugverformungseigenschaften *f pl*, Zug-Dehnungs-Verhalten *n* ‖ ~ **test** / Zugfestigkeitsprüfung *f* ‖ ~ **tester** (mat test) / Zugprüfmaschine *f* ‖ ~ **test on strips of textile fabrics** / Streifenzugprüfung *f* (DIN 53857)
tensiometer *n* / Zugfestigkeitsmeßgerät *n*, Zugspannungsmeßgerät *n*
tension *n* / Spannung *f*, Zugspannung *f* ‖ ~ **arm** / Spannarm *m* ‖ ~ **bar** / Zugstange *f* ‖ ~ **bar** (warp knitt) / Fadenkreuz *n* ‖ ~ **bracket** / Spannbügel *m* ‖ ~ **compensation regulation of the warp sheet** / Spannungsausgleichregelung *f* der Garnschar ‖ ~ **compensator** / Spannungsausgleicher *m* ‖ ~ **depressor** / grenzflächenaktiver Stoff, oberflächenaktiver Stoff, die Oberflächenspannung erniedrigender Stoff ‖ ~ **device** / Fadenspannungsregler *m*, Fadenspannungsvorrichtung *f*, Spannungswächter *m* ‖ ~ **device for weft thread** (GB), tension device for filling thread (US) / Schußfadenspannvorrichtung *f*
tensioner *n* (sew) / Spanneinrichtung *f*
tension feeler / Spannungsfühler *m* ‖ ~**-free continuous washing of knitted goods** / spannungsloses kontinuierliches Waschen von Wirk- und Strickwaren ‖ ~**-free fabric feed** / spannungsfreie Warenführung ‖ ~**-free operating washing machine** / spannungslos arbeitende Waschmaschine
tensionless *adj* / spannungslos *adj*, spannungsfrei *adj* ‖ ~ **and contact-free intermediate drying** / spannungsloses, kontaktfreies Zwischentrocknen ‖ ~ **drier** / Spannungslos-Trockner *m*, Flachbahntrockner *m* ‖ ~ **feeding** / spannungsfreie Zuführung ‖ ~ **inspection machine** / spannungsfreie Warenschaumaschine ‖ ~ **offtake over cooling rollers** / spannungsloses Abziehen über Verkühlwalzen ‖ ~ **roller washing machine** / spannungslos arbeitende Walzenwaschmaschine ‖ ~ **treatment** / spannungslose Behandlung
tension of the thread / Anspannung *f* des Fadens, Fadenzug *m* ‖ ~ **of the warp** (weav) / Streckung *f* der Kette, Kettspannung *f* ‖ ~ **regulation** (sew) / Spannungsregulierung *f* ‖ ~ **regulator** / Fadenspannungsregler *m*, Spannungsregler *m*, Spannungsregler *m*, Fadenspannungsvorrichtung *f* ‖ ~ **release mechanism** / Spannungslöseeinrichtung *f* ‖ ~ **rep** / Rips *m* mit abwechselnder Kettspannung ‖ ~ **ring** / Spannungsring *m* für Zierfäden bei Aufplattiermaschinen ‖ ~ **rod** / Spannstab *m* ‖ ~ **roll[er]** / Spannrolle *f*, Spannwalze *f*, Andrückrolle *f*, Andrückwalze *f* ‖ ~ **roller assembly** / Spann-Walzenaggregat *n* ‖ ~ **test** / Zugversuch *m*, Zerreißprüfung *f* ‖ ~ **tester** / Zugfestigkeitsprüfgerät *n*, Zerreißmaschine *f*, Festigkeitsprüfer *m*,

Festigkeitsprüfmaschine f, Zug-Dehnungsprüfgerät n ||
~ thread / Einflechtfaden m, Spannfaden m
tensor gap (distance between top and bottom apron at their frontal turning point) (card) / Maulweite f
tent awning / Zeltvordach n || ~ canvas / Zeltleinwand f ||
~ cloth, tent fabric / Zeltstoff m, Zeltbahnstoff m
tenter v (US) / spannen v, aufspannen v, aufrahmen v ||
~ n (US) s. tenter frame and stenter || ~ bar / Spannstange f, Spannrahmenleiste f || ~ clip / Spannkluppe f ||
~ delivery end / Spannrahmenauslauf m || ~ drier / Spannrahmentrockner m, Rahmentrockner m, Trockenrahmen m, Planrahmentrockenmaschine f ||
~ drying / Spannrahmentrocknung f || ~ drying machine s. tenter drier || ~ feed end / Spannrahmeneinlauf m || ~ feeder / Spannrahmeneinführapparat m || ~ finish / Zurichtung f auf dem Spannrahmen || ~ fixation (dye) / Spannfixierung f || ~ frame / Spannrahmen m, Rahmenmaschine f, Trockenrahmen m, Planrahmen m, Spannmaschine f, Rahmenspannmaschine f, Zeugspanner m, Streckrahmen m, Breitspannmaschine f, Streckmaschine f, Gewebestreckmaschine f, Spann- und Trockenrahmen m || ~ frame with overfeed / Spannrahmen m mit Voreilung
tenterhook n, tenter hook / Spannhaken m || ~ willow / Krempelwolf m
tentering n (US) / Spannrahmentrocknung f, Aufspannen n, Aufrahmen n, Spannrahmendurchlauf m, Spannrahmendurchgang m, Spannrahmenpassage f || ~ , drying and setting machine / Spann-, Trocken- und Fixiermaschine f || ~ and drying machine / Spann- und Trockenmaschine f || ~ chain / Spannrahmenkette f, Spannkette f (DIN 64990) || ~ frame s. tenter frame ||
~ gill / Spannrahmennadel f || ~ limit (weav) / Spannfeld n
tenter machine, tentering machine s. tenter frame ||
~ passage / Spannrahmendurchgang m, Spannrahmenpassage f, Spannrahmendurchlauf m ||
~ pin / Spannrahmenstift m || ~ pincer / Aufspannkluppe f || ~ setting / Spannrahmenfixierung f || ~ with lateral ventilation / Querluftspannrahmen m
tent·-shaped style (fash) / Windstoß-Stil m, Windstoß-Look m || ~ side wall fabric / Zeltseitenwandgewebe n || ~ stitch (embroidery) / Perlstich m || ~ work (embroidery) / Perlstickerei f
terai n (hat) / breitkrempiger Filzhut (der Europäer in subtropischen Ländern)
terminal amino group / Endaminogruppe f || ~ group / endständige Gruppe, terminale Gruppe, Endgruppe f
terminated adj (chem) / endgestoppt adj
termite resistant finish / Termitenschutzausrüstung f, Termitenschutz-Imprägnierung f
ternary colours / ternäre Farben f pl || ~ fibres / ternäre Fasern f pl || ~ system / ternäres System, Dreistoffsystem n, Dreikomponentensystem n
ter-polymer / Terpolymer n, Mischpolymerisat n aus drei Komponenten
terra·-cotta adj / terrakotta adj, ziegelrot adj, bräunlich-orange adj, terrakottafarben adj || ~ nova / eine sizilianische Baumwollsorte
terry n / Frottiertuch n, Frottiergewebe n, Frottierware f ||
~ adj / frotteeartig adj || ~ (velvet) / ungeschnitten adj ||
~ cloth / Frottiergewebe n, Frottierstoff m, Frottierware f, Frottiertuch n || ~ cloth goods / Frottierwaren f pl, Frottierartikel m pl || ~ cloth warp knitting machine / Frottier-Kettenwirkautomat m ||
~ instrument / Fadenlegplatine f für Plüschsohlen ||
~ jacquard machine / Frottee-Jacquardmaschine f, Frotté-Jacquardmaschine f || ~ loom / Frottierwebstuhl m, Frottierwebmaschine f, Frottiermaschine f || ~ loop / Plüschhenkel m, Plüschschleife f, Schlinge f des ungeschnittenen Samtes || ~ poplin / Schlingenpopelin m, Schlingenpopeline f || ~ sole (hos) / Plüschsohle f bei Strumpfwaren || ~ thread / Schlingenfaden m || ~ towel

/ Frottiertuch n, Frottierhandtuch:n., (incorrectly:) Frotteetuch n, (incorrectly:) Frotteehandtuch n ||
~ towelling / Frottierware f, Frottiergewebe n, Frottierstoff m || ~ velvet (uncut pile) / Frisésamt m, Kräuselsamt m, Samt m mit unaufgeschnittenem Pol, ungeschnittener Samt, ungeschnittener Plüsch, Frottiervelours || ~ warp / Schlingenkette f, Schlaufenkette f, Schleifenkette f || ~ warp beam / Schleifenkettbaum m || ~ weave / Frottierbindung f ||
~ weaving machine / Frottierwebmaschine f || ~ yarn rubbing drawer (spinn) / Frotteurstrecke f
tertiary amine / tertiäres Amin || ~ butanol / tertiäres Butanol || ~ system / ternäres System, Dreistoffsystem n, Dreikomponentensystem n
test by comparison / Vergleichsprüfung f || ~ by twist-untwist method (yarn) / Nullmethoden-Drehungsprüfung f || ~-control specimen (dye) / Kontrollfärbemuster n, Prüfmuster n || ~ dyeing / Testfärbung f, Probefärbung f, Kontrollfärbung f
tester n (of bed) / Baldachin m, Betthimmel m || ~ for yarn evenness / Garngleichheitsprüfgerät n
test fabric (specially made for fastness testing) / Testgewebe n
testing colour fastness of textiles (with artificial light) / Prüfen n der Lichtechtheit von Textilien (mit künstlichem Licht) (DIN 54004) || ~ oven for moisture / Feuchtigkeitsprüfer m, Konditioniervorrichtung f ||
~ resistance to white spirits / Prüfen n der Benzinfestigkeit || ~ water repellency / Prüfen n der wasserabweisenden Ausrüstung, Prüfen n der Hydrophobeffekte
test printing machine (text pr) / Probendruckmaschine f ||
~ reel (silk) / Titrierhaspel f || ~ sample / Prüfmuster n || ~ soiled fabric / Gewebe n mit Testanschmutzung, Schmutztestgewebe n, angeschmutztes Gewebe ||
~ soiling / Testanschmutzung f || ~ specimen / Probe f || ~ strip / Streifenprobe f
tetrachloroethylene n / Tetrachloräthen n, Tetrachloräthylen n, Perchloräthylen n
tetrafluoroethylene n / Tetrafluoräthylen n, Tetrafluoräthen n, Perfluoräthen n, Perfluoräthylen n
tetrahydrofuran n / Tetrahydrofuran n, Tetrahydrofurfuran n, Tetramethylenoxid n
tetraphosphoric acid / Tetraphosphorsäure f
tetrasodium phosphate / Tetranatriumphosphat n ||
~ pyrophosphate / Natriumdiphosphat n, Natriumpyrophosphat n, Tetranatriumpyrophosphat n
tetrasubstitution product / Tetrasubstitutionsprodukt n, tetrasubstituiertes Produkt
tetrazo compound / Tetrazoverbindung f || ~ dyestuff / Tetrazofarbstoff m
tex n / Tex n, tex n, Feinheit f im tex-System (DIN 60900 und 60905)
Texas cotton / sämtliche Texas- und Oklahoma-Baumwollsorten f pl || ~ stormproof cotton (called "stormproof" because the matured seed cotton does not fall from the bolls as readily as with most varieties) / eine spätreifende Uplandbaumwollsorte
tex number / tex-Zahl f (Gewicht von 1000 m in p) ||
~ system / for numbering textile fibres, intermediate products, yarns, threads and related products) / tex-System n, zur Feinheitsbezeichnung von textilen Fasern, Zwischenprodukten, Garnen, Zwirnen und verwandten Erzeugnissen (DIN 60900 und 60905) ||
~ system of yarn counts / tex-Numerierung f, tex-System n (DIN 60900 und 60905)
textile adhesive agent / Textilkleber m || ~ assistant / Textilhilfsmittel n, Textilhilfsstoff m, Textilveredlungsmittel n || ~ auxiliary / Textilhilfsmittel n, Textilveredlungsmittel n || ~ auxiliary / Textilveredlungsmittel n || ~ base (ctg) / Textilträger m || ~ bonding / Verkleben n von Textilien || ~ calender / Textilkalander m || ~ Care Labelling Code (BS 2747) / britische Pflegekennzeichnungs-Vorschriften f pl ||

textile

~ **car-seat upholstery fabric** / Textilgewebe n für Autositzpolster ‖ ~ **cleanser** / Textilreinigungsmittel n ‖ ~ **coating** / Textilbeschichtung f ‖ ~ **cutting machine** / Textilschneidemaschine f ‖ ~ **detergent** / Textilwaschmittel n ‖ ~ **embossing** / Prägen n von textilen Stoffen ‖ ~ **embossing calender** / Textilprägekalander m ‖ ~ **fabric** / textiles Flächengebilde, Gewebe n ‖ ~ **fabrics** / Textilien pl, Textilerzeugnisse n pl ‖ ~ **Fiber Products Identification Act of 1960 (T.F.P.I. Act)** (US) / amerikanisches Textilkennzeichnungsgesetz 1960 ‖ ~ **fibre** / Textilfaser f, Textilfaserstoff m, textiler Faserstoff ‖ ~ **fibre properties** / Textilfasereigenschaften f pl ‖ ~ **finisher** / Textilveredler m, Ausrüster m ‖ ~ **finishing** / Textilveredlung (TV) f, Textilausrüstung f, textile Ausrüstung, Appretieren n ‖ ~ **finishing agent** / Textilveredlungsmittel n, Textilausrüstungshilfsmittel n ‖ ~ **finishing machine** / Textilveredlungsmaschine f, Textilausrüstungsmaschine f, Appreturmaschine f ‖ ~ **flammability** / Entflammbarkeit f von Textilien ‖ ~ **floor covering** / textiler Bodenbelag ‖ ~ **folding, rolling and measuring machine** / Textilaufmachungsmaschine f ‖ ~ **glass** / Textilglas n (DIN 61800 und 61850) ‖ ~ **glass continuous filament yarn** / Glasfilamentgarn n ‖ ~ **glass cord** / Textilglasschnur f, Textilglaskordel f (DIN 61850) ‖ ~ **glass fibre** / Textilglasfaser f (DIN 61850) ‖ ~ **glass mat** / Textilglasmatte f (DIN 61850) ‖ ~ **glass prepreg** / vorimprägniertes Textilglas, "Textilglas-Prepreg" (DIN 61850) ‖ ~ **glass staple fibre** / Glasstapelfaser f ‖ ~ **glass tube** / Textilglasschlauch m (DIN 61850) ‖ ~ **glass yarn** / Textilglasgarn n (DIN 61850) ‖ ~ **goods** / Textilwaren f pl, Textilartikel m pl, Textilien pl ‖ ~ **gum** (text pr) / Industriegummi m n ‖ ~ **industry** / Textilindustrie f ‖ ~ **ink** (text pr) / Druckfarbe f ‖ ~ **laminate** / Textilschichtstoff m, Textillaminat n, Schichtpreßstoff m, Gewebeschichtstoff m ‖ ~ **lubricant** / Textilschmälzmittel n, Textilschmälze f ‖ ~ **lubricant** / Schmiermittel n für Textilzwecke ‖ ~ **magnifier** / Textillupe f, Leuchtlupe f ‖ ~ **mesh** (lam) / Netzgrund m aus Textilien ‖ ~ **oil** / Textilöl n, Appreturöl n, Batschöl n, Schmälzöl n, Schmälze f, Batschmittel n, Schmälzmittel n ‖ ~ **pest** / Textilschädling m ‖ ~ **planar fabric** / textiles Flächengebilde, Gewebe n ‖ ~ **printing** / Textildruck m, Zeugdruck m, Stoffdruck m ‖ ~ **printing machine** / Textildruckmaschine f ‖ ~ **processing** / Textilverarbeitung f ‖ ~ **radial-ply tyre** / Textilgürtelreifen m ‖ ~ **raw material** / textiler Rohstoff m, Textilrohstoff m ‖ ~ **release carrier** (ctg) / Textiltrennträger m ‖ ~ **Research Institute** / Textilforschungsinstitut n ‖ ~ **Research Institute** (s. TRI)

textiles pl / Textilien pl, Textilerzeugnisse n pl
textile screw pine / Polynesischer Schraubenbaum ‖ ~ **seat upholstery fabric** / Textilgewebe n für Sitzpolster
textiles for road building / Straßenbau-Textilien pl
textile side (ctg) / Gewirkseite f ‖ ~ **size** / Textilschlichte f, textile Schlichte, haftmittelfreie Schlichte ‖ ~ **soap** / Textilseife f ‖ ~ **strip carrier** (ctg) / Textiltrennträger m ‖ ~ **tile** / Textilfliese f ‖ ~ **transfer coating** / Textilbeschichtung f nach dem Umkehrverfahren, Textilbeschichtung f nach dem Transfer-Verfahren ‖ ~ **wall covering** / Textiltapete f, Stofftapete f ‖ ~ **wall-coverings coating system** / Textiltapeten-Kaschieranlage f ‖ ~ **washing agent** / Textilwaschmittel n ‖ ~ **wax** / Textilwachs n
textilgarn n / Textilgarn n
textilose n / Textilosegarn n
textural design / Bindungsmusterung f
texture v / texturieren v ‖ ~ n (weav) / Bindung f, Bindungsart f, Webart f ‖ ~ (organic pigm) / Kornhärte f

textured adj / texturiert adj ‖ ~ **carpet** / Teppich m mit Oberflächenstruktur, Strukturteppich m ‖ ~ **carpet** / Teppich m aus texturiertem Garn ‖ ~ **curtain** / Strukturgardine f
texture density / Gefügedichte f
textured filament article / Artikel m aus texturierten Fäden ‖ ~ **filament yarn** / texturiertes Filamentgarn ‖ ~ **glass filament yarn** / texturiertes Glasfilamentgarn (DIN 61850) ‖ ~ **polyamide** / texturiertes Polyamid, Kräuselpolyamid n ‖ ~ **polyester** / texturiertes Polyester, Kräuselpolyester n ‖ ~ **polyester continuous filament yarn** / texturierter Polyester-Endlosfaden ‖ ~ **polyester knitwear** / texturierte Polyester-Strickware, texturierte Polyester-Wirkware ‖ ~ **polyester set yarn** / texturiertes Polyester-Setgarn ‖ ~ **yarn** / texturiertes Garn, Texturgarn n, Bauschgarn n ‖ ~ **yarn** / textiliertes Garn ‖ ~ **yarn fabric** / Texturé n (Gewebe aus texturierten Garnen)
texture effect / Struktureffekt m ‖ ~ **of a fabric** / Gewebestruktur f ‖ ~ **retention** / Erhaltung f des Warenbildes, Erhaltung f der Struktur ‖ ~ **weave of textile fabric** / textile Strukturbindung
texturing n / Texturierung f ‖ ~ **apron** / Texturier-Riemchen m pl ‖ ~ **fluid** / Texturieröl n ‖ ~ **machine** / Texturiermaschine f ‖ ~ **velocity** (yarn) / Texturiergeschwindigkeit f
texturized adj / texturiert adj ‖ ~ s. also entries under textured ‖ ~ **goods** / Texturé-Artikel m pl ‖ ~ **polyamide** / Polyamid texturé ‖ ~ **yarn** / texturiertes Garn, Texturgarn n, Bauschgarn n
texturizing differences / Texturierunterschiede m pl
T.F.P.I. Act (s. Textile Fiber Products Identification Act of 1960)
thd = thread
theory of interlacing / Bindungslehre f
thermal action / Wärmewirkung f ‖ ~ **conductivity** / Wärmeleitfähigkeit f ‖ ~ **decomposition** / thermische Zersetzung ‖ ~ **degradation** / Abbau m durch Wärmeeinfluß ‖ ~ **expansion** / Wärmedehnung f, Wärmeausdehnung f, thermische Ausdehnung ‖ ~ **expansion coefficient** / Wärmeausdehnungskoeffizient m ‖ ~ **impulse heat sealing** (ctg) / Wärmeimpulssiegeln n ‖ ~ **insulation** / Wärmeisolation f, Wärmeisolierung f, Wärmeschutz m ‖ ~ **knit fabric** (US) / wärmeisolierende Waffelwirkware f ‖ ~ **knit underwear** / Gesundheitswäsche f ‖ ~ **lagging** / Wärmeisolierstoff m ‖ ~ **plasticity** / Thermoplastizität f ‖ ~ **printing** / Transferdruck m, Thermodruck m, Wärmedruck m, Sublimationsdruck m ‖ ~ **property** / thermische Eigenschaft, Wärmeverhalten n ‖ ~ **retention** / Wärmerückhaltevermögen n
thermals pl / warme Unterwäsche
thermal severity number / Wärmeableitungszahl f ‖ ~ **shock test** / Hitzeschockprüfung f ‖ ~ **stability** / thermische Beständigkeit, Temperaturbeständigkeit f, Wärmestandfestigkeit f, thermische Stabilität, Thermostabilität f
thermoactivation process / Thermoaktivierungsprozeß m
thermobonding n / Thermofusion f, Thermoverfestigung f
thermochromism n / Thermochromie f
thermochrosis n, thermochrosy n / Thermochrose f, Warmfärbung f
thermodepositing method (bleaching) / Thermo-Ablageverfahren n
thermoelasticity n / Thermoelastizität f, Wärmeelastizität f
thermofix v (dye) / thermofixieren v
thermofixation n / Thermofixierung f ‖ ~ **frame** (dye) / Thermofixierrahmen m
thermofixing n / Thermofixieren n ‖ ~ **machine** / Thermofixiermaschine f
Thermo-flush process / Thermo-Flush-Verfahren n

thermofusing n / Heißsiegeln n ‖ ~ **press** / Heißsiegelpresse f
thermogravimetric analysis / thermogravimetrische Analyse
thermogravimetry n / Thermogravimetrie f
thermohotflue n / Thermohotflue f, Thermohaspelwalzentrockner m
thermomigration / Thermomigration f ‖ ~ **inhibitor** / Thermomigrationsinhibitor m, Thermomigrationshemmer m ‖ ~-**resistant** adj / thermomigrierecht adj
thermoplastic bonding agent / Thermoplastkleber m ‖ ~ **fibre** (nwv) / Bindefaser f, thermoplastische Faser, Schmelzfaser f
thermoplastics pl / Thermoplaste m pl
thermoprint equipment (trans pr) / Transferdruckanlage f, Thermodruckanlage f, Wärmeumdruckanlage f, Sublimationsdruckanlage f
thermoprinting n (type of transfer printing) / Thermodruck m
thermosensitivity n / Wärmesensibilität f, Wärmeempfindlichkeit f
thermoset v / thermofixieren v, heißfixieren v
thermosetting adj / hitzehärtbar adj, wärmehärtbar adj ‖ ~ **adhesive** (based on a thermosetting synthetic resin) / hitzehärtbarer Kunstharzkleber, wärmehärtbarer Kunstharzkleber ‖ ~ **machine** / Heißfixiermaschine f (DIN 64990) ‖ ~ **process** / Thermofixierungsverfahren n ‖ ~ **with superheated steam** / Hydrofixieren n
thermoshrinkage n / Thermoschrumpf m
thermosol v / thermosolieren v ‖ ~ **fixation** (dye) / Thermosolfixierung f ‖ ~ **jet process** / Thermosol-Jet-Verfahren n ‖ ~ **jigger developing** / Thermosol-Jigger-Entwicklung f ‖ ~ **method** / Thermosolverfahren n ‖ ~ **pad-steam process** / Thermosol-Pad-Steam-Verfahren n, Thermosol-Klotz-Dämpfverfahren n ‖ ~/**thermofixation dyeing process** s. TT dyeing process
thermosol/thermofixation dyeing process (s. TT dyeing process)
thermostability n / Thermostabilität f, thermische Stabilität, thermische Beständigkeit, Temperaturbeständigkeit f, Wärmestandfestigkeit f
thermotropic property (dye) / thermotropische Eigenschaft
thiazine dyestuff / Thiazinfarbstoff m
thiazole dyestuff / Thiazolfarbstoff m ‖ ~ **yellow** / Thiazolgelb n, Titangelb n
Thibet cloth s. Tibet cloth ‖ ~ **wool** / Tibet-Wolle f (Reißwolle aus neuen Stoffen, insbes. Abfällen der Kleiderfabrikation)
thicken v / verdicken v
thickener n / Verdickung f, Verdicker m, Verdickungsmittel n, Verdickungszusatz m, Eindicke f ‖ ~ **agent film** / Verdickungsmittelfilm m ‖ ~ **containing no white spirit** / benzinfreie Verdickung ‖ ~ **dispersion** / Quellkörperdispersion f ‖ ~ **in paste form** / pastenförmiges Verdickungsmittel ‖ ~ **with reaction compound** / Verdickungsmittel n mit Reaktionskomponente
thickening n / Verdickung f, Verdickungsmittel n ‖ ~ **agent** / Verdickung f, Verdicker m, Verdickungsmittel n, Verdickungszusatz m, Eindicke f ‖ ~ **agent based on galactomannans** / Verdickungsmittel n auf Galaktomannanbasis ‖ ~ **[agent] compound** / Verdickungsmittelverband m ‖ ~ **matter** / Verdicker m, Verdickungsmittel n, Eindicke f ‖ ~ **producing sharp outlines** / scharf stehende Druckverdickung
thickness n / Dicke f ‖ ~ / Dichte f ‖ ~ **fault** (fabr) / fehlerhafte Dickstelle ‖ ~ **gauge** / Dickenmesser m, Dickenmeßgerät n ‖ ~ **swelling** (fil) / Dickenquellung f ‖ ~ **tester** / Dickenmesser m, Dickenmeßgerät n
thick-woven adj / dichtgewebt adj, dichtgeschlagen adj
thigh narrowing (hos) / Schenkelminderung f

thimble n (sew) / Fingerhut m, Nähring m
thin-layer chromatography (TLC) / Dünnschichtchromatographie (DC) f ‖ ~-**layer chromatography** (s. TLC)
thinner n / Verdünner m, Verdünnungsmittel n, Streckmittel n, Abschwächer m, Abschwächungsmittel n
thinning agent s. thinner
thin starch paste / Stärkemilch f
thioindigo red / Thioindigorot n
third bobbin drawing box / Vorfeinnitschler m, Vorfeinfrotteur m ‖ ~ **passage of drawing** / Feinstrecke f
thixotropic adj / thixotrop adj ‖ ~ **agent** / Thixotropiermittel n, Thixotropierungsmittel n, thixotroper Stoff, Thixotropie erzeugender Stoff
thixotropy n / Thixotropie f
thong hole (opening at the end of the pull) (zip) / Öffnung f in dem Zugstück
thread v / einfädeln v, anlegen v ‖ ~ / anlegen vt (Faden, Garn) ‖ ~ n (sew) / Faden m ‖ ~ (spinn) / Faden m, Zwirn m, Garn n ‖ ~ **binder** (weav) / Fadenknüpfer m ‖ ~ **board** (weav) / Fadenführerklappe f ‖ ~ **brake** (weav) / Fadenbremse f ‖ ~ **break, thread breakage** (weav) / Fadenbruch m ‖ ~ **breaking** (sew) / Fadenreißen n, Fadenriß m ‖ ~ **break stop motion** (weav) / Fadenbruchabsteller m ‖ ~ **breaks when dividing the warp** (weav) / Fadenbrüche m pl im Teilfeld ‖ ~-**by-thread** (weav) / Fil-à-fil n ‖ ~ **carrier** (knitt) / Fadenführer m, Ringelapparat m ‖ ~ **carrier bar** (knitt) / Fadenführerschiene f, Fadenführerleiste f ‖ ~ **carrier brake** (knitt) / Fadenführerbremse f ‖ ~ **carrier lever** (knitt) / Fadenführerhebel m ‖ ~ **carrying looper** (knitt) / fadenführender Greifer ‖ ~ **catcher** (sew) / Fadenfänger m ‖ ~ **chafing** / Fadenreibung f ‖ ~ **chain** (sew) / Fadenkette f ‖ ~ **chain chopper** (sew) / Fadenkettenabhacker m ‖ ~ **chain cutter** (sew) / Fadenkettentrenner m ‖ ~ **chopper** (fil man) / Guillotine-Schlagmesser m ‖ ~ **chuck** / Fadenvorspanneinrichtung f ‖ ~ **cleaner** (weav) / Fadenreiniger m, Fadenreinigungsbürste f ‖ ~ **cleaning** (weav) / Fadenreinigung f ‖ ~ **clip** / Fadenkluppe f ‖ ~ **clipper** / Fadenabschneider m ‖ ~ **cohesion** / Fadenschluß m ‖ ~ **comb** / Fadenleitkamm m, Fadenführungskamm m ‖ ~ **composites** pl / Fadengelege n, Fadenverbundstoff m ‖ ~ **consumption** / Fadenverbrauch m ‖ ~ **controller spring** / Fadenanzugsfeder f ‖ ~ **cooling curve** / Fadenabkühlkurve f ‖ ~ **count** / Feinheitsnummer f ‖ ~ **count** (weav) / Fadenzahl f ‖ ~ **counter** (weav) / Fadenzähler m, Fadendichtezähler m, Weberglas n ‖ ~ **crossing** (weav) / Fadenkreuzung f ‖ ~ **cutter** (weav) / Fadenabschneider m ‖ ~ **delivery** / Fadenaustritt m ‖ ~ **detector** (weav) / Garnwächter m, Fadenwächter m ‖ ~ **divider** (weav) / Fadenteiler m ‖ ~ **drawing finger** (sew) / Stichlockerungsfinger m ‖ ~ **drawing finger in paste** (sew) / Stichlockerungseinrichtung f ‖ ~ **end** (weav) / Fluse f ‖ ~ **end** / Fadenende n ‖ ~ **ends** (weav) / Fadenenden n pl
threader (knitt) / Einfädler m (DIN 64685), Fädelapparat m, Einfädelapparat m, Einfädelmaschine f, Fadeneinzugsmaschine f, Fädelmaschine f, Einfädelvorrichtung f
thread eye (weav) / Fadenöse f ‖ ~ **eyelet** (weav) / Fadenauge n ‖ ~ **feeder** (weav) / Fadeneinleger m, Fadenlieferer m, Fadenzuführungsvorrichtung f ‖ ~ **feed measurement** / Fadeneinlaufmessung f ‖ ~ **feed wheel** (weav) s. thread wheel ‖ ~ **fibre material** / Fadenfasermaterial n ‖ ~ **finisher** (spinn) / Zwirngläter m ‖ ~ **floats** / Fadenflottierungen f pl ‖ ~ **for marking flaws** / Fehlerfaden m ‖ ~ **friction** / Fadenreibung f ‖ ~ **furnishing wheel** (weav) / Fadenzubringerrad n, Fournisseur m, Fadenlieferer m, Fadenregulator m, Fadeneinleger m ‖ ~ **gripper** / Fadenklemme f ‖ ~ **groove** (sewing needle) / Fadenrinne f ‖ ~ **guide** (weav,

thread

knitt) / Fadenführer m (DIN 62500), Garnausgeber m, Fadenleiter m, Fadenführeröse f, Fadenöse f, Leitschnecke f, "Sauschwänzchen" n || ~ **guide** (sew) / Fadenführung f || ~ **guide adjustment** / Fadenführereinstellung f || ~ **guide arm** / Fadenführerbügel m || ~ **guide bar** / Fadenführerhalter m || ~ **guide board** / Fadenführerlatte f || ~ **guide box** / Fadenführerbremse f || ~ **guide comb** / Fadenleitkamm m, Fadenführungskamm m || ~ **guide damper** / Fadenführerbremse f || ~ **guide drive** / Fadenführerantrieb m || ~ **guide drum** / Fadenführertrommel f || ~ **guide eye** / Fadenführerauge n, Fadenführeröse f || ~ **guide gripper** / Fadenführergreifer m || ~ **guide hook** / Fadenführerhaken m || ~ **guide lappet** / Fadenführerkulisse f || ~ **guide lever** / Fadenführerhebel m || ~ **guide plate** / Fadenführerblech n, Fadenführerplatte f || ~ **guide rail** / Fadenführerleiste f, Fadenführerschiene f || ~ **guide ring** / Fadenführeröse f || ~ **guide rod** / Fadenleitstange f || ~ **guide roller** / Fadenführerrolle f || ~ **guide shaft** / Fadenführerwelle f || ~ **guide shock absorber** / Fadenführerabbremsvorrichtung f || ~ **guide spring** / Fadenführungsfeder f || ~ **guide tensioning** / Fadenführerspannvorrichtung f || ~ **guide traverse** / Fadenführerhub m || ~ **guide with closed feeder** (knitt) / Fadenführer m mit geschlossenem Nüßchen || ~ **gutter** (weav) / Fadenrinne f || ~ **illumination system** / Fadenbeleuchtungsanlage f || ~ **illuminator** / Fadenleuchte f
threading n / Einfädeln n, Einfädelung f, Fädelung f, Fadeneinzug m || ~ (knitt) / Legung f, Legungseinzug m || ~ **device** (shuttle) s. threader || ~ **hook** / Einfädelnadel f, Einlegenadel f, Fädelhaken m, Einfädlerhaken m || ~**-in squeezer** / Einzugwerk n || ~ **machine** s. threader || ~ **mechanism** s. threading machine || ~ **needle** / Einziehnadel f || ~ **the drop wires** (warping) / Lamellen-Einziehen n (DIN 62500) || ~ **tube** (knitt) / Einfädelröhrchen n || ~**-up stick** (circular knitting machine) / Fadenauflegestock m
thread insertion / Fadeneinzug m, Fadeneinlesen n || ~ **insertion apparatus** / Fadeneinzugapparat m, Fadeneinlesevorrichtung f, Fadeneinlegeapparat m, Einlesemaschine f || ~ **jamming** (sew) / Fadeneinschlag m || ~ **lace** / Leinenspitze f, Baumwollspitze f || ~ **layer** / Fadenlage f, Fadenschicht f || ~ **laying** / Fadenlegen n || ~**-laying device** / Fadenablegevorrichtung f || ~ **lever** / Fadenhebel m
threadline n / Fadenlauf m
thread load / Fadenbelastung f || ~ **loop** / Fadenschleife f, Fadenschlinge f || ~ **lubricator** / Fadenöler m || ~ **marking machine** / Fadenmarkiermaschine f || ~ **monitor** (sew) / Fadenwächter m || ~ **nipper** (sew) / Fadenklemme f || ~ **of the weft**, thread of the woof / Einschlagfaden m, Schußfaden m || ~ **opener** (spinn) / Fadenöffner m || ~ **paper** (spinn) / Garnwickel m (für Verkaufspackung) || ~ **picker**, thread picking machine (spinn) / Fadenklauber m || ~ **plate** (weav, knitt) / Fadenführer m (DIN 62500), Garnausgeber m, Fadenführeröse f, Fadenöse f, Leitschnecke f, "Sauschwänzchen" n || ~ **plate** (sew) / Fadenführung f || ~ **polishing machine** / Fadenpoliermaschine f, Garnpoliermaschine f || ~ **positioning arm** / Fadenrückbringer m || ~ **puller** / Fadenzieher m || ~ **pull-off mechanism** (sew) / Fadennachzieher m || ~ **regulator**, thread regulating wheel / Fournisseur m, Fadenzubringer m, Fadenlieferer m, Fadenregulator m, Fadeneinleger m || ~ **repeat** / Fadenrapport m || ~ **retainer** (sew) / Fadenvorspannung f || ~ **rising above the warp** (weav) / Überschuß m, überschüssiges Garn || ~ **run-off angle** / Fadenlaufwinkel m || ~ **selector** / Fadenauswähler m || ~ **setting** (weav) / Fadeneinstellung f
threadsheet / Fadenschar f

thread sinking / Einsinken n der Fäden || ~ **size** / Fadenstärke f || ~**-sized** adj / fadengeschlichtet adj || ~ **slippage** (sew) / Nähfadenschlupf m || ~ **spiral** (spinn) / Fadenwindung f || ~ **stitching machine** / Fadenheftmaschine f || ~ **stop motion needle** / Fadenwächternadel f || ~ **storage** / Garnlagerung f || ~ **suction** / Fadenabsaugung f || ~ **suction clearing system** / Fadenabsauganlage f || ~ **supply** / Fadenvorrat m || ~ **sweepings** / Kehrfäden m pl || ~ **tail** / Fadenende n || ~ **take-off** / Fadenablauf m, Fadenabzug m || ~ **take-up** / Garnverbrauch m pro Nadelhub, Garnaufnahme f pro Nadelhub || ~ **take-up lever** / Fadenhebel m || ~ **tension** / Fadenspannung f || ~ **tension arm** / Fadenspannarm m || ~ **tension compensating regulator** / Fadenspannungsausgleichvorrichtung f, Fadenspannungsregler m, Spannungsregler m, Spannungswächter m || ~ **tension device** / Fadenspannvorrichtung f, Fadenspannungsregler m, Spannungsregler m, Spannungswächter m || ~ **tension disc** / Fadenspannungsscheibe f || ~ **tensioner** / Fadenspanner m, Fadenspannvorrichtung f, Spannungsregler m, Spannungswächter m || ~ **tension meter** / Fadenspannungsmesser m || ~ **tension metering roller** / Fadenspannungsmeßrolle f || ~ **tension regulator** / Fadenspannungsausgleichvorrichtung f, Fadenspannungsregler m, Spannungsregler m, Fadenspannungswächter m || ~ **tension release** (sew) / Fadenspannungsauslösung f || ~ **tension rocker** / Fadenspannwippe f || ~ **tension spring** / Fadenspannfeder f || ~ **tester** / Fadenprüfer m || ~ **thickness** / Fadendicke f, Garnnummer f || ~**/thread friction method** (mat test) / Faden/Faden-Reibungsprüfmethode f || ~ **transfer system** / Fadenumlegesystem n || ~ **trimmer** / Fadenabschneider m || ~ **trimmer** (sew) / Fadenabschneider m, Fadenkettentrenner m || ~ **tube** / Garnhülse f || ~ **unwinding** / Fadenablauf m, Fadenabzug m || ~ **unwinding accelerator** / Fadenabzugsbeschleunigungsvorrichtung f || ~ **waste** / Fadenabfall m, Fadenreste m pl, Spulenrest m || ~ **weight** (sew) / Fadenstärke f || ~ **wheel** / Fournisseur m, Fadenzubringerrad m, Fadenlieferer m, Fadenregulator m, Fadeneinleger m || ~ **winder** / Spulmaschine f, Wickelmaschine f || ~ **winding** / Fadenaufwicklung f || ~ **wiper** (sew) / Fadenabstreifer m
thready finish (finish that allows every thread to be clearly seen) / Fäden aufzeigende Ausrüstung
three--bar warp-knitted pile fabric / dreischienige Polwirkware || ~**-bath scour** / Dreiflottenwäsche f || ~**-bladed beater** (spinn) / dreiarmiger Schläger || ~**-bowl [padding] mangle** (dye) / Dreiwalzenfoulard m || ~**-bowl padding mangle unit equipped with rubber rolls** (dye) / Dreiwalzenfoulardanlage f mit Gummiwalzen, Dreitrogfoulardanlage f mit Gummiwalzen || ~**-bowl scour unit** / Dreibadwaschbatterie f || ~**-bowl transparency embosser** / Dreiwalzentransparentprägekalander m || ~**-cam machine** (knitt) / Dreischloßmaschine f || ~**-card set** / Dreikrempelsatz m, Dreikrempelsortiment n || ~**-carrier alternating attachment** (knitt) / Dreifadenführerwechselapparat m, Ringless-Apparat || ~**-colour combination** / Trichromie f || ~**-colour combination dye** / Dreifarbenmischung f || ~**-colour jacquard** / Dreifarbenjacquard m || ~**-colour pattern** / dreifarbiges Muster || ~**-colour print** / Dreifarbendruck m || ~**-colour roller printing machine** / Dreifarben-Rouleauxdruckmaschine f || ~**-colour striping tackle** / Apparat m für dreifache Fadenwechsel, Dreifarben-Ringelapparat m || ~**-cord** n / dreifädiges Garn, dreifaches Garn, dreisträhniges Garn, Dreifachgarn n || ~**-cord** adj (spinn) / dreifädig adj, dreisträhnig adj || ~**-cord twist** (spinn) / Dreifachzwirn m, dreifädiger

Zwirn ‖ ~-course knop / dreireihige Noppe ‖ ~-cylinder cotton spinning / Dreizylinderbaumwollspinnen n ‖ ~-cylinder spinning / Dreizylinderspinnen n ‖ ~-cylinder yarn (spinn) / Dreizylindergarn n ‖ ~-deck washing maschine / Dreietagenwaschmaschine f ‖ ~-dimensional crimp (of fibres) / dreidimensionale Kräuselung ‖ ~-end twill (weav) / dreibindiger Köper, dreischäftiger Köper ‖ ~-fibre blend, three-fibre union / Dreifasermischung f ‖ ~-finger glove / Dreifingerhandschuh m (DIN 61532)
threefold yarn / einstufiger Zwirn aus drei einfachen Garnen (DIN 60900)
three--harness twill / dreibindiger Köper, dreischäftiger Köper ‖ ~-head serger (sew) / Dreikopf-Umstechanlage f ‖ ~-knit/one tuck mesh hose / hinterlegt-plattierter Mesh-Strumpf, nahtloser Netzstrumpf, Filetstrumpf m ‖ ~-layer unit (ctg) / Dreistrich-Anlage f ‖ ~-leaf adj, three-leaved adj (spinn) / dreifädig adj ‖ ~-leaf twill / dreibindiger Köper, dreischäftiger Köper ‖ ~-leaf twill lining / glanzappretierter, dreibindiger Köperstoff ‖ ~-leaf weft twill / dreibindiger Kettköper, dreischäftiger Kettköper ‖ ~-line drafting system (spinn) / Dreizylinderstreckwerk n ‖ ~-lock machine (knitt) / Dreischloßmaschine f ‖ ~-needle cover stitch / Dreinadeldeckstich m ‖ ~ needle cylinder bed cover seam machine / Dreinadel-Zylinder-Überdecknahtmaschine f ‖ ~-needle flat seam (knitt) / Dreinadelrandnaht f ‖ ~-needle frame (knitt) / Dreinadelstuhl m ‖ ~-needle [hose] frame (weav) / Dreinadelstuhl m ‖ ~ needle interlock machine / Dreinadel-Überdecknähmaschine f ‖ ~-needles sewing machine / Dreinadelnähmaschine f ‖ ~-part card set / Dreikrempelsatz m, Dreikrempelsortiment n ‖ ~-piece n / Trois-pièces n (dreiteilige Kleidungsgarnitur, z.B. Jumperkleid mit Jacke oder Kostüm mit Mantel) ‖ ~-ply stocking / Dreifadenstrumpf m ‖ ~-ply thread, three-ply yarn / dreifädiges Garn, dreifaches Garn, dreisträhniges Garn, Dreifachgarn n ‖ ~-point fashioning finger (knitt) / Dreifachdecker m ‖ ~-position pattern wheel (knitt) / Musterrad, in drei Höhen sortierend ‖ ~-quarter goods / dreiviertel Yard breite (27 Inch) Stoffe ‖ ~-quarter hose / Kniestrumpf m mit Rechts/Rechtsrand, Kniestrumpf m mit Umschlagrand, Dreiviertelstrumpf m ‖ ~-quarter length sock / dreiviertellange Socke ‖ ~-roll calender / Dreiwalzenkalander m ‖ ~-roller mill (pigm grinding) / Dreiwalzenstuhl m ‖ ~-roller spinning mill / Dreizylinderspinnerei f ‖ ~-roller take down with fabric spreader / Dreiwalzenabzug m mit Breithalter ‖ ~-roller warping machine (weav) / Dreiwalzenbäummaschine f ‖ ~-roller yarn (spinn) / Dreizylindergarn n ‖ ~-roll [padding] mangle / Dreiwalzenfoulard m ‖ ~-shaft twill / dreibindiger Köper, dreischäftiger Köper ‖ ~-shot n (cpt) / Dreischuß m ‖ ~-stage doubling machine (spinn) / Dreietagenzwirnmaschine f ‖ ~-station coating line / Dreikopfbeschichtungsanlage f ‖ ~-strand adj, three-stranded, adj. (spinn) / dreischäftig adj, dreilitzig adj ‖ ~-strand twine / dreischäftig Bindfaden ‖ ~-thread fleecy fabric / Bindefadenfutter m ‖ ~-thread overlock machine / dreifädige Overlocknähmaschine ‖ ~-threads pl (spinn) / gezwirntes Garn ‖ ~-thread sewing machine (sew) / Dreifaden-Nähmaschine f ‖ ~-weft binding (weav) / Dreischußbindung f
Threshold Limit Value (TLV) / Schwellengrenzwert m, Maximale Arbeitsplatz-Konzentration (MAK) ‖ ~ Limit Value (s. TLV) ‖ ~ of visual perceptibility / Unterschiedsschwelle f des Auges
throat n / Walzenspalt m ‖ ~ of divider (knitt) / Kehle f der Verteilplatine ‖ ~ of slider (zip) / Ketteneinlauf m des Schiebers ‖ ~ plate (knitt) / Kehlplatte f, Stichplatte f ‖ ~ setting (milling) / Walzenabstand m
throstle n (spinn) / Drossel f, Drosselstuhl m, Drosselmaschine f, Drosselspinnmaschine f,

Ringspinnmaschine f, Flügelspinnmaschine f ‖ ~ frame (spinn) s. throstle ‖ ~ yarn / Drosselgarn n, Trosselgarn n, Throstle-Garn n (Watergarn mit fester Drehung für Kettgarne)
through-and-through n (fabr) / beidrechter Wollstoff ‖ ~ coating / Durchkaschieren n ‖ ~-feed plating machine / Durchlaufbügelmaschine f ‖ ~ printing (dye) / Durchdruck m
throughput n / Durchsatz m ‖ ~ flow volume (water, steam) / Durchflußmenge f, Durchsatz m ‖ ~ rate / Durchflußgeschwindigkeit f, Durchsatzgeschwindigkeit f
throw v (silk) / moulinieren v, zwirnen v
throwaway panties pl / Wegwerfhöschen n ‖ ~ towel / Einmalhandtuch n
throwing n / Moulinieren n, Zwirnen n ‖ ~ frame / Moulinierapparat m, Moulinierzwirnmaschine f, Filierstuhl m ‖ ~ oil / Spulöl n
thrown nylon yarn / gezwirntes Nylongarn, Nylon-Moulinézwirn m ‖ ~ rayon yarn / gezwirntes Viskosefilament, Viskosefilament-Moulinézwirn m ‖ ~ silk / Moulinierseide f, moulinierte Seide, gezwirnte Seide, Moulinézwirn m ‖ ~ singles / gezwirnte Einzelfäden m pl
throw of the shuttle (weav) / Schützenwurf m, Schützenschlag m
throwover n / Kämmaschinenregelung f
throw-over dress (fash) / Übergewand n, Überwurfkleid n ‖ ~ rug / Vorleger m
throwster n / Zwirner m, Seidenzwirner m, Seidenspinner m
thrum v / aus Fransen anfertigen, mit Fransen herstellen ‖ ~ n (weav) / Trumm n (am Ende der Kette) ‖ ~ / Reihe f von Fransen ‖ ~ (sew) / Saum m ‖ ~ / loser Faden ‖ ~ / Quaste f, Franse f ‖ ~ (waste) / Garnabfall m, Fussel f
thrums pl (cotton) (weav) / Knüpfenden n pl ‖ ~ (in cotton weaving) s. beating
thumb-blue adj / waschblau adj ‖ ~ draw thread / Zugtrennfaden m für die Daumenöffnung bei Handschuhlängen, Daumenzeichen n ‖ ~ test (to measure tearing of fabric) / Daumenprobe f
thunder and lightning (fabr) / Marengostoff m, Marengoware f, dunkelgrauer Anzug- o. Mantelstoff
Thybet wool (best class of shoddy) / Thybet-Reißwolle f (aus neuen Stoffen, insbes. Abfällen der Kleiderfabrikation)
Tibetan [carpet] / Tibet-Teppich m ‖ ~ union / Tibethalbwolle f ‖ ~ wool / Tibet-Wolle f
Tibet cloth (originally a fabric made of goats' hair, but more recently a fine woollen cloth made in imitation of camlet) / Tibet m ‖ ~ wool s. Thybet wool
tick n / Kissenbezug m, Überzug m ‖ ~ effect / Vogelaugenmusterung f
ticketing machine / Etikettiervorrichtung f
ticking n (weav) / Inlett n, Drell m, Bettdrell m, Drell-Bettlinett n, Drillich m, Zwillich m
tickler machine (weav) / Deckmaschine f ‖ ~ narrowing finger / Deckergriff m
ticks pl (weav) / Inlett n, Drell m, Bettdrell m, Drillich m
tick-tack effect / Vogelaugenmusterung f
tidy n / Schutzdeckchen n, Zierdeckchen n (auf Sofas usw.)
tie v / binden v, knoten v, knüpfen v ‖ ~ (weav) / die Ziehschnüre anschleifen ‖ ~ (with tie bands) / fitzen v, lose fitzen, abbinden v ‖ ~ n / Schleife f, Masche f, Band n ‖ ~ (fash) / schmales Pelzkollier f ‖ ~ / Schlips m, Krawatte f, Binder m ‖ ~-and-dye method / Abbinderverfahren n vor dem Färben ‖ ~ band (skeining) / Fitzfaden m, Knüpffaden m, Abbindung f ‖ ~ belt / Bindegürtel m ‖ ~ coat (ctg) / Haftstrich m
tied carpet / Knüpfteppich m
tie dyeing / Knüpfbatik f ‖ ~ fabric / Krawattenstoff m ‖ ~ folding and sewing machine / Krawatten-Falt-Nähautomat m ‖ ~ in a bow / zu einer Schleife binden v

tie

~ **into the backing** (cpt) / einbinden in das Grundgewebe || ~-**on label** / Anhänger *m*, Anhänger-Etikett *n*
tier *n* (US) / Kinderschürzchen *n*
tiered skirt (fash) / Stufenrock *m*
tier frame, tier stenter (GB), tier tenter (US) (scr pr) / Etagengestell *n*, Etagenrahmen *m*
tie silk / Krawattenseide *f* || ~ **technique** / Abbindetechnik *f* || ~ **thread** / Knüpffaden *m*, Fitzfaden *m*, Abbindung *f* || ~ **up** *v* (weav) / einbinden *v* || ~-**up** *n* (directions for weaving) / Stuhlzettel *m* || ~-**up** *n* (gaiting) / Schnürung *f*, Beschnürung *f*, Gallierung *f* || ~-**up point** (weav) / Fadeneinkreuzung *f*, Bindepunkt *m* || ~-**up resist** (batik style) / Knüpfbatikstil *m*, Knüpfbatikimitation *f* || ~-**up thread** / Fitzfaden *m*, Knüpffaden *m*, Abbindung *f* || ~-**up with lifting rods**, tie-up with twilling bars / Tringlesvorrichtung *f*
tiffany *n* (fabr) / Seidengaze *f*, Mull *m*, Mullstoff *m*, Flor *m*, gazeähnlicher Musselin, Tiffany *m*
Tiflis *n* (Khilim portieres made in the Caucasus) / Kelim-Türvorhang *m*
tiger *v* (fabr) / rauhen *v*
tigering machine / Rauhmaschine *f*
tiger skin plush / Tigerplüsch *m*
tight *adj* / eng *adj*, knapp *adj* || ~ / dicht *adj*, fest *adj* || ~ **end** (weav, defect) / Spannfaden *m* in Kettrichtung, Spannkette *f*
tightening motion (spinn) / Rückwinderegler *m* || ~ **of the loops** (knitt) / Maschenverdichtung *f*
tight-fitting *adj* (garment) / enganliegend *adj*, knapp passend, stark tailliert || ~-**laced** *adj* / fest geschnürt, fest verschnürt
tightly constructed fabric s. tight weave || ~ **structured stitch pattern** / geschlossenes Maschenbild || ~ **twisted** / hartgedreht *adj*, festgezwirnt *adj*, stark gedreht || ~ **twisted mercerized cotton yarn** / festgezwirntes merzerisiertes Baumwollgarn, eng gezwirntes merzerisiertes Baumwollgarn || ~ **wound beam** / dichtgeschlagener Baum || ~ **wound yarn** / hartgedrehtes Garn || ~ **woven fabric** s. tight weave
tightness factor (fibres) / Dichtefaktor *m*
tight package / fester Wickel, fester Wickelkörper, fester Garnkörper, fester Pack, feste Spule, hartgewickelter Garnkörper || ~ **pick** (weav, defect) / Spannfaden *m* in Schußrichtung, Spannschuß *m*, Schußspanner *m*, Blitzer *m*
tights *pl* / Strumpfhose *f*
tight selvedge / Spannleiste *f* || ~-**textured fabric** / Gewebe *n* mit hoher Dichte, dichteingestellter Stoff || ~-**textured weave** / dichteingestellter Stoff, Gewebe *n* mit hoher Dichte || ~ **thread** (weav, defect) / Spannfaden *m* || ~ **warp** / Spannkette *f*, Spannfaden *m* in Kettrichtung || ~ **weave** / dichtes Gewebe, dichtgeschlagenes Gewebe, fest eingestelltes Gewebe, hartgewebtes Gewebe || ~ **weft** (weav, defect) / Spannschuß *m*, Schußspanner *m*, Spannfaden *m* in Schußrichtung, Blitzer *m* || ~ **winding of cop noses** (spinn) / Spitzenhartwinden *n*
tile *n* (cpt) / Fußbodenfliese *f*, Teppichfliese *f* || ~ (hat) / Zylinder *m*, Zylinderhut *m*, (coll) "Angströhre", "Koks" *m* || ~ **red** / ziegelrot *adj*, terrakotta *adj*, terrakottafarben *adj*, bräunlich-orange *adj*
tillandsia fibre / Tillandsiafaser *f* || ~ **fibre** s. also Spanish moss
tilt *v* / mit einer Plane abdecken, mit einem Verdeck versehen, überdecken *v* || ~ *n* (on lorries) / Plane *f*, Verdeck *n* (auf Lastwagen)
tilting doctor (ctg) / Kipprakel *f*
time of standing / Verweildauer *f*, Verweilzeit *f* || ~ **of storage** / Lagerdauer *f* || ~ **of tackiness** (ctg) / kleboffene Zeit || ~ **of treatment** / Behandlungsdauer *f* || ~ **of vatting** / Verküpungsdauer *f* || ~ **of wetting** / Netzzeit *f*, Netzdauer *f*, Beregnungszeit *f* || ~-**step levelling test** (dy☉) / Zeitstufen-Egalisiertest *m* ||

~/**temperature curve** (dye) / Zeit/Temperatur-Verlauf *m* || ~ **to effect complete reduction** / Verküpungsdauer *f*
timing of the shed (weav) / Facheinstellung *f*
tin acetate / Zinnacetat *n*
tinampipi *n* / leichtes Hanfgewebe auf den Philippinen
tin composition (dye) / Zinnkomposition *f*, Zinnsolution *f*, Physiksalz *n* || ~ **crystal discharge** / Zinnsalzätze *f* || ~ **crystal resist** / Zinnsalzreserve *f* || ~ **crystal salt discharge** / Zinnsalzätze *f*
tinct *n* (obs) / Farbe *f*, Färbung *f*
tinction *n* / Färbung *f*, Färben *n* || ~ / Farbstoff *m*
tinctorial *adj* / zum Färben dienend, färbend *adj* || ~ **power** / Färbevermögen *n*, Farbkraft *f*, Ergiebigkeit *f*, Farbstärke *f* || ~ **property** / Färbeeigenschaft *f* || ~ **strength**, tinctorial value / Färbevermögen *n*, Farbstärke *f*, Färbekraft *f*, Ergiebigkeit *f*
tincture *v* / tönen *v*, leicht färben, anfärben *v* || ~ *n* / Färbung *f*, Schattierung *f*, Nuance *f*
tin discharge paste / Zinnätzfarbteig *m*
tinge *v* / tönen *v*, leicht färben, anfärben *v*, abtönen *v*, nuancieren *v* || ~ *n* / leichter Farbton, Tönung *f*, Schattierung *f*, Nuance *f*, Stich *m*, Anflug *m*, Nuancierung *f* || **a** ~ **of brown** (dye) / ein Stich ins Braune
tinged cotton / fleckige Baumwolle
tin lactate / Zinnlaktat *n* || ~ **loading** / Zinnbeschwerung *f* || ~ **mordant** / Zinnbeize *f* || ~ **mordant print** / Zinnbeizendruck *m*
tinnevelly cotton / indische Baumwollsorte || ~ **mat** / eine gebleichte Matte aus Indien
tin oxalate / Zinnoxalat *n*, oxalsaures Zinn || ~ **oxychloride** / Zinnoxychlorid *n* || ~ **phosphate silicate weighting** / Zinnphosphatsilikatbeschwerung *f* || ~ **phosphate weighting** / Zinnphosphatbeschwerung *f* || ~ **roller** (spinn) / Spindeltrommel *f* || ~ **salt** / Zinnsalz *n* || ~ **salt discharge** / Zinnsalzätze *f*
tinsel *n* / Lamé *m* || ~ / Lahn *m*, leonischer Draht || ~ **braid** / Lahnborte *f*, leonische Borte || ~ **covered yarn** / mit Lahn umsponnenes Garn || ~ **trimmings** / leonische Posamenten *n pl* || ~ **yarn** / mit Lahn umsponnenes Garn
tint *v* / tönen *v*, leicht färben, anfärben *v*, schönen *v*, abtönen *v*, nuancieren *v* || ~ *n* / leichter Farbton, Tönung *f*, helle Schattierung, helle Nuance, Stich *m*, Anflug *m*, Nuancierung *f*
tin tetrachloride / Zinntetr●chlorid *n*
tipped heel and toe (hos) / abgesetzte Ferse und Spitze, andersfarbige Ferse und Spitze
tippet *n* (fash) / Pelerine *f*, herabhängender Kragen, herabhängender Pelzkragen
tippiness *n* (wool) / stärkere Anfärbung der Wolle an der Spitze, ungleiche Spitzeneffekte, Schipprigkeit *f*, Spitzigfärben *n*, Spitzigkeit *f*
tipping *n* (dye) / Färben *n* der Florfadenspitzen
tipple *n* / maschinengehechelter Flachs im Bündel || ~ **press** / Flachsbündelpresse *f*
tip printing / Schleifdruck *m*
tippy *adj* / schipprig *adj*, spitzig *adj* || ~ **dyeing** (due to differences in affinity of wool fibres) / Schipprigfärbung *f*, Spitzigfärbung *f*, ungleiche Spitzeneffekte, Tippy-Färbung *f* || ~ **wool** / an der Spitze stärker angefärbte Wolle
tip-sheared pile (cpt) / Polschicht *f* mit Musterung durch Tip-Shearing || ~-**shearing** *n* (cpt) / Tip-Shearing *n* (Anscheren der hohen Noppen bei hochtief-gemusterter Schlingenware)
tire cord / Reifenkord *m* || ~ **fabric** / Reifengewebe *n*
tiretaine *n* (Fr) (strong and durable cloth, usually nap finished and used for the manufacture of working clothes) / halbwollene Grobserge
tire yarn / Reifengarn *n*, Reifenzwirn *m* || ~ **yarn** / Reifengarn *n*
tirty *n*, tirtey *n* (fabr) / Tirtyloden *m*, Tirtey *m*

tissue v / mit Goldfäden durchweben, mit Goldfäden durchwirken, mit Silberfäden durchweben, mit Silberfäden durchwirken ‖ ~ n / feines Gewebe, feiner Flor ‖ ~ (obs) / Goldlamé m, Silberlamé m ‖ ~ **checks** pl / feinster gewürfelter Gingham ‖ ~ **gingham** / feinster (gewürfelter) Gingham, feinster Gingan ‖ ~ **in double pieces** (weav) / Hohlgewebe n (nur an den Leisten verbunden) ‖ ~ **in relief** / Reliefgewebe n ‖ ~ **stretch** / Gewebedehnung f ‖ ~ **taffeta** / durchsichtiger Taft
titan braid / Herkuleslitze f
titanic acid / Titansäure f ‖ ~ **chloride** / Titantetrachlorid n ‖ ~ **oxide** s. titanium dioxide
titanium n / Titan n, Ti ‖ ~ **chelate** / Titanchelat n ‖ ~ **chloride** / Titanchlorid n ‖ ~ **dichloride** / Titandichlorid n ‖ ~ **dioxide** / Titandioxid n (Titanweiß) ‖ ~ **potassium oxalate** / Titankaliumoxalat n ‖ ~ **salt resist** / Titansalzreserve f ‖ ~ **white** / Titanweiß n (Titandioxid)
titer n (US) / Titer (T) (Gewichtsnumerierung von Garnen) m ‖ ~ **denier (Td)** / Legaltiter m
Titian red adj / tizianrot adj
titrable adj / titrierbar adj
titrant n / Titrans n, Titersubstanz f
titratable adj / titrierbar adj
titrate v / titrieren v
titrating apparatus, titration apparatus / Titrationsapparat m, Titrierapparat m
titration n / Titrierung f, Titration f ‖ ~ **test** / Titrationsprüfung f
titre n, linear density / Titer m, längenbezogene Masse ‖ ~ / längenbezogene Masse, Titer m ‖ ~ **(GB)** / Titer (T) (Gewichtsnumerierung von Garnen) m ‖ ~ **denier** (s. Td) ‖ ~ **denier (Td)** / Legaltiter m
titrimetric analysis, titrimetry n / Titrieranalyse f, Titrimetrie f, Maßanalyse f, Volumetrie f, volumetrische Analyse
TLC (s. thin-layer chromatography) ‖ ~ **(thin-layer chromatography)** / Dünnschichtchromatographie (DC) f
TLV (s. Threshold Limit Value) ‖ ~ **(Threshold Limit Value)** / Schwellengrenzwert m, Maximale Arbeitsplatz-Konzentration (MAK)
TMM (s. trimethoxymethyl melamine)
to-and-fro motion (fin) / Changiereinrichtung f (DIN 64990) ‖ ~**-fro movement of the sley** (weav) / Ladenspiel n
tobacco-brown adj / tabakbraun adj ‖ ~ **cloth** (low quality plain weave cloth used for covering plants, for packing meat, bookbinding etc) / gazeähnliche lose Baumwollware
toboggan cap / Rodlermütze f
tod n (measure for wool and tops) / altes englisches Wollgewicht, meistens 28 lb = 12,7 kg
toe n (hos) / Strumpfspitze f, Fußspitze f, Spitze f ‖ ~ **and sole splicing** (hos) / Spitzen- und Sohlenverstärkung f ‖ ~ **covering knife arresting device** (fully-fashioned knitting machine) / Giebelmesser-Arretiervorrichtung f ‖ ~ **guard** (hos) / Zehenverstärkung f, Verstärkung f der Strumpfspitze, verstärkte Spitze (Verstärkung in der Mitte der Spitze, um den Strumpf über den Zehen zu verstärken) ‖ ~ **knife** (fully-fashioned knitting machine) / Giebelmesser n, Spitzkeilmesser n ‖ ~ **linking** (hos) / Zuketteln n der Strumpfspitze ‖ ~ **linking course** (hos) / Kettelnaht f an der Strumpfspitze ‖ ~ **narrowing** (hos) / Spitzendecken n, Spitzminderung f, Mindern n der Strumpfspitze, Strumpfspitze f mit einem Minderungskeil ‖ ~ **section of instep** (hos) / Spitzenteil n des Fußblatts ‖ ~ **splicing** (hos) s. toe guard ‖ ~ **splicing thread** (hos) / Spitzenfaden m, Spitzfaden m ‖ ~ **splicing thread guide** (hos) / Spitzenfadenführer m, Spitzfadenführer m ‖ ~ **tension disc** (hos) / Fersenabzug m

toga n / Amtstracht f, Talar m, Berufstracht f ‖ ~ (fash) / Toga f
toggling n / Aufnageln n, Aufspannen n
toile n (Fr) (all kinds of flax and hemp fabrics in plain or simple twill weaves) (weav) / Toile m ‖ ~ (lightweight blouse and underwear fabric) / Toile m ‖ ~ **cirée** (Fr) / feines Wachstuch ‖ ~ **colbert** (Fr) (embroidery cloth made of coarse hard spun cotton warp and wool weft in basket weave) / Art Baumwollzeug als Grund für Stickereien ‖ ~ **d'Alsace** (Fr) (French linen dress fabric of fine quality and either in white or printed) / Art Leinen für Sommerkleider ‖ ~ **de Vichy** s. toile d'Alsace
toilet cloth, toilet cover / Toilettentischdeckchen n ‖ ~ **soap** / Feinseife f
toluene n / Toluol n, Methylbenzol n
toluenediamine n / Toluylendiamin n, Tolylendiamin n, Diaminotoluol n
toluene diisocyanate / Toluoldiisocyanat (TDI) n
toluylenediamine n / Toluylendiamin n, Tolylendiamin n, Diaminotoluol n
toluylene red / Toluylenrot n, Neutralrot n (Redoxindikator)
tomato red adj / tomatenrot adj (RAL 3013)
tone v (dye) / tönen v, abtönen v, nachtönen v, schönen v,, leicht färben, nuancieren v ‖ ~ n (dye) / Farbton m, Farbtönung f, Farbschattierung f, Nuance f, Stich m ‖ ~ **down** (dye) / (eine Farbe) abschwächen ‖ ~**-in-tone dyeing** / tongleiche Färbung ‖ ~**-in-tone effect** / Ton-in-Ton-Effekt m ‖ ~**-in-tone style** / Ton-in-Ton-Artikel m ‖ ~ **up** (dye) s. tone
tongue bar (knitt) / Zungenbarre f ‖ ~ **lead** (knitt) / Zungenblei n ‖ ~ **slot** (knitt) / Zungenschlitz m ‖ ~ **tear test**, tongue tear growth test / Zungen-Weiterreißversuch m
toning n (dye) / Nuancierung f, Nuancieren n, Abtönen n, Farbtönung f ‖ ~ **dyestuff** / nuancierender Farbstoff, Nuancierfarbstoff m, Nuancierungsfarbstoff m, Abtönungsfarbstoff m, Nachstellfarbstoff m
tonish adj / modisch adj, nach der herrschenden Mode
tooth n (knitt) / Abschlagzahn m ‖ ~ (zip) / Zahn m, Krampe f, Verschlußglied n
toothed feed roller (spinn) / Zuführwalze f, Stachelwalze f, Reißwalze f, Brechwalze f ‖ ~ **gear crimping process** (fil) / Zahnradkräuselverfahren n ‖ ~ **roller** (spinn) / Stachelwalze f, Reißwalze f, Brechwalze f, Zuführwalze f ‖ ~ **type belt** / Zahnriemen m
tooth-peg check / Pepita m n
top v (dye) / nachfärben v, überfärben v, decken v, nachdecken v, schönen v, übersetzen v ‖ ~ n (fabr) / rauher Barchent ‖ ~ (spinn) / Kammzug m, Zug m ‖ ~ (knitt) / Bund m (am Strumpf), Rand m ‖ ~ **, centre and bottom shedding jacquard machine** / Jacquardmaschine f für Tief-, Mittel- und Hochstellung ‖ ~ **and tails** (fash) / Frack und Zylinder ‖ ~ **apron cradle** / Oberriemenkäfig m (DIN 64050) ‖ ~ **apron of drafting arrangement** / Oberriemchen n des Streckwerks (DIN 64050)
topaz adj / topasgelb adj
top beam / oberer Kettbaum ‖ ~ **blade** (knitt) / Obermesser n ‖ ~ **blanket** (bedding) / Bettdecke f, Oberdecke f, Zudecke f ‖ ~ **bobbin** / Kammzugspule f ‖ ~ **butt** / oberster Platinenfuß ‖ ~ **cam box ring**, top cam section ring (of double cylinder machine) (knitt) / oberer Schloßmantel (einer Doppelzylindermaschine) ‖ ~**-chrome** v / nachchromieren v ‖ ~**-chrome process** / Nachchromierungsverfahren n ‖ ~**-chroming** n / Nachchromieren n, Nachchromierung f ‖ ~ **clearer board** (spinn) / oberes Putzbrett ‖ ~ **clearer board of drafting arrangement** / oberes Putzbrett des Streckwerks (DIN 64050) ‖ ~ **cloth** / Obertuch n
topcoat n / Mantel m, Kugelschlüpfer m, Wintermantel m, Überrock m, Überzieher m, Paletot m
top coat (ctg) / Schlußstrich m, Deckstrich m, Deckappretur f, Finish n ‖ ~ **coat** (lam) / Oberschicht f ‖

315

~ comb (spinn) / Festkamm *m*, Fixkamm *m*, Standkamm *m*, Vorstechkamm *m* || ~ combing (spinn) / Kämmen *n* mit Fixkamm || ~ cover thread (sew) / Oberlegfaden *m* || ~ curtain / Übergardine *f* || ~ cylinder (double cylinder machine) / oberer Zylinder || ~ cylinder cam box / Schloßmantel des oberen Zylinders || ~ delivery roll[er] / Lieferoberwalze *f* || ~ drawing frame / Kammzugstreckwerk *n* (DIN 64050) || ~-dye *v* / überfärben *v* || ~-dye *v* / Kammzug färben || ~-dyed *adj* / im Kammzug gefärbt || ~-dyed *adj* / überfärbt *adj* || ~-dyed spinning batch / kammzuggefärbte Spinnpartie || ~ dyeing / Färben *n* von Kammzug, Kammzugfärben *n*, Kammzugfärbung *f* || ~ dyeing apparatus / Kammzugfärbeapparat *m* || ~ dyeing machine / Kammzugfärbemaschine *f* || ~ edge turned down / von oben umgebugt || ~ fabric / oberes Gewebe || ~ feed (sew) / Obertransport *m* || ~ feed control (sew) / Obertransportvorschubsteuerung *f* || ~ feed roller (spinn) / Eingangsoberwalze *f* (DIN 64050) || ~ finish (ctg) / Deckappretur *f*, Schlußstrich *m*, Deckstrich *m*, Finish *n* || ~ finish (lam) / Oberschicht *f* || ~ gig (weav) / Barchentrauhmaschine *f* || ~-grip feed (sew) / Zangentransport *m*

Topham box / Spinnzentrifuge *f*, Spinntopf *m* || ~ box process (centrifugal rayon spinning box) (wet spinning) / Topham-Zentrifugenspinnverfahren *n*, Topham-Topfspinnverfahren *n* || ~ pot s. Topham box || ~'s apparatus for spinning viscose / Tophamsche Vorrichtung zum Verspinnen von Viskose

top hat / Zylinder *m*, Zylinderhut *m*
topical colour (dye) / topische Farbe, örtliche Farbe, Tafeldruckfarbe *f*, Tafelfarbe *f*, Auftragfarbe *f*
topically treated / oberflächenbehandelt *adj*
topical printing / Figurendruck *m* || ~ treatment to make fibres flame-resistant / Oberflächenbehandlung *f* zum Flammfestmachen von Fasern
top knot (wool) / vom Kopf des Schafes geschorene Wolle || ~ layer (nwv) / Laufschicht *f* || ~ layer (cpt, needlefelt) / Nutzschicht *f* || ~ layer (lam) / Oberschicht *f*
topless bathing suit / Oben-ohne-Badeanzug *m*
top liquor vessel / oberer Flüssigkeitsbehälter *m* || ~ middle roll[er] / mittlere Oberwalze || ~ middle roll[er] of drafting arrangement (spinn) / mittlere Oberwalze des Streckwerks (DIN 64050) || ~ nipper (spinn) / obere Zangenbacke || ~ pedal (spinn) / oben liegende Pedalmulde
topping *n* (dye) / Überfärben *n*, Überfärbung *f*, Nachfärben *n*, Nachfärbung *f* (einer Komponente in Faserstoffmischungen) || ~ colour / Nuancierfarbe *f* || ~ of indigo bottom-dyed goods / Übersetzen *n* indigogrundierter Stücke || ~-on *n* (knitt) / Aufstoßen *n* (Verfahren zur Vermeidung von Nähten bei der Herstellung regulär gewirkter Oberbekleidung und Unterwäsche) || ~ point (knitt) / Aufstoßdecker *m*, Aufstoßnadel *f* || ~ point needle (knitt) / Aufstoßapparatnadel *f* || ~ printing / Vigoureuxdruck *m*, Druck *m* auf Kammzug, Überdrucken *n* || ~ stand (knitt) / Aufstoßapparat *f* || ~-up additive (dry cleaning) / Nachsatz *m*
top ply (fabr) / Oberlage *f* || ~ printing / Vigoureuxdruck *m*, Druck *m* auf Kammzug, Kammzugdruck *m*, Überdrucken *n* || ~ printing machine / Vigoureuxdruckmaschine *f* || ~-quality silk / Realseide *f*, Haspelseide *f*, reale Seide || ~ roller (spinn) / Oberwalze *f*, Würgelwalze *f*, Frottierwalze *f*, Nitschelwalze *f*, Druckwalze *f* || ~ roller covering (spinn) / Druckzylinderbezug *m* || ~ roller guide (spinn) / Oberwalzenführung *f* || ~ roller loading / Oberwalzenbelastung *f* || ~ shed (weav) / Oberfach *n* || ~ sinker cam (knitt) / oberer Abschlagplatinenschloßring *f* || ~ sliver (spinn) / Krempelband *n*
topstitch *v* (sew) / absteppen *v*, abnähen *v*
top stitching (sew) / Übersteppen *n*

topstitch seam (sew) / Absteppnaht *f*, Übersteppnaht *f*
top stop (zip) / oberes Reißverschlußendstück, oberes Endstück || ~ stop motion (weav) / oberer Fadenwächter, obere Abstellvorrichtung || ~ swansdown (fabr) / rauher Barchent || ~ transfer cam (knitt) / oberes Übergabeschloß || ~ washing / Kammzugwäsche *f* || ~ washing machine / Kammzugwaschmaschine *f* || ~ waste (wool) / Zugabrisse *m pl* || ~ web / Oberware *f* || ~ weft (cpt) / Oberschuß *m* || ~ with basic dyes / basisch übersetzen
toque (hist) / Barett *n* || ~ (fash) / Toque *f* (randloser Damenhut)
torchon [lace] (fine lace, for edges and trimmings, both hand-made and machine-made) / Torchonspitze *f*, Klöppelspitze *f*
torchonette *n* / baumwollener Kräuselstoff
torchon lace machine / Klöppelspitzenmaschine *f*
torn selvedge / abgerissene Leiste, abgerissene Webkante, abgerissener Webrand, abgerissenes Salband, abgerissene Salleiste
torque change wheel (spinn) / Drahtwechselzahnrad *n* || ~ direction of textured yarn / Drallrichtung *f* des Kräuselgarns, Dralltendenz *f* von texturiertem Garn || ~ jet (spinn) / Zwirndüse *f* (Falschdrahtspinnen) || ~ multiplier (spinn) / Drehungskoeffizient *m* (Drall) || ~ of textured yarn / Dralltendenz *f* von texturiertem Garn, Drallrichtung *f* des Kräuselgarns || ~ of warp yarn / Kettgarndrehung *f* || ~ stabilizing tester (fil) / Drallberuhigungsprüfer *m* || ~ yarn (modified false-twist yarn) / tordiertes Garn, Torque-Garn *n*
torsion *n* (knitt) / Drehungsgrad *m*
torsional breaking angle / Bruchverdrehungswinkel *m* || ~ force / Torsionskraft *f* || ~ rigidity / Drehbeständigkeit *f* || ~ strength (fil) / Torsionsfestigkeit *f*, Verdrehungsfestigkeit *f* || ~ vibration test / Torsionsschwingversuch *m*
torsion apparatus (spinn) / Drallapparat *f* || ~ crimping / Torsionskräuselung *f* || ~ tester / Torsionsprüfapparat *m*, Drehungsmesser *m* || ~ texturizing / Torsionstexturierung *f*
tossa jute / indische Flachsfaser
total addition (dye) / Gesamtzusatz *m* || ~ constant (dye) / Gesamtrichtwert *m* || ~ demineralization (by ion exchanger) / Vollentsalzung *f* || ~ denier / Gesamttiter *m* (formerly: Gesamtdenier) || ~ draft / Gesamtverzug *m* || ~ drafting zone / Gesamtverzugsfeld *n* (DIN 64050), Gesamtstreckfeld *n* || ~ draw ratio / Gesamtstreckverhältnis *n* || ~ dyestuff quantity / Gesamtfarbstoffmenge *f* || ~ liquor cycles per minute / Gesamtflottenumwälzung *f* pro Minute || ~ number of whole repeats (weav) / Gesamtrapport *m* || ~ solid add-on / Gesamtfeststoffauflage *f* || ~ water-soluble oxide / wasserlösliches Gesamttoxid
touch *n* / Griff *m*
touchardia fibre (stem fibre yielded by the Touchardia latifolia, a native of the Hawaiian Islands) / eine hawaiische Bastfaser
touch of the fibre / Fasergriff *m* || ~ of the goods / Warengriff *m* || ~ pin / Flachskratze *f* || ~ up (ctg) / (eine schlechte Stelle) nachträglich ausbessern
tough fibre / zähe Faser || ~ handle / strammer Warenausfall
toughness *n* / Zähfestigkeit *f*
tourist coating (US) / schwerer Tweedmantelstoff
tournant oil / Tournantöl *n* (Olivenöl, das durch lange Lagerung einen hohen Gehalt an freien Fettsäuren erhalten hat - zur Herstellung von Türkischrot-Ölen verwendet)
tournay *n* / bedruckte Kammgarnware für Polstermöbel || ~ carpet / Tournay-Teppich *m* (nach der Brüsseler Technik - mit eingelegten Ruten), Wilton-Teppich *m* || ~ cut-pile carpet, Tournay velvet carpet / Tournay-Veloursteppich *m*

tow *n* / Hede *f*, Werg *n*, Schwingwerg *n*, Hedegarn *n*, Towgarn *n*, Werggarn *n* ‖ ~ / Wergtuch *n*, Packleinwand *f* ‖ ~ (spinn) / Kabel *n* (DIN 60001), Elementarfadenkabel *n*, Spinnkabel *n*, Kabel aus endlosem Material (formerly: E-Band *n*, Endlos-Band *n*, n., grobes Endlosgarn, das zu Spinnband verarbeitet wird ‖ ~ **bale** / Kabelballen *m* ‖ ~ **baling press** / Kabelballenpresse *f* ‖ ~-**bowl padder**, two-bowl padding mangle s. also vertical padder ‖ ~ **canner** / Kabelablegesystem *n* ‖ ~ **card** / Wergkrempel *f* ‖ ~ **carpet** / Wergteppich *m* ‖ ~ **cohesion** / Bandhaftung *f*, Kabelschluß *m* ‖ ~ **conversion** / Spinnkabelverarbeitung *f* ‖ ~ **conversion machinery** / Maschinen *f pl* zur Spinnkabelverarbeitung ‖ ~ **converter** / Konverter *m* für Spinnkabelverarbeitung ‖ ~ **crimping** / Spinnkabelkräuselung *f* ‖ ~-**dyed** / im Spinnkabel gefärbt, kabelgefärbt ‖ ~ **dyeing** / Spinnkabelfärben *n*, Kabelfärbung *f*
towel *n* / Handtuch *n*, Tuch *n* zum Abtrocknen ‖ ~ **horse** / Handtuchgestell *n*
towelling *n* / Handtuchstoff *m*, Frottiergewebe *n*, Frottierstoff *m*, Frottierware *f*, (incorrectly:) Frotteeware *f*
towel weave / Frottierbindung *f*
tower ager / Turmdämpfer *m* ‖ ~ **drier** / Schachttrockner *m* ‖ ~ **feeder** / Füllschacht *m* ‖ ~ **steamer** / Turmdämpfer *m*
tow feed (spinn) / Kabelabzug *m* ‖ ~ **feed ex carton** (pressure steamer) / Kabelabzug *m* aus dem Karton, Bandabzug *m* aus dem Karton ‖ ~ **fibre** / Hedefaser *f* ‖ ~ **finishing** / Wergveredlung *f* ‖ ~ **hackle** / Werghechel *f* ‖ ~ **laying system** / Kabelablegesystem *n* ‖ ~ **linen** / Wergleinen *n* ‖ ~ **of head ends** / Spitzhede *f* ‖ ~ **of root ends** / Wurzelhede *f* ‖ ~ **opener** / Wergwolf *m* ‖ ~ **plaiter** / Kabelabtafler *m* ‖ ~ **preparation** / Kabelvorbereitung *f* ‖ ~ **processing** / Kabelverarbeitung *f* (formerly: E-Band-Verarbeitung) ‖ ~ **rope** / Trosse *f* ‖ ~ **shaker** / Wergschüttelmaschine *f* ‖ ~ **spinning** / Wergspinnerei *f* ‖ ~ **spinning** / Kabelspinnerei *f* ‖ ~ **spinning machine** / Wergspinnmaschine *f* ‖ ~ **spinning system** / Kabelspinnverfahren *n* (formerly: E-Band-Verfahren) ‖ ~ **tension** / Kabelspannung *f* ‖ ~ **tension controlling device** / Kabelspannungssteuerungseinrichtung *f* ‖ ~ **titre** / Kabeltiter *m* ‖ ~-**to-top breaking system** / Reißkonverterverfahren *n* ‖ ~-**to-top conversion** / Kabel-Kammzug-Verfahren *n*, Tow-to-Top-Verfahren *n* ‖ ~-**to-top converter** / Kabel-Kammzug-Konverter *m*, Spinnband-Konverter *m*, Tow-to-Top-Konverter *m* ‖ ~-**to-top cutting system** / Schneidkonverterverfahren *n* ‖ ~-**to-top machine** / Kabel-Kammzug-Konverter *m*, Tow-to-Top-Konverter *m*, Spinnband-Konverter *m* ‖ ~-**to-top method** / Kabelkonvertierungsmethode *f*, Konverterverfahren *n*, Spinnbandverfahren *n* ‖ ~-**to-yarn conversion** / Direktspinnverfahren *n* ‖ ~-**to-yarn machine** / Direktspinnmaschine *f* ‖ ~-**to-yarn process** / Direktspinnverfahren *n* ‖ ~ **washing machine** / Kabelwaschmaschine *f* ‖ ~ **waste** / Wergabfall *m* ‖ ~ **yarn** (flax or hemp yarn) / Werggarn *n*, Hedegarn *n*, Towgarn *n*
toxicity *n* / Toxizität *f*, physiologische Eigenschaften
t.p.i., turns per inch / Drehungen *f pl* je Zoll
T$_R$ (reference temperature) / Standardtemperatur *f*
trace comb (weav) / Stechkamm *m* der Raschelmaschine
tracer *n* (sew) / Kopierrädchen *n* ‖ ~ **fibre** / Kennfaser *f*
traces of hydrolyzed dyestuff / Farbstoffhydrolysatspuren *f pl*
tracing thread / Musterumrißfaden *m* ‖ ~ **wheel** (sew) / Kopierrädchen *n*
track *n* (weav, defect) / Fadenbruch *m* ‖ ~ **suit** / Trainingsanzug *m*
tractive force (mat test) / Dehnungskraft *f*
tractor type presser foot (sew) / Traktorfuß *m*

traffic resistance test (cpt) / Begehtest *m* für Teppiche, Trittprüfung *f*, Tritt-Test *m* ‖ ~ **surface** (cpt) / Begehoberfläche *f*
tragacanth *n* / Tragant[h] *m*, Tragacanth *m* (ein in verschiedenen Astragalus-Arten vorkommendes Gummiharz) ‖ ~ **thickening** / Tragantverdickung *f*
trail *n* / Schleppe *f* (eines Kleides), nachschleppender Teil
trailing blade [coating unit] (type of blade coater) / Schaberstreichmaschine *f* ‖ ~ **hook** / rückwärtsgerichtetes Faserhäkchen
train *n* / Schleppe *f* (eines Kleides), nachschleppender Teil
tram *n* / Trame *f*, Trameseide *f*, Schußrohseide *f*, Schußseide *f*, Einschlagseide *f*
tramette *n* (GB) / Trameseidengarn *n* für Strümpfe
tram silk s. tram
transfer a design (dye) / ein Muster abklatschen, ein Muster übertragen ‖ ~ **a print by ironing** / ein Muster umbügeln ‖ ~ **a stitch** (knitt) / eine Masche umhängen, eine Masche verhängen ‖ ~ **bar** (knitt, fully-fashioned knitt mach) / Übertragungsrechen *m* (für Rippräder) ‖ ~ **bar lifting motion** / Hebeeinrichtung *f* für den Ausstoßrechen ‖ ~ **bolt cam** / Riegelschloß *n* für die Nadelübergabe ‖ ~ **butt** (knitt) / Übergabefuß *m* am Nadelschieber, Umhängefuß *m* an der Nadel ‖ ~ **calender** / Transferkalander *m*, Vordruckkalander *m* ‖ ~ **cam** (knitt) / Umhängeschloß *n* ‖ ~ **clearance** (weav) / Übernahmespiel *n* ‖ ~ **coat** / Umkehrbeschichtungsschicht *f* ‖ ~ **coating** / Umkehrbeschichtung *f*, Transferbeschichtung *f* ‖ ~ **coating process** / Umkehrbeschichtungsverfahren *n*, Transferverfahren *n* ‖ ~ **cone** / Einsteckhülse *f* (DIN 64401) ‖ ~ **design** (knitt) / Maschenübertragungsmuster *n*, Ausdeckmuster *n*, Umhängemuster *n*, Transfermuster *n* ‖ ~ **device** (knitt) / Umhängevorrichtung *f* ‖ ~ **disc** (knitt) / Umhängescheibe *f* ‖ ~ **embroidery** / Transferstickerei *f* ‖ ~ **expander** / Transferfeder *f* ‖ ~ **flat knitting machine** / Umhängeflachstrickmaschine *f* ‖ ~ **hammer** (automatic pirn change motion) / Wechselhammer *m*, Spulenhammer *m* ‖ ~ **installation for yarn** / Garnumfülleinrichtung *f* ‖ ~ **jack** (knitt) s. transfer point ‖ ~-**line sewing system** / Nähtransferstraße *f* ‖ ~ **machine** (knitt) / Übergabemaschine *f*, Umhängemaschine *f* ‖ ~ **medium** (trans pr) / Hilfsträger *m* ‖ ~ **method** (text pr) / Transferverfahren *n*, Umdruckverfahren *n*, Umkehrverfahren *n*, Schablonenumdruckverfahren *n* ‖ ~ **method** s. also transfer printing ‖ ~ **moulding** (for thermosetting plastics) / Spritzpressen *n*, Transferpressen *n* ‖ ~ **needle** (knitt) / Aufstoßnadel *f*, Decknadel *f*, Übergabenadel *f*, Überhängenadel *f*, Übertragenadel *f*, Umdecknadel *f*, Umhängenadel *f*, Transfernadel *f* ‖ ~ **of design** / Musterübertragung *f*, Musterabklatschen *n* ‖ ~ **of needles** (knitt) / Nadelübergabe *f* ‖ ~ **of stitches** (knitt) / Umhängen *n* von Maschen, Verhängen *n* von Maschen ‖ ~ **on to screens** / schablonieren *v* ‖ ~ **pattern** (knitt) / Maschenübertragungsmuster *n*, Ausdeckmuster *n*, Umhängemuster *n*, Transfermuster *n* ‖ ~ **position** (knitt) / Umhängestellung *f*, Übergabestellung *f* ‖ ~ **position of needle** (knitt) / Übertragestellung *f* der Nadel, Übertragehöhe *f* der Nadel ‖ ~ **press** (trans pr) / Muldenpresse *f* ‖ ~ **printing** / Transferdruck *m*, Thermodruck *m*, Wärmeumdruck *m*, Sublimationsdruck *m*, Umdruck *m* ‖ ~ **printing by ironing** (where the heat produces thermoplasticity of the film) / Bügeldruck *m* ‖ ~ **printing under heat on textiles** / Transferdruck *m* unter Hitze auf Textil, Farbstoffumdruck *m* unter Hitze auf Textil ‖ ~ **process** (text pr) / Transferverfahren *n*, Umdruckverfahren *n*, Umkehrverfahren *n*, Schablonenumdruckverfahren *n*, Thermodruck *m*, Thermo-Umdruck *m*, Heißtransferdruck *m*, Sublimationsdruck *m*
transferred cylinder needle loop, transferred cylinder needle stitch, transferred needle loop, transferred sinker

transferred

loop, transferred stitch / überhängte Nadelmasche, überhängte Zylindermasche, umgehängte Nadelmasche, umgehängte Zylindermasche, übertragene Nadelmasche, übertragene Zylindermasche, aufgedeckte Platinenmasche, umgehängte Platinenmasche, übertragene Platinenmasche
transferring n (knitt) / Aufstoßen n, Übertragen n, Überhängen n, Umhängen n, Aufdecken n
transfer ring (knitt) / Aufstoßring m
transferring bar (knitt) / Aufstoßrechen m ‖ ~ **comb** (knitt) / Aufstoßkamm m ‖ ~ **course** (knitt) / Aufstoßreihe f ‖ ~ **device** (knitt) / Aufstoßeinrichtung f
transfer roller (text pr) / Übertragungswalze f ‖ ~ **section** (knitt) s. transfer point ‖ ~ **sheet** (trans pr) / Hilfsträger m, Zwischenträger m ‖ ~ **sinker** (knitt) / Umhängeplatine f, Übergabeplatine f, Eyelet-Platine f ‖ ~ **stitch** / Transfermasche f, umgehängte Masche, verhängte Masche ‖ ~ **stitch pattern** (fash) / Ausdeckmuster n, Maschenübertragungsmuster n, Umhängemuster n, Transfermuster n ‖ ~ **system** / Umhängesystem n, Übergabesystem n, Übertragesystem n ‖ ~ **tails** / Reservefäden m pl ‖ ~ **to another beam** / umbäumen v ‖ ~ **welt** (knitt) / Umhängerand m
transition colour, transition shade / Übergangsfarbe f, Übergangsnuance f, Zwischenfarbe f ‖ ~ **temperature** / Übergangstemperatur f ‖ ~ **temperature energy absorption criterion** / Übergangstemperatur-Energieabsorptionskriterium n
translucense n, translucency n / Durchscheinbarkeit f, (unvollständige) Transparenz
translucent adj / durchscheinend adj
transmissivity n / spezifische Lichtdurchlässigkeit, Durchlässigkeit f
transmittance n (col) / Transmission f ‖ ~ / Lichtdurchlässigkeitszahl f, Durchlässigkeitsgrad m ‖ ~ **curve** (col) / Transmissionskurve f, Durchlässigkeitskurve f ‖ ~ **measuring** (col) / Transmissionsmessung f
transmittancy n (col) / Intensitätsverhältnis n
transparency n / Transparenz f, Durchlässigkeit f, Durchsichtigkeit f, Lichtdurchlässigkeit f
transparent adj / transparent adj, durchlässig adj, durchsichtig adj, lichtdurchlässig adj ‖ ~ (ctg) / lasierend adj ‖ ~ **coating** / durchsichtige Beschichtung, transparente Beschichtung ‖ ~ **film** / Transparentfolie f ‖ ~ **finish** / Transparent-Finish n, lasierendes Finish ‖ ~ **mangle hood** / Klarsicht-Mangelhaube f ‖ ~ **pigment** / lasierendes Pigment ‖ ~ **velvet** / Transparentsamt m
transport v (weav) / übertragen v ‖ ~ **lattice** (spinn) / Transportlattentuch n (DIN 64100)
transposed twill / Kreuzköper m, versetzter Köper
transversal strength / Querschnittsfestigkeit f
transverse adj / quer adj, querlaufend adj, diagonal adj, Quer… (in Zssg.) ‖ ~ **adhesion of the tow** / Querhaftung f des Spinnkabels ‖ ~ **contraction** / Querzusammenziehung f ‖ ~ **cutting** / Querschneiden n ‖ ~ **cutting machine** / Querschneidmaschine f ‖ ~ **direction** / Querrichtung f ‖ ~ **fibre** / Querfaser f ‖ ~ **fibre feed** / Querfaserspeisung f ‖ ~ **fold** / Querfalte f ‖ ~ **machine** (knitt) / Bob[b]inetmaschine f ‖ ~ **pattern** / Diagonalmuster n, Diagonaldessin n ‖ ~ **pleating** / Querplissee n ‖ ~ **running crease** (dye) / Querlauffalte f ‖ ~ **scattering of the yarn** / Querstreuung f des Garns ‖ ~ **sewing hook** / querstehender Greifer ‖ ~-**striped pattern** / diagonalgestreiftes Muster ‖ ~ **tensile strength** / Querfestigkeit f ‖ ~ **tricot** / Quertrikot m n
trap n / Pferdedecke f, Schabracke f ‖ ~ (weav) / Kettfadenbruch m
trapezium neckline (fash) / Trapezausschnitt m
trapezoid tear strength / Trapezreißkraft f, Trapezreißfestigkeit f ‖ ~ **tear testing** / Trapezreißkraftprüfung f, Trapezreißfestigkeitsprüfung f

trapper n (knitt) / Fadenklemme f, Fadenklemmschieber m ‖ ~ **blade** (knitt) / Fadenklemmenklinge f ‖ ~ **cam** (knitt) / Fadenklemmenexzenter m
trapping n (knitt) / Fadenklemmen n ‖ ~ **device** / Fadenklemmvorrichtung f
trash (spinn) / Spinnereiabfall m
travancore flax s. Bengal hemp
travel coat / Reisemantel m, Travelcoat m
traveller n (spinn) / Läufer m, Ringläufer m (DIN 63800), Fliege f ‖ ~ **change interval** / Wechselintervall n für Ringläufer ‖ ~ **chatter** / Ringläuferschwirren n ‖ ~ **clearer** / Läuferreiniger m ‖ ~ **for doubling rings** / Ringläufer m für Zwirnringe (DIN 63800) ‖ ~ **for spinning and doubling rings** / Ringläufer m für Spinn- und Zwirnringe (DIN 63800) ‖ ~ **for spinning rings** / Ringläufer m für Spinnringe (DIN 63800) ‖ ~ **friction** / Läuferreibung f, Ringläuferreibung f ‖ ~ **grease** / Ringläuferfett n ‖ ~ **guide** / Läuferführung f, Ringläuferführung f ‖ ~ **heating** / Ringläufererhitzung f ‖ ~ **ring** / Läuferring m ‖ ~ **section** (card) / Ringläuferform f ‖ ~ **speed** / Ringläufergeschwindigkeit f, Läufergeschwindigkeit f ‖ ~ **weight** / Ringläufergewicht n, Läufergewicht n
travelling apron / Beförderungstuch n, Zuführtuch n, Laufschürze f ‖ ~ **apron for bobbins** / Spulenbeförderungstuch n ‖ ~ **flat card** / Wanderdeckelkarde f ‖ ~-**rug** n s. travel rug ‖ ~ **screen washing machine** / Siebbandwaschmaschine f
travel rug / Reisedecke f, Reiseplaid m n
traverse n (yarn transfer) / Hub m ‖ ~ (card) / Changierung f ‖ ~ **grinder** / Schleifwalze f ‖ ~ **guide** (spinn) / Luntenführer m, Fadenführer m ‖ ~ **motion** (spinn) / Luntenführer m ‖ ~ **motion system** / Changiereinrichtung f ‖ ~ **number** (yarn winding) / Hubhöhe f, Ganghöhe f ‖ ~ **of the rubbing leathers** (spinn) / Nitschelhub m, Würgelhub m ‖ ~ **pitch** (yarn winding) / Drehung f des Garns bei der rotierenden Aufwickelvorrichtung f ‖ ~ **rail** / Fadenführerschiene f ‖ ~ **roving guide** / Luntenschiene f ‖ ~ **stroke** (bobbin) / Bewicklungshub m ‖ ~ **warp fabric** (knitt) / Milaneseware f ‖ ~ **warp loom** (knitt) / Milanesekettenwirkmaschine f ‖ ~ **winder** / Aufwickelvorrichtung f ‖ ~ **winding frame** (spinn) / Kreuzspulmaschine f
traversing n / Changierung f ‖ ~ **carriage** / Schiebeschlitten m ‖ ~ **carriage** / hin- und hergehende Fadenführung ‖ ~ **condenser roller** (spinn) / Nitschelwalze f, Würgelwalze f ‖ ~ **lift** / Changierhub m ‖ ~ **roller** / Changierwalze f ‖ ~ **thread guide** / Changierfadenführer m ‖ ~ **wheel** / Changierrad n
tray drier / Trockenschrank m mit Einsätzen, Trockenschrank m mit herausnehmbaren Trockenblechen, Hordenapparat m (DIN 64990)
treading test (cpt) / Begehtest m für Teppiche
treadle n (weav) / Schaftschemel m, Tretschemel m, Trittschemel m ‖ ~ **bowl** (weav) / Trittrolle f ‖ ~ **loom** / Trittwebstuhl m ‖ ~ **motion** (weav) / Tretvorrichtung f, Trittvorrichtung f ‖ ~ **rod** (sew) / Trittwelle f ‖ ~ **spinning wheel** / Tretspinnrad n ‖ ~ **wheel** (spinn) / Tretrad n
treadling n (weav) / Trittelieren n ‖ ~ **device** (weav) / Tretvorrichtung f, Trittvorrichtung f
treatment in a boiling soap bath / Behandlung f in kochender Seifenflotte ‖ ~ **in alkaline solution** / Laugen n, Laugieren n, Alkalisieren n ‖ ~ **in rope form** / Strangbehandlung f ‖ ~ **in the backwashing machine** (wool) / Lissieren n ‖ ~ **tank** / Behandlungsbehälter m ‖ ~ **time** / Behandlungszeit f, Chargenzeit f ‖ ~ **with alkali** / Laugen n, Laugieren n, Alkalisieren n ‖ ~ **with alum** / Alaunisieren n ‖ ~ **with antichlor** / Entchloren n ‖ ~ **with boiling water** / Brühen n, Abbrühen n ‖ ~ **with caustic soda** / Laugen n, Laugieren n, Alkalisieren n ‖ ~ **with copper** / Kupfern n ‖ ~ **with gallnut extract** / Gallieren n ‖ ~ **with iron** / Eisenung f

‖ ~ **with lime** / Abkalken n ‖ ~ **without intermediate drying** / Naß-auf-Naß-Arbeitsweise f ‖ ~ **with paraffin wax** / Paraffinieren n ‖ ~ **with sulphur** / Schwefeln n ‖ ~ **with sumac** / Schmacken n, Schmackieren n ‖ ~ **with tannic acid** / Tannieren n ‖ ~ **with urea formaldehyde resin condensate** / Harnstoff-Formaldehyd-Behandlung f
treble cloth (fabric with three sets of warp and weft threads forming three separate cloths one above the other, but united into one fabric) / Dreifachgewebe n ‖ ~ **twisted** (spinn) / dreisträhnig adj, dreifädig adj
tree n (dye) / Pfahl m ‖ ~ **bark crêpe** / Borkenkrepp m, Baumrindenkrepp m ‖ ~ **cotton** / Faser f des Baumwollbaumes ‖ ~ **of life** (cpt) / Lebensbaum m
trellis linen / Glanzleinwand f, Futterkattun m
trench coat / Trenchcoat m, Wettermantel m, Allwettermantel m ‖ ~ **coat** (mil) / wetterfester Grabenmantel (mit Gummiüberzug)
trencher n / Mütze f mit flachem quadratischen Oberteil als Teil der akademischen Tracht ‖ ~ **cap** s. trencher
tress n / Tresse f
trestle n / Abwickelbock m, Abstellbock m
trevet n s. trevette
trevette n / Stoßmesser n, Samtmesser n
trews pl (short breeches worn by Scottish Highlanders) / enge Hose aus kariertem Stoff
TRI (Textile Research Institute) / Textilforschungsinstitut n
triacetate n / Triacetat (CT) n ‖ ~ **dyeing** / Triacetatfaserfärben n ‖ ~ **fabric** / Triacetatgewebe n ‖ ~ **fibre** / Triacetatfaser f (bei dem mindestens 92 v.H. der Hydroxylgruppen acetyliert sind) ‖ ~ **filament** / Triacetatfilament n ‖ ~ **filament yarn** / Triacetatfilamentgarn n ‖ ~ **rayon** / Triacetatviskosefilament n ‖ ~ **spun yarn** / Triacetatspinnfasergarn n ‖ ~ **staple fibre** / Triacetatspinnfaser f ‖ ~ **yarn** / Triacetatgarn n
trial n / Probe f, Versuch m ‖ ~ **dyeing** / Probefärbung f, Versuchsfärbung f
trialkylmelamine n (foam regulator) / Trialkylmelamin n
triamine chelate / Triaminchelat n
triangular bra (swimwear) / Triangel-BH m, Triangel-Büstenhalter m ‖ ~ **section wire** (spinn) / Sektoraldraht m ‖ ~ **section wire card clothing** (spinn) / Sektoraldrahtkratze f ‖ ~ **section wire clothing** (spinn) / Sektoraldrahtbeschlag m
triarylmethane dyestuff / Triarylmethanfarbstoff m, Triphenylmethanfarbstoff m, Tritylfarbstoff m
triaxial braided fabric / dreiachsiges Geflecht ‖ ~ **fabric** (weav) / triaxiales Gewebe ‖ ~ **weaving** / triaxiales Weben ‖ ~ **weaving loom**, triaxial weaving machine / triaxiale Webmaschine
triazine n / Triazin n
triazo dyestuff / Triazofarbstoff m
triazole n / Triazol n
triazone n / Triazon n
trichloroethane n / Trichloräthan n, Vinyltrichlorid n
trichloroethylene n / Trichloräthen n, Trichloräthylen n
trichromatic adj / trichromatisch adj ‖ ~ **coefficient** / Farbwertanteil m, Normfarbwertanteil m, trichromatischer Farbkoeffizient ‖ ~ **combination** (dye) / Dreierkombination f ‖ ~ **dyeing** / Trichromiefärbung f ‖ ~ **dyestuff** / Trichromiefarbstoff m
trichromaticity n (col) / Trichromie f
trichromatic printing technique / trichromatisches Druckverfahren, Trichromie-Druckverfahren n ‖ ~ **system** (col) / trichromatisches System
trick n (knitt) / Nadelrinne f, Nadelkanal m ‖ ~ **drum** / gefräste Mustertrommel ‖ ~ **straightener** (knitt) / Kanalstift m ‖ ~ **wall insert** (knitt) / einsetzbarer Steg des Nadelzylinders ‖ ~ **wheel** / gefrästes Musterrad ‖ ~ **wheel bit** / Musterradplatine f
tricolette n (fabr) / mittelfeine Mignonette-Wirkware ‖ ~ (GB) / Wollwirkware f für Oberbekleidung

tricoline n (fabr) / Tricoline f (Markenbezeichnung für einen besonders feinfädigen merzerisierten Baumwoll-Popelin für Oberhemden und Blusen, Kette und Schuß gezwirnt)
tricorn n s. tricorne hat
tricorne hat / Dreispitz m, Dreispitzhut m
tricot n (knitt) / Trikot m n, Jerseystoff m, Trikotstoff m ‖ ~ (weav) / Trikotbindung f ‖ ~ **charmeuse** / Charmeuse-Trikot m n ‖ ~ **drum drier** / Trikottrommeltrockner m ‖ ~ **fabric** / Trikotgewebe n, Trikotage f, Trikotstoff m, Trikot m n ‖ ~ **flannel** / elastischer Baumwollflanell
tricotine n (dress fabric made from fine botany worsted yarn, featuring whipcord effect) / Trikotin n (trikotartiger gewebter Kammgarnstoff in feiner Diagonalbindung)
tricot knitting / Trikotwirkerei f, Trikotstrickerei f, Kettenwirkerei f ‖ ~ **knitting** (fabr) / Trikotgewebe n, Trikotage f, Trikotstoff m, Trikot m n ‖ ~ **machine** (knitt) / Kettenstuhl m, Kettenwirkmaschine f, Kettenwirkautomat m ‖ ~ **manufacture** / Trikotagenfabrikation f, Strickwarenherstellung f, Wirkwarenherstellung f ‖ ~ **printing** / Trikotdruck m ‖ ~ **stitch** / Trikotlegung f ‖ ~ **stocking** (US) / kettengewirkter Damenstrumpf, Schneidstrumpf m, auf dem Milanesestuhl hergestellter Strumpf ‖ ~ **tissue** / Trikotgewebe n, Trikotage f, Trikotstoff m, Trikot m n ‖ ~ **underwear** / Trikotwäsche f, Trikotunterwäsche f ‖ ~ **warp knitting machine** / Schnelläuferkettenstuhl m ‖ ~ **weave** / Trikotbindung f ‖ ~ **yarn** / Trikotgarn n
tridem coating line / Dreikopfbeschichtungsanlage f
triethanolamine n / Triäthanolamin n, Triäthylolamin n ‖ ~ **soap** / Triäthanolaminseife f
trifluoromethyl group / Trifluormethyl-Gruppe f
trihexyl sulphocarballylate / Trihexylsulfocarballylat n
trijama f / Trijama m (Kombination von Schlafanzug und Morgenmantel)
trilby [hat] n / weicher Filzhut, Schlapphut m (coll)
trilobal (manmade fibre with trilobal cross-section) / Trilobal n ‖ ~ adj, trilobed adj / dreilappig adj, trilobal adj ‖ ~ **fibre** / trilobale Faser ‖ ~ **yarn** / trilobales Garn, dreilappiges Synthesegarn
trilobed adj / dreilappig adj, trilobal adj ‖ ~ **cross section** / dreilappiger Querschnitt, trilobaler Querschnitt
trilobular filament yarn (textured yarn with trefoil cross-section) / trilobales Filamentgarn
trim v / besetzen v (mit Bandbesatz) ‖ ~ (sew) / (Fadenreste) abschneiden, abfädeln v, versäubern v, repassieren v ‖ ~ (knitt) / bordieren v ‖ ~ (selvedge) / beschneiden v, nachschneiden v ‖ ~ (hat) / garnieren v, staffieren v ‖ ~ n (weav) / Rand m, Saum m
trimethoxymethyl melamine (TMM) / Trimethoxymethylmelamin (TMM) n
trimmed half slip / Halbrock m mit Besatz
trimmer n (sew) / Versäuberungsapparat n
trimming n / Aufputzen n, Zurichten n ‖ ~ / Applizierung f, Garnierung f, Zierart f, Verbrämung f, Besatz m, Borte f, Borde f, Bordüre f, Einfaßborte f, Einfassung f, Besatzartikel m, Besatzstreifen m, Litzenbesatz m, Posamenterie f, Staffage f ‖ ~ (sew) / Beschneiden n, Abfädeln n, Versäubern n, Ausputzen n ‖ ~ **fabric** / Besatzstoff m ‖ ~ **lace** / Besatzspitze f ‖ ~ **machine** / Einfaßmaschine f, Staffiermaschine f ‖ ~ **machine** / Beschneidemaschine f, Zuschneidemaschine f ‖ ~ **margin** (sew) / Schneidabstand m ‖ ~ **material** / Besatzartikel m, Besatzstoff m ‖ ~ **ribbon** / Borte f, Borde f, Bordüre f, Einfaßborte f, Besatzstreifen m, Besatzband n, Bordürenband n
trimmings pl (fabr) / Besatzteile n pl, Besatzartikel m pl, Dekor m, Posamenten n pl, Ausputz m, Posamentierwaren f pl ‖ ~ (sew) / Abfälle m pl (beim Zuschneiden), Ausputz m ‖ ~ **and edgings** s. trimmings ‖ ~ **and linings** s. trimmings
trim with lace / galonieren v

trinitrocellulose n / Trinitrozellulose f
trinitrotoluene n / Trinitrotoluol n
trioxyanthraquinone n / Trioxyanthrachinon n
trioxybenzoic acid / Trihydroxybenzoesäure f, Gallussäure f
trip arm (knitt) / Fallhebel m
tripe n (fabr) / Velvetin m
triphenyl methane / Triphenylmethan n || ~ **methane dyestuff** / Triphenylmethanfarbstoff m || ~ **phosphate** / Triphenylphosphat n
triple adj (spinn) / dreifädig adj || ~ **cloth** s. treble cloth || ~ **combination of dyestuffs** / Farbstoff-Dreierkombination f || ~ **nozzle** / Dreifachdüse f || ~ **rocker** (knitt) / dreifaches Druckzeug || ~ **stage plush** / Drei-Stufen-Plüsch m || ~ **strand braid** / dreiflechtige Tresse || ~ **unit carding set** / Dreikrempelsatz m || ~ **voile** (plain-weave cloth, light in weight, not too compact in texture) / Ninon m || ~ **warp twill weave** / Dreiköperbindung f || ~ **yarn** / gezwirntes Garn
tripositive chromium compound / dreiwertiges Chromsalz
trisazo dyestuff / Trisazofarbstoff m
trisodium orthophosphate, trisodium phosphate / Trinatriumorthophosphat n, Trinatriumphosphat n, Natriumorthophosphat n Natriumphosphat n (Verwendung als Waschalkali, zur Wasserenthärtung, als Korrekturchemikalie zum Kesselspeisewasser) || ~ **salt** / Trinatriumsalz n
tristimulus colorimeter / Dreifilterkolorimeter n, Dreifilter-Farbtonbestimmungsgerät n || ~ **filter** / Farbmeßfilter m n || ~ **function** / Spektralwertfunktion f || ~ **value** / Normfarbwert m, Farbwert m, Tristimuluswert m
tritik n (type of resist dyeing) / Tritik-Färbeverfahren n
trivet n / Stoßmesser n, Samtmesser n
trolley lace (weav) / Spitze, deren Rand aus dicken Fäden gemacht ist
tropaeolin O (dye) / Tropäolin O o. R n, Resorcingelb n
tropical cloth / Tropical m (Gewebeart), leichter Sommerkammgarnstoff, Tropenanzugstoff m || ~ **clothing** / Tropenkleidung f, Tropenbekleidung f || ~ **suit** / Tropenanzug m || ~ **suit** (fash) / Tropicalanzug m || ~ **suiting** / Tropenanzugstoff m, leichter Sommerkammgarnstoff, Tropical m (Gewebeart) || ~ **test** / Tropentest m || ~ **wear** / Tropenkleidung f, Tropenbekleidung f || ~ **whipcord** / wasserdichter Rippencord || ~ **worsted fabric** / Tropical m (Gewebeart), leichter Sommerkammgarnstoff
tropics-proof adj / tropenfest adj
trough n (dye) / Trog m, Chassis n, Farbchassis n, Wanne f, Mulde f, Küvette f || ~ (milling machine) / Staukanal m || ~ **drier** / Muldentrockner m || ~ **knife** (ctg) / Kastenrakel f || ~ **of the padding machine** / Foulardchassis n, Klotztrog m, Klotzchassis n, Foulardeinsetzkasten m, Foulardtrog m || ~ **roller** (ctg) / Trogwalze f || ~**-shaped doctor** (ctg) / Wannenrakel f || ~**-type washing machine** / Trogwaschmaschine f
trouser braces (GB) / Hosenträger m pl || ~ **dummy** / Hosenbüste f || ~ **fly** / Hosenschlitz m, Schlitzleiste f || ~ **frame** (sew) / Hosenmaschine f
trousering n / Hosenstoff m
trouser inseam (sew) / Hosenschrittnaht f || ~ **leg** / Hosenbein n || ~ **machine** (sew) / Hosenmaschine f || ~ **material** / Hosenstoff m || ~ **outseam** (sew) / Hosenseitennaht f || ~ **panel** (sew) / Hosenteil n || ~ **pocket** / Hosentasche f || ~**-press** n / Hosenspanner m || ~**-presser** n / Hosenbügler m, Hosenbüglerin f
trousers pl / Hose f
trouser shoe guard / Hosenstoßband n, Stoßband n, Hosenschonerband n || ~ **strap** / Hosensteg m || ~ **stretcher** / Hosenspanner m || ~**-suit** n (fash) / Hosenanzug m || ~ **suspenders** (US) / Hosenträger m pl || ~ **turn-up** / Hosenaufschlag m || ~ **waistband** / Hosenbund m

trousseau n, coordinated look / Trousseau m (eine aus mehreren genau zusammenpassenden Einzelteilen bestehende komplette Garderobe)
trubenizing n (welding of two or more cloths together) / Trubenisieren n (Spezialverfahren zur Herstellung versteifter Gewebe, z.B. für Kragen- und Manschettenstoffe für Oberhemden)
true blue / waschechtes Blau || ~ **carpet** (i.e. handknotted Oriental) / "echter" Teppich (d.h. geknüpfter Teppich orientalischer Herkunft) || ~ **fibre** / Faser f mit gleichmäßigem Durchmesser || ~ **knop structure** / echte Noppe[nstruktur] || ~ **soap** / gewöhnliche Seife || ~ **solvent** / echtes Lösungsmittel, echtes Lösemittel || ~ **to pattern** / mustertreu adj || ~ **to repeat** (text pr) / rapportgerecht adj, rapporthaltig adj, rapportrichtig adj || ~ **to shade** / farbtontreu adj || ~ **to shape** / formtreu adj || ~ **to size** / maßgerecht adj || ~ **wool fibre** / Wollfaser f mit gleichmäßigem Durchmesser
truffle yarn / Gimpe f
truing machine (weav) / Abrichtmaschine f, Egalisiermaschine f
truitt n / eine großkapselige Baumwollsorte
trumpet n (spinn) / Spinntrichter m || ~ **funnel** (spinn) / Einlauftrichter m
trunk cloth / Reisekofferstoff m, Kofferfutter n || ~ **hose**, trunks pl (hist) / Pluderhose f (der Männer im 16. und 17. Jh.)
trunks pl / Badehose f, Turnhose f || ~ / kurze Herrenunterhose
trunnion n (zip) (the two pivots at the end of the pull that fit into the bail or lug) / Zapfen m
Tsatlee silk / eine Wildseide
Tscherkess rug / tscherkessischer Teppich
T-shirt n / T-Shirt n, Trikothemd n, Sporthemd n, Trikot n
T-stage drawing system / T-Stufenstreckwerk n
T-stitching machine / T-Stichmaschine f
Tt (decimal titre) / Dezimal-Titer (Td) m
TT dyeing process (thermosol/thermofixation dyeing process) / TT-Färbeverfahren (Thermosol/Thermofixierverfahren) n
tuareg n / marokkanische Wolldecke
tub n / Bottich m, Bütte f, Kübel m, Kufe f, Mulde f, Trog m, Wanne f, Zuber m
tubbable adj / waschecht adj || ~ **silk** / Waschseide f
tub-dip process (dye) / Tauchverfahren n
tube n / Hülse f, Garnhülse f, Spule f || ~ (knitt) / Schlauch m || ~ **cleaner** / Hülsenreinigungsmaschine f, Spulenabstreifmaschine f || ~ **creeling device** / Hülsenaufsteckvorrichtung f || ~ **cutting machine** / Hülsenabschneidemaschine f, Hülsenschneideapparat m || ~ **diameter** / Hülsenlochdurchmesser m || ~ **drier** (knitt) / Schlauchtrockner m || ~ **foot** / Hülsenfuß m || ~ **for cheeses** / Kreuzspulenhülse f || ~ **for ring spindle** / Hülse f für Ringspindel (DIN 64063) || ~ **for roller bearing spindle** / Hülse f für Rollenlagerspindel (DIN 61805) || ~ **for roller bearing spindle for mule** / Hülse f für Rollenlagerspindel an Wagenspinnmaschine (DIN 64071) || ~ **for spinning and doubling** / Spinn- und Zwirnhülse f || ~ **for winding** / Wickelzylinder m || ~ **frame** (cpt) / kammartige Röhrchenanordnung an den Polbäumen des Spulenaxminsters, Röhrengestell n || ~ **gauge** / Hülsenlehre f (DIN 64063) || ~ **gluing machine** / Hülsenklebemaschine f || ~ **look** (fash) / Röhrenschnitt m || ~ **loom** / Röhrchenmaschine f || ~ **manufacturing machine** / Hülsenherstellungsmaschine f || ~ **of open-end slide fastener** (zip) / Stecker m eines teilbaren Reißverschlusses || ~ **opener** (knitt) / Schlauchöffner m || ~ **opening machine** (knitt) / Schlauchöffnungsmaschine f || ~ **paper** / Hülsenpapier n || ~ **stripper** / Spulenabstreifmaschine f, Hülsenreinigungsmaschine f || ~ **twist** / Düsenzwirn m

‖ ~ twister / Düsenzwirnmaschine f ‖ ~ winding machine / Hülsenwickelmaschine f
tub-fast adj / waschecht adj
tubing n (knitt) / Schlauch m, Schlauchware f ‖ ~ apparatus (spinn) / Aufsteckapparat m für Hülsen ‖ ~ fabric (knitt) / Schlauchware f
tub silk / Waschseide f
tubular and rib lock (knitt) / Rechts-Rechts-Schlauchschloß n ‖ ~ banding / schlauchförmiges Band ‖ ~ cam / Schlauchschloß n ‖ ~ compound needle (knitt) / Röhrennadel f ‖ ~ cop (spinn) / Schlauchkops m (DIN 61800), Schlauchcop m, Webkops m, Schlauchkötzer m ‖ ~ cop winder (spinn) / Schlauchkopswickler m ‖ ~ die (spinn) / Ringdüse f ‖ ~ drier / Schlauchtrockenmaschine f, Rundgewirk-Trockenmaschine f ‖ ~-dry vt / im Schlauch trocknen ‖ ~-dry vt (knitt) / im Rundgewirk trocknen ‖ ~ fabric / Schlauchware f, Hohlgewebe n, Hohlware f ‖ ~ fabric (knitt) / Rundwirkware f, Rundstrickware f, Rundstuhlware f, Schlauchgestrick n, Schlauchstrickware f, Strickschlauch m ‖ ~ fabric [knitting] machine / Schlauchmaschine f ‖ ~ felt / Rundfilz m, Manchon m ‖ ~ film / Schlauchfolie f ‖ ~ form (knitt) / Schlauchform f ‖ ~ form goods s. tubular goods ‖ ~ fulling mill / Schlauchwalke f ‖ ~ goods pl / Schlauchware f, Hohlgewebe n, Hohlware f ‖ ~ goods, tubular knit goods (knitt) / Rundwirkware f, Rundstrickware f, Rundstuhlware f, im Schlauch gestrickte Ware, Schlauchstrickware f ‖ ~ hosiery machine / Rundstuhl m, Rundwirkmaschine f ‖ ~ knit / Strickschlauch m ‖ ~ knit course / Schlauchreihe f ‖ ~ knitted / rundgestrickt adj, rundgewirkt adj ‖ ~ knitted fabric s. tubular fabric ‖ ~ knitted goods s. tubular goods ‖ ~ knitting / Rundstuhlwirkerei f, Schlauchstricken n, Schlauchwirken n, Schlaucharbeit f ‖ ~ lock / Schlauchschloß n ‖ ~ lock knitting machine, tubular locking machine / Schlauchschloßmaschine f ‖ ~ needle (knitt) / Röhrennadel f ‖ ~ packing net / Verpackungsnetzschlauch m ‖ ~ set of cams (knitt) / Schlauchstellung f ‖ ~ structure / Schlauchbindung f ‖ ~ tricot / Schlauchtrikot m n ‖ ~ wadding / Schlauchwatte f ‖ ~ weave / Schlauchware f, Schlauchgewebe n ‖ ~ welt (knitt) / Schlauchrand m (schlauchförmiger regulärer Anfang) ‖ ~ yarn / Hohlgarn n
tub wool / nach dem Scheren gewaschene Wolle
tuck n (knitt, needle) / fangen v ‖ ~ (sew) / falten v, einschlagen v, in Falten legen, Biesen einnähen ‖ ~ n (knitt) / Fang m ‖ ~ (sew) / Biese f, Umschlag m, Einschlag m, Saum m, Falte f, Nähfalte f, Aufnäher m ‖ to make ~s / (einen Rock) abnähen ‖ to make ~s in sleeves / Biesen in die Ärmel nähen ‖ ~ and welt cloth (knitt) / Futterreihe f ‖ ~ bar (knitt) / Fangteil n eines Hebers, Heberfangteil n ‖ ~ cam (knitt) / Fangschloß n ‖ ~ course (knitt) / Fangreihe f, Perlreihe f ‖ ~ course attachment / Fangreiheneinrichtung f, Perlreiheneinrichtung f ‖ ~ design (weav) / Preßmuster n
tucked-in selvedge / Einlegekante f, Einlegeleiste f ‖ ~ loop / Fanghenkel m, Fangmasche f, Maschenhenkel m, Perlmasche f, Preßmasche f, Doppelmasche f, Unterlegehenkel m
tucker n (sew) / Faltenmarkierer m, Faltenmarker f ‖ ~ (hist) / Halstuch n, Brusttuch im der Frauenkleidung im 17. und 18. Jh.) ‖ ~ / Chemisett n, Chemisette f, Vorhemd n, Spitzeneinsatz m (im Kleid)
tuck fabric (knitt) / Fangware f ‖ ~ float (knitt) / Fanghenkel m, Fangmasche f, Perlmasche f, Maschenhenkel m, Doppelmasche f, Preßmasche f, Unterlegehenkel m, Unterlegung f ‖ ~ in / einnähen v
tucking n (knitt) / Maschenfangen n, Fangen n ‖ ~ / Fangmuster n ‖ ~ cam (knitt) / Fangexzenter m ‖ ~ cam part / Fangschloßteil n ‖ ~ course (knitt) / Fangreihe f, Perlreihe f ‖ ~ height, tucking level (knitt) / Fanghöhe f, Fangstellung f ‖ ~ machine (sew) / Biesenmaschine f ‖ ~ position / Fangstellung f, Halbeinschließstellung f ‖ ~ stitch (sew) / Biesennaht f ‖ ~ switch cam / Fangweiche f ‖ ~ track / Schloßbahn f für Fang, Schloßbahn f für Perlfang ‖ ~ unit (weav) / Leistenleger m ‖ ~ unit needle (weav) / Leistenlegernadel f
tuck in the hook (knitt) / eingelegter Fang, Fang m in der Nadel ‖ ~ lace / Fangspitze f ‖ ~ loop (knitt) / Fanghenkel m, Fangmasche f, Perlmasche f, Doppelmasche f, Preßmasche f, Maschenhenkel m, Unterlegehenkel m, Unterlegung f ‖ ~ marker (sew) / Faltenmarkierer m ‖ ~ needle (knitt) / Fangnadel f ‖ ~ pattern (weav) / Preßmuster n ‖ ~ pattern (knitt) / Fangmuster n ‖ ~ pattern attachment / Preßmustereinrichtung f ‖ ~ position (knitt) / Fangstellung f, Halbeinschließstellung f ‖ ~ presser / Musterpresser m, Musterpreßrad n, Preßmaschine f ‖ ~ presser wheel / Musterpreßrad n ‖ ~-rib construction (knitt) / Fang-Ripp-Bindung f ‖ ~ rib fabric / Fangware f ‖ ~ stitch (knitt) / Fanghenkel m, Fangmasche f, Maschenhenkel m, Perlmasche f, Preßmasche f, Doppelmasche f, Unterlegehenkel m ‖ ~ stitch design / Preßmuster n, Fangmuster n, Fangmaschenmuster n ‖ ~ stitch effect / Häkelmustereffekt m ‖ ~ stitch pattern / Preßmuster n, Fangmuster n, Fangmaschenmuster n ‖ ~ stitch work / Fangarbeit f
tuft v (cpt) / tuften v ‖ ~ (mattress) / durchheften und garnieren ‖ ~ n / Quaste f, Troddel f, (Art) Knopf (an Matratzen, Steppdecken usw.) ‖ ~ (spinn) / Faserbart m, Faserbüschel n, Kammbart m, Faserflocke f, Garnbüschel n ‖ ~ (cpt) / Polnoppe f, Nadelflor m, Knüpfschlinge f, Flornoppe f, Noppe f des Schnittpolteppichs ‖ ~ anchorage (cpt) / Noppenfestigkeit f, Noppenverankerung f, Noppenverfestigung f, Poleinbindung f ‖ ~ column / Noppenlängsreihe f ‖ ~ density / Noppendichte f
tufted bedspread / Nadelflortagesdecke f ‖ ~ candlewick fabric / Candlewick-Nadelflorware f ‖ ~ carpet / Tufting-Teppich m, Tufted-Teppich m, getufteter Teppich, Nadelflorteppich m, Nadelflorteppich m ‖ ~ chenille fabric / Tufted-Chenille-Ware f ‖ ~ cut-pile carpet material / Tufting-Teppich-Veloursware f, Tufted-Teppich-Veloursware f ‖ ~ fabric / Tufting-Ware f, Tufted-Ware f, Nadelflorware f ‖ ~ floor covering / Nadelvliesbodenbelag m ‖ ~ loop piles (cpt) / Tuftingschlingenware f
tuft former / Tuftschlingenformer m
tufting backing (cpt) / Tuftingträger m ‖ ~ goods pl / Tufting-Ware f, Tufted-Ware f, Nadelflorware f, Nadelflortextilien pl ‖ ~ machine / Teppichtuftingmaschine f, Nadelflormaschine f, Tuftingmaschine f ‖ ~ machine gauge (cpt) / Tuftingmaschinenteilung f ‖ ~ needle / Tuftingnadel f ‖ ~ process / Tuftingverfahren n, Tuften n ‖ ~ technique / Tuftingtechnik f ‖ ~ yarn / Tuftinggarn n
tuft lock / Schlingenfestigkeit f ‖ ~ lock resistance / Tuftschlingenhaftfestigkeit f ‖ ~ ravel resistance / Schlingenfestigkeit f ‖ ~ row / Noppenquerreihe f
tufts of fibre / Faserbüschel n pl ‖ ~ of wool / Wollhaarbüschel n pl
tuft strength / Noppenausreißfestigkeit f ‖ ~ tear-out strength (cpt) / Noppenreißfestigkeit f ‖ ~ withdrawal force (cpt) / Noppenausziehfestigkeit f
tufty adj / büschelig adj
tula fibre (variety of istle fibre) / (Art) Istlefaser, Ixtlefaser f
tulle n (very fine net fabric made from silk yarns, plain weave) / Tüll m, Spitzengrund m ‖ ~ construction / Tüllbindung f ‖ ~ crinoline / plissierter Tüll ‖ ~ curtain / Tüllgardine f ‖ ~ lace machine / Leavermaschine f, Levermaschine f, Tüllmaschine f, Tüllwebmaschine f ‖ ~ machine / Tüllmaschine f, Tüllwebmaschine f, Leavermaschine f, Levermaschine

tulle

f, Bobinet-Tüllmaschine f ‖ ~ **making** / Tüllherstellung f, Filieren n ‖ ~ **weave** / Tüllbindung f
tumble cycle (washing machine), tumble dry cycle / Trockenschleudergang m ‖ ~ **drier** / Trommeltrockner m, Tumbler-Schnelltrockner m, Tumbler m, Taumeltrockner m (ein Wäschetrockner) ‖ ~ **[dry]** v / tumbeln v, im Tumbler trocknen ‖ ~ **drying** / Trocknen n im Tumbler ‖ ~ **out** (of skewer) / herausspringen v
tumbler test (soiling test) / Trommelversuch m
tumbling n / Tumblern n, Tumbeln n ‖ ~ (dry cleaning) / Rollieren n ‖ ~ (when measuring rate of shrinkage) / Bewegung f ‖ ~ **barrel** / Rollfaß n, Poliertrommel f ‖ ~ **barrel mixer** / Rollfaßmischer m ‖ ~ **drier** / Trommeltrockner m, Tumbler-Schnelltrockner m, Tumbler m, Taumeltrockner m (ein Wäschetrockner) ‖ ~ **mixer** / Mischtrommel f ‖ ~ **tub** / Scheuertrommel f
tummy control (foundation garments) / Bauchkontrolle f
tun n / Bottich m, Bütte f, Kübel m, Kufe f, Mulde f, Trog m, Wanne f, Zuber m
tunic n (antiq) / Tunika f ‖ ~ (fash) / (längere) Frauenjacke, Überkleid n, Rocküberwurf m, Trägerrock m, Tunika f ‖ ~ **(GB)** (mil) / Waffenrock m, Uniformrock m
tunica n s. tunic
tunnel drier / Tunneltrockner m, Kanaltrockner m, Durchlauftrockner m ‖ ~ **drier for hanks** / Strangkanaltrockner m ‖ ~ **steamer** / Tunneldämpfer m, Durchlaufdämpfer m
tunzeb n / feiner Musselin
tuque n / kanadische Zipfelmütze ‖ ~ s. also toque
turban n / Turban m
Turbehlik rug / Türbelik m, Marzalik m (orientalischer Grabmalteppich)
turbid, become ~ / trüb werden, trüben v (sich)
turbidity n / Trübung f ‖ ~ **index** / Trübungszahl f ‖ ~ **measurement** / Trübungsmessung f ‖ ~ **point** / Trübungspunkt m ‖ ~ **titration number** / Trübungstitrationszahl f
turbo··drier / Turbinentrockner m, Turbotrockner m ‖ ~**-dynamic dyeing method** / turbo-dynamisches Färbeverfahren ‖ ~**-mixer** n / Turbomischer m ‖ ~**-process** n / Turboverfahren n ‖ ~ **stapler** (tow-to-top process) / Turbostapler m ‖ ~ **top** (spinn) / Turbo-Kammzug m, Turbozug m ‖ ~ **tow** (spinn) / Turbo-Kabel n, Turbo-Spinnkabel n
turbulent flow (fil) / turbulente Strömung, Wirbelströmung f ‖ ~ **forming spinning method** / Scher-Koagulations-Spinnmethode f
turfani n / tibetische Wolle feinster Qualität
turf fibre / Torffaser f
turin n (heavy furnishing fabric made in handsome colourings and effects) / schwerer Dekorationsstoff
Turkey blue / Türkischblau n ‖ ~ **carpet** / türkischer Teppich (ein Orientteppich) ‖ ~ **carpet** (i.e.S.) / Smyrnateppich m ‖ ~ **grass** / Yucca f, Palmlilie f ‖ ~ **mohair** / erstklassige Mohärwolle aus der Türkei ‖ ~ **red** / Türkischrot n ‖ ~ **red bleach** / Türkischrotbleiche f ‖ ~ **red dyeing** / Türkischrotfärberei f ‖ ~**-red oil** / Türkischrotöl n ‖ ~**-red oil soap** / Türkischrotölseife f ‖ ~**-red style** / Türkischrotartikel m ‖ ~ **towelling** / Frottier-Velours m, Frottee-Velours m, Frottierstoff m, Frotteestoff m, Badetuchstoff m
Turkish carpet s. Turkey carpet ‖ ~ **carpet wash** / Antikisierung f (Teppiche), amerikanische Teppichwäsche, türkische Teppichwäsche ‖ ~ **knot** / Smyrnaknoten m ‖ ~ **towel** / Frottiertuch n, Frottierhandtuch n, (incorrectly:) Frotteehandtuch n ‖ ~ **towelling** / Frottier-Velours m, Frottierstoff m, Badetuchstoff m ‖ ~ **yarn** / Mohärgarn n, Mohairgarn n, Angoragarn n, Glanzkammgarn n
Turkoman carpet / Turkmenenteppich m
turmeric n / Kurkuma f, Gelbwurzel f (Curcuma longa L.) ‖ ~ **paper** / Kurkumapapier n ‖ ~ **test** / Kurkumaprobe f

turn v (dye) / umschlagen v ‖ ~ n (dye) / Passage f, Tour f, Durchgang m, Durchlauf m ‖ ~ **acid** / sauer werden ‖ ~ **bluish** (dye) / nachbläuen v ‖ ~ **dark** (dye) / nachdunkeln v ‖ ~**-down collar** / Umlegekragen m, "Vatermörder" (meistens im pl) m, Eckenkragen m
turned·-back cuff / überschlagene Manschette, aufgeschlagene Manschette ‖ ~**-up sleeve** / Krempelärmel m, Umschlagärmel m
turn green (dye) / vergrünen v ‖ ~ **grey** (dye) / verschießen v, vergrauen v
turning machine for tubular fabrics (knitt) / Schlauchwendemaschine f ‖ ~ **of the welt** (knitt) / Umhängen n des Doppelrandes ‖ ~**-on** n (weav) / Aufbäumen n ‖ ~ **pole** (dye) / Wendestock m ‖ ~ **thread** (knitt) / Schlingfaden m, Dreherfaden m ‖ ~ **welt** (hos) / umgeschlagener Strumpf-Doppelrand
turn in the bath (dye) / umziehen v ‖ ~ **in the bath** (wool) / umhacken v ‖ ~ **of the flyer** (spinn) / Flügeldrehung f, Flyerdrehung f ‖ ~ **of the sley** (weav) / Ladenspiel n, Ladendrehung f ‖ ~ **of the spindle** (spinn) / Drehen n der Spindel, Spindelumlauf m ‖ ~ **over** (sew) / verstürzen v
turnover sleeve / Krempelärmel m, Umschlagärmel m
turn-over top (hos) / Umschlagrand m bei Söckchen
turns per inch, t.p.i. / Drehungen f pl pro Zoll, Drehzahl f je Zoll ‖ ~**-per-inch counter for yarn** / Garndrehungszähler m, Torsiometer n ‖ ~ **per metre** / Drehungen pro Meter f pl ‖ ~ **per metre** (covered yarn) / Umwindungen f pl pro Meter
turn tacky (ctg) / klebrig werden ‖ ~ **to resin** / verharzen v ‖ ~**-up** n (fash) / Aufschlag m, Umschlag m
turn-up, [trouser] ~ / Hosenumschlag m
turn··-up of hat (hatm) / hochgestülpter Hutrand ‖ ~**-up of sleeve** / Ärmelaufschlag m ‖ ~**-up of trouser leg** (fash) / Hosenaufschlag m, Hosenumschlag m ‖ ~ **yellow** (dye) / vergilben v, gilben v
turpentine n / Terpentin n m ‖ ~ **oil** s. oil of turpentine ‖ ~ **resin** s. turpentine
turquois adj, turquoise adj / türkis adj, türkisfarbig adj, türkisfarben adj
turquoise blue adj / türkisblau adj ‖ ~ **green** / türkisgrün adj (RAL 6010) ‖ ~ **green** s. also cobalt green
turtle··-neck [collar] / Schildkrötkragen m ‖ ~**-neck pullover** / ein Pullover mit Schildkrötkragen
tururi fibre / Tururibaumfaser f
tussah n / Tussahseide f (vom indischen, chinesischen und japanischen Eichenspinner stammende Wildseide) ‖ ~ **schappe** / Tussahschappegarn n ‖ ~**-silk** n / Tussahseide f (vom indischen, chinesischen und japanischen Eichenspinner stammende Wildseide) ‖ ~**-silk worm** / Tussahspinner m, Eichenspinner m
tusser n, tussore n, tussur n s. tussah
tuxedo n (US) / Smoking m
twaddle v / ein Bad spindeln ‖ ~ **hydrometer** / Aräometer n mit Twaddle-Skala [für schwere Flüssigkeiten; x ^{0} Tw. = (Dichte - 1) · 200, Bezugstemperatur = 60 ^{0} F]
tweed n / Tweed m ‖ ~ **coat** / Tweed-Mantel m ‖ ~ **fabric** / Tweed-Stoff m ‖ ~ **jacket** / Tweed-Sakko m, Tweed-Jacke f
tweeds pl / Kleidungsstücke n pl aus Tweed
tweed with slubs / Noppentweed n ‖ ~ **yarn** / Tweed-Garn n
tweel n s. twill
tweezers pl / Nadelzange f
twenty-counter n (knitt) / Kettenspareinrichtung f, Zwanzigreihenzähler m
twig and leaf pattern (cpt) / Rankenmuster n
twill v (weav) / köpern v, ins Kreuz weben ‖ ~ / Köper m, Twill m, Feinköper m, Köperstoff m, Köpergewebe n, köperbindiges Gewebe, Croisé n, geköpertes Zeug ‖ ~ **angle** / Köpergratneigung f, Köpergratwinkel m ‖ ~**-backed cloth** / Biesengewebe n ‖ ~ **backing** (knitt) / Köperrückseite f bei Strickwaren ‖ ~ **checkboard** / Fischgrätenköper m, Köper m mit Fischgrätenmuster ‖ ~ **checkerboard** s. twill checkboard ‖ ~ **cloth** / geköperter

Stoff, Köper *m*, Twill *m*, Köperstoff *m*, Köpergewebe *n*, köperbindiges Gewebe, Croisé *n* ‖ ~ **cord** / Twillcord *m* (Kammgarnstoff mit markanten Köpergratlinien) ‖ ~ **cotton cloth** / Baumwollköper *m* ‖ ~ **direction** / Köpergratrichtung *f*
twilled *adj* (weav) / geköpert *adj* ‖ ~ **cloth** / geköperter Stoff, Köper *m*, Twill *m*, Köperstoff *m*, Köpergewebe *n*, köperbindiges Gewebe, Croisé *n* ‖ ~ **cotton cloth** / Baumwollköper *m*, Köper *m* ‖ ~ **flannel** / Köperflanell *m* ‖ ~ **floss silk ribbon** / Frisolettband *n* ‖ ~ **hopsack** / panamabindiger Köper ‖ ~ **jute sacking** / Jutedrell *m*, Juteköper *m* ‖ ~ **mat** / Matte *f* mit Panamabindung, Matte *f* mit Würfelbindung ‖ ~ **reverse side** / geköperte Warenrückseite ‖ ~ **sacking** / Jutedrell *m*, Juteköper *m* ‖ ~ **tape** / Köperband *n* ‖ ~ **ticking** / Köperinlett *n*, Köperstout *m* ‖ ~ **tricot** / Köpertrikot *m n* ‖ ~ **velvet** / Köpersamt *m*, geköperter Samt ‖ ~ **woollen fabric** / Twill *m*, Wolltwill *m*
twillette *n* / Köperdrell *m*
twill-faced Bedford cord / Cord *m* mit geköperter Kettfadendecke ‖ ~ **flannel** / Köperflanell *m* ‖ ~ **for working clothes** / Arbeitsköper *m* ‖ ~ **left-to-right** / Rechtsgratköper *m* ‖ ~ **line** / Köperlinie *f*, Gratlinie *f*, Köpergratlinie *f*, Köpergrat *m* ‖ ~ **of uniform line** / Gleichgratköper *m* ‖ ~ **right-to-left** / Linksgratköper *m* ‖ ~ **set** (weav) / Köpersatz *m* ‖ ~ **set** (sew) / Kolonnenstich *m* ‖ ~ **ticking** / Köperinlett *n*, Köperstout *m* ‖ ~ **tricot** / Köpertrikot *m n* ‖ ~ **trousering** / köperbindiger Hosenstoff ‖ ~ **weave** / Köperbindung *f*, Diagonalbindung *f*
Twilo process (spinn) / Twilo-Prozeß *m*
twin-belt unit (nwv) / Doppelbandanlage *f* ‖ ~ **blade slitting equipment** (fil) / Zwei-Messer-Schneideeinheit *f*, Schneidausrüstung *f* mit Dualklingenvorrichtung ‖ ~ **cam flat knitting machine** / Doppelschloßflachstrickmaschine *f* ‖ ~ **cocoon** (silk) / Doppelkokon *m*, Doupion *m* ‖ ~-**cone mixer** / Doppelkonusmischer *m* ‖ ~ **cylinder mixer** / Zwillingstrommelmischer *m*
twine *v* (spinn) / zusammendrehen *v*, zwirnen *v* ‖ ~ (weav) / verweben *v*, ineinanderweben *v* ‖ ~ *n* / Kordel *f*, Schnur *f*, Bindfaden *m*, Spagat *m* ‖ ~ (spinn) / eindrähtiger Zwirn, einfacher Zwirn, Maschinengarn *n* ‖ ~ (weav) / Gallierschnur *f*, Harnischschnur *f* ‖ ~ **cloth** / leinwandähnlich ausgerüstete Baumwollware ‖ ~ **frame** (spinn) / Zwirnmaschine *f*, Zwirner *m* ‖ ~ **healds** *pl* (weav) / Fadengeschirr *n* ‖ ~ **heddle** / Zwirnlitze *f* ‖ ~ **heddles** (weav) / Fadengeschirr *n* ‖ ~ **holder** / Bindfadenbrücke *f* ‖ ~ **machine** (spinn) / Zwirnmaschine *f* ‖ ~ **manufacturing machine** / Bindfadenherstellungsmaschine *f*
twiner *n* (spinn) / Zwirnmaschine *f* ‖ ~ **mule** (spinn) / Zwirnselfaktor *m*
twin-feed knitting machine / zweiköpfige Strickmaschine, zweisystemige Strickmaschine
twining *n* (spinn) / Zwirnen *n* ‖ ~ **jenny** (spinn) / Zwirnjenny *f* ‖ ~ **mule** (spinn) / Mulezwirnmaschine *f*
twin jig / Doppeljigger *m* ‖ ~ **knitter** / zweiköpfige Strickmaschine, zweisystemige Strickmaschine ‖ ~-**layer stenter** / Doppelspannrahmen *m* ‖ ~-**needle holder** (sew) / Biesennadelhalter *m* ‖ ~-**needle sewing machine** / Zweinadel-Nähmaschine *f* ‖ ~ **print** (fash) / Twin-Print *m* (gleiches Dessin auf verschiedenem Material) ‖ ~ **seam** (sew) / Doppelnaht *f* ‖ ~ **set** / Twinset *m n* (gestrickte oder gewirkte Oberbekleidungsgarnitur für Damen, bestehend aus Jacke - meist geknöpft und langem Arm - und Pullover mit kurzem Arm, aus dem gleichen Material und in der gleichen Farbe) ‖ ~ **squeegee** / Doppelrakel *f* ‖ ~-**thread stocking** (hos) / reißfester Strumpf
twirler *n* (spinn) / Zwirner *m*, Zwirnerin *f*
twist *v* / verdrehen *v* ‖ ~ (spinn) / zusammendrehen *v*, drehen *v*, zwirnen *v*, d[o]ublieren *v*, doppeln *v*, verdrillen *v* ‖ ~ (weav) / verweben *v*, ineinanderweben *v*

‖ ~ *n* / Draht *m*, Drall *m*, Drehung *f*, Schlingung *f* ‖ ~ / Knoten *m*, Knäuel *m n* ‖ ~ (fabr) / Seidentwist *m*, Baumwolltwist *m* ‖ ~ (yarn) / Zwirn *m* ‖ ~ **alpha** / Zwirn-Alpha *m* ‖ ~ **a rope** / seilen *v* ‖ ~ **at the head** / nachzwirnen *v* ‖ ~ **break method** / Torsionsbruchverfahren *n* ‖ ~ **calculation** (spinn) / Drehungsberechnung *f*, Drallberechnung *f* ‖ ~ **carded yarn** / Streichgarnzwirn *m* ‖ ~ **change wheel** (spinn) / Drahtwechselzahnrad *n*, Drallwechselzahnrad *n* ‖ ~ **chenille** / Zwirnchenille *f* ‖ ~ **column** / Drallsäule *f* ‖ ~ **communication** (spinn) / Drehungsfortpflanzung *f* ‖ ~ **constant of yarn** / Drahtkonstante *f*, Drallkonstante *f*, Drehungskonstante *f*, Zwirnkonstante *f* ‖ ~ **contraction** / Einzwirnung *f*, Kräuselkontraktion *f* ‖ ~ **control** / Drallregulierung *f*, Drehungsregulierung *f* ‖ ~ **cop** / Zettelkötzer *m*, Kettkötzer *m*, Kettfaden-Mulekötzer *m*, Zwirnkops *m* ‖ ~ **counter** / Drallapparat *m*, Drehungsmesser *m*, Drallmesser *m*, Torsionsmesser *m* ‖ ~ **deadening** (spinn) / Drallberuhigung *f* ‖ ~ **direction** / Drehungsrichtung *f*, Drallrichtung *f* ‖ ~ **distribution** / Drehungsverteilung *f*, Drallverteilung *f*
twisted *adj* / gedreht *adj*, gezwirnt *adj*, verzwirnt *adj* ‖ ~ / verseilt *adj* ‖ ~ **chain stitch** / verschränkter Kettenstich ‖ ~ **cotton yarn** / gezwirntes Baumwollgarn ‖ ~ **fringe** / gedrehte Franse, Drillierfranse *f* ‖ ~ **net yarn** / gezwirntes Netzgarn ‖ ~ **silk** / Knopflochseide *f*, moulinierte Seide, Drehseide *f*, gezwirnte Seide, Moulinéseide *f*, Moulinézwirn *m* ‖ ~ **silk yarn** s. twisted silk ‖ ~ **slack** / lose gezwirnt ‖ ~ **yarn** / eindrähtiger Zwirn, einfacher Zwirn, Maschinengarn *n*, Twist *m*, Frotteegarn *n*, hochgedrehtes Garn, hochtordiertes Garn ‖ ~ **yarn waste** / Zwirnereiabgang *m*
twister *n* (spinn) / Zwirnmaschine *f*, Zwirner *m* ‖ ~ (weav) / Andreher *m* ‖ ~ (rope) / Seildreher *m* ‖ ~ (rope) / Verseilmaschine *f* ‖ ~ (US) (texturing) / Falschdrahtspindel *f* ‖ ~ **bobbin** / Zwirnspule *f* ‖ ~ **finger** / Zwirnspitze *f* ‖ ~ **ring** / Zwirnring *m* ‖ ~ **spindle** / Zwirnspindel *f* ‖ ~ **tube** / Garnhülse *f* der Zwirnmaschine, Zwirnhülse *f*
twist factor / Drehungsbeiwert *m*, Drahtzahl *f*, Drehungszahl *f*, Drehungskoeffizient *m*, Zwirnkoeffizient *m* ‖ ~ **factor at break** / Bruchdrehzahl *f* ‖ ~ **finishing agent** / Zwirnavivage *f* ‖ ~ **fluctuation** / Tourenschwankung *f* ‖ ~ **frame** / Zwirnmaschine *f*, Zwirner *m* ‖ ~-**free** *adj* / ungedreht *adj*, ungezwirnt *adj* ‖ ~-**free** *adj* / drehungslos *adj* ‖ ~ **geometry** / Drallgeometrie *f* ‖ ~-**grooved needle** (sew) / kordierte Nadel ‖ ~ **in** (yarn) / andrehen *v*, anschnellen *v*
twisting *n* (spinn) / Zwirnen *n*, Drallerteilung *f* ‖ ~ (weav) / Andreher *m* ‖ ~ **and plying** / Zwirnen und Fachen *n* ‖ ~ **at the head** (spinn) / Auszwirnen *n*, Nachzwirnen *n* ‖ ~ **bobbin** / Zwirnspule *f* ‖ ~ **cap** / Spinnkapsel *f* ‖ ~ **drawing frame** / Drehstreckwerk *n* ‖ ~ **during outward run** (spinn) / Ausfahrtdraht *m* ‖ ~ **dynamics** / Zwirndynamik *f* ‖ ~ **effect** / Zwirnung *f* ‖ ~ **flyer** / Zwirnflügel *m*, Zwirnflyer *m* ‖ ~ **force** / Torsionskraft *f* ‖ ~ **frame** / Zwirnmaschine *f*, Zwirner *m* ‖ ~ **hook** (jacquard machine) / Drehplatine *f* ‖ ~-**in** *n* (spinn) / Andrehen *n* ‖ ~-**in frame** / Andrehgestell *n* ‖ ~-**in of the warp ends** / Kettenandrehen *n* ‖ ~ **machine** / Zwirnmaschine *f*, Zwirner *m* ‖ ~ **machine with several tiers** / Etagenzwirnmaschine *f* ‖ ~ **method** / Zwirnverfahren *n* ‖ ~ **moment** / Drehungsmoment *n* ‖ ~-**on** *n* (weav) / Andrehen *n* ‖ ~-**reeling machine** / Zwirnhaspelmaschine *f* ‖ ~ **spindle** / Zwirnspindel *f* ‖ ~ **tension** / Zwirnspannung *f*
twist insertion above the zero-twist point / Drallerteilung *f* über dem Nullpunkt
twistless *adj* / ungedreht *adj*, ungezwirnt *adj* ‖ ~ / drehungslos *adj* ‖ ~ **spinning** / drehungsloses Spinnen ‖ ~ **spinning machine** / Spinnmaschine *f* für drehungsloses Garn

twist level / Drehungshöhe f, Drallhöhe f ‖ ~ **liveliness** / Kringeleffekt m ‖ ~ **liveliness** (card) / Drall-Lebendigkeit f ‖ ~ **meter** / Drehungsmesser m, Torsionsmesser m ‖ ~ **multiplier** / Drahtzahl f, Drehungszahl f, Drehungskoeffizient m, Zwirnkoeffizient m ‖ ~ **of double yarn** / Zwirndrehung f ‖ ~ **of raw yarn** / Rohgarndrehung f ‖ ~ **package** / Zwirnwickel m ‖ ~**-relaxed** adj / drallberuhigt adj ‖ ~ **relaxing tester** / Drallberuhigungsprüfer m ‖ ~ **run back** / Zwirnrückdrehung f
twists pl / Stoffe m pl aus stark gedrehten Garnen
twist sense / Drehungsrichtung f, Drallrichtung f ‖ ~ **setter** / Drehungsfixieranlage f, Drallfixieranlage f ‖ ~ **setting** / Drallfixieren n, Zwirnfixieren n, Drallfixierung f, Zwirnfixierung f ‖ ~ **setting by steaming** / Drallfixierung f durch Dämpfen ‖ ~**-set yarn** / zwirnfixiertes Garn, im Zwirn fixiertes Garn ‖ ~ **silk** v / organsinieren v, nachzwirnen v ‖ ~ **silk** / Nähseide f, Seidenzwirn m
twists per inch / Drehzahl f pro Zoll
twist spindle / Drallspindel f ‖ ~ **take-up** / Einzwirnung [der Fadenlänge] f ‖ ~ **test** / Torsionsprobe f, Zwirnungsprobe f ‖ ~ **tester** / Drallapparat m, Drehungszähler m, Drehungsmesser m, Drallmesser m, Torsionsmesser m ‖ ~ **testing** / Drehungsbestimmung f, Drallbestimmung f, Torsionsbestimmung f ‖ ~ **testing apparatus** / Drehungsprüfgerät n ‖ ~ **together** / zusammenzwirnen v ‖ ~ **triangle** / Zwirndreieck n ‖ ~ **tube** / Garnhülse f der Zwirnmaschine, Zwirnhülse f ‖ ~**/untwist texturing** / Trennzwirntexturieren n
twist-untwist texturing / Falschdrahtverfahren n
twist value / Drehungszahl f, Drahtzahl f, Drehungskoeffizient m, Zwirnkoeffizient m ‖ ~ **wheel** / Zwirnrad n
twit n (spinn) / überdrehtes Garn
twitch rail / Breithalterschiene, die durch entsprechende Drehung eine Spannung erzeugt oder deren Regulierung ermöglicht
twitty yarn (spinn) / überdrehtes Garn
two (or more) **stage dyeing** / Stufenfärbung f ‖ ~**-and-two rack welt** (knitt) / Patentanschlag m ‖ ~**-and-two rib with eyelet stitches** (knitt) / Zwei-und-Zwei-Gestrick n mit Aufdeckmaschen ‖ ~**-and-two twill** / Zwei-und-Zwei-Twill m ‖ ~**-arm paddle mixer** / Zweischaufelrührer m, Zweischaufelmischer m ‖ ~**-bar fabric** (knitt) / zweifädige Ware ‖ ~**-bar warp knitting machine** / zweinadelbarrige Kettenwirkmaschine ‖ ~**-bath application** (dye) / zweibadige Verwendung, zweibadiger Einsatz ‖ ~**-bath cold pad-batch process** (dye) / Zweibad-Kaltverweilverfahren n ‖ ~**-bath method** (dye) / Zweibadverfahren n (z.B. bei den Mischgeweben) ‖ ~**-bath pad-steam process** (dye) / Zweibad-Klotzdämpfverfahren n ‖ ~**-bath scour** / Zweiflottenwäsche f ‖ ~**-bath vat-winding-up method** / Zweibad-Klotz-Aufdockverfahren n ‖ ~**-bed straight knitting machine** / Rechts-Rechts-Flachstrickmaschine f ‖ ~**-bladed knife in the form of a box** (ctg) / Kastenrakel f, Füllrakel f ‖ ~**-bowl calender** / Zweiwalzenkalander m ‖ ~**-bowl crabbing** (wool) / Krabben n auf der Doppelkastenmaschine ‖ ~**-bowl padder**, two-bowl padding mangle / Zweiwalzenfoulard m ‖ ~**-bowl padding mangle equipped with rubber rollers** / Zweiwalzenfoulard m mit Gummiwalzen ‖ ~**-bowl squeezer** / Zweiwalzenquetsche f ‖ ~**-butt needle** / Zweifußnadel f ‖ ~**-cam knitting machine** / Doppelschloßmaschine f ‖ ~**-card set** (spinn) / Zweikrempelsatz m ‖ ~**-carrier stripe attachment** (knitt) / Ringelapparat m mit zwei Fadenführern, Zweifarben-Ringeleinrichtung f ‖ ~**-chamber system** (dye) / Zweikammersystem n ‖ ~**-colour article** / Bicolor-Ware f ‖ ~**-colour combination** / Dichromie f ‖ ~**-colouredness** (faulty dyeing) / Zweifarbigkeit f ‖ ~**-colour effect** / Zweifarbeneffekt m, Bicolor-Effekt m ‖ ~**-colour jacquard** / Zweifarben-Jacquard m (zwei Farben in einer Strickreihe) ‖ ~**-colour printing** / Zweifarbendruck m, Doppeltondruck m ‖ ~**-colour striping attachment** (knitt) / Ringelapparat m mit zwei Fadenführern, Zweifarben-Ringeleinrichtung f ‖ ~**-compartment washing machine** / Waschmaschine f mit zwei Abteilen ‖ ~**-component polyurethane** / Zweikomponenten-Polyurethan n ‖ ~**-cord** (spinn) / Doppelzwirn m, zweifädiger Zwirn, zweidrähtiger Zwirn, Zweifachgarn n, zweidrähtiges Garn, Doppelgarn n ‖ ~**-cord yarn** s. two-cord ‖ ~**-cylinder milling machine** / Zweizylinderwalke f ‖ ~**-cylinder opener** (spinn) / Zweiwalzenreiniger m (DIN 64100) ‖ ~**-cylinder shearing machine** / Zweizylinder-Schermaschine f ‖ ~**-dimensional embroidery machine** (sew) / Flächenstickmaschine f ‖ ~**-doffer two-card set** / Doppelflor-Zweikrempelsatz m ‖ ~**-end cheese winding** (spinn) / Vorfachen n ‖ ~**-end stocking** (hos) / reißfester Strumpf ‖ ~**-end thread carrier** / Fadenführer m mit zwei Ösen ‖ ~**-faced coat** (ctg) / doppelseitige Beschichtung ‖ ~**-feeder striper** (knitt) / Ringelapparat m mit zwei Fadenführern, Zweifarben-Ringeleinrichtung f
twofold yarn / Doppelgarn n, Zweifachgarn n, zweifädiges Garn, zweidrähtiges Garn
two--for-one twisting machine f ‖ ~**-for-one twister** (spinn) / Doppeldrahtzwirnmaschine f (DIN 64100) ‖ ~**-for-one twisting** / Doppeldrahtzwirnen n ‖ ~**-for-one twisting machine** (spinn) / Doppeldrahtzwirnmaschine f ‖ ~**-for-one twisting spindle** / Doppeldrahtspindel f, Doppeldrahtzwirnspindel f ‖ ~**-head knitting machine** / zweiköpfige Strickmaschine, zweisystemige Strickmaschine ‖ ~**-head serger** (sew) / Zweikopf-Umstechanlage f ‖ ~**-hole button** / Zweilochknopf m ‖ ~**-latch needle** (knitt) / Doppelzungennadel f
two-needle cover seam machine / Zweinadel-Überdecknahtmaschine f ‖ ~ **cylinder bed cover seam machine** / Zweinadel-Zylinder-Überdecknahtmaschine f ‖ ~ **four-thread overlock machine** / Zweinadel-Vierfaden-überwendlichnähmaschine f ‖ ~ **interlock machine** / Zweinadel-Überdecknahtmaschine f
two·-needle narrower (knitt) / zweinadeliger Decker ‖ ~ **needle narrowing** (knitt) / Minderung f über zwei Nadeln
two-needle overlock machine / Zweinadel-Überwendlichnähmaschine f ‖ ~ **overlock seam** / Zweinadel-Überwendlichnaht f ‖ ~ **plain feed double locked stitch machine** / Zweinadel-Doppelkettenstichmaschine f mit Einfachtransport
two·-needle sewing machine / Zweinadel-Nähmaschine f ‖ ~**-needle stitch** (knitt) / Zweinadelmasche f
two-needle three-thread overlock machine / Zweinadel-Dreifaden-Überwendlichnähmaschine f
two·-nippers feeding device / Zweiwalzen-Eingangsquetschwerk n ‖ ~**-pack polyurethane** / Zweikomponenten-Polyurethan n ‖ ~**-pack product** / Zweikomponenten-Produkt n ‖ ~**-part card [set]** / Zweikrempelsatz m, Zweikrempelsortiment n ‖ ~ **phase flash ageing process** / Zweiphasen-Blitzdämpfverfahren n ‖ ~**-phase printing method** / Zweiphasendruckverfahren n ‖ ~**-phase reactive printing process** / Zweiphasen-Reaktivdruckverfahren n ‖ ~**-phase treatment** / Zweiphasenbehandlung f ‖ ~**-pick length of filling**, two-pick length of weft / Schußlänge f von zwei Schußfäden ‖ ~**-piece** n (fash) / Deux-pièces n ‖ ~**-piece dress** / Jackenkleid n, Komplet n ‖ ~**-piece knitted dress** / zweiteiliges Strickkleid ‖ ~**-piece swimsuit** / zweiteiliger Badeanzug ‖ ~**-piece tube needle** (knitt) / zweiteilige Röhrennadel (bei Kettenstühlen für hohe Wirkgeschwindigkeiten) ‖ ~**-pile velvet** / doppelfloriger Samt ‖ ~**-plex rib goods** (knitt) / Fangware f ‖ ~**-ply fabric** / Doppelgewebe n ‖ ~**-ply stocking** / reißfester Strumpf ‖ ~**-ply twist** / Einfachzwirn m ‖ ~**-ply yarn** / Doppelgarn n,

Zweifachgarn *n*, zweisträhniges Garn, zweidrähtiges Garn ‖ ~**-pronged thread guide** / Zweizackenfadenführer *m* ‖ ~**-roll calibrating calender** / Zweiwalzenkalibrierkalander *m* ‖ ~**-roll drawing frame** (spinn) / Zweiwalzenstreckwerk *n* ‖ ~**-roll fulling mill** (fin) / Zweiroulettenwalke *f* ‖ ~**-roll padding mangle** / Zweiwalzenfoulard *m* ‖ ~**-section machine** (knitt) / zweifonturige Maschine ‖ ~**-shuttle** *adj* (weav) / zweischützig *adj* ‖ ~**-sided effect** (dye) / Zweiseitigkeit *f*, Double-face-Effekt *m* ‖ ~**-sided stuff** (weav) / Beiderwand *f n* ‖ ~**-sole hose** (knitt) / doppelte Sohle ‖ ~**-stage process** (dye) / Zweistufenverfahren *n* ‖ ~**-stage twisting machine** / Stufenzwirnmaschine *f* ‖ ~**-stage twisting method** / Zweistufenzwirnverfahren *n* ‖ ~**-step godet** (knitt) / Zweistufengalette *f*, Zweistufenschaltscheibe *f* ‖ ~**-step sateen** / Atlas *m* mit zwei Steigungszahlen ‖ ~**-stick dyeing system** / Zweistock-Färbesystem *n* ‖ ~**-stick system** (dye) / Zweistocksystem *n* (Färben von Stranggarnen) ‖ ~**-strand twine** / zweischäftiger Bindfaden ‖ ~**-stretch elastic fabric** / Zweizugware *f*, Quer-Elastics *pl* ‖ ~**-thread blind stitch hemming machine** / Zweifaden-Blindsaummaschine *f* ‖ ~**-thread chain stitch** (sew) / Doppelkettenstich *m* ‖ ~**-thread chainstitch seam** (sew) / Doppelkettenstichnaht *f* ‖ ~**-thread overlock machine** (knitt) / zweifädige Overlockmaschine ‖ ~**-threads** *n* (spinn) / Doppelzwirn *m*, zweifädiger Zwirn, zweidrähtiger Zwirn, Zweifachgarn *n*, zweidrähtiges Garn, Doppelgarn *n* ‖ ~**-thread sewing machine** / zweifädige Nähmaschine ‖ ~**-tier cambox** / zweistöckiger Schloßmantel ‖ ~**-tone dyeing** / Zweitonfärben *n*, Doppeltonfärben *n* ‖ ~**-tone effect** / Zweifarbeneffekt *m*, Bicolor-Effekt *m* ‖ ~**-tone printing** / Doppeltondruck *m*, Zweitondruck *m* ‖ ~**-tone style** / Doppeltonartikel *m*, Doppeltonkonversionsartikel *m* ‖ ~**-way stitch transfer** (knitt) / doppelflächiges Umhängemuster ‖ ~**-way stretch** / Zweizügigkeit *f*, Kett- und Schußelastizität *f* ‖ ~**-way stretch fabrics** / bielasche Gewebe *n pl*, Zweizugware *f* ‖ ~**-way tricot for swimwear** / doppelflächige Trikotware für Badebekleidung ‖ ~**-zone drafting arrangement** (spinn) / Zweizonenstreckwerk *n*, Zweizonenverzugselement *n*
tying *n* (weav) / Anknüpfen *n*, Einknüpfen *n*, Schnüren *n*, Schnürung *f*, Anschnürung *f*, Abschnürung *f*, Anbindung *f* ‖ ~ **apparatus** / Knüpfapparat *m*, Knüpfvorrichtung *f*, Kettenknüpfmaschine *f*, Anknüpfmaschine *f*, Verschnürmaschine *f* ‖ ~ **frame** / Knüpfrahmen *m* ‖ ~**-in machine** / Knüpfapparat *m*, Knüpfvorrichtung *f*, Kettenknüpfmaschine *f*, Anknüpfmaschine *f*, Verschnürmaschine *f* ‖ ~ **stitch** (sew) / Knüpfstich *m* ‖ ~ **stitch** (sew) / Verriegelungsstich *m* ‖ ~ **stitch** (button) / Befestigungsstich *m* ‖ ~ **string**, tying twine / Bindeschnur *f* ‖ ~ **up** / Schnüren *n*, Schnürung *f* ‖ ~**-up thread** / Fitzschnur *f*
typewriter cloth / Farbbandstoff *m* ‖ ~ **ribbon** / Schreibmaschinenband *n*, Farbband *n* ‖ ~ **ribbon fabric** / Farbbandstoff *m*
tyraline *n* / Anilinrot *n*
tyre (GB) s. tire
Tyrian purple / Tyrischer Purpur, Antiker Purpur, Byzantinischer Purpur, Purpur *m* der Alten
Tzitzi rug / Tshitshi *m*, Tschitschi-Teppich *m*, Tschetsche-Teppich *m* (aus dem Kaukasus)

U

UBS (urea bisulphite solubility) (dye) / HBL (Harnstoff-Bisulfit-Löslichkeit) ‖ ~ (s. urea bisulphite solubility)
ullah n / eine starke indische Bastfaser
ulster n s. Ulster coat ‖ ~ **cloth** / Ulsterstoff m ‖ ~ **coat** (heavy overcoat) / Ulster m, Ulstermantel m
ultimate bending strength / Biegebruchfestigkeit f ‖ ~ **elongation** / Bruchdehnung f, Reißdehnung f ‖ ~ **humidity** / Endfeuchtigkeit f ‖ ~ **stress** / Bruchspannung f ‖ ~ **tensile strength** / Reißfestigkeit f, Zugfestigkeit f ‖ ~ **tensile test** / Zugversuch m
ultra-bright adj (fibre) / hochglänzend adj
ultracentrifuge n / Ultrazentrifuge f
ultracleaner n (spinn) / Stufenreiniger m (DIN 64100)
ultra-coarse knitting machine / ultragrobe Strickmaschine
ultradeep dyeing fibre type (type U) (differential dyeing) / Ultradeep-dyeing-Fasertype f (Fasertyp U) (mit sehr starken färberischen Eigenschaften) für das Differential-Dyeing-Färbeverfahren
ultrafiltration n (size recovery) / Ultrafiltration f ‖ ~ **plant** / Ultrafiltrationsanlage f
ultra-fine titre / Feinsttiter m
ultrahigh-speed seamer (sew) / Hochleistungsschnellnäher m
ultramarine blue adj / ultramarinblau adj (RAL 5002) ‖ ~ **green** / ultramaringrün adj ‖ ~ **violet** / ultramarinviolett adj
ultra--rapid ager (US) / Ultrarapiddämpfer m ‖ ~-**rapid developer** / Ultrarapidentwickler m ‖ ~-**rapid steamer** (GB) / Ultrarapiddämpfer m
ultrasonic slitting apparatus (weav) / Ultraschallschneidvorrichtung f
ultraviolet absorber / UV-Absorber m, Ultraviolettabsorber m, Lichtstabilisator m, Lichtschutzmittel n ‖ ~-**cured printing ink** / UV-gehärtete Druckfarbe ‖ ~ **cut-off filter** / UV-Sperrfilter m ‖ ~ **irradiation** / UV-Bestrahlung f ‖ ~ **lamp** / UV-Lampe f ‖ ~ **light** / UV-Licht n ‖ ~ **light inhibitor** / UV-Strahlenschutz m, Lichtschutz m ‖ ~ **radiation** / UV-Strahlung f ‖ ~ **rays** / UV-Strahlen m pl ‖ ~ **region** / UV-Bereich m ‖ ~ **resistance** / UV-Beständigkeit f ‖ ~ **stabilizer** / UV-Stabilisator m
ultra--white bright (fibre) / hochweiß glänzend ‖ ~-**white dull** (fibre) / hochweiß matt
umber n / Umbra f, Umber m ‖ ~ adj / dunkelbraun adj ‖ ~ **grey** / umbragrau adj (RAL 7022)
umbrella n / Regenschirm m, Schirm m ‖ ~ **case** / Schirmhülle f ‖ ~ **cloth** / Schirmstoff m, Regenschirmstoff m, Schirmbespannstoff m, Schirmbezugstoff m ‖ ~ **sheath** / Schirmhülle f ‖ ~ **silk** / Schirmseide f ‖ ~ **top** / Baumwollware f mit mehrfädigen Ripskanten
unaffected by air / luftunempfindlich adj ‖ ~ **by changes in temperature** / temperaturunempfindlich adj ‖ ~ **by cleaning** / reinigungsbeständig adj ‖ ~ **by dry cleaning** / trockenreinigungsbeständig adj, chemischreinigungsbeständig adj, chemischreinigungsecht adj, trockenreinigungsecht adj ‖ ~ **by frost** / frostunempfindlich adj ‖ ~ **by hard water** / härtebeständig adj ‖ ~ **by ironing** / bügelfest adj, bügelecht adj ‖ ~ **by laundering** / waschecht adj ‖ ~ **by salts causing hardness of water** / härtebeständig adj ‖ ~ **by washing** / waschecht adj
unbalanced shed / unreines Fach
unbatch v (weav) / abwickeln v, abrollen v, abschlagen v
unbatcher n / Abwickeleinrichtung f, Abwickler m
unbeam v / abbäumen v
unbleached adj / ungebleicht adj, roh adj ‖ ~ **fabric** / Rohgewebe n, Rohware f ‖ ~ **goods** pl / Rohware f ‖

~ **linen** / Rohleinen n ‖ ~ **yarn** / Rohgarn n, rohes Garn ‖ ~ **yarn for cambric** / Batistgarn n
unblended adj / rein adj, ungemischt adj ‖ ~ **material** / Reinverarbeitung f ‖ ~ **polyester** / reines Polyester
unblocked stitch (knitt) / nicht blockierte Masche
unboarded adj (hos) / ungeformt adj ‖ ~ **pantyhose** / ungeformte Strumpfhose
unboiled silk / Rohseide f, Ekrüseide f, Grègeseide f, rohe Seide, Bastseide f, ungekochte Seide, unentbastete Seide
unbonded article / unverfestigter Artikel
unbraiding n / Entflechten n
unchlorinated wool / ungechlorte Wolle
uncleaned adj / ungereinigt adj
uncollapsed cake (package) / Spulkranz n
uncombed adj / ungekämmt adj ‖ ~ **fibrous material** / ungekämmtes Fasergut ‖ ~ **worsted yarn** / Halbkammgarn n
uncreasable adj / knitterfrei adj, knitterecht adj, knitterfest adj, knitterarm adj ‖ ~ / nicht knitternd
uncrimped tow / nicht gekräuseltes Spinnkabel
uncurl v / entkräuseln v ‖ ~ / glätten v, glattstreichen v
uncurler n (sew) / Entrollapparat m ‖ ~ (selvedge) / Leistenausroller m
uncut adj (dye) / unverschnitten adj ‖ ~ **article** (text pr) / unformierter Dispersionsfarbstoff ‖ ~ **carpet plush** / gezogener Teppichplüsch ‖ ~ **pile** / Schlingenflor m ‖ ~ **pile carpet** / Schlingenteppich m ‖ ~ **pile fabric** / Schlingenflorgewebe n ‖ ~ **plush** / gezogener Plüsch, ungeöffneter Plüsch, ungeschnittener Plüsch ‖ ~ **product** (pigm) / unformiertes Produkt ‖ ~ **velvet** / gezogener Samt, ungerissener Samt, Halbsamt m, ungeschnittener Samt
underarm pad (sew) / Armblatt n
underbasting n (sew) / Unterschlagen n
undercarpet n / Teppichunterlage f
undercasing bracket (spinn) / Muldenstelleisen n ‖ ~ **of the card** (spinn) / Mulde f der Krempel
undercloth n / Mitläufer m (DIN 64990), Mitläufertuch n, Untertuch n, Druckdecke f
underclothes pl / Unterwäsche f, Unterkleidung f, Unterbekleidung f, Unterzeug n, Leibwäsche f
underclothing n s. underclothes
undercoat n / Vorlackierung f, Zwischenanstrich m
undercured adj / nicht ausgehärtet
under-edge trimmer (sew) / Unterschneid-Einrichtung f
underfelt n (cpt) / Filzunterlage f, Unterfilz m, Unterlagenfilz m, Teppichunterlage f
underfloor heating (cpt) / Fußbodenheizung f
underfur n / Unterhaar n (eines Pelzes)
undergarment n / Unterkleid n, Unterwäsche f
undergrowth n (wool) / Unterhaar n
underhand appearance (dye) / Durchsicht f einer Färbung
underlap n (knitt) / Legung f unter den Nadeln, Unterlegung f
underlay n (cpt) / Unterlage f, Teppichunterlage f ‖ ~ **felt** (cpt) / Filzunterlage f, Unterfilz m, Unterlagenfilz m, Teppichunterlage f
underlinen n s. underclothes
underlining n / Unterfütterung f
under-liquor bleaching / Unterflottenbleiche f
under-liquor full-width storage system / Unterflotten-Breitspeicher m
underloop n (weav) / Unterschlinge f
undernipper n (spinn) / untere Zangenbacke
underpants pl / Unterhose f, Herrenslip m
underpick n (weav) / Unterschlag m ‖ ~ **buffer** (weav) / Unterschlagpuffer m ‖ ~ **circular box loom** / Unterschlagrevolverstuhl m ‖ ~ **device** (weav) / Unterschlagvorrichtung f ‖ ~ **loom** / Unterschlagwebstuhl m, Unterschlagstuhl m, Unterschlagwebmaschine f, Tieffachwebmaschine f ‖ ~ **picker** (weav) / Unterschlagpicker m
underpress v (sew) / zwischenbügeln v

underretting *n* / unvollständige Röste
undershirt *n* / Unterhemd *n* ‖ ~ (outdated) / Leibchen *n*
undershot *n* (weav) / Unterschuß *m*
underside *n* (of fabric) (cpt) / Rückseite f, Unterseite f, Abseite f, Kehrseite f, linke Seite
undersizing *n* / ungenügendes Schlichten
underskirt *n* / Unterrock *m*, Unterkleid *n*
undersleeve *n* / Unterziehärmel *m*
underslip *n* / Unterrock *m*, Unterkleid *n*
underspring motion (weav) / Niederzug *m*, Niederzugvorrichtung f
underswung sley (weav) / Stehlade f
underthread *n* (weav) / Unterfaden *m* ‖ ~ **spool** / Unterfadenspule f
undertoe linking (hos) / Kettelnaht f auf der Sohle
undertone *n* (dye) / Durchsicht f einer Färbung
undertrimmer *n* / Stoffunterschneider *m*, Stoffkantenunterschneider *m*
undervest *n* / Unterhemd *n*
underwaist *n* (US) / Unterleibchen *n*, Untertaille f, Untermieder *n*
underwater jig / Unterflottenjigger *m*, Unterwasserjigger *m*
underwear *n* / Unterwäsche f, Unterkleidung f, Unterbekleidung f, Unterzeug *n*, Leibwäsche f ‖ ~ **fabric** / Leibwäschestoff *m*, Unterwäschestoff *m*, Wäschestoff *m* ‖ ~ **needle** (knitt) / Zungennadel f mit einem kleinen Haken für Unterwäsche
underweight *adj* (bobbin) / mindergewichtig *adj* (Spule)
underwinding *n* (spinn) / Unterwindung f, Unterwinden *n* ‖ ~ **motion** (spinn) / Unterwindeeinrichtung f
undies *pl* / Damenunterwäsche f
undiluted *adj* / unverdünnt *adj*
undipped fabric / unimprägniertes Gewebe
undissolved *adj* / ungelöst *adj*
undo *v* (knitt) / auftrennen *v* ‖ ~ (weav) / zurückweben *v*, abzetteln *v* ‖ ~ **a seam** / eine Naht auftrennen
undrafted part (spinn) / Dickstelle f
undrawn *adj* (spinn) / unverstreckt *adj* ‖ ~ **filament** / unverstreckter Faden
undress *n* / Alltagskleidung f ‖ ~ / Morgenrock *m*, Negligé *n*
undressed *adj* (of fabric) / nicht ausgerüstet, ohne Ausrüstung ‖ ~ **jute** / Rohjute f ‖ ~ **warp** (weav) / ungeschlichtete Kettfäden *m pl*, Rohkette f
undulated fabric / welliges Gewebe
undulating twill / Wellenköper *m* ‖ ~ **twill weave** / Wellenköperbindung f
undulation *n* (weav) / Bausch *m*
undulled *adj* (fibre) / unmattiert *adj*
undyed *adj* / ungefärbt *adj*, rohweiß *adj*, naturfarben *adj* ‖ ~ **grey calico** / ungefärbter, nicht aufgehellter Baumwollnessel ‖ ~ **wool** / naturfarbene Wolle
unequal penetration (dye) / ungleichmäßige Durchfärbung ‖ ~ **thread tension** (only for continuous filaments) / Fadenspannungsdifferenzen f pl, Fadenspannungsunterschiede *m pl* ‖ ~ **yarn tension** (only for texturized filaments) / Fadenspannungsdifferenzen f pl, Fadenspannungsunterschiede *m pl*
uneven *adj* / ungleichmäßig *adj*, uneinheitlich *adj* ‖ ~ (esp. dye) / ungleich *adj*, unegal *adj* ‖ ~ **dyeing** / unegale Färbung, ungleichmäßige Färbung, bunte Färbung ‖ ~ **filling** (weav, defect) / ungleiche Schußdichte ‖ ~ **lap** / unregelmäßiger Wickel
unevenness *n* / Unegalität f, Ungleichmäßigkeit f
uneven penetration (dye) / ungleichmäßige Durchfärbung ‖ ~ **print** / ungleichmäßiger Druck ‖ ~ **result** (dye) / ungleicher Ausfall ‖ ~ **shearing** (cloth) / Schurfehler *m*, schlecht geschorene Stelle ‖ ~ **shed** (weav) / unreines Fach ‖ ~ **wool** / ungleichmäßige Wolle ‖ ~ **yarn** / ungleichmäßiges Garn
unfashionable *adj* / unmodern *adj*, altmodisch *adj*
unfelt *v* / entfilzen *v*

unfelted *adj* / unverfilzt *adj* ‖ ~ / entfilzt *adj*
unfilled *adj* / unerschwert *adj*, unbeschwert *adj*
unfinished *adj* / nicht ausgerüstet, nicht appretiert ‖ ~ **carpet** / Rohteppich *m* ‖ ~ **production quality** / Fabrikware f, ungestellte Ware
unfixed *adj* / nicht fixiert
unformulated disperse dyestuff (trans pr) / uniformierter Dispersionsfarbstoff
unfulled *adj* / ungewalkt *adj* ‖ ~ **woollen cloth** / ungewalkter Wollstoff, Loden *m*
ungum *v* (silk) / auskochen *v*
unharmed by ironing / bügelfest *adj*, bügelecht *adj*
uni *adj* / einfarbig *adj*, uni *adj*
uniaxial strength / monoaxiale Festigkeit
unicoloured fabrics *pl* / Uniware f ‖ ~ **felt** / Unifilz *m*
uniconer *n* / Uniconer *m* (moderner Kreuzspulapparat)
unidirectional cloth / kettenstarkes Gewebe ‖ ~ **liquor circulation** / einseitige Flottenzirkulation
unidirectionally oriented web / Flor *m* aus gleichgerichteten Fasern
unidirectional twill weave wool fabric / gleichgratköperbindiges Wollgewebe
uniform *n* / Uniform f ‖ ~ *adj* / gleichmäßig *adj*, einheitlich *adj*, egal *adj* ‖ ~ **appearance of the fabric** / ruhiges Warenbild ‖ ~ **cloth** / Uniformtuch *n* ‖ ~ **distribution of fibres** / gleichmäßige Faserverteilung ‖ ~ **dyeing** / gleichmäßige Färbung, egale Färbung, gleichmäßiges Färben ‖ ~ **elastic attachment** / Gummifadenzubringer *m*, Gummifaden-Einlegeapparat *m*, Gummifaden-Fournisseur *m* ‖ ~ **gradation of the screen dots** (text pr) / gleichmäßige Rasterabläufe *m pl*
uniformity *n* (dye) / Egalität f ‖ ~ **between ends**, uniformity of ends (dye) / Endengleichheit f ‖ ~ **tester** / Gleichmäßigkeitsprüfer *m*
uniformly penetrated dyeing / gleichmäßiges Durchfärben
uniform pile formation / einheitliche Florbildung ‖ ~ **shade** / gleichmäßiger Farbton, egaler Farbton ‖ ~ **speed of winding** / gleichbleibende Aufwindegeschwindigkeit ‖ ~ **surfacial adsorption layer** (dye) / gleichmäßige Oberflächenadsorptionsschicht ‖ ~ **twist** / gleichmäßige Zwirnung
uni goods *pl* / Uniware f
unilateral rapier loom / Webmaschine f mit einseitigem Greifer
uninflammable *adj* / flammwidrig *adj*, nichtentflammbar *adj*, unentflammbar *adj*, flammfest *adj*
uninterrupted design / Kontinuemuster *n*
union *n* / Fasergemisch *n* ‖ ~ s. also union fabric ‖ ~ (of cotton and wool) / Halbwolle f ‖ ~ **acid one-bath method** (dye) / Halbwoll-Säure-Einbadverfahren *n* ‖ ~ **afterchroming process** / Halbwoll-Nachchromierungsverfahren *n* ‖ ~ **aftercoppering process** / Halbwoll-Nachkupferungsverfahren *n* ‖ ~ **chrome dyestuff** / Halbwollchromfarbstoff *m* ‖ ~ **cloth** s. union fabric ‖ ~ **dyeing** / Mischfaserfärbung f, Mischgewebefärben *n*, Unifärben *n*, Färben *v* von Faserstoffmischungen ‖ ~ **dyeing** (with wool) / Halbwollfärben *n*, Halbwollfärbung f ‖ ~ **dyestuff** / Halbwollfarbstoff *m* ‖ ~ **fabric** / Mischfasergewebe *n*, Mischgewebe *n* ‖ ~ **fabric** (of cotton and wool) / Halbwollgewebe *n*, Halbwollstoff *m*, Halbwollware f ‖ ~ **flannel** / Halbwollflanell *m* ‖ ~ **gabardine** / Mischgabardine f ‖ ~ **goods** *pl* / Mischgewebe *n pl*, Mischware f ‖ ~ **goods** / Halbwollware f ‖ ~ **linen** (cotton warp, linen filling) / Halbleinen *n* ‖ ~ **metachrome process** / Halbwoll-Metachromverfahren *n* ‖ ~ **piecegoods** / Stückware f aus Halbwolle ‖ ~ **shirting** / Halbwollschirting *m* ‖ ~ **silk** (silk/cotton) / Halbseide f ‖ ~ **thread** / Mischzwirn *m*, Mischgarn f ‖ ~ **velvet** (silk face/cotton back) / halbseidener Samt ‖ ~ **wool article** /

Halbwollartikel *m* ‖ ~ **wool dyestuff** / Halbwollfarbstoff *m* ‖ ~ **yarn** / Halbwollgarn *n*
uni shades / Unitöne *m pl*
unison feed (sew) / kombinierter Unter-, Ober- und Nadeltransport
United Provinces cotton / indische Baumwollmischung
universal calender / Universalkalander *m* ‖ ~ **decatizing machine** / Universal-Kontinue-Dekatiermaschine *f* ‖ ~ **dyestuff** / Universalfarbstoff *m* ‖ ~ **mordant** / Universalbeize *f* ‖ ~ **raschel machine with two needle bars** / zweibarrige Universalraschelmaschine ‖ ~ **sewing machine** / Universalnähmaschine *f* ‖ ~ **single needle bar raschel machine** / einbarrige Universalraschelmaschine ‖ ~ **steamer** / Universaldämpfer *m* (DIN 64990) ‖ ~ **suede finishing machine** / Universal-Schleifmaschine *f* ‖ ~ **thread counter** / Universalfadenzähler *m*
unknit *v* / auftrennen *vt* (Gestricktes)
unlace *v* / aufschnüren *v*
unlaid rope / aufgedrehtes Seil
unlay *v* (a rope) / aufdrehen *v* (ein Seil)
unlevel *adj* / unegal *adj*, ungleichmäßig *adj*, uneinheitlich *adj*, ungleich *adj* ‖ ~ **appearance** (of a fabric) / unruhige Gewebeoberfläche, unruhiges Warenbild ‖ ~ **dyeing** / unegale Färbung, ungleichmäßige Färbung, bunte Färbung ‖ ~ **dyeing dyestuff** / streifigfärbender Farbstoff ‖ ~ **dye pick-up** / unegales Aufziehen des Farbstoffes
unlevelness *n* (dye) / Unegalität *f*, Ungleichmäßigkeit *f* ‖ ~ **of dyeing between inside, centre and outside of package** (dye) / Innen-Mitte-Außen-Unegalität *f*, IMA-Unegalität *f*
unlevel surface / unruhige Oberfläche
unlimited durability / unbegrenzte Haltbarkeit ‖ ~ **jacquard design** / großmustrige Jacquardbindung ‖ ~ **pattern area** / unbegrenztes Musterfeld
unlined *adj* / ungefüttert *adj*, futterlos *adj*
unloaded *adj* / unbeschwert *adj*
unloading *n* (clothm) / Abführen *n*, Ablaufen *n*
unlocked stitch (knitt) / ungeformte Masche
unmade shed (weav) / Fach geschlossen
unmilled *adj* / ungewalkt *adj* ‖ ~ **cloth** / ungewalkte Ware, ungewalktes Tuch ‖ ~ **woollen cloth** / ungewalkter Wollstoff, Loden *m*
unmordanted *adj* / ungebeizt *adj*
unnapped *adj* / glatt *adj*, ungerauht *adj*, kahl *adj*
unneedling guard / Abnadelwächter *m*
unpack *v* (from the machine) / herausnehmen *v* (aus der Maschine)
unpin *v* (sew) / Stecknadeln herausnehmen
unplanked hat-body / ungewalkter Hutstumpen
unprinted ground (text pr) / unbedruckte Fondstelle ‖ ~ **portion** / unbedruckte Partie
unprocessed yarn / Rohgarn *n*, rohes Garn
unpunched *adj* (jacquard card) / ungeschlagen *adj*
unraised *adj* / glatt *adj*, ungerauht *adj*, kahl *adj*
unravel *v* / entwirren *v* ‖ ~ (knitt) / aufziehen *v*, aufriefeln *v*, aufriffeln *v*, aufräufeln *v*, aufribbeln *v* ‖ ~ / ausfasern *v* ‖ ~ (weav) / abzetteln *v*, Tuch zurückweben
unravelling *n* / Entwirren *n* ‖ ~ (knitt) / Aufziehen *n*, Aufriefeln *n*, Aufriffeln *n*, Aufräufeln *n*, Aufribbeln *n* ‖ ~ (weav) / Ausfasern *n*, Abzetteln *n* ‖ ~ **force** / Aufriefelkraft *f*, Aufriffelkraft *f* ‖ ~ **technique** / Auflösungstechnik *f*
unreacted dyestuff deposited on the fibre / auf der Faser abgelagerter, nicht reagierter Farbstoff
unreduced vat dyestuff / unverküpter Farbstoff
unreel *v* / abspulen *v*, abwinden *v*, abwickeln *v*, abhaspeln *v*, abrollen *v*, abdocken *v*
unreeling *n* / Abspulen *n*, Abwinden *n*, Abwickeln *n*, Abhaspeln *n*, Abrollen *n*, Abdocken *n* ‖ ~ **motion** / Abwindevorrichtung *f*
unreinforced *adj* / unverstärkt *adj*

unroll *v* / ausbreiten *v*, entfalten *v* ‖ ~ / abwickeln *v* ‖ ~ **a piece of cloth** / eine Stofflänge entfalten
unrolling creel / Abwickelgestell *n*, Abrollgestell *n*, Abrollrahmen *m* ‖ ~ **device** (weav) / Abbäumvorrichtung *f* ‖ ~ **device** / Kantenausroller *m* (DIN 64990), Leistenausroller *m*, Leistenöffner *m* ‖ ~ **stand** / Abwickelbock *m*, Abwickelgestell *n*, Abrollgestell *n*, Abrollrahmen *m* ‖ ~ **unwinding** / rollender Abzug
unsaponifiable *adj* / unverseifbar *adj*
unsaturated *adj* (chem) / ungesättigt *adj* ‖ ~ **hydrocarbon** / ungesättigter Kohlenwasserstoff ‖ ~ **polyester resin** / ungesättigtes Polyesterharz ‖ ~ **steam** / ungesättigter Dampf
unscoured *adj* / ungewaschen *adj*, ungereinigt *adj* ‖ ~ **silk** / Rohseide *f*, Ekrüseide *f*, Grègeseide *f*, rohe Seide, Bastseide *f*, ungekochte Seide, unentbastete Seide
unset *adj* / nicht fixiert *adj* ‖ ~ (hos) / ungeformt *adj*
unsettled appearance (of a fabric) / unruhige Gewebeoberfläche, unruhiges Warenbild
unsewn fringe / Naturfranse *f*
unsharp *adj* (pattern) / unscharf *adj*, verschwommen *adj* ‖ ~ **images** (text pr) / verschwommene Konturen *f pl*
unshrinkability *n* / Krumpffestigkeit *f*, Krumpfechtheit *f*
unshrinkable *adj* / einlaufecht *adj*, schrumpfecht *adj*, krumpfecht *adj*, schrumpffest *adj*, schrumpffrei *adj*, krumpffest *adj*, krumpffrei *adj*, nichtschrumpfend *adj* ‖ ~ **finish** s. non-shrink finish
unshrunk high-bulk yarn / schrumpffähiges Hochbauschgarn
unsized *adj* / ungeschlichtet *adj*
unslaked lime / ungelöschter Kalk, Ätzkalk *m*
unspindle *v* / abspindeln *v*
unspool *v* / abspulen *v*, abwickeln *v*, abhaspeln *v* ‖ ~ (spinn) / Garn zu Strähnen haspeln
unstable *adj* / unbeständig *adj* ‖ ~ (dye) / unecht *adj*
unstandardized production quality / Fabrikware *f*, ungestellte Ware
unsteady appearance (of dyed goods) / unruhiges Aussehen
unstitch *v* / auftrennen *v*, lostrennen *v*
unstitched, come ~ (sew) / aufgehen *v*
unstretched *adj* / ungespannt *adj*
untangle *v* / entwirren *v*
untearable *adj* / unzerreißbar *adj*
untreated *adj* / unbehandelt *adj*, roh *adj* ‖ ~ **material** / Rohware *f* ‖ ~ **yarn** / Rohgarn *n*, rohes Garn
untrimmed *adj* (making up) / unbeschnitten *adj*
untrue wool fibre / Wolle *f* mit ungleichmäßigem Durchmesser
untwist *v* / aufdrehen *v*, entflechten *v*, entzwirnen *v*
untwisted silk yarn / ungezwirntes Seidengarn ‖ ~ **yarn** / ungedrehtes Garn
untwister *n* / Zwirnaufdrehvorrichtung *f*
untwisting *n* / Aufdrehen *n*, Entflechten *n*, Entzwirnen *n* ‖ ~ **device** / Warenöffner *m* ‖ ~ **machine** / Entwinder *m* ‖ ~ **method** / Aufdrehverfahren *n*
unvatted *adj* (dye) / unverküpt *adj* ‖ ~ **vat dyestuff** / unverküpter Küpenfarbstoff
unwashed *adj* / ungewaschen *adj* ‖ ~ **wool** / Schmutzwolle *f*, Schweißwolle *f*, Rohwolle *f*
unwatered *adj* (weav) / nicht moiriert
unweave *v* / abzetteln *v*, Gewebtes auftrennen, losweben *v* ‖ ~ / zurückweben *v*
unweighted *adj* / unbeschwert *adj*, unerschwert *adj* ‖ ~ **silk** / unbeschwerte Seide
unwind *v* / abspulen *v*, abwinden *v*, abwickeln *v*, abhaspeln *v*, abrollen *v*, abdocken *v*
unwinder *n* / Abwickelvorrichtung *f*, Abwickelwerk *n*
unwinding *n* / Abspulen *n*, Abwinden *n*, Abwickeln *n*, Abhaspeln *n*, Abrollen *n*, Abdocken *n* ‖ ~ **accelerator** / Abzugsbeschleuniger *m* ‖ ~ **balloon** / Fadenballon *m* beim Abspulen ‖ ~ **behaviour** (yarn) / Ablaufverhalten *n* ‖ ~ **creel** / Ablaufgatter *n* ‖ ~ **device** /

Abwickelvorrichtung f, Abwindevorrichtung f ||
~ **machine** / Abwickelmaschine f || ~ **motion** /
Abwickelvorrichtung f, Abwindevorrichtung f || ~ **of
the thread** / Fadenabwicklung f, Fadenabzug m || ~ **of
the yarn** / Fadenabwicklung f, Fadenabzug m || ~ **reel** /
Ablaufhaspel f || ~ **speed** / Abzugsgeschwindigkeit f ||
~ **stand** / Abwickelbock m, Abwickelgestell n,
Abrollgestell n, Abrollrahmen m
unworkable adj (fibre) / nichtverspinnbar adj (Faser)
upholster v / polstern v, auspolstern v || ~ (cover with
fabric) / bespannen v, beziehen v
upholstered furniture / Polstermöbel n pl || ~ **seat** /
Polsterbank f
upholsterer n / Polsterer m || ~'s **trimmings** pl /
Möbelposamenten n pl, Möbelbesatz m
upholstering n / Polsterung f || ~ (covering) / Bespannung
f, Bezug m || ~ **cloth** / Möbelstoff m, Möbelbezugsstoff
m, Polsterstoff m || ~ **cloth** / Bespannstoff m
upholstery n / Polsterware f, Polsterung f, Polstermaterial
n || ~ **braid** / Polstermöbelborte f || ~ **cloth** / Möbelstoff
m, Denim m, Möbelbezugsstoff m, Polsterstoff m ||
~ **cloth** / Bespannstoff m || ~ **cover** / Polsterbezug m ||
~ **denim** / Jacquardmöbelstoff m || ~ **fabric** /
Möbelstoff m, Möbelbezugsstoff m, Polsterstoff m ||
~ **fabric** / Bespannstoff m || ~ **filling** / Polsterfüllung f ||
~ **furniture** / Polstermöbel n pl || ~ **machine** /
Polstereimaschine f || ~ **material** / Polstermaterial n ||
~ **material** s. also upholstery fabric || ~ **pile fabric** /
Möbelvelours m, Polstervelours m || ~ **sewing machine**
/ Polsternähmaschine f || ~ **stuffing** / Polsterfüllung f ||
~ **velvet** / Möbelsamt m, Polstervelours m,
Veloursmöbelstoff m || ~ **wadding** / Polsterwatte f ||
~ **webbing** / Möbelgurt m, Polstermöbelgurt m
Upland cotton / Upland-Baumwolle f, Upland Cotton
(Gossypium hirsutum var. hirsutum)
uplift brassière / Büstenhebe f
uppam cotton / eine südindische Baumwolle
upper bar (knitt) / Oberschiene f || ~ **blade** / Obermesser n
|| ~ **end of the web** (weav) / Angriff m || ~ **feeding** /
Kastenspeisung f || ~ **knife** / Obermesser n || ~ **leg** (hos)
/ Oberlängen m || ~ **loop** / Oberschlinge f || ~ **needle
thread** / Obernähfaden m || ~ **padding bowl** (dye) /
obere Klotzwalze || ~ **part of the warp** (weav) / Pole f ||
~ **pick loom** (weav) / Oberschlagstuhl m,
Oberschlagwebstuhl m || ~ **portion of the foot** (hos) /
Fußblatt n, Fußoberteil n || ~ **roller** / Oberwalze f,
obere Walze
uppers pl / am Nil gezüchtete ägyptische Baumwollsorten
|| ~ / Gamaschen f pl
upper shed (weav) / Oberfach n, Hochfach n || ~ **side** (of
fabric) / Oberseite f, Schauseite f, rechte Seite,
Vorderseite f, Schönseite f || ~ **sleeve** / Oberärmel m ||
~ **thread** / Oberfaden m || ~ **treadle motion** / Obertritt
m || ~ **weft thread** / Oberschußgarn n || ~ **wire** /
Aufwinder m, Aufschlagdraht m || ~ **yarn** (weav) /
Obergarn n
upright lattice / Steiglattentuch n || ~ **opener** /
Horizontalöffner m || ~ **pile** / aufrecht stehender Flor,
aufrecht stehende Noppe || ~ **pile velvet** / Stehvelours m
|| ~ **sinker spring** (knitt) / Stehplatinenfeder f || ~ **spiked
lattice** / Steignadellattentuch n || ~ **twill** / steiler Köper
uptake n (dye) / Flottenaufnahme f, Absorption f ||
~ **range** (dye) / Aufziehbereich m,
Farbstoffaufziehbereich m
upthrow cam (knitt) / Nadelweiche f, Nadelhebenschloß n ||
~ **cam** / Gegensenker m, Hauptschloß n
uptwister n / Etagenzwirnmaschine f,
Aufwärtszwirnmaschine f
uptwisting n / Etagenzwirnen n
upwards arm sewing machine / Armabwärtsnähmaschine
f
urchin n (cotton spinn) (US) / Igel m, Läufer m,
Stachelwalze f
urdiga n / feine marokkanische Wolle

urea n / Harnstoff m || ~ **bisulphite solubility (UBS)** (dye)
/ Harnstoff-Bisulfit-Löslichkeit (HBL) f ||
~ **formaldehyde** / Harnstoff-Formaldehyd m ||
~ **formaldehyde derivative** / Harnstoff-Formaldehyd-
Derivat n || ~ **formaldehyde foam** / Harnstoff-
Formaldehyd-Schaumstoff m || ~ **formaldehyde
precondensate** / Harnstoff-Formaldehyd-Vorkondensat
n || ~ **formaldehyde resin** / Harnstoff-
Formaldehydharz n || ~ **melt** / Harnstoffschmelze f ||
~ **printing method** / Druckverfahren n mit Harnstoff ||
~ **resin** / Harnstoffharz n || ~ **resin** s. also aminoaldehydic
resin || ~ **resin finish** / Harnstoffharz-Appretur f
urena fibre (yields fibre similar to jute) / Urenafaser f
urethane n / Urethan n || ~ **foam** / Urethanschaumstoff m
uric acid / Harnsäure f
urine vat (wool) / Urinküpe f || ~ **wash** (wool) / Urinwäsche
f
urucu fibre / Orleanfaser f
used detergent solution / Schmutzflotte f,
schmutzbelastete Waschlauge || ~ **textiles** / Alttextilien
f pl
**U-shaped full-width accumulator for immersed
dwelling of textiles** / Unterflottenspeicher m in U-Form
U-shirt n / U-Shirt n (ärmelloses Shirt)
Uster apparatus / Uster-Gerät n || ~ **value** (for staple
fibres) / Usterwert n
usual twist (cotton yarn of medium twist) / Usual n
(Baumwollgarn mit mittlerer Drehung)
utilization coefficient (of fibres in the fabric) /
Substanzausnutzung f
U-tube n (Standfast machine) / Schenkel m
UV s. ultraviolet

V

vacuum n / Vakuum n ‖ ~ **ager** (US) / Vakuumdämpfer m ‖ ~ **band drier** / Vakuum-Band-Trockner m ‖ ~ **bleaching kier** / Vakuumbleichkessel m ‖ ~ **calender** / Vakuumkalander m ‖ ~ **cleaner** / Staubsauger m ‖ ~ **coating** / Vakuumbeschichten n ‖ ~ **decatizing apparatus** / Vakuumdekatierapparat m ‖ ~ **drier** / Vakuumtrockner m ‖ ~ **dyeing** / Vakuumfärbung f ‖ ~ **dyeing apparatus** / Vakuumfärbeapparat m ‖ ~ **end collector** / Fadenabsaugvorrichtung f ‖ ~ **evaporator** / Vakuumverdampfer m ‖ ~ **filter** / Saugfilter m n, Nutsche f ‖ ~ **filter** (ctg) / Vakufilter m n ‖ ~ **humidifying device with cooling apparatus** / Vakuum-Befeuchtungsvorrichtung f mit Kühleinrichtung ‖ ~ **impregnation** / Imprägnieren n im Vakuum ‖ ~ **laminating** / Vakuumkaschieren n ‖ ~ **mixing filter** / Vakuum-Rührfilter m n ‖ ~ **steamer** (GB) / Vakuumdämpfer m ‖ ~ **steaming** / Dämpfen n im Unterdruck, Dämpfen n im Vakuum ‖ ~ **steaming plant** / Vakuumdämpfanlage f ‖ ~ **stirrer** / Evakuierungsrührwerk n ‖ ~ **stirrer placed on the mixing vessel** (ctg) / Aufsatz-Evakuierungs-Rührwerk n ‖ ~ **stripper** (spinn) / Vakuumkratzenreiniger m ‖ ~**-type steaming table** (knitt) / Vakuum-Dämpftisch m ‖ ~**-type waste disposal unit** (sew) / Abfall-Absaugvorrichtung f ‖ ~ **warp transfer printing** / Vakuum-Kett-Transferdruck m ‖ ~ **washing vat** / Vakuumwaschbottich m
valance n (on a bed) / kurzer Behang, Volant m ‖ ~ (on a window) / Quervolant m
valence n s. valance
Valenciennes n (lace) / Valenciennes-Spitze f
value of a colour / Helligkeit f eines Farbtons
vanadate n (dye) / Vanadat n
vanadic acid / Vanadinsäure f
vanadium black / Vanadiumanilinschwarz n, Vanadanilinschwarz n ‖ ~ **chloride** / Vanadiumchlorid n ‖ ~ **mordant** / Vanadiumbeize f, Vanadinbeize f ‖ ~ **oxide** (dye) / Vanadiumoxid n
vandyke n (lace, embroidery) / Zackenmuster n, einzelne Zacke ‖ ~ **brown** / Van-Dyck-Braun m ‖ ~ **cape** / Van-Dyck-Kragen m ‖ ~ **collar** / Van-Dyck-Kragen m ‖ ~ **edge** / ausgezackter Rand ‖ ~ **pocket flap** (fash) / Van-Dyck-Taschenklappe f ‖ ~ **red** / Van-Dyck-Rot n
vaporable adj, vaporizable adj / verdampfbar adj
vaporization n / Verdampfung f ‖ ~ (dye) / Dämpfen n, Dampfbehandlung f
vaporize v / verdampfen v ‖ ~ (dye) / dämpfen v, mit Dampf behandeln
vaporizer n / Verdampfapparat m
vaporizing process (dye) / Dämpfprozeß m
vapour n / Dampf m ‖ ~**-cured fabric** / dampfgeschwefelter Stoff ‖ ~ **nozzle** / Dampfdüse f ‖ ~ **permeability** (clothing, perspiration) / Schweißtransport m ‖ ~ **phase** / Dampfphase f ‖ ~**-phase dyeing** / Färben n in der Dampfphase ‖ ~**-phase finishing** / Veredlung f in der Dampfphase ‖ ~**-phase treatment** / Behandlung f in der Dampfphase ‖ ~ **pressure** / Dampfdruck m ‖ ~ **transmission** / Dampfdurchlässigkeit f ‖ ~**-transmitting** adj / dampfdurchlässig adj
variable draw knitting / variable Kulierung ‖ ~ **length staple fibre** / Spinnfaser f mit unregelmäßiger Schnittlänge, Spinnfaser f mit schräger Schnittlänge ‖ ~ **top feed** (sew) / veränderlicher Obertransport
variance n / Varianz f
variation in shade / Farbtonschwankung f ‖ ~ **in temperature** / Temperaturschwankung f ‖ ~ **in tinctorial strength** / Farbstärkeschwankung f ‖ ~ **in titre** / Titerschwankung f
variator n (for modifying handle of fabric) / Variator m

varicoloured adj / vielfarbig adj, bunt adj, verschiedenfarbig adj
variegate v (dye) / abstufen v
variegated colouring / Flammierung f, Schinieren n ‖ ~ **pattern** / geflammtes Muster ‖ ~ **wool** / verschiedenfarbige minderwertige Wolle ‖ ~ **yarn** / Flammgarn n
varnish v / lackieren v ‖ ~ n / Firnis m, Lack m ‖ ~ / Textil-Druckfarbe f
varnished cambric (for electrical uses) / Lackgewebe n ‖ ~ **fabric** / Lackgewebe n ‖ ~ **glass fabric** (for electrical uses) / Lackglasgewebe n ‖ ~ **insulating fabric** (for electrical uses) / Lackisoliergewebe n ‖ ~ **silk** (for electrical uses) / Lackseide f ‖ ~ **web** (lam) / geharzte Bahn, Preßbahn f
varnishing machine / Lackiermaschine f ‖ ~ **machine** (lam) / Beharzungs- und Imprägniermaschine f ‖ ~ **resin** (lam) / Laminierharz n
vase design (cpt) / Vasendessin n
vaseline oil / Vaselinöl n
vat v (dye) / verküpen v, küpen v, in der Küpe behandeln ‖ ~ n (dye) / Küpe f, Kufe f, Bottich m, Bütte f, Kübel m, Mulde f, Trog m, Wanne f, Zuber m ‖ ~ **acid** / Küpensäure f ‖ ~**-acid continuous dyeing** / Küpensäure-Kontinue-Färbeverfahren n ‖ ~**-acid dyeing process** / Küpensäure-Färbeverfahren n ‖ ~**-acid method** (dye) / Küpensäureverfahren n ‖ ~**-acid padding** / Küpensäure-Klotzen n ‖ ~**-acid pad dyeing process** / Küpensäure-Klotzverfahren n ‖ ~**-acid pad-steam dyeing method** / Küpensäure-Klotzdämpfverfahren n ‖ ~**-acid print dye** / Küpensäuredruckfarbe f ‖ ~**-acid printing paste** / Küpensäuredruckfarbe f ‖ ~**-acid temperature gradient method** / Küpensäure-Temperaturstufenverfahren n ‖ ~ **band** / Kufenreifen m ‖ ~ **bleaching** / Küpenbleiche f, Kufenbleiche f ‖ ~ **blue** / Indigoblau n ‖ ~ **colour dyeing** / Küpenfärbung f, Küpenfärben n, Küpenfärberei f ‖ ~**-coloured** adj / küpenfarbig adj ‖ ~**-dye** v / verküpen v, küpen v, in der Küpe behandeln ‖ ~ **dye** s. vat dyestuff ‖ ~**-dye continue process** / Küpen-Kontinueverfahren n ‖ ~**-dyed** adj / küpengefärbt adj ‖ ~**-dyed blue** / Küpenblau n ‖ ~ **dyeing** / Küpenfärbung f, Küpenfärben n, Küpenfärberei f ‖ ~ **dyeing auxiliary** / Küpenfärbereihilfsmittel n, Küpenfarbstoffhilfsmittel n ‖ ~**-dye padding process** / Küpenfarbstoff-Klotzfärbeverfahren n ‖ ~**-dye paste** / Küpendruckpaste f, Küpenfarbstoffteig m ‖ ~**-dye preparation** / Küpenpräparat n ‖ ~**-dye printing** / Küpendruck m, Küpenfarbendruck m ‖ ~**-dye resist** / Küpenreserve f, Küpenfarbstoffreserve f ‖ ~ **dyestuff** / Küpenfarbstoff m ‖ ~ **liquor** / Küpenflotte f ‖ ~ **odour** / Küpengeruch m ‖ ~ **padding process** / Küpenklotzverfahren n ‖ ~ **pad-steam process** / Küpenklotzdämpfverfahren n ‖ ~ **potential** / Küpenpotential n ‖ ~ **prepared with molasses** / Honigküpe f ‖ ~ **print** / Küpendruck m ‖ ~**-printed** adj / küpenbedruckt adj ‖ ~ **printing** / Küpendruck m ‖ ~ **printing assistant** / Küpendruckhilfsmittel n ‖ ~ **retarder** / Küpenverzögerer m ‖ ~ **sediment** / Küpenschlamm m ‖ ~ **skinning and foam formation** / Küpenhaut- und -schaumbildung f ‖ ~ **style** / Küpenartikel m
vattable adj / verküpbar adj
vatting n / Verküpen n, Verküpung f ‖ ~ **behaviour** / Verküpbarkeit f ‖ ~ **chemical** / Verküpungschemikalie f ‖ ~ **process** / Verküpungsprozeß m ‖ ~ **temperature** / Verküpungstemperatur f ‖ ~ **time** / Verküpungszeit f, Verküpungsdauer f
vat winding-up method / Klotz-Aufdockverfahren n ‖ ~ **with excess of alkali** / überschärfte Küpe ‖ ~ **with squeezing rollers** / Quetschkufe f ‖ ~ **with winch** / Haspelkufe f
vaulting test (weav) / Wölbversuch m

vegetable adhesive / Pflanzenleim *m*, pflanzlicher Leim ‖ ~ **down** / Pflanzendaune *f*, Kapok *m* ‖ ~ **down** s. also kapok ‖ ~ **dyestuff** / Pflanzenfarbstoff *m* ‖ ~ **fibre** / Pflanzenfaser *f*, pflanzliche Faser ‖ ~ **fibrin** / Pflanzenfibrin *n*, Pflanzenfaserstoff *m* ‖ ~ **glue** / Pflanzenleim *m*, pflanzlicher Leim ‖ ~ **hair** / Pflanzenhaar *n*, Samenhaar *n* ‖ ~ **matter** (in wool) / Pflanzenteile *n pl* ‖ ~ **silk** / Pflanzenseide *f* ‖ ~ **textile material** / pflanzlicher Spinnstoff ‖ ~ **wax** / Pflanzenwachs *n*, vegetabilisches Wachs ‖ ~ **weighting** / vegetabilische Erschwerung ‖ ~ **wool** / Pflanzenwolle *f*
veil *n* / Schleier *m* ‖ ~ s. also overlay veil
veiled wool / zusammenhaftende Wollhaare *n pl*
veiling *n* / Schleierstoff *m*
veined *adj* / geadert *adj*, gemasert *adj*
vein in a fabric / Kettbruchstelle *f*
Velcro effect / Kletteneffekt *m* ‖ ~ **fastening strip** / Klettenverschlußstreifen *m* ‖ ~ **strip fastener** / Klettenverschluß *m* ‖ ~ **tape** / Klettenband *n*, Klettenverschlußband *n*
vellum cloth / Pausleinwand *f*, Pausleinen *n*
velocity of dyebath exhaustion / Geschwindigkeit *f* der Farbbaderschöpfung ‖ ~ **of the shuttle** / Schützenfluggeschwindigkeit *f*
velour *n* s. velours ‖ ~-**finish** *v* / buffen *v*
velours *n* (heavy-pile fabric with pile laid in one direction; generally, woven or knitted fabric with napped surface) / Velours *m*, Veloursstoff *m*, Kettsamt *m* ‖ ~ (Fr) / Samt *m*, echter Kettsamt, Velours *m* ‖ ~ **beating calender** / Velours-Prägekalander *m* (DIN 64990) ‖ ~ **chiffon** / Chiffonsamt *m* ‖ ~ **de laine** (raised and sheared woollen dress fabric) / Velours de laine ‖ ~ **dyeing machine** / Veloursfärbemaschine *f* ‖ ~ **fabric** s. velours ‖ ~ **finish** / Veloursausrüstung *f*, Veloursappretur *f* ‖ ~ **hat** / Veloursshut *m* ‖ ~ **raising** / Veloursrauhen *n* ‖ ~ **raising machine** / Veloursrauhmaschine *f* ‖ ~ **shearing machine** / Veloursschneidemaschine *f* (DIN 64990), Veloursschermaschine *f* ‖ ~ **smoothing machine** / Velourshebemaschine *f* (DIN 64990) ‖ ~ **waxing machine** / Velourswachsmaschine *f*
veloutine (wool/silk blend) / Veloutine *m*, eolienneähnlicher Kleiderstoff
velpel *n* (silk plush used for men's hats) / Velpel *m*, Felbel *m*
velveret *n* / gerippter Baumwollsamt, Samt *m* auf Baumwollgrund, Velveret *m*
velvet *n* (cut warp-pile fabric, originally of silk) / Kettsamt *m*, Samt *m* ‖ ~ **black** / Samt Schwarz *m* ‖ ~ **carpet** / Veloursteppich *m*, samtartiger Teppich, Haargarnteppich *m*, Plüschvelours-Teppich *m* ‖ ~ **cord** / geschorener Baumwollrippencord ‖ ~ **cutting machine** / Velvet-Schneidemaschine *f* (DIN 64990), Samtschneidemaschine *f* ‖ ~ **dressgoods** / Kleidersamte *m pl* ‖ ~ **dyeing machine** / Samtfärbemaschine *f*
velveted *adj* / mit Samt bedeckt, samtig *adj*, samtartig *adj*
velveteen *n* (cut weft-pile fabric) / Schußsamt *m*, Velveteen *m*, Velvetine *f* ‖ ~ **cord** / Genuacord *m*
velvet finish / Samtausrüstung *f*, Samtappretur *f* ‖ ~ **for dresses** / Kleidersamt *m*
velveting *n* / Samtstoffe *m pl* ‖ ~ / Velourisieren *n*
velvet knife / Samtmesser *n*, Samthaken *m* ‖ ~ **loom** / Samtwebmaschine *f*, Samtwebstuhl *m*
velveton *n* / Samtimitat *n*, Velveton *m*
velvet··on-velvet *n* / Samt *m* mit unterschiedlich hoher Flordecke ‖ ~ **pile** / Samtflor *m*, Plüschvelours *m* ‖ ~ **pile carpet** / Veloursteppich *m*, samtartiger Teppich, Haargarnteppich *m*, Plüschvelours-Teppich *m* ‖ ~ **pile fabric** / Gewebe *n* mit samtartigem Flor ‖ ~ **pile warp** / Samtkette *f* ‖ ~ **pile wire** / Ritznadel *f*, Zugnadel *f* ‖ ~ **printing** / Samtdruck *m* ‖ ~ **processing line** / Samtstraße *f* ‖ ~ **raiser** / Samtscherer *m* ‖ ~ **ribbon** / Samtband *n* ‖ ~ **satin** / Seidensamt *m* auf Atlasgrund ‖

~ **shearing machine** / Samtschermaschine *f* ‖ ~ **weaver's loom** / Samtwebstuhl *m* ‖ ~ **weaving** / Samtweberei *f* ‖ ~ **with weft face** / Velvet *m n*, [unechter] Schußsamt ‖ ~ **work** / Samtstickerei *f*
velvety *adj* / samtartig *adj*, samtig *adj* ‖ ~ **finish** / samtartige Appretur ‖ ~ **handle** / samtartiger Griff
Venetian *n* (used for aprons and pillows) / (formerly) ein geköperter Wollstoff, (now also) satinbindiger Futterstoff aus Baumwolle ‖ ~ **blind** / Jalousie *f*, Zugjalousie *f* ‖ ~ **carpet** / Treppenläufer *m* ‖ ~ **carpet** / Teppich *m* mit Kammgarnkette und Streifenmuster ‖ ~ **chalk** s. also French chalk ‖ ~ **chalk** (for marking fabrics) / Schneiderkreide *f* ‖ ~ **guipure** / in Nadeltechnik hergestellte italienische Spitzenform ‖ ~ **lace** / venezianische Spitze, venezianische Reliefspitze ‖ ~ **pink** / venezianerrosa *adj* ‖ ~ **point lace** / Nadelspitze *f* mit Blumenmusterung ‖ ~ **red** / Venezianischrot *n* ‖ ~ **shutter** s. Venetian blind
vent *n* (fash) / Schlitz *m*
ventilation *n* / Lüftung *f*, Ventilation *f*
vent-knit / Hinterlegtplattiert-Muster *n*
verdigris *adj* / grünspanfarben *adj*, kupfergrün *adj*
Verdol jacquard / Verdolmaschine *f* ‖ ~ **pitch** / Verdolstich *m* ‖ ~ **stamping machine** / Verdolschlagmaschine *f*
verdure *n* / Wandteppich *m* mit Blatt- und Baummusterung
verge of the cylinder / Zylinderkamm *m* ‖ ~ **plate** (knitt) / Platinenkopfblech *n*, Mühleisen *m* ‖ ~ **ring** / Stehplatinenring *m*
veridian *n* / Chromoxidhydratgrün *n*, Chromoxidgrün, feurig, Guignetgrün *n*, Mittlers Grün *n*, Viridian *n*, Paul-Veronese-Grün *n*
vermilion *adj* / zinnoberrot *adj*, blutorange *adj* (RAL 2002)
Verona serge / leichte Halbwollserge
vertical catchbar arm (knitt) / Hubarm *m* für Platinenschachtel ‖ ~ **centre bar** / senkrechter Mittelsteg ‖ ~ **cylinder drying machine** / Vertikalzylindertrockenmaschine *f* ‖ ~ **drier** / Vertikaltrockner *m* ‖ ~ **dyer** / Sternfärbeapparat *m*, Färbeapparat *m* im Hängesystem ‖ ~ **edge trimmer** (sew) / senkrechte Kantenbeschneideinrichtung ‖ ~ **flammability test** / Vertikal-Flammtest *m* ‖ ~ **hook** (sew) / Vertikalgreifer *m* ‖ ~ **jacquard stripes** / Jacquardlängsstreifen *m pl* ‖ ~ **line trousers** *pl* (fash) / Scheitelhose *f* ‖ ~ **loom** / Webstuhl *m* mit lotrechter Kette ‖ ~ **louvre blinds** / Sonnenschutzlamellen *f pl*
vertically striped / längsgestreift *adj*
vertical needle / Hängenadel *f*, Vornadel *f* ‖ ~ **non-touch drier** / berührungsfreier Schachttrockner ‖ ~ **opener** / Vertikalöffner *m* (DIN 64077, 64100) ‖ ~ **padder** / Vertikalfoulard *m* ‖ ~ **point positioning slide** (fully-fashioned knitt mach) / Höhenstellungsschieber *m* der Decknadel ‖ ~ **reel** / Garnwinde *f* ‖ ~ **sewing hook** / Vertikalgreifer *m* ‖ ~-**slat blinds** / Sonnenschutzlamellen *f pl* ‖ ~ **squeezing mangle** / Vertikal-Abquetschfoulard *m* ‖ ~ **star** (dye) / Hängestern *m* ‖ ~ **star dyeing machine** / Sternfärbeapparat *m*, Färbeapparat *m* im Hängesystem ‖ ~ **star system** (dye) / Hängesystem *n* ‖ ~ **steamer** (bleach) / Aufheizschacht *m* ‖ ~ **stripe pattern** / Längsstreifenmuster *n* ‖ ~ **striping attachment** / Längsstreifeneinrichtung *f* ‖ ~ **striping device** / Längsstreifeneinrichtung *f* ‖ ~ **warp beam dyeing apparatus** / Vertikalkettbaumfärbeapparat *m*, stehender Kettbaumfärbeapparat *m* ‖ ~ **washing machine** / Vertikalwaschmaschine *f*
vest *n* (sportswear) / Trikot *n*, Turnhemd *n* ‖ ~ (GB) / Unterhemd *n* ‖ ~ (US) / Weste *f*, Herrenweste *f* ‖ ~ **and shorts set** (for leisure wear and as nightwear) / Schlaf- und Freizeitanzug *m*
vesting *n* (US) / Westenstoffe *m pl*

vestment *n* / Amtskleidung *f*, Amtstracht *f*, feierliches Gewand
vesuvine brown / Vesuvin *n*
vibrating ball-mill (pigm) / Vibrationsmühle *f*, Schwingmühle *f* ‖ ~ **bobbin** / Zitterspule *f* ‖ ~ **comb** / Hackerkamm *m* ‖ ~ **drier** / Rütteltrockner *m* ‖ ~ **needle bar** (sew) / pendelnde Nadelstange ‖ ~ **presser** (sew) / Obertransporteur *m* ‖ ~ **screen** / Schüttelsieb *n*, Schwingsieb *n* ‖ ~ **section** (filaments) / Vibrationsstrecke *f* ‖ ~ **shuttle** (sew) / Schwingschiff *m*
vibration drum / Vibrationstrommel *f* ‖ ~ **of the spindle** / Spindelschwingung *f*
vibroscope *n* / Vibroskop *n*
Vichy *n* (woven fabric for dresses and aprons, often small black and white checks) / Vichy *m* ‖ ~ **twill** / Köpervichy *m*
Victoria blue / Viktoriablau *n* ‖ ~ **fast violet** (dye) / Viktoriaechtviolett *n* ‖ ~ **lawn** / Viktoria-Baumwoll-Linon *m*
vicugna *n* s. vicuña wool
vicuña *n* / Vikunjawolle *f* ‖ ~ / Gewebe *n* aus Vikunjawolle ‖ ~ / Vigognegarn *n* ‖ ~ **finish** / vikunjaähnliche Kammgarnstoffausrüstung ‖ ~ **wool** (exceptionally fine wool from the vicuña, native to Peru) / Vikunjawolle *f*
vidal black / Vidalschwarz *n*
vieley cloth / garngefärbter Baumwollkrepp
Vienna coarse pitch / Wiener Grobstich *m* ‖ ~ **fine pitch** / Wiener Feinstich *m* ‖ ~ **pitch** / Wiener Teilung *f*
vigogne yarn (formerly blended yarn of reclaimed wool and cotton or viscose staple, now generally coarse yarns produced on two-cylinder machines) / Vigognegarn *n*
vigoureux printing / Vigoureuxdruck *m*, Kammzugdruck *m* ‖ ~ **printing machine** / Kammzugdruckmaschine *f* (DIN 64990), Vigoureuxdruckmaschine *f* ‖ ~ **steamer** / Vigoureuxdämpfer *m* ‖ ~ **yarn** / Vigoureuxgarn *n*
vine black (dye) / Rebschwarz *n*, Frankfurter Schwarz
vinyl *n* / Vinyl *n* ‖ ~ **acetate** / Vinylacetat *n*
vinylal fibre (generic term for PVA+ in France) / Vinylalfaser *f* (aus linearen Makromolekülen, deren Kette aus Polyvinylalkohol mit variablem Acetalisierungsgrad aufgebaut wird)
vinylated cotton / vinylbehandelte Baumwolle ‖ ~ **dyestuff** / vinylierter Farbstoff
vinylation *n* / Vinylieren *n*
vinyl carbazol / Vinylkarbazol *n* ‖ ~ **chloride** / Vinylchlorid *n* ‖ ~-**coated fabrics** / Textilien *pl* mit Vinylbeschichtung ‖ ~ **fibre** / Vinylfaser *f* ‖ ~ **fibres blend** / Vinylfasermischung *f* ‖ ~ **foam** / Vinylschaumstoff *m* ‖ ~ **formate** / Vinylformiat *n*
vinylidene chloride / Vinylidenchlorid *n*
vinyl plastic / Vinylkunststoff *m* ‖ ~ **polymer** / Vinylpolymerisat *n* ‖ ~ **pyrrolidone** / Vinylpyrrolidon *n* ‖ ~ **resin** / Vinylharz *n* ‖ ~ **resin fibre** / Vinylharzfaser *f* ‖ ~ **sulphone dyestuff** / Vinylsulfonfarbstoff *m* (ein Reaktiv-Farbstoff)
vinyon fibre / Vinyonfaser *f*
violet *adj* / violett *adj*, veilchenblau *adj* ‖ ~ **blue** / violettblau *adj* (RAL 5000)
virgin wool / Schurwolle *f*, Neuwolle *f*
viridian *adj* / chromoxidgrün *adj*
viscid *adj* s. viscous
viscoelasticity *n* / Viskoelastizität *f*
viscoelastic-plastic deformation range (ctg) / elastisch-plastisch-viskoser Deformationsbereich
viscometer *n* / Viskosimeter *n*
viscose *n* (solution from which rayon fibres are spun) / Viskose *f* ‖ ~ **ageing** / Viskosereifen *n* ‖ ~-**covered rubber thread** / viskose-umwundener Gummifaden ‖ ~ **crepe** / Viskose-Krepp *m* ‖ ~ **dope** / Viskosespinnlösung *f* ‖ ~ **fibre** / Viskosefaser *f*, Viskosefaserstoff *m* ‖ ~ **filament** / Viskosefilament *n* ‖ ~ **filament** (until 29.7.1976) / Reyon *m* ‖ ~ **filament bleaching** / Viskosefilamentbleiche *f* ‖ ~ **filament dyeing** / Viskosefilamentfärben *n* ‖ ~ **filament satin** / Viskosefilamentsatin *m* ‖ ~ **filament satin** (formerly) / Reyon-Satin *m* ‖ ~ **filament yarn** / Viskosefilamentgarn *n* ‖ ~ **filament yarn** (formerly) / Reyongarn *n* ‖ ~ **film** / Viskosefolie *f* ‖ ~ **high-tenacity rayon** (for tyres) / Viskosereifengarn *n* ‖ ~ **lining fabric** / Viskose-Futterstoff *m* ‖ ~ **plush** / Viskoseplüsch *m* ‖ ~ **process** / Viskoseverfahren *n* ‖ ~ **pump** (spinn) / Spinnpumpe *f* ‖ ~ **rayon** (regenerated cellulose) / Viskose-Spinnfaser *f*, Zellwolle *f* ‖ ~ **rayon** (formerly) / Viskosereyon *m* *n* ‖ ~ **rayon filament yarn** / Viskosefilamentgarn *n* ‖ ~ **rayon filament yarn** (formerly) / Reyongarn *n* ‖ ~ **rayon lining material** / Viskosefilamentfutterstoff *m* ‖ ~ **rayon lining material** (formerly) / Viskosereyonfutterstoff *m* ‖ ~ **rayon tow** / Viskosespinnkabel *n* ‖ ~ **rayon yarn** / Viskosefilamentgarn *n* ‖ ~ **silk** / Viskoseseide *f* ‖ ~ **solution** / Viskoselösung *f*, Viskosespinnlösung *f* ‖ ~ **spin bath additive** (text aux) / visköser Spinnbadzusatz ‖ ~ **spinning method** / Viskose-Spinnverfahren *n* ‖ ~ **spinning solution** / Viskosespinnlösung *f*, Viskoselösung *f* ‖ ~ **spun yarn** / Viskosespinnfasergarn *n*, Viskosestapelfasergarn *n* ‖ ~ **staple** / Zellwolle *f*, Viskosespinnfaser *f*, Viskose *f* ‖ ~-**staple blended fabric** / Zellwoll-Mischgewebe *n* ‖ ~ **staple fabric** / Zellwollgewebe *n* ‖ ~ **staple fibre** / Viskose *f*, Zellwolle *f*, Viskosespinnfaser *f*, (obsolete:) Zellstoff *m* ‖ ~ **staple hank** / Zellwollstrang *m*, Zellwollgarnstrang *m* ‖ ~ **staple spinning fibre** / Zellwollspinnfaser *f* ‖ ~ **staple twisted yarn** / Zellwollzwirn *m* ‖ ~ **staple yarn** / Viskosefilamentspinngarn *n*, Zellwollgarn *n*
viscosimeter *n* / Viskosimeter *n*
viscosity *n* / Viskosität *f*, Zähflüssigkeit *f* ‖ ~ **of the yarn** / innere Garnreibung, Reibung *f* im Garn
viscous *adj* / viskos *adj*, zähflüssig *adj*, dickflüssig *adj* ‖ ~ **thickener dispersion** / viskose Quellkörperdispersion ‖ ~ **thickening with low solids content** / viskose, festkörperarme Verdickung
visual assessment / visuelle Beurteilung ‖ ~ **colorimetry** / visuelle Kolorimetrie ‖ ~ **colour evaluation** / visuelle Farbtonbewertung ‖ ~ **colour grading** / visuelle Farbprüfung ‖ ~ **inspection** / Abmusterung *f* mit dem Auge
visualization *n* (chrom) / Sichtbarmachung *f*
vitreous lustre / Glasglanz *m* ‖ ~ **polymer** / glasiges Polymer
vitriol of copper s. copper sulphate
vivid blue / knallblau *adj*
V-neck *n* (fash) / V-Ausschnitt *m*, spitzer Ausschnitt
voile *n* / Voile *m*, Schleierstoff *m* ‖ ~ **marquisette** / Voile-Marquisette *f* ‖ ~ **yarn** / Voilegarn *n*
volatile *adj* / flüchtig *adj* ‖ ~ **component** / flüchtiger Bestandteil
volatilize *v* / verflüchtigen *v*
volo wool / griechische Teppichwolle
volume *n* (of fabric) / Bauschigkeit *f*, Volumen *n* ‖ ~ **friction** / Volumenreibung *f* ‖ ~ **of liquor** / Flottenmenge *f*, Flottenlänge *f* ‖ ~ **of the bath** / Badvolumen *n* ‖ ~ **stability** (of bulky yarns) / Volumenrückstellkraft *f* ‖ ~ **swelling** / Volumenquellung *f*
volumetric measuring device / Dosiergerät *n*, Volumendosiervorrichtung *f*
voluminosity *n* / Bauschigkeit *f*
voluminous *adj* (of fabric) / voluminös *adj*, bauschig *adj* ‖ ~ **handle** / voluminöser Griff
vortexing *n* (texturing) / Verwirbelung *f* ‖ ~ **jet** (texturing) / Verwirbelungsdüse *f*
VS s. viscose staple
V-shaped accumulator for immersed dwelling of textiles with transport belts / Unterflottenspeicher *m* in V-Form mit Transportbändern ‖ ~ **trough** (dye) / V-Trog *m*
V-shed *n* (weav) / Schrägfach *n*

V-type flat knitting machine / Rechts-Rechts-Flachstrickmaschine *f*
vulcanization *n* / Vulkanisation *f*, Vulkanisieren *n* ‖
~ **resistance** / Vulkanisierechtheit *f*
vulcanize *v* / vulkanisieren *v*
vulcanized fibre / Vulkanfiber *f* ‖ ~ **goods** (fabrics rubberized after bleaching o. dyeing) / Vulkanisierartikel *m pl*
vulcanizing *n* / Vulkanisieren *n*, Vulkanisation *f*

W

wad *v* / wattieren *v*, auswattieren *v*, mit Watte auskleiden ‖ ~ *n* / Watte *f* ‖ ~ (weav) / Füllung *f*
wadded cloth / verstärktes Gewebe
wadding *n* / Wattierung *f*, Polsterwatte *f* ‖ ~ (knitt) / Watteline *f* ‖ ~ (makıng up) / Füllung *f*, Wattevlies *n* ‖ ~ **filling yarn** / Futterschußfaden *m*, Füllschußfaden *m* ‖ ~ **machine** / Langpelzapparat *m*, Wattrahmen *m* ‖ ~ **pick** / Futterschuß *m*, Füllschuß *m* ‖ ~ **sizing machine** / Watte-Schlichtmaschine *f*, Watte-Leimmaschine *f* ‖ ~ **thread** / Füllfaden *m*, Verstärkegarn *n* ‖ ~ **warp** / Futterkette *f*, Füllkette *f*
wade *n* s. woad
waded *adj* / stichelhaarig *adj*
waffle backing (cpt) / Waffelrücken *m* ‖ ~ **cloth** / Waffelgewebe *n* ‖ ~ **piqué** / Baumwollpiqué *m n* in Waffelbindung ‖ ~ **weave** / Waffelbindung *f*
wagyi *n* / eine spätreifende Baumwolle aus Burma
waist *n* / Taille *f*
waistband *n* (fash) / Bund *m* ‖ ~ (of trousers) / Hosenbund *m* ‖ ~ (of skirt) / Rockbund *m* ‖ ~ **extension** (sew) / Hosenbundverlängerung *m* ‖ ~ **for underwear** / Wäschebund *m* ‖ ~ **lining** / Bundfutter *n* ‖ ~ **machine** (sew) / Bundapparat *m*, Hosenbundmaschine *f*, Bundnähapparat *m* ‖ ~ **sewing attachment** / Bundapparat *m*, Hosenbundmaschine *f*, Bundnähapparat *m*
waist·-belt *n* / Gürtel *m* ‖ ~**-cloth** *n* / Lendentuch *n*
waistcoat *n* / Weste *f*, Herrenweste *f*
waistcoating *n* / Westenstoffe *m pl*
waist darts / Taillenabnäher *m pl*
waistings *pl* (US) / Blusenstoffe *m pl*
waistline *n* (foundations) / Taillenband *n* ‖ ~ **average-leg panty** / Miederhöschen *n* mit halblangem Bein und Taillenband ‖ ~ **average-leg panty girdle** / Miederhose *f* mit halblangem Bein und Taillenband ‖ ~ **brief** / Miederslip *m* mit Taillenband ‖ ~ **long-leg panty** / Miederhöschen *n* mit langem Bein und Taillenband ‖ ~ **panty** / Taillenmieder *n*
waist measurement / Taillenweite *f* ‖ ~ **rib** / Hüftrand *n* ‖ ~ **ribbon** / Taillenband *n* ‖ ~**-shaping cuff-top** / breites Taillenband ‖ ~**-slip** *n* / Halbunterrock *m*, Halbunterkleid *n* ‖ ~ **slip** / Halbrock *m* ‖ ~ **slip** (ladies' underwear) / Halbrock *m*
Waldron saturator / Waldron-Sättigungsapparat *m*
wale *n* (knitt) / Maschenreihe *f*, Maschenstäbchen *n* ‖ ~ / Rippe *f* eines Gewebes
wales per inch / Maschenstäbchen *n pl* pro Zoll
waling *n* / Köpergratrichtung *f* ‖ ~ / Rippe *f* eines Gewebes
walking comfort (cpt) / Begehkomfort *m* ‖ ~ **reed hook** (weav) / wandernder Blattstecher ‖ ~ **slit** (fash) / Seitenschlitz *m* ‖ ~ **test** (cpt) / Begehtest *m* (für Teppiche), Trittprüfung *f*
wall cloths / Wandbespannstoffe *m pl*, Wandstoffe *m pl* ‖ ~ **covering** / Wandbekleidung *f*, Wandbespannung *f* ‖ ~**-covering fabric** / Textiltapete *f*, Stofftapete *f* ‖ ~ **covering felt** / Wandbekleidungsfilz *m* ‖ ~ **hangings** *pl* / Wandbehang *m*, Spannteppich *m* ‖ ~ **of slider** (zip) / Schieberseitenwand *f* ‖ ~ **rug** / Wandteppich *m*
wallscaping *n* (US) / Teppichtapete *f*
wall-to-wall carpet / Auslegeteppich *m*, Teppich-Auslegware *f*, Teppichboden *m*, Auslegware *f*
walnut husk, walnut peel (dye) / Nußschale *f* ‖ ~ **shell flour** / Walnußschalenmehl *n*
wardrobe *n* / Garderobe *f*, Kleidung *f*, Kleider *n pl*, Kleiderbestand *m* ‖ ~ / Kleiderschrank *m*, Wäscheschrank *m*
warehouse coat / Arbeitskittel *m*, Kittel *m*
warm chamber / Hänge *f* ‖ ~ **colour** / Warmton *m* ‖ ~ **copper** (dye) / Gärungsküpe *f*, Weichküpe *f* ‖

~ **copper** / Netzkessel *m* ‖ ~ **dyeing dyestuff** / Warmfärber *m*, Heißfärber *m* ‖ ~ **dyeing method** / Warmfärbeverfahren *n*, Heißfärbeverfahren *n* ‖ ~ **fulling** (US) / Warmwalken *n* ‖ ~ **milling** (GB) / Warmwalken *n* ‖ ~ **pressed naphthalene** / Naphthalinwarmpreßgut *n* ‖ ~ **setting adhesive** (ctg) / warmabbindender Kleber
warmth retention property / Wärmerückhaltevermögen *n*
warm trough (dye) / Gärungsküpe *f*, Weichküpe *f* ‖ ~ **trough** / Netzkessel *m* ‖ ~**-up suit** / Trainingsanzug *m* ‖ ~ **vat** / Gärungsküpe *f*, Weichküpe *f* ‖ ~ **vat** / Netzkessel *m*
warp *v* (weav) / anzetteln *v*, scheren *v*, anscheren *v*, anschirren *v*, zetteln *v*, schären *v* ‖ ~ *n* (weav) / Kette *f*, Webkette *f*, Zettel *m*, Kettfaden *m* ‖ ~ (weav) / Kettfäden *m pl*, Kettenschar *f* ‖ **12 ÷ 36 filling** / Rapport *m* mit 12 Kett- und 36 Schußfäden ‖ **having a plain or flat** ~ (weav) / flachkettig *adj* ‖ ~ **and filling** (US) / Kette und Schuß ‖ ~ **and weft** (GB) / Kette und Schuß ‖ ~ **and weft continuous filament yarn** / Kett- und Schuß-Endlosfadengarn *n* ‖ ~**-backed fabric** / rückseitig mit Doppelkette verstärkter Stoff, Kettendoublé *m* ‖ ~ **ball** / Kettknäuel *m*, Kettenwickel *m* ‖ ~ **balling machine** / Knäuelwickelmaschine *f* für Kettfäden ‖ ~ **beam** / Kettbaum *m*, Schärbaum *m*, Zettelbaum *m*, Garnbaum *m* ‖ ~ **beam bearing** / Kettbaumlager *n*, Kettbaumlagerung *f* ‖ ~ **beam brake** / Kettbaumbremse *f* ‖ ~ **beam creel** / Kettbaumgestell *n* ‖ ~ **beam dyeing apparatus** / Färbeapparat *m* für Kettbäume, Kettbaumfärbeapparat *m* ‖ ~ **beam flange** / Kettbaumscheibe *f* (DIN 64512) ‖ ~ **beam flange for weaving loom** / Kettbaumscheibe *f* für Webmaschine (DIN 64512) ‖ ~ **beam guide** / Gangaufnehmer *m*, Gangführer *m* ‖ ~ **beaming** / Bäumen *n* der Kette, Kettenaufbäumen *n* ‖ ~ **beaming machine** / Aufbäummaschine *f* ‖ ~ **beam regulator** / Kettbaumregulator *m* ‖ ~ **beam retarding weight** / Kettbaumbremsgewicht *n* (DIN 64540) ‖ ~ **beam stand** / Kettbaumgestell *n* ‖ ~ **beam support** / Kettbaumlager *n*, Kettbaumlagerung *f* ‖ ~ **beam truck** / Kettbaumtransportwagen *m* ‖ ~ **bobbin** / Kettspule *f*, Zettelspule *f* ‖ ~ **bouclé** / Kettenbouclé *m* ‖ ~ **breakage** / Kettfadenbruch *m* ‖ ~ **broché** / Kettenbroché *m* ‖ ~ **cam** / Zettelharz *n* ‖ ~ **changer** / Kettenwechsler *m* ‖ ~ **cheese** / kreuzgespulter Kettenwickel ‖ ~ **clouding machine** / Kettdruckmaschine *f*, Kettschiniermaschine *f* ‖ ~ **comb** / Schweifkamm *m* ‖ ~ **cop** / Kettkop *m*, Warpkop *m*, Trosselkop *m*, Kettgarnkötzer *m*, Garnträger *m*, Garnkörper *m*, Zettelkötzer *m*, Kettkötzer *m* ‖ ~ **cord** / Kettrippe *f*, Kettenrippe *f* ‖ ~ **count** / Kettnummer *f*, Kettennummer *f* ‖ ~ **creel** / Spulengatter *n* (DIN 62500), Schärgatter *n*, Schärbank *f*, Zettelgatter *n*, Schweifgatter *n* ‖ ~ **direction** / Kettfadenrichtung *f*, Kettrichtung *f* ‖ ~ **drawer** / Kettzieheinrichtung *f*, Einzieher *m* ‖ ~ **drawer-in** / Ketteinziehvorrichtung *f*, Einzieher *m* ‖ ~ **drawing** / Kettstrecken *n* ‖ ~ **drawing frame** / Schärstreckwerk *n* ‖ ~ **drawing-in** / Ketteinzug *m* ‖ ~ **drawing machine** / Kettstreckanlage *f* ‖ ~ **draw sizing machine** / Kettstreckschlichtanlage *f* ‖ ~ **dressing and sizing machine** / Kettschlichtmaschine *f* ‖ ~ **drier** / Kettentrockenapparat *m*, Kettentrockner *m* ‖ ~ **dyeing** / Kettgarnfärben *n*, Färben *n* der Kette, Kettfärbung *f*, Kettfärberei *f* ‖ ~ **dyeing machine** / Kettenfärbeapparat *m*, Kettfärbemaschine *f*
warped texturized yarns / geschärte Texturgarne *n pl*
warp effect / Ketteffekt *m*, Kettfadeneffekt *m*, Kettfadenmuster *n*, Kettfadenmusterung *f* ‖ ~ **end** / Webende *n*, Webkettenende *n*, Kettfaden *m* ‖ ~ **ends** *pl* / gezettelte Webketten *f pl*, Webenden *n pl* ‖ ~ **end spacing** / Webeinstellung *f*, Webdichteeinstellung *f*

warp

warper n / Kettenschärmaschine f, Schärmaschine f, Zettelmaschine f ‖ ~'s **beam** / Kettbaum m ‖ ~'s **beam creel** / Zettelbaumgestell n (DIN 63401)
warp eye / Litzenauge n ‖ ~ **fabric** / Kettenware f ‖ ~ **face** s. warp effect ‖ ~ **faced fabric** / Stoff m mit Kettfädenoberfläche ‖ ~ **fault** / Kettfehler m ‖ ~ **figuring** / Kettmusterung f, Kettfadenmusterung f ‖ ~ **float** / Kettflottung f, Kettflottierung f ‖ ~ **guide** / Kettfadenführer m, Kettenführer m, Kettfadenführung f, Kettenführung f
warping n / Kettschären n, Kettenschären n, Schären n, Zetteln n ‖ ~ **and beaming machine** / Schär- und Bäummaschine f ‖ ~ **beam** / Kettbaum m, Schärbaum m, Zettelbaum m, Garnbaum m ‖ ~ **chain** / Kettgarn n, Kettfäden m pl ‖ ~ **comb** / Schärriet n ‖ ~ **creel** / Spulengatter n (DIN 62500), Schärgatter n, Schärbank f, Schweifgatter n, Zettelgatter n, Schweifgestell n ‖ ~ **cylinder**, warping drum / Schärtrommel f (DIN 62500), Haspeltrommel f ‖ ~ **frame** / Schärmaschine f, Schärrahmen m, Zettelmaschine f, Kettenmaschine f (DIN 63401) ‖ ~ **lease** / Gangkreuz n, Schärbandkreuz n, Kettfadenkreuz n ‖ ~ **length** / Schärlänge f, Zettellänge f ‖ ~ **machine** / Schärmaschine f, Schärrahmen m, Zettelmaschine f, Kettenmaschine f (DIN 63401) ‖ ~ **machine and creel** / Schäranlage f, Zettelanlage f ‖ ~ **machine for sectional beams** / Teilbaumschärmaschine f, Sektionalschärmaschine f ‖ ~ **machine with band separating pins** / Stiftschärmaschine f, Stiftzettelmaschine f ‖ ~ **mill** / Schärmaschine f, Zettelmaschine f ‖ ~ **ratio** (weav) / Schärverhältnis n ‖ ~ **ratio** / Einlaufverhältnis n ‖ ~ **reed** / Schärriet n ‖ ~ **reel** / Schärhaspel f ‖ ~ **section width** / Gangbreite f des Schärbandes, Breite f des Schärbandes ‖ ~ **speed** / Schärgeschwindigkeit f, Zettelgeschwindigkeit f (DIN 62500) ‖ ~ **spool** / Schärhaspel f ‖ ~ **strength** / Verdrehungsfestigkeit f ‖ ~ **surcharge** / Schäraufschlag m ‖ ~ **table** / Schärtisch m ‖ ~ **weight** / Schärgewicht n, Zettelgewicht n ‖ ~ **width** / Schärbreite f, Zettelbreite f, Kettenbreite f, Kettbreite f
warp insertion / Einlegen n der Kette, Einarbeiten n der Kette ‖ ~ **in sheets** / bandweise schären ‖ ~**-knit curtain** / Wirkgardine f ‖ ~ **knit engineering** / Kettenwirktechnik f ‖ ~ **knit[ted] fabric** / Kettwirkware f, Kettware f, Kettenware f, Kettengewirke n, Kettenstuhlgewirk n, Kettenstuhlware f, Kettstuhlware f, Kettenwirkware f, Kettstuhlgewebe n (DIN 62062), Kettmaschenware f ‖ ~ **knit fabric for conveyor belts** / Förderband-Kettengewirk n ‖ ~ **knits** pl s. warp knitted fabric ‖ ~ **knit structure** / Kettengewirkestruktur f ‖ ~ **knitted** / kettengewirkt adj, kettstuhlgewirkt adj ‖ ~ **knitted lace machine** / Spitzenraschel f ‖ ~ **knitted pile fabric** / Polkettstuhlware f, Polwirkware f, Wirkvelours m ‖ ~**-knitted plush** / Kettsamt m ‖ ~ **knitted stocking** / kettengewirkter Damenstrumpf, Schneidestrumpf m, auf dem Milanesestuhl hergestellter Strumpf ‖ ~ **knitting** / Kettenwirkerei f, Kettstuhlwirkerei f, Kettenwirken n ‖ ~ **knitting loom** / Kettenwirkmaschine f ‖ ~ **knitting loom with two needle bars** / Doppelkettenstuhl m ‖ ~ **knitting machine** / Kettenwirkmaschine f ‖ ~**-knit velveteen** / Wirkvelveton n ‖ ~ **lace** / Kettgarnspitze f, Kettgarnnetz n, Baumwolltüll m ‖ ~ **layer** / Kettfadenband n, Schärband n ‖ ~ **length** / Zettellänge f, Schärlänge f ‖ ~ **let-off** / Kettfadentransportvorrichtung f ‖ ~ **let-off motion** / Kettablaßvorrichtung f, Kettnachlaßvorrichtung f, Kettbaumregler m, Ablaßregulator m, Kettregulator m ‖ ~ **line** / Kettenlinie f ‖ ~ **linkage** / Kettenverschlingung f ‖ ~ **loom** / Kettenwirkmaschine f ‖ ~ **loom fabric** / Kettgewebe n ‖ ~ **loom needle** / Kettstuhlnadel m, Kettenstuhlnadel f ‖ ~ **milling machine** / Webkettenwalke f ‖ ~ **needle** / Kettennadel f ‖ ~ **net** / Kettgarnspitze f, Kettgarnnetz n ‖ ~ **pattern** /

Kettenmuster n, Schärmuster n ‖ ~ **patterned carpet** / kettgemusterter Teppich ‖ ~ **pile carpet** / Kettflorteppich m ‖ ~ **pile fabric** / Kettflorgewebe n ‖ ~ **plush** / Kettplüsch m ‖ ~ **preparation** / Kettvorbereitung f (DIN 62500) ‖ ~ **preparation machine** / Kettvorbereitungsmaschine f (DIN 62500) ‖ ~ **preparing system** / Kettfertigungsanlage f ‖ ~ **printed fabric** / Schattenkretonne f m, Chiné m ‖ ~ **printing** / Kettdruck m, Kettgarndruck m ‖ ~ **printing machine** / Kettdruckmaschine f, Kettschiniermaschine f ‖ ~ **prints** / Kettdruckstoffe m pl ‖ ~ **protector** / Schützenwächter m, Stecher m ‖ ~ **raschel machine** / Raschelmaschine f (DIN 62111) ‖ ~ **regulator** / Kettablaßvorrichtung f, Kettnachlaßvorrichtung f, Kettbaumregler m, Ablaßregulator m, Kettregulator m ‖ ~ **rep** (US) / Kettrips m, Querrips m ‖ ~ **repeat** / Kettfadenrapport m, Kettrapport m, Schärmuster n ‖ ~ **repp** (GB) / Kettrips m, Querrips m ‖ ~ **rib** / Querrips m, Kettrips m ‖ ~ **rib weave** / Querripsbindung f, Kettripsbindung f ‖ ~ **sateen** / Baumwoll-Kettatlas m ‖ ~ **satin** / Kettatlas m aus Seide oder Viskosefilament ‖ ~ **satin weave** / Kettatlasbindung f ‖ ~**-saving** adj / kettschonend adj ‖ ~ **separator** / Kettenteilungsbügel n ‖ ~ **setting** / Kettfadendichte f, Kettfadeneinstellung f, Kettendichte f ‖ ~ **sheet** / Kettbahn f, Garnschar f ‖ ~ **shrinkage** / Kettschrumpfung f, Schrumpf m in Kettrichtung ‖ ~ **size** / Kettschlichte f ‖ ~ **sizing** / Kettschlichten n, Schlichten n der Kettfäden ‖ ~ **sizing float** / Kettfaden-Schlichtebad n ‖ ~ **sizing machine** / Kettschlichtmaschine f (DIN 62500), Webkettenschlichtmaschine f ‖ ~ **sizing material** / Kettschlichte f ‖ ~ **slasher** s. warp sizing machine ‖ ~ **slasher dyeing method** / Kettschlichtfärbeverfahren n ‖ ~ **slasher impregnating method** / Kettschlicht-Grundierungsverfahren n ‖ ~ **smoothness** / Kettenglätte f ‖ ~ **spool** / Kettspule f ‖ ~ **staff** / Webeschaft m ‖ ~ **stand** / Kettenständer m ‖ ~ **stitch** / Kettenstich m ‖ ~ **stop motion** / Kettfadenwächter m, Fadenwächter m ‖ ~ **streak** (defect) / Kettstreifen m ‖ ~ **streakiness**, warp streaks (defect) / Kettstreifigkeit f, durch Webfehler verursachte Streifung ‖ ~ **stretch cloth** / Kettstretchware f ‖ ~ **stretching machine** (manmade fibres) / Fadenscharstreckmaschine f ‖ ~ **stripe** (defect) / Kettstreifen m ‖ ~ **stripiness** (defect) / Kettstreifigkeit f, durch Webfehler verursachte Streifung ‖ ~ **supply** / Kettgarnzuführung f ‖ ~ **take-up** / Einlegen n der Kette, Einarbeiten n der Kette ‖ ~ **tape** / Kette f in Bandform ‖ ~ **tensile strength** / Reißfestigkeit f der Kette ‖ ~ **tension** / Kettspannung f, Kettenspannung f, Webkettenspannung f, Längsspannung f, Kettfadenzugkraft f ‖ ~ **thread** / Kettfaden m, Kettgarn n, Zettelgarn n, Schärgarn n ‖ ~ **thread drier** / Kettgarntrockner m ‖ ~ **thread end** / Kettfaden m, Kettgarn n, Zettelgarn n, Schärgarn n ‖ ~ **thread guide** s. warp guide ‖ ~ **thread spinner** / Kettgarnspinner m ‖ ~ **thread tension gauge** / Kettfadenspannungsmeßgerät n ‖ ~ **tie** / Kettentrikot m ‖ ~ **tricot** / Kettentrikot m (einschienige Ware) ‖ ~ **tube** / Kettthülse f, Kettenhülse f ‖ ~ **tulle** / Rascheltüll m ‖ ~ **twill** / Kettköper m ‖ ~ **twill effect** / Kettköpereffekt m ‖ ~ **twist** / S-Draht m ‖ ~ **twist** s. also crossband ‖ ~ **twist** / Kettgarndrehung f, Waterdrehung f ‖ ~ **tying** / Kettenanknüpfen n ‖ ~ **tying-in machine** s. warp tying machine ‖ ~ **tying machine** / Kettenanknüpfmaschine f, Webkettenanknüpfmaschine f, Webkettenknüpfmaschine f, Kettenknüpfmaschine f ‖ ~ **velvet** / Velours m, Kettvelours m, Veloursstoff m, Kettsamt m ‖ ~**-way strength** / Festigkeit f in Kettrichtung ‖ ~ **width** / Kettenbreite f, Kettbreite f, Zettelbreite f, Schärbreite f ‖ ~ **winder** / Kettgarnspulmaschine f ‖ ~ **winding** / Spulen n der Kette ‖ ~ **winding engine**, warp winding frame, warp

335

warp winding machine / Kettenspulmaschine f, Kettgarnspulmaschine f
warpwise adj / in Kettrichtung ‖ ~ **shrinkage** / Einsprung m in Kettrichtung, Einweben n in Kettrichtung ‖ ~ **stretch** / Kettelastizität f
warp-wound bobbin / Kettwickel m
warp yarn / Kettgarn n, Kette f, Zettelgarn n, Schärgarn n, Watergarn n (als Kettgarn), Trosselgarn n, Throstle-Garn n ‖ ~ **yarn** / Kettfäden m pl ‖ ~ **yarn doubler** / Kettgarnzwirner m ‖ ~ **yarn sheet** / Garnschar f ‖ ~ **yarn tension** / Kettfadenzugkraft f ‖ ~ **yarn twister** / Kettgarnzwirner m
wash v / waschen v, seifen v ‖ ~ n / Waschgang m, Wäsche f
washability [at the boil] n / Kochfestigkeit f ‖ ~ / Waschbarkeit f, Waschfestigkeit f, Waschechtheit f
washable adj / waschbar adj, waschfest adj, waschecht adj ‖ ~ **dress** / Waschkleid n ‖ ~ **finish** / waschfeste Appretur ‖ ~ **garment** (garment that will be restored to wearability by laundering according to an accepted procedure in the absence of irreparable damage) / waschbares Kleidungsstück, Waschartikel m ‖ ~ **material** / Waschstoff m ‖ ~ **no-iron finish** / waschechte Bügelfrei-Ausrüstung, waschfeste Bügelfrei-Ausrüstung
washables pl / Waschartikel m
washable silk / Waschseide f ‖ ~ **velvet** / Waschsamt m
wash-and-wear adj / bügelfrei adj, pflegeleicht adj, wash and wear ‖ ~-**and-wear effect** / Wash-and-wear-Effekt m ‖ ~-**and-wear fabric** / Pflegeleichtgewebe n ‖ ~-**and-wear finish** / Wash-and-wear-Ausrüstung f, bügelfreie Ausrüstung, pflegeleichte Ausrüstung, Pflegeleicht-Ausrüstung f ‖ ~-**and-wear product** / pflegeleichtes Erzeugnis, Wash-and-wear-Erzeugnis n, Wasch-und-Trage-Erzeugnis n ‖ ~-**and-wear property** / Wash-and-wear-Eigenschaft f ‖ ~-**and-wear rating** / Wash-and-wear-Bewertung f ‖ ~-**and-wear shirt** / Wash-and-wear-Oberhemd n, bügelfreies Oberhemd, pflegeleichtes Oberhemd ‖ ~-**and-wear treatment** / Wash-and-wear-Behandlung f ‖ ~ **at the boil** / Kochwäsche f (als Prozeß) ‖ ~ **back** (wool) / lissieren v ‖ ~ **bath** / Waschbad f ‖ ~-**boiler** n / Waschkessel m ‖ ~ **box** (dye) / Waschabteil n ‖ ~-**cloth** n (GB) / Spültuch n ‖ ~-**cloth** n (US) / Waschlappen m, Seiftuch n, Seiflappen m ‖ ~ **cycle** (washing machine) / Waschgang m
washed and carbonized wool / gewaschene und karbonisierte Wolle ‖ ~ **measurement** (measurement taken after washing), W.M. / Waschmaß n ‖ ~-**off goods** / Auswaschartikel m pl ‖ ~ **out** / verwaschen adj
washer n / Waschmaschine f ‖ ~ **wrinkle** / Waschfalte f, Waschknitter m
washfast adj / waschecht adj, waschfest adj, waschbeständig adj ‖ ~ **embossing** / waschfeste Gewebeprägung, Waschechtprägung f ‖ ~ **fixation of dyestuff** / waschfeste Fixierung des Farbstoffs
washfastness [at the boil] n / Kochfestigkeit f ‖ ~ / Waschechtheit f (DIN 54010-54014), Waschbeständigkeit f, Waschfestigkeit f ‖ ~ **test** / Waschechtheitstest m, Waschbeständigkeitsprüfung f ‖ ~ **tester** / Waschechtheitsprüfgerät n, Waschbeständigkeitsprüfgerät n ‖ ~ **testing** / Waschechtheitsprüfung f, Waschbeständigkeitsprüfung f
washfast stiffening effect / waschbeständiges Versteifen
wash-house n / Waschküche f, Wäscherei f
washing n / Waschen n, Waschprozeß m, Seifen n ‖ ~ / Wäsche f ‖ ~ , **wetting and scouring machine** / Wasch-, Befeuchtungs- und Entfettungsmaschine f ‖ ~ **active** / waschaktiv adj ‖ ~ **active substance** / waschaktive Substanz, WAS ‖ ~ **agent** / wasching assistant, washing auxiliary detergent / Waschmittel n, Waschrohstoff m, Waschhilfsmittel n, Wäschezusatz m ‖ ~ **at the boil program** (washing machine) /
Kochwaschprogramm n ‖ ~ **back** (US) / Waschbottich m ‖ ~ **bath** / Waschflotte f ‖ ~ **beck** (GB) / Waschbottich m ‖ ~ **blue** / Waschblau n ‖ ~ **compound** / Waschmittel n ‖ ~ **cylinder** / Waschtrommel f, Waschzylinder m ‖ ~ **cylinder cage** / Waschtrommel f, Waschzylinder m ‖ ~ **device for back greys** / Drucktuchwaschvorrichtung f ‖ ~ **drum** / Waschtrommel f, Waschzylinder m ‖ ~ **during manufacture** / Fabrikwäsche f ‖ ~ **effect** / Wascheffekt m, Waschwirkung f ‖ ~ **efficiency** / Waschkraft f, Reinigungswirkung f ‖ ~ **fastness** / Waschechtheit f, Waschbeständigkeit f, Waschfestigkeit f ‖ ~ **fastness test** / Waschechtheitstest m, Waschbeständigkeitsprüfung f ‖ ~ **fastness tester** / Waschechtheitsprüfgerät n, Waschbeständigkeitsprüfgerät n ‖ ~ **fastness testing** / Waschechtheitsprüfung f, Waschbeständigkeitsprüfung f ‖ ~ **in open width** / Breitwäsche f ‖ ~ **in rope form** / Strangwäsche f ‖ ~ **liquid**, washing liquor / Waschflüssigkeit f, Waschlauge f, Waschflotte f ‖ ~ **machine** / Waschmaschine f, Waschapparat m, Wäscher m ‖ ~ **machine for tubular goods** / Schlauchwaschmaschine f ‖ ~ **machine for yarn** / Garnwaschmaschine f ‖ ~ **machine with wire screen drum**, washing machine with wire screen / Siebwaschmaschine f ‖ ~ **off** (dye) / Nachwäsche f, Auswaschen n
washing-off bath / Waschbad n
washing off process (text pr) / Nachwäsche f, Auswaschen n ‖ ~ **off properties** pl (text pr) / Nachwascheigenschaften f pl, Auswaschbarkeit f ‖ ~-**off schedule** / Wasch-Schema n ‖ ~ **off the prints** (text pr) / Nachwäsche f der Drucke ‖ ~ **of raw wool** / Rohwollwäsche f ‖ ~ **of tubular knitted fabrics** / Waschen n von Schlauchware ‖ ~ **operation** / Waschvorgang m ‖ ~ **out** / Nachwäsche f, Auswaschen n ‖ ~ **period** / Waschdauer f, Waschzeit f ‖ ~ **plant** / Waschanlage f, Waschaggregat n, Wascheinrichtung f ‖ ~-**powder** n / Waschpulver n, Waschmittel n in Pulverform, pulverförmiges Waschmittel ‖ ~ **power** (detergent) / Waschvermögen n, Waschkraft f ‖ ~ **process in connection with printing** / Druckwäsche f ‖ ~ **process test** / Waschgangkontrolle f, Waschgangprüfung f ‖ ~ **product** / Waschmittel n, Waschrohstoff m, Waschhilfsmittel n, Wäschezusatz m ‖ ~ **programme** (washing-machine) / Waschprogramm n ‖ ~ **programme for delicate fabrics** (washing machine) / Schonwaschprogramm n, Schonprogramm n, Wäscheschonprogramm n ‖ ~ **range** / Waschanlage f, Waschaggregat n, Wascheinrichtung f ‖ ~ **range** / Waschbatterie f, Waschstraße f
washings pl / Waschwasser n, Waschflüssigkeit f
washing shrinkage / Waschschrumpf m ‖ ~ **silk** / Waschseide f ‖ ~-**soda** / Soda f, Waschsoda f (Natriumkarbonat) ‖ ~-**soda** n (GB) / Kristallsoda f ‖ ~ **solution** / Waschmittellösung f ‖ ~ **subsequent to printing** / Drucknachwäsche f ‖ ~ **tank** / Waschtank m, Waschkasten m ‖ ~ **test** / Waschprüfung f, Waschprobe f, Waschechtheitsprüfung f ‖ ~ **to be mangled** / Mangelwäsche f ‖ ~ **treatment** / Waschbehandlung f ‖ ~ **trough** (gen) / Waschtrog m ‖ ~ **trough** (wool) / Entschweißbottich m ‖ ~ **under tension** / Spannungswaschen n ‖ ~ **water** / Waschwasser n, Waschflüssigkeit f ‖ ~ **with scrubbing test** / Bürstwaschprüfung f, Bürstwaschprobe f
wash in open width / breitwaschen v ‖ ~ **liquid**, wash liquor / Waschflüssigkeit f, Waschlauge f, Waschflotte f
wash'n wear finish / Wash'n-Wear-Ausrüstung f, bügelfreie Ausrüstung, pflegeleichte Ausrüstung, Pflegeleicht-Ausrüstung f
wash off v / nachreinigen v ‖ ~ **off in an alkaline-reductive bath** / alkalisch-reduktiv reinigen ‖ ~ **off in the backwash** / auf der Lisseuse auswaschen ‖ ~ **off properties** pl (text pr) / Nachwascheigenschaften f pl,

water

Auswaschbarkeit f ‖ ~ **out** / auswaschen v ‖ ~**-out effect** / Auswascheffekt m
washproof adj / waschecht adj, waschfest adj, waschbeständig adj, kochfest adj
wash·-rag n (US) / Waschlappen m, Seiflappen m, Seiftuch n ‖ ~ **removal ability** / Auswaschbarkeit f ‖ ~ **resistance** / Waschechtheit f, Waschbeständigkeit f ‖ ~ **resistant** / waschecht adj, waschbeständig adj ‖ ~ **resistant dimensional stability** / waschbeständige Formhaltigkeit ‖ ~ **resistant finish** / waschbeständige Ausrüstung ‖ ~ **resistant stiffening effect** (fin) / waschbeständige Versteifung ‖ ~ **shrinkage** / Waschschrumpf m ‖ ~ **solvent** / Waschflüssigkeit f, Waschlauge f, Waschflotte f ‖ ~ **test** / Waschprüfung f, Waschprobe f, Waschechtheitsprüfung f ‖ ~ **tub** / Waschbottich m, Waschbütte f ‖ ~ **water** / Waschwasser n, Waschflüssigkeit f ‖ ~ **wheel** / Waschrad n, Waschstock m
washwhites pl / Kersey m erster Qualität
washy adj / verwaschen adj, ausgewaschen adj, blaß adj (Farbe)
waste beating willow (spinn) / Abfallklopfwolf m ‖ ~ **breaker** (spinn) / Abfallreißer m ‖ ~ **card** (spinn) / Abfallkrempel f ‖ ~ **card** (silk) / Flockseidenkratze f, Florettkratze f ‖ ~ **chute** (sew) / Abfallkanal m ‖ ~ **cleaner** (spinn) / Abfallreiniger m, Abfallreinigungsmaschine f ‖ ~ **control knife of card** / Kardenabstreifmesser n ‖ ~ **cotton** / Baumwollabfall m, Abfallbaumwolle f ‖ ~ **cotton** (cleaning waste) / Putzwolle f, Putzbaumwolle f ‖ ~ **drawing frame** / Spinnabgangsstrecke f ‖ ~ **ends** / Fadenenden n pl ‖ ~ **extractor** / Abfallabscheider m ‖ ~ **fibres** pl / Faserreste m pl, Faserabfall m ‖ ~ **from hackled hemp** / Kernwerg n ‖ ~ **from new goods** / Neuabfall m ‖ ~ **in spinning** / Spinnabfall m ‖ ~ **left on pirn** / Spulenrest m ‖ ~ **liquor**, waste lye / Ablauge f, Abfallauge f, Restlauge f ‖ ~ **opener** / Fadenöffner m (DIN 64163) ‖ ~ **picker for separating threads from waste** / Fadenklauber m ‖ ~ **shaker** / Abfallreinigungstrommel f, Abfallklopfwolf m ‖ ~ **silk** / Abfallseide f, Florettseide f, Flockseide f, Schappeseide f, Seidenabfälle m pl ‖ ~ **silk spinning** / Florettspinnerei f, Schappespinnerei f ‖ ~ **silk yarn** / Schappegarn n, Schappegespinst n ‖ ~ **spinning** / Abfallspinnerei f ‖ ~ **water levy law** / Abwasserabgabengesetz n ‖ ~ **water load** / Abwasserfracht f ‖ ~ **wool** / Abfallwolle f ‖ ~ **yarn** / Abfallgarn n, Garnabfall m ‖ ~ **yarn cheese winder** / Restgarn-Kreuzspulautomat m
water v / wässern v ‖ ~ (dye) / flammen v ‖ ~ (weav) / buntweben v, auf Moiré-Art wässern, moirieren v ‖ ~ (flax) / rösten v, rotten v ‖ ~ n / Wasser n ‖ ~ **absorbing properties** / Wasseraufnahmeeigenschaften f pl ‖ ~ **absorption** / Wasseraufnahme f, Feuchtigkeitsaufnahme f ‖ ~ **absorption capacity** / Wasseraufnahmevermögen n, Wasserbindevermögen n, Feuchtigkeitsaufnahmevermögen n ‖ ~ **absorption test** / Wasseraufnahmeprüfung f (DIN 53923) ‖ ~ **blue** (dye) / Wasserblau n, Soluble Blue, Chinablau n, Reinblau n ‖ ~ **blue** s. also Berlin blue ‖ ~**-borne stain** / Fleck m auf wäßriger Grundlage, Wasserfleck m, Tropffleck m ‖ ~ **calender** / Wasserkalander m, Naßkalander m, Wassermangel f ‖ ~ **can** (dye) / Eintauchschüssel f ‖ ~**-colour shade** / Aquarellfarbe f ‖ ~ **content** / Wassergehalt m ‖ ~**-dispersible** adj / in Wasser dispergierbar, in Wasser dispergierend ‖ ~ **dressing** / Wasserappretur f ‖ ~ **dyeing** / Färben n in wäßrigen Medien
watered adj (weav) / gewässert adj, moiriert adj, Moiré... ‖ ~ **effect** / Moiré-Effekt m, Moirébildung f, Moiré m n ‖ ~ **silk** / Seidenmoiré m, Moiréseide f
water fastness / Wasserfestigkeit f, Wasserechtheit f (DIN 54005/6)

waterfinish n / gebleichter, stark appretierter Baumwollnessel
water frame / Ringdrossel f, Watermaschine f, Ringspinnmaschine f ‖ ~ **free from salts causing hardness** / härtefreies Wasser, härterfreies Wasser ‖ ~ **glass** / Wasserglas n ‖ ~ **glass** s. also sodium silicate ‖ ~**-green** adj / wassergrün adj ‖ ~**-hardening salt** / Härtebildnersalz n ‖ ~**-hardening substance** / Härtebildner m ‖ ~ **hardness** / Wasserhärte f ‖ ~ **imbibition value** / Quellwert m ‖ ~ **impermeability** / Wasserundurchdringlichkeit f, Wasserdichtigkeit f, Wasserdichtheit f
watering n / Wässern n, Benetzen n ‖ ~ (dye) / Moirieren n, Moirierung f, Wasserglanz m ‖ ~ **defect** / Moiréfehler m
water injection / Spülstoß m ‖ ~**-in-oil emulsion** / Wasser-in-Öl-Emulsion f ‖ ~**-insoluble** adj / wasserunlöslich adj, nichtwasserlöslich adj, in Wasser unlöslich, nicht in Wasser löslich ‖ ~ **jet loom** / Wasserdüsenwebmaschine f, Wasserwebmaschine f, Webmaschine f mit flüssigem Schußträger, Wasserstrahl-Düsenwebmaschine f, hydraulische Düsenwebmaschine f ‖ ~ **jet pick system** (weav) / Wasserdüsenschußeintrag m ‖ ~ **jet weaving** / Wasserdüsenweben n ‖ ~ **lock** (at the end of the steamer) / Wasserschloß n ‖ ~ **lock with liquor renewal** / Wasserschloß n mit Flottenerneuerung ‖ ~ **mangle** / Wasserkalander m, Wassermangel f, Naßkalander m
watermark v / moirieren v
watermarked effect / Moiré-Effekt m, Moirébildung f, Moiré m n ‖ ~ **fabric** / gewässertes Gewebe, Gewebe n mit Moiréeffekt ‖ ~ **finish** / Moiré-Appretur m, Moiré-Ausrüstung f, Moirierung f
water milling / Wasserwalke f ‖ ~**-miscible** adj / mit Wasser mischbar ‖ ~ **penetration** (mat test) / Wasserdurchschlag m ‖ ~ **penetration test** / Beregnungstest m, Beregnungsprüfung f ‖ ~/**perchloroethylene emulsion** / Wasser/Perchloräthylen-Emulsion f ‖ ~ **permeability** / Wasserdurchlässigkeit f ‖ ~ **permeability test** / Wasserdurchlässigkeitsprüfung f ‖ ~ **permeation** / Wasserpermeation f ‖ ~ **pollution** / Wasserverunreinigung f ‖ ~ **pollution control** / Wasserreinhaltung f ‖ ~ **pressure test** / Wasserdruckversuch m, Prüfung der Wasserdichtheit (DIN 53886) (Schopper-Schmerber-Test) f
waterproof v / wasserdicht ausrüsten, hydrophobieren v, wasserdicht imprägnieren ‖ ~ n (GB) / Regenmantel m, Wettermantel m ‖ ~ adj / wasserundurchlässig adj, wasserdicht adj ‖ ~ **cape** / Regenumhang m, Radfahrerumhang m ‖ ~ **fabric** / wasserdicht imprägnierter Stoff ‖ ~ **finish** / wasserdichte Appretur, Wasserdichtausrüstung f ‖ ~ **garments** pl / wasserdichte Kleidung ‖ ~ **impregnation** / wasserdichte Imprägnierung
waterproofing / Wasserdichtmachen n, Wasserbeständigmachen n, Wasserfestmachen n, Trockenimprägnieren n ‖ ~ **agent** / Imprägniermittel n, Imprägnierungsmittel n, wasserabweisendes Mittel, Wasserdichtmacher m, Hydrophobiermittel n, Wasserdichtmachungsmittel n ‖ ~ **with solvent-soluble impregnating agents** / Trockenimprägnieren n, Trockenhydrophobieren n
waterproof property / Wasserdichtigkeit f, Wasserundurchlässigkeit f ‖ ~ **tester** / Wasserundurchlässigkeitsprüfgerät m
water protective clothing / Wasserschutzbekleidung f ‖ ~ **repellency** / Wasserabweisungsvermögen n, Hydrophobie f, wasserabweisende Eigenschaft, wasserabstoßende Eigenschaft, wasserabweisendes Verhalten, wasserabweisender Charakter, Wasserabweisung f, Wasserabstoßung f, Abperleffekt m ‖ ~ **repellency** / Netzfestigkeit f ‖ ~ **repellency**

337

water

testing / Prüfung f der wasserabweisenden Eigenschaft, Prüfung f der Hydrophobie ‖ ~ **repellency treatment** / Hydrophobierung f ‖ **~-repellent** n / Hydrophobiermittel n, Hydrophobierungsmittel n, wasserabweisendes Mittel, wasserabstoßendes Mittel, hydrophobierendes Mittel ‖ **~-repellent** adj / wasserabweisend adj, wasserabstoßend adj, hydrophob adj ‖ **~-repellent agent** s. water-repellent ‖ **~-repellent antislip finish** / Hydrophob-Schiebefest-Ausrüstung f ‖ **~-repellent article** / Hydrophobierartikel m, Phobierartikel m ‖ ~ **repellent capacity** / Wasserabperlvermögen n ‖ **~-repellent crease-resist finish** / Hydrophob-Knitterfrei-Ausrüstung f ‖ **~-repellent effect** / Abperleffekt m, Wasserabperleffekt m, Hydrophobiereffekt m ‖ **~-repellent fabric** / wasserabweisendes Gewebe, hydrophobiertes Gewebe, wasserabstoßendes Gewebe ‖ **~-repellent finish** / wasserabweisende Appretur, wasserabweisende Imprägnierung, wasserabweisende Appretur, wasserabweisende Ausrüstung, wasserabstoßende Ausrüstung, hydrophobe Ausrüstung, Hydrophobierung f, Hydrophob-Ausrüstung f ‖ **~-repellent goods** / Hydrophobierartikel m pl, Phobierartikel m pl ‖ **~-repellent liquor** / Hydrophobierflotte f ‖ **~-repellent making effect** / Abperleffekt m, Wasserabperleffekt m, Hydrophobiereffekt m ‖ **~-repellent phase** / Abperlstufe f, Abperlphase f, wasserabstoßende Phase ‖ **~-repelling** adj s. water-repellent ‖ ~ **resistance** s. water repellency ‖ ~ **retention value**, WRV / Wasserrückhaltevermögen n (DIN 53814), WRV, Quellwert m, Wasserretention f ‖ ~ **retted flax** / Wasserflachs m ‖ ~ **retting** / Wasserröste f, Wasserrotte f ‖ ~ **rinse** / Wasserspülung f ‖ ~ **rinse bath** / Wasserspülbad n ‖ ~ **roller** (text pr) / Wasserwalze f ‖ ~ **setting** (dye) / Hydrofixierung f ‖ **~-slain flax** / überrösteter Flachs ‖ **~-soak** v / einweichen v, mit Wasser tränken ‖ ~ **softener** / Wasserenthärter m, Wasserenthärtungsmittel n ‖ ~ **softener plant** / Wasserenthärtungsanlage f ‖ ~ **softening** / wasserenthärtend adj ‖ ~ **softening** / Wasserenthärtung f ‖ ~ **softening plant** / Wasserenthärtungsanlage f ‖ ~ **softening process** / Wasserenthärtungsverfahren n ‖ ~ **softening with phosphates** / Phosphatverfahren n zur Wasserenthärtung ‖ ~ **solubility** / Wasserlöslichkeit f ‖ **~-soluble yarn** (nww) / wasserlösliches Garn ‖ ~ **solvent ratio** / Verhältnis n Wasser : Lösungsmittel ‖ ~ **spinning frame** / Ringdrossel f, Watermaschine f, Ringspinnmaschine f ‖ ~ **spot** / Wasserfleck m, Fleck m auf wäßriger Grundlage, Tropffleck m ‖ ~ **spotting** / Betropfen n mit Wasser ‖ ~ **spotting fastness** / Wassertropfenechtheit f (DIN 54008) ‖ ~ **steam circuit** (dye) / Wasser-Dampf-Kreislauf;m. ‖ ~ **tabby** / leichter Moiréseidentaft ‖ ~ **test** / Prüfung f auf Wasserechtheit **watertight** adj / wasserdicht adj, wasserundurchlässig adj **water tightness** / Wasserdichtigkeit f, Wasserundurchlässigkeit f ‖ ~ **to solvent ratio** / Verhältnis n Wasser : Lösungsmittel ‖ **~-transmitting** adj / wasserdurchlässig adj ‖ ~ **transport** (wear properties) / Wassertransport m ‖ ~ **turbulence method** / Wasserumwälzverfahren n ‖ ~ **twist** / Water n, Waterzwirn m ‖ ~ **vapour permeability** / Wasserdampfdurchlässigkeit f (DIN 53122), Wddu ‖ ~ **vapour transmission**, WVT / Wasserdampfdurchlässigkeit f (DIN 53122), Wddu ‖ ~ **vapour transmission testing** / Wasserdampfdurchlässigkeitsprüfung f ‖ ~ **white** / wasserhell adj, reinweiß adj ‖ ~ **yarn** (hard-twisted cotton warp yarn) / Watergarn n, Water n, Trosselgarn n

watt silk (refuse and debris gathered from raising silkworms; of little value) / Wattseide f

wave v (ctg) / Moirierung f, Moiré-Effekt m, Wasserglanz m
waved adj (weav) / gewässert adj, moiriert adj, Moiré... ‖ ~ **raising** (fin) / wellenförmiges Aufrauhen ‖ ~ **twill** / Wellenköper m, Zickzackköper m ‖ ~ **yarn** / Kräuselgarn n
waveshed loom (weav) / Wellenfachwebmaschine f
wave twill / Wellenköper m, Zickzackköper m ‖ ~ **weaver** / Wellenwebmaschine f
wavy crimp / rundbogige Kräuselung ‖ ~ **design** (fash) / Würmchendessin n ‖ ~ **effect** (knitt, defect) / Ondulé-Effekt m (ganze Maschenreihen treten deutlich aus der Ware und ergeben eine wellige Oberfläche) ‖ ~ **fabric** / welliges Gewebe ‖ ~ **fibre** / krause Faser, wellige Faser ‖ ~ **filling** (weav) / Kräuselschuß m ‖ ~ **pattern** / Wellenmuster n ‖ ~ **raising** (fin) / wellenförmiges Aufrauhen ‖ ~ **selvedge** (weav) / Zipfelkante f
wax v / wachsen v, paraffinieren v, mit Wachs einreiben ‖ ~ (winding department) / bohnern v ‖ ~ n (dye) / Ätzpaste f ‖ ~ (gen) / Wachs n ‖ ~ **cloth** / Wachstuch n ‖ ~ **coating** / Wachsstrich m, deckende Wachsschicht ‖ ~ **coats** pl (dye) / Wachsreserve f ‖ **~-containing filler and levelling agent** (ctg) / wachshaltiges Füll- und Verlaufmittel ‖ ~ **content of the fibre** / Wachsgehalt m der Faser
waxed finish / Wachsappretur f, Wachsausrüstung f ‖ ~ **silk** / Wachstaft m
wax emulsion / Wachsemulsion f ‖ ~ **finishing** / Wachsappretur f, Wachsausrüstung f ‖ ~ **from suint** / Schweißwachs n
waxing / Wachsen n, Überziehen n mit Wachs ‖ ~ (knitt) / Paraffinierung f ‖ ~ **and damping attachment** (winding department) / Paraffinier- und Befeuchtungsvorrichtung f ‖ ~ **machine** / Wachsmaschine f
wax layer / Wachsüberzug m, Wachsaufstrich m ‖ **~-like handle** (ctg) / Wachsgriff m, wachsartiger Griff ‖ ~ **print** / Wachsreservedruck m ‖ ~ **resist** / Wachsreserve f, Batikreserve f ‖ ~ **resist print** / Wachsreservedruck m ‖ **~-treated** adj / gewachst adj ‖ **~-yellow** adj / wachsgelb adj
waxy substance / wachsartige Substanz
way n (weav) / Richtung f (des Kettfadens)
W_B (whiteness [measuring] **according to Berger**) / Messung f des Weißgrades nach Berger, Weißgradmessung f nach Berger
weak acetic acid bath (dye) / schwach essigsaures Bad
weakening of the fibre / Faserschwächung f, Faserschädigung f
weakly acid / schwach sauer ‖ ~ **alkaline** / schwach alkalisch
weak shade (dye) / schwacher Farbton, schwacher Farbausfall
wear v (clothes) / tragen v ‖ ~ n / Abtragen n, Abnutzung f, Verschleiß m
wearability n / Tragevermögen n, Tragekomfort m, Tragebeständigkeit f, Trageigenschaft f, Tragfähigkeit f, Gebrauchstüchtigkeit f, Verhalten n beim Gebrauch, Gebrauchseigenschaft f
wear abrasion test machine / Abnutzungsprüfmaschine f, Dauerprüfmaschine f ‖ ~ **and care properties** / Gebrauchs- und Pflegeeigenschaften f pl ‖ ~ **and heat resistance** / Wärme- und Abnutzungsbeständigkeit f ‖ ~ **and rubbing test** / Abnutzungs- und Scheuerprüfung f ‖ ~ **behaviour** / Trageverhalten n, Trag[e]eigenschaft f, Tragfähigkeit f, Gebrauchstüchtigkeit f, Verhalten n beim Gebrauch, Gebrauchseigenschaft f, Tragekomfort m ‖ ~ **class** (ISO 2424) (cpt) / Strapazierwert m (DIN 61 151) ‖ ~ **comfort** / Tragekomfort m, Trageverhalten n ‖ ~ **dated** / tragegarantiert (eingetr. Warenzeichen - Monsanto - für Fertigkleidung und Heimtextilien; für einjähriges "normales" Tragen)

wearing apparel / Bekleidung f, Kleidungsstück n ‖
~ **comfort** / Tragekomfort m, Trageverhalten n ‖
~ **property**, wearing quality s. wear behaviour
wear life (of a garment) / Tragedauer f ‖ ~ **out** (clothes) vi / abtragen vi, abnutzen vi, verschleißen vi ‖
~ **resistance** / Tragechtheit f, Strapazierfähigkeit f, Abnutzungsbeständigkeit f, Scheuerbeständigkeit f, Scheuerfestigkeit f, Scheuerwiderstand m, Abriebbeständigkeit f, Verschleißfestigkeit f ‖
~ **resistant** / tragecht adj, strapazierfähig adj, abnutzungsbeständig adj, scheuerbeständig adj, scheuerfest adj, abriebbeständig adj, verschleißfest adj ‖
~ **spot** / Trageverschleißstelle f ‖ ~ **test** / Trageversuch m, Tragetest m, Abnutzungsversuch m, Tragfähigkeitsversuch m ‖ ~ **tester** / Haltbarkeitsprüfmaschine f, Abnutzungsprüfmaschine f ‖ ~ **testing** / Verschleißprüfung f, Abnutzungsprüfung f
weatherability n / Wetterbeständigkeit f, Wetterechtheit f (DIN 54071), Witterungsbeständigkeit f
weathering fastness (organic pigm), weathering resistance / Wetterechtheit f (DIN 54071), Wetterbeständigkeit f, Witterungsbeständigkeit f ‖
~ **test** / Bewitterungsprobe f, Bewetterungsprobe f
weatherproof adj / wetterbeständig adj, wetterecht adj, witterungsbeständig adj ‖ ~ **clothing** / Wetterschutzbekleidung f
weather resistance s. weathering fastness ‖ ~ **resistant** s. weatherproof
weavability n / Verwebbarkeit f
weave v / weben v, verweben v ‖ ~ n / Bindung f, Bindungsart f, Webart f, Gewebebindung f ‖ ~ **broché fabrics** / lancieren v, lanzieren v ‖ ~ **change** / Musterwechsel m ‖ ~ **closely** / durchweben v ‖
~ **construction** / Bindungsart f, Patronieren n, Gewebestruktur f ‖ ~ **design** / Bindungsmuster n, Bindungsskizze f, Webmuster n, Webereipatrone f, Patrone f ‖ ~ **effect** / Webeffekt m ‖ ~ **fault** / Webfehler m, Bindungsfehler m ‖ ~ **for selvedges** / Leistenbindung f ‖ ~-**in** v / durch Einweben verkürzen ‖ ~ **in colours** / buntweben v ‖ ~ **multi-coloured goods** / buntweben v ‖ ~ **on a circular loom** / rundweben v ‖
~ **out** (finish the warp) / abweben v ‖ ~ **pattern** / Bindungsmuster n, Bindungsbild n
weaver n / Weber m
weave rapport / Bindungsrapport m
weaver-'**s beam** / Kettbaum m, Zettelbaum m, Garnbaum m ‖ ~'s **comb** / Riet n, Webblatt m ‖ ~'s **glass** / Weberglas n, Fadenzähler m ‖ ~'s **knot** / Weberknoten m, Tuchmacherknoten m ‖ ~'s **loom** / Webstuhl m ‖
~'s **needle** / Webernadel f ‖ ~'s **nippers** pl / Weberzange f, Noppzange f, Putzeisen n, Noppeisen n ‖ ~'s **reed** / Riet n, Webblatt n ‖ ~'s **starch** / Weberschlichte f ‖ ~'s **tweezers** pl / Weberzange f, Noppzange f, Noppeisen n, Putzeisen n ‖ ~'s **waste** / Weberabgang m
weave structure / Gewebestruktur f, Bindungsart f ‖
~ **tightly** / durchweben v
weaving n / Weben n, Weberei f ‖ ~ **accessories** pl / Webereizubehör n ‖ ~ **design** / Bindungsmuster n, Bindungsbild n, Bindungsskizze f, Webmuster n, Webereipatrone f, Patrone f ‖ ~ **efficiency** / Webleistung f, Webnützeffekt m ‖ ~ **fault**, weaving flaw / Webfehler m, Bindungsfehler m ‖ ~ **industrial fabrics** / Schwerweberei f ‖ ~ **lease** / Webkreuz n ‖
~ **loom accessories** / Webmaschinenzubehör n (DIN 63001) ‖ ~ **machine** / Webmaschine f, Webautomat m ‖ ~ **mill with automatic looms** / Automatenweberei f ‖
~ **of silk ribbon** / Seidenbandweberei f ‖ ~ **of trimmings** / Posamentenweberei f ‖ ~ **of wide fabrics** / Breitweberei f ‖ ~ **out** (finishing of the warp) / Abweben n ‖ ~ **pattern** / Bindungsmuster n, Bindungsbild n, Bindungsskizze f, Webmuster n, Webereipatrone f, Patrone f ‖ ~ **preparation machine** / Webereivorbereitungsmaschine f (DIN 62500) ‖ ~ **reed** / Riet n, Webblatt n ‖ ~ **room** / Websaal m ‖
~ **sequence** / Webfolge f ‖ ~ **shed** / Webfach n ‖
~ **shuttle** / Webschützen m ‖ ~ **waste** / Webereiabfall m ‖ ~ **with pile wires** / Rutenweben n ‖ ~ **yarn on cheeses** / Webgarn n auf Kreuzspulen
web n / Gewebe n, Gestrick n, Gewirk n ‖ ~ / Netzwerk n ‖ ~ / Gurt m ‖ ~ (nwv) / Flor m, Faserflor m, Krempelflor m, Fasermatte f, Vlies n ‖ ~ (endless fabric) / Warenbahn f, endlose Bahn ‖ ~ (card) / Vlies n
webbed adj / mit Gewebe versehen
web belt / gewebter Gürtel
webber n (nwv) / Vliesbildemaschine f
webbing n / Gurt m, Gurtband n ‖ ~ (weav) / glatte, völlig ungemusterte Trikotschlauchware ‖ ~ **fabric** / Gurtbandgewebe n ‖ ~ **insert** / Wickelmanschette f ‖
~ **loom** / Gurtenwebmaschine f ‖ ~ **weaving mill** / Gurtenweberei f
web cloth (weav) / Pelztuch n ‖ ~ **compressor** / Walzenquetsche f, Florquetsche f ‖ ~-**condensing plate** (carding) / Vliesverdichtungsplatte f ‖ ~ **cord** (tyre) / schußloses Kordgewebe ‖ ~ **cross-laying machine** / Kreuzleger m ‖ ~ **crusher** / Florpresse f ‖ ~ **divider** (spinn) / Florteiler m, Vliesverteiler m ‖ ~ **divider** (weav) / Pelztrennvorrichtung f ‖ ~ **divider tape** / Florteilriemchen n ‖ ~ **doffer** (spinn) / Hacker m ‖
~ **doffing** (spinn) / Florabzug m ‖ ~ **drier** (nwv) / Bahnentrockner m ‖ ~ **eyelet fabric** / glatte Eyelet-Ware ‖ ~ **felt with a small proportion (5-10%) of transverse filaments** (nwv) / querfadenarmer Filz ‖
~ **formation** (nwv) / Florbildung f, Vlieslegung f, Vliesbildung f ‖ ~ **former** (nwv) / Florbildner m, Faservliesmaschine f ‖ ~ **former** (weav) / Pelzbildner m ‖ ~ **forming machine** (nwv) / Florbildner m, Faservliesmaschine f ‖ ~ **guide cheek** (nwv) / Florführungsbacke f ‖ ~ **holder** (weav) / Einschließkamm m, Einschließplatine f ‖
~ **layer** (nwv) / Florschicht f ‖ ~ **laying apparatus** (nwv) / Flortäfler m, Vliesleger m ‖
~ **levelness tester** / Florgleichmäßigkeitsprüfer m ‖
~ **made from parallel oriented fibres** / gebundenes Faservlies ‖ ~ **of fabric** / Stoffbahn f ‖ ~ **orientation** (nwv) / Faserausrichtung f im Flor ‖ ~ **purifier** / Florreiniger m ‖ ~ **sling** / Brookstropp m, Gurtstropp m ‖ ~ **squeezer** / Walzenquetsche f, Florquetsche f ‖
~ **strip** / Florband n ‖ ~ **tension** / Bahnspannung f ‖
~ **trumpet** / Flortrichter m ‖ ~ **uniformity** / Florgleichmäßigkeit f ‖ ~ **winder** / Vlieswickler m ‖
wedding dress / Brautkleid n
wedge scale / Meßkeil m für die Faserfeinheit ‖ ~-**shaped bolster** / Keilkissen n
wedging of runner / Verklemmen n des Ringläufers
Wedgwood blue shade / Wedgwood-Blau n
weeds pl / Trauerkleidung f, Witwenkleidung f, Trauerflor m
weepers pl (hist) / weiße Trauerbinde (am Ärmel), Trauerflor m (am Hut) ‖ / Witwenschleier m ‖ ~ / weiße Trauermanschetten f pl (der Witwen)
weft n / Gewebe n, Spinnstoff m, Webstoff m ‖ ~ (weav) / Schuß m, Einschlag m, Eintrag m, Durchschuß m, Einschuß m, Schußeintrag m, Einschußfaden m, Einschlagfaden m ‖ ~ **accumulator** / Schußvorratgeber m
weftage n / Gewebeart f
weft alignment / Schußausrichtung f ‖ ~ **bar** (defect) / Schußbande f, Schußstreifen m, Schußband n ‖
~ **barred** / schußbandig adj ‖ ~ **bars** pl / Schußbandigkeit f ‖ ~ **beating up disc** / Schußbandigkeitscheibe f ‖ ~ **bobbin** / Schußspule f (DIN 61800), Schützenspule f, Einschlagspule f, Schußgarnspule f, Kanette f, Kannette f ‖ ~ **bobbin box** / Schußspulenkasten m ‖ ~ **box** / Schußkasten m ‖
~ **brake** / Schußbremse f ‖ ~ **break**, weft breakage / Schußbruch m ‖ ~ **break stop motion** /

Schußfadenwächter m ‖ ~ **catch pin** / Schußfangnadel f ‖ ~ **change** / Schußwechsel m, Schußfadenwechsel m ‖ ~ **changing** / Schußwechseln n, Schußfadenwechseln n ‖ ~ **colour** / Schußfarbe f ‖ ~ **cop** / Einschußspule f (DIN 61800), Schußkops m, Schußgarnkötzer m, Eintragkötzer m, Schützenspule f, Schußkötzer m ‖ ~ **count** / Schußfadendichte f ‖ ~ **cutting machine**, weft cutting motion / Wechselfaden-Abschneidemaschine f, Schußabschneidemaschine f ‖ ~ **doubling winder** (GB) (weav) / Schußdubliermaschine f ‖ ~ **draw-off** (weav) / Schußfadenabzug m ‖ ~ **effect** / Schußeffekt m ‖ ~ **exit of shuttle** / Fadenauslauf m des Webschützen (DIN 64685) ‖ ~ **feeder** / Schußspeicher m ‖ ~ **feeler** / Schußfühler m, Schußfadenfühler m, Schußabtaster m ‖ ~ **feeler motion** / Schußfühlervorrichtung f, Schußfadenfühlervorrichtung f ‖ ~ **float** / Schußflottung f, Schußflottierung f ‖ ~ **fork** / Schußgabel f, Schußwächtergabel f, Schußsuchvorrichtung f, Schußfadenwächtergabel f (DIN 64500) ‖ ~ **fork for light pattern loom** / Schußwächtergabel f für leichten Webstuhl (DIN 64500) ‖ ~ **fork grate** / Schußgabelrechen m ‖ ~ **fork lever** (GB) (weav) / Schußwächterhebel m ‖ ~ **fork motion** / Gabelschußwächter m ‖ ~ **grid** / Schußwächtergitter n ‖ ~ **grid for fixed blade loom** / Schußwächtergitter n für Festblattstuhl ‖ ~ **guide pin for shuttle** / Umlenkstift m für den Webschützen ‖ ~ **hammer** / Schußwächterhammer m ‖ ~-**inserted warp knitting** / Kettengewirk n mit Schußeintrag ‖ ~ **insertion** / Einschlag m, Eintrag m, Durchschuß m, Einschuß m, Schußeintrag m, Schuß m ‖ ~ **insertion rate**, weft insertion speed (weav) / Schußeintragsleistung f ‖ ~ **insertion simulator** (weav) / Schußsimulator m ‖ ~ **insertion time** / Schußeintragszeit f ‖ ~ **knit[ted] fabric** / Kulierware f, Kulierwirkware f, Kulierwirkgewirke n, Gestrick n (DIN 62061), Schußwirkstoff m ‖ ~ **knit structure** / Kuliergewirkstruktur f ‖ ~ **knitting** / Kulierwirken n, Kulierwirkerei f ‖ ~ **knitting machine** / Kulierwirkmaschine f

weftless felt (nwv) / querfadenfreier Filz, querfadenfrei genadelter Filz

weft loop cutting machine / Wechselfaden-Abschneidemaschine f, Schußabschneidemaschine f ‖ ~ **magazine unit for shuttleless loom** / Schußmagazineinheit f für schützenlose Webmaschine ‖ ~ **material** / Schußmaterial n ‖ ~ **mixer** / Schußfaden-Mischwechsler m, Mischwechsler m der Webmaschine ‖ ~ **mule** / Schußselbstspinner m ‖ ~ **needle** / Webmaschineneintragsnadel f, Eintragnadel f ‖ ~ **noose** / Schußring m ‖ ~ **pattern** / Schußfolge f, Schußmuster m ‖ ~ **pile** (cpt) / Teppichschußflor m ‖ ~ **pile carpet** / Schußflortepppich m ‖ ~ **pile fabric** / Schußflorgewebe n, Schußsamt m ‖ ~ **pirn** / Eintragsspule f, Schußgarnrolle f, Schußkassette f, Schußhülse f ‖ ~ **pirn for automatic loom** / Automatenspule f, Schußhülse f für Webautomaten (DIN 64610) ‖ ~ **pirn winder** / Schußmaschine f, Schußspulmaschine f ‖ ~ **raschel knitgoods** / Schußraschelgewirk n ‖ ~ **reverse** (weav) / Schußumkehr f ‖ ~ **rib fabric** / Schußrips m ‖ ~ **satin** / Schußatlas m, Schußsatin m ‖ ~ **sequence** / Schußfadenfolge f ‖ ~ **silk** / Trame f, Trameseide f, Schußseide f, Schußrohseide f, Einschlagseide f ‖ ~ **slot** (shuttle) / Fadennut f (DIN 64685) ‖ ~ **soleil** (GB) / Schußsoleil m (feingerippptes, glänzendes Kammgarngewebe) ‖ ~ **spacing** / Schußdichte f ‖ ~ **speed** / Schußzahl f pro Zeiteinheit ‖ ~ **steaming oven** / Dämpfer m für Schußgarn ‖ ~ **stop motion** / Schußfadenwächter m, Schußfadenwächter-Einrichtung f ‖ ~ **storage system** (weav) / Schußfadenspeichergerät n, Schußspeichergerät n ‖ ~ **straightener** / Schußfadenrichter m, Schußfadengeraderichtmaschine f ‖ ~ **straightener before the stenter** / Schußfadengeraderichtmaschine f vor dem Spannrahmen ‖ ~ **straightening** / Richten n von Schußverzügen ‖ ~ **straightening equipment** / Schußfadenrichtanlage f ‖ ~ **streak**, weft stripe / Farbstreifigkeit f in Schußrichtung (periodischer Schußstreifen) ‖ ~ **supply** / Schußzuführung f ‖ ~ **tension** / Schußfadenspannung f ‖ ~ **thread** / Schußfaden m, Einschlagfaden m, Einschlagfaden m, Füllfaden m, Schußgarn n, Weftgarn n ‖ ~ **thread changing device** / Schußfadenwechseleinrichtung f ‖ ~ **thread guide** / Schußfadenführer m ‖ ~ **thread tuck eye** / Fadenfangloch n ‖ ~ **tongs** / Schußfadeneintragszange f, Eintragszange f ‖ ~ **torque** / Schußfadendrehung f, Schußdrehung f ‖ ~ **tube** / Eintragsspule f, Schußhülse f ‖ ~ **twill** / Schußköper m ‖ ~ **twist** / Schußfadendrehung f, Drehungen f pl im Schußgarn, Schußdrehung f ‖ ~ **velvet** / Schußsamt m ‖ ~-**way strength** / Festigkeit f in Schußrichtung ‖ ~ **winder** / Schußspulmaschine f, Schußspulautomat m ‖ ~ **winder for cross winding** / Schußspulmaschine f für Kreuzwicklung ‖ ~ **winder for parallel winding** / Schußspulmaschine f für Parallelwicklung ‖ ~ **winding** / Einschlaggarnspulen n, Schußspulen n ‖ ~ **winding machine** / Schußspulmaschine f, Schußgarnspulmaschine f

weftwise adj ‖ / in Schußrichtung

weft yarn / Schußfaden m, Einschußfaden m, Einschlagfaden m, Füllfaden m, Schußgarn n, Weftgarn n

weighing-off of the dyestuff (dye) / Abwiegen n des Farbstoffes

weight (cloth) / beschweren v ‖ ~ (silk) / erschweren v, chargieren v ‖ ~ n s. mass

weighted black (silk) / Schwerschwarz n ‖ ~ **cloth** / beschwerte Ware, beschwertes Tuch, beschwerter Stoff ‖ ~ **silk** / erschwerte Seide, chargierte Seide ‖ ~ **yarn** / beschwertes Garn

weight giving finish / Beschwerungsappretur f, Füllappretur f ‖ ~ **holder** (knitt) / Gewichtsträger m, Gewichtshalter m ‖ ~ **hook** (knitt) / Gewichtshaken m

weighting (cloth) / Beschweren n ‖ ~ (silk) / Charge f, Chargierung f, Erschwerung f ‖ ~ **above par** / Überpari-Beschweren n ‖ ~ **agent** / Beschwerungsmittel n (Griffvariator) ‖ ~ **agent** (silk) / Erschwerungsmittel n (Griffvariator) ‖ ~ **arm** / Belastungsarm m (DIN 64050) ‖ ~ **bath** (silk) / Chargierbad n, Erschwerungsbad n ‖ ~ **finish** / Beschwerungsappretur f, Füllappretur f ‖ ~ **material** / Beschwerungsmittel n, Füllstoff m ‖ ~ **of the drawing rollers** / Belastung f der Streckwalzen ‖ ~ **roller** (at flyer) / Belastungswalze f ‖ ~ **silk with salts of minerals** / Erschwerung f der Seide mit Mineralien ‖ ~ **size** / Beschwerungsapparat m, Füllappretur f ‖ ~ **substance** / Beschwerungsmittel n (Griffvariator) ‖ ~ **substance** (silk) / Erschwerungsmittel n (Griffvariator) ‖ ~ **to par** / Paribeschwerung f ‖ ~ **with metal salts** / Metallbeschwerung f, Metallerschwerung f ‖ ~ **with tin phosphate** / Zinnphosphatbeschwerung f, Zinnphosphaterschwerung f

weight in wet state / Feuchtgewicht n, Naßgewicht n ‖ ~ **loss** / Gewichtsverlust m ‖ ~ **of the slivers to feed up** / Ansatzgewicht n ‖ ~ **per length** / Längengewicht n ‖ ~ **per piece** / Stückgewicht n ‖ ~ **per unit area** / m^2-Gewicht n ‖ ~ **the silk with ammonium stannic chloride**, weight the silk with pink salt / pinken v

weld v (ctg) / schweißen v, verschweißen v

welding clamp (lam) / Schweißbacke f

weld-on eye for picking shaft (jute loom) / Anschweißauge n zur Schlagspindel (DIN 64524)

well n (milling) / Stauchkanal m ‖ ~-**closed surface** (fabr) / geschlossene Oberfläche, geschlossene Warendecke ‖ ~-**defined pattern** / Muster n mit scharfen Konturen ‖ ~-**penetrated dyeing** / gut durchdrungene Färbung ‖ ~-**sprung vat** / scharfstehende Küpe ‖ ~-**worn** adj / abgetragen adj

welt v / säumen v, rändern v, einfassen v (mit Biese), mit fester Kante versehen ‖ ~ **n** (gen) / Einfassung f ‖ ~ **(hos)** / Doppelrand m, Patentrand m ‖ ~ **(knitt)** / Oberrand m, fester Anfang, Borde f, Borte f ‖ ~ **(sew)** / Keder m ‖ ~ **bar** / Doppelrandrechen m, Umhängevorrichtung f ‖ ~ **bar control** / Steuerung f des Doppelrandrechens, Steuerung f der Umhängevorrichtung ‖ ~ **cam** / Doppelrandschloß n ‖ ~ **drum of circular knitting machine** / Schalttrommel f der Rundstrickmaschine ‖ ~ **float** (knitt) / Fanghenkel m, Fangmasche f, Maschenhenkel m, Perlmasche f, Preßmasche f, Unterlegehenkel m, Unterlegung f, Doppelmasche f ‖ ~ **friction box** (knitt) / Doppelrandbremse f ‖ ~ **guide** (sew) / Bordenführer m ‖ ~ **hook** (knitt) / Doppelrandnadel f, Einhängenadel f, Rechennadel f, Doppelrandrechen m ‖ ~ **hook sleeve** / Doppelrandnadelbeschlag m, Einhängenadelbeschlag m, Rechennadelbeschlag m ‖ ~ **hook-up** / Einhängen n der Anfangsmaschenreihe
welting n / Rändern n, Einfassen n, Einfassung f ‖ ~ (sew) / Keder m ‖ ~ **attachment** (sew) / Kedervorrichtung f ‖ ~ **cord** / Einfaßborde f, Einfaßborte f
welt machine / Paspelmaschine f ‖ ~ **of a stocking** / Doppelrand m am Strumpf, Strumpfoberrand m, Strumpfmanschette f ‖ ~ **pocket** (sew) / Schlitztasche f, eingeschnittene Tasche ‖ ~ **position** (knitt) / Nichtstrick-Position f der Nadel ‖ ~ **quality** / Doppelrandfestigkeit f ‖ ~ **rod** / Doppelrandstäbchen n ‖ ~ **seam** / Paspelnaht f ‖ ~ **splicing** / Oberrandverstärkung f ‖ ~ **stitch design** / Riegelmuster n ‖ ~ **stitch fabric** / Riegelmustergewebe n ‖ ~ **strap** (knitt) / Doppelrandabzugsband n ‖ ~ **turner attachment** / Doppelrandeinrichtung f, Doppelrand-Umhängevorrichtung f ‖ ~ **turner roller** / Doppelrand-Umhängevorrichtungsrolle f ‖ ~ **turning attachment**, welt turning device / Doppelrandeinrichtung f, Doppelrand-Umhängevorrichtung f, Doppelrand-Umhängevorrichtung f ‖ ~ **wire** / Doppelrandstäbchen n ‖ ~ **yarn** / Doppelrandgarn n, Einstechgarn n
western cotton / minderwertige indische Baumwolle (stark verunreinigt, Stapellänge bis 24,10 mm)
wet v / anfeuchten v, befeuchten v, benetzen v, netzen v, nässen v, naß machen ‖ ~ (cloth) / krimpen v, wässern v, netzen v ‖ ~ (Wäsche) ‖ ~ adj / feucht adj, naß adj ‖ ~ **absorption** / Feuchtigkeitsaufnahme f ‖ ~ **adhesion** (ctg) / Naßhaftung f ‖ ~ **adhesion resistance** (ctg) / Naßhaftfestigkeit f ‖ ~ **adhesive strength** / Naßbindefestigkeit f ‖ ~ **aftertreatment** / Naßnachbehandlung f ‖ ~ **bleaching** / Naßbleiche f ‖ ~ **bleeding** (ironing test) / Naßbluten n ‖ ~ **brushing machine** (for pile) / Verstreichmaschine f ‖ ~ **bursting strength** / Naßberstfestigkeit f ‖ ~ **carbonizing** (wool) / nasses Karbonisieren, nasse Karbonisation, Naßkarbonisation f ‖ ~ **cleaning** / Naßreinigung f ‖ ~ **crease angle** / Naßknitterwinkel m (Summe aus Kette und Schuß) ‖ ~ **crease performance** / Naßknitterverhalten n ‖ ~ **crease recovery** / Naßknittererholung f ‖ ~ **crease recovery angle** / Naßknitterwinkel m (DIN 53890), NKW, Naßknittererholungswinkel m ‖ ~ **crease resistance** / Naßknitterfestigkeit f ‖ ~ **crease resistance finish** / Naßknitterfestausrüstung f ‖ ~ **creasing test** / Naßknitterfestprüfung f, Naßknautschprobe f ‖ ~ **crocking** / Naßabrieb m ‖ ~ **crosslinking** (ctg) / Naßvernetzung f ‖ ~ **curing** (ctg) / Naßpolymerisation f ‖ ~ **decatizing** (GB), wet decating (US) / Naßdekatur f, Pottingverfahren n ‖ ~ **decatizing machine** / Naßdekaturmaschine f, Finishdekatiermaschine f ‖ ~ **developed** (dye, print) / naßentwickelt adj ‖ ~ **developing method** (dye, print) / Naßentwicklungsverfahren n ‖ ~ **elasticity** / Naßelastizität f ‖ ~ **elongation** / Naßdehnung f ‖ ~ **extrusion spinning** / Naßerspinnen n, Naßspinnen n

wetfast adj / naßfest adj
wetfastness n / Naßechtheit f ‖ ~ **properties** / Naßechtheiten f pl ‖ ~ **to light** / Naßlichtechtheit f, Naßbelichtungsechtheit f
wet felt (nwv) / Naßfilz m ‖ ~ **film thickness** (ctg) / Naßfilmdicke f ‖ ~ **finishing** / Naßappretur f, Naßausrüstung f, Naßveredlung f, Feuchtappretur f ‖ ~ **finishing machine** / Naßappreturmaschine f ‖ ~ **finishing process** / Naßnachbehandlungsverfahren n ‖ ~ **finishing treatment** / Naßnachreinigung f, Naßnachbehandlung f ‖ ~ **fixation** / Naßfixierung f ‖ ~ **fleece folding machine** / Naßvlieslegemaschine f ‖ ~ **flex resistance** (ctg) / Naßknickfestigkeit f
wethers pl / Hammelwolle f
wet-·in-wet print / Naß-in-Naß-Druck m ‖ ~ **ironing** / Naßbügeln n ‖ ~**-laid nonwoven** / Naßvliesstoff m, im Naßverfahren hergestellter Vliesstoff, Verbundstoff m auf nassem Wege, Vliesbildung f auf nassem Wege ‖ ~ **laminating** / Naßkaschierung f ‖ ~**-lay process** (nwv) / Naßverfahren n ‖ ~ **lay random web** (nwv) / naßverlegtes Wirrfaservlies ‖ ~ **light fastness** / Naßlichtechtheit f, Naßbelichtungsechtheit f ‖ ~ **look** (ctg) / Glanzbeschichtung f ‖ ~ **loop strength** (fil) / Naßknotenfestigkeit f ‖ ~ **material** / Naßgut n ‖ ~ **mercerization** / Naßmerzerisation f ‖ ~ **milling** / Walken n von Geweben und Gestricken in warmer Seifenlauge ‖ ~ **modulus** (of a fibre) / Naßmodul m ‖ ~ **napping machine** / Naßrauhmaschine f
wetness n / Nässe f, Feuchtigkeit f
wet-·on-dry printing process (scr pr) / Naß-auf-Trocken-Druckverfahren n, Naß-in-Trocken-Druckverfahren n ‖ ~**-on-dry technique** / Naß-Trocken-Verfahren n ‖ ~**-on-wet method** (antislip finish) / Naß-in-Naß-Verfahren n ‖ ~**-on-wet printing process** (scr pr) / Naß-auf-Naß-Druckverfahren n, Naß-in-Naß-Druckverfahren n ‖ ~ **opener** / Naßöffner m ‖ ~ **out** / vornetzen v ‖ ~ **out a mixture** / eine Mischung durchnetzen ‖ ~ **pickup** / Naßaufnahme f, Flüssigkeitsabsorptionsmenge f ‖ ~ **press** / Naßpresse f ‖ ~ **pressing** / Naßbügeln n ‖ ~ **pretreatment** / Naßvorbehandlung f ‖ ~ **process** / Naßverfahren n ‖ ~ **processing** / Naßappretur f, Naßbehandlung f ‖ ~ **processing assistant** / Naßappretur-Hilfsmittel n ‖ ~ **raising** / handfeuchtes Rauhen ‖ ~ **raising machine** / Naßrauhmaschine f ‖ ~ **recovery** / Naßerholung f ‖ ~ **rigidity** (reduced flexibility of viscose staple in the wet state) (dye) / Naßstarre f ‖ ~ **rubbing** / nasser Abrieb f ‖ ~ **rub fastness** / Naßreibechtheit f (von Färbungen und Drucken) ‖ ~ **scrubber** / Naßabscheider m ‖ ~ **scrubbing fastness** (pigm print) / ~ **scrubbing test** (pigm print) / Bürstwaschechtheit f ‖ ~ **setting** (gen) / Naßfixierung f, Bürstwaschprüfung f ‖ ~ **setting** (wool) / Krabben n, Einbrennen n, Brühen n, Brennen n, Kochen n ‖ ~ **setting and decatizing machine** / Naßfixier- und Dekatiermaschine f ‖ ~ **setting process** (fabric) / Naßfixierverfahren n ‖ ~ **shampooing** / Naßshampoonieren n ‖ ~ **shrinkage** / Naßschrumpfungswert m, Naßschrumpfwert m ‖ ~ **soiling** / Naßschmutzaufnahme f ‖ ~ **spinning** / Naßspinnen n, Naßerspinnen n ‖ ~ **spinning frame** / Naßspinnmaschine f (Kaltwasserspinnmaschine oder Heißwasserspinnmaschine) ‖ ~ **spinning method** / Naßspinnverfahren n ‖ ~ **splitting** (sizing) / Naßteilung f ‖ ~ **spot cleaning** / Naßdetachur f ‖ ~ **spun fibre** / naß gesponnene Faser, naß versponnene Faser ‖ ~ **spun yarn** / Naßgespinst n, naß gesponnenes Garn ‖ ~ **staining** / Naßverschmutzung f ‖ ~ **stain removal** / Naßdetachur f ‖ ~ **stain removal agent** / Naßdetachiermittel n ‖ ~ **state** / nasser Zustand ‖ ~ **steam** / Naßdampf m, Sattdampf m ‖ ~ **steam ager** / Naßdämpfer m ‖ ~ **steam decating** (US), wet steam decatizing (GB) / Finishdekatur f, Naßpfdekatur f ‖ ~ **steam fixation** / Sattdampffixierung f ‖ ~ **steam process** / Naßdämpfverfahren n ‖ ~ **strength** (fabr) /

Naßfestigkeit f ‖ ~ **strength agent** / Naßfestmittel n ‖
~-**swelling** adj / naßquellend adj ‖ ~ **swelling** (ctg) /
Naßquellung f
wettability n / Netzbarkeit f, Annetzbarkeit f,
Benetzbarkeit f
wettable adj / benetzbar adj, netzbar adj, annetzbar adj
wet tear resistance / Naßreißfestigkeit f ‖ ~ **tenacity** /
Naßreißfestigkeit f
wetting n / Netzen n, Benetzen n, Anfeuchten n,
Befeuchten n, Netzvorgang m ‖ ~ **action** / Netzwirkung
f ‖ ~ **agent** / Netzmittel n, Merzerisierverstärker m ‖
~ **agent for carbonizing** / Karbonisiernetzmittel n ‖
~ **agent for the mercerizing process** /
Merzerisiernetzmittel n ‖ ~ **agent mixture** /
Netzmittelmischung f ‖ ~ **angle** / Benetzungswinkel m,
Randwinkel m ‖ ~ **apparatus** / Netzapparat m,
Benetzungsapparat m ‖ ~ **auxiliary** / Netzhilfsmittel n ‖
~ **capacity** / Netzvermögen n, Netzkraft f,
Netzfähigkeit f, Benetzungsfähigkeit f ‖ ~ **effect** /
Netzwirkung f ‖ ~ **elongation** / Naßdehnung f ‖
~ **energy** / Benetzungsenergie f ‖ ~ **hysteresis** /
Benetzungshysterese f ‖ ~ **liquor** / Netzflotte f ‖
~ **machine** / Anfeuchtmaschine f, Anfeuchtemaschine
f, Anfeuchter m, Befeuchtungsmaschine f,
Feuchtmaschine f ‖ ~-**out** n / Vornetzung f ‖ ~-**out** n /
Durchnetzen n, Durchfeuchten n, Durchnässen n ‖
~-**out bath** / Netzbad n, Vornetzbad n ‖ ~-**out box** /
Vornetzungstrog m, Vorkasten m zum Ausnetzen ‖
~-**out figure** / Netzzahl f, Vornetzzahl f ‖ ~-**out liquor**
/ Netzflotte f, Vornetzflotte f ‖ ~-**out property**, wetting
power / Netzvermögen n, Netzkraft f, Netzfähigkeit f,
Benetzungsfähigkeit f ‖ ~ **power** / Benetzungsvermögen
n ‖ ~ **property** s. wetting-out property ‖ ~ **tendency** /
Netztendenz f, Benetzungstendenz f ‖ ~ **tension**
(surface active agent) / Benetzungsspannung f ‖ ~ **test** /
Befeuchtungsprobe f
wet tow (fibre) / Naßkabel n ‖ ~ **transfer printing** (text pr)
/ Naßtransferdruck m ‖ ~ **treatment** / Naßbehandlung f
‖ ~ **treatment machine** / Naßbehandlungsmaschine f ‖
~ **twining** / Naßzwirnen n ‖ ~ **twister** /
Naßzwirnmaschine f ‖ ~ **twisting** / Naßzwirnen n ‖
~ **twisting machine** / Naßzwirnmaschine f ‖ ~ **washing**
/ Naßwäsche f ‖ ~ **waxing** (knitt) / Naßparaffinierung f ‖
~ **waxing agent** / Naßparaffinierungsmittel n ‖ ~ **web
folding machine** (nwv) / Naßbahnfaltmaschine f ‖
~ **weight** (coat) / Naßauflage f ‖ ~ **winding** (filament
winding) / Naßwickelverfahren n ‖ ~ **wrinkle fastness** /
Naßknitterechtheit f
wharve n (spinn) / Wirtel m, Spinnwirtel m ‖ ~ **flap** /
Wirtelklappe f ‖ ~ **hook** / Wirtelhaken m
wheat coloured / weizengelb adj ‖ ~ **[flour] starch** /
Weizenstärke f ‖ ~ **starch gum** /
Weizenstärkeverdickung f ‖ ~ **starch tragacanth** /
Weizenstärketragant m
wheelchair resistant (cpt) / rollstuhlfest adj
wheel feed (sew) / Schiebradtransport m ‖ ~ **for open
weave** (knitt) / Ajourrad n
wheels pl (for Taber Abraser test) (cpt) / Prüfkörper m pl
whip v (sew) / umnähen v, überwendlich nähen ‖ ~
(cotton) / klopfen v, schlagen v ‖ ~ n (band weav) /
Treiber m, Schneller m ‖ ~-**cord** n / Whipcord m
(Woll-, Halbwoll- oder Baumwollgewebe in
Mehrgratsteilköper mit schnurartiger
Schrägrippenwirkung, verwendet für Sportkleidung,
modische Anzüge, Mäntel und Reithosen);
Peitschencord m
whipcord weave / Steilköperbindung f
whipped chain stitch / umwundener Kettenstich ‖ ~ **seam**
(sew) / Überwendlichnaht f, überwendliche Naht,
Überwendlingsnaht f, Umstechnaht f
whipping n (sew) / Umnähen n, Überwendlichnähen n
whip roll (milling) / Walkbaum m ‖ ~ **roll** (carding) (US)
/ Streichbaum m ‖ ~ **roll** (GB) (weav) / Schwingbaum m
‖ ~ **roller** / Schwingwalkeinrichtung f,
Webstuhlwalkeinrichtung f ‖ ~-**stitch** v (sew) /
überwendlich nähen ‖ ~-**stitch** n (sew) / überwendlicher
Stich ‖ ~ **thread** / Drehfaden m
whirl n (weav) / Läufer m ‖ ~ / Hakenwirtel m ‖ ~ **head** /
Hakenkopf m
whisk n / Garnwinde f, Seidenwinde f
white aluminium (shade) adj / weißaluminium adj (RAL
9006) ‖ ~-**back denim** / gewöhnlicher Denim ‖
~ **bright** (fibre) / unmattiert adj, glänzend adj ‖
~ **caustic** / kaustische Soda, Natriumhydroxid n,
Ätznatron n ‖ ~ **China silk** / weiße Chinaseide ‖
~ **content** / Weißanteil m, Weißgehalt m ‖ ~ **cordage** /
ungeteerte Seilerwaren f pl ‖ ~ **cotton fabrics** /
Weißwaren f pl ‖ ~ **crackling** (ctg) / Weißbruch m ‖
~ **discharge** (text pr) / weißätzen v ‖ ~ **discharge** (text pr)
/ Ätzweiß n, Weißätze f ‖ ~ **dischargeability** /
Weißätzbarkeit f ‖ ~ **discharge delustre print** /
Weißätzmattdruck m ‖ ~ **discharge print** /
Weißätzdruck m ‖ ~ **discharge style** / Weißätzartikel m
‖ ~ **discharging** / Weißätzen n ‖ ~ **Dutch** /
niederländischer Flachs ‖ ~ **dye** / Aufheller m,
Weißtöner m, optisches Aufhellungsmittel, optischer
Fluoreszenzfarbstoff, optischer Aufheller ‖ ~ **effect** /
Weißeffekt m ‖ ~ **fibre** (soap) / Kernfaser f ‖
~ **formulation** (dye) / Weißansatz m ‖ ~ **goods** /
Weißwaren f pl ‖ ~ **ground** (text pr) / Weißboden m,
Weißgrund m, Weißfond m, weißer Spiegel ‖ ~ **Japan
silk** / weiße Japanseide ‖ ~ **label** / Weißfitz m ‖
~ **liquor** / Weißlauge f
whiten v / weißtönen v, aufhellen v, blanchieren v,
weißen v, bleichen v
whitened adj / weißgetönt adj
whitener n / Aufheller m, Weißtöner m, optischer
Aufheller, optisches Aufhellungsmittel, optischer
Fluoreszenzfarbstoff
whiteness n / Weißgrad m, Weiße f, Weißgehalt m ‖
~ **[measuring] according to Berger**, W_B / Messung f
des Weißgrades nach Berger, Weißgradmessung f nach
Berger, W_B ‖ ~ **[measuring] according to Stensby**,
W_S / Messung f des Weißgrades nach Stensby,
Weißgradmessung f nach Stensby, W_S ‖ ~ **degree** /
Weißgrad m, Weiße f, Weißgehalt m ‖ ~ **degree** /
Aufhellungsgrad m ‖ ~ **maximum** / Weißmaximum n ‖
~ **retention** / Weißbeständigkeit f
whitening n / Weißfärben n, Aufhellen n ‖ ~ **bath** /
Weißbad n ‖ ~ **finish** / Weißausrüstung f
white oakum / ungeteertes Werg ‖ ~ **piece pattern** /
weißes Begleitmuster ‖ ~ **pigment** / Weißpigment n,
Weißfarbe f ‖ ~ **point** / Weißpunkt m ‖ ~ **printing
delustre effect** / Mattweiß-Druckeffekt m ‖ ~ **printing
ground** / weißer Druckfond m ‖ ~ **resist** / Weißreserve f,
Weißpapp m ‖ ~ **rope** / ungeteertes Seil
whites pl / Weißboden m, Weißgrund m, Weißfond m,
weißer Spiegel ‖ ~ (washing machine) / weiße Wäsche f
white shade / Weißton m, Weißtönung f,
Weißnuancierung f, weiße Nuance ‖ ~-**sour saturator** /
Weißlaugensättiger m ‖ ~ **spirit[s]** / White Spirit m,
White Sprit m, Testbenzin n, Mineralterpentinöl n,
Terpentinersatz m ‖ ~ **spirit containing aromatic
compounds** / aromatenhaltiges Testbenzin ‖ ~ **spirit
emulsion** / Testbenzin-Emulsion f ‖ ~ **spirit emulsion
thickening** / Testbenzin-Emulsionsverdickung f ‖
~ **vitriol** / Zinkvitriol n (Zinksulfat)
whiting n / Bleichen n, Bleichprozeß n
whitish adj / weißlich adj, ins Weiße gehend ‖ ~ **blue** /
weißblau adj, hellblau adj ‖ ~ **grey** / weißgrau adj,
hellgrau adj
whiz v (US) / abschleudern v, ausschleudern v, schleudern
v, zentrifugieren v
whizz v s. whiz
whizzer n / Trockenschleuder f, Schleuder f, Zentrifuge f,
Zentrifugaltrockenmaschine f,
Schleuderzentrifugaltrockner m

whizzing *n* (in the hydro-extractor or centrifuge) / Zentrifugieren *n*, Schleudern *n*, Trockenschleudern *n*
whorl *n* (spinn) / Wirtel *m*, Spinnwirtel *m* ‖ ~ (ring-spinning frame) (spinn) / Flügel *m*, Gabel *f*
wick *n* / Docht *m*
wickability *n* / Feuchtetransportvermögen *n*
wick fabric s. wicking
wicking *n*, wicking material / Dochtmaterial *n*, Dochtstoff *m*, Lampendochtgewebe *n* ‖ ~ / Dochtwirkung *f*, Dochteffekt *n* ‖ ~ **effect** / Dochtwirkung *f*, Dochteffekt *n* ‖ ~ **material** s. wicking
wick roving / Dochtgarn *n* ‖ ~ **yarn** / Dochtgarn *n*
wide band of filaments / breite Garnschar, breite Fadenschar ‖ ~ **flare** (of trousers) / breit ausgestelltes Bein ‖ ~ **hem** (sew) / breiter Saum ‖ ~ **mesh bag** / grobmaschiger Sack ‖ ~ **meshed** (knitt) / grobmaschig *adj*, weitmaschig *adj*, großmaschig *adj*
widen *v* (hos) / ausdecken *v*, aufdecken *v*, weitern *v* ‖ ~ (knitt) / zugeben *v* (Maschen), zunehmen *v*
wide narrowing finger (knitt) / breiter Deckfinger
widening *n* (hos) / Ausdecken *n*, Aufdecken *n*, Weitern *n* ‖ ~ (knitt) / Zugabe *f*, Zunahme *f* ‖ ~ **attachment** (knitt) / Zunahmeapparat *m*, Zunahmeeinrichtung *f*, Ausdeckvorrichtung *f* ‖ ~ **bar** / Zunahmeschiene *f* ‖ ~ **device** / Zunahmeeinrichtung *f*, Zunahmeapparat *m*, Ausdeckvorrichtung *f* ‖ ~ **finger** (knitt) / Zunahmefinger *m* ‖ ~ **flat knitting machine** / Zunahmeflachstrickmaschine *f* ‖ ~ **machine** (knitt) / Zunahmemaschine *f*, Zunahmeapparat *m*, Ausdeckvorrichtung *f* ‖ ~ **picker** (knitt) / Zunahmefinger *m* ‖ ~ **row** (knitt) / Zunahmereihe *f* ‖ ~ **tension** (knitt) / Zunahmespannung *f*
wide--open dyeing machine / Breitfärbemaschine *f* ‖ ~**-open hydroextractor** / Breitschleuder *f* ‖ ~**-open piece** (fabr) / Stück *n* in voller Warenbreite ‖ ~**-shoulder vest** / Vollachsel-Damenhemd *n* ‖ ~ **tape** (card) / breite Riemchenteilung ‖ ~**-wale serge** / Diagonalserge *f*
widow's silk / schwarzer Seidenstoff für Trauerkleidung
width *n* (cloth) / Bahn *f*, Stoffbahn *f*, Tuchbahn *f*, Warenbahn *f* ‖ ~ **adjusting machine** / Breitstreckmaschine *f* ‖ ~ **adjustment** / Breitenverstellung *f* ‖ ~ **beween guide rails** / Breite *f* zwischen Leitschienen, Breite *f* zwischen Führungsschienen, Breite *f* zwischen Gleitschienen ‖ ~ **in grey**, width in the raw state (cloth) / Rohbreite *f*, Rohwarenbreite *f* ‖ ~ **of fabric** / Warenbreite *f* ‖ ~ **of mesh** / Maschenweite *f* ‖ ~ **of reed** (weav) / Blattbreite *f*, Rietbreite *f* ‖ ~ **of section** (knitt) / Fonturenbreite *f* ‖ ~ **of the cut-out of the shuttle** (weav) / Spulenraumbreite *f* des Webschützen (DIN 64685) ‖ ~ **of the knitted fabric tube** / Schlauchbreite *f* ‖ ~ **shrinkage effect** / Breitenschrumpfeffekt *m* ‖ ~ **shrinkage of roll of fabric** / Breitenschrumpf *m* der Warenbahn ‖ ~ **stentering** (GB), width tentering (US) / Breitspannen *n*
widthwise tension (of roll of fabric) / Breitenspannung *f* (der Warenbahn)
wigan *n* (cotton cloth that is firm, starched, plain-calender finished. Used chiefly as interlining for clothing) / Versteifungsstoff *m*, Steifgaze *f*, steifer Einlagestoff *m*, Steifleinen *n*, Starrleinen *n* ‖ ~ (for shoes) / Schuhfutterstoff *m*
wiggin *n* s. wigan
wig yarn / Perückengarn *n*
wild hemp / wilder Coloradohanf
Wildman (synthetic) plush (e.g. for anorak linings) / Wildman-Plüsch *m*
wild pineapple / mexikanische Pitafaser, wilde Ananasfaser ‖ ~ **silk** / wilde Seide, Wildseide *f* (z.B. Tussahseide, Eriaseide, Yamamaiseide)
willey *v* (spinn) / reißen *v*, krempeln *v*, wolfen *v* ‖ ~ *n* (spinn) / Klopfwolf *m*, Schlagwolf *m*, Reißwolf *m*

willeyed waste / auf dem Wolf gelockerter Wollabfall, gewolfter Wollabfall ‖ ~ **wool** / gewolfte Wolle
willeying *n* / Wolfen *n*
Williams unit (versatile machine for textile processing) / Williams-Einheit *f* (für Textilveredlung)
willow *v* (spinn) / reißen *v*, krempeln *v*, wolfen *v* ‖ ~ *n* (spinn) / Klopfwolf *m*, Schlagwolf *m*, Reißwolf *m*
willowed waste / auf dem Wolf gelockerter Wollabfall, gewolfter Wollabfall ‖ ~ **wool** / gewolfte Wolle
willow fibre / Weidenbastfaser *f* ‖ ~ **for fibre preparing** / Klopfwolf *m* für Spinnstoffaufbereitung (DIN 64162), Droussierkrempel *f* für Spinnstoffaufbereitung (DIN 64100), Droussette *f* ‖ ~ **for greasy wool** (spinn) / Rohwolf *m* ‖ ~ **green** / meergrün *adj*, seegrün *adj*, seladongrün *adj*, weidengrün *adj*
willowing *n* / Wolfen *n* ‖ ~ **drum** / Reißtrommel *f* ‖ ~ **machine** / Klopfwolf *m*, Schlagwolf *m*, Reißwolf *m* ‖ ~ **passage** / Wolfvorgang *m*, Reißvorgang *m* ‖ ~ **process** / Reißprozeß *m*, Wolfprozeß *m*, Wolfen *n*
willow pin (spinn) / Wolfstift *m* ‖ ~ **pinning** / Wolfbestiftung *f*
willy *n* s. willow
Wilton carpet / Wilton *m*, Wilton-Teppich *m* ‖ ~ **loom** / Wilton-Webmaschine *f* ‖ ~ **wire loom** / Rutenteppichwebmaschine *f*
wimple *n* / Kopftuch *n* ‖ ~ / Nonnenschleier *m*
wince *n* (dye) / Färbehaspel *f* ‖ ~ (dye) s. also winch ‖ ~ **pit**, wince pot (dye) / Haspelkufe *f*
wincey *adj* / halbleinen-halbwollen *adj*
winceyette *n* / Winceyetteflanell *m*
winch *n* (dye) / Haspel *f*, Haspelkufe *f*, Haspelwalze *f* ‖ ~ (spinn) / Aufwickelhaspel *f* ‖ ~ **back** (US), winch beck (GB) / Haspelkufe *f* ‖ ~ **beck dyed** / auf der Haspelkufe gefärbt ‖ ~ **beck dyeing method** / Haspelkufenfärberei *f*, Färben *n* auf der Haspelkufe, Haspelfärberei *f* ‖ ~ **beck dyeing of carpets** / Teppich-Haspelkufenfärberei *f* ‖ ~ **beck with heated cover** / Haspelkufe *f* mit geheizter Abdeckhaube ‖ ~ **dye beck** / Haspelkufe *f* ‖ ~ **dyed** / auf der Haspelkufe gefärbt ‖ ~ **dyeing** / Haspelkufenfärberei *f*, Färben *n* auf der Haspelkufe, Haspelfärberei *f* ‖ ~ **dyeing machine** / Haspelfärbemaschine *f* ‖ ~ **machine** (dye) / Haspelkufe *f* ‖ ~ **roller** / Haspelwalze *f* ‖ ~ **shaft** / Haspelwelle *f* ‖ ~ **stand** / Haspelhalter *m* ‖ ~ **vat** (dye) / Haspelkufe *f* ‖ ~ **washing machine** / Haspelwaschmaschine *f*
wind *v* (yarn) / haspeln *v*, spulen *v*, aufdocken *v*, aufspulen *v* ‖ ~ (yarn) / kannettieren *v* (Schußspulen) ‖ ~ *n* (spinn) / Spulfeld *n* ‖ ~ **and rainproof finish**, wind and showerproof finish / wind- und regenfeste Ausrüstung
windbreak *n* (used esp. on beaches) / Windschutz *m*
windbreaker *n* (US) / Windjacke *f*, Windbluse *f*, Anorak *m* ‖ ~ **cloth** / Windjackenstoff *m*, Windblusenstoff *m*
wind-cheater *n* (GB) / Windjacke *f*, Windbluse *f*, Anorak *m*
windcord *n* (for weather strippings) / Luftzug-Dichtungsborte *f*
winder *n* / Spulmaschine *f*, Haspelmaschine *f*, Kettenspulmaschine *f*, Wickelmaschine *f*, Aufwickelgestell *n*, Aufdockrahmen *m* ‖ ~ **beam** (carding) / Aufziehbaum *m* ‖ ~ **equipped with a to-and-fro device** / Spulmaschine *f* mit Changiervorrichtung ‖ ~ **for big batches with pneumatic lift-off and pressure application** / Peripheriewickler *m* mit Treibwalze ‖ ~ **for cops** / Kops-Spulmaschine *f*, Kötzerspulmaschine *f* ‖ ~ **joint** / Spulergelenk *n* ‖ ~ **spindle** / Spulerspindel *f* ‖ ~**'s waste** / Rohseidenabfall *m* ‖ ~ **wire** / Winderdraht *m*
wind in full width / breit aufwickeln
winding *n* / Haspeln *n*, Weifen *n*, Spulen *n*, Aufdocken *n*, Aufwickeln *n*, Aufspulen *n* ‖ ~ (bobbin) / Aufmachung *f*, Aufspulung *f* ‖ ~ **advance motion** / Fadenverlegungsmechanismus *m* ‖ ~ **and measuring device** / Wickel- und Meßvorrichtung *f* ‖ ~ **angle** /

343

winding

Garnauflaufwinkel *m*, Auflaufwinkel *m* ‖ ~ **apparatus** (cloth) / Aufrollapparat *m*, Aufwickelapparat *m* ‖ ~ **auxiliary** / Spulhilfsmittel *n* ‖ ~ **bobbin** / Aufwickelspule *f*, Wickelspule *f*, Aufwindespule *f*, Aufnahmespule *f* ‖ ~ **cam** / Windungsexzenter *m* ‖ ~ **compactness** / Windungsdichte *f*, Wicklungsdichte *f*, Spulendichte *f* ‖ ~ **cone** / Windungskegel *m*, Windungskonus *m*, Wicklungskegel *m*, Wicklungskonus *m* ‖ ~ **control** / Windungssteuerung *f*, Wicklungssteuerung *f* ‖ ~ **cylinder** / Aufwickeltrommel *f* ‖ ~ **density** / Spulendichte *f*, Wicklungsdichte *f*, Windungsdichte *f* ‖ ~ **department** / Spulerei *f* ‖ ~ **device** / Aufwickelvorrichtung *f*, Aufwindevorrichtung *f*, Wickelvorrichtung *f* ‖ ~-**down roller** (cloth) / Warenabzugswalze *f* ‖ ~ **drum** / Aufwickeltrommel *f*, Aufwindetrommel *f*, Wickeltrommel *f*, Fadenführertrommel *f* ‖ ~ **engine** (weav) / Aufwickelgestell *n*, Spulmaschine *f*, Kettenspulmaschine *f*, Wickelmaschine *f*, Aufdockrahmen *m*, Haspelmaschine *f* ‖ ~ **face** / Wickelstirnseite *f* ‖ ~ **faller** (spinn) / Aufwinder *m* ‖ ~ **force** / Aufwickelkraft *f* (beim Aufwickeln von Geweben) ‖ ~ **form** (yarns) / Aufmachungsform *f* ‖ ~ **frame** (weav) / Aufwickelgestell *n*, Spulmaschine *f*, Kettenspulmaschine *f*, Wickelmaschine *f*, Aufdockrahmen *m*, Haspelmaschine *f* ‖ ~ **from beam to beam** / überbäumen *v*, umbäumen *v* ‖ ~ **governor** (spinn) / Quadrantregler *m* ‖ ~ **head** / Primärspule *f*, Trommelhülse *f* ‖ ~ **head** / Spulkopf *m*, Wickelkopf *m*, Spuleinheit *f* ‖ ~ **height** (bobbin) / Hubhöhe *f*, Wickelhöhe *f* ‖ ~ **in cop form** / Aufwindung *f* in Kötzerform ‖ ~ **jaw** / Wickelklaue *f* ‖ ~ **layer** / Aufwickelschicht *f*, Aufwickellage *f*, Wickelschicht *f*, Wickellage *f*, Windungsschicht *f*, Windungslage *f* ‖ ~ **length** (yarn) / Bewicklungslänge *f* ‖ ~ **machine** (weav) / Aufwickelgestell *n*, Spulmaschine *f*, Kettenspulmaschine *f*, Haspelmaschine *f* ‖ ~ **machine for bottle bobbins** (spinn) / Flaschenspulmaschine *f* ‖ ~ **machine for solid cops** (spinn) / Trichterschlauchspulmaschine *f* ‖ ~ **machine for tubular cops** (spinn) / Schlauchkopsspulmaschine *f* ‖ ~ **mandrel** (spinn) / Spuldorn *m*, Wickeldorn *m* ‖ ~ **mechanism** / Aufwickelvorrichtung *f*, Aufwindevorrichtung *f*, Wickelvorrichtung *f* ‖ ~ **motion** / Spulenaufwindeeinrichtung *f*, Spulenaufwickeleinrichtung *f*, Spulenwickeleinrichtung *f* ‖ ~ **of cop noses** / Spitzenwinden *n* ‖ ~-**off** *n* / Abspulen *n*, Abwickeln *n*, Abhaspeln *n*, Abwinden *n*, Abrollen *n*, Abdocken *n* ‖ ~-**off device** / Abwickelvorrichtung *f*, Abspulvorrichtung *f* ‖ ~-**off frame** / Abwickelbock *m* ‖ ~-**off roller** / Abwickelwalze *f* ‖ ~-**off speed** / Abzugsgeschwindigkeit *f* ‖ ~ **off the warp** (weav) / positive Abwickelung der Kette ‖ ~ **oil** (weav) / Spulöl *n* ‖ ~-**on** *n* / Auflaufen *n*, Bewickeln *n* ‖ ~-**on** *n* (to a bobbin) / Aufwickeln *n*, Aufwinden *n* (auf eine Spule) ‖ ~-**on angle** / Auflaufwinkel *m*, Garnauflaufwinkel *m* ‖ ~-**on bobbin** / Aufrollspule *f* ‖ ~-**on frame**, winding-on machine (weav) / Aufwickelmaschine *f* ‖ ~-**on speed** / Auflaufgeschwindigkeit *f* ‖ ~ **on to weft pirns** / Schußspulenbewicklung *f* ‖ ~ **pace** / Wickelschritt *m* ‖ ~ **part of the layer** (spinn) / bildende Kötzerschicht ‖ ~ **position** / Aufwickelstelle *f*, Windestelle *f* ‖ ~ **principle** (precision winding) / Verlegungsgesetz *n* ‖ ~ **process** / Spulvorgang *m*, Wickelvorgang *m* ‖ ~ **properties** *pl* / Windefähigkeit *f*, Wickelfähigkeit *f* ‖ ~ **ratchet wheel** (spinn) / Wendungswechsel *m*, Schaltrad *n* ‖ ~ **reel** / Aufwickelhaspel *f*, Aufwindehaspel *f* ‖ ~ **regulator** (spinn) / Aufwinderegler *m*, Aufwickelregler *m*, Aufwickelregulator *m*, Fadenregler *m* ‖ ~ **roller** / Aufwickelwalze *f*, Aufwindewalze *f* ‖ ~ **sleeve** / Aufwickelhülse *f*, Wickelhülse *f* ‖ ~ **speed** /

Spulgeschwindigkeit *f*, Aufwickelgeschwindigkeit *f*, Aufwindegeschwindigkeit *f* ‖ ~ **spindle** / Wickelspindel *f* ‖ ~ **stitch** (sew) / Überwendlichstich *m*, Überwendlingsstich *m*, überwendlicher Stich, Umstechstich *m* ‖ ~ **stock** (spinn) / Vorderbock *m* ‖ ~ **surface** / Wickelfläche *f* ‖ ~ **tension** / Aufwickelspannung *f*, Wickelspannung *f*, Aufspulspannung *f* ‖ ~ **the yarn on the bare spindle** / Aufwickeln *n* des Fadens auf die nackte Spindel ‖ ~ **tube** (spinn) / Wickelhülse *f*, Aufwickelhülse *f* ‖ ~ **under constant tension** / Aufwickeln *n* bei konstanter Spannung, Aufdocken *n* bei konstanter Spannung ‖ ~ **under constant torque** / Aufwickeln *n* mit konstantem Brems-Drehmoment, Aufdocken *n* mit konstantem Brems-Drehmoment ‖ ~ **unit** / Spulteil *n* ‖ ~ **up** / Aufwickeln *n*, Aufrollen *n*, Aufdocken *n*, Aufwinden *n*, Aufhaspeln *n* ‖ ~-**up apparatus** / Aufwickelapparat *m*, Aufwindeapparat *m* ‖ ~-**up bobbin** / Auflaufspule *f*, Aufwickelspule *f*, Aufdockspule *f*, Aufwindespule *f* ‖ ~-**up method** / Aufwickelverfahren *f*, Aufdockverfahren *n*, Aufwindeverfahren *n* ‖ ~ **waste** / Spulereiabfall *m* ‖ ~ **wire** (spinn) / Aufwindedraht *m*
wind into skeins / docken *v*, aufdocken *v*, strähnen *v*
windjacket *n* / Windjacke *f*, Windbluse *f*, Anorak *m*
windlace *n* (for weather strippings) / Luftzug-Dichtungsborte *f*
wind off / abspulen *v*, abwickeln *v*, abhaspeln *v*, abwinden *v*, abrollen *v*, abdocken *v* ‖ ~ **on** / aufhaspeln *v*, aufwinden *v*, aufspulen, aufdocken *v*, aufwickeln *v*
window blind / Fenstervorhang *m*, Vorhang *m*, Rollvorhang *m*, Rouleau *n*, Rolladen *m*, Rollo *n*, Markise *f*, Jalousie *f* ‖ ~ **cloth** / Fenstertuch *n* ‖ ~ **curtain** / Fenstervorhang *m* ‖ ~ **holland** / Holländisch-Rollokanevas *m* ‖ ~ **lace** / Filetstoff *m* ‖ ~ **shade** / Fenstervorhang *m*, Rollvorhang *m*, Rollo *n*, Rouleau *n*
windproof *adj* / wetterbeständig *adj*, witterungsbeständig *adj*, wetterecht *adj*, windundurchlässig *adj*
wind protection net / Windschutznetz *n* ‖ ~ **two ends by doubling on cheeses** / vorfachen *v* ‖ ~ **up** / aufhaspeln *v*, aufwinden *v*, aufwickeln *v*, aufspulen *v* ‖ ~ **up** (spinn) / Garn docken ‖ ~ **up** (weav) / aufbäumen *v* ‖ ~-**up core** / Wickeldorn *m* ‖ ~-**up roller** / Aufwickelwalze *f*
wine red / weinrot *adj* (RAL 3005)
wing *n* (weav) / Geschirr *n*, Harnisch *m*, Webgeschirr *n*, Web[e]litze *f* ‖ ~ **cam** (knitt) / Nadelsenker *m*, Hilfssenker *m* ‖ ~-**collar** *n* (fash) / Umlegekragen *m*, "Vatermörder" (meistens im *pl*) *m*, Eckenkragen *m* ‖ ~ **frame** (weav) s. wing ‖ ~ **guide** (spinn) / Flügelfadenführer *m* ‖ ~ **plating machine** (knitt) / Flügelplattiermaschine *f* ‖ ~ **sleeve** (fash) / Flügelärmel *m*
winsey *n* (plain weave cotton flannelette) / glatt gewebter Flanell
winter buckskin / Doeskin *m* (eine Art Buckskin) ‖ ~ **clip** (wool) / Winterschur *f* ‖ ~ **cloth** / Winterstoff *m* ‖ ~ **coat** / Wintermantel *m* ‖ ~ **sports wear** / Wintersportkleidung *f* ‖ ~ **thermals** *pl* / warme Winterunterwäsche
winterwear *n* / Winterkleidung *f*
winter-weight *adj* (of clothes) / warm *adj* (für die Wintersaison) ‖ ~ **fabrics** / Wintergewebe *n pl*
wipe off (ctg) / abrakeln *v*
wiper *n* / Exzenter *m* ‖ ~ (text pr) / Rakel *f*
wiping cloth / Putztuch *n*, Wischtuch *n*
wire *v* (spinn) / mit Nadeln besetzen ‖ ~ *n* (weav, knitt) / Platine *f*, Platinennadel *f* ‖ ~ (cpt) / Stahlrute *f*, Rute *f* ‖ ~ (monofilament) / Draht *m* ‖ ~ (of card) / Kratzendraht *m* ‖ ~ **arm** (spinn) / Drahtarm *m* ‖ ~ **arrangement** / Platinenvorrichtung *f*, Platinennadelvorrichtung *f* ‖ ~ **card** / Stahlkarde *f*, Metallkratze *f* ‖ ~-**card raising machine** / Metallkardenrauhmaschine *f*, Stahlkardenrauhmaschine

f ‖ ~ **carpet** / Rutenteppich *m* ‖ ~ **clothing** (carding) / Kratzenband *n*, Bandbeschlag *m* ‖ ~ **clothing number** (carding) / Beschlagnummer *f* ‖ ~ **eyelet** / Drahtöse *f* ‖ ~ **fitting** (carding) / Nadelbesatz *m*, Nadelbeschlag *m* ‖ ~ **for clothing staple** / Kardendraht *m* ‖ ~**-formed pile** (cpt) / Rutenteppich *m* ‖ ~ **gauge** (wire loom) (weav) / Rutenstärke *f* ‖ ~ **gauze ribbon** (spinn) / Drahtband *n* ‖ ~ **gripper jacquard loom** / Rutengreifer-Jacquardwebmaschine *f* ‖ ~ **grippers** *pl* (weav) / Rutenzange *f* ‖ ~ **guide** (knitt) / Nadelschiene *f* ‖ ~ **guide** (wire loom) (weav) / Rutenführung *f* ‖ ~ **head** (weav) / Rutenkopf *m* ‖ ~ **heald**, wire heddle (weav) / Drahtlitze *f*, Litze *f* ‖ ~ **hook** / Drahtplatine *f* ‖ ~ **ironing cloth** / Drahtbügeldecke *f* ‖ ~ **latch needle** (carding, knitt) / Drahtnadel *f*, gezogene Nadel, Zungennadel *f* aus Draht ‖ ~ **loom** / Rutenwebstuhl *m*, Rutenstuhl *m* ‖ ~ **loom carpet** / Rutenteppich *m* ‖ ~ **loom for coarse o. middle wire gauze** / Haarlaufkamm *m* ‖ ~ **loom for fine wire gauze** / Haarlaufstuhl *m* ‖ ~ **mark** (cpt) / Rutenschnittfehler *m* ‖ ~ **mesh sleeve** (nwv) / endloses Siebband ‖ ~ **mounting** (spinn) / Benadelung *f*, Nadelbesetzung *f* ‖ ~ **mounting machine for fillets** (carding) / Kratzeneinsetzmaschine *f* ‖ ~ **needle** (carding, knitt) / Drahtnadel *f*, gezogene Nadel, Zungennadel *f* aus Draht ‖ ~ **pick** (weav) / Nadelschuß *m* ‖ ~ **plush** (weav) / Rutenplüsch *m* ‖ ~ **raising machine** / Kratzenrauhmaschine *f* ‖ ~ **selvedge** / glatter Geweberand, einfacher Geweberand ‖ ~ **setting** (spinn) / Nadelbesetzung *f*, Benadelung *f* ‖ ~ **setting machine** (spinn) / Nadeleinsetzmaschine *f*, Nadelsetzmaschine *f* ‖ ~ **shed** (weav) / Rutenfach *n* ‖ ~ **spacing** (spinn) / Nadelbesatzfeinheit *f*, Besatzfeinheit *f*, Nadelbesatzdichte *f*, Besatzdichte *f* ‖ ~ **strand** / Litze *f* (Metallisierung) ‖ ~ **thread guide** / "Sauschwanz" *m*
Wisconsin hemp / taugerösteter Hanf aus Wisconsin
withdrawal roll[er] (gen) / Abzugswalze *f* ‖ ~ **roll[er]** (spinn) / Ausgangswalze *f*
withdrawing hook / Rückziehhaken *m*
withered leaf (shade) / herbstgold *adj*, welkgrün *adj*
W.M. (washed measurement) (measurement taken after washing) / Waschmaß *n*
woad *v* / mit Waid blau färben ‖ ~ *n* / Waid *m*, Färberwaid *m* (Isatis tinctoria)
woaded blue / Waidblau *n* ‖ ~ **logwood black** / Waidküpenschwarz *n*
woad vat / Waidküpe *f*
W/O emulsion / Wasser-in-Öl-Emulsion *f*
women's clothes / Damenkleider *n pl*, Damenkleidung *f*, Damenbekleidung *f* ‖ ~ **costume** / Kostüm *n* ‖ ~ **hosiery** / Strumpfwaren *f pl* für Damen, Damenstrümpfe *m pl* ‖ ~ **knitted underwear** / Damentrikotwäsche *f* ‖ ~ **outerwear** / Damenoberbekleidung *f*, DOB ‖ ~ **sizes** / Damengrößen *f pl* ‖ ~ **suit** / Kostüm *n* ‖ ~ **underwear** / Damenunterwäsche *f*, Damenwäsche *f*, Lingerie *f* ‖ ~ **wear** / Damenkleidung *f*, Damenbekleidung *f* ‖ ~ **wear knits** / Damenstrickwaren *f pl*
wood cellulose / Holzzellulose *f*, Holzzellstoff *m*
wooden bobbin, wooden cone, wooden pirn, wooden spool / Holzspule *f* ‖ ~ **vat** / Holzbottich *m*
woof *n* (also) / Gewebe *n* ‖ ~ (GB) (weav) / Schuß *m*, Einschlag *m*, Eintrag *m*, Schußeintrag *m*, Durchschuß *m*, Einschuß *m*
wool *n* / Wolle *f*, Schafwolle *f* ‖ ~ / Wollgarn *n* ‖ ~ **alcohol** / Wollfettalkohol *m* ‖ ~ **and silk dyeing** / Woll- und Seidenfärberei *f* ‖ ~ **and silk union** / Wolle-Seide-Mischgewebe *n*, Halbseide *f* mit Wolle ‖ ~**-backed cloth** / Stoff *m* mit wollener Abseite ‖ ~ **bale** / Wollballen *m* ‖ ~ **batiste** / Wollbatist *m* ‖ ~ **batting** / Wollwattierung *f* ‖ ~ **blanket** / Wolldecke *f* ‖ ~ **bleaching** / Wollbleiche *f* ‖ ~ **blend** / Wollmischung *f*, Wollmischgespinst *n*, Wollmelange *f*
woolblend·-worsted *n* / Wollmischkammgarn *n*

wool body (hatm) / Wollstumpen *m* ‖ ~ **breaking** / Wollsortierung *f*, Wollsichtung *f* ‖ ~ **burring** / Entkletten *n* der Wolle ‖ ~ **card** / Wollkrempel *f*, Wollkarde *f*, Wollkratze *f*, Streichwollkrempel *f*, Streichgarnkrempel *f* ‖ ~ **carding** / Streichgarnkrempeln *n*, Streichwollkrempeln *n* ‖ ~ **carding engine** / Wollkrempel *f*, Wollkratze *f* ‖ ~ **carpet yarn** / Wollteppichgarn *n* ‖ ~ **chlorination** / Wollchlorierung *f* ‖ ~ **classification**, wool classing / Wollklassierung *f* ‖ ~ **clip** / Wollschur *f*, Schafschur *f* ‖ ~ **clip** / Wollerzeugung *f*, Wollschuraufkommen *n*, Wollaufkommen *n* pro Schur ‖ ~ **clip in the grease** / Wollschur *f* im Schweiß ‖ ~ **cloth** (weav) / Wollstoff *m*, Wollgewebe *n*, Wolltuch *n* ‖ ~ **clothing** / Wollkleidung *f*, wollene Bekleidung ‖ ~ **comb** / Wollkamm *m* ‖ ~ **comber**, wool combing machine / Wollkämmaschine *f* ‖ ~ **combings** *pl* / Kurzwolle *f*, Wollkämmling *m* ‖ ~ **combing works** / Wollkämmerei *f* ‖ ~ **component** / Wollanteil *m*, Wollbestandteil *m* ‖ ~**-cotton mixture**, wool-cotton union / Mischgewebe *n* aus Wolle und Baumwolle, Halbwolle *f* ‖ ~**-cotton union acid one-bath method** (dye) / Halbwoll-Säure-Einbadverfahren *n* ‖ ~ **crepe** / Wollkrepp *m*, Wollkrepon *m* ‖ ~ **cycle** (washing machine) / Wollwaschprogramm *n*, Wollprogramm *n* ‖ ~ **damaged by exposure to light** / lichtgeschädigte Wolle ‖ ~ **degreasing** / Wollentfettung *f*, Entfetten *n* der Wolle, Wollentschweißung *f* ‖ ~ **degreasing bath** / Wollentfettungsbad *n* ‖ ~ **destructive insect** / Wollschädling *m* ‖ ~ **detergent** / Wollwaschmittel *m* ‖ ~ **deviller**, wool devilling machine / Wollbrecher *m*, Wollreißer *m* ‖ ~ **dressing machine** / Wollaufbereitungsmaschine *f* ‖ ~**-dyed** *adj* / in der Wolle gefärbt, wollfarbig *adj* ‖ ~ **dyeing** / Wollfärbung *f* ‖ ~ **dyestuff** / Wollfarbstoff *m*
woolen *adj* (US) s. woollen
woolenet *n* / sehr leichter Wollstoff
wool fabric / Wollgewebe *n*, Wollstoff *m* ‖ ~ **Fashion Guide** (issued by International Wool Secretariat, IWS) / Modefarbenkarte *f* ‖ ~ **fast dyestuff** / Wollechtfarbstoff *m* ‖ ~ **fat** / Wollfett *n*, Wollschweiß *m* ‖ ~ **fat** s. also lanolin ‖ ~ **felt** / Wollfilz *m* ‖ ~ **fibre** / Wollhaar *n*, Wollfaser *f* ‖ ~ **fibre scale** / Wollschuppe *f* ‖ ~ **fleece** / Wollvlies *n* ‖ ~ **flock** / Wollflocke *f* ‖ ~ **for carded spinning** / Streichgarnwolle *f* ‖ ~ **for heavy woollens and worsteds** / Tuchwolle *f* ‖ ~ **for worsted spinning** / Kammgarnwolle *f*, Kammwolle *f* ‖ ~ **frame stenter** (GB), wool frame tenter (US) / Wollstrecker *m* ‖ ~ **from the blue vat** / angeblaute Wolle ‖ ~ **georgette** / Wollgeorgette *f* ‖ ~ **grading** / Wollklassierung *f* ‖ ~ **grease** / Wollfett *n*, Wollschweiß *m* ‖ ~ **grease** s. also lanolin ‖ ~ **grease acid** / Wollfettsäure *f* ‖ ~ **hair** / Wollhaar *n*, Wollfaser *f* ‖ ~ **in the grease**, wool in the suint, wool in the yolk / Schmierwolle *f*, Schweißwolle *f*, Schmutzwolle *f*, Fettwolle *f*, Schwitzwolle *f*, Rohwolle *f* ‖ ~ **knit goods** / Reinwollwirkwaren *f pl*, Reinwollstrickwaren *f pl* ‖ ~ **knop** / Wollnoppe *f*
woollen *adj* / wollen *adj*, aus Wolle, Woll... (in Zssg.) ‖ ~ **blanket** / Wolldecke *f* ‖ ~ **bouclé carpet** / Wollkräuselteppich *m* ‖ ~ **card**, woollen carder / Wollkrempel *f*, Wollkratze *f*, Streichwollkrempel *f*, Streichgarnkrempel *f* ‖ ~ **carding** / Streichgarnkrempeln *n*, Streichwollkrempeln *n* ‖ ~ **carpet yarn** / Wollteppichgarn *n* ‖ ~ **cloth** s. also woollen fabric / Wolltuch *n*, Wollstoff *m*, Wollgewebe *n* ‖ ~ **clothing** / wollene Bekleidung, Wollkleidung *f* ‖ ~ **count** / Streichgarnnumerierung *f* ‖ ~ **drafting** / Streichgarnverzug *m* ‖ ~ **dress** / Wollkleid *n* ‖ ~ **dry felt** / Wolltrockenfilz *m* ‖ ~ **fabric** / Wollgewebe *n*, Wollstoff *m*, Wolltuch *n*, Streichgarngewebe *n*, Streichgarnwollgewebe *n* ‖ ~ **glove** / Wollhandschuh *m* ‖ ~ **goods** / Wollwaren *f pl* ‖ ~ **interlining** / Wollzwischenfutter *n* ‖ ~ **knitting yarn** / Wollstrickgarn *n* ‖ ~ **lining** / Wollfutter *n* ‖ ~ **materials** *pl* / Wollstückware *f* ‖ ~ **mixture article** /

woollen

Halbwollartikel *m* || ~ **opening** / Streichgarnwolferei *f* || ~ **piece dyeing** / Wollstückfärberei *f* || ~ **piece goods** / Wollstückware *f* || ~ **pile warp** / Streichgarnpolkette *f* || ~ **preparing** / Streichgarnspinnereivorbereitung *f* || ~ **rags** / Wollumpen *m pl* || ~ **rug** / Wollvorleger *m*
woollens *pl* / Wollstoffe *m pl*, Wollwaren *f pl*
woollen satin / Wollatlas *m* || ~ **scarf** / Wollschal *m* || ~ **scribbler** / Wollreißkrempel *f*, Wollvorkrempel *f* || ~ **serge** / Wollserge *f*, Winterserge *f* || ~ **shirt** / Wollhemd *n* || ~ **spinning** / Streichgarnspinnerei *f* || ~ **spinning frame** / Streichgarnspinnmaschine *f*, Streichgarnmaschine *f* || ~ **spinning mule** / Streichgarnwagenspinner *m* || ~ **spinning system** / Streichgarnspinnverfahren *n* || ~**-spun** *adj* / streichgarnartig versponnen, auf der Streichgarnmaschine versponnen || ~ **spun yarn** / Streichgarn *n*, Wollstreichgarn *n* || ~ **spun yarn** / Wollspinngarn *n* || ~ **stocking** / Wollstrumpf *m* || ~ **system spinning** / Streichgarnspinnverfahren *n* || ~ **tartan lining** / Wollplaidfutter *n* || ~ **thread** / Streichgarn *n*, Wollstreichgarn *n* || ~ **thread** / Wollgarn *n*, Wollfaden *m* || ~ **velvet** / Tuchsamt *m*, Pelzsamt *m*, Wollsamt *m* || ~ **voile** / Wollvoile *f* || ~ **yarn** / Wollgarn *n*, Streichgarn *n* || ~ **yarn drafting system** / Streichgarn-Streckwerk *n* || ~ **yarn spinning** / Streichgarnspinnerei *f*
woollies *pl* / dicke, gestrickte Wollbekleidung für den Winter
wool·-like *adj* / wollartig *adj*, wollähnlich *adj* || ~**-like** *adj* (manmade fibre) / vom Wolltyp, W-Typ *m*
woolliness *n* / Wolligkeit *f*
wool lubricant / Wollschmälzmittel *n*, Schmälzöl *n*, Schmälzmittel *n*, Wollspicköl *n*, Spicköl *n* || ~ **lubricating oil** *s.* wool lubricant
woolly *adj* / wollig *adj*, wollartig *adj* || ~ / mit Wollhaaren || ~ *s.* also woollies || ~ **appearance** / wollartiges Aussehen || ~ **handle** / wolliger Griff, wollartiger Griff, Wollgriff *m*, wollener Griff, wollweicher Griff
wool made shrink-resistant / krumpffest ausgerüstete Wolle
woolmark *n* / Wollsiegel *n* || ~ **Association** / Wollsiegel-Verband *m* || ~ **quality** / Wollsiegel-Qualität *f* || ~**-quality article** / Wollsiegel-Artikel *m*
wool·-mix thread / Wollmischgespinst *n* || ~ **mixture** / Wollmischung *f*, Wollmelange *f* || ~ **mordant** / Wollbeize *f* || ~ **muslin** / Wollmusselin *m* || ~ **noil** / Wollkämmling *m* || ~ **nylon union** / Wolle-Nylon-Mischgewebe *n* || ~ **of long staple** / langstaplige Wolle, langschürige Wolle || ~ **of short staple** / kurzstaplige Wolle, kurzschürige Wolle, Kratzwolle *f*, Streichwolle *f* || ~**-oil** *n* / Wollschmälzmittel *n*, Wollspicköl *n*, Schmälzöl *n*, Spicköl *n* || ~**-oil** *n s.* also suint || ~ **oiling** / Schmälzen *n* der Wolle, Spicken *n* der Wolle || ~ **opener** (spinn) / Wollöffner *m*, Wolf *m* || ~ **opening** / Streichgarnwolferei *f*, Wolferei *f* || ~ **outlet** (carding) / Wollauswurf *m* || ~ **packing** / Juteleinwand *f* für Wollballen || ~ **pests** / Wollschädlinge *m pl* || ~ **picking** / Wollsortierung *f*, Wollsichtung *f* || ~ **piece goods** *pl* / Wollstückware *f* || ~ **pile carpet** / Wollflorteppich *m* || ~ **plush** / Wollplüsch *m* || ~ **powder** / Wollstaub *m* || ~ **printing** / Wolldruck *m* || ~ **processing** / Wollveredlung *f* || ~ **protecting agent** / Wollschutzmittel *n* || ~ **pulling** / Rupfen *n* der Wolle || ~ **pulling** / Entwollung *f* || ~ **pulling machine** / Entwollungsmaschine *f* || ~ **raw stock** / Rohwolle *f*, Schmutzwolle *f*, Schweißwolle *f* || ~ **reactive dyestuff** / Reaktivfarbstoff *m* für Wolle || ~ **resist** (dye) / Wollreserve *f* || ~ **resist agent** (dye) / Wollreservierungsmittel *n* || ~ **resist effect** (dye) / Wollreserve *f* || ~ **rinser** / Wollspülmaschine *f* || ~ **sample** / Wollmuster *n* || ~ **scales** / Wollschuppenschicht *f* || ~ **scouring** / Wollwäsche *f*, Wollentschweißung *f* || ~ **scouring agent** / Wollentschweißmittel *n*, Entschweißmittel *n* ||

~ **scouring by extraction** / Extraktionswollwäsche *f* || ~ **scouring machine** / Wollwaschmaschine *f*, Wollentschweißmaschine *f* || ~ **scouring plant** / Wollwaschanlage *f*, Wollwäscherei *f* || ~ **scouring process** / Wollwaschverfahren *n* || ~ **scribbler** / Wollreißkrempel *f*, Wollvorkrempel *f*
woolsey *n* (weav) / Linsey-Woolsey *m*, Halbwoll-Lama *m*
wool shearing / Wollschur *f*, Schafschur *f* || ~ **shearing fleece** / Vlies *n*, Fell *n* || ~ **shears** *pl* / Schafschere *f* || ~ **sheers** (US) / leichte Kammgarnkleiderstoffe *m pl* || ~**-silk union** / Wolle-Seide-Mischgewebe *n*, Halbseide *f* mit Wolle || ~ **skirt** / Wollrock *m* || ~ **slubbing** / Wollvorgarn *n* || ~**-sorters' disease** / Hadernkrankheit *f* (eine Berufskrankheit der Woll-, Lumpen-, Fellsortierer, Gerber, Bürstenmacher) || ~ **sorting** / Wollsortierung *f*, Wollsichtung *f* || ~ **spinning mill** / Wollspinnerei *f* || ~ **sprinkling** / Einsprengen *n* der Wolle || ~**-spun yarn** / Wollstreichgarn *n*, Wollspinngarn *n*, Streichgarn *n* || ~ **stock** / Rohwolle *f*, Schmutzwolle *f*, Schweißwolle *f* || ~ **substitute** / Wollersatzstoff *m* || ~ **supplier** (carding) / Wollaufleger *m* || ~ **taken from the noils** / Kämmlingswolle *f* || ~ **thread** / Wollgarn *n*, Wollfaden *m* || ~ **tip** / Wollfaserspitze *f* || ~ **top** / Wollkammzug *m*, Wollkammzugband *n* || ~ **tow** / Wollkabel *n* || ~ **twist** / Wollzwirn *m* || ~ **type** / Wolltyp *m*, Wollart *f*, Wollsorte *f* || ~ **vat dyestuff** / Wollküpenfarbstoff *m* || ~ **viscose mixture** / Mischgewebe *n* aus Wolle und Viskosefaser || ~ **washing** / Wollwäsche *f*, Wollreinigung *f* || ~ **washing cycle** (washing machine) / Wollwaschgang *m* || ~ **washing machine** / Rohwollwaschmaschine *f* || ~ **washing plant** / Wollwaschanlage *f*, Wollwäscherei *f* || ~ **washing programme** (washing machine) / Wollwaschprogramm *n*, Wollprogramm *n* || ~ **waste** / Wollabfall *m*, Wollabgang *m* || ~ **wax** / Wollwachs *n*, Rohwollfett *n* || ~ **weave** / Wollwebcharakter *m* || ~ **weaving** / Wollweberei *f* || ~ **weevil** *s.* boll weevil || ~ **with non-felting finish** / filzfest ausgerüstete Wolle || ~ **work** (embroidery with wools on canvas) / Wollstickerei *f* (auf Leinwand) || ~ **yarn** / Wollgarn *n*, Streichgarn *n* || ~ **yarn count** / Feinheitsnummer *f* der Wollgarne || ~ **yarn on cheeses** / Wollkreuzspule *f* || ~ **yolk** / Wollschmiere *f*, Wollschweiß *m*, Wollfett *n*, Fettschweiß *m*
woosie wool / eine chinesische Wolle
work *v* (knitt) / wirken *v*, stricken *v* || ~ **advancing motion** (sew) / Vorschub *m*, Stoffvorschub *m* || ~ **bar** (weav) / Stützleiste *f* || ~ **beam** (hos) / Zeugbaum *m*, Warenbaum *m* || ~ **clothing** / Arbeitskleidung *f*, Berufskleidung *f*, Zweckbekleidung *f* || ~ **clothing fabric** / Arbeitskleidungsstoff *m*, Berufskleidungsstoff *m*, Zweckbekleidungsstoff *m* || ~ **dress** / Arbeitsanzug *m*, Arbeitskleid *n*
worker *n* (spinn) / Arbeiter *m*, Arbeitswalze *f*, Arbeiterwalze *f* || ~ **and stripper card** (spinn) / Walzenkrempel *f*, Rollerkrempel *f* || ~ **roller** (spinn) / Arbeiter *m*, Arbeitswalze *f*, Arbeiterwalze *f* || ~ **roller** (carding) / Wender *m* || ~**'s protective clothing** / Arbeitsschutzbekleidung *f*, Arbeitsschutzkleidung *f* (DIN 23625, DIN 4767), Schutzkleidung *f*
workholder *n* (sew) / Nähschablone *f*
workhorse dyestuff (US) / Allzweckfarbstoff *m*, für alle Einsätze geeigneter Farbstoff, vielseitig verwendbarer Farbstoff
work in / (weav) / durchweben *v*, einweben *v*
working band (silk loom) / Wirkband *n* || ~ **clothes** *pl* / Arbeitskleidung *f*, Berufskleidung *f*, Zweckbekleidung *f* || ~ **cylinder** (spinn) / Arbeiter *m*, Arbeitswalze *f*, Arbeiterwalze *f* || ~ **garment fabric** / Arbeitskleidungsstoff *m*, Berufskleidungsstoff *m*, Zweckbekleidungsstoff *m* || ~ **in open width** (dye) / breit arbeitend || ~ **instructions** / Behandlungsvorschrift *f*, Behandlungsanweisung *f* || ~ **needle** (knitt) /

Deckernadel f, Decknadel f ‖ ~ **roller** (spinn) / Arbeiterwalze f, Arbeiter m, Arbeitswalze f ‖ ~ **shirt** / Arbeitshemd n ‖ ~ **wear** / Arbeitskleidung f, Berufskleidung f, Zweckbekleidung f ‖ ~ **width** (clothm) / Arbeitsbreite f, Nutzbreite f ‖ ~ **with a closed shed** (weav) / Arbeiten n mit geschlossenem Fach ‖ ~ **with an open shed** (weav) / Arbeiten n mit offenem Fach
workmen·'s overall / Arbeitsanzug m
work on the countercurrent principle (dye) / im Gegenstrom arbeiten ‖ ~**-out suit** / Trainingsanzug m ‖ ~ **shirt** / Arbeitshemd n ‖ ~ **tin** (knitt) / Warenkorb m ‖ ~ **uniform** / Berufskleidung f, firmengebundene Uniform, uniformähnliche Berufskleidung
workwear n / Arbeitskleidung f, Berufskleidung f, Zweckbekleidung f
worming thread / Trensgarn n, Seilausfüllgarn n
worm-screw chenille / Rundchenille f
worsted n / Kammgarn n ‖ ~ / Kammgarngewebe n, Kammgarnstoff m, Kammgarnwollstoff m ‖ ~ **bobbin** / Kammzugspule f ‖ ~ **card** / Kammgarnkrempel f, Kammwollkrempel f ‖ ~ **carding** / Kammgarnkrempeln n, Kammwollkrempeln n ‖ ~ **cards** pl / Kammgarnkrempelsatz m ‖ ~ **cheese** / Kammgarnkreuzspule f ‖ ~ **cloth** / Kammgarngewebe n, Kammgarnstoff m, Kammgarnwollstoff m ‖ ~ **combing** / Kämmen n der Wolle ‖ ~ **costume material** / Kammgarnkostümstoff m ‖ ~ **count** / Kammgarnnumerierung f ‖ ~ **diagonal** / Kammgarndiagonal m ‖ ~ **drawing** / Verstrecken n von Kammgarnen ‖ ~ **dress fabric** / Kammgarnkleiderstoff m ‖ ~ **edge sateen** / Baumwollatlas m mit Kammgarnfäden im Stoffrand ‖ ~ **fabric** / Kammgarngewebe n, Kammgarnstoff m, Kammgarnwollstoff m ‖ ~ **flannel** / Kammgarnflanell m ‖ ~ **imitation** / Kammgarnimitation f ‖ ~ **lasting** / Kammgarnlastingstoff m ‖ ~ **lining** / Kammgarnfutterstoff m ‖ ~ **long pile** / Tuchsamt m, Pelzsamt m, Wollsamt m ‖ ~ **material** s. worsted fabric ‖ ~ **melange** / Kammgarnmelange f, Kammwollmischgarn n ‖ ~ **milling** / Kammgarnwalke f ‖ ~ **mix** / Mischkammgarn n ‖ ~ **mixture yarn** / Kammgarnmelange f, Kammwollmischgarn n ‖ ~ **noil** / Wollkämmling m ‖ ~ **piece goods** / Kammgarnstückware f ‖ ~ **poplin** / Wollpopeline f ‖ ~ **preparing** / Kammgarnspinnereivorbereitung f ‖ ~ **ring spindle with plain bearings** / Kammgarnringspindel f mit Gleitlager (DIN 64042)
worsteds pl / Kammgarngewebe n pl, Kammgarnstoffe m pl, Kammgarnware f
worsted serge / Kammgarnserge f ‖ ~ **slubbing** / Kammgarnlunte f ‖ ~ **spinning** / Wollkammgarnspinnen n, Kammgarnspinnerei f ‖ ~ **spinning mill** / Kammgarnspinnerei f (DIN 60416) ‖ ~**-spun** adj / kammgarnartig versponnen, auf der Kammgarnmaschine versponnen ‖ ~ **spun yarn** / Wollkammgarn n ‖ ~ **standard** / Kammzugstandard m ‖ ~ **stockings** pl / Wollstrümpfe m pl, wollene Strümpfe m pl ‖ ~ **suiting** / Kammgarnanzugstoff m ‖ ~ **system spinning** / Kammgarnspinnverfahren n ‖ ~ **top** / Kammzug m ‖ ~ **top printing** / Vigoureuxdruck m, Kammzugdruck m, Druck m auf Kammzug, Überdrucken n ‖ ~ **trousering** / Kammgarnhosenstoff m ‖ ~ **twist** / verzwirntes Kammgarn ‖ ~ **velvet** / Tuchsamt m, Pelzsamt m, Wollsamt m ‖ ~ **warp** / Kettkammgarn n, Kettenkammgarn n, Kammgarnkette f ‖ ~ **weaving** / Kammgarnweben n ‖ ~ **weaving mill** / Kammgarnweberei f ‖ ~ **weft** / Schußkammgarn n, Kammgarnschuß m ‖ ~ **wool** / Kammwolle f ‖ ~ **work** / Wollstickerei f ‖ ~ **yarn** / Kammgarn n, Kammwollgarn n, Worstedgarn n ‖ ~ **[yarn] blend** / Mischkammgarn n ‖ ~ **yarn count** / Kammgarnnumerierung f
wound goods pl / Warenwickel m ‖ ~ **lap** (spinn) / Wickel m ‖ ~ **package** (US) (spinn) / Kreuzspule f,

Wickelkörper m, Spulenkörper m ‖ ~ **package dyeing machine** / Kreuzspulfärbeapparat m ‖ ~ **package dyeing method** / Kreuzspulfärbeverfahren n, Wickelkörperfärbeverfahren n ‖ ~ **package machine** / Kreuzspulapparat m ‖ ~ **structure** / Wickelkörper m (Glasfasern) ‖ ~ **with low density** / locker gewickelt
woven and knitted fabrics / Web- und Wirkwaren f pl, Gewebe und Gewirke pl, Web- und Maschenwaren f pl ‖ ~ **carpet** / Webteppich m, gewebter Teppich ‖ ~ **cloth** / Stoff m, Gewebe n, Tuch n, gewebter Stoff, Webstoff m ‖ ~ **cut-pile carpet** / Veloursteppich m ‖ ~ **design** / Webmuster n, eingewebtes Muster ‖ ~ **drill** / Drell m ‖ ~ **fabric** / Stoff m, Gewebe n, Tuch n, gewebter Stoff, Webstoff m ‖ ~ **fabric filter** / Tuchfilter m n, Stoffilter m n, Gewebefilter m n ‖ ~**-fabric flexible tubing** / Gewebeschlauch m, Gewebeschläuche m pl ‖ ~ **fabric for conveyor belts** / Förderband-Gewebe n ‖ ~ **fabrics in rope form** / Webwaren f pl im Strang ‖ ~ **fabrics on tension-free continuous open-width washer** / Webwaren f pl auf spannungsarmer Kontinue-Breitwaschanlage ‖ ~ **felt** / gewebtes Filztuch, Webfilz m (DIN 61205) ‖ ~ **filter** / Tuchfilter m n, Stoffilter m n, Gewebefilter m n ‖ ~ **fur** / Webpelz m ‖ ~ **glass fabric** / Textilglasgewebe n (DIN 61850) ‖ ~ **glass filament fabric** / Textilglas-Filamentgewebe n (DIN 61850) ‖ ~ **glass filament/ staple fibre fabric** / Textilglas-Mischgewebe n (DIN 61850) ‖ ~ **glass roving fabric** / Textilglas-Rovinggewebe n (DIN 61850) ‖ ~ **glass staple fibre fabric** / Textilglas-Stapelfasergewebe n (DIN 61850) ‖ ~ **glass tube** / Textilglas-Webschlauch m (DIN 61850) ‖ ~ **goods** / Webwaren f pl, Webgut n, Webartikel m pl ‖ ~ **goods in hanks** / Webwaren f pl im Strang ‖ ~ **goods in loom state** / rohes Webgut, rohe Webwaren f pl ‖ ~ **goods in rope form** / Webwaren f pl im Strang ‖ ~ **hose** / Schlauchgewebe n, Schlauchware f ‖ ~ **label** / Webetikett n ‖ ~ **lace** / Webspitze f ‖ ~ **loop piles** / Webschlingenware f ‖ ~ **net** / Netztuch n ‖ ~ **pile** / Webplüsch m ‖ ~ **pile carpet** / Webplüschteppich m ‖ ~ **portrait** / Porträtgewebe m, Bildgewebe n
wovens pl / Gewebe n pl, Webstoffe m pl, Webware f
woven stretch fabric / Elastikgewebe n, Stretchgewebe n ‖ ~ **tapestry** / Gobelingewebe n ‖ ~ **textile [fabric]** / Gewebe n, Webstoff m, Webware f ‖ ~ **textile felt** / gewebtes Filztuch, Webfilz m (DIN 61205) ‖ ~ **velours** / Webvelours m ‖ ~ **wet felt** / gewebter Naßfilz ‖ ~ **wire cloth** / Drahtgewebe n ‖ ~ **with two shuttles** / zweischützig gewebt
wrack upholstery stuffing / Polsterfüllung f aus Seetang
wraith n (weav) / Kamm m (DIN 62500), Scherblatt n ‖ ~ **holder** / Schärblatthalter m
wrap v (e.g. a fibre) / umspinnen v, umwickeln v ‖ ~ n / Umhängetuch n, Umschlagtuch n, Schal m, Umhang m, Überwurf m, Cape n ‖ ~**-around dress** (fash) / Wickelkleid n ‖ ~**-around skirt** (fash) / Wickelrock m ‖ ~ **density** (fibres) / Umspinnungsdichte f ‖ ~ **design** (knitt) / Umlegemuster n ‖ ~ **fibre** / Umwindefaser f ‖ ~ **formation** (spinn, defect) / Wickelbildung f (im Streckwerk) ‖ ~ **formation** (card) / Wickelbildung f ‖ ~ **jack** (knitt) / Fadenlegeplatine f für Aufplattiermuster ‖ ~ **machine** (knitt) / Einlegemaschine f ‖ ~**-over blouse** (fash) / Wickelbluse f
wrapover dress (fash) / Wickelkleid n
wrap-over skirt (fash) / Wickelrock m
wrapover vest (fash) / Flügelhemdchen n
wrap patterning unit / Einrichtung f (für Aufplattiermuster)
wrapped cable / umsponnenes Kabel, besponnenes Kabel, umwickeltes Kabel ‖ ~ **roller** / bombagierte Walze ‖ ~ **skirt** (fash) / Wickelrock f ‖ ~ **yarn** / umwickeltes Garn
wrapper n (fin) / Kalmuck m, Mitläufer m (DIN 64990), mitlaufende Gewebebahn, Schwerflanell m, Baumwoll-

wrapper

Doppelgewebe n mit Unterschuß ‖ ~ (US) (fash) / Morgenrock m
wrapping n / Bombage f, Umhüllung f, Umwicklung f ‖ ~ **block** / Yardrolle f ‖ ~ **fibre** / Mantelfaser f ‖ ~ **for a sizing roller** / Schlichthose f, Schlichtwalzenschlauch m, Bombage f ‖ ~ **reel**, wrapping wheel (spinn) / Sortierweife f
wrap plating, wrap striping (fash) / Aufplattiermuster n, Aufplattierung f (für Umlegemusterung) ‖ ~**-spun OE rotor yarn** / Rotorumwindezwirn m ‖ ~ **thread** / Aufplattierfaden m, Zierfaden m ‖ ~ **thread design**, wrap thread pattern (fash) / Aufplattiermuster n ‖ ~ **with cloth** / bombagieren v, bombieren v
wring v (gen) / wringen v, auswringen v ‖ ~ (cotton spinn) / recken v
wringer n / Wringmaschine f, Auswringmaschine f, Wringer m
wringing n (gen) / Auswringen n ‖ ~ (silk) / Schevillieren n, Chevillieren n ‖ ~ **machine** / Wringmaschine f, Auswringmaschine f, Wringer m ‖ ~ **pin** / Wringholz n ‖ ~ **pole**, wringing post / Wringpfahl m ‖ ~ **stain** / Wringfleck m ‖ ~ **stick** / Wringstock m
wring out / wringen v, auswringen v
wrinkle v / knittern v, zerknittern v ‖ ~ n / Knitter m, Knitterfalte f ‖ ~**-free fit** / faltenloser Sitz ‖ ~ **mark** / Knitterstelle f ‖ ~ **propensity** / Knitterneigung f, Knitteranfälligkeit f ‖ ~ **recovery** (gen) / Knittererholung f, Ausglättung f, Entknitterung f ‖ ~ **recovery** (nwv) / Sprungelastizität f ‖ ~ **recovery angle** / Knittererholungswinkel m ‖ ~ **recovery test** / Knittererholungsprüfung f, Entknitterungsprüfung f ‖ ~ **recovery tester** / Knittererholungsprüfgerät n, Knittererholungsprüfer m ‖ ~ **resistance** / Knitterfestigkeit f, Knitterwiderstand m, Knitterresistenz f, Knitterechtheit f, Knitterfreiheit f ‖ ~ **resistant fabric** / Knitterechtgewebe n ‖ ~ **resistant finishing** / Knitterfreiausrüstung f, Knitterfestausrüstung f, Knitterarmausrüstung f, knitterfreie Ausrüstung, Knitterechtausrüstung f, Knitterfreiappretur f, Knitterarmappretur f, Knitterechtappretur f ‖ ~ **test** / Knittererholungsprüfung f, Entknitterungsprüfung f
wrinkling n (ctg) / Runzelbildung f ‖ ~ / Knittern n, Knitterung f, Faltenbildung f ‖ ~ s. also creasing
wrinkly adj / zerknittert adj ‖ ~ / leicht knitternd (Stoff)
wrist n / Stulpe f (am Ärmel etc)
wristband n / Bündchen n, Hemdmanschette f, Preis m, Priese f (Einfassung, Saum, Bund, Bündchen) ‖ ~ (of glove) / Handschuhriegel m
wristlet n / Pulswärmer m ‖ ~ / Handgelenkschützer m
writing effect of the finish / Schreibeffekt m
wrong checking pattern (weav) / Karierfehler m ‖ ~ **colour of weft** (defect) / Farbband n ‖ ~ **denting** (defect) / Blatteinzugsfehler m ‖ ~ **draft**, wrong draw (knitt, defect) / Einzugsfehler m ‖ ~ **draft** (card) / Fehlverzug m ‖ ~ **lift** (weav, defect) / Bindungsfehler m ‖ ~ **side of fabric** (weav) / Abseite f, Kehrseite f, Rückseite f, Unterseite f, linke Seite, verkehrte Seite
W$_s$ (whiteness [measuring] **according to Stensby**) / Messung f des Weißgrades nach Stensby, Weißgradmessung f nach Stensby
WVT (water vapour transmission) / Wasserdampfdurchlässigkeit f (DIN 53122), Wddu
wyliecoat n / Flanellunterkleid n, Unterrock m ‖ ~ / Flanellnachthemd n

X

xanthate *n* / Xanthogenat *n*, Xanthat *n*
xanthating *n* / Xanthogenierung *f* ‖ ~ **baratte** / Baratte *f*, Sulfidiertrommel *f*, Xanthatkneter *m* ‖ ~ **churn** / Xanthatkneter *m*, Sulfidiertrommel *f*
xanthation *n* / Xanthogenierung *f* ‖ ~ **churn** / Xanthatkneter *m*, Sulfidiertrommel *f*
xanthene dyestuff / Xanthenfarbstoff *m*
xanthic acid / Xanthogensäure *f*
xanthogenate *n* / Xanthogenat *n*, Xanthat *n*
xanthogenic acid / Xanthogensäure *f*
xanthoprotein reaction / Xanthoproteinreaktion *f*
Xenolight exposure / Xenobelichtung *f*
xenon arc lamp / Xenonbogenlampe *f* ‖ ~ **high-pressure lamp** / Xenonhochdrucklampe *f* ‖ ~ **lamp** / Xenonlampe *f*
Xenotest *n* (mat test) / Xenotest *m*
X-ray *n* / Röntgenstrahl *m*
xylene *n* / Xylol *n* ‖ ~ **hot extraction process** (fibre analysis) / Xylol-Heißextraktionsverfahren *n* ‖ ~ **musk** / Xylolmoschus *m*
xylenol *n* / Xylenol *n*
xylidene *n* / Xylidin *n* ‖ ~ **blue** / Xylidinblau *n* ‖ ~ **red** / Xylidinrot *n*
XY value (chrom) / Farbort *m*
X,Y,Z tristimulus filter / X,Y,Z-Farbmeßfilter *m n*

Y

yaguagua n / peruanische Bastfaser
yamamai silk / Yamamaiseide f, Jamamaiseide (wilde Seide, die von den Raupen des Yamamaispinners stammt und der Maulbeerseide sehr ähnlich ist, Erzeugerland Japan)
yaquilla fibre / Yaquillafaser f
yard n / Yard n, angelsächsisches Längenmaß (91,44 cm)
yardage n / Metrage f, Lauflänge f ‖ ~ **fabric**, yardage goods / Meterware f
yarded goods pl / Meterware f
yard goods pl / Meterware f
Yarkand n (Chinese handmade carpet) / Jarkand m, Yarkand m (chin. Sotcho)
yarn n / Garn n, Faden m ‖ ~ / gesponnener Faden ‖ **multifold** ~ / einstufiger Zwirn aus mehr als zwei einfachen Garnen ‖ **threefold** ~ / einstufiger Zwirn aus drei einfachen Garnen (DIN 60900) ‖ ~ **ageing chamber** / Garndämpfapparat m ‖ ~ **ager** (US) / Garndämpfer m ‖ ~ **as a whole** / Garnverband m ‖ ~ **balance** / Garnwaage f, Garnsortierwaage f ‖ ~ **ball** / Garnknäuel m n ‖ ~ **beam** (weav) / Kettbaum m, Garnbaum m, Zettelbaum m ‖ ~ **beam dyeing** / Kettbaumfärben n ‖ ~ **beam dyeing machine** / Kettbaumfärbemaschine f ‖ ~ **bobbin** / Garnspule f ‖ ~ **bonding** / Fadenbindung f ‖ ~ **bonding agent** / Mittel n für die Fadenbindung ‖ ~ **box** (knitt) / Fadenführer m ‖ ~ **brake** (weav) / Fadenbremse f ‖ ~ **break** (weav) / Fadenbruch m ‖ ~ **breakage** (weav) / Fadenbruch m ‖ ~ **breaking load** / Garnbruchlast f ‖ ~ **break stop-motion** / Fadenbruchabsteller m ‖ ~ **brushing machine** / Garnbürstmaschine f ‖ ~ **buggy** / Wagengatter n ‖ ~ **bulk** / Garnfülligkeit f ‖ ~ **bundle** / Garnbündel n, Fadenbündel n ‖ ~ **bundle cohesion** / Fadenbündelkohäsion f ‖ ~ **bundling** / Bündeln n der Garne ‖ ~ **bundling press** / Garnbündelpresse f, Garnpresse f ‖ ~ **carrier** / Garnträger m, Fadenführer m, Garnausgeber m ‖ ~ **carrier bar** / Fadenführerschiene f ‖ ~ **carrier box** / Fadenführerkästchenschlitten m ‖ ~ **carrier ring** / Fadenführerring m ‖ ~ **catcher** / Fadenfänger m ‖ ~ **centrifuge** / Garnschleuder f ‖ ~ **change** / Fadenwechsel m, Garnwechsel m ‖ ~ **change point** / Fadenwechselstelle f ‖ ~ **changer** / Fadenwechseleinrichtung f ‖ ~ **changer** (knitt only) / Ringelapparat m, Ringeleinrichtung f ‖ ~ **changing** / Fadenwechsel m, Garnwechsel m ‖ ~ **changing device** s. yarn changer ‖ ~ **cleaner** / Fadenreiniger m, Garnreiniger m ‖ ~ **clearer** / Fadenreiniger m, Garnreiniger m ‖ ~ **cohesion** / Fadenschluß m ‖ ~ **cohesion agent** / Fadenschlußmittel n ‖ ~ **cohesion capacity** / Fadenschlußvermögen n ‖ ~ **-coloured article** / garnfarbiger Artikel ‖ ~ **conditioning** / Garnkonditionierung f ‖ ~ **conditioning** (hos) / Feuchthalten n ‖ ~ **conditioning box**, yarn conditioning jar (hos) / Feuchthaltekasten m, Feuchthalteglas n ‖ ~ **conditioning machine** / Garnkonditioniermaschine f ‖ ~ **consumption** / Garnverbrauch m, Garnbedarf m ‖ ~ **contraction** / Garnschrumpf m ‖ ~ **cop** / Garnkötzer m ‖ ~ **core** / Seele f ‖ ~ **count** / Garnnummer f (DIN 60905), Garnfeinheit f, Feinheitsnummer f, Fadenstärke f, Garnstärke f ‖ ~ **counter** / Fadenzähler m, Garnzähler m ‖ ~ **count range** / Garnnummernbereich m ‖ ~ **covering** / Zwirnumspinnung f, Garnumspinnung f ‖ ~ **covering power** / Fadendeckvermögen f ‖ ~ **covering system** / Garnumwinderfahren n, Umwindeverfahren n ‖ ~ **crimp** / Garnkräuselung f ‖ ~ **cross-section** / Garnquerschnitt f ‖ ~ **damage** / Garnschaden m ‖ ~ **damping** / Garnbefeuchtung f ‖ ~ **defect** / Garnfehler m ‖ ~ **deposit** / Garnablage f ‖ ~ **diameter** / Garndurchmesser m ‖ ~ **drag stop-motion** (knitt) / Zupfabsteller m ‖ ~ **draw-off curve** / Garnabzugskurve f ‖ ~ **dresser** / Garnschlichtmaschine f ‖ ~ **drying machine** / Garntrockenapparat m, Garntrockner m ‖ ~ **-dye** v / im Garn färben ‖ ~ **-dyed** adj / garngefärbt adj, garnfarbig adj, im Garn gefärbt ‖ ~ **-dyed fabric** / garnfarbiges Gewebe ‖ ~ **-dyed goods** pl / garnfarbige Ware ‖ ~ **dyed in the flock** / in der Flocke gefärbtes Garn ‖ ~ **dyeing** / Garnfärbung f, Garnfärben n, Garnfärberei f ‖ ~ **dyeing in hanks** / Garnfärbung f in Strangform ‖ ~ **dyeing machine** / Garnfärbeapparat m ‖ ~ **elongation** / Fadendehnung f ‖ ~ **end** / Fadenende n ‖ ~ **entrainment** / Fadenmitnahme f ‖ ~ **evenness** / Garngleichmäßigkeit f, Garngleichheit f ‖ ~ **evenness tester** / Garngleichheitsprüfer m, Garngleichmäßigkeitsprüfgerät n ‖ ~ **fault classification system** / Garnfehlerklassieranlage f ‖ ~ **feed** / Fadenlieferung f, Fadenzufuhr f, Fadenzubringer m ‖ ~ **feeder**, yarn feedwheel (knitt) / Fournisseur m ‖ ~ **felting machine** / Garnfilzmaschine f ‖ ~ **filter** / Garnfilter m n ‖ ~ **finish[ing]** / Garnveredlung f, Garnappretur f ‖ ~ **finisher** / Garnveredler m ‖ ~ **finishing machine** / Garnveredlungsmaschine f ‖ ~ **flattening** / Garnabplattung f, Garnverflachung f ‖ ~ **for blanket edgings** / Kantengarn für Decken n ‖ ~ **for cotton terry cloth** / Baumwollfrottier-Garn n ‖ ~ **for edgings** / Kantengarn n ‖ ~ **for looped fabrics** / Maschengarn n ‖ ~ **for trimmings** / Besatzgarn n ‖ ~ **for trimmings and edgings** / Posamentiergarn n ‖ ~ **forwarding device** / Fadenzulegevorrichtung f ‖ ~ **gripper** / Fadengreifer m ‖ ~ **guide** / Fadenführer n ‖ ~ **guide bracket** / Fadenführerböckchen n ‖ ~ **guide bridge** / Fadenführerbrücke f ‖ ~ **guide comb** / Fadenleitkamm m ‖ ~ **guiding arm** / Fadenführerhebel m ‖ ~ **guiding cylinder** / Fadenführertrommel f ‖ ~ **guiding eye** / Fadenführungsöse f ‖ ~ **hank** / Garnstrang m ‖ ~ **hook** / Fadenhaken m, Fadennüßchen n ‖ ~ **humidifier** / Garnbefeuchtungsmittel n ‖ ~ **humidifying machine** / Garnbefeuchtungsmaschine f ‖ ~ **in bundles** / Bündelgarn n ‖ ~ **in hanks** / Stranggarn n ‖ ~ **inserting device** / Faden-Einlegevorrichtung f, Garn-Einlegevorrichtung f ‖ ~ **in the grey** / Rohgarn n, rohes Garn ‖ ~ **joint** / Fadenverbindung f ‖ ~ **knitting sequence** / Fadenfolge f beim Stricken ‖ ~ **layer** / Fadenschicht f, Garnlage f ‖ ~ **length** / Garnlänge f (DIN 53852), Fadenlänge f ‖ ~ **length compensating mechanism** / Längenausgleichseinrichtung f ‖ ~ **load** / Garnmaterial n auf der Maschine ‖ ~ **loop** / Garnschlinge f ‖ ~ **lustre** / Garnlüster f ‖ ~ **make-up** / Garnaufmachung f ‖ ~ **mercerizer** / Garnmerzerisiermaschine f (DIN 64990) ‖ ~ **mercerizing** / Merzerisieren n von Garnen, Garnmerzerisierung f, Garnmerzerisation f ‖ ~ **mercerizing machine** / Garnmerzerisiermaschine f (DIN 64990) ‖ ~ **moistening** / Garnbefeuchtung f ‖ ~ **moistening machine** / Garnbefeuchtungsmaschine f ‖ ~ **number** s. yarn count ‖ ~ **numbering** / Garnnumerierung f ‖ ~ **of coarse count** / grobes Garn ‖ ~ **of fine count** / feines Garn ‖ ~ **of medium count** / mittelfeines Garn ‖ ~ **oscillation** / Fadenschwingung f ‖ ~ **package** / Garnkörper m, Garnträger m, Garnwickel m, Wickelkörper m, Garnwickelkörper m ‖ ~ **package container** / Spulenkasten m ‖ ~ **packing press** / Garnbündelpresse f ‖ ~ **path** / Fadenweg m ‖ ~ **polishing machine** / Garnpoliermaschine f ‖ ~ **printer** s. yarn printing machine ‖ ~ **printing** / Garndruck m ‖ ~ **printing machine** / Garndruckmaschine f, Stranggarndruckmaschine f ‖ ~ **processing properties** / Garnarbeitsvermögen n ‖ ~ **property** / Garneigenschaft f ‖ ~ **quality** / Garnausfall m ‖ ~ **rack** / Tragring m für die Spulenträger ‖ ~ **racking press** / Garnbündelpresse f ‖ ~ **rack post** / Tragesäule f [der Fadenzuführung] ‖

~ **raising machine** / Garnrauhmaschine f ‖ ~ **reel** / Garnrolle f, Garnhaspel f, Weife f ‖ ~ **reel traverse** / Garnrollenhub m ‖ ~ **regularity** / Garngleichmäßigkeit f ‖ ~**-reinforced elastomer** / fadenverstärktes Elastomer ‖ ~ **requirement** / Garnbedarf m ‖ ~ **reserve [in the package]** / Fadenreserve f ‖ ~ **reversal points** (winding machine) / Fadenumkehrpunkte m pl ‖ ~ **rider** (weav) / Fadenreiter m, Lamelle f ‖ ~ **ring** / Garnring m ‖ ~ **rod** / Garnstab m ‖ ~ **roller** / Kettbaum m, Garnbaum m, Zettelbaum m ‖ ~ **running properties** / Garnlaufeigenschaften f pl ‖ ~ **sample tying device** / Garnmusterknüpfmaschine f ‖ ~ **scales** / Garnwaage f, Garnsortierwaage f ‖ ~ **scouring** / Garnwäsche f ‖ ~ **scouring machine** / Garnwaschmaschine f ‖ ~ **selecting device** / Fadenwähler m ‖ ~ **sensor** / Fadensensor m ‖ ~ **sheet** / Fadenschar f, Garnschar f ‖ ~ **shrinkage at the boil** / Garnkochschrumpf m ‖ ~ **singeing** / Garnsenge f, Garnsengen n ‖ ~ **singeing in a fluid bed** / Garnsengen n im heißen Sandbett ‖ ~ **singeing machine** / Garnsengmaschine f ‖ ~ **sinking** (knitt) / Kulieren n ‖ ~**s** pl **interlacing in fabric** / Fadenverkreuzung f im Gewebe ‖ ~ **size** / Garnschlichte f ‖ ~ **size** (thickness) / Fadenstärke f, Garnstärke f ‖ ~ **sizing** / Garnschlichten n ‖ ~ **sizing machine** / Garnschlichtmaschine f ‖ ~ **slippage** / Fadengleiten n ‖ ~ **slippage resistance** / Schiebefestigkeit f ‖ ~ **speed** / Fadenlaufgeschwindigkeit f ‖ ~ **spool** / Garnrolle f, Garnhaspel f, Weife f ‖ ~ **spun from turbo tops** / Turbogarn n ‖ ~ **squeezer** / Garnquetsche f ‖ ~ **stand** / Spulengestell n ‖ ~ **steamer** (GB) / Garndämpfer m ‖ ~ **steaming chamber** / Garndämpfapparat m ‖ ~ **stenter** / Garnspannrahmen m ‖ ~ **stick** / Garnstock m ‖ ~ **storage feeder** / Speicherfournisseur m ‖ ~ **strain** / Fadenbeanspruchung f ‖ ~ **strength** / Garnfestigkeit f, Garnreißfestigkeit f (DIN 53834) ‖ ~ **strength tester** / Garnfestigkeitsprüfer m ‖ ~ **stretching ability** / Dehnbarkeit f des Fadens ‖ ~ **striper** / Fadenwechseleinrichtung f ‖ ~ **striper** (knitt only) / Ringelapparat m, Ringeleinrichtung f ‖ ~ **striping device** s. yarn striper ‖ ~ **structure** / Garnstruktur f ‖ ~ **supply creel** / Aufsteckeinrichtung f ‖ ~ **support** (weav) / Wickelmast m ‖ ~ **take-off roller** / Garnabzugswalze f ‖ ~ **tensile strength** / Fadenzugkraft f, Garnreißkraftlänge f ‖ ~ **tension** / Fadenspannung f ‖ ~ **tension beam** (knitt) / Fadenspannerträger m ‖ ~ **tension bracket** / Fadenspannerbock m ‖ ~ **tension control** / Fadenspannungswächter m ‖ ~ **tension device** / Garnbremse f, Garnführungsbremse f ‖ ~ **tension equalizer** / Fadenspannungsausgleichvorrichtung f ‖ ~ **tensioner** / Fadenspanner m ‖ ~ **tensioning** / Fadenbremsung f ‖ ~ **tensioning device** / Fadenbremse f ‖ ~ **tension measuring bar** / Fadenspannmeßbarre f (zur Überwachung der Spannung des Fadenschars) ‖ ~ **tension regulator** / Fadenspannungsregler m ‖ ~ **tension ring** / Tragering m für Garnbremsen ‖ ~ **tenter** / Garnstreckmaschine f ‖ ~ **tester** / Fadenprüfer m, Garnprüfer m ‖ ~ **testing** / Garnprüfung f ‖ ~ **testing apparatus** / Garnprüfapparat m ‖ ~ **texturing heater** / Garntexturierelement n ‖ ~ **thickness** / Garnstärke f, Fadenstärke f ‖ ~ **titre** / Garntiter m ‖ ~**-to-metal friction** / Garn-an-Metall-Reibung f ‖ ~**-to-yarn friction** / Garn-an-Garn-Reibung f ‖ ~ **traction** / Garnzug m ‖ ~ **tube** / Garnhülse f ‖ ~ **twist** / Garndrehung f, Fadendrehung f, Garndrall m, Fadendrall m ‖ ~ **twist counter** / Garndrehungszähler m, Garntorsionsmesser m ‖ ~ **unevenness** / Garnungleichmäßigkeit f ‖ ~ **uniformity** / Garngleichmäßigkeit f ‖ ~ **washing** / Garnwäsche f ‖ ~ **washing machine** / Garnwaschmaschine f (DIN 64990) ‖ ~ **waste** / Garnabfall m ‖ ~ **waste** (spinn) / Spinnenden n pl ‖ ~ **wear zone** / Schwachstelle f im Faden ‖ ~ **weight** / Bewicklungsgewicht n ‖ ~ **wetting and stabilizing agent** / Garnbefeuchtungs- und -stabilisierungsmittel n ‖ ~ **winding** /

Fadenaufwicklung f, Garnaufwicklung f ‖ ~ **winding machine** / Garnhaspelmaschine f ‖ ~ **withdrawal installation** / Faden-Einlegevorrichtung f, Garn-Einlegevorrichtung f ‖ ~ **with hard twist**, yarn with high torque / hochgedrehtes Garn, hochtordiertes Garn, Garn n mit hoher Drehung ‖ ~ **with profiled cross-section** / Garn n mit einem profilierten Faserquerschnitt ‖ ~ **with soft twist**, yarn with low torque / weichgedrehtes Garn, Garn n mit niedriger Drehung ‖ ~ **wringing machine** / Stranggarnwringmaschine f
yashmak / Schleier m der moslemischen Frauen ‖ ~ / Jaschmak m (Schleier der moslemischen Frauen)
yaws pl (defect) / dünne Stellen im Gewebe f pl
yearling wool, yearling's wool / Jährlingswolle f
yellow v / vergilben v ‖ ~ n / Gelb n (Empfindung und Farbstoff) ‖ ~ adj / gelb adj ‖ ~ **agent** / Gilbe f ‖ ~ **berry** (dye) / Gelbbeere f (des Kreuzdorns - Rhamnus catharticus) ‖ ~ **cast** / Gelbstich m ‖ ~ **China silk** / gelbe Chinaseide ‖ ~ **colouration** / Gelbfärbung f ‖ ~ **component** / Gilbe f ‖ ~ **discharge** / Gelbätze f ‖ ~ **discolouration of the fibre** / Faservergilbung f ‖ ~ **dyewood** / Gelbholz n, Fustik m, Fustikholz n
yellowed adj / vergilbt adj
yellow green adj / gelbgrün adj (RAL 6018) ‖ ~ **grey** / gelbgrau adj (RAL 7034)
yellowing n / Vergilbung f, Vergilben n ‖ ~ **due to heat** / Vergilben n nach Hitzeeinwirkung ‖ ~ **on exposure to light** / Lichtgilbung f ‖ ~ **resistance** / Vergilbungsechtheit f
yellowish adj / gelblich adj, gelbstichig adj ‖ ~**-brown** adj / gelbbraun adj
yellow leaf blight / Mosaikkrankheit f, gelber Blattrost (Blattkrankheit der Baumwolle) ‖ ~ **maximum** / Vergilbungsmaximum n ‖ ~ **ochre** / ockergelb adj ‖ ~ **olive** / gelboliv adj (RAL 6014) ‖ ~ **orange** / gelborange adj (RAL 2000) ‖ ~ **paper** (dye) / Küpenpapier n ‖ ~ **resist** / Gelbreserve f ‖ ~ **soap** / Schmierseife f, weiche Seife ‖ ~**-stained cotton** / gelbbefleckte Baumwolle ‖ ~ **wood** (dye) / Gelbholz n, Fustik m, Fustikholz n
Y-fronts pl / Herrenslip m mit Deckverschluß in Y-Form
Y-heel n (hos) / Y-Ferse f
yield n / Ausbeute f, Ertrag m, Rendement n ‖ ~ **of fixation** / Fixierausbeute f ‖ ~ **of the dye** / Farbausbeute f, Farbstoffausbeute f, Farbstoffausgiebigkeit f ‖ ~ **point** / Fließpunkt m, Fließgrenze f ‖ ~ **point** / Elastizitätsgrenze f, Streckgrenze f ‖ ~ **point** / Fließpunkt m ‖ ~ **region** / Fließbereich m
yoke n / Passe f, Schulterpasse f, Sattel m ‖ ~ (flap-like yoke) / Koller n
yoked dress / Kleid n mit Passe
yoke of skirt / Rocksattel m
yolk n (wool) / Wollschmiere f, Wollschweiß m, Wollfett n, Fettschweiß m ‖ ~ **content** (wool) / Schweißgehalt m ‖ ~ **wax** (wool) / Schweißwachs n ‖ ~ **wool** / Schweißwolle f, Schmutzwolle f, Rohwolle f ‖ ~ **yellow** / dottergelb adj
yolky wool s. yolk wool
Yomut (Turkestan handmade carpet) / Jomuten-Teppich m, Yomuten-Teppich m, Jamuten-Teppich m
Yorkshire grease / rohes Wollfett ‖ ~ **skein woollen count** / eine englische Streichgarnnumerierung
Youghal lace / Nadelspitze f aus Youghal, Irland
young fustic (dye) / Jungfustik m, Fisettholz n, Fustikholz n
Ypres n (very fine grade of Belgian lace) / Ypresspitze f
Yucatan sisal / Henequenfaser f (von Agave fourcroydes)
yucca n / Yucca f, Palmlilie f ‖ ~ **fibre** / Yuccafaser f
Yuruk rug / Yürück m, Yürük m, Jürük m (aus dem Kurdengebiet des östl. Kleinasiens stammender blau- oder rotgrundiger Teppich)

Z

zackel wool / ungarische Schafswolle
zalan wool / nordmarokkanische Schafswolle
zanella (lining fabric also used for umbrellas) / Zanella *m*, (AU) Kloth *m*
zante·-fustic *n* (dye) / Jungfustik *m*, Fisettholz *n*, Fustikholz *n* || ~ **lace** / griechische Nadelspitze
zapupe fibre / mexikanische und peruanische Agavefaser
Z-crimp *n* / Z-Kräuselung *f*
zebra splicing (seamless hos) / zebraartig gestreifte Hochfersenverstärkung || ~ **stripes** / Zebrastreifen *m pl*
zein *n* (used in print inks and fibres) / Zein *n* || ~ **fibre** / Zeinfaser *f*
zephyr *n* (fine cloth of plain weave used for dresses, blouses and shirtings) / Zephir *m*, Zephyr *m* (hochwertiges Baumwollgewebe, feinfädig, weich, oft merzerisiert, ein- oder mehrfarbig gestreift) || ~ **flannel** / Zephirflanell *m* || ~ **wool** / Zephirwolle *f* || ~ **worsted** / Zephirwolle *f* || ~ **yarn** / Zephirgarn *n* (weiches Kammgarn mit geringer Drehung)
zero gauge length (fibre testing) / Einspannlänge *f* Null || ~ **twist** / Nulldrehung *f*, Nulldraht *m* || ~ **twist** *adj* / drehungslos *adj*, ungedreht *adj* || ~ **twist spinning** / Zero-Twist-Verfahren *n* || ~ **twist yarn** / drehungsloses Garn
zibeline *n* (dress fabric) / Zibeline *f*, Himalaya *m* || ~ **yarn** / Zibelinegarn *n*
zigzag control (sew) / Zickzacksteuerung *f* || ~ **cutting machine** / Zackenmusterschneidemaschine *f* (DIN 64950) || ~ **flat-bed sewing machine** (sew) / Zickzack-Flach-Nähmaschine *f* || ~ **lace** / Spitze *f* in Zickzacklinie || ~ **machine** (sew) / Zickzacknähmaschine *f* || ~ **pattern** / Zickzackmuster *n* || ~ **pleating** / Zickzackplissierung *f* || ~ **rep** / Zickzackrips *m* || ~ **ribbon** / Zickzackband *n* || ~ **rope-stitch flat-bed sewing machine** (sew) / Grobstich-Zickzack-Flach-Nähmaschine *f* || ~ **seam** / Zickzacknaht *f* || ~ **sewing** / Zickzacknähen *n*, Nähen *n* in Zickzacklinie || ~ **sewing foot** (hos) / Zickzackfuß *m* || ~ **sewing machine** / Zickzacknähmaschine *f* || ~ **stitch** / Zickzackstich *n* || ~ **tack** (sew) / Zickzack-Riegel *m* || ~ **twill** / Zickzackköper *m*, Spitzköper *m*
zinc *n* / Zink *n* || ~ **acetate** / Zinkacetat *n* || ~ **borate** / Zinkborat *n* || ~ **carbonate** / Zinkkarbonat *n* || ~ **chloride** / Zinkchlorid *n*, Chlorzink *n* || ~ **chloride bath** / Zinkchloridbad *n*, Chlorzinkbad *n* || ~ **chloride resist** / Zinkchloridreserve *f*, Chlorzinkreserve *f* || ~ **dust** / Zinkstaub *n* || ~ **dust bisulphite discharge** / Zinkstaubbisulfitätze *f* || ~ **dust bisulphite vat** / Zinkstaubbisulfitküpe *f* || ~ **dust discharge** / Zinkstaubätze *f* || ~ **fluorosilicate** / Zinkhexafluorosilikat *n*, Zinksilikofluorid *n* || ~ **formaldehyde sulphoxylate** / Zinkformaldehydsulfoxylat *n* || ~ **formate** / Zinkformiat *n* || ~**-free** *adj* / zinkfrei *adj* || ~ **hydrosulphite** / Zinkhydrosulfit *n* || ~ **hydrosulphite discharge** / Zinkhydrosulfitätze *f* || ~**-lime vat** / Zink-Kalk-Küpe *f*, Zinkstaub-Kalk-Küpe *f* || ~ **mordant** / Zinkbeize *f* || ~ **naphthenate** / Zinknaphthenat *n* || ~ **nitrate** / Zinknitrat *n* || ~ **oxide** / Zinkoxid *n* (Zinkweiß) || ~ **plate screen** / Zinkblechschablone *f* || ~ **powder** / Zinkpulver *n* || ~ **powder** / Zinkstaub *m* || ~ **powder discharge** / Zinkstaubätze *f* || ~ **salt resist** / Zinksalzreserve *f* || ~ **sheet screen with cut-outs** / dessinierte Zinkblechschablone *f* || ~ **soap** / Zinkseife *f* || ~ **stearate** / Zinkstearat *n* || ~ **sulphate** / Zinksulfat *n*, Zinkvitriol *n* || ~ **sulphide** / Zinksulfid *n* || ~ **thiocyanate** / Zinkthiocyanat *n* || ~ **white** / Zinkweiß *n* (Zinkoxid) || ~ **white paste** / Zinkweißpaste *f* || ~ **yellow** / zinkgelb *adj* (RAL 1018)
zip fastener / Reißverschluß *m* || ~**-fastening casual jacket** / Freizeitjacke *f* mit Reißverschluß || ~ **fly** /

Hosenschlitz *m* mit Reißverschluß || ~**-front corselette** / Hosenkorselett *n* mit Vorderreißverschluß || ~**-lined outer coat** / Jacke *f* mit Reißverschluß || ~**-out lining** / Ausreißfutter *n*
zipper *n* (US) / Reißverschluß *m* || ~ *adj* (US) / teilbar *adj*, aushakbar *adj* || ~ **closing** (US) / Reißverschluß *m* || ~ **feeder/cutter** (making up) / Reißverschlußzuführ- und -abschneidvorrichtung *f* || ~ **foot** (sew) / Reißverschlußfuß *m* || ~ **look** (fash) / Zipper-Look *m* || ~ **sewing attachment** / Reißverschlußapparat *m* || ~ **tape** / Reißverschlußband *n*
zippy coat / Mantel *m* mit Reißverschluß
zirconium chloride / Zirkoniumchlorid *n*
Z-spun yarn / Z-gesponnenes Garn
Z-twill *n* / Z-Grat-Köper *m*, Rechtsgratköper *m*
Z-twist *n* (if the spirals of a yarn conform in slope to the central portion of the letter "Z", the twist is known as Z-twist. Formerly known as right-hand or counter-clockwise twist) / Z-Drehung *f*, Z-Draht *m*, Rechtsdrehung *f*

MANMADE FIBRES

Trade Name	Generic Class	Company Name
A 07	PA	Monsanto Co., USA
A 3	PVA	E. I. Du Pont de Nemours & Co. Inc., USA
A-30	PAC	Asahi Chemical Industry Co. Ltd., Japan
A-32	PAC	Asahi Chemical Industry Co. Ltd., Japan
A-56	PAC	Israel Chemical Fibers Ltd., Israel
A-81	MOD	Asahi Chemical Industry Co. Ltd., Japan
A-150	GL	Owens Corning Fiberglas Corp., USA
A-201 ACRYLIC		see ZEFRAN
A-404/A-405 ACRYLIC		see ZEFKROME
ABERCLARE	PP	J. C. L. F. Goodbody, Ireland
ABERLON	PAC (T)	Aberfoyle Manufacturing Co., USA
AC-0001	PA 6,6/PES	Allied Chemical Co., USA
A. C. E.	PA 6	Allied Chemical Co., USA
ACELAN	CA	pre-WW II
ACELANA	CA/PES	Amcel Europe S. A., Belgium
ACELAST	CA	Isranyl Co. Ltd., Israel
ACELE	CA	E. I. Du Pont de Nemours & Co. Inc., USA
ACELOR	CA	Amcel Europe S. A., Belgium
ACESELLA	CA	Montedison Fibre, Italy
ACESIL	CA	Montedison Fibre, Italy
ACETA	CA	pre-WW II
ACETA-MATT	CA	pre-WW II
ACETA PJS	CT	Courtaulds Ltd., GB
ACETAT	CA	Deutsche Rhodiaceta AG, FRG Lonzona GmbH, FRG
ACETATO	CA	Montefibre, Italy
ACETOCHLORIN	PVCC	USSR
ACE TOP	CV	Kohjin Co. Ltd., Japan
ACETOSILAN	CA	USSR
A. C. I. FIBREGLASS	GL	Australian Fibre Glass Pty. Ltd., Australia
ACOLAN	PAC/CV	Mutual Mills Ltd., GB
ACORN	PES	William Milner & Sons Ltd., GB
ACRA-UCO	PAC	S. A. Uco N. V., Ghent, Belgium
ACRIBEL	PAC	Akzo Belge S. A., Belgium
ACRIBEL A	PAC	Akzo Belge S. A., Belgium
ACRIBEL AT 370	PAC	Fabelta, Belgium
ACRIBEL-CONTROLLED QUALITY	PAC	Akzo Belge S. A., Belgium
ACRIDEL	PAC (T)	Delaine Worsted Mills Inc., USA
ACRILAN	PAC	Monsanto Co., USA
ACRILAN A76P	PAC	Monsanto Co., USA
ACRILIA	PAC	Fibras Acrílicas S. A., Mexico
ACRILOFT	(T)	Deering Milliken & Co. Inc., USA

ACRILOFT

ACRILOFT	PAC/CV/ PA 6.6	J. P. Stevens & Co., USA
ACRINELLE	PAC	Linelle Yarns Ltd., GB
ACRIVEL	PVC/PAC	Filatures Prouvost Roubaix, France
ACROCAR	GL	Owens Corning Fiberglas Corp., USA
ACROCEL	PES	Sudamtex S. A., Textil Sudamericana, Argentina
ACRYLAST	PAC	Dawbarn Bros. Inc., USA
ACRYLAST	PST	Dawbarn Bros. Inc., USA
ACRYLIC	PAC	Dow Badische Co., USA
ACRYLIC FIBER TYPE 61	PAC	American Cyanamid Co., USA
ACRYMAL	PAC	Malina Co. Inc., New York, USA
ACRYMOD	PAC	Filature Gordonnier, Roubaix, France
ACS-POLYPROPYLENE	PP	A. C. S. Industries Inc., USA
ACTIONWEAR	PA 6.6	Monsanto Co., USA
ACTIVA	GL	Owens Corning Fiberglas Corp., USA
ADIMIN (ADYMINE)	PA	USSR
ADOLFF-ANTIFLAMM	PVC	J. F. Adolff AG, FRG
ADOLFF-GARN	PAC	J. F. Adolff AG, FRG
ADOLFF-POLITAL	PE, PP	J. F. Adolff AG, FRG
ADOLFF-STRETCH	PUE/CO	J. F. Adolff AG, FRG
ADOLFF-UMBRALON	—	J. F. Adolff AG, FRG
AELVENAES CORD	CV	Svenska Rayon AB, Sweden
AERESS	MOD	Union Carbide Corp., USA
AEROCOR	GL (T)	Owens Corning Fiberglas Corp., USA
AEROLEN	PUR	Deutsche Schaumfadenwerke E. H. Pläcking, FRG
AERO ROVE	GL	Aerojet-General Corp., USA
AF 970	GL	Aerojet-General Corp., USA
A. F. C.	PA	Asia Fiber Co., Ltd., Thailand
AFLON	CV	Rhône Poulenc Textile S. A., France
AGA-TEXTURE	PA 6.6 (T)	J. F. Adolff AG, FRG
AGFA	CV	pre-WW II
AGILON, AGILON-D	PA 6.6 (T)	Deering Milliken & Co. Inc., USA ICI Fibres Ltd., GB
AGRO	CV	Beaunit Corp., USA
AIR-ART	PES (T)	Teijin Ltd., Japan
AIRCO-VINAL	PVA	Air Reduction Co. Inc., USA
AIRLOFT	CA	Celanese Corp., USA
AIRLOFT	PA/CA	Celanese Corp., USA
AIRLOFT	PA 6.6 (T)	Celanese Corp., USA
AIRLON	PA 6 (T)	Omniafil, Milan, Italy
AIRON	(T)	USSR
AIRON PL	CP	Montedison Fibre, Italy
AIRON PL 500	HWM	Montedison Fibre, Italy
AIRON TK	HWM	Montedison Fibre, Italy
AIR-ROLL	PEE	Unitika Ltd., Japan
AIRVEL	PAC (T)	Newhill & Earnshaw Ltd., GB
AISUERON	PAC	Japan Exlan Co. Ltd., Japan
AITEX	CV/PA-6 (T)	VEB Zwirnerei und Färberei Berga, GDR
AKF	PE	Teijin Ltd., Japan
AKON	PA 6 (T)	USSR
AKSA	PAC	Akrilik Kimnya Sanayii, Turkey

AKULON	PA 6	Enka B. V., Netherlands
		AKZO Plastics N. V., Netherlands
AKVAFLEX	PE, PP	Norfil A. S., Norway
AKVALON	PA 6.6 (6)	Norfil A. S., Norway
AKZENT	PAC	Schöller'sche Kammgarnspinnerei Eitorf AG, FRG
ALAMO-OLEFIN FIBER	PE, PP	Alamo Industries Inc., USA
ALANA	PAC (T)	Templon Spinning Mills, USA
ALASTIN	CV	Fabelta, Belgium
ALASTRA	CV	Fabelta, Belgium
ALASTRAMAT	CV	Fabelta, Belgium
ALBA MECHA	CA	Rhodia Industrias Quimicas, Brazil
ALBENE	CA	Deutsche Rhodiaceta AG, FRG
ALBENE	CA	Rhodia Argentina, Argentina
		Rhône Poulenc Textile S. A., France
ALBENE ITALIA	CA	Montedison Fibre, Italy
ALBULA	CV	Snia Viscosa S. p. A., Italy
ALCOA	MT	Metal Film Co. Inc., USA
ALGIL	MOD	Shawinigan Chemicals Ltd., Canada
		Polymers Inc., USA
		Bakelite Xylonite Ltd., GB
ALGINATE	AL	Courtaulds Ltd., GB
ALGOFLON	PTF	Montecatini-Edison, Spinetta Marengo, Italy
ALIAF	PA	Sherkat Sakami Aliaf, Iran
ALISTRAN	MT	Multi-Tex Products Corp., USA
ALITHREADS	LA	Fillatice España S. A., Spain
		Fillatice France S. A., France
		Fillatice Germania Latexfäden GmbH., FRG
		Fillatice S. p. A., Italy
ALJUNIT	MT	USSR
ALLIED EF-121	PA/PES	Allied Chemical Co., USA
ALLIED-NYLON	PA 6	Allied Chemical Co., USA
ALLIED-TRI-DYE-NYLON	PA 6	Allied Chemical Co., USA
ALLYN 707 NYLON	PA 6	Allied Chemical S. A., Belgium
ALLYN 707 POLYESTER	PES	Allied Chemical S. A., Belgium
ALLYN-707-SDC	PA 6 (T)	Allied Chemical Co., USA
ALLYN-707-XSDC	PA 6 (T)	Allied Chemical Co., USA
ALON	CA	Toho Rayon Co. Ltd., Japan
ALPHA-BAK	PP	Synthetic Industries, North Kansas City, USA
ALPHA QUARZ	GL	Alpha Associates, USA
ALPHA RAYON	CV	Sociedad Española de Seda Artificial S. A., Spain
ALPRONA	PVA	Łódzkie Zakłady Włókien Sztucznych, Poland
ALRAC	PA 4	Alrac Corp., USA
ALTEX	(T)	Litton Mills Textured Yarns Ltd., GB
ALTOFIL	CA	Ets. Kuhlmann, France
ÄLVENÄS CORD	CV	Svenska Rayon AB, Sweden
ÄLVENÄS-NYLON	PA	Svenska Rayon AB, Sweden
ALVYL	PVA	France
AMATALON	PA 6.6 (T)	Mutual Mills Ltd., GB
AMBRON	PA 6	Manifattura Ambrosiana Pietro Santa (Lucca), Italy
AMCEL	CA	Amcel Europe S. A., Belgium
AMCELLE	CT	Celanese Corp., USA

AMCO POLY-PROPYLENE	PE, PP	American Manufacturing Co., USA	
AMCOSTRAP	PP	American Manufacturing Co., USA	
AMERFIL	PE, PP	American Thermoplastic Products Corp., Subs. of Alamo Polymer Corp., USA	
AMERICAN	PE, PP	American Manufacturing Co., USA	
AMERICAN BEMBERG	CC	Beaunit Corp., USA	
AMERICAN THERMOPLASTIC-POLYPROPYLENE	PP	American Thermoplastic Co., USA	
AMFI-TERLENKA	PES	Enka B. V., Netherlands La Seda de Barcelona S. A., Spain	
AMICK	PA 6	Toray Industries Inc., Japan	
AMIGA	PAC	MEZ AG Nähfadenfabrik, Freiburg, FRG	
AMILAN	PA 6	Toray Industries Inc., Japan	
AMILON	PA	India	
AMORE/AMORO	PAC	Kammgarnspinnerei Süssen, FRG	
AMORETTA	PAC	Kammgarnspinnerei Süssen, FRG	
AMORINO	PAC	Schöller'sche Kammgarnspinnerei Eitorf AG, FRG	
AMPLUM	CV	Enka B. V., Netherlands	
AMYD	PA 6.6	USSR	
ANAVOR	PES	Dow Badische Co., USA	
ANDARIA	CV	Asahi Chemical Industry Co. Ltd., Japan	
ANDARIA-NYLON	PA	Asahi Chemical Industry Co. Ltd., Japan	
ANDARIA-NYLON-SEWING-MACHINE-THREAD	PA	Asahi Chemical Industry Co. Ltd., Japan	
ANGELREST	PES	Fiber Industries Inc., USA	
ANGLIA-POLYESTER	PES	Anglia Fibres Ltd., GB	
ANGLIA-POLYETHYLENE	PE	Anglia Fibres Ltd., GB	
ANGLIA-POLYPROPYLENE	PP	Anglia Fibres Ltd., GB	
ANID (ANYDE)	PA 6, 6.6	Chemical Fibre State Trust Klin, Klin, USSR	
ANILANA	PAC	Łódzkie Zakłady Włókien Sztucznych, Poland	
ANILON	PA 6	Chemco n. p., Czechoslovakia	
ANIM-8	ACRYLATE	Rohm & Haas, USA	
ANSO	PA 6 (T)	Allied Chemical Co., USA	
ANSO X	PA 6	Allied Chemical Co., USA	
ANTHELLA	CV	Montedison Fibre, Italy	
ANTHELUX	CV	Montedison Fibre, Italy	
ANTILLE	PAC/FL	Spinning Mill Bertrand, Biella, Italy	
ANTRON	PA 6.6	E. I. Du Pont de Nemours & Co. Inc., USA	
ANTRON III	PA 6.6	E. I. Du Pont de Nemours & Co. Inc., USA	
ANTRON BOUCLE	PA 6.6 (T)	E. I. Du Pont de Nemours & Co. Inc., USA	
ANTRON CRINCLE	PA 6.6 (T)	E. I. Du Pont de Nemours & Co. Inc., USA	
ANTRON ROSELO-BOUCLE-YARN	PA 6.6 (T)	Rose Mills Inc., USA	
ANTRON TYPE 815	PA-6.6	E. I. Du Pont de Nemours & Co. Inc., USA	
ANZA	PES/WO	National Spinning Co. Inc., USA	
ANZAC	PES/WO	National Spinning Co. and National Yarn Corp., USA	
ANZYLON	PA 6.6	Holeproof Mills Ltd., New Zealand	
AO 5	PA	Monsanto Co., USA	

APILON	CP	Toray Industries Inc., Japan
APILON	PAC/CV	Toray Industries Inc., Japan
APOLY	CV modif.	Fuji Spinning Co. Ltd., Japan
APTAN	PA 6.6 (T)	J. & P. Coats & Clarkes, Inc., USA
AQUALON	PA 6	Arflor, Arco, Italy
ARABESQUE	PAC/PA 6.6	Gaetano Marzotto & Figli, Valdagno, Italy
ARBEL	CA	Celanese Corp., USA
ARCT (FTF)	(T)	Chavanoz S. A., France Deering Milliken Co. Inc., USA
ARDENA	CV	Rhône Poulenc Textile S. A., France
ARDENNA	CV	pre-WW II
ARGENTA	CV	pre-WW II
ARGENTEA	CV	Snia Viscosa S. p. A., Italy
ARGENTEUIL	CV	pre-WW II
ARGONA	CV	Poland
ARIFIL	PUE	Pirelli Lastex S. p. A., Italy
ARIMID	—	USSR
ARILOFT	CA	Eastman Kodak Co., USA
ARISTA	CV	Viscosuisse, Switzerland
ARISTOCRAT	CC	Beaunit Corp., USA
ARISTON	CC	pre-WW II
ARLIN	CV	Arlin Manufacturing Co., USA
ARLIN	PP	Arlin Manufacturing Co., USA
ARNEL	CT	Celanese Corp., USA Chemcell Ltd., Canada
ARNEL 60	CT	Canadian Celanese, Canada Celanese Corp., USA Chemcell Ltd., Canada
ARNEL-F-R	CT	Celanese Corp., USA
ARNEL-JET	CT (T)	Amcel Europe S. A., Belgium
ARNEL + NYLON	CT/PA (T)	Amcel Europe S. A., Belgium
ARNEL PLUS	CT/PA	Celanese Fibers Co., USA
ARNEL-TEXTURE	CA (T)	Amcel Europe S. A., Belgium
ARNEL THICK + THIN	CT	Celanese Corp., USA
ARNEL TYPE 60	CT	Chemcell Ltd., Canada
ARNUM	CV	Enka B. V., Netherlands
AROLENE	PES (T)	Mettler-Müller AG, Switzerland
AROMID	PA	E. I. Du Pont de Nemours & Co. Inc., USA
ARTEX	CV	Tomaszowskie Zakłady Włókien Sztucznych, Tomaszów Mazowiecki, Poland
ARTILANA	CV	Svenska Rayon AB, Sweden
ARTISPLIT	PP	Verdelta N. V., Vlaardingen, Netherlands
ARWALAN	PA 6 (T)	ARWA, Feinstrumpfwerke, FRG
ARYLANA	CV	Czechoslovakia
ARYLYN	PA 6	Rohm & Haas, USA
ASA FIRST DIAMANT	PES/WO	ASA-Kontinentale Wollspinnerei GmbH, Stolberg, FRG
ASA FIRST OPAL	PES/WO	ASA-Kontinentale Wollspinnerei GmbH, Stolberg, FRG
ASAHI	CV	Asahi Chemical Industry Co. Ltd., Japan
ASAHI BEMSILKIE	CC	Asahi Chemical Industry Co. Ltd., Japan
ASAHIKASEI ACETATE	CA	Asahi Chemical Industry Co. Ltd., Japan

ASAHIKASEI ACRYLIC FIBER

ASAHIKASEI ACRYLIC FIBER	PAC	see Cashmilon
ASAHIKASEI CUPRO	CC	Asahi Chemical Industry Co. Ltd., Japan
ASAHIKASEI LEONA NYLON 66	PA	Asahi Chemical Industry Co. Ltd., Japan
ASAHIKASEI NYLON	PA 6	Asahi Chemical Industry Co. Ltd., Japan
ASAHIKASEI NYLON SPLIT YARN	PA 6	Asahi Chemical Industry Co. Ltd., Japan
ASAHIKASEI NYLON TIRE CORD	PA 6	Asahi Chemical Industry Co. Ltd., Japan
ASAHIKASEI POLYESTER	PES	Asahi Chemical Industry Co. Ltd., Japan
ASAHIKASEI SPANDEX	PUE	Asahi Chemical Industry Co. Ltd., Japan
ASAHI RAYON	CV	Asahi Chemical Industry Co. Ltd., Japan
ASAHI SARAN	PVD	Asahi Chemical Industry Co. Ltd., Japan
ASAPILEN	PES/RA, PES/PAC	Toyo Sen-i Co. Ltd., Japan
ASBESTON	SL	U. S. Rubber Co., USA Uniroyal Inc., USA
ASOTA-LINZ	PP	Linz Chemie, Austria
ASTER	CV	Montedison Fibre, Italy
ASTERON	CV	pre-WW II
ASTRACETE	CA	Meiatex S. A., Brazil
ASTRALEN	PES (T)	Toray Industries Inc., Japan
ASTRALENE	PES	Toray Industries Inc., Japan
ASTRALENE	PES (T), PA	H. Scragg & Co. and Cheslene & Crêpes Ltd., GB
ASTRALENE-TERLENKA	PES (T)	Moulinages Motte S. A., Belgium
ASTRALOFT	PA (T)	Southern Silk Mills Inc., USA
ASTRALON	PA 6 (T)	Trademark of H. Scragg & Co. and Cheslene & Crêpes Ltd., GB
ASTRASIL	CA	Setificio Stehli & Co. S. A. S., Germignaga (Varese), Italy
ASTRASIL	GL	H. I. Thompson Fiberglass Co., USA
ASTROLON	(T)	Southern Silk Mills Inc., USA
ASTROLONEM	PAC (T)	Rumania
ASTROLURE	PA (T)	Southern Silk Mills Inc., USA
ASTROQUARZ	ST	J. P. Stevens & Co., USA
ASTRO-TURF	PA 6.6	Monsanto Co., USA
ASTY	CA (T)	Teijin Ltd., Japan
ATCO	PA 6.6	American Thermoplastic Corp., USA
ATCO-OLEFIN	PE, PP	American Thermoplastic Products Corp., Subs. of Alamo Polymer Corp., USA
ATELANA	ST	Soc. Atelana, Italy
A-TELL	PEE	A. Tell Co. Ltd., Japan Unitika Ltd., Japan
ATLAS-DRAHT	PA	Bayer AG, FRG
ATLAS-KABEL	PA	Bayer AG, FRG
ATOM	PA 6	United Nylon Corp., Taiwan
«A TO Z»	(T)	Linen Industries Research Assoc., Northern Ireland
AURA-STRETCH	PA (T)	O. Heinemann Corp., USA

AURA-TEX	(T)	O. Heinemann Corp., USA
AURORA	PES	Metalrex S. p. A., Italy
AUSTRIA CORD	CV	Erste Oesterr. Glanzstoffabrik AG, Austria
AUSTROLENE	(T)	Depa International AG, Austria
AUSTROLON	(T)	Depa International AG, Austria
AUTAR	CV	pre-WW II
AUTOCRIMP	PA 6.6 (T), PES (T)	H. E. Mowbray & Co. Ltd., GB
AUTOFLEX	—	Brainard Strapping Div. of Sharon Steel Corp., USA
AUTOTWINE	PP	Indian Head Yarn & Thread, USA
AVANTGARDE	PVC/WO	Esslinger Wolle, Merkel & Kienlien GmbH, FRG
AVCERAM	ST	American Viscose Div. FMC Corp., USA
AVICOLOR	CA	American Viscose Div. FMC Corp., USA
AVICOLOR	CV	American Viscose Div. FMC Corp., USA
AVICRIMP	CV	American Viscose Div. FMC Corp., USA
AVICRON	CV	American Viscose Div. FMC Corp., USA
AVIHAF	CV	Säteri Osakeyhtiö, Finland
AVILA	CV	Feldmühle AG, Switzerland
AVILOC II	CV	American Viscose Div. FMC Corp., USA
AVILON	CV	Säteri Osakeyhtiö, Finland
AVISCO	CV	American Viscose Div. FMC Corp., USA
AVISCO ACETATE	CA	American Viscose Div. FMC Corp., USA
AVISCO PE	PE	American Viscose Div. FMC Corp., USA
AVISCO PFR	CV	American Viscose Div. FMC Corp., USA
AVISCO VINYON	PVC/PVA+	American Viscose Div. FMC Corp., USA
AVISCO-VINYON-N	PVC	American Viscose Div. FMC Corp., USA
AVISTRAP	PP	American Viscose Div. FMC Corp., USA
AVISUN	PP	Avisun Corp., USA
AVITRON	PES	Gelsenberg Faserwerke GmbH, FRG
AVLEN	PES	American Viscose Div. FMC Corp., USA
AVLIN	PES	American Viscose Div. FMC Corp., USA
AVRIL (AVRIL FIBER 40, FIBER 40)	HWM	American Viscose Div. FMC Corp., USA
AVRON	CV	American Viscose Div. FMC Corp., USA
AW	CP/WO	Kawashima Textile Mills Ltd., Japan
AYRLYN	PA 6	Rohm & Haas, USA
AYTEX	PA (T)	Aycliffe Textiles Ltd., GB
AZELON	PA 9	Unitika Ltd., Japan
AZTECRON	PA	Kimex S. A., Mexico
B 8	CM	Rhône Poulenc Textile S. A., France
BAANLON	PA (T)	see BAN-LON
BABETTE	PAC	Kammgarnspinnerei H. Ottens & Co., Horst, FRG
BAKRA	PES/CO	Filature Thiriez, Paris, France
BALE LOK	PP	Exxon Chemical Co., USA
BALERON	CV	Chemical Plant J. Dimitrov, Czechoslovakia
BALOFT	PES	Toyobo Co. Ltd., Japan
BANDURA	PA	Jos. Bancroft & Sons Co., USA
BANESTA	PES (T)	Jos. Bancroft & Sons Co., USA
BANILON	PA (T)	see BAN-LON
BANLON	PA, PES	Beaunit Corp., USA

BAN-LON

BAN-LON	PA (T)	Jos. Bancroft & Sons Co., USA
BAN-LON A	PA (T)	Klinger Yarns Ltd., GB
BANTAP	PE	see CARALYAN
BARBARA	(T)	Sauquoit Fibers, USA
BARFILEX	PP	Barmer Maschinenfabrik AG, Rheydt, FRG
BARON	PA 6	Jang Dah Nylon Ind. Corp. Ltd., Taiwan
BASALT-FASER	SL	USSR
BASIC	CAR	Basic Carbin, USA
BATRON	PES	Bates Manufacturing Co. Inc., USA
BAYALINE	CV	Achille Bayart & Cie., France
BAYER PERLON	PA 6	Bayer AG., FRG
BAYER-PERLON-FASER L 29	PA 6	Bayer AG., FRG
BAYER-PERLON-E-BAND	PA 6	Bayer AG., FRG
BAYER-PERLON-TEPPICH-KABEL	PA 6 (T)	Bayer AG., FRG
BAYER-PERLON-ENDLOS	PA 6	Bayer AG., FRG
BCF	PA 6.6 (T)	E. I. Du Pont de Nemours & Co. Inc., USA
B. C. I.-NYLON	PA 8	Belding Hemingway Corp., USA
BEAMETTE	PP	Dawbarn Bros., USA
BEANLON	PP	Metlon Corp., USA
BEAU-GRIP	CV	Beaunit Corp., USA
BEAUNEL	CV	Beaunit Corp., USA
BEAUNIT NYLON-6	PA 6	Beaunit Corp., USA
BEAUNIT POLYPROPYLENE	PP	Beaunit Corp., USA
BEAUNIT RAYON	CV	Beaunit Corp., USA
BEAUTREL	CV	Beaunit Corp., USA
BEAUTY OF LADY	CV	Teijin Ltd., Japan
BEDOR	MT	Benedict & Dannheisser GmbH, FRG
BEKA	PES	American Enka, USA
BEKINOX	MT	Fa. Bekaert, Belgium
BEKITOX	PA 6.6/MT	Fa. Bekaert, Belgium
BEL-ACRIBEL	PAC	Akzo Belge S. A., Belgium
BELACRYL	PAC	Syntric GmbH, FRG
BEL AIR	PAC	Lister & Co. Ltd., GB
BELASTRA	CV	pre-WW II
BELEX	PA (T)	Kanebo Ltd., Japan
BELFUR	PA 6	Toray Industries Inc., Japan
BELIMA	PA/PES	Kanebo Ltd., Japan
BELIRA	PES	Yugoslavia
BELL	CV	Kanebo Ltd., Japan
BELLACE	PES/CO	Kanebo Ltd., Japan
BELLACETA	CA	Moonsocket Textiles Inc., Manville R. I., USA
BELLASTER	PES (T)	Moonsocket Textiles Inc., Manville R. I., USA
BELLEX	PE	Asahi-Dow Ltd., Japan
BELLMOR	PA (T)	Kanebo Ltd., Japan
BELLOFT	PA 6.6 (T)	Kanebo Ltd., Japan
BELLOVA	CV	Rhône Poulenc Textile S. A., France
BELLTOP	CV	Kanebo Ltd., Japan
BELMIMAT	CV	pre-WW II

BELMORA	PA (T)	Belmont Throwing Corp., Belmont, USA
BEMBERG	CC	pre-WW II
BEMBERG	CC	Beaunit Corp., USA
		J. P. Bemberg, FRG
		Bemberg S. p. A., Italy
BEMBERG II	CC	Asahi Chemical Industry Co. Ltd., Japan
BEMBERG-SHANTUNG	CC	Bemberg S. p. A., Italy
BEMSERICA	CC	Asahi Chemical Industry Co. Ltd., Japan
BEMSILKIE	CC	Asahi Chemical Industry Co. Ltd., Japan
BENELLE	PAC	Federal Spinning Co., USA
BEN-TOSLON	PES/RA, PAC/RA	Toyo Sen-i Co. Ltd., Japan
BENZALON	PVA	USSR
BERATEX	PP, PE	REFAC-Resources & Facilities Corp., New York, USA
		Haniel, Franz & Cie. GmbH, Duisburg, FRG
BERGLA	GL	Glasfaser GmbH, Düsseldorf, FRG
BERMODI	PA 6.6 (T)	Böhringer & Reuss GmbH, FRG
BERUNO	PA	Kanebo Ltd., Japan
BERWILASTIC	PA 6 (T)	Böhringer & Reuss GmbH, FRG
BERWILON	PA (T)	Böhringer & Reuss GmbH, FRG
BERWINA-ELASTISS	PA 6 (T)	Böhringer & Reuss GmbH, FRG
BERYLLA	PA 6.6/WO	Esslinger Wolle, Merkel & Kienlien GmbH, FRG
B. E. S. C.-DELTA	PES	English Calico Ltd., GB
BESLAN	PAC	Toho Rayon Co. Ltd., Japan
BESLON	PAC	Toho Rayon Co. Ltd., Japan
		Hankook Synthetic Fiber Co. Ltd., South Korea
BESLON AD	PAC	Toho Beslon Co. Ltd., Japan
BESLON TN	PAC	Toho Beslon Co. Ltd., Japan
BESLON BIKOMPONENT FIBER	PAC	Toho Beslon Co. Ltd., Japan
BESLON HIGH SHRINKABLE FIBER	PAC	Toho Beslon Co. Ltd., Japan
BETA-YARN	GL	Owens Corning Fiberglas Corp., USA and Belgium
BEXAN	PVD	Bakelite Xylonite Ltd., GB
BEXYARN	PE	Bakelite Xylonite Ltd., GB
BHS	MOD	see TEKLAN
BICOMPONENT	PA 6 + PP	Hungary
BICRYLA	PAC/CA (T)	Billion & Cie., France
BIDIM	PES	Rhône Poulenc Textile S. A., France
BIFIL	PA	Enka B. V., Netherlands
BIJOHAI	CV	Teijin Ltd., Japan
BILACETTA	PA/CA (T)	Billion & Cie., France
BILACRYL	PAC (T)	Billion & Cie., France
BILEXTENS	PA 6.6 (T)	Billion & Cie., France
BILFLAM	PA, PES (T)	Billion & Cie., France
BILNIT	PA (T)	Billion & Cie., France
BI-LOFT	PAC	Monsanto Co., USA
BILREVE	PES (T)	Billion & Cie., France
BIMATTINA	CV	pre-WW II
BIOLAN	—	Institute for Organic Synthesis, USSR
BIOMOUSS	CT	Achille Bayart & Cie., France

BISLECH

BISLECH	PES	Kanebo Ltd., Japan
BISPEARL	CV	Bieze Stork & Co., Nijverdal, Netherlands
BISTOR	PES (T)	Poland
BITANYL	PA 6.6 (T)	Zwirnerei Untereggingen, FRG
BITHIAZOLAMID	PA modif.	Monsanto Co., USA
BLACK BIRD	CV	Unitika Ltd., Japan
BLANC-DE-BLANC	PA 6	American Enka Corp., USA
BLAZON	PA 6.6 (T)	Deering Milliken & Co. Inc., USA
BLERIA	PES (T)	Toray Industries Inc., Japan
BLUE-BELL	PP, PE	Belfast Rope Works Ltd., Ireland
BLUE «C» ELURA	PUE	Monsanto Co., USA
BLUE-C-NYLON	PA 6.6	Monsanto Co., USA
		Monsanto Co., Europe
BLUE-C-POLYESTER	PES	Monsanto Co., USA
BLUE «C»-TEXTURED NYLON YARN	PA 6.6 (T)	Qualitex Yarns Ltd., GB
		Brocklehurst Yarns Ltd., GB
BN-FIBER	ST	Carborundum Comp., Niagara Falls, USA
BNS-NYLON	PA 6.6	ICI Fibres Ltd., GB
		Fibremakers Ltd., Australia
		South African Nylon Spinners, South Africa
BOALON	PA 6.6 (T)	Tokyo Rayon Co., Japan
		Osaka Synthetic Fibre Co. Ltd., Japan
		Osaka Gosei Seni Co. Ltd., Japan
BODANA	CV	Feldmühle AG, Switzerland
BODANELLA	CV	pre-WW II
BODANYL/BODANITE	PA 6	Feldmühle AG, Switzerland
BODYFREE	PA	Allied Chemical Co., USA
BOLTA	PE, PP	Bolta-Werke GmbH, FRG
BOLTA BOLTALEN P	PP	Bolta-Werke GmbH, FRG
BOLTAFLEX	PVD	Bolta Products Div., General Tire and Rubber Co., USA
BOLTALEN	PE	Bolta-Werke GmbH., FRG
BOLTA-SARAN	PVM	Bolta-Werke GmbH, FRG
BOLTATHENE	PE	Bolta Products Div., General Tire and Rubber Co., USA
BONLOFT	PA 6 (T)	Toyobo Co. Ltd., Japan
BONRIVER	PA/PAC (T)	Kawashima Textile Mills Ltd., Japan
BOOMELON	PA	Toray Industries Inc., Japan
BONYLA	PA (T)	Toyobo Co. Ltd., Japan
BORGOLAN (BORGOLON, BORGO, BORGO-HAIR)	PA 6, 6.6 (T)	Torcitura di Borgomanero S. p. A., Italy
		Nahums Union Mills (Yarns) Ltd., GB
BORGOLON CREPE NYLON	PA 6.6 (T)	Torcitura di Borgomanero S. p. A., Italy
BORGOSILON	CA/PA 6.6 (T)	Torcitura di Borgomanero S. p. A., Italy
BORGOSILUX	CA/PA 6.6 (T)	Torcitura di Borgomanero S. p. A., Italy
BOR-NITRID	ST	Carborundum Comp., Niagara Falls, USA
BOUCEL	PA 6.6 (T)	Roselon Yarns Inc., USA
BOUCIBAS	PA (T)	Hotex-Hochrhein-Textil GmbH, FRG
BOUCIFLOTT	PA (T)	Hotex-Hochrhein-Textil GmbH, FRG
BOUCIPERS	PA (T)	Hotex-Hochrhein-Textil GmbH, FRG
BOUCISET	PA (T)	Hotex-Hochrhein-Textil GmbH, FRG
BOUCLARGENT	MT	Sildorex, Paris, France
BOUCLENE	PES (T)/CV	R. Greg & Co. Ltd., GB

BOUCLE YARN	PA 6.6 (T)	Qualitex Yarns Ltd., GB
BOURGOISE	PAC/WO	Aggertal-Wolle Ochel & Co., Derschlag, FRG
BOUTIQUE	PES	Etbl. d'Aoust Frères S. A., Anderlecht, Belgium
B. R. C.	CV	Baroda Rayon Corp. Ltd., India
BREDA (IN HEXAGON)	CV	Hollandsche Kunstzijde Ind. N. V., Netherlands
BREDANESE	CV	Hollandsche Kunstzijde Ind. N. V., Netherlands
BREDANESE EXTREMA	CV	pre-WW II
BREDANOVA	CV	Hollandsche Kunstzijde Ind. N. V., Netherlands
BRENKA	CV	Enka B. V., Netherlands British Enkalon Ltd., GB
BRENKONA	CV	Enka B. V., Netherlands British Enkalon Ltd., GB
BRIGLO	CV	American Enka Corp., USA
BRILLANTE	CV	Snia Viscosa S. p. A., Italy
BRILLIANTEX	MT	Metalrex S. A. S., Italy
BRILLANT-LIGHT	CV PP	Toyada Spinning & Weaving Co. Ltd., Japan
BRILON	PA (T)	Argentina
BRI-LON	PA 6.6 (T)	ICI Fibres Ltd., GB
BRI-NOVA	PA	ICI Fibres Ltd., GB
BRINYL	PA (T)	François Masurel Frères, France
BRINYLIA	CA	L. Briand & Fils, France
BRI-NYLON CREPE KNIT	PA 6.6 (T)	ICI Fibres Ltd., GB
BRI-NYLON-EFFEKTA	PA 6.6	ICI Fibres Ltd., GB
BRI-NYLON-POLI-FILAMENT	PA 6.6 (T)	ICI Fibres Ltd., GB
BRI-NYLON TYPE 21 S	PA 6.6	ICI Fibres Ltd., GB
BRI-NYLON TYPE 171	PA 6.6	ICI Fibres Ltd., GB
BRI-NYLON TYPE 175	PA 6.6 (T)	ICI Fibres Ltd., GB
BRI-NYLON TYPE 202	PA 6	ICI Fibres Ltd., GB
BRI-NYLON TYPE 215	PA 6.6	ICI Fibres Ltd., GB
BRI-NYLON TYPE 215	PA 6.6 (T)	ICI Fibres Ltd., GB
BRI-NYLON TYPE 242	PA 6.6	ICI Fibres Ltd., GB
BRI-NYLON TYPE 247	PA 6.6	ICI Fibres Ltd., GB
BRI-NYLON TYPE 263	PA 6.6	ICI Fibres Ltd., GB
BRI-NYLON TYPE 266	PA 6.6	ICI Fibres Ltd., GB
BRI-NYLON TYPE 540	PA 6.6	ICI Fibres Ltd., GB
BRI-NYLON TYPE 550	PA 6.6	ICI Fibres Ltd., GB
BRI-NYLON TYPE 575	PA 6.6 (T)	ICI Fibres Ltd., GB
BRI-NYLON TYPE 600	PA 6.6	ICI Fibres Ltd., GB
BRI-NYLON TYPE 700	PA 6.6	ICI Fibres Ltd., GB
BRI-NYLON TYPE 922	PA 6.6	ICI Fibres Ltd., GB
BRI-NYLON TYPE B	PA 6.8	ICI Fibres Ltd., GB
BRI-NYLON TYPE C 12	PA 6.6	ICI Fibres Ltd., GB
BRI-NYLON TYPE G 2	PA 6.6	ICI Fibres Ltd., GB
BRI-NYLON TYPE G 4	PA 6.6	ICI Fibres Ltd., GB
BRI-NYLON TYPE K 101	PA 6.6	ICI Fibres Ltd., GB
BRI-NYLON TYPE K 175	PA 6.6 (T)	ICI Fibres Ltd., GB
BRI-NYLON TYPE K 200	PA 6.6	ICI Fibres Ltd., GB
BRI-NYLON TYPE K 271	PA 6.6 (T)	ICI Fibres Ltd., GB
BRI-NYLON TYPE K 275	PA 6.6 (T)	ICI Fibres Ltd., GB
BRI-NYLON TYPE K 805	PA 6.6 (T)	ICI Fibres Ltd., GB

BRI-NYLON TYPE K 812	PA 6.6	ICI Fibres Ltd., GB
BRI-NYLON TYPE K 815	PA 6.6 (T)	ICI Fibres Ltd., GB
BRI-NYLON TYPE K 825	PA 6.6 (T)	ICI Fibres Ltd., GB
BRI-NYLON TYPE K 835	PA 6.6 (T)	ICI Fibres Ltd., GB
BRI-NYLON TYPE T 105	PA 6.6 (T)	ICI Fibres Ltd., GB
BRISTRAND (BRISTEX)	PVC/PVA	Polymers Inc., USA
BRITENKA	CV	Enka B. V., Netherlands British Enkalon Ltd., GB
BROOKLON	PA 6.6 (T)	Brook Doubling Co. Ltd., GB
BROPLENE (BROPP)	PP	British Ropes Ltd., GB
BRULON	PA 6.10	ICI Fibres Ltd., GB
BRUNSLON	PA/MT	Brunswick Corp., USA
BRUNSMET	MT	Brunswick Corp., USA
BRUNSPORE	MT	Brunswick Corp., USA
BUCALENI	PES (T)	Glen Raven Mills, USA
BUCARONI	PA 6.6 (T)	Bucaroni Comp. Lacoray S. A., Switzerland Krinklon Ltd., Canada
BUCLON	PA (T) PES (T)	Qualitex Yarns Ltd., GB
BULANA	PAC	Burlana Works, Burgas, Bulgaria
BULK	PA 6.6 (T)	Billion & Cie., France
BULK-EZE	PAC (T)	Associated Spinners Inc., USA
BULKIENA	PP (T)	Toyo Spinning Co. Ltd., Japan
BULKLON	PA/WO	Toray Industries Inc., Japan
BULKOWA	PES	Kowa Spinning Co. Ltd., Japan
BULKY ACE	CV	Kohjin Co. Ltd., Japan
BULKY-NYLON	PA (T)	G. Swindells & Sons Ltd., GB
BULON	PA 6.6 (T)	Sewing Silk Mills Ltd., GB
BULOOK	PES (T)	Unitika Ltd., Japan
BULSOFT	PP	Chisso Corp., Japan
BULSOFT-FLORE	PP	Chisso Corp., Japan
BUONARROTI	PA 6.6 (T)	Glen Raven Mills, USA Bucaroni Comp. Lacoray S. A., Switzerland Krinklon Ltd., Canada
BURLANA	PAC	Bulgaria
BURLON	PA 6.6 (T)	Burstin Hosiery Mills Pty. Ltd., Australia
BURMILIZED	(T)	Burlington Industries, USA
BU-TEX	MT	Multi-Tex Products Corp., USA
BUTNBASE	GL	Peace River Glass Fibres Ltd., Canada
BUTTELENE	PES	Butte Knitting Mill, Div. of Jonathan Logan Inc., Spartenburg, USA
BX	CP	Rhône Poulenc Textile S. A., France
BX	PA, PP	Bakelite Xylonite Ltd., GB
BX-SARAN	PVM	Bakelite Xylonite Ltd., GB
C-311	CP	Mitsubishi Rayon Co. Ltd., Japan
CADON	PA 6.6	Monsanto Co., USA
CAFI	PES	Chemicals & Fibres of India, India
CAICARA	PA 6	Manufactura Nacional de Plásticos S. A., Brazil
CALABRO	MOD	E. B. & A. C. Whiting Co., USA
CALCOLOR	CV	Courtaulds S. A., France
CALFUR	PES/CO	Toray Industries Inc., Japan
CALINDA	PES (T)	Teikoku Sen-i Co. Ltd., Japan
CALLAWAY- POLYPROPYLENE	PP	Callaway Mills Co., USA

CAMALON	PA (T)	Camac Corp., USA
CAMAVYL	PVC/WO	Cavois Mahieu Fils & Cie., Roubaix, France
CAMBRELLE	PA	ICI Fibres Ltd., GB
CAMELON	PA/CA (T)	J. Heathcoat, GB
CAMPAS SPUN	PAC	Mitsubishi Rayon Co. Ltd., Japan
CANADA-WESTERN-POLYPROPYLENE/NIL	PP	Canada Western Cordage Co. Ltd., Canada
CANTONA	—	Enka B. V., Netherlands
		Enka Glanzstoff AG, FRG
CANTONELLA	CV	Enka B. V., Netherlands
CANTRECE	PA 6.6 +	E. I. Du Pont de Nemours & Co. Inc., USA
	PA 6.10	Du Pont de Nemours (Deutschland) GmbH, FRG
CAPOFLEX	Ceramic fibre	GB
CAPROLAN	PA 6	Allied Chemical Co., USA
CAPROLAN TOUGH	PA 6 (T)	Allied Chemical Co., USA
CAPROLAN TYPE BC	PA 6 (T)	Allied Chemical Co., USA
CAPROLAN TYPE DC	PA 6 (T)	Allied Chemical Co., USA
CAPROLAN TYPE HBW	PA 6	Allied Chemical Co., USA
CAPROLAN TYPE HTB	PA 6	Allied Chemical Co., USA
CAPROLAN TYPE L	PA 6	Allied Chemical Co., USA
CAPROLAN TYPE MB	PA 6	Allied Chemical Co., USA
CAPROLAN TYPE MBC	PA 6 (T)	Allied Chemical Co., USA
CAPROLAN TYPE N	PA 6	Allied Chemical Co., USA
CAPTIVA	PA (T)	Allied Chemical Co., USA
CARA-DOMO	PA 6	—
CARAFLEC	PAC/CV (T)	Caron Spinning Comp., USA
CARAGLO-MARK 1	PAC/PA 6.6	Caron Spinning Comp., USA
CARAGLO-MARK 2	PAC	Caron Spinning Comp., USA
CARALOFT	PAC (T)	Caron Spinning Comp., USA
CARALYAN	PE	Toyo Chemical Co. Ltd., Japan
CARANA	PA 6.6	Millhaven Fibres Ltd., Canada
CARASPIRE	PAC	Caron Spinning Comp., USA
CARAVESS	PP	Alamo Industries Inc., USA
CARAWISP	PAC	Caron Spinning Comp., USA
CARBOLON	PAC modif.	Nippon Carbon Comp., Japan
CARBON	PAC modif.	Courtaulds Ltd., GB
CARBYL	PA 6	Inquitex S. A., Spain
		USSR
CARDINE	MOD	Union Carbide Corp., USA
CARLONA 60 004	PE	Shell, USA
CARLONA PHY	PP	Shell, USA
CAROLAN	CA	Mitsubishi Acetate Co. Ltd., Japan
CAROLAN	PAC	Caron Spinning Comp., USA
CARONA	PAC	Mitsubishi Rayon Co. Ltd., Japan
CARYLENE	PES (T)	ICI Fibres Ltd., GB
CASHLENE	PES (T)	Harwood Cash & Co. Ltd., GB
CASHLON	PA 6.6 (T)	Harwood Cash & Co. Ltd., GB
CASHMILON	PAC	Asahi Chemical Industry Co. Ltd., Japan
CASHMILON A-2	PAC	Asahi Chemical Industry Co. Ltd., Japan
CASHMILON A-23	PAC	Asahi Chemical Industry Co. Ltd., Japan
CASHMILON A-27	PAC	Asahi Chemical Industry Co. Ltd., Japan
CASHMILON A-32	PAC	Asahi Chemical Industry Co. Ltd., Japan

CASHMILON BT

CASHMILON BT	PAC	Asahi Chemical Industry Co. Ltd., Japan
CASHMILON-CONJUGATE	PAC	Asahi Chemical Industry Co. Ltd., Japan
CASHMILON-FILAMENT	PAC	Asahi Chemical Industry Co. Ltd., Japan
CASHMILON G	PAC	Asahi Chemical Industry Co. Ltd., Japan
CASHMILON-SPANDEX-CORE-YARN	PUE/PAC	Asahi Chemical Industry Co. Ltd., Japan
CASLINE	PA	Unitika Ltd., Japan
CASTELLO	CA	Châtillon S. p. A., Italy
CEDILLA	PA 6.6 (T)	Celanese Corp., USA
CEFLEX	(T)	Chapman Fraser & Co. Ltd., GB
CELACHROME	CA	Canadian Celanese, Canada
CELACLOUD	CA	Celanese Corp., USA
CELACRIMP	CA	Celanese Corp., USA
CELACRYL	PAC	Courtaulds Ltd., GB
CELAFIBRE	CA	Courtaulds Ltd., GB
CELAFIL	CT (T)	Courtaulds Ltd., GB
CELAFIL	CA	Celanese Fibres Co., USA
CELAIRE	PA/CA (T)	Celanese Corp., USA
CELAIRESE	CA	Celanese Fibres Co., USA
CELALOFT	CA	Celanese Corp., USA
CELANESE	PA 6.6	Fiber Industries Inc., USA
CELANESE	CA	Courtaulds Ltd., GB Celanese Colombiana S. A., Columbia Celanese Corp., USA Celanese Venezolana, Venezuela
CELANESE-NYLON	PA 6.6	Celanese Corp., USA
CELANESE-POLYAMID	PA 6	Celanese Mexicana S. A., Mexico
CELANESE-PP	PP	Celanese Corp., USA
CELANESE RAYON	CV	Celanese Colombiana S. A., Columbia
CELANESE STATAWAY	PA	Fiber Industries Inc., USA
CELAN-FEFASA	CV	Empresa Nacional de Celulosas S.A., Spain
CELAPERM	CA	Celanese Corp., USA
CELARAMA	CA	Courtaulds Ltd., GB
CELARANDOM	CA	Celanese Corp., USA
CELAREN	CA	Rayon y Celanese, Peru
CELAROVE	CA	Courtaulds Ltd., GB
CELASPUN	PP	Cel-Cil-Fibres Ltd., Canada
CELATOW	CA	Celanese Corp., USA
CELATRESS	CA	Celanese Corp., USA
CELAWEB	CA	Celanese Corp., USA
CELCORTA	CA	Celanese Mexicana S. A., Mexico
CELCOS	CA	Celanese Corp., USA
CELECON	CA	Comet Fibers Inc., USA
CELFIBRAS	PA 6.6	Celfibras do Brazil Ltda., Brazil
CELJUTA	CV	Poland
CELLCOLOR	CV	Kohjin Co. Ltd., Japan
CELLCUT	CV	Kohjin Co. Ltd., Japan
CELLENCA	CV	Enka B. V., Netherlands
CELLEIGHT	CV	Kohjin Co. Ltd., Japan
CELLOMETAL	MT	Kalle, FRG

CELLOVYL	PVC	Rhône Poulenc Textile S. A., France
CELLTOP	CV	Kohjin Co. Ltd., Japan
CELLTORON	CA	Daicel Ltd., Japan
CELOFIBRA	CV	Rumania
CELON	PA 6	Courtaulds Ltd., GB
CELON	PA 6	Svenska Rayon AB, Sweden
CELRIVER	CT	Celanese Corp., USA
CELTA	CV	Viscosuisse, Switzerland
CELTA BIMATTINA	CV	pre-WW II
CELTAFLAM	CV	pre-WW II
CELTA MATTINA	CV	pre-WW II
CELTREL/CELTRE	PES	Celanese Colombiana S. A., Columbia
CELTRON	PES	C. A. Fibras Químicas de Venezuela Celanese Venezolana S. A., Venezuela
CEM-FIL	GL	Fibreglass Ltd., GB
CENTURY NYLON	PA 6	The Century Spinning & Manufacturing Co. Ltd., India
CENTURY RAYON	CV	Century Spinning, India
CEOLON	PUR	Ceolon Gesellschaft K. E. Merckle, FRG
CERAFIBER	SL	Johns-Manville Fiber Glass Inc., USA
CERDAS	PA	Brazil
CEREX	PA 6.6	Monsanto Co., USA
CETEA	CV	pre-WW II
CETOVA	CV	Rhône Poulenc Textile S. A., France
CETRYL	PP	Rhône Poulenc Textile S. A., France
CF-FASER	PA 6.6	Deutsche Rhodiaceta AG, FRG
CHADEL	PUE/PA	Chadbourn Gotham Corp., USA
CHADOLENE	PP	Tennessee Fibers, USA
CHADOLON	PA 6.6 (T)	Chadbourn Gotham Corp., USA Chadolon Inc., USA, Patentex Inc., USA
CHAMBERTEX	GL	Soc. du Verre Textile, France
CHAMPALEX	PUE/PA	Ets. Champier, France
CHANREINE	PA/CT (T)	Teijin Ltd., Japan
CHATILAINE	CV	Châtillon S. p. A., Italy
CHATILAN	CA	Montedison Fibre, Italy
CHAVACRYL	PAC (T)	Filatures et Moulinages de l'Ardèche S. A., France
CHAVADENE	CA/PA 6.6 (T)	Chavanoz S. A., France
CHAVALOR	PAC (T)	Chavanoz S. A., France
CHAVANYL	PA 6.6 (T)	Chavanoz S. A., France
CHAVASIS	PAC (T)	Chavanoz S. A., France
CHAVASOL	PA 6.6/CA (T)	Chavanoz S. A., France
CHAVASTYL	PAC/CA (T)	Chavanoz S. A., France
CHAVATAL	PES (T)	Chavanoz S. A., France
CHEMCELL	CA	Chemcell Ltd., Canada
CHEMFALON	MOD, PAC	Chemfa GmbH, FRG
CHEMFIT	PA	Monsanto Co., USA
CHEMIYARN	—	Kowa Spinning Co. Ltd., Japan
CHEMLINE	PA 6.6	Monsanto Co., USA
CHEMLON	PA 6	Chemlon Humenné, Czechoslovakia
CHEMLUX	PA	Monsanto Co., USA
CHEMSPUN	PAC	Templon Spinning Mills Inc., USA

CHEMSTRAND-NYLON	PA 6.6	Monsanto Co., USA
CHENY P	PA 6.6, PA 11 (T)	Les Moulinages de Pont-de-Bridou S. A., France
CHERASOL	PA (T)	Chavanoz S. A., France
CHESLENE	PES (T)	Cheslene & Crêpes Ltd., GB
CHESLON	PA 6.6 (T)	Cheslene & Crêpes Ltd., GB
CHEVRON	PP	Chevron Chemical Co., USA
CHIBA-KEN	GL	Asahi Fiber Glass Co. Ltd., Japan
CHILDSPLAY-SAABA	PES (T)	Anderson & Robertson Ltd., GB
CHINLON	PA 6	Peiping Synthetic Fiber Plant, China
CHINON	PAC/Casein	Toyobo Co. Ltd., Japan
CHINSANG	CV	Hollandsche Kunstzijde Ind. N. V., Netherlands
CHINSANG CANTONA	CV	Hollandsche Kunstzijde Ind. N. V., Netherlands
CHINSANG EXTREMA	CV	pre-WW II
CHINSANG FLATTESA	CV	pre-WW II
CHISSO-POLYPRO (-PORIPURO)	PP	Chisso Corporation, Japan
CHLORIN	PVCC	Chemical Fibre Plant Syerpukhov, USSR
CHROMEFLEX	MT	Metal Film Co. Inc., USA
CHROMEL A	MT	Hoskins Manufacturing Co., USA
CHROMFLEX	MT	Metal Film Co., USA
CHROMOFLEX	MT	Rubber & Plastics Compound Comp. Inc., USA
CHROMSPUN	CA	Eastman Chemical Products, USA
CHRYSELLA	CA	Courtaulds (Australia) Ltd., Australia
CIDÉNA	CV	Rhône Poulenc Textile S. A., France
CIDENYL	PA 6.6/CV	Etabl. Sion Frères, France
CIFA	CV	C. I. F. A., Portugal
CIFACOLOR	CV	C. I. F. A., Portugal
CIFALON	PA 6	C. I. F. A., Portugal
CIFRANA	CV	C. I. F. A., Portugal
CIGATOW	CA	Daicel Ltd., Japan
CIL-NYLON	PA 6.6	Canadian Industries Ltd., Canada
CIMA	CV	Montedison Fibre, Italy
CINTILLA	PA 6.6 (T)	G. H. Heath & Co. Ltd., GB
CIRCOFIL	LA	Höxtersche Gummifadenfabrik, FRG
CIRRUS	PA/CV	Teikoku Sangyo Co. Ltd., Japan
CISAT	CV	Celanese Mexicana, Mexico
CISELLA	CV	pre-WW II
CLARAY ESTER	PES	Kuraray Co. Ltd., Japan
CLARON	PST	H. Rosenhirsch Co., USA
CLAVELLA	PES	Kuraray Co. Ltd., Japan
CLEARSTITCH	PA 6.6	J. Gross & Sons Inc., USA
CLEERSPAN	PUE	Globe Manufacturing Co. Inc., GB
CLEERSPUN	PUE	Globe Manufacturing Co., USA
CLEV-OR	PAC	Associated Spinners Inc., USA
CLEVYL	PVC	Rhône Poulenc Textile S. A., France
CLEVYLASTIC	PUE/PVC	Rhône Poulenc Textile S. A., France
CLEVYLOR	PVC/PAC	Rhône Poulenc Textile S. A., France
CLIFDOWN	(T)	Clifton Yarn Mills Inc., USA
CLION	PA 6	SAIR S. p. A., Varese, Italy
CLORÈNE	PVM	Rhône Poulenc Textile S. A., France

COCKS	PAC/WO/PA	Gunze Ltd., Japan
COILY-YARN	PA 6 (T)	Kanebo Ltd., Japan
COLACRIL	PAC	Monsanto Co., USA
COLBACK	PES	Colbond N. V., Netherlands
COLLINE	PP	Toyo Chemical Co. Ltd., Japan
COLLITT	PP	Toyo Chemical Co. Ltd., Japan
COL-NYLON	PA 6	Nylon Colombiana S. A., Columbia
COLONA	PA	Toyobo Co. Ltd., Japan
COLORANDO	PA 6 (T) PA 6.6 (T)	Lacoray S. A., Switzerland
COLORAY	CV	Courtaulds (Canada) Ltd., Canada
COLORIFIC	PA 6.6	Industrial Wire & Plastics Co. Inc., USA
COLOR-SEALED-BLACK	PA 6.6	E. I. Du Pont de Nemours & Co. Inc., USA
COLORSPUN	CV	New Bedford Rayon Div., USA
COLVERA-MODAL	HWM	Enka Glanzstoff AG., FRG
COMISO	CV	Beaunit Corp., USA
CONAN	PES/WO, PA/WO	Gunze Ltd., Japan
CONBEL	PA (T)	Kanebo Ltd., Japan
CONCORDE	PP	Concorde Fibers Inc., USA
CONEX	—	Teijin Ltd., Japan
CONJULANE	PAC	Japan Exlan Co. Ltd., Japan Toyobo Co. Ltd., Japan
CONOMET	MT	Continental Can. Co., USA
CONSULANE	PAC	Japan Exlan Co. Ltd., Japan
CONTOUR	PA 6.6 (T)	Duplan Corp., USA
CONTRO	LA	Firestone Industrial Rubber, USA
CONVENTIONAL-CREPE	PA 6.6 (T)	William Tatton & Co. Ltd., GB
CONYLOFT	PA 6 (T)	Teijin Ltd., Japan
CONYLOFT TYPE D	PES (T)	Teijin Ltd., Japan
CONYMA	CV	Nyma N. V., Netherlands
CONYMEX	CV	Nyma N. V., Netherlands
COPET-NYLON	PA 6	Petroquímica Sudamericana S. A., Argentina
CORALDO	CV	pre-WW II
CORD 56	CV	Snia Viscosa S. p. A., Italy
CORDACEL	CV	Celanese Mexicana S. A., Mexico
CORDAMEX	CV	Celulosa y Derivados S. A., Mexico
CORDAX	VI	Enka B. V., Netherlands
CORDELAN	PVC/PVA	Kohjin Co. Ltd., Japan
CORDELLA	PVC	Kohjin Ltd., Japan
CORDENE	CV	Montedison Fibre, Italy
CORDENKA	CV	Enka B. V., Netherlands Enka Glanzstoff AG, FRG
CORDENKALON	PA 6	Enka B. V., Netherlands Enka Glanzstoff AG, FRG
CORDOGLAS	GL	Ferro Corp., USA
CORD RAYON	CV	Snia Viscosa, Italy
CORDRON	CV	Courtaulds (Australia) Ltd., Australia
CORDURA	PA 6.6 (T)	E. I. Du Pont de Nemours & Co. Inc., USA
CORDYL	CV/CO	Rhône Poulenc Textile S. A., France
CORDYL-CIDENA	CV	Rhône Poulenc Textile S. A., France

CORLAINE

CORLAINE	PA 6.6/CV/WO	Courtaulds Ltd., GB
CORLASTIC	CO/PUE	Spinnerei Lampertsmühle AG, FRG
		Heinrich Bodenschatz KG., FRG
		Kulmbacher Spinnerei, FRG
CORNEX	—	Teijin Ltd., Japan
CORO-DYED	GL	Owens Corning Fiberglas Corp., USA
COROLLA	PES (T)	Teijin Ltd., Japan
CORONA	CV	Daiwa Spinning Co. Ltd., Japan
CORPILON	PES	Toray Industries Inc., Japan
CORVAL	CV	Courtaulds (Canada) Ltd., Canada
COSETA	CV	GDR
CO-TEX-SET	PA 6.6/PES	ICI Fibres Ltd., GB
COTLON	PP	Plasticisers Ltd., GB
COTOPA	CV	Cotopa Ltd., GB
COTTON-IN	CO/SYN	Deutsche Rhodiaceta AG, FRG
COTTON-PLUS	HWM	American Enka Corp., USA
COUNTERSTAT	PA 6.6	ICI Fibres Ltd., GB
COURISSIMA	PAC/CV	Courtaulds Ltd., GB
COURLENE	PE	Courtaulds Ltd., GB
COURLENE-DURACOL	PE	Courtaulds Ltd., GB
COURLENE PY	PP	Courtaulds Ltd., GB
COURLENE X3	PE	Courtaulds Ltd., GB
COURNOVA	PP	Courtaulds Ltd., GB
		Courtaulds, Australia
COURTAULDS-NYLON	PA 6	Courtaulds North America Inc., USA
		Courtaulds Canada, Canada
COURTAULDS STANDARD	CV	Courtaulds Ltd., GB
COURTELLE	PAC	Courtaulds Ltd., GB
		Courtaulds France, France
		Courtaulds North America Inc., USA
COURTELLE CP 1	PAC	Courtaulds Ltd., GB
COURTELLE-DURACOL	PAC	Courtaulds Ltd., GB
COURTELLE FORTICOL	PAC	Courtaulds Ltd., GB
COURTELLE LC	PAC	Courtaulds Ltd., GB
COURTELLE-NEOCHROME	PAC	Courtaulds France, France
COURTOLON-C, -X	PA 6.6 (T)	Courtaulds Ltd., GB
COVA	CV	Viscose Suisse, Switzerland
COVALA	CV	Viscose Suisse, Switzerland
COVERLAST	LA/PUE	Rich-Flex Manufacturing Co., USA
COVINAIRE	CV	Midland Ross Corp., USA
COVINGTONE	CV	Midland Ross Corp., USA
CRANE & DEER	CV	Unitika Ltd., Japan
CREATORS-POLYPROPYLENE	PP	Creators Ltd., GB
CREMODE TYPE 55	PAC/CO	Toyobo Co. Ltd., Japan
CREMONA	(PVA)	Kuraray Co. Ltd., Japan
CREPELON	PA (T)	Atwater, Plymouth, Pa., USA
CREPESET	PA 6 (T)	American Enka Corp., USA
CREPETOR	PA (T)	Atwater, Plymouth, Pa., USA
CRESLAN	MOD, PAC	American Cyanamid Co., USA
CRESTIN	CV	Cotopa Ltd., GB

CRESTOL	CV	Cotopa Ltd., GB
CRILENKA	PAC	Cyanenka S. A., Spain
CRILOR	PAC	SAFA, Spain
CRIMPA	PES (T)	Toyobo Co. Ltd., Japan
CRIMPEL	PES (T)	Toyobo Co. Ltd., Japan
CRIMPED	CV	Snia Viscosa, Italy
CRIMPILAC/CRIMPLAC	PES (T)	National Spinning Co. Inc., USA
CRIMPLENE	PES (T)	ICI Fibres Ltd., GB
CRIMPLENE HI-SPUN	PES (T)	ICI Fibres Ltd., GB
CRIMP NYLON 66	PA 6.6 (T)	Courtaulds Ltd., GB
CRIMPTOR	PES (T)	Poland
CRINCLE	(T)	Scott & Williams Inc., USA
		Teijin Ltd., Japan
CRINOCOSE	CV	Soc. Lyonnaise des Textiles, France
CRINOL	CV	Snia Viscosa S. p. A., Italy
CRINOVYL	PVCC	Rhône Poulenc Textile S. A., France
CRINVIL	PVC	Polifiber S. A. R. L., Italy
CRISPELLA	CV	Enka B. V., Netherlands
		Enka Glanzstoff AG, FRG
CRITERIA	CV	Rhône Poulenc Textile S. A., France
CRISTALLO	CA	Rhodiatoce, Italy
CROFIL	PA	Sintéticos Slowak S. A., Uruguay
CROFON	—	E. I. Du Pont de Nemours & Co. Inc., USA
CROFYL/CROFIL	PA 6	Sintéticos Slowak S. A., Uruguay
CROLAN	PES	Celanese Mexicana S. A., Mexico
CROMOFLEX	MT	Seal Pruf Italiana, Turin, Italy
		Rubber & Plastics Compound Inc., USA
CRONENKA	CV	Enka B. V., Netherlands
CROSLEE YARNS	(T)	John Crossley & Sons Ltd., GB
CROWELON	PP	Crowe Rope Co., Div. of Andrew Crowe & Sons Inc., USA
CRUMERON	PAC	Magyar Viscosagyár, Nyergesujfalu, Hungary
CRYLDÉ	PAC	Rhône Poulenc Textile S. A., France
CRYLENKA	PAC	Enka B. V., Netherlands
CRYLOR	PAC	Rhône Poulenc Textile S. A., France
		Industrias Cia. Rhodosá de Rayon, Brazil/
		Celulosa y Derivados S. A., Mexico
		Deutsche Rhodiaceta AG, FRG
CRYSEL	PAC	Celulosa y Derivados S. A., Mexico
CRYSELLA	CV	Courtaulds (Australia) Ltd., Australia
CRYSTAL	CA	Eastman Chemical Products, USA
CRYSTAL-CRYLON	PAC	S. A. Van Damme, Belgium
CRYSTALLING	CA/PA 6.6	Tennessee Eastman Co., USA
CRYSTAL-MIST	PES	American Enka Corp., USA
		Metlon Corp., USA
CRYSTAL POLAR YARN	CV/CP	Asahi Chemical Ind. Co. Ltd., Japan
CUBACORD	CV	Ind. Cons. Matanzas, Cuba
CUBAFIBRA	CV	Ind. Cons. Matanzas, Cuba
CUBAFIL	CV	Ind. Cons. Matanzas, Cuba
CUBASUPRA	CV	Ind. Cons. Matanzas, Cuba
CUBATEN	CV	Ind. Cons. Matanzas, Cuba
CUERDA NYLON	PA 6	Celulosa y Derivados S. A., Mexico

CULFAR

CULFAR	PES	Toray Industries Inc., Japan
CUMULOFT 32	PA 6.6	Monsanto Co., USA
CUMULOFT BLUE C NYLON	PA 6.6 (T)	Monsanto Co., USA
CUMULOFT C 1440	PA 6.6	Monsanto Co., USA
CUPIONI (TYPE B)	CC	Beaunit Corp., USA Bemberg S. p. A., Italy
CUPLON	CC	Asahi Chemical Ind. Co. Ltd., Japan
CUPRACOLOR	CC	Beaunit Corp., USA Bemberg S. p. A., Italy
CUPRALBA	CC	pre-WW II
CUPRAMA	CC	Bayer AG, FRG
CUPRASHEER	CC	Beaunit Corp., USA
CUPRASIL	CC	Beaunit Corp., USA
CUPRESA	CC	Bayer AG, FRG
CUPRIA	CC	Beaunit Corp., USA
CUPRINO	CC	Beaunit Corp., USA
CUPROFINO	PES/CC	Beaunit Corp., USA
CUREL	PUR	Curtiss-Wright Co., USA Reeves Bros. Inc., USA
CURLIE	CV	Teijin Ltd., Japan
CURLY-Q	PES	Wellmann Inc., USA
CURPEL	CC	Beaunit Corp., USA
CUSIA	CC	pre-WW II
CUSIO	CC	Bemberg S. p. A., Italy
CWC	PP	Canada Western Cordage Co. Ltd., Canada
C. W. S.	PAC/WO/CP	Kawashima Textile Mills Ltd., Japan
CYANAMID ACRYLIC FIBER	MOD	see CRESLAN
CYDSA	PA 6, PES	Celulosa y Derivados S. A., Mexico
CYDSA RAYON	CV	Celulosa y Derivados S. A., Mexico
CYLON	PAC	Czechoslovakia
«D»	GL	Owens Corning Fiberglas, USA
D-225	GL	Owens Corning Fiberglas, USA
DACRON	PES	E. I. Du Pont de Nemours & Co. Inc., USA
DACRON FIBERFILL	PES	E. I. Du Pont de Nemours & Co. Inc., USA
DAICELL	CA	Daicel Ltd., Japan
DAIFLON	PTF	Osaka Kinzoku Kogyo Co. Ltd., Japan
DAIWA	PEE	Daiwa Spinning Co. Ltd., Japan
DAIWABO	CV	Daiwa Spinning Co. Ltd., Japan
DAIWABO POLYNO	CP	Daiwa Spinning Co. Ltd., Japan
DAIWABO-POLYPRO 500	PP	Daiwa Spinning Co. Ltd., Japan
DAIWABO SELLPY YARN	PP	Daiwa Spinning Co. Ltd., Japan
DANADUR	HWM	Süddeutsche Chemiefaser AG, FRG
DANAFLEX	PP	Esbjerg Ropeworks Ltd., Denmark
DANAKLON-PPX	PP	Jacob Holm Varde A/S, Denmark
DANAMID	PA 6	Hungary
DANUFIL	CV	Süddeutsche Chemiefaser AG, FRG
DANUFLOR	CV	Süddeutsche Chemiefaser AG, FRG
DANULON	CP	Süddeutsche Chemiefaser AG, FRG
DANULON	PA 6	Magyar Viscosa Részvénytársaság, Hungary

DAPLEN	PP	Petrochemie Schwechat AG, Austria
DAPOLENE	PES	Daehan Synthetic Fiber Co. Ltd., South Korea
DARAN	PAC	Japanese Geon Co. Ltd., Japan
DARELLE	CV	Courtaulds Ltd., GB
DARLAN	PVID	Celanese Corp., USA
DARLEEN	LA	Darlington Fabrics, USA
DARLSPAN	PUE	Darlington Fabrics, USA
DARVAN	PVID	B. F. Goodrich Chemical Co., USA
DASPUN	PES	Heminway & Bartlett, USA
DAWBAC	PE, PP	Dawbarn Div., W. R. Grace & Co., USA
DAWBARN-DLP	PE, PP	Dawbarn Div., W. R. Grace & Co., USA and Canada
DAWBARN-NYLON	PA 6.6	Dawbarn Bros., USA
DAWBARN-POLYETHYLENE	PE	Dawbarn Bros., USA
DAWBARN-POLYSTYRENE	PST	Dawbarn Bros., USA
DAWBARN-SARAN	PVM	Dawbarn Bros., USA
DAWTEX	PE, PP	Dawbarn Div. Thiokol Chemical Corp., USA
DAYAN	PA 6	Perlofil S. A., Spain
DAYANKA	PA 6 (T)	Perlofil S. A., Spain
DC-100	PUE	Globe Manufacturing Co., USA
DECALON	PA 6.10	Montedison Fibre, Italy USSR
DECATHLON	PES	Goodyear Tire & Rubber Co., USA
DECORA	CV	Viscosuisse, Switzerland
DECOT	PES/CO	Synthetic Thread Co., USA
DEDERON	PA 6	VEB Chemiefaserkombinat Guben, GDR VEB Chemiefaserwerk «Friedrich Engels», GDR VEB Chemiefaserwerk Schwarza «Wilhelm Pieck», GDR VEB Filmfabrik Wolfen, GDR VEB Kunststoffwerk «Aceta», GDR
DEDOLAN	PA 6 (T)	GDR
DEEGLASS	GL	Deeglas Fibres Ltd., GB
DEIRIN	PA 8	USSR
DELACUDLE	PA	Toray Industries Inc., Japan
DELAFIL	CA	Canadian Celanese, Canada
DELCRON TYPE 54 AND 64	PES	Polycrón de Méjico S. A., Mexico
DELFIN	PES (T)	Gerrit van Delden & Co., FRG
DELFION	PA 6	Snia Viscosa S. p. A., Italy
DELICIOUS	PES	Toray Industries Inc., Japan
DELNET	PP	Hercules Inc., USA
DELRIN 500 X	—	E. I. Du Pont de Nemours & Co. Inc., USA
DELTA	PES	English Calico Ltd., GB
DELUSTRA	CV	Courtaulds Ltd., GB
DEMILON	PA	Cia. Sontex de Roupas, Brazil
DEPAFIL	PA 6.6 (T)	British Depa-Crepes Ltd., GB Klinger Manuf. Co., GB
DEPALENE	PES (T)	British Depa-Crepes Ltd., GB Klinger Manuf. Co., GB
DEPALOFT	PA 6.6 (T) PES (T)	British Depa-Crepes Ltd., GB

DEPALON

Name	Type	Manufacturer
DEPALON	PA 6.6 (T)	British Depa-Crepes Ltd., GB Klinger Manuf. Co., GB
DEPALUX	PA (T)	Depa International AG, Austria
DEPANYL	PA 6.6 (T)	British Depa-Crepes Ltd., GB Klinger Manuf. Co., GB
DERIS	PES	Asahi Chemical Ind. Co. Ltd., Japan
DETRILUX	PA (T)	Depa International AG, Austria
DEWHURST	PES	English Calico Ltd., GB
DIACRYL	PAC/CV	Rhône Poulenc Textile S. A., France
DIAFIL	CV	Teijin Ltd., Japan
DIA-FRESH DIA-FRESH-LOOK	PES/WO/PA	Toyobo Co. Ltd., Japan
DIA-HONEY	PAC/WO	Toyobo Co. Ltd., Japan
DIA-LILLY	PES/WO	Toyobo Co. Ltd., Japan
DIAMOND	PP, PE	Metlon Corp., USA
DIAMOND BLACK	CC	Beaunit Corp., USA
DIAMOND-QUEEN	MT	Sakobe & Co. Inc., Japan
DIANE	(T)	Sauquoit Fibres, USA
DICEL	CA	Courtaulds Ltd., GB
DICEL DURACOL	CA	Courtaulds Ltd., GB
DICEL-LO-FLAM	CA	Lansil Ltd., GB
DICEL LO FLAM	CA	Courtaulds Ltd., GB
DICEL SUPERWHITE	CA	Courtaulds Ltd., GB
DICROLENE	PES	Petroquímica Sudamericana S. A., Argentina
DILON	PA	Dawood Cotton Mills Ltd., Pakistan
DILRAYON	CV	Karnaphuli Rayon & Chemicals Ltd., Bangla Desh
DIMAFIL, DIMA	PA 6	Plasticisers Ltd., GB
DIMLON	CV	Chemical Plant J. Dimitrov, Czechoslovakia
DINITRIL-A-FASER	PVID	Celanese Corp., USA
DIOLEN	PES	Enka Glanzstoff AG, FRG Enka B. V., Netherlands Sumar S. A., Chile
DIOLEN GV	PES (T)	Enka Glanzstoff AG, FRG
DIOLEN-FILL	PES	Enka Glanzstoff AG, FRG
DIOLEN LHS	PES	Enka Glanzstoff AG, FRG
DIOLEN-LOFT	PES (T)	Enka Glanzstoff AG, FRG
DIOLEN LUESTER CONTROLLED QUALITY	PES	Enka B. V., Netherlands
DIOLEN SM	PES	Enka Glanzstoff AG, FRG
DIOLEN-STAFA	PES	Enka B. V., Netherlands
DIOLEN-ULTRA	PES	Enka B. V., Netherlands
DIOLEN ULTRA V	PES/CV	Enka B. V., Netherlands Enka Glanzstoff AG, FRG
DIOLEN XF	PES	Enka Glanzstoff AG, FRG
DISCRELLA	CV	Enka B. V., Netherlands
DJELLOVA	CV	Rhône Poulenc Textile S. A., France
DLP	PE PP	Thiokol, USA
DODEKAN	PA 12	USSR
DOLAN	PAC	Süddeutsche Chemiefaser AG, FRG
DOLAN 88	PAC	Hoechst AG, FRG
DOLOMITE	GL	Dolomite Glass Fibre Inc., USA

DOMINGA	CV	pre-WW II	
DONISTEX	PES (T)	Donisthorpe & Co. Ltd., GB	
DON MAID	PES	Donisthorpe & Co. Ltd., GB	
DORCOLOR	PA, PAC	Bayer AG, FRG	
DOREL POLYPROPYLENE	PP	Celanese Corp., USA	
DORIAN	CA/PA (T)	Montedison Fibre, Italy	
DORIX	PA 6	Bayer AG, FRG	
DORLASTAN	PUE	Bayer AG, FRG	
DORLON	PUR	Bayer AG, FRG	
DOROSUISSE	PA 6.6	Viscosuisse, Switzerland	
DORVIVAN	PA 6	Bayer AG, FRG	
DORZAN	PA 6.6	E. I. Du Pont de Nemours & Co. Inc., USA	
DOSPUN	PAC	Doagh Spinning Co. Ltd., Ireland	
DOW BADISCHE NYLON	PA 6	Dow Badische Co., USA	
DOW BADISCHE POLYESTER	PES	Dow Badische Co., USA	
D-POLYESTER	PES (T)	Teijin Ltd., Japan	
DRAINE	PAC/WO	Moulinages Motte S. A., Belgium	
DRAKA SARAN	PVC	N. V. Hollandsche Draad en Kabelfabriek, Netherlands	
DRALON	PAC	Bayer AG, FRG	
DRALON ATF 1007	MOD	Bayer AG, FRG	
DRANYL	PA 6.6	Rhône Poulenc Textile S. A., France	
DRAPESPUN	CV	Midland Ross Corp., USA	
DREAM SLUB	CC	Beaunit Corp., USA	
DRIMA 130	PA 6.6	J. &. P. Coats & Clark Inc., USA	
DRIMA T 120	PES	J. &. P. Coats & Clark Inc., USA	
DROPGAL	PES (T)	Association DROP, France	
DROPNYL	PA 6.6 (T)	Association DROP, France	
DROPSAN	PA 11 (T)	Association DROP, France	
DRYLENE	PP, PE	Slack Bros. Ltd., GB Plasticisers Ltd., GB	
DRYLON	PST	Plasticisers Ltd., GB	
DSN	PA 6	Beaunit Corp., USA	
D-TYPE-YARN	PES (T)	Teijin Ltd., Japan	
DUAL-TORQUE	(T)	Fluflon Ltd., GB	
DUCILON	PA 6.6	Ducilo S. A. I. C., Argentina	
DUCILO-NYLON	PA 6.6	Ducilo S. A. I. C., Argentina	
DUCILO RAYON	CV	Ducilo S. A. I. C., Argentina	
DUCILO VISCOSA	CV	Ducilo S. A. I. C., Argentina	
DUCLE	PA 6 (T)	Clarence L. Meyers & Co. Inc., USA	
DUCORDURA	CV	Ducilo S. A. I. C., Argentina	
DUKANE	PP	Copet Co., Argentina	
DULCEDA	CV	Enka B. V., Netherlands	
DULESCO	CV	Courtaulds Ltd., GB	
DULKONA	CV	Enka B. V., Netherlands	
DULL FAST	CV	Midland Ross Corp., USA	
DULL-SLUBBY	CC	Beaunit Corp., USA	
DULL TONE	CV	Midland Ross Corp., USA	
DULOFT	(T)	Duplan Corp., USA	
DUNACRIL	PAC	Magyar Viscosa, Hungary	

DUNALON

DUNALON	PA 6		Hungary
DUNOVA	PAC		Farbenfabriken Bayer, FRG (trade name for Dralon in Chile)
DUOLON	PA (T)		W. &. J. Sharples Ltd., GB
DUOTWIST	PA (T)		Turbo Machine Co., USA
DUOTWIST	PES/WO		Castlecorner Mills Ltd., Ireland
DUPLAN	(T)		Duplan Corp., USA
DU PONT 501	PA 6.6		E. I. Du Pont de Nemours & Co. Inc., USA
DU PONT BCF-NYLON CARPET YARN	PA 6.6 (T)		E. I. Du Pont de Nemours & Co. Inc., USA
DU PONT-NYLON INDUSTRIAL YARNS	PA 6.6		E. I. Du Pont de Nemours & Co. Inc., USA
DU PONT-NYLON STAPLE YARN	PA 6.6		E. I. Du Pont de Nemours & Co. Inc., USA
DU PONT-NYLON TEXTILE FILAMENT YARN	PA 6.6		E. I. Du Pont de Nemours & Co. Inc., USA
DURACEL	CV		Celanese Mexicana S. A., Mexico
DURACOL	—		Courtaulds Ltd., GB
DURACOLOR	CV		Rhône Poulenc Textile S. A., France
DURACORE	PP		Rope Div. Colorado Fuel & Iron Steel Co., USA
DURAFIL	CV		Courtaulds Ltd., GB
DURAFLOX	CV		Enka Glanzstoff AG, FRG
DURAGLAS	GL		Turner Brothers Asbestos Co. Ltd., GB
DURALON	PA 6		Celanese Mexicana S. A., Mexico
DURAMAT	GL		Turner Brothers Asbestos Co. Ltd., GB
DURA-NYLON	PA 6		Kanebo Ltd., Japan
DURAPLEN	PP		Filamentos y Perfiles S. A., El Salvador
DURAR	CV		Soc. Lyonnaise des Textiles, France
DURASPAN	PUE		Playtex International Latex Corp., Dover, Del., USA
DURA-STRAN	MT		Multi-Tex Products Corp., USA
DURATEX	CV		Snia Viscosa S. p. A., Italy
DUREL	PP		Celanese Corp., USA
DUREL-POLYPROPYLENE	PP		Celanese Corp., USA
DURETA	CC		J. P. Bemberg, FRG
DURETT	PA		Monsanto Co., USA
DUREX	CV		Soc. Lyonnaise des Textiles, France
DUREX	MT		Multi-Tex Products Corp., USA
DURON	PP		Plasticisers Ltd., GB
DUTEX	PA (T), PES (T)		Duplan Corp., USA
DY-COR	GL		Hess, Goldsmith, Div. of Burlington Ind., USA
DYE 1	PA 6.6 modified		Monsanto Co., USA
DYLENE	PES/CA (T)		Montedison Fibre, Italy
DY-LOC	CV		Midland Ross Corp., USA
DY-LOK	CV		American Cyanamid Co., USA
DYMAX-TYPE 3D	PA 6.6		Signode Corp., Chicago, USA
DYMETROL	PA 6.6, 6.10		E. I. Du Pont de Nemours & Co. Inc., USA
DYNABELT	CV		American Viscose, USA

DYNACOR	CV	Beaunit Corp., USA
		Courtaulds (Canada) Ltd., Canada
		American Viscose, USA
		Midland Ross Corp., USA
		Tyrex Inc., USA
DYNAFLEX	(T)	Galtex Co. Ltd., Canada
DYNALOFT	PA, PES, PAC, CT, PP (T)	Leon Ferenbach Inc., USA
DYNAMIL	PA (T)	Kanebo Ltd., Japan
DYNATEX	(T)	Kahn & Feldman Inc., USA
DYNEL	MOD	Union Carbide Corp., USA
DZG-ZELLWOLLE	CV	Süddeutsche Chemiefaser AG, FRG
E	GL	Owens Corning Fiberglas, USA
EAGLETS	CV	Kurashiki Co. Ltd., Japan
EASTHAMPTON-ELASTOMER	PUE	United Elastic Corp., USA
EASTHAMPTON-POLYPROPYLENE	PP	United Elastic Corp., USA
EASTLON	PES	Oriental Chemical Fiber Corp., Taiwan
EASTMAN ACETATE	CA	Eastman Chemical Products, USA
EASTMAN ESTRON FR	CA	Eastman Chemical Products, USA
EASTMAN-POLYPROPYLENE	PP	Tennessee Eastman Co., USA
ECF	PES	Fiber Industries Inc., USA
ECOOL	PES/CV	Toyobo Co. Ltd., Japan
EDILON	PA/CA	Montedison Fibre, Italy
EF-121	PA 6/PES	Allied Chemical Co., USA
E-FIBER	GL	Owens Corning Fiberglas, USA
EFILON (EFYLON)	PA 6.6	Magyar Viscosa Részvénytársaság, Hungary
EIKI	PES	Teijin Ltd., Japan
EKSPRESS	PES/PAC	Gerrit van Delden & Co., FRG
EKTAFILL	PES	Tennessee Eastman Co., USA
ELALY	PES, PA	Nisshin Spinning Co. Ltd., Japan
ELANA	PES	Toruńskie Zakłady Tworzyw Sztucznych, Poland
ELARINE	PES (T)	Nisshin Spinning Co. Ltd., Japan
ELART	PES (T)	Teijin Ltd., Japan
ELASLON	PA (T)	Unitika Ltd., Japan
ELAST	PA 6 (T)	Montedison Fibre, Italy
ELASTIC NYLON	PA 6 (T)	Kanebo Ltd., Japan
ELASTIK	PA (T)	USSR
ELASTIL	PA 6	Gorzowskie Zakłady Włókien Sztucznych, Gorzów, Poland
ELASTOKA	PUE/PA (T)	Fimola S. A., France
ELASTON	CV	Svenska Rayon AB, Sweden
ELASTON	PUE	Chemical Fibre Plant Jelenia Góra, Poland
ELASTOR	PES (T)	Poland
ELASTOVER	GL	Rhône Poulenc Textile S. A., France
ELDER	PA	Toray Industries Inc., Japan
ELDER	PES	Toray Industries Inc., Japan
ELECTY	MT	Teikoku Sen-i Co., Japan
ELEKIL	PAC	Mitsubishi Rayon Co. Ltd., Japan
ELENA	PES	Poland
ELFLAVA	CV	USSR

ELIANA

ELIANA	CA	Novaceta S. p. A., Italy
ELSTRAMA	CV	VEB Kunstseidenwerk «Clara Zetkin», GDR
ELTAS	PAC, PAC/PA	Asahi Chemical Industry Co. Ltd., Japan
ELTEXTIL	PE	N. V. Solvay & Cie., Brussels, Belgium
ELURA	MOD	Monsanto Co., USA
ELURA	PUE	Polythane Fibres Ltd., Ireland and Monsanto Co., USA
EMBLEM	PA 6	Unitika Ltd., Japan
EMERA	PA	Enka B. V., Netherlands
EMERA	CV	Hollandsche Kunstzijde Ind. N. V., Netherlands
EMMENBRÜCKE NYLON	PA	Viscose Suisse, Switzerland
EMPRESS	PES	Hualon Teijin Corp., China
EMPRESS	CV	China Man-Made Fiber Corp., Taiwan
EMU	PP	Geo. Kinnear & Sons, Australia
EMULON	PA 6.6 (T)	Fluflon Ltd., GB
ENANT (OENANT)	PA 7	USSR
ENBIRON	PVC	Toyo Chemical Co. Ltd., Japan
ENCALUX (BCF)	PA	Enka Glanzstoff, FRG
ENCEL	CM	American Enka Corp., USA
ENCONA	CV	Enka B. V., Netherlands
ENCRON	PES	American Enka Corp., USA
ENCRON 8	PES	American Enka Corp., USA
ENCRON GOLDEN TOUCH	PES	American Enka Corp., USA
ENCRON MUSCLE FLEX	—	see MUSCLE-FLEX
ENCRON-PLUS	PES/CP	American Enca Corp., USA
ENGLO	CV	American Enka Corp., USA
ENJAY NYLON	PA	Enjay Fibers and Laminates Co., USA
ENJAY POLYESTER	PES	Enjay Fibers and Laminates Co., USA
ENJAY SARAN	PVM	Enjay Fibers and Laminates Co., USA
ENKA	—	Enka Glanzstoff AG, FRG Enka B. V., Netherlands
ENKA-COMFORT	PA 6	Enka Glanzstoff AG, FRG
ENKA CRÊPE	PA 6 (T)	Enka B. V., Netherlands Enka Glanzstoff AG, FRG British Enkalon Ltd., GB American Enka Corp., USA
ENKACRYL	PAN	Enka B. V., Netherlands
ENKADOS	PA/PES	Enka B. V., Netherlands La Seda de Barcelona S. A., Spain
ENKAFORT	GL	N. V. Silenka, Netherlands Enka B. V., Netherlands
ENKALAN	PA	Enka B. V., Netherlands
ENKALASTIC	PA 6 (T)	Enka B. V., Netherlands Enka Glanzstoff AG, FRG
ENKALENE	PA	American Enka Corp., USA
ENKALENE	PES	Enka B. V., Netherlands
ENKALITE	PES (T)	American Enka Corp., USA
ENKALOFT	PA 6 (T)	Enka B. V., Netherlands American Enka Corp., USA

ENKALON	PA 6	Enka B. V., Netherlands
		British Enkalon Ltd., GB
		Enka de Colombia S. A., Columbia
		Fibras Químicas S. A., Mexico
		Petroquímica S. A., Rumania
		La Seda de Barcelona S. A., Spain
		Perlofil S. A., Spain
ENKALON CONTROLLED QUALITY	PA 6	Enka B. V., Netherlands
ENKALURE	PA 6	Enka B. V., Netherlands
		Enka Glanzstoff AG, FRG
		British Enkalon Ltd., GB
		American Enka Corp., USA
ENKALURE II	PA 6	American Enka Corp., USA
ENKAMAT	PA	Enka Glanzstoff AG, FRG
ENKANESE	CV	Enka B. V., Netherlands
ENKA NYLON	PA 6.6	Enka B. V., Netherlands
		Enka Glanzstoff AG, FRG
ENKA PERLON	PA 6	Enka B. V., Netherlands
		Enka Glanzstoff AG, FRG
ENKA PERLON M	PA 6 (T)	Enka B. V., Netherlands
		Enka Glanzstoff AG, FRG
ENKA-PERLON V	PA	Enka Glanzstoff AG, FRG
ENKA PERLON VR	PA 6	Enka B. V., Netherlands
		Enka Glanzstoff AG, FRG
ENKA-POLYESTER	PES	see ENCRON
ENKA POLYNOSIC	CM	Enka Glanzstoff AG, FRG
ENKA RAYON	CV	Enka B. V., Netherlands
		Enka Glanzstoff AG, FRG
		British Enkalon Ltd., GB
		American Enka Corp., USA
ENKASA	PR	Enka B. V., Netherlands
ENKA-SHEER	PA 6, PA 6.6	Enka B. V., Netherlands
		Enka Glanzstoff AG, FRG
		British Enkalon Ltd., GB
ENKASPAN	PUE	Enka B. V., Netherlands
ENKASTAT	PA 6	Enka Glanzstoff AG, FRG
ENKA-SWING	PUE	Enka B. V., Netherlands
		Enka Glanzstoff AG, FRG
		La Seda de Barcelona S. A., Spain
ENKATHERM	—	Enka B. V., Netherlands
ENKATRON	PA 6/PES	Enka B. V., Netherlands
		American Enka Corp., USA
ENKA VISCOSE	CV	American Enka Corp., USA
ENKA-ZANTREL	CM	American Enka Corp., USA
ENKONA	CV	Enka B. V., Netherlands
ENKOR	CV	American Enka Corp., USA
ENKROME	CV	American Enka Corp., USA
ENLON	PE, PP	National Plastics Products Co., USA
ENSTEX	PES	Reima Pukkino Oy, Finland
ENVILON	PVC	Toyo Chemical Co. Ltd., Japan
ENZLON	PA 6	Holeproof Mills Ltd., New Zealand
EPOARL	PA (T)	Unitika Ltd., Japan
EPYLON	(T)	Siegling, FRG
EQUIFLEX	PP	Equipesca, Spain
ERAMIT	PVA	USSR

ERANIT

ERANIT	PVA	USSR
ERMALON	PA 6.6 (T)	Teijin Ltd., Japan
ESBULK	PES (T)	Unitika Ltd., Japan
ESCO + DEVICE	CV	Esco Etbl. Industriels pour la Soie et le Coton S. A. E., Egypt
ESCON	PP	Esso Research & Engineering Co., USA Enjay Fibers and Laminates Co., Odenton, Maryland, a Division of Enjay, USA
ESCORTO	CV	Courtaulds Ltd., GB
ESLON	CV/CA	Nihon Acetate Co. Ltd., Japan
ESPA/ESPANET	PUE	Toyobo Co. Ltd., Japan
ESTAC	CV/CP CV/PAC	Fuji Spinning Co. Ltd., Japan
ESTACEL	CA	Courtaulds (Australia) Ltd., Australia
ESTANE VC	PUE	B. F. Goodrich Chemical Co., USA
ESTEL	PES	Toyobo Co. Ltd., Japan
ESTELEX	PES/CV (S)	Toyobo Co. Ltd., Japan
ESTERA	CA	Daicel Ltd., Japan
ESTER CRIMPEL	PES (T)	Toyobo Co. Ltd., Japan
ESTERINA	PES (T)	Toyobo Co. Ltd., Japan
ESTERWELD	PES	American Cyanamid Co., USA
ESTRELLA-STYL	PA/CA (T)	Novaceta S. p. A., Italy
ESTRON	CA	Eastman Kodak Co., USA
ESTRON AIRLOFT	CA	Eastman Kodak Co., USA
ESTRON-LOFTURA	CA	Eastman Kodak Co., USA
ESTRON SLR	CA	Eastman Kodak Co., USA
ETHYLON	PE	Kureha Chemical Industry Co. Ltd., Japan
ETILON	FR	USSR
ETMA	CV	Artificial Silk Co. Ltd., Greece
EURAL	PES	Etabl. Sion Frères / Louis Lepoutre / Pierre Peugnet, France
EURAT-TERGAL TYPE 800	PES	Rhône Poulenc Textile S. A., France
EUROACRIL	PAC	ANIC, Italy
EUROSPOOL		Fillatice España S. A., Spain
EUROTHREADS	LA	Fillatice France S. A., France Fillatice Germania Latexfäden GmbH, FRG Fillatice S. p. A., Italy
EVALON	PA 6 (T)	Czechoslovakia
EVERLON	PA 6.6/CV	Toyoda Spinning & Weaving Co. Ltd., Japan
EVLAN	CV	Courtaulds Ltd., GB
EVLUXE	CV	Courtaulds Ltd., GB
EXCELL RIVER	PA (T)	Kawashima Textile Mills Ltd., Japan
EXLAN	MOD, PAC	Japan Exlan Co. Ltd., Japan Toyobo Co. Ltd., Japan
EXLAN NEW CONJUGATE	PAC	Japan Exlan Co. Ltd., Japan
EXOTA	CV	Viscose Suisse, Switzerland
EXTRAFIL	CV	Celulosa y Derivados, Mexico
EXTREMA	CV	Hollandsche Kunstzijde Ind. N. V., Netherlands
F II	PES	Fiber Industries Inc., USA
F II NYLON 66-CARPET-YARN	PA 6.6 (T)	Fiber Industries Inc., USA
FABELCORD NYLON	PA	Fabelta, Belgium

FIBER H

FABELMAT	CV	Fabelta, Belgium
FABELNYL	PA 6.6	Akzo Belge S. A., Belgium
FABMAT	GL	Fiber Glass Ind. Inc., USA
FABRENE	PP	Du Pont of Canada Ltd., Canada
FACETED-LUREX	MT	The Dobeckmun Co., Div. Dow Badische, USA
FACETTE	PAC/PES	Rhône Poulenc Textile S. A., France Deutsche Rhodiaceta AG, FRG
FAHRENHEIT	PES (T)	Filatures et Moulinages de l'Ardèche S. A., France
FAIR HAVEN	CV	Fair Haven Mills Inc., USA
FAIRTEX	MT	Fair-Tex Mills Inc., USA Rexham Corp., USA
FALSPIN	(T)	Ernest Scragg & Sons Ltd., GB
FAMCO-FIBER	GL	Famco Fiber Div. of American Air Filter Co. Inc., USA
FAMENKA	PA (T)	Enka Glanzstoff AG, FRG
FANCY	PA 6, 6.6	SAIR S. p. A., Italy
FASER 900	PES	Rhône Poulenc Textile S. A., France sold in FRG by: Deutsche Rhodiaceta AG
FEATHERGLASS	GL	Paramount Glass Mfg. Co., Japan
FEATHERS	PES	A. J. Worthington & Co. (Leek) Ltd., GB
FEFASA-NYLON	PA 6.6	Fabricación Española de Fibras Textiles Artificiales S. A. (FEFASA), Spain
FEFASEA	PA	FEFASA, Spain
FEFESA	PA	FEFASA, Spain
FELOR	PVM	E. I. Du Pont de Nemours & Co. Inc., USA
FENESHIELD	GL	PPG Ind. Inc., USA
FENILON	PA	USSR
FERENKA	MT	Enka B. V., Netherlands
FERRO	GL	Ferro Corp., Fiber Glass Div., USA
F-FIBER	PP	Hercules Inc., USA
FIBEL	CV	Yugoslavia
FIBER 8	CV	Kohjin Co. Ltd., Japan
FIBER 24	HWM	Midland-Ross Corp., IRC Fibers Division, USA
FIBER 25	CA	American Viscose Div. FMC Corp., USA
FIBER 40	HWM	American Viscose Div. FMC Corp., USA
FIBER 40 F	CP	American Viscose Div. FMC Corp., USA
FIBER 43	HWM	American Viscose Div. FMC Corp., USA
FIBER 45	HWM	American Viscose Div. FMC Corp., USA
FIBER 52	PA 6	Fiber Industries Inc., USA
FIBER 200	PES	see AVLIN
FIBER 500	CM	American Enka Corp., USA
FIBER 700	CM (HWM)	American Enka Corp., USA
FIBER AF	PAC	E. I. Du Pont de Nemours & Co. Inc., USA
FIBER B	PA	E. I. Du Pont de Nemours & Co. Inc., USA
FIBERBEL	GL	Glaverbel S. A., Belgium
FIBERCOIL	PES	E. I. Du Pont de Nemours & Co. Inc., USA
FIBERFRAX	GL	The Carborundum Comp., Niagara Falls, USA
FIBERGLAS	GL	Owens Corning Fiberglas, USA Fiberglas Canada Ltd., Canada, Owens-Corning Europe S. A., Belgium
FIBERGLAS 401	GL	Marglas Ltd., GB
FIBER H	—	see CANTRECE

FIBER HM

FIBER HM	HWM		Rhône Poulenc Textile S. A., France, and American Enka Corp., USA
FIBER I. T.	CV		American Enka Corp., USA
FIBERGLAS AEROCOR	GL		Owens Corning Fiberglas, USA
FIBERMET	MT		Pallflex Prod. Corp., USA
FIBER RD 101	CV		American Viscose Div. FMC Corp., USA
FIBER S 2	PUE		Celanese Corp., USA
FIBER T	MOD		Union Carbide Corp., USA
FIBER Y	PA		see PIANA
FIBRA 40	CM		Viscosa de Chihuahua S. A., Mexico
FIBRACOL	CV		Säteri Osakeyhtiö, Finland
FIBRAFINN	CV		Säteri Osakeyhtiö, Finland
FIBRAFLAT	CV		Säteri Osakeyhtiö, Finland
FIBRALAN	CV		Säteri Osakeyhtiö, Finland
FIBRALENE	PES (T)		William Oxley & Son Ltd., GB
FIBRALLOY	—		Monsanto Co., USA
FIBRANA	CV		SAFA, Spain
FIBRAVYL	PVC		Rhône Poulenc Textile S. A., France
FIBREFIL	PES		Rhodia Industrias Quimicas, Brazil
FIBREGLASS	GL		Fibreglass Ltd., GB
			Australian Fiberglass Pty., Australia
FIBRENKA	CV		Enka B. V., Netherlands
			American Enka Corp., USA
FIBRETEX	PP		Crown Zellerbach Corp., USA
FIBRE TYPE 5	PP		ICI Fibres Ltd., GB
FIBRE Y	PA		see QIANA
FIBRID TYPE 101	PA 6.6		E. I. Du Pont de Nemours & Co. Inc., USA
FIBRID TYPE 201	PES		E. I. Du Pont de Nemours & Co. Inc., USA
FIBRILLA	CC		pre-WW II
FIBRILLATING ACRILAN	PAC		Monsanto Co., USA
FIBRILON	PP		Fibron Inc., USA
FIBRILON	PP		J. Holm, Denmark
			Fibron Inc., USA
FIBRITE	PP		Plasticisers Ltd., GB
FIBRIVER	GL		Société Fibriver, Paris, France
FIBRO	CV		Courtaulds (Canada) Ltd., Canada
			Courtaulds Ltd., GB
			Courtaulds North America Inc., USA
FIBROCETA	CA		Courtaulds Ltd., GB
FIBROCETA	CT		Courtaulds Ltd., GB
FIBROCETA DURACOL	CA		Courtaulds Ltd., GB
FIBRO-DD	CM		Courtaulds North America Inc., USA
FIBRO DURACOL	CV		Courtaulds (Canada) Ltd., Canada
			Courtaulds Ltd., GB
			Courtaulds North America Inc., USA
FIBRO FR	CV		Courtaulds Ltd., GB
FIBROLANE	PR		Courtaulds Ltd., GB
FIDION	PES		ANIC, Italy
FILAMA 230	PA 6.6 (T)		Crimpfil Ltd., GB
FILAMET	MT		Fiberfil Inc., USA
FILANCA	(T)		Bernardo e Lorenzo Banfi S. A., Italy

FILATRON	LA	Pirelli-Lastex Soc. Italo-Americano Filo Elastico, Italy
FILCRIMP/FILPON	PA (T)	Anglo-Italian Silk (Colchester) Ltd., GB
FIL DE LYON	CV	Soc. Lyonnaise des Textiles, France
FILDOR	MT	Freydeberg Brothers, Strauss, Inc., USA
FILETTE	PA 6.6 (T)	Deutsche Rhodiaceta AG, FRG
FILLWELL	PES	Wellman Inc., USA
FILMTEX	PE, PP	Platon A/S, Norway
FILOMAT	GL	Fiber Glass Ind. Inc., USA
FILONDA	PA 6 (T)	GDR
FILOSPUN	GL	Vetreria Italiana Balzaretti Modigliani S. p. A., Italy
FILPAK	PE, PP	Dawbarn Bros., USA
FILPERSA	PA 6	Filamentos y Perfiles S. A., El Salvador
FILPERSA	PE, PP	Filamentos y Perfiles S. A., El Salvador
FILPON	PA (T)	Anglo-Italian Silk Ltd., GB
FILRON	LA	Lastex Yarn & Lactron Thread Ltd., GB
FILSYN	PES	Filipinas Synthetic Corp., Philippines
FILTRONA	PE, PP	Filtrona Textile Prod, Ltd., GB
FILWA	(T)	Wacker Chemie GmbH, FRG
FIMOCREPE	PA/CA	Filatures et Moulinages de l'Ardèche, France
FIMOLANE	PAC (T)	Filatures et Moulinages de l'Ardèche, France
FIMOSETTE	PA/CA (T)	Filatures et Moulinages de l'Ardèche, France
FINEL	PAC	Mitsubishi Rayon Co. Ltd., Japan
FINNCREPE BOUCLE	PA (T)	Säteri Osakeyhtiö, Finland
FINNCREPE HELANCA	PA (T)	Säteri Osakeyhtiö, Finland
FINNLENE	PES (T)	Säteri Osakeyhtiö, Finland
FIOCO	CV	Fiação Brasileira de Raion, Brazil
FIRESTONE	PP	Firestone Plastics, USA
FIRESTONE-NYLON	PA 6.6	Firestone Synthetic Fibres Co., USA
FIRESTONE-OLEFINE	PP, PE	Firestone Synthetic Fibres Co., USA
FIRESTONE-PROLOFT	PP, PE	Firestone Synthetic Fibres Co., USA
FISCRYL HB	PAC	Fine Spinners & Doublers Ltd., GB
FISISA	PA 6	Fibras Sintéticas S. A., Peru
FIVE-X-YARN	PAC	Japan Exlan Co. Ltd., Japan
FIXTAL	PES/CO	Montedison Fibre, Italy
FK-25	PAC	Mitsubishi Rayon Co. Ltd., Japan
FLAIKONA	CC	Beaunit Corp., USA
FLAKE-SLUB	CV	Beaunit Corp., USA
FLAMALVA	CV	Rhône Poulenc Textile S. A., France
FLAMINIA	CV/CA	Ets. Rochegude, France
FLARON	CV	American Enka Corp., USA
FLATFIL	PP	Ets. Saint Frères, France
FLATTESA	CV	Hollandsche Kunstzijde Ind. N. V., Netherlands La Seda de Barcelona, Spain
FLECTRON	PA	Minnesota Mining & Manufacturing Co., USA
FLESA	CM	Rhône-Poulenc-Textile, France
FLESALBA	CT	Rhodiaceta S. A., France
FLEXCREPE	PA (T)	Kahn & Feldman Inc., USA
FLEXEL	(T)	Pen Wilson Co., Kahn & Feldman, USA
FLEXIPAN	PE, PP	Bremer Woll-Kämmerei, FRG
FLEXOR	MT	Rexor Italia S. A. S., Italy

FLISCA	CV	Viscose Suisse, Switzerland
FLIXOR	PA 6 PA 6.6	Viscosuisse, Switzerland
FLOCCAL	CV	Courtaulds S. A., France
FLOCCOLAN/ FLOCCOLON	CV	Courtaulds S. A., France
FLORNYLON	PA 6.6	Deutsche Rhodiaceta AG, FRG
FLOTEROPE	PE, PP	American Manufacturing Co., USA
FLOUNEL	(T)	Filatures Prouvost Masurel & Cie., France
FLOX	CV	Enka Glanzstoff GmbH, FRG
FLOXAN	CV	Enka Glanzstoff GmbH, FRG
FLOX HWM	HWM	Spinnfaser AG, Kassel, FRG
FLUCON	PTF	ICI Fibres Ltd., GB
FLUFFEASE-ORLON	PAC	Davis Yarn Co. Inc., USA
FLUFLENE	PES (T)	Marionette Mills Inc., USA Fluflon Ltd., GB Leesona Corp., USA
FLUFLON	PA (T)	Marionette Mills Inc., USA Fluflon Ltd., GB Leesona Corp., USA
FLUORLON	PTF	USSR
FORCEL	PES	Rayon y Celanese Peruana S. A., Peru
FORLAN	PA 6	S. A. Orsi Mangelli, Italy
FORLION	PA 6	S. A. Orsi Mangelli, Italy
FORMAT	GL	Fiber Glass Ind. Inc., USA
FORMELLE	PA 6	Rohm & Haas Co., USA
FORTAFIL 5-Y	—	Great Lakes Carbon, USA
FORTALON	CV	Celulosa y Derivados S. A., Mexico
FORTANESE	CA+	British Celanese Ltd., GB Celanese Corp., USA
FORTE	CP	Nitto Boseki Co. Ltd., Japan, Unitika Ltd., Japan
FORTEL	PES	Celanese Corp., USA Millhaven Fibers Ltd., Canada
FORTEX	As	Turner Brothers Asbestos Co. Ltd., GB
FORTICOL	PAC	Courtaulds Ltd., GB
FORTIFLEX	PE	Celanese Corp., USA
FORTISAN	CA+	Celanese Corp., USA
FORTREL	PES	Celanese Corp., USA Millhaven Fibers Ltd., Canada
FORTREL 5	PES	Celanese Corp., USA
FORTREL 402	PES	Celanese Corp., USA
FORTREL PCP	PES	Celanese Corp., USA
FORTREL TYPE 750	PES	Celanese Corp., USA
FORTREL TYPE 761	PES	Celanese Corp., USA
FORTREL TYPE 762	PES	Celanese Corp., USA
FOSFOL	PVA	USSR
FOSTRAND	PA 6 (T)	Foster-Grant Co. Inc., USA
FRANKILENE	PES	Fratelli Franchi, Prato, Italy
FRANKILON	PA 6	Fratelli Franchi, Prato, Italy
FRESHY TETORON	PES	Teijin Ltd., Japan
FR-ESTER	PES	Toyobo Co. Ltd., Japan
FRIBER	PP	Hercules Inc., USA
FRIGATE	PA 6.6/WO	John C. Horsfall & Sons Ltd., GB

FRILON	PA 6		Inquitex S. A., Spain
FRISELLA	PES (T)		Ticosa S. p. A., Como, Italy
FRISMOLA	(T)		Filatures et Moulinages de l'Ardèche, France
FROLAN	PA 6/CV PA 6/CA		Czechoslovakia
FROSTEX	PA, PES (T)		Frost & Sons Ltd., GB
FROSTEX-SPECTRUM	PA 6.6/CT		Frost & Sons Ltd., GB
FROSTI-CAPROLAN TYPE R	PA 6		Allied Chemical Co., USA
FROSTWIST	PA (T)		Frost & Sons Ltd., GB
FT/FTF	PA 6.6 (T)		Deering Milliken Co. Inc., USA
FTORLON/PHTORLON	PCF		USSR
FUJIBO-ACRYL	PAC		Fuji Spinning Co. Ltd., Japan
FUJIBO-JUNLON	CM		Fuji Spinning Co. Ltd., Japan
FUJIBO-SPANDEX	PUE		Fuji Spinning Co. Ltd., Japan
FUJI-LOFT	PA (T)		Unitika Ltd., Japan
FUJIMILON	PVC		Fuji Spinning Co. Ltd., Japan
FUJYO	CV/CO		Toyo Sen-i Co. Ltd., Japan
FUKUHIME	CV		Fukui Spinning Co. Ltd., Japan
FUL-FLEX	PUE		Carr-Fulfex, USA, and Fulfex (Ireland) Ltd., Ireland
FULON	PTF		Toray Industries Inc., Japan
FUNABASHI	GL		Asahi Glass Fiber Co. Ltd., Japan
FURLON	PVM		Nippon Geon Co. Ltd., Japan
FURON	PA 6		Chemical Fibre Plant Jelenia Góra, Poland
FUTURA	PES		Indian Organic Chemicals Ltd., India
FUZZBAK	PP		Exxon Chemicals Co., USA
FYBRITE	PES		
FYREL	MT		Fabric Research Laboratories, USA
G-150	GL		Owens Corning Fiberglas, USA
GARAN	GL		Johns-Manville Fiber Glass Inc., USA
GARANMAT	GL		Johns-Manville Fiber Glass Inc., USA
GARFLON	PA 6		Gharware Nylons, India
GARNYL	PA 6.6		Gharware Nylons, India
GARON	GL		Johns-Manville Fiber Glass Inc., USA
GARWARE	PA 6		
GAYLANA	PAC/CT		Deering Milliken Research Corp., USA
GC	PP		Golden Crescent Manuf. Co. Inc., USA
GE-FASER	MOD		General Electric Co., USA
GEKTAKS (HEKTAKS)	CV –		USSR
GEON	PVD		The Goodyear Tire and Rubber Co., USA
GERFIL	PP		Gerli & Co. Inc., USA
GERLON	PP		Gerli Industria Raion S. p. A., Italy
GERRIT-LUSTRALAN	PA (T)		Gerrit van Delden & Co., FRG
GERRIT-MIRADOR	PES (T)		Gerrit van Delden & Co., FRG
GERRIT-TEXTUREE	(T)		Gerrit van Delden & Co., FRG
GERRIT WD	PAC		Gerrit van Delden & Co., FRG
GERRIX	GL		Gevetex Textilglas GmbH, FRG
GERTEX	PP (T)		Gerfil Corp. (G. F. Chemical), USA
GERTIL	PP		Phillips Fibers Corp., USA
GEVETEX	GL		Gevetex Textilglas GmbH, FRG
GIMP	MT		Metlon Corp., USA

GINRIN

GINRIN	PA 6	Toray Industries Inc., Japan
GIVRYL	PVCC	Rhône Poulenc Textile S. A., France
GLACELON	PA 6.6 (T) PES (T)	Kenneth W. Glace Pilo Throwing Inc., USA
GLAMOUR	PA 6	Manufacturas Nylon Peruana S. A., Peru
GLASANODE (GLASNODE)	GL	Japan Storage Battery Co. Ltd., Japan
GLASFALT	GL	Peace River Glass Fibres Ltd., Canada
GLASFIBER	GL	Scandinavian Glasfiber AB, Sweden
GLASFLOSS	GL	Pittsburgh Plate Glass Comp., USA Tilo Roofing, USA
GLASPAN	PUE	Globe Manufacturing Co., USA
GLASPLY	GL	Peace River Glass Fibres Ltd., Canada
GLASRON	GL	Asahi Fiber Glass Co. Ltd., Japan
GLASS	GL	Gustin-Bacon Mfg. Co., USA
GLASSLON	GL	Asahi Fiber Glass Co. Ltd., Japan
GLASSTEX	GL	B. F. Goodrich Industrial Products Co., USA
GLEN-BULK	PAC	Glen Raven Mills Inc., USA
GLEN RAVEN TEXTURED YARN	PA (T)	Glen Raven Mills Inc., USA
GLEN-SET	PES (T)	Glen Raven Mills Inc., USA Bucaroni Comp. Lacoray S. A., Switzerland Krinklon Ltd., Canada
GLENSPUN	PAC/WO	Allen Priest, Huddersfield, GB
GLEN-SPUN	PAC	Glen Raven Mills Inc., USA
GLITREX	PES	Toray Industries Inc., Japan Toyo Metalising Co. Ltd., Japan
GLITTER	CC	Beaunit Corp., USA
GLOBE	LA	Globe Manufacturing Co., USA
GLOSPAN	PUE	Globe Elastic Thread Co. Ltd., GB Globe Manufacturing Co., USA
GLOWETTE	MT	Rich-Flex Mfg. Corp., USA
GOFRON	PA 6 (T)	USSR
GOLCRES	PE, PP	Golden Crescent Manufacturing Co. Inc., USA
GOLDEN BIRDS	PES/WO	Daiwa Spinning Co. Ltd., Japan
GOLDEN-CAPROLAN	PA 6	Allied Chemical Co., USA
GOLDEN FIVE STARS	PES/CO PAC/CO	Fuji Spinning Co. Ltd., Japan
GOLDEN FUJI	CV	Fuji Spinning Co. Ltd., Japan
GOLDEN THREE FISH	PES/CO PAC/CO PP/CO	Dai-ichi Cotton Spinning Co. Ltd., Japan
GOLD-METAL	PE, PP	The Linen Thread Co., USA
GOODYEAR POLYESTER	PES	The Goodyear Tire and Rubber Co., USA
GORLAN	CV	Cotonificio Triestino S. p. A., Italy
GRACELON	PES, PA (T)	Leesona Corp., USA
GRAFFON (GRAFLON)	PAC/CV	Nisshin Spinning Co. Ltd., Japan
GRAFIL	ST	Courtaulds Ltd., GB
GRAFOIL	ST	Union Carbide Corp., USA
GRAL	PES	Harlander Coats Ges. m. b. H., Austria
GRANDRELLA	(T)	GB
GRANI	PA 6.10	Slack Brothers Ltd., GB
GRAPHIL	PAC	Courtaulds Ltd., GB

GRAPHIT-FIBRES	ST	Morganite Carbon Ltd., GB
GRAPHLON	ST	Marko Company, New York, USA
GRAYNI (GRANI)	PA 6.10	Slack Brothers Ltd., GB
GREYLON	CV/PA	GB
GRILAMID	PA 12	Emser Werke AG, Switzerland
GRILENE	PES	Grilon S. A., Switzerland
GRILENE F 3	PES	Emser Werke AG, Switzerland
GRILENE HS 050	PES	Emser Werke AG, Switzerland
GRILEX	PA 6	Unitika Ltd., Japan
GRILLON	PA 6.6	Irmãos Mazzaferro & Cia., Brazil
GRILON	PA 6	Grilon S. A., Switzerland Irmãos Mazzaferro & Cia., Brazil Unitika Ltd., Japan
GRILON BASISCH	PA	Emser Werke AG, Switzerland
GRILON CS 4	PA	Emser Werke AG, Switzerland
GRILON K 115	PA	Emser Werke AG, Switzerland
GRILON K 140	PA	Emser Werke AG, Switzerland
GRIP	PES	Monsanto Co., USA
GRISUTEN	PES	VEB Chemiefaserwerk Schwarza, GDR VEB Chemiefaserwerk «Friedrich Engels», GDR
GRISUTEN 7030	PES/CV	VEB Chemiefaserkombinat, GDR
GRO-LON	PA, PES (T)	Grove Silk Co., USA
GROVE SET TEXTURED POLYESTER	PES (T)	Grove Nylon Company, USA
GUNZE SEWING THREAD	PA 6.6, PES, CV	Gunze Ltd., Japan
GUNZE YARN	PES/WO/CV	Gunze Ltd., Japan
GWENDACRIL	PAC/CP	M. Caulliez Delaoutre, France
GWENDACRYL	PAC/CP	Rhône Poulenc Textile S. A., France Deutsche Rhodiaceta AG, FRG
GX 75	PA	Toray Industries Inc., Japan
GYMLENE	PP	F. Drake (Fibres) Ltd., GB
H 3	GL	Ferro Corp., USA
«H-125»	PP	Tennessee Eastman Company, Division of Eastman Kodak Company, USA
«H-130»	PP	Tennessee Eastman Company, Division of Eastman Kodak Company, USA
H-704	PAC	Mitsubishi Rayon Co. Ltd., Japan
HAIR	PAC/CV	Syntric-Verbund, FRG
HALAR	—	Allied Chemical Co., USA
HALAR & KYNAR	PES/PE/PP	Newton Filament Inc., USA
HAMLON	PP	A. C. S. Industries Inc., USA
HANOVER NYLON	PA 6	Hanover Mills Inc., USA
HANOVER-POLYESTER	PES	Hanover Mills Inc., USA
HAPPYLON	CV	Kohjin Co. Ltd., Japan
HAPPYLON ACE	CV	Kohjin Co. Ltd., Japan
HARD CORE	PA/PAC	Chori Co. Ltd., Japan
HARD CORE YARN	PES/CO	Nitto Boseki Co. Ltd., Japan
HARLAN	PVC	Phoenix-Gummiwerke AG, FRG
HAZEL	(T)	Sauquoit Fibres, USA
H. B. C. S.	PA 6.6 (T)	Setacrepes Ltd., GB
HDP	CP	Courtaulds Ltd., GB
HD-YARN	PA	Toray Industries Inc., Japan

Name	Fiber	Manufacturer
HEAFIELD-TEAK	PA 6.6	John C. Horsfall & Sons Ltd., GB
HEATHCOAT MARL YARN	PA 6.6 (T)	John Heathcoat & Co. Ltd., GB
HEATHERDINE	PA (T)	G. H. Heath & Co. Ltd., GB
HEATHERMIX	PA (T)	G. H. Heath & Co. Ltd., GB
HEAT RELAXED YARN	(T)	A. E. & F. Kay Ltd., GB
HECOFLOR	PA (T)	Heberlein & Co. AG, Switzerland
HECONDA-LEN	CA/PES (T)	Lonzona GmbH, FRG
HECONDA-LEN-MOULINE	CA/PES (T)	Lonzona GmbH, FRG
HECONDA-LUX	CA/PA 6 (T)	Lonzona GmbH, FRG
HECONDA-QUEEN	CA/PAC (T)	Lonzona GmbH, FRG
HECOSPAN	PUE/PAN (T) PES	Heberlein & Co. AG, Switzerland
HEI-STRETCH	PA (T)	Oscar Heineman Corp., USA
HEIM	PES	Toyobo Co. Ltd., Japan
HELANCA	PA (T)	Heberlein & Co. AG, Switzerland
HELANCA-BLEND	PA (T) WO, PA (T)/CO	Heberlein & Co. AG, Switzerland
HELANCA-BOUCLE	PA (T)	Heberlein & Co. AG, Switzerland
HELANCA-DIAPHAN	PA (T)	Heberlein & Co. AG, Switzerland
HELANCA HE	PA, PES (T)	Heberlein & Co. AG, Switzerland
HELANCA NT	PA, PES (T)	Heberlein & Co. AG, Switzerland
HELANCA PE	PES (T)	Heberlein & Co. AG, Switzerland
HELANCA-SET	PA, PES (T) PAC	Heberlein & Co. AG, Switzerland
HELANCA SP	PA, PES (T)	Heberlein & Co. AG, Switzerland
HELIANE	PES/WO	Farbwerke Hoechst AG, FRG
HELIODOR	PA	Viscose Suisse, Switzerland
HELIODOZ	CV	Ets. Kuhlmann, France
HELIOLAN	PA 6 (T)	Montedison Fibre, Italy
HELION	PA 6	Montedison Fibre, Italy
HELIOVER	GL	France
HEMCO STRETCH	PES/PA 6.6 (T)	Hemmerich Ind. Inc., USA
HEMLON	PA (T)	Hemmerich Ind. Inc., USA
HEPACO	PA 6 (T)	John Heathcoat & Co. Ltd., GB
HEPLON	PA 6, PA 6.6	Heplon Inc., USA
HERCULES POLYPROPYLENE	PP	see HERCULON
HERCULON	PP	Hercules Inc., USA
HERCULON II	PP	Hercules Inc., USA
HERCULON IV	PP	Hercules Inc., USA
HEROX	PA 6.6	E. I. Du Pont de Nemours & Co. Inc., USA
HETEROFIL	PA	ICI Fibres Ltd., GB
HFG-FIBRE	PAC	Daiwa Spinning Co. Ltd., Japan
HH 44 BEMBERG	CV	Beaunit Corp., USA
HI	GL	Ferro Corp., USA
HI-BALON	CV	Nitto Boseki Co. Ltd., Japan
HI-BUL	—	Teijin Ltd., Japan
HI-COLON	PA 6 (T)	Unitika Ltd., Japan
HI-CONY	PES (T)	Teijin Ltd., Japan
HICOTT	HWM	Mitsubishi Rayon Co. Ltd., Japan

HIEGELAN	PAC/WO	Schoeller'sche Kammgarnspinnerei Eitorf AG, FRG
HIFAX, HIFLEX	PE	Brainard Strapping, Division of Sharon Steel Corp., Warren, Ohio, USA
HIGH-BULKY	PES (T)	Unitika Ltd., Japan
HIGH-MODULUS-GLASS	GL	Owens Corning Fiberglas Corp., USA
HIGHTEL	CV	Teijin Ltd., Japan
HIGH TORQUE	PA (T)	G. H. Heath & Co. Ltd., GB
HILON	PA 6	Tong Yang Nylon Co. Ltd., South Korea
HILON	PA 6.6 (T)	Toray Industries Inc., Japan
HILOOP	PA	Unitika Ltd., Japan
HILOOP-KEIRYU	PA	Unitika Ltd., Japan
HI-MOD	GL	Houze Glass Corp., USA
HI-NARCO	CV	Beaunit Corp., USA
HINGE	PP	Polymers Inc., USA
HIPOLAN	CP	Mitsubishi Rayon Co Ltd., Japan
HIRALON (HIROLON)	PE	Hirata Spinning Co. Ltd., Japan
HIRIN	PA 6	Toray Industries Inc., Japan
HIRLON	PA 6	Hirlon S. A. I. C., Argentina
HISIFLEX	PA 6.6 (T)	HISISA Argentina S. A., Argentina
HISILON	PA 6.6	HISISA Argentina S. A., Argentina Hilados Sintéticos S. A. (HISISA), Uruguay
HI-SKASH	PA 6.6 (T)	Unitika Ltd., Japan
HI-SOFTY-70	PES (T)	Toray Industries Inc., Japan
HISOFY	PES (T)	Hirata Spinning Co. Ltd., Japan
HI-STREN	GL	Aerojet-General Corp., USA
HI-STRETCH	PA (T)	Oscar Heineman Corp., USA
HI-STRETCH-NYLON HE	PA 6 (T)	Unitika Ltd., Japan
HI-STRETCH-NYLON ME	PA 6 (T)	Unitika Ltd., Japan
HI-STRETCH-NYLON NT	PA 6 (T)	Unitika Ltd., Japan
HI-STRETCH-NYLON SPZ	PA 6 (T)	Unitika Ltd., Japan
HI-STRETCH-NYLON SW	PA (T)	Toray Industries Inc., Japan
HITCO	GL	H. J. Thompson Fiber Glass Co., USA
HITCO-G	CAR	Hitco Inc., USA
HI-ZEX	PE	Mitsui Chemical Industry Co. Ltd., Japan
HJ	GL	Ferro Corp., USA
HL-POLYPROPYLENE	PP	HL-Industries Inc., USA
HM 2	HWM	Courtaulds (Canada) Ltd., Canada
HM 27	CP	Courtaulds North America Inc., USA
HM 29	CP	Courtaulds North America Inc., USA
HM 64	HWM	Courtaulds Ltd., GB
HMG 25	CAR	California Research Corp., USA
H-NYLON	PA 6 (T)	Holeproof Mills Ltd., New Zealand
«H»-NYLON	PA 6	Holeproof Mills Ltd., New Zealand
HOCHMODUL 333	HWM	Chemiefaser Lenzing AG, Austria
HOECHST-ELASTOMER	PUE	Hoechst AG, FRG
HOECHST-PERLON	—	Hoechst AG, FRG

HOLCOLON

HOLCOLON	PA 6.6 (T) PES (T)		Qualitex Yarns Ltd., GB
HOLLO	PP		Polymers Inc., USA
HOLLOW-TOHALON	CV		Toho Beslon Co. Ltd., Japan
HOPE	CV		Omikenshi Spinning Co. Ltd., Japan
HOPELITE	PE		Hirata Spinning Co. Ltd., Japan
HOPELON	PP		Kum Sung Synthetic Fiber Co. Ltd., South Korea
HOPE STAR	PES/PA		Omikenshi Spinning Co. Ltd., Japan
HOSKINS MFS	MT		Hoskins Manufacturing Co., USA
HOSTALEN	PE, PP		Hoechst AG, FRG
HOTEX-ASTRO-BOUCLE	PES (T)		Hochrhein-Textil GmbH, FRG
HOTEX-ASTRO-POLYESTER	PES (T)		Hochrhein-Textil GmbH, FRG
HOTEX-ASTRO-POLYESTER-SET	PES (T)		Hochrhein-Textil GmbH, FRG
HOTEX-BOUCIBLAS	PA 6 (T) PA 6.6 (T)		Hochrhein-Textil GmbH, FRG
HOTEX-HELANCA-NYLON	PA 6.6 (T)		Hochrhein-Textil GmbH, FRG
HOTEX-HELANCA-POLYESTER-SET	PES (T)		Hochrhein-Textil GmbH, FRG
H-POLYESTER	PES		Holeproof Mills Ltd., New Zealand
H. S.-FIBRO	CV		Courtaulds Ltd., GB
H. S. I.	GL		Owens Corning Fiberglas Co., USA
HSIEN-CHIN-POLYETHYLENE	PE		Hsien Chin Fishing Net Comp. Ltd., Taiwan
HSINLON	PES		Shinkong Synthetic Fibres Corp., Taiwan
HT-1	PA		E. I. Du Pont de Nemours & Co. Inc., USA
H. T. 4	PA mod.		E. I. Du Pont de Nemours & Co. Inc., USA
HUALON	PES		Hualon Teijin Corp., Taiwan
HUDSTAT	MT		Hudson Wire, USA
HUNLAN	PA 6.6 (T)		Magyar Viscosagyár, Hungary
HUNVIRA	PES		Hung Chon Chemical Ind. Co. Ltd., Taiwan
HVC-YARN	PA 6/CV		Courtaulds Ltd., GB
HWALON	PES		Hualon Teijin Core, Taiwan
HYBON	GL		PPG Glas Industries Inc., USA
HYBULON	CV		Nitto Boseki Co. Ltd., Japan
HYCELLON	CV		Nitto Boseki Co. Ltd., Japan
HYCOR	GL		PPG Glas Industries Inc., USA
HYFIL	CAR		Hyfil Ltd., GB
HYLON	PA 6.6		Stanley Steel Strapping Div., USA
HYMILON	PA 6		Omi Velvet Co. Ltd., Japan
HYSTRON	PES		Hystron Fibers Inc., USA
HYSTRON	PES		Hoechst Fibres Inc., USA (Hystron Fiber Inc., USA)
HYTEN	PA		E. I. Du Pont de Nemours & Co. Inc., USA
HYTOR	PA (T)		Atwater Plymouth Pa., USA
I-60	CP		Teijin Ltd., Japan
IBEX	PA 6.6 (T)		Donisthorpes & Co. Ltd., GB
ICEBERG (ICE-BERG)	GL		Nippon Inorganic Textile Industry Co. Ltd., Japan Nitto Boseki Co. Ltd., Japan Paramount Glass Industry Co. Ltd., Japan
I-FADEN	PUE		Kölnische Gummifädenfabrik, FRG

IGISAN	CV	Snia Viscosa S. p. A., Italy
IHS	PE	Jacob Holm and Sonner A/S, Denmark
ILACRON	PES	The Ahmedabad Mfg. and Calico Printing Co. Ltd., India
ILLUSTRA	PA 6.6/PES	Schoeller'sche Kammgarnspinnerei Eitorf AG, FRG
IMPERIAL NYLON	PA 6.6	Imperial Plastics Trading Corp., USA American Thermoplastic Prod. Co., USA
IMPERIAL POLYOLEFINE	PE, PP	Imperial Plastics Trading Corp., USA American Thermoplastic Prod. Co., USA
IMPERNOVA	GL	Protexa S. A., Mexico
INALON	PE	Inaba Seiko Comp. Ltd., Japan
INDUSTRIAL-POLYOLEFINE	PE, PP	Industrial Plastic Co., USA
INDUSTRIAL PREMIER RAYON	CV	Midland Ross Corp., USA
INDUSTRIAL WIRE & PLASTIC NYLON	PA	Industrial Wire & Plastics Co., Spirit Lake, Iowa, USA
INOXOR	MT	Rexor (Great Britain) Ltd., Wales, GB
INTERCEL	CA	Amcel Europe S. A., Belgium
INTERSPAN	PUE	Interspan Corp., USA Soc. Elaborada de Artículos de Seda (Tintorex), Columbia
INTERVYL	PVC/CO/CT	Jules de Surmont et Fils, France
IRC-NYLON	PA 6	Midland-Ross, IRC Fibers Div., USA
IRC-POLYESTER	PES	Midland-Ross, IRC Fibers Div., USA
IRC RAYON	CV	Midland-Ross, IRC Fibers Div., USA
IRIDEN	CV	Snia Viscosa S. p. A., Italy
ISCOREX	MT	Jacques Isler & Cie. AG, Wohlen, Switzerland
ISLON	PA 6	Islon Sentetik Iplik Fabrikasi A. S., Turkey
ISOLAN	GL	Fabr. Brasileira Fibras de Vitro, Brazil
ISOPAN	PAC	USSR
ISOVERBEL	GL	Isoverbel N. V., Netherland
ISOVYL	PVC	Rhovyl S. A., France
ISRACETE	CA (T)	Isranyl Co. Ltd., Israel
ISRALENE	PES (T)	Isranyl Co. Ltd., Israel
ISRALON	PA 6.6 (T)	Isranyl Co. Ltd., Israel
ISRANYL	PA 6, 6.6 (T)	Isranyl Co. Ltd., Israel
ISR-NYLON	PA 6, 6.6	Rogosin Industries of Israel Ltd., Israel
ISTAKRIN	PP	Paular S. A., Spain
ISTRONA	PP	Czechoslovakia
I. T.	CV	American Enka Corp., USA
ITALVISCA	CV	Snia Viscosa S. p. A., Italy
IVLAN	PA 6 (T)	Poland
IVOREA	CV	Snia Viscosa S. p. A., Italy
IWAKUNI	PVA	Toyobo Spinning Co. Ltd., Japan
IZOTEX	PE	Czechoslovakia
J 03	PA	Monsanto Co., USA
J 4	PA (T)	ICI Fibres Ltd., GB
J-60	CV	Teijin Ltd., Japan
JACARD	PA	J. K. Synthetics Ltd., India
JACKSON	PP	Jackson Rope Corp., USA
JÄGATEX	PP	Ernst Jäger GmbH, FRG

JAILENE

JAILENE	PES	Swadeshi Polytex Ltd., India
JAMBOLEN	PES	Polyester Works Jambol, Bulgaria
JARRAT	CV	Achille Bayart & Cie., France
JARRYL	CV	Achille Bayart & Cie., France
JASCRYL	PAC (T)	Soc. Commerciale des Filés de Fourmies, France
JAYANKA	PA 6.6	J. K. Synthetics Ltd., India
JAYKAFIL	CV	J. K. Synthetics Ltd., India
JAYKAYLENE	PES	J. K. Synthetics Ltd., India
JAYKAYLON	PA 6	J. K. Synthetics Ltd., India
JAYRON	CV	J. K. Synthetics Ltd., India
JEDWAB WISKOZOWY	CV	Poland
JEFFLON	PA (T), PES (T)	Kahn & Feldman Inc., USA
JEFFLOR	(T)	Kahn & Feldman Inc., USA
JEKRILAN	PAC	J. K. Synthetics Ltd., India
JERLAST	PA (T)	Isranyl Co. Ltd., Israel
JERLON	MOD	South Korea
JERNYL	PA 6 (T)	Isranyl Co. Ltd., Israel
JERRACRYLIC	MOD	South Korea
JERSEY-DOR	PAC/PES	Bayer AG, FRG
JERVYLON	PVC/PA 6.6	Rhône Poulenc Textile S. A., France
JETSPUN	CV	American Enka Corp., USA
JETSPUN	PA 6	American Enka Corp., USA
JEWELASPAN	PUE	Fuji Spinning Co. Ltd., Japan
JINKEN	CV	General designation of CV in Japan
J. K. RAYON	CV	J. K. Synthetics Ltd., India
J-M	GL	John Mansville Glass Fibers Inc., USA
JMELON	PAC	Hoffner Rayon Co., USA
JMULON	PA 6.6	Hoffner Rayon Co., USA
JOBAN	PP	Chicopee Inc. New York, USA
JODIN	PVA	USSR
JOHNS MANSVILLE	GL	Johns Mansville Glass Fibers Inc., USA
JULON	PA 6	Kemična Tovarna Moste, Yugoslavia
JUNLON	CP	Fuji Spinning Co. Ltd., Japan
JUNLON-ADVANCED	CP	Fuji Spinning Co. Ltd., Japan
JUTELAC	—	Wellington Technical Industries Inc., Eaglewood, N. Y., USA
JUVLEN	PP	Chemiefaser Lenzing AG, Austria
K 3	PES	Monsanto Co., USA
«K-6»	PAC/Casein	Toyobo Co. Ltd., Japan
K 66	PA 6.6	Riverside Yarns Ltd., Canada
KALIMER	PES	Compagnia Generale Resine Sud S. p. A., Italy
KAMOME	CV	Yoshioka Boshoku Co. Ltd., Japan
KANEBIAN/KANABIAN	PVA	Kanebo Ltd., Japan
KANEBO-ACRYL	PAC	Kanegafuchi Spinning Co. Ltd., Japan
KANEBO-BANLON	PA 6 (T)	Kanebo Ltd., Japan
KANEBO ELASTIC NYLON	PA 6 (T)	Kanebo Ltd., Japan
KANEBO KOPLON	CP	Kanebo Ltd., Japan
KANEBO NYLON	PA 6	Kanebo Ltd., Japan
KANEBO NYLON 22	PA 6	Kanebo Ltd., Japan
KANEBO POLYESTER	PES	Kanebo Ltd., Japan
KANEBO SOLERION	PES	Kanebo Ltd., Japan

KANEBO TEXTURED POLYESTER	PES (T)	Kanebo Ltd., Japan
KANEKALON	MOD	Kanegafuchi Chemical Industry Co. Ltd., Japan
KANEKALON-HIGHBULKEE	MOD	Kanegafuchi Chemical Industry Co. Ltd., Japan
KANEKARON	PAC	Kanegafuchi Chemical Industry Co. Ltd., Japan
KANEKATEX	MOD	Kanegafuchi Chemical Industry Co. Ltd., Japan
KANELIGHT	PE	Kanebo Ltd., Japan
KANELION	CP/CO	Kanebo Ltd., Japan
KANELION	CV	Kanebo Ltd., Japan
KANELYTE	PE	Kanebo Ltd., Japan
KANEVIYAN	PVC	Kanebo Ltd., Japan
KAOWOOL	—	Babcock & Wilcox Ltd., GB
KAPGLAS	GL	Peace River Glass Fibres Ltd., Canada
KAPRON	PA 6	Kapron Zavody, USSR
KAPRONANTH	PA modif.	USSR
KARBIN	CAR	USSR
KARBON	CAR	USSR
KASEI	PUE	Asahi Co. Ltd., Japan
KASEMA	CV	pre-WW II
KASHMIRLON	PAC (T)	Asahi Chemical Industry Co. Ltd., Japan
KASILON	PA 6 (T)	Hedva n. p. Moravská Třebová, Czechoslovakia
KASULTRA	CV	pre-WW II
KASUMMA	CV	pre-WW II
KASYMILON	PAC	Asahi Chemical Industry Co. Ltd., Japan Tongyang Synthetic Fiber Co. Inc., South Korea
KATRINE	PA	Ducilo S. A. I. C., Argentina
KAYAKARBON	CAR	Nippon Kayaku Co. Ltd., Japan
KEITORY	PA 6 (T)	Asahi Chemical Industry Co. Ltd., Japan
KELHEIM	CV	Süddeutsche Chemiefaser AG, FRG
KELON	(T)	R. J. Kunik & Co., USA
KEMAT	GL	Fiber Glass Ind. Inc., USA
KERILON	PA 6.6 (T)	Oy Kerilon Ltd., Finland
KERMALIN	PES/CO	GDR
KERMEL	PA	Rhône Poulenc Textile S. A., France
KESSMALANA	PA 6.6/PUE/WO	Kesmalon AG, Tuggen, Switzerland
KESSMALASTIC	PA 6.6/PUE	Kesmalon AG, Tuggen, Switzerland
KESSMALON	PA 6.6 (T)	Kesmalon AG, Tuggen, Switzerland
KEVLAR	PA	E. I. Du Pont de Nemours & Co. Inc., USA
KHLORIN	PVC	USSR
KIMCLOTH	PP	Kimberley-Clark Corp., USA
KINCURL/KINTWIST	PAC/CP	J. & J. Hayes Ltd., GB Courtaulds Ltd., GB
KING	PA 6, PA 6.6 PES	Fuji Sen-i Ltd., Japan
KINKICHO	CV	Daiwa Spinning Co. Ltd., Japan
KINLON	PAC/WO PA/PES	Kinsen Co. Ltd., Japan
KINTREL	PES	Kimex S. A., Mexico
KINTWIST	PAC/CV (T)	Courtaulds Ltd., GB
KIPAO	CA/PA 6.6 (T)	Ets. Rochegude, France

KIRKLENE	PES (T)	Courtaulds Ltd., GB
KIRKLON	PA 6 (T)	Courtaulds Ltd., GB
KK-THREE	PES	Kuraray Co. Ltd., Japan
KLEESPUN-ORLON	PAC	Carlton Yarn Mills, Inc., USA
KLINGERFLON	PTF	Richard Klinger Ltd., GB
KLINGWOLD	PA (T)	Klinger Yarns Ltd., GB
KLINGYARN	(T)	Richard Klinger Ltd., GB
KNIT-DE-KNIT	PA (T)	Brocklehurst Yarns Ltd., Wales, GB
KOALA	PP	A. Abrahams & Sons, Australia
KOBAN 120	PES/CO	J. & P. Coats Ltd., Scotland, GB
KODACEL	—	Tennessee Eastman Comp., USA
KODEL 212	PES	Eastman Chemical Products Inc., USA
KODEL 244	PES	Eastman Chemical Products Inc., USA
KODEL 451	PES	Eastman Chemical Products Inc., USA
KODEL 511	PES	Eastman Chemical Products Inc., USA
KODEL V	PES	Eastman Chemical Products Inc., USA
KODEL POLYESTER TYPE II	PES	Eastman Chemical Products Inc., USA
KODEL POLYESTER TYPE IV AND S	PES	Eastman Chemical Products Inc., USA
KOHINOOR	CA	Kohinoor Rayon Ltd., Pakistan
KOHJIN	PVM	Kohjin Co. Ltd., Japan
KOHJIN POLYCHAL	—	see CORDELAN
KOLON	PVC/PVA	see KORLON
KOLORBON	CV	American Enka Corp., USA
KOMELAN	PA 6 (T)	USSR
KOPLON	CP	Snia Viscosa S. p. A., Italy
KORLON	PA 6	Korea Nylon Co. Ltd., South Korea
KORMELAN	PA 6/CA	USSR
KOSKI	CT/PES	Ets. Rochegude, France
KPI	PES	Korea Polyester Co., South Korea
KRAFTER	PES	Kuraray Co. Ltd., Japan
KRASIL	CA	Kohinoor Rayon Ltd., Pakistan
KRATEX	CA	Kohinoor Rayon Ltd., Pakistan
KREHALON	PVD	Kureha Chemical Industry Co. Ltd., Japan
KREHALON S	PVC	Kureha Chemical Industry Co. Ltd., Japan
KRIDEE	PA 6	GDR
KRINKLE	PA (T)	Klinger Yarns Ltd., GB
KRINKLON	(T)	Krinklon Ltd., Canada
KRIPSGLO	CV	American Enka Corp., USA
KROMOFIL	CV	Celulosa y Derivados S. A., Mexico
KROMOLON	CV	Celulosa y Derivados S. A., Mexico
KRP	CV	Kohjin Co. Ltd., Japan
KRYLAST	PAC (T)	Ticosa S. p. A., Como, Italy
KSILON MP	PA arom.	GDR
KTF (SILKY-LAWN)	PES/CO	Kuraray Co. Ltd., Japan
KUFASA	CC	pre-WW II
KUITOLASI	GL	Karhulan Kuitolasi Oy, Finland
KUOHWA-NYLON	PA 6	Kuo Hwa Chem. Corp., Taiwan
KUOHWA-POLYESTER	PES	Kuo Hwa Chem. Corp., Taiwan
KURABIEN	PVA	Kurashiki Rayon Co. Ltd., Japan
KURABIEN	PVA	Kuraray Co. Ltd., Japan

KURABO OPELON PLUS	PUE/CO	Toyobo Co. Ltd., Japan
KURALBIE-H	PES	Kuraray Co. Ltd., Japan
KURALON	PVA	Kuraray Co. Ltd., Japan
KURARAY POLYESTER	PES	Kuraray Co. Ltd., Japan
KURARAY VINYLON	PVA	Kuraray Co. Ltd., Japan
KURARUBBY	PES	see KURARAY POLYESTER
KURARUBLY	PES	Kuraray Co. Ltd., Japan
KURARUBY	PES	Kuraray Co. Ltd., Japan
KURASHIKI VINYLON	PVAA	Kurashiki, Japan
KURATEX	PES	Kuraray Co. Ltd., Japan
KURAVIAN SPLIT YARN	PVA	Kuraray Co. Ltd., Japan
KUREHA	PES/CO	Toyobo Co. Ltd., Japan
KUREHABO	PVA	Kureha Chemical Ind. Co. Ltd., Japan
KUREHALON	PVD	Kureha Chemical Ind. Co. Ltd., Japan
KUREHA NYLON	PA 6	Kureha Spinning Co., Japan
KUREMONA	PVA	Kuraray Co. Ltd., Japan
KÜTTNER-KASEMA	CV	pre-WW II
KÜTTNER-KASULTRA	CV	pre-WW II
KÜTTNER-KASUMMA	CV	pre-WW II
KÜTTNER-ZELLVAG	CC	pre-WW II
KVS REYON	CV	Glanzstoff AG, FRG
KYNOL	CAR	Carborundum Comp., Niagara Falls, USA
L 80 ACTIONWEAR	PA (T)	Monsanto Co., USA
LABREN	PP	Chemical Plant J. Dimitrov, Czechoslovakia
LACTRON	LA	Lastex Yarn, GB Pirelli Lastex S. p. A., Italy Uniroyal Inc., USA
LACISANA	CV	pre-WW II
LACTOFIL	CV	pre-WW II
LADYL	PP	Polymer Industrie Chimiche S. p. A., Italy
LALELEN	PES	Sancak Tül, Turkey
LAMBETH	PE, PP	Lambeth Rope Corp., USA
LAMBETTE	PAC (T)	Associated Spinners Inc., USA
LAME	MT	Standard Yarn Mill Inc., USA
LAMERON	PES	Toyo Chemical Co. Ltd., Japan
LAMERON	PST	Toyobo Co. Ltd., Japan
LAMINYL	CV	Achille Bayart & Cie., France
LAMPOSE	CV	pre-WW II
LANACRYL	PAC/WO	Fibras Acrílicas S.A., Columbia
LANAFLOX	CV	pre-WW II
LANASTIL	PA 6	Zakłady Włókien Sztucznych «Stilon», Poland
LANCOFIL	CA	Lansil Ltd., GB
LANCOLON/ LANCOLAN	PA 6.6/ CA (T)	Lansil Ltd., GB
LANEL	PES/CV	Wellington Sears Co., USA
LANESE	CA	Celanese Corp., USA
LANITAL	CV	pre-WW II
LANSIL	CA	Lansil Ltd., GB
LANUSA	CV	pre-WW II
LARANA	CA	Courtaulds Ltd., GB

LASCOR

LASCOR	PUE/CO	Gerrit van Delden & Co., FRG
LASTEX	LA	Lastex Yarn, GB
		Uniroyal Inc., USA
LASTEX S	PUE	see VYRENE
LASTRAL	LA	Kölnische Gummifädenfabrik, FRG
LASTRALENE	PUE	Kölnische Gummifädenfabrik, FRG
LATON	LA	Uniroyal Inc., USA
LATTITEX	LA	Fillatice España S. A., Spain
		Fillatice France S. A., France
		Fillatice Germania Latexfäden GmbH, FRG
		Fillatice S. p. A., Italy
LAVETEN	PE, PP	Sydsvenska Profil AB, Sweden
LAVETTINE	PES/CP	Gerrit van Delden & Co., FRG
LAVSAN	PES	Chemical Fibre State Trust Kursk, USSR
LC-275	PAC	Courtaulds Ltd., GB
L. C. COURTELLE	PAC	Courtaulds Ltd., GB
LEACRIL-16	PAC	Montedison Fibre, Italy
LEACRIL BC	PAC	Montefibre S. p. A., Italy
LEACRIL-N	PAC	Montedison Fibre, Italy
LEACRIL S	PAC	Montedison Fibre, Italy
LEAFIL	(T)	Montedison Fibre, Italy
LEASTER	PES	Montedison Fibre, Italy
LEAVERLON	(T)	Gehring Textiles Inc., USA
LEAVIL	PVC	Montedison Fibre, Italy
LECTROSET	CV	IRC Fibers, USA
LEFERON	PA 6.6	Leon Ferenbach Inc., USA
	PES (T)	
LENABOL	CV	pre-WW II
LENACET	CA	Châtillon S. p. A., Italy
LENALUX	CV	pre-WW II
LENASEL	CV	Châtillon S. p. A., Italy
LEONA	PA 6.6	Asahi Chemical Industry Co. Ltd., Japan
LETILAN	PVA	USSR
LETIN	PVA	USSR
LEVIGLASS	GL	Polifiber S. A. R. L., Italy
LEVILENE	PE	Polifiber S. A. R. L., Italy
LEVILENE 110	PP	Polifiber S. A. R. L., Italy
LEVILON	PA	Polifiber S. A. R. L., Italy
LEXEL	CAR	General Electric Co., USA
		Fabric Research Lab. Inc., USA
LEX-NET	GL	Nitto Boseki Co. Ltd., Japan
LIASIL	GL	Fiber Glass Ind. Inc., USA
LIEN YU	PE	Lien Yu Industrial Comp., Taiwan
LIGHT DYE KODEL 641	PES	Eastman Chemical Products Inc., USA
LILIANA	PA/CA (T)	Novaceta S. p. A., Italy
LILION	PA 6	Snia Viscosa S. p. A., Italy / Phalera S. p. A., Italy / SNIACE, Spain / Torre Sarda S. p. A., Italy
LILION SOUPLE	PA 6.6	Snia Viscosa, Italy
LILION STH	PA (T)	Snia Viscosa, Italy
LILLYNI	PA 6.10	Slack Brothers Ltd., GB
LIMBA	PAC/Alpaka	Moulinages Motte S. A., Belgium
LINALBENE	CA	Deutsche Rhodiaceta AG, FRG
LINELAN	PAC	Toray Industries Inc., Japan

LINESHAN	PAC/CC/RA	Teikoku Sen-i Co. Ltd., Japan
LINETORON	PES/RA	Teikoku Sen-i Co. Ltd., Japan
LINNETTE	CT/FL	Mutual Mills Ltd., GB
LINRON	PAC/FL	Kirkpatrick, Ballyclare, Ireland
LINTELLA	CV	Beaunit Corp., USA
LINZ PP	PP	Oesterreichische Stickstoffwerke AG, Austria
LIRELLE	PES	Courtaulds Ltd., GB
LISMELOR	PAC (T)	Moulinages Motte S. A., Belgium
LISMERAN	PES/CA (T)	Moulinages Motte S. A., Belgium
LITSILK	(T)	Litton Mills Textured Yarns Ltd., GB
LITSILK-FLUFLON	PA 6.6 (T)	Litton Mills Textured Yarns Ltd., GB
LIVOLON	PA 6.6 (T)	Patentex Inc., USA
		Chadbourn Gotham Sales Corp., USA
LOCKLOOP	PP	Fiberworld Ltd., Canada
LOKTITE	PP	Tubbs Cordage Co., USA
L. O. F.	GL	L. O. F. Glass Fibers Comp., USA
LOFELA	PA (T)	Toyobo Co. Ltd., Japan
LOFTED-CHROMSPUN	CA	Tennessee Eastman Co., USA
LOFTED-ESTRON	CA	Tennessee Eastman Co., USA
LOFT-SET	PA 6 (T)	Allied Chemical Co., USA
LOKTUFT	PP	Alamo Industries Inc., USA
LOFTURA	CA	Eastman Kodak Co., USA
LON	PA 6	Polymers Inc., USA
LON-BELL	CV	Kanebo Ltd., Japan
LONEX	PA 6	Polymers Inc., USA
LONGLIFE	PA 6, PA 6.6	Manufacturas del Sur S. A., Peru
LONG TYPE A SLUB	CC	Beaunit Corp., USA
LONNIZE	(T)	Toray Industries Inc., Japan
LONZONA	CA	Lonzona GmbH, FRG
LO-PIC	PP	Fibron Inc., USA
LOTEYARN	CA	Teijin Ltd., Japan
LUCISA	CV	Snia Viscosa S. p. A., Italy
LUMI	MT	Toray Industries Inc., Japan
LUMIART	PES	Toyobo Co. Ltd., Japan
LUMICELL	CV	Kohjin Co. Ltd., Japan
LUMILAR	MT	Toray Industries Inc., Japan
LUMINAS	PP	Toyobo Co. Ltd., Japan
LUMINAT YARN 555	PES	Hyogo Bursan Co. Ltd., Japan
LUMINEX	MT	Dow Chemical Co., USA
		Dobeckmun Co., USA
LUMIYARN	MT	Oike & Co. Ltd., Japan /
		Toyo Metalising Co. Ltd., Japan
LUNESIL	CA	Montedison Fibre, Italy
LUNLON	PES	Yu Ho Fiber Industrial Co. Ltd., Taiwan
LUNNAACC	PES	Mitsubishi Rayon Co. Ltd., Japan
LUPINA	PA (T)	Toray Industries Inc., Japan
LUPRALEN	PE	BASF, FRG
LURAYTEX	PA 6.6 (T)	Schwarzenbach-Huber Co., New York, USA
LUREX	MT	Dow Badische Co., USA
		Artefactos S. A., Mexico
		Lurex Co. Ltd., GB
		Lurex Ltd., Brazil
		Lurex N. V., Netherlands

LUREX MF 150	MT	Lurex N. V., Netherlands
LUREX PEARLECENT	MT	Dow Badische Co., USA
LURON	PA 6.6, PA 6.10	ICI Fibres Ltd., GB
LUSTER	MT	Reiko Co. Ltd., Kyoto, Japan
LUSTRALAN	PA 6 (T)	Gerrit van Delden & Co., FRG
LUSTRE LITE	PE, PP	Dawbarn Bros., USA
LUSTRELOFT	—	Fibron Inc., USA
LUS-TRUS-NYLON	PA 6.6	Southern Lus-Trus Corp., USA
LUS-TRUS-POLYOLEFINE	PE, PP	Southern Lus-Trus Corp., USA
LUS-TRUS-SARAN	PVM	Southern Lus-Trus Corp., USA
LUXEL	PES	Petroquímica Sudamericana S. A., Argentina
LUXNAILON	PA	Rhodiatoce, Italy
LUZMILA	CV	Snia Viscosa S. p. A., Italy
LYCRA-SPANDEX	PUE	E. I. Du Pont de Nemours & Co. Inc., USA Du Pont of Canada Ltd., Canada Du Pont (Nederland) N. V., Netherlands Du Pont Comp. (U. K.) Ltd., GB
LYNDA	CT, CT/PA (T)	Mitsubishi Acetate Co. Ltd., Japan
LYNDA L 100	CA/PA (T)	Mitsubishi Rayon Co. Ltd., Japan
L-ZEX	PP	Mitsui Toatsu Chemicals Inc., Japan
M	PES (T)	Teijin Ltd., Japan
M-24	PA 6.6 (T)	E. I. Du Pont de Nemours & Co. Inc., USA
M-30	PA 4	Minnesota Mining & Manufacturing Co., USA
M 63	CP	Teijin Ltd., Japan
M-66	CV	Courtaulds Ltd., GB
MABAFIL	(T)	Bernardo e Lorenzo Banfi S. A., Italy
MACOSA	CV	Hungary
MACROLANA	CV	Czechoslovakia
MACRONA	CV	Czechoslovakia
MADARA	PES (T)	Burlington Madison Yarn Co., USA
MAGILOFT	(T)	Burlington Madison Yarn Co., USA
MAGILON	PA 6 (T)	Unitika Ltd., Japan
MAGI-SEW	(T)	Burlington Madison Yarn Co., USA
MAGNAMITE	—	Hercules Inc., USA
MAGYAR-POLYPROPYLENE	PP	Magyar Viscosagyár, Hungary
MAKRILON, MAKROLAN	PAC	see MALON
MAKROLAN	PAC	Acetilen Fiber Chem., Yugoslavia
MAKROLON	CAR	USSR
MALANA	PAC	Rumania
MALON	PAC	Ohis-Organsko-hemijska industrija, Yugoslavia
MALORA	MT	Malina Co., USA
MAMILON	MT/PES, PA, CV, CC	Nakai Kinshi Ind. Co. Ltd., Japan
MAMI-REX	MT	Kyoto Metallic Yarn, Japan
MANÁILON	PA	Manufactura Nacional de Plásticos S. A., Brazil
MANI-REX	PES	Nakai Kinshi Ind. Co. Ltd., Japan
MANITONE	PA/PES	Toray Industries Inc., Japan
MANRYO	PVA	Kuraray Co. Ltd., Japan

MAPOL	PP		Manufacturas Nacional de Plásticos S. A., Brazil
MARFIL	CV		pre-WW II
MARGLASS	GL		Marglass Ltd., GB
MARIMUSUME	CV		Unitika Ltd., Japan
MARLENE	(T)		Sauquoit Fibers Comp., USA
MARLEX 6003	PE		Phillips Chemical Co., USA
MARLSPUN	CA		Courtaulds Ltd., GB
MARSHAL-IZED	PAC (T)		Glen Raven Mills Inc., USA
MARVESS	PP, PE		Phillips Fibers Corp., Sub. of Phillips Petroleum Co., USA
MASELON	(T)		Hungary
MASUBRIL	PES/CV (T)		Filatures Prouvost Masurel & Cie., France
MASUFIL	PA (T)		Filatures Prouvost Masurel & Cie., France
MASULIA	CA		Filatures Prouvost Masurel & Cie., France
MATADOZ	CV		pre-WW II
MATALVA	CV		Rhône Poulenc Textile S. A., France
MATAPONT	CV		Viscosuisse, Switzerland
MATCORD	CV		Industrias Reunidas F. Matarazzo S. A., Brazil
MATENKA	CV		Enka B. V., Netherlands
MATENKANESE	CV		Enka B. V., Netherlands
MATENKONA	CV		Enka B. V., Netherlands
MATESA	CC		Beaunit Corp., USA J. P. Bemberg, FRG
MATEX	CV		Soc. Lyonnaise des Textiles, France
MATLON	PT (A) PES (T)		Klinger Yarns Ltd., GB
MATTINA	CV		pre-WW II
MATTFLOX	CV		pre-WW II
MAVOL	PVA		USSR
MAWOL	PVA		USSR
MAYFLOWER	PES (T)		Maystock Ltd., GB
MAYURFIL	CV		J. K. Synthetic Kanpur, India
MAZET	PAC (T)		Deering Miliken & Co. Inc., USA
MÉDIFIL	CM		Rhône Poulenc Textile S. A., France
MELAN	PES (T)		USSR
MELANA	PAC		Uzina de fibre sintetice, Rumania
MELCEL	PA		ICI Fibres Ltd., GB
MELEX	CV		Viscosuisse, Switzerland
MELINEX	MT		ICI Fibres Ltd., GB
MELLKIS	PES/PAC		Teijin Ltd., Japan
MELLO-TEX	PES (T)		B. & E. Mills Inc., New York, USA
MELOFIL	PA (T), PES (T)		Duplan Corp., USA
MENDEL	PES/PA 6		Teijin Ltd., Japan
MEO	PES/WO/PAC		Teijin Ltd., Japan
MERAKLON	PP		Montedison Fibre, Italy
MERAKRIN	PP		Polymer S. p. A., Italy
MERICULA	PP		Alamo Industries Inc., USA
MERINO-POLAN	PA 6		Poland
MERINOVA	CV		pre-WW II
MERLEN	PES (T)		USSR
MEROLON	PVA		Toyobo Co. Ltd., Japan

MERON

MERON	PA 6 (T)	USSR
MERONA	CV	Poland
MERSILENE	PES (T)	Ethicon Inc., USA
METAFIL	MT	Bertschinger & Co., Wohlen, Switzerland
METALASTIC	MT (T)	Metlon Corp., USA
METALFLAKE	MT	Dow Badische Co., USA
METALIAN	MT	Teijin Ltd., Japan
METALLIC-CELLOPHANE MT	MT	Malina Co., USA
METALL-TRANSPARIT MT	MT	Wolff & Co., Walsrode, FRG
METALREX	MT	Metalrex S. A. S., Italy
METALREX-MR	PES	Metalrex, Vienna, Austria
METALUMY	MT	Toray Industries Inc., Japan
METEX	MT	Metex Corp., USA
METLON	MT	Metlon Corp., USA Phillips Fibers, USA
METROLENE	PES (T)	Arova Rorschach AG, Switzerland
METRONYL	PA 6.6 (T)	Arova Rorschach AG, Switzerland
MEWLON	PVA	Unitika Ltd., Japan, Polyval Corp., USA
MF-A1, B1	MT	Brunswick Corp., USA
MICK'LON	PA 11 (T)	FRG
MICROGLASS	GL	Nippon Glass Fibre Co. Ltd., Japan
MICROLANA	CV	Czechoslovakia
MICROLITH	GL	ATEA, Spain
MICROLITH	GL	Glaswerk Schuler GmbH, FRG
MICRO-QUARTZ-FIBER	Quartz	Johns Mansville Glass Inc., USA
MICROWOOL	GL	Nippon Glass Fiber Co. Ltd., Japan
MIHARAHYO	CV	Teijin Ltd., Japan
MIKRON	PVA	Korea Vinylon Fibre Co. Ltd., South Korea
MIKULON	PVA	
MILLS PLASTIC	PVD	Elmer E. Mills Corp., USA
MINALANE	CA	Chisso Co., Japan
MINALESE	CA	Chisso Co., Japan
MINALON	CT, CA	Chisso Acetate Co. Ltd., Japan
MINIENA	PA	Toyobo Co. Ltd., Japan
MINIFIL	PA	Enka, B. V. Netherlands
MIRACLET	MT	Toray Industries Inc., Japan
MIRACLET	PES	Toray Industries Inc., USA
MIRACRYL	PAC (T)	Heathcoat Yarns & Fibers Ltd., GB
MIRADOR	PES/PAC	Gerrit van Delden & Co., FRG
MIRAFIL	PA 6.6 (T)	M. K. M. Knitting Mills, USA
MIRALENE	PES (T)	John Heathcoat & Co. Ltd., GB
MIRALON	(T)	Heathcoat Yarns & Fibres Ltd., GB
MIRALVA	CV	Rhône Poulenc Textile S. A., France
MIRLAN	PA 6 (T)	Silon n. p., Czechoslovakia
MIRLON	PA	Plabag Ltd., Switzerland
MISRAYON	CV	Soc. MISR pour la Rayonne S. A. A., Egypt
MISR-NYLON	PA 6	Soc. MISR pour la Rayonne S. A. A., Egypt
MISROFIBRE	CV	Soc. MISR pour la Rayonne S. A. A., Egypt
MISRYLON	PA 6	Soc. MISR pour la Rayonne S. A. A., Egypt
MITRELLE	PES	ICI, GB

MITSUBISHI POLYESTER	PES	Mitsubishi Rayon Co. Ltd., Japan
MITSUBISHI-PYLEN	PP	Mitsubishi Rayon Co. Ltd., Japan
MIXEL	PA 6/CA	Teijin Ltd., Japan
MIYUKILON	MT	Miyazaki Shoji Co. Ltd., Japan
MIZARIL	CA	Montedison Fibre, Italy
MMM-FIBER	GL	Minnesota Mining Mfg. Co., USA
MOBILON	PUE	Nisshin Spinning Co. Ltd., Japan
MOCOMILON	PP	Moultrie Textiles, Div. of Moultrie Cotton Mills Inc., USA
MOCOMOLON	—	Moultrie Textiles, Div. of Moultrie Cotton Mills Inc., USA
MODERELLA	PA	Enka, B. V., Netherlands
MODIGLASS	GL	Modiglass Fibers, USA
MODILON	PUE PUR	Nisshin Spinning Co. Ltd., Japan
MODIPON	PA 6	Modipon Ltd., Modiganar (U. P.), India
MODULAN	CV	USSR
MODULON K N	CM	USSR
MODMOR	CAR	Morganite Modmor Ltd., England
MODYLON	PA 6 (T)	Poland
MOLAN	PAC	USSR
MOLTOPREN	PUE	Deutsche Schaumfadenwerke E. H. Pläcking, FRG
MONARD	PAC/WO	Teijin Ltd., Japan
MONECE	PA modif.	Kanebo Ltd., Japan
MONELEN	PES	Züricher Beuteltuchfabrik AG, Switzerland
MONOCORUM	PUE/PA (T)	Heathcoat Yarns & Fibres Ltd., GB
MONOFIL	PA	Enka, B. V., Netherlands
MONOLENE	PP, PE	Canada
MONO PRO	PP	The Brantford Cordage Comp., Canada
MONOSHEER	PA 6	American Enka Corp., USA
MONOSLON	PES/PA	Toray Industries Inc., Japan
MONOSTRETCH	PP	United Elastic Corp., USA
MONSANTO POLYESTER	PES	Monsanto Co., USA
MONOSANTO POLYESTER TYPE L5A	PES	Monsanto Co., USA
MONSANTO POLYESTER TYPE L7A	PES	Monsanto Co., USA
MONSANTO POLYESTER L7A POY	PES	Monsanto Co., USA
MONSANTO POLYESTER TYPE L0A	PES	Monsanto Co., USA
MONSANTO TYPE J 01	PA 6.6	Monsanto Co., USA
MONSANTO TYPE L 01	PA 6.6	Monsanto Co., USA
MONTREL	PP	Wellington Synthetic Fibres Inc., USA
MONVELLE	PA 6/PUE	Monsanto Co., USA
MOONLIGHT	PA	Toyobo Co. Ltd., Japan
MOPLEX	MT	Metalrex S. A. S., Turin, Italy
MOULDING-TEXTURED-YARN	PES (T)	Teijin Ltd., Japan
MOUND	PES/CO	Kowa Spinning Co. Ltd., Japan
MOUSSE NYLON	PA 6.6 (T)	Fimola, France

MOUSSEOLA

MOUSSEOLA	CV	Rhône Poulenc Textile S. A., France
MOUSSE RHOVYL	PVC (T)	Rhône Poulenc Textile S. A., France
MOUSSMATT	CV	Achille Bayart & Cie., France
MOVIL	PVC	Montedison Fibre, Italy Polymer Inc. USA
MOWBRAY-BOUCLE	PA 6.6 (T)	Mowbray & Co. Ltd., GB
MOWBRAY-TEXTURED	PA 6.6 (T), PES (T)	Mowbray & Co. Ltd., GB
MOYNEL	HWM	Courtaulds North America Inc., USA
MOYNEL C	CP	Courtaulds North America Inc., USA
M. P.	PA (T)	Leon Ferenbach, USA
MP-FASER	PVC/PVA	Wacker Chemie GmbH, FRG
M. R.	MT	Metalrex S. A. S., Turin, Italy
MTI-3		USSR
MTILON	CV/PAC	USSR
M-TYPE-YARN	PES (T)	Teijin Ltd., Japan
MULTI-CUPIONI	CC	Beaunit Corp., USA
MULTIFLEX	PP	Roblon A/S, Denmark
MULTILENE	PP	Polyunion Kunststoffwerke GmbH & Co. KG, Emsdetten, FRG
MULTILENE	PP	Canada
MULTI-MARL	PA (T)	Chapman Fraser & Co. Ltd., GB
MULTISHEER	PA (T)	American Enka Corp., USA
MULTI-STRATA	CC	Beaunit Corp., USA
MUSCLE-FLEX	PES	American Enka Corp., USA
MUVIPLEN	PP	Hungary
MX 108	PA	Soo Valley Co., USA
MX 6020 H	PES	Soo Valley Co., USA
MXDA-FIBER	PA	Toray Industries Inc., Japan Toho Rayan Co. Ltd., Japan Teijin Ltd., Japan
MYFLEX-STRETCH-DURENE	(T)	Clarence L. Meyers & Co. Inc., USA
MYLAR	PES	E. I. Du Pont de Nemours & Co. Inc., USA
MYLAST	PA, PES, PAC (T)	Clarence L. Meyers & Co., USA
N-6	PA 6	Inquitex S. A., Spain
N-11	PA 11	E. I. Du Pont de Nemours & Co. Inc., USA
N-22	PA 6.6	Monsanto Co., USA
N-44	PA	E. I. Du Pont de Nemours & Co. Inc., USA
N-61	PA (T)	Teijin Ltd., Japan
NAILON 66	PA	Montefibre, Italy
NAILON R	PA 6.6	Montedison Fibre, Italy
NAILON RHODIATOCE	PA	Rhodiatoce, Italy
NAILONSIX	PA 6	Cia. Brasileira de Fibras Sinteticas S. A., Brazil
NAISPUN	PA 6.6	Tessilfibre Chevallard, Italy
NAKAI-MAMILON	PES	Nakai Kinshi Ind. Co. Ltd., Japan
NALCON	CV	National Lead Co., USA
NALCON	PE	National Lead Co., USA
NANDEL	PAC	E. I. Du Pont de Nemours & Co. Inc., USA
NANTUK (YARN)	PAC	E. I. Du Pont de Nemours & Co. Inc., USA
NAPRYL	PP	Pechiney St-Gobain, France
NARCO	CV	Beaunit Corp., USA

NARCON	CV	Beaunit Corp., USA
NARCO-OLEFIN	PP	Beaunit Corp., USA
NASET-FIBRE	PA	E. I. Du Pont de Nemours & Co. Inc., USA
NASLON	MT	Nippon Seisen Co. Ltd., Japan
NATENE	PE	Pechiney St. Gobain, France
NATICETTA	PA 6.6 (T)	National Spinning Co. Inc., New York, USA
NATIONAL	CAR	Union Carbide Corp., Fibers and Fabrics Division, USA
NATIONAL-NYLON	PA 6.6	National Plastics Products Co., USA
NATIONAL-POLYPROPYLENE W 18	PP	National Plastics Products Co., USA
NATIONAL-SARAN	PVM	National Plastics Products Co., USA
NATSYN	LA	B. F. Goodrich, USA
NAVILON	PA (T)	Toray Industries Inc., Japan
NAVISCORD	CV	Rhône Poulenc Textile S. A., France
NELANA	CV	Czechoslovakia
NEOCETA	PAC	Pittsburgh Plate Glass Comp., USA
NEOCHROME-COURTELLE	PAC	Patons & Baldwins Ltd., GB
NEOCHROME-LC-COURTELLE	PAC	Courtaulds Ltd., GB
NEO-FIL	PP	Hercules Inc., USA
NEOLAN	PUE	Teijin Ltd., Japan
NEOLANA	CV	Czechoslovakia
NEOLON-SPANDEX (NEOLAN)	PUE	Teijin Ltd., Japan
NEORAFIA	PE	S. A. I. R. S. p. A., Italy
NEORON	PUE	Teijin Ltd., Japan
NEOSPUN	PAC	Courtaulds Ltd., GB
NERISSA	CA	Montedison Fibre, Italy
NERLEN	PES	Nylon de Méjico S. A., Mexico
NERVACRYL	PAC	S. A. Burlington Schappe, France
NEVAFLOR	PA	Glanzstoff AG, FRG
NEVALON CS	PA 6	Glanzstoff AG, FRG
NEVA-NYLON (SEVERAL TYPES)	PA	Glanzstoff AG, FRG
NEVASWING	PUE	Glanzstoff AG, FRG
NEVRON	PUE	Teijin Ltd., Japan
NEWBRAY	CV	Mahasco Ind. Inc., USA
NEWCOLOR	CV	Mohasco Ind. Inc., USA
NEWDULL	CV	Mohasco Ind. Inc., USA
NEWLON	(T)	Moulinage et Tissage du Nord et de l'Est, France
NEWLON	CV	Mohasco Ind. Inc., USA
NEWLON	PVA	Unitika Ltd., Japan
NEWLON-BANLON	PA 6.6 (T) PES (T)	François Masurel Frères, France
NEWLON-TASLAN	PA 6.6 (T) PES (T)	François Masurel Frères, France
NEWLON TEXTRALIZED	PA (T) PES (T)	François Masurel Frères, France
NEWLOW	CV	Mohasco Ind. Inc., USA
NEWROPE	PE, PP	American Poly Fibres Inc., USA
NEW-TENDRELLE	PA 6.6 (T)	ICI Fibres Ltd., GB

NEWTON

NEWTON	PES, PA 6.6	Newton Filaments Inc., Homer, N. Y., USA
NEWTON-POLYPROPYLENE	PP	Newton Filaments Company, USA
NEWTORON	PES/RA	Tokyo Ramie Spinning Co. Ltd., Japan
NEX-H	PE	Nichiei Chemical Comp. Ltd., Japan
NEX-M	PE	Nichiei Chemical Comp. Ltd., Japan
NEXUS	PES	Burlington Industries Inc., USA
NF-20	PA 6/PES	Firestone Synthetic Fibres Co., USA
NIBALON	PA 6/CO	Niederer & Co., Switzerland
NICARINA	PVC	Nippon Carbide Industries Co. Inc., Japan
NICHIBO POLYNOSIC	CP	Unitika Ltd., Japan
NICHIBO VINYLON	PVA	Unitika Ltd., Japan
NICHRAY NYLON	PA 6	
NICHRAY RAYON	CV	Unitika Ltd., Japan
NIGRILA	(T)	Niederer & Co., Switzerland
NIL	PE, PP	Dow Chemical of Canada Ltd., Canada Barkley and Co. Inc., USA
NILASTIC	PA 6 (T)	Inquitex S. A., Spain
NILOM	PA 6	Fazal Nylon Mills, Pakistan
N. I. P.	PVC/PVA+	Nichiei Chemical Comp. Ltd., Japan
NIPLA	PVC	Nichiei Chemical Comp. Ltd., Japan
NIPLON	PVC	Nichiei Chemical Comp. Ltd., Japan
NIPNET	PVC	Nichiei Chemical Comp. Ltd., Japan
NIPPON POLYESTER	PES	Nippon Ester Co. Ltd., Japan
NIRESTER	PES	Nirlon Synthetic Fibres & Chemicals Ltd., India
NIRLON	PA 6	Nirlon Synthetic Fibres & Chemicals Ltd., India
NISHIKALON	PVC/PVA+	Nischikawa Chem. Ind. Co. Ltd., Japan
NISSEN-YACHTRON	PES/RA	Nippon Sen-i Kogyo Co. Ltd., Japan
NISSHINBO-MODILON	PUE	Nisshin Spinning Co. Ltd., Japan
NITIRAY-ESTER	PES	see N. R. C.-POLYESTER
NITIRAY-NYLON	PA 6	Unitika Ltd., Japan
NITIRAY-STRETCH	PA (T)	Unitika Ltd., Japan
NITI-VILON	PVA	Nitivy Co. Ltd., Japan
NITLON	PAC	Nitto Boseki Co. Ltd., Japan
NITOR	CV	pre-WW II
NITORON	PAN	Nitto Spinning Co. Ltd., Japan
NITRON, NITROLON, NITRONE, NITRILON	PAC	USSR
NITROW	—	USSR
NITTOBO	PAC	Nitto Boseki Co. Ltd., Japan
NITTOBO-GLASFIBER	GL	Nitto Boseki Co. Ltd., Japan
NITTOBO-POLYPRO	PP, PE	Nitto Boseki Co. Ltd., Japan
NITTRAY	MT	Toray Industries Inc., Japan
NIVELA	PA (T)	Toyobo Co. Ltd., Japan
NIVION	PA 6	ANIC, Italy
NIWOLON	PA 6.6/WO	Niederer & Co., Switzerland
NL	MT	Metal Film Co. Inc., USA
NM (SEVERAL TYPES)	PA	Monofilaments Inc., USA
NMF	GL	Nippon Inorganic Textile Ind. Co. Ltd., Japan
NO 1	PA 6.6	Monsanto Co., USA
NO-64	CA	Snia-Viscosa, Italy

NOBELEX	PP	Chemical Plant J. Dimitrov, Czechoslovakia
NOBRICELLA	CV	Enka, B. V., Netherlands
		Hollandsche Kunstzijde Ind. N. V., Netherlands
NOFRAY	PP	Exxon Chemical Co., USA
NOMELLE	PAC	E. I. Du Pont de Nemours & Co. Inc., USA
NOMEX	PA	E. I. Du Pont de Nemours & Co. Inc., USA
NOMEX III ARIMID	PA modif.	E. I. Du Pont de Nemours & Co. Inc., USA
NONBALON	CV	Kohjin Co. Ltd., Japan
NON METALLIC	PES	Multi-Tex Products Corp., USA
NONTIC	PA 6	Asahi Chemical Industry Co. Ltd., Japan
NON-TORQUE	PA 6.6 (T)	Klinger Yarns Ltd., GB
NOPALON	PA 6	Montedison Fibre, Italy
NOPOLANA	CV	Czechoslovakia
NORFIL	PE	ICI Fibres Ltd., GB
NORSEFLEX	PP	Stal og Tau, Norway
NORSYNTEX-NYLON	PA 6.6	Rhône Poulenc Textile S. A., France
NORTEX	PA	ICI Fibres Ltd., GB
NORTHYLEN	PE	Norddeutsche Seekabelwerke AG, FRG
NOVACRYL	PAC, PAC/WO	Heathcoat Yarns & Fibres Ltd., GB
NOVALENE	CA	Novaceta S. p. A., Italy
NOVALON	CV	Celulosa y Derivados S. A., Mexico
NOVALON	PA 6 (T)	Czechoslovakia
NOVALUX	CA	Novaceta S. p. A., Italy
NOVAMAT	CV	pre-WW II
NOVASPAN	PUE/PA (T)	Zwicky & Co., Switzerland
NOVATEX	CV	Snia Viscosa S. p. A., Italy
NOVATEX	PA 6.6 (T)	Zwicky & Co., Switzerland
NOVAYARN	PES/WO	Gunze Ltd., Japan
NOVELON	(T)	Spinlon Industries Inc., USA
NOVILON	PA	Ducilo SAIC, Argentina
NOVODUR	PVC	Czechoslovakia
NOVOFIL P	GU	Höxtersche Gummifädenfabrik, FRG
NOVOLEN	PP	BASF, FRG
NOVOLOID	CAR	Carborundum Co., USA
NR. 2 TETORON	PES	Teijin Ltd., Japan
N. R. C.	CV	The National Rayon Corp. Ltd., India
N. R. C. BULOOK	PA 6 (T)	Unitika Ltd., Japan
NRC-NYLON	PA 6	Unitika Ltd., Japan
NRC-POLYESTER	PES (PEA)	Unitika Ltd., Japan
N. R. C. POLYNOSIC	CP	Unitika Ltd., Japan
N. R. C. HI-STRETCH	PA 6 (T)	Unitika Ltd., Japan
NS-FIBRE (NS-FIBER)	PA/PES	Firestone Synthetic Fibers Co., USA
NSK	GL	Tokai Glass, Japan
NT	PA/CP/WO	Kawashima Textile Mills Ltd., Japan
NTS	HWM	Czechoslovakia
NUBBI	CV	Beaunit Corp., USA
NUB-LITE	CC	Beaunit Corp., USA
NU-COLOR	CV	Mohasco Ind. Inc., USA
NUDYL	PUE	International Stretch Prod., USA
NUF	GL	Ferro Corp., USA
NUFIL	PP	ICI Fibres Ltd., GB
NULON	PA 6.6/PES (T)	France

NUMA

NUMA	PUE	American Cyanamid Co., USA
NUPRON	HWM	Midland Ross Corp., IRC-Fibres Div., USA
NUPRONIUM	CV	Midland Ross Corp., IRC-Fibers Div., USA
NUPRON MODULIZED	HWM	Midland Ross Corp., IRC-Fibers Div., USA
NUREL	PA 6	Fibras Esso S. A., Spain
NYACRY	(T)	Blackwelder Textile Comp. Inc., USA
NYCEL	PA 6	Celanese Mexicana S. A., Mexico
NYCRON	PES/PA/CV	Cotonificio Gavea S. A., Brazil
		Sudamtex do Brasil S. A., Brazil
NYDELIA	PA 6.6 (T)	Deutsche Rhodiaceta AG, FRG
NYESTA	PA 6 (T)	Roselon Yarns Inc., USA
NYFLEX	PA 6.6	Brainard Strapping, Div. of Sharon Steel Corp., USA
NYLFLOR	PA 6.6 (T)	Deutsche Rhodiaceta AG, FRG
NYFOYLE	PA 6.6/CO (T)	Aberfoyle Mfg. Co., USA
NYLAFIL FR	PA/GL	Dart Industries Inc., USA
NYLAIR	PA 6.6 (T)	Qualitex Yarns Ltd., GB
NYLBROC	PA 6.6 (T)	Brocklehurst Yarns Ltd., Wales, GB
NYLCO	MT	Nylo Products Inc., USA
NYLCOLOR	PA	Viscose Suisse, Switzerland
NYLCROSS	PA 6.6	Diffusion Textiles de Filés de Marques Françaises S. A., Tourcoing, France
NYLENE	PA 6/PA 6.6	Long Island Plastic Corp. and Glen Head Mills, USA
NYLENKA	PA 6	Enka B. V., Netherlands
NYLEX	PA 6	Toray Industries Inc., Japan
NYLEX	PA 6.10	Polymers Inc., USA
NYLFIL	PA 6	Nylon de Méjico S. A., Mexico
NYLFLAMM	PA	Deutsche Rhodiaceta AG., FRG
NYLFLOCK	PA 6.6	Viscosuisse, Switzerland
NYLFLOOK-COLORLOC	PA 6.6	Nylflock Corporation, USA
NYLFRANCE	PA 6.6	Rhône Poulenc Textile S. A., France
NYLFRANCE TYP 254	PA	Rhône Poulenc Textile S. A., France
NYLHAIR	PA 6	Inquitex S. A., Spain
NYLMET	MT	Nylco Products Inc., USA
NYLMIST	PA (T)	Riverside Yarns Ltd., Canada
NYLOFT	PA 6 (T)	Firestone Synthetic Fibres Co., USA
NYLON	PA 6.6	Various manufacturers
NYLON 1	PA 6, PA 6.6	Ducilo S. A. I. C., Argentina
NYLON I	PA	Toray Industries Inc., Japan
NYLON-4	PA 4	Alrac Corp., USA
NYLON IV	PA (T)	Klinger Yarns Ltd., GB
NYLON «6»	PA 6	Fibras Sintéticas, Mexico
NYLON 6-T	PA 6.6	Celanese Corp., USA
NYLON-9	PA 9	South Research Labor., USA
NYLON 22	PA	Kanebo Ltd., Japan
NYLON 66	PA 6.6	Deutsche Rhodiaceta AG, FRG
		Rhône Poulenc Textile S. A., France
NYLON 66 FLAMMÉ	PA 6.6	Deutsche Rhodiaceta AG, FRG
NYLON 420	PA 6	FRG
NYLON 992	PA 6.6	ICI Fibres Ltd., GB
NYLON 1875	PA 6.6 (T)	ICI Fibres Ltd., GB
NYLON 4275	PA 6.6 (T)	ICI Fibres Ltd., GB

NYLON 5875	PA 6.6 (T)	ICI Fibres Ltd., GB	
NYLONBINDER	PA 6.6	A. J. Gerrard & Co., USA	
NYLON-BLERIA	PA (T)	Chori Co. Ltd., Japan	
NYLON BY AMTECH	PA	Amtech Inc., USA	
NYLON BY ENJAY	PA	Enjay Chemical Co., USA	
NYLON-COPET	PA 6	Petroquímica Sudamericana S. A., Argentina	
NYLON-DE-ESPAÑA	PA 6.6	Fibras Artificiales S. A., Spain	
NYLON DEUTSCHE RHODIACETA	PA	Deutsche Rhodiaceta AG, FRG	
NYLON DUCILO	PA 6, PA 6.6	Ducilo S. A. I. C., Argentina	
NYLON ENGINEERING NYLON	PA	Nylon Engineering Inc., USA	
NYLON-FABELTA	PA	Fabelta, Belgium	
NYLON L	PA 6	Toray Industries Inc., Japan	
NYLON MONOFIL	PA 6.10	ICI Fibres Ltd., GB	
NYLON N 44	PA modif.	E. I. Du Pont de Nemours & Co. Inc., USA	
NYLON PETROQUIMICA	PA	Petroquímica Sudamericana, Argentina	
NYLON POLYFIBRES	PA 6	Polyfibres S. A., France	
NYLON RIVERLOFT YARN	PA 6 (T)	Toray Industries Inc., Japan	
NYLON SAFA	PA	Fibras Artificiales S. A. (SAFA), Spain	
NYLON SLIT YARN	PA 6.6	Unitika Ltd., Japan	
NYLON SN	PA 6.6	Dr. Plate GmbH, Bonn, FRG	
NYLON SUMAR	PA 6	Manufacturas Sumar S. A., Chile	
NYLON T	PA 6.6 (T)	Isranyl Co. Ltd., Israel	
NYLON T-101	PA	E. I. Du Pont de Nemours & Co. Inc., USA	
NYLON T. A. P.	PA 6.6	Rhône Poulenc Textile S. A., France	
NYLON VISCOSUISSE (FLIXOR)	PA 6, PA 6.6	Viscosuisse, Switzerland	
NYLON VISCOSUISSE	PA 6, PA 6.6	Viscosuisse, Switzerland	
NYLON WOOLLY	PA (T)	Teijin Ltd., Japan	
NYLOR	PA 6.6	Viscosuisse, Switzerland	
NYLOSTRAW	PA 6	M. & Q. Plastic Products, USA	
NYLOT	PA 6	Toray Industries Inc., Japan	
NYLPAK	PA 6	Bengal Fibre Industries, Pakistan	
NYLSAFA	PA	Fibras Artificales S.A. (SAFA), Spain	
NYLSUISSE	PA 6.6	Viscosuisse, Switzerland	
NYLTEST	PA 6.6	Deutsche Rhodiaceta AG, FRG	
NYLTEST 545	PA 6.6 (T)	Deutsche Rhodiaceta AG, FRG	
NYLTEST-BOUCLE	PA 6.6 (T)	Deutsche Rhodiaceta AG, FRG	
NYLTEST-FILETTE	PA 6.6 (T)	Deutsche Rhodiaceta AG, FRG	
NYLTEST FLAMMÉ	PA 6.6	Deutsche Rhodiaceta AG, FRG	
NYLTEST-HELANCA-SILKY	PA 6.6 (T)	Deutsche Rhodiaceta AG, FRG	
NYLTILON	PA (T)	Nyl-Ti S. A., Switzerland	
NYMA	CV	Kunstzijdespinnerij Nyma N. V., Netherlands	
NYMACRON	PAC	Kunstzijdespinnerij Nyma N. V., Netherlands	
NYMACRYL	PAC	Kunstzijdespinnerij Nyma N. V., Netherlands	
NYMALON	PA	Kunstzijdespinnerij Nyma N. V., Netherlands	
NYMA-PAN	PAC	Kunstzijdespinnerij Nyma N. V., Netherlands	
NYMATA	CV	pre-WW II	
NYMATCO	CV	Kunstzijdespinnerij Nyma N. V., Netherlands	

NYMCORD

NYMCORD	CV	Kunstzijdespinnerij Nyma N. V., Netherlands
NYMCRYLON	PAC	Kunstzijdespinnerij Nyma N. V., Netherlands
NYMELLA	CV	Kunstzijdespinnerij Nyma N. V., Netherlands
NYMELLAMAT	CV	Kunstzijdespinnerij Nyma N. V., Netherlands
NYMETA	PP, PE	Nymeta A/S, Denmark
NYMEX	CV	Kunstzijdespinnerij Nyma N. V., Netherlands
NYMKRON	PAN	Kunstzijdespinnerij Nyma N. V., Netherlands
NYMO	PA 6.6	Belding Corticelli, USA
NYMO-BELFAST	PA 6.6	Belding Corticelli, USA
NYMOLON-TEE	PA 6.6	Belding Corticelli, USA
NYMPLEX	PE, PP	Nymeta A/S, Denmark
NYPEL-NYLON	PA 6.6	Nypel Corp., USA
NYPEL-OLEFINE	PP	Nypel Corp., USA
NYPEL-POLYESTER	PES	Nypel Corp., USA
NYROLAN	PA/CA	Ets. Rochegude, France
NYTELLE	PA 6 (T)	Firestone Synthetic Fibers Co., USA/Canada
NYTRIL	PVD	Bakelite Xylonite Ltd., GB
OBTEL	PA 6.6	Rhône Poulenc Textile S. A., France Deutsche Rhodiaceta AG, FRG
OC-401	GL	Owens Corning Fiberglass Corp., USA
OCEAN	CA/CV	Wako Spinning Co. Ltd., Japan
ODÈNE	CV	Ets. Kuhlmann, France
OENANTH	PA 7	USSR
OIKE-METALLIC-YARN	MT	Oike & Co. Ltd., Japan
OIKE-SHANPEARL	PA	Oike & Co. Ltd., Japan
OKELAN	PA 6/CA (T)	USSR
OKSALON	PES	USSR
OKSON	PES (PEE)	USSR
OLANE	PP	Avisun Corp., USA
OLEFIN	PE, PP	Waltrich Plastics Corp., USA
OLEFIN	PE, PP	Southern Lus Trus Corp., USA
OLEFIN	PP	Fish Net Twine Co., USA
OLEFIN BY VECTRA	PE, PP	Enjay Fibers and Laminates Company, Odeton, Maryland, a Division of Enjay, USA
OLEFINI	PP (T)	Roselon Yarns Inc., USA
OLETEX	PP, PE	Poncar Plastics Corp., USA
OLYMPIA-SET	PES (T)	Olympia Mills Inc., USA
OMI	CV	Omikenshi Spinning Co. Ltd., Japan
OMNI	PP, PE	Omni de Méjico S. A. (Fibras Omni S. A.), Mexico
OMNIACRIL	PAC (T)	Omnia Fibra S. p. A., Italy
OMNIALON	PA 6 (T)	Omnia Fibra S. p. A., Italy
OMNI-NYLON	PA 6	Omnia Fibra S. p. A., Italy
OMNI-SARAN	PVD	Omni de Méjico S. A. (Fibras Omni S. A.), Mexico
ONDALVA	CV	Rhône Poulenc Textile S. A., France
ONDELETTE	CC	Beaunit Corp., USA
ONDEX	CV	Fibras Artificales S. A. (SAFA), Spain
ONDUFLAM	CV	Rhône Poulenc Textile S. A., France
ONDULON, ONDU-LON	PA 6.6 (T)	Gebr. Colsmann, Essen, FRG
OPACETA	CA	Courtaulds Ltd., GB
OPALBA	CA	Rhodia Industrias Quimicas, Brazil
OPALCIMA	CV	Montedison Fibre, Italy
OPALON	PA 6 (T)	Opal Textilwerke GmbH, Rheinfeld, FRG

OPANYL	PA 6.6	Rhône Poulenc Textile S. A., France
OPELON	PUE	Toyobo Co. Ltd., Japan
OPLENE	PP	Jeil Synthetic Fibers Industrial Co. Ltd., South Korea
OPLON	PP	Jeil Synthetic Fibers Industrial Co. Ltd., South Korea
OPTIFIL	LA	Höxtersche Gummifädenfabrik, FRG
ORDENE	CV	Ets. Kuhlmann, France
OREL	PES	E. I. Du Pont de Nemours & Co. Inc., USA
ORGANZINO CASTELLO	CA	Montedison Fibre, Italy
ORLON	PAC	E. I. Du Pont de Nemours & Co. Inc., USA / Du Pont of Canada Ltd., Canada / Du Pont (Nederland) N. V., Netherlands Du Pont Comp. (U. K.) Ltd., GB
ORLON TYPE 775	MOD	E. I. Du Pont de Nemours & Co. Inc., USA
ORO CORD	PA 6	Snia Viscosa S. p. A., Italy
OROFIL	LA	Rohm & Haas Co., USA
ORSELLA	CV	S. A. Orsi Mangelli, Italy
ORSUMA	CV	pre-WW II
ORSUPAL	CV	pre-WW II
ORTALION	PA 6	Bemberg S. p. A., Italy
ORTALION-ENTANGLED-FILAMENT-YARN	PA 6/CC	Bemberg S. p. A., Italy
ORTALION-MINIFIL	PA 6	Bemberg S. p. A., Italy
ORTALION-MONOFIL	PA 6	Bemberg S. p. A., Italy
ORTALION-MULTIFILAMENT	PA 6	Bemberg S. p. A., Italy
ORTALION-SPARKLING-MONOFIL	PA 6	Bemberg S. p. A., Italy
OSCHILON	PA 6/PP (T)	USSR
OSTERLON	PP	The Osterneck Co., USA
OVILAN	CV (T)	USSR
OXADIAZOLAMID-FIBER	PA modif.	Monsanto Co., USA
OXELAN	PA/CA	USSR
OXLON	—	USSR
OZILON	PA 6 (T)	USSR
OZITE	PP	Ozite Corp., Libertyville, USA
P-3	PP	Mitsubishi Rayon Co. Ltd., Japan
P 23	PES (T)	North American Rayon Corp., USA
PACIFIC	PES	Pacific Enterprises, Taiwan
PACM	PA modif.	E. I. Du Pont de Nemours & Co. Inc., USA
PALYPA	PES (T)	Billion & Cie., France
PAMILON	PA 6 (T)	Toray Industries Inc., Japan
PAN	PAC	
PANACRYL	PAC	Chemical Fibre Plant, Budapest, Hungary
PANYL	PA 6.6 (T)	Zwirnerei Unteregglingen, FRG
PAPIOLA	PES/CA	Omikenshi Spinning Co. Ltd., Japan
PARABAND	PES/PE	ICI Fibres Ltd., GB
PARACORD	PA 6.6	Rhône Poulenc Textile S. A., France
PARAFIL	PES/PE	ICI Fibres Ltd., GB
PARAFLOX	CV	pre-WW II

PARAMAFIL

PARAMAFIL	CV	Nitto Boseki Co. Ltd., Japan
PARAPRO	PP	Wall Industries Inc., USA
PARAWEB TYPE J	PES/PE	ICI Fibres Ltd., GB
PAREL	PA 6	Toray Industries Inc., Japan
PARFÉ	CC	Beaunit Corp., USA
PARPON	PA 6	Plastex Pty. Ltd., South Africa
PATENTEX	PA (T)	Patentex Inc., USA
PATHFINDER	PES (T)	Drew, Brady & Co. Ltd., GB
PATLON	PP	Patchogue Plymouth Co., New York, USA
PAWLET	PAC	Asahi Chemical Ind. Co. Ltd., Japan
PBI-FIBER	PA	Celanese Corp., USA
PCM	MOD	Rhône Poulenc Textile S. A., France
PE 185	PP/WO	Toa Wool Spinning & Co. Ltd., Japan
PE 3100	PES	Monofilaments Inc., USA
PEB-FIBRE	PEE	Polyester-Ether Development Co. Ltd., Japan
PEFILE	PEE	Unitika Ltd., Japan
PEFEEL	PES	Unitika Ltd., Japan
PEFLENE	PES (T)	Unitika Ltd., Japan
PEFROBY	PES (T)	Unitika Ltd., Japan
PEJILENE	PES (T)	Bingley Mills Ltd., GB
PEJILON	PES (T)	P. & J. Tiberghien, Mouscron, Belgium
PEL	PA	Pacific Enterprises, Taiwan
PELARGON	PA 9	USSR
PENTON	PES	Hercules Powder Co., USA
PERBUL	PAC (T)	Mitsubishi Rayon Co. Ltd., Japan Daido Synthetic Co. Ltd., Japan
PERFILON	PA	SNIAFA, Argentina
PERFILON	PA 6.10	Manufacturas Sumar S. A., Chile
PERFIL SE	PE	Synthetic Yarn Pty. Ltd., Australia
PERFIL SP	PP	Synthetic Yarn Pty. Ltd., Australia
PERFOLAN	PA 6 (T)	—
PERILON	PES	Sasa Suni ve Sentetik Elyaf Fabrikasi, Turkey
PERIVALE-BRILON	PA (T)	Sewing Silks Ltd., GB
PERJILON	(T)	Bingley Mills Ltd., GB
PERLAPONT	CV	Viscosuisse, Switzerland
PERLASTIK	PA 6 (T)	GDR
PERLEA	CV	Snia Viscosa S. p. A., Italy
PERLENKA	PA	Enka B. V., Netherlands
PERLON	PA 6	PERLON Trade Mark Association, FRG: Bayer AG, FRG Hoechst AG, FRG / Gelsenberg Faserwerke GmbH, FRG Spinnstoff-Fabrik Zehlendorf AG, FRG Enka B. V., Netherlands
PERLON HOECHST	PA 6	Hoechst AG, FRG
PERLON-HOECHST	PA 6 (T)	Hoechst AG, FRG
PERLON-HOECHST TT	PA 6 (T)	Hoechst AG, FRG
PERLON DORCOLOR	PA 6	Bayer AG, FRG
PERLON FT-FASER	PA 6	Bayer AG, FRG
PERLON NF-FASER	PA 6	Bayer AG, FRG
PERLON-RT-FASER	PA 6	Bayer AG., FRG
PERLON SIKS	PA 6	
PERLON-SL-FASER	PA 6	Bayer AG, FRG

PERLON SPEZIAL-GLANZ-FASER	PA 6	Bayer AG, FRG
PERLUX	PA 6	Plastica Moderna S. A., Mexico
PERMALON	PA 6.6	Toray Industries Inc., Japan
PERMALON	PVC	Firestone and Pierce Plastic Inc., USA
PERMANESE ACETATE	CA	Celanese Mexicana S. A., Mexico
PERMANESE RAYON	CV	Celanese Mexicana S. A., Mexico
PERMENE	PST	Modglin Co. Inc., USA
PESCALON	PA 6	ICI Fibres Ltd., GB
PETILENE	PES (T)	Bingley Mills Ltd., GB
PETILON	PA (T)	Bingley Mills Ltd., GB
PET SEWING THREAD	PES/CO	Fuji Sen-i Co. Ltd., Japan
PEVLEN	PP	Chemosvit n. p., Czechoslovakia
PEWLON	PAC	Asahi Chemical Industry Co. Ltd., Japan
PEWLON (PEWTON)	PAC	Asahi Dow Ltd., Japan
PEX	PE	Polymers Inc., USA Bakelite Xylonite Ltd., GB
PEX	PST	Polymers Inc., USA
PF	PP/CV	Toa Wool Spinning & Weaving Co. Ltd., Japan
P. F. R.	CV	American Viscose Corp., USA
PHALERA	PA	Phalera S. p. A., Italy
PHARR-MIST	PAC (T)	Pharr Stowe Inc., McAdenville, N. C., USA
PHENTEX	PP	Canada
PHILLIPS 66 NYLON	PA 6.6	Phillips Fibers Corp., Sub. of Phillips Petroleum Co., USA
PHOENIX	PES	Phoenix Works, USA
PHRIDURAN	CV	Phrix-Werke AG, FRG
PHRILAN	CV	Phrix-Werke AG, FRG
PHRILON	PA 6	Phrix-Werke AG, FRG
PHRITEX	PA 6 (T)	Phrix-Werke AG, FRG
PHRIXOL	CV	Phrix-Werke AG, FRG
PHRIX-PERLON	PA 6	Phrix-Werke AG, FRG
PHRIX TYPE HWM	HWM	Phrix-Werke AG, FRG
PHRIX TYPE P	CP	Phrix-Werke AG, FRG
PHRYON	CM	Phrix-Werke AG, FRG
PHTORLON	—	see FTORLON
PIATLON	CA/PA 6.6	Teijin Ltd., Japan
PILNON	PAC	Mitsubishi Rayon Co. Ltd., Japan
PINELON	MT	Marumatsu Kin-Ginshi Ind. Co. Ltd., Japan
PINLON	(T)	Klinger Yarns Ltd., GB
PIRANHA	PE	Manufactura Nacional de Plásticos S. A., Brazil
PIRELLI	LA	Pirelli Lastex S. p. A., Italy
PIRFLEX	PUA	Greengate & Irwell Rubber Co. Ltd., GB
PIVIACID	PVCC	VEB Chemiefaserwerk Wolfen, GDR
PL 10, PL 300	CP	Manifattura Barbirato, Italy
PLANCOLOR	CV	Czechoslovakia
PLASAL/PLUSAL	PA (T)	Asahi Chemical Ind. Co. Ltd., Japan
PLASKON	PA 6	Allied Chemical Corp., USA
PLASTICEL	PP	Plasticel S. A., Mexico
PLASTILAM	MT	S. E. L. E. R., Anciens Ets. A. Lecoquet R. Rion, France
PLATEFLOCK	PA 6.6	Dr. Plate GmbH, Bonn, FRG

PLATE-NYLON	PA 6.6	Dr. Plate GmbH, Bonn, FRG
PLATE-NYLON PL	PA 6.6	Dr. Plate GmbH, Bonn, FRG
PLATIL	PA 6.6	Dr. Plate GmbH, Bonn, FRG
PLATILON	PA 6.6	Dr. Plate GmbH, Bonn, FRG
PLATILON	PE	Toyo Chemical Co. Ltd., Japan
PLATOFIL	PA 6.6	Dr. Plate GmbH, Bonn, FRG
PLATOHAIR	PA 6.6	Dr. Plate GmbH, Bonn, FRG
PLATON	PA	Dr. Plate GmbH, Bonn, FRG
PLAVIA	CV	see REGAN
PLUSLY YARN	PES (T)	Teijin Ltd., Japan
PLUSTRETCH	PUE/PAC	J. P. Stevens & Co., USA
PLUTO	CER	Cape Insulation Ltd., GB
PLUTON	CAR	Minnesota Mining & Manufacturing Co., USA
PLYMOUTH	PP	Plymouth Cordage Co., USA
PLYMOUTH-POLYETHYLENE	PE	Plymouth Cordage Co., USA
PLY-MAT	GL	Johns Manville Glass Fibers Inc., USA
PMZ	CV	Courtaulds Ltd., GB
PNEUMACEL	PES	E. I. Du Pont de Nemours & Co. Inc., USA
POD-Z-FIBER	—	Air Force Materials Laboratory, Nantuck, Mass., USA
POLANA	PA 6	Gorzowskie Zakłady Włókien Sztucznych, Gorzów, Poland
POLAR-GUARD	PES (T)	Fiber Industries Inc., USA
POLIAFIL	PA 6.6	Sauquoit Fibers Co., USA
POLIAFIL-NYLON	PA 6.6	Sauquoit Fibers Co., USA
POLIBLITZ	PA 6	Achille Bayart & Cie., France
POLICRIL	(T)	Manifattura Barbirato, Italy
POLICRON	PES	Química Industrial S. A., Chile Sudalon S. A., Venezuela
POLIEALLA/PIALANE	PP	Ind. Polifil S. A., Mexico
POLIFEN	PTF	USSR
POLI-FILAMENT	PA 6.6 (T)	ICI Fibres Ltd., GB
POLINOSICO	CM	Fibras Artificales S. A. (SAFA), Spain
POLIPROPOMNI	PP	Omni de Méjico S. A. (Fibras Omni S. A.), Mexico
POLISAC	PP	Polysac S. A., Mexico
POLITAL	PP	J. F. Adolff AG, FRG
POLITEN-OMNI	PE	Omni de Méjico S. A. (Fibras Omni S. A.), Mexico
POLON	PP	Kum Sung Synthetic Fiber Co. Ltd., South Korea South Korea
POL-POL	PES/CP	Montedison Fibre, Italy
POLSILON	GL	Poland
POLY	PP	Jacob Holm and Sonner A/S, Denmark
POLYAETHYLENE-DRAHT-HOECHST	PE	Hoechst AG, Bobingen, FRG
POLYANNE	PP	Toa Wool Spinning and Weaving Co., Japan
POLYARN	PP	Poly-Fibers Corp., USA
POLYARNS-NYLON	PA 6.6	Poly-Fibers Corp., USA
POLYARNS-POLYOLEFINE	PE, PP	Poly-Fibers Corp., USA
POLY-AUTOTWINE	PP, PE	The Indian Head Yarns & Thread Co., USA
POLY-BAC	PE, PP	Patchogue Plymouth Co., New York, USA
POLYBEST	PES	Beaunit Corp., USA

POLY-BOLTA	PE	The General Tire and Rubber Comp., USA
POLYCHLAL	PVC	Toyo Chemical Co. Ltd., Japan
POLYCLASSIS	PP	Polyunion Kunststoffwerk GmbH, FRG
POLYCOLOR	PES	Enka, B. V., Netherlands
POLYCORD	PA	Châtillon S. p. A., Italy Polyfibres S. A., France
POLYCOT	CP	Teijin Ltd., Japan
POLYCREST	PP	Uniroyal Co., USA
POLYCRIMP	CV	Cotonificio Triestino S. p. A., Italy
POLYCRON	PES	Fibras Químicas Peruanas, Peru Química Industrial S. A., Chile
POLYESTER 125	PES	Deutsche Rhodiaceta AG, FRG
POLYESTER-BY-AMTECH	PES	Amtech Inc., USA
POLYESTERETHER-FASER	PEA	Unitika Ltd., Japan
POLESTER VISCOSUISSE	PES	Viscosuisse, Switzerland
POLYESTER-Y 160	PES	Rhône Poulenc Textile S. A., France
POLYETHYLENE	PE	Ropes and Mattings Ltd., South Africa
POLYETHYLENE BY AMTECH	PE	Amtech Inc., USA
POLYEX	PE, PP	Columbian Rope Co., USA
POLYEXTRA	PES	American Enka Co., USA
POLYFEN	PTF	USSR
POLYFIBER	PST	Dow Chemical Co., USA
POLY-FIBRE	PE, PP	Syn-Pro Inc., USA
POLYFIBRES	PA 6	Polyfibres S. A., France
POLYFILENE	PP	Plastic Extrusie Bedrijf N. V., Netherlands
POLYFLON	PTF	Daikin Kogyo Co. Ltd., Japan Osaka Kinzoku Kogyo Co. Ltd., Japan
POLYFLOX	CM	Glanzstoff AG, FRG
POLYFLUFF	PST	Polymers Inc., USA
POLYFORM	—	USSR
POLYGAL	PA 6	Manufacturas Sumar S. A., Chile
POLYGLAS	GL	Goodyear Tire & Rubber Co., USA
POLYGRIT	PP	E. B. and A. C. Whiting Co., USA
POLYKOR	PP/Paper	Patchogue Plymouth Co., USA
POLYLASTING	PP, PE	The Indian Head Yarns & Thread Co., USA
POLYLEN	PES	Polylen Sentetik Iplik Sanayi A. S., Turkey
POLYLENE	PP	Espumar de Nylon S. A. I. C., Brazil
POLYLOOM I, II	PP	Chevron Chemical Co., USA
POLY-MACRAMÉ	PP	The Indian Head Yarns & Thread Co., USA
POLYMERS-NYLON	PA 6.6	Polymers Inc., USA
POLYMER TYPE R	PA 11	Rogosin Industries of Israel Ltd., Israel
POLYMISR	PES	Soc. Misr., Egypt
POLYMIX	PP/PA/PES/PAC/CV	Toray Industries Inc., USA
POLYNAK	PAC	USSR
POLY NEEDLE BAC	PP	Patchogue Plymouth Co., USA
POLY-NET	PE	Norddeutsche Seekabelwerke AG, FRG
POLYNO	CP	Daiwa Spinning Co. Ltd., Japan

POLYNOSIC

POLYNOSIC	CP	Trade name registered for Association Internationale Polynosic in Geneva, Switzerland
POLYNOSIC	CM	American Enka Corp., USA CTA, France Fabelta, Belgium
POLYNOSICA	CP	S. A. de Fibras Artificiales, Spain
POLYNOSIC BX	CP	Rhône Poulenc Textil S. A., France Deutsche Rhodiaceta AG, FRG
POLYOXAMID	—	USSR
POLYPLAN	PP	Espumar de Nylon S. A. I. C., Brazil
POLY-PRO	PP	Syn-Pro Inc., USA
POLYPROPYLENE-BY-AMTECH	PP	Amtech Corp., USA
POLYPRO-OMNI	PP	Omni de Méjico S. A. (Fibras Omni S. A.), Mexico
POLYPROPILIN	PP	Rumania
POLYSET	PES (T)	Klinger Yarns Ltd., GB
POLYSMA	PES	Textilquimica S. A., Brazil
POLYSPLIT	PP	Wahlbecks Fabriker A/B, Sweden
POLYSTAR	PP	E. B. and A. C. Whiting Co., USA
POLYSTRESS	PP	Shirley Institute, GB
POLYTAPE	PP, PE	The Indian Head Yarns & Thread Co., USA
POLYTEN-OMNI	PP, PE	Omni de Méjico S. A. (Fibras Omni S. A.), Mexico
POLYTEX	PP	A. Abrahams & Sons, Australia
POLYTHANE	PUE	Stretchables International Ltd., Northern Ireland Polythane Corp., USA Polythane Fibres Ltd., Northern Ireland
POLYTIE	PE, PP	Poli-Twine Corp. Ltd., Canada
POLYTONE	(T)	Wilhelm Reutter, Ludwigsburg, FRG
POLYTWINE	PE, PP	Columbian Rope Company, USA
POLY-TY	PP, PE	Wellington Synthetic Fibres Inc., USA
POLYVEL	PP	Enjay Fibers and Laminates Company, Odenton, Maryland, a Division of Enjay, USA
POLYWEAVE	PP	Smith & Nephew Polyfabric Ltd., GB
POLY-WEVE	PP	Langston Bag Comp., USA
POLYWRAP	PP	The Indian Head Yarns & Thread Co., USA
PONCAR	PP, PE	Poncar Plastic Corp., USA
PONTESA	CP	Viscosuisse, Switzerland
PONTEX	PA 6.6, PES	Viscosuisse, Switzerland
PONTINA	PA 6.6	Viscosuisse, Switzerland
PONTISCA	CV	Viscose Suisse, Switzerland
PONTOVA	CV	Viscosuisse, Switzerland
POPRIL	PP	Magyar Viscosagyár, Hungary
PORAL YARN	PES/CV	Kuraray Co. Ltd., Japan
PORTOFINO	PES/CA (T)	Manifattura Barbirato, Italy
POSILON	GL	Poland
POVAL	PVA	Kuraray Co. Ltd., Japan
PPG GLASS FIBER	GL	Pittsburgh Plate Glass Co., USA
PPX	PP	Naval Supply Research, USA
PR 25	PP	Beaunit Corp., USA
PRAT	CV	La Seda de Barcelona S. A., Spain
PRD-14	PA	E. I. Du Pont de Nemours & Co. Inc., USA
PRD-49	PA	E. I. Du Pont de Nemours & Co. Inc., USA
PREMIER	CV	Midland Ross Corp., USA

PRENYL	PA 6.6	Prenyl S. R. L., Argentina
PRENYLON	PA 6	Prenyl S. R. L., Argentina
PREPREG	CAR	Celanese Corp., USA
PREST-WHEEL-POLYPROPYLENE	PP	Prest-Wheel Inc., USA
PRG TAPESHIELD	GL	Peace River Glass Fibres Ltd., Canada
PRIMACOL	PAC/PA	Courtaulds Ltd., GB
PRIMAFLEX	PP	Esbjerg Ropeworks Ltd., Denmark
PRIMALENE	PP	Burlington Industries Inc., USA
PRIMALON	PA 6 (T)	Unitika Ltd., Japan
PRIMEL	PES	Polimeros Colombianos S. A., Columbia
PRIMPROP	PP	Fiberworld Ltd., Canada
PRISMA	PP	Montedison (UK) Ltd., GB
PRISMAR	PAC (T)	Mc Cleery & L'Amie Ltd., Northern Ireland
PRIZRENIT	PES	Progres Industrija Sintetičkih Vlakana, Yugoslavia
PROCLENE	PES (T)	W. & J. Sharples Ltd., GB
PROCLON	PA 6.6 (T)	W. & J. Sharples Ltd., GB
PROEX	PP	Polymers Inc., USA
PRO-FAX	PP	Hercules Inc., USA
PROFELINE	PP	Hercules Inc., USA
PROFIL	PES	Nippon Ester Co. Ltd., Japan
PROFILE	PA 6, PA 6.6	Unitika Ltd., Japan
PROLEN	PP	Czechoslovakia
PROLENE	PP	Riverside Yarns Ltd., USA and Canada Hercules Inc., USA Petroquímica Sudamericana S. A., Argentina
PROLOFT	PP (T)	Firestone Synthetic Fibres Co., USA Riverside Yarns Ltd., USA and Canada
PROLON	PA 6	Productos Plásticos de Puebla S. A., Mexico
PROMILAN	PA 6.6	Toray Industries Inc., Japan
PROPATHENE	PP	ICI Fibres Ltd., GB
PROPE	PP	Polymers Inc., USA
PRO-PEX	PP	Patchogue Plymouth, USA
PROPLON	PP	Robert Lardenais, France
PROPYCELL	PP	Canadian Celanese Company, Canada
PROPYLON	PP	Canadian Celanese Company, Canada
PROSAVA	PP	Polymers Inc., USA
PROSTRAN	PP	E. B. & A. C. Whiting Comp., USA
PROTEL	PP	Chemcell Ltd., Canada
PRO-TUFT	Polyolefine	Bemis Co. Inc., USA
PROUVOST T 2	PA (T)	Filatures Prouvost, France
PRO-ZEX	PP	Mitsui Toatsu Chemicals Inc., Japan
PRYLENE F 1	PP	Société Normande, France
PT	(T)	Piedmont Throwsters Inc., USA
PUFALON, PUFOLAN	PA (T) PES (T)	GDR
PUFFEE	PAC	Pocasset Yarn Co., New York, USA
PUFFRON	PA 6.6 (T)	Chori Co. Ltd., Japan
PUFF-STUFF	PES	Beaunit Corp., USA
PULON	PAC	Asahi Chemical Ind. Co. Ltd., Japan
PURELON	PAC	Asahi Chemical Ind. Co. Ltd., Japan
PURILON	CV	American Viscose, USA

PYLEN (PYLENE)		
PYLEN (PYLENE)	PP	Mitsubishi Rayon Co. Ltd., Japan
		Toray Industries Inc., Japan
		Toyobo Co. Ltd., Japan
PYLEN-BULKIENA	PP	Toyobo Co. Ltd., Japan
PYLEN CRIMPEL M	PP (T)	Toyobo Co. Ltd., Japan
PYLENE (PYLEN)	PP	Mitsubishi Rayon Co. Ltd., Japan
		Toray Industries Inc., Japan
		Toyobo Co. Ltd., Japan
PYLENE	PP	Mitsubishi Rayon Co. Ltd., Japan
PYLENE (PYLEN)-E	PE	Toray Industries Inc., Japan
		Toyo Chemical Co. Ltd., Japan
PYLEN-P-TYPE	PP	Mitsubishi Rayon Co. Ltd., Japan
PYLON	PA 6	Pylon Industries Ltd., Bangla Desh
PYLON	PP	Korea Hapsum Co. Ltd., South Korea
PYMLAN	PA/CA (T)	Ets. Rochegude, France
PYNLON	PAC	Asahi Chemical Ind. Co. Ltd., Japan
PYOLAN	PP	Mitsubishi Co. Ltd., Japan
PYSAL	PP	Mitsubishi Rayon Co. Ltd., Japan
PYULON	PAC	Asahi Chemical Ind. Co. Ltd., Japan
Q-9 ACETATE	CA	Riverside Yarns Ltd., Canada
QIANA	PA modif.	E. I. Du Pont de Nemours & Co. Inc., USA
Q-LON	PA (T)	Qualitex Yarns Ltd., GB
	PES (T)	
Q-NYL	PA (T)	Qualitex Yarns Ltd., GB
Q-TER	PES (T)	Qualitex Yarns Ltd., GB
QUADRIL	LA	Fillatice España S. A., Spain
		Fillatice France S. A., France
		Fillatice Germania Latexfäden GmbH, FRG
		Fillatice S. p. A., Italy
QUALICETTE	PA/CA (T)	Qualitex Yarns Ltd., GB
QUALI-CRINCLE	(T)	Qualitex Yarns Ltd., GB
QUALINYL	CA/PA 6.6 (T)	Qualitex Yarns Ltd., GB
QUALISET	CA/CT (T)	Qualitex Yarns Ltd., GB
QUALITER	PES (T)	Qualitex Yarns Ltd., GB
QUALITEX	PA (T)	Qualitex Yarns Ltd., GB
	PES (T)	
QUICK SNAP	GL	Peace River Glass Fibres Ltd., Canada
QUILL	PA 6.10	Polymers Inc., USA
QUILTICEL	CA	Celanese Corp., USA
QUINTESS POLYESTER	PES	Phillips Fibers Corp.,
		Sub. of Phillips Petroleum Co., USA
QULAIRE	PA 6.6 (T)	Beaunit Corp., USA
QULENE	PES (T)	Beaunit Corp., USA
QULON	PA 6.6 (T)	Beaunit Corp., USA
QUNYL	PA (T)	Qualitex Yarns Ltd., GB
QUTER	PES (T)	Qualitex Yarns Ltd., GB
«R»	GL	Owens Corning Co., USA
R 32	PVA	Celanese Corp., USA
RADIANT TWINE	PE, PP	Columbian Rope Company, USA
RADIANT-YARN 777	PES	Hyogo Bursan Co. Ltd., Japan
RADILON	PA 6	Radici Fil S. p. A., Italy
RADITAL	PA	Radici Fil S. p. A., Italy
RAE FIBRE	CAR	Shirley Institute, GB

RAFFIA	CV	Hungary
RAFFIA	PP	Norsk Raffia AS, Norway
RAFFISCA	CV	Viscosuisse, Switzerland
RAFIA	PP	Linificio Canapificio Maximale, Italy
RAFION	CV	La Seda de Barcelona S. A., Spain
RAFISTAL	PP, PE	Vinisa SAIC, Argentina
RAINBOW	CV	Teijin Ltd., Japan
RAIOFINN	CV	Süteri Osakeyhtiö, Finland
RAMERON	PVC	Toyo Chemical Co. Ltd., Japan
RAMSPUN	PAC (T)	Ramseur Worsted Mills Corp., USA
RATUJAL	CV	Viscosuisse, Switzerland
RAYAC	CV	Viscosuisse, Switzerland
RAYALINE	CV	Achille Bayart & Cie., France
RAYBRITE	CV, PES	Raybrite Inc., USA
RAYCELON	PA/CV	Courtaulds Ltd., GB
RAYCOLOR	CV	Fibras Artificiales S. A. (SAFA), Spain
RAYCOTT	CV	Toray Industries Inc., Japan
RAYCRILAN	PAC/CV	Mutual Mills Ltd., GB
RAYFIL	CV	La Seda de Barcelona S. A., Spain
RAYFLEX	CV	American Viscose, USA
RAYFORT	CV	La Seda de Barcelona S. A., Spain
RAYOCORD	CV	La Seda de Barcelona S. A., Spain
RAYOFIL	CV	La Seda de Barcelona S. A., Spain
RAYONHIL	CV	Rayonhil Industria Nacional de Rayon S. A., Chile
RAYPAILLA	CV	Rhône Poulenc Textile S. A., France
RAYSTRAD	CV	Rhône Poulenc Textile S. A., France
RECALL	PA 6.6 (T)	Duplan Corp., USA Celanese Corp., USA
RED FORMULAR S	PP	British Ropes Ltd., GB
REDON	PAC	FRG
REDOLEN	PAC	Chemiefaser Lenzing AG., Austria
RED STAR	PP	British Ropes Ltd., GB
REEMAY	PES	E. I. Du Pont de Nemours & Co. Inc., USA
REEVESTRIP	PA	Reeves Brothers Inc. Fibers Div., USA
REEVON-POLYETHYLENE	PE	Alamo Industries Inc., USA
REEVON-POLYPROPYLENE	PP	Reeves Bros. Co., USA
REFRASIL	GL	Hitco Inc., USA Chemical & Insulating Co. Ltd., USA Darchem Engineering Ltd., GB
REGAN	CC	GDR
REGAN	CV	GDR (various manufacturers)
REGINA	GL	Regina Glass Fibre Ltd., GB
REHOVOT	PVD	The United Saran Yarns Co., Israel
REKOYLON	PA (T)	Dorgin Textile Co., USA
RELAN	CV	Fabricación Española de Fibras Artificiales S. A. (FEFASA), Spain
RELANA	PAC	Chemical Fibre Plant Pitesti, Rumania
RELON	PA 6	Uzinei de fibre sintetice Savinesti, Rumania
RELONTEX	PA 6 (T)	Uzinei de fibre sintetice Savinesti, Rumania
RENE 41	MT	Hoskins Manufacturing Co., USA
RENNOSE	CV	Achille Bayart & Cie., France

RESILON SEWING THREAD

RESILON SEWING THREAD	PA 6.6	Fuji Sen-i Co. Ltd., Japan
RESISTOTHERM	FR	Resisto Chem. Co. Ltd., USA
RETRACTYL	PVC	Rhône Poulenc Textile S. A., France
REVERE	LA	Lastex Yarn, GB
REXOR	MT	Metalrex, Italy Rexor (Great Britain) Ltd., GB Rexor S. A., France Rexor India Ltd., India Benedict & Dannheisser GmbH, FRG
REXOR A 33	MT	Rexor (Great Britain) Ltd., GB
REXOR-INOXOR	MT	Rexor S. A., France
REXOR-METLON	MT	Rexor (Great Britain) Ltd., GB
REXOR N. C.	PES	Benedict & Dannheisser GmbH, FRG Rexor (Great Britain) Ltd., GB Rexor India Ltd., India Rexor Italia, Italy Rexor S. A., France
REYMET	MT	Reynolds Metals Co., USA
REYNOLDS	MT	Reynolds Metals Co., USA
REYON AUSTRIA	CV	Erste Oesterreichische Glanzstoff-Fabrik AG Austria
REYSPUN	MT	Reynolds Metals Co., USA
R. H. B.-NYLON	PA 6.6	Monsanto Co., USA
RHEEFLEX	PUE	Rohm & Haas Co., USA
RHIACABLE	CA	Rhône Poulenc Textile S. A., France
RHIAKABEL	CA	Deutsche Rhodiaceta AG, FRG
RHIAKNOT	CA	Deutsche Rhodiaceta AG, FRG
RHIALIN	CA	Deutsche Rhodiaceta AG, FRG
RHOA-FLOR	PA (T)	Deutsche Rhodiaceta AG, FRG
RHOA-TEX	PA, PES (T)	Deutsche Rhodiaceta AG, FRG
RHOBENE	CA	Soc. Rhodiatoce S. p. A., Italy
RHOCORD	CV	Rhodia Industrias Quimicas, Brazil
RHODALBA	CA	Rhodia Industrias Quimicas e Texteis S. A., Brazil
RHODASTIC	PUE	Rhône Poulenc Textile S. A., France
RHODELIA	CA	Deutsche Rhodiaceta AG, FRG
RHODERGON	PES	Rhône Poulenc Textile S. A., France
RHODIA	CA	Deutsche Rhodiaceta AG, FRG Rhodia Argentina S. A. I. C. F., Argentina Rhodia Industrias Quimicas e Texteis S. A., Brazil Rhône Poulenc Textile S. A., France
RHODIACETA-NYLON	PA 6.6	Rhône Poulenc Textile S. A., France
RHODIACETA ORIGINAL NYLON-66	PA 6.6	Deutsche Rhodiaceta AG, FRG
RHODIAFIL	CA	Deutsche Rhodiaceta AG, FRG
RHODIAFLOR	PA (T)	Deutsche Rhodiaceta AG, FRG
RHODIA ITALIA	CA	Montedison Fibre, Italy
RHODIALON	CA/PA 6.6 (T)	Deutsche Rhodiaceta AG, FRG
RHODIALON	PA 6.6/CA	Deutsche Rhodiaceta AG, FRG
RHODIANE	CA (T)	Rhodia Argentina S. A. I. C. F., Argentina
RHODIANESE	CA/PA 6.6 (T)	Rhône Poulenc Textile S. A., France
RHODIANESE 15	CA/PA 6.6 (T)	Rhodia Inc., New York, N. Y., USA

RHODIANYL	CA/PA	Chavanoz S. A., France
		Rhodia Industrias Quimicas, Brazil
		Rhodia Inds. Quimicas e Texteis S. A., Brazil
RHODIANZINO	CA	Montefibre, Italy
RHODIASTYL	CA/PA	Chavanoz S. A., France
RHODIAVELO	CA	Montefibre, Italy
RHODIELA	PA 6.6/CA (T)	Rhodia Inds. Quimicas e Texteis S. A., Brazil
RHODOCOLOR	CV	Rhodia Industrias Quimicas, Brazil
RHODOSA	CV	Cia. Rhodosa, Brazil
		Rhodia Industrias Quimicas e Texteis S. A., Brazil
RHONEL	CT	Rhône Poulenc Textile S. A., France
RHOVENYL	PVC/PA 6.6	Rhône Poulenc Textile S. A., France
RHOVYCRIL	PVC/PAC	Rhône Poulenc Textile S. A., France
RHOVYL	PVC	Rhône Poulenc Textile S. A., France
RHOVYLCO	PVC/CO	Rhône Poulenc Textile S. A., France
RHOVYLIA	PVC/CV	Rhône Poulenc Textile S. A., France
RHOVYLINE	PVC/CV	Rhône Poulenc Textile S. A., France
RHOVYLON	PVC/PA 6.6	Rhône Poulenc Textile S. A., France
RHOVYLSOIE	PVC/S	Rhône Poulenc Textile S. A., France
RIBBONFIL	CV	Courtaulds Ltd., GB
RIBBONSTRAW	CA	Courtaulds Ltd., GB
RIBOFIL	PP	Plasticisers Ltd., GB
RIBOLAN	PA 6	Toray Industries Inc., Japan
RIBONAR	CV	Unitika Ltd., Japan
RICH-FLEX	MT	Rich-Flex Manufacturing Corp., USA
RICHIL	PA (T)	Toray Industries Inc., Japan
RICHMOND	PVD	Dow Chemical Comp. of Canada Ltd., Canada
		Grace Fibers, Canada
RICHMOND-POLYETHYLENE	PE	Richmond Plastics Inc., USA
		Grace Fibers, Canada
RICHMOND-POLYPROPYLENE	PP	Richmond Plastics Inc., USA
		Grace Fibers, Canada
RIGIDEX	PE	British Hydrocarbon Chemicals Ltd., GB
RIGILOR	CAR	Rhône Poulenc Textile S. A., France
RILBULK	PA 11 (T)	Billion & Cie., France
RILENE	PP	Sekisui Chemical Co., Japan
RILON	PA 6 (T)	USSR
RILSAN	PA 11	Rhône Poulenc Textile S. A., France
		Cia. Brasileira de Fibras Sintéticas, Brazil
		Deutsche Rhodiaceta AG, FRG
RILSAN	PA 11	Snia Viscosa S. p. A., Italy
RILSAN 12	PA 12	Aquitaine-Organico, Paris, France
RIPPLE	PA (T), PES (T)	Klinger Yarns Ltd., GB
RITHMIC YARN	PA (T)	Toyobo Co. Ltd., Japan
RITTYL	PA 6 (T)	Toray Industries Inc., Japan
RIVER LOFT	(T)	Toray Industries Inc., Japan
		Kawashima Spinning Co. Ltd., Japan
RIVER WOOL HOSIERY YARN	PA/WO (T)	Toray Industries Inc., Japan
ROBBYNA	PA	—
ROCEL	PA (T)	Roselon Yarns Inc., USA
ROCKSIL	ST	Cape Insulation Ltd., GB
		Meta Mica Ltd., GB
ROFIL	PE	Plasticisers Ltd., GB

Name	Composition	Manufacturer
ROLAN		
ROLAN	PAC	Uzinei de fibre sintetice Savinesti, Rumania
RONDELLE	CA/PA (T)	Courtaulds Ltd., GB
ROSANNA-ESTELEX	PES/PA PES/PAC	Toyobo Co. Ltd., Japan
ROSARIAN	CP CP/WO CP/PES CP/PAC	Toyobo Co. Ltd., Japan
ROSARIE	CP	Toyobo Co. Ltd., Japan
ROSEFROST	PA 6.6 (T)	Roselon Yarns Inc., USA
ROSEL	CA	Teijin Ltd., Japan
ROSEL	(T)	Spinlon Industries Inc., USA
ROSELO	(T)	Spinlon Industries Inc., USA
ROSELON 44	(T)	Roselon Yarns Inc., USA
ROSELON TRICO	(T)	Roselon Yarns Inc., USA
ROSESOFT	(T)	Roselon Yarns Inc., USA
ROSETTE	(T)	Roselon Yarns Inc., USA
ROSSILENE	PES (T)	Lanerossi S. p. A., Italy
ROSSILON	PAC (T)	Lanerossi S. p. A., Italy
ROTWYLA	CV	Deutsche Rhodiaceta AG, FRG
ROVACOLOR	CV	Rhône Poulenc Textile S. A., France
ROVADUR	CV	Rhône Poulenc Textile S. A., France
ROVAN	CV	Rhône Poulenc Textile S. A., France
ROVANA	PVM	Dow Badische Chemical Company, USA
ROVCLOTH	GL	Fiber Glass Ind. Inc., USA
ROVICELLA	CV	Feldmühle AG, Switzerland
ROVMAT	GL	Fiber Glass Ind. Inc., USA
ROVYS	PVC/CV	Various doubling mills in France
ROYALENE	PE, PP	U. S. Rubber Co., USA
RP-ACIER	MT	Rhône Poulenc Textile S. A., France
RP-FIBRANNE	CP	Rhône Poulenc Textile S. A., France
RP-REYON	CP	Rhône Poulenc Textile S. A., France
«RR»	PP	Randers Rebslaaeri A/S, Denmark
RT 700	CV	Enka Glanzstoff AG, FRG
RULON	PA 6 (T)	Rumania
RUSTANYL	PA 6.6 (T)	Zwirnerei Untereggingen, FRG
RUVEA	PA	E. I. Du Pont de Nemours & Co. Inc., USA
RUXLEN	PES	Yu Ho-Fiber Industries Co. Ltd., Japan
S	PA 6	Sintéticos Slowak S. A., Uruguay
«S»	GL	Owens Corning Fiberglas Corp., USA
S 3	PA 6, PA 6.6	Soo Valley Co., USA
S 5	PA	Unitika Ltd., Japan
S 10	PA	Unitika Ltd., Japan
S 16	PAC	Industrial Rayon Corp., USA
S 20	PA	Unitika Ltd., Japan
S 28	PA 6/PES	Teijin Ltd., Japan
SAABA	PA (T)	Unitika Ltd., Japan
SAABA	(T)	Leesona Corp., USA
SAABA-ASTRANYL	PA (T)	Meiatex S. A., Brazil
SAFACRIL	PAC	Fibras Artificiales S. A. (SAFA), Spain
SAFACROM	CV	Fibras Artificiales S. A. (SAFA), Spain
SAFANYL	PA	Fibras Artificiales S. A. (SAFA), Spain

SAFA-NYLON	PA 6.6	Fibras Artificiales S. A. (SAFA), Spain
SAFFIL	PA 6.6	Fibras Artificiales S. A. (SAFA), Spain
SAFFIL	MT	ICI Fibres Ltd., GB
SAFLON (S)	PA (T)	Klinger Yarns Ltd., GB
SAILENE	PP	S. A. I. R. S. p. A., Italy
SAIRLON	PA 6, PA 6.6	S. A. I. R. S. p. A., Italy
SAKABRIGHT	MT	Sakabe & Co. Inc., Osaka, Japan
SALEEN	PP	Saleen GmbH & Co., FRG
SALTA	PA modif.	Gütermann Co., Gutach, FRG
SALTAFIL	PA modif.	Gütermann Co., Gutach, FRG
SALTASPUN	PA modif.	Gütermann Co., Gutach, FRG
SAM	PA	Toyobo Co. Ltd., Japan
SAMACRYL	PAC	Samar Fabrics Ltd., Leicester, GB
SAMBIA	PAC/PA/FL/	Spinning Mill Bertrand, Biella, Italy
SAMIR	CP/PAC	Fuji Spinning Co. Ltd., Japan
SANEX	CV	Fibras Artificiales S. A. (SAFA), Spain
SANILON	PA	Unitika Ltd., Japan
SANIRO	PVD	USSR
SANIV	MOD	USSR
SANRIFINE	GL	Sanriko Fiberglass Ind. Co. Ltd., Japan
SAOM	CV	S. A. Orsi Mangelli, Italy
SAPHIBERS	MT	Alcoa, USA
SARAN	PVM	Various manufacturers
SARAN-N	PVD	Asahi-Dow Ltd., Japan
SARAY	CV	Rayon Said Industrias Químicas S. A., Chile
SARILLE	CP	Courtaulds Ltd., GB
SARILLUXE	CP	Courtaulds Ltd., GB
SARILLUXE	CV	Courtaulds Ltd., GB
SARLANE	PUE	Fabelta, Belgium
SARLON	PVM	Universal Products Pty. Ltd., Australia
SASTIGA	CV	Feldmühle AG, Switzerland
SAYELLE	PAC	E. I. Du Pont de Nemours & Co. Inc., USA
SAYFR	CA	American Viscose Corp., USA
SC 27 SC 28	CP	Courtaulds North America Inc., USA
SCALDYL-COLOR	CV	Fabelta, Belgium
SCALDYL-FABELTA	CV	Akzo Belge S. A., Belgium
SCALDYNA	CV	Fabelta, Belgium
SCALON	CT	Mitsubishi Acetate Co. Ltd., Japan
SCANDAIR	CV CV/PA (T)	Courtaulds Ltd., GB
SCANFLEX	PE	Esbjerg Towaerkfabrik A/S, Denmark
SCHAPIRA	PES (T)	Burlington-Schappe GmbH, FRG
SCHAPIRA AUS TREVIRA	PES (T)	Burlington-Schappe GmbH, FRG
SCHAPLENE	PES (T)	Burlington-Schappe AG, Switzerland
SCHAPLENKA	PA (T) PES (T)	Enka B. V., Netherlands Perlofil S. A., Spain
SCHAPPE-DACRON	PES/WO	Burlington-Schappe GmbH, FRG
SCHAPPE TREVIRA GT	PES (T)	Burlington-Schappe GmbH, FRG
SCHAPTAL	PES (T)	Sté. S. A. Schappe, France
SCHELON	PA arom.	USSR

SCHLEGEL

SCHLEGEL	PE, PP, PVC	Schlegel Manufacturing Comp., USA
SCORE	PES/WO	Filatures Prouvost Masurel & Cie., France
SCREENGLASS	GL (T)	Chavanoz S. A., France
SCULPTURED ACETATE	CA	Tennessee Eastman Co., USA
SEDABARSA	CV	La Seda de Barcelona S. A., Spain
SEF	MOD	Monsanto Co., USA
SEFLON	PA 6	Seflon Sanayi ve Ticaret S. A., Turkey
SELBA	PAC (T)	Spinnerei H. Bodenschatz, FRG Bayer AG, FRG
SELECCION NYLON DE ESPAÑA	PA 6.6	Fibras Artificiales S. A. (SAFA), Spain
SELENAL	CV	Montedison Fibre, Italy
SELERFIL	(T)	S. E. L. E. R. Anciens Ets. Lecoqu & Riou, France
SELGUARD	PES, PA 6.6	Teijin Ltd., Japan
SEMI-DULL	CV	Beaunit Corp., USA
SEPALBA	CA	pre-WW II
SEQUAN	PVM	Soo Valley Co., USA
SERACETAPUFF	CA	Courtaulds Ltd., GB
SERENE	PES	Fiber Industries Inc., USA Sold through Celanese Corp., USA
SERIAL	CV	pre-WW II
SERILAN	CV	pre-WW II
SERIS	CV	pre-WW II
SESA	CV	Sociedad Española de Seda Artificial S. A., Spain
SETALON	PA/S (T)	R. Zinggeler AG, Switzerland
SETILITHE	AC	Akzo Belge S. A., Belgium
SETILMAT	CA	Fabelta, Belgium
SETILOSE	CA	Fabelta, Belgium
SETILTEINT	CA	Fabelta, Belgium
S-GLASS	GL	Owens Corning Fiberglas Corp., USA
SHAG-O-LON	PAC (T)	Glen Raven Mills Inc., USA
SHAG-PACA	PAC (T)	Glen Raven Mills Inc., USA
SHAKESPEARE NYLON	PA	Shakespeare Co. (Soo Valley Co.), USA
SHAKESPEARE-WONDER-THREAD	PES	Soo Valley Co., USA
SHALEX	PST	Polymers Inc., USA
SHALON	PST	Shawinigan Chemicals Ltd., Canada Polymers Inc., USA Bakelite Xylonite Ltd., GB
SHANPEARL	PA 6	Unitika Ltd., Japan
SHANTOSE	CV	Achille Bayart & Cie., France
SHANTURA	PES	Rhom & Haas, USA
SHAPE	PES (T)	Duplan Corp., USA
SHAPE-2-U	PA (T)	Burlington Industries Inc., USA
SHAPLON	PA	Burlington-Schappe GmbH, FRG
SHARADE	(T)	William Hutchinson (Yarns) Ltd., GB
SHAREEN	PA 6 (T)	Courtaulds Ltd., GB Courtaulds, USA
SHARISTA	PES/PAC/PA	Toray Industries Inc., Japan
SHAWFLEX	PA, PES (T)	John Shaw & Sons Ltd., GB
SHAWINIGAN-POLYPROPYLENE	PP	Shawinigan Chemicals Ltd., Canada

SHAWLENE	PES (T)	John Shaw & Sons Ltd., GB
SHAWLON	PA (T)	John Shaw & Sons Ltd., GB
SHEBONIZED	PAC (T)	Sheble & Wood Yarn Corp., USA
SHEERLENE	GL	Hess Goldsmith Div. of Burlington Industries, USA
SHELL-POLYPROPYLENE	PP	
SHETLAND TOUGH	PAC	Asahi Chemical Ind. Co. Ltd., Japan
SHIMMERETTE	CV/MT	Wm. Hutchinson (Yarns) Ltd., GB
SHINKO	CV	Mitsubishi Rayon Co. Ltd., Japan
SHIN TORAMOMEN	CP	Teijin Ltd., Japan
SHIPOLON	PES/CO	Shinnippon Spinning Co. Ltd., Japan
SHIPONEL	PAC/CO	Shinnippon Spinning Co. Ltd., Japan
SHOEFLEX	PA	Soo Valley Co., USA
SHREELON	PA	Shree Synthetics, India
SHREESTER	PES	Shree Synthetics, India
SHRIMP	PAC/FL	HF Filatura S. p. A., Italy
SHURTI	PP	Shuford Mills Inc., USA
SIDERIA	PES/PA 6	Kanebo Ltd., Japan
SIEFON DELUXE WIG FIBER	PAN	Japan Exlan Co. Ltd., Japan
SIGNETTE	PAC	
SIKS-PERLON	PA 6	Gelsenberg Faserwerke GmbH, FRG
SILACE	CA	Teijin Ltd., Japan
SILANOL	PVA	USSR
SILASTIK	PA 6 (T)	GDR
SILDIAN	PES	Toray Industries Inc., Japan
SILEKSTRA	CV/S	pre-WW II
SILENE	CA	Novaceta S. p. A., Italy
SILENKA	GL	N. V. Silenka AKU, USA
SILEX	PAC	Japan Exlan Co. Ltd., Japan
SILFINE	PES	Toyobo Co. Ltd., Japan
SILFY	PA (T)	Unitika Ltd., Japan
SILIGIAN	PES	Toray Industries Inc., Japan
SILIONNE	GL	S. A. Isoverbel, Brussels, Belgium Société du Verre Textile, France
SILJIAN	PES	Toray Industries Inc., Japan
SILKID	PES	
SILKONYL	PA 6 (T)	Isranyl Co. Ltd., Israel
SILLOOK	PES	Toray Industries Inc., Japan
SILMOND	PES	Teijin Ltd., Japan
SILNOVA	CA	Novaceta S. p. A., Italy
SILON	PA 6	Silon n. p., Planá, Czechoslovakia
SILON-EXTRA	PES	
SILPALON	PAC	Mitsubishi Rayon Co. Ltd., Japan
SILPAN	PAC (T)	Filatures et Moulinages de l'Ardèche S. A. France
SILPEARL	PES	Teijin Ltd., Japan
SILPHALON	PAC	Mitsubishi Rayon Co. Ltd., Japan
SILQUIPAN	PAC (T)	
SILRON	CA	Asahi Chemical Ind. Co. Ltd., Japan
SILSIAN (981)	PES	Toray Industries Inc., Japan
SILSTAR	PA 6	Teijin Ltd., Japan

SILUSTRA

SILUSTRA	PA 6.6 (T)	Hepatex AG, Wattwil, Switzerland
SILVER BIRD	CV	Unitika Ltd., Japan
SILVER-DRAGON	CV	Nisshin Spinning Co. Ltd., Japan
SILVER FIVE STARS	CP/CO	Fuji Spinning Co. Ltd., Japan
SILVER FUJI	CV	Fuji Spinning Co. Ltd., Japan
SILVER HAWKS	CV	Aichi Spinning Co. Ltd., Japan
SILVERTEX	MT	Metalrex S. p. A., Italy
SILVILAN	PVA	Nitivy Co. Ltd., Japan
SILZAC	PES	Toray Industries Inc., Japan
SIM	CV	Société Industrielle de Moy, France
SIMONEGA	CV	Société Industrielle de Moy, France
SINETORON	PES (T)	Teioku Sen-i Co. Ltd., Japan
SINITEX	PVM	Industrias Sinimbue S. A., Brazil
SINTEX	PA 6	Inquitex S. A., Spain
SINTHYL	PA 6.6	Hellenic Synthetic Textile Fibres Inc., Greece
SINYLON	PA	Singapore Nylon Co. Ltd., Japan
SIRCRIL	PAC	SIR S. p. A., Milan Italy
SIRKLOR	PA	S. A. I. R. S. p. A., Italy
SIRON	PES	SIR S. p. A., Milan, Italy
SITUSSA	PA/CA	Novaceta S. p. A., Italy
SIV	GL	Società Italiana Vetro S. p. A., Italy
SKAPALON	PA 6.6 (T)	
SKENANDOA	CV	Beaunit Corp., USA
SKENDO	CV	Beaunit Corp., USA
SKI 3	LA	USSR
SKYBLOOM	CV	American Enka Corp., USA
SKYLOFT	CV	American Enka Corp., USA
SLACK-BROTHERS-NYLON	PA	Slack Brothers Ltd., GB
SLACK-BROTHERS-POLYPROPYLENE	PP	Slack Brothers Ltd., GB
SLOFIL	PA 6 (T)	Sintéticos Slowak S. A., Uruguay
SLOTERA	PES (T)	Slovenský Hodváb, Czechoslovakia
SLOVCOLOR	CV	Chemosvit n. p., Czechoslovakia
SLOVISA	CV	Slovenský Hodváb, Czechoslovakia
SLUB	CA	Snia Viscosa S. p. A., Italy
SM 27 FIBRE		see MOYNEL C
SN-FADEN	PA 6.10	Dr. Plate GmbH, Bonn, FRG
SNIACE	CV	SNIACE Sociedad Nacional de Industrias Aplicaciones Celulosa Española S. A., Spain
SNIA FIOCCO	CV	Snia Viscosa S. p. A., Italy
SNIAL	PVA	Snia Viscosa S. p. A., Italy
SNIALON	PA 6	SNIAFA, Argentina
SNO-MAT	PE	Dillon-Beck Mfg. Comp., USA
SNOUPIX	CT/PA (T)	Tissages de Soieries Réunis S. A., France
SNOWCREPE	CC	Beaunit Corp., USA
SO 1	PA 6.6	Phillips Fibers Corp., USA
SOALON	CT	Mitsubishi Acetate Co. Ltd., Japan
SOBRETA	CV	Enka B. V., Netherlands
SOFEENE	PES (T)	Teijin Ltd., Japan
SOFILIA	PES	Asahi Chemical Industry Co. Ltd., Japan
SOFLENE	PES (T)	Teijin Ltd., Japan

SOFLON	PA (T)	Nihon Hico Co. Ltd., Japan
SOFLON (S)	PA 6 (T) PES (T)	Klinger Yarns Ltd., GB
SOFTALON	PA 6 (T)	Bayer AG, FRG
SOFTEL	CP	Teijin Ltd., Japan
SOFTENE	PES (T)	Teijin Ltd., Japan
SOFTGLO	CV	American Enka Corp., USA
SOFT LOFT	PA 6.6 (T)	Grove Nylon Comp., USA
SOFTOPS	(T)	Klinger Yarns Ltd., GB
SOIE-STAR	PA 6	Kanebo Ltd., Japan
SOIR	PES	Toray Industries Inc., Japan
SOLCRIL	PAC	Manifattura Barbirato, Verrone, Italy
SOLCRILIN	PAC/PES/FL	Manifattura Barbirato, Verrone, Italy
SOLEX	CV	Enka B. V., Netherlands
SOLMATE	PES (T)	Mitsubishi Rayon Co. Ltd., Japan
SOLUNA	PES	Mitsubishi Rayon Co. Ltd., Japan
SOLVEX	CAR	Fibrex Corp., USA
SOLVLON, SOLVRON	PVA	Nitivy Co. Ltd., Japan
SOMALIA	CA	Montefibre, Italy
SONTARA	PES	E. I. Du Pont de Nemours & Co. Inc., USA
SONTIQUE	PES	E. I. Du Pont de Nemours & Co. Inc., USA
SOOFLEX	PA 6, PA 6.6	Soo Valley Co., USA
SOO VALLEY POLYESTER	PES	Soo Valley Co., USA
SOTELON	PA (T)	Toray Industries Inc., Japan
SOUFLENKA	PA 6 (T) PES (T)	Enka B. V., Netherlands
SOUFLETTE	CT (T)	Courtaulds Ltd., GB
SOURCE	PA 6/PES	Allied Chemical Co., USA
SOVIDEN	PVM	USSR
SPACE	PAC (T)	Monsanto Textiles Ltd., GB
SPACEDYE	(T)	Fred Whitaker Co., Philadelphia, USA
SPACE-DYED BUCLON	PA 6.6 (T) PES (T)	Qualitex Yarns Ltd., GB
SPACY	PES	Teijin Ltd., Japan
SPANBIL	PA 6.6 (T)/PUE	Billion & Cie., France
SPANDEX	PUE	Thiokol Chemical Corp., USA
SPANENKA	PUE	Enka B. V., Netherlands
SPANNY	PAC (T)	Montedison Fibre, Italy
SPANRIL	PES	Teijin Ltd., Japan
SPAN-SGUN	PUE/PAC	J. P. Stevens & Co. Inc., USA
SPANZELLE	PUE	Elastomeric Fibres Co. Ltd., GB Courtaulds Ltd., GB British-American Spandex Co., GB
SPARKLING-NYLON	PA 6.6	E. I. Du Pont de Nemours & Co. Inc., USA
SPARK-L-ITE	PVM, PP	Enjay Fibers and Laminates Company, Odenton, Maryland, a Division of Enjay, USA
SPARKLON	PA	Toray Industries Inc., Japan
SPARTLAN	CA/PA (T)	Filature et Moulinage de l'Ardèche S. A. I. R., France
SPECKELON	PA	Monsanto Co., USA
SPECTRAN	PES	Monsanto Co., USA
SPECTRAN WD-2	PES	Monsanto Co., USA

SPECTRELL

SPECTRELL	PAC (T)	Deering Milliken Co. Inc., USA
SPECTRODYE	PA 6	Enka B. V., Netherlands
		American Enka Corp., USA
SPECTRUM	(T)	Frost's Yarns Ltd., GB
S. P. F. R.	CV	American Viscose Corp., USA
SPINLENE	PES (T)	A/S Kaj Neckelmann, Denmark
SPINLON	PA., PES, PP (T)	Spinlon Industries Inc., USA
SPINLON	PA 6.6 (T)	A/S Kaj Neckelmann, Denmark
SPIRALOK	PE, PP	Poli-Twine Corp. Ltd., Canada
SPOLANA	CV	Spolana, n. p. Neratovice, Czechoslovakia
SPRINGIE NYLON	PA (T)	Toray Industries Inc., Japan
SPRING NYLON	PA 6 (T)	Unitika Ltd., Japan
SPRINGSET	PA 6.6 (T)	Uniroyal Inc., USA
SPRINGTUFT	CT	see TRICEL
SPUN BLACK	CV	Midland Ross Corp., USA
SPUNENKA	CV	Enka B. V., Netherlands
SPUNIZE	(T)	Spunize Co. of America Inc., USA / R. Buratti S. A., Italy Textura AG, Switzerland
SPUNLOFT	PA, PES (T)	Ormerod Brothers Ltd., GB
SPUNSET	CV	Courtaulds Ltd., GB
SPUNSTRON	PP	ICI Fibres Ltd., GB
SRA AELVENAES RAYON	CV	Svenska Rayon AB, Sweden
SS	PA 6 (T)	Sintéticos Slowak S. A., Uruguay
SSANIW	PVM	USSR
STABAFIL	(T)	R. Zinggeler, Switzerland
STABIL	PA 6.6 (T)	Billion & Cie., France
STABILENE	PES (T)	John Crossley & Sons Ltd., GB
STABILENKA	PA/PES	Enka Glanzstoff AG, FRG
STABILON	PA (T)	John Crossley & Sons Ltd., GB
STAFLENE	PE, PP	Furukawa Chemical Industries Co. Ltd., Japan
STAINLESS 304	MT	Hoskins Manufacturing Co., USA
STAPELON	CV/CA	USSR
STAPLEFIBER	PP	Esbjerg Towaerkfabrik A/S, Denmark
STAR	MT	Star Metallic Yarn Co. Ltd., Japan
STAR-BREEZE	CC	Beaunit Corp., USA
STARBRITE	PA	Star Fibers Inc., USA
STARLENE	PES (T)	H. Scragg & Co., GB
STARLON	PA (T)	H. Scragg & Co., GB
STARNEL	CT	Celanese Fibers Corp., USA
STAR NYLON	PA 6.6	Kanebo Ltd., Japan
STAR SPUN	PAC (T)	American Thread, New York, USA
STATAWAY	PA 6.6	Celanese Corp., USA
STAVINYL C	PVC	Rhône Poulenc Textile S. A., France
STAX	MT	Vereinigte Stahlwollefabriken, Bargen, FRG
STAYLOFT	PA 6.6	E. I. Du Pont de Nemours & Co. Inc., USA
STAZENU	PA 6.6 (T)	Viscosuisse, Switzerland
STEELON	PA 6	Gorzowskie Zakłady Włókien Sztucznych, Poland
STELLA	CV	pre-WW II
STELLA BIMATTINA	CV	pre-WW II
STELLA MATTINA	CV	pre-WW II

STELLALAM	CV	Viscosuisse, Switzerland
STELLATEX/	PA 6.6/	Deutsche Rhodiaceta AG, FRG
STELLANYL	CA (T)	
STELLINA	CV	pre-WW II
STERILON	CV	Süteri Osakeythiö, Finland
STEVETEX	(T)	J. P. Stevens & Co., USA
STEX	PST	The Vectra Company, USA
STILANA	PA 6	Gorzowskie Zakłady Włókien Sztucznych, Poland
STILON	PA 6	Poland
STIWLAN	PA 6 (T)	Poland
STRAFINE	CV	pre-WW II
STRANGLAS	GL	Stranglas Corp., USA
STRASCOLOR	CV	pre-WW II
STRATA	CC	Beaunit Corp., USA
STRATELLA	CC	Beaunit Fibers, USA
STRATIFIL	GL	Société du Verre Textile, France
STRATIMAT	GL	Société du Verre Textile, France
STRATIPREG	GL	Société du Verre Textile, France
STRAWN	CV	American Cyanamid Co., IRC Fibers Co., USA
STREN	PA	E. I. Du Pont de Nemours & Co. Inc., USA
S. T. R. E. T. C. H.	PA 6.6	Burlington Industries Inc., USA
STRETCH-CHADOLON	PA 6.6 (T)	Chadolon Inc., USA
STRETCHCHEVER	PUE	Int. Latex Corp., USA
STRETCHFIBRE	PA	Stretch Fibres (India) Ltd., India
STRETCHON	(T)	Southern Silk Mills Inc., USA
STRETCH-NYLON	PA (T)	Unitika Ltd., Japan
STRETCH-SPUN	(T)	Associated Spinners Inc., Gastonia, N. C., USA
STRIA	PA	Enka Glanzstoff AG, FRG
STRIALINE	PES	American Enko Co., USA
STROFIL	PE, PP	Argentina
STRONG FIBRO	CV	Courtaulds Ltd., GB
STRUCTOFORS	PES	Netherlands
STRYTON	PA 6.6	Phillips Fibers Corp., USA
STURDEE	PP, PE	Marlow Plastics Ltd., GB
STYLON	PA 6	Industrial Wire & Plastics Co. Inc., USA
STYROFLEX	PST	Norddeutsche Seekabelwerke AG, FRG
STYRON	PST	Asahi-Dow Ltd., Japan
SUALEN	PA 6	GDR
SUDACRON	PES	Sudamtex de Venezuela C. A., Venezuela
SUDALON	PA 6	Sudamtex de Venezuela C. A., Venezuela Sudalon S. A., Venezuela
SUIKO	CV	Toray Industries Inc., Japan
SULFAR	PES	Toray Industries Inc., Japan
SULFON	PA modif.	USSR
SULOCRYLIC	PAC	J. K. Synthetics Ltd., India
SUMMUM	CV	Enka B. V., Netherlands
SUMMUX	PAC	Toray Industries Inc., Japan
SUM-PAL	PA (T)	Argentina
SUNFLORA	PES/CV/WO	Unitika Ltd., Japan
SUNGIPEK	CV	Sümerbank Gemlik Art. Silk Fact., Turkey
SUNKYONG	PES	Sun-Kyong-Tejin Ltd., South Korea
SUN-LAUREL	PAC/WO	Fuji Spinning Co. Ltd., Japan

SUNLINE

SUNLINE	PE	Ube-Nitto Chemical Co. Ltd., Japan
SUNSHINE	PP	Poncar Plastics Corp., USA
SUNSPUN	CC	Beaunit Corp., USA
SUNLON	PA	Nylon Engineering, USA
SUNNYCOT	CP	Fuji Spinning Co. Ltd., Japan
SUNTELON	CA/CV	Teikoku Sangyo Co. Ltd., Japan
SUPER AMILAN	PA 6	Toray Industries Inc., Japan
SUPER II	CV	Poland
SUPER ARNUM	CV	Enka B. V., Netherlands
SUPER BREDA	CV	Hollandsche Kunstzijde Ind. N. V., Netherlands
SUPER CRIMP NYLON FIBRE	PA 6.6	ICI Fibres Ltd., GB
SUPER EMBIRON	PVA/PVC	see CORDELA
SUPERENVILON	PVA/PVC	Toyo Chemical Co. Ltd., Japan Electro Chemical Industries Co. Ltd., Japan
SUPERFIL	CV	Celulosa y Derivados S. A., Mexico
SUPERFINE	GL	The Nippon Mineral Fibre Mfg. Co. Ltd., Japan
SUPERFINE	MT	Metlon Corp., USA
SUPERFLATTESA	CV	pre-WW II
SUPERFLEX	PA 6, PA 6.6	Soo Valley Co., USA
SUPER HWM-FIBRE	HWM	Courtaulds North America Inc., USA
SUPER-L	CV	American Viscose, USA
SUPERLENA	CV	pre-WW II
SUPERLOFT	(T)	Universal Winding Co., USA Leesona Corp., USA
SUPERMATENKONA	CV	pre-WW II
SUPERMATENKA	CV	pre-WW II
SUPER NARCO	CV	Beaunit Corp., USA
SUPER NYLON CYDSA	PA 6	Celulosa y Derivados S. A., Mexico
SUPER PRAT	CV	La Seda de Barcelona S. A., Spain
SUPER-Q	PA (T)	Qualitex Yarns Ltd., GB
SUPER RAYFLEX	CV	American Viscose, USA
SUPER RAYON	CV	Celulosa y Derivados S. A., Mexico
SUPERSERIS	CV	Montefibre, Italy
SUPERSNIA	CV	pre-WW II
SUPER STUFF	PES	Beaunit Fibers, USA
SUPER SUPERCORD	CV	Rumania
SUPERSYBRA	CV	pre-WW II
SUPER-TUFF	PP	Jackson Rope Corp., USA
SUPER TORAMOMEN	CP	Kuraray Co. Ltd., Japan
SUPERVISTRON	CV	Unitika Ltd., Japan
SUPER-WHITE	CV	American Enka Co., USA
SUPERWIND	CV	Midland Ross Corp., USA
SUPRAFIL	CA/PES (T)	Filatura di Sant Anna, Milan, Italy
SUPRAL	PA 6 (T)	Progres, Yugoslavia
SUPRALAN	CV	Borregaard A/S, Norway
SUPRALON	PA 6	Progres, Yugoslavia
SUPRASANI	CV	Borregaard A/S, Norway
SUPREMA	CV	VEB Chemiefaserwerk «Friedrich Engels», GDR
SUPREME CORDENCA	CV	Enka B. V., Netherlands
SUPRENKA	CV	American Enka Corp., USA
SUPRENKA HI MOD	MD (HWM)	American Enka Corp., USA

SUPRON	PA 6	Kalle & Co., FRG
SURVINOL	—	USSR
SURVON	PA 6.10	ICI Fibres Ltd., GB
SUTRON	PA 6.6	ICI Fibres Ltd., GB
SVITEL	PES	Chemosvit n. p., Czechoslovakia
SVITLEN	PA 6	Chemosvit n. p., Czechoslovakia
SVITON	PA 6	Chemosvit n. p., Czechoslovakia
SVITONTEX	PA	Chemosvit n. p., Czechoslovakia
SWALLOW	CV	Teikoku Sen-i Co. Ltd., Japan
SWELAN	CV	Svenska Rayon AB, Sweden
SWELAN SUPER	CV	Svenska Rayon AB, Sweden
SWENYL	PA	Svenska Rayon AB, Sweden
SWILOSA	CV	Bulgaria
SWISS-POLYAMID-GRILON	PA	—
SWISS-POLYESTER-GRILENE	PES	—
S. W. QUALITY STAPLE	CV	Courtaulds Ltd., GB
SYBIOLA	CA/PA (T)	Ets. Rochegude, France
SYBRA	CV	pre-WW II
SYDOMAT	CV	pre-WW II
SYDOPAL	CV	pre-WW II
SYNCHRO	PA 6 (T)	Czechoslovakia
SYNFLEX-N	PA	Wall Industries Inc., USA
SYNFLEX	PUE	Southern Elastic Corp., USA
SYNFOAM	PA (T) PES (T)	Synfoam Yarns Inc., USA
SYNTHETIC-INDUSTRIES-OLEFINE	PP	Synthetic Industries, USA
SYNTHOFIL	PVA	Wacker-Chemie GmbH, München, FRG
SYNTHYL	PA 6.6	Hellenic Synthetic Textile Fibres Inc., Greece
SYNTON	PA 6	Czechoslovakia
SYNTRIC	PAC/CV (S)	Syntric, FRG
SYNTUSSA	CC	Beaunit Corp., USA
T «1»	PES	—
T 31	PES	Teijin Ltd., Japan
T-61, T-68	MOD, PAC	Cyanamid International, USA
T 102	PES	Teijin Ltd., Japan
T-464	PA	A. J. Worthington & Co. (Leek) Ltd., GB
T 2000	PES (T)	Böhringer & Reuss GmbH, FRG
TACRYL	PAC	GB
TAFFA	PA 6 (T)	Kanebo Ltd., Japan
TAFFTOP	CV	Kojin-Kokoku & Pulp Co. Ltd., Japan
TAFNEL	Polyolefine	MPC-Spunbonded Inc., Japan
TAIEN-TEX	CAR	Nitto Boseki Co. Ltd., Japan
TAIRILIN	PES	Nan Ya Plastics Fabrication Co. Ltd., Taiwan
TAIRYLAN	PAC	Formosa Chemicals & Fiber Co. Ltd., Taiwan
TAJ	GL	Owens Corning Fiberglas Corp., USA
TAJMIR	PA 4	Alrac Corp., USA
TAKA-ALON	CA/CP	Aichi Spinning Co. Ltd., Japan
TAKA-NALON	PA/CP	Aichi Spinning Co. Ltd., Japan
TAKA-TELON	PES/CP	Aichi Spinning Co. Ltd., Japan

TAKA-VILON

TAKA-VILON	PVD/CP	Aichi Spinning Co. Ltd., Japan
TAKA-LON	PVD/CP	Aichi Spinning Co. Ltd., Japan
TAKON	CT (T)	USSR
TAKRYL	PAC	Fosfatbolaget AB, Sweden
TALAN	PES	Czechoslovakia
TALON	PVC	Toyo Chemical Co. Ltd., Japan
TA MING	PA 6	Ta Ming Co., Taiwan
TAMPYL	PP	Polymers Inc., USA
TANGO	PA	Allied Chemical Corp., USA
TANIKALON	PE	Taniyama Chemical Industry Co. Ltd., Japan
TAPICORD BK 1	PP/PVC	LZ n. p. Holíč, Czechoslovakia
TAPIFLOR	CV	Chemiefaser Lenzing AG, Austria
TAPILON	PA 6	Toray Industries Inc., Japan
TASILON	PA 6 (T)	Czechoslovakia
TASLAN	(T)	E. I. Du Pont de Nemours & Co. Inc., USA
TASLAN-RHOVYL	PVC (T)	Rhône Poulenc Textile S. A., France
TASSO	PES (T)	Walter Evans & Co. Ltd., GB
TASTEX	PAC (T)	Caron Spinning Comp., Bristol R. I., USA
TATTON-TEXTURED	PA (T) PES (T)	William Tatton & Co. Ltd., GB
TAYENTEX	—	Nitto Boseki Co. Ltd., Japan
TAYLON	PE	Taylor Thomas & Sons, USA
T. B. A.	GL	Turner Brothers Asbestos Co. Ltd., GB
TB-TEX	GL	Vetreria Italiana Balzaretti & Modigliani S. p. A., Italy
TE 614	PES/WO	Toa Wool Spinning and Weaving Co. Ltd., Japan
TEBA	PES/CO	Czechoslovakia
TECH-SURED	(T)	Associated Spinners Inc., USA
TE-CORTA-UNDA	CV	Viscosa de Chihuahua S. A., Mexico
TE-COT	PES/CO	Niederer & Co., Switzerland
TECRON	PA 6	Inquitex S. A., Spain
TEFLON TFE	PTF	E. I. Du Pont de Nemours & Co. Inc., USA
TEIJIN ACETATE	CA	Teijin Ltd., Japan
TEIJIN CORD	CV	Teijin Ltd., Japan
TEIJIN LINEYARN	CP	Teijin Ltd., Japan
TEIJIN NEORON SPANDEX	PUE —	— see NEOLON-SPANDEX
TEIJIN NEORON	—	see NEORON
TEIJIN-NYLON	PA 6	Teijin Ltd., Japan
TEIJIN NYLON S-BON	PA/CV	Teijin Ltd., Japan
TEIJIN-POLYACRYL FIBRE	PAC	Teijin Ltd., Japan
TEIJIN POLYCOT	—	see POLYCOT
TEIJIN SILPEARL	PES	Teijin Ltd., Japan
TEIJIN SILPEARL T-33	PES	Teijin Ltd., Japan
TEIJIN-SPACY T-38	PES	Teijin Ltd., Japan
TEIJIN SPANDEX	PUE	Teijin Ltd., Japan
TEIJIN-TETORON	PES	Teijin Ltd., Japan
TEIJIN-TEVIRON	PVC	see TEVIRON
TEIJIN-TRIACETATE	CT	Teijin Ltd., Japan
TEIJIN VALREN	PVC	see VALREN
TEIPEPE	PES (T)	Filatures et Moulinages de l'Ardèche, France

TEISEN ASLON	CV/RA	Teikoku Sen-i Co. Ltd., Japan
TEISEN VINYLON F	PVA	Teikoku Sen-i Co. Ltd., Japan
TEIWALON	PA 6.6 (T)	Teiwa Kasen Co. Ltd., Japan
TEJIDO	PVM	Plasti-Fabril, Argentina
TEKLAN	MOD	Courtaulds Ltd., GB
TELRON	PAC	Robertson Carpet Corp., New York, USA
TELUSA	CV	pre-WW II
TEMPLON	PAC (T)	Templon Spinning Mills, USA
TEMPRA	CV	American Enka Corp., USA
TENASCO	CV	Courtaulds Ltd., GB
TENAVEL	PES, PA, CA	Teijin Ltd., Japan
TENAX	CV	Enka B. V., Netherlands
TENDAN	CV	Unitika Ltd., Japan
TENDAN PAI	CV	Unitika Ltd., Japan
TENDRELLE	PA 6.6 (T)	ICI Fibres Ltd., GB
TENITE	PP	Plastic Div. of Eastman Chem. Products Inc., USA
TENKA	CV	Enka B. V., Netherlands
TENRYO	CV/RA	Teikoku Sen-i Co. Ltd., Japan
TENSILA	CV	La Seda de Barcelona S. A., Spain
TEN-TERLENKA	PES	Enka B. V., Netherlands La Seda de Barcelona S. A., Spain
TEPOLY	PES/CP	Teijin Ltd., Japan
TERCRYL	PAC/PES/WO	Rhône Poulenc Textile S. A., France
TEREL	PES	Uzinei de fibre sintetice Savinesti, Rumania
TERENE	PES	Chemicals & Fibres of India Ltd., India
TERETAS	PES (T)	T. B. Hall & Son Ltd., GB
TERFIL	PA 6 (T)	Hungary
TERFLAX	PES/FL	ICI Fibres Ltd., GB
TERGAL	PES	Rhône Poulenc Textile S. A., France Deutsche Rhodiaceta AG, FRG Cia. Brasileira Rhodiaceta, Brazil Fibras Artificiales S. A. (SAFA), Spain
TERGAL-BIDIM	PES	Deutsche Rhodiaceta AG, FRG
TERGAL-DROPGAL	PES	Rhodia Industrias Quimicas, Brazil
TERGAL-FIBREFILL	PES	Rhône Poulenc Textile S. A., France
TERGAL Y 160	PES	Deutsche Rhodiaceta AG, FRG
TERIBER	PES	Fibras Artificiales S. A. (SAFA), Spain
TERIFULL	PES (T)	Montedison Fibre, Italy
TERILENE	PES	see TERYLENE
TERIPRAT, TERPRAT	PES	La Seda de Barcelona S. A., Spain
TERITAL	PES	Montedison Fibre, Italy
TERI-TOP	PES/WO	Montedison Fibre, Italy
TERLENKA	PES	Enka B. V., Netherlands Fibras Químicas S. A., Mexico La Seda de Barcelona S. A., Spain
TERLENKA-ELASTICO	PA (T)	Enka B. V., Netherlands Schappe-Tex S. A., Spain Perlofil S. A., Spain La Seda de Barcelona S. A., Spain
TERLENKA F	PES	La Seda de Barcelona S. A., Spain
TERLENKA-SET	PA 6 (T) PES (T)	Enka B. V., Netherlands Schappe-Tex S. A., Spain Perlofil S. A., Spain La Seda de Barcelona S. A., Spain

TERLENKA-TEXTURE (SET)

TERLENKA-TEXTURE (SET)	PES (T)	Enka B. V., Netherlands
TERLENKA TR	PES (T)	Enka B. V., Netherlands Enka de Colombia S. A., Columbia
TERLON	PA	USSR
TERNEL	PVC	Polymer Industrie Chimiche S. p. A., Italy
TERON	PES	Uzina de fibre sintetice, Rumania
TEROSEW	PES (T)	W. S. Godber Ltd., GB
TERPOL	PES	Sintéticos Slowak S. A., Uruguay
TERPRAT	PA 6	La Seda de Barcelona S. A., Spain
TER-Q-TEX	PA/PES (T)	Qualitex Yarns Ltd., GB
TERRAL	PES	English Calico Ltd., GB
TERRIER	PES (T)	Anthony Ward & Co. Ltd., GB
TERSUISSE	PES	Viscosuisse, Switzerland
TERVILOR	PES	Viladomin S. A., Spain
TERYL	PA	Hungary
TERYLENE	PES	ICI Fibres Ltd., GB Canadian Industries Ltd., Canada Duperial S. A., Argentina Fibremakers Ltd., Australia Chemicals & Fibres of India Ltd., India Finicisa-Fibras Sinteticas S. A. R. L., Portugal South African Nylon Spinners, South Africa
TERYLENE 556	PES	ICI Fibres Ltd., GB
TERYLENE 7000	PES (T)	Arova Rorschach AG, Switzerland
TERYLENE E. C. F.	PES	ICI Fibres Ltd., GB
TERYLENE-PLUS-T	PES	ICI Fibres Ltd., GB
TERYLENE-SILVER-SEAL	PES	ICI Fibres Ltd., GB
TERYLENE-SUPRALAN	PES/CV	Borregaard A/S, Norway
TERYLENE-TEXTURE	PES (T)	Burlington-Schappe AG, Switzerland
TERYLOFT	PES (T)	Riverside Yarns Ltd., Canada
TESIL	PES	Silon n. p., Planá, Czechoslovakia
TESLAN	(T)	USSR
TESSACRYL	PAC (T)	Nyl-Ti S. A., Switzerland
TESSIL	MT	Czechoslovakia
TESSILEN	PES (T)	Nyl-Ti S. A., Switzerland
TESSILON	PA (T)	Nyl-Ti S. A., Switzerland
TETLEX	PES	Toray Industries Inc., Japan
TETOLE	PES/WO	Nikko Wool Textile Co. Ltd., Japan
TETROMIX	PES/WO	Sankio Worsted Mills, Japan
TETORON	PES	Teijin Ltd., Japan Toray Industries Inc., Japan
TETREX	PES	Toray Industries Inc., Japan
TETWEL	PES	Toray Textile Inc., Japan
TEVINYE	PVC	Teijin Ltd., Japan
TEVINYL	PVC	Teijin Ltd., Japan
TEVIRON	PVC	Teijin Ltd., Japan
TEVIX	PVC	Teijin Ltd., Japan
TEWE	PP	M. Teufelsberger, Wels, Austria
TEXCORTA	CV	Viscosa de Chihuahua S. A., Mexico
TEXALINE	PA 6.6/PES	Qualitex Yarns Ltd., GB
TEXFIBER	PA	Texfiber Corp., Philippines
TEX-LON	(T)	Play Knit Mills Inc., USA

TEXOVER	GL	Vidriería Argentina S. A., Argentina
TEX-SET-YARN	(T)	Texlon Corp., USA
TEXTILION	PA 6	Textilquimica S. A., Brazil
TEXTILMAT	GL	Fiber Glass Industries Inc., USA
TEXTIMAT	GL	Regina Glass Fibre Ltd., GB
TEXTRA	CV	Poland
TEXTRAFLUFF	GL	Pittsburgh Plate Glass Co., USA
TEXTRALIZED	(T)	J. Bancroft & Sons, USA Licensees: Amagi Chemical Ind. Co. Ltd., Japan Kanegafuchi Spinning Co. Ltd., Japan Takase Senko, Japan Teijin Ltd., Japan
TEXTURA	(T)	Textura AG, Switzerland
TEXTURED-CAPROLAN	PA (T)	Allied Chemical Co., USA
TEXTUREE	(T)	Gerrit van Delden & Co., FRG
TEXTURE-ENGINEERED	(T)	Duplan Corp., USA
TEXTURNIA	PES (T)	Universal Textured Yarn Inc., USA
TEXTURSET	PA (T)	Ames Textiles Corp., USA
TEXVIL	PVC	Soc. Appl. Resine Sint. (S. A. I. R.), Italy
TEYJIN	PES	Ischikawa, Japan
TFD	PA 6 (T)	Böhringer & Reuss GmbH, FRG
THEATORON	PES/RA	Toyo Sen-i Co. Ltd., Japan
THERMOVYL	PVC	Rhône Poulenc Textile S. A., France
THIAZOLAMIDFASER	PA modif.	Monsanto Co., USA
THIOKOL 1 (NL)	PP	J. Holm, Denmark
THIOKOL-POLYPROPYLENE	PP	Thiokol Chemicals Ltd., GB
THIRD YARN	PES, PP	Teijin Ltd., Japan
THORNEL 25	CAR	Union Carbide Corp., USA
THREE DIAMONDS HIPOLAN	CP	Mitsubishi Rayon Co. Ltd., Japan
THREE DIAMONDS PYLEN	PP	see PYLEN
THREE DIAMONDS VONNEL	MOD	see VONNEL
THREE GOLDEN HORSES	CV	Kuraray Co. Ltd., Japan
THREE HORSES	PES/CO	Kurashiki Spinning Co. Ltd., Japan
THREE-PEACHES-TETORON-FEATHER	PES	Nisshin Spinning Co. Ltd., Japan
TICOLUX	PA (T)	Ticosa S. p. A., Italy
TICOLUX-SET	PA/CA (T)	Ticosa S. p. A., Italy
TICORIL R	CA	Ticosa S. p. A., Italy
TICORIL R	CA/PA 6.6 (T) CA/PES (T)	Ticosa S. p. A., Italy
TICOTES	PES (T)	Ticosa S. p. A., Italy
TIFFANIZED	(T)	Wildman & Schwartz Inc., USA
TILODOR	PA (T)	Nyl-Ti S. A., Switzerland
TILON	As	Rex Asbestwerk, FRG
TIMBRELLE	PA	ICI Fibres Ltd., GB
TINA	PA 6.6/CA (T)	Fimola, France
TINSELON	CV	Midland Ross Corp., USA
TIONIL	CV	USSR

TIOTOLENE

TIOTOLENE	PP	Lankhorst Touwfabrieken N. V., Sneek, Netherlands
T. I. P. P.	PA (T)	Nyl-Ti S. A., Switzerland
TIPP	PES (T)	Fimola, France
TIPTOLENE	PP, PE	Lankhorst Touwfabrieken N. V., Sneek, Netherlands
TIRRENIA	CA	pre-WW II
TISSABEL	CA/PA 6.6 (T)	TSR Tissages de Soieries Réunis S. A., France
TISSABRYL	PA 11/CA (T)	TSR Tissages de Soieries Réunis S. A., France
TISSAFLOR	(T)	TSR Tissages de Soieries Réunis S. A., France
TISSAMOD	CA/PA 6.6 (T)	TSR Tissages de Soieries Réunis S. A., France
TITANOL	PVAA	USSR
TKF	PES/FL PES/WO	Teikoku Sen-i Co. Ltd., Japan
TOABO-POLYPRO	PP	Toa Wool Spinning and Weaving Co. Ltd., Japan
TOBERIZED	PA 6.6 (T)	Charnos Ltd., GB
TOHALON	CA	Toho Rayon Co. Ltd., Japan
TOHALON	CV/PES	Toho Beslon Co. Ltd., Japan
TOHO POLYNOSIC	CP	Toho Rayon Co. Ltd., Japan
TOLANA	CV	Poland
TOLANCA	(T)	John Heathcoat & Co. Ltd., GB
TOLON	PVC	Toyo Chemical Co. Ltd., Japan
TOPEL	CV	Courtaulds North America Inc., USA
TOPLEN	PA 6	Tong Yang Nylon Co. Ltd., South Korea
TOPLON	PA 6	Tong Yang Nylon Co. Ltd., South Korea
TOP-SPANLY	PES/PAC	Teijin Ltd., Japan
TOPSTAR	—	Teikoku Sangyo Co. Ltd., Japan
TORAMOMEN 51	CP	Kuraray Co. Ltd., Japan
TORAYCA	CAR	Toray Industries Inc., Japan
TORAYLON (ZETLON)	PAC	Toray Industries Inc., Japan
TORAYLON 4000	PAC	Toray Industries Inc., Japan
TORAY-NYLON	PA 6	Toray Industries Inc., Japan
TORAY-NYLON 12	PA 12	Toray Industries Inc., Japan
TORAY-NYLON-PAREL	PA 6	Toray Industries Inc., Japan
TORAY-NYLON-TEXTURISED	PA (T)	Toray Industries Inc., Japan
TORAY-NYLON TYP L	PA 6	Toray Industries Inc., Japan
TORAYON	HWM	Toray Industries Inc., Japan
TORAY-POLYACRYLIC-FIBER	PAC	Toray Industries Inc., Japan
TORAY-PYLEN	PP	Toray Industries Inc., Japan
TORAY-PYLEN-E	PE	Toray Industries Inc., Japan
TORAY-TASLAN	PA 6 (T)	Toray Industries Inc., Japan
TORAY TETORON	PES	Toray Industries Inc., Japan
TORELON	PAC	Toray Industries Inc., Japan
TORIMLON	PA	Kanebo Ltd., Japan
TORIWLAN	PES (T)	Poland
TORLEN	PES	Poland
TORSALON	PA 6.6	Viscosuisse, Switzerland
TORSILTRE	PA 6 (T)	Snia Viscosa S. p. A., Italy
TOSCO	PES/FL	Toyo Sen-i Co. Ltd., Japan
TOSCO RAMMIT	PAC/RA	Teikoku Sen-i Co. Ltd., Japan
TOSRON	PES/FL	Toyo Sen-i Co. Ltd., Japan

TOTARN	CV	Canadian Celanese Co., Canada
TOUALIFA	CV	Rhône Poulenc Textile S. A., France
TOUCH	PA 6	Allied Chemical Co., USA
TOUGH-STUFF	PES	Beaunit Corp., USA
TOVIS	CP	Toho Rayon Co. Ltd., Japan
TOVIS M-63	CM	Toho Rayon Co. Ltd., Japan
TOVIS M-68	CP	Toho Rayon Co. Ltd., Japan
TOWBRYL	PAC/CA (T)	Société Commerciale des Filés de Fourmies, France
TOWCRYL	PAC (T)	Société Commerciale des Filés de Fourmies, France
TOWER	PES (T)	Ollerenshaw Ltd., GB
TOWN-FLOWER	PAC	Tong Hwa Synthetic Fiber Co., Taiwan
TOYAMA	PES/CO	Toyobo Co. Ltd., Japan
TOYOBO-CURE	PES/CO	Toyobo Co. Ltd., Japan
TOYOBO-ESPA	PES	Toyobo Co. Ltd., Japan
TOYOBO-ESTER	PES	Toyobo Co. Ltd., Japan
TOYOBO HIGH SHRINKAGE STAPLE	PES	Toyobo Co. Ltd., Japan
TOYOBO-NYLON	PA 6	Toyobo Co. Ltd., Japan
TOYOBO-NYLON BULKY YARN	PA 6 (T)	Toyobo Co. Ltd., Japan
TOYOBO-POLYESTER	PES	Toyobo Co. Ltd., Japan
TOYOBO-PYLEN	PP	
TOYOBO RAYON	CV	Toyobo Co. Ltd., Japan
TOYOBO-TEPOLY	PES/CV	Toyobo Co. Ltd., Japan
TOYOFLON	PTF	Toray Industries Inc., Japan
TOYO KAGAKU POLYPRO	PP	Toyobo Co. Ltd., Japan
TOYOLAN	PA 6.6/CV	Toray Industries Inc., Japan
TOYO NET	PVC	Toyo Chemical Co. Ltd., Japan
TOYOSENI	PAC/FL PES/FL	Toyo Sen-i Co. Ltd., Japan
TR 20	MT	Metalrex S. A. S., Turin, Italy
TR 25	MT	Metalrex S. A. S., Turin, Italy
TRALBÉ	PES	Rhône Poulenc Textile S. A., France
TRANSELESS	PA (T)	Torcitura di Borgomanero, Italy
TRAVEMA	CV	pre-WW II
TRAVIS	PVID	Bobina Faserwerk AG, FRG
TRAVYL	CV	pre-WW II
TRAYONS	CV	The Travancore Rayons Ltd., Italy
TR-DRAHT	PES	Hoechst Fibers Inc., USA
TRELON	PA 6	GDR
TRESURE LIGHT	CV	Toyoda Spinning & Weaving Co. Ltd., Japan
TREVIRA	PES	Hoechst AG, FRG Spinnstoff-Fabrik Zehlendorf AG, FRG Hoechst Fibers and Chemicals, South Africa Austria Faserwerke GmbH, Austria Hoechst Fibers Inc., USA Fibra Química Chilena Ltda., Chile
TREVIRA DISKAT	PES	Hoechst AG, FRG
TREVIRA-HOCHMODUL	PES/HWM	Hoechst AG, FRG
TREVIRA-GT	PES (T)	Burlington Schappe GmbH, FRG
TREVIRA-KNIT	PES (T)	Hystron Fibers Inc., USA

TREVIRA-LEINEN

TREVIRA-LEINEN	PES/FL	Hoechst AG, FRG
		Kulmbacher Spinnerei AG, FRG
TRIACETA	CT	Dainippon Celluloid Ltd., Japan
		Nichitsu Acetate Co. Ltd., Japan
		Mitsubishi Acetate Co. Ltd., Japan
		Toyama, Japan
TRIACETATO 100	CT	Snia Viscosa S. p. A., Italy
TRIACETE (TRIACETATE)	CT (T)	Böhringer & Reuss GmbH, FRG
TRI-A-FASER	CT	Deutsche Rhodiaceta AG, FRG
TRIAFIL	CT	Canadian Celanese Co., Canada
TRIAL	CT	Canadian Celanese Co., Canada
TRIALBENE	CT	Rhône Poulenc Textile S. A., France
TRIANA	GL	PPG Industries Inc., USA
TRIANIL	CT/PA	Cotonificio di Lombardia S. A. I., Italy
TRIANTI	GL	Pittsburgh Plate Glass Co., USA
TRI-AZETATE	CT	Mitsubishi Acetate Co. Ltd., Japan
TRICEL	CT	Courtaulds Ltd., GB
TRICEL-DURACOL	CT	British Celanese Ltd., GB
TRICELLA	CT	British Celanese Ltd., GB
TRICELON	CT/PA 6	Courtaulds Ltd., GB
TRICILON	PA/CT	Amcel Europe S. A., Belgium
TRICOAMID	PA	S. A. I. R. S. p. A., Italy
TRICOLANA	PAC	Rumania
TRICOVIL	PVC	S. A. I. R. S. p. A., Italy
TRI-DYE	PA 6 (T)	Allied Chemical Corp., USA
TRI-ENKALON	PA	La Seda de Barcelona S. A., Spain
TRIESTA	CT	Dainippon Celluloid Co. Ltd., Japan
TRILAN	CT	Canadian Celanese Co., Canada
TRILEME	PA 6	Celanese Corp., USA
		Industrial Wire & Plastics Co. Inc., USA
TRILENE	PES/CT	Mutual Mills Ltd., GB
TRILOBELLE	PA	Svenska Rayon AB, Sweden
TRILOBITE	PA 6	Plasticisers Ltd., GB
TRILOK	PE	U. S. Rubber Comp., Textile Division, USA
TRILON	PA 6.6 (T)	W. & J. Sharples Ltd., GB
TRIMISTRO	PA/CV	Snia Viscosa S. p. A., Italy
TRIMLON	PA 6.6 (T)	Kanebo Ltd., Japan
TRINESE	CT	Celanese Mexicana S. A., Mexico
TRINOVA	CV	pre-WW II
TRINYL	PA 6	Inquitex S. A., Spain
TRIPET	PA	Unitika Ltd., Japan
TRIPET CASTING	PA	Unitika Ltd., Japan
TRIPET HERA	PA	Unitika Ltd., Japan
TRIPLE A	CV	Courtaulds Ltd., GB
TRIRON	PES	Sam Yang Co. Ltd., South Korea
TRITAL	CV	Snia Viscosa S. p. A., Italy
TRITON-KAOWOOL	—	Morganite Modmor Ltd., GB
TRITOR	PP	Plasticisers Ltd., GB
TRIVYLO	PVC/WO/CT	Société Commerciale des Filés de Fourmies, France
TROFIL H	PE	Dynamit Nobel AG, FRG
TROFIL	PP	Dynamit Nobel AG, FRG
TROJACTAN	CT	Poland

TROOSO	PES (T)	J. W. Williams Ltd., GB
TROPIC	CV	Viscose Suisse, Switzerland
T. R. TYPE 20	PES	Metalrex S. A. S., Italy
T. R. TYPE 25	PES	Metalrex S. A. S., Italy
TRUFLEX	CV	Courtaulds Ltd., GB
TRYLKO	PES (T)	English Calico Ltd., GB
TSCHINLON	PA 6	China
TUERLON	PA 6	Sifas Sentetik Iplik Fabrikalari A. S., Turkey
TUFCEL	CP	Toyobo Co. Ltd., Japan
TUFF-LITE	PE, PP, PA 6.6	Tufflite Corp., USA
TUFTON	PP, PE	W. R. Grace (Textile Fibres) Ltd., GB Grace Fibers, Canada
TULTRIM	PA	ICI Fibres Ltd., GB
TUNGSTEN YARN	MT	Union Carbide Corp., USA
TURAN	GL	Klöckner-Schott Glasfaser GmbH, FRG
TURBO FLUFFEASE ORLON R	PAC (T)	Davis Yarn Co. Inc., USA
TURBO-GLO	PAC/MT	Malina Company Inc., USA
TURBULENE	PAC/WO (T)	Robert Clough (Keighley) Ltd., GB
TURFFER	PA (T)	Kanebo Ltd., Japan
TURINYL	PA 6.6 (T)	Monsanto Co., USA
TURLON	PA	Sentetik Iplik Fabrikalari, Turkey
TURNING POINT	PES	American Viscose, FMC Corp., Div., USA
TUSSON	CC	Beaunit Corp., USA
TUTTON TEXTURED	PA (T)	William Tatton & Co. Ltd., GB
TVASIL	PA 6 (T)	Elite n. p., Czechoslovakia
TW	PES/WO	Kawashima Textile Mills Ltd., Japan
TWINCEL	CV	Fuji Spinning Co. Ltd., Japan
TWINKLE	PA	Toray Industries Inc., Japan
TWINKLE NYLON	PA	Polymers Inc., USA
TWINKLING CAPROLAN	PA 6	Allied Chemical Corp., USA
TWISLOK	PA	Monsanto Co., USA
TWS	PES/WO	Toyobo Co. Ltd., Japan
TWYLENE	PA (T) PES (T)	John Heathcoat & Co. Ltd., GB
TX	MT	Aerospace Products, USA
TYCORA	(T)	Textured Yarns Co. Inc., USA Textured Yarns Ltd., GB
TYCORD	CV	Shriram Rayons, India
TY-EZ	PP	The Indian Head Yarns & Thread Co., USA
TYGAN	PVD	Fothergill & Harvey Ltd., GB
TYLYTE	PE, PP	The Indian Head Yarns & Thread Co., USA
TYNEX-A	PA 6.12	E. I. Du Pont de Nemours & Co. Inc., USA
TYPAR	PP	E. I. Du Pont de Nemours & Co. Inc., USA
TYPE	(T)	J. Bancroft & Sons Co., USA
TYPE 24	HWM	Midland Ross Corp., IRC Fibers Division, USA
TYPE 31	PAC	Asahi Chemical Ind. Co. Ltd., Japan
TYPE 61	PAC	Asahi Chemical Ind. Co. Ltd., Japan
TYPE 100	PAC	Dow Badische Co., USA
TYPE 200	PAC	Dow Badische Co., USA
TYPE 265	PES	Toray Industries Inc., Japan

TYPE 500 HOMOPOLYMER

TYPE 500 HOMOPOLYMER	PAC	Dow Badische Co., USA
TYPE F	CA	Celanese Corp., USA
TYPE F II	PES	Fiber Industries Inc., USA
TYPE K	CA	Celanese Corp., USA
TYRENKA	CV	Enka B. V., Netherlands
TYREX	CV	Beaunit Corp., USA Courtaulds (Canada) Ltd., Canada Courtaulds Ltd., GB American Viscose, USA Midland Ross Corp., USA
TYRON	CV	American Cyanamid Co., IRC Fibers Co., USA
TYTITE	PE, PP	The Linen Thread Comp., Div. of Indian Head Inc., USA
TYVEK	PE	E. I. Du Pont de Nemours & Co. Inc., USA
TYWELD	CV	American Cyanamid Co., IRC Fibers Co., USA
UBE-NITTO-POLYPRO	PP	Ube-Nitto Chemical Co. Ltd., Japan
UDIGLAS	GL	Syncoglas S. A., Zele, Belgium
U-FLON	PA 6 (T)	Unitika Ltd., Japan
ULON	PA 6	United Nylon Ltd., GB
ULSTRON	PP	ICI Fibres Ltd., GB
ULTRACIL	PES (T)	Canadian Industries Ltd., Canada Millhaven Fibres Ltd., Canada
ULTRALITE	GL	Gustin-Bacon Mfg. Co., USA Certain-teed Prod., USA
ULTRALON	PA 6	Kemična Tovarna Moste, Yugoslavia
ULTRAMID BM	PA 6	BASF, FRG
ULTRAPAN	PAC	Bayer AG., FRG
ULTRASON (NYLSILK)	PA	Industriekontakt, Denmark Ultrasona Ltd., Switzerland
ULTRASTRAND	GL	Gustin-Bacon Mfg. Co., USA Certain-teed Prod., USA
ULTRA-VAT	MT	Metlon Corp., USA
ULTREMA	CV	Viscose Suisse, Switzerland
ULTRENKA	PA	Enka Glanzstoff AG, FRG
ULTRON	PA 6.6	Monsanto Co., USA
UNDATEX	CV	Snia Viscosa S. p. A., Italy
UNDEKAN	PA 12	USSR
UNEL	PA 6	Union Carbide (Canada) Ltd., Canada
UNEL-SPANDEX	PUE	Union Carbide Corp., USA
UNFLA	PAC	Toray Industries Inc., Japan
UNIBOND	PES	The United Piece Dye Works, USA
UNICA	CV	Viscosuisse, Switzerland
UNICURE	GL	Ferro Corp., Fiber Glass Div., USA
UNI-DOUPE (UNIDOUPE)	GL	Ferro Corp., Fiber Glass Div., USA
UNIDYE	PES/CEL	The United Piece Dye Works, USA
UNIFAB	GL	Ferro Corp., Fiber Glass Div., USA Ferro Enamels N. V., Netherlands
UNIFIL	PP	Wall Industries Inc., USA
UNIFILO	GL	Vetreria Italiana Balzaretti Modigliani S. p. A., Italy
UNIFORMAT	GL	Ferro Corp., Fiber Glass Div., USA Ferro Enamels N. V., Netherlands

UNIGLASS	GL	United Merchants & Manuf. Inc., USA
UNILON	PUA	Toyo Koatsu Industries Inc., Japan
UNILON	PA	United Carpet Mills, Australia
UNI-PREST	PES/CEL	The United Piece Dye Works, USA
UNIROVE	GL	Ferro Corp., Fiber Glass Div., USA Ferro Enamels N. V., Netherlands
UNIROVING	GL	Ferro Corp., Fiber Glass Div., USA
UNIROYAL NYLON	PA 6	Uniroyal Fibers & Textile, USA
UNISEC	PES	The United Piece Dye Works, USA
UNISTRAND	GL	Ferro Corp., Fiber Glass Div., USA
UNITAPE	GL	Ferro Corp., Fiber Glass Div., USA
UNITED-ELASTIC	PUE	United Elastic Corp., USA
UNITED-OLEFIN	PE, PP	United Saran Entreprises Ltd., Israel
UNITIKA NYLON	PA	Unitika Ltd., Japan
UNITIKA POLYESTER	PES	Unitika Ltd., Japan
UNITIKA POLYNOSIC	CP	Unitika Ltd., Japan
UNITIKA RAYON	CV	Unitika Ltd., Japan
UNITIKA VINYLON	PVA	Unitika Ltd., Japan
UNITRU	(T)	Spinlon Industries Inc., USA
URACE	CA	Uracé S. A., Uruguay
URACE NYLON	PA 6.6	Uracé S. A., Uruguay
URALON	PUE	Beaunit Corp., USA
URYLON	PUA	Toyo Koatsu Industries Inc., Japan
U. S. 200 AN	PA 6.6/CA	Uniroyal Inc., USA
U. S. 100 N	PA 6.6	United States Rubber Co., Textile Div., USA
U. S. 200 N	PA 6.6/CV	Uniroyal Inc., USA
USPUN	PA 6.6	Uniroyal Inc., USA
US-ROYAL TEXTILES	PA 6.6 PE, PP	Uniroyal Inc., USA
USTEX	CO mod.	Uniroyal Inc., USA
V-71	PAC	Mitsubishi Rayon Co. Ltd., Japan
V 100	PES	Rhône Poulenc Textile S. A., France
VAIRIN	PUE	Pirelli-Latex Soc., Italo-Americana Filo Elastico, Italy
VALESPUN	PAC/WO	Viyella Intern., Carrington-Viyella, GB
VALFLON	PTF	see VULFLON
VALREN	PVC	Teijin Ltd., Japan
VA/M	CP	Italy
VANILON	PA (T)	Van Raalte Co. Inc., New York, USA
VANYLON	PA 6	Fabrica de Hilazas Vanylon S. A., Columbia
VARILINE	PA 6	American Enka Corp., USA
VARILINE	PA 6	American Enka Corp., USA
VARILON	PA (T)	Van Raalte Co. Inc., New York, USA
VARLEN	PVC	Teijin Ltd., Japan
VECTA	CV	Rhône Poulenc Textile S. A., France
VECTRA «E»	PE	Enjay Fibers and Laminates Company, Odenton, Maryland, a Division of Enjay, USA
VECTRA-NYLON	PA 6.6	Enjay Fibers and Laminates Company, Odenton, Maryland, a Division of Enjay, USA
VECTRA-NYLON	PA 6.10	Enjay Fibers and Laminates Company, Odenton, Maryland, a Division of Enjay, USA
VECTRA «P»	PP	Enjay Fibers and Laminates Company, Odenton, Maryland, a Division of Enjay, USA

VECTRA-POLYESTER	PES	Enjay Fibers and Laminates Company, Odenton, Maryland, a Division of Enjay, USA
VECTRA-POLYETHYLENE	PE	Enjay Fibers and Laminates Company, Odenton, Maryland, a Division of Enjay, USA
VECTRA-POLYPROPYLENE	PP	Enjay Fibers and Laminates Company, Odenton, Maryland, a Division of Enjay, USA
VECTRA-SARAN	PVD	Enjay Fibers and Laminates Company, Odenton, Maryland, a Division of Enjay, USA
VECTRA-SPANDEX	PUE	Enjay Fibers and Laminates Company, Odenton, Maryland, a Division of Enjay, USA
VEE-NA	PVAA	Nihon Vinylon Co. Ltd., Japan
VEGISOL	GL	N. V. Verenigde Glasfabrieken N. V., Netherlands
VELANA	PES (T)	Silon n. p., Planá, Czechoslovakia
VELDOWN	PA (T)	Schwarzenbach-Huber Co., New York, USA
VELICREN	PAC	Snia Viscosa S. p. A., Italy Lysandra S. p. A., Italy Finisit Fibras Sintéticas S. A., Brazil
VELICREN FR	PAC	Snia Viscosa, Italy
VELINA	CV	Rhône Poulenc Textile S. A., France
VELION	CA	INACSA S. A., Spain
VELON	PVM	Firestone Plastics Co., USA
VELON LP	PE	Firestone Plastics Co., USA
VELON NF	PA 6	Firestone Plastics Co., USA
VELON-PP	PP	Firestone Plastics Co., USA
VELON PS	PE	Firestone Plastics Co., USA
VENECRON	PES	Fibras Sintéticas Venezolanas C. A., Venezuela
VENEZIA	PA/CA (T)	Moulinages Motte S. A., Belgium
VENICELON	PVC	Montedison Fibre, Italy
VENTURIA	(T)	Leon Ferenbach Inc., USA
VENUS	CV	Fuji Spinning Co. Ltd., Japan
VERCELLI	(T)	Glen Raven Mills, USA Bucaroni Company Lacoray S. A., Switzerland Krinklon Ltd., Canada
VEREL	MOD	Eastman Chemical Products Inc., USA
VERI-DUL	CV	Beaunit Corp., USA
VERRANNE	GL	Scandinavian Glasfiber AB, Sweden Société du Verre Textile, France S. A. Isoverbel, Belgium
VERSATEX	PP	Tintawn Ltd., Ireland
VERSIL	GL	Regina Glass Fibre Ltd., GB Versil Ltd., GB
VERTEX	GL	Glassworks Vertex, Czechoslovakia
VERVE	(T)	Bibb Manuf., USA
VESTAMID	PA 12	Chemische Werke Hüls AG, FRG
VESTAN	PES	Bayer AG, FRG Chemische Werke Hüls AG, FRG
VESTAN 16	PES	Bayer AG, FRG
VESTAN 33	PES	Bayer AG, FRG
VESTAN ATF 3001	PES	Bayer AG, FRG
VESTOLEN	PE, PP	Chemische Werke Hüls AG, FRG Bayer AG, FRG
VESTROLAN	PP	Chemische Werke Hüls AG, FRG
VETROFLEX	GL	Fibres de Verre S. A., Switzerland
VETROLON	GL	Gevetex Textilglas GmbH, FRG Aachen-Gerresheimer Textilglas GmbH, FRG

VETROTESSILE	GL	Vetreria Italiana Balzaretti & Modigliani S. p. A., Italy Fibres de Verre S. A., Switzerland
VETROTEX	GL	Vetreria Italiana Balzaretti & Modigliani S. p. A., Italy Fibres de Verre S. A., Switzerland
VEZEL N	PAC	Netherlands
VIBRAM	CV	Fiação Brasileira de Raion, Brazil
VIBREN	CV	Snia Viscosa S. p. A., Italy
VICLON	PVM	Kureha Chemical Industry Co. Ltd., Japan
VIDILON	PA 6	Bulgaria
VIKALON	PA 6/CV	USSR
VIKING	PP	British Ropes Ltd., GB
VIKOL	CV	Czechoslovakia
VILEDAN	PA	Carl Freudenberg, FRG
VILLWYTE	CV	American Cyanamid Co., IRC Fibers Co., USA
VILON	PVA	Nitivy Co. Ltd., Japan
VINAL	PVA	Air Reduction Chemical Corp., USA
VINALON	PVA	North Korea
VINCEL TYPE 28	HWM	Courtaulds Ltd., GB Courtaulds (Canada) Ltd., Canada
VINCELUX	CM	Courtaulds Ltd., GB
VINIIVLON-N	PA 6	Holeproof Mills Ltd., New Zealand
VINIIVLON-N		USSR
VINILON	PVAA	Poland
VINITRON	PVC+	USSR
VINIYARN	(T)	Viniyarn Co., USA
VINOL	PVA	USSR
VINOL H 40	PVA	Carbide and Carbon Chem. Corp., USA
VINTEX	CP/CO	Courtaulds Ltd., GB
VINYLAL	PVA	
VINYLON	PVA	Japan, various manufacturers, e.g. Nichibo Co. Ltd. and Kurashiki
VINYON	PVC	American Viscose, Div. FMC Corporation, USA
VIPOLAN	PA 6/CV (T)	Czechoslovakia
VIRES	MT	Rexor Italia S. A. A. S., Italy
VIRES 600	CV	Metalrex S. A. S., Volpiano, Turin, Italy
VIRION	CV	Snia Viscosa S. p. A., Italy
VISA	PES	Milliken & Co., USA
VISBON	CV	Teijin Ltd., Japan
VISCA	CV	Courtaulds Ltd., GB
VISCALAN	CV	Chemiefaser Lenzing AG, Austria
VISCHIO II° MILANO	CV	Snia Viscosa S. p. A., Italy
VISCOCEL	CV	Czechoslovakia
VISCOCORD	CV	Courtaulds Ltd., GB
VISCODOZ	CV	pre-WW II
VISCOL	CV	Snia Viscosa S. p. A., Italy
VISCOLAN	CV	Chemiefaser Lenzing AG, Austria
VISCOLAN	CM	Chemiefaser Lenzing AG, Austria
VISCOLEN	CV	Chemiefaser Lenzing AG, Austria
VISCOLEN	CM	Chemiefaser Lenzing AG, Austria
VISCOLOR	CV	Rayon Said Industrias Químicas S. A., Chile
VISCONA	CP	Poland
VISCOPLAN	CV	Czechoslovakia

VISCOR

VISCOR	CV	Rayon Said Industrias Químicas S. A., Chile
VISCORTA	CV	Rayon Said Industrias Químicas S. A., Chile
VISCORTA	CV	Celanese Mexicana S. A., Mexico
VISCOSILLA	CV	Fabricación Española de Fibras Artificiales S. A. (FEFASA), Spain
VISION-ORA	PA 6.6/PES (T)	Belmont Throwing Co., USA
VISKOLOR	CV	Czechoslovakia
VISKON	CV	Sümerbank Gemlik Art. Silk Fact., Turkey
VISLAN	CV	Czechoslovakia
VISLAN	CV	Celanese Mexicana S. A., Mexico
VISLENE	PE	S. A. I. R., S. p. A., Italy
VISLON	CT/CV/PA	Mutual Mills Ltd., GB
VISTANEX	PVD	Standard Oil Co., USA
VISTELLA	PAC/CV	Mutual Ltd., GB
VISTRA	CV	pre-WW II
VISTRALAN	CV	pre-WW II
VISTRAM	PUE/CO	Bayer AG, FRG
VISTRA XT	CV	pre-WW II
VISTRA XT-h	CV	pre-WW II
VITACORD	PES	Goodyear Tire & Rubber Co. Inc., USA
VITEL	PES	Goodyear Chem. Div., USA
VITRO-FIBRAS	GL	Vitro Fibras S. A., Mexico
VITROFIL	GL	Vitrofil S. p. A., Italy
VITRO-FLEX	GL	Johns Manville Fiber Glass Inc., USA
VITRON	GL	Johns Manville Fiber Glass Inc., USA
VITROSA	GL	Vetrocoke S. p. A., Italy
VITRO-STRAND	GL	Johns Manville Fiber Glass Inc., USA
VITROTEX	GL	Fibras Minerales S. A., Spain
VIVALOON	PES (T)	Fuji Spinning Co. Ltd., Japan
VIVANA	PA 6	Dow Badische Co., USA
VI-VI	CV	Snia Viscosa, Italy
VIXPAN	PUE	Pirelli Lastex Soc. Italo-Americano Filo Elastico, Italy
VK-NYLON	PA	v. Kohorn of New Zealand Ltd., New Zealand
VOGT	PVC	Vogt Manufacturing Corp., USA
VOGT-POLYOLEFINE	PE, PP	Vogt Manufacturing Corp., USA
VOLARI	PA (T)	National Spinning Comp. Inc., USA
VOLENKA	PA/PES (T)	Enka B. V., Netherlands
VOLUBIL	PA/CA (T)	Billion & Cie., France
VOMMIX-F	PAC	Mitsubishi Rayon Co. Ltd., Japan
VOMVIX	PA 6 (T) PA 6.6 (T)	Vomvix S. A., Greece
VON COTTO	PAC/CO	Mitsubishi Rayon Co. Ltd., Japan
VONLIGHT	PAC/WO	Mitsubishi Rayon Co. Ltd., Japan
VONNEL	MOD	Mitsubishi Vonnel Co. Ltd., Japan Mitsubishi Rayon Co. Ltd., Japan
VONNELLA	PAC/CO	Mitsubishi Vonnel Co. Ltd., Japan
VONNEL YOUNG NEO YARN	PA	Mitsubishi Rayon Co. Ltd., Japan
VONNILA-DINAC	PA (T)	Toyobo Co. Ltd., Japan
VONNILA-RITHMIC	PA (T)	Toyobo Co. Ltd., Japan
VONNILA-T	PA (T)	Toyobo Co. Ltd., Japan
VON RAMIX	PAC/RA	Mitsubishi Rayon Co. Ltd., Japan

VON RIVER	MOD/PA	Kawashima Textile Mills Ltd., Japan
VONTOP	PAC/WO	Mitsubishi Rayon Co. Ltd., Japan
VOPLEX	PE, PP PVC, PVD	Vogt Manufacturing Corp., USA
V. S. A.	CV	Industrias Reunidas F. Matarazzo S. A., Brazil
VULFLON	PTF	Nippon Valqua Industries Ltd., Japan
V. W. S.	PCV/WO/CP	Kawashima Textile Mills Ltd., Japan
VYBAK	PVC	Bakelite Xylonite Ltd., GB
VYBRAN	PAC	National Spinning Co. Inc., USA
VYCRON	PES	Beaunit Corp., USA
VYCRON-PUFF-STUFF	PES	Beaunit Corp., USA
VYCRON-R-SUPER-STUFF	PES	Beaunit Corp., USA
VYCRON TOUGH STUFF	PES	Beaunit Corp., USA
VY-LON	PVA	Nitivy Co. Ltd., Japan
VYLOR	PA	E. I. du Pont de Nemours & Co. Inc. (Plastics Dept.), USA
VYRENE	PUE	Uniroyal, USA United States Rubber Co., USA Lastex Yarns & Lactron Thread (Overseas) Ltd., GB Pirelli Lastex Soc. Italo-Americano Filo Elastico, Italy
VYTACORD	PES	The Goodyear Tire & Rubber Co., USA
W-63 MODIFIED RAYON STAPLE	HWM	Courtaulds North America Inc., USA
W-65	CV	Teijin Ltd., Japan
WACKER MP	PVM	Wacker Chemie GmbH, FRG
WAJA	CA	Acetafil S. A., Cuba
WALL POLYPROPYLENE	PP	Wall Industries Inc., USA
WALTRICH POLYPROPYLENE	PP	Waltrich Plastic Corp., USA
WD-2	PES	Monsanto Co., USA
WEAR-DATED	trade mark of Monsanto Co.	Monsanto Canada Ltd., Canada Monsanto Cie. S. A., Luxemburg Monsanto Co., USA Monsanto (Deutschland) GmbH, FRG Monsanto Europe S. A., Belgium Monsanto Textiles Ltd., GB
WEATHERALL-ACRYLIC	PAC/MOD	Dow Badische Co., USA
WEATHERBRIGHT	PAC/MOD	Dow Badische Co., USA
WEATHER-TUFF	PP	Celanese Corp., USA
WELDERSTRETCH	(T)	Blackwelder Textile Co. Inc., USA
WELLCURE	PA 6.6	Chema Plastics GmbH, Bremen, FRG
WELLENE	PES	Wellman Inc., USA
WELLON	PA 6.6	Wellman Inc., USA
WELLSTRAND	PA 6.6	Chema Plastics GmbH, Bremen, FRG
WELLSTRAND	PES	Wellman Inc., USA
WELLTITE	PP, PE	Wellington Synthetic Fibers Inc., USA
WESTFLEX	PE, PP	Esbjerg Towaerkfabrik A/S, Denmark
WETRELON	PA 6	GDR

WEVEBAC	PP	Moultrie Textiles, Div. of Moultrie Cotton Mills Inc., USA
WHITIN-ARCT	PA 6.6 (T)	Whitin, USA Chavanoz S. A., France
WHITING-POLYETHYLENE	PE	E. B. and A. C. Whiting Comp., USA
WIDLON	PA 6	Polyamid Works Widlon, Bulgaria
WILDIN	PA	Polyamid Works Widlon, Bulgaria
WINMILL	PAC	Deering Milliken Inc., USA
WIN SOFT	PA 6 (T)	Unitika Ltd., Japan
WINSOM	PAC	Toray Industries Inc., Japan
WINTUK	PAC	E. I. Du Pont de Nemours & Co. Inc., USA
WIPOLAN	PR	Poland
WIRILENE	PE	Svenska Rayon AB, Sweden
WISKON	CV	Poland
WISKONA	CM	Poland
WISTEL	PES	Snia Viscosa S. p. A., Italy
WITHER-WHITE	CV	Celanese Corp., USA
WN-8	PES/PA 6	Kanebo Ltd., Japan
WOLCRYLON	PAC	see WOLPRYLA
WOLLIE-TETORON	PES (T)	Toray Industries Inc., Japan
WOLPRYLA	PAC	VEB Chemiefaserwerk «Friedrich Engels», GDR VEB Filmfabrik Wolfen, GDR
WOLPRYLA 65	PAC	GDR
WOLPRYLA-BAUSCH-ELASTIK	PAC/PVC (T)	GDR
WONDERLASTIC	PUE	Playtex International Latex Corp., USA Playtex International, GB
WONDER THREAD	PA, PES	Shakespeare Co. (Soo Valley Co.), USA
WOOLLIE-NYLON	PA (T)	Toray Industries Inc., Japan
WOOLLIE-PYLEN	PP (T)	Toray Industries Inc., Japan
WOOLON	PVA	Japan Synthetic Fibre Co. Ltd., Japan
WSF PE	PE	Wellington Synthetic Fibers Inc., USA
WSF PP	PP	Wellington Synthetic Fibers Inc., USA
WYENE	PVD	Dow Chemical Corp., Canada
WYNENE	PE, PP, PVC	Grace Fibers, Canada
WYOMISSING-POLYPROPYLENE	PP	Wyomissing Paper Co., USA
X-21	PA 6.6	ICI Fibres Ltd., GB
X-59	CV	Rhône Poulenc Textile S. A., France
X-88	PA/PES	Monsanto Co., USA
X-CRIN	PE	Polifiber S. A. R. L., Italy
XE	—	Rohm & Haas Co., USA
XENA	HWM	Beaunit Corp., USA
XERTING	PES	La Seda de Barcelona S. A., Spain
XILON-M	PA arom.	USSR
X-LAN	PAC	Oriental Synthetic, South Korea
XP 4, XP 5	PAC	American Cyanamid Co., USA
XP-FILAMENTS	PE	Dawbarn Div. W. R. Grace & Co., USA
X-STATIC-NYLON	PA 6	Rohm & Haas Co., USA
XTRA-DULL	CV	Beaunit Corp., USA
XTRA-TUF	PES	Beaunit Corp., USA
YACHTRON	PES/RA	Nippon Sen-i Kogyo Co. Ltd., Japan

YAMBOLENE			
YARN 71	PE		Dawbarn Div. W. R. Grace & Co., USA
YARNYL	PA (T)		Filatures Prouvost Masurel & Co., France
YERANIT(E)	PVA		USSR
YOHSEL	PES/CO		Teijin Ltd., Japan
YONELON	(T)		Yonemura Nenshi Co. Ltd., Japan
YUAN BAO	PA 6		Jang Dah Fiber Ind. Co. Ltd., Taiwan
YULON	PA 6		Kemična Tovarna Moste, Yugoslavia
YURILAN	PUA		Japan Synth. Fiber Co. Ltd., Japan
YUVA	PA		Viscose Suisse, Switzerland
YVONNE	MT		Yvonne S. A., Brazil and Yugoslavia
Y-YARN	CA		Teijin Ltd., Japan
Z-4	HWM		Rhône Poulenc Textile S. A., France
Z-54	CP		Enka B. V., Netherlands
			American Enka Corp., USA
			Rhône Poulenc Textile S. A., France
			Soc. Chimiotex, Switzerland
			Companhia Rhodosa de Raion S. A., Brazil
ZANTREL	CP		American Enka Corp., USA
			Deutsche Rhodiaceta AG, FRG
ZARYL	CP		Enka N. V., Netherlands
ZECRYL HB	PAC (T)		Dow Badische Co., USA
ZEFKROME	PAC		Dow Badische Co., USA
ZEFRAN II	PAC		Dow Badische Co., USA
ZEFRAN BLEND CR-4	PAC/PA		Dow Badische Co., USA
ZEFRAN BLEND ZK-3	PAC/MOD		Dow Badische Co., USA
ZEFRAN BLEND H-52	PAC/PA/MOD		Dow Badische Co., USA
ZEFRAN NYLON	PA		Dow Badische Co., USA
ZEFRAN PKR	PES		Dow Badische Co., USA
ZEFRAN TYP 100	MOD		Dow Badische Co., USA
ZEFRAN TYP 200	PAC		Dow Badische Co., USA
ZEFSTAT	PAC/MT		Dow Badische Co., USA
ZEFWEAR	—		Dow Badische Co., USA
ZEHLA	CV		Spinnstoff-Fabrik Zehlendorf AG, FRG
ZEHLAMATT	CV		pre-WW II
ZEHLA-PERLON	PA 6		Hoechst AG, FRG
ZEHLARIS	CV		pre-WW II
ZEHLASTRA	CV		pre-WW II
ZEHLAWO	CV		pre-WW II
ZELLVAG	CC		pre-WW II
ZETLON	PAC		Toho Rayon Co. Ltd., Japan
Z-FASER	—		see VISCOLEN
ZILCA	PA 6		Poland
ZUIKO	CV		Hirata Spinning Co. Ltd., Japan
ZULASTIK	PA 6.6/ PUE (T)		Zwirnerei Untereggingen, FRG
ZUNYL	PA 6.6 (T)		Zwirnerei Untereggingen, FRG
ZYRLAN-BOUCLE	PA (T)		Ets. Rochegude, France
44 HH BEMBERG	CV		Beaunit Fibers, USA
«45»	PVC		Polyarns Inc., USA
α-LEN	(T)		Teijin Ltd., Japan
21 Q-NYLON	PA 6.6		ICI Fibres Ltd., GB

KEY TO ABBREVIATIONS

Manmade Fibres

AL	alginate fibres
CA	acetate rayon
CA+	saponified acetate rayon
CAR	polycarbonate fibres/carbon fibres
CC	cuprammonium rayon
CM	modal fibres (CP = polynosic fibres, HWM = high-wet-modulus fibres)
CN	nitrate rayon
CT	triacetate fibres
CV	viscose rayon
MOD	modacrylic fibres dyeable with disperse, cationic, acid, wool, metal complex and/or other classes of dyestuff
PA	polyamide
PA 4	polyamide fibre of butyrolactam
PA 6	polyamide fibre of ε-caprolactam
PA 6.6	polyamide fibre of adipic acid and hexamethylene diamine
PA 6.8	polyamide fibre of adipic acid and m-xylylene diamine
PA 6.10	polyamide fibre of sebacic acid and hexamethylene diamine
PA 7	polyamide fibre of aminoenanthic acid
PA 8	polyamide fibre of capryllactam
PA 9	polyamide fibre of aminopelargonic acid
PA 11	polyamide fibre of aminoundecanoic acid
PA 12	polyamide fibre of aminododecanoic acid
PAC	polyacrylonitrile
PB	polybutadiene
PCF	polychlorotrifluoroethylene
PE	polyethylene
PEE	polyester ether
PES	polyester
PP	polypropylene
pre-WW II	pre-World War II
PST	polystyrene
PTF	polytetrafluoroethylene
PUA	polyurea
PUE	polyurethane, segmented (elastomeric filaments)
PUR	polyurethane
PVA	polyvinyl alcohol
PVAA	polyvinyl acetal, vinylal
PVC	polyvinyl chloride
PVCC	polyvinyl chloride, postchlorinated
PVD	polyvinylidene chloride
PVID	polyvinylidene nitrile
PVM	polyvinyl chloride copolymers (polyvinylidene/polyvinyl chloride; SARAN, VELON)
SYN	synthetic fibres
(F)	continuous filament, filament, rayon
(S)	staple fibre, rayon staple fibre, spun fibre
(T)	textured yarns (crimp yarns, stretch yarns)

Natural Fibres

CEL	cellulosics
CO	cotton
FL	flax/linen
HA	hemp
JU	jute
KP	kapok
RA	ramie
S	natural silk
SI	sisal
WO	wool

Various

As	asbestos
CER	ceramics
FR	flame-resistant
GL	glass fibres
LA	rubber filaments
MT	metal fibres
PR	protein
SL	slag fibres
ST	mineral fibres

Fibre blends

are separated by a virgule (/)